Heilige Bijbel
Nederlands Statenvertaling
(Holy Bible: Dutch Statenvertaling)

Devoted Publishing
Email: devotedpub@hotmail.com
Facebook: @DevotedPublishing
Woodstock, Ontario, Canada, 2017

Table of Contents

Heilige Bijbel Nederlands Statenvertaling (Holy Bible: Dutch Statenvertaling)
Lay-out en opmaak door Anthony Uyl, auteursrechten 2017 Devoted Publishing
ISBN: 978-1-77356-055-7

Table of Contents

Oude Testament 3	Nahum 423
Genesis 3	Habakuk 424
Exodus 29	Zefanja 426
Leviticus 51	Haggaï 428
Numberi 67	Zacharia 429
Deuteronomium 89	Maleachi 434
Jozua 108	Nieuwe Testament 436
Richteren 121	Mattheüs 436
Ruth 133	Markus 453
1 Samuël 135	Lukas 464
2 Samuël 152	Johannes 482
1 Koningen 166	Handelingen 496
2 Koningen 182	Romeinen 510
1 Kronieken 198	1 Korinthiërs 517
2 Kronieken 213	2 Korinthiërs 524
Ezra 231	Galaten 529
Nehemia 237	Efeziërs 532
Esther 245	Filippenzen 535
Job 249	Colossenzen 537
Psalmen 264	1 Thessalonicenzen 539
Spreuken 300	2 Thessalonicenzen 541
Prediker 313	1 Timotheüs 542
Hooglied 317	2 Timotheüs 544
Jesaja 319	Titus 546
Jeremia 345	Filémon 547
Klaagliederen 373	Hebreeën 548
Ezechiël 376	Jakobus 554
Daniël 401	1 Petrus 556
Hosea 409	2 Petrus 558
Joël 413	1 Johannes 560
Amos 415	2 Johannes 562
Obadja 418	3 Johannes 563
Jona 419	Judas 564
Micha 420	Openbaring 565

Oude Testament

Genesis

Hoofdstuk 1

¹In den beginne schiep God den hemel en de aarde.
²De aarde nu was woest en ledig, en duisternis was op den afgrond; en de GeestGods zweefde op de wateren.
³En God zeide: Daar zij licht! en daar werd licht.
⁴En God zag het licht, dat het goed was; en God maakte scheiding tussen het lichten tussen de duisternis.
⁵En God noemde het licht dag, en de duisternis noemde Hij nacht. Toen was hetavond geweest, en het was morgen geweest, de eerste dag.
⁶En God zeide: Daar zij een uitspansel in het midden der wateren; en dat makescheiding tussen wateren en wateren!
⁷En God maakte dat uitspansel, en maakte scheiding tussen de wateren, die onderhet uitspansel zijn, en tussen de wateren, die boven het uitspansel zijn. En het wasalzo.
⁸En God noemde het uitspansel hemel. En het was avond geweest, en het wasmorgen geweest, de tweede dag.
⁹En God zeide: Dat de wateren van onder de hemel in een plaats vergaderdworden, en dat het droge gezien worde! en het was alzo.
¹⁰En God noemde het droge aarde, en de vergadering der wateren noemde Hijzeeen; en God zag, dat het goed was.
¹¹En God zeide: Dat de aarde uitschiete gras, kruid zaadzaaiende, vruchtbaargeboomte, dragende vrucht naar zijn aard, welks zaad daarin zij op de aarde! Enhet was alzo.
¹²En de aarde bracht voort grasscheutjes, kruid zaadzaaiende naar zijn aard, envruchtdragend geboomte, welks zaad daarin was, naar zijn aard. En God zag, dathet goed was.
¹³Toen was het avond geweest, en het was morgen geweest, de derde dag.
¹⁴En God zeide: Dat er lichten zijn in het uitspansel des hemels, om scheiding temaken tussen den dag en tussen den nacht; en dat zij zijn tot tekenen en totgezette tijden, en tot dagen en jaren!
¹⁵En dat zij zijn tot lichten in het uitspansel des hemels, om licht te geven op deaarde! En het was alzo.
¹⁶God dan maakte die twee grote lichten; dat grote licht tot heerschappij des daags, en dat kleine licht tot heerschappij des nachts; ook de sterren.
¹⁷En God stelde ze in het uitspansel des hemels, om licht te geven op de aarde.
¹⁸En om te heersen op den dag, en in den nacht, en om scheiding te maken tussenhet licht en tussen de duisternis. En God zag, dat het goed was.
¹⁹Toen was het avond geweest, en het was morgen geweest, de vierde dag.
²⁰En God zeide: Dat de wateren overvloediglijk voortbrengen een gewemel vanlevende zielen; en het gevogelte vliege boven de aarde, in het uitspansel deshemels!
²¹En God schiep de grote walvissen, en alle levende wremelende ziel, welke dewateren overvloediglijk voortbrachten, naar haar aard, en alle gevleugeldgevogelte naar zijn aard. En God zag, dat het goed was.
²²En God zegende ze, zeggende: Zijt vruchtbaar, en vermenigvuldigt, en vervult dewateren in de zeeen; en het gevogelte vermenigvuldige op de aarde!
²³Toen was het avond geweest, en het was morgen geweest, de vijfde dag.
²⁴En God zeide: De aarde brenge levende zielen voort, naar haar aard, vee, enkruipend, en wild gediertte der aarde, naar zijn aard! En het was alzo.
²⁵En God maakte het wild gediertte der aarde naar zijn aard, en het vee naar zijnaard, en al het kruipend gediertte des aardbodems naar zijn aard. En God zag, dathet goed was.
²⁶En God zeide: Laat Ons mensen maken, naar Ons beeld, naar Onze gelijkenis; endat zij heerschappij hebben over de vissen der zee, en over het gevogelte deshemels, en over het vee, en over de gehele aarde, en over al het kruipendgediertte, dat op de aarde kruipt.
²⁷En God schiep den mens naar Zijn beeld; naar het beeld van God schiep Hij hem;man en vrouw schiep Hij ze.
²⁸En God zegende hen, en God zeide tot hen: Weest vruchtbaar, envermenigvuldigt, en vervult de aarde, en onderwerpt haar, en hebt heerschappijover de vissen der zee, en over het gevogelte des hemels, en over al het gediertte, dat op de aarde kruipt!
²⁹En God zeide: Ziet, Ik heb ulieden al het zaadzaaiende kruid gegeven, dat op deganse aarde is, en alle geboomte, in hetwelk zaadzaaiende boomvrucht is; het zij utot spijze!
³⁰Maar aan al het gediertte der aarde, en aan al het gevogelte des hemels, en aan alhet kruipende gediertte op de aarde, waarin een levende ziel is, heb Ik al hetgroene kruid tot spijze gegeven. En het was alzo.

Hoofdstuk 2

¹Alzo zijn volbracht de hemel en de aarde, en al hun heir.
²Als nu God op de zevende dag volbracht had Zijn werk, dat Hij gemaakt had, heeft Hij gerust op den zevende dag van al Zijn werk, dat Hij gemaakt had.
³En God heeft den zevende dag gezegend, en die geheiligd; omdat Hij opdenzelven gerust heeft van al Zijn werk, hetwelk God geschapen had, om tevolmaken.
⁴Dit zijn de geboorten des hemels en der aarde, als zij geschapen werden; ten dageals de HEERE God de aarde en den hemel maakte.
⁵En allen struik des velds, eer hij in de aarde was, en al het kruid des velds, eer hetuitsproot; want de HEERE God had niet doen regenen op de aarde, en er wasgeen mens geweest, om den aardbodem te bouwen.
⁶Maar een damp was opgegaan uit de aarde, en bevochtigde den ganseaardbodem.
⁷En de HEERE God had den mens geformeerd uit het stof der aarde, en in zijnneusgaten geblazen de adem des levens; alzo werd de mens tot een levende ziel.
⁸Ook had de HEERE God een hof geplant in Eden, tegen het oosten, en Hij steldealdaar den mens, die Hij geformeerd had.
⁹En de HEERE God had alle geboomte uit het aardrijk doen spruiten, begeerlijkvoor het gezicht, en goed tot spijze; en den boom des levens in het midden vanden hof, en de boom der kennis des goeds en des kwaads.
¹⁰En een rivier was voortgaande uit Eden, om deze hof te bewateren; en werd vandaar verdeeld, en werd tot vier hoofden.
¹¹De naam der eerste rivier is Pison; deze is het, die het ganse land van Havilaomloopt, waar het goud is.
¹²En het goud van dit land is goed; daar is ook bedolah, en de steen sardonix.
¹³En de naam der tweede rivier is Gihon; deze is het, die het ganse land Cuschomloopt.
¹⁴En de naam der derde rivier is Hiddekel; deze is gaande naar het oosten vanAssur. En de vierde rivier is Frath.
¹⁵Zo nam de HEERE God den mens, en zette hem in den hof van Eden, om dien tebouwen, en om dien te bewaren.
¹⁶En de HEERE God gebood den mens, zeggende: Van allen boom dezes hofs zultgij vrijelijk eten;
¹⁷Maar van den boom der kennis des goeds en des kwaads, daarvan zult gij nieteten; want ten dage, als gij daarvan eet, zult gij den dood sterven.
¹⁸Ook had de HEERE God gesproken: Het is niet goed, dat de mens alleen zij; Ikzal hem een hulpe maken, die als tegen hem over zij.
¹⁹Want als de HEERE God uit de aarde al het gediertte des velds, en al hetgevogelte des hemels gemaakt had, zo bracht Hij die tot Adam, om te zien, hoehij ze noemen zou; en zoals Adam alle levende ziel noemen zoude, dat zou haarnaam zijn.
²⁰Zo had Adam genoemd de namen van al het vee, en van het gevogelte deshemels, en van al het gediertte des velds; maar voor de mens vond hij geen hulpe, die als tegen hem over ware.
²¹Toen deed de HEERE God een diepen slaap op Adam vallen, en hij sliep; en Hijnam een van zijn ribben, en sloot derzelver plaats toe met vlees.
²²En de HEERE God bouwde de ribbe, die Hij van Adam genomen had, tot eenvrouw, en Hij bracht haar tot Adam.
²³Toen zeide Adam: Deze is ditmaal been van mijn benen, en vlees van mijn vlees!Men zal haar Manninne heten, omdat zij uit den man genomen is.
²⁴Daarom zal de man zijn vader en zijn moeder verlaten, en zijn vrouw aankleven;en zij zullen tot een vlees zijn.
²⁵En zij waren beiden naakt, Adam en zijn vrouw; en zij schaamden zich niet.

Genesis

Hoofdstuk 3

¹De slang nu was listiger dan al het gediert des velds, hetwelk de HEERE God gemaakt had; en zij zeide tot de vrouw: Is het ook, dat God gezegd heeft: Gijlieden zult niet eten van allen boom dezes hofs?

²En de vrouw zeide tot de slang: Van de vrucht der bomen dezes hofs zullen wij eten;

³Maar van de vrucht des booms, die in het midden des hofs is, heeft God gezegd: Gij zult van die niet eten, noch die aanroeren, opdat gij niet sterft.

⁴Toen zeide de slang tot de vrouw: Gijlieden zult den dood niet sterven;

⁵Maar God weet, dat, ten dage als gij daarvan eet, zo zullen uw ogen geopend worden, en gij zult als God wezen, kennende het goed en het kwaad.

⁶En de vrouw zag, dat die boom goed was tot spijze, en dat hij een lust was voor de ogen, ja, een boom, die begeerlijk was om verstandig te maken; en zij nam van zijn vrucht en at; en zij gaf ook haar man met haar, en hij at.

⁷Toen werden hun beider ogen geopend, en zij werden gewaar, dat zij naakt waren; en zij hechtten vijgeboombladeren samen, en maakten zich schorten.

⁸En zij hoorden de stem van den HEERE God, wandelende in den hof, aan de wind des daags. Toen verborg zich Adam en zijn vrouw voor het aangezicht van den HEERE God, in het midden van het geboomte des hofs.

⁹En de HEERE God riep Adam, en zeide tot hem: Waar zijt gij?

¹⁰En hij zeide: Ik hoorde Uw stem in den hof, en ik vreesde; want ik ben naakt; daarom verborg ik mij.

¹¹En Hij zeide: Wie heeft u te kennen gegeven, dat gij naakt zijt? Hebt gij van dien boom gegeten, van welken Ik u gebood, dat gij daarvan niet eten zoudt?

¹²Toen zeide Adam: De vrouw, die Gij bij mij gegeven hebt, die heeft mij van dien boom gegeven, en ik heb gegeten.

¹³En de HEERE God zeide tot de vrouw: Wat is dit, dat gij gedaan hebt? En de vrouw zeide: De slang heeft mij bedrogen, en ik heb gegeten.

¹⁴Toen zeide de HEERE God tot die slang: Dewijl gij dit gedaan hebt, zo zijt gij vervloekt boven al het vee, en boven al het gediert des velds! Op uw buik zult gij gaan, en stof zult gij eten, al de dagen uws levens.

¹⁵En Ik zal vijandschap zetten tussen u en tussen deze vrouw, en tussen uw zaad en tussen haar zaad; datzelve zal u de kop vermorzelen, en gij zult het de verzenen vermorzelen.

¹⁶Tot de vrouw zeide Hij: Ik zal zeer vermenigvuldigen uw smart, namelijk uwer dracht; met smart zult gij kinderen baren; en tot uw man zal uw begeerte zijn, en hij zal over u heerschappij hebben.

¹⁷En tot Adam zeide Hij: Dewijl gij geluisterd hebt naar de stem uwer vrouw, en van dien boom gegeten, waarvan Ik u gebood, zeggende: Gij zult daarvan niet eten; zo zij het aardrijk om uwentwil vervloekt; en met smart zult gij daarvan eten al de dagen uws levens.

¹⁸Ook zal het u doornen en distelen voortbrengen, en gij zult het kruid des velds eten.

¹⁹In het zweet uws aanschijns zult gij brood eten, totdat gij tot de aarde wederkeert, dewijl gij daaruit genomen zijt; want gij zijt stof, en gij zult tot stof wederkeren.

²⁰Voorts noemde Adam den naam zijner vrouw Heva, omdat zij een moeder aller levenden is.

²¹En de HEERE God maakte voor Adam en zijn vrouw rokken van vellen, en toog ze hun aan.

²²Toen zeide de HEERE God: Ziet, de mens is geworden als Onzer een, kennende het goed en het kwaad! Nu dan, dat hij zijn hand niet uitsteke, en neme ook van den boom des levens, en ete, en leve in eeuwigheid.

²³Zo verzond hem de HEERE God uit den hof van Eden, om den aardbodem te bouwen, waaruit hij genomen was.

²⁴En Hij dreef de mens uit; en stelde cherubim tegen het oosten des hofs van Eden, en een vlammig lemmer eens zwaards, dat zich omkeerde, om te bewaren den weg van den boom des levens.

Hoofdstuk 4

¹En Adam bekende Heva, zijn huisvrouw, en zij werd zwanger, en baarde Kain, en zeide: Ik heb een man van de HEERE verkregen!

²En zij voer voort te baren zijn broeder Habel; en Habel werd een schaapherder, en Kain werd een landbouwer.

³En het geschiedde ten einde van enige dagen, dat Kain van de vrucht des lands den HEERE offer bracht.

⁴En Habel bracht ook van de eerstgeborenen zijner schapen, en van hun vet. En de HEERE zag Habel en zijn offer aan;

⁵Maar Kain en zijn offer zag Hij niet aan. Toen ontstak Kain zeer, en zijn aangezicht verviel.

⁶En de HEERE zeide tot Kain: Waarom zijt gij ontstoken, en waarom is uw aangezicht vervallen?

⁷Is er niet, indien gij weldoet, verhoging? en zo gij niet weldoet, de zonde ligt aan de deur. Zijn begeerte is toch tot u, en gij zult over hem heersen.

⁸En Kain sprak met zijn broeder Habel; en het geschiedde, als zij in het veld waren, dat Kain tegen zijn broeder Habel opstond, en sloeg hem dood.

⁹En de HEERE zeide tot Kain: Waar is Habel, uw broeder? En hij zeide: Ik weet het niet; ben ik mijns broeders hoeder?

¹⁰En Hij zeide: Wat hebt gij gedaan? daar is een stem des bloeds van uw broeder, dat tot Mij roept van den aardbodem.

¹¹En nu zijt gij vervloekt van den aardbodem, die zijn mond heeft opengedaan, om uws broeders bloed van uw hand te ontvangen.

¹²Als gij den aardbodem bouwen zult, hij zal u zijn vermogen niet meer geven; gij zult zwervende en dolende zijn op aarde.

¹³En Kain zeide tot den HEERE: Mijn misdaad is groter, dan dat zij vergeven worde.

¹⁴Zie, Gij hebt mij heden verdreven van den aardbodem, en ik zal voor Uw aangezicht verborgen zijn; en ik zal zwervende en dolende zijn op de aarde, en het zal geschieden, dat al wie mij vindt, mij zal doodslaan.

¹⁵Doch de HEERE zeide tot hem: Daarom, al wie Kain doodslaat, zal zevenvoudig gewroken worden! En de HEERE stelde een teken aan Kain; opdat hem niet versloeg al wie hem vond.

¹⁶En Kain ging uit van het aangezicht des HEEREN; en hij woonde in het land Nod, ten oosten van Eden.

¹⁷En Kain bekende zijn huisvrouw, en zij werd bevrucht en baarde Henoch; en hij bouwde een stad, en noemde den naam dier stad naar den naam zijns zoons, Henoch.

¹⁸En aan Henoch werd Hirad geboren; en Hirad gewon Mechujael; en Mechujael gewon Methusael; en Methusael gewon Lamech.

¹⁹En Lamech nam zich twee vrouwen; de naam van de eerste was Ada, en de naam van de andere Zilla.

²⁰En Ada baarde Jabal; deze is geweest een vader dergenen, die tenten bewoonden, en vee hadden.

²¹En de naam zijns broeders was Jubal; deze werd de vader van allen, die harpen en orgelen handelen.

²²En Zilla baarde ook Tubal-Kain, een leermeester van allen werker in koper en ijzer; en de zuster van Tubal-Kain was Naema.

²³En Lamech zeide tot zijn vrouwen Ada en Zilla: Hoort mijn stem, gij vrouwen van Lamech! neemt ter ore mijn rede! Voorwaar, ik sloeg wel een man dood, om mijn wonde, en een jongeling, om mijn buile!

²⁴Want Kain zal zevenvoudig gewroken worden, maar Lamech zeventigmaal zevenmaal.

²⁵En Adam bekende wederom zijn huisvrouw, en zij baarde een zoon, en zij noemde zijn naam Seth; want God heeft mij, sprak zij, een ander zaad gezet voor Habel; want Kain heeft hem doodgeslagen.

²⁶En denzelven Seth werd ook een zoon geboren, en hij noemde zijn naam Enos. Toen begon men den naam des HEEREN aan te roepen.

Hoofdstuk 5

¹Dit is het boek van Adams geslacht. Ten dage als God den mens schiep, maakte Hij hem naar de gelijkenis Gods.

²Man en vrouw schiep Hij hen, en zegende ze, en noemde hun naam Mens, ten dage als zij geschapen werden.

³En Adam leefde honderd en dertig jaren, en gewon een zoon naar zijn gelijkenis, naar zijn evenbeeld, en noemde zijn naam Seth.

⁴En Adams dagen, nadat hij Seth gewonnen had, zijn geweest achthonderd jaren; en hij gewon zonen en dochteren.

⁵Zo waren al de dagen van Adam, die hij leefde, negenhonderd jaren, en dertig jaren; en hij stierf.

⁶En Seth leefde honderd en vijf jaren, en hij gewon Enos.

⁷En Seth leefde, nadat hij Enos gewonnen had, achthonderd en zeven jaren; en hij gewon zonen en dochteren.

⁸Zo waren al de dagen van Seth negenhonderd en twaalf jaren; en hij stierf.

⁹En Enos leefde negentig jaren, en hij gewon Kenan.

¹⁰En Enos leefde, nadat hij Kenan gewonnen had, achthonderd en vijftien jaren; en hij gewon zonen en dochteren.

¹¹Zo waren al de dagen van Enos negenhonderd en vijf jaren; en hij stierf.

¹²En Kenan leefde zeventig jaren, en hij gewon Mahalal-el.

¹³En Kenan leefde, nadat hij Mahalal-el gewonnen had, achthonderd en veertig jaren; en hij gewon zonen en dochteren.
¹⁴Zo waren al de dagen van Kenan negenhonderd en tien jaren; en hij stierf.
¹⁵En Mahalal-el leefde vijf en zestig jaren, en hij gewon Jered.
¹⁶En Mahalal-el leefde, nadat hij Jered gewonnen had, achthonderd en dertig jaren; en hij gewon zonen en dochteren.
¹⁷Zo waren al de dagen van Mahalal-el achthonderd vijf en negentig jaren; en hij stierf.
¹⁸En Jered leefde honderd twee en zestig jaren, en hij gewon Henoch.
¹⁹En Jered leefde, nadat hij Henoch gewonnen had, achthonderd jaren; en hij gewon zonen en dochteren.
²⁰Zo waren al de dagen van Jered negenhonderd twee en zestig jaren; en hij stierf.
²¹En Henoch leefde vijf en zestig jaren, en hij gewon Methusalach.
²²En Henoch wandelde met God, nadat hij Methusalach gewonnen had, driehonderd jaren; en hij gewon zonen en dochteren.
²³Zo waren al de dagen van Henoch driehonderd vijf en zestig jaren.
²⁴Henoch dan wandelde met God; en hij was niet meer; want God nam hem weg.
²⁵En Methusalach leefde honderd zeven en tachtig jaren, en hij gewon Lamech.
²⁶En Methusalach leefde, nadat hij Lamech gewonnen had, zevenhonderd twee en tachtig jaren; en hij gewon zonen en dochteren.
²⁷Zo waren al de dagen van Methusalach negenhonderd negen en zestig jaren; en hij stierf.
²⁸En Lamech leefde honderd twee en tachtig jaren, en hij gewon een zoon.
²⁹En hij noemde zijn naam Noach, zeggende: Deze zal ons troosten over ons werk, en over de smart onzer handen, vanwege het aardrijk, dat de HEERE vervloekt heeft!
³⁰En Lamech leefde, nadat hij Noach gewonnen had, vijfhonderd vijf en negentig jaren; en hij gewon zonen en dochteren.
³¹Zo waren al de dagen van Lamech zevenhonderd zeven en zeventig jaren; en hij stierf.
³²En Noach was vijfhonderd jaren oud; en Noach gewon Sem, Cham en Jafeth.

Hoofdstuk 6

¹En het geschiedde, als de mensen op den aardbodem begonnen te vermenigvuldigen, en hun dochters geboren werden,
²Dat Gods zonen de dochteren der mensen aanzagen, dat zij schoon waren, en zij namen zich vrouwen uit allen, die zij verkozen hadden.
³Toen zeide de HEERE: Mijn Geest zal niet in eeuwigheid twisten met den mens, dewijl hij ook vlees is; doch zijn dagen zullen zijn honderd en twintig jaren.
⁴In die dagen waren er reuzen op de aarde, en ook daarna, als Gods zonen tot de dochteren der mensen ingegaan waren, en zich kinderen gewonnen hadden; deze zijn de geweldigen, die van ouds geweest zijn, mannen van name.
⁵En de HEERE zag, dat de boosheid des mensen menigvuldig was op de aarde, en al het gedichtsel der gedachten zijns harten te allen dage alleenlijk boos was.
⁶Toen berouwde het de HEERE, dat Hij den mens op de aarde gemaakt had, en het smartte Hem aan Zijn hart.
⁷En de HEERE zeide: Ik zal den mens, die Ik geschapen heb, verdelgen van den aardbodem, van den mens tot het vee, tot het kruipend gedierte, en tot het gevogelte des hemels toe; want het berouwt Mij, dat Ik hen gemaakt heb.
⁸Maar Noach vond genade in de ogen des HEEREN.
⁹Dit zijn de geboorten van Noach. Noach was een rechtvaardig, oprecht man in zijn geslachten. Noach wandelde met God.
¹⁰En Noach gewon drie zonen: Sem, Cham en Jafeth.
¹¹Maar de aarde was verdorven voor Gods aangezicht; en de aarde was vervuld met wrevel.
¹²Toen zag God de aarde, en ziet, zij was verdorven; want al het vlees had zijn weg verdorven op de aarde.
¹³Daarom zeide God tot Noach: Het einde van alle vlees is voor Mijn aangezicht gekomen; want de aarde is door hen vervuld met wrevel; en zie, Ik zal hen met de aarde verderven.
¹⁴Maak u een ark van goferhout; met kameren zult gij deze ark maken, en gij zult die bepekken van binnen en van buiten met pek.
¹⁵En aldus is het, dat gij haar maken zult: driehonderd ellen zij de lengte der ark, vijftig ellen haar breedte, en dertig ellen haar hoogte.
¹⁶Gij zult een venster aan de ark maken, en zult haar volmaken tot een elle van boven; en de deur der ark zult gij in haar zijde zetten; gij zult ze met onderste, tweede en derde verdiepingen maken.
¹⁷Want Ik, zie, Ik breng een watervloed over de aarde, om alle vlees, waarin een geest des levens is, van onder den hemel te verderven; al wat op de aarde is, zal den geest geven.
¹⁸Maar met u zal Ik Mijn verbond oprichten; en gij zult in de ark gaan, gij, en uw zonen, en uw huisvrouw, en de vrouwen uwer zonen met u.
¹⁹En gij zult van al wat leeft, van alle vlees, twee van elk, doen in de ark komen, om met u in het leven te behouden: mannetje en wijfje zullen zij zijn;
²⁰Van het gevogelte naar zijn aard, en van het vee naar zijn aard, van al het kruipend gedierte des aardbodems naar zijn aard, twee van elk zullen tot u komen, om die in het leven te behouden.
²¹En gij, neem voor u van alle spijze, die gegeten wordt, en verzamel ze tot u, opdat zij u en hun tot spijze zij.
²²En Noach deed het; naar al wat God hem geboden had, zo deed hij.

Hoofdstuk 7

¹Daarna zeide de HEERE tot Noach: Ga gij, en uw ganse huis in de ark; want u heb Ik gezien rechtvaardig voor Mijn aangezicht in dit geslacht.
²Van alle rein vee zult gij tot u nemen zeven en zeven, het mannetje en zijn wijfje; maar van het vee, dat niet rein is, twee, het mannetje en zijn wijfje.
³Ook van het gevogelte des hemels zeven en zeven, het mannetje en het wijfje, om zaad levend te houden op de ganse aarde.
⁴Want over nog zeven dagen zal Ik doen regenen op de aarde veertig dagen, en veertig nachten; en Ik zal van den aardbodem verdelgen al wat bestaat, dat Ik gemaakt heb.
⁵En Noach deed, naar al wat de HEERE hem geboden had.
⁶Noach nu was zeshonderd jaren oud, als de vloed der wateren op de aarde was.
⁷Zo ging Noach, en zijn zonen, en zijn huisvrouw, en de vrouwen zijner zonen met hem in de ark, vanwege de wateren des vloeds.
⁸Van het reine vee, en van het vee, dat niet rein was, en van het gevogelte, en alwat op den aardbodem kruipt,
⁹Kwamen er twee en twee tot Noach in de ark, het mannetje en het wijfje, gelijk als God Noach geboden had.
¹⁰En het geschiedde na die zeven dagen, dat de wateren des vloeds op de aarde waren.
¹¹In het zeshonderdste jaar des levens van Noach, in de tweede maand, op den zeventiende dag der maand, op dezen zelfden dag zijn alle fonteinen des groten afgronds opengebroken, en de sluizen des hemels geopend.
¹²En een plasregen was op de aarde veertig dagen en veertig nachten.
¹³Even op dienzelfden dag ging Noach, en Sem, en Cham, en Jafeth, Noachs zonen, desgelijks ook Noachs huisvrouw, en de drie vrouwen zijner zonen met hem in de ark;
¹⁴Zij, en al het gedierte naar zijn aard, en al het vee naar zijn aard, en al het kruipend gedierte, dat op de aarde kruipt, naar zijn aard, en al het gevogelte naar zijn aard, alle vogeltjes van allerlei vleugel.
¹⁵En van alle vlees, waarin een geest des levens was, kwamen er twee en twee tot Noach in de ark.
¹⁶En die er kwamen, die kwamen mannetje en wijfje, van alle vlees, gelijk als hem God bevolen had. En de HEERE sloot achter hem toe.
¹⁷En die vloed was veertig dagen op de aarde, en de wateren vermeerderden, en hieven de ark op, zodat zij oprees boven de aarde.
¹⁸En de wateren namen de overhand, en vermeerderden zeer op de aarde; en de ark ging op de wateren.
¹⁹En de wateren namen gans zeer de overhand op de aarde, zodat alle hoge bergen, die onder den gansen hemel zijn, bedekt werden.
²⁰Vijftien ellen omhoog namen de wateren de overhand, en de bergen werden bedekt.
²¹En alle vlees, dat zich op de aarde roerde, gaf den geest, van het gevogelte, en van het vee, en van het wild gedierte, en van al het kruipend gedierte, dat op de aarde kroop, en alle mens.
²²Al wat een adem des geestes des levens in zijn neusgaten had, van alles wat op het droge was, is gestorven.
²³Alzo werd verdelgd al wat bestond, dat op den aardbodem was, van den mens aan tot het vee, tot het kruipend gedierte, en tot het gevogelte des hemels, en zij werden verdelgd van de aarde; doch Noach

alleen bleef over, en wat met hem inde ark was.

²⁴En de wateren hadden de overhand boven de aarde, honderd en vijftig dagen.

Hoofdstuk 8

¹En God gedacht aan Noach, en aan al het gediertre, en aan al het vee, dat methem in de ark was; en God deed een wind over de aarde doorgaan, en dewateren werden stil.

²Ook werden de fonteinen des afgronds, en de sluizen des hemels gesloten, en deplasregen van den hemel werd opgehouden.

³Daartoe keerden de wateren weder van boven de aarde, heen en wedervloeiende, en de wateren namen af ten einde van honderd en vijftig dagen.

⁴En de ark rustte in de zevende maand, op den zeventiende dag der maand, op debergen van Ararat.

⁵En de wateren waren gaande, en afnemende tot de tiende maand; in de tiendemaand, op den eerste der maand, werden de toppen der bergen gezien.

⁶En het geschiedde, ten einde van veertig dagen, dat Noach het venster der ark, die hij gemaakt had, opendeed.

⁷En hij liet een raaf uit, die dikwijls heen en weder ging, totdat de wateren vanboven de aarde verdroogd waren.

⁸Daarna liet hij een duif van zich uit, om te zien, of de wateren gelicht waren vanboven den aardbodem.

⁹Maar de duif vond geen rust voor het hol van haar voet; zo keerde zij weder tothem in de ark; want de wateren waren op de ganse aarde; en hij stak zijn handuit, en nam haar, en bracht haar tot zich in de ark.

¹⁰En hij verbeidde nog zeven andere dagen; toen liet hij de duif wederom uit de ark.

¹¹En de duif kwam tot hem tegen den avondtijd; en ziet, een afgebroken olijfbladwas in haar bek; zo merkte Noach, dat de wateren van boven de aarde gelichtwaren.

¹²Toen vertoefde hij nog zeven andere dagen; en hij liet de duif uit; maar zij keerdeniet meer weder tot hem.

¹³En het geschiedde in het zeshonderd en eerste jaar, in de eerste maand, op deneersten derzelver maand, dat de wateren droogden van boven de aarde; toendeed Noach het deksel der ark af, en zag toe, en ziet, de aardbodem wasgedroogd.

¹⁴En in de tweede maand, op den zeven en twintigsten dag der maand, was deaarde opgedroogd.

¹⁵Toen sprak God tot Noach, zeggende:

¹⁶Ga uit de ark, gij, en uw huisvrouw, en uw zonen, en de vrouwen uwer zonen metu.

¹⁷Al het gediertre, dat met u is, van alle vlees, aan gevogelte, en aan vee, en aan alhet kruipend gediertre, dat op de aarde kruipt, doe met u uitgaan; en dat zijovervloediglijk voorttelen op de aarde, en vruchtbaar zijn, en vermenigvuldigen opde aarde.

¹⁸Toen ging Noach uit, en zijn zonen, en zijn huisvrouw, en de vrouwen zijner zonenmet hem.

¹⁹Al het gediertre, al het kruipende, en al het gevogelte, al wat zich op de aarderoert, naar hun geslachten, gingen uit de ark.

²⁰En Noach bouwde den HEERE een altaar; en hij nam van al het reine vee, en vanal het rein gevogelte, en offerde brandofferen op dat altaar.

²¹En de HEERE rook dien liefelijken reuk, en de HEERE zeide in Zijn hart: Ik zalvoortaan den aardbodem niet meer vervloeken om des mensen wil; want hetgedichtsel van 's mensen hart is boos van zijn jeugd aan; en Ik zal voortaan nietmeer al het levende slaan, gelijk als Ik gedaan heb.

²²Voortaan al de dagen der aarde zullen zaaiing en oogst, en koude en hitte, enzomer en winter, en dag en nacht, niet ophouden.

Hoofdstuk 9

¹En God zegende Noach en zijn zonen, en Hij zeide tot hen: Zijt vruchtbaar envermenigvuldigt, en vervult de aarde!

²En uw vrees, en uw verschrikking zij over al het gediertre der aarde, en over al hetgevogelte des hemels; in al wat zich op den aardbodem roert, en in alle vissen derzee; zij zijn in uw hand overgegeven.

³Al wat zich roert, dat levend is, zij u tot spijze; Ik heb het u al gegeven, gelijk hetgroene kruid.

⁴Doch het vlees met zijn ziel, dat is zijn bloed, zult gij niet eten.

⁵En voorwaar, Ik zal uw bloed, het bloed uwer zielen eisen; van de hand van allegediertre zal Ik het eisen; ook van de hand des mensen, van de hand eensiegelijken zijns broeders zal Ik de ziel des mensen eisen.

⁶Wie des mensen bloed vergiet, zijn bloed zal door den mens vergoten worden;want God heeft den mens naar Zijn beeld gemaakt.

⁷Maar gijlieden, weest vruchtbaar, en vermenigvuldigt; teelt overvloediglijk voortop de aarde, en vermenigvuldigt op dezelve.

⁸Voorts zeide God tot Noach, en tot zijn zonen met hem, zeggende:

⁹Maar Ik, ziet, Ik richt Mijn verbond op met u, en met uw zaad na u;

¹⁰En met alle levende ziel, die met u is, van het gevogelte, van het vee, en van allegediertre der aarde met u; van allen, die uit de ark gegaan zijn, tot al het gedierteder aarde toe.

¹¹En Ik richt Mijn verbond op met u, dat niet meer alle vlees door de wateren desvloeds zal worden uitgeroeid; en dat er geen vloed meer zal zijn, om de aarde teverderven.

¹²En God zeide: Dit is het teken des verbonds, dat Ik geef tussen Mij en tussenulieden, en tussen alle levende ziel, die met u is, tot eeuwige geslachten.

¹³Mijn boog heb Ik gegeven in de wolken; die zal zijn tot een teken des verbondstussen Mij en tussen de aarde.

¹⁴En het zal geschieden, als Ik wolken over de aarde brenge, dat deze boog zalgezien worden in de wolken;

¹⁵Dan zal Ik gedenken aan Mijn verbond, hetwelk is tussen Mij en tussen u, entussen alle levende ziel van alle vlees; en de wateren zullen niet meer wezen toteen vloed, om alle vlees te verderven.

¹⁶Als deze boog in de wolken zal zijn, zo zal Ik hem aanzien, om te gedenken aanhet eeuwig verbond tussen God en tussen alle levende ziel, van alle vlees, dat opde aarde is.

¹⁷Zo zeide dan God tot Noach: Dit is het teken des verbonds, dat Ik opgericht hebtussen Mij en tussen alle vlees, dat op de aarde is.

¹⁸En de zonen van Noach, die uit de ark gingen, waren Sem, en Cham, en Jafeth;en Cham is de vader van Kanaän.

¹⁹Deze drie waren de zonen van Noach; en van dezen is de ganse aardeoverspreid.

²⁰En Noach begon een akkerman te zijn, en hij plantte een wijngaard.

²¹En hij dronk van dien wijn, en werd dronken; en hij ontblootte zich in het middenzijner tent.

²²En Cham, Kanaäns vader, zag zijns vaders naaktheid, en hij gaf het zijn beidenbroederen daar buiten te kennen.

²³Toen namen Sem en Jafeth een kleed, en zij legden het op hun beider schouderen, en gingen achterwaarts, en bedekten de naaktheid huns vaders; en hunaangezichten waren achterwaarts, gekeerd zodat zij de naaktheid huns vaders nietzagen.

²⁴En Noach ontwaakte van zijn wijn; en hij merkte wat zijn kleinste zoon hemgedaan had.

²⁵En hij zeide: Vervloekt zij Kanaän; een knecht der knechten zij hij zijn broederen!

²⁶Voorts zeide hij: Gezegend zij de HEERE, de God van Sem; en Kanaän zij hemeen knecht!

²⁷God breide Jafeth uit, en hij wone in Sems tenten! en Kanaän zij hem een knecht!

²⁸En Noach leefde na den vloed driehonderd en vijftig jaren.

²⁹Zo waren al de dagen van Noach negenhonderd en vijftig jaren; en hij stierf.

Hoofdstuk 10

¹Dit nu zijn de geboorten van Noachs zonen: Sem, Cham, en Jafeth; en hunwerden zonen geboren na den vloed.

²De zonen van Jafeth zijn: Gomer, en Magog, en Madai, en Javan, en Tubal, enMesech, en Thiras.

³En de zonen van Gomer zijn: Askenaz, en Rifath, en Togarma.

⁴En de zonen van Javan zijn: Elisa, en Tarsis; de Chittieten en Dodanieten.

⁵Van dezen zijn verdeeld de eilanden der volken in hun landschappen, elk naar zijnspraak, naar hun huisgezinnen, onder hun volken.

⁶En de zonen van Cham zijn: Cusch en Mitsraim, en Put, en Kanaän.

⁷En de zonen van Cusch zijn: Seba en Havila, en Sabta, en Raema, en Sabtecha.En de zonen van Raema zijn: Scheba en Dedan.

⁸En Cusch gewon Nimrod; deze begon geweldig te zijn op de aarde.

⁹Hij was een geweldig jager voor het aangezicht des HEEREN; daarom wordtgezegd: Gelijk Nimrod, een geweldig jager voor het aangezicht des HEEREN.

¹⁰En het beginsel zijns rijks was Babel, en Erech, en Accad, en Calne in het landSinear.

¹¹Uit ditzelve land is Assur uitgegaan, en heeft gebouwd Nineve, en Rehoboth, Ir, en Kalach.

¹²En Resen, tussen Nineve en tussen Kalach; deze is die grote stad.
¹³En Mitsraim gewon de Ludieten, en de Anamieten, en de Lehabieten, en de Naftuchieten,
¹⁴En de Pathrusieten, en de Casluchieten, van waar de Filistijnen uitgekomen zijn, en de Caftorieten.
¹⁵En Kanaän gewon Sidon, zijn eerstgeborene, en Heth,
¹⁶En de Jesubiet, en de Amoriet, en de Girgasiet,
¹⁷En de Hivviet, en de Arkiet, en de Siniet,
¹⁸En de Arvadiet, en de Tsemariet, en de Hamathiet; en daarna zijn de huisgezinnen der Kanaänieten verspreid.
¹⁹En de landpale der Kanaänieten was van Sidon, daar gij gaat naar Gerar tot Gazatoe; daar gij gaat naar Sodom en Gomorra, en Adama, en Zoboim, tot Lasa toe.
²⁰Deze zijn zonen van Cham, naar hun huisgezinnen, naar hun spraken, in hun landschappen, in hun volken.
²¹Voorts zijn Sem zonen geboren; dezelve is ook de vader aller zonen van Heber, broeder van Jafeth, den grootste.
²²Sems zonen waren Elam, en Assur, en Arfachsad, en Lud, en Aram.
²³En Arams zonen waren Uz, en Hul, en Gether, en Maz.
²⁴En Arfachsad gewon Selah, en Selah gewon Heber.
²⁵En Heber werden twee zonen geboren; des enen naam was Peleg; want in zijn dagen is de aarde verdeeld; en zijns broeders naam was Joktan.
²⁶En Joktan gewon Almodad, en Selef, en Hatsarmaveth, en Jarach,
²⁷En Hadoram, en Usal, en Dikla,
²⁸En Obal, en Abimael, en Scheba,
²⁹En Ofir, en Havila, en Jobab; deze allen waren zonen van Joktan.
³⁰En hun woning was van Mescha af, daar gij gaat naar Sefar, het gebergte van het oosten.
³¹Deze zijn zonen van Sem, naar hun huisgezinnen, naar hun spraken, in hun landschappen, naar hun volken.
³²Deze zijn de huisgezinnen der zonen van Noach, naar hun geboorten, in hun volken; en van dezen zijn de volken op de aarde verdeeld na den vloed.

Hoofdstuk 11

¹En de ganse aarde was van enerlei spraak en enerlei woorden.
²Maar het geschiedde, als zij tegen het oosten togen, dat zij een laagte vonden in het land Sinear; en zij woonden aldaar.
³En zij zeiden een ieder tot zijn naaste: Kom aan, laat ons tichelen strijken, en weldoorbranden! En de tichel was hun voor steen, en het lijm was hun voor leem.
⁴En zij zeiden: Kom aan, laat ons voor ons een stad bouwen, en een toren, welks opperste in den hemel zij, en laat ons een naam voor ons maken, opdat wij niet misschien over de ganse aarde verstrooid worden!
⁵Toen kwam de HEERE neder, om te bezien de stad en den toren, die de kinderen der mensen bouwden.
⁶En de HEERE zeide: Ziet, zij zijn enerlei volk, en hebben allen enerlei spraak; en dit is het, dat zij beginnen te maken; maar nu, zoude hun niet afgesneden worden al wat zij bedacht hebben te maken?
⁷Kom aan, laat Ons nedervaren, en laat Ons hun spraak aldaar verwarren, opdat iegelijk de spraak zijns naasten niet hore.
⁸Alzo verstrooide hen de HEERE van daar over de ganse aarde; en zij hielden op de stad te bouwen.
⁹Daarom noemde men haar naam Babel; want aldaar verwarde de HEERE de spraak der ganse aarde, en van daar verstrooide hen de HEERE over de ganse aarde.
¹⁰Deze zijn de geboorten van Sem: Sem was honderd jaren oud, en gewon Arfachsad, twee jaren na den vloed.
¹¹En Sem leefde, nadat hij Arfachsad gewonnen had, vijfhonderd jaren; en hij gewon zonen en dochteren.
¹²En Arfachsad leefde vijf en dertig jaren, en hij gewon Selah.
¹³En Arfachsad leefde, nadat hij Selah gewonnen had, vierhonderd en drie jaren; en hij gewon zonen en dochteren.
¹⁴En Selah leefde dertig jaren, en hij gewon Heber.
¹⁵En Selah leefde, nadat hij Heber gewonnen had, vierhonderd en drie jaren, en hij gewon zonen en dochteren.
¹⁶En Heber leefde vier en dertig jaren, en gewon Peleg.
¹⁷En Heber leefde, nadat hij Peleg gewonnen had, vierhonderd en dertig jaren; en hij gewon zonen en dochteren.
¹⁸En Peleg leefde dertig jaren, en hij gewon Rehu.
¹⁹En Peleg leefde, nadat hij Rehu gewonnen had, tweehonderd en negen jaren; en hij gewon zonen en dochteren.
²⁰En Rehu leefde twee en dertig jaren, en hij gewon Serug.
²¹En Rehu leefde, nadat hij Serug gewonnen had, tweehonderd en zeven jaren; en hij gewon zonen en dochteren.
²²En Serug leefde dertig jaren, en gewon Nahor.
²³En Serug leefde, nadat hij Nahor gewonnen had, tweehonderd jaren; en hij gewon zonen en dochteren.
²⁴En Nahor leefde negen en twintig jaren, en gewon Terah.
²⁵En Nahor leefde, nadat hij Terah gewonnen had, honderd en negentien jaren; en hij gewon zonen en dochteren.
²⁶En Terah leefde zeventig jaren, en gewon Abram, Nahor en Haran.
²⁷En deze zijn de geboorten van Terah: Terah gewon Abram, Nahor en Haran; en Haran gewon Lot.
²⁸En Haran stierf voor het aangezicht zijns vaders Terah, in het land zijner geboorte, in Ur der Chaldeeën.
²⁹En Abram en Nahor namen zich vrouwen; de naam van Abrams huisvrouw was Sarai, en de naam van Nahors huisvrouw was Milka, een dochter van Haran, vader van Milka, en vader van Jiska.
³⁰En Sarai was onvruchtbaar; zij had geen kind.
³¹En Terah nam Abram, zijn zoon, en Lot, Harans zoon, zijns zoons zoon, en Sarai, zijn schoondochter, de huisvrouw van zijn zoon Abram, en zij togen met hen uit Ur der Chaldeeën, om te gaan naar het land Kanaän; en zij kwamen tot Haran, en woonden aldaar.
³²En de dagen van Terah waren tweehonderd en vijf jaren, en Terah stierf te Haran.

Hoofdstuk 12

¹De HEERE nu had tot Abram gezegd: Ga gij uit uw land, en uit uw maagschap, en uit uws vaders huis, naar het land, dat Ik u wijzen zal.
²En Ik zal u tot een groot volk maken, en u zegenen, en uw naam groot maken; en wees een zegen!
³En Ik zal zegenen, die u zegenen, en vervloeken, die u vloekt; en in u zullen alle geslachten des aardrijks gezegend worden.
⁴En Abram toog heen, gelijk de HEERE tot hem gesproken had; en Lot toog met hem; en Abram was vijf en zeventig jaren oud, toen hij uit Haran ging.
⁵En Abram nam Sarai, zijn huisvrouw, en Lot, zijns broeders zoon, en al hun have, die zij verworven hadden, en de zielen, die zij verkregen hadden in Haran; en zij togen uit, om te gaan naar het land Kanaän, en zij kwamen in het land Kanaän.
⁶En Abram is doorgetogen in dat land, tot aan de plaats Sichem, tot aan het eikenbos More; en de Kanaänieten waren toen ter tijd in dat land.
⁷Zo verscheen de HEERE aan Abram, en zeide: Aan uw zaad zal Ik dit land geven. Toen bouwde hij aldaar een altaar den HEERE, Die hem aldaar verschenen was.
⁸En hij brak op van daar naar het gebergte, tegen het oosten van Beth-El, en hij sloeg zijn tent op, zijnde Beth-El tegen het westen, en Ai tegen het oosten; en hij bouwde aldaar den HEERE een altaar, en riep den naam des HEEREN aan.
⁹Daarna vertrok Abram, gaande en trekkende naar het zuiden.
¹⁰En er was honger in dat land; zo toog Abram af naar Egypte, om daar als een vreemdeling te verkeren, dewijl de honger zwaar was in dat land.
¹¹En het geschiedde, als hij naderde, om in Egypte te komen, dat hij zeide tot Sarai, zijn huisvrouw: Zie toch, ik weet, dat gij een vrouw zijt, schoon van aangezicht.
¹²En het zal geschieden, als u de Egyptenaars zullen zien, zo zullen zij zeggen: Dat is zijn huisvrouw; en zij zullen mij doden, en u in het leven behouden.
¹³Zeg toch: Gij zijt mijn zuster; opdat het mij wel ga om u, en mijn ziel om uwentwille.
¹⁴En het geschiedde, als Abram in Egypte kwam, dat de Egyptenaars deze vrouw zagen, dat zij zeer schoon was.
¹⁵Ook zagen haar de vorsten van Farao, en prezen haar bij Farao; en die vrouw werd weggenomen naar het huis van Farao.
¹⁶En hij deed Abram goed, om harentwil; zodat hij had schapen, en runderen, en ezelen, en knechten, en maagden, en ezelinnen, en kemelen.
¹⁷Maar de HEERE plaagde Farao met grote plagen, ook zijn huis, ter oorzake van Sarai, Abrams huisvrouw.
¹⁸Toen riep Farao Abram, en zeide: Wat is dit, dat gij mij gedaan hebt? waarom hebt gij mij niet te kennen gegeven, dat zij uw huisvrouw is?
¹⁹Waarom hebt gij gezegd: Zij is mijn zuster; zodat ik haar mij tot

Genesis

een vrouw zoude genomen hebben? en nu, zie, daar is uw huisvrouw; neem haar en ga henen!

²⁰En Farao gebood zijn mannen vanwege hem, en zij geleidden hem, en zijn huisvrouw, en alles wat hij had.

Hoofdstuk 13

¹Alzo toog Abram op uit Egypte naar het zuiden, hij en zijn huisvrouw, en al wat hij had, en Lot met hem.

²En Abram was zeer rijk, in vee, in zilver, en in goud.

³En hij ging, volgens zijn reizen, van het zuiden tot Beth-El toe, tot aan de plaats, waar zijn tent in het begin geweest was, tussen Beth-El, en tussen Ai;

⁴Tot de plaats des altaars, dat hij in het eerst daar gemaakt had; en Abram heeft aldaar den Naam des HEEREN aangeroepen.

⁵En Lot, die met Abram toog, had ook schapen, en runderen, en tenten.

⁶En dat land droeg hen niet, om samen te wonen; want hun have was vele, zodat zij samen niet konden wonen.

⁷En er was twist tussen de herders van Abrams vee, en tussen de herders van Lots vee. Ook woonden toen de Kanaänieten en Ferezieten in dat land.

⁸En Abram zeide tot Lot: Laat toch geen twisting zijn tussen mij en tussen u, en tussen mijn herders en tussen uw herders; want wij zijn mannen broeders.

⁹Is niet het ganse land voor uw aangezicht? Scheid u toch van mij; zo gij de linkerhand kiest, zo zal ik ter rechterhand gaan; en zo gij de rechterhand, zo zal ik ter linkerhand gaan.

¹⁰En Lot hief zijn ogen op, en hij zag de ganse vlakte der Jordaan, dat zij die geheel bevochtigde; eer de HEERE Sodom en Gomorra verdorven had, was zij als de hof des HEEREN, als Egypteland, als gij komt te Zoar.

¹¹Zo koos Lot voor zich de ganse vlakte der Jordaan, en Lot trok tegen het oosten; en zij werden gescheiden, de een van den ander.

¹²Abram dan woonde in het land Kanaän; en Lot woonde in de steden der vlakte, en sloeg tenten tot aan Sodom toe.

¹³En de mannen van Sodom waren boos, en grote zondaars tegen den HEERE.

¹⁴En de HEERE zeide tot Abram, nadat Lot van hem gescheiden was: Hef uw ogen op, en zie van de plaats, waar gij zijt noordwaarts en zuidwaarts, en oostwaarts en westwaarts.

¹⁵Want al dit land, dat gij ziet, zal Ik u geven, en aan uw zaad, tot in eeuwigheid.

¹⁶En Ik zal uw zaad stellen als het stof der aarde, zodat, indien iemand het stof der aarde zal kunnen tellen, zal ook uw zaad geteld worden.

¹⁷Maak u op, wandel door dit land, in zijn lengte en in zijn breedte, want Ik zal het u geven.

¹⁸En Abram sloeg tenten op, en kwam en woonde aan de eikenbossen van Mamre, die bij Hebron zijn; en hij bouwde aldaar den HEERE een altaar.

Hoofdstuk 14

¹En het geschiedde in de dagen van Amrafel, de koning van Sinear, van Arioch, de koning van Ellasar, van Kedor-Laomer, de koning van Elam, en van Tideal, den koning der volken,

²Dat zij krijg voerden tegen Bera, koning van Sodom, en met Birsa, koning van Gomorra, Sinab, koning van Adama, en Semeber, koning van Zeboïm, en de koning van Bela, dat is Zoar.

³Deze allen voegden zich samen in het dal Siddim, dat is de Zoutzee.

⁴Twaalf jaren hadden zij Kedor-Laomer gediend; maar in het dertiende jaar vielen zij af.

⁵Zo kwam Kedor-Laomer in het veertiende jaar, en de koningen, die met hem waren, en sloegen de Refaïten in Asteroth-Karnaïm, en de Zuzieten in Ham, en de Emieten in Schave-Kiriathaïm,

⁶En de Horieten op hun gebergte Seïr, tot aan het effen veld van Paran, hetwelk aan de woestijn is.

⁷Daarna keerden zij wederom, en kwamen tot En-Mispat, dat is Kades, en sloegen al het land der Amalekieten, en ook den Amoriet, die te Hazezon-Thamar woonde.

⁸Toen toog de koning van Sodom uit, en de koning van Gomorra, en de koning van Adama, en de koning van Zeboïm, en de koning van Bela, dat is Zoar; en zij stelden tegen hen slagorden in het dal Siddim,

⁹Tegen Kedor-Laomer, den koning van Elam, en Tideal, den koning der volken, en Amrafel, den koning van Sinear, en Arioch, den koning van Ellasar; vier koningen tegen vijf.

¹⁰Het dal nu van Siddim was vol lijmputten; en de koningen van Sodom en Gomorra vluchtten, en vielen aldaar; en de overgeblevenen vluchtten naar het gebergte.

¹¹En zij namen al de have van Sodom en Gomorra, en al hun spijze, en trokken weg.

¹²Ook namen zij Lot, den zoon van Abrams broeder, en zijn have, en trokken weg; want hij woonde in Sodom.

¹³Toen kwam er een, die ontkomen was, en boodschapte het aan Abram, den Hebreër, die woonachtig was aan de eikenbossen van Mamre, den Amoriet, broeder van Eskol, en broeder van Aner, welke Abrams bondgenoten waren.

¹⁴Als Abram hoorde, dat zijn broeder gevangen was, zo wapende hij zijn onderwezenen, de ingeborenen van zijn huis, driehonderd en achttien, en hij jaagde hen na tot Dan toe.

¹⁵En hij verdeelde zich tegen hen des nachts, hij en zijn knechten, en sloeg ze; en hij jaagde hen na tot Hoba toe, hetwelk is ter linkerhand van Damaskus.

¹⁶En hij bracht alle have weder, en ook Lot zijn broeder en deszelfs have bracht hij weder, als ook de vrouwen, en het volk.

¹⁷En de koning van Sodom toog uit, hem tegemoet (nadat hij wedergekeerd was van het slaan van Kedor-Laomer, en van de koningen, die met hem waren), tot het dal Schave, dat is, het dal des konings.

¹⁸En Melchizedek, koning van Salem, bracht voort brood en wijn; en hij was een priester des allerhoogsten Gods.

¹⁹En hij zegende hem, en zeide: Gezegend zij Abram Gode, de Allerhoogste, Die hemel en aarde bezit!

²⁰En gezegend zij de allerhoogste God, Die uw vijanden in uw hand geleverd heeft! En hij gaf hem de tiende van alles.

²¹En de koning van Sodom zeide tot Abram: Geef mij de zielen; maar neem de have voor u.

²²Doch Abram zeide tot den koning van Sodom: Ik heb mijn hand opgeheven tot den HEERE, den allerhoogste God, Die hemel en aarde bezit;

²³Zo ik van een draad aan tot een schoenriem toe, ja, zo ik van alles, dat het uwe is, iets neme! opdat gij niet zegt: Ik heb Abram rijk gemaakt!

²⁴Het zij buiten mij; alleen wat de jongelingen verteerd hebben, en het deel dezer mannen, die met mij getogen zijn, Aner, Eskol en Mamre, laat die hun deel nemen!

Hoofdstuk 15

¹Na deze dingen geschiedde het woord des HEEREN tot Abram in een gezicht, zeggende: Vrees niet, Abram! Ik ben u een Schild, uw Loon zeer groot.

²Toen zeide Abram: Heere, HEERE! wat zult Gij mij geven, daar ik zonder kinderen heenga en de bezorger van mijn huis is deze Damaskener Eliëzer?

³Voorts zeide Abram: Zie, mij hebt Gij geen zaad gegeven, en zie, de zoon van mijn huis zal mijn erfgenaam zijn!

⁴En ziet, het woord des HEEREN was tot hem, zeggende: Deze zal uw erfgenaam niet zijn; maar die uit uw lijf voortkomen zal, die zal uw erfgenaam zijn.

⁵Toen leidde Hij hem uit naar buiten, en zeide: Zie nu op naar den hemel, en tel de sterren, indien gij ze tellen kunt; en Hij zeide tot hem: Zo zal uw zaad zijn!

⁶En hij geloofde in den HEERE; en Hij rekende het hem tot gerechtigheid.

⁷Voorts zeide Hij tot hem: Ik ben de HEERE, Die u uitgeleid heb uit Ur der Chaldeën, om u dit land te geven, om dat erfelijk te bezitten.

⁸En hij zeide: Heere, HEERE! waarbij zal ik weten, dat ik het erfelijk bezitten zal?

⁹En Hij zeide tot hem: Neem Mij een driejarige vaars, en een driejarige geit, en een driejarige ram, en een tortelduif, en een jonge duif.

¹⁰En hij bracht Hem deze alle, en hij deelde ze middendoor, en hij legde elks deel tegen het andere over; maar het gevogelte deelde hij niet.

¹¹En het wild gevogelte kwam neder op het aas; maar Abram joeg het weg.

¹²En het geschiedde, als de zon was aan het ondergaan, zo viel een diepe slaap op Abram; en ziet, een schrik, en grote duisternis viel op hem.

¹³Toen zeide Hij tot Abram: Weet voorzeker, dat uw zaad vreemd zal zijn in een land, dat het hunne niet is, en zij zullen hen dienen, en zij zullen hen verdrukken vierhonderd jaren.

¹⁴Doch Ik zal het volk ook rechten, hetwelk zij zullen dienen; en daarna zullen zij uittrekken met grote have.

¹⁵En gij zult tot uw vaderen gaan met vrede; gij zult in goeden ouderdom begraven worden.

¹⁶En het vierde geslacht zal herwaarts wederkeren; want de ongerechtigheid der Amorieten is tot nog toe niet volkomen.

¹⁷En het geschiedde, dat de zon onderging en het duister werd, en ziet, daar was een rokende oven en vurige fakkel, die tussen die stukken doorging.

¹⁸Ten zelfden dage maakte de HEERE een verbond met Abram, zeggende: Aan uw zaad heb Ik dit land gegeven, van de rivier van Egypte af, tot aan die grote rivier, de rivier Frath:

¹⁹Den Keniet, en den Keniziet, en den Kadmoniet,

²⁰En den Hethiet, en den Fereziet, en de Refaieten,

²¹En den Amoriet, en den Kanaaniet, en den Girgaziet, en den Jebusiet.

Hoofdstuk 16

¹Doch Sarai, Abrams huisvrouw, baarde hem niet; en zij had een Egyptische dienstmaagd, welker naam was Hagar.

²Zo zeide Sarai tot Abram: Zie toch, de HEERE heeft mij toegesloten, dat ik niet bare; ga toch in tot mijn dienstmaagd, misschien zal ik uit haar gebouwd worden. En Abram hoorde naar de stem van Sarai.

³Zo nam Sarai, Abrams huisvrouw, de Egyptische Hagar, haar dienstmaagd, teneinde van tien jaren, welke Abram in het land Kanaän gewoond had, en zij gaf haar aan Abram, haar man, hem tot een vrouw.

⁴En hij ging in tot Hagar, en zij ontving. Als zij nu zag, dat zij ontvangen had, zo werd haar vrouw veracht in haar ogen.

⁵Toen zeide Sarai tot Abram: Mijn ongelijk is op u; ik heb mijn dienstmaagd in uw schoot gegeven; nu zij ziet, dat zij ontvangen heeft, zo ben ik veracht in haar ogen; de HEERE rechte tussen mij en tussen u!

⁶En Abram zeide tot Sarai: Zie uw dienstmaagd is in uw hand; doe haar, wat goed is in uw ogen. En Sarai vernederde haar, en zij vluchtte van haar aangezicht.

⁷En de Engel des HEEREN vond haar aan een waterfontein in de woestijn, aan de fontein op den weg van Sur.

⁸En hij zeide: Hagar, gij, dienstmaagd van Sarai! van waar komt gij, en waar zult gij heengaan? En zij zeide: Ik ben vluchtende van het aangezicht mijner vrouw Sarai!

⁹Toen zeide de Engel des HEEREN tot haar: Keer weder tot uw vrouw, en verneder u onder haar handen.

¹⁰Voorts zeide de Engel des HEEREN tot haar: Ik zal uw zaad grotelijks vermenigvuldigen, zodat het vanwege de menigte niet zal geteld worden.

¹¹Ook zeide des HEEREN Engel tot haar: Zie, gij zijt zwanger, en zult een zoon baren, en gij zult zijn naam Ismael noemen, omdat de HEERE uw verdrukking aangehoord heeft.

¹²En hij zal een woudezel van een mens zijn; zijn hand zal tegen allen zijn, en de hand van allen tegen hem; en hij zal wonen voor het aangezicht van al zijn broederen.

¹³En zij noemde den Naam des HEEREN, Die tot haar sprak: Gij, God des aanziens! want zij zeide: Heb ik ook hier gezien naar Dien, Die mij aanziet?

¹⁴Daarom noemde men dien put, den put Lachai-Roi; ziet, hij is tussen Kades en tussen Bered.

¹⁵En Hagar baarde Abram een zoon; en Abram noemde den naam zijns zoons, die Hagar gebaard had, Ismael.

¹⁶En Abram was zes en tachtig jaren oud, toen Hagar Ismael aan Abram baarde.

Hoofdstuk 17

¹Als nu Abram negen en negentig jaren oud was, zo verscheen de HEERE aan Abram, en zeide tot hem: Ik ben God, de Almachtige! Wandel voor Mijn aangezicht, en zijt oprecht!

²En Ik zal Mijn verbond stellen tussen Mij en tussen u, en Ik zal u gans zeer vermenigvuldigen.

³Toen viel Abram op zijn aangezicht, en God sprak met hem, zeggende:

⁴Mij aangaande, zie, Mijn verbond is met u; en gij zult tot een vader van menigte der volken worden!

⁵En uw naam zal niet meer genoemd worden Abram; maar uw naam zal wezen Abraham; want Ik heb u gesteld tot een vader van menigte der volken.

⁶En Ik zal u gans zeer vruchtbaar maken, en Ik zal u tot volken stellen, en koningen zullen uit u voortkomen.

⁷En Ik zal Mijn verbond oprichten tussen Mij en tussen u, en tussen uw zaad na u in hun geslachten, tot een eeuwig verbond, om u te zijn tot een God, en uw zaad na u.

⁸En Ik zal u, en uw zaad na u, het land uwer vreemdelingschappen geven, het gehele land Kanaän, tot eeuwige bezitting; en Ik zal hun tot een God zijn.

⁹Voorts zeide God tot Abraham: Gij nu zult Mijn verbond houden, gij, en uw zaad na u, in hun geslachten.

¹⁰Dit is Mijn verbond, dat gijlieden houden zult tussen Mij en tussen u, en tussen uw zaad na u: dat al wat mannelijk is, u besneden worde.

¹¹En gij zult het vlees uwer voorhuid besnijden; en dat zal tot een teken zijn van het verbond tussen Mij en tussen u.

¹²Een zoontje dan van acht dagen zal u besneden worden, al wat mannelijk is in uw geslachten: de ingeborene van het huis, en de gekochte met geld van allen vreemde, welke niet is van uw zaad;

¹³De ingeborene van uw huis, en de gekochte met uw geld zal zekerlijk besneden worden; en Mijn verbond zal zijn in ulieder vlees, tot een eeuwig verbond.

¹⁴En wat mannelijk is, de voorhuid hebbende, wiens voorhuids vlees niet zal besneden worden, dezelve ziel zal uit haar volken uitgeroeid worden; hij heeft Mijn verbond gebroken.

¹⁵Nog zeide God tot Abraham: Gij zult den naam van uw huisvrouw Sarai, niet Sarai noemen; maar haar naam zal zijn Sara.

¹⁶Want Ik zal haar zegenen, en u ook uit haar een zoon geven; ja, Ik zal haar zegenen, zodat zij tot volken worden zal: koningen der volken zullen uit haar worden!

¹⁷Toen viel Abraham op zijn aangezicht, en hij lachte; en hij zeide in zijn hart: Zal een, die honderd jaren oud is, een kind geboren worden; en zal Sara, die negentig jaren oud is, baren?

¹⁸En Abraham zeide tot God: Och, dat Ismael mocht leven voor Uw aangezicht!

¹⁹En God zeide: Voorwaar, Sara, uw huisvrouw, zal u een zoon baren, en gij zult zijn naam noemen Izak; en Ik zal Mijn verbond met hem oprichten, tot een eeuwig verbond zijn zade na hem.

²⁰En aangaande Ismael heb Ik u verhoord; zie, Ik heb hem gezegend, en zal hem vruchtbaar maken, en hem gans zeer vermenigvuldigen; twaalf vorsten zal hij gewinnen, en Ik zal hem tot een groot volk stellen;

²¹Maar Mijn verbond zal Ik met Izak oprichten, die u Sara op dezen gezetten tijd in het andere jaar baren zal.

²²En Hij eindigde met hem te spreken, en God voer op van Abraham.

²³Toen nam Abraham zijn zoon Ismael, en al de ingeborenen van zijn huis, en alle gekochten met zijn geld, al wat mannelijk was onder de lieden van het huis van Abraham, en hij besneed het vlees hunner voorhuid, even ten zelfden dage, gelijk als God met hem gesproken had.

²⁴En Abraham was oud negen en negentig jaren, als hem het vlees zijner voorhuid besneden werd.

²⁵En Ismael, zijn zoon, was dertien jaren oud, als hem het vlees zijner voorhuid besneden werd.

²⁶Even op dezen zelfden dag werd Abraham besneden, en Ismael, zijn zoon.

²⁷En alle mannen van zijn huis, de ingeborenen des huizes, en de gekochten met geld, van den vreemde af, werden met hem besneden.

Hoofdstuk 18

¹Daarna verscheen hem de HEERE aan de eikenbossen van Mamre, als hij in de deur der tent zat, toen de dag heet werd.

²En hij hief zijn ogen op en zag; en ziet, daar stonden drie mannen tegenover hem; als hij hen zag, zo liep hij hun tegemoet van de deur der tent, en boog zich ter aarde.

³En hij zeide: Heere! heb ik nu genade gevonden in Uw ogen, zo gaat toch niet aan Uw knecht voorbij.

⁴Dat toch een weinig waters gebracht worde, en wast Uw voeten, en leunt onder dezen boom.

⁵En ik zal een bete broods langen, dat Gij Uw hart sterkt; daarna zult Gij voortgaan, daarom omdat Gij tot Uw knecht overgekomen zijt. En zij zeiden: Doe zo als gij gesproken hebt.

⁶En Abraham haastte zich naar de tent tot Sara, en hij zeide: Haast u; kneed drie maten meelbloem, en maak koeken.

⁷En Abraham liep tot de runderen, en hij nam een kalf, teder en goed, en hij gaf het aan den knecht, die haastte, om dat toe te maken.

⁸En hij nam boter en melk, en het kalf, dat hij toegemaakt had, en hij zette het hun voor, en stond bij hen onder dien boom, en zij aten.

⁹Toen zeiden zij tot hem: Waar is Sara, uw huisvrouw? En hij zeide: Ziet, in de tent.

¹⁰En Hij zeide: Ik zal voorzeker weder tot u komen, omtrent dezen tijd des levens; en zie, Sara, uw huisvrouw, zal een zoon hebben! En Sara hoorde het aan de deur der tent, welke achter Hem was.

¹¹Abraham nu en Sara waren oud, en wel bedaagd; het had Sara opgehouden te gaan naar de wijze der vrouwen.

Genesis

¹²Zo lachte Sara bij zichzelve, zeggende: Zal ik wellust hebben, nadat ik oudgeworden ben, en mijn heer oud is?

¹³En de HEERE zeide tot Abraham: Waarom heeft Sara gelachen, zeggende: Zou ik ook waarlijk baren, nu ik oud geworden ben?

¹⁴Zou iets voor den HEERE te wonderlijk zijn? Ter gezetter tijd zal Ik tot u wederkomen, omtrent dezen tijd des levens, en Sara zal een zoon hebben!

¹⁵En Sara loochende het, zeggende: Ik heb niet gelachen; want zij vreesde. En Hij zeide: Neen! maar gij hebt gelachen.

¹⁶Toen stonden die mannen op van daar, en zagen naar Sodom toe; en Abraham ging met hen, om hen te geleiden.

¹⁷En de HEERE zeide: Zal Ik voor Abraham verbergen, wat Ik doe?

¹⁸Dewijl Abraham gewisselijk tot een groot en machtig volk worden zal, en alle volken der aarde in hem gezegend zullen worden?

¹⁹Want Ik heb hem gekend, opdat hij zijn kinderen en zijn huis na hem zoude bevelen, en zij den weg des HEEREN houden, om te doen gerechtigheid en gerichte; opdat de HEERE over Abraham brenge, hetgeen Hij over hem gesproken heeft.

²⁰Voorts zeide de HEERE: Dewijl het geroep van Sodom en Gomorra groot is, endewijl haar zonde zeer zwaar is,

²¹Zal Ik nu afgaan en bezien, of zij naar hun geroep, dat tot Mij gekomen is, het uiterste gedaan hebben, en zo niet, Ik zal het weten.

²²Toen keerden die mannen het aangezicht van daar, en gingen naar Sodom; maar Abraham bleef nog staande voor het aangezicht des HEEREN.

²³En Abraham trad toe, en zeide: Zult Gij ook den rechtvaardige met den goddeloze ombrengen?

²⁴Misschien zijn er vijftig rechtvaardigen in de stad; zult Gij hen ook ombrengen, en de plaats niet sparen, om de vijftig rechtvaardigen, die binnen haar zijn?

²⁵Het zij verre van U, zulk een ding te doen, te doden den rechtvaardige met den goddeloze! dat de rechtvaardige zij gelijk de goddeloze, verre zij het van U! zoude Rechter der ganse aarde geen recht doen?

²⁶Toen zeide de HEERE: Zo Ik te Sodom binnen de stad vijftig rechtvaardigen zal vinden, zo zal Ik de ganse plaats sparen om hunnentwil.

²⁷En Abraham antwoordde en zeide: Zie toch; ik heb mij onderwonden te spreken tot den Heere, hoewel ik stof en as ben!

²⁸Misschien zullen aan de vijftig rechtvaardigen vijf ontbreken; zult Gij dan om vijfde ganse stad verderven? En Hij zeide: Ik zal haar niet verderven, zo Ik er vijf en veertig zal vinden.

²⁹En hij voer voort nog tot Hem te spreken, en zeide: Misschien zullen aldaar veertig gevonden worden! En Hij zeide: Ik zal het niet doen om der veertigen wil.

³⁰Voorts zeide hij: Dat toch de Heere niet ontsteke, dat ik spreke; misschien zullen aldaar dertig gevonden worden! En Hij zeide: Ik zal het niet doen, zo Ik aldaar dertig zal vinden.

³¹En hij zeide: Zie toch, ik heb mij onderwonden te spreken tot de Heere; misschien zullen er twintig gevonden worden! En Hij zeide: Ik zal haar niet verderven om der twintigen wil.

³²Nog zeide hij: Dat toch de Heere niet ontsteke, dat ik alleenlijk ditmaal spreke: misschien zullen er tien gevonden worden. En Hij zeide: Ik zal haar niet verderven om der tienen wil.

³³Toen ging de HEERE weg, als Hij geeindigd had tot Abraham te spreken; en Abraham keerde weder naar zijn plaats.

Hoofdstuk 19

¹En die twee engelen kwamen te Sodom in den avond; en Lot zat in de poort te Sodom; en als Lot hen zag, stond hij op hun tegemoet, en boog zich met het aangezicht ter aarde.

²En hij zeide: Ziet nu, mijne heren! keert toch in ten huize van uw knecht, en vernacht, en wast uw voeten; en gij zult vroeg opstaan, en gaan uws weegs. En zij zeiden: Neen, maar wij zullen op de straat vernachten.

³En hij hield bij hen zeer aan, zodat zij tot hem inkeerden, en kwamen in zijn huis; en hij maakte hun een maaltijd, en bakte ongezuurde koeken, en zij aten.

⁴Eer zij zich te slapen legden, zo hebben de mannen dier stad, de mannen van Sodom, van den jongste tot den oudste toe, dat huis omsingeld, het ganse volk, van het uiterste einde af.

⁵En zij riepen Lot toe, en zeiden tot hem: Waar zijn die mannen, die deze nacht tot u gekomen zijn? breng hen uit tot ons, opdat wij ze bekennen.

⁶Toen ging Lot uit tot hen aan de deur, en hij sloot de deur achter zich toe;

⁷En hij zeide: Mijn broeders! doet toch geen kwaad!

⁸Ziet toch, ik heb twee dochters, die geen man bekend hebben; ik zal haar nu tot uuitbrengen, en doet haar, zoals het goed is in uw ogen; alleenlijk doet dezen mannen niets; want daarom zijn zij onder de schaduw mijns daks ingegaan.

⁹Toen zeiden zij: Kom verder aan! Voorts zeiden zij: Deze ene is gekomen, om als vreemdeling hier te wonen, en zoude hij allerszins rechter zijn? Nu zullen wij u meer kwaads doen, dan hun. En zij drongen zeer op den man, op Lot, en zij traden toe om de deur open te breken.

¹⁰Doch die mannen staken hun hand uit, en deden Lot tot zich inkomen in het huis, en sloten de deur toe.

¹¹En zij sloegen de mannen, die aan de deur van het huis waren, met verblindheden, van den kleinste tot aan den grootste, zodat zij moede werden, om de deur te vinden.

¹²Toen zeiden die mannen tot Lot: Wien hebt gij hier nog meer? een schoonzoon, of uw zonen, of uw dochteren, en allen, die gij hebt in deze stad, breng uit deze plaats;

¹³Want wij gaan deze plaats verderven, omdat haar geroep groot geworden is voor het aangezicht des HEEREN, en de HEERE ons uitgezonden heeft, om haar te verderven.

¹⁴Toen ging Lot uit, en sprak tot zijn schoonzonen, die zijn dochteren nemen zouden, en zeide: Maakt u op, gaat uit deze plaats; want de HEERE gaat deze stad verderven. Maar hij was in de ogen zijner schoonzonen als jokkende.

¹⁵En als de dageraad opging, drongen de engelen Lot aan, zeggende: Maak u op, neem uw huisvrouw, en uw twee dochteren, die voorhanden zijn, opdat gij in de ongerechtigheid dezer stad niet omkomt.

¹⁶Maar hij vertoefde; zo grepen dan die mannen zijn hand, en de hand zijner vrouw, en de hand zijner twee dochteren, om de verschoning des HEEREN over hem; en zij brachten hem uit, en stelden hem buiten de stad.

¹⁷En het geschiedde als zij hen uitgebracht hadden naar buiten, zo zeide Hij: behoud u om uws levens wil; zie niet achter u om, en sta niet op deze ganse vlakte; behoud u naar het gebergte heen, opdat gij niet omkomt.

¹⁸En Lot zeide tot hen: Neen toch, Heere!

¹⁹Zie toch, Uw knecht heeft genade gevonden in Uw ogen, en Gij hebt Uw weldadigheid groot gemaakt, die Gij aan mij gedaan hebt, om mijn ziel te behouden bij het leven; maar ik zal niet kunnen behouden worden naar het gebergte heen, opdat mij niet misschien dat kwaad aankleve, en ik sterve!

²⁰Ziet toch, deze stad is nabij, om derwaarts te vluchten, en zij is klein; laat mij toch derwaarts behouden worden (is zij niet klein?) opdat mijn ziel leve.

²¹En Hij zeide tot hem: Zie, Ik heb uw aangezicht opgenomen ook in deze zaak, dat Ik deze stad niet omkere waarvan gij gesproken hebt.

²²Haast, behoud u derwaarts; want Ik zal niets kunnen doen, totdat gij daarhenen ingekomen zijt. Daarom noemde men den naam dezer stad Zoar.

²³De zon ging op boven de aarde, als Lot te Zoar inkwam.

²⁴Toen deed de HEERE zwavel en vuur over Sodom en Gomorra regenen, van den HEERE uit den hemel.

²⁵En Hij keerde deze steden om, en die ganse vlakte, en alle inwoners dezer steden, ook het gewas des lands.

²⁶En zijn huisvrouw zag om van achter hem; en zij werd een zoutpilaar.

²⁷En Abraham maakte zich deszelven morgens vroeg op, naar de plaats, waar hij voor het aangezicht des HEEREN gestaan had.

²⁸En hij zag naar Sodom en Gomorra toe, en naar het ganse land van die vlakte; en hij zag, en ziet, er ging een rook van het land op, gelijk de rook eens ovens.

²⁹En het geschiedde, toen God de steden dezer vlakte verdierf, dat God aan Abraham gedacht, en Hij leidde Lot uit het midden dezer omkering, in het omkeren dier steden, in welke Lot gewoond had.

³⁰En Lot toog op uit Zoar, en woonde op den berg, en zijn twee dochters met hem; want hij vreesde binnen Zoar te wonen. En hij woonde in een spelonk, hij en zijn twee dochters.

³¹Toen zeide de eerstgeborene tot de jongste: Onze vader is oud, en er is geen man in dit land, om tot ons in te gaan, naar de wijze der ganse aarde.

³²Kom, laat ons onze vader wijn te drinken geven, en bij hem liggen, opdat wij van onze vader zaad in het leven behouden.

³³En zij gaven dien nacht haar vader wijn te drinken; en de eerstgeborene kwam, en lag bij haar vader, en hij werd het niet gewaar in haar nederliggen, noch in haar opstaan.

³⁴En het geschiedde des anderen daags, dat de eerstgeborene zeide tot de jongste: Zie, ik heb gisteren nacht bij mijn vader gelegen; laat ons ook dezen nacht hem wijn te drinken geven; ga dan in, lig bij hem, opdat

wij van onzen vader zaad inhet leven behouden.

³⁵En zij gaven haar vader ook dien nacht wijn te drinken, en de jongste stond op, en lag bij hem. En hij werd het niet gewaar in haar nederliggen, noch in haaropstaan.

³⁶En de twee dochters van Lot werden bevrucht van haar vader.

³⁷En de eerstgeborene baarde een zoon, en noemde zijn naam Moab; deze is devader der Moabieten, tot op dezen dag.

³⁸En de jongste baarde ook een zoon, en noemde zijn naam Ben-Ammi; deze is devader der kinderen Ammons, tot op dezen dag.

Hoofdstuk 20

¹En Abraham reisde van daar naar het land van het zuiden, en woonde tussenKades en tussen Sur; en hij verkeerde als vreemdeling te Gerar.

²Als nu Abraham van Sara, zijn huisvrouw, gezegd had: Zij is mijn zuster, zo zondAbimelech, de koning van Gerar, en nam Sara weg.

³Maar God kwam tot Abimelech in een droom des nachts, en Hij zeide tot hem:Zie, gij zijt dood om der vrouwe wil, die gij weggenomen hebt; want zij is met eenman getrouwd.

⁴Doch Abimelech was tot haar niet genaderd; daarom zeide hij: Heere! zult Gij danook een rechtvaardig volk doden?

⁵Heeft hij zelf mij niet gezegd: Zij is mijn zuster? en zij, ook zij heeft gezegd: Hij ismijn broeder. In oprechtheid mijns harten en in reinheid mijner handen, heb ik ditgedaan.

⁶En God zeide tot hem in den droom: Ik heb ook geweten, dat gij dit inoprechtheid uws harten gedaan hebt, en Ik heb u ook belet van tegen Mij tezondigen; daarom heb Ik u niet toegelaten, haar aan te roeren.

⁷Zo geef dan nu dezes mans huisvrouw weder; want hij is een profeet, en hij zalvoor u bidden, opdat gij leeft; maar zo gij haar niet wedergeeft, weet, dat gijvoorzeker sterven zult, gij, en al wat uwes is!

⁸Toen stond Abimelech des morgens vroeg op, en riep al zijn knechten, en sprakal deze woorden voor hun oren. En die mannen vreesden zeer.

⁹En Abimelech riep Abraham, en zeide tot hem: Wat hebt gij ons gedaan? en watheb ik tegen u gezondigd, dat gij over mij en over mijn koninkrijk een grote zondegebracht hebt? gij hebt daden met mij gedaan, die niet zouden gedaan worden.

¹⁰Voorts zeide Abimelech tot Abraham: Wat hebt gij gezien, dat gij deze zaakgedaan hebt?

¹¹En Abraham zeide: Want ik dacht: alleen is de vreze Gods in deze plaats niet, zodat zij mij om mijner huisvrouw wil zullen doden.

¹²En ook is zij waarlijk mijn zuster; zij is mijns vaders dochter, maar niet mijnermoeder dochter; en zij is mij ter vrouwe geworden.

¹³En het is geschied, als God mij uit mijns vaders huis deed dwalen, zo sprak ik tothaar: Dit zij uw weldadigheid, die gij bij mij doen zult; aan alle plaatsen waar wijkomen zullen, zeg van mij: Hij is mijn broeder!

¹⁴Toen nam Abimelech schapen en runderen, ook dienstknechten endienstmaagden, en gaf dezelve aan Abraham; en hij gaf hem Sara zijn huisvrouwweder.

¹⁵En Abimelech zeide: Zie, mijn land is voor uw aangezicht; woon, waar het goed isin uw ogen.

¹⁶En tot Sara zeide hij: Zie, ik heb uw broeder duizend zilverlingen gegeven; zie, hijzij u een deksel der ogen, allen, die met u zijn, ja, bij allen, en wees geleerd.

¹⁷En Abraham bad tot God; en God genas Abimelech, en zijn huisvrouw, en zijndienstmaagden, zodat zij baarden.

¹⁸Want de HEERE had al de baarmoeders van het huis van Abimelech ganselijktoegesloten, ter oorzake van Sara, Abrahams huisvrouw.

Hoofdstuk 21

¹En de HEERE bezocht Sara, gelijk als Hij gezegd had; en de HEERE deed aanSara gelijk als Hij gesproken had.

²En Sara werd bevrucht, en baarde Abraham een zoon in zijn ouderdom, tergezetter tijd, dien hem God gezegd had.

³En Abraham noemde den naam zijns zoons, dien hem geboren was, dien hemSara gebaard had, Izak.

⁴En Abraham besneed zijn zoon Izak, zijnde acht dagen oud, gelijk als hem Godgeboden had.

⁵En Abraham was honderd jaren oud, als hem Izak zijn zoon geboren werd.

⁶En Sara zeide: God heeft mij een lachen gemaakt; al die het hoort, zal met mijlachen.

⁷Voorts zeide zij: Wie zou Abraham gezegd hebben: Sara heeft zonen gezoogd?want ik heb een zoon gebaard in zijn ouderdom.

⁸En het kind werd groot, en werd gespeend; toen maakte Abraham een grotenmaaltijd op den dag, als Izak gespeend werd.

⁹En Sara zag den zoon van Hagar, de Egyptische, dien zij Abraham gebaard had, spottende.

¹⁰En zij zeide tot Abraham: Drijf deze dienstmaagd en haar zoon uit; want de zoondezer dienstmaagd zal met mijn zoon, met Izak, niet erven.

¹¹En dit woord was zeer kwaad in Abrahams ogen, ter oorzake van zijn zoon.

¹²Maar God zeide tot Abraham: Laat het niet kwaad zijn in uw ogen, over denjongen, en over uw dienstmaagd; al wat Sara tot u zal zeggen, hoor naar haarstem; want in Izak zal uw zaad genoemd worden.

¹³Doch Ik zal ook den zoon dezer dienstmaagd tot een volk stellen, omdat hij uwzaad is.

¹⁴Toen stond Abraham des morgens vroeg op, en nam brood, en een fles water, engaf ze aan Hagar, die leggende op haar schouder; ook gaf hij haar het kind, enzond haar weg. En zij ging voort, en dwaalde in de woestijn Ber-seba.

¹⁵Als nu het water van de fles uit was, zo wierp zij het kind onder een van destruiken.

¹⁶En zij ging en zette zich tegenover, afgaande zo verre, als die met de boogschieten; want zij zeide: Dat ik het kind niet zie sterven; en zij zat tegenover, enhief haar stem op, en weende.

¹⁷En God hoorde de stem van den jongen; en de Engel Gods riep Hagar toe uit denhemel, en zeide tot haar: Wat is u, Hagar? Vrees niet; want God heeft naar desjongens stem gehoord, ter plaatse, waar hij is.

¹⁸Sta op, hef den jongen op, en houd hem vast met uwe hand; want Ik zal hem toteen groot volk stellen.

¹⁹En God opende haar ogen, dat zij een waterput zag; en zij ging, en vulde de flesmet water, en gaf den jongen te drinken.

²⁰En God was met den jongen; en hij werd groot, en hij woonde in de woestijn, enwerd een boogschutter.

²¹En hij woonde in de woestijn Paran; en zijn moeder nam hem een vrouw uitEgypteland.

²²Voorts geschiedde het ter zelfder tijd, dat Abimelech, mitsgaders Pichol, zijnkrijgsoverste, tot Abraham sprak, zeggende: God is met u in alles, wat gij doet.

²³Zo zweer mij nu hier bij God: Zo gij mij, of mijn zoon, of mijn neef liegen zult!naar de weldadigheid, die ik bij u gedaan heb, zult gij doen bij mij, en bij het land, waarin gij als vreemdeling verkeert.

²⁴En Abraham zeide: Ik zal zweren.

²⁵En Abraham berispte Abimelech ter oorzake van een waterput, die Abimelechsknechten met geweld genomen hadden.

²⁶Toen zeide Abimelech: Ik heb niet geweten, wie dit stuk gedaan heeft; en ookhebt gij het mij niet aangezegd, en ik heb er ook niet van gehoord, dan heden.

²⁷En Abraham nam schapen en runderen, en gaf die aan Abimelech; en die beidenmaakten een verbond.

²⁸Doch Abraham stelde zeven ooilammeren der kudde bijzonder.

²⁹Zo zeide Abimelech tot Abraham: Wat zullen hier deze zeven ooilammeren, die gijbijzonder gesteld hebt?

³⁰En hij zeide: Dat gij de zeven ooilammeren van mijn hand nemen zult, opdat hetmij tot een getuigenis zij, dat ik dezen put gegraven heb.

³¹Daarom noemde men die plaats Ber-seba, omdat die beiden daar gezworenhadden.

³²Alzo maakten zij een verbond te Ber-seba. Daarna stond Abimelech op, enPichol, zijn krijgsoverste, en zij keerden wederom naar het land der Filistijnen.

³³En hij plantte een bos in Ber-seba, en riep aldaar den Naam des HEEREN, deseeuwigen Gods, aan.

³⁴En Abraham woonde als vreemdeling vele dagen in het land der Filistijnen.

Hoofdstuk 22

¹En het geschiedde na deze dingen, dat God Abraham verzocht; en Hij zeide tothem: Abraham! en hij zeide: Zie, hier ben ik!

²En Hij zeide: Neem nu uw zoon, uw enige, dien gij liefhebt, Izak, en ga heen naarhet land Moria, en offer hem aldaar tot een brandoffer, op een van de bergen, dien Ik u zeggen zal.

³Toen stond Abraham des morgens vroeg op, en zadelde zijn ezel, en nam tweevan zijn jongeren met zich, en Izak zijn zoon; en hij kloofde hout tot hetbrandoffer, en maakte zich op, en ging naar de plaats, die God hem gezegd had.

⁴Aan den derden dag, toen hief Abraham zijn ogen op, en zag die plaats van verre.

⁵En Abraham zeide tot zijn jongeren: Blijft gij hier met den ezel,

Genesis

en ik en de jongen zullen heengaan tot daar; als wij aangebeden zullen hebben, dan zullen wij tot u wederkeren.

⁶En Abraham nam het hout des brandoffers, en legde het op Izak, zijn zoon; en hij nam het vuur en het mes in zijn hand, en zij beiden gingen samen.

⁷Toen sprak Izak tot Abraham, zijn vader, en zeide: Mijn vader! En hij zeide: Zie, hier ben ik, mijn zoon! En hij zeide: Zie het vuur en het hout; maar waar is het lam tot het brandoffer?

⁸En Abraham zeide: God zal Zichzelven een lam ten brandoffer voorzien, mijn zoon! Zo gingen zij beiden samen.

⁹En zij kwamen ter plaatse, die hem God gezegd had; en Abraham bouwde aldaar een altaar, en hij schikte het hout, en bond zijn zoon Izak, en legde hem op het altaar boven op het hout.

¹⁰En Abraham strekte zijn hand uit, en nam het mes om zijn zoon te slachten.

¹¹Maar de Engel des HEEREN riep tot hem van den hemel en zeide: Abraham, Abraham! En hij zeide: Zie, hier ben ik!

¹²Toen zeide Hij: Strek uw hand niet uit aan den jongen, en doe hem niets! want nu weet Ik, dat gij God vrezende zijt, en uw zoon, uw enige, van Mij niet hebt onthouden.

¹³Toen hief Abraham zijn ogen op, en zag om, en ziet, achter was een ram in de verwarde struiken vast met zijn hoornen; en Abraham ging, en nam dien ram, en offerde hem ten brandoffer in zijns zoons plaats.

¹⁴En Abraham noemde den naam van die plaats: De HEERE zal het voorzien! Waarom heden ten dage gezegd wordt: Op den berg des HEEREN zal het voorzien worden!

¹⁵Toen riep de Engel des HEEREN tot Abraham ten tweeden male van den hemel;

¹⁶En zeide: Ik zweer bij Mijzelven, spreekt de HEERE; daarom dat gij deze zaak gedaan hebt, en úw zoon, uw enige, niet onthouden hebt;

¹⁷Voorzeker zal Ik u grotelijks zegenen, en uw zaad zeer vermenigvuldigen, als de sterren des hemels, en als het zand, dat aan den oever der zee is; en uw zaad zal de poorten zijner vijanden erfelijk bezitten.

¹⁸En in uw zaad zullen gezegend worden alle volken der aarde, naardien gij Mijn stem gehoorzaam geweest zijt.

¹⁹Toen keerde Abraham weder tot zijn jongeren, en zij maakten zich op, en zij gingen samen naar Ber-seba; en Abraham woonde te Ber-seba.

²⁰En het geschiedde na deze dingen, dat men Abraham boodschapte, zeggende: Zie, Milka heeft ook Nahor, uw broeder, zonen gebaard:

²¹Uz, zijn eerstgeborene, en Buz, zijn broeder, en Kemuel, de vader van Aram,

²²En Chesed, en Hazo, en Pildas, en Jidlaf, en Bethuel;

²³(En Bethuel gewon Rebekka) deze acht baarde Milka aan Nahor, den broeder van Abraham.

²⁴En zijn bijwijf, welker naam was Reuma, diezelve baarde ook Tebah, en Gaham, en Tahas, en Maacha.

Hoofdstuk 23

¹En het leven van Sara was honderd zeven en twintig jaren; dit waren de jaren des levens van Sara.

²En Sara stierf te Kiriath-Arba, dat is Hebron, in het land Kanaän; en Abraham kwam om Sara te beklagen, en haar te bewenen.

³Daarna stond Abraham op van het aangezicht van zijner dode, en hij sprak tot de zonen Heths, zeggende:

⁴Ik ben een vreemdeling en inwoner bij u; geef mij een erfbegrafenis bij u, opdat ik mijn dode van voor mijn aangezicht begrave.

⁵En de zonen Heths antwoordden Abraham, zeggende tot hem:

⁶Hoor ons, mijn heer! gij zijt een vorst Gods in het midden van ons; begraaf uw dode in de keure onzer graven; niemand van ons zal zijn graf voor u weren, dat gij uw dode niet zoudt begraven.

⁷Toen stond Abraham op, en boog zich neder voor het volk des lands, voor de zonen Heths;

⁸En hij sprak met hen, zeggende: Is het met uw wil, dat ik mijn dode begrave van voor mijn aangezicht; zo hoort mij, en spreekt voor mij bij Efron, den zoon van Zohar,

⁹Dat hij mij geve de spelonk van Machpela, die hij heeft, die in het einde van zijn akker is, dat hij dezelve mij om het volle geld geve, tot een erfbegrafenis in het midden van u.

¹⁰Efron nu zat in het midden van de zonen Heths; en Efron de Hethiet antwoordde Abraham, voor de oren van de zonen Heths, van al degenen, die ter poorte zijner stad ingingen, zeggende:

¹¹Neen, mijn heer! hoor mij; den akker geef ik u; ook de spelonk, die daarin is, die geef ik u; voor de ogen van de zonen mijns volks geef ik u die; begraaf uw dode.

¹²Toen boog zich Abraham neder voor het aangezicht van het volk des lands;

¹³En hij sprak tot Efron, voor de oren van het volk des lands, zeggende: Trouwens, zijt gij het? lieve, hoor mij; ik zal het geld des akkers geven; neem het van mij, zo zal ik mijn dode aldaar begraven.

¹⁴En Efron antwoordde Abraham, zeggende tot hem:

¹⁵Mijn heer! hoor mij; een land van vierhonderd sikkelen zilvers, wat is dat tussen mij en tussen u? begraaf slechts uw dode.

¹⁶En Abraham luisterde naar Efron; en Abraham woog Efron het geld, waarvan hij gesproken had voor de oren van de zonen Heths, vierhonderd sikkelen zilvers, onder den koopman gangbaar.

¹⁷Alzo werd de akker van Efron, die in Machpela was, dat tegenover Mamre lag, de akker en de spelonk, die daarin was, en al het geboomte, dat op den akker stond, dat rondom in zijn ganse landpale was gevestigd,

¹⁸Aan Abraham tot een bezitting, voor de ogen van de zonen Heths, bij allen, die tot zijn stadspoort ingingen.

¹⁹En daarna begroef Abraham zijn huisvrouw Sara in de spelonk des akkers van Machpela, tegenover Mamre, hetwelk is Hebron, in het land Kanaän.

²⁰Alzo werd die akker, en de spelonk die daarin was, aan Abraham gevestigd tot een erfbegrafenis van de zonen Heths.

Hoofdstuk 24

¹Abraham nu was oud, en wel bedaagd; en de HEERE had Abraham in alles gezegend.

²Zo sprak Abraham tot zijn knecht, den oudste van zijn huis, regerende over alles, wat hij had: Leg toch uw hand onder mijn heup,

³Opdat ik u doe zweren bij den HEERE, den God des hemels, en den God der aarde, dat gij voor mijn zoon geen vrouw nemen zult van de dochteren der Kanaänieten, in het midden van welke ik woon;

⁴Maar dat gij naar mijn land, en naar mijn maagschap trekken, en voor mijn zoon Izak een vrouw nemen zult.

⁵En die knecht zeide tot hem: Misschien zal die vrouw mij niet willen volgen in dit land; zal ik dan uw zoon moeten wederbrengen in het land, waar gij uitgetogen zijt?

⁶En Abraham zeide tot hem: Wacht u, dat gij mijn zoon niet weder daarheen brengt!

⁷De HEERE, de God des hemels, Die mij uit mijns vaders huis en uit het land mijner maagschap genomen heeft, en Die tot mij gesproken heeft, en Die mij gezworen heeft, zeggende: Aan uw zaad zal Ik dit land geven! Die Zelf zal Zijn Engel voor uw aangezicht zenden, dat gij voor mijn zoon van daar een vrouw neemt.

⁸Maar indien de vrouw u niet volgen wil, zo zult gij rein zijn van dezen mijn eed; alleenlijk breng mijn zoon daar niet weder heen.

⁹Toen legde de knecht zijn hand onder de heup van Abraham, zijn heer, en hij zwoer hem over deze zaak.

¹⁰En die knecht nam tien kemelen van zijns heren kemelen, en toog heen; en al het goed zijns heren was in zijn hand; en hij maakte zich op, en toog heen naar Mesopotamië, naar de stad van Nahor.

¹¹En hij deed de kemelen nederknielen buiten de stad, bij een waterput, des avondtijds, ten tijde, als de putsters uitkwamen.

¹²En hij zeide: HEERE! God van mijn heer Abraham! doe haar mij toch heden ontmoeten, en doe weldadigheid bij Abraham, mijn heer.

¹³Zie, ik sta bij de waterfontein, en de dochteren der mannen dezer stad zijn uitgaande om water te putten;

¹⁴Zo geschiede, dat die jonge dochter, tot welke ik zal zeggen: Neig toch uw kruik, dat ik drinke; en zij zal zeggen: Drink, en ik zal ook uw kemelen drenken; diezelve zij, die Gij Uw knecht Izak toegewezen hebt, en dat ik daaraan bekenne, dat Gij weldadigheid bij mijn heer gedaan hebt.

¹⁵En het geschiedde, eer hij geëindigd had te spreken, ziet, zo kwam Rebekka uit, welke aan Bethuel geboren was, de zoon van Milka, de huisvrouw van Nahor, de broeder van Abraham; en zij had haar kruik op haar schouder.

¹⁶En die jonge dochter was zeer schoon van aangezicht, een maagd, en geen man had haar bekend; en zij ging af naar de fontein, en vulde haar kruik, en ging op.

¹⁷Toen liep die knecht haar tegemoet, en hij zeide: Laat mij toch een weinig waters uit uw kruik drinken.

¹⁸En zij zeide: Drink, mijn heer! en zij haastte zich en liet haar kruik neder op haar hand, en gaf hem te drinken.

¹⁹Als zij nu voleindigd had van hem drinken te geven, zeide zij: Ik zal ook voor uw kemelen putten, totdat zij voleindigd hebben te drinken.

²⁰En zij haastte zich, en goot haar kruik uit in de drinkbak, en liep weder naar den put om te putten, en zij putte voor al zijn kemelen.

²¹En de man ontzette zich over haar, stilzwijgende, om te merken, of de HEERE zijn weg voorspoedig gemaakt had, of niet.

²²En het geschiedde, als de kemelen voleindigd hadden te drinken, dat die man een gouden voorhoofdsiersel nam, welks gewicht was een halve sikkel, en twee armringen aan haar handen, welker gewicht was tien sikkelen gouds.

²³Want hij had gezegd: Wiens dochter zijt gij? geef het mij toch te kennen; is er ook ten huize uws vaders plaats voor ons, om te vernachten?

²⁴En zij had tot hem gezegd: Ik ben de dochter van Bethuel, de zoon van Milka, die zij Nahor gebaard heeft.

²⁵Voorts had zij tot hem gezegd: Ook is er stro en veel voeders bij ons, ook plaats om te vernachten.

²⁶Toen neigde die man zijn hoofd, en aanbad den HEERE;

²⁷En hij zeide: Geloofd zij de HEERE, de God van mijn heer Abraham, Die Zijn weldadigheid en waarheid niet nagelaten heeft van mijn heer; aangaande mij, de HEERE heeft mij op dezen weg geleid, ten huize van mijns heren broederen.

²⁸En die jonge dochter liep, en gaf ten huize harer moeder te kennen, gelijk deze zaken waren.

²⁹En Rebekka had een broeder, wiens naam was Laban; en Laban liep tot die man naar buiten tot de fontein.

³⁰En het geschiedde, als hij dat voorhoofdsiersel gezien had, en de armringen aan de handen zijner zuster; en als hij gehoord had de woorden zijner zuster Rebekka, zeggende: Alzo heeft die man tot mij gesproken, zo kwam hij tot dien man, en ziet, hij stond bij de kemelen, bij de fontein.

³¹En hij zeide: Kom in, gij, gezegende des HEEREN! waarom zoudt gij buiten staan? want ik heb het huis bereid, en de plaats voor de kemelen.

³²Toen kwam die man naar het huis toe, en men ontgordde de kemelen, en men gaf den kemelen stro en voeder; en water om zijn voeten te wassen, en de voeten der mannen, die bij hem waren.

³³Daarna werd hem te eten voorgezet; maar hij zeide: Ik zal niet eten, totdat ik mijn woorden gesproken heb. En hij zeide: Spreek!

³⁴Toen zeide hij: Ik ben een knecht van Abraham;

³⁵En de HEERE heeft mijn heer zeer gezegend, zodat hij groot geworden is; en Hij heeft hem gegeven schapen, en runderen, en zilver, en goud, en knechten, en maagden, en kemelen, en ezelen.

³⁶En Sara, de huisvrouw van mijn heer, heeft mijn heer een zoon gebaard, nadat zij oud geworden was; en hij heeft hem gegeven alles, wat hij heeft.

³⁷En mijn heer heeft mij doen zweren, zeggende: Gij zult voor mijn zoon geen vrouw nemen van de dochteren der Kanaänieten, in welker land ik wone;

³⁸Maar gij zult trekken naar het huis mijns vaders, en naar mijn geslacht, en zult voor mijn zoon een vrouw nemen!

³⁹Toen zeide ik tot mijn heer: Misschien zal mij de vrouw niet volgen.

⁴⁰En hij zeide tot mij: De HEERE, voor Wiens aangezicht ik gewandeld heb, zal Zijn Engel met u zenden, en Hij zal uw weg voorspoedig maken, dat gij voor mijn zoon een vrouw neemt, uit mijn geslacht en uit mijns vaders huis.

⁴¹Dan zult gij van mijn eed rein zijn, wanneer gij tot mijn geslacht zult gegaan zijn; en indien zij haar u niet geven, zo zult gij rein zijn van mijn eed.

⁴²En ik kwam heden aan de fontein; en ik zeide: O, HEERE! God van mijn heer Abraham! zo Gij nu mijn weg voorspoedig maken zult, op welke ik ga;

⁴³Zie, ik sta bij de waterfontein; zo geschiede, dat de maagd, die uitkomen zal om te putten, en tot welke ik zeggen zal: Geef mij toch een weinig waters te drinken uit uw kruik;

⁴⁴En zij tot mij zal zeggen: Drink gij ook, en ik zal ook uw kemelen putten; dat deze die vrouw zij, die de HEERE aan den zoon van mijn heer heeft toegewezen.

⁴⁵Eer ik geeindigd had te spreken in mijn hart, ziet, zo kwam Rebekka uit, en had haar kruik op haar schouder, en zij kwam af tot de fontein en putte; en ik zeide tot haar: Geef mij toch te drinken!

⁴⁶Zo haastte zij zich en liet haar kruik van zich neder, en zeide: Drink gij, en ik zal ook uw kemelen drenken; en ik dronk, en zij drenkte ook de kemelen.

⁴⁷Toen vraagde ik haar, en zeide: Wiens dochter zijt gij? En zij zeide: De dochter van Bethuel, den zoon van Nahor, welken Milka hem gebaard heeft. Zo legde ik het voorhoofdsiersel op haar aangezicht, en de armringen aan haar handen.

⁴⁸En ik neigde mijn hoofd, en aanbad de HEERE; en ik loofde den HEERE, den God van mijn heer Abraham, Die mij op den rechten weg geleid had, om de dochter des broeders van mijn heer voor zijn zoon te nemen.

⁴⁹Nu dan, zo gijlieden weldadigheid en trouw aan mijn heer doen zult, geeft het mij te kennen; en zo niet, geeft het mij ook te kennen, opdat ik mij ter rechterhand of ter linkerhand wende.

⁵⁰Toen antwoordde Laban en Bethuel, en zeiden: Van den HEERE is deze zaak voortgekomen; wij kunnen kwaad noch goed tot u spreken.

⁵¹Zie, Rebekka is voor uw aangezicht; neem haar en trek henen; zij zij de vrouw van den zoon uws heren, gelijk de HEERE gesproken heeft!

⁵²En het geschiedde, als Abrahams knecht hun woorden hoorde, zo boog hij zich ter aarde voor den HEERE.

⁵³En de knecht langde voort zilveren kleinoden, en gouden kleinoden, en klederen, en hij gaf die aan Rebekka; hij gaf ook aan haar broeder en haar moeder kostelijkheden.

⁵⁴Toen aten en dronken zij, hij en de mannen, die bij hem waren; en zij vernachtten; en zij stonden des morgens op, en hij zeide: Laat mij trekken tot mijn heer!

⁵⁵Toen zeide haar broeder, en haar moeder: Laat de jonge dochter enige dagen, of tien, bij ons blijven; daarna zult gij gaan.

⁵⁶Maar hij zeide tot hen: Houdt mij niet op, dewijl de HEERE mijn weg voorspoedig gemaakt heeft! laat mij trekken, dat ik tot mijn heer ga.

⁵⁷Toen zeiden zij: Laat ons de jonge dochter roepen, en haar mond vragen.

⁵⁸En zij riepen Rebekka, en zeiden tot haar: Zult gij met deze man trekken? En zij antwoordde: Ik zal trekken.

⁵⁹Toen lieten zij Rebekka, hun zuster, en haar voedster trekken, mitsgaders Abrahams knecht en zijn mannen.

⁶⁰En zij zegenden Rebekka, en zeiden tot haar: O, onze zuster! wordt gij tot duizenden millioenen, en uw zaad bezitte de poort zijner haters!

⁶¹En Rebekka maakte zich op met haar jonge dochteren, en zij reden op kemelen, en volgden den man; en die knecht nam Rebekka, en toog heen.

⁶²Izak nu kwam, van daar men komt tot den put Lachai-Roi; en hij woonde in het zuiderland.

⁶³En Izak was uitgegaan om te bidden in het veld, tegen het naken van den avond; en hij hief zijn ogen op en zag toe, en ziet, de kemelen kwamen!

⁶⁴Rebekka hief ook haar ogen op, en zij zag Izak; en zij viel van den kemel af.

⁶⁵En zij zeide tot den knecht: Wie is die man, die ons in het veld tegemoet wandelt? En de knecht zeide: Dat is mijn heer! Toen nam zij den sluier, en bedekte zich.

⁶⁶En de knecht vertelde aan Izak al de zaken, die hij gedaan had.

⁶⁷En Izak bracht haar in de tent van zijn moeder Sara; en hij nam Rebekka, en zij werd hem ter vrouw, en hij had haar lief. Alzo werd Izak getroost na zijner moeders dood.

Hoofdstuk 25

¹En Abraham voer voort, en nam een vrouw, wier naam was Ketura.

²En zij baarde hem Zimran en Joksan, en Medan en Midian, en Jisbak en Suah.

³En Joksan gewon Seba en Dedan; en de zonen van Dedan waren de Assurieten, en Letusieten, en Leummieten.

⁴En de zonen van Midian waren Efa en Efer, en Henoch en Abida, en Eldaa. Deze allen waren zonen van Ketura.

⁵Doch Abraham gaf aan Izak al wat hij had.

⁶Maar aan de zonen der bijwijven, die Abraham had, gaf Abraham geschenken; en zond hen weg van zijn zoon Izak, terwijl hij nog leefde, oostwaarts naar het land van het Oosten.

⁷Dit nu zijn de dagen der jaren des levens van Abraham, welke hij geleefd heeft, honderd vijf en zeventig jaren.

⁸En Abraham gaf den geest en stierf, in goede ouderdom, oud en des levens zat, en hij werd tot zijn volken verzameld.

⁹En Izak en Ismael, zijn zonen, begroeven hem, in de spelonk van Machpela, in den akker van Efron, den zoon van Zohar, den Hethiet, welke tegenover Mamre is;

¹⁰In den akker, dien Abraham van de zonen Heths gekocht had, daar is Abraham begraven, en Sara, zijn huisvrouw.

¹¹En het geschiedde na Abrahams dood, dat God Izak, zijn zoon, zegende; en Izak woonde bij de put Lachai-Roi.

¹²Dit nu zijn de geboorten van Ismael, den zoon van Abraham, dien Hagar, de Egyptische, dienstmaagd van Sara, Abraham gebaard

Genesis

heeft.

¹³En dit zijn de namen der zonen van Ismael, met hun namen naar hun geboorten.De eerstgeborene van Ismael, Nabajoth; daarna Kedar, en Adbeel, en Mibsam,

¹⁴En Misma, en Duma, en Massa,

¹⁵Hadar en Thema, Jetur, Nafis en Kedma.

¹⁶Deze zijn de zonen van Ismael, en dit zijn hun namen, in hun dorpen en paleizen, twaalf vorsten naar hun volken.

¹⁷En dit zijn de jaren des levens van Ismael, honderd zeven en dertig jaren; en hijgaf den geest, en stierf, en hij werd verzameld tot zijn volken.

¹⁸En zij woonden van Havila tot Sur toe, hetwelk tegenover Egypte is, daar gij gaatnaar Assur; hij heeft zich nedergeslagen voor het aangezicht van al zijn broederen.

¹⁹Dit nu zijn de geboorten van Izak, den zoon van Abraham: Abraham gewon Izak.

²⁰En Izak was veertig jaren oud, als hij Rebekka, de dochter van Betuel, denSyrier, uit Paddan-Aram, de zuster van Laban, den Syrier, zich ter vrouw nam.

²¹En Izak bad den HEERE zeer in de tegenwoordigheid van zijn huisvrouw; want zijwas onvruchtbaar; en de HEERE liet zich van hem verbidden, zodat Rebekka, zijn huisvrouw, zwanger werd.

²²En de kinderen stieten zich samen in haar lichaam. Toen zeide zij: Is het zo?waarom ben ik dus? en zij ging om den HEERE te vragen.

²³En de HEERE zeide tot haar: Twee volken zijn in uw buik, en twee natien zullenzich uit uw ingewand van een scheiden; en het ene volk zal sterker zijn dan hetandere volk; en de meerdere zal den mindere dienen.

²⁴Als nu haar dagen vervuld waren om te baren, ziet, zo waren tweelingen in haarbuik.

²⁵En de eerste kwam uit, ros; hij was geheel als een haren kleed; daarom noemdenzij zijn naam Ezau.

²⁶En daarna kwam zijn broeder uit, wiens hand Ezau's verzenen hield; daaromnoemde men zijn naam Jakob. En Izak was zestig jaren oud, als hij hen gewon.

²⁷Als nu deze jongeren groot werden, werd Ezau een man, verstandig op de jacht, een veldman; maar Jakob werd een oprecht man, wonende in tenten.

²⁸En Izak had Ezau lief; want het wildbraad was naar zijn mond; maar Rebekka hadJakob lief.

²⁹En Jakob had een kooksel gekookt; en Ezau kwam uit het veld, en was moede.

³⁰En Ezau zeide tot Jakob: Laat mij toch slorpen van dat rode, dat rode daar, wantik ben moede; daarom heeft men zijn naam genoemd Edom.

³¹Toen zeide Jakob: Verkoop mij op dezen dag uw eerstgeboorte.

³²En Ezau zeide: Zie, ik ga sterven; en waartoe mij dan de eerstgeboorte?

³³Toen zeide Jakob: Zweer mij op dezen dag! en hij zwoer hem; en hij verkochtaan Jakob zijn eerstgeboorte.

³⁴En Jakob gaf aan Ezau brood, en het linzenkooksel; en hij at en dronk, en hijstond op en ging heen; alzo verachtte Ezau de eerstgeboorte.

Hoofdstuk 26

¹En er was honger in dat land, behalve den eerste honger, die in de dagen vanAbraham geweest was; daarom toog Izak tot Abimelech, de koning derFilistijnen, naar Gerar.

²En de HEERE verscheen hem en zeide: Trek niet af naar Egypte; woon in hetland, dat Ik u aanzeggen zal;

³Woon als vreemdeling in dat land, en Ik zal met u zijn, en zal u zegenen; want aanu en uw zaad zal Ik al deze landen geven, en Ik zal den eed bevestigen, dien IkAbraham uw vader gezworen heb.

⁴En Ik zal uw zaad vermenigvuldigen, als de sterren des hemels, en zal aan uwzaad al deze landen geven; en in uw zaad zullen gezegend worden alle volken deraarde,

⁵Daarom dat Abraham Mijn stem gehoorzaam geweest is, en heeft onderhoudenMijn bevel, Mijn geboden, Mijn inzettingen en Mijn wetten.

⁶Alzo woonde Izak te Gerar.

⁷En als de mannen van die plaats hem vraagden van zijn huisvrouw, zeide hij: Zij ismijn zuster; want hij vreesde te zeggen, mijn huisvrouw; opdat mij misschien, zeide hij, de mannen dezer plaats niet doden, om Rebekka; want zij was schoonvan aangezicht.

⁸En het geschiedde, als hij een langen tijd daar geweest was, dat Abimelech, dekoning der Filistijnen, ten venster uitkeek, en hij zag, dat, ziet, Izak was jokkendemet Rebekka zijn huisvrouw.

⁹Toen riep Abimelech Izak, en zeide: Voorwaar, zie, zij is uw huisvrouw! hoe hebtgij dan gezegd: Zij is mijn zuster? En Izak zeide tot hem: Want ik zeide: Dat ik nietmisschien om harentwil sterve.

¹⁰En Abimelech zeide: Wat is dit, dat gij ons gedaan hebt? Lichtelijk had een vandit volk bij uw huisvrouw gelegen, zodat gij een schuld over ons zoudt gebrachthebben.

¹¹En Abimelech gebood het ganse volk, zeggende: Zo wie deze man of zijnhuisvrouw aanroert, zal voorzeker gedood worden!

¹²En Izak zaaide in datzelve land, en hij vond in datzelve jaar honderd maten; wantde HEERE zegende hem.

¹³En die man werd groot, ja, hij werd doorgaans groter, totdat hij zeer grootgeworden was.

¹⁴En hij had bezitting van schapen, en bezitting van runderen, en groot gezin; zodathem de Filistijnen benijdden.

¹⁵En al de putten, die de knechten van zijn vader, in de dagen van zijn vaderAbraham, gegraven hadden, die stopten de Filistijnen, en vulden dezelve metaarde.

¹⁶Ook zeide Abimelech tot Izak: Trek van ons; want gij zijt veel machtigergeworden, dan wij.

¹⁷Toen toog Izak van daar, en hij legerde zich in het dal van Gerar, en woondealdaar.

¹⁸Als nu Izak wedergekeerd was, groef hij die waterputten op, die zij ten tijde vanAbraham, zijn vader, gegraven, en die de Filistijnen na Abrahams doodtoegestopt hadden; en hij noemde derzelver namen naar de namen, waarmede zijnvader die genoemd had.

¹⁹De knechten van Izak dan groeven in dat dal, en zij vonden aldaar een put vanlevend water.

²⁰En de herders van Gerar twistten met Izaks herders, zeggende: Dit water hoortons toe! Daarom noemde hij de naam van die put Esek, omdat zij met hemgekeven hadden.

²¹Toen groeven zij een andere put, en daar twistten zij ook over; daarom noemdehij deszelfs naam Sitna.

²²En hij brak op van daar, en groef een andere put, en zij twistten over dien niet;daarom noemde hij deszelfs naam Rehoboth, en zeide: Want nu heeft ons deHEERE ruimte gemaakt, en wij zijn gewassen in dit land.

²³Daarna toog hij van daar op naar Ber-seba.

²⁴En de HEERE verscheen hem in denzelven nacht, en zeide: Ik ben de God vanAbraham, uw vader; vrees niet; want Ik ben met u; en Ik zal u zegenen, en uwzaad vermenigvuldigen, om Abrahams, Mijns knechts, wil.

²⁵Toen bouwde hij daar een altaar, en riep den Naam des HEEREN aan. En hijsloeg aldaar zijn tent op; en Izaks knechten groeven daar een put.

²⁶En Abimelech trok tot hem van Gerar, met Ahuzzat, zijn vriend, en Pichol, zijnkrijgsoverste.

²⁷En Izak zeide tot hen: Waarom zijt gij tot mij gekomen, daar gij mij haat, en hebtmij van u weggezonden?

²⁸En zij zeiden: Wij hebben merkelijk gezien, dat de HEERE met u is; daaromhebben wij gezegd: Laat toch een eed tussen ons zijn, tussen ons en tussen u, enlaat ons een verbond met u maken:

²⁹Zo gij bij ons kwaad doet, gelijk als wij u niet aangeroerd hebben, en gelijk alswij bij u alleenlijk goed gedaan hebben, en hebben u in vrede laten trekken! Gijzijt nu de gezegende des HEEREN!

³⁰Toen maakte hij hun een maaltijd, en zij aten en dronken.

³¹En zij stonden des morgens vroeg op, en zwoeren de een den ander; daarna lietIzak hen gaan, en zij togen van hem in vrede.

³²En het geschiedde ten zelfde dage, dat Izaks knechten kwamen, en boodschaptenhem van de zaak des puts, dien zij gegraven hadden, en zij zeiden hem: Wijhebben water gevonden.

³³En hij noemde denzelven Seba; daarom is de naam dier stad Ber-seba, tot opdezen dag.

³⁴Als nu Ezau veertig jaren oud was, nam hij tot een vrouw Judith, de dochter vanBeeri, den Hethiet, en Basmath, de dochter van Elon, den Hethiet.

³⁵En deze waren voor Izak en Rebekka een bitterheid des geestes.

Hoofdstuk 27

¹En het geschiedde, als Izak oud geworden was, en zijn ogen donker gewordenwaren, en hij niet zien kon; toen riep hij Ezau, zijn grootsten zoon, en zeide tothem: Mijn zoon! En hij zeide tot hem: Zie, hier ben ik!

²En hij zeide: Zie nu, ik ben oud geworden, ik weet den dag mijns doods niet.

³Nu dan, neem toch uw gereedschap, uw pijlkoker en uw boog, en ga uit in hetveld, en jaag mij een wildbraad;

⁴En maak mij smakelijke spijzen, zo als ik die gaarne heb, en

breng ze mij, dat ik ete; opdat mijn ziel u zegene, eer ik sterve.

⁵Rebekka nu hoorde toe, als Izak tot zijn zoon Ezau sprak; en Ezau ging in het veld, om een wildbraad te jagen, dat hij het inbracht.

⁶Toen sprak Rebekka tot Jakob, haar zoon, zeggende: Zie, ik heb uw vader tot Ezau, uw broeder, horen spreken, zeggende:

⁷Breng mij een wildbraad, en maak mij smakelijke spijzen toe, dat ik ete; en ik zal u zegenen voor het aangezicht des HEEREN, voor mijn dood.

⁸Nu dan, mijn zoon! hoor mijn stem in hetgeen ik u gebiede.

⁹Ga nu heen tot de kudde, en haal mij van daar twee goede geitenbokjes; en ik zal die voor uw vader maken tot smakelijke spijzen, gelijk als hij gaarne heeft.

¹⁰En gij zult ze tot uw vader brengen, en hij zal eten, opdat hij u zegene voor zijn dood.

¹¹Toen zeide Jakob tot Rebekka, zijn moeder: Zie, mijn broeder Ezau is een harig man, en ik ben een glad man.

¹²Misschien zal mij mijn vader betasten, en ik zal in zijn ogen zijn als een bedrieger; zo zoude ik een vloek over mij halen, en niet een zegen.

¹³En zijn moeder zeide tot hem: Uw vloek zij op mij, mijn zoon! hoor alleen naar mijn stem, en ga, haal ze mij.

¹⁴Toen ging hij, en hij haalde ze, en bracht ze zijn moeder; en zijn moeder maakte smakelijke spijzen, gelijk als zijn vader gaarne had.

¹⁵Daarna nam Rebekka de kostelijke klederen van Ezau, haar grootsten zoon, die zij bij zich in huis had, en zij trok ze Jakob, haar kleinsten zoon, aan.

¹⁶En de vellen van de geitenbokjes trok zij over zijn handen, en over de gladdigheid van zijn hals.

¹⁷En zij gaf de smakelijke spijzen, en het brood, welke zij toegemaakt had, in de hand van Jakob, haar zoon.

¹⁸En hij kwam tot zijn vader, en zeide: Mijn vader! En hij zeide: Zie, hier ben ik; wie zijt gij, mijn zoon?

¹⁹En Jakob zeide tot zijn vader: Ik ben Ezau uw eerstgeborene; ik heb gedaan, gelijk als gij tot mij gesproken hadt; sta toch op, zit, en eet van mijn wildbraad, opdat uw ziel mij zegene.

²⁰Toen zeide Izak tot zijn zoon: Hoe is dit, dat gij het zo haast gevonden hebt, mijn zoon? En hij zeide: Omdat de HEERE uw God dat heeft doen ontmoeten voor mijn aangezicht.

²¹En Izak zeide tot Jakob: Nader toch, dat ik u betaste, mijn zoon! of gij mijn zoon Ezau zelf zijt, of niet.

²²Toen kwam Jakob bij, tot zijn vader Izak, die hem betastte; en hij zeide: De stem is Jakobs stem, maar de handen zijn Ezau's handen.

²³Doch hij kende hem niet, omdat zijn handen harig waren, gelijk zijns broeders Ezau's handen; en hij zegende hem.

²⁴En hij zeide: Zijt gij mijn zoon Ezau zelf? En hij zeide: Ik ben het!

²⁵Toen zeide hij: Stel het nabij mij, dat ik van het wildbraad mijns zoons ete, opdat mijn ziel u zegene. En hij stelde het nabij hem, en hij at; hij bracht hem ook wijn, en hij dronk.

²⁶En zijn vader Izak zeide tot hem: Kom toch bij, en kus mij, mijn zoon!

²⁷En hij kwam bij, en hij kuste hem; toen rook hij de reuk zijner klederen, en zegende hem; en hij zeide: Zie, de reuk mijns zoons is als de reuk des velds, hetwelk de HEERE gezegend heeft.

²⁸Zo geve u dan God van de dauw des hemels, en de vettigheid der aarde, en menigte van tarwe en most.

²⁹Volken zullen u dienen, en natiën zullen zich voor u nederbuigen; wees heer over uw broederen, en de zonen uwer moeder zullen zich voor u nederbuigen! Vervloekt moet hij zijn, wie u vervloekt; en wie u zegent, zij gezegend!

³⁰En het geschiedde, als Izak voleindigd had Jakob te zegenen, zo geschiedde het, toen Jakob maar even van het aangezicht van zijn vader Izak uitgegaan was, dat Ezau, zijn broeder, van zijn jacht kwam.

³¹Hij nu maakte smakelijke spijzen toe, en bracht die tot zijn vader; en hij zeide tot zijn vader: Mijn vader sta op en ete van het wildbraad zijns zoons, opdat uw ziel mij zegene.

³²En Izak, zijn vader, zeide tot hem: Wie zijt gij? En hij zeide: Ik ben uw zoon, uw eerstgeborene, Ezau.

³³Toen verschrikte Izak met zeer grote verschrikking, gans zeer, en zeide: Wie is hij dan, die het wildbraad gejaagd en tot mij gebracht heeft? en ik heb van alles gegeten, eer gij kwaamt, en heb hem gezegend; ook zal hij gezegend wezen.

³⁴Als Ezau de woorden zijns vaders hoorde, zo schreeuwde hij met een groten en bitteren schreeuw, gans zeer; en hij zeide tot zijn vader: Zegen mij, ook mij, mijn vader!

³⁵En hij zeide: Uw broeder is gekomen met bedrog, en heeft uw zegen weggenomen.

³⁶Toen zeide hij: Is het niet omdat men zijn naam noemt Jakob, dat hij mij nu tweereizen heeft bedrogen? mijn eerstgeboorte heeft hij genomen, en zie, nu heeft hij mijn zegen genomen! Voorts zeide hij: Hebt gij dan geen zegen voor mij uitbehouden?

³⁷Toen antwoordde Izak, en zeide tot Ezau: Zie, ik heb hem tot een heer over u gezet, en al zijn broeders heb ik hem tot knechten gegeven; en ik heb hem met koorn en most ondersteund; wat zal ik u dan nu doen, mijn zoon?

³⁸En Ezau zeide tot zijn vader: Hebt gij maar dezen enen zegen, mijn vader? Zegen mij, ook mij, mijn vader! En Ezau hief zijn stem op, en weende.

³⁹Toen antwoordde zijn vader Izak en zeide tot hem: Zie, de vettigheden der aarde zullen uw woningen zijn, en van den dauw des hemels van boven af zult gij gezegend zijn.

⁴⁰En op uw zwaard zult gij leven, en zult uw broeder dienen; doch het zal geschieden, als gij heersen zult, dan zult gij zijn juk van uw hals afrukken.

⁴¹En Ezau haatte Jakob om dien zegen, waarmede zijn vader hem gezegend had; en Ezau zeide in zijn hart: De dagen van den rouw mijns vaders naderen, en ik zal mijn broeder Jakob doden.

⁴²Toen aan Rebekka deze woorden van Ezau, haar grootsten zoon, geboodschapt werden, zo zond zij heen, en ontbood Jakob, haar kleinsten zoon, en zeide tot hem: Zie, uw broeder Ezau troost zich over u, dat hij u doden zal.

⁴³Nu dan, mijn zoon! hoor naar mijn stem, en maak u op, vlied gij naar Haran, tot Laban, mijn broeder.

⁴⁴En blijf bij hem enige dagen, totdat de hittige gramschap uws broeders kere;

⁴⁵Totdat de toorn uws broeders van u afkere, en hij vergeten hebbe, hetgeen gij hem gedaan hebt; dan zal ik zenden, en u van daar nemen; waarom zoude ik ook van u beiden beroofd worden op een dag?

⁴⁶En Rebekka zeide tot Izak: Ik heb verdriet aan mijn leven vanwege de dochteren Heths! Indien Jakob een vrouw neemt van de dochteren Heths, gelijk deze zijn, van de dochteren dezes lands, waartoe zal mij het leven zijn?

Hoofdstuk 28

¹En Izak riep Jakob, en zegende hem; en gebood hem, en zeide tot hem: Neem geen vrouw van de dochteren van Kanaän.

²Maak u op, ga naar Paddan-Aram, ten huize van Bethuel, den vader uwer moeder, en neem u van daar een vrouw, van de dochteren van Laban, uwer moeders broeder.

³En God almachtig zegene u, en make u vruchtbaar, en vermenigvuldige u, dat gij tot een hoop volken wordt.

⁴En Hij geve u den zegen van Abraham; aan u, en uw zaad met u, opdat gij erfelijk bezit het land uwer vreemdelingschappen, hetwelk God aan Abraham gegeven heeft.

⁵Alzo zond Izak Jakob weg, dat hij toog naar Paddan-Aram, tot Laban, den zoon van Bethuel, den Syriër, den broeder van Rebekka, Jakobs en Ezau's moeder.

⁶Als nu Ezau zag, dat Izak Jakob gezegend, en hem naar Paddan-Aram weggezonden had om zich van daar een vrouw te nemen; en als hij hem zegende, dat hij hem geboden had, zeggende: Neem geen vrouw van de dochteren van Kanaän;

⁷En dat Jakob zijn vader en zijn moeder gehoorzaam geweest was, en naar Paddan-Aram getrokken was,

⁸En dat Ezau zag, dat de dochteren van Kanaän kwaad waren in de ogen van Izak, zijn vader;

⁹Zo ging Ezau tot Ismaël, en nam zich tot een vrouw boven zijn vrouwen, Mahalath, de dochter van Ismaël, den zoon van Abraham, de zuster van Nebajoth.

¹⁰Jakob dan toog uit van Ber-seba, en ging naar Haran.

¹¹En hij geraakte op een plaats, waar hij vernachtte, want de zon was ondergegaan; en hij nam van de stenen dier plaats, en maakte zijn hoofdpeluw, en legde zich te slapen te dierzelver plaats.

¹²En hij droomde; en ziet, een ladder was gesteld op de aarde, welker opperste aan de hemel raakte; en ziet, de engelen Gods klommen daarbij op en neder.

¹³En ziet, de HEERE stond op dezelve en zeide: Ik ben de HEERE, de God van uw vader Abraham, en de God van Izak; dit land, waarop gij ligt te slapen, zal Ik aan u geven, en aan uw zaad.

¹⁴En uw zaad zal wezen als het stof der aarde, en gij zult uitbreken in menigte, westwaarts en oostwaarts, en noordwaarts en zuidwaarts; en in u, en in uw zaad zullen alle geslachten des aardbodems gezegend worden.

¹⁵En zie, Ik ben met u, en Ik zal u behoeden overal, waarheen gij trekken zult, en Ik zal u wederbrengen in dit land; want Ik zal u niet verlaten, totdat Ik zal gedaan hebben, hetgeen Ik tot u gesproken heb.

¹⁶Toen nu Jakob van zijn slaap ontwaakte, zeide hij: Gewisselijk is de HEERE aan deze plaats, en ik heb het niet geweten!

¹⁷En hij vreesde, en zeide: Hoe vreselijk is deze plaats! Dit is niet dan een huis Gods, en dit is de poort des hemels!

¹⁸Toen stond Jakob des morgens vroeg op, en hij nam dien steen, dien hij tot zijn hoofdpeluw gelegd had, en zette hem tot een opgericht teken, en goot daar olie boven op.

¹⁹En hij noemde den naam dier plaats Beth-El; daar toch de naam dier stad tevoren was Luz.

²⁰En Jakob beloofde een gelofte, zeggende: Wanneer God met mij geweest zal zijn, en mij behoed zal hebben op dezen weg, dien ik reize, en mij gegeven zal hebben brood om te eten, en klederen om aan te trekken;

²¹En ik ten huize mijns vaders in vrede zal wedergekeerd zijn; zo zal de HEERE mij tot een God zijn!

²²En deze steen, dien ik tot een opgericht teken gezet heb, zal een huis Gods wezen, en van alles, wat Gij mij geven zult, zal ik U voorzeker de tienden geven!

Hoofdstuk 29

¹Toen hief Jakob zijn voeten op, en ging naar het land der kinderen van het Oosten.

²En hij zag toe, en ziet, er was een put in het veld; en ziet, er waren drie kudden schapen nevens dien nederliggende; want uit dien put drenkten zij de kudden; ener was een grote steen op den mond van dien put.

³En derwaarts werden al de kudden verzameld, en zij wentelden den steen van den mond des puts, en drenkten de schapen, en legden den steen weder op den mond van dien put, op zijn plaats.

⁴Toen zeide Jakob tot hen: Mijn broeders! van waar zijt gij? En zij zeiden: Wij zijn van Haran.

⁵En hij zeide tot hen: Kent gij Laban, den zoon van Nahor? En zij zeiden: Wij kennen hem.

⁶Voorts zeide hij tot hen: Is het wel met hem? En zij zeiden: Het is wel; en zie, Rachel, zijn dochter, komt met de schapen.

⁷En hij zeide: Ziet, het is nog hoog dag, het is geen tijd, dat het vee verzameld worde; drenkt de schapen, en gaat heen, weidt dezelve.

⁸Toen zeiden zij: Wij kunnen niet, totdat al de kudden samen zullen vergaderd zijn, en dat men den steen van den mond des puts afwentele, opdat wij de schapen drenken.

⁹Als hij nog met hen sprak, zo kwam Rachel met de schapen, die haar vader toebehoorden; want zij was een herderin.

¹⁰En het geschiedde, als Jakob Rachel zag, de dochter van Laban, zijner moeders broeder, en de schapen van Laban, zijner moeders broeder, dat Jakob toetrad, en wentelde den steen van den mond des puts, en drenkte de schapen van Laban, zijner moeders broeder.

¹¹En Jakob kuste Rachel; en hij hief zijn stem op en weende.

¹²En Jakob gaf Rachel te kennen, dat hij een broeder van haar vader, en dat hij de zoon van Rebekka was. Toen liep zij heen, en gaf het aan haar vader te kennen.

¹³En het geschiedde, als Laban die tijding hoorde van Jakob, zijner zusters zoon, zo liep hij hem tegemoet, en omhelsde hem, en kuste hem, en bracht hem tot zijn huis. En hij vertelde Laban al deze dingen.

¹⁴Toen zeide Laban tot hem: Voorwaar, gij zijt mijn gebeente en mijn vlees! En hij bleef bij hem een volle maand.

¹⁵Daarna zeide Laban tot Jakob: Omdat gij mijn broeder zijt, zoudt gij mij derhalve om niet dienen? verklaar mij, wat zal uw loon zijn?

¹⁶En Laban had twee dochters: de naam der grootste was Lea; en de naam der kleinste was Rachel.

¹⁷Doch Lea had tedere ogen; maar Rachel was schoon van gedaante, en schoon van aangezicht.

¹⁸En Jakob had Rachel lief; en hij zeide: Ik zal u zeven jaren dienen, om Rachel, uw kleinste dochter.

¹⁹Toen zeide Laban: Het is beter, dat ik haar aan u geve, dan dat ik haar aan een anderen man geve; blijf bij mij.

²⁰Alzo diende Jakob om Rachel zeven jaren; en die waren in zijn ogen als enige dagen, omdat hij haar liefhad.

²¹Toen zeide Jakob tot Laban: Geef mijn huisvrouw, want mijn dagen zijn vervuld, dat ik tot haar inga.

²²Zo verzamelde Laban al de mannen dier plaats, en maakte een maaltijd.

²³En het geschiedde des avonds, dat hij zijn dochter Lea nam, en bracht haar tot hem; en hij ging tot haar in.

²⁴En Laban gaf haar Zilpa, zijn dienstmaagd, aan Lea, zijn dochter, tot een dienstmaagd.

²⁵En het geschiedde des morgens, en ziet, het was Lea. Daarom zeide hij tot Laban: Wat is dit, dat gij mij gedaan hebt; heb ik niet bij u gediend om Rachel? waarom hebt gij mij dan bedrogen?

²⁶En Laban zeide: Men doet alzo niet te dezer onzer plaatse, dat men de kleinste uitgeve voor de eerstgeborene.

²⁷Vervul de week van deze; dan zullen wij u ook die geven, voor den dienst, dien gij nog andere zeven jaren bij mij dienen zult.

²⁸En Jakob deed alzo; en hij vervulde de week van deze. Toen gaf hij hem Rachel, zijn dochter, hem tot een vrouw.

²⁹En Laban gaf aan zijn dochter Rachel zijn dienstmaagd Bilha, haar tot een dienstmaagd.

³⁰En hij ging ook in tot Rachel, en had ook Rachel liever dan Lea; en hij diende bij hem nog andere zeven jaren.

³¹Toen nu de HEERE zag, dat Lea gehaat was, opende Hij haar baarmoeder; maar Rachel was onvruchtbaar.

³²En Lea werd bevrucht, en baarde een zoon, en zij noemde zijn naam Ruben; want zij zeide: Omdat de HEERE mijn verdrukking heeft aangezien, daarom zal mijn man mij nu liefhebben.

³³En zij werd wederom bevrucht, en baarde een zoon, en zeide: Dewijl de HEERE gehoord heeft, dat ik gehaat was, zo heeft Hij mij ook dezen gegeven; en zij noemde zijn naam Simeon.

³⁴En zij werd nog bevrucht, en baarde een zoon, en zeide: Nu zal zich ditmaal mijn man bij mij voegen, dewijl ik hem drie zonen gebaard heb; daarom noemde zij zijn naam Levi.

³⁵En zij werd wederom bevrucht, en baarde een zoon, en zeide: Ditmaal zal ik den HEERE loven; daarom noemde zij zijn naam Juda. En zij hield op van baren.

Hoofdstuk 30

¹Als nu Rachel zag, dat zij Jakob niet baarde, zo benijdde Rachel haar zuster; en zij zeide tot Jakob: Geef mij kinderen! of indien niet, zo ben ik dood.

²Toen ontstak Jakobs toorn tegen Rachel, en hij zeide: Ben ik dan in plaats van God, Die de vrucht des buiks van u geweerd heeft?

³En zij zeide: Zie, daar is mijn dienstmaagd Bilha, ga tot haar in; dat zij op mijn knieën bare, en ik ook uit haar gebouwd worde.

⁴Zo gaf zij hem haar dienstmaagd Bilha tot een vrouw; en Jakob ging tot haar in.

⁵En Bilha werd zwanger, en baarde Jakob een zoon.

⁶Toen zeide Rachel: God heeft mij gericht, en ook mijn stem verhoord, en heeft mij een zoon gegeven; daarom noemde zij zijn naam Dan.

⁷En Bilha, Rachels dienstmaagd, werd wederom bevrucht, en baarde Jakob den tweeden zoon.

⁸Toen zeide Rachel: Ik heb worstelingen Gods met mijn zuster geworsteld; ook heb ik de overhand gehad; en zij noemde zijn naam Nafthali.

⁹Toen nu Lea zag, dat zij ophield van baren, nam zij ook haar dienstmaagd Zilpa, en gaf die aan Jakob tot een vrouw.

¹⁰En Zilpa, Lea's dienstmaagd, baarde Jakob een zoon.

¹¹Toen zeide Lea: Er komt een hoop! en zij noemde zijn naam Gad.

¹²Daarna baarde Zilpa, Lea's dienstmaagd, Jakob een tweeden zoon.

¹³Toen zeide Lea: Tot mijn geluk! want de dochters zullen mij gelukkig achten; en zij noemde zijn naam Aser.

¹⁴En Ruben ging in de dagen van de tarweoogst, en hij vond Dudaim in het veld, en hij bracht die tot zijn moeder Lea. Toen zeide Rachel tot Lea: Geef mij toch van uws zoons Dudaim.

¹⁵En zij zeide tot haar: Is het weinig, dat gij mijn man genomen hebt, dat gij ook mijns zoons Dudaim nemen zult? Toen zeide Rachel: Daarom zal hij dezen nacht voor uws zoons Dudaim bij u liggen.

¹⁶Als nu Jakob des avonds uit het veld kwam, ging Lea uit hem tegemoet, en zeide: Gij zult tot mij inkomen; want ik heb u om loon zekerlijk gehuurd voor mijns zoons Dudaim; en hij lag dien nacht bij haar.

¹⁷En God verhoorde Lea; en zij werd bevrucht, en baarde Jakob den vijfden zoon.

¹⁸Toen zeide Lea: God heeft mijn loon gegeven, nadat ik mijn dienstmaagd aan mijn man gegeven heb; en zij noemde zijn naam Issaschar.

¹⁹En Lea werd wederom bevrucht, en zij baarde Jakob den zesden zoon.

²⁰En Lea zeide: God heeft mij, mij heeft Hij begiftigd met een goede gift; ditmaal zal mijn man mij bijwonen; want ik heb hem zes zonen gebaard; en zij noemde zijn naam Zebulon.

²¹En zij baarde daarna een dochter; en zij noemde haar naam Dina.

²²God dacht ook aan Rachel; en God verhoorde haar, en opende

haarbaarmoeder.

²³En zij werd bevrucht, en baarde een zoon; en zij zeide: God heeft mijn smaadheid weggenomen!

²⁴En zij noemde zijn naam Jozef, zeggende: De HEERE voege mij een anderen zoon daartoe.

²⁵En het geschiedde, Als Rachel Jozef gebaard had, dat Jakob tot Laban zeide: Laat mij vertrekken, dat ik ga tot mijn plaats, en naar mijn land.

²⁶Geef mijn vrouwen, en mijn kinderen, om welke ik u gediend heb, dat ik vertrek; want gij weet mijn dienst, die ik u gediend heb.

²⁷Toen zeide Laban tot hem: Zo ik nu genade gevonden heb in uw ogen; ik heb waargenomen, dat de HEERE mij om uwentwil gezegend heeft.

²⁸Hij zeide dan: Noem mij uitdrukkelijk uw loon, dat ik geven zal.

²⁹Toen zeide hij tot hem: Gij weet, hoe ik u gediend heb, en hoe uw vee bij mij geweest is.

³⁰Want het weinige, dat gij voor mij gehad hebt, dat is tot een menigte uitgebroken; en de HEERE heeft u gezegend bij mijn voet; nu dan, wanneer zal ik ook werken voor mijn huis?

³¹En hij zeide: Wat zal ik u geven? Toen zeide Jakob: Gij zult mij niet met al geven, indien gij mij deze zaak doen zult; ik zal wederom uw kudden weiden, en bewaren.

³²Ik zal heden door uw ganse kudde gaan, daarvan afzonderende al het gespikkelde en geplekte vee, en al het bruine vee onder de lammeren, en het geplekte en gespikkelde onder de geiten; en zulks zal mijn loon zijn.

³³Zo zal mijn gerechtigheid op den dag van morgen met mij getuigen, als gij komen zult over mijn loon, voor uw aangezicht; al wat niet gespikkeld en geplekt is onder de geiten en bruin onder de lammeren, dat zij bij mij gestolen.

³⁴Toen zeide Laban: Zie, och ja, het zij naar uw woord!

³⁵En hij zonderde af ten zelfden dage de gesprenkelde en geplekte bokken en al de gespikkelde en geplekte geiten, al waar wit aan was, en al het bruine onder de lammeren; en hij gaf dezelve in de hand zijner zonen.

³⁶En hij stelde een weg van drie dagen tussen hem, en tussen Jakob; en Jakob weidde de overige kudde van Laban.

³⁷Toen nam zich Jakob roeden van groen populierenhout, en van hazelaar, en van kastanjen; en hij schilde daarin witte strepen, ontblotende het wit, hetwelk aan die roeden was.

³⁸En hij legde deze roeden, die hij geschild had, in de goten, en in de drinkbakken van het water, waar de kudde kwam drinken, tegenover de kudde; en zij werden verhit, als zij kwamen om te drinken.

³⁹Als dan de kudde verhit werd bij de roeden, zo lammerde de kudde gesprenkelde, gespikkelde, en geplekte.

⁴⁰Toen scheidde Jakob de lammeren, en hij wendde het gezicht der kudde op het gesprenkelde, en al het bruine onder Labans kudde; en hij stelde zijn kudden alleen, en hij zette ze niet bij de kudde van Laban.

⁴¹En het geschiedde, telkens als de kudde der vroegelingen verhit werd, zo stelde Jakob de roeden voor de ogen der kudde in de goten, opdat zij hittig werden bijde roeden.

⁴²Maar als de kudde spade hittig werd, zo stelde hij ze niet, zodat de spadelingen Laban, en de vroegelingen Jakob toekwamen.

⁴³En die man brak gans zeer uit in menigte, en hij had vele kudden, en dienstmaagden, en dienstknechten, en kemelen, en ezelen.

Hoofdstuk 31

¹Toen hoorde hij de woorden der zonen van Laban, zeggende: Jakob heeft genomen alles, wat onzes vaders was, en van hetgeen, dat onzes vaders was, heeft hij al deze heerlijkheid gemaakt.

²Jakob zag ook het aangezicht van Laban aan, en ziet, het was jegens hem niet als gisteren en eergisteren.

³En de HEERE zeide tot Jakob: Keer weder tot het land uwer vaderen, en tot uw maagschap, en Ik zal met u zijn.

⁴Toen zond Jakob heen, en riep Rachel en Lea, op het veld tot zijn kudde;

⁵En hij zeide tot haar: Ik zie het aangezicht uws vaders, dat het jegens mij niet is als gisteren en eergisteren; doch de God mijns vaders is bij mij geweest.

⁶En gijlieden weet, dat ik met al mijn macht uw vader gediend heb.

⁷Maar uw vader heeft bedriegelijk met mij gehandeld, en heeft mijn loon tien malen veranderd; doch God heeft hem niet toegelaten, om mij kwaad te doen.

⁸Wanneer hij aldus zeide: De gespikkelde zullen uw loon zijn, zo lammerden al de kudden gespikkelde; en wanneer hij alzo zeide: De gesprenkelde zullen uw loon zijn, zo lammerden al de kudden gesprenkelde.

⁹Alzo heeft God uw vader het vee ontrukt, en aan mij gegeven.

¹⁰En het geschiedde ten tijde, als de kudde hittig werd, dat ik mijn ogen ophief, en ik zag in den droom; en ziet, de bokken, die de kudden beklommen, waren gesprenkeld, gespikkeld, en hagelvlakkig.

¹¹En de Engel Gods zeide tot mij in de droom: Jakob! En ik zeide: Zie, hier ben ik!

¹²En Hij zeide: Hef toch uw ogen op, en zie! alle bokken, die de kudde beklimmen, zijn gesprenkeld, gespikkeld, en hagelvlakkig; want Ik heb gezien alles, wat Laban u doet.

¹³Ik ben die God van Beth-El, alwaar gij het opgerichte teken gezalfd hebt, waar gij Mij een gelofte beloofd hebt; nu, maak u op, vertrek uit dit land, en keer weder in het land uwer maagschap.

¹⁴Toen antwoordden Rachel en Lea, en zeiden tot hem: Is er nog voor ons een deel of erfenis, in het huis onzes vaders?

¹⁵Zijn wij niet vreemden van hem geacht? Want hij heeft ons verkocht, en hij heeft ook steeds ons geld verteerd.

¹⁶Want al de rijkdom, welke God onze vader heeft ontrukt, die is onze, en van onze zonen; nu dan, doe alles, wat God tot u gezegd heeft.

¹⁷Toen maakte zich Jakob op, en laadde zijn zonen en zijn vrouwen op kemelen.

¹⁸En hij voerde al zijn vee weg, en al zijn have, die hij gewonnen had, het vee, dat hij bezat, hetwelk hij in Paddan-Aram geworven had, om te komen tot Izak, zijn vader, naar het land Kanaän.

¹⁹Laban nu was gegaan, om zijn schapen te scheren; zo stal Rachel de terafim, die haar vader had.

²⁰En Jakob ontstal zich aan het hart van Laban, den Syriër, overmits hij hem niet te kennen gaf, dat hij vlood.

²¹En hij vlood, en al wat het zijne was, en hij maakte zich op, en voer over de rivier, en hij zette zijn aangezicht naar het gebergte Gilead.

²²En ten derden dage werd aan Laban geboodschapt, dat Jakob gevloden was.

²³Toen nam hij zijn broeders met zich, en jaagde hem achterna, een weg van zeven dagen, en hij kreeg hem op het gebergte van Gilead.

²⁴Doch God kwam tot Laban, den Syriër, in een droom des nachts, en Hij zeide tot hem: Wacht u, dat gij met Jakob spreekt, noch goed, noch kwaad.

²⁵En Laban achterhaalde Jakob; Jakob nu had zijn tent geslagen op dat gebergte; ook sloeg Laban met zijn broederen de zijne op het gebergte van Gilead.

²⁶Toen zeide Laban tot Jakob: Wat hebt gij gedaan, dat gij u aan mijn hart ontstolen hebt, en mijn dochteren ontvoerd hebt, als gevangenen met het zwaard?

²⁷Waarom zijt gij heimelijk gevloden, en hebt u aan mij ontstolen? en hebt het mij niet aangezegd, dat ik u geleid had met vreugde, en met gezangen, met trommel en met harp?

²⁸Ook hebt gij mij niet toegelaten mijn zonen en mijn dochteren te kussen; nu, gij hebt dwaselijk gehandeld, zo doende.

²⁹Het ware in de macht mijner hand aan ulieden kwaad te doen; maar de God van ulieder vader heeft tot mij gisteren nacht gesproken, zeggende: Wacht u, van met Jakob te spreken, of goed, of kwaad.

³⁰En nu, gij hebt immers willen vertrekken, omdat gij zo zeer begerig waart naar uws vaders huis; waarom hebt gij mijn goden gestolen?

³¹Toen antwoordde Jakob, en zeide tot Laban: Omdat ik vreesde; want ik zeide: Opdat gij niet misschien uw dochteren mij ontweldigdet!

³²Bij wien gij uw goden vinden zult, laat hem niet leven! Onderken gij voor onze broederen, wat bij mij is, en neem het tot u. Want Jakob wist niet, dat Rachel dezelve gestolen had.

³³Toen ging Laban in de tent van Jakob, en in de tent van Lea, en in de tent van de beide dienstmaagden, en hij vond niets; en als hij uit de tent van Lea gegaan was, kwam hij in de tent van Rachel.

³⁴Maar Rachel had de terafim genomen, en zij had die in een kemels zadeltuig gelegd, en zij zat op dezelve. En Laban betastte die ganse tent, en hij vond niets.

³⁵En zij zeide tot haar vader: Dat de toorn niet ontsteke in mijns heren ogen, omdat ik voor uw aangezicht niet kan opstaan; want het gaat mij naar der vrouwen wijze; en hij doorzocht; maar hij vond de terafim niet.

³⁶Toen ontstak Jakob, en twistte met Laban; en Jakob antwoordde en zeide tot Laban: Wat is mijn overtreding, wat is mijn zonde, dat gij mij zo hittiglijk hebt nagejaagd?

³⁷Als gij al mijn huisraad betast hebt, wat hebt gij gevonden van al het huisraad uws huizes! Leg het hier voor mijn broederen en uw broederen, en laat hen richten tussen ons beiden.

³⁸Deze twintig jaren ben ik bij u geweest; uw ooien en uw geiten hebben niet misdragen, en de rammen uwer kudde heb ik niet gegeten.

³⁹Het verscheurde heb ik tot u niet gebracht; ik heb het geboet; gij

Genesis

hebt het van mijnhand geeist, het ware des daags gestolen, of des nachts gestolen.

⁴⁰Ik ben geweest, dat mij bij dag de hitte verteerde, en bij nacht de vorst, en datmijn slaap van mijn ogen week.

⁴¹Ik ben nu twintig jaren in uw huis geweest; ik heb u veertien jaren gediend om uwbeide dochteren, en zes jaren om uw kudde; en gij hebt mijn loon tien malenveranderd.

⁴²Ten ware de God van mijn vader, de God van Abraham, en de Vreze van Izak, bij mij geweest was, zekerlijk, gij zoudt mij nu ledig weggezonden hebben! Godheeft mijn ellende, en den arbeid mijner handen aangezien, en heeft u gisterennacht bestraft.

⁴³Toen antwoordde Laban en zeide tot Jakob: Deze dochters zijn mijn dochters, endeze zonen zijn mijn zonen, en deze kudde is mijn kudde, ja, al wat gij ziet, dat ismijn; en wat zoude ik aan deze mijn dochteren heden doen? of aan haar zonen, die zij gebaard hebben?

⁴⁴Nu dan, kom, laat ons een verbond maken, ik en gij, dat het tot een getuigenis zijtussen mij en tussen u!

⁴⁵Toen nam Jakob een steen, en hij verhoogde die, tot een opgericht teken.

⁴⁶En Jakob zeide tot zijn broederen: Vergadert stenen! En zij namen stenen, enmaakten een hoop; en zij aten aldaar op dien hoop.

⁴⁷En Laban noemde hem Jegar-Sahadutha; maar Jakob noemde denzelven Gilead.

⁴⁸Toen zeide Laban: Deze hoop zij heden een getuige tussen mij en tussen u!Daarom noemde men zijn naam Gilead.

⁴⁹En Mizpa; omdat hij zeide: Dat de HEERE opzicht neme tussen mij en tussen u, wanneer wij de een van den ander zullen verborgen zijn!

⁵⁰Zo gij mijn dochteren beledigt, en zo gij vrouwen neemt boven mijn dochteren, niemand is bij ons; zie toe, God zal getuige zijn tussen mij en tussen u.

⁵¹Laban zeide voorts tot Jakob: Zie, daar is deze zelfde hoop, en zie, daar is ditopgericht teken, hetwelk ik opgeworpen heb tussen mij en tussen u;

⁵²Deze zelfde hoop zij getuige, en dit opgericht teken zij getuige, dat ik tot u voorbijdeze hoop niet komen zal, en dat gij tot mij, voorbij deze hoop en dit opgerichtteken, niet komen zult ten kwade!

⁵³De God van Abraham, en de God van Nahor, de God huns vaders richte tussenons! En Jakob zwoer bij de Vreze zijn vaders Izaks.

⁵⁴Toen slachtte Jakob een slachting op dat gebergte, en hij nodigde zijn broederen, om brood te eten; en zij aten brood, en vernachtten op dat gebergte.

⁵⁵En Laban stond des morgens vroeg op, en kuste zijn zonen, en zijn dochteren, enzegende hen; en Laban trok heen, en keerde weder tot zijn plaats.

Hoofdstuk 32

¹Jakob toog ook zijns weegs; en de engelen Gods ontmoetten hem.

²En Jakob zeide, met dat hij hen zag: Dit is een heirleger Gods! en hij noemde dennaam derzelver plaats Mahanaim.

³En Jakob zond boden uit voor zijn aangezicht tot Ezau, zijn broeder, naar het landSeir, de landstreek van Edom.

⁴En hij gebood hun, zeggende: Zo zult gij zeggen tot mijn heer, tot Ezau: Zo zegtJakob, uw knecht: Ik heb als vreemdeling gewoond bij Laban, en heb er tot nutoe vertoefd;

⁵En ik heb ossen en ezelen, schapen en knechten en maagden; en ik heb gezondenom mijn heer aan te zeggen, opdat ik genade vinde in uw ogen.

⁶En de boden kwamen weder tot Jakob, zeggende: Wij zijn gekomen tot uwbroeder, tot Ezau; en ook trekt hij u tegemoet, en vierhonderd mannen met hem.

⁷Toen vreesde Jakob zeer, en hem was bange; en hij verdeelde het volk, dat methem was, en de schapen, en de runderen, en de kemels, in twee heiren;

⁸Want hij zeide: Indien Ezau op het ene heir komt, en slaat het, zo zal hetovergebleven heir ontkomen.

⁹Voorts zeide Jakob: O, God mijns vaders Abrahams, en God mijns vaders Izaks, o HEERE! Die tot mij gezegd hebt: Keer weder tot uw land, en tot uwmaagschap, en Ik zal wel bij u doen!

¹⁰Ik ben geringer dan al deze weldadigheden, en dan al deze trouw, die Gij aan Uwknecht gedaan hebt; want ik ben met mijn staf over deze Jordaan gegaan, en nuben ik tot twee heiren geworden!

¹¹Ruk mij toch uit mijns broeders hand, uit Ezau's hand; want ik vreze hem, dat hijniet misschien kome, en mij sla, de moeder met de zonen!

¹²Gij hebt immers gezegd: Ik zal gewisselijk bij u weldoen, en Ik zal uw zaad stellenals het zand der zee, dat vanwege de menigte niet geteld kan worden!

¹³En hij vernachtte aldaar dienzelfden nacht; en hij nam van hetgeen, dat hem in zijnhand kwam, een geschenk voor Ezau zijn broeder;

¹⁴Tweehonderd geiten en twintig bokken, tweehonderd ooien en twintig rammen;

¹⁵Dertig zogende kemelinnen met haar veulens, veertig koeien en tien varren, twintigezelinnen en tien jonge ezels.

¹⁶En hij gaf die in de hand zijner knechten, elke kudde bijzonder; en hij zeide tot zijnknechten: Gaat gijlieden door, voor mijn aangezicht, en stelt ruimte tussen kuddeen tussen kudde.

¹⁷En hij gebood de eerste, zeggende: Wanneer Ezau, mijn broeder, u ontmoetenzal, en u vragen, zeggende: Wiens zijt gij? en waarheen gaat gij? en wiens zijndeze voor uw aangezicht?

¹⁸Zo zult gij zeggen: Dat is een geschenk van uw knecht Jakob, gezonden tot mijnheer, tot Ezau, en zie, hij zelf is ook achter ons!

¹⁹En hij gebood ook den tweede, ook den derde, ook allen, die de kuddennagingen, zeggende: Naar ditzelfde woord zult gij spreken tot Ezau, als gij hemvinden zult.

²⁰En gij zult ook zeggen: Zie, uw knecht Jakob is achter ons! Want hij zeide: Ik zalzijn aangezicht verzoenen met dit geschenk, dat voor mijn aangezicht gaat, endaarna zal ik zijn aangezicht zien; misschien zal hij mijn aangezicht aannemen.

²¹Alzo ging dat geschenk heen voor zijn aangezicht; doch hijzelf vernachttedienzelfden nacht in het leger.

²²En hij stond op in dienzelfden nacht, en hij nam zijn twee vrouwen, en zijn tweedienstmaagden, en zijn elf kinderen, en hij toog over het veer van de Jabbok.

²³En hij nam ze, en deed hen over die beek trekken; en hij deed overtrekkenhetgeen hij had.

²⁴Doch Jakob bleef alleen over; en een man worstelde met hem, totdat de dageraadopging.

²⁵En toen Hij zag, dat Hij hem niet overmocht, roerde Hij het gewricht zijner heupaan, zodat het gewricht van Jakobs heup verwrongen werd, als Hij met hemworstelde.

²⁶En Hij zeide: Laat Mij gaan, want de dageraad is opgegaan. Maar hij zeide: Ik zalU niet laten gaan, tenzij dat Gij mij zegent.

²⁷En Hij zeide tot hem: Hoe is uw naam? En hij zeide: Jakob.

²⁸Toen zeide Hij: Uw naam zal voortaan niet Jakob heten, maar Israel; want gij hebtu vorstelijk gedragen met God en met de mensen, en hebt overmocht.

²⁹En Jakob vraagde, en zeide: Geef toch Uw naam te kennen. En Hij zeide:Waarom is het, dat gij naar Mijn naam vraagt? En Hij zegende hem aldaar.

³⁰En Jakob noemde den naam dier plaats Pniel: Want, zeide hij, ik heb God gezienvan aangezicht tot aangezicht, en mijn ziel is gered geweest.

³¹En de zon rees hem op, als hij door Pniel gegaan was; en hij was hinkende aanzijn heup.

³²Daarom eten de kinderen Israels de verrukte zenuw niet, die op het gewricht derheup is, tot op dezen dag, omdat Hij het gewricht van Jakobs heup aangeroerdhad, aan de verrukte zenuw.

Hoofdstuk 33

¹En Jakob hief zijn ogen op en zag; en ziet, Ezau kwam, en vierhonderd mannenmet hem. Toen verdeelde hij de kinderen onder Lea, en onder Rachel, en onderde twee dienstmaagden.

²En hij stelde de dienstmaagden en haar kinderen vooraan; en Lea en haarkinderen meer achterwaarts; maar Rachel en Jozef de achterste.

³En hij ging voorbij hun aangezicht heen, en hij boog zich zeven malen ter aarde, totdat hij bij zijn broeder kwam.

⁴Toen liep Ezau hem tegemoet, en nam hem in den arm, en viel hem aan den hals, en kuste hem; en zij weenden.

⁵Daarna hief hij zijn ogen op, en zag die vrouwen en die kinderen, en zeide: Wiezijn deze bij u? En hij zeide: De kinderen, die God aan uw knecht genadiglijkverleend heeft.

⁶Toen traden de dienstmaagden toe, zij en haar kinderen, en zij bogen zich neder.

⁷En Lea trad ook toe, met haar kinderen, en zij bogen zich neder; en daarna tradJozef toe en Rachel, en zij bogen zich neder.

⁸En hij zeide: Voor wien is u al dit heir, dat ik ontmoet heb? En hij zeide: Omgenade te vinden in de ogen mijns heren!

⁹Maar Ezau zeide: Ik heb veel, mijn broeder! het zij het uwe, wat gij hebt!

¹⁰Toen zeide Jakob: Och neen! indien ik nu genade in uw ogen gevonden heb, zoneem mijn geschenk van mijn hand; daarom, omdat ik uw aangezicht gezien heb, als had ik Gods aangezicht gezien, en gij

welgevallen aan mij genomen hebt.

¹¹Neem toch mijn zegen, die u tegemoet gebracht is, dewijl het God mij genadiglijk verleend heeft, en dewijl ik alles heb; en hij hield bij hem aan, zodat hij het nam.

¹²En hij zeide: Laat ons reizen en voorttrekken; en ik zal voor u trekken.

¹³Maar hij zeide tot hem: Mijn heer weet, dat deze kinderen teder zijn, en dat ik zogende schapen en koeien bij mij heb; indien men dezelve maar een dag afdrijft, zo zal de gehele kudde sterven.

¹⁴Mijn heer trekke toch voorbij, voor het aangezicht van zijn knecht; en ik zal mij op mijn gemak als leidsman voegen, naar den gang van het werk, hetwelk voor mijn aangezicht is, en naar den gang dezer kinderen, totdat ik bij mijn heer te Seir kome.

¹⁵En Ezau zeide: Laat mij toch van dit volk, dat met mij is, u bijstellen. En hij zeide: Waartoe dat? laat mij genade vinden in mijns heren ogen!

¹⁶Alzo keerde Ezau dien dag wederom zijns weegs naar Seir toe.

¹⁷Maar Jakob reisde naar Sukkoth, en bouwde een huis voor zich, en maakte hutten voor zijn vee; daarom noemde hij den naam dier plaats Sukkoth.

¹⁸En Jakob kwam behouden tot de stad Sichem, welke is in het land Kanaän, als hij kwam van Paddan-Aram; en hij legerde zich in het gezicht der stad.

¹⁹En hij kocht een deel des velds, waarop hij zijn tent gespannen had, van de hand der zonen van Hemor, den vader van Sichem, voor honderd stukken gelds.

²⁰En hij richte aldaar een altaar op, en noemde het: De God Israels is God!

Hoofdstuk 34

¹En Dina, de dochter van Lea, die zij Jakob gebaard had, ging uit, om de dochteren van dat land te bezien.

²Sichem nu, de zoon van Hemor den Heviet, den landvorst, zag haar, en hij nam ze, en lag bij haar, en verkrachtte ze.

³En zijn ziel kleefde aan Dina, Jakobs dochter; en hij had de jonge dochter lief, ensprak naar het hart van de jonge dochter.

⁴Sichem sprak ook tot zijn vader Hemor, zeggende: Neem mij deze dochter tot een vrouw.

⁵Toen Jakob hoorde, dat hij zijn dochter Dina verontreinigd had, zo waren zijn zonen met het vee in het veld; en Jakob zweeg, totdat zij kwamen.

⁶En Hemor, de vader van Sichem, ging uit tot Jakob, om met hem te spreken.

⁷En de zonen van Jakob kwamen van het veld, als zij dit hoorden; en het smartte deze mannen, en zij ontstaken zeer, omdat hij dwaasheid in Israel gedaan had, Jakobs dochter beslapende, hetwelk alzo niet zoude gedaan worden.

⁸Toen sprak Hemor met hen, zeggende: Mijns zoons Sichems ziel is verliefd op ulieder dochter; geeft hem haar toch tot een vrouw.

⁹En verzwagert u met ons; geeft ons uw dochteren; en neemt voor u onze dochteren;

¹⁰En woont met ons; en het land zal voor uw aangezicht zijn; woont, en handelt daarin, en stelt u tot bezitters daarin.

¹¹En Sichem zeide tot haar vader, en tot haar broederen: Laat mij genade vinden in uw ogen; en wat gij tot mij zeggen zult, zal ik geven.

¹²Vergroot zeer over mij den bruidschat en het geschenk; en ik zal geven, gelijk als gij tot mij zult zeggen; geef mij slechts de jonge dochter tot een vrouw.

¹³Toen antwoordden Jakobs zonen aan Sichem en Hemor, zijn vader, bedriegelijk, en spraken (overmits dat hij Dina, hun zuster, verontreinigd had):

¹⁴En zij zeiden tot hen: Wij zullen deze zaak niet kunnen doen, dat wij onze zuster aan een man geven zouden, die de voorhuid heeft; want dat ware ons een schande.

¹⁵Doch hierin zullen wij u ter wille zijn, zo gij wordt gelijk als wij, dat onder u besneden worde al wat mannelijk is.

¹⁶Dan zullen wij u onze dochteren geven, en uw dochteren zullen wij ons nemen, en wij zullen met u wonen, en wij zullen tot een volk zijn.

¹⁷Maar zo gij naar ons niet zult horen, om besneden te worden, zo zullen wij onze dochteren nemen, en wegtrekken.

¹⁸En hun woorden waren goed in de ogen van Hemor, en in de ogen van Sichem, Hemors zoon.

¹⁹En de jongeling vertoogde niet, deze zaak te doen; want hij had lust in Jakobs dochter; en hij was geëerd boven al zijns vaders huis.

²⁰Zo kwam Hemor en Sichem, zijn zoon, tot hunner stadspoort; en zij spraken tot de mannen hunner stad, zeggende:

²¹Deze mannen zijn vreedzaam met ons; daarom laat hen in dit land wonen, en daarin handelen, en het land (ziet het is wijd van begrip) voor hun aangezicht zijn; wij zullen ons hun dochteren tot vrouwen nemen, en wij zullen onze dochteren aan hen geven.

²²Doch hierin zullen deze mannen ons ter wille zijn, dat zij met ons wonen, om tot een volk te zijn; als al wat mannelijk is onder ons besneden wordt, gelijk als zij besneden zijn.

²³Hun vee, en hun bezitting, en al hun beesten, zullen die niet onze zijn? Alleen laat ons hun te wille zijn, en zij zullen met ons wonen.

²⁴En zij hoorden naar Hemor, en naar Sichem, zijn zoon, allen, die ter zijner stadspoort uitgingen; en zij werden besneden, al wat mannelijk was, allen, die ter zijner stadspoort uitgingen.

²⁵En het geschiedde ten derden dage, toen zij in de smart waren, zo namen de twee zonen van Jakob, Simeon en Levi, broeders van Dina, een iegelijk zijn zwaard, en kwamen stoutelijk in de stad, en doodden al wat mannelijk was.

²⁶Zij sloegen ook Hemor, en zijn zoon Sichem, dood met de scherpte des zwaards; en zij namen Dina uit Sichems huis, en gingen van daar.

²⁷De zonen van Jakob kwamen over de verslagenen, en plunderden de stad, omdat zij hun zuster verontreinigd hadden.

²⁸Hun schapen, en hun runderen, en hun ezelen, en hetgeen dat in de stad, en hetgeen dat in het veld was, namen zij.

²⁹En al hun vermogen, en al hun kleine kinderen, en hun vrouwen, voerden zij gevankelijk weg, en plunderden denzelven, en al wat binnenshuis was.

³⁰Toen zeide Jakob tot Simeon en tot Levi: Gij hebt mij beroerd, mits mij stinkende te maken onder de inwoners dezes lands, onder de Kanaänieten, en onder de Ferezieten; en ik ben weinig volks in getal; zo zij zich tegen mij verzamelen, zo zullen zij mij slaan, en ik zal verdelgd worden, ik en mijn huis.

³¹En zij zeiden: Zou hij dan met onze zuster als met een hoer doen?

Hoofdstuk 35

¹Daarna zeide God tot Jakob: Maak u op, trek op naar Beth-El, en woon aldaar; en maak daar een altaar dien God, Die u verscheen, toen gij vluchttet voor het aangezicht van uw broeder Ezau.

²Toen zeide Jakob tot zijn huisgezin, en tot allen, die bij hem waren: Doet weg de vreemde goden, die in het midden van u zijn, en reinigt u, en verandert uw klederen;

³En laat ons ons opmaken, en optrekken naar Beth-El; en ik zal daar een altaar maken dien God, Die mij antwoordt ten dage mijner benauwdheid, en met mij geweest is op den weg, die ik gewandeld heb.

⁴Toen gaven zij Jakob al die vreemde goden, die in hun hand waren, en de oorsierselen, die aan hun oren waren, en Jakob verborg ze onder den eikeboom, die bij Sichem is.

⁵En zij reisden heen; en Gods verschrikking was over de steden, die rondom hen waren, zodat zij de zonen van Jakob niet achterna jaagden.

⁶Alzo kwam Jakob te Luz, hetwelk is in het land Kanaän (dat is Beth-El), hij en al het volk, dat bij hem was.

⁷En hij bouwde aldaar een altaar, en noemde die plaats El Beth-El; want God was hem aldaar geopenbaard geweest, als hij voor zijns broeders aangezicht vlood.

⁸En Debora, de voedster van Rebekka, stierf, en zij werd begraven onder aan Beth-El; onder dien eik, welks naam hij noemde Allon-Bachuth.

⁹En God verscheen Jakob wederom, als hij van Paddan-Aram gekomen was; en Hij zegende hem.

¹⁰En God zeide tot hem: Uw naam is Jakob, uw naam zal voortaan niet Jakob genoemd worden, maar Israel zal uw naam zijn; en Hij noemde zijn naam Israel.

¹¹Voorts zeide God tot hem: Ik ben God de Almachtige! wees vruchtbaar, en vermenigvuldig! Een volk, ja, een hoop der volken zal uit u worden, en koningen zullen uit uw lenden voortkomen.

¹²En dit land, dat Ik aan Abraham en Izak gegeven heb, dat zal Ik u geven; en aan uw zaad na u zal Ik dit land geven.

¹³Toen voer God van hem op in die plaats, waar Hij met hem gesproken had.

¹⁴En Jakob stelde een opgericht teken op in die plaats, waar Hij met hem gesproken had, een stenen opgericht teken; en hij stortte daarop drankoffer, en goot olie daarover.

¹⁵En Jakob noemde den naam dier plaats, alwaar God met hem gesproken had, Beth-El.

¹⁶En zij reisden van Beth-El; en er was nog een kleine streek lands om tot Efrath te komen; en Rachel baarde, en zij had het hard in haar

baren.

¹⁷En het geschiedde, als zij het hard had in haar baren, zo zeide de vroedvrouw tothaar: Vrees niet; want deze zoon zult gij ook hebben!

¹⁸En het geschiedde, als haar ziel uitging (want zij stierf), dat zij zijn naam noemdeBen-oni; maar zijn vader noemde hem Benjamin.

¹⁹Alzo stierf Rachel; en zij werd begraven aan den weg naar Efrath, hetwelk isBethlehem.

²⁰En Jakob richtte een gedenkteken op boven haar graf, dit is het gedenkteken vanRachels graf tot op dezen dag.

²¹Toen verreisde Israel, en hij spande zijn tent op gene zijde van Migdal-Eder.

²²En het geschiedde, als Israel in dat land woonde, dat Ruben heenging, en lag bijBilha, zijns vaders bijwijf; en Israel hoorde het. En de zonen van Jakob warentwaalf.

²³De zonen van Lea waren: Ruben, Jakobs eerstgeborene, daarna Simeon, en Levi, en Juda, en Issaschar, en Zebulon.

²⁴De zonen van Rachel: Jozef en Benjamin.

²⁵En de zonen van Bilha, Rachels dienstmaagd: Dan en Nafthali.

²⁶En de zonen van Zilpa, Lea's dienstmaagd: Gad en Aser. Deze zijn de zonen vanJakob, die hem geboren zijn in Paddan-Aram.

²⁷En Jakob kwam tot Izak, zijn vader, in Mamre, te Kirjath-Arba, hetwelk isHebron, waar Abraham als vreemdeling had verkeerd, en Izak.

²⁸En de dagen van Izak waren honderd jaren, en tachtig jaren.

²⁹En Izak gaf den geest en stierf, en werd verzameld tot zijn volken, oud en zat vandagen; en zijn zonen Ezau en Jakob begroeven hem.

Hoofdstuk 36

¹Dit nu zijn de geboorten van Ezau, welke is Edom.

²Ezau nam zijn vrouwen uit de dochteren van Kanaan, Ada, de dochter van Elon, de Hethiet, en Aholibama, de dochter van Ana, de dochter van Zibeon, deHeviet;

³En Basmath, de dochter van Ismael, zuster van Nebajoth.

⁴Ada nu baarde aan Ezau Elifaz, en Basmath baarde Rehuel.

⁵En Aholibama baarde Jehus, en Jaelam, en Korah. Dit zijn de zonen van Ezau, diehem geboren zijn in het land Kanaan.

⁶Ezau nu had genomen zijn vrouwen, en zijn zonen, en zijn dochters, en al de zielenzijns huizes, en zijn vee, en al zijn beesten, en al zijn bezitting, die hij in het landKanaan geworven had, en was vertrokken naar een ander land, van hetaangezicht van zijn broeder Jakob.

⁷Want hun have was te veel, om samen te wonen; en het land hunnervreemdelingschappen kon ze niet dragen vanwege hun vee.

⁸Derhalve woonde Ezau op het gebergte Seir. Ezau is Edom.

⁹Dit nu zijn de geboorten van Ezau, de vader der Edomieten, op het gebergte vanSeir.

¹⁰Dit zijn de namen der zonen van Ezau: Elifaz, de zoon van Ada, Ezau's huisvrouw;Rehuel, de zoon van Basmath, Ezau's huisvrouw.

¹¹En de zonen van Elifaz waren: Teman, Omar, Zefo, en Gaetam, en Kenaz.

¹²En Timna was een bijwijf van Elifaz, den zoon van Ezau, en zij baarde aan ElifazAmalek; dit zijn de zonen van Ada, Ezau's huisvrouw.

¹³En dit zijn de zonen van Rehuel: Nahath, en Zerah, Samma en Mizza; dat zijngeweest de zonen van Basmath, Ezau's huisvrouw.

¹⁴En dit zijn geweest de zonen van Aholibama, dochter van Ana, dochter vanZibeon, Ezau's huisvrouw; en zij baarde aan Ezau Jehus, en Jaelam, en Korah.

¹⁵Dit zijn de vorsten der zonen van Ezau: de zonen van Elifaz, den eerstgeborenevan Ezau, waren: de vorst Teman, de vorst Omar, de vorst Zefo, de vorst Kenaz.

¹⁶De vorst Korah, de vorst Gaetam, de vorst Amalek; dat zijn de vorsten van Elifazin het land Edom; dat zijn de zonen van Ada.

¹⁷En dit zijn de zonen van Rehuel, den zoon van Ezau: de vorst Nahath, de vorstZera, de vorst Samma, de vorst Mizza; dat zijn de vorsten van Rehuel in het landEdom; dat zijn de zonen van Basmath, de huisvrouw van Ezau.

¹⁸En dit zijn de zonen van Aholibama, de huisvrouw van Ezau: de vorst Jehus, devorst Jaelam, de vorst Korah; dat zijn de vorsten van Aholibama, de dochter vanAna, de huisvrouw van Ezau.

¹⁹Dat zijn de zonen van Ezau, en dat zijn hunlieder vorsten; hij is Edom.

²⁰Dit zijn de zonen van Seir, den Horiet, inwoners van dat land: Lotan, en Sobal, enZibeon, en Ana,

²¹En Dison, en Ezer, en Disan; dat zijn de vorsten der Horieten, zonen van Seir, inhet land van Edom.

²²En de zonen van Lotan waren Hori en Hemam; en Lotans zuster was Timna.

²³En dit zijn de zonen van Sobal: Alvan en Manahath, en Ebal, en Sefo, en Onam.

²⁴En dit zijn de zonen van Zibeon: Aja en Ana, hij is die Ana, die de muilen in dewoestijn gevonden heeft, toen hij de ezels van zijn vader Zibeon weidde.

²⁵En dit zijn de zonen van Ana: Dison; en Aholibama was de dochter van Ana.

²⁶En dit zijn de zonen van Dison: Hemdan, en Esban, en Ithran, en Cheran.

²⁷Dit zijn de zonen van Ezer: Bilhan, en Zaavan, en Akan.

²⁸Dit zijn de zonen van Disan: Uz en Aran.

²⁹Dit zijn de vorsten der Horieten: de vorst Lotan, de vorst Sobal, de vorst Zibeon, de vorst Ana.

³⁰De vorst Dison, de vorst Ezer, de vorst Disan; dit zijn de vorsten der Horieten, naar hun vorsten in het land Seir.

³¹En dit zijn koningen, die geregeerd hebben in het land Edom, eer een koningregeerde over de kinderen Israels.

³²Bela dan, de zoon van Beor, regeerde in Edom, en de naam zijner stad wasDinhaba.

³³En Bela stierf, en Jobab, de zoon van Zerah, van Bozra, regeerde in zijn plaats.

³⁴En Jobab stierf, en Husam, uit der Temanieten land, regeerde in zijn plaats.

³⁵En Husam stierf, en in zijn plaats regeerde Hadad, de zoon van Bedad, dieMidian versloeg in het veld van Moab; en de naam zijner stad was Avith.

³⁶En Hadad stierf, en Samla, van Masreka, regeerde in zijn plaats.

³⁷En Samla stierf, en Saul van Rehoboth, aan de rivier, regeerde in zijn plaats.

³⁸En Saul stierf, en Baal-Hanan, de zoon van Achbor, regeerde in zijn plaats.

³⁹En Baal-Hanan, de zoon van Achbor, stierf, en Hadar regeerde in zijn plaats; ende naam zijner stad was Pahu; en de naam zijner huisvrouw was Mechetabeel, een dochter van Matred, de dochter van Mezahab.

⁴⁰En dit zijn de namen der vorsten van Ezau, naar hun geslachten, naar hun plaatsen, met hun namen: de vorst Timna, de vorst Alva, de vorst Jetheth,

⁴¹De vorst Aholibama, de vorst Ela, de vorst Pinon,

⁴²De vorst Kenaz, de vorst Teman, de vorst Mibzar,

⁴³De vorst Magdiel, de vorst Iram; dit zijn de vorsten van Edom, naar hunwoningen, in het land hunner bezitting; hij is Ezau, de vader van Edom.

Hoofdstuk 37

¹En Jakob woonde in het land der vreemdelingschappen zijns vaders, in het landKanaan.

²Dit zijn Jakobs geschiedenissen. Jozef, zijnde een zoon van zeventien jaren, weidde de kudde met zijn broeders (en hij was een jongeling), met de zonen vanBilha, en de zonen van Zilpa, zijns vaders vrouwen; en Jozef bracht hun kwaadgerucht tot hun vader.

³En Israel had Jozef lief, boven al zijn zonen; want hij was hem een zoon desouderdoms; en hij maakte hem een veelvervigen rok.

⁴Als nu zijn broeders zagen, dat hun vader hem boven al zijn broederen liefhad, haatten zij hem, en konden hem niet vredelijk toespreken.

⁵Ook droomde Jozef een droom, dien hij aan zijn broederen vertelde; daaromhaatten zij hem nog te meer.

⁶En hij zeide tot hen: Hoort toch dezen droom, dien ik gedroomd heb.

⁷En ziet, wij waren schoven bindende in het midden des velds; en ziet, mijn schoofstond op, en bleef ook staande; en ziet, uw schoven kwamen rondom, en bogenzich neder voor mijn schoof.

⁸Toen zeiden zijn broeders tot hem: Zult gij dan ganselijk over ons regeren: zult gijdan ganselijk over ons heersen? Zo haatten zij hem nog te meer, om zijn dromenom zijn woorden.

⁹En hij droomde nog een anderen droom, en verhaalde dien aan zijn broederen; enhij zeide: Ziet, ik heb nog een droom gedroomd, en ziet, de zon, en de maan en elfsterren bogen zich voor mij neder.

¹⁰En als hij het aan zijn vader en aan zijn broederen verhaalde, bestrafte hem zijnvader, en zeide tot hem: Wat is dit voor een droom, dien gij gedroomd hebt;zullen wij dan ganselijk komen, ik, en uw moeder, en uw broeders, om ons voor uter aarde te buigen?

¹¹Zijn broeders dan benijdden hem; doch zijn vader bewaarde deze zaak.

¹²En zijn broeders gingen heen, om de kudde van hun vader te

weiden bij Sichem.

¹³Zo zeide Israel tot Jozef: Weiden uw broeders niet bij Sichem? Kom, dat ik u tothen zende. En hij zeide tot hem: Zie, hier ben ik!

¹⁴En hij zeide tot hem: Ga toch heen, zie naar den welstand van uw broederen, ennaar den welstand van de kudde, en breng mij een woord wederom. Zo zond hijhem uit het dal Hebron, en hij kwam te Sichem.

¹⁵En een man vond hem (want ziet, hij was dwalende in het veld); zo vraagde hemdeze man, zeggende: Wat zoekt gij?

¹⁶En hij zeide: Ik zoek mijn broederen; geef mij toch te kennen, waar zij weiden.

¹⁷Zo zeide die man: Zij zijn van hier gereisd; want ik hoorde hen zeggen: Laat onsnaar Dothan gaan. Jozef dan ging zijn broederen na, en vond hen te Dothan.

¹⁸En zij zagen hem van verre; en eer hij tot hen naderde, sloegen zij tegen hem eenlistigen raad, om hem te doden.

¹⁹En zij zeiden de een tot den ander: Ziet, daar komt die meester-dromer aan!

²⁰Nu komt dan, en laat ons hem doodslaan, en hem in een dezer kuilen werpen; enwij zullen zeggen: een boos dier heeft hem opgegeten; zo zullen wij zien, wat vanzijn dromen worden zal.

²¹Ruben hoorde dat, en verloste hem uit hun hand; en hij zeide: Laat ons hem nietaan het leven slaan.

²²Ook zeide Ruben tot hen: Vergiet geen bloed; werpt hem in dezen kuil die in dewoestijn is, en legt de hand niet aan hem; opdat hij hem uit hun hand verloste, omhem tot zijn vader weder te brengen.

²³En het geschiedde, als Jozef tot zijn broederen kwam, zo togen zij Jozef zijn rokuit, den veelvervigen rok, dien hij aanhad.

²⁴En zij namen hem, en wierpen hem in den kuil; doch de kuil was ledig; er wasgeen water in.

²⁵Daarna zaten zij neder om brood te eten, en hieven hun ogen op, en zagen, enziet, een reisgezelschap van Ismaelieten kwam uit Gilead; en hun kemelen droegenspecerijen en balsem, en mirre, reizende, om dat af te brengen naar Egypte.

²⁶Toen zeide Juda tot zijn broederen: Wat gewin zal het zijn, dat wij onzen broederdoodslaan, en zijn bloed verbergen?

²⁷Komt, en laat ons hem aan deze Ismaelieten verkopen, en onze hand zij niet aanhem; want hij is onze broeder, ons vlees, en zijn broederen hoorden hem.

²⁸Als nu de Midianietische kooplieden voorbijtogen, zo trokken en hieven zij Jozefop uit den kuil, en verkochten Jozef aan deze Ismaelieten voor twintig zilverlingen;die brachten Jozef naar Egypte.

²⁹Als nu Ruben tot den kuil wederkeerde, ziet, zo was Jozef niet in den kuil; toenscheurde hij zijn klederen.

³⁰En hij keerde weder tot zijn broederen, en zeide: De jongeling is er niet; en ik, waar zal ik heengaan?

³¹Toen namen zij Jozefs rok, en zij slachtten een geitenbok, en zij doopten den rokin het bloed.

³²En zij zonden den veelvervigen rok, en deden hem tot hun vader brengen, enzeiden: Dezen hebben wij gevonden; beken toch, of deze uws zoons rok zij, ofniet.

³³En hij bekende hem, en zeide: Het is mijns zoons rok! een boos dier heeft hemopgegeten! voorzeker is Jozef verscheurd!

³⁴Toen scheurde Jakob zijn klederen, en legde een zak om zijn lenden; en hijbedreef rouw over zijn zoon vele dagen.

³⁵En al zijn zonen, en al zijn dochteren maakten zich op, om hem te troosten; maarhij weigerde zich te laten troosten, en zeide: Want ik zal, rouw bedrijvende, totmijn zoon in het graf nederdalen. Alzo beweende hem zijn vader.

³⁶En de Midianieten verkochten hem in Egypte, aan Potifar, een hoveling vanFarao, overste der trawanten.

Hoofdstuk 38

¹En het geschiedde ten zelven tijde, dat Juda van zijn broederen aftoog, en hijkeerde in tot een man van Adullam, wiens naam was Hira.

²En Juda zag aldaar de dochter van een Kanaanietisch man, wiens naam was Sua;en hij nam haar, en ging tot haar in.

³En zij werd bevrucht, en baarde een zoon, en hij noemde zijn naam Er.

⁴Daarna werd zij weder bevrucht, en baarde een zoon, en zij noemde zijn naamOnan.

⁵En zij voer nog voort, en baarde een zoon, en noemde zijn naam Sela; doch hijwas te Chezib, toen zij hem baarde.

⁶Juda nu nam een vrouw voor Er, zijn eerstgeborene, en haar naam was Thamar.

⁷Maar Er, de eerstgeborene van Juda, was kwaad in des HEEREN ogen; daaromdoodde hem de HEERE.

⁸Toen zeide Juda tot Onan: Ga in tot uws broeders huisvrouw, en trouw haar inuws broeders naam, en verwek uw broeder zaad.

⁹Doch Onan, wetende, dat dit zaad voor hem niet zoude zijn, zo geschiedde het, als hij tot zijns broeders huisvrouw inging, dat hij het verdierf tegen de aarde, omzijn broeder geen zaad te geven.

¹⁰En het was kwaad in des HEEREN ogen, wat hij deed; daarom doodde Hij hemook.

¹¹Toen zeide Juda tot Thamar, zijn schoondochter: Blijf weduwe in uws vaders huis, totdat mijn zoon Sela groot wordt; want hij zeide: Dat niet misschien ook dezesterve, gelijk zijn broeders! Zo ging Thamar heen, en bleef in haar vaders huis.

¹²Als nu vele dagen verlopen waren, stierf de dochter van Sua, de huisvrouw vanJuda; daarna troostte zich Juda, en ging op tot zijn schaapscheerders naar Timnatoe, hij en Hira, zijn vriend, de Adullamiet.

¹³En men gaf Thamar te kennen, zeggende: Zie, uw schoonvader gaat op naarTimna, om zijn schapen te scheren.

¹⁴Toen legde zij de klederen van haar weduwschap van zich af, en zij bedekte zichmet een sluier, en bewond zich, en zette zich aan den ingang der twee fonteinen, die op den weg naar Timna is; want zij zag, dat Sela groot geworden was, en zijhem niet ter vrouw was gegeven.

¹⁵Als Juda haar zag, zo hield hij haar voor een hoer, overmits zij haar aangezichtbedekt had.

¹⁶En hij week tot haar naar den weg, en zeide: Kom toch, laat mij tot u ingaan; wanthij wist niet, dat zij zijn schoondochter was. En zij zeide: Wat zult gij mij geven, dat gij tot mij ingaat?

¹⁷En hij zeide: Ik zal u een geitenbok van de kudde zenden. En zij zeide: Zo gij pandzult geven, totdat gij hem zendt.

¹⁸Toen zeide hij: Wat pand is het, dat ik u geven zal? En zij zeide: Uw zegelring enuw snoer en uw staf, die in uw hand is; hetwelk hij haar gaf, en ging tot haar in; enzij ontving bij hem.

¹⁹En zij maakte zich op, en ging heen, en legde haar sluier van zich af, en zij trokaan de klederen van haar weduwschap.

²⁰En Juda zond den geitenbok door de hand van zijn vriend, den Adullamiet, om hetpand uit de hand der vrouw te nemen; maar hij vond haar niet.

²¹En hij vraagde de lieden van haar plaats, zeggende: Waar is de hoer, die bij dezetwee fonteinen aan den weg was? En zij zeiden: Hier is geen hoer geweest.

²²En hij keerde weder tot Juda, en zeide: Ik heb haar niet gevonden; en ook zeidende lieden van die plaats: Hier is geen hoer geweest.

²³Toen zeide Juda: Zij neme het voor zich, opdat wij misschien niet tot verachtingworden; zie, ik heb deze bok gezonden; maar gij hebt haar niet gevonden.

²⁴En het geschiedde omtrent na drie maanden, dat men Juda te kennen gaf, zeggende: Thamar, uw schoondochter, heeft gehoereerd, en ook zie, zij iszwanger van hoererij. Toen zeide Juda: Breng ze hervoor, dat zij verbrand worde!

²⁵Als zij voorgebracht werd, schikte zij tot haar schoonvader, om te zeggen: Bij denman, wiens deze dingen zijn, ben ik zwanger; en zij zeide: Beken toch, wiens dezezegelring, en deze snoeren, en deze staf zijn.

²⁶En Juda kende ze, en zeide: Zij is rechtvaardiger dan ik, daarom, omdat ik haaraan mijn zoon Sela niet gegeven heb. En hij bekende haar voortaan niet meer.

²⁷En het geschiedde ten tijde, als zij baren zou, ziet, zo waren tweelingen in haarbuik.

²⁸En het geschiedde, als zij baarde, dat een de hand uitgaf; en de vroedvrouw namdezelve, en zij bond een scharlaken draad om zijn hand, zeggende: Deze komthet eerst uit.

²⁹Maar het geschiedde, als hij zijn hand weder intoog, ziet, zo kwam zijn broederuit; en zij zeide: Hoe zijt gij doorgebroken? op u is de breuke! en men noemdezijn naam Perez.

³⁰En daarna kwam zijn broeder uit, om wiens hand de scharlaken draad was; enmen noemde zijn naam Zera.

Hoofdstuk 39

¹Jozef nu werd naar Egypte afgevoerd; en Potifar, een hoveling van Farao, eenoverste der trawanten, een Egyptisch man, kocht hem uit de hand der Ismaelieten, die hem derwaarts afgevoerd hadden.

²En de HEERE was met Jozef, zodat hij een voorspoedig man was; en hij was inhet huis van zijn heer, den Egyptenaar.

³Als nu zijn heer zag, dat de HEERE met hem was, en dat de HEERE al wat hijdeed, door zijn hand voorspoedig maakte;

⁴Zo vond Jozef genade in zijn ogen, en diende hem; en hij stelde hem over zijnhuis; en al wat hij had, gaf hij in zijn hand.

⁵En het geschiedde van toen af, dat hij hem over zijn huis, en over

Genesis

al wat het zijn was, gesteld had, dat de HEERE des Egyptenaars huis zegende, om Jozefs wil; ja, de zegen des HEEREN was in alles, wat hij had, in het huis en in het veld.

⁶En hij liet alles, wat hij had, in Jozefs hand, zodat hij met hem van geen ding kennis had, behalve van het brood, dat hij at. En Jozef was schoon van gedaante, en schoon van aangezicht.

⁷En het geschiedde na deze dingen, dat de huisvrouw zijns heren haar ogen op Jozef wierp; en zij zeide: lig bij mij!

⁸Maar hij weigerde het, en zeide tot de huisvrouw zijns heren: Zie, mijn heer heeft geen kennis met mij, wat er in het huis is; en al wat hij heeft, dat heeft hij in mijn hand gegeven.

⁹Niemand is groter in dit huis dan ik, en hij heeft voor mij niets onthouden, dan u, daarin dat gij zijn huisvrouw zijt; hoe zoude ik dan dit een zo groot kwaad doen, en zondigen tegen God!

¹⁰En het geschiedde, als zij Jozef dag op dag aansprak, en hij naar haar niet hoorde, om bij haar te liggen, en bij haar te zijn;

¹¹Zo gebeurde het op zulk een dag, dat hij in het huis kwam, om zijn werk te doen; en niemand van de lieden des huizes was daar binnenshuis.

¹²En zij greep hem bij zijn kleed, zeggende: Lig bij mij! En hij liet zijn kleed in haar hand, en vluchtte, en ging uit naar buiten.

¹³En het geschiedde, als zij zag, dat hij zijn kleed in haar hand gelaten had, en naar buiten gevlucht was;

¹⁴Zo riep zij de lieden van haar huis, en sprak tot hen, zeggende: Ziet, hij heeft ons den Hebreeuwsen man ingebracht, om met ons te spotten; hij is tot mij gekomen, om bij mij te liggen, en ik heb geroepen met luider stem;

¹⁵En het geschiedde, als hij hoorde, dat ik mijn stem verhief, en riep, zo verliet hij zijn kleed bij mij, en vluchtte, en ging uit naar buiten.

¹⁶En zij legde zijn kleed bij zich, totdat zijn heer in zijn huis kwam.

¹⁷Toen sprak zij tot hem naar diezelfde woorden, zeggende: De Hebreeuwse knecht, dien gij ons hebt ingebracht, is tot mij gekomen, om met mij te spotten.

¹⁸En het is geschied, als ik mijn stem verhief, en riep, dat hij zijn kleed bij mij liet, en vluchtte naar buiten.

¹⁹En het geschiedde, als zijn heer de woorden zijner huisvrouw hoorde, die zij tot hem sprak, zeggende: Naar deze zelfde woorden heeft mij uw knecht gedaan, zo ontstak zijn toorn.

²⁰En Jozefs heer nam hem, en leverde hem in het gevangenhuis, ter plaatse, waar des konings gevangenen gevangen waren; alzo was hij daar in het gevangenhuis.

²¹Doch de HEERE was met Jozef, en wende Zijn goedertierenheid tot hem; en gaf hem genade in de ogen van den overste van het gevangenhuis.

²²En de overste van het gevangenhuis gaf al de gevangenen, die in het gevangenhuis waren, in Jozefs hand; en al wat zij daar deden, deed hij.

²³De overste van het gevangenhuis zag gans op geen ding, dat in zijn hand was, overmits dat de HEERE met hem was; en wat hij deed, dat deed de HEERE welgedijen.

Hoofdstuk 40

¹En het geschiedde na deze dingen, dat de schenker des konings van Egypte en de bakker, zondigden tegen hun heer, tegen den koning van Egypte.

²Zodat Farao zeer toornig werd op zijn twee hovelingen, op den overste der schenkers, en op den overste der bakkers.

³En hij leverde hen in bewaring, ten huize van den overste der trawanten, in het gevangenhuis, ter plaatse, waar Jozef gevangen was.

⁴En de overste der trawanten bestelde Jozef bij hen, dat hij hen diende; en zij waren sommige dagen in bewaring.

⁵Zij droomden nu beiden een droom, elk zijn droom, in een nacht, elk naar de uitlegging zijns drooms, de schenker en de bakker, die des konings van Egypte waren, die gevangen waren in het gevangenhuis.

⁶En Jozef kwam des morgens tot hen, en hij zag hen aan, en ziet, zij waren ontsteld.

⁷Toen vraagde hij de hovelingen van Farao, die bij hem waren in hechtenis van het huis zijns heren, zeggende: Waarom zijn uw aangezichten heden kwalijk gesteld?

⁸En zij zeiden tot hem: Wij hebben een droom gedroomd, en er is niemand, die hem uitlegge. En Jozef zeide tot hen: Zijn de uitleggingen niet van God? Vertelt ze mij toch.

⁹Toen vertelde de overste der schenkers Jozef zijn droom, en zeide tot hem: In mijn droom, zie, zo was een wijnstok voor mijn aangezicht;

¹⁰En aan den wijnstok waren drie ranken; en hij was als bottende, zijn bloeisel ging op, zijn trossen brachten rijpe druiven voort.

¹¹En Farao's beker was in mijn hand; en ik nam die druiven, en drukte ze uit in Farao's beker, en ik gaf den beker op Farao's hand.

¹²Toen zeide Jozef tot hem: Dit is zijn uitlegging: de drie ranken zijn drie dagen.

¹³Binnen nog drie dagen zal Farao uw hoofd verheffen, en zal u in uw staat herstellen; en gij zult Farao's beker in zijn hand geven, naar de vorige wijze, toen gij zijn schenker waart.

¹⁴Doch gedenk mijner bij uzelven, wanneer het u wel gaan zal, en doe toch weldadigheid aan mij, en doe van mij melding bij Farao, en maak, dat ik uit dit huis kome.

¹⁵Want ik ben diefelijk ontstolen uit het land der Hebreën; en ook heb ik hier niets gedaan, dat zij mij in dezen kuil gezet hebben.

¹⁶Toen de overste der bakkers zag, dat hij een goede uitlegging gedaan had, zo zeide hij tot Jozef: Ik was ook in mijn droom, en zie, drie getraliede korven waren op mijn hoofd.

¹⁷En in den oppersten korf was van alle spijze van Farao, die bakkerswerk is; en het gevogelte at dezelve uit de korf, van boven mijn hoofd.

¹⁸Toen antwoordde Jozef, en zeide: Dit is zijn uitlegging: de drie korven zijn drie dagen.

¹⁹Binnen nog drie dagen zal Farao uw hoofd verheffen van boven u, en hij zal u aan een hout hangen, en het gevogelte zal uw vlees van boven u eten.

²⁰En het geschiedde op den derden dag, den dag van Farao's geboorte, dat hij vooral zijn knechten een maaltijd maakte; en hij verhief het hoofd van den overste der schenkers, en het hoofd van den overste der bakkers, in het midden zijner knechten.

²¹En hij deed den overste der schenkers wederkeren tot zijn schenkambt, zodat hij den beker op Farao's hand gaf.

²²Maar den overste der bakkers hing hij op; gelijk Jozef hun uitgelegd had.

²³Doch de overste der schenkers gedacht aan Jozef niet, maar vergat hem.

Hoofdstuk 41

¹En het geschiedde ten einde van twee volle jaren, dat Farao droomde, en ziet, hij stond aan de rivier.

²En ziet, uit de rivier kwamen op zeven koeien, schoon van aanzien, en vet van vlees, en zij weidden in het gras.

³En ziet, zeven andere koeien kwamen na die op uit de rivier, lelijk van aanzien, en dun van vlees; en zij stonden bij de andere koeien aan den oever der rivier.

⁴En die koeien, lelijk van aanzien, en dun van vlees, aten op die zeven koeien, schoon van aanzien en vet. Toen ontwaakte Farao.

⁵Daarna sliep hij en droomde andermaal; en ziet, zeven aren rezen op, in een halm, vet en goed.

⁶En ziet, zeven dunne en van den oostenwind verzengde aren schoten na dezelve uit.

⁷En de dunne aren verslonden de zeven vette en volle aren. Toen ontwaakte Farao, en ziet, het was een droom.

⁸En het geschiedde in den morgenstond, dat zijn geest verslagen was, en hij zond heen, en riep al de tovenaars van Egypte, en al de wijzen, die daarin waren; en Farao vertelde hun zijn droom; maar er was niemand, die ze aan Farao uitlegde.

⁹Toen sprak de overste der schenkers tot Farao, zeggende: Ik gedenk heden aan mijn zonden.

¹⁰Farao was zeer vertoornd op zijn dienaars, en leverde mij in bewaring ten huize van den overste der trawanten, mij en den overste der bakkers.

¹¹En in een nacht droomden wij een droom, ik en hij; wij droomden elk naar de uitlegging zijns drooms.

¹²En aldaar was bij ons een Hebreeuws jongeling, een knecht van den overste der trawanten; en wij vertelden ze hem, en hij legde ons onze dromen uit; een ieder legde hij ze uit, naar zijn droom.

¹³En gelijk hij ons uitlegde, alzo is het geschied; mij heeft hij hersteld in mijn staat, en hem gehangen.

¹⁴Toen zond Farao en riep Jozef en zij deden hem haastelijk uit den kuil komen; en men schoor hem, en men veranderde zijn klederen; en hij kwam tot Farao.

¹⁵En Farao sprak tot Jozef: Ik heb een droom gedroomd, en er is niemand, die hem uitlegge; maar ik heb van u horen zeggen, als gij een droom hoort, dat gij hem uitlegt.

¹⁶En Jozef antwoordde Farao, zeggende: Het is buiten mij! God zal Farao's welstand aanzeggen.

¹⁷Toen sprak Farao tot Jozef: Zie, in mijn droom stond ik aan den oever der rivier;

¹⁸En zie, uit de rivier kwamen op zeven koeien, vet van vlees en

schoon vangedaante, en zij weidden in het gras.

¹⁹En zie, zeven andere koeien kwamen op na deze, mager en zeer lelijk vangedaante, rank van vlees; ik heb dergelijke van lelijkheid niet gezien in het ganseEgypteland.

²⁰En die ranke en lelijke koeien aten die eerste zeven vette koeien op;

²¹Dewelke in haar buik inkwamen; maar men merkte niet, dat ze in haar buikingekomen waren; want haar aanzien was lelijk, gelijk als in het begin. Toenontwaakte ik.

²²Daarna zag ik in mijn droom, en zie zeven aren rezen op in een halm, vol en goed.

²³En zie, zeven dorre, dunne en van den oostenwind verzengde aren, schoten nadezelve uit;

²⁴En de zeven dunne aren verslonden die zeven goede aren. En ik heb het dentovenaars gezegd; maar er was niemand, die het mij verklaarde.

²⁵Toen zeide Jozef tot Farao: De droom van Farao is een; hetgeen God is doende, heeft Hij Farao te kennen gegeven.

²⁶Die zeven schone koeien zijn zeven jaren; die zeven schone aren zijn ook zevenjaren; de droom is een.

²⁷En die zeven ranke en lelijke koeien, die na gene opkwamen, zijn zeven jaren; endie zeven ranke van den oostenwind verzengde aren zullen zeven jaren deshongers wezen.

²⁸Dit is het woord, hetwelk ik tot Farao gesproken heb: hetgeen God is doende, heeft Hij Farao vertoond.

²⁹Zie, de zeven aankomende jaren, zal er grote overvloed in het ganse land vanEgypte zijn.

³⁰Maar na dezelve zullen er opstaan zeven jaren des hongers; dan zal in het land vanEgypte al die overvloed vergeten worden; en de honger zal het land verteren.

³¹Ook zal de overvloed in het land niet gemerkt worden, vanwege dienzelvenhonger, die daarna wezen zal; want hij zal zeer zwaar zijn.

³²En aangaande, dat die droom aan Farao ten tweeden maal is herhaald, is, omdatde zaak van God vastbesloten is, en dat God haast, om dezelve te doen.

³³Zo zie nu Farao naar een verstandigen en wijzen man, en zette hem over het landvan Egypte.

³⁴Farao doe zo, en bestelle opzieners over het land; en neme het vijfde deel deslands van Egypte in de zeven jaren des overvloeds.

³⁵En dat zij alle spijze van deze aankomende goede jaren verzamelen, en korenopleggen, onder de hand van Farao, tot spijze in de steden, en bewaren het.

³⁶Zo zal de spijze zijn tot voorraad voor het land, voor zeven jaren des hongers, diein Egypteland wezen zullen; opdat het land van honger niet verga.

³⁷En dit woord was goed in de ogen van Farao, en in de ogen van al zijn knechten.

³⁸Zo zeide Farao tot zijn knechten: Zouden wij wel een man vinden als deze, inwelken Gods Geest is?

³⁹Daarna zeide Farao tot Jozef: Naardien dat God u dit alles heeft verkondigd, zo iser niemand zo verstandig en wijs, als gij.

⁴⁰Gij zult over mijn huis zijn, en op uw bevel zal al mijn volk de hand kussen; alleendezen troon zal ik groter zijn dan gij.

⁴¹Voorts sprak Farao tot Jozef: Zie, ik heb u over gans Egypteland gesteld.

⁴²En Farao nam zijn ring van zijn hand af, en deed hem aan Jozefs hand, en liet hemfijne linnen klederen aantrekken, en legde hem een gouden keten aan zijn hals;

⁴³En hij deed hem rijden op den tweeden wagen, dien hij had; en zij riepen voor zijnaangezicht: Knielt! Alzo stelde hij hem over gans Egypteland.

⁴⁴En Farao zeide tot Jozef: Ik ben Farao! doch zonder u zal niemand zijn hand ofzijn voet opheffen in gans Egypteland.

⁴⁵En Farao noemde Jozefs naam Zafnath Paaneah, en gaf hem Asnath, de dochtervan Potifera, overste van On, tot een vrouw; en Jozef toog uit door het land vanEgypte.

⁴⁶Jozef nu was dertig jaren oud, als hij stond voor het aangezicht van Farao, koningvan Egypte; en Jozef ging uit van Farao's aangezicht, en hij toog door gansEgypteland.

⁴⁷En het land bracht voort, in de zeven jaren des overvloeds, bij handvollen.

⁴⁸En hij vergaderde alle spijze der zeven jaren, die in Egypteland was, en deed despijze in de steden; de spijze van het veld van elke stad, hetwelk rondom haarwas, deed hij daarbinnen.

⁴⁹Alzo bracht Jozef zeer veel koren bijeen, als het zand der zee, totdat men ophieldte tellen: want daarvan was geen getal.

⁵⁰En Jozef werden twee zonen geboren, eer er een jaar des hongers aankwam, dieAsnath, de dochter van Potifera, overste van On, hem baarde.

⁵¹En Jozef noemde den naam des eerstgeborenen Manasse; want, zeide hij, Godheeft mij doen vergeten al mijn moeite, en het ganse huis mijns vaders.

⁵²En den naam des tweeden noemde hij Efraim; want, zeide hij, God heeft mijdoen wassen in het land mijner verdrukking.

⁵³Toen eindigden de zeven jaren des overvloeds, die in Egypte geweest was.

⁵⁴En de zeven jaren des hongers begonnen aan te komen, gelijk als Jozef gezegdhad. En er was honger in al de landen; maar in gans Egypteland was brood.

⁵⁵Als nu gans Egypteland hongerde, riep het volk tot Farao om brood; en Faraozeide tot alle Egyptenaren: Gaat tot Jozef, doet wat hij u zegt.

⁵⁶Als dan honger over het ganse land was, zo opende Jozef alles, waarin iets was, en verkocht aan de Egyptenaren; want de honger was sterk in Egypteland.

⁵⁷En alle landen kwamen in Egypte tot Jozef, om te kopen; want de honger wassterk in alle landen.

Hoofdstuk 42

¹Toen Jakob zag, dat er koren in Egypte was, zo zeide Jakob tot zijn zonen:Waarom ziet gij op elkander?

²Voorts zeide hij: Ziet, ik heb gehoord, dat er koren in Egypte is; trekt daarhenenaf, en koopt ons koren van daar, opdat wij leven en niet sterven.

³Toen togen Jozefs tien broederen af, om koren uit Egypte te kopen.

⁴Doch Benjamin, Jozefs broeder, zond Jakob niet met zijn broederen; want hijzeide: Opdat hem niet misschien het verderf ontmoete!

⁵Alzo kwamen Israels zonen om te kopen onder degenen, die daar kwamen; wantde honger was in het land Kanaan.

⁶Jozef nu was regent over dat land; hij verkocht aan al het volk des lands; enJozefs broederen kwamen, en bogen zich voor hem, met de aangezichten teraarde.

⁷Als Jozef zijn broederen zag, zo kende hij hen; maar hij hield zich vreemd jegenshen, en sprak hard met hen, en zeide tot hen: Van waar komt gij? En zij zeiden:Uit het land Kanaan; om spijze te kopen.

⁸Jozef dan kende zijn broederen; maar zij kenden hem niet.

⁹Toen gedacht Jozef aan de dromen, die hij van hen gedroomd had; en hij zeide tothen: Gij zijt verspieders, gij zijt gekomen om te bezichtigen, waar het land bloot is.

¹⁰En zij zeiden tot hem: Neen, mijn heer! maar uw knechten zijn gekomen, omspijze te kopen.

¹¹Wij allen zijn eens mans zonen; wij zijn vroom; uw knechten zijn geen verspieders.

¹²En hij zeide tot hen: Neen, maar gij zijt gekomen, om te bezichtigen, waar het landbloot is.

¹³En zij zeiden: Wij, uw knechten, waren twaalf gebroeders, eens mans zonen, inhet land Kanaan; en zie, de kleinste is heden bij onzen vader; doch de een is nietmeer.

¹⁴Toen zeide Jozef tot hen: Dat is het, wat ik tot u gesproken heb, zeggende: Gij zijtverspieders!

¹⁵Hierin zult gij beproefd worden: zo waarlijk als Farao leeft! indien gij van hierzult uitgaan, tenzij dan, wanneer uw kleinste broeder herwaarts zal gekomen zijn!

¹⁶Zendt een uit u, die uw broeder hale; maar weest gijlieden gevangen, en uwwoorden zullen beproefd worden, of de waarheid bij u zij; en indien niet, zowaarlijk als Farao leeft, zo zijt gij verspieders!

¹⁷En hij zette hen samen drie dagen in bewaring.

¹⁸En ten derden dage zeide Jozef tot hen: Doet dit, zo zult gij leven; ik vrees God.

¹⁹Zo gij vroom zijt, zo zij een uwer broederen gebonden in het huis uwer bewaring;en gaat gij heen, brengt het koren voor den honger uwer huizen.

²⁰En brengt uw kleinsten broeder tot mij, zo zullen uw woorden waargemaaktworden; en gij zult niet sterven. En zij deden alzo.

²¹Toen zeiden zij de een tot den ander: Voorwaar, wij zijn schuldig aan onzenbroeder, wiens benauwdheid der ziele wij zagen, toen hij ons om genade bad;maar wij hoorden niet! daarom komt deze benauwdheid over ons.

²²En Ruben antwoordde hun, zeggende: Heb ik het tot u niet gezegd, toen ik zeide:Zondigt niet aan dezen jongeling! maar gij hoordet niet; en ook zijn bloed, ziet, hetwordt gezocht!

²³En zij wisten niet, dat het Jozef hoorde; want daar was een taalman tussen hen.

²⁴Toen wendde hij zich om, van hen af, en weende; daarna keerde hij weder tothen, en sprak tot hen, en nam Simeon van hen, en bond hem voor hun ogen.

²⁵En Jozef gebood, dat men hun zakken met koren vullen zou, en dat men hun geldwederkeerde, een iegelijk in zijn zak, en dat men hun teerkost gave tot den weg;en men deed hun alzo.

²⁶En zij laadden hun koren op hun ezels, en togen van daar.

²⁷Toen een zijn zak opendeed, om zijn ezel voeder te geven in de herberg, zo zaghij zijn geld; want ziet, het was in den mond van zijn zak.

²⁸En hij zeide tot zijn broederen: Mijn geld is wedergekeerd; daartoe ook, ziet, hetis in mijn zak! Toen ontging hun het hart, en zij verschrikten, de een tot den anderzeggende: Wat is dit, dat ons God gedaan heeft?

²⁹En zij kwamen in het land Kanaan, tot Jakob, hun vader; en zij gaven hem tekennen al hun wedervaren, zeggende:

³⁰Die man, de heer van dat land, heeft hard met ons gesproken; en hij heeft onsgehouden voor verspieders des lands.

³¹Maar wij zeiden tot hem: Wij zijn vroom; wij zijn geen verspieders.

³²Wij waren twaalf gebroeders, zonen van onzen vader; de een is niet meer, en dekleinste is heden bij onzen vader in het land Kanaan.

³³En die man, de heer van dat land, zeide tot ons: Hieraan zal ik bekennen, datgijlieden vroom zijt; laat een uwer broederen bij mij, en neemt voor den hongeruwer huizen, en trekt heen.

³⁴En brengt uw kleinsten broeder tot mij; zo zal ik weten, dat gij geen verspiederszijt, maar dat gij vroom zijt; uw broeder zal ik u wedergeven, en gij zult in dit landhandelen.

³⁵En het geschiedde, als zij hun zakken ledigden, ziet, zo had een iegelijk denbundel zijns gelds in zijn zak; en zij zagen de bundelen huns gelds, zij en hunvader, en zij waren bevreesd.

³⁶Toen zeide Jakob, hun vader, tot hen: Gij berooft mij van kinderen! Jozef is erniet, en Simeon is er niet; nu zult gij Benjamin wegnemen! al deze dingen zijn tegenmij!

³⁷Toen sprak Ruben tot zijn vader, zeggende: Dood twee mijner zonen, zo ik hemtot u niet wederbreng; geef hem in mijn hand, en ik zal hem weder tot u brengen!

³⁸Maar hij zeide: Mijn zoon zal met ulieden niet aftrekken; want zijn broeder isdood, en hij is alleen overgebleven; zo hem een verderf ontmoette op den weg, dien gij zult gaan, zo zoudt gij mijn grauwe haren met droefenis ten grave doennederdalen.

Hoofdstuk 43

¹De honger nu werd zwaar in dat land;

²Zo geschiedde het, als zij den leeftocht, dien zij uit Egypte gebracht hadden, opgegeten hadden, dat hun vader tot hen zeide: Keert wederom, koopt ons eenweinig spijze.

³Toen sprak Juda tot hem, zeggende: Die man heeft ons op het hoogste betuigd, zeggende: Gij zult mijn aangezicht niet zien, tenzij dat uw broeder met u is.

⁴Indien gij onzen broeder met ons zendt, wij zullen aftrekken, en u spijze kopen;

⁵Maar indien gij hem niet zendt, wij zullen niet aftrekken; want die man heeft totons gezegd: Gij zult mijn aangezicht niet zien, tenzij dat uw broeder met u is.

⁶En Israel zeide: Waarom hebt gij zo kwalijk aan mij gedaan, dat gij dien man tekennen gaaft, of gij nog een broeder hadt?

⁷En zij zeiden: Die man vraagde zeer nauw naar ons, en naar onze maagschap, zeggende: Leeft uw vader nog; hebt gij nog een broeder? Zo gaven wij het hem tekennen, volgens diezelfde woorden; hebben wij juist geweten, dat hij zeggen zou:Brengt uw broeder af?

⁸Toen zeide Juda tot Israel, zijn vader: Zend den jongeling met mij, zo zullen wijons opmaken en reizen, opdat wij leven en niet sterven, noch wij, noch gij, nochonze kinderkens.

⁹Ik zal borg voor hem zijn; van mijn hand zult gij hem eisen; indien ik hem tot u nietbreng en hem voor uw aangezicht stel, zo zal ik alle dagen tegen u gezondigdhebben!

¹⁰Want hadden wij niet gezuimd, voorwaar, wij waren alreeds tweemaalwedergekomen.

¹¹Toen zeide Israel, hun vader, tot hen: Is het nu alzo, zo doet dit; neemt van hetloffelijkste dezes lands in uwe vaten, en brengt dien man een geschenk henen af:een weinig balsem, en een weinig honig, specerijen en mirre, terpentijnnoten enamandelen.

¹²En neemt dubbel geld in uw hand; en brengt het geld, hetwelk in den mond uwerzakken wedergekeerd is, weder in uw hand; misschien is het een feil.

¹³Neemt ook uw broeder mede, en maakt u op, keert weder tot dien man.

¹⁴En God, de Almachtige, geve u barmhartigheid voor het aangezicht van dien man, dat hij uw anderen broeder en Benjamin met u late gaan! En mij aangaande, als ikvan kinderen beroofd ben, zo ben ik beroofd!

¹⁵En die mannen namen dat geschenk, en namen dubbel geld in hun hand, enBenjamin; en zij maakten zich op, en togen af naar Egypte, en zij stonden voorJozefs aangezicht.

¹⁶Als Jozef Benjamin met hen zag, zo zeide hij tot dengene, die over zijn huis was:Breng deze mannen naar het huis toe, en slacht slachtvee, en maak het gereed;want deze mannen zullen te middag met mij eten.

¹⁷De man nu deed, gelijk Jozef gezegd had; en de man bracht deze mannen in hethuis van Jozef.

¹⁸Toen vreesden deze mannen, omdat zij in het huis van Jozef gebracht werden, enzeiden: Ter oorzake van het geld, dat in het begin in onze zakken wedergekeerdis, worden wij ingebracht, opdat hij ons overrompele en ons overvalle, en ons totslaven neme, met onze ezelen.

¹⁹Daarom naderden zij tot dien man, die over het huis van Jozef was, en zij sprakentot hem aan de deur van het huis.

²⁰En zij zeiden: Och, mijn heer! wij waren in het begin gewisselijk afgekomen, omspijze te kopen.

²¹Het is nu geschied, als wij in de herberg gekomen waren, en wij onze zakkenopendeden, zie, zo was ieders mans geld in den mond van zijn zak, ons geld inzijn gewicht; en wij hebben hetzelve wedergebracht in onze hand.

²²Wij hebben ook ander geld in onze hand afgebracht, om spijze te kopen; wijweten niet, wie ons geld in onze zakken gelegd heeft.

²³En hij zeide: Vrede zij ulieden, vreest niet! Uw God en de God uws vaders heeft ueen schat in uw zakken gegeven; uw geld is tot mij gekomen. En hij brachtSimeon tot hen uit.

²⁴Daarna bracht de man deze mannen in het huis van Jozef, en hij gaf water; en zijwiesen hun voeten; hij gaf ook aan hun ezelen voeder.

²⁵En zij bereidden het geschenk, totdat Jozef kwam op den middag; want zijhadden gehoord, dat zij aldaar brood eten zouden.

²⁶Als nu Jozef te huis gekomen was, zo brachten zij hem het geschenk, hetwelk inhun hand was, in het huis, en zij bogen zich voor hem ter aarde.

²⁷En hij vraagde hun naar hun welstand, en zeide: Is het wel met uw vader, denoude, waarvan gij zeidet? Leeft hij nog?

²⁸En zij zeiden: Het is wel met uw knecht, onzen vader, hij leeft nog; en zij neigdenhet hoofd en bogen zich neder.

²⁹En hij hief zijn ogen op, en zag Benjamin, zijn broeder, den zoon zijner moeder, en zeide: Is dit uw kleinste broeder, waarvan gij tot mij zeidet? Daarna zeide hij:Mijn zoon! God zij u genadig!

³⁰En Jozef haastte zich; want zijn ingewand ontstak jegens zijn broeder, en hij zochtte wenen; en hij ging in een kamer, en weende aldaar.

³¹Daarna wies hij zijn aangezicht en kwam uit; en hij bedwong zichzelven, en zeide:Zet brood op.

³²En zij richtten hem aan in het bijzonder, en voor hen in het bijzonder; en voorde Egyptenaren, die met hen aten, in het bijzonder; want de Egyptenaars mogengeen brood eten met de Hebreen, dewijl zulks den Egyptenaren een gruwel is.

³³En zij aten voor zijn aangezicht, de eerstgeborene naar zijn eerstgeboorte, en dejongere naar zijn jonkheid; dies verwonderden zich de mannen onder elkander.

³⁴En hij langde hun van de gerechten, die voor hem waren; maar Benjamins gerechtwas vijfmaal groter, dan de gerechten van hen allen. En zij dronken, en zij werdendronken met hem.

Hoofdstuk 44

¹En hij gebood dengene, die over zijn huis was, zeggende: Vul de zakken dezermannen met spijze, naar dat zij zullen kunnen dragen, en leg ieders mans geld inden mond van zijn zak;

²En mijn beker, den zilveren beker, zult gij leggen in den mond van den zak deskleinsten, met het geld van zijn koren. En hij deed naar Jozefs woord, hetwelk hijgesproken had.

³Des morgens, als het licht werd, zo liet men deze mannen trekken, hen en hunezelen.

⁴Zij zijn ter stad uitgegaan; zij waren niet verre gekomen, als Jozef tot dengene, dieover zijn huis was, zeide: Maak u op, en jaag die mannen achterna; en als gij henzult achterhaald hebben, zo zult gij tot hen zeggen: Waarom hebt gij kwaad voorgoed vergolden?

⁵Is het deze niet, waaruit mijn heer drinkt? en waarbij hij iets zekerlijk waarnemenzal? Gij hebt kwalijk gedaan, wat gij gedaan hebt.

⁶En hij achterhaalde hen, en sprak tot hen diezelfde woorden.

⁷En zij zeiden tot hem: Waarom spreekt mijn heer zulke woorden? Het zij verrevan uw knechten, dat zij zodanig ding doen zouden.

⁸Zie, het geld, dat wij in den mond onzer zakken vonden, hebben wij tot u uit hetland Kanaan wedergebracht; hoe zouden wij dan uit het huis uws heren zilver ofgoud stelen?

⁹Bij wien van uw knechten hij gevonden zal worden, dat hij sterve; en ook zullenwij mijn heer tot slaven zijn!

¹⁰En hij zeide: Dit zij nu ook alzo, naar uw woorden! Bij wien hij gevonden wordt, die zij mijn slaaf; maar gijlieden zult onschuldig zijn.

¹¹En zij haastten, en iegelijk zette zijn zak af op de aarde, en iegelijk opende zijnzak.

¹²En hij doorzocht, beginnende met den grootste, en voleindigende met denkleinste; en die beker werd gevonden in den zak van Benjamin.

¹³Toen scheurden zij hun klederen; en ieder man laadde zijn ezel op, en zij keerdenweder naar de stad.

¹⁴En Juda kwam met zijn broederen in het huis van Jozef; want hij was nog zelfaldaar; en zij vielen voor zijn aangezicht neder ter aarde.

¹⁵En Jozef zeide tot hen: Wat daad is dit, die gij gedaan hebt? Weet gij niet, datzulk een man als ik dat zekerlijk waarnemen zoude?

¹⁶Toen zeide Juda: Wat zullen wij tot mijn heer zeggen, wat zullen wij spreken, enwat zullen wij ons rechtvaardigen? God heeft de ongerechtigheid uwer knechtengevonden; zie, wij zijn mijns heren slaven, zo wij, als hij, in wiens hand de bekergevonden is.

¹⁷Maar hij zeide: Het zij verre van mij zulks te doen! de man, in wiens hand debeker gevonden is, die zal mijn slaaf zijn; doch trekt gijlieden op in vrede tot uwvader.

¹⁸Toen naderde Juda tot hem, en zeide: Och, mijn heer! laat toch uw knecht eenwoord spreken voor mijns heren oren, en laat uw toorn tegen uw knecht nietontsteken; want gij zijt even gelijk Farao!

¹⁹Mijn heer vraagde zijn knechten, zeggende: Hebt gijlieden een vader, of broeder?

²⁰Zo zeiden wij tot mijn heer: Wij hebben een ouden vader, en een jongeling desouderdoms, den kleinsten, wiens broeder dood is, en hij is alleen van zijn moederovergebleven, en zijn vader heeft hem lief.

²¹Toen zeidet gij tot uw knechten: Brengt hem af tot mij, dat ik mijn oog op hem sla.

²²En wij zeiden tot mijn heer: Die jongeling zal zijn vader niet kunnen verlaten; indienhij zijn vader verlaat, zo zal hij sterven.

²³Toen zeidet gij tot uw knechten: Indien uw kleinste broeder met u niet afkomt, zozult gij mijn aangezicht niet meer zien.

²⁴En het is geschied, als wij tot uw knecht, mijn vader, opgetrokken zijn, en wij hemde woorden mijns heren verhaald hebben;

²⁵En dat onze vader gezegd heeft: Keert weder. koopt ons een weinig spijze.

²⁶Zo hebben wij gezegd: Wij zullen niet mogen aftrekken; indien onze kleinstebroeder bij ons is, zo zullen wij aftrekken; want wij zullen het aangezicht van dienman niet mogen zien, zo deze onze kleinste broeder niet bij ons is.

²⁷Toen zeide uw knecht, mijn vader, tot ons: Gijlieden weet, dat mijn huisvrouw ermij twee gebaard heeft.

²⁸En de een is van mij uitgegaan, en ik heb gezegd: Voorwaar, hij is gewisselijkverscheurd geworden! en ik heb hem niet gezien tot nu toe.

²⁹Indien gij nu deze ook van mijn aangezicht wegneemt, en hem een verderfontmoette, zo zoudt gij mijn grauwe haren met jammer ten grave doennederdalen!

³⁰Nu dan, als ik tot uw knecht, mijn vader, kome, en de jongeling is niet bij ons(alzo zijn ziel aan de ziel van deze gebonden is),

³¹Zo zal het geschieden, als hij ziet, dat de jongeling er niet is, dat hij sterven zal; enuw knechten zullen de grauwe haren van uw knecht, onzen vader, met droefenisten grave doen nederdalen.

³²Want uw knecht is voor dezen jongeling borg bij mijn vader, zeggende: Zo ik hemtot u niet wederbreng, zo zal ik tegen mijn vader alle dagen gezondigd hebben!

³³Nu dan, laat toch uw knecht voor dezen jongeling slaaf van mijn heer blijven, enlaat den jongeling met zijn broederen optrekken!

³⁴Want hoe zoude ik optrekken tot mijn vader, indien de jongeling niet met mij was, opdat ik den jammer niet zie, welke mijn vader overkomen zou.

Hoofdstuk 45

¹Toen kon zich Jozef niet bedwingen voor allen, die bij hem stonden, en hij riep:Doet alle man van mij uitgaan! En er stond niemand bij hem, als Jozef zich aan zijnbroederen bekend maakte.

²En hij verhief zijn stem met wenen, zodat het de Egyptenaren hoorden, en dat hetFarao's huis hoorde.

³En Jozef zeide tot zijn broederen: Ik ben Jozef! leeft mijn vader nog? En zijnbroeders konden hem niet antwoorden; want zij waren verschrikt voor zijnaangezicht.

⁴En Jozef zeide tot zijn broederen: Nadert toch tot mij! En zij naderden. Toenzeide hij: Ik ben Jozef, uw broeder, dien gij naar Egypte verkocht hebt.

⁵Maar nu, weest niet bekommerd, en de toorn ontsteke niet in uw ogen, omdat gijmij hierheen verkocht hebt; want God heeft mij voor uw aangezicht gezonden, totbehoudenis des levens.

⁶Want het is nu twee jaren des hongers in het midden des lands; en er zijn nogvijf jaren, in welke geen ploeging noch oogst zijn zal.

⁷Doch God heeft mij voor uw aangezicht henen gezonden, om u een overblijfsel testellen op de aarde, en om u bij het leven te behouden, door een grote verlossing.

⁸Nu dan, gij hebt mij herwaarts niet gezonden, maar God Zelf, Die mij tot Farao'svader gesteld heeft, en tot een heer over zijn ganse huis, en regeerder in het ganseland van Egypte.

⁹Haast u en trekt op tot mijn vader, en zegt het hem: Alzo zegt uw zoon Jozef: Godheeft mij tot een heer over gans Egypteland gesteld; kom af tot mij, en vertoefniet.

¹⁰En gij zult in het land Gosen wonen, en nabij mij wezen, gij en uw zonen, en dezonen uwer zonen, en uw schapen, en uw runderen, en al wat gij hebt.

¹¹En ik zal u aldaar onderhouden; want er zullen nog vijf jaren des hongers zijn, opdat gij niet verarmt, gij en uw huis, en alles wat gij hebt!

¹²En ziet, uw ogen zien het, en de ogen van mijn broeder Benjamin, dat mijn mondtot u spreekt.

¹³En boodschapt mijn vader al mijn heerlijkheid in Egypte, en alles wat gij gezienhebt; en haast u, en brengt mijn vader herwaarts af.

¹⁴En hij viel aan den hals van Benjamin, zijn broeder, en weende; en Benjaminweende aan zijn hals.

¹⁵En hij kuste al zijn broederen, en hij weende over hen; en daarna spraken zijnbroeders met hem.

¹⁶Als dit gerucht in het huis van Farao gehoord werd, dat men zeide: Jozefsbroeders zijn gekomen! was het goed in de ogen van Farao, en in de ogen vanzijn knechten.

¹⁷En Farao zeide tot Jozef: Zeg tot uw broederen: Doet dit, laadt uw beesten, entrekt heen, gaat naar het land Kanaan;

¹⁸En neemt uw vader en uw huisgezinnen, en komt tot mij, en ik zal u het beste vanEgypteland geven, en gij zult het vette dezes lands eten.

¹⁹Gij zijt toch gelast: doet dit, neemt u uit Egypteland wagenen voor uw kinderkens, en voor uw vrouwen, en voert uw vader, en komt.

²⁰En uw oog verschone uw huisraad niet; want het beste van gans Egypteland, datzal het uwe zijn.

²¹En de zonen van Israel deden alzo. Zo gaf Jozef hun wagenen, naar Farao's bevel;ook gaf hij hun teerkost op den weg.

²²Hij gaf hun allen, iedereen, wisselklederen; maar Benjamin gaf hij driehonderdzilverlingen, en vijf wisselklederen.

²³En zijn vader desgelijks zond hij tien ezelen, dragende van het beste van Egypte, en tien ezelinnen, dragende koren, en brood, en spijze voor zijn vader op denweg.

²⁴En hij zond zijn broeders heen; en zij vertrokken; en hij zeide tot hen: Verstoort uniet op den weg.

²⁵En zij trokken op uit Egypte, en zij kwamen in het land Kanaan tot hun vaderJakob.

²⁶Toen boodschapten zij hem, zeggende: Jozef leeft nog, ja, ook is hij regeerder ingans Egypteland! Toen bezweek zijn hart, want hij geloofde hen niet.

²⁷Maar als zij tot hem gesproken hadden al de woorden van Jozef, die hij tot hengesproken had, en dat hij de wagenen zag, die Jozef gezonden had om hem tevoeren, zo werd de geest van Jakob hun vader, levendig.

²⁸En Israel zeide: Het is genoeg! mijn zoon Jozef leeft nog! ik zal gaan, en hem zien, eer ik sterve!

Hoofdstuk 46

¹En Israel verreisde met al wat hij had, en hij kwam te Ber-seba, en hij offerdeofferanden aan den God van zijn vader Izak.

²En God sprak tot Israel in gezichten des nachts, en zeide: Jakob, Jakob! En hijzeide: Zie, hier ben ik!

³En Hij zeide: Ik ben die God, uws vaders God; vrees niet van af te trekken naarEgypte; want Ik zal u aldaar tot een groot volk zetten.

⁴Ik zal met u aftrekken naar Egypte en Ik zal u doen weder optrekken, medeoptrekkende; en Jozef zal zijn hand op uw ogen leggen.

⁵Toen maakte zich Jakob op van Ber-seba; en de zonen van Israel voerden Jakobhun vader, en hun kinderen, en hun vrouwen, op de wagenen, die Farao gezondenhad, om hem te voeren.

⁶En zij namen hun vee, en hun have, die zij in het land Kanaan geworven hadden, en zij kwamen in Egypte, Jakob en al zijn zaad met hem;

⁷Zijn zonen, en de zonen zijner zonen met hem; zijn dochteren, en zijner zonendochteren, en al zijn zaad bracht hij met zich in Egypte.

⁸En dit zijn de namen der zonen van Israel, die in Egypte kwamen: Jakob en zijnzonen. De eerstgeborene van Jakob: Ruben.

⁹En de zonen van Ruben: Hanoch, en Pallu, en Hezron, en Karmi.

¹⁰En de zonen van Simeon: Jemuel, en Jamin, en Ohad, en Jachin, en Zoar, en Saul, de zoon ener Kanaanietische vrouw.

¹¹En de zonen van Levi: Gerson, Kehath en Merari.

¹²En de zonen van Juda: Er, en Onan, en Sela, en Perez, en Zerah. Doch Er enOnan waren gestorven in het land van Kanaan; en de zonen van Perez warenHezron en Hamul.

¹³En de zonen van Issaschar: Tola, en Puwa, en Job, en Simron.

¹⁴En de zonen van Zebulon: Sered, en Elon, en Jahleel.

¹⁵Dit zijn de zonen van Lea, die zij Jakob gebaard heeft in Paddan-Aram, met Dinazijn dochter; al de zielen zijner zonen en zijner dochteren waren drie en dertig.

¹⁶En de zonen van Gad: Zifjon en Haggi, Schuni en Ezbon, Eri en Arodi, en Areli.

¹⁷En de zonen van Aser: Jimna, en Jisva, en Jisvi, en Berija, en Sera, hun zuster; ende zonen van Berija: Heber en Malchiel.

¹⁸Dit zijn de zonen van Zilpa, die Laban aan zijn dochter Lea gegeven had; en zijbaarde Jakob deze zestien zielen.

¹⁹De zonen van Rachel, Jakobs huisvrouw: Jozef en Benjamin.

²⁰En Jozef werden geboren in Egypteland, Manasse en Efraim, die hem Asnath, dedochter van Potifera, den overste te On, baarde.

²¹En de zonen van Benjamin: Bela, Becher en Asbel, Gera en Naaman, Echi enRos, Muppim en Huppim, en Ard.

²²Dit zijn de zonen van Rachel, die Jakob geboren zijn, al te zamen veertien zielen.

²³En de zonen van Dan: Chusim.

²⁴En de zonen van Nafthali: Jahzeel, en Guni, en Jezer, en Sillem.

²⁵Dit zijn de zonen van Bilha, die Laban aan zijn dochter Rachel gegeven had; en zijbaarde dezelve Jakob, zij waren allen zeven zielen.

²⁶Al de zielen, die met Jakob in Egypte kwamen, uit zijn heup gesproten, uitgenomen de vrouwen van de zonen van Jakob, waren allen zes en zestig zielen.

²⁷En de zonen van Jozef, die hem in Egypte geboren zijn, waren twee zielen. Al dezielen van het huis van Jakob, die in Egypte kwamen, waren zeventig.

²⁸En hij zond Juda voor zijn aangezicht heen tot Jozef, om voor zijn aangezichtaanwijzing te doen naar Gosen; en zij kwamen in het land Gosen.

²⁹Toen spande Jozef zijn wagen aan, en toog op, zijn vader Israel tegemoet naarGosen; en als hij zich aan hem vertoonde, zo viel hij hem aan zijn hals, en weendelang aan zijn hals.

³⁰En Israel zeide tot Jozef: Dat ik nu sterve, nadat ik uw aangezicht gezien heb, datgij nog leeft!

³¹Daarna zeide Jozef tot zijn broederen, en tot zijns vaders huis: Ik zal optrekken enFarao boodschappen, en tot hem zeggen: Mijn broeders en het huis mijns vaders, die in het land Kanaan waren, zijn tot mij gekomen.

³²En die mannen zijn schaapherders; want het zijn mannen, die met vee omgaan; enzij hebben hun schapen, en hun runderen, en al wat zij hebben, medegebracht.

³³Wanneer het nu geschieden zal, dat Farao ulieden zal roepen, en zeggen: Wat isuw hantering?

³⁴Zo zult gij zeggen: Uw knechten zijn mannen, die van onze jeugd af tot nu toe metvee omgegaan hebben, zo wij als onze vaders; opdat gij in het land Gosen moogtwonen; want alle schaapherder is de Egyptenaren een gruwel.

Hoofdstuk 47

¹Toen kwam Jozef en boodschapte Farao, en zeide: Mijn vader en mijn broeders, en hun schapen, en hun runderen, met alles wat zij hebben, zijn gekomen uit hetland Kanaan, en zie, zij zijn in het land Gosen.

²En hij nam een deel zijner broederen, te weten vijf mannen, en hij stelde hen voorFarao's aangezicht.

³Toen zeide Farao tot zijn broederen: Wat is uw hantering? En zij zeiden tot Farao:Uw knechten zijn schaapherders, zo wij als onze vaders.

⁴Voorts zeiden zij tot Farao: Wij zijn gekomen, om als vreemdelingen in dit land tewonen; want er is geen weide voor de schapen, die uw knechten hebben, dewijlde honger zwaar is in het land Kanaan; en nu, laat toch uw knechten in het landGosen wonen!

⁵Toen sprak Farao tot Jozef, zeggende: Uw vader en uw broeders zijn tot ugekomen.

⁶Egypteland is voor uw aangezicht; doe uw vader en uw broeders in het beste vanhet land wonen; laat hen in het land Gosen wonen, en zo gij weet, dat er onderhen kloeke mannen zijn, zo zet hen tot veemeesters over hetgeen ik heb.

⁷En Jozef bracht zijn vader Jakob mede, en stelde hem voor Farao's aangezicht; enJakob zegende Farao.

⁸En Farao zeide tot Jakob: Hoe vele zijn de dagen der jaren uws levens!

⁹En Jakob zeide tot Farao: De dagen der jaren mijner vreemdelingschappen zijnhonderd en dertig jaren; weinig en kwaad zijn de dagen der jaren mijns levensgeweest, en hebben niet bereikt de dagen van de jaren des levens mijner vaderen, in de dagen hunner vreemdelingschappen.

¹⁰En Jakob zegende Farao, en ging uit van Farao's aangezicht.

¹¹En Jozef bestelde voor Jakob en zijn broederen woningen, en hij gaf hun eenbezitting in Egypteland, in het beste van het land, in het land Rameses, gelijk alsFarao geboden had.

¹²En Jozef onderhield zijn vader, en zijn broeders, en het ganse huis zijns vaders, met brood, tot den mond der kinderkens toe.

¹³En er was geen brood in het ganse land; want de honger was zeer zwaar: zodathet land van Egypte en het land Kanaan raasden vanwege dien honger.

¹⁴Toen verzamelde Jozef al het geld, dat in Egypteland en in het land Kanaangevonden werd, voor het koren, dat zij kochten; en Jozef bracht dat geld inFarao's huis.

¹⁵Als nu het geld uit Egypteland en uit het land Kanaan verdaan was, kwamen al deEgyptenaars tot Jozef, zeggende: Geef ons brood; want waarom zouden wij in uwtegenwoordigheid sterven? want het geld ontbreekt;

¹⁶En Jozef zeide: Geeft uw vee, zo zal ik het u geven voor uw vee, indien het geldontbreekt.

¹⁷Toen brachten zij hun vee tot Jozef; en Jozef gaf hun brood voor paarden en voorhet vee der schapen, en voor het vee der runderen, en voor ezels; en hij voeddehen met brood, datzelve jaar, voor al hun vee.

¹⁸Toen datzelve jaar voleind was, zo kwamen zij tot hem in het tweede jaar, enzeiden tot hem: Wij zullen het voor mijn heer niet verbergen, alzo het geld verdaanis, en de bezitting der beesten gekomen aan mijn heer, zo is er niets andersovergebleven voor het aangezichts mijns heren, dan ons lichaam en ons land.

¹⁹Waarom zullen wij voor uw ogen sterven, zo wij als ons land? Koop ons en onsland voor brood; zo zullen wij en ons land Farao dienstbaar zijn, en geef zaad, opdat wij leven en niet sterven, en het land niet woest worde!

²⁰Alzo kocht Jozef het gehele land van Egypte voor Farao; want de Egyptenaarsverkochten een ieder zijn akker, dewijl de honger sterk over hen geworden was;zo werd het land Farao's eigen.

²¹En aangaande het volk, dat zette hij over in de steden, van het ene uiterste derpalen van Egypte, tot aan het andere uiterste deszelven.

²²Alleen het land der priesteren kocht hij niet, want de priesters hadden eenbescheiden deel van Farao, en zij aten hun bescheiden deel, hetwelk hun Faraogegeven had; daarom verkochten zij hun land niet.

²³Toen zeide Jozef tot het volk: Ziet, ik heb heden u en uw land gekocht voorFarao; ziet, daar is zaad voor u, opdat gij het land bezaait.

²⁴Doch met de inkomsten zal het geschieden, dat gij aan Farao het vijfde deel zultgeven, en de vier delen zullen voor u zijn, tot zaad des velds, en tot uw spijze envan degenen, die in uw huizen zijn, en om te eten voor uw kinderkens.

²⁵En zij zeiden: Gij hebt ons leven behouden; laat ons genade vinden in de ogenmijns heren, en wij zullen Farao's knechten zijn.

²⁶Jozef dan stelde ditzelve in tot een wet, tot dezen dag, over het land van Egypte, dat Farao het vijfde deel zou hebben; behalve dat alleen het land der priesterenvan Farao niet werd.

²⁷Zo woonde Israel in het land van Egypte, in het land Gosen; en zij stelden zich totbezitters daarin, en zij werden vruchtbaar en vermeerderden zeer.

²⁸En Jakob leefde in het land van Egypte zeventien jaar; zodat de dagen van Jakob, de jaren zijns levens, geweest zijn honderd zeven en veertig jaren.

²⁹Als nu de dagen van Israél naderden, dat hij sterven zou, zo riep hij zijn zoonJozef, en zeide tot hem: Indien ik nu genade gevonden heb in uw ogen, zo leg tochuw hand onder mijn heup, en doe weldadigheid en trouw aan mij, en begraaf mijtoch niet in Egypte;

³⁰Maar dat ik bij mijn vaderen ligge; hierom zult gij mij uit Egypte voeren, en mij inhun graf begraven. En hij zeide: Ik zal doen naar uw woord!

³¹En hij zeide: Zweer mij! en hij zwoer hem. En Israel boog zich ten hoofde van hetbed.

Hoofdstuk 48

¹Het geschiedde nu na deze dingen, dat men Jozef zeide: Zie, uw vader is krank!Toen nam hij zijn twee zonen met zich, Manasse en Efraim!

²En men boodschapte Jakob, en men zeide: Zie, uw zoon Jozef komt tot u! Zoversterkte zich Israel, en zat op het bed.

³Daarna zeide Jakob tot Jozef: God de Almachtige, is mij verschenen te Luz, in hetland Kanaan, en Hij heeft mij gezegend;

⁴En Hij heeft tot mij gezegd: Zie, Ik zal u vruchtbaar maken, en uvermenigvuldigen, en u tot een hoop van volken stellen; en Ik zal aan uw zaad nau dit land tot een eeuwige bezitting geven.

⁵Nu dan, uw twee zonen, die u in Egypteland geboren waren, eer ik in Egypte tot ugekomen ben, zijn mijne; Efraim en Manasse zullen mijne zijn, als Ruben enSimeon.

⁶Maar uw geslacht, dat gij na hen zult gewinnen, zullen uwe zijn; zij zullen naarhunner broederen naam genoemd worden in hun erfdeel.

⁷Toen ik nu van Paddan kwam, zo is Rachel bij mij gestorven in het land Kanaan, op den weg, als het nog een kleine streek lands was, om tot Efrath te komen; enik begroef haar aldaar aan den weg van Efrath, welke is Bethlehem.

⁸En Israel zag de zonen van Jozef, en zeide: Wiens zijn deze?

⁹En Jozef zeide tot zijn vader: Zij zijn mijn zonen, die mij God hier gegeven heeft.En hij zeide: Breng hen toch tot mij, dat ik hen zegene!

¹⁰Doch de ogen van Israel waren zwaar van ouderdom; hij kon niet zien; en hijdeed hen naderen tot zich; toen kuste hij hen, en omhelsde hen.

¹¹En Israel zeide tot Jozef: Ik had niet gemeend uw aangezicht te zien; maar zie,God heeft mij ook uw zaad doen zien!

¹²Toen deed hen Jozef uitgaan van zijn knieen; en hij boog zich voor zijn aangezichtneder ter aarde.

¹³En Jozef nam die beiden, Efraim met zijn rechterhand, tegenover Israelslinkerhand, en Manasse met zijn linkerhand, tegenover Israels rechterhand, en hijdeed hen naderen tot hem.

¹⁴Maar Israel strekte zijn rechterhand uit, en legde die op het hoofd van Efraim, hoewel hij de minste was, en zijn linkerhand op het hoofd van Manasse; hijbestierde zijn handen verstandelijk; want Manasse was de eerstgeborene.

¹⁵En hij zegende Jozef, en zeide: De God, voor Wiens aangezicht mijn vaders,Abraham en Izak, gewandeld hebben, die God, Die mij gevoed heeft, van dat ikwas, tot op dezen dag!

¹⁶Die Engel, Die mij verlost heeft van alle kwaad, zegene deze jongeren, en dat inhen mijn naam genoemd worde, en de naam mijner vaderen, Abraham en Izak, endat zij vermenigvuldigen als vissen in menigte, in het midden des lands!

¹⁷Toen Jozef zag, dat zijn vader zijn rechterhand op het hoofd van Efraim legde, zowas het kwaad in zijn ogen, en hij ondervatte zijns vaders hand, om die van hethoofd van Efraim op het hoofd van Manasse af te brengen.

¹⁸En Jozef zeide tot zijn vader: Niet alzo, mijn vader! want deze is deeerstgeborene; leg uw rechterhand op zijn hoofd.

¹⁹Maar zijn vader weigerde het, en zeide: Ik weet het, mijn zoon! ik weet het; hij zalook tot een volk worden, en hij zal ook groot worden; maar nochtans zal zijnkleinste broeder groter worden dan hij, en zijn zaad zal een volle menigte vanvolkeren worden.

²⁰Alzo zegende hij ze te dien dage, zeggende: In u zal Israel zegenen, zeggende:God zette u als Efraim en als Manasse! En hij zette Efraim voor Manasse.

²¹Daarna zeide Israel tot Jozef: Zie, ik sterf; maar God zal met ulieden wezen, enHij zal u wederbrengen in het land uwer vaderen.

²²En ik heb u een stuk lands gegeven boven uw broederen; hetwelk ik, met mijnzwaard en met mijn boog, uit de hand der Amorieten genomen heb.

Hoofdstuk 49

¹Daarna riep Jakob zijn zonen, en hij zeide: Verzamelt u, en ik zal u verkondigen, hetgeen u in de navolgende dagen wedervaren zal.

²Komt samen en hoort, gij, zonen van Jakob! en hoort naar Israel, uw vader.

³Ruben! gij zijt mijn eerstgeborene, mijn kracht, en het begin mijner macht; devoortreffelijkste in hoogheid, en de voortreffelijkste in sterkte!

⁴Snelle afloop als der wateren, gij zult de voortreffelijkste niet zijn! want gij hebtuws vaders leger beklommen; toen hebt gij het geschonden; hij heeft mijn bedbeklommen!

⁵Simeon en Levi zijn gebroeders! hun handelingen zijn werktuigen van geweld!

⁶Mijn ziel kome niet in hun verborgen raad; mijn eer worde niet verenigd met hunvergadering! want in hun toorn hebben zij de mannen doodgeslagen, en in hunmoedwil hebben zij de ossen weggerukt.

⁷Vervloekt zij hun toorn, want hij is heftig; en hun verbolgenheid, want zij is hard!ik zal hen verdelen onder Jakob, en zal hen verstrooien onder Israel.

⁸Juda! gij zijt het, u zullen uw broeders loven; uw hand zal zijn op den nek uwervijanden; voor u zullen zich uws vaders zonen nederbuigen.

⁹Juda is een leeuwenwelp! gij zijt van de roof opgeklommen, mijn zoon! Hij kromtzich, hij legt zich neder als een leeuw, en als een oude leeuw; wie zal hem doenopstaan?

¹⁰De schepter zal van Juda niet wijken, noch de wetgever van tussen zijn voeten, totdat Silo komt, en Denzelven zullen de volken gehoorzaam zijn.

¹¹Hij bindt zijn jongen ezel aan den wijnstok, en het veulen zijner ezelin aan denedelste wijnstok; hij wast zijn kleed in den wijn, en zijn mantel inwijndruivenbloed.

¹²Hij is roodachtig van ogen door den wijn, en wit van tanden door de melk.

¹³Zebulon zal aan de haven der zeeen wonen, en hij zal aan de haven der schepenwezen; en zijn zijde zal zijn naar Sidon.

¹⁴Issaschar is een sterk gebeende ezel, nederliggende tussen twee pakken.

¹⁵Toen hij de rust zag, dat zij goed was, en het land, dat het lustig was, zo boog hijzijn schouder om te dragen, en was dienende onder cijns.

¹⁶Dan zal zijn volk richten, als een der stammen Israels.

¹⁷Dan zal een slang zijn aan den weg, een adderslang nevens het pad, bijtende despaards verzenen, dat zijn rijder achterover valle.

¹⁸Op uw zaligheid wacht ik, HEERE!

¹⁹Aangaande Gad, een bende zal hem aanvallen; maar hij zal haar aanvallen in heteinde.

²⁰Van Aser, zijn brood zal vet zijn; en hij zal koninklijke lekkernijen leveren.

²¹Nafthali is een losgelaten hinde; hij geeft schone woorden.

²²Jozef is een vruchtbare tak, een vruchtbare tak aan een fontein; elk der takkenloopt over den muur.

²³De schutters hebben hem wel bitterheid aangedaan, en beschoten, en hem gehaat;

²⁴Maar zijn boog is in stijvigheid gebleven, en de armen zijner handen zijn gesterktgeworden, door de handen van de Machtige Jakobs; daarvan is hij een herder, een steen Israels;

²⁵Van uws vaders God, Die u zal helpen, en van den Almachtige, Die u zal zegenen, met zegeningen des hemels van boven, met zegeningen des afgronds, diedaaronder ligt, met zegeningen der borsten en der baarmoeder!

²⁶De zegeningen uws vaders gaan te boven de zegeningen mijner voorvaderen, totaan het einde van de eeuwige heuvelen; die zullen zijn op het hoofd van Jozef, enop den hoofdschedel des afgezonderden zijner broederen!

²⁷Benjamin zal als een wolf verscheuren; des morgens zal hij roof eten, en desavonds zal hij buit uitdelen.

²⁸Al deze stammen van Israel zijn twaalf; en dit is het, wat hun vader tot hen sprak, als hij hen zegende; hij zegende hen, een iegelijk naar zijn bijzonderen zegen.

²⁹Daarna gebood hij hun, en zeide tot hen: Ik word verzameld tot mijn volk:begraaft mij bij mijn vaders, in de spelonk, die is in den akker van Efron, denHethiet;

³⁰In de spelonk, welke is op den akker van Machpela, die tegenover Mamre is, inhet land Kanaan, die Abraham met dien akker gekocht heeft van Efron, denHethiet, tot een erfbegrafenis.

³¹Aldaar hebben zij Abraham begraven, en Sara, zijn huisvrouw; daar hebben zijIzak begraven, en Rebekka, zijn huisvrouw; en daar heb ik Lea begraven.

³²De akker, en de spelonk, die daarin is, is gekocht van de zonen Heths.

³³Als Jakob voleind had aan zijn zonen bevelen te geven, zo legde hij zijn voetensamen op het bed, en hij gaf den geest, en hij werd verzameld tot zijn volken.

Genesis
Hoofdstuk 50

¹Toen viel Jozef op zijns vaders aangezicht, en hij weende over hem, en kuste hem.

²En Jozef gebood zijn knechten, den medicijnmeesters, dat zij zijn vader balsemen zouden; en de medicijnmeesters balsemden Israel.

³En veertig dagen werden aan hem vervuld; want alzo werden vervuld de dagen dergenen, die gebalsemd werden; en de Egyptenaars beweenden hem zeventig dagen.

⁴Als nu de dagen zijns bewenens over waren, zo sprak Jozef tot het huis van Farao, zeggende: Indien ik nu genade gevonden heb in uw ogen, spreek toch voor de oren van Farao, zeggende:

⁵Mijn vader heeft mij doen zweren, zeggende: Zie, ik sterf; in mijn graf, dat ik mij in het land Kanaän gegraven heb, daar zult gij mij begraven! Nu dan, laat mij toch optrekken, dat ik mijn vader begrave, dan zal ik wederkomen.

⁶En Farao zeide: Trek op en begraaf uw vader, gelijk als hij u heeft doen zweren.

⁷En Jozef toog op, om zijn vader te begraven; en met hem togen op alle Farao's knechten, de oudsten van zijn huis, en al de oudsten des lands van Egypte;

⁸Daartoe het ganse huis van Jozef, en zijn broeders, en het huis zijns vaders; alleen hun kleine kinderen, en hun schapen, en hun runderen lieten zij in het land Gosen.

⁹En met hem togen op, zo wagenen als ruiteren; en het was een zeer zwaar heir.

¹⁰Toen zij nu aan het plein van het doornbos kwamen, dat aan gene zijde van de Jordaan is, hielden zij daar een grote en zeer zware rouwklage; en hij maakte zijn vader een rouw van zeven dagen.

¹¹Als de inwoners des lands, de Kanaänieten, dien rouw zagen op het plein van het doornbos, zo zeiden zij: Dit is een zware rouw der Egyptenaren; daarom noemden men haar naam Abel-Mizraïm, die aan het veer van de Jordaan is.

¹²En zijn zonen deden hem, gelijk als hij hun geboden had;

¹³Want zijn zonen voerden hem in het land Kanaän, en begroeven hem in de spelonk des akkers van Machpela, welke Abraham met den akker gekocht had tot een erfbegrafenis van Efron, den Hethiet, tegenover Mamre.

¹⁴Daarna keerde Jozef weder in Egypte, hij en zijn broeders, en allen, die met hem opgetogen waren, om zijn vader te begraven, nadat hij zijn vader begraven had.

¹⁵Toen Jozefs broeders zagen, dat hun vader dood was, zo zeiden zij: Misschien zal ons Jozef haten, en hij zal ons gewisselijk vergelden al het kwaad, dat wij hem aangedaan hebben.

¹⁶Daarom ontboden zij aan Jozef, zeggende: Uw vader heeft bevolen voor zijn dood, zeggende:

¹⁷Zo zult gij tot Jozef zeggen: Ei, vergeef toch de overtreding uwer broederen, en hun zonde; want zij hebben u kwaad aangedaan; maar nu vergeef toch de overtreding der dienaren van den God uws vaders! En Jozef weende, als zij tot hem spraken.

¹⁸Daarna kwamen ook zijn broeders, en vielen voor hem neder, en zeiden: Zie, wij zijn u tot knechten!

¹⁹En Jozef zeide tot hen: Vreest niet; want ben ik in de plaats van God?

²⁰Gijlieden wel, gij hebt kwaad tegen mij gedacht; doch God heeft dat ten goede gedacht; opdat Hij deed, gelijk het te dezen dage is, om een groot volk in het leven te behouden.

²¹Nu dan, vreest niet! Ik zal u en uw kleine kinderen onderhouden. Zo troostte hij hen, en sprak naar hun hart.

²²Jozef dan woonde in Egypte, hij en het huis zijns vaders; en Jozef leefde honderden tien jaren.

²³En Jozef zag van Efraim kinderen, van het derde gelid; ook werden de zonen van Machir, den zoon van Manasse, op Jozefs knieen geboren.

²⁴En Jozef zeide tot zijn broederen: Ik sterf; maar God zal u gewisselijk bezoeken, en Hij zal u doen optrekken uit dit land, in het land, hetwelk hij aan Abraham, Izak en Jakob gezworen heeft.

²⁵En Jozef deed de zonen van Israel zweren, zeggende: God zal u gewisselijk bezoeken, zo zult gij mijn beenderen van hier opvoeren!

Exodus

Hoofdstuk 1

¹Dit nu zijn de namen der zonen van Israel, die in Egypte gekomen zijn, met Jakob; zij kwamen er in, elk met zijn huis.

²Ruben, Simeon, Levi, en Juda;

³Issaschar, Zebulon, en Benjamin;

⁴Dan en Nafthali, Gad en Aser.

⁵Al de zielen nu, die uit Jakobs heup voortgekomen zijn, waren zeventig zielen; doch Jozef was in Egypte.

⁶Toen nu Jozef gestorven was, en al zijn broeders, en al dat geslacht,

⁷Zo werden de kinderen Israels vruchtbaar en wiesen overvloedig, en zij vermeerderden, en werden gans zeer machtig, zodat het land met hen vervuld werd.

⁸Daarna stond een nieuwe koning op over Egypte, die Jozef niet gekend had;

⁹Die zeide tot zijn volk: Ziet, het volk der kinderen Israels is veel, ja, machtiger dan wij.

¹⁰Komt aan, laat ons wijselijk tegen hetzelve handelen, opdat het niet vermenigvuldige, en het geschiede, als er enige krijg voorvalt, dat het zich ook niet vervoege tot onze vijanden, en tegen ons strijde, en uit het land optrekke.

¹¹En zij zetten oversten der schattingen over hetzelve, om het te verdrukken met hun lasten; want men bouwde voor Farao schatsteden, Pitom en Raamses.

¹²Maar hoe meer zij het verdrukten, hoe meer het vermeerderde, en hoe meer het wies; zodat zij verdrietig waren vanwege de kinderen Israels.

¹³En de Egyptenaars deden de kinderen Israels dienen met hardigheid.

¹⁴Zodat zij hun het leven bitter maakten met harden dienst, in leem en in tichelstenen, en met allen dienst op het veld, met al hun dienst, dien zij hen deden dienen met hardigheid.

¹⁵Daarenboven sprak de koning van Egypte tot de vroedvrouwen der Hebreinnen, welker ener naam Sifra, en de naam der andere Pua was;

¹⁶En zeide: Wanneer gij de Hebreinnen in het baren helpt, en ziet haar op de stoelen; is het een zoon, zo doodt hem; maar is het een dochter, zo laat haar leven!

¹⁷Doch de vroedvrouwen vreesden God, en deden niet, gelijk als de koning van Egypte tot haar gesproken had, maar zij behielden de knechtjes in het leven.

¹⁸Toen riep de koning van Egypte de vroedvrouwen, en zeide tot haar: Waarom hebt gij deze zaak gedaan, dat gij de knechtjes in het leven behouden hebt?

¹⁹En de vroedvrouwen zeiden tot Farao: Omdat de Hebreinnen niet zijn gelijk de Egyptische vrouwen; want zij zijn sterk; eer de vroedvrouw tot haar komt, zo hebben zij gebaard.

²⁰Daarom deed God aan de vroedvrouwen goed; en dat volk vermeerderde, en het werd zeer machtig.

²¹En het geschiedde, dewijl de vroedvrouwen God vreesden, zo bouwde Hij haar huizen.

Hoofdstuk 2

¹En een man van het huis van Levi ging, en nam een dochter van Levi.

²En de vrouw werd zwanger, en baarde een zoon. Toen zij hem zag, dat hij schoon was, zo verborg zij hem drie maanden.

³Doch als zij hem niet langer verbergen kon, zo nam zij voor hem een kistje van biezen, en belijmde het met lijm en met pek; en zij legde het knechtje daarin, en legde het in de biezen, aan den oever der rivier.

⁴En zijn zuster stelde zich van verre, om te weten, wat hem gedaan zou worden.

⁵En de dochter van Farao ging af, om zich te wassen in de rivier; en haar jonkvrouwen wandelden aan den kant der rivier; toen zij het kistje in het midden van de biezen zag, zo zond zij haar dienstmaagd heen, en liet het halen.

⁶Toen zij het open deed, zo zag zij dat knechtje; en ziet, het jongsken weende; en zij werd met barmhartigheid bewogen over hetzelve, en zij zeide: Dit is een van de knechtjes der Hebreen!

⁷Toen zeide zijn zuster tot Farao's dochter: Zal ik heengaan, en u een voedstervrouw uit de Hebreinnen roepen, die dat knechtje voor u zoge?

⁸En de dochter van Farao zeide tot haar: Ga heen. En de jonge maagd ging, en riep des knechtjes moeder.

⁹Toen zeide Farao's dochter tot haar: Neem dit knechtje heen, en zoog het mij; ik zal u uw loon geven. En de vrouw nam het knechtje en zoogde het.

¹⁰En toen het knechtje groot geworden was, zo bracht zij het tot Farao's dochter, en het werd haar ten zoon; en zij noemde zijn naam Mozes, en zeide: Want ik heb hem uit het water getogen.

¹¹En het geschiedde in die dagen, toen Mozes groot geworden was, dat hij uitging tot zijn broederen, en bezag hun lasten; en hij zag, dat een Egyptisch man een Hebreeuwsen man uit zijn broederen sloeg.

¹²En hij zag herwaarts en ginds waarts; en toen hij zag, dat er niemand was, zo versloeg hij den Egyptenaar, en verborg hem in het zand.

¹³Des anderen daags ging hij wederom uit, en ziet, twee Hebreeuwse mannen twistten; en hij zeide tot den ongerechte: Waarom slaat gij uw naaste?

¹⁴Hij dan zeide: Wie heeft u tot een overste en rechter over ons gezet? Zegt gij dit, om mij te doden, gelijk gij den Egyptenaar gedood hebt? Toen vreesde Mozes, en zeide: Voorwaar, deze zaak is bekend geworden!

¹⁵Als nu Farao deze zaak hoorde, zo zocht hij Mozes te doden; doch Mozes vlood voor Farao's aangezicht, en woonde in het land Midian, en hij zat bij een waterput.

¹⁶En de priester in Midian had zeven dochters, die kwamen om te putten, en vuldende drinkbakken, om de kudde haars vaders te drenken.

¹⁷Toen kwamen de herders, en zij dreven haar van daar; doch Mozes stond op, en verloste ze, en drenkte haar kudden.

¹⁸En toen zij tot haar vader Rehuel kwamen, zo sprak hij: Waarom zijt gij heden zo haast wedergekomen?

¹⁹Toen zeiden zij: Een Egyptisch man heeft ons verlost uit de hand der herderen; en hij heeft ook overvloedig voor ons geput, en de kudde gedrenkt.

²⁰En hij zeide tot zijn dochters: Waar is hij toch, waarom liet gij den man nu gaan? roept hem, dat hij brood ete.

²¹En Mozes bewilligde bij den man te wonen; en hij gaf Mozes zijn dochter Zippora;

²²Die baarde een zoon; en hij noemde zijn naam Gersom; want hij zeide: Ik ben een vreemdeling geworden in een vreemd land.

²³En het geschiedde na vele dezer dagen, als de koning van Egypte gestorven was, dat de kinderen Israels zuchtten en schreeuwden over den dienst; en hun gekrijt over hun dienst kwam op tot God.

²⁴En God hoorde hun gekerm, en God gedacht aan Zijn verbond met Abraham, met Izak, en met Jakob.

²⁵En God zag de kinderen Israels aan, en God kende hen.

Hoofdstuk 3

¹En Mozes hoedde de kudde van Jethro, zijn schoonvader, de priester in Midian; en hij leidde de kudde achter de woestijn, en hij kwam aan den berg Gods, aan Horeb.

²En de Engel des HEEREN verscheen hem in een vuurvlam uit het midden van een braambos; en hij zag, en ziet, het braambos brandde in het vuur, en het braambos werd niet verteerd.

³En Mozes zeide: Ik zal mij nu daarheen wenden, en bezien dat grote gezicht, waarom het braambos niet verbrandt.

⁴Toen de HEERE zag, dat hij zich daarheen wendde, om te bezien, zo riep God tot hem uit het midden van het braambos, en zeide: Mozes, Mozes! En hij zeide: Zie, hier ben ik!

⁵En Hij zeide: Nader hier niet toe; trek uw schoenen uit van uw voeten; want de plaats, waarop gij staat, is heilig land.

⁶Hij zeide voorts: Ik ben de God uws vaders, de God van Abraham, de God van Izak en de God van Jakob. En Mozes verborg zijn aangezicht, want hij vreesde God aan te zien.

⁷En de HEERE zeide: Ik heb zeer wel gezien de verdrukking Mijns volks, hetwelk in Egypte is, en heb hun geschrei gehoord, vanwege hun drijvers; want Ik heb hun smarten bekend.

⁸Daarom ben Ik nedergekomen, dat Ik het verlosse uit de hand der Egyptenaren, en het opvoere uit dit land, naar een goed en ruim land, naar een land, vloeiende van melk en honig, tot de plaats der Kanaanieten, en der Hethieten, en der Amorieten, en der Ferezieten, en der Hevieten, en der Jebusieten.

⁹En nu, zie, het geschrei der kinderen Israels is tot Mij gekomen; en ook heb Ik gezien de verdrukking, waarmede de Egyptenaars hen verdrukken.

¹⁰Zo kom nu, en Ik zal u tot Farao zenden, opdat gij Mijn volk (de kinderen Israels) uit Egypte voert.

Leviticus

¹¹Toen zeide Mozes tot God: Wie ben ik, dat ik tot Farao zou gaan; en dat ik de kinderen Israels uit Egypte zou voeren?

¹²Hij dan zeide: Ik zal voorzeker met u zijn, en dit zal u een teken zijn, dat Ik u gezonden heb: wanneer gij dit volk uit Egypte geleid hebt, zult gijlieden God dienen op dezen berg.

¹³Toen zeide Mozes tot God: Zie, wanneer ik kom tot de kinderen Israels, en zegtot hen: De God uwer vaderen heeft mij tot ulieden gezonden; en zij mij zeggen: Hoe is Zijn naam? wat zal ik tot hen zeggen?

¹⁴En God zeide tot Mozes: Ik ZAL ZIJN,, Die Ik ZIJN ZAL! Ook zeide Hij: Alzo zult gij tot de kinderen Israels zeggen: Ik ZAL ZIJN heeft mij tot ulieden gezonden!

¹⁵Toen zeide God verder tot Mozes: Aldus zult gij tot de kinderen Israels zeggen: De HEERE, de God uwer vaderen, de God van Abraham, de God van Izak, en de God van Jakob, heeft mij tot ulieden gezonden; dat is Mijn Naam eeuwiglijk, en dat is Mijn gedachtenis van geslacht tot geslacht.

¹⁶Ga heen, en verzamel de oudsten van Israel, en zeg tot hen: De HEERE, de God uwer vaderen, is mij verschenen, de God van Abraham, Izak en Jakob, zeggende: Ik heb ulieden getrouwelijk bezocht, en hetgeen ulieden in Egypte is aangedaan;

¹⁷Daarom heb Ik gezegd: Ik zal ulieden uit de verdrukking van Egypte opvoeren, tot het land der Kanaanieten, en der Hethieten, en der Amorieten, en der Ferezieten, en der Hevieten, en der Jebusieten; tot het land, vloeiende van melk en honig.

¹⁸En zij zullen uw stem horen; en gij zult gaan, gij en de oudsten van Israel, tot den koning van Egypte, en gijlieden zult tot hem zeggen: De HEERE, de God der Hebreen, is ons ontmoet; zo laat ons nu toch gaan den weg van drie dagen in de woestijn, opdat wij den HEERE, onzen God, offeren!

¹⁹Doch Ik weet, dat de koning van Egypte ulieden niet zal laten gaan, ook niet door een sterke hand.

²⁰Want Ik zal Mijn hand uitstrekken, en Egypte slaan met al Mijn wonderen, die Ik in het midden van hetzelve doen zal; daarna zal hij ulieden laten vertrekken.

²¹En Ik zal dit volk genade geven in de ogen der Egyptenaren; en het zal geschieden, wanneer gijlieden uitgaan zult, zo zult gij niet ledig uitgaan.

²²Maar elke vrouw zal van haar nabuirin, en van de waardin haars huizes, eisen zilveren vaten, en gouden vaten, en klederen; die zult gijlieden op uw zonen, en op uw dochteren leggen, en gij zult Egypte beroven.

Hoofdstuk 4

¹Toen antwoordde Mozes, en zeide: Maar zie, zij zullen mij niet geloven, noch mijn stem horen; want zij zullen zeggen: De HEERE is u niet verschenen!

²En de HEERE zeide tot hem: Wat is er in uw hand? En hij zeide: Een staf.

³En Hij zeide: Werp hem ter aarde. En hij wierp hem ter aarde! Toen werd hij tot een slang; en Mozes vlood van haar.

⁴Toen zeide de HEERE tot Mozes: Strek uw hand uit, en grijp haar bij haar staart! Toen strekte hij zijn hand uit, en vatte haar, en zij werd tot een staf in zijn hand.

⁵Opdat zij geloven, dat u verschenen is de HEERE, de God hunner vaderen, de God van Abraham, de God van Izak, en de God van Jakob.

⁶En de HEERE zeide verder tot hem: Steek nu uw hand in uw boezem. En hij stak zijn hand in zijn boezem; daarna trok hij ze uit, en ziet, zijn hand was melaats, wit als sneeuw.

⁷En Hij zeide: Steek uw hand wederom in uw boezem. En hij stak zijn hand wederom in zijn boezem; daarna trok hij ze uit zijn boezem, en ziet, zij was wederals zijn ander vlees.

⁸En het zal geschieden, zo zij u niet geloven, noch naar de stem van het eerste teken horen, zo zullen zij de stem van het laatste teken geloven.

⁹En het zal geschieden, zo zij ook deze twee tekenen niet geloven, noch naar uw stem horen, zo neem van de wateren der rivier, en giet ze op het droge; zo zullen de wateren, die gij uit de rivier zult nemen, diezelve zullen tot bloed worden op het droge.

¹⁰Toen zeide Mozes tot de HEERE: Och Heere! ik ben geen man wel ter tale, noch van gisteren, noch van eergisteren, noch van toen af, toen Gij tot Uw knecht gesproken hebt; want ik ben zwaar van mond, en zwaar van tong.

¹¹En de HEERE zeide tot hem: Wie heeft den mens den mond gemaakt, of wie heeft den stomme, of dove, of ziende, of blinde gemaakt? Ben Ik het niet, de HEERE?

¹²En nu ga henen, en Ik zal met uw mond zijn, en zal u leren, wat gij spreken zult.

¹³Doch hij zeide: Och, Heere! zend toch door de hand desgenen, dien Gij zoudt zenden.

¹⁴Toen ontstak de toorn des HEEREN over Mozes, en Hij zeide: is niet Aaron, de Leviet, uw broeder? Ik weet, dat hij zeer wel spreken zal, en ook, zie, hij zal uitgaan u tegemoet; wanneer hij u ziet, zo zal hij in zijn hart verblijd zijn.

¹⁵Gij dan zult tot hem spreken, en de woorden in zijn mond leggen; en Ik zal met uw mond zijn, en met zijn mond zijn; en Ik zal ulieden leren, wat gij doen zult.

¹⁶En hij zal voor u tot het volk spreken; en het zal geschieden, dat hij u tot een mond zal zijn, en gij zult hem tot een god zijn.

¹⁷Neem dan dezen staf in uw hand, waarmede gij die tekenen doen zult.

¹⁸Toen ging Mozes heen, en keerde weder tot Jethro, zijn schoonvader, en zeide tot hem: Laat mij toch gaan, dat ik wederkere tot mijn broederen, die in Egypte zijn, en zie, of zij nog leven. Jethro dan zeide tot Mozes: Ga in vrede.

¹⁹Ook zeide de HEERE tot Mozes in Midian: Ga heen, keer weder in Egypte, want al de mannen zijn dood, die uw ziel zochten.

²⁰Mozes dan nam zijn vrouw, en zijn zonen, en voerde hen op een ezel, en keerde weder in Egypteland; en Mozes nam den staf Gods in zijn hand.

²¹En de HEERE zeide tot Mozes: Terwijl gij heentrekt, om weder in Egypte te keren, zie toe, dat gij al de wonderen doet voor Farao, die Ik in uw hand gesteld heb; doch Ik zal zijn hart verstokken, dat hij het volk niet zal laten gaan.

²²Dan zult gij tot Farao zeggen: Alzo zegt de HEERE: Mijn zoon, Mijn eerstgeborene, is Israel.

²³En Ik heb tot u gezegd: Laat Mijn zoon trekken, dat hij Mij diene! maar gij hebt geweigerd hem te laten trekken; zie, Ik zal uw zoon, uw eerstgeborene doden!

²⁴En het geschiedde op den weg, in de herberg, dat de HEERE hem tegenkwam, en zocht hem te doden.

²⁵Toen nam Zippora een stenen mes en besneed de voorhuid haars zoons, en wierp die voor zijn voeten, en zeide: Voorwaar, gij zijt mij een bloedbruidegom!

²⁶En Hij liet van hem af. Toen zeide zij: Bloedbruidegom! vanwege de besnijdenis.

²⁷De HEERE zeide ook tot Aaron: Ga Mozes tegemoet in de woestijn. En hij ging, en ontmoette hem aan den berg Gods, en hij kuste hem.

²⁸En Mozes gaf Aaron te kennen al de woorden des HEEREN, Die hem gezonden had, en al de tekenen, die Hij hem bevolen had.

²⁹Toen ging Mozes en Aaron, en zij verzamelden al de oudsten der kinderen Israels.

³⁰En Aaron sprak al de woorden, die de HEERE tot Mozes gesproken had; en hij deed de tekenen voor de ogen des volks.

³¹En het volk geloofde, en zij hoorden, dat de HEERE de kinderen Israels bezocht, en dat Hij hun verdrukking zag, en zij neigden hun hoofden, en aanbaden.

Hoofdstuk 5

¹En daarna gingen Mozes en Aaron heen, en zeiden tot Farao: Alzo zegt de HEERE, de God van Israel: Laat Mijn volk trekken, dat het Mij een feest houde in de woestijn!

²Maar Farao zeide: Wie is de HEERE, Wiens stem ik gehoorzamen zou, om Israel te laten trekken? Ik ken den HEERE niet, en ik zal ook Israel niet laten trekken.

³Zij dan zeiden: De God der Hebreen is ons ontmoet; zo laat ons toch heentrekken, den weg van drie dagen in de woestijn, en den HEERE, onzen God, offeren, dat Hij ons niet overkome met pestilentie, of met het zwaard.

⁴Toen zeide de koning van Egypte tot hen: Gij, Mozes en Aaron! waarom trekt gij het volk af van hun werken? Gaat heen tot uw lasten.

⁵Verder zeide Farao: Ziet, het volk des lands is alreeds te veel; en zoudt gijlieden hen doen rusten van hun lasten?

⁶Daarom beval Farao, ten zelfden dage, aan de aandrijvers onder het volk, en deszelfs ambtlieden, zeggende:

⁷Gij zult voortaan aan deze lieden geen stro meer geven, tot het maken der tichelstenen, als gisteren en eergisteren; laat hen zelven heengaan, en stro voor zichzelven verzamelen.

⁸En het getal der tichelstenen, die zij gisteren en eergisteren gemaakt hebben, zult gij hun opleggen; gij zult daarvan niet verminderen; want zij gaan ledig; daarom roepen zij, zeggende: Laat ons gaan, laat ons onzen God offeren!

⁹Men verzware den dienst over deze mannen, dat zij daaraan te

doen hebben, enzich niet vergapen aan leugenachtige woorden.

¹⁰Toen gingen de aandrijvers des volks uit, en deszelfs ambtlieden, en spraken tothet volk, zeggende: Zo zegt Farao: Ik zal ulieden geen stro geven.

¹¹Gaat gij zelve heen, haalt u stro, waar gij het vindt; doch van uw dienst zal nietverminderd worden.

¹²Toen verstrooide zich het volk in het ganse land van Egypte, dat het stoppelenverzamelde, voor stro.

¹³En de aandrijvers drongen aan, zeggende: Voleindigt uw werken, elk dagwerk opzijn dag, gelijk toen er stro was.

¹⁴En de ambtlieden der kinderen Israels, die Farao's aandrijvers over hen gesteldhadden, werden geslagen, en men zeide: Waarom hebt gijlieden uw gezette werkniet voleindigd, in het maken der tichelstenen, gelijk te voren, alzo ook gisteren enheden?

¹⁵Derhalve gingen de ambtlieden der kinderen Israels, en schreeuwden tot Farao, zeggende: Waarom doet gij uw knechten alzo?

¹⁶Aan uw knechten wordt geen stro gegeven, en zij zeggen tot ons: Maakt detichelstenen; en ziet, uw knechten worden geslagen, doch de schuld is uws volks!

¹⁷Hij dan zeide: Gijlieden gaat ledig, ledig gaat gij; daarom zegt gij: Laat ons gaan, laat ons den HEERE offeren!

¹⁸Zo gaat nu heen, arbeidt; doch stro zal u niet gegeven worden; evenwel zult gij hetgetal der tichelstenen leveren.

¹⁹Toen zagen de ambtlieden der kinderen Israels, dat het kwalijk met hen stond, dewijl men zeide: Gij zult niet minderen van uw tichelstenen, van het dagwerk opzijn dag.

²⁰En zij ontmoetten Mozes en Aaron, die tegen hen over stonden, toen zij vanFarao uitgingen.

²¹En zeiden tot hen: De HEERE zie op u, en richte het, dewijl dat gij onzen reukhebt stinkende gemaakt voor Farao, en voor zijn knechten, gevende een zwaardin hun handen, om ons te doden.

²²Toen keerde Mozes weder tot den HEERE, en zeide: Heere! waarom hebt Gij ditvolk kwaad gedaan, waarom hebt Gij mij nu gezonden?

²³Want van toen af, dat ik tot Farao ben ingegaan, om in Uw Naam te spreken, heeft hij dit volk kwaad gedaan; en Gij hebt Uw volk geenszins verlost.

²⁴Toen zeide de HEERE tot Mozes: Nu zult gij zien, wat Ik aan Farao doen zal;want door een machtige hand zal hij hen laten trekken, ja, door een machtigehand zal hij hen uit zijn land drijven.

Hoofdstuk 6

¹Verder sprak God tot Mozes, en zeide tot hem: Ik ben de HEERE,

²En Ik ben aan Abraham, Izak, en Jakob verschenen, als God de Almachtige;doch met Mijn Naam HEERE ben Ik hun niet bekend geweest.

³En ook heb Ik Mijn verbond met hen opgericht, dat Ik hun geven zou het landKanaan, het land hunner vreemdelingschappen, waarin zij vreemdelingen geweestzijn.

⁴En ook heb Ik gehoord het gekerm der kinderen Israels, die de Egyptenaars indienstbaarheid houden, en Ik heb aan Mijn verbond gedacht.

⁵Derhalve zeg tot de kinderen Israels: Ik ben de HEERE! en Ik zal ulieden uitleidenvan onder de lasten der Egyptenaren, en Ik zal u redden uit hun dienstbaarheid, enzal u verlossen door een uitgestrekten arm, en door grote gerichten;

⁶En Ik zal ulieden tot Mijn volk aannemen, en Ik zal ulieden tot een God zijn; engijlieden zult bekennen, dat Ik de HEERE uw God ben, Die u uitleide van onderde lasten der Egyptenaren.

⁷En Ik zal ulieden brengen in dat land, waarover Ik Mijn hand opgeheven heb, datIk het aan Abraham, Izak, en Jakob geven zou; en Ik zal het ulieden geven tot eenerfdeel, Ik, de HEERE!

⁸En Mozes sprak alzo tot de kinderen Israels; doch zij hoorden naar Mozes niet, vanwege de benauwdheid des geestes, en vanwege de harde dienstbaarheid.

⁹Verder sprak de HEERE tot Mozes, zeggende:

¹⁰Ga heen, spreek tot Farao, den koning van Egypte, dat hij de kinderen Israels uitzijn land trekken late.

¹¹Doch Mozes sprak voor den HEERE, zeggende: Zie, de kinderen Israels hebbennaar mij niet gehoord; hoe zou mij dan Farao horen? daartoe ben ik onbesnedenvan lippen.

¹²Evenwel sprak de HEERE tot Mozes en tot Aaron, en gaf hun bevel aan dekinderen Israels, en aan Farao, den koning van Egypte, om de kinderen Israels uitEgypteland te leiden.

¹³Dit zijn de hoofden van ieder huis hunner vaderen: de zonen van Ruben, deeerstgeborene van Israel, zijn Hanoch en Pallu, Hezron en Charmi; dit zijn dehuisgezinnen van Ruben.

¹⁴En de zonen van Simeon: Jemuel, en Jamin, en Ohad, en Jachin, en Zohar, enSaul, de zoon ener Kanaanietische; dit zijn de huisgezinnen van Simeon.

¹⁵Dit nu zijn de namen der zonen van Levi, naar hun geboorten: Gerson, en Kehath, en Merari. En de jaren des levens van Levi waren honderd zeven en dertig jaren.

¹⁶De zonen van Gerson: Libni en Simei, naar hun huisgezinnen.

¹⁷En de zonen van Kehath: Amram, en Jizhar, en Hebron, en Uzziel, en de jarendes levens van Kehath waren honderd drie en dertig jaren.

¹⁸En de zonen van Merari: Machli en Musi; dit zijn de huisgezinnen van Levi, naarhun geboorten.

¹⁹En Amram nam Jochebed, zijn moei, zich tot huisvrouw, en zij baarde hem Aaronen Mozes; en de jaren des levens van Amram waren honderd zeven en dertigjaren.

²⁰En de zonen van Jizhar: Korah, en Nefeg, en Zichri.

²¹En de zonen van Uzziel: Misael, en Elzafan, en Sithri.

²²En Aaron nam zich tot een vrouw Eliseba, dochter van Amminadab, zuster vanNahesson; en zij baarde hem Nadab en Abihu, Eleazar en Ithamar.

²³En de zonen van Korah waren: Assir, en Elkana, en Abiasaf; dat zijn dehuisgezinnen der Korachieten.

²⁴En Eleazar, de zoon van Aaron, nam voor zich een van de dochteren van Putieltot een vrouw; en zij baarde hem Pinehas. Dit zijn de hoofden van de vaderen derLevieten, naar hun huisgezinnen.

²⁵Dit is Aaron en Mozes, tot welke de HEERE zeide: Leidt de kinderen Israels uitEgypteland, naar hun heiren.

²⁶Dezen zijn het, die tot Farao, den koning van Egypte, spraken, opdat zij dekinderen Israels uit Egypte leidden; dit is Mozes en Aaron.

²⁷En het geschiedde te dien dage, als de HEERE tot Mozes sprak in Egypteland;

²⁸Zo sprak de HEERE tot Mozes, zeggende: Ik ben de HEERE! spreek tot Farao, den koning van Egypte, alles, wat Ik tot u spreek.

²⁹Toen zeide Mozes voor het aangezicht des HEEREN: Zie, ik ben onbesneden vanlippen; hoe zal dan Farao naar mij horen?

Hoofdstuk 7

¹Toen zeide de HEERE tot Mozes: Zie, Ik heb u tot een god gezet over Farao; enAaron, uw broeder, zal uw profeet zijn.

²Gij zult spreken alles, wat Ik u gebieden zal; en Aaron, uw broeder, zal tot Faraospreken, dat hij de kinderen Israels uit zijn land trekken laat.

³Doch Ik zal Farao's hart verharden; en Ik zal Mijn tekenen en Mijn wonderhedenin Egypteland vermenigvuldigen.

⁴Farao nu zal naar ulieden niet horen, en Ik zal Mijn hand aan Egypte leggen, envoeren Mijn heiren, Mijn volk, de kinderen Israels, uit Egypteland, door grotegerichten.

⁵Dan zullen de Egyptenaars weten, dat Ik de HEERE ben, wanneer Ik Mijn handover Egypte uitstrekke, en de kinderen Israels uit het midden van hen uitleide.

⁶Toen deed Mozes en Aaron, als hun de HEERE geboden had, alzo deden zij.

⁷En Mozes was tachtig jaar oud, en Aaron was drie en tachtig jaar oud, toen zij totFarao spraken.

⁸En de HEERE sprak tot Mozes en tot Aaron, zeggende:

⁹Wanneer Farao tot ulieden spreken zal, zeggende: Doet een wonderteken voorulieden; zo zult gij tot Aaron zeggen: Neem uw staf, en werp hem voor Farao'saangezicht neder; hij zal tot een draak worden.

¹⁰Toen ging Mozes en Aaron tot Farao henen in, en deden alzo, gelijk de HEEREgeboden had; en Aaron wierp zijn staf neder voor Farao's aangezicht, en voor hetaangezicht zijner knechten; en hij werd tot een draak.

¹¹Farao nu riep ook de wijzen en de guichelaars; en de Egyptische tovenaars dedenook alzo met hun bezweringen.

¹²Want een ieder wierp zijn staf neder, en zij werden tot draken; maar Aarons stafverslond hun staven.

¹³Doch Farao's hart verstokte, zodat hij naar hen niet hoorde, gelijk de HEEREgesproken had.

¹⁴Toen zeide de HEERE tot Mozes: Farao's hart is zwaar; hij weigert het volk telaten trekken.

¹⁵Ga heen tot Farao in den morgenstond; zie, hij zal uitgaan naar het water toe, zostel u tegen hem over aan den oever der rivier, en den staf, die in een slang isveranderd geweest, zult gij in uw hand nemen.

¹⁶En gij zult tot hem zeggen: de HEERE, de God der Hebreen, heeft mij tot ugezonden, zeggende: Laat Mijn volk trekken, dat het Mij diene in de woestijn;doch zie, gij hebt tot nu toe niet gehoord.

¹⁷Zo zegt de HEERE: Daaraan zult gij weten, dat Ik de HEERE

Leviticus

ben; zie, ik zal metdezen staf, die in mijn hand is, op het water, dat in deze rivier is, slaan, en het zal in bloed veranderd worden.

¹⁸En de vis in de rivier zal sterven, zodat de rivier zal stinken; en de Egyptenaarszullen vermoeid worden, dat zij het water uit de rivier drinken mogen.

¹⁹Verder zeide de HEERE tot Mozes: zeg tot Aaron: Neem uw staf, en steek uwhand uit over de wateren der Egyptenaren, over hun stromen, over hun rivieren, en over hun poelen, en over alle vergadering hunner wateren, dat zij bloedworden; en er zij bloed in het ganse Egypteland, beide in houten en in stenenvaten.

²⁰Mozes nu en Aaron deden alzo, gelijk de HEERE geboden had; en hij hief denstaf op, en sloeg het water, dat in de rivier was, voor de ogen van Farao, en voorde ogen van zijn knechten; en al het water in de rivier werd in bloed veranderd.

²¹En de vis, die in de rivier was, stierf; en de rivier stonk, zodat de Egyptenaars hetwater uit de rivier niet drinken konden; en er was bloed in het ganse Egypteland.

²²Doch de Egyptische tovenaars deden ook alzo met hun bezweringen; zodatFarao's hart verstokte, en hij hoorde naar hen niet, gelijk als de HEEREgesproken had.

²³En Farao keerde zich om, en ging naar zijn huis; en hij zette zijn hart daar ook nietop.

²⁴Doch alle Egyptenaars groeven rondom de rivier, om water te drinken; want zijkonden van het water der rivier niet drinken.

²⁵Alzo werden zeven dagen vervuld, nadat de HEERE de rivier geslagen had.

Hoofdstuk 8

¹Daarna zeide de HEERE tot Mozes: Ga in tot Farao, en zeg tot hem: Zo zegt deHEERE: Laat Mijn volk trekken, dat zij Mij dienen.

²En indien gij het weigert te laten trekken, zie, zo zal Ik uw ganse landpale metvorsen slaan;

³Dat de rivier van vorsen zal krielen, die zullen opkomen, en in uw huis komen, enin uw slaapkamer, ja, op uw bed; ook in de huizen uwer knechten, en op uwvolk, en in uw bakovens, en in uw baktroggen.

⁴En de vorsen zullen opkomen, op u, en op uw volk, en op al uw knechten.

⁵Verder zeide de HEERE tot Mozes: Zeg tot Aaron: Strek uw hand uit met uwstaf, over de stromen, en over de rivieren, en over de poelen; en doe vorsenopkomen over Egypteland.

⁶En Aaron strekte zijn hand uit over de wateren van Egypte, en er kwamen vorsenop en bedekten Egypteland.

⁷Toen deden de tovenaars ook alzo, met hun bezweringen; en zij deden vorsenover Egypteland opkomen.

⁸En Farao riep Mozes en Aaron, en zeide: Bidt vuriglijk tot den HEERE, dat Hijde vorsen van mij en van mijn volk wegneme; zo zal ik het volk trekken laten, datzij den HEERE offeren.

⁹Doch Mozes zeide tot Farao: Heb de eer boven mij! Tegen wanneer zal ik vooru, en voor uw knechten, en voor uw volk, vuriglijk bidden, om deze vorsen van uen van uw huizen te verdelgen, dat zij alleen in de rivier overblijven?

¹⁰Hij dan zeide: Tegen morgen. En hij zeide: Het zij naar uw woord, opdat gij weet, dat er niemand is, gelijk de HEERE, onze God.

¹¹Zo zullen de vorsen van u, en van uw huizen, en van uw knechten, en van uw volkwijken; zij zullen alleen in de rivier overblijven.

¹²Toen ging Mozes en Aaron uit van Farao; en Mozes riep tot den HEERE, teroorzake der vorsen, die Hij Farao had opgelegd.

¹³En de HEERE deed naar het woord van Mozes; en de vorsen stierven, uit dehuizen, uit de voorzalen, en uit de velden.

¹⁴En zij vergaderden ze samen bij hopen, en het land stonk.

¹⁵Toen nu Farao zag, dat er verademing was, verzwaarde hij zijn hart, dat hij naarhen niet hoorde, gelijk als de HEERE gesproken had.

¹⁶Verder zeide de HEERE tot Mozes: Zeg tot Aaron: Strek uw staf uit, en sla hetstof der aarde, dat het tot luizen worde, in het ganse Egypteland.

¹⁷En zij deden alzo; want Aaron strekte zijn hand uit met zijn staf, en sloeg het stofder aarde, en er werden vele luizen aan de mensen, en aan het vee; al het stof deraarde werd luizen, in het ganse Egypteland.

¹⁸De tovenaars deden ook alzo met hun bezweringen, opdat zij luizenvoortbrachten; doch zij konden niet; zo waren de luizen aan de mensen, en aanhet vee.

¹⁹Toen zeiden de tovenaars tot Farao: Dit is Gods vinger! Doch Farao's hartverstijfde, zodat hij naar hen niet hoorde, gelijk de HEERE gesproken had.

²⁰Verder zeide de HEERE tot Mozes: Maak u morgen vroeg op, en stel u voorFarao's aangezicht; zie, hij zal aan het water uitgaan, en zeg tot hem: Zo zegt deHEERE: Laat Mijn volk trekken, dat zij Mij dienen;

²¹Want zo gij Mijn volk niet laat trekken, zie, zo zal Ik een vermenging vanongedierte zenden op u, en op uw knechten, en op uw volk, en in uw huizen; alzodat de huizen der Egyptenaren met deze vermenging zullen vervuld worden, enook het aardrijk, waarop zij zijn.

²²En Ik zal te dien dage het land Gosen, waarin Mijn volk woont, afzonderen, datdaar geen vermenging van ongedierte zij, opdat gij weet, dat Ik, de HEERE, inhet midden dezes lands ben.

²³En Ik zal een verlossing zetten tussen Mijn volk en tussen uw volk; tegen morgenzal dit teken geschieden!

²⁴En de HEERE deed alzo; en er kwam een zware vermenging van ongedierte inhet huis van Farao, en in de huizen van zijn knechten, en over het ganseEgypteland; het land werd verdorven van deze vermenging.

²⁵Toen riep Farao Mozes en Aaron, en zeide: Gaat heen, en offert uwen God in ditland.

²⁶Mozes dan zeide: Het is niet recht, dat men alzo doe; want wij zouden derEgyptenaren gruwel den HEERE, onzen God, mogen offeren; zie, indien wij derEgyptenaren gruwel voor hun ogen offerden, zouden zij ons niet stenigen?

²⁷Laat ons den weg van drie dagen in de woestijn gaan, dat wij den HEERE onzenGod offeren, gelijk Hij tot ons zeggen zal.

²⁸Toen zeide Farao: Ik zal u trekken laten, dat gijlieden den HEERE, uwen God, offert in de woestijn; alleen, dat gijlieden in het gaan geenszins te verre trekt! Bidtvuriglijk voor mij.

²⁹Mozes nu zeide: Zie, ik ga van u, en zal tot den HEERE vuriglijk bidden, dat dezevermenging van ongedierte van Farao, van zijn knechten, en van zijn volk morgenwegwijke! Alleen, dat Farao niet meer bedriegelijk handele, dit volk niet latendegaan, om den HEERE te offeren.

³⁰Toen ging Mozes uit van Farao, en bad vuriglijk tot den HEERE.

³¹En de HEERE deed naar het woord van Mozes, en de vermenging van ongedierteweek van Farao, van zijn knechten, en van zijn volk; er bleef niet een over.

³²Doch Farao verzwaarde zijn hart ook op ditmaal, en hij liet het volk niet trekken.

Hoofdstuk 9

¹Daarna zeide de HEERE tot Mozes: Ga in tot Farao, en spreek tot hem: Alzozegt de HEERE, de God der Hebreen: Laat Mijn volk trekken, dat het Mij diene.

²Want zo gij hen weigert te laten trekken, en gij hen nog met geweld ophoudt,

³Zie, de hand des HEEREN zal zijn over uw vee, dat in het veld is, over depaarden, over de ezelen, over de kemelen, over de runderen, en over het kleinvee, door een zeer zware pestilentie.

⁴En de HEERE zal een afzondering maken tussen het vee der Israelieten, en tussenhet vee der Egyptenaren, dat er niets sterve van al wat van de kinderen Israels is.

⁵En de HEERE bestemde een zekeren tijd, zeggende: Morgen zal de HEERE dezezaak in dit land doen.

⁶En de HEERE deed deze zaak des anderen daags; en al het vee der Egyptenarenstierf; maar van het vee der kinderen Israels stierf niet een.

⁷En Farao zond er heen, en ziet, van het vee van Israel was niet tot een toegestorven. Doch het hart van Farao werd verzwaard, en hij liet het volk niettrekken.

⁸Toen zeide de HEERE tot Mozes en tot Aaron: Neemt gijlieden uw vuisten vol asuit den oven; en Mozes strooie die naar de hemel voor de ogen van Farao.

⁹En zij zal tot klein stof worden over het ganse Egypteland; en zij zal aan demensen, en aan het vee worden tot zweren, uitbrekende met blaren, in het ganseEgypteland.

¹⁰En zij namen as uit den oven, en stonden voor Farao's aangezicht; en Mozesstrooide die naar den hemel; toen werden er zweren, uitbrekende met blaren, aande mensen en aan het vee;

¹¹Alzo dat de tovenaars voor Mozes niet staan konden, vanwege de zweren; wantaan de tovenaars waren zweren, en aan al de Egyptenaren.

¹²Doch de HEERE verstokte Farao's hart, dat hij naar hen niet hoorde, gelijk deHEERE tot Mozes gesproken had.

¹³Toen zeide de HEERE tot Mozes: Maak u morgen vroeg op, en stel u voorFarao's aangezicht, en zeg tot hem: Zo zegt de HEERE, de God der Hebreen:Laat Mijn volk trekken, dat zij Mij dienen.

¹⁴Want ditmaal zal Ik al Mijn plagen in uw hart zenden, en over

uw knechten, en over uw volk, opdat gij weet, dat er niemand is gelijk Ik, op de ganse aarde.

¹⁵Want nu heb Ik Mijn hand uitgestrekt, opdat Ik u en uw volk met de pestilentie zou slaan, en dat gij van de aarde zoudt verdelgd worden.

¹⁶Maar waarlijk, daarom heb Ik u verwekt, opdat Ik Mijn kracht aan u betoonde, en opdat men Mijn Naam vertelle op de ganse aarde.

¹⁷Verheft gij uzelven nog tegen Mijn volk, dat gij het niet wilt laten trekken?

¹⁸Zie, Ik zal morgen omtrent dezen tijd een zeer zware hagel doen regenen, desgelijks in Egypte niet geweest is van dien dag af, dat het gegrond is, tot nu toe.

¹⁹En nu, zend heen, vergader uw vee, en alles wat gij op het veld hebt; alle mens en gedierte, dat op het veld gevonden zal worden, en niet in huis verzameld zal zijn, als deze hagel op hen vallen zal, zo zullen zij sterven.

²⁰Wie onder Farao's knechten des HEEREN woord vreesde, die deed zijn knechten en zijn vee in de huizen vlieden;

²¹Doch die zijn hart niet zette tot des HEEREN woord, die liet zijn knechten en zijn vee op het veld.

²²Toen zeide de HEERE tot Mozes: Strek uw hand uit naar den hemel, en er zal hagel zijn in het ganse Egypteland; over de mensen, en over het vee, en over al het kruid des velds in Egypteland.

²³Toen strekte Mozes zijn staf naar den hemel; en de HEERE gaf donder en hagel, en het vuur schoot naar de aarde; en de HEERE liet hagel regenen over Egypteland.

²⁴En er was hagel, en vuur in het midden des hagels vervangen; hij was zeer zwaar; desgelijks is in het ganse Egypteland nooit geweest, sedert het tot een volk geweest is.

²⁵En de hagel sloeg, in het ganse Egypteland, alles wat op het veld was, van de mensen af tot de beesten toe; ook sloeg de hagel al het kruid des velds, en verbrak al het geboomte des velds.

²⁶Alleen in het land Gosen, waar de kinderen Israels waren, daar was geen hagel.

²⁷Toen schikte Farao heen, en hij riep Mozes en Aaron, en zeide tot hen: Ik heb mij ditmaal verzondigd; de HEERE is rechtvaardig; ik daarentegen en mijn volk zijn goddelozen!

²⁸Bidt vuriglijk tot den HEERE (want het is genoeg), dat geen donder Gods noch hagel meer zij; dan zal ik ulieden trekken laten, en gij zult niet langer blijven.

²⁹Toen zeide Mozes tot hem: Wanneer ik ter stad uitgegaan zal zijn, zo zal ik mijn handen uitbreiden voor den HEERE; de donder zal ophouden, en de hagel zal niet meer zijn; opdat gij weet, dat de aarde des HEEREN is!

³⁰Nochtans u en uw knechten aangaande, weet ik, dat gijlieden voor het aangezicht van den HEERE God nog niet vrezen zult.

³¹Het vlas nu, en de gerst werd geslagen; want de gerst was in de aar, en het vlas was in den halm.

³²Maar de tarwe en de spelt werden niet geslagen; want zij waren bedekt.

³³Zo ging Mozes van Farao ter stad uit, en breidde zijn handen tot den HEERE; de donder en de hagel hielden op, en de regen werd niet meer uitgegoten op de aarde.

³⁴Toen Farao zag, dat de regen en hagel, en de donder ophielden, zo verzondigde hij zich verder, en hij verzwaarde zijn hart, hij en zijn knechten.

³⁵Alzo werd Farao's hart verstokt, dat hij de kinderen Israels niet trekken liet, gelijk als de HEERE gesproken had door Mozes.

Hoofdstuk 10

¹Daarna zeide de HEERE tot Mozes: Ga in tot Farao; want Ik heb zijn hart verzwaard, ook het hart zijner knechten, opdat Ik deze Mijn tekenen in het midden van hen zette;

²En opdat gij voor de oren uwer kinderen en uwer kindskinderen moogt vertellen, wat Ik in Egypte uitgericht heb, en Mijn tekenen, die Ik onder hen gesteld heb; opdat gijlieden weet, dat Ik de HEERE ben.

³Zo gingen Mozes en Aaron tot Farao, en zeiden tot hem: Zo zegt de HEERE, de God der Hebreen: Hoe lang weigert gij u voor Mijn aangezicht te verootmoedigen? Laat Mijn volk trekken, dat zij Mij dienen.

⁴Want indien gij weigert Mijn volk te laten trekken, zie, zo zal Ik morgen sprinkhanen in uw landpale brengen.

⁵En zij zullen het gezicht des lands bedekken, alzo dat men de aarde niet zal kunnen zien; en zij zullen afeten het overige van hetgeen ontkomen is, hetgeen ulieden overgebleven was van den hagel; zij zullen ook al het geboomte afeten, dat ulieden uit het veld voortkomt.

⁶En zij zullen vervullen uw huizen, en de huizen van al uw knechten, en de huizen van alle Egyptenaren; dewelke uw vaders, noch de vaderen uwer vaders gezien hebben, van dien dag af, dat zij op den aardbodem geweest zijn, tot op dezen dag. En hij keerde zich om, en ging uit van Farao.

⁷En de knechten van Farao zeiden tot hem: Hoe lang zal ons deze tot een strik zijn, laat de mannen trekken, dat zij den HEERE hun God dienen! weet gij nog niet, dat Egypte verloren is?

⁸Toen werden Mozes en Aaron weder tot Farao gebracht, en hij zeide tot hen: Gaat henen, dient den HEERE, uw God! wie en wie zijn zij, die gaan zullen?

⁹En Mozes zeide: Wij zullen gaan met onze jonge en met onze oude lieden; met onze zonen en met onze dochteren, met onze schapen en met onze runderen zullen wij gaan; want wij hebben een feest des HEEREN.

¹⁰Toen zeide hij tot hen: De HEERE zij alzo met ulieden, gelijk ik u en uw kleine kinderen zal trekken laten: ziet toe, want er is kwaad voor ulieder aangezicht!

¹¹Niet alzo gij, mannen, gaat nu heen, en dient den HEERE; want dat hebt gijlieden verzocht! En men dreef hen uit van Farao's aangezicht.

¹²Toen zeide de HEERE tot Mozes: Strek uw hand uit over Egypteland, om de sprinkhanen, dat zij opkomen over Egypteland, en al het kruid des lands opeten, al wat de hagel heeft over gelaten.

¹³Toen strekte Mozes zijn staf over Egypteland, en de HEERE bracht een oostenwind in dat land, dien gehele dag en dien gansen nacht; het geschiedde des morgens, dat de oostenwind de sprinkhanen opbracht.

¹⁴En de sprinkhanen kwamen op over het ganse Egypteland, en lieten zich nederaan al de palen der Egyptenaren, zeer zwaar; voor dezen zijn dergelijke sprinkhanen, als deze, nooit geweest, en na dezen zullen er zulke niet wezen;

¹⁵Want zij bedekten het gezicht des gansen lands, alzo dat het land verduisterd werd; en zij aten al het kruid des lands op, en al de vruchten der bomen, die de hagel had over gelaten; en er bleef niets groens aan de bomen, noch aan de kruiden des velds, in het ganse Egypteland.

¹⁶Toen haastte Farao, om Mozes en Aaron te roepen, en zeide: Ik heb gezondigd tegen den HEERE, uw God, en tegen ulieden.

¹⁷En nu vergeeft mij toch mijn zonde alleen ditmaal, en bidt vuriglijk tot den HEERE, uw God, dat Hij slechts dezen dood van mij wegneme.

¹⁸En hij ging uit van Farao, en bad vuriglijk tot den HEERE.

¹⁹Toen keerde de HEERE een zeer sterken westenwind, die hief de sprinkhanen op, en wierp ze in de Schelfzee; er bleef niet een sprinkhaan over in al de landpalen van Egypte.

²⁰Doch de HEERE verstokte Farao's hart, dat hij de kinderen Israels niet liet trekken.

²¹Toen zeide de HEERE tot Mozes: Strek uw hand uit naar den hemel, en er zal duisternis komen over Egypteland, dat men de duisternis tasten zal.

²²Als Mozes zijn hand uitstrekte naar den hemel, werd er een dikke duisternis in het ganse Egypteland, drie dagen.

²³Zij zagen de een de ander niet; er stond ook niemand op van zijn plaats, in drie dagen; maar bij al de kinderen Israels was het licht in hun woningen.

²⁴Toen riep Farao Mozes, en zeide: Gaat heen, dient den HEERE! alleen uw schapen en uw runderen zullen vast blijven; ook zullen uw kinderkens met u gaan.

²⁵Doch Mozes zeide: Ook zult gij slachtofferen en brandofferen in onze handen geven, die wij den HEERE, onzen God, doen mogen;

²⁶En ons vee zal ook met ons gaan, er zal niet een klauw achterblijven; want van hetzelve zullen wij nemen, om den HEERE, onzen God, te dienen; want wij weten niet, waarmede wij den HEERE, onzen God, dienen zullen, totdat wij daar komen.

²⁷Doch de HEERE verhardde Farao's hart; en hij wilde hen niet laten trekken.

²⁸Maar Farao zeide tot hem: Ga van mij! wacht u, dat gij niet meer mijn aangezicht ziet; want op welken dag gij mijn aangezicht zult zien, zult gij sterven!

²⁹Mozes nu zeide: Gij hebt recht gesproken; ik zal niet meer uw aangezicht zien!

Hoofdstuk 11

¹(Want de HEERE had tot Mozes gesproken: Ik zal nog een plaag over Farao, en over Egypte brengen, daarna zal hij ulieden van hier laten trekken; als hij u geheellijk zal laten trekken, zo zal hij u haastelijk van hier uitdrijven.

²Spreek nu voor de oren des volks, dat ieder man van zijn naaste, en iedere vrouw van haar naaste zilveren vaten en gouden vaten eise.

³En de HEERE gaf het volk genade in de ogen der Egyptenaren; ook was de man Mozes zeer groot in Egypteland voor de ogen van

Farao's knechten, en voor deogen des volks.)

⁴Verder zeide Mozes: Zo heeft de HEERE gezegd: Omtrent middernacht zal Ik uitgaan door het midden van Egypte;

⁵En alle eerstgeborenen in Egypteland zullen sterven, van Farao's eerstgeborene af, die op zijn troon zitten zou, tot den eerstgeborene der dienstmaagd, die achter de molen is, en alle eerstgeborenen van het vee.

⁶En er zal een groot geschrei zijn in het ganse Egypteland, desgelijks nooit geweest is, en desgelijks niet meer wezen zal.

⁷Maar bij alle kinderen Israels zal niet een hond zijn tong verroeren, van de mens af tot de beesten toe; opdat gijlieden weet, dat de HEERE tussen de Egyptenaren tussen de Israelieten een afzondering maakt.

⁸Dan zullen al deze uw knechten tot mij afkomen, en zich voor mij neigen, zeggende: Trek uit, gij en al het volk, dat uw voetstappen volgt; en daarna zal ik uitgaan. En hij ging uit van Farao in hitte des toorns.

⁹De HEERE dan had tot Mozes gesproken: Farao zal naar ulieden niet horen, opdat Mijn wonderen in Egypteland vermenigvuldigd worden.

¹⁰En Mozes en Aaron hebben al deze wonderen gedaan voor Farao's aangezicht; doch de HEERE verhardde Farao's hart, dat hij de kinderen Israels uit zijn land niet trekken liet.

Hoofdstuk 12

¹De HEERE nu had tot Mozes en tot Aaron in Egypteland gesproken, zeggende:

²Deze zelfde maand zal ulieden het hoofd der maanden zijn; zij zal u de eerste van de maanden des jaars zijn.

³Spreekt tot de ganse vergadering van Israel, zeggende: Aan den tienden dezer maand neme een iegelijk een lam, naar de huizen der vaderen, een lam voor een huis.

⁴Maar indien een huis te klein is voor een lam, zo neme hij het en zijn nabuur, de naaste aan zijn huis, naar het getal der zielen, een iegelijk naar dat hij eten kan; gij zult rekening maken naar het lam.

⁵Gij zult een volkomen lam hebben, een manneken, een jaar oud; van de schapen of van de geitenbokken zult gij het nemen.

⁶En gij zult het in bewaring hebben tot den veertienden dag dezer maand; en de ganse gemeente der vergadering van Israel zal het slachten tussen twee avonden.

⁷En zij zullen van het bloed nemen, en strijken het aan beide zijposten, en aan den bovendorpel, aan de huizen, in welke zij het eten zullen.

⁸En zij zullen het vlees eten in denzelfden nacht, aan het vuur gebraden, met ongezuurde broden; zij zullen het met bittere saus eten.

⁹Gij zult daarvan niet rauw eten, ook geenszins in water gezoden; maar aan het vuur gebraden, zijn hoofd met zijn schenkelen en met zijn ingewand.

¹⁰Gij zult daarvan ook niet laten overblijven tot den morgen; maar hetgeen daarvan overblijft tot den morgen, zult gij met vuur verbranden.

¹¹Aldus nu zult gij het eten: uw lenden zullen opgeschort zijn, uw schoenen aan uw voeten, en uw staf in uw hand; en gij zult het met haast eten; het is des HEEREN pascha.

¹²Want Ik zal in dezen nacht door Egypteland gaan, en alle eerstgeborenen in Egypteland slaan, van de mensen af tot de beesten toe; en Ik zal gerichten oefenen aan alle goden der Egyptenaren, Ik, de HEERE!

¹³En dat bloed zal ulieden tot een teken zijn aan de huizen, waarin gij zijt; wanneer Ik het bloed zie, zal Ik ulieden voorbij gaan; en er zal geen plaag onder ulieden ten verderve zijn, wanneer Ik Egypteland slaan zal.

¹⁴En deze dag zal ulieden wezen ter gedachtenis, en gij zult hem den HEERE tot een feest vieren; gij zult hem vieren onder uw geslachten tot een eeuwige inzetting.

¹⁵Zeven dagen zult gijlieden ongezuurde broden eten; maar aan den eersten dag zult gij het zuurdeeg wegdoen uit uw huizen; want wie het gedesemde eet, van den eersten dag af tot op den zevenden dag, diezelve ziel zal uitgeroeid worden uit Israel.

¹⁶En op den eersten dag zal er een heilige verzameling zijn; ook zult gij een heilige verzameling hebben op den zevenden dag; er zal geen werk op denzelven gedaan worden; maar wat van iedere ziel gegeten zal worden, datzelve alleen mag van ulieden toegemaakt worden.

¹⁷Zo onderhoudt dan de ongezuurde broden, dewijl Ik even aan denzelfden dag ulieder heiren uit Egypteland geleid zal hebben; daarom zult gij dezen dag houden, onder uw geslachten, tot een eeuwige inzetting.

¹⁸In de eerste maand, aan den veertienden dag der maand, in den avond, zult gij ongezuurde broden eten, tot den een en twintigsten dag der maand, in den avond.

¹⁹Dat er zeven dagen lang geen zuurdesem in uw huizen gevonden worde, want alwie het gedesemde eten zal, dezelve ziel zal uit de vergadering van Israel uitgeroeid worden, hij zij een vreemdeling of een ingeborene des lands.

²⁰Gij zult niets eten, dat gedesemd is; in al uw woningen zult gij ongezuurde broden eten.

²¹Mozes dan riep al de oudsten van Israel, en zeide tot hen: Leest uit, en neemt u lammeren voor uw huisgezinnen, en slacht het pascha.

²²Neemt dan een bundelken hysop, en doopt het in het bloed, dat in een bekken zal wezen; en strijkt aan den bovendorpel, en aan de beide zijposten van dat bloed, hetwelk in het bekken zijn zal; doch u aangaande, niemand zal uitgaan uit de deur van zijn huis, tot aan den morgen.

²³Want de HEERE zal doorgaan, om de Egyptenaren te slaan; doch wanneer Hij het bloed zien zal aan den bovendorpel en aan de twee zijposten, zo zal de HEERE de deur voorbijgaan, en den verderver niet toelaten in uw huizen te komen om te slaan.

²⁴Onderhoudt dan deze zaak, tot een inzetting voor u en voor uw kinderen, tot in eeuwigheid.

²⁵En het zal geschieden, als gij in dat land komt, dat u de HEERE geven zal, gelijk Hij gesproken heeft, zo zult gij dezen dienst onderhouden.

²⁶En het zal geschieden, wanneer uw kinderen tot u zullen zeggen: Wat hebt gij daarvoor een dienst?

²⁷Zo zult gij zeggen: Dit is den HEERE een paasoffer, Die voor de huizen der kinderen Israels voorbijging in Egypte, toen Hij de Egyptenaren sloeg, en onze huizen bevrijdde! Toen boog zich het volk en neigde zich.

²⁸En de kinderen Israels gingen en deden het, gelijk als de HEERE Mozes en Aaron geboden had, alzo deden zij.

²⁹En het geschiedde ter middernacht, dat de HEERE al de eerstgeborenen in Egypteland sloeg, van den eerstgeborene van Farao af, die op zijn troon zitten zou, tot op den eerstgeborene van de gevangene, die in het gevangenhuis was, en alle eerstgeborenen der beesten.

³⁰En Farao stond op bij nacht, hij en al zijn knechten, en al de Egyptenaars; en er was een groot geschrei in Egypte; want er was geen huis, waarin niet een dode was.

³¹Toen riep hij Mozes en Aaron in den nacht, en zeide: Maakt u op, trekt uit het midden van mijn volk, zo gijlieden als de kinderen van Israel; en gaat heen, dient den HEERE, gelijk gijlieden gesproken hebt.

³²Neemt ook met u uw schapen en uw runderen, zoals gijlieden gesproken hebt, en gaat heen, en zegent mij ook.

³³En de Egyptenaars hielden sterk aan bij het volk, haastende, om die uit het land te drijven; want zij zeiden: Wij zijn allen dood!

³⁴En het volk nam zijn deeg op, eer het gedesemd was, hun deegklompen, gebonden in hun klederen, op hun schouderen.

³⁵De kinderen Israels nu hadden gedaan naar het woord van Mozes, en hadden van de Egyptenaren geeist zilveren vaten, en gouden vaten, en klederen.

³⁶Daartoe had de HEERE het volk genade gegeven in de ogen der Egyptenaren, dat zij hun hun begeerte deden; en zij beroofden de Egyptenaren.

³⁷Alzo reisden de kinderen Israels uit van Rameses naar Sukkoth, omtrent zeshonderd duizend te voet, mannen alleen, behalve de kinderkens.

³⁸En veel vermengd volk trok ook met hen op, en schapen, en runderen, gans veel vee.

³⁹En zij bakten van het deeg, dat zij uit Egypte gebracht hadden, ongezuurde koeken; want het was niet gedesemd; overmits zij uit Egypte uitgedreven werden, zodat zij niet vertoeven konden, noch ook tering voor zich bereiden.

⁴⁰De tijd nu der woning, die de kinderen Israels in Egypte gewoond hebben, is vierhonderd jaren en dertig jaren.

⁴¹En het geschiedde ten einde van de vierhonderd en dertig jaren, zo is het even op denzelfden dag geschied, dat al de heiren des HEEREN uit Egypteland gegaan zijn.

⁴²Dezen nacht zal men den HEERE op het vlijtigst houden, omdat Hij hen uit Egypteland geleid heeft; deze is de nacht des HEEREN, die op het vlijtigst moet gehouden worden, van al de kinderen Israels, onder hun geslachten.

⁴³Voorts zeide de HEERE tot Mozes en Aaron: Dit is de inzetting van het pascha: geen zoon eens vreemdelings zal daarvan eten.

⁴⁴Doch alle knecht van iedereen, die voor geld gekocht is, nadat gij hem zult besneden hebben, dan zal hij daarvan eten.

⁴⁵Geen uitlander noch huurling zal er van eten.

⁴⁶In een huis zal het gegeten worden; gij zult van het vlees niet buiten uit het huis dragen, en gij zult geen been daaraan breken.

⁴⁷De ganse vergadering van Israel zal het doen.

⁴⁸Als nu een vreemdeling bij u verkeert, en den HEERE het pascha houden zal, datalles, wat mannelijk is, bij hem besneden worde, en dan kome hij daartoe, om datte houden, en hij zal wezen als een ingeborene des lands; maar geen onbesnedenezal daarvan eten.

⁴⁹Enerlei wet zij voor de ingeborene, en den vreemdeling, die als vreemdeling in hetmidden van u verkeert.

⁵⁰En alle kinderen Israels deden het; gelijk als de HEERE Mozes en Aarongeboden had, alzo deden zij.

⁵¹En het geschiedde even ten zelfden dage, dat de HEERE de kinderen Israels uitEgypteland leidde, naar hun heiren.

Hoofdstuk 13

¹Toen sprak de HEERE tot Mozes, zeggende:

²Heilig Mij alle eerstgeborenen; wat enige baarmoeder opent onder de kinderenIsraels, van mensen en van beesten, dat is Mijn.

³Verder zeide Mozes tot het volk: Gedenkt aan dezen zelfden dag, op welkengijlieden uit Egypte, uit het diensthuis, gegaan zijt; want de HEERE heeft u dooreen sterke hand van hier uitgevoerd; daarom zal het gedesemde niet gegetenworden.

⁴Heden gaat gijlieden uit, in de maand Abib.

⁵En het zal geschieden, als u de HEERE zal gebracht hebben in het land derKanaanieten, en der Hethieten, en der Amorieten, en der Hevieten, en derJebusieten, hetwelk Hij uw vaderen gezworen heeft u te geven, een land vloeiendevan melk en honig; zo zult gij dezen dienst houden in deze maand.

⁶Zeven dagen zult gij ongezuurde broden eten, en aan den zevenden dag zal denHEERE een feest zijn.

⁷Zeven dagen zullen ongezuurde broden gegeten worden, en het gedesemde zal biju niet gezien worden, ja, er zal geen zuurdeeg bij u gezien worden, in al uw palen.

⁸En gij zult uw zoon te kennen geven te dienzelven dage, zeggende: Dit is omhetgeen de HEERE mij gedaan heeft, toen ik uit Egypte uittoog.

⁹En het zal u zijn tot een teken op uw hand, en tot een gedachtenis tussen uw ogen, opdat de wet des HEEREN in uw mond zij, omdat u de HEERE door een sterkehand uit Egypte uitgevoerd heeft.

¹⁰Daarom onderhoudt deze inzetting ter bestemder tijd, van jaar tot jaar.

¹¹Het zal ook geschieden, wanneer u de HEERE in het land der Kanaanieten zalgebracht hebben, gelijk Hij u en uw vaderen gezworen heeft, en Hij het u zalgegeven hebben;

¹²Zo zult gij tot den HEERE doen overgaan alles, wat de baarmoeder opent; ookalles, wat de baarmoeder opent van de vrucht der beesten, die gij hebben zult; demannetjes zullen des HEEREN zijn.

¹³Doch al wat de baarmoeder der ezelin opent, zult gij lossen met een lam;wanneer gij het nu niet lost, zo zult gij het den nek breken; maar alleeerstgeborenen des mensen onder uw zonen zult gij lossen.

¹⁴Wanneer het geschieden zal, dat uw zoon u morgen zal vragen, zeggende: Wat isdat? zo zult gij tot hem zeggen: De HEERE heeft ons door een sterke hand uitEgypte, uit het diensthuis, uitgevoerd.

¹⁵Want het geschiedde, toen Farao zich verhardde ons te laten trekken, zo dooddede HEERE alle eerstgeborenen in Egypteland, van des mensen eerstgeborene af, tot den eerstgeborene der beesten; daarom offer ik den HEERE de mannetjes vanalles, wat de baarmoeder opent; doch alle eerstgeborenen mijner zonen los ik.

¹⁶En het zal tot een teken zijn op uw hand, en tot voorhoofdspanselen tussen uwogen; want de HEERE heeft door een sterke hand ons uit Egypte uitgevoerd.

¹⁷En het is geschied, toen Farao het volk had laten trekken, zo leidde hen God nietop den weg van het land der Filistijnen, hoewel die nader was; want God zeide:Dat het den volke niet rouwe, als zij den strijd zien zouden, en wederkeren naarEgypte.

¹⁸Maar God leidde het volk om, langs den weg van de woestijn der Schelfzee. Dekinderen Israels nu togen bij vijven uit Egypteland.

¹⁹En Mozes nam de beenderen van Jozef met zich; want hij had met een zwareneed de kinderen Israels bezworen, zeggende: God zal ulieden voorzekerbezoeken; voert dan mijn beenderen met ulieden op van hier!

²⁰Alzo reisden zij uit Sukkoth; en zij legerden zich in Etham, aan het einde derwoestijn.

²¹En de HEERE toog voor hun aangezicht, des daags in een wolkkolom, dat Hijhen op den weg leidde, en des nachts in een vuurkolom, dat Hij hen lichtte, omvoort te gaan dag en nacht.

²²Hij nam de wolkkolom des daags, noch de vuurkolom des nachts niet weg vanhet aangezicht des volks.

Hoofdstuk 14

¹Toen sprak de HEERE tot Mozes, zeggende:

²Spreek tot de kinderen Israels, dat zij wederkeren, en zich legeren voorPi-Hachiroth, tussen Migdol en tussen de zee, voor Baal-Zefon; daar tegenoverzult gij u legeren aan de zee.

³Farao dan zal zeggen van de kinderen Israels: Zij zijn verward in het land; diewoestijn heeft hen besloten.

⁴En Ik zal Farao's hart verstokken, dat hij hen najage; en Ik zal aan Farao en aanal zijn heir verheerlijkt worden, alzo dat de Egyptenaars zullen weten, dat Ik deHEERE ben. En zij deden alzo.

⁵Toen nu de koning van Egypte werd geboodschapt, dat het volk vluchtte, zo ishet hart van Farao en van zijn knechten veranderd tegen het volk, en zij zeiden:Waarom hebben wij dat gedaan, dat wij Israel hebben laten trekken, dat zij onsniet dienden?

⁶En hij spande zijn wagen aan, en nam zijn volk met zich.

⁷En hij nam zeshonderd uitgelezene wagens, ja, al de wagens van Egypte, en dehoofdlieden over die allen.

⁸Want de HEERE verstokte het hart van Farao, den koning van Egypte, dat hij dekinderen Israels najaagde; doch de kinderen Israels waren door een hoge handuitgegaan.

⁹En de Egyptenaars jaagden hen na, en achterhaalden hen, daar zij zich gelegerdhadden aan de zee; al de paarden, de wagens van Farao en zijn ruiters, en zijnheir; nevens Pi-Hachiroth, voor Baal-Zefon.

¹⁰Als Farao nabij gekomen was, zo hieven de kinderen Israels hun ogen op, en ziet, de Egyptenaars togen achter hen; en zij vreesden zeer; toen riepen de kinderenIsraels tot den HEERE.

¹¹En zij zeiden tot Mozes: Hebt gij ons daarom, omdat er in Egypte gans geengraven waren, weggenomen, opdat wij in deze woestijn sterven zouden? Waaromhebt gij ons dat gedaan, dat gij ons uit Egypte gevoerd hebt?

¹²Is dit niet het woord, dat wij in Egypte tot u spraken, zeggende: Houd af van ons, en laat ons de Egyptenaren dienen? Want het ware ons beter geweest deEgyptenaren te dienen, dan in deze woestijn te sterven.

¹³Doch Mozes zeide tot het volk: Vreest niet, staat vast, en ziet het heil desHEEREN, dat Hij heden aan ulieden doen zal, want de Egyptenaars, die gij hedengezien hebt, zult gij niet weder zien in eeuwigheid.

¹⁴De HEERE zal voor ulieden strijden, en gij zult stil zijn.

¹⁵Toen zeide de HEERE tot Mozes: Wat roept gij tot Mij? Zeg den kinderenIsraels, dat zij voorttrekken.

¹⁶En gij, hef uw staf op, en strek uw hand uit over de zee, en klief dezelve, dat dekinderen Israels door het midden der zee gaan op het droge.

¹⁷En Ik, zie, Ik zal het hart der Egyptenaren verstokken, dat zij na hen daarin gaan;en Ik zal verheerlijkt worden aan Farao en aan al zijn heir, aan zijn wagenen enaan zijn ruiteren.

¹⁸En de Egyptenaars zullen weten, dat Ik de HEERE ben, wanneer Ik verheerlijktzal worden aan Farao, aan zijn wagenen en aan zijn ruiteren.

¹⁹En de Engel Gods, Die voor het heir van Israel ging, vertrok, en ging achter hen;de wolkkolom vertrok ook van hun aangezicht, en stond achter hen.

²⁰En zij kwamen tussen het leger der Egyptenaren, en tussen het leger van Israel; ende wolk was te gelijk duisternis en verlichtte den nacht; zodat de een tot denander niet naderde den gansen nacht.

²¹Toen Mozes zijn hand uitstrekte over de zee, zo deed de HEERE de zeeweggaan, door een sterken oostenwind, dien gansen nacht, en maakte de zeedroog, en de wateren werden gekliefd.

²²En de kinderen Israels zijn ingegaan in het midden van de zee, op het droge; en dewateren waren hun een muur, aan hun rechter hand en aan hun linkerhand.

²³En de Egyptenaars vervolgden hen, en gingen in, achter hen, al de paarden vanFarao, zijn wagenen en zijn ruiteren, in het midden van de zee.

²⁴En het geschiedde in dezelfde morgenwake, dat de HEERE, in de kolom desvuurs en der wolk, zag op het leger der Egyptenaren; en Hij verschrikte het legerder Egyptenaren.

²⁵En Hij stiet de raderen hunner wagenen weg, en deed ze zwaarlijk voortvaren.Toen zeiden de Egyptenaars: Laat ons vlieden van het aangezicht van Israel, wantde HEERE strijdt voor hen tegen de Egyptenaars.

²⁶En de HEERE zeide tot Mozes: Strek uw hand uit over de zee, dat de waterenwederkeren over de Egyptenaars, over hun wagenen en over hun ruiters.

²⁷Toen strekte Mozes zijn hand uit over de zee; en de zee kwam weder, tegen hetnaken van den morgenstond, tot haar kracht; en de Egyptenaars vluchtten dietegemoet; en de HEERE stortte de

Leviticus

Egyptenaars in het midden der zee.

²⁸Want als de wateren wederkeerden, zo bedekten zij de wagens en de ruiters van het ganse heir van Farao, dat hen nagevolgd was in de zee; er bleef niet een van hen over.

²⁹Maar de kinderen Israels gingen op het droge, in het midden der zee; en de wateren waren hun een muur, aan hun rechter hand en aan hun linkerhand.

³⁰Alzo verloste de HEERE Israel aan dien dag uit de hand der Egyptenaren; en Israel zag de Egyptenaren dood aan den oever der zee.

³¹Ook zag Israel de grote hand, die de HEERE aan de Egyptenaren bewezen had; en het volk vreesde den HEERE, en geloofde in den HEERE, en aan Mozes, Zijn knecht.

Hoofdstuk 15

¹Toen zong Mozes en de kinderen Israels de HEERE dit lied, en spraken, zeggende: Ik zal den HEERE zingen; want Hij is hogelijk verheven! Het paard en zijn ruiter heeft Hij in de zee geworpen.

²De HEERE is mijn Kracht en Lied, en Hij is mij tot een Heil geweest; deze is mijn God; daarom zal ik Hem een liefelijke woning maken; Hij is mijns vaders God, dies zal ik Hem verheffen!

³De HEERE is een krijgsman; HEERE is Zijn Naam!

⁴Hij heeft Farao's wagenen en zijn heir in de zee geworpen; en de keure zijner hoofdlieden zijn verdronken in de Schelfzee.

⁵De afgronden hebben hen bedekt; zij zijn in de diepten gezonken als een steen.

⁶O HEERE! Uw rechterhand is verheerlijkt geworden in macht; Uw rechterhand, o HEERE! heeft den vijand verbroken!

⁷En door Uw grote hoogheid hebt Gij, die tegen U opstonden, omgeworpen; Gij hebt Uw brandenden toorn uitgezonden, die hen verteerd heeft als een stoppel.

⁸En door het geblaas van Uw neus zijn de wateren opgehoopt geworden; de stromen hebben overeind gestaan, als een hoop; de afgronden zijn stof geworden in het hart der zee.

⁹De vijand zeide: Ik zal vervolgen, ik zal achterhalen, ik zal den buit delen, mijn ziel zal van hen vervuld worden, ik zal mijn zwaard uittrekken, mijn hand zal hen uitroeien.

¹⁰Gij hebt met Uw wind geblazen; de zee heeft hen gedekt, zij zonken onder als lood in geweldige wateren!

¹¹O HEERE! wie is als Gij onder de goden? wie is als Gij, verheerlijkt in heiligheid, vreselijk in lofzangen, doende wonder?

¹²Gij hebt Uw rechterhand uitgestrekt, de aarde heeft hen verslonden!

¹³Gij leiddet door Uw weldadigheid dit volk, dat Gij verlost hebt; Gij voert hen zachtkens door Uw sterkte tot de liefelijke woning Uwer heiligheid.

¹⁴De volken hebben het gehoord, zij zullen sidderen; weedom heeft de ingezetenen van Palestina bevangen.

¹⁵Dan zullen de vorsten van Edom verbaasd wezen; beving zal de machtigen der Moabieten bevangen; al de ingezetenen van Kanaän zullen versmelten!

¹⁶Verschrikking en vrees zal op hen vallen; door de grootheid van Uw arm zullen zij verstommen, als een steen, totdat Uw volk, HEERE! henen doorkome; totdat dit volk henen doorkome, dat Gij verworven hebt.

¹⁷Die zult Gij inbrengen, en planten hen op den berg Uwer erfenis, ter plaatse, welke Gij, o HEERE! gemaakt hebt tot Uw woning, het heiligdom, hetwelk Uw handen gesticht hebben, o HEERE!

¹⁸De HEERE zal in eeuwigheid en geduriglijk regeren!

¹⁹Want Farao's paard, met zijn wagen, met zijn ruiters, zijn in de zee gekomen, en de HEERE heeft de wateren der zee over hen doen wederkeren; maar de kinderen Israels zijn op het droge in het midden van de zee gegaan.

²⁰En Mirjam, de profetes, Aarons zuster, nam een trommel in haar hand; en al de vrouwen gingen uit, haar na, met trommelen en met reien.

²¹Toen antwoordde Mirjam hunlieden: Zingt den HEERE; want Hij is hogelijk verheven! Hij heeft het paard met zijn ruiter in de zee gestort!

²²Hierna deed Mozes de Israelieten voortreizen van de Schelfzee af; en zij trokken uit tot in de woestijn Sur, en zij gingen drie dagen in de woestijn, en vonden geen water.

²³Toen kwamen zij te Mara; doch zij konden het water van Mara niet drinken, want het was bitter; daarom werd derzelver naam genoemd Mara.

²⁴Toen murmureerde het volk tegen Mozes, zeggende: Wat zullen wij drinken?

²⁵Hij dan riep tot den HEERE; en de HEERE wees hem een hout, dat wierp hij in dat water; toen werd het water zoet. Aldaar stelde Hij het volk een inzetting en recht, en aldaar verzocht Hij hetzelve,

²⁶En zeide: Is het, dat gij met ernst naar de stem des HEEREN uws Gods horen zult, en doen, wat recht is in Zijn ogen, en uw oren neigt tot Zijn geboden, en houdt al Zijn inzettingen; zo zal Ik geen van de krankheden op u leggen, die Ik op Egypteland gelegd heb; want Ik ben de HEERE, uw Heelmeester!

²⁷Toen kwamen zij te Elim, en daar waren twaalf waterfonteinen, en zeventig palmbomen; en zij legerden zich aldaar aan de wateren.

Hoofdstuk 16

¹Toen zij van Elim gereisd waren, zo kwam de ganse vergadering der kinderen Israels in de woestijn Sin, welke is tussen Elim en tussen Sinai, aan den vijftienden dag der tweede maand, nadat zij uit Egypteland uitgegaan waren.

²En de ganse vergadering der kinderen Israels murmureerde tegen Mozes en tegen Aaron, in de woestijn.

³En de kinderen Israels zeiden tot hen: Och, dat wij in Egypteland gestorven waren door de hand des HEEREN, toen wij bij de vleespotten zaten, toen wij tot verzadiging brood aten! Want gijlieden hebt ons uitgeleid in deze woestijn, om deze ganse gemeente door den honger te doden.

⁴Toen zeide de HEERE tot Mozes: Zie, Ik zal voor ulieden brood uit den hemel regenen; en het volk zal uitgaan, en verzamelen elke dagmaat op haar dag; opdat Ik het verzoeke, of het in Mijn wet ga, of niet.

⁵En het zal geschieden op den zesden dag, dat zij bereiden zullen hetgeen zij ingebracht zullen hebben; dat zal dubbel zijn boven hetgeen zij dagelijks zullen verzamelen.

⁶Toen zeiden Mozes en Aaron tot al de kinderen Israels: Aan den avond, dan zult gij weten, dat u de HEERE uit Egypteland uitgeleid heeft;

⁷En morgen, dan zult gij des HEEREN heerlijkheid zien, dewijl Hij uw murmureringen tegen den HEERE gehoord heeft; want wat zijn wij, dat gij tegen ons murmureert?

⁸Voorts zeide Mozes: Als de HEERE ulieden aan den avond vlees te eten zal geven, en aan den morgen brood tot verzadiging, het zal zijn, omdat de HEERE uw murmureringen gehoord heeft, die gij tegen Hem murmureert; want wat zijn wij? Uw murmureringen zijn niet tegen ons, maar tegen den HEERE.

⁹Daarna zeide Mozes tot Aaron: Zeg tot de ganse vergadering der kinderen Israels: Nadert voor het aangezicht des HEEREN, want Hij heeft uw murmureringen gehoord.

¹⁰En het geschiedde, als Aaron tot de ganse vergadering der kinderen Israels sprak, en zij zich naar de woestijn keerden, zo ziet, de heerlijkheid des HEEREN verscheen in de wolk.

¹¹Ook heeft de HEERE tot Mozes gesproken, zeggende:

¹²Ik heb de murmureringen der kinderen Israels gehoord; spreek tot hen, zeggende: Tussen twee avonden zult gij vlees eten, en aan den morgen zult gij met brood verzadigd worden; en gij zult weten, dat Ik de HEERE uw God ben.

¹³En het geschiedde aan den avond, dat er kwakkelen opkwamen, en het leger bedekten; en aan den morgen lag de dauw rondom het leger.

¹⁴Als nu de liggende dauw opgevaren was, zo ziet, over de woestijn was een klein rond ding, klein als de rijm, op de aarde.

¹⁵Toen het de kinderen Israels zagen, zo zeiden zij, de een tot den ander: Het is Man, want zij wisten niet wat het was. Mozes dan zeide tot hen: Dit is het brood, hetwelk de HEERE ulieden te eten gegeven heeft.

¹⁶Dit is het woord, dat de HEERE geboden heeft: Verzamelt daarvan een ieder naar dat hij eten mag, een gomer voor een hoofd, naar het getal van uw zielen; ieder zal nemen voor degenen, die in zijn tent zijn.

¹⁷En de kinderen Israels deden alzo, en verzamelden, de een veel en de ander weinig.

¹⁸Doch als zij het met de gomer maten, zo had hij, die veel verzameld had, niets over, en dien, die weinig verzameld had, ontbrak niet; een iegelijk verzamelde zoveel, als hij eten mocht.

¹⁹En Mozes zeide tot hen: Niemand late daarvan over tot den morgen.

²⁰Doch zij hoorden niet naar Mozes, maar sommige mannen lieten daarvan over tot den morgen. Toen wiesen er wormen in, en het werd stinkende; dies werd Mozes zeer toornig op hen.

²¹Zij nu verzamelden het allen morgen, een iegelijk naar dat hij eten mocht; want als de zon heet werd, zo versmolt het.

²²En het geschiedde op den zesden dag, dat zij dubbel brood verzamelden, twee gomers voor een; en al de oversten der vergadering kwamen en verkondigden het aan Mozes.

²³Hij dan zeide tot hen: Dit is het, dat de HEERE gesproken heeft:

Morgen is derust, de heilige sabbat des HEEREN! wat gij bakken zoudt, bakt dat, en ziedt, wat gij zieden zoudt; en al wat over blijft, legt het op voor u in bewaring tot denmorgen.

²⁴En zij legden het op tot den morgen, gelijk als Mozes geboden had; en het stonkniet, en er was geen worm in.

²⁵Toen zeide Mozes: Eet dat heden, want het is heden de sabbat des HEEREN; gijzult het heden op het veld niet vinden.

²⁶Zes dagen zult gij het verzamelen; doch op den zevenden dag is het sabbat, opdenzelven zal het niet zijn.

²⁷En het geschiedde aan den zevenden dag, dat sommigen van het volk uitgingen, om te verzamelen; doch zij vonden niet.

²⁸Toen zeide de HEERE tot Mozes: Hoe lang weigert gijlieden te houden Mijngeboden en Mijn wetten?

²⁹Ziet, omdat de HEERE ulieden den sabbat gegeven heeft, daarom geeft Hij u aanden zesden dag voor twee dagen brood; een ieder blijve in zijn plaats! datniemand uit zijn plaats ga op den zevenden dag!

³⁰Alzo rustte het volk op den zevenden dag!

³¹En het huis Israels noemde deszelfs naam Man; en het was als korianderzaad, wit, en de smaak daarvan was als honigkoeken.

³²Voorts zeide Mozes: Dit is het woord, hetwelk de HEERE bevolen heeft: Vul eengomer daarvan tot bewaring voor uw geslachten, opdat zij zien het brood, dat Ikulieden heb te eten gegeven in deze woestijn, toen Ik u uit Egypteland uitleidde.

³³Ook zeide Mozes tot Aaron: Neem een kruik, en doe een gomer vol Man daarin; en zet die voor het aangezicht des HEEREN, tot bewaring voor uw geslachten.

³⁴Gelijk als de HEERE aan Mozes geboden had, alzo zette ze Aaron voor degetuigenis tot bewaring.

³⁵En de kinderen Israels aten Man veertig jaren, totdat zij in een bewoond landkwamen; zij aten Man, totdat zij kwamen aan de pale van het land Kanaan.

³⁶Een gomer nu is het tiende deel van een efa.

Hoofdstuk 17

¹Daarna toog de ganse vergadering van de kinderen Israels, naar hun dagreizen, uitde woestijn Sin, op het bevel des HEEREN, en zij legerden zich te Rafidim. Daarnu was geen water voor het volk om te drinken.

²Toen twistte het volk met Mozes, en zeide: Geeft gijlieden ons water, dat wijdrinken! Mozes dan zeide tot hen: Wat twist gij met mij? Waarom verzoekt gijden HEERE?

³Toen nu het volk aldaar dorstte naar water, zo murmureerde het volk tegenMozes, en het zeide: Waartoe hebt gij ons nu uit Egypte doen optrekken, opdatgij mij, en mijn kinderen, en mijn vee, van dorst deed sterven?

⁴Zo riep Mozes tot den HEERE, zeggende: Wat zal ik dit volk doen? Er feilt nietveel aan, of zij zullen mij stenigen.

⁵Toen zeide de HEERE tot Mozes: Ga heen voor het aangezicht des volks, enneem met u uit de oudsten van Israel; en neem uw staf in uw hand, waarmede gijde rivier sloegt, en ga heen.

⁶Zie, Ik zal aldaar voor uw aangezicht op den rotssteen in Horeb staan; en gij zultop den rotssteen slaan, zo zal er water uitgaan, dat het volk drinke. Mozes nudeed alzo voor de ogen der oudsten van Israel.

⁷En hij noemde den naam dier plaats Massa en Meriba, om de twist der kinderenIsraels, en omdat zij den HEERE verzocht hadden, zeggende: Is de HEERE in hetmidden van ons, of niet?

⁸Toen kwam Amalek en streed tegen Israel in Rafidim.

⁹Mozes dan zeide tot Jozua: Kies ons mannen, en trek uit, strijd tegen Amalek; morgen zal ik op de hoogte des heuvels staan, en de staf Gods zal in mijn handzijn.

¹⁰Jozua nu deed, als Mozes hem gezegd had, strijdende tegen Amalek; dochMozes, Aaron en Hur klommen op de hoogte des heuvels.

¹¹En het geschiedde, terwijl Mozes zijn hand ophief, zo was Israel de sterkste; maarterwijl hij zijn hand nederliet, zo was Amalek de sterkste.

¹²Doch de handen van Mozes werden zwaar; daarom namen zij een steen, enlegden dien onder hem, dat hij daarop zat; en Aaron en Hur onderstutten zijnhanden, de een op deze, en ander op de andere zijde; alzo waren zijn handengewis, totdat de zon onderging.

¹³Alzo dat Jozua Amalek en zijn volk krenkte, door de scherpte des zwaards.

¹⁴Toen zeide de HEERE tot Mozes: Schrijf dit ter gedachtenis in een boek, en leghet in de oren van Jozua, dat Ik de gedachtenis van Amalek geheel uitdelgen zalvan onder den hemel.

¹⁵En Mozes bouwde een altaar; en hij noemde deszelfs naam: De HEERE is mijnBanier!

¹⁶En hij zeide: Dewijl de hand op den troon des HEEREN is, zo zal de oorlog desHEEREN tegen Amalek zijn, van geslacht tot geslacht!

Hoofdstuk 18

¹Toen Jethro, priester van Midian, schoonvader van Mozes, hoorde al wat Godaan Mozes, en aan Israel, Zijn volk, gedaan had: dat de HEERE Israel uit Egypteuitgevoerd had;

²Zo nam Jethro, Mozes' schoonvader, Zippora, Mozes' huisvrouw (nadat hij haarwedergezonden had),

³Met haar twee zonen, welker enes naam was Gersom (want hij zeide: Ik ben eenvreemdeling geweest in een vreemd land);

⁴En de naam des anderen was Eliezer, want, zeide hij, de God mijns vaders is totmijn Hulpe geweest, en heeft mij verlost van Farao's zwaard.

⁵Toen nu Jethro, Mozes' schoonvader, met zijn zonen en zijn huisvrouw, tot Mozeskwam, in de woestijn, aan den berg Gods, waar hij zich gelegerd had,

⁶Zo zeide hij tot Mozes: Ik, uw schoonvader Jethro, kom tot u, met uw huisvrouw, en haar beide zonen met haar.

⁷Toen ging Mozes uit, zijn schoonvader tegemoet, en hij boog zich, en kuste hem; en zij vraagden de een den ander naar den welstand, en zij gingen naar de tent.

⁸En Mozes vertelde zijn schoonvader alles, wat de HEERE aan Farao en aan deEgyptenaren gedaan had, om Israels wil; al de moeite, die hun op dien wegontmoet was, en dat hen de HEERE verlost had.

⁹Jethro nu verheugde zich over al het goede, hetwelk de HEERE Israel gedaanhad; dat Hij het verlost had uit de hand der Egyptenaren.

¹⁰En Jethro zeide: Gezegend zij de HEERE, Die ulieden verlost heeft uit de handder Egyptenaren, en uit Farao's hand; Die dit volk van onder de hand derEgyptenaren verlost heeft!

¹¹Nu weet ik, dat de HEERE groter is dan alle goden; want in de zaak, waarin zijtrotselijk gehandeld hebben, was Hij boven hen.

¹²Toen nam Jethro, de schoonvader van Mozes, Gode brandoffer en slachtofferen; en Aaron kwam, en al de oversten van Israel, om brood te eten met denschoonvader van Mozes, voor het aangezicht Gods.

¹³Doch het geschiedde des anderen daags, zo zat Mozes om het volk te richten, enhet volk stond voor Mozes, van den morgen tot den avond.

¹⁴Als de schoonvader van Mozes alles zag, wat hij het volk deed, zo zeide hij: Watding is dit, dat gij het volk doet? Waarom zit gij zelf alleen, en al het volk staatvoor u, van den morgen tot den avond?

¹⁵Toen zeide Mozes tot zijn schoonvader: Omdat dit volk tot mij komt, om Godraad te vragen.

¹⁶Wanneer zij een zaak hebben, zo komt het tot mij, dat ik richte tussen den man entussen zijn naaste; en dat ik hun bekend make Gods instellingen en Zijn wetten.

¹⁷Doch de schoonvader van Mozes zeide tot hem: De zaak is niet goed, die gijdoet.

¹⁸Gij zult geheel vervallen, zo gij, als dit volk, hetwelk bij u is; want deze zaak is tezwaar voor u, gij alleen kunt het niet doen.

¹⁹Hoor nu mijn stem, ik zal u raden, en God zal met u zijn; wees gij voor het volkbij God, en breng gij de zaken voor God;

²⁰En verklaar hun de instellingen en de wetten, en maak hun bekend den weg, waarin zij wandelen zullen, en het werk, dat zij doen zullen.

²¹Doch zie gij om, onder al het volk, naar kloeke mannen, God vrezende, waarachtige mannen, de gierigheid hatende; stel ze over hen, oversten derduizenden, oversten der honderden, oversten der vijftigen, oversten der tienen.

²²Dat zij dit volk te allen tijde richten; doch het geschiede, dat zij alle grote zakenaan u brengen, maar dat zij alle kleine zaken richten; verlicht alzo uzelven, en laathen met u dragen.

²³Indien gij deze zaak doet, en God het u gebiedt, zo zult gij kunnen bestaan; zo zalook al dit volk in vrede aan zijn plaats komen.

²⁴Mozes nu hoorde naar de stem van zijn schoonvader, en hij deed alles, wat hijgezegd had.

²⁵En Mozes verkoos kloeke mannen, uit gans Israel, en maakte hen tot hoofdenover het volk; oversten der duizenden, oversten der honderden, oversten dervijftigen, en oversten der tienen;

²⁶Dat zij het volk te allen tijde richtten, de harde zaak tot Mozes brachten, maar zijalle kleine zaak richtten.

²⁷Toen liet Mozes zijn schoonvader trekken; en hij ging naar zijn land.

Leviticus
Hoofdstuk 19

¹In de derde maand, na het uittrekken der kinderen Israels uit Egypteland, tenzelfden dage kwamen zij in de woestijn Sinai.

²Want zij togen uit Rafidim, en kwamen in de woestijn Sinai, en zij legerden zich in de woestijn; Israel nu legerde zich aldaar tegenover dien berg.

³En Mozes klom op tot God. En de HEERE riep tot hem van den berg, zeggende: Aldus zult gij tot het huis van Jakob spreken, en den kinderen Israels verkondigen:

⁴Gijlieden hebt gezien, wat Ik den Egyptenaren gedaan heb; hoe Ik u op vleugelen der arenden gedragen en u tot Mij gebracht hebt.

⁵Nu dan, indien gij naarstiglijk Mijner stem zult gehoorzamen, en Mijn verbond houden, zo zult gij Mijn eigendom zijn uit alle volken, want de ganse aarde is Mijn;

⁶En gij zult Mij een priesterlijk koninkrijk, en een heilig volk zijn. Dit zijn de woorden, die gij tot de kinderen Israels spreken zult.

⁷En Mozes kwam en riep de oudsten des volks, en stelde voor hun aangezichten al deze woorden, die de HEERE hem geboden had.

⁸Toen antwoordde al het volk gelijkelijk, en zeide: Al wat de HEERE gesproken heeft, zullen wij doen! En Mozes bracht de woorden des volks weder tot den HEERE.

⁹En de HEERE zeide tot Mozes: Zie, Ik zal tot u komen in een dikke wolk, opdat het volk hore, als Ik met u spreek, en dat zij ook eeuwiglijk aan u geloven. Want Mozes had de HEERE de woorden des volks verkondigd.

¹⁰Ook zeide de HEERE tot Mozes: Ga tot het volk, en heilig hen heden en morgen, en dat zij hun klederen wassen,

¹¹En bereid zijn tegen den derden dag; want op den derden dag zal de HEERE voor de ogen van al het volk afkomen, op den berg Sinai.

¹²En bepaal het volk rondom, zeggende: Wacht u op den berg te klimmen, en deszelfs einde aan te roeren; al wie den berg aanroert, zal zekerlijk gedood worden.

¹³Geen hand zal hem aanroeren, maar hij zal zekerlijk gestenigd, of zekerlijk doorschoten worden; hetzij een beest, hetzij een man, hij zal niet leven. Als de ramshoorn langzaam gaat, zullen zij op den berg klimmen.

¹⁴Toen ging Mozes van den berg af tot het volk, en hij heiligde het volk; en zij wiesen hun klederen.

¹⁵En hij zeide tot het volk: Weest gereed tegen den derden dag, en nadert niet tot de vrouw.

¹⁶En het geschiedde op den derden dag, toen het morgen was, dat er op den berg donderen en bliksemen waren, en een zware wolk, en het geluid ener zeer sterke bazuin, zodat al het volk verschrikte, dat in het leger was.

¹⁷En Mozes leidde het volk uit het leger, Gode tegemoet; en zij stonden aan het onderste des bergs.

¹⁸En de ganse berg Sinai rookte, omdat de HEERE op denzelven nederkwam in vuur; en zijn rook ging op, als de rook van een oven; en de ganse berg beefde zeer.

¹⁹Toen het geluid der bazuin gaande was, en zeer sterk werd, sprak Mozes; en God antwoordde hem met een stem.

²⁰Als de HEERE nedergekomen was op den berg Sinai, op de spits des bergs, zo riep de HEERE Mozes op de spits des bergs; en Mozes klom op.

²¹En de HEERE zeide tot Mozes: Ga af, betuig dit volk, dat zij niet doorbreken tot den HEERE, om te zien, en velen van hen vallen.

²²Daartoe zullen ook de priesters, die tot den HEERE naderen, zich heiligen, dat de HEERE niet tegen hen uitbreke.

²³Toen zeide Mozes tot den HEERE: Het volk zal op den berg Sinai niet kunnen klimmen, want Gij hebt ons betuigd, zeggende: Bepaal den berg, en heilig hem.

²⁴De HEERE dan zeide tot hem: Ga heen, klim af, daarna zult gij, en Aaron met u, opklimmen; doch dat de priesters en het volk niet doorbreken, om op te klimmen tot den HEERE, dat Hij tegen hen niet uitbreke.

²⁵Toen klom Mozes af tot het volk, en zeide het hun aan.

Hoofdstuk 20

¹Toen sprak God al deze woorden, zeggende:

²Ik ben de HEERE uw God, Die u uit Egypteland, uit het diensthuis, uitgeleid heb.

³Gij zult geen andere goden voor Mijn aangezicht hebben.

⁴Gij zult u geen gesneden beeld, noch enige gelijkenis maken, van hetgeen boven in den hemel is, noch van hetgeen onder op de aarde is, noch van hetgeen in de wateren onder de aarde is.

⁵Gij zult u voor die niet buigen, noch hen dienen; want Ik, de HEERE uw God, ben een ijverig God, Die de misdaad der vaderen bezoek aan de kinderen, aan het derde, en aan het vierde lid dergenen, die Mij haten;

⁶En doe barmhartigheid aan duizenden dergenen, die Mij liefhebben, en Mijn geboden onderhouden.

⁷Gij zult den Naam des HEEREN uws Gods niet ijdellijk gebruiken; want de HEERE zal niet onschuldig houden, die Zijn Naam ijdellijk gebruikt.

⁸Gedenkt den sabbatdag, dat gij dien heiligt.

⁹Zes dagen zult gij arbeiden en al uw werk doen;

¹⁰Maar de zevende dag is de sabbat des HEEREN uws Gods; dan zult gij geen werk doen, gij, noch uw zoon, noch uw dochter, noch uw dienstknecht, noch uw dienstmaagd, noch uw vee, noch uw vreemdeling, die in uw poorten is;

¹¹Want in zes dagen heeft de HEERE den hemel en de aarde gemaakt, de zee en alwat daarin is, en Hij rustte ten zevenden dage; daarom zegende de HEERE den sabbatdag, en heiligde denzelven.

¹²Eert uw vader en uw moeder, opdat uw dagen verlengd worden in het land, dat u de HEERE uw God geeft.

¹³Gij zult niet doodslaan.

¹⁴Gij zult niet echtbreken.

¹⁵Gij zult niet stelen.

¹⁶Gij zult geen valse getuigenis spreken tegen uw naaste.

¹⁷Gij zult niet begeren uws naasten huis; gij zult niet begeren uws naasten vrouw, noch zijn dienstknecht, noch zijn dienstmaagd, noch zijn os, noch zijn ezel, noch iets, dat uws naasten is.

¹⁸En al het volk zag de donderen, en de bliksemen, en het geluid der bazuin, en den rokenden berg; toen het volk zulks zag, weken zij af, en stonden van verre.

¹⁹En zij zeiden tot Mozes: Spreek gij met ons, en wij zullen horen; en dat God met ons niet spreke, opdat wij niet sterven!

²⁰En Mozes zeide tot het volk: Vreest niet, want God is gekomen, opdat Hij u verzocht, en opdat Zijn vreze voor uw aangezicht zou zijn, dat gij niet zondigdet.

²¹En het volk stond van verre; maar Mozes naderde tot de donkerheid, alwaar God was.

²²Toen zeide de HEERE tot Mozes: Aldus zult gij tot de kinderen Israels zeggen: Gij hebt gezien, dat Ik met ulieden van den hemel gesproken heb.

²³Gij zult nevens Mij niet maken zilveren goden, en gouden goden zult gij u niet maken.

²⁴Maakt Mij een altaar van aarde, en offert daarop uw brandoffers, en uw dankoffers, uw schapen, en uw runderen; aan alle plaats, waar Ik Mijns Naams gedachtenis stichten zal, zal Ik tot u komen, en zal u zegenen.

²⁵Maar indien gij Mij een stenen altaar zult maken, zo zult gij dit niet bouwen van gehouwen steen; zo gij uw houwijzer daarover verheft, zo zult gij het ontheiligen.

²⁶Gij zult ook niet met trappen tot Mijn altaar opklimmen, opdat uw schaamte voor hetzelve niet ontdekt worde.

Hoofdstuk 21

¹Dit nu zijn de rechten, die gij hun zult voorstellen.

²Als gij een Hebreeuwsen knecht kopen zult, die zal zes jaren dienen; maar in het zevende zal hij voor vrij uitgaan, om niet.

³Indien hij met zijn lijf ingekomen zal zijn, zo zal hij met zijn lijf uitgaan; indien hij een getrouwd man was, zo zal zijn vrouw met hem uitgaan.

⁴Indien hem zijn heer een vrouw gegeven, en zij hem zonen of dochteren gebaard zal hebben, zo zal de vrouw en haar kinderen haars heren zijn, en hij zal met zijn lijf uitgaan.

⁵Maar indien de knecht ronduit zeggen zal: Ik heb mijn heer, mijn vrouw en mijn kinderen lief, ik wil niet vrij uitgaan;

⁶Zo zal hem zijn heer tot de goden brengen, daarna zal hij hem aan de deur, of aan den post brengen; en zijn heer zal hem met een priem zijn oor doorboren, en hij zal hem eeuwiglijk dienen.

⁷Wanneer nu iemand zijn dochter zal verkocht hebben tot een dienstmaagd, zo zal zij niet uitgaan, gelijk de knechten uitgaan.

⁸Indien zij kwalijk bevalt in de ogen haars heren, dat hij haar niet ondertrouwd heeft, zo zal hij haar doen lossen; aan een vreemd volk haar te verkopen zal hij niet vermogen, dewijl hij trouweloos met haar gehandeld heeft.

⁹Maar indien hij haar aan zijn zoon ondertrouwt, zo zal hij met haar doen naar het recht der dochteren.

¹⁰Indien hij voor zich een andere neemt, zo zal hij aan deze haar spijs, haar deksel, en haar huwelijksplicht niet onttrekken.

¹¹En indien hij haar deze drie dingen niet doet, zo zal zij om niet uitgaan, zonder geld.

¹²Wie iemand slaat, dat hij sterft, die zal zekerlijk gedood worden.

¹³Doch die hem niet nagesteld heeft, maar God heeft hem zijn hand doen ontmoeten, zo zal Ik u een plaats bestellen, waar hij henen vliede.

¹⁴Maar indien iemand tegen zijn naaste moedwillig gehandeld heeft, om hem met listte doden, zo zult gij denzelven van voor Mijn altaar nemen, dat hij sterve.

¹⁵Zo wie zijn vader of zijn moeder slaat, die zal zekerlijk gedood worden.

¹⁶Verder, zo wie een mens steelt, hetzij dat hij dien verkocht heeft, of dat hij in zijn hand gevonden wordt, die zal zekerlijk gedood worden.

¹⁷Wie ook zijn vader of zijn moeder vloekt, die zal zekerlijk gedood worden.

¹⁸En wanneer mannen twisten, en de een slaat den ander met een steen, of met een vuist, en hij sterft niet, maar valt te bedde;

¹⁹Indien hij weder opstaat, en op straat gaat bij zijn stok, zo zal hij, die hem sloeg, onschuldig zijn; alleen zal hij geven hetgeen hij verzuimd heeft, en hij zal hem volkomen laten helen.

²⁰Wanneer ook iemand zijn dienstknecht of zijn dienstmaagd met een stok slaat, dat hij onder zijn hand sterft, die zal zekerlijk gewroken worden.

²¹Zo hij nochtans een dag of twee dagen overeind blijft, zo zal hij niet gewroken worden; want hij is zijn geld.

²²Wanneer nu mannen kijven, en slaan een zwangere vrouw, dat haar de vrucht afgaat, doch geen dodelijk verderf zij, zo zal hij zekerlijk gestraft worden, gelijk als hem de man der vrouw oplegt, en hij zal het geven door de rechters.

²³Maar indien er een dodelijk verderf zal zijn, zo zult gij geven ziel voor ziel.

²⁴Oog voor oog, tand voor tand, hand voor hand, voet voor voet.

²⁵Brand voor brand, wond voor wond, buil voor buil.

²⁶Wanneer ook iemand het oog van zijn dienstknecht, of het oog van zijn dienstmaagd slaat, en verderft het, hij zal hem vrij laten gaan voor zijn oog.

²⁷En indien hij een tand van zijn dienstknecht, of een tand van zijn dienstmaagd uitslaat, zo zal hij hem vrijlaten voor zijn tand.

²⁸En wanneer een os een man of een vrouw stoot, dat hij sterft, zal de os zekerlijk gestenigd worden, en zijn vlees zal niet gegeten worden; maar de heer van den os zal onschuldig zijn.

²⁹Maar indien de os te voren stotig geweest is, en zijn heer is daarvan overtuigd geweest, en hij hem niet bewaard heeft, en hij doodt een man of een vrouw, zo zal die os gestenigd worden, en zijn heer zal ook gedood worden.

³⁰Indien hem losgeld opgelegd wordt, zo zal hij tot lossing zijner ziel geven naar alles, wat hem zal opgelegd worden;

³¹Hetzij dat hij een zoon gestoten heeft, of een dochter gestoten heeft, naar dat recht zal hem gedaan worden.

³²Indien de os een knecht of een dienstmaagd stoot, hij zal zijn heer dertig zilverlingen geven, en de os zal gestenigd worden.

³³En wanneer iemand een kuil opent, of wanneer iemand een kuil graaft, en hij dekt hem niet toe, en een os of ezel valt daarin;

³⁴De heer des kuils zal het vergelden; hij zal aan deszelfs heer het geld wederkeren; doch dat dode zal zijns wezen.

³⁵Wanneer nu iemands os den os van zijn naaste kwetst, dat hij sterft, zo zal men den levenden os verkopen, en het geld daarvan half en half delen, en den dode zal men ook half en half delen.

³⁶Of is het kennelijk geweest, dat die os van te voren stotig was, en zijn heer heeft hem niet bewaard, zo zal hij in alle manier os voor os vergelden; doch de dode zal zijns wezen.

Hoofdstuk 22

¹Wanneer iemand een os, of klein vee steelt, en slacht het, of verkoopt het, die zal vijf runderen voor een os wedergeven, en vier schapen voor een stuk klein vee.

²Indien een dief gevonden wordt in het doorgraven, en hij wordt geslagen, dat hij sterft, het zal hem geen bloedschuld zijn.

³Indien de zon over hem opgegaan is, zo zal het hem een bloedschuld zijn; hij zal het volkomen wedergeven; heeft hij niet, zo zal hij verkocht worden voor zijn dieverij.

⁴Indien de diefstal levend in zijn hand voorzeker gevonden wordt, hetzij os, of ezel, of klein vee, hij zal het dubbel wedergeven.

⁵Wanneer iemand een veld, of een wijngaard laat afweiden, en hij zijn beest daarin drijft, dat het in eens anders veld weidt, die zal het van het beste zijns velds en van het beste zijns wijngaards wedergeven.

⁶Wanneer een vuur uitgaat, en vat de doornen, zodat de koornhoop verteerd wordt, of het staande koorn, of het veld; hij, die de brand heeft aangestoken, zal het volkomen wedergeven.

⁷Wanneer iemand zijn naaste geld of vaten te bewaren geeft, en het wordt uit diensmans huis gestolen; indien de dief gevonden wordt, hij zal het dubbel wedergeven.

⁸Indien de dief niet gevonden wordt, zo zal de heer des huizes tot de goden gebracht worden, of hij niet zijn hand aan zijns naasten have gelegd heeft.

⁹Over alle zaak van onrecht, over een os, over een ezel, over klein vee, over kleding, over al het verlorene, hetwelk iemand zegt, dat het zijn is, beider zaak zal voor de goden komen; wien goden verwijzen, die zal het aan zijn naaste dubbel wedergeven.

¹⁰Wanneer iemand aan zijn naaste een ezel, of os, of klein vee, of enig beest te bewaren geeft, en het sterft, of het wordt verzeerd, of weggedreven, dat het niemand ziet;

¹¹Zo zal des HEEREN eed tussen hen beiden zijn, of hij niet zijn hand aan zijns naasten have geslagen heeft; en derzelver heer zal dien aannemen; en hij zal het niet wedergeven.

¹²Maar indien het van hem zekerlijk gestolen is, hij zal het zijn heer wedergeven.

¹³Is het gewisselijk verscheurd, dat hij het brenge tot getuige, zo zal hij het verscheurde niet wedergeven.

¹⁴En wanneer iemand van zijn naaste wat begeert, en het wordt beschadigd, of het sterft; zijn heer daar niet bij zijnde, zal hij het volkomen wedergeven.

¹⁵Indien zijn heer daarbij geweest is, hij zal het niet wedergeven; indien het gehuurd is, zo is het voor zijn huur gekomen.

¹⁶Wanneer nu iemand een maagd verlokt, die niet ondertrouwd is, en hij ligt bij haar, die zal haar zonder uitstel een bruidschat geven, dat zij hem ter vrouwe zij.

¹⁷Indien haar vader ganselijk weigert haar aan hem te geven, zo zal hij geld geven naar den bruidschat der maagden.

¹⁸De toveres zult gij niet laten leven.

¹⁹Al wie bij een beest ligt, die zal zekerlijk gedood worden.

²⁰Wie de goden offert, behalve den HEERE alleen, die zal verbannen worden.

²¹Gij zult ook den vreemdeling geen overlast doen, noch hem onderdrukken; want gij zijt vreemdelingen geweest in Egypteland.

²²Gij zult geen weduwe noch wees beledigen.

²³Indien gij hen enigszins beledigt, en indien zij enigszins tot Mij roepen, Ik zal hun geroep zekerlijk verhoren;

²⁴En Mijn toorn zal ontsteken, en Ik zal ulieden met het zwaard doden; en uw vrouwen zullen weduwen, en uw kinderen zullen wezen worden.

²⁵Indien gij Mijn volk, dat bij u arm is, geld leent, zo zult gij tegen hetzelve niet zijn, als een woekeraar; gij zult op hetzelve geen woeker leggen.

²⁶Indien gij enigszins uws naasten kleed te pand neemt, zo zult gij het hem wedergeven, eer de zon ondergaat;

²⁷Want dat alleen is zijn deksel, het is zijn kleed over zijn huid; waarin zou hij liggen? Het zal dan geschieden, wanneer hij tot Mij roept, dat Ik het zal horen; want Ik ben genadig!

²⁸De goden zult gij niet vloeken, en de oversten in uw volk zult gij niet lasteren.

²⁹Uw volheid en uw tranen zult gij niet uitstellen; den eerstgeborene uwer zonen zult gij Mij geven.

³⁰Desgelijks zult gij doen met uw ossen en met uw schapen; zeven dagen zullen zij bij hun moeder zijn, op den achtsten dag zult gij ze Mij geven.

³¹Gij nu zult Mij heilige lieden zijn; daarom zult gij geen vlees eten, dat op het veld verscheurd is, en zult het den hond voorwerpen.

Hoofdstuk 23

¹Gij zult geen vals gerucht opnemen; en stelt uw hand niet bij den goddeloze, om een getuige tot geweld te zijn.

²Gij zult de menigte tot boze zaken niet volgen; en gij zult niet spreken in een twistige zaak, dat gij u neigt naar de menigte, om het recht te buigen.

³Ook zult gij den geringe niet voortrekken en zijn twistige zaak.

⁴Wanneer gij uw vijands os, of zijn dwalenden ezel, ontmoet, gij zult hem denzelven ganselijk wederbrengen.

⁵Wanneer gij uws haters ezel onder zijn last ziet liggen, zult gij dan nalatig zijn, om het uwe te verlaten voor hem? Gij zult het in alle manier met hem verlaten.

⁶Gij zult het recht uws armen niet buigen in zijn twistige zaak.

⁷Zijt verre van valse zaken; en den onschuldige en gerechtige zult gij niet doden; want Ik zal de goddeloze niet rechtvaardigen.

⁸Ook zult gij geen geschenk nemen; want het geschenk verblindt de zienden, en het verkeert de zaak der rechtvaardigen.

⁹Gij zult ook den vreemdeling niet onderdrukken; want gij kent het gemoed desvreemdelings, dewijl gij vreemdelingen geweest zijt in Egypteland.

¹⁰Gij zult ook zes jaar uw land bezaaien, en deszelfs inkomst verzamelen;

¹¹Maar in het zevende zult gij het rusten en stil liggen laten, dat de armen uws volksmogen eten, en het overige daarvan de beesten des velds eten mogen; alzo zult gijook doen met uw wijngaard, en met uw olijfbomen.

¹²Zes dagen zult gij uw werken doen; maar op den zevenden dag zult gij rusten;opdat uw os en uw ezel ruste, en dat de zoon uwer dienstmaagd en devreemdeling adem scheppe.

¹³In alles, wat Ik tot ulieden gezegd heb, zult gij op uw hoede zijn; en den naam vanandere goden zult gij niet gedenken; uit uw mond zal hij niet gehoord worden!

¹⁴Drie reizen in het jaar zult gij Mij feest houden.

¹⁵Het feest van de ongezuurde broden zult gij houden; zeven dagen zult gijongezuurde broden eten (gelijk Ik u geboden heb), ter bestemder tijd in demaand Abib, want in dezelve zijt gij uit Egypte getogen; doch men zal niet ledigvoor Mijn aangezicht verschijnen.

¹⁶En het feest des oogstes, der eerste vruchten van uw arbeid, die gij op het veldgezaaid zult hebben. En het feest der inzameling, op den uitgang des jaars, wanneer gij uw arbeid uit het veld zult ingezameld hebben.

¹⁷Drie malen des jaars zullen al uw mannen voor het aangezicht des HeerenHEEREN verschijnen.

¹⁸Gij zult het bloed Mijns offers met geen gedesemde broden offeren; ook zal hetvette Mijns feestes tot op den morgen niet vernachten.

¹⁹De eerstelingen der eerste vruchten uws lands zult gij in het huis des HEERENuws Gods brengen. Gij zult het bokje niet koken in de melk zijner moeder.

²⁰Ziet, Ik zende een Engel voor uw aangezicht, om u te behoeden op dezen weg, enom u te brengen tot de plaats, die Ik bereid heb.

²¹Hoedt u voor Zijn aangezicht, en weest Zijner stem gehoorzaam, en verbittertHem niet; want Hij zal ulieder overtredingen niet vergeven; want Mijn Naam is inhet binnenste van Hem.

²²Maar zo gij Zijner stem naarstiglijk gehoorzaamt, en doet al wat Ik spreken zal, zo zal Ik uwer vijanden vijand, en uwer wederpartijders wederpartij zijn.

²³Want Mijn Engel zal voor uw aangezicht gaan, en Hij zal u inbrengen tot deAmorieten, en Hethieten, en Ferezieten, en Kanaanieten, Hevieten, en Jebusieten;en Ik zal hen verdelgen.

²⁴Gij zult u voor hun goden niet buigen, noch hen dienen; ook zult gij naar hunwerken niet doen; maar gij zult ze geheel afbreken, en hun opgerichte beeldenganselijk vermorzelen.

²⁵En gij zult den HEERE uw God dienen, zo zal Hij uw brood en uw waterzegenen; en Ik zal de krankheden uit het midden van u weren.

²⁶Er zal geen misdrachtige, noch onvruchtbare in uw land zijn; Ik zal het getal uwerdagen vervullen.

²⁷Ik zal Mijn schrik voor uw aangezicht zenden, en al het volk, tot hetwelk gij komt, versaagd maken; en Ik zal maken, dat al uw vijanden u den nek toekeren.

²⁸Ik zal ook horzelen voor uw aangezicht zenden; die zullen van voor uw aangezichtuitstoten de Hevieten, de Kanaanieten en de Hethieten.

²⁹Ik zal hen in een jaar van uw aangezicht niet uitstoten, opdat het land niet woestworde, en het wild gedierte boven u niet vermenigvuldigd worde.

³⁰Ik zal hen allengskens van uw aangezicht uitstoten, totdat gij gewassen zijt en hetland erft.

³¹En Ik zal uw landpalen zetten van de zee Suf tot aan de zee der Filistijnen, en vande woestijn tot aan de rivier; want Ik zal de inwoners van dat land in uw handgeven, dat gij hen voor uw aangezicht uitstoot.

³²Gij zult met hen, noch met hun goden, een verbond maken.

³³Zij zullen in uw land niet wonen, opdat zij u tegen Mij niet doen zondigen; indiengij hun goden dient, het zal u voorzeker tot een valstrik zijn.

Hoofdstuk 24

¹Daarna zeide Hij tot Mozes: Klim op tot den HEERE, gij en Aaron, Nadab enAbihu, en zeventig van de oudsten van Israel; en buigt u neder van verre!

²En dat Mozes alleen zich nadere tot den HEERE, maar dat zij niet naderen; en hetvolk klimme ook niet op met hem.

³Als Mozes kwam en verhaalde aan het volk al de woorden des HEEREN, en alde rechten, toen antwoordde al het volk met een stem, en zij zeiden: Al dezewoorden, die de HEERE gesproken heeft, zullen wij doen.

⁴Mozes nu beschreef al de woorden des HEEREN, en hij maakte zich desmorgens vroeg op, en hij bouwde een altaar onder aan den berg, en twaalfkolommen, naar de twaalf stammen van Israel.

⁵En hij zond de jongelingen van de kinderen Israels, die brandofferen offerden, enden HEERE dankofferen offerden, van jonge ossen.

⁶En Mozes nam de helft van het bloed, en zette het in bekkens; en de helft van hetbloed sprengde hij op het altaar.

⁷En hij nam het boek des verbonds, en hij las het voor de oren des volks; en zijzeiden: Al wat de HEERE gesproken heeft, zullen wij doen en gehoorzamen.

⁸Toen nam Mozes dat bloed, en sprengde het op het volk; en hij zeide: Ziet, dit ishet bloed des verbonds, hetwelk de HEERE met ulieden gemaakt heeft over aldie woorden.

⁹Mozes nu en Aaron klommen opwaarts, ook Nadab en Abihu, en zeventig van deoudsten van Israel.

¹⁰En zij zagen den God van Israel, en onder Zijn voeten als een werk vansaffierstenen, en als de gestaltenis des hemels in Zijn klaarheid.

¹¹Doch Hij strekte Zijn hand niet tot de afgezonderden van de kinderen Israels;maar zij aten en dronken, nadat zij God gezien hadden.

¹²Toen zeide de HEERE tot Mozes: Kom tot Mij op den berg, en wees aldaar; enIk zal u stenen tafelen geven, en de wet, en de geboden, die Ik geschreven heb, om hen te onderwijzen.

¹³Toen maakte zich Mozes op, met Jozua, zijn dienaar; en Mozes klom op denberg Gods.

¹⁴En hij zeide tot de oudsten: Blijft gij ons hier, totdat wij weder tot u komen; enziet, Aaron en Hur zijn bij u; wie enige zaken heeft, zal tot dezelve komen.

¹⁵Toen Mozes op den berg geklommen was, zo heeft een wolk den berg bedekt.

¹⁶En de heerlijkheid des HEEREN woonde op den berg Sinai, en de wolk bedektehem zes dagen, en op den zevenden dag riep Hij Mozes uit het midden der wolk.

¹⁷En het aanzien der heerlijkheid des HEEREN was als een verterend vuur, op hetopperste diens bergs, in de ogen der kinderen Israels.

¹⁸En Mozes ging in het midden der wolk, nadat hij op den berg geklommen was; enMozes was op dien berg veertig dagen en veertig nachten.

Hoofdstuk 25

¹Toen sprak de HEERE tot Mozes, zeggende:

²Spreek tot de kinderen Israels, dat zij voor Mij een hefoffer nemen. Van alle man, wiens hart zich vrijwillig bewegen zal, zult gij Mijn hefoffer nemen.

³Dit nu is het hefoffer, hetwelk gij van hen nemen zult: goud, en zilver, en koper;

⁴Als ook hemelsblauw, en purper, en scharlaken, en fijn linnen, en geiten haar.

⁵En roodgeverfde ramsvellen, en dassenvellen, en sittimhout;

⁶Olie tot den luchter, specerijen ter zalfolie, en tot roking welriekende specerijen;

⁷Sardonixstenen, en vervullende stenen tot den efod, en tot den borstlap.

⁸En zij zullen Mij een heiligdom maken, dat Ik in het midden van hen wone.

⁹Naar al wat Ik u tot een voorbeeld dezes tabernakels, en een voorbeeld van aldeszelfs gereedschap wijzen zal, even alzo zult gijlieden dat maken.

¹⁰Zo zullen zij een ark van sittimhout maken; twee ellen en een halve zal haar lengtezijn, en anderhalve el haar breedte, en anderhalve el haar hoogte.

¹¹En gij zult ze met louter goud overtrekken, van binnen en van buiten zult gij zeovertrekken; en gij zult op dezelve een gouden krans maken rondom heen.

¹²En giet voor haar vier gouden ringen, en zet die aan haar vier hoeken, alzo dattwee ringen op de ene zijde derzelve zijn, en twee ringen op haar andere zijde.

¹³En maak handbomen van sittimhout, en overtrek ze met goud.

¹⁴En steek de handbomen in de ringen, die aan de zijde der ark zijn, dat men de arkdaarmede drage.

¹⁵De draagbomen zullen in de ringen der ark zijn; zij zullen er niet uitgetogenworden.

¹⁶Daarna zult gij in de ark leggen de getuigenis, die Ik u geven zal.

¹⁷Gij zult ook een verzoendeksel maken van louter goud; twee ellen en een halve zal deszelfs lengte zijn, en anderhalve el deszelfs breedte.

¹⁸Gij zult ook twee cherubim van goud maken; van dicht goud zult gij ze maken, uit de beide einden des verzoendeksels.

¹⁹En maak u een cherub uit het ene einde aan deze zijde, en den andere cherub uit het andere einde aan gene zijde; uit het verzoendeksel zult gijlieden de cherubim maken, uit de beide einden van hetzelve.

²⁰En de cherubim zullen hun beide vleugelen omhoog uitbreiden, bedekkende met hun vleugelen het verzoendeksel; en hun aangezichten zullen tegenover elkander zijn; de aangezichten der cherubim zullen naar het verzoendeksel zijn.

²¹En gij zult het verzoendeksel boven op de ark zetten, nadat gij in de ark de getuigenis, die Ik u geven zal, zult gelegd hebben.

²²En aldaar zal Ik bij u komen, en Ik zal met u spreken van boven het verzoendeksel af, van tussen de twee cherubim, die op de ark der getuigenis zijn zullen, alles, wat Ik u gebieden zal aan de kinderen Israels.

²³Gij zult ook een tafel maken van sittimhout; twee ellen zal haar lengte zijn, en een el haar breedte, en een el en een halve zal haar hoogte zijn.

²⁴En gij zult ze met louter goud overtrekken; gij zult ook een gouden krans daaraan maken, rondom heen.

²⁵Gij zult ook een lijst rondom daaraan maken, een hand breed; en gij zult een gouden krans rondom derzelver lijst maken.

²⁶Ook zult gij vier gouden ringen daaraan maken; en gij zult de ringen zetten aan de vier hoeken, die aan derzelver vier voeten zijn zullen.

²⁷Tegenover de lijst zullen de ringen zijn, tot plaatsen voor de handbomen, om de tafel te dragen.

²⁸Deze handbomen nu zult gij van sittimhout maken, en gij zult dezelve met goud overtrekken; en de tafel zal daaraan gedragen worden.

²⁹Gij zult ook maken haar schotelen, en haar rookschalen, en haar platelen, en haar kroezen (met welke zij bedekt zal worden); van louter goud zult gij ze maken.

³⁰En gij zult op deze tafel altijd het toonbrood voor Mijn aangezicht leggen.

³¹Gij zult ook een kandelaar van louter goud maken. Van dicht werk zal deze kandelaar gemaakt worden, zijn schacht, en zijn rietjes; zijn schaaltjes, zijn knopen, en zijn bloemen zullen uit hem zijn.

³²En zes rieten zullen uit zijn zijden uitgaan; drie rieten des kandelaars uit zijn ene zijde, en drie rieten des kandelaars uit zijn andere zijde.

³³In het ene riet zullen drie schaaltjes zijn, gelijke amandelnoten, een knoop en een bloem; en drie schaaltjes, gelijk amandelnoten in een ander riet, een knoop en een bloem; alzo zullen die zes rieten zijn, die uit den kandelaar gaan.

³⁴Maar aan den kandelaar zelven zullen vier schaaltjes zijn, gelijk amandelnoten, met knopen, en met zijn bloemen.

³⁵En daar zal een knoop zijn onder twee rieten, uit denzelven uitgaande; ook een knoop onder twee rieten, uit denzelven uitgaande; nog een knoop onder twee rieten, uit denzelven, uitgaande; alzo zal het zijn met zes rieten, die uit den kandelaar uitgaan.

³⁶Hun knopen en hun rieten zullen uit hem zijn; het zal altemaal een enig dicht werk van louter goud zijn.

³⁷Gij zult hem ook zeven lampen maken, en men zal zijn lampen aansteken, en doen lichten aan zijn zijden.

³⁸Zijn snuiters en zijn blusvaten zullen louter goud zijn.

³⁹Uit een talent louter goud zal men dat maken, met al dit gereedschap.

⁴⁰Zie dan toe, dat gij het maakt naar hun voorbeeld, hetwelk u op den berg getoond is.

Hoofdstuk 26

¹Den tabernakel nu zult gij maken van tien gordijnen, van fijn getweernd linnen, en hemelsblauw, en purper, en scharlaken, met cherubim; van het allerkunstelijkste werk zult gij ze maken.

²De lengte van een gordijn zal van acht en twintig ellen zijn, en de breedte ener gordijn van vier ellen; al deze gordijnen zullen een maat hebben.

³Er zullen vijf gordijnen samengevoegd zijn, de een aan de andere; wederom zullen er vijf gordijnen samengevoegd zijn, de een aan de andere.

⁴En gij zult hemelsblauwe striklisjes maken aan den kant van de ene gordijn, aan het uiterste, in de samenvoeging; alzo zult gij ook doen aan den uitersten kant der gordijn, aan de tweede samenvoeging.

⁵Vijftig striklisjes zult gij aan de ene gordijn maken, en vijftig striklisjes zult gij maken aan het uiterste der gordijn, dat aan de tweede samenvoegende is; de striklisjes zullen het ene aan het andere samenvatten.

⁶Gij zult ook vijftig gouden haakjes maken, en zult de gordijnen samenvoegen, de ene aan de andere, met deze haakjes, opdat het een tabernakel zij.

⁷Ook zult gij gordijnen uit geiten haar maken tot een tent over den tabernakel; van elf gordijnen zult gij die maken.

⁸De lengte ener gordijn zal dertig ellen zijn, en de breedte ener gordijn vier ellen; deze elf gordijnen zullen een maat hebben.

⁹En gij zult vijf dezer gordijnen aan elkander bijzonder voegen, en zes dezer gordijnen bijzonder; en de zesde dezer gordijnen zult gij dubbel maken, rechtvoorop de tent.

¹⁰En gij zult vijftig striklisjes maken aan den kant van de ene gordijn, het uiterste in de samenvoeging, en vijftig striklisjes aan den kant van de gordijn, die de tweede samenvoegende is.

¹¹Gij zult ook vijftig koperen haakjes maken, en gij zult de haakjes in de striklisjes doen, en gij zult de tent samenvoegen, dat zij een zij.

¹²Het overige nu, dat overschiet aan de gordijnen der tent, de helft der gordijn, die overschiet, zal overhangen, aan de achterste delen des tabernakels.

¹³En een el van deze, en een el van gene zijde van hetgeen, dat overig zijn zal aan de lengte van de gordijnen der tent, zal overhangen aan de zijden des tabernakels, aan deze en aan gene zijde, om dien te bedekken.

¹⁴Gij zult ook voor de tent een deksel maken van roodgeverfde ramsvellen, en daarover een deksel van dassenvellen.

¹⁵Gij zult ook tot den tabernakel staande berderen maken van sittimhout.

¹⁶De lengte van een berd zal tien ellen zijn, en een el en een halve el zal de breedte van elk berd zijn.

¹⁷Twee houvasten zal een berd hebben, als sporten in een ladder gezet, het ene nevens het andere; alzo zult gij het met al de berderen des tabernakels maken.

¹⁸En de berderen tot den tabernakel zult gij aldus maken; twintig berderen naar de zuidzijde zuidwaarts.

¹⁹Gij zult ook veertig zilveren voeten maken onder de twintig berderen; twee voeten onder een berd, aan zijn twee houvasten, en twee voeten onder een ander berd, aan zijn twee houvasten.

²⁰Er zullen ook twintig berderen zijn aan de andere zijde des tabernakels, aan den noorderhoek,

²¹Met hun veertig zilveren voeten; twee voeten onder een berd, en twee voeten onder een ander berd.

²²Doch aan de zijde des tabernakels tegen het westen zult gij zes berderen maken.

²³Ook zult gij twee berderen maken tot de hoekberderen des tabernakels, aan de beide zijden.

²⁴En zij zullen van beneden als tweelingen samengevoegd zijn; zij zullen ook als tweelingen aan het oppereinde deszelven samengevoegd zijn, met een ring; alzo zal het met de twee berderen zijn; tot twee hoekberderen zullen zij zijn.

²⁵Alzo zullen de acht berderen zijn met hun zilveren voeten, zijnde zestien voeten; twee voeten onder een berd, wederom twee voeten onder een berd.

²⁶Gij zult ook richelen maken van sittimhout; vijf aan de berderen van de ene zijde des tabernakels;

²⁷En vijf richelen aan de berderen van de andere zijde des tabernakels; alsook vijf richelen aan de berderen van de zijde des tabernakels, aan de beide zijden westwaarts.

²⁸En de middelste richel zal midden aan de berderen zijn, doorschietende van het ene einde tot het andere einde.

²⁹En gij zult de berderen met goud overtrekken, en hun ringen (de plaatsen voor de richelen) zult gij van goud maken; de richelen zult gij ook met goud overtrekken.

³⁰Dan zult gij den tabernakel oprichten naar zijn wijze, die u op den berg getoond is.

³¹Daarna zult gij een voorhang maken, van hemelsblauw, en purper, en scharlaken, en fijn getweernd linnen; van het allerkunstelijkste werk zal men dien maken, met cherubim.

³²En gij zult hem hangen aan vier pilaren van sittim hout, met goud overtogen; hun haken zullen van goud zijn; staande op vier zilveren voeten.

³³En gij zult den voorhang onder de haakjes hangen, en gij zult de ark der getuigenis aldaar binnen den voorhang brengen; en deze voorhang zal ulieden een scheiding maken tussen het heilige, en tussen het heilige der heiligen.

³⁴En gij zult het verzoendeksel zetten op de ark der getuigenis, in het heilige der heiligen.

Leviticus

³⁵De tafel nu zult gij zetten buiten den voorhang, en den kandelaar tegen de tafelover, aan de ene zijde des tabernakels, zuidwaarts; maar de tafel zult gij zetten aan de noordzijde.

³⁶Gij zult ook aan de deur der tent een deksel maken, van hemelsblauw, en purper, en scharlaken, en fijn getweernd linnen, geborduurd werk.

³⁷En gij zult tot dit deksel vijf pilaren van sittim hout maken, en die met goud overtrekken; hun haken zullen van goud zijn; en gij zult hun vijf koperen voeten gieten.

Hoofdstuk 27

¹Gij zult ook een altaar maken van sittimhout; vijf ellen zal de lengte zijn, en vijf ellen de breedte (vierkant zal dit altaar zijn), en drie ellen zijn hoogte.

²En gij zult zijn hoornen maken op zijn vier hoeken; uit hetzelve zullen zijn hoornen zijn, en gij zult het met koper overtrekken.

³Gij zult het ook potten maken, om zijn as te ontvangen, ook zijn schoffelen, en zijn besprengbekkens, en zijn krauwelen, en zijn koolpannen; al zijn gereedschap zult gij van koper maken.

⁴Gij zult het ook een rooster maken van koperen netwerk; en gij zult aan dat net vier koperen ringen maken aan zijn vier einden.

⁵En gij zult het onder den omloop des altaars van beneden opleggen, alzo dat het net tot het midden des altaars zij.

⁶Gij zult ook handbomen maken tot het altaar, handbomen van sittimhout; en gij zult ze met koper overtrekken.

⁷En de handbomen zullen in de ringen gedaan worden, alzo dat de handbomen zijn aan beide zijden des altaars, als men het draagt.

⁸Gij zult hetzelve hol van planken maken; gelijk als Hij u op den berg gewezen heeft, alzo zullen zij doen.

⁹Gij zult ook den voorhof des tabernakels maken; aan den zuidhoek zuidwaarts, zullen aan den voorhof behangselen zijn van fijn getweernd linnen; de lengte enerzijde zal honderd ellen zijn.

¹⁰Ook zullen zijn twintig pilaren en derzelver twintig voeten, van koper zijn; de haken dezer pilaren, en hun banden zullen van zilver zijn.

¹¹Alzo zullen ook aan den noorderhoek, in de lengte, de behangselen honderd ellen lang zijn; en zijn twintig pilaren, en derzelver twintig voeten, van koper; de haken der pilaren, en derzelver banden zullen van zilver zijn.

¹²En in de breedte des voorhofs, aan den westerhoek, zullen behangselen zijn van vijftig ellen; hun pilaren tien, en derzelver voeten tien.

¹³Van gelijken zal de breedte des voorhofs, aan den oosterhoek oostwaarts, van vijftig ellen zijn.

¹⁴Alzo dat er vijftien ellen der behangselen op de ene zijde zijn; hun pilaren drie, en hun voeten drie.

¹⁵En vijftien ellen der behangselen aan de andere zijde; hun pilaren drie, en hun voeten drie.

¹⁶In de poort nu des voorhofs zal een deksel zijn van twintig ellen, hemelsblauw, en purper, en scharlaken, en fijn getweernd linnen, geborduurd werk; de pilaren vier, en hun voeten vier.

¹⁷Al de pilaren des voorhofs zullen rondom met zilveren banden bezet zijn; hun haken zullen van zilver zijn, maar hun voeten zullen van koper zijn.

¹⁸De lengte des voorhofs zal honderd ellen zijn, en de breedte doorgaans vijftig, en de hoogte vijf ellen, van fijn getweernd linnen; maar hun voeten zullen van koper zijn.

¹⁹Aangaande al het gereedschap des tabernakels, in al deszelfs dienst, ja, al zijn pennen, en al de pennen des voorhofs, zullen van koper zijn.

²⁰Gij nu zult de kinderen Israels gebieden, dat zij tot u brengen reine olie van olijven, gestoten tot den luchter, dat men geduriglijk de lampen aansteke.

²¹In de tent der samenkomst, van buiten den voorhang, die voor de getuigenis is, zal ze Aaron en zijn zonen toerichten, van den avond tot den morgen, voor het aangezicht des HEEREN; dit zal een eeuwige inzetting zijn voor hun geslachten, vanwege de kinderen Israels.

Hoofdstuk 28

¹Daarna zult gij uw broeder Aaron, en zijn zonen met hem, tot u doen naderen uit het midden der kinderen Israels, om Mij het priesterambt te bedienen: namelijk Aaron, Nadab en Abihu, Eleazar en Ithamar, de zonen van Aaron.

²En gij zult voor uw broeder Aaron heilige klederen maken, tot heerlijkheid en totsieraad.

³Gij zult ook spreken tot allen, die wijs van hart zijn, die Ik met de geest der wijsheid vervuld heb, dat zij voor Aaron klederen maken, om hem te heiligen, dat hij Mij het priesterambt bediene.

⁴Dit nu zijn de klederen, die zij maken zullen: een borstlap, en een efod, en een mantel, en een rok vol oogjes, een hoed en een gordel; zij zullen dan voor uw broeder Aaron heilige klederen maken, en voor zijn zonen, om Mij het priesterambt te bedienen.

⁵Zij zullen ook het goud, en hemelsblauw, en purper, en scharlaken, en fijn linnen nemen;

⁶En zullen den efod maken van goud, hemelsblauw, en purper, scharlaken en fijn getweernd linnen, van het allerkunstelijkste werk.

⁷Hij zal twee samenvoegende schouderbanden hebben aan zijn beide einden, waarmede hij samengevoegd zal worden.

⁸En de kunstelijkste riem zijns efods, die op hem is, zal zijn gelijk zijn werk, van hetzelfde, van goud, hemelsblauw, en purper, en scharlaken, en fijn getweernd linnen.

⁹En gij zult twee sardonixstenen nemen, en de namen der zonen van Israel daarop graveren.

¹⁰Zes van hun namen op een steen, en de zes overige namen op den anderen steen, naar hun geboorten;

¹¹Naar steensnijderswerk, gelijk men de zegelen graveert, zult gij deze twee stenen graveren, met de namen der zonen van Israel; gij zult ze maken, dat zij omvat zijn in gouden kastjes.

¹²En gij zult de twee stenen aan de schouderbanden des efods zetten, zijnde stenen ter gedachtenis voor de kinderen Israels; en Aaron zal hun namen op zijn beide schouders dragen, ter gedachtenis, voor het aangezicht des HEEREN.

¹³Gij zult ook gouden kastjes maken,

¹⁴En twee ketentjes van louter goud; gelijk-eindigende zult gij die maken, gedraaid werk; en de gedraaide ketentjes zult gij aan de kastjes hechten.

¹⁵Gij zult ook een borstlap des gerichts maken, van het allerkunstelijkste werk, gelijk het werk des efods zult gij hem maken; van goud, hemelsblauw, en purper, en scharlaken, en van fijn getweernd linnen zult gij hem maken.

¹⁶Vierkant zal hij zijn, en verdubbeld; een span zal zijn lengte zijn, en een span zijn breedte.

¹⁷En gij zult vervullende stenen daarin vullen, vier rijen stenen, een rij van een Sardis, een Topaas en een Karbonkel; dit is de eerste rij.

¹⁸En de tweede rij van een Smaragd, een Saffier, en een Diamant.

¹⁹En de derde rij, een Hyacinth, Agaat en Amethyst.

²⁰En de vierde rij van een Turkoois, en een Sardonix, en een Jaspis; zij zullen met goud ingevat zijn in hun vullingen.

²¹En deze stenen zullen zijn met de twaalf namen der zonen van Israel, met hun namen; zij zullen als zegelen gegraveerd worden, elk met zijn naam; voor de twaalf stammen zullen zij zijn.

²²Gij zult ook aan den borstlap gelijkeindigende ketentjes van gedraaid werk uit louter goud maken.

²³Gij zult ook aan den borstlap twee gouden ringen maken; en gij zult de twee ringen aan de twee einden van de borstlap zetten.

²⁴Dan zult gij de twee gedraaide gouden ketentjes in de twee ringen doen, aan de einden van den borstlap.

²⁵Maar de twee einden der twee gedraaide ketentjes zult gij aan die twee kastjes doen; en gij zult ze zetten aan de schouderbanden van den efod, recht op de voorste zijde van dien.

²⁶Gij zult nog twee gouden ringen maken, en zult ze aan de twee einden des borstlaps zetten; inwendig aan zijn rand, die aan de zijde van de efod zijn zal.

²⁷Nog zult gij twee gouden ringen maken, die gij zetten zult aan de twee schouderbanden van den efod, beneden aan de voorste zijde, tegenover zijn voege, boven den kunstelijken riem des efods.

²⁸En zij zullen den borstlap met zijn ringen aan de ringen van den efod opwaarts binden, met een hemelsblauw snoer, dat hij op den kunstelijken riem van den efod zij; en de borstlap zal van den efod niet afgescheiden worden.

²⁹Alzo zal Aaron de namen der zonen van Israel dragen aan den borstlap des gerichts, op zijn hart, als hij in het heilige zal gaan, ter gedachtenis voor het aangezicht des HEEREN geduriglijk.

³⁰Gij zult ook in den borstlap des gerichts de Urim en de Thummim zetten, dat zij op het hart van Aaron zijn, als hij voor het aangezicht des HEEREN ingaan zal; alzo zal Aaron dat gericht der kinderen Israels geduriglijk op zijn hart dragen, voor het aangezicht des HEEREN.

³¹Gij zult ook den mantel des efods geheel van hemelsblauw maken.

³²En het hoofdgat deszelven zal in het midden daarvan zijn; dit gat zal een boord rondom hebben van geweven werk; als het gat eens pantsiers zal het daaraan zijn, dat het niet gescheurd worde.

³³En aan deszelfs zomen zult gij granaatappelen maken van hemelsblauw, en van purper, en van scharlaken, aan zijn zomen rondom, en gouden schelletjes rondom tussen dezelve.

³⁴Dat er een gouden schelletje, daarna een granaatappel zij; wederom een goudenschelletje, en een granaatappel, aan de zomen des mantels rondom.

³⁵En Aaron zal denzelven aanhebben, om te dienen; opdat zijn geluid gehoordworde, als hij in het heilige, voor het aangezicht des HEEREN, ingaat, en als hijuitgaat, opdat hij niet sterve.

³⁶Verder zult gij een plaat maken van louter goud, en gij zult daarin graveren, gelijkmen de zegelen graveert: De HEILIGHEID DES HEEREN!

³⁷En gij zult dezelve aanhechten met een hemelsblauw snoer, alzo dat zij aan denhoed zij; aan de voorste zijde des hoeds zal zij zijn.

³⁸En zij zal op het voorhoofd van Aaron zijn, opdat Aaron drage deongerechtigheid der heilige dingen, welke de kinderen Israels zullen geheiligdhebben, in alle gaven hunner geheiligde dingen; en zij zal geduriglijk aan zijnvoorhoofd zijn, om henlieden voor het aangezicht des HEEREN aangenaam temaken.

³⁹Gij zult ook een rok vol oogjes maken, van fijn linnen; gij zult ook den hoed vanfijn linnen maken; maar den gordel zult gij van geborduurd werk maken.

⁴⁰Voor de zonen van Aaron zult gij ook rokken maken, en gij zult voor hen gordelsmaken; ook zult gij voor hen mutsen maken, tot heerlijkheid en sieraad.

⁴¹En gij zult die uw broeder Aaron en ook zijn zonen aantrekken; en gij zult henzalven, en hun hand vullen, en hen heiligen, dat zij Mij het priesterambt bedienen.

⁴²Maak hun ook linnen onderbroeken, om het vlees der schaamte te bedekken; zijzullen zijn van de lenden tot de dijen.

⁴³Aaron nu en zijn zonen zullen die aanhebben, als zij in de tent der samenkomstgaan, of als zij tot het altaar treden zullen, om in het heilige te dienen; opdat zijgeen ongerechtigheid dragen en sterven. Dit zal een eeuwige inzetting zijn, voorhem, en zijn zaad na hem.

Hoofdstuk 29

¹Dit nu is de zaak, die gij hun doen zult, om hen te heiligen, dat zij Mij hetpriesterambt bedienen: neem een var, het jong eens runds, en twee volkomenrammen;

²En ongezuurd brood, en ongezuurde koeken, met olie gemengd, en ongezuurdevladen, met olie bestreken; van tarwemeelbloem zult gij dezelve maken.

³En gij zult ze in een korf leggen, en zult ze in den korf toebrengen, met den var ende twee rammen.

⁴Alsdan zult gij Aaron en zijn zonen doen naderen aan de deur van de tent dersamenkomst; en gij zult hen met water wassen.

⁵Daarna zult gij de klederen nemen, en Aaron den rok, en den mantel des efods, en den efod, en den borstlap aandoen; en gij zult hem omgorden met denkunstelijken riem des efods.

⁶En gij zult den hoed op zijn hoofd zetten; de kroon der heiligheid zult gij aan denhoed zetten.

⁷En gij zult de zalfolie nemen, en op zijn hoofd gieten; alzo zult gij hem zalven.

⁸Daarna zult gij zijn zonen doen naderen, en zult hen de rokken doen aantrekken.

⁹En gij zult hen met den gordel omgorden, namelijk Aaron en zijn zonen; en gij zulthun de mutsen opbinden, opdat zij het priesterambt hebben tot een eeuwigeinzetting. Voorts zult gij de hand van Aaron vullen, en de hand zijner zonen.

¹⁰En gij zult den var nabij brengen voor de tent der samenkomst; en Aaron en zijnzonen zullen hun handen op het hoofd van den var leggen.

¹¹En gij zult den var slachten voor het aangezicht des HEEREN, voor de deur vande tent der samenkomst.

¹²Daarna zult gij van het bloed des vars nemen, en met uw vinger op de hoornendes altaars doen; en al het bloed zult gij uitgieten aan den bodem des altaars.

¹³Gij zult ook al het vet nemen, hetwelk het ingewand bedekt, en het net over delever, en beide nieren en het vet, dat aan dezelve is, en gij zult ze aansteken op hetaltaar.

¹⁴Maar het vlees des vars, en zijn vel, en zijn drek, zult gij met vuur verbranden, buiten het leger; het is een zondoffer.

¹⁵Daarna zult gij den ene ram nemen, en Aaron en zijn zonen zullen hun handen ophet hoofd des rams leggen;

¹⁶En gij zult den ram slachten, en gij zult zijn bloed nemen, en rondom op het altaarsprengen.

¹⁷En den ram zult gij in zijn delen delen; en gij zult zijn ingewand en zijn schenkelenwassen, en op zijn delen, en op zijn hoofd leggen.

¹⁸Alzo zult gij den gehelen ram aansteken op het altaar; het is een brandoffer denHEERE, tot een liefelijken reuk, het is een vuuroffer den HEERE.

¹⁹Daarna zult gij den anderen ram nemen, en Aaron en zijn zonen zullen hun handenop des rams hoofd leggen;

²⁰En gij zult den ram slachten, en van zijn bloed nemen, en doen het op het rechteroorlapje van Aaron, en op het rechteroorlapje van zijn zonen, desgelijks op denduim hunner rechterhand, en op den groten teen huns rechtervoets; en dat bloedzult gij op het altaar sprengen, rondom heen.

²¹Dan zult gij nemen van het bloed, dat op het altaar is, en van de zalfolie, en gij zultop Aaron en op zijn klederen sprengen, en op zijn zonen en op de klederen zijnerzonen met hem; opdat hij geheiligd zij, en zijn klederen, ook zijn zonen, en dekleders zijner zonen met hem.

²²Daarna zult gij van den ram nemen het vet mitsgaders den staart, ook het vet, dathet ingewand bedekt, en het net der lever en de beide nieren, met het vet, dat aandezelve is, en den rechterschouder; want het is een ram der vulofferen;

²³En een broodbol, en een koek geolied brood, en een vlade, uit den korf derongezuurde broden, die voor het aangezicht des HEEREN zijn zal;

²⁴En leg ze alle op de handen van Aaron, en op de handen zijner zonen, en beweegze ten beweegoffer voor het aangezicht des HEEREN.

²⁵Neem ze daarna van hun hand, en steek ze aan op het altaar, op het brandoffer, tot een liefelijken reuk voor het aangezicht des HEEREN; het is een vuuroffer denHEERE.

²⁶En neem de borst van den ram der vulofferen, die van Aaron is, en beweeg hemten beweegoffer voor het aangezicht des HEEREN; en het zal u ten dele zijn.

²⁷En gij zult de borst des beweegoffers heiligen, en de schouder des hefoffers, diebewogen, en die opgeheven zal zijn van den ram des vuloffers, van hetgeen datAarons, en van hetgeen dat zijner zonen is.

²⁸En het zal voor Aaron en zijn zonen zijn tot een eeuwige inzetting vanwege dekinderen Israels; want het is een hefoffer; en het hefoffer vanwege de kinderenIsraels zal zijn van hun dankofferen; hun hefoffer zal voor den HEERE zijn.

²⁹De heilige klederen nu, die van Aaron zullen geweest zijn, zullen van zijn zonen nahem zijn, opdat men hen in dezelve zalve, en dat men hun hand in dezelve vulle.

³⁰Zeven dagen zal hij ze aantrekken, die uit zijn zonen in zijn plaats priester zalworden, die in de tent der samenkomst gaan zal, om in het heilige te dienen.

³¹Gij zult den ram der vulling nemen, en gij zult zijn vlees in de heilige plaats zieden.

³²Aaron nu en zijn zonen zullen het vlees van dezen ram eten, en het brood, dat inden korf zal zijn, bij de deur van de tent der samenkomst.

³³En zij zullen die dingen eten, met welke de verzoening zal gedaan zijn, om hunhand te vullen, en om hen te heiligen; maar een vreemde zal ze niet eten, want zezijn heilig.

³⁴En indien er wat overblijven zal van het vlees der vulofferen, of van dit brood, totaan den morgen, zo zult gij het overgeblevene met vuur verbranden; het zal nietgegeten worden, want het is heilig.

³⁵Gij zult dan aan Aaron en aan zijn zonen alzo doen, naar alles, wat Ik u gebodenheb; zeven dagen zult gij hun hand vullen.

³⁶Gij zult ook des daags een var des zondoffers bereiden, tot verzoeningen, engij zult het altaar ontzondigen, mits doende de verzoening over hetzelve; en gij zulthet zalven, om het te heiligen.

³⁷Zeven dagen zult gij verzoening doen voor het altaar, en zult het heiligen; alsdanzal dat altaar een heiligheid der heiligheden zijn; al wat het altaar aanroert, zalheilig zijn.

³⁸Dit nu is het, wat gij op het altaar bereiden zult: twee lammeren, die eenjarig zijn, des daags, geduriglijk.

³⁹Het ene lam zult gij des morgens bereiden; maar het andere lam zult gij bereidentussen de twee avonden.

⁴⁰Met een tiende deel meelbloem, gemengd met een vierendeel van een hin gestotenolie; en tot drankoffer een vierde deel van een hin wijn, tot het ene lam.

⁴¹Het andere lam nu zult gij bereiden tussen de twee avonden; gij zult daarmededoen gelijk met het morgenspijsoffer, en gelijk met het drankoffer deszelven, toteen liefelijken reuk; het is een vuuroffer den HEERE.

⁴²Het zal een geduriglijk brandoffer zijn bij uw geslachten, aan de deur van de tentder samenkomst, voor het aangezicht des HEEREN; aldaar zal Ik met uliedenkomen, dat Ik aldaar met u spreke.

⁴³En daar zal Ik komen tot de kinderen Israels; opdat zij geheiligd worden doorMijn heerlijkheid.

⁴⁴En Ik zal de tent der samenkomst heiligen, mitsgaders het altaar; Ik zal ook Aaronen zijn zonen heiligen, opdat zij Mij het priesterambt bedienen.

⁴⁵En Ik zal in het midden der kinderen Israels wonen, en Ik zal hun tot een God zijn.

⁴⁶En zij zullen weten, dat Ik de HEERE hun God ben, Die hen uit Egypteland uitgevoerd heb, opdat Ik in het midden van hen wonen zou; Ik ben de HEERE, hun God.

Hoofdstuk 30

¹Gij zult ook een reukaltaar des reukwerks maken; van sittimhout zult gij het maken.

²Een el zal zijn lengte zijn, en een el zijn breedte, vierkant zal het zijn, maar twee ellen deszelfs hoogte; uit hetzelve zullen zijn hoornen zijn.

³En gij zult het met louter goud overtrekken, zijn dak en deszelfs wanden rondom, als ook zijn hoornen; en gij zult het een gouden krans rondom maken.

⁴Gij zult ook twee gouden ringen daaraan maken, onder zijn krans; aan zijn tweezijden zult gij dezelve maken, aan zijn beide zijden; en zij zullen zijn tot plaatsen voor de handbomen, dat men het daarmede drage.

⁵De draagbomen nu zult gij van sittimhout maken, en gij zult die met goud overtrekken.

⁶En gij zult het zetten voor den voorhang, die voor de ark der getuigenis zijn zal; voor het verzoendeksel, hetwelk zijn zal boven de getuigenis, waarheen Ik met u samenkomen zal.

⁷En Aaron zal daarop aansteken welriekende specerijen; allen morgen, als hij de lampen wel zal toegericht hebben, zal hij dezelve aansteken.

⁸En als Aaron de lampen aansteken zal, tussen de twee avonden, zal hij dat aansteken; het zal een gedurig reukwerk zijn, voor het aangezicht des HEEREN, bij uw geslachten.

⁹Gij zult geen vreemd reukwerk op hetzelve aansteken, noch brandoffer, noch spijsoffer; gij zult ook geen drankoffer daarop gieten.

¹⁰En Aaron zal eens in het jaar over deszelfs hoornen verzoening doen, met het bloed des zondoffers der verzoeningen; eens in het jaar zal hij verzoening daarop doen bij uw geslachten; het is heiligheid der heiligheden den HEERE!

¹¹Verder sprak de HEERE tot Mozes, zeggende:

¹²Als gij de som van de kinderen Israels opnemen zult, naar de getelden onder hen, zo zullen zij een iegelijk de verzoening zijner ziel den HEERE geven, als gij hen tellen zult; opdat onder hen geen plage zij, als gij hen tellen zult.

¹³Dit zullen zij geven, al die tot de getelden overgaat, de helft eens sikkels, naar de sikkel des heiligdoms (deze sikkel is twintig gera); de helft eens sikkels is een hefoffer den HEERE.

¹⁴Al wie overgaat tot de getelden, van twintig jaren oud en daarboven, zal het hefoffer des HEEREN geven.

¹⁵De rijke zal het niet vermeerderen, en de arme zal het niet verminderen van de helft des sikkels, als gij het hefoffer des HEEREN geeft om voor uw zielenverzoening te doen.

¹⁶Gij dan zult het geld der verzoeningen van de kinderen Israels nemen, en zult het leggen tot den dienst van de tent der samenkomst; en het zal den kinderen Israels ter gedachtenis zijn, voor het aangezicht des HEEREN, om voor uw zielenverzoening te doen.

¹⁷En de HEERE sprak tot Mozes, zeggende:

¹⁸Gij zult ook een koperen wasvat maken, met zijn koperen voet, om te wassen; en gij zult het zetten tussen de tent der samenkomst, en tussen het altaar, en gij zult water daarin doen;

¹⁹Dat Aaron en zijn zonen zich daaruit wassen, hun handen en voeten.

²⁰Wanneer zij in de tent der samenkomst zullen gaan, zo zullen zij zich met water wassen, opdat zij niet sterven; of wanneer zij tot het altaar naderen, om te dienen, dat zij het vuuroffer den HEERE aansteken;

²¹Zij zullen dan hun handen en voeten wassen, opdat zij niet sterven; en dit zal hun een eeuwige inzetting zijn, voor hem en zijn zaad, bij hun geslachten.

²²Verder sprak de HEERE tot Mozes, zeggende:

²³Gij nu, neem u de voornaamste specerijen, de zuiverste mirre, vijfhonderd sikkels, en specerij-kaneel, half zoveel namelijk tweehonderd en vijftig sikkels, ook specerij-kalmus, tweehonderd en vijftig sikkels;

²⁴Ook kassie, vijfhonderd, naar den sikkels des heiligdoms, en olie van olijfbomen een hin;

²⁵En maak daarvan een olie der heilige zalving, een zalf, heel kunstiglijk gemaakt, naar apothekerswerk; het zal een olie der heilige zalving zijn.

²⁶En met dezelve zult gij zalven de tent der samenkomst, en de ark der getuigenis.

²⁷En de tafel met al haar gereedschap, en de kandelaar met zijn gereedschap, en het reukaltaar;

²⁸En het altaar des brandoffers, met al zijn gereedschap, en het wasvat met zijn voet.

²⁹Gij zult ze alzo heiligen, dat zij heiligheid der heiligheden zijn; al wat ze aanroert, zal heilig zijn.

³⁰Gij zult ook Aaron en zijn zonen zalven, en gij zult hen heiligen, om Mij het priesterambt te bedienen.

³¹En gij zult tot de kinderen Israels spreken, zeggende: Dit zal Mij een olie der heilige zalving zijn bij uw geslachten.

³²Op geens mensen vlees zal men ze gieten; gij zult ook naar haar maaksel geendergelijke maken; het is heiligheid, zij zal ulieden heiligheid zijn.

³³De man, die zulk een zalf maken zal als deze, of die daarvan op wat vreemds doet, die zal uitgeroeid worden uit zijn volken.

³⁴Verder zeide de HEERE tot Mozes: Neem tot u welriekende specerijen, mirresap, en oniche, en galban, deze welriekende specerijen, en zuiveren wierook; dat elk bijzonder zij.

³⁵En gij zult een reukwerk ener zalf daaruit maken, naar het werk des apothekers, gemengd, rein, heilig.

³⁶En gij zult van hetzelve heel klein pulver stoten, en gij zult daarvan leggen voor de getuigenis in de tent der samenkomst, waarheen Ik tot u komen zal; het zal ulieden heiligheid der heiligheden zijn.

³⁷Doch naar het maaksel dezes reukwerks, hetwelk gij gemaakt zult hebben, zult gijlieden voor uzelven geen maken; het zal u heiligheid zijn voor den HEERE.

³⁸De man, die dergelijke maken zal, om daaraan te rieken, die zal uitgeroeid worden uit zijn volken.

Hoofdstuk 31

¹Daarna sprak de HEERE tot Mozes, zeggende:

²Zie, Ik heb met name geroepen Bezaleel, den zoon van Uri, den zoon van Hur, van den stam van Juda.

³En Ik heb hem vervuld met den Geest Gods, met wijsheid, en met verstand, en met wetenschap, namelijk in alle handwerk;

⁴Om te bedenken vernuftigen arbeid; te werken in goud, en in zilver, en in koper.

⁵En in kunstige steensnijding, om in te zetten, en in kunstige houtsnijding, om te werken in alle handwerk.

⁶En Ik, zie, Ik heb hem bijgevoegd Aholiab, den zoon van Ahisamach, van den stam van Dan; en in het hart van een iegelijk, die wijs van hart is, heb Ik wijsheid gegeven; en zij zullen maken al wat Ik u geboden heb.

⁷Namelijk de tent der samenkomst, en de ark der getuigenis, en het verzoendeksel, dat daarop zal zijn, en al het gereedschap der tent;

⁸En de tafel, met haar gereedschap; en den louteren kandelaar, met al zijn gereedschap; en het reukaltaar;

⁹Ook des brandoffers altaar, met al zijn gereedschap; en het wasvat met zijn voet;

¹⁰En de ambtsklederen, en de heilige klederen van den priester Aaron, en de klederen van zijn zonen, om het priesterambt te bedienen;

¹¹Ook de zalfolie, en het reukwerk van welriekende specerijen voor het heiligdom; naar alles, wat Ik u geboden heb, zullen zij het maken.

¹²Verder sprak de HEERE tot Mozes, zeggende:

¹³Gij nu, spreek tot de kinderen Israels, zeggende: Gij zult evenwel mijn sabbatten onderhouden; want dit is een teken tussen Mij en tussen ulieden, bij uw geslachten; opdat men wete, dat Ik de HEERE ben, Die u heilige.

¹⁴Onderhoudt dan den sabbat, dewijl hij ulieden heilig is! Wie hem ontheiligt, zal zekerlijk gedood worden; want een ieder, die op denzelven enig werk doet, die ziel zal uitgeroeid worden uit het midden harer volken.

¹⁵Zes dagen zal men het werk doen; doch op den zevenden dag is de sabbat der rust, een heiligheid des HEEREN! Wie op de sabbatdag arbeid doet, zal zekerlijk gedood worden.

¹⁶Dat dan de kinderen Israels de sabbat houden, de sabbat onderhoudende in hun geslachten, tot een eeuwig verbond.

¹⁷Hij zal tussen Mij en tussen de kinderen Israels een teken in eeuwigheid zijn; dewijl de HEERE, in zes dagen, den hemel en de aarde gemaakt, en op den zevenden dag gerust en Zich verkwikt heeft.

¹⁸En Hij gaf aan Mozes, als Hij met hem op den berg Sinai te spreken geeindigd had, de twee tafelen der getuigenis, tafelen van steen, beschreven met den vinger Gods.

Hoofdstuk 32

¹Toen het volk zag, dat Mozes vertoog van den berg af te komen, zo verzameldezich het volk tot Aaron, en zij zeiden tot hem: Sta op, maak ons goden, die voorons aangezicht gaan; want dezen Mozes, dien man, die ons uit Egyptelanduitgevoerd heeft, wij weten niet, wat hem geschied zij.

²Aaron nu zeide tot hen: Rukt af de gouden oorsierselen, die in de oren uwervrouwen, uwer zonen, en uwer dochteren zijn; en brengt ze tot mij.

³Toen rukte het ganse volk de gouden oorsierselen af, die in hun oren waren; en zijbrachten ze tot Aaron.

⁴En hij nam ze uit hun hand, en hij bewierp het met een griffie, en hij maakte eengegoten kalf daaruit. Toen zeiden zij: Dit zijn uw goden, Israel! die u uitEgypteland opgevoerd hebben.

⁵Als Aaron dat zag, zo bouwde hij een altaar voor hetzelve; en Aaron riep uit, enzeide: Morgen zal den HEERE een feest zijn!

⁶En zij stonden des anderen daags vroeg op, en offerden brandoffer, en brachtendankoffer daartoe; en het volk zat neder om te eten en te drinken; daarna stondenzij op, om te spelen.

⁷Toen sprak de HEERE tot Mozes: Ga heen, klim af! want uw volk, dat gij uitEgypteland opgevoerd hebt, heeft het verdorven.

⁸En zij zijn haast afgeweken van den weg, dien Ik hun geboden had, zij hebbenzich een gegoten kalf gemaakt; en zij hebben zich voor hetzelve gebogen, enhebben het offerande gedaan, en gezegd: Dit zijn uw goden, Israel, die u uitEgypteland opgevoerd hebben.

⁹Verder zeide de HEERE tot Mozes: Ik heb dit volk gezien, en zie, het is eenhardnekkig volk!

¹⁰En nu, laat Mij toe, dat Mijn toorn tegen hen ontsteke, en hen vertere; zo zal Ik utot een groot volk maken.

¹¹Doch Mozes aanbad het aangezicht des HEEREN zijns Gods, en hij zeide: OHEERE! waarom zou Uw toorn ontsteken tegen Uw volk, hetwelk Gij met grotekracht, en met een sterke hand, uit Egypteland uitgevoerd hebt?

¹²Waarom zouden de Egyptenaars spreken, zeggende: In kwaadheid heeft Hij henuitgevoerd, opdat Hij hen doodde op de bergen, en opdat Hij hen vernielde vanden aardbodem? Keer af van de hittigheid Uws toorns, en laat het U over hetkwaad Uws volks berouwen.

¹³Gedenk aan Abraham, aan Izak en aan Israel, Uw knechten, aan welke Gij bijUzelven gezworen hebt, en hebt tot hen gesproken: Ik zal uw zaadvermenigvuldigen als de sterren des hemels; en dit gehele land, waarvan Ik gezegdheb, zal Ik aan ulieder zaad geven, dat zij het erfelijk bezitten in eeuwigheid.

¹⁴Toen berouwde het den HEERE over het kwaad, hetwelk Hij gesproken had Zijnvolk te zullen doen.

¹⁵En Mozes wendde zich om, en klom van den berg af, met de twee tafelen dergetuigenis in zijn hand; deze tafelen waren op haar beide zijden beschreven, zijwaren op de ene en op de andere zijde beschreven.

¹⁶En diezelfde tafelen waren Gods werk; het geschrift was ook Gods geschrift zelf, in de tafelen gegraveerd.

¹⁷Toen nu Jozua des volks stem hoorde, als het juichte, zo zeide hij tot Mozes: Er iseen krijgsgeschrei in het leger.

¹⁸Maar hij zeide: Het is geen stem des geroeps van overwinning, het is ook geenstem des geroeps van nederlaag; ik hoor een stem van zingen bij beurte.

¹⁹En het geschiedde, als hij aan het leger naderde, en het kalf, en de reien zag, datde toorn van Mozes ontstak, en dat hij de tafelen uit zijn handen wierp, en dezelvebeneden aan den berg verbrak.

²⁰En hij nam dat kalf, dat zij gemaakt hadden, en verbrandde het in het vuur, envermaalde het, totdat het klein werd, en strooide het op het water, en deed hetden kinderen Israels drinken.

²¹En Mozes zeide tot Aaron: Wat heeft u dit volk gedaan, dat gij zulk een grotezonde over hetzelve gebracht hebt?

²²Toen zeide Aaron: De toorn mijns heren ontsteke niet! gij kent dit volk, dat het inden boze ligt.

²³Zij dan zeiden tot mij: Maak ons goden, die voor ons aangezicht gaan, want dezenMozes, dien man, die ons uit Egypteland opgevoerd heeft, wij weten niet, wathem geschied zij.

²⁴Toen zeide ik tot hen: Wie goud heeft, die rukke het af, en geve het mij; en ikwierp het in het vuur, en dit kalf is er uit gekomen.

²⁵Als Mozes zag, dat het volk ontbloot was, (want Aaron had het ontbloot totverkleining onder degenen, die tegen hen hadden mogen opstaan),

²⁶Zo bleef Mozes staan in de poort des legers, en zeide: Wie den HEEREtoebehoort, kome tot mij! Toen verzamelden zich tot hem al de zonen van Levi.

²⁷En hij zeide tot hen: Alzo zegt de HEERE, de God van Israel: Een ieder doe zijnzwaard aan zijn heup; gaat door en keert weder, van poort tot poort in het leger, en een iegelijk dode zijn broeder, en elk zijn vriend, en elk zijn naaste!

²⁸En de zonen van Levi deden naar het woord van Mozes; en er vielen van hetvolk, op dien dag, omtrent drie duizend man.

²⁹Want Mozes had gezegd: Vult heden uw handen den HEERE; want elk zal zijntegen zijn zoon, en tegen zijn broeder; en dit, opdat Hij heden een zegen overulieden geve!

³⁰En het geschiedde des anderen daags, dat Mozes tot het volk zeide: Gijliedenhebt een grote zonde gezondigd; doch nu, ik zal tot den HEERE opklimmen;misschien zal ik een verzoening doen voor uw zonde.

³¹Zo keerde Mozes weder tot den HEERE, en zeide: Och, dit volk heeft een grotezonde gezondigd, dat zij zich gouden goden gemaakt hebben.

³²Nu dan, indien Gij hun zonden vergeven zult! doch zo niet, zo delg mij nu uit Uwboek, hetwelk Gij geschreven hebt.

³³Toen zeide de HEERE tot Mozes: Dien zou Ik uit Mijn boek delgen, die aan Mijzondigt.

³⁴Doch ga nu heen, leid dit volk, waarheen Ik u gezegd heb; zie, Mijn Engel zalvoor uw aangezicht gaan! doch ten dage Mijns bezoekens, zo zal Ik hun zondeover hen bezoeken!

³⁵Aldus plaagde de HEERE dit volk, omdat zij dat kalf gemaakt hadden, hetwelkAaron gemaakt had.

Hoofdstuk 33

¹Toen het volk zag, dat Mozes vertoog van den berg af te komen, zo verzameldezich het volk tot Aaron, en zij zeiden tot hem: Sta op, maak ons goden, die voorons aangezicht gaan; want dezen Mozes, dien man, die ons uit Egyptelanduitgevoerd heeft, wij weten niet, wat hem geschied zij.

²Aaron nu zeide tot hen: Rukt af de gouden oorsierselen, die in de oren uwervrouwen, uwer zonen, en uwer dochteren zijn; en brengt ze tot mij.

³Toen rukte het ganse volk de gouden oorsierselen af, die in hun oren waren; en zijbrachten ze tot Aaron.

⁴En hij nam ze uit hun hand, en hij bewierp het met een griffie, en hij maakte eengegoten kalf daaruit. Toen zeiden zij: Dit zijn uw goden, Israel! die u uitEgypteland opgevoerd hebben.

⁵Als Aaron dat zag, zo bouwde hij een altaar voor hetzelve; en Aaron riep uit, enzeide: Morgen zal den HEERE een feest zijn!

⁶En zij stonden des anderen daags vroeg op, en offerden brandoffer, en brachtendankoffer daartoe; en het volk zat neder om te eten en te drinken; daarna stondenzij op, om te spelen.

⁷Toen sprak de HEERE tot Mozes: Ga heen, klim af! want uw volk, dat gij uitEgypteland opgevoerd hebt, heeft het verdorven.

⁸En zij zijn haast afgeweken van den weg, dien Ik hun geboden had, zij hebbenzich een gegoten kalf gemaakt; en zij hebben zich voor hetzelve gebogen, enhebben het offerande gedaan, en gezegd: Dit zijn uw goden, Israel, die u uitEgypteland opgevoerd hebben.

⁹Verder zeide de HEERE tot Mozes: Ik heb dit volk gezien, en zie, het is eenhardnekkig volk!

¹⁰En nu, laat Mij toe, dat Mijn toorn tegen hen ontsteke, en hen vertere; zo zal Ik utot een groot volk maken.

¹¹Doch Mozes aanbad het aangezicht des HEEREN zijns Gods, en hij zeide: OHEERE! waarom zou Uw toorn ontsteken tegen Uw volk, hetwelk Gij met grotekracht, en met een sterke hand, uit Egypteland uitgevoerd hebt?

¹²Waarom zouden de Egyptenaars spreken, zeggende: In kwaadheid heeft Hij henuitgevoerd, opdat Hij hen doodde op de bergen, en opdat Hij hen vernielde vanden aardbodem? Keer af van de hittigheid Uws toorns, en laat het U over hetkwaad Uws volks berouwen.

¹³Gedenk aan Abraham, aan Izak en aan Israel, Uw knechten, aan welke Gij bijUzelven gezworen hebt, en hebt tot hen gesproken: Ik zal uw zaadvermenigvuldigen als de sterren des hemels; en dit gehele land, waarvan Ik gezegdheb, zal Ik aan ulieder zaad geven, dat zij het erfelijk bezitten in eeuwigheid.

¹⁴Toen berouwde het den HEERE over het kwaad, hetwelk Hij gesproken had Zijnvolk te zullen doen.

¹⁵En Mozes wendde zich om, en klom van den berg af, met de twee tafelen dergetuigenis in zijn hand; deze tafelen waren op haar beide zijden beschreven, zijwaren op de ene en op de andere zijde beschreven.

¹⁶En diezelfde tafelen waren Gods werk; het geschrift was ook Gods geschrift zelf, in de tafelen gegraveerd.

¹⁷Toen nu Jozua des volks stem hoorde, als het juichte, zo zeide hij tot Mozes: Er is een krijgsgeschrei in het leger.

¹⁸Maar hij zeide: Het is geen stem des geroeps van overwinning, het is ook geen stem des geroeps van nederlaag; ik hoor een stem van zingen bij beurte.

¹⁹En het geschiedde, als hij aan het leger naderde, en het kalf, en de reien zag, dat de toorn van Mozes ontstak, en dat hij de tafelen uit zijn handen wierp, en dezelve beneden aan den berg verbrak.

²⁰En hij nam dat kalf, dat zij gemaakt hadden, en verbrandde het in het vuur, en vermaalde het, totdat het klein werd, en strooide het op het water, en deed het den kinderen Israels drinken.

²¹En Mozes zeide tot Aaron: Wat heeft u dit volk gedaan, dat gij zulk een grote zonde over hetzelve gebracht hebt?

²²Toen zeide Aaron: De toorn mijns heren ontsteke niet! gij kent dit volk, dat het in den boze ligt.

²³Zij dan zeiden tot mij: Maak ons goden, die voor ons aangezicht gaan, want dezen Mozes, dien man, die ons uit Egypteland opgevoerd heeft, wij weten niet, wat hem geschied zij.

²⁴Toen zeide ik tot hen: Wie goud heeft, die rukke het af, en geve het mij; en ik wierp het in het vuur, en dit kalf is er uit gekomen.

²⁵Als Mozes zag, dat het volk ontbloot was, (want Aaron had het ontbloot tot verkleining onder degenen, die tegen hen hadden mogen opstaan),

²⁶Zo bleef Mozes staan in de poort des legers, en zeide: Wie den HEERE toebehoort, kome tot mij! Toen verzamelden zich tot hem al de zonen van Levi.

²⁷En hij zeide tot hen: Alzo zegt de HEERE, de God van Israel: Een ieder doe zijn zwaard aan zijn heup; gaat door en keert weder, van poort tot poort in het leger, en een iegelijk dode zijn broeder, en elk zijn vriend, en elk zijn naaste!

²⁸En de zonen van Levi deden naar het woord van Mozes; en er vielen van het volk, op dien dag, omtrent drie duizend man.

²⁹Want Mozes had gezegd: Vult heden uw handen den HEERE; want elk zal zijn tegen zijn zoon, en tegen zijn broeder; en dit, opdat Hij heden een zegen over u lieden geve!

³⁰En het geschiedde des anderen daags, dat Mozes tot het volk zeide: Gijlieden hebt een grote zonde gezondigd; doch nu, ik zal tot den HEERE opklimmen; misschien zal ik een verzoening doen voor uw zonde.

³¹Zo keerde Mozes weder tot den HEERE, en zeide: Och, dit volk heeft een grote zonde gezondigd, dat zij zich gouden goden gemaakt hebben.

³²Nu dan, indien Gij hun zonden vergeven zult! doch zo niet, zo delg mij nu uit Uw boek, hetwelk Gij geschreven hebt.

³³Toen zeide de HEERE tot Mozes: Dien zou Ik uit Mijn boek delgen, die aan Mij zondigt.

³⁴Doch ga nu heen, leid dit volk, waarheen Ik u gezegd heb; zie, Mijn Engel zal voor uw aangezicht gaan! doch ten dage Mijns bezoekens, zo zal Ik hun zonde over hen bezoeken!

³⁵Aldus plaagde de HEERE dit volk, omdat zij dat kalf gemaakt hadden, hetwelk Aaron gemaakt had.

Hoofdstuk 34

¹Voorts sprak de HEERE tot Mozes: Ga heen, trek op van hier, gij en het volk, dat gij uit Egypteland opgevoerd hebt, naar het land, dat Ik Abraham, Izak en Jakob gezworen heb, zeggende: Aan uw zaad zal Ik het geven;

²En Ik zal een Engel voor uw aangezicht zenden (en Ik zal uitdrijven de Kanaanieten, de Amorieten, en de Hethieten, en de Ferezieten, de Hevieten, en de Jebusieten),

³Naar het land, dat van melk en honig is vloeiende; want Ik zal in het midden van u niet optrekken; want gij zijt een hardnekkig volk; dat Ik u op dezen weg niet vertere.

⁴Toen het volk dit kwade woord hoorde, zo droegen zij leed; en niemand van hen deed zijn versiersel aan zich.

⁵En de HEERE had tot Mozes gezegd: Zeg tot de kinderen Israels: Gij zijt een hardnekkig volk; in een ogenblik zou Ik in het midden van ulieden optrekken, en zou u vernielen; doch nu, legt uw sieraad van u af, en Ik zal u weten, wat Ik u doen zal.

⁶De kinderen Israels dan beroofden zichzelven van hun versierselen, verre van den berg Horeb.

⁷En Mozes nam de tent, en spande ze zich buiten het leger, ver van het leger afwijkende; en hij noemde ze de Tent der samenkomst. En het geschiedde, dat alwie den HEERE zocht, uitging tot de tent der samenkomst, die buiten het leger was.

⁸En het geschiedde, wanneer Mozes uitging naar de tent, stond al het volk op, en een ieder stelde zich in de deur zijner tent; en zij zagen Mozes na, totdat hij de tent ingegaan was.

⁹En het geschiedde, als Mozes de tent ingegaan was, zo kwam de wolkkolom nederwaarts, en stond in de deur der tent, en Hij sprak met Mozes.

¹⁰Als het volk de wolkkolom zag staan in de deur der tent, zo stond al het volk op, en zij bogen zich, een ieder in de deur zijner tent.

¹¹En de HEERE sprak tot Mozes aangezicht tot aangezicht, gelijk een man met zijn vriend spreekt; daarna keerde hij weder tot het leger; doch zijn dienaar Jozua, de zoon van Nun, de jongeling, week niet uit het midden der tent.

¹²En Mozes zeide tot den HEERE: Zie, Gij zegt tot mij: Voer dit volk op! maar Gij laat mij niet weten, wien Gij met mij zult zenden; daar Gij gezegd hebt: Ik ken u bij name! en ook: Gij hebt genade gevonden in Mijn ogen!

¹³Nu dan, ik bidde, indien ik genade gevonden heb in Uw ogen, zo laat mij nu Uw weg weten, en ik zal U kennen, opdat ik genade vinde in Uw ogen; en zie aan, dat deze natie Uw volk is!

¹⁴Hij dan zeide: Zou Mijn aangezicht moeten medegaan, om u gerust te stellen?

¹⁵Toen zeide hij tot Hem: Indien Uw aangezicht niet medegaan zal, doe ons van hier niet optrekken!

¹⁶Want waarbij zou nu bekend worden, dat ik genade gevonden heb in Uw ogen, ik en Uw volk? Is het niet daarbij, dat Gij met ons gaat? Alzo zullen wij afgezonderd worden, ik en Uw volk, van alle volk, dat op den aardbodem is.

¹⁷Toen zeide de HEERE tot Mozes: Ook deze zelfde zaak, die gij gesproken hebt, zal Ik doen, dewijl gij genade gevonden hebt in Mijn ogen, en Ik u bij name ken.

¹⁸Toen zeide hij: Toon mij nu Uw heerlijkheid!

¹⁹Doch Hij zeide: Ik zal al Mijn goedigheid voorbij uw aangezicht laten gaan, en zal den Naam des HEEREN uitroepen voor uw aangezicht; maar Ik zal genadig zijn, wien Ik zal genadig zijn, en Ik zal Mij ontfermen, over wien Ik Mij ontfermen zal.

²⁰Hij zeide verder: Gij zoudt Mijn aangezicht niet kunnen zien; want Mij zal geen mens zien, en leven.

²¹De HEERE zeide verder: Zie, er is een plaats bij Mij; daar zult gij u op de steenrots stellen.

²²En het zal geschieden, wanneer Mijn heerlijkheid voorbij zal gaan, zo zal Ik u in een kloof der steenrots zetten; en Ik zal u met Mijn hand overdekken, totdat Ik zal voorbijgegaan zijn.

²³En wanneer Ik Mijn hand zal weggenomen hebben, zo zult gij Mijn achterste delen zien; maar Mijn aangezicht zal niet gezien worden.

Hoofdstuk 35

¹Toen deed Mozes de ganse vergadering der kinderen Israels verzamelen, en zeide tot hen: Dit zijn de woorden, die de HEERE geboden heeft, dat men ze doe.

²Zes dagen zal men het werk doen; maar op den zevenden dag zal ulieden heiligheid zijn, een sabbat der rust den HEERE; al wie daarop werk doet, zal gedood worden.

³Gij zult geen vuur aansteken in enige uwer woningen op den sabbatdag.

⁴Verder sprak Mozes tot de ganse vergadering der kinderen Israels, zeggende: Dit is het woord, dat de HEERE geboden heeft, zeggende:

⁵Neemt van hetgeen, dat gijlieden hebt, een hefoffer den HEERE; een ieder, wiens hart vrijwillig is, zal het brengen, ten hefoffer des HEEREN: goud, en zilver, en koper;

⁶Als ook hemelsblauw, en purper, en scharlaken, en fijn linnen, en geiten haar;

⁷En roodgeverfde ramsvellen, en dassenvellen, en sittimhout;

⁸En olie tot den luchter, en specerijen ter zalfolie, en tot roking welriekende specerijen;

⁹En sardonixstenen, en vervullende stenen, tot den efod en tot den borstlap.

¹⁰En allen, die wijs van hart zijn onder ulieden, zullen komen, en maken alles, wat de HEERE geboden heeft:

¹¹De tabernakel, zijn tent en zijn deksel, zijn haakjes en zijn berderen, zijn richelen, zijn pilaren, en zijn voeten;

¹²De ark en haar handbomen, het verzoendeksel en den voorhang des deksels;

¹³De tafel en haar handbomen, en al haar gereedschap, en de toonbroden;

¹⁴En den kandelaar tot het licht, en zijn gereedschap, en zijn lampen, en de olie tot het licht;

¹⁵En het reukaltaar, en zijn handbomen, en de zalfolie, en het reukwerk van welriekende specerijen; en het deksel der deur aan de

deur des tabernakels;

¹⁶Het altaar des brandoffers, en den koperen rooster, dien het hebben zal, zijn handbomen, en al zijn gereedschappen; het wasvat en zijn voet.

¹⁷De behangselen des voorhofs, zijn pilaren en zijn voeten; en het deksel van de poort des voorhofs;

¹⁸De nagelen des tabernakels, en de pennen des voorhofs, met derzelver zelen;

¹⁹De ambtskleren om in het heilige te dienen, de heilige kleren van den priester Aaron, en de kleren zijner zonen, om het priesterambt te bedienen.

²⁰Toen ging de ganse vergadering der kinderen Israels uit van voor het aangezicht van Mozes.

²¹En zij kwamen, alle man, wiens hart hem bewoog, en een ieder, wiens geest hem vrijwillig maakte, die brachten des HEEREN hefoffer tot het werk van de tent der samenkomst, en tot al haar dienst, en tot de heilige kleren.

²²Zo kwamen dan de mannen met de vrouwen, alle vrijwilligen van hart; zij brachten haken, en oorsierselen, en ringen, en spanselen, alle gouden vaten; en alle man, die een gouden beweegoffer den HEERE offerde,

²³En alle man, bij wien gevonden werd hemelsblauw, en purper, en scharlaken, en fijn linnen, en geiten haar, en roodgeverfde ramsvellen, en dassenvellen, die brachten ze.

²⁴Allen, die een hefoffer van zilver of koper offerden, die brachten het ten hefoffer des HEEREN; en allen, bij welke sittimhout gevonden werd, brachten het tot allewerk van den dienst.

²⁵En alle vrouwen, die wijs van hart waren, sponnen met haar handen, en zij brachten het gesponnene, de hemelsblauwe zijde, en het purper, het scharlaken, en het fijn linnen.

²⁶En alle vrouwen, welker hart haar bewoog in wijsheid, die sponnen het geiten haar.

²⁷De oversten nu brachten sardonixstenen en vulstenen, tot den efod en tot den borstlap;

²⁸En specerijen en olie, tot den luchter en tot de zalfolie, en tot roking welriekende specerijen.

²⁹Alle man en vrouw, welker hart hen vrijwillig bewoog te brengen tot al het werk, hetwelk de HEERE geboden had te maken door de hand van Mozes; dat brachten de kinderen Israels tot een vrijwillig offer den HEERE.

³⁰Daarna zeide Mozes tot de kinderen Israels: Ziet, de HEERE heeft met name geroepen Bezaleel, den zoon van Uri, den zoon van Hur, van den stam van Juda.

³¹En de Geest Gods heeft hem vervuld met wijsheid, met verstand, en met wetenschap, namelijk in alle handwerk;

³²En om te bedenken vernuftigen arbeid, te werken in goud, en in zilver, en in koper,

³³En in kunstige steensnijding, om in te zetten, en in kunstige houtsnijding; om te werken in alle vernuftige handwerk.

³⁴Hij heeft hem ook in zijn hart gegeven anderen te onderwijzen, hem en Aholiab, den zoon van Ahisamach, van den stam van Dan.

³⁵Hij heeft hen vervuld met wijsheid des harten, te maken alle werk eens werkmeesters, en des allervernuftigsten handwerkers, en des borduurders en hemelsblauw, en in purper, in scharlaken, en in fijn linnen, en des wevers; makende alle werk, en bedenkende vernuftigen arbeid.

Hoofdstuk 36

¹Toen wrocht Bezaleel en Aholiab, en alle man, die wijs van hart was, in denwelken de HEERE wijsheid en verstand gegeven had, om te weten, hoe zij maken zouden alle werk ten dienste des heiligdoms naar alles, dat de HEERE geboden had.

²Want Mozes had geroepen Bezaleel en Aholiab, en alle man, die wijs van hart was, in wiens hart God wijsheid gegeven had, al wiens hart hem bewogen had, dat hij toetrad tot het werk, om dat te maken.

³Zij dan namen van voor het aangezicht van Mozes het ganse hefoffer, hetwelk de kinderen Israels gebracht hadden, tot het werk van den dienst des heiligdoms, om dat te maken; doch zij brachten tot hem nog allen morgen vrijwillig offer.

⁴Derhalve kwamen alle wijzen, die al het werk des heiligdoms maakten, ieder man van zijn werk, hetwelk zij maakten;

⁵En zij spraken tot Mozes, zeggende: Het volk brengt te veel, meer dan genoeg is ten dienste des werks, hetwelk de HEERE te maken geboden heeft.

⁶Toen gebood Mozes, dat men een stem zoude laten gaan door het leger, zeggende: Man noch vrouw make geen werk meer ten hefoffer des heiligdoms! Alzo werd het volk teruggehouden van meer te brengen.

⁷Want der stoffe was denzelven genoeg tot het gehele werk, dat te maken was; ja, er was over.

⁸Alzo maakte een ieder wijze van hart, onder degenen, die het werk maakten, den tabernakel van tien gordijnen, van getweernd fijn linnen, en hemelsblauw, en purper, en scharlaken met cherubim; van het allerkunstelijkste werk maakte hij ze.

⁹De lengte ener gordijn was van acht en twintig ellen, en de breedte ener gordijn van vier ellen; al deze gordijnen hadden een maat.

¹⁰En hij voegde vijf gordijnen, de ene aan de andere; en hij voegde andere vijf gordijnen, de ene aan de andere.

¹¹Daarna maakte hij striklisjes van hemelsblauw aan den kant ener gordijn, aan het uiterste in de samenvoeging; hij deed het ook aan den uitersten kant der tweede samenvoegende gordijn.

¹²Vijftig striklisjes maakte hij aan de ene gordijn, en vijftig striklisjes maakte hij aan het uiterste der gordijn; dat aan de tweede samenvoegende was; deze striklisjes vatten de ene aan de andere.

¹³Hij maakte ook vijftig gouden haakjes, en voegde de gordijnen samen, de ene aan de andere, met deze haakjes, dat het een tabernakel werd.

¹⁴Verder maakte hij gordijnen van geiten haar, tot een tent over den tabernakel; van elf gordijnen maakte hij ze.

¹⁵De lengte ener gordijn was dertig ellen, en vier ellen de breedte ener gordijn; deze elf gordijnen hadden een maat.

¹⁶En hij voegde vijf gordijnen samen bijzonder; wederom zes dezer gordijnen bijzonder.

¹⁷En hij maakte vijftig striklisjes aan den kant van de gordijn, de uiterste in de samenvoeging; hij maakte ook vijftig striklisjes aan den kant van de gordijn der andere samenvoeging.

¹⁸Hij maakte ook vijftig koperen haakjes, om de tent samen te voegen, dat zij een ware.

¹⁹Ook maakte hij voor de tent een deksel van roodgeverfde ramsvellen, en daarover een deksel van dassenvellen.

²⁰Hij maakte ook aan den tabernakel berderen van staand sittimhout.

²¹De lengte van een berd was tien ellen, en ene el en ene halve el was de breedte van elk berd.

²²Twee houvasten had een berd, als sporten in een ladder gezet, het ene nevens het andere; alzo maakte hij het met al de berderen des tabernakels.

²³Hij maakte ook de berderen tot den tabernakel; twintig berderen naar de zuidzijde zuidwaarts.

²⁴En hij maakte veertig zilveren voeten onder de twintig berderen; twee voeten onder een berd, aan zijn twee houvasten, en twee voeten onder een ander berd, aanzijn twee houvasten.

²⁵Hij maakte ook twintig berderen aan de andere zijde des tabernakels, aan den noorderhoek.

²⁶Met hun veertig zilveren voeten; twee voeten onder een berd, en twee voeten onder een ander berd.

²⁷Doch aan de zijde des tabernakels tegen het westen, maakte hij zes berderen.

²⁸Ook maakte hij twee berderen tot hoekberderen des tabernakels, aan de beide zijden.

²⁹En zij waren van beneden als tweelingen samengevoegd, zij waren ook als tweelingen aan deszelfs oppereinde samengevoegd met een ring; alzo deed hij met die beide, aan de twee hoeken.

³⁰Alzo waren er acht berderen met hun zilveren voeten, zijnde zestien voeten: twee voeten onder elk berd.

³¹Hij maakte ook richelen van sittimhout; vijf aan de berderen der ene zijde des tabernakels;

³²En vijf richelen aan de berderen van de andere zijde des tabernakels; alsook vijf richelen aan de berderen des tabernakels, aan de beide zijden westwaarts.

³³En hij maakte de middelste richel doorschietende in het midden der berderen, van het ene einde tot het andere einde.

³⁴En hij overtrok de berderen met goud, en hun ringen (de plaatsen voor de richelen) maakte hij van goud; de richelen overtrok hij ook met goud.

³⁵Daarna maakte hij een voorhang van hemelsblauw, en purper, en scharlaken, en fijn getweernd linnen; van het allerkunstelijkste werk maakte hij denzelven, met cherubim.

³⁶En hij maakte daartoe vier pilaren van sittim hout, die hij overtrok met goud; hun haken waren van goud, en hij goot hun vier zilveren voeten.

³⁷Hij maakte ook aan de deur der tent een deksel van hemelsblauw, en purper, en scharlaken, en fijn getweernd linnen, geborduurd werk;

³⁸En de vijf pilaren daarvan, en hun haken; en hij overtrok hun hoofden en derzelver banden met goud; en hun vijf voeten waren van

Leviticus
koper.

Hoofdstuk 37

¹Alzo maakte Bezaleel de ark van sittimhout; twee ellen en een halve was haar lengte, en anderhalve el haar breedte, en anderhalve el haar hoogte.

²En hij overtrok ze met louter goud, van binnen en van buiten; en hij maakte ze een gouden krans rondom.

³En hij goot voor dezelve vier gouden ringen, aan haar vier hoeken, alzo dat twee ringen op derzelver ene zijde waren, en twee ringen op haar andere zijde.

⁴En hij maakte handbomen van sittimhout, en hij overtrok ze met goud.

⁵En hij stak de handbomen in de ringen, aan de zijden der ark, om de ark te dragen.

⁶Hij maakte ook een verzoendeksel van louter goud; twee ellen en een halve was deszelfs lengte, en anderhalve el deszelfs breedte.

⁷Ook maakte hij twee cherubim van goud; van dicht werk maakte hij ze, uit de beide einden des verzoendeksels.

⁸Een cherub uit het ene einde aan deze zijde, en den anderen cherub uit het andere einde aan gene zijde; uit het verzoendeksel maakte hij de cherubim, uit deszelfs beide einden.

⁹En de cherubim waren de beide vleugelen omhoog uitbreidende, bedekkende met hun vleugelen het verzoendeksel; en hun aangezichten waren tegenover elkander; de aangezichten der cherubim waren naar het verzoendeksel.

¹⁰Hij maakte ook een tafel van sittimhout; twee ellen was haar lengte, en een el haar breedte; en een el en een halve haar hoogte.

¹¹En hij overtrok ze met louter goud; en hij maakte een gouden krans daaraan, rondom.

¹²Hij maakte daaraan ook een lijst rondom, een hand breed; en hij maakte een gouden krans rondom derzelver lijst.

¹³Hij goot ook vier gouden ringen daaraan; en hij zette de ringen aan de vier hoeken, die aan derzelver vier voeten waren.

¹⁴Tegenover de lijst waren de ringen tot plaatsen voor de handbomen, om de tafel te dragen.

¹⁵Hij maakte ook de handbomen van sittimhout; en hij overtrok ze met goud, om de tafel te dragen.

¹⁶En hij maakte het gereedschap, dat op de tafel zijn zoude, haar schotelen, en haar reukschalen, en haar kroezen, en haar platelen (met welke ze bedekt zoude worden), van louter goud.

¹⁷Hij maakte ook een kandelaar van louter goud. Van dicht werk maakte hij deze kandelaar, zijn schacht, en zijn rieten; zijn schaaltjes, zijn knopen, en zijn bloemenwaren uit hem.

¹⁸Zes rieten nu gingen uit zijn zijden; drie rieten des kandelaars uit zijn ene zijde, en drie rieten des kandelaars uit zijn andere zijde.

¹⁹In het ene riet waren drie schaaltjes, gelijk amandelnoten, een knoop en een bloem; en drie schaaltjes, gelijk amandelnoten in een ander riet, een knoop en een bloem; alzo waren die zes rieten, die uit den kandelaar gingen.

²⁰Maar aan den kandelaar zelven waren vier schaaltjes, gelijk amandelnoten, met zijn knopen, en met zijn bloemen.

²¹En daar was een knoop onder twee rieten, uit denzelven uitgaande; ook een knoop onder twee rieten, uit denzelven uitgaande; nog een knoop onder twee rieten, uit denzelven uitgaande; alzo was het met de zes rieten, die uit denzelven uitgingen.

²²Hun knopen en rieten waren uit hem; het was altemaal een enig dicht werk van louter goud.

²³En hij maakte hem zeven lampen; zijn snuiters en zijn blusvaten waren van louter goud.

²⁴Hij maakte denzelven uit een talent louter goud, met al zijn vaten.

²⁵En hij maakte het reukaltaar van sittimhout; een el was zijn lengte en een el zijn breedte, vierkant, maar twee ellen zijn hoogte; uit hetzelve waren zijn hoornen.

²⁶En hij overtrok het met louter goud, zijn dak, en zijn wanden rondom, alsook zijn hoornen; en hij maakte het een gouden krans rondom.

²⁷Hij maakte ook twee gouden ringen daaraan, onder zijn krans, aan zijn twee hoeken, aan zijn beide zijden, tot plaatsen voor de handbomen, dat men het daarmede droeg.

²⁸En hij maakte de handbomen van sittimhout, en hij overtrok ze met goud.

²⁹Hij maakte ook de heilige zalfolie, en het reukwerk der zuiverste welriekende specerijen, naar apothekerswerk.

Hoofdstuk 38

¹Hij maakte ook het brandofferaltaar van sittimhout; vijf ellen was deszelfs lengte, en vijf ellen zijn breedte, vierkant, en drie ellen zijn hoogte.

²En hij maakte deszelfs hoornen op zijn vier hoeken; uit hetzelve waren zijn hoornen; en hij overtrok het met koper.

³Hij maakte ook al het gereedschap des altaars, de potten, en de schoffelen, en de besprengbekkens, en de krauwelen, en de koolpannen; en al zijn vaten maakte hij van koper.

⁴Ook maakte hij aan het altaar een rooster van koperen netwerk, onder zijn omloop, van beneden tot zijn midden toe.

⁵En hij goot vier ringen aan de vier einden des koperen roosters, tot plaatsen voor de handbomen.

⁶En hij maakte de handbomen van sittimhout, en hij overtrok ze met koper.

⁷En hij deed de handbomen in de ringen, aan de zijden des altaars, dat men het met dezelve droeg; hij maakte hetzelve hol van planken.

⁸Hij maakte ook het koperen wasvat, met zijn koperen voet, van de spiegels der te hoop komende vrouwen, die te hoop kwamen voor de deur van de tent der samenkomst.

⁹Hij maakte ook den voorhof, aan den zuidhoek zuidwaarts; de behangselen tot den voorhof waren van fijn getweernd linnen, van honderd ellen.

¹⁰Hun twintig pilaren en derzelver twintig voeten, waren van koper; de haken dezer pilaren en hun banden waren van zilver.

¹¹En aan den noorderhoek honderd ellen, hun twintig pilaren en derzelver twintig voeten waren van koper; de haken der pilaren en derzelver banden waren van zilver.

¹²En aan den westerhoek waren behangselen van vijftig ellen, hun pilaren tien en derzelver voeten tien; de haken der pilaren en hun banden waren van zilver.

¹³En aan den oosterhoek tegen den opgang waren vijftig ellen.

¹⁴De behangselen aan deze zijde waren vijftien ellen, derzelver pilaren drie en hun voeten drie.

¹⁵En aan de andere zijde van de deur des voorhofs, van hier en van daar, waren behangselen van vijftien ellen; hun pilaren drie en derzelver voeten drie.

¹⁶Al de behangselen des voorhofs waren rondom van fijn getweernd linnen.

¹⁷De voeten nu der pilaren waren van koper, de haken der pilaren, en hun banden waren van zilver, en het overdeksel hunner hoofden was van zilver, en al de pilaren des voorhofs waren met zilver omtogen.

¹⁸En het deksel van de poort des voorhofs was van geborduurd werk, van hemelsblauw, en purper, en scharlaken, en fijn getweernd linnen; en twintig ellen was de lengte, en de hoogte in de breedte was vijf ellen, tegenover de behangselen des voorhofs.

¹⁹En hun vier pilaren en derzelver vier voeten waren van koper, hun haken waren van zilver; ook was het overdeksel hunner hoofden en hun banden van zilver.

²⁰En al de pennen des tabernakels en des voorhofs rondom waren van koper.

²¹Dit zijn de getelde dingen van den tabernakel, van den tabernakel der getuigenis, die geteld zijn naar den mond van Mozes, ten dienste der Levieten, door de hand van Ithamar, de zoon van den priester Aaron.

²²Bezaleel nu, de zoon van Uri, den zoon van Hur, van den stam van Juda, maakte al, dat de HEERE aan Mozes geboden had.

²³En met hem Aholiab, de zoon van Ahisamach, van den stam van Dan, een werkmeester en vernuftig kunstenaar, en een borduurder in hemelsblauw, en in purper, en in scharlaken, en in fijn linnen.

²⁴Al het goud, dat tot het werk verarbeid is, in het ganse werk des heiligdoms, te weten, het goud des beweegoffers, was negen en twintig talenten, en zevenhonderden dertig sikkelen, naar den sikkel des heiligdoms.

²⁵Het zilver nu van de getelden der vergadering was honderd talenten, en duizend zevenhonderd vijf en zeventig sikkelen, naar den sikkel des heiligdoms.

²⁶Een beka voor elk hoofd, dat is een halve sikkel, naar den sikkel des heiligdoms, van een ieder, die overging tot de getelden, van twintig jaren oud en daarboven, namelijk zeshonderd drie duizend, vijfhonderd vijftig.

²⁷En er waren honderd talenten zilver, om te gieten de voeten des heiligdoms, en de voeten des voorhangs; tot honderd voeten waren honderd talenten, een talent tot een voet.

²⁸Maar uit de duizend zevenhonderd vijf en zeventig sikkelen maakte hij de haken aan de pilaren, en hij overtrok hun hoofden, en omtoog ze met banden.

²⁹Het koper nu des beweegoffers was zeventig talenten, en twee duizend vierhonderd sikkelen.

³⁰En hij maakte daarvan de voeten der deur van de tent der samenkomst, en het koperen altaar, en den koperen rooster, dien het had, en al het gereedschap desaltaars.

³¹En de voeten des voorhofs rondom, en de voeten van de poort des voorhofs, ook al de pennen des tabernakels, en al de pennen des voorhofs rondom.

Hoofdstuk 39

¹Zij maakten ook ambtsklederen, om in het heilige te dienen, van hemelsblauw, en purper, en scharlaken; ook maakten zij de heilige klederen, die voor Aaron waren, gelijk de HEERE aan Mozes geboden had.

²Aldus maakte hij den efod, van goud, hemelsblauw, en purper, en scharlaken, en fijn getweernd linnen.

³En zij rekten uit de dunne platen van goud, en sneden het tot draden, om te doen in het midden van het hemelsblauw, en in het midden van het purper, en in hetmidden van het scharlaken, en in het midden van het fijn linnen, van het allerkunstelijkste werk.

⁴Zij maakten samenvoegende schouderbanden daaraan; aan deszelfs beide einden werd hij samengevoegd.

⁵En de kunstelijke riem zijns efods, die daarop was, was gelijk zijn werk, van hetzelfde, van goud, van hemelsblauw, en purper, en scharlaken, en fijn getweerndlinnen, gelijk als de HEERE aan Mozes bevolen had.

⁶Zij bereidden ook de sardonixstenen, omvat in gouden kastjes, als zegelgravering gegraveerd, met de namen der zonen van Israel.

⁷En hij zette ze op de schouderbanden des efods, tot stenen der gedachtenis voor de kinderen Israels, gelijk de HEERE aan Mozes geboden had.

⁸Hij maakte ook de borstlap van het allerkunstelijkste werk, gelijk het werk des efods, van goud, hemelsblauw, en purper, en scharlaken, en fijn getweernd linnen.

⁹Hij was vierkant; zij maakten den borstlap dubbel; een span was zijn lengte, en een span was zijn breedte, dubbel zijnde.

¹⁰En zij vulden daarin vier rijen stenen: een rij van een Sardis, een Topaas en een Karbonkel; dit is de eerste rij.

¹¹En de tweede rij van een Smaragd, een Saffier en een Diamant.

¹²En de derde rij van een Hyacinth, Agaat, en Amethyst.

¹³En de vierde rij van een Turkoois, en een Sardonix, en een Jaspis; omvat in gouden kastjes in hun vullingen.

¹⁴Deze stenen nu, met de namen der zonen van Israel, waren twaalf, met hun namen, met zegelgravering; ieder met zijn naam, naar de twaalf stammen.

¹⁵Zij maakten ook aan den borstlap gelijk-eindigende ketentjes, van gedraaid werk, uit louter goud.

¹⁶En zij maakten twee gouden kastjes, en twee gouden ringen; en zij zetten die twee ringen aan de beide einden des borstlaps.

¹⁷En zij zetten de twee gedraaide gouden ketentjes aan de twee ringen, aan de einden van den borstlap.

¹⁸Doch de twee andere einden der gedraaide ketenen zetten zij aan de twee kastjes, en zij zetten ze aan de schouderbanden des efods, recht op de voorste zijde vandien.

¹⁹Zij maakten ook twee gouden ringen, die zij aan de twee andere einden des borstlaps zetten, inwendig aan zijn boord, die aan de zijde des efods is.

²⁰Nog maakten zij twee gouden ringen, die zij zetten aan de twee schouderbanden van den efod, beneden, aan deszelfs voorste zijde, tegenover zijn andere voege, boven den kunstelijke riem des efods.

²¹En zij bonden den borstlap met zijn ringen aan de ringen van den efod, met een hemelsblauw snoer, dat hij op den kunstelijke riem van den efod was; opdat deborstlap van den efod niet afgescheiden wierd, gelijk als de HEERE aan Mozes geboden had.

²²En hij maakte den mantel des efods van geweven werk, geheel van hemelsblauw.

²³En het gat des mantels was in deszelfs midden, als het gat eens pantsiers; dit gat had een boord rondom, dat het niet gescheurd wierd.

²⁴En aan de zomen des mantels maakten zij granaatappelen van hemelsblauw, en purper, en scharlaken, getweernd.

²⁵Zij maakten ook schelletjes van louter goud, en zij stelden de schelletjes tussen de granaatappelen, aan de zomen des mantels rondom, tussen de granaatappelen;

²⁶Dat er een schelletje, daarna een granaatappel was; wederom een schelletje, en een granaatappel; aan de zomen des mantels rondom; om te dienen, gelijk als deHEERE aan Mozes geboden had.

²⁷Zij maakten ook de rokken van fijn linnen, van geweven werk, voor Aaron en voor zijn zonen;

²⁸En den hoed van fijn linnen, en de sierlijke mutsen van fijn linnen, en de linnen onderbroeken van fijn getweernd linnen;

²⁹En den gordel van fijn getweernd linnen, en van hemelsblauw, en purper, en scharlaken, van geborduurd werk, gelijk als de HEERE aan Mozes geboden had.

³⁰Zij maakten ook de plaat van de kroon der heiligheid van louter goud, en zij schreven daarop een schrift, met zegelgravering: De HEILIGHEID DES HEEREN.

³¹En zij hechtten een snoer van hemelsblauw daaraan, om aan den hoed van boven te hechten, gelijk als de HEERE aan Mozes geboden had.

³²Aldus werd al het werk des tabernakels, van de tent der samenkomst voleind; en de kinderen Israels hadden het gemaakt naar alles, wat de HEERE aan Mozesgeboden had; alzo hadden zij het gemaakt.

³³Daarna brachten zij den tabernakel tot Mozes, de tent, en al haar gereedschap, haar haakjes, haar berderen, haar richelen, en haar pilaren, en haar voeten;

³⁴En het deksel van roodgeverfde ramsvellen, en het deksel van dassenvellen, en den voorhang van het deksel;

³⁵De ark der getuigenis, en haar handbomen, en het verzoendeksel;

³⁶De tafel, met al haar gereedschap, en de toonbroden;

³⁷De louteren kandelaar met zijn lampen, de lampen, die men toerichten moest, en al deszelfs gereedschap, en de olie tot het licht;

³⁸Verder het gouden altaar, en de zalfolie, en het reukwerk van welriekende specerijen, en het deksel van de deur der tent.

³⁹Het koperen altaar, en den koperen rooster, dien het heeft, deszelfs handbomen, en al zijn gereedschap; het wasvat en zijn voet;

⁴⁰De behangselen des voorhofs, zijn pilaren en zijn voeten, en het deksel van de poort des voorhofs, zijn zelen, en zijn pennen, en al het gereedschap van den dienstdes tabernakels, tot de tent der samenkomst;

⁴¹De ambtsklederen, om in het heiligdom te dienen, de heilige klederen van de priester Aaron, en de klederen van zijn zonen, om het priesterambt te bedienen.

⁴²Naar alles, wat de HEERE aan Mozes geboden had, alzo hadden de kinderen Israels het ganse werk gemaakt.

⁴³Mozes nu bezag het ganse werk, en ziet, zij hadden het gemaakt, gelijk als de HEERE geboden had; alzo hadden zij het gemaakt. Toen zegende Mozes hen.

Hoofdstuk 40

¹Verder sprak de HEERE tot Mozes, zeggende:

²Op den dag der eerste maand, te weten op den eersten der maand, zult gij den tabernakel, de tent der samenkomst, oprichten.

³En gij zult aldaar zetten de ark der getuigenis; en gij zult de ark met de voorhang bedekken.

⁴Daarna zult gij de tafel daarin brengen, en gij zult schikken wat daarop te schikken is; gij zult ook den kandelaar daarin brengen, en zijn lampen aansteken.

⁵En gij zult het gouden altaar ten reukwerk voor de ark der getuigenis zetten, dan zult gij het deksel van de deur des tabernakels ophangen.

⁶Gij zult ook het altaar des brandoffers zetten voor de deur van den tabernakel, van de tent der samenkomst.

⁷En gij zult het wasvat zetten tussen de tent der samenkomst, en tussen het altaar; en gij zult water daar in doen.

⁸Daarna zult gij den voorhof rondom zetten, en gij zult het deksel ophangen aan de poort des voorhofs.

⁹Dan zult gij de zalfolie nemen en zalven den tabernakel, en al wat daarin is; en gij zult dezelven heiligen, met al zijn gereedschap, en het zal een heiligheid zijn.

¹⁰Gij zult ook het altaar des brandoffers zalven, en al zijn gereedschap; en gij zult het altaar heiligen, en het altaar zal heiligheid der heiligheden zijn.

¹¹Dan zult gij het wasvat zalven, en deszelfs voet; en gij zult het heiligen.

¹²Gij zult ook Aaron en zijn zonen doen naderen, tot de deur van de tent der samenkomst; en gij zult hen met water wassen.

¹³En gij zult Aaron de heilige klederen aantrekken; en gij zult hem zalven, en hem heiligen, dat hij Mij het priesterambt bediene.

¹⁴Gij zult ook zijn zonen doen naderen, en zult hun de rokken aantrekken.

¹⁵En gij zult hen zalven, gelijk als gij hun vader zult gezalfd hebben, dat zij Mij het priesterambt bedienen. En het zal geschieden, dat hun hun zalving zal zijn tot eeneeuwig priesterdom bij hun geslachten.

Leviticus

¹⁶Mozes nu deed het naar alles, wat hem de HEERE geboden had; alzo deed hij.

¹⁷En het geschiedde in de eerste maand, in het tweede jaar, op den eersten der maand, dat de tabernakel opgericht werd.

¹⁸Want Mozes richtte den tabernakel op, en zette zijn voeten, en stelde zijn berderen, en zette zijn richelen daaraan, en hij richtte deszelfs pilaren op.

¹⁹En hij spreidde de tent uit over den tabernakel, en hij zette het deksel der tent daar bovenop, gelijk als de HEERE aan Mozes geboden had.

²⁰Voorts nam hij, en legde de getuigenis in de ark, en deed de handbomen aan de ark, en hij zette het verzoendeksel boven op de ark.

²¹En hij bracht de ark in den tabernakel, en hij hing den voorhang van het deksel op, en bedekte de ark der getuigenis, gelijk als de HEERE aan Mozes geboden had.

²²Hij zette ook de tafel in de tent der samenkomst, aan de zijde des tabernakels tegen het noorden, buiten den voorhang.

²³En hij schikte daarop het brood in orde, voor het aangezicht des HEEREN, gelijk als de HEERE aan Mozes geboden had.

²⁴Hij zette ook den kandelaar in de tent der samenkomst, recht over de tafel, aan de zijde des tabernakels, zuidwaarts.

²⁵En hij stak de lampen aan voor het aangezicht des HEEREN, gelijk als de HEERE aan Mozes geboden had.

²⁶En hij zette het gouden altaar in de tent der samenkomst, voor den voorhang.

²⁷En hij stak daarop aan reukwerk van welriekende specerijen, gelijk als de HEERE aan Mozes geboden had.

²⁸Hij hing ook het deksel van de deur des tabernakels.

²⁹En hij zette het altaar des brandoffers aan de deur des tabernakels, van de tent der samenkomst; en hij offerde daarop brandoffer, en spijsoffer, gelijk de HEERE aan Mozes geboden had.

³⁰Hij zette ook het wasvat tussen de tent der samenkomst, en tussen het altaar; en hij deed water daarin om te wassen.

³¹En Mozes en Aaron, en zijn zonen wiesen daaruit hun handen en hun voeten.

³²Als zij ingingen tot de tent der samenkomst, en als zij tot het altaar naderden, zo wiesen zij zich, gelijk als de HEERE aan Mozes geboden had.

³³Hij richtte ook den voorhof op, rondom den tabernakel en het altaar, en hij hing het deksel van de poort des voorhofs op. Alzo voleindigde Mozes het werk.

³⁴Toen bedekte de wolk de tent der samenkomst; en de heerlijkheid des HEEREN vervulde den tabernakel.

³⁵Zodat Mozes niet kon ingaan in de tent der samenkomst, dewijl de wolk daarop bleef, en de heerlijkheid des HEEREN den tabernakel vervulde.

³⁶Als nu de wolk opgeheven werd van boven den tabernakel, zo reisden de kinderen Israels voort in al hun reizen.

³⁷Maar als de wolk niet opgeheven werd, zo reisden zij niet tot op den dag, dat zij opgeheven werd.

Leviticus

Hoofdstuk 1

¹En de HEERE riep Mozes, en sprak tot hem uit de tent der samenkomst, zeggende:

²Spreek tot de kinderen Israels, en zeg tot hen: Als een mens uit u den HEERE een offerande zal offeren, gij zult uw offeranden offeren van het vee, van runderen van schapen.

³Indien zijn offerande een brandoffer van runderen is, zo zal hij een volkomen mannetje offeren; aan de deur van de tent der samenkomst zal hij dat offeren, naar zijn welgevallen, voor het aangezicht des HEEREN.

⁴En hij zal zijn hand op het hoofd des brandoffers leggen, opdat het voor hem aangenaam zij, om hem te verzoenen.

⁵Daarna zal hij het jonge rund slachten voor het aangezicht des HEEREN; en de zonen van Aaron, de priesters, zullen het bloed offeren, en het bloed sprengen rondom dat altaar, hetwelk voor de deur van de tent der samenkomst is.

⁶Dan zal hij het brandoffer de huid aftrekken, en het in zijn stukken delen.

⁷En de zonen van Aaron, den priester, zullen vuur maken op het altaar, en zullen het hout op het vuur schikken.

⁸Ook zullen de zonen van Aaron, de priesters, de stukken, het hoofd en het smeer, schikken op het hout, dat op het vuur is, hetwelk op het altaar is.

⁹Doch zijn ingewand, en zijn schenkelen zal men met water wassen; en de priester zal dat alles aansteken op het altaar; het is een brandoffer, een vuuroffer, tot een liefelijken reuk den HEERE.

¹⁰En indien zijn offerande is van klein vee, van schapen of van geiten, ten brandoffer, zal hij een volkomen mannetje offeren.

¹¹En hij zal dat slachten aan de zijde van het altaar noordwaarts, voor het aangezicht des HEEREN; en de zonen van Aaron, de priesters, zullen zijn bloed rondom op het altaar sprengen.

¹²Daarna zal hij het in zijn stukken delen, mitsgaders zijn hoofd en zijn smeer; en de priester zal die schikken op het hout, dat op het vuur is, hetwelk op het altaar is.

¹³Doch het ingewand en de schenkelen zal men met water wassen; en de priester zal dat alles offeren en aansteken op het altaar; het is een brandoffer, een vuuroffer, tot een liefelijken reuk den HEERE.

¹⁴En indien zijn offerande voor den HEERE een brandoffer van gevogelte is, zo zal hij zijn offerande van tortelduiven, of van jonge duiven, offeren.

¹⁵En de priester zal die tot het altaar brengen, en deszelfs hoofd met zijn nagel splijten, en op het altaar aansteken; en zijn bloed zal aan den wand des altaars uitgeduwd worden.

¹⁶En zijn krop met zijn vederen zal hij wegdoen, en zal het werpen bij het altaar, oostwaarts, aan de plaats der as.

Hoofdstuk 2

¹Als nu een ziel een offerande van spijsoffer den HEERE zal offeren, zijn offerande zal van meelbloem zijn; en hij zal olie daarop gieten, en wierook daarop leggen.

²En hij zal het brengen tot de zonen van Aaron, de priesters, een van welke daarvan zijn hand vol grijpen zal uit deszelfs meelbloem, en uit deszelfs olie, met al deszelfs wierook; en de priester zal deszelfs gedenkoffer aansteken op het altaar; het is een vuuroffer, tot een liefelijken reuk den HEERE.

³Wat nu overblijft van het spijsoffer, zal voor Aaron en zijn zonen zijn; het is een heiligheid der heiligheden van de vuurofferen des HEEREN.

⁴En als gij offeren zult een offerande van spijsoffer, een gebak des ovens; het zullen zijn ongezuurde koeken van meelbloem, met olie gemengd, en ongezuurde vladen, met olie bestreken.

⁵En indien uw offerande spijsoffer is, in de pan gekookt, zij zal zijn van ongezuurde meelbloem, met olie gemengd.

⁶Breekt ze in stukken, en giet olie daarop; het is een spijsoffer.

⁷En zo uw offerande een spijsoffer des ketels is, het zal van meelbloem met olie gemaakt worden.

⁸Dan zult gij dat spijsoffer, hetwelk daarvan zal gemaakt worden, den HEERE toebrengen; en men zal het tot den priester doen naderen, die het tot het altaar dragen zal.

⁹En de priester zal van dat spijsoffer deszelfs gedenkoffer opnemen, en op het altaar aansteken, het is een vuuroffer, tot een liefelijken reuk den HEERE.

¹⁰En wat overblijft van het spijsoffer, zal voor Aaron en zijn zonen zijn; het is een heiligheid der heiligheden van de vuurofferen des HEEREN.

¹¹Geen spijsoffer, dat gij den HEERE zult offeren, zal met desem gemaakt worden; want van geen zuurdesem, en van geen honig zult gijlieden den HEERE vuuroffer aansteken.

¹²De offeranden der eerstelingen zult gij den HEERE offeren; maar op het altaar zullen zij niet komen tot een liefelijken reuk.

¹³En alle offerande uws spijsoffers zult gij met zout zouten, en het zout des verbonds van uw God van uw spijsoffer niet laten afblijven; met al uw offerande zult gij zout offeren.

¹⁴En zo gij den HEERE een spijsoffer der eerste vruchten offert, zult gij het spijsoffer uwer eerste vruchten van groene aren, bij het vuur gedord, dat is, het klein gebroken graan van volle groene aren, offeren.

¹⁵En gij zult olie daarop doen, en wierook daarop leggen; het is een spijsoffer.

¹⁶Zo zal de priester deszelfs gedenkoffer aansteken van zijn klein gebroken graan en van zijn olie, met al den wierook; het is een vuuroffer den HEERE.

Hoofdstuk 3

¹En indien zijn offer een dankoffer is; zo hij ze van de runderen offert, hetzij mannetje of wijfje, volkomen zal hij die offeren, voor het aangezicht des HEEREN.

²En hij zal zijn hand op het hoofd zijner offerande leggen, en zal ze slachten voor de deur van de tent der samenkomst; en de zonen van Aaron, de priesters, zullen het bloed rondom op het altaar sprengen.

³Daarna zal hij van dat dankoffer een vuuroffer den HEERE offeren, het vet, dat het ingewand bedekt, en al het vet, hetwelk aan het ingewand is.

⁴Dan zal hij beide de nieren, en het vet, hetwelk daaraan is, dat aan de weekdarmen is; en het net over de lever, met de nieren, zal hij afnemen.

⁵En de zonen van Aaron zullen dat aansteken op het altaar, op het brandoffer, hetwelk op het hout zal zijn, dat op het vuur is; het is een vuuroffer, tot een liefelijken reuk den HEERE.

⁶En indien zijn offerande van klein vee is, den HEERE tot een dankoffer, hetzij mannetje of wijfje, volkomen zal hij die offeren.

⁷Indien hij een lam tot zijn offerande offert, zo zal hij het offeren voor het aangezicht des HEEREN.

⁸En hij zal zijn hand op het hoofd zijner offerande leggen, en hij zal die slachten voor de tent der samenkomst; en de zonen van Aaron zullen het bloed daarvan sprengen op het altaar rondom.

⁹Daarna zal hij van dat dankoffer een vuuroffer den HEERE offeren; zijn vet, den gehele staart, dien hij dicht aan de ruggegraat zal afnemen, en het vet bedekkende het ingewand, en al het vet, dat aan het ingewand is;

¹⁰Ook beide de nieren, en het vet, dat daaraan is, dat aan de weekdarmen is; en het net over de lever met de nieren, zal hij afnemen.

¹¹En de priester zal dat aansteken op het altaar; het is een spijs des vuuroffers den HEERE.

¹²Indien nu zijn offerande een geit is, zo zal hij die offeren voor het aangezicht des HEEREN.

¹³En hij zal zijn hand op haar hoofd leggen, en hij zal hem slachten voor de tent der samenkomst; en de zonen van Aaron zullen haar bloed op het altaar sprengen rondom.

¹⁴Dan zal hij daarvan zijn offerande offeren, een vuuroffer den HEERE; het vet bedekkende het ingewand, en al het vet, dat aan het ingewand is;

¹⁵Mitsgaders de beide nieren, en het vet, dat daaraan is, dat aan de weekdarmen is; en het net over de lever, met de nieren, zal hij afnemen.

¹⁶En de priester zal die aansteken op het altaar; het is een spijs des vuuroffers, tot een liefelijken reuk; alle vet zal des HEEREN zijn.

¹⁷Dit zij een eeuwige inzetting voor uw geslachten, in al uw woningen: geen vet noch bloed zult gij eten.

Hoofdstuk 4

¹Verder sprak de HEERE tot Mozes, zeggende:

²Spreek tot de kinderen Israels, zeggende: Als een ziel zal gezondigd hebben, door afdwaling van enige geboden des HEEREN, dat niet zou gedaan worden, entegen een van die zal gedaan hebben;

³Indien de priester, die gezalfd is, zal gezondigd hebben, tot schuld des volks, zo zal hij voor zijn zonde, die hij gezondigd heeft, offeren een var, een volkomen jong rund, den HEERE ten zondoffer.

⁴En hij zal die var brengen tot de deur van de tent der samenkomst, voor het aangezicht des HEEREN; en hij zal zijn hand op

Leviticus

het hoofd van dien var leggen, en hij zal dien var slachten voor het aangezicht des HEEREN.

⁵Daarna zal die gezalfde priester van het bloed van den var nemen, en hij zal dat tot de tent der samenkomst brengen.

⁶En de priester zal zijn vinger in dat bloed dopen; en van dat bloed zal hij zevenmaal sprengen voor het aangezicht des HEEREN, voor den voorhang van het heilige.

⁷Ook zal de priester van dat bloed doen op de hoornen des reukaltaars der welriekende specerijen, voor het aangezicht des HEEREN, dat in de tent der samenkomst is; dan zal hij al het bloed van den var uitgieten aan den bodem van het altaar des brandoffers, hetwelk is aan de deur van de tent der samenkomst.

⁸Verder, al het vet van den var des zondoffers zal hij daarvan opnemen; het vet bedekkende het ingewand, en al het vet, dat aan het ingewand is;

⁹Daartoe de twee nieren, en het vet, dat daaraan is, dat aan de weekdarmen is, en het net over de lever, met de nieren, zal hij afnemen;

¹⁰Gelijk als het van den os des dankoffers opgenomen wordt; en de priester zal die aansteken op het altaar des brandoffers.

¹¹Maar de huid van dien var, en al zijn vlees, met zijn hoofd en met zijn schenkelen, en zijn ingewand, en zijn mest;

¹²En dien gehele var zal hij tot buiten het leger uitvoeren, aan een reine plaats, waar men de as uitstort, en zal hem met vuur op het hout verbranden; bij de uitgegoten as zal hij verbrand worden.

¹³Indien nu de gehele vergadering van Israel afgedwaald zal zijn, en de zaak voor de ogen der gemeente verborgen is, en zij iets gedaan zullen hebben tegen enige van alle geboden des HEEREN, dat niet zoude gedaan worden, en zijn schuldig geworden;

¹⁴En die zonde, die zij daartegen gezondigd zullen hebben, bekend is geworden; zo zal de gemeente een var, een jong rund, ten zondoffer offeren, en dien voor de tent der samenkomst brengen;

¹⁵En de oudsten der vergadering zullen hun handen op het hoofd van den var leggen, voor het aangezicht des HEEREN; en hij zal den var slachten voor het aangezicht des HEEREN.

¹⁶Daarna zal die gezalfde priester van het bloed van den var tot de tent der samenkomst brengen.

¹⁷En de priester zal zijn vinger indopen, nemende van dat bloed; en hij zal zevenmaal sprengen voor het aangezicht des HEEREN, voor den voorhang.

¹⁸En van dat bloed zal hij doen op de hoornen van het altaar, dat voor het aangezicht des HEEREN is, dat in de tent der samenkomst is; dan zal hij al het bloed uitgieten, aan den bodem van het altaar des brandoffers, hetwelk is voor de deur van de tent der samenkomst.

¹⁹Daartoe zal hij al zijn vet van hem opnemen, en op het altaar aansteken.

²⁰En hij zal dezen var doen, gelijk als hij den var des zondoffers gedaan heeft, alzo zal hij hem doen; en de priester zal voor hen verzoening doen, en het zal hun vergeven worden.

²¹Daarna zal hij dien var tot buiten het leger uitvoeren, en zal hem verbranden, gelijk als hij den eersten var verbrand heeft; het is een zondoffer der gemeente.

²²Als een overste zal gezondigd hebben, en tegen een van de geboden des HEEREN zijns Gods, door afdwaling, gedaan zal hebben, hetwelk niet zou gedaan worden, zodat hij schuldig is;

²³Of men zijn zonde, die hij daartegen gezondigd heeft, aan hem zal bekend gemaakt hebben; zo zal hij tot zijn offer brengen een geitenbok, een volkomen mannetje.

²⁴En hij zal zijn hand op het hoofd van den bok leggen, en zal slachten in de plaats, waar men het brandoffer slacht voor het aangezicht des HEEREN; het is een zondoffer.

²⁵Daarna zal de priester van het bloed des zondoffers met zijn vinger nemen, en dat op de hoornen van het altaar des brandoffers doen; dan zal hij zijn bloed aan den bodem van het altaar des brandoffers uitgieten.

²⁶Hij zal ook al zijn vet op het altaar aansteken, gelijk het vet des dankoffers; zo zal de priester voor hem verzoening doen van zijn zonden, en het zal hem vergeven worden.

²⁷En zo enig mens van het volk des lands door afdwaling zal gezondigd hebben, dewijl hij iets doet tegen een van de geboden des HEEREN, dat niet gedaan zou worden, zodat hij schuldig is;

²⁸Of men zijn zonde, die hij gezondigd heeft, aan hem zal bekend gemaakt hebben; zo zal hij tot zijn offerande brengen een jonge geit, een volkomen wijfje, voor zijn zonde, die hij gezondigd heeft.

²⁹En hij zal zijn hand op het hoofd des zondoffers leggen; en men zal dat zondoffer slachten in de plaats des brandoffers.

³⁰Daarna zal de priester van haar bloed met zijn vinger nemen, en doen het op de hoornen van het altaar des brandoffers; dan zal hij al het bloed daarvan aan den bodem van dat altaar uitgieten.

³¹En al haar vet zal hij afnemen, gelijk als het vet van het dankoffer afgenomen wordt, en de priester zal het aansteken op het altaar, tot een liefelijken reuk den HEERE; en de priester zal voor hem verzoening doen, en het zal hem vergeven worden.

³²Maar zo hij een lam voor zijn offerande ten zondoffer brengt, het zal een volkomen wijfje zijn, dat hij brengt.

³³En hij zal zijn hand op het hoofd des zondoffers leggen, en hij zal dat slachten tot een zondoffer, in de plaats, waar men het brandoffer slacht.

³⁴Daarna zal de priester van het bloed des zondoffers met zijn vinger nemen, en zal het doen op de hoornen van het altaar des brandoffers; dan zal hij al het bloed daarvan aan den bodem van dat altaar uitgieten.

³⁵En al het vet daarvan zal hij afnemen, gelijk als het vet van het lam des dankoffers afgenomen wordt, en de priester zal die aansteken op het altaar, op de vuurofferen des HEEREN; en de priester zal voor hem verzoening doen over zijn zonde, die hij gezondigd heeft, en het zal hem vergeven worden.

Hoofdstuk 5

¹Als nu een mens zal gezondigd hebben, dat hij gehoord heeft een stem des vloeks, waarvan hij getuige is, hetzij dat hij het gezien of geweten heeft; indien hij het niet te kennen geeft, zo zal hij zijn ongerechtigheid dragen.

²Of wanneer een mens enig onrein ding zal aangeroerd hebben, hetzij het dode aas van een wild onrein gedierte, of het dode aas van onrein vee, of het dode aas van onrein kruipend gedierte; al is het voor hem verborgen geweest, nochtans is hij onrein en schuldig.

³Of als hij zal aangeroerd hebben de onreinigheid van een mens, naar al zijn onreinigheid, waarmede hij onrein wordt; en het is voor hem verborgen geweest, en hij is het gewaar geworden, zo is hij schuldig.

⁴Of als een mens zal gezworen hebben, onbedacht met zijn lippen uitsprekende, om kwaad te doen, of om goed te doen; naar al wat de mens in den eed onbedacht uitspreekt, en het is voor hem verborgen geweest, en hij zal het gewaar worden, zo is hij aan een van die schuldig.

⁵Het zal dan geschieden, als hij aan een van die schuldig is, dat hij belijden zal, waarin hij gezondigd heeft;

⁶En tot zijn schuldoffer den HEERE voor zijn zonde, die hij gezondigd heeft, brengen zal een wijfje van klein vee, een lam of een jonge geit, voor de zonde; zo zal de priester voor hem vanwege zijn zonde verzoening doen.

⁷Maar indien zijn hand zoveel niet bereiken kan, als genoeg is tot een stuk klein vee, zo zal hij tot zijn offer voor de schuld, die hij gezondigd heeft, den HEERE brengen twee tortelduiven, of twee jonge duiven, een ten zondoffer, en een ten brandoffer.

⁸En hij zal die tot den priester brengen, welke eerst die zal offeren, die tot het zondoffer is; en zal zijn hoofd met zijn nagel nevens haar nek splijten, maar niet afscheiden.

⁹En van het bloed des zondoffers zal hij aan den wand van het altaar sprengen; maar het overgeblevene van dat bloed zal uitgeduwd worden aan den bodem van het altaar; het is een zondoffer.

¹⁰En de andere zal hij ten brandoffer maken, naar de wijze; zo zal de priester voor hem, vanwege zijn zonde, die hij gezondigd heeft, verzoening doen, en het zal hem vergeven worden.

¹¹Maar indien zijn hand niet bereiken kan aan twee tortelduiven of twee jonge duiven, zo zal hij, die gezondigd heeft, tot zijn offerande brengen het tiende deel van een efa meelbloem ten zondoffer; hij zal geen olie daarover doen, noch wierook daarop leggen; want het is een zondoffer.

¹²En hij zal dat tot den priester brengen, en de priester zal daarvan zijn hand vol, der gedachtenis deszelven, grijpen, en dat aansteken op het altaar, op de vuurofferen des HEEREN; het is een zondoffer.

¹³Zo zal de priester voor hem verzoening doen over zijn zonde, die hij gezondigd heeft in enige van die stukken, en het zal hem vergeven worden; en het zal des priesters zijn, gelijk het spijsoffer.

¹⁴Wijders sprak de HEERE tot Mozes, zeggende:

¹⁵Als een mens door overtreding overtreden, en door afdwaling gezondigd zal hebben, wat onwetende van de heilige dingen des HEEREN, zo zal hij tot zijn schuldoffer den HEERE brengen een volkomen ram uit de kudde, met uw schatting aan zilveren sikkelen, naar den sikkel des heiligdoms, ten schuldoffer.

¹⁶Zo zal hij, dat hij zondigende heeft onwetend van de heilige dingen, wedergeven, en zal deszelfs vijfde deel daarenboven toedoen, dat hij den priester geven zal; alzo zal de priester met den ram des schuldoffers voor hem verzoening doen, en het zal hem vergeven worden.

¹⁷En indien een mens zal gezondigd hebben, en gedaan tegen een van alle geboden des HEEREN, hetwelk niet zou gedaan worden, al is het dat hij het niet geweten heeft, nochtans is hij schuldig, en zal zijn ongerechtigheid dragen.

¹⁸En hij zal een volkomen ram uit de kudde tot den priester brengen, met uw schatting, ten schuldoffer; en de priester zal voor hem verzoening doen over zijn afdwaling, door welke hij afgedwaald is, die hij niet geweten had; zo zal het hem vergeven worden.

¹⁹Het is een schuldoffer; hij heeft zich voorzeker schuldig gemaakt aan den HEERE.

Hoofdstuk 6

¹Verder sprak de HEERE tot Mozes, zeggende:

²Als een mens gezondigd, en tegen den HEERE door overtreding overtreden zal hebben, dat hij aan zijn naaste zal gelogen hebben van hetgeen hem in bewaring gegeven, of ter hand gesteld was, of van roof, of dat hij met geweld zijn naaste onthoudt;

³Of dat hij het verlorene gevonden, en daarover gelogen, en met valsheid gezworen zal hebben; over iets van alles, dat de mens doet, daarin zondigende.

⁴Het zal dan geschieden, dewijl hij gezondigd heeft, en schuldig geworden is, dat hij wederuitkeren zal den roof, dien hij geroofd, of het onthoudene, dat hij met geweld onthoudt, of het bewaarde, dat bij hem te bewaren gegeven was, of het verlorene, dat hij gevonden heeft;

⁵Of van al, waarover hij valselijk gezworen heeft, dat hij hetzelve in zijn hoofdsom wedergeve, en nog het vijfde deel daarenboven toedoen zal; wiens dat is, dien zal hij dat geven op den dag zijner schuld.

⁶En hij zal den HEERE zijn schuldoffer brengen tot den priester, een volkomen ram uit de kudde, met uw schatting, ten schuldoffer;

⁷Dan zal de priester voor hem verzoening doen voor het aangezicht des HEEREN, en het zal hem vergeven worden; over iets van al, wat hij doet, waar hij schuld aan heeft.

⁸Verder sprak de HEERE tot Mozes, zeggende:

⁹Gebied Aaron en zijn zonen, zeggende: Dit is de wet des brandoffers; het is hetgeen, wat door de branding op het altaar den gansen nacht tot aan den morgen opvaart; alwaar het vuur des altaars zal brandende gehouden worden.

¹⁰En de priester zal zijn linnen kleed aantrekken, en de linnen onderbroek over zijn vlees aantrekken, en zal de as opnemen, als het vuur het brandoffer op het altaar zal verteerd hebben, en zal die bij het altaar leggen.

¹¹Daarna zal hij zijn klederen uittrekken, en zal andere klederen aandoen, en zal de as tot buiten het leger uitdragen aan een reine plaats.

¹²Het vuur nu op het altaar zal daarop brandende gehouden worden, het zal niet uitgeblust worden; maar de priester zal daar elken morgen hout aansteken, en zal daarop het brandoffer schikken, en het vet der dankofferen daarop aansteken.

¹³Het vuur zal geduriglijk op het altaar brandende gehouden worden; het zal niet uitgeblust worden.

¹⁴Dit is nu de wet des spijsoffers; een der zonen van Aaron zal dat voor het aangezicht des HEEREN offeren, voor aan het altaar.

¹⁵En hij zal daarvan opnemen zijn hand vol, uit de meelbloem des spijsoffers, en van deszelfs olie, en al den wierook, die op het spijsoffer is; dan zal hij het aansteken op het altaar; het is een liefelijke reuk tot deszelfs gedachtenis voor den HEERE.

¹⁶En het overblijvende daarvan zullen Aaron en zijn zonen eten; ongezuurd zal het gegeten worden in de heilige plaats; in den voorhof van de tent der samenkomst zullen zij dat eten.

¹⁷Het zal niet gedesemd gebakken worden; het is hun deel, dat Ik gegeven heb van Mijn vuurofferen; het is een heiligheid der heiligheden, gelijk het zondoffer en gelijk het schuldoffer.

¹⁸Al wat mannelijk is onder de zonen van Aaron zal het eten; het zij een eeuwige inzetting voor uw geslachten van de vuurofferen des HEEREN; al wat die zal aanroeren, zal heilig zijn.

¹⁹Wijders sprak de HEERE tot Mozes, zeggende:

²⁰Dit is de offerande van Aaron en van zijn zonen, die zij den HEERE offeren zullen, ten dage als hij zal gezalfd worden: het tiende deel ener efa meelbloem, een spijsoffer gedurig; de helft daarvan op den morgen, en de helft daarvan op den avond.

²¹Het zal in een pan met olie gemaakt worden; geroost zult gij het brengen; en de gebakken stukken des spijsoffers zult gij offeren, tot een liefelijken reuk den HEERE.

²²Ook zal de priester, die uit zijn zonen in zijn plaats de gezalfde zal worden, hetzelfde doen; het zij een eeuwige inzetting; het zal voor den HEERE geheel aangestoken worden.

²³Alzo zal alle spijsoffer des priesters ganselijk zijn; het zal niet gegeten worden.

²⁴Verder sprak de HEERE tot Mozes, zeggende:

²⁵Spreek tot Aaron en tot zijn zonen, zeggende: Dit is de wet des zondoffers: in de plaats, waar het brandoffer geslacht wordt, zal het zondoffer voor het aangezicht des HEEREN geslacht worden; het is een heiligheid der heiligheden.

²⁶De priester, die het voor de zonde offert, zal het eten; in de heilige plaats zal het gegeten worden, in den voorhof van de tent der samenkomst.

²⁷Al wat deszelfs vlees zal aanroeren, zal heilig zijn; zo wie van zijn bloed op een kleed zal gesprengd hebben, dat, waarop hij gesprengd zal hebben, zult gij in de heilige plaats wassen.

²⁸En het aarden vat, waarin het gezoden is, zal gebroken worden; maar zo het in een koperen vat gezoden is, zo zal het geschuurd en in water gespoeld worden.

²⁹Al wat mannelijk is onder de priesteren, zal dat eten; het is een heiligheid der heiligheden.

³⁰Maar geen zondoffer, van welks bloed in de tent der samenkomst zal gebracht worden, om in het heiligdom te verzoenen, zal gegeten worden; het zal in het vuur verbrand worden.

Hoofdstuk 7

¹Dit is nu de wet des schuldoffers; het is een heiligheid der heiligheden.

²In de plaats, waar zij het brandoffer slachten, zullen zij het schuldoffer slachten; en men zal deszelfs bloed rondom op het altaar sprengen.

³En daarvan zal men al zijn vet offeren, den staart, en het vet, dat het ingewand bedekt;

⁴Ook de beide nieren, en het vet, dat daaraan is, dat op de weekdarmen is; en het net over de lever, met de nieren, zal men afnemen.

⁵En de priester zal die aansteken op het altaar, ten vuuroffer den HEERE; het is een schuldoffer.

⁶Al wat mannelijk is onder de priesteren zal dat eten; in de heilige plaats zal het gegeten worden; het is een heiligheid der heiligheden.

⁷Gelijk het zondoffer, alzo zal ook het schuldoffer zijn; enerlei wet zal voor dezelve zijn; het zal des priesters zijn, die daarmede verzoening gedaan zal hebben.

⁸Ook de priester, die iemands brandoffer offert, die priester zal de huid des brandoffers hebben, dat hij geofferd heeft.

⁹Daartoe al het spijsoffer, dat in den oven gebakken wordt, met al wat in den ketel en in den pan bereid wordt, zal des priesters zijn, die dat offert.

¹⁰Ook alle spijsoffer met olie gemengd, of droog, zal voor alle zonen van Aaron zijn, voor den enen als voor den anderen.

¹¹Dit is nu de wet des dankoffers, dat men den HEERE offeren zal.

¹²Indien hij dat tot een lofoffer offert, zo zal hij, nevens het lofoffer, ongezuurde koeken met olie gemengd, en ongezuurde vladen met olie bestreken, offeren; en zullen die koeken met olie gemengd van geroost meelbloem zijn.

¹³Benevens de koeken zal hij tot zijn offerande gedesemd brood offeren, met het lofoffer zijns dankoffers.

¹⁴En een daarvan uit de ganse offerande zal hij den HEERE ten hefoffer offeren; het zal voor den priester zijn, die het bloed des dankoffers sprengt.

¹⁵Maar het vlees van het lofoffer zijns dankoffers zal op den dag van deszelfs offerande gegeten worden; daarvan zal men niet tot den morgen overlaten.

¹⁶En zo het slachtoffer zijner offerande een gelofte, of vrijwillig offer is, dat zal ten dage als hij zijn offer offeren zal, gegeten worden, en het overgeblevene daarvan zal ook des anderen daags gegeten worden.

¹⁷Wat nog van het vlees des slachtoffers overgebleven is, zal op den derden dag met vuur verbrand worden;

¹⁸Want zo enigzins van dat vlees zijns dankoffers op den derden dag gegeten wordt, die dat geofferd heeft, zal niet aangenaam zijn; het zal hem niet toegerekend worden, het zal een afgrijselijk ding zijn; en de ziel, die daarvan eet, zal haar ongerechtigheid dragen.

¹⁹En het vlees, dat iets onreins aangeroerd zal hebben, zal niet gegeten worden; met vuur zal het verbrand worden; maar aangaande het andere vlees, dat vlees zal een ieder, die rein is, mogen eten.

²⁰Doch als een ziel het vlees van het dankoffer, hetwelk des HEEREN is, gegeten zal hebben, en haar onreinigheid aan haar is, zo zal die ziel uit haar volken uitgeroeid worden.

²¹En wanneer een ziel iets onreins zal aangeroerd hebben, als de onreinigheid des mensen, of het onreine vee, of enig onrein verfoeisel,

en zal van het vlees desdankoffers, hetwelk des HEEREN is, gegeten hebben, zo zal die ziel uit haar volken uitgeroeid worden.

²²Daarna sprak de HEERE tot Mozes, zeggende:

²³Spreek tot de kinderen Israels, zeggende: Geen vet van een os, of schaap, of geit, zult gij eten.

²⁴Maar het vet van een dood aas, en het vet van het verscheurde, mag tot alle werk gebezigd worden; doch gij zult het ganselijk niet eten.

²⁵Want al wie het vet van vee eten zal, van hetwelk men den HEERE een vuuroffer zal geofferd hebben, die ziel, die het gegeten zal hebben, zal uit haar volkenuitgeroeid worden.

²⁶Ook zult gij in uw woningen geen bloed eten, hetzij van het gevogelte, of van het vee.

²⁷Alle ziel, die enig bloed eten zal, die ziel zal uit haar volken uitgeroeid worden.

²⁸Voorts sprak de HEERE tot Mozes, zeggende:

²⁹Spreek tot de kinderen Israels, zeggende: Wie zijn dankoffer den HEERE offert, zal zijn offerande van zijn dankoffer den HEERE toebrengen.

³⁰Zijn handen zullen de vuuroffers des HEEREN brengen; het vet aan de borst zal hij met die borst brengen, om die tot een beweegoffer voor het aangezicht desHEEREN te bewegen.

³¹En de priester zal dat vet op het altaar aansteken; doch de borst zal voor Aaron en zijn zonen zijn.

³²Gij zult ook den rechterschouder tot een hefoffer den priester geven, uit uw dankofferen.

³³Wie uit de zonen van Aaron het bloed des dankoffers en het vet offert, dien zal de rechterschouder ten dele zijn.

³⁴Want de beweegborst en den hefschouder heb Ik van de kinderen Israels uit hun dankofferen genomen, en heb dezelve aan Aaron, den priester, en aan zijn zonen, tot een eeuwige inzetting gegeven, van de kinderen Israels.

³⁵Dit is de zalving van Aaron en de zalving van zijn zonen, van de vuuroffers des HEEREN; ten dage als Hij hen deed naderen, om het priesterdom den HEERE tebedienen;

³⁶Hetwelk de HEERE hun van de kinderen Israels te geven geboden heeft, ten dage als Hij hen zalfde; het zij een eeuwige inzetting voor hun geslachten.

³⁷Dit is de wet des brandoffers, des spijsoffers, des zondoffers, des schuldoffers, des vuloffers en des dankoffers;

³⁸Die de HEERE Mozes op den berg Sinai geboden heeft, ten dage als Hij den kinderen Israels gebood, dat zij hun offeranden den HEERE, in de woestijn van Sinai, zouden offeren.

Hoofdstuk 8

¹Verder sprak de HEERE tot Mozes, zeggende:

²Neem Aaron en zijn zonen met hem, en de klederen, en de zalfolie, daartoe den var des zondoffers, en de twee rammen, en den korf van de ongezuurde broden;

³En verzamel de ganse vergadering aan de deur van de tent der samenkomst.

⁴Mozes nu deed, gelijk als de HEERE hem geboden had; en de vergadering werd verzameld aan de deur van de tent der samenkomst.

⁵Toen zeide Mozes tot de vergadering: Dit is de zaak, die de HEERE geboden heeft te doen.

⁶En Mozes deed Aaron en zijn zonen naderen, en wies hen met dat water.

⁷Daar deed hij hem den rok aan, en gordde hem met den gordel, en trok hem den mantel aan; en deed hij hem den efod aan, en gordde dien met de kunstelijken riemdes efods, en ombond hem daarmede.

⁸Voorts deed hij hem den borstlap aan, en voegde aan den borstlap de Urim en de Thummim.

⁹En hij zette den hoed op zijn hoofd; en aan den hoed boven zijn aangezicht zette hij de gouden plaat, de kroon der heiligheid, gelijk als de HEERE Mozes gebodenhad.

¹⁰Toen nam Mozes de zalfolie, en zalfde den tabernakel, en al wat daarin was, en heiligde ze.

¹¹En hij sprengde daarvan op het altaar zevenmaal; en hij zalfde het altaar, en al zijn gereedschap, mitsgaders het wasvat en zijn voet, om die te heiligen.

¹²Daarna goot hij van de zalfolie op het hoofd van Aaron, en hij zalfde hem, om hem te heiligen.

¹³Ook deed Mozes de zonen van Aaron naderen, en trok hun rokken aan, en gordde hen met een gordel, en bond hun mutsen op, gelijk als de HEERE Mozes gebodenhad.

¹⁴Toen deed hij den var des zondoffers bijkomen; en Aaron en zijn zonen legden hun handen op het hoofd van den var des zondoffers;

¹⁵En men slachtte hem; en Mozes nam het bloed, en deed het met zijn vinger rondom op de hoornen des altaars, en ontzondigde het altaar; daarna goot hij het bloeduit aan den bodem des altaars, en heiligde het, om voor hetzelve verzoening te doen.

¹⁶Voorts nam hij al het vet, dat aan het ingewand is, en het net der lever, en de twee nieren en haar vet; en Mozes stak het aan op het altaar.

¹⁷Maar den var met zijn huid, en zijn vlees, en zijn mest, heeft hij buiten het leger met vuur verbrand, gelijk als de HEERE Mozes geboden had.

¹⁸Daarna deed hij den ram des brandoffers bijbrengen; en Aaron en zijn zonen legden hun handen op het hoofd van den ram.

¹⁹En men slachtte hem; en Mozes sprengde het bloed op het altaar rondom.

²⁰Hij deelde ook den ram in zijn delen; en Mozes stak het hoofd aan, en die delen, en het smeer;

²¹Doch het ingewand en de schenkelen wies hij met water; en Mozes stak dien gehelen ram aan op het altaar; het was een brandoffer tot een liefelijken reuk, eenvuuroffer was het den HEERE, gelijk als de HEERE Mozes geboden had.

²²Daarna deed hij den anderen ram, den ram des vuloffers, bijbrengen; en Aaron met zijn zonen legden hun handen op het hoofd van den ram.

²³En men slachtte hem; en Mozes nam van zijn bloed, en deed het op het lapje van Aarons rechteroor, en op den duim zijner rechterhand, en op den groten teen vanzijn rechtervoet.

²⁴Hij deed ook de zonen van Aaron naderen; en Mozes deed van dat bloed op het lapje van hun rechteroor, en op den duim van hun rechterhand, en op den grotenteen van hun rechtervoet; daarna sprengde Mozes dat bloed rondom op het altaar.

²⁵En hij nam het vet, en den staart, en al het vet, dat aan het ingewand is, en het net der lever, en de beide nieren, en haar vet, daartoe den rechterschouder.

²⁶Ook nam hij uit den korf van de ongezuurde broden, die voor het aangezicht des HEEREN was, een ongezuurde koek, en een geolieden broodkoek, en een vlade;en hij legde ze op dat vet, en op den rechterschouder.

²⁷En hij gaf dat alles in de handen van Aaron, en in de handen zijner zonen; en bewoog die ten beweegoffer, voor het aangezicht des HEEREN.

²⁸Daarna nam Mozes ze uit hun handen, en stak ze aan op het altaar, op het brandoffer; zij waren vulofferen tot een liefelijken reuk; het was een vuuroffer denHEERE.

²⁹Voorts nam Mozes de borst, en bewoog ze ten beweegoffer voor het aangezicht des HEEREN; zij werd Mozes ten dele van den ram des vuloffers, gelijk als deHEERE Mozes geboden had.

³⁰Mozes nam ook van de zalfolie, en van het bloed, hetwelk op het altaar was, en sprengde het op Aaron, op zijn klederen, en op zijn zonen, en op de klederen zijnerzonen met hem; en hij heiligde Aaron, zijn klederen, en zijn zonen, en de klederen zijner zonen met hem.

³¹En Mozes zeide tot Aaron en tot zijn zonen: Ziedt dat vlees voor de deur van de tent der samenkomst, en eet hetzelve daar, mitsgaders het brood, dat in den korf desvuloffers is; gelijk als ik geboden heb, zeggende: Aaron en zijn zonen zullen dat eten.

³²Maar het overige van het vlees en van het brood zult gij met vuur verbranden.

³³Ook zult gij uit de deur van de tent der samenkomst, zeven dagen, niet uitgaan, tot aan den dag, dat vervuld worden de dagen uws vuloffers; want zeven dagen zalmen uw handen vullen.

³⁴Gelijk men gedaan heeft op dezen dag, heeft de HEERE te doen geboden, om voor u verzoening te doen.

³⁵Gij zult dan aan de deur van de tent der samenkomst blijven, dag en nacht, zeven dagen, en zult de wacht des HEEREN waarnemen, opdat gij niet sterft; want alzois het mij geboden.

³⁶Aaron nu en zijn zonen deden al de dingen, die de HEERE door den dienst van Mozes geboden had.

Hoofdstuk 9

¹En het geschiedde op den achtsten dag, dat Mozes riep Aaron en zijn zonen, en de oudsten van Israel;

²En hij zeide tot Aaron: Neem u een kalf, een jong rund, ten zondoffer, en een ram ten brandoffer, die volkomen zijn; en breng ze voor het aangezicht des HEEREN.

³Daarna spreek tot de kinderen Israels, zeggende: Neemt een geitenbok ten zondoffer, en een kalf, en een lam, eenjarig, volkomen, ten brandoffer;

⁴Ook een os en ram ten dankoffer, om voor het aangezicht des HEEREN te offeren; en spijsoffer met olie gemengd; want heden zal de HEERE u verschijnen.

⁵Toen namen zij hetgeen Mozes geboden had, brengende dat tot voor aan de tent der samenkomst; en de gehele vergadering naderde, en stond voor het aangezichtdes HEEREN.

⁶En Mozes zeide: Deze zaak, die de HEERE geboden heeft, zult gij doen; en de heerlijkheid des HEEREN zal u verschijnen.

⁷En Mozes zeide tot Aaron: Nader tot het altaar, en maak uw zondoffer toe; en uw brandoffer toe; en doe verzoening voor u en voor het volk; maak daarna deofferande des volks toe, en doe de verzoening voor hen, gelijk als de HEERE geboden heeft.

⁸Toen naderde Aaron tot het altaar, en slachtte het kalf des zondoffers, dat voor hem was.

⁹En de zonen van Aaron brachten het bloed tot hem, en hij doopte zijn vinger in dat bloed, en deed het op de hoornen des altaars; daarna goot hij het bloed uit aan denbodem des altaars.

¹⁰Maar het vet, en de nieren, en het net van de lever van het zondoffer heeft hij op het altaar aangestoken, gelijk als de HEERE Mozes geboden had.

¹¹Doch het vlees, en de huid verbrandde hij met vuur buiten het leger.

¹²Daarna slachtte hij het brandoffer; en de zonen van Aaron leverden aan hem het bloed; en hij sprengde dat rondom op het altaar.

¹³Ook leverden zij aan hem het brandoffer in zijn stukken, met het hoofd; en hij stak het aan op het altaar.

¹⁴En hij wies het ingewand en de schenkelen; en hij stak ze aan op het brandoffer, op het altaar.

¹⁵Daarna deed hij de offerande des volks toebrengen; en nam den bok des zondoffers, die voor het volk was, en slachtte, en bereidde hem ten zondoffer, gelijkhet eerste.

¹⁶Verder deed hij het brandoffer toebrengen, en maakte dat toe naar het recht.

¹⁷En hij deed het spijsoffer toebrengen, en vulde daarvan zijn hand, en stak het aan op het altaar, behalve het morgenbrandoffer.

¹⁸Daarna slachtte hij den os, en den ram ten dankoffer, dat voor het volk was; en de zonen van Aaron leverden het bloed aan hem, hetwelk hij rondom op het altaarsprengde.

¹⁹En het vet van den os, en van den ram, den staart, en wat het ingewand bedekt, en de nieren, en het net der lever;

²⁰En zij legden het vet op de borsten; en hij stak dat vet aan op het altaar.

²¹Maar de borsten en den rechterschouder bewoog Aaron ten beweegoffer voor het aangezicht des HEEREN, gelijk als Mozes geboden had.

²²Daarna hief Aaron zijn handen op tot het volk, en zegende hen; en hij kwam af, nadat hij het zondoffer, en brandoffer, en dankoffer gedaan had.

²³Toen ging Mozes met Aaron in de tent der samenkomst; daarna kwamen zij uit, en zegenden het volk; en de heerlijkheid des HEEREN verscheen al het volk.

²⁴Want een vuur ging uit van het aangezicht des HEEREN, en verteerde op het altaar het brandoffer, en het vet. Als het ganse volk dit zag, zo juichten zij, en vielenop hun aangezichten.

Hoofdstuk 10

¹En de zonen van Aaron, Nadab en Abihu, namen een ieder zijn wierookvat, en deden vuur daarin, en legden reukwerk daarop, en brachten vreemd vuur voor hetaangezicht des HEEREN, hetwelk hij hen niet geboden had.

²Toen ging een vuur uit van het aangezicht des HEEREN, en verteerde hen; en zij stierven voor het aangezicht des HEEREN.

³En Mozes zeide tot Aaron: Dat is het, wat de HEERE gesproken heeft, zeggende: In degenen, die tot Mij naderen, zal Ik geheiligd worden, en voor het aangezichtvan al het volk zal Ik verheerlijkt worden. Doch Aaron zweeg stil.

⁴En Mozes riep Misael en Elzafan, de zonen van Uzziel, de oom van Aaron, en zeide tot hen: Treedt toe, draagt uw broederen weg, van voor het heiligdom tot buitenhet leger.

⁵Toen traden zij toe, en droegen hen, in hun rokken, tot buiten het leger, gelijk als Mozes gesproken had.

⁶En Mozes zeide tot Aaron, en tot Eleazar, en tot Ithamar, zijn zonen: Gij zult uw hoofden niet ontbloten, noch uw klederen verscheuren, opdat gij niet sterft, en grotetoorn over de ganse vergadering kome; maar uw broederen, het ganse huis van Israel, zullen dezen brand, dien de HEERE aan gestoken heeft, bewenen.

⁷Gij zult ook uit de deur van de tent der samenkomst niet uitgaan, opdat gij niet sterft; want de zalfolie des HEEREN is op u. En zij deden naar het woord van Mozes.

⁸En de HEERE sprak tot Aaron, zeggende:

⁹Wijn en sterken drank zult gij niet drinken, gij, noch uw zonen met u, als gij gaan zult in de tent der samenkomst, opdat gij niet sterft; het zij een eeuwige inzettingonder uw geslachten;

¹⁰En om onderscheid te maken tussen het heilige en tussen het onheilige, en tussen het onreine en tussen het reine;

¹¹En om den kinderen Israels te leren al de inzettingen, die de HEERE door den dienst van Mozes tot hen gesproken heeft.

¹²En Mozes sprak tot Aaron, en tot Eleazar, en tot Ithamar, zijn overgebleven zonen: Neemt het spijsoffer, dat van de vuurofferen des HEEREN overgebleven is, eneet hetzelve ongezuurd bij het altaar; want het is een heiligheid der heiligheden.

¹³Daarom zult gij dat eten in de heilige plaats, dewijl het uw bescheiden deel en het bescheiden deel uwer zonen uit des HEEREN vuurofferen is; want alzo is mijgeboden.

¹⁴Ook de beweegborst en den hefschouder zult gij in een reine plaats eten, gij, en uw zonen, en uw dochteren met u; want tot uw bescheiden deel, en uwer zonenbescheiden deel, zijn zij uit de dankofferen der kinderen Israels gegeven.

¹⁵Den hefschouder en de beweegborst zullen zij nevens de vuurofferen des vets toebrengen, om ten beweegoffer voor het aangezicht des HEEREN te bewegen;hetwelk, voor u en uw zonen met u, tot een eeuwige inzetting zijn zal, gelijk als de HEERE geboden heeft.

¹⁶En Mozes zocht zeer naarstiglijk den bok des zondoffers; en ziet, hij was verbrand. Dies was hij op Eleazar en op Ithamar, de overgebleven zonen van Aaron, zeertoornig, zeggende:

¹⁷Waarom hebt gij dat zondoffer niet gegeten in de heilige plaats? Want het is een heiligheid der heiligheden, en Hij heeft u dat gegeven, opdat gij de ongerechtigheidder vergadering zoudt dragen, om over die verzoening te doen voor het aangezicht des HEEREN.

¹⁸Ziet, deszelfs bloed is niet binnen in het heiligdom gedragen; gij moest dat ganselijk gegeten hebben in het heiligdom, gelijk als ik geboden heb.

¹⁹Toen sprak Aaron tot Mozes: Zie, heden hebben zij hun zondoffer en hun brandoffer voor het aangezicht des HEEREN geofferd, en zulke dingen zijn mijwedervaren; en had ik heden het zondoffer gegeten, zou dat goed geweest zijn in de ogen des HEEREN?

²⁰Als Mozes dit hoorde, zo was het goed in zijn ogen.

Hoofdstuk 11

¹En de HEERE sprak tot Mozes, en tot Aaron, zeggende tot hen:

²Spreekt tot de kinderen Israels, zeggende: Dit is het gedierte, dat gij eten zult uit alle beesten, die op de aarde zijn.

³Al wat onder de beesten de klauw verdeelt, en de kloof der klauwen in tweeen klieft, en herkauwt, dat zult gij eten.

⁴Deze nochtans zult gij niet eten, van degenen, die alleen herkauwen, of de klauwen alleen verdelen: de kemel, want hij herkauwt wel, maar verdeelt den klauwniet; die zal u onrein zijn;

⁵En het konijntje, want het herkauwt wel, maar verdeelt den klauw niet; dat zal u onrein zijn;

⁶En den haas, want hij herkauwt wel, maar verdeelt den klauw niet; die zal u onrein zijn.

⁷Ook het zwijn, want dat verdeelt wel den klauw, en klieft de klove der klauwen in tweeen, maar herkauwt het gekauwde niet; dat zal u onrein zijn.

⁸Van hun vlees zult gij niet eten, en hun dood aas niet aanroeren, zij zullen u onrein zijn.

⁹Dit zult gij eten van al wat in de wateren is: al wat in de wateren, in de zeeen en in de rivieren, vinnen en schubben heeft, dat zult gij eten;

¹⁰Maar al wat in de zeeen en in de rivieren, van alle gewemel der wateren, en van alle levende ziel, die in de wateren is, geen vinnen of schubben heeft, dat zal u eenverfoeisel zijn.

¹¹Ja, een verfoeisel zullen zij u zijn; van hun vlees zult gij niet eten, en hun dood aas zult gij verfoeien.

¹²Al wat in de wateren geen vinnen en schubben heeft, dat zal u een verfoeisel zijn.

¹³En van het gevogelte zult gij deze verfoeien, zij zullen niet gegeten worden, zij zullen een verfoeisel zijn: de arend, en de havik, en de zeearend,

¹⁴En de gier, en de kraai, naar haar aard;

¹⁵Elke rave naar haar aard;

¹⁶En de struis, en de nachtuil, en de koekoek, en de sperwer naar zijn aard;

¹⁷En de steenuil, en het duikertje, en de schuifuit,

¹⁸En de kauw, en de roerdomp, en de pelikaan,

¹⁹En de ooievaar, en de reiger naar zijn aard, en de hop, en de vledermuis.

²⁰Alle kruipend gevogelte, dat op vier voeten gaat, zal u een verfoeisel zijn.

²¹Dit nochtans zult gij eten van al het kruipend gevogelte, dat op vier voeten gaat, hetwelk boven aan zijn voeten schenkelen heeft, om daarmede op de aarde te springen;

²²Van die zult gij deze eten: de sprinkhaan naar zijn aard, en de solham naar zijn aard, en den hargol naar zijn aard, en den hagab naar zijn aard.

²³En alle kruipend gevogelte, dat vier voeten heeft, zal u een verfoeisel zijn.

²⁴En aan deze zult gij verontreinigd worden; zo wie hun dood aas zal aangeroerd hebben, zal onrein zijn tot aan den avond.

²⁵Zo wie van hun dood aas gedragen zal hebben, zal zijn klederen wassen, en onrein zijn tot aan den avond.

²⁶Alle beest, dat den klauw verdeelt, doch de klove niet in tweeen klieft, en niet herkauwt, zal u onrein zijn; zo wie hetzelve aangeroerd zal hebben, zal onrein zijn.

²⁷En al wat op zijn poten gaat onder alle gediertе, op vier voeten gaande, die zullen u onrein zijn; al wie hun dood aas aangeroerd zal hebben, zal onrein zijn tot aan den avond.

²⁸Ook die hun dood aas zal gedragen hebben, zal zijn klederen wassen, en onrein zijn tot aan den avond; zij zullen u onrein zijn.

²⁹Verder zal u dit onder het kruipend gedierte, dat op de aarde kruipt, onrein zijn: het wezeltje, en de muis, en de schildpad, naar haar aard;

³⁰En de zwijnegel, en de krokodil, en de hagedis, en de slak, en de mol;

³¹Die zullen u onrein zijn onder alle kruipend gedierte; zo wie die zal aangeroerd hebben, als zij dood zijn, zal onrein zijn tot aan den avond.

³²Daartoe al hetgeen, waarop iets van dezelve vallen zal, als zij dood zijn, zal onrein zijn, hetzij van alle houten vat, of kleed, of vel, of zak, of alle vat, waarmede werk gedaan wordt; het zal in het water gestoken worden, en onrein zijn tot aan den avond; daarna zal het rein zijn.

³³En alle aarden vat, waarin iets van dezelve zal gevallen zijn, al wat daarin is, zal onrein zijn, en gij zult dat breken.

³⁴Van alle spijze, die men eet, waarop het water zal gekomen zijn, die zal onrein zijn; en alle drank, die men drinkt, zal in alle vat onrein zijn.

³⁵En waarop iets van hun dood aas zal vallen, zal onrein zijn; de oven en de aarden pan zal verbroken worden; zij zijn onrein, daarom zullen zij u onrein zijn.

³⁶Doch een fontein, of put van vergadering der wateren, zal rein zijn; maar wie hun dood aas zal aangeroerd hebben, zal onrein zijn.

³⁷En wanneer van hun dood aas zal gevallen zijn op enig zaaibaar zaad, dat gezaaid wordt, dat zal rein zijn.

³⁸Maar als water op het zaad gedaan zal worden, en van hun dood aas daarop zal gevallen zijn, dat zal u onrein zijn.

³⁹En wanneer van de dieren, die u tot spijze zijn, iets zal gestorven zijn, wie deszelfs dood aas zal aangeroerd hebben, zal onrein zijn tot aan den avond.

⁴⁰Ook die van hun dood aas gegeten zal hebben, zal zijn klederen wassen, en onrein zijn tot aan den avond; en die hun dood aas zal gedragen hebben, zal zijn klederen wassen, en onrein zijn tot aan den avond.

⁴¹Voorts alle kruipend gedierte, dat op de aarde kruipt, zal een verfoeisel zijn; het zal niet gegeten worden.

⁴²Al wat op zijn buik gaat, en al wat gaat op zijn vier voeten, of al wat vele voeten heeft, onder alle kruipend gedierte, dat op de aarde kruipt, die zult gij niet eten, want zij zijn een verfoeisel.

⁴³Maakt uw zielen niet verfoeilijk aan enig kruipend gedierte, dat kruipt; en verontreinigt u niet daaraan, dat gij daaraan verontreinigd zoudt worden.

⁴⁴Want Ik ben de HEERE, uw God; daarom zult gij u heiligen, en heilig zijn, dewijl Ik heilig ben; en gij zult uw ziel niet verontreinigen aan enig kruipend gedierte, datzich op de aarde roert.

⁴⁵Want Ik ben de HEERE, Die u uit Egypteland doe optrekken, opdat Ik u tot een God zij, en opdat gij heilig zijt, dewijl Ik heilig ben.

⁴⁶Dit is de wet van de beesten, en van het gevogelte, en van alle levende ziel, die zich roert in de wateren, en van alle ziel, die kruipt op de aarde;

⁴⁷Om te onderscheiden tussen het onreine en tussen het reine, en tussen het gedierte, dat men eten, en tussen het gedierte, dat men niet eten zal.

Hoofdstuk 12

¹Verder sprak de HEERE tot Mozes, zeggende:

²Spreek tot de kinderen Israels, zeggende: Wanneer een vrouw zaad gegeven, en een knechtje gebaard zal hebben, zo zal zij zeven dagen onrein zijn; volgens de dagen der afzondering harer krankheid zal zij onrein zijn.

³En op den achtsten dag zal het vlees zijner voorhuid besneden worden.

⁴Daarna zal zij drie en dertig dagen blijven in het bloed harer reiniging; niets heiligs zal zij aanroeren, en tot het heiligdom zal zij niet komen, totdat de dagen harer reiniging vervuld zijn.

⁵Maar indien zij een meisje gebaard zal hebben, zo zal zij twee weken onrein zijn, volgens haar afzondering; daarna zal zij zes en zestig dagen blijven in het bloed harer reiniging.

⁶En als de dagen harer reiniging voor den zoon, of voor de dochter, vervuld zullen zijn, zo zal zij een eenjarig lam ten brandoffer, en een jonge duif, of tortelduif, ten zondoffer brengen, voor de deur van de tent der samenkomst, tot den priester.

⁷Die zal dat offeren voor het aangezicht des HEEREN, en zal voor haar verzoening doen, zo zal zij rein zijn van den vloed haars bloeds. Dit is de wet dergene, die een knechtje of meisje gebaard heeft.

⁸Maar indien haar hand niet genoeg voor een lam vindt, zo zal zij twee tortelduiven, of twee jonge duiven nemen, een ten brandoffer, en een ten zondoffer; en de priester zal voor haar verzoening doen; zo zal zij rein zijn.

Hoofdstuk 13

¹Verder sprak de HEERE tot Mozes en tot Aaron, zeggende:

²Een mens, als in het vel zijns vleses een gezwel, of gezweer, of witte blaar zal zijn, welke in het vel zijns vleses tot een plaag der melaatsheid zou worden, hij zal dan tot den priester Aaron, of tot een uit zijn zonen, de priesteren, gebracht worden.

³En de priester zal de plaag in het vel des vleses bezien; zo het haar in die plaag in wit veranderd is, en het aanzien der plaag dieper is dan het vel zijns vleses, het is de plaag der melaatsheid; als de priester hem bezien zal hebben, dan zal hij hem onrein verklaren.

⁴Maar zo de blaar in het vel zijn vleses wit is, en haar aanzien niet dieper is dan het vel, en het haar niet in wit veranderd is, zo zal de priester hem, die de plaag heeft, zeven dagen opsluiten.

⁵Daarna zal de priester op den zevenden dag hem bezien; indien, ziet, de plaag, naar dat hij zien kan, is staande gebleven, en de plaag in het vel niet uitgespreid is, zo zal de priester hem zeven andere dagen opsluiten.

⁶En de priester zal hem andermaal op den zevenden dag bezien; indien, ziet, de plaag ingetrokken, en de plaag in het vel niet uitgespreid is, zo zal de priester hem rein verklaren; het was een verzwering; en hij zal zijn klederen wassen, zo is hij rein.

⁷Maar zo de verzwering in het vel ganselijk uitgespreid is, nadat hij aan den priester tot zijn reiniging zal vertoond zijn, zo zal hij andermaal aan den priester vertoond worden.

⁸Indien de priester merken zal, dat, ziet, de verzwering in het vel uitgespreid is, zo zal de priester hem onrein verklaren; het is melaatsheid.

⁹Wanneer de plaag der melaatsheid in een mens zal zijn, zo zal hij tot den priester gebracht worden.

¹⁰Indien de priester merken zal, dat, ziet, een wit gezwel in het vel is, hetwelk het haar in wit veranderd heeft, en gezondheid van levend vlees in dat gezwel is;

¹¹Dat is een verouderde melaatsheid in het vel zijns vleses; daarom zal hem de priester onrein verklaren; hij zal hem niet doen opsluiten, want hij is onrein.

¹²En zo de melaatsheid in het vel ganselijk uitbot, en de melaatsheid het gehele vel desgenen, die de plaag heeft, van zijn hoofd tot zijn voeten, bedekt heeft, naar al het gezicht van de ogen des priesters;

¹³En de priester merken zal, dat, ziet, de melaatsheid zijn gehele vlees bedekt heeft, zo zal hij hem, die de plaag heeft, rein verklaren; zij is geheel in wit veranderd; hij is rein.

¹⁴Maar ten welken dage levend vlees daarin gezien zal worden, zal hij onrein zijn.

¹⁵Als dan de priester dat levende vlees gezien zal hebben, zal hij hem onrein verklaren; het levende vlees is onrein; het is melaatsheid.

¹⁶Of als dat levende vlees verkeert, en in wit veranderd zal worden, zo zal hij tot den priester komen.

¹⁷Als de priester hem bezien zal hebben, dat, ziet, de plaag in wit veranderd is, zo zal de priester hem, die de plaag heeft, rein verklaren; hij is rein.

¹⁸Het vlees ook, als in deszelfs vel een zweer zal geweest zijn, zo het genezen is;

¹⁹En in de plaats van die zweer een wit gezwel, of een witte roodachtige blaar worden zal, zo zal het aan den priester vertoond worden.

²⁰Indien de priester merken zal, dat, ziet, haar aanzien lager is dan het vel, en derzelver haar in wit veranderd is, zo zal de priester hem onrein verklaren; het is deplaag der melaatsheid, zij is door de zweer uitgebot.

²¹Wanneer nu de priester die bezien zal hebben, dat, ziet, geen wit haar daaraan is, en die niet lager dan het vel, maar ingetrokken is, zo zal de priester hem zevendagen opsluiten.

²²Zo zij daarna gans in het vel uitgespreid zal zijn, zo zal de priester hem onrein verklaren; het is de plaag.

²³Maar indien de blaar in haar plaats zal staande blijven, niet uitgespreid zijnde, het is de roof van die zweer, zo zal de priester hem rein verklaren;

²⁴Of wanneer in het vel des vleses een vurige brand zal geweest zijn, en het gezonde van dien brand een witte roodachtige of witte blaar is;

²⁵En de priester die gezien zal hebben, dat, ziet, het haar op de blaar in wit veranderd is, en haar aanzien dieper is dan het vel; het is melaatsheid, door den brand is zijuitgebot; daarom zal hem de priester onrein verklaren; het is de plaag der melaatsheid.

²⁶Maar indien de priester die merken zal, dat, ziet, op de blaar geen wit haar is, en zij niet lager dan het vel, maar ingetrokken is, zo zal de priester hem zeven dagenopsluiten.

²⁷Daarna zal de priester hem op den zevenden dag bezien; indien zij gans uitgespreid is in het vel, zo zal de priester hem onrein verklaren; het is de plaag dermelaatsheid.

²⁸Maar indien de blaar in haar plaats staande zal blijven, noch in het vel uitgespreid, maar ingetrokken zal zijn, het is een gezwel van den brand; daarom zal de priesterhem rein verklaren, want het is de roof van den brand.

²⁹Verder, als in een man of vrouw een plaag zal zijn in het hoofd, of in den baard;

³⁰En de priester die plaag zal bezien hebben, dat, ziet, haar aanzien dieper is dan het vel, en geelachtig dun haar daarop is, zo zal de priester hem onrein verklaren; hetis schurftheid, het is melaatsheid van het hoofd of van den baard.

³¹Maar als de priester de plaag der schurftheid zal bezien hebben, dat, ziet, haar aanzien niet dieper is dan het vel, en geen zwart haar daarop is, zo zal de priesterhem, die de plaag der schurftheid heeft, zeven dagen doen opsluiten.

³²Daarna zal de priester die plaag op den zevenden dag bezien; indien, ziet, de schurftheid niet uitgespreid, en daarop geen geelachtig haar is, noch het aanzien derschurftheid dieper dan het vel is;

³³Zo zal hij zich scheren laten; maar de schurftheid zal hij niet scheren; en de priester zal hem, die de schurftheid heeft, andermaal zeven dagen doen opsluiten.

³⁴Daarna zal de priester die schurftheid op den zevenden dag bezien; indien, ziet, de schurftheid in het vel niet uitgespreid is, en haar aanzien niet dieper is dan het vel, zo zal de priester hem rein verklaren; en hij zal zijn kleren wassen, en rein zijn.

³⁵Maar indien de schurftheid in het vel gans uitgespreid is, na zijn reiniging;

³⁶En de priester hem zal bezien hebben, dat, ziet, de schurftheid in het vel uitgespreid is, de priester zal naar het geelachtig haar niet zoeken; hij is onrein.

³⁷Maar indien die schurftheid, naar dat hij zien kan, is staande gebleven, en zwart haar daarop gewassen is, die schurftheid is genezen, hij is rein; daarom zal depriester hem rein verklaren.

³⁸Verder als een man, of vrouw, aan het vel van hun vlees blaren zullen hebben, witte blaren;

³⁹En de priester zal gemerkt hebben, dat, ziet, ingetrokken witte blaren in het vel van hun vlees zijn; het is een witte puist in het vel uitgebot, hij is rein.

⁴⁰En als een man zijn hoofdhaar zal uitgevallen zijn, hij is kaal, hij is rein.

⁴¹En zo van de zijde zijns aangezichts het haar van zijn hoofd zal uitgevallen zijn, hij is bles, hij is rein.

⁴²Maar zo in de kaalheid, of in de blesse, een witte roodachtige plaag is, dat is melaatsheid, uitbottende in zijn kaalheid, of in zijn blesse.

⁴³Als de priester hem zal bezien hebben, dat, ziet, het gezwel van die plaag in zijn kaalheid, of blesse, wit roodachtig is, gelijk het aanzien der melaatsheid van het veldes vleses;

⁴⁴Die man is melaats, hij is onrein; de priester zal hem ganselijk onrein verklaren, zijn plaag is op zijn hoofd.

⁴⁵Voorts zullen de klederen des melaatsen, in wien die plaag is, gescheurd zijn, en zijn hoofd zal ontbloot zijn, en hij zal de bovenste lip bewimpelen; daartoe zal hijroepen: Onrein, onrein!

⁴⁶Al de dagen, in welke deze plaag aan hem zal zijn, zal hij onrein zijn; onrein is hij, hij zal alleen wonen; buiten het leger zal zijn woning wezen.

⁴⁷Verder als aan een kleed de plaag der melaatsheid zal zijn, aan een wollen kleed, of aan een linnen kleed,

⁴⁸Of aan den scheerdraad, of aan den inslag van linnen, of van wol, of aan vel, of aan enig vellenwerk;

⁴⁹En die plaag aan het kleed, of aan het vel, of aan den scheerdraad, of aan den inslag, of aan enig vellentuig, groenachtig of roodachtig is; het is de plaag dermelaatsheid; daarom zal zij den priester vertoond worden.

⁵⁰En de priester zal de plaag bezien; en hij zal hetgeen de plaag heeft, zeven dagen doen opsluiten.

⁵¹Daarna zal hij op den zevenden dag de plaag bezien; zo de plaag uitgespreid is aan het kleed, of aan den scheerdraad, of aan den inslag, of aan het vel, tot wat werkdat vel zou mogen gemaakt zijn, die plaag is een knagende melaatsheid, het is onrein.

⁵²Daarom zal hij dat kleed, of die werpte, of dien inslag van wol, of van linnen, of alle vellentuig, waarin die plaag zal zijn, verbranden; want het is een knagendemelaatsheid; het zal met vuur verbrand worden.

⁵³Doch indien de priester zal zien, dat, ziet, de plaag aan het kleed, of aan den scheerdraad, of aan den inslag, of aan enig vellentuig niet uitgespreid is;

⁵⁴Zo zal de priester gebieden, dat men hetgeen, waaraan die plaag is, wasse, en hij zal dat andermaal zeven dagen doen opsluiten.

⁵⁵Als de priester, nadat het gewassen is, de plaag zal bezien hebben, dat, ziet, de plaag haar gedaante niet veranderd heeft, en de plaag niet uitgespreid is, het isonrein, gij zult het met vuur verbranden; het is een ingraving aan zijn achterste of aan zijn voorste zijde.

⁵⁶Indien nu de priester merken zal, dat, ziet, die plaag, nadat zij zal gewassen zijn, ingetrokken is; dan zal hij ze van het kleed, of van het vel, of van den scheerdraad, of van den inslag afscheuren.

⁵⁷Maar zo zij nog aan het kleed, of aan den scheerdraad, of aan den inslag, of aan enig vellentuig, gezien wordt, het is uitbottende melaatsheid; gij zult hetgeen, waaraan de plaag is, met vuur verbranden.

⁵⁸Maar het kleed, of de werpte, of de inslag, of alle vellentuig, dat gij gewassen zult hebben, als de plaag daarvan geweken zal zijn, dat zal andermaal gewassenworden, en het zal rein zijn.

⁵⁹Dit is de wet van de plaag der melaatsheid, van een wollen of linnen kleed, of een werpte, of een inslag, of alle vellentuig, om dat rein te verklaren, of onrein teverklaren.

Hoofdstuk 14

¹Daarna sprak de HEERE tot Mozes, zeggende:

²Dit zal de wet des melaatsen zijn, ten dage zijner reiniging: dat hij tot den priester zal gebracht worden.

³En de priester zal buiten het leger gaan; als de priester merken zal, dat, ziet, die plaag der melaatsheid van den melaatse genezen is;

⁴Zo zal de priester gebieden, dat men voor hem, die te reinigen zijn, twee levende reine vogelen neme, mitsgaders cederenhout, en scharlaken, en hysop.

⁵De priester zal ook gebieden, dat men den ene vogel slachte, in een aarden vat, over levend water.

⁶Dien levenden vogel zal hij nemen, en het cederhout, en het scharlaken, en den hysop; en zal die, en den levenden vogel dopen in het bloed des vogels, die boven hetlevende water geslacht is.

⁷En hij zal over hem, die van de melaatsheid te reinigen is, zevenmaal sprengen; daarna zal hij hem rein verklaren, en den levenden vogel in het open veld vliegenlaten.

⁸Die nu te reinigen is, zal zijn klederen wassen, en al zijn haar afscheren, en zich in het water afwassen, zo zal hij rein zijn; daarna zal hij in het leger komen, maar zalbuiten zijn tent zeven dagen blijven.

⁹En op den zevenden dag zal het geschieden, dat hij al zijn haar zal afscheren, zijn hoofd, en zijn baard, en de wenkbrauwen zijner ogen; ja, al zijn haar zal hijafscheren, en al zijn klederen wassen, en zijn vlees met water baden, zo zal hij rein zijn.

¹⁰En op den achtsten dag zal hij twee volkomen lammeren, en een eenjarig volkomen schaap nemen, mitsgaders drie tienden meelbloem ten spijsoffer, met oliegemengd, en een log olie.

¹¹De priester nu, die de reiniging doet, zal den man, die te reinigen is, en die dingen, stellen voor het aangezicht des HEEREN, aan de deur van de tent dersamenkomst.

¹²En de priester zal dat ene lam nemen, en hetzelve offeren tot een schuldoffer met den log olie; en zal die ten beweegoffer voor het aangezicht des HEERENbewegen.

¹³Daarna zal hij dat lam slachten in de plaats, waar men het zondoffer en het brandoffer slacht, in de heilige plaats; want het schuldoffer, gelijk het zondoffer, is voorden priester; het is een heiligheid der heiligheden.

¹⁴En de priester zal van het bloed des schuldoffers nemen, hetwelk de priester doen zal op het lapje van het rechteroor desgenen, die te reinigen is, en op den duimzijner rechterhand, en op den groten teen zijns rechtervoets.

¹⁵De priester zal ook uit den log der olie nemen, en zal ze op des priesters linkerhand gieten.

¹⁶Dan zal de priester zijn rechtervinger indopen, nemende van die olie, die in zijn linkerhand is, en zal met zijn vinger van die olie zevenmaal sprengen, voor hetaangezicht des HEEREN.

¹⁷En van het overige van die olie, die in zijn hand zal zijn, zal de priester doen op het lapje van het rechteroor desgenen, die te reinigen is, en op den duim zijnerrechterhand, en op den groten teen zijns rechtervoets, boven op het bloed des schuldoffers.

¹⁸Dat nog overgebleven zal zijn van die olie, die in de hand des priesters geweest is, zal hij doen op het hoofd desgenen, die te reinigen is; zo zal de priester over hemverzoening doen voor het aangezicht des HEEREN.

¹⁹De priester zal ook het zondoffer bereiden, en voor hem, die van zijn onreinigheid te reinigen is, verzoening doen; en daarna zal hij het brandoffer slachten.

²⁰En de priester zal dat brandoffer en dat spijsoffer op het altaar offeren; zo zal de priester de verzoening voor hem doen, en hij zal rein zijn.

²¹Maar indien hij arm is, en zijn hand dat niet bereikt, zo zal hij een lam ten schuldoffer, ter beweging nemen, om voor hem verzoening te doen; daartoe een tiendemeelbloem, met olie gemengd, ten spijsoffer, en een log olie;

²²Mitsgaders twee tortelduiven, of twee jonge duiven, die zijn hand bereiken zal, welker ene ten zondoffer, en een ten brandoffer zijn zal.

²³En hij zal die, op den achtsten dag zijner reiniging, tot den priester brengen, aan de deur van de tent der samenkomst, voor het aangezicht des HEEREN.

²⁴En de priester zal het lam des schuldoffers, en den log der olie nemen; en de priester zal die ten beweegoffer voor het aangezicht des HEEREN bewegen.

²⁵Daarna zal hij het lam des schuldoffers slachten, en de priester zal van het bloed des schuldoffers nemen, en doen op het rechteroorlapje desgenen, die te reinigen is, en op den duim zijner rechterhand, en op den groten teen zijns rechtervoets.

²⁶Ook zal de priester van die olie op des priesters linkerhand gieten.

²⁷Daarna zal de priester met zijn rechtervinger van die olie, die op zijn linkerhand is, sprengen, zevenmaal, voor het aangezicht des HEEREN.

²⁸En de priester zal van de olie, die op zijn hand is, doen aan het lapje van het rechteroor desgenen, die te reinigen is, en aan den duim zijner rechterhand, en aan dengroten teen zijns rechtervoets, op de plaats van het bloed des schuldoffers.

²⁹En het overgeblevene van de olie, die in de hand des priesters is, zal hij doen op het hoofd desgenen, die te reinigen is, om de verzoening voor hem te doen, voor hetaangezicht des HEEREN.

³⁰Daarna zal hij de ene van de tortelduiven, of van de jonge duiven bereiden, van hetgeen zijn hand bereikt zal hebben.

³¹Van hetgeen zijn hand bereikt zal hebben, zal het een ten zondoffer, en het een ten brandoffer zijn, boven het spijsoffer; zo zal de priester voor hem, die te reinigenis, verzoening doen voor het aangezicht des HEEREN.

³²Dit is de wet desgenen, in wien de plaag der melaatsheid zal zijn, wiens hand in zijn reiniging dat niet bereikt zal hebben.

³³Verder sprak de HEERE tot Mozes en tot Aaron, zeggende:

³⁴Als gij zult gekomen zijn in het land van Kanaän, hetwelk Ik u tot bezitting geven zal, en Ik de plaag der melaatsheid aan een huis van dat land uwer bezitting zalgegeven hebben;

³⁵Zo zal hij, van wien dat huis is, komen, en den priester te kennen geven, zeggende: Het schijnt mij, alsof er een plaag in het huis ware.

³⁶En de priester zal gebieden, dat zij dat huis ruimen, aleer de priester komt, om die plaag te bezien, opdat niet al wat in dat huis is, onrein worde; en daarna zal depriester komen, om dat huis te bezien.

³⁷Als hij die plaag bezien zal, dat, ziet, die plaag aan de wanden van dat huis zijn groenachtige of roodachtige kuiltjes, en hun aanzien lager is dan die want;

³⁸De priester zal uit dat huis uitgaan, aan de deur van het huis, en hij zal dat huis zeven dagen doen toesluiten.

³⁹Daarna zal de priester op den zevenden dag wederkeren; indien hij merken zal, dat, ziet, die plaag aan de wanden van dat huis uitgespreid is;

⁴⁰Zo zal de priester gebieden, dat zij de stenen, in welke die plaag is, uitbreken, en dezelve tot buiten de stad werpen, aan een onreine plaats;

⁴¹En dat huis zal hij rondom van binnen doen schrabben, en zij zullen het stof, dat zij afgeschrabd hebben, tot buiten de stad aan een onreine plaats uitstorten.

⁴²Daarna zullen zij andere stenen nemen, en in de plaats van gene stenen brengen; en men zal ander leem nemen, en dat huis bestrijken.

⁴³Maar indien die plaag wederkeert, en in dat huis uitbot, nadat men de stenen uitgebroken heeft, en na het afschrabben van het huis, en nadat het zal bestreken zijn;

⁴⁴Zo zal de priester komen; als hij nu zal merken, dat, ziet, die plaag aan dat huis uitgespreid is, het is een knagende melaatsheid in dat huis, het is onrein.

⁴⁵Daarom zal men dat huis, zijn stenen, en zijn hout even afbreken, mitsgaders al het leem van het huis, en men zal het tot buiten de stad uitvoeren, aan een onreineplaats.

⁴⁶En die in dat huis gaat te enigen dage, als men hetzelve zal toegesloten hebben, zal onrein zijn tot aan den avond.

⁴⁷Die ook in dat huis te slapen ligt, zal zijn klederen wassen; insgelijks, die in dat huis eet, zal zijn klederen wassen.

⁴⁸Maar als de priester zal weder ingegaan zijn, en zal merken, dat, ziet, die plaag aan dat huis niet uitgespreid is, nadat het huis zal bestreken zijn; zo zal de priester dathuis rein verklaren, dewijl die plaag genezen is.

⁴⁹Daarna zal hij, om dat huis te ontzondigen, twee vogeltjes nemen, mitsgaders cederenhout, en scharlaken, en hysop.

⁵⁰En hij zal den enen vogel slachten in een aarden vat, over levend water.

⁵¹Dan zal hij dat cederenhout, en dien hysop, en het scharlaken, en den levenden vogel nemen, en zal die in het bloed des geslachten vogels en in het levende waterdopen; en zal dat huis zevenmaal besprengen.

⁵²Zo zal hij dat huis ontzondigen met het bloed des vogels, en met dat levend water, en met den levenden vogel, en met dat cederenhout, en met den hysop, en met hetscharlaken.

⁵³Den levenden vogel nu zal hij tot buiten de stad, in het open veld, laten vliegen; zo zal hij over het huis verzoening doen, en het zal rein zijn.

⁵⁴Dit is de wet voor alle plage der melaatsheid, en voor schurftheid;

⁵⁵En voor melaatsheid der klederen, en der huizen;

⁵⁶Mitsgaders voor gezwel, en voor gezweer, en voor blaren;

⁵⁷Om te leren, op welken dag iets onrein, en op welken dag iets rein is. Dit is de wet der melaatsheid.

Hoofdstuk 15

¹Verder sprak de HEERE tot Mozes en tot Aaron, zeggende:

²Spreekt tot de kinderen Israels, en zegt tot hen: Een ieder man, als hij vloeiende zal zijn uit zijn vlees, zal om zijn vloed onrein zijn.

³Dit nu zal zijn onreinigheid om zijn vloed zijn: zo zijn vlees zijn vloed uitzevert, of zijn vlees van zijn vloed zich verstopt, dat is zijn onreinigheid.

⁴Alle leger, waarop hij, die den vloed heeft, zal liggen, zal onrein zijn, en alle tuig, waarop hij zal zitten, zal onrein zijn.

⁵Een ieder ook, die zijn leger zal aanroeren, zal zijn klederen wassen, en zich met water baden, en zal onrein zijn tot aan den avond.

⁶En die op dat tuig zit, waarop hij, die den vloed heeft, gezeten zal hebben, zal zijn klederen wassen, en zich met water baden, en zal onrein zijn tot aan den avond.

⁷En die het vlees desgenen, die den vloed heeft, aanroert, zal zijn klederen wassen, en zich met water baden, en onrein zijn tot aan den avond.

⁸Als ook hij, die den vloed heeft, op een reine zal gespogen hebben, dan zal hij zijn klederen wassen, en zal zich met water baden, en onrein zijn tot aan den avond.

⁹Insgelijks alle zadel, waarop hij, die den vloed heeft, zal gereden hebben, zal onrein zijn.

¹⁰En al wie iets aanroert, dat onder hem zal geweest zijn, zal onrein zijn tot aan den avond; en die hetzelve draagt, zal zijn klederen wassen, en zich met water baden, en onrein zijn tot aan den avond.

¹¹Daartoe een ieder, wien hij, die den vloed heeft, zal aangeroerd

hebben, zonder zijn handen met water gespoeld te hebben, die zal zijn kleren wassen, en zich metwater baden, en onrein zijn tot aan den avond.

¹²Ook het aarden vat, hetwelk hij, die den vloed heeft, zal aangeroerd hebben, zal gebroken worden; maar alle houten vat zal met water gespoeld worden.

¹³Als hij nu, die den vloed heeft, van zijn vloed gereinigd zal zijn, zo zal hij tot zijn reiniging zeven dagen voor zich tellen, en zijn kleren wassen, en hij zal zijn vleesmet levend water baden, zo zal hij rein zijn.

¹⁴En op den achtsten dag zal hij voor zich twee tortelduiven of twee jonge duiven nemen; en zal voor het aangezicht des HEEREN, aan de deur van de tent dersamenkomst komen, en zal ze den priester geven.

¹⁵En de priester zal die bereiden, een ten zondoffer, en een ten brandoffer; zo zal de priester over hem voor het aangezicht des HEEREN, vanwege zijn vloed, verzoening doen.

¹⁶Verder een man, als van hem het zaad des bijliggens zal uitgegaan zijn, die zal zijn ganse vlees met water baden, en onrein zijn tot aan den avond.

¹⁷Ook alle kleed, en alle vel, aan hetwelk het zaad des bijliggens wezen zal, dat zal met water gewassen worden, en onrein zijn tot aan den avond.

¹⁸Mitsgaders de vrouw, als een man met het zaad des bijliggens bij haar gelegen zal hebben; daarom zullen zij zich met water baden, en onrein zijn tot aan den avond.

¹⁹Maar als een vrouw vloeiende zijn zal, zijnde haar vloed van bloed in haar vlees, zo zal zij zeven dagen in haar afzondering zijn; en al wie haar aanroert, zal onreinzijn tot aan den avond.

²⁰En al hetgeen, waarop zij in haar afzondering zal gelegen hebben, zal onrein zijn; mitsgaders alles, waarop zij zal gezeten hebben, zal onrein zijn.

²¹En al wie haar leger aanroert, zal zijn kleren wassen, en zich met water baden, en onrein zijn tot aan den avond.

²²Ook al wie enig tuig, waarop zij gezeten zal hebben, aanroert, zal zijn kleren wassen, en zich met water baden, en onrein zijn tot aan den avond.

²³Zelfs indien het op het leger geweest zal zijn, of op het tuig, waarop zij zat, als hij dat aanroerde, hij zal onrein zijn tot aan den avond.

²⁴Insgelijks zo iemand zekerlijk bij haar gelegen heeft, dat haar afzondering op hem zij, zo zal hij zeven dagen onrein zijn; daartoe alle leger, waarop hij zal gelegenhebben, zal onrein zijn.

²⁵Wanneer ook een vrouw, vele dagen buiten den tijd harer afzondering, van den vloed haars bloeds vloeien zal, of wanneer zij vloeien zal boven hare afzondering, zijzal al den dagen van den vloed harer onreinigheid, als in de dagen harer afzondering onrein zijn.

²⁶Alle leger, waarop zij al de dagen haars vloeds gelegen zal hebben, zal haar zijn als het leger harer afzondering; en alle tuig, waarop zij zal gezeten hebben, zal onreinzijn, naar de onreinigheid harer afzondering.

²⁷En zo wie die dingen aanroert, zal onrein zijn; daarom zal hij zijn kleren wassen, en zich met water baden, en onrein zijn tot aan den avond.

²⁸Maar als zij van haar vloed rein wordt, dan zal zij voor zich zeven dagen tellen, daarna zal zij rein zijn.

²⁹En op den achtsten dag zal zij voor zich twee tortelduiven, of twee jonge duiven nemen, en zij zal die tot den priester brengen, aan de deur van de tent dersamenkomst.

³⁰Dan zal de priester een ten zondoffer en een ten brandoffer bereiden; en de priester zal voor haar, van den vloed harer onreinigheid, verzoening doen voor hetaangezicht des HEEREN.

³¹Alzo zult gij de kinderen Israels afzonderen van hun onreinigheid; opdat zij in hun onreinigheid niet sterven, als zij Mijn tabernakel, die in het midden van hen is, verontreinigen zouden.

³²Dit is de wet desgenen, die den vloed heeft, en van wien het zaad der bijligging uitgaat; zodat hij daardoor onrein wordt;

³³Mitsgaders van een zwakke vrouw in haar afzondering, en van degene, die van zijn vloed is vloeiende, voor een man, en voor een vrouw; en voor een man, die bijeen onreine zal gelegen hebben.

Hoofdstuk 16

¹En de HEERE sprak tot Mozes, nadat de twee zonen van Aaron gestorven waren, als zij genaderd waren voor het aangezicht des HEEREN, en gestorven waren;

²De HEERE dan zeide tot Mozes: Spreek tot uw broeder Aaron, dat hij niet te allen tijde ga in het heilige, binnen den voorhang, voor het verzoendeksel, dat op de arkis, opdat hij niet sterve; want Ik verschijn in een wolk op het verzoendeksel.

³Hiermede zal Aaron in het heilige gaan: met een var, een jong rund ten zondoffer, en een ram ten brandoffer.

⁴Hij zal den heiligen linnen rok aandoen, en een linnen onderbroek zal aan zijn vlees zijn, en met een linnen gordel zal hij zich gorden, en met een linnen hoedbedekken; dit zijn heilige kleren; daarom zal hij zijn vlees met water baden, als hij ze zal aandoen.

⁵En aan de vergadering der kinderen Israels zal hij nemen twee geitenbokken ten zondoffer, en een ram ten brandoffer.

⁶Daarna zal Aaron den var des zondoffers, die voor hem zal zijn, offeren, en zal voor zich en voor zijn huis verzoening doen.

⁷Hij zal ook beide bokken nemen, en hij zal die stellen voor het aangezicht des HEEREN, aan de deur van de tent der samenkomst.

⁸En Aaron zal de loten over die twee bokken werpen: een lot voor den HEERE, en een lot voor den weggaanden bok.

⁹Dan zal Aaron den bok, op denwelken het lot voor den HEERE zal gekomen zijn, toebrengen, en zal hem ten zondoffer maken.

¹⁰Maar de bok, op denwelken het lot zal gekomen zijn, om een weggaande bok te zijn, zal levend voor het aangezicht des HEEREN gesteld worden, om door hemverzoening te doen; opdat men hem als een weggaanden bok naar de woestijn uitlate.

¹¹Aaron dan zal den var des zondoffers, die voor hemzelven zal zijn, toebrengen, en voor zichzelven en voor zijn huis verzoening doen, en zal den var des zondoffers, die voor hemzelven zal zijn, slachten.

¹²Hij zal ook een wierookvat vol vurige kolen nemen van het altaar, van voor het aangezicht des HEEREN, en zijn handen vol reukwerk van welriekende specerijen, klein gestoten; en hij zal het binnen den voorhang dragen.

¹³En hij zal dat reukwerk op het vuur leggen, voor het aangezicht des HEEREN, opdat de nevel des reukwerks het verzoendeksel, hetwelk is op de getuigenis, bedekke, en dat hij niet sterve.

¹⁴En hij zal van het bloed van den var nemen, en zal met zijn vinger op het verzoendeksel oostwaarts sprengen; en voor het verzoendeksel zal hij zevenmaal met zijnvinger van dat bloed sprengen.

¹⁵Daarna zal hij den bok des zondoffers, die voor het volk zal zijn, slachten, en zal zijn bloed tot binnen in den voorhang dragen, en zal met zijn bloed doen, gelijk als hijmet het bloed van den var gedaan heeft, en zal dat sprengen op het verzoendeksel, en voor het verzoendeksel.

¹⁶Zo zal hij voor het heilige, vanwege de onreinigheden der kinderen Israels, en vanwege hun overtredingen, naar al hun zonden, verzoening doen; en alzo zal hij doenaan de tent der samenkomst, welke met hen woont in het midden hunner onreinigheden.

¹⁷En geen mens zal in de tent der samenkomst zijn, als hij zal ingaan, om in het heilige verzoening te doen, totdat hij zal uitkomen; alzo zal hij verzoening doen, voorzichzelven, en voor zijn huis, en voor de gehele gemeente van Israel.

¹⁸Daarna zal hij tot het altaar, dat voor het aangezicht des HEEREN is, uitkomen, en verzoening voor hetzelve doen; en hij zal van het bloed van den var, en van hetbloed van den bok nemen, en doen het rondom op de hoornen des altaars.

¹⁹En hij zal daarop van dat bloed met zijn vinger zevenmaal sprengen, en hij zal dat reinigen en heiligen van de onreinigheden der kinderen Israels.

²⁰Als hij nu zal geeindigd hebben van het heilige, en de tent der samenkomst, en het altaar te verzoenen, zo zal hij dien levenden bok toebrengen.

²¹En Aaron zal beide zijn handen op het hoofd van den levenden bok leggen, en zal daarop al de ongerechtigheden der kinderen Israels, en al hun overtredingen, naaral hun zonden, belijden; en hij zal die op het hoofd des boks leggen, en zal hem door de hand eens mans, die voorhanden is, naar de woestijn uitlaten.

²²Alzo zal die bok op zich al hun ongerechtigheden in een afgezonderd land wegdragen; en hij zal dien bok in de woestijn uitlaten.

²³Daarna zal Aaron komen in de tent der samenkomst, en zal de linnen kleren uitdoen, die hij aangedaan had, als hij in het heilige ging, en hij zal ze daar laten.

²⁴En hij zal zijn vlees in de heilige plaats met water baden, en zijn kleren aandoen; dan zal hij uitgaan, en zijn brandoffer, en het brandoffer des volks bereiden, envoor zich en voor het volk verzoening doen.

²⁵Ook zal hij het vet des zondoffers op het altaar aansteken.

²⁶En die den bok, welke een weggaande bok was, zal uitgelaten hebben, zal zijn kleren wassen, en zijn vlees met water baden; en daarna zal hij in het leger komen.

²⁷Maar den var des zondoffers, en den bok des zondoffers, welker bloed ingebracht is, om verzoening te doen in het heilige, zal men tot buiten het leger uitvoeren;doch hun vellen, hun vlees en hun mest zullen zij met vuur verbranden.

Leviticus

²⁸Die nu dezelve verbrandt, zal zijn klederen wassen, en zijn vlees met water baden; en daarna zal hij in het leger komen.

²⁹En dit zal voor u tot een eeuwige inzetting zijn: gij zult in de zevende maand, op den tienden der maand, uw zielen verootmoedigen, en geen werk doen, inboorling noch vreemdeling, die in het midden van u als vreemdeling verkeert.

³⁰Want op dien dag zal hij voor u verzoening doen, om u te reinigen; van al uw zonden zult gij voor het aangezicht des HEEREN gereinigd worden.

³¹Dat zal u een sabbat der rust zijn, opdat gij uw zielen verootmoedigt; het is een eeuwige inzetting.

³²En de priester, dien men gezalfd, en wiens hand men gevuld zal hebben, om voor zijn vader het priesterambt te bedienen, zal de verzoening doen, als hij de linnenklederen, de heilige klederen, zal aangetrokken hebben.

³³Zo zal hij het heilige heiligdom verzoenen, en de tent der samenkomst, en het altaar zal hij verzoenen; desgelijks voor de priesteren, en voor al het volk der gemeente zal hij verzoening doen.

³⁴En dit zal u tot een eeuwige inzetting zijn, om voor de kinderen Israels van al hun zonden, eenmaal des jaars, verzoening te doen. En men deed, gelijk als de HEERE Mozes geboden had.

Hoofdstuk 17

¹Verder sprak de HEERE tot Mozes, zeggende:

²Spreek tot Aaron, en tot zijn zonen, en tot al de kinderen Israels, en zeg tot hen: Dit is het woord, hetwelk de HEERE geboden heeft, zeggende:

³Een ieder van het huis Israels, die een os, of lam, of geit in het leger slachten zal, of die ze slachten zal buiten het leger;

⁴En dezelve aan de deur van de tent der samenkomst niet brengen zal, om een offerande den HEERE voor den tabernakel des HEEREN te offeren; het bloed zal dienzelven man toegerekend worden, hij heeft bloed vergoten; daarom zal dezelve man uit het midden zijns volks uitgeroeid worden;

⁵Opdat, wanneer de kinderen Israels hun slachtoffern brengen, welke zij op het veld slachten, dat zij die den HEERE toebrengen, aan de deur van de tent der samenkomst tot den priester, en dezelve tot dankoffern den HEERE slachten.

⁶En de priester zal het bloed op het altaar des HEEREN, aan de deur van de tent der samenkomst, sprengen; en hij zal het vet aansteken, tot een liefelijken reuk den HEERE.

⁷En zij zullen ook niet meer hun slachtoffern den duivelen, welke zij nahoereren, offeren; dat zal hun een eeuwige inzetting zijn voor hun geslachten.

⁸Zeg dan tot hen: Een ieder van het huis Israels, en van de vreemdelingen, die in het midden van hen als vreemdelingen verkeren, die een brandoffer of slachtoffer zal offeren,

⁹En dat tot de deur van de tent der samenkomst niet zal brengen, om hetzelve den HEERE te bereiden; diezelve man zal uit zijn volken uitgeroeid worden.

¹⁰En een ieder uit het huis Israels, en uit de vreemdelingen, die in het midden van hen als vreemdelingen verkeren, die enig bloed zal gegeten hebben, tegen diens ziel, die dat bloed zal gegeten hebben, zal Ik Mijn aangezicht zetten, en zal die uit het midden haars volks uitroeien.

¹¹Want de ziel van het vlees is in het bloed; daarom heb Ik het u op het altaar gegeven, om over uw zielen verzoening te doen; want het is het bloed, dat voor de ziel verzoening zal doen.

¹²Daarom heb Ik tot de kinderen Israels gezegd: Geen ziel van u zal bloed eten; noch de vreemdeling, die als vreemdeling in het midden van u verkeert, zal bloed eten.

¹³Een ieder ook van de kinderen Israels en van de vreemdelingen, die als vreemdelingen in het midden van hen verkeren, die enig wild gedierte, of gevogelte, dat gegeten wordt, in de jacht gevangen zal hebben; die zal deszelfs bloed vergieten, en zal dat met stof bedekken.

¹⁴Want het is de ziel van alle vlees; zijn bloed is voor zijn ziel; daarom heb Ik tot de kinderen Israels gezegd: Gij zult geens vleses bloed eten; want de ziel van alle vlees, dat is zijn bloed; zo wie dat eet, zal uitgeroeid worden.

¹⁵En alle ziel onder de inboorlingen of onder de vreemdelingen, die een dood aas of het verscheurde zal gegeten hebben, die zal zijn klederen wassen, en zich met water baden, en onrein zijn tot aan den avond; daarna zal hij rein zijn.

¹⁶Maar indien hij die niet wast, en zijn vlees niet baadt, zo zal hij zijn ongerechtigheid dragen.

Hoofdstuk 18

¹Verder sprak de HEERE tot Mozes, zeggende:

²Spreek tot de kinderen Israels en zeg tot hen: Ik ben de HEERE, uw God!

³Gij zult niet doen naar de werken des Egyptischen lands, waarin gij gewoond hebt; en naar de werken des lands Kanaan, waarheen Ik u brenge, zult gij niet doen, en zult in hun inzettingen niet wandelen.

⁴Mijn rechten zult gij doen, en Mijn inzettingen zult gij houden, om in die te wandelen; Ik ben de HEERE, uw God!

⁵Ja, Mijn inzettingen en Mijn rechten zult gij houden; welk mens dezelve zal doen, die zal door dezelve leven; Ik ben de HEERE!

⁶Niemand zal tot enige nabestaande zijns vleses naderen, om de schaamte te ontdekken; Ik ben de HEERE!

⁷Gij zult de schaamte uws vaders en de schaamte uwer moeder niet ontdekken; zij is uw moeder; gij zult haar schaamte niet ontdekken.

⁸Gij zult de schaamte der huisvrouw uws vaders niet ontdekken; het is de schaamte uws vaders.

⁹De schaamte uwer zuster, der dochter uws vaders, of der dochter uwer moeder, te huis geboren of buiten geboren, haar schaamte zult gij niet ontdekken.

¹⁰De schaamte der dochter uws zoons, of der dochter uwer dochter, haar schaamte zult gij niet ontdekken; want zij zijn uw schaamte.

¹¹De schaamte van de dochter der huisvrouw uws vaders, die uw vader geboren is (zij is uw zuster), haar schaamte zult gij niet ontdekken.

¹²Gij zult de schaamte van de zuster uws vaders niet ontdekken; zij is uws vaders nabestaande.

¹³Gij zult de schaamte van de zuster uwer moeder niet ontdekken; want zij is uwer moeder nabestaande.

¹⁴Gij zult de schaamte van den broeder uws vaders niet ontdekken; tot zijn huisvrouw zult gij niet naderen; zij is uw moei.

¹⁵Gij zult de schaamte uwer schoondochter niet ontdekken; zij is uws zoons huisvrouw; gij zult haar schaamte niet ontdekken.

¹⁶Gij zult de schaamte der huisvrouw uws broeders niet ontdekken; het is de schaamte uws broeders.

¹⁷Gij zult de schaamte ener vrouw en harer dochter niet ontdekken; de dochter haars zoons, noch de dochter van haar dochter zult gij nemen, om haar schaamte te ontdekken; zij zijn nabestaanden; het is een schandelijke daad.

¹⁸Gij zult ook geen vrouw tot haar zuster nemen, om haar te benauwen, mits haar schaamte nevens haar, in haar leven, te ontdekken.

¹⁹Ook zult gij tot de vrouw in de afzondering van haar onreinigheid niet naderen, om haar schaamte te ontdekken.

²⁰En gij zult niet liggen bij uws naasten huisvrouw ter bezading, om met haar onrein te worden.

²¹En van uw zaad zult gij niet geven, om voor den Molech door het vuur te doen gaan; en den Naam uws Gods zult gij niet ontheiligen; Ik ben de HEERE!

²²Bij een manspersoon zult gij niet liggen met vrouwelijke bijligging; dit is een gruwel.

²³Insgelijks zult gij bij geen beest liggen, om daarmede onrein te worden; een vrouw zal ook niet staan voor een beest, om daarmede te doen te hebben; het is een gruwelijke vermenging.

²⁴Verontreinigt u niet met enige van deze; want de heidenen, die Ik van uw aangezicht uitwerpe, zijn met alle deze verontreinigd;

²⁵Zodat het land onrein is, en Ik over hetzelve zijn ongerechtigheid bezoeke, en het land zijn inwoners uitspuwt.

²⁶Maar gij zult Mijn inzettingen en Mijn rechten onderhouden, en van al die gruwelen niets doen, inboorling noch vreemdeling, die in het midden van u als vreemdeling verkeert.

²⁷Want de lieden dezes lands, die voor u geweest zijn, hebben al deze gruwelen gedaan; en het land is onrein geworden.

²⁸Dat u dat land niet uitspuwe, als gij hetzelve zult verontreinigd hebben; gelijk als het het volk, dat voor u was, uitgespuwd heeft.

²⁹Want al wie enige van deze gruwelen doen zal, die zielen, die ze doen, zullen uit het midden van haar volk uitgeroeid worden.

³⁰Daarom zult gij Mijn bevel onderhouden, dat gij niet doet van die gruwelijke inzettingen, die voor u zijn gedaan geweest, en u daarmede niet verontreinigt; Ik ben de HEERE, uw God!

Hoofdstuk 19

¹Verder sprak de HEERE tot Mozes, zeggende:

²Spreek tot de ganse vergadering der kinderen Israels, en zeg tot hen: Gij zult heilig zijn, want Ik, de HEERE, uw God, ben heilig!

³Want ieder zal zijn moeder en zijn vader vrezen, en Mijn sabbatten houden; Ik ben de HEERE, uw God!

⁴Gij zult u tot de afgoden niet keren, en u geen gegoten goden maken; Ik ben de HEERE, uw God!

⁵En wanneer gij een dankoffer den HEERE offeren zult, naar uw welgevallen zult gij dat offeren.

⁶Op den dag van uw offeren, en des anderen daags, zal het gegeten worden; maar wat tot op den derden dag overblijft zal met vuur verbrand worden.

⁷En zo het op den derden dag enigzins gegeten wordt, het is een afgrijselijk ding, het zal niet aangenaam zijn.

⁸En zo wie dat eet, zal zijn ongerechtigheid dragen, omdat hij het heilige des HEEREN ontheiligd heeft; daarom zal dezelve ziel, uit haar volken uitgeroeid worden.

⁹Als gij ook den oogst uws lands inoogsten zult, gij zult den hoek uws velds niet ganselijk afoogsten, en dat van uw oogst op te zamelen is, niet opzamelen.

¹⁰Insgelijks zult gij uw wijngaard niet nalezen, en de afgevallen bezien van uw wijngaard niet opzamelen; den arme en den vreemdeling zult gij die overlaten; Ik ben de HEERE, uw God!

¹¹Gij zult niet stelen, en gij zult niet liegen, noch valselijk handelen, een iegelijk tegen zijn naaste.

¹²Gij zult niet valselijk bij Mijn Naam zweren; want gij zoudt den Naam uws Gods ontheiligen; Ik ben de HEERE.

¹³Gij zult uw naaste niet bedriegelijk verdrukken, noch beroven; des dagloners arbeidsloon zal bij u niet vernachten tot aan den morgen.

¹⁴Gij zult den dove niet vloeken, en voor het aangezicht des blinden geen aanstoot zetten; maar gij zult voor uw God vrezen; Ik ben de HEERE!

¹⁵Gij zult geen onrecht doen in het gericht; gij zult het aangezicht des geringen niet aannemen, noch het aangezicht des groten voortrekken; in gerechtigheid zult gij uw naaste richten.

¹⁶Gij zult niet wandelen als een achterklapper onder uw volken; gij zult niet staan tegen het bloed van uw naaste; Ik ben de HEERE!

¹⁷Gij zult uw broeder in uw hart niet haten; gij zult uw naaste naarstiglijk berispen, en zult de zonde in hem niet verdragen.

¹⁸Gij zult niet wreken, noch toorn behouden tegen de kinderen uws volks; maar gij zult uw naaste liefhebben als uzelven; Ik ben de HEERE!

¹⁹Gij zult Mijn inzettingen houden; gij zult geen tweeërlei aard uwer beesten laten samen te doen hebben; uwen akker zult gij niet met tweeërlei zaad bezaaien, en een kleed van tweeërlei stof, dooreen vermengd, zal aan u niet komen.

²⁰En wanneer een man, door bijligging des zaads, bij een vrouw zal gelegen hebben, die een dienstmaagd is, bij den man versmaad, en geenszins gelost is, en haar geen vrijheid is gegeven; die zullen gegeseld worden; zij zullen niet gedood worden; want zij was niet vrij gemaakt.

²¹En hij zal zijn schuldoffer den HEERE aan de deur van de tent der samenkomst brengen, een ram ten schuldoffer.

²²En de priester zal met den ram des schuldoffers, voor hem over zijn zonde, die hij gezondigd heeft, voor het aangezicht des HEEREN verzoening doen; en hem zal vergeving geschieden van zijn zonde, die hij gezondigd heeft.

²³Als gij ook in dat land gekomen zult zijn, en alle geboomte ter spijze geplant zult hebben, zo zult gij de voorhuid daarvan, deszelfs vrucht, besnijden; drie jaren zal het u onbesneden zijn, daarvan zal niet gegeten worden.

²⁴Maar in het vierde jaar zal al zijn vrucht een heilig ding zijn, ter lofzegging voor den HEERE.

²⁵En in het vijfde jaar zult gij deszelfs vrucht eten, om het inkomen daarvan voor u te vermeerderen; Ik ben de HEERE, uw God!

²⁶Gij zult niets met het bloed eten. Gij zult op geen vogelgeschrei acht geven, noch guichelarij plegen.

²⁷Gij zult de hoeken uws hoofds niet rond afscheren; ook zult gij de hoeken uws baards niet verderven.

²⁸Gij zult om een dood lichaam geen snijding in uw vlees maken, noch schrift van een ingedrukt teken in u maken; Ik ben de HEERE!

²⁹Gij zult uw dochter niet ontheiligen, haar ter hoererij houdende; opdat het land niet hoerere, en het land met schandelijke daden vervuld worde.

³⁰Gij zult Mijn sabbatten houden, en Mijn heiligdom zult gij vrezen; Ik ben de HEERE!

³¹Gij zult u niet keren tot de waarzeggers, en tot de duivelskunstenaars; zoekt hen niet, u met hen verontreinigende; Ik ben de HEERE, uw God!

³²Voor het grauwe haar zult gij opstaan, en zult het aangezicht des ouden vereren; en gij zult vrezen voor uw God; Ik ben de HEERE!

³³En wanneer een vreemdeling bij u in uw land als vreemdeling verkeren zal, gij zult hem niet verdrukken.

³⁴De vreemdeling, die als vreemdeling bij u verkeert, zal onder u zijn als een inboorling van ulieden; gij zult hem liefhebben als uzelven; want gij zijt vreemdeling geweest in Egypteland; Ik ben de HEERE, uw God!

³⁵Gij zult geen onrecht doen in het gericht, met de el, met het gewicht, of met de maat.

³⁶Gij zult een rechte wage hebben, rechte weegstenen, een rechte efa, en een rechte hin; Ik ben de HEERE, uw God, Die u uit Egypteland uitgevoerd heb!

³⁷Daarom zult gij al Mijn inzettingen en al Mijn rechten onderhouden, en zult ze doen; Ik ben de HEERE!

Hoofdstuk 20

¹Verder sprak de HEERE tot Mozes, zeggende:

²Gij zult ook tot de kinderen Israels zeggen: Een ieder uit de kinderen Israels, of uit de vreemdelingen, die in Israel als vreemdelingen verkeren, die van zijn zaad den Molech gegeven zal hebben, zal zekerlijk gedood worden; het volk des lands zal hem met stenen stenigen.

³En Ik zal Mijn aangezicht tegen dien man zetten, en zal hem uit het midden zijns volks uitroeien; want hij heeft van zijn zaad den Molech gegeven, opdat hij Mijn heiligdom ontreinigen, en Mijn heiligen Naam ontheiligen zou.

⁴En indien het volk des lands hun ogen enigzins verbergen zal van dien man, als hij van zijn zaad den Molech zal gegeven hebben, dat het hem niet dode;

⁵Zo zal Ik Mijn aangezicht tegen dien man en tegen zijn huisgezin zetten, en Ik zal hem, en al degenen, die hem nahoereren, om den Molech na te hoereren, uit het midden huns volks uitroeien.

⁶Wanneer er een ziel is, die zich tot de waarzeggers en tot de duivelskunstenaars zal gekeerd hebben, om die na te hoereren, zo zal Ik Mijn aangezicht tegen die ziel zetten, en zal ze uit het midden haars volks uitroeien.

⁷Daarom heiligt u, en weest heilig; want Ik ben de HEERE, uw God!

⁸En onderhoudt Mijn inzettingen, en doet dezelve; Ik ben de HEERE, Die u heilige.

⁹Als er iemand is, die zijn vader of zijn moeder zal gevloekt hebben, die zal zekerlijk gedood worden; hij heeft zijn vader of zijn moeder gevloekt; zijn bloed is op hem!

¹⁰Een man ook, die met iemands huisvrouw overspel zal gedaan hebben, dewijl hij met zijns naasten vrouw overspel gedaan heeft, zal zekerlijk gedood worden, de overspeler en de overspeelster.

¹¹En een man, die bij zijns vaders huisvrouw zal gelegen hebben, heeft zijns vaders schaamte ontdekt; zij beiden zullen zekerlijk gedood worden; hun bloed is op hen!

¹²Insgelijks, als de man bij de vrouw zijns zoons zal gelegen hebben, zij zullen beiden zekerlijk gedood worden; zij hebben een gruwelijke vermenging gedaan; hun bloed is op hen!

¹³Wanneer ook een man bij een manspersoon zal gelegen hebben, met vrouwelijke bijligging, zij hebben beiden een gruwel gedaan; zij zullen zekerlijk gedood worden; hun bloed is op hen!

¹⁴En wanneer een man een vrouw en haar moeder zal genomen hebben, het is een schandelijke daad; men zal hem, en diezelve met vuur verbranden, opdat geen schandelijke daad in het midden van u zij.

¹⁵Daartoe als een man bij enig vee zal gelegen hebben, hij zal zekerlijk gedood worden; ook zult gijlieden het beest doden.

¹⁶Alzo wanneer een vrouw tot enig beest genaderd zal zijn, om daarmede te doen te hebben, zo zult gij die vrouw en dat beest doden; zij zullen zekerlijk gedood worden; hun bloed is op hen!

¹⁷En als een man zijn zuster, de dochter zijns vaders, of de dochter zijner moeder, zal genomen hebben, en hij haar schaamte gezien, en zij zijn schaamte zal gezien hebben, het is een schandvlek; daarom zullen zij voor de ogen van de kinderen huns volks uitgeroeid worden; hij heeft de schaamte zijner zuster ontdekt, hij zal zijn ongerechtigheid dragen.

¹⁸En als een man bij een vrouw, die haar krankheid heeft, zal gelegen en haar schaamte ontdekt, haar fontein ontbloot, en zij zelve de fontein haars bloeds ontdekt zal hebben, zo zullen zij beiden uit het midden huns volks uitgeroeid worden.

¹⁹Daartoe zult gij de schaamte van de zuster uwer moeder, en van de zuster uws vaders niet ontdekken; dewijl hij zijn nabestaande ontbloot heeft, zullen zij hun ongerechtigheid dragen.

²⁰Als ook een man bij zijn moei zal gelegen hebben, hij heeft de schaamte zijns ooms ontdekt; zij zullen hun zonde dragen; zonder kinderen zullen zij sterven.

²¹En wanneer een man zijns broeders huisvrouw zal genomen hebben, het is onreinigheid; hij heeft de schaamte zijns broeders ontdekt; zij zullen zonder kinderen zijn.

Leviticus

²²Onderhoudt dan al Mijn inzettingen en al Mijn rechten, en doet dezelve; opdat u dat land, waarheen Ik u brenge, om daarin te wonen, niet uitspuwe.

²³En wandelt niet in de inzettingen des volks, hetwelk Ik voor uw aangezicht uitwerp; want al deze dingen hebben zij gedaan; daarom ben Ik op hen verdrietig geworden.

²⁴En Ik heb u gezegd: Gij zult hun land erfelijk bezitten, en Ik zal u dat geven, opdat gij hetzelve erfelijk bezit, een land vloeiende van melk en honig; Ik ben de HEERE, uw God, Die u van de volken afgezonderd heb!

²⁵Daarom zult gij onderscheid maken tussen reine en onreine beesten, en tussen het onreine en reine gevogelte; en gij zult uw zielen niet verfoeilijk maken aan de beesten en aan het gevogelte, en aan al wat op den aardbodem kruipt, hetwelk Ik voor u afgezonderd heb, opdat gij het onrein houdt.

²⁶En gij zult Mij heilig zijn, want Ik, de HEERE, ben heilig; en Ik heb u van de volken afgezonderd, opdat gij Mijns zoudt zijn.

²⁷Als nu een man en vrouw in zich een waarzeggenden geest zal hebben, of een duivelskunstenaar zal zijn, zij zullen zekerlijk gedood worden; men zal hen met stenen stenigen; hun bloed is op hen.

Hoofdstuk 21

¹Daarna zeide de HEERE tot Mozes: Spreek tot de priesters, de zonen van Aaron, en zeg tot hen: Over een dode zal een priester zich niet verontreinigen onder zijn volken.

²Behalve over zijn bloedvriend, die hem ten naaste bestaat, over zijn moeder en over zijn vader, en over zijn zoon, en over zijn dochter, en over zijn broeder.

³En over zijn zuster, die maagd is, hem nabestaande, die nog geen man toebehoord heeft; over die zal hij zich verontreinigen.

⁴Hij zal zich niet verontreinigen over een overste onder zijn volken, om zich te ontheiligen.

⁵Zij zullen op hun hoofd geen kaalheid maken, en zullen den hoek van hun baard niet afscheren, en in hun vlees zullen zij geen sneden snijden.

⁶Zij zullen hun God heilig zijn, en den Naam huns Gods zullen zij niet ontheiligen; want zij offeren de vuurofferen des HEEREN, de spijze huns Gods; daarom zullen zij heilig zijn.

⁷Zij zullen geen vrouw nemen, die een hoer of ontheiligde is, noch een vrouw nemen, die van haar man verstoten is; want hij is zijn God heilig.

⁸Daarom zult gij hem heiligen, omdat hij de spijze uws Gods offert; hij zal u heilig zijn, want Ik ben heilig; Ik ben de HEERE, Die u heilige!

⁹Als nu de dochter van enigen priester zal beginnen te hoereren, zij ontheiligt haar vader; met vuur zal zij verbrand worden.

¹⁰En hij, die de hogepriester onder zijn broederen is, op wiens hoofd de zalfolie gegoten is, en wiens hand men gevuld heeft, om die klederen aan te trekken, zal zijn hoofd niet ontbloten, noch zijn klederen scheuren.

¹¹Hij zal ook bij geen dode lichamen komen; zelfs over zijn vader en over zijn moeder zal hij zich niet verontreinigen.

¹²En uit het heiligdom zal hij niet uitgaan, dat hij het heiligdom zijns Gods niet ontheilige, want de kroon der zalfolie zijns Gods is op hem; Ik ben de HEERE!

¹³Hij zal ook een vrouw in haar maagdom nemen.

¹⁴Een weduwe, of verstotene, of ontheiligde hoer, dezulke zal hij niet nemen; maar een maagd uit zijn volken zal hij tot een vrouw nemen.

¹⁵En hij zal zijn zaad onder zijn volken niet ontheiligen; want Ik ben de HEERE, Die hem heilige!

¹⁶Wijders sprak de HEERE tot Mozes, zeggende:

¹⁷Spreek tot Aaron, zeggende: Niemand uit uw zaad, naar hun geslachten, in wien een gebrek zal zijn, zal naderen, om de spijze zijns Gods te offeren.

¹⁸Want geen man, in wien een gebrek zal zijn, zal naderen, hij zij een blind man, of kreupel, of te kort, of te lang in leden;

¹⁹Of een man, in wien een breuk des voets, of een breuk der hand zal zijn;

²⁰Of die bultachtig, of dwergachtig zal zijn, of een vel op zijn oog zal hebben, of droge schurftheid, of etterige schurftheid, of die gebroken zal zijn aan zijn gemacht.

²¹Geen man, uit het zaad van Aaron, den priester, in wien een gebrek is, zal toetreden om de vuurofferen des HEEREN te offeren; een gebrek is in hem, hij zal niet toetreden, om de spijs zijns Gods te offeren.

²²De spijs zijns Gods, van de allerheiligste dingen, en van de heilige dingen, zal hij mogen eten;

²³Doch tot den voorhang zal hij niet komen, en tot het altaar niet toetreden, omdat een gebrek in hem is; opdat hij Mijn heiligdommen niet ontheilige; want Ik ben de HEERE, Die hen heilige!

²⁴En Mozes sprak zulks tot Aaron en tot zijn zonen, en tot al de kinderen Israels.

Hoofdstuk 22

¹Daarna sprak de HEERE tot Mozes, zeggende:

²Spreek tot Aaron en tot zijn zonen, dat zij zich van de heilige dingen der kinderen Israels, die zij Mij heiligen, afzonderen, opdat zij de Naam Mijner heiligheid niet ontheiligen: Ik ben de HEERE!

³Zeg tot hen: Alle man onder uw geslachten, die uit uw ganse zaad tot de heilige dingen, die de kinderen Israels den HEERE heiligen, naderen zal, als zijn onreinigheid op hem is; diezelve mens zal van voor Mijn aangezicht uitgeroeid worden; Ik ben de HEERE!

⁴Niemand van het zaad van Aaron, die melaats is, of een vloed heeft, zal van die heilige dingen eten, totdat hij rein is; mitsgaders die iets aanroert, dat onrein is van een dood lichaam, of iemand, wien het zaad der bijligging ontgaat.

⁵Of zo wie aangeroerd zal hebben enig kruipend gedierte, waarvan hij onrein is, of een mens, waarvan hij onrein is, naar al zijn onreinigheid;

⁶De mens, die dat aangeroerd zal hebben, zal onrein zijn tot aan den avond, en hij zal van die heilige dingen niet eten, maar zal zijn vlees met water baden.

⁷Als de zon zal ondergegaan zijn, dan zal hij rein zijn; en daarna zal hij van die heilige dingen eten; want dat is zijn spijze.

⁸Het dode aas, en het verscheurde zal hij niet eten, om daarmede onrein te worden; Ik ben de HEERE!

⁹Zij zullen dan Mijn bevel onderhouden, opdat zij geen zonde daarover dragen en daarin sterven, als zij die ontheiligd zouden hebben; Ik ben de HEERE, Die hen heilige!

¹⁰Ook zal geen vreemde het heilige eten; een bijwoner des priesters, en een dagloner, zullen het heilige niet eten.

¹¹Wanneer dan nog de priester een ziel met zijn geld zal gekocht hebben, die zal daarvan eten; en de ingeborene van zijn huis, die zullen van zijn spijze eten.

¹²Maar als des priesters dochter een vreemden man zal toebehoren, zij zal van het hefoffer der heilige dingen niet eten.

¹³Doch als des priesters dochter een weduwe of een verstotene zal zijn, en geen zaad hebben, en tot haars vaders huis, als in haar jonkheid, zal wedergekeerd zijn, zozal zij van de spijze haars vaders eten; maar geen vreemde zal daarvan eten.

¹⁴En wanneer iemand het heilige door dwaling zal gegeten hebben, zo zal hij deszelfs vijfde deel daarboven toedoen, en zal het den priester met het heilige wedergeven.

¹⁵Zo zullen zij niet ontheiligen de heilige dingen der kinderen Israels, die zij den HEERE zullen gegeven hebben;

¹⁶En hen doen dragen de ongerechtigheid der schuld, als zij hun heilige dingen zouden eten; want Ik ben de HEERE, Die hen heilige!

¹⁷Verder sprak de HEERE tot Mozes, zeggende:

¹⁸Spreek tot Aaron, en tot zijn zonen, en tot al de kinderen Israels, en zeg tot hen: Zo wie uit het huis van Israel, en uit de vreemdelingen in Israel is, die zijn offerande zal offeren naar al hun geloften, en naar hun vrijwillige offeren, die zij den HEERE ten brandoffer zullen offeren;

¹⁹Het zal naar uw welgevallen zijn, een volkomen mannetje, van de runderen, van de lammeren, of van de geiten.

²⁰Gij zult niet offeren iets, waarin een gebrek is; want het zou niet aangenaam zijn voor u.

²¹En als iemand een dankoffer den HEERE zal offeren, uitzonderende van de runderen of van de schapen een gelofte, of vrijwillig offer, het zal volkomen zijn, opdat het aangenaam zij; geen gebrek zal daarin zijn.

²²Het blinde, of gebrokene, of verlamde, of wratte, of droge schurftheid, of etterige schurftheid hebbende, deze zult gij den HEERE niet offeren, en daarvan zult gij den HEERE geen vuuroffer op het altaar geven.

²³Doch een os, of klein vee, te lang of te verkrompen in leden, die zult gij tot een vrijwillig offer bereiden; doch tot een gelofte zou het niet aangenaam zijn.

²⁴Het gedrukte, of gestotene, of gescheurde, of gesnedene, zult gij den HEERE niet offeren; dat zult gij in uw land niet doen.

²⁵Gij zult ook uit de hand des vreemden van al deze dingen uw God geen spijs offeren; want hun verdorvenheid is in hen, in dezelve is gebrek, zij zouden niet aangenaam zijn voor u.

²⁶Wijders sprak de HEERE tot Mozes, zeggende:

²⁷Wanneer een os, of lam, of geit zal geboren zijn, zo zal die zeven dagen onder zijn moeder zijn; daarna, van den achtsten dag en daarover, zal hij aangenaam zijn totofferande des vuuroffers den HEERE.

²⁸Gij zult ook een os, of klein vee, hem en zijn jong, op een dag niet slachten.

²⁹En als gij een lofoffer den HEERE zult slachten, naar uw wil zult gij het slachten.

³⁰Het zal op denzelfden dag gegeten worden; gij zult daarvan niet overlaten tot op den morgen; Ik ben de HEERE!

³¹Daarom zult gij Mijn geboden houden, en dezelve doen; Ik ben de HEERE!

³²En gij zult Mijn heiligen Naam niet ontheiligen, opdat Ik in het midden der kinderen Israels geheiligd worde; Ik ben de HEERE, Die u heilige!

³³Die u uit Egypteland uitgevoerd heb, opdat Ik u tot een God zij; Ik ben de HEERE! zijn; deze zijn Mijngezette hoogtijden.

Hoofdstuk 23

³Zes dagen zal men het werk doen, maar op den zevenden dag is de sabbat der rust, een heilige samenroeping; geen werk zult gij doen; het is des HEEREN sabbat, in al uw woningen.

⁴Deze zijn de gezette hoogtijden des HEEREN, de heilige samenroepingen, welke gij uitroepen zult op hun gezetten tijd.

⁵In de eerste maand, op den veertienden der maand, tussen twee avonden is des HEEREN pascha.

⁶En op den vijftienden dag der derzelver maand is het feest van de ongezuurde broden des HEEREN; zeven dagen zult gij ongezuurde broden eten.

⁷Op den eersten dag zult gij een heilige samenroeping hebben; geen dienstwerk zult gij doen.

⁸Maar gij zult zeven dagen vuuroffer den HEERE offeren; en op den zevenden dag zal een heilige samenroeping wezen; geen dienstwerk zult gij doen.

⁹En de HEERE sprak tot Mozes, zeggende:

¹⁰Spreek tot de kinderen Israels, en zeg tot hen: Als gij in het land zult gekomen zijn, hetwelk Ik u geven zal, en gij zijn oogst zult inoogsten, dan zult gij een garf dereerstelingen van uw oogst tot den priester brengen.

¹¹En hij zal die garf voor het aangezicht des HEEREN bewegen, opdat het voor u aangenaam zij; des anderen daags na den sabbat zal de priester die bewegen.

¹²Gij zult ook op den dag, als gij die garf bewegen zult, bereiden een volkomen lam, dat eenjarig is, ten brandoffer den HEERE;

¹³En zijn spijsoffer twee tienden meelbloem, met olie gemengd, ten vuuroffer, den HEERE tot een liefelijken reuk; en zijn drankoffer van wijn, het vierde deel van eenhin.

¹⁴En gij zult geen brood, noch geroost koren, noch groen aren eten, tot op dienzelven dag, dat gij de offerande uws Gods zult gebracht hebben; het is een eeuwigeinzetting voor uw geslachten, in al uw woningen.

¹⁵Daarna zult gij u tellen van den anderen dag na den sabbat, van den dag, dat gij de garf des beweegoffers zult gebracht hebben; het zullen zeven volkomensabbatten zijn;

¹⁶Tot den anderen dag, na den zevenden sabbat, zult gij vijftig dagen tellen, dan zult gij een nieuw spijsoffer den HEERE offeren.

¹⁷Gijlieden zult uit uw woningen twee beweegbroden brengen, zij zullen van twee tienden meelbloem zijn, gedesemd zullen zij gebakken worden; het zijn deeerstelingen den HEERE.

¹⁸Gij zult ook met het brood zeven volkomen eenjarige lammeren, en een var, een jong van een rund, en twee rammen offeren; zij zullen den HEERE een brandofferzijn, met hun spijsoffer en hun drankofferen, een vuuroffer, tot een liefelijken reuk den HEERE.

¹⁹Ook zult gij een geitenbok ten zondoffer, en twee eenjarige lammeren ten dankoffer bereiden.

²⁰Dan zal de priester dezelve met het brood der eerstelingen ten beweegoffer, voor het aangezicht des HEEREN, met de twee lammeren bewegen; zij zullen denHEERE een heilig ding zijn, voor den priester.

²¹En gij zult op dienzelfden dag uitroepen, dat gij een heilige samenroeping zult hebben; geen dienstwerk zult gij doen; het is een eeuwige inzetting in al uw woningenvoor uw geslachten.

²²Als gij nu den oogst uws lands zult inoogsten, gij zult, in uw inoogsten, den hoek des velds niet ganselijk afmaaien, en de opzameling van uw oogst niet opzamelen;voor den arme en voor den vreemdeling zult gij ze laten; Ik ben de HEERE, uw God!

²³En de HEERE sprak tot Mozes, zeggende:

²⁴Spreek tot de kinderen Israels, zeggende: In de zevende maand, op den eersten der maand, zult gij een rust hebben, een gedachtenis des geklanks, een heiligesamenroeping.

²⁵Geen dienstwerk zult gij doen; maar gij zult den HEERE vuuroffer offeren.

²⁶Verder sprak de HEERE tot Mozes, zeggende:

²⁷Doch op den tienden dezer zevende maand zal de verzoendag zijn, een heilige samenroeping zult gij hebben; dan zult gij uw zielen verootmoedigen, en zult denHEERE een vuuroffer offeren.

²⁸En op dienzelven dag zult gij geen werk doen; want het is de verzoendag, om over u verzoening te doen voor het aangezicht des HEEREN uws Gods.

²⁹Want alle ziel, welken op dienzelven dag niet zal verootmoedigd zijn geweest, die zal uitgeroeid worden uit haar volken.

³⁰Ook alle ziel, die enig werk op dienzelven dag gedaan zal hebben, die ziel zal Ik uit het midden haars volks verderven.

³¹Gij zult geen werk doen; het is een eeuwige inzetting voor uw geslachten, in al uw woningen.

³²Het zal u een sabbat der rust zijn; dan zult gij uw zielen verootmoedigen; op den negenden der maand in den avond, van den avond tot den avond, zult gij uw sabbatrusten.

³³En de HEERE sprak tot Mozes, zeggende:

³⁴Spreek tot de kinderen Israels, zeggende: Op den vijftienden dag van deze zevende maand zal het feest der loofhutten zeven dagen den HEERE zijn.

³⁵Op den eersten dag zal een heilige samenroeping zijn; geen dienstwerk zult gij doen.

³⁶Zeven dagen zult gij den HEERE vuurofferen offeren; op den achtsten dag zult gij een heilige samenroeping hebben, en zult den HEERE vuuroffer offeren; het iseen verbodsdag; gij zult geen dienstwerk doen.

³⁷Dit zijn de gezette hoogtijden des HEEREN, welke gij zult uitroepen tot heilige samenroepingen, om den HEERE vuuroffer, brandoffer en spijsoffer, slachtoffer endrankofferen, elk dagelijks op zijn dag, te offeren;

³⁸Behalve de sabbatten des HEEREN, en behalve uw gaven, en behalve al uw geloften, en behalve al uw vrijwillige offeren, welke gij den HEERE geven zult.

³⁹Doch op den vijftienden dag der zevenden maand, als gij het inkomen des lands zult ingegaderd hebben, zult gij des HEEREN feest zeven dagen vieren; op deneersten dag zal er rust zijn, en op den achtsten dag zal er rust zijn.

⁴⁰En op den eersten dag zult gij u nemen takken van schoon geboomte, palmtakken, en meien van dichte bomen, met beekwilgen; en gij zult voor het aangezicht desHEEREN, uws Gods, zeven dagen vrolijk zijn.

⁴¹En gij zult dat feest den HEERE zeven dagen in het jaar vieren; het is een eeuwige inzetting voor uw geslachten; in de zevende maand zult gij het vieren.

⁴²Zeven dagen zult gij in de loofhutten wonen; alle inboorlingen in Israel zullen in loofhutten wonen.

⁴³Opdat uw geslachten weten, dat Ik de kinderen Israels in loofhutten heb doen wonen, als Ik hen uit Egypteland uitgevoerd heb; Ik ben de HEERE, uw God!

⁴⁴Alzo heeft Mozes de gezette hoogtijden des HEEREN tot de kinderen Israels uitgesproken.

Hoofdstuk 24

¹En de HEERE sprak tot Mozes, zeggende:

²Gebied den kinderen Israels, dat zij tot u brengen zuivere gestoten olijfolie, voor den luchter, om de lampen geduriglijk aan te steken.

³Aaron zal die voor het aangezicht des HEEREN gedurig toerichten, van den avond tot den morgen, buiten den voorhang van de getuigenis, in de tent dersamenkomst; het is een eeuwige inzetting voor uw geslachten.

⁴Hij zal op den louteren kandelaar die lampen voor het aangezicht des HEEREN gedurig toerichten.

⁵Gij zult ook meelbloem nemen, en twaalf koeken daarvan bakken; van twee tienden zal een koek zijn.

⁶En gij zult ze in twee rijen leggen, zes in een rij, op de reine tafel, voor het aangezicht des HEEREN.

⁷En op elke rij zult gij zuiveren wierook leggen, welke het brood ten gedenkoffer zal zijn; het is een vuuroffer den HEERE.

⁸Op elken sabbatdag gedurig zal men dat voor het aangezicht des HEEREN toerichten, vanwege de kinderen Israels, tot een eeuwig verbond.

⁹En het zal voor Aaron en zijn zonen zijn, die dat in de heilige plaats zullen eten; want het is voor hem een heiligheid der heiligheden

uit de vuuroffers des HEEREN, een eeuwige inzetting.

¹⁰En er ging de zoon ener Israelietische vrouw uit, die, in het midden der kinderen Israels, de zoon van een Egyptische man was; en de zoon van deze Israelietische en een Israelietisch man twistten in het leger.

¹¹Toen lasterde de zoon der Israelietische vrouw uitdrukkelijk den NAAM, en vloekte; daarom brachten zij hem tot Mozes; de naam nu zijner moeder was Selomith, de dochter van Dibri, van den stam Dan.

¹²En zij leidden hem in de gevangenis, opdat hem, naar den mond des HEEREN, verklaring geschieden zou.

¹³En de HEERE sprak tot Mozes, zeggende:

¹⁴Breng den vloeker uit tot buiten het leger, en allen, die het gehoord hebben, zullen hun handen op zijn hoofd leggen; daarna zal hem de gehele vergadering stenigen.

¹⁵En tot de kinderen Israels zult gij spreken, zeggende: Een ieder, als hij zijn God gevloekt zal hebben, zo zal hij zijn zonde dragen.

¹⁶En wie den Naam des HEEREN gelasterd zal hebben, zal zekerlijk gedood worden; de ganse vergadering zal hem zekerlijk stenigen; alzo zal de vreemdeling zijn, gelijk de inboorling, als hij den NAAM zal gelasterd hebben, hij zal gedood worden.

¹⁷En als iemand enige ziel des mensen zal verslagen hebben, hij zal zekerlijk gedood worden.

¹⁸Maar wie de ziel van enig vee zal verslagen hebben, hij zal het wedergeven, ziel voor ziel.

¹⁹Als ook iemand aan zijn naaste een gebrek zal aangebracht hebben; gelijk als hij gedaan heeft, zo zal ook aan hem gedaan worden:

²⁰Breuk voor breuk, oog voor oog, tand voor tand; gelijk als hij een gebrek een mens zal aangebracht hebben, zo zal ook hem aangebracht worden.

²¹Wie dan enig vee verslaat, die zal het wedergeven; maar wie een mens verslaat, die zal gedood worden.

²²Enerlei recht zult gij hebben; zo zal de vreemdeling zijn, als de inboorling; want Ik ben de HEERE, uw God!

²³En Mozes zeide tot de kinderen Israels, dat zij den vloeker tot buiten het leger uitbrengen, en hem met stenen stenigen zouden. En de kinderen Israels deden, gelijk als de HEERE Mozes geboden had.

Hoofdstuk 25

¹Verder sprak de HEERE tot Mozes, aan den berg Sinai, zeggende:

²Spreek tot de kinderen Israels, en zeg tot hen: Wanneer gij zult gekomen zijn in dat land, dat Ik u geve, dan zal dat land rusten, een sabbat den HEERE.

³Zes jaren zult gij uw akker bezaaien, en zes jaren uw wijngaard besnijden, en de inkomst daarvan inzamelen.

⁴Doch in het zevende jaar zal voor het land een sabbat der rust zijn, een sabbat den HEERE; uw akker zult gij niet bezaaien en uw wijngaard niet besnijden.

⁵Wat van zelf van uw oogst zal gewassen zijn, zult gij niet inoogsten, en de druiven uwer afzondering zult gij niet afsnijden; het zal een jaar der ruste voor het land zijn.

⁶En de inkomst van den sabbat des lands zal voor u tot spijze zijn, voor u, en voor uw knecht, en voor uw dienstmaagd, en voor uw dagloner, en voor uw bijwoner, die bij u als vreemdelingen verkeren;

⁷Mitsgaders voor het vee, en voor het gedierte, dat in uw land is, zal al de inkomst daarvan tot spijze zijn.

⁸Gij zult u ook tellen zeven jaarweken, zevenmaal zeven jaren; zodat de dagen der zeven jaarweken u negen en veertig jaren zullen zijn.

⁹Daarna zult gij in de zevende maand, op den tienden der maand, de bazuin des geklanks doen doorgaan; op den verzoendag zult gij de bazuin doen doorgaan in uwganse land.

¹⁰En gij zult dat vijftigste jaar heiligen, en vrijheid uitroepen in het land, voor al zijn inwoners; het zal u een jubeljaar zijn; en gij zult wederkeren een ieder tot zijn bezittingen, en zult wederkeren een ieder tot zijn geslacht.

¹¹Dit jubeljaar zal u het vijftigste jaar zijn; gij zult niet zaaien, noch inoogsten wat van zelf daarin zal gewassen zijn, noch ook de druiven der afzonderingen in hetzelve afsnijden.

¹²Want dat is het jubeljaar; het zal u heilig zijn; gij zult uit het veld de inkomst daarvan eten.

¹³Op dat jubeljaar zult gij ieder wederkeren tot zijn bezitting.

¹⁴Daarom, wanneer gij aan uw naaste wat veilbaars verkopen, of uit de hand uws naasten kopen zult, dat niemand de een den ander verdrukke.

¹⁵Naar het getal der jaren, van het jubeljaar af, zult gij van uw naaste kopen, en naar het getal van de jaren der inkomsten zal hij het aan u verkopen.

¹⁶Naar de veelheid der jaren zult gij zijn koop vermeerderen, en naar de weinigheid der jaren zult gij zijn koop verminderen; want hij verkoopt aan u het getal der inkomsten.

¹⁷Dat dan niemand zijn naaste verdrukke; maar vreest voor uw God; want Ik ben de HEERE, uw God!

¹⁸En doet Mijn inzettingen, en houdt Mijn rechten, en doet dezelve; zo zult gij zeker wonen in het land.

¹⁹En het land zal zijn vrucht geven, en gij zult eten tot verzadiging toe; en gij zult zeker daarin wonen.

²⁰En als gij zoudt zeggen: Wat zullen wij eten in het zevende jaar? Ziet, wij zullen niet zaaien, en onze inkomst niet inzamelen;

²¹Zo zal Ik Mijn zegen gebieden over u in het zesde jaar, dat het de inkomst voor drie jaren zal voortbrengen.

²²Het achtste jaar nu zult gij zaaien, en zult van de oude inkomst eten, tot het negende jaar toe; totdat zijn inkomst ingekomen is, zult gij het oude eten.

²³Het land ook zal niet voor altoos verkocht worden; want het land is het Mijne, dewijl gij vreemdelingen en bijwoners bij Mij zijt.

²⁴Daarom zult gij, in het ganse land uwer bezitting, lossing voor het land toelaten.

²⁵Wanneer uw broeder zal verarmd zijn, en iets van zijn bezitting verkocht zal hebben, zo zal zijn losser, die hem nabestaande is, komen, en zal het verkochte zijns broeders lossen.

²⁶En wanneer iemand geen losser zal hebben, maar zijn hand bekomen en hij gevonden zal hebben, zoveel genoeg is tot zijn lossing;

²⁷Dan zal hij de jaren zijner verkoping rekenen, en het overschot zal hij den man, wien hij het verkocht had, weder uitkeren; en hij zal weder tot zijn bezitting komen.

²⁸Maar indien zijn hand niet gevonden heeft, wat genoeg is, om aan hem weder uit te keren, zo zal zijn verkochte goed zijn in de hand van deszelfs koper tot het jubeljaar toe; maar in het jubeljaar zal het uitgaan, en hij zal tot zijn bezitting wederkeren.

²⁹Insgelijks, wanneer iemand een woonhuis in een bemuurde stad zal verkocht hebben, zo zal zijn lossing zijn, totdat het jaar zijner verkoping volkomen zal zijn; in eenvol jaar zal zijn lossing wezen.

³⁰Maar is het, dat het niet gelost wordt, tegen dat hem het gehele jaar zal vervuld zijn, zo zal dat huis, hetwelk in die stad is, die een muur heeft, voor altoos blijven aan hem, die dat gekocht heeft, onder zijn geslachten; het zal in het jubeljaar niet uitgaan.

³¹Doch de huizen der dorpen, die rondom geen muur hebben, zullen als het veld des lands gerekend worden; daarvoor zal lossing zijn, en zij zullen in het jubeljaar uitgaan.

³²Aangaande de steden der Levieten, en de huizen der steden hunner bezitting; de Levieten zullen een eeuwige lossing hebben.

³³En als men onder de Levieten lossing zal gedaan hebben, zo zal de koop van het huis en van de stad zijner bezitting in het jubeljaar uitgaan; want de huizen van de steden der Levieten zijn hun bezitting in het midden van de kinderen Israels.

³⁴Doch het veld van de voorstad hunner steden zal niet verkocht worden; want het is een eeuwige bezitting voor hen.

³⁵En als uw broeder zal verarmd zijn, en zijn hand bij u wankelen zal, zo zult gij hem vasthouden, zelfs een vreemdeling en bijwoner, opdat hij bij u leve.

³⁶Gij zult geen woeker noch overwinst van hem nemen; maar gij zult vrezen voor uw God, opdat uw broeder bij u leve.

³⁷Uw geld zult gij hem niet op woeker geven, en gij zult uw spijze niet op overwinst geven.

³⁸Ik ben de HEERE, uw God, Die u uit Egypteland gevoerd heb, om u het land Kanaän te geven, opdat Ik u tot een God zij.

³⁹Desgelijks, wanneer uw broeder bij u zal verarmd zijn, en zich aan u verkocht zal hebben, gij zult hem niet doen dienen den dienst van een slaaf;

⁴⁰Als een dagloner, als een bijwoner zal hij bij u zijn; tot het jubeljaar zal hij bij u dienen.

⁴¹Dan zal hij van u uitgaan, hij en zijn kinderen met hem, en hij zal tot zijn geslacht wederkeren, en tot de bezitting zijner vaderen wederkeren.

⁴²Want zij zijn Mijn dienstknechten, die Ik uit Egypteland uitgevoerd heb; zij zullen niet verkocht worden, gelijk men een slaaf verkoopt.

⁴³Gij zult geen heerschappij over hem hebben met wreedheid; maar gij zult vrezen voor uw God.

⁴⁴Aangaande uw slaaf of uw slavin, die gij zult hebben, die zullen van de volken zijn, die rondom u zijn; van die zult gij een slaaf of een slavin kopen.

⁴⁵Gij zult ze ook kopen van de kinderen der bijwoners, die bij u als vreemdelingen verkeren, uit hen en uit hun geslachten, die bij u zullen zijn, die zij in uw land zullen gewonnen hebben; en zij zullen u tot

een bezitting zijn.

⁴⁶En gij zult u tot bezitters over hen stellen voor uw kinderen na u, opdat zij de bezitting erven; gij zult hen in eeuwigheid doen dienen; maar over uw broeders, dekinderen Israels, een iegelijk over zijn broeder, gij zult over hem geen heerschappij hebben met wreedheid.

⁴⁷En wanneer de hand eens vreemdelings en bijwoners, die bij u is, wat bekomen zal hebben, en uw broeder, die bij hem is, verarmd zal zijn, dat hij zich aan denvreemdeling, den bijwoner, die bij u is, of aan den stam van het geslacht des vreemdelings zal verkocht hebben;

⁴⁸Nadat hij zich zal verkocht hebben, zal er lossing voor hem zijn; een van zijn broeders zal hem lossen;

⁴⁹Of zijn oom, of de zoon zijns ooms, zal hem lossen, of die uit de naasten zijns vleses van zijn geslacht is, zal hem lossen; of heeft zijn hand wat bekomen, dat hijzichzelven losse.

⁵⁰En hij zal met zijn koper rekenen van dat jaar af, dat hij zich aan hem verkocht heeft tot het jubeljaar toe; alzo dat het geld zijner verkoping zal zijn naar het getal vande jaren, naar de dagen eens dagloners zal het met hem zijn.

⁵¹Indien nog vele van die jaren zijn, naar die zal hij tot zijn lossing van het geld, waarover hij gekocht is, wedergeven.

⁵²En indien er nog weinige van die jaren overgebleven zijn, tot aan het jubeljaar, zo zal hij met hem rekenen; naar zijn jaren zal hij zijn lossing wedergeven.

⁵³Als een dagloner zal hij van jaar tot jaar bij hem zijn; men zal over hem geen heerschappij hebben met wreedheid voor uw ogen.

⁵⁴En is het, dat hij hierdoor niet gelost wordt, zo zal hij in het jubeljaar uitgaan, hij en zijn kinderen met hem.

⁵⁵Want de kinderen Israels zijn Mij tot dienstknechten; Mijn dienstknechten zijn zij, die Ik uit Egypteland uitgevoerd heb; Ik ben de HEERE, uw God!

Hoofdstuk 26

¹Gij zult ulieden geen afgoden maken; noch gesneden beeld, noch opgericht beeld zult gij u stellen, noch gebeelden steen in uw land zetten, om u daarvoor te buigen;want Ik ben de HEERE, uw God!

²Mijn sabbatten zult gij houden, en Mijn heiligdommen zult gij vrezen; Ik ben de HEERE!

³Indien gij in Mijn inzettingen wandelen, en Mijn geboden houden, en die doen zult;

⁴Zo zal Ik uw regens geven op hun tijd; en het land zal zijn inkomst geven, en het geboomte des velds zal zijn vrucht geven;

⁵En de dorstijd zal u reiken tot den wijnoogst, en de wijnoogst zal reiken tot den zaaitijd; en gij zult uw brood eten tot verzadiging toe, en gij zult zeker in uw landwonen.

⁶Ook zal Ik vrede geven in het land, dat gij zult te slapen liggen, en niemand zij, die verschrikke; en Ik zal het boos gediert uit het land doen ophouden, en het zwaardzal door uw land niet doorgaan.

⁷En gij zult uw vijanden vervolgen; en zij zullen voor uw aangezicht door het zwaard vallen.

⁸Vijf uit u zullen honderd vervolgen, en honderd uit u zullen tien duizend vervolgen; en uw vijanden zullen voor uw aangezicht door het zwaard vallen.

⁹En Ik zal Mij tot u wenden, en zal u vruchtbaar maken, en u vermenigvuldigen; en Mijn verbond zal Ik met u bevestigen.

¹⁰En gij zult het oude, dat verouderd is, eten; en het oude zult gij vanwege het nieuwe uitbrengen.

¹¹En Ik zal Mijn tabernakel in het midden van u zetten; en Mijn ziel zal van u niet walgen.

¹²En Ik zal in het midden van u wandelen, en zal u tot een God zijn, en gij zult Mij tot een volk zijn.

¹³Ik ben de HEERE, uw God, Die u uit het land der Egyptenaren uitgevoerd heb, opdat gij hun slaven niet zoudt zijn; en Ik heb de disselbomen van uw juk verbroken, en heb u doen rechtop staan.

¹⁴Maar indien gij Mij niet zult horen, en al deze geboden niet zult doen;

¹⁵En zo gij Mijn inzettingen zult smadelijk verwerpen, en zo uw ziel van Mijn rechten zal walgen, dat gij niet doet al Mijn geboden, om Mijn verbond te vernietigen;

¹⁶Dit zal Ik u ook doen, dat Ik over u stellen zal verschrikking, tering en koorts, die de ogen verteren en de ziel pijnigen; gij zult ook uw zaad te vergeefs zaaien, en uwvijanden zullen dat opeten.

¹⁷Daartoe zal Ik Mijn aangezicht tegen ulieden zetten, dat gij geslagen zult worden voor het aangezicht uwer vijanden; en uw haters zullen over u heerschappij hebben, en gij zult vlieden, als u iemand vervolgt.

¹⁸En zo gij Mij tot deze dingen toe nog niet horen zult, Ik zal nog daar toe doen, om u zevenvoudig over uw zonden te tuchtigen.

¹⁹Want Ik zal de hovaardigheid uwer kracht verbreken, en zal uw hemel als ijzer maken, en uw aarde als koper.

²⁰En uw macht zal ijdelijk verdaan worden; en uw land zal zijn inkomsten niet geven, en het geboomte des lands zal zijn vrucht niet geven.

²¹En zo gij met Mij in tegenheid wandelen zult, en Mij niet zult willen horen, zo zal Ik over u, naar uw zonden, zevenvoudig slagen toedoen.

²²Want Ik zal onder u zenden het gediert des velds, hetwelk u beroven, en uw vee uitroeien, en u verminderen zal; en uw wegen zullen woest worden.

²³Indien gij nog door deze dingen Mij niet getuchtigd zult zijn, maar met Mij in tegenheid wandelen;

²⁴Zo zal Ik ook met u in tegenheid wandelen, en Ik zal u ook zevenvoudig over uw zonden slaan.

²⁵Want Ik zal een zwaard over u brengen, dat de wraak des verbonds wreken zal, zodat gij in uw steden vergaderd zult worden; dan zal Ik de pest in het midden vanu zenden, en gij zult in de hand des vijands overgegeven worden.

²⁶Als Ik u den staf des broods zal gebroken hebben, dan zullen tien vrouwen uw brood in een oven bakken, en zullen uw brood bij het gewicht wedergeven; en gij zulteten, maar niet verzadigd worden.

²⁷Als gij ook hierom Mij niet horen zult, maar met Mij wandelen zult in tegenheid;

²⁸Zo zal Ik ook met u in heetgrimmige tegenheid wandelen, en Ik zal u ook zevenvoudig over uw zonden tuchtigen.

²⁹Want gij zult het vlees uwer zonen eten, en het vlees uwer dochteren zult gij eten.

³⁰En Ik zal uw hoogten verderven, en uw zonnebeelden uitroeien, en zal uw dode lichamen op de dode lichamen uwer drekgoden werpen; en Mijn ziel zal aan uwalgen.

³¹En Ik zal uw steden een woestijn maken, en uw heiligdommen verwoesten, en Ik zal uw liefelijken reuk niet rieken.

³²Ja, Ik zal dat land verwoesten; dat uw vijanden, die daarin zullen wonen, zich daarover ontzetten zullen.

³³Daartoe zal Ik u onder de heidenen verstrooien; en een zwaard achter u uittrekken; en uw land zal woest, en uw steden zullen een woestijn zijn.

³⁴Dan zal het land aan zijn sabbatten een welgevallen hebben, al de dagen der verwoesting, en gij zult in het land uwer vijanden zijn; dan zal het land rusten, en aanzijn sabbatten een welgevallen hebben.

³⁵Al de dagen der verwoesting zal het rusten, overmits het niet rustte in uw sabbatten, als gij daarin woondet.

³⁶En aangaande de overgeblevenen onder u, Ik zal in hun hart een wekigheid in de landen hunner vijanden laten komen; zodat het geruis van een gedreven blad henjagen zal, en zij zullen vlieden, gelijk men vliedt voor een zwaard, en zullen vallen, waar niemand is, die jaagt.

³⁷En zij zullen de een op den ander als voor het zwaard vallen, waar niemand is, die jaagt; en gij zult voor het aangezicht uwer vijanden niet kunnen bestaan.

³⁸Maar gij zult omkomen onder de heidenen, en het land uwer vijanden zal u verteren.

³⁹En de overgeblevenen onder u zullen om hun ongerechtigheid in de landen uwer vijanden uitteren; ja, ook om de ongerechtigheden hunner vaderen zullen zij met henuitteren.

⁴⁰Dan zullen zij hun ongerechtigheid belijden, en de ongerechtigheid hunner vaderen met hun overtredingen, waarmede zij tegen Mij overtreden hebben, en ook dat zijmet Mij in tegenheid gewandeld hebben.

⁴¹Dat Ik ook met hen in tegenheid gewandeld, en hen in het land hunner vijanden gebracht zal hebben. Zo dan hun onbesneden hart gebogen wordt, en zij dan aan destraf hunner ongerechtigheid een welgevallen hebben;

⁴²Dan zal Ik gedenken aan Mijn verbond met Jakob, en ook aan Mijn verbond met Izak, en ook aan Mijn verbond met Abraham zal Ik gedenken, en aan het land zalIk gedenken;

⁴³Als het land om hunnentwil zal verlaten zijn geweest, en aan zijn sabbatten een welgevallen gehad hebben, wanneer het om hunnentwil verwoest was, en zij aan destraf hunner ongerechtigheid een welgevallen zullen gehad hebben; daarom, en omdat zij Mijn rechten hadden verworpen, en hun ziel van Mijn inzettingen gewalgd had.

⁴⁴En hierenboven is dit ook; als zij in het land hunner vijanden zullen zijn, zal Ik hen niet verwerpen, noch van hen walgen, om een einde van hen te maken, vernietigende Mijn verbond met hen; want Ik ben de HEERE, hun God!

⁴⁵Maar Ik zal hun ten beste gedenken aan het verbond der voorouderen, die Ik uit Egypteland voor de ogen der heidenen uitgevoerd heb, opdat Ik hun tot een Godware; Ik ben de HEERE!

Leviticus

⁴⁶Dit zijn die inzettingen, en die rechten, en die wetten, welke de HEERE gegeven heeft, tussen Zich en tussen de kinderen Israels, op den berg Sinai, door de hand van Mozes.

Hoofdstuk 27

¹Verder sprak de HEERE tot Mozes, zeggende:

²Spreek tot de kinderen Israels, en zeg tot hen: Wanneer iemand een gelofte zal afgezonderd hebben, naar uw schatting zullen de zielen des HEEREN zijn.

³Als uw schatting eens mans zal zijn van twintig jaren oud, tot een, die zestig jaren oud is; dan zal uw schatting zijn van vijftig sikkelen zilvers, naar den sikkel des heiligdoms.

⁴Maar is het een vrouw, dan zal uw schatting zijn dertig sikkelen.

⁵En is het van een, die vijf jaren oud is, tot een, die twintig jaren oud is, zo zal uw schatting van een man twintig sikkelen zijn, en voor een vrouw tien sikkelen.

⁶Maar is het van een, die een maand oud is, tot een, die vijf jaren oud is, zo zal uw schatting van een man zijn vijf sikkelen zilvers, en uw schatting over een vrouw zal zijn drie sikkelen zilvers.

⁷En is het van een, die zestig jaren oud is en daarboven, is het een man, zo zal uw schatting zijn vijftien sikkelen, en voor een vrouw tien sikkelen.

⁸Maar zo hij armer is, dan uw schatting, zo zal hij zich voor het aangezicht des priesters zetten, opdat de priester hem schatte; naar dat de hand desgenen, die de gelofte gedaan heeft, zal kunnen bekomen, zal de priester hem schatten.

⁹En indien het een beest is, waarvan men den HEERE offerande offert; al wat hij daarvan den HEERE zal gegeven hebben, zal heilig zijn.

¹⁰Hij zal niet vermangelen, noch hetzelve verwisselen, een goed voor een kwaad, of een kwaad voor een goed; indien hij nochtans een beest voor een beest enigzins verwisselt, zo zal dit, en wat daarvoor verwisseld is, heilig zijn.

¹¹En indien het enig onrein beest is, van hetwelk men den HEERE geen offerande offert, zo zal hij dat beest voor het aangezicht des priesters zetten.

¹²En de priester zal dat schatten, naar dat het goed of kwaad is; naar uw schatting, priester! zo zal het zijn.

¹³Maar indien hij het immers lossen zal, zo zal hij deszelfs vijfde deel boven uw schatting toedoen.

¹⁴En wanneer iemand zijn huis zal geheiligd hebben, dat het den HEERE heilig zij, zo zal de priester dat schatten, naar dat het goed of kwaad is; gelijk als de priester dat geschat zal hebben, zo zal het stand hebben.

¹⁵En indien hij, die het geheiligd heeft, zijn huis zal lossen, zo zal hij een vijfde deel des gelds uwer schatting daarboven toedoen, zo zal het zijne zijn.

¹⁶Indien ook iemand van den akker zijner bezitting den HEERE wat geheiligd zal hebben, zo zal uw schatting zijn naar zijn zaad; een homer gerstezaad zal zijn op vijftig sikkelen zilvers.

¹⁷Indien hij zijn akker van het jubeljaar af geheiligd zal hebben, zo zal het naar uw schatting stand hebben.

¹⁸Maar zo hij zijn akker na het jubeljaar geheiligd zal hebben, dan zal hem de priester het geld rekenen, naar de jaren, die nog overig zijn tot het jubeljaar; en het zal van uw schatting afgetrokken worden.

¹⁹En indien hij, die den akker geheiligd heeft, denzelven ganselijk lossen zal, zo zal hij een vijfde deel des gelds uwer schatting daarboven toedoen, en dezelve zal hem gevestigd zijn.

²⁰En indien hij dien akker niet zal lossen, of indien hij dien akker aan een anderen man verkocht heeft, zo zal hij niet meer gelost worden.

²¹Maar die akker, nadat hij in het jubeljaar zal uitgegaan zijn, zal den HEERE heilig zijn, als een verbannen akker; de bezitting daarvan zal des priesters zijn.

²²En indien hij den HEERE een akker heeft geheiligd, dien hij gekocht heeft, en niet is van den akker zijner bezitting;

²³Zo zal de priester hem rekenen de som uwer schatting tot het jubeljaar; en hij zal op denzelven dag uw schatting geven, een heiligheid den HEERE.

²⁴In het jubeljaar zal die akker wederkomen tot dien, van wien hij hem gekocht had, tot hem, wiens de bezitting van dat land was.

²⁵Al uw schatting nu zal naar den sikkel des heiligdoms geschieden; de sikkel zal zijn van twintig gera.

²⁶Maar het eerstgeborene, dat den HEERE van een beest eerstgeboren wordt, dat zal niemand heiligen; hetzij een os, of klein vee, het is des HEEREN.

²⁷Doch is het van een onrein beest, hij zal dat lossen naar uw schatting, en zal zijn vijfde deel daarboven toedoen; en indien het niet gelost wordt, zo zal het verkocht worden, naar uw schatting.

²⁸Evenwel niets, dat verbannen is, dat iemand den HEERE zal verbannen hebben, van al hetgeen hij heeft, van een mens, of van een beest, of van den akker zijner bezitting, zal verkocht noch gelost worden; al wat verbannen is, zal den HEERE een heiligheid der heiligheden zijn.

²⁹Al wat verbannen is, dat van de mensen zal verbannen zijn, zal niet gelost worden; het zal zekerlijk gedood worden.

³⁰Ook alle tienden des lands, van het zaad des lands, van de vrucht van het geboomte, zijn des HEEREN; zij zijn den HEERE heilig.

³¹Maar zo iemand van zijn tienden immer iets lossen zal, hij zal zijn vijfde deel daarboven toedoen.

³²Aangaande al de tienden van runderen en klein vee, alles wat onder de roede zal doorgaan, het tiende zal den HEERE heilig zijn.

³³Hij zal tussen het goede en het kwade niet onderzoeken; hij zal het ook niet verwisselen; maar indien hij het immers verwisselen zal, zo zal dit, en wat daarvoor verwisseld is, heilig zijn; het zal niet gelost worden.

Numberi

Hoofdstuk 1

¹Voorts sprak de HEERE tot Mozes, in de woestijn van Sinaï, in de tent der samenkomst, op den eersten der tweede maand, in het tweede jaar, nadat zij uit Egypteland uitgetogen ware, zeggende:

²Neem op de som van de gehele vergadering der kinderen Israels, naar hun geslachten, naar het huis hunner vaderen, in het getal der namen, van al wat mannelijk is, hoofd voor hoofd.

³Van twintig jaren oud en daarboven, allen, die ten heire in Israel uittrekken; die zult gij tellen naar hun heiren, gij en Aaron.

⁴En met ulieden zullen zijn van elken stam een man, die een hoofdman is over het huis zijner vaderen.

⁵Deze zijn nu de namen der mannen, die bij u staan zullen: van Ruben, Elizur, de zoon van Sedeur.

⁶Van Simeon, Selumiel, de zoon van Zurisaddai.

⁷Van Juda, Nahesson, de zoon van Amminadab.

⁸Van Issaschar, Nethaneel, de zoon van Zuar.

⁹Van Zebulon, Eliab, de zoon van Helon.

¹⁰Van de kinderen van Jozef: van Efraïm, Elisama, de zoon van Ammihud; van Manasse, Gamaliel, de zoon van Pedazur.

¹¹Van Benjamin, Abidan, de zoon van Gideoni.

¹²Van Dan, Ahiezer, de zoon van Ammisaddai.

¹³Van Aser, Pagiel, de zoon van Ochran.

¹⁴Van Gad, Eljasaf, de zoon van Dehuel.

¹⁵Van Nafthali, Ahira, de zoon van Enan.

¹⁶Dezen waren de geroepenen der vergadering, de oversten der stammen hunner vaderen; zij waren de hoofden der duizenden van Israel.

¹⁷Toen namen Mozes en Aaron die mannen, welken met namen uitgedrukt zijn.

¹⁸En zij verzamelden de gehele vergadering, op den eersten dag der tweede maand; en die verklaarden hun afkomst, naar hun geslachten, naar het huis hunner vaderen, in het getal der namen, van die twintig jaren oud was en daarboven, hoofd voor hoofd.

¹⁹Gelijk als de HEERE Mozes geboden had, zo heeft hij hen geteld in de woestijn van Sinaï.

²⁰Zo waren de zonen van Ruben, den eerstgeborene van Israel, hun geboorten, naar hun geslachten, naar het huis hunner vaderen, in het getal der namen, hoofd voor hoofd, al wat mannelijk was, van twintig jaren oud en daarboven, allen, die ten heire uittrokken;

²¹Hun getelden van den stam van Ruben waren zes en veertig duizend en vijfhonderd.

²²Van de zonen van Simeon, hun geboorten, naar hun geslachten, naar het huis hunner vaderen, zijn getelden, in het getal der namen, hoofd voor hoofd, al wat mannelijk was, van twintig jaren oud en daarboven, allen, die ten heire uittrokken;

²³Hun getelden van den stam van Simeon waren negen en vijftig duizend en driehonderd.

²⁴Van de zonen van Gad, hun geboorten, naar hun geslachten, naar het huis hunner vaderen, in het getal der namen, van twintig jaren oud en daarboven, allen, die ten heire uittrokken.

²⁵Waren hun getelden van den stam van Gad vijf en veertig duizend zeshonderd en vijftig.

²⁶Van de zonen van Juda, hun geboorten, naar hun geslachten, naar het huis hunner vaderen, in het getal der namen, van twintig jaren oud en daarboven, allen, die ten heire uittrokken,

²⁷Waren hun getelden van den stam van Juda vier en zeventig duizend en zeshonderd.

²⁸Van de zonen van Issaschar, hun geboorten, naar hun geslachten, naar het huis hunner vaderen, in het getal der namen van twintig jaren oud en daarboven, allen, die ten heire uittrokken,

²⁹Waren hun getelden van den stam van Issaschar vier en vijftig duizend en vierhonderd.

³⁰Van de zonen van Zebulon, hun geboorten, naar hun geslachten, naar het huis hunner vaderen, in het getal der namen, van twintig jaren oud en daarboven, allen, die ten heire uittrokken,

³¹Waren hun getelden van den stam van Zebulon zeven en vijftig duizend en vierhonderd.

³²Van de zonen van Jozef: van de zonen van Efraïm, hun geboorten, naar hun geslachten, naar het huis hunner vaderen, in het getal der namen, van twintig jaren oud en daarboven, allen, die ten heire uittrokken,

³³Waren hun getelden van den stam van Efraïm veertig duizend en vijfhonderd;

³⁴Van de zonen van Manasse, hun geboorten, naar hun geslachten, naar het huis hunner vaderen, in het getal der namen, van twintig jaren oud en daarboven, allen, die ten heire uittrokken,

³⁵Waren hun getelden van den stam van Manasse twee en dertig duizend en tweehonderd.

³⁶Van de zonen van Benjamin, hun geboorten, naar hun geslachten, naar het huis hunner vaderen, in het getal der namen, van twintig jaren oud en daarboven, allen, die ten heire uittrokken,

³⁷Waren hun getelden van den stam van Benjamin vijf en dertig duizend en vierhonderd.

³⁸Van de zonen van Dan, hun geboorten, naar hun geslachten, naar het huis hunner vaderen, in het getal der namen, van twintig jaren oud en daarboven, allen, die ten heire uittrokken,

³⁹Waren hun getelden van den stam van Dan twee en zestig duizend en zevenhonderd.

⁴⁰Van de zonen van Aser, hun geboorten, naar hun geslachten, naar het huis hunner vaderen, in het getal der namen, van twintig jaren oud en daarboven, allen, die ten heire uittrokken,

⁴¹Waren hun getelden van den stam van Aser een en veertig duizend en vijfhonderd.

⁴²Van de zonen van Nafthali, hun geboorten, naar hun geslachten, naar het huis hunner vaderen, in het getal der namen, van twintig jaren oud en daarboven, allen, die ten heire uittrokken,

⁴³Waren hun getelden van den stam van Nafthali drie en vijftig duizend en vierhonderd.

⁴⁴Dezen zijn de getelden, welke Mozes geteld heeft, en Aaron, en de oversten van Israel; twaalf mannen waren zij, elk over het huis zijner vaderen.

⁴⁵Alzo waren al de getelden der zonen van Israel, naar het huis hunner vaderen, van twintig jaren oud en daarboven, allen, die in Israel ten heire uittrokken,

⁴⁶Al de getelden dan waren zeshonderd drie duizend vijfhonderd en vijftig.

⁴⁷Maar de Levieten, naar den stam hunner vaderen, werden onder hen niet geteld.

⁴⁸Want de HEERE had tot Mozes gesproken, zeggende:

⁴⁹Alleen de stam van Levi zult gij niet tellen, noch hun som opnemen, onder de zonen van Israel.

⁵⁰Maar gij, stel de Levieten over den tabernakel der getuigenis, en over al zijn gereedschap, en over alles, wat daartoe behoort; zij zullen den tabernakel dragen, en alzijn gereedschap; en zij zullen dien bedienen, en zij zullen zich rondom den tabernakel legeren.

⁵¹En als de tabernakel zal optrekken, de Levieten zullen denzelven afnemen; en wanneer de tabernakel zich legeren zal, zullen de Levieten denzelven oprichten; en de vreemde, die daarbij komt, zal gedood worden.

⁵²En de kinderen Israels zullen zich legeren, een iegelijk bij zijn leger, en een iegelijk bij zijn banier, naar hun heiren.

⁵³Maar de Levieten zullen zich legeren rondom den tabernakel der getuigenis, opdat geen verbolgenheid over de vergadering van de kinderen Israels zij; daarom zullen de Levieten de wacht van den tabernakel der getuigenis waarnemen.

Hoofdstuk 2

¹En de HEERE sprak tot Mozes en tot Aaron, zeggende:

²De kinderen Israels zullen zich legeren, een ieder onder zijn banier, naar de tekenen van het huis hunner vaderen; rondom tegenover de tent der samenkomst zullen zij zich legeren.

³Die zich nu legeren zullen oostwaarts tegen den opgang, zal zijn de banier des legers van Juda, naar hun heiren; en Nahesson, de zoon van Amminadab, zal de overste der zonen van Juda zijn.

⁴Zijn heir nu, en zijn getelden waren vier en zeventig duizend en zeshonderd.

⁵En nevens zal zich legeren de stam van Issaschar; en Nethaneel, de zoon van Zuar, zal de overste der zonen van Issaschar zijn.

⁶Zijn heir nu, en zijn getelden waren vier en vijftig duizend en vierhonderd.

⁷Daartoe de stam van Zebulon; en Eliab, de zoon van Helon, zal de overste der zonen van Zebulon zijn.

⁸Zijn heir nu, en zijn getelden waren zeven en vijftig duizend en vierhonderd.

⁹Al de getelden des legers van Juda waren honderd zes en tachtig duizend en vierhonderd, naar hun heiren. Zij zullen vooraan optrekken.

¹⁰De banier des legers van Ruben, naar hun heiren, zal tegen het zuiden zijn; en Elizur, de zoon van Sedeur, zal de overste der zonen van

Numberi

Ruben zijn.

¹¹Zijn heir nu, en zijn getelden waren zes en veertig duizend en vijfhonderd.

¹²En nevens hem zal zich legeren de stam van Simeon; en Selumiel, de zoon van Zurisaddai, zal de overste der zonen van Simeon zijn.

¹³Zijn heir nu, en zijn getelden waren negen en vijftig duizend en driehonderd.

¹⁴Daartoe de stam van Gad; en Eljasaf, de zoon van Rehuel, zal de overste der zonen van Gad zijn.

¹⁵Zijn heir nu, en zijn getelden waren vijf en veertig duizend zeshonderd en vijftig.

¹⁶Al de getelden in het leger van Ruben waren honderd een en vijftig duizend vierhonderd en vijftig; naar hun heiren. En zij zullen de tweede optrekken.

¹⁷Daarna zal de tent der samenkomst optrekken, met het leger der Levieten, in het midden van de legers; gelijk als zij zich legeren zullen, alzo zullen zij optrekken, eeniegelijk aan zijn plaats, naar hun banieren.

¹⁸De banier des legers van Efraim, naar hun heiren, zal tegen het westen zijn; en Elisama, de zoon van Ammihud, zal de overste der zonen van Efraim zijn.

¹⁹Zijn heir nu, en zijn getelden waren veertig duizend en vijfhonderd.

²⁰En nevens hem de stam van Manasse; en Gamaliel, de zoon van Pedazur, zal de overste der zonen van Manasse zijn.

²¹Zijn heir nu, en zijn getelden waren twee en dertig duizend en tweehonderd.

²²Daartoe de stam van Benjamin; en Abidan, de zoon van Gideoni, zal de overste der zonen van Benjamin zijn.

²³Zijn heir nu, en zijn getelden waren vijf en dertig duizend en vierhonderd.

²⁴Al de getelden in het leger van Efraim waren honderd acht duizend en eenhonderd, naar hun heiren. En zij zullen de derde optrekken.

²⁵De banier des legers van Dan zal tegen het noorden zijn, naar hun heiren; en Ahiezer, de zoon van Ammisaddai, zal de overste der zonen van Dan zijn.

²⁶Zijn heir nu, en zijn getelden waren twee en zestig duizend en zevenhonderd.

²⁷En nevens hem zal zich legeren de stam van Aser; en Pagiel, de zoon van Ochran, zal de overste der zonen van Aser zijn.

²⁸Zijn heir nu, en zijn getelden waren een en veertig duizend en vijfhonderd.

²⁹Daartoe de stam van Nafthali; en Ahira, de zoon van Enan, zal de overste der zonen van Nafthali zijn.

³⁰Zijn heir nu, en zijn getelden waren drie en vijftig duizend en vierhonderd.

³¹Al de getelden in het leger van Dan waren honderd zeven en vijftig duizend en zeshonderd. In het achterste zullen zij optrekken, naar hun banieren.

³²Dezen zijn de getelden van de kinderen Israels, naar het huis hunner vaderen; al de getelden der legers, naar hun heiren waren, zeshonderd drie duizend vijfhonderden vijftig.

³³Maar de Levieten werden niet geteld onder de zonen van Israel, gelijk als de HEERE Mozes geboden had.

³⁴En de kinderen Israels deden naar alles, wat de HEERE Mozes geboden had, zo legerden zij zich naar hun banieren, en zo trokken zij op, een iegelijk naar zijngeslachten, naar het huis zijner vaderen.

Hoofdstuk 3

¹Dit nu zijn de geboorten van Aaron en Mozes; ten dage als de HEERE met Mozes gesproken heeft op den berg Sinai.

²En dit zijn de namen der zonen van Aaron: de eerstgeborene, Nadab, daarna Abihu, Eleazar, en Ithamar.

³Dit zijn de namen der zonen van Aaron, der priesteren, die gezalfd waren, welker hand men gevuld had, om het priesterambt te bedienen.

⁴Maar Nadab en Abihu stierven voor het aangezicht des HEEREN, als zij vreemd vuur voor het aangezicht des HEEREN in de woestijn van Sinai brachten, enhadden geen kinderen, doch Eleazar en Ithamar bedienden het priesterambt voor het aangezicht van hun vader Aaron.

⁵En de HEERE sprak tot Mozes, zeggende:

⁶Doe den stam van Levi naderen, en stel hem voor het aangezicht van den priester Aaron, opdat zij hem dienen;

⁷En dat zij waarnemen zijn wacht, en de wacht der gehele vergadering, voor de tent der samenkomst, om den dienst des tabernakels te bedienen;

⁸En dat zij al het gereedschap van de tent der samenkomst, en de wacht der kinderen Israels waarnemen, om den dienst des tabernakels te bedienen.

⁹Gij zult dan, aan Aaron en aan zijn zonen, de Levieten geven; zij zijn gegeven, zij zijn hem gegeven uit de kinderen Israels.

¹⁰Maar Aaron en zijn zonen zult gij stellen, dat zij hun priesterambt waarnemen; en de vreemde, die nadert, zal gedood worden.

¹¹En de HEERE sprak tot Mozes, zeggende:

¹²En Ik, zie, Ik heb de Levieten uit het midden van de kinderen Israels genomen, in plaats van allen eerstgeborene, die de baarmoeder opent, uit de kinderen Israels; en de Levieten zullen Mijne zijn.

¹³Want alle eerstgeborene is Mijn; van den dag, dat Ik alle eerstgeborenen in Egypteland sloeg, heb Ik Mij geheiligd alle eerstgeborenen in Israel, van de mensen totde beesten; zij zullen Mijn zijn; Ik ben de HEERE!

¹⁴En de HEERE sprak tot Mozes in de woestijn van Sinai, zeggende:

¹⁵Tel de zonen van Levi naar het huis hunner vaderen, naar hun geslachten, al wat mannelijk is, van een maand oud en daarboven, die zult gij tellen.

¹⁶En Mozes telde hen naar het bevel des HEEREN, gelijk hem geboden was.

¹⁷Dit nu waren de zonen van Levi met hun namen: Gerson, en Kahath, en Merari.

¹⁸En dit zijn de namen der zonen van Gerson, naar hun geslachten: Libni en Simei.

¹⁹En de zonen van Kahath, naar hun geslachten; Amram en Izhar, Hebron en Uzziel.

²⁰En de zonen van Merari, naar hun geslachten: Maheli en Musi; dit zijn de geslachten der Levieten, naar het huis hunner vaderen.

²¹Van Gerson was het geslacht der Libnieten, en het geslacht der Simeieten; dit zijn de geslachten der Gersonieten.

²²Hun getelden in getal waren van al wat mannelijk was, van een maand oud en daarboven; hun getelden waren zeven duizend en vijfhonderd.

²³De geslachten der Gersonieten zullen zich legeren achter den tabernakel, westwaarts.

²⁴De overste nu van het vaderlijke huis der Gersonieten zal zijn Eljasaf, de zoon van Lael.

²⁵En de wacht der zonen van Gerson in de tent der samenkomst zal zijn de tabernakel en de tent, haar deksel, en het deksel aan de deur van de tent der samenkomst;

²⁶En de behangselen des voorhofs, en het deksel van de deur des voorhofs, welke bij den tabernakel en bij het altaar rondom zijn; mitsgaders de zelen, tot zijn gansendienst.

²⁷En van Kahath is het geslacht der Amramieten, en het geslacht der Izharieten, en het geslacht der Hebronieten, en het geslacht der Uzzielieten; dit zijn degeslachten der Kahathieten.

²⁸In getal van al wat mannelijk was, van een maand oud en daarboven, waren acht duizend en zeshonderd, waarnemende de wacht des heiligdoms.

²⁹De geslachten der zonen van Kahath zullen zich legeren aan de zijde des tabernakels, zuidwaarts.

³⁰De overste nu van het vaderlijke huis der geslachten van de Kahathieten, zal zijn Elisafan, de zoon van Uzziel.

³¹Hun wacht nu zal zijn de ark, en de tafel, en de kandelaar, en de altaren en het gereedschap des heiligdoms, met hetwelk zij dienst doen, en het deksel, en al wat totzijn dienst behoort.

³²De overste nu der oversten van Levi zal zijn Eleazar, de zoon van Aaron, den priester; zijn opzicht zal zijn over degenen, die de wacht des heiligdoms waarnemen.

³³Van Merari is het geslacht der Mahelieten, en het geslacht der Musieten; dit zijn de geslachten van Merari.

³⁴En hun getelden in getal van al wat mannelijk was, van een maand oud en daarboven, waren zes duizend en tweehonderd.

³⁵De overste nu van het vaderlijke huis der geslachten van Merari zal zijn Zuriel, de zoon van Abihail; zij zullen zich legeren aan de zijde des tabernakels, noordwaarts.

³⁶En het opzicht der wachten van de zonen van Merari zal zijn over de berderen des tabernakels, en zijn richelen, en zijn pilaren, en zijn voeten, en al zijn gereedschap, en al wat tot zijn dienst behoort;

³⁷En de pilaren des voorhofs rondom, en hun voeten, en hun pennen, en hun zelen.

³⁸Die nu zich legeren zullen voor den tabernakel oostwaarts, voor de tent der samenkomst, tegen den opgang, zullen zijn Mozes, en Aaron met zijn zonen, waarnemende de wacht des heiligdoms, voor de wacht der kinderen Israels; en de vreemde die nadert, zal gedood worden.

³⁹Alle getelden der Levieten, welke Mozes en Aaron, op het bevel

des HEEREN, naar hun geslachten, geteld hebben, al wat mannelijk was, van een maand oud en daarboven, waren twee en twintig duizend.

⁴⁰En de HEERE zeide tot Mozes: Tel alle eerstgeborenen, wat mannelijk is onder de kinderen Israels, van een maand oud en daarboven; en neem het getal hunner namen op.

⁴¹En gij zult voor Mij de Levieten nemen (Ik ben de HEERE!), in plaats van alle eerstgeborenen onder de kinderen Israels, en de beesten der Levieten, in plaats van alle eerstgeborenen onder de beesten der kinderen Israels.

⁴²Mozes dan telde, gelijk als de HEERE hem geboden had, alle eerstgeborenen onder de kinderen Israels.

⁴³En alle eerstgeborenen, die mannelijk waren, in het getal der namen, van een maand oud en daarboven, naar hun getelden, waren twee en twintig duizend tweehonderd en drie en zeventig.

⁴⁴En de HEERE sprak tot Mozes, zeggende:

⁴⁵Neem de Levieten, in plaats van alle eerstgeboorte onder de kinderen Israels, en de beesten der Levieten, in plaats van hun beesten; want de Levieten zullen Mijn zijn; Ik ben de HEERE!

⁴⁶Aangaande de tweehonderd drie en zeventig, die gelost zullen worden, de overschieten, boven de Levieten, van de eerstgeborenen van de kinderen Israels;

⁴⁷Gij zult voor elk hoofd vijf sikkels nemen; naar den sikkel des heiligdoms zult gij ze nemen; die sikkel is twintig gera.

⁴⁸En gij zult dat geld aan Aaron en zijn zonen geven, het geld der gelosten die onder hen overschieten.

⁴⁹Toen nam Mozes dat losgeld van degenen, die overschoten boven de gelosten door de Levieten.

⁵⁰Van de eerstgeborenen van de kinderen Israels nam hij dat geld, duizend driehonderd vijf en zestig sikkelen, naar den sikkel des heiligdoms.

⁵¹En Mozes gaf dat geld der gelosten aan Aaron en aan zijn zonen, naar het bevel des HEEREN, gelijk als de HEERE Mozes geboden had.

Hoofdstuk 4

¹En de HEERE sprak tot Mozes en tot Aaron, zeggende:

²Neemt op de som der zonen van Kahath, uit het midden der zonen van Levi, naar hun geslachten, naar het huis hunner vaderen.

³Van dertig jaren oud en daarboven, tot vijftig jaren oud; al wie tot dezen strijd inkomt, om het werk in de tent der samenkomst te doen.

⁴Dit zal de dienst zijn der zonen van Kahath, in de tent der samenkomst, te weten de heiligheid der heiligheden.

⁵In het optrekken des legers, zo zullen Aaron en zijn zonen komen, en den voorhang des deksels afnemen, en zullen daarmede de ark der getuigenis bedekken.

⁶En zij zullen een deksel van dassenvellen daarop leggen, en een geheel kleed van hemelsblauw daar bovenop uitspreiden; en zij zullen derzelver handbomen aanleggen.

⁷Zij zullen ook op de toontafel een kleed van hemelsblauw uitspreiden, en zullen daarop zetten de schotels, en de reukschalen, en de kroezen, en de dekschotels; ook zal het gedurig brood daarop zijn.

⁸Daarna zullen zij een scharlaken kleed daarover uitspreiden, en zullen dat met een deksel van dassenvellen bedekken; en zij zullen derzelver handbomen aanleggen.

⁹Dan zullen zij een kleed van hemelsblauw nemen, en bedekken den kandelaar des luchters, en zijn lampen, en zijn snuiters, en zijn blusvaten, en al zijn olievaten, met welke zij aan denzelven dienen.

¹⁰Zij zullen ook denzelven, en al zijn gereedschap, in een deksel van dassenvellen doen, en zullen hem op den draagboom leggen.

¹¹En over het gouden altaar zullen zij een kleed van hemelsblauw uitspreiden, en zullen dat met een deksel van dassenvellen bedekken; en zij zullen deszelfs handbomen aanleggen.

¹²Zij zullen ook nemen alle gereedschap van den dienst, met hetwelk zij in het heiligdom dienen, en zullen het leggen in een kleed van hemelsblauw, en zullen hetzelve met een deksel van dassenvellen bedekken; en zij zullen het op den draagboom leggen.

¹³En zij zullen de as van het altaar vegen, en zij zullen daarover een kleed van purper uitspreiden.

¹⁴En zij zullen daarop leggen al zijn gereedschap, waarmede zij aan hetzelve dienen, de koolpannen, de krauwelen, en de schoffelen, en de sprengbekkens, al het gereedschap des altaars; en zij zullen daarover een deksel van dassenvellen uitspreiden, en zullen deszelfs handbomen aanleggen.

¹⁵Als nu Aaron en zijn zonen, het dekken van het heiligdom, en van alle gereedschap des heiligdoms, in het optrekken des legers, zullen voleind hebben, zo zullen daarna de zonen van Kahath komen om te dragen; maar zij zullen dat heilige niet aanroeren, dat zij niet sterven. Dit is de last der zonen van Kahath, in de tent der samenkomst.

¹⁶Het opzicht nu van Eleazar, den zoon van Aaron, den priester, zal zijn over de olie des luchters, en het reukwerk der welriekende specerijen, en het gedurig spijsoffer, en de zalfolie; het opzicht des gansen tabernakels, en alles wat daarin is, aan het heiligdom en aan zijn gereedschap.

¹⁷En de HEERE sprak tot Mozes en tot Aaron, zeggende:

¹⁸Gij zult den stam van de geslachten der Kahathieten niet laten uitgeroeid worden, uit het midden der Levieten;

¹⁹Maar dit zult gij hun doen, opdat zij leven en niet sterven, als zij tot de heiligheid der heiligheden toetreden zullen: Aaron en zijn zonen zullen komen, en stellen heen een ieder over zijn dienst en aan zijn last.

²⁰Doch zij zullen niet inkomen om te zien, als men het heiligdom inwindt, opdat zij niet sterven.

²¹En de HEERE sprak tot Mozes, zeggende:

²²Neem ook op de som der zonen van Gerson, naar het huis hunner vaderen, naar hun geslachten.

²³Gij zult hen tellen van dertig jaren oud en daarboven, tot vijftig jaren oud, al wie inkomt om den strijd te strijden, opdat hij den dienst bediene in de tent der samenkomst.

²⁴Dit zal zijn de dienst der geslachten van de Gersonieten, in het dienen en in den last.

²⁵Zij zullen dan dragen de gordijnen des tabernakels, en de tent der samenkomst; te weten haar deksel, en het dassendeksel, dat er bovenop is, en het deksel der deur van de tent der samenkomst,

²⁶En de behangselen des voorhofs, en het deksel der deur van de poort des voorhofs, hetwelk is bij den tabernakel en bij het altaar rondom, en hun zelen, en al het gereedschap van hun dienst, mitsgaders al wat daarvoor bereid wordt, opdat zij dienen.

²⁷De gehele dienst van de zonen der Gersonieten, in al hun last, en in al hun dienst, zal zijn naar het bevel van Aaron en van zijn zonen; en gijlieden zult hun ter bewaring al hun last bevelen.

²⁸Dit is de dienst van de geslachten der zonen van de Gersonieten, in de tent der samenkomst; en hun wacht zal zijn onder de hand van Ithamar, den zoon van Aaron, den priester.

²⁹Aangaande de zonen van Merari, die zult gij naar hun geslachten, en naar het huis hunner vaderen tellen.

³⁰Gij zult hen tellen van dertig jaren oud en daarboven, tot vijftig jaren oud, al wie inkomt tot dezen strijd, om te bedienen den dienst van de tent der samenkomst.

³¹Dit zal nu zijn de onderhouding van hun last, naar al hun dienst, in de tent der samenkomst: de berderen des tabernakels, en zijn richelen, en zijn pilaren, en zijn voeten;

³²Mitsgaders de pilaren des voorhofs rondom, hun voeten, en hun pennen, en hun zelen, met al hun gereedschap, en met al hun dienst; en het gereedschap van de waarneming van hun last zult gij bij namen tellen.

³³Dit is de dienst van de geslachten der zonen van Merari, naar hun gansen dienst, in de tent der samenkomst, onder de hand van Ithamar, den zoon van Aaron, den priester.

³⁴Mozes dan en Aaron, en de oversten der vergadering telden de zonen der Kahathieten, naar hun geslachten, en naar het huis hunner vaderen:

³⁵Van dertig jaren oud en daarboven, tot vijftig jaren oud, al wie inkwam tot dezen strijd, tot den dienst in de tent der samenkomst;

³⁶Hun getelden nu waren, naar hun geslachten, twee duizend zevenhonderd en vijftig.

³⁷Dit zijn de getelden van de geslachten der Kahathieten, van al wie in de tent der samenkomst diende, welke Mozes en Aaron geteld hebben, naar het bevel des HEEREN, door de hand van Mozes.

³⁸Insgelijks de getelden van de zonen van Gerson, naar hun geslachten, en naar het huis hunner vaderen,

³⁹Van dertig jaren oud en daarboven, tot vijftig jaren oud, al wie inkwam tot dezen strijd, tot den dienst in de tent der samenkomst;

⁴⁰Hun getelden waren, naar hun geslachten, naar het huis hunner vaderen, twee duizend zeshonderd en dertig.

⁴¹Dezen zijn de getelden van de geslachten der zonen van Gerson, van al wie in de tent der samenkomst diende, welke Mozes en Aaron telden, naar het bevel des HEEREN.

⁴²En de getelden van de geslachten der zonen van Merari, naar hun geslachten, naar het huis hunner vaderen,

⁴³Van dertig jaren oud en daarboven, tot vijftig jaren oud, al wie inkwam tot dezen strijd, tot den dienst in de tent der samenkomst;

⁴⁴Hun getelden nu waren, naar hun geslachten, drie duizend en tweehonderd.

⁴⁵Dezen zijn de getelden van de geslachten der zonen van Merari, welke Mozes en Aaron geteld hebben, naar het bevel des HEEREN, door de hand van Mozes.

⁴⁶Al de getelden, welke Mozes en Aaron, en de oversten van Israel

geteld hebben van de Levieten, naar hun geslachten, en naar het huis hunner vaderen,

⁴⁷Van dertig jaren oud en daarboven, tot vijftig jaren oud, al wie inkwam, om den dienst der bediening en den dienst van den last, in de tent der samenkomst, tebedienen;

⁴⁸Hun getelden waren acht duizend vijfhonderd en tachtig.

⁴⁹Men telde hen, naar het bevel des HEEREN, door de hand van Mozes, een ieder naar zijn dienst, en naar zijn last; en zijn getelden waren, die de HEERE Mozesgeboden had.

Hoofdstuk 5

¹En de HEERE sprak tot Mozes, zeggende:

²Gebied den kinderen Israels, dat zij uit het leger wegzenden alle melaatsen, en alle vloeienden, en allen, die onrein zijn van een dode.

³Van het mannelijke tot het vrouwelijke zult gij hen wegzenden; tot buiten het leger zult gij hen wegzenden; opdat zij niet verontreinigen hun legers, in welker middenIk wone.

⁴En de kinderen Israels deden alzo, en zonden hen tot buiten het leger; gelijk de HEERE tot Mozes gesproken had, alzo deden de kinderen Israels.

⁵Verder sprak de HEERE tot Mozes, zeggende:

⁶Spreek tot de kinderen Israels: wanneer een man of een vrouw iets van enige menselijke zonden gedaan zullen hebben, overtreden hebbende door overtreding tegenden HEERE, zo is diezelve ziel schuldig.

⁷En zij zullen hun zonde, welke zij gedaan hebben, belijden; daarna zal hij zijn schuld weder uitkeren, naar de hoofdsom daarvan, en derzelver vijfde deel zal hijdaarboven toedoen, en zal het dien geven, aan wien hij zich verschuldigd heeft.

⁸Maar zo die man geen losser zal hebben, om de schuld aan hem weder uit te keren, zal die schuld, welken den HEERE weder uitgekeerd wordt, des priesters zijn;behalve den ram der verzoening, met welken hij voor hem verzoening doen zal.

⁹Desgelijks zal alle heffing van alle geheiligde dingen der kinderen Israels, welke zij tot den priester brengen, zijne zijn.

¹⁰En een ieders geheiligde dingen zullen zijne zijn; wat iemand den priester zal gegeven hebben, zal zijne zijn.

¹¹Wijders sprak de HEERE tot Mozes, zeggende:

¹²Spreek tot de kinderen Israels, en zeg tot hen: Wanneer van iemand zijn huisvrouw zal afgeweken zijn, en door overtreding tegen hem overtreden zal hebben;

¹³Dat een man bij haar door bijligging des zaads zal gelegen hebben, en het voor de ogen haars mans zal verborgen zijn, en zij zich verheeld zal hebben, zijndenochtans onrein geworden; en geen getuige tegen haar is, en zij niet betrapt is;

¹⁴En de ijvergeest over hem gekomen is, dat hij ijvert over zijn huisvrouw, dewijl zij onrein geworden is; of dat over hem de ijvergeest gekomen is, dat hij over zijnhuisvrouw ijvert, hoewel zij niet onrein geworden is;

¹⁵Dan zal die man zijn huisvrouw tot den priester brengen, en zal haar offerande voor haar medebrengen, een tiende deel van een efa gerstemeel; hij zal geen oliedaarop gieten, noch wierook daarop leggen, dewijl het een spijsoffer der ijveringen is, een spijsoffer der gedachtenis, dat de ongerechtigheid in gedachtenis brengt.

¹⁶En de priester zal haar doen naderen; hij zal haar stellen voor het aangezicht des HEEREN.

¹⁷En de priester zal heilig water in een aarden vat nemen; en van het stof, hetwelk op den vloer des tabernakels is, zal de priester nemen, en in het water doen.

¹⁸Daarna zal de priester de vrouw voor het aangezicht des HEEREN stellen, en zal het hoofd van de vrouw ontbloten, en zal het spijsoffer der gedachtenis op haarhanden leggen, hetwelk het spijsoffer der ijveringen is; en in de hand des priesters zal dat bitter water zijn, hetwelk den vloek medebrengt.

¹⁹En de priester zal haar beëdigen, en zal tot die vrouw zeggen: Indien iemand bij u gelegen heeft, en indien gij, onder uw man zijnde, niet afgeweken zijt totonreinigheid, wees vrij van dit bitter water, hetwelk den vloek medebrengt!

²⁰Maar zo gij, onder uw man zijnde, afgeweken zijt, en zo gij onrein geworden zijt, dat een man bij u gelegen heeft, behalve uw man:

²¹(Dan zal de priester die vrouw met den eed der vervloeking beëdigen, en de priester zal tot die vrouw zeggen:) De HEERE zette u tot een vloek, en tot een eed, inhet midden uws volks, mits dat de HEERE uw heup vervallende, en uw buik zwellende make;

²²Dat ditzelve water, hetwelk de vervloeking medebrengt, in uw ingewand inga, om den buik te doen zwellen, en de heup te doen vervallen! Dan zal die vrouwzeggen: Amen, amen!

²³Daarna zal de priester deze zelfde vloeken op een cedeltje schrijven, en hij zal het met het bitter water uitdoen.

²⁴En hij zal die vrouw dat bitter water, hetwelk de vervloeking medebrengt, te drinken geven, dat het water, hetwelk de vervloeking medebrengt, in haar totbitterheden inga.

²⁵En de priester zal uit de hand van die vrouw het spijsoffer der ijveringen nemen, en hij zal datzelve spijsoffer voor het aangezicht des HEEREN bewegen, en zal datop het altaar offeren.

²⁶De priester zal ook van dat spijsoffer, deszelfs gedenkoffer, een handvol grijpen, en zal het op het altaar aansteken; en daarna zal hij dat water die vrouw te drinkengeven.

²⁷Als hij haar nu dat water zal te drinken gegeven hebben, het zal geschieden, indien zij onrein geworden is, en tegen haar man door overtreding zal overtredenhebben, dat het water, hetwelk vervloeking medebrengt, tot bitterheid in haar ingaan zal, en haar buik zwellen, en haar heup vervallen zal; en die vrouw zal in hetmidden van haar volk tot een vloek zijn.

²⁸Doch indien de vrouw niet onrein geworden is, maar rein is, zo zal zij vrij zijn, en zal met zaad bezadigd worden.

²⁹Dit is de wet der ijveringen, als een vrouw, onder haar man zijnde, zal afgeweken en onrein geworden zijn;

³⁰Of als over en man die ijvergeest zal gekomen zijn, en hij over zijn huisvrouw zal geijverd hebben, dat hij de vrouw voor het aangezicht des HEEREN stelle, en depriester aan haar deze ganse wet volbrenge.

³¹En de man zal van de ongerechtigheid onschuldig zijn; maar diezelve vrouw zal haar ongerechtigheid dragen.

Hoofdstuk 6

¹En de HEERE sprak tot Mozes, zeggende:

²Spreek tot de kinderen Israels, en zeg tot hen: Wanneer een man of een vrouw zich afgescheiden zal hebben, belovende de gelofte eens Nazireers, om zich denHEERE af te zonderen;

³Van wijn en sterken drank zal hij zich afzonderen; wijndik, en edik van sterken drank zal hij niet drinken, noch enige vochtigheid van druiven zal hij drinken, nochverse of gedroogde druiven eten.

⁴Al de dagen van zijn Nazireerschap zal hij niet eten van iets, dat van den wijnstok des wijns gemaakt is, van de kernen af tot de basten toe.

⁵Al de dagen der gelofte van zijn Nazireerschap zal het scheermes over zijn hoofd niet gaan; totdat die dagen vervuld zullen zijn, die hij zich den HEERE zalafgezonderd hebben, zal hij heilig zijn, latende de lokken van het haar zijns hoofds wassen.

⁶Al de dagen, die hij zich de HEERE zal afgezonderd hebben, zal hij tot het lichaam eens doden niet gaan.

⁷Om zijn vader of om zijn moeder, om zijn broeder of om zijn zuster, om hen zal hij zich niet verontreinigen, als zij dood zijn; want het Nazireerschap zijns Gods is opzijn hoofd.

⁸Al de dagen van zijn Nazireerschap is hij den HEERE heilig.

⁹En zo de gestorvene bij hem onvoorziens haastelijk gestorven ware, dat hij het hoofd van zijn Nazireerschap zou verontreinigd hebben, zo zal hij op den dag zijnerreiniging zijn hoofd bescheren; op den zevenden dag zal hij het bescheren.

¹⁰En op den achtsten dag zal hij twee tortelduiven, of twee jonge duiven brengen tot den priester, tot de deur van de tent der samenkomst.

¹¹De priester nu zal een bereiden ten zondoffer, en een ten brandoffer, en zal voor hem verzoening doen, van dat hij aan het dode lichaam gezondigd heeft; alzo zal hijzijn hoofd op dienzelfden dag heiligen.

¹²Daarna zal hij de dagen van zijn Nazireerschap den HEERE afzonderen, en zal een lam, dat eenjarig is, brengen ten schuldoffer; en de vorige dagen zullen vallen, omdat zijn Nazireerschap verontreinigd was.

¹³En dit is de wet des Nazireers: op den dag, als de dagen van zijn Nazireerschap zullen vervuld zijn, zal hij dit brengen tot de deur van de tent der samenkomst.

¹⁴Hij dan zal tot zijn offerande den HEERE offeren een volkomen eenjarig lam ten brandoffer, en een volkomen eenjarig ooilam ten zondoffer, en een volkomen ramten dankoffer.

¹⁵En een korf ongezuurde koeken, koeken van meelbloem, met olie gemengd, en ongezuurde vladen, met olie bestreken, mitsgaders hun spijsoffer, en hundrankofferen;

¹⁶En de priester zal het voor het aangezicht des HEEREN brengen, en zal zijn zondoffer en zijn brandoffer bereiden.

¹⁷Hij zal ook den ram ten dankoffer den HEERE bereiden, met den korf der ongezuurde koeken; en de priester zal zijn spijsoffer en zijn drankoffer bereiden.

¹⁸Alsdan zal de Nazireer, aan de deur van de tent der samenkomst, het hoofd van zijn Nazireerschap bescheren; en hij zal het hoofdhaar van zijn Nazireerschap nemen, en hij zal het leggen op het vuur, dat onder het dankoffer is.

¹⁹Daarna zal de priester een gezoden schouder nemen van den ram, en een ongezuurden koek uit den korf, en een ongezuurde vlade; en hij zal ze op de handen des Nazireers leggen, nadat hij zijn Nazireerschap afgeschoren heeft.

²⁰En de priester zal die bewegen ten beweegoffer, voor het aangezicht des HEEREN; het is een heilig ding voor den priester, met de borst des beweegoffers, en met den schouder des hefoffers; en daarna zal die Nazireer wijn drinken.

²¹Dit is de wet des Nazireers, die zijn offerande den HEERE voor zijn Nazireerschap zal beloofd hebben, behalve wat zijn hand bekomen zal; naar zijn gelofte, welke hij beloofd zal hebben, alzo zal hij doen, naar de wet van zijn Nazireerschap.

²²En de HEERE sprak tot Mozes, zeggende:

²³Spreek tot Aaron en zijn zonen, zeggende: Alzo zult gijlieden de kinderen Israels zegenen, zeggende tot hen:

²⁴De HEERE zegene u, en behoede u!

²⁵De HEERE doe Zijn aangezicht over u lichten, en zij u genadig!

²⁶De HEERE verheffe Zijn aangezicht over u, en geve u vrede!

²⁷Alzo zullen zij Mijn Naam op de kinderen Israels leggen; en Ik zal hen zegenen.

Hoofdstuk 7

¹En het geschiedde ten dage, als Mozes geëindigd had den tabernakel op te richten, en dat hij dien gezalfd, en dien geheiligd had, en al zijn gereedschap, mitsgaders het altaar en al zijn gereedschap, en hij ze gezalfd, en dezelve geheiligd had;

²Dat de oversten van Israel, de hoofden van het huis hunner vaderen, offerden; deze waren de oversten der stammen, die over de getelden stonden.

³En zij brachten hun offerande voor het aangezicht des HEEREN, zes overdekte wagens, en twaalf runderen; een wagen voor twee oversten, en een os voor elkeen; en brachten ze voor den tabernakel.

⁴En de HEERE sprak tot Mozes, zeggende:

⁵Neem ze van hen, opdat zij zijn mogen om te bedienen den dienst van de tent der samenkomst; en gij zult dezelve den Levieten geven, een ieder naar zijn dienst.

⁶Alzo nam Mozes die wagens, en die runderen, en gaf dezelve den Levieten.

⁷Twee wagens en vier runderen gaf hij den zonen van Gerson, naar hun dienst;

⁸En vier wagens en acht runderen gaf hij den zonen van Merari, naar hun dienst; onder de hand van Ithamar, den zoon van Aaron, den priester.

⁹Maar de zonen van Kohath gaf hij niet; want de dienst der heilige dingen was op hen, die zij op de schouderen droegen.

¹⁰En de oversten offerden ter inwijding des altaars, op den dag als hetzelve gezalfd werd; de oversten dan offerden hun offeranden voor het altaar.

¹¹En de HEERE zeide tot Mozes: Elke overste zal, een iegelijk op zijn dag, zijn offerande offeren, ter inwijding des altaars.

¹²Die nu op den eersten dag zijn offerande offerde, was Nahesson, de zoon van Amminadab, voor den stam van Juda.

¹³En zijn offerande was: een zilveren schotel, welks gewicht was honderd dertig sikkelen; een zilveren sprengbekken van zeventig sikkelen, naar den sikkel des heiligdoms; zij waren beide vol meelbloem met olie gemengd, ten spijsoffer;

¹⁴Een reukschaal van tien gouden sikkelen, vol reukwerks;

¹⁵Een var, een jong rund, een ram, een lam, dat eenjarig was, ten brandoffer;

¹⁶Een geitenbok, ten zondoffer;

¹⁷En ten dankoffer: twee runderen, vijf rammen, vijf bokken, vijf eenjarige lammeren. Dit was de offerande van Nahesson, den zoon van Amminadab.

¹⁸Op den tweeden dag offerde Nethaneel, de zoon van Zuar, de overste van Issaschar.

¹⁹Hij offerde zijn offerande: een zilveren schotel, welks gewicht was honderd dertig sikkelen; een zilveren sprengbekken van zeventig sikkelen, naar den sikkel des heiligdoms; zij waren beide vol meelbloem met olie gemengd, ten spijsoffer;

²⁰En een reukschaal van tien gouden sikkelen, vol reukwerks;

²¹Een var, een jong rund, een ram, een lam, dat eenjarig was, ten brandoffer;

²²Een geitenbok, ten zondoffer;

²³En ten dankoffer: twee runderen, vijf rammen, vijf bokken, vijf eenjarige lammeren. Dit was de offerande van Nethaneel, den zoon van Zuar.

²⁴Op den derden dag offerde de overste der zonen van Zebulon, Eliab, de zoon van Helon.

²⁵Zijn offerande was: een zilveren schotel, welks gewicht was honderd dertig sikkelen; een zilveren sprengbekken van zeventig sikkelen, naar den sikkel des heiligdoms; zij waren beide vol meelbloem met olie gemengd, ten spijsoffer;

²⁶Een reukschaal van tien gouden sikkelen, vol reukwerks;

²⁷Een var, een jong rund, een ram, een lam, dat eenjarig was, ten brandoffer;

²⁸Een geitenbok, ten zondoffer;

²⁹En ten dankoffer: twee runderen, vijf rammen, vijf bokken, vijf eenjarige lammeren. Dit was de offerande van Eliab, den zoon van Helon.

³⁰Op den vierden dag offerde de overste der kinderen van Ruben, Elizur, de zoon van Sedeur.

³¹Zijn offerande was: een zilveren schotel, welks gewicht was honderd dertig sikkelen; een zilveren sprengbekken van zeventig sikkelen, naar den sikkel des heiligdoms; zij waren beide vol meelbloem met olie gemengd, ten spijsoffer;

³²Een reukschaal van tien gouden sikkelen, vol reukwerks;

³³Een var, een jong rund, een ram, een lam, dat eenjarig was, ten brandoffer;

³⁴Een geitenbok, ten zondoffer;

³⁵En ten dankoffer: twee runderen, vijf rammen, vijf bokken, vijf eenjarige lammeren. Dit was de offerande van Elizur, den zoon van Sedeur.

³⁶Op den vijfden dag offerde den overste der kinderen van Simeon, Selumiel, de zoon van Zurisaddai.

³⁷Zijn offerande was: een zilveren schotel, welks gewicht was honderd dertig sikkelen; een zilveren sprengbekken van zeventig sikkelen, naar den sikkel des heiligdoms; zij waren beide vol meelbloem met olie gemengd, ten spijsoffer;

³⁸Een reukschaal van tien gouden sikkelen, vol reukwerks;

³⁹Een var, een jong rund, een ram, een lam, dat eenjarig was, ten brandoffer;

⁴⁰Een geitenbok, ten zondoffer;

⁴¹En ten dankoffer: twee runderen, vijf rammen, vijf bokken, vijf eenjarige lammeren. Dit was de offerande van Selumiel, den zoon van Zurisaddai.

⁴²Op den zesden dag offerde de overste der kinderen van Gad, Eljasaf, den zoon van Dehuel.

⁴³Zijn offerande was: een zilveren schotel, welks gewicht was honderd dertig sikkelen; een zilveren sprengbekken van zeventig sikkelen, naar den sikkel des heiligdoms; zij waren beide vol meelbloem met olie gemengd, ten spijsoffer;

⁴⁴Een reukschaal van tien gouden sikkelen, vol reukwerks;

⁴⁵Een var, een jong rund, een ram, een lam, dat eenjarig was, ten brandoffer;

⁴⁶Een geitenbok, ten zondoffer;

⁴⁷En ten dankoffer: twee runderen, vijf rammen, vijf bokken, vijf eenjarige lammeren. Dit was de offerande van Eljasaf, den zoon van Dehuel.

⁴⁸Op den zevenden dag offerde de overste der kinderen van Efraim, Elisama, den zoon van Ammihud.

⁴⁹Zijn offerande was: een zilveren schotel, welks gewicht was honderd dertig sikkelen; een zilveren sprengbekken van zeventig sikkelen, naar den sikkel des heiligdoms; zij waren beide vol meelbloem met olie gemengd, ten spijsoffer;

⁵⁰Een reukschaal van tien gouden sikkelen, vol reukwerks;

⁵¹Een var, een jong rund, een ram, een lam, dat eenjarig was, ten brandoffer;

⁵²Een geitenbok, ten zondoffer;

⁵³En ten dankoffer: twee runderen, vijf rammen, vijf bokken, vijf eenjarige lammeren. Dit was de offerande van Elisama, den zoon van Ammihud.

⁵⁴Op den achtsten dag offerde de overste der kinderen van Manasse, Gamaliel, de zoon van Pedazur.

⁵⁵Zijn offerande was: een zilveren schotel, welks gewicht was honderd dertig sikkelen; een zilveren sprengbekken van zeventig sikkelen, naar den sikkel des heiligdoms; zij waren beide vol meelbloem met olie gemengd, ten spijsoffer;

⁵⁶Een reukschaal van tien gouden sikkelen, vol reukwerks;

⁵⁷Een var, een jong rund, een ram, een lam, dat eenjarig was, ten brandoffer;

Numeri

⁵⁸Een geitenbok, ten zondoffer;

⁵⁹En ten dankoffer: twee runderen, vijf rammen, vijf bokken, vijf eenjarige lammeren. Dit was de offerande van Gamaliel, den zoon van Pedazur.

⁶⁰Op den negenden dag offerde de overste der kinderen van Benjamin, Abidan, de zoon van Gideoni.

⁶¹Zijn offerande was: een zilveren schotel, welks gewicht was honderd dertig sikkelen; een zilveren sprengbekken van zeventig sikkelen, naar den sikkel desheiligdoms; zij waren beide vol meelbloem met olie gemengd, ten spijsoffer;

⁶²Een reukschaal van tien gouden sikkelen, vol reukwerks;

⁶³Een var, een jong rund, een ram, een lam, dat eenjarig was, ten brandoffer;

⁶⁴Een geitenbok, ten zondoffer;

⁶⁵En ten dankoffer: twee runderen, vijf rammen, vijf bokken, vijf eenjarige lammeren. Dit was de offerande van Abidan, den zoon van Gideoni.

⁶⁶Op den tienden dag offerde de overste der kinderen van Dan, Ahiezer, de zoon van Ammisaddai.

⁶⁷Zijn offerande was: een zilveren schotel, welks gewicht was honderd dertig sikkelen; een zilveren sprengbekken van zeventig sikkelen, naar den sikkel desheiligdoms; zij waren beide vol meelbloem met olie gemengd, ten spijsoffer;

⁶⁸Een reukschaal van tien gouden sikkelen, vol reukwerks;

⁶⁹Een var, een jong rund, een ram, een lam, dat eenjarig was, ten brandoffer;

⁷⁰Een geitenbok, ten zondoffer;

⁷¹En ten dankoffer: twee runderen, vijf rammen, vijf bokken, vijf eenjarige lammeren. Dit was de offerande van Ahiezer, den zoon van Ammisaddai.

⁷²Op den elfden dag offerde de overste der kinderen van Aser, Pagiel, de zoon van Ochran.

⁷³Zijn offerande was: een zilveren schotel, welks gewicht was honderd dertig sikkelen; een zilveren sprengbekken van zeventig sikkelen, naar den sikkel desheiligdoms; zij waren beide vol meelbloem met olie gemengd, ten spijsoffer;

⁷⁴Een reukschaal van tien gouden sikkelen, vol reukwerks;

⁷⁵Een var, een jong rund, een ram, een lam, dat eenjarig was, ten brandoffer;

⁷⁶Een geitenbok, ten zondoffer;

⁷⁷En ten dankoffer: twee runderen, vijf rammen, vijf bokken, vijf eenjarige lammeren. Dit was de offerande van Pagiel, den zoon van Ochran.

⁷⁸Op den twaalfden dag offerde de overste der kinderen van Nafthali, Ahira, de zoon van Enan.

⁷⁹Zijn offerande was: een zilveren schotel, welks gewicht was honderd dertig sikkelen; een zilveren sprengbekken van zeventig sikkelen, naar den sikkel desheiligdoms; zij waren beide vol meelbloem met olie gemengd, ten spijsoffer;

⁸⁰Een reukschaal van tien gouden sikkelen, vol reukwerks;

⁸¹Een var, een jong rund, een ram, een lam, dat eenjarig was, ten brandoffer;

⁸²Een geitenbok, ten zondoffer;

⁸³En ten dankoffer: twee runderen, vijf rammen, vijf bokken, vijf eenjarige lammeren. Dit was de offerande van Ahira, den zoon van Enan.

⁸⁴Dit was de inwijding des altaars van de oversten van Israel, op den dag als hetzelve gezalfd werd: twaalf zilveren schotels, twaalf zilveren sprengbekkens, twaalfgouden reukschalen.

⁸⁵Een zilveren schotel was van honderd dertig sikkelen, en een sprengbekken van zeventig; al het zilver van de vaten was twee duizend en vierhonderd sikkelen, naar den sikkel des heiligdoms.

⁸⁶Twaalf gouden reukschalen van reukwerks; elke reukschaal was van tien sikkelen, naar den sikkel des heiligdoms; al het goud der reukschalen was honderd entwintig sikkelen.

⁸⁷Al de runderen ten brandoffer waren twaalf varren, twaalf rammen, twaalf eenjarige lammeren, met hun spijsoffer; en twaalf geitenbokken ten zondoffer.

⁸⁸En al de runderen ten dankoffer waren vier en twintig varren, de rammen zestig, de bokken zestig, de eenjarige lammeren zestig. Dit is de inwijding des altaars, nadat hetzelve gezalfd was.

⁸⁹En als Mozes in de tent der samenkomst ging, om met Hem te spreken, zo hoorde hij een stem tot hem sprekende, van boven het verzoendeksel, hetwelk is op deark der getuigenis, van tussen de twee cherubim. Alzo sprak Hij tot hem.

Hoofdstuk 8

¹En de HEERE sprak tot Mozes, zeggende:

²Spreek tot Aaron, en zeg tot hem: Als gij de lampen aansteken zult, recht tegenover den kandelaar zullen de zeven lampen lichten.

³En Aaron deed alzo: tegenover vooraan den kandelaar stak hij deszelfs lampen aan;

⁴Dit werk nu des kandelaars was van dicht goud, tot zijn schacht, tot zijn bloemen was het dicht; naar de gedaante, die de HEERE Mozes vertoond had, alzo had hijden kandelaar gemaakt.

⁵En de HEERE sprak tot Mozes, zeggende:

⁶Neem de Levieten uit het midden van de kinderen Israels, en reinig hen.

⁷En aldus zult gij hun doen, om hen te reinigen: spreng op hen water der ontzondiging; en zij zullen het scheermes over hun ganse vlees doen gaan, en zij zullen hunklederen wassen, en zich reinigen.

⁸Daarna zullen zij nemen een var, een jong rund, met zijn spijsoffer van meelbloem, met olie gemengd; en een anderen var, een jong rund, zult gij nemen tenzondoffer.

⁹En gij zult de Levieten voor de tent der samenkomst doen naderen; en gij zult de gehele vergadering der kinderen Israels doen verzamelen.

¹⁰Ja, gij zult de Levieten voor het aangezicht des HEEREN doen naderen; en de kinderen Israels zullen hun handen op de Levieten leggen.

¹¹En Aaron zal de Levieten bewegen ten beweegoffer voor het aangezicht des HEEREN, vanwege de kinderen Israels; opdat zij zijn, om den dienst des HEEREN tebedienen.

¹²En de Levieten zullen hun handen op het hoofd der varren leggen; daarna bereidt gij een ten zondoffer, en een ten brandoffer den HEERE, om over de Levietenverzoening te doen.

¹³En gij zult de Levieten stellen voor het aangezicht van Aaron, en voor het aangezicht van zijn zonen, en gij zult hen bewegen ten beweegoffer den HEERE.

¹⁴En gij zult de Levieten uit het midden van de kinderen Israels uitscheiden, opdat de Levieten Mijn zijn.

¹⁵En daarna zullen de Levieten inkomen, om de tent der samenkomst te bedienen; en gij zult hen reinigen, en zult hen ten beweegoffer bewegen.

¹⁶Want zij zijn gegeven, zij zijn Mij gegeven uit het midden van de kinderen Israels; voor de opening van alle baarmoeder, voor de eerstgeborenen van een ieder uit dekinderen Israels, heb Ik ze Mij genomen.

¹⁷Want alle eerstgeborene onder de kinderen Israels is Mijn, onder de mensen en onder de beesten; ten dage dat Ik alle eerstgeboorte in Egypteland sloeg, heb Ikdezelve Mij geheiligd.

¹⁸En Ik heb de Levieten genomen voor alle eerstgeborenen onder de kinderen Israels.

¹⁹En Ik heb de Levieten aan Aaron en aan zijn zonen tot een gift gegeven, uit het midden van de kinderen Israels, om den dienst van de kinderen Israels in de tent dersamenkomst te bedienen, en om voor de kinderen Israels verzoening te doen, dat er geen plage zij onder de kinderen Israels, als de kinderen Israels tot het heiligdomnaderen zouden.

²⁰En Mozes deed, en Aaron, en de ganse vergadering der kinderen Israels, aan de Levieten, naar alles, wat de HEERE Mozes geboden had van de Levieten, zodeden de kinderen Israels aan hen.

²¹En de Levieten ontzondigden zich, en wiesen hun kleren, en Aaron bewoog hen ten beweegoffer voor het aangezicht des HEEREN; en Aaron deed verzoeningover hen, om hen te reinigen.

²²En daarna kwamen de Levieten, om hun dienst te bedienen in de tent der samenkomst, voor het aangezicht van Aaron, en voor het aangezicht zijner zonen; gelijk alsde HEERE Mozes van de Levieten geboden had, alzo deden zij aan hen.

²³En de HEERE sprak tot Mozes, zeggende:

²⁴Dit is het, wat de Levieten aangaat: van vijf en twintig jaren oud en daarboven, zullen zij inkomen, om den strijd te strijden, in den dienst van de tent dersamenkomst.

²⁵Maar van dat hij vijftig jaren oud is, zal hij van den strijd van dezen dienst afgaan, en hij zal niet meer dienen.

²⁶Doch hij zal met zijn broederen dienen in de tent der samenkomst, om de wacht waar te nemen; maar den dienst zal hij niet bedienen. Alzo zult gij aan de Levietendoen in hun wachten.

Hoofdstuk 9

¹En de HEERE sprak tot Mozes in de woestijn van Sinaï, in het tweede jaar, nadat zij uit Egypteland uitgetogen waren, in de eerste maand, zeggende:
²Dat de kinderen Israels het pascha houden zouden, op zijn gezetten tijd.
³Op den veertienden dag in deze maand, tussen twee avonden zult gij dat houden, op zijn gezetten tijd; naar al zijn inzettingen, en naar al zijn rechten zult gij dat houden.
⁴Mozes dan sprak tot de kinderen Israels, dat zij het pascha zouden houden.
⁵En zij hielden het pascha op den veertienden dag der eerste maand, tussen de twee avonden, in de woestijn van Sinaï; naar alles wat de HEERE Mozes geboden had, alzo deden de kinderen Israels.
⁶Toen waren er lieden geweest, die over het dode lichaam eens mensen onrein waren, en op denzelven dag het pascha niet hadden kunnen houden; daarom naderden zij voor het aangezicht van Mozes, en voor het aangezicht van Aaron op dienzelven dag.
⁷En diezelve lieden zeiden tot hem: Wij zijn onrein over het dode lichaam eens mensen; waarom zouden wij verkort worden, dat wij de offerande des HEEREN op zijn gezetten tijd niet zouden offeren, in het midden van de kinderen Israels?
⁸En Mozes zeide tot hen: Blijft staande, dat ik hoor, wat de HEERE u gebieden zal.
⁹Toen sprak de HEERE tot Mozes, zeggende:
¹⁰Spreek tot de kinderen Israels, zeggende: Wanneer iemand onder u, of onder uw geslachten, over een dood lichaam onrein, of op een verren weg zal zijn, hij zal dannog den HEERE het pascha houden.
¹¹In de tweede maand, op den veertienden dag, tussen de twee avonden, zullen zij dat houden; met ongezuurde broden en bittere saus zullen zij dat eten.
¹²Zij zullen daarvan niet overlaten tot den morgen, en zullen daaraan geen been breken; naar alle inzetting van het pascha zullen zij dat houden.
¹³Als een man, die rein is, en op den weg niet is, en nalaten zal het pascha te houden, zo zal diezelve ziel uit haar volken uitgeroeid worden; want hij heeft de offerande des HEEREN op zijn gezetten tijd niet geofferd, diezelve man zal zijn zonde dragen.
¹⁴En wanneer een vreemdeling bij u als vreemdeling verkeert, en hij het pascha den HEERE ook houden zal, naar de inzetting van het pascha, en naar zijn wijze, alzo zal hij het houden; het zal enerlei inzetting voor ulieden zijn, beiden den vreemdeling en den inboorling des lands.
¹⁵En op den dag van het oprichten des tabernakels bedekte de wolk den tabernakel, op de tent der getuigenis; en in den avond was over den tabernakel als een gedaante des vuurs, tot aan den morgen.
¹⁶Alzo geschiedde het geduriglijk; de wolk bedekte denzelven, en des nachts was er een gedaante des vuurs.
¹⁷Maar nadat de wolk opgeheven werd van boven de tent, zo verreisden ook daarna de kinderen Israels; en in de plaats, waar de wolk bleef, daar legerden zich de kinderen Israels.
¹⁸Naar den mond des HEEREN, verreisden de kinderen Israels, en naar des HEEREN mond legerden zij zich; al de dagen, in dewelke de wolk over den tabernakel bleef, legerden zij zich.
¹⁹En als de wolk vele dagen over den tabernakel verbleef, zo namen de kinderen Israels de wacht des HEEREN waar, en verreisden niet.
²⁰Als het nu was, dat de wolk weinige dagen op den tabernakel was, naar den mond des HEEREN legerden zij zich, en naar den mond des HEEREN verreisden zij.
²¹Maar was het, dat de wolk van den avond tot den morgen daar was, en de wolk in den morgen opgeheven werd, zo verreisden zij; of des daags, of des nachts, alsde wolk opgeheven werd, zo verreisden zij.
²²Of als de wolk twee dagen, of een maand, of vele dagen vertoog op den tabernakel, blijvende daarop, zo legerden zich de kinderen Israels, en verreisden niet; en als zij verheven werd, verreisden zij.
²³Naar den mond des HEEREN legerden zij zich, en naar den mond des HEEREN verreisden zij; zij namen de wacht des HEEREN waar, naar den mond des HEEREN, door de hand van Mozes.

Hoofdstuk 10

¹Verder sprak de HEERE tot Mozes, zeggende:
²Maak u twee zilveren trompetten; van dicht werk zult gij ze maken; en zij zullen u zijn tot de samenroeping der vergadering, en tot den optocht der legers.
³Als zij met dezelve blazen zullen, dan zal de gehele vergadering tot u vergaderd worden, aan de deur van de tent der samenkomst.
⁴Maar als zij met de ene zullen blazen, dan zullen tot u vergaderd worden de oversten, de hoofden der duizenden van Israel.
⁵Als gij met een gebroken geklank blazen zult, dan zullen de legers, die tegen het oosten gelegerd zijn, optrekken.
⁶Maar als gij ten tweeden male met een gebroken klank blazen zult, zullen de legers, die tegen het zuiden legeren, optrekken; met een gebroken klank zullen zij blazen tot hun optochten.
⁷Maar in het verzamelen van de gemeente, zult gij blazen, doch geen gebroken geklank maken.
⁸En de zonen van Aaron, de priesters, zullen met die trompetten blazen; en zij zullen ulieden zijn tot een eeuwige inzetting bij uw geslachten.
⁹En wanneer gijlieden in uw land ten strijde zult trekken tegen den vijand, die u benauwt, zult gij ook met die trompetten een gebroken klank maken; zo zal uwer gedacht worden voor het aangezicht des HEEREN, uws Gods, en gij zult van uw vijanden verlost worden.
¹⁰Desgelijks ten dage uwer vrolijkheid, en in uw gezette hoogtijden, en in de beginselen uwer maanden, zult gij ook met de trompetten blazen over uw brandofferen, en over uw dankofferen; en zij zullen u ter gedachtenis zijn voor het aangezicht uws Gods; Ik ben de HEERE, uw God!
¹¹En het geschiedde in het tweede jaar, in de tweede maand, op den twintigsten van de maand, dat de wolk verheven werd van boven den tabernakel der getuigenis.
¹²En de kinderen Israels togen op, naar hun tochten, uit de woestijn Sinaï; en de wolk bleef in de woestijn Paran.
¹³Alzo togen zij vooreerst op, naar den mond des HEEREN, door de hand van Mozes.
¹⁴Want vooreerst toog op de banier van het leger der kinderen van Juda, naar hun heiren; en over zijn heir was Nahesson, de zoon van Amminadab.
¹⁵En over het heir van den stam der kinderen van Issaschar was Nethaneel, den zoon van Zuar.
¹⁶En over het heir van den stam der kinderen van Zebulon was Eliab, de zoon van Helon.
¹⁷Toen werd de tabernakel afgenomen, en de zonen van Gerson, en de zonen van Merari togen op, dragende den tabernakel.
¹⁸Daarna toog de banier van het leger van Ruben, naar hun heiren; en over zijn heir was Elizur, de zoon van Sedeur.
¹⁹En over het heir van den stam der kinderen van Simeon was Selumiel, de zoon van Zurisaddai.
²⁰En over het heir van den stam der kinderen van Gad was Eljasaf, de zoon van Dehuel.
²¹Toen togen op de Kohathieten, dragende het heiligdom; en de anderen richtten den tabernakel op, tegen dat dezen kwamen.
²²Daarna toog op de banier van het leger der kinderen van Efraim, naar hun heiren; en over het heir was Elisama, de zoon van Ammihud.
²³En over het heir van den stam der kinderen van Manasse was Gamaliel, de zoon van Pedazur.
²⁴En over het heir van den stam der kinderen van Benjamin was Abidan, de zoon van Gideoni.
²⁵Toen toog op de banier van het leger der kinderen van Dan, samensluitende al de legers, naar hun heiren; en over zijn heir was Ahiezer de zoon van Ammisaddai.
²⁶En over het heir van den stam der kinderen van Aser was Pagiel, de zoon van Ochran.
²⁷En over het heir van den stam der kinderen van Nafthali was Ahira, de zoon van Enan.
²⁸Dit waren de tochten der kinderen Israels, naar hun heiren, als zij reisden.
²⁹Mozes nu zeide tot Hobab, den zoon van Rehuel, den Midianiet, den schoonvader van Mozes: Wij reizen naar die plaats, van welke de HEERE gezegd heeft: Ik zal u die geven; ga met ons, en wij zullen u weldoen, want de HEERE heeft over Israel het goede gesproken.
³⁰Doch hij zeide tot hem: Ik zal niet gaan; maar ik zal naar mijn land en naar mijn maagschap gaan.
³¹En hij zeide: Verlaat ons toch niet; want dewijl gij weet, dat wij ons legeren in de woestijn, zo zult gij ons tot ogen zijn.
³²En het zal geschieden, als gij met ons zult gaan, en het goede geschieden zal, waarmede de HEERE bij ons weldoen zal, dat wij u ook weldoen zullen.
³³Zo togen zij drie dagreizen van den berg des HEEREN; en de ark des verbonds des HEEREN reisde voor hun aangezicht drie dagreizen, om voor hen een rustplaats uit te speuren.
³⁴En de wolk des HEEREN was des daags over hen, als zij uit het leger verreisden.
³⁵Het geschiedde nu in het optrekken van de ark, dat Mozes zeide: Sta op, HEERE! en laat Uw vijanden verstrooid worden, en Uw haters

Numberi

van Uw aangezicht vlieden!

³⁶En als zij rustte, zeide hij: Kom weder, HEERE! tot de tien duizenden der duizenden van Israel!

Hoofdstuk 11

¹En het geschiedde, als het volk zich was beklagende, dat het kwaad was in de oren des HEEREN; want de HEERE hoorde het, zodat Zijn toorn ontstak, en het vuur des HEEREN onder hen ontbrandde, en verteerde, in het uiterste des legers.

²Toen riep het volk tot Mozes; en Mozes bad tot den HEERE; en het vuur werd gedempt.

³Daarom noemde hij den naam dier plaats Thab-era, omdat het vuur des HEEREN onder hen gebrand had.

⁴En het gemene volk, dat in het midden van hen was, werd met lust bevangen; daarom zo weenden ook de kinderen Israels wederom, en zeiden: Wie zal ons vlees te eten geven?

⁵Wij gedenken aan de vissen, die wij in Egypte om niet aten; aan de komkommers, en aan de pompoenen, en aan het look, en aan de ajuinen, en aan het knoflook.

⁶Maar nu is onze ziel dor, er is niet met al, behalve dit Man voor onze ogen!

⁷Het Man nu was als korianderzaad, en zijn verf was als de verf van den bedolah.

⁸Het volk liep hier en daar, en verzamelde het, en maalde het met molens, of stiet het in mortieren, en zood het in potten, en maakte daarvan koeken; en zijn smaak was als de smaak van de beste vochtigheid der olie.

⁹En wanneer de dauw des nachts op het leger nederviel, viel het Man op hetzelve neder.

¹⁰Toen hoorde Mozes het volk wenen door hun huisgezinnen, een ieder aan de deur zijner hut; en de toorn des HEEREN ontstak zeer; ook was het kwaad in de ogen van Mozes.

¹¹En Mozes zeide tot de HEERE: Waarom hebt Gij aan Uw knecht kwalijk gedaan, en waarom heb ik geen genade in Uw ogen gevonden, dat Gij den last van dit ganse volk op mij legt?

¹²Heb ik dan al dit volk ontvangen? heb ik het gebaard? dat Gij tot mij zoudt zeggen: Draag het in uw schoot, gelijk als een voedstervader den zuigeling draagt, tot dat land, hetwelk Gij hun vaderen gezworen hebt?

¹³Van waar zou ik het vlees hebben, om al dit volk te geven? Want zij wenen tegen mij, zeggende: Geef ons vlees, dat wij eten!

¹⁴Ik alleen kan al dit volk niet dragen; want het is mij te zwaar!

¹⁵En indien Gij alzo aan mij doet, dood mij toch slechts, indien ik genade in Uw ogen gevonden heb; en laat mij mijn ongeluk niet aanzien!

¹⁶En de HEERE zeide tot Mozes: Verzamel Mij zeventig mannen uit de oudsten van Israel, dewelke gij weet, dat zij de oudsten des volks en deszelfs ambtlieden zijn; en gij zult hen brengen voor de tent der samenkomst, en zij zullen zich daar bij u stellen.

¹⁷Zo zal Ik afkomen en met u aldaar spreken; en van den Geest, die op u is, zal Ik afzonderen, en op hen leggen; en zij zullen met u den last van dit volk dragen, opdat gij dien alleen niet draagt.

¹⁸En tot het volk zult gij zeggen: Heiligt u tegen morgen, en gij zult vlees eten; want gij hebt voor de oren des HEEREN geweend, zeggende: Wie zal ons vlees te eten geven? want het ging ons wel in Egypte! Daarom zal de HEERE u vlees geven, en gij zult eten.

¹⁹Gij zult niet een dag, noch twee dagen eten, noch vijf dagen, noch tien dagen, noch twintig dagen;

²⁰Tot een gehele maand toe, totdat het uit uw neus uitga, en u tot walging zij; overmits gij den HEERE, Die in het midden van u is, verworpen hebt, en hebt voor Zijn aangezicht geweend, zeggende: Waarom nu zijn wij uit Egypte getogen?

²¹En Mozes zeide: Zeshonderd duizend te voet is dit volk, in welks midden ik ben; en Gij hebt gezegd: Ik zal hun vlees geven, en zij zullen een gehele maand eten!

²²Zullen dan voor hen schapen en runderen geslacht worden, dat voor hen genoeg zij? zullen al de vissen der zee voor hen verzameld worden, dat voor hen genoeg zij?

²³Doch de HEERE zeide tot Mozes: Zou dan des HEEREN hand verkort zijn? Gij zult nu zien, of Mijn woord u wedervaren zal, of niet.

²⁴En Mozes ging uit, en sprak de woorden des HEEREN tot het volk; en hij verzamelde zeventig mannen uit de oudsten des volks, en stelde hen rondom de tent.

²⁵Toen kwam de HEERE af in de wolk, en sprak tot hem, en afzonderde van den Geest, die op hem was, legde Hem op de zeventig mannen, die oudsten; en het geschiedde, als de Geest op hen rustte, dat zij profeteerden, maar daarna niet meer.

²⁶Maar twee mannen waren in het leger overgebleven; des enen naam was Eldad, en des anderen naam Medad; en die Geest rustte op hen (want zij waren onder de aangeschrevenen, hoewel zij tot de tent niet uitgegaan waren), en zij profeteerden in het leger.

²⁷Toen liep een jongen heen, en boodschapte aan Mozes, en zeide: Eldad en Medad profeteren in het leger.

²⁸En Jozua, de zoon van Nun, de dienaar van Mozes, een van zijn uitgelezen jongelingen, antwoordde en zeide: Mijn heer Mozes, verbied hun!

²⁹Doch Mozes zeide tot hem: Zijt gij voor mij ijverende? Och of al dat volk des HEEREN profeten waren, dat de HEERE Zijn Geest over hen gave!

³⁰Daarna verzamelde zich Mozes tot het leger, hij en de oudsten van Israel.

³¹Toen voer een wind uit van den HEERE, en raapte kwakkelen van de zee, en strooide ze bij het leger, omtrent een dagreize, en omtrent een dagreize derwaarts, rondom het leger; en zij waren omtrent twee ellen boven de aarde.

³²Toen maakte zich het volk op, dien gehelen dag, en dien gansen nacht, en den gansen anderen dag, en verzamelden de kwakkelen; die het minst had, had tien homers verzameld; en zij spreidden ze voor zich van elkander rondom het leger.

³³Dat vlees was nog tussen hun tanden, eer het gekauwd was, zo ontstak de toorn des HEEREN tegen het volk, en de HEERE sloeg het volk met een zeer grote plaag.

³⁴Daarom heet men den naam derzelver plaats Kibroth Thaava; want daar begroeven zij het volk, dat belust was geweest.

³⁵Van Kibroth Thaava verreisde het volk naar Hazeroth; en zij bleven in Hazeroth.

Hoofdstuk 12

¹Mirjam nu sprak, en Aaron, tegen Mozes, ter oorzake der vrouw, der Cuschietische, die hij genomen had; want hij had een Cuschietische ter vrouw genomen.

²En zij zeiden: Heeft dan de HEERE maar alleen door Mozes gesproken? Heeft Hij ook niet door ons gesproken? En de HEERE hoorde het!

³Doch de man Mozes was zeer zachtmoedig, meer dan alle mensen, die op den aardbodem waren.

⁴Toen sprak de HEERE haastelijk tot Mozes, en tot Aaron, en tot Mirjam: Gij drie, komt uit tot de tent der samenkomst! En zij drie kwamen uit.

⁵Toen kwam de HEERE af in de wolkkolom, en stond aan de deur der tent; daarna riep Hij Aaron en Mirjam; en zij beiden kwamen uit.

⁶En Hij zeide: Hoort nu Mijn woorden! Zo er een profeet onder u is, Ik, de HEERE, zal door een gezicht Mij aan hem bekend maken, door een droom zal Ik met hem spreken.

⁷Alzo is Mijn knecht Mozes niet, die in Mijn ganse huis getrouw is.

⁸Van mond tot mond spreek Ik met hem, en door aanzien, en niet door duistere woorden; en de gelijkenis des HEEREN aanschouwt hij; waarom dan hebt gijlieden niet gevreesd tegen Mijn knecht, tegen Mozes, te spreken?

⁹Zo ontstak des HEEREN toorn tegen hen, en Hij ging weg.

¹⁰En de wolk week van boven de tent; en ziet, Mirjam was melaats, wit als de sneeuw. En Aaron zag Mirjam aan, en ziet, zij was melaats.

¹¹Daarom zeide Aaron tot Mozes: Och, mijn heer! leg toch niet op ons de zonde, waarmede wij zottelijk gedaan, en waarmede wij gezondigd hebben!

¹²Laat zij toch niet zijn als een dode, van wiens vlees, als hij uit zijns moeders lijf uitgaat, de helft wel verteerd is!

¹³Mozes dan riep tot den HEERE, zeggende: O God! heel haar toch!

¹⁴En de HEERE zeide tot Mozes: Zo haar vader smadelijk in haar aangezicht gespogen had, zou zij niet zeven dagen beschaamd zijn? Laat haar zeven dagen buiten het leger gesloten, en daarna aangenomen worden!

¹⁵Zo werd Mirjam buiten het leger zeven dagen gesloten; en het volk verreisde niet, totdat Mirjam aangenomen werd.

¹⁶Maar daarna verreisde het volk van Hazeroth, en zij legerden zich in de woestijn van Paran.

Hoofdstuk 13

¹En de HEERE sprak tot Mozes, zeggende:

²Zend u mannen uit: die het land Kanaän verspieden, hetwelk Ik den kinderen Israels geven zal; van elken stam zijner vaderen zult gijlieden een man zenden, zijnde ieder een overste onder hen.

³Mozes dan zond hen uit de woestijn van Paran, naar den mond des HEEREN; al die mannen waren hoofden der kinderen Israels.

⁴En dit zijn hun namen: van den stam van Ruben, Sammua, de zoon van Zaccur.

⁵Van de stam van Simeon, Safat, de zoon van Hori.

⁶Van de stam van Juda, Kaleb, de zoon van Jefunne.

⁷Van de stam van Issaschar, Jigeal, de zoon van Jozef.

⁸Van de stam van Efraïm, Hosea, de zoon van Nun.

⁹Van de stam van Benjamin, Palti, de zoon van Rafu.

¹⁰Van de stam van Zebulon, Gaddiel, de zoon van Sodi.

¹¹Van de stam van Jozef, voor den stam van Manasse, Gaddi, de zoon van Susi.

¹²Van de stam van Dan, Ammiel, de zoon van Gemalli.

¹³Van de stam van Aser, Sethur, de zoon van Michael.

¹⁴Van de stam van Nafthali, Nachbi, de zoon van Wofsi.

¹⁵Van de stam van Gad, Guel, de zoon van Machi.

¹⁶Dit zijn de namen der mannen, die Mozes zond, om dat land te verspieden; en Mozes noemde Hosea, den zoon van Nun, Jozua.

¹⁷Mozes dan zond hen, om het land Kanaän te verspieden; en hij zeide tot hen: Trekt dit henen op tegen het zuiden, en klimt op het gebergte;

¹⁸En beziet het land, hoedanig het zij, en het volk, dat daarin woont, of het sterk zij of zwak, of het weinig zij of veel;

¹⁹En hoedanig het land zij, waarin hetzelve woont, of het goed zij of kwaad; en hoedanig de steden zijn, in dewelke hetzelve woont, of in legers, of in sterkten;

²⁰Ook hoedanig het land zij, of het vet zij of mager, of er bomen in zijn of niet; en versterkt u, en neemt van de vrucht des lands. Die dagen nu waren de dagen der eerste vruchten van de wijndruiven.

²¹Alzo trokken zij op, en verspiedden het land, van de woestijn Zin af tot Rechob toe, waar men gaat naar Hamath.

²²En zij trokken op in het zuiden, en kwamen tot Hebron toe en daar waren Ahiman, Sesai en Talmai, kinderen van Enak; Hebron nu was zeven jaren gebouwd voor Zoan in Egypte.

²³Daarna kwamen zij tot het dal Eskol, en sneden van daar een rank af met een tros wijndruiven, dien zij droegen met tweeën, op een draagstok; ook van de granaatappelen en van de vijgen.

²⁴Diezelve plaats noemde men het dal Eskol, ter oorzake van den tros, dien de kinderen Israels van daar afgesneden hadden.

²⁵Daarna keerden zij weder van het verspieden des lands, ten einde van veertig dagen.

²⁶En zij gingen heen, en kwamen tot Mozes en tot Aaron, en tot de gehele vergadering der kinderen Israels, in de woestijn Paran, naar Kades; en brachten bescheid weder aan hen, en aan de gehele vergadering, en lieten hen de vrucht des lands zien.

²⁷En zij vertelden hem, en zeiden: Wij zijn gekomen tot dat land, waarheen gij ons gezonden hebt; en voorwaar, het is van melk en honig vloeiende, en dit is zijn vrucht.

²⁸Behalve dat het een sterk volk is, hetwelk in dat land woont, en de steden zijn vast, en zeer groot; en ook hebben wij daar kinderen van Enak gezien.

²⁹De Amalekieten wonen in het land van het zuiden; maar de Hethieten, en de Jebusieten, en de Amorieten wonen op het gebergte; en de Kanaanieten wonen aan dezee, en aan den oever van de Jordaan.

³⁰Toen stilde Kaleb het volk voor Mozes, en zeide: Laat ons vrijmoedig optrekken, en dat erfelijk bezitten; want wij zullen dat voorzeker overweldigen!

³¹Maar de mannen, die met hem opgetrokken waren, zeiden: Wij zullen tot dat volk niet kunnen optrekken, want het is sterker dan wij.

³²Alzo brachten zij een kwaad gerucht voort van het land, dat zij verspied hadden, aan de kinderen Israels, zeggende: Dat land, door hetwelk wij doorgegaan zijn, om het te verspieden, is een land, dat zijn inwoners verteert; en al het volk, hetwelk wij in het midden van hetzelve gezien hebben, zijn mannen van grote lengte.

³³Wij hebben ook daar de reuzen gezien, en de kinderen van Enak, van de reuzen; en wij waren als sprinkhanen in onze ogen, alzo waren wij ook in hun ogen.

Hoofdstuk 14

¹Toen verhief zich de gehele vergadering, en zij hieven hun stem op, en het volk weende in dienzelven nacht.

²En al de kinderen Israels murmureerden tegen Mozes en tegen Aaron; en de gehele vergadering zeide tot hen: Och, of wij in Egypteland gestorven waren! of, och, of wij in deze woestijn gestorven waren!

³En waarom brengt ons de HEERE naar dat land, dat wij door het zwaard vallen, en onze vrouwen, en onze kinderkens ten roof worden? Zou het ons niet goed zijn naar Egypte weder te keren?

⁴En zij zeiden de een tot den ander: Laat ons een hoofd opwerpen, en wederkeren naar Egypte!

⁵Toen vielen Mozes en Aaron op hun aangezichten, voor het aangezicht van de ganse gemeente der vergadering van de kinderen Israels.

⁶En Jozua, de zoon van Nun, en Kaleb, de zoon van Jefunne, zijnde van degenen, die dat land verspied hadden, scheurden hun klederen.

⁷En zij spraken tot de ganse vergadering der kinderen Israels, zeggende: Het land, door hetwelk wij getrokken zijn, om hetzelve te verspieden, is een uitermate goed land.

⁸Indien de HEERE een welgevallen aan ons heeft, zo zal Hij ons in dat land brengen, en zal ons dat geven; een land, hetwelk van melk en honig is vloeiende.

⁹Alleen zijt tegen den HEERE niet wederspannig! en vreest gij niet het volk dezes lands; want zij zijn ons brood! hun schaduw is van hen geweken, en de HEERE is met ons; vreest hen niet!

¹⁰Toen zeide de ganse vergadering, dat men hen met stenen stenigen zoude. Maar de heerlijkheid des HEEREN verscheen in de tent der samenkomst, voor al de kinderen Israels.

¹¹En de HEERE zeide tot Mozes: Hoe lang zal mij dit volk tergen? En hoe lang zullen zij aan Mij niet geloven, door alle tekenen, die Ik in het midden van hen gedaan heb?

¹²Ik zal het met pestilentie slaan, en Ik zal het verstoten; en Ik zal u tot een groter en sterker volk maken, dan dit is.

¹³En Mozes zeide tot den HEERE: Zo zullen het de Egyptenaars horen; want Gij hebt door Uw kracht dit volk uit het midden van hen doen optrekken;

¹⁴En zij zullen zeggen tot de inwoners van dit land, die gehoord hebben, dat Gij, HEERE! in het midden van dit volk zijt; dat Gij HEERE! oog aan oog gezien wordt, dat Uw wolk over hen staat, en Gij in een wolkkolom voor hun aangezicht gaat des daags, en in een vuurkolom des nachts.

¹⁵En zoudt Gij dit volk als een enigen man doden, zo zouden de heidenen, die Uw gerucht gehoord hebben, spreken, zeggende:

¹⁶Omdat de HEERE dit volk niet kon brengen in dat land, hetwelk Hij hun gezworen had, zo heeft Hij hen geslacht in de woestijn!

¹⁷Nu dan, laat toch de kracht des HEEREN groot worden, gelijk als Gij gesproken hebt, zeggende:

¹⁸De HEERE is lankmoedig en groot van weldadigheid, vergevende de ongerechtigheid en overtreding, die den schuldige geenszins onschuldig houdt, bezoekende de ongerechtigheid der vaderen aan de kinderen, in het derde en in het vierde lid.

¹⁹Vergeef toch de ongerechtigheid dezes volks, naar de grootte Uwer goedertierenheid, en gelijk Gij ze aan dit volk, van Egypteland af tot hiertoe, vergeven hebt!

²⁰En de HEERE zeide: Ik heb hun vergeven naar uw woord.

²¹Doch zekerlijk, zo waarachtig als Ik leef, zo zal de ganse aarde met de heerlijkheid des HEEREN vervuld worden!

²²Want al de mannen, die gezien hebben Mijn heerlijkheid, en Mijn tekenen, die Ik in Egypte en in de woestijn gedaan heb, en Mij nu tienmaal verzocht hebben, en Mijner stem niet zijn gehoorzaam geweest;

²³Zo zij het land, hetwelk Ik aan hun vaderen gezworen heb, zien zullen. Ja, geen van die Mij getergd hebben, zullen dat zien!

²⁴Doch Mijn knecht Kaleb, omdat een andere geest met hem geweest is, en hij volhard heeft Mij na te volgen, zo zal Ik hem brengen tot het land, in hetwelk hij gekomen was, en zijn zaad zal het erfelijk bezitten.

²⁵De Amalekieten nu en de Kanaänieten wonen in het dal; wendt u morgen, en maakt uw reize naar de woestijn, op den weg naar de Schelfzee.

²⁶Daarna sprak de HEERE tot Mozes en tot Aaron, zeggende:

²⁷Hoe lang zal Ik bij deze boze vergadering zijn, die tegen Mij zijn murmurerende? Ik heb gehoord de murmureringen van de kinderen Israels, waarmede zij tegen Mij zijn murmurerende.

²⁸Zeg tot hen: Zo waarachtig als Ik leef, spreekt de HEERE, indien Ik ulieden zo niet doe, gelijk als gij in Mijn oren gesproken hebt!

²⁹Uw dode lichamen zullen in deze woestijn vallen; en al uw getelden, naar uw gehele getal, van twintig jaren oud en daarboven, gij, die tegen Mij gemurmureerd hebt.

³⁰Zo gij in dat land komt, over hetwelk Ik Mijn hand opgeheven heb, dat Ik u daarin zou doen wonen, behalve Kaleb, de zoon van Jefunne, en Jozua, de zoon van Nun.

³¹En uw kinderkens, waarvan gij zeidet: Zij zullen ten roof worden! die zal Ik daarin brengen, en die zullen bekennen dat land, hetwelk gij smadelijk verworpen hebt.

³²Maar u aangaande, uw dode lichamen zullen in deze woestijn vallen!

³³En uw kinderen zullen gaan weiden in deze woestijn, veertig jaren, en zullen uw hoererijen dragen, totdat uw dode lichamen verteerd zijn in deze woestijn.

³⁴Naar het getal der dagen, in welke gij dat land verspied hebt, veertig dagen, elken dag voor elk jaar, zult gij uw ongerechtigheden dragen, veertig jaren, en gij zult gewaar worden Mijn afbreking.

³⁵Ik, de HEERE, heb gesproken: zo Ik dit aan deze ganse boze vergadering dergenen, die zich tegen Mij verzameld hebben, niet doe, zij zullen in deze woestijn te niet worden, en zullen daar sterven!

³⁶En die mannen, die Mozes gezonden had, om het land te verspieden, en wedergekomen zijnde, de ganse vergadering tegen hem hadden doen murmureren, een kwaad gerucht over dat land voortbrengende;

³⁷Diezelfde mannen, die een kwaad gerucht van dat land voortgebracht hadden, stierven door een plaag, voor het aangezicht des HEEREN.

³⁸Maar Jozua, de zoon van Nun, en Kaleb, de zoon van Jefunne, bleven levende van de mannen, die heengegaan waren, om het land te verspieden.

³⁹En Mozes sprak deze woorden tot al de kinderen Israels. Toen treurde het volk zeer.

⁴⁰En zij stonden des morgens vroeg op, en klommen op de hoogte des bergs, zeggende: Ziet, hier zijn wij, en wij zullen optrekken tot de plaats, die de HEERE gezegd heeft; want wij hebben gezondigd!

⁴¹Maar Mozes zeide: Waarom overtreedt gij alzo het bevel des HEEREN? Want dat zal geen voorspoed hebben.

⁴²Trekt niet op, want de HEERE zal in het midden van u niet zijn; opdat gij niet geslagen wordt, voor het aangezicht uwer vijanden.

⁴³Want de Amalekieten, en de Kanaanieten zijn daar voor uw aangezicht, en gij zult door het zwaard vallen; want, omdat gij u afgekeerd hebt van den HEERE, zo zal de HEERE met u niet zijn.

⁴⁴Nochtans poogden zij vermetel, om op de hoogte des bergs te klimmen; maar de ark des verbonds des HEEREN en Mozes scheidden niet uit het midden des legers.

⁴⁵Toen kwamen af de Amalekieten en de Kanaanieten, die in dat gebergte woonden, en sloegen hen, en versmeten hen, tot Horma toe.

Hoofdstuk 15

¹Daarna sprak de HEERE tot Mozes, zeggende:

²Spreek tot de kinderen Israels, en zeg tot hen: Wanneer gij gekomen zult zijn in het land uwer woningen, dat Ik u geven zal;

³En gij een vuuroffer den HEERE zult doen, een brandoffer, of slachtoffer, om af te zonderen een gelofte, of in een vrijwillig offer, of in uw gezette hoogtijden, om den HEERE een liefelijken reuk te maken, van runderen of van klein vee;

⁴Zo zal hij, die zijn offerande den HEERE offert, een spijsoffer offeren van een tiende meelbloem, gemengd met een vierendeel van een hin olie.

⁵En wijn ten drankoffer, een vierendeel van een hin, zult gij bereiden tot een brandoffer of tot een slachtoffer, voor een lam.

⁶Of voor een ram zult gij een spijsoffer bereiden, van twee tienden meelbloem, gemengd met olie, een derde deel van een hin.

⁷En wijn ten drankoffer, een derde deel van een hin, zult gij offeren tot een liefelijken reuk den HEERE.

⁸En wanneer gij een jong rund zult bereiden tot een brandoffer of een slachtoffer, om een gelofte af te zonderen, of ten dankoffer den HEERE;

⁹Zo zal hij tot een jong rund offeren een spijsoffer van drie tienden meelbloem, gemengd met olie, de helft van een hin.

¹⁰En wijn zult gij offeren ten drankoffer, de helft van een hin, tot een vuuroffer van liefelijken reuk den HEERE.

¹¹Alzo zal gedaan worden met den enen os, of met den enen ram, of met het klein vee, van de lammeren, of van de geiten.

¹²Naar het getal, dat gij bereiden zult, zult gij alzo doen met elkeen, naar hun getal.

¹³Alle inboorling zal deze dingen alzo doen, offerende een vuuroffer tot een liefelijken reuk den HEERE.

¹⁴Wanneer ook een vreemdeling bij u als vreemdeling verkeert, of die in het midden van u is, in uw geslachten, en hij een vuuroffer zal bereiden tot een liefelijken reuk den HEERE; gelijk als gij zult doen, alzo zal hij doen.

¹⁵Gij, gemeente, het zij ulieden en den vreemdeling, die als vreemdeling bij u verkeert, enerlei inzetting: ter eeuwige inzetting bij uw geslachten, gelijk gijlieden, alzo zal de vreemdeling voor des HEEREN aangezicht zijn.

¹⁶Enerlei wet en enerlei recht zal ulieden zijn, en den vreemdeling, die bij ulieden als vreemdeling verkeert.

¹⁷Voorts sprak de HEERE tot Mozes, zeggende:

¹⁸Spreek tot de kinderen Israels, en zeg tot hen: Als gij zult gekomen zijn in het land, waarheen Ik u inbrengen zal,

¹⁹Zo zal het geschieden, als gij van het brood des lands zult eten, dan zult gij den HEERE een hefoffer offeren.

²⁰De eerstelingen uws deegs, een koek zult gij tot een hefoffer offeren; gelijk het hefoffer des dorsvloers zult gij dat offeren.

²¹Van de eerstelingen uws deegs zult gij den HEERE een hefoffer geven, bij uw geslachten.

²²Voorts wanneer gijlieden afgedwaald zult zijn, en niet gedaan hebben al deze geboden, die de HEERE tot Mozes gesproken heeft;

²³Alles, wat u de HEERE door de hand van Mozes geboden heeft; van dien dag af, dat het de HEERE geboden heeft, en voortaan bij uw geslachten.

²⁴Zo zal het geschieden, indien iets bij dwaling gedaan, en voor de ogen der vergadering verborgen is, dat de ganse vergadering een var, een jong rund, zal bereiden ten brandoffer, tot een liefelijken reuk den HEERE, met zijn spijsoffer en zijn drankoffer, naar de wijze; en een geitenbok ten zondoffer.

²⁵En de priester zal de verzoening doen voor de ganse vergadering van de kinderen Israels, en het zal hun vergeven worden; want het was een afdwaling, en zij hebben hun offerande gebracht, een vuuroffer den HEERE, en hun zondoffer, voor het aangezicht des HEEREN, over hun afdwaling.

²⁶Het zal dan aan de ganse vergadering der kinderen Israels vergeven worden, ook den vreemdeling, die in het midden van henlieden als vreemdeling verkeert; want het is het ganse volk door dwaling overkomen.

²⁷En indien een ziel door afdwaling gezondigd zal hebben, die zal een eenjarige geit ten zondoffer offeren.

²⁸En de priester zal de verzoening doen over de dwalende ziel, als zij gezondigd heeft door afdwaling, voor het aangezicht des HEEREN, doende de verzoening over haar; en het zal haar vergeven worden.

²⁹Den inboorling der kinderen Israels, en den vreemdeling, die in hunlieder midden als vreemdeling verkeert, enerlei wet zal ulieden zijn, dengene, die het door afdwaling doet.

³⁰Maar de ziel, die iets gedaan zal hebben met opgeheven hand, hetzij van inboorlingen of van vreemdelingen, die smaadt den HEERE; en diezelve ziel zal uitgeroeid worden uit het midden van haar volk;

³¹Want zij heeft het woord des HEEREN veracht en Zijn gebod vernietigd; diezelve ziel zal ganselijk uitgeroeid worden; haar ongerechtigheid is op haar.

³²Als nu de kinderen Israels in de woestijn waren, zo vonden zij een man, hout lezende op den sabbatdag.

³³En die hem vonden, hout lezende, brachten hem tot Mozes, en tot Aaron, en tot de ganse vergadering.

³⁴En zij stelden hem in bewaring; want het was niet verklaard, wat hem gedaan zou worden.

³⁵Zo zeide de HEERE tot Mozes: Die man zal zekerlijk gedood worden; de ganse vergadering zal hem met stenen stenigen buiten het leger.

³⁶Toen bracht hem de ganse vergadering uit tot buiten het leger, en zij stenigden hem met stenen, dat hij stierf, gelijk als de HEERE Mozes geboden had.

³⁷En de HEERE sprak tot Mozes, zeggende:

³⁸Spreek tot de kinderen Israels, en zeg tot hen: Dat zij zich snoertjes maken aan de hoeken hunner klederen, bij hun geslachten; en op de snoertjes des hoeks zullen zij een hemelsblauwen draad zetten.

³⁹En hij zal ulieden aan de snoertjes zijn, opdat gij het aanziet, en aan al de geboden des HEEREN gedenkt, en die doet; en gij zult naar uw hart, en naar uw ogen niet sporen, die gij zijt nahoererende;

⁴⁰Opdat gij gedenkt en doet al Mijn geboden, en uw God heilig zijt.

⁴¹Ik ben de HEERE, uw God, Die u uit Egypteland uitgevoerd heb, om u tot een God te zijn; Ik ben de HEERE, uw God!

Hoofdstuk 16

¹Korach nu, de zoon van Jizhar, zoon van Kohath, zoon van Levi, nam tot zich zo Dathan als Abiram, zonen van Eliab, en On, den zoon van Peleth, zonen van Ruben.

²En zij stonden op voor het aangezicht van Mozes, mitsgaders tweehonderd en vijftig mannen uit de kinderen Israels, oversten der vergadering, de geroepenen dersamenkomst, mannen van naam.

³En zij vergaderden zich tegen Mozes, en tegen Aaron, en zeiden tot hen: Het is te veel voor u, want deze ganse vergadering, zij allen, zijn heilig, en de HEERE is inhet midden van hen; waarom dan verheft gijlieden u over de gemeente des HEEREN?

⁴Als Mozes dit hoorde, zo viel hij op zijn aangezicht.

⁵En hij sprak tot Korach, en tot zijn ganse vergadering, zeggende: Morgen vroeg dan zal de HEERE bekend maken, wie de Zijne, en de heilige is, dien Hij tot Zich zaldoen naderen; en wien Hij verkoren zal hebben, dien zal Hij tot Zich doen naderen.

⁶Doet dit: neemt u wierookvaten, Korach en zijn ganse vergadering;

⁷En doet morgen vuur daarin, legt reukwerk daarop voor het aangezicht des HEEREN; en het zal geschieden, dat de man, dien de HEERE verkiezen zal, die zalheilig zijn. Het is te veel voor u, gij, kinderen van Levi!

⁸Voorts zeide Mozes tot Korach: Hoort toch, gij, kinderen van Levi!

⁹Is het u te weinig, dat de God van Israel u van de vergadering van Israel heeft afgescheiden, om ulieden tot Zich te doen naderen; om den dienst van des HEERENtabernakel te bedienen, en te staan voor het aangezicht der vergadering, om hen te dienen?

¹⁰Daar Hij u, en al uw broederen, de kinderen van Levi, met u, heeft doen naderen; zoekt gij nu ook het priesterambt?

¹¹Daarom gij, en uw ganse vergadering, gij zijt vergaderd tegen den HEERE, want Aaron, wat is hij, dat gij tegen hem murmureert?

¹²En Mozes schikte heen, om Dathan en Abiram, de zonen van Eliab, te roepen; maar zij zeiden: Wij zullen niet opkomen!

¹³Is het te weinig, dat gij ons uit een land, van melk en honig vloeiende, hebt opgevoerd, om ons te doden in de woestijn, dat gij ook uzelven ten enenmaal over ons toteen overheer maakt?

¹⁴Ook hebt gij ons niet gebracht in een land, dat van melk en honig vloeit, noch ons akkers en wijngaarden ten erfdeel gegeven. Zult gij de ogen dezer mannenuitgraven? Wij zullen niet opkomen!

¹⁵Toen ontstak Mozes zeer, en hij zeide tot den HEERE: Zie hun offer niet aan! Ik heb niet een ezel van hen genomen, en niet een van hen kwaad gedaan.

¹⁶Voorts zeide Mozes tot Korach: Gij, en uw ganse vergadering, weest voor het aangezicht des HEEREN; gij, en zij, ook Aaron, op morgen.

¹⁷En neemt een ieder zijn wierookvat, en legt reukwerk daarin, en brengt voor het aangezicht des HEEREN, een ieder zijn wierookvat, tweehonderd en vijftigwierookvaten; ook gij, en Aaron, een ieder zijn wierookvat.

¹⁸Zo namen zij een ieder zijn wierookvat, en deden vuur daarin, en legden reukwerk daarin; en zij stonden voor de deur van de tent der samenkomst, ook Mozes enAaron.

¹⁹En Korach deed de ganse vergadering tegen hen verzamelen, aan de deur van de tent der samenkomst. Toen verscheen de heerlijkheid des HEEREN aan dezeganse vergadering.

²⁰En de HEERE sprak tot Mozes en tot Aaron, zeggende:

²¹Scheidt u af uit het midden van deze vergadering, en Ik zal hen als in een ogenblik verteren!

²²Maar zij vielen op hun aangezichten, en zeiden: O God! God der geesten van alle vlees! een enig man zal gezondigd hebben, en zult Gij U over deze gansevergadering grotelijks vertoornen?

²³En de HEERE sprak tot Mozes, zeggende:

²⁴Spreek tot deze vergadering, zeggende: Gaat op van rondom de woning van Korach, Dathan en Abiram.

²⁵Toen stond Mozes op, en ging tot Dathan en Abiram; en achter hem gingen de oudsten van Israel.

²⁶En hij sprak tot de vergadering, zeggende: Wijkt toch af van de tenten dezer goddeloze mannen, en roert niets aan van hetgeen hunner is, opdat gij niet misschienverdaan wordt in al hun zonden.

²⁷Zo gingen zij op van de woning van Korach, Dathan en Abiram, van rondom; maar Dathan en Abiram gingen uit, staande in de deur hunner tenten, met hunvrouwen, en hun zonen, en hun kinderkens.

²⁸Toen zeide Mozes: Hieraan zult gij bekennen, dat de HEERE mij gezonden heeft, om al deze daden te doen, dat zij niet uit mijn eigen hart zijn.

²⁹Indien deze zullen sterven, gelijk alle mensen sterven, en over hen een bezoeking zal gedaan worden, naar aller mensen bezoeking, zo heeft mij de HEERE nietgezonden.

³⁰Maar indien de HEERE wat nieuws zal scheppen, en het aardrijk zijn mond zal opendoen, en verslinden hen met alles wat hunner is, en zij levend ter helle zullennedervaren; alsdan zult gij bekennen, dat deze mannen de HEERE getergd hebben.

³¹En het geschiedde, als hij geeindigd had al deze woorden te spreken, zo werd het aardrijk, dat onder hen was, gekloofd;

³²En de aarde opende haar mond, en verslond hen met hun huizen, en allen mensen, die Korach toebehoorden, en al de have.

³³En zij voeren neder, zij en alles wat hunner was, levend ter helle; en de aarde overdekte hen, en zij kwamen om uit het midden der gemeente.

³⁴En het ganse Israel, dat rondom hen was, vlood voor hun geschrei; want zij zeiden: Dat ons de aarde misschien niet verslinde!

³⁵Daartoe ging een vuur uit van den HEERE, en verteerde die tweehonderd en vijftig mannen, die reukwerk offerden.

³⁶En de HEERE sprak tot Mozes, zeggende:

³⁷Zeg tot Eleazar, den zoon van Aaron, den priester, dat hij de wierookvaten uit den brand opneme; en strooi het vuur verre weg; want zij zijn heilig;

³⁸Te weten de wierookvaten van dezen, die tegen hun zielen gezondigd hebben; dat men uitgerekte platen daarvan make, tot een overdeksel voor het altaar; want zijhebben ze gebracht voor het aangezicht des HEEREN, daarom zijn zij heilig; en zij zullen den kinderen Israels tot een teken zijn.

³⁹En Eleazar, de priester, nam de koperen wierookvaten, die de verbranden gebracht hadden, en zij rekten ze uit tot een overtreksel voor het altaar;

⁴⁰Ter nagedachtenis voor de kinderen Israels, opdat niemand vreemds, die niet uit het zaad van Aaron is, nadere om reukwerk aan te steken voor het aangezicht desHEEREN; opdat hij niet worde als Korach, en zijn vergadering, gelijk als hem de HEERE door den dienst van Mozes gesproken had.

⁴¹Maar des anderen daags murmureerde de ganse vergadering der kinderen Israels tegen Mozes en tegen Aaron, zeggende: Gijlieden hebt des HEEREN volkgedood!

⁴²En het geschiedde, als de vergadering zich verzamelde tegen Mozes en Aaron, en zich wendde naar de tent der samenkomst, ziet, zo bedekte haar die wolk; en deheerlijkheid des HEEREN verscheen.

⁴³Mozes nu en Aaron kwamen tot voor de tent der samenkomst.

⁴⁴Toen sprak de HEERE tot Mozes, zeggende:

⁴⁵Maak u op uit het midden van deze vergadering, en Ik zal hen verteren, als in een ogenblik! Toen vielen zij op hun aangezichten.

⁴⁶En Mozes zeide tot Aaron: Neem het wierookvat, en doe vuur daarin van het altaar, en leg reukwerk daarop, haastelijk gaande tot de vergadering, doe over henverzoening; want een grote toorn is van voor het aangezicht des HEEREN uitgegaan, de plaag heeft aangevangen.

⁴⁷En Aaron nam het, gelijk als Mozes gesproken had, en liep in het midden der gemeente, en ziet, de plaag had aangevangen onder het volk; en hij legde reukwerkdaarin, en deed verzoening over het volk.

⁴⁸En hij stond tussen de doden en tussen de levenden; alzo werd de plaag opgehouden.

⁴⁹Die nu aan die plaag gestorven zijn, waren veertien duizend en zevenhonderd, behalve die gestorven waren om de zaak van Korach.

⁵⁰En Aaron keerde weder tot Mozes aan de deur van de tent der samenkomst; en de plaag was opgehouden.

Hoofdstuk 17

¹Toen sprak de HEERE tot Mozes, zeggende:

²Spreek tot de kinderen Israels, en neem van hen voor elk vaderlijk huis een staf, van al hun oversten, naar het huis hunner vaderen, twaalf staven; eens iegelijkennaam zult gij schrijven op zijn staf.

³Doch Aarons naam zult gij schrijven op den staf van Levi; want een staf zal er zijn voor het hoofd van het huis hunner vaderen.

⁴En gij zult ze wegleggen in de tent der samenkomst, voor de getuigenis, waarheen Ik met ulieden samenkomen zal.

⁵En het zal geschieden, dat de staf des mans, welke Ik zal verkoren hebben, zal bloeien; en Ik zal stillen de murmureringen van de kinderen Israels tegen Mij, welkezij tegen ulieden murmureerden.

⁶Mozes dan sprak tot de kinderen Israels, en al hun oversten gaven aan hem een staf, voor elken overste een staf, naar het huis hunner vaderen, twaalf staven;Aarons staf was ook onder hun staven.

⁷En Mozes legde deze staven weg, voor het aangezicht des HEEREN, in de tent der getuigenis.

⁸Het geschiedde nu des anderen daags, dat Mozes in de tent der

Numberi

getuigenis inging; en ziet, Aarons staf, voor het huis van Levi, bloeide; want hij bracht bloeisel voort, en bloesemde bloesem, en droeg amandelen.

⁹Toen bracht Mozes al deze staven uit, van voor het aangezicht des HEEREN, tot al de kinderen Israels; en zij zagen het, en namen elk zijn staf.

¹⁰Toen zeide de HEERE tot Mozes: Breng de staf van Aaron weder voor de getuigenis, in bewaring, tot een teken voor de wederspannige kinderen; alzo zult gij eeneinde maken van hun murmureringen tegen Mij, dat zij niet sterven.

¹¹En Mozes deed het; gelijk als de HEERE hem geboden had, alzo deed hij.

¹²Toen spraken de kinderen Israels tot Mozes, zeggende: Zie, wij geven den geest, wij vergaan, wij allen vergaan!

¹³Al wie enigzins nadert tot den tabernakel des HEEREN, zal sterven; zullen wij dan den geest gevende verdaan worden?

Hoofdstuk 18

¹Toen sprak de HEERE tot Mozes, zeggende:

²Spreek tot de kinderen Israels, en neem van hen voor elk vaderlijk huis een staf, van al hun oversten, naar het huis hunner vaderen, twaalf staven; eens iegelijkennaam zult gij schrijven op zijn staf.

³Doch Aarons naam zult gij schrijven op den staf van Levi; want een staf zal er zijn voor het hoofd van het huis hunner vaderen.

⁴En gij zult ze wegleggen in de tent der samenkomst, voor de getuigenis, waarheen Ik met ulieden samenkomen zal.

⁵En het zal geschieden, dat de staf des mans, welke Ik zal verkoren hebben, zal bloeien; en Ik zal stillen de murmureringen van de kinderen Israels tegen Mij, welkezij tegen ulieden murmureerden.

⁶Mozes dan sprak tot de kinderen Israels, en al hun oversten gaven aan hem een staf, voor elken overste een staf, naar het huis hunner vaderen, twaalf staven;Aarons staf was ook onder hun staven.

⁷En Mozes legde deze staven weg, voor het aangezicht des HEEREN, in de tent der getuigenis.

⁸Het geschiedde nu des anderen daags, dat Mozes in de tent der getuigenis inging; en ziet, Aarons staf, voor het huis van Levi, bloeide; want hij bracht bloeisel voort, en bloesemde bloesem, en droeg amandelen.

⁹Toen bracht Mozes al deze staven uit, van voor het aangezicht des HEEREN, tot al de kinderen Israels; en zij zagen het, en namen elk zijn staf.

¹⁰Toen zeide de HEERE tot Mozes: Breng de staf van Aaron weder voor de getuigenis, in bewaring, tot een teken voor de wederspannige kinderen; alzo zult gij eeneinde maken van hun murmureringen tegen Mij, dat zij niet sterven.

¹¹En Mozes deed het; gelijk als de HEERE hem geboden had, alzo deed hij.

¹²Toen spraken de kinderen Israels tot Mozes, zeggende: Zie, wij geven den geest, wij vergaan, wij allen vergaan!

¹³Al wie enigzins nadert tot den tabernakel des HEEREN, zal sterven; zullen wij dan den geest gevende verdaan worden?

¹⁴Al het verbannene in Israel zal het uwe zijn.

¹⁵Al wat de baarmoeder opent, van alle vlees, dat zij den HEERE zullen brengen, onder de mensen, en onder de beesten, zal het uwe zijn; doch de eerstgeborenen dermensen zult gij ganselijk lossen; ook zult gij lossen der eerstgeborenen der onreine beesten.

¹⁶Die nu onder dezelve gelost zullen worden, zult gij van een maand oud lossen, naar uw schatting, voor het geld van vijf sikkelen, naar den sikkel des heiligdoms, dieis twintig gera.

¹⁷Maar het eerstgeborene van een koe, of het eerstgeborene van een schaap, of het eerstgeborene van een geit zult gij niet lossen, zij zijn heilig; hun bloed zult gijsprengen op het altaar, en hun ver zult gij aansteken, tot een vuuroffer van liefelijken reuk den HEERE.

¹⁸En hun vlees zal het uwe zijn; gelijk de beweegborst, en gelijk de rechterschouder, zal het uwe zijn.

¹⁹Alle hefofferen der heilige dingen, die de kinderen Israels den HEERE zullen offeren, heb Ik aan u gegeven, en aan uw zonen, en aan uw dochteren met u, tot eeneeuwige inzetting; het zal een eeuwig zoutverbond zijn, voor het aangezicht des HEEREN, voor u en voor uw zaad met u.

²⁰Ook zeide de HEERE tot Aaron: Gij zult in hun land niet erven, en gij zult geen deel in het midden van henlieden hebben; Ik ben uw deel en uw erfenis, in hetmidden van de kinderen Israels.

²¹En zie, aan de kinderen van Levi heb Ik alle tienden in Israel ter erfenis gegeven, voor hun dienst, dien zij bedienen, den dienst van de tent der samenkomst.

²²En de kinderen Israels zullen niet meer naderen tot de tent der samenkomst, om zonde te dragen en te sterven.

²³Maar de Levieten, die zullen bedienen den dienst van de tent der samenkomst, en die zullen hun ongerechtigheid dragen; het zal een eeuwige inzetting zijn voor uwgeslachten; en in het midden van de kinderen Israels zullen zij geen erfenis erven.

²⁴Want de tienden der kinderen Israels, die zij den HEERE tot een hefoffer zullen offeren, heb Ik aan de Levieten tot een erfenis gegeven; daarom heb Ik tot hengezegd: Zij zullen in het midden van de kinderen Israels geen erfenis erven.

²⁵En de HEERE sprak tot Mozes, zeggende:

²⁶Gij zult ook tot de Levieten spreken, en tot hen zeggen: Wanneer gij van de kinderen Israels de tienden zult ontvangen hebben, die Ik u voor uw erfenis vanhenlieden gegeven heb, zo zult gij daarvan een hefoffer des HEEREN offeren, de tienden van die tienden;

²⁷En het zal u gerekend worden tot uw hefoffer, als koren van den dorsvloer, en als de volheid van de perskuip.

²⁸Alzo zult gij ook een hefoffer des HEEREN offeren van al uw tienden, die gij van de kinderen Israels zult hebben ontvangen; en gij zult daarvan des HEERENhefoffer geven aan den priester Aaron.

²⁹Van al uw gaven zult gij alle hefoffer des HEEREN offeren; van al het beste van die, van zijn heiliging daarvan.

³⁰Gij zult dan tot hen zeggen: Als gij deszelfs beste daarvan offert, zo zal het den Levieten toegerekend worden als een inkomen des dorsvloers, en als een inkomendes perskuips.

³¹En gij zult dat eten in alle plaatsen, gij en uw huis; want het is ulieden een loon voor uw dienst in de tent der samenkomst.

³²Zo zult gij daarover geen zonde dragen, als gij deszelfs beste daarvan offert; en gij zult de heilige dingen van de kinderen Israels niet ontheiligen, opdat gij niet sterft

Hoofdstuk 19

¹Zo zeide de HEERE tot Aaron: Gij, en uw zonen, en het huis uws vaders met u, zult dragen de ongerechtigheid des heiligdoms; en gij, en uw zonen met u, zultdragen de ongerechtigheid van uw priesterambt.

²En ook zult gij uw broederen, den stam van Levi, den stam uws vaders, met u doen naderen, dat zij u bijgevoegd worden, en u dienen; maar gij, en uw zonen met u, zult zijn voor de tent der getuigenis.

³En zij zullen uw wacht waarnemen, en de wacht der ganse tent; doch tot het gereedschap des heiligdoms en het altaar zullen zij niet naderen, opdat zij niet sterven, zo zij als gijlieden.

⁴Maar zij zullen u bijgevoegd worden, en de wacht van de tent der samenkomst waarnemen, en allen dienst der tent; en een vreemde zal tot u niet naderen.

⁵Gijlieden nu zult waarnemen de wacht des heiligdoms, en de wacht des altaars; opdat er geen verbolgenheid meer zij over de kinderen Israels.

⁶Want Ik, zie, Ik heb uw broederen, de Levieten, uit het midden der kinderen Israels genomen; zij zijn ulieden een gave, gegeven den HEERE, om den dienst van detent der samenkomst te bedienen.

⁷Maar gij, en uw zonen met u, zult ulieder priesterambt waarnemen in alle zaken des altaars, en in hetgeen van binnen den voorhang is, dat zult gijlieden bedienen; uwpriesterambt geve Ik u tot een dienst van een geschenk; en de vreemde, die nadert, zal gedood worden.

⁸Voorts sprak de HEERE tot Aaron: En Ik, zie, Ik heb u gegeven de wacht Mijner hefofferen, met alle heilige dingen van de kinderen Israels heb Ik ze u gegeven, om der zalving wil, en aan uw zonen, tot een eeuwige inzetting.

⁹Dit zult gij hebben van de heiligheid der heiligheden, uit het vuur: al hun offeranden, met al hun spijsoffer, en met al hun zondoffer, en met al hun schuldoffer, dat zijMij zullen wedergeven; het zal u en uw zonen een heiligheid der heiligheden zijn.

¹⁰Aan het allerheiligste zult gij dat eten; al wat mannelijk is zal dat eten; het zal u een heiligheid zijn.

¹¹Ook zal dit het uwe zijn: het hefoffer hunner gave, met alle beweegofferen der kinderen Israels; Ik heb ze aan u gegeven, en aan uw zonen, en aan uw dochterenmet u, tot een eeuwige inzetting; al wie in uw huis rein is, zal dat eten.

¹²Al het beste van de olie, en al het beste van de most, en van koren, hun eerstelingen, die zij den HEERE zullen geven, u heb Ik ze gegeven.

¹³De eerste vruchten van alles, wat in hun land is, die zij den HEERE zullen brengen, zullen uwe zijn; al wie in uw huis rein is, zal dat eten.

¹⁴Al het verbannene in Israel zal het uwe zijn.

¹⁵Al wat de baarmoeder opent, van alle vlees, dat zij den HEERE

zullen brengen, onder de mensen, en onder de beesten, zal het uwe zijn; doch de eerstgeborenen dermensen zult gij ganselijk lossen; ook zult gij lossen der eerstgeborenen der onreine beesten.

¹⁶Die nu onder dezelve gelost zullen worden, zult gij van een maand oud lossen, naar uw schatting, voor het geld van vijf sikkelen, naar den sikkel des heiligdoms, dieis twintig gera.

¹⁷Maar het eerstgeborene van een koe, of het eerstgeborene van een schaap, of het eerstgeborene van een geit zult gij niet lossen, zij zijn heilig; hun bloed zult gijsprengen op het altaar, en hun ver zult gij aansteken, tot een vuuroffer van liefelijken reuk den HEERE.

¹⁸En hun vlees zal het uwe zijn; gelijk de beweegborst, en gelijk de rechterschouder, zal het uwe zijn.

¹⁹Alle hefofferen der heilige dingen, die de kinderen Israels den HEERE zullen offeren, heb Ik aan u gegeven, en aan uw zonen, en aan uw dochteren met u, tot eeneeuwige inzetting; het zal een eeuwig zoutverbond zijn, voor het aangezicht des HEEREN, voor u en voor uw zaad met u.

²⁰Ook zeide de HEERE tot Aaron: Gij zult in hun land niet erven, en gij zult geen deel in het midden van henlieden hebben; Ik ben uw deel en uw erfenis, in hetmidden van de kinderen Israels.

²¹En zie, aan de kinderen van Levi heb Ik alle tienden in Israel ter erfenis gegeven, voor hun dienst, dien zij bedienen, den dienst van de tent der samenkomst.

²²En de kinderen Israels zullen niet meer naderen tot de tent der samenkomst, om zonde te dragen en te sterven.

²³Maar de Levieten, die zullen bedienen den dienst van de tent der samenkomst, en die zullen hun ongerechtigheid dragen; het zal een eeuwige inzetting zijn voor uwgeslachten; en in het midden van de kinderen Israels zullen zij geen erfenis erven.

²⁴Want de tienden der kinderen Israels, die zij den HEERE tot een hefoffer zullen offeren, heb Ik aan de Levieten tot een erfenis gegeven; daarom heb Ik tot hengezegd: Zij zullen in het midden van de kinderen Israels geen erfenis erven.

²⁵En de HEERE sprak tot Mozes, zeggende:

²⁶Gij zult ook tot de Levieten spreken, en tot hen zeggen: Wanneer gij van de kinderen Israels de tienden zult ontvangen hebben, die Ik u voor uw erfenis vanhenlieden gegeven heb, zo zult gij daarvan een hefoffer des HEEREN offeren, de tienden van die tienden;

²⁷En het zal u gerekend worden tot uw hefoffer, als koren van den dorsvloer, en als de volheid van de perskuip.

²⁸Alzo zult gij ook een hefoffer des HEEREN offeren van al uw tienden, die gij van de kinderen Israels zult hebben ontvangen; en gij zult daarvan des HEERENhefoffer geven aan den priester Aaron.

²⁹Van al uw gaven zult gij alle hefoffer des HEEREN offeren; van al het beste van die, van zijn heiliging daarvan.

³⁰Gij zult dan tot hen zeggen: Als gij deszelfs beste daarvan offert, zo zal het den Levieten toegerekend worden als een inkomen des dorsvloers, en als een inkomendes perskuips.

³¹En gij zult dat eten in alle plaatsen, gij en uw huis; want het is ulieden een loon voor uw dienst in de tent der samenkomst.

³²Zo zult gij daarover geen zonde dragen, als gij deszelfs beste daarvan offert; en gij zult de heilige dingen van de kinderen Israels niet ontheiligen, opdat gij niet sterft

Hoofdstuk 20

¹Als de kinderen Israels, de ganse vergadering, in de woestijn Zin gekomen waren, in de eerste maand, zo bleef het volk te Kades. En Mirjam stierf aldaar, en zijwerd aldaar begraven.

²En er was geen water voor de vergadering; toen vergaderden zij zich tegen Mozes en tegen Aaron.

³En het volk twistte met Mozes, en zij spraken, zeggende: Och, of wij den geest gegeven hadden, toen onze broeders voor het aangezicht des HEEREN den geestgaven!

⁴Waarom toch hebt gijlieden de gemeente des HEEREN in deze woestijn gebracht, dat wij daar sterven zouden, wij en onze beesten?

⁵En waarom hebt gijlieden ons doen optrekken uit Egypte, om ons te brengen in deze kwade plaats? Het is geen plaats van zaad, noch van vijgen, noch vanwijnstokken, noch van granaatappelen; ook is er geen water om te drinken.

⁶Toen gingen Mozes en Aaron van het aangezicht der gemeente tot de deur van de tent der samenkomst, en zij vielen op hun aangezichten; en de heerlijkheid desHEEREN verscheen hun.

⁷En de HEERE sprak tot Mozes, zeggende:

⁸Neem dien staf, en verzamel de vergadering, gij en Aaron, uw broeder, en spreekt gijlieden tot den steenrots voor hun ogen, zo zal zij hun water geven; alzo zult gijhun water voortbrengen uit den steenrots, en gij zult de vergadering en haar beesten drenken.

⁹Toen nam Mozes den staf van voor het aangezicht des HEEREN, gelijk als Hij hem geboden had.

¹⁰En Mozes en Aaron vergaderden de gemeente voor de steenrots, en hij zeide tot hen: Hoort toch, gij wederspannigen, zullen wij water voor ulieden uit dezesteenrots hervoorbrengen?

¹¹Toen hief Mozes zijn hand op, en hij sloeg de steenrots tweemaal met zijn staf; er en kwam veel waters uit, zodat de vergadering dronk, en haar beesten.

¹²Derhalve zeide de HEERE tot Mozes en tot Aaron: Omdat gijlieden Mij niet geloofd hebt, dat gij Mij heiligdet voor de ogen der kinderen van Israel, daarom zultgijlieden deze gemeente niet inbrengen in het land, hetwelk Ik hun gegeven heb.

¹³Dit zijn de wateren van Meriba, daar de kinderen Israels met den HEERE om getwist hebben; en Hij werd aan hen geheiligd.

¹⁴Daarna zond Mozes boden uit Kades tot den koning van Edom, welke zeiden: Alzo zegt uw broeder Israel: Gij weet al de moeite, die ons ontmoet is;

¹⁵Dat onze vaders naar Egypte afgetogen zijn, en wij in Egypte vele dagen gewoond hebben; en dat de Egyptenaars aan ons en onze vaderen kwaad gedaan hebben.

¹⁶Toen riepen wij tot den HEERE, en Hij hoorde onze stem, en Hij zond een Engel, en Hij leidde ons uit Egypte; en ziet, wij zijn te Kades, en stad aan het uitersteuwer landpale.

¹⁷Laat ons toch door uw land trekken; wij zullen niet trekken door den akker, noch door de wijngaarden, noch zullen het water der putten drinken; wij zullen denkoninklijken weg gaan, wij zullen niet afwijken ter rechterhand noch ter linkerhand, totdat wij door uw landpalen zullen getrokken zijn.

¹⁸Doch Edom zeide tot hem: Gij zult door mij niet trekken, opdat ik niet misschien met het zwaard uitga u tegemoet!

¹⁹Toen zeiden de kinderen Israels tot hem: Wij zullen door den gebaanden weg optrekken, en indien wij van uw water drinken, ik en mijn vee, zo zal ik deszelfs prijsdaarvoor geven; ik zal alleenlijk, zonder iets anders, te voet doortrekken.

²⁰Doch hij zeide: Gij zult niet doortrekken! En Edom is hem tegemoet uitgetrokken, met een zwaar volk, en met een sterke hand.

²¹Alzo weigerde Edom Israel toe te laten door zijn landpale te trekken; daarom week Israel van hem af.

²²Toen reisden zij van Kades; en de kinderen Israels kwamen, de ganse vergadering, aan den berg Hor.

²³De HEERE nu sprak tot Mozes, en tot Aaron, aan den berg Hor, aan de pale van het land van Edom, zeggende:

²⁴Aaron zal tot zijn volken verzameld worden; want hij zal niet komen in het land, hetwelk Ik aan de kinderen Israels gegeven heb, omdat gijlieden Mijn mondwederspannig geweest zijt bij de wateren van Meriba.

²⁵Neem Aaron, en Eleazar, zijn zoon, en doe hen opklimmen tot den berg Hor.

²⁶En trek Aaron zijn klederen uit, en trek ze Eleazar, zijn zoon, aan; want Aaron zal verzameld worden, en daar sterven.

²⁷Mozes nu deed, gelijk als de HEERE geboden had; want zij klommen op tot den berg Hor, voor de ogen der ganse vergadering.

²⁸En Mozes trok Aaron zijn klederen uit, en hij trok ze Eleazar zijn zoon aan; en Aaron stierf aldaar, op de hoogte diens bergs. Toen kwam Mozes en Eleazar van dienberg af.

²⁹Toen de ganse vergadering zag, dat Aaron overleden was, zo beweenden zij Aaron dertig dagen, het ganse huis van Israel.

Hoofdstuk 21

¹Als de Kanaaniet, de koning van Harad, wonende tegen het zuiden, hoorde, dat Israel door den weg der verspieders kwam, zo streed hij tegen Israel, en hij voerdeenige gevangenen uit denzelven gevankelijk weg.

²Toen beloofde Israel den HEERE een gelofte, en zeide: Indien Gij dit volk geheel in mijn hand geeft, zo zal ik hun steden verbannen.

³De HEERE dan verhoorde de stem van Israel, en gaf de Kanaanieten over; en hij verbande hen en hun steden; en hij noemde den naam dier plaats Horma.

⁴Toen reisden zij van den berg Hor, op den weg der Schelfzee, dat zij om het land der Edomieten heentogen; doch de ziel des volks werd verdrietig op dezen weg.

⁵En het volk sprak tegen God en tegen Mozes: Waarom hebt gijlieden ons doen optrekken uit Egypte, opdat wij sterven zouden in de woestijn? Want hier is geenbrood, ook geen water, en onze ziel walgt over dit zeer lichte brood.

⁶Toen zond de HEERE vurige slangen onder het volk, die beten het volk; en er stierf veel volks van Israel.

Numberi

⁷Daarom kwam het volk tot Mozes, en zij zeiden: Wij hebben gezondigd, omdat wij tegen den HEERE en tegen u gesproken hebben; bid den HEERE, dat Hij dezeslangen van ons wegneme. Toen bad Mozes voor het volk.

⁸En de HEERE zeide tot Mozes: Maak u een vurige slang, en stel ze op een stang; en het zal geschieden, dat al wie gebeten is, als hij haar aanziet, zo zal hij leven.

⁹En Mozes maakte een koperen slang, en stelde ze op een stang; en het geschiedde, als een slang iemand beet, zo zag hij de koperen slang aan, en hij bleef levend.

¹⁰Toen verreisden de kinderen Israels, en zij legerden zich te Oboth.

¹¹Daarna reisden zij van Oboth, en legerden zich aan de heuvelen van Abarim in de woestijn, die tegenover Moab is, tegen den opgang der zon.

¹²Van daar reisden zij, en legerden zich bij de beek Zered.

¹³Van daar reisden zij, en legerden zich aan deze zijde van de Arnon, welke in de woestijn is, uitgaande uit de landpalen der Amorieten; want de Arnon is de landpalevan Moab, tussen Moab en tussen de Amorieten.

¹⁴(Daarom wordt gezegd in het boek van de oorlogen des HEEREN: Tegen Waheb, in een wervelwind, en tegen de beken Arnon,

¹⁵En den afloop der beken, die zich naar de gelegenheid van Ar wendt, en leent aan de landpale van Moab.)

¹⁶En van daar reisden zij naar Beer. Dit is de put, van welken de HEERE tot Mozes zeide: Verzamel het volk, zo zal Ik hun water geven.

¹⁷(Toen zong Israel dit lied: Spring op, gij put, zingt daarvan bij beurte!

¹⁸Gij put, dien de vorsten gegraven hebben, dien de edelen des volks gedolven hebben, door den wetgever, met hun staven.) En van de woestijn reisden zij naarMattana;

¹⁹En van Mattana tot Nahaliel; en van Nahaliel tot Bamoth;

²⁰En van Bamoth tot het dal, dat in het veld van Moab is, aan de hoogte van Pisga, en dat tegen de wildernis ziet.

²¹Toen zond Israel boden tot Sihon, den koning der Amorieten, zeggende:

²²Laat mij door uw land trekken. Wij zullen niet afwijken in de akkers, noch in de wijngaarden; wij zullen het water der putten niet drinken; wij zullen op denkoninklijken weg gaan, totdat wij uw landpale doorgetogen zijn.

²³Doch Sihon liet Israel niet toe, door zijn landpale te trekken; maar Sihon vergaderde al zijn volk, en hij ging uit, Israel tegemoet, naar de woestijn, en hij kwam teJahza, en streed tegen Israel;

²⁴Maar Israel sloeg hem met de scherpte des zwaards, en nam zijn land in erfelijke bezitting, van de Arnon af tot de Jabbok toe, tot aan de kinderen Ammons; wantde landpale der kinderen Ammons was vast.

²⁵Alzo nam Israel al deze steden in; en Israel woonde in al de steden der Amorieten, te Hesbon, en in al haar onderhorige plaatsen.

²⁶Want Hesbon was de stad van Sihon, den koning der Amorieten; en hij had gestreden tegen den vorigen koning der Moabieten, en hij had al zijn land uit zijn handgenomen, tot aan de Arnon.

²⁷Daarom zeggen zij, die spreekwoorden gebruiken: Komt tot Hesbon; men bouwe en bevestige de stad van Sihon!

²⁸Want er is een vuur uitgegaan uit Hesbon; een vlam uit de stad van Sihon; zij heeft verteerd Ar der Moabieten, en de heren der hoogten van de Arnon.

²⁹Wee u, Moab! Gij, volk Kamoz zijt verloren! Hij heeft zijn zonen, die ontliepen, en zijn dochters in de gevangenis geleverd aan Sihon, den koning der Amorieten.

³⁰En wij hebben hen nedergeveld! Hesbon is verloren tot Dibon toe; en wij hebben hen verwoest tot Nofat toe, welke tot Medeba toe reikt.

³¹Alzo woonde Israel in het land van den Amoriet.

³²Daarna zond Mozes om Jaezer te verspieden; en zij namen haar onderhorige plaatsen in; en hij dreef de Amorieten, die er waren, uit de bezitting.

³³Toen wendden zij zich en trokken op den weg van Basan; en Og, de koning van Basan, ging uit hen tegemoet, hij en al zijn volk, tot den strijd, en Edrei.

³⁴De HEERE nu zeide tot Mozes: Vrees hem niet; want Ik heb hem in uw hand gegeven, en al zijn volk, ook zijn land; en gij zult hem doen, gelijk als gij Sihon, denkoning der Amorieten, die te Hesbon woonde, gedaan hebt.

³⁵En zij sloegen hem, en zijn zonen, en al zijn volk, alzo dat hem niemand overbleef; en zij namen zijn land in erfelijke bezitting.

Hoofdstuk 22

¹Daarna reisden de kinderen van Israel, en legerden zich in de vlakken velden van Moab, aan deze zijde van de Jordaan van Jericho.

²Toen Balak, de zoon van Zippor, zag al wat Israel aan de Amorieten gedaan had;

³Zo vreesde Moab zeer voor het aangezicht dezes volks, want het was veel; en Moab was beangstigd voor het aangezicht van de kinderen Israels.

⁴Derhalve zeide Moab tot de oudsten der Midianieten: Nu zal deze gemeente oplikken al wat rondom ons is, gelijk de os de groente des velds oplikt. Te dier tijd nuwas Balak, de zoon van Zippor, koning der Moabieten.

⁵Die zond boden aan Bileam, den zoon van Beor, te Pethor, hetwelk aan de rivier is, in het land der kinderen zijns volks, om hem te roepen, zeggende: Zie, er is eenvolk uit Egypte getogen; zie, het heeft het gezicht des lands bedekt, en het blijft liggen recht tegenover mij.

⁶En nu, kom toch, vervloek mij dit volk, want het is machtiger dan ik; misschien zal ik het kunnen slaan, of het uit het land verdrijven; want ik weet, dat, wien gijzegent, die zal gezegend zijn, en wien gij vervloekt, die zal vervloekt zijn.

⁷Toen gingen de oudsten der Moabieten, en de oudsten der Midianieten, en hadden het loon der waarzeggingen in hun hand; alzo kwamen zij tot Bileam, en sprakentot hem de woorden van Balak.

⁸Hij dan zeide tot hen: Vernacht hier dezen nacht, zo zal ik ulieden een antwoord wederbrengen, gelijk als de HEERE tot mij zal gesproken hebben. Toen bleven devorsten der Moabieten bij Bileam.

⁹En God kwam tot Bileam en zeide: Wie zijn die mannen, die bij u zijn?

¹⁰Toen zeide Bileam tot God: Balak, de zoon van Zippor, de koning der Moabieten, heeft hen tot mij gezonden, zeggende:

¹¹Zie, er is een volk uit Egypte getogen, en het heeft het gezicht des lands bedekt; kom nu, vervloek het mij; misschien zal ik tegen hetzelve kunnen strijden, of hetuitdrijven.

¹²Toen zeide God tot Bileam: Gij zult met hen niet trekken; gij zult dat volk niet vloeken, want het is gezegend.

¹³Toen stond Bileam des morgens op, en zeide tot de vorsten van Balak: Gaat naar uw land; want de HEERE weigert mij toe te laten met ulieden te gaan.

¹⁴Zo stonden dan de vorsten der Moabieten op, en kwamen tot Balak, en zij zeiden: Bileam heeft geweigerd met ons te gaan.

¹⁵Doch Balak voer nog voort vorsten te zenden, meer en eerlijker, dan die waren;

¹⁶Die tot Bileam kwamen, en hem zeiden: Alzo zegt Balak, de zoon van Zippor: Laat u toch niet beletten tot mij te komen!

¹⁷Want ik zal u zeer hoog vereren, en al wat gij tot mij zeggen zult, dat zal ik doen; zo kom toch, vervloek mij dit volk!

¹⁸Toen antwoordde Bileam, en zeide tot de dienaren van Balak: Wanneer Balak mij zijn huis vol zilver en goud gave, zo vermocht ik niet het bevel des HEEREN mijnsGods te overtreden, om te doen klein of groot.

¹⁹En nu, blijft gijlieden toch ook hier dezen nacht, opdat ik wete, wat de HEERE tot mij verder spreken zal.

²⁰God nu kwam tot Bileam des nachts, en zeide tot hem: Dewijl die mannen gekomen zijn, om u te roepen, sta op, ga met hen; en nochtans zult gij dat doen, hetwelkIk tot u spreken zal.

²¹Toen stond Bileam des morgens op, en zadelde zijn ezelin, en hij trok heen met de vorsten van Moab.

²²Doch de toorn des HEEREN werd ontstoken, omdat hij heentoog; en de Engel des HEEREN stelde Zich in den weg, hem tot een tegenpartij; hij nu reed op zijnezelin, en twee zijner jongeren waren bij hem.

²³De ezelin nu zag den Engel des HEEREN staande in den weg, met Zijn uitgetrokken zwaard in Zijn hand; daarom week de ezelin uit den weg, en ging in het veld.Toen sloeg Bileam de ezelin, om dezelve naar den weg te doen wenden.

²⁴Maar de Engel des HEEREN stond in een pad der wijngaarden, zijnde een muur aan deze, en een muur aan gene zijde.

²⁵Toen de ezelin den Engel des HEEREN zag, zo klemde hij zichzelve aan den wand, en klemde Bileams voet aan den wand; daarom voer hij voort haar te slaan.

²⁶Toen ging de Engel des HEEREN noch verder, en Hij stond in een enge plaats, waar geen weg was om te wijken ter rechterhand noch ter linkerhand.

²⁷Als de ezelin den Engel des HEEREN zag, zo legde zij zich neder onder Bileam; en de toorn van Bileam ontstak, en hij sloeg de ezelin met een stok.

²⁸De HEERE nu opende den mond der ezelin, die tot Bileam

zeide: Wat heb ik u gedaan, dat gij mij nu driemaal geslagen hebt?

²⁹Toen zeide Bileam tot de ezelin: Omdat gij mij bespot hebt; och, of ik een zwaard in mijn hand had! want ik zoude u nu doden.

³⁰De ezelin nu zeide tot Bileam: Ben ik niet uw ezelin, op welke gij gereden hebt van toen af, dat gij mijn heer geweest zijt, tot op dezen dag? Ben ik ooit gewend geweest u alzo te doen? Hij dan zeide: Neen!

³¹Toen ontdekte de HEERE de ogen van Bileam, zodat hij den Engel des HEEREN zag, staande in den weg, en Zijn uitgetrokken zwaard in Zijn hand; daarom neigde hij het hoofd en boog zich op zijn aangezicht.

³²Toen zeide de Engel des HEEREN tot hem: Waarom hebt gij uw ezelin nu driemaal geslagen? Zie, Ik ben uitgegaan u tot een tegenpartij, dewijl deze weg van Mij afwijkt.

³³Maar de ezelin heeft Mij gezien, en zij is nu driemaal voor Mijn aangezicht geweken; indien zij voor Mijn aangezicht niet geweken ware, zekerlijk Ik zoude u nu ook gedood, en haar bij het leven behouden hebben.

³⁴Toen zeide Bileam tot den Engel des HEEREN: Ik heb gezondigd, want ik heb niet geweten, dat Gij mij tegemoet op dezen weg stondt en nu, is het kwaad in Uw ogen, ik zal wederkeren.

³⁵De Engel des HEEREN nu zeide tot Bileam: Ga heen met deze mannen; maar alleenlijk dat woord, wat Ik tot u spreken zal, dat zult gij spreken. Alzo toog Bileam met de vorsten van Balak.

³⁶Als Balak hoorde, dat Bileam kwam, zo ging hij uit, hem tegemoet, tot de stad der Moabieten, welke aan de landpale van de Arnon ligt, die aan het uiterste derlandpale is.

³⁷En Balak zeide tot Bileam: Heb ik niet ernstiglijk tot u gezonden, om u te roepen? Waarom zijt gij niet tot mij gekomen? Kan ik u niet te recht vereren?

³⁸Toen zeide Bileam tot Balak: Zie, ik ben tot u gekomen; zal ik nu enigzins iets kunnen spreken? Het woord, hetwelk God in mijn mond leggen zal, dat zal ik spreken.

³⁹En Bileam ging met Balak; en zij kwamen te Kirjath-Huzzoth.

⁴⁰Toen slachtte Balak runderen en schapen; en hij zond aan Bileam, en aan de vorsten, die bij hem waren.

⁴¹En het geschiedde des morgens, dat Balak Bileam nam, en voerde hem op de hoogten van Baal, dat hij van daar zag het uiterste des volks.

Hoofdstuk 23

¹Toen zeide Bileam tot Balak: Bouw mij hier zeven altaren, en bereid mij hier zeven varren en zeven rammen.

²Balak nu deed, gelijk als Bileam gesproken had; en Balak en Bileam offerden een var en een ram, op elk altaar.

³Toen zeide Bileam tot Balak: Blijf staan bij uw brandoffer, en ik zal heengaan; misschien zal de HEERE mij tegemoet komen; en hetgeen Hij wijzen zal, dat zal ik u bekend maken. Toen ging hij op de hoogte.

⁴Als God Bileam ontmoet was, zo zeide hij tot Hem: Zeven altaren heb ik toegericht, en heb een var en een ram op elk altaar geofferd.

⁵Toen legde de HEERE het woord in den mond van Bileam, en zeide: Keer weder tot Balak, en spreek aldus.

⁶Als hij nu tot hem wederkeerde, ziet, zo stond hij bij zijn brandoffer, hij en al de vorsten der Moabieten.

⁷Toen hief hij zijn spreuk op, en zeide: Uit Syrie heeft mij Balak, de koning der Moabieten, laten halen, van het gebergte tegen het oosten, zeggende: Kom, vervloek mij Jakob, en kom, scheld Israel!

⁸Wat zal ik vloeken, dien God niet vloekt; en wat zal ik schelden, waar de HEERE niet scheldt?

⁹Want van de hoogte der steenrotsen zie ik hem, en van de heuvelen aanschouw ik hem; ziet, dat volk zal alleen wonen, en het zal onder de heidenen niet gerekend worden.

¹⁰Wie zal het stof van Jakob tellen, en het getal, ja, het vierde deel van Israel? Mijn ziel sterve den dood der oprechten, en mijn uiterste zij gelijk het zijne!

¹¹Toen zeide Balak tot Bileam: Wat hebt gij mij gedaan? Ik heb u genomen, om mijn vijanden te vloeken; maar zie, gij hebt hen doorgaans gezegend.

¹²Hij nu antwoordde en zeide: Zal ik dat niet waarnemen te spreken, wat de HEERE in mijn mond gelegd heeft?

¹³Toen zeide Balak tot hem: Kom toch met mij aan een andere plaats, van waar gij hem zult zien; gij zult niet dan zijn einde zien, maar hem niet ganselijk zien; envervloek hem mij van daar!

¹⁴Alzo nam hij hem mede tot het veld Zofim, op de hoogte van Pisga; en hij bouwde zeven altaren, en hij offerde een var en een ram op elk altaar.

¹⁵Toen zeide hij tot Balak: Blijf hier staan bij uw brandoffer, en ik zal Hem aldaar ontmoeten.

¹⁶Als de HEERE Bileam ontmoet was, zo legde Hij het woord in zijn mond, en Hij zeide: Keer weder tot Balak, en spreek alzo.

¹⁷Toen hij tot hem kwam, ziet, zo stond hij bij zijn brandoffer, en de vorsten der Moabieten bij hem. Balak nu zeide tot hem: Wat heeft de HEERE gesproken?

¹⁸Toen hief hij zijn spreuk op, en zeide: Sta op, Balak, en hoor! Neig uw oren tot mij, gij, zoon van Zippor!

¹⁹God is geen man, dat Hij liegen zou, noch eens mensen kind, dat het Hem berouwen zou; zou Hij het zeggen, en niet doen, of spreken, en niet bestendig maken?

²⁰Zie, ik heb ontvangen te zegenen; dewijl Hij zegent, zo zal ik het niet keren.

²¹Hij schouwt niet aan de ongerechtigheid in Jakob; ook ziet Hij niet aan de boosheid in Israel. De HEERE, zijn God, is met hem, en het geklank des Konings is bij hem.

²²God heeft hen uit Egypte uitgevoerd; zijn krachten zijn als van een eenhoorn.

²³Want er is geen toverij tegen Jakob noch waarzeggerij tegen Israel. Te dezer tijd zal van Jakob gezegd worden, en van Israel, wat God gewrocht heeft.

²⁴Zie, het volk zal opstaan als een oude leeuw, en het zal zich verheffen als een leeuw; het zal zich niet neerleggen, totdat het den roof gegeten, en het bloed der verslagenen gedronken zal hebben!

²⁵Toen zeide Balak tot Bileam: Gij zult het ganselijk noch vloeken, noch geenszins zegenen.

²⁶Doch Bileam antwoordde en zeide tot Balak: Heb ik niet tot u gesproken, zeggende: Al wat de HEERE spreken zal, dat zal ik doen?

²⁷Verder zeide Balak tot Bileam: Kom toch, ik zal u aan een ander plaats medenemen; misschien zal het recht zijn in de ogen van dien God, dat gij het mij van daar vervloekt.

²⁸Toen nam Balak Bileam mede tot de hoogte van Peor, die tegen de woestijn ziet.

²⁹En Bileam zeide tot Balak: Bouw mij hier zeven altaren, en bereid mij hier zeven varren en zeven rammen.

³⁰Balak nu deed, gelijk als Bileam gezegd had; en hij offerde een var en een ram op elk altaar.

Hoofdstuk 24

¹Toen Bileam zag, dat het goed was in de ogen des HEEREN, dat hij Israel zegende, zo ging hij ditmaal niet heen, gelijk meermalen, tot de toverijen; maar hij stelde zijn aangezicht naar de woestijn.

²Als Bileam zijn ogen ophief, en Israel zag, wonende naar zijn stammen, zo was de Geest van God op hem.

³En hij hief zijn spreuk op, en zeide: Bileam, de zoon van Beor, spreekt, en de man, wien de ogen geopend zijn, spreekt!

⁴De hoorder der redenen Gods spreekt, die het gezicht des Almachtigen ziet; die verrukt wordt, en wien de ogen ontdekt worden!

⁵Hoe goed zijn uw tenten, Jakob! uw woningen, Israel!

⁶Gelijk de beken breiden zij zich uit, als de hoven aan de rivieren; de HEERE heeft ze geplant, als de sandelbomen, als de cederbomen aan het water.

⁷Er zal water uit zijn emmeren vloeien, en zijn zaad zal in vele wateren zijn; en zijn koning zal boven Agag verheven worden, en zijn koninkrijk zal verhoogd worden.

⁸God heeft hem uit Egypte uitgevoerd; zijn krachten zijn als van een eenhoorn; hij zal de heidenen, zijn vijanden, verteren, en hun gebeente breken, en met zijn pijlen doorschieten.

⁹Hij heeft zich gekromd, hij heeft zich nedergelegd, gelijk een leeuw, en als een oude leeuw; wie zal hem doen opstaan? Zo wie u zegent, die zij gezegend, en vervloekt zij, wie u vervloekt!

¹⁰Toen ontstak de toorn van Balak tegen Bileam, en hij sloeg zijn handen samen; en Balak zeide tot Bileam: Ik heb u geroepen, om mijn vijanden te vloeken; maar zie, gij hebt hen nu driemaal gedurig gezegend!

¹¹En nu, pak u weg naar uw plaats! Ik had gezegd, dat ik u hoog vereren zou; maar zie, de HEERE heeft u die eer van u geweerd!

¹²Toen zeide Bileam tot Balak: Heb ik ook niet tot uw boden, die gij tot mij gezonden hebt, gesproken, zeggende:

¹³Wanneer mij Balak zijn huis vol zilver en goud gave, zo kan ik het bevel des HEEREN niet overtreden, doende goed of kwaad uit mijn eigen hart; wat de HEERE spreken zal, dat zal ik spreken.

¹⁴En nu, zie, ik ga tot mijn volk; kom, ik zal u raad geven, en zeggen wat dit volk uw volk doen zal in de laatste dagen.

¹⁵Toen hief hij zijn spreuk op, en zeide: Bileam, de zoon van Beor, spreekt, en die man, wien de ogen geopend zijn, spreekt!

¹⁶De hoorder der redenen Gods spreekt, en die de wetenschap des

Allerhoogsten weet; die het gezicht des Almachtigen ziet, die verrukt wordt, en wien de ogen ontdekt worden.

¹⁷Ik zal hem zien, maar nu niet; ik aanschouw Hem, maar niet nabij. Er zal een ster voortkomen uit Jakob, en er zal een scepter uit Israel opkomen; die zal de palen der Moabieten verslaan, en zal al de kinderen van Seth verstoren.

¹⁸En Edom zal een erfelijke bezitting zijn; en Seir zal zijn vijanden een erfelijke bezitting zijn; doch Israel zal kracht doen.

¹⁹En er zal een uit Jakob heersen, en hij zal de overigen uit de steden ombrengen.

²⁰Toen hij de Amalekieten zag, zo hief hij zijn spreuk op, en zeide: Amalek is de eersteling der heidenen; maar zijn uiterste is ten verderve!

²¹Toen hij de Kenieten zag, zo hief hij zijn spreuk op, en zeide: Uw woning is vast, en gij hebt uw nest in een steenrots gelegd.

²²Evenwel zal Kain verteerd worden, totdat u Assur gevankelijk wegvoeren zal!

²³Voorts hief hij zijn spreuk op, en zeide: Och, wie zal leven, als God dit doen zal!

²⁴En de schepen van den oever der Chitteers, die zullen Assur plagen, zij zullen ook Heber plagen; en hij zal ook ten verderve zijn.

²⁵Toen stond Bileam op, en ging heen, en keerde weder tot zijn plaats. Balak ging ook zijn weg.

Hoofdstuk 25

¹En Israel verbleef te Sittim, en het volk begon te hoereren met de dochteren der Moabieten.

²En zij nodigden het volk tot de slachtofferen harer goden; en het volk at, en boog zich voor haar goden.

³Als nu Israel zich koppelde aan Baal-Peor, ontstak de toorn des HEEREN tegen Israel.

⁴En de HEERE zeide tot Mozes: Neem alle hoofden des volks, en hang ze den HEERE tegen de zon, zo zal de hittigheid van des HEEREN toorn gekeerd worden van Israel.

⁵Toen zeide Mozes tot de rechters van Israel: Een iedere dode zijn mannen, die zich aan Baal-Peor gekoppeld hebben!

⁶En ziet, een man uit de kinderen Israels kwam, en bracht een Midianietin tot zijn broederen voor de ogen van Mozes, en voor de ogen van de ganse vergadering der kinderen Israels, toen zij weenden voor de deur van de tent der samenkomst.

⁷Toen Pinehas, de zoon van Eleazar, den zoon van Aaron, den priester, dat zag, zo stond hij op uit het midden der vergadering, en nam een spies in zijn hand;

⁸En hij ging den Israelietischen man na in de hoerenwinkel, en doorstak hen beiden, den Israelietischen man en de vrouw, door hun buik. Toen werd de plaag van over de kinderen Israels opgehouden.

⁹Degenen nu, die aan de plaag stierven, waren vier en twintig duizend.

¹⁰Toen sprak de HEERE tot Mozes, zeggende:

¹¹Pinehas, de zoon van Eleazar, den zoon van Aaron, den priester, heeft Mijn grimmigheid van over de kinderen Israels afgewend, dewijl hij Mijn ijver geijverd heeft in het midden derzelve, zodat Ik de kinderen Israels in Mijn ijver niet verniel heb.

¹²Daarom spreek: Zie, Ik geef hem Mijn verbond des vredes.

¹³En hij zal hebben, en zijn zaad na hem, het verbond des eeuwigen priesterdoms, daarom dat hij voor zijn God geijverd, en verzoening gedaan heeft voor de kinderen Israels.

¹⁴De naam nu des verslagenen Israelietischen mans, die verslagen was met de Midianietin, was Zimri, de zoon van Salu, een overste van een vaderlijk huis der Simeonieten.

¹⁵En de naam der verslagene Midianietische vrouw was Kozbi, een dochter van Zur, die een hoofd was der volken van een vaderlijk huis onder de Midianieten.

¹⁶Verder sprak de HEERE tot Mozes, zeggende:

¹⁷Handel vijandelijk met de Midianieten, en versla hen;

¹⁸Want zij hebben vijandelijk tegen ulieden gehandeld door hun listen, die zij listig tegen u bedacht hebben in de zaak van Peor, en in de zaak van Kozbi, de dochter van den overste der Midianieten, hun zuster, die verslagen is, ten dage der plaag, om de zaak van Peor.

Hoofdstuk 26

¹Het geschiedde nu na die plaag, dat de HEERE sprak tot Mozes, en tot Eleazar, den zoon van Aaron, den priester, zeggende:

²Neem de som van de gehele vergadering der kinderen Israels op, van twintig jaren oud en daarboven, naar het huis hunner vaderen, al wie ten heire in Israel uittrekt.

³Mozes dan en Eleazar, de priester, spraken hen aan, in de vlakke velden van Moab, aan de Jordaan van Jericho, zeggende:

⁴Dat men opneme van twintig jaren oud en daarboven; gelijk als de HEERE Mozes geboden had, en den kinderen Israels, die uit Egypteland uitgetogen waren.

⁵Ruben was de eerstgeborene van Israel. De zonen van Ruben waren: Hanoch, van welken was het geslacht der Hanochieten; van Pallu het geslacht der Palluieten;

⁶Van Hezron het geslacht der Hezronieten; van Karmi het geslacht der Karmieten.

⁷Dit zijn de geslachten der Rubenieten; en hun getelden waren drie en veertig duizend zevenhonderd en dertig.

⁸En de zonen van Pallu waren Eliab.

⁹En de zonen van Eliab waren Nemuel, en Dathan, en Abiram; deze Dathan en Abiram waren de geroepenen der vergadering, die gekijf maakten tegen Mozes en tegen Aaron, in de vergadering van Korach, als zij gekijf tegen den HEERE maakten.

¹⁰En de aarde haar mond opendeed, en verslond hen met Korach, als die vergadering stierf, toen het vuur tweehonderd en vijftig mannen verteerde, en werden tot een teken.

¹¹Maar de kinderen van Korach stierven niet.

¹²De zonen van Simeon, naar hun geslachten: van Nemuel, het geslacht der Nemuelieten; van Jamin het geslacht der Jaminieten; van Jachin het geslacht der Jachinieten;

¹³Van Zerah het geslacht der Zerahieten; van Saul het geslacht der Saulieten.

¹⁴Dat zijn de geslachten der Simeonieten: twee en twintig duizend en tweehonderd.

¹⁵De zonen van Gad, naar hun geslachten: van Zefon het geslacht der Zefonieten; van Haggi het geslacht der Haggieten; van Suni het geslacht der Sunieten.

¹⁶Van Ozni het geslacht der Oznieten; van Heri het geslacht der Herieten;

¹⁷Van Arod het geslacht der Arodieten; van Areli het geslacht der Arelieten.

¹⁸Dat zijn de geslachten der zonen van Gad, naar hun getelden: veertig duizend en vijfhonderd.

¹⁹De zonen van Juda waren Er en Onan; maar Er en Onan stierven in het land Kanaan.

²⁰Alzo waren de zonen van Juda naar hun geslachten: van Sela het geslacht der Selanieten; van Perez het geslacht der Perezieten; van Zerah het geslacht der Zerahieten.

²¹En de zonen van Perez waren: van Hezron het geslacht der Hezronieten; van Hamul het geslacht der Hamulieten.

²²Dat zijn de geslachten van Juda, naar hun getelden: zes en zeventig duizend en vijfhonderd.

²³De zonen van Issaschar, naar hun geslachten, waren: van Tola het geslacht der Tolaieten; van Puva het geslacht der Punieten;

²⁴Van Jasub het geslacht der Jasubieten; van Simron het geslacht der Simronieten.

²⁵Dat zijn de geslachten van Issaschar, naar hun getelden: vier en zestig duizend en driehonderd.

²⁶De zonen van Zebulon, naar hun geslachten, waren: van Sered het geslacht der Seredieten; van Elon het geslacht der Elonieten; van Jahleel het geslacht der Jahleelieten.

²⁷Dat zijn de geslachten der Zebulonieten, naar hun getelden: zestig duizend en vijfhonderd.

²⁸De zonen van Jozef, naar hun geslachten, waren Manasse en Efraim.

²⁹De zonen van Manasse waren: van Machir het geslacht der Machirieten; Machir nu gewon Gilead; van Gilead was het geslacht der Gileadieten.

³⁰Dit zijn de zonen van Gilead: van Jezer het geslacht der Jezerieten; van Helek het geslacht der Helekieten.

³¹En van Asriel het geslacht der Alrielieten; en van Sechem het geslacht der Sechemieten;

³²En van Semida het geslacht der Semidaieten; en van Hefer het geslacht der Heferieten.

³³Doch Zelafead, de zoon van Hefer, had geen zonen, maar dochters; en de namen der dochteren van Zelafead waren: Machla en Noa, Hogla, Milka en Tirza.

³⁴Dat zijn de geslachten van Manasse: en hun getelden waren twee en vijftig duizend en zevenhonderd.

³⁵Dit zijn de zonen van Efraim, naar hun geslachten: van Sutelah het geslacht der Sutelahieten; van Becher het geslacht der Becherieten; van Tahan het geslacht der Tahanieten.

³⁶En dit zijn de zonen van Sutelah; van Eran het geslacht der Eranieten.

³⁷Dat zijn de geslachten der zonen van Efraim, naar hun getelden:

twee en dertig duizend en vijfhonderd. Dat zijn de zonen van Jozef, naar hun geslachten.

³⁸De zonen van Benjamin, naar hun geslachten: van Bela het geslacht der Belaieten; van Asbel het geslacht der Asbelieten; van Ahiram het geslacht der Ahirmieten;

³⁹Van Sefufam het geslacht der Sufamieten; van Hufam het geslacht der Hufamieten.

⁴⁰En de zonen van Bela waren Ard en Naaman; van Ard het geslacht der Ardieten; van Naaman het geslacht der Naamieten.

⁴¹Dat zijn de zonen van Benjamin, naar hun geslachten; en hun getelden waren vijf en veertig duizend en zeshonderd.

⁴²Dit zijn de zonen van Dan, naar hun geslachten: van Suham het geslacht der Suhamieten; dat zijn de geslachten van Dan, naar hun geslachten.

⁴³Al de geslachten der Suhamieten, naar hun getelden, waren vier en zestig duizend en vierhonderd.

⁴⁴De zonen van Aser, naar hun geslachten, waren: van Imna het geslacht der Imnaieten; van Isvi het geslacht der Isvieten; van Beria het geslacht der Beriieten.

⁴⁵Van de zonen van Beria waren: van Heber het geslacht der Heberieten; van Malchiel het geslacht der Malchielieten.

⁴⁶En de naam der dochter van Aser was Serah.

⁴⁷Dat zijn de geslachten der zonen van Aser, naar hun getelden: drie en vijftig duizend en vierhonderd.

⁴⁸De zonen van Nafthali, naar hun geslachten: van Jahzeel het geslacht der Jahzeelieten; van Guni het geslacht der Gunieten;

⁴⁹Van Jezer het geslacht der Jezerieten; van Sillem het geslacht der Sillemieten.

⁵⁰Dat zijn de geslachten van Nafthali, naar hun geslachten; en hun getelden waren vijf en veertig duizend en vierhonderd.

⁵¹Dat zijn de getelden van de zonen Israels: zeshonderd een duizend zevenhonderd en dertig.

⁵²En de HEERE sprak tot Mozes, zeggende:

⁵³Aan dezen zal het land uitgedeeld worden ter erfenis, naar het getal der namen.

⁵⁴Aan degenen, die veel zijn, zult gij hun erfenis meerder maken, en aan hen, die weinig zijn, zult gij hun erfenis minder maken; aan een iegelijk zal, naar zijn getelden, zijn erfenis gegeven worden.

⁵⁵Het land nochtans zal door het lot gedeeld worden; naar de namen der stammen hunner vaderen zullen zij erven.

⁵⁶Naar het lot zal elks erfenis gedeeld worden tussen de velen, en de weinigen.

⁵⁷Dit zijn nu de getelden van Levi, naar hun geslachten: van Gerson het geslacht der Gersonieten; van Kohath het geslacht der Kohathieten; van Merari het geslacht der Merarieten.

⁵⁸Dit zijn de geslachten van Levi: het geslacht der Libnieten, het geslacht der Hebronieten, het geslacht der Machlieten, het geslacht der Muzieten, het geslacht der Korachieten. En Kohath gewon Amram.

⁵⁹En de naam der huisvrouw van Amram was Jochebed, de dochter van Levi, welke de huisvrouw van Levi baarde in Egypte; en deze baarde aan Amram, Aaron, en Mozes, en Mirjam, hun zuster.

⁶⁰En aan Aaron werden geboren Nadab en Abihu, Eleazar en Ithamar.

⁶¹Nadab nu en Abihu waren gestorven, toen zij vreemd vuur brachten voor het aangezicht des HEEREN.

⁶²En hun getelden waren drie en twintig duizend, al wat mannelijk is, van een maand oud en daarboven; want dezen werden niet geteld onder de kinderen Israels, omdat hun geen erfenis gegeven werd onder de kinderen Israels.

⁶³Dat zijn de getelden van Mozes en Eleazar, den priester, die de kinderen Israels telden in de vlakke velden van Moab, aan de Jordaan van Jericho.

⁶⁴En onder dezen was niemand uit de getelden van Mozes en Aaron, den priester, als zij de kinderen Israels telden in de woestijn van Sinai.

⁶⁵Want de HEERE had van die gezegd, dat zij in de woestijn gewisselijk zouden sterven; en er was niemand van hen overgebleven, dan Kaleb, de zoon van Jefunne, en Jozua, de zoon van Nun.

Hoofdstuk 27

¹Toen naderden de dochteren van Zelafead, den zoon van Hefer, den zoon van Gilead, den zoon van Machir, den zoon van Manasse, onder de geslachten van Manasse, den zoon van Jozef (en dit zijn de namen zijner dochteren: Machla, Noa, en Hogla, en Milka, en Tirza);

²En zij stonden voor het aangezicht van Mozes, en voor het aangezicht van Eleazar, den priester, en voor het aangezicht van de oversten, en van de ganse vergadering, aan de deur van de tent der samenkomst, zeggende:

³Onze vader is gestorven in de woestijn, en hij is niet geweest in het midden der vergadering dergenen, die zich tegen den HEERE vergaderd hebben in de vergadering van Korach; maar hij is in zijn zonde gestorven, en had geen zonen.

⁴Waarom zou de naam onzes vaders uit het midden van zijn geslacht weggenomen worden, omdat hij geen zoon heeft? Geef ons een bezitting in het midden der broederen van onzen vader.

⁵En Mozes bracht haar rechtzaak voor het aangezicht des HEEREN.

⁶En de HEERE sprak tot Mozes, zeggende:

⁷De dochteren van Zelafead spreken recht; gij zult haar ganselijk geven de bezitting ener erfenis, in het midden van de broederen haars vaders; en gij zult de erfenis haars vaders op haar doen komen.

⁸En tot de kinderen Israels zult gij spreken, zeggende: Wanneer iemand sterft, en geen zoon heeft, zo zult gij zijn erfenis op zijn dochter doen komen.

⁹En indien hij geen dochter heeft, zo zult gij zijn erfenis aan zijn broederen geven.

¹⁰Indien hij nu geen broederen heeft, zo zult gij zijn erfenis aan de broederen zijns vaders geven.

¹¹Indien ook zijn vader geen broeders heeft, zo zult gij zijn erfenis geven aan zijn naastbestaande, die hem de naaste van zijn geslacht is, dat hij het erfelijk bezitte. Dit zal den kinderen Israels tot een inzetting des rechts zijn, gelijk als de HEERE Mozes geboden heeft.

¹²Daarna zeide de HEERE tot Mozes: Klim op dezen berg Abarim, en zie dat land, hetwelk Ik den kinderen Israels gegeven heb.

¹³Wanneer gij dat gezien zult hebben, dan zult gij tot uw volken verzameld worden, gij ook, gelijk als uw broeder Aaron verzameld geworden is;

¹⁴Naardien gijlieden Mijn mond wederspannig zijt geweest in de woestijn Zin, in de twisting der vergadering, om Mij aan de wateren voor hun ogen te heiligen. Dat zijn de wateren van Meriba, van Kades, in de woestijn Zin.

¹⁵Toen sprak Mozes tot den HEERE, zeggende:

¹⁶Dat de HEERE, de God der geesten van alle vlees, een man stelle over deze vergadering.

¹⁷Die voor hun aangezicht uitga, en die voor hun aangezicht inga, en die hen uitleide, en die hen inleide; opdat de vergadering des HEEREN niet zij als schapen, die geen herder hebben.

¹⁸Toen zeide de HEERE tot Mozes: Neem tot u Jozua, den zoon van Nun, een man, in wien de Geest is; en leg uw hand op hem;

¹⁹En stel hem voor het aangezicht van Eleazar, den priester, en voor het aangezicht der ganse vergadering; en geef hem bevel voor hun ogen;

²⁰En leg op hem van uw heerlijkheid, opdat zij horen, te weten de ganse vergadering der kinderen Israels.

²¹En hij zal voor het aangezicht van Eleazar, den priester, staan, die voor hem raad vragen zal, naar de wijze van Urim, voor het aangezicht des HEEREN; naar zijn mond zullen zij uitgaan, en naar zijn mond zullen zij ingaan, hij, en al de kinderen Israels met hem, en de ganse vergadering.

²²En Mozes deed, gelijk als de HEERE hem geboden had; want hij nam Jozua, en stelde hem voor het aangezicht van Eleazar, den priester, en voor het aangezicht der ganse vergadering.

²³En hij legde zijn handen op hem, en gaf hem bevel; gelijk als de HEERE door den dienst van Mozes gesproken had.

Hoofdstuk 28

¹Verder sprak de HEERE tot Mozes, zeggende:

²Gebied den kinderen Israels, en zeg tot hen: Mijn offerande, Mijn spijze voor Mijn vuurofferen, Mijn liefelijken reuk, zult gij waarnemen, om Mij te offeren op zijn gezetten tijd.

³En gij zult tot hen zeggen: Dit is het vuuroffer, hetwelk gij den HEERE offeren zult: twee volkomen eenjarige lammeren des daags, tot een gedurig brandoffer.

⁴Het ene lam zult gij bereiden des morgens; en het andere lam zult gij bereiden tussen de twee avonden.

⁵En een tiende deel ener efa meelbloem, ten spijsoffer, gemengd met het vierendeel van een hin van gestoten olie.

⁶Het is het gedurig brandoffer, hetwelk op den berg Sinai ingesteld was tot een liefelijken reuk, een vuuroffer den HEERE.

⁷En zijn drankoffer zal zijn het vierendeel van een hin, voor het ene lam; in het heiligdom zult gij het drankoffer des sterken dranks den HEERE offeren.

⁸En het andere lam zult gij bereiden tussen de twee avonden; gelijk het spijsoffer des morgens, en gelijk zijn drankoffer zult gij het

bereiden, ten vuuroffer desliefelijken reuks den HEERE.

⁹Maar op den sabbatdag twee volkomen eenjarige lammeren, en twee tienden meelbloem, ten spijsoffer, met olie gemengd, mitsgaders zijn drankoffer.

¹⁰Het is het brandoffer des sabbats op elken sabbat, boven het gedurig brandoffer, en zijn drankoffer.

¹¹En in de beginselen uwer maanden zult gij een brandoffer den HEERE offeren: twee jonge varren, en een ram, zeven volkomen eenjarige lammeren;

¹²En drie tienden meelbloem ten spijsoffer, met olie gemengd, tot den enen var; en twee tienden meelbloem ten spijsoffer, met olie gemengd, tot den enen ram;

¹³En tot elk tiende deel meelbloem ten spijsoffer, met olie gemengd, tot het ene lam; het is een brandoffer tot een liefelijken reuk, een vuuroffer, den HEERE.

¹⁴En hun drankofferen zullen zijn de helft van een hin tot een var, en een derde deel van een hin tot een ram, en een vierendeel van een hin van wijn tot een lam; datis het brandoffer der nieuwe maan in elke maand, naar de maanden des jaars.

¹⁵Daartoe zal een geitenbok ten zondoffer den HEERE, boven het gedurige brandoffer, bereid worden, met zijn drankoffer.

¹⁶En in de eerste maand, op den veertienden dag der maand, is het pascha den HEERE.

¹⁷En op den vijftienden dag derzelve maand is het feest; zeven dagen zullen ongezuurde broden gegeten worden.

¹⁸Op den eersten dag zal een heilige samenroeping zijn; geen dienstwerk zult gijlieden doen;

¹⁹Maar gij zult een vuuroffer ten brandoffer den HEERE offeren: twee jonge varren, en een ram, daartoe zeven eenjarige lammeren; volkomen zullen zij u zijn.

²⁰En hun spijsoffer zal zijn meelbloem, met olie gemengd; drie tienden tot een var, en twee tienden tot een ram zult gij bereiden.

²¹Tot elk zult gij een tiende deel bereiden tot een lam, tot die zeven lammeren toe.

²²Daarna een bok ten zondoffer, om over ulieden verzoening te doen.

²³Behalve het morgenbrandoffer, hetwelk tot een gedurig brandoffer is, zult gij deze dingen bereiden.

²⁴Achtervolgens deze dingen zult gij des daags, zeven dagen lang, de spijze des vuuroffers bereiden tot een liefelijken reuk den HEERE; boven dat gedurig brandofferzal het bereid worden, met zijn drankoffer.

²⁵En op den zevenden dag zult gij een heilige samenroeping hebben; geen dienstwerk zult gij doen.

²⁶Insgelijks op den dag der eerstelingen, als gij een nieuw spijsoffer den HEERE zult offeren naar uw werken, zult gij een heilige samenroeping hebben; geendienstwerk zult gij doen.

²⁷Dan zult gij den HEERE een brandoffer ten liefelijken reuk offeren: twee jonge varren, een ram, zeven eenjarige lammeren;

²⁸En hun spijsoffer van meelbloem, met olie gemengd: drie tienden tot een var, twee tienden tot een ram;

²⁹Tot elk een tiende tot een lam, tot die zeven lammeren toe;

³⁰Een geitenbok, om voor u verzoening te doen.

³¹Behalve het gedurig brandoffer, en zijn spijsoffer, zult gij ze bereiden; zij zullen u volkomen zijn met hun drankofferen.

Hoofdstuk 29

¹Desgelijks in de zevende maand, op den eersten der maand, zult gij een heilige samenroeping hebben; geen dienstwerk zult gij doen; het zal u een dag des geklankszijn.

²Dan zult gij een brandoffer, ten liefelijken reuk, den HEERE bereiden: een jongen var, een ram, zeven volkomen eenjarige lammeren;

³En hun spijsoffer van meelbloem, met olie gemengd; drie tienden tot den var, twee tienden tot den ram.

⁴En een tiende tot een lam, tot die zeven lammeren toe;

⁵En een geitenbok ten zondoffer, om over ulieden verzoening te doen;

⁶Behalve het brandoffer der maand, en zijn spijsoffer, en het gedurig brandoffer, en zijn spijsoffer, met hun drankofferen, naar hun wijze, ten liefelijken reuk, tenvuuroffer den HEERE.

⁷En op den tienden dezer zevende maand zult gij een heilige samenroeping hebben, en gij zult uw zielen verootmoedigen; geen werk zult gij doen;

⁸Maar gij zult brandoffer, ten liefelijken reuk, den HEERE offeren: een jongen var, een ram, zeven eenjarige lammeren; volkomen zullen zij u zijn;

⁹En hun spijsoffer van meelbloem, met olie gemend; drie tienden tot den var, twee tienden tot den enen ram;

¹⁰Tot elk een tiende tot een lam, tot die zeven lammeren toe;

¹¹Een geitenbok ten zondoffer, behalve het zondoffer der verzoeningen, en het gedurig brandoffer; en zijn spijsoffer, met hun drankofferen.

¹²Insgelijks op den vijftienden dag dezer zevende maand, zult gij een heilige samenroeping hebben; geen dienstwerk zult gij doen; maar zeven dagen zult gij denHEERE een feest vieren.

¹³En gij zult een brandoffer ten vuuroffer offeren, ten liefelijken reuk den HEERE: dertien jonge varren, twee rammen, veertien eenjarige lammeren; zij zullenvolkomen zijn;

¹⁴En hun spijsoffer van meelbloem, met olie gemengd: drie tienden tot een var, tot die dertien varren toe; twee tienden tot een ram, onder die twee rammen;

¹⁵En tot elke een tiende tot een lam, tot die veertien lammeren toe;

¹⁶En een geitenbok ten zondoffer; behalve het gedurig brandoffer, zijn spijsoffer, en zijn drankoffer.

¹⁷Daarna op den tweeden dag: twaalf jonge varren, twee rammen, veertien volkomen eenjarige lammeren;

¹⁸En hun spijsoffer, en hun drankofferen tot de varren, tot de rammen, en tot de lammeren, in hun getal, naar de wijze;

¹⁹En een geitenbok ten zondoffer; behalve het gedurig brandoffer, en zijn spijsoffer, met hun drankofferen.

²⁰En op den dertienden dag: elf varren, twee rammen, veertien volkomen eenjarige lammeren;

²¹En hun spijsofferen, en hun drankofferen tot de varren, tot de rammen, en tot de lammeren, in hun getal, naar de wijze;

²²En een bok ten zondoffer; behalve het gedurig brandoffer, en zijn spijsoffer, en zijn drankoffer.

²³Verder op den vierden dag: tien varren, twee rammen, veertien volkomen eenjarige lammeren;

²⁴Hun spijsoffer, en hun drankofferen tot de varren, tot de rammen, en tot de lammeren, in hun getal, naar de wijze;

²⁵En een geitenbok ten zondoffer; behalve het gedurig brandoffer, zijn spijsoffer, en zijn drankoffer.

²⁶En op den vijfden dag: negen varren, twee rammen, en veertien volkomen eenjarige lammeren;

²⁷En hun spijsoffer, en hun drankofferen tot de varren, tot de rammen, en tot de lammeren, in hun getal, naar de wijze;

²⁸En een bok ten zondoffer; behalve het gedurig brandoffer, en zijn spijsoffer, en zijn drankoffer.

²⁹Daarna op den zesden dag: acht varren, twee rammen, veertien volkomen eenjarige lammeren;

³⁰En hun spijsoffer, en hun drankofferen tot de varren, tot de rammen, en tot de lammeren, in hun getal, naar de wijze;

³¹En een bok ten zondoffer; behalve het gedurig brandoffer, zijn spijsoffer, en zijn drankofferen.

³²En op den zevenden dag: zeven varren, twee rammen, veertien volkomen eenjarige lammeren;

³³En hun spijsoffer, en hun drankofferen tot de varren, tot de rammen, en tot de lammeren, in hun getal, naar hun wijze;

³⁴En een bok ten zondoffer; behalve het gedurig brandoffer, zijn spijsoffer, en zijn drankoffer.

³⁵Op den achtsten dag zult gij een verbodsdag hebben; geen dienstwerk zult gij doen.

³⁶En gij zult een brandoffer ten vuuroffer offeren, ten liefelijken reuk den HEERE; een var, een ram, zeven volkomen eenjarige lammeren;

³⁷Hun spijsoffer, en hun drankofferen tot den var, tot den ram, en tot de lammeren, in hun getal, naar de wijze;

³⁸En een bok ten zondoffer; behalve het gedurig brandoffer, en zijn spijsoffer, en zijn drankoffer.

³⁹Deze dingen zult gij den HEERE doen op uw gezette hoogtijden; behalve uw geloften, en uw vrijwillige offeren, met uw brandofferen, en met uw spijsofferen, enmet uw drankofferen, en met uw dankofferen.

⁴⁰En Mozes sprak tot de kinderen Israels naar al wat de HEERE Mozes geboden had.

Hoofdstuk 30

¹En Mozes sprak tot de hoofden der stammen van de kinderen Israels, zeggende: Dit is de zaak, die de HEERE geboden heeft:

²Wanneer een man den HEERE een gelofte zal beloofd, of een eed zal gezworen hebben, zijn ziel met een verbintenis verbindende, zijn woord zal hij niet ontheiligen;naar alles, wat uit zijn mond gegaan is, zal hij doen.

³Maar als een vrouw den HEERE een gelofte zal beloofd hebben, en zich met een verbintenis in het huis haars vaders in haar jonkheid zal

verbonden hebben;

⁴En haar vader haar gelofte, en haar verbintenis, waarmede zij haar ziel verbonden heeft, zal horen, en haar vader tegen haar zal stilzwijgen, zo zullen al haar geloften bestaan, en alle verbintenis, waarmede zij haar ziel verbonden heeft, zal bestaan.

⁵Maar indien haar vader dat zal breken, den dage als hij het hoort, al haar geloften, en haar verbintenissen, waarmede zij haar ziel verbonden heeft, zullen niet bestaan; maar de HEERE zal het haar vergeven; want haar vader heeft ze haar doen breken.

⁶Doch indien zij immers een man heeft, en haar geloften op haar zijn, of de uitspraak harer lippen, waarmede zij haar ziel verbonden heeft;

⁷En haar man dat zal horen, en ten dage als hij het hoort, tegen haar zal stilzwijgen, zo zullen haar geloften bestaan, en haar verbintenissen, waarmede zij haar ziel verbonden heeft, zullen bestaan.

⁸Maar indien haar man ten dage, als hij het hoorde, dat zal breken, en haar gelofte, die op haar was, zal te niet maken, mitsgaders de uitspraak harer lippen, waarmede zij haar ziel verbonden heeft, zo zal het de HEERE haar vergeven.

⁹Aangaande de gelofte ener weduwe, of ener verstotene: alles, waarmede zij haar ziel verbonden heeft, zal over haar bestaan.

¹⁰Maar indien zij ten huize haars mans gelofte gedaan heeft, of met een eed door verbintenis haar ziel verbonden heeft;

¹¹En haar man dat gehoord, en tegen haar stil zal gezwegen hebben, dat niet brekende; zo zullen al haar geloften bestaan, mitsgaders alle verbintenis, waarmede zij haar ziel verbonden heeft, zal bestaan.

¹²Maar indien haar man die dingen ganselijk te niet maakt, ten dage als hij het hoort, niets van al wat uit haar lippen gegaan is, van haar gelofte, en van de verbintenis harer ziel, zal bestaan; haar man heeft ze te niet gemaakt, en de HEERE zal het haar vergeven.

¹³Alle gelofte, en allen eed der verbintenis, om de ziel te verootmoedigen, die zal haar man bevestigen, of die zal haar man te niet maken.

¹⁴Maar zo haar man tegen haar van dag tot dag ganselijk stilzwijgt, zo bevestigt hij al haar geloften, of al haar verbintenissen, dewelke op haar zijn; hij heeft ze bevestigd, omdat hij tegen haar stilgezwegen heeft, ten dage als hij het hoorde.

¹⁵Doch zo hij ze ganselijk te niet maken zal, nadat hij het gehoord zal hebben, zo zal hij haar ongerechtigheid dragen.

¹⁶Dat zijn de inzettingen, die de HEERE Mozes geboden heeft, tussen een man en zijn huisvrouw, tussen een vader en zijn dochter, zijnde in haar jonkheid, ten huize haars vaders.

Hoofdstuk 31

¹En de HEERE sprak tot Mozes, zeggende:

²Neem de wraak der kinderen Israels van de Midianieten; daarna zult gij verzameld worden tot uw volken.

³Mozes dan sprak tot het volk, zeggende: Dat zich mannen uit u ten strijde toerusten, en dat zij tegen de Midianieten zijn, om de wraak des HEEREN te doen aan de Midianieten.

⁴Van elken stam onder alle stammen Israels zult gij een duizend ten strijde zenden.

⁵Alzo werden geleverd uit de duizenden van Israel, duizend van elken stam, twaalf duizend toegerusten ten strijde.

⁶En Mozes zond hen ten strijde, duizend van elken stam, hen en Pinehas, den zoon van Eleazar, den priester, ten strijde, met de heilige vaten, en de trompetten des geklanks in zijn hand.

⁷En zij streden tegen de Midianieten, gelijk als de HEERE Mozes geboden had, en zij doodden al wat mannelijk was.

⁸Daartoe doodden zij boven hun verslagenen, de koningen der Midianieten, Evi, en Rekem, en Zur, en Hur, en Reba, vijf koningen der Midianieten; ook doodden zij met het zwaard Bileam, den zoon van Beor.

⁹Maar de kinderen Israels namen de vrouwen der Midianieten, en hun kinderkens gevangen; zij roofden ook al hun beesten, en al hun vee, en al hun vermogen.

¹⁰Voorts al hun steden met hun woonplaatsen, en al hun burchten verbrandden zij met vuur.

¹¹En zij namen al den roof, en al den buit, van mensen en van beesten.

¹²Daarna brachten zij de gevangenen, en den buit, en den roof, tot Mozes en tot Eleazar, den priester, en tot de vergadering der kinderen Israels, in het leger, in de vlakke velden van Moab, dewelke zijn aan de Jordaan van Jericho.

¹³Maar Mozes en Eleazar, de priester, en alle oversten der vergadering, gingen uit hen tegemoet, tot buiten voor het leger.

¹⁴En Mozes werd grotelijks vertoornd tegen de bevelhebbers des heirs, de hoofdlieden der duizenden, en de hoofdlieden der honderden, die uit den strijd van dien oorlog kwamen.

¹⁵En Mozes zeide tot hen: Hebt gij dan alle vrouwen laten leven?

¹⁶Ziet, deze waren, door den raad van Bileam, den kinderen Israels, om oorzake der overtreding tegen den HEERE te geven, in de zaak van Peor; waardoor die plaag werd onder de vergadering des HEEREN.

¹⁷Nu dan, doodt al wat mannelijk is onder de kinderkens; en doodt alle vrouw, die door bijligging des mans een man bekend heeft.

¹⁸Doch al de kinderen van vrouwelijk geslacht, die de bijligging des mans niet bekend hebben, laat voor ulieden leven.

¹⁹En gijlieden, legert u buiten het leger zeven dagen; een ieder, die een mens gedood, en een ieder, die een verslagene zult aangeroerd hebben, zult u op den derden dag en op den zevenden dag ontzondigen, gij en uw gevangenen.

²⁰Ook zult gij alle kleding, en alle gereedschap van vellen, en alle geiten haren werk, en gereedschap van hout, ontzondigen.

²¹En Eleazar, de priester, zeide tot de krijgslieden, die tot dien strijd getogen waren: Dit is de inzetting der wet, die de HEERE Mozes geboden heeft.

²²Alleen het goud en het zilver, en het koper, het ijzer, het tin en het lood;

²³Alle ding, dat het vuur lijdt, zult gij door het vuur laten doorgaan, dat het rein worde; evenwel zal het door het water der afzondering ontzondigd worden; maar al wat het vuur niet lijdt, zult gij door het water laten doorgaan.

²⁴Gij zult ook uw klederen op den zevenden dag wassen, dat gij rein wordt; en daarna zult gij in het leger komen.

²⁵Verder sprak de HEERE tot Mozes, zeggende:

²⁶Neem op de som van den buit der gevangenen van mensen en van beesten; gij en Eleazar, de priester, en de hoofden van de vaderen der vergadering.

²⁷En deel den buit in twee helften tussen degenen, die den strijd aangegrepen hebben, die tot den strijd uitgegaan zijn, en tussen de ganse vergadering.

²⁸Daarna zult gij een schatting voor den HEERE heffen, van de oorlogsmannen, die tot dezen krijg uitgetogen zijn, van vijfhonderd een ziel, uit de mensen en uit de runderen, en uit de ezelen, en uit de schapen.

²⁹Van hun helft zult gij het nemen, en den priester Eleazar geven tot een heffing des HEEREN.

³⁰Maar van de helft der kinderen Israels zult gij een gevangene van vijftig nemen, uit de mensen, uit de runderen, uit de ezelen, en uit de schapen, uit al de beesten; en gij zult ze aan de Levieten geven, die de wacht van de tabernakel des HEEREN waarnemen.

³¹En Mozes, en Eleazar, de priester, deden, gelijk als de HEERE Mozes geboden had.

³²De buit nu, het overschot van den roof, dat het krijgsvolk geroofd had, was zeshonderd vijf en zeventig duizend schapen;

³³En twee en zeventig duizend runderen;

³⁴En een en zestig duizend ezelen;

³⁵En der mensen zielen, uit de vrouwen, die geen bijligging des mans bekend hadden, alle zielen waren twee en dertig duizend.

³⁶En de helft, te weten het deel dergenen, die tot dezen krijg uitgetogen waren, was in getal driehonderd zeven en dertig duizend en vijfhonderd schapen.

³⁷En de schatting voor den HEERE van schapen was zeshonderd vijf en zeventig.

³⁸En de runderen waren zes en dertig duizend, en hun schatting voor den HEERE twee en zeventig.

³⁹En de ezelen waren dertig duizend en vijfhonderd, en hun schatting voor den HEERE was een en zestig.

⁴⁰En der mensen zielen waren zestien duizend, en hun schatting voor den HEERE twee en dertig zielen.

⁴¹En Mozes gaf Eleazar, den priester, de schatting van de heffing des HEEREN, gelijk als de HEERE Mozes geboden had.

⁴²En van de helft der kinderen Israels, welke Mozes afgedeeld had, van de mannen, die gestreden hadden;

⁴³(Het halve deel nu der vergadering was, uit de schapen, driehonderd zeven en dertig duizend en vijfhonderd.

⁴⁴En de runderen waren zes en dertig duizend;

⁴⁵En de ezelen dertig duizend en vijfhonderd;

⁴⁶En der mensen zielen zestien duizend;)

⁴⁷Van die helft der kinderen Israels nam Mozes een gevangene uit vijftig, van mensen en van beesten; en hij gaf ze aan de Levieten, die de wacht van den tabernakel des HEEREN waarnamen, gelijk als de HEERE Mozes geboden had.

⁴⁸Toen traden tot Mozes de bevelhebbers, die over de duizenden

des heirs waren, de hoofdlieden der duizenden, en de hoofdlieden der honderden;

⁴⁹En zij zeiden tot Mozes: Uw knechten hebben opgenomen de som der krijgslieden, die onder onze hand geweest zijn; en uit ons ontbreekt niet een man.

⁵⁰Daarom hebben wij een offerande des HEEREN gebracht, een ieder wat hij gekregen heeft, een gouden vat, een keten, of een armring, een vingerring, een oorring, of een afhangenden gordel, om voor onze zielen verzoening te doen voor het aangezicht des HEEREN.

⁵¹Zo nam Mozes en Eleazar, de priester, van het goud, alle welgewrochte vaten.

⁵²En al het goud der heffing, dat zij den HEERE offerden, was zestien duizend zevenhonderd en vijftig sikkelen, van de hoofdlieden der duizenden, en van dehoofdlieden der honderden.

⁵³Aangaande de krijgslieden, een iegelijk had geroofd voor zichzelven.

⁵⁴Zo nam Mozes en Eleazar, de priester, dat goud van de hoofdlieden der duizenden en der honderden, en zij brachten het in de tent der samenkomst, ter gedachtenisvoor de kinderen Israels, voor het aangezicht des HEEREN. en ziet, dezeplaats was een plaats voor vee.

Hoofdstuk 32

²Zo kwamen de kinderen van Gad en de kinderen van Ruben, en spraken tot Mozes, en tot Eleazar, den priester, en tot de oversten der vergadering, zeggende:

³Ataroth, en Dibon, en Jaezer, en Nimra, en Hesbon, en Eleale, en Schebam, en Nebo, en Behon;

⁴Dit land, hetwelk de HEERE voor het aangezicht der vergadering van Israel geslagen heeft, is een land voor vee; en uw knechten hebben vee.

⁵Voorts zeiden zij: Indien wij genade in uw ogen gevonden hebben, dat ditzelve land aan uw knechten gegeven worde tot een bezitting; en doe ons niet trekken overde Jordaan.

⁶Maar Mozes zeide tot de kinderen van Gad en tot de kinderen van Ruben: Zullen uw broeders ten strijde gaan, en zult gijlieden hier blijven?

⁷Waarom toch zult gij het hart der kinderen Israels breken, dat zij niet overtrekken naar het land, dat de HEERE hun gegeven heeft?

⁸Zo deden uw vaders, als ik hen van Kades-Barnea zond, om dit land te bezien.

⁹Als zij opgekomen waren tot aan het dal Eskol, en dit land bezagen, zo braken zij het hart der kinderen Israels, dat zij niet gingen naar het land, dat de HEERE hungegeven had.

¹⁰Toen ontstak de toorn des HEEREN te dien dage, en Hij zwoer, zeggende:

¹¹Indien deze mannen, die uit Egypte opgetogen zijn, van twintig jaren oud en daarboven, het land zullen zien, dat Ik Abraham, Izak en Jakob gezworen heb! Want zijhebben niet volhard Mij na te volgen;

¹²Behalve Kaleb, de zoon van Jefunne, den Keniziet, en Jozua, de zoon van Nun; want zij hebben volhard den HEERE na te volgen.

¹³Alzo ontstak des HEEREN toorn tegen Israel, en Hij deed hen omzwerven in de woestijn, veertig jaren, totdat verteerd was het ganse geslacht, hetwelk gedaanhad, wat kwaad was in de ogen des HEEREN.

¹⁴En ziet, gijlieden zijt opgestaan in stede van uw vaderen, een menigte van zondige mensen, om de hittigheid van des HEEREN toorn tegen Israel te vermeerderen.

¹⁵Wanneer gij van achter Hem u zult afkeren, zo zal Hij wijders voortvaren het te laten in de woestijn; en gij zult al dit volk verderven.

¹⁶Toen traden zij toe tot hem, en zeiden: Wij zullen hier schaapskooien bouwen voor ons vee, en steden voor onze kinderen.

¹⁷Maar wij zelven zullen ons toerusten, haastende voor het aangezicht der kinderen Israels, totdat wij hen aan hun plaats zullen gebracht hebben; en onze kinderenzullen blijven in de vaste steden, vanwege de inwoners des lands.

¹⁸Wij zullen niet wederkeren tot onze huizen, totdat zich de kinderen Israels tot erfelijke bezitters zullen gesteld hebben, een ieder van zijn erfenis.

¹⁹Want wij zullen met hen niet erven aan gene zijde van de Jordaan, en verder heen, als onze erfenis ons toegekomen zal zijn aan deze zijde van de Jordaan, tegen denopgang.

²⁰Toen zeide Mozes tot hen: Indien gij deze zaak doen zult, indien gij u voor het aangezicht des HEEREN zult toerusten ten strijde,

²¹En een ieder van u, die toegerust is, over de Jordaan zal trekken voor het aangezicht des HEEREN, totdat Hij Zijn vijanden voor Zijn aangezicht uit de bezitting zalverdreven hebben.

²²En het land voor het aangezicht des HEEREN ten ondergebracht zij; zo zult gij daarna wederkeren, en onschuldig zijn voor den HEERE en voor Israel, en dit landzal u ter bezitting zijn voor het aangezicht des HEEREN.

²³Indien gij daarentegen alzo niet zult doen, ziet, zo hebt gij tegen den HEERE gezondigd; doch gij zult uw zonde gewaar worden, als zij u vinden zal!

²⁴Bouwt uw steden voor uw kinderen, en kooien voor uw schapen; en doet, wat uit uw mond uitgegaan is.

²⁵Toen spraken de kinderen van Gad en de kinderen van Ruben tot Mozes, zeggende: Uw knechten zullen doen, gelijk als mijn heer gebiedt.

²⁶Onze kinderen, onze vrouwen, onze have en al onze beesten zullen aldaar zijn in de steden van Gilead;

²⁷Maar uw knechten zullen overtrekken, al wie ten heire toegerust is, voor het aangezicht des HEEREN tot den strijd, gelijk als mijn heer gesproken heeft.

²⁸Toen gebood Mozes, hunnenthalve, den priester Eleazar, en Jozua, den zoon van Nun, en den hoofden der vaderen van de stammen der kinderen Israels;

²⁹En Mozes zeide tot hen: Indien de kinderen van Gad, en de kinderen van Ruben, met ulieden over de Jordaan zullen trekken, een ieder, die toegerust is ten oorlog, voor het aangezicht des HEEREN, als het land voor uw aangezicht zal ten ondergebracht zijn; zo zult gij hun het land Gilead ter bezitting geven.

³⁰Maar indien zij niet toegerust met u zullen overtrekken, zo zullen zij tot bezitters gesteld worden in het midden van ulieden in het land Kanaan.

³¹En de kinderen van Gad en de kinderen van Ruben antwoordden, zeggende: Wat de HEERE tot uw knechten gesproken heeft, zullen wij alzo doen.

³²Wij zullen toegerust overtrekken voor het aangezicht des HEEREN naar het land Kanaan; en de bezitting onzer erfenis zullen wij hebben aan deze zijde van deJordaan.

³³Alzo gaf Mozes hunlieden, den kinderen van Gad, en de kinderen van Ruben, en den halven stam van Manasse, den zoon van Jozef, het koninkrijk van Sihon, koningder Amorieten, en het koninkrijk van Og, koning van Bazan; het land met de steden van hetzelve in de landpalen, de steden des lands rondom.

³⁴En de kinderen van Gad bouwden Dibon, en Ataroth, en Aroer,

³⁵En Atroth-Sofan, en Jaezer, en Jogbeha,

³⁶En Beth-Nimra, en Beth-Haran, vaste steden en schaapskooien.

³⁷En de kinderen van Ruben bouwden Hezbon, en Eleale, en Kirjathaim,

³⁸En Nebo, en Baal-Meon, veranderd zijnde van naam, en Sibma; en zij noemden de namen der steden, die zij bouwden, met andere namen.

³⁹En de kinderen van Machir, den zoon van Manasse, gingen naar Gilead, en namen dat in, en zij verdreven de Amorieten, die daarin waren, uit de bezitting.

⁴⁰Zo gaf Mozes Gilead aan Machir, den zoon van Manasse; en hij woonde daarin.

⁴¹Jaïr nu, de zoon van Manasse, ging heen en nam hunlieder dorpen in, en hij noemde die Havvoth-Jair.

⁴²En Nobah ging heen, en nam Kenath in, met haar onderhorige plaatsen, en noemde ze Nobah naar zijn naam.

Hoofdstuk 33

¹Dit zijn de reizen der kinderen Israels, die uit Egypteland uitgetogen zijn, naar hun heiren, door de hand van Mozes en Aaron.

²En Mozes schreef hun uittochten, naar hun reizen, naar den mond des HEEREN; en dit zijn hun reizen, naar hun uittochten.

³Zij reisden dan van Rameses; in de eerste maand, op den vijftienden dag der eerste maand, des anderen daags van het pascha, togen de kinderen Israels uit dooreen hoge hand, voor de ogen van alle Egyptenaren;

⁴Als de Egyptenaars begroeven degenen, welke de HEERE onder hen geslagen had, alle eerstgeborenen; ook had de HEERE gerichten geoefend aan hun goden.

⁵Als de kinderen Israels van Rameses verreisd waren, zo legerden zij zich te Sukkoth.

⁶En zij verreisden van Sukkoth, en legerden zich in Etham, hetwelk aan het einde der woestijn is.

⁷En zij verreisden van Etham, en keerden weder naar Pi-hachiroth, dat tegenover Baal-Sefon is, en zij legerden zich voor Migdol.

⁸En zij verreisden van Hachiroth, en gingen over, door het midden van de zee, naar de woestijn, en zij gingen drie dagreizen in de woestijn Etham, en legerden zich inMara.

⁹En zij verreisden van Mara, en kwamen te Elim; in Elim nu

waren twaalf waterfonteinen en zeventig palmbomen, en zij legerden zich aldaar.

¹⁰En zij verreisden van Elim, en legerden zich aan de Schelfzee.

¹¹En zij verreisden van de Schelfzee, en legerden zich in de woestijn Sin.

¹²En zij verreisden uit de woestijn Sin, en zij legerden zich in Dofka.

¹³En zij verreisden van Dofka, en legerden zich in Aluz.

¹⁴En zij verreisden van Aluz, en legerden zich in Rafidim; doch daar was geen water voor het volk, om te drinken.

¹⁵En zij verreisden van Rafidim, en legerden zich in de woestijn van Sinai.

¹⁶En zij verreisden uit de woestijn van Sinai, en legerden zich in Kibroth-Thaava.

¹⁷En zij verreisden van Kibroth-Thaava, en legerden zich in Hazeroth.

¹⁸En zij verreisden van Hazeroth, en legerden zich in Rithma.

¹⁹En zij verreisden van Rithma, en legerden zich in Rimmon-Perez.

²⁰En zij verreisden van Rimmon-Perez, en legerden zich in Libna.

²¹En zij verreisden van Libna, en legerden zich in Rissa.

²²En zij verreisden van Rissa, en legerden zich in Kehelatha.

²³En zij verreisden van Kehelatha, en legerden zich in het gebergte van Safer.

²⁴En zij verreisden van het gebergte Safer, en legerden zich in Harada.

²⁵En zij verreisden van Harada, en legerden zich in Makheloth.

²⁶En zij verreisden van Makheloth, en legerden zich in Tachath.

²⁷En zij verreisden van Tachath, en legerden zich in Tharah.

²⁸En zij verreisden van Tharah, en legerden zich in Mithka.

²⁹En zij verreisden van Mithka, en legerden zich in Hasmona.

³⁰En zij verreisden van Hasmona, en legerden zich in Moseroth.

³¹En zij verreisden van Moseroth, en legerden zich in Bene-Jaakan.

³²En zij verreisden van Bene-Jaakan, en legerden zich in Hor-Gidgad.

³³En zij verreisden van Hor-gidgad, en legerden zich in Jotbatha.

³⁴En zij verreisden van Jotbatha, en legerden zich in Abrona.

³⁵En zij verreisden van Abrona, en legerden zich in Ezeon-Geber.

³⁶En zij verreisden van Ezeon-Geber, en legerden zich in de woestijn Zin, dat is Kades.

³⁷En zij verreisden van Kades, en legerden zich aan den berg Hor, aan het einde des lands van Edom.

³⁸Toen ging de priester Aaron op den berg Hor, naar den mond des HEEREN, en stierf aldaar, in het veertigste jaar na den uittocht van de kinderen Israels uitEgypteland, in de vijfde maand, op den eersten der maand.

³⁹Aaron nu was honderd drie en twintig jaren oud, als hij stierf op den berg Hor.

⁴⁰En de Kanaaniet, de koning van Harad, die in het zuiden woonde in het land Kanaan, hoorde, dat de kinderen Israels aankwamen.

⁴¹En zij verreisden van den berg Hor, en legerden zich in Zalmona.

⁴²En zij verreisden van Zalmona, en legerden zich in Funon.

⁴³En zij verreisden van Funon, en legerden zich in Oboth.

⁴⁴En zij verreisden van Oboth, en legerden zich aan de heuvelen van Abarim, in de landpale van Moab.

⁴⁵En zij verreisden van de heuvelen van Abarim, en legerden zich in Dibon-Gad.

⁴⁶En zij verreisden van Dibon-Gad, en legerden zich in Almon-Diblathaim.

⁴⁷En zij verreisden van Almon-Diblathaim, en legerden zich in de bergen Abarim, tegen Nebo.

⁴⁸En zij verreisden van de bergen Abarim, en legerden zich in de vlakke velden der Moabieten, aan de Jordaan van Jericho.

⁴⁹En zij legerden zich aan de Jordaan van Beth-Jesimoth, tot aan Abel-Sittim, in de vlakke velden der Moabieten.

⁵⁰En de HEERE sprak tot Mozes, in de vlakke velden der Moabieten, aan de Jordaan van Jericho, zeggende:

⁵¹Spreek tot de kinderen Israels, en zeg tot hen: Wanneer gijlieden over de Jordaan zult gegaan zijn in het land Kanaan;

⁵²Zo zult gij alle inwoners des lands voor uw aangezicht uit de bezitting verdrijven, en al hun beeltenissen verderven; ook zult gij al hun gegotene beelden verderven, enal hun hoogten verdelgen.

⁵³En gij zult het land in erfelijke bezitting nemen, en daarin wonen; want Ik heb u dat land gegeven, om hetzelve erfelijk te bezitten.

⁵⁴En gij zult het land in erfelijke bezitting nemen door het lot, naar uw geslachten; dengenen, die veel zijn, zult gij hun erfenis meerder maken, en dien, die weinig zijn, zult gij hun erfenis minder maken; waarheen voor iemand het lot zal uitgaan, dat zal hij hebben; naar de stammen uwer vaderen zult gij de erfenis nemen.

⁵⁵Maar indien gij de inwoners des lands niet voor uw aangezicht uit de bezitting zult verdrijven, zo zal het geschieden, dat, die gij van hen zult laten overblijven, totdoornen zullen zijn in uw ogen, en tot prikkelen in uw zijden, en u zullen benauwen op het land, waarin gij woont.

⁵⁶En het zal geschieden, dat Ik u zal doen, gelijk als Ik hun dacht te doen.

Hoofdstuk 34

¹Voorts sprak de HEERE tot Mozes, zeggende:

²Gebied den kinderen Israels, en zeg tot hen: Wanneer gij in het land Kanaan ingaat, zo zal dit land zijn, dat u ter erfenis vallen zal, het land Kanaan, naar zijnlandpalen.

³De zuiderhoek nu zal u zijn van de woestijn Zin, aan de zijden van Edom; en de zuider landpale zal u zijn van het einde der Zoutzee tegen het oosten;

⁴En deze landpale zal u omgaan van het zuiden naar den opgang van Akrabbim, en doorgaan naar Zin; en haar uitgangen zullen zijn, van het zuiden naarKades-Barnea; en zij zal uitgaan naar Hazar-Addar, en doorgaan naar Azmon.

⁵Voorts zal deze landpale omgaan van Azmon naar de rivier van Egypte, en haar uitgangen zullen zijn naar de zee.

⁶Aangaande de landpale van het westen, daar zal u de grote zee de landpale zijn; dit zal uw landpale van het westen zijn.

⁷Voorts zal u de landpale van het noorden deze zijn: van de grote zee af zult gij u den berg Hor aftekenen.

⁸Van den berg Hor zult gij aftekenen tot daar men komt te Hamath; en de uitgangen dezer landpale zullen zijn naar Zedad.

⁹En deze landpale zal uitgaan naar Zifron, en haar uitgangen zullen zijn te Hazar-Enan; dit zal u de noorder landpale zijn.

¹⁰Voorts zult gij u tot een landpale tegen het oosten aftekenen van Hazar-Enan naar Sefam.

¹¹En deze landpale zal afgaan van Sefam naar Ribla, tegen het oosten van Ain; daarna zal deze landpale afgaan en strekken langs den oever van de zee Cinnerethoostwaarts.

¹²Voorts zal deze landpale afgaan langs de Jordaan, en haar uitgangen zullen zijn aan de Zoutzee. Dit zal u zijn het land naar zijn landpale rondom.

¹³En Mozes gebood den kinderen Israels, zeggende: Dit is het land, dat gij door het lot ten erve innemen zult, hetwelk de HEERE aan de negen stammen en denhalven stam van Manasse te geven geboden heeft.

¹⁴Want de stam van de kinderen der Rubenieten, naar het huis hunner vaderen, en de stam van de kinderen der Gadieten, naar het huis hunner vaderen, hebbenontvangen; mitsgaders de halve stam van Manasse heeft zijn erfenis ontvangen.

¹⁵Twee stammen en een halve stam hebben hun erfenis ontvangen aan deze zijde van de Jordaan, van Jericho oostwaarts tegen den opgang.

¹⁶Voorts sprak de HEERE tot Mozes, zeggende:

¹⁷Dit zijn de namen der mannen, die ulieden het land ten erve zullen uitdelen: Eleazar, de priester, en Jozua, de zoon van Nun.

¹⁸Daartoe zult gij uit elken stam een overste nemen, om het land ten erve uit te delen.

¹⁹En dit zijn de namen dezer mannen: van de stam van Juda, Kaleb, de zoon van Jefunne;

²⁰En van den stam der kinderen van Simeon, Semuel, zoon van Ammihud;

²¹Van den stam van Benjamin, Elidad, zoon van Chislon;

²²En van den stam der kinderen van Dan, de overste Bukki, zoon van Jogli;

²³Van de kinderen van Jozef: van den stam der kinderen van Manasse, de overste Hanniel, zoon van Efod;

²⁴En van den stam der kinderen van Efraim, de overste Kemuel, zoon van Siftan;

²⁵En van den stam der kinderen van Zebulon, de overste Elizafan, zoon van Parnach;

²⁶En van den stam der kinderen van Issaschar, de overste Paltiel, zoon van Azzan;

²⁷En van den stam der kinderen van Aser, de overste Achihud, zoon van Selomi;

²⁸En van den stam der kinderen van Nafthali, de overste Pedael, zoon van Ammihud.

²⁹Dit zijn ze, dien de HEERE geboden heeft, den kinderen Israels de erfenissen uit te delen, in het land Kanaän.

Hoofdstuk 35

¹En de HEERE sprak tot Mozes, in de vlakke velden der Moabieten, aan de Jordaan van Jericho, zeggende:

²Gebied den kinderen Israels, dat zij van de erfenis hunner bezitting aan de Levieten steden zullen geven om te bewonen; daartoe zult gijlieden aan de Levieten voorsteden geven, aan de steden rondom dezelve.

³En die steden zullen zij hebben om te bewonen; maar hun voorsteden zullen zijn voor hun beesten, en voor hun have, en voor al hun gedierte,

⁴En de voorsteden der steden, die gij aan de Levieten zult geven, zullen van den stadsmuur af, en naar buiten, van duizend ellen zijn rondom.

⁵En gij zult meten van buiten de stad, aan den hoek tegen het oosten, twee duizend ellen, en aan den hoek van het zuiden, twee duizend ellen, en aan den hoek vanhet westen, twee duizend ellen, en aan den hoek van het noorden, twee duizend ellen; dat de stad in het midden zij. Dit zullen zij hebben tot voorsteden van desteden.

⁶De steden nu, die gij aan de Levieten zult geven, zullen zijn zes vrijsteden, die gij geven zult, opdat de doodslager daarheen vliede; en boven dezelve zult gij hun tweeen veertig steden geven.

⁷Al de steden, die gij aan de Levieten geven zult, zullen zijn acht en veertig steden, deze met haar voorsteden.

⁸De steden, die gij van de bezitting der kinderen Israels geven zult, zult gij van dien, die vele heeft, vele nemen, en van dien, die weinig heeft, weinige nemen; eenieder zal naar zijn erfenis, die zij zullen erven, van zijn steden aan de Levieten geven.

⁹Voorts sprak de HEERE tot Mozes, zeggende:

¹⁰Spreek tot de kinderen Israels, en zeg tot hen: Wanneer gij over de Jordaan gaat naar het land Kanaän.

¹¹Zo zult gij maken, dat u steden tegemoet liggen, die u tot vrijsteden zullen zijn; opdat de doodslager daarheen vliede, die een ziel onwetend geslagen heeft.

¹²En deze steden zullen u tot een toevlucht zijn voor den bloed wreker; opdat de doodslager niet sterve, totdat hij voor de vergadering aan het gericht gestaan hebbe.

¹³En deze steden, die gij geven zult, zullen zes vrijsteden voor u zijn.

¹⁴Drie dezer vrijsteden zult gij geven op deze zijde van de Jordaan, en drie dezer steden zult gij geven in het land Kanaän; vrijsteden zullen het zijn.

¹⁵Die zes steden zullen voor de kinderen Israels, en voor den vreemdeling, en den bijwoner in het midden van hen, tot een toevlucht zijn; opdat daarheen vliede, wie een ziel onvoorziens slaat.

¹⁶Maar indien hij hem met een ijzeren instrument geslagen heeft, dat hij gestorven zij, een doodslager is hij; deze doodslager zal zekerlijk gedood worden.

¹⁷Of indien hij hem met een handsteen, waarvan met zoude kunnen sterven, geslagen heeft, dat hij gestorven zij, een doodslager is hij; deze doodslager zal zekerlijk gedood worden.

¹⁸Of indien hij hem met een houten handinstrument, waarvan men zoude kunnen sterven, geslagen heeft, dat hij gestorven zij, een doodslager is hij; deze doodslager zal zekerlijk gedood worden.

¹⁹De wreker des bloeds, die zal den doodslager doden; als hij hem ontmoet, zal hij hem doden.

²⁰Indien hij hem ook door haat zal gestoten hebben, of met opzet op hem geworpen heeft, dat hij gestorven zij;

²¹Of hem door vijandschap met zijn hand geslagen heeft, dat hij gestorven zij; de slager zal zekerlijk gedood worden, een doodslager is hij; de bloedwreker zal dezen doodslager doden, als hij hem ontmoet.

²²Maar indien hij hem met der haast, zonder vijandschap gestoten heeft, of enig instrument zonder opzet op hem geworpen heeft;

²³Of onvoorziens met enigen steen, waarvan men zoude kunnen sterven, en hij dien op hem heeft doen vallen, dat hij gestorven zij, zo hij hem toch geen vijand was, noch zijn kwaad zoekende;

²⁴Zo zal de vergadering richten tussen den slager, en tussen den bloedwreker, naar deze zelve rechten.

²⁵En de vergadering zal den doodslager redden uit den hand des bloedwrekers, en de vergadering zal hem doen wederkeren tot zijn vrijstad, waarheen hij gevloden was; en hij zal daarin blijven tot den dood des hogepriesters, dien men met de heilige olie gezalfd heeft.

²⁶Doch indien de doodslager enigzins zal gaan uit de palen zijner vrijstad, waarheen hij gevloden was,

²⁷En de bloedwreker hem zal vinden buiten de palen zijner vrijstad; zo de bloedwreker den doodslager zal doden, het zal hem geen bloedschuld zijn.

²⁸Want hij zou in zijn vrijstad gebleven zijn tot den dood des hogepriesters; maar na de dood des hogepriesters zal de doodslager wederkeren tot het land zijner bezitting.

²⁹En deze dingen zullen ulieden zijn tot een inzetting van recht, bij uw geslachten, in al uw woningen.

³⁰Al wie de ziel slaat, naar den mond der getuige zal men den doodslager doden, maar een enig getuige zal niet getuigen tegen een ziel, dat zij sterve.

³¹En gij zult geen verzoening nemen voor de ziel des doodslagers, die schuldig is te sterven; want hij zal zekerlijk gedood worden.

³²Ook zult gij geen verzoening nemen voor dien, die gevlucht is naar zijn vrijstad, dat hij zou wederkeren, om te wonen in het land, tot den dood des hoge priesters.

³³Zo zult gij niet ontheiligen het land, waarin gij zijt; want het bloed ontheiligt het land; en voor het land zal geen verzoening gedaan worden over het bloed, dat daarin vergoten is, dan door het bloed desgenen, die dat vergoten heeft.

³⁴Verontreinigt dan het land niet, waarin gij gaat wonen, in welks midden Ik wonen zal; want Ik ben de HEERE, wonende in het midden der kinderen Israels.

Hoofdstuk 36

¹En de hoofden der vaderen van het geslacht de kinderen van Gilead, den zoon van Machir, den zoon van Manasse, uit de geslachten der kinderen van Jozef, tradentoe, en spraken voor het aangezicht van Mozes, en voor het aangezicht der oversten, hoofden van de vaderen der kinderen Israels.

²En zeiden: De HEERE heeft mijn heer geboden, dat land door het lot aan de kinderen Israels in erfenis te geven; en mijn heer is door den HEERE geboden, deerfenis van onzen broeder Zelafead te geven aan zijn dochteren.

³Wanneer zij een van de zonen der andere stammen van de kinderen Israels tot vrouwen zouden worden, zo zou haar erfenis van de erfenis onzer vaderen afgetrokken worden, en toegedaan zijn tot de erfenis van dien stam, aan welken zij geworden zouden; alzo zou van het lot onzer erfenis worden afgetrokken.

⁴Als ook de kinderen Israels een jubeljaar zullen hebben, zo zou haar erfenis toegedaan zijn tot de erfenis van dien stam, aan welken zij zouden geworden zijn; alzo zou haar erfenis van de erfenis van den stam onzer vaderen afgetrokken worden.

⁵Toen gebood Mozes den kinderen Israels, naar des HEEREN mond, zeggende: De stam der kinderen van Jozef spreekt recht.

⁶Dit is het woord, dat de HEERE van de dochteren van Zelafead geboden heeft, zeggende: Laat zij dien tot vrouwen worden, die in haar ogen goed zal zijn; alleenlijk, dat zij aan het geslacht van haars vaders stam tot vrouwen worden.

⁷Zo zal de erfenis van de kinderen Israels niet omgewend worden van stam tot stam; want de kinderen Israels zullen aanhangen, een ieder aan de erfenis van denstam zijner vaderen.

⁸Voorts zal elke dochter, die een erfenis erft, van de stammen der kinderen Israels, ter vrouw worden aan een van het geslacht van den stam haars vaders; opdat de kinderen Israels erfelijk bezitten, een ieder de erfenis zijner vaderen.

⁹Zo zal de erfenis niet omgewend worden van den enen stam tot den anderen; want de stammen der kinderen Israels zullen aanhangen, een ieder aan zijn erfenis.

¹⁰Gelijk als de HEERE Mozes geboden had, alzo deden de dochteren van Zelafead;

¹¹Want Machla, Thirza, en Hogla, en Milka, en Noa, dochteren van Zelafead, zijn den zonen harer ooms tot vrouwen geworden.

¹²Onder de geslachten van de kinderen van Manasse, den zoon van Jozef, zijn zij tot vrouwen geworden; alzo bleef haar erfenis aan den stam van het geslacht haars vaders.

Deuteronomium

Hoofdstuk 1

¹Dit zijn de woorden, die Mozes tot gans Israel gesproken heeft, aan deze zijde van de Jordaan, in de woestijn, op het vlakke veld tegenover Suf, tussen Paran entussen Tofel, en Laban, en Hazeroth, en Dizahab.

²Elf dag reizen zijn het van Horeb, door den weg van het gebergte Seir, tot aan Kades-Barnea.

³En het is geschied in het veertigste jaar, in de elfde maand, op den eersten der maand, dat Mozes sprak tot de kinderen Israels, naar alles wat hem de HEERE aanhen bevolen had;

⁴Nadat hij geslagen had Sihon, den koning der Amorieten, die te Hesbon woonde, en Og, den koning van Bazan, welke woonde in Astharoth, te Edrei.

⁵Aan deze zijde van de Jordaan, in het land van Moab, hief Mozes aan, deze wet uit te leggen, zeggende:

⁶De HEERE, onze God, sprak tot ons aan Horeb, zeggende: Gij zijt lang genoeg bij dezen berg gebleven.

⁷Keert u, en vertrekt, en gaat in het gebergte der Amorieten, en tot al hun geburen, in het vlakke veld, op het gebergte, en in de laagte, en in het zuiden, en aan dehavens der zee; het land der Kanaänieten, en den Libanon, tot aan die grote rivier, de rivier Frath.

⁸Ziet, Ik heb dat land gegeven voor uw aangezicht; gaat daarin, en bezit erfelijk het land, dat de HEERE aan uw vaderen, Abraham, Izak en Jakob gegeven heeft, dat Hij het hun en hun zaad na hen geven zou.

⁹En ik sprak ter zelfder tijd tot u, zeggende: Ik alleen zal u niet kunnen dragen.

¹⁰De HEERE, uw God, heeft u vermenigvuldigd, en ziet, gij zijt heden als de sterren des hemels in menigte.

¹¹De HEERE, uwer vaderen God, doe tot u, zo als gij nu zijt, duizendmaal meer, en Hij zegene u, gelijk als Hij tot u gesproken heeft!

¹²Hoe zoude ik alleen uw moeite, en uw last, en uw twistzaken dragen?

¹³Neemt u wijze, en verstandige, en ervarene mannen, van uw stammen, dat ik hen tot uw hoofden stelle.

¹⁴Toen antwoorddet gij mij, en zeidet: Dit woord is goed, dat gij gesproken hebt, om te doen.

¹⁵Zo nam ik de hoofden uwer stammen, wijze en ervarene mannen, en stelde hen tot hoofden over u, oversten van duizenden, en oversten van honderden, en oversten van vijftigen, en oversten van tienen, en ambtlieden voor uw stammen.

¹⁶En ik gebood uw rechters ter zelfder tijd, zeggende: Hoort de verschillen tussen uw broederen, en richt recht tussen den man en tussen zijn broeder, en tussendeszelfs vreemdeling.

¹⁷Gij zult het aangezicht in het gericht niet kennen; gij zult den kleine, zowel als den grote, horen; gij zult niet vrezen voor iemands aangezicht; want het gericht isGodes; doch de zaak, die voor u te zwaar zal zijn, zult gij tot mij doen komen, en ik zal ze horen.

¹⁸Alzo gebood ik u te dier tijd alle zaken, die gij zoudt doen.

¹⁹Toen vertogen wij van Horeb, en doorwandelden die gans grote en vreselijke woestijn, die gij gezien hebt, op den weg van het gebergte der Amorieten, gelijk deHEERE, onze God, ons geboden had; en wij kwamen tot Kades-Barnea.

²⁰Toen zeide ik tot ulieden: Gij zijt gekomen tot het gebergte der Amorieten, dat de HEERE, onze God, ons geven zal.

²¹Ziet, de HEERE, uw God, heeft dat land gegeven voor uw aangezicht; trekt op, bezit het erfelijk, gelijk als de HEERE, uwer vaderen God, tot u gesproken heeft;vreest niet, en ontzet u niet.

²²Toen naderdet gij allen tot mij, en zeidet: Laat ons mannen voor ons aangezicht heenzenden, die ons het land uitspeuren, en ons bescheid wederbrengen, wat wegwij daarin optrekken zullen, en tot wat steden wij komen zullen.

²³Deze zaak nu was goed in mijn ogen; zo nam ik uit u twaalf mannen, van elken stam een man.

²⁴Die keerden zich, en togen op naar het gebergte, en kwamen tot het dal Eskol, en verspiedden datzelve.

²⁵En zij namen van de vrucht des lands in hun hand, en brachten ze tot ons af, en zeiden ons bescheid weder, en zeiden: Het land, dat de HEERE, onze God, onsgeven zal, is goed.

²⁶Doch gij wildet niet optrekken; maar gij waart den mond des HEEREN uws Gods, wederspannig.

²⁷En gij murmureerdet in uw tenten, en zeidet: Omdat de HEERE ons haat, heeft Hij ons uit Egypteland uitgevoerd, opdat Hij ons levere in de hand der Amorieten, omons te verdelgen.

²⁸Waarheen zouden wij optrekken? Onze broeders hebben ons hart doen smelten, zeggende: Het is een volk, groter en langer dan wij; de steden zijn groot, en gesterkttot in de hemel toe; ook hebben wij daar kinderen der Enakieten gezien.

²⁹Toen zeide ik tot u: Verschrikt niet, en vreest niet voor hen.

³⁰De HEERE, uw God, Die voor uw aangezicht wandelt, Die zal voor u strijden, naar alles, wat Hij bij u voor uw ogen gedaan heeft in Egypte.

³¹En in de woestijn, waar gij gezien hebt, dat de HEERE uw God, u daarin gedragen heeft, als een man zijn zoon draagt, op al den weg, dien gij gewandeld hebt, totdatgij kwaamt aan deze plaats.

³²Maar door dit woord geloofdet gij niet aan den HEERE, uw God.

³³Die voor uw aangezicht op den weg wandelde, om u de plaats uit te zien, waar gij zoudt legeren; des nachts in het vuur, opdat Hij u den weg wees, waarin gij zoudtgaan, en des daags in de wolk.

³⁴Als nu de HEERE de stem uwer woorden hoorde, zo werd Hij zeer toornig, en zwoer, zeggende:

³⁵Zo iemand van deze mannen, van dit kwade geslacht, zal zien dat goede land, hetwelk Ik gezworen heb uw vaderen te zullen geven!

³⁶Behalve Kaleb, de zoon van Jefunne; die zal het zien, en aan hem zal Ik het land geven, waarop hij getreden heeft, en aan zijn kinderen; omdat hij volhard heeft denHEERE te volgen.

³⁷Ook vertoornde zich de HEERE op mij om uwentwil, zeggende: Gij zult daar ook niet inkomen.

³⁸Jozua, de zoon van Nun, die voor uw aangezicht staat, die zal daarin komen; sterk denzelven, want hij zal het Israel doen erven.

³⁹En uw kinderkens, waarvan gij zeidet: Zij zullen tot een roof zijn; en uw kinderen, die heden noch goed noch kwaad weten, die zullen daarin komen, en dien zal Ikhet geven, en die zullen het erfelijk bezitten.

⁴⁰Gij daarentegen, keert u, en reist naar de woestijn, den weg van de Schelfzee.

⁴¹Toen antwoorddet gij, en zeidet tot mij: Wij hebben tegen den HEERE gezondigd; wij zullen optrekken, en strijden, naar alles, wat de HEERE, onze God, onsgeboden heeft. Als gij nu een iegelijk zijn krijgsgereedschap aangorddet, en willens waart, om naar het gebergte henen op te trekken,

⁴²Zo zeide de HEERE tot mij: Zeg hun: Trekt niet op, en strijdt niet, want Ik ben niet in het midden van u; opdat gij niet voor het aangezicht uwer vijanden geslagenwordet.

⁴³Doch als ik tot u sprak, zo hoordet gij niet, maar waart den mond des HEEREN wederspannig, en handeldet trotselijk, en toogt op naar het gebergte.

⁴⁴Toen togen de Amorieten uit, die op dat gebergte woonden, u tegemoet, en vervolgden u, gelijk als de bijen doen; en zij verpletterden u in Seir tot Horma toe.

⁴⁵Als gij nu wederkwaamt en weendet voor het aangezicht des HEEREN, zo verhoorde de HEERE uw stem niet, en neigde Zijn oren niet tot u.

Hoofdstuk 2

¹Daarna keerden wij ons, en reisden naar de woestijn, den weg van de Schelfzee, gelijk de HEERE tot mij gesproken had, en wij togen om het gebergte Seir, veledagen.

²Toen sprak de HEERE tot mij, zeggende:

³Gijlieden hebt dit gebergte genoeg omgetogen; keert u naar het noorden;

⁴En gebied het volk, zeggende: Gij zult doortrekken aan de landpale uwer broederen, de kinderen van Ezau, die in Seir wonen; zij zullen wel voor u vrezen; maar gijzult u zeer wachten.

⁵Mengt u niet met hen; want Ik zal u van hun land niet geven, ook niet tot de betreding van een voetzool; want Ik heb Ezau het gebergte Seir ter erfenis gegeven.

⁶Spijze zult gij voor geld van hen kopen, dat gij etet; en ook zult gij water voor geld van hen kopen, dat gij drinket.

⁷Want de HEERE, uw God, heeft u gezegend in al het werk uwer hand; Hij kent uw wandelen door deze zo grote woestijn; deze veertig jaren is de HEERE, uwGod, met u geweest; geen ding heeft u ontbroken.

⁸Als wij nu doorgetrokken waren van onze broederen, de kinderen van Ezau, die in Seir woonden, van den weg des vlakken velds, van Elath, en van Ezeon-Geber, zokeerden wij ons, en doortogen den weg der woestijn van Moab.

⁹Toen sprak de HEERE tot mij: Beangstig Moab niet, en meng u

Deuteronomium

niet met hen in den strijd; want Ik zal u geen erfenis van hun land geven, dewijl Ik aan Lotskinderen Ar ter erfenis gegeven heb.

¹⁰De Emieten woonden te voren daarin, een groot, en menigvuldig, en lang volk, gelijk de Enakieten.

¹¹Dezen werden ook voor reuzen gehouden, als de Enakieten; en de Moabieten noemden hen Emieten.

¹²Ook woonden de Horieten te voren in Seir; maar de kinderen van Ezau verdreven hen uit de bezitting en verdelgden hen van hun aangezicht, en hebben in hunliederplaats gewoond; gelijk als Israel gedaan heeft aan het land zijner erfenis, hetwelk de HEERE hun gegeven heeft.

¹³Nu, maakt u op, en trekt over de beek Zered. Alzo trokken wij over de beek Zered.

¹⁴De dagen nu, die wij gewandeld hebben van Kades-Barnea, totdat wij over de beek Zered getogen zijn, waren acht en dertig jaren; totdat het ganse geslacht derkrijgslieden uit het midden der heirlegers verteerd was, gelijk de HEERE hun gezworen had.

¹⁵Zo was ook de hand des HEEREN tegen hen, om hen uit het midden des heirlegers te verslaan, totdat zij verteerd waren.

¹⁶En het geschiedde, als al de krijgslieden verteerd waren, uit het midden des heirlegers wegstervende,

¹⁷Dat de HEERE tot mij sprak, zeggende:

¹⁸Gij zult heden doortrekken aan Ar, de landpale van Moab;

¹⁹En gij zult naderen tegenover de kinderen Ammons; beangstig die niet, en meng u met hen niet; want Ik zal u van het land der kinderen Ammons geen erfenisgeven, dewijl Ik het aan Lots kinderen ter erfenis gegeven heb.

²⁰Dit werd ook voor een land der reuzen gehouden; de reuzen woonden te voren daarin, en de Ammonieten noemden hen Zamzummieten;

²¹Een groot, en menigvuldig, en lang volk, als de Enakieten; en de HEERE verdelgde hen voor hun aangezicht, zodat zij hen uit de bezitting verdreven, en aanhunlieder plaats woonden;

²²Gelijk als Hij aan de kinderen van Ezau, die in Seir wonen, gedaan heeft, voor welker aangezicht Hij de Horieten verdelgde; en zij verdreven hen uit de bezitting, enhebben aan hun plaats gewoond tot op dezen dag.

²³Ook hebben de Kafthorieten, die uit Kafthor uittogen, de Avieten, die in Hazerim tot Gaza toe woonden, verdelgd, en aan hun plaats gewoond.

²⁴Maakt u op, reist heen, en gaat over de beek Arnon; ziet, Ik heb Sihon, den koning van Hesbon, den Amoriet, en zijn land, in uw hand gegeven; begint te erven, enmengt u met hen in den strijd.

²⁵Te dezen dage zal Ik beginnen uw schrik en uw vreze te geven over het aangezicht der volken, onder den gansen hemel; die uw gerucht zullen horen, die zullensidderen, en bang zijn van uw aangezicht.

²⁶Toen zond ik boden uit de woestijn Kedemot tot Sihon, den koning van Hesbon, met woorden van vrede, zeggende:

²⁷Laat mij door uw land doortrekken; ik zal alleenlijk langs den weg voorttrekken; ik zal noch ter rechterhand noch ter linkerhand uitwijken.

²⁸Verkoop mij spijze voor geld, dat ik ete, en geef mij water voor geld, dat ik drinke; alleenlijk laat mij op mijn voeten doortrekken.

²⁹Gelijk de kinderen van Ezau, die in Seir wonen, en de Moabieten, die in Ar wonen, mij gedaan hebben; totdat ik over de Jordaan kome in het land, dat de HEERE, onze God, ons geven zal.

³⁰Maar Sihon, de koning van Hesbon, wilde ons door hetzelve niet laten doortrekken; want de HEERE,, uw God, verhardde zijn geest, en verstokte zijn hart, opdat Hijhem in uw hand gave, gelijk het is te dezen dage.

³¹En de HEERE zeide tot mij: Zie, Ik heb begonnen Sihon en zijn land voor uw aangezicht te geven; begin dan te erven, om zijn land erfelijk te bezitten.

³²En Sihon toog uit ons tegemoet, hij en al zijn volk, ten strijde, naar Jahaz.

³³En de HEERE, onze God, gaf hem voor ons aangezicht; en wij sloegen hem, en zijn zonen, en al zijn volk.

³⁴En wij namen te dier tijd al zijn steden in, en wij verbanden alle steden, mannen, en vrouwen, en kinderkens; wij lieten niemand overblijven.

³⁵Het vee alleen roofden wij voor ons, en den roof der steden, die wij innamen.

³⁶Van Aroer af, dat aan den oever der beek Arnon is, en de stad, die aan de beek is, ook tot Gilead toe, was er geen stad, die voor ons te hoog was; de HEERE, onzeGod, gaf dat alles voor ons aangezicht.

³⁷Behalve tot het land van de kinderen Ammons naderdet gij niet, noch tot de ganse streek der beek Jabbok, noch tot de steden van het gebergte, noch tot iets, dat deHEERE, onze God, ons verboden had.

Hoofdstuk 3

¹Daarna keerden wij ons en togen op, den weg van Bazan; en Og, de koning van Bazan, trok uit ons tegemoet, hij en al zijn volk, ten strijde bij Edrei.

²Toen zeide de HEERE tot mij: Vrees hem niet, want Ik heb hem, en al zijn volk, en zijn land, in uw hand gegeven; en gij zult hem doen, gelijk als gij Sihon, denkoning der Amorieten, die te Hesbon woonde, gedaan hebt.

³En de HEERE, onze God, gaf ook Og, den koning van Bazan, en al zijn volk, in onze hand, zodat wij hem sloegen, totdat wij hem niemand lieten overblijven.

⁴En wij namen te dier tijd al zijn steden; er was geen stad, die wij van hen niet namen: zestig steden, de ganse landstreek van Argob, het koninkrijk van Og in Bazan.

⁵Al die steden waren met hoge muren, poorten en grendelen gesterkt, behalve zeer vele onbemuurde steden.

⁶En wij verbanden dezelve, gelijk wij Sihon, den koning van Hesbon, gedaan hadden, verbannende alle steden, mannen, vrouwen en kinderen.

⁷Doch al het vee en den roof van die steden roofden wij voor ons.

⁸Zo namen wij te dier tijd het land uit de hand van de twee koningen der Amorieten, die aan deze zijde van de Jordaan waren, van de beek Arnon tot den bergHermon toe;

⁹(De Zidoniers noemen Hermon Sirjon; maar de Amorieten noemen hem Senir.)

¹⁰Al de steden des platten lands, en het ganse Gilead, en het ganse Bazan, tot Salcha en Edrei toe; steden des koninkrijks van Og in Bazan.

¹¹Want Og, de koning van Bazan, was alleen van de overigen der reuzen overgebleven; ziet, zijn bedstede, zijnde een bedstede van ijzer, is zij niet te Rabba derkinderen Ammons? Negen ellen is haar lengte, en vier ellen haar breedte, naar eens mans elleboog.

¹²Ditzelfde land nu namen wij te dier tijd in bezit; van Aroer af, dat aan de beek Arnon is, en de helft van het gebergte van Gilead, met de steden van hetzelve, gaf ikaan de Rubenieten en Gadieten.

¹³En het overige van Gilead, mitsgaders het ganse Bazan, het koninkrijk van Og, gaf ik aan den halven stam van Manasse, de ganse landstreek van Argob, door hetganse Bazan; datzelve werd genoemd het land der reuzen.

¹⁴Jair, de zoon van Manasse, kreeg de ganse landstreek van Argob, tot aan de landpale der Gezurieten en Maachathieten; en hij noemde ze naar zijn naam, BazanHavvoth-Jair, tot op dezen dag.

¹⁵En aan Machir gaf ik Gilead.

¹⁶Maar aan de Rubenieten en Gadieten gaf ik van Gilead af tot aan de beek Arnon, het midden van de beek en de landpale; en tot aan de beek Jabbok, de landpaleder kinderen Ammons;

¹⁷Daartoe het vlakke veld, en de Jordaan, mitsgaders de landpale; van Cinnereth af tot aan de zee des vlakken velds, de Zoutzee, onder Asdoth-Pisga tegen hetoosten.

¹⁸Voorts gebood ik ulieden ter zelfder tijd, zeggende: De HEERE, uw God, heeft u dit land gegeven om het te erven; allen dan, die strijdbare mannen zijt, trektgewapend door voor het aangezicht van uw broederen, de kinderen Israels.

¹⁹Behalve uw vrouwen, en uw kinderkens, en uw vee (ik weet, dat gij veel vee hebt), zij zullen blijven in uw steden, die ik u gegeven heb;

²⁰Totdat de HEERE uw broederen rust geve, gelijk ulieden, dat zij ook erven het land, dat de HEERE, uw God, hun geven zal aan gene zijde van de Jordaan; dan zultgij wederkeren, elk tot zijn erfenis, die ik u gegeven heb.

²¹Ook gebood ik Jozua ter zelfder tijd, zeggende: Uw ogen zien alles, wat de HEERE, ulieder God, aan deze twee koningen gedaan heeft; alzo zal de HEERE aan allekoninkrijken doen, naar welke gij henen doortrekt.

²²Vreest ze niet; want de HEERE, uw God, strijdt voor ulieden.

²³Ook bad ik den HEERE om genade, zeggende ter zelfder tijd:

²⁴Heere HEERE! Gij hebt begonnen Uw knecht te tonen Uw grootheid en Uw sterke hand; want wat God is er in den hemel en op de aarde, die doen kan naar Uwwerken, en naar Uw mogendheden!

²⁵Laat mij toch overtrekken, en dat goede land bezien, dat aan gene zijde van de Jordaan is, dat goede gebergte, en den Libanon!

²⁶Doch de HEERE verstoorde zich zeer om uwentwille over mij, en hoorde niet naar mij; maar de HEERE zeide tot mij: Het zij u genoeg; spreek niet meer tot Mijvan deze zaak.

²⁷Klim op de hoogte van Pisga, en hef uw ogen op naar het westen, en naar het noorden, en naar het zuiden, en naar het oosten, en zie toe met uw ogen; want gij zultover deze Jordaan niet gaan.

²⁸Gebied dan Jozua, en versterk hem, en bekrachtig hem; want hij zal voor het aangezicht van dit volk henen overgaan, en zal hun dat

land, dat gij zien zult, doenerven.

²⁹Alzo bleven wij in dit dal tegenover Beth-Peor.

Hoofdstuk 4

¹Nu dan, Israel! hoor naar de inzettingen en naar de rechten, die ik ulieden lere te doen; opdat gij leeft, en henen inkomt, en erft het land, dat de HEERE, uwervaderen God, u geeft.

²Gij zult tot dit woord, dat ik u gebiede, niet toedoen, ook daarvan niet afdoen; opdat gij bewaart de geboden van den HEERE, uw God, die ik u gebiede.

³Uw ogen hebben gezien, wat God om Baal-Peor gedaan heeft; want alle man, die Baal-Peor navolgde, dien heeft de HEERE, uw God, uit het midden van uverdaan.

⁴Gij daarentegen, die den HEERE, uw God, aanhingt, gij zijt heden allen levende.

⁵Ziet, ik heb u geleerd de inzettingen en rechten, gelijk als de HEERE, mijn God, mij geboden heeft; opdat gij alzo doet in het midden des lands, waar gij naar toe gaat, om het te erven.

⁶Behoudt ze dan, en doet ze; want dat zal uw wijsheid en uw verstand zijn voor de ogen der volken, die al deze inzettingen horen zullen, en zeggen: Dit groot volkalleen is een wijs en verstandig volk!

⁷Want wat groot volk is er, hetwelk de goden zo nabij zijn als de HEERE, onze God, zo dikwijls als wij Hem aanroepen?

⁸En wat groot volk is er, dat zo rechtvaardige inzettingen en rechten heeft, als deze ganse wet is, die ik heden voor uw aangezicht geef?

⁹Alleenlijk wacht u, en bewaart uw ziel wel, dat gij niet vergeet de dingen, die uw ogen gezien hebben; en dat zij niet van uw hart wijken, al de dagen uws levens; engij zult ze aan uw kinderen en uw kindskinderen bekend maken.

¹⁰Ten dage, als gij voor het aangezicht des HEEREN, uws Gods, aan Horeb stondt, als de HEERE tot mij zeide: Vergader Mij dit volk, en Ik zal hun Mijn woordendoen horen, die zij zullen leren, om Mij te vrezen al de dagen, die zij op den aardbodem zullen leven, en zij zullen ze hun kinderen leren;

¹¹En gijlieden naderdet en stondt beneden dien berg; (die berg nu brandde van vuur, tot aan het midden des hemels; er was duisternis, wolken en donkerheid).

¹²Zo sprak de HEERE tot u uit het midden des vuurs; gij hoordet de stem der woorden; maar gij zaagt geen gelijkenis, behalve de stem.

¹³Toen verkondigde Hij u Zijn verbond, dat Hij u gebood te doen, de tien woorden, en schreef ze op twee stenen tafelen.

¹⁴Ook gebood mij de HEERE ter zelver tijd, dat ik u inzettingen en rechten leren zou; opdat gij die deedt in dat land, naar hetwelk gij doortrekt, om dat te erven.

¹⁵Wacht u dan wel voor uw zielen; want gij hebt geen gelijkenis gezien, ten dage als de HEERE op Horeb uit het midden des vuurs tot u sprak;

¹⁶Opdat gij u niet verderft, en maakt u iets gesnedens, de gelijkenis van enig beeld, van mannelijk of vrouwelijk gedaante,

¹⁷De gedaante van enig beest, dat op de aarde is; de gedaante van enigen gevleugelden vogel, die door den hemel vliegt;

¹⁸De gedaante van iets, dat op den aardbodem kruipt; de gedaante van enigen vis, die in het water is, onder de aarde;

¹⁹Dat gij ook uw ogen niet opheft naar den hemel, en aanziet de zon, en de maan, en de sterren, des hemels ganse heir; en wordt aangedreven, dat gij u voor die buigt, en hen dient; dewelke de HEERE uw God, aan alle volken onder den gansen hemel heeft uitgedeeld.

²⁰Maar ulieden heeft de HEERE aangenomen, en uit den ijzeroven, uit Egypte, uitgevoerd; opdat gij Hem tot een erfvolk zoudt zijn, gelijk het te dezen dage is.

²¹Ook vertoornde Zich de HEERE over mij, om ulieder woorden, en Hij zwoer, dat ik over de Jordaan niet zou gaan, en dat ik niet zou komen in dat goede land, datde HEERE, uw God, u ter erfenis geven zal.

²²Want ik zal in dit land sterven; ik zal over de Jordaan niet gaan; maar gij zult er overgaan, en datzelve goede land erven.

²³Wacht u, dat gij het verbond des HEEREN, uws Gods, hetwelk Hij met u gemaakt heeft, niet vergeet, dat gij u een gesneden beeld zoudt maken, de gelijkenis vaniets, dat de HEERE, uw God, u verboden heeft.

²⁴Want de HEERE, uw God, is een verterend vuur, een ijverig God.

²⁵Wanneer gij nu kinderen en kindskinderen gewonnen zult hebben, en in het land oud geworden zult zijn, en u zult verderven, dat gij gesneden beelden maakt, degelijkenis van enig ding, en doet, wat kwaad is in de ogen des HEEREN, uws Gods, om Hem tot toorn te verwekken;

²⁶Zo roep ik heden den hemel en de aarde tot getuige tegen ulieden, dat gij voorzeker haast zult omkomen van dat land, waar gij over de Jordaan naar toe trekt, omdatte erven; gij zult uw dagen daarin niet verlengen, maar ganselijk verdelgd worden.

²⁷En de HEERE zal u verstrooien onder de volken; en gij zult een klein volksken in getal overblijven onder de heidenen, waar de HEERE u henen leiden zal.

²⁸En aldaar zult gij goden dienen, die des mensen handenwerk zijn, hout en steen, die niet zien, noch horen, noch eten, noch rieken.

²⁹Dan zult gij van daar den HEERE, uw God, zoeken, en vinden; als gij Hem zoeken zult met uw ganse hart en met uw ganse ziel.

³⁰Wanneer gij in angst zult zijn, en u al deze dingen zullen treffen; in het laatste der dagen, dan zult gij wederkeren tot den HEERE, uw God, en Zijn stem gehoorzaamzijn.

³¹Want de HEERE, uw God, is een barmhartig God; Hij zal u niet verlaten, noch u verderven; en Hij zal het verbond uwer vaderen, dat Hij hun gezworen heeft, nietvergeten.

³²Want, vraag toch naar de vorige dagen, die voor u geweest zijn, van dien dag af, dat God den mens op de aarde geschapen heeft, van het ene einde des hemels totaan het andere einde des hemels, of zulk een groot ding geschied of gehoord zij, als dit:

³³Of een volk gehoord hebbe de stem van God, sprekende uit het midden des vuurs, gelijk als gij gehoord hebt, en levend zij gebleven?

³⁴Of: of God verzocht heeft te gaan, om Zich een volk uit het midden eens volks aan te nemen, door verzoekingen, door tekenen, en door wonderen, en door strijd, endoor een sterke hand, en door een uitgestrekten arm, en met grote verschrikkingen; naar al hetgeen de HEERE, uw God, ulieden voor uw ogen in Egypte gedaanheeft?

³⁵U is het getoond, opdat gij wetet, dat de HEERE die God is; er is niemand meer dan Hij alleen!

³⁶Van den hemel heeft Hij u Zijn stem laten horen, om u te onderwijzen; en op de aarde heeft Hij u Zijn groot vuur doen zien; en gij hebt Zijn woorden uit het middendes vuurs gehoord.

³⁷En omdat Hij uw vaderen liefhad, en hun zaad na hen verkoren had, zo heeft Hij u voor Zijn aangezicht door Zijn grote kracht uit Egypte uitgevoerd;

³⁸Om volken, die groter en machtiger waren dan gij, voor uw aangezicht uit de bezitting te verdrijven; om u in te brengen, dat Hij u hunlieder land ter erfenis gave, alshet te dezen dage is.

³⁹Zo zult gij heden weten, en in uw hart hervatten, dat de HEERE die God is, boven in den hemel, en onder op de aarde, niemand meer!

⁴⁰En gij zult houden Zijn inzettingen en Zijn geboden, die ik u heden gebiede, opdat het u en uw kinderen na u welga, en opdat gij de dagen verlengt in het land, dat deHEERE, uw God, u geeft, voor altoos.

⁴¹Toen scheidde Mozes drie steden uit, aan deze zijde van de Jordaan, tegen den opgang der zon;

⁴²Opdat daarheen vlood de doodslager, die zijn naaste onwetende doodslaat, dien hij van gisteren en eergisteren niet haatte; dat hij in een van deze steden vlood enleven bleef;

⁴³Bézer in de woestijn, in het effen land, voor de Rubenieten; en Ramoth in Gilead, voor de Gadieten; en Golan in Bazan, voor de Manassieten.

⁴⁴Dit is nu de wet, die Mozes de kinderen Israels voorstelde:

⁴⁵Dit zijn de getuigenissen, en de inzettingen, en de rechten, die Mozes sprak tot de kinderen Israels, als zij uit Egypte waren uitgetogen;

⁴⁶Aan deze zijde van de Jordaan, in het dal tegenover Beth-Peor, in het land van Sihon, den koning der Amorieten, die te Hesbon woonde; welken Mozes sloeg, en dekinderen Israels, als zij uit Egypte waren uitgetogen;

⁴⁷En zijn land in bezitting genomen hadden; daartoe het land van Og, koning van Bazan; twee koningen der Amorieten, die aan deze zijde van de Jordaan waren, tegenden opgang der zon;

⁴⁸Van Aroer af, dat aan den oever der beek Arnon is, tot aan den berg Sion, welke is Hermon;

⁴⁹En al het vlakke veld, aan deze zijde van de Jordaan, naar het oosten, tot aan de zee des vlakken velds, onder Asdoth-Pisga.

Hoofdstuk 5

¹En Mozes riep het ganse Israel, en zeide tot hen: Hoor, Israel! de inzettingen en rechten, die ik heden voor uw oren spreek, dat gij ze leert en waarneemt, omdezelve te doen.

²De HEERE, onze God, heeft een verbond met ons gemaakt aan Horeb.

³Met onze vaderen heeft de HEERE dit verbond niet gemaakt, maar met ons, wij die hier heden allen levend zijn.

⁴Van aangezicht tot aangezicht heeft de HEERE met u op den berg

Deuteronomium

gesproken uit het midden des vuurs,

⁵(Ik stond te dier tijd tussen den HEERE en tussen u, om u des HEEREN woord aan te zeggen; want gij vreesdet voor het vuur en klomt niet op den berg) zeggende:

⁶Ik ben de HEERE, uw God, Die u uit Egypteland, uit het diensthuis uitgeleid heb.

⁷Gij zult geen andere goden voor Mijn aangezicht hebben.

⁸Gij zult u geen gesneden beeld maken, noch enige gelijkenis, van hetgeen boven in den hemel, of onder op de aarde is; of in het water onder de aarde is;

⁹Gij zult u voor die niet buigen, noch hen dienen; want Ik, de HEERE, uw God, ben een ijverig God, Die de misdaad der vaderen bezoek aan de kinderen, en aan het derde, en aan het vierde lid dergenen, die Mij haten;

¹⁰En doe barmhartigheid aan duizenden dergenen, die Mij liefhebben, en Mijn geboden onderhouden.

¹¹Gij zult den Naam des HEEREN, uws Gods, niet ijdellijk gebruiken; want de HEERE zal niet onschuldig houden dengene, die Zijn Naam ijdellijk gebruikt.

¹²Onderhoudt den sabbatdag, dat gij dien heiligt; gelijk als de HEERE, uw God, u geboden heeft.

¹³Zes dagen zult gij arbeiden, en al uw werk doen;

¹⁴Maar de zevende dag is de sabbat des HEEREN, uws Gods; dan zult gij geen werk doen, gij, noch uw zoon, noch uw dochter, noch uw dienstknecht, noch uw dienstmaagd, noch uw os, noch uw ezel, noch enig van uw vee, noch de vreemdeling, die in uw poorten is; opdat uw dienstknecht, en uw dienstmaagd ruste, gelijk als gij.

¹⁵Want gij zult gedenken, dat gij een dienstknecht in Egypteland geweest zijt, en dat de HEERE, uw God, u van daar heeft uitgeleid door een sterke hand en een uitgestrekten arm; daarom heeft u de HEERE, uw God, geboden, dat gij den sabbatdag houden zult.

¹⁶Eert uw vader, en uw moeder, gelijk als de HEERE, uw God, u geboden heeft, opdat uw dagen verlengd worden, en opdat het u welga in het land, dat u de HEERE, uw God, geven zal.

¹⁷Gij zult niet doodslaan.

¹⁸En gij zult geen overspel doen.

¹⁹En gij zult niet stelen.

²⁰En gij zult geen valse getuigenis spreken tegen uw naaste.

²¹En gij zult niet begeren uws naasten vrouw; en gij zult u niet laten gelusten uws naasten huis, zijn akker, noch zijn dienstknecht, noch zijn dienstmaagd, zijn os, noch zijn ezel, noch iets, dat uws naasten is.

²²Deze woorden sprak de HEERE tot uw ganse gemeente, op den berg, uit het midden des vuurs, der wolk en der donkerheid, met een grote stem, en deed daar niets toe; Hij schreef ze op twee stenen tafelen, en gaf ze mij.

²³En het geschiedde, als gij die stem uit het midden der duisternis hoordet, en de berg van vuur brandde, zo naderdet gij tot mij, alle hoofden uwer stammen, en uw oudsten,

²⁴En zeidet: Zie, de HEERE, onze God, heeft ons Zijn heerlijkheid en Zijn grootheid laten zien, en wij hebben Zijn stem gehoord uit het midden des vuurs; dezen dag hebben wij gezien, dat God met den mens spreekt, en dat hij levend blijft.

²⁵Maar nu, waarom zouden wij sterven? Want dit grote vuur zou ons verteren; indien wij voortvoeren de stem des HEEREN, onzes Gods, langer te horen, zo zouden wij sterven.

²⁶Want wie is er van alle vlees, die de stem des levenden Gods, sprekende uit het midden des vuurs, gehoord heeft gelijk wij, en is levend gebleven?

²⁷Nader gij, en hoor alles, wat de HEERE, onze God, zeggen zal; en spreek gij tot ons al wat de HEERE, onze God, tot u spreken zal, en wij zullen het horen en doen.

²⁸Als nu de HEERE de stem uwer woorden hoorde, toen gij tot mij spraakt, zo zeide de HEERE tot mij: Ik heb gehoord de stem der woorden van dit volk, die zij tot u gesproken hebben; het is altemaal goed, dat zij gesproken hebben.

²⁹Och, dat zij zulk een hart hadden, om Mij te vrezen, en al Mijn geboden te allen dage te onderhouden; opdat het hun en hun kinderen welging in eeuwigheid!

³⁰Ga, zeg hun: Keert weder naar uw tenten.

³¹Maar gij, sta hier bij Mij, dat Ik tot u spreke al de geboden, en inzettingen, en rechten, die gij hun leren zult, dat zij ze doen in het land, hetwelk Ik hun geven zal, om dat te erven.

³²Neemt dan waar, dat gij doet, gelijk als de HEERE, uw God, u geboden heeft; en wijkt niet af ter rechterhand, noch ter linkerhand.

³³In al den weg, dien de HEERE, uw God, u gebiedt, zult gij gaan; opdat gij leeft, en dat het u welga, en gij de dagen verlengt in het land, dat gij erven zult.

Hoofdstuk 6

¹Dit zijn dan de geboden, de inzettingen en de rechten, die de HEERE, uw God, geboden heeft om u te leren; opdat gij ze doet in het land, naar hetwelk gij heentrekt, om dat erfelijk te bezitten;

²Opdat gij den HEERE, uw God, vrezet, om te houden al Zijn inzettingen, en Zijn geboden, die ik u gebiede; gij, en uw kind, en kindskind, al de dagen uws levens; en opdat uw dagen verlengd worden.

³Hoor dan, Israel! en neem waar, dat gij ze doet, opdat het u welga, en opdat gij zeer vermenigvuldiget (gelijk als u de HEERE, uwer vaderen God, gesproken heeft) in het land, dat van melk en honig is vloeiende.

⁴Hoor, Israel! de HEERE, onze God, is een enig HEERE!

⁵Zo zult gij den HEERE, uw God, liefhebben, met uw ganse hart, en met uw ganse ziel, en met al uw vermogen.

⁶En deze woorden, die ik u heden gebiede, zullen in uw hart zijn.

⁷En gij zult ze uw kinderen inscherpen, en daarvan spreken, als gij in uw huis zit, en als gij op den weg gaat, en als gij nederligt, en als gij opstaat.

⁸Ook zult gij ze tot een teken binden op uw hand, en zij zullen u tot voorhoofdspanselen zijn tussen uw ogen.

⁹En gij zult ze op de posten van uw huis, en aan uw poorten schrijven.

¹⁰Als het dan zal geschied zijn, dat de HEERE, uw God, u zal hebben ingebracht in dat land, dat Hij uw vaderen, Abraham, Izak en Jakob, gezworen heeft, u te zullen geven; grote en goede steden, die gij niet gebouwd hebt,

¹¹En huizen, vol van alle goeds, die gij niet gevuld hebt, en uitgehouwen bornputten, die gij niet uitgehouwen hebt, wijngaarden en olijfgaarden, die gij niet geplant hebt, en gij gegeten hebt en verzadigd zijt;

¹²Zo wacht u, dat gij den HEEREN niet vergeet, Die u uit Egypteland, uit het diensthuis heeft uitgevoerd.

¹³Gij zult den HEERE, uw God, vrezen, en Hem dienen; en gij zult bij Zijn Naam zweren.

¹⁴Gij zult andere goden niet navolgen, van de goden der volken, die rondom u zijn.

¹⁵Want de HEERE, uw God is een ijverig God in het midden van u; dat de toorn des HEEREN, uws Gods, tegen u niet ontsteke, en Hij u van den aardbodem verdelge.

¹⁶Gij zult den HEERE, uw God, niet verzoeken, gelijk als gij Hem verzocht hebt te Massa.

¹⁷Gij zult de geboden des HEEREN, uws Gods, vlijtig houden, mitsgaders Zijn getuigenissen, en Zijn inzettingen, die Hij u geboden heeft.

¹⁸En gij zult doen, wat recht en goed is in de ogen des HEEREN; opdat het u welga, en dat gij inkomt, en erft het goede land, dat de HEERE uw vaderen gezworen heeft;

¹⁹Om al uw vijanden voor uw aangezicht te verdrijven, gelijk als de HEERE gesproken heeft.

²⁰Wanneer uw zoon u morgen zal vragen, zeggende: Wat zijn dat voor getuigenissen, en inzettingen, en rechten, die de HEERE, onze God, ulieden geboden heeft?

²¹Zo zult gij tot uw zoon zeggen: Wij waren dienstknechten van Farao in Egypte; maar de HEERE heeft ons door een sterke hand uit Egypte uitgevoerd.

²²En de HEERE gaf tekenen, en grote en kwade wonderen, in Egypte, aan Farao en aan zijn ganse huis, voor onze ogen;

²³En hij voerde ons van daar uit, opdat Hij ons inbracht, om ons het land te geven, dat Hij onzen vaderen gezworen had.

²⁴En de HEERE gebood ons te doen al deze inzettingen, om te vrezen den HEERE, onzen God, ons voor altoos ten goede, om ons in het leven te behouden, gelijk het hedendezen dage is.

²⁵En het zal ons gerechtigheid zijn, als wij zullen waarnemen te doen al deze geboden, voor het aangezicht des HEEREN, onzes Gods, gelijk Hij ons geboden heeft.

Hoofdstuk 7

¹Wanneer u de HEERE, uw God, zal gebracht hebben in het land, waar gij naar toe gaat, om dat te erven; en Hij vele volken voor uw aangezicht zal hebben uitgeworpen, de Hethieten, en de Girgasieten, en de Amorieten, en de Kanaanieten, en de Ferezieten, en de Hevieten, en de Jebusieten, zeven volken, die meerderen machtiger zijn dan gij;

²En de HEERE, uw God, hen zal gegeven hebben voor uw aangezicht, dat gij ze slaat; zo zult gij hen ganselijk verbannen; gij zult geen verbond met hen maken, noch hun genadig zijn.

³Gij zult u ook met hen niet vermaagschappen; gij zult uw dochters niet geven aan hun zonen, en hun dochters niet nemen voor uw

zonen.

⁴Want zij zouden uw zonen van Mij doen afwijken, dat zij andere goden zouden dienen; en de toorn des HEEREN zou tegen ulieden ontsteken, en u haast verdelgen.

⁵Maar alzo zult gij hun doen: hun altaren zult gij afwerpen, en hun opgerichte beelden verbreken, en hun bossen zult gij afhouwen, en hun gesnedene beelden met vuur verbranden.

⁶Want gij zijt een heilig volk den HEERE, uw God; u heeft de HEERE, uw God, verkoren, dat gij Hem tot een volk des eigendoms zoudt zijn uit alle volken, die op den aardbodem zijn.

⁷De HEERE heeft geen lust tot u gehad, noch u verkoren, om uw veelheid boven alle andere volken; want gij waart het weinigste van alle volken.

⁸Maar omdat de HEERE ulieden liefhad, en opdat Hij hield den eed, dien Hij uw vaderen gezworen had, heeft u de HEERE met een sterke hand uitgevoerd, en heeft u verlost uit het diensthuis, uit de hand van Farao, koning van Egypte.

⁹Gij zult dan weten, dat de HEERE, uw God, die God is, die getrouwe God, welke het verbond en de weldadigheid houdt dien, die Hem liefhebben, en Zijn geboden houden tot in duizend geslachten.

¹⁰En Hij vergeldt een ieder van hen, die Hem haten, in zijn aangezicht, om hem te verderven; Hij zal het Zijn hater niet vertrekken, in zijn aangezicht zal Hij het hem vergelden.

¹¹Houdt dan de geboden, en de inzettingen, en de rechten, die ik u heden gebiede, om die te doen.

¹²Zo zal het geschieden, omdat gij deze rechten zult horen, en houden, en dezelve doen, dat de HEERE, uw God, u het verbond en de weldadigheid zal houden, die Hij uw vaderen gezworen heeft;

¹³En Hij zal u liefhebben, en zal u zegenen, en u doen vermenigvuldigen; en Hij zal zegenen de vrucht uws buiks, en de vrucht uws lands, uw koren, en uw most, en uw olie, de voortzetting uwer koeien, en de kudden van uw klein vee, in het land, dat Hij aan uw vaderen gezworen heeft u te geven.

¹⁴Gezegend zult gij zijn boven alle volken; er zal onder u noch man noch vrouw onvruchtbaar zijn, ook niet onder uw beesten.

¹⁵En de HEERE zal alle krankheid van u afweren, en Hij zal u geen van de kwade ziekten der Egyptenaren, die gij kent, opleggen, maar zal ze leggen op allen, die u haten.

¹⁶Gij zult dan al die volken verteren, die de HEERE, uw God, u geven zal; uw oog zal hen niet verschonen, en gij zult hun goden niet dienen; want dat zoude u een strik zijn.

¹⁷Zo gij in uw hart zeidet: Deze volken zijn meerder dan ik; hoe zou ik hen uit de bezitting kunnen verdrijven?

¹⁸Vreest niet voor hen; gedenkt steeds, wat de HEERE, uw God, aan Farao en aan alle Egyptenaren gedaan heeft;

¹⁹De grote verzoekingen, die uw ogen gezien hebben, en de tekenen, en de wonderen, en de sterke hand, en den uitgestrekten arm, door welken u de HEERE uw God, heeft uitgevoerd; alzo zal de HEERE, uw God, doen aan alle volken, voor welker aangezicht gij vreest.

²⁰Daartoe zal de HEERE, uw God, ook horzelen onder hen zenden; totdat zij omkomen, die overgebleven, en voor uw aangezicht verborgen zijn.

²¹Ontzet u niet voor hunlieder aangezicht; want de HEERE, uw God, is in het midden van u, een groot en vreselijk God.

²²En de HEERE, uw God, zal deze volken voor uw aangezicht allengskens uitwerpen; haastelijk zult gij hen niet mogen te niet doen, opdat het wild des velds niet tegen u vermenigvuldige.

²³En de HEERE zal hen geven voor uw aangezicht, en Hij zal hen verschrikken met grote verschrikking, totdat zij verdelgd worden.

²⁴Ook zal Hij hun koningen in uw hand geven, dat gij hun naam van onder den hemel te niet doet; geen man zal voor uw aangezicht bestaan, totdat gij hen zult hebben verdelgd.

²⁵De gesnedene beelden van hun goden zult gij met vuur verbranden; het zilver en goud, dat daaraan is, zult gij niet begeren, noch voor u nemen, opdat gij daardoor niet verstrikt wordt; want dat is den HEERE, uw God, een gruwel.

²⁶Gij zult dan den gruwel in uw huis niet brengen, dat gij een ban zoudt worden, gelijk datzelve is; gij zult het ganselijk verfoeien, en te enenmaal een gruwel daarvan hebben, want het is een ban.

Hoofdstuk 8

¹Alle geboden, die ik u heden gebiede, zult gij waarnemen om te doen, opdat gij leeft, en vermenigvuldigt, en inkomt, en het land erft, dat de HEERE aan uw vaderen gezworen heeft.

²En gij zult gedenken aan al den weg, dien u den HEERE, uw God, deze veertig jaren in de woestijn geleid heeft; opdat Hij u verootmoedige, om u te verzoeken, om te weten, wat in uw hart was, of gij Zijn geboden zoudt houden, of niet.

³En Hij verootmoedigde u, en liet u hongeren, en spijsde u met het Man, dat gij niet kendet, noch uw vaderen gekend hadden; opdat Hij u bekend maakte, dat de mens niet alleen van het brood leeft, maar dat de mens leeft van alles, wat uit des HEEREN mond uitgaat.

⁴Uw kleding is aan u niet verouderd, en uw voet is niet gezwollen, deze veertig jaren.

⁵Bekent dan in uw hart, dat de HEERE, uw God, u kastijdt, gelijk als een man zijn zoon kastijdt.

⁶En houdt de geboden des HEEREN, uws Gods, om in Zijn wegen te wandelen, en om Hem te vrezen.

⁷Want de HEERE, uw God, brengt u in een goed land, een land van waterbeken, fonteinen en diepten, die in dalen en in bergen uitvlieten;

⁸Een land van tarwe en gerst, en wijnstokken, en vijgebomen, en granaatappelen; een land van olierijke olijfbomen, en van honig;

⁹Een land, waarin gij brood zonder schaarsheid eten zult, waarin u niets ontbreken zal; een land, welks stenen ijzer zijn, en uit welks bergen gij koper uithouwen zult.

¹⁰Als gij dan zult gegeten hebben, en verzadigd zijn, zo zult gij den HEERE, uw God, loven over dat goede land, dat Hij u zal hebben gegeven.

¹¹Wacht u, dat gij den HEERE, uw God, niet vergeet, dat gij niet zoudt houden Zijn geboden, en Zijn rechten, en Zijn inzettingen, die ik u heden gebiede;

¹²Opdat niet misschien, als gij zult gegeten hebben, en verzadigd zijn, en goede huizen gebouwd hebben, en die bewonen,

¹³En uw runderen en uw schapen zullen vermeerderd zijn, ook zilver en goud u zal vermeerderd zijn, ja, al wat gij hebt vermeerderd zal zijn;

¹⁴Uw hart zich alsdan verheffe, dat gij vergeet den HEERE, uw God, Die u uit Egypteland, uit het diensthuis, uitgevoerd heeft;

¹⁵Die u geleid heeft in die grote en vreselijke woestijn, waar vurige slangen, en schorpioenen, en dorheid, waar geen water was; Die u water uit de keiachtige rotsvoortbracht;

¹⁶Die u in de woestijn spijsde met Man, dat uw vaderen niet gekend hadden; om u te verootmoedigen, en om u te verzoeken, opdat Hij u ten laatste weldeed;

¹⁷En gij in uw hart zegt: Mijn kracht, en de sterkte mijner hand heeft mij dit vermogen verkregen.

¹⁸Maar gij zult gedenken den HEERE, uw God, dat Hij het is, Die u kracht geeft om vermogen te verkrijgen; opdat Hij Zijn verbond bevestige, dat Hij aan uw vaderen gezworen heeft, gelijk het te dezen dage is.

¹⁹Maar indien het geschiedt, dat gij den HEERE, uw God, ganselijk vergeet, en andere goden navolgt, en hen dient, en u voor dezelve buigt, zo betuig ik heden tegen u, dat gij voorzeker zult vergaan.

²⁰Gelijk de heidenen, die de HEERE voor uw aangezicht verdaan heeft, alzo zult gij vergaan, omdat gij de stem des HEEREN, uws Gods, niet gehoorzaam zult geweest zijn.

Hoofdstuk 9

¹Hoor, Israel! gij zult heden over de Jordaan gaan, dat gij inkomt, om volken te erven, die groter en sterker zijn dan gij; steden, die groot en tot in den hemel gesterkt zijn;

²Een groot en lang volk, kinderen der Enakieten; die gij kent, en van welke gij gehoord hebt: Wie zou bestaan voor het aangezicht der kinderen van Enak?

³Zo zult gij heden weten, dat de HEERE, uw God, Degene is, Die voor uw aangezicht doorgaat, een verterend vuur. Die zal hen verdelgen, en Die zal hen voor uw aangezicht nederwerpen; en gij zult ze uit de bezitting verdrijven, en zult hen haastelijk te niet doen, gelijk als de HEERE tot u gesproken heeft.

⁴Wanneer hen nu de HEERE, uw God, voor uw aangezicht zal hebben uitgestoten, zo spreek niet in uw hart, zeggende: De HEERE heeft mij om mijn gerechtigheid ingebracht, om dit land te erven; want, om de goddeloosheid dezer volken, verdrijft hen de HEERE voor uw aangezicht uit de bezitting.

⁵Niet om uw gerechtigheid, noch om de oprechtheid uws harten, komt gij er henen in, om hun land te erven; maar om de goddeloosheid dezer volken, verdrijft hen de HEERE, uw God, voor uw aangezicht uit de bezitting: en om het woord te bevestigen, dat de HEERE, uw God, aan uw vaderen, Abraham, Izak en Jakob, gezworen heeft.

⁶Weet dan, dat u de HEERE, uw God, niet om uw gerechtigheid, ditzelve goede land geeft, om dat te erven; want gij zijt een hardnekkig

Deuteronomium

volk.

⁷Gedenk, vergeet niet, dat gij den HEERE, uw God, in de woestijn, zeer vertoornd hebt; van dien dag af, dat gij uit Egypteland uitgegaan zijt, totdat gij kwaamt aandeze plaats, zijt gijlieden wederspannig geweest tegen den HEERE.

⁸Want aan Horeb vertoorndet gij den HEERE zeer, dat Hij Zich tegen u vertoornde, om u te verdelgen.

⁹Als ik op den berg geklommen was, om te ontvangen de stenen tafelen, de tafelen des verbonds, dat de HEERE met ulieden gemaakt had, toen bleef ik veertigdagen en veertig nachten op den berg, at geen brood, en dronk geen water.

¹⁰En de HEERE gaf mij de twee stenen tafelen, met Gods vinger beschreven; en op dezelve, naar al de woorden, die de HEERE op den berg, uit het midden desvuurs, ten dage der verzameling, met ulieden gesproken had.

¹¹Zo geschiedde het, ten einde van veertig dagen en veertig nachten, als mij de HEERE de twee stenen tafelen, de tafelen des verbonds, gaf,

¹²Dat de HEERE tot mij zeide: Sta op, ga haastelijk af van hier; want uw volk, dat gij uit Egypte hebt uitgevoerd, heeft het verdorven; zij zijn haastelijk afgeweken vanden weg, dien Ik hun geboden had; zij hebben zich een gegoten beeld gemaakt.

¹³Voorts sprak de HEERE tot mij, zeggende: Ik heb dit volk aangemerkt, en zie, het is een hardnekkig volk.

¹⁴Laat van Mij af, dat Ik hen verdelge, en hun naam van onder den hemel uitdoe; en Ik zal u tot een machtiger en meerder volk maken, dan dit is.

¹⁵Toen keerde ik mij, en ging van den berg af; de berg nu brandde van vuur, en de twee tafelen des verbonds waren op beide mijn handen.

¹⁶En ik zag toe, en ziet, gij hadt tegen den HEERE, uw God, gezondigd; gij hadt u een gegoten kalf gemaakt; gij waart haastelijk afgeweken van den weg, dien u deHEERE geboden had.

¹⁷Toen vatte ik de twee tafelen, en wierp ze heen uit beide mijn handen, en brak ze voor uw ogen.

¹⁸En ik wierp mij neder voor het aangezicht des HEEREN, als in het eerst, veertig dagen en veertig nachten; ik at geen brood, en dronk geen water; om al uw zonde, die gij hadt gezondigd, doende dat kwaad is in des HEEREN ogen, om Hem tot toorn te verwekken.

¹⁹Want ik vreesde vanwege den toorn en de grimmigheid waarmede de HEERE zeer op ulieden vertoornd was, om u te verdelgen; doch de HEERE verhoorde mijook op dat maal.

²⁰Ook vertoornde Zich de HEERE zeer tegen Aaron, om hem te verdelgen; doch ik bad ook ter zelver tijd voor Aaron.

²¹Maar uw zonde, het kalf, dat gij hadt gemaakt, nam ik, en verbrandde het met vuur, en stampte het, malende het wel, totdat het verdund werd tot stof; en zijn stofwierp ik in de beek, die van den berg afvliet.

²²Ook vertoornet gij den HEERE zeer te Thab-era en te Massa, en te Kibroth-Thaava.

²³Voorts als de HEERE ulieden zond uit dat land, dat Ik u gegeven heb; zo waart gij den mond des HEEREN, uws Gods, wederspannig, en geloofdet Hem niet, enwaart Zijn stem niet gehoorzaam.

²⁴Wederspannig zijt gij geweest tegen den HEERE, van de dag af, dat ik u gekend heb.

²⁵En ik wierp mij neder voor des HEEREN aangezicht, die veertig dagen en veertig nachten, in welke ik mij nederwierp, dewijl de HEERE gezegd had, dat Hij uverdelgen zou.

²⁶En ik bad tot den HEERE, en zeide: Heere, HEERE, verderf Uw volk en Uw erfdeel niet, dat Gij door Uw grootheid verlost hebt; dat Gij uit Egypte door een sterkehand hebt uitgevoerd.

²⁷Gedenk aan Uw knechten, Abraham, Izak en Jakob; zie niet op de hardigheid dezes volks, noch op zijn goddeloosheid, noch op zijn zonde;

²⁸Opdat het land, van waar Gij ons hebt uitgevoerd, niet zegge: Omdat ze de HEERE niet kon brengen in het land, waarvan Hij hun gesproken had, en omdat Hij henhaatte, heeft Hij ze uitgevoerd, om hen te doden in de woestijn.

²⁹Zij zijn toch Uw volk, en Uw erfdeel, dat Gij door Uw grote kracht, en door Uw uitgestrekten arm hebt uitgevoerd!

Hoofdstuk 10

¹Ter zelver tijd zeide de HEERE tot mij: Houw u twee stenen tafelen, als de eerste, en klim tot Mij op dezen berg; daarna zult gij u een kist van hout maken.

²En Ik zal op die tafelen schrijven de woorden, die geweest zijn op de eerste tafelen, die gij gebroken hebt; en gij zult ze leggen in die kist.

³Alzo maakte ik een kist van sittimhout, en hieuw twee stenen tafelen als de eerste; en ik klom op den berg, en de twee tafelen waren in mijn hand.

⁴Toen schreef Hij op de tafelen, naar het eerste schrift, de tien woorden, die de HEERE, ten dage der verzameling, op den berg, uit het midden des vuurs, tot uliedengesproken had; en de HEERE gaf ze mij.

⁵En ik keerde mij, en ging af van den berg, en legde de tafelen in de kist, die ik gemaakt had; en aldaar zijn zij, gelijk als de HEERE mij geboden heeft.

⁶(En de kinderen Israels reisden van Beeroth-Bene-jaakan en Mosera. Aldaar stierf Aaron, en werd aldaar begraven; en zijn zoon Eleazar bediende het priesterambtin zijn plaats.

⁷Van daar reisden zij naar Gudgod, en van Gudgod naar Jotbath, een land van waterbeken.)

⁸Ter zelver tijd scheidde de HEERE den stam Levi uit, om de ark des verbonds des HEEREN te dragen, om voor het aangezicht des HEEREN te staan, om Hem tedienen, en om in Zijn Naam te zegenen, tot op dezen dag.

⁹Daarom heeft Levi geen deel noch erve met zijn broederen; de HEERE is zijn Erfdeel, gelijk als de HEERE, uw God, tot hem gesproken heeft.

¹⁰En ik stond op den berg, als de vorige dagen, veertig dagen en veertig nachten; en de HEERE verhoorde mij ook op datzelve maal; de HEERE heeft u niet willenverderven.

¹¹Maar de HEERE zeide tot mij: Sta op, ga op de reize, voor het aangezicht des volks, dat zij inkomen, en erven het land, dat Ik hun vaderen gezworen heb, hun tegeven.

¹²Nu dan, Israel! wat eist de HEERE, uw God van u dan den HEERE, uw God, te vrezen, in al Zijn wegen te wandelen, en Hem lief te hebben, en den HEERE, uwGod, te dienen, met uw ganse hart en met uw ganse ziel;

¹³Om te houden de geboden des HEEREN, en Zijn inzettingen, die ik u heden gebiede, u ten goede.

¹⁴Ziet, des HEEREN, uws Gods, is de hemel, en de hemel der hemelen, de aarde, en al wat daarin is.

¹⁵Alleenlijk heeft de HEERE lust gehad aan uw vaderen, om die lief te hebben, en heeft hun zaad na hen, ulieden, uit al de volken verkoren, gelijk het te dezen dageis.

¹⁶Besnijdt dan de voorhuid uws harten, en verhardt uw nek niet meer.

¹⁷Want de HEERE, uw God, is een God der goden, en een Heere der heren; die grote, die machtige, en die vreselijke God, Die geen aangezicht aanneemt, nochgeschenk ontvangt;

¹⁸Die het recht van den wees en van de weduwe doet; en den vreemdeling liefheeft, dat Hij hem brood en kleding geve.

¹⁹Daarom zult gijlieden den vreemdeling liefhebben, want gij zijt vreemdelingen geweest in Egypteland.

²⁰Den HEERE, uw God, zult gij vrezen; Hem zult gij dienen, en Hem zult gij aanhangen, en bij Zijn Naam zweren.

²¹Hij is uw Lof, en Hij is uw God, Die bij u gedaan heeft deze grote en vreselijke dingen, die uw ogen gezien hebben.

²²Uw vaderen togen af naar Egypte met zeventig zielen; en nu heeft u de HEERE, uw God, gesteld als de sterren des hemels in menigte.

Hoofdstuk 11

¹Daarom zult gij den HEERE, uw God, liefhebben, en gij zult te allen dage onderhouden Zijn bevel, en Zijn inzettingen, en Zijn rechten, en Zijn geboden.

²En gijlieden zult heden weten, dat ik niet spreek met uw kinderen, die het niet weten, en de onderwijzing des HEEREN, uws Gods, niet gezien hebben. Zijngrootheid, Zijn sterke hand en Zijn uitgestrekten arm;

³Daartoe Zijn tekenen en Zijn daden, die Hij in het midden van Egypte gedaan heeft, aan Farao, den koning van Egypte, en aan zijn ganse land;

⁴En wat Hij gedaan heeft aan het heir der Egyptenaren, aan deszelfs paarden en aan deszelfs wagenen; dat Hij de wateren van de Schelfzee boven hun aangezichtdeed overzwemmen, als zij ulieden van achteren vervolgden; en de HEERE verdeed hen, tot op dezen dag.

⁵En wat Hij ulieden gedaan heeft in de woestijn, totdat gij gekomen zijt aan deze plaats.

⁶Daarboven, wat Hij gedaan heeft aan Dathan, en aan Abiram, zonen van Eliab, den zoon van Ruben; hoe de aarde haar mond opendeed, en hen verslond met hunhuisgezinnen, en hun tenten, ja, al wat bestond, dat hun aanging, in het midden van gans Israel.

⁷Want het zijn uw ogen, die gezien hebben al dit grote werk des HEEREN, dat Hij gedaan heeft.

⁸Houdt dan alle geboden, die ik u heden gebiede; opdat gij gesterkt wordt en inkomt, en erft het land, waarheen gij overtrekt, om dat te erven;

⁹En opdat gij de dagen verlengt in het land, dat de HEERE uw vaderen gezworen heeft, aan hen en aan hun zaad te geven; een land, vloeiende van melk en honig.

¹⁰Want het land, waar gij naar toe gaat, om dat te erven, is niet als Egypteland, van waar gij uitgegaan zijt, hetwelk gij bezaaidet met uw zaad, en bewaterdet met uwgang, als een kruidhof.

¹¹Maar het land, waarheen gij overtrekt, om dat te erven, is een land van bergen en van dalen; het drinkt water bij den regen des hemels;

¹²Een land, dat de HEERE, uw God, bezorgt; de ogen des HEEREN, uws Gods, zijn gedurig daarop, van het begin des jaars tot het einde des jaars.

¹³En het zal geschieden, zo gij naarstiglijk zult horen naar Mijn geboden, die Ik u heden gebiede, om den HEERE, uw God, lief te hebben, en Hem te dienen, met uwganse hart en met uw ganse ziel;

¹⁴Zo zal Ik den regen uws lands geven te Zijner tijd, vroegen regen en spaden regen, opdat gij uw koren, en uw most, en uw olie inzamelt.

¹⁵En Ik zal kruid geven op uw veld voor uw beesten; en gij zult eten en verzadigd worden.

¹⁶Wacht uzelven, dat ulieder hart niet verleid worde, dat gij afwijkt, en andere goden dient, en u voor die buigt;

¹⁷Dat de toorn des HEEREN tegen ulieden ontsteke, en Hij den hemel toesluite, dat er geen regen zij, en het aardrijk zijn gewas niet geve; en gij haastelijk omkomtvan het goede land, dat u de HEERE geeft.

¹⁸Legt dan deze mijn woorden in uw hart, en in uw ziel, en bindt ze tot een teken op uw hand, dat zij tot voorhoofdspanselen zijn tussen uw ogen;

¹⁹En leert die uw kinderen, sprekende daarvan, als gij in uw huis zit, en als gij op den weg gaat, en als gij nederligt, en als gij opstaat;

²⁰En schrijft ze op de posten van uw huis, en aan uw poorten;

²¹Opdat uw dagen, en de dagen uwer kinderen, in het land, dat de HEERE uw vaderen gezworen heeft hun te geven, vermenigvuldigen, gelijk de dagen des hemelsop de aarde.

²²Want zo gij naarstiglijk houdt al deze geboden, die ik u gebiede om die te doen, den HEERE, uw God, liefhebbende, wandelende in al Zijn wegen, en Hemaanhangende;

²³Zo zal de HEERE al deze volken voor uw aangezicht uit de bezitting verdrijven, en gij zult erfelijk bezitten groter en machtiger volken, dan gij zijt.

²⁴Alle plaats, waar uw voetzool op treedt, zal de uwe zijn; van de woestijn en den Libanon, van de rivier, de rivier Frath, tot aan de achterste zee, zal uw landpale zijn.

²⁵Niemand zal voor uw aangezicht bestaan; de HEERE, uw God, zal uw schrik en uw vreze geven over al het land, waarop gij treden zult, gelijk als Hij tot ugesproken heeft.

²⁶Ziet, ik stel ulieden heden voor, zegen en vloek:

²⁷Den zegen, wanneer gij horen zult naar de geboden des HEEREN, uws Gods, die ik u heden gebiede;

²⁸Maar den vloek, zo gij niet horen zult naar de geboden des HEEREN, uws Gods, en afwijkt van den weg, dien ik u heden gebiede, om andere goden na te wandelen, die gij niet gekend hebt.

²⁹En het zal geschieden, als u de HEERE, uw God, zal hebben ingebracht in het land, waar gij naar toe gaat, om dat te erven; dan zult gij den zegen uitspreken op denberg Gerizim, en den vloek op den berg Ebal.

³⁰Zijn zij niet aan gene zijde van de Jordaan, achter den weg van den ondergang der zon, in het land der Kanaanieten, die in het vlakke veld wonen, tegenover Gilgal, bij de eikenbossen van More?

³¹Want gijlieden zult over de Jordaan gaan, dat gij inkomet om te erven dat land, dat de HEERE, uw God, u geven zal; en gij zult het erfelijk bezitten, en daarin wonen.

³²Neemt dan waar te doen al de inzettingen en de rechten, die ik u heden voorstel.

Hoofdstuk 12

¹Dit zijn de inzettingen en de rechten, die gijlieden zult waarnemen om te doen, in dat land, hetwelk u de HEERE, uwer vaderen God, gegeven heeft, om het te erven;al de dagen, die gijlieden op den aardbodem leeft.

²Gij zult ganselijk vernielen al de plaatsen, alwaar de volken, die gij zult erven, hun goden gediend hebben; op de hoge bergen, en op de heuvelen, en onder allengroenen boom.

³En gij zult hun altaren afwerpen, en hun opgerichte beelden verbreken, en hun bossen met vuur verbranden, en de gesneden beelden hunner goden nederhouwen; engij zult hun naam te niet doen uit diezelve plaats.

⁴Gij zult den HEERE, uw God, alzo niet doen!

⁵Maar naar de plaats, die de HEERE, uw God, uit al uw stammen verkiezen zal, om Zijn Naam aldaar te zetten, naar Zijn woning zult gijlieden vragen, en daarheenzult gij komen;

⁶En daarheen zult gijlieden brengen uw brandofferen, en uw slachtofferen, en uw tienden, en het hefoffer uwer hand, en uw geloften, en uw vrijwillige offeren, en deeerstgeboorten uwer runderen en uwer schapen.

⁷En aldaar zult gijlieden voor het aangezicht des HEEREN, uws Gods, eten en vrolijk zijn, gijlieden en uw huizen, over alles, waaraan gij uw hand geslagen hebt, waarin u de HEERE, uw God, gezegend heeft.

⁸Gij zult niet doen naar alles, wat wij hier heden doen, een ieder al wat in zijn ogen recht is.

⁹Want gij zijt tot nu toe niet gekomen in de rust en in de erfenis, die de HEERE, uw God, u geven zal.

¹⁰Maar gij zult over de Jordaan gaan, en wonen in het land, dat u de HEERE, uw God, zal doen erven; en Hij zal u rust geven van al uw vijanden rondom, en gij zultzeker wonen.

¹¹Dan zal er een plaats zijn, die de HEERE, uw God, verkiezen zal, om Zijn Naam aldaar te doen wonen; daarheen zult gij brengen alles, wat ik u gebiede: uwbrandofferen, en uw slachtofferen, uw tienden, en het hefoffer uwer hand, en alle keur uwer geloften, die gij den HEERE beloven zult.

¹²En gij zult vrolijk zijn voor het aangezicht des HEEREN, uws Gods, gijlieden, en uw zonen, en uw dochteren, en uw dienstknechten, en uw dienstmaagden, en deLeviet, die in uw poorten is; want hij heeft geen deel noch erve met ulieden.

¹³Wacht u, dat gij uw brandofferen niet offert in alle plaats, die gij zien zult.

¹⁴Maar in de plaats, die de HEERE in een uwer stammen zal verkiezen, daar zult gij uw brandofferen offeren, en daar zult gij doen al wat ik u gebiede.

¹⁵Doch naar allen lust uwer ziel zult gij slachten en vlees eten, naar den zegen des HEEREN, uws Gods, dien Hij u geeft, in al uw poorten; de onreine en de reine zaldaarvan eten, als van een ree, en als van een hert.

¹⁶Alleenlijk het bloed zult gijlieden niet eten; gij zult het op de aarde uitgieten als water.

¹⁷Gij zult in uw poorten niet mogen eten de tienden van uw koren, en van uw most, en van uw olie, noch de eerstgeboorten van uw runderen en van uw schapen, nochenige uwer geloften, die gij zult hebben beloofd, noch uw vrijwillige offeren, noch het hefoffer uwer hand.

¹⁸Maar gij zult dat eten voor het aangezicht des HEEREN, uws Gods, in de plaats, die de HEERE, uw God, verkiezen zal, gij, en uw zoon, en uw dochter, en uwdienstknecht, en uw dienstmaagd, en de Leviet, die in uw poorten is; en gij zult vrolijk zijn voor het aangezicht des HEEREN, uws Gods, over alles, waaraan gij uwhanden geslagen hebt.

¹⁹Wacht u, dat gij den Leviet niet verlaat, al uw dagen in uw land.

²⁰Wanneer de HEERE, uw God, uw landpale zal verwijd hebben, gelijk als Hij tot u gesproken heeft, en gij zeggen zult: Ik zal vlees eten; dewijl uw ziel lust heeft vleeste eten, zo zult gij vlees eten, naar allen lust uwer ziel.

²¹Zo de plaats, die de HEERE, uw God, verkiezen zal, om Zijn Naam aldaar te zetten, verre van u zal zijn, zo zult gij slachten van uw runderen en van uw schapen, diede HEERE u gegeven heeft, gelijk als ik u geboden heb; en gij zult eten in uw poorten, naar allen lust uwer ziel.

²²Doch gelijk als een ree en een hert gegeten wordt, alzo zult gij dat eten; de onreine en de reine zullen het te zamen eten.

²³Alleen houdt vast, dat gij het bloed niet eet; want het bloed is de ziel; daarom zult gij de ziel met het vlees niet eten;

²⁴Gij zult dat niet eten; op de aarde zult gij het uitgieten als water.

²⁵Gij zult dat niet eten; opdat het u, en uw kinderen na u, welga, als gij zult gedaan hebben, wat recht is in de ogen des HEEREN.

²⁶Doch uw heilige dingen, die gij hebben zult, en uw geloften zult gij opnemen, en komen tot de plaats, die de HEERE verkiezen zal;

²⁷En gij zult uw brandofferen, het vlees en het bloed, bereiden op het altaar des HEEREN, uws Gods; en het bloed uwer slachtofferen zal op het altaar des HEEREN, uws Gods, worden uitgegoten; maar het vlees zult gij eten.

²⁸Neemt waar, en hoort al deze woorden, die ik u gebiede, opdat het u, en uw kinderen na u, welga tot in eeuwigheid, als gij zult gedaan

hebben wat goed en recht is in de ogen des HEEREN, uws Gods.

²⁹Wanneer de HEERE, uw God, voor uw aangezicht zal hebben uitgeroeid de volken, naar dewelke gij heengaat, om die erfelijk te bezitten; en gij die erfelijk zult bezitten, en in hun land wonen;

³⁰Wacht u, dat gij niet verstrikt wordt achter hen, nadat zij voor uw aangezicht zullen verdelgd zijn; en dat gij niet vraagt naar hun goden, zeggende: Gelijk als deze volken hun goden gediend hebben, alzo zal ik ook doen.

³¹Gij zult alzo niet doen den HEERE, uw God; want al wat den HEERE een gruwel is, dat Hij haat, hebben zij hun goden gedaan; want zij hebben ook hun zonen en hun dochteren met vuur verbrand voor hun goden.

³²Al dit woord, hetwelk ik ulieden gebiede, zult gij waarnemen om te doen; gij zult daar niet toedoen, en daarvan niet afdoen.

Hoofdstuk 13

¹Wanneer een profeet, of dromen-dromer, in het midden van u zal opstaan, en u geven een teken of wonder;

²En dat teken of dat wonder komt, dat hij tot u gesproken had, zeggende: Laat ons andere goden, die gij niet gekend hebt, navolgen en hen dienen;

³Gij zult naar de woorden van dien profeet, of naar dien dromen-dromer niet horen; want de HEERE, uw God, verzoekt ulieden, om te weten, of gij den HEERE, uw God, liefhebt met uw ganse hart en met uw ganse ziel.

⁴Den HEERE, uw God, zult gij navolgen, en Hem vrezen, en Zijn geboden zult gij houden, en Zijn stem gehoorzaam zijn, en Hem dienen, en Hem aanhangen.

⁵En diezelve profeet, of dromen-dromer, zal gedood worden; want hij heeft tot een afval gesproken tegen den HEERE, uw God, Die ulieden uit Egypteland heeft uitgevoerd, en u uit het diensthuis verlost; om u af te drijven van den weg, dien u de HEERE, uw God, geboden heeft, om daarin te wandelen. Zo zult gij het boze uit het midden van u wegdoen.

⁶Wanneer uw broeder, de zoon uwer moeder, of uw zoon, of uw dochter, of de vrouw van uw schoot, of uw vriend, die als uw ziel is, u zal aanporren in het heimelijke, zeggende: Laat ons gaan, en dienen andere goden, die gij niet gekend hebt, gij noch uw vaderen.

⁷Van de goden der volken, die rondom u zijn, nabij u, of verre van u, van het ene einde der aarde tot aan het andere einde der aarde;

⁸Zo zult gij hem niet ter wille zijn, en naar hem niet horen; ook zal uw oog hem niet verschonen, en gij zult u niet ontfermen, noch hem verbergen;

⁹Maar gij zult hem zekerlijk doodslaan; uw hand zal eerst tegen hem zijn, om hem te doden, en daarna de hand des gansen volks.

¹⁰En gij zult hem met stenen stenigen, dat hij sterve; want hij heeft u gezocht af te drijven van den HEERE, uw God, Die u uit Egypteland, uit het diensthuis, uitgevoerd heeft.

¹¹Opdat gans Israel het hore en vreze, en niet voortvare te doen naar dit boze stuk in het midden van u.

¹²Wanneer gij van een uwer steden, die de HEERE, uw God, u geeft, om aldaar te wonen, zult horen zeggen:

¹³Er zijn mannen, Belials-kinderen, uit het midden van u uitgegaan, en hebben de inwoners hunner stad aangedreven, zeggende: Laat ons gaan, en dienen andere goden, die gij niet gekend hebt;

¹⁴Zo zult gij onderzoeken, en naspeuren, en wel navragen; en ziet, het is de waarheid, de zaak is zeker, zulk een gruwel is in het midden van u gedaan;

¹⁵Zo zult gij de inwoners derzelver stad ganselijk slaan met de scherpte des zwaards, verbannende haar, en alles, wat daarin is, ook haar beesten, met de scherpte des zwaards.

¹⁶En al haar roof zult gij verzamelen in het midden van haar straat, en den HEERE, uw God, die stad en al haar roof ganselijk met vuur verbranden; en zij zal een hoop zijn eeuwiglijk, zij zal niet weder gebouwd worden.

¹⁷Ook zal er niets van het verbannene aan uw hand kleven, opdat de HEERE Zich wende van de hitte Zijns toorns, en u geve barmhartigheid, en Zich uwer erbarme, en u vermenigvuldige, gelijk als Hij uw vaderen gezworen heeft;

¹⁸Wanneer gij de stem des HEEREN, uws Gods, zult gehoorzaam zijn, om te houden al Zijn geboden, die ik u heden gebiede, om te doen wat recht is in de ogen des HEEREN, uws Gods.

Hoofdstuk 14

¹Gijlieden zijt kinderen des HEEREN, uws Gods; gij zult uzelven niet snijden, noch kaalheid maken tussen uw ogen, over een dode.

²Want gij zijt een heilig volk den HEERE, uw God; en u heeft de HEERE verkoren, om Hem tot een volk des eigendoms te zijn, uit al de volken, die op den aardbodem zijn.

³Gij zult geen gruwel eten.

⁴Dit zijn de beesten, die gijlieden eten zult; een os, klein vee der schapen, en klein vee der geiten;

⁵Een hert, en een ree, en een buffel, en een steenbok, en een das, en een wilde os, en een gems.

⁶Alle beesten, die de klauwen verdelen, en de kloof in twee klauwen klieven, en herkauwen onder de beesten, die zult gij eten.

⁷Maar deze zult gij niet eten, van degenen, die alleen herkauwen, of van degenen, die den gekloofden klauw alleen verdelen: den kemel, en den haas, en het konijn; want deze herkauwen wel, maar zij verdelen den klauw niet; onrein zullen zij ulieden zijn.

⁸Ook het varken; want dat verdeelt zijn klauw wel, maar het herkauwt niet; onrein zal het ulieden zijn; van hun vlees zult gij niet eten, en hun dood aas zult gij niet aanroeren.

⁹Dit zult gij eten van alles, wat in de wateren is; al wat vinnen en schubben heeft, zult gij eten.

¹⁰Maar al wat geen vinnen en schubben heeft, zult gij niet eten; het zal ulieden onrein zijn.

¹¹Allen reinen vogel zult gij eten.

¹²Maar deze zijn het, van dewelke gij niet zult eten: de arend, en de havik, en de zeearend;

¹³En de wouw, en de kraai, en de gier naar haar aard;

¹⁴En alle rave naar zijn aard;

¹⁵En de struis, en de nachtuil, en de koekoek, en de sperwer naar zijn aard;

¹⁶En de steenuil, en de schuifuit, en de kauw,

¹⁷En de roerdomp, en de pelikaan, en het duikertje;

¹⁸En de ooievaar, en de reiger naar zijn aard; en de hop, en de vledermuis;

¹⁹Ook al het kruipend gevogelte zal ulieden onrein zijn; zij zullen niet gegeten worden.

²⁰Al het rein gevogelte zult gij eten.

²¹Gij zult geen dood aas eten; den vreemdeling, die in uw poorten is, zult gij het geven, dat hij het ete, of verkoopt het den vreemde; want gij zijt een heilig volk den HEERE, uw God. Gij zult het bokje niet koken in de melk zijner moeder.

²²Gij zult getrouwelijk vertienen al het inkomen uws zaads, dat elk jaar van het veld voortkomt.

²³En voor het aangezicht des HEEREN, uws Gods, ter plaatse, die Hij verkiezen zal, om Zijn Naam aldaar te doen wonen, zult gij eten de tienden van uw koren, vanuw most, en van uw olie, en de eerstgeboorten uwer runderen en uwer schapen; opdat gij den HEERE, uw God, leert vrezen alle dagen.

²⁴Wanneer dan nog de weg voor u te veel zal zijn, dat gij zulks niet zoudt kunnen heendragen, omdat de plaats te verre van u zal zijn, die de HEERE, uw God, verkiezen zal, om Zijn Naam aldaar te stellen; wanneer de HEERE, uw God, u zal gezegend hebben;

²⁵Zo maak het tot geld, en bindt het geld in uw hand, en gaat naar de plaats, die de HEERE, uw God, verkiezen zal;

²⁶En geeft dat geld voor alles, wat uw ziel gelust, voor runderen en voor schapen, en voor wijn, en voor sterken drank, en voor alles, wat uw ziel van u begeren zal, en eet aldaar voor het aangezicht des HEEREN, uws Gods, en weest vrolijk, gij en uw huis.

²⁷Maar den Leviet, die in uw poorten is, zult gij niet verlaten; want hij heeft geen deel noch erve met u.

²⁸Ten einde van drie jaren zult gij voortbrengen alle tienden van uw inkomen, in hetzelve jaar, en gij zult ze wegleggen in uw poorten;

²⁹Zo zal komen de Leviet, dewijl hij geen deel noch erve met u heeft, en de vreemdeling, en de wees en de weduwe, die in uw poorten zijn, en zullen eten en verzadigd worden; opdat u de HEERE, uw God, zegene in al het werk uwer hand, dat gij doen zult.

Hoofdstuk 15

¹Ten einde van zeven jaren zult gij een vrijlating maken.

²Dit nu is de zaak der vrijlating, dat ieder schuldheer, die zijn naaste zal geleend hebben, vrijlate; hij zal zijn naaste of zijn broeder niet manen, dewijl men den HEERE een vrijlating heeft uitgeroepen.

³Den vreemde zult gij manen; maar wat gij bij uw broeder hebt, zal uw hand vrijlaten;

⁴Alleenlijk, omdat er geen bedelaar onder u zal zijn; want de HEERE zal u overloediglijk zegenen in het land, dat u de HEERE, uw

God, ten erve zal geven, omhetzelve erfelijk te bezitten;

⁵Indien gij slechts de stem des HEEREN, uws Gods, vlijtiglijk zult gehoorzamen, dat gij waarneemt te doen al deze geboden, die ik u heden gebiede.

⁶Want de HEERE, uw God, zal u zegenen, gelijk als Hij tot u heeft gesproken, zo zult gij aan vele volken lenen; maar gij zult niet ontlenen; en gij zult over vele volkenheersen; maar over u zullen zij niet heersen.

⁷Wanneer er onder u een arme zal zijn, een uit uw broederen, in een uwer poorten, in uw land, dat de HEERE, uw God, u geven zal, zo zult gij uw hart niet verstijven, noch uw hand toesluiten voor uw broeder, die arm is;

⁸Maar gij zult hem uw hand mildelijk opendoen, en zult hem rijkelijk lenen, genoeg voor zijn gebrek, dat hem ontbreekt.

⁹Wacht u, dat in uw hart geen Belials-woord zij, om te zeggen: Het zevende jaar, het jaar der vrijlating, naakt; dat uw oog boos zij tegen uw broeder, die arm is, endat gij hem niet gevet; en hij over u roepe tot den HEERE, en zonde in u zij.

¹⁰Gij zult hem mildelijk geven, en uw hart zal niet boos zijn, als gij hem geeft; want om dezer zake wil zal u de HEERE, uw God, zegenen in al uw werk, en in alles, waaraan gij uw hand slaat.

¹¹Want de arme zal niet ophouden uit het midden des lands; daarom gebiede ik u, zeggende: Gij zult uw hand mildelijk opendoen aan uw broeder, aan uw bedrukten enaan uw armen in uw land.

¹²Wanneer uw broeder, een Hebreer of een Hebreinne, aan u verkocht zal zijn, zo zal hij u zes jaren dienen; maar in het zevende jaar zult gij hem vrij van u latengaan.

¹³En als gij hem vrij van u gaan laat, zo zult gij hem niet ledig laten gaan:

¹⁴Gij zult hem rijkelijk opleggen van uw kudde, en van uw dorsvloer, en van uw wijnpers; waarin u de HEERE, uw God, gezegend heeft, daarvan zult gij hem geven.

¹⁵En gij zult gedenken, dat gij een dienstknecht in Egypteland geweest zijt, en dat u de HEERE, uw God, verlost heeft; daarom gebiede ik u heden deze zake.

¹⁶Maar het zal geschieden, als hij tot u zeggen zal: Ik zal niet van u uitgaan, omdat hij u en uw huis liefheeft, dewijl het hem wel bij u is;

¹⁷Zo zult gij een priem nemen, en steken in zijn oor en in de deur, en hij zal eeuwiglijk uw dienstknecht zijn; en aan uw dienstmaagd zult gij ook alzo doen.

¹⁸Het zal niet hard zijn in uw ogen, als gij hem vrij van u gaan laat; want als een dubbel-loons-dagloner heeft hij u zes jaren gediend; zo zal u de HEERE, uw God, zegenen in alles, wat gij doen zult.

¹⁹Al het eerstgeborene, dat onder uw runderen en onder uw schapen zal geboren worden, zijnde mannelijk, zult gij den HEERE, uw God, heiligen; gij zult niet arbeidenmet den eerstgeborene van uw os, noch de eerstgeborene uwer schapen scheren.

²⁰Voor het aangezicht des HEEREN, uws Gods, zult gij ze jaar op jaar eten in de plaats, die de HEERE zal verkiezen, gij en uw huis.

²¹Doch als enig gebrek daaraan zal zijn, hetzij mank of blind, of enig kwaad gebrek, zo zult gij het den HEERE, uw God, niet offeren;

²²In uw poorten zult gij het eten; de onreine en de reine te zamen, als een ree, en als een hert,

²³Zijn bloed alleen zult gij niet eten; gij zult het op de aarde uitgieten als water.

Hoofdstuk 16

¹Neemt waar de maand Abib, dat gij den HEERE, uw God, pascha houdt; want in de maand Abib heeft u de HEERE, uw God, uit Egypteland uitgevoerd, bij nacht.

²Dan zult gij den HEERE, uw God, het pascha slachten, schapen en runderen, in de plaats, die de HEERE verkiezen zal, om Zijn Naam aldaar te doen wonen.

³Gij zult niets gedesemds op hetzelve eten; zeven dagen zult gij ongezuurde op hetzelve eten, een brood der ellende, (want in der haast zijt gij uit Egypelanduitgetogen); opdat gij gedenkt aan den dag van uw uittrekken uit Egypteland, al de dagen uws levens.

⁴Er zal bij u in zeven dagen geen zuurdeeg gezien worden in enige uwer landpalen; ook zal van het vlees, dat gij aan den avond van den eersten dag geslacht zulthebben, niets tot den morgen overnachten.

⁵Gij zult het pascha niet mogen slachten in een uwer poorten, die de HEERE, uw God, u geeft.

⁶Maar aan de plaats, die de HEERE, uw God, verkiezen zal om daar Zijn Naam te doen wonen, aldaar zult gij het pascha slachten aan den avond, als de zonondergaat, ter bestemder tijd van uw uittrekken uit Egypte.

⁷Dan zult gij het koken en eten in de plaats, die de HEERE, uw God, verkiezen zal; daarna zult gij u des morgens keren, en heengaan naar uw tenten.

⁸Zes dagen zult gij ongezuurde broden eten, en aan den zevenden dag is een verbods dag den HEERE, uw God; dan zult gij geen werk doen.

⁹Zeven weken zult gij u tellen; van dat men met de sikkel begint in het staande koren, zult gij de zeven weken beginnen te tellen.

¹⁰Daarna zult gij den HEERE, uw God, het feest der weken houden; het zal een vrijwillige schatting uwer hand zijn, dat gij geven zult, naardat u de HEERE, uw God, zal gezegend hebben.

¹¹En gij zult vrolijk zijn voor het aangezicht des HEEREN, uws Gods, gij, en uw zoon, en uw dochter, en uw dienstknecht, en uw dienstmaagd, en de Leviet, die in uwpoorten is, en de vreemdeling, en de wees, en de weduwe, die in het midden van u zijn; in de plaats, die de HEERE, uw God, zal verkiezen, om Zijnen Naam aldaarte doen wonen.

¹²En gij zult gedenken, dat gij een dienstknecht geweest zijt in Egypte; en gij zult deze inzettingen houden en doen.

¹³Het feest der loofhutten zult gij u zeven dagen houden, als gij zult hebben ingezameld van uw dorsvloer en van uw wijnpers.

¹⁴En gij zult vrolijk zijn op uw feest, gij, en uw zoon, en uw dochter, en uw dienstknecht, en uw dienstmaagd, en de Leviet, en de vreemdeling, en de wees, en deweduwe, die in uw poorten zijn.

¹⁵Zeven dagen zult gij den HEERE, uw God, feest houden, in de plaats, die de HEERE verkiezen zal; want de HEERE, uw God, zal u zegenen in al uw inkomen, en inal het werk uwer handen; daarom zult gij immers vrolijk zijn.

¹⁶Driemaal in het jaar zal alles, wat mannelijk onder u is, voor het aangezicht des HEEREN, uws Gods, verschijnen, in de plaats, die Hij verkiezen zal: op het feest derongezuurde, en op het feest der weken, en op het feest der loofhutten; maar het zal niet ledig voor het aangezicht des HEEREN verschijnen:

¹⁷Een ieder, naar de gave zijner hand, naar den zegen des HEEREN, uws Gods, dien Hij u gegeven heeft.

¹⁸Rechters en ambtlieden zult gij u stellen in al uw poorten, die de HEERE, uw God, u geven zal, onder uw stammen; dat zij het volk richten met een gericht dergerechtigheid.

¹⁹Gij zult het gericht niet buigen; gij zult het aangezicht niet kennen; ook zult gij geen geschenk nemen; want het geschenk verblindt de ogen der wijzen, en verkeert dewoorden der rechtvaardigen.

²⁰Gerechtigheid, gerechtigheid zult gij najagen; opdat gij leeft, en erfelijk bezit het land, dat u de HEERE, uw God, geven zal.

²¹Gij zult u geen bos planten van enig geboomte, bij het altaar des HEEREN, uws Gods, dat gij u maken zult.

²²Ook zult gij u geen opgericht beeld stellen, hetwelk de HEERE, uw God, haat.

Hoofdstuk 17

¹Gij zult den HEERE, uw God, geen os of klein vee offeren, waaraan een gebrek zij of enig kwaad; want dat is den HEERE, uw God, een gruwel.

²Wanneer in het midden van u, in een uwer poorten, die de HEERE, uw God, u geeft, een man of vrouw gevonden zal worden, die doen zal, dat kwaad is in de ogendes HEEREN, uws Gods, overtredende Zijn verbond;

³Dat hij heengaat, en dient andere goden, en buigt zich voor die, of voor de zon, of voor de maan, of voor het ganse heir des hemels, hetwelk ik niet geboden heb;

⁴En het wordt u aangezegd, en gij hoort het; zo zult gij het wel onderzoeken; en ziet, het is de waarheid, de zaak is zeker, zulk een gruwel is in Israel gedaan;

⁵Zo zult gij dien man of die vrouw, die ditzelve boze stuk gedaan hebben, tot uw poorten uitbrengen, dien man zeg ik, of die vrouw, en gij zult hen met stenenstenigen, dat zij sterven.

⁶Op den mond van twee getuigen, of drie getuigen, zal hij gedood worden, die sterven zal; op den mond van een enigen getuige zal hij niet gedood worden.

⁷De hand der getuigen zal eerst tegen hem zijn, om hem te doden, en daarna de hand des gansen volks; zo zult gij het boze uit het midden van u wegdoen.

⁸Wanneer een zaak aan het gericht voor u te zwaar zal zijn, tussen bloed en bloed, tussen rechtshandel en rechtshandel, tussen plage en plage, zijnde twistzaken inuw poorten, zo zult gij u opmaken, en opgaan naar de plaats, die de HEERE, uw God, verkiezen zal;

⁹En gij zult komen tot de Levietische priesters, en tot den rechter, die in die dagen zijn zal; en gij zult ondervragen, en zij zullen u de zaak des rechts aanzeggen.

¹⁰En gij zult doen naar de mond des woords, dat zij u zullen

Deuteronomium

aanzeggen, van diezelve plaats, die de HEERE verkiezen zal, en gij zult waarnemen te doen naar alles, wat zij u zullen leren.

¹¹Naar de mond der wet, die zij u zullen leren, en naar het oordeel, dat zij u zullen zeggen, zult gij doen; gij zult niet afwijken van het woord, dat zij u zullen aanzeggen, ter rechterhand of ter linkerhand.

¹²De man nu, die trotselijk handelen zal, dat hij niet hore naar den priester, dewelke staat, om aldaar den HEERE, uw God, te dienen, of naar den rechter, dezelve man zal sterven; en gij zult het boze uit Israel wegdoen.

¹³Dat het al dat volk hore en vreze, en niet meer trotselijk handele.

¹⁴Wanneer gij zult gekomen zijn in het land, dat u de HEERE, uw God, geeft, en gij dat erfelijk zult bezitten en daarin wonen, en gij zeggen zult: Ik zal een koning over mij stellen, als al de volken, die rondom mij zijn;

¹⁵Zo zult gij ganselijk tot koning over u stellen, dien de HEERE, uw God, verkiezen zal; uit het midden uwer broederen zult gij een koning over u stellen; gij zult niet vermogen over u te zetten een vreemden man, die uw broeder niet zij.

¹⁶Maar hij zal voor zich de paarden niet vermenigvuldigen, en het volk niet doen wederkeren naar Egypte, om paarden te vermenigvuldigen; terwijl de HEERE ulieden gezegd heeft: Gij zult voortaan niet wederkeren door dezen weg.

¹⁷Ook zal hij voor zich de vrouwen niet vermenigvuldigen, opdat zijn hart niet afwijke; hij zal ook voor zich geen zilver en goud zeer vermenigvuldigen.

¹⁸Voorts zal het geschieden, als hij op den stoel zijns koninkrijks zal zitten, zo zal hij zich een dubbel van deze wet afschrijven in een boek, uit hetgeen voor het aangezicht der Levietische priesteren is;

¹⁹En het zal bij hem zijn, en hij zal daarin lezen al de dagen zijns levens; opdat hij den HEERE, zijn God, lere vrezen, om te bewaren al de woorden dezer wet en deze inzettingen, om die te doen;

²⁰Dat zijn hart zich niet verheffe boven zijn broederen, en dat hij niet afwijke van het gebod, ter rechterhand of ter linkerhand; opdat hij de dagen verlenge in zijn koninkrijk, hij en zijn zonen, in het midden van Israel.

Hoofdstuk 18

¹De Levietische priesteren, de ganse stam van Levi, zullen geen deel noch erve hebben met Israel; de vuuroffers des HEEREN en zijn erfdeel zullen zij eten.

²Daarom zal hij geen erfdeel hebben in het midden zijner broederen; de HEERE is zijn Erfdeel, gelijk als Hij tot hem gesproken heeft.

³Dit nu zal het recht der priesters zijn van het volk, van hen, die een offerande offeren, hetzij een os, of klein vee: dat hij den priester zal geven den schouder, en beide kinnebakken, en de pens.

⁴De eerstelingen van uw koren, van uw most en van uw olie, en de eerstelingen van de bescherning uwer schapen zult gij hem geven;

⁵Want de HEERE, uw God, heeft hem uit al uw stammen verkoren, dat hij sta, om te dienen in den Naam des HEEREN, hij en zijn zonen, te allen dage.

⁶Voorts wanneer een Leviet zal komen uit een uwer poorten, uit gans Israel, alwaar hij woont, en hij komt naar alle begeerte zijner ziel, tot de plaats, die de HEERE zal verkoren;

⁷En hij dienen zal in den Naam des HEEREN, zijns Gods, als al zijn broederen, de Levieten, die aldaar voor het aangezicht des HEEREN staan;

⁸Zo zullen zij een gelijk deel eten, boven zijn verkoping bij de vaderen.

⁹Wanneer gij komt in het land, dat de HEERE, uw God, u geven zal, zo zult gij niet leren te doen naar de gruwelen van dezelve volken.

¹⁰Onder u zal niet gevonden worden, die zijn zoon of zijn dochter door het vuur doet doorgaan, die met waarzeggerijen omgaat, een guichelaar, of die op vogelgeschrei acht geeft, of tovenaar,

¹¹Of een bezweerder, die met bezwering omgaat, of die een waarzeggenden geest vraagt, of een duivelskunstenaar, of die de doden vraagt.

¹²Want al wie zulks doet, is den HEERE een gruwel; en om dezer gruwelen wil verdrijft hen de HEERE, uw God, voor uw aangezicht uit de bezitting.

¹³Oprecht zult gij zijn met den HEERE, uw God.

¹⁴Want deze volken, die gij zult erven, horen naar guichelaars en waarzeggers; maar u aangaande, de HEERE, uw God, heeft u zulks niet toegelaten.

¹⁵Een Profeet, uit het midden van u, uit uw broederen, als mij, zal u de HEERE, uw God, verwekken; naar Hem zult gij horen;

¹⁶Naar alles, wat gij van den HEERE, uw God, aan Horeb, ten dage der verzameling, geeist hebt, zeggende: Ik zal niet voortvaren te horen de stem des HEEREN, mijns Gods, en ditzelve grote vuur zal ik niet meer zien, dat ik niet sterve.

¹⁷Toen zeide de HEERE tot mij: Het is goed, wat zij gesproken hebben.

¹⁸Een Profeet zal Ik hun verwekken uit het midden hunner broederen, als u; en Ik zal Mijn woorden in Zijn mond geven, en Hij zal tot hen spreken alles, wat Ik Hem gebieden zal.

¹⁹En het zal geschieden, de man, die niet zal horen naar Mijn woorden, die Hij in Mijn Naam zal spreken, van dien zal Ik het zoeken.

²⁰Maar de profeet, die hoogmoediglijk zal handelen, sprekende een woord in Mijn Naam, hetwelk Ik hem niet geboden heb te spreken, of die spreken zal in den naam van andere goden, dezelve profeet zal sterven.

²¹Zo gij dan in uw hart zoudt mogen zeggen: Hoe zullen wij het woord kennen, dat de HEERE niet gesproken heeft?

²²Wanneer die profeet in den Naam des HEEREN zal hebben gesproken, en dat woord geschiedt niet, en komt niet; dat is het woord, dat de HEERE niet gesproken heeft; door trotsheid heeft die profeet dat gesproken; gij zult voor hem niet vrezen.

Hoofdstuk 19

¹Wanneer de HEERE, uw God, de volken zal hebben uitgeroeid, welker land de HEERE, uw God, u geven zal, en gij die erfelijk zult bezitten, en in hun steden en in hun huizen wonen;

²Zo zult gij u drie steden uitscheiden, in het midden van uw land, hetwelk de HEERE, uw God, u geven zal, om dat erfelijk te bezitten.

³Gij zult u den weg bereiden, en de pale uws lands, dat u de HEERE, uw God, zal doen erven, in drieen delen; dit nu zal zijn, opdat ieder doodslager daarhenen vliede.

⁴En dit zij de zaak des doodslagers, die daarhenen vlieden zal, dat hij leve; die zijn naaste zal geslagen hebben door onwetendheid, dien hij toch van gisteren en eergisteren niet haatte;

⁵Als, dewelke met zijn naaste in het bos zal zijn gegaan, om hout te houwen, en zijn hand met de bijl wordt aangedreven, om hout af te houwen, en het ijzer schiet af van den steel, en treft zijn naaste, dat hij sterve; die zal in een dezer steden vluchten en leven;

⁶Opdat de bloedwreker den doodslager niet najage, als zijn hart verhit is, en hem achterhale, omdat de weg te verre zou zijn, en hem sla aan het leven; zo toch geen oordeel des doods aan hem is; want hij haatte hem niet van gisteren en eergisteren.

⁷Daarom gebiede ik u, zeggende: Gij zult u drie steden uitscheiden.

⁸En indien de HEERE, uw God, uw landpale zal verwijden, gelijk als Hij uw vaderen gezworen heeft, en u al dat land geven zal, hetwelk Hij uw vaderen te geven gesproken heeft;

⁹(Wanneer gij al ditzelve gebod zult waarnemen, om dat te doen, hetgeen ik u heden gebiede, den HEERE, uw God, liefhebbende, en alle dagen in Zijn wegen wandelende) zo zult gij u nog drie steden toedoen tot deze drie;

¹⁰Opdat het bloed des onschuldigen niet vergoten worde in het midden van uw land, dat u de HEERE, uw God, ten erve geeft, en bloedschulden op u zouden zijn.

¹¹Maar wanneer er iemand zijn zal, die zijn naaste haat, en hem lagen legt, en staat tegen hem op, en slaat hem aan het leven, dat hij sterve; en vliedt tot een van die steden;

¹²Zo zullen de oudsten zijner stad zenden, en nemen hem van daar, en zij zullen hem in de hand des bloedwrekers geven, dat hij sterve.

¹³Uw oog zal hem niet verschonen; maar gij zult het bloed des onschuldigen uit Israel wegdoen, dat het u welga.

¹⁴Gij zult uws naasten landpale, die de voorvaderen gepaald hebben, niet verrukken in uw erfdeel, dat gij erven zult, in het land, hetwelk u de HEERE, uw God, geeft, om dat erfelijk te bezitten.

¹⁵Een enig getuige zal tegen niemand opstaan over enige ongerechtigheid of over enige zonde, van alle zonde, die hij zou mogen zondigen; op den mond van twee getuigen, of op den mond van drie getuigen zal de zaak bestaan.

¹⁶Wanneer een wrevelige getuige tegen iemand zal opstaan, om een afwijking tegen hem te betuigen;

¹⁷Zo zullen die twee mannen, welke den twist hebben, staan voor het aangezicht des HEEREN, voor het aangezicht der priesters, en der rechters, die in diezelve dagen zullen zijn.

¹⁸En de rechters zullen wel onderzoeken; en ziet, de getuige is een vals getuige, hij heeft valsheid betuigd tegen zijn broeder;

¹⁹Zo zult gijlieden hem doen, gelijk als hij zijn broeder dacht te doen; alzo zult gij het boze uit het midden van u wegdoen;

²⁰Dat de overgeblevenen het horen en vrezen, en niet voortvaren meer te doen naar dit boze stuk, in het midden van u.
²¹En uw oog zal niet verschonen; ziel om ziel, oog om oog, tand om tand, hand om hand, voet om voet.

Hoofdstuk 20

¹Wanneer gij zult uittrekken tot den strijd tegen uw vijanden, en zult zien paarden en wagenen, een volk, meerder dan gij, zo zult gij voor hen niet vrezen; want de HEERE, uw God, is met u, Die u uit Egypteland heeft opgevoerd.
²En het zal geschieden, als gijlieden tot den strijd nadert, zo zal de priester toetreden, en tot het volk spreken.
³En tot hen zeggen: Hoort, Israel! gijlieden zijt heden na aan den strijd tegen uw vijanden; uw hart worde niet week, vreest niet, en beeft niet, en verschrikt niet voor hun aangezicht.
⁴Want het is de HEERE, uw God, Die met u gaat, om voor u te strijden tegen uw vijanden, om u te verlossen.
⁵Dan zullen de ambtlieden tot het volk spreken, zeggende: Wie is de man, die een nieuw huis heeft gebouwd, en het niet heeft ingewijd? Die ga henen en kere wederom naar zijn huis; opdat hij niet misschien sterve in den strijd, en iemand anders dat inwijde.
⁶En wie is de man, die een wijngaard geplant heeft, en deszelfs vrucht niet heeft genoten? Die ga henen en kere weder naar zijn huis, opdat hij niet misschien in den strijd sterve en iemand anders die geniete.
⁷En wie is de man, die een vrouw ondertrouwd heeft, en haar niet tot zich heeft genomen? Die ga henen en kere weder naar zijn huis; opdat hij niet misschien in den strijd sterve, en een ander man haar neme.
⁸Daarna zullen de ambtlieden voortvaren te spreken tot het volk, en zeggen: Wie is de man, die vreesachtig en week van hart is? Die ga henen en kere weder naar zijn huis; opdat het hart zijner broederen niet smelte, gelijk zijn hart.
⁹En het zal geschieden, als die ambtlieden geeindigd zullen hebben te spreken tot het volk, zo zullen zij oversten der heiren aan de spits des volks bestellen.
¹⁰Wanneer gij nadert tot een stad om tegen haar te strijden, zo zult gij haar den vrede toeroepen.
¹¹En het zal geschieden, indien zij u vrede zal antwoorden, en u opendoen, zo zal al het volk, dat daarin gevonden wordt, u cijnsbaar zijn, en u dienen.
¹²Doch zo zij geen vrede met u zal maken, maar krijg tegen u voeren, zo zult gij haar belegeren.
¹³En de HEERE, uw God, zal haar in uw hand geven; en gij zult alles, wat mannelijk daarin is, slaan met de scherpte des zwaards;
¹⁴Behalve de vrouwen, en de kinderkens, en de beesten, en al wat in de stad zijn zal, al haar buit zult gij voor u roven; en gij zult eten den buit uwer vijanden, dien u de HEERE, uw God, gegeven heeft.
¹⁵Alzo zult gij aan alle steden doen, die zeer verre van u zijn, die niet zijn van de steden dezer volken.
¹⁶Maar van de steden dezer volken, die u de HEERE, uw God, ten erve geeft, zult gij niets laten leven, dat adem heeft.
¹⁷Maar gij zult ze ganselijk verbannen: de Hethieten, en de Amorieten, en de Kanaanieten, en de Ferezieten, de Hevieten, en de Jebusieten, gelijk als u de HEERE, uw God, geboden heeft.
¹⁸Opdat zij ulieden niet leren te doen naar al hun gruwelen, die zij hun goden gedaan hebben, en gij zondigt tegen den HEERE, uw God.
¹⁹Wanneer gij een stad vele dagen zult belegeren, strijdende tegen haar, om die in te nemen, zo zult gij haar geboomte niet verderven, de bijl daaraan drijvende; want gij zult daarvan eten; daarom zult gij dat niet afhouwen (want het geboomte van het veld is des mensen spijze), opdat het voor uw aangezicht kome tot een bolwerk.
²⁰Maar het geboomte, hetwelk gij kennen zult, dat het geen geboomte ter spijze is, dat zult gij verderven en afhouwen; en gij zult een bolwerk bouwen tegen deze stad, dewelke tegen u krijg voert, totdat zij ten onderga.

Hoofdstuk 21

¹Wanneer in het land, hetwelk de HEERE, uw God, u geven zal, om dat te erven, een verslagene zal gevonden worden, liggende in het veld, niet bekend zijnde, wie hem geslagen heeft;
²Zo zullen uw oudsten en uw rechters uitgaan, en zij zullen meten naar de steden, die rondom den verslagene zijn.
³De stad nu, die de naaste zal zijn aan den verslagene, daar zullen de oudsten derzelver stad een jonge koe van de runderen nemen, met dewelke niet gearbeid is, die aan het juk niet getrokken heeft.
⁴En de oudsten derzelver stad zullen de jonge koe afbrengen in een ruw dal, dat niet bearbeid noch bezaaid zal zijn; en zij zullen deze jonge koe aldaar in het dal dennek doorhouwen.
⁵Dan zullen de priesters, de kinderen van Levi, toetreden; want de HEERE, uw God, heeft hen verkoren, om Hem te dienen, en om in des HEEREN Naam te zegenen, en naar hun mond zal alle twist en alle plaag afgedaan worden.
⁶En alle oudsten derzelver stad, die naast aan den verslagene zijn, zullen hun handen wassen over deze jonge koe, die in dat dal de nek doorgehouwen is;
⁷En zij zullen betuigen en zeggen: Onze handen hebben dit bloed niet vergoten, en onze ogen hebben het niet gezien;
⁸Wees genadig aan Uw volk Israel, dat Gij, o HEERE! verlost hebt, en leg geen onschuldig bloed in het midden van Uw volk Israel! En dat bloed zal voor hen verzoend zijn.
⁹Alzo zult gij het onschuldig bloed uit het midden van u wegdoen; want gij zult doen, wat recht is in de ogen des HEEREN.
¹⁰Wanneer gij zult uitgetogen zijn tot den strijd tegen uw vijanden; en de HEERE, uw God, hen zal gegeven hebben in uw hand, dat gij hun gevangenen gevankelijk wegvoert;
¹¹En gij onder de gevangenen zult zien een vrouw, schoon van gedaante, en gij lust tot haar gekregen zult hebben, dat gij ze u ter vrouwe neemt;
¹²Zo zult gij haar binnen in uw huis brengen; en zij zal haar hoofd scheren, en haar nagelen besnijden.
¹³En zij zal het kleed harer gevangenis van zich afleggen, en in uw huis zitten, en haar vader en haar moeder een maand lang bewenen; en daarna zult gij tot haar ingaan, en haar man zijn, en zij zal u ter vrouwe zijn.
¹⁴En het zal geschieden, indien gij geen behagen in haar hebt, dat gij haar zult laten gaan naar haar begeerte; doch gij zult haar geenszins voor geld verkopen, gij zult met haar geen gewin drijven, daarom dat gij haar vernederd hebt.
¹⁵Wanneer een man twee vrouwen heeft, een beminde, en een gehate; en de beminde en de gehate hem zonen zullen gebaard hebben, en de eerstgeboren zoon van de gehate zal zijn;
¹⁶Zo zal het geschieden, ten dage als hij zijn zonen zal doen erven wat hij heeft, dat hij niet zal vermogen de eerstgeboorte te geven aan den zoon der beminde, voor het aangezicht van den zoon der gehate, die de eerstgeborene is.
¹⁷Maar den eerstgeborene, den zoon der gehate, zal hij kennen, gevende hem het dubbele deel van alles, wat bij hem zal worden gevonden; want hij is het beginsel zijner kracht, het recht der eerstgeboorte is het zijne.
¹⁸Wanneer iemand een moedwilligen en wederspannigen zoon heeft, die de stem zijns vaders en de stem zijner moeder niet gehoorzaam is; en zij hem gekastijd zullen hebben, en hij naar hen niet horen zal,
¹⁹Zo zullen zijn vader en zijn moeder hem grijpen, en zij zullen hem uitbrengen tot de oudsten zijner stad, en tot de poorte zijner plaats.
²⁰En zij zullen zeggen tot de oudsten zijner stad: Deze onze zoon is afwijkende en wederspannig, hij is onze stem niet gehoorzaam; hij is een brasser en zuiper.
²¹Dan zullen alle lieden zijner stad hem met stenen overwerpen, dat hij sterve; en gij zult het boze uit het midden van u wegdoen; dat het gans Israel hore, en vreze.
²²Voorts, wanneer in iemand een zonde zal zijn, die het oordeel des doods waardig is, dat hij gedood zal worden, en gij hem aan het hout zult opgehangen hebben;
²³Zo zal zijn dood lichaam aan het hout niet overnachten; maar gij zult het zekerlijk ten zelven dage begraven; want een opgehangene is Gode een vloek. Alzo zult gij uw land niet verontreinigen, dat u de HEERE, uw God, ten erve geeft.

Hoofdstuk 22

¹Gij zult uws broeders os of klein vee niet zien afgedreven, en u van die verbergen; gij zult ze uw broeder ganselijk weder toesturen.
²En indien uw broeder niet nabij u is, of gij hem niet kent, zo zult gij ze binnen in uw huis vergaderen, dat zij bij u zijn, totdat uw broeder die zoeke, en gij ze hem wedergeeft.
³Alzo zult gij ook doen aan zijn ezel, en alzo zult gij doen aan zijn kleding, ja, alzo zult gij doen aan al het verlorene uws broeders, dat van hem verloren zal zijn, en dat gij zult hebben gevonden; gij zult u niet mogen verbergen.
⁴Gij zult uws broeders ezel of zijn os niet zien, vallende op den weg, en u van die verbergen; gij zult ze met hem ganselijk oprichten.
⁵Het kleed eens mans zal niet zijn aan een vrouw, en een man zal geen vrouwenkleed aantrekken; want al wie zulks doet, is den HEERE, uw God, een gruwel.

Deuteronomium

⁶Wanneer voor uw aangezicht een vogelnest op den weg voorkomt, in enigen boom, of op de aarde, met jongen of eieren, en de moeder zittende op de jongen of op de eieren, zo zult gij de moeder met de jongen niet nemen.

⁷Gij zult de moeder ganselijk vrijlaten; maar de jongen zult gij voor u nemen; opdat het u welga, en gij de dagen verlengt.

⁸Wanneer gij een nieuw huis zult bouwen, zo zult gij op uw dak een leuning maken; opdat gij geen bloedschuld op uw huis legt, wanneer iemand, vallende, daarvan afviel.

⁹Gij zult uw wijngaard niet met tweeerlei bezaaien; opdat de volheid des zaads, dat gij zult gezaaid hebben, en de inkomst des wijngaards niet ontheiligd worde.

¹⁰Gij zult niet ploegen met een os en met een ezel te gelijk.

¹¹Gij zult geen kleed van gemengde stof aantrekken, wollen en linnen te gelijk.

¹²Snoeren zult gij u maken aan de vier hoeken uws opperkleeds, waarmede gij u bedekt.

¹³Wanneer een man een vrouw zal genomen hebben, en tot haar ingegaan zijnde, alsdan haar zal haten,

¹⁴En haar oorzaak van naspraak zal opleggen, en een kwaden naam over haar uitbrengen, en zeggen: Deze vrouw heb ik genomen, en ben tot haar genaderd, maar heb den maagdom aan haar niet gevonden;

¹⁵Dan zullen de vader van deze jonge dochter en haar moeder nemen, en tot de oudsten der stad aan de poort uitbrengen, den maagdom dezer jonge vrouw.

¹⁶En de vader van de jonge dochter zal tot de oudsten zeggen: Ik heb mijn dochter aan dezen man gegeven tot een vrouw; maar hij heeft haar gehaat;

¹⁷En ziet, hij heeft oorzaak van opspraak gegeven, zeggende: Ik heb den maagdom aan uw dochter niet gevonden; dit nu is de maagdom mijner dochter. En zij zullen het kleed voor het aangezicht van de oudsten der stad uitbreiden.

¹⁸Dan zullen de oudsten derzelver stad dien man nemen, en kastijden hem;

¹⁹En zij zullen hem een boete opleggen van honderd zilverlingen, en ze geven aan den vader van de jonge dochter, omdat hij een kwaden naam heeft uitgebracht over een jonge dochter van Israel; voorts zal zij hem ter vrouwe zijn, hij zal haar niet mogen laten gaan al zijn dagen.

²⁰Maar indien ditzelve woord waarachtig is, dat de maagdom aan de jonge dochter niet gevonden is;

²¹Zo zullen zij deze jonge dochter uitbrengen tot de deur van haars vaders huis, en de lieden harer stad zullen haar met stenen stenigen, dat zij sterve, omdat zij een dwaasheid in Israel gedaan heeft, hoererende in haars vaders huis; zo zult gij het boze uit het midden van u wegdoen.

²²Wanneer een man gevonden zal worden, liggende bij eens mans getrouwde vrouw, zo zullen zij ook beiden sterven, de man, die bij de vrouw gelegen heeft, en de vrouw; zo zult gij het boze uit Israel wegdoen.

²³Wanneer er een jonge dochter zal zijn, die een maagd is, ondertrouwd aan een man, en een man haar in de stad zal gevonden, en bij haar gelegen hebben,

²⁴Zo zult gij ze beiden uitbrengen tot de poort derzelver stad, en gij zult hen met stenen stenigen, dat zij sterven; de jonge dochter, ter oorzake, dat zij niet geroepen heeft in de stad, en den man, ter oorzake dat hij zijns naasten vrouw vernederd heeft; zo zult gij het boze uit het midden van u wegdoen.

²⁵En indien een man een ondertrouwde jonge dochter in het veld gevonden, en de man haar verkracht en bij haar gelegen zal hebben, zo zal de man, die bij haar gelegen heeft, alleen sterven;

²⁶Maar de jonge dochter zult gij niets doen; de jonge dochter heeft geen zonde des doods; want gelijk of een man tegen zijn naaste opstond, en sloeg hem dood aan het leven, alzo is deze zaak.

²⁷Want hij heeft haar in het veld gevonden; de ondertrouwde jonge dochter riep, en er was niemand, die haar verloste.

²⁸Wanneer een man een jonge dochter zal gevonden hebben, die een maagd is, dewelke niet ondertrouwd is, en haar zal gegrepen en bij haar gelegen hebben, en zij gevonden zullen zijn;

²⁹Zo zal de man, die bij haar gelegen heeft, den vader van de jonge dochter vijftig zilverlingen geven, en zij zal hem ter vrouwe zijn, omdat hij haar vernederd heeft; hij zal ze niet mogen laten gaan al zijn dagen.

³⁰Een man zal zijns vaders vrouw niet nemen, en hij zal zijns vaders slippe niet ontdekken.

Hoofdstuk 23

¹Die door plettering verwond of uitgesneden is aan de mannelijkheid, zal in de vergadering des HEEREN niet komen.

²Geen bastaard zal in de vergadering des HEEREN komen; zelfs zijn tiende geslacht zal in de vergadering des HEEREN niet komen.

³Geen Ammoniet, noch Moabiet zal in de vergadering des HEEREN komen; zelfs hun tiende geslacht zal in de vergadering des HEEREN niet komen tot in eeuwigheid.

⁴Ter oorzake dat zij ulieden op den weg niet tegengekomen zijn met brood en met water, als gij uit Egypte uittoogt; en omdat hij tegen u gehuurd heeft Bileam, den zoon van Beor, van Pethor uit Mesopotamie, om u te vloeken.

⁵Doch de HEERE, uw God, heeft naar Bileam niet willen horen; maar de HEERE, uw God, heeft u den vloek in een zegen veranderd, omdat de HEERE, uw God, u liefhad.

⁶Gij zult hun vrede en hun best niet zoeken, al uw dagen in eeuwigheid.

⁷Den Edomiet zult gij voor geen gruwel houden, want hij is uw broeder; den Egyptenaar zult gij voor geen gruwel houden want gij zijt een vreemdeling geweest in zijn land.

⁸Aangaande de kinderen, die hun zullen geboren worden in het derde geslacht, elk van die zal in de vergadering des HEEREN komen.

⁹Wanneer het leger uittrekt tegen uw vijanden, zo zult gij u wachten voor alle kwade zaak.

¹⁰Wanneer iemand onder u is, die niet rein is, door enig toeval des nachts, die zal tot buiten het leger uitgaan; hij zal tot binnen het leger niet komen.

¹¹Maar het zal geschieden, dat hij zich tegen het naken van den avond met water zal baden; en als de zon ondergegaan is, zal hij tot binnen het leger komen.

¹²Gij zult ook een plaats hebben buiten het leger, en daarhenen zult gij uitgaan naar buiten.

¹³En gij zult een schopje hebben, benevens uw gereedschap, en het zal geschieden, als gij buiten gezeten hebt, dan zult gij daarmede graven, en u omkeren, en bedekken wat van u uitgegaan is.

¹⁴Want de HEERE, uw God, wandelt in het midden van uw leger, om u te verlossen, en om uw vijanden voor uw aangezicht te geven; daarom zal uw leger heilig zijn, opdat Hij niets schandelijks onder u zie, en achterwaarts van u afkere.

¹⁵Gij zult een knecht aan zijn heer niet overleveren, die van zijn heer tot u ontkomen zal zijn.

¹⁶Hij zal bij u blijven in het midden van u, in de plaats, die hij zal verkiezen, in een van uw poorten, waar het goed voor hem is; gij zult hem niet verdrukken.

¹⁷Er zal geen hoer zijn onder de dochteren van Israel; en er zal geen schandjongen zijn onder de zonen van Israel.

¹⁸Gij zult geen hoerenloon noch hondenprijs in het huis des HEEREN, uws Gods, brengen, tot enige gelofte; want ook die beiden zijn den HEERE, uw God, een gruwel.

¹⁹Gij zult aan uw broeder niet woekeren, met woeker van geld, met woeker van spijze, met woeker van enig ding, waarmede men woekert.

²⁰Aan den vreemde zult gij woekeren; maar aan uw broeder zult gij niet woekeren; opdat u de HEERE, uw God, zegene, in alles, waaraan gij uw hand slaat, in het land, waar gij naar toe gaat, om dat te erven.

²¹Wanneer gij den HEERE, uw God, een gelofte zult beloofd hebben, gij zult niet vertrekken die te betalen; want de HEERE, uw God, zal ze zekerlijk van u eisen, en zonde zou in u zijn.

²²Maar als gij nalaat te beloven, zo zal het geen zonde in u zijn.

²³Wat uit uw lippen gaat, zult gij houden en doen; gelijk als gij den HEERE, uw God, een vrijwillig offer beloofd hebt, dat gij met uw mond gesproken hebt.

²⁴Wanneer gij gaan zult in uws naasten wijngaard, zo zult gij druiven eten naar uw lust, tot uw verzadiging; maar in uw vat zult gij niets doen.

²⁵Wanneer gij zult gaan in uws naasten staande koren, zo zult gij de aren met uw hand afplukken; maar de sikkel zult gij aan uws naasten staande koren niet bewegen.

Hoofdstuk 24

¹Wanneer een man een vrouw zal genomen en die getrouwd hebben, zo zal het geschieden, indien zij geen genade zal vinden in zijn ogen, omdat hij iets schandelijks aan haar gevonden heeft, dat hij haar een scheidbrief zal schrijven, en in haar hand geven, en ze laten gaan uit zijn huis.

²Zo zij dan, uit zijn huis uitgegaan zijnde, zal henengaan en een

anderen man ter vrouwe worden,

³En deze laatste man haar gehaat, en haar een scheidbrief geschreven, en in haar hand gegeven, en haar uit zijn huis zal hebben laten gaan; of als deze laatste man, die ze voor zich tot een vrouw genomen heeft, zal gestorven zijn;

⁴Zo zal haar eerste man, die haar heeft laten gaan, haar niet mogen wedernemen, dat zij hem ter vrouwe zij, nadat zij is verontreinigd geworden; want dat is eengruwel voor het aangezicht des HEEREN; alzo zult gij het land niet doen zondigen, dat u de HEERE, uw God, ten erve geeft.

⁵Wanneer een man een nieuwe vrouw zal genomen hebben, die zal in het heir niet uittrekken, en men zal hem geen last opleggen; een jaar lang zal hij vrij zijn in zijnhuis, en zijn vrouw, die hij genomen heeft, verheugen.

⁶Men zal beide molenstenen, immers den bovensten molensteen, niet te pand nemen; want hij neemt de ziel te pand.

⁷Wanneer iemand gevonden zal worden, die een ziel steelt uit zijn broederen, uit de kinderen Israels, en drijft gewin met hem, en verkoopt hem; zo zal deze diefsterven, en gij zult het boze uit het midden van u wegdoen.

⁸Wacht u in de plaag der melaatsheid, dat gij naarstiglijk waarneemt en doet naar alles, wat de Levietische priesteren ulieden zullen leren; gelijk als ik hun gebodenheb, zult gij waarnemen te doen.

⁹Gedenkt, wat de HEERE, uw God, gedaan heeft aan Mirjam, op den weg, als gij uit Egypte waart uitgetogen.

¹⁰Wanneer gij aan uw naaste iets zult geleend hebben, zo zult gij tot zijn huis niet ingaan, om zijn pand te pand te nemen;

¹¹Buiten zult gij staan, en de man, dien gij geleend hebt, zal het pand naar buiten tot u uitbrengen.

¹²Doch indien hij een arm man is, zo zult gij met zijn pand niet nederliggen.

¹³Gij zult hem dat pand zekerlijk wedergeven, als de zon ondergaat, dat hij in zijn kleed nederligge, en u zegene; en het zal u gerechtigheid zijn voor het aangezicht desHEEREN, uws Gods.

¹⁴Gij zult den armen en nooddruftigen dagloner niet verdrukken, die uit uw broederen is, of uit uw vreemdelingen, die in uw land en in uw poorten zijn.

¹⁵Op zijn dag zult gij zijn loon geven, en de zon zal daarover niet ondergaan; want hij is arm, en zijn ziel verlangt daarnaar; dat hij tegen u niet roepe tot den HEERE, en zonde in u zij.

¹⁶De vaders zullen niet gedood worden voor de kinderen, en de kinderen zullen niet gedood worden voor de vaders; een ieder zal om zijn zonde gedood worden.

¹⁷Gij zult het recht van den vreemdeling en van den wees niet buigen, en gij zult het kleed der weduwe niet te pand nemen.

¹⁸Maar gij zult gedenken, dat gij een knecht in Egypte geweest zijt, en de HEERE, uw God, heeft u van daar verlost; daarom gebiede ik u deze zaak te doen.

¹⁹Wanneer gij uw oogst op uw akker afgeoogst, en een garf op den akker vergeten zult hebben, zo zult gij niet wederkeren, om die op te nemen; voor denvreemdeling, voor den wees en voor de weduwe zal zij zijn; opdat u de HEERE, uw God, zegene, in al het werk uwer handen.

²⁰Wanneer gij uw olijfboom zult geschud hebben, zo zult gij de takken achter u niet nauw doorzoeken; voor den vreemdeling, voor den wees en voor de weduwe zalhet zijn.

²¹Wanneer gij uw wijngaard zult afgelezen hebben, zo zult gij de druiven achter u niet nalezen; voor den vreemdeling, voor den wees en voor de weduwe zal het zijn.

²²En gij zult gedenken, dat gij een knecht in Egypteland geweest zijt; daarom gebiede ik u deze zaak te doen.

Hoofdstuk 25

¹Wanneer er tussen lieden twist zal zijn, en zij tot het gerecht zullen toetreden, dat zij hen richten, zo zullen zij den rechtvaardige rechtvaardig spreken, en denonrechtvaardige verdoemen.

²En het zal geschieden, indien de onrechtvaardige slagen verdiend heeft, dat de rechter hem zal doen nedervallen, en hem doen slaan in zijn tegenwoordigheid, naardat het voor zijn onrechtvaardigheid genoeg zal zijn, in getal.

³Met veertig slagen zal hij hem doen slaan, hij zal er niet toedoen; opdat niet misschien, zo hij voortvoere hem daarboven met meer slagen te doen slaan, uw broederdan voor uw ogen verachtelijk gehouden worde.

⁴Een os zult gij niet muilbanden, als hij dorst.

⁵Wanneer broeders samenwonen, en een van hen sterft, en geen zoon heeft, zo zal de vrouw des verstorvenen aan geen vreemden man daarbuiten geworden; haarmans broeder zal tot haar ingaan en nemen haar zich ter vrouw, en doen haar den plicht van eens mans broeder.

⁶En het zal geschieden, dat de eerstgeborene, dien zij zal baren, zal staan in den naam zijns broeders, des verstorvenen; opdat zijn naam niet uitgedelgd worde uitIsrael.

⁷Maar indien dezen man zijns broeders vrouw niet bevallen zal te nemen, zo zal zijn broeders vrouw opgaan naar de poort tot de oudsten, en zeggen: Mijns mansbroeder weigert zijn broeder een naam te verwekken in Israel; hij wil mij den plicht van eens mans broeders niet doen.

⁸Dan zullen hem de oudsten zijner stad roepen, en tot hem spreken; blijft hij dan daarbij staan, en zegt: Het bevalt mij niet haar te nemen;

⁹Zo zal zijns broeders vrouw voor de ogen der oudsten tot hem toetreden, en zijn schoen van zijn voet uittrekken, en spuwen in zijn aangezicht, en zal betuigen enzeggen: Alzo zal dien man gedaan worden, die zijns broeders huis niet zal bouwen.

¹⁰En zijn naam zal in Israel genoemd worden: Het huis desgenen, dien de schoen uitgetogen is.

¹¹Wanneer mannen, de een met den ander, twisten, en de vrouw des enen toetreedt, om haar man uit de hand desgenen, die hem slaat, te redden, en haar handuitstrekt, en zijn schamelheid aangrijpt;

¹²Zo zult gij haar hand afhouwen, uw oog zal niet verschonen.

¹³Gij zult geen tweeerlei weegstenen in uw zak hebben; een groten en een kleinen.

¹⁴Gij zult in uw huis geen tweeerlei efa hebben, een grote en een kleine.

¹⁵Gij zult een volkomen en gerechten weegsteen hebben; gij zult een volkomene en gerechte efa hebben; opdat uw dagen verlengd worden in het land, dat u deHEERE, uw God, geven zal.

¹⁶Want al wie zulks doet, is den HEERE, uw God, een gruwel; ja, al wie onrecht doet.

¹⁷Gedenkt, wat u Amalek gedaan heeft op den weg, als gij uit Egypte uittoogt;

¹⁸Hoe hij u op den weg ontmoette, en sloeg onder u in den staart al de zwakken achter u, als gij moede en mat waart; en hij vreesde God niet.

¹⁹Het zal dan geschieden, als u de HEERE, uw God, rust zal gegeven hebben, van al uw vijanden rondom, in het land, dat u de HEERE, uw God, ten erve geven zal, om hetzelve erfelijk te bezitten, dat gij de gedachtenis van Amalek van onder den hemel zult uitdelgen; vergeet het niet!

Hoofdstuk 26

¹Voorts zal het geschieden, wanneer gij zult gekomen zijn in het land, dat u de HEERE, uw God, ten erve geven zal, en gij dat erfelijk zult bezitten, en daarin wonen;

²Zo zult gij nemen van de eerstelingen van alle vrucht des lands, die gij opbrengen zult van uw land, dat u de HEERE, uw God, geeft, en zult ze in een korf leggen; engij zult heengaan tot de plaats, die de HEERE, uw God, verkoren zal hebben, om Zijn Naam aldaar te doen wonen;

³En gij zult komen tot den priester, dewelke in die dagen zijn zal, en tot hem zeggen: Ik verklaar heden voor den HEERE, uw God, dat ik gekomen ben in het land, hetwelk de HEERE onzen vaderen gezworen heeft ons te zullen geven.

⁴En de priester zal den korf van uw hand nemen, en hij zal dien voor het altaar des HEEREN, uws Gods, nederzetten.

⁵Dan zult gij voor het aangezicht des HEEREN, uws Gods, betuigen en zeggen: Mijn vader was een bedorven Syrier, en hij toog af naar Egypte, en verkeerde aldaarals vreemdeling met weinig volks; maar hij werd aldaar tot een groot, machtig en menigvuldig volk.

⁶Doch de Egyptenaars deden ons kwaad, en verdrukten ons, en legden ons een harden dienst op.

⁷Toen riepen wij tot den HEERE, den God onzer vaderen; en de HEERE verhoorde onze stem en zag onze ellende aan, en onzen arbeid, en onze onderdrukking.

⁸En de HEERE voerde ons uit Egypte, door een sterke hand, en door een uitgestrekten arm, en door groten schrik, en door tekenen, en door wonderen.

⁹En Hij heeft ons gebracht tot deze plaats; en Hij heeft ons dit land gegeven, een land vloeiende van melk en honig.

¹⁰En nu, zie, ik heb gebracht de eerstelingen van de vrucht dezes lands, dat Gij, HEERE, mij gegeven hebt! Dan zult gij ze nederzetten voor het aangezicht desHEEREN, uws Gods, en zult u buigen voor het aangezicht des HEEREN, uws Gods;

¹¹En gij zult vrolijk zijn over al het goede, dat de HEERE, uw God, aan u en uw huis gegeven heeft; gij, en de Leviet, en de

Deuteronomium

vreemdeling, die in het midden van u is.

¹²Wanneer gij zult geeindigd hebben alle tienden van uw inkomen te vertienen, in het derde jaar, zijnde een jaar der tienden; dan zult gij aan den Leviet, aan den vreemdeling, aan den wees en aan de weduwe geven, dat zij in uw poorten eten en verzadigd worden.

¹³En gij zult voor het aangezicht des HEEREN, uws Gods, zeggen: Ik heb het heilige uit het huis weggenomen, en heb het ook aan den Leviet en aan den vreemdeling, aan den wees en aan de weduwe gegeven, naar al Uw geboden, die Gij mij geboden hebt; ik heb niets van Uw geboden overtreden, en niets vergeten.

¹⁴Ik heb daarvan niets gegeten in mijn leed, en heb daarvan niets weggenomen tot iets onreins, noch daarvan gegeven tot een dode; ik ben der stem des HEEREN, mijns Gods, gehoorzaam geweest, ik heb gedaan naar alles, wat Gij mij geboden hebt.

¹⁵Zie nederwaarts van Uw heilige woning, van den hemel, en zegen Uw volk Israel, en het land, dat Gij ons gegeven hebt, gelijk als Gij onzen vaderen gezworen hebt, een land van melk en honig vloeiende.

¹⁶Te dezen dage gebiedt u de HEERE, uw God, deze inzettingen en rechten te doen; houdt dan en doet dezelve, met uw ganse hart en met uw ganse ziel.

¹⁷Heden hebt gij den HEERE doen zeggen, dat Hij u tot een God zal zijn, en dat gij zult wandelen in Zijn wegen, en houden Zijn inzettingen, en Zijn geboden, en Zijn rechten, en dat gij Zijner stem zult gehoorzaam zijn.

¹⁸En de HEERE heeft u heden doen zeggen, dat gij Hem tot een volk des eigendoms zult zijn, gelijk als Hij u gesproken heeft, en dat gij al Zijn geboden zult houden;

¹⁹Opdat Hij u alzo boven al de volken, die Hij gemaakt heeft, hoog zette, tot lof, en tot een naam, en tot heerlijkheid; en opdat gij een heilig volk zijt den HEERE, uw God, gelijk als Hij gesproken heeft.

Hoofdstuk 27

¹En Mozes, te zamen met de oudsten van Israel, gebood het volk, zeggende: Behoudt al deze geboden, die ik ulieden heden gebiede.

²Het zal dan geschieden, ten dage als gij over de Jordaan zult gegaan zijn in het land, dat u de HEERE, uw God, geven zal, zo zult gij u grote stenen oprichten, en bestrijken ze met kalk;

³En gij zult daarop schrijven alle woorden dezer wet, als gij overgegaan zult zijn; opdat gij komt in het land, dat de HEERE, uw God, u geven zal, een land vloeiende van melk en honig, gelijk als de HEERE, uwer vaderen God, tot u gesproken heeft.

⁴Het zal dan geschieden, als gij over de Jordaan gegaan zult zijn, dat gij dezelve stenen, van dewelke ik u heden gebiede, zult oprichten op den berg Ebal, en gij zult ze met kalk bestrijken;

⁵En gij zult aldaar den HEERE, uw God, een altaar bouwen, een altaar van stenen; gij zult geen ijzer over hetzelve bewegen.

⁶Van gehele stenen zult gij het altaar des HEEREN, uws Gods, bouwen, en gij zult den HEERE, uw God, brandoffer daarop offeren.

⁷Ook zult gij dankofferen offeren, en zult aldaar eten, en vrolijk zijn voor het aangezicht des HEEREN, uws Gods.

⁸En gij zult op deze stenen schrijven alle woorden dezer wet, die wel uitdrukkende.

⁹Voorts sprak Mozes, te zamen met de Levietische priesteren, tot gans Israel, zeggende: Luistert toe en hoort o Israel! Op dezen dag zijt gij den HEERE, uw God, tot een volk geworden.

¹⁰Daarom zult gij der stem des HEEREN, uws Gods, gehoorzaam zijn, en gij zult doen Zijn geboden en Zijn inzettingen, die ik u heden gebiede.

¹¹En Mozes gebood het volk te dien dage, zeggende:

¹²Dezen zullen staan, om het volk te zegenen op den berg Gerizim, als gij over de Jordaan gegaan zult zijn: Simeon, en Levi, en Juda, en Issaschar, en Jozef, en Benjamin.

¹³En dezen zullen staan over den vloek op den berg Ebal: Ruben, Gad en Aser, Zebulon, Dan en Nafthali.

¹⁴En de Levieten zullen betuigen en zeggen tot allen man van Israel, met verhevene stem:

¹⁵Vervloekt zij de man, die een gesneden of gegoten beeld, een gruwel des HEEREN, een werk van 's werkmeesters handen, zal maken, en zetten in het verborgene! En al het volk zal antwoorden en zeggen: Amen.

¹⁶Vervloekt zij, die zijn vader of zijn moeder veracht! En al het volk zal zeggen: Amen.

¹⁷Vervloekt zij, die zijns naasten landpale verrukt! En al het volk zal zeggen: Amen.

¹⁸Vervloekt zij, die een blinde op den weg doet dolen! En al het volk zal zeggen: Amen.

¹⁹Vervloekt zij, die het recht van den vreemdeling, van den wees en van de weduwe buigt! En al het volk zal zeggen: Amen.

²⁰Vervloekt zij, die bij de vrouw zijns vaders ligt, omdat hij zijns vaders slippe ontdekt heeft! En al het volk zal zeggen: Amen.

²¹Vervloekt zij, die bij enig beest ligt! En al het volk zal zeggen: Amen.

²²Vervloekt zij, die bij zijn zuster ligt, de dochter zijns vaders of de dochter zijner moeder! En al het volk zal zeggen: Amen.

²³Vervloekt zij, die bij zijn schoonmoeder ligt! En al het volk zal zeggen: Amen.

²⁴Vervloekt zij, die zijn naaste in het verborgene verslaat! En al het volk zal zeggen: Amen.

²⁵Vervloekt zij, die geschenk neemt, om een ziel, het bloed eens onschuldigen, te verslaan! En al het volk zal zeggen: Amen.

²⁶Vervloekt zij, die de woorden dezer wet niet zal bevestigen, doende dezelve! En al het volk zal zeggen: Amen.

Hoofdstuk 28

¹En het zal geschieden, indien gij der stem des HEEREN, uws Gods, vlijtiglijk zult gehoorzamen, waarnemende te doen al Zijn geboden, die ik u heden gebiede, zo zal de HEERE, uw God, u hoog zetten boven alle volken der aarde.

²En al deze zegeningen zullen over u komen, en u aantreffen, wanneer gij der stem des HEEREN uws Gods, zult gehoorzaam zijn.

³Gezegend zult gij zijn in de stad, en gezegend zult gij zijn in het veld.

⁴Gezegend zal zijn de vrucht uws buiks, en de vrucht uws lands, en de vrucht uwer beesten, de voortzetting uwer koeien, en de kudden van uw klein vee.

⁵Gezegend zal zijn uw korf, en uw baktrog.

⁶Gezegend zult gij zijn in uw ingaan, gezegend zult gij zijn in uw uitgaan.

⁷De HEERE zal geven uw vijanden, die tegen u opstaan, geslagen voor uw aangezicht; door een weg zullen zij tot u uittrekken, maar door zeven wegen zullen zij voor uw aangezicht vlieden.

⁸De HEERE zal den zegen gebieden, dat Hij met u zij in uw schuren, en in alles, waaraan gij uw hand slaat; en Hij zal u zegenen in het land, dat u de HEERE, uw God, geven zal.

⁹De HEERE zal u Zichzelven tot een heilig volk bevestigen, gelijk als Hij u gezworen heeft, wanneer gij de geboden des HEEREN, uws Gods, zult houden, en in Zijn wegen wandelen.

¹⁰En alle volken der aarde zullen zien, dat de Naam des HEEREN over u genoemd is, en zij zullen voor u vrezen.

¹¹En de HEERE zal u doen overvloeien aan goed, in de vrucht uws buiks, en in de vrucht uwer beesten, en in de vrucht uws lands; op het land, dat de HEERE uw vaderen gezworen heeft u te zullen geven.

¹²De HEERE zal u opendoen Zijn goeden schat, den hemel, om aan uw land regen te geven te zijner tijd, en om te zegenen al het werk uwer hand; en gij zult aan vele volken lenen, maar gij zult niet ontlenen.

¹³En de HEERE zal u tot een hoofd maken, en niet tot een staart, en gij zult alleenlijk boven zijn, en niet onder zijn; wanneer gij horen zult naar de geboden des HEEREN, uws Gods, die ik u heden gebiede te houden en te doen;

¹⁴En gij niet afwijken zult van al de woorden, die ik ulieden heden gebiede, ter rechterhand of ter linkerhand, dat gij andere goden nawandelt, om hen te dienen.

¹⁵Daarentegen zal het geschieden, indien gij de stem des HEEREN, uws Gods, niet zult gehoorzaam zijn, om waar te nemen, dat gij doet al Zijn geboden en Zijn inzettingen, die ik u heden gebiede; zo zullen al deze vloeken over u komen, en u treffen.

¹⁶Vervloekt zult gij zijn in de stad, en vervloekt zult gij zijn in het veld.

¹⁷Vervloekt zal zijn uw korf, en uw baktrog.

¹⁸Vervloekt zal zijn de vrucht uws buiks, en de vrucht uws lands, de voortzetting uwer koeien, en de kudden van uw klein vee.

¹⁹Vervloekt zult gij zijn in uw ingaan, en vervloekt zult gij zijn in uw uitgaan.

²⁰De HEERE zal onder u zenden den vloek, de verstoring en het verderf, in alles, waaraan gij uw hand slaat, dat gij doen zult; totdat gij verdelgd wordt, en totdat gij haastelijk omkomt, vanwege de boosheid uwer werken, waarmede gij Mij verlaten hebt.

²¹De HEERE zal u de pestilentie doen aankleven, totdat Hij u verdoe van het land, waar gij naar toe gaat, om dat te erven.

²²De HEERE zal u slaan met tering, en met koorts, en met vurigheid, en met hitte, en met droogte, en met brandkoren, en met honigdauw, die u vervolgen zullen, totdat gij omkomt.

²³En uw hemel, die boven uw hoofd is, zal koper zijn, en de aarde,

die onder u is, zal ijzer zijn.

²⁴De HEERE, uw God, zal pulver en stof tot regen uws lands geven; van den hemel zal het op u nederdalen, totdat gij verdelgd wordt.

²⁵De HEERE zal u geslagen geven voor het aangezicht uwer vijanden; door een weg zult gij tot hem uittrekken, en door zeven wegen zult gij voor zijn aangezicht vlieden; en gij zult van alle koninkrijken der aarde beroerd worden.

²⁶En uw dood lichaam zal aan alle gevogelte des hemels, en aan de beesten der aarde tot spijze zijn; en niemand zal ze afschrikken.

²⁷De HEERE zal u slaan met zweren van Egypte, en met spenen, en met droge schurft, en met krauwsel, waarvan gij niet zult kunnen genezen worden.

²⁸De HEERE zal u slaan met onzinnigheid, en met blindheid, en met verbaasdheid des harten;

²⁹Dat gij op den middag zult omtasten, gelijk als een blinde omtast in het donkere, en uw wegen niet zult voorspoedig maken; maar gij zult alleenlijk verdrukt en beroofd zijn alle dagen, en er zal geen verlosser zijn.

³⁰Gij zult een vrouw ondertrouwen, maar een ander zal haar beslapen; een huis zult gij bouwen, maar daarin niet wonen; een wijngaard zult gij planten, maar dien niet gemeen maken.

³¹Uw os zal voor uw ogen geslacht worden, maar gij zult daarvan niet eten; uw ezel zal van voor uw aangezicht geroofd worden, en tot u niet wederkeren; uw kleinvee zal aan uw vijanden gegeven worden, en voor u zal geen verlosser zijn.

³²Uw zonen en uw dochteren zullen aan een ander volk gegeven worden, dat het uw ogen aanzien, en naar hen bezwijken den gansen dag; maar het zal in het vermogen uwer hand niet zijn.

³³De vrucht van uw land en al uw arbeid zal een volk eten, dat gij niet gekend hebt; en gij zult alle dagen alleenlijk verdrukt en gepletterd zijn.

³⁴En gij zult onzinnig zijn, vanwege het gezicht uwer ogen, dat gij zien zult.

³⁵De HEERE zal u slaan met boze zweren, aan de knieen en aan de benen, waarvan gij niet zult kunnen genezen worden, van uw voetzool af tot aan uw schedel.

³⁶De HEERE zal u, mitsgaders uw koning, dien gij over u zult gesteld hebben, doen gaan tot een volk, dat gij niet gekend hebt, noch uw vaderen; en aldaar zult gij dienen andere goden, hout en steen.

³⁷En gij zult zijn tot een schrik, tot een spreekwoord en tot een spotrede, onder al de volken, waarheen u de HEERE leiden zal.

³⁸Gij zult veel zaads op den akker uitbrengen, maar gij zult weinig inzamelen; want de sprinkhaan zal het verteren.

³⁹Wijngaarden zult gij planten, en bouwen, maar gij zult geen wijn drinken, noch iets vergaderen; want de worm zal het afeten.

⁴⁰Olijfbomen zult gij hebben in al uw landpalen, maar gij zult u met olie niet zalven; want uw olijfboom zal zijn vrucht afwerpen.

⁴¹Zonen en dochteren zult gij gewinnen, maar zij zullen voor u niet zijn; want zij zullen in gevangenis gaan.

⁴²Al uw geboomte, en de vrucht uws lands zal het boos gewormte erfelijk bezitten.

⁴³De vreemdeling, die in het midden van u is, zal hoog, hoog boven u opklimmen; en gij zult laag, laag nederdalen.

⁴⁴Hij zal u lenen, maar gij zult hem niet lenen; hij zal tot een hoofd zijn, en gij zult tot een staart zijn.

⁴⁵En al deze vloeken zullen over u komen, en u vervolgen, en u treffen, totdat gij verdelgd wordt; omdat gij der stem des HEEREN, uws Gods, niet gehoorzaam zult geweest zijn, om te houden Zijn geboden en Zijn inzettingen, die Hij u geboden heeft.

⁴⁶En zij zullen onder u tot een teken, en tot een wonder zijn, ja, onder uw zaad tot in eeuwigheid.

⁴⁷Omdat gij den HEERE, uw God, niet gediend zult hebben met vrolijkheid en goedheid des harten, vanwege de veelheid van alles;

⁴⁸Zo zult gij uw vijanden, die de HEERE onder u zenden zal, dienen, in honger en in dorst, en in naaktheid, en in gebrek van alles; en Hij zal een ijzeren juk op uw hals leggen, totdat Hij u verdelge.

⁴⁹De HEERE zal tegen u een volk verheffen van verre, van het einde der aarde, gelijk als een arend vliegt; een volk, welks spraak gij niet zult verstaan;

⁵⁰Een volk, stijf van aangezicht, dat het aangezicht des ouden niet zal aannemen, noch den jonge genadig zijn.

⁵¹En het zal de vrucht uwer beesten, en de vrucht uws lands opeten, totdat gij verdelgd zult zijn; hetwelk u geen koren, most noch olie, voortzetting uwer koeien noch kudden van uw klein vee zal overig laten, totdat Hij u verdoe.

⁵²En het zal u beangstigen in al uw poorten, totdat uw hoge en vaste muren nedervallen, op welke gij vertrouwdet in uw ganse land; ja, het zal u beangstigen in al uw poorten, in uw ganse land, dat u de HEERE, uw God, gegeven heeft.

⁵³En gij zult eten de vrucht uws buiks, het vlees uwer zonen en uwer dochteren, die u de HEERE, uw God, gegeven zal hebben; in de belegering en in de benauwing, waarmede uw vijanden u zullen benauwen

⁵⁴Aangaande den man, die teder onder u, en die zeer wellustig geweest is, zijn oog zal kwaad zijn tegen zijn broeder en tegen de huisvrouw zijns schoots, en tegen zijn overige zonen, die hij overgehouden zal hebben;

⁵⁵Dat hij niet aan een van die zal geven van het vlees zijner zonen, die hij eten zal, omdat hij voor zich niets heeft overgehouden; in de belegering en in de benauwing, waarmede uw vijand u in al uw poorten zal benauwen.

⁵⁶Aangaande de tedere en wellustige vrouw onder u, die niet verzocht heeft haar voetzool op de aarde te zetten, omdat zij zich wellustig en teder hield; haar oog zal kwaad zijn tegen den man haars schoots, en tegen haar zoon, en tegen haar dochter;

⁵⁷En dat om haar nageboorte, die van tussen haar voeten uitgegaan zal zijn, en om haar zonen, die zij gebaard zal hebben; want zij zal hen eten in het verborgene, vermits gebrek van alles; in de belegering en in de benauwing, waarmede uw vijand u zal benauwen in uw poorten.

⁵⁸Indien gij niet zult waarnemen te doen al de woorden dezer wet, die in dit boek geschreven zijn, om te vrezen dezen heerlijken en vreselijken Naam den HEERE uw God;

⁵⁹Zo zal de HEERE uw plagen wonderlijk maken, mitsgaders de plagen van uw zaad; het zullen grote en gewisse plagen, en boze en gewisse krankten zijn.

⁶⁰En Hij zal op u doen keren alle kwalen van Egypte, voor dewelke gij gevreesd hebt, en zij zullen u aanhangen.

⁶¹Ook alle krankte, en alle plage, die in het boek dezer wet niet geschreven is, zal de HEERE over u doen komen, totdat gij verdelgd wordt.

⁶²En gij zult met weinige mensen overgelaten worden, in plaats dat gij geweest zijt als de sterren des hemels in menigte; omdat gij der stem des HEEREN, uws Gods, niet gehoorzaam geweest zijt.

⁶³En het zal geschieden, gelijk als de HEERE Zich over ulieden verblijdde, u goed doende en u vermenigvuldigende, alzo zal Zich de HEERE over u verblijden, u verdoende en u verdelgende; en gij zult uitgerukt worden uit het land, waar gij naar toe gaat, om dat te erven.

⁶⁴En de HEERE zal u verstrooien onder alle volken, van het ene einde der aarde tot aan het andere einde der aarde; en aldaar zult gij andere goden dienen, die gij niet gekend hebt, noch uw vaders, hout en steen.

⁶⁵Daartoe zult gij onder dezelve volken niet stil zijn, en uw voetzool zal geen rust hebben; want de HEERE zal u aldaar een bevend hart geven, en bezwijking der ogen, en mattigheid der ziel.

⁶⁶En uw leven zal tegenover u hangen; en gij zult nacht en dag schrikken, en gij zult van uw leven niet zeker zijn.

⁶⁷Des morgens zult gij zeggen: Och, dat het avond ware; en des avonds zult gij zeggen: Och, dat het morgen ware; vermits den schrik uws harten, waarmede gij zult verschrikt zijn, en vermits het gezicht uwer ogen, dat gij zien zult.

⁶⁸En de HEERE zal u naar Egypte doen wederkeren in schepen, door een weg, waarvan ik u gezegd heb: Gij zult dien niet meer zien; en aldaar zult gij u aan uw vijanden willen verkopen tot dienstknechten en tot dienstmaagden; maar er zal geen koper zijn.

Hoofdstuk 29

¹Dit zijn de woorden des verbonds, dat de HEERE Mozes geboden heeft te maken met de kinderen Israels, in het land van Moab, boven het verbond, dat Hij met hen gemaakt had aan Horeb.

²En Mozes riep gans Israel, en zeide tot hen: Gij hebt gezien al wat de HEERE in Egypteland voor uw ogen gedaan heeft, aan Farao, en aan al zijn knechten, en aan zijn land;

³De grote verzoekingen, die uw ogen gezien hebben, diezelve tekenen en grote wonderen.

⁴Maar de HEERE heeft ulieden niet gegeven een hart om te verstaan, noch ogen om te zien, noch oren om te horen, tot op dezen dag.

⁵En Ik heb ulieden veertig jaren doen wandelen in de woestijn; uw kleren zijn aan u niet verouderd, en uw schoen is niet verouderd aan uw voet.

⁶Brood hebt gij niet gegeten, en wijn en sterken drank hebt gij niet gedronken; opdat gij wistet, dat Ik de HEERE, uw God, ben.

⁷Toen gij nu kwaamt aan deze plaats, toog Sihon, de koning van Hesbon, uit, en Og, de koning van Bazan, ons tegemoet, ten strijde; en wij sloegen hen.

Deuteronomium

⁸En wij hebben hun land ingenomen, en dat ten erve gegeven aan de Rubenieten en Gadieten, mitsgaders aan den halven stam der Manassieten.

⁹Houdt dan de woorden dezes verbonds, en doet ze; opdat gij verstandelijk handelt in alles, wat gij doen zult.

¹⁰Gij staat heden allen voor het aangezicht des HEEREN, uws Gods: uw hoofden uwer stammen, uw oudsten, en uw ambtlieden, alle man van Israel;

¹¹Uw kinderkens, uw vrouwen, en uw vreemdeling, die in het midden van uw leger is, van uw houthouwer tot uw waterputter toe;

¹²Om over te gaan in het verbond des HEEREN, uws Gods, en in Zijn vloek, hetwelk de HEERE, uw God, heden met u maakt;

¹³Opdat Hij u heden Zichzelven tot een volk bevestige, en Hij u tot een God zij, gelijk als Hij tot u gesproken heeft, en gelijk als Hij uw vaderen, Abraham, Izak en Jakob, gezworen heeft.

¹⁴En niet met ulieden alleen maak ik dit verbond en dezen vloek;

¹⁵Maar met dengene, die heden hier bij ons voor het aangezicht des HEEREN, onzes Gods, staat; en met dengene, die hier heden bij ons niet is.

¹⁶Want gij weet, hoe wij in Egypteland gewoond hebben, en hoe wij doorgetogen zijn door het midden der volken, die gij doorgetogen zijt.

¹⁷En gij hebt gezien hun verfoeiselen, en hun drekgoden, hout en steen, zilver en goud, die bij hen waren.

¹⁸Dat onder ulieden niet zij een man, of vrouw, of huisgezin, of stam, die zijn hart heden wende van den HEERE, onzen God, om te gaan dienen de goden dezervolken; dat onder ulieden niet zij een wortel, die gal en alsem drage;

¹⁹En het geschiede, als hij de woorden dezes vloeks hoort, dat hij zichzelven zegene in zijn hart, zeggende: Ik zal vrede hebben, wanneer ik schoon naar mijns hartengoeddunken zal wandelen, om den dronkene te doen tot den dorstige.

²⁰De HEERE zal hem niet willen vergeven; maar alsdan zal des HEEREN toorn en ijver roken over denzelven man, en al de vloek, die in dit boek geschreven is, zal op hem liggen; en de HEERE zal zijn naam van onder den hemel uitdelgen.

²¹En de HEERE zal hem ten kwade afscheiden van al de stammen Israels, naar alle vloeken des verbonds, dat in het boek dezer wet geschreven is.

²²Dan zal zeggen het navolgend geslacht, uw kinderen, die na ulieden opstaan zullen, en de vreemde, die uit verren lande komen zal, als zij zullen zien de plagen deszelfslands en deszelfs krankheden, waarmede de HEERE het gekrenkt heeft;

²³Dat zijn ganse aarde zij zwavel en zout der verbranding; die niet bezaaid zal zijn, en geen spruit zal voortgebracht hebben, noch enig kruid daarin zal opgekomen zijn; gelijk de omkering van Sodom en Gomorra, Adama en Zeboim, die de HEERE heeft omgekeerd in Zijn toorn en in Zijn grimmigheid;

²⁴En alle volken zullen zeggen: Waarom heeft de HEERE aan dit land alzo gedaan? Wat is de ontsteking van dezen groten toorn?

²⁵Dan zal men zeggen: Omdat zij het verbond des HEEREN, des Gods hunner vaderen, hebben verlaten, dat Hij met hen gemaakt had, als Hij hen uit Egyptelanduitvoerde;

²⁶En zij heengegaan zijn, en andere goden gediend en zich voor die gebogen hebben; goden, die hen niet gekend hadden, en geen van welke hun iets medegedeeldhad;

²⁷Daarom is de toorn des HEEREN ontstoken tegen dit land, om daarover te brengen al dezen vloek, die in dit boek geschreven is.

²⁸En de HEERE heeft hen uit hun land uitgetrokken, in toorn, en in grimmigheid, en in grote verbolgenheid; en Hij heeft hen verworpen in een ander land, gelijk het iste dezen dage.

²⁹De verborgene dingen zijn voor den HEERE, onzen God; maar de geopenbaarde zijn voor ons en voor onze kinderen, tot in eeuwigheid, om te doen al de woordendezer wet.

Hoofdstuk 30

¹Voorts zal het geschieden, wanneer al deze dingen over u zullen gekomen zijn, deze zegen of deze vloek, die ik u voorgesteld heb; zo zult gij het weder ter hartenemen, onder alle volken, waarheen u de HEERE, uw God, gedreven heeft;

²En gij zult u bekeren tot den HEERE, uw God, en Zijner stem gehoorzaam zijn, naar alles, wat ik u heden gebiede, gij en uw kinderen, met uw ganse hart en met uwganse ziel.

³En de HEERE, uw God, zal uw gevangenis wenden, en Zich uwer ontfermen; en Hij zal wederkeren en u vergaderen uit al de volken, waarheen u de HEERE, uwGod, verstrooid had.

⁴Al waren uw verdrevenen aan het einde des hemels, van daar zal u de HEERE, uw God, vergaderen, en van daar zal Hij u nemen.

⁵En de HEERE, uw God, zal u brengen in het land, dat uw vaderen erfelijk bezeten hebben, en gij zult dat erfelijk bezitten; en Hij zal u weldoen, en zal uvermenigvuldigen boven uw vaderen.

⁶En de HEERE, uw God, zal uw hart besnijden, en het hart van uw zaad, om den HEERE, uw God, lief te hebben met uw ganse hart en met uw ganse ziel, opdat gijlevet.

⁷En de HEERE, uw God, zal al die vloeken leggen op uw vijanden en op uw haters, die u vervolgd hebben.

⁸Gij dan zult u bekeren, en der stemme des HEEREN gehoorzaam zijn, en gij zult doen al Zijn geboden, die ik u heden gebiede.

⁹En de HEERE, uw God, zal u doen overvloeien in al het werk uwer hand, in de vrucht uws buiks, en in de vrucht uwer beesten, en in de vrucht uws lands, tengoede; want de HEERE zal wederkeren, om Zich over u te verblijden ten goede, gelijk als Hij Zich over uw vaderen verblijd heeft;

¹⁰Wanneer gij der stemme des HEEREN, uws Gods, zult gehoorzaam zijn, houdende Zijn geboden en Zijn inzettingen, die in dit wetboek geschreven zijn; wanneer giju zult bekeren tot den HEERE, uw God, met uw ganse hart en met uw ganse ziel.

¹¹Want ditzelve gebod, hetwelk ik u heden gebiede, dat is van u niet verborgen, en dat is niet verre.

¹²Het is niet in den hemel, om te zeggen: Wie zal voor ons ten hemel varen, dat hij het voor ons hale, en ons hetzelve horen late, dat wij het doen?

¹³Het is ook niet op gene zijde der zee, om te zeggen: Wie zal voor ons overvaren aan gene zijde der zee, dat hij het voor ons hale, en ons hetzelve horen late, dat wijhet doen?

¹⁴Want dit woord is zeer nabij u, in uw mond, en in uw hart, om dat te doen.

¹⁵Ziet, ik heb u heden voorgesteld het leven, en het goede, en den dood, en het kwade.

¹⁶Want ik gebiede u heden, den HEERE, uw God, lief te hebben, in Zijn wegen te wandelen, en te houden Zijn geboden, en Zijn inzettingen, en Zijn rechten, opdat gijlevet en vermenigvuldiget, en de HEERE, uw God, u zegene in het land, waar gij naar toe gaat, om dat te erven.

¹⁷Maar indien uw hart zich zal afwenden, en gij niet horen zult, en gij gedreven zult worden, dat gij u voor andere goden buigt, en dezelve dient;

¹⁸Zo verkondig ik ulieden heden, dat gij voorzeker zult omkomen; gij zult de dagen niet verlengen op het land, naar hetwelk gij over de Jordaan zijt heengaande, omdaarin te komen, dat gij het erfelijk bezit.

¹⁹Ik neem heden tegen ulieden tot getuigen den hemel en de aarde; het leven en den dood heb ik u voorgesteld, den zegen en den vloek! Kiest dan het leven, opdat gijlevet, gij en uw zaad;

²⁰Liefhebbende den HEERE, uw God, Zijner stem gehoorzaam zijnde, en Hem aanhangende; want Hij is uw leven en de lengte uwer dagen; opdat gij blijft in het land, dat de HEERE uw vaderen, Abraham, Izak en Jakob, gezworen heeft hun te zullen geven.

Hoofdstuk 31

¹Daarna ging Mozes heen, en sprak deze woorden tot gans Israel;

²En zeide tot hen: Ik ben heden honderd en twintig jaren oud; ik zal niet meer kunnen uitgaan en ingaan; daartoe heeft de HEERE tot mij gezegd: Gij zult over dezeJordaan niet gaan.

³De HEERE, uw God, Die zal voor uw aangezicht overgaan; Die zal deze volken van voor uw aangezicht verdelgen, dat gij hen erfelijk bezit. Jozua zal voor uwaangezicht overgaan, gelijk als de HEERE gesproken heeft.

⁴En de HEERE zal hun doen, gelijk als Hij aan Sihon en Og, koningen der Amorieten, en aan hun land, gedaan heeft, die Hij verdelgd heeft.

⁵Wanneer hen nu de HEERE voor uw aangezicht zal gegeven hebben, dan zult gij hun doen naar alle gebod, dat ik ulieden geboden heb.

⁶Weest sterk en hebt goeden moed, en vreest niet, en verschrikt niet voor hun aangezicht; want het is de HEERE, uw God, Die met u gaat; Hij zal u niet begeven, noch u verlaten.

⁷En Mozes riep Jozua, en zeide tot hem voor de ogen van gans Israel: Wees sterk en heb goeden moed, want gij zult met dit volk ingaan in het land dat de HEEREhun vaderen gezworen heeft, hun te zullen geven; en gij zult het hun doen erven.

⁸De HEERE nu is Degene, Die voor uw aangezicht gaat; Die zal met u zijn; Hij zal u niet begeven, noch u verlaten; vrees niet, en ontzet u niet.

⁹En Mozes schreef deze wet, en gaf ze aan de priesteren, de zonen

van Levi, die de ark des verbonds des HEEREN droegen, en aan alle oudsten van Israel.

¹⁰En Mozes gebood hun, zeggende: Ten einde van zeven jaren, op den gezetten tijd van het jaar der vrijlating, op het feest der loofhutten.

¹¹Als gans Israel zal komen, om te verschijnen voor het aangezicht des HEEREN, uws Gods, in de plaats, die Hij zal verkoren hebben, zult gij deze wet voor gansIsrael uitroepen, voor hun oren;

¹²Vergadert het volk, de mannen, en de vrouwen, en de kinderen, en uw vreemdelingen, die in uw poorten zijn; opdat zij horen, en opdat zij leren, en vrezen denHEERE, uw God, en waarnemen te doen alle woorden dezer wet.

¹³En dat hun kinderen, die het niet geweten hebben, horen en leren, om te vrezen den HEERE, uw God, al de dagen, die gij leeft op het land, naar hetwelk gij over deJordaan zijt heengaande, om dat te erven.

¹⁴En de HEERE zeide tot Mozes: Zie, uw dagen zijn genaderd, om te sterven; roep Jozua, en stelt ulieden in de tent der samenkomst, dat Ik hem bevel geve. Zo gingMozes, en Jozua, en zij stelden zich in de tent der samenkomst.

¹⁵Toen verscheen de HEERE in de tent, in de wolkkolom; en de wolkkolom stond boven de deur der tent.

¹⁶En de HEERE zeide tot Mozes: Zie, gij zult slapen met uw vaderen; en dit volk zal opstaan, en nahoereren de goden der vreemden van dat land, waar het naar toegaat, in het midden van hetzelve; en het zal Mij verlaten en vernietigen Mijn verbond, dat Ik met hetzelve gemaakt heb.

¹⁷Zo zal Mijn toorn te dien dage tegen hetzelve ontsteken, en Ik zal hen verlaten, en Mijn aangezicht van hen verbergen, dat zij ter spijze zijn, en vele kwaden enbenauwdheden zullen het treffen; dat het te dien dage zal zeggen: Hebben mij deze kwaden niet getroffen, omdat mijn God in het midden van mij niet is?

¹⁸Ik dan zal Mijn aangezicht te dien dage ganselijk verbergen, om al het kwaad, dat het gedaan heeft; want het heeft zich gewend tot andere goden.

¹⁹En nu, schrijft ulieden dit lied, en leert het den kinderen Israels; legt het in hun mond; opdat dit lied Mij ten getuige zij tegen de kinderen Israels.

²⁰Want Ik zal dit volk inbrengen in het land, dat Ik zijn vaderen gezworen heb, vloeiende van melk en honig, en het zal eten, en verzadigd, en vet worden; dan zal hetzich wenden tot andere goden, en hen dienen, en zij zullen Mij tergen, en Mijn verbond vernietigen.

²¹En het zal geschieden, wanneer vele kwaden en benauwdheden hetzelve zullen treffen, dan zal dit lied voor zijn aangezicht antwoorden tot getuige; want het zal uitden mond zijns zaads niet vergeten worden; dewijl Ik weet zijn gedichtsel dat het heden maakt, aleer Ik het inbreng in het land, dat Ik gezworen heb.

²²Zo schreef Mozes dit lied te dien dage, en hij leerde het den kinderen Israels.

²³En Hij gebood Jozua, den zoon van Nun, en zeide: Zijt sterk en heb goeden moed, want gij zult de kinderen Israels inbrengen in het land, dat Ik hun gezworen heb;en Ik zal met u zijn.

²⁴En het geschiedde, als Mozes voleind had de woorden dezer wet te schrijven in een boek, totdat zij voltrokken waren;

²⁵Zo gebood Mozes den Levieten, die de ark des verbonds des HEEREN droegen, zeggende:

²⁶Neemt dit wetboek, en legt het aan de zijde van de ark des verbonds des HEEREN, uws Gods, dat het aldaar zij ten getuige tegen u.

²⁷Want ik ken uw wederspannigheid, en uw harden nek. Ziet, terwijl ik nog heden met ulieden leve, zijt gij wederspannig geweest tegen den HEERE; hoe veel temeer na mijn dood!

²⁸Vergadert tot mij al de oudsten uwer stammen, en uw ambtlieden; dat ik voor hun oren deze woorden spreke, en tegen hen den hemel en de aarde tot getuigenneme.

²⁹Want ik weet, dat gij het na mijn dood zekerlijk zult verderven, en afwijken van den weg, dien ik u geboden heb; dan zal u dit kwaad in het laatste der dagenontmoeten, wanneer gij zult gedaan hebben, dat kwaad is in de ogen des HEEREN, om Hem door het werk uwer handen tot toorn te verwekken.

³⁰Toen sprak Mozes, voor de oren der ganse gemeente van Israel, de woorden dezes lieds, totdat zij voltrokken waren.

Deuteronomium

Hoofdstuk 32

¹Neig de oren, gij hemel, en ik zal spreken; en de aarde hore de redenen mijns monds.

²Mijn leer druipe als een regen, mijn rede vloeie als een dauw; als een stofregen op de grasscheutjes, en als druppelen op het kruid.

³Want ik zal den Naam des HEEREN uitroepen; geeft onzen God grootheid!

⁴Hij is de Rotssteen, Wiens werk volkomen is; want al Zijn wegen zijn gerichte. God is waarheid, en is geen onrecht; rechtvaardig en recht is Hij.

⁵Hij heeft het tegen Hem verdorven; het zijn Zijn kinderen niet; de schandvlek is hun; het is een verkeerd en verdraaid geslacht.

⁶Zult gij dit den HEERE vergelden, gij, dwaas en onwijs volk! Is Hij niet uw Vader, Die u verkregen, Die u gemaakt en u bevestigd heeft?

⁷Gedenk aan de dagen van ouds; merk op de jaren van elk geslacht; vraag uw vader, die zal het u bekend maken, uw ouden, en zij zullen het u zeggen.

⁸Toen de Allerhoogste aan de volken de erfenis uitdeelde, toen Hij Adams kinderen vaneen scheidde, heeft Hij de landpalen der volken gesteld naar het getal derkinderen Israels.

⁹Want des HEEREN deel is Zijn volk, Jakob is het snoer Zijner erve.

¹⁰Hij vond hem in een land der woestijn, en in een woeste huilende wildernis; Hij voerde hem rondom, Hij onderwees hem, Hij bewaarde hem als Zijn oogappel.

¹¹Gelijk een arend zijn nest opwekt, over zijn jongen zweeft, zijn vleugelen uitbreidt, ze neemt en ze draagt op zijn vlerken;

¹²Zo leidde hem de HEERE alleen, en er was geen vreemd god met hem.

¹³Hij deed hem rijden op de hoogten der aarde, dat hij at de inkomsten des velds; en Hij deed hem honig zuigen uit de steenrots, en olie uit den kei der rots;

¹⁴Boter van koeien, en melk van klein vee, met het vet der lammeren en der rammen, die in Bazan weiden, en der bokken, met het vette der nieren van tarwe; en hetdruivenbloed, reinen wijn, hebt gij gedronken.

¹⁵Als nu Jeschurun vet werd, zo sloeg hij achteruit (gij zijt vet, gij zijt dik, ja, met vet overdekt geworden!); en hij liet God varen, Die hem gemaakt heeft, enversmaadde den Rotssteen zijns heils.

¹⁶Zij hebben Hem tot ijver verwekt door vreemde goden; door gruwelen hebben zij Hem tot toorn verwekt.

¹⁷Zij hebben aan de duivelen geofferd, niet aan God; aan de goden, die zij niet kenden; nieuwe, die van nabij gekomen waren, voor dewelke uw vaders niet geschrikthebben.

¹⁸Den Rotssteen, Die u gegenereerd heeft, hebt gij vergeten; en gij hebt in vergetenis gesteld den God, Die u gebaard heeft.

¹⁹Als het de HEERE zag, zo versmaadde Hij hen, uit toornigheid tegen zijn zonen en zijn dochteren.

²⁰En Hij zeide: Ik zal Mijn aangezicht van hen verbergen; Ik zal zien, welk hunlieder einde zal wezen; want zij zijn een gans verkeerd geslacht, kinderen, in welke geentrouw is.

²¹Zij hebben Mij tot ijver verwekt door hetgeen geen God is; zij hebben Mij tot toorn verwekt door hun ijdelheden; Ik dan zal hen tot ijver verwekken door diegenen, die geen volk zijn; door een dwaas volk zal Ik hen tot toorn verwekken.

²²Want een vuur is aangestoken in Mijn toorn, en zal bernen tot in de onderste hel, en zal het land met zijn inkomst verteren, en de gronden der bergen in vlam zetten.

²³Ik zal kwaden over hen hopen; Mijn pijlen zal Ik op hen verschieten.

²⁴Uitgeteerd zullen zij zijn van honger, opgegeten van den karbonkel en bitter verderf; en Ik zal de tanden der beesten onder hen schikken, met vurig venijn vanslangen des stofs.

²⁵Van buiten zal het zwaard beroven, en uit de binnenkameren de verschrikking; ook den jongeling, ook de jonge dochter, het zuigende kind met den grijzen man.

²⁶Ik zeide: In alle hoeken zoude Ik hen verstrooien; Ik zoude hun gedachtenis van onder de mensen doen ophouden;

²⁷Ten ware, dat Ik de toornigheid des vijands schroomde, dat niet hun tegenpartijen zich vreemd mochten houden; dat zij niet mochten zeggen: Onze hand is hooggeweest; de HEERE heeft dit alles niet gewrocht.

²⁸Want zij zijn een volk, dat door raadslagen verloren gaat, en er is geen verstand in hen.

²⁹O, dat zij wijs waren; zij zouden dit vernemen, zij zouden op hun einde merken.

Deuteronomium

³⁰Hoe zoude een enige duizend jagen, en twee tien duizend doen vluchten, ten ware, dat hunlieder Rotssteen hen verkocht, en de HEERE hen overgeleverd had?

³¹Want hun rotssteen is niet gelijk onze Rotssteen, zelfs onze vijanden rechters zijnde.

³²Want hun wijnstok is uit den wijnstok van Sodom, en uit de velden van Gomorra; hun wijndruiven zijn vergiftige wijndruiven; zij hebben bittere bezien.

³³Hun wijn is vurig drakenvenijn, en een wreed adderenvergift.

³⁴Is dat niet bij Mij opgesloten, verzegeld in Mijn schatten?

³⁵Mijn is de wraak en de vergelding, ten tijde als hunlieder voet zal wankelen; want de dag huns ondergangs is nabij, en de dingen, die hun zullen gebeuren, haasten.

³⁶Want de HEERE zal aan Zijn volk recht doen, en het zal Hem over Zijn knechten berouwen; want Hij zal zien, dat de hand is weggegaan, en de beslotene en verlatene niets is.

³⁷Dan zal Hij zeggen: Waar zijn hun goden; de rotssteen, op welken zij betrouwden?

³⁸Welker slachtofferen vet zij aten, welker drankofferen wijn zij dronken; dat zij opstaan en u helpen, dat er verberging voor u zij.

³⁹Ziet nu, dat Ik, Ik Die ben, en geen God met Mij, Ik dood en maak levend; Ik versla en Ik heel; en er is niemand, die uit Mijn hand redt!

⁴⁰Want Ik zal Mijn hand naar den hemel opheffen, en Ik zal zeggen: Ik leef in eeuwigheid!

⁴¹Indien Ik Mijn glinsterend zwaard wette, en Mijn hand ten gerichte grijpt, zo zal Ik wraak op Mijn tegenpartijen doen wederkeren, en Mijn hateren vergelden.

⁴²Ik zal Mijn pijlen dronken maken van bloed, en Mijn zwaard zal vlees eten; van het bloed des verslagenen en des gevangenen, van het hoofd af zullen er wraken des vijands zijn.

⁴³Juicht, gij heidenen, met Zijn volk! want Hij zal het bloed Zijner knechten wreken; en Hij zal de wraak op Zijn tegenpartijen doen wederkeren, en verzoenen Zijn landen Zijn volk.

⁴⁴En Mozes kwam, en sprak al de woorden dezes lieds voor de oren des volks, hij en Hosea, de zoon van Nun.

⁴⁵Als nu Mozes geeindigd had al die woorden tot gans Israel te spreken;

⁴⁶Zo zeide hij tot hen: Zet uw hart op al de woorden, die ik heden onder ulieden betuige, dat gij ze uw kinderen gebieden zult, dat zij waarnemen te doen al de woorden dezer wet.

⁴⁷Want dat is geen vergeefs woord voor ulieden; maar het is uw leven, en door ditzelve woord zult gij de dagen verlengen op het land, waar gij over de Jordaan naartoe gaat, om dat te erven.

⁴⁸Daarna sprak de HEERE tot Mozes, op dienzelfden dag, zeggende:

⁴⁹Klim op den berg Abarim (deze is de berg Nebo, die in het land van Moab is, die tegenover Jericho is), en zie het land Kanaan, dat Ik den kinderen Israels tot een bezitting geven zal;

⁵⁰En sterf op dien berg, waarheen gij opklimmen zult, en word vergaderd tot uw volken; gelijk als uw broeder Aaron stierf op den berg Hor, en werd tot zijn volken vergaderd.

⁵¹Omdat gijlieden u tegen Mij vergrepen hebt, in het midden der kinderen Israels, aan het twistwater te Kades, in de woestijn Zin; omdat gij Mij niet geheiligd hebt in het midden der kinderen Israels.

⁵²Want van tegenover zult gij dat land zien, maar daarheen niet inkomen, in het land, dat Ik den kinderen Israels geven zal.

Hoofdstuk 33

¹Dit nu is de zegen, met welken Mozes, de man Gods, de kinderen Israels gezegend heeft, voor zijn dood.

²Hij zeide dan: De HEERE is van Sinai gekomen, en is hunlieden opgegaan van Seir; Hij is blinkende verschenen van het gebergte Paran, en is aangekomen met tienduizenden der heiligen; tot Zijn rechterhand was een vurige wet aan hen.

³Immers bemint Hij de volken! Al zijn heiligen zijn in Uw hand; zij zullen in het midden tussen Uw voeten gezet worden; een ieder zal ontvangen van Uw woorden.

⁴Mozes heeft ons de wet geboden, een erfenis van Jakobs gemeente;

⁵En Hij was Koning in Jeschurun, als de hoofden des volks zich vergaderden, samen met de stammen Israels.

⁶Dat Ruben leve, en niet sterve, en dat zijn lieden van getal zijn!

⁷En dit is van Juda, dat hij zeide: Hoor, HEERE! de stem van Juda! en breng hem weder tot zijn volk; zijn handen moeten hem genoegzaam zijn, en zijt Gij hem een Hulp tegen zijn vijanden!

⁸En van Levi zeide hij: Uw Thummim en Uw Urim zijn aan den man, Uw gunstgenoot; dien Gij verzocht hebt in Massa, met welken Gij getwist hebt aan de wateren van Meriba.

⁹Die tot zijn vader en tot zijn moeder zeide: Ik zie hem niet; en die zijn broederen niet kende, en zijn zonen niet achtte; want zij onderhielden Uw woord, en bewaarden Uw verbond.

¹⁰Zij zullen Jakob Uw rechten leren, en Israel Uw wet; zij zullen reukwerk voor Uw neus leggen, en dat gans verteerd zal worden, op Uw altaar.

¹¹Zegen, HEERE! zijn vermogen, en laat U het werk zijner handen wel bevallen; versla de lenden dergenen, die tegen hem opstaan en hem haten, dat zij niet wederopstaan!

¹²En van Benjamin zeide hij: De beminde des HEEREN, hij zal zeker bij Hem wonen. Hij zal hem den gansen dag overdekken, en tussen Zijn schouders zal hij wonen!

¹³En van Jozef zeide hij: Zijn land zij gezegend van den HEERE, van het uitnemendste des hemels, van den dauw, en van de diepte, die beneden is liggende;

¹⁴En van de uitnemendste inkomsten der zon, en van de uitnemendste voortzetting der maan;

¹⁵En van het voornaamste der oude bergen, en van het uitnemendste der eeuwige heuvelen;

¹⁶En van het uitnemendste der aarde en haar volheid, en van de goedgunstigheid Desgenen, Die in het braambos woonde, kome de zegening op het hoofd van Jozef, en op den schedel des afgezonderden van zijn broederen!

¹⁷Hij heeft de heerlijkheid des eerstgeborenen zijns osses, en zijn hoornen zijn hoornen des eenhoorns; met dezelve zal hij de volken te zamen stoten tot aan de einden des lands. Dezen nu zijn de tien duizenden van Efraim, en dezen zijn de duizenden van Manasse!

¹⁸En van Zebulon zeide hij: Verheug u, Zebulon! over uw uittocht, en Issaschar! over uw hutten.

¹⁹Zij zullen de volken tot den berg roepen; daar zullen zij offeranden der gerechtigheid offeren; want zij zullen den overvloed der zeeen zuigen, en de bedekte verborgen dingen des zands.

²⁰En van Gad zeide hij: Gezegend zij, die aan Gad ruimte maakt! hij woont als een oude leeuw, en verscheurt den arm, ja ook den schedel.

²¹En hij heeft zich van het eerste voorzien, omdat hij aldaar in het deel des wetgevers bedekt was; daarom kwam hij met de hoofden des volks; hij verrichtte de gerechtigheid des HEEREN, en zijn gerichten met Israel.

²²En van Dan zeide hij: Dan is een jonge leeuw; hij zal als uit Bazan voortspringen.

²³En van Nafthali zeide hij: O Nafthali! wees verzadigd van de goedgunstigheid, en vol van den zegen des HEEREN; bezit erfelijk het westen en het zuiden.

²⁴En van Aser zeide hij: Aser zij gezegend met zonen; hij zij zijn broederen aangenaam, en dope zijn voet in olie.

²⁵Ijzer en koper zal onder uw schoen zijn; en uw sterkte gelijk uw dagen!

²⁶Niemand is er gelijk God, o Jeschurun! Die op den hemel vaart tot uw hulp, en met Zijn hoogheid op de bovenste wolken.

²⁷De eeuwige God zij u een woning, en van onder eeuwige armen; en Hij verdrijve den vijand voor uw aangezicht, en zegge: Verdelg!

²⁸Israel dan zal zeker alleen wonen, en Jakobs oog zal zijn op een land van koren en most; ja, zijn hemel zal van dauw druipen.

²⁹Welgelukzalig zijt gij, o Israel! wie is u gelijk? gij zijt een volk, verlost door den HEERE, het Schild uwer hulp, en Die een Zwaard is uwer hoogheid; daarom zullen zich uw vijanden geveinsdelijk aan u onderwerpen, en gij zult op hun hoogten treden!

Hoofdstuk 34

¹Toen ging Mozes op, uit de vlakke velden van Moab, naar den berg Nebo, op de hoogten van Pisga, welke recht tegenover Jericho is; en de HEERE wees hem dat ganse land, Gilead tot Dan toe;

²En het ganse Nafthali, en het land van Efraim en Manasse, en het ganse land van Juda, tot aan de achterste zee;

³En het Zuiden, en het effen veld der vallei van Jericho, de palmstad, tot Zoar toe.

⁴En de HEERE zeide tot hem: Dit is het land, dat Ik Abraham, Izak en Jakob gezworen heb, zeggende: Aan uw zaad zal Ik het geven! Ik heb het u met uw ogen doen zien, maar gij zult daarheen niet overgaan.

⁵Alzo stierf Mozes, de knecht des HEEREN, aldaar in het land van Moab, naar des HEEREN mond.

⁶En Hij begroef hem in een dal, in het land van Moab, tegenover Beth-Peor; en niemand heeft zijn graf geweten, tot op dezen dag.

⁷Mozes nu was honderd en twintig jaren oud, als hij stierf; zijn oog was niet donker geworden, en zijn kracht was niet vergaan.

⁸En de kinderen Israels beweenden Mozes, in de vlakke velden van Moab, dertig dagen; en de dagen des wenens, van den rouw over Mozes, werden voleindigd.

⁹Jozua nu, de zoon van Nun, was vol van den Geest der wijsheid; want Mozes had zijn handen op hem gelegd; zo hoorden de kinderen Israels naar hem, en dedengelijk als de HEERE Mozes geboden had.

¹⁰En er stond geen profeet meer op in Israel, gelijk Mozes, dien de HEERE gekend had, van aangezicht tot aangezicht,

¹¹In al de tekenen en de wonderen, waartoe hem de HEERE gezonden heeft, om die in Egypteland te doen aan Farao, en aan al zijn knechten, en aan al zijn land;

Jozua
Jozua

Hoofdstuk 1

¹Het geschiedde nu, na den dood van Mozes, den knecht des HEEREN, dat de HEERE tot Jozua, den zoon van Nun, den dienaar van Mozes, sprak, zeggende:

²Mijn knecht Mozes is gestorven; zo maak u nu op, trek over deze Jordaan, gij en al dit volk, tot het land, dat Ik hun, den kinderen Israels, geve.

³Alle plaats, waarop ulieder voetzool treden zal, heb Ik u gegeven, gelijk als Ik tot Mozes gesproken heb.

⁴Van de woestijn en dezen Libanon af tot aan de grote rivier, de rivier Frath, het ganse land der Hethieten, en tot aan de grote zee, tegen den ondergang der zon, zal ulieder landpale zijn.

⁵Niemand zal voor uw aangezicht bestaan al de dagen uws levens; gelijk als Ik met Mozes geweest ben, zal Ik met u zijn; Ik zal u niet begeven, en zal u niet verlaten.

⁶Wees sterk en heb goeden moed! want gij zult dit volk dat land erfelijk doen bezitten, dat Ik hun vaderen heb gezworen hun te geven.

⁷Alleenlijk wees sterk en heb zeer goeden moed, dat gij waarneemt te doen naar de ganse wet, welke Mozes, Mijn knecht, u geboden heeft, en wijk daarvan niet, terrechter hand noch ter linkerhand, opdat gij verstandelijk handelt alom, waar gij zult gaan;

⁸Dat het boek dezer wet niet wijke van uw mond, maar overleg het dag en nacht, opdat gij waarneemt te doen naar alles, wat daarin geschreven is; want alsdan zult gij uw wegen voorspoedig maken, en alsdan zult gij verstandelijk handelen.

⁹Heb Ik het u niet bevolen? wees sterk en heb goeden moed, en verschrik niet, en ontzet u niet; want de HEERE, uw God, is met u alom, waar gij heengaat.

¹⁰Toen gebood Jozua den ambtlieden des volks, zeggende:

¹¹Gaat door het midden des legers, en beveelt het volk, zeggende: Bereidt teerkost voor ulieden; want binnen nog drie dagen zult gijlieden over deze Jordaan gaan, dat gij ingaat, om te erven het land, hetwelk de HEERE, uw God, ulieden geeft om te beerven.

¹²En Jozua sprak tot de Rubenieten en Gadieten, en den halven stam van Manasse, zeggende:

¹³Gedenkt aan het woord, hetwelk Mozes, de knecht des HEEREN, ulieden geboden heeft, zeggende: De HEERE, uw God, geeft ulieden rust, en Hij geeft u dit land;

¹⁴Laat uw vrouwen, uw kleine kinderen, en uw vee blijven in het land, dat Mozes ulieden aan deze zijde van de Jordaan gegeven heeft; maar gijlieden zult gewapend trekken, voor het aangezicht uwer broederen, alle strijdbare helden, en zult hen helpen;

¹⁵Totdat de HEERE uw broederen rust geve, als ulieden, en dat zij ook erfelijk bezitten het land, dat de HEERE, uw God, hun geeft; alsdan zult gijlieden wederkeren tot het land uwer erfenis, en zult het erfelijk bezitten, dat Mozes, de knecht des HEEREN, ulieden gegeven heeft, aan deze zijde van de Jordaan, tegen den opgang der zon.

¹⁶Toen antwoordden zij Jozua, zeggende: Al wat gij ons geboden hebt, zullen wij doen, en alom, waar gij ons zenden zult, zullen wij gaan.

¹⁷Gelijk wij in alles naar Mozes hebben gehoord, alzo zullen wij naar u horen; alleenlijk dat de HEERE, uw God, met u zij, gelijk als Hij met Mozes geweest is!

Hoofdstuk 2

¹Jozua nu, de zoon van Nun, had twee mannen, die heimelijk verspieden zouden, gezonden van Sittim, zeggende: Gaat heen, bezichtigt het land en Jericho. Zij dan gingen, en kwamen ten huize van een vrouw, een hoer, wier naam was Rachab, en zij sliepen daar.

²Toen werd den koning te Jericho geboodschapt, zeggende: Zie, in dezen nacht zijn hier mannen gekomen van de kinderen Israels, om dit land te doorzoeken.

³Daarom zond de koning van Jericho tot Rachab, zeggende: Breng de mannen uit, die tot u gekomen zijn, die te uwen huize gekomen zijn; want zij zijn gekomen, om het ganse land te doorzoeken.

⁴Maar die vrouw had die beide mannen genomen, en zij had hen verborgen; en zeide aldus: Er zijn mannen tot mij gekomen, maar ik wist niet, van waar zij waren.

⁵En het geschiedde, als men de poort zou sluiten, als het duister was, dat die mannen uitgingen; ik weet niet, waarheen die mannen gegaan zijn; jaagt hen haastelijk na, want gij zult ze achterhalen.

⁶Maar zij had hen op het dak doen klimmen, en zij had hen verstoken onder de vlasstoppelen, die van haar op het dak beschikt waren.

⁷Die mannen nu jaagden hen na op den weg van de Jordaan, tot aan de veren; en men sloot de poort toe, nadat zij uitgegaan waren, die hen najaagden.

⁸Eer zij nu sliepen, zo klom zij tot hen op, op het dak.

⁹En zij sprak tot die mannen: Ik weet, dat de HEERE u dit land gegeven heeft, en dat ulieder verschrikking op ons gevallen is, en dat al de inwoners dezes lands voor ulieder aangezicht gesmolten zijn.

¹⁰Want wij hebben gehoord, dat de HEERE de wateren der Schelfzee uitgedroogd heeft voor ulieder aangezicht, toen gij uit Egypte gingt; en wat gijlieden aan de twee koningen der Amorieten, Sihon en Og, gedaan hebt, die op gene zijde van de Jordaan waren, dewelke gijlieden verbannen hebt.

¹¹Als wij het hoorden, zo versmolt ons hart, en er bestaat geen moed meer in iemand, vanwege ulieder tegenwoordigheid; want de HEERE, ulieder God, is een God boven in den hemel, en beneden op de aarde.

¹²Nu dan, zweert mij toch bij den HEERE, dewijl ik weldadigheid aan ulieden gedaan heb, dat gij ook weldadigheid doen zult aan mijns vaders huis, en geeft mij een waarteken,

¹³Dat gij mijn vader en mijn moeder in het leven zult behouden, als ook mijn broeders en mijn zusters, met alles, wat zij hebben; en dat gij onze zielen van den dood redden zult.

¹⁴Toen spraken die mannen tot haar: Onze ziel zij voor ulieden om te sterven, indien gijlieden deze onze zaak niet te kennen geeft; het zal dan geschieden, wanneer de HEERE ons dit land geeft, zo zullen wij aan u weldadigheid en trouw bewijzen.

¹⁵Zij liet hen dan neder met een zeel door het venster; want haar huis was op den stadsmuur; en zij woonde op den muur.

¹⁶En zij zeide tot hen: Gaat op het gebergte, opdat niet misschien de vervolgers u ontmoeten, en verbergt u aldaar drie dagen, totdat de vervolgers wedergekeerd zullen zijn; en gaat daarna uw weg.

¹⁷Ook zeiden die mannen tot haar: Wij zullen onschuldig zijn van dezen uw eed, dien gij ons hebt doen zweren;

¹⁸Zie, wanneer wij in het land komen, zo zult gij dit snoer van scharlakendraad aan het venster binden, door hetwelk gij ons zult nedergelaten hebben; en gij zult tot u in het huis vergaderen uw vader, en uw moeder, en uw broeders, en het ganse huisgezin uws vaders.

¹⁹Zo zal het geschieden, al wie uit de deuren van uw huis naar buiten gaan zal, zijn bloed zij op zijn hoofd, en wij zullen onschuldig zijn; maar al wie bij u in het huis zijn zal, diens bloed zij op ons hoofd, indien een hand tegen hem zijn zal!

²⁰Maar indien gij deze onze zaak te kennen zult geven, zo zullen wij onschuldig zijn van uw eed, dien gij ons hebt doen zweren.

²¹Zij nu zeide: Het zij alzo naar uw woorden. Toen liet zij hen gaan; en zij gingen heen; en zij bond het scharlakensnoer aan het venster.

²²Zij dan gingen heen, en kwamen op het gebergte, en bleven aldaar drie dagen, totdat de vervolgers wedergekeerd waren; want de vervolgers hadden hen op al den weg gezocht, maar niet gevonden.

²³Alzo keerden die twee mannen weder, en gingen af van het gebergte, en voeren over, en kwamen tot Jozua, den zoon van Nun; en zij vertelden hem al wat hun wedervaren was.

²⁴En zij zeiden tot Jozua: Zekerlijk, de HEERE heeft dat ganse land in onze handen gegeven; want ook zijn al de inwoners des lands voor onze aangezichten gesmolten.

Hoofdstuk 3

¹Jozua dan maakte zich des morgens vroeg op, en zij reisden van Sittim, en kwamen tot aan de Jordaan, hij en al de kinderen Israels; en zij vernachtten aldaar, eer zij overtrokken.

²En het geschiedde, dat de ambtlieden, op het einde van drie dagen, door het midden des legers gingen;

³En zij geboden het volk, zeggende: Wanneer gij de ark des verbonds des HEEREN, uws Gods, ziet, en de Levietische priesters dezelve dragende, verreist gijlieden ook van uw plaats, en volgt haar na;

⁴Dat er nochtans ruimte zij tussen ulieden en tussen dezelve, bij de twee duizend ellen in de maat; en nadert tot dezelve niet; opdat gij dien weg wetet, dien gij gaan zult; want gijlieden zijt door dien weg niet gegaan gisteren en eergisteren.

⁵Jozua zeide ook tot het volk: Heiligt u! want morgen zal de HEERE wonderheden in het midden van ulieden doen.

⁶Desgelijks sprak Jozua tot de priesters, zeggende: Neemt de ark des verbonds op, en gaat door voor het aangezicht van dit volk. Zij dan namen de ark des verbonds op, en zij gingen voor het aangezicht des

volks. ⁷Want de HEERE had tot Jozua gezegd: Dezen dag zal Ik beginnen u groot te maken voor de ogen van gans Israel, opdat zij weten, dat Ik met u zijn zal, gelijk als Ik met Mozes geweest ben.

⁸Gij dan zult den priesteren, die de ark des verbonds dragen, gebieden, zeggende: Wanneer gijlieden komt tot aan het uiterste van het water van de Jordaan, staat stil in de Jordaan.

⁹Toen zeide Jozua tot de kinderen Israels: Nadert herwaarts, en hoort de woorden des HEEREN, uws Gods.

¹⁰Verder zeide Jozua: Hieraan zult gijlieden bekennen, dat de levende God in het midden van u is, en dat Hij ganselijk voor uw aangezicht uitdrijven zal de Kanaanieten, en de Hethieten, en de Hevieten, en de Ferezieten, en de Girgazieten, en de Amorieten en de Jebusieten.

¹¹Ziet, de ark des verbonds van den Heere der ganse aarde gaat door voor ulieder aangezicht in de Jordaan.

¹²Nu dan, neemt gijlieden u twaalf mannen uit de stammen Israels, uit iederen stam een man.

¹³Want het zal geschieden, met dat de voetzolen der priesteren, die de ark van den HEERE, den Heere der ganse aarde, dragen, in het water van de Jordaan zullen rusten, zo zullen de wateren van de Jordaan afgesneden worden, te weten de wateren, die van boven afvlieten, en zij zullen op een hoop blijven staan.

¹⁴En het geschiedde, toen het volk vertrok uit zijn tenten, om over de Jordaan te gaan, zo droegen de priesters de ark des verbonds voor het aangezicht des volks.

¹⁵En als zij, die de ark droegen, tot aan de Jordaan gekomen waren, en de voeten der priesteren, dragende de ark, ingedoopt waren in het uiterste van het water (de Jordaan nu was vol al de dagen des oogsten aan al haar oevers);

¹⁶Zo stonden de wateren, die van boven afkwamen; zij rezen op een hoop, zeer verre van de stad Adam af, die ter zijde van Sarthan ligt en die naar de zee des vlakken velds, te weten de Zoutzee, afliepen, vergingen, zij werden afgesneden. Toen trok het volk over, tegenover Jericho.

¹⁷Maar de priesters, die de ark des verbonds des HEEREN droegen, stonden steevast op het droge, in het midden van de Jordaan; en gans Israel ging over op het droge, totdat al het volk geeindigd had door de Jordaan te trekken.

Hoofdstuk 4

¹Het geschiedde nu, toen al het volk geeindigd had over de Jordaan te trekken, dat de HEERE tot Jozua sprak, zeggende:

²Neemt gijlieden u twaalf mannen uit het volk, uit elken stam een man.

³En gebiedt hun, zeggende: Neemt voor ulieden op, van hier uit het midden van de Jordaan, uit de standplaats van de voeten der priesteren, en bereidt twaalf stenen, en brengt ze met ulieden over, en stelt ze in het nachtleger, waar gij dezen nacht zult vernachten.

⁴Jozua dan riep die twaalf mannen, die hij had doen bestellen van de kinderen Israels, uit elken stam een man.

⁵En Jozua zeide tot hen: Gaat over voor de ark des HEEREN, uws Gods, midden in de Jordaan; en heft u een ieder een steen op zijn schouder, naar het getal der stammen van de kinderen Israels;

⁶Opdat dit een teken zij onder ulieden; wanneer uw kinderen morgen vragen zullen, zeggende: Wat zijn u deze stenen?

⁷Zo zult gij tot hen zeggen: Omdat de wateren van de Jordaan zijn afgesneden geweest voor de ark des verbonds des HEEREN; als zij toog door de Jordaan, werden de wateren van de Jordaan afgesneden; zo zullen deze stenen den kinderen Israels ter gedachtenis zijn tot in eeuwigheid.

⁸De kinderen Israels nu deden alzo, gelijk als Jozua geboden had; en zij namen twaalf stenen op midden uit de Jordaan, gelijk als de HEERE tot Jozua gesproken had, naar het getal der stammen van de kinderen Israels; en zij brachten ze met zich over naar het nachtleger, en stelden ze aldaar.

⁹Jozua richtte ook twaalf stenen op, midden in de Jordaan, ter standplaats van de voeten der priesteren, die de ark des verbonds droegen; en zij zijn daar tot op dezen dag.

¹⁰De priesters nu, die de ark droegen, stonden midden in de Jordaan, totdat alle ding volbracht was, hetwelk de HEERE Jozua geboden had het volk aan te zeggen, naar al wat Mozes Jozua geboden had. En het volk haastte, en het trok over.

¹¹En het geschiedde, als al het volk geeindigd had over te gaan, toen ging de ark des HEEREN over, en de priesters voor het aangezicht des volks.

¹²En de kinderen van Ruben, en de kinderen van Gad, mitsgaders de halve stam van Manasse, trokken gewapend voor het aangezicht der kinderen Israels, gelijk als Mozes tot hen gesproken had.

¹³Omtrent veertig duizend toegeruste krijgsmannen trokken er voor het aangezicht des HEEREN ten strijde, naar de vlakke velden van Jericho.

¹⁴Te dienzelven dage maakte de HEERE Jozua groot voor de ogen van het ganse Israel; en zij vreesden hem, gelijk als zij Mozes gevreesd hadden, al de dagen zijns levens.

¹⁵De HEERE dan sprak tot Jozua, zeggende:

¹⁶Gebied den priesteren, die de ark der getuigenis dragen, dat zij uit de Jordaan opklimmen.

¹⁷Toen gebood Jozua den priesteren, zeggende: Klimt op uit de Jordaan.

¹⁸En het geschiedde, toen de priesters, die de ark des verbonds des HEEREN droegen, uit het midden van de Jordaan opgeklommen waren, en de voetzolen der priesteren afgetrokken waren tot op het droge; zo keerden de wateren van de Jordaan weder in hun plaats, en gingen als gisteren en eergisteren aan al haar oevers.

¹⁹Het volk nu was den tiende der eerste maand uit de Jordaan opgeklommen; en zij legerden zich te Gilgal, aan het oosteinde van Jericho.

²⁰En Jozua richtte die twaalf stenen te Gilgal op, die zij uit de Jordaan genomen hadden.

²¹En hij sprak tot de kinderen Israels, zeggende: Wanneer uw kinderen morgen hun vaderen vragen zullen, zeggende: Wat zijn deze stenen?

²²Zo zult gij het uw kinderen te kennen geven, zeggende: Op het droge is Israel door deze Jordaan gegaan.

²³Want de HEERE, uw God, heeft de wateren van de Jordaan voor uw aangezichten doen uitdrogen, totdat gijlieden er waart doorgegaan; gelijk als de HEERE, uw God, aan de Schelfzee gedaan heeft, die Hij voor ons aangezicht heeft doen uitdrogen, totdat wij daardoor gegaan waren;

²⁴Opdat alle volken der aarde de hand des HEEREN kennen zouden, dat zij sterk is; opdat gijlieden den HEERE, uw God, vrezet te allen dage.

Hoofdstuk 5

¹En het geschiedde, toen al de koningen der Amorieten, die aan deze zijde van de Jordaan westwaarts, en al de koningen der Kanaanieten, die aan de zee waren, hoorden, dat de HEERE de wateren van de Jordaan had uitgedroogd, voor het aangezicht der kinderen Israels, totdat wij daardoor gegaan waren; zo versmolt hun hart, en er was geen moed meer in hen, voor het aangezicht der kinderen Israels.

²Te dier tijd sprak de HEERE tot Jozua: Maak u stenen messen, en besnijd wederom de kinderen Israels ten tweeden maal.

³Toen maakte zich Jozua stenen messen, en besneed de kinderen Israels op den heuvel der voorhuiden.

⁴Dit nu was de oorzaak, waarom hen Jozua besneed: al het volk, dat uit Egypte getogen was, de manspersonen, alle krijgslieden, waren gestorven in de woestijn, op den weg, nadat zij uit Egypte getogen waren.

⁵Want al het volk, dat er uittoog, was besneden; maar al het volk, dat geboren was in de woestijn op den weg, nadat zij uit Egypte getrokken waren, hadden zij niet besneden.

⁶Want de kinderen Israels wandelden veertig jaren in de woestijn, totdat vergaan was het ganse volk der krijgslieden, die uit Egypte gegaan waren; die de stem des HEEREN niet gehoorzaam geweest waren, denwelken de HEERE gezworen had, dat Hij hun niet zoude laten zien het land, hetwelk de HEERE hun vaderen gezworen had ons te zullen geven, een land vloeiende van melk en honig.

⁷Maar hun zonen heeft Hij aan hun plaats gesteld; die heeft Jozua besneden, omdat zij de voorhuid hadden; want zij hadden hen op den weg niet besneden.

⁸En het geschiedde, als men een einde gemaakt had van al dat volk te besnijden, zo bleven zij in hun plaats in het leger, totdat zij genezen waren.

⁹Verder sprak de HEERE tot Jozua: Heden heb Ik den smaad van Egypte van ulieden afgewenteld; daarom noemde men den naam dier plaats Gilgal, tot op dezen dag.

¹⁰Terwijl de kinderen Israels te Gilgal gelegerd lagen, zo hielden zij het pascha op den veertienden dag derzelver maand, in den avond, op de vlakke velden van Jericho.

¹¹En zij aten van het overjarige koren des lands, des anderen daags van het pascha, ongezuurde broden en verzengde aren, even op dienzelven dag.

¹²En het Manna hield op des anderen daags, nadat zij van des

lands overjarige koren gegeten hadden; en de kinderen Israels hadden geen Manna meer, maar zij atenin hetzelve jaar van de inkomst des lands Kanaän.

¹³Voorts geschiedde het, als Jozua bij Jericho was, dat hij zijn ogen ophief, en zag toe, en ziet, er stond een Man tegenover hem, Die een uitgetogen zwaard in Zijnhand had. En Jozua ging tot Hem, en zeide tot Hem: Zijt Gij van ons, of van onze vijanden?

¹⁴En Hij zeide: Neen, maar Ik ben de Vorst van het heir des HEEREN: Ik ben nu gekomen! Toen viel Jozua op zijn aangezicht ter aarde en aanbad, en zeide tot Hem:Wat spreekt mijn Heere tot Zijn knecht?

¹⁵Toen zeide de Vorst van het heir des HEEREN tot Jozua: Trek uw schoenen af van uw voeten; want de plaats, waarop gij staat, is heilig. En Jozua deed alzo.

Hoofdstuk 6

¹(Jericho nu sloot de poorten toe, en was gesloten, voor het aangezicht van de kinderen Israels; er ging niemand uit, en er ging niemand in.)

²Toen zeide de HEERE tot Jozua: Zie, Ik heb Jericho met haar koning en strijdbare helden in uw hand gegeven.

³Gij dan allen, die krijgslieden zijt, zult rondom de stad gaan, de stad omringende eenmaal; alzo zult gij doen zes dagen lang.

⁴En zeven priesters zullen zeven ramsbazuinen dragen, voor de ark; en gijlieden zult op den zevenden dag de stad zevenmaal omgaan; en de priesters zullen met debazuinen blazen.

⁵En het zal geschieden, als men langzaam met den ramshoorn blaast, als gijlieden het geluid der bazuin hoort, zo zal al het volk juichen met een groot gejuich; dan zalde stadsmuur onder zich vallen, en het volk zal daarin klimmen, een iegelijk tegenover zich.

⁶Toen riep Jozua, de zoon van Nun, de priesters, en zeide tot hen: Draagt de ark des verbonds, en dat zeven priesters zeven ramsbazuinen dragen, voor de ark desHEEREN.

⁷En tot het volk zeide hij: Trekt door en gaat rondom deze stad; en wie toegerust is, die ga door voor de ark des HEEREN.

⁸En het geschiedde, gelijk Jozua tot het volk gesproken had, zo gingen de zeven priesters, dragende zeven ramsbazuinen, voor de aangezicht des HEEREN; zijtrokken door en bliezen met de bazuinen; en de ark des verbonds des HEEREN volgde hen na;

⁹En wie toegerust was, ging voor het aangezicht der priesteren, die de bazuinen bliezen; en de achtertocht volgde de ark na, terwijl men ging en blies met debazuinen.

¹⁰Jozua nu had het volk geboden, zeggende: Gij zult niet juichen, ja, gij zult uw stem niet laten horen, en geen woord zal er uit uw mond uitgaan, tot op den dag, wanneer ik tot ulieden zeggen zal: Juicht! dan zult gij juichen.

¹¹En hij deed de ark des HEEREN rondom de stad gaan, omringende dezelve eenmaal; toen kwamen zij weder in het leger, en vernachtten in het leger.

¹²Daarna stond Jozua des morgens vroeg op, en de priesters droegen de ark des HEEREN.

¹³En de zeven priesters, dragende de zeven ramsbazuinen voor de ark des HEEREN, gingen voort, en bliezen met de bazuinen; en de toegerusten gingen voor hunaangezichten, en de achtertocht volgde de ark des HEEREN na, terwijl men ging en blies met de bazuinen.

¹⁴Alzo gingen zij eenmaal rondom de stad op den tweeden dag; en zij keerden weder in het leger. Alzo deden zij zes dagen lang.

¹⁵En het geschiedde op den zevenden dag, dat zij zich vroeg opmaakten, met het opgaan des dageraads, en zij gingen rondom de stad, naar dezelve wijze, zevenmaal;alleenlijk op dien dag gingen zij zevenmaal rondom de stad.

¹⁶En het geschiedde ten zevenden male, als de priesters met de bazuinen bliezen, dat Jozua tot het volk sprak: Juicht, want de HEERE heeft ulieden de stad gegeven!

¹⁷Doch deze stad zal den HEERE verbannen zijn, zij en al wat daarin is; alleenlijk zal de hoer Rachab levend blijven, zij en allen, die met haar in het huis zijn, omdat zijde boden, die wij uitgezonden hadden, verborgen heeft.

¹⁸Alleenlijk dat gijlieden u wacht van het verbannene, opdat gij u misschien niet verbant, mits nemende van het verbannene, en het leger van Israel niet stelt tot eenban, noch datzelve beroert.

¹⁹Maar al het zilver en goud, en de koperen en ijzeren vaten, zullen den HEERE heilig zijn; tot den schat des HEEREN zullen zij komen.

²⁰Het volk dan juichte, als zij met de bazuinen bliezen; en geschiedde, als het volk het geluid der bazuin hoorde, zo juichte het volk met een groot gejuich; en demuur viel onder zich, en het volk klom in de stad, een ieder tegenover zich, en zij namen de stad in.

²¹En zij verbanden alles, wat in de stad was, van den man tot de vrouw toe, van het kind tot den oude, en tot den os, en het klein vee, en den ezel, door de scherptedes zwaards.

²²Jozua nu zeide tot de twee mannen, de verspieders des lands: Gaat in het huis der vrouw, der hoer, en brengt die vrouw van daar uit, met al wat zij heeft, gelijk alsgij haar gezworen hebt.

²³Toen gingen de jongelingen, de verspieders, daarin en brachten er Rachab uit, en haar vader, en haar moeder, en haar broeders, en al wat zij had; ook brachten zijuit al haar huisgezinnen, en zij stelden hen buiten het leger van Israel.

²⁴De stad nu verbrandden zij met vuur, en al wat daarin was; alleenlijk het zilver en goud, mitsgaders de koperen en ijzeren vaten, gaven zij tot den schat van het huisdes HEEREN.

²⁵Dus liet Jozua de hoer Rachab leven, en het huisgezin haars vaders, en al wat zij had; en zij heeft gewoond in het midden van Israel tot op dezen dag, omdat zij deboden verborgen had, die Jozua gezonden had, om Jericho te verspieden.

²⁶En ter zelver tijd bezwoer hen Jozua, zeggende: Vervloekt zij die man voor het aangezicht des HEEREN, die zich opmaken en deze stad Jericho bouwen zal; dat hijze grondveste op zijn eerstgeborenen zoon, en haar poorten stelle op zijn jongsten zoon!

²⁷Alzo was de HEERE met Jozua; en zijn gerucht liep door het ganse land.

Hoofdstuk 7

¹Maar de kinderen Israels overtraden door overtreding met het verbannene; want Achan, de zoon van Charmi, den zoon van Zabdi, den zoon van Zerah, uit den stamvan Juda, nam van het verbannene. Toen ontstak de toorn des HEEREN tegen de kinderen Israels.

²Als Jozua mannen zond van Jericho naar Ai, dat bij Beth-Aven ligt, aan het oosten van Beth-El, zo sprak hij tot hen, zeggende: Trekt opwaarts en bespiedt het land.Die mannen nu trokken op en bespiedden Ai.

³Daarna keerden zij weder naar Jozua, en zeiden tot hem: Dat het ganse volk niet optrekke, dat er omtrent twee duizend mannen, of omtrent drie duizend mannenoptrekken, om Ai te slaan; vermoei daarheen al het volk niet; want zij zijn weinige.

⁴Alzo trokken derwaarts op van het volk omtrent drie duizend man; dewelke vloden voor het aangezicht der mannen van Ai.

⁵En de mannen van Ai sloegen van dezelven omtrent zes en dertig man, en vervolgden hen van voor de poort tot Schebarim toe, en sloegen hen in een afgang. Toenversmolt het hart des volks, en het werd tot water.

⁶Toen verscheurde Jozua zijn klederen, en viel op zijn aangezicht ter aarde, voor de ark des HEEREN, tot den avond toe, hij en de oudsten van Israel; en zij wierpenstof op hun hoofd.

⁷En Jozua zeide: Ach, Heere HEERE! waarom hebt Gij dit volk door de Jordaan ooit doen gaan, om ons te geven in de hand der Amorieten, om ons te verderven?Och, dat wij toch tevreden geweest en gebleven waren aan gene zijde van de Jordaan!

⁸Och, HEERE! wat zal ik zeggen, nademaal dat Israel voor het aangezicht zijner vijanden den nek gekeerd heeft?

⁹Als het de Kanaanieten, en alle inwoners des lands horen zullen, zo zullen zij ons omsingelen, en onzen naam uitroeien van de aarde; wat zult Gij dan Uw grotenNaam doen?

¹⁰Toen zeide de HEERE tot Jozua: Sta op; waarom ligt gij dus neder op uw aangezicht?

¹¹Israel heeft gezondigd; en zij hebben ook Mijn verbond, hetwelk Ik hun geboden had, overtreden; en ook hebben zij van het verbannene genomen, en ook gestolen, en ook gelogen, en hebben het ook onder hun gereedschap gelegd.

¹²Daarom zullen de kinderen Israels niet kunnen bestaan voor het aangezicht hunner vijanden; zij zullen den nek voor het aangezicht hunner vijanden keren; want zijzijn in den ban. Ik zal voortaan niet meer met ulieden zijn, tenzij gij den ban uit het midden van ulieden verdelgt.

¹³Sta op, heilig het volk, en zeg: Heiligt u tegen morgen; want alzo zegt de HEERE, de God van Israel: Er is een ban in het midden van u, Israel! gij zult niet kunnenbestaan voor het aangezicht uwer vijanden, totdat gij den ban wegdoet uit het midden van u.

¹⁴Gij zult dan in den morgenstond aankomen naar uw stammen; en het zal geschieden, de stam, welken de HEERE geraakt zal hebben, die zal aankomen naar degeslachten, en welk geslacht de HEERE geraakt zal hebben, dat zal aankomen bij huisgezinnen, en welk huisgezin de HEERE geraakt zal hebben, dat zal aankomenman voor man.

¹⁵En het zal geschieden, die geraakt zal worden met den ban, die

zal met vuur verbrand worden, hij en al wat hij heeft; omdat hij het verbond des HEEREN overtreden heeft, en omdat hij dwaasheid in Israel gedaan heeft.

¹⁶Toen maakte zich Jozua des morgens vroeg op, en deed Israel aankomen naar zijn stammen; en de stam van Juda werd geraakt.

¹⁷Als hij het geslacht van Juda deed aankomen, zo raakte hij het geslacht van Zarchi. Toen hij het geslacht van Zarchi deed aankomen, man voor man, zo werd Zabdi geraakt.

¹⁸Welks huisgezin als hij deed aankomen, man voor man, zo werd Achan geraakt, de zoon van Charmi, den zoon van Zabdi, den zoon van Zerah, uit den stam van Juda.

¹⁹Toen zeide Jozua tot Achan: Mijn zoon! Geef toch den HEERE, den God van Israel, de eer, en doe voor Hem belijdenis; en geef mij toch te kennen, wat gij gedaan hebt, verberg het voor mij niet.

²⁰Achan nu antwoordde Jozua, en zeide: Voorwaar, ik heb tegen den HEERE, den God Israels, gezondigd, en heb alzo en alzo gedaan.

²¹Want ik zag onder den roof een schoon sierlijk Babylonisch overkleed, en tweehonderd sikkelen zilvers, en een gouden tong, welker gewicht was vijftig sikkelen; en ik kreeg lust daartoe, en ik nam ze; en zie, zij zijn verborgen in de aarde, in het midden mijner tent, en het zilver daaronder.

²²Toen zond Jozua boden henen, die tot de tent liepen; en ziet, het lag verborgen in zijn tent, en het zilver daaronder.

²³Zij dan namen die dingen uit het midden der tent, en zij brachten ze tot Jozua en tot al de kinderen Israels; en zij stortten ze uit voor het aangezicht des HEEREN.

²⁴Toen nam Jozua, en gans Israel met hem, Achan, den zoon van Zerah, en het zilver, en het sierlijk overkleed, en de gouden tong, en zijn zonen, en zijn dochteren, en zijn ossen, en zijn ezelen, en zijn vee, en zijn tent, en alles wat hij had; en zij voerden ze naar het dal Achor.

²⁵En Jozua zeide: Hoe hebt gij ons beroerd? De HEERE zal u beroeren te dezen dage! En gans Israel stenigde hem met stenen, en zij verbrandden hen met vuur, en zij overwierpen hen met stenen.

²⁶En zij richtten over hem een groten steenhoop, zijnde tot op dezen dag. Alzo keerde Zich de HEERE van de hittigheid Zijns toorns. Daarom noemde men den naam dier plaats het dal van Achor, tot dezen dag toe.

Hoofdstuk 8

¹Toen zeide de HEERE tot Jozua: Vrees niet, en ontzet u niet; neem met u al het krijgsvolk, en maak u op, trek op naar Ai; zie, Ik heb den koning van Ai, en zijn volk, en zijn stad, en zijn land in uw hand gegeven.

²Gij nu zult aan Ai en haar koning doen, gelijk als gij aan Jericho en haar koning gedaan hebt; behalve dat gij haar roof en haar vee voor ulieden roven zult; stel u een achterlage tegen de stad, van achter dezelve.

³Toen maakte zich Jozua op, en al het krijgsvolk, om op te trekken naar Ai. En Jozua verkoos dertig duizend mannen, strijdbare helden, en hij zond hen bij nacht uit,

⁴En gebood hun, zeggende: Ziet toe, gijlieden zult der stad lagen leggen van achter de stad; houdt u niet zeer verre van de stad, en weest gij allen bereid.

⁵Ik nu, en al het volk, dat bij mij is, zullen tot de stad naderen; en het zal geschieden, wanneer zij ons tegemoet zullen uitgaan, gelijk als in het eerst, zo zullen wij voor hun aangezicht vlieden.

⁶Laat hen dan uitkomen achter ons, totdat wij hen van de stad aftrekken; want zij zullen zeggen: Zij vlieden voor onze aangezichten, gelijk als in het eerst; zo zullen wij vlieden voor hun aangezichten.

⁷Dan zult gijlieden opstaan uit de achterlage, en gij zult de stad innemen; want de HEERE, uw God, zal ze in uw hand geven.

⁸En het zal geschieden, wanneer gij de stad ingenomen hebt, zo zult gij de stad met vuur aansteken; naar het woord des HEEREN zult gijlieden doen; ziet, ik heb het ulieden geboden.

⁹Alzo zond Jozua hen heen, en zij gingen naar de achterlage, en zij bleven tussen Beth-El en tussen Ai, tegen het westen van Ai; maar Jozua overnachtte dien nacht in het midden des volks.

¹⁰En Jozua maakte zich des morgens vroeg op, en hij monsterde het volk; en hij trok op, hij en de oudsten van Israel, voor het aangezicht des volks, naar Ai.

¹¹Ook trok al het krijgsvolk op, dat bij hem was; en zij naderden en kwamen tegenover de stad, en zij legerden zich tegen het noorden van Ai; en er was een dal tussen hem en tussen Ai.

¹²Hij nam ook omtrent vijf duizend man, en hij stelde hen tot een achterlage tussen Beth-El en tussen Ai, aan het westen der stad.

¹³En zij stelden het volk, het ganse leger, dat aan het noorden der stad was, en zijn lage was aan het westen der stad. En Jozua ging in denzelven nacht in het midden des dals.

¹⁴En het geschiedde, toen de koning van Ai dat zag, zo haastten zij en maakten zich vroeg op, en de mannen der stad kwamen uit, Israel tegemoet, ten strijde, hij en al zijn volk, ter bestemder tijd, voor het vlakke veld; want hij wist niet, dat hem iemand een achterlage legde van achter de stad.

¹⁵Jozua dan, en gans Israel, werd geslagen voor hun aangezichten; en zij vloden door den weg der woestijn.

¹⁶Daarom werd samengeroepen al het volk, dat in de stad was, om hen na te jagen; en zij joegen Jozua na, en werden van de stad afgetrokken.

¹⁷En er werd niet een man overgelaten, in Ai, noch Beth-El, die niet uittrokken, Israel na; en zij lieten de stad openstaan, en joegen Israel achterna.

¹⁸Toen sprak de HEERE tot Jozua: Strek de spies uit, die in uw hand is, naar Ai, want Ik zal hen in uw hand geven. Toen strekte Jozua de spies, die in zijn hand was, naar de stad aan.

¹⁹Toen rees de achterlage haastelijk op van haar plaats, en zij liepen toe, met dat hij zijn hand uitgestrekt had, en kwamen aan de stad, en zij namen ze in, en zij haastten zich, en staken de stad aan met vuur.

²⁰Als de mannen van Ai zich achterom keerden, zo zagen zij, en ziet, de rook der stad ging op naar den hemel; en zij hadden geen ruimte, om herwaarts of derwaarts te vlieden; want het volk, dat naar de woestijn vluchtte, keerde zich tegen degenen, die hen najoegen.

²¹En Jozua en gans Israel, ziende, dat de achterlage de stad ingenomen had, en dat de rook der stad opging, zo keerden zij zich om, en sloegen de mannen van Ai.

²²Ook kwamen die uit de stad hun tegemoet, zodat zij in het midden der Israelieten waren, deze van hier en gene van daar; en zij sloegen hen, totdat geen overige onder hen overbleef, noch die ontkwam.

²³Doch den koning van Ai grepen zij levend, en zij brachten hem tot Jozua.

²⁴En het geschiedde, toen de Israelieten een einde gemaakt hadden van al de inwoners van Ai te doden, op het veld, in de woestijn, in dewelke zij hen nagejaagd hadden, en dat zij allen door de scherpte des zwaards gevallen waren, totdat zij allen vernield waren; zo keerde zich gans Israel naar Ai, en zij sloegen ze met de scherpte des zwaards.

²⁵En het geschiedde, dat allen, die te dien dage vielen, zo mannen als vrouwen, waren twaalf duizend, al te zamen lieden van Ai.

²⁶Jozua trok ook zijn hand niet terug, die hij met de spies had uitgestrekt, totdat hij al de inwoners van Ai verbannen had.

²⁷Alleenlijk roofden de Israelieten voor zichzelven het vee en den buit derzelver stad, naar het woord des HEEREN, dat Hij Jozua geboden had.

²⁸Jozua nu verbrandde Ai, en hij stelde haar tot een eeuwigen hoop, ter verwoesting, tot op dezen dag.

²⁹En den koning van Ai hing hij aan een hout, tot aan den avondstond; en omtrent den ondergang der zon gebood Jozua, dat men zijn dood lichaam van het hout afname; en zij wierpen het aan de deur der stadspoort, en richtten daarop een groten steenhoop, zijnde tot op dezen dag.

³⁰Toen bouwde Jozua een altaar den HEERE, den God van Israel, op den berg Ebal;

³¹Gelijk als Mozes, de knecht des HEEREN, den kinderen Israels geboden had, achtereenvolgens hetgeen geschreven is in het wetboek van Mozes: een altaar van gehele stenen, over dewelke men geen ijzer bewogen had; en daarop offerden zij den HEERE brandoffers; ook offerden zij dankoffers.

³²Aldaar schreef hij ook op stenen een dubbel van de wet van Mozes, hetwelk hij geschreven heeft voor het aangezicht der kinderen Israels.

³³En gans Israel met zijn oudsten, en ambtlieden, en zijn rechters, stonden aan deze en aan gene zijde der ark, voor de Levietische priesteren, die de ark des verbonds des HEEREN droegen, zo vreemdelingen als inboorlingen, een helft daarvan tegenover den berg Gerizim, en een helft daarvan tegenover den berg Ebal, gelijk als Mozes, de knecht des HEEREN, bevolen had; om het volk van Israel in het eerst te zegenen.

³⁴En daarna las hij overluid al de woorden der wet, de zegening en den vloek, naar alles, wat in het wetboek geschreven staat.

³⁵Daar was niet een woord van al hetgeen Mozes geboden had, dat Jozua niet overluid las voor de gehele gemeente van Israel, en de vrouwen, en de kleine kinderen, en de vreemdelingen, die in het midden van hen wandelden.

Jozua
Hoofdstuk 9
¹En het geschiedde, toen dit hoorden al de koningen, die aan deze zijde van de Jordaan waren, op het gebergte, en in de laagte, en aan alle havens der grote zee, tegenover den Libanon: de Hethieten, en de Amorieten, de Kanaänieten, de Ferezieten, de Hevieten, en de Jebusieten;

²Zo vergaderden zij zich samen, om tegen Jozua en tegen Israël te krijgen, eenmoediglijk.

³Als de inwoners te Gibeon hoorden, wat Jozua met Jericho en met Ai gedaan had,

⁴Zo handelden zij ook arglistiglijk, en gingen heen, en veinsden zich gezanten te zijn, en zij namen oude zakken op hun ezels, en oude en gescheurde, ensamengebonden lederen wijnzakken;

⁵Ook oude en bevlekte schoenen aan hun voeten, en zij hadden oude klederen aan, en al het brood, dat zij op hun reize hadden, was droog en beschimmeld.

⁶En zij gingen tot Jozua in het leger te Gilgal, en zij zeiden tot hem en tot de mannen van Israël: Wij zijn gekomen uit een ver land, zo maakt nu een verbond met ons.

⁷Toen zeiden de mannen van Israël tot de Hevieten: Misschien woont gijlieden in het midden van ons, hoe zullen wij dan een verbond met u maken?

⁸Zij dan zeiden tot Jozua: Wij zijn uw knechten. Toen zeide Jozua tot hen: Wie zijt gijlieden, en van waar komt gij?

⁹Zij nu zeiden tot hem: Uw knechten zijn uit een zeer ver land gekomen, om den Naam des HEEREN, uws Gods; want wij hebben Zijn gerucht gehoord, en alles watHij in Egypte gedaan heeft;

¹⁰En alles wat Hij gedaan heeft aan de twee koningen der Amorieten die aan gene zijde van de Jordaan waren, Sihon, den koning van Hesbon, en Og, den koning vanBazan, die te Astharoth woonde.

¹¹Daarom spraken tot ons onze oudsten, en al de inwoners onzes lands, zeggende: Neemt reiskost met u in uw handen op de reize, en gaat hun tegemoet, en zegt tothen: Wij zijn ulieder knechten, zo maakt nu een verbond met ons.

¹²Dit ons brood hebben wij warm tot onzen teerkost uit onze huizen genomen, ten dage, toen wij uittogen om tot ulieden te reizen; maar ziet, nu is het droog, en het isbeschimmeld.

¹³En deze lederen wijnzakken, die wij gevuld hebben, waren nieuw, maar ziet, zij zijn gescheurd; en deze onze klederen, en onze schoenen zijn oud geworden, vanwege deze zeer lange reis.

¹⁴Toen namen de mannen van hun reiskost; en zij vraagden het den mond des HEEREN niet.

¹⁵En Jozua maakte vrede met hen, en hij maakte een verbond met hen, dat hij hen bij het leven behouden zoude; en de oversten der vergadering zwoeren hun.

¹⁶En het geschiedde ten einde van drie dagen, nadat zij het verbond met hen gemaakt hadden, zo hoorden zij, dat zij hun naburen waren, en dat zij in het midden vanhen waren wonende.

¹⁷Want toen de kinderen Israëls voorttogen, zo kwamen zij ten derden dage aan hun steden; hun steden nu waren Gibeon, en Chefira, en Beeroth, en Kirjath-Jearim.

¹⁸En de kinderen Israëls sloegen ze niet, omdat de oversten der vergadering hun gezworen hadden bij den HEERE, den God Israëls; daarom murmureerde de ganseverzadering tegen de oversten.

¹⁹Toen zeiden al de oversten tot de ganse vergadering: Wij hebben hun gezworen bij den HEERE, den God Israëls; daarom kunnen wij hen niet aantasten.

²⁰Dit zullen wij hun doen, dat wij hen bij het leven behouden, opdat geen grote toorn over ons zij, om des eeds wil, dien wij hun gezworen hebben.

²¹Verder zeiden de oversten tot hen: Laat hen leven, en laat ze houthouwers en waterputters zijn der ganse vergadering, gelijk de oversten tot hen gezegd hebben.

²²En Jozua riep hen, en sprak tot hen, zeggende: Waarom hebt gijlieden ons bedrogen, zeggende: Wij zijn zeer verre van ulieden gezeten, daar gij in het midden vanons zijt wonende?

²³Nu dan, vervloekt zijt gijlieden! en onder ulieden zullen niet afgesneden worden knechten, noch houthouwers, noch waterputters ten huize mijns Gods.

²⁴Zij dan antwoordden Jozua, en zeiden: Dewijl het aan uw knechten zekerlijk was te kennen gegeven, dat de HEERE, uw God, Zijn knecht Mozes geboden heeft, datHij ulieden al dit land geven, en al de inwoners des lands voor ulieder aangezicht verdelgen zoude, zo vreesden wij onzes levens zeer voor ulieder aangezichten;daarom hebben wij deze zaak gedaan.

²⁵En nu, zie, wij zijn in uw hand; doe, gelijk het goed en gelijk het recht is in uw ogen ons te doen.

²⁶Zo deed hij hun alzo, en hij verloste hen van de hand der kinderen Israëls, dat zij hen niet doodsloegen.

²⁷Alzo gaf Jozua hen over ten zelven dage tot houthouwers en waterputters der vergadering, en dat tot het altaar des HEEREN, tot dezen dag toe, aan de plaats, dieHij verkiezen zoude.

Hoofdstuk 10
¹Het geschiedde nu, toen Adoni-Zedek, de koning van Jeruzalem, gehoord had, dat Jozua Ai ingenomen, en haar verbannen had, en aan Ai en haar koning alzogedaan had, gelijk als hij aan Jericho en haar koning gedaan had; en dat de inwoners van Gibeon vrede met Israël gemaakt hadden, en in derzelver midden waren,

²Zo vreesden zij zeer; want Gibeon was een grote stad, als een der koninklijke steden; ja, zij was groter dan Ai, en al haar mannen waren sterk.

³Daarom zond Adoni-Zedek, koning van Jeruzalem, tot Hoham, den koning van Hebron, en tot Pir-Am, den koning van Jarmuth, en tot Jafia, den koning van Lachis, en tot Debir, den koning van Eglon, zeggende:

⁴Komt op tot mij, en helpt mij, dat wij Gibeon slaan; omdat zij vrede gemaakt heeft met Jozua en met de kinderen Israëls.

⁵Toen werden verzameld en kwamen op, vijf koningen der Amorieten, de koning van Jeruzalem, de koning van Hebron, de koning van Jarmuth, de koning vanLachis, de koning van Eglon, zij en al hun legers; en zij belegerden Gibeon, en krijgden tegen haar.

⁶De mannen nu van Gibeon zonden tot Jozua, in het leger van Gilgal, zeggende: Trek uw handen niet af van uw knechten, kom haastelijk tot ons op, en verlos ons, enhelp ons; want al de koningen der Amorieten, die op het gebergte wonen, hebben zich tegen ons vergaderd.

⁷Toen toog Jozua op van Gilgal, hij en al het krijgsvolk met hem, en alle strijdbare helden.

⁸Want de HEERE had tot Jozua gezegd: Vrees u niet voor hen, want Ik heb ze in uw hand gegeven; niemand van hen zal voor uw aangezicht bestaan.

⁹Alzo kwam Jozua snellijk tot hen; den gansen nacht over was hij van Gilgal opgetrokken.

¹⁰En de HEERE verschrikte hen voor het aangezicht van Israël; en hij sloeg hen met een groten slag te Gibeon, en vervolgde hen op den weg, waar men naarBeth-horon opgaat, en sloeg hen tot Azeka en tot Makkeda toe.

¹¹Het geschiedde nu, toen zij voor het aangezicht van Israël vluchtten, zijnde in den afgang van Beth-horon, zo wierp de HEERE grote stenen op hen van den hemel, tot Azeka toe, dat zij stierven; daar waren er meer, die van de hagelstenen stierven, dan die de kinderen Israëls met het zwaard doodden.

¹²Toen sprak Jozua tot den HEERE, ten dage als de HEERE de Amorieten voor het aangezicht de kinderen Israëls overgaf, en zeide voor de ogen der Israëlieten:Zon, sta stil te Gibeon, en gij, maan, in het dal van Ajalon!

¹³En de zon stond stil, en de maan bleef staan, totdat zich het volk aan zijn vijanden gewroken had. Is dit niet geschreven in het boek des oprechten? De zon nu stondstil in het midden des hemels, en haastte niet onder te gaan omtrent een volkomen dag.

¹⁴En er was geen dag aan dezen gelijk, voor hem noch na hem, dat de HEERE de stem eens mans alzo verhoorde; want de HEERE streed voor Israël.

¹⁵Toen keerde Jozua weder, en gans Israël met hem, naar het leger te Gilgal.

¹⁶Maar die vijf koningen waren gevloden, en hadden zich verborgen in de spelonk bij Makkeda.

¹⁷En aan Jozua werd geboodschapt, mits te zeggen: Die vijf koningen zijn gevonden, verborgen in de spelonk bij Makkeda.

¹⁸Zo zeide Jozua: Wentelt grote stenen voor den mond der spelonk, en stelt mannen daarvoor om hen te bewaren.

¹⁹Maar staat gijlieden niet stil, jaagt uw vijanden achterna, en slaat hen in den staart; laat hen in hun steden niet komen; want de HEERE, uw God, heeft ze in uwhand gegeven.

²⁰En het geschiedde, toen Jozua en de kinderen Israëls geëindigd hadden hen met een zeer groten slag te slaan, totdat zij vernield waren, en dat de overgeblevenen, die van hen overgebleven waren, in de vaste steden gekomen waren;

²¹Zo keerde al het volk tot Jozua in het leger, bij Makkeda, in vrede; niemand had zijn tong tegen de kinderen Israëls geroerd.

²²Daarna zeide Jozua: Opent den mond der spelonk, en brengt tot mij uit die vijf koningen, uit die spelonk.

²³Zij nu deden alzo, en brachten tot hem uit die vijf koningen, uit

de spelonk: den koning van Jeruzalem, den koning van Hebron, den koning van Jarmuth, den koning van Lachis, den koning van Eglon.

²⁴En het geschiedde, als zij die koningen uitgebracht hadden tot Jozua, zo riep Jozua al de mannen van Israel, en hij zeide tot de oversten des krijgsvolks, die met hem getogen waren: Treedt toe, zet uw voeten op de halzen dezer koningen. En zij traden toe, en zetten hun voeten op hun halzen.

²⁵Toen zeide Jozua tot hen: Vreest niet en ontzet u niet, zijt sterk en hebt goeden moed; want alzo zal de HEERE aan al uw vijanden doen, tegen dewelke gijliedenstrijdt.

²⁶En Jozua sloeg hen daarna, en doodde ze, en hing ze aan vijf houten; en zij hingen aan de houten tot den avond.

²⁷En het geschiedde, ten tijde als de zon onderging, beval Jozua, dat men hen van de houten afname, en zij wierpen hen in de spelonk, alwaar zij verborgen geweest waren; en zij legden grote stenen voor den mond der spelonk, die daar zijn tot op dezen zelven dag.

²⁸Op denzelven dag nam ook Jozua Makkeda in, en sloeg haar met de scherpte des zwaards; daartoe verbande hij derzelver koning, henlieden en alle ziel die daarin was; hij liet geen overigen overblijven; en hij deed den koning van Makkeda, gelijk als hij den koning van Jericho gedaan had.

²⁹Toen toog Jozua door, en gans Israel met hem, van Makkeda naar Libna, en hij krijgde tegen Libna.

³⁰En de HEERE gaf dezelve ook in de hand van Israel, met haar koning; en hij sloeg haar met de scherpte des zwaards, en alle ziel, die daarin was; hij liet daarin geen overigen overblijven; en hij deed derzelver koning, gelijk als hij den koning van Jericho gedaan had.

³¹Toen toog Jozua voort, en gans Israel met hem, van Libna naar Lachis; en hij belegerde haar en krijgde tegen haar.

³²En de HEERE gaf Lachis in de hand van Israel; en hij nam haar in op den tweeden dag, en hij sloeg haar met de scherpte des zwaards, en alle ziel, die daarin was, naar alles, wat hij aan Libna gedaan had.

³³Toen trok Horam, de koning van Gezer, op, om Lachis te helpen; maar Jozua sloeg hem en zijn volk, totdat hij hem geen overigen overliet.

³⁴En Jozua trok voort van Lachis naar Eglon, en gans Israel met hem; en zij belegerden haar en krijgden tegen haar.

³⁵En zij namen haar in ten zelven dage, en sloegen haar met de scherpte des zwaards, en alle ziel, die daarin was, verbande hij op denzelven dag, naar alles, wat hij aan Lachis gedaan had.

³⁶Daarna toog Jozua op, en gans Israel met hem; van Eglon naar Hebron, en zij krijgden tegen haar.

³⁷En zij namen haar in, en sloegen haar met de scherpte des zwaards, zo haar koning als al haar steden, en alle ziel, die daarin was; hij liet niemand in het leven overblijven, naar alles, wat hij Eglon gedaan had; en hij verbande haar, en alle ziel, die daarin was.

³⁸Toen keerde Jozua, en gans Israel met hem, naar Debir, en hij krijgde tegen haar.

³⁹En hij nam haar in, met haar koning, en al haar steden, en zij sloegen haar met de scherpte des zwaards, en verbanden alle ziel, die daarin was; hij liet geen overigen overblijven; gelijk als hij aan Hebron gedaan had, alzo deed hij aan Debir en haar koning, en gelijk als hij aan Libna en haar koning gedaan had.

⁴⁰Alzo sloeg Jozua het ganse land, het gebergte, en het zuiden, en de laagte, en de aflopingen der wateren, en al hun koningen; hij liet geen overigen overblijven; ja, hij verbande alles, wat adem had, gelijk als de HEERE, de God Israels, geboden had.

⁴¹En Jozua sloeg hen van Kades-Barnea en tot Gaza toe; ook het ganse land Gosen, en tot Gibeon toe.

⁴²En Jozua nam al deze koningen en hun land op eenmaal; want de HEERE, de God Israels, streed voor Israel.

⁴³Toen keerde Jozua weder, en gans Israel met hem, naar het leger te Gilgal.

Hoofdstuk 11

¹Het geschiedde daarna, als Jabin, de koning van Hazor, dit hoorde, zo zond hij tot Jobab, den koning van Madon, en tot den koning van Simron, en tot den koning van Achsaf,

²En tot de koningen, die tegen het noorden op het gebergte, en op het vlakke, tegen het zuiden van Cinneroth, en in de laagte, en in Nafoth-Dor, aan de zee waren;

³Tot de Kanaanieten tegen het oosten en tegen het westen, en de Amorieten, en de Hethieten, en de Ferezieten; en de Jebusieten op het gebergte, en de Hevieten onder aan Hermon, in het land van Mizpa.

⁴Dezen nu togen uit, en al hun heirlegers met hen; veel volks, als het zand, dat aan den oever der zee is, in veelheid; en zeer vele paarden en wagens.

⁵Al deze koningen werden vergaderd, en kwamen en legerden zich samen aan de wateren van Merom, om tegen Israel te krijgen.

⁶En de HEERE zeide tot Jozua: Vrees niet voor hun aangezichten; want morgen omtrent dezen tijd zal Ik hen altegader verslagen geven voor het aangezicht van Israel; hun paarden zult gij verlammen, en hun wagenen met vuur verbranden.

⁷En Jozua, en al het krijgsvolk met hem, kwam snellijk over hen aan de wateren van Merom, en zij overvielen hen.

⁸En de HEERE gaf hen in de hand van Israel, en zij sloegen hen, en joegen hen na tot groot Sidon toe, en tot Misrefoth-maim, en tot het dal Mizpa tegen het oosten; en zij sloegen hen, totdat zij geen overigen onder hen overlieten.

⁹Jozua nu deed hun, gelijk hem de HEERE gezegd had; hun paarden verlamde hij, en hun wagenen verbrandde hij met vuur.

¹⁰En Jozua keerde weder ter zelver tijd, en hij nam Hazor in, en haar koning sloeg hij met het zwaard; want Hazor was te voren het hoofd van al deze koninkrijken.

¹¹En zij sloegen alle ziel, die daarin was, met de scherpte des zwaards, die verbannende; er bleef niets over, dat adem had; en Hazor verbrandde hij met vuur.

¹²En Jozua nam al de steden dezer koningen in, en al haar koningen, en hij sloeg hen met de scherpte des zwaards, hen verbannende, gelijk als Mozes, de knecht des HEEREN geboden had.

¹³Alleenlijk verbrandden de Israelieten geen steden, die op haar heuvelen stonden, behalve Hazor alleen; dat verbrandde Jozua.

¹⁴En al den roof dezer steden, en het vee, roofden de kinderen Israels voor zich; alleenlijk sloegen zij al de mensen met de scherpte des zwaards, totdat zij hen verdelgden; zij lieten niet overblijven wat adem had.

¹⁵Gelijk als de HEERE Mozes, Zijn knecht, geboden had, alzo gebood Mozes aan Jozua; en alzo deed Jozua; hij deed er niet een woord af van alles, wat de HEERE Mozes geboden had.

¹⁶Alzo nam Jozua al dat land in, het gebergte, en al het zuiden, en al het land van Gosen, en de laagte, en het vlakke veld, en het gebergte Israels, en zijn laagte.

¹⁷Van den kalen berg, die opwaarts naar Seir gaat, tot Baal-Gad toe, in het dal van den Libanon, onder aan den berg Hermon; al hun koningen nam hij ook, en sloegen, en doodde hen.

¹⁸Vele dagen voerde Jozua krijg tegen al deze koningen.

¹⁹Er was geen stad, die vrede maakte met de kinderen Israels, behalve de Hevieten, inwoners van Gibeon; zij namen ze allen in door krijg.

²⁰Want het was van den HEERE, hun harten te verstokken, dat zij Israel met oorlog tegemoet gingen, opdat hij hen verbannen zoude, dat hun geen genade geschiedde, maar opdat hij hen verdelgen zoude, gelijk als de HEERE Mozes geboden had.

²¹Te dier tijde nu kwam Jozua, en roeide de Enakieten uit, van het gebergte, van Hebron, van Debir, van Anab, en van het ganse gebergte van Juda, en van het ganse gebergte van Israel; Jozua verbande hen met hun steden.

²²Er bleef niemand van de Enakieten over in het land der kinderen Israels; alleenlijk bleven zij over te Gaza, te Gath, en te Asdod.

²³Alzo nam Jozua al dat land in, naar alles, wat de HEERE tot Mozes gesproken had; en Jozua gaf het Israel ten erve, naar hun afdelingen, naar hun stammen. En het land rustte van den krijg.

Hoofdstuk 12

¹Dit nu zijn de koningen des lands, die de kinderen Israels geslagen hebben, en hun land erfelijk bezaten, aan gene zijde van de Jordaan, tegen den opgang der zon; van de beek Arnon af tot den berg Hermon, en het ganse vlakke veld tegen het oosten:

²Sihon, de koning der Amorieten, die te Hesbon woonde; die van Aroer af heerste, welke aan den oever der beek Arnon is, en over het midden der beek en de helft van Gilead, en tot aan de beek Jabbok, de landpale der kinderen Ammons;

³En over het vlakke veld tot aan de zee van Cinneroth tegen het oosten, en tot aan de zee des vlakken velds, de Zoutzee, tegen het oosten, op den weg naar Beth-Jesimoth; en van het zuiden beneden Asdoth-Pisga.

⁴Daartoe de landpale van Og, den koning van Bazan, die van het overblijfsel der reuzen was, wonende te Astharoth en te Edrei.

⁵En heerste over den berg Hermon, en over Salcha, en over geheel Bazan, tot aan de landpale der Gezurieten, en der Maachathieten; en de helft van Gilead, de landpale van Sihon, den koning van Hesbon.

⁶Mozes, de knecht des HEEREN, en de kinderen Israels sloegen hen, en Mozes, de knecht des HEEREN, gaf aan de Rubenieten en aan de Gadieten, en aan den halven stam van Manasse, dat land tot een

Jozua

erfelijke bezitting.

⁷Dit nu zijn de koningen des lands, die Jozua sloeg, en de kinderen Israels, aan deze zijde van de Jordaan tegen het westen, van Baal-Gad aan, in het dal van denLibanon, en tot aan den kalen berg, die naar Seir opgaat; en Jozua gaf het aan de stammen Israels tot een erfelijke bezitting, naar hun afdelingen.

⁸Wat op het gebergte, en in de laagte, en in het vlakke veld, en in de aflopingen der wateren, en in de woestijn, en tegen het zuiden was: de Hethieten, de Amorieten, en Kanaanieten, de Ferezieten, de Hevieten, en de Jebusieten.

⁹De koning van Jericho, een; de koning van Ai, die ter zijde van Beth-El is, een;

¹⁰De koning van Jeruzalem, een; de koning van Hebron, een;

¹¹De koning van Jarmuth, een; de koning van Lachis, een;

¹²De koning van Eglon, een; de koning Gezer, een;

¹³De koning van Debir, een; de koning van Geder, een;

¹⁴De koning van Horma, een; de koning van Harad, een;

¹⁵De koning van Libna, een; de koning van Adullam, een;

¹⁶De koning van Makkeda, een; de koning van Beth-El, een;

¹⁷De koning van Tappuah, een; de koning van Hefer, een;

¹⁸De koning van Afek, een; de koning van Lassaron, een;

¹⁹De koning van Madon, een; de koning van Hazor, een;

²⁰De koning van Simron-Meron, een; de koning van Achsaf, een;

²¹De koning van Taanach, een; de koning van Megiddo, een;

²²De koning van Kedes, een; de koning van Jokneam, aan den Karmel, een;

²³De koning van Dor, tot Nafath-Dor, een; de koning der heidenen te Gilgal, een;

²⁴De koning van Thirza, een. Al deze koningen zijn een en dertig.

Hoofdstuk 13

¹Jozua nu was oud, wel bedaagd; en de HEERE zeide tot hem: Gij zijt oud geworden, welbedaagd, en er is zeer veel lands overgebleven, om dat erfelijk te bezitten.

²Dit is het land, dat overgebleven is; al de grenzen der Filistijnen en het ganse Gesuri.

³Van de Sichor, die voor aan Egypte is, tot aan de landpale van Ekron tegen het noorden, dat den Kanaanieten toegerekend wordt; vijf vorsten der Filistijnen, deGazatiet en Asdodiet, de Askeloniet, de Gathiet en Ekroniet, en de Avvieten:

⁴Van het zuiden, het ganse land der Kanaanieten, en Meara, die van de Sidoniers is, tot Afek toe, tot aan de landpale der Amorieten.

⁵Daartoe het land der Giblieten, en de ganse Libanon tegen den opgang der zon, van Baal-Gad, onder aan den berg Hermon, tot aan den ingang van Hamath.

⁶Allen, die op het gebergte wonen van den Libanon aan tot Misrefoth-maim toe, al de Sidoniers; Ik zal hen verdrijven van het aangezicht der kinderen Israels;alleenlijk maak, dat het Israel ten erfdeel valle, gelijk als Ik u geboden heb.

⁷En nu, deel dit land tot een erfdeel aan de negen stammen, en aan den halven stam van Manasse,

⁸Met denwelken de Rubenieten en Gadieten hun erfenis ontvangen hebben; dewelke Mozes hunlieden gaf aan gene zijde van de Jordaan tegen het oosten, gelijk alsMozes, de knecht des HEEREN, hun gegeven had:

⁹Van Aroer aan, die aan den oever der beek Arnon is, en de stad, die in het midden der beek is, en al het vlakke land van Medeba tot Dibon toe;

¹⁰En al de steden van Sihon, de koning der Amorieten, die te Hesbon geregeerd heeft, tot aan de landpale der kinderen Ammons;

¹¹En Gilead, en de landpale der Gezurieten, en der Maachathieten, en den gansen berg Hermon, en gans Bazan, tot Salcha toe;

¹²Het ganse koninkrijk van Og, in Bazan, die geregeerd heeft te Astharoth, en te Edrei; deze is overig gebleven uit het overblijfsel der reuzen, dewelke Mozes heeftverslagen, en heeft ze verdreven.

¹³Doch de kinderen Israels verdreven de Gezurieten en de Maachathieten niet; maar Gezur en Maachath woonden in het midden van Israel tot op dezen dag.

¹⁴Alleenlijk gaf hij den stam Levi geen erfenis. De vuurofferen Gods, des HEEREN van Israel, zijn zijne erfenis, gelijk als Hij tot hem gesproken had.

¹⁵Alzo gaf Mozes aan den stam der kinderen van Ruben, naar hun huisgezinnen,

¹⁶Dat hun landpale was van Aroer af, dat aan den oever der beek Arnon is, en de stad, die in het midden der beek is, en al het vlakke land tot Medeba toe:

¹⁷Hesbon en al haar steden, die in het vlakke land zijn, Dibon, en Bamoth-Baal, en Beth-Baal-meon,

¹⁸En Jahza, en Kedemoth, en Mefaath,

¹⁹En Kirjathaim, en Sibma, en Zeret-Hassahar op den berg des dals,

²⁰En Beth-Peor, en Asdoth-Pisga, en Beth-Jesimoth;

²¹En alle steden des vlakken lands, en het ganse koninkrijk van Sihon, den koning der Amorieten, die te Hesbon regeerde, denwelken Mozes geslagen heeft, mitsgaders de vorsten van Midian, Evi, en Rekem, en Zur, en Hur, en Reba, geweldigen van Sihon, inwoners des lands.

²²Daartoe hebben de kinderen Israels met het zwaard gedood Bileam, den zoon van Beor, den voorzegger, nevens degenen, die van hen verslagen zijn.

²³De landpale nu der kinderen van Ruben was de Jordaan, en derzelver landpale; dat is het erfdeel der kinderen van Ruben, naar hun huisgezinnen, de steden en haardorpen.

²⁴En aan den stam van Gad, aan de kinderen van Gad, naar hun huisgezinnen, gaf Mozes,

²⁵Dat hun landpale was Jaezer, en al de steden van Gilead, en het halve land der kinderen Ammons, tot Aroer toe, die voor aan Rabba is;

²⁶En van Hesbon af tot Ramath-Mizpa en Betonim; en van Mahanaim tot aan de landpale van Debir;

²⁷En in het dal, Beth-haram, en Beth-nimra, en Sukkoth, en Zefon, wat over was van het koninkrijk van Sihon, den koning te Hesbon, de Jordaan en haar landpale, totaan het einde der zee van Cinnereth, over de Jordaan, tegen het oosten.

²⁸Dit is het erfdeel der kinderen van Gad, naar hun huisgezinnen: de steden en haar dorpen.

²⁹Verder had Mozes aan den halven stam van Manasse een erfenis gegeven, die aan den halven stam der kinderen van Manasse bleef, naar hun huisgezinnen;

³⁰Zodat hun landpale was van Mahanaim af, het ganse Bazan, het ganse koninkrijk van Og, den koning van Bazan, en al de vlekken van Jair, die in Bazan zijn, zestigsteden.

³¹En het halve Gilead, en Astharoth, en Edrei, steden des koninkrijks van Og in Bazan, waren van de kinderen van Machir, den zoon van Manasse, namelijk de helftder kinderen van Machir, naar hun huisgezinnen.

³²Dat is het, wat Mozes ten erve uitgedeeld had in de velden van Moab, op gene zijde der Jordaan van Jericho, tegen het oosten.

³³Maar aan den stam van Levi gaf Mozes geen erfdeel; de HEERE, de God Israels, is Zelf hunlieder Erfdeel, gelijk als Hij tot hen gesproken heeft.

Hoofdstuk 14

¹Dit is nu hetgeen de kinderen Israels geerfd hebben in het land Kanaan; hetwelk de priester Eleazar, en Jozua, de zoon van Nun, en de hoofden der vaderen van destammen der kinderen Israels, hun hebben doen erven;

²Door het lot hunner erfenis, gelijk als de HEERE door den dienst van Mozes geboden had, aangaande de negen stammen en den halven stam.

³Want aan de twee stammen en den halven stam had Mozes een erfdeel gegeven op gene zijde van de Jordaan; maar aan de Levieten had hij geen erfdeel onderhen gegeven.

⁴Want de kinderen van Jozef waren twee stammen, Manasse en Efraim; en aan de Levieten gaven zij geen deel in het land, maar steden om te bewonen, enderzelver voorsteden voor hun vee en voor hun bezitting.

⁵Gelijk als de HEERE Mozes geboden had, alzo deden de kinderen Israels, en zij deelden het land.

⁶Toen naderden de kinderen van Juda tot Jozua, te Gilgal, en Kaleb, de zoon van Jefunne, de Keneziet, zeide tot hem: Gij weet het woord, dat de HEERE tot Mozes, den man Gods, gesproken heeft te Kades-Barnea, ter oorzake van mij, en ter oorzake van u.

⁷Ik was veertig jaren oud, toen Mozes, de knecht des HEEREN, mij uitgezonden heeft van Kades-Barnea, om het land te verspieden, en ik hem antwoord bracht, gelijk als het in mijn hart was.

⁸Maar mijn broeders, die met mij opgegaan waren, deden het hart des volks smelten; doch ik volhardde den HEERE, mijn God, na te volgen.

⁹Toen zwoer Mozes te dien zelven dage, zeggende: Indien niet het land, waarop uw voet getreden heeft, u en uw kinderen ten erfdeel zal zijn in eeuwigheid, dewijl gijvolhard hebt den HEERE, mijn God, na te volgen.

¹⁰En nu, zie, de HEERE heeft mij in het leven behouden, gelijk als Hij gesproken heeft; het zijn nu vijf en veertig jaren, sedert dat de

HEERE dit woord tot Mozes gesproken heeft, toen Israel in de woestijn wandelde; en nu, zie, ik ben heden vijf en tachtig jaren oud.

¹¹Ik ben nog heden zo sterk, gelijk als ik was ten dage, toen Mozes mij uitzond; gelijk mijn kracht toen was, alzo is nu mijn kracht, tot den oorlog, en om uit te gaan, en om in te gaan.

¹²En nu, geef mij dit gebergte, waarvan de HEERE te dien dage gesproken heeft; want gij hebt het te dienzelven dage gehoord, dat de Enakieten aldaar waren, en dat er grote vaste steden waren; of de HEERE met mij ware, dat ik hen verdreef, gelijk als de HEERE gesproken heeft.

¹³Toen zegende hem Jozua, en hij gaf Kaleb, den zoon van Jefunne, Hebron ten erfdeel.

¹⁴Daarom werd Hebron aan Kaleb, den zoon van Jefunne, den Keneziet, ten erfdeel tot op dezen dag; omdat hij volhard had den HEERE, den God Israels, na te volgen.

¹⁵De naam nu van Hebron was eertijds Kirjath-Arba, die een groot mens geweest is onder de Enakieten. En het land rustte van den krijg.

Hoofdstuk 15

¹En het lot voor den stam der kinderen van Juda, naar hun huisgezinnen, was: aan de landpale van Edom, de woestijn Zin, zuidwaarts, was het uiterste tegen het zuiden;

²Zodat hun landpale, tegen het zuiden, het uiterste van de Zoutzee was, van de tong af, die tegen het zuiden ziet;

³En zij gaat uit naar het zuiden tot den opgang van Akrabbim, en gaat door naar Zin, en gaat op van het zuiden naar Kades-Barnea, en gaat door Hezron, en gaat op naar Adar, en gaat om Karkaa;

⁴En gaat door naar Azmon, en komt uit aan de beek van Egypte; en de uitgangen dezer landpale zullen naar de zee zijn. Dit zal uw landpale tegen het zuiden zijn.

⁵De landpale nu tegen het oosten zal de Zoutzee zijn, tot aan het uiterste van de Jordaan; en de landpale, aan de zijde tegen het noorden, zal zijn van de tong der zee, van het uiterste van de Jordaan.

⁶En deze landpale zal opgaan tot Beth-hogla, en zal doorgaan van het noorden naar Beth-araba; en deze landpale zal opgaan tot den steen van Bohan, den zoon van Ruben.

⁷Verder zal deze landpale opgaan naar Debir, van het dal van Achor, en zal noordwaarts zien naar Gilgal, hetwelk tegen den opgang van Adummim is, die aan het zuiden der beek is. Daarna zal deze landpale doorgaan tot het water van En-semes, en haar uitgangen zullen wezen te En-rogel.

⁸En deze landpale zal opgaan door het dal van den zoon van Hinnom, aan de zijde van den Jebusiet van het zuiden, dezelve is Jeruzalem; en deze landpale zal opwaarts gaan tot de spits van den berg, die voor aan het dal van Hinnom is, westwaarts, hetwelk in het uiterste van het dal der Refaieten is, tegen het noorden.

⁹Daarna zal deze landpale strekken van de hoogte des bergs tot aan de waterfontein Nefthoah, en uitgaan tot de steden van het gebergte Efron. Verder zal deze landpale strekken naar Baala; deze is Kirjath-Jearim.

¹⁰Daarna zal deze landpale zich omkeren Baala tegen het westen, naar het gebergte Seir, en zal doorgaan aan de zijde van den berg Jearim van het noorden; deze is Chesalon; en zij zal afkomen naar Beth-Semes, en door Timna gaan.

¹¹Verder zal deze landpale uitgaan aan de zijde van Ekron, noordwaarts, en deze landpale zal strekken naar Sichron aan, en over den berg Baala gaan, en uitgaan te Jabneel; en de uitgangen dezer landpale zullen zijn naar de zee.

¹²De landpale nu tegen het westen zal zijn tot de grote zee en derzelver landpale. Dit is de landpale der kinderen van Juda rondom heen, naar hun huisgezinnen.

¹³Doch Kaleb, den zoon van Jefunne, had hij een deel gegeven in het midden der kinderen van Juda, naar den mond des HEEREN tot Jozua, de stad van Arba, vader van Enak, dat is Hebron.

¹⁴En Kaleb verdreef van daar de drie zonen van Enak, Sesai, en Ahiman, en Talmai, geboren van Enak.

¹⁵En van daar toog hij opwaarts tot de inwoners van Debir, (de naam van Debir nu was te voren Kirjath-Sefer).

¹⁶En Kaleb zeide: Wie Kirjath-Sefer zal slaan, en nemen haar in, dien zal ik ook mijn dochter Achsa tot een vrouw geven.

¹⁷Othniel nu, de zoon van Kenaz, den broeder van Kaleb, nam haar in; en hij gaf hem Achsa, zijn dochter, tot een vrouw.

¹⁸En het geschiedde, als zij tot hem kwam, zo porde zij hem aan, om een veld van haar vader te begeren; en zij sprong van den ezel af; toen sprak Kaleb tot haar: Wat is u?

¹⁹En zij zeide: Geef mij een zegen; dewijl gij mij een dor land gegeven hebt, geef mij ook waterwellingen. Toen gaf hij haar hoge waterwellingen en lage waterwellingen.

²⁰Dit is het erfdeel van den stam der kinderen van Juda, naar hun huisgezinnen.

²¹De steden nu, van het uiterste van den stam der kinderen van Juda, tot de landpale van Edom, tegen het zuiden, zijn: Kabzeel, en Eder, en Jagur,

²²En Kina, en Dimona, en Adada,

²³En Kedes, en Hazor, en Jithnan,

²⁴Zif, en Telem, en Bealoth,

²⁵En Hazor-Hadattha, en Kerioth-Hezron, dat is Hazor,

²⁶Amam, en Sema, en Molada,

²⁷En Hazar-Gadda, en Hesmon, en Beth-Palet,

²⁸En Hazar-Sual, en Beer-Seba, en Bizjotheja,

²⁹Baala, en Ijim, en Azem,

³⁰En Eltholad, en Chesil, en Horma,

³¹En Ziklag, en Madmanna, en Sanzanna,

³²En Lebaoth, en Silhim, en Ain, en Rimmon. Al deze steden zijn negen en twintig en haar dorpen.

³³In de laagte zijn: Esthaol, en Zora, en Asna,

³⁴En Zanoah, en En-gannim, Tappuah, en Enam,

³⁵Jarmuth, en Adullam, Socho en Azeka,

³⁶En Saaraim, en Adithaim, en Gedera, en Gederothaim; veertien steden en haar dorpen.

³⁷Zenan, en Hadasa, en Migdal-gad,

³⁸En Dilan, en Mizpa, en Jokteel,

³⁹Lachis, en Bozkath, en Eglon,

⁴⁰En Chabbon, en Lahmas, en Chitlis,

⁴¹En Gederoth, Beth-Dagon, en Naama, en Makkeda; zestien steden en haar dorpen.

⁴²Libna, en Ether, en Asan,

⁴³En Jiftah, en Asna, en Nezib,

⁴⁴En Kehila, en Achzib, en Mareza; negen steden en haar dorpen.

⁴⁵Ekron, en haar onderhorige plaatsen, en haar dorpen.

⁴⁶Van Ekron, en naar de zee toe; alle, die aan de zijde van Asdod zijn, en haar dorpen;

⁴⁷Asdod, haar onderhorige plaatsen en haar dorpen; Gaza, haar onderhorige plaatsen en haar dorpen, tot aan de rivier van Egypte; en de grote zee, en haar landpale.

⁴⁸Op het gebergte nu: Samir, en Jatthir, en Socho,

⁴⁹En Danna, en Kirjath-Sanna, die is Debir,

⁵⁰En Anab, en Estemo, en Anim,

⁵¹En Gosen, en Holon, en Gilo; elf steden en haar dorpen.

⁵²Arab, en Duma, en Esan,

⁵³En Janum, en Beth-Tappuah, en Afeka,

⁵⁴En Humta, en Kirjath-Arba, die is Hebron, en Zior; negen steden en haar dorpen.

⁵⁵Maon, Karmel, en Zif, en Juta,

⁵⁶En Jizreel, en Jokdeam, en Zanoah,

⁵⁷Kain, Gibea, en Timna; tien steden en haar dorpen.

⁵⁸Halhul, Beth-Zur, en Gedor,

⁵⁹En Maarath, en Beth-Anoth, en Eltekon; zes steden en haar dorpen.

⁶⁰Kirjath-Baal, die is Kirjath-Jearim, en Rabba; twee steden en haar dorpen.

⁶¹In de woestijn: Beth-araba, Middin en Sechacha,

⁶²En Nibsan, en de Zoutstad, en Engedi; zes steden en haar dorpen.

⁶³Maar de kinderen van Juda konden de Jebusieten, inwoners van Jeruzalem, niet verdrijven; alzo woonden de Jebusieten bij de kinderen van Juda te Jeruzalem, tot dezen dag toe.

Hoofdstuk 16

¹Daarna kwam het lot der kinderen van Jozef uit: van de Jordaan bij Jericho, aan het water van Jericho, oostwaarts, de woestijn opgaande van Jericho, door het gebergte Beth-El;

²En het komt van Beth-El uit naar Luz; en het gaat door tot de landpale des Archiets, tot Ataroth toe;

³En het gaat af tegen het westen naar de landpale Jafleti, tot aan de landpale van het benedenste Beth-horon, en tot Gezer; en haar uitgangen zijn aan de zee.

⁴Alzo hebben hun erfdeel bekomen de kinderen van Jozef, Manasse en Efraim.

⁵De landpale nu der kinderen van Efraim, naar hun huisgezinnen, is deze: te weten, de landpale huns erfdeels was oostwaarts Atroth-Addar tot aan het bovenste Beth-Horon.

⁶En deze landpale gaat uit tegen het westen bij Michmethath, van het noorden, en deze landpale keert zich om tegen het oosten naar

Thaanath-Silo, en gaat doordezelve van het oosten naar Janoah;

⁷En komt af van Janoah naar Ataroth en Naharoth, en stoot aan Jericho, en gaat uit aan de Jordaan.

⁸Van Tappuah gaat deze landpale westwaarts naar de beek Kana, en haar uitgangen zijn aan de zee. Dit is het erfdeel van den stam der kinderen van Efraim, naar hun huisgezinnen.

⁹En de steden, die afgezonderd waren voor de kinderen van Efraim, waren in het midden van het erfdeel der kinderen van Manasse, al die steden en haar dorpen.

¹⁰En zij verdreven de Kanaanieten niet, die te Gezer woonden; alzo woonden die Kanaanieten in het midden der Efraimieten tot op dezen dag; maar zij waren onderschatting dienende.

Hoofdstuk 17

¹De stam van Manasse had ook een lot, omdat hij de eerstgeborene van Jozef was: te weten Machir, de eerstgeborene van Manasse, de vader van Gilead; omdat hij een krijgsman was, zo had hij Gilead en Bazan.

²Ook hadden de overgebleven kinderen van Manasse een lot, naar hun huisgezinnen; te weten de kinderen van Abiezer, en de kinderen van Helek, en de kinderen van Asriel, en de kinderen van Sechem, en de kinderen van Hefer, en de kinderen van Semida. Dit zijn de mannelijke kinderen van Manasse, den zoon van Jozef, naar hun huisgezinnen.

³Zelafead nu, de zoon van Hefer, den zoon van Gilead, den zoon van Machir, den zoon van Manasse, had geen zonen, maar dochters; en dit zijn de namen zijner dochteren: Machla en Noa, Hogla, Milka en Tirza.

⁴Dezen dan traden toe voor het aangezicht van Eleazar, den priester, en voor het aangezicht van Jozua, den zoon van Nun, en voor het aangezicht der oversten, zeggende: De HEERE heeft Mozes geboden, dat men ons een erfdeel geven zou in het midden onzer broederen. Daarom gaf hij haar, naar den mond des HEEREN, een erfdeel in het midden der broederen van haar vader.

⁵En aan Manasse vielen tien snoeren toe, behalve het land Gilead en Bazan, dat op gene zijde van de Jordaan is.

⁶Want de dochteren van Manasse erfden een erfdeel in het midden zijner zonen; en het land Gilead hadden de overgebleven kinderen van Manasse.

⁷Zodat de landpale van Manasse was van Aser af tot Michmetath, die voor aan Sichem is; en deze landpale gaat ter rechterhand tot aan de inwoners van En-Tappuah.

⁸Manasse had wel het land van Tappuah, maar Tappuah zelve, aan de landpale van Manasse, hadden de kinderen van Efraim.

⁹Daarna komt de landpale af naar de beek Kana tegen het zuiden der beek. Deze steden zijn van Efraim in het midden der steden van Manasse; en de landpale van Manasse is aan het noorden der beek, en haar uitgangen zijn aan de zee.

¹⁰Het was van Efraim tegen het zuiden, en tegen het noorden was het van Manasse, en de zee was zijn landpale; en aan het noorden stieten zij aan Aser, en aan het oosten aan Issaschar.

¹¹Want Manasse had, in Issaschar en in Aser, Beth-Sean en haar onderhorige plaatsen, en Jibleam en haar onderhorige plaatsen, en de inwoners te Dor en haar onderhorige plaatsen, en de inwoners te En-Dor en haar onderhorige plaatsen, en de inwoners te Thaanach en haar onderhorige plaatsen, en de inwoners te Megiddo en haar onderhorige plaatsen: drie landstreken.

¹²En de kinderen van Manasse konden de inwoners van die steden niet verdrijven; want de Kanaanieten wilden in hetzelve land wonen.

¹³En het geschiedde, als de kinderen Israels sterk werden, zo maakten zij de Kanaanieten cijnsbaar; maar zij verdreven hen niet ganselijk.

¹⁴Toen spraken de kinderen van Jozef tot Jozua, zeggende: Waarom hebt gij mij ten erfdeel maar een lot en een snoer gegeven, daar ik toch een groot volk ben, voorzoveel de HEERE mij dus verre gezegend heeft?

¹⁵Jozua nu zeide tot henlieden: Dewijl gij een groot volk zijt, zo ga op naar het woud, en houw daar voor u af in het land der Ferezieten en der Refaieten, dewijl u het gebergte van Efraim te eng is.

¹⁶Toen zeiden de kinderen van Jozef: Dat gebergte zou ons niet genoegzaam zijn; er zijn ook ijzeren wagens bij alle Kanaanieten, die in het land des dals wonen, bij die te Beth-Sean en haar onderhorige plaatsen, en die in het dal van Jizreel zijn.

¹⁷Verder sprak Jozua tot het huis van Jozef, tot Efraim en tot Manasse, zeggende: Gij zijt een groot volk, en gij hebt grote kracht, gij zult geen een lot hebben;

¹⁸Maar het gebergte zal het uwe zijn; en dewijl het een woud is, zo houw het af, zo zullen zijn uitgangen de uwe zijn; want gij zult de Kanaanieten verdrijven, al hebben zij ijzeren wagens, al zijn zij sterk.

Hoofdstuk 18

¹En de ganse vergadering van de kinderen Israels verzamelde zich te Silo, en zij richtten aldaar op de tent der samenkomst, nadat het land voor hen onderworpen was.

²En er bleven over onder de kinderen Israels, aan dewelken zij hun erfdeel niet uitgedeeld hadden, zeven stammen.

³En Jozua zeide tot de kinderen Israels: Hoe lang houdt gij u zo slap, om voort te gaan, om het land te beerven, hetwelk de HEERE, de God uwer vaderen, u gegeven heeft?

⁴Geeft voor ulieden drie mannen van elken stam, dat ik ze heenzende, en zij zich opmaken, en het land doorwandelen, en beschrijven hetzelve naar hun erven, en weder tot mij komen.

⁵Zij nu zullen het delen in zeven delen; Juda zal blijven op zijn landpale van het zuiden, en het huis van Jozef zal blijven op zijn landpale van het noorden.

⁶En gijlieden zult het land beschrijven in zeven delen, en tot mij herwaarts brengen, dat ik voor ulieden het lot hier werpe voor het aangezicht des HEEREN, onzes Gods.

⁷Want de Levieten hebben geen deel in het midden van ulieden; maar het priesterdom des HEEREN is hun erfdeel. Gad nu, en Ruben, en de halve stam van Manasse, hebben hun erfdeel genomen op gene zijde van de Jordaan, oostwaarts, hetwelk hun Mozes, de knecht des HEEREN, gegeven heeft.

⁸Toen maakten zich die mannen op, en gingen heen. En Jozua gebood hun, die heengingen om het land te beschrijven, zeggende: Gaat, en doorwandelt het land, en beschrijf het; komt dan weder tot mij, zo zal ik ulieden hier het lot werpen, voor het aangezicht des HEEREN, te Silo.

⁹De mannen dan gingen heen, en togen het land door en beschreven het, naar de steden, in zeven delen, in een boek; en kwamen weder tot Jozua in het leger te Silo.

¹⁰Toen wierp Jozua het lot voor hen te Silo, voor het aangezicht des HEEREN. En Jozua deelde aldaar den kinderen Israels het land, naar hun afdelingen.

¹¹En het lot van den stam der kinderen van Benjamin kwam op, naar hun huisgezinnen; en de landpale van hun lot ging uit tussen de kinderen van Juda, en tussen de kinderen van Jozef.

¹²En hun landpale was naar den hoek noordwaarts van de Jordaan; en deze landpale gaat opwaarts aan de zijde van Jericho van het noorden, en gaat op door het gebergte westwaarts, en haar uitgangen zijn aan de woestijn van Beth-Aven.

¹³En van daar gaat de landpale door naar Luz, aan de zijde van Luz, welke is Beth-El, zuidwaarts; en deze landpale gaat af naar Atroth-Addar, aan den berg, die aan de zuidzijde van het benedenste Beth-Horon is.

¹⁴En die landpale strekt en keert zich om, naar den westhoek zuidwaarts van den berg, die tegenover Beth-horon zuidwaarts is, en haar uitgangen zijn aan Kirjath-Baal (welke is Kirjath-Jearim), een stad der kinderen van Juda. Dit is de hoek ten westen.

¹⁵De hoek nu ten zuiden is aan het uiterste van Kirjath-Jearim; en deze landpale gaat uit ten westen, en zij komt uit aan de fontein der wateren van Neftoah.

¹⁶En deze landpale gaat af tot aan het uiterste des bergs, die tegenover het dal van den zoon van Hinnom is, die in het dal der Refaiten is tegen het noorden; en gaat af door het dal van Hinnom, aan de zijde der Jebusieten zuidwaarts, en gaat af aan de fontein van Rogel;

¹⁷En strekt zich van het noorden, en gaat uit te En-semes; van daar gaat zij uit naar Geliloth, welke is tegenover den opgang naar Adummim, en zij gaat af aan den steen van Bohan, den zoon van Ruben;

¹⁸En gaat door ter zijde tegenover Araba naar het noorden, en gaat af te Araba.

¹⁹Verder gaat deze landpale door aan de zijde van Beth-hogla noordwaarts, en de uitgangen van deze landpale zijn aan de tong der Zoutzee noordwaarts, aan het uiterste van de Jordaan zuidwaarts. Dit is de zuiderlandpale.

²⁰De Jordaan nu bepaalt haar aan den hoek naar het oosten. Dit is het erfdeel der kinderen van Benjamin, in hun landpalen rondom, naar hun huisgezinnen.

²¹De steden nu van den stam der kinderen van Benjamin, naar hun huisgezinnen, zijn: Jericho, en Beth-hogla, en Emek-Keziz,

²²En Beth-araba, en Zemaraim, en Beth-El,

²³En Haavvim, en Para, en Ofra,

²⁴Chefar-haammonai, en Ofni, en Gaba; twaalf steden en haar dorpen.

²⁵Gibeon, en Rama, en Beeroth,

²⁶En Mizpa, en Chefira, en Moza,
²⁷En Rekem, en Jirpeel, en Tharala,
²⁸En Zela, Elef en Jebusi (deze is Jeruzalem), Gibath, Kirjath: veertien steden mitsgaders haar dorpen. Dit is het erfdeel der kinderen van Benjamin, naar hun huisgezinnen.

Hoofdstuk 19

¹Daarna ging het tweede lot uit voor Simeon, voor den stam der kinderen van Simeon, naar hun huisgezinnen; en hun erfdeel was in het midden van het erfdeel der kinderen van Juda.
²En zij hadden in hun erfdeel: Beer-seba, en Seba, en Molada,
³En Hazar-Sual, en Bala, en Azem,
⁴En Eltholad, en Bethul, en Horma,
⁵En Ziklag, en Beth-hammerchaboth, en Hazar-Suza,
⁶En Beth-Lebaoth, en Saruhen; dertien steden en haar dorpen.
⁷Ain, Rimmon, en Ether, en Asan; vier steden en haar dorpen;
⁸En al de dorpen, die rondom deze steden waren, tot Baalath-Beer, dat is Ramath tegen het zuiden. Dit is het erfdeel van den stam der kinderen van Simeon, naar hun huisgezinnen.
⁹Het erfdeel der kinderen van Simeon is onder het snoer der kinderen van Juda; want het erfdeel der kinderen van Juda was te groot voor hen; daarom erfden de kinderen van Simeon in het midden van hun erfdeel.
¹⁰Daarna kwam het derde lot op voor de kinderen van Zebulon, naar hun huisgezinnen; en de landpale van hun erfdeel was tot aan Sarid.
¹¹En hun landpale gaat opwaarts naar het westen en Mar-ala, en reikt tot Dabbaseth, en reikt tot aan de beek, die voor aan Jokneam is.
¹²En zij wendt zich van Sarid oostwaarts tegen den opgang der zon, tot de landpale van Chisloth-Thabor, en zij komt uit te Dobrath, en gaat opwaarts naar Jafia.
¹³En van daar gaat zij oostwaarts door naar den opgang, naar Gath-Hefer, te Eth-Kazin, en zij komt uit te Rimmon-Methoar, hetwelk is Nea.
¹⁴En deze landpale keert zich om tegen het noorden naar Hannathon, en haar uitgangen zijn het dal van Jiftah-El.
¹⁵En Kattath, en Nahalal, en Simron, en Jidala, en Bethlehem; twaalf steden en haar dorpen.
¹⁶Dit is het erfdeel der kinderen van Zebulon, naar hun huisgezinnen; deze steden en haar dorpen.
¹⁷Het vierde lot ging uit voor Issaschar, voor de kinderen van Issaschar, naar hun huisgezinnen.
¹⁸En hun landpale was Jizreela, en Chesulloth, en Sunem,
¹⁹En Hafaraim, en Sion, en Anacharath,
²⁰En Rabbith, en Kisjon, en Ebez,
²¹En Remeth, en En-gannim, en En-hadda, en Beth-Pazzez.
²²En deze landpale reikt aan Thabor, en Sahazima, en Beth-Semes; en de uitgangen van hun landpale zijn aan de Jordaan; zestien steden en haar dorpen.
²³Dit is het erfdeel van den stam der kinderen van Issaschar, naar hun huisgezinnen, de steden en haar dorpen.
²⁴Toen ging het vijfde lot voor den stam der kinderen van Aser uit, naar hun huisgezinnen.
²⁵En hun landpale was Helkath, en Hali, en Beten, en Achsaf,
²⁶En Allammelech, en Am-ad, en Mis-al; en zij reikt aan Karmel westwaarts, en aan Sichor-Libnath;
²⁷En wendt zich tegen den opgang der zon naar Beth-Dagon, en reikt aan Zebulon, en aan het dal Jiftha-El noordwaarts naar Beth-Emek, en Nehiel, en komt uit tot Kabul ter linkerhand;
²⁸En Ebron, en Rehob, en Hammon, en Kana, tot aan groot Sidon.
²⁹En deze landpale wendt zich naar Rama, en tot aan de vaste stad Tyrus; dan keert deze landpale naar Hosa, en haar uitgangen zijn aan de zee, van het landsnoer strekkende naar Achzib,
³⁰En Umma, en Afek, en Rehob; twee en twintig steden en haar dorpen.
³¹Dit is het erfdeel van den stam der kinderen van Aser, naar hun huisgezinnen, deze steden en haar dorpen.
³²Het zesde lot ging uit voor de kinderen van Nafthali, voor de kinderen van Nafthali, naar hun huisgezinnen.
³³En hun landpale is van Helef, van Allon tot Zaanannim, en Adami-Nekeb, en Jabneel, tot Lakkum; en haar uitgangen zijn aan de Jordaan.
³⁴En deze landpale wendt zich westwaarts naar Asnoth-Thabor, en van daar gaat zij voort naar Hukkok, en zij reikt aan Zebulon tegen het zuiden, en aan Aser reikt zij tegen het westen, en aan Juda aan de Jordaan tegen den opgang der zon.
³⁵De vaste steden nu zijn: Ziddim, Zer en Hammath, Rakkath en Cinnereth,
³⁶En Adama, en Rama, en Hazor,
³⁷En Kedes, en Edrei, en En-Hazor,
³⁸En Jiron, en Migdal-El, Horem en Beth-Anath, en Beth-Semes; negentien steden en haar dorpen.
³⁹Dit is het erfdeel van den stam der kinderen van Nafthali, naar hun huisgezinnen, de steden en haar dorpen.
⁴⁰Het zevende lot ging uit voor den stam der kinderen van Dan, naar hun huisgezinnen.
⁴¹En de landpale van hun erfdeel was: Zora, en Esthaol, en Ir-Semes,
⁴²En Saalabbin, en Ajalon, en Jithla,
⁴³En Elon, en Timnatha, en Ekron,
⁴⁴En Elteke, en Gibbethon, en Baalath,
⁴⁵En Jehud, en Bene-Berak, en Gath-Rimmon,
⁴⁶En Me-Jarkon, en Rakkon, met de landpale tegenover Jafo.
⁴⁷Doch de landpale der kinderen van Dan was hun klein uitgekomen; daarom togen de kinderen van Dan op, en krijgden tegen Lesem, en namen haar in, en sloegen haar met de scherpte des zwaards, en erfden haar, en woonden daarin; en zij noemden Lesem, Dan, naar den naam van hun vader Dan.
⁴⁸Dit is het erfdeel van de stam der kinderen van Dan, naar hun huisgezinnen, deze steden en haar dorpen.
⁴⁹Toen zij nu geeindigd hadden het land erfelijk te delen, naar zijn landpale, zo gaven de kinderen Israels aan Jozua, den zoon van Nun, een erfdeel in het midden van hen.
⁵⁰Naar den mond des HEEREN gaven zij hem die stad, welke hij begeerde, Thimnath-Serah, op het gebergte van Efraim; en hij bouwde die stad, en woonde in dezelve.
⁵¹Dit zijn de erfdelen, welke Eleazar, de priester, en Jozua, de zoon van Nun, en de hoofden der vaderen van de stammen, door het lot aan de kinderen Israels erfelijk uitdeelden te Silo, voor het aangezicht des HEEREN, aan de deur van de tent der samenkomst. Aldus maakten zij een einde van het uitdelen des lands.

Hoofdstuk 20

¹Verder sprak de HEERE tot Jozua, zeggende:
²Spreek tot de kinderen Israels, zeggende: Geeft voor ulieden de vrijsteden, waarvan Ik met ulieden gesproken heb door den dienst van Mozes.
³Dat daarheen vliede de doodslager, die een ziel door dwaling, niet met wetenschap, verslaat; opdat zij ulieden zijn tot een toevlucht voor den bloedwreker.
⁴Als hij vlucht tot een van die steden, zo zal hij staan aan de deur der stadspoort, en hij zal zijn woorden spreken voor de oren van de oudsten derzelver stad; dan zullen zij hem tot zich in de stad nemen, en hem plaats geven, dat hij bij hen wone.
⁵En als de bloedwreker hem najaagt, zo zullen zij den doodslager in zijn hand niet overgeven, dewijl hij zijn naaste niet met wetenschap verslagen heeft, en hem gisteren en eergisteren niet heeft gehaat.
⁶En hij zal in dezelve stad wonen, totdat hij sta voor het aangezicht der vergadering voor het gericht, totdat de hogepriester sterve, die in die dagen zijn zal; dan zal de doodslager wederkeren, en komen tot zijn stad, en tot zijn huis, tot de stad, van waar hij gevloden is.
⁷Toen heiligden zij Kedes in Galilea, op het gebergte van Nafthali, en Sichem op het gebergte van Efraim, en Kirjath-Arba, deze is Hebron, op het gebergte van Juda.
⁸En aan gene zijde van de Jordaan, van Jericho oostwaarts, gaven zij Bezer in de woestijn, in het platte land, van den stam van Ruben; en Ramoth in Gilead, van den stam van Gad; en Golan in Bazan, van den stam van Manasse.
⁹Dit nu zijn de steden, die bestemd waren voor al de kinderen Israels, en voor den vreemdeling, die in het midden van henlieden verkeert, opdat derwaarts vluchte alwie een ziel slaat door dwaling; opdat hij niet sterve door de hand des bloedwrekers, totdat hij voor het aangezicht der vergadering gestaan zal hebben.

Hoofdstuk 21

¹Toen naderden de hoofden der vaderen van de Levieten tot Eleazar, den priester, en tot Jozua, den zoon van Nun, en tot de hoofden der vaderen van de stammen der kinderen Israels;
²En zij spraken tot hen, te Silo, in het land Kanaan, zeggende: De HEERE heeft geboden door den dienst van Mozes, dat men ons steden te bewonen geven zou, en haar voorsteden voor onze beesten.
³Daarom gaven de kinderen Israels aan de Levieten van hun erfdeel, naar den mond des HEEREN, deze steden en de voorsteden

Jozua
derzelve.

⁴Toen ging het lot uit voor de huisgezinnen der Kahathieten; en voor de kinderen van Aaron, den priester, uit de Levieten, waren van den stam van Juda, en van denstam van Simeon, en van den stam van Benjamin, door het lot, dertien steden.

⁵En aan de overgebleven kinderen van Kahath vielen, bij het lot, van de huisgezinnen van den stam van Efraim, en van den stam van Dan, en van den halven stamvan Manasse, tien steden.

⁶En aan den kinderen van Gerson, van de huisgezinnen van den stam van Issaschar, en van den stam van Aser, en van den stam van Nafthali, en van den halvenstam van Manasse, in Bazan, bij het lot, dertien steden.

⁷Aan de kinderen van Merari, naar hun huisgezinnen, van den stam van Ruben, en van den stam van Gad, en van den stam van Zebulon, twaalf steden.

⁸Alzo gaven de kinderen Israels aan de Levieten deze steden en haar voorsteden, bij het lot, gelijk de HEERE geboden had door den dienst van Mozes.

⁹Verder gaven zij van den stam der kinderen van Juda, en van den stam der kinderen van Simeon, deze steden, die men bij name noemde;

¹⁰Dat zij waren van de kinderen van Aaron, van de huisgezinnen der Kahathieten, uit de kinderen van Levi; want het eerste lot was het hunne.

¹¹Zo gaven zij hun de stad van Arba, den vader van Anok (zij is Hebron), op den berg van Juda, en haar voorsteden rondom haar.

¹²Maar het veld der stad en haar dorpen, gaven zij aan Kaleb, den zoon van Jefunne, tot zijn bezitting.

¹³Alzo gaven zij aan de kinderen van den priester Aaron de vrijstad des doodslagers, Hebron en haar voorsteden, en Libna en haar voorsteden;

¹⁴En Jatthir en haar voorsteden, en Esthemoa en haar voorsteden;

¹⁵En Holon en haar voorsteden, en Debir en haar voorsteden;

¹⁶En Ain en haar voorsteden, Jutta en haar voorsteden, en Beth-Semes en haar voorsteden; negen steden van deze twee stammen.

¹⁷En van den stam van Benjamin, Gibeon en haar voorsteden, Geba en haar voorsteden;

¹⁸Anathoth en haar voorsteden, en Almon en haar voorsteden: vier steden.

¹⁹Al de steden der kinderen van Aaron, de priesteren, waren dertien steden en haar voorsteden.

²⁰De huisgezinnen nu der kinderen van Kahath, de Levieten, die overgebleven waren van de kinderen van Kahath, die hadden de steden huns lots van den stam vanEfraim.

²¹En zij gaven hun Sichem, een vrijstad des doodslagers, en haar voorsteden, op den berg Efraim, en Gezer en haar voorsteden;

²²En Kibzaim en haar voorsteden, en Beth-horon en haar voorsteden: vier steden.

²³En van den stam van Dan, Elteke en haar voorsteden, Gibbethon en haar voorsteden;

²⁴Ajalon en haar voorsteden, Gath-Rimmon en haar voorsteden: vier steden.

²⁵En van den halven stam van Manasse, Thaanach en haar voorsteden, en Gath-Rimmon en haar voorsteden: twee steden.

²⁶Al de steden voor de huisgezinnen van de overige kinderen van Kahath zijn tien, met haar voorsteden.

²⁷En aan de kinderen van Gerson, van de huisgezinnen der Levieten, van den halven stam van Manasse, de vrijstad des doodslagers, Golan in Bazan, en haarvoorsteden, en Beesthera en haar voorsteden: twee steden.

²⁸En van den stam van Issaschar, Kisjon en haar voorsteden, en Dobrath en haar voorsteden;

²⁹Jarmuth en haar voorsteden, En-gannim en haar voorsteden: vier steden.

³⁰En van den stam van Aser, Misal en haar voorsteden, Abdon en haar voorsteden;

³¹En Helkath en haar voorsteden, en Rehob en haar voorsteden: vier steden.

³²En van den stam van Nafthali, de vrijstad des doodslagers, Kedes in Galilea, en haar voorsteden, en Hammoth-Dor en haar voorsteden, en Karthan en haarvoorsteden: drie steden.

³³Al de steden der Gersonieten, naar hun huisgezinnen, zijn dertien steden en haar voorsteden.

³⁴Aan de huisgezinnen nu van de kinderen van Merari, van de overige Levieten, werd gegeven van den stam van Zebulon, Jokneam en haar voorsteden, Kartha enhaar voorsteden;

³⁵Dimna en haar voorsteden, Nahalal en haar voorsteden: vier steden.

³⁶En van den stam van Ruben, Bezer en haar voorsteden, en Jahza en haar voorsteden,

³⁷Kedemoth en haar voorsteden, en Mefaath en haar voorsteden: vier steden.

³⁸Van den stam van Gad nu, de vrijstad des doodslagers, Ramoth in Gilead, en haar voorsteden, en Mahanaim en haar voorsteden;

³⁹Hesbon en haar voorsteden, Jaezer en haar voorsteden: al die steden zijn vier.

⁴⁰Al die steden waren van de kinderen van Merari, naar hun huisgezinnen, die nog overig waren van de huisgezinnen der Levieten; en hun lot was twaalf steden.

⁴¹Al de steden der Levieten, in het midden van de erfenis der kinderen Israels, waren acht en veertig steden en haar voorsteden.

⁴²Deze steden waren elk met haar voorsteden rondom haar; alzo was het met al die steden.

⁴³Alzo gaf de HEERE aan Israel het ganse land, dat Hij gezworen had hun vaderen te geven, en zij beerfden het, en woonden daarin.

⁴⁴En de HEERE gaf hun rust rondom, naar alles, wat Hij hun vaderen gezworen had; en er bestond niet een man van al hun vijanden voor hun aangezicht; al hunvijanden gaf de HEERE in hun hand.

⁴⁵Er viel niet een woord van al de goede woorden, die de HEERE gesproken had tot het huis van Israel; het kwam altemaal.

Hoofdstuk 22

¹Toen riep Jozua de Rubenieten, en de Gadieten, en den halven stam van Manasse,

²En hij zeide tot hen: Gijlieden hebt onderhouden alles, wat u Mozes, de knecht des HEEREN, geboden heeft; en gij zijt mijner stem gehoorzaam geweest in alles, wat ik u geboden heb.

³Gij hebt uw broederen niet verlaten nu langen tijd, tot op dezen dag toe; maar gij hebt waargenomen de onderhouding der geboden van den HEERE, uw God.

⁴En nu, de HEERE, uw God, heeft uw broederen rust gegeven, gelijk Hij hun toegezegd had; keert dan nu wederom, en gaat gij naar uw tenten, naar het land uwerbezitting, hetwelk u Mozes, de knecht des HEEREN, gegeven heeft op gene zijde van de Jordaan.

⁵Alleenlijk neemt naarstiglijk waar te doen het gebod en de wet, die u Mozes, de knecht des HEEREN, geboden heeft, dat gij den HEERE, uw God, liefhebt, en datgij wandelt in al Zijn wegen, en Zijn geboden houdt, en Hem aanhangt, en dat gij Hem dient met uw ganse hart en met uw ganse ziel.

⁶Alzo zegende hen Jozua, en hij liet hen gaan; en zij gingen naar hun tenten.

⁷Want aan de helft van den stam van Manasse had Mozes een erfdeel gegeven in Bazan; maar aan de andere helft van denzelven gaf Jozua een erfdeel bij hunbroederen, aan deze zijde van de Jordaan westwaarts. Verder ook als Jozua hen liet trekken naar hun tenten, zo zegende hij hen.

⁸En hij sprak tot hen, zeggende: Keert weder tot uw tenten met veel rijkdom, en met zeer veel vee, met zilver, en met goud, en met koper, en met ijzer, en met zeerveel klederen; deelt den roof uwer vijanden met uw broederen.

⁹Alzo keerden de kinderen van Ruben, en de kinderen van Gad, en de halve stam van Manasse wederom, en togen van de kinderen Israels, van Silo, dat in het landKanaan is, om te gaan naar het land van Gilead, naar het land hunner bezitting, in hetwelk zij bezitters gemaakt waren, naar den mond des HEEREN, door dendienst van Mozes.

¹⁰Toen zij kwamen aan de grenzen van de Jordaan, die in het land Kanaan zijn, zo bouwden de kinderen van Ruben, en de kinderen van Gad, en de halve stam vanManasse aldaar een altaar aan de Jordaan, een altaar groot in het aanzien.

¹¹En de kinderen Israels hoorden zeggen: Ziet, de kinderen van Ruben, en de kinderen van Gad, en de halve stam van Manasse hebben een altaar gebouwd, tegenover het land Kanaan, aan de grenzen van de Jordaan, aan de zijde der kinderen Israels.

¹²Als de kinderen Israels dit hoorden, zo verzamelde de ganse vergadering der kinderen Israels te Silo, dat zij tegen hen optogen met een heir.

¹³En de kinderen Israels zonden aan de kinderen van Ruben, en aan de kinderen van Gad, en aan den halven stam van Manasse, in het land Gilead, Pinehas, denzoonvan Eleazar, den priester;

¹⁴En tien vorsten met hem, van ieder vaderlijk huis een vorst, uit al de stammen van Israel; en zij waren een ieder een hoofd van het huis hunner vaderen over deduizenden van Israel.

¹⁵Toen zij tot de kinderen van Ruben, en tot de kinderen van Gad, en tot den halven stam van Manasse kwamen, in het land Gilead, zo spraken zij met hen, zeggende:

¹⁶Alzo spreekt de ganse gemeente des HEEREN: Wat overtreding

is dit, waarmede gijlieden overtreden hebt tegen den God van Israel, heden afkerende van achterden HEERE, mits dat gij een altaar voor u gebouwd hebt, om heden tegen den HEERE wederspannig te zijn?

¹⁷Is ons de ongerechtigheid van Peor te weinig, van dewelke wij niet gereinigd zijn tot op dezen dag, hoewel de plaag in de vergadering des HEEREN geweest is?

¹⁸Dewijl gij u heden van achter den HEERE afkeert, het zal dan geschieden, als gij heden wederspannig zijt tegen den HEERE, zo zal Hij Zich morgen grotelijksvertoornen tegen de ganse gemeente van Israel.

¹⁹Maar toch, indien het land uwer bezitting onrein is, komt over in het land van de bezitting des HEEREN, waar de tabernakel des HEEREN woont, en neemtbezitting in het midden van ons; maar zijt niet wederspannig tegen den HEERE, en zijt ook niet wederspannig tegen ons, een altaar voor u bouwende, behalve hetaltaar van den HEERE, onzen God.

²⁰Heeft niet Achan, de zoon van Zerah, overtreding begaan met het verbannene, en kwam er niet een verbolgenheid over de ganse vergadering van Israel? En dieman stierf niet alleen in zijn ongerechtigheid.

²¹Toen antwoordden de kinderen van Ruben, en de kinderen van Gad, en de halve stam van Manasse, en zij spraken met de hoofden der duizenden van Israel:

²²De God der goden, de HEERE, de God der goden, de HEERE, Die weet het; Israel zelf zal het ook weten! Is het door wederspannigheid, of is het door overtredingtegen den HEERE, zo behoudt ons heden niet;

²³Dat wij ons een altaar zouden gebouwd hebben, om ons van achter den HEERE af te keren, of om brandoffer en spijsoffer daarop te offeren, of om dankofferdaarop te doen, zo eise het de HEERE.

²⁴En zo wij dit niet uit zorg vanwege deze zaak gedaan hebben, zeggende: Morgen mochten uw kinderen tot onze kinderen spreken, zeggende: Wat hebt gij met denHEERE, den God van Israel, te doen?

²⁵De HEERE heeft immers de Jordaan tot landpale gezet tussen ulieden, gij, kinderen van Ruben, en gij, kinderen van Gad! gij hebt geen deel aan den HEERE. Zomochten uw kinderen onze kinderen doen ophouden, dat zij den HEERE niet vreesden.

²⁶Daarom zeiden wij: Laat ons toch voor ons maken, bouwende een altaar, niet ten brandoffer, noch ten offer.

²⁷Maar dat het een getuige zij tussen ons en tussen ulieden, en tussen onze geslachten na ons, opdat wij den dienst des HEEREN voor Zijn aangezicht dienen mochtenmet onze brandofferen, en met onze slachtofferen, en met onze dankofferen; en dat uw kinderen tot onze kinderen morgen niet zeggen: Gijlieden hebt geen deel aanden HEERE.

²⁸Daarom zeiden wij: Wanneer het geschiedt, dat zij morgen alzo tot ons en tot onze geslachten zeggen zullen; zo zullen wij zeggen: Ziet de gedaante van het altaardes HEEREN, hetwelk onze vaderen gemaakt hebben, niet ten brandoffer, noch ten offer; maar het is een getuige tussen ons en tussen ulieden.

²⁹Het zij verre van ons, van ons dat wij zouden wederspannig zijn tegen den HEERE, of dat wij te dezen dage ons van achter den HEERE afkeren zouden, bouwendeeen altaar ten brandoffer, ten spijsoffer, of ten slachtoffer, behalve het altaar van den HEERE, onzen God, dat voor Zijn tabernakel is.

³⁰Toen de priester Pinehas, en de oversten der vergadering, en de hoofden der duizenden van Israel, die bij hem waren, de woorden hoorden, die de kinderen vanRuben, en de kinderen van Gad, en de kinderen van Manasse gesproken hadden, zo was het goed in hun ogen.

³¹En Pinehas, de zoon van den priester Eleazar, zeide tot de kinderen van Ruben, en tot de kinderen van Gad, en tot de kinderen van Manasse: Heden weten wij, datde HEERE in het midden van ons is, dewijl gij deze overtreding tegen den HEERE niet begaan hebt; toen hebt gijlieden de kinderen Israel verlost uit de hand desHEEREN.

³²En Pinehas, de zoon van den priester Eleazar, keerde wederom met de oversten van de kinderen van Ruben, en van de kinderen van Gad, uit het land Gilead, naarhet land Kanaan, tot de kinderen Israel; en zij brachten hun antwoord weder;

³³Het antwoord nu was goed in de ogen van de kinderen Israels, en de kinderen Israels loofden God, en zeiden niet meer van tegen hen op te trekken met een heir, om het land te verderven, waarin de kinderen van Ruben en de kinderen van Gad woonden.

³⁴En de kinderen van Ruben en de kinderen van Gad noemden dat altaar: Dat het een getuige zij tussen ons, dat de HEERE God is.

Hoofdstuk 23

¹En het geschiedde na vele dagen, nadat de HEERE Israel rust gegeven had van al zijn vijanden rondom heen, en Jozua oud geworden en wel bedaagd was;

²Zo riep Jozua gans Israel, hun oudsten, en hun hoofden, en hun richters, en hun ambtlieden, en hij zeide tot hen: Ik ben oud geworden, en wel bedaagd;

³En gijlieden hebt gezien alles, wat de HEERE, uw God, gedaan heeft aan al deze volken voor uw aangezicht; want de HEERE, uw God, Zelf, is het, Die voor ugestreden heeft.

⁴Ziet, ik heb u deze overige volken door het lot doen toevallen, ten erfdeel voor uw stammen, van de Jordaan af, met al de volken, die ik uitgeroeid heb, en tot degrote zee, tegen den ondergang der zon.

⁵En de HEERE, uw God, Zelf zal hen uitstoten voor ulieder aangezicht, en Hij zal hen van voor ulieder aangezicht verdrijven; en gij zult hun land erfelijk bezitten, gelijk als de HEERE, uw God, tot u gesproken heeft.

⁶Zo weest zeer sterk, om te bewaren en om te doen alles, wat geschreven is in het wetboek van Mozes; opdat gij daarvan niet afwijkt ter rechter hand noch terlinkerhand;

⁷Dat gij niet ingaat tot deze volken: deze, die overgebleven zijn bij ulieden; gedenkt ook niet aan den naam hunner goden, en doet er niet bij zweren, en dient hen niet, en buigt u voor die niet;

⁸Maar den HEERE, uw God, zult gij aanhangen, gelijk als gij tot op dezen dag gedaan hebt.

⁹Want de HEERE heeft van uw aangezicht verdreven grote en machtige volken; en u aangaande, niemand heeft voor uw aangezicht bestaan, tot op dezen dag toe.

¹⁰Een enig man onder u zal er duizend jagen; want het is de HEERE, uw God, Zelf, Die voor u strijdt, gelijk al Hij tot u gesproken heeft.

¹¹Daarom bewaart uw zielen naarstiglijk, dat gij den HEERE, uw God, liefhebt.

¹²Want zo gij enigszins afkeert, en het overige van deze volken aanhangt, van deze, die bij u overgebleven zijn, en u met hen verzwagert, en gij tot hen zult ingaan, enzij tot u;

¹³Weet voorzeker, dat de HEERE, uw God, niet voortvaren zal deze volken van voor uw aangezicht te verdrijven; maar zij zullen ulieden zijn tot een strik, en tot eennet, en tot een gesel aan uw zijden, en tot doornen in uw ogen, totdat gij omkomt van dit goede land, hetwelk u de HEERE, uw God, gegeven heeft.

¹⁴En ziet, ik ga heden in den weg der ganse aarde; en gij weet in uw ganse hart en in uw ganse ziel, dat er niet een enig woord gevallen is van al die goede woorden, welke de HEERE, uw God, over u gesproken heeft; zij zijn u alle overkomen; er is van dezelve niet een enig woord gevallen.

¹⁵En het zal geschieden, gelijk als al die goede dingen over u gekomen zijn, die de HEERE, uw God, tot u gesproken heeft, alzo zal de HEERE over u komen laten aldie kwade dingen, totdat Hij u verdelge van dit goede land, hetwelk u HEERE, uw God gegeven heeft.

¹⁶Wanneer gij het verbond des HEEREN, uws Gods, overtreedt, dat Hij u geboden heeft, en gij heengaat en dient andere goden, en u voor dezelve nederbuigt, zo zalde toorn des HEEREN over u ontsteken, en gij zult haastiglijk omkomen van het goede land, hetwelk Hij u gegeven heeft.

Hoofdstuk 24

¹Daarna verzamelde Jozua al de stammen van Israel te Sichem, en hij riep de oudsten van Israel, en deszelfs hoofden, en deszelfs richters, en deszelfs ambtlieden;en zij stelden zich voor het aangezicht van God.

²Toen zeide Jozua tot het ganse volk: Alzo zegt de HEERE, de God Israels: Over gene zijde der rivier hebben uw vaders van ouds gewoond, namelijk Terah, devader van Abraham, en de vader van Nahor; en zij hebben andere goden gediend.

³Toen nam Ik uw vader Abraham van gene zijde der rivier, en deed hem wandelen door het ganse land Kanaan; Ik vermeerderde ook zijn zaad en gaf hem Izak.

⁴En aan Izak gaf Ik Jakob en Ezau; en Ik gaf aan Ezau het gebergte Seir, om dat erfelijk te bezitten; maar Jakob en zijn kinderen togen af in Egypte.

⁵Toen zond Ik Mozes en Aaron, en Ik plaagde Egypte, gelijk als Ik in deszelfs midden gedaan heb; en daarna leidde Ik u daaruit.

⁶Als Ik uw vaders uit Egypte gevoerd had, zo kwaamt gij aan de zee, en de Egyptenaars jaagden uw vaderen na met wagens en met ruiters, tot de Schelfzee.

⁷Zij nu riepen tot den HEERE, en Hij stelde een duisternis tussen u en tussen de Egyptenaars, en Hij bracht de zee over hen, en bedekte

Jozua

hen; en uw ogen hebbengezien, wat Ik in Egypte gedaan heb. Daarna hebt gij vele dagen in de woestijn gewoond.

⁸Toen bracht Ik u in het land der Amorieten, die over gene zijde van de Jordaan woonden, die streden tegen u; maar Ik gaf hen in uw hand, en gij bezat hun landerfelijk, en Ik verdelgde hen voor ulieder aangezicht.

⁹Ook maakt zich Balak op, de zoon van Zippor, de koning der Moabieten, en hij streed tegen Israel; en hij zond heen, en deed Bileam, den zoon van Beor, roepen, opdat hij u vervloeken zou.

¹⁰Maar Ik wilde Bileam niet horen; dies zegende hij u gestadig, en Ik verloste u uit zijn hand.

¹¹Toen gij over de Jordaan getrokken waart, en te Jericho kwaamt, zo krijgden de burgers van Jericho tegen u, de Amorieten, en de Ferezieten, en de Kanaanieten, ende Hethieten, en de Girgazieten, de Hevieten en de Jebusieten; doch Ik gaf hen in ulieder hand.

¹²En Ik zond horzelen voor u heen; die dreven hen weg van ulieder aangezicht, gelijk de beide koningen der Amorieten, niet door uw zwaard, noch door uw boog.

¹³Dus heb Ik u een land gegeven, waaraan gij niet gearbeid hebt, en steden, die gij niet gebouwd hebt, en gij woont in dezelve; gij eet van de wijngaarden enolijfbomen, die gij niet geplant hebt.

¹⁴En nu, vreest den HEERE, en dient Hem in oprechtheid en in waarheid; en doet weg de goden, die uw vaders gediend hebben, aan gene zijde der rivier, en inEgypte; en dient den HEERE.

¹⁵Doch zo het kwaad is in uw ogen den HEERE te dienen, kiest u heden, wien gij dienen zult; hetzij de goden, welke uw vaders, die aan de andere zijde der rivierwaren, gediend hebben, of de goden der Amorieten, in welker land gij woont; maar aangaande mij, en mijn huis, wij zullen den HEERE dienen!

¹⁶Toen antwoordde het volk en zeide: Het zij verre van ons, dat wij den HEERE verlaten zouden, om andere goden te dienen.

¹⁷Want de HEERE is onze God; Hij is het, Die ons en onze vaderen uit het land van Egypte, uit het diensthuis heeft opgebracht, en Die deze grote tekenen voor onzeogen gedaan heeft, en ons bewaard heeft op al den weg, door welken wij getogen zijn, en onder alle volken, door welker midden wij getrokken zijn.

¹⁸En de HEERE heeft voor ons aangezicht uitgestoten al die volken, zelfs den Amoriet, inwoner des lands. Wij zullen ook den HEERE dienen, want Hij is onze God.

¹⁹Toen zeide Jozua tot het volk: Gij zult den HEERE niet kunnen dienen, want Hij is een heilig God; Hij is een ijverig God; Hij zal uw overtredingen en uw zonden nietvergeven.

²⁰Indien gij den HEERE verlaten en vreemde goden dienen zult, zo zal Hij Zich omkeren, en Hij zal u kwaad doen, en Hij zal u verdoen, naar dat Hij u goed gedaanzal hebben.

²¹Toen zeide het volk tot Jozua: Neen, maar wij zullen den HEERE dienen.

²²Jozua nu zeide tot het volk: Gij zijt getuigen over uzelven, dat gij u den HEERE verkoren hebt, om Hem te dienen. En zij zeiden: Wij zijn getuigen.

²³En nu, doet de vreemde goden weg, die in het midden van u zijn, en neigt uw harten tot den HEERE, den God van Israel.

²⁴En het volk zeide tot Jozua: Wij zullen den HEERE, onzen God, dienen, en wij zullen Zijner stem gehoorzamen.

²⁵Alzo maakt Jozua op dienzelven dag een verbond met het volk; en hij stelde het hun tot een inzetting en recht te Sichem.

²⁶En Jozua schreef deze woorden in het wetboek Gods; en hij nam een groten steen, en hij richtte dien daar op onder den eik, die bij het heiligdom des HEEREN was.

²⁷En Jozua zeide tot het ganse volk: Ziet, deze steen zal ons tot een getuigenis zijn; want hij heeft gehoord al de redenen des HEEREN, die Hij tot ons gesprokenheeft; ja, hij zal tot een getuigenis tegen ulieden zijn, opdat gij uw God niet liegt.

²⁸Toen zond Jozua het volk weg, een ieder naar zijn erfdeel.

²⁹En het geschiedde na deze dingen, dat Jozua, de zoon van Nun, de knecht des HEEREN, stierf, oud zijnde honderd en tien jaren.

³⁰En zij begroeven hem in de landpale zijns erfdeels, te Timnath-Serah, welke is op een berg van Efraim, aan het noorden van den berg Gaas.

³¹Israel nu diende den HEERE al de dagen van Jozua, en al de dagen van de oudsten, die lang na Jozua leefden, en die al het werk des HEEREN wisten, hetwelk Hijaan Israel gedaan had.

³²Zij begroeven ook de beenderen van Jozef, die de kinderen Israel uit Egypte opgebracht hadden, te Sichem, in dat stuk velds, hetwelk Jakob gekocht had van dekinderen van Hemor, den vader van Sichem, voor honderd stukken gelds, want zij waren aan de kinderen van Jozef ter erfenis geworden.

Richteren

Hoofdstuk 1

¹En het geschiedde na den dood van Jozua, dat de kinderen Israels den HEERE vraagden, zeggende: Wie zal onder ons het eerst optrekken naar deKanaanieten, om tegen hen te krijgen?

²En de HEERE zeide: Juda zal optrekken; ziet, Ik heb dat land in zijn hand gegeven.

³Toen zeide Juda tot zijn broeder Simeon: Trek met mij op in mijn lot, en laat ons tegen de Kanaanieten krijgen, zo zal ik ook met u optrekken in uw lot. Alzotoog Simeon op met hem.

⁴En Juda toog op, en de HEERE gaf de Kanaanieten en de Ferezieten in hun hand; en zij sloegen hen bij Bezek, tien duizend man.

⁵En zij vonden Adoni-Bezek te Bezek, en streden tegen hem; en zij sloegen de Kanaanieten en de Ferezieten.

⁶Doch Adoni-Bezek vluchtte; en zij jaagden hem na, en zij grepen hem, en hieuwen de duimen zijner handen en zijner voeten af.

⁷Toen zeide Adoni-Bezek: Zeventig koningen, met afgehouwen duimen van hun handen en van hun voeten, waren onder mijn tafel, de kruimen oplezende; gelijkals ik gedaan heb, alzo heeft mij God vergolden! En zij brachten hem te Jeruzalem, en hij stierf aldaar.

⁸Want de kinderen van Juda hadden tegen Jeruzalem gestreden, en hadden haar ingenomen, en met de scherpte des zwaards geslagen; en zij hadden de stad inhet vuur gezet.

⁹En daarna waren de kinderen van Juda afgetogen, om te krijgen tegen de Kanaanieten, wonende in het gebergte, en in het zuiden, en in de laagte.

¹⁰En Juda was heengetogen tegen de Kanaanieten, die te Hebron woonden (de naam nu van Hebron was tevoren Kirjath-Arba), en zij sloegen Sesai, en Ahiman, en Thalmai.

¹¹En van daar was hij heengetogen tegen de inwoners van Debir; de naam nu van Debir was te voren Kirjath-Sefer.

¹²En Kaleb zeide: Wie Kirjath-Sefer zal slaan, en haar innemen, dien zal ik ook mijn dochter Achsa tot een vrouw geven.

¹³Toen nam Othniel haar in, de zoon van Kenaz, broeder van Kaleb, die jonger was dan hij; en Kaleb gaf hem Achsa, zijn dochter, tot een vrouw.

¹⁴En het geschiedde, als zij tot hem kwam, dat zij hem aanporde, om van haar vader een veld te begeren; en zij sprong van den ezel af; toen zeide Kaleb tot haar:Wat is u?

¹⁵En zij zeide tot hem: Geef mij een zegen; dewijl gij mij een dor land gegeven hebt, geef mij ook waterwellingen. Toen gaf Kaleb haar hoge wellingen en lagewellingen.

¹⁶De kinderen van den Keniet, den schoonvader van Mozes, togen ook uit de Palmstad op, met de kinderen van Juda, naar de woestijn van Juda, die tegen hetzuiden van Harad is; en zij gingen heen en woonden met het volk.

¹⁷Juda dan toog met zijn broeder Simeon, en zij sloegen de Kanaanieten, wonende te Zefat, en zij verbanden hen; en men noemde den naam dezer stad Horma.

¹⁸Daartoe nam Juda Gaza in, met haar landpale, en Askelon met haar landpale, en Ekron met haar landpale.

¹⁹En de HEERE was met Juda, dat hij de inwoners van het gebergte verdreef; maar hij ging niet voort om de inwoners des dals te verdrijven, omdat zij ijzerenwagenen hadden.

²⁰En zij gaven Hebron aan Kaleb, gelijk als Mozes gesproken had; en hij verdreef van daar de drie zonen van Enak.

²¹Doch de kinderen van Benjamin hebben de Jebusieten, te Jeruzalem wonende, niet verdreven; maar de Jebusieten woonden met de kinderen van Benjamin teJeruzalem, tot op dezen dag.

²²En het huis van Jozef toog ook op naar Beth-El. En de HEERE was met hen.

²³En het huis van Jozef bestelde verspieders bij Beth-El; de naam nu dezer stad was te voren Luz.

²⁴En de wachters zagen een man, uitgaande uit de stad; en zij zeiden tot hem: Wijs ons toch den ingang der stad, en wij zullen weldadigheid bij u doen.

²⁵En als hij hun den ingang der stad gewezen had, zo sloegen zij de stad met de scherpte des zwaards; maar dien man en zijn ganse huis lieten zij gaan.

²⁶Toen toog deze man in het land der Hethieten, en hij bouwde een stad, en noemde haar naam Luz; dit is haar naam tot op dezen dag.

²⁷En Manasse verdreef Beth-Sean niet, noch haar onderhorige plaatsen, noch Thaanach met haar onderhorige plaatsen, noch de inwoners van Dor met haaronderhorige plaatsen, noch de inwoners van Jibleam met haar onderhorige plaatsen, noch de inwoners van Megiddo met haar onderhorige plaatsen; en deKanaanieten wilden wonen in hetzelve land.

²⁸En het geschiedde, als Israel sterk werd, dat hij de Kanaanieten op cijns stelde; maar hij verdreef hen niet ganselijk.

²⁹Ook verdreef Efraim de Kanaanieten niet, die te Gezer woonden; maar de Kanaanieten woonden in het midden van hem te Gezer.

³⁰Zebulon verdreef de inwoners van Kitron niet, noch de inwoners van Nahalol; maar de Kanaanieten woonden in het midden van hem, en waren cijnsbaar.

³¹Aser verdreef de inwoners van Acco niet, noch de inwoners van Sidon, noch Achlab, noch Achsib, noch Chelba, noch Afik, noch Rechob;

³²Maar de Aserieten woonden in het midden der Kanaanieten, die in het land woonden; want zij verdreven hen niet.

³³Nafthali verdreef de inwoners van Beth-Semes niet, noch de inwoners van Beth-Anath, maar woonde in het midden der Kanaanieten, die in het land woonden;doch de inwoners van Beth-Semes en Beth-Anath werden hun cijnsbaar.

³⁴En de Amorieten drongen de kinderen van Dan in het gebergte; want zij lieten hun niet toe, af te komen in het dal.

³⁵Ook wilden de Amorieten wonen op het gebergte van Heres, te Ajalon, en te Saalbim; maar de hand van het huis van Jozef werd zwaar, zodat zij cijnsbaarwerden.

Hoofdstuk 2

¹En een Engel des HEEREN kwam opwaarts van Gilgal tot Bochim, en Hij zeide: Ik heb ulieden uit Egypte opgevoerd, en u gebracht in het land, dat Ik uwvaderen gezworen heb, en gezegd: Ik zal Mijn verbond met ulieden niet verbreken in eeuwigheid.

²En ulieden aangaande, gij zult geen verbond maken met de inwoners dezes lands; hun altaren zult gij afbreken. Maar gij zijt Mijner stem niet gehoorzaamgeweest; waarom hebt gij dit gedaan?

³Daarom heb Ik ook gezegd: Ik zal hen voor uw aangezicht niet uitdrijven; maar zij zullen u aan de zijden zijn, en hun goden zullen u tot een strik zijn.

⁴En het geschiedde, als de Engel des HEEREN deze woorden tot alle kinderen Israels gesproken had, zo hief het volk zijn stem op en weende.

⁵Daarom noemden zij den naam dier plaats Bochim; en zij offerden aldaar den HEERE.

⁶Als Jozua het volk had laten gaan, zo waren de kinderen Israels heengegaan, een ieder tot zijn erfdeel, om het land erfelijk te bezitten.

⁷En het volk diende den HEERE, al de dagen van Jozua, en al de dagen der oudsten, die lang geleefd hadden na Jozua; die gezien hadden al dat grote werk desHEEREN, dat Hij aan Israel gedaan had.

⁸Maar als Jozua, de zoon van Nun, de knecht des HEEREN, gestorven was, honderd en tien jaren oud zijnde;

⁹En zij hem begraven hadden in de landpale zijns erfdeels, te Timnath-Heres, op een berg van Efraim, tegen het noorden van den berg Gaas;

¹⁰En al datzelve geslacht ook tot zijn vaderen vergaderd was; zo stond er een ander geslacht na hen op, dat den HEERE niet kende, noch ook het werk, dat Hijaan Israel gedaan had.

¹¹Toen deden de kinderen Israels, dat kwaad was in de ogen des HEEREN, en zij dienden de Baals.

¹²En zij verlieten den HEERE, hunner vaderen God, Die hen uit Egypteland had uitgevoerd, en volgden andere goden na, van de goden der volken, die rondomhen waren, en bogen zich voor die, en zij verwekten den HEERE tot toorn.

¹³Want zij verlieten den HEERE, en dienden de Baal en Astharoth.

¹⁴Zo ontstak des HEEREN toorn tegen Israel, en Hij gaf hen in de hand der rovers, die hen beroofden; en Hij verkocht hen in de hand hunner vijanden rondom;en zij konden niet meer bestaan voor het aangezicht hunner vijanden.

¹⁵Overal, waarheen zij uittogen, was de hand des HEEREN tegen hen, ten kwade, gelijk als de HEERE gesproken had, en gelijk als de HEERE gezworen had; enhun was zeer bang.

¹⁶En de HEERE verwekte richteren, die hen verlosten uit de hand dergenen, die hen beroofden;

¹⁷Doch zij hoorden ook niet naar hun richteren, maar hoereerden andere goden na, en bogen zich voor die; haast weken zij af van den weg, dien hun vadersgewandeld hadden, horende de geboden des HEEREN; alzo deden zij niet.

¹⁸En wanneer de HEERE hun richteren verwekte, zo was de HEERE met den richter, en verloste hen uit de hand hunner vijanden, al de dagen des richters; wanthet berouwde den HEERE, huns zuchtens halve vanwege degenen, die hen drongen en die hen drukten.

¹⁹Maar het geschiedde met het versterven des richters, dat zij omkeerden, en verdierven het meer dan hun vaderen, navolgende andere goden, dezelve dienende, en zich voor die buigende; zij lieten niets vallen van hun werken, noch van dezen harden weg.

²⁰Daarom ontstak de toorn des HEEREN tegen Israel, dat Hij zeide: Omdat dit volk Mijn verbond heeft overtreden, dat Ik hun vaderen geboden heb, en zij naarMijn stem niet gehoord hebben;

²¹Zo zal Ik ook niet voortvaren voor hun aangezicht iemand uit de bezitting te verdrijven, van de heidenen, die Jozua heeft achtergelaten, als hij stierf;

²²Opdat Ik Israel door hen verzoeke, of zij den weg des HEEREN zullen houden, om daarin te wandelen, gelijk als hun vaderen gehouden hebben, of niet.

²³Alzo liet de HEERE deze heidenen blijven, dat Hij hen niet haastelijk uit de bezitting verdreef; die Hij in de hand van Jozua niet had overgegeven.

Hoofdstuk 3

¹Dit nu zijn de heidenen, die de HEERE liet blijven, om door hen Israel te verzoeken, allen, die niet wisten van al de krijgen van Kanaan;

²Alleenlijk, opdat de geslachten der kinderen Israels die wisten, opdat Hij hun den krijg leerde, tenminste dengenen, die daar te voren niet van wisten.

³Vijf vorsten der Filistijnen, en al de Kanaanieten, en de Sidoniers, en de Hevieten, wonende in het gebergte van den Libanon, van den berg Baal-Hermon, totdaar men komt te Hamath.

⁴Dezen dan waren, om Israel door hen te verzoeken, opdat men wiste, of zij de geboden des HEEREN zouden horen, die Hij hun vaderen door de hand vanMozes geboden had.

⁵Als nu de kinderen Israels woonden in het midden der Kanaanieten, der Hethieten, en der Amorieten, en der Ferezieten, en der Hevieten, en der Jebusieten;

⁶Zo namen zij zich derzelver dochters tot vrouwen, en gaven hun dochters aan derzelver zonen; en zij dienden derzelver goden.

⁷En de kinderen Israels deden, dat kwaad was in de ogen des HEEREN, en vergaten den HEERE, hun God, en zij dienden de Baals en de bossen.

⁸Toen ontstak de toorn des HEEREN tegen Israel; en Hij verkocht hen in de hand van Cuschan Rischataim, koning van Mesopotamie; en de kinderen Israelsdienden Cuschan Rischataim acht jaren.

⁹Zo riepen de kinderen Israels tot den HEERE; en de HEERE verwekte de kinderen Israels een verlosser, die hen verloste, Othniel, zoon van Kenaz, broedervan Kaleb, die jonger was dan hij.

¹⁰En de Geest des HEEREN was over hem, en hij richtte Israel, en toog uit ten strijde; en de HEERE gaf Cuschan Rischataim, den koning van Syrie, in zijn hand, dat zijn hand sterk werd over Cuschan Rischataim.

¹¹Toen was het land veertig jaren stil, en Othniel, de zoon van Kenaz, stierf.

¹²Maar de kinderen Israels voeren voort te doen, dat kwaad was in de ogen des HEEREN; toen sterkte de HEERE Eglon, den koning der Moabieten, tegenIsrael, omdat zij deden, wat kwaad was in de ogen des HEEREN.

¹³En hij vergaderde tot zich de kinderen Ammons en de Amalekieten en hij toog heen, en sloeg Israel, en zij namen de Palmstad in bezit.

¹⁴En de kinderen Israels dienden Eglon, koning der Moabieten, achttien jaren.

¹⁵Toen riepen de kinderen Israels tot den HEERE, en de HEERE verwekte hun een verlosser, Ehud, den zoon van Gera, een zoon van Jemini, een man, die linkswas. En de kinderen Israels zonden door zijn hand een geschenk aan Eglon, den koning der Moabieten.

¹⁶En Ehud maakte zich een zwaard, dat twee scherpten had, welks lengte een el was; en hij gordde dat onder zijn klederen, aan zijn rechterheup.

¹⁷En hij bracht aan Eglon, den koning der Moabieten, dat geschenk; Eglon nu was een zeer vet man.

¹⁸En het geschiedde, als hij geeindigd had het geschenk te leveren, zo geleidde hij het volk, die het geschenk gedragen hadden;

¹⁹Maar hijzelf keerde wederom van de gesneden beelden, die bij Gilgal waren, en zeide: Ik heb een heimelijke zaak aan u, o koning! dewelke zeide: Zwijg! Enallen, die om hem stonden, gingen van hem uit.

²⁰En Ehud kwam tot hem in, daar hij was zittende in een koele opperzaal, die hij voor zich alleen had; zo zeide Ehud: Ik heb een woord Gods aan u. Toen stondhij op van den stoel.

²¹Ehud dan reikte zijn linkerhand uit, en nam het zwaard van zijn rechterheup, en stak het in zijn buik;

²²Dat ook het hecht achter het lemmer inging, en het vet om het lemmer toesloot (want hij trok het zwaard niet uit zijn buik), en de drek uitging.

²³Toen ging Ehud uit van de voorzaal, en sloot de deuren der opperzaal voor zich toe, en deed ze in het slot.

²⁴Als hij uitgegaan was, zo kwamen zijn knechten, en zagen toe, en ziet, de deuren der opperzaal waren in het slot gedaan; zo zeiden zij: Zeker, hij bedekt zijnvoeten in de verkoelkamer.

²⁵Als zij nu tot schamens toe gebeid hadden, ziet, zo opende hij de deuren der opperzaal niet. Toen namen zij den sleutel en deden open; en ziet, hunlieder heerlag ter aarde dood.

²⁶En Ehud ontkwam, terwijl zij vertoefden; want hij ging voorbij de gesneden beelden, en ontkwam naar Sehirath.

²⁷En het geschiedde, als hij aankwam, zo blies hij met de bazuin op het gebergte van Efraim; en de kinderen Israels togen met hem af van het gebergte, en hij zelfvoor hun aangezicht heen.

²⁸En hij zeide tot hen: Volgt mij na; want de HEERE heeft uw vijanden, de Moabieten, in ulieder hand gegeven. En zij togen af, hem na, en namen de veren vande Jordaan in naar Moab, en lieten niemand overgaan.

²⁹En zij sloegen de Moabieten te dier tijd, omtrent tien duizend man, allen vette en allen strijdbare mannen, dat er niet een man ontkwam.

³⁰Alzo werd Moab te dien dage onder Israels hand ten ondergebracht; en het land was stil tachtig jaren.

³¹Na hem nu was Samgar, een zoon van Anath, die sloeg de Filistijnen, zeshonderd man, met een ossenstok; alzo verloste hij ook Israel.

Hoofdstuk 4

¹Maar de kinderen Israels voeren voort te doen, dat kwaad was in de ogen des HEEREN, als Ehud gestorven was.

²Zo verkocht hen de HEERE in de hand van Jabin, koning der Kanaanieten, die te Hazor regeerde; en zijn krijgsoverste was Sisera; dezelve nu woonde inHaroseth der heidenen.

³Toen riepen de kinderen Israels tot den HEERE; want hij had negenhonderd ijzeren wagenen, en hij had de kinderen Israels met geweld onderdrukt, twintigjaren.

⁴Debora nu, een vrouw, die een profetesse was, de huisvrouw van Lappidoth, deze richtte te dier tijd Israel.

⁵En zij woonde onder den palmboom van Debora, tussen Rama en tussen Beth-El, op het gebergte van Efraim; en de kinderen Israels gingen op tot haar tengerichte.

⁶En zij zond heen en riep Barak, den zoon van Abinoam, van Kedes-Nafthali; en zij zeide tot hem: Heeft de HEERE, de God Israels, niet geboden: Ga heen entrek op den berg Thabor, en neem met u tien duizend man, van de kinderen van Nafthali, en van de kinderen van Zebulon;

⁷En Ik zal aan de beek Kison tot u trekken Sisera, den krijgsoverste van Jabin, met zijn wagenen en zijn menigte; en Ik zal hem in uw hand geven?

⁸Toen zeide Barak tot haar: Indien gij met mij trekken zult, zo zal ik heen trekken; maar indien gij niet met mij zult trekken, zo zal ik niet trekken.

⁹En zij zeide: Ik zal zekerlijk met u trekken, behalve dat de eer de uwe niet zal zijn op dezen weg, dien gij wandelt; want de HEERE zal Sisera verkopen in dehand ener vrouw. Alzo maakte Debora zich op, en toog met Barak naar Kedes.

¹⁰Toen riep Barak Zebulon en Nafthali bijeen te Kedes, en hij toog op, op zijn voeten, met tien duizend man; ook toog Debora met hem op.

¹¹Heber nu, de Keniet, had zich afgezonderd van Kain, uit de kinderen van Hobab, Mozes schoonvader; en hij had zijn tenten opgeslagen tot aan den eik inZaanaim, die bij Kedes is.

¹²Toen boodschapten zij Sisera, dat Barak, de zoon van Abinoam, op den berg Thabor getogen was.

¹³Zo riep Sisera al zijn wagenen bijeen, negenhonderd ijzeren wagenen, en al het volk, dat met hem was, van Haroseth der heidenen tot de beek Kison.

¹⁴Debora dan zeide tot Barak: Maak u op; want dit is de dag, in welken de HEERE Sisera in uw hand gegeven heeft; is de HEERE niet voor uw aangezichthenen uitgetogen? Zo trok Barak van den berg Thabor af, en tien duizend man achter hem.

¹⁵En de HEERE versloeg Sisera, met al zijn wagenen, en het ganse heirleger, door de scherpte de zwaards, voor het aangezicht van Barak; dat Sisera van denwagen afklom, en vluchtte op zijn voeten.

¹⁶En Barak jaagde ze na, achter de wagenen en achter het heirleger, tot aan Haroseth der heidenen. En het ganse heirleger van Sisera viel door de scherpte deszwaards, dat er niet overbleef tot een toe.

¹⁷Maar Sisera vluchtte op zijn voeten naar de tent van Jael, de huisvrouw van Heber, den Keniet; want er was vrede tussen Jabin, den koning van Hazor, entussen het huis van Heber, den Keniet.

¹⁸Jael nu ging uit, Sisera tegemoet, en zeide tot hem: Wijk in, mijn heer, wijk in tot mij, vrees niet! En hij week tot haar in de tent, en zij bedekte hem met eendeken.

¹⁹Daarna zeide hij tot haar: Geef mij toch een weinig waters te drinken, want mij dorst. Toen opende zij een melkfles, en gaf hem te drinken, en dekte hem toe.

²⁰Ook zeide hij tot haar: Sta in de deur der tent; en het zij, zo iemand zal komen, en u vragen, en zeggen: Is hier iemand? dat gij zegt: Niemand.

²¹Daarna nam Jael, de huisvrouw van Heber, een nagel der tent, en greep een hamer in haar hand, en ging stilletjes tot hem in, en dreef den nagel in den slaap zijnshoofds, dat hij in de aarde vast werd; hij nu was met een diepen slaap bevangen en vermoeid, en stierf.

²²En ziet, Barak vervolgde Sisera; en Jael ging uit hem tegemoet, en zeide tot hem: Kom, en ik zal u den man wijzen, dien gij zoekt. Zo kwam hij tot haar in, enziet, Sisera lag dood, en de nagel was in den slaap zijns hoofds.

²³Alzo heeft God te dien dage Jabin, den koning van Kanaän, ten ondergebracht, voor het aangezicht der kinderen Israels.

²⁴En de hand der kinderen Israels ging steeds voort, en werd hard over Jabin, den koning van Kanaän, totdat zij Jabin, den koning van Kanaän, haddenuitgeroeid.

²⁵Water eiste hij, melk gaf zij; in een herenschaal bracht zij boter.

²⁶Haar hand sloeg zij aan den nagel, en haar rechterhand aan den hamer der arbeidslieden; en zij klopte Sisera; zij streek zijn hoofd af, als zij zijn slaap had doornagelden doorgedrongen.

²⁷Tussen haar voeten kromde hij zich, viel henen, lag daar neder; tussen haar voeten kromde hij zich; hij viel; alwaar hij zich kromde, daar lag hij geheel geschonden!

²⁸De moeder van Sisera keek uit door het venster, en schreeuwde door de tralien: Waarom vertoeft zijn wagen te komen! Waarom blijven de gangen zijner wagenenachter?

²⁹De wijsten harer staatsvrouwen antwoordden; ook beantwoordde zij haar redenen aan zichzelve:

³⁰Zouden zij dan de buit niet vinden en delen? een liefje, of twee liefjes, voor iegelijken man? Voor Sisera, een buit van verscheidene verven, een buit vanverscheidene verven, gestikt; van verscheiden verf aan beide zijden gestikt, voor de buithalzen?

³¹Alzo moeten omkomen al Uw vijanden, o HEERE! die Hem daarentegen liefhebben, moeten zijn, als wanneer de zon opgaat in haar kracht. En het land was stil, veertig jaren.

Hoofdstuk 5

¹Maar de kinderen Israels deden, dat kwaad was in de ogen des HEEREN; zo gaf hen de HEERE in de hand der Midianieten, zeven jaren.

²Als nu de hand der Midianieten sterk werd over Israel, maakten zich de kinderen Israels, vanwege de Midianieten, de holen, die in de bergen zijn, en de spelonken, en de vestingen.

³Want het geschiedde, als Israel gezaaid had, zo kwamen de Midianieten op, en de Amalekieten, en die van het oosten kwamen ook op tegen hen.

⁴En zij legerden zich tegen hen, en verdierven de opkomst des lands, tot daar gij komt te Gaza; en zij lieten geen leeftocht overig in Israel, noch klein vee, noch os, noch ezel.

⁵Want zij kwamen op met hun vee en hun tenten; zij kwamen gelijk de sprinkhanen in menigte, dat men hen en hun kemelen niet tellen kon; en zij kwamen in hetland, om dat te verderven.

⁶Alzo werd Israel zeer verarmd, vanwege de Midianieten. Toen riepen de kinderen Israels tot den HEERE.

⁷En het geschiedde, als de kinderen Israels tot den HEERE riepen, ter oorzake van de Midianieten;

⁸Zo zond de HEERE een man, die een profeet was, tot de kinderen Israels; die zeide tot hen: Alzo zegt de HEERE, de God Israels: Ik heb u uit Egypte doenopkomen, en u uit het dienshuis uitgevoerd;

⁹En Ik heb u verlost van de hand der Egyptenaren, en van de hand van allen, die u drukten; en Ik heb hen voor uw aangezicht uitgedreven, en u hun land gegeven;

¹⁰En Ik zeide tot ulieden: Ik ben de HEERE, uw God; vreest de goden der Amorieten niet, in welker land gij woont; maar gij zijt Mijner stem niet gehoorzaamgeweest.

¹¹Toen kwam een Engel des HEEREN, en zette Zich onder den eik, die te Ofra is, welke aan Joas, den Abi-ezriet, toekwam; en zijn zoon Gideon dorste tarwe bij depers, om die te vluchten voor het aangezicht der Midianieten.

¹²Toen verscheen hem de Engel des HEEREN, en zeide tot hem: De HEERE is met u, gij strijdbare held!

¹³Maar Gideon zeide tot Hem: Och, mijn Heer! zo de HEERE met ons is, waarom is ons dan dit alles wedervaren? en waar zijn al Zijn wonderen, die onze vaders onsverteld hebben, zeggende: Heeft ons de HEERE niet uit Egypte opgevoerd? Doch nu heeft ons de HEERE verlaten, en heeft ons in der Midianieten hand gegeven.

¹⁴Toen keerde zich de HEERE tot hem, en zeide: Ga heen in deze uw kracht, en gij zult Israel uit der Midianieten hand verlossen; heb Ik u niet gezonden?

¹⁵En hij zeide tot Hem: Och, mijn Heer! waarmede zal ik Israel verlossen? Zie, mijn duizend is het armste in Manasse, en ik ben de kleinste in mijns vaders huis.

¹⁶En de HEERE zeide tot hem: Omdat Ik met u zal zijn, zo zult gij de Midianieten slaan, als een enigen man.

¹⁷En hij zeide tot Hem: Indien ik nu genade gevonden heb in Uw ogen, zo doe mij een teken, dat Gij het zijt, Die met mij spreekt.

¹⁸Wijk toch niet van hier, totdat ik tot U kome, en mijn geschenk uitbrenge, en U voorzette. En Hij zeide: Ik zal blijven, totdat gij wederkomt.

¹⁹En Gideon ging in, en bereidde een geitenbokje, en ongezuurde koeken van een efa meels; het vlees legde hij in een korf, en het sop deed hij in een pot; en hijbracht het tot Hem uit, tot onder den eik, en zette het nader.

²⁰Doch de Engel Gods zeide tot hem: Neem het vlees en de ongezuurde koeken, en leg ze op dien rotssteen, en giet het sop uit; en hij deed alzo.

²¹En de Engel des HEEREN stak het uiterste van den staf uit, die in Zijn hand was, en roerde het vlees en de ongezuurde koeken aan; toen ging er vuur op uit derots, en verteerde het vlees en de ongezuurde koeken. En de Engel des HEEREN bekwam uit zijn ogen.

²²Toen zag Gideon, dat het een Engel des HEEREN was; en Gideon zeide: Ach, Heere, HEERE! daarom, omdat ik een Engel des HEEREN gezien heb vanaangezicht tot aangezicht.

²³Doch de HEERE zeide tot hem: Vrede zij u, vrees niet, gij zult niet sterven.

²⁴Toen bouwde Gideon aldaar den HEERE een altaar, en noemde het: De HEERE is vrede! het is nog tot op dezen dag in Ofra der Abi-ezrieten.

²⁵En het geschiedde in dienzelven nacht, dat de HEERE tot hem zeide: Neem een var van de ossen, die van uw vader zijn, te weten, den tweeden var, van zevenjaren; en breek af het altaar van Baal, dat van uw vader is, en houw af het bos, dat daarbij is.

²⁶En bouw den HEERE, uw God, een altaar, op de hoogte dezer sterkte, in een bekwame plaats; en neem den tweeden var, en offer een brandoffer met het hout derhage, die gij zult hebben afgehouwen.

²⁷Toen nam Gideon tien mannen uit zijn knechten, en deed, gelijk als de HEERE tot hem gesproken had. Doch het geschiedde, dewijl hij zijns vaders huis en demannen van die stad vreesde, van het te doen bij dag, dat hij het deed bij nacht.

²⁸Als nu de mannen van die stad des morgens vroeg opstonden, ziet, zo was het altaar van Baal omgeworpen, en de haag, die daarbij was, afgehouwen, en dietweede var was op het gebouwde altaar geofferd.

²⁹Zo zeiden zij, de een tot de ander: Wie heeft dit stuk gedaan? En als zij onderzochten en navraagden, zo zeide men: Gideon, de zoon van Joas, heeft dit stuk gedaan.

³⁰Toen zeiden de mannen van die stad tot Joas: Breng uw zoon uit, dat hij sterve, omdat hij het altaar van Baal heeft omgeworpen, en omdat hij de haag, die daarbijwas, afgehouwen heeft.

³¹Joas daarentegen zeide tot allen, die bij hem stonden: Zult gij voor den Baal twisten; zult gij hem verlossen? Die voor hem zal twisten, zal nog dezen morgen gedoodworden! Indien een hij god is, hij twiste voor zichzelven, omdat men zijn altaar heeft omgeworpen.

³²Daarom noemde hij hem te dien dage Jerubbaal, zeggende: Baal twiste tegen hem, omdat hij zijn altaar heeft omgeworpen.

³³Alle Midianieten nu, en Amalekieten, en de kinderen van het oosten, waren samenvergaderd, en zij trokken over, en legerden zich in het dal van Jizreel.

³⁴Toen toog de Geest des HEEREN Gideon aan, en hij blies met

Richteren

de bazuin, en de Abi-ezrieten werden achter hem bijeengeroepen.

³⁵Ook zond hij boden in gans Manasse, en die werden ook achter hem bijeengeroepen; desgelijks zond hij boden in Aser, en in Zebulon, en in Nafthali; en zij kwamenop, hun tegemoet.

³⁶En Gideon zeide tot God: Indien Gij Israel door mijn hand zult verlossen, gelijk als Gij gesproken hebt;

³⁷Zie, ik zal een wollen vlies op den vloer leggen; indien er dauw op het vlies alleen zal zijn, en droogte op de ganse aarde, zo zal ik weten, dat Gij Israel door mijnhand zult verlossen, gelijk als Gij gesproken hebt.

³⁸En het geschiedde alzo; want hij stond des anderen daags vroeg op, en drukte het vlies uit, en hij wrong den dauw uit het vlies, een schaal vol waters.

³⁹En Gideon zeide tot God: Uw toorn ontsteke niet tegen mij, dat ik alleenlijk ditmaal spreke; laat mij toch alleenlijk ditmaal met het vlies verzoeken; er zij toch droogteop het vlies alleen, en op de ganse aarde zij dauw.

⁴⁰En God deed alzo in denzelven nacht; want de droogte was op het vlies alleen, en op de ganse aarde was dauw.

Hoofdstuk 6

¹Toen stond Jerubbaal (dewelke is Gideon) vroeg op, en al het volk, dat met hem was; en zij legerden zich aan de fontein van Harod; dat hij het heirleger derMidianieten had tegen het noorden, achter den heuvel More, in het dal.

²En de HEERE zeide tot Gideon: Des volks is te veel, dat met u is, dan dat Ik de Midianieten in hun hand zou geven; opdat zich Israel niet tegen Mij beroeme, zeggende: Mijn hand heeft mij verlost.

³Nu dan, roep nu uit voor de oren des volks, zeggende: Wie blode en versaagd is, die kere weder, en spoede zich naar het gebergte van Gilead! Toen keerden uit hetvolk weder twee en twintig duizend, dat er tienduizend overbleven.

⁴En de HEERE zeide tot Gideon: Nog is des volks te veel; doe hen afgaan naar het water, en Ik zal ze u aldaar beproeven; en het zal geschieden, van welken Ik tot u zeggen zal: Deze zal met u trekken, die zal met u trekken; maar al degene, van welken Ik zeggen zal: Deze zal niet met u trekken, die zal niet trekken.

⁵En hij deed het volk afgaan naar het water. Toen zeide de HEERE tot Gideon: Al wie met zijn tong uit het water zal lekken, gelijk als een hond zou lekken, dien zultgij alleen stellen; desgelijks al wie op zijn knieen zal bukken om te drinken.

⁶Toen was het getal dergenen, die met hun hand tot hun mond gelekt hadden, driehonderd man; maar alle overigen des volks hadden op hun knieen gebukt, om waterte drinken.

⁷En de HEERE zeide tot Gideon: Door deze driehonderd mannen, die gelekt hebben, zal Ik ulieden verlossen, en de Midianieten in uw hand geven; daarom laat al datvolk weggaan, een ieder naar zijn plaats.

⁸En het volk nam den teerkost in hun hand, en hun bazuinen; en hij liet al die mannen van Israel gaan, een iegelijk naar zijn tent; maar die driehonderd man behield hij.En hij had het heirleger der Midianieten beneden in het dal.

⁹En het geschiedde in denzelven nacht, dat de HEERE tot hem zeide: Sta op, ga henen af in het leger, want Ik heb het in uw hand gegeven.

¹⁰Vreest gij dan nog af te gaan, zo ga af, gij, en Pura, uw jongen, naar het leger.

¹¹En gij zult horen, wat zij zullen spreken, en daarna zullen uw handen gesterkt worden, dat gij aftrekken zult in het leger. Toen ging hij af, met Pura, zijn jongen, tothet uiterste der schildwachten, die in het leger waren.

¹²En de Midianieten, en Amalekieten, en al de kinderen van het oosten, lagen in het dal, gelijk sprinkhanen in menigte, en hun kemelen waren ontelbaar, gelijk hetzand, dat aan den oever der zee is, in menigte.

¹³Toen nu Gideon aankwam, ziet, zo was er een man, die zijn metgezel een droom vertelde, en zeide: Zie, ik heb een droom gedroomd, en zie, een geroost gerstebroodwentelde zich in het leger der Midianieten, en kwam tot aan de tent, en sloeg haar, dat zij viel, en keerde haar om, het onderste boven, dat de tent er lag.

¹⁴En zijn metgezel antwoordde, en zeide: Dit is niet anders, dan het zwaard van Gideon, de zoon van Joas, de Israelietischen man; God heeft de Midianieten en ditganse leger in zijn hand gegeven.

¹⁵En het geschiedde, als Gideon de vertelling dezes drooms, en zijn uitlegging hoorde, zo aanbad hij; en hij keerde weder tot het leger van Israel, en zeide: Maakt u op, want de HEERE heeft het leger der Midianieten in ulieder hand gegeven.

¹⁶En hij deelde de driehonderd man in drie hopen; en hij gaf een iegelijk een bazuin in zijn hand, en ledige kruiken, en fakkelen in het midden der kruiken.

¹⁷En hij zeide tot hen: Ziet naar mij en doet alzo; en ziet, als ik zal komen aan het uiterste des legers, zo zal het geschieden, gelijk als ik doen, alzo zult gij doen.

¹⁸Als ik met de bazuin zal blazen, ik en allen, die met mij zijn, dan zult gijlieden ook met de bazuin blazen, rondom het ganse leger, en gij zult zeggen: Voor den HEEREen voor Gideon!

¹⁹Alzo kwam Gideon, en honderd mannen, die met hem waren, in het uiterste des legers, in het begin van de middelste nachtwaak, als zij maar even de wachtersgesteld hadden; en zij bliezen met de bazuinen, ook sloegen zij de kruiken, die in hun hand waren, in stukken.

²⁰Alzo bliezen de drie hopen met de bazuinen, en braken de kruiken; en zij hielden met de linkerhand de fakkelen, en met hun rechterhand de bazuinen om te blazen;en zij riepen: Het zwaard van den HEERE, en van Gideon!

²¹En zij stonden, een iegelijk in zijn plaats, rondom het leger. Toen verliep het ganse leger, en zij schreeuwden en vloden.

²²Als de driehonderd met de bazuinen bliezen, zo zette de HEERE het zwaard des een tegen den anderen, en dat in het ganse leger; en het leger vluchtte totBeth-Sitta toe naar Tseredath, tot aan de grens van Abel-Mehola, boven Tabbath.

²³Toen werden de mannen van Israel bijeengeroepen, uit Nafthali, en uit Aser, en uit gans Manasse; en zij jaagden de Midianieten achterna.

²⁴Ook zond Gideon boden in het ganse gebergte van Efraim, zeggende: Komt af de Midianieten tegemoet, en beneemt hunlieden de wateren, tot aan Beth-bara, teweten de Jordaan; alzo werd alle man van Efraim bijeengeroepen, en zij benamen hun de wateren tot aan Beth-bara, en de Jordaan.

²⁵En zij vingen twee vorsten der Midianieten, Oreb en Zeeb, en doodden Oreb op den rotssteen Oreb, en Zeeb doodden zij in de perskuip van Zeeb, en vervolgden deMidianieten; en zij brachten de hoofden van Oreb en Zeeb tot Gideon, over de Jordaan.

Hoofdstuk 7

¹Toen zeiden de mannen van Efraim tot hem: Wat stuk is dit, dat gij ons gedaan hebt, dat gij ons niet riept, toen gij heentoogt om te strijden tegen de Midianieten? Enzij twistten sterk met hem.

²Hij daarentegen zeide tot hen: Wat heb ik nu gedaan, gelijk gijlieden; zijn niet de nalezingen van Efraim beter dan de wijnoogst van Abi-ezer?

³God heeft de vorsten der Midianieten, Oreb en Zeeb, in uw hand gegeven; wat heb ik dan kunnen doen, gelijk gijlieden? Toen liet hun toorn van hem af, als hij ditwoord sprak.

⁴Als nu Gideon gekomen was aan de Jordaan, ging hij over, met de driehonderd mannen, die bij hem waren, zijnde moede, nochtans vervolgende.

⁵En hij zeide tot de lieden van Sukkoth: Geeft toch enige bollen broods aan het volk, dat mijn voetstappen volgt, want zij zijn moede; en ik jaag Zebah en Tsalmuna, dekoningen der Midianieten, achterna.

⁶Maar de oversten van Sukkoth zeiden: Is dan de handpalm van Zebah en Tsalmuna alrede in uw hand, dat wij aan uw heir brood zouden geven?

⁷Toen zeide Gideon: Daarom, als de HEERE Zebah en Tsalmuna in mijn hand geeft, zo zal ik uw vlees dorsen met doornen der woestijn, en met distelen.

⁸En hij toog van daar op naar Pnuel, en sprak tot hen desgelijks. En de lieden van Pnuel antwoordden hem, gelijk als de lieden van Sukkoth geantwoord hadden.

⁹Daarom sprak hij ook tot de lieden van Pnuel, zeggende: Als ik met vrede wederkome, zal ik dezen toren afwerpen.

¹⁰Zebah nu en Tsalmuna waren te Karkor, en hun legers met hen, omtrent vijftien duizend, al de overgeblevenen van het ganse leger der kinderen van het oosten; ende gevallenen waren honderd en twintig duizend mannen, die het zwaard uittrokken.

¹¹En Gideon toog opwaarts, den weg dergenen, die in tenten wonen, tegen het oosten van Nobah en Jogbeha; en hij sloeg dat leger, want het leger was zorgeloos.

¹²En Zebah en Tsalmuna vloden; doch hij jaagde hen na; en hij ving de beide koningen der Midianieten, Zebah en Tsalmuna, en verschrikte het ganse leger.

¹³Toen nu Gideon, de zoon van Joas, van den strijd wederkwam, voor den opgang der zon,

¹⁴Zo ving hij een jongen van de lieden te Sukkoth, en ondervraagde hem; die schreef hem op de oversten van Sukkoth, en hun oudsten, zeven en zeventig mannen.

¹⁵Toen kwam hij tot de lieden van Sukkoth, en zeide: Ziet daar Zebah en Tsalmuna, van dewelke gij mij smadelijk verweten hebt, zeggende: Is de handpalm van Zebah en Tsalmuna alrede in uw hand, dat wij aan uw mannen, die moede zijn, brood zouden geven?

¹⁶En hij nam de oudsten dier stad, en doornen der woestijn, en distelen, en deed het den lieden van Sukkoth door dezelve verstaan.

¹⁷En de toren van Pnuel wierp hij af, en doodde de lieden der stad.

¹⁸Daarna zeide hij tot Zebah en Tsalmuna: Wat waren het voor mannen, die gij te Thabor doodsloegt? En zij zeiden: Gelijk gij, alzo waren zij, enerlei, van gedaante als koningszonen.

¹⁹Toen zeide hij: Het waren mijn broeders, zonen mijner moeder; zo waarlijk als de HEERE leeft, zo gij hen hadt laten leven, ik zou ulieden niet doden!

²⁰En hij zeide tot Jether, zijn eerstgeborene: Sta op, dood hen; maar de jongeling trok zijn zwaard niet uit, want hij vreesde, dewijl hij nog een jongeling was.

²¹Toen zeiden Zebah en Tsalmuna: Sta gij op, en val op ons aan, want naar dat de man is, zo is zijn macht. Zo stond Gideon op, en doodde Zebah en Tsalmuna, en nam de maantjes, die aan de halzen hunner kemelen waren.

²²Toen zeiden de mannen van Israel tot Gideon: Heers over ons, zo gij als uw zoon en uws zoons zoon, dewijl gij ons van der Midianieten hand verlost hebt.

²³Maar Gideon zeide tot hen: Ik zal over u niet heersen; ook zal mijn zoon over u niet heersen; de HEERE zal over u heersen.

²⁴Voorts zeide Gideon tot hen: Een begeerte zal ik van u begeren: geeft mij maar een iegelijk een voorhoofdsiersel van zijn roof; want zij hadden gouden voorhoofdsierselen gehad, dewijl zij Ismaelieten waren.

²⁵En zij zeiden: Wij zullen ze gaarne geven; en zij spreidden een kleed uit, en wierpen daarop een iegelijk een voorhoofdsiersel van zijn roof.

²⁶En het gewicht der gouden voorhoofdsierselen, die hij begeerd had, was duizend en zevenhonderd sikkelen gouds, zonder de maantjes, en ketenen, en purperen klederen, die de koningen der Midianieten aangehad hadden, en zonder de halsbanden, die aan de halzen hunner kemelen geweest waren.

²⁷En Gideon maakte daarvan een efod, en stelde die in zijn stad, te Ofra; en gans Israel hoereerde aldaar denzelven na; en het werd Gideon en zijn huis tot een valstrik.

²⁸Alzo werden de Midianieten ten onder gebracht voor het aangezicht der kinderen Israels, en hieven hun hoofd niet meer op. En het land was stil veertig jaren, in de dagen van Gideon.

²⁹En Jerubbaal, de zoon van Joas, ging henen en woonde in zijn huis.

³⁰Gideon nu had zeventig zonen, die uit zijn heupe voortgekomen waren; want hij had vele vrouwen.

³¹En zijn bijwijf, hetwelk te Sichem was, baarde hem ook een zoon; en hij noemde zijn naam Abimelech.

³²En Gideon, de zoon van Joas, stierf in goeden ouderdom; en hij werd begraven in het graf van zijn vader Joas, te Ofra, des Abi-ezriets.

³³En het geschiedde, als Gideon gestorven was, dat de kinderen Israels zich omkeerden, en de Baals nahoereerden; en zij stelden zich Baal-Berith tot een God.

³⁴En de kinderen Israels dachten niet aan den HEERE, hun God, Die hen gered had van de hand van al hun vijanden van rondom.

³⁵En zij deden geen weldadigheid bij het huis van Jerubbaal, dat is Gideon, naar al het goede, dat hij bij Israel gedaan had.

Hoofdstuk 8

¹Abimelech nu, de zoon van Jerubbaal, ging henen naar Sichem, tot de broeder zijner moeder; en hij sprak tot hen, en tot het ganse geslacht van het huis van den vader zijner moeder, zeggende:

²Spreekt toch voor de oren van alle burgers van Sichem: Wat is u beter, dat zeventig mannen, alle zonen van Jerubbaal, over u heersen, of dat een man over u heerse? Gedenkt ook, dat ik uw been en uw vlees ben.

³Toen spraken de broeders zijner moeder van hem, voor de oren van alle burgers van Sichem, al dezelve woorden; en hun hart neigde zich naar Abimelech; want zij zeiden: Hij is onze broeder.

⁴En zij gaven hem zeventig zilverlingen, uit het huis van Baal-Berith; en Abimelech huurde daarmede ijdele en lichtvaardige mannen, die hem navolgden.

⁵En hij kwam in zijns vaders huis te Ofra, en doodde zijn broederen, de zonen van Jerubbaal, zeventig mannen, op een steen; doch Jotham, de jongste zoon van Jerubbaal werd overgelaten, want hij had zich verstoken.

⁶Toen vergaderden zich alle burgers van Sichem, en het ganse huis van Millo, en gingen heen en maakten Abimelech ten koning, bij den hogen eik, die bij Sichem is.

⁷Als zij dit Jotham aanzeiden, zo ging hij heen, en stond op de hoogte des bergs Gerizim, en verhief zijn stem, en riep, en hij zeide tot hen: Hoort naar mij, gij burgers van Sichem! en God zal naar ulieden horen.

⁸De bomen gingen eens heen, om een koning over zich te zalven, en zij zeiden tot den olijfboom: Wees gij koning over ons.

⁹Maar de olijfboom zeide tot hen: Zoude ik mijn vettigheid verlaten, die God en de mensen in mij prijzen? En zoude ik heengaan om te zweven over de bomen?

¹⁰Toen zeiden de bomen tot den vijgeboom: Kom gij, wees koning over ons.

¹¹Maar de vijgeboom zeide tot hen: Zou ik mijn zoetigheid en mijn goede vrucht verlaten? En zou ik heengaan om te zweven over de bomen?

¹²Toen zeiden de bomen tot den wijnstok: Kom gij, wees koning over ons.

¹³Maar de wijnstok zeide tot hen: Zou ik mijn most verlaten, die God en mensen vrolijk maakt? En zou ik heengaan om te zweven over de bomen?

¹⁴Toen zeiden al de bomen tot den doornenbos: Kom gij, wees koning over ons.

¹⁵En de doornenbos zeide tot de bomen: Indien gij mij in waarheid tot een koning over u zalft, zo komt, vertrouwt u onder mijn schaduw; maar indien niet, zo ga vuur uit de doornenbos, en vertere de cederen van de Libanon.

¹⁶Alzo nu, indien gij het in waarheid en oprechtheid gedaan hebt, dat gij Abimelech koning gemaakt hebt, en indien gij welgedaan hebt bij Jerubbaal en bij zijn huis, en indien gij hem naar de verdienste zijner handen gedaan hebt.

¹⁷(Want mijn vader heeft voor ulieden gestreden, en hij heeft zijn ziel verre weggeworpen, en u uit der Midianieten hand gered;

¹⁸Maar gij zijt heden opgestaan tegen het huis mijns vaders, en hebt zijn zonen, zeventig mannen, op een steen gedood; en gij hebt Abimelech, een zoon zijner dienstmaagd, koning gemaakt over de burgers van Sichem, omdat hij uw broeder is);

¹⁹Indien gij dan in waarheid en in oprechtheid bij Jerubbaal en bij zijn huis te dezen dage gehandeld hebt, zo weest vrolijk over Abimelech, en hij zij ook vrolijk over ulieden.

²⁰Maar indien niet, zo ga vuur uit van Abimelech, en vertere de burgers van Sichem, en het huis van Millo; en vuur ga uit van de burgers van Sichem, en van het huis van Millo, en vertere Abimelech!

²¹Toen vlood Jotham, en vluchtte, en ging naar Beer; en hij woonde aldaar vanwege zijn broeder Abimelech.

²²Als nu Abimelech drie jaren over Israel geheerst had,

²³Zo zond God een bozen geest tussen Abimelech en tussen de burgers van Sichem; en de burgers van Sichem handelden trouweloos tegen Abimelech;

²⁴Opdat het geweld, gedaan aan de zeventig zonen van Jerubbaal, kwame, en opdat hun bloed gelegd wierd op Abimelech, hun broeder, die hen gedood had, en op de burgers van Sichem, die zijn handen gesterkt hadden om zijn broeders te doden.

²⁵En de burgers van Sichem bestelden tegen hem, die op de hoogten der bergen lagen legden, en al wie voorbij hen op den weg doorging, beroofden zij; en het werd Abimelech aangezegd.

²⁶Gaal, de zoon van Ebed, kwam ook met zijn broederen, en zij gingen over in Sichem; en de burgeren van Sichem verlieten zich op hem.

²⁷En zij togen uit in het veld, en lazen hun wijnbergen af, en traden de druiven, en maakten lofliederen; en zij gingen in het huis huns gods, en aten en dronken, en vloekten Abimelech.

²⁸En Gaal, de zoon van Ebed, zeide: Wie is Abimelech, en wat is Sichem, dat wij hem dienen zouden? is hij niet een zoon van Jerubbaal? en Zebul zijn bevelhebber? dient liever de mannen van Hemor, den vader van Sichem; want waarom zouden wij hem dienen?

²⁹Och, dat dit volk in mijn hand ware! ik zoude Abimelech wel verdrijven. En tot Abimelech zeide hij: Vermeerder uw heir, en trek uit.

³⁰Als Zebul, de overste der stad, de woorden van Gaal, den zoon van Ebed, hoorde, zo ontstak zijn toorn.

³¹En hij zond listiglijk boden tot Abimelech, zeggende: Zie, Gaal, de zoon van Ebed, en zijn broeders zijn te Sichem gekomen, en zie, zij, met deze stad, handelen vijandiglijk tegen u.

³²Zo maak u nu op bij nacht, gij en het volk, dat met u is, en leg lagen in het veld.

³³En het geschiede in den morgen, als de zon opgaat, zo maak u vroeg op, en overval deze stad; en zie, zo hij en het volk, dat met hem is, tot u uittrekken, zo doe hem, gelijk als uw hand vinden zal.

Richteren

³⁴Abimelech dan maakte zich op, en al het volk, dat met hem was, bij nacht; en zij legden lagen op Sichem, met vier hopen.

³⁵En Gaal, de zoon van Ebed, ging uit, en stond aan de deur van de stadspoort; en Abimelech rees op, en al het volk, dat met hem was, uit de achterlage.

³⁶Als Gaal dat volk zag, zo zeide hij tot Zebul: Zie, er komt volk af van de hoogten der bergen. Zebul daarentegen zeide tot hem: Gij ziet de schaduw der bergen voormensen aan.

³⁷Maar Gaal voer wijders voort te spreken en zeide: Zie daar volk, afkomende uit het midden des lands, en een hoop komt van den weg van den eik Meonenim.

³⁸Toen zeide Zebul tot hem: Waar is nu uw mond, waarmede gij zeidet: Wie is Abimelech, dat wij hem zouden dienen? is niet dit het volk, dat gij veracht hebt? trektoch nu uit en strijd tegen hem!

³⁹En Gaal trok uit voor het aangezicht der burgeren van Sichem, en hij streed tegen Abimelech.

⁴⁰En Abimelech jaagde hem na, want hij vlood voor zijn aangezicht; en er vielen vele verslagenen tot aan de deur der stads poort.

⁴¹Abimelech nu bleef te Aruma; en Zebul verdreef Gaal en zijn broederen, dat zij te Sichem niet mochten wonen.

⁴²En het geschiedde des anderen daags dat het volk uittrok in het veld, en zij zeiden het Abimelech aan.

⁴³Toen nam hij het volk, en deelde hen in drie hopen, en hij legde lagen in het veld; en hij zag toe, en ziet, het volk trok uit de stad, zo maakte hij zich tegen hen op, ensloeg hen.

⁴⁴Want Abimelech en de hopen, die bij hem waren, overvielen hen, en bleven staan aan de deur der stadspoort; en de twee andere hopen overvielen allen, die in hetveld waren, en sloegen hen.

⁴⁵Voorts streed Abimelech tegen de stad dienzelven gansen dag, en nam de stad in, en doodde het volk, dat daarin was; en hij brak de stad af, en bezaaide haar metzout.

⁴⁶Als alle burgers des torens van Sichem dat hoorden, zo gingen zij in de sterkte, in het huis van den god Berith.

⁴⁷En het werd Abimelech aangezegd, dat alle burgeren des torens van Sichem zich verzameld hadden.

⁴⁸Zo ging Abimelech op den berg Zalmon, hij en al het volk, dat met hem was; en Abimelech nam een bijl in zijn hand, en hieuw een tak van de bomen, en nam hemop, en legde hem op zijn schouder; en hij zeide tot het volk, dat bij hem was: Wat gij mij hebt zien doen, haast u, doet als ik.

⁴⁹Zo hieuw ook al het volk een iegelijk zijn tak af, en zij volgden Abimelech na, en legden ze aan de sterkte, en verbrandden daardoor de sterkte met vuur; dat ook alleliede des torens van Sichem stierven, omtrent duizend mannen en vrouwen.

⁵⁰Voorts toog Abimelech naar Thebez, en hij legerde zich tegen Thebez, en nam haar in.

⁵¹Doch er was een sterke toren in het midden der stad; zo vloden daarheen al de mannen en de vrouwen, en alle burgers van de stad, en sloten voor zich toe; en zijklommen op het dak des torens.

⁵²Toen kwam Abimelech tot aan den toren, en bestormde dien; en hij genaakte tot aan de deur des torens, om dien met vuur te verbranden.

⁵³Maar een vrouw wierp een stuk van een molensteen op Abimelechs hoofd; en zij verpletterde zijn hersenpan.

⁵⁴Toen riep hij haastelijk den jongen, die zijn wapenen droeg, en zeide tot hem: Trek uw zwaard uit, en dood mij, opdat zij niet van mij zeggen: Een vrouw heeft hemgedood. En zijn jongen doorstak hem, dat hij stierf.

⁵⁵Als nu de mannen van Israel zagen, dat Abimelech dood was, zo gingen zij een iegelijk naar zijn plaats.

⁵⁶Alzo deed God wederkeren het kwaad van Abimelech, dat hij aan zijn vader gedaan had, dodende zijn zeventig broederen.

⁵⁷Desgelijks al het kwaad der lieden van Sichem deed God wederkeren op hun hoofd; en de vloek van Jotham, den zoon van Jerubbaal, kwam over hen.

Hoofdstuk 9

¹Na Abimelech nu stond op, om Israel te behouden, Thola, een zoon van Pua, zoon van Dodo, een man van Issaschar; en hij woonde te Samir, op het gebergte vanEfraim.

²En hij richtte Israel drie en twintig jaren; en hij stierf, en werd begraven te Samir.

³En na hem stond op Jair, de Gileadiet; en hij richtte Israel twee en twintig jaren.

⁴En hij had dertig zonen, rijdende op dertig ezelveulens, en die hadden dertig steden, die zij noemden Havvoth-Jair, tot op dezen dag, dewelke in het land van Gileadzijn.

⁵En Jair stierf, en werd begraven te Kamon.

⁶Toen voeren de kinderen Israels voort te doen, dat kwaad was in de ogen des HEEREN, en dienden de Baals, en Astharoth, en de goden van Syrie, en de godenvan Sidon, en de goden van Moab, en de goden der kinderen Ammons, mitsgaders de goden der Filistijnen; en zij verlieten den HEERE, en dienden Hem niet.

⁷Zo ontstak de toorn des HEEREN tegen Israel; en Hij verkocht hen in de hand der Filistijnen, en in de hand der kinderen Ammons.

⁸En zij onderdrukten en vertraden de kinderen Israels in datzelve jaar; achttien jaren, onderdrukten zij al de kinderen Israels, die aan gene zijde van de Jordaanwaren, in het land der Amorieten, dat in Gilead is.

⁹Daartoe togen de kinderen Ammons over de Jordaan, om te krijgen, zelfs tegen Juda, en tegen Benjamin, en tegen het huis van Efraim; zodat het Israel zeer bangwerd.

¹⁰Toen riepen de kinderen Israels tot den HEERE, zeggende: Wij hebben tegen U gezondigd, zo omdat wij onzen God hebben verlaten, als dat wij de Baals gediendhebben.

¹¹Maar de HEERE zeide tot de kinderen Israels: Heb Ik u niet van de Egyptenaren, en van de Amorieten, en van de kinderen Ammons, en van de Filistijnen,

¹²En de Sidoniers, en Amalekieten, en Maonieten, die u onderdrukten, toen gij tot Mij riept, alsdan uit hun hand verlost?

¹³Nochtans hebt gij Mij verlaten, en andere goden gediend; daarom zal Ik u niet meer verlossen.

¹⁴Gaat henen, roept tot de goden, die gij verkoren hebt; laten die u verlossen, ter tijd uwer benauwdheid.

¹⁵Maar de kinderen Israels zeiden tot den HEERE: Wij hebben gezondigd; doe Gij ons, naar alles, wat goed is in Uw ogen; alleenlijk verlos ons toch te dezen dage!

¹⁶En zij deden de vreemde goden uit hun midden weg, en dienden den HEERE. Toen werd Zijn ziel verdrietig over den arbeid van Israel.

¹⁷En de kinderen Ammons werden bijeengeroepen, en legerden zich in Gilead; daarentegen werden de kinderen Israels vergaderd, en legerden zich te Mizpa.

¹⁸Toen zeide het volk, de oversten van Gilead, de een tot den ander: Wie is de man, die beginnen zal te strijden tegen de kinderen Ammons? die zal tot een hoofd zijnover alle inwoners van Gilead.

Hoofdstuk 10

¹Jeftha nu, de Gileadiet, was een strijdbaar held, maar hij was een hoerekind; doch Gilead had Jeftha gegenereerd.

²Gileads huisvrouw baarde hem ook zonen; en de zonen dezer vrouw, groot geworden zijnde, stieten Jeftha uit, en zeiden tot hem: Gij zult in het huis onzes vadersniet erven, want gij zijt een zoon van een andere vrouw.

³Toen vlood Jeftha voor het aangezicht zijner broederen, en woonde in het land Tob; en ijdele mannen vergaderden zich tot Jeftha, en togen met hem uit.

⁴En het geschiedde, na enige dagen, dat de kinderen Ammons tegen Israel krijgden.

⁵Zo geschiedde het, als de kinderen Ammons tegen Israel krijgden, dat de oudsten van Gilead heengingen, om Jeftha te halen uit het land van Tob.

⁶En zij zeiden tot Jeftha: Kom, en wees ons tot een overste, opdat wij strijden tegen de kinderen Ammons.

⁷Maar Jeftha zeide tot de oudsten van Gilead: Hebt gijlieden mij niet gehaat, en mij uit mijn vaders huis verstoten? waarom zijt gij dan nu tot mij gekomen, terwijl gij inbenauwdheid zijt?

⁸En de oudsten van Gilead zeiden tot Jeftha: Daarom zijn wij nu tot u wedergekomen, dat gij met ons trekt, en tegen de kinderen Ammons strijdt; en gij zult ons toteen hoofd zijn, over alle inwoners van Gilead.

⁹Toen zeide Jeftha tot de oudsten van Gilead: Zo gijlieden mij wederhaalt, om te strijden tegen de kinderen Ammons, en de HEERE hen voor mijn aangezicht gevenzal, zal ik u dan tot een hoofd zijn?

¹⁰En de oudsten van Gilead zeiden tot Jeftha: De HEERE zij toehoorder tussen ons, indien wij niet alzo naar uw woord doen.

¹¹Alzo ging Jeftha met de oudsten van Gilead, en het volk stelde hem tot een hoofd en overste over zich. En Jeftha sprak al zijn woorden voor het aangezicht desHEEREN te Mizpa.

¹²Voorts zond Jeftha boden tot den koning der kinderen Ammons, zeggende: Wat hebben ik en gij met elkander te doen, dat gij tot mij gekomen zijt, om tegen mijnland te krijgen?

¹³En de koning der kinderen Ammons zeide tot de boden van Jeftha: Omdat Israel, als hij uit Egypte optoog, mijn land genomen heeft, van de Arnon af tot aan deJabbok, en tot aan de Jordaan; zo geef mij dat nu weder met vrede.

¹⁴Maar Jeftha voer wijders voort, en zond boden tot den koning

der kinderen Ammons.

¹⁵En hij zeide tot hem: Zo zegt Jeftha: Israel heeft het land der Moabieten, en het land der kinderen Ammons niet genomen;

¹⁶Want als zij uit Egypte optogen, zo wandelde Israel door de woestijn tot aan de Schelfzee, en kwam te Kades.

¹⁷En Israel zond boden tot de koning der Edomieten, zeggende: Laat mij toch door uw land doortrekken; maar de koning der Edomieten gaf geen gehoor. En hij zondook tot de koning der Moabieten, die ook niet wilde. Alzo bleef Israel in Kades.

¹⁸Daarna wandelde hij in de woestijn, en toog om het land der Edomieten en het land der Moabieten, en kwam van den opgang der zon aan het land der Moabieten, en zij legerden zich op gene zijde van de Arnon; maar zij kwamen niet binnen de landpale der Moabieten; want de Arnon is de landpale der Moabieten.

¹⁹Maar Israel zond boden tot Sihon, den koning der Amorieten, koning van Hesbon, en Israel zeide tot hem: Laat ons toch door uw land doortrekken tot aan mijnplaats.

²⁰Doch Sihon betrouwde Israel niet door zijn landpale door te trekken; maar Sihon verzamelde al zijn volk, en zij legerden zich te Jaza; en hij streed tegen Israel.

²¹En de HEERE, de God Israels, gaf Sihon met al zijn volk in de hand van Israel, dat zij hen sloegen; alzo nam Israel erfelijk in het ganse land der Amorieten, die indatzelve land woonden.

²²En zij namen erfelijk in de ganse landpale der Amorieten, van de Arnon af tot aan de Jabbok, en van de woestijn tot aan de Jordaan.

²³Zo heeft nu de HEERE, de God Israels, de Amorieten voor het aangezicht van zijn volk Israel uit de bezitting verdreven; en zoudt gij hunlieder erfgenaam zijn?

²⁴Zoudt gij niet dengene erven, dien uw god Kamos voor u uit de bezitting verdreef? Alzo zullen wij al dengene erven, dien de HEERE, onze God, voor ons aangezichtuit de bezitting verdrijft.

²⁵Nu voorts, zijt gij veel beter dan Balak, de zoon van Zippor, de koning der Moabieten? heeft hij ooit met Israel getwist? heeft hij ook ooit tegen hen gekrijgd?

²⁶Terwijl Israel driehonderd jaren gewoond heeft in Hesbon, en in haar stedekens, en in Aroer, en in al de stedekens, en in al de steden, die aan de zijde van de Arnonzijn; waarom hebt gij het dan in die tijd niet gered?

²⁷Ook heb ik tegen u niet gezondigd, maar gij doet kwalijk bij mij, dat gij tegen mij krijgt; de HEERE, Die Rechter is, richte heden tussen de kinderen Israels en tussende kinderen Ammons!

²⁸Maar de koning der kinderen Ammons hoorde niet naar de woorden van Jeftha, die hij tot hem gezonden had.

²⁹Toen kwam de Geest des HEEREN op Jeftha, dat hij Gilead en Manasse doortrok; want hij trok door tot Mizpa in Gilead, en van Mizpa in Gilead trok hij door tot dekinderen Ammons.

³⁰En Jeftha beloofde den HEERE een gelofte, en zeide: Indien Gij de kinderen Ammons ganselijk in mijn hand zult geven;

³¹Zo zal het uitgaande, dat uit de deur van mijn huis mij tegemoet zal uitgaan, als ik met vrede van de kinderen Ammons wederkom, dat zal des HEEREN zijn, en ikzal het offeren ten brandoffer.

³²Alzo trok Jeftha door naar de kinderen Ammons, om tegen hen te strijden; en de HEERE gaf hen in zijn hand.

³³En hij sloeg hen van Aroer af tot daar gij komt te Minnith, twintig steden, en tot aan Abel-Keramim, met een zeer groten slag. Alzo werden de kinderen Ammonsten ondergebracht voor het aangezicht der kinderen Israels.

³⁴Toen nu Jeftha te Mizpa bij zijn huis kwam, ziet, zo ging zijn dochter uit hem tegemoet, met trommelen en met reien. Zij nu was alleen, een enig kind; hij had uit zichanders geen zoon of dochter.

³⁵En het geschiedde, als hij haar zag, zo verscheurde hij zijn klederen, en zeide: Ach, mijn dochter! gij hebt mij ganselijk nedergebogen, en gij zijt onder degenen, diemij beroeren; want ik heb mijn mond opengedaan tot den HEERE, en ik zal niet kunnen teruggaan.

³⁶En zij zeide tot hem: Mijn vader! hebt gij uw mond opengedaan tot den HEERE, doe mij, gelijk als uit uw mond gegaan is; naardien u de HEERE volkomene wraakgegeven heeft van uw vijanden, van de kinderen Ammons.

³⁷Voorts zeide zij tot haar vader: Laat deze zaak aan mij geschieden: Laat twee maanden van mij af, dat ik heenga, en ga tot de bergen, en bewene mijn maagdom, iken mijn gezellinnen.

³⁸En hij zeide: Ga heen; en hij liet haar twee maanden gaan. Toen ging zij heen met haar gezellinnen, en beweende haar maagdom op de bergen.

³⁹En het geschiedde ten einde van twee maanden dat zij tot haar vader wederkwam, die aan haar volbracht zijn gelofte, die hij beloofd had, en zij heeft geen man bekend. Voorts werd het een gewoonheid in Israel,

⁴⁰Dat de dochteren Israels van jaar tot jaar heengingen, om de dochter van Jeftha, de Gileadiet, aan te spreken, vier dagen in het jaar.

Hoofdstuk 11

¹Toen werden de mannen van Efraim bijeengeroepen, en trokken over naar het noorden; en zij zeiden tot Jeftha: Waarom zijt gij doorgetogen om te strijden tegen dekinderen Ammons, en hebt ons niet geroepen, om met u te gaan? wij zullen uw huis met u met vuur verbranden.

²En Jeftha zeide tot hen: Ik en mijn volk waren zeer twistig met de kinderen Ammons; en ik heb ulieden geroepen, maar gij hebt mij uit hun hand niet verlost.

³Als ik nu zag, dat gij niet verlostet, zo stelde ik mijn ziel in mijn hand, en toog door tot de kinderen Ammons, en de HEERE gaf hen in mijn hand; waarom zijt gij dante dezen dage tot mij opgekomen, om tegen mij te strijden?

⁴En Jeftha vergaderde alle mannen van Gilead, en streed met Efraim; en de mannen van Gilead sloegen Efraim, want de Gileadieten, zijnde tussen Efraim en tussenManasse, zeiden: Gijlieden zijt vluchtelingen van Efraim.

⁵Want de Gileadieten namen de Efraimieten de veren van de Jordaan af; en het geschiedde, als de vluchtelingen van Efraim zeiden: Laat mij overgaan; zo zeiden demannen van Gilead tot hem: Zijt gij een Efraimiet? wanneer hij zeide: Neen;

⁶Zo zeiden zij tot hem: Zeg nu Schibboleth; maar hij zeide: Sibbolet, en kon het alzo niet recht spreken; zo grepen zij hem, en versloegen hem aan de veren van deJordaan, dat ter dier tijd van Efraim vielen twee en veertig duizend.

⁷Jeftha nu richtte Israel zes jaren; en Jeftha, de Gileadiet, stierf, en werd begraven in de steden van Gilead.

⁸En na hem richtte Israel Ebzan, van Bethlehem.

⁹En hij had dertig zonen; en hij zond dertig dochteren naar buiten, en bracht dertig dochteren van buiten in voor zijn zonen; en hij richtte Israel zeven jaren.

¹⁰Toen stierf Ebzan, en werd begraven te Bethlehem.

¹¹En na hem richtte Israel Elon, de Zeboloniet, en hij richtte Israel tien jaren.

¹²En Elon, de Zeboloniet, stierf, en werd begraven te Ajalon, in het land van Zebulon.

¹³En na hem richtte Israel Abdon, een zoon van Hillel, de Pirhathoniet.

¹⁴En hij had veertig zonen, en dertig zoons zonen, rijdende op zeventig ezelveulens; en hij richtte Israel acht jaren.

¹⁵Toen stierf Abdon, een zoon van Hillel, de Pirhathoniet; en hij werd begraven te Pirhathon, in het land van Efraim, op den berg van den Amalekiet.

Hoofdstuk 12

¹En de kinderen Israels voeren voort te doen, dat kwaad was in de ogen des HEEREN; zo gaf de HEERE hen in de hand der Filistijnen veertig jaren.

²En er was een man van Zora, uit het geslacht van een Daniet, wiens naam was Manoach; en zijn huisvrouw was onvruchtbaar en baarde niet

³En een Engel des HEEREN verscheen aan deze vrouw, en Hij zeide tot haar: Zie nu, gij zijt onvruchtbaar, en hebt niet gebaard; maar gij zult zwanger worden, eneen zoon baren.

⁴Zo wacht u toch nu, en drink geen wijn noch sterken drank, en eet niets onreins.

⁵Want zie, gij zult zwanger worden, en een zoon baren, op wiens hoofd geen scheermes zal komen; want dat knechtje zal een Nazireer Gods zijn, van moeders buikaf; en hij zal beginnen Israel te verlossen uit de Filistijnen hand.

⁶Toen kwam deze vrouw in, en sprak tot haar man, zeggende: Er kwam een Man Gods tot mij, Wiens aangezicht was als het aangezicht van een Engel Gods, zeervreselijk; en ik vraagde Hem niet, van waar Hij was, en Zijn naam gaf Hij mij niet te kennen.

⁷Maar Hij zeide tot mij: Zie, gij zult zwanger worden, en een zoon baren; zo drink nu geen wijn noch sterken drank, en eet niets onreins; want dat knechtje zal eenNazireer Gods zijn, van moeders buik af tot op de dag zijns doods.

⁸Toen aanbad Manoach den HEERE vuriglijk, en zeide: Och, HEERE! dat toch de Man Gods, Dien Gij gezonden hebt, weder tot ons kome, en ons lere, wat wij datknechtje doen zullen, dat geboren zal worden.

⁹En God verhoorde de stem van Manoach; en de Engel Gods

kwam wederom tot de vrouw. Zij nu zat in het veld, doch haar man Manoach was niet bij haar.

¹⁰Zo haastte de vrouw, en liep, en gaf het haar man te kennen; en zij zeide tot hem: Zie, die Man is mij verschenen, Welke op dien dag tot mij kwam.

¹¹Toen stond Manoach op, en ging zijn huisvrouw na; en hij kwam tot dien Man, en zeide tot Hem: Zijt gij die Man, Dewelke tot deze vrouw gesproken hebt? En Hij zeide: Ik ben het.

¹²Toen zeide Manoach: Nu, dat Uw woorden komen; maar wat zal des knechtjes wijze en zijn werk zijn?

¹³En de Engel des HEEREN zeide tot Manoach: Van alles, wat Ik tot de vrouw gezegd heb, zal zij zich wachten.

¹⁴Zij zal niet eten van iets, dat van de wijnstok des wijns voortkomt; en wijn en sterke drank zal zij niet drinken, noch iets onreins eten; al wat Ik haar geboden heb, zal zij onderhouden.

¹⁵Toen zeide Manoach tot den Engel des HEEREN: Laat ons U toch ophouden, en een geitenbokje voor Uw aangezicht bereiden.

¹⁶Maar de Engel des HEEREN zeide tot Manoach: Indien gij Mij zult ophouden, Ik zal van uw brood niet eten; en indien gij een brandoffer zult doen, dat zult gij den HEERE offeren. Want Manoach wist niet, dat het een Engel des HEEREN was.

¹⁷En Manoach zeide tot den Engel des HEEREN: Wat is Uw naam, opdat wij U vereren, wanneer Uw woord zal komen.

¹⁸En de Engel des HEEREN zeide tot hem: Waarom vraagt gij dus naar Mijn naam? Die is toch Wonderlijk.

¹⁹Toen nam Manoach een geitenbokje, en het spijsoffer, en offerde het op den rotssteen, den HEERE. En Hij handelde wonderlijk in Zijn doen; en Manoach en zijn huisvrouw zagen toe.

²⁰En het geschiedde, als de vlam van het altaar opvoer naar den hemel, zo voer de Engel des HEEREN op in de vlam des altaars. Als Manoach en zijn huisvrouw dat zagen, zo vielen zij op hun aangezichten ter aarde.

²¹En de Engel des HEEREN verscheen niet meer aan Manoach, en aan zijn huisvrouw. Toen bekende Manoach, dat het een Engel des HEEREN was.

²²En Manoach zeide tot zijn huisvrouw: Wij zullen zekerlijk sterven, omdat wij God gezien hebben.

²³Maar zijn huisvrouw zeide tot hem: Zo de HEERE lust had ons te doden, Hij had het brandoffer en spijsoffer van onze hand niet aangenomen, noch ons dit alles getoond, noch ons om dezen tijd laten horen, zulks als dit is.

²⁴Daarna baarde deze vrouw een zoon, en zij noemde zijn naam Simson; en dat knechtje werd groot, en de HEERE zegende het.

²⁵En de Geest des HEEREN begon hem bij wijlen te drijven in het leger van Dan, tussen Zora en tussen Esthaol.

Hoofdstuk 13

¹En Simson ging af naar Thimnath, en gezien hebbende een vrouw te Thimnath, van de dochteren der Filistijnen,

²Zo ging hij opwaarts, en gaf het zijn vader en zijn moeder te kennen, en zeide: Ik heb een vrouw gezien te Thimnath, van de dochteren der Filistijnen; nu dan, neem mij die tot een vrouw.

³Maar zijn vader zeide tot hem, mitsgaders zijn moeder: Is er geen vrouw onder de dochteren uwer broeders, en onder al mijn volk, dat gij heengaat, om een vrouw te nemen van de Filistijnen, die onbesnedenen? En Simson zeide tot zijn vader: Neem mij die, want zij is bevallig in mijn ogen.

⁴Zijn vader nu en zijn moeder wisten niet, dat dit van den HEERE was, dat hij gelegenheid zocht van de Filistijnen; want de Filistijnen heersten te dier tijd over Israel.

⁵Alzo ging Simson, met zijn vader en zijn moeder, henen af naar Thimnath. Als zij nu kwamen tot aan de wijngaarden van Thimnath, ziet daar, een jonge leeuw, brullende hem tegemoet.

⁶Toen werd de Geest des HEEREN vaardig over hem, dat hij hem van een scheurde, gelijk men een bokje van een scheurt, en er was niets in zijn hand; doch hij gaf zijn vader en zijn moeder niet te kennen, wat hij gedaan had.

⁷En hij kwam af, en sprak tot de vrouw; en zij beviel in Simsons ogen.

⁸En na sommige dagen kwam hij weder, om haar te nemen; toen week hij af, om het aas van de leeuw te bezien, en ziet, een bijenzwerm was in het lichaam van den leeuw, met honig.

⁹En hij nam dien in zijn handen, en ging voort, al gaande en etende; en hij ging tot zijn vader en tot zijn moeder, en gaf hun daarvan, en zij aten; doch hij gaf hun niet te kennen, dat hij den honig uit het lichaam van den leeuw genomen had.

¹⁰Als nu zijn vader afgekomen was tot die vrouw, zo maakte Simson aldaar een bruiloft, want alzo plachten de jongelingen te doen.

¹¹En het geschiedde, als zij hem zagen, zo namen zij dertig metgezellen, die bij hem zouden zijn.

¹²Simson dan zeide tot hen: Ik zal nu ulieden een raadsel te raden geven; indien gij mij dat in de zeven dagen dezer bruiloft wel zult verklaren en uitvinden, zo zal ik ulieden geven dertig fijne lijnwaadsklederen, en dertig wisselklederen.

¹³En indien gij het mij niet zult kunnen verklaren, zo zult gijlieden mij geven dertig fijne lijnwaadsklederen, en dertig wisselklederen. En zij zeiden tot hem: Geef uw raadsel te raden, en laat het ons horen.

¹⁴En hij zeide tot hen: Spijze ging uit van den eter, en zoetigheid ging uit van de sterke. En zij konden dat raadsel in drie dagen niet verklaren.

¹⁵Daarna geschiedde het op den zevenden dag, dat zij tot de huisvrouw van Simson zeiden: Overreed uw man, dat hij ons dat raadsel verklare, opdat wij niet misschien u, en het huis uws vaders, met vuur verbranden. Hebt gijlieden ons genodigd, om het onze te bezitten; is het zo niet?

¹⁶En Simsons huisvrouw weende voor hem en zeide: Gij haat mij maar, en hebt mij niet lief; gij hebt den kinderen mijns volks een raadsel te raden gegeven, en hebt het mij niet verklaard. En hij zeide tot haar: Zie, ik heb het mijn vader en mijn moeder niet verklaard, zou ik het u dan verklaren?

¹⁷En zij weende voor hem, op den zevenden der dagen in dewelke zij deze bruiloft hadden; zo geschiedde het op den zevenden dag, dat hij het haar verklaarde, wantzij perste hem; en zij verklaarde dat raadsel den kinderen haars volks.

¹⁸Toen zeiden de mannen der stad tot hem, op den zevenden dag, eer de zon onderging: Wat is zoeter dan honig? en wat is sterker dan een leeuw? En hij zeide tot hen: Zo gij met mijn kalf niet hadt geploegd, gij zoudt mijn raadsel niet hebben uitgevonden.

¹⁹Toen werd de Geest des HEEREN vaardig over hem, en hij ging af naar de Askelonieten, en sloeg van hen dertig man; en hij nam hun gewaad, en gaf de wisselklederen aan degenen, die dat raadsel verklaard hadden. Doch zijn toorn ontstak, en hij ging op in zijns vaders huis.

²⁰En de huisvrouw van Simson werd zijns metgezels, die hem vergezelschapt had.

Hoofdstuk 14

¹En het geschiedde na sommige dagen, in de dagen van de tarweoogst, dat Simson zijn huisvrouw bezocht met een geitenbokje, en hij zeide: Laat mij tot mijn huisvrouw ingaan in de kamer; maar haar vader liet hem niet toe in te gaan.

²Want haar vader zeide: Ik sprak zeker, dat gij haar ganselijk haattet, zo heb ik haar aan uw metgezel gegeven. Is niet haar kleinste zuster schoner dan zij? Laat ze u toch zijn in de plaats van haar.

³Toen zeide Simson tot henlieden: Ik ben ditmaal onschuldig van de Filistijnen, wanneer ik aan hen kwaad doe.

⁴En Simson ging heen, en ving driehonderd vossen; en hij nam fakkelen, en keerde staart aan staart, en deed een fakkel tussen twee staarten in het midden.

⁵En hij stak de fakkelen aan met vuur, en liet ze lopen in het staande koren der Filistijnen; en hij stak in brand zowel de korenhopen als het staande koren, zelfs tot de wijngaarden en olijfbomen toe.

⁶Toen zeiden de Filistijnen: Wie heeft dit gedaan? En men zeide: Simson, de schoonzoon van den Thimniet, omdat hij zijn huisvrouw heeft genomen, en heeft haar aan zijn metgezel gegeven. Toen kwamen de Filistijnen op, en verbrandden haar en haar vader met vuur.

⁷Toen zeide Simson tot hen: Zoudt gij alzo doen? Zeker, als ik mij aan u gewroken heb, zo zal ik daarna ophouden.

⁸En hij sloeg hen, den schenkel en de heup, met een groten slag; en hij ging af, en woonde op de hoogte van de rots Etam.

⁹Toen togen de Filistijnen op, en legerden zich tegen Juda, en breidden zich uit in Lechi.

¹⁰En de mannen van Juda zeiden: Waarom zijt gijlieden tegen ons opgetogen? En zij zeiden: Wij zijn opgetogen om Simson te binden, om hem te doen, gelijk als hij ons gedaan heeft.

¹¹Toen kwamen drie duizend mannen af uit Juda tot het hol der rots Etam, en zeiden tot Simson: Wist gij niet, dat de Filistijnen over ons heersen? Waarom hebt gij ons dan dit gedaan? En hij zeide tot hen: Gelijk als zij mij gedaan hebben, alzo heb ik hunlieden gedaan.

¹²En zij zeiden tot hem: Wij zijn afgekomen om u te binden, om u over te geven in de hand der Filistijnen. Toen zeide Simson tot hen: Zweert mij, dat gijlieden op mij niet zult aanvallen.

¹³En zij spraken tot hem, zeggende: Neen, maar wij zullen u wel binden, en u in hunlieder hand overgeven; doch wij zullen u geenszins doden. En zij bonden hem met twee nieuwe touwen, en voerden hem op

van de rots.

¹⁴Als hij kwam tot Lechi, zo juichten de Filistijnen hem tegemoet; maar de Geest des HEEREN werd vaardig over hem; en de touwen, die aan zijn armen waren, werden als linnen draden, die van het vuur gebrand zijn, en zijn banden versmolten van zijn handen.

¹⁵En hij vond een vochtig ezelskinnebakken, en hij strekte zijn hand uit, en nam het, en sloeg daarmede duizend man.

¹⁶Toen zeide Simson: Met een ezelskinnebakken, een hoop, twee hopen, met een ezelskinnebakken heb ik duizend man geslagen.

¹⁷En het geschiedde, als hij geeindigd had te spreken, zo wierp hij het kinnebakken uit zijn hand, en hij noemde dezelve plaats Ramath-Lechi.

¹⁸Als nu hem zeer dorstte, zo riep hij tot den HEERE, en zeide: Gij hebt door de hand van Uw knecht dit grote heil gegeven; zou ik dan nu van dorst sterven, en vallen in de hand dezer onbesnedenen?

¹⁹Toen kloofde God de holle plaats, die in Lechi is, en er ging water uit van dezelve, en hij dronk. Toen kwam zijn geest weder, en hij werd levend. Daarom noemde hij haar naam: De fontein des aanroepers, die in Lechi is, tot op dezen dag.

²⁰En hij richtte Israel, in de dagen der Filistijnen, twintig jaren.

Hoofdstuk 15

¹Simson nu ging heen naar Gaza; en hij zag aldaar een vrouw, die een hoer was; en hij ging tot haar in.

²Toen werd de Gazieten gezegd: Simson is hier in ingekomen; zo gingen zij rondom, en legden hem den gansen nacht lagen in de stadspoort; doch zij hielden zich den gansen nacht stil, zeggende: Tot aan het morgenlicht, dan zullen wij hem doden.

³Maar Simson lag tot middernacht toe; toen stond hij op ter middernacht, en hij greep de deuren der stadspoort met de beide posten, en nam ze weg met den grendelboom, en legde ze op zijn schouderen, en droeg ze opwaarts op de hoogte des bergs, die in het gezicht van Hebron is.

⁴En het geschiedde daarna, dat hij een vrouw lief kreeg, aan de beek Sorek, welker naam was Delila.

⁵Toen kwamen de vorsten der Filistijnen tot haar op, en zeiden tot haar: Overreed hem, en zie, waarin zijn grote kracht zij, en waarmede wij hem zouden machtig worden, en hem binden, om hem te plagen; zo zullen wij u geven, een iegelijk, duizend en honderd zilverlingen.

⁶Delila dan zeide tot Simson: Verklaar mij toch, waarin uw grote kracht zij, en waarmede gij zoudt kunnen gebonden worden, dat men u plage.

⁷En Simson zeide tot haar: Indien zij mij bonden met zeven verse zelen, die niet verdroogd zijn, zo zou ik zwak worden, en wezen als een ander mens.

⁸Toen brachten de vorsten der Filistijnen tot haar op zeven verse zelen, die niet verdroogd waren; en zij bond hem daarmede.

⁹De achterlage nu zat bij haar in een kamer. Zo zeide zij tot hem: De Filistijnen over u, Simson! Toen verbrak hij de zelen, gelijk als een snoertje van grof vlas verbroken wordt, als het vuur riekt. Alzo werd zijn kracht niet bekend.

¹⁰Toen zeide Delila tot Simson: Zie, gij hebt met mij gespot, en leugenen tot mij gesproken; verklaar mij toch nu, waarmede gij zoudt kunnen gebonden worden?

¹¹En hij zeide tot haar: Indien zij mij vastbonden met nieuwe touwen, met dewelke geen werk gedaan is, zo zou ik zwak worden, en wezen als een ander mens.

¹²Toen nam Delila nieuwe touwen, en bond hem daarmede, en zeide tot hem: De Filistijnen over u, Simson! (De achterlage nu was zittende in een kamer.) Toen verbrak hij ze van zijn armen als een draad.

¹³En Delila zeide tot Simson: Tot hiertoe hebt gij met mij gespot, en leugenen tot mij gesproken; verklaar mij toch nu, waarmede gij zoudt kunnen gebonden worden. En hij zeide tot haar: Indien gij de zeven haarlokken mijns hoofds vlochtet aan een weversboom.

¹⁴En zij maakte ze vast met een pin, en zeide tot hem: De Filistijnen over u, Simson! Toen waakte hij op uit zijn slaap, en nam weg de pin der gevlochten haarlokken, en den weversboom.

¹⁵Toen zeide zij tot hem: Hoe zult gij zeggen: Ik heb u lief, daar uw hart niet met mij is? Gij hebt nu driemaal met mij gespot, en mij niet verklaard, waarin uw grote kracht zij.

¹⁶En het geschiedde, als zij hem alle dagen met haar woorden perste, en hem moeilijk viel, dat zijn ziel verdrietig werd tot stervens toe;

¹⁷Zo verklaarde hij haar zijn ganse hart, en zeide tot haar: Er is nooit een scheermes op mijn hoofd gekomen, want ik ben een Nazireer Gods van mijn moeders buik af; indien ik geschoren wierd, zo zou mijn kracht van mij wijken, en ik zou zwak worden, en wezen als alle de mensen.

¹⁸Als nu Delila zag, dat hij haar zijn ganse hart verklaard had, zo zond zij heen, en riep de vorsten der Filistijnen, zeggende: Komt ditmaal op, want hij heeft mij zijn ganse hart verklaard. En de vorsten der Filistijnen kwamen tot haar op, en brachten dat geld in hun hand.

¹⁹Toen deed zij hem slapen op haar knieen, en riep een man en liet hem de zeven haarlokken zijns hoofds afscheren, en zij begon hem te plagen; en zijn kracht week van hem.

²⁰En zij zeide: De Filistijnen over u, Simson! En hij ontwaakte uit zijn slaap, en zeide: Ik zal ditmaal uitgaan, als op andere malen, en mij uitschudden; want hij wist niet, dat de HEERE van hem geweken was.

²¹Toen grepen hem de Filistijnen, en groeven zijn ogen uit; en zij voerden hem af naar Gaza, en bonden hem met twee koperen ketenen, en hij was malende in het gevangenhuis.

²²En het haar zijns hoofds begon weder te wassen, gelijk toen hij geschoren werd.

²³Toen verzamelden zich de vorsten der Filistijnen, om hun god Dagon een groot offer te offeren, en tot vrolijkheid; en zij zeiden: Onze god heeft onze vijand Simson in onze hand gegeven.

²⁴Desgelijks als hem het volk zag, loofden zij hun god, want zij zeiden: Onze god heeft in onze hand gegeven onzen vijand, en die ons land verwoestte, en die onzer verslagenen velen maakte!

²⁵En het geschiedde, als hun hart vrolijk was, dat zij zeiden: Roept Simson, dat hij voor ons spele. En zij riepen Simson uit het gevangenhuis; en hij speelde voor hun aangezichten, en zij deden hem staan tussen de pilaren.

²⁶Toen zeide Simson tot den jongen, die hem bij de hand hield: Laat mij gaan, dat ik de pilaren betaste, op dewelke het huis gevestigd is, dat ik daaraan leune.

²⁷Het huis nu was vol mannen en vrouwen; ook waren daar alle vorsten der Filistijnen; en op het dak waren omtrent drie duizend mannen en vrouwen, die toezagen, als Simson speelde.

²⁸Toen riep Simson tot den HEERE, en zeide: Heere, HEERE! gedenk toch mijner, en sterk mij toch alleenlijk ditmaal, o God! dat ik mij met een wrake voor mijn twee ogen aan de Filistijnen wreke.

²⁹En Simson vatte de twee middelste pilaren, op dewelke het huis was gevestigd, en waarop het steunde, de enen met zijn rechterhand, en den anderen met zijn linkerhand;

³⁰En Simson zeide: Mijn ziel sterve met de Filistijnen; en hij boog zich met kracht, en het huis viel op de vorsten, en op al het volk, dat daarin was. En de doden, die hij in zijn sterven gedood heeft, waren meer, dan die hij in zijn leven gedood had.

³¹Toen kwamen zijn broeders af, en het ganse huis zijns vaders, en namen hem op, en brachten hem opwaarts, en begroeven hem tussen Zora en tussen Esthaol, in het graf van zijn vader Manoach; hij nu had Israel gericht twintig jaren.

Hoofdstuk 16

¹En er was een man van het gebergte van Efraim, wiens naam was Micha.

²Die zeide tot zijn moeder: De duizend en honderd zilverlingen, die u ontnomen zijn, om dewelke gij gevloekt hebt, en ook voor mijn oren gesproken hebt, zie, dat geld is bij mij, ik heb dat genomen. Toen zeide zijn moeder: Gezegend zij mijn zoon den HEERE!

³Alzo gaf hij aan zijn moeder de duizend en honderd zilverlingen weder. Doch zijn moeder zeide: Ik heb dat geld den HEERE ganselijk geheiligd van mijn hand, voor mijn zoon, om een gesneden beeld en een gegoten beeld te maken; zo zal ik het u nu wedergeven.

⁴Maar hij gaf dat geld aan zijn moeder weder. En zijn moeder nam tweehonderd zilverlingen, en gaf ze den goudsmid, die maakte daarvan een gesneden beeld en een gegoten beeld; dat was in het huis van Micha.

⁵En de man Micha had een godshuis; en hij maakte een efod, en terafim, en vulde de hand van een uit zijn zonen, dat hij hem tot een priester ware.

⁶In diezelve dagen was er geen koning in Israel; een iegelijk deed, wat recht was in zijn ogen.

⁷Nu was er een jongeling van Bethlehem-Juda, van het geslacht van Juda; deze was een Leviet, en verkeerde aldaar als vreemdeling.

⁸En deze man was uit die stad, uit Bethlehem-Juda getogen, om te verkeren, waar hij gelegenheid zou vinden. Als hij nu kwam aan het gebergte van Efraim tot aan het huis van Micha, om zijn weg te gaan,

⁹Zo zeide Micha tot hem: Van waar komt gij? En hij zeide tot hem: Ik ben een Leviet, van Bethlehem-Juda, en ik wandel, om te verkeren, waar ik gelegenheid zal vinden.

¹⁰Toen zeide Micha tot hem: Blijf bij mij, en wees mij tot een vader en tot een priester; en ik zal u jaarlijks geven tien zilverlingen, en orde van klederen, en uw leeftocht; alzo ging de Leviet met hem.

Richteren

¹¹En de Leviet bewilligde bij dien man te blijven; en de jongeling was hem als een van zijn zonen.

¹²En Micha vulde de hand van den Leviet, dat hij hem tot een priester wierd; alzo was hij in het huis van Micha.

¹³Toen zeide Micha: Nu weet ik, dat de HEERE mij weldoen zal, omdat ik dezen Leviet tot een priester heb.

Hoofdstuk 17

¹In die dagen was er geen koning in Israel; en in dezelve dagen zocht de stam der Danieten voor zich een erfenis om te wonen; want hun was tot op dien dag onderde stammen van Israel niet genoegzaam ter erfenis toegevallen.

²Zo zonden de kinderen van Dan uit hun geslacht vijf mannen uit hun einden, mannen, die strijdbaar waren, van Zora en van Esthaol, om het land te verspieden, endat te doorzoeken; en zij zeiden tot hen: Gaat, doorzoekt het land. En zij kwamen aan het gebergte van Efraim, tot aan het huis van Micha, en vernachtten aldaar.

³Zijnde bij het huis van Micha, zo kenden zij de stem van den jongeling, den Leviet; en zij weken daarheen, en zeiden tot hem: Wie heeft u hier gebracht, en wat doetgij alhier, en wat hebt gij hier?

⁴En hij zeide tot hen: Zo en zo heeft Micha mij gedaan; en hij heeft mij gehuurd, en ik ben hem tot een priester.

⁵Toen zeiden zij tot hem: Vraag toch God, dat wij mogen weten, of onze weg, op welken wij wandelen, voorspoedig zal zijn.

⁶En de priester zeide tot hen: Gaat in vrede; uw weg, welke gij zult heentrekken, is voor den HEERE.

⁷Toen gingen die vijf mannen heen, en kwamen te Lais; en zij zagen het volk, hetwelk in derzelver midden was, zijnde gelegen in zekerheid, naar de wijze derSidoniers, stil en zeker zijnde; en daar was geen erfheer, die iemand om enige zaak schande aandeed in dat land; ook waren zij verre van de Sidoniers, en haddenniets te doen met enigen mens.

⁸En zij kwamen tot hun broederen te Zora en te Esthaol, en hun broeders zeiden tot hen: Wat zegt gijlieden?

⁹En zij zeiden: Maakt u op, en laat ons tot hen optrekken; want wij hebben dat land bezien, en ziet, het is zeer goed; zoudt gij dan stil zijn? Weest niet lui om tetrekken, dat gij henen inkomt, om dat land in erfelijke bezitting te nemen;

¹⁰(Als gij daarhenen komt, zo zult gij komen tot een zorgeloos volk, en dat land is wijd van ruimte) want God heeft het in uw hand gegeven; een plaats, alwaar geengebrek is van enig ding, dat op de aarde is.

¹¹Toen reisden van daar uit het geslacht der Danieten, van Zora en van Esthaol, zeshonderd man, aangegord met krijgswapenen.

¹²En zij togen op, en legerden zich bij Kirjath-Jearim, in Juda; daarom noemden zij deze plaats, Machane-Dan, tot op dezen dag; ziet, het is achter Kirjath-Jearim.

¹³En van daar togen zij door naar het gebergte van Efraim, en zij kwamen tot aan het huis van Micha.

¹⁴Toen antwoordden de vijf mannen, die gegaan waren om het land van Lais te verspieden, en zeiden tot hun broederen: Weet gijlieden ook, dat in die huizen een efodis, en terafim, en een gesneden en een gegoten beeld? Zo weet nu, wat u te doen zij.

¹⁵Toen weken zij daarheen, en kwamen aan het huis van den jongeling, den Leviet, ten huize van Micha; en zij vraagden hem naar vrede.

¹⁶En de zeshonderd mannen, die van de kinderen van Dan waren, met hun krijgswapenen aangegord, bleven staan aan de deur van de poort.

¹⁷Maar de vijf mannen, die gegaan waren om het land te verspieden, gingen op, kwamen daarhenen in, en namen weg het gesneden beeld, en den efod, en de terafim, en het gegoten beeld; de priester nu bleef staan aan de deur van de poort, met de zeshonderd mannen, die met krijgswapenen aangegord waren.

¹⁸Als die nu ten huize van Micha waren ingegaan, en het gesneden beeld, den efod, en de terafim, en het gegoten beeld weggenomen hadden, zo zeide de priester tothen: Wat doet gijlieden?

¹⁹En zij zeiden tot hem: Zwijg, leg uw hand op uw mond, en ga met ons, en wees ons tot een vader en tot een priester! Is het beter, dat gij een priester zijt voor het huis van een man, of dat gij een priester zijt voor een stam, en een geslacht in Israel?

²⁰Toen werd het hart van den priester vrolijk, en hij nam den efod, en de terafim, en het gesneden beeld, en hij kwam in het midden des volks.

²¹Alzo keerden zij zich, en togen voort; en zij stelden de kinderkens, en het vee, en de bagage voor zich.

²²Als zij nu verre van Micha's huis gekomen waren, zo werden de mannen, zijnde in de huizen, die bij het huis van Micha waren, bijeengeroepen, en zij achterhaaldende kinderen van Dan.

²³En zij riepen de kinderen van Dan na; dewelke hun aangezichten omkeerden, en zeiden tot Micha: Wat is u, dat gij bijeengeroepen zijt?

²⁴Toen zeide hij: Gijlieden hebt mijn goden, die ik gemaakt had, weggenomen, mitsgaders den priester, en zijt weggegaan; wat heb ik nu meer? Wat is het dan, dat gijtot mij zegt: Wat is u?

²⁵Maar de kinderen van Dan zeiden tot hem: Laat uw stem bij ons niet horen, opdat niet misschien mannen, van bitteren gemoede, op u aanvallen, en gij uw levenverliest, en het leven van uw huis.

²⁶Alzo gingen de kinderen van Dan huns weegs; en Micha, ziende, dat zij sterker waren dan hij, zo keerde hij om, en kwam weder tot zijn huis.

²⁷Zij dan namen wat Micha gemaakt had, en den priester, die hij gehad had, en kwamen te Lais, tot een stil en zeker volk, en sloegen hen met de scherpte deszwaards, en de stad verbrandden zij met vuur.

²⁸En er was niemand, die hen verloste; want zij was verre van Sidon, en zij hadden niets met enigen mens te doen; en zij lag in het dal, dat bij Beth-Rechob is. Daarnaherbouwden zij de stad, en woonden daarin.

²⁹En zij noemden den naam der stad Dan, naar den naam huns vaders Dan, die aan Israel geboren was; hoewel de naam dezer stad te voren Lais was.

³⁰En de kinderen van Dan richtten voor zich dat gesneden beeld op; en Jonathan, de zoon van Gersom, den zoon van Manasse, hij en zijn zonen waren priesters voorden stam der Danieten, tot den dag toe, dat het land gevankelijk is weggevoerd.

³¹Alzo stelden zij onder zich het gesneden beeld van Micha, dat hij gemaakt had, al de dagen, dat het huis Gods te Silo was.

Hoofdstuk 18

¹Het geschiedde ook in die dagen, als er geen koning was in Israel, dat er een Levietisch man was, verkerende als vreemdeling aan de zijden van het gebergte vanEfraim, die zich een vrouw, een bijwijf, nam van Bethlehem-Juda.

²Maar zijn bijwijf hoereerde, bij hem zijnde, en toog van hem weg naar haars vaders huis, tot Bethlehem-Juda; en zij was aldaar enige dagen, te weten vier maanden.

³En haar man maakte zich op, en toog haar na, om naar haar hart te spreken, om haar weder te halen; en zijn jongen was bij hem, en een paar ezels. En zij brachthem in het huis haars vaders. En als de vader van de jonge vrouw hem zag, werd hij vrolijk over zijn ontmoeting.

⁴En zijn schoonvader, de vader van de jonge vrouw, behield hem, dat hij drie dagen bij hem bleef; en zij aten en dronken, en vernachtten aldaar.

⁵Op den vierden dag nu geschiedde het, dat zij des morgens vroeg op waren, en hij opstond om weg te trekken; toen zeide de vader van de jonge dochter tot zijnschoonzoon: Sterk uw hart met een bete broods, en daarna zult gijlieden wegtrekken.

⁶Zo zaten zij neder, en zij beiden aten te zamen, en dronken. Toen zeide de vader van de jonge vrouw tot den man: Bewillig toch en vernacht, en laat uw hart vrolijkzijn.

⁷Maar de man stond op, om weg te trekken. Toen drong hem zijn schoonvader, dat hij aldaar wederom vernachtte.

⁸Als hij op den vijfden dag des morgens vroeg op was, om weg te trekken, zo zeide de vader van de jonge vrouw: Sterk toch uw hart. En zij vertoefden, totdat de dagzich neigde; en zij beiden aten te zamen.

⁹Toen maakte de man zich op, om weg te trekken, hij, en zijn bijwijf, en zijn jongen; en zijn schoonvader, de vader van de jonge vrouw, zeide: Zie toch, de dag heeftafgenomen, dat het avond zal worden, vernacht toch; zie, de dag legert zich, vernacht hier, en laat uw hart vrolijk zijn, en maak u morgen vroeg op uws weegs, en ganaar uw tent.

¹⁰Doch de man wilde niet vernachten, maar stond op, en trok weg, en kwam tot tegenover Jebus (dewelke is Jeruzalem), en met hem het paar gezadelde ezelen; ookwas zijn bijwijf met hem.

¹¹Als zij nu bij Jebus waren, zo was de dag zeer gedaald; en de jongen zeide tot zijn heer: Trek toch voort, en laat ons in deze stad der Jebusieten wijken, en daarinvernachten.

¹²Maar zijn heer zeide tot hem: Wij zullen herwaarts niet wijken tot een vreemde stad, die niet is van de kinderen Israels; maar wij zullen voorttrekken tot Gibea toe.

¹³Voorts zeide hij tot zijn jongen: Ga voort, dat wij tot een van die plaatsen naderen, en te Gibea of te Rama vernachten.

¹⁴Alzo togen zij voort, en wandelden; en de zon ging hun onder bij Gibea, dewelke Benjamins is;

¹⁵En zij weken daarheen, dat zij inkwamen, om in Gibea te

vernachten. Toen hij nu inkwam, zat hij neder in een straat der stad, want er was niemand, die hen in huisnam, om te vernachten.

¹⁶En ziet, een oud man kwam van zijn werk van het veld in den avond, welke man ook was van het gebergte van Efraim, doch als vreemdeling verkeerde te Gibea;maar de lieden dezer plaats waren kinderen van Jemini.

¹⁷Als hij nu zijn ogen ophief, zo zag hij die reizenden man op de straat der stad; en de oude man zeide: Waar trekt gij henen, en van waar komt gij?

¹⁸En hij zeide tot hem: Wij trekken door van Bethlehem-Juda tot aan de zijden van het gebergte van Efraim, van waar ik ben; en ik was naar Bethlehem-Juda getogen, maar ik trek nu naar het huis des HEEREN; en er is niemand, die mij in huis neemt.

¹⁹Daar toch onze ezelen zowel stro als voeder hebben, en ook brood en wijn is voor mij, en voor uw dienstmaagd, en voor de jongen, die bij uw knechten is; er is aangeen ding gebrek.

²⁰Toen zeide de oude man: Vrede zij u! al wat u ontbreekt, is toch bij mij; alleenlijk vernacht niet op de straat.

²¹En hij bracht hem in zijn huis, en gaf aan de ezelen voeder; en hun voeten gewassen hebbende, zo aten en dronken zij.

²²Toen zij nu hun hart vrolijk maakten, ziet, zo omringden de mannen van die stad (mannen, die Belials kinderen waren) het huis, kloppende op de deur; en zij sprakentot den ouden man, den heer des huizes, zeggende: Breng den man, die in uw huis gekomen is, uit, opdat wij hem bekennen.

²³En de man, de heer des huizes, ging tot hen uit, en zeide tot hen: Niet, mijn broeders, doet toch zo kwalijk niet; naardien deze man in mijn huis gekomen is, zo doetzulke dwaasheid niet.

²⁴Ziet, mijn dochter die maagd is, en zijn bijwijf, die zal ik nu uitbrengen, dat gij die schendt, en haar doet, wat goed is in uw ogen; maar doet aan dezen man zulk eendwaas ding niet.

²⁵Maar de mannen wilden naar hem niet horen. Toen greep de man zijn bijwijf, en bracht haar uit tot hen daarbuiten; en zij bekenden haar, en waren met haar bezigden gansen nacht tot aan den morgen, en lieten haar gaan, als de dageraad oprees.

²⁶En deze vrouw kwam tegen het aanbreken van den morgenstond, en viel neder voor de deur van het huis des mans, waarin haar heer was, totdat het licht werd.

²⁷Als nu haar heer des morgens opstond en de deuren van het huis opendeed, en uitging om zijns weegs te gaan, ziet, zo lag de vrouw, zijn bijwijf, aan de deur van hethuis, en haar handen op den dorpel.

²⁸En hij zeide tot haar: Sta op, en laat ons trekken; maar niemand antwoordde. Toen nam hij haar op den ezel, en de man maakte zich op, en toog naar zijn plaats.

²⁹Als hij nu in zijn huis kwam, zo nam hij een mes, en greep zijn bijwijf, en deelde haar met haar beenderen in twaalf stukken; en hij zond ze in alle landpalen vanIsrael.

³⁰En het geschiedde, dat al wie het zag, zeide: Zulks is niet geschied noch gezien, van dien dag af, dat de kinderen Israels uit Egypteland zijn opgetogen, tot op dezendag; legt uw hart daarop, geeft raad en spreekt!

Hoofdstuk 19

¹Toen togen al de kinderen Israels uit, en de vergadering verzamelde zich, als een enig man, van Dan af tot Ber-seba toe, ook het land van Gilead, tot den HEERE teMizpa.

²En uit de hoeken des gansen volks stelden zich al de stammen van Israel in de vergadering van het volk Gods, vierhonderd duizend man te voet, die het zwaarduittrokken.

³(De kinderen Benjamins nu hoorden, dat de kinderen Israels opgetogen naar Mizpa.) En de kinderen Israels zeiden: Spreekt, hoe is dit kwaad geschied?

⁴Toen antwoordde de Levictische man, de man van de vrouw, die gedood was, en zeide: Ik kwam met mijn bijwijf te Gibea, dewelke Benjamins is, om te vernachten.

⁵En de burgers van Gibea maakten zich tegen mij op, en omringden tegen mij het huis bij nacht; zij dachten mij te doden, en mijn bijwijf hebben zij geschonden, dat zijgestorven is.

⁶Toen greep ik mijn bijwijf, en deelde haar, en zond haar in het ganse land der erfenis van Israel, omdat zij een schandelijke daad en dwaasheid in Israel gedaanhadden.

⁷Ziet, gij allen zijt kinderen Israels, geeft hier voor ulieden woord en raad!

⁸Toen maakte zich al het volk op, als een enig man, zeggende: Wij zullen niet gaan, een ieder naar zijn tent, noch wijken, een ieder naar zijn huis.

⁹Maar nu, dit is de zaak, die wij aan Gibea zullen doen: tegen haar bij het lot!

¹⁰En wij zullen tien mannen nemen van honderd, van alle stammen Israels, en honderd van duizend, en duizend van tienduizend, om teerkost te nemen voor het volk, opdat zij, komende te Gibea-Benjamins, haar doen naar al de dwaasheid, die zij in Israel gedaan heeft.

¹¹Alzo werden alle mannen van Israel verzameld tot deze stad, verbonden als een enig man.

¹²En de stammen van Israel zonden mannen door den gansen stam van Benjamin, zeggende: Wat voor een kwaad is dit, dat onder ulieden geschied is?

¹³Zo geeft nu die mannen, die kinderen Belials, die te Gibea zijn, dat wij hen doden, en het kwaad uit Israel wegdoen. Doch de kinderen van Benjamin wilden niethoren naar de stem van hun broederen, de kinderen Israels.

¹⁴Maar de kinderen van Benjamin verzamelden zich uit de steden naar Gibea, om uit te trekken ten strijde tegen de kinderen Israels.

¹⁵En de kinderen van Benjamin werden te dien dage geteld uit de steden, zes en twintig duizend mannen, die het zwaard uittrokken, behalve dat de inwoners vanGibea geteld werden, zevenhonderd uitgelezene mannen.

¹⁶Onder al dit volk waren zevenhonderd uitgelezene mannen, welke links waren; deze allen slingerden met een steen op een haar, dat het hun niet miste.

¹⁷En de mannen van Israel werden geteld, behalve Benjamin, vierhonderd duizend mannen, die het zwaard uittrokken; deze allen waren mannen van oorlog.

¹⁸En de kinderen Israels maakten zich op, en togen opwaarts ten huize Gods, en vraagden God, en zeiden: Wie zal onder ons vooreerst optrekken ten strijde tegen dekinderen van Benjamin? En de HEERE zeide: Juda vooreerst.

¹⁹Alzo maakten zich de kinderen Israels in den morgenstond op, en legerden zich tegen Gibea.

²⁰En de mannen van Israel togen uit ten strijde tegen Benjamin; voorts schikten de mannen Israels den strijd tegen hen bij Gibea.

²¹Toen togen de kinderen van Benjamin uit van Gibea, en zij vernielden ter aarde op dien dag van Israel twee en twintig duizend man.

²²Doch het volk versterkte zich, te weten de mannen van Israel, en zij beschikten de strijd wederom ter plaatse, waar zij dien des vorige daags geschikt hadden.

²³En de kinderen Israels togen op, en weenden voor het aangezicht des HEEREN tot op den avond, en vraagden den HEERE zeggende: Zal ik weder genaken tenstrijde tegen de kinderen van Benjamin, mijn broeder? En de HEERE zeide: Trekt tegen hem op.

²⁴Zo naderden de kinderen Israels tot de kinderen van Benjamin, des anderen daags.

²⁵En die van Benjamin trokken uit hun tegemoet, uit Gibea, op den tweeden dag, en velden van de kinderen Israels nog achttien duizend man neder ter aarde; die allentrokken het zwaard uit.

²⁶Toen togen alle kinderen Israels en al het volk op, en kwamen ten huize Gods, en weenden, en bleven aldaar voor het aangezicht des HEEREN, en vastten dien dagtot op den avond; en zij offerden brandoffers en dankoffers voor het aangezicht des HEEREN.

²⁷En de kinderen Israels vraagden den HEERE, want aldaar was de ark des verbonds van God in die dagen.

²⁸En Pinehas, de zoon van Eleazar, den zoon van Aaron, stond voor Zijn aangezicht, in die dagen, zeggende: Zal ik nog meer uittrekken ten strijde tegen de kinderenvan Benjamin, mijn broeder, of zal ik ophouden? en de HEERE zeide: Trekt op, want morgen zal Ik hem in uw hand geven.

²⁹Toen bestelde Israel achterlagen op Gibea rondom.

³⁰En de kinderen Israels togen op, aan den derden dag, tegen de kinderen van Benjamin; en zij schikten den strijd op Gibea, als op de andere malen.

³¹Toen togen de kinderen van Benjamin uit, het volk tegemoet, en werden van de stad afgetrokken; en zij begonnen te slaan van het volk, en te doorsteken, gelijk deandere malen, op de straten, waarvan de een opgaat naar het huis Gods, en de ander naar Gibea, in het veld, omtrent dertig man van Israel.

³²Toen zeiden de kinderen van Benjamin: Zij zijn voor ons aangezicht geslagen, als te voren; maar de kinderen Israels zeiden: Laat ons vlieden, en hen van de stadaftrekken naar de straten.

³³Toen maakten zich alle mannen van Israel op uit hun plaatsen, en schikten den strijd te Baal-Thamar; ook brak Israels achterlage op uit haar plaats, na deontbloting van Gibea.

³⁴En tien duizend uitgelezen mannen van gans Israel kwamen van tegenover Gibea, en de strijd werd zwaar; doch zij wisten niet, dat het

Richteren

kwaad hen treffen zou.

³⁵Toen sloeg de HEERE Benjamin voor Israels aangezicht; dat de kinderen Israels op dien dag van Benjamin vernielden vijf en twintig duizend en honderd mannen; die allen trokken het zwaard uit.

³⁶En de kinderen van Benjamin zagen, dat zij geslagen waren; want de mannen van Israel gaven de Benjaminieten plaats, omdat zij vertrouwden op de achterlage, die zij tegen Gibea gesteld hadden.

³⁷En de achterlage haastte, en brak voorwaarts naar Gibea toe; ja, de achterlage trok rechtdoor, en sloeg de ganse stad met de scherpte des zwaards.

³⁸En de mannen van Israel hadden een bestemde tijd met de achterlage, wanneer zij een grote verheffing van rook van de stad zouden doen opgaan.

³⁹Zo keerden zich de mannen van Israel om in den strijd; en Benjamin had begonnen te slaan en te doorsteken van de mannen van Israel omtrent dertig man; want zij zeiden: Immers is hij zekerlijk voor ons aangezicht geslagen, als in den vorigen strijd.

⁴⁰Toen begon de verheffing op te gaan van de stad, als een pilaar van rook; als nu Benjamin achter zich omzag, ziet, zo ging de brand der stad op naar den hemel.

⁴¹En de mannen van Israel keerden zich om; en de mannen van Benjamin werden verbaasd, want zij zagen, dat het kwaad hen treffen zou.

⁴²Zo wendden zij zich voor het aangezicht der mannen van Israel naar den weg der woestijn; maar de strijd kleefde hen aan, en die uit de steden vernielden ze in het midden van hen.

⁴³Zij omringden Benjamin, zij vervolgden hem, zij vertraden hem gemakkelijk, tot voor Gibea, tegen den opgang der zon.

⁴⁴En er vielen van Benjamin achttien duizend mannen; deze allen waren strijdbare mannen.

⁴⁵Toen keerden zij zich, en vloden naar de woestijn, tot den rotssteen van Rimmon; maar zij deden een nalezing onder hen op de straten, van vijf duizend man; voorts kleefden zij hen achteraan tot aan Gideom, en sloegen van hen twee duizend man.

⁴⁶Alzo waren allen, die op die dag van Benjamin vielen, vijf en twintig duizend mannen, die het zwaard uittrokken; die allen waren strijdbare mannen.

⁴⁷Doch zeshonderd mannen keerden zich, en vloden naar de woestijn, tot den rotssteen van Rimmon, en bleven in den rotssteen van Rimmon, vier maanden.

⁴⁸En de mannen van Israel keerden weder tot de kinderen van Benjamin, en sloegen hen met de scherpte des zwaards, die van de gehele stad tot de beesten toe, ja, alwat gevonden werd; ook zetten zij alle steden, die gevonden werden, in het vuur.

Hoofdstuk 20

¹De mannen van Israel nu hadden te Mizpa gezworen, zeggende: Niemand van ons zal zijn dochter aan de Benjaminieten ter vrouwe geven.

²Zo kwam het volk tot het huis Gods, en zij bleven daar tot op den avond, voor Gods aangezicht; en zij hieven hun stem op en weenden met groot geween.

³En zeiden: O HEERE, God van Israel! Waarom is dit geschied in Israel, dat er heden een stam van Israel gemist wordt?

⁴En het geschiedde des anderen daags, dat zich het volk vroeg opmaakte, en bouwde aldaar een altaar; en zij offerden brandofferen en dankofferen.

⁵En de kinderen Israels zeiden: Wie is er, die niet is opgekomen in de vergadering uit al de stammen van Israel tot den HEERE? Want er was een grote eed geschied aangaande dengene, die niet opkwam tot den HEERE te Mizpa, zeggende: Hij zal zekerlijk gedood worden.

⁶En het berouwde den kinderen Israels over Benjamin, hun broeder; en zij zeiden: Heden is een stam van Israel afgesneden.

⁷Wat zullen wij, belangende de vrouwen, doen aan degenen, die overgebleven zijn? Want wij hebben bij den HEERE gezworen, dat wij hun van onze dochteren geen tot vrouwen zullen geven.

⁸En zij zeiden: Is er iemand van de stammen van Israel, die niet opgekomen is tot den HEERE te Mizpa? En ziet, van Jabes in Gilead was niemand opgekomen in het leger, tot de gemeente.

⁹Want het volk werd geteld, en ziet, er was niemand van de inwoners van Jabes in Gilead.

¹⁰Toen zond de vergadering daarheen twaalf duizend mannen, van de strijdbaarste; en zij geboden hun, zeggende: Trekt heen, en slaat met de scherpte des zwaards de inwoners van Jabes in Gilead, met de vrouwen en de kinderkens.

¹¹Doch dit is de zaak, die gij doen zult; al wat mannelijk is, en alle vrouwen, die de bijligging eens mans bekend hebben, zult gij verbannen.

¹²En zij vonden onder de inwoners van Jabes in Gilead vierhonderd jonge dochters, die maagden waren, die geen man bekend hadden in bijligging des mans; en zij brachten die in het leger te Silo, dewelke is in het land Kanaan.

¹³Toen zond de ganse vergadering heen, en sprak tot de kinderen van Benjamin, die in den rotssteen van Rimmon waren, en zij riepen hen vrede toe.

¹⁴Alzo kwamen de Benjaminieten ter zelfder tijd weder; en zij gaven hun de vrouwen, die zij in het leven behouden hadden van de vrouwen van Jabes in Gilead; maar alzo waren er nog niet genoeg voor hen.

¹⁵Toen berouwde het den volke over Benjamin, omdat de HEERE een scheur gemaakt had in de stammen van Israel.

¹⁶En de oudsten der vergadering zeiden: Wat zullen wij, belangende de vrouwen, doen aan degenen, die overgebleven zijn? Want de vrouwen zijn uit Benjamin verdelgd.

¹⁷Wijders zeiden zij: De erfenis dergenen, die ontkomen zijn, is van Benjamin, en er moet geen stam uitgedelgd worden uit Israel.

¹⁸Maar wij zullen hun geen vrouwen van onze dochteren kunnen geven; want de kinderen Israels hebben gezworen, zeggende: Vervloekt zij, die de Benjaminieten een vrouw geeft!

¹⁹Toen zeiden zij: Ziet, er is een feest des HEEREN te Silo, van jaar tot jaar, dat gehouden wordt tegen het noorden van het huis Gods, tegen den opgang der zon, aan den hogen weg, die opgaat van het huis Gods naar Sichem, en tegen het zuiden van Lebona.

²⁰En zij geboden den kinderen van Benjamin, zeggende: Gaat heen, en loert in de wijngaarden.

²¹En let er op, en ziet, als de dochters van Silo zullen uitgegaan zijn om met reien te dansen, zo komt gij voort uit de wijngaarden, en schaakt u, een ieder zijn huisvrouw, uit de dochteren van Silo; en gaat heen in het land van Benjamin.

²²En het zal geschieden, wanneer haar vaders of haar broeders zullen komen, om voor ons te rechten, dat wij tot hen zullen zeggen: Zijt hun om onzentwil genadig, omdat wij geen huisvrouw voor een ieder van hen in deze krijg genomen hebben; want gijlieden hebt ze hun niet gegeven, dat gij te dezer tijd schuldig zoudt zijn.

²³En de kinderen van Benjamin deden alzo, en voerden naar hun getal vrouwen weg, van de reiende dochters, die zij roofden, en zij togen heen, en keerden weder tot hun erfenis, en herbouwden de steden, en woonden daarin.

²⁴Ook togen de kinderen Israels te dier tijd van daar, een iegelijk naar zijn stam en naar zijn geslacht; alzo togen zij uit van daar, een iegelijk naar zijn erfenis.

Ruth

Hoofdstuk 1

¹In de dagen, als de richters richtten, zo geschiedde het, dat er honger in het land was; daarom toog een man van Bethlehem-Juda, om als vreemdeling te verkeren in de velden Moabs, hij, en zijn huisvrouw, en zijn twee zonen.

²De naam nu dezes mans was Elimelech, en de naam zijner huisvrouw Naomi, en de naam zijner twee zonen Machlon en Chiljon, Efrathers, van Bethlehem-Juda; en zij kwamen in de velden Moabs, en bleven aldaar.

³En Elimelech, de man van Naomi, stierf; maar zij werd overgelaten met haar twee zonen.

⁴Die namen zich Moabietische vrouwen; de naam der ene was Orpa, en de naam der andere Ruth; en zij bleven aldaar omtrent tien jaren.

⁵En die twee, Machlon en Chiljon, stierven ook; alzo werd deze vrouw overgelaten na haar twee zonen en na haar man.

⁶Toen maakte zij zich op met haar schoondochters, en keerde weder uit de velden van Moab; want zij had gehoord in het land van Moab, dat de HEERE Zijn volk bezocht had, gevende hun brood.

⁷Daarom ging zij uit van de plaats, waar zij geweest was en haar twee schoondochters met haar. Als zij nu gingen op den weg, om weder te keren naar het land van Juda,

⁸Zo zeide Naomi tot haar twee schoondochters: Gaat heen, keert weder, een iegelijk tot het huis van haar moeder; de HEERE doe bij u weldadigheid, gelijk als gij gedaan hebt bij de doden, en bij mij.

⁹De HEERE geve u, dat gij ruste vindt, een iegelijk in het huis van haar man! En als zij haar kuste, hieven zij haar stem op en weenden;

¹⁰En zij zeiden tot haar: Wij zullen zekerlijk met u wederkeren tot uw volk.

¹¹Maar Naomi zeide: Keert weder, mijn dochters! Waarom zoudt gij met mij gaan? Heb ik nog zonen in mijn lichaam, dat zij u tot mannen zouden zijn?

¹²Keert weder, mijn dochters! Gaat heen; want ik ben te oud om een man te hebben. Wanneer ik al zeide: Ik heb hoop, of ik ook in dezen nacht een man had, ja, ook zonen baarde;

¹³Zoudt gij daarnaar wachten, totdat zij zouden groot geworden zijn; zoudt gij daarnaar opgehouden worden, om geen man te nemen? Niet, mijn dochters! Want het is mij veel bitterder dan u; maar de hand des HEEREN is tegen mij uitgegaan.

¹⁴Toen hieven zij haar stem op, en weenden wederom; en Orpa kuste haar schoonmoeder, maar Ruth kleefde haar aan.

¹⁵Daarom zeide zij: Zie, uw zwagerin is wedergekeerd tot haar volk en tot haar goden; keer gij ook weder, uw zwagerin na.

¹⁶Maar Ruth zeide: Val mij niet tegen, dat ik u zou verlaten, om van achter u weder te keren; want waar gij zult heengaan, zal ik ook heengaan, en waar gij zult vernachten, zal ik vernachten; uw volk is mijn volk, en uw God mijn God.

¹⁷Waar gij zult sterven, zal ik sterven, en aldaar zal ik begraven worden; alzo doe mij de HEERE en alzo doe Hij daartoe, zo niet de dood alleen zal scheiding maken tussen mij en tussen u!

¹⁸Als zij nu zag, dat zij vastelijk voorgenomen had met haar te gaan, zo hield zij op tot haar te spreken.

¹⁹Alzo gingen die beiden, totdat zij te Bethlehem inkwamen; en het geschiedde, als zij te Bethlehem inkwamen, dat de ganse stad over haar beroerd werd, en zij zeiden: Is dit Naomi?

²⁰Maar zij zeide tot henlieden: Noemt mij niet Naomi, noemt mij Mara; want de Almachtige heeft mij grote bitterheid aangedaan.

²¹Vol toog ik weg, maar ledig heeft mij de HEERE doen wederkeren; waarom zoudt gij mij Naomi noemen, daar de HEERE tegen mij getuigt, en de Almachtige mij kwaad aangedaan heeft?

Hoofdstuk 2

¹Naomi nu had een bloedvriend van haar man, een man, geweldig van vermogen, van het geslacht van Elimelech; en zijn naam was Boaz.

²En Ruth, de Moabietische, zeide tot Naomi: Laat mij toch in het veld gaan, en van de aren oplezen, achter dien, in wiens ogen ik genade zal vinden. En zij zeide tot haar: Ga heen, mijn dochter!

³Zo ging zij heen, en kwam en las op in het veld, achter de maaiers; en haar viel bij geval voor, een deel van het veld van Boaz, die van het geslacht van Elimelech was.

⁴En ziet, Boaz kwam van Bethlehem, en zeide tot de maaiers: De HEERE zij met ulieden! En zij zeiden tot hem: De HEERE zegene u!

⁵Daarna zeide Boaz tot zijn jongen, die over de maaiers gezet was: Wiens is deze jonge vrouw?

⁶En de jongen, die over de maaiers gezet was, antwoordde en zeide: Deze is de Moabietische jonge vrouw, die met Naomi wedergekomen is uit de velden Moabs;

⁷En zij heeft gezegd: Laat mij toch oplezen en aren bij de garven verzamelen, achter de maaiers; zo is zij gekomen en heeft gestaan van des morgens af tot nu toe; nu is haar te huis blijven weinig.

⁸Toen zeide Boaz tot Ruth: Hoort gij niet, mijn dochter? Ga niet, om in een ander veld op te lezen; ook zult gij van hier niet weggaan, maar hier zult gij u houden bij mijn maagden.

⁹Uw ogen zullen zijn op dit veld, dat zij maaien zullen, en gij zult achter haarlieden gaan; heb ik den jongens niet geboden, dat men u niet aanroere? Als u dorst, zo ga tot de vaten, en drink van hetgeen de jongens zullen geschept hebben.

¹⁰Toen viel zij op haar aangezicht, en boog zich ter aarde, en zij zeide tot hem: Waarom heb ik genade gevonden in uw ogen, dat gij mij kent, daar ik een vreemde ben?

¹¹En Boaz antwoordde en zeide tot haar: Het is mij wel aangezegd alles, wat gij bij uw schoonmoeder gedaan hebt, na de dood uws mans, en hebt uw vader en uw moeder, en het land uwer geboorte verlaten, en zijt heengegaan tot een volk, dat gij van te voren niet kendet.

¹²De HEERE vergelde u uw daad en uw loon zij volkomen, van den HEERE, den God Israels, onder wiens vleugelen gij gekomen zijt om toevlucht te nemen!

¹³En zij zeide: Laat mij genade vinden in uw ogen, mijn heer, dewijl gij mij getroost hebt, en dewijl gij naar het hart uwer dienstmaagd gesproken hebt, hoewel ik niet ben, gelijk een uwer dienstmaagden.

¹⁴Als het nu etenstijd was, zeide Boaz tot haar: Kom hier bij, en eet van het brood, en doop uw bete in den azijn. Zo zat zij neder aan de zijde van de maaiers, en hij langde haar geroost koren, en zij at, en werd verzadigd, en hield over.

¹⁵Als zij nu opstond, om op te lezen, zo gebood Boaz zijn jongens, zeggende: Laat haar ook tussen de garven oplezen, en beschaamt haar niet.

¹⁶Ja, laat ook allengskens van de handvollen voor haar wat vallen, en laat het liggen, dat zij het opleze, en bestraft haar niet.

¹⁷Alzo las zij op in dat veld, tot aan den avond; en zij sloeg uit, wat zij opgelezen had, en het was omtrent een efa gerst.

¹⁸En zij nam het op, en kwam in de stad; en haar schoonmoeder zag, wat zij opgelezen had; ook bracht zij voort, en gaf haar, wat zij van haar verzadiging overgehouden had.

¹⁹Toen zeide haar schoonmoeder tot haar: Waar hebt gij heden opgelezen, en waar hebt gij gewrocht? Gezegend zij, die u gekend heeft! En zij verhaalde haar schoonmoeder, bij wien zij gewrocht had, en zeide: De naam des mans, bij welken ik heden gewrocht heb, is Boaz.

²⁰Toen zeide Naomi tot haar schoondochter: Gezegend zij den HEERE, Die Zijn weldadigheid niet heeft nagelaten aan de levenden en aan de doden! Voorts zeide Naomi tot haar: Die man is ons nabestaande; hij is een van onze lossers.

²¹En Ruth, de Moabietische, zeide: Ook, omdat hij tot mij gezegd heeft: Gij zult u houden bij de jongens, die ik heb, totdat zij den gansen oogst, die ik heb, zullen hebben voleindigd.

²²En Naomi zeide tot haar schoondochter Ruth: Het is goed, mijn dochter, dat gij met zijn maagden uitgaat, opdat zij u niet tegenvallen in een ander veld.

²³Alzo hield zij zich bij de maagden van Boaz, om op te lezen, totdat de gersteoogst en tarweoogst voleindigd waren; en zij bleef bij haar schoonmoeder.

Hoofdstuk 3

¹En Naomi, haar schoonmoeder, zeide tot haar: Mijn dochter! zoude ik u geen rust zoeken, dat het u welga?

²Nu dan, is niet Boaz, met wiens maagden gij geweest zijt, van onze bloedvriendschap? Zie, hij zal dezen nacht gerst op den dorsvloer wannen.

³Zo baad u, en zalf u, en doe uw klederen aan, en ga af naar den dorsvloer; maar maak u den man niet bekend, totdat hij geeindigd zal hebben te eten en te drinken.

⁴En het zal geschieden, als hij nederligt, dat gij de plaats zult merken, waar hij zal nedergelegen zijn; ga dan in, en sla zijn voetdeksel op, en leg u; zo zal hij u tekennen geven, wat gij doen zult.

⁵En zij zeide tot haar: Al wat gij tot mij zegt, zal ik doen.

⁶Alzo ging zij af naar den dorsvloer, en deed naar alles, wat haar schoonmoeder haar geboden had.

Ruth

⁷Als nu Boaz gegeten en gedronken had, en zijn hart vrolijk was, zo kwam hij om neder te liggen aan het uiterste van een koren hoop. Daarna kwam zij stilletjes in, en sloeg zijn voetdeksel op, en legde zich.

⁸En het geschiedde te middernacht, dat die man verschrikte, en om zich greep; en ziet, een vrouw lag aan zijn voetdeksel.

⁹En hij zeide: Wie zijt gij? En zij zeide: Ik ben Ruth, uw dienstmaagd, breid dan uw vleugel uit over uw dienstmaagd, want gij zijt de losser.

¹⁰En hij zeide: Gezegend zijt gij den HEERE, mijn dochter! Gij hebt deze uw laatste weldadigheid beter gemaakt dan de eerste, dewijl gij geen jonge gezellen zijt nagegaan, hetzij arm of rijk.

¹¹En nu, mijn dochter, vrees niet; al wat gij gezegd hebt, zal ik u doen; want de ganse stad mijns volks weet, dat gij een deugdelijke vrouw zijt.

¹²Nu dan, wel is waar, dat ik een losser ben; maar er is nog een losser, nader dan ik.

¹³Blijf dezen nacht over; voorts in den morgen zal het geschieden, indien hij u lost, goed, laat hem lossen; maar indien het hem niet lust u te lossen, zo zal ik u lossen, zo waarachtig als de HEERE leeft; leg u neder tot den morgen toe.

¹⁴Alzo lag zij neder aan zijn voetdeksel tot den morgen toe; en zij stond op, eer dat de een den ander kennen kon; want hij zeide: Het worde niet bekend, dat een vrouw op den dorsvloer gekomen is.

¹⁵Voorts zeide hij: Lang den sluier, die op u is, en houd dien; en zij hield hem; en hij mat zes maten gerst, en legde ze op haar; daarna ging hij in de stad.

¹⁶Zij nu kwam tot haar schoonmoeder, dewelke zeide: Wie zijt gij, mijn dochter? En zij verhaalde haar alles, wat die man haar gedaan had.

¹⁷Ook zeide zij: Deze zes maten gerst heeft hij mij gegeven; want hij zeide tot mij: Kom niet ledig tot uw schoonmoeder.

¹⁸Toen zeide zij: Zit stil, mijn dochter, totdat gij weet, hoe de zaak zal vallen; want die man zal niet rusten, tenzij dat hij heden deze zaak voleind hebbe.

Hoofdstuk 4

¹En Boaz ging op in de poort, en zette zich aldaar en ziet, de losser, van welken Boaz gesproken had, ging voorbij; zo zeide hij: Wijk herwaarts, zet u hier, gij, zulkeen! En hij week derwaarts, en zette zich.

²En hij nam tien mannen van de oudsten der stad, en zeide: Zet u hier; en zij zetten zich.

³Toen zeide hij tot dien losser: Het stuk lands, dat van onzen broeder Elimelech was, heeft Naomi, die uit der Moabieten land wedergekomen is, verkocht;

⁴En ik heb gezegd: Ik zal het voor uw oor openbaren, zeggende: Aanvaard het in tegenwoordigheid der inwoners, en in tegenwoordigheid der oudsten mijns volks; zogij het zult lossen, los het; en zo men het ook niet zou lossen, verklaar het mij, dat ik het wete; want er is niemand, behalve gij, die het losse, en ik na u. Toen zeide hij: Ik zal het lossen.

⁵Maar Boaz zeide: Ten dage, als gij het land aanvaardt van de hand van Naomi, zo zult gij het ook aanvaarden van Ruth, de Moabietische, de huisvrouw des verstorvenen, om den naam des verstorvenen te verwekken over zijn erfdeel.

⁶Toen zeide die losser: Ik zal het voor mij niet kunnen lossen, opdat ik mijn erfdeel niet misschien verderve; los gij mijn lossing voor u; want ik zal niet kunnen lossen.

⁷Nu was dit van ouds een gewoonheid in Israel, bij de lossing en bij de verwisseling, om de ganse zaak te bevestigen, zo trok de man zijn schoen uit en gaf die aan zijn naaste; en dit was tot een getuigenis in Israel.

⁸Zo zeide de losser tot Boaz: Aanvaard gij het voor u; en hij trok zijn schoen uit.

⁹Toen zeide Boaz tot de oudsten en al het volk: Gijlieden zijt heden getuigen, dat ik aanvaard heb alles, wat van Elimelech geweest is, en alles, wat van Chiljon en Machlon geweest is, van de hand van Naomi.

¹⁰Daartoe aanvaard ik mij ook Ruth, de Moabietische, de huisvrouw van Machlon, tot een vrouw, om den naam des verstorvenen over zijn erfdeel te verwekken, opdat de naam des verstorvenen niet worde uitgeroeid van zijn broederen, en van de poort zijner plaats; gijlieden zijt heden getuigen.

¹¹En al het volk, dat in de poort was, mitsgaders de oudsten zeiden: Wij zijn getuigen; de HEERE make deze vrouw, die in uw huis komt, als Rachel en als Lea, diebeiden het huis van Israel gebouwd hebben; en handel kloekelijk in Efratha, en maak uw naam vermaard in Bethlehem!

¹²En uw huis zij, als het huis van Perez (die Thamar aan Juda baarde), van het zaad, dat de HEERE u geven zal uit deze jonge vrouw.

¹³Alzo nam Boaz Ruth, en zij werd hem ter vrouwe, en hij ging tot haar in; en de HEERE gaf haar, dat zij zwanger werd en een zoon baarde.

¹⁴Toen zeiden de vrouwen tot Naomi: Geloofd zij de HEERE, Die niet heeft nagelaten u heden een losser te geven; en zijn naam worde vermaard in Israel!

¹⁵Die zal u zijn tot een verkwikker der ziel, en om uw ouderdom te onderhouden; want uw schoondochter, die u liefheeft, heeft hem gebaard, dewelke u beter is dan zeven zonen.

¹⁶En Naomi nam dat kind, en zette het op haar schoot, en werd zijn voedster.

¹⁷En de naburinnen gaven hem een naam, zeggende: Aan Naomi is een zoon geboren; en zij noemden zijn naam Obed; deze is de vader van Isai, Davids vader.

¹⁸Dit nu zijn de geboorten van Perez: Perez gewon Hezron;

¹⁹En Hezron gewon Ram; en Ram gewon Amminadab;

²⁰En Amminadab gewon Nahesson; en Nahesson gewon Salma;

²¹En Salmon gewon Boaz, en Boaz gewon Obed;

1 Samuël

Hoofdstuk 1

¹Daar was een man van Ramathaim-Zofim, van het gebergte van Efraïm, wiens naam was Elkana, een zoon van Jerocham, den zoon van Elihu, den zoon van Tochu, den zoon van Zuf, een Efrathiet.

²En hij had twee vrouwen; de naam van de ene was Hanna, en de naam van de andere was Peninna. Peninna nu had kinderen, maar Hanna had geen kinderen.

³Deze man nu ging opwaarts uit zijn stad van jaar tot jaar om te aanbidden, en om te offeren den HEERE der heirscharen te Silo; en aldaar waren priesters des HEEREN, Hofni, en Pinehas, de twee zonen van Eli.

⁴En het geschiedde op dien dag, als Elkana offerde, zo gaf hij aan Peninna, zijn huisvrouw, en aan al haar zonen en haar dochteren, delen.

⁵Maar aan Hanna gaf hij een aanzienlijk deel, want hij had Hanna lief; doch de HEERE had haar baarmoeder toegesloten.

⁶En haar tegenpartijdige tergde haar ook met terging, om haar te vergrimmen, omdat de HEERE haar baarmoeder toegesloten had.

⁷En alzo deed hij op jaar; van dat zij opging tot het huis des HEEREN, zo tergde zij haar alzo; daarom weende zij en at niet.

⁸Toen zeide Elkana, haar man: Hanna, waarom weent gij, en waarom eet gij niet, en waarom is uw hart kwalijk gesteld? Ben ik u niet beter dan tien zonen?

⁹Toen stond Hanna op, nadat hij gegeten, en nadat hij gedronken had te Silo. En Eli, de priester, zat op een stoel bij een post van den tempel des HEEREN.

¹⁰Zij dan viel bitterlijk bedroefd zijnde, zo bad zij tot den HEERE, en zij weende zeer.

¹¹En zij beloofde een gelofte, en zeide: HEERE der heirscharen, zo Gij eenmaal de ellende Uwer dienstmaagd aanziet, en mijner gedenkt, en Uw dienstmaagd niet vergeet, maar geeft aan Uw dienstmaagd een mannelijk zaad, zo zal ik dat den HEERE geven al de dagen zijns levens, en er zal geen scheermes op zijn hoofd komen.

¹²Het geschiedde nu, als zij evenzeer bleef biddende voor het aangezicht des HEEREN, zo gaf Eli acht op haar mond.

¹³Want Hanna sprak in haar hart; alleenlijk roerden zich haar lippen, maar haar stem werd niet gehoord; daarom hield Eli haar voor dronken.

¹⁴En Eli zeide tot haar: Hoe lang zult gij u dronken aanstellen? Doe uw wijn van u.

¹⁵Doch Hanna antwoordde en zeide: Neen, mijn heer! ik ben een vrouw, bezwaard van geest; ik heb noch wijn, noch sterken drank gedronken; maar ik heb mijn ziel uitgegoten voor het aangezicht des HEEREN.

¹⁶Acht toch uw dienstmaagd niet voor een dochter Belials; want ik heb tot nu toe gesproken uit de veelheid van mijn gedachten en van mijn verdriet.

¹⁷Toen antwoordde Eli en zeide: Ga heen in vrede, en de God Israëls zal uw bede geven, die gij van Hem gebeden hebt.

¹⁸En zij zeide: Laat uw dienstmaagd genade vinden in uw ogen! Alzo ging die vrouw haars weegs; en zij at, en haar aangezicht was haar zodanig niet meer.

¹⁹En zij stonden des morgens vroeg op, en zij aanbaden voor het aangezicht des HEEREN, en zij keerden weder, en kwamen tot hun huis te Rama. En Elkana bekende zijn huisvrouw Hanna, en de HEERE gedacht aan haar.

²⁰En het geschiedde, na verloop van dagen, dat Hanna bevrucht werd, en baarde een zoon, en zij noemde zijn naam Samuel: Want, zeide zij, ik heb hem van de HEERE gebeden.

²¹En die man, Elkana toog op met zijn ganse huis, om den HEERE te offeren het jaarlijkse offer, en zijn gelofte.

²²Doch Hanna toog niet op; maar zij zeide tot haar man: Als de jongen gespeend is, dan zal ik hem brengen, dat hij voor het aangezicht des HEEREN verschijne, en blijve daar tot in eeuwigheid.

²³En Elkana, haar man, zeide tot haar: Doe, wat goed is in uw ogen; blijf, totdat gij hem zult gespeend hebben; de HEERE bevestige naar Zijn woord! Alzo bleef de vrouw, en zoogde haar zoon, totdat zij hem speende.

²⁴Daarna, als zij hem gespeend had, bracht zij hem met zich opwaarts, met drie varren, en een efa meels, en een fles met wijn; en zij bracht hem in het huis des HEEREN te Silo; en het jongsken was zeer jong.

²⁵En zij slachtten een var; alzo brachten zij het kind tot Eli.

²⁶En zij zeide: Och, mijn heer! zo waarachtig als uw ziel leeft, mijn heer! Ik ben die vrouw, die hier bij u stond, om den HEERE te bidden.

²⁷Ik bad om deze jongeling, en de HEERE heeft mij mijn bede gegeven, die ik van Hem gebeden heb.

Hoofdstuk 2

¹Toen bad Hanna en zeide: Mijn hart springt van vreugde op in den HEERE; mijn hoorn is verhoogd in den HEERE; mijn mond is wijd opengedaan over mijn vijanden; want ik verheug mij in Uw heil.

²Er is niemand heilig, gelijk de HEERE; want er is niemand dan Gij, en er is geen rotssteen, gelijk onze God!

³Maakt het niet te veel, dat gij hoog, hoog zoudt spreken, dat iets hards uit uw mond zou gaan; want de HEERE is een God der wetenschappen, en Zijn daden zijn recht gedaan.

⁴De boog der sterken is gebroken; en die struikelden, zijn met sterkte omgord.

⁵Die verzadigd waren, hebben zich verhuurd om brood, en die hongerig waren, zijn het niet meer; totdat de onvruchtbare zeven heeft gebaard, en die vele kinderen had, krachteloos is geworden.

⁶De HEERE doodt en maakt levend; Hij doet ter helle nederdalen, en Hij doet weder opkomen.

⁷De HEERE maakt arm en maakt rijk; Hij vernedert, ook verhoogt Hij.

⁸Hij verheft den geringe uit het stof, en den nooddruftige verhoogt Hij uit den drek, om te doen zitten bij de vorsten, dat Hij hen den stoel der ere doe beërven; want de grondvesten des aardrijks zijn des HEEREN, en Hij heeft de wereld daarop gezet.

⁹Hij zal de voeten Zijner gunstgenoten bewaren; maar de goddelozen zullen zwijgen in duisternis; want een man vermag niet door kracht.

¹⁰Die met den HEERE twisten, zullen verpletterd worden; Hij zal in den hemel over hen donderen; de HEERE zal de einden der aarde richten, en zal Zijn Koning sterkte geven, en den hoorn Zijns Gezalfden verhogen.

¹¹Daarna ging Elkana naar Rama in zijn huis; maar de jongeling was den HEERE dienende voor het aangezicht van den priester Eli.

¹²Doch de zonen van Eli waren kinderen Belials; zij kenden den HEERE niet.

¹³Want de wijze dier priesters met het volk was, dat, wanneer iemand een offerande offerde, des priesters jongen kwam, terwijl het vlees kookte, met een drietandigen krauwel in zijn hand;

¹⁴En sloeg in de teile, of in den ketel, of in de pan, of in den pot; al wat de krauwel optrok, dat nam de priester voor zich. Alzo deden zij aan al de Israëlieten, die te Silo kwamen.

¹⁵Ook eer zij het vet aanstaken, kwam des priesters jongen, en zeide tot den man, die offerde: Geef dat vlees om te braden voor den priester; want hij zal geen gekookt vlees van u nemen, maar rauw.

¹⁶Wanneer nu die man tot hem zeide: Zij zullen dat vet als heden ganselijk aansteken, zo neem dan voor u, gelijk als het uw ziel lusten zal; zo zeide hij tot hem: Nu zult gij het immers geven, en zo niet, ik zal het met geweld nemen.

¹⁷Alzo was de zonde dezer jongelingen zeer groot voor het aangezicht des HEEREN; want de lieden verachtten het spijsoffer des HEEREN.

¹⁸Doch Samuel diende voor het aangezicht des HEEREN, zijnde een jongeling, omgord met den linnen lijfrok.

¹⁹En zijn moeder maakte hem een kleinen rok, en bracht hem dien van jaar tot jaar, als zij opkwam met haar man, om het jaarlijkse offer te offeren.

²⁰En Eli zegende Elkana, en zijn huisvrouw, en zeide: De HEERE geve u zaad uit deze vrouw voor de bede, die zij den HEERE afgebeden heeft. En zij gingen naar zijn plaats.

²¹Want de HEERE bezocht Hanna, en zij werd bevrucht, en baarde drie zonen en twee dochters; en de jongeling Samuel werd groot bij den HEERE.

²²Doch Eli was zeer oud, en hoorde al, wat zijn zonen aan gans Israel deden, en dat zij sliepen bij de vrouwen, die met hopen samenkwamen aan de deur van de tent der samenkomst.

²³En hij zeide tot hen: Waarom doet gij al zulke dingen, dat ik deze uw boze stukken hore van dit ganse volk?

²⁴Niet, mijn zonen; want dit is geen goed gerucht, dat ik hoor; gij maakt, dat het volk des HEEREN overtreedt.

²⁵Wanneer een mens tegen een mens zondigt, zo zullen de goden hem oordelen; maar wanneer een mens tegen den HEERE zondigt, wie zal voor hem bidden? Doch zij hoorden de stem huns vaders niet, want

1 Samuël

de HEERE wilde hen doden.

²⁶En de jongeling Samuel nam toe, en werd groot en aangenaam beide bij den HEERE en ook bij de mensen.

²⁷En er kwam een man Gods tot Eli, en zeide tot hem: Zo zegt de HEERE: Heb Ik Mij klaarlijk geopenbaard aan het huis uws vaders, toen zij in Egypte waren, inhet huis van Farao?

²⁸En Ik heb hem uit alle stammen van Israel Mij ten priester verkoren, om te offeren op Mijn altaar, om het reukwerk aan te steken, om den efod voor Mijnaangezicht te dragen; en heb aan het huis uws vaders gegeven al de vuurofferen van de kinderen Israels.

²⁹Waarom slaat gijlieden achteruit tegen Mijn slachtoffer, en tegen Mijn spijsoffer, hetwelk Ik geboden heb in de woning; en eert uw zonen meer dan Mij, datgijlieden u mest van het voornaamste van alle spijsoffers van Mijn volk Israel?

³⁰Daarom spreekt de HEERE, de God Israels: Ik had wel klaarlijk gezegd: Uw huis en uws vaders huis zouden voor Mijn aangezicht wandelen tot in eeuwigheid;maar nu spreekt de HEERE: Dat zij verre van Mij; want die Mij eren, zal Ik eren, maar die Mij versmaden, zullen licht geacht worden.

³¹Zie, de dagen komen, dat Ik uw arm zal afhouwen, en den arm van uws vaders huis, dat er geen oud man in uw huis wezen zal.

³²En gij zult aanschouwen de benauwdheid der woning Gods, in plaats van al het goede, dat Hij Israel zou gedaan hebben; en er zal te genen dage een oud manin uw huis zijn.

³³Doch de man, dien Ik u niet zal uitroeien van Mijn altaar, zou zijn om uw ogen te verteren, en om uw ziel te bedroeven; en al de menigte uws huizes zal sterven, mannen geworden zijnde.

³⁴Dit nu zal u een teken zijn, hetwelk over uw beide zonen, over Hofni en Pinehas, komen zal: op een dag zullen zij beiden sterven.

³⁵En Ik zal Mij een getrouwen priester verwekken; die zal doen, gelijk als in Mijn hart en in Mijn ziel zijn zal; dien zal Ik een bestendig huis bouwen, en hij zalaltijd voor het aangezicht Mijns Gezalfden wandelen.

³⁶En het zal geschieden, dat al wie van uw huis zal overig zijn, zal komen, om zich voor hem neder te buigen voor een stukje gelds, en een bolle broods, en zalzeggen: Neem mij toch aan tot enige priesterlijke bedienig, dat ik een bete broods moge eten.

Hoofdstuk 3

¹En de jongeling Samuel diende den HEERE voor het aangezicht van Eli; en het woord des HEEREN was dierbaar in die dagen; er was geen openbaar gezicht.

²En het geschiedde te dien dage, als Eli op zijn plaats nederlag (en zijn ogen begonnen donker te worden, dat hij niet zien kon).

³En Samuel zich ook nedergelegd had, eer de lampe Gods uitgedaan werd, in den tempel des HEEREN, waar de ark Gods was,

⁴Dat de HEERE Samuel riep; en hij zeide: Zie, hier ben ik.

⁵En hij liep tot Eli en zeide: Zie, hier ben ik, want gij hebt mij geroepen. Doch hij zeide: Ik heb niet geroepen, keer weder, leg u neder. En hij ging heen en legdezich neder.

⁶Toen riep de HEERE Samuel wederom; en Samuel stond op; en ging tot Eli, en zeide: Zie, hier ben ik, want gij hebt mij geroepen. Hij dan zeide: Ik heb u nietgeroepen, mijn zoon; keer weder, leg u neder.

⁷Doch Samuel kende de HEERE nog niet; en het woord des HEEREN was aan hem nog niet geopenbaard.

⁸Toen riep de HEERE Samuel wederom, ten derde maal; en hij stond op, en ging tot Eli, en zeide: Zie, hier ben ik, want gij hebt mij geroepen. Toen verstondEli, dat de HEERE den jongeling riep.

⁹Daarom zeide Eli tot Samuel: Ga heen, leg u neder, en het zal geschieden, zo Hij u roept, zo zult gij zeggen: Spreek, HEERE, want Uw knecht hoort. Toen gingSamuel heen en legde zich aan zijn plaats.

¹⁰Toen kwam de HEERE, en stelde Zich daar, en riep gelijk de andere malen: Samuel, Samuel! En Samuel zeide: Spreek, want Uw knecht hoort.

¹¹En de HEERE zeide tot Samuel: Zie, Ik doe een ding in Israel, dat al wie het horen zal, dien zullen zijn beide oren klinken.

¹²Te dienzelven dage zal Ik verwekken over Eli alles, wat Ik tegen zijn huis gesproken heb; Ik zal het beginnen en voleinden.

¹³Want Ik heb hem te kennen gegeven, dat Ik zijn huis rechten zal tot in eeuwigheid, om der ongerechtigheids wil, die hij geweten heeft; want als zijn zonen zichhebben vervloekt gemaakt, zo heeft hij hen niet eens zuur aangezien.

¹⁴Daarom dan heb Ik het huis van Eli gezworen: Zo de ongerechtigheid van het huis van Eli tot in eeuwigheid zal verzoend worden door slachtoffer of doorspijsoffer!

¹⁵Samuel nu lag tot aan den morgen; toen deed hij de deuren van het huis des HEEREN open; doch Samuel vreesde dit gezicht aan Eli te kennen te geven.

¹⁶Toen riep Eli Samuel, en zeide: Mijn zoon Samuel! Hij dan zeide: Zie, hier ben ik.

¹⁷En hij zeide: Wat is het woord, dat Hij tot u gesproken heeft? Verberg het toch niet voor mij; God doe u zo, en zo doe Hij daartoe, indien gij een woord voormij verbergt van al de woorden, die Hij tot u gesproken heeft!

¹⁸Toen gaf hem Samuel te kennen al die woorden, en verborg ze voor hem niet. En hij zeide: Hij is de HEERE; Hij doe, wat goed is in Zijn ogen!

¹⁹Samuel nu werd groot; en de HEERE was met hem, en liet niet een van al Zijn woorden op de aarde vallen.

²⁰En gans Israel, van Dan tot Ber-seba toe, bekende, dat Samuel bevestigd was tot een profeet des HEEREN.

²¹En de HEERE voer voort te verschijnen te Silo; want de HEERE openbaarde Zich aan Samuel te Silo, door het woord des HEEREN.

Hoofdstuk 4

¹En het woord van Samuel geschiedde aan gans Israel. En Israel toog uit, den Filistijnen tegemoet, ten strijde, en legerde zich bij Eben-Haezer, maar deFilistijnen legerden zich bij Afek.

²En de Filistijnen stelden zich in slagorden, om Israel te ontmoeten; en als zich de strijd uitspreidde, zo werd Israel voor der Filistijnen aangezicht geslagen; wantzij sloegen in de slagorden in het veld omtrent vier duizend man.

³Als het volk wederom in het leger gekomen was, zo zeiden de oudsten van Israel: Waarom heeft ons de HEERE heden geslagen voor het aangezicht derFilistijnen? Laat ons van Silo tot ons nemen de ark des verbonds des HEEREN, en laat die in het midden van ons komen, opdat zij ons verlosse van de handonzer vijanden.

⁴Het volk dan zond naar Silo, en men bracht van daar de ark des verbonds des HEEREN der heirscharen, die tussen de cherubim woont; en de twee zonen vanEli, Hofni en Pinehas, waren daar met de ark des verbonds van God.

⁵En het geschiedde, als de ark des verbonds des HEEREN in het leger kwam, zo juichte gans Israel met een groot gejuich, alzo dat de aarde dreunde.

⁶Als nu de Filistijnen de stem van het juichen hoorden, zo zeiden zij: Wat is de stem van dit grote juichen in het leger der Hebreen? Toen vernamen zij, dat de arkdes HEEREN in het leger gekomen was.

⁷Daarom vreesden de Filistijnen, want zij zeiden: God is in het leger gekomen. En zij zeiden: Wee ons, want dergelijke is gisteren en eergisteren niet geschied!

⁸Wee ons, wie zal ons redden uit de hand van deze heerlijke goden? Dit zijn dezelfde goden, die de Egyptenaars met alle plagen geplaagd hebben, bij dewoestijn.

⁹Zijt sterk, en weest mannen, gij Filistijnen, opdat gij de Hebreen niet misschien dient, gelijk als zij ulieden gediend hebben; zo zijt mannen, en strijdt.

¹⁰Toen streden de Filistijnen, en Israel werd geslagen, en zij vloden een iegelijk in zijn tenten; en er geschiedde een zeer grote nederlaag, zodat er van Israel vielendertig duizend voetvolks.

¹¹En de ark Gods werd genomen, en de twee zonen van Eli, Hofni en Pinehas, stierven.

¹²Toen liep er een Benjaminiet uit de slagorden, en kwam te Silo denzelfden dag; en zijn klederen waren gescheurd, en er was aarde op zijn hoofd.

¹³En als hij kwam, ziet, zo zat Eli op een stoel aan de zijde van den weg, uitziende; want zijn hart was sidderende vanwege de ark Gods. Als die man kwam, omzulks te verkondigen in de stad, toen schreeuwde de ganse stad.

¹⁴En als Eli de stem des geroeps hoorde, zo zeide hij: Wat is de stem dezer beroerte? Toen haastte zich die man, en hij kwam en boodschapte het aan Eli.

¹⁵(Eli nu was een man van acht en negentig jaren, en zijn ogen stonden stijf, dat hij niet zien kon.)

¹⁶En die man zeide tot Eli: Ik ben het, die uit de slagorden kom, en ik ben heden uit de slagorden gevloden. Hij dan zeide: Wat is er geschied, mijn zoon?

¹⁷Toen antwoordde hij, die de boodschap bracht, en zeide: Israel is gevloden voor het aangezicht der Filistijnen, en er is ook een grote nederlaag onder het volkgeschied; daarenboven zijn uw twee zonen, Hofni en Pinehas, gestorven, en de ark Gods is genomen.

¹⁸En het geschiedde, als hij van de ark Gods vermeldde, zo viel hij achterwaarts van den stoel af, aan de zijde der poort, en brak den nek, en stierf; want de manwas oud en zwaar; en hij richtte Israel veertig jaren.

¹⁹En zijn schoondochter, de huisvrouw van Pinehas, was bevrucht, zij zou baren; als deze de tijding hoorde, dat de ark Gods genomen was, en haar schoonvadergestorven was, en haar man, zo kromde zij zich, en baarde; want haar weeën overvielen haar.

²⁰En omtrent den tijd van haar sterven, zo spraken de vrouwen, die bij haar stonden: Vrees niet, want gij hebt een zoon gebaard. Doch zij antwoordde niet, ennam het niet ter harte.

²¹En zij noemde het jongsken Ikabod, zeggende: De eer is weggevoerd uit Israel! Omdat de ark Gods gevankelijk weggevoerd was, en om haars schoonvadersen haars mans wil.

²²En zij zeide: De eer is gevankelijk weggevoerd uit Israel, want de ark Gods is genomen.

Hoofdstuk 5

¹De Filistijnen nu namen de ark Gods, en zij brachten ze van Eben-Haezer tot Asdod.

²En de Filistijnen namen de ark Gods, en zij brachten ze in het huis van Dagon, en stelden ze bij Dagon.

³Maar als die van Asdod des anderen daags vroeg opstonden, ziet, zo was Dagon op zijn aangezicht ter aarde gevallen voor de ark des HEEREN. En zij namenDagon en zetten hem weder op zijn plaats.

⁴Toen zij nu des anderen daags des morgens vroeg opstonden, ziet, Dagon lag op zijn aangezicht ter aarde gevallen voor de ark des HEEREN; maar het hoofdvan Dagon, en de beide palmen zijner handen afgehouwen, aan den dorpel; alleenlijk was Dagon daarop overgebleven.

⁵Daarom treden de priesters van Dagon, en allen, die in het huis van Dagon komen, niet op den dorpel van Dagon te Asdod, tot op dezen dag.

⁶Doch de hand des HEEREN was zwaar over die van Asdod, en verwoestte hen; en Hij sloeg ze met spenen, Asdod en haar landpalen.

⁷Toen nu de mannen te Asdod zagen, dat het alzo toeging, zo zeiden zij: Dat de ark des Gods van Israel bij ons niet blijve; want Zijn hand is hard over ons, enover Dagon, onzen god.

⁸Daarom zonden zij heen, en verzamelden tot zich al de vorsten der Filistijnen, en zij zeiden: Wat zullen wij met de ark des Gods van Israel doen? En die zeiden:Dat de ark des Gods van Israel rondom Gath ga. Alzo droegen zij de ark des Gods van Israel rondom.

⁹En het geschiedde, nadat zij die hadden rondom gedragen, zo was de hand des HEEREN tegen die stad met een zeer grote kwelling; want Hij sloeg de liedendier stad van den kleine tot den grote, en zij hadden spenen in de verborgene plaatsen.

¹⁰Toen zonden zij de ark Gods naar Ekron; maar het geschiedde, als de ark Gods te Ekron kwam, zo riepen die van Ekron, zeggende: Zij hebben de ark desGods van Israel tot mij rondom gebracht, om mij en mijn volk te doden.

¹¹En zij zonden heen, en vergaderden al de vorsten der Filistijnen, en zeiden: Zendt de ark des Gods van Israel heen, dat zij wederkere tot haar plaats, opdat zijmij en mijn volk niet dode; want er was een dodelijke kwelling in de ganse stad, en de hand Gods was er zeer zwaar.

¹²En de mensen, die niet stierven, werden geslagen met spenen, zodat het geschrei der stad opklom naar den hemel.

Hoofdstuk 6

¹Als nu de ark des HEEREN zeven maanden in het land der Filistijnen geweest was,

²Zo riepen de Filistijnen de priesters en de waarzeggers, zeggende: Wat zullen wij met de ark des HEEREN doen? Laat ons weten, waarmede wij ze aan haarplaats zenden zullen.

³Zij dan zeiden: Indien gij de ark des Gods van Israel wegzendt, zendt haar niet ledig weg, maar vergeldt Hem ganselijk een schuldoffer; dan zult gij genezenworden, en ulieden zal bekend worden, waarom Zijn hand van u niet afwijkt.

⁴Toen zeiden zij: Welk is dat schuldoffer, dat wij Hem vergelden zullen? En zij zeiden: Vijf gouden spenen, en vijf gouden muizen, naar het getal van de vorstender Filistijnen; want het is enerlei plaag over u allen, en over uw vorsten.

⁵Zo maakt dan beelden uwer spenen, en beelden uwer muizen, die het land verderven, en geeft den God van Israel de eer; misschien zal Hij Zijn hand verlichtenvan over ulieden, en van over uw god, en van over uw land.

⁶Waarom toch zoudt gijlieden uw hart verzwaren, gelijk de Egyptenaars en Farao hun hart verzwaard hebben? Hebben zij niet, toen Hij wonderlijk met hengehandeld had, hen laten trekken, dat zij heengingen?

⁷Nu dan, neemt en maakt een nieuwen wagen, en twee zogende koeien, op dewelke geen juk gekomen is; spant de koeien aan den wagen, en brengt haarkalveren van achter haar weder naar huis.

⁸Neemt dan de ark des HEEREN, en zet ze op den wagen, en legt de gouden kleinoden, die gij Hem ten schuloffer vergelden zult, in een koffertje aan haarzijde; en zendt ze weg, dat zij heenga.

⁹Ziet dan toe, indien zij den weg van haar landpale opgaat naar Beth-Semes, zo heeft Hij ons dit groot kwaad gedaan; maar zo niet, zo zullen wij weten, dat Zijnhand ons niet geraakt heeft; het is ons een toeval geweest.

¹⁰En die lieden deden alzo, en namen twee zogende koeien, en spanden ze aan den wagen, en haar kalveren sloten zij in huis.

¹¹En zij zetten de ark des HEEREN op den wagen, en het koffertje met de gouden muizen, en de beelden hunner spenen.

¹²De koeien nu gingen recht in dien weg, op den weg naar Beth-Semes op een straat; zij gingen steeds voort, al loeiende, en weken noch ter rechter hand nochter linkerhand; en de vorsten der Filistijnen gingen achter dezelve tot aan de landpale van Beth-Semes.

¹³En die van Beth-Semes maaiden den tarweoogst in het dal, en als zij hun ogen ophieven, zagen zij de ark en verblijdden zich, als zij die zagen.

¹⁴En de wagen kwam op den akker van Jozua, den Beth-semiet, en bleef daar staande; en daar was een grote steen, en zij kloofden het hout van den wagen, enofferden de koeien den HEERE ten brandoffer.

¹⁵En de Levieten namen de ark des HEEREN af en het koffertje, dat daarbij was, waarin de gouden kleinoden waren, en zetten ze op dien groten steen; en dielieden van Beth-Semes offerden brandoffers, en slachtten slachtofferen den HEERE, op denzelven dag.

¹⁶En als de vijf vorsten der Filistijnen zulks gezien hadden, zo keerden zij weder op denzelven dag naar Ekron.

¹⁷Dit nu zijn de gouden spenen, die de Filistijnen aan den HEERE ten schuldoffer vergolden hebben: Voor Asdod een voor Gaza een, voor Askelot een, voorGath een, voor Ekron een.

¹⁸Ook gouden muizen, naar het getal van alle steden der Filistijnen, onder de vijf vorsten, van de vaste steden af tot aan de landvlekken; en tot aan Abel, dengroten steen, op denwelken zij de ark des HEEREN nedergesteld hadden, die tot op dezen dag is op den akker van Jozua, den Beth-semiet.

¹⁹En de Heere sloeg onder die lieden van Beth-Semes, omdat zij in de ark des HEEREN gezien hadden; ja, Hij sloeg van het volk zeventig mannen, en vijftigduizend mannen. Toen bedreef het volk rouw, omdat de HEERE een groten slag onder het volk geslagen had.

²⁰Toen zeiden de lieden van Beth-Semes: Wie zou kunnen bestaan voor het aangezicht van de HEERE, dezen heiligen God? En tot wien van ons zal Hij optrekken?

²¹Zo zonden zij boden tot de inwoners van Kirjath-Jearim, zeggende: De Filistijnen hebben de ark des HEEREN wedergebracht; komt af, haalt ze opwaarts totu.

Hoofdstuk 7

¹Toen kwamen de mannen van Kirjath-Jearim, en haalden de ark des HEEREN op, en zij brachten ze in het huis van Abinadab, op den heuvel; en zij heiligdenzijn zoon Eleazar, dat hij de ark des HEEREN bewaarde.

²En het geschiedde, van dien dag af, dat de ark des Heeren te Kirjath-Jearim bleef, en de dagen werden twintig jaren; en het ganse huis van Israel klaagde denHEERE achterna.

³Toen sprak Samuel tot het ganse huis van Israel, zeggende: Indien gijlieden u met uw ganse hart tot den HEERE bekeert, zo doet de vreemde goden uit hetmidden van u weg, ook de Astharoths; en richt uw hart tot den HEERE, en dient Hem alleen, zo zal Hij u uit de hand der Filistijnen rukken.

⁴De kinderen Israels nu deden de Baals en de Astharoths weg, en zij dienden den HEERE alleen

⁵Verder zeide Samuel: Vergadert het ganse Israel naar Mizpa, en ik zal den HEERE voor u bidden.

⁶En zij werden vergaderd te Mizpa, en zij schepten water, en goten het uit voor het aangezicht des HEEREN; en zij vastten te diën dage, en zeiden aldaar: Wijhebben tegen den HEERE gezondigd. Alzo richtte Samuel de kinderen Israels te Mizpa.

⁷Toen de Filistijnen hoorden, dat de kinderen Israels zich vergaderd hadden te Mizpa, zo kwamen de oversten der Filistijnen op tegen Israel. Als de kinderenIsraels dat hoorden, zo vreesden zij voor het aangezicht der Filistijnen.

⁸En de kinderen Israels zeiden tot Samuel: Zwijg niet van onzentwege, dat gij niet zoudt roepen tot den HEERE, onzen God, opdat Hij ons verlosse uit de handder Filistijnen.

⁹Toen nam Samuel een melklam, en hij offerde het geheel den HEERE ten brandoffer; en Samuel riep tot den HEERE voor Israel; en

1 Samuël

de HEERE verhoordehem.

¹⁰En het geschiedde, toen Samuel dat brandoffer offerde, zo kwamen de Filistijnen aan ten strijde tegen Israel; en de HEERE donderde te dien dage met eengroten donder over de Filistijnen, en Hij verschrikte hen, zodat zij verslagen werden voor het aangezicht van Israel.

¹¹En de mannen van Israel togen uit van Mizpa, en vervolgden de Filistijnen, en zij sloegen hen tot onder Beth-kar.

¹²Samuel nu nam een steen, en stelde dien tussen Mizpa en tussen Sen, en hij noemde diens naam Eben-Haezer; en hij zeide: Tot hiertoe heeft de HEERE onsgeholpen.

¹³Alzo werden de Filistijnen vernederd, en kwamen niet meer in de landpalen van Israel; want de hand des HEEREN was tegen de Filistijnen al de dagen vanSamuel.

¹⁴En de steden, welke de Filistijnen van Israel genomen hadden kwamen weder aan Israel, van Ekron tot Gath toe; ook rukte Israel derzelver landpale uit dehand der Filistijnen; en er was vrede tussen Israel en tussen de Amorieten.

¹⁵Samuel nu richtte Israel al de dagen zijns levens.

¹⁶En hij toog van jaar tot jaar, en ging rondom naar Beth-El, en Gilgal, en Mizpa; en hij richtte Israel in al die plaatsen.

¹⁷Doch hij keerde weder naar Rama; want daar was zijn huis, en daar richtte hij Israel; en hij bouwde aldaar den HEERE een altaar.

Hoofdstuk 8

¹Het geschiedde nu, toen Samuel oud geworden was, zo stelde hij zijn zonen tot richters over Israel.

²De naam van zijn eerstgeborenen zoon nu was Joel, en de naam van zijn tweeden was Abia; zij waren richters te Ber-seba.

³Doch zijn zonen wandelden niet in zijn wegen; maar zij neigden zich tot de gierigheid, en namen geschenken, en bogen het recht.

⁴Toen vergaderden zich alle oudsten van Israel, en zij kwamen tot Samuel te Rama;

⁵En zij zeiden tot hem: Zie, gij zijt oud geworden, en uw zonen wandelen niet in uw wegen; zo zet nu een koning over ons, om ons te richten, gelijk al de volkenhebben.

⁶Maar dit woord was kwaad in de ogen van Samuel, als zij zeiden: Geef ons een koning, om ons te richten. En Samuel bad den HEERE aan.

⁷Doch de HEERE zeide tot Samuel: Hoor naar de stem des volks in alles, wat zij tot u zeggen zullen; want zij hebben u niet verworpen, maar zij hebben Mijverworpen, dat Ik geen Koning over hen zal zijn.

⁸Naar de werken, die zij gedaan hebben, van dien dag af, toen Ik hen uit Egypte geleid heb, tot op dezen dag toe, en hebben Mij verlaten en andere godengediend; alzo doen zij u ook.

⁹Hoor dan nu naar hun stem; doch als gij hen op het hoogste zult betuigd hebben, zo zult gij hen te kennen geven de wijze des konings, die over hen regeren zal.

¹⁰Samuel nu zeide al de woorden des HEEREN het volk aan, hetwelk een koning van hem begeerde.

¹¹En zeide: Dit zal des konings wijze zijn, die over u regeren zal: hij zal uw zonen nemen, dat hij hen zich stelle tot zijn wagen, en tot zijn ruiteren, dat zij voor zijnwagen henen lopen;

¹²En dat hij hen zich stelle tot oversten der duizenden, en tot oversten der vijftigen; en dat zij zijn akker ploegen, en dat zij zijn oogst oogsten, en dat zij zijnkrijgswapenen maken, mitsgaders zijn wapentuig.

¹³En uw dochteren zal hij nemen tot apothekeressen, en tot keukenmaagden, en tot baksters.

¹⁴En uw akkers, en uw wijngaarden, en uw olijfgaarden, die de beste zijn, zal hij nemen, en zal ze aan zijn knechten geven.

¹⁵En uw zaad, en uw wijngaarden zal hij vertienen, en hij zal ze aan zijn hovelingen, en aan zijn knechten geven.

¹⁶En hij zal uw knechten, en uw dienstmaagden, en uw beste jongelingen, en uw ezelen nemen, en hij zal zijn werk daarmede doen.

¹⁷Hij zal uw kudden vertienen; en gij zult hem tot knechten zijn.

¹⁸Gij zult wel te dien dage roepen, vanwege uw koning, dien gij u zult verkoren hebben, maar de HEERE zal u te dien dage niet verhoren.

¹⁹Doch het volk weigerde Samuels stem te horen; en zij zeiden: Neen, maar er zal een koning over ons zijn.

²⁰En wij zullen ook zijn gelijk al de volken; en onze koning zal ons richten, en hij zal voor onze aangezichten uitgaan, en hij zal onze krijgen voeren.

²¹Als Samuel al de woorden des volks gehoord had, zo sprak hij dezelve voor de oren des HEEREN.

²²De HEERE nu zeide tot Samuel: Hoor naar hun stem, en stel hun een koning. Toen zeide Samuel tot de mannen van Israel: Gaat heen, een iegelijk naar zijnstad.

Hoofdstuk 9

¹Er was nu een man van Benjamin, wiens naam was Kis, een zoon van Abiel, den zoon van Zeror, den zoon van Bechorath, den zoon van Afiah, den zoon eensmans van Jemini, een dapper held.

²Die had een zoon, wiens naam was Saul, een jongeman, en schoon, ja, er was geen schoner man dan hij onder de kinderen Israels; van zijn schouderen enopwaarts was hij hoger dan al het volk.

³De ezelinnen nu van Kis, den vader van Saul, waren verloren; daarom zeide Kis tot zijn zoon Saul: Neem nu een van de jongens met u, en maak u op, ga heen, zoek de ezelinnen.

⁴Hij dan ging door het gebergte van Efraim, en hij ging door het land van Salisa, maar zij vonden ze niet; daarna gingen zij door het land van Sahalim, maar zijwaren er niet; verder ging hij door het land van Jemini, doch zij vonden ze niet.

⁵Toen zij in het land van Zuf kwamen, zeide Saul tot zijn jongen, die bij hem was: Kom en laat ons wederkeren; dat niet misschien mijn vader van de ezelinnenaflate, en voor ons bekommerd zij.

⁶Hij daarentegen zeide tot hem: Zie toch, er is een man Gods in deze stad, en hij is een geeerd man; al wat hij spreekt, dat komt zekerlijk; laat ons nu derwaartsgaan, misschien zal hij ons onzen weg aanwijzen, op denwelken wij gaan zullen.

⁷Toen zeide Saul tot zijn jongen: Maar zie, zo wij gaan, wat zullen wij toch dien man brengen? Want het brood is weg uit onze vaten, en wij hebben geen gaven, om den man Gods te brengen; wat hebben wij?

⁸En de jongen antwoordde Saul verder en zeide: Zie, er vindt zich in mijn hand het vierendeel eens zilveren sikkels; dat zal ik den man Gods geven, opdat hij onsonzen weg wijze.

⁹(Eertijds zeide een ieder aldus in Israel, als hij ging om God te vragen: Komt en laat ons gaan tot den ziener; want die heden een profeet genoemd wordt, diewerd eertijds een ziener genoemd.)

¹⁰Toen zeide Saul tot zijn jongen: Uw woord is goed, kom, laat ons gaan. En zij gingen naar de stad, waar de man Gods was.

¹¹Als zij opklommen door den opgang der stad, zo vonden zij maagden, die uitgingen om water te putten; en zij zeiden tot haar: Is de ziener hier?

¹²Toen antwoordden zij hun, en zeiden: Ziet, hij is voor uw aangezicht; haast u nu, want hij is heden in de stad gekomen, dewijl het volk heden een offerande heeftop de hoogte.

¹³Wanneer gijlieden in de stad komt, zo zult gij hem vinden, eer hij opgaat op de hoogte om te eten; want het volk zal niet eten, totdat hij komt, want hij zegenthet offer, daarna eten de genodigden; daarom gaat nu op, want hem, als heden zult gij hem vinden.

¹⁴Alzo gingen zij op in de stad. Toen zij in het midden der stad kwamen, ziet, zo ging Samuel uit hun tegemoet, om op te gaan naar de hoogte.

¹⁵Want de HEERE had het voor Samuels oor geopenbaard, een dag eer Saul kwam, zeggende:

¹⁶Morgen omtrent dezen tijd zal Ik tot u zenden een man uit het land van Benjamin, dien zult gij ten voorganger zalven over Mijn volk Israel; en hij zal Mijn volkverlossen uit der Filistijnen hand, want Ik heb Mijn volk aangezien, dewijl deszelfs geroep tot Mij gekomen is.

¹⁷Toen Samuel Saul aanzag, zo antwoordde hem de HEERE: Zie, dit is de man, van welken Ik u gezegd heb: Deze zal over Mijn volk heersen.

¹⁸En Saul naderde tot Samuel in het midden der poort, en zeide: Wijs mij toch, waar is hier het huis des zieners?

¹⁹En Samuel antwoordde Saul en zeide: Ik ben de ziener; ga op voor mijn aangezicht op de hoogte, dat gijlieden heden met mij eet; zo zal ik u morgen vroeg latengaan, en alles, wat in uw hart is, zal ik u te kennen geven.

²⁰Want de ezelinnen aangaande, die gij heden den derden dag verloren hebt, zet uw hart daarop niet, want zij zijn gevonden; en wiens zal zijn al het gewenste, datin Israel is? Is het niet van u, en van het ganse huis uws vaders?

²¹Toen antwoordde Saul, en zeide: Ben ik niet een zoon van Jemini, van de kleinsten der stammen van Israel? en mijn geslacht is het niet het kleinste van al degeslachten van den stam van Benjamin? Waarom spreekt gij mij dan aan met zulke woorden?

²²Samuel dan nam Saul en zijn jongen, en hij bracht ze in de kamer; en hij gaf hun plaats aan het opperste der genodigden; die nu waren omtrent dertig man.

²³Toen zeide Samuel tot den kok: Lang dat stuk, hetwelk Ik u gegeven heb, waarvan ik tot u zeide: Zet het bij u weg.

²⁴De kok nu bracht een schouder op, met wat daaraan was, en zette het voor Saul; en hij zeide: Zie, dit is het overgeblevene; zet het voor u, eet, want het is terbestemder tijd voor u bewaard, als ik zeide: Ik heb het volk genodigd. Alzo at Saul met Samuel op dien dag.

²⁵Daarna gingen zij af van de hoogte in de stad; en hij sprak met Saul op het dak.

²⁶En zij stonden vroeg op; en het geschiedde, omtrent den opgang des dageraads, zo riep Samuel Saul op het dak, zeggende: Sta op, en zij beiden gingen uit, hijen Samuel, naar buiten.

²⁷Toen zij afgegaan waren aan het einde der stad, zo zeide Samuel tot Saul: Zeg den jongen, dat hij voor onze aangezichten heenga; toen ging hij heen; maar stagij als nu stil, en ik zal u Gods woord doen horen.

Hoofdstuk 10

¹Toen nam Samuel een oliekruik, en goot ze uit op zijn hoofd, en kuste hem, en zeide: Is het niet alzo, dat de HEERE u tot een voorganger over Zijn erfdeelgezalfd heeft?

²Als gij heden van mij gaat, zo zult gij twee mannen vinden bij het graf van Rachel, aan de landpale van Benjamin, te Zelzah; die zullen tot u zeggen: De ezelinnenzijn gevonden, die gij zijt gaan zoeken, en zie, uw vader heeft de zaken der ezelinnen verlaten, en hij is bekommerd voor ulieden, zeggende: Wat zal ik om mijnzoon doen?

³Als gij u van daar en verder aan begeeft, en zult komen tot aan Elon-Thabor, daar zullen u drie mannen vinden, opgaande tot God naar Beth-El; een, dragendedrie bokjes, en een, dragende drie bollen broods, en een, dragende een fles wijn.

⁴En zij zullen u naar uw welstand vragen, en zij zullen u twee broden geven; die zult gij van hun hand nemen.

⁵Daarna zult gij komen op den heuvel Gods, waar der Filistijnen bezettingen zijn; en het zal geschieden, als gij aldaar in de stad komt, zo zult gij ontmoeten eenhoop profeten, van de hoogte afkomende, en voor hun aangezichten luiten, en trommelen, en pijpen, en harpen, en zij zullen profeteren.

⁶En de Geest des HEEREN zal vaardig worden over u, en gij zult met hen profeteren; en gij zult in een anderen man veranderd worden.

⁷En het zal geschieden, als u deze tekenen zullen komen, doe gij, wat uw hand vinden zal, want God zal met u zijn.

⁸Gij nu zult voor mijn aangezicht afgaan naar Gilgal, en zie, ik zal tot u afkomen, om brandofferen te offeren, om te offeren offeranden der dankzegging; zevendagen zult gij daar beiden, totdat ik tot u kome, en u bekend make, wat gij doen zult.

⁹Het geschiedde nu, toen hij zijn schouder keerde, om van Samuel te gaan, veranderde God hem het hart in een ander; en al die tekenen kwamen ten zelvendage.

¹⁰Toen zij daar aan den heuvel kwamen, zie, zo kwam hem een hoop profeten tegemoet; en de Geest des HEEREN werd vaardig over hem, en hij profeteerde inhet midden van hen.

¹¹En het geschiedde, als een iegelijk, die hem van te voren gekend had, zag, dat hij, ziet, profeteerde met de profeten, zo zeide het volk, een ieder tot zijnmetgezel: Wat is dit, dat den zoon van Kis geschied is? Is Saul ook onder de profeten?

¹²Toen antwoordde een man van daar, en zeide: Wie is toch hun vader? Daarom is het tot een spreekwoord geworden: Is Saul ook onder de profeten?

¹³Toen hij nu voleind had te profeteren, zo kwam hij op de hoogte.

¹⁴En Sauls oom zeide tot hem en tot zijn jongen: Waar zijt gijlieden heengegaan? Hij nu zeide: Om de ezelinnen te zoeken; toen wij zagen, dat zij er niet waren, zokwamen wij tot Samuel.

¹⁵Toen zeide Sauls oom: Geef mij toch te kennen, wat heeft Samuel ulieden gezegd?

¹⁶Saul nu zeide tot zijn oom: Hij heeft ons voorzeker te kennen gegeven, dat de ezelinnen gevonden waren; maar de zaak des koninkrijks, waarvan Samuelgezegd had, gaf hij hem niet te kennen.

¹⁷Doch Samuel riep het volk te zamen tot den HEERE, te Mizpa.

¹⁸En hij zeide tot de kinderen Israels: Alzo heeft de HEERE, de God Israel, gesproken: Ik heb Israel uit Egypte opgbracht, en Ik heb ulieden uit de hand derEgyptenaren gered, en van de hand van alle koninkrijken, die u onderdrukten.

¹⁹Maar gijlieden hebt heden uw God verworpen, Die u uit al uw ellenden en uw noden verlost heeft, en hebt tot Hem gezegd: Zet een koning over ons; nu dan, stelt u voor het aangezicht des HEEREN, naar uw stammen en naar uw duizenden.

²⁰Toen nu Samuel al de stammen van Israel had doen naderen, zo is de stam van Benjamin geraakt.

²¹Toen hij den stam van Benjamin deed aankomen naar zijn geslachten, zo werd het geslacht van Matri geraakt; en Saul, de zoon van Kis, werd geraakt. En zijzochten hem, maar hij werd niet gevonden.

²²Toen vraagden zij verder den HEERE, of die man nog derwaarts komen zou? De HEERE dan zeide: Ziet, hij heeft zich tussen de vaten verstoken.

²³Zij nu liepen, en namen hem van daar, en hij stelde zich in het midden des volks; en hij was hoger dan al het volk, van zijn schouder en opwaarts.

²⁴Toen zeide Samuel tot het ganse volk: Ziet gij, dien de HEERE verkoren heeft? Want gelijk hij, is er niemand onder het ganse volk. Toen juichte het ganse volk, en zij zeiden: de koning leve!

²⁵Samuel nu sprak tot het volk het recht des koninkrijks, en schreef het in een boek, en legde het voor het aangezicht des HEEREN. Toen liet Samuel het gansevolk gaan, elk naar zijn huis.

²⁶En Saul ging ook naar zijn huis te Gibea, en van het heir gingen met hem, welker hart God geroerd had.

²⁷Doch de kinderen Belials zeiden: Wat zou ons deze verlossen? en zij verachtten hem, en brachten hem geen geschenk. Doch hij was als doof.

Hoofdstuk 11

¹Toen toog Nahas, de Ammoniet, op, en belegerde Jabes in Gilead. En al de mannen van Jabes zeiden tot Nahas: Maak een verbond met ons, zo zullen wij udienen.

²Doch Nahas, de Ammoniet, zeide tot hen: Mits dezen zal ik een verbond met ulieden maken, dat ik u allen het rechteroog uitsteke; en dat ik deze schande opgans Israel legge.

³Toen zeiden tot hem de oudsten Jabes: Laat zeven dagen van ons af, dat wij boden zenden in al de landpalen van Israel; is er dan niemand, die ons verlost, zozullen wij tot u uitgaan.

⁴Als de boden te Gibea-Sauls kwamen, zo spraken zij deze woorden voor de oren van het volk. Toen hief al het volk zijn stem op, en weende.

⁵En ziet, Saul kwam achter de runderen uit het veld, en Saul zeide: Wat is den volke, dat zij wenen? Toen vertelden zij hem de woorden der mannen van Jabes.

⁶Toen werd de Geest Gods vaardig over Saul, als hij deze woorden hoorde; en zijn toorn ontstak zeer.

⁷En hij nam een paar runderen, en hieuw ze in stukken, en hij zond ze in alle landpalen van Israel door de hand der boden, zeggende: Die niet zelf uittrekt achterSaul en achter Samuel, alzo zal men zijn runderen doen. Toen viel de vreze des HEEREN op het volk, en zij gingen uit als een enig man.

⁸En hij telde hen te Bezek; en van de kinderen Israels waren driehonderd duizend, en van de mannen van Juda dertig duizend.

⁹Toen zeiden zij tot de boden, die gekomen waren: Aldus zult gijlieden dan mannen te Jabes in Gilead zeggen: Morgen zal u verlossing geschieden, als de zonheet worden zal. Als de boden kwamen, en verkondigden dat aan de mannen te Jabes, zo werden zij verblijd.

¹⁰En de mannen van Jabes zeiden: Morgen zullen wij tot ulieden uitgaan, en gij zult ons doen naar alles, wat goed is in uw ogen.

¹¹Het geschiedde nu des anderen daags, dat Saul het volk stelde in drie hopen, en zij kwamen in het midden des legers, in de morgenwake, en zij sloegenAmmon, totdat de dag heet werd; en het geschiedde, dat de overigen alzo verstrooid werden, dat er onder hen geen twee te zamen bleven.

¹²Toen zeide het volk tot Samuel: Wie is hij, die zeide: Zou Saul over ons regeren? Geeft hier de mannen, dat wij hen doden.

¹³Maar Saul zeide: Er zal te dezen dage geen man gedood worden, want de HEERE heeft heden een verlossing in Israel gedaan.

¹⁴Verder zeide Samuel tot het volk: Komt en laat ons naar Gilgal gaan, en het koninkrijk aldaar vernieuwen.

¹⁵Toen ging al het volk naar Gilgal, en maakte Saul aldaar koning voor het aangezicht des HEEREN te Gilgal; en zij offerden aldaar dankofferen voor hetaangezicht des HEEREN; en Saul verheugde zich aldaar gans zeer, met al de mannen van Israel.

Hoofdstuk 12

¹Toen zeide Samuel tot gans Israel: Ziet, ik heb naar ulieder stem gehoord in alles, wat gij mij gezegd hebt, en ik heb een koning over u gezet.

²En nu, ziet, daar trekt de koning voor uw aangezicht heen, en ik ben oud en grijs geworden, en ziet, mijn zonen zijn bij ulieden; en ik heb voor uw aangezichtengewandeld van mijn jeugd af tot dezen dag toe.

³Ziet, hier ben ik, betuigt tegen mij, voor den HEERE, en voor Zijn gezalfde, wiens os ik genomen heb, en wiens ezel ik genomen heb, en wien ik verongelijktheb, wien ik onderdrukt heb, en van wiens hand ik een geschenk genomen heb, dat ik mijn ogen van hem zou verborgen hebben; zo zal ik het uliedenwedergeven.

⁴Toen zeiden zij: Gij hebt ons niet verongelijkt, en gij hebt ons niet onderdrukt, en gij hebt van niemands hand iets genomen.

1 Samuël

⁵Toen zeide hij tot hen: De HEERE zij een Getuige tegen ulieden, en Zijn gezalfde zij te dezen dage getuige, dat gij in mijn hand niets gevonden hebt! En het volkzeide: Hij zij Getuige!

⁶Verder zeide Samuel tot het volk: Het is de HEERE, Die Mozes en Aaron gemaakt heeft, en Die uw vaders uit Egypteland opgebracht heeft.

⁷En nu, stelt u hier, dat ik met ulieden rechte, voor het aangezicht des HEEREN, over al de gerechtigheden des HEEREN, die Hij aan u en aan uw vaderengedaan heeft.

⁸Nadat Jakob in Egypte gekomen was, zo riepen uw vaders tot den HEERE; en de HEERE zond Mozes en Aaron, en zij leidden uw vaders uit Egypte, endeden hen aan deze plaats wonen.

⁹Maar zij vergaten den HEERE, hun God; zo verkocht Hij hen in de hand van Sisera, den krijgsoverste, te Hazor, en in de hand der Filistijnen, en in de hand vanden koning der Moabieten, die tegen hen streden.

¹⁰En zij riepen tot den HEERE, en zeiden: Wij hebben gezondigd, dewijl wij den HEERE verlaten, en de Baals en Astharoths gediend hebben; en nu, ruk ons uitde hand onzer vijanden, en wij zullen U dienen.

¹¹En de HEERE zond Jerubbaal, en Bedan, en Jeftha, en Samuel, en Hij rukte u uit de hand uwer vijanden rondom, alzo dat gij zeker woondet.

¹²Als gij nu zaagt, dat Nahas, de koning van de kinderen Ammons, tegen u kwam, zo zeidet gij tot mij: Neen, maar een koning zal over ons regeren; zo toch deHEERE, uw God, uw Koning was.

¹³En nu, ziet daar den koning, dien gij verkoren hebt, dien gij begeerd hebt; en ziet, de HEERE heeft een koning over ulieden gezet.

¹⁴Zo gij den HEERE zult vrezen, en Hem dienen, en naar Zijn stem horen, en den mond des HEEREN niet wederspannig zijt, zo zult gijlieden, zowel gij als dekoning, die over u regeren zal, achter den HEERE, uw God, zijn.

¹⁵Doch zo gij naar de stem des HEEREN niet zult horen, maar den mond des HEEREN wederspannig zijn, zo zal de hand des HEEREN, tegen u zijn, als tegenuw vaders.

¹⁶Ook stelt u nu hier, en ziet die grote zaak, die de HEERE voor uw ogen doen zal.

¹⁷Is het niet vandaag de tarweoogst? Ik zal tot den HEERE roepen, en Hij zal donder en regen geven; zo weet dan, en ziet, dat uw kwaad groot is, dat gij voorde ogen des HEEREN gedaan hebt, dat gij een koning voor u begeerd hebt.

¹⁸Toen Samuel den HEEREN aanriep, zo gaf de HEERE donder en regen te dien dage; daarom vreesde al het volk zeer den HEERE en Samuel.

¹⁹En al het volk zeide tot Samuel: Bid voor uw knechten den HEERE, uw God, dat wij niet sterven; want boven al onze zonden hebben wij dit kwaad daartoegedaan, dat wij voor ons een kong begeerd hebben.

²⁰Toen zeide Samuel tot het volk: Vreest niet, gij hebt al dit kwaad gedaan; doch wijkt niet van achter den HEERE af, maar dient den HEERE met uw ganse hart.

²¹En wijkt niet af, want gij zoudt de ijdelheden na volgen, die niet bevorderlijk zijn, noch verlossen, want zij zijn ijdelheden.

²²Want de HEERE zal Zijn volk niet verlaten, om Zijns groten Naams wil, dewijl het den HEERE beliefd heeft, ulieden Zich tot een volk te maken.

²³Wat ook mij aangaat, het zij verre van mij, dat ik tegen den HEERE zou zondigen, dat ik zou aflaten voor ulieden te bidden; maar ik zal u den goeden enrechten weg leren.

²⁴Vreest slechts den HEERE, en dient Hem trouwelijk met uw ganse hart; want ziet, hoe grote dingen Hij bij ulieden gedaan heeft!

²⁵Maar indien gij voortaan kwaad doet, zo zult gijlieden, als ook uw koning, omkomen.

Hoofdstuk 13

¹Saul was een jaar in zijn regering geweest, en het tweede jaar regeerde hij over Israel.

²Toen verkoos zich Saul drie duizend mannen uit Israel; en er waren bij Saul twee duizend te Michmas en op het gebergte van Beth-El, en duizend waren er bijJonathan te Gibea-Benjamins; en het overige des volks liet hij gaan, een iegelijk naar zijn tent.

³Doch Jonathan sloeg de bezetting der Filistijnen, die te Geba was, hetwelk de Filistijnen hoorden. Daarom blies Saul met de bazuin in het ganse land, zeggende:Laat het de Hebreen horen.

⁴Toen hoorde het ganse Israel zeggen: Saul heeft de bezetting der Filistijnen geslagen, en ook is Israel stinkende geworden bij de Filistijnen. Toen werd het volksamengeroepen achter Saul, naar Gil-gal.

⁵En de Filistijnen werden verzameld om te strijden tegen Israel, dertig duizend wagens, en zes duizend ruiters, en volk in menigte als het zand, dat aan den oeverder zee is; en zij togen op, en legerden zich te Michmas, tegen het oosten van Beth-Aven.

⁶Toen de mannen van Israel zagen, dat zij in nood waren (want het volk was benauwd), zo verborg zich het volk in de spelonken, en in de doornbossen, en in desteenklippen, en in de vestingen, en in de putten.

⁷De Hebreen nu gingen over de Jordaan in het land van Gad en Gilead. Toen Saul nog zelf te Gilgal was, zo kwam al het volk bevende achter hem.

⁸En hij vertoefde zeven dagen, tot den tijd, dien Samuel bestemd had. Als Samuel te Gilgal niet opkwam, zo verstrooide het volk van hem.

⁹Toen zeide Saul: Brengt tot mij herwaarts een brandoffer, en dankofferen; en hij offerde brandoffer.

¹⁰En het geschiedde, toen hij geeindigd had het brandoffer te offeren, ziet, zo kwam Samuel; en Saul ging uit hem tegemoet, om hem te zegenen.

¹¹Toen zeide Samuel: Wat hebt gij gedaan? Saul nu zeide: Omdat ik zag, dat zich het volk van mij verstrooide, en gij op den bestemden tijd der dagen nietkwaamt, en de Filistijnen te Michmas vergaderd waren,

¹²Zo zeide ik: Nu zullen de Filistijnen tot mij afkomen te Gilgal, en ik heb het aangezicht des HEEREN niet ernstelijk aangebeden, zo dwong ik mijzelven, en hebbrandoffer geofferd.

¹³Toen zeide Samuel tot Saul: Gij hebt zottelijk gedaan; gij hebt het gebod van den HEERE, uw God, niet gehouden, dat Hij u geboden heeft; want de HEEREzou nu uw rijk over Israel bevestigd hebben tot in eeuwigheid.

¹⁴Maar nu zal uw rijk niet bestaan. De HEERE heeft Zich een man gezocht naar Zijn hart, en de HEERE heeft hem geboden een voorganger te zijn over Zijnvolk, omdat gij niet gehouden hebt, wat u de HEERE geboden had.

¹⁵Toen maakte zich Samuel op, en hij ging op van Gilgal naar Gibea-Benjamins; en Saul telde het volk, dat bij hem gevonden werd, omtrent zeshonderd man.

¹⁶En Saul en zijn zoon Jonathan, en het volk, dat bij hen gevonden was, bleven te Gibea-Benjamins; maar de Filistijnen waren te Michmas gelegerd.

¹⁷En de verdervers gingen uit het leger der Filistijnen, in drie hopen; de ene hoop keerde zich op den weg naar Ofra, naar het land Sual;

¹⁸En een hoop keerde zich naar den weg van Beth-horon; en een hoop keerde zich naar den weg der landpale, die naar het dal Zeboim naar de woestijn uitziet.

¹⁹En er werd geen smid gevonden in het ganse land van Israel; want de Filistijnen hadden gezegd: Opdat de Hebreen geen zwaard noch spies maken.

²⁰Daarom moest gans Israel tot de Filistijnen aftrekken, opdat een iegelijk zijn ploegijzer, of zijn spade, of zijn bijl, of zijn houweel scherpen liet.

²¹Maar zij hadden tandige vijlen tot hun houwelen, en tot hun spaden, en tot de drietandige vorken, en tot de bijlen, en tot het stellen der prikkelen.

²²En het geschiedde ten dage des strijds, dat er geen zwaard noch spies gevonden werd in de hand van het ganse volk, dat bij Saul en bij Jonathan was; doch bijSaul en bij Jonathan, zijn zoon, werden zij gevonden.

²³En der Filistijnen leger toog naar den doortocht van Michmas.

Hoofdstuk 14

¹Het geschiedde nu op een dag, dat Jonathan, de zoon van Saul, tot den jongen, die zijn wapenen droeg, zeide: Kom, en laat ons tot de bezetting der Filistijnenovergaan, welke aan gene zijde is; doch hij gaf het zijn vader niet te kennen.

²Saul nu zat aan het uiterste van Gibea onder den granatenboom, die te Migron was; en het volk, dat bij hem was, was omtrent zeshonderd man.

³En Ahia, de zoon van Ahitub, den broeder van Ikabod, den zoon van Pinehas, den zoon van Eli, was priester des HEEREN, te Silo, dragende den efod; dochhet volk wist niet, dat Jonathan heengegaan was.

⁴Er was nu tussen de doortochten, waar Jonathan zocht door te gaan tot der Filistijnen bezetting, een scherpte van een steenklip aan deze zijde, en een scherptevan een steenklip aan gene zijde; en de naam der ene was Bozes, en de naam der andere Sene.

⁵De ene tand was gelegen tegen het noorden, tegenover Michmas,

en de andere tegen het zuiden, tegenover Geba.

⁶Jonathan nu zeide tot den jongen, die zijn wapenen droeg: Kom, en laat ons tot de bezetting dezer onbesnedenen overgaan; misschien zal de HEERE voor onswerken; want bij den HEERE is geen verhindering, om te verlossen door velen of door weinigen.

⁷Toen zeide zijn wapendrager tot hem: Doe al, wat in uw hart is; wend u, zie ik ben met u, naar uw hart.

⁸Jonathan nu zeide: Zie, wij zullen overgaan tot die mannen, en wij zullen ons aan hen ontdekken.

⁹Indien zij aldus tot ons zeggen: Staat stil, totdat wij aan ulieden komen; zo zullen wij blijven staan aan onze plaats, en tot hen niet opklimmen.

¹⁰Maar zeggen zij aldus: Klimt tot ons op; zo zullen wij opklimmen, want de HEERE heeft hen in onze hand gegeven; en dit zal ons een teken zijn.

¹¹Toen zij beiden zich aan der Filistijnen bezetting ontdekten, zo zeiden de Filistijnen: Ziet, de Hebreen zijn uit de holen uitgegaan, waarin zij zich verstokenhadden.

¹²Verder antwoordden de mannen der bezetting aan Jonathan en zijn wapendrager, en zeiden: Klimt op tot ons, en wij zullen het u wijs maken. En Jonathan zeidetot zijn wapendrager: Klim op achter mij, want de HEERE heeft hen gegeven in de hand van Israel.

¹³Toen klom Jonathan op zijn handen en op zijn voeten, en zijn wapendrager hem na; en zij vielen voor Jonathans aangezicht, en zijn wapendrager doodde zeachter hem.

¹⁴Deze eerste slag nu, waarmede Jonathan en zijn wapendrager omtrent twintig mannen versloegen, geschiedde omtrent in de helft eens bunders, zijnde een jukossen lands.

¹⁵En er was een beving in het leger, op het veld en onder het ganse volk; de bezetting en de verdervers beefden ook zelven; ja, het land werd beroerd, want hetwas een beving Gods.

¹⁶Als nu de wachters van Saul te Gibea-Benjamins zagen, dat, ziet, de menigte versmolt, en doorging, en geklopt werd;

¹⁷Toen zeide Saul tot het volk, dat bij hem was: Telt toch, en beziet, wie van ons weggegaan zijn. En zij telden, en ziet, Jonathan en zijn wapendrager waren daarniet.

¹⁸Toen zeide Saul tot Ahia: Breng de ark Gods herwaarts. Want de ark Gods was te dien dage bij de kinderen Israels.

¹⁹En het geschiedde, toen Saul nog tot den priester sprak, dat het rumoer, hetwelk in der Filistijnen leger was, zeer toenam en vermenigvuldigde; zo zeide Saul totden priester: Haal uw hand in.

²⁰Saul nu, en al het volk, dat bij hem was, werd samengeroepen, en zij kwamen ten strijde; en ziet, het zwaard des enen was tegen den anderen, er was een zeergroot gedruis.

²¹Er waren ook Hebreen bij de Filistijnen, als eertijds, die met hen in het leger opgetogen waren rondom; dezen nu vervoegden zich ook met de Israelieten, die bijSaul en Jonathan waren.

²²Als alle mannen van Israel, die zich verstoken hadden in het gebergte van Efraim, hoorden, dat de Filistijnen vluchtten, zo kleefden zij ook hen achteraan in denstrijd.

²³Alzo verloste de HEERE Israel te dien dage; en het leger trok over naar Beth-Aven.

²⁴En de mannen van Israel werden mat te dien dage; want Saul had het volk bezworen, zeggende: Vervloekt zij de man, die spijze eet tot aan den avond, opdat ikmij aan mijn vijanden wreke! Daarom proefde dat ganse volk geen spijs.

²⁵En het ganse volk kwam in een woud; en daar was honig op het veld.

²⁶Toen het volk in het woud kwam, ziet, zo was er een honigvloed; maar niemand raakte met zijn hand aan zijn mond, want het volk vreesde de bezwering.

²⁷Maar Jonathan had het niet gehoord, toen zijn vader het volk bezworen had, en hij reikte het einde van den staf uit, die in zijn hand was, en hij doopte denzelvenin een honigraat; als hij nu zijn hand tot zijn mond wendde, zo werden zijn ogen verlicht.

²⁸Toen antwoordde een man uit het volk, en zeide: Uw vader heeft het volk zwaarlijk bezworen, zeggende: Vervloekt zij de man, die heden brood eet! Daarombezwijkt het volk.

²⁹Toen zeide Jonathan: Mijn vader heeft het land beroerd; zie toch, hoe mijn ogen verlicht zijn, omdat ik een weinig van dezen honig gesmaakt heb;

³⁰Hoe veel meer, indien het volk heden had mogen vrijelijk eten van den buit zijner vijanden, dien het gevonden heeft! Maar nu is die slag niet groot geweest overde Filistijnen.

³¹Doch zij sloegen te dien dage de Filistijnen van Michmas tot Ajalon; en het volk was zeer moede.

³²Toen maakte zich het volk aan den buit, en zij namen schapen, en runderen, en kalveren, en zij slachtten ze tegen de aarde; en het volk at ze met het bloed.

³³En men boodschapte het Saul, zeggende: Zie, het volk verzondigt zich aan den HEERE, etende met het bloed. En hij zeide: Gij hebt trouwelooslijk gehandeld;wentelt heden een groten steen tot mij.

³⁴Verder sprak Saul: Verstrooit u onder het volk, en zegt tot hen: Brengt tot mij een iegelijk zijn os, en een iegelijk zijn schaap, en slacht het hier, en eet, enbezondigt u niet aan den HEERE, die etende met het bloed. Toen bracht al het volk een iegelijk zijn os met zijn hand, des nachts, en slachtte ze aldaar.

³⁵Toen bouwde Saul den HEERE een altaar; dit was het eerste altaar, dat hij den HEERE bouwde.

³⁶Daarna zeide Saul: Laat ons aftrekken de Filistijnen na, bij nacht, en laat ons dezelve beroven, totdat het morgen licht worde, en laat ons niet een man onder henoverig laten. Zij nu zeiden: Doe al wat goed is in uw ogen; maar de priester zeide: Laat ons herwaarts tot God naderen.

³⁷Toen vraagde Saul God: Zal ik aftrekken de Filistijnen na? Zult Gij ze in de hand van Israel overgeven? Doch Hij antwoordde hem niet te dien dage.

³⁸Toen zeide Saul: Komt herwaarts uit alle hoeken des volks, en verneemt, en ziet, waarin deze zonde heden geschied zij.

³⁹Want zo waarachtig als de HEERE leeft, Die Israel verlost, alware het in mijn zoon Jonathan, zo zal hij den dood sterven; en niemand uit het ganse volkantwoordde hem.

⁴⁰Verder zeide hij tot het ganse Israel: Gijlieden zult aan de ene zijde zijn, en ik en mijn zoon Jonathan zullen aan de andere zijde zijn. Toen zeide het volk tot Saul:Doe, wat goed is in uw ogen.

⁴¹Saul nu sprak tot den HEERE, den God Israels: Toon den onschuldige. Toen werd Jonathan en Saul geraakt, en het volk ging vrij uit.

⁴²Toen zeide Saul: Werpt het lot tussen mij en tussen mijn zoon Jonathan. Toen werd Jonathan geraakt.

⁴³Saul dan zeide tot Jonathan: Geef mij te kennen, wat gij gedaan hebt. Toen gaf het Jonathan hem te kennen, en zeide: Ik heb maar een weinig honigs geproefd, met het uiterste des stafs, dien ik in mijn hand had; zie hier ben ik, moet ik sterven?

⁴⁴Toen zeide Saul: Zo doe mij God, en zo doe Hij daartoe, Jonathan! gij moet den dood sterven.

⁴⁵Maar het volk zeide tot Saul: Zou Jonathan sterven, die deze grote verlossing in Israel gedaan heeft? Dat zij verre! zo waarachtig als de HEERE leeft, als ereen haar van zijn hoofd op de aarde vallen zal; want hij heeft dit heden met God gedaan. Alzo verloste het volk Jonathan, dat hij niet stierf.

⁴⁶Saul nu toog op van achter de Filistijnen, en de Filistijnen trokken aan hun plaats.

⁴⁷Toen nam Saul het koninkrijk over Israel in; en hij streed rondom tegen al zijn vijanden, tegen Moab, en tegen de kinderen Ammons, en tegen Edom, en tegende koningen van Zoba, en tegen de Filistijnen; en overal, waar hij zich wendde, oefende hij straf.

⁴⁸En hij handelde dapper, en hij sloeg de Amalekieten, en hij redde Israel uit de hand desgenen, die hem beroofde.

⁴⁹De zonen van Saul nu waren: Jonathan, en Isvi, en Malchi-sua; en de namen zijner twee dochteren waren deze: de naam der eerstgeborenen was Merab, en denaam der kleinste Michal.

⁵⁰En de naam van Sauls huisvrouw was Ahinoam, een dochter van Ahimaaz; en de naam van zijn krijgsoverste was Abner, een zoon van Ner, Sauls oom.

⁵¹En Kis was Sauls vader, en Ner, Abners vader, was een zoon van Abiel.

⁵²En er was een sterke krijg tegen de Filistijnen al de dagen van Saul; daarom alle helden en alle kloeke mannen, die Saul zag, die vergaderde hij tot zich.

Hoofdstuk 15

¹Toen zeide Samuel tot Saul: de HEERE heeft mij gezonden, dat ik u ten koning zalfde over Zijn volk, over Israel; hoor dan nu de stem van de woorden desHEEREN.

²Alzo zegt de HEERE der heirscharen: Ik heb bezocht, hetgeen Amalek aan Israel gedaan heeft, hoe hij zich tegen hem gesteld heeft op den weg, toen hij uitEgypte opkwam.

³Ga nu heen, en sla Amalek, en verban alles, wat hij heeft, en verschoon hem niet; maar dood van den man af tot de vrouw toe, van de kinderen tot dezuigelingen, van de ossen tot de schapen, van de kemelen tot de ezelen toe.

⁴Dit verkondigde Saul het volk, en hij telde hen te Telaim, tweehonderd duizend voetvolks, en tien duizend mannen van Juda.

⁵Als Saul tot aan de stad Amalek kwam, zo legde hij een

1 Samuël

achterlage in het dal.

⁶En Saul liet den Kenieten zeggen: Gaat weg, wijkt, trekt af uit het midden der Amalekieten, opdat ik u met hen niet wegruime; want gij hebt barmhartigheid gedaan aan al de kinderen Israels, toen zij uit Egypte opkwamen. Alzo weken de Kenieten uit het midden der Amalekieten.

⁷Toen sloeg Saul de Amalekieten van Havila af, tot daar gij komt te Sur, dat voor aan Egypte is.

⁸En hij ving Agag, den koning der Amalekieten, levend; maar al het volk verbande hij door de scherpte des zwaards.

⁹Doch Saul en het ganse volk verschoonde Agag, en de beste schapen, en runderen, en de naast beste, en de lammeren, en al wat best was, en zij wilden ze niet verbannen; maar alle ding, dat verachtzaam, en dat verdwijnende was, verbanden zij.

¹⁰Toen geschiedde het woord des HEEREN tot Samuel, zeggende:

¹¹Het berouwt Mij, dat Ik Saul tot koning gemaakt heb, dewijl hij zich van achter Mij afgekeerd heeft, en Mijn woorden niet bevestigd heeft. Toen ontstak Samuel, en hij riep tot den HEERE den gansen nacht.

¹²Daarna maakte zich Samuel des morgens vroeg op, Saul tegemoet; en het werd Samuel geboodschapt, zeggende: Saul is te Karmel gekomen, en zie, hij heeft zich een pilaar gesteld; daarna is hij omgetogen, en doorgetrokken, en naar Gilgal afgekomen.

¹³Samuel nu kwam tot Saul, en Saul zeide tot hem: Gezegend zijt gij den HEERE! Ik heb des HEEREN woord bevestigd.

¹⁴Toen zeide Samuel: Wat is dan dit voor een stem der schapen in mijn oren, en een stem der runderen, die ik hoor?

¹⁵Saul nu zeide: Zij hebben ze van de Amalekieten gebracht, want het volk heeft de beste schapen en runderen verschoond, om den HEERE, uw God, te offeren; maar het overige hebben wij verbannen.

¹⁶Toen zeide Samuel tot Saul: Houd op, zo zal ik u te kennen geven, wat de HEERE van nacht tot mij gesproken heeft. Hij dan zeide tot hem: Spreek.

¹⁷En Samuel zeide: Is het niet alzo, toen gij klein waart in uw ogen, dat gij het hoofd der stammen van Israel geworden zijt, en dat u de HEERE tot koning over Israel gezalfd heeft?

¹⁸En de HEERE heeft u op den weg gezonden, en gezegd: Ga heen en verban de zondaars, de Amalekieten, en strijd tegen hen, totdat gij dezelve te niet doet.

¹⁹Waarom toch hebt gij naar de stem des HEEREN niet gehoord, maar zijt tot den roof gevlogen, en hebt gedaan dat kwaad was in de ogen des HEEREN?

²⁰Toen zeide Saul tot Samuel: Ik heb immers naar de stem des HEEREN gehoord, en heb gewandeld op den weg, op denwelken mij de HEERE gezonden heeft; en ik heb Agag, den koning der Amalekieten, mede gebracht, maar de Amalekieten heb ik verbannen.

²¹Het volk nu heeft genomen van den roof, schapen en runderen, het voornaamste van het verbannene, om den HEERE, uw God, op te offeren te Gilgal.

²²Doch Samuel zeide: Heeft de HEERE lust aan brandoffern, en slachtofferen, als aan het gehoorzamen van de stem des HEEREN? Zie, gehoorzamen is beter dan slachtoffer, opmerken dan het vette der rammen.

²³Want wederspannigheid is een zonde der toverij, en wederstreven is afgoderij en beeldendienst. Omdat gij des HEEREN woord verworpen hebt, zo heeft Hij u verworpen, dat gij geen koning zult zijn.

²⁴Toen zeide Saul tot Samuel: Ik heb gezondigd, omdat ik des HEEREN bevel en uw woorden overtreden heb; want ik heb het volk gevreesd en naar hun stem gehoord.

²⁵Nu dan, vergeef mij toch mijn zonde, en keer met mij wederom, dat ik den HEERE aanbidde.

²⁶Doch Samuel zeide tot Saul: Ik zal met u niet wederkeren; omdat gij het woord des HEEREN verworpen hebt, zo heeft u de HEERE verworpen, dat gij geen koning over Israel zult zijn.

²⁷Als zich Samuel omkeerde om weg te gaan, zo greep hij een slip van zijn mantel en zij scheurde.

²⁸Toen zeide Samuel tot hem: De HEERE heeft heden het koninkrijk van Israel van u afgescheurd, en heeft het aan uw naaste gegeven, die beter is dan gij.

²⁹En ook liegt Hij, Die de Overwinning van Israel is, niet, en het berouwt Hem niet; want Hij is geen mens, dat Hem iets berouwen zou.

³⁰Hij dan zeide: Ik heb gezondigd; eer mij toch nu voor de oudsten mijns volks, en voor Israel; en keer wederom met mij, dat ik den HEERE, uw God, aanbidde.

³¹Toen keerde Samuel wederom Saul na; en Saul aanbad den HEERE.

³²Toen zeide Samuel: Breng Agag, den koning der Amalekieten, hier tot mij; Agag nu ging tot hem weeldelijk; en Agag zeide: Voorwaar, de bitterheid des doodsis geweken!

³³Maar Samuel zeide: Gelijk als uw zwaard de vrouwen van haar kinderen beroofd heeft, alzo zal uw moeder van haar kinderen beroofd worden onder de vrouwen. Toen hieuw Samuel Agag in stukken, voor het aangezicht des HEEREN te Gilgal.

³⁴Daarna ging Samuel naar Rama; en Saul ging op naar zijn huis te Gibea-Sauls.

³⁵En Samuel zag Saul niet meer tot den dag zijns doods toe; evenwel droeg Samuel leed om Saul; en het berouwde den HEERE, dat Hij Saul tot koning over Israel gemaakt had.

Hoofdstuk 16

¹Toen zeide de HEERE tot Samuel: Hoe lang draagt gij leed om Saul, dien Ik toch verworpen heb, dat hij geen koning zij over Israel? Vul uw hoorn met olie, en ga heen; Ik zal u zenden tot Isai, den Bethlehemiet; want Ik heb Mij een koning onder zijn zonen uitgezien.

²Maar Samuel zeide: Hoe zou ik heengaan? Saul zal het toch horen en mij doden. Toen zeide de HEERE: Neem een kalf van de runderen met u, en zeg: Ik ben gekomen, om den HEERE offerande te doen.

³En gij zult Isai ten offer nodigen, en Ik zal u te kennen geven, wat gij doen zult, en gij zult Mij zalven, dien Ik u zeggen zal.

⁴Samuel nu deed, hetgeen de HEERE gesproken had, en hij kwam te Bethlehem. Toen kwamen de oudsten der stad bevende hem tegemoet, en zeiden: Is uw komst met vrede?

⁵Hij dan zeide: Met vrede; ik ben gekomen om den HEERE offerande te doen; heiligt u, en komt met mij ten offer; en hij heiligde Isai en zijn zonen, en hij nodigde hen ten offer.

⁶En het geschiedde, toen zij inkwamen, zo zag hij Eliab aan, en dacht: Zekerlijk, is deze voor den HEERE, Zijn gezalfde.

⁷Doch de HEERE zeide tot Samuel: Zie zijn gestalte niet aan, noch de hoogte zijner statuur, want Ik heb hem verworpen; want het is niet gelijk de mens ziet; want de mens ziet aan, wat voor ogen is, maar de HEERE ziet het hart aan.

⁸Toen riep Isai Abinadab, en hij deed hem voorbij het aangezicht van Samuel gaan; doch hij zeide: Dezen heeft de HEERE ook niet verkoren.

⁹Daarna liet Isai Samma voorbijgaan; doch hij zeide: Dezen heeft de HEERE ook niet verkoren.

¹⁰Alzo liet Isai zijn zeven zonen voorbij het aangezicht van Samuel gaan; doch Samuel zeide tot Isai: De HEERE heeft dezen niet verkoren.

¹¹Voorts zeide Samuel tot Isai: Zijn dit al de jongelingen? En hij zeide: De kleinste is nog overig, en zie, hij weidt de schapen. Samuel nu zeide tot Isai: Zend heenen laat hem halen; want wij zullen niet rondom aanzitten, totdat hij hier zal gekomen zijn.

¹²Toen zond hij heen, en bracht hem in; hij nu was roodachtig, mitsgaders schoon van ogen en schoon van aanzien; en HEERE zeide: Sta op, zalf hem, want deze is het.

¹³Toen nam Samuel den oliehoorn, en hij zalfde hem in het midden zijner broederen. En de Geest des HEEREN werd vaardig over David van dien dag af en voortaan. Daarna stond Samuel op, en hij ging naar Rama.

¹⁴En de Geest des HEEREN week van Saul; en een boze geest van den HEERE verschrikte hem.

¹⁵Toen zeiden Sauls knechten tot hem: Zie toch, een boze geest Gods verschrikt u.

¹⁶Onze heer zegge toch tot uw knechten, die voor uw aangezicht staan, dat zij een man zoeken, die op de harp spelen kan; en het zal geschieden, als de boze geest Gods op u is, dat hij met zijn hand spele, dat het beter met u worde.

¹⁷Toen zeide Saul tot zijn knechten: Ziet mij toch naar een man uit, die wel spelen kan, en brengt hem tot mij.

¹⁸Toen antwoordde een van de jongelingen, en zeide: Zie, ik heb gezien een zoon van Isai, den Bethlehemiet, die spelen kan, en hij is een dapper held, en een krijgsman, en verstandig in zaken, en een schoon man, en de HEERE is met hem.

¹⁹Saul nu zond boden tot Isai, en zeide: Zend uw zoon David tot mij, die bij de schapen is.

²⁰Toen nam Isai een ezel met brood, en een lederen zak met wijn, en een geitenbokje; en hij zond ze door de hand van zijn zoon David aan Saul.

²¹Alzo kwam David tot Saul, en hij stond voor zijn aangezicht; en hij beminde hem zeer, en hij werd zijn wapendrager.

²²Daarna zond Saul tot Isai, om te zeggen: Laat toch David voor mijn aangezicht staan, want hij heeft genade in mijn ogen gevonden.

²³En het geschiedde, als de geest Gods over Saul was, zo nam David de harp, en hij speelde met zijn hand; dat was voor Saul een verademing, en het werd beter met hem, en de boze geest week van hem.

Hoofdstuk 17

¹En de Filistijnen verzamelden hun heir ten strijde, en verzamelden zich te Socho, dat in Juda is; en zij legerden zich tussen Socho en tussen Azeka, aan het einde van Dammim.

²Doch Saul en de mannen van Israel verzamelden zich, en legerden zich in het eikendal; en stelden de slagorde tegen de Filistijnen aan.

³De Filistijnen nu stonden aan een berg aan gene, en de Israelieten stonden aan een berg aan deze zijde; en de vallei was tussen hen.

⁴Toen ging er een kampvechter uit, uit het leger der Filistijnen; zijn naam was Goliath, van Gath; zijn hoogte was zes ellen en een span.

⁵En hij had een koperen helm op zijn hoofd, en hij had een schubachtig pantsier aan; en het gewicht van het pantsier was vijf duizend sikkelen kopers;

⁶En een koperen scheenharnas boven zijn voeten, en een koperen schild tussen zijn schouders;

⁷En de schacht zijner spies was als een weversboom, en het lemmer zijner spies was van zeshonderd sikkelen ijzers; en de schilddrager ging voor zijn aangezicht.

⁸Deze nu stond, en riep tot de slagorden van Israel, en zeide tot hen: Waarom zoudt gijlieden uittrekken, om de slagorde te stellen? Ben ik niet een Filistijn, en gijlieden knechten van Saul? Kiest een man onder u, die tot mij afkome.

⁹Indien hij tegen mij strijden en mij verslaan kan, zo zullen wij ulieden tot knechten zijn; maar indien ik hem overwin en hem sla, zo zult gij ons tot knechten zijn, en ons dienen.

¹⁰Verder zeide de Filistijn: Ik heb heden de slagorden van Israel gehoond, zeggende: Geeft mij een man, dat wij te zamen strijden!

¹¹Toen Saul en het ganse Israel deze woorden van den Filistijn hoorden, zo ontzetten zij zich, en vreesden zeer.

¹²David nu was de zoon van den Efrathischen man van Bethlehem-Juda, wiens naam was Isai, en die acht zonen had, en in de dagen van Saul was hij een man, oud, afgaande onder de mannen.

¹³En de drie grootste zonen van Isai gingen heen; zij volgden Saul na in den krijg. De namen nu zijner drie zonen, die in den krijg gingen, waren: Eliab, de eerstgeborene, en zijn tweede Abinadab, en de derde Samma.

¹⁴En David was de kleinste; en de drie grootsten waren Saul nagevolgd.

¹⁵Doch David ging henen, en kwam weder van Saul, om zijns vaders schapen te weiden te Bethlehem.

¹⁶De Filistijn nu trad toe, des morgens vroeg en des avonds. Alzo stelde hij zich daar veertig dagen lang.

¹⁷En Isai zeide tot zijn zoon David: Neem toch voor uw broeders een efa van dit geroost koren, en deze tien broden, en breng ze ter loops in het leger tot uw broederen.

¹⁸Maar breng deze tien melkkazen aan de oversten over duizend; en gij zult uw broederen bezoeken, of het hun welga, en gij zult van hen pand medenemen.

¹⁹Saul nu, en zij, en alle mannen van Israel waren bij het eikendal met de Filistijnen strijdende.

²⁰Toen maakte zich David des morgens vroeg op, en hij liet de schapen bij den hoeder, en hij nam het op, en ging henen, gelijk als Isai hem bevolen had; en hij kwam aan den wagenburg, als het heir in slagorde uittoog, en men ten strijde riep.

²¹En de Israelieten en Filistijnen stelden slagorde tegen slagorde.

²²David nu liet de vaten van zich, onder de hand van den bewaarder der vaten, en hij liep ter slagorde; en hij kwam en vraagde zijn broederen naar hun welstand.

²³Toen hij met hen sprak, ziet, zo kwam der kampvechter op; zijn naam was Goliath, de Filistijn van Gath, uit het heir der Filistijnen, en hij sprak achtervolgens die woorden; en David hoorde ze.

²⁴Doch alle mannen in Israel, als zij dien man zagen, zo vluchtten zij voor zijn aangezicht, en zij vreesden zeer.

²⁵En de mannen Israels zeiden: Hebt gijlieden dien man wel gezien, die opgekomen is? Want hij is opgekomen, om Israel te honen; en het zal geschieden, dat de koning dien man, die hem slaat, met groten rijkdom verrijken zal, en hij zal hem zijn dochter geven, en hij zal zijns vaders huis vrijmaken in Israel.

²⁶Toen zeide David tot de mannen, die bij hem stonden, zeggende: Wat zal men dien man doen, die dezen Filistijn slaat, en den smaad van Israel wendt? Want wie is deze onbesneden Filistijn, dat hij de slagorden van den levenden God zou honen?

²⁷Wederom zeide hem het volk achtervolgens dat woord, zeggende: Alzo zal men den man doen, die hem slaat.

²⁸Als Eliab, zijn grootste broeder, hem tot die mannen hoorde spreken, zo ontstak de toorn van Eliab tegen David, en hij zeide: Waarom zijt gij nu afgekomen, en onder wien hebt gij de weinige schapen in de woestijn gelaten? Ik ken uw vermetelheid, en de boosheid uws harten wel; want gij zijt afgekomen, opdat gij den strijd zaagt.

²⁹Toen zeide David: Wat heb ik nu gedaan? Is er geen oorzaak?

³⁰En hij wendde zich af van dien naar een anderen toe, en hij zeide achtervolgens dat woord; en het volk gaf hem weder antwoord, achtervolgens de eerste woorden.

³¹Toen die woorden gehoord werden, die David gesproken had, en in de tegenwoordigheid van Saul verkondigd werden, zo liet hij hem halen.

³²En David zeide tot Saul: Aan geen mens ontvalle het hart, om zijnentwil. Uw knecht zal heengaan en hij zal met dezen Filistijn strijden.

³³Maar Saul zeide tot David: Gij zult niet kunnen heengaan tot dezen Filistijn, om met hem te strijden; want gij zijt een jongeling, en hij is een krijgsman van zijn jeugd af.

³⁴Toen zeide David tot Saul: Uw knecht weid de schapen zijns vaders, en er kwam een leeuw en een beer, en nam een schaap van de kudde weg.

³⁵En ik ging uit hem na, en ik sloeg hem, en redde het uit zijn mond; toen hij tegen mij opstond, zo vatte ik hem bij zijn baard, en sloeg hem, en doodde hem.

³⁶Uw knecht heeft zo den leeuw als den beer geslagen; alzo zal deze onbesneden Filistijn zijn, gelijk een van die, omdat hij de slagorden van den levenden God gehoond heeft.

³⁷Verder zeide David: De HEERE, Die mij van de hand des leeuws gered heeft, en uit de hand des beers, Die zal mij redden uit de hand van dezen Filistijn. Toen zeide Saul tot David: Ga heen, en de HEERE zij met u!

³⁸En Saul kleedde David met zijn klederen, en zette een koperen helm op zijn hoofd, en kleedde hem met een pantsier.

³⁹En David gordde zijn zwaard aan over zijn klederen, en wilde gaan; want hij had het nooit verzocht. Toen zeide David tot Saul: Ik kan in deze niet gaan, want ik heb het nooit verzocht; en David legde ze van zich.

⁴⁰En hij nam zijn staf in zijn hand, en hij koos zich vijf gladde stenen uit de beek, en legde ze in de herderstas, die hij had, te weten in den zak, en zijn slinger was in zijn hand; alzo naderde hij tot den Filistijn.

⁴¹De Filistijn ging ook heen, gaande en naderende tot David, en zijn schilddrager ging voor zijn aangezicht.

⁴²Toen de Filistijn opzag, en David zag, zo verachtte hij hem; want hij was een jongeling, roodachtig, mitsgaders schoon van aanzien.

⁴³De Filistijn nu zeide tot David: Ben ik een hond, dat gij tot mij komt met stokken? En de Filistijn vloekte David bij zijn goden.

⁴⁴Daarna zeide de Filistijn tot David: Kom tot mij, zo zal ik uw vlees aan de vogelen des hemels geven, en aan de dieren des velds.

⁴⁵David daarentegen zeide tot den Filistijn: Gij komt tot mij met een zwaard, en met een spies, en met een schild; maar ik kom tot u in den Naam van den HEERE der heirscharen, den God der slagorden van Israel, Dien gij gehoond hebt.

⁴⁶Te dezen dage zal de HEERE u besluiten in mijn hand, en ik zal u slaan, en ik zal uw hoofd van u wegnemen, en ik zal de dode lichamen van der Filistijnen leger dezen dag aan de vogelen des hemels, en aan de beesten des velds geven; en de ganse aarde zal weten, dat Israel een God heeft.

⁴⁷En deze ganse vergadering zal weten, dat de HEERE niet door het zwaard, noch door de spies verlost; want de krijg is des HEEREN, Die zal ulieden in onze hand geven.

⁴⁸En het geschiedde, toen de Filistijn zich opmaakte, en heenging, en David tegemoet naderde, zo haastte David, en liep naar de slagorde toe, den Filistijn tegemoet.

⁴⁹En David stak zijn hand in de tas, en hij nam een steen daaruit, en hij slingerde, en trof den Filistijn in zijn voorhoofd; zodat de steen zonk in zijn voorhoofd, en hij viel op zijn aangezicht ter aarde.

⁵⁰Alzo overweldigde David den Filistijn met een slinger en met een steen; en hij versloeg den Filistijn, en doodde hem; doch David had geen zwaard in de hand.

⁵¹Daarom liep David, en stond op den Filistijn, en nam zijn zwaard, en hij trok het uit zijn schede, en hij doodde hem, en hij hieuw hem het hoofd daarmede af. Toen de Filistijnen zagen, dat hun geweldigste dood was, zo vluchtten zij.

⁵²Toen maakten zich de mannen van Israel en van Juda op, en juichten, en vervolgden de Filistijnen, tot daar men komt aan de vallei,

1 Samuël

en tot aan de poorten van Ekron; en de verwonden der Filistijnen vielen op den weg van Saaraim, en tot aan Gath, en tot aan Ekron.

⁵³Daarna keerden de kinderen Israels om, van het hittig najagen der Filistijnen, en zij beroofden hun legers.

⁵⁴Daarna nam David het hoofd van den Filistijn, en bracht het naar Jeruzalem; maar zijn wapenen legde hij in zijn tent.

⁵⁵Toen Saul David zag uitgaan den Filistijn tegemoet, zeide hij tot Abner, den krijgsoverste: Wiens zoon is deze jongeling, Abner? En Abner zeide: Zowaarachtig als uw ziel leeft, o koning! ik weet het niet.

⁵⁶De koning nu zeide: Vraag gij het, wiens zoon deze jongeling is.

⁵⁷Als David wederkeerde van het slaan des Filistijns, zo nam hem Abner, en hij bracht hem voor het aangezicht van Saul, en het hoofd van den Filistijn was in zijn hand.

⁵⁸En Saul zeide tot hem: Wiens zoon zijt gij, jongeling? En David zeide: Ik ben een zoon van uw knecht Isai, den Bethlehemiet.

Hoofdstuk 18

¹Het geschiedde nu, als hij geëindigd had tot Saul te spreken, dat de ziel van Jonathan verbonden werd aan de ziel van David; en Jonathan beminde hem als zijn ziel.

²En Saul nam hem te dien dage, en liet hem niet wederkeren tot zijns vaders huis.

³Jonathan nu en David maakten een verbond, dewijl hij hem liefhad als zijn ziel.

⁴En Jonathan deed zijn mantel af, dien hij aan had, en gaf hem aan David, ook zijn klederen, ja, tot zijn zwaard toe, en tot zijn boog toe, en tot zijn gordel toe.

⁵En David toog uit, overal, waar Saul hem zond; hij gedroeg zich voorzichtiglijk, en Saul zette hem over de krijgslieden; en hij was aangenaam in de ogen des gansen volks, en ook in de ogen der knechten van Saul.

⁶Het geschiedde nu, toen zij kwamen, en David wederkeerde van het slaan der Filistijnen, dat de vrouwen uitgingen uit al de steden van Israel, met gezang en reien, den koning Saul tegemoet, met trommelen, met vreugde en met muziekinstrumenten.

⁷En de vrouwen, spelende, antwoordden elkander en zeiden: Saul heeft zijn duizenden verslagen, maar David zijn tienduizenden!

⁸Toen ontstak Saul zeer, en dat woord was kwaad in zijn ogen, en hij zeide: Zij hebben David tien duizend gegeven, doch mij hebben zij maar duizend gegeven; en voorzeker zal het koninkrijk nog voor hem zijn.

⁹En Saul had het oog op David, van dien dag af en voortaan.

¹⁰En het geschiedde des anderen daags, dat de boze geest Gods over Saul vaardig werd, en hij profeteerde midden in het huis, en David speelde op snarenspel met zijn hand, als van dag tot dag; Saul nu had een spies in zijn hand.

¹¹En Saul schoot de spies, en zeide: Ik zal David aan den wand spitten; maar David wendde zich tweemaal van zijn aangezicht af.

¹²En Saul vreesde voor David, want de HEERE was met hem, en Hij was van Saul geweken.

¹³Daarom deed hem Saul van zich weg, en hij zette hem zich tot een overste van duizend; en hij ging uit en hij ging in voor het aangezicht des volks.

¹⁴En David gedroeg zich voorzichtiglijk op al zijn wegen; en de HEERE was met hem.

¹⁵Toen nu Saul zag, dat hij zich zeer voorzichtiglijk gedroeg, vreesde hij voor zijn aangezicht.

¹⁶Doch gans Israel en Juda had David lief; want hij ging uit en hij ging in voor hun aangezicht.

¹⁷Derhalve zeide Saul tot David: Zie, mijn grootste dochter Merab zal ik u tot een vrouw geven; alleenlijk, wees mij een dapper zoon, en voer den krijg des HEEREN. Want Saul zeide: Dat mijn hand niet tegen hem zij, maar dat de hand der Filistijnen tegen hem zij.

¹⁸Doch David zeide tot Saul: Wie ben ik, en wat is mijn leven, en mijns vaders huisgezin in Israel, dat ik des konings schoonzoon zou worden?

¹⁹Het geschiedde nu ten tijde als men Merab, de dochter van Saul, aan David geven zou, zo is zij aan Adriel, den Meholathiet, ter vrouw gegeven.

²⁰Doch Michal, de dochter van Saul, had David lief. Toen dat Saul te kennen werd gegeven, zo was die zaak recht in zijn ogen.

²¹En Saul zeide: Ik zal haar hem geven, dat zij hem tot een valstrik zij, en dat de hand der Filistijnen tegen hem zij. Daarom zeide Saul tot David: Met de andere zult gij heden mijn schoonzoon worden.

²²En Saul gebood zijn knechten: Spreekt met David in het heimelijke, zeggende: Zie, de koning heeft lust aan u, en al zijn knechten hebben u lief; word dan nu des konings schoonzoon.

²³En de knechten van Saul spraken deze woorden voor de oren van David. Toen zeide David: Is dat licht in ulieder ogen, des konings schoonzoon te worden, daar ik een arm en verachtzaam man ben?

²⁴En de knechten van Saul boodschapten het hem, zeggende: Zulke woorden heeft David gesproken.

²⁵Toen zeide Saul: Aldus zult gijlieden tot David zeggen: De koning heeft geen lust aan den bruidschat, maar aan honderd voorhuiden der Filistijnen, opdat men zich wreke aan des konings vijanden. Want Saul dacht David te vellen door de hand der Filistijnen.

²⁶Zijn knechten nu boodschapten David deze woorden. En die zaak was recht in de ogen van David, dat hij des konings schoonzoon zou worden; maar de dagen waren nog niet vervuld.

²⁷Toen maakte zich David op, en hij en zijn mannen gingen heen, en zij sloegen onder de Filistijnen tweehonderd mannen, en David bracht hun voorhuiden, en men leverde ze den koning volkomenlijk, opdat hij schoonzoon des konings worden zou. Toen gaf Saul hem zijn dochter Michal ter vrouw.

²⁸En Saul zag en merkte, dat de HEERE met David was; en Michal, de dochter van Saul, had hem lief.

²⁹Toen vreesde zich Saul nog meer voor David; en Saul was David een vijand al zijn dagen.

³⁰Als de vorsten der Filistijnen uittogen, zo geschiedde het, als zij uittogen, dat David kloeker was, dan al de knechten van Saul; zodat zijn naam zeer geacht was.

Hoofdstuk 19

¹Derhalve sprak Saul tot zijn zoon Jonathan en tot al zijn knechten, om David te doden. Doch Jonathan, Sauls zoon, had groot welgevallen aan David.

²En Jonathan verkondigde het David, zeggende: Mijn vader Saul zoekt u te doden; nu dan, wacht u toch des morgens, en blijf in het verborgene, en versteek u.

³Doch ik zal uitgaan, en aan de hand mijns vaders staan op het veld, waar gij zult zijn; en ik zal van u tot mijn vader spreken, en zal zien wat het zij; dat zal ik u verkondigen.

⁴Zo sprak dan Jonathan goed van David tot zijn vader Saul; en hij zeide tot hem: De koning zondige niet tegen zijn knecht David, omdat hij tegen u niet gezondigd heeft, en omdat zijn daden voor u zeer goed zijn.

⁵Want hij heeft zijn ziel in zijn hand gezet, en hij heeft den Filistijn geslagen, en de HEERE heeft een groot heil aan het ganse Israel gedaan; gij hebt het gezien, en gij zijt verblijd geweest; waarom zoudt gij dan tegen onschuldig bloed zondigen, David zonder oorzaak dodende?

⁶Saul nu hoorde naar de stem van Jonathan; en Saul zwoer: zo waarachtig als de HEERE leeft, hij zal niet gedood worden!

⁷En Jonathan riep David, en Jonathan gaf hem al deze woorden te kennen; en Jonathan bracht David tot Saul, en hij was voor zijn aangezicht als gisteren en eergisteren.

⁸En er werd wederom krijg; en David toog uit, en streed tegen de Filistijnen, en hij sloeg hen met een groten slag, en zij vloden voor zijn aangezicht.

⁹Doch de boze geest des HEEREN was over Saul, en hij zat in zijn huis, en zijn spies was in zijn hand; en David speelde op snarenspel met de hand;

¹⁰Saul nu zocht met de spies David aan den wand te spitten, doch hij ontweek van het aangezicht van Saul, die met de spies in den wand sloeg. Toen vlood David, en ontkwam in dienzelfden nacht.

¹¹Maar Saul zond boden heen tot Davids huis, dat zij hem bewaarden, en dat zij hem des morgens doodden. Dit gaf Michal, zijn huisvrouw, David te kennen, zeggende: Indien gij uw ziel dezen nacht niet behoedt, zo zult gij morgen gedood worden.

¹²En Michal liet David door een venster neder, en hij ging heen, en vluchtte, en ontkwam.

¹³En Michal nam een beeld, en zij legde het in het bed, en zij legde een geitenvel aan zijn hoofdpeluw, en dekte het met een kleed toe.

¹⁴Saul nu zond boden, om David te halen. Zij dan zeide: Hij is ziek.

¹⁵Toen zond Saul boden, om David te bezien, zeggende: Breng hem op het bed tot mij op, dat men hem dode.

¹⁶Als de boden kwamen, zo ziet, er was een beeld in het bed, en er was een geitenvel aan zijn hoofdpeluw.

¹⁷Toen zeide Saul tot Michal: Waarom hebt gij mij alzo bedrogen en hebt mijn vijand laten gaan, dat hij ontkomen is? Michal nu zeide tot Saul: Hij zeide tot mij: Laat mij gaan, waarom zou ik u doden?

¹⁸Alzo vluchtte David en ontkwam, en hij kwam tot Samuël te Rama, en hij gaf hem te kennen al wat Saul hem gedaan had; en hij en

Samuel gingen heen, en zijbleven te Najoth. ¹⁹En men boodschapte Saul, zeggende: Zie, David is te Najoth, bij Rama.

²⁰Toen zond Saul boden heen, om David te halen; die zagen een vergadering van profeten, profeterende, en Samuel, staande, over hen gesteld; en de Geest Godswas over Sauls boden, en die profeteerden ook.

²¹Toen men het Saul boodschapte, zo zond hij andere boden, en die profeteerden ook; toen voer Saul voort en zond de derde boden, en die profeteerden ook.

²²Daarna ging hij ook zelf naar Rama, en hij kwam tot den groten waterput, die te Sechu was, en hij vraagde en zeide: Waar is Samuel, en David? Toen werdhem gezegd: Zie, zij zijn te Najoth bij Rama.

²³Toen ging hij derwaarts naar Najoth bij Rama; en dezelfde Geest Gods was ook op hem, en hij, al voortgaande, profeteerde, totdat hij te Najoth in Ramakwam.

²⁴En hij toog zelf ook zijn klederen uit, en hij profeteerde zelf ook, voor het aangezicht van Samuel; en hij viel bloot neder dienzelfden gansen dag, en den gansennacht. Daarom zegt men: Is Saul ook onder de profeten?

Hoofdstuk 20

¹Toen vluchtte David van Najoth bij Rama, en hij kwam, en zeide voor het aangezicht van Jonathan: Wat heb ik gedaan, wat is mijn misdaad, en wat is mijnzonde voor het aangezicht uws vaders, dat hij mijn ziel zoekt?

²Hij daarentegen zeide tot hem: Dat zij verre, gij zult niet sterven. Zie, mijn vader doet geen grote zaak, en geen kleine zaak, die hij voor mijn oor niet openbaart;waarom zou dan mijn vader deze zaak van mij verbergen? Dat is niet.

³Toen zwoer David verder, en zeide: Uw vader weet zeer wel, dat ik genade in uw ogen gevonden heb; daarom heeft hij gezegd: Dat Jonathan dit niet wete, opdat hij zich niet bekommere; en zekerlijk, zo waarachtig als de HEERE leeft, en uw ziel leeft, er is maar als een schrede tussen mij en tussen den dood!

⁴Jonathan nu zeide tot David: Wat uw ziel zegt, dat zal ik u doen.

⁵En David zeide tot Jonathan: Zie, morgen is de nieuwe maan, dat ik zekerlijk met den koning zou aanzitten om te eten; zo laat mij gaan, dat ik mij op het veldverberge tot aan den derden avond.

⁶Indien uw vader mij gewisselijk mist, zo zult gij zeggen: David heeft van mij zeer begeerd, dat hij tot zijn stad Bethlehem mocht lopen; want aldaar is eenjaarlijks offer voor het ganse geslacht.

⁷Indien hij aldus zegt: Het is goed, zo heeft uw knecht vrede; maar indien hij gans ontstoken is, zo weet, dat het kwaad bij hem ten volle besloten is.

⁸Doe dan barmhartigheid aan uw knecht, want gij hebt uw knecht in een verbond des HEEREN met u gebracht; maar is er een misdaad in mij, zo dood gij mij;waarom zoudt gij mij toch tot uw vader brengen?

⁹Toen zeide Jonathan: Dat zij verre van u! Maar indien ik zekerlijk merkte, dat dit kwaad bij mijn vader ten volle besloten ware, dat het u zou overkomen, zou ikdat u dan niet te kennen geven?

¹⁰David nu zeide tot Jonathan: Wie zal het mij te kennen geven, indien uw vader u wat hards antwoordt?

¹¹Toen zeide Jonathan tot David: Kom, laat ons toch uitgaan in het veld; en die beiden gingen uit in het veld.

¹²En Jonathan zeide tot David: De HEERE, de God Israels, indien ik mijn vader onderzocht zal hebben omtrent dezen tijd, morgen of overmorgen, en zie, het isgoed voor David, en ik dan tot u niet zende, en voor uw oor openbare;

¹³Alzo doe de HEERE aan Jonathan, en alzo doe Hij daartoe! Als mijn vader het kwaad over u behaagt, zo zal ik het voor uw oor ontdekken, en ik zal u trekkenlaten, dat gij in vrede heengaat; en de HEERE zij met u, gelijk als Hij met mijn vader geweest is.

¹⁴En zult gij niet, indien ik dan nog leve, ja, zult gij niet de weldadigheid des HEEREN aan mij doen, dat ik niet sterve?

¹⁵Ook zult gij uw weldadigheid niet afsnijden van mijn huis tot in eeuwigheid; ook niet wanneer de HEERE een iegelijk der vijanden van David van denaardbodem zal afgesneden hebben.

¹⁶Alzo maakte Jonathan een verbond met het huis van David, zeggende: Dat het de HEERE eise van de hand der vijanden Davids!

¹⁷En Jonathan voer voort, met David te doen zweren, omdat hij hem liefhad; want hij had hem lief met de liefde zijner ziel.

¹⁸Daarna zeide Jonathan tot hem: Morgen is de nieuwe maan; dan zal men u missen, want uw zitplaats zal ledig gevonden worden.

¹⁹En als gij de drie dagen zult uitgebleven zijn, kom haastig af, en ga tot die plaats, waar gij u verborgen hadt ten dage dezer handeling; en blijf bij den steen Ezel.

²⁰Zo zal ik drie pijlen ter zijde schieten, als of ik naar een teken schoot.

²¹En zie, ik zal den jongen zenden, zeggende: Ga heen, zoek de pijlen, indien ik uitdrukkelijk tot den jongen zeg: Zie, de pijlen zijn van u af en herwaarts, neemhem; en kom gij, want er is vrede voor u, en er is geen ding, zo waarlijk de HEERE leeft!

²²Maar indien ik tot den jongen alzo zeg: Zie, de pijlen zijn van u af en verder; ga heen, want de HEERE heeft u laten gaan.

²³En aangaande de zaak, waarvan ik en gij gesproken hebben, zie, de HEERE zij tussen mij en tussen u, tot in eeuwigheid!

²⁴David nu verborg zich in het veld; en als het nieuwe maan was, zat de koning bij de spijze, om te eten.

²⁵Toen zich de koning gezet had op zijn zitplaats, op dit maal gelijk de andere maal, aan de stede bij den wand, zo stond Jonathan op, en Abner zat aan Saulszijde, en Davids plaats werd ledig gevonden.

²⁶En Saul sprak te dien dage niets, want hij zeide: Hem is wat voorgevallen, dat hij niet rein is; voorzeker, hij is niet rein.

²⁷Het geschiedde nu des anderen daags, den tweeden der nieuwe maan, als Davids plaats ledig gevonden werd, zo zeide Saul tot zijn zoon Jonathan: Waarom isde zoon van Isai noch gisteren noch heden tot de spijze gekomen?

²⁸En Jonathan antwoordde Saul: David begeerde van mij ernstelijk naar Bethlehem te mogen gaan.

²⁹En hij zeide: Laat mij toch gaan; want ons geslacht heeft een offer in de stad, en mijn broeder heeft het mij zelfs geboden; heb ik nu genade in uw ogengevonden, laat mij toch ontslagen zijn, dat ik mijn broeders zie; hierom is hij aan des konings tafel niet gekomen.

³⁰Toen ontstak de toorn van Saul tegen Jonathan, en hij zeide tot hem: Gij, zoon der verkeerde in wederspannigheid, weet ik het niet, dat gij den zoon van Isaiverkoren hebt tot uw schande, en tot schande van de naaktheid uwer moeder?

³¹Want al de dagen, die de zoon van Isai op den aardbodem leven zal, zo zult gij noch uw koninkrijk bevestigd worden; nu dan, schik heen, en haal hem tot mij, want hij is een kind des doods.

³²Toen antwoordde Jonathan Saul, zijn vader, en zeide tot hem: Waarom zal hij gedood worden? Wat heeft hij gedaan?

³³Toen schoot Saul de spies op hem, om hem te slaan. Alzo merkte Jonathan, dat dit ten volle bij zijn vader besloten was, David te doden.

³⁴Daarom stond Jonathan van de tafel op in hittigheid des toorns; en hij at op den tweeden dag der nieuwe maan geen brood, want hij was bekommerd omDavid, omdat zijn vader hem gesmaad had.

³⁵En het geschiedde des morgens, dat Jonathan in het veld ging, op den tijd, die David bestemd was; en er was een kleine jongen bij hem.

³⁶En hij zeide tot zijn jongen: Loop, zoek nu de pijlen, die ik schieten zal. De jongen liep heen, en hij schoot een pijl, dien hij deed over hem vliegen.

³⁷Toen de jongen tot aan de plaats des pijls, dien Jonathan geschoten had, gekomen was, zo riep Jonathan den jongen na, en zeide: Is niet de pijl van u af enverder?

³⁸Wederom riep Jonathan den jongen na: Haast u, spoed u, sta niet stil! De jongen van Jonathan nu raapte den pijl op, en hij kwam tot zijn heer.

³⁹Doch de jongen wist er niets van; Jonathan en David alleen wisten van de zaak.

⁴⁰Toen gaf Jonathan zijn gereedschap aan den jongen, dien hij had; en hij zeide tot hem: Ga heen, breng het in de stad.

⁴¹Als de jongen heenging, zo stond David op van de zuidzijde, en hij viel op zijn aangezicht ter aarde, en hij boog zich driemaal; en zij kusten elkander, enweenden met elkander, totdat het David gans veel maakte.

⁴²Toen zeide Jonathan tot David: Ga in vrede; hetgeen wij beiden in den Naam des HEEREN gezworen Hebben, zeggende: De HEERE zij tussen mij en tussen u, en tussen mijn zaad en tussen uw zaad, zij tot in eeuwigheid!

⁴³Daarna stond hij op, en ging heen; en Jonathan kwam in de stad.

Hoofdstuk 21

¹Toen kwam David te Nob, tot den priester Achimelech; en Achimelech kwam bevende David tegemoet, en hij zeide tot hem: Waarom zijt gij alleen, en geenman met u?

²En David zeide tot den priester Achimelech: De koning heeft mij een zaak bevolen, en zeide tot mij: Laat niemand iets van de zaak weten, om dewelke ik ugezonden heb, en die ik u geboden heb; den jongelingen nu heb ik de plaats van zulk een te kennen te kennen gegeven.

1 Samuël

³En nu wat is er onder uw hand? Geef mij vijf broden in mijn hand, of wat er gevonden wordt.

⁴En de priester antwoordde David, en zeide: Er is geen gemeen brood onder mijn hand; maar er is heilig brood, wanneer zich de jongelingen slechts van de vrouw onthouden hebben.

⁵David nu antwoordde den priester, en zeide tot hem: Ja trouwens, de vrouw is ons onthouden geweest gisteren en eergisteren, toen ik uitging, en de vaten der jongelingen zijn heilig; en het is enigerwijze gemeen brood, te meer dewijl heden ander in de vaten zal geheiligd worden.

⁶Toen gaf de priester hem dat heilige, dewijl er geen brood was dan de toonbroden, die van voor het aangezicht des HEEREN weggenomen waren, dat men er warm brood legde, ten dage als dat weggenomen werd.

⁷Daar was nu een man van de knechten van Saul, te dienzelven dage opgehouden voor het aangezicht des HEEREN, en zijn naam was Doeg, een Edomiet, de machtigste onder de herderen, die Saul had.

⁸En David zeide tot Achimelech: Is hier onder uw hand geen spies of zwaard? Want ik heb noch mijn zwaard noch ook mijn wapenen in mijn hand genomen, dewijl de zaak des konings haastig was.

⁹Toen zeide de priester: Het zwaard van Goliath, den Filistijn, denwelken gij sloegt in het eikendal, zie, dat is hier, gewonden in een kleed, achter den efod; indien gij u dat nemen wilt, zo neem het, want hier is geen ander dan dit. David nu zeide: Er is zijns gelijke niet; geef het mij.

¹⁰En David maakte zich op, en vluchtte te dien dage van het aangezicht van Saul; en hij kwam tot Achis, den koning van Gath.

¹¹Doch de knechten van Achis zeiden tot hem: Is deze niet David, de koning des lands? Zong men niet van dezen in de reien, zeggende: Saul heeft zijn duizenden verslagen, maar David zijn tienduizenden?

¹²En David legde deze woorden in zijn hart; en hij was zeer bevreesd voor het aangezicht van Achis, den koning van Gath.

¹³Daarom veranderde hij zijn gelaat voor hun ogen, en hij maakte zichzelven gek onder hun handen; en hij bekrabbelde de deuren der poort, en hij liet zijn zever in zijn baard aflopen.

¹⁴Toen zeide Achis tot zijn knechten: Ziet, gij ziet, dat de man razende is, waarom hebt gij hem tot mij gebracht?

¹⁵Heb ik razenden gebrek, dat gij dezen gebracht hebt, om voor mij te razen? Zal deze in mijn huis komen?

Hoofdstuk 22

¹Toen ging David van daar, en ontkwam in de spelonk van Adullam. En zijn broeders hoorden het, en het ganse huis zijns vaders, en kwamen derwaarts tot hem af.

²En tot hem vergaderde alle man, die benauwd was, en alle man, die een schuldeiser had, en alle man, wiens ziel bitterlijk bedroefd was, en hij werd tot overste over hen; zodat bij hem waren omtrent vierhonderd mannen.

³En David ging van daar naar Mizpa der Moabieten; en hij zeide tot den koning der Moabieten: Laat toch mijn vader en mijn moeder bij ulieden uitgaan, totdat ik weet, wat God mij doen zal.

⁴En hij bracht hen voor het aangezicht van den koning der Moabieten; en zij bleven bij hem al de dagen, die David in de vesting was.

⁵Doch de profeet Gad zeide tot David: Blijf in de vesting niet, ga heen, en ga in het land van Juda. Toen ging David heen, en hij kwam in het woud Chereth.

⁶En Saul hoorde, dat David bekend geworden was, en de mannen, die bij hem waren. Saul nu zat op een heuvel onder het geboomte te Rama, en hij had zijn spies in zijn hand, en al zijn knechten stonden bij hem.

⁷Toen zeide Saul tot zijn knechten, die bij hem stonden: Hoort toch, gij, zonen van Jemini, zal ook de zoon van Isai u altegader akkers en wijnbergen geven? Zal hij u allen tot oversten van duizenden, en oversten van honderden stellen?

⁸Dat gij u allen tegen mij verbonden hebt, en niemand voor mijn oor openbaart, dat mijn zoon een verbond gemaakt heeft met den zoon van Isai; en niemand is onder ulieden, dien het wee doet van mijnentwege, en die het voor mijn oor openbaart; want mijn zoon heeft mijn knecht tegen mij opgewekt, tot een lagenlegger, gelijk het te dezen dage is.

⁹Toen antwoordde Doeg, de Edomiet, die bij de knechten van Saul stond, en zeide: Ik zag den zoon van Isai, komende te Nob, tot Achimelech, den zoon van Ahitub;

¹⁰Die den HEERE voor hem vraagde, en gaf hem teerkost; hij gaf hem ook het zwaard van Goliath, den Filistijn.

¹¹Toen zond de koning heen, om den priester Achimelech, den zoon van Ahitub, te roepen, en zijns vaders ganse huis, de priesters, die te Nob waren; en zij kwamen allen tot den koning.

¹²En Saul zeide: Hoor nu, gij, zoon van Ahitub! En hij zeide: Zie, hier ben ik, mijn heer!

¹³Toen zeide Saul tot hem: Waarom hebt gijlieden samen u tegen mij verbonden, gij en de zoon van Isai, mits dat gij hem gegeven hebt brood en het zwaard, en God voor hem gevraagd, dat hij zou opstaan tegen mij tot een lagenlegger, gelijk het te dezen dage is?

¹⁴En Achimelech antwoordde den koning en zeide: Wie is toch onder al uw knechten getrouw als David, en des konings schoonzoon, en voortgaande in uw gehoorzaamheid, en is eerlijk in uw huis?

¹⁵Heb ik heden begonnen God voor hem te vragen? Dat zij verre van mij, de koning legge op zijn knecht geen ding, noch op het ganse huis mijns vader; want uw knecht heeft van al deze dingen niet geweten, klein noch groot.

¹⁶Doch de koning zeide: Achimelech, gij moet den dood sterven, gij en het ganse huis uws vaders.

¹⁷En de koning zeide tot de trawanten, die bij hem stonden: Wendt u, en doodt de priesters des HEEREN, omdat hun hand ook met David is, en omdat zij geweten hebben, dat hij vluchtte, en hebben het voor mijn oren niet geopenbaard. Doch de knechten des konings wilden hun hand niet uitsteken, om op de priesters des HEEREN aan te vallen.

¹⁸Toen zeide de koning tot Doeg: Wend gij u, en val aan op de priesters. Toen wendde zich Doeg, de Edomiet, en hij viel aan op de priesters, en doodde te dien dage vijf en tachtig mannen, die den linnen lijfrok droegen.

¹⁹Hij sloeg ook Nob, de stad dezer priesters, met de scherpte des zwaards, van den man tot de vrouw, van de kinderen tot de zuigelingen, zelfs de ossen en ezels, en de schapen, sloeg hij met de scherpte des zwaards.

²⁰Doch een der zonen van Achimelech, den zoon van Ahitub, ontkwam, wiens naam was Abjathar; die vluchtte David na.

²¹En Abjathar boodschapte het David, dat Saul de priesteren des HEEREN gedood had.

²²Toen zeide David tot Abjathar: Ik wist wel te dien dage, toen Doeg, de Edomiet, daar was, dat hij het voorzeker Saul zou te kennen geven; ik heb oorzaak gegeven tegen al de zielen van uws vaders huis.

²³Blijf bij mij; vrees niet; want wie mijn ziel zoeken zal, die zal uw ziel zoeken; maar gij zult met mij in bewaring zijn.

Hoofdstuk 23

¹En men boodschapte David, zeggende: Zie, de Filistijnen strijden tegen Kehila, en zij beroven de schuren.

²En David vraagde den HEERE, zeggende: Zal ik heengaan en deze Filistijnen slaan? En de HEERE zeide tot David: Ga heen, en gij zult de Filistijnen slaan en Kehila verlossen.

³Doch de mannen Davids zeiden tot hem: Zie, wij vrezen hier in Juda; hoeveel te meer, als wij naar Kehila tegen der Filistijnen slagorden gaan zullen.

⁴Toen vraagde David den HEERE nog verder; en de HEERE antwoordde hem en zeide: Maak u op, trek af naar Kehila; want Ik geef de Filistijnen in uw hand.

⁵Alzo toog David en zijn mannen naar Kehila, en hij streed tegen de Filistijnen, en dreef hun vee weg, en hij sloeg onder hen een groten slag; alzo verloste David de inwoners van Kehila.

⁶En het geschiedde, toen Abjathar, de zoon van Achimelech, tot David vluchtte naar Kehila, dat hij afkwam met den efod in zijn hand.

⁷Als aan Saul te kennen gegeven werd, dat David te Kehila gekomen was, zo zeide Saul: God heeft hem in mijn hand overgegeven, want hij is besloten, komende in een stad met poorten en grendelen.

⁸Toen liet Saul al het volk ten strijde roepen, dat zij aftogen naar Kehila, om David en zijn mannen te belegeren.

⁹Als nu David verstond, dat Saul dit kwaad tegen hem heimelijk voorhad, zeide hij tot den priester Abjathar: Breng den efod herwaarts.

¹⁰En David zeide: HEERE, God van Israel! Uw knecht heeft zekerlijk gehoord, dat Saul zoekt naar Kehila te komen, en de stad te verderven om mijnentwil.

¹¹Zullen mij ook de burgers van Kehila in zijn hand overgeven? Zal Saul afkomen, gelijk als Uw knecht gehoord heeft? O HEERE, God van Israel, geef het toch Uw knecht te kennen! De HEERE nu zeide: Hij zal afkomen.

¹²Daarna zeide David: Zouden de burgers van Kehila mij en mijn mannen overgeven in de hand van Saul? En de HEERE zeide: Zij zouden u overgeven.

¹³Toen maakte zich David en zijn mannen op, omtrent zeshonderd man, en zij gingen uit Kehila, en zij gingen heen, waar zij konden gaan. Toen aan Saul geboodschapt werd, dat David uit Kehila ontkomen was,

zo hield hij op uit te trekken.

¹⁴David nu bleef in de woestijn in de vestingen, en hij bleef op den berg in de woestijn Zif; en Saul zocht hem alle dagen, doch God gaf hem niet over in zijn hand.

¹⁵Als David zag, dat Saul uitgetogen was, om zijn ziel te zoeken, zo was David in de woestijn Zif in een woud.

¹⁶Toen maakte zich Jonathan, de zoon van Saul, op, en hij ging tot David in het woud; en hij versterkte zijn hand in God.

¹⁷En hij zeide tot hem: Vrees niet, want de hand van Saul, mijn vader, zal u niet vinden, maar gij zult koning worden over Israel, en ik zal de tweede bij u zijn; ookweet mijn vader Saul zulks wel.

¹⁸En die beiden maakten een verbond voor het aangezicht des HEEREN; en David bleef in het woud, maar Jonathan ging naar zijn huis.

¹⁹Toen togen de Zifieten op tot Saul naar Gibea, zeggende: Heeft zich niet David bij ons verborgen in de vestingen in het woud, op den heuvel van Hachila, dieaan de rechterhand der wildernis is?

²⁰Nu dan, o koning, kom spoedig af naar al de begeerte uwer ziel; en het komt ons toe hem over te geven in de hand des konings.

²¹Toen zeide Saul: Gezegend zijt gijlieden den HEERE, dat gij u over mij ontfermd hebt!

²²Gaat toch heen, en bereidt de zaak nog meer, dat gij weet en beziet zijn plaats, waar zijn gang is, wie hem daar gezien heeft; want hij heeft tot mij gezegd, dathij zeer listiglijk pleegt te handelen.

²³Daarom ziet toe, en verneemt naar alle schuilplaatsen, in dewelke hij schuilt; komt dan weder tot mij met vast bescheid, zo zal ik met ulieden gaan; en het zal geschieden, zo hij in het land is, zo zal ik hem naspeuren onder alle duizenden van Juda.

²⁴Toen maakten zij zich op, en zij gingen naar Zif voor het aangezicht van Saul. David nu en zijn mannen waren in de woestijn van Maon, in het vlakke veld, aande rechterhand der wildernis.

²⁵Saul en zijn mannen gingen ook om te zoeken. Dat werd David geboodschapt, die van dien rotssteen afgegaan was, en bleef in de woestijn van Maon. ToenSaul dat hoorde, jaagde hij David na in de woestijn van Maon.

²⁶En Saul ging aan deze zijde des bergs, en David en zijn mannen aan gene zijde des bergs. Het geschiedde nu, dat zich David haastte, om te ontgaan van hetaangezicht van Saul; en Saul en zijn mannen omsingelden David en zijn mannen, om die te grijpen.

²⁷Doch daar kwam een bode tot Saul, zeggende: Haast u, en kom, want de Filistijnen zijn in het land gevallen.

²⁸Toen keerde zich Saul van David na te jagen, en hij toog den Filistijnen tegemoet; daarom noemde men die plaats Sela-Machlekoth.

Hoofdstuk 24

¹En David toog van daar op, en hij bleef in de vestingen van En-gedi.

²En het geschiedde, nadat Saul wedergekeerd was van achter de Filistijnen, zo gaf men hem te kennen, zeggende: Zie, David is in de woestijn van En-gedi.

³Toen nam Saul drie duizend uitgelezen mannen uit gans Israel, en hij toog heen, om David en zijn mannen te zoeken boven op de rotsstenen der steenbokken.

⁴En hij kwam tot de schaapskooien aan den weg, waar een spelonk was; en Saul ging daarin, om zijn voeten te dekken. David nu en zijn mannen zaten aan dezijden der spelonke.

⁵Toen zeiden de mannen van David tot hem: Zie den dag, in welken de HEERE tot u zegt: Zie, Ik geef uw vijand in uw hand, en gij zult hem doen, gelijk als hetgoed zal zijn in uw ogen. En David stond op, en sneed stilletjes een slip van Sauls mantel.

⁶Doch het geschiedde daarna, dat Davids hart hem sloeg, omdat hij de slip van Saul afgesneden had.

⁷En hij zeide tot zijn mannen: Dat late de HEERE ver van mij zijn, dat ik die zaak doen zou aan mijn heer, den gezalfde des HEEREN, dat ik mijn hand tegenhem uitsteken zou; want hij is de gezalfde des HEEREN!

⁸En David scheidde zijn mannen met woorden, en liet hun niet toe, dat zij opstonden tegen Saul. En Saul maakte zich op uit de spelonk, en ging op den weg.

⁹Daarna maakte zich David ook op, en ging uit de spelonk, en hij riep Saul achterna, zeggende: Mijn heer koning! Toen zag Saul achter zich om, en David boogzich met het aangezicht ter aarde en neigde zich.

¹⁰En David zeide tot Saul: Waarom hoort gij de woorden der mensen, zeggende: Zie, David zoekt uw kwaad?

¹¹Zie, te dezen dage hebben uw ogen gezien, dat de HEERE u heden in mijn hand gegeven heeft in deze spelonk, en men zeide, dat ik u doden zou; doch mijnhand verschoonde u, want ik zeide: Ik zal mijn hand niet uitsteken tegen mijn heer, want hij is de gezalfde des HEEREN.

¹²Zie toch, mijn vader, ja, zie de slip uws mantels in mijn hand; want als ik de slip uws mantels afgesneden heb, zo heb ik u niet gedood; beken en zie, dat er inmijn hand geen kwaad, noch overtreding is, en ik tegen u niet gezondigd heb; nochtans jaagt gij mijn ziel, dat gij ze wegneemt.

¹³De HEERE zal richten tussen mij en tussen u, en de HEERE zal mij wreken aan u; maar mijn hand zal niet tegen u zijn.

¹⁴Gelijk als het spreekwoord der ouden zegt: Van de goddelozen komt goddeloosheid voort; maar mijn hand zal niet tegen u zijn.

¹⁵Naar wien is de koning van Israel uitgegaan? Wien jaagt gij na? Naar een doden hond, naar een enige vlo!

¹⁶Doch de HEERE zal zijn tot Rechter, en richten tussen mij en tussen u, en zien daarin, en twisten mijn twist, en richten mij van uw hand.

¹⁷En het geschiedde, toen David geeindigd had al deze woorden tot Saul te spreken, zo zeide Saul: Is dit uw stem, mijn zoon David? Toen hief Saul zijn stem op en weende.

¹⁸En hij zeide tot David: Gij zijt rechtvaardiger dan ik; want gij hebt mij goed vergolden, en ik heb u kwaad vergolden.

¹⁹En gij hebt mij heden aangewezen, dat gij mij goed gedaan hebt; want de HEERE had mij in uw hand besloten, en gij hebt mij niet gedood.

²⁰Zo wanneer iemand zijn vijand gevonden heeft, zal hij hem op een goeden weg laten gaan? De HEERE nu vergelde u het goede, voor dezen dag, dien gij mijheden gemaakt hebt.

²¹En nu, zie, ik weet, dat gij voorzeker koning worden zult, en dat het koninkrijk van Israel in uw hand bestaan zal.

²²Zo zweer mij dan nu bij den HEERE, zo gij mijn zaad na mij zult uitroeien, en mijn naam zult uitdelgen van mijns vaders huis!

²³Toen zwoer David aan Saul; en Saul ging in zijn huis, maar David en zijn mannen gingen op in de vesting.

Hoofdstuk 25

¹En Samuel stierf; en gans Israel vergaderde zich, en zij bedreven rouw over hem, en begroeven hem in zijn huis te Rama. En David maakte zich op, en toog afnaar de woestijn Paran.

²En er was een man te Maon, en zijn bedrijf was te Karmel; en die man was zeer groot, en hij had drie duizend schapen, en duizend geiten; en hij was in hetscheren zijner schapen te Karmel.

³En de naam des mans was Nabal, en de naam zijner huisvrouw was Abigail; en de vrouw was goed van verstand, en schoon van gedaante; maar de man washard en boos van daden, en hij was een Kalebiet.

⁴Als David hoorde in de woestijn, dat Nabal zijn schapen schoor,

⁵Zo zond David tien jongelingen; en David zeide tot de jongelingen: Gaat op naar Karmel, en als gij tot Nabal komt, zo zult gij in mijn naam naar denwelstand vragen;

⁶En zult alzo zeggen tot dien welvarende: Vrede zij u, en uw huize zij vrede, en alles, wat gij hebt, zij vrede!

⁷En nu, ik heb gehoord, dat gij scheerders hebt; nu, de herders, die gij hebt, zijn bij ons geweest; wij hebben hun geen smaadheid aangedaan, en zij hebben ookniets gemist al de dagen, die zij te Karmel geweest zijn.

⁸Vraag het uw jongelingen, en zij zullen het u te kennen geven. Laat dan deze jongelingen genade vinden in uw ogen, want wij zijn op een goeden dag gekomen;geef toch uw knechten, en uw zoon David, hetgeen uw hand vinden zal.

⁹Toen de jongelingen van David gekomen waren, en in Davids naam naar al die woorden tot Nabal gesproken hadden, zo hielden zij stil.

¹⁰En Nabal antwoordde den knechten van David, en zeide: Wie is David, en wie is de zoon van Isai? Er zijn heden vele knechten, die zich afscheuren, elk van zijnheer.

¹¹Zou ik dan mijn brood, en mijn water, en mijn geslacht vlees nemen, dat ik voor mijn scheerders geslacht heb, en zou ik het den mannen geven, die ik niet weet, van waar zij zijn?

¹²Toen keerden zich de jongelingen van David naar hun weg; en zij keerden weder, en kwamen, en boodschapten hem achtervolgens al deze woorden.

¹³David dan zeide tot zijn mannen: Een iegelijk gorde zijn zwaard aan. Toen gordde een iegelijk zijn zwaard aan, en David gordde ook zijn zwaard aan; en zijtogen op achter David, omtrent vierhonderd man, en daar bleven er tweehonderd bij het gereedschap.

¹⁴Doch een jongeling uit de jongelingen boodschapte het aan Abigail, de huisvrouw van Nabal, zeggende: Zie, David heeft boden

1 Samuël

gezonden uit de woestijn, om onzen heer te zegenen; maar hij is tegen hen uitgevaren.

¹⁵Nochtans zijn zij ons zeer goede mannen geweest; en wij hebben geen smaadheid geleden, en wij hebben niets gemist al de dagen, die wij met hen verkeerd hebben, toen wij op het veld waren.

¹⁶Zij zijn een muur om ons geweest, zo bij nacht als bij dag, al de dagen, die wij bij hen geweest zijn, weidende de schapen.

¹⁷Weet dan nu, en zie, wat gij doen zult; want het kwaad is ten volle over onzen heer besloten, en over zijn ganse huis; en hij is een zoon Belials, dat men hem niet mag aanspreken.

¹⁸Toen haastte zich Abigaïl, en nam tweehonderd broden, en twee lederzakken wijns, en vijf toebereide schapen, en vijf maten geroost koren, en honderd stukken rozijnen, en tweehonderd klompen vijgen, en legde die op ezelen.

¹⁹En zij zeide tot haar jongelingen: Trekt heen voor mijn aangezicht; ziet, ik kom achter ulieden; doch haar man Nabal gaf zij het niet te kennen.

²⁰Het geschiedde nu, toen zij op den ezel reed, en dat zij afkwam in het verborgene des bergs, en ziet, David en zijn mannen kwamen af haar tegemoet, en zij ontmoette hen.

²¹David nu had gezegd: Trouwens ik heb te vergeefs bewaard al wat deze in de woestijn heeft, alzo dat er niets van alles, wat hij heeft, gemist is; en hij heeft mij kwaad voor goed vergolden.

²²Zo doe God aan de vijanden van David, en zo doe Hij daartoe, indien ik van allen, die hij heeft, iets tot morgen overlaat, dat mannelijk is!

²³Toen nu Abigaïl David zag, zo haastte zij zich, en kwam van den ezel af, en zij viel voor het aangezicht van David op haar aangezicht, en zij boog zich ter aarde.

²⁴En zij viel aan zijn voeten en zeide: Och, mijn heer, mijn zij de misdaad, en laat toch uw dienstmaagd voor uw oren spreken, en hoor de woorden uwer dienstmaagd.

²⁵Mijn heer stelle toch zijn hart niet aan dezen Belials man, aan Nabal; want gelijk zijn naam is, alzo is hij; zijn naam is Nabal, en dwaasheid is bij hem; en ik, uw dienstmaagd, heb de jongelingen van mijn heer niet gezien, die gij gezonden hebt.

²⁶En nu, mijn heer! zo waarachtig als de HEERE leeft, en uw ziel leeft, het is de HEERE, Die u verhinderd heeft van te komen met bloedstorting, dat uw hand u zou verlossen; en nu, dat als Nabal worden uw vijanden, en die tegen mijn heer kwaad zoeken!

²⁷En nu, dit is de zegen, dien uw dienstmaagd mijn heer toegebracht heeft, dat hij gegeven worde den jongelingen, die mijns heren voetstappen nawandelen.

²⁸Vergeef toch aan uw dienstmaagd de overtreding, want de HEERE zal zekerlijk mijn heer een bestendig huis maken, dewijl mijn heer de oorlogen des HEEREN oorloogt, en geen kwaad bij u gevonden is van uw dagen af.

²⁹Wanneer een mens opstaan zal om u te vervolgen, en om uw ziel te zoeken, zo zal de ziel mijns heren ingebonden zijn in het bundeltje der levenden bij den HEERE, uw God; maar de ziel uwer vijanden zal Hij slingeren uit het midden van de holligheid des slingers.

³⁰En het zal geschieden, als de HEERE mijn heer naar al het goede doen zal, dat Hij over u gesproken heeft, en Hij u gebieden zal een voorganger te zijn over Israël;

³¹Zo zal dit u, mijn heer, niet zijn tot wankeling, noch aanstoot des harten, te weten, dat gij bloed zonder oorzaak zoudt vergoten hebben, en dat mijn heer zichzelven zou verlost hebben; en als de HEERE mijn heer weldoen zal, zo zult gij uwer dienstmaagd gedenken.

³²Toen zeide David tot Abigaïl: Gezegend zij de HEERE, de God Israëls, Die u te dezen dage mij tegemoet gezonden heeft!

³³En gezegend zij uw raad en gezegend zijt gij, dat gij mij te dezen dage geweerd hebt, van te komen met bloedstorting, dat mijn hand mij verlost zou hebben!

³⁴Want voorzeker, de HEERE, de God Israëls, leeft, Die mij verhinderd heeft, van u kwaad te doen, dat, ten ware dat gij u gehaast hadt, en mij tegemoet gekomen waart, zo ware van Nabal niemand, die mannelijk is, overgebleven tot het morgenlicht!

³⁵Toen nam David uit haar hand, wat zij hem gebracht had; en hij zeide tot haar: Trek met vrede op naar uw huis; zie, ik heb naar uw stem gehoord, en heb uw aangezicht aangenomen.

³⁶Toen nu Abigaïl tot Nabal kwam, ziet, zo had hij een maaltijd in zijn huis, als eens konings maaltijd; en het hart van Nabal was vrolijk op denzelven, en hij was zeer dronken; daarom gaf zij hem niet een woord, klein noch groot, te kennen, tot aan het morgenlicht.

³⁷Het geschiedde nu in den morgen, toen de wijn van Nabal gegaan was, zo gaf hem zijn huisvrouw die woorden te kennen. Toen bestierf zijn hart in het binnenste van hem, en hij werd als een steen.

³⁸En het geschiedde omtrent na tien dagen, zo sloeg de HEERE Nabal, dat hij stierf.

³⁹Toen David hoorde, dat Nabal dood was, zo zeide hij: Gezegend zij de HEERE, Die den twist mijner smaadheid getwist heeft van de hand van Nabal, en heeft zijn knecht onthouden van het kwade, en dat de HEERE het kwaad van Nabal op zijn hoofd heeft doen wederkeren! En David zond heen, en liet met Abigaïl spreken, dat hij ze zich ter vrouwe nam.

⁴⁰Als nu de knechten van David tot Abigaïl gekomen waren te Karmel, zo spraken zij tot haar, zeggende: David heeft ons tot u gezonden, dat hij zich u tervrouwe neme.

⁴¹Toen stond zij op, en neigde zich met het aangezicht ter aarde, en zij zeide: Ziet, uw dienstmaagd zij tot een dienares, om de voeten der knechten mijns heren te wassen.

⁴²Abigaïl nu haastte, en maakte zich op, en zij reed op een ezel, met haar vijf jonge maagden, die haar voetstappen nawandelden; zij dan volgde de boden van David na, en zij werd hem ter huisvrouw.

⁴³Ook nam David Ahinoam van Jizreël; alzo waren ook die beiden hem tot vrouwen.

⁴⁴Want Saul had zijn dochter Michal, de huisvrouw van David, gegeven aan Palti, den zoon van Laïs, die van Gallim was.

Hoofdstuk 26

¹De Zifieten nu kwamen tot Saul te Gibea, zeggende: Houdt zich David niet verborgen op den heuvel van Hachila, voor aan de wildernis?

²Toen maakte zich Saul op, en toog af naar de woestijn Zif, en met hem drie duizend man, uitgelezenen van Israël, om David te zoeken in de woestijn Zif.

³En Saul legerde zich op den heuvel van Hachila, die voor aan de wildernis is aan den weg, maar David bleef in de woestijn, en zag, dat Saul achter hem kwam naar de woestijn.

⁴Want David had verspieders gezonden, en hij vernam, dat Saul voorzeker kwam.

⁵En David maakte zich op, en kwam aan de plaats, waar Saul zich gelegerd had, en David bezag de plaats, waar Saul lag, met Abner, den zoon van Ner, zijn krijgsoverste. En Saul lag in den wagenburg, en het volk was rondom hem gelegerd.

⁶Toen antwoordde David, en sprak tot Achimelech, den Hethiet, en tot Abisaï, den zoon van Zeruja, den broeder van Joab, zeggende: Wie zal met mij tot Saul in het leger afgaan? Toen zeide Abisaï: Ik zal met u afgaan.

⁷Alzo kwamen David en Abisaï tot het volk des nachts; en ziet, Saul lag te slapen in den wagenburg, en zijn spies stak in de aarde aan zijn hoofdeinde, en Abner, en het volk lag rondom hem.

⁸Toen zeide Abisaï tot David: God heeft heden uw vijand in uw hand besloten; laat mij toch hem nu met de spies op eenmaal ter aarde slaan, en ik zal het hem niet ten tweeden male doen.

⁹David daarentegen zeide tot Abisaï: Verderf hem niet; want wie heeft zijn hand aan den gezalfde des HEEREN gelegd, en is onschuldig gebleven?

¹⁰Verder zeide David: Zo waarachtig als de HEERE leeft, de HEERE zal hem slaan, of zijn dag zal komen, dat hij zal sterven, of hij zal in een strijd trekken, dat hij omkome.

¹¹De HEERE late het verre van mij zijn, dat ik mijn hand legge aan den gezalfde des HEEREN! zo neem toch nu de spies, die aan zijn hoofdeinde is, en de waterfles, en laat ons gaan.

¹²Zo nam David de spies en de waterfles van Sauls hoofdeinde, en zij gingen heen; en er was niemand, die het zag, en niemand, die het merkte, ook niemand, die ontwaakte; want zij sliepen allen; want er was een diepe slaap des HEEREN op hen gevallen.

¹³Toen David over aan gene zijde gekomen was, zo stond hij op de hoogte des bergs van verre, dat er een grote plaats tussen hen was.

¹⁴En David riep tot het volk, en tot Abner, den zoon van Ner, zeggende: Zult gij niet antwoorden, Abner? Toen antwoordde Abner en zeide: Wie zijt gij, die tot den koning roept?

¹⁵Toen zeide David tot Abner: Zijt gij niet een man, en wie is u gelijk in Israël? Waarom dan hebt gij over uw heer, den koning, geen wacht gehouden? Want daar is een van het volk gekomen, om den koning, uw heer, te verderven.

¹⁶Deze zaak, die gij gedaan hebt, is niet goed; zo waarachtig als de HEERE leeft, gijlieden zijt kinderen des doods, die over uw heer, den gezalfde des HEEREN, geen wacht gehouden hebt! En nu, zie, waar de spies des konings is, en de waterfles, die aan zijn hoofdeinde was.

¹⁷Saul nu kende de stem van David, en zeide: Is dit uw stem, mijn zoon David? David zeide: Het is mijn stem, mijn heer koning!

¹⁸Hij zeide verder: Waarom vervolgt mijn heer zijn knecht alzo achterna, want wat heb ik gedaan, en wat kwaad is er in mijn hand?

¹⁹En nu, mijn heer de koning hore toch naar de woorden zijns

knechts. Indien de HEERE u tegen mij aanport, laat Hem het spijsoffer rieken; maar indien hetmensenkinderen zijn, zo zijn zij vervloekt voor het aangezicht des HEEREN, dewijl zij mij heden verstoten, dat ik niet mag vastgehecht blijven in het erfdeel desHEEREN, zeggende: Ga heen, dien andere goden.

20En nu, mijn bloed valle niet op de aarde van voor het aangezicht des HEEREN; want de koning van Israel is uitgegaan om een enige vlo te zoeken, gelijk alsmen een veldhoen op de bergen najaagt.

21Toen zeide Saul: Ik heb gezondigd; keer weder, mijn zoon David, want ik zal u geen kwaad meer doen, voor dat mijn ziel dezen dag dierbaar in uw ogengeweest is; zie, ik heb dwaselijk gedaan, en ik heb zeer grotelijks gedwaald.

22Toen antwoordde David, en zeide: Zie, de spies des konings; zo laat een van de jongelingen overkomen, en halen ze.

23De HEERE dan vergelde aan een iegelijk zijn gerechtigheid en zijn getrouwheid; want de HEERE had u heden in mijn hand gegeven; maar ik heb mijn hand nietwillen uitsteken, aan den gezalfde des HEEREN.

24En zie, gelijk als te dezen dage uw ziel in mijn ogen is groot geacht geweest, alzo zij mijn ziel in de ogen des HEEREN groot geacht, en Hij verlosse mij uit allennood.

25Toen zeide Saul tot David: Gezegend zijt gij, mijn zoon David; gij zult het ja gewisselijk doen, en gij zult ook gewisselijk de overhand hebben. Toen ging Davidop zijn weg, en Saul keerde weder naar zijn plaats.

Hoofdstuk 27

1David nu zeide in zijn hart: Nu zal ik een der dagen door Sauls hand omkomen; mij is niet beter, dan dat ik haastelijk ontkome in het land der Filistijnen, opdatSaul van mij de hoop verlieze, om mij meer te zoeken in de ganse landpale van Israel; zo zal ik ontkomen uit zijn hand.

2Toen maakte zich David op, en hij ging door, hij en de zeshonderd mannen, die bij hem waren, tot Achis, den zoon van Maoch, den koning van Gath.

3En David bleef bij Achis te Gath, hij en zijn mannen, een iegelijk met zijn huis; David met zijn beide vrouwen, Ahinoam, en Jizreelietische, en Abigail, dehuisvrouw van Nabal, de Karmelietische.

4Toen aan Saul geboodschapt werd, dat David gevlucht was naar Gath, zo voer hij niet meer voort hem te zoeken.

5En David zeide tot Achis: Indien ik nu genade in uw ogen gevonden heb, men geve mij een plaats in een van de steden des lands, dat ik daar wone; wantwaarom zou uw knecht in de koninklijke stad bij u wonen?

6Toen gaf Achis te dien dage Ziklag; daarom is Ziklag van de koningen van Juda geweest tot op dezen dag.

7Het getal nu der dagen, die David in het land der Filistijnen woonde, was een jaar en vier maanden.

8David nu toog op met zijn mannen, en zij overvielen de Gesurieten, en de Girzieten, en de Amalekieten (want deze zijn vanouds geweest de inwoners deslands), dat gij gaat naar Sur, en tot aan Egypteland.

9En David sloeg dat land, en liet noch man noch vrouw leven; ook nam hij de schapen en runderen, en de ezelen, en kemels, en klederen, en keerde weder enkwam tot Achis.

10Als Achis zeide: Waar zijt gijlieden heden ingevallen? zo zeide David: Tegen het zuiden van Juda, en tegen het zuiden der Jerahmeelieten, en tegen het zuiden derKenieten.

11En David liet noch man noch vrouw leven, om te Gath te brengen, zeggende: Dat zij misschien van ons niet boodschappen, zeggende: Alzo heeft David gedaan!En alzo was zijn wijze al de dagen, die hij in der Filistijnen land gewoond heeft.

12En Achis geloofde David, zeggende. Hij heeft zich ten enenmaal stinkende gemaakt bij zijn volk, in Israel; daarom zal hij eeuwiglijk mij tot een knecht zijn.

Hoofdstuk 28

1En het geschiedde in die dagen, als de Filistijnen hun legers vergaderden tot den strijd, om tegen Israel te strijden, zo zeide Achis tot David: Gij zult zekerlijkweten, dat gij met mij in het leger zult uittrekken, gij en uw mannen.

2Toen zeide David tot Achis: Aldus zult gij weten, wat uw knecht doen zal. En Achis zeide tot David: Daarom zal ik u ten bewaarder mijns hoofds zetten, te allendage.

3Samuel nu was gestorven, en gans Israel had rouw over hem bedreven; en zij hadden hem begraven te Rama, te weten in zijn stad. En Saul had uit het landweggedaan de waarzeggers en duivelskunstenaars.

4En de Filistijnen kwamen en vergaderden zich, en zij legerden zich te Sunem; en Saul vergaderde gans Israel, en zij legerden zich op Gilboa.

5Toen Saul het leger der Filistijnen zag, zo vreesde hij, en zijn hart beefde zeer.

6En Saul vraagde den HEERE; maar de HEERE antwoordde hem niet; noch door dromen, noch door de urim, noch door de profeten.

7Toen zeide Saul tot zijn knechten: Zoekt mij een vrouw, die een waarzeggenden geest heeft, dat ik tot haar ga, en door haar onderzoeke. Zijn knechten nuzeiden tot hem: Zie, te Endor is een vrouw, die een waarzeggenden geest heeft.

8En Saul verstelde zich, en trok andere klederen aan, en ging heen, en twee mannen met hem, en zij kwamen des nachts tot de vrouw, en hij zeide: Voorzeg mijtoch door den waarzeggenden geest, en doe mij opkomen, dien ik tot u zeggen zal.

9Toen zeide de vrouw tot hem: Zie, gij weet, wat Saul gedaan heeft, hoe hij de waarzegsters en de duivelskunstenaars uit dit land heeft uitgeroeid; waarom steltgij dan mijn ziel een strik, om mij te doden?

10Saul nu zwoer haar bij den HEERE, zeggende: Zo waarachtig als de HEERE leeft, indien u een straf om deze zaak zal overkomen!

11Toen zeide de vrouw: Wien zal ik u doen opkomen? En hij zeide: Doe mij Samuel opkomen.

12Toen nu de vrouw Samuel zag, zo riep zij met luider stem, en de vrouw sprak tot Saul, zeggende: Waarom hebt gij mij bedrogen? Want gij zijt Saul.

13En de koning zeide tot haar: Vrees niet; maar wat ziet gij? Toen zeide de vrouw tot Saul: Ik zie goden, uit de aarde opkomende.

14Hij dan zeide tot haar: Hoe is zijn gedaante? En zij zeide: Er komt een oud man op, en hij is met een mantel bekleed. Toen Saul vernam, dat het Samuel was, zoneigde hij zich met het aangezicht ter aarde, en hij boog zich.

15En Samuel zeide tot Saul: Waarom hebt gij mij onrustig gemaakt, mij doende opkomen? Toen zeide Saul: Ik ben zeer beangstigd, want de Filistijnen krijgentegen mij, en God is van mij geweken, en antwoordt mij niet meer, noch door den dienst der profeten, noch door dromen; daarom heb ik u geroepen, dat gijmij te kennen geeft, wat ik doen zal.

16Toen zeide Samuel: Waarom vraagt gij mij toch, dewijl de HEERE van u geweken en uw vijand geworden is?

17Want de HEERE heeft voor Zich gedaan, gelijk als Hij door mijn dienst gesproken heeft; en heeft het koninkrijk van uw hand gescheurd, en Hij heeft datgegeven aan uw naaste, aan David.

18Gelijk als gij naar de stem des HEEREN niet gehoord hebt, en de hittigheid Zijns toorns niet uitgericht hebt tegen Amalek; daarom heeft de HEERE u deze zaakgedaan te dezen dage.

19En de HEERE zal ook Israel met u in de hand der Filistijnen geven, en morgen zult gij en uw zonen bij mij zijn; ook zal de HEERE het leger van Israel in dehand der Filistijnen geven.

20Toen viel Saul haastelijk ter aarde, zo lang als hij was, en hij vreesde zeer vanwege de woorden van Samuel; ook was er geen kracht in hem; want hij had dengehelen dag en den gehelen nacht geen brood gegeten.

21De vrouw nu kwam tot Saul, en zag, dat hij zeer verbaasd was; en zij zeide tot hem: Zie, uw dienstmaagd heeft naar uw stem gehoord, en ik heb mijn ziel in mijnhand gesteld, en hcb uw woorden gehoord, die gij tot mij gesproken hebt.

22Zo hoor toch gij nu ook naar de stem uwer dienstmaagd, en laat mij een bete broods voor u zetten, en eet; zo zal er kracht in u zijn, dat gij over weg gaat.

23Doch hij weigerde het, en zeide: Ik zal niet eten. Maar zijn knechten, en ook de vrouw, hielden bij hem aan. Toen hoorde hij naar hun stem, en hij stond op vande aarde, en zette zich op het bed.

24En de vrouw had een gemest kalf in het huis; en zij haastte zich en slachtte het; en zij nam meel, en kneedde het, en bakte daar ongezuurde van.

25En zij bracht ze voor Saul en voor zijn knechten, en zij aten; daarna stonden zij op, en gingen weg in dienzelfden nacht.

Hoofdstuk 29

1De Filistijnen nu hadden al hun legers vergaderd te Afek; en de Israelieten legerden zich bij de fontein, die bij Jizreel is.

2En de vorsten der Filistijnen togen daarheen met honderden, en met duizenden; doch David met zijn mannen togen met Achis in den achtertocht.

3Toen zeiden de oversten der Filistijnen: Wat zullen deze Hebreen? Zo zeide Achis tot de oversten der Filistijnen: Is deze niet David, de knecht van Saul, denkoning van Israel, die deze dagen of deze jaren bij mij geweest is? En ik heb in hem niets gevonden van dien dag af, dat hij afgevallen is tot dezen dag toe.

⁴Doch de oversten der Filistijnen werden zeer toornig op hem, en de oversten der Filistijnen zeiden tot hem: Doe den man wederkeren, dat hij tot zijn plaatswederkere, waar gij hem besteld hebt, en dat hij niet met ons aftrekke in den strijd, opdat hij ons niet tot een tegenpartijder worde in den strijd; want waarmedezou deze zich bij zijn heer aangenaam maken? Is het niet met de hoofden dezer mannen?

⁵Is dit niet die David, van denwelken zij in den rei elkander antwoordden, zeggende: Saul heeft zijn duizenden geslagen, maar David zijn tienduizenden?

⁶Toen riep Achis David, en zeide tot hem: Het is zo waarachtig als de HEERE leeft, dat gij oprecht zijt, en uw uitgang en uw ingang met mij in het leger is goedin mijn ogen; want ik heb geen kwaad bij u gevonden, van dien dag af, dat gij tot mij zijt gekomen, tot dezen dag toe; maar gij zijt niet aangenaam in de ogender vorsten.

⁷Zo keer nu om, en ga in vrede, opdat gij geen kwaad doet in de ogen van de vorsten der Filistijnen.

⁸Toen zeide David tot Achis: Maar wat heb ik gedaan? Of wat hebt gij in uw knecht gevonden, van dien dag af, dat ik voor uw aangezicht geweest ben, totdezen dag toe, dat ik niet zal gaan en strijden tegen de vijanden van mijn heer, den koning?

⁹Achis nu antwoordde en zeide tot David: Ik weet het; voorwaar, gij zijt aangenaam in mijn ogen, als een engel Gods; maar de oversten der Filistijnen hebbengezegd: Laat hem met ons in dezen strijd niet optrekken.

¹⁰Nu dan, maak u morgen vroeg op met de knechten uws heren, die met u gekomen zijn; en als gijlieden u morgen vroeg zult opgemaakt hebben, en het uliedenlicht geworden is, zo gaat heen.

¹¹Toen maakte zich David vroeg op, hij en zijn mannen, dat zij des morgens weggingen, om weder te keren in het land der Filistijnen; de Filistijnen daarentegentogen op naar Jizreel.

Hoofdstuk 30

¹Het geschiedde nu, als David en zijn mannen den derden dag te Ziklag kwamen, dat de Amalekieten in het zuiden en te Ziklag ingevallen waren, en Ziklaggeslagen, en dezelve met vuur verbrand hadden;

²En dat zij de vrouwen, die daarin waren, gevankelijk weggevoerd hadden; doch zij hadden niemand doodgeslagen, van den kleinste tot den grootste, maarhadden ze weggevoerd en waren huns weegs gegaan.

³En David en zijn mannen kwamen aan de stad, en ziet, zij was met vuur verbrand; en hun vrouwen, en hun zonen en hun dochteren waren gevankelijkweggevoerd.

⁴Toen hief David en het volk, dat bij hem was, hun stem op, en weenden, tot dat er geen kracht meer in hen was om te wenen.

⁵Davids beide vrouwen waren ook gevankelijk weggevoerd, Ahinoam, de Jizreelietische, en Abigail, de huisvrouw van Nabal, den Karmeliet.

⁶En David werd zeer bang, want het volk sprak van hem te stenigen; want de zielen van het ganse volk waren verbitterd, een iegelijk over zijn zonen en over zijndochteren; doch David sterkte zich in den HEERE, zijn God.

⁷En David zeide tot den priester Abjathar, den zoon van Achimelech: Breng mij toch den efod hier. En Abjathar bracht den efod tot David.

⁸Toen vraagde David den HEERE, zeggende: Zal ik deze bende achternajagen? Zal ik ze achterhalen? En Hij zeide tot hem: Jaag na, want gij zult gewisselijkachterhalen, en gij zult gewisselijk verlossen.

⁹David dan ging heen, hij en de zes honderd mannen, die bij hem waren; en als zij kwamen aan de beek Besor, zo bleven de overigen staan.

¹⁰En David vervolgde hen, hij en die vierhonderd mannen; en tweehonderd mannen bleven staan, die zo moede waren, dat zij over de beek Besor niet kondengaan.

¹¹En zij vonden een Egyptischen man op het veld, en zij brachten hem tot David; en zij gaven hem brood, en hij at, en zij gaven hem water te drinken.

¹²Zij gaven hem ook een stuk van een klomp vijgen, en twee stukken rozijnen; en hij at, en zijn geest kwam weder in hem; want hij had in drie dagen en drienachten geen brood gegeten, noch water gedronken.

¹³Daarna zeide David tot hem: Wiens zijt gij? En van waar zijt gij? Toen zeide de Egyptische jongen: Ik ben de knecht van een Amalekietischen man, en mijn heerheeft mij verlaten, omdat ik voor drie dagen krank geworden ben.

¹⁴Wij waren ingevallen tegen het zuiden van de Cherethieten, en op hetgeen van Juda is, en tegen het zuiden van Kaleb; en wij hebben Ziklag met vuur verbrand.

¹⁵Toen zeide David tot hem: Zoudt gij mij wel henen afleiden tot deze bende? Hij dan zeide: Zweer mij bij God, dat gij mij niet zult doden, en dat gij mij niet zultoverleveren in de hand mijns heren! Zo zal ik u tot deze bende afleiden.

¹⁶En hij leidde hem af, en ziet, zij lagen verstrooid over de ganse aarde, etende, en drinkende, en dansende, om al den groten buit, dien zij genomen hadden uit hetland der Filistijnen, en uit het land van Juda.

¹⁷En David sloeg hen van de schemering tot aan den avond van hunlieder anderen dag; en er ontkwam niet een man van hen, behalve vierhonderd jonge mannen, die op kemelen reden en vloden.

¹⁸Alzo redde David al wat de Amalekieten genomen hadden; ook redde David zijn twee vrouwen.

¹⁹En onder hen werd niet gemist van den kleinste tot aan den grootste, en tot aan de zonen en dochteren; en van den buit, ook tot alles, wat zij van hen genomenhadden; David bracht het altemaal weder.

²⁰David nam ook al de schapen en de runderen; zij dreven ze voor datzelve vee heen, en zeiden: Dit is Davids buit.

²¹Als David tot de tweehonderd mannen kwam, die zo moede waren geweest, dat zij David niet hadden kunnen navolgen, en die zij aan de beek Besor haddenlaten blijven, die gingen David tegemoet, en het volk, dat bij hem was, tegemoet; en David trad tot het volk, en hij vraagde hen naar den welstand.

²²Toen antwoordde een ieder boos en Belials man onder de mannen, die met David getogen waren, en zij zeiden: Omdat zij met ons niet getogen zijn, zullen wijhun van den buit, dien wij gered hebben, niet geven, maar aan een iegelijk zijn vrouw en zijn kinderen; laat hen die heenleiden, en weggaan.

²³Maar David zeide: Alzo zult gij niet doen, mijn broeders, met hetgeen ons de HEERE gegeven heeft, en Hij heeft ons bewaard, en heeft de bende, die tegen onskwam, in onze hand gegeven.

²⁴Wie zou toch ulieden in deze zaak horen? Want gelijk het deel dergenen is, die in den strijd mede afgetogen zijn, alzo zal ook het deel dergenen zijn, die bij hetgereedschap gebleven zijn; zij zullen gelijkelijk delen.

²⁵En dit is van dien dag af en voortaan alzo geweest; want hij heeft het tot een inzetting en tot een recht gesteld in Israel, tot op dezen dag.

²⁶Als nu David te Ziklag kwam, zo zond hij tot de oudsten van Juda, zijn vrienden, van den buit, zeggende: Ziet, daar is een zegen voor ulieden, van den buit dervijanden des HEEREN.

²⁷Namelijk tot die te Beth-El, en tot die te Ramoth tegen het zuiden, en tot die te Jather,

²⁸En tot die te Aroer, en tot die te Sifmoth, en tot die te Esthemoa,

²⁹En tot die te Rachel, en tot die, welke in de steden der Jerahmeelieten waren, en tot die, welke in de steden der Kenieten waren,

³⁰En tot die te Horma, en tot die te Chor-Asan, en tot die te Atach,

³¹En tot die te Hebron, en tot al de plaatsen, waar David gewandeld had, hij en zijn mannen.

Hoofdstuk 31

¹De Filistijnen dan steden tegen Israel; en de mannen Israels vloden voor het aangezicht der Filistijnen, en vielen verslagen op het gebergte Gilboa.

²En de Filistijnen hielden dicht op Saul en zijn zonen; en de Filistijnen sloegen Jonathan, en Abinadab, en Malchisua, de zonen van Saul.

³En de strijd werd zwaar tegen Saul; en de mannen, die met den boog schieten, troffen hem aan, en hij vreesde zeer voor de schutters.

⁴Toen zeide Saul tot zijn wapendrager: Trek uw zwaard uit, en doorsteek mij daarmede, dat misschien deze onbesnedenen niet komen, en mij doorsteken, enmet mij den spot drijven. Maar zijn wapendrager wilde niet, want hij vreesde zeer. Toen nam Saul het zwaard, en viel daarin.

⁵Toen zijn wapendrager zag, dat Saul dood was, zo viel hij ook in zijn zwaard en stierf met hem.

⁶Alzo stierf Saul, en zijn drie zonen, en zijn wapendrager, ook al zijn mannen, te dienzelven dage te gelijk.

⁷Als de mannen van Israel, die aan deze zijde van het dal waren, en die aan deze zijde der Jordaan waren, zagen, dat de mannen van Israel gevloden waren, endat Saul en zijn zonen dood waren, zo verlieten zij de steden, en zij vloden. Toen kwamen de Filistijnen en woonden daarin.

⁸Het geschiedde nu des anderen daags, als de Filistijnen kwamen, om de verslagenen te plunderen, zo vonden zij Saul en zijn drie zonen,

liggende op hetgebergte Gilboa.

⁹En zij hieuwen zijn hoofd af, en zij togen zijn wapenen uit, en zij zonden ze in der Filistijnen land rondom, om te boodschappen in het huis hunner afgoden, enonder het volk.

¹⁰En zij legden zijn wapenen in het huis van Astharoth; en zijn lichaam hechtten zij aan den muur te Beth-San.

¹¹Als de inwoners van Jabes in Gilead daarvan hoorden, wat de Filistijnen Saul gedaan hadden;

¹²Zo maakten zich op alle strijdbare mannen, en gingen den gehelen nacht, en zij namen het lichaam van Saul, en de lichamen zijner zonen, van den muur teBeth-San; en zij kwamen te Jabes, en brandden ze aldaar.

2 Samuël

Hoofdstuk 1

¹Voorts geschiedde het na Sauls dood, als David van den slag der Amalekieten was wedergekomen, en David twee dagen te Ziklag gebleven was;

²Zo geschiedde het op den derden dag, dat, ziet, uit het heirleger van Saul, een man kwam, wiens klederen gescheurd waren, en aarde was op zijn hoofd; en hetgeschiedde, als hij tot David kwam, zo viel hij ter aarde en boog zich neder.

³En David zeide tot hem: Van waar komt gij? En hij zeide tot hem: Ik ben ontkomen uit het heirleger van Israel.

⁴Voorts zeide David tot hem: Wat is de zaak? Verhaal het mij toch. En hij zeide, dat het volk uit den strijd gevloden was, en dat er ook velen van het volkgevallen en gestorven waren, dat ook Saul en zijn zoon Jonathan dood waren.

⁵En David zeide tot den jongen, die hem de boodschap bracht: Hoe weet gij, dat Saul dood is, en zijn zoon Jonathan?

⁶Toen zeide de jongen, die hem de boodschap bracht: Ik kwam bij geval op het gebergte van Gilboa; en ziet, Saul leunde op zijn spies; en ziet, de wagens enritmeesters hielden dicht op hem.

⁷Zo zag hij achter zich om, en zag mij, en hij riep mij, en ik zeide: Zie, hier ben ik.

⁸En hij zeide tot mij: Wie zijt gij? En ik zeide tot hem: Ik ben een Amalekiet.

⁹Toen zeide hij tot mij: Sta toch bij mij, en dood mij; want deze malienkolder heeft mij opgehouden; want mijn leven is nog gans in mij.

¹⁰Zo stond ik bij hem, en doodde hem; want ik wist, dat hij na zijn val niet leven zou; en ik nam de kroon, die op zijn hoofd was, en het armgesmijde, dat aan zijnarm was, en heb ze hier tot mijn heer gebracht.

¹¹Toen vatte David zijn klederen en scheurde ze; desgelijks ook al de mannen, die met hem waren.

¹²En zij weeklaagden, en weenden, en vastten tot op den avond, over Saul en over Jonathan, zijn zoon, en over het volk des HEEREN, en over het huis Israels, omdat zij door het zwaard gevallen waren.

¹³Voorts zeide David tot den jongen, die hem de boodschap gebracht had: Van waar zijt gij? En hij zeide: Ik ben de zoon van een vreemden man, van eenAmalekiet.

¹⁴En David zeide tot hem: Hoe, hebt gij niet gevreesd uw hand uit te strekken, om den gezalfde des HEEREN te verderven?

¹⁵En David riep een van de jongens, en zeide: Treed toe, val op hem aan. En hij sloeg hem, dat hij stierf.

¹⁶En David zeide tot hem: Uw bloed zij op uw hoofd; want uw mond heeft tegen u getuigd, zeggende: ik heb den gezalfde des HEEREN gedood.

¹⁷David nu klaagde deze klage over Saul en over Jonathan, zijn zoon;

¹⁸Als hij gezegd had, dat men den kinderen van Juda den boog zou leren; ziet, het is geschreven in het boek des Oprechten.

¹⁹O Sieraad van Israel, op uw hoogten is hij verslagen; hoe zijn de helden gevallen!

²⁰Verkondigt het niet te Gath, boodschapt het niet op de straten van Askelon; opdat de dochters der Filistijnen zich niet verblijden, opdat de dochters deronbesnedenen niet opspringen van vreugde.

²¹Gij, bergen van Gilboa, noch dauw noch regen moet zijn op u, noch velden der hefofferen; want aldaar is der helden schild smadelijk weggeworpen, het schildvan Saul, alsof hij niet gezalfd ware geweest met olie.

²²Van het bloed der verslagenen, van het vette der helden, werd Jonathans boog niet achterwaarts gedreven; en Sauls zwaard keerde niet ledig weder.

²³Saul en Jonathan, die beminden, en die liefelijken in hun leven, zijn ook in hun dood niet gescheiden; zij waren lichter dan arenden, zij waren sterker danleeuwen.

²⁴Gij, dochteren Israels, weent over Saul; die u kleedde met scharlaken, met weelde; die u sieraad van goud deed dragen over uw kleding.

²⁵Hoe zijn de helden gevallen in het midden van den strijd! Jonathan is verslagen op uw hoogten!

²⁶Ik ben benauwd om uwentwil, mijn broeder Jonathan! Gij waart mij zeer liefelijk; uw liefde was mij wonderlijker dan liefde der vrouwen.

Hoofdstuk 2

¹En het geschiedde daarna, dat David den HEERE vraagde, zeggende: Zal ik optrekken in een der steden van Juda? En de HEERE zeide tot hem: Trek op. EnDavid zeide: Waarheen zal ik optrekken? En Hij zeide: Naar Hebron.

²Alzo toog David derwaarts op, als ook zijn twee vrouwen, Ahinoam, de Jizreelietische, en Abigail, de huisvrouw van Nabal, den Karmeliet.

³Ook deed David zijn mannen optrekken, die bij hem waren, een iegelijk met zijn huisgezin; en zij woonden in de steden van Hebron.

⁴Daarna kwamen de mannen van Juda, en zalfden aldaar David tot een koning over het huis van Juda. Toen boodschapten zij David, zeggende: Het zijn demannen van Jabes in Gilead, die Saul begraven hebben.

⁵Toen zond David boden tot de mannen van Jabes in Gilead, en hij zeide tot hen: Gezegend zijt gij den HEERE, dat gij deze weldadigheid gedaan hebt aan uweer, aan Saul, en hebt hem begraven.

⁶Zo doe nu de HEERE aan u weldadigheid en trouw! En ik ook, ik zal aan u dit goede doen, dewijl gij deze zaak gedaan hebt.

⁷En nu, laat uw handen sterk zijn, en zijt dapper, dewijl uw heer Saul gestorven is; en ook hebben mij die van het huis van Juda tot koning over zich gezalfd.

⁸Abner nu, de zoon van Ner, de krijgsoverste, dien Saul gehad had, nam Isboseth, Sauls zoon, en voerde hem over naar Mahanaim,

⁹En maakte hem ten koning over Gilead, en over de Aschurieten, en over Jizreel, en over Efraim, en over Benjamin, en over gans Israel.

¹⁰Veertig jaren was Isboseth, Sauls zoon, oud, als hij koning werd over Israel; en hij regeerde het tweede jaar; alleenlijk die van het huis van Juda volgden Davidna.

¹¹Het getal nu der dagen, die David koning geweest is te Hebron, over het huis van Juda, is zeven jaren en zes maanden.

¹²Toen toog Abner, de zoon van Ner, uit, met de knechten van Isboseth, den zoon van Saul, van Mahanaim naar Gibeon.

¹³Joab, de zoon van Zeruja, en de knechten van David, togen ook uit; en zij ontmoetten elkander bij den vijver van Gibeon; en zij bleven, deze aan deze zijde desvijvers, en die aan gene zijde des vijvers.

¹⁴En Abner zeide tot Joab: Laat zich nu de jongens opmaken, en voor ons aangezicht spelen. En Joab zeide: Laat hen zich opmaken.

¹⁵Toen maakten zich op, en gingen over in getal, twaalf van Benjamin, te weten voor Isboseth, Sauls zoon, en twaalf van Davids knechten.

¹⁶En de een greep den ander bij het hoofd, en stiet zijn zwaard in de zijde des anderen, en zij vielen te zamen; daarvan noemde men dezelve plaatsChelkath-Hazurim, die bij Gibeon is.

¹⁷En er was op dienzelfden dag een gans zeer harde strijd. Doch Abner en de mannen van Israel werden voor het aangezicht der knechten van David geslagen.

¹⁸Nu waren aldaar drie zonen van Zeruja, Joab, en Abisai en Asahel; en Asahel was licht op zijn voeten, als een der reeen, die in het veld zijn.

¹⁹En Asahel jaagde Abner achterna; en hij week niet, om van achter Abner ter rechterhand of ter linkerhand af te gaan.

²⁰Toen zag Abner achter zich om, en zeide: Zijt gij dit, Asahel? En hij zeide: Ik ben het.

²¹En Abner zeide tot hem: Wijk tot uw rechterhand of tot uw linkerhand, en grijp u een van die jongens, en neem voor u hun gewaad; maar Asahel wilde nietafwijken van achter hem.

²²Toen voer Abner wijders voort, zeggende tot Asahel: Wijkt af van achter mij; waarom zal ik u ter aarde slaan? Hoe zou ik dan mijn aangezicht opheffen vooruw broeder Joab?

²³Maar hij weigerde af te wijken. Zo sloeg hem Abner met het achterste van de spies aan de vijfde rib, dat de spies van achter hem uitging; en hij viel aldaar, enstierf op zijn plaats. En het geschiedde, dat allen, die tot de plaats kwamen, alwaar Asahel gevallen en gestorven was, staan bleven.

²⁴Maar Joab en Abisai jaagden Abner achterna; en de zon ging onder, als zij gekomen waren tot den heuvel van Amma, dewelke is voor Giach, op den weg derwoestijn van Gibeon.

²⁵En de kinderen van Benjamin verzamelden zich achter Abner, en werden tot een hoop; zij stonden op de spits van een heuvel.

²⁶Toen riep Abner tot Joab, en zeide: Zal dan het zwaard eeuwiglijk verteren? Weet gij niet, dat het in het laatste bitterheid zal zijn? En hoe lang zult gij het volkniet zeggen, dat zij wederkeren van hun broederen te vervolgen?

²⁷En Joab zeide: Zo waarachtig als God leeft, ten ware dat gij gesproken hadt, zekerlijk het volk zou al toen van den morgen af weggevoerd zijn geweest, eeniegelijk van zijn broeder te vervolgen!

²⁸Toen blies Joab met de bazuin; en al het volk stond stil, en zij jaagden Israel niet meer achterna, en voeren niet wijders voort te strijden.

²⁹Abner dan en zijn mannen gingen dienzelfden gansen nacht over het vlakke veld; en zij gingen over de Jordaan en wandelden het ganse Bithron door, enkwamen tot Mahanaim.

³⁰Joab keerde ook weder van achter Abner, en verzamelde het ganse volk. En er werden van Davids knechten gemist negentien mannen, en Asahel.

³¹Maar Davids knechten hadden van Benjamin en onder Abners mannen geslagen: driehonderd en zestig mannen waren er dood gebleven.

³²En zij namen Asahel op, en begroeven hem in zijns vaders graf, dat te Bethlehem was. Joab nu en zijn mannen gingen den gansen nacht, dat hun het lichtaanbrak te Hebron.

Hoofdstuk 3

¹En er was een lange krijg tussen het huis van Saul, en tussen het huis van David. Doch David ging en werd sterker; maar die van het huis van Saul gingen enwerden zwakker.

²En David werden zonen geboren te Hebron. Zijn eerstgeborene nu was Amnon, van Ahinoam, de Jizreelietische;

³En zijn tweede was Chileab, van Abigail, de huisvrouw van Nabal, den Karmeliet; en de derde, Absalom, de zoon van Maacha, de dochter van Thalmai, koning van Gesur;

⁴En de vierde, Adonia, de zoon van Haggith; en de vijfde Sefatja, de zoon van Abital;

⁵En de zesde, Jithream, van Egla, Davids huisvrouw. Dezen zijn David geboren te Hebron.

⁶Terwijl die krijg was tussen het huis van Saul, en tussen het huis van David, zo geschiedde het, dat Abner zich sterkte in het huis van Saul.

⁷Saul nu had een bijwijf gehad, welker naam was Rizpa, dochter van Aja; en Isboseth zeide tot Abner: Waarom zijt gij ingegaan tot mijns vaders bijwijf?

⁸Toen ontstak Abner zeer over Isboseths woorden, en zeide: Ben ik dan een hondskop, ik, die tegen Juda, aan het huis van Saul, uw vader, aan zijn broederen aan zijn vrienden, heden weldadigheid doe, en u niet overgeleverd heb in Davids hand, dat gij heden aan mij onderzoekt de ongerechtigheid ener vrouw?

⁹God doe Abner zo, en doe hem zo daartoe! Voorzeker, gelijk als de HEERE aan David gezworen heeft, dat ik even alzo aan hem zal doen.

¹⁰Overbrengende het koninkrijk van het huis van Saul, en oprichtende den stoel van David over Israel en over Juda, van Dan tot Ber-seba toe.

¹¹En hij kon Abner verder niet een woord antwoorden, omdat hij hem vreesde.

¹²Toen zond Abner boden voor zich tot David, zeggende: Wiens is het land? zeggende wijders: Maak uw verbond met mij, en zie, mijn hand zal met u zijn, omgans Israel tot u om te keren.

¹³En hij zeide: Wel, ik zal een verbond met u maken; doch een ding begeer ik van u, zeggende: Gij zult mijn aangezicht niet zien, tenzij dat gij Michal, Saulsdochter, te voren inbrengt, als gij komt om mijn aangezicht te zien.

¹⁴Ook zond David boden tot Isboseth, den zoon van Saul, zeggende: Geef mij mijn huisvrouw Michal, die ik mij met honderd voorhuiden der Filistijnenondertrouwd heb.

¹⁵Isboseth dan zond heen, en nam haar van den man, van Paltiel, den zoon van Lais.

¹⁶En haar man ging met haar, al gaande en wenende achter haar, tot Bahurim toe. Toen zeide Abner tot hem: Ga weg, keer weder. En hij keerde weder.

¹⁷Abner nu had woorden met de oudsten van Israel, zeggende: Gij hebt David te voren lang tot een koning over u begeerd.

¹⁸Zo doet het nu; want de HEERE heeft tot David gesproken, zeggende: Door de hand van David, Mijn knecht, zal Ik Mijn volk Israel verlossen van de hand derFilistijnen, en van de hand van al hun vijanden.

¹⁹En Abner sprak ook voor de oren van Benjamin. Voorts ging Abner ook heen, om te Hebron voor Davids oren te spreken alles, wat goed was in de ogen vanIsrael, en in de ogen van het ganse huis van Benjamin.

²⁰En Abner kwam tot David te Hebron, en twintig mannen met hem. En David maakte Abner, en den mannen, die met hem waren, een maaltijd.

²¹Toen zeide Abner tot David: Ik zal mij opmaken, en heengaan, en vergaderen gans Israel tot mijn heer, den koning, dat zij een verbond met u maken, en gijregeert over alles, wat uw ziel begeert. Alzo liet David Abner gaan, en hij ging in vrede.

²²En ziet, Davids knechten en Joab kwamen van een bende, en brachten met zich een groten roof. Abner nu was niet bij David te Hebron; want hij had hem latengaan, en hij was gegaan in vrede.

²³Als nu Joab en het ganse heir, dat met hem was, aankwamen, zo gaven zij Joab te kennen, zeggende: Abner, de zoon van Ner, is gekomen tot den koning, enhij heeft hem laten gaan, en hij is gegaan in vrede.

²⁴Toen ging Joab tot den koning in, en zeide: Wat hebt gij gedaan? Zie, Abner is tot u gekomen; waarom nu hebt gij hem laten gaan, dat hij zo vrij is weggegaan?

²⁵Gij kent Abner, den zoon van Ner; dat hij gekomen is om u te overreden, en om te weten uw uitgang en uw ingang, ja, om te weten alles, wat gij doet.

²⁶En Joab ging uit van David, en zond Abner boden na, die hem wederom haalden van den bornput van Sira; maar David wist het niet.

²⁷Als nu Abner weder te Hebron kwam, zo leidde Joab hem ter zijde af in het midden der poort, om in de stilte met hem te spreken; en hij sloeg hem aldaar aande vijfde, dat hij stierf, om des bloeds wil van zijn broeder Asahel.

²⁸Als David dat daarna hoorde, zo zeide hij: Ik ben onschuldig, en mijn koninkrijk, bij den HEERE, tot in eeuwigheid, van het bloed van Abner, den zoon vanNer.

²⁹Het blijve op het hoofd van Joab, en op het ganse huis zijns vaders; en er worde van het huis van Joab niet afgesneden, die een vloed hebbe, en melaats zij, enzich aan den stok houde, en door het zwaard valle, en broodsgebrek hebbe!

³⁰Alzo hebben Joab en zijn broeder Abisai Abner doodgeslagen, omdat hij hun broeder Asahel te Gibeon in den strijd gedood had.

³¹David dan zeide tot Joab en tot al het volk, dat bij hem was: Scheurt uw klederen, en gordt zakken aan, en weeklaagt voor Abner henen; en de koning Davidging achter de baar.

³²Als zij nu Abner te Hebron begroeven, zo hief de koning zijn stem op, en weende bij Abners graf; ook weende al het volk.

³³En de koning maakte een klage over Abner, en zeide: Is dan Abner gestorven, als een dwaas sterft?

³⁴Uw handen waren niet gebonden, noch uw voeten in koperen boeien gedaan, maar gij zijt gevallen, gelijk men valt voor het aangezicht van kinderen derverkeerdheid. Toen weende het ganse volk nog meer over hem.

³⁵Daarna kwam al het volk, om David brood te doen eten, als het nog dag was; maar David zwoer, zeggende: God doe mij zo, en doe er zo toe, indien ik voorhet ondergaan der zon brood of iets smake!

³⁶Als al het volk dit vernam, zo was het goed in hun ogen, alles, zoals de koning gedaan had, was goed in de ogen van het ganse volk.

³⁷En al het volk en gans Israel merkten te dienzelven dage, dat het van den koning niet was, dat men Abner, den zoon van Ner, gedood had.

³⁸Voorts zeide de koning tot zijn knechten: Weet gij niet, dat te dezen dage een vorst, ja, een grote in Israel gevallen is?

³⁹Maar ik ben heden teder, en gezalfd ten koning, en deze mannen, de zonen van Zeruja, zijn harder dan ik; de HEERE zal den boosdoener vergelden naar zijnboosheid.

Hoofdstuk 4

¹Als nu Sauls zoon hoorde, dat Abner te Hebron gestorven was, werden zijn handen slap, en gans Israel werd verschrikt.

²En Sauls zoon had twee mannen, oversten van benden; de naam des enen was Baena, en de naam des anderen Rechab, zonen van Rimmon, den Beerothiet, van de kinderen van Benjamin; want ook Beeroth werd aan Benjamin gerekend.

³En de Beerothieten waren gevloden naar Gitthaim, en waren aldaar vreemdelingen tot op dezen dag.

⁴En Jonathan, Sauls zoon, had een zoon, die geslagen was aan beide voeten: vijf jaren was hij oud als het gerucht van Saul en Jonathan uit Jizreel kwam; en zijnvoedster hem opnam, en vluchtte; en het geschiedde, als zij haastte, om te vluchten, dat hij viel en kreupel werd; en zijn naam was Mefiboseth.

⁵En de zonen van Rimmon: den Beerothiet, Rechab en Baena, gingen heen, en kwamen ten huize van Isboseth, als de dag heet geworden was; en hij lag op deslaapstede, in den middag.

⁶En zij kwamen daarin tot het midden des huizes, zullende tarwe

halen; en zij sloegen hem aan de vijfde rib; en Rechab en zijn broeder Baena ontkwamen.

⁷Want zij kwamen in huis, als hij op zijn bed lag, in zijn slaapkamer, en sloegen hem, en doodden hem, en hieuwen zijn hoofd af; en zij namen zijn hoofd, engingen henen, den weg op het vlakke veld, den gansen nacht.

⁸En zij brachten het hoofd van Isboseth tot David te Hebron, en zeiden tot den koning: Zie, daar is het hoofd van Isboseth, den zoon van Saul, uw vijand, die uwziel zocht; alzo heeft de HEERE mijn heer den koning te dezen dage wrake gegeven van Saul en van zijn zaad.

⁹Maar David antwoordde Rechab en zijn broeder Baena, den zonen van Rimmon, den Beerothiet, en zeide tot hen: Zo waarachtig als De HEERE leeft, Diemijn ziel uit alle benauwdheid verlost heeft!

¹⁰Dewijl ik hem, die mij boodschapte, zeggende: Zie, Saul is dood; daar hij in zijn ogen was als een, die goede boodschap bracht, nochtans gegrepen en te Ziklaggedood heb, hoewel hij meende, dat ik hem bodenloon zou geven;

¹¹Hoeveel te meer, wanneer goddeloze mannen een rechtvaardigen man in zijn huis op zijn slaapstede hebben gedood? Nu dan, zou ik zijn bloed van uw handenniet eisen, en u van de aarde wegdoen?

¹²En David gebood zijn jongens, en zij doodden hen, en hieuwen hun handen en hun voeten af, en hingen ze op bij den vijver te Hebron, maar het hoofd vanIsboseth namen zij, en begroeven het in Abners graf te Hebron.

Hoofdstuk 5

¹Toen kwamen alle stammen van Israel tot David te Hebron; en zij spraken, zeggende: Zie, wij, uw gebeente en uw vlees zijn wij.

²Daartoe ook te voren, toen Saul koning over ons was, waart gij Israel uitvoerende en inbrengende; ook heeft de HEERE tot u gezegd: Gij zult Mijn volk Israelweiden, en gij zult tot een voorganger zijn over Israel.

³Alzo kwamen alle oudsten van Israel tot den koning te Hebron; en de koning David maakte een verbond met hen te Hebron, voor het aangezicht desHEEREN; en zij zalfden David tot koning over Israel.

⁴Dertig jaar was David oud, als hij koning werd; veertig jaren heeft hij geregeerd.

⁵Te Hebron regeerde hij over Juda zeven jaren en zes maanden; en te Jeruzalem regeerde hij drie en dertig jaren over gans Israel en Juda.

⁶En de koning toog met zijn mannen naar Jeruzalem, tegen de Jebusieten, die in dat land woonden. En zij spraken tot David, zeggende: Gij zult hier niet inkomen, maar de blinden en kreupelen zullen u afdrijven; dat is te zeggen: David zal hier niet inkomen.

⁷Maar David nam den burg Sion in; dezelve is de stad Davids.

⁸Want David zeide ten zelven dage: Al wie de Jebusieten slaat, en geraakt aan die watergoot, en die kreupelen, en die blinden, die van Davids ziel gehaat zijn, die zal tot een hoofd en tot een overste zijn; daarom zegt men: Een blinde en kreupele zal in het huis niet komen.

⁹Alzo woonde David in den burg en noemde dien Davids stad. En David bouwde rondom van Millo af en binnenwaarts.

¹⁰David nu ging geduriglijk voort, en werd groot; want de HEERE, de God der heirscharen, was met hem.

¹¹En Hiram, de koning van Tyrus, zond boden tot David, en cederenhout, en timmerlieden, en metselaars; en zij bouwden David een huis.

¹²En David merkte, dat de HEERE hem tot een koning over Israel bevestigd had, en dat Hij zijn koninkrijk verheven had, om Zijns volks Israels wil.

¹³En David nam meer bijwijven, en vrouwen van Jeruzalem, nadat hij van Hebron gekomen was; en David werden meer zonen en dochteren geboren.

¹⁴En dit zijn de namen dergenen, die hem te Jeruzalem geboren zijn: Schammua, en Schobab, en Nathan, en Salomo.

¹⁵En Ibchar, en Elischua en Nefeg, en Jafia,

¹⁶En Elischama, en Eljade, en Elifeleth.

¹⁷Als nu de Filistijnen hoorden, dat zij David ten koning over Israel gezalfd hadden, zo togen alle Filistijnen op om David te zoeken; en David, dat horende, toogaf, naar den burg.

¹⁸En de Filistijnen kwamen en verspreidden zich in het dal Refaim.

¹⁹Zo vraagde David den HEERE, zeggende: Zal ik optrekken tegen de Filistijnen? Zult Gij ze in mijn hand geven? En de HEERE zeide tot David: Trek op, wantIk zal de Filistijnen zekerlijk in uw hand geven.

²⁰Toen kwam David te Baal-Perazim; en David sloeg hen aldaar, en zeide: De HEERE heeft mijn vijanden voor mijn aangezicht gescheurd, als een scheur derwateren; daarom noemde hij den naam derzelve plaats, Baal-Perazim.

²¹En zij lieten hun afgoden aldaar; en David en zijn mannen namen ze op.

²²Daarna togen de Filistijnen weder op; en zij verspreidden zich in het dal Refaim.

²³En David vraagde den HEERE, Dewelke zeide: Gij zult niet optrekken; maar trek om tot achter hen, dat gij aan hen komt van tegenover de moerbezienbomen;

²⁴En het geschiede, als gij hoort het geruis van een gang in de toppen der moerbezienbomen, dan rep u; want alsdan is de HEERE voor uw aangezicht uitgegaan, om het heirleger der Filistijnen te slaan.

²⁵En David deed alzo, gelijk als de HEERE hem geboden had; en hij sloeg de Filistijnen van Geba af, totdat gij komt te Gezer.

Hoofdstuk 6

¹Daarna verzamelde David wederom alle uitgelezenen in Israel, dertig duizend.

²En David maakte zich op, en ging heen met al het volk, dat bij hem was, van Baalim-Juda, om van daar op te brengen de ark Gods, bij dewelke de Naamwordt aangeroepen, de Naam van den HEERE der heirscharen, Die daarop woont tussen de cherubim.

³En zij voerden de ark Gods op een nieuwen wagen, en haalden ze uit het huis van Abinadab, dat op een heuvel is; en Uza en Ahio, zonen van Abinadab, leidden den nieuwen wagen.

⁴Toen zij hem nu uit het huis van Abinadab, dat op den heuvel is, met de ark Gods, wegvoerden, zo ging Ahio voor de ark henen.

⁵En David en het ganse huis Israels speelden voor het aangezicht des HEEREN, met allerlei snarenspel van dennenhout, als met harpen, en met luiten, en mettrommelen, ook met schellen, en met cimbalen.

⁶Als zij nu kwamen tot aan Nachons dorsvloer, zo strekte Uza zijn hand uit aan de ark Gods, en hield ze, want de runderen struikelden.

⁷Toen ontstak de toorn des HEEREN tegen Uza, en God sloeg hem aldaar, om deze onbedachtzaamheid; en hij stierf aldaar bij de ark Gods.

⁸En David ontstak, omdat de HEERE een scheur gescheurd had aan Uza; en hij noemde dezelve plaats Perez-Uza, tot op dezen dag.

⁹En David vreesde den HEERE ten zelven dage; en hij zeide: Hoe zal de ark des HEEREN tot mij komen?

¹⁰David dan wilde de ark des HEEREN niet tot zich laten overbrengen in de stad Davids; maar David deed ze afwijken in het huis van Obed-Edom, den Gethiet.

¹¹En de ark des HEEREN bleef in het huis van Obed-Edom, den Gethiet, drie maanden; en de HEERE zegende Obed-Edom en zijn ganse huis.

¹²Toen boodschapte men den koning David, zeggende: De HEERE heeft het huis van Obed-Edom, en al wat hij heeft, gezegend om der ark Gods wil; zo gingDavid heen en haalde de ark Gods uit het huis van Obed-Edom opwaarts in de stad Davids, met vreugde.

¹³En het geschiedde, als zij, die de ark des HEEREN droegen, zes treden voortgetreden waren, dat hij ossen en gemest vee offerde.

¹⁴En David huppelde met alle macht voor het aangezicht des HEEREN; en David was omgord met een linnen lijfrok.

¹⁵Alzo brachten David en het ganse huis Israels de ark des HEEREN op, met gejuich en met geluid der bazuinen.

¹⁶En het geschiedde, als de ark des HEEREN in de stad Davids kwam, dat Michal, Sauls dochter, door het venster uitzag. Als zij nu den koning David zag, springende en huppelende voor het aangezicht des HEEREN, verachtte zij hem in haar hart.

¹⁷Toen zij nu de ark des HEEREN inbrachten, stelden zij die in haar plaats, in het midden der tent, die David voor haar gespannen had; en David offerdebrandofferen voor des HEEREN aangezicht, en dankofferen.

¹⁸Als David geeindigd had het brandoffer en de dankofferen te offeren, zo zegende hij het volk in den Naam des HEEREN der heirscharen.

¹⁹En hij deelde uit aan het ganse volk, aan de ganse menigte van Israel, van de mannen tot de vrouwen toe, aan een iegelijk een broodkoek, en een schoon stukvlees, en een fles wijn. Toen ging al dat volk heen, een iegelijk naar zijn huis.

²⁰Als nu David wederkwam, om zijn huis te zegenen, ging Michal, Sauls dochter, uit, David tegemoet, en zeide: Hoe is heden de koning van Israel verheerlijkt, diezich heden voor de ogen van de dienstmaagden zijner dienstknechten heeft ontbloot, gelijk een van de ijdele lieden zich onbeschaamdelijk ontbloot?

²¹Maar David zeide tot Michal: Voor het aangezicht des HEEREN, Die mij verkoren heeft voor uw vader en voor zijn ganse huis, mij instellende tot eenvoorganger over het volk des HEEREN,

over Israel; ja, ik zal spelen voor het aangezicht des HEEREN.

²²Ook zal ik mij nog geringer houden dan alzo, en zal nederig zijn in mijn ogen, en met de dienstmaagden, waarvan gij gezegd hebt, met dezelve zal ik verheerlijkt worden.

²³Michal nu, Sauls dochter, had geen kind, tot den dag van haar dood toe.

Hoofdstuk 7

¹En het geschiedde, als de koning in zijn huis zat, en de HEERE hem rust gegeven had van al zijn vijanden rondom,

²Zo zeide de koning tot den profeet Nathan: Zie toch, ik woon in een cederen huis, en de ark Gods woont in het midden der gordijnen.

³En Nathan zeide tot den koning: Ga heen, doe al wat in uw hart is, want de HEERE is met u.

⁴Maar het gebeurde in denzelfden nacht, dat het woord des HEEREN tot Nathan geschiedde, zeggende:

⁵Ga, en zeg tot Mijn knecht, tot David: Zo zegt de HEERE: Zoudt gij Mij een huis bouwen tot Mijn woning?

⁶Want Ik heb in geen huis gewoond, van dien dag af, dat Ik de kinderen Israels uit Egypte opvoerde, tot op dezen dag; maar Ik heb gewandeld in een tent en in een tabernakel.

⁷Overal, waar Ik met al de kinderen Israels heb gewandeld, heb Ik wel een woord gesproken met een der stammen Israels, dien Ik bevolen heb Mijn volk Israel te weiden, zeggende: Waarom bouwt gij Mij niet een cederen huis?

⁸Nu dan, alzo zult gij tot Mijn knecht, tot David, zeggen: Zo zegt de HEERE der heirscharen: Ik heb u genomen van de schaapskooi, van achter de schapen, dat gij een voorganger zoudt zijn over Mijn volk, over Israel.

⁹En Ik ben met u geweest, overal, waar gij gegaan zijt, en heb al uw vijanden voor uw aangezicht uitgeroeid; en Ik heb u een groten naam gemaakt, als den naam der groten, die op de aarde zijn.

¹⁰En Ik heb voor Mijn volk, voor Israel, een plaats besteld, en hem geplant, dat hij aan zijn plaats wone, en niet meer heen en weder gedreven worde; en de kinderen der verkeerdheid zullen hem niet meer verdrukken, gelijk als in het eerst.

¹¹En van dien dag af, dat Ik geboden heb richters te wezen over Mijn volk Israel. Doch u heb Ik rust gegeven van al uw vijanden. Ook geeft u de HEERE tekennen, dat de HEERE u een huis maken zal.

¹²Wanneer uw dagen zullen vervuld zijn, en gij met uw vaderen zult ontslapen zijn, zo zal Ik uw zaad na u doen opstaan, dat uit uw lijf voortkomen zal, en Ik zal zijn koninkrijk bevestigen.

¹³Die zal Mijn Naam een huis bouwen; en Ik zal den stoel zijns koninkrijks bevestigen tot in eeuwigheid.

¹⁴Ik zal hem zijn tot een Vader, en hij zal Mij zijn tot een zoon; dewelke als hij misdoet, zo zal Ik hem met een mensenroede en met plagen der mensenkinderen straffen.

¹⁵Maar Mijn goedertierenheid zal van hem niet wijken, gelijk als Ik die weggenomen heb van Saul, dien Ik van voor uw aangezicht heb weggenomen.

¹⁶Doch uw huis zal bestendig zijn, en uw koninkrijk tot in eeuwigheid, voor uw aangezicht; uw stoel zal vast zijn tot in eeuwigheid.

¹⁷Naar al deze woorden, en naar dit ganse gezicht, alzo sprak Nathan tot David.

¹⁸Toen ging de koning David in, en bleef voor het aangezicht des HEEREN, en hij zeide: Wie ben ik, Heere HEERE, en wat is mijn huis, dat Gij mij tot hiertoe gebracht hebt?

¹⁹Daartoe is dit in Uw ogen nog klein geweest, Heere HEERE, maar Gij hebt ook over het huis Uws knechts gesproken tot van verre heen; en dit naar de wet der mensen, Heere HEERE!

²⁰En wat zal David nog meer tot U spreken? Want Gij kent Uw knecht, Heere HEERE!

²¹Om Uws woords wil, en naar Uw hart hebt Gij al deze grote dingen gedaan, om aan Uw knecht bekend te maken.

²²Daarom zijt Gij groot, HEERE God! Want er is niemand gelijk Gij, en er is geen God dan alleen Gij, naar alles, wat wij met onze oren gehoord hebben.

²³En wie is, gelijk Uw volk, gelijk Israel, een enig volk op aarde, hetwelk God is heengegaan Zich tot een volk te verlossen, en om Zich een Naam te zetten, en om voor ulieden deze grote en verschrikkelijke dingen te doen aan Uw land, voor het aangezicht Uws volks, dat Gij U uit Egypte verlost hebt, de heidenen en hun goden verdrijvende.

²⁴En Gij hebt Uw volk Israel U bevestigd, U tot een volk, tot in eeuwigheid; en Gij, HEERE, zijt hun tot een God geworden.

²⁵Nu dan, HEERE God, doe dit woord, dat Gij over Uw knecht en over zijn huis gesproken hebt, bestaan tot in eeuwigheid, en doe, gelijk als Gij gesproken hebt.

²⁶En Uw Naam worde groot gemaakt tot in eeuwigheid, dat men zegge: De HEERE der heirscharen is God over Israel; en het huis van Uw knecht David zal bestendig zijn voor Uw aangezicht.

²⁷Want Gij, HEERE der heirscharen, Gij, God Israels! Gij hebt voor het oor Uws knechts geopenbaard, zeggende: Ik zal u een huis bouwen; daarom heeft Uw knecht in zijn hart gevonden, dit gebed tot U te bidden.

²⁸Nu dan, Heere HEERE! Gij zijt die God, en Uw woorden zullen waarheid zijn, en Gij hebt dit goede tot Uw knecht gesproken.

²⁹Zo believe het U nu, en zegen het huis van Uw knecht, dat het in eeuwigheid voor uw aangezicht zij; want Gij, Heere HEERE, hebt het gesproken, en met Uw zegen zal het huis van Uw knecht gezegend worden in eeuwigheid.

Hoofdstuk 8

¹En het geschiedde daarna, dat David de Filistijnen sloeg, en bracht hen ten onder; en David nam Meteg-Amma uit der Filistijnen hand.

²Ook sloeg hij de Moabieten, en mat hen met een snoer, doende hen ter aarde nederliggen; en hij mat met twee snoeren om te doden, en met een vol snoer om in het leven te laten. Alzo werden de Moabieten David tot knechten, brengende geschenken.

³David sloeg ook Hadad-ezer, den zoon van Rechob, den koning van Zoba, toen hij heentoog, om zijn hand te wenden naar de rivier Frath.

⁴En David nam hem duizend wagens af, en zevenhonderd ruiteren, en twintig duizend man te voet; en David ontzenuwde alle wagenpaarden, en hield daarvan honderd wagenen over.

⁵En de Syriers van Damaskus kwamen om Hadad-ezer, den koning van Zoba, te helpen; maar David sloeg van de Syriers twee en twintig duizend man.

⁶En David legde bezettingen in Syrie van Damaskus, en de Syriers werden David tot knechten, brengende geschenken; en de HEERE behoedde David overal, waar hij heentoog.

⁷En David nam de gouden schilden die bij Hadad-ezers knechten geweest waren, en bracht ze te Jeruzalem.

⁸Daartoe nam de koning David zeer veel kopers uit Betach, en uit Berothai, steden van Hadad-ezer.

⁹Als nu Thoi, de koning van Hamath, hoorde, dat David het ganse heir van Hadad-ezer geslagen had;

¹⁰Zo zond Thoi zijn zoon Joram tot den koning David, om hem te vragen naar zijn welstand, en om hem te zegenen, vanwege dat hij tegen Hadad-ezer gekrijgd en hem geslagen had, (want Hadad-ezer voerde steeds krijg tegen Thoi); en in zijn hand waren zilveren vaten, en gouden vaten, en koperen vaten.

¹¹Welke de koning David ook den HEERE heiligde, met het zilver en het goud, dat hij geheiligd had van alle heidenen, die hij zich onderworpen had;

¹²Van Syrie, en van Moab, en van de kinderen Ammons, en van de Filistijnen, en van Amalek, en van den roof van Hadad-ezer, den zoon van Rechob, den koning van Zoba.

¹³Ook maakte zich David een naam, als hij wederkwam, nadat hij de Syriers geslagen had, in het Zoutdal, achttien duizend.

¹⁴En hij legde bezettingen in Edom; in gans Edom legde hij bezettingen; en alle Edomieten werden David tot knechten; en de HEERE behoedde David overal, waar hij heentoog.

¹⁵Alzo regeerde David over gans Israel, en David deed aan zijn ganse volk recht en gerechtigheid.

¹⁶Joab nu, de zoon van Zeruja, was over het heir; en Josafat, zoon van Achilud, was kanselier.

¹⁷En Zadok, zoon van Ahitub, en Achimelech, zoon van Abjathar, waren priesters; en Seraja was schrijver.

¹⁸Er was ook Benaja, zoon van Jojada, met de Krethi en de Plethi; maar Davids zonen waren prinsen.

Hoofdstuk 9

¹En David zeide: Is er nog iemand die overgebleven is van het huis van Saul, dat ik weldadigheid aan hem doe, om Jonathans wil?

²Het huis van Saul nu had een knecht, wiens naam was Ziba; en zij riepen hem tot David. En de koning zeide tot hem: Zijt gij Ziba? En hij zeide: Uw knecht.

³En de koning zeide: Is er nog iemand van het huis van Saul, dat ik Gods weldadigheid bij hem doe? Toen zeide Ziba tot den koning: Er is nog een zoon van Jonathan, die geslagen is aan beide voeten.

⁴En de koning zeide tot hem: Waar is hij? En Ziba zeide tot den koning: Zie, hij is in het huis van Machir, den zoon van Ammiel, te

2 Samuël

Lodebar.

⁵Toen zond de koning David heen, en hij nam hem uit het huis van Machir, den zoon van Ammiel, van Lodebar.

⁶Als nu Mefiboseth, de zoon van Jonathan, den zoon van Saul, tot David inkwam, zo viel hij op zijn aangezicht, en boog zich neder. En David zeide: Mefiboseth! En hij zeide: Zie, hier is uw knecht.

⁷En David zeide tot hem: Vrees niet, want ik zal zekerlijk weldadigheid bij u doen, om uws vaders Jonathans wil; en ik zal u alle akkers van uw vader Saul wedergeven; en gij zult geduriglijk brood eten aan mijn tafel.

⁸Toen boog hij zich, en zeide: Wat is uw knecht, dat gij omgezien hebt naar een doden hond, als ik ben?

⁹Toen riep de koning Ziba, Sauls jongen, en zeide tot hem: Al wat Saul gehad heeft, en zijn ganse huis, heb ik den zoon uws heren gegeven.

¹⁰Daarom zult gij voor hem het land bearbeiden, gij, en uw zonen, en uw knechten, en zult de vruchten inbrengen, opdat de zoon uws heren brood hebbe, dat hij ete; en Mefiboseth, de zoon uws heren, zal geduriglijk brood eten aan mijn tafel. Ziba nu had vijftien zonen en twintig knechten.

¹¹En Ziba zeide tot den koning: Naar alles, wat mijn heer de koning zijn knecht gebiedt, alzo zal uw knecht doen. Ook zou Mefiboseth, etende aan mijn tafel, als een van des konings zonen zijn.

¹²Mefiboseth nu had een kleinen zoon, wiens naam was Micha; en allen, die in het huis van Ziba woonden, waren knechten van Mefiboseth.

¹³Alzo woonde Mefiboseth te Jeruzalem, omdat hij geduriglijk at aan des konings tafel; en hij was kreupel aan beide zijn voeten.

Hoofdstuk 10

¹En het geschiedde daarna, dat de koning der kinderen Ammons stierf, en zijn zoon Hanun werd koning in zijn plaats.

²Toen zeide David: Ik zal weldadigheid doen aan Hanun, den zoon van Nahas, gelijk als zijn vader weldadigheid aan mij gedaan heeft. Zo zond David heen, om hem door den dienst zijner knechten te troosten over zijn vader. En de knechten van David kwamen in het land van de kinderen Ammons.

³Toen zeiden de vorsten der kinderen Ammons tot hun heer Hanun: Eert David uw vader in uw ogen, omdat hij troosters tot u gezonden heeft? Heeft David zijn knechten niet daarom tot u gezonden, dat hij deze stad doorzoeke, en die verspiede, en die omkere?

⁴Toen nam Hanun Davids knechten, en schoor hun baard half af, en sneed hun klederen half af, tot aan hun billen; en hij liet hen gaan.

⁵Als zij dit David lieten weten, zo zond hij hun tegemoet; want deze mannen waren zeer beschaamd. En de koning zeide: Blijft te Jericho, totdat uw baard wedergewassen zal zijn, komt dan weder.

⁶Toen nu de kinderen Ammons zagen, dat zij zich bij David stinkende gemaakt hadden, zonden de kinderen Ammons heen, en huurden van de Syriers van Beth-Rechob, en van de Syriers van Zoba, twintig duizend voetvolks, en van den koning van Maacha duizend man, en van de mannen van Tob twaalf duizend man.

⁷Als David dit hoorde, zond hij Joab heen, en het ganse heir met de helden.

⁸En de kinderen Ammons togen uit, en stelden de slagorde voor de deur der poort; maar de Syriers van Zoba, en Rechob, en de mannen van Tob en Maacha waren bijzonder in het veld.

⁹Als nu Joab zag, dat de spits der slagorde tegen hem was, van voren en van achteren, zo verkoos hij uit alle uitgelezenen van Israel, en stelde hen in orde tegen de Syriers aan;

¹⁰En het overige des volks gaf hij onder de hand van zijn broeder Abisai, die het in orde stelde tegen de kinderen Ammons aan.

¹¹En hij zeide: Zo de Syriers mij te sterk zullen zijn, zo zult gij mij komen verlossen; en zo de kinderen Ammons u te sterk zullen zijn, zo zal ik komen om u te verlossen.

¹²Wees sterk, en laat ons sterk zijn voor ons volk, en voor de steden onzes Gods; de HEERE nu doe, wat goed is in Zijn ogen.

¹³Toen naderde Joab, en het volk, dat bij hem was, tot den strijd tegen de Syriers; en zij vloden voor zijn aangezicht.

¹⁴Als de kinderen Ammons zagen, dat de Syriers vloden, vloden zij ook voor het aangezicht van Abisai, en kwamen in de stad. En Joab keerde weder van de kinderen Ammons, en kwam te Jeruzalem.

¹⁵Toen nu de Syriers zagen, dat zij voor Israels aangezicht geslagen waren, zo vergaderden zij zich weder te zamen.

¹⁶En Hadad-ezer zond heen, en deed de Syriers uitkomen, die op gene zijde der rivier zijn, en zij kwamen te Helam; en Sobach, Hadad-ezers krijgsoverste, toog voor hun aangezicht heen.

¹⁷Als dat David werd aangezegd, verzamelde hij gans Israel, en toog over de Jordaan, en kwam te Helam, en de Syriers stelden de slagorde tegen David aan, enstreden met hem.

¹⁸Maar de Syriers vloden voor Israels aangezicht, en David versloeg van de Syriers zevenhonderd wagenen, en veertig duizend ruiteren; daartoe sloeg hij Sobach, hun krijgsoverste, dat hij aldaar stierf.

¹⁹Toen nu al de koningen, die Hadad-ezers knechten waren, zagen, dat zij voor Israels aangezicht geslagen waren, maakten zij vrede met Israel, en dienden hen; en de Syriers vreesden de kinderen Ammons meer te verlossen.

Hoofdstuk 11

¹En het geschiedde met de wederkomst van het jaar, ter tijde als de koningen uittrekken, dat David Joab, en zijn knechten met hem, en gans Israel henenzond, dat zij de kinderen Ammons verderven, en Rabba belegeren zouden. Doch David bleef te Jeruzalem.

²Zo geschiedde het tegen den avondtijd, dat David van zijn leger opstond, en wandelde op het dak van het koningshuis, en zag van het dak een vrouw, zich wassende; deze vrouw nu was zeer schoon van aanzien.

³En David zond henen, en ondervraagde naar deze vrouw; en men zeide: Is dat niet Bathseba, de dochter van Eliam, de huisvrouw van Uria, den Hethiet?

⁴Toen zond David boden henen, en liet haar halen. En als zij tot hem ingekomen was, lag hij bij haar, (zij nu had zich van haar onreinigheid gezuiverd), daarna keerde zij weder naar haar huis.

⁵En die vrouw werd zwanger; zo zond zij henen, en liet David weten, en zeide: Ik ben zwanger geworden.

⁶Toen zond David tot Joab, zeggende: Zend Uria, den Hethiet, tot mij. En Joab zond Uria tot David.

⁷Als nu Uria tot hem kwam, zo vraagde David naar den welstand van Joab, en naar den welstand des volks, en naar den welstand des krijgs.

⁸Daarna zeide David tot Uria: Ga af naar uw huis, en was uw voeten. En toen Uria uit des konings huis uitging, volgde hem een gerecht des konings achterna.

⁹Maar Uria legde zich neder voor de deur van des konings huis, met al de knechten zijns heren; en hij ging niet af in zijn huis.

¹⁰En zij gaven het David te kennen, zeggende: Uria is niet afgegaan in zijn huis. Toen zeide David tot Uria: Komt gij niet van de reis? Waarom zijt gij niet afgegaan in uw huis?

¹¹En Uria zeide tot David: De ark, en Israel, en Juda blijven in de tenten; en mijn heer Joab, en de knechten mijns heren zijn gelegerd op het open veld, en zou ik in mijn huis gaan, om te eten en te drinken, en bij mijn huisvrouw te liggen? Zo waarachtig als gij leeft en uw ziel leeft, indien ik deze zaak doen zal!

¹²Toen zeide David tot Uria: Blijf ook heden hier, zo zal ik u morgen afzenden. Alzo bleef Uria te Jeruzalem, dien dag en den anderen dag.

¹³En David nodigde hem, zodat hij voor zijn aangezicht at en dronk, en hij maakte hem dronken. Daarna ging hij in den avond uit, om zich neder te leggen op zijn leger, met zijns heren knechten, maar ging niet af in zijn huis.

¹⁴Des morgens nu geschiedde het, dat David een brief schreef aan Joab; en hij zond dien door de hand van Uria.

¹⁵En hij schreef in dien brief, zeggende: Stel Uria vooraan tegenover den sterksten strijd, en keer van achter hem af, opdat hij geslagen worde en sterve.

¹⁶Zo geschiedde het, als Joab op de stad gelet had, dat hij Uria stelde aan de plaats, waarvan hij wist, dat aldaar strijdbare mannen waren.

¹⁷Als nu de mannen der stad uittogen en met Joab streden, vielen er van het volk, van Davids knechten, en Uria, de Hethiet, stierf ook.

¹⁸Toen zond Joab heen, en liet David den gansen handel van dezen strijd weten.

¹⁹En hij beval den bode, zeggende: Als gij zult geeindigd hebben den gansen handel van dezen strijd tot den koning uit te spreken;

²⁰En het zal geschieden, indien de grimmigheid des konings opkomt, en hij tot u zegt: Waarom zijt gij zo na aan de stad gekomen om te strijden? Wist gij niet, dat zij van den muur zouden schieten?

²¹Wie sloeg Abimelech, den zoon van Jerubbeseth? Wierp niet een vrouw een stuk van een molensteen op hem van den muur, dat hij te Thebez stierf? Waarom zijt gij tot den muur genaderd? Dan zult gij zeggen: Uw knecht, Uria, de Hethiet, is ook dood.

²²En de bode ging heen, en kwam in, en gaf David te kennen alles, waar hem Joab om uitgezonden had.

²³En de bode zeide tot David: Die mannen zijn ons zeker te machtig geweest, en zijn tot ons uitgetogen in het veld; maar wij zijn

tegen hen aan geweest tot aan dedeur der poort.

²⁴Toen schoten de schutters van den muur af op uw knechten, dat er van des konings knechten dood gebleven zijn; en uw knecht, Uria, de Hethiet, is ook dood.

²⁵Toen zeide David tot den bode: Zo zult gij tot Joab zeggen: Laat deze zaak niet kwaad zijn in uw ogen, want het zwaard verteert zowel dezen als genen;versterk uw strijd tegen de stad, en verstoor ze; versterk hem alzo.

²⁶Als nu de huisvrouw van Uria hoorde, dat haar man Uria dood was, zo droeg zij leed over haar heer.

²⁷En als de rouw was overgegaan, zond David heen, en nam haar in zijn huis; en zij werd hem ter vrouwe, en baarde hem een zoon. Doch deze zaak, die Davidgedaan had, was kwaad in de ogen des HEEREN.

Hoofdstuk 12

¹En de HEERE zond Nathan tot David. Als die tot hem inkwam, zeide hij tot hem: Er waren twee mannen in een stad, de een rijk en de ander arm.

²De rijke had zeer veel schapen en runderen.

³Maar de arme had gans niet dan een enig klein ooilam, dat hij gekocht had, en had het gevoed, dat het groot geworden was bij hem, en bij zijn kinderentegelijk; het at van zijn bete, en dronk van zijn beker, en sliep in zijn schoot, en het was hem als een dochter.

⁴Toen nu den rijken man een wandelaar overkwam, verschoonde hij te nemen van zijn schapen en van zijn runderen, om voor den reizenden man, die tot hemgekomen was, wat te bereiden; en hij nam des armen mans ooilam, en bereidde dat voor den man, die tot hem gekomen was.

⁵Toen ontstak Davids toorn zeer tegen dien man; en hij zeide tot Nathan: Zo waarachtig als de HEERE leeft, de man, die dat gedaan heeft, is een kind desdoods!

⁶En dat ooilam zal hij viervoudig wedergeven, daarom dat hij deze zaak gedaan, en omdat hij niet verschoond heeft.

⁷Toen zeide Nathan tot David: Gij zijt die man! Zo zegt de HEERE, de God Israels: Ik heb u ten koning gezalfd over Israel, en Ik heb u uit Sauls hand gered;

⁸En Ik heb u uws heren huis gegeven, daartoe uws heren vrouwen in uw schoot, ja, Ik heb u het huis van Israel en Juda gegeven; en indien het weinig is, Ik zou ualzulks en alzulks daartoe doen.

⁹Waarom hebt gij dan het woord des HEEREN veracht, doende wat kwaad is in Zijn ogen? Gij hebt Uria, den Hethiet, met het zwaard verslagen, en zijnhuisvrouw hebt gij u ter vrouwe genomen; en hem hebt gij met het zwaard van de kinderen Ammons doodgeslagen.

¹⁰Nu dan, het zwaard zal van uw huis niet afwijken tot in eeuwigheid; daarom dat gij Mij veracht hebt, en de huisvrouw van Uria, den Hethiet, genomen hebt, datzij u ter vrouwe zij.

¹¹Zo zegt de HEERE: Zie, Ik zal kwaad over u verwekken uit uw huis, en zal uw vrouwen nemen voor uw ogen, en zal haar aan uw naaste geven; die zal bij uwvrouwen liggen, voor de ogen dezer zon.

¹²Want gij hebt het in het verborgen gedaan; maar Ik zal deze zaak doen voor gans Israel, en voor de zon.

¹³Toen zeide David tot Nathan: Ik heb gezondigd tegen den HEERE! En Nathan zeide tot David: De HEERE heeft ook uw zonde weggenomen, gij zult nietsterven.

¹⁴Nochtans, dewijl gij door deze zaak de vijanden des HEEREN grotelijks hebt doen lasteren, zal ook de zoon, die u geboren is, den dood sterven.

¹⁵Toen ging Nathan naar zijn huis. En de HEERE sloeg het kind, dat de huisvrouw van Uria David gebaard had, dat het zeer krank werd.

¹⁶En David zocht God voor dat jongsken; en David vastte een vasten, en ging in, en lag den nacht over op de aarde.

¹⁷Toen maakten zich de oudsten van zijn huis op tot hem, om hem te doen opstaan van de aarde; maar hij wilde niet, en at geen brood met hen.

¹⁸En het geschiedde op den zevenden dag, dat het kind stierf; en Davids knechten vreesden hem aan te zeggen, dat het kind dood was, want zij zeiden: Ziet, alshet kind nog levend was, spraken wij tot hem, maar hij hoorde naar onze stem niet, hoe zullen wij dan tot hem zeggen: Het kind is dood? Want het mochtkwaad doen.

¹⁹Maar David zag, dat zijn knechten mompelden; zo merkte David, dat het kind dood was. Dies zeide David tot zijn knechten: Is het kind dood? En zij zeiden:Het is dood.

²⁰Toen stond David op van de aarde, en wies en zalfde zich, en veranderde zijn kleding, en ging in het huis des HEEREN, en bad aan; daarna kwam hij in zijnhuis, en eiste brood; en zij zetten hem brood voor, en hij at.

²¹Zo zeiden zijn knechten tot hem: Wat is dit voor een ding, dat gij gedaan hebt? Om des levenden kinds wil hebt gij gevast en geweend; maar nadat het kindgestorven is, zijt gij opgestaan en hebt brood gegeten.

²²En hij zeide: Als het kind nog leefde, heb ik gevast en geweend; want ik zeide: Wie weet, de HEERE zou mij mogen genadig zijn, dat het kind levend bleve.

²³Maar nu is het dood, waarom zou ik nu vasten? Zal ik hem nog kunnen wederhalen? Ik zal wel tot hem gaan, maar hij zal tot mij niet wederkomen.

²⁴Daarna troostte David zijn huisvrouw Bathseba, en ging tot haar in, en lag bij haar; en zij baarde een zoon, wiens naam zij noemde Salomo; en de HEERE hadhem lief.

²⁵En zond heen door de hand van den profeet Nathan, en noemde zijn naam Jedid-Jah, om des HEEREN wil.

²⁶Joab nu krijgde tegen Rabba der kinderen Ammons; en hij nam de koninklijke stad in.

²⁷Toen zond Joab boden tot David, en zeide: Ik heb gekrijgd tegen Rabba, ook heb ik de waterstad ingenomen.

²⁸Zo verzamel gij nu het overige des volks, en beleger de stad, en neem ze in; opdat niet, zo ik de stad zou innemen, mijn naam over haar uitgeroepen worde.

²⁹Toen verzamelde David al dat volk, en toog naar Rabba; en hij krijgde tegen haar, en nam ze in.

³⁰En hij nam de kroon haars konings van zijn hoofd af, welker gewicht was een talent gouds, met edelgesteente, en zij werd op Davids hoofd gezet; ook voerdehij uit een zeer groten roof der stad.

³¹Het volk nu, dat daarin was, voerde hij uit, en legde het onder zagen, en onder ijzeren dorswagens, en onder ijzeren bijlen, en deed hen door den tichelovendoorgaan; en alzo deed hij aan alle steden der kinderen Ammons. Daarna keerde David, en al het volk, weder naar Jeruzalem.

Hoofdstuk 13

¹En het geschiedde daarna, alzo Absalom, Davids zoon, een schone zuster had, welker naam was Thamar, dat Amnon, Davids zoon, haar lief kreeg.

²En Amnon was benauwd tot krank wordens toe, om zijner zuster Thamars wil; want zij was een maagd, zodat het in Amnons ogen zwaar was, haar iets tedoen.

³Doch Amnon had een vriend, wiens naam was Jonadab, een zoon van Simea, Davids broeder; en Jonadab was een zeer wijs man.

⁴Die zeide tot hem: Waarom zijt gij van morgen tot morgen zo mager, gij koningszoon, zult gij het mij niet te kennen geven? Toen zeide Amnon tot hem: Ik hebThamar, de zuster van mijn broeder Absalom, lief.

⁵En Jonadab zeide tot hem: Leg u op uw leger, en maak u krank; als dan uw vader zal komen om u te zien, zo zult gij tot hem zeggen: Dat toch mijn zusterThamar kome, dat zij mij met brood spijzige, en de spijze voor mijn ogen toemake, opdat ik het aanzie, en van haar hand ete.

⁶Amnon dan legde zich, en maakte zich krank. Toen nu de koning kwam om hem te zien, zeide Amnon tot den koning: Dat toch mijn zuster Thamar kome, datzij twee koekjes voor mijn ogen toemake, en ik van haar hand ete.

⁷Toen zond David heen tot Thamar in het huis, zeggende: Ga toch heen in het huis van uw broeder Amnon, en maak hem een spijze.

⁸En Thamar ging heen in het huis van haar broeder Amnon, (hij nu was nederliggende), en zij nam deeg, en kneedde het, en maakte koekjes toe voor zijn ogen, en bakte de koekjes.

⁹En zij nam een pan, en goot ze uit voor zijn aangezicht; maar hij weigerde te eten. En Amnon zeide: Doet alle man van mij uitgaan. En alle man ging van hem uit.

¹⁰Toen zeide Amnon tot Thamar: Breng de spijze in de kamer, dat ik van uw hand ete; zo nam Thamar de koekjes, die zij gemaakt had, en bracht ze haarbroeder Amnon in de kamer.

¹¹Als zij ze nu tot hem nabij bracht, dat hij ate, zo greep hij haar, en zeide tot haar: Kom, lig bij mij, mijn zuster!

¹²Maar zij zeide tot hem: Niet, mijn broeder, verkracht mij niet, want alzo doet men niet in Israel; doe deze dwaasheid niet.

¹³Want ik, waarhenen zou ik mijn schande brengen? En gij, gij zoudt zijn als een der dwazen in Israel; zo spreek toch nu tot den koning, want hij zal mij van u nietonthouden.

¹⁴Doch hij wilde naar haar stem niet horen; maar sterker zijnde dan zij, zo verkrachtte hij haar, en lag bij haar.

¹⁵Daarna haatte haar Amnon met een zeer groten haat; want de haat, waarmede hij haar haatte, was groter dan de liefde, waarmede hij haar had liefgehad; enAmnon zeide tot haar: Maak u op, ga weg.

¹⁶Toen zeide zij tot hem: Er zijn geen oorzaken om mij uit te drijven; dit kwaad zou groter zijn dan het andere, dat gij bij mij gedaan hebt; maar hij wilde naar haar niet horen.

¹⁷En hij riep zijn jongen, die hem diende, en zeide: Drijf nu deze van mij uit naar buiten, en grendel de deur achter haar toe.

¹⁸Zij nu had een veelvervigen rok aan; want alzo werden des konings dochteren, die maagden waren, met mantels gekleed; en zijn dienaar bracht haar uit totbuiten, en grendelde de deur achter haar toe.

¹⁹En nam Thamar as op haar hoofd, en scheurde den veelvervigen rok, dien zij aanhad; en zij legde haar hand op haar hoofd, en ging vast henen en kreet.

²⁰En haar broeder Absalom zeide tot haar: Is uw broeder Amnon bij u geweest? Nu dan, mijn zuster, zwijg stil, hij is uw broeder; zet uw hart niet op deze zaak. Alzo bleef Thamar en was eenzaam in het huis van haar broeder Absalom.

²¹Als de koning David al deze dingen hoorde, zo ontstak hij zeer.

²²Doch Absalom sprak niet met Amnon, noch kwaad noch goed; maar Absalom haatte Amnon, ter oorzake dat hij zijn zuster Thamar verkracht had.

²³En het geschiedde, na twee volle jaren, dat Absalom, schaapscheerders had te Baal-Hazor, dat bij Efraim is; zo nodigde Absalom al des konings zonen.

²⁴En Absalom kwam tot den koning, en zeide: Zie, nu heeft uw knecht schaapscheerders; dat toch de koning en zijn knechten met uw knecht gaan.

²⁵Maar de koning zeide tot Absalom: Niet, mijn zoon, laat ons toch niet al te zamen gaan, opdat wij u niet bezwaarlijk zijn; en hij hield bij hem aan, doch hij wildeniet gaan, maar zegende hem.

²⁶Toen zeide Absalom: Zo niet, laat toch mijn broeder Amnon met ons gaan. Maar de koning zeide tot hem: Waarom zou hij met u gaan?

²⁷Als Absalom bij hem aanhield, zo liet hij Amnon en al des konings zonen met hem gaan.

²⁸Absalom nu gebood zijn jongens, zeggende: Let er nu op, als Amnons hart vrolijk is van den wijn, en ik tot ulieden zal zeggen: Slaat Amnon, dan zult gij hemdoden; vreest niet; is het niet, omdat ik het u geboden heb? Zijt sterk en weest dapper.

²⁹En Absaloms jongens deden aan Amnon, gelijk als Absalom geboden had. Toen stonden alle zonen des konings op, en reden een iegelijk op zijn muildier, en vloden.

³⁰En het geschiedde, als zij op den weg waren, dat het gerucht tot David kwam, dat men zeide: Absalom heeft al de zonen des konings geslagen, en er is niet eenvan hen overgelaten.

³¹Toen stond de koning op, en scheurde zijn kleêren, en legde zich neder ter aarde; desgelijks stonden al zijn knechten met gescheurde kleêren.

³²Maar Jonadab, de zoon van Simea, Davids broeder, antwoordde en zeide: Mijn heer zegge niet, dat zij al de jongelingen, des konings zonen, gedood hebben; maar Amnon alleen is dood; want bij Absalom is er op toegelegd, van den dag af, dat hij zijn zuster Thamar verkracht heeft.

³³Zo neme nu mijn heer de koning de zaak niet in zijn hart, denkende: al des konings zonen zijn dood; want Amnon alleen is dood.

³⁴Absalom nu vluchtte; en de jongen, die de wacht hield, hief zijn ogen op, en zag toe, en ziet, er kwam veel volks van den weg achter hem, aan de zijde van het gebergte.

³⁵Toen zeide Jonadab tot den koning: Zie, de zonen des konings komen; naar het woord uws knechts, alzo is het geschied.

³⁶En het geschiedde, als hij geëindigd had te spreken, ziet, zo kwamen de zonen des konings, en hieven hun stemmen op en weenden; en de koning ook en al zijn knechten weenden met een zeer groot geween.

³⁷(Absalom dan vluchtte, en toog tot Thalmai, den zoon van Ammihur, koning van Gesur.) En hij droeg rouw over zijn zoon, al die dagen.

³⁸Alzo vluchtte Absalom, en toog naar Gesur; en hij was aldaar drie jaren.

³⁹Toen verlangde de ziel van den koning David zeer om naar Absalom uit te trekken; want hij had zich getroost over Amnon, dat hij dood was.

Hoofdstuk 14

¹Als nu Joab, de zoon van Zeruja, merkte, dat des konings hart over Absalom was;

²Zo zond Joab heen naar Thekoa, en nam van daar een wijze vrouw; en hij zeide tot haar: Stel u toch, alsof gij rouw droegt, en trek nu rouwklederen aan, en zalf u niet met olie, en wees als een vrouw, die nu vele dagen rouw gedragen heeft over een dode;

³En ga in tot den koning, en spreek tot hem naar dit woord. En Joab legde de woorden in haar mond.

⁴En de Thekoietische vrouw zeide tot den koning, als zij op haar aangezicht ter aarde was gevallen, en zich nedergebogen had, zo zeide zij: Behoud, o koning!

⁵En de koning zeide tot haar: Wat is u? En zij zeide: Zekerlijk, ik ben een weduwvrouw, en mijn man is gestorven.

⁶Nu had uw dienstmaagd twee zonen, en deze beiden twistten in het veld, en er was geen scheider tussen hen; en de een sloeg den ander, en doodde hem.

⁷En zie, het ganse geslacht is opgestaan tegen uw dienstmaagd, en hebben gezegd: Geef dien hier, die zijn broeder geslagen heeft, dat wij hem voor de ziel zijns broeders, dien hij doodgeslagen heeft, doden, en ook den erfgenaam verdelgen; alzo zullen zij mijn kool, die overgebleven is, uitblussen, opdat zij mijn man geen naam noch overblijfsel laten op den aardbodem.

⁸Toen zeide de koning tot deze vrouw: Ga naar uw huis, en ik zal voor u gebieden.

⁹En de Thekoietische vrouw zeide tot den koning: Mijn heer koning, de ongerechtigheid zij op mij en op mijns vaders huis; de koning daarentegen, en zijn stoel, zij onschuldig.

¹⁰En de koning zeide: Spreekt iemand tegen u, zo breng hem tot mij; en hij zal u voortaan niet meer aantasten.

¹¹En zij zeide: De koning gedenke toch aan den HEERE, uw God, dat de bloedwrekers niet te vele worden om te verderven, dat zij mijn zoon niet verdelgen. Toen zeide hij: Zo waarachtig als de HEERE leeft, indien er een van de haren uws zoons op de aarde zal vallen!

¹²Toen zeide deze vrouw: Laat toch uw dienstmaagd een woord tot mijn heer den koning spreken. En hij zeide: Spreek.

¹³En de vrouw zeide: Waarom hebt gij dan alzulks tegen Gods volk gedaan? Want daaruit, dat de koning dit woord gesproken heeft, is hij als een schuldige, dewijl de koning zijn verstotene niet wederhaalt.

¹⁴Want wij zullen den dood sterven, en wezen als water, dat, ter aarde uitgestort zijnde, niet verzameld wordt. God dan zal de ziel niet wegnemen, maar Hij zal gedachten denken, dat Hij den verstotene niet van Zich verstote.

¹⁵Nu dan, dat ik gekomen ben, om ditzelve woord tot den koning, mijn heer, te spreken, is omdat het volk mij vreesachtig gemaakt heeft; zo zeide uw dienstmaagd: Ik zal nu tot den koning spreken; misschien zal de koning het woord zijner dienstmaagd doen.

¹⁶Want de koning zal horen, om zijn dienstmaagd te redden van de hand des mans, die voorheeft mij en mijn zoon te zamen van Gods erve te verdelgen.

¹⁷Wijders zeide uw dienstmaagd: Het woord mijns heren, des konings, zij toch tot rust; want gelijk een Engel Gods, alzo is mijn heer de koning, om te horen het goede en het kwade; en de HEERE, uw God, zal met u zijn.

¹⁸Toen antwoordde de koning, en zeide tot de vrouw: Verberg nu niet voor mij de zaak, die ik u vragen zal. En de vrouw zeide: Mijn heer de koning spreke toch.

¹⁹En de koning zeide: Is Joabs hand met u in dit alles? En de vrouw antwoordde en zeide: Zo waarachtig als uw ziel leeft, mijn heer koning, indien iemand terrechter- of ter linkerhand zou kunnen afwijken van alles, wat mijn heer de koning gesproken heeft; want uw knecht Joab heeft het mij geboden, en die heeft al deze woorden in den mond uwer dienstmaagd gelegd;

²⁰Dat ik de gestalte dezer zaak alzo omwenden zou, zulks heeft uw knecht Joab gedaan; doch mijn heer is wijs, naar de wijsheid van een Engel Gods, om te merken alles, wat op de aarde is.

²¹Toen zeide de koning tot Joab: Zie nu, ik heb deze zaak gedaan; zo ga henen, haal den jongeling Absalom weder.

²²Toen viel Joab op zijn aangezicht ter aarde, en boog zich, en dankte den koning; en Joab zeide: Heden heeft uw knecht gemerkt, dat ik genade gevonden heb in uw ogen, mijn heer koning! Omdat de koning het woord van zijn knecht gedaan heeft.

²³Alzo maakte zich Joab op, en toog naar Gesur; en hij bracht Absalom te Jeruzalem.

²⁴En de koning zeide: Dat hij in zijn huis kere, en mijn aangezicht niet zie. Alzo keerde Absalom in zijn huis, en zag des konings aangezicht niet.

²⁵Nu was er in gans Israel geen man zo schoon als Absalom, zeer te prijzen; van zijn voetzool af tot zijn hoofdschedel toe was er geen gebrek in hem.

²⁶En als hij zijn hoofd beschoor, (nu geschiedde het ten einde van elk jaar, dat hij het beschoor, omdat het hem te zwaar was, zo beschoor hij het), zo woog het haar zijns hoofds tweehonderd sikkelen, naar des konings gewicht.

²⁷Ook werden Absalom drie zonen geboren, en een dochter,

welker naam was Thamar; deze was een vrouw, schoon van aanzien.

²⁸Alzo bleef Absalom twee volle jaren te Jeruzalem, dat hij des konings aangezicht niet zag.

²⁹Daarom zond Absalom tot Joab, dat hij hem tot den koning zond; maar hij wilde niet tot hem komen. Zo zond hij nog ten anderen male; evenwel wilde hij nietkomen.

³⁰Zo zeide hij tot zijn knechten: Ziet, het stuk akkers van Joab is aan de zijde van het mijne, en hij heeft gerst daarop; gaat heen, en steekt het aan met vuur, enAbsaloms knechten staken dat stuk akkers aan met vuur.

³¹Toen maakte zich Joab op en kwam tot Absalom in het huis, en zeide tot hem: Waarom hebben uw knechten het stuk akkers, dat mijn is, met vuuraangestoken?

³²En Absalom zeide tot Joab: Zie, ik heb tot u gezonden, zeggende: Kom herwaarts, dat ik u tot den koning zende, om te zeggen: Waarom ben ik van Gesurgekomen? Het ware mij goed, dat ik nog daar ware; nu dan, laat mij het aangezicht des konings zien; is er dan nog een misdaad in mij, zo dode hij mij.

³³Toen ging Joab in tot den koning, en zeide het hem aan. Toen riep hij Absalom, en hij kwam tot den koning in, en boog zich voor hem op zijn aangezicht teraarde, voor des konings aangezicht; en de koning kuste Absalom.

Hoofdstuk 15

¹En het geschiedde daarna, dat Absalom zich liet bereiden wagenen en paarden, en vijftig mannen, lopende voor zijn aangezicht henen.

²Ook maakte zich Absalom des morgens vroeg op, en stond aan de zijde van den weg der poort. En het geschiedde, dat Absalom allen man, die een geschilhad, om tot den koning ten gerichte te komen, tot zich riep, en zeide: Uit welke stad zijt gij? Als hij dan zeide: Uw knecht is uit een der stammen Israels;

³Zo zeide Absalom tot hem: Zie, uw zaken zijn goed en recht; maar gij hebt geen verhoorder van des konings wege.

⁴Voorts zeide Absalom: Och, dat men mij ten rechter stelde in het land! Dat alle man tot mij kwame, die een geschil of rechtszaak heeft, dat ik hem recht sprake.

⁵Het geschiedde ook, als iemand naderde, om zich voor hem te buigen, zo reikte hij zijn hand uit, en greep hem, en kuste hem.

⁶En naar die wijze deed Absalom aan gans Israel, die tot den koning ten gerichte kwamen. Alzo stal Absalom het hart der mannen van Israel.

⁷Ten einde nu van veertig jaren is het geschied, dat Absalom tot den koning zeide: Laat mij toch heengaan, en mijn gelofte, die ik den HEERE beloofd heb, teHebron betalen.

⁸Want uw knecht heeft een gelofte beloofd, als ik te Gesur in Syrie woonde, zeggende: Indien de HEERE mij zekerlijk weder te Jeruzalem zal brengen, zo zal ikden HEERE dienen.

⁹Toen zeide de koning tot hem: Ga in vrede. Alzo maakte hij zich op, en ging naar Hebron.

¹⁰Absalom nu had verspieders uitgezonden in alle stammen van Israel, om te zeggen: Als gij het geluid der bazuin zult horen, zo zult gij zeggen: Absalom is koningte Hebron.

¹¹En er gingen met Absalom van Jeruzalem tweehonderd mannen, genodigd zijnde, doch gaande in hun eenvoudigheid, want zij wisten van geen zaak.

¹²Absalom zond ook om Achitofel, den Giloniet, Davids raad, uit zijn stad, uit Gilo te halen, als hij offeranden offerde. En de verbintenis werd sterk, en het volkkwam toe en vermeerderde bij Absalom.

¹³Toen kwam er een boodschapper tot David, zeggende: Het hart van een iegelijk in Israel volgt Absalom na.

¹⁴Zo zeide David tot al zijn knechten, die met hem te Jeruzalem waren: Maakt u op, en laat ons vlieden, want er zou voor ons geen ontkomen zijn voor Absaloms aangezicht; haast u, om weg te gaan, opdat hij niet misschien haaste, en ons achterhale, en een kwaad over ons drijve, en deze stad sla met de scherpte deszwaards.

¹⁵Toen zeiden de knechten des konings tot den koning: Naar alles, wat mijn heer de koning verkiezen zal, ziet, hier zijn uw knechten.

¹⁶En de koning ging uit met zijn ganse huis te voet; doch de koning liet tien bijwijven, om het huis te bewaren.

¹⁷Als nu de koning met al het volk te voet was uitgegaan, zo bleven zij staan in een verre plaats.

¹⁸En al zijn knechten gingen aan zijn zijde heen, ook al de Krethi en al de Plethi, en al de Gethieten, zeshonderd man, die van Gath te voet gekomen waren, gingenvoor des konings aangezicht heen.

¹⁹Zo zeide de koning tot Ithai, den Gethiet: Waarom zoudt gij ook met ons gaan? Keer weder, en blijf bij den koning; want gij zijt vreemd, en ook zult gij wedervertrekken naar uw plaats.

²⁰Gisteren zijt gij gekomen, en heden zou ik u met ons omvoeren om te gaan? Zo ik toch gaan moet, waarheen ik gaan kan, keer weder; en breng uw broederenwederom; weldadigheid en trouw zij met u.

²¹Maar Ithai antwoordde den koning, en zeide: Zo waarachtig als de HEERE leeft, en mijn heer de koning leeft, in de plaats, waar mijn heer de koning zal zijn, hetzij ten dode, hetzij ten leven, daar zal uw knecht voorzeker ook zijn!

²²Toen zeide David tot Ithai: Zo kom, en ga over. Alzo ging Ithai, de Gethiet, over, en al zijn mannen, en al de kinderen die met hem waren.

²³En het ganse land weende met luider stem, als al het volk overging; ook ging de koning over de beek Kidron, en al het volk ging over, recht naar den weg derwoestijn.

²⁴En ziet, Zadok was ook daar, en al de Levieten met hem, dragende de ark des verbonds van God, en zij zetten de ark Gods neder; en Abjathar klom op, totdat al het volk uit de stad geeindigd had over te gaan.

²⁵Toen zeide de koning tot Zadok: Breng de ark Gods weder in de stad; indien ik genade zal vinden in des HEEREN ogen, zo zal Hij mij wederhalen, en zal zemij laten zien, mitsgaders Zijn woning.

²⁶Maar indien Hij alzo zal zeggen: Ik heb geen lust tot u; zie, hier ben ik, Hij doe mij, zo als het in Zijn ogen goed is.

²⁷Voorts zeide de koning tot den priester Zadok: Zijt gij niet een ziener? Keer weder in de stad met vrede; ook ulieder beide zonen, Ahimaaz, uw zoon, enJonathan, Abjathars zoon, met u.

²⁸Zie, ik zal vertoeven in de vlakke velden der woestijn, totdat er een woord van ulieden kome, dat men mij aanzegge.

²⁹Alzo bracht Zadok, en Abjathar, de ark Gods weder te Jeruzalem, en zij bleven aldaar.

³⁰En David ging op door den opgang der olijven, opgaande en wenende, en het hoofd was hem bewonden; en hij zelf ging barrevoets; ook had al het volk, datmet hem was, een iegelijk zijn hoofd bedekt, en zij gingen op, opgaande en wenende.

³¹Toen gaf men David te kennen, zeggende: Achitofel is onder degenen, die zich met Absalom hebben verbonden. Dies zeide David: O, HEERE! maak tochAchitofels raad tot zotheid.

³²En het geschiedde, als David tot op de hoogte kwam, dat hij aldaar God aanbad; ziet, toen ontmoette hem Husai, de Archiet, hebbende zijn rok gescheurd, enaarde op zijn hoofd.

³³En David zeide tot hem: Zo gij met mij voortgaat, zo zult gij mij tot een last zijn;

³⁴Maar zo gij weder in de stad gaat, en tot Absalom zegt: Uw knecht, ik zal des konings zijn; ik ben wel uws vaders knecht van te voren geweest, maar nu zal ikuw knecht zijn; zo zoudt gij mij den raad van Achitofel te niet maken.

³⁵En zijn niet Zadok en Abjathar, de priesters, aldaar met u? Zo zal het geschieden, dat gij alle ding, dat gij uit des konings huis zult horen, den priesteren, Zadoken Abjathar, zult te kennen geven.

³⁶Ziet, hun beide zonen zijn aldaar bij hen, Ahimaaz, Zadoks, en Jonathan, Abjathars zoon; zo zult gijlieden door hun hand tot mij zenden alle ding, dat gij zulthoren.

³⁷Alzo kwam Husai, Davids vriend, in de stad; en Absalom kwam te Jeruzalem.

Hoofdstuk 16

¹Als nu David een weinig van de hoogte was voortgegaan, ziet, toen ontmoette hem Ziba, Mefiboseths jongen, met een paar gezadelde ezelen, en daaroptweehonderd broden, met honderd stukken rozijnen, en honderd stukken zomervruchten, en een lederen zak wijns.

²En de koning zeide tot Ziba: Wat zult gij daarmede? En Ziba zeide: De ezels zijn voor het huis des konings, om op te rijden en het brood en de zomervruchten, om te eten voor de jongens; en de wijn, opdat de moeden in de woestijn drinken.

³Toen zeide de koning: Waar is dan de zoon uws heren? En Ziba zeide tot den koning: Zie, hij blijft te Jeruzalem, want hij zeide: Heden zal mij het huis Israelsmijns vaders koninkrijk wedergeven.

⁴Zo zeide de koning tot Ziba: Zie, het zal het uwe zijn alles wat Mefiboseth heeft. En Ziba zeide: Ik buig mij neder, laat mij genade vinden in uw ogen, mijn heerkoning!

⁵Als nu de koning David tot aan Bahurim kwam, ziet, toen kwam van daar een man uit, van het geslacht van het huis van Saul, wiens naam was Simei, de zoonvan Gera; hij ging steeds voort, en vloekte.

⁶En hij wierp David met stenen, mitsgaders alle knechten van den koning David, hoewel al het volk en al de helden aan zijn rechter- en aan zijn linkerhand waren.

⁷Aldus nu zeide Simei in zijn vloeken: Ga uit, ga uit, gij, man des

bloeds, en gij, Belials man!

⁸De HEERE heeft op u doen wederkomen al het bloed van Sauls huis, in wiens plaats gij geregeerd hebt; nu heeft de HEERE het koninkrijk gegeven in de handvan Absalom, uw zoon; zie nu, gij zijt in uw ongeluk, omdat gij een man des bloeds zijt.

⁹Toen zeide Abisai, de zoon van Zeruja, tot den koning: Waarom zou deze dode hond mijn heer den koning vloeken? Laat mij toch overgaan en zijn kopwegnemen.

¹⁰Maar de koning zeide: Wat heb ik met u te doen, gij zonen van Zeruja? Ja, laat hem vloeken; want de HEERE toch heeft tot hem gezegd: Vloek David; wie zoudan zeggen: Waarom hebt gij alzo gedaan?

¹¹Voorts zeide David tot Abisai en tot al zijn knechten: Ziet, mijn zoon, die van mijn lijf is voortgekomen, zoekt mijn ziel; hoeveel te meer dan nu deze zoon vanJemini? Laat hem geworden, dat hij vloeke, want de HEERE heeft het hem gezegd.

¹²Misschien zal de HEERE mijn ellende aanzien; en de HEERE zal mij goed vergelden voor zijn vloek, te dezen dage.

¹³Alzo ging David met zijn lieden op des weg; en Simei ging al voort langs de zijde des bergs tegen hem over, en vloekte, en wierp met stenen van tegenover hem, en stoof met stof.

¹⁴En de koning kwam in, en al het volk, dat met hem was, moede zijnde; en hij verkwikte zich aldaar.

¹⁵Absalom nu en al het volk, de mannen van Israel, kwamen te Jeruzalem, en Achitofel met hem.

¹⁶En het geschiedde, als Husai, de Archiet, Davids vriend, tot Absalom kwam, dat Husai tot Absalom zeide: De koning leve, de koning leve!

¹⁷Maar Absalom zeide tot Husai: Is dit uw weldadigheid aan uw vriend? Waarom zijt gij niet met uw vriend getogen?

¹⁸En Husai zeide tot Absalom: Neen, maar welken de HEERE verkiest, en al dit volk, en alle mannen van Israel, diens zal ik zijn, en bij hem zal ik blijven.

¹⁹En ten andere, wien zou ik dienen? Zou het niet zijn voor het aangezicht zijns zoons? Gelijk als ik voor het aangezicht uws vaders gediend heb, alzo zal ik vooruw aangezicht zijn.

²⁰Toen zeide Absalom tot Achitofel: Geeft onder ulieden raad, wat zullen wij doen?

²¹En Achitofel zeide tot Absalom: Ga in tot de bijwijven uws vaders, die hij gelaten heeft om het huis te bewaren; zo zal gans Israel horen, dat gij bij uw vaderstinkende zijt geworden, en de handen van allen, die met u zijn, zullen gesterkt worden.

²²Zo spanden zij Absalom een tent op het dak; en Absalom ging in tot de bijwijven zijns vaders, voor de ogen van het ganse Israel.

²³En in die dagen was Achitofels raad, dien hij raadde, als of men naar Gods woord gevraagd had; alzo was alle raad van Achitofel, zo bij David als bij Absalom

Hoofdstuk 17

¹Voorts zeide Achitofel tot Absalom: Laat mij nu twaalf duizend mannen uitlezen, dat ik mij opmake en David dezen nacht achterna jage.

²Zo zal ik over hem komen, daar hij moede en slap van handen is, en zal hem verschrikken, en al het volk, dat met hem is, zal vluchten; dan zal ik den koningalleen slaan.

³En ik zal al het volk tot u doen wederkeren; de man, dien gij zoekt, is gelijk het wederkeren van allen; zo zal al het volk in vrede zijn.

⁴Dit woord nu was recht in Absaloms ogen, en in de ogen van alle oudsten Israels.

⁵Doch Absalom zeide: Roep toch ook Husai, den Archiet, en laat ons horen, wat hij ook zegt.

⁶En als Husai tot Absalom inkwam, zo sprak Absalom tot hem, zeggende: Aldus heeft Achitofel gesproken; zullen wij zijn woord doen? Zo niet, spreek gij.

⁷Toen zeide Husai tot Absalom: De raad, dien Achitofel op ditmaal geraden heeft, is niet goed.

⁸Wijders zeide Husai: Gij kent uw vader en zijn mannen, dat zij helden zijn, dat zij bitter van gemoed zijn, als een beer, die van de jongen beroofd is in het veld;daartoe is uw vader een krijgsman, en zal niet vernachten met het volk.

⁹Zie, nu heeft hij zich verstoken in een der holen, of in een der plaatsen. En het zal geschieden, als er in het eerst sommigen onder hen vallen, dat een ieder, diehet zal horen, alsdan zal zeggen: Er is een slag geschied onder het volk, dat Absalom navolgt.

¹⁰Zo zou hij, die ook een dapper man is, wiens hart is als een leeuwenhart, te enen male smelten; want gans Israel weet, dat uw vader een held is, en het dapperemannen zijn, die met hem zijn.

¹¹Maar ik rade, dat in alle haast tot u verzameld worde gans Israel, van Dan tot Ber-seba toe, als zand, dat aan de zee is, in menigte; en dat uw persoon medegain den strijd.

¹²Dan zullen wij tot hem komen, in een der plaatsen, waar hij gevonden wordt, en hem gemakkelijk overvallen, gelijk als de dauw op den aardbodem valt; en erzal van hem, en van al de mannen, die met hem zijn, ook niet een worden overgelaten.

¹³En indien hij zich in een stad zal begeven, zo zal gans Israel koorden tot dezelve stad aandragen, en wij zullen ze tot in de beek nedertrekken, totdat ook nieteen steentje aldaar gevonden worde.

¹⁴Toen zeide Absalom, en alle man van Israel: De raad van Husai, den Archiet, is beter dan Achitofels raad. Doch de HEERE had het geboden, om den goedenraad van Achitofel te vernietigen, opdat de HEERE het kwaad over Absalom bracht.

¹⁵En Husai zeide tot Zadok en tot Abjathar, de priesters: Alzo en alzo heeft Achitofel Absalom en den oudsten van Israel geraden, maar alzo en alzo heb ikgeraden.

¹⁶Nu dan, zendt haastelijk henen, en boodschapt David, zeggende: Vernacht dezen nacht niet in de vlakke velden der woestijn, en ook ga spoedig over; opdat dekoning niet verslonden worde, en al het volk, dat met hem is.

¹⁷Jonathan nu en Ahimaaz stonden bij de fontein Rogel; en een dienstmaagd ging henen en zeide het hun aan; en zij gingen henen en zeiden het den koning Davidaan; want zij mochten zich niet zien laten, dat zij in de stad kwamen.

¹⁸Een jongen dan nog zag hen, en zeide het Absalom aan; doch die beiden gingen haastelijk, en kwamen in eens mans huis te Bahurim, dewelke een put had inzijn voorhof, en zij daalden daarin.

¹⁹En de vrouw nam en spreidde een deksel over het opene van den put, en strooide gort daarop. Alzo werd de zaak niet bekend.

²⁰Toen nu Absaloms knechten tot de vrouw in het huis kwamen, zeiden zij: Waar zijn Ahimaaz en Jonathan? En de vrouw zeide tot hen: Zij zijn over datwaterriviertje gegaan. En toen zij hen gezocht en niet gevonden hadden, keerden zij weder naar Jeruzalem.

²¹En het geschiedde, nadat zij weggegaan waren, zo klommen zij uit den put, en gingen henen en boodschapten het den koning David; en zij zeiden tot David:Maakt ulieden op, en gaat haastelijk over het water, want alzo heeft Achitofel tegen ulieden geraden.

²²Toen maakte zich David op, en al het volk, dat met hem was; en zij gingen over de Jordaan. Aan het morgenlicht ontbrak er niet tot een toe, die niet over deJordaan gegaan was.

²³Als nu Achitofel zag, dat zijn raad niet gedaan was, zadelde hij den ezel, en maakte zich op, en toog naar zijn huis in zijn stad, en gaf bevel aan zijn huis, enverhing zich. Alzo stierf hij, en werd begraven in zijns vaders graf.

²⁴David nu kwam te Mahanaim, en Absalom toog over de Jordaan, hij en alle mannen van Israel met hem.

²⁵En Absalom had Amasa in Joabs plaats gesteld over het heir. Amasa nu was eens mans zoon, wiens naam was Jethra, de Israeliet, die ingegaan was tot Abigail, dochter van Nahas, zuster van Zeruja, Joabs moeder.

²⁶Israel nu en Absalom legerden zich in het land van Gilead.

²⁷En het geschiedde, als David te Mahanaim gekomen was, dat Sobi, de zoon van Nahas, van Rabba der kinderen Ammons, en Machir, de zoon van Ammiel, van Lodebar, en Barzillai, de Gileadiet, van Rogelim,

²⁸Beddewerk, en schalen, en aarden vaten, en tarwe, en gerst, en meel, en geroost koren, en bonen, en linzen, ook geroost,

²⁹En honig, en boter, en schapen, en koeienkazen, brachten tot David, en tot het volk, dat met hem was, om te eten, want zij zeiden: Dit volk is hongerig, enmoede, en dorstig in de woestijn.

Hoofdstuk 18

¹En David monsterde het volk, dat met hem was; en hij stelde over hen oversten van duizenden, en oversten van honderden.

²Voorts zond David het volk uit, een derde deel onder de hand van Joab, en een derde deel onder de hand van Abisai, den zoon van Zeruja, Joabs broeder, eneen derde deel onder de hand van Ithai, den Gethiet. En de koning zeide tot het volk: Ik zal ook zelf zekerlijk met ulieden uittrekken.

³Maar het volk zeide: Gij zult niet uittrekken; want of wij te enen male vloden, zij zullen het hart op ons niet stellen; ja, of de helft van ons stierf, zij zullen het hartop ons niet stellen; maar gij zijt nu als tien duizend onzer. Zo zal het nu beter zijn, dat gij ons uit de stad ter hulpe zijt.

⁴Toen zeide de koning tot hen: Ik zal doen, wat goed is in uw ogen. De koning nu stond aan de zijde van de poort, en al het volk trok uit bij honderden en bijduizenden.

⁵En de koning gebood Joab, en Abisai, en Ithai, zeggende: Handelt mij zachtkens met den jongeling, met Absalom. En al het volk hoorde het, als de koning aanal de oversten van Absaloms zaak gebood.

⁶Alzo toog het volk uit in het veld, Israel tegemoet, en de strijd geschiedde bij Efraims woud.

⁷En het volk van Israel werd aldaar voor het aangezicht van Davids knechten geslagen; en aldaar geschiedde te dienzelven dage een grote slag, van twintigduizend.

⁸Want de strijd werd aldaar verspreid over al dat land. En het woud verteerde meer van het volk, dan die het zwaard verteerde, te denzelven dage.

⁹Absalom nu ontmoette voor het aangezicht der knechten Davids; en Absalom reed op een muildier; en als het muildier kwam onder de dichte takken van eengroten eik, zo werd zijn hoofd vast aan den eik, dat hij hangen bleef tussen den hemel en tussen de aarde, en het muildier, dat onder hem was, ging door.

¹⁰Als dat een man zag, zo gaf hij het Joab te kennen, en zeide: Zie, ik heb Absalom zien hangen aan een eik.

¹¹Toen zeide Joab tot den man, die het hem te kennen gaf: Zie toch, gij hebt het gezien, waarom dan hebt gij hem niet aldaar ter aarde geslagen, alzo het aan mijstond om u tien zilverlingen en een gordel te geven?

¹²Maar die man zeide tot Joab: En of ik al duizend zilverlingen op mijn handen mocht wegen, zo zou ik mijn hand aan des konings zoon niet slaan; want de koningheeft u, en Abisai, en Ithai, voor onze oren geboden, zeggende: Hoedt u, wie gij zijt, van den jongeling, van Absalom.

¹³Of ik al valselijk tegen mijn ziel handelde, zo zou toch geen ding voor den koning verborgen worden; ook gij zelf zoudt er u van tegenover stellen.

¹⁴Toen zeide Joab: Ik zal hier bij u alzo niet vertoeven; en hij nam drie pijlen, en stak ze in Absaloms hart, daar hij nog levend was in het midden van den eik.

¹⁵En tien jongens, wapendragers van Joab, omringden hem, en zij sloegen Absalom, en doodden hem.

¹⁶Toen blies Joab met de bazuin, en al het volk keerde af van Israel achterna te jagen, want Joab hield het volk terug.

¹⁷En zij namen Absalom, en wierpen hem in het woud, in een groten kuil, en stelden op hem een zeer groten steenhoop; en gans Israel vluchtte, een iegelijk naarzijn tent.

¹⁸Absalom nu had genomen, en in zijn leven voor zich opgericht een pilaar, die in het koningsdal is; want hij zeide: Ik heb geen zoon, om aan mijn naam te doengedenken; en hij had dien pilaar genoemd naar zijn naam; daarom wordt hij tot op dezen dag genoemd: Absaloms hand.

¹⁹Toen zeide Ahimaaz, Zadoks zoon: Laat mij toch heenlopen, en den koning boodschappen, dat de HEERE hem recht gedaan heeft van de hand zijner vijanden.

²⁰Maar Joab zeide tot hem: Gij zult dezen dag geen boodschapper zijn, maar op een anderen dag zult gij boodschappen; dezen dag nu zult gij niet boodschappen, daarom dat des konings zoon dood is.

²¹En Joab zeide tot Cuschi: Ga heen, en zeg den koning aan, wat gij gezien hebt; en Cuschi boog zich voor Joab, en liep heen.

²²Doch Ahimaaz, Zadoks zoon, voer nog voort en zeide tot Joab: Wat het ook zij, laat mij toch ook Cuschi achterna lopen. En Joab zeide: Waarom zoudt gij nuheenlopen, mijn zoon! Zo gij toch geen bekwame boodschap hebt?

²³Wat het ook zij, zeide hij, laat mij heenlopen; zo zeide hij tot hem: Loop heen. En Ahimaaz liep den weg van het effen veld, en kwam Cuschi voorbij.

²⁴David nu zat tussen de twee poorten; en de wachter ging op het dak der poort aan den muur, en hief zijn ogen op, en zag, en ziet, er liep een man alleen.

²⁵Zo riep de wachter, en zeide het den koning aan; en de koning zeide: Indien hij alleen is, zo is er een boodschap in zijn mond; en hij ging al voort en naderde.

²⁶Toen zag de wachter een anderen man lopende, en de wachter riep tot den poortier en zeide: Zie, er loopt nog een man alleen. Toen zeide de koning: Die isook een boodschapper.

²⁷Voorts zeide de wachter: Ik zie den loop des eersten aan, als den loop van Ahimaaz, Zadoks zoon. Toen zeide de koning: Dat is een goed man, en hij zal meteen goede boodschap komen.

²⁸Ahimaaz dan riep en zeide tot den koning Vrede! En hij boog zich voor den koning met het aangezicht ter aarde, en hij zeide: Geloofd zij de HEERE, uw God,Die de mannen, dewelke hun hand tegen mijn heer den koning ophieven, heeft overgegeven.

²⁹Toen zeide de koning: Is het wel met den jongeling, met Absalom? En Ahimaaz zeide: Ik zag een groot rumoer, als Joab, den knecht des konings, en mij uwknecht afzond, maar ik weet niet wat.

³⁰En de koning zeide: Ga om, stel u hier; zo ging hij om, en bleef staan.

³¹En ziet, Cuschi kwam aan; en Cuschi zeide: Mijn heer den koning wordt geboodschapt, dat u de HEERE heden heeft recht gedaan van de hand van al degenen, die tegen u opstonden.

³²Toen zeide de koning tot Cuschi: Is het wel met den jongeling, met Absalom? En Cuschi zeide: De vijanden van mijn heer den koning, en allen, die tegen u tenkwade opstaan, moeten worden als die jongeling.

³³Toen werd de koning zeer beroerd, en ging op naar de opperzaal der poort, en weende; en in zijn gaan zeide hij alzo: Mijn zoon Absalom, mijn zoon, mijn zoonAbsalom! Och, dat ik, ik voor u gestorven ware, Absalom, mijn zoon, mijn zoon!

Hoofdstuk 19

¹En Joab werd aangezegd: Zie, de koning weent, en bedrijft rouw over Absalom.

²Toen werd de verlossing te dienzelven dage het ganse volk tot rouw; want het volk had te dienzelven dage horen zeggen: Het smart den koning over zijn zoon.

³En het volk kwam te dienzelven dage steelsgewijze in de stad, gelijk als het volk zich wegsteelt, dat beschaamd is, wanneer zij in den strijd gevloden zijn.

⁴De koning nu had zijn aangezicht toegewonden, en de koning riep met luider stem: Mijn zoon Absalom, Absalom, mijn zoon, mijn zoon!

⁵Toen kwam Joab tot den koning in het huis, en zeide: Gij hebt heden beschaamd het aangezicht van al uw knechten, die uw ziel, en de ziel uwer zonen en uwerdochteren, en de ziel uwer vrouwen, en de ziel uwer bijwijven heden hebben bevrijd;

⁶Liefhebbende die u haten, en hatende die u liefhebben; want gij geeft heden te kennen, dat oversten en knechten bij u niets zijn; want ik merk heden, dat zoAbsalom leefde, en wij heden allen dood waren, dat het alsdan recht zou zijn in uw ogen.

⁷Zo sta nu op, ga uit, en spreek naar het hart uwer knechten; want ik zweer bij den HEERE, als gij niet uitgaat, zo er een man dezen nacht bij u zal vernachten!En dit zal u kwader zijn, dan al het kwaad, dat over u gekomen is van uw jeugd af tot nu toe.

⁸Toen stond de koning op, en zette zich in de poort. En zij lieten al het volk weten, zeggende: Ziet, de koning zit in de poort. Toen kwam al het volk voor deskonings aangezicht, maar Israel was gevloden, een iegelijk naar zijn tenten.

⁹En al het volk, in alle stammen van Israel, was onder zich twistende, zeggende: De koning heeft ons gered van de hand onzer vijanden en hij heeft ons bevrijdvan de hand der Filistijnen, en nu is hij uit het land gevlucht voor Absalom;

¹⁰En Absalom, dien wij over ons gezalfd hadden, is in den strijd gestorven; nu dan, waarom zwijgt gijlieden van den koning weder te halen?

¹¹Toen zond de koning David tot Zadok en tot Abjathar, de priesteren, zeggende: Spreekt tot de oudsten van Juda, zeggende: Waarom zoudt gijlieden delaatsten zijn, om den koning weder te halen in zijn huis? (Want de rede van het ganse Israel was tot den koning gekomen in zijn huis.)

¹²Gij zijt mijn broederen; mijn been en mijn vlees zijt gij; waarom zoudt gij dan de laatsten zijn, om den koning weder te halen?

¹³En tot Amasa zult gijlieden zeggen: Zijt gij niet mijn been en mijn vlees? God doe mij zo, en doe er zo toe, zo gij niet krijgsoverste zult zijn voor mijn aangezicht, te allen dage, in Joabs plaats.

¹⁴Alzo neigde hij het hart aller mannen van Juda, als van een enigen man; en zij zonden henen tot den koning, zeggende: Keer weder, gij en al uw knechten.

¹⁵Toen keerde de koning weder, en kwam tot aan de Jordaan; en Juda kwam te Gilgal, om den koning tegemoet te gaan, dat zij den koning over de Jordaanvoerden.

¹⁶En Simei, de zoon van Gera, een zoon van Jemini, die van Bahurim was, haastte zich, en kwam af met de mannen van Juda, den koning David tegemoet;

¹⁷En duizend man van Benjamin met hem; ook Ziba, de knecht van Sauls huis, en zijn vijftien zonen en zijn twintig knechten met hem; en zij togen vaardiglijk overde Jordaan, voor den koning.

¹⁸Als nu de pont overvoer, om het huis des konings over te halen, en te doen, wat goed was in zijn ogen, zo viel Simei, de zoon van Gera, neder voor hetaangezicht des konings, als hij over de Jordaan voer;

¹⁹En hij zeide tot den koning: Mijn heer rekene mij niet toe de misdaad, en gedenke niet, wat uw knecht verkeerdelijk gedaan heeft, te dien dage, als mijn heer dekoning uit Jeruzalem uitging, dat het de

2 Samuël

koning zich ter harte zoude nemen.

²⁰Want uw knecht weet het zekerlijk, ik heb gezondigd; doch zie, ik ben heden gekomen, de eerste van het ganse huis van Jozef, om mijn heer den koningtegemoet af te komen.

²¹Toen antwoordde Abisai, de zoon van Zeruja, en zeide: Zou dan Simei hiervoor niet gedood worden? Zo hij toch den gezalfde des HEEREN gevloekt heeft.

²²Maar David zeide: Wat heb ik met ulieden te doen, gij zonen van Zeruja! Dat gij mij heden ten satan zoudt zijn? Zou heden iemand gedood worden in Israël? Want weet ik niet, dat ik heden koning geworden ben over Israël?

²³En de koning zeide tot Simei: Gij zult niet sterven. En de koning zwoer hem.

²⁴Mefiboseth, Sauls zoon, kwam ook af den koning tegemoet; en hij had zijn voeten niet schoongemaakt, noch zijn knevelbaard beschoren, noch zijn klederengewassen, van dien dag af, dat de koning was weggegaan, tot dien dag toe, dat hij met vrede wederkwam.

²⁵En het geschiedde, als hij te Jeruzalem den koning tegemoet kwam, dat de koning tot hem zeide: Waarom zijt gij niet met mij getogen, Mefiboseth?

²⁶En hij zeide: Mijn heer koning, mijn knecht heeft mij bedrogen; want uw knecht zeide: Ik zal mij een ezel zadelen, en daarop rijden, en tot den koning trekken, want uw knecht is kreupel.

²⁷Daartoe heeft hij uw knecht bij mijn heer den koning valselijk aangedragen; doch mijn heer de koning is als een engel Gods; doe dan, wat goed is in uw ogen.

²⁸Want al mijns vaders huis is niet geweest, dan maar lieden des doods voor mijn heer den koning; nochtans hebt gij uw knecht gezet onder degenen, die aan uwtafel eten; wat heb ik dan meer voor gerechtigheid, en meer te roepen aan den koning?

²⁹Toen zeide de koning tot hem: Waarom spreekt gij meer van uw zaken? Ik heb gezegd: Gij en Ziba, deelt het land.

³⁰En Mefiboseth zeide tot den koning: Hij neme het ook gans weg, naardien mijn heer de koning met vrede in zijn huis is gekomen.

³¹Barzillai, de Gileadiet, kwam ook af van Rogelim; en hij toog met den koning over de Jordaan, om hem over de Jordaan te geleiden.

³²Barzillai nu was zeer oud, een man van tachtig jaren; en hij had den koning onderhouden, toen hij te Mahanaim zijn verblijf had; want hij was een zeer grootman.

³³En de koning zeide tot Barzillai: Trekt gij met mij over, en ik zal u bij mij te Jeruzalem onderhouden.

³⁴Maar Barzillai zeide tot den koning: Hoe veel zullen de dagen der jaren mijns levens zijn, dat ik met den koning zou optrekken naar Jeruzalem?

³⁵Ik ben heden tachtig jaren oud; zou ik kunnen onderscheiden tussen goed en kwaad? Zou uw knecht kunnen smaken, wat ik eet en wat ik drink? Zoude ikmeer kunnen horen naar de stem der zangers en zangeressen? En waarom zou uw knecht mijn heer den koning verder tot een last zijn?

³⁶Uw knecht zal maar een weinig met den koning over de Jordaan gaan; waarom toch zou mij de koning zulk een vergelding doen?

³⁷Laat toch uw knecht wederkeren, dat ik sterve in mijn stad, bij het graf mijns vaders en mijner moeder; maar zie, daar is uw knecht Chimham, laat dien met mijnheer den koning overtrekken, en doe hem, wat goed is in uw ogen.

³⁸Toen zeide de koning: Chimham zal met mij overtrekken, en ik zal hem doen, wat goed is in uw ogen; ja, alles, wat gij op mij begeren zult, zal ik u doen.

³⁹Toen nu al het volk over de Jordaan gegaan was, en de koning ook was overgegaan, kuste de koning Barzillai, en zegende hem; alzo keerde hij weder naar zijnplaats.

⁴⁰En de koning toog voort naar Gilgal, en Chimham toog met hem voort; en al het volk van Juda had den koning overgevoerd, als ook een gedeelte van het volkIsraels.

⁴¹En ziet, alle mannen van Israel kwamen tot den koning; en zij zeiden tot den koning: Waarom hebben u onze broeders, de mannen van Juda, gestolen, enhebben den koning en zijn huis over de Jordaan gevoerd, en alle mannen Davids met hem?

⁴²Toen antwoordden alle mannen van Juda tegen de mannen van Israel: Omdat de koning ons na verwant is; en waarom zijt gij nu toornig over deze zaak?Hebben wij dan enigszins gegeten van des konings kost, of heeft hij ons een geschenk geschonken?

⁴³En de mannen van Israel antwoordden den mannen van Juda, en zeiden: Wij hebben tien delen aan den koning, en ook aan David, wij, meer dan gij; waaromhebt gij ons dan gering geacht, dat ons woord niet het eerste geweest is, om onzen koning weder te halen? Maar het woord der mannen van Juda was harderdan het woord der mannen van Israel.

Hoofdstuk 20

¹Toen was daar bij geval een Belials man, wiens naam was Seba, een zoon van Bichri, een man van Jemini; die blies met de bazuin, en zeide: Wij hebben geendeel aan David, en wij hebben geen erfenis aan den zoon van Isai, een iegelijk naar zijn tenten, o Israel!

²Toen toog alle man van Israel op van achter David, Seba, den zoon van Bichri, achterna; maar de mannen van Juda kleefden hun koning aan, van de Jordaan aftot aan Jeruzalem.

³Toen nu David in zijn huis te Jeruzalem kwam, nam de koning de tien vrouwen, zijn bijwijven, die hij gelaten had, om het huis te bewaren, en deed ze in eenhuis van bewaring, en onderhield ze, maar ging tot haar niet in. En zij waren opgesloten tot op den dag van haarlieder dood, levende als weduwen.

⁴Voorts zeide de koning tot Amasa: Roep mij de mannen van Juda te zamen, tegen den derden dag; en gij, stel u dan hier.

⁵En Amasa ging heen, om Juda bijeen te roepen; maar hij bleef achter, boven den gezetten tijd, dien hij hem gezet had.

⁶Toen zeide David tot Abisai: Nu zal ons Seba, de zoon van Bichri, meer kwaads doen, dan Absalom; neem gij de knechten uws heren, en jaag hem achterna, opdat hij niet misschien vaste steden voor zich vinde, en zich aan onze ogen onttrekke.

⁷Toen togen uit, hem achterna, de mannen van Joab, en de Krethi, en de Plethi, en al de helden. Dezen togen uit van Jeruzalem, om Seba, den zoon van Bichri, achterna te jagen.

⁸Als zij nu waren bij den groten steen, die bij Gibeon is, zo kwam Amasa voor hun aangezicht. En Joab was omgord over zijn kleed, dat hij aan had, en daaropwas een gordel, daar het zwaard aan vastgemaakt was op zijn lenden in zijn schede; en als hij voortging, zo viel het uit.

⁹En Joab zeide tot Amasa: Is het wel met u, mijn broeder? En Joab vatte met de rechterhand den baard van Amasa, om hem te kussen.

¹⁰En Amasa hoedde zich niet voor het zwaard, dat in Joabs hand was; zo sloeg hij hem daarmede aan de vijfde rib, en hij stortte zijn ingewand ter aarde uit, en hijsloeg hem niet ten tweeden male, en hij stierf. Toen jaagden Joab en zijn broeder Abisai, Seba, den zoon van Bichri, achterna.

¹¹Maar een man, van Joabs jongens, bleef bij hem staan, en hij zeide: Wie is er, die lust heeft aan Joab, en wie is er, die voor David is, die volge Joab na!

¹²Amasa nu lag in het bloed gewenteld, midden op de straat. Als die man zag, dat al het volk staan bleef, zo deed hij Amasa weg van de straat in het veld, enwierp een kleed op hem, dewijl hij zag, dat al wie bij hem kwam, bleef staan.

¹³Toen hij nu van de straat weggenomen was, toog alle man voort, Joab na, om Seba, den zoon van Bichri, achterna te jagen.

¹⁴En hij toog heen door alle stammen van Israel, naar Abel, te weten, Beth-Maacha, en het ganse Berim; en zij verzamelden zich, en kwamen hem ook na.

¹⁵En zij kwamen en belegerden hem in Abel Beth-Maacha, en zij wierpen een wal op tegen de stad, dat hij aan den buitenmuur stond; en al het volk, dat metJoab was, verdorven den muur, om dien neder te vellen.

¹⁶Toen riep een wijze vrouw uit de stad: Hoort, hoort, zegt toch tot Joab: Nader tot hiertoe, dat ik tot u spreke.

¹⁷Toen hij nu tot haar naderde, zeide de vrouw: Zijt gij Joab? En hij zeide: Ik ben het; en zij zeide tot hem: Hoor de woorden uwer dienstmaagd; en hij zeide: Ikhoor.

¹⁸Toen sprak zij, zeggende: In voortijden spraken zij gemeenlijk, zeggende: Zij zullen zonder twijfel te Abel vragen; en alzo volbrachten zij het.

¹⁹Ik ben een van de vreedzamen, van de getrouwen in Israel, en gij zoekt te doden een stad, die een moeder is in Israel; waarom zoudt gij het erfdeel desHEEREN verslinden?

²⁰Toen antwoordde Joab, en zeide: Het zij verre, het zij verre van mij, dat ik zou verslinden, en dat ik zou verderven.

²¹De zaak is niet alzo; maar een man van het gebergte van Efraim, wiens naam is Seba, de zoon van Bichri, heeft zijn hand opgeheven tegen den koning, tegenDavid; lever hem alleen, zo zal ik van deze stad aftrekken. Toen zeide de vrouw tot Joab: Zie, zijn hoofd zal tot u over den muur geworpen worden.

²²En de vrouw kwam in tot al het volk, met haar wijsheid; en zij hieuwen Seba, den zoon van Bichri, het hoofd af, en wierpen het tot Joab. Toen blies hij met debazuin, en zij verstrooiden zich van de stad, een iegelijk naar zijn tenten; en Joab keerde weder naar Jeruzalem tot den koning.

²³Joab nu was over het ganse heir van Israel; en Benaja, de zoon van Jojada, over de Krethi en over de Plethi;

²⁴En Adoram was over de schatting; en Josafat, de zoon van

Ahilud, was kanselier;

²⁵En Seja was schrijver; en Zadok en Abjathar waren priesters.

²⁶En ook was Ira, de Jairiet, Davids opperofficier.

Hoofdstuk 21

¹En er was in Davids dagen een honger, drie jaren, jaar achter jaar; en David zocht het aangezicht des HEEREN. En de HEERE zeide: Het is om Saul en omdes bloedhuizes wil, omdat hij de Gibeonieten gedood heeft.

²Toen riep de koning de Gibeonieten, en zeide tot hen: (De Gibeonieten nu waren niet van de kinderen Israels, maar van het overblijfsel der Amorieten; en dekinderen Israels hadden hun gezworen, maar Saul zocht hen te slaan in zijn ijver voor de kinderen van Israel en Juda.)

³David dan zeide tot de Gibeonieten: Wat zal ik ulieden doen, en waarmede zal ik verzoenen, dat gij het erfdeel des HEEREN zegent?

⁴Toen zeiden de Gibeonieten tot hem: Het is ons niet te doen om zilver en goud met Saul en met zijn huis; ook is het ons niet om iemand te doden in Israel. En hijzeide: Wat zegt gij dan, dat ik u doen zal?

⁵En zij zeiden tot den koning: De man die ons te niet gemaakt, en tegen ons gedacht heeft, dat wij zouden verdelgd worden, zonder te kunnen bestaan in enigelandpale van Israel;

⁶Laat ons zeven mannen van zijn zonen gegeven worden, dat wij hen den HEERE ophangen te Gibea Sauls, o, gij verkorene des HEEREN! En de koning zeide:Ik zal hen geven.

⁷Doch de koning verschoonde Mefiboseth, den zoon van Jonathan, den zoon van Saul, om den eed des HEEREN, die tussen hen was, tussen David en tussenJonathan, Sauls zoon.

⁸Maar de koning nam de twee zonen van Rizpa, dochter van Aja, die zij Saul gebaard had, Armoni en Mefiboseth; daartoe de vijf zonen van Michals zuster,Sauls dochter, die zij Adriel, den zoon van Barzillai, den Meholathiet, gebaard had;

⁹En hij gaf hen in de hand der Gibeonieten, die ze ophingen op den berg voor het aangezicht des HEEREN; en die zeven vielen tegelijk; en zij werden gedood inde dagen van den oogst, in de eerste dagen, in het begin van den gersteoogst.

¹⁰Toen nam Rizpa, de dochter van Aja, een zak, en spande dien voor zich uit op een rotssteen, van het begin van den oogst, totdat er water op hen drupte vanden hemel; en zij liet het gevogelte des hemels op hen niet rusten des daags, noch het gedierte van het veld des nachts.

¹¹En het werd David aangezegd, wat Rizpa, de dochter van Aja, Sauls bijwijf, gedaan had.

¹²Zo ging David henen, en nam de beenderen van Saul, en de beenderen van Jonathan, zijn zoon, van de burgeren van Jabes in Gilead, die dezelve gestolenhadden van de straat Beth-San, alwaar de Filistijnen ze hadden opgehangen, ten dage als de Filistijnen Saul sloegen op Gilboa.

¹³En hij bracht van daar op de beenderen van Saul, en de beenderen van Jonathan, zijn zoon; ook verzamelden zij de beenderen der gehangenen.

¹⁴En zij begroeven de beenderen van Saul en zijn zoon Jonathan in het land van Benjamin te Zela, in het graf van zijn vader Kis, en deden alles, wat de koninggeboden had. Alzo werd God na dezen den lande verbeden.

¹⁵Voorts hadden de Filistijnen nog een krijg tegen Israel. En David toog af, en zijn knechten met hem, en streden tegen de Filistijnen, dat David moede werd.

¹⁶En Isbi Benob, die van de kinderen van Rafa was, en het gewicht zijner spies driehonderd gewicht kopers, en hij was aangegord met een nieuw zwaard; dezedacht David te slaan.

¹⁷Maar Abisai, de zoon van Zeruja, hielp hem, en sloeg den Filistijn, en doodde hem. Toen zwoeren hem de mannen van David, zeggende: Gij zult niet meer metons uittrekken ten strijde, opdat gij de lamp van Israel niet uitblust.

¹⁸En het geschiedde daarna, dat er wederom een krijg was te Gob tegen de Filistijnen. Toen sloeg Sibbechai, de Husathiet, Saf, die van de kinderen van Rafawas.

¹⁹Voorts was er nog een krijg te Gob tegen de Filistijnen; en Elhanan, de zoon van Jaare-Oregim, sloeg Beth-Halachmi, dewelke was met Goliath, den Gethiet, wiens spiesenhout was als een weversboom.

²⁰Nog was er ook een krijg te Gath; en er was een zeer lang man, die zes vingeren had aan zijn handen, en zes tenen aan zijn voeten, vier en twintig in getal, endeze was ook aan Rafa geboren.

²¹En hij hoonde Israel; maar Jonathan, de zoon van Simea, Davids broeder, sloeg hem.

²²Deze vier waren aan Rafa geboren te Gath; en zij vielen door de hand van David, en door de hand zijner knechten.

Hoofdstuk 22

¹En David sprak de woorden dezes lieds tot den HEERE, ten dage als de HEERE hem verlost had uit de hand van al zijn vijanden, en uit de hand van Saul.

²Hij zeide dan: De HEERE is mij mijn Steenrots, en mijn Burg, en mijn Uithelper.

³God is mijn Rots, ik zal op Hem betrouwen; mijn Schild en de Hoorn mijns heils, mijn Hoog Vertrek en mijn Toevlucht, mijn Verlosser! Van geweld hebt Gijmij verlost!

⁴Ik riep den HEERE aan, Die te prijzen is, en ik werd verlost van mijn vijanden.

⁵Want baren des doods hadden mij omvangen; beken Belials verschrikten mij.

⁶Banden der hel omringden mij; strikken des doods bejegenden mij.

⁷Als mij bange was, riep ik den HEERE aan, en riep tot mijn God; en Hij hoorde mijn stem uit Zijn paleis, en mijn geroep kwam in Zijn oren.

⁸Toen daverde en beefde de aarde; de fondamenten des hemels beroerden zich, en daverden, omdat Hij ontstoken was.

⁹Rook ging op van Zijn neus, en een vuur uit Zijn mond verteerde; kolen werden daarvan aangestoken.

¹⁰En Hij boog den hemel, en daalde neder; en donkerheid was onder Zijn voeten.

¹¹En Hij voer op een cherub, en vloog, en werd gezien op de vleugelen des winds.

¹²En Hij zette duisternis rondom Zich tot tenten, een samenbinding der wateren, wolken des hemels.

¹³Van den glans voor Hem henen werden kolen des vuurs aangestoken.

¹⁴De HEERE donderde van den hemel, en de Allerhoogste gaf Zijn stem.

¹⁵En Hij zond pijlen uit en verstrooide ze; bliksemen en verschrikte ze.

¹⁶En de diepe kolken der zee werden gezien, de gronden der wereld werden ontdekt, door het schelden des HEEREN, van het geblaas des winds van Zijn neus.

¹⁷Hij zond van de hoogte, Hij nam mij, Hij trok mij op uit grote wateren.

¹⁸Hij verloste mij van mijn sterken vijand, van mijn haters, omdat zij machtiger waren dan ik.

¹⁹Zij hadden mij bejegend ten dage mijns ongevals; maar de HEERE was mij een Steunsel.

²⁰En Hij voerde mij uit in de ruimte, en rukte mij uit, want Hij had lust aan mij.

²¹De HEERE vergold mij naar mijn gerechtigheid; Hij gaf mij weder naar de reinigheid mijner handen.

²²Want ik heb des HEEREN wegen gehouden, en ben van mijn God niet goddelooslijk afgegaan.

²³Want al Zijn rechten waren voor mij, en Zijn inzettingen, daarvan week ik niet af.

²⁴Maar ik was oprecht voor Hem; en ik wachtte mij voor mijn ongerechtigheid.

²⁵Zo gaf mij de HEERE weder naar mijn gerechtigheid, naar mijn reinigheid, voor Zijn ogen.

²⁶Bij den goedertierene houdt Gij U goedertieren; bij den oprechten held houdt Gij U oprecht.

²⁷Bij den reine houdt Gij U rein; maar bij den verkeerde houdt Gij U verdraaid.

²⁸En Gij verlost het bedrukte volk; maar Uw ogen zijn tegen de hogen, Gij zult hen vernederen.

²⁹Want Gij zijt mijn Lamp, o HEERE, en de HEERE doet mijn duisternis opklaren.

³⁰Want met U loop ik door een bende; met mijn God spring ik over een muur.

³¹Gods weg is volmaakt; de rede des HEEREN is doorlouterd; Hij is een Schild allen, die op Hem betrouwen.

³²Want wie is God, behalve de HEERE, en wie is een rotssteen, behalve onze God?

³³God is mijn Sterkte en Kracht; en Hij heeft mijn weg volkomen geopend.

³⁴Hij maakt mijn voeten gelijk als der hinden, en stelt mij op mijn hoogten.

³⁵Hij leert mijn handen ten strijde, zodat een stalen boog met mijn armen verbroken is.

³⁶Ook hebt Gij mij gegeven het schild Uws heils, en door Uw verootmoedigen hebt Gij mij groot gemaakt.

³⁷Gij hebt mijn voetstap ruim gemaakt onder mij; en mijn enkelen hebben niet gewankeld.

³⁸Ik vervolgde mijn vijanden, en verdelgde hen, en keerde niet weder, totdat ik ze verdaan had.

³⁹En ik verteerde hen, en doorstak ze, dat zij niet weder opstonden; maar zij vielen onder mijn voeten.

⁴⁰Want Gij omgorddet mij met kracht ten strijde; Gij deedt onder mij nederbukken, die tegen mij opstonden.

⁴¹En Gij gaaft mij den nek mijner vijanden, mijner haters, en ik vernielde hen.

⁴²Zij zagen uit, maar er was geen verlosser; naar den HEERE, maar Hij antwoordde hun niet.

⁴³Toen vergruisde ik hen als stof der aarde; ik stampte ze, ik breidde hen uit als slijk der straten.

⁴⁴Ook hebt Gij mij uitgeholpen van de twisten mijns volks, Gij hebt mij bewaard tot een hoofd der heidenen; het volk, dat ik niet kende, heeft mij gediend.

⁴⁵Vreemden hebben zich mij geveinsdelijk onderworpen; zo haast als hun oor van mij hoorde, hebben zij mij gehoorzaamd.

⁴⁶Vreemden zijn vervallen, en hebben zich aangegord uit hun sloten.

⁴⁷De HEERE leeft, en geloofd zij mijn Rotssteen; en verhoogd zij God, de Rotssteen mijns heils!

⁴⁸De God, Die mij volkomene wraak geeft, en de volken onder mij nederwerpt;

⁴⁹En Die mij uitvoert van mijn vijanden; en Gij verhoogt mij boven degenen, die tegen mij opstaan; Gij redt mij van den man alles gewelds.

⁵⁰Daarom zal ik U, o HEERE, loven onder de heidenen, en Uw Naam zal ik psalmzingen.

⁵¹Hij is een Toren der verlossingen Zijns konings, en Hij doet goedertierenheid aan Zijn gezalfde, aan David en aan zijn zaad, tot in eeuwigheid.

Hoofdstuk 23

¹Voorts zijn dit de laatste woorden van David. David, de zoon van Isai zegt, en de man, die hoog is opgericht, de gezalfde van Jakobs God, en liefelijk inpsalmen van Israel, zegt:

²De Geest des HEEREN heeft door mij gesproken, en Zijn rede is op mijn tong geweest.

³De God Israels heeft gezegd, de Rotssteen Israels heeft tot mij gesproken: Er zal zijn een Heerser over de mensen, een Rechtvaardige, een Heerser in de vreze Gods.

⁴En Hij zal zijn gelijk het licht des morgens, wanneer de zon opgaat, des morgens zonder wolken, wanneer van den glans na den regen de grasscheutjes uit de aarde voortkomen.

⁵Hoewel mijn huis alzo niet is bij God, nochtans heeft Hij mij een eeuwig verbond gesteld, dat in alles wel geordineerd en bewaard is; voorzeker is daarin al mijn heil, en alle lust, hoewel Hij het nog niet doet uitspruiten.

⁶Maar de mannen Belials zullen altemaal zijn als doornen, die weggeworpen worden, omdat men ze met de hand niet kan vatten;

⁷Maar een iegelijk, die ze zal aantasten, voorziet zich met ijzer en het hout ener spies; en zij zullen ganselijk met vuur verbrand worden ter zelver plaats.

⁸Dit zijn de namen der helden, die David gehad heeft: Joscheb Baschebeth, de zoon van Tachkemoni, de voornaamste der hoofdlieden. Deze was Adino, de Ezniet, die zich stelde tegen achthonderd, die van hem verslagen werden op eenmaal.

⁹En na hem was Eleazar, de zoon van Dodo, zoon van Ahohi, deze was onder de drie helden met David, toen zij de Filistijnen beschimpten, die aldaar ten strijde verzameld waren, en de mannen van Israel waren opgetogen.

¹⁰Deze stond op, en sloeg onder de Filistijnen, totdat zijn hand moede werd, ja, zijn hand aan het zwaard kleefde; en de HEERE wrocht een groot heil ten zelvendage; en het volk keerde wederom hem na, alleenlijk om te plunderen.

¹¹Na hem nu was Samma, de zoon van Age, de Harariet. Toen de Filistijnen verzameld waren in een dorp, en aldaar een stuk akkers was vol linzen, en het volk voor het aangezicht der Filistijnen vluchtte;

¹²Zo stelde hij zich in het midden van dat stuk, en verloste dat, en sloeg de Filistijnen; en de HEERE wrocht een groot heil.

¹³Ook gingen af drie van de dertig hoofden, en kwamen in den oogst tot David, in de spelonk van Adullam; en de hoop der Filistijnen had zich gelegerd in het dal Rafaim.

¹⁴En David was toen in een vesting; en de bezetting der Filistijnen was toen te Bethlehem.

¹⁵En David kreeg lust, en zeide: Wie zal mij water te drinken geven uit Bethlehems bornput, die in de poort is?

¹⁶Toen braken die drie helden door het leger der Filistijnen, en putten water uit Bethlehems bornput, die in de poort is, en droegen het, en kwamen tot David; doch hij wilde dat niet drinken, maar goot het uit voor den HEERE.

¹⁷En zeide: Het zij verre van mij, o HEERE, dat ik dit zou doen; zou ik drinken het bloed der mannen, die heengegaan zijn met gevaar van hun leven? En hij wildehet niet drinken. Dit deden die drie helden.

¹⁸Abisai, Joabs broeder, de zoon van Zeruja, die was ook een hoofd van drieen; en die hief zijn spies op tegen driehonderd, die van hem verslagen werden; enhij had een naam onder die drie.

¹⁹Was hij niet de heerlijkste van die drie? Daarom was hij hun tot een overste. Maar hij kwam niet tot aan die eerste drie.

²⁰Voorts Benaja, de zoon van Jojada, de zoon van een dapperen man, groot van daden, van Kabzeel; die sloeg twee sterke leeuwen van Moab; ook ging hij af, en sloeg een leeuw in het midden van een kuil in den sneeuwtijd.

²¹Daartoe sloeg hij een Egyptischen man, een man van aanzien; en in de hand des Egyptenaars was een spies, maar hij ging tot hem af met een staf; en hij rukte de spies uit de hand des Egyptenaars, en doodde hem met zijn eigen spies.

²²Die dingen deed Benaja, de zoon van Jojada; dies had hij een naam onder de drie helden.

²³Hij was de heerlijkste van de dertig, maar tot die drie eersten kwam hij niet; en David stelde hem over zijn trawanten.

²⁴Asahel, Joabs broeder, was onder de dertig; Elhanan, de zoon van Dodo, van Bethlehem;

²⁵Samma, de Harodiet; Elika, de Harodiet;

²⁶Helez, de Paltiet; Ira, de zoon van Ikes, de Thekoiet;

²⁷Abi-ezer, de Anetothiet; Mebunnai, de Husathiet;

²⁸Zalmon, de Ahohiet; Maharai, de Netofathiet;

²⁹Heleb, de zoon van Baena, de Netofathiet; Ithai, de zoon van Ribai, van Gibea der kinderen Benjamins;

³⁰Benaja, de Pirhathoniet; Hiddai, van de beken van Gaas;

³¹Abi-Albon, de Arbathiet; Azmaveth, de Barhumiet;

³²Eljachba, de Saalboniet; van de zonen van Jazen, Jonathan;

³³Samma, de Harariet; Ahiam, de zoon van Sarar, de Harariet;

³⁴Elifelet, de zoon van Ahasbai, de zoon van een Maachathiet; Eliam, de zoon van Achitofel, de Giloniet;

³⁵Hezrai, de Karmeliet; Paerai, de Arbiet;

³⁶Jig-al, de zoon van Nathan, van Zoba; Bani, de Gadiet;

³⁷Zelek, de Ammoniet; Naharai, de Beerothiet, de wapendrager van Joab, den zoon van Zeruja;

³⁸Ira, de Jethriet; Gareb, de Jethriet;

³⁹Uria, de Hethiet, zeven en dertig in alles.

Hoofdstuk 24

¹En de toorn des HEEREN voer voort te ontsteken tegen Israel; en Hij porde David aan tegen henlieden, zeggende: Ga, tel Israel en Juda.

²De koning dan zeide tot Joab, den krijgsoverste, die bij hem was: Trek nu om, door alle stammen van Israel, van Dan tot Ber-seba toe, en tel het volk, opdat ik het getal des volks wete.

³Toen zeide Joab tot den koning: Nu doe de HEERE, uw God, tot dit volk, zoals deze en die nu zijn, honderdmaal meer, dat de ogen van mijn heer den koning het aanzien; maar waarom heeft mijn heer de koning lust tot deze zaak?

⁴Doch des konings woord nam de overhand tegen Joab, en tegen de oversten des heirs. Alzo toog Joab uit, met de oversten des heirs, van des konings aangezicht, om het volk Israel te tellen.

⁵En zij gingen over de Jordaan, en legerden zich bij Aroer, ter rechterhand der stad, die in het midden is van de beek van Gad, en aan Jaezer.

⁶Voorts kwamen zij in Gilead, en in het lage land Hodsi; ook kwamen zij tot Dan-Jaan, en rondom bij Sidon.

⁷En zij kwamen tot de vesting van Tyrus, en alle steden der Hevieten en der Kanaanieten; en zij kwamen uit aan het zuiden van Juda te Ber-seba.

⁸Alzo togen zij om door het ganse land; en ten einde van negen maanden en twintig dagen kwamen zij te Jeruzalem.

⁹En Joab gaf de som van het getelde volk aan den koning; en in Israel waren achthonderd duizend strijdbare mannen, die het zwaard uittrokken, en de mannen van Juda waren vijfhonderd duizend man.

¹⁰En Davids hart sloeg hem, nadat hij het volk geteld had; en David zeide tot den HEERE: Ik heb zeer gezondigd in hetgeen ik gedaan heb; maar nu, o HEERE, neem toch de misdaad Uws knechts weg, want ik heb zeer zottelijk gedaan.

¹¹Als nu David des morgens opstond, zo geschiedde het woord des HEEREN tot den profeet Gad, Davids ziener, zeggende:

¹²Ga heen, en spreek tot David: Alzo zegt de HEERE: Drie dingen draag Ik u voor; verkies u een uit die, dat Ik u doe.

¹³Zo kwam Gad tot David, en maakte het hem bekend, en zeide tot hem: Zal u een honger van zeven jaren in uw land komen? Of wilt gij drie maanden vlieden voor het aangezicht uwer vijanden, dat die u vervolgen? Of dat er drie dagen pestilentie in uw land zij? Merk nu, en zie toe, wat antwoord ik Dien zal wederbrengen, Die mij gezonden heeft.

¹⁴Toen zeide David tot Gad: Mij is zeer bange; laat ons toch in de hand des HEEREN vallen, want Zijn barmhartigheden zijn vele, maar laat mij in de hand van mensen niet vallen.

¹⁵Toen gaf de HEERE een pestilentie in Israel, van den morgen af tot den gezetten tijd toe; en er stierven van het volk, van Dan tot Berseba toe, zeventig duizend mannen.

¹⁶Toen nu de engel zijn hand uitstrekte over Jeruzalem, om haar te verderven, berouwde het den HEERE over dat kwaad, en Hij zeide tot den engel, die het verderf onder het volk maakte: Het is genoeg, trek uw hand nu af. De engel des HEEREN nu was bij den dorsvloer van Arauna, den Jebusiet.

¹⁷En David, als hij den engel zag, die het volk sloeg, sprak tot den HEERE, en zeide: Zie ik, ik heb gezondigd, en ik, ik heb onrecht gehandeld, maar wat hebben deze schapen gedaan? Uw hand zij toch tegen mij en tegen mijns vaders huis.

¹⁸En Gad kwam tot David op dienzelfden dag, en zeide tot hem: Ga op, richt den HEERE een altaar op, op den dorsvloer van Arauna, den Jebusiet.

¹⁹Alzo ging David op naar het woord van Gad, gelijk als de HEERE geboden had.

²⁰En Arauna zag toe, en zag den koning en zijn knechten tot zich overkomen; zo ging Arauna uit, en boog zich voor den koning met zijn aangezicht ter aarde.

²¹En Arauna zeide: Waarom komt mijn heer de koning tot zijn knecht? En David zeide: Om dezen dorsvloer van u te kopen, om den HEERE een altaar te bouwen, opdat deze plage opgehouden worde van over het volk.

²²Toen zeide Arauna tot David: Mijn heer de koning neme en offere, wat goed is in zijn ogen; zie, daar de runderen ten brandoffer, en de sleden en het rundertuig tot hout.

²³Dit alles gaf Arauna, de koning, aan den koning. Voorts zeide Arauna tot den koning: De HEERE uw God neme een welgevallen in u!

²⁴Doch de koning zeide tot Arauna: Neen, maar ik zal het zekerlijk van u kopen voor den prijs; want ik zal den HEERE, mijn God, niet offeren brandofferen om niet. Alzo kocht David den dorsvloer en de runderen voor vijftig zilveren sikkelen.

— # 1 Koningen

Hoofdstuk 1

¹De koning David nu was oud, wel bedaagd; en zij dekten hem met klederen, doch hij kreeg gene warmte.

²Toen zeiden zijn knechten tot hem: Laat ze mijn heer den koning een jonge dochter, een maagd zoeken, die voor het aangezicht des konings sta, en hemkoestere; en zij slape in uw schoot, dat mijn heer de koning warm worde.

³Zo zochten zij een schone jonge dochter in alle landpalen van Israel; en zij vonden Abisag, een Sunamietische, en brachten ze tot den koning.

⁴En de jonge dochter was bovenmate schoon, en koesterde de koning, en diende hem; doch de koning bekende ze niet.

⁵Adonia nu, de zoon van Haggith, verhief zich, zeggende: Ik zal koning zijn; en hij bereidde zich wagenen en ruiteren, en vijftig mannen, lopende voor zijnaangezicht.

⁶En zijn vader had hem niet bedroefd van zijn dagen, zeggende: Waarom hebt gij alzo gedaan? En ook was hij zeer schoon van gedaante, en Haggith had hemgebaard na Absalom.

⁷En zijn raadslagen waren met Joab, den zoon van Zeruja, en met Abjathar, den priester; die hielpen, volgende Adonia.

⁸Maar Zadok, de priester, en Benaja, de zoon van Jojada, en Nathan, de profeet, en Simei, en Rei, en de helden, die David had, waren met Adonia niet.

⁹En Adonia slachtte schapen en runderen, en gemest vee bij den steen Zoheleth, die bij de fontein Rogel is; en noodde al zijn broederen, de zonen des konings, en alle mannen van Juda, des konings knechten.

¹⁰Maar Nathan, den profeet, en Benaja, en de helden, en Salomo, zijn broeder, noodde hij niet.

¹¹Toen sprak Nathan tot Bathseba, de moeder van Salomo, zeggende: Hebt gij niet gehoord, dat Adonia, de zoon van Haggith, koning is? En onze heer Davidweet dat niet.

¹²Nu dan, kom, laat mij u toch een raad geven, dat gij uw ziel en de ziel van uw zoon Salomo redt.

¹³Ga heen, en treed in tot den koning David, en zeg tot hem: Hebt gij niet, mijn heer koning, uw dienstmaagd gezworen, zeggende: Voorzeker, uw zoon Salomozal na mij koning zijn, en hij zal op mijn troon zitten! Waarom dan is Adonia koning?

¹⁴Zie, als gij daar nog met den koning spreken zult, zo zal ik na u inkomen, en zal uw woorden vervullen.

¹⁵En Bathseba ging in tot den koning in de binnenkamer; doch de koning was zeer oud, en Abisag, de Sunamietische, diende den koning.

¹⁶En Bathseba neigde het hoofd en boog zich neder voor den koning; en de koning zeide: Wat is u?

¹⁷En zij zeide tot hem: Mijn heer! gij hebt uw dienstmaagd bij den HEERE, uw God, gezworen: Voorzeker Salomo, uw zoon, zal na mij koning zijn, en hij zal opmijn troon zitten!

¹⁸En nu zie, Adonia is koning; en nu, mijn heer koning, gij weet het niet.

¹⁹En hij heeft ossen, en gemest vee, en schapen in menigte geslacht, en genood al de zonen des konings, en Abjathar, den priester, en Joab, den krijgsoverste, maar uw knecht Salomo heeft hij niet genood.

²⁰Maar gij, mijn heer koning, de ogen van het ganse Israel zijn op u, dat gij hun zoudt te kennen geven, wie op den troon van mijn heer den koning na hem zittenzal.

²¹Anders zal het geschieden, als mijn heer de koning met zijn vaderen zal ontslapen zijn, dat ik en mijn zoon Salomo als zondaars zullen zijn.

²²En ziet, zij sprak nog met den koning, als de profeet Nathan inkwam.

²³En zij gaven den koning te kennen, zeggende: Zie, de profeet Nathan is daar; en hij kwam voor het aangezicht des konings, en boog zich voor den koning opzijn aangezicht ter aarde.

²⁴En Nathan zeide: Mijn heer koning! hebt gij gezegd: Adonia zal na mij koning zijn, en hij zal op mijn troon zitten?

²⁵Want hij is heden afgegaan, en heeft geslacht ossen, en gemest vee, en schapen in menigte, en heeft genood al de zonen des konings, en de oversten des heirs, en Abjathar, den priester; en zie, zij eten, en drinken voor zijn aangezicht, en zeggen: De koning Adonia leve!

²⁶Maar mij, die uw knecht ben, en Zadok, den priester, en Benaja, den zoon van Jojada, en Salomo, uw knecht, heeft hij niet genood.

²⁷Is deze zaak van mijn heer den koning geschied? En hebt gij uw knecht niet bekend gemaakt, wie op den troon van mijn heer den koning na hem zitten zou?

²⁸En de koning David antwoordde en zeide: Roept mij Bathseba; en zij kwam voor het aangezicht des konings, en stond voor het aangezicht des konings.

²⁹Toen zwoer de koning, en zeide: Zo waarachtig als de HEERE leeft, die mijn ziel uit allen nood verlost heeft;

³⁰Voorzeker, gelijk als ik u gezworen heb bij den HEERE, den God Israels, zeggende: Voorzeker zal uw zoon Salomo na mij koning zijn, en zal op mijn troon inmijn plaats zitten; voorzeker, alzo zal ik te dezen zelfden dage doen.

³¹Toen neigde zich Bathseba met het aangezicht ter aarde, en boog zich neder voor den koning, en zeide: Mijn heer de koning David leve in eeuwigheid!

³²En de koning David zeide: Roep mij Zadok, den priester, en Nathan, den profeet, en Benaja, den zoon van Jojada; en zij kwamen voor het aangezicht deskonings.

³³En de koning zeide tot hen: Neemt met u de knechten uws heren, en doet mijn zoon Salomo rijden op de muilezelin, die voor mij is; en voert hem af naar Gihon.

³⁴En dat Zadok, de priester, met Nathan, den profeet, hem aldaar tot koning over Israel zalven. Daarna zult gij met de bazuin blazen, en zeggen: De koningSalomo leve!

³⁵Dan zult gij achter hem optrekken, en hij zal komen, en zal op mijn troon zitten, en hij zal koning zijn in mijn plaats; want ik heb geboden, dat hij een voorgangerzou zijn over Israel en over Juda.

³⁶Toen antwoordde Benaja, de zoon van Jojada, den koning, en zeide: Amen; alzo zegge de HEERE, de God van mijn heer den koning!

³⁷Gelijk als de HEERE met mijn heer den koning geweest is, alzo zij Hij met Salomo; en Hij make zijn troon groter dan den troon van mijn heer den koningDavid!

³⁸Toen ging Zadok, de priester, af, met Nathan, den profeet, en Benaja, den zoon van Jojada, en de Krethi en de Plethi, en zij deden Salomo rijden op demuilezelin van den koning David, en geleidden hem naar Gihon.

³⁹En Zadok, de priester, nam den oliehoorn uit de tent, en zalfde Salomo; en zij bliezen met de bazuin, en al het volk zeide: De koning Salomo leve!

⁴⁰En al het volk kwam op achter hem, en het volk pijpte met pijpen, en verblijdde zich met grote blijdschap, zodat de aarde van hun geluid spleet.

⁴¹En Adonia hoorde het, en al de genoden, die met hem waren, die nu geeindigd hadden te eten; ook hoorde Joab het geluid der bazuinen, en zeide: Waarom ishet geroep dier stad, die in roer is?

⁴²Als hij nog sprak, ziet, zo kwam Jonathan, de zoon van Abjathar, den priester; en Adonia zeide: Kom in, want gij zijt een kloek man, en zult het goedeboodschappen.

⁴³En Jonathan antwoordde en zeide tot Adonia: Ja, maar onze heer, de koning David, heeft Salomo tot koning gemaakt.

⁴⁴En de koning heeft met hem gezonden Zadok, den priester, en Nathan, den profeet, en Benaja, den zoon van Jojada, en de Krethi en de Plethi; en zij hebbenhem doen rijden op de muilezelin des konings.

⁴⁵Daartoe hebben hem Zadok, de priester, en Nathan, de profeet, in Gihon tot koning gezalfd, en zijn van daar blijde opgetogen, zodat de stad in roer is; dat ishet geroep, dat gij gehoord hebt.

⁴⁶En ook zit Salomo op den troon des koninkrijks.

⁴⁷Zo zijn ook de knechten des konings gekomen, om onzen heer, den koning David, te zegenen, zeggende: Uw God make den naam van Salomo beter dan uwnaam, en make zijn troon groter dan uw troon; en de koning heeft aangebeden op de slaapstede.

⁴⁸Ja, ook heeft de koning aldus gezegd: Geloofd zij de HEERE, de God Israels, Die heden gegeven heeft een, zittende op mijn troon, dat het mijn ogen gezienhebben!

⁴⁹Toen verschrikten en stonden op al de genoden, die bij Adonia waren, en gingen een iegelijk zijns weegs.

⁵⁰Doch Adonia vreesde voor Salomo, en hij stond op, en ging heen, en vatte de hoornen des altaars.

⁵¹En men maakte Salomo bekend, zeggende: Zie, Adonia vreest den koning Salomo, want zie, hij heeft de hoornen des altaars gevat, zeggende: Dat de koningSalomo mij als heden zwere, dat hij zijn knecht met het zwaard niet doden zal!

⁵²En Salomo zeide: Indien hij een vroom man zal zijn, daar zal niet van zijn haar op de aarde vallen; maar indien in hem kwaad bevonden zal worden, zo zal hijsterven.

Hoofdstuk 2

¹Als nu de dagen van David nabij waren, dat hij sterven zou, zo gebood hij zijn zoon Salomo, zeggende:

²Ik ga heen in den weg der ganse aarde, zo wees sterk, en wees een man.

³En neem waar de wacht des HEEREN, uws Gods, om te wandelen in Zijn wegen, om te onderhouden Zijn inzettingen, en Zijn geboden, en Zijn rechten, en Zijn getuigenissen, gelijk geschreven is in de wet van Mozes; opdat gij verstandelijk handelt in al wat gij doen zult, en al waarheen gij u wenden zult;

⁴Opdat de HEERE bevestige Zijn woord, dat Hij over mij gesproken heeft, zeggende: Indien uw zonen hun weg bewaren, om voor Mijn aangezicht getrouwelijk, met hun ganse hart en met hun ganse ziel te wandelen, zo zal geen man, zeide Hij, u afgesneden worden van den troon Israels.

⁵Zo weet gij ook, wat Joab, de zoon van Zeruja, mij gedaan heeft, en wat hij gedaan heeft aan de twee krijgsoversten van Israel, Abner, den zoon van Ner, en Amasa, den zoon van Jether, dien hij gedood heeft, en heeft krijgsbloed vergoten in vrede; en hij heeft krijgsbloed gedaan aan zijn gordel, die aan zijn lendenen was, en aan zijn schoenen, die aan zijn voeten waren.

⁶Doe dan naar uw wijsheid, dat gij zijn grauwe haar niet met vrede in het graf laat dalen.

⁷Maar aan de zonen van Barzillai, den Gileadiet, zult gij weldadigheid bewijzen, en zij zullen zijn onder degenen, die aan uw tafel eten; want alzo naderden zij tot mij, als ik vluchtte voor het aangezicht van uw broeder Absalom.

⁸En zie, bij u is Simei, de zoon van Gera, de zoon van Jemini, uit Bahurim, die mij vloekte met een geweldigen vloek, ten dage als ik ging naar Mahanaim; doch hij kwam af mij tegemoet aan de Jordaan, en ik zwoer hem bij den HEERE, zeggende: Zo ik hem met het zwaard dode!

⁹Maar nu, houd hem niet onschuldig, dewijl gij een wijs man zijt; en gij zult weten, wat gij hem doen zult, opdat gij zijn grauwe haar met bloed in het graf doet dalen.

¹⁰En David ontsliep met zijn vaderen, en werd begraven in de stad Davids.

¹¹De dagen nu, die David geregeerd heeft over Israel, zijn veertig jaren; zeven jaren heeft hij geregeerd in Hebron, en in Jeruzalem heeft hij drie en dertig jaren geregeerd.

¹²En Salomo zat op den troon van zijn vader David; en zijn koninkrijk werd zeer bevestigd.

¹³Toen kwam Adonia, de zoon van Haggith, tot Bathseba, de moeder van Salomo; en zij zeide: Is uw komst vrede? En hij zeide: Vrede.

¹⁴Daarna zeide hij: Ik heb een woord aan u. En zij zeide: Spreek.

¹⁵Hij zeide dan: Gij weet, dat het koninkrijk mijn was, en het ganse Israel zijn aangezicht op mij gezet had, dat ik koning zijn zou; hoewel het koninkrijk omgewend en mijns broeders geworden is; want het is van den HEERE hem geworden.

¹⁶En nu begeer ik van u een enige begeerte; wijs mijn aangezicht niet af. En zij zeide tot hem: Spreek.

¹⁷En hij zeide: Spreek toch tot den koning Salomo, want hij zal uw aangezicht niet afwijzen, dat hij mij Abisag, de Sunamietische, ter vrouwe geve.

¹⁸En Bathseba zeide: Het is goed, ik zal den koning voor u aanspreken.

¹⁹Zo kwam Bathseba tot den koning Salomo, om hem voor Adonia aan te spreken. En de koning stond op, haar tegemoet, en boog zich voor haar; daarna zat hij op zijn troon, en deed een stoel voor de moeder des konings zetten; en zij zat aan zijn rechterhand.

²⁰Toen zeide zij: Ik begeer van u een enige kleine begeerte, wijs mijn aangezicht niet af. En de koning zeide tot haar: Begeer, mijn moeder, want ik zal uw aangezicht niet afwijzen.

²¹En zij zeide: Laat Abisag, de Sunamietische, aan Adonia, uw broeder, ter vrouwe gegeven worden.

²²Toen antwoordde de koning Salomo, en zeide tot zijn moeder: En waarom begeert gij Abisag, de Sunamietische, voor Adonia? Begeer ook voor hem het koninkrijk (want hij is mijn broeder, die ouder is dan ik ben), ja, voor hem, en voor Abjathar, den priester, en voor Joab, den zoon van Zeruja.

²³En de koning Salomo zwoer bij den HEERE, zeggende: Zo doe mij God, en zo doe Hij daartoe, voorzeker Adonia zal dat woord tegen zijn leven gesproken hebben!

²⁴En nu, zo waarachtig als de HEERE leeft, Die mij bevestigd heeft, en mij heeft doen zitten op den troon van mijn vader David, en Die mij een huis gemaakt heeft, gelijk als Hij gesproken had; voorzeker, Adonia zal heden gedood worden!

²⁵En de koning Salomo zond door de hand van Benaja, den zoon van Jojada; die viel op hem aan, dat hij stierf.

²⁶En tot Abjathar, den priester, zeide de koning: Ga naar Anathoth, op uw akkers; want gij zijt een man des doods; maar dezen dag zal ik u niet doden, omdat gij de ark des Heeren HEEREN voor het aangezicht van mijn vader David gedragen hebt, en omdat gij verdrukt zijt geweest, in alles, waarin mijn vader verdrukt was.

²⁷Salomo dan verdreef Abjathar, dat hij des HEEREN priester niet ware, om te vervullen het woord des HEEREN, hetwelk Hij over het huis van Eli te Silo gesproken had.

²⁸Als het gerucht tot Joab kwam (want Joab had zich gewend achter Adonia, hoewel hij zich niet had gewend achter Absalom), zo vluchtte Joab tot de tent des HEEREN, en vatte de hoornen des altaars.

²⁹En het werd den koning Salomo aangezegd, dat Joab tot de tent des HEEREN gevloden was, en zie, hij is bij het altaar. Toen zond Salomo Benaja, den zoon van Jojada, zeggende: Ga heen, val op hem aan.

³⁰En Benaja kwam tot de tent des HEEREN, en zeide tot hem: Zo zegt de koning: Kom uit. En hij zeide: Neen, maar hier zal ik sterven! En Benaja bracht het antwoord weder aan den koning, zeggende: Zo heeft Joab gesproken, en zo heeft hij mij geantwoord.

³¹En de koning zeide tot hem: Doe gelijk als hij gesproken heeft, en val op hem aan, en begraaf hem, opdat gij wegdoet, van mij en van mijns vaders huis, dat bloed, dat Joab zonder oorzaak vergoten heeft.

³²Zo zal de HEERE zijn bloed op zijn hoofd doen wederkeren, omdat hij op twee mannen, rechtvaardiger en beter dan hij, aangevallen is, en die met het zwaard gedood heeft, daar het mijn vader David niet wist, Abner, den zoon van Ner, den krijgsoverste van Israel, en Amasa, den zoon van Jether, den krijgsoverste van Juda.

³³Alzo zal hun bloed wederkeren op het hoofd van Joab, en op het hoofd van zijn zaad in eeuwigheid; maar David, en zijn zaad, en zijn huis, en zijn troon zal vrede hebben van den HEERE tot in eeuwigheid.

³⁴En Benaja, de zoon van Jojada, ging op, en viel op hem aan, en doodde hem; en hij werd begraven in zijn huis, in de woestijn.

³⁵En de koning zette Benaja, den zoon van Jojada, in zijn plaats over het heir; en Zadok, den priester, zette de koning in de plaats van Abjathar.

³⁶Daarna zond de koning, en riep Simei, en zeide tot hem: Bouw u een huis in Jeruzalem, en woon aldaar; en ga van daar niet uit herwaarts of derwaarts.

³⁷Want het zal geschieden ten dage van uw uitgaan, als gij over de beek Kidron zult gaan, weet voorzeker, dat gij den dood sterven zult; uw bloed zal op uw hoofd zijn.

³⁸En Simei zeide tot den koning: Dat woord is goed; gelijk als mijn heer de koning gesproken heeft, alzo zal uw knecht doen. En Simei woonde te Jeruzalem vele dagen.

³⁹Doch het geschiedde met het einde van drie jaren, dat twee knechten van Simei wegliepen tot Achis, den zoon van Maacha, den koning van Gath; en men gaf het Simei te kennen, zeggende: Zie, uw knechten zijn in Gath.

⁴⁰Toen maakte zich Simei op, en zadelde zijn ezel, en toog heen naar Gath tot Achis, om zijn knechten te zoeken; zo toog Simei heen, en bracht zijn knechten van Gath.

⁴¹En het werd Salomo aangezegd, dat Simei uit Jeruzalem naar Gath getogen, en wedergekomen was.

⁴²Toen zond de koning, en riep Simei, en zeide tot hem: Heb ik u niet beedigd bij den HEERE, en tegen u betuigd, zeggende: Ten dage van uw uitgaan, als gij zult herwaarts of derwaarts gaan, weet voorzeker, dat gij den dood zult sterven? En gij zeidet tot mij: Dat woord is goed, dat ik gehoord heb.

⁴³Waarom dan hebt gij den eed des HEEREN niet gehouden, en het gebod, dat ik over u geboden had?

⁴⁴Verder zeide de koning tot Simei: Gij weet al de boosheid, die uw hart weet, die gij aan mijn vader David gedaan hebt; daarom heeft de HEERE uw boosheid op uw hoofd doen wederkeren.

⁴⁵Maar de koning Salomo is gezegend; en de troon van David zal bevestigd zijn voor het aangezicht des HEEREN tot in eeuwigheid.

⁴⁶En de koning gebood Benaja, den zoon van Jojada; die ging uit, en viel op hem aan, dat hij stierf. Alzo is het koninkrijk bevestigd in de hand van Salomo.

Hoofdstuk 3

¹En Salomo verzwagerde zich met Farao, den koning van Egypte; en nam de dochter van Farao, en bracht ze in de stad Davids totdat hij voleind zou hebben het bouwen van zijn huis en het huis des HEEREN, en den muur van Jeruzalem rondom.

²Alleenlijk offerde het volk op de hoogten, want geen huis was

1 Koningen

den Naam des HEEREN gebouwd, tot die dagen toe.

³En Salomo had den HEERE lief, wandelende in de inzettingen van zijn vader David; alleenlijk offerde hij en rookte op de hoogten.

⁴En de koning ging naar Gibeon, om aldaar te offeren, omdat die hoogte groot was; duizend brandoffers offerde Salomo op dat altaar.

⁵Te Gibeon verscheen de HEERE aan Salomo in een droom des nachts en God zeide: Begeer wat Ik u geven zal.

⁶En Salomo zeide: Gij hebt aan Uw knecht David, mijn vader, grote weldadigheid gedaan, gelijk als hij voor Uw aangezicht gewandeld heeft, in waarheid, en ingerechtigheid, en in oprechtheid des harten met U; en Gij hebt hem deze grote weldadigheid gehouden, dat Gij hem gegeven hebt een zoon, zittende op zijntroon, als te dezen dage.

⁷Nu dan, HEERE, mijn God! Gij hebt Uw knecht koning gemaakt in de plaats van mijn vader David; en ik ben een klein jongeling, ik weet niet uit te gaan nochin te gaan.

⁸En Uw knecht is in het midden van Uw volk, dat Gij verkoren hebt, een groot volk, hetwelk niet kan geteld noch gerekend worden, vanwege de menigte.

⁹Geef dan Uw knecht een verstandig hart, om Uw volk te richten, verstandelijk onderscheidende tussen goed en kwaad; want wie zou dit Uw zwaar volkkunnen richten?

¹⁰Die zaak nu was goed in de ogen des HEEREN, dat Salomo deze zaak begeerd had.

¹¹En God zeide tot hem: Daarom dat gij deze zaak begeerd hebt, en niet begeerd hebt, voor u vele dagen, noch voor u begeerd hebt rijkdom, noch begeerd hebtde ziel uwer vijanden; maar hebt begeerd verstand voor u, om gerichtszaken te horen;

¹²Zie, Ik heb gedaan naar uw woorden; zie, Ik heb u een wijs en verstandig hart gegeven, dat uws gelijke voor u niet geweest is, en uws gelijke na u niet opstaanzal.

¹³Zelfs ook wat gij niet begeerd hebt, heb Ik u gegeven, beide rijkdom en eer; dat uws gelijke niemand onder de koningen al uw dagen zijn zal.

¹⁴En zo gij in Mijn wegen wandelen zult, onderhoudende Mijn inzettingen en Mijn geboden, gelijk als uw vader David gewandeld heeft, zo zal Ik ook uw dagenverlengen.

¹⁵En Salomo waakte op, en ziet, het was een droom. En hij kwam te Jeruzalem, en stond voor de ark des verbonds des HEEREN, en offerde brandoffers, enbereidde dankoffers, en maakte een maaltijd voor al zijn knechten.

¹⁶Toen kwamen er twee vrouwen, die hoeren waren, tot den koning; en zij stonden voor zijn aangezicht.

¹⁷En de ene vrouw zeide: Och, mijn heer. Ik en deze vrouw wonen in een huis; en ik heb bij haar in dat huis gebaard.

¹⁸Het is nu geschied op den derden dag na mijn baren dat deze vrouw ook gebaard heeft; en wij waren te zamen, geen vreemde was met ons in dat huis, behalveons tweeen in het huis.

¹⁹En de zoon dezer vrouw is des nachts gestorven, omdat zij op hem gelegen had.

²⁰En zij stond ter middernacht op, en nam mijn zoon van bij mij, als uw dienstmaagd sliep, en legde hem in haar schoot, en haar doden zoon legde zij in mijnschoot.

²¹En ik stond in de morgen op, om mijn zoon te zogen, en zie, hij was dood; maar ik lette in den morgen op hem, en zie, het was mijn zoon niet, dien ik gebaardhad.

²²Toen zeide de andere vrouw: Neen, maar die levende is mijn zoon, en de dode is uw zoon; gene daarentegen zeide: Neen, maar de dode is uw zoon, en delevende is mijn zoon! Alzo spraken zij voor het aangezicht des konings.

²³Toen zeide de koning: Deze zegt: Dit is mijn zoon, die leeft, maar uw zoon is het, die dood is; en die zegt: Neen, maar de dode is uw zoon, en de levende mijnzoon.

²⁴Verder zeide de koning: Haalt mij een zwaard; en zij brachten een zwaard voor het aangezicht des konings.

²⁵En de koning zeide: Doorsnijdt dat levende kind in tweeen, en geeft de ene een helft, en de andere een helft.

²⁶Maar de vrouw, welker zoon de levende was, sprak tot den koning (want haar ingewand ontstak over haar zoon), en zeide: Och, mijn heer! Geef haar datlevende kind, en dood het geenszins; deze daarentegen zeide: Het zij noch het uwe noch het mijne, doorsnijdt het.

²⁷Toen antwoordde de koning, en zeide: Geeft aan die het levende kind, den doodt het geenszins; die is zijn moeder.

²⁸En geheel Israel hoorde dat oordeel, dat de koning geoordeeld had, en vreesde voor het aangezicht des konings; want zij zagen, dat de wijsheid Gods in hemwas, om recht te doen.

Hoofdstuk 4

¹Alzo was de koning Salomo koning over gans Israel.

²En deze waren de vorsten, die hij had: Azaria, de zoon van Zadok, was opperambtman.

³Elihoref, en Ahia, de zoon van Sisa, waren schrijvers; Josafat, de zoon van Ahilud, was kanselier.

⁴En Benaja, de zoon van Jojada, was over het heir; en Zadok en Abjathar waren priesters.

⁵En Azaria, de zoon van Nathan, was over de bestelmeesters; en Zabud, de zoon van Nathan, was overambtman, des konings vriend.

⁶En Ahisar was hofmeester; en Adoniram, de zoon van Abda, was over de schatting.

⁷En Salomo had twaalf bestelmeesters over gans Israel, die den koning en zijn huis verzorgden; voor elk was een maand in het jaar om te verzorgen.

⁸En dit zijn hun namen: de zoon van Hur was in het gebergte van Efraim.

⁹De zoon van Deker in Makaz, en in Saalbim, en Beth-Semes, en Elon-Beth-hanan.

¹⁰De zoon van Hesed in Arubboth; hij had daartoe Socho en het ganse land Hefer.

¹¹De zoon van Abinadab had de ganse landstreek van Dor; deze had Tafath, de dochter van Salomo, tot een vrouw.

¹²Baana, de zoon van Ahilud, had Taanach, en Megiddo, en het ganse Beth-Sean, hetwelk is bij Zartana, beneden van Jizreel, van Beth-Sean aan totAbel-Mehola, tot op gene zijde van Jokmeam.

¹³De zoon van Geber was te Ramoth in Gilead; hij had de dorpen van Jair, den zoon van Manasse, die in Gilead zijn; ook had hij de streek van Argob, welke isin Basan, zestig grote steden, met muren en koperen grendelen.

¹⁴Abinadab, de zoon van Iddo, was te Mahanaim.

¹⁵Ahimaaz was in Nafthali; deze nam ook Salomo's dochter, Basmath, ter vrouwe.

¹⁶Baana, de zoon van Husai, was in Aser en in Aloth.

¹⁷Josafath, de zoon van Paruah, in Issaschar.

¹⁸Simei, de zoon van Ela, in Benjamin.

¹⁹Geber, de zoon van Uri, was in het land Gilead, het land van Sihon, den koning der Amorieten, en van Og, den koning van Basan, en hij was de enigebestelmeester, die in dat land was.

²⁰Juda nu en Israel waren velen, als zand, dat aan de zee is in menigte, etende, en drinkende, en blijde zijnde.

²¹En Salomo was heersende over al de koninkrijken, van de rivier tot het land der Filistijnen, en tot aan de landpale van Egypte; die brachten geschenken, endienden Salomo al de dagen zijns levens.

²²De spijze nu van Salomo was voor een dag, dertig kor meelbloem, en zestig kor meel;

²³Tien vette runderen, en twintig weiderunderen, en honderd schapen; uitgenomen de herten, en reeen, en buffelen, en gemeste vogelen.

²⁴Want hij had heerschappij over al wat op deze zijde der rivier was van Thifsah tot aan Gaza, over alle koningen op deze zijde der rivier; en hij had vrede van alzijn zijden rondom.

²⁵En Juda en Israel woonden zeker, een iegelijk onder zijn wijnstok en onder zijn vijgeboom, van Dan tot Ber-seba, al de dagen van Salomo.

²⁶Salomo had ook veertig duizend paardenstallen tot zijn wagenen, en twaalf duizend ruiteren.

²⁷Die bestelmeesters nu, een ieder op zijn maand, verzorgden den koning Salomo, en al degenen, die tot de tafel van den koning Salomo naderden; zij lieten geen ding ontbreken.

²⁸De gerst nu en het stro voor de paarden, en voor de snelle kemelen, brachten zij aan de plaats, waar hij was, een iegelijk naar zijn last.

²⁹En God gaf Salomo wijsheid en zeer veel verstand, en een wijd begrip des harten, gelijk zand, dat aan den oever der zee is.

³⁰En de wijsheid van Salomo was groter dan de wijsheid van al die van het oosten, en dan alle wijsheid der Egyptenaren;

³¹Ja, hij was wijzer dan alle mensen; dan Ethan, de Ezrahiet, en Heman, en Chalcol, en Darda, de zonen van Mahol; en zijn naam was onder alle heidenenrondom.

³²En hij sprak drie duizend spreuken; daartoe waren zijn liederen duizend en vijf.

³³Hij sprak ook van de bomen, van den cederboom af, die op den Libanon is, tot op den hysop, die aan den wand uitwast; hij sprak ook van het vee, en van hetgevogelte, en van de kruipende dieren, en van de vissen.

³⁴En van alle volken kwamen er, om de wijsheid van Salomo te

horen, van alle koningen der aarde, die van zijn wijsheid gehoord hadden.

Hoofdstuk 5

¹En Hiram, de koning van Tyrus, zond zijn knechten tot Salomo (want hij had gehoord, dat zij Salomo tot koning gezalfd hadden in zijns vaders plaats), dewijl Hiram David altijd bemind had.

²Daarna zond Salomo tot Hiram, zeggende:

³Gij weet, dat mijn vader David den Naam des HEEREN, zijns Gods, geen huis kon bouwen, vanwege de oorlogen, waarmede zij hem omsingelden, totdat de HEERE hen onder zijn voetzolen gaf.

⁴Maar nu heeft de HEERE, mijn God, mij van rondom rust gegeven; er is geen tegenpartijder, en geen bejegening van kwaad.

⁵En zie, ik denk voor den Naam van den HEERE, mijn God, een huis te bouwen; gelijk als de HEERE gesproken heeft tot mijn vader David, zeggende: Uw zoon, dien Ik in uw plaats op uw troon zetten zal, die zal Mijn Naam dat huis bouwen.

⁶Zo gebied nu, dat men mij cederen uit den Libanon houwe, en mijn knechten zullen met uw knechten zijn, en het loon uwer knechten zal ik u geven, naar al wat gij zeggen zult; want gij weet, dat onder ons niemand is, die weet hout te houwen, gelijk de Sidoniers.

⁷En het geschiedde, als Hiram de woorden van Salomo gehoord had, dat hij zich zeer verblijdde, en zeide: Gezegend zij de HEERE heden, Die David een wijzenzoon gegeven heeft over dit grote volk!

⁸En Hiram zond tot Salomo, zeggende: Ik heb gehoord, waarom gij tot mij gezonden hebt; ik zal al uw wil doen met het cederenhout, en met het dennenhout.

⁹Mijn knechten zullen het afbrengen van den Libanon aan de zee; en ik zal het op vlotten over de zee doen voeren, tot die plaats, die gij aan mij ontbieden zult, en zal het aldaar los maken, en gij zult het wegnemen; gij zult ook mijn wil doen, dat gij mijn huis spijze geeft.

¹⁰Alzo gaf Hiram aan Salomo cederenhout en dennenhout, naar al zijn wil.

¹¹En Salomo gaf Hiram twintig duizend kor tarwe, tot spijze van zijn huis, en twintig kor gestoten olie; zulks gaf Salomo aan Hiram jaar op jaar.

¹²De HEERE dan gaf Salomo wijsheid, gelijk als Hij tot hem gesproken had; en er was vrede tussen Hiram en tussen Salomo, en zij beiden maakten eenverbond.

¹³En de koning Salomo deed een uitschot opkomen uit gans Israel; en het uitschot was dertig duizend man.

¹⁴En hij zond hen naar den Libanon, tien duizend des maands bij beurten; een maand waren zij op den Libanon; twee maanden elk in zijn huis; en Adoniram was over dit uitschot.

¹⁵Daartoe had Salomo zeventig duizend, die last droegen, en tachtig duizend houwers op het gebergte.

¹⁶Behalve de oversten van Salomo's bestelden, die over dat werk waren, drie duizend en driehonderd, die heerschappij hadden over het volk, hetwelk dat werk deed.

¹⁷Als de koning het nu gebood, zo voerden zij grote stenen toe, kostelijke stenen, gehouwen stenen, om den grond van dat huis te leggen.

¹⁸En de bouwlieden van Salomo, en de bouwlieden van Hiram, en de Giblieten behieuwen ze, en bereidden het hout toe, en de stenen, om dat huis te bouwen.

Hoofdstuk 6

¹Het geschiedde nu in het vierhonderd en tachtigste jaar, na den uitgang der kinderen Israels uit Egypte, in het vierde jaar van het koninkrijk van Salomo over Israel, in de maand Ziv (deze is de tweede maand), dat hij het huis des HEEREN bouwde.

²En dat huis, hetwelk de koning Salomo den HEERE bouwde, was van zestig ellen in zijn lengte, en van twintig in zijn breedte, en van dertig ellen in zijn hoogte.

³En het voorhuis, vooraan den tempel van dat huis, was in zijn lengte van twintig ellen, naar de breedte van het huis, tien ellen in zijn breedte, vooraan het huis.

⁴En hij maakte vensteren aan het huis van gesloten uitzichten.

⁵En rondom aan den wand van het huis bouwde hij kameren, aan de wanden van het huis rondom, beide van den tempel en van de aanspraakplaats. Alzo maakte hij zijkameren rondom.

⁶De onderste kamer was van vijf ellen in haar breedte, en de middelste van zes ellen in haar breedte, en de derde van zeven ellen in haar breedte; want hij had aan het huis rondom buitenwaarts inkortingen gemaakt, opdat zij zich niet hielden in de wanden van het huis.

⁷Het huis nu, als het gebouwd werd, werd met volmaakten steen, zoals dezelve toegevoerd was, gebouwd; zodat geen hameren, noch bijl of enig ijzerengereedschap gehoord werd in het huis, als het gebouwd werd.

⁸De deur der middelste zijkamer was aan de rechterzijde van het huis; en door wenteltrappen ging men tot de middelste zijkamer, en van de middelste tot de derde.

⁹Alzo bouwde hij het huis, en volmaakte het; en bedekte dat huis met gewelven en rijen van cederen.

¹⁰Hij bouwde ook de kameren aan het ganse huis, van vijf ellen in haar hoogte; en hij voegde ze vast aan dat huis met cederenhout.

¹¹Toen geschiedde het woord des HEEREN tot Salomo, zeggende:

¹²Aangaande dit huis, dat gij bouwt, zo gij wandelt in Mijn inzettingen, en doet Mijn rechten, en onderhoudt al Mijn geboden, wandelende in dezelve; zo zal Ik Mijn woord met u bevestigen, dat Ik tot uw vader David gesproken heb;

¹³En Ik zal in het midden der zonen Israels wonen; en Ik zal Mijn volk Israel niet verlaten.

¹⁴Alzo bouwde Salomo dat huis en volmaakte hetzelve.

¹⁵Ook bouwde hij de wanden van het huis van binnen met cederen planken; van den vloer des huizes tot aan het dak der wanden, beschoot hij ze van binnen methout; en overdekte den vloer van het huis met dennen planken.

¹⁶Daartoe bouwde hij twintig ellen met cederen planken aan de zijden van het huis, van den vloer af tot de wanden; dit bouwde hij Hem van binnen tot een aanspraakplaats, tot het heilige der heiligen.

¹⁷Dat huis nu was van veertig ellen, namelijk de tempel, die vooraan was.

¹⁸En het ceder aan het huis inwendig was gesneden met knoppen en open bloemen; en het was al ceder, geen steen werd gezien.

¹⁹En de aanspraakplaats bereidde hij inwaarts in het huis, om de ark des verbonds des HEEREN daar te zetten.

²⁰En de aanspraakplaats vooraan was van twintig ellen in lengte, en van twintig ellen in breedte, en van twintig ellen in haar hoogte, en hij overtoog ze met geslotengoud; ook overtoog hij het cederen altaar.

²¹En Salomo overtoog het huis van binnen met gesloten goud; en hij toog voor de aanspraakplaats een voorhang henen door met gouden ketenen, en overtoog dien met goud.

²²Alzo overtoog hij het ganse huis met goud, totdat het ganse huis volmaakt was; daartoe overtoog hij met goud het gehele altaar, dat voor de aanspraakplaats was.

²³In de aanspraakplaats nu maakte hij twee cherubs van olieachtig hout; elks hoogte was tien ellen.

²⁴En van vijf ellen was de ene vleugel des cherubs, en van vijf ellen de andere vleugel des cherubs; van het einde van zijn enen vleugel, tot aan het einde van zijn anderen vleugel, waren tien ellen.

²⁵Alzo was de andere cherub van tien ellen; beide cherubs hadden enerlei maat, en enerlei snede.

²⁶De hoogte van den enen cherub was van tien ellen, en alzo van den anderen cherub.

²⁷En hij zette deze cherubs in het midden van het binnenste huis; en de cherubs spreidden de vleugelen uit, zodat de vleugel des enen raakte aan dezen wand, en de vleugel des anderen cherubs raakte aan den anderen wand; en hun vleugelen naar het midden van het huis raakten vleugel aan vleugel.

²⁸En hij overtoog deze cherubs met goud.

²⁹En al de wanden van het huis, in het ronde, graveerde hij met uitgesneden graveringen van cherubs, en van palmbomen, en open bloemen, van binnen en vanbuiten.

³⁰Daartoe overtoog hij den vloer van het huis met goud van binnen en van buiten.

³¹En aan den ingang der aanspraakplaats maakte hij deuren van olieachtig hout; de bovendorpel met de posten was het vijfde deel des wands.

³²De twee deuren ook waren van olieachtige bomen; en hij graveerde daarop graveringen van cherubs, en van palmbomen, en van open bloemen, dewelke hij met goud overtoog; ook trok hij goud over de cherubs en over de palmbomen.

³³En alzo maakte hij aan de deuren des tempels posten van olieachtige bomen, uit het vierde deel van de wand.

³⁴En de twee deuren waren van dennenhout; de twee zijden der ene deur waren omdraaiende; alzo waren de twee gegraveerde zijden der andere deur omdraaiende.

³⁵En hij graveerde ze met cherubs, en palmbomen, en open bloemen, dewelke hij met goud overtoog, gericht naar het uitgesnedene.

³⁶Daarna bouwde hij het binnenste voorhof van drie rijen gehouwen stenen, en een rij cederen balken.

³⁷In het vierde jaar werd de grond van het huis des HEEREN gelegd, in de maand Ziv;

³⁸En in het elfde jaar, in de maand Bul, welke is de achtste maand,

1 Koningen

was dit huis volmaakt, naar al zijn stukken en naar al zijn behoren; alzo heeft hij zeven jaren daaraan gebouwd.

Hoofdstuk 7

[1]Maar aan zijn huis bouwde Salomo dertien jaren, en hij volmaakte zijn ganse huis.

[2]Hij bouwde ook het huis des wouds van Libanon, van honderd ellen in zijn lengte, en vijftig ellen in zijn breedte, en dertig ellen in zijn hoogte, op vier rijen van cederen pilaren, en cederen balken op de pilaren.

[3]En het was bedekt met ceder van boven op de ribben, die op vijf en veertig pilaren waren, vijftien in een rij.

[4]Er waren drie rijen van uitzichten, dat het ene venster was over het andere venster, in drie orden.

[5]Ook waren al de deuren en de posten vierkantig van enerlei uitzicht; en venster was tegenover venster, in drie orden.

[6]Daarna maakte hij een voorhuis van pilaren; vijftig ellen was zijn lengte, en dertig ellen zijn breedte; en het voorhuis was tegenover die, en de pilaren met de dikke balken tegenover dezelve.

[7]Ook maakte hij een voorhuis voor den troon, alwaar hij richtte, tot een voorhuis des gerichts, dat met ceder bedekt was, van vloer tot vloer.

[8]En aan zijn huis, alwaar hij woonde, was een ander voorhof, meer inwaarts dan dat voorhuis, hetwelk aan hetzelve werk gelijk was; ook maakte hij voor de dochter van Farao, die Salomo tot vrouw genomen had, een huis, aan dat voorhuis gelijk.

[9]Al deze dingen waren van kostelijke stenen, naar de maten gehouwen, van binnen en van buiten met de zaag gezaagd; en dat van den grondslag tot aan de neutstenen een palm breed, en van buiten tot het grote voorhof.

[10]Het was ook gegrondvest met kostelijke stenen, grote stenen; met stenen van tien ellen, en stenen van acht ellen.

[11]En bovenop kostelijke stenen, naar de winkelmaten gehouwen, en cederen.

[12]En het grote voorhof was rondom van drie rijen gehouwen stenen, met een rij van cederen balken. Zo was het met het binnenste voorhof, van het huis des HEEREN, en met het voorhuis van dat huis.

[13]En de koning Salomo zond heen, en liet Hiram van Tyrus halen.

[14]Hij was de zoon ener weduwvrouw, uit den stam van Nafthali, en zijn vader was een man van Tyrus geweest, een koperwerker, die vervuld was met wijsheid, en met verstand, en met wetenschap, om alle werk in het koper te maken; deze kwam tot den koning Salomo, en maakte al zijn werk.

[15]Want hij vormde twee koperen pilaren; de hoogte van den enen pilaar was achttien ellen, en een draad van twaalf ellen omving den anderen pilaar.

[16]Hij maakte ook twee kapitelen, van gegoten koper, om op de hoofden der pilaren te zetten; vijf ellen was de hoogte van het ene kapiteel, en vijf ellen de hoogte van het andere kapiteel.

[17]De netten waren van nettenwerk, de banden van ketenwerk voor de kapitelen, die op het hoofd der pilaren waren; zeven waren voor het ene kapiteel, en zeven voor het andere kapiteel.

[18]Zo maakte hij de pilaren, mitsgaders twee rijen rondom over het ene net, om de kapitelen, die boven het hoofd der granaatappelen waren, te bedekken; alzo deed hij ook aan het andere kapiteel.

[19]En de kapitelen, dewelke waren op het hoofd der pilaren, waren van leliewerk in het voorhuis, van vier ellen.

[20]De kapitelen nu waren op de twee pilaren, ja, daarboven tegenover den buik, dewelke was nevens het net; en tweehonderd granaatappelen waren in rijen rondom, ook over het andere kapiteel.

[21]Daarna richtte hij de pilaren op in het voorhuis des tempels; en den rechter pilaar opgericht hebbende, zo noemde hij zijn naam Jachin, en den linker pilaar opgericht hebbende, zo noemde hij zijn naam Boaz.

[22]En op het hoofd der pilaren was het leliewerk; alzo werd het werk der pilaren volmaakt.

[23]Verder maakte hij de gegotene zee; van tien ellen was zij van haar enen rand tot haar anderen rand, rondom rond, en van vijf ellen in haar hoogte, en een meetsnoer van dertig ellen omving ze rondom.

[24]En onder haar rand waren knoppen, dezelve rondom omsingelende, tien in een el, omringende die zee rondom; twee rijen dezer knoppen waren in haar gietinggegoten.

[25]Zij stond op twaalf runderen; drie ziende naar het noorden, en drie ziende naar het westen, en drie ziende naar het zuiden, en drie ziende naar het oosten; en dezee was boven op dezelve; en al hun achterdelen waren inwaarts.

[26]Haar dikte nu was een hand breed, en haar rand als het werk van den rand eens bekers of ener leliebloem; zij hield twee duizend bath.

[27]Hij maakte ook tien koperen stellingen; van vier ellen was de lengte ener stelling, en van vier ellen haar breedte, en van drie ellen haar hoogte.

[28]En dit was het werk der stelling; zij hadden lijsten, en de lijsten waren tussen kransen.

[29]En op de lijsten, die tussen de kransen waren, waren leeuwen, runderen en cherubs; en op de kransen was een voet boven henen; en onder de leeuwen en runderen bijvoegselen van uitgerekt werk.

[30]En een stelling had vier koperen raderen, en koperen platen; en haar vier hoeken hadden schouderen; onder het wasvat waren deze gegoten schouderen terzijde van ieders bijvoegselen.

[31]En de mond daarvan was van binnen den krans, en daarboven van een el, en de mond hiervan was rond van voetwerk van een el en een halve el; en op de mond daarvan waren ook graveringen, en de lijsten daarvan waren vierkantig, niet rond.

[32]De vier raderen nu waren onder de lijsten, en de assen der raderen aan de stelling; en de hoogte van een rad was een el en een halve el.

[33]En het werk van die raderen was als het werk van een wagenrad; hun assen, en hun naven, en hun randen, en hun spaken waren alle gegoten.

[34]En er waren vier schouderen op de vier hoeken ener stelling; haar schouderen waren uit de stelling.

[35]En op het hoofd ener stelling was een ronde hoogte van een halve el rondom; ook waren op het hoofd der stelling haar handhaven, en haar lijsten uit denzelve.

[36]Hij sneed nu op de platen van haar handhaven, en op haar lijsten, cherubs, leeuwen, en palmbomen, naar elks ledige plaats, en bijvoegselen rondom.

[37]Dezen gelijk maakte hij de tien stellingen; enerlei gieting, enerlei maat, enerlei snede hadden zij allen.

[38]Hij maakte ook tien koperen wasvaten; een wasvat hield veertig bath; een wasvat was van vier ellen; op elke stelling van die tien stellingen was een wasvat.

[39]En hij zette vijf dier stellingen aan de rechterzijde van het huis, en vijf aan de linkerzijde van het huis; maar de zee zette hij aan de rechterzijde van het huis, oostwaarts tegen het zuiden.

[40]Daartoe maakte Hiram de wasvaten, en de schoffelen, en de besprengbekkens; en Hiram voleindde al het werk te maken, dat hij voor den koning Salomo maakte voor het huis des HEEREN;

[41]Te weten de twee pilaren, en bollen der kapitelen, die op het hoofd der twee pilaren waren, en de twee netten, om de twee bollen der kapitelen te bedekken, die op het hoofd der pilaren waren;

[42]En de vierhonderd granaatappelen tot de twee netten, namelijk twee rijen van granaatappelen tot het ene net, om de twee bollen der kapitelen te bedekken, die boven op de pilaren waren;

[43]Mitsgaders de tien stellingen, en de tien wasvaten op de stellingen;

[44]Daartoe de ene zee; en de twaalf runderen onder die zee.

[45]De potten ook, en de schoffelen, en de besprengbekkens, en al deze vaten, die Hiram voor den koning Salomo tot het huis des HEEREN maakte, alle van gepolijst koper.

[46]In de vlakte van de Jordaan goot ze de koning, in dichte aarde, tussen Sukkoth en tussen Zarthan.

[47]En Salomo liet al deze vaten ongewogen vanwege de zeer grote menigte; het gewicht des kopers werd niet onderzocht.

[48]Ook maakte Salomo al de vaten, die voor het huis des HEEREN waren; het gouden altaar, en de gouden tafel, op dewelke de toonbroden waren;

[49]En de kandelaren, vijf aan de rechterhand, en vijf aan de linkerhand, voor de aanspraakplaats, van gesloten goud; en de bloemen, en de lampen, en de snuitersvan goud;

[50]Mitsgaders de schalen, en de gaffelen, en de sprengbekkens, en de rookschalen, en de wierookvaten, van gesloten goud; daartoe de herren der deuren van het binnenste huis, van het heilige der heiligen, en der deuren van het huis des tempels, van goud.

[51]Alzo werd al het werk volbracht, dat de koning Salomo aan het huis des HEEREN maakte. Daarna bracht Salomo de geheiligde dingen van zijn vader David; het zilver en het goud, en de vaten legde hij onder de schatten van het huis des HEEREN.

Hoofdstuk 8

[1]Toen vergaderde Salomo de oudsten van Israel, en al de hoofden der stammen, de oversten der vaderen, onder de kinderen Israels, tot den koning Salomo te Jeruzalem, om de ark des verbonds des HEEREN op te brengen uit de stad Davids, dewelke is Sion.

[2]En alle mannen van Israel verzamelden zich tot den koning

Salomo, in de maand Ethanim op het feest; die is de zevende maand.

³En al de oudsten van Israel kwamen; en de priesters namen de ark op.

⁴En zij brachten de ark des HEEREN en de tent der samenkomst opwaarts mitsgaders al de heilige vaten, die in de tent waren; en de priesters en de Levietenbrachten dezelve opwaarts.

⁵De koning Salomo nu en de ganse vergadering van Israel, die bij hem vergaderd waren, waren met hem voor de ark, offerende schapen en runderen, dievanwege de menigte niet konden geteld, noch gerekend worden.

⁶Alzo brachten de priesteren de ark des verbonds des HEEREN tot haar plaats, tot de aanspraakplaats van het huis, tot het heilige der heiligen, tot onder devleugelen der cherubim.

⁷Want de cherubim spreidden beide vleugelen over de plaats der ark; en de cherubim overdekten de ark en haar handbomen van boven.

⁸Daarna schoven zij de handbomen verder uit, dat de hoofden der handbomen gezien werden uit het heiligdom voor aan de aanspraakplaats, maar buiten nietgezien werden; en zij zijn aldaar tot op dezen dag.

⁹Er was niets in de ark, dan alleen de twee stenen tafelen, die Mozes bij Horeb daarin gelegd had, als de HEERE een verbond maakte met de kinderen Israels, toen zij uit Egypteland uitgetogen waren.

¹⁰En het geschiedde, als de priesters uit het heilige uitgingen, dat een wolk het huis des HEEREN vervulde.

¹¹En de priesters konden niet staan om te dienen, vanwege de wolk; want de heerlijkheid des HEEREN had het huis des HEEREN vervuld.

¹²Toen zeide Salomo: De HEERE heeft gezegd, dat Hij in donkerheid zou wonen.

¹³Ik heb immers een huis gebouwd, U ter woonstede, een vaste plaats tot Uw eeuwige woning.

¹⁴Daarna wendde de koning zijn aangezicht om, en zegende de ganse gemeente van Israel; en de ganse gemeente van Israel stond.

¹⁵En hij zeide: Geloofd zij de HEERE, de God Israels, Die met Zijn mond tot mijn vader David gesproken heeft, en heeft het met Zijn hand vervuld, zeggende:

¹⁶Van dien dag af, dat Ik Mijn volk Israel uit Egypteland uitgevoerd heb, heb Ik geen stad verkoren uit alle stammen van Israel, om een huis te bouwen, dat MijnNaam daar zou wezen; maar Ik heb David verkoren, dat hij over Mijn volk Israel wezen zou.

¹⁷Het was ook in het hart van mijn vader David, een huis den Naam van den HEERE, den God Israels, te bouwen.

¹⁸Maar de HEERE zeide tot David, mijn vader: Dewijl dat in uw hart geweest is Mijn Naam een huis te bouwen, gij hebt welgedaan, dat het in uw hart geweestis.

¹⁹Evenwel gij zult dat huis niet bouwen; maar uw zoon, die uit uw lendenen voortkomen zal, die zal Mijn Naam dat huis bouwen.

²⁰Ze heeft de HEERE bevestigd Zijn woord, dat Hij gesproken had; want ik ben opgestaan in de plaats van mijn vader David, en ik zit op den troon van Israel, gelijk als de HEERE gesproken heeft; en ik heb een huis gebouwd den Naam des HEEREN, des Gods van Israel.

²¹En ik heb daar een plaats beschikt voor de ark, waarin het verbond des HEEREN is, hetwelk Hij met onze vaderen maakte, als Hij hen uit Egypelanduitvoerde.

²²En Salomo stond voor het altaar des HEEREN, tegenover de ganse gemeente van Israel, en breidde zijn handen uit naar den hemel;

²³En hij zeide: HEERE, God van Israel, er is geen God, gelijk Gij, boven in den hemel, noch beneden op de aarde, houdende het verbond en de weldadigheidaan Uw knechten, die voor Uw aangezicht met hun ganse hart wandelen;

²⁴Die Uw knecht, mijn vader David, gehouden hebt, wat Gij tot hem gesproken hadt; want met Uw mond hebt Gij gesproken, en met Uw hand vervuld, gelijk hette dezen dage is.

²⁵En nu HEERE, God van Israel, houd Uw knecht, mijn vader David, wat Gij tot hem gesproken hebt, zeggende: Geen man zal u van voor Mijn aangezichtafgesneden worden, die op den troon van Israel zitte; alleenlijk zo uw zonen hun weg bewaren, om te wandelen voor Mijn aangezicht, gelijk als gij gewandeldhebt voor Mijn aangezicht.

²⁶Nu dan, o God van Israel, laat toch Uw woord waar worden, hetwelk Gij gesproken hebt tot Uw knecht, mijn vader David.

²⁷Maar waarlijk, zou God op de aarde wonen? Zie, de hemelen, ja, de hemel der hemelen zouden U niet begrijpen, hoeveel te min dit huis, dat ik gebouwd heb!

²⁸Wend U dan nog tot het gebed van Uw knecht, en tot zijn smeking, o HEERE, mijn God, om te horen naar het geroep en naar het gebed, dat Uw knecht hedenvoor Uw aangezicht bidt.

²⁹Dat Uw ogen open zijn, nacht en dag, over dit huis, over deze plaats, van dewelke Gij gezegd hebt: Mijn Naam zal daar zijn; om te horen naar het gebed, hetwelk Uw knecht bidden zal in deze plaats.

³⁰Hoor dan naar de smeking van Uw knecht, en van Uw volk Israel, die in deze plaats zullen bidden; en Gij, hoor in de plaats Uwer woning, in den hemel, ja, hoor, en vergeef.

³¹Wanneer iemand tegen zijn naaste zal gezondigd hebben, en hij hem een eed des vloeks opgelegd zal hebben, om zichzelven te vervloeken; en de eed desvloeks voor Uw altaar in dit huis komen zal;

³²Hoor Gij dan in den hemel, en doe, en richt Uw knechten, veroordelende den ongerechtige, gevende zijn weg op zijn hoofd, en rechtvaardigende dengerechtige, gevende hem naar zijn gerechtigheid.

³³Wanneer Uw volk Israel zal geslagen worden voor het aangezicht des vijands, omdat zij tegen U gezondigd zullen hebben, en zich tot U bekeren, en Uw Naambelijden, en tot U in dit huis bidden en smeken zullen;

³⁴Hoor Gij dan in den hemel, en vergeef de zonde van Uw volk Israel, en breng hen weder in het land, dat Gij hun vaderen gegeven hebt.

³⁵Als de hemel zal gesloten zijn, dat er geen regen is, omdat zij tegen U gezondigd zullen hebben; en zij in deze plaats bidden, en Uw Naam belijden, en van hunzonden zich bekeren zullen, als Gij hen geplaagd zult hebben;

³⁶Hoor Gij dan in den hemel, en vergeef de zonde van Uw knechten en van Uw volk Israel, als Gij hun zult geleerd hebben den goeden weg in denwelken zijwandelen zullen; en geef regen op Uw land, dat Gij Uw volk tot een erfenis gegeven hebt.

³⁷Als er honger in het land wezen zal, als er pest wezen zal, als er brandkoren, honigdauw, sprinkhanen, kevers wezen zullen, als zijn vijand in het land zijnerpoorten hem belegeren zal, of enige plage, of enige krankheid wezen zal;

³⁸Alle gebed, alle smeking, die van enig mens, van al Uw volk Israel, geschieden zal; als zij erkennen, een ieder de plage zijns harten, en een ieder zijn handen indit huis uitbreiden zal;

³⁹Hoor Gij dan in den hemel, de vaste plaats Uwer woning, en vergeef, en doe, en geef een iegelijk naar al zijn wegen, gelijk Gij zijn hart kent; want Gij alleenkent het hart van alle kinderen der mensen;

⁴⁰Opdat zij U vrezen al de dagen, die zij leven zullen in het land, dat Gij onzen vaderen gegeven hebt.

⁴¹Zelfs ook aangaande den vreemde, die van Uw volk Israel niet zal zijn, maar uit verren lande om Uws Naams wil komen zal;

⁴²(Want zij zullen horen van Uw groten Naam, en van Uw sterke hand, en van Uw uitgestrekten arm) als hij komen en bidden zal in dit huis;

⁴³Hoor Gij in den hemel, de vaste plaats Uwer woning, en doe naar alles, waarom die vreemde tot U roepen zal; opdat alle volken der aarde Uw Naam kennen, om U te vrezen, gelijk Uw volk Israel, en om te weten, dat Uw Naam genoemd wordt over dit huis, hetwelk ik gebouwd heb.

⁴⁴Wanneer Uw volk in den krijg tegen zijn vijand uittrekken zal door den weg, dien Gij hen henen zenden zult, en zullen tot den HEERE bidden naar den wegdezer stad, die Gij verkoren hebt, en naar dit huis, hetwelk ik Uw Naam gebouwd heb;

⁴⁵Hoor dan in den hemel hun gebed en hun smeking, en voer hun recht uit.

⁴⁶Wanneer zij gezondigd zullen hebben tegen U (want geen mens is er, die niet zondigt), en Gij tegen hen vertoornd zult zijn, en hen leveren zult voor hetaangezicht des vijands, dat degenen, die hen gevangen hebben, hen gevankelijk wegvoeren in des vijands land, dat verre of nabij is.

⁴⁷En zij in het land, waar zij gevankelijk weggevoerd zijn, weder aan hun hart brengen zullen, dat zij zich bekeren, en tot U smeken in het land dergenen, die zegevankelijk weggevoerd hebben, zeggende: Wij hebben gezondigd, en verkeerdelijk gedaan, wij hebben goddelooslijk gehandeld;

⁴⁸En zij zich tot U bekeren, met hun ganse hart, en met hun ganse ziel, in het land hunner vijanden, die hen gevankelijk weggevoerd zullen hebben; en tot U biddenzullen naar den weg van hun land (hetwelk Gij hun vaderen gegeven hebt), naar deze stad, die Gij verkoren hebt, en naar dit huis, dat ik Uw Naam gebouwdheb;

⁴⁹Hoor dan in den hemel, de vaste plaats Uwer woning, hun gebed en hun smeking en voer hun recht uit;

⁵⁰En vergeef aan Uw volk, dat zij tegen U gezondigd zullen hebben, en al hun overtredingen, waarmede zij tegen U zullen overtreden hebben; en geef hunbarmhartigheid voor het aangezicht dergenen, die ze gevangen houden, opdat zij zich hunner ontfermen;

⁵¹Want zij zijn Uw volk en Uw erfdeel, die Gij uitgevoerd hebt uit Egypteland, uit het midden des ijzeren ovens;

⁵²Opdat Uw ogen open zijn tot de smeking van Uw knecht en tot de smeking van Uw volk Israel, om naar hen te horen, in al hun roepen

1 Koningen

tot U.

⁵³Want Gij hebt hen U tot een erfdeel afgezonderd, uit alle volken der aarde; gelijk als Gij gesproken hebt door den dienst van Mozes, Uw knecht, als Gij onzevaderen uit Egypte uitvoerdet, Heere HEERE!

⁵⁴Het geschiedde nu, als Salomo voleind had dit ganse gebed, en deze smeking tot den HEERE te bidden, dat hij van voor het altaar des HEEREN opstond, vanhet knielen op zijn knieen, met zijn handen uitgebreid naar den hemel;

⁵⁵Zo stond hij, en zegende de ganse gemeente van Israel, zeggende met luider stem:

⁵⁶Geloofd zij de HEERE, Die aan Zijn volk Israel rust gegeven heeft, naar alles, wat Hij gesproken heeft! Niet een enig woord is er gevallen van al Zijn goedewoorden, die Hij gesproken heeft door den dienst van Mozes, Zijn knecht.

⁵⁷De HEERE, onze God, zij met ons, gelijk als Hij geweest is met onze vaderen; Hij verlate ons niet, en begeve ons niet;

⁵⁸Neigende tot Zich ons hart, om in al Zijn wegen te wandelen, en om te houden Zijn geboden, en Zijn inzettingen, en Zijn rechten, dewelke Hij onzen vaderengeboden heeft.

⁵⁹En dat deze mijn woorden, waarmede ik voor den HEERE gesmeekt heb, mogen nabij zijn voor den HEERE, onzen God, dag en nacht; opdat Hij het rechtvan Zijn knecht uitvoere, en het recht van Zijn volk Israel, elkeen dagelijks op zijn dag.

⁶⁰Opdat alle volken der aarde weten, dat de HEERE die God is, niemand meer;

⁶¹En ulieder hart volkomen zij met den HEERE, onzen God, om te wandelen in Zijn inzettingen, en Zijn geboden te houden, gelijk te dezen dage.

⁶²En de koning, en gans Israel met hem, offerden slachtofferen voor het aangezicht des HEEREN.

⁶³En Salomo offerde ten dankoffer, dat hij den HEERE offerde, twee en twintig duizend runderen, en honderd en twintig duizend schapen. Alzo hebben zij hethuis des HEEREN ingewijd, de koning en al de kinderen Israels.

⁶⁴Ten zelfden dage heiligde de koning het middelste des voorhofs, dat voor het huis des HEEREN was, omdat hij aldaar het brandoffer en het spijsoffer bereidhad, mitsgaders het vet der dankofferen; want het koperen altaar, dat voor het aangezicht des HEEREN was, was te klein, om de brandofferen, en despijsofferen, en het vet der dankofferen te vatten.

⁶⁵Terzelfder tijd ook hield Salomo het feest, en gans Israel met hem, een grote gemeente, van den ingang af van Hamath tot de rivier van Egypte, voor hetaangezicht des HEEREN, onzes Gods, zeven dagen en zeven dagen, zijnde veertien dagen.

⁶⁶Op den achtsten dag liet hij het volk gaan, en zij zegenden den koning; daarna gingen zij naar hun tenten, blijde en goedsmoeds over al het goede, dat deHEERE aan David, Zijn knecht, en aan Israel, Zijn volk, gedaan had.

Hoofdstuk 9

¹Het geschiedde nu, als Salomo voleind had te bouwen het huis des HEEREN en het huis des konings, en al de begeerten van Salomo, die hem gelust had temaken;

²Dat de HEERE ten anderen male aan Salomo verscheen, gelijk als Hij hem in Gibeon verschenen was.

³En de HEERE zeide tot hem: Ik heb uw gebed en uw smeking gehoord, die gij voor Mijn aangezicht smekende gedaan hebt; Ik heb dat huis geheiligd, hetwelkgij gebouwd hebt, opdat Ik Mijn Naam aldaar tot in eeuwigheid zette; en Mijn ogen en Mijn hart zullen daar zijn te allen dage.

⁴En zo gij voor Mijn aangezicht wandelen zult, gelijk als uw vader David gewandeld heeft, met volkomenheid des harten, en met oprechtheid, om te doen naar alwat Ik u geboden heb, en Mijn inzettingen en Mijn rechten houden zult;

⁵Zo zal Ik den troon uws koninkrijks over Israel bevestigen in eeuwigheid; gelijk als Ik gesproken heb over uw vader David, zeggende: Geen man zal uafgesneden worden van den troon van Israel.

⁶Maar zo gijlieden u te enen male afkeren zult, gij en uw kinderen, van Mij na te volgen, en niet houden zult Mijn geboden en Mijn inzettingen, die Ik voor uwaangezicht gegeven heb; maar heengaan, en andere goden dienen, en u voor dezelve nederbuigen zult;

⁷Zo zal Ik Israel uitroeien van het land, dat Ik hun gegeven heb, en dit huis, hetwelk Ik Mijn Naam geheiligd heb, zal Ik van Mijn aangezicht wegwerpen; enIsrael zal tot een spreekwoord en spotrede zijn onder alle volken.

⁸En aangaande dit huis, dat verheven zal geweest zijn, al wie voor hetzelve zal voorbijgaan, zal zich ontzetten en fluiten; men zal zeggen: Waarom heeft deHEERE alzo gedaan aan dit land en aan dit huis?

⁹En men zal zeggen: Omdat zij den HEERE, hun God, verlaten hebben, Die hun vaderen uit Egypteland uitgevoerd had, en hebben zich aan andere godengehouden, en zich voor dezelve nedergebogen, en hen gediend; daarom heeft de HEERE al dit kwaad over hen gebracht.

¹⁰En het geschiedde ten einde van twintig jaren, in dewelke Salomo die twee huizen gebouwd had, het huis des HEEREN en het huis des konings;

¹¹(Waartoe Hiram, de koning van Tyrus, Salomo van cederbomen, en van dennenbomen, en van goud, naar al zijn lust opgebracht had), dat alstoen de koningSalomo aan Hiram twintig steden gaf in het land van Galilea.

¹²En Hiram toog uit van Tyrus, om de steden te bezien, die Salomo hem gegeven had, maar zij waren niet recht in zijn ogen.

¹³Daarom zeide hij: Wat zijn dat voor steden, mijn broeder, die gij mij gegeven hebt? En hij noemde ze het land Kabul, tot op dezen dag.

¹⁴En Hiram had den koning gezonden honderd en twintig talenten gouds.

¹⁵Dit is nu de oorzaak van het uitschot, dat de koning Salomo deed opkomen, om het huis des HEEREN te bouwen, en zijn huis, en Millo, en den muur vanJeruzalem, mitsgaders Hazor, en Megiddo, en Gezer.

¹⁶Want Farao, de koning van Egypte, was opgekomen, en had Gezer ingenomen, en haar met vuur verbrand, en de Kanaanieten, die in de stad woonden, gedood, en had haar aan zijn dochter, de huisvrouw van Salomo, tot een geschenk gegeven.

¹⁷Alzo bouwde Salomo Gezer, en het lage Beth-horon.

¹⁸En Baalath, en Tamor in de woestijn, in dat land;

¹⁹En al de schatsteden, die Salomo had, en de wagensteden, en de steden der ruiteren, en wat de begeerte van Salomo begeerde te bouwen, in Jeruzalem, en opden Libanon, en in het ganse land zijner heerschappij.

²⁰Aangaande al het volk, dat overgebleven was van de Amorieten, Hethieten, Ferezieten, Hevieten, en Jebusieten, die niet waren van de kinderen Israels;

²¹Hun kinderen, die na hen in het land overgebleven waren, die de kinderen Israels niet hadden kunnen verbannen, die heeft Salomo gebracht op slaafsen uitschottot op dezen dag.

²²Doch van de kinderen Israels maakte Salomo geen slaaf; maar zij waren krijgslieden, en zijn knechten, en zijn vorsten, en zijn hoofdlieden, en de oversten zijnerwagenen, en zijner ruiteren.

²³Dezen waren de oversten der bestelden, die over het werk van Salomo waren, vijfhonderd en vijftig, die heerschappij hadden over het volk, dat in het werkdoende was.

²⁴Doch de dochter van Farao toog van de stad Davids op tot haar huis, hetwelk hij voor haar gebouwd had; toen bouwde hij Millo.

²⁵En Salomo offerde driemaal des jaars brandofferen en dankofferen, op het altaar, dat hij den HEERE gebouwd had, en rookte op dat, hetwelk voor hetaangezicht des HEEREN was, als hij het huis volmaakt had.

²⁶De koning Salomo maakte ook schepen te Ezeon-Geber, dat bij Eloth is, aan den oever der Schelfzee, in het land van Edom.

²⁷En Hiram zond met die schepen zijn knechten, scheepslieden, kenners van de zee, met de knechten van Salomo.

²⁸En zij kwamen te Ofir, en haalden van daar aan goud, vierhonderd en twintig talenten, en brachten het tot den koning Salomo.

Hoofdstuk 10

¹En toen de koningin van Scheba het gerucht van Salomo hoorde, aangaande den Naam des HEEREN, kwam zij, om hem met raadselen te verzoeken.

²En zij kwam te Jeruzalem, met een zeer zwaar heir, met kemelen, dragende specerijen, en zeer veel gouds, en kostelijk gesteente; en zij kwam tot Salomo, ensprak tot hem al wat in haar hart was.

³En Salomo verklaarde haar al haar woorden; geen ding was er verborgen voor den koning, dat hij haar niet verklaarde.

⁴Als nu de koningin van Scheba zag al de wijsheid van Salomo, en het huis, hetwelk hij gebouwd had,

⁵En de spijze zijner tafel, en het zitten zijner knechten, en het staan zijner dienaren, en hun kledingen, en zijn schenkers, en zijn opgang, waardoor hij henenopging in het huis des HEEREN, zo was in haar geen geest meer.

⁶En zij zeide tot den koning: Het woord is waarheid geweest, dat ik in mijn land gehoord heb, van uw zaken en van uw wijsheid.

⁷Ik heb die woorden niet geloofd, totdat ik gekomen ben, en mijn ogen dat gezien hebben; en zie, de helft is mij niet aangezegd; gij hebt met wijsheid, en goedovertroffen het gerucht, dat ik gehoord heb.

⁸Welgelukzalig zijn uw mannen, welgelukzalig deze uw knechten,

die gedurig voor uw aangezicht staan, die uw wijsheid horen!

⁹Geloofd zij de HEERE, uw God, Die behagen in u heeft gehad, om u op den troon van Israel te zetten! Omdat de HEERE Israel in eeuwigheid bemint, daarom heeft Hij u tot koning gesteld, om recht en gerechtigheid te doen.

¹⁰En zij gaf den koning honderd en twintig talenten gouds, en zeer veel specerijen, en kostelijk gesteente; als deze specerij, die de koningin van Scheba den koning Salomo gaf, is er nooit meer in menigte gekomen.

¹¹Verder ook de schepen van Hiram, die goud uit Ofir voerden, brachten uit Ofir zeer veel almuggimhout en kostelijk gesteente.

¹²En de koning maakte van dit almuggimhout steunselen voor het huis des HEEREN, en voor het huis des konings, mitsgaders harpen en luiten voor de zangers. Het almuggimhout was zo niet gekomen noch gezien geweest, tot op dezen dag.

¹³En de koning Salomo gaf de koningin van Scheba al haar behagen, wat zij begeerde; behalve dat hij haar gaf naar het vermogen van den koning Salomo; zo keerde zij en toog in haar land, zij en haar knechten.

¹⁴Het gewicht nu van het goud, dat voor Salomo op een jaar inkwam was zeshonderd zes en zestig talenten gouds;

¹⁵Behalve dat van de kramers was, en van den handel der kruideniers, en van alle koningen van Arabie, en van de geweldigen van dat land.

¹⁶Ook maakte de koning Salomo tweehonderd rondassen van geslagen goud; zeshonderd sikkelen gouds liet hij opwegen tot elke rondas.

¹⁷Insgelijks driehonderd schilden van geslagen goud; drie pond gouds liet hij opwegen tot elk schild; en de koning legde ze in het huis des wouds van Libanon.

¹⁸Nog maakte de koning een groten elpenbenen troon, en hij overtoog denzelven met dicht goud.

¹⁹Deze troon had zes trappen, en het hoofd van den troon was van achteren rond, en aan beide zijden waren leuningen tot de zitplaats toe, en twee leeuwen stonden bij die leuningen.

²⁰En twaalf leeuwen stonden daar op de zes trappen aan beide zijden, desgelijks is in geen koninkrijken gemaakt geweest.

²¹Ook waren alle drinkvaten van den koning Salomo van goud, en alle vaten van het huis des wouds van Libanon waren van gesloten goud; geen zilver was eraan; want het werd in de dagen van Salomo niet voor enig ding geacht.

²²Want de koning had in zee schepen van Tharsis, met de schepen van Hiram; deze schepen van Tharsis kwamen in, eenmaal in drie jaren, brengende goud, en zilver, elpenbeen, en apen, en pauwen.

²³Alzo werd de koning Salomo groter dan alle koningen der aarde, in rijkdom en in wijsheid.

²⁴En de ganse aarde zocht het aangezicht van Salomo, om zijn wijsheid te horen, die God in zijn hart gegeven had.

²⁵En zij brachten een ieder zijn geschenk, zilveren vaten, en gouden vaten, en klederen, en harnas, en specerijen, paarden en muilezelen, elk ding van jaar tot jaar.

²⁶Daartoe vergaderde Salomo wagenen en ruiteren, en hij had duizend en vierhonderd wagenen, en twaalf duizend ruiteren, en legde ze in de wagensteden en bij den koning in Jeruzalem.

²⁷En de koning maakte het zilver in Jeruzalem te zijn als stenen, en de cederen maakte hij te zijn als de wilde vijgebomen, die in de laagte zijn, in menigte.

²⁸En het uitbrengen der paarden was hetgeen Salomo uit Egypte had; en aangaande het linnen garen, de kooplieden des konings namen het linnen garen voor den prijs.

²⁹En een wagen kwam op, en ging uit van Egypte, voor zeshonderd sikkelen zilvers, en een paard voor honderd en vijftig; en alzo voerden ze die uit door hun hand voor alle koningen der Hethieten, en voor de koningen van Syrie.

Hoofdstuk 11

¹En de koning Salomo had veel vreemde vrouwen lief, en dat benevens de dochter van Farao: Moabietische, Ammonietische, Edomietische, Sidonische, Hethietische;

²Van die volken, waarvan de HEERE gezegd had tot de kinderen Israels: Gij lieden zult tot hen niet ingaan, en zij zullen tot u niet inkomen; zij zouden zekerlijk uw hart achter hun goden neigen; aan deze hing Salomo met liefde.

³En hij had zevenhonderd vrouwen, vorstinnen, en driehonderd bijwijven; en zijn vrouwen neigden zijn hart.

⁴Want het geschiedde in den tijd van Salomo's ouderdom, dat zijn vrouwen zijn hart achter andere goden neigden; dat zijn hart niet volkomen was met den HEERE, zijn God, gelijk het hart van zijn vader David.

⁵Want Salomo wandelde Astoreth, den god der Sidoniers, na, en Milchom, het verfoeisel der Ammonieten.

⁶Alzo deed Salomo dat kwaad was in de ogen des HEEREN; en volhardde niet den HEERE te volgen, gelijk zijn vader David.

⁷Toen bouwde Salomo een hoogte voor Kamos, het verfoeisel der Moabieten, op den berg, die voor Jeruzalem is, en voor Molech, het verfoeisel der kinderen Ammons.

⁸En alzo deed hij voor al zijn vreemde vrouwen, die haar goden rookten en offerden.

⁹Daarom vertoornde Zich de HEERE tegen Salomo, omdat hij zijn hart geneigd had van den HEERE, den God Israels, Die hem tweemaal verschenen was.

¹⁰En hem van deze zaak geboden had, dat hij andere goden niet zou nawandelen; doch hij hield niet, wat de HEERE geboden had.

¹¹Daarom zeide de HEERE tot Salomo: Dewijl dit bij u geschied is, dat gij niet hebt gehouden Mijn verbond en Mijn inzettingen, die Ik u geboden heb; Ik zal gewisselijk dit koninkrijk van u scheuren, en datzelve uw knecht geven.

¹²In uw dagen nochtans zal Ik dat niet doen, om uws vaders Davids wil, van de hand uws zoons zal Ik het scheuren.

¹³Doch Ik zal het gehele koninkrijk niet afscheuren; een stam zal Ik uw zoon geven, om Mijns knechts Davids wil, en om Jeruzalems wil, dat Ik verkoren heb.

¹⁴Zo verwekte de HEERE Salomo een tegenpartijder, Hadad, den Edomiet; hij was van des konings zaad in Edom.

¹⁵Want het was geschied, als David in Edom was, toen Joab, de krijgsoverste, optoog, om de verslagenen te begraven, dat hij al wat mannelijk was in Edom sloeg.

¹⁶Want Joab bleef aldaar zes maanden, met het ganse Israel, totdat hij al wat mannelijk was in Edom uitgeroeid had.

¹⁷Doch Hadad was ontvloden, hij en enige Edomietische mannen uit zijns vaders knechten met hem, om in Egypte te komen; Hadad nu was een klein jongsken.

¹⁸En zij maakten zich op van Midian, en kwamen tot Paran, en kwamen in Egypte tot Farao, den koning van Egypte, die hem een huis gaf, en hem voeding toezeide, en hem een land gaf.

¹⁹En Hadad vond grote genade in de ogen van Farao, zodat hij hem tot een vrouw gaf de zuster zijner huisvrouw, de zuster van Tachpenes, de koningin.

²⁰En de zuster van Tachpenes baarde hem zijn zoon Genubath, denwelken Tachpenes optoog in het huis van Farao; zodat Genubath in het huis van Farao was, onder de zonen van Farao.

²¹Toen nu Hadad in Egypte hoorde, dat David met zijn vaderen ontslapen, en dat Joab, de krijgsoverste, dood was, zeide Hadad tot Farao: Laat mij gaan, dat ik in mijn land trekke.

²²Doch Farao zeide: Maar wat ontbreekt u bij mij, dat, zie, gij in uw land zoekt te trekken? En hij zeide: Niets, maar laat mij evenwel gaan.

²³Ook verwekte God hem een wederpartijder, Rezon, den zoon van Eljada, die gevloden was van zijn heer Hadad-ezer, den koning van Zoba,

²⁴Tegen welken hij ook mannen vergaderd had, en werd overste ener bende, als David die doodde; en getrokken zijnde naar Damaskus, woonden zij aldaar, en regeerden in Damaskus.

²⁵En hij was Israels tegenpartijder al de dagen van Salomo, en dat benevens het kwaad, dat Hadad deed; want hij had een afkeer van Israel, en hij regeerde over Syrie.

²⁶Daartoe Jerobeam, de zoon van Nebat, een Efrathiet van Zereda, Salomo's knecht (wiens moeders naam was Zerua, een weduwvrouw), hief ook de hand op tegen den koning.

²⁷Dit is nu de zaak, waarom hij de hand tegen den koning ophief. Salomo bouwde Millo, en sloot de breuk der stad van zijn vader David toe.

²⁸En de man Jerobeam was een dapper held. Toen Salomo dezen jongeling zag, dat hij arbeidzaam was, zo stelde hij hem over al den last van het huis van Jozef.

²⁹Het geschiedde nu te dier tijd, als Jerobeam uit Jeruzalem uitging, dat de profeet Ahia, de Siloniet, hem op den weg vond, en hij zich een nieuw kleed aangedaan had, en zij beiden alleen op het veld waren;

³⁰Zo vatte Ahia het nieuwe kleed, dat aan hem was, en scheurde het, in twaalf stukken.

³¹En hij zeide tot Jerobeam: Neem u tien stukken; want alzo zegt de HEERE, de God Israels: Zie, Ik zal het koninkrijk van de hand van Salomo scheuren, en u tien stammen geven.

³²Maar een stam zal hij hebben, om Mijns knechts Davids wil, en

I Koningen

om Jeruzalems wil, de stad, die Ik verkoren heb uit alle stammen van Israel.

³³Daarom dat zij Mij verlaten, en zich nedergebogen hebben voor Astoreth, den god der Sidoniers, Kamos, den god der Moabieten, en Milchom, den god derkinderen Ammons; en niet gewandeld hebben in Mijn wegen, om te doen wat recht is in Mijn ogen, te weten Mijn inzettingen en Mijn rechten; gelijk zijn vaderDavid.

³⁴Doch niets van dit koninkrijk zal Ik uit zijn hand nemen; maar Ik stel hem tot een vorst al de dagen zijns levens, om Mijns knechts Davids wil, dien Ik verkorenheb, die Mijn geboden en Mijn inzettingen gehouden heeft.

³⁵Maar uit de hand zijns zoons zal Ik het koninkrijk nemen; en Ik zal u daarvan tien stammen geven.

³⁶En zijn zoon zal Ik een stam geven; opdat Mijn knecht David altijd een lamp voor Mijn aangezicht hebbe in Jeruzalem, de stad, die Ik Mij verkoren heb, omMijn Naam daar te stellen.

³⁷Zo zal Ik u nemen, en gij zult regeren over al wat uw ziel zal begeren; en gij zult koning zijn over Israel.

³⁸En het zal geschieden, zo gij horen zult al wat Ik u zal gebieden, en in Mijn wegen zult wandelen, en doen wat recht in Mijn ogen is, houdende Mijn inzettingenen Mijn geboden, gelijk als Mijn knecht David gedaan heeft; dat Ik met u zal zijn, en u een bestendig huis bouwen, gelijk als Ik David gebouwd heb, en zal uIsrael geven.

³⁹En Ik zal om diens wil het zaad van David verootmoedigen; nochtans niet altijd.

⁴⁰Daarom zocht Salomo Jerobeam te doden; maar Jerobeam maakte zich op, en vlood in Egypte, tot Sisak, den koning van Egypte, en was in Egypte, totdatSalomo stierf.

⁴¹Het overige nu der geschiedenissen van Salomo, en al wat hij gedaan heeft, en zijn wijsheid, is dat niet geschreven in het boek der geschiedenissen van Salomo?

⁴²De tijd nu, dien Salomo te Jeruzalem over het ganse Israel regeerde, was veertig jaar.

⁴³Daarna ontsliep Salomo met zijn vaderen, en werd begraven in de stad van zijn vader David; en Rehabeam, zijn zoon, werd koning in zijn plaats.

Hoofdstuk 12

¹En Rehabeam toog naar Sichem, want het ganse Israel was te Sichem gekomen, om hem koning te maken.

²Het geschiedde nu, als Jerobeam, de zoon van Nebat, dit hoorde, daar hij nog in Egypte was (want hij was van het aangezicht van den koning Salomogevloden; en Jerobeam woonde in Egypte),

³Dat zij henen zonden, en lieten hem roepen; en Jerobeam en de ganse gemeente van Israel kwamen en spraken tot Rehabeam, zeggende:

⁴Uw vader heeft ons juk hard gemaakt; gij dan nu, maak uws vaders harden dienst, en zijn zwaar juk, dat hij ons opgelegd heeft, lichter, en wij zullen u dienen.

⁵En hij zeide tot hen: Gaat heen tot aan den derden dag, komt dan weder tot mij. En het volk ging heen.

⁶En de koning Rehabeam hield raad met de oudsten, die gestaan hadden voor het aangezicht van zijn vader Salomo, als hij leefde, zeggende: Hoe raadt gijlieden, dat men dit volk antwoorden zal?

⁷En zij spraken tot hem, zeggende: Indien gij heden knecht van dit volk wezen zult, en hen dienen, en hun antwoorden, en tot hen goede woorden spreken zult, zo zullen zij te allen dage uw knechten zijn.

⁸Maar hij verliet den raad der oudsten, dien zij hem geraden hadden; en hij hield raad met de jongelingen, die met hem opgewassen waren, die voor zijnaangezicht stonden.

⁹En hij zeide tot hen: Wat raadt gijlieden, dat wij dit volk antwoorden zullen, die tot mij gesproken hebben, zeggende: Maak het juk, dat uw vader ons opgelegdheeft, lichter.

¹⁰En de jongelingen, die met hem opgewassen waren, spraken tot hem, zeggende: Alzo zult gij zeggen tot dat volk, die tot u gesproken hebben, zeggende: Uwvader heeft ons juk zwaar gemaakt, maar maak gij het over ons lichter; alzo zult gij tot hen spreken: Mijn kleinste vinger zal dikker zijn dan mijns vaderslenden.

¹¹Indien nu mijn vader een zwaar juk op u heeft doen laden, zo zal ik boven uw juk nog daartoe doen; mijn vader heeft u met geselen gekastijd, maar ik zal u metschorpioenen kastijden.

¹²Zo kwam Jerobeam en het ganse volk tot Rehabeam op den derden dag, gelijk als de koning gesproken had, zeggende: Komt weder tot mij op den derdendag.

¹³En de koning antwoordde het volk hardelijk; want hij verliet den raad der oudsten, dien zij hem geraden hadden.

¹⁴En hij sprak tot hen naar den raad der jongelingen, zeggende: Mijn vader heeft uw juk zwaar gemaakt, maar ik zal boven uw juk nog daartoe doen; mijn vaderheeft u met geselen gekastijd, maar ik zal u met schorpioenen kastijden.

¹⁵Alzo hoorde de koning naar het volk niet; want deze omwending was van den HEERE, opdat Hij Zijn woord bevestigde, hetwelk de HEERE door den dienstvan Ahia, den Siloniet, gesproken had tot Jerobeam, den zoon van Nebat.

¹⁶Toen gans Israel zag, dat de koning naar hen niet hoorde, zo gaf het volk den koning weder antwoord, zeggende: Wat deel hebben wij aan David? Ja, geenerve hebben wij aan den zoon van Isai; naar uw tenten, o Israel! Voorzie nu uw huis, o David! Zo ging Israel naar zijn tenten.

¹⁷Doch aangaande de kinderen van Israel, die in de steden van Juda woonden, over die regeerde Rehabeam ook.

¹⁸Toen zond de koning Rehabeam Adoram, die over de schatting was; en het ganse Israel stenigde hem met stenen, dat hij stierf; maar de koning Rehabeamvervloekte zich om op een wagen te klimmen, dat hij naar Jeruzalem vluchtte.

¹⁹Alzo vielen de Israelieten van het huis Davids af, tot op dezen dag.

²⁰En het geschiedde, als gans Israel hoorde, dat Jerobeam wedergekomen was, dat zij henen zonden, en hem in de vergadering riepen, en hem over gans Israelkoning maakten; niemand volgde het huis Davids, dan de stam van Juda alleen.

²¹Toen nu Rehabeam te Jeruzalem gekomen was, vergaderde hij het ganse huis van Juda en den stam van Benjamin, honderd en tachtig duizend uitgelezenen, geoefend ten oorlog, om tegen het huis Israels te strijden, opdat hij het koninkrijk weder aan Rehabeam, den zoon van Salomo, bracht.

²²Doch het woord van God geschiedde tot Semaja, den man Gods, zeggende:

²³Zeg tot Rehabeam, den zoon van Salomo, den koning van Juda, en tot het ganse huis van Juda en Benjamin, en overige des volks, zeggende:

²⁴Zo zegt de HEERE: Gij zult niet optrekken, noch strijden tegen uw broederen, de kinderen Israels; een ieder kere weder tot zijn huis, want deze zaak is van Mijgeschied. En zij hoorden het woord des HEEREN, en keerden weder, om weg te trekken naar het woord des HEEREN.

²⁵Jerobeam nu bouwde Sichem op het gebergte van Efraim, en woonde daarin, en toog van daar uit, en bouwde Penuel.

²⁶En Jerobeam zeide in zijn hart: Nu zal het koninkrijk weder tot het huis van David keren.

²⁷Zo dit volk opgaan zal om offeranden te doen in het huis des HEEREN te Jeruzalem, zo zal het hart dezes volks tot hun heer, tot Rehabeam, den koning vanJuda, wederkeren; ja, zij zullen mij doden, en tot Rehabeam, den koning van Juda, wederkeren.

²⁸Daarom hield de koning een raad, en maakte twee gouden kalveren; en hij zeide tot hen: Het is ulieden te veel om op te gaan naar Jeruzalem; zie uw goden, oIsrael, die u uit Egypteland opgebracht hebben.

²⁹En hij zette het ene te Beth-El, en het andere stelde hij te Dan.

³⁰En deze zaak werd tot zonde; want het volk ging heen voor het ene, tot Dan toe.

³¹Hij maakte ook een huis der hoogten; en maakte priesteren van de geringsten des volks, die niet waren uit de zonen van Levi.

³²En Jerobeam maakte een feest in de achtste maand, op den vijftienden dag der maand, gelijk het feest, dat in Juda was, en offerde op het altaar; van gelijkendeed hij te Beth-El, offerende den kalveren, die hij gemaakt had; hij stelde ook te Beth-El priesteren der hoogten, die hij gemaakt had.

³³En hij offerde op het altaar, dat hij te Beth-El gemaakt had, op den vijftienden dag der achtste maand, der maand, dewelke hij uit zijn hart verdacht had; zomaakte hij den kinderen Israels een feest, en offerde op dat altaar, rokende.

Hoofdstuk 13

¹En ziet, een man Gods kwam uit Juda, door het woord des HEEREN tot Beth-El; en Jerobeam stond bij het altaar, om te roken.

²En hij riep tegen het altaar, door het woord des HEEREN, en zeide: Altaar, altaar, zo zegt de HEERE: Zie, een zoon zal aan het huis Davids geboren worden, wiens naam zal zijn Josia; die zal op u offeren de priesters der hoogten, die op u roken, en men zal mensenbeenderen op u verbranden.

³En hij gaf ten zelfden dage een wonderteken, zeggende: Dit is dat wonderteken, waarvan de HEERE gesproken heeft; ziet, het altaar zal vaneen gescheurd, ende as, die daarop is, afgestort worden.

⁴Het geschiedde nu, als de koning het woord van den man Gods

hoorde, hetwelk hij tegen het altaar te Beth-El geroepen had, dat Jerobeam zijn hand van ophet altaar uitstrekte, zeggende: Grijpt hem! Maar zijn hand, die hij tegen hem uitgestrekt had, verdorde, dat hij ze niet weder tot zich trekken kon.

⁵En het altaar werd vaneen gescheurd, en de as van het altaar afgestort, naar dat wonderteken, dat de man Gods gegeven had, door het woord des HEEREN.

⁶Toen antwoordde de koning, en zeide tot den man Gods: Aanbid toch het aangezicht des HEEREN, uws Gods, ernstelijk, en bid voor mij, dat mijn hand wedertot mij kome! Toen bad de man Gods het aangezicht des HEEREN ernstelijk; en de hand des konings kwam weder tot hem, en werd gelijk te voren.

⁷En de koning sprak tot den man Gods: Kom met mij naar huis, en sterk u, en ik zal u een geschenk geven.

⁸Maar de man Gods zeide tot den koning: Al gaaft gij mij de helft van uw huis, zo zou ik niet met u gaan, en ik zou in deze plaats geen brood eten, noch waterdrinken.

⁹Want zo heeft mij de HEERE geboden door Zijn woord, zeggende: Gij zult geen brood eten, noch water drinken; en gij zult niet wederkeren door den weg, dien gij gegaan zijt.

¹⁰En hij ging door een anderen weg, en keerde niet weder door den weg, door welken hij te Beth-El gekomen was.

¹¹Een oud profeet nu woonde te Beth-El; en zijn zoon kwam, en vertelde hem al het werk, dat de man Gods te dien dage in Beth-El gedaan had, met dewoorden, die hij tot den koning gesproken had; deze vertelden zij ook hun vader.

¹²En hun vader sprak tot hen: Wat weg is hij getogen? En zijn zonen hadden den weg gezien, welken de man Gods was getogen, die uit Juda gekomen was.

¹³Toen zeide hij tot zijn zonen: Zadelt mij den ezel. En zij zadelden hem den ezel, en hij reed daarop.

¹⁴En hij toog den man Gods na, en vond hem zittende onder een eik; en hij zeide tot hem: Zijt gij de man Gods, die uit Juda gekomen zijt? En hij zeide: Ik ben het.

¹⁵Toen zeide hij tot hem: Kom met mij naar huis, en eet brood.

¹⁶Doch hij zeide: Ik kan niet met u wederkeren, noch met u inkomen; ik zal ook geen brood eten, noch met u water drinken, in deze plaats.

¹⁷Want een woord is tot mij geschied door het woord des HEEREN: Gij zult aldaar noch brood eten, noch water drinken; gij zult niet wederkeren, gaande doorden weg, door denwelken gij gegaan zijt.

¹⁸En hij zeide tot hem: Ik ben ook een profeet, gelijk gij, en een engel heeft tot mij gesproken door het woord des HEEREN, zeggende: Breng hem weder met uin uw huis, dat hij brood ete en water drinke. Doch hij loog hem.

¹⁹En hij keerde met hem wederom, en at brood in zijn huis, en dronk water.

²⁰En het geschiedde, als zij aan de tafel zaten, dat het woord des HEEREN geschiedde tot den profeet, die hem had doen wederkeren;

²¹En hij riep tot den man Gods, die uit Juda gekomen was, zeggende: Zo zegt de HEERE: Daarom dat gij den mond des HEEREN zijt wederspannig geweest, enniet gehouden hebt het gebod, dat u de HEERE, uw God, geboden had;

²²Maar zijt wedergekeerd, en hebt brood gegeten en water gedronken ter plaatse, waarvan Hij tot u gesproken had: Gij zult geen brood eten noch water drinken;zo zal uw dood lichaam in uw vaderen graf niet komen.

²³En het geschiedde, nadat hij brood gegeten, en nadat hij gedronken had, dat hij hem den ezel zadelde, te weten voor den profeet, dien hij had koenwederkeren.

²⁴Zo toog hij heen, en een leeuw vond hem op den weg, en doodde hem; en zijn dood lichaam lag geworpen op den weg, en de ezel stond daarbij; ook stond deleeuw bij het dode lichaam.

²⁵En ziet, er gingen lieden voorbij, en zagen het dode lichaam geworpen op den weg, en den leeuw, staande bij het dode lichaam; en zij kwamen en zeiden het inde stad, waarin de oude profeet woonde.

²⁶Als de profeet, die hem van den weg had doen wederkeren, dit hoorde, zo zeide hij: Het is de man Gods, die den mond des HEEREN wederspannig isgeweest; daarom heeft de HEERE hem den leeuw overgegeven, die hem verbroken, en hem gedood heeft, naar het woord des HEEREN, dat Hij tot hemgesproken had.

²⁷Verder sprak hij tot zijn zonen, zeggende: Zadelt mij den ezel. En zij zadelden hem.

²⁸Toen toog hij heen, en vond zijn dood lichaam geworpen op den weg, en den ezel, en den leeuw, staande bij het dode lichaam; de leeuw had het dode lichaamniet gegeten, en den ezel niet gebroken.

²⁹Toen nam de profeet het dode lichaam van den man Gods op, en legde dat op den ezel, en voerde het wederom; zo kwam de oude profeet in de stad om rouwte bedrijven en hem te begraven.

³⁰En hij legde zijn dood lichaam in zijn graf; en zij maakten over hem een weeklage: Ach, mijn broeder!

³¹Het geschiedde nu, nadat hij hem begraven had, dat hij sprak tot zijn zonen, zeggende: Als ik zal gestorven zijn, zo begraaft mij in dat graf, waarin de man Godsbegraven is, en legt mijn beenderen bij zijn beenderen.

³²Want de zaak zal gewisselijk geschieden, die hij door het woord des HEEREN uitgeroepen heeft tegen het altaar, dat te Beth-El is, en tegen al de huizen derhoogten, die in de steden van Samaria zijn.

³³Na deze geschiedenis keerde zich Jerobeam niet van zijn bozen weg; maar maakte wederom priesters der hoogten van de geringsten des volks; wie wilde, diens hand vulde hij, en werd een van de priesters der hoogten.

³⁴En hij werd in deze zaak het huis van Jerobeam tot zonde, om hetzelve te doen afsnijden en te verdelgen van den aardbodem.

Hoofdstuk 14

¹Te dierzelfder tijd was Abia, de zoon van Jerobeam, krank.

²En Jerobeam zeide tot zijn huisvrouw: Maak u nu op, en verstel u, dat men niet merkte, dat gij Jerobeams huisvrouw zijt, en ga heen naar Silo, zie, daar is deprofeet Ahia, die van mij gesproken heeft, dat ik koning zou zijn over dit volk.

³En neem in uw hand tien broden, en koeken, en een kruik honig, en ga tot hem; hij zal u te kennen geven, wat dezen jongen geschieden zal.

⁴En Jerobeams huisvrouw deed alzo, en maakte zich op, en ging naar Silo, en kwam in het huis van Ahia. Ahia nu kon niet zien, want zijn ogen stonden stijfvanwege zijn ouderdom.

⁵Maar de HEERE zeide tot Ahia: Zie, Jerobeams huisvrouw komt, om een zaak van u te vragen, aangaande haar zoon, want hij is krank; zo en zo zult gij tothaar spreken, en het zal zijn, als zij inkomt, dat zij zich vreemd aanstellen zal.

⁶En het geschiedde, als Ahia het geruis harer voeten hoorde, toen zij ter deure inkwam, dat hij zeide: Kom in, gij huisvrouw van Jerobeam! Waarom stelt gij udus vreemd aan? Want ik ben tot u gezonden met een harde boodschap.

⁷Ga heen, zeg Jerobeam: Zo zegt de HEERE, de God Israels: Daarom, dat Ik u verheven heb uit het midden des volks, en u tot een voorganger over Mijn volkIsrael gesteld heb;

⁸En het koninkrijk van het huis van David gescheurd, en dat u gegeven heb, en gij niet geweest zijt, gelijk Mijn knecht David, die Mijn geboden hield, en die Mijmet zijn ganse hart navolgde, om te doen alleen wat recht is in Mijn ogen;

⁹Maar kwaad gedaan hebt, doende des meer dan allen, die voor u geweest zijn, en henengegaan zijt, en hebt u andere goden en gegotene beelden gemaakt, omMij tot toorn te verwekken, en hebt Mij achter uw rug geworpen;

¹⁰Daarom, zie, Ik zal kwaad over het huis van Jerobeam brengen, en van Jerobeam uitroeien, wat mannelijk is, den beslotene en verlatene in Israel; en Ik zal denakomelingen van het huis van Jerobeam wegdoen, gelijk de drek weggedaan wordt, totdat het ganselijk vergaan zij.

¹¹Die van Jerobeam in de stad sterft, zullen de honden eten; en die in het veld sterft, zullen de vogelen des hemels eten; want de HEERE heeft het gesproken.

¹²Gij dan maak u op, ga naar uw huis; als uw voeten in de stad zullen gekomen zijn, zo zal het kind sterven.

¹³En gans Israel zal hem beklagen, en hem begraven; want deze alleen van Jerobeam zal in het graf komen, omdat in hem wat goeds voor den HEERE, den GodIsraels, in het huis van Jerobeam gevonden is.

¹⁴Doch de HEERE zal Zich een koning verwekken over Israel, die het huis van Jerobeam ten zelfden dage uitroeien zal; maar wat zal het ook nu zijn?

¹⁵De HEERE zal ook Israel slaan, gelijk een riet in het water omgedreven wordt, en zal Israel uitrukken uit dit goede land, dat Hij hun vaderen gegeven heeft, enzal hen verstrooien op gene zijde der rivier; daarom dat zij hun bossen gemaakt hebben, den HEERE tot toorn verwekkende.

¹⁶En Hij zal Israel overgeven, om Jerobeams zonden wil, die gezondigd heeft, en die Israel heeft doen zondigen.

¹⁷Toen maakte zich Jerobeams vrouw op, en ging heen, en kwam te Thirza; als zij nu op den dorpel van het huis kwam, zo stierf de jongeling.

¹⁸En zij begroeven hem, en gans Israel beklaagde hem; naar het woord des HEEREN, dat Hij gesproken had door den dienst van Zijn knecht Ahia, den profeet.

1 Koningen

¹⁹Het overige nu der geschiedenissen van Jerobeam, hoe hij gekrijgd, en hoe hij geregeerd heeft, ziet, die zijn geschreven in het boek der kronieken der koningenvan Israel.

²⁰De dagen nu, die Jerobeam heeft geregeerd, zijn twee en twintig jaren; en hij ontsliep met zijn vaderen, en Nadab, zijn zoon, regeerde in zijn plaats.

²¹Rehabeam nu, de zoon van Salomo, regeerde in Juda; een en veertig jaren was Rehabeam oud, als hij koning werd, en regeerde zeventien jaren te Jeruzalem, inde stad, die de HEERE verkoren had uit al de stammen van Israel, om Zijn Naam daar te zetten; en de naam zijner moeder was Naama, de Ammonietische.

²²En Juda deed wat kwaad was in de ogen des HEEREN, en zij verwekten Hem tot ijver, meer dan al hun vaderen gedaan hadden, met hun zonden, die zijzondigden.

²³Want ook zij bouwden zich hoogten, en opgerichte beelden, en bossen, op allen hogen heuvel, en onder allen groenen boom.

²⁴Er waren ook schandjongens in het land; zij deden naar al de gruwelen der heidenen, die de HEERE voor het aangezicht der kinderen Israels uit de bezittingverdreven had.

²⁵Het geschiedde nu in het vijfde jaar van den koning Rehabeam, dat Sisak, de koning van Egypte, optoog tegen Jeruzalem.

²⁶En hij nam de schatten van het huis des HEEREN, en de schatten van het huis des konings weg, ja, hij nam alles weg; hij nam ook al de gouden schilden weg, die Salomo gemaakt had.

²⁷En de koning Rehabeam maakte, in plaats van die, koperen schilden; en hij beval die onder de hand van de oversten der trawanten, die de deur van het huisdes konings bewaarden.

²⁸En het geschiedde, zo wanneer de koning in het huis des HEEREN ging, dat de trawanten dezelve droegen, en die wederbrachten in der trawantenwachtkamer.

²⁹Het overige nu der geschiedenissen van Rehabeam, en al wat hij gedaan heeft, zijn die niet geschreven in het boek der kronieken der koningen van Juda?

³⁰En er was krijg tussen Rehabeam en tussen Jerobeam, al hun dagen.

³¹En Rehabeam ontsliep met zijn vaderen, en werd begraven bij zijn vaderen in de stad Davids; en de naam zijner moeder was Naama, de Ammonietische; en zijnzoon Abiam regeerde in zijn plaats.

Hoofdstuk 15

¹In het achttiende jaar nu van den koning Jerobeam, den zoon van Nebat, werd Abiam koning over Juda.

²Hij regeerde drie jaren te Jeruzalem; en de naam zijner moeder was Maacha, een dochter van Abisalom.

³En hij wandelde in al de zonden zijns vaders, die hij voor hem gedaan had; en zijn hart was niet volkomen met den HEERE, zijn God, gelijk het hart van zijnvader David.

⁴Maar om Davids wil, gaf de HEERE, zijn God, hem een lamp in Jeruzalem, verwekkende zijn zoon na hem, en bevestigende Jeruzalem.

⁵Omdat David gedaan had wat recht was in de ogen des HEEREN, en niet geweken was van alles, wat Hij hem geboden had, al de dagen zijns levens, danalleen in de zaak van Uria, den Hethiet.

⁶En er was krijg geweest tussen Rehabeam en tussen Jerobeam, al de dagen zijns levens.

⁷Het overige nu der geschiedenissen van Abiam, en alles, wat hij gedaan heeft, is dat niet geschreven in het boek der kronieken der koningen van Juda? Er wasook krijg tussen Abiam en tussen Jerobeam.

⁸En Abiam ontsliep met zijn vaderen, en zij begroeven hem in de stad Davids; en Asa, zijn zoon, regeerde in zijn plaats.

⁹In het twintigste jaar van Jerobeam, den koning van Israel, werd Asa koning over Juda.

¹⁰En hij regeerde een en veertig jaren te Jeruzalem, en de naam zijner moeder was Maacha, een dochter van Abisalom.

¹¹En Asa deed wat recht was in de ogen des HEEREN, gelijk zijn vader David.

¹²Want hij nam weg de schandjongens uit het land, en deed weg al de drekgoden, die zijn vaders gemaakt hadden.

¹³Ja, zelfs zijn moeder Maacha zette hij ook af, dat zij geen koningin ware, omdat zij een afgrijselijken afgod in een bos gemaakt had; ook roeide Asa uit haarafgrijselijken afgod, en verbrandde hem aan de beek Kidron.

¹⁴De hoogten werden wel niet weggenomen; nochtans was het hart van Asa volkomen met den HEERE, al zijn dagen.

¹⁵En hij bracht in het huis des HEEREN de geheiligde dingen zijns vaders, en zijn geheiligde dingen, zilver, en goud, en vaten.

¹⁶En er was krijg tussen Asa en tussen Baesa, den koning van Israel, al hun dagen.

¹⁷Want Baesa, de koning van Israel, toog op tegen Juda, en bouwde Rama; opdat hij niemand toeliet uit te gaan en in te komen tot Asa, den koning van Juda.

¹⁸Toen nam Asa al het zilver en goud, dat overgebleven was in de schatten van het huis des HEEREN, en de schatten van het huis des konings, en gaf ze in dehand zijner knechten; en de koning Asa zond ze tot Benhadad, den zoon van Tabrimmon, den zoon van Hezion, den koning van Syrie, die te Damaskuswoonde, zeggende:

¹⁹Er is een verbond tussen mij en tussen u, tussen mijn vader en tussen uw vader; zie, ik zend u een geschenk, zilver en goud; ga heen, maak uw verbond te nietmet Baesa, den koning van Israel, dat hij aftrekke van tegen mij.

²⁰En Benhadad hoorde naar den koning Asa, en zond de oversten der heiren, die hij had, tegen de steden van Israel; en sloeg Ijon, en Dan, en AbelBeth-Maacha, en het ganse Cinneroth, met het ganse land Nafthali.

²¹En het geschiedde, als Baesa zulks hoorde, dat hij afliet van Rama te bouwen, en hij bleef te Thirza.

²²Toen liet de koning Asa door gans Juda uitroepen (niemand was vrij), dat zij de stenen van Rama, en het hout daarvan, zouden wegdragen, waarmede Baesagebouwd had; en de koning Asa bouwde daarmede Geba-Benjamins, en Mizpa.

²³Het overige nu van alle geschiedenissen van Asa, en al zijn macht, en al wat hij gedaan heeft, en de steden, die hij gebouwd heeft, zijn die niet geschreven in hetboek der kronieken der koningen van Juda? Doch in den tijd zijns ouderdoms werd hij krank aan zijn voeten.

²⁴En Asa ontsliep met zijn vaderen, en werd begraven met zijn vaderen, in de stad van zijn vader David; en zijn zoon Josafat werd koning in zijn plaats.

²⁵Nadab nu, de zoon van Jerobeam, werd koning over Israel, in het tweede jaar van Asa, den koning van Juda; en hij regeerde twee jaren over Israel.

²⁶En hij deed wat kwaad was in de ogen des HEEREN, en wandelde in den weg zijns vaders, en in zijn zonde, waarmede hij Israel had doen zondigen.

²⁷En Baesa, de zoon van Ahia, van het huis van Issaschar, maakte een verbintenis tegen hem, en Baesa sloeg hem te Gibbethon, hetwelk der Filistijnen is, alsNadab en gans Israel Gibbethon belegerden.

²⁸En Baesa doodde hem, in het derde jaar van Asa, den koning van Juda, en werd koning in zijn plaats.

²⁹Het geschiedde nu, als hij regeerde, dat hij het ganse huis van Jerobeam sloeg; hij liet niets over van Jerobeam, wat adem had, totdat hij hem verdelgd had, naarhet woord des HEEREN, dat Hij gesproken had door den dienst van Zijn knecht Ahia, den Siloniet;

³⁰Om de zonden van Jerobeam, die zondigde, en die Israel zondigen deed, en om zijn terging, waarmede hij den HEERE, den God Israels, getergd had.

³¹Het overige nu der geschiedenissen van Nadab, en al wat hij gedaan heeft, is dat niet geschreven in het boek der kronieken der koningen van Israel?

³²En er was oorlog tussen Asa en tussen Baesa, den koning van Israel, al hun dagen.

³³In het derde jaar van Asa, koning van Juda, werd Baesa, de zoon van Ahia, koning over gans Israel, te Thirza, en regeerde vier en twintig jaren.

³⁴En hij deed wat kwaad was in de ogen des HEEREN, en wandelde in den weg van Jerobeam, en in zijn zonde, waarmede hij Israel had doen zondigen.

Hoofdstuk 16

¹Toen geschiedde het woord des HEEREN tot Jehu, den zoon van Hanani, tegen Baesa, zeggende:

²Daarom, dat Ik u uit het stof verheven, en u tot een voorganger over Mijn volk Israel gesteld heb, en gij gewandeld hebt in den weg van Jerobeam, en Mijnvolk Israel hebt doen zondigen, Mij tot toorn verwekkende door hun zonden;

³Zie, zo zal Ik de nakomelingen van Baesa, en de nakomelingen van zijn huis wegdoen; en Ik zal uw huis maken, gelijk het huis van Jerobeam, den zoon vanNebat.

⁴Die van Baesa in de stad sterft, zullen de honden eten, en die van hem in het veld sterft, zullen de vogelen des hemels eten.

⁵Het overige nu der geschiedenissen van Baesa, en wat hij gedaan heeft, en zijn macht, zijn die niet geschreven in het boek der kronieken der koningen vanIsrael?

⁶En Baesa ontsliep met zijn vaderen, en werd begraven te Thirza; en zijn zoon Ela regeerde in zijn plaats.

⁷Alzo geschiedde ook het woord des HEEREN, door den dienst

van den profeet Jehu, den zoon van Hanani, tegen Baesa en tegen zijn huis; en dat om al hetkwaad, dat hij gedaan had in de ogen des HEEREN, Hem tot toorn verwekkende door het werk zijner handen, omdat hij was gelijk het huis van Jerobeam, enomdat hij hetzelve verslagen had.

⁸In het zes en twintigste jaar van Asa, den koning van Juda, werd Ela, de zoon van Baesa, koning over Israel, te Thirza, en regeerde twee jaren.

⁹En Zimri, zijn knecht, overste van de helft der wagenen, maakte een verbintenis tegen hem, als hij te Thirza was, zich dronken drinkende in het huis van Arza, den hofmeester te Thirza;

¹⁰Zo kwam Zimri in, en sloeg hem, en doodde hem, in het zeven en twintigste jaar van Asa, den koning van Juda; en hij werd koning in zijn plaats.

¹¹En het geschiedde, als hij regeerde, als hij op zijn troon zat, dat hij het ganse huis van Baesa sloeg; hij liet hem niet over die mannelijk was, noch zijnbloedverwanten, noch zijn vrienden.

¹²Alzo verdelgde Zimri het ganse huis van Baesa, naar het woord des HEEREN, dat Hij over Baesa gesproken had, door den dienst van den profeet Jehu;

¹³Om al de zonden van Baesa, en de zonden van Ela, zijn zoon, waarmede zij gezondigd hadden, en waarmede zij Israel hadden doen zondigen, tot toornverwekkende den HEERE, den God Israels, door hun ijdelheden.

¹⁴Het overige nu der geschiedenissen van Ela, en al wat hij gedaan heeft, is dat niet geschreven in het boek der kronieken der koningen van Israel?

¹⁵In het zeven en twintigste jaar van Asa, den koning van Juda, regeerde Zimri zeven dagen te Thirza; en het volk had zich gelegerd tegen Gibbethon, dat derFilistijnen is.

¹⁶Het volk nu, dat zich gelegerd had, hoorde zeggen: Zimri heeft een verbintenis gemaakt, ja, heeft ook den koning verslagen; daarom maakte het ganse Israel tenzelfden dage Omri, den krijgsoverste, koning over Israel, in het leger.

¹⁷En Omri toog op, en gans Israel met hem van Gibbethon, en belegerde Thirza.

¹⁸En het geschiedde, als Zimri zag, dat de stad ingenomen was, dat hij ging in het paleis van het huis des konings, en verbrandde boven zich het huis des koningsmet vuur, en stierf;

¹⁹Om zijn zonden, die hij gezondigd had, doende wat kwaad was in de ogen des HEEREN, wandelende in den weg van Jerobeam, en in zijn zonde, die hijgedaan had, doende Israel zondigen.

²⁰Het overige nu der geschiedenissen van Zimri, en zijn verbintenis, die hij gemaakt heeft, zijn die niet geschreven in het boek der kronieken der koningen vanIsrael?

²¹Toen werd het volk van Israel verdeeld in twee helften; de helft des volks volgde Tibni, den zoon van Ginath, om hem koning te maken; en de helft volgdeOmri.

²²Maar het volk, dat Omri volgde, was sterker dan het volk, dat Tibni, den zoon van Ginath, volgde; en Tibni stierf, en Omri regeerde.

²³In het een en dertigste jaar van Asa, den koning van Juda, werd Omri koning over Israel, en regeerde twaalf jaren; te Thirza regeerde hij zes jaren.

²⁴En hij kocht den berg Samaria van Semer, voor twee talenten zilvers, en bebouwde den berg; en noemde den naam der stad, die hij bouwde, naar den naamvan Semer, den heer des bergs, Samaria.

²⁵En Omri deed wat kwaad was in de ogen des HEEREN; ja, hij deed erger dan allen, die voor hem geweest waren.

²⁶En hij wandelde in alle wegen van Jerobeam, den zoon van Nebat, en in zijn zonden, waarmede hij Israel had doen zondigen, verwekkende den HEERE, denGod Israels, tot toorn, door hun ijdelheden.

²⁷Het overige nu der geschiedenissen van Omri, wat hij gedaan heeft, en zijn macht die hij gepleegd heeft, zijn die niet geschreven in het boek der kronieken derkoningen van Israel?

²⁸En Omri ontsliep met zijn vaderen, en werd begraven te Samaria; en zijn zoon Achab regeerde in zijn plaats.

²⁹En Achab, de zoon van Omri, werd koning over Israel, in het acht en dertigste jaar van Asa, den koning van Juda; en Achab, de zoon van Omri, regeerde overIsrael, te Samaria, twee en twintig jaren.

³⁰En Achab, den zoon van Omri, deed wat kwaad was in de ogen des HEEREN, meer dan allen, die voor hem geweest waren.

³¹En het geschiedde (was het een lichte zaak, dat hij wandelde in de zonden van Jerobeam, den zoon van Nebat?), dat hij nog ter vrouwe nam Izebel, de dochtervan Eth-Baal, den koning der Sidoniers, en heenging, en diende Baal, en boog zich voor hem.

³²En hij richtte voor Baal een altaar op, in het huis van Baal, hetwelk hij te Samaria gebouwd had.

³³Ook maakte Achab een bos, zodat Achab nog meer deed, om den HEERE, den God Israels, tot toorn te verwekken, dan alle koningen van Israel, die voorhem geweest waren.

³⁴In zijn dagen bouwde Hiel, de Betheliet, Jericho; op Abiram, zijn eerstgeborenen zoon heeft hij haar gegrondvest, en op Segub, zijn jongsten zoon, heeft hijhaar poorten gesteld; naar het woord des HEEREN, dat Hij door den dienst van Jozua, den zoon van Nun, gesproken had.

Hoofdstuk 17

¹En Elia, de Thisbiet, van de inwoneren van Gilead, zeide tot Achab: Zo waarachtig als de HEERE, de God Israels, leeft, voor Wiens aangezicht ik sta, indiendeze jaren dauw of regen zijn zal, tenzij dan naar mijn woord!

²Daarna geschiedde het woord des HEEREN tot hem, zeggende:

³Ga weg van hier, en wend u naar het oosten, en verberg u aan de beek Krith, die voor aan de Jordaan is.

⁴En het zal geschieden, dat gij uit de beek drinken zult; en Ik heb de raven geboden, dat zij u daar onderhouden zullen.

⁵Hij ging dan heen, en deed naar het woord des HEEREN; want hij ging en woonde bij de beek Krith, die voor aan de Jordaan is.

⁶En de raven brachten hem des morgens brood en vlees, desgelijks brood en vlees des avonds; en hij dronk uit de beek.

⁷En het geschiedde ten einde van vele dagen, dat de beek uitdroogde; want geen regen was in het land geweest.

⁸Toen geschiedde het woord des HEEREN tot hem, zeggende:

⁹Maak u op, ga heen naar Zarfath, dat bij Sidon is, en woon aldaar; zie, Ik heb daar een weduwvrouw geboden, dat zij u onderhoude.

¹⁰Toen maakte hij zich op, en ging naar Zarfath. Als hij nu aan de poort der stad kwam, ziet, zo was daar een weduwvrouw, hout lezende; en hij riep tot haar, enzeide: Haal mij toch een weinig waters in dit vat, dat ik drinke.

¹¹Toen zij nu heenging om te halen, zo riep hij tot haar, en zeide: Haal mij toch ook een bete broods in uw hand.

¹²Maar zij zeide: Zo waarachtig als de HEERE, uw God, leeft, indien ik een koek heb, dan alleen een hand vol meels in de kruik, en een weinig olie in de fles!En zie ik heb een paar houten gelezen, en ik ga heen, en zal het voor mij en voor mijn zoon bereiden, dat wij het eten, en sterven.

¹³En Elia zeide tot haar: Vrees niet, ga heen, doe naar uw woord; maar maak mij vooreerst een kleinen koek daarvan, en breng mij dien hier uit; doch voor u enuw zoon zult gij daarna wat maken.

¹⁴Want zo zegt de HEERE, de God Israels: Het meel van de kruik zal niet verteerd worden, en de olie der fles zal niet ontbreken, tot op den dag, dat de HEEREregen op den aardbodem geven zal.

¹⁵En zij ging heen, en deed naar het woord van Elia; zo at zij, en hij, en haar huis, vele dagen.

¹⁶Het meel van de kruik werd niet verteerd, en de olie van de fles ontbrak niet, naar het woord des HEEREN, dat Hij gesproken had door den dienst van Elia.

¹⁷En het geschiedde na deze dingen, dat de zoon dezer vrouw, der waardin van het huis, krank werd; en zijn krankheid werd zeer sterk, totdat geen adem in hemovergebleven was.

¹⁸En zij zeide tot Elia: Wat heb ik met u te doen, gij man Gods? Zijt gij bij mij ingekomen, om mijn ongerechtigheid in gedachtenis te brengen, en om mijn zoon tedoden?

¹⁹En hij zeide tot haar: Geef mij uw zoon. En hij nam hem van haar schoot, en droeg hem boven in de opperzaal, waar hij zelf woonde, en hij legde hem neder opzijn bed.

²⁰En hij riep den HEERE aan, en zeide: HEERE, mijn God, hebt Gij dan ook deze weduwe, bij dewelke ik herberge, zo kwalijk gedaan, dat Gij haar zoongedood hebt?

²¹En hij mat zich driemaal uit over dat kind, en riep den HEERE aan, en zeide: HEERE, mijn God, laat toch de ziel van dit kind in hem wederkomen.

²²En de HEERE verhoorde de stem van Elia; en de ziel van het kind kwam weder in hem, dat het weder levend werd.

²³En Elia nam het kind, en bracht het af van de opperzaal in het huis, en gaf het aan zijn moeder; en Elia zeide: Zie, uw zoon leeft.

²⁴Toen zeide de vrouw tot Elia: Nu weet ik, dat gij een man Gods zijt, en dat het woord des HEEREN in uw mond waarheid is.

Hoofdstuk 18

¹En het gebeurde na vele dagen, dat het woord des HEEREN geschiedde tot Elia, in het derde jaar, zeggende: Ga heen, vertoon u aan Achab; want Ik zal regengeven op den aardbodem.

²En Elia ging heen, om zich aan Achab te vertonen. En de honger was sterk in Samaria.

³En Achab had Obadja, den hofmeester, geroepen; en Obadja was den HEERE zeer vrezende.

⁴Want het geschiedde, als Izebel de profeten des HEEREN uitroeide, dat Obadja honderd profeten nam, en verborg ze bij vijftig man in een spelonk, enonderhield hen met brood en water.

⁵En Achab had gezegd tot Obadja: Trek door het land, tot alle waterfonteinen en tot alle rivieren; misschien zullen wij gras vinden, opdat wij de paarden en demuilezelen in het leven behouden, en niets uitroeien van de beesten.

⁶En zij deelden het land onder zich, dat zij het doortogen; Achab ging bijzonder op een weg, en Obadja ging ook bijzonder op een weg.

⁷Als nu Obadja op den weg was, ziet, zo was hem Elia tegemoet; en hem kennende, zo viel hij op zijn aangezicht, en zeide: Zijt gij mijn heer Elia?

⁸Hij zeide: Ik ben het; ga heen, zeg uw heer: Zie, Elia is hier.

⁹Maar hij zeide: Wat heb ik gezondigd, dat gij uw knecht geeft in de hand van Achab, dat hij mij dode?

¹⁰Zo waarachtig als de HEERE, uw God, leeft, zo er een volk of koninkrijk is, waar mijn heer niet gezonden heeft, om u te zoeken; en als zij zeiden: Hij is hierniet; zo nam hij dat koninkrijk en dat volk een eed af; dat zij u niet hadden gevonden.

¹¹En nu zegt gij: Ga heen, zeg uw heer: Zie, Elia is hier.

¹²En het mocht geschieden, wanneer ik van u zou weggegaan zijn, dat de Geest des HEEREN u wegnam, ik weet niet waarheen; en ik kwam, om dat Achab aante zeggen, en hij vond u niet, zo zou hij mij doden; ik, uw knecht, nu vrees den HEERE van mijn jonkheid af.

¹³Is mijn heer niet aangezegd, wat ik gedaan heb, als Izebel de profeten des HEEREN doodde? Dat ik van de profeten des HEEREN honderd man hebverborgen, elk vijftig man in een spelonk, en die met brood en water onderhouden heb?

¹⁴En nu zegt gij: Ga heen, zeg uw heer: Zie, Elia is hier, en hij zou mij doodslaan.

¹⁵En Elia zeide: Zo waarachtig als de HEERE der heirscharen leeft, voor Wiens aangezicht ik sta, ik zal voorzeker mij heden aan hem vertonen!

¹⁶Toen ging Obadja Achab tegemoet, en zeide het hem aan; en Achab ging Elia tegemoet.

¹⁷En het geschiedde, als Achab Elia zag, dat Achab tot hem zeide: Zijt gij die beroerden van Israel?

¹⁸Toen zeide hij: Ik heb Israel niet beroerd, maar gij en uws vaders huis, daarmede, dat gijlieden de geboden des HEEREN verlaten hebt en de Baals nagevolgdzijt.

¹⁹Nu dan, zend heen, verzamel tot mij het ganse Israel op den berg Karmel, en de vierhonderd en vijftig profeten van Baal, en de vierhonderd profeten van hetbos, die van de tafel van Izebel eten.

²⁰Zo zond Achab onder alle kinderen Israels, en verzamelde de profeten op den berg Karmel.

²¹Toen naderde Elia tot het ganse volk, en zeide: Hoe lang hinkt gij op twee gedachten? Zo de HEERE God is, volgt Hem na, en zo het Baal is, volgt hem na!Maar het volk antwoordde hem niet een woord.

²²Toen zeide Elia tot het volk: Ik ben alleen een profeet des HEEREN overgebleven, en de profeten van Baal zijn vierhonderd en vijftig mannen.

²³Dat men ons dan twee varren geve, en dat zij voor zich den enen var kiezen, en denzelven in stukken delen, en op het hout leggen, maar geen vuur daaraanleggen; en ik zal den anderen var bereiden, en op het hout leggen, en geen vuur daaraan leggen.

²⁴Roept gij daarna den naam uw god aan, en ik zal den Naam des HEEREN aanroepen; en de God, Die door vuur antwoorden zal, Die zal God zijn. En hetganse volk antwoordde en zeide: Dat woord is goed.

²⁵En Elia zeide tot de profeten van Baal: Kiest gijlieden voor u den enen var, en bereidt gij hem eerst, want gij zijt velen; en roept den naam uws gods aan, en legtgeen vuur daaraan.

²⁶En zij namen de var, dien hij hun gegeven had, en bereidden hem, en riepen den naam van Baal aan, van den morgen tot op den middag, zeggende: O Baal, antwoord ons! Maar er was geen stem en geen antwoorder. En zij sprongen tegen het altaar, dat men gemaakt had.

²⁷En het geschiedde op den middag, dat Elia met hen spotte, en zeide: Roept met luider stem, want hij is een god; omdat hij in gepeins is, of omdat hij wat te doenheeft, of omdat hij een reize heeft; misschien slaapt hij en zal wakker worden.

²⁸En zij riepen met luider stem, en zij sneden zichzelven met messen en met priemen, naar hun wijze, totdat zij bloed over zich uitstortten.

²⁹Het geschiedde nu, als de middag voorbij was, dat zij profeteerden totdat men het spijsoffer zou offeren; maar er was geen stem, en geen antwoorder, en geenopmerking.

³⁰Toen zeide Elia tot het ganse volk: Nadert tot mij. En al het volk naderde tot hem; en hij heelde het altaar des HEEREN, dat verbroken was.

³¹En Elia nam twaalf stenen, naar het getal der stammen van de kinderen Jakobs, tot welke het woord des HEEREN geschied was, zeggende: Israel zal uw naamzijn.

³²En hij bouwde met die stenen het altaar in den Naam des HEEREN; daarna maakte hij een groeve rondom het altaar, naar de wijdte van twee maten zaads.

³³En hij schikte het hout, en deelde den var in stukken, en legde hem op het hout.

³⁴En hij zeide: Vult vier kruiken met water, en giet het op het brandoffer en op het hout. En hij zeide: Doet het ten tweeden male. En zij deden het ten tweedenmale. Voorts zeide hij: Doet het ten derden male. En zij deden het ten derden male;

³⁵Dat het water rondom het altaar liep; daartoe vulde hij ook de groeve met water.

³⁶Het geschiedde nu, als men het spijsoffer offerde, dat de profeet Elia naderde, en zeide: HEERE, God van Abraham, Izak en Israel, dat het heden bekendworde, dat Gij God in Israel zijt, en ik Uw knecht; en dat ik al deze dingen naar Uw woord gedaan heb.

³⁷Antwoord mij, HEERE, antwoord mij; opdat dit volk erkenne, dat Gij, o HEERE, die God zijt, en dat Gij hun hart achterwaarts omgewend hebt.

³⁸Toen viel het vuur de HEEREN, en verteerde dat brandoffer, en dat hout, en die stenen, en dat stof, ja, lekte dat water op, hetwelk in de groeve was.

³⁹Als nu het ganse volk dat zag, zo vielen zij op hun aangezichten, en zeiden: De HEERE is God, de HEERE is God!

⁴⁰En Elia zeide tot hen: Grijpt de profeten van Baal, dat niemand van hen ontkome. En zij grepen ze; en Elia voerde hen af naar de beek Kison, en slachtte henaldaar.

⁴¹Daarna zeide Elia tot Achab: Trek op, eet en drink; want er is een geruis van een overvloedigen regen.

⁴²Alzo toog Achab op, om te eten en te drinken; maar Elia ging op naar de hoogte van Karmel, en breidde zich uit voorwaarts ter aarde; daarna legde hij zijnaangezicht tussen zijn knieen.

⁴³En hij zeide tot zijn jongen: Ga nu op, en zie uit naar de zee. Toen ging hij op, en zag uit, en zeide: Er is niets. Toen zeide hij: Ga weder henen, zevenmaal.

⁴⁴En het geschiedde op de zevende maal, dat hij zeide: Zie, een kleine wolk, als eens mans hand, gaat op van de zee. En hij zeide: Ga op, zeg tot Achab: Spanaan, en kom af, dat u de regen niet ophoude.

⁴⁵En het geschiedde ondertussen, dat de hemel van wolken en wind zwart werd; en er kwam een grote regen; en Achab reed weg, en toog naar Jizreel.

⁴⁶En de hand des HEEREN was over Elia, en hij gordde zijn lenden, en liep voor het aangezicht van Achab henen, tot daar men te Jizreel komt.

Hoofdstuk 19

¹En Achab zeide Izebel aan al wat Elia gedaan had, en allen, die hij gedood had, te weten al de profeten, met het zwaard.

²Toen zond Izebel een bode tot Elia, om te zeggen: Zo doen mij de goden, en doen zo daartoe, voorzeker, ik zal morgen omtrent dezen tijd uw ziel stellen, alsde ziel van een hunner.

³Toen hij dat zag, maakte hij zich op, en ging heen, om zijns levens wil, en kwam te Ber-seba, dat in Juda is, en liet zijn jongen aldaar.

⁴Maar hij zelf ging henen in de woestijn een dagreis, en kwam, en zat onder een jeneverboom; en bad, dat zijn ziel stierve, en zeide: Het is genoeg; neem nu,HEERE, mijn ziel, want ik ben niet beter dan mijn vaderen.

⁵En hij legde zich neder, en sliep onder een jeneverboom; en ziet, toen roerde hem een engel aan, en zeide tot hem: Sta op, eet;

⁶En hij zag om, en ziet, aan zijn hoofdeinde was een koek op de kolen gebakken, en een fles met water; alzo at hij, en dronk, en legde zich wederom neder.

⁷En de engel des HEEREN kwam ten anderen male weder, en roerde hem aan, en zeide: Sta op, eet, want de weg zou te veel voor u

zijn.

⁸Zo stond hij op, en at, en dronk; en hij ging, door de kracht derzelver spijs, veertig dagen en veertig nachten, tot aan den berg Gods, Horeb.

⁹En hij kwam aldaar in een spelonk, en vernachtte aldaar; en ziet, het woord des HEEREN geschiedde tot hem, en zeide tot hem: Wat maakt gij hier, Elia?

¹⁰En hij zeide: Ik heb zeer geijverd voor den HEERE, den God der heirscharen; want de kinderen Israels hebben Uw verbond verlaten, Uw altaren afgebrokenen Uw profeten met het zwaard gedood; en ik alleen ben overgebleven, en zij zoeken mijn ziel, om die weg te nemen.

¹¹En Hij zeide: Ga uit, en sta op dezen berg, voor het aangezicht des HEEREN. En ziet, de HEERE ging voorbij, en een grote en sterke wind, scheurende de bergen, en brekende de steenrotsen, voor den HEERE henen; doch de HEERE was in den wind niet; en na dezen wind een aardbeving; de HEERE was ook in de aardbeving niet;

¹²En na de aardbeving een vuur; de HEERE was ook in het vuur niet; en na het vuur het suizen van een zachte stilte.

¹³En het geschiedde, als Elia dat hoorde, dat hij zijn aangezicht bewond met zijn mantel, en uitging, en stond in den ingang der spelonk. En ziet, een stem kwam tot hem, die zeide: Wat maakt gij hier, Elia?

¹⁴En hij zeide: Ik heb zeer geijverd voor den HEERE, den God der heirscharen; want de kinderen Israels hebben Uw verbond verlaten, Uw altaren afgebrokenen Uw profeten met het zwaard gedood; en ik alleen ben overgebleven, en zij zoeken mijn ziel, om die weg te nemen.

¹⁵En de HEERE zeide tot hem: Ga, keer weder op uwen weg, naar de woestijn van Damaskus; en ga daar in, en zalf Hazael ten koning over Syrie.

¹⁶Daartoe zult gij Jehu, den zoon van Nimsi, zalven ten koning over Israel; en Elisa, den zoon van Safat, van Abel-mehola, zult gij tot profeet zalven in uw plaats.

¹⁷En het zal geschieden, dat Jehu hem, die van het zwaard van Hazael ontkomt, doden zal; en die van het zwaard van Jehu ontkomt, dien zal Elisa doden.

¹⁸Ook heb Ik in Israel doen overblijven zeven duizend, alle knieen, die zich niet gebogen hebben voor Baal, en allen mond, die hem niet gekust heeft.

¹⁹Zo ging hij van daar, en vond Elisa, den zoon van Safat; dezelve ploegde met twaalf juk runderen voor zich henen, en hij was bij het twaalfde; en Elia ging over tot hem, en wierp zijn mantel op hem.

²⁰En hij verliet de runderen, en liep Elia na, en zeide: Dat ik toch mijn vader en mijn moeder kusse, daarna zal ik u navolgen. En hij zeide tot hem: Ga, keer weder; want wat heb ik u gedaan?

²¹Zo keerde hij weder van achter hem af, en nam een juk runderen, en slachtte het, en met het gereedschap der runderen zood hij hun vlees, hetwelk hij aan het volk gaf; en zij aten. Daarna stond hij op, en volgde Elia na, en diende hem.

Hoofdstuk 20

¹En Benhadad, de koning van Syrie, vergaderde al zijn macht; en twee en dertig koningen waren met hem, en paarden en wagenen; en hij toog op, en belegerde Samaria en krijgde tegen haar.

²En hij zond boden tot Achab, den koning van Israel, in de stad.

³En hij zeide hem aan: Zo zegt Benhadad: Uw zilver en uw goud, dat is mijn, daartoe uw vrouwen en uw beste kinderen, die zijn mijn.

⁴En de koning van Israel antwoordde en zeide: Naar uw woord, mijn heer de koning, ik ben uwe, en al wat ik heb.

⁵Daarna kwamen de boden weder, en zeiden: Alzo spreekt Benhadad, zeggende: Ik heb wel tot u gezonden, zeggende: Uw zilver, en uw goud, en uw vrouwen, en uw kinderen zult gij mij geven;

⁶Maar morgen om dezen tijd zal ik mijn knechten tot u zenden, dat zij uw huis en de huizen uwer knechten bezoeken; en het zal geschieden, dat zij al het begeerlijke uwer ogen in hun handen leggen en wegnemen zullen.

⁷Toen riep de koning van Israel alle oudsten des lands, en zeide: Merkt toch en ziet, dat deze het kwade zoekt; want hij had tot mij gezonden, om mijn vrouwen, en om mijn kinderen, en om mijn zilver, en om mijn goud, en ik heb het hem niet geweigerd.

⁸Doch al de oudsten, en het ganse volk, zeiden tot hem: Hoor niet, en bewillig niet.

⁹Daarom zeide hij tot de boden van Benhadad: Zegt mijn heer den koning: Alles, waarom gij in het eerst tot uw knecht gezonden hebt, zal ik doen; maar deze zaak kan ik niet doen. Zo gingen de boden heen en brachten hem bescheid weder.

¹⁰En Benhadad zond tot hem en zeide: De goden doen mij zo, en doen zo daartoe, indien het stof van Samaria genoeg zal zijn tot handvollen voor al het volk, dat mijn voetstappen volgt!

¹¹Maar de koning van Israel antwoordde en zeide: Spreekt tot hem: Die zich aangordt, beroeme zich niet, als die zich los maakt.

¹²En het geschiedde, als hij dit woord hoorde, daar hij was drinkende, hij en de koningen in de tenten, dat hij zeide tot zijn knechten: Legt aan! En zij legden aan tegen de stad.

¹³En ziet, een profeet trad tot Achab, den koning van Israel, en zeide: Zo zegt de HEERE: Hebt gij gezien al deze grote menigte? Zie, Ik zal ze heden in uw hand geven, opdat gij weet, dat Ik de HEERE ben.

¹⁴En Achab zeide: Door wie? En hij zeide: Zo zegt de HEERE: Door de jongens van de oversten der landschappen. En hij zeide: Wie zal den strijd aanbinden? En hij zeide: Gij.

¹⁵Toen telde hij de jongens van de oversten der landschappen, en zij waren tweehonderd twee en dertig; en na hen telde hij al het volk, al de kinderen Israels, zeven duizend.

¹⁶En zij togen uit op den middag. Benhadad nu dronk zich dronken in de tenten, hij en de koningen, de twee en dertig koningen, die hem hielpen.

¹⁷En de jongens van de oversten der landschappen togen eerst uit. Doch Benhadad zond enigen uit, en zij boodschapten hem, zeggende: Uit Samaria zijn mannen uitgetogen.

¹⁸En hij zeide: Hetzij dat zij tot vrede uitgetogen zijn, grijpt hen levend; hetzij ook, dat zij ten strijde uitgetogen zijn, grijpt hen levend.

¹⁹Zo togen deze jongens van de oversten der landschappen uit de stad, en het heir, dat hen navolgde.

²⁰En een ieder sloeg zijn man, zodat de Syriers vloden, en Israel jaagde hen na. Doch Benhadad, de koning van Syrie, ontkwam op een paard, met enige ruiteren.

²¹En de koning van Israel toog uit, en sloeg paarden en wagenen, dat hij een groten slag aan de Syriers sloeg.

²²Toen trad die profeet tot den koning van Israel, en zeide tot hem: Ga heen, sterk u; en bemerk, en zie, wat gij doen zult; want met de wederkomst des jaars zal de koning van Syrie tegen u optrekken.

²³Want de knechten van den koning van Syrie hadden tot hem gezegd: Hun goden zijn berggoden, daarom zijn zij sterker geweest dan wij; maar zeker, laat ons tegen hen op het effen veld strijden, zo wij niet sterker zijn dan zij!

²⁴Daarom doe deze zaak: Doe de koningen weg, elkeen uit zijn plaats, en stel landvoogden in hun plaats.

²⁵En gij, tel u een heir, als dat heir, dat van de uwen gevallen is, en paarden, als die paarden, en wagenen, als die wagenen; en laat ons tegen hen op het effen veld strijden, zo wij niet sterker zijn dan zij! En hij hoorde naar hun stem, en deed alzo.

²⁶Het geschiedde nu met de wederkomst des jaars, dat Benhadad de Syriers monsterde; en hij toog op naar Afek, ten krijge tegen Israel.

²⁷De kinderen Israels werden ook gemonsterd, en waren verzorgd van leeftocht, en trokken hun tegemoet; en de kinderen Israels legerden zich tegenover hen, als twee blote geitenkudden, maar de Syriers vervulden het land.

²⁸En de man Gods trad toe, en sprak tot den koning van Israel, en zeide: Zo zegt de HEERE: Daarom dat de Syriers gezegd hebben: De HEERE is een God der bergen, en Hij is niet een God der laagten; zo zal Ik al deze grote menigte in uw hand geven, opdat gijlieden weet, dat Ik de HEERE ben.

²⁹En dezen waren gelegerd tegenover die, zeven dagen; het geschiedde nu op den zevenden dag, dat de strijd aanging; en de kinderen Israels sloegen van de Syriers honderd duizend voetvolks op een dag.

³⁰En de overgeblevenen vloden naar Afek in de stad, en de muur viel op zeven en twintig duizend mannen, die overgebleven waren; ook vlood Benhadad, en kwam in de stad van kamer in kamer.

³¹Toen zeiden de knechten tot hem: Zie toch, wij hebben gehoord, dat de koningen van het huis Israels goedertierene koningen zijn; laat ons toch zakken om onze lenden leggen, en koorden om onze hoofden, en uitgaan tot den koning van Israel; mogelijk zal hij uw ziel in het leven behouden.

³²Toen gordden zij zakken om hun lenden, en koorden om hun hoofden, en kwamen tot den koning van Israel, en zeiden: Uw knecht Benhadad zegt: Laat toch mijn ziel leven. En hij zeide: Leeft hij dan nog? Hij is mijn broeder.

³³De mannen nu namen naarstiglijk waar, en vatten het haastelijk, of het van hem ware, en zeiden: Uw broeder Benhadad leeft. En hij zeide: Komt, brengt hem. Toen kwam Benhadad tot hem uit, en hij deed hem op den wagen klimmen.

³⁴En hij zeide tot hem: De steden, die mijn vader van uw vader genomen heeft, zal ik wedergeven, en maak u straten in Damaskus, gelijk mijn vader in Samaria gemaakt heeft. En ik, antwoordde Achab, zal u met dit verbond dan laten gaan. Zo maakte hij een verbond met hem, en liet hem gaan.

³⁵Toen zeide een man uit de zonen der profeten tot zijn naaste, door het woord des HEEREN: Sla mij toch. En de man weigerde hem te slaan.

³⁶En hij zeide tot hem: Daarom dat gij de stem des HEEREN niet gehoorzaam zijt geweest, zie, als gij van mij weggegaan zijt, zo zal u een leeuw slaan. En als hij van bij hem weggegaan was, zo vond hem een leeuw, die hem sloeg.

³⁷Daarna vond hij een anderen man, en zeide: Sla mij toch. En die man sloeg hem, slaande en wondende.

³⁸Toen ging de profeet heen, en stond voor den koning op den weg; en hij verstelde zich met as boven zijn ogen.

³⁹En het geschiedde, als de koning voorbijging, dat hij tot den koning riep, en zeide: Uw knecht was uitgegaan in het midden des strijds; en zie, een man was afgeweken, en bracht tot mij een man, en zeide: Bewaar dezen man, indien hij enigszins gemist wordt, zo zal uw ziel in de plaats zijner ziel zijn, of gij zult eentalent zilvers opwegen.

⁴⁰Het geschiedde nu, als uw knecht hier en daar doende was, dat hij er niet was. Toen zeide de koning van Israel tot hem: Zo is uw oordeel; gij hebt zelf het geveld.

⁴¹Toen haastte hij zich, en deed de as af van zijn ogen; en de koning van Israel kende hem, dat hij een der profeten was.

⁴²En hij zeide tot hem: Zo zegt de HEERE: Omdat gij den man, dien Ik verbannen heb, uit de hand hebt laten gaan, zo zal uw ziel in de plaats van zijn ziel zijn, en uw volk in de plaats van zijn volk.

⁴³En de koning van Israel toog henen, gemelijk en toornig, naar zijn huis, en kwam te Samaria.

Hoofdstuk 21

¹Het geschiedde nu na deze dingen, alzo Naboth, en Jizreeliet, een wijngaard had, die te Jizreel was, bij het paleis van Achab, den koning van Samaria.

²Dat Achab sprak tot Naboth, zeggende: Geef mij uw wijngaard, opdat hij mij zij tot een kruidhof, dewijl hij nabij mijn huis is; en ik zal u daarvoor geven een wijngaard, die beter is dan die; of, zo het goed in uw ogen is, zal ik u in geld deszelfs waarde geven.

³Maar Naboth zeide tot Achab: Dat late de HEERE verre van mij zijn, dat ik u de erve mijner vaderen geven zou!

⁴Toen kwam Achab in zijn huis, gemelijk en toornig over het woord, dat Naboth, de Jizreeliet, tot hem gesproken had, en gezegd: Ik zal de erve mijner vaderen niet geven. En hij legde zich neder op zijn bed, en keerde zijn aangezicht om, en at geen brood.

⁵Maar Izebel, zijn huisvrouw, kwam tot hem, en sprak tot hem: Wat is dit, dat uw geest dus gemelijk is, en dat gij geen brood eet?

⁶En hij sprak tot haar: Omdat ik tot Naboth, den Jizreeliet, gesproken en hem gezegd heb: Geef mij uw wijngaard om geld, of, zo het u behaagt, zal ik u een wijngaard in zijn plaats geven; maar hij heeft gezegd: Ik zal u mijn wijngaard niet geven.

⁷Toen zeide Izebel, zijn huisvrouw, tot hem: Zoudt gij nu het koninkrijk over Israel regeren? Sta op, eet brood, en uw hart zij vrolijk; ik zal u den wijngaard van Naboth, den Jizreeliet, geven.

⁸Zij dan schreef brieven in den naam van Achab, en verzegelde ze met zijn signet; en zond de brieven tot de oudsten en tot de edelen, die in zijn stad waren, wonende met Naboth.

⁹En zij schreef in die brieven, zeggende: Roept een vasten uit, en zet Naboth in de hoogste plaats des volks;

¹⁰En zet tegenover hem twee mannen, zonen Belials, die tegen hem getuigen, zeggende: Gij hebt God en den koning gezegend; en voert hem uit, en stenigt hem, dat hij sterve.

¹¹En de mannen zijner stad, die oudsten en die edelen, die in zijn stad woonden, deden gelijk als Izebel tot hen gezonden had; gelijk als geschreven was in de brieven, die zij tot hen gezonden had.

¹²Zij riepen een vasten uit; en zij zetten Naboth in de hoogste plaats des volks.

¹³Toen kwamen de twee mannen, zonen Belials, en zetten zich tegenover hem; en de mannen Belials getuigden tegen hem, tegen Naboth, voor het volk, zeggende: Naboth heeft God en den koning gezegend. En zij voerden hem buiten de stad, en stenigden hem met stenen, dat hij stierf.

¹⁴Daarna zonden zij tot Izebel, zeggende: Naboth is gestenigd en is dood.

¹⁵Het geschiedde nu, toen Izebel hoorde, dat Naboth gestenigd en dood was, dat Izebel tot Achab zeide: Sta op, bezit den wijngaard van Naboth, den Jizreeliet, erfelijk, dien hij u weigerde om geld te geven; want Naboth leeft niet, maar is dood.

¹⁶En het geschiedde, als Achab hoorde, dat Naboth dood was, dat Achab opstond, om naar den wijngaard van Naboth, den Jizreeliet, af te gaan, om dienerfelijk te bezitten.

¹⁷Doch het woord des HEEREN geschiedde tot Elia, den Thisbiet, zeggende:

¹⁸Maak u op, ga henen af, Achab, den koning van Israel, tegemoet, die in Samaria is; zie hij is in den wijngaard van Naboth, waarhenen hij afgegaan is, om dienerfelijk te bezitten.

¹⁹En gij zult tot hem spreken, zeggende: Alzo zegt de HEERE: Hebt gij doodgeslagen, en ook een erfelijke bezitting ingenomen? Daartoe zult gij tot hem spreken, zeggende: Alzo zegt de HEERE: In plaats dat de honden het bloed van Naboth gelekt hebben, zullen de honden uw bloed lekken, ja het uwe!

²⁰En Achab zeide tot Elia: Hebt gij mij gevonden, o, mijn vijand? En hij zeide: Ik heb u gevonden, overmits gij uzelven verkocht hebt, om te doen dat kwaad is in de ogen des HEEREN.

²¹Zie, Ik zal kwaad over u brengen, en uw nakomelingen wegdoen; en Ik zal van Achab uitroeien, wat mannelijk is, mitsgaders den beslotene en verlatene in Israel.

²²En Ik zal uw huis maken gelijk het huis van Jerobeam, den zoon van Nebat, en gelijk het huis van Baesa, den zoon van Ahia; om de terging, waarmede gij Mij getergd hebt, en dat gij Israel hebt doen zondigen.

²³Verder ook over Izebel sprak de HEERE, zeggende: De honden zullen Izebel eten, aan den voorwal van Jizreel.

²⁴Die van Achab sterft in de stad, zullen de honden eten; en die in het veld sterft, zullen de vogelen des hemels eten.

²⁵Doch er was niemand geweest gelijk Achab, die zichzelven verkocht had, om te doen dat kwaad is in de ogen des HEEREN, dewijl Izebel, zijn huisvrouw, hem ophitste.

²⁶En hij deed zeer gruwelijk, wandelende achter de drekgoden; naar alles, wat de Amorieten gedaan hadden, die God voor het aangezicht van de kinderen Israels uit de bezitting verdreven had.

²⁷Het geschiedde nu, als Achab deze woorden hoorde, dat hij zijn klederen scheurde, en een zak om zijn vlees legde, en vastte; hij lag ook neder in den zak, en ging langzaam.

²⁸En het woord des HEEREN geschiedde tot Elia, den Thisbiet, zeggende:

²⁹Hebt gij gezien, dat Achab zich vernedert voor Mijn aangezicht? Daarom dewijl hij zich vernedert voor Mijn aangezicht, zo zal Ik dat kwaad in zijn dagen niet brengen; in de dagen zijns zoons zal Ik dat kwaad over zijn huis brengen.

Hoofdstuk 22

¹En zij zaten drie jaren stil, dat er geen krijg was tussen Syrie en tussen Israel.

²Maar het geschiedde in het derde jaar, als Josafat, de koning van Juda, tot den koning van Israel afgekomen was,

³Dat de koning van Israel tot zijn knechten zeide: Weet gij, dat Ramoth in Gilead onze is? En wij zijn stil, zonder dat te nemen uit de hand van den koning van Syrie.

⁴Daarna zeide hij tot Josafat: Zult gij met mij trekken in den strijd naar Ramoth in Gilead? En Josafat zeide tot den koning van Israel: Zo zal ik zijn gelijk gij zijt, zo mijn volk als uw volk, zo mijn paarden als uw paarden.

⁵Verder zeide Josafat tot den koning van Israel: Vraag toch als heden naar het woord des HEEREN.

⁶Toen vergaderde de koning van Israel de profeten, omtrent vierhonderd man, en hij zeide tot hen: Zal ik tegen Ramoth in Gilead ten strijde trekken, of zal ik het nalaten? En zij zeiden: Trek op, want de HEERE zal ze in de hand des konings geven.

⁷Maar Josafat zeide: Is hier niet nog een profeet des HEEREN, dat wij het van hem vragen mochten?

⁸Toen zeide de koning van Israel tot Josafat: Er is nog een man, om door hem den HEERE te vragen; maar ik haat hem, omdat hij over mij niets goeds profeteert, maar kwaad: Micha, de zoon van Jimla. En Josafat zeide: De koning zegge niet alzo!

⁹Toen riep de koning van Israel een kamerling, en hij zeide: Haal haastelijk Micha, den zoon van Jimla.

¹⁰De koning van Israel nu, en Josafat, de koning van Juda, zaten elk op zijn troon, bekleed met hun klederen, op het plein, aan de deur der poort van Samaria; en al de profeten profeteerden in hun tegenwoordigheid.

¹¹En Zedekia, de zoon van Kenaana, had zich ijzeren horens gemaakt; en hij zeide: Zo zegt de HEERE: Met deze zult gij de Syriers stoten, totdat gij hen gansverdaan zult hebben.

¹²En al de profeten profeteerden alzo, zeggende: Trek op naar Ramoth in Gilead, en gij zult voorspoedig zijn; want de HEERE zal hen in de hand des konings geven.

¹³De bode nu, die heengegaan was, om Micha te roepen, sprak tot

hem, zeggende: Zie toch, de woorden der profeten zijn uit een mond goed tot den koning; dattoch uw woord zij, gelijk als het woord van een uit hen, en spreek het goede.

¹⁴Doch Micha zeide: Zo waarachtig als de HEERE leeft, hetgeen de HEERE tot mij zeggen zal, dat zal ik spreken.

¹⁵Als hij tot den koning gekomen was, zo zeide de koning tot hem: Micha, zullen wij naar Ramoth in Gilead ten strijde trekken, of zullen wij het nalaten? En hijzeide tot hem: Trek op, en gij zult voorspoedig zijn, want de HEERE zal ze in de hand des konings geven.

¹⁶En de koning zeide tot hem: Tot hoe vele reizen zal ik u bezweren, opdat gij tot mij niet spreekt, dan alleen de waarheid, in den Naam des HEEREN?

¹⁷En hij zeide: Ik zag het ganse Israel verstrooid op de bergen, gelijk schapen, die geen herder hebben; en de HEERE zeide: Dezen hebben geen heer; een iegelijkkere weder naar zijn huis in vrede.

¹⁸Toen zeide de koning van Israel tot Josafat: Heb ik tot u niet gezegd: Hij zal over mij niets goed, maar kwaads profeteren?

¹⁹Verder zeide hij: Daarom hoort het woord des HEEREN: Ik zag den HEERE, zittende op Zijn troon, en al het hemelse heir staande nevens Hem, aan Zijnrechter hand en aan Zijn linkerhand.

²⁰En de HEERE zeide: Wie zal Achab overreden, dat hij optrekke en valle te Ramoth in Gilead? De een nu zeide aldus, en de andere zeide alzo.

²¹Toen ging een geest uit, en stond voor het aangezicht des HEEREN, en zeide: Ik zal hem overreden. En de HEERE zeide tot hem: Waarmede?

²²En hij zeide: Ik zal uitgaan, en een leugengeest zijn in den mond van al zijn profeten. En Hij zeide: Gij zult overreden, en zult het ook vermogen; ga uit en doealzo.

²³Nu dan, zie, de HEERE heeft een leugengeest in den mond van al deze uw profeten gegeven; en de HEERE heeft kwaad over u gesproken.

²⁴Toen trad Zedekia, de zoon van Kenaana, toe, en sloeg Micha op het kinnebakken; en hij zeide: Door wat weg is de geest des HEEREN van mij doorgegaan, om u aan te spreken?

²⁵En Micha zeide: Zie, gij zult het zien, op dienzelfden dag, als gij zult gaan van kamer in kamer, om u te versteken.

²⁶De koning van Israel nu zeide: Neem Micha, en breng hem weder tot Amon, den overste der stad, en tot Joas, den zoon des konings;

²⁷En gij zult zeggen: Zo zegt de koning: Zet dezen in het gevangenhuis, en spijst hem met brood der bedruktheid, en met water der bedruktheid, totdat ik metvrede weder kom.

²⁸En Micha zeide: Indien gij enigszins met vrede wederkomt, zo heeft de HEERE door mij niet gesproken! Verder zeide hij: Hoort, gij volken altegaar!

²⁹Alzo toog de koning van Israel en Josafat, de koning van Juda, op naar Ramoth in Gilead.

³⁰En de koning van Israel zeide tot Josafat: Als ik mij versteld heb, zal ik in den strijd komen; maar gij, trek uw klederen aan. Alzo verstelde zich de koning vanIsrael, en kwam in den strijd.

³¹De koning nu van Syrie had geboden aan de oversten der wagenen, van welke hij twee en dertig had, zeggende: Gij zult noch kleinen noch groten bestrijden, maar den koning van Israel alleen.

³²Het geschiedde dan, als de oversten der wagenen Josafat zagen, dat zij zeiden: Gewisselijk, die is de koning van Israel, en zij keerden zich naar hem, om testrijden; maar Josafat riep uit.

³³En het geschiedde, als de oversten der wagenen zagen, dat hij de koning van Israel niet was, dat zij zich van achter hem afkeerden.

³⁴Toen spande een man den boog in zijn eenvoudigheid, en schoot den koning van Israel tussen de gespen en tussen het pantsier. Toen zeide hij tot zijn voerman:Keer uw hand, en voer mij uit het leger, want ik ben zeer verwond.

³⁵En de strijd nam op denzelven dag toe, en de koning werd met den wagen staande gehouden tegenover de Syriers; maar hij stierf des avonds, en het bloed derwonde vloeide in den bak des wagens.

³⁶En er ging een uitroeping door het heirleger, als de zon onderging, zeggende: Een ieder kere naar zijn stad, en een ieder naar zijn land!

³⁷Alzo stierf de koning, en werd naar Samaria gebracht; en zij begroeven den koning te Samaria.

³⁸Als men nu den wagen in den vijver van Samaria spoelde, lekten de honden zijn bloed, waar de hoeren wiesen, naar het woord des HEEREN,, dat Hijgesproken had.

³⁹Het overige nu der geschiedenissen van Achab, en al wat hij gedaan heeft, en het elpenbenen huis, dat hij gebouwd heeft, en al de steden, die hij gebouwdheeft, zijn die niet geschreven in het boek der kronieken der koningen van Israel?

⁴⁰Alzo ontsliep Achab met zijn vaderen; en zijn zoon Ahazia werd koning in zijn plaats.

⁴¹Josafat nu, de zoon van Asa, werd koning over Juda, in het vierde jaar van Achab, den koning van Israel.

⁴²Josafat was vijf en dertig jaren oud, als hij koning werd, en regeerde vijf en twintig jaren te Jeruzalem; en de naam zijner moeder was Azuba, de dochter vanSilchi.

⁴³En hij wandelde in al den weg van zijn vader Asa; hij week niet daarvan, doende dat recht was in de ogen des HEEREN.

⁴⁴Evenwel werden de hoogten niet weggenomen; het volk offerde en rookte nog op de hoogten.

⁴⁵En Josafat maakte vrede met den koning van Israel.

⁴⁶Het overige nu der geschiedenissen van Josafat, en zijn macht, die hij bewezen heeft, en hoe hij geoorloogd heeft, zijn die niet geschreven in het boek derkronieken der koningen van Juda?

⁴⁷Ook deed hij uit het land weg de overige schandjongens, die in de dagen van zijn vader Asa overgebleven waren.

⁴⁸Toen was er geen koning in Edom, maar een stadhouder des konings.

⁴⁹En Josafat maakte schepen van Tharsis, om naar Ofir te gaan om goud; maar zij gingen niet, want de schepen werden gebroken te Ezeon-Geber.

⁵⁰Toen zeide Ahazia, de zoon van Achab, tot Josafat: Laat mijn knechten met uw knechten op de schepen varen; maar Josafat wilde niet.

⁵¹En Josafat ontsliep met zijn vaderen, en werd bij zijn vaderen begraven in de stad van zijn vader David; en zijn zoon Joram werd koning in zijn plaats.

⁵²Ahazia, de zoon van Achab, werd koning over Israel te Samaria, in het zeventiende jaar van Josafat, den koning van Juda, en regeerde twee jaren over Israel.

⁵³En hij deed dat kwaad was in de ogen des HEEREN; want hij wandelde in den weg van zijn vader, en in den weg van zijn moeder, en in den weg vanJerobeam, den zoon van Nebat, die Israel zondigen deed.

2 Koningen

Hoofdstuk 1

¹En Moab viel van Israel af, na Achabs dood.

²En Ahazia viel door een tralie in zijn opperzaal, die te Samaria was, en werd krank. En hij zond boden, en zeide tot hen: Gaat heen, vraagt Baal-Zebub, dengod van Ekron, of ik van deze krankheid genezen zal.

³Maar de Engel des HEEREN sprak tot Elia, den Thisbiet: Maak u op, ga op, den boden des konings van Samaria tegemoet, en spreek tot hen: Is het, omdat ergeen God in Israel is, dat gijlieden heengaat, om Baal-Zebub, den god van Ekron, te vragen?

⁴Daarom nu zegt de HEERE alzo: Gij zult niet afkomen van dat bed, waarop gij geklommen zijt, maar gij zult den dood sterven. En Elia ging weg.

⁵Zo kwamen de boden weder tot hem; en hij zeide tot hen: Wat is dit, dat gij wederkomt?

⁶En zij zeiden tot hem: Een man kwam op, ons tegemoet, en zeide tot ons: Gaat heen, keert weder tot den koning die u gezonden heeft, en spreekt tot hem: Zozegt de HEERE: Is het, omdat er geen God in Israel is, dat gij zendt, om Baal-Zebub, den god van Ekron, te vragen? Daarom zult gij van dat bed, waarop gijgeklommen zijt, niet afkomen, maar gij zult den dood sterven.

⁷En hij sprak tot hen: Hoedanig was de gestalte des mans, die u tegemoet opgekomen is, en deze woorden tot u gesproken heeft?

⁸En zij zeiden tot hem: Hij was een man met een harig kleed, en met een lederen gordel gegord om zijn lenden. Toen zeide hij: Het is Elia, de Thisbiet.

⁹En hij zond tot hem een hoofdman van vijftig met zijn vijftigen. En als hij tot hem opkwam (want ziet, hij zat op de hoogte eens bergs), zo sprak hij tot hem: Gijman Gods! de koning zegt: Kom af.

¹⁰Maar Elia antwoordde en sprak tot den hoofdman van vijftigen: Indien ik dan een man Gods ben, zo dale vuur van den hemel, en vertere u en uw vijftigen. Toendaalde vuur van den hemel, en verteerde hem en zijn vijftigen.

¹¹En hij zond wederom tot hem een anderen hoofdman van vijftig met zijn vijftigen. Deze antwoordde en sprak tot hem: Gij, man Gods! zo zegt de koning: Komhaastelijk af.

¹²En Elia antwoordde en sprak tot hem: Ben ik een man Gods, zo dale vuur van den hemel, en vertere u en uw vijftigen. Toen daalde vuur Gods van den hemel enverteerde hem en zijn vijftigen.

¹³En wederom zond hij een hoofdman van de derde vijftigen met zijn vijftigen. Zo ging de derde hoofdman van vijftigen op, en kwam en boog zich op zijn knieën, voor Elia, en smeekte hem, en sprak tot hem: Gij, man Gods, laat toch mijn ziel en de ziel van uw knechten, van deze vijftigen, dierbaar zijn in uw ogen!

¹⁴Zie, het vuur is van den hemel gedaald, en heeft die twee eerste hoofdmannen van vijftigen met hun vijftigen verteerd; maar nu, laat mijn ziel dierbaar zijn in uwogen!

¹⁵Toen sprak de Engel des HEEREN tot Elia: Ga af met hem; vrees niet voor zijn aangezicht. En hij stond op, en ging met hem af tot den koning.

¹⁶En hij sprak tot hem: Zo zegt de HEERE: Daarom, dat gij boden gezonden hebt, om Baal-Zebub, den god van Ekron, te vragen (is het, omdat er geen God inIsrael is, om Zijn woord te vragen?); daarom, van dat bed, waarop gij geklommen zijt, zult gij niet afkomen, maar gij zult den dood sterven.

¹⁷Alzo stierf hij, naar het woord des HEEREN, dat Elia gesproken had; en Joram werd koning in zijn plaats, in het tweede jaar van Joram, den zoon van Josafat, den koning van Juda; want hij had geen zoon.

Hoofdstuk 2

¹Het geschiedde nu, als de HEERE Elia met een onweder ten hemel opnemen zou, dat Elia met Elisa ging van Gilgal.

²En Elia zeide tot Elisa: Blijf toch hier, want de HEERE heeft mij naar Beth-El gezonden. Maar Elisa zeide: Zo waarachtig als de HEERE leeft en uw ziel leeft ikzal u niet verlaten! Alzo gingen zij af naar Beth-El.

³Toen gingen de zonen der profeten, die te Beth-El waren, tot Elisa uit, en zeiden tot hem: Weet gij, dat de HEERE heden uw heer van uw hoofd wegnemen zal? Enhij zeide: Ik weet het ook wel, zwijgt gij stil.

⁴En Elia zeide tot hem: Elisa, blijf toch hier, want de HEERE heeft mij naar Jericho gezonden. Maar hij zeide: Zo waarachtig als de HEERE leeft en uw ziel leeft, ikzal u niet verlaten! Alzo kwamen zij te Jericho.

⁵Toen traden de zonen der profeten, die te Jericho waren, naar Elisa toe, en zeiden tot hem: Weet gij, dat de HEERE heden uw heer van uw hoofd wegnemen zal?En hij zeide: Ik weet het ook wel, zwijgt gij stil.

⁶En Elia zeide tot hem: Blijf toch hier, want de HEERE heeft mij naar de Jordaan gezonden. Maar hij zeide: Zo waarachtig als de HEERE leeft en uw ziel leeft, ikzal u niet verlaten! En zij beiden gingen henen.

⁷En vijftig mannen van de zonen der profeten gingen henen, en stonden tegenover van verre; en die beiden stonden aan de Jordaan.

⁸Toen nam Elia zijn mantel, en wond hem samen, en sloeg het water, en het werd herwaarts en derwaarts verdeeld; en zij beiden gingen er door op het droge.

⁹Het geschiedde nu, als zij overgekomen waren, dat Elia zeide tot Elisa: Begeer wat ik u doen zal, eer ik van bij u weggenomen worde. En Elisa zeide: Dat toch tweedelen van uw geest op mij zijn!

¹⁰En hij zeide: Gij hebt een harde zaak begeerd; indien gij mij zult zien, als ik van bij u weggenomen worde, het zal u alzo geschieden; doch zo niet, het zal nietgeschieden.

¹¹En het gebeurde, als zij voortgingen, gaande en sprekende, ziet, zo was er een vurige wagen met vurige paarden, die tussen hen beiden scheiding maakten. Alzovoer Elia met een onweder ten hemel.

¹²En Elisa zag het, en hij riep: Mijn vader, mijn vader, wagen Israels en zijn ruiteren! En hij zag hem niet meer; en hij vatte zijn klederen en scheurde ze in tweestukken.

¹³Hij hief ook Elia's mantel op, die van hem afgevallen was, en keerde weder, en stond aan den oever van de Jordaan.

¹⁴En hij nam den mantel van Elia, die van hem afgevallen was, en sloeg het water, en zeide: Waar is de HEERE, de God van Elia? Ja, Dezelve? En hij sloeg hetwater, en het werd herwaarts en derwaarts verdeeld, en Elisa ging er door.

¹⁵Als nu de kinderen der profeten, die tegenover te Jericho waren, hem zagen, zo zeiden zij: De geest van Elia rust op Elisa; en zij kwamen hem tegemoet, en bogenzich voor hem neder ter aarde.

¹⁶En zij zeiden tot hem: Zie nu, er zijn bij uw knechten vijftig dappere mannen; laat hen toch heengaan, en uw heer zoeken, of niet misschien de Geest des HEERENhem opgenomen, en op een der bergen, of in een der dalen hem geworpen heeft. Doch hij zeide: Zendt niet.

¹⁷Maar zij hielden bij hem aan tot schamens toe; en hij zeide: Zendt. En zij zonden vijftig mannen, die drie dagen zochten, doch hem niet vonden.

¹⁸Toen kwamen zij weder tot hem, daar hij te Jericho gebleven was; en hij zeide tot hen: Heb ik tot ulieden niet gezegd: Gaat niet?

¹⁹En de mannen der stad zeiden tot Elisa: Zie toch, de woning dezer stad is goed, gelijk als mijn heer ziet; maar het water is kwaad, en het land onvruchtbaar.

²⁰En hij zeide: Brengt mij een nieuwe schaal, en legt er zout in. En zij brachten ze tot hem.

²¹Toen ging hij uit tot de waterwel, en wierp het zout daarin, en zeide: Zo zegt de HEERE: Ik heb dit water gezond gemaakt, er zal geen dood noch onvruchtbaarheidmeer van worden.

²²Alzo werd dat water gezond, tot op dezen dag, naar het woord van Elisa, dat hij gesproken had.

²³En hij ging van daar op naar Beth-El. Als hij nu den weg opging, zo kwamen kleine jongens uit de stad; die bespotten hem, en zeiden tot hem: Kaalkop, ga op, kaalkop, ga op!

²⁴En hij keerde zich achterom, en hij zag ze, en vloekte hen, in den Naam des HEEREN. Toen kwamen twee beren uit het woud, en verscheurden van dezelve tweeen veertig kinderen.

²⁵En hij ging van daar naar den berg Karmel; en van daar keerde hij weder naar Samaria.

Hoofdstuk 3

¹Joram nu, de zoon van Achab, werd koning over Israel te Samaria, in het achttiende jaar van Josafat, den koning van Juda, en hij regeerde twaalf jaren.

²En hij deed dat kwaad was in de ogen des HEEREN, doch niet gelijk zijn vader en gelijk zijn moeder; want hij deed dag opgerichte beeld van Baal weg, hetwelk zijnvader gemaakt had.

³Evenwel hing hij de zonden van Jerobeam, den zoon van Nebat, aan, die Israel deed zondigen; hij week daarvan niet af.

⁴Mesa nu, de koning der Moabieten, was een veehandelaar, en bracht op aan den koning van Israel honderd duizend lammeren, en honderd duizend rammen met dewol.

⁵Maar het geschiedde, als Achab gestorven was, dat de koning der Moabieten van den koning van Israel afviel.

⁶Zo toog de koning Joram ter zelfder tijd uit Samaria, en monsterde gans Israel.

⁷En hij ging heen, en zond tot Josafat, den koning van Juda, zeggende: De koning der Moabieten is van mij afgevallen, zult gij met mij trekken in den oorlog tegen de Moabieten? En hij zeide: Ik zal opkomen; zo zal ik zijn, gelijk gij zijt, zo mijn volk als uw volk, zo mijn paarden als uw paarden.

⁸En hij zeide: Door welken weg zullen wij optrekken? Hij dan zeide: Door den weg der woestijn van Edom.

⁹Alzo toog de koning van Israel heen, en de koning van Juda, en de koning van Edom; en als zij zeven dagreizen omgetogen waren, zo had het leger en het vee, dathen navolgde, geen water.

¹⁰Toen zeide de koning van Israel: Ach, dat de HEERE deze drie koningen geroepen heeft, om die in der Moabieten hand te geven!

¹¹En Josafat zeide: Is hier geen profeet des HEEREN, dat wij door hem den HEERE mochten vragen? Toen antwoordde een van de knechten des konings van Israel, en zeide: Hier is Elisa, de zoon van Safat, die water op Elia's handen goot.

¹²En Josafat zeide: Des HEEREN woord is bij hem. Zo togen tot hem af de koning van Israel, en Josafat, en de koning van Edom.

¹³Maar Elisa zeide tot den koning van Israel: Wat heb ik met u te doen? Ga heen tot de profeten uws vaders, en tot de profeten uwer moeder. Doch de koning van Israel zeide tot hem: Neen, want de HEERE heeft deze drie koningen geroepen, om die in der Moabieten hand te geven.

¹⁴En Elisa zeide: Zo waarachtig als de HEERE der heirscharen leeft, voor Wiens aangezicht ik sta, zo ik niet het aangezicht van Josafat, den koning van Juda, opnam, ik zou u niet aanschouwen, noch u aanzien!

¹⁵Nu dan, brengt mij een speelman. En het geschiedde, als de speelman op de snaren speelde, dat de hand des HEEREN op hem kwam.

¹⁶En hij zeide: Zo zegt de HEERE: Maakt in dit dal vele grachten.

¹⁷Want zo zegt de HEERE: Gijlieden zult geen wind zien, en gij zult geen regen zien; nochtans zal dit dal met water vervuld worden, zodat gij zult drinken, gij en uw vee, en uw beesten.

¹⁸Daartoe is dat slecht in de ogen des HEEREN, Hij zal ook de Moabieten in ulieder hand geven.

¹⁹En gij zult alle vaste steden, en alle uitgelezen steden slaan, en zult alle goede bomen vellen, en zult alle waterfonteinen stoppen; en alle goede stukken lands zult gij met stenen verderven.

²⁰En het geschiedde des morgens, als men het spijsoffer offert, dat er, ziet, water door den weg van Edom kwam, en het land met water vervuld werd.

²¹Toen nu al de Moabieten hoorden, dat koningen opgetogen waren, om tegen hen te strijden, zo werden zij samen geroepen, van al degenen af, die den gordel aangordden en daarboven, en zij stonden aan de landpale.

²²En toen zij zich des morgens vroeg opmaakten, en de zon over dat water oprees, zagen de Moabieten dat water tegenover rood, gelijk bloed.

²³En zij zeiden: Dit is bloed; de koningen hebben voorzeker zich met het zwaard verdorven, en hebben de een de ander verslagen, nu dan aan den buit, gij Moabieten!

²⁴Maar als zij aan het leger van Israel kwamen, maakten zich de Israelieten op, en sloegen de Moabieten; en zij vloden van hun aangezicht; ja, zij kwamen in het land, slaande ook de Moabieten.

²⁵De steden nu braken zij af, en een iegelijk wierp zijn steen op alle goede stukken lands, en zij vulden ze, en stopten alle waterfonteinen, en velden alle goede bomen, totdat zij in Kir-hareseth alleen de stenen daarvan lieten overblijven; en de slingeraars omsingelden en sloegen hen.

²⁶Doch als de koning der Moabieten zag, dat hem de strijd te sterk was, nam hij tot zich zevenhonderd mannen, die het zwaard uittogen, om door te breken tegen den koning van Edom; maar zij konden niet.

²⁷Toen nam hij zijn eerstgeboren zoon, die in zijn plaats koning zou worden, en offerde hem ten brandoffer op den muur. Daaruit werd een zeer grote toorn in Israel; daarom trokken zij van hem af, en keerden weder in hun land.

Hoofdstuk 4

¹Een vrouw nu uit de vrouwen van de zonen der profeten riep tot Elisa, zeggende: Uw knecht, mijn man, is gestorven, en gij weet, dat uw knecht den HEERE was vrezende; nu is de schuldheer gekomen, om mijn beide kinderen voor zich tot knechten te nemen.

²En Elisa zeide tot haar: Wat zal ik u doen? Geef mij te kennen, wat gij in het huis hebt. En zij zeide: Uw dienstmaagd heeft niet met al in het huis, dan een kruik met olie.

³Toen zeide hij: Ga, eis voor u vaten van buiten, van al uw naburen ledige vaten; maak er niet weinig te hebben.

⁴Kom dan in, en sluit de deur voor u en voor uw zonen toe; daarna giet in al die vaten, en zet weg, dat vol is.

⁵Zo ging zij van hem, en sloot de deur voor zich en voor haar zonen toe; die brachten haar de vaten toe, en zij goot in.

⁶En het geschiedde, als die vaten vol waren, dat zij tot haar zoon zeide: Breng mij nog een vat aan; maar hij zeide tot haar: Er is geen vat meer. En de olie stond stil.

⁷Toen kwam zij, en gaf het den man Gods te kennen; en hij zeide: Ga heen, verkoop de olie, en betaal uw schuldheer; gij dan met uw zonen, leef bij het overige.

⁸Het geschiedde ook op een dag, als Elisa naar Sunem doortrok, dat aldaar een grote vrouw was, dewelke hem aanhield om brood te eten. Voorts geschiedde het, zo dikwijls hij doortrok, week hij daarin, om brood te eten.

⁹En zij zeide tot haar man: Zie nu, ik heb gemerkt, dat deze man Gods heilig is, die bij ons altoos doortrekt.

¹⁰Laat ons toch een kleine opperkamer van een wand maken, en laat ons daar voor hem zetten een bed, en tafel, en stoel, en kandelaar; zo zal het geschieden, wanneer hij tot ons komt, dat hij daar inwijke.

¹¹En het geschiedde op een dag, dat hij daar kwam; en hij week in die opperkamer, en legde zich daar neder.

¹²Toen zeide hij tot zijn jongen Gehazi: Roep deze Sunamietische. En als hij ze geroepen had, stond zij voor zijn aangezicht.

¹³(Want hij had hem gezegd: Zeg nu tot haar: Zie, gij zijt zorgvuldig voor ons geweest, met al deze zorgvuldigheid; wat is er voor u te doen? Is er iets om voor u te spreken tot den koning, of tot den krijgsoverste? En zij had gezegd: Ik woon in het midden mijns volks.

¹⁴Toen had hij gezegd: Wat is er dan voor haar te doen? En Gehazi had gezegd: Zij heeft toch geen zoon, en haar man is oud.

¹⁵Daarom had hij gezegd: Roep haar. En als hij ze geroepen had, stond zij in de deur.)

¹⁶En hij zeide: Op dezen gezetten tijd, omtrent dezen tijd des levens zult gij een zoon omhelzen. En zij zeide: Neen, mijn heer, gij, man Gods, lieg tegen uw dienstmaagd niet.

¹⁷En de vrouw werd zwanger, en baarde een zoon op dien gezette tijd, omtrent den tijd des levens, dien Elisa tot haar gesproken had.

¹⁸Toen nu het kind groot werd, geschiedde het op een dag, dat het uitging tot zijn vader, tot de maaiers.

¹⁹En het zeide tot zijn vader: Mijn hoofd, mijn hoofd! Hij dan zeide tot een jongen: Draag hem tot zijn moeder.

²⁰En hij droeg hem, en bracht hem tot zijn moeder. En hij zat op haar knieën tot aan den middag toe; toen stierf hij.

²¹En zij ging op, en legde hem op het bed van den man Gods; daarna sloot zij voor hem toe, en ging uit.

²²En zij riep om haar man, en zeide: Zend mij toch een van de jongens, en een van de ezelinnen, dat ik tot den man Gods lope, en wederkome.

²³En hij zeide: Waarom gaat gij heden tot hem? Het is geen nieuwe maan, noch sabbat. En zij zeide: Het zal wel zijn.

²⁴Toen zadelde zij de ezelin, en zeide tot haar jongen: Drijf, en ga voort; houd mij niet op voort te rijden, tenzij dan dat ik het u zegge.

²⁵Alzo toog zij heen, en kwam tot den man Gods, tot den berg Karmel. En het geschiedde, als de man Gods haar van tegenover zag, dat hij tot Gehazi, zijn jongen zeide: Zie, daar is de Sunamietische.

²⁶Nu loop toch haar tegemoet, en zeg tot haar: Is het wel met u? Is het wel met uw man? Is het wel met uw kind? En zij zeide: Het is wel.

²⁷Toen zij nu tot den man Gods op den berg kwam, vatte zij zijn voeten. Maar Gehazi trad toe, om haar af te stoten. Doch de man Gods zeide: Laat ze geworden; want haar ziel is in haar bitterlijk bedroefd, en de HEERE heeft het voor mij verborgen, en mij niet verkondigd.

²⁸En zij zeide: Heb ik een zoon van mijn heer begeerd? Zeide ik niet: Bedrieg mij niet?

²⁹En hij zeide tot Gehazi: Gord uw lenden, en neem mijn staf in uw hand, en ga henen; zo gij iemand vindt, groet hem niet; en zo u iemand groet, antwoord hem niet; en leg mijn staf op het aangezicht van den jongen.

³⁰Doch de moeder van den jongen zeide: Zo waarachtig als de

HEERE leeft en uw ziel leeft, ik zal u niet verlaten! Hij stond dan op, en volgde haar na.

³¹Gehazi nu was voor hun aangezicht doorgegaan; en hij legde den staf op het aangezicht van den jongen; doch er was geen stem, noch opmerking. Zo keerde hij weder hem tegemoet, en bracht hem boodschap, zeggende: De jongen is niet ontwaakt.

³²En toen Elisa in het huis kwam, ziet, zo was de jongen dood, zijnde gelegd op zijn bed.

³³Zo ging hij in, en sloot de deur voor hen beiden toe, en bad tot den HEERE.

³⁴En hij klom op, en legde zich neder op het kind, en leggende zijn mond op deszelfs mond, en zijn ogen op zijn ogen, en zijn handen op zijn handen, breidde zich over hem uit. En het vlees des kinds werd warm.

³⁵Daarna kwam hij weder, en wandelde in het huis eens herwaarts, en eens derwaarts, en klom weder op, en breidde zich over hem uit; en de jongen niesde tot zevenmaal toe; daarna deed de jongen zijn ogen open.

³⁶En hij riep Gehazi, en zeide: Roep deze Sunamietische. En hij riep ze, en zij kwam tot hem; en hij zeide: Neem uw zoon op.

³⁷Zo kwam zij, en viel voor zijn voeten, en boog zich ter aarde, en zij nam haar zoon op, en ging uit.

³⁸Als nu Elisa weder te Gilgal kwam, zo was er honger in dat land, en de zonen der profeten zaten voor zijn aangezicht; en hij zeide tot zijn jongen: Zet den groten pot aan, en zied moes voor de zonen der profeten.

³⁹Toen ging er een uit in het veld, om moeskruiden te lezen, en hij vond een wilden wijnstok, en las daarvan, zijn kleed vol wilde kolokwinten, en kwam, en sneed ze in den moespot; want zij kenden ze niet.

⁴⁰Daarna schepten zij voor de mannen op om te eten; en het geschiedde, als zij aten van dat moes, dat zij riepen en zeiden: Man Gods, de dood is in den pot! En zij konden het niet eten.

⁴¹Maar hij zeide: Brengt dan meel; en hij wierp het in den pot; en hij zeide: Schep voor het volk op, dat zij eten. Toen was er niets kwaads in den pot.

⁴²En er kwam een man van Baal-Salisa, en bracht den man Gods broden der eerstelingen, twintig gerstebroden, en groene aren in haar hulzen; en hij zeide: Geef aan het volk, dat zij eten.

⁴³Doch zijn dienaar zeide: Wat zou ik dat aan honderd mannen voorzetten? En hij zeide: Geef aan het volk, dat zij eten; want alzo zegt de HEERE: Men zal eten en overhouden.

⁴⁴Zo zette hij het hun voor, en zij aten, en zij hielden over, naar het woord des HEEREN.

Hoofdstuk 5

¹Naäman nu, de krijgsoverste van den koning van Syrië, was een groot man voor het aangezicht zijns heren, en van hoog aanzien; want door hem had de HEERE den Syriërs verlossing gegeven; zo was deze man een strijdbaar held, doch melaats.

²En er waren benden uit Syrië getogen, en hadden een kleine jonge dochter uit het land van Israel gevankelijk gebracht, die in den dienst der huisvrouw van Naäman was.

³Deze zeide tot haar vrouw: Och, of mijn heer ware voor het aangezicht van den profeet, die te Samaria is, dan zou hij hem van zijn melaatsheid ontledigen.

⁴Toen ging hij in en gaf het zijn heer te kennen, zeggende: Zo en zo heeft de jonge dochter gesproken, die uit het land van Israel is.

⁵Toen zeide de koning van Syrië: Ga heen, kom, en ik zal een brief aan den koning van Israel zenden. En hij ging heen, en nam in zijn hand tien talenten zilvers, en zesduizend sikkelen gouds, en tien wisselklederen.

⁶En hij bracht den brief tot den koning van Israel, zeggende: Zo wanneer nu deze brief tot u zal gekomen zijn, zie, ik heb mijn knecht Naäman tot u gezonden, dat gij hem ontledigt van zijn melaatsheid.

⁷En het geschiedde, als de koning van Israel den brief gelezen had, dat hij zijn klederen scheurde, en zeide: Ben ik dan God, om te doden en levend te maken, dat deze tot mij zendt, om een man van zijn melaatsheid te ontledigen? Want voorwaar, merkt toch, en ziet, dat hij oorzaak tegen mij zoekt.

⁸Maar het geschiedde, als Elisa, de man Gods, gehoord had, dat de koning van Israel zijn klederen gescheurd had, dat hij tot den koning zond, om te zeggen: Waarom hebt gij uw klederen gescheurd? Laat hem nu tot mij komen, zo zal hij weten, dat er een profeet in Israel is.

⁹Alzo kwam Naäman met zijn paarden en met zijn wagen, en stond voor de deur van het huis van Elisa.

¹⁰Toen zond Elisa tot hem een bode, zeggende: Ga heen en was u zevenmaal in de Jordaan, en uw vlees zal u wederkomen, en gij zult rein zijn.

¹¹Maar Naäman werd zeer toornig, en toog weg, en zeide: Zie, ik zeide bij mijzelven: Hij zal zekerlijk uitkomen, en staan, en den Naam des HEEREN, Zijns Gods, aanroepen, en zijn hand over de plaats strijken, en den melaatse ontledigen.

¹²Zijn niet Abana en Farpar, de rivieren van Damaskus, beter dan alle wateren van Israel; zou ik mij in die niet kunnen wassen en rein worden? Zo wendde hij zich, en toog weg met grimmigheid.

¹³Toen traden zijn knechten toe, en spraken tot hem, en zeiden: Mijn vader, zo die profeet tot u een grote zaak gesproken had, zoudt gij ze niet gedaan hebben? Hoeveel te meer, naardien hij tot u gezegd heeft: Was u, en gij zult rein zijn?

¹⁴Zo klom hij af, en doopte zich in de Jordaan zevenmaal, naar het woord van den man Gods; en zijn vlees kwam weder, gelijk het vlees van een kleinen jongen; en hij werd rein.

¹⁵Toen keerde hij weder tot den man Gods, hij en zijn ganse heir, en kwam, en stond voor zijn aangezicht en zeide: Zie, nu weet ik, dat er geen God is op de ganse aarde, dan in Israel! Nu dan, neem toch een zegen van uw knecht.

¹⁶Maar hij zeide: Zo waarachtig als de HEERE leeft, voor Wiens aangezicht ik sta, indien ik het neme! En hij hield bij hem aan, opdat hij het nam, doch hij weigerde het.

¹⁷En Naäman zeide: Zo niet; laat toch uw knecht gegeven worden een last aarde van een juk muildieren; want uw knecht zal niet meer brandoffer of slachtoffer aan andere goden doen, maar den HEERE.

¹⁸In deze zaak vergeve de HEERE uw knecht: wanneer mijn heer in het huis van Rimmon zal gaan, om zich daar neder te buigen, en hij op mijn hand leunen zal en ik mij in het huis van Rimmon nederbuigen zal; als ik mij alzo nederbuigen zal in het huis van Rimmon, de HEERE vergeve toch uw knecht in deze zaak.

¹⁹En hij zeide tot hem: Ga in vrede. En hij ging van hem een kleine streek lands.

²⁰Gehazi nu, de jongen van Elisa, den man Gods, zeide: Zie, mijn heer heeft Naäman, dien Syriër belet, dat men uit zijn hand niet genomen heeft, wat hij gebracht had; maar zo waarachtig als de HEERE leeft, ik zal hem nalopen, en zal wat van hem nemen!

²¹Zo volgde Gehazi Naäman achterna. En toen Naäman zag, dat hij hem naliep, viel hij van den wagen af, hem tegemoet, en hij zeide: Is het wel?

²²En hij zeide: Het is wel; mijn heer heeft mij gezonden, om te zeggen: Zie, nu straks zijn tot mij twee jongelingen uit de zonen der profeten, van het gebergte van Efraim gekomen; geef hun toch een talent zilvers en twee wisselklederen.

²³En Naäman zeide: Belieft het u, neem twee talenten. En hij hield aan bij hem, en bond twee talenten zilvers in twee buidels, met twee wisselklederen, en hij legde ze op twee van zijn jongens, die ze voor zijn aangezicht droegen.

²⁴Als hij nu op de hoogte kwam, nam hij ze van hun hand, en bestelde ze in een huis; en hij liet de mannen gaan, en zij togen heen.

²⁵Daarna kwam hij in, en stond voor zijn heer. En Elisa zeide tot hem: Van waar, Gehazi? En hij zeide: Uw knecht is noch herwaarts noch derwaarts gegaan.

²⁶Maar hij zeide tot hem: Ging niet mijn hart mede, als die man zich omkeerde van op zijn wagen u tegemoet? Was het tijd, om dat zilver te nemen, en om klederen te nemen, en olijfbomen, en wijngaarden, en schapen, en runderen, en knechten, en dienstmaagden?

²⁷Daarom zal u de melaatsheid van Naäman aankleven, en uw zaad in eeuwigheid! Toen ging hij uit van voor zijn aangezicht, melaats, wit als de sneeuw.

Hoofdstuk 6

¹En de kinderen der profeten zeiden tot Elisa: Zie nu, de plaats, waar wij wonen voor uw aangezicht, is voor ons te eng.

²Laat ons toch tot aan de Jordaan gaan, en elk van daar een timmerhout halen, dat wij ons daar een plaats maken, om er te wonen. En hij zeide: Gaat heen.

³En er zeide een: Het believe u toch te gaan met uw knechten. En hij zeide: Ik zal gaan.

⁴Zo ging hij met hen. Als zij nu aan de Jordaan gekomen waren, hieuwen zij hout af.

⁵En het geschiedde, als een het timmerhout velde, dat het ijzer in het water viel; en hij riep, en zeide: Ach, mijn heer, want het was geleend.

⁶En de man Gods zeide: Waar is het gevallen? En toen hij hem de plaats gewezen had, sneed hij een hout af, en wierp het daarhenen, en deed het ijzer bovenzwemmen.

⁷En hij zeide: Neem het tot u op. Toen stak hij zijn hand uit, en

nam het,

⁸En de koning van Syrie voerde krijg tegen Israel, en beraadslaagde zich met zijn knechten, zeggende: Mijn legering zal zijn in de plaats van zulk een.

⁹Maar de man Gods zond henen tot den koning van Israel, zeggende: Wacht u, dat gij door die plaats niet trekt, want de Syriers zijn daarhenen afgekomen.

¹⁰Daarom zond de koning van Israel henen aan die plaats, waarvan hem de man Gods gezegd en hem gewaarschuwd had, en wachtte zich aldaar, niet eenmaal, nochtweemaal.

¹¹Toen werd het hart des konings van Syrie onstuimig over dezen handel; en hij riep zijn knechten, en zeide tot hen: Zult gij mij dan niet te kennen geven, wie van deonzen zij voor den koning van Israel?

¹²En een van zijn knechten zeide: Neen, mijn heer koning! Maar Elisa, de profeet, die in Israel is, geeft den koning van Israel te kennen de woorden, die gij in uwbinnenste slaapkamer spreekt.

¹³En hij zeide: Gaat heen, en ziet, waar hij is, dat ik zende en hem halen late. En hem werd te kennen gegeven, zeggende: Zie, hij is te Dothan.

¹⁴Toen zond hij daarhenen paarden, en wagenen, en een zwaar heir; welke des nachts kwamen, en omsingelden de stad.

¹⁵En de dienaar van den man Gods stond zeer vroeg op, en ging uit; en ziet, een heir omringde de stad met paarden en wagenen. Toen zeide zijn jongen tot hem: Ach, mijn heer, hoe zullen wij doen.

¹⁶En hij zeide: Vrees niet; want die bij ons zijn, zijn meer, dan die bij hen zijn.

¹⁷En Elisa bad, en zeide: HEERE, open toch zijn ogen, dat hij zie! En de HEERE opende de ogen van den jongen, dat hij zag; en ziet, de berg was vol vurige paarden en wagenen rondom Elisa.

¹⁸Als zij nu tot hem afkwamen, bad Elisa tot den HEERE, en zeide: Sla toch dit volk met verblindheden. En Hij sloeg hen met verblindheden, naar het woord van Elisa.

¹⁹Toen zeide Elisa tot hen: Dit is de weg niet, en dit is de stad niet; volgt mij na, en ik zal u leiden tot den man, dien gij zoekt; en hij leidde hen naar Samaria.

²⁰En het geschiedde, als zij te Samaria gekomen waren, dat Elisa zeide: HEERE, open de ogen van dezen, dat zij zien! En de HEERE opende hun ogen, dat zij zagen; en ziet, zij waren in het midden van Samaria.

²¹En de koning van Israel zeide tot Elisa, als hij hen zag: Zal ik hen slaan? Zal ik hen slaan, mijn vader?

²²Doch hij zeide: Gij zult hen niet slaan; zoudt gij ook slaan, die gij met uw zwaard en met uw boog gevangen hadt? Zet hun brood en water voor, dat zij eten en drinken, en tot hun heer trekken.

²³En hij bereidde hun een groten maaltijd, dat zij aten en dronken; daarna liet hij hen gaan, en zij trokken tot hun heer. Zo kwamen de benden der Syriers niet meer in het land van Israel.

²⁴En het geschiedde daarna, dat Benhadad, de koning van Syrie, zijn gehele leger verzamelde, en optoog, en Samaria belegerde.

²⁵En er werd grote honger in Samaria; want ziet, zij belegerden ze, totdat een ezelskop voor tachtig zilverlingen was verkocht, en een vierendeel van een kabduivenmest voor vijf zilverlingen.

²⁶En het geschiedde, als de koning op den muur voorbijging, dat een vrouw tot hem riep, zeggende: Help mij, heer koning!

²⁷En hij zeide: De HEERE helpt u niet; waarvan zou ik u helpen? Van den dorsvloer of van den wijnpers?

²⁸Verder zeide de koning tot haar: Wat is u? En zij zeide: Deze vrouw heeft tot mij gezegd: Geef uw zoon, dat wij hem heden eten, en morgen zullen wij mijn zoon eten.

²⁹Zo hebben wij mijn zoon gezoden, en hebben hem gegeten; maar als ik des anderen daags tot haar zeide: Geef uw zoon, dat wij hem eten, zo heeft zij haar zoon verstoken.

³⁰En het geschiedde, als de koning de woorden dezer vrouw gehoord had, dat hij zijn klederen scheurde, alzo hij op den muur voortging; en het volk zag, dat, ziet, eenzak van binnen over zijn vlees was.

³¹En hij zeide: Zo doe mij God, en doe zo daartoe, indien het hoofd van Elisa, den zoon van Safat, heden op hem zal blijven staan!

³²(Elisa nu zat in zijn huis, en de oudsten zaten bij hem.) En hij zond een man van voor zijn aangezicht; maar eer de bode tot hem gekomen was, had hij gezegd tot de oudsten: Hebt gijlieden gezien, hoe die zoon des moordenaars gezonden heeft, om mijn hoofd af te nemen? Ziet toe, als die bode komt, sluit de deur toe, en dringt hem uit met de deur; is niet het geruis der voeten van zijn heer achter hem?

³³Als hij nog met hen sprak, ziet, zo kwam de bode tot hem af; en hij zeide: Zie, dat kwaad is van den HEERE; wat zou ik verder op den HEERE wachten?

Hoofdstuk 7

¹Toen zeide Elisa: Hoort het woord des HEEREN; zo zegt de HEERE: Morgen omtrent dezen tijd zal een maat meelbloem verkocht worden voor een sikkel, en twee maten gerst voor een sikkel, in de poort van Samaria.

²Maar een hoofdman, op wiens hand de koning leunde, antwoordde den man Gods, en zeide: Zie, zo de HEERE vensteren in den hemel maakte, zou die zaak kunnen geschieden? En hij zeide: Zie, gij zult het met uw ogen zien, doch daarvan niet eten.

³Er waren nu vier melaatse mannen voor de deur der poort; die zeiden, de een tot den ander: Wat blijven wij hier, totdat wij sterven?

⁴Indien wij zeggen: Laat ons in de stad komen, zo is de honger in de stad, en wij zullen daar sterven, en indien wij hier blijven, wij zullen ook sterven; nu dan, komt, en laat ons in het leger der Syriers vallen; indien zij ons laten leven, wij zullen leven; en indien zij ons doden, wij zullen maar sterven.

⁵En zij stonden op in de schemering, om in het leger der Syriers te komen. Toen zij aan het uiterste van het leger der Syriers kwamen, ziet, toen was er niemand.

⁶Want de HEERE had het heir der Syriers doen horen een geluid van wagenen, en een geluid van paarden, het geluid ener grote heirkracht; zodat zij zeiden de een tot den ander: Zie, de koning van Israel heeft tegen ons gehuurd de koningen der Hethieten, en de koningen der Egyptenaren, om tegen ons te komen.

⁷Derhalve hadden zij zich opgemaakt, en waren in de schemering gevloden, en hadden hun tenten gelaten, en hun paarden, en hun ezelen, het leger gelijk als het was; en waren gevloden om huns levens wil.

⁸Als nu deze melaatsen aan het uiterste van het leger kwamen, zo gingen zij in een tent, en aten en dronken, en namen van daar zilver, en goud, en klederen, en gingen henen, en verborgen het; daarna keerden zij weder, en kwamen in een andere tent, namen van daar ook, en gingen henen, en verborgen het.

⁹Toen zeiden zij, de een tot den ander: Wij doen niet recht; deze dag is een dag van goede boodschap, en wij zwijgen stil. Indien wij vertoeven tot den lichten morgen, zo zal ons de ongerechtigheid vinden; daarom nu, komt, laat ons gaan, en dit aan het huis des konings boodschappen.

¹⁰Zo kwamen zij, en riepen tot den poortier der stad, en boodschapten hun, zeggende: Wij zijn gekomen tot het leger der Syriers, en ziet, niemand was daar, noch eens mensen stem; maar paarden aangebonden, en ezels aangebonden, en tenten, gelijk als zij waren.

¹¹En hij riep de poortiers; en zij deden de boodschap binnen in het huis des konings.

¹²En de koning stond op in den nacht, en zeide tot zijn knechten: Ik zal u nu te kennen geven, wat de Syriers ons gedaan hebben; zij weten, dat wij hongerig zijn; daarom zijn zij uit het leger gegaan, om zich in het veld te versteken, zeggende: Als zij uit de stad gegaan zullen zijn, dan zullen wij hen levend grijpen, en wij zullen in de stad komen.

¹³Toen antwoordde een van zijn knechten, en zeide: Dat men toch neme vijf van de overige paarden, die hierbinnen overgebleven zijn (zie, zij zijn als de gehele menigte der Israelieten, die hierbinnen overgebleven zijn; zie, zij zijn als de gehele menigte der Israelieten, die vergaan zijn), laat ons die zenden, en zien.

¹⁴Zij namen dan twee wagenpaarden. En de koning zond het leger der Syriers achterna, zeggende: Gaat henen, en ziet.

¹⁵En zij volgden hen na tot de Jordaan toe; en ziet, de ganse weg was vol van klederen en gereedschap, die de Syriers in hun verhaasten weggeworpen hadden. De boden nu keerden weder, en boodschapten het den koning.

¹⁶Toen ging het volk uit, en beroofde het leger der Syriers; en een maat meelbloem werd verkocht voor een sikkel, en twee maten gerst voor een sikkel, naar het woord des HEEREN.

¹⁷De koning nu had den hoofdman, op wiens hand hij leunde, over die poort gesteld; en het volk vertrad hem in de poort, dat hij stierf, gelijk de man Gods gesproken had, die het sprak, als de koning tot hem afgekomen was.

¹⁸Want het was geschied, gelijk de man Gods gesproken had tot den koning, zeggende: Morgen omtrent dezen tijd zullen twee maten gerst voor een sikkel, en een maat meelbloem voor een sikkel verkocht worden, in de poort van Samaria.

¹⁹En die hoofdman had den man Gods geantwoord en gezegd: Zie, zo de HEERE vensteren in den hemel maakte, zou het ook naar dit woord geschieden kunnen? En hij had gezegd: Zie, gij zult het met uw ogen zien, doch daarvan niet eten.

²⁰Even alzo geschiedde hem, want het volk vertrad hem in de poort, dat hij stierf.

Hoofdstuk 8

¹Elisa nu had gesproken tot die vrouw, welker zoon hij levend gemaakt had, zeggende: Maak u op, en ga heen, gij en uw huisgezin, en verkeer als vreemdeling, waargij verkeren kunt; want de HEERE heeft een honger geroepen, die ook in het land zeven jaren komen zal.

²En de vrouw had zich opgemaakt, en had gedaan naar het woord van den man Gods; want zij was gegaan met haar huisgezin, en had als vreemdeling verkeerd inhet land der Filistijnen, zeven jaren.

³En het geschiedde met het einde der zeven jaren, dat de vrouw uit het land der Filistijnen wederkeerde; en zij ging uit, dat zij tot den koning riep, om haar huis en omhaar akker.

⁴De koning nu sprak tot Gehazi, den jongen van den man Gods, zeggende: Vertel mij toch al de grote dingen, die Elisa gedaan heeft.

⁵En het geschiedde, als hij den koning vertelde, hoe hij een dode had levend gemaakt, ziet, zo riep de vrouw, welker zoon hij levend gemaakt had, tot den koning, omhaar huis en om haar akker. Toen zeide Gehazi: Mijn heer koning! Dit is de vrouw, en dit is haar zoon, dien Elisa heeft levend gemaakt.

⁶En de koning ondervraagde de vrouw, en zij vertelde het hem. Toen gaf de koning haar een kamerling, zeggende: Doe haar wederhebben alles, wat het hare was, daartoe alle inkomsten des akkers, van den dag af, dat zij het land verlaten heeft, tot nu toe.

⁷Daarna kwam Elisa te Damaskus, als Benhadad, de koning van Syrie, krank was; en men boodschapte hem, zeggende: De man Gods is herwaarts gekomen.

⁸Toen zeide de koning tot Hazael: Neem een geschenk in uw hand, en ga den man Gods tegemoet; en vraag door hem den HEERE, zeggende: Zal ik van dezekrankheid genezen?

⁹Zo ging Hazael hem tegemoet, en nam een geschenk in zijn hand, te weten, alle goed van Damaskus, een last van veertig kemelen; en hij kwam, en stond voor zijnaangezicht, en zeide: Uw zoon Benhadad, de koning van Syrie, heeft mij tot u gezonden, om te zeggen: Zal ik van deze krankheid genezen?

¹⁰En Elisa zeide tot hem: Ga, zeg, gij zult ganselijk niet genezen; want de HEERE heeft mij getoond, dat hij den dood sterven zal.

¹¹En hij hield zijn gezicht staande, en zette het vast tot schamens toe; en de man Gods weende.

¹²Toen zeide Hazael: Waarom weent mijn heer? En hij zeide: omdat ik weet, wat kwaad gij den kinderen Israels doen zult; gij zult hun sterkten in het vuur zetten, enhun jonge manschap met het zwaard doden, en hun jonge kinderen verpletteren, en hun zwangere vrouwen opensnijden.

¹³En Hazael zeide: Maar wat is uw knecht, die een hond is, dat hij deze grote zaak doen zou? En Elisa zeide: De HEERE heeft mij getoond, dat gij koning zijn zultover Syrie.

¹⁴Zo ging hij weg van Elisa, en kwam tot zijn heer, die tot hem zeide: Wat heeft Elisa tot u gezegd? En hij zeide: Hij heeft tot mij gezegd: Gij zult zekerlijk genezen.

¹⁵En het geschiedde des anderen daags, dat hij een deken nam, en in het water doopte, en over zijn aangezicht uitspreidde, dat hij stierf; en Hazael werd koning in zijnplaats.

¹⁶In het vijfde jaar nu van Joram, den zoon van Achab, den koning van Israel, toen Josafat koning was van Juda, begon Jehoram, de zoon van Josafat, den koning vanJuda, te regeren.

¹⁷Hij was twee en dertig jaren oud, toen hij koning werd, en hij regeerde acht jaren te Jeruzalem.

¹⁸En hij wandelde op den weg der koningen van Israel, gelijk als het huis van Achab deed; want de dochter van Achab was hem ter vrouw geworden; en hij deed datkwaad was in de ogen des HEEREN.

¹⁹Doch de HEERE wilde Juda niet verderven, om Davids Zijns knechts wil; gelijk als Hij hem gezegd had, dat Hij hem te allen tijde voor zijn zonen een lamp zougeven.

²⁰In zijn dagen vielen de Edomieten van onder het gebied van Juda af, en maakten een koning over zich.

²¹Daarom toog Joram over naar Zair, en al de wagenen met hem; en hij maakte zich des nachts op, en sloeg de Edomieten, die rondom hem waren, daartoe deoversten der wagenen; en het volk vlood in zijn hutten.

²²De Edomieten evenwel vielen van onder het gebied van Juda af, tot op dezen dag; toen viel Libna af in denzelfden tijd.

²³Het overige nu der geschiedenissen van Joram, en alles wat hij gedaan heeft, is dat niet geschreven in het boek der kronieken der koningen van Juda?

²⁴En Joram ontsliep met zijn vaderen, en werd begraven bij zijn vaderen, in de stad Davids; en Ahazia, zijn zoon, werd koning in zijn plaats.

²⁵In het twaalfde jaar van Joram, den zoon van Achab, den koning van Israel, begon Ahazia, de zoon van Jeroham, den koning van Juda, te regeren.

²⁶Twee en twintig jaren was Ahazia oud, als hij koning werd, en regeerde een jaar te Jeruzalem; en de naam zijner moeder was Athalia, de dochter van Omri, denkoning van Israel.

²⁷En hij wandelde in den weg van het huis van Achab, en deed dat kwaad was in de ogen des HEEREN, gelijk het huis van Achab; want hij was een schoonzoon vanhet huis van Achab.

²⁸En hij toog met Joram, den zoon van Achab, naar den strijd, te Ramoth in Gilead, tegen Hazael, den koning van Syrie; en de Syriers sloegen Joram.

²⁹Toen keerde Joram, de koning wederom, opdat hij zich te Jizreel helen liet van de slagen, die hem de Syriers te Rama geslagen hadden, als hij streed tegen Hazaelden koning van Syrie; en Ahazia, de zoon van Jehoram, de koning van Juda, kwam af, om Joram, den zoon van Achab, te Jizreel te bezien, want hij was krank.

Hoofdstuk 9

¹Toen riep de profeet Elisa een van de zonen der profeten, en hij zeide tot hem: Gord uw lenden, en neem deze oliekruik in uw hand, en ga heen naar Ramoth inGilead.

²Als gij daar zult gekomen zijn, zo zie, waar Jehu, de zoon van Josafat, den zoon van Nimsi, is; en ga in, en doe hem opstaan uit het midden zijner broederen, en brenghem in een binnenste kamer.

³En neem de oliekruik, en giet ze uit op zijn hoofd, en zeg: Zo zegt de HEERE: Ik heb u tot koning gezalfd over Israel. Doe daarna de deur open, en vlied, en vertoefniet.

⁴Zo ging de jongeling, die jongeling van den profeet, naar Ramoth in Gilead.

⁵En toen hij inkwam, ziet, daar zaten de hoofdmannen van het heir, en hij zeide: Ik heb een woord aan u, o hoofdman! En Jehu zeide: Tot wien van ons allen? En hijzeide: Tot u, o hoofdman!

⁶Toen stond hij op, en ging in huis; hij dan goot de olie op zijn hoofd, en hij zeide tot hem: Zo zegt de HEERE, de God Israels: Ik heb u gezalfd tot koning over het volkdes HEEREN, over Israel.

⁷En gij zult het huis van Achab, uw heer, slaan, opdat Ik het bloed van Mijn knechten, de profeten, en het bloed van alle knechten des HEEREN, wreke van de handvan Izebel.

⁸En het ganse huis van Achab zal omkomen; en Ik zal van Achab uitroeien, wat mannelijk is, ook den beslotene en verlatene in Israel.

⁹Want Ik zal het huis van Achab maken als het huis van Jerobeam, den zoon van Nebat, en als het huis van Baesa, den zoon van Ahia.

¹⁰Ook zullen de honden Izebel eten op het stuk lands van Jizreel, en er zal niemand zijn, die haar begrave. Toen deed hij de deur open en vlood.

¹¹En als Jehu uitging tot de knechten zijns heren, zeide men tot hem: Is het al wel? Waarom is deze onzinnige tot u gekomen? En hij zeide tot hen: Gij kent den man enzijn spraak.

¹²Maar zij zeiden: Het is leugen; geef het ons nu te kennen. En hij zeide: Zo en zo heeft hij tot mij gesproken, zeggende: Zo zegt de HEERE: Ik heb u gezalfd totkoning over Israel.

¹³Toen haastten zij zich, en een iegelijk nam zijn kleed, en legde het onder hem, op den hoogsten trap; en zij bliezen met de bazuin, en zeiden: Jehu is koning geworden!

¹⁴Alzo maakte Jehu, de zoon van Josafat, den zoon van Nimsi, een verbintenis tegen Joram. (Joram nu had Ramoth in Gilead bewaard, hij en gans Israel, uit oorzakevan Hazael, den koning van Syrie;

¹⁵Maar de koning Joram was wedergekeerd, opdat hij zich te Jizreel helen liet van de slagen, die hem de Syriers geslagen hadden, als hij streed tegen Hazael, denkoning van Syrie.) En Jehu zeide: Zo het ulieder wil is, laat niemand van de stad uittrekken, die ontkome, om dit in Jizreel te gaan verkondigen.

¹⁶Toen reed Jehu, en toog naar Jizreel; want Joram lag aldaar; en Ahazia, de koning van Juda, was afgekomen, om Joram te bezien.

¹⁷De wachter nu stond op den toren te Jizreel, en zag den hoop van Jehu, als hij aankwam, en zeide: Ik zie een hoop. Toen zeide Joram: Neem een ruiter, en zenddien hunlieden tegemoet, en dat hij zegge: Is het vrede?

¹⁸En de ruiter te paard toog heen hem tegemoet, en zeide: Zo zegt de koning: Is het vrede? En Jehu zeide: Wat hebt gij met den vrede te doen? Keer om achtermij. En de wachter gaf het te kennen, zeggende: De bode is tot hen gekomen, maar hij komt niet weder.

¹⁹Toen zond hij een anderen ruiter te paard; en als deze tot hen gekomen was, zeide hij: Zo zegt de koning: Is het vrede? En Jehu zeide: Wat hebt gij met den vrede tedoen? Keer om achter mij.

²⁰En de wachter gaf dit te kennen, zeggende: Hij is tot aan hen gekomen, maar hij komt niet weder; en het drijven is als het drijven van

Jehu, den zoon van Nimsi, want hij drijft onzinniglijk.

²¹Toen zeide Joram: Span aan. En men spande zijn wagen aan. Zo toog Joram, de koning van Israel, uit, en Ahazia, de koning van Juda, een ieder op zijn wagen; en zijtogen uit Jehu tegemoet, en vonden hem op het stuk lands van Naboth, den Jizreeliet.

²²Het geschiedde nu, als Joram Jehu zag, dat hij zeide: Is het ook vrede, Jehu? Maar hij zeide: Wat vrede, zo lang als de hoererijen van uw moeder Izebel, en haartoverijen zo vele zijn?

²³Toen keerde Joram zijn hand, en vlood, en zeide tot Ahazia: Het is bedrog, Ahazia!

²⁴Maar Jehu spande den boog met volle kracht, en schoot Joram tussen zijn armen, dat de pijl door zijn hart uitging; en hij kromde zich in zijn wagen.

²⁵Toen zeide Jehu tot Bidkar, zijn hoofdman: Neem, werp hem op dat stuk lands van Naboth, den Jizreeliet; want gedenk, als ik en gij nevens elkander achter zijnvader Achab reden, dat hem de HEERE dezen last oplegde, zeggende:

²⁶Zo Ik gisteravond niet gezien heb het bloed van Naboth, en het bloed zijner zonen, zegt de HEERE, en Ik u dat niet vergelde op dit stuk lands, zegt de HEERE. Nudan, neem, werp hem op dat stuk land, naar het woord des HEEREN.

²⁷Als Ahazia, de koning van Juda, dat zag, zo vlood hij door den weg van het huis des hofs; doch Jehu vervolgde hem achterna, en zeide: Slaat hem ook op denwagen, aan den opgang naar Gur, die bij Jibleam is; en hij vlood naar Megiddo, en stierf aldaar.

²⁸En zijn knechten voerden hem naar Jeruzalem, en zij begroeven hem in zijn graf, bij zijn vaderen in de stad Davids.

²⁹In het elfde jaar nu van Joram, den zoon van Achab, was Ahazia koning geworden over Juda.

³⁰En Jehu kwam te Jizreel. Als Izebel dat hoorde, zo blankette zij haar aangezicht, en versierde haar hoofd, en keek ten venster uit.

³¹Toen nu Jehu ter poorte inkwam, zeide zij: Is het wel, o Zimri, doodslager van zijn heer?

³²En hij hief zijn aangezicht op naar het venster, en zeide: Wie is met mij? Wie? Toen zagen op hem twee, drie kamerlingen.

³³En hij zeide: Stoot ze van boven neder. En zij stieten haar van boven neder, zodat van haar bloed aan den wand en aan de paarden gesprengd werd; en hij vertradhaar.

³⁴Als hij nu ingekomen was, en gegeten en gedronken had, zeide hij: Ziet nu naar die vervloekte, en begraaf ze; want zij is eens konings dochter.

³⁵En zij gingen heen om haar te begraven; doch zij vonden niet van haar, dan het bekkeneel, en de voeten, en de palmen harer handen.

³⁶Toen kwamen zij weder, en gaven het hem te kennen, en hij zeide: Dit is het woord des HEEREN, dat Hij gesproken heeft door den dienst van Zijn knecht Elia, denThisbiet, zeggende: Op het stuk lands van Jizreel zullen de honden het vlees van Izebel eten.

³⁷En het dode lichaam van Izebel zal zijn gelijk mest op het veld, in het stuk lands van Jizreel, dat men niet zal kunnen zeggen: Dit is Izebel.

Hoofdstuk 10

¹Achab nu had zeventig zonen te Samaria; en Jehu schreef brieven, dewelke hij zond naar Samaria, tot de oversten van Jizreel, de oudsten, en tot de voedsterherenvan Achab, zeggende:

²Zo wanneer nu deze brief tot u zal gekomen zijn, dewijl de zonen van uw heer bij u zijn, ook de wagenen en de paarden bij u zijn, mitsgaders een vaste stad, enwapenen;

³Zo ziet naar den beste en gerechtigste van de zonen uws heren, zet dien op zijns vaders troon; en strijdt voor het huis uws heren.

⁴Doch zij vreesden gans zeer, en zeiden: Ziet, twee koningen bestonden niet voor zijn aangezicht, hoe zouden wij dan bestaan?

⁵Die dan over het huis was, en die over de stad was, en de oudsten, en de voedsterheren zonden tot Jehu, zeggende: Wij zijn uw knechten, en al wat gij tot onszeggen zult, zullen wij doen; wij zullen niemand koning maken; doe wat goed is in uw ogen.

⁶Toen schreef hij ten tweeden male tot hen een brief, zeggende: Zo gij mijn zijt, en gij naar mijn stem hoort, neemt de hoofden van de mannen, de zonen uws heren, en komt tot mij morgen omtrent dezen tijd naar Jizreel. (De zonen nu de konings, zeventig mannen, waren bij de groten stad, die hen opvoedden).

⁷Het geschiedde dan, als die brief tot hen kwam, dat zij de zonen des konings namen, en zeventig mannen sloegen; en zij legden hun hoofden in korven, die zij tot hemzonden naar Jizreel.

⁸En er kwam een bode, en boodschapte hem, zeggende: Zij hebben de hoofden van de zonen des konings gebracht. En hij zeide: Legt ze in twee hopen, aan de deurder poort, tot morgen.

⁹En het geschiedde des morgens, toen hij uitging, dat hij stil stond, en tot al het volk zeide: Gij zijt rechtvaardig. Ziet, ik heb een verbintenis gemaakt tegen mijn heer, en heb hem doodgeslagen; en wie heeft alle dezen geslagen?

¹⁰Weet nu, dat niets van het woord des HEEREN, hetwelk de HEERE tegen het huis van Achab gesproken heeft, zal op de aarde vallen; want de HEERE heeftgedaan, wat Hij door den dienst van Zijn knecht Elia gesproken heeft.

¹¹Daartoe sloeg Jehu al de overgeblevenen van het huis van Achab te Jizreel, en al zijn groten, en zijn bekenden, en zijn priesteren; totdat hij hem geen overigen lietoverblijven.

¹²En hij maakte zich op, en toog heen en ging naar Samaria; en zijnde te Beth-Heked der herderen, op den weg,

¹³Vond Jehu de broederen van Ahazia, den koning van Juda, en hij zeide: Wie zijt gijlieden? En zij zeiden: Wij zijn de broederen van Ahazia, en zijn afgekomen, om dezonen des konings en de zonen der koningin te groeten.

¹⁴Toen zeide hij: Grijpt hen levend. En zij grepen hen levend; en zij sloegen hen bij den bornput van Beth-Heked, twee en veertig mannen, en hij liet niet een van henover.

¹⁵En van daar gegaan zijnde, zo vond hij Jonadab, den zoon van Rechab, hem tegemoet; die hem groette; en hij zeide tot hem: Is uw hart recht, gelijk als mijn hart metuw hart is? En Jonadab zeide: Het is, ja, het is; geef uw hand. En hij gaf zijn hand. En hij deed hem tot zich op den wagen klimmen.

¹⁶En hij zeide: Ga met mij, en zie mijn ijver aan voor den HEERE. Zo deden zij hem rijden op zijn wagen.

¹⁷En toen hij te Samaria kwam, sloeg hij allen, die aan Achab te Samaria overgebleven waren, totdat hij hem verdelgd had, naar het woord des HEEREN, dat Hij totElia gesproken had.

¹⁸En Jehu verzamelde al het volk, en zeide tot hen: Achab heeft Baal een weinig gediend; Jehu zal hem veel dienen.

¹⁹Nu daarom roept alle profeten van Baal, al zijn dienaren, en al zijn priesteren tot mij, dat niemand gemist worde; want ik heb een grote offerande aan Baal; al wiegemist wordt, zal niet leven. Doch Jehu deed dat door listigheid, opdat hij de dienaren van Baal ombracht.

²⁰Verder zeide Jehu: Heiligt Baal een verbods dag. en zij riepen dien uit.

²¹Ook zond Jehu in het ganse Israel; en alle Baalsdienaren kwamen, dat niet een man overbleef, die niet kwam; en zij kwamen in het huis van Baal, dat het huis vanBaal vervuld werd van het ene einde tot het andere einde.

²²Toen zeide hij tot dengene, die over het klederhuis was: Breng voor alle dienaren van Baal de kleding uit. En hij bracht voor hen de kleding uit.

²³En Jehu kwam met Jonadab, den zoon van Rechab, in het huis van Baal; en hij zeide tot de dienaren van Baal: Onderzoekt, en ziet toe, dat hier misschien bij uniemand zij van de dienaren van Baal alleen.

²⁴Toen zij nu inkwamen, om slachtoffer en brandoffer te doen, bestelde zich Jehu daarbuiten tachtig mannen, en hij zeide: Zo iemand van de mannen, die ik in uwhanden gebracht heb, ontkomt, zijn ziel zal voor deszelfs ziel zijn.

²⁵En het geschiedde, als hij voleind had het brandoffer te doen, dat Jehu zeide tot de trawanten en tot de hoofdmannen: Komt in, slaat hen, dat niemand uitkome. En zijsloegen hen met de scherpte des zwaard; en de trawanten en hoofdmannen wierpen hen weg; daarna kwamen zij tot de stad in het huis van Baal;

²⁶En zij brachten de opgerichte beelden uit het huis van Baal, en verbrandden ze.

²⁷Zij braken ook het opgerichte beeld van Baal af; daartoe braken zij het huis van Baal af, en maakten dat tot heimelijke gemakken, tot op dezen dag.

²⁸Alzo verdelgde Jehu Baal uit Israel.

²⁹Maar van de zonden van Jerobeam, den zoon van Nebat, die Israel zondigen deed, na te volgen, week Jehu niet af, te weten, van de gouden kalveren, die te Beth-Elen die te Dan waren.

³⁰De HEERE dan zeide tot Jehu: Daarom dat gij welgedaan hebt, doende wat recht is in Mijn ogen, en hebt aan het huis van Achab gedaan, naar alles, wat in Mijnhart was, zullen u zonen tot het vierde gelid op den troon van Israel zitten.

³¹Maar Jehu nam niet waar te wandelen in de wet des HEEREN, des Gods van Israel, met zijn ganse hart; hij week niet van de zonden van Jerobeam, die Israelzondigen deed.

³²In die dagen begon de HEERE Israel af te korten, want Hazael sloeg ze in alle landpalen van Israel:

³³Van de Jordaan af, tegen den opgang der zon, het ganse land van Gilead, der Gadieten, en der Rubenieten, en der Manassieten; van Aroer, dat aan de beek vanArnon is, en Gilead, en Basan.

2 Koningen

³⁴Het overige nu der geschiedenissen van Jehu, en al wat hij gedaan heeft, en al zijn macht, zijn die niet geschreven in het boek der kronieken der koningen vanIsrael?

³⁵En Jehu ontsliep met zijn vaderen, en zij begroeven hem te Samaria, en zijn zoon Joahaz werd koning in zijn plaats.

³⁶En de dagen, die Jehu over Israel geregeerd heeft in Samaria, zijn acht en twintig jaren.

Hoofdstuk 11

¹Toen nu Athalia, de moeder van Ahazia, zag, dat haar zoon dood was, zo maakte zij zich op, en bracht al het koninklijke zaad om.

²Maar Joseba, de dochter van den koning Joram, de zuster van Ahazia, nam Joas, den zoon van Ahazia, en stal hem uit het midden van des konings zonen, diegedood werden, zettende hem en zijn voedster in een slaapkamer; en zij verborgen hem voor Athalia, dat hij niet gedood werd.

³En hij was met haar verstoken in het huis des HEEREN zes jaren; en Athalia regeerde over het land.

⁴In het zevende jaar nu zond Jojada, en nam de oversten van honderd met de hoofdmannen, en met de trawanten, en hij bracht hen tot zich, in het huis desHEEREN; en hij maakte een verbond met hen, en hij beedigde hen in het huis des HEEREN, en hij toonde hun den zoon des konings.

⁵En hij gebood hun, zeggende: Dit is de zaak, die gij doen zult: een derde deel van u, die op den sabbat ingaan, zullen de wacht waarnemen van het huis des konings;

⁶En een derde deel zal zijn aan de poort Sur; en een derde deel aan de poort achter de trawanten; zo zult gij waarnemen de wacht van dit huis, tegen inbreking.

⁷En de twee delen van ulieden, allen, die op den sabbat uitgaan, zullen de wacht van het huis des HEEREN waarnemen bij den koning.

⁸En gij zult den koning rondom omsingelen, een ieder met zijn wapenen in zijn hand, en hij, die tussen de ordeningen intreedt, zal gedood worden; en zijt gij bij denkoning, als hij uitgaat, en als hij inkomt.

⁹De oversten dan van honderd deden naar al wat de priester Jojada geboden had, en namen ieder zijn mannen, die op den sabbat ingingen, met degenen, die op densabbat uitgingen; en zij kwamen tot den priester Jojada.

¹⁰En de priester gaf aan de oversten van honderd de spiesen en de schilden, die van den koning David geweest waren, die in het huis des HEEREN geweest waren.

¹¹En de trawanten stonden, ieder met zijn wapenen in zijn hand, van de rechterzijde van het huis, tot de linkerzijde van het huis, naar het altaar en naar het huis toe, bijden koning rondom.

¹²Daarna bracht hij des konings zoon voor, en zette hem de kroon op, en gaf hem de getuigenis; en zij maakten hem koning, en zalfden hem; daartoe klapten zij metde handen, en zeiden: De koning leve!

¹³Toen Athalia hoorde de stem der trawanten en des volks, zo kwam zij tot het volk in het huis des HEEREN.

¹⁴En zij zag toe, en ziet, de koning stond bij den pilaar, naar de wijze, en de oversten en de trompetten bij den koning; en al het volk des lands was blijde, en blies mettrompetten. Toen verscheurde Athalia haar klederen, en zij riep: Verraad, verraad!

¹⁵Maar de priester Jojada gebood aan de oversten van honderd, die over het heir gesteld waren, en zeide tot hen: Brengt haar uit tot buiten de ordeningen, en doodt, wie haar volgt, met het zwaard; want de priester had gezegd: Laat ze in het huis des HEEREN niet gedood worden.

¹⁶En zij legden de handen aan haar; en zij ging den weg van den ingang der paarden naar het huis des konings, en zij werd daar gedood.

¹⁷En Jojada maakte een verbond tussen den HEERE en tussen den koning, en tussen het volk, dat het den HEERE tot een volk zou zijn; mitsgaders tussen de koningen tussen het volk.

¹⁸Daarna ging al het volk des lands in het huis van Baal, en braken dat af; zijn altaren en zijn beelden verbraken zij recht wel; en Mattan, den priester van Baal, sloegen zij dood voor de altaren. De priester nu bestelde de ambten in het huis des HEEREN.

¹⁹En hij nam de oversten van honderd, en de hoofdmannen, en de trawanten, en het volk des lands; en zij brachten den koning af uit het huis des HEEREN, enkwamen door den weg van de poort der trawanten tot het huis des konings, en hij zat op den troon der koningen.

²⁰En al het volk des lands was blijde, en de stad werd stil, nadat zij Athalia met het zwaard gedood hadden bij des konings huis.

²¹Joas was zeven jaren oud, toen hij koning werd.

Hoofdstuk 12

¹In het zevende jaar van Jehu werd Joas koning, en regeerde veertig jaren te Jeruzalem; en de naam zijner moeder was Zibja van Berseba.

²En Joas deed dat recht was in de ogen des HEEREN, al zijn dagen, in dewelke de priester Jojada hem onderwees.

³Alleenlijk werden de hoogten niet weggenomen; het volk offerde en rookte nog op de hoogten.

⁴En Joas zeide tot de priesteren: Al het geld der geheiligde dingen, dat gebracht zal worden in het huis des HEEREN, te weten het geld desgenen, die overgaat tot degetelden, het geld van een ieder der personen naar zijn schatting, en al het geld, dat in ieders hart komt, om dat te brengen in het huis des HEEREN,

⁵Zullen de priesters tot zich nemen, een ieder van zijn bekende; en zij zullen de breuken van het huis verbeteren, naar alles wat er voor breuk bevonden zal worden.

⁶Maar het geschiedde in het drie en twintigste jaar van den koning Joas, dat de priesters de breuken van het huis niet gebeterd hadden.

⁷Toen riep de koning Joas den priester Jojada en de andere priesteren, en zeide tot hen: Waarom betert gijlieden niet de breuken van het huis? Nu dan, neemt geengeld van uw bekenden, dat gij het zoudt geven voor de breuken van het huis.

⁸En de priesters bewilligden van het volk geen geld te nemen, noch de breuken van het huis te verbeteren.

⁹Maar de priester Jojada nam een kist, en boorde een gat in haar deksel, en zette die bij het altaar ter rechterhand, als iemand inkwam in het huis des HEEREN; ende priesters, die den dorpel bewaarden, staken daarin al het geld, dat ten huize des HEEREN gebracht werd.

¹⁰Het geschiedde nu, als zij zagen, dat veel gelds in de kist was, dat des konings schrijver met den hogepriester opkwam, en zij bonden het samen, en telden het geld, dat in het huis des HEEREN gevonden werd.

¹¹En zij gaven het geld wel gewogen in handen der verzorgers van dat werk, die gesteld waren over het huis des HEEREN; en zij besteedden het uit aan detimmerlieden en aan de bouwlieden, die het huis des HEEREN vermaakten;

¹²En aan de metselaren, en aan de steenhouwers, en om hout en gehouwen stenen te kopen, om de breuken van het huis des HEEREN te verbeteren, en voor al watuitgegeven werd voor het huis, om dat te beteren.

¹³Evenwel werden niet gemaakt voor het huis des HEEREN zilveren schalen, gaffelen, sprengbekkens, trompetten, noch enig gouden vat, of zilveren vat, van hetgeld, dat ten huize des HEEREN gebracht werd.

¹⁴Maar zij gaven dat aan degenen, die het werk deden; en zij verbeterden daarmede het huis des HEEREN.

¹⁵Daartoe eisten zij geen rekening van de mannen, wien zij dat geld in hun handen gaven, om aan degenen, die het werk deden, te geven; want zij handeldentrouwelijk.

¹⁶Het geld van schuldoffer, en het geld van zondoffer werd ten huize des HEEREN niet gebracht; het was voor de priesteren.

¹⁷Toen trok Hazael, de koning van Syrie op, en krijgde tegen Gath, en nam haar in; daarna stelde Hazael zijn aangezicht, om tegen Jeruzalem op te trekken.

¹⁸Maar Joas, de koning van Juda, nam al de geheiligde dingen, die Josafat, en Joram, en Ahazia, zijn vaderen, de koningen van Juda, geheiligd hadden, en zijngeheiligde dingen, en al het goud, dat gevonden werd in de schatten van het huis des HEEREN, en van het huis des konings, en zond het tot Hazael, den koning vanSyrie; toen trok hij op van Jeruzalem.

¹⁹Het overige nu der geschiedenissen van Joas, en al wat hij gedaan heeft, is dat niet geschreven in het boek der kronieken der koningen van Juda?

²⁰En zijn knechten stonden op, en maakten een verbintenis, en sloegen Joas, in het huis van Millo, dat afgaat naar Silla;

²¹Want Jozacar, de zoon van Simeath, en Jozabad, de zoon van Somer, zijn knechten, sloegen hem, dat hij stierf; en zij begroeven hem met zijn vaderen in de stadDavids; en Amazia, zijn zoon, werd koning in zijn plaats.

Hoofdstuk 13

¹In het zevende jaar van Jehu werd Joas koning, en regeerde veertig jaren te Jeruzalem; en de naam zijner moeder was Zibja van Berseba.

²En Joas deed dat recht was in de ogen des HEEREN, al zijn dagen, in dewelke de priester Jojada hem onderwees.

³Alleenlijk werden de hoogten niet weggenomen; het volk offerde

en rookte nog op de hoogten.

⁴En Joas zeide tot de priesteren: Al het geld der geheiligde dingen, dat gebracht zal worden in het huis des HEEREN, te weten het geld desgenen, die overgaat tot degetelden, het geld van een ieder der personen naar zijn schatting, en al het geld, dat in ieders hart komt, om dat te brengen in het huis des HEEREN,

⁵Zullen de priesters tot zich nemen, een ieder van zijn bekende; en zij zullen de breuken van het huis verbeteren, naar alles wat er voor breuk bevonden zal worden.

⁶Maar het geschiedde in het drie en twintigste jaar van den koning Joas, dat de priesters de breuken van het huis niet gebeterd hadden.

⁷Toen riep de koning Joas den priester Jojada en de andere priesteren, en zeide tot hen: Waarom betert gijlieden niet de breuken van het huis? Nu dan, neemt geen geld van uw bekenden, dat gij het zoudt geven voor de breuken van het huis.

⁸En de priesters bewilligden van het volk geen geld te nemen, noch de breuken van het huis te verbeteren.

⁹Maar de priester Jojada nam een kist, en boorde een gat in haar deksel, en zette die bij het altaar ter rechterhand, als iemand inkwam in het huis des HEEREN; en de priesters, die den dorpel bewaarden, staken daarin al het geld, dat ten huize des HEEREN gebracht werd.

¹⁰Het geschiedde nu, als zij zagen, dat veel gelds in de kist was, dat des konings schrijver met den hogepriester opkwam, en zij bonden het samen, en telden het geld, dat in het huis des HEEREN gevonden werd.

¹¹En zij gaven het geld wel gewogen in handen der verzorgers van dat werk, die gesteld waren over het huis des HEEREN; en zij besteedden het uit aan de timmerlieden en aan de bouwlieden, die het huis des HEEREN vermaakten;

¹²En aan de metselaren, en aan de steenhouwers, en om hout en gehouwen stenen te kopen, om de breuken van het huis des HEEREN te verbeteren, en voor al wat uitgegeven werd voor het huis, om dat te beteren.

¹³Evenwel werden niet gemaakt voor het huis des HEEREN zilveren schalen, gaffelen, sprengbekkens, trompetten, noch enig gouden vat, of zilveren vat, van het geld, dat ten huize des HEEREN gebracht werd.

¹⁴Maar zij gaven dat aan degenen, die het werk deden; en zij verbeterden daarmede het huis des HEEREN.

¹⁵Daartoe eisten zij geen rekening van de mannen, wien zij dat geld in hun handen gaven, om aan degenen, die het werk deden, te geven; want zij handelden trouwelijk.

¹⁶Het geld van schuldoffer, en het geld van zondofferen werd ten huize des HEEREN niet gebracht; het was voor de priesteren.

¹⁷Toen trok Hazael, de koning van Syrie op, en krijgde tegen Gath, en nam haar in; daarna stelde Hazael zijn aangezicht, om tegen Jeruzalem op te trekken.

¹⁸Maar Joas, de koning van Juda, nam al de geheiligde dingen, die Josafat, en Joram, en Ahazia, zijn vaderen, de koningen van Juda, geheiligd hadden, en zijn geheiligde dingen, en al het goud, dat gevonden werd in de schatten van het huis des HEEREN, en van het huis des konings, en zond het tot Hazael, den koning van Syrie; toen trok hij op van Jeruzalem.

¹⁹Het overige nu der geschiedenissen van Joas, en al wat hij gedaan heeft, is dat niet geschreven in het boek der kronieken der koningen van Juda?

²⁰En zijn knechten stonden op, en maakten een verbintenis, en sloegen Joas, in het huis van Millo, dat afgaat naar Silla;

²¹Want Jozacar, de zoon van Simeath, en Jozabad, de zoon van Somer, zijn knechten, sloegen hem, dat hij stierf; en zij begroeven hem met zijn vaderen in de stad Davids; en Amazia, zijn zoon, werd koning in zijn plaats.

Hoofdstuk 14

¹In het drie en twintigste jaar van Joas, den zoon van Ahazia, den koning van Juda, werd Joahaz, de zoon van Jehu, koning over Israel, te Samaria, en regeerde zeventien jaren.

²En hij deed dat kwaad was in de ogen des HEEREN; want hij wandelde na de zonden van Jerobeam, den zoon van Nebat, die Israel zondigen deed; hij week daarvan niet af.

³Daarom ontstak des HEEREN toorn tegen Israel; en Hij gaf hen in de hand van Hazael, den koning van Syrie, en in de hand van Benhadad, den zoon van Hazael, al die dagen.

⁴Doch Joahaz bad des HEEREN aangezicht ernstelijk aan; en de HEERE verhoorde hem; want Hij zag de verdrukking van Israel, dat de koning van Syrie hen verdrukte.

⁵(Zo gaf de HEERE Israel een verlosser, dat zij van onder de hand der Syriers uitkwamen; en de kinderen Israels woonden in hun tenten, als te voren.

⁶Nochtans weken zij niet af van de zonden van het huis van Jerobeam, die Israel zondigen deed; maar hij wandelde daarin; en het bos bleef ook staan te Samaria.)

⁷Want hij had Joahaz geen volk laten overblijven dan vijftig ruiteren en tien wagenen, en tien duizend voetvolks; want de koning van Syrie had hen omgebracht, en had hen dorsende gemaakt als stof.

⁸Het overige nu der geschiedenissen van Joahaz, en al wat hij gedaan heeft, en al zijn macht, zijn die niet geschreven in het boek der kronieken der koningen van Israel?

⁹En Joahaz ontsliep met zijn vaderen, en zij begroeven hem te Samaria; en Joas, zijn zoon, regeerde in zijn plaats.

¹⁰In het zeven en dertigste jaar van Joas, den koning van Juda, werd Joas, de zoon van Joahaz, koning over Israel, te Samaria, en regeerde zestien jaren.

¹¹En hij deed dat kwaad was in de ogen des HEEREN; hij week niet af van al de zonden van Jerobeam, dien zoon van Nebat, die Israel zondigen deed, maar hij wandelde daarin.

¹²Het overige nu der geschiedenissen van Joas, en al wat hij gedaan heeft, en zijn macht, waarmede hij gestreden heeft tegen Amazia, den koning van Juda, zijn die niet geschreven in het boek der kronieken der koningen van Israel?

¹³En Joas ontsliep met zijn vaderen, en Jerobeam zat op zijn troon. En Joas werd begraven te Samaria, bij de koningen van Israel.

¹⁴Elisa nu was krank geweest van zijn krankheid, van dewelke hij stierf; en Joas, de koning van Israel, was tot hem afgekomen, en had geweend over zijn aangezicht, en gezegd: Mijn vader, mijn vader, wagen Israels en zijn ruiteren!

¹⁵En Elisa zeide tot hem: Neem een boog en pijlen. En hij nam tot zich een boog en pijlen.

¹⁶En hij zeide tot den koning van Israel: Leg uw hand aan den boog, en hij leide zijn hand daaraan; en Elisa leide zijn handen op des konings handen.

¹⁷En hij zeide: Doe het venster open tegen het oosten. En hij deed het open. Toen zeide Elisa: Schiet. En hij schoot. En hij zeide: Het is een pijl der verlossing des HEEREN, en een pijl der verlossing tegen de Syriers; want gij zult de Syriers slaan in Afek, tot verdoens toe.

¹⁸Daarna zeide hij: Neem de pijlen. En hij nam ze. Toen zeide hij tot den koning van Israel: Sla tegen de aarde. En hij sloeg driemaal; daarna stond hij stil.

¹⁹Toen werd de man Gods zeer toornig op hem, en zeide: Gij zoudt vijfmaal of zesmaal geslagen hebben; dan zoudt gij de Syriers tot verdoens toe geslagen hebben; doch nu zult gij de Syriers driemaal slaan.

²⁰Daarna stierf Elisa, en zij begroeven hem. De benden nu der Moabieten kwamen in het land met het ingaan des jaars.

²¹En het geschiedde, als zij een man begroeven, dat zij, ziet, een bende zagen; zo wierpen zij den man in het graf van Elisa; en toen de man daarin kwam, en het gebeente van Elisa aanroerde, werd hij levend, en rees op zijn voeten.

²²Hazael nu, de koning van Syrie, verdrukte Israel, al de dagen van Joahaz.

²³Doch de HEERE was hun genadig, en ontfermde Zich hunner, en wendde Zich tot hen, om Zijns verbonds wil met Abraham, Izak en Jakob; en Hij wilde hen niet verderven, en heeft hen niet verworpen van Zijn aangezicht, tot nu toe.

²⁴En Hazael, de koning van Syrie, stierf, en zijn zoon Benhadad werd koning in zijn plaats.

²⁵Joas nu, de zoon van Joahaz, nam de steden weder in, uit de hand van Benhadad, den zoon van Hazael, die hij uit de hand van Joahaz, zijn vader, met krijg genomen had; Joas sloeg hem driemaal, en bracht de steden aan Israel weder.

Hoofdstuk 15

¹In het tweede jaar van Joas, den zoon van Joahaz, den koning van Israel, werd Amazia koning, de zoon van Joas, den koning van Juda.

²Vijf en twintig jaren was hij oud, toen hij koning werd, en regeerde negen en twintig jaren te Jeruzalem; en de naam zijner moeder was Joaddan van Jeruzalem.

³En hij deed dat recht was in de ogen des HEEREN, nochtans niet als zijn vader David; hij deed naar alles, wat zijn vader Joas gedaan had.

⁴Alleenlijk werden de hoogten niet weggenomen; het volk offerde en rookt nog op de hoogten.

⁵Het geschiedde nu, als het koninkrijk in zijn hand versterkt was, dat hij zijn knechten sloeg, die den koning, zijn vader, geslagen hadden,

⁶Doch de kinderen der doodslagers doodde hij niet; gelijk

geschreven is in het wetboek van Mozes, waar de HEERE geboden heeft, zeggende: De vaders zullen voor de kinderen niet gedood worden, en de kinderen zullen voor de vaders niet gedood worden; maar een ieder zal om zijn zonde gedood worden.

⁷Hij sloeg de Edomieten in het Zoutdal tien duizend, en nam Sela in met krijg, en noemde haar naam Jokteel, tot op dezen dag.

⁸Toen zond Amazia boden tot Joas, den zoon van Joahaz, den zoon van Jehu, den koning van Israel, zeggende: Kom, laat ons elkanders aangezicht zien.

⁹Maar Joas, de koning van Israel, zond tot Amazia, den koning van Juda, zeggende: De distel, die op den Libanon is, zond tot den ceder, die op den Libanon is, zeggende: Geef uw dochter mijn zoon ter vrouw; maar het gedierte des velds, dat op den Libanon is, ging voorbij, en vertrad den distel.

¹⁰Gij hebt de Edomieten dapper geslagen, daarom heeft uw hart u verheven; heb de eer, en blijf in uw huis; want waarom zoudt gij u in het kwade mengen, dat gij vallen zoudt, gij en Juda met u?

¹¹Doch Amazia hoorde niet; daarom toog Joas, de koning van Israel, op, zodat hij en Amazia, de koning van Juda, elkanders aangezicht zagen te Beth-Semes, dat in Juda is.

¹²En Juda werd geslagen voor het aangezicht van Israel, en zij vloden, een iegelijk in zijn tenten.

¹³En Joas, de koning van Israel, greep Amazia, den koning van Juda, den zoon van Joas, den zoon van Ahazia, te Beth-Semes, en kwam te Jeruzalem; en hij brak aan den muur van Jeruzalem, van de poort van Efraim tot aan de Hoekpoort, vierhonderd ellen.

¹⁴En hij nam al het goud, en het zilver, en al de vaten, die gevonden werden in het huis des HEEREN, en in de schatten van des konings huis, mitsgaders gijzelaars; en hij keerde weder naar Samaria.

¹⁵Het overige nu der geschiedenissen van Joas, wat hij gedaan heeft, en zijn macht, en hoe hij gestreden heeft tegen Amazia, den koning van Juda, zijn die niet geschreven in het boek der kronieken der koningen van Israel?

¹⁶En Joas ontsliep met zijn vaderen, en werd te Samaria begraven bij de koningen van Israel; en zijn zoon Jerobeam werd koning in zijn plaats.

¹⁷Amazia nu, de zoon van Joas, koning van Juda, leefde na den dood van Joas, den zoon van Joahaz, den koning van Israel, vijftien jaren.

¹⁸Het overige nu der geschiedenissen van Amazia, is dat niet geschreven in het boek der kronieken der koningen van Juda?

¹⁹En zij maakten een verbintenis tegen hem te Jeruzalem, dat hij vluchtte naar Lachis; maar zij zonden hem na tot Lachis, en doodden hem aldaar.

²⁰En zij brachten hem op paarden; en hij werd te Jeruzalem begraven, bij zijn vaderen, in de stad Davids.

²¹En het ganse volk van Juda nam Azaria (die nu zestien jaren oud was), en maakten hem koning in plaats van zijn vader Amazia.

²²Die bouwde Elath, en bracht haar weder aan Juda, nadat de koning met zijn vaderen ontslapen was.

²³In het vijftiende jaar van Amazia, den zoon van Joas, den koning van Juda, werd te Samaria koning, Jerobeam, de zoon van Joas, koning van Israel, en regeerde een en veertig jaren.

²⁴En hij deed dat kwaad was in de ogen des HEEREN; hij week niet van alle zonden van Jerobeam, den zoon van Nebat, die Israel zondigen deed.

²⁵Hij bracht ook weder de landpale van Israel van den ingang van Hamath, tot aan de zee van het vlakke veld; naar het woord des HEEREN, des Gods van Israel, dat Hij gesproken had door den dienst van Zijn knecht Jona, den zoon van Amitthai, den profeet, die van Gath-hefer was.

²⁶Want de HEERE zag, dat de ellende van Israel zeer bitter was, en dat er geen opgeslotenen noch verlatenen waren, en dat Israel geen helper had.

²⁷En de HEERE had niet gesproken, dat Hij den naam van Israel van onder den hemel verdelgen zou; maar Hij verloste hen door de hand van Jerobeam, den zoon van Joas.

²⁸Het overige nu der geschiedenissen van Jerobeam, en al wat hij gedaan heeft, en zijn macht, hoe hij gekrijgd heeft, en hoe hij Damaskus en Hamath, tot Juda behorende, aan Israel wedergebracht heeft, zijn die niet geschreven in het boek der kronieken der koningen van Israel?

²⁹En Jerobeam ontsliep met zijn vaderen, met de koningen van Israel; en zijn zoon Zacharia werd koning in zijn plaats.

Hoofdstuk 16

¹In het zeven en twintigste jaar van Jerobeam, den koning van Israel, werd koning Azaria, de zoon van Amazia, den koning van Juda.

²Hij was zestien jaren oud, toen hij koning werd, en hij regeerde twee en vijftig jaren te Jeruzalem; en de naam zijner moeder was Jecholia, van Jeruzalem.

³En hij deed dat recht was in de ogen des HEEREN, naar al wat zijn vader Amazia gedaan had.

⁴Alleenlijk werden de hoogten niet weggenomen; het volk offerde en rookte nog op de hoogten.

⁵En de HEERE plaagde den koning, dat hij melaats werd tot den dag zijns doods; en hij woonde in een afgezonderd huis; doch Jotham, de zoon des konings, was overhet huis, richtende het volk des lands.

⁶Het overige nu der geschiedenissen van Azaria, en al wat hij gedaan heeft, zijn die niet geschreven in het boek der kronieken der koningen van Juda?

⁷En Azaria ontsliep met zijn vaderen, en zij begroeven hem bij zijn vaderen, in de stad Davids; en zijn zoon Jotham werd koning in zijn plaats.

⁸In het acht en dertigste jaar van Azaria, den koning van Juda, regeerde Zacharia, de zoon van Jerobeam, over Israel te Samaria, zes maanden.

⁹En hij deed dat kwaad was in de ogen des HEEREN, gelijk als zijn vaderen gedaan hadden; hij week niet af van de zonden van Jerobeam, den zoon van Nebat, die Israel zondigen deed.

¹⁰En Sallum, de zoon van Jabes, maakte een verbintenis tegen hem, en sloeg hem voor het volk, en doodde hem; en hij werd koning in zijn plaats.

¹¹Het overige nu der geschiedenissen van Zacharia, ziet, dat is geschreven in het boek der kronieken der koningen van Israel.

¹²Dit was het woord des HEEREN, dat Hij gesproken had tot Jehu, zeggende: U zullen zonen van het vierde gelid op den troon van Israel zitten; en het is alzo geschied.

¹³Sallum, de zoon van Jabes, werd koning, in het negen en dertigste jaar van Uzzia, den koning van Juda; en hij regeerde een volle maand te Samaria.

¹⁴Want Menahem, de zoon van Gadi, toog op van Thirza, en kwam te Samaria, en sloeg Sallum, den zoon van Jabes, te Samaria, en doodde hem, en werd koning in zijn plaats.

¹⁵Het overige nu der geschiedenissen van Sallum, en zijn verbintenis, die hij maakte, ziet, die zijn geschreven in het boek der kronieken der koningen van Israel.

¹⁶Toen sloeg Menahem Tifsah, met allen, die daarin waren, ook haar landpalen van Thirza af; omdat men niet voor hem had opengedaan, zo sloeg hij hen; al haar bevruchte vrouwen hieuw hij in stukken.

¹⁷In het negen en dertigste jaar van Azaria, den koning van Juda, werd Menahem, den zoon van Gadi, koning over Israel, en regeerde tien jaren te Samaria.

¹⁸En hij deed dat kwaad was in de ogen des HEEREN; hij week al zijn dagen niet af van de zonden van Jerobeam, den zoon van Nebat, die Israel zondigen deed.

¹⁹Toen kwam Pul, de koning van Assyrie, tegen het land; en Menahem gaf aan Pul duizend talenten zilvers, opdat zijn hand met hem zoude zijn, om het koninkrijk in zijn hand te sterken.

²⁰Menahem nu bracht dit geld op van Israel, van alle geweldigen van vermogen, om den koning van Assyrie te geven, voor elk man vijftig zilveren sikkels; alzo keerde de koning van Assyrie weder, en bleef daar niet in het land.

²¹Het overige nu der geschiedenissen van Menahem, en al wat hij gedaan heeft, is dat niet geschreven in het boek der kronieken der koningen van Israel?

²²Daarna ontsliep Menahem met zijn vaderen; en zijn zoon Pekahia werd koning in zijn plaats.

²³In het vijftigste jaar van Azaria, den koning van Juda, werd Pekahia, de zoon van Menahem, koning over Israel, en regeerde twee jaren te Samaria.

²⁴En hij deed dat kwaad was in de ogen des HEEREN; hij week niet af van de zonden van Jerobeam, den zoon van Nebat, die Israel zondigen deed.

²⁵En Pekah, de zoon van Remalia, zijn hoofdman, maakte een verbintenis tegen hem, en sloeg hem te Samaria, in het paleis van het huis des konings, met Argob en met Arje, en met hem vijftig mannen van de kinderen der Gileadieten; alzo doodde hij hem, en werd koning in zijn plaats.

²⁶Het overige nu der geschiedenissen van Pekahia, en al wat hij gedaan heeft, ziet, dat is geschreven in het boek der kronieken der

koningen van Israel.

²⁷In het twee en vijftigste jaar van Azaria, den koning van Juda, werd Pekah, de zoon van Remalia, koning over Israel, en regeerde twintig jaren te Samaria.

²⁸En hij deed dat kwaad was in de ogen des HEEREN; hij week niet af van de zonden van Jerobeam, den zoon van Nebat, die Israel zondigen deed.

²⁹In de dagen Pekah, den koning van Israel, kwam Tiglath-Pilezer, de koning van Assyrie, en nam Ijon in, en Abel-Beth-maacha, en Janoah, en Kedes, en Hazor, enGilead, en Galilea, het ganse land van Nafthali; en hij voerde hen weg naar Assyrie.

³⁰En Hosea, de zoon van Ela, maakte een verbintenis tegen Pekah, den zoon van Remalia, en sloeg hem, en doodde hem, en werd koning in zijn plaats; in hettwintigste jaar van Jotham, den zoon van Uzzia.

³¹Het overige nu der geschiedenissen van Pekah, en al wat hij gedaan heeft, ziet, dat is geschreven in het boek der kronieken der koningen van Israel.

³²In het tweede jaar van Pekah, den zoon van Remalia, den koning van Israel, werd Jotham koning, de zoon van Uzzia, den koning van Juda.

³³Vijf en twintig jaren was hij oud, als hij koning werd, en regeerde zestien jaren te Jeruzalem; en de naam zijner moeder was Jerusa, de dochter van Zadok.

³⁴En hij deed dat recht was in de ogen des HEEREN; naar alles, wat zijn vader Uzzia gedaan had, deed hij.

³⁵Alleenlijk werden de hoogten niet weggenomen; het volk offerde en rookte nog op de hoogten; dezelve bouwde de hoge poort aan het huis des HEEREN.

³⁶Het overige nu der geschiedenissen van Jotham, en al wat hij gedaan heeft, is dat niet geschreven in het boek der kronieken der koningen van Juda?

³⁷In die dagen begon de HEERE in Juda te zenden Rezin, den koning van Syrie, en Pekah, den zoon van Remalia.

³⁸En Jotham ontsliep met zijn vaderen, en werd begraven bij zijn vaderen in de stad van zijn vader David; en zijn zoon Achaz werd koning in zijn plaats.

Hoofdstuk 17

¹In het zeventiende jaar van Pekah, den zoon van Remalia, werd Achaz koning, de zoon van Jotham, den koning van Juda.

²Twintig jaren was Achaz oud, toen hij koning werd, en hij regeerde zestien jaren te Jeruzalem; en hij deed niet dat recht was in de ogen des HEEREN zijns Gods, als zijn vader David.

³Want hij wandelde in den weg der koningen van Israel; ja, hij deed ook zijn zoon door het vuur gaan, naar de gruwelen der heidenen, die de HEERE voor dekinderen Israels verdreven had.

⁴Hij offerde ook en rookte op de hoogten en op de heuvelen, ook onder alle groen geboomte.

⁵Toen toog Rezin, de koning van Syrie, op, met Pekah, den zoon van Remalia, den koning van Israel, naar Jeruzalem ten strijde; en zij belegerden Achaz, maar zijvermochten niet met strijden.

⁶Te dierzelfder tijd bracht Rezin, de koning van Syrie, Elath weder aan Syrie, en wierp de Joden uit Elath; en de Syriers kwamen te Elath, en hebben daar gewoondtot op dezen dag.

⁷Achaz nu zond boden tot Tiglath-Pilezer, den koning van Assyrie, zeggende: Ik ben uw knecht en uw zoon; kom op, en verlos mij uit de hand van den koning vanSyrie, en uit de hand van den koning van Israel, die zich tegen mij opmaken.

⁸En Achaz nam het zilver en het goud, dat in het huis des HEEREN, en in de schatten van het huis des konings gevonden werd, en hij zond den koning van Assyrieeen geschenk.

⁹Zo hoorde de koning van Assyrie naar hem; want de koning van Assyrie toog op tegen Damaskus, en nam haar in, en voerde hen gevankelijk naar Kir, en hijdoodde Rezin.

¹⁰Toen toog de koning Achaz Tiglath-Pilezer, den koning van Assyrie, tegemoet, naar Damaskus; en gezien hebbende een altaar, dat te Damaskus was, zo zond dekoning Achaz aan den priester Uria de gelijkenis van het altaar, en zijn afbeelding, naar zijn ganse maaksel.

¹¹En Uria, de priester, bouwde een altaar, naar alles, wat de koning Achaz van Damaskus ontboden had; alzo deed de priester Uria, tegen dat de koning Achaz vanDamaskus kwam.

¹²Als nu de koning van Damaskus gekomen was, zag de koning het altaar; en de koning naderde tot het altaar, en offerde daarop.

¹³En hij stak zijn brandoffer aan, en zijn spijsoffer, en goot zijn drankoffer en sprengde het bloed zijner dankofferen op dat altaar.

¹⁴Maar het koperen altaar, dat voor het aangezicht des HEEREN was, dat bracht hij van het voorste deel van het huis, van tussen zijn altaar, en van tussen het huisdes HEEREN, en hij zette het aan de zijde zijns altaars noordwaarts.

¹⁵En de koning Achaz gebood Uria, den priester, zeggende: Steek op het grote altaar aan het morgenbrandoffer, en het avondspijsoffer, en des konings brandoffer, enzijn spijsoffer, en het brandoffer van al het volk des lands, en hun spijsoffer, en hun drankofferen; en spreng daarop al het bloed des brandoffers, en al het bloed desslachtoffer; maar het koperen altaar zal mij zijn, om te onderzoeken.

¹⁶En Uria, de priester, deed naar alles, wat de koning Achaz geboden had.

¹⁷En de koning Achaz sneed de lijsten der stellingen af, en nam die van boven het wasvat weg, en deed de zee af van de koperen runderen, die daaronder waren; enhij zette die op een stenen vloer.

¹⁸Daartoe het deksel des sabbats, dat zij in het huis gebouwd hadden, en den buitensten ingang des konings nam hij weg van het huis des HEEREN, vanwege denkoning van Assyrie.

¹⁹Het overige nu der geschiedenissen van Achaz, wat hij gedaan heeft, is dat niet geschreven in het boek der kronieken der koningen van Juda?

²⁰En Achaz ontsliep met zijn vaderen, en werd begraven bij zijn vaderen, in de stad Davids; en Hizkia, zijn zoon, werd koning in zijn plaats.

Hoofdstuk 18

¹In het zeventiende jaar van Pekah, den zoon van Remalia, werd Achaz koning, de zoon van Jotham, den koning van Juda.

²Twintig jaren was Achaz oud, toen hij koning werd, en hij regeerde zestien jaren te Jeruzalem; en hij deed niet dat recht was in de ogen des HEEREN zijns Gods, als zijn vader David.

³Want hij wandelde in den weg der koningen van Israel; ja, hij deed ook zijn zoon door het vuur gaan, naar de gruwelen der heidenen, die de HEERE voor dekinderen Israels verdreven had.

⁴Hij offerde ook en rookte op de hoogten en op de heuvelen, ook onder alle groen geboomte.

⁵Toen toog Rezin, de koning van Syrie, op, met Pekah, den zoon van Remalia, den koning van Israel, naar Jeruzalem ten strijde; en zij belegerden Achaz, maar zijvermochten niet met strijden.

⁶Te dierzelfder tijd bracht Rezin, de koning van Syrie, Elath weder aan Syrie, en wierp de Joden uit Elath; en de Syriers kwamen te Elath, en hebben daar gewoondtot op dezen dag.

⁷Achaz nu zond boden tot Tiglath-Pilezer, den koning van Assyrie, zeggende: Ik ben uw knecht en uw zoon; kom op, en verlos mij uit de hand van den koning vanSyrie, en uit de hand van den koning van Israel, die zich tegen mij opmaken.

⁸En Achaz nam het zilver en het goud, dat in het huis des HEEREN, en in de schatten van het huis des konings gevonden werd, en hij zond den koning van Assyrieeen geschenk.

⁹Zo hoorde de koning van Assyrie naar hem; want de koning van Assyrie toog op tegen Damaskus, en nam haar in, en voerde hen gevankelijk naar Kir, en hijdoodde Rezin.

¹⁰Toen toog de koning Achaz Tiglath-Pilezer, den koning van Assyrie, tegemoet, naar Damaskus; en gezien hebbende een altaar, dat te Damaskus was, zo zond dekoning Achaz aan den priester Uria de gelijkenis van het altaar, en zijn afbeelding, naar zijn ganse maaksel.

¹¹En Uria, de priester, bouwde een altaar, naar alles, wat de koning Achaz van Damaskus ontboden had; alzo deed de priester Uria, tegen dat de koning Achaz vanDamaskus kwam.

¹²Als nu de koning van Damaskus gekomen was, zag de koning het altaar; en de koning naderde tot het altaar, en offerde daarop.

¹³En hij stak zijn brandoffer aan, en zijn spijsoffer, en goot zijn drankoffer en sprengde het bloed zijner dankofferen op dat altaar.

¹⁴Maar het koperen altaar, dat voor het aangezicht des HEEREN was, dat bracht hij van het voorste deel van het huis, van tussen zijn altaar, en van tussen het huisdes HEEREN, en hij zette het aan de zijde zijns altaars noordwaarts.

¹⁵En de koning Achaz gebood Uria, den priester, zeggende: Steek op het grote altaar aan het morgenbrandoffer, en het avondspijsoffer, en des konings brandoffer, enzijn spijsoffer, en het brandoffer van al het volk des lands, en hun spijsoffer, en hun drankofferen; en spreng daarop al het bloed des brandoffers, en al het bloed desslachtoffer; maar het koperen altaar zal mij zijn, om te onderzoeken.

¹⁶En Uria, de priester, deed naar alles, wat de koning Achaz geboden had.

¹⁷En de koning Achaz sneed de lijsten der stellingen af, en nam die van boven het wasvat weg, en deed de zee af van de koperen runderen, die daaronder waren; enhij zette die op een stenen vloer.

¹⁸Daartoe het deksel des sabbats, dat zij in het huis gebouwd

2 Koningen

hadden, en den buitensten ingang des konings nam hij weg van het huis des HEEREN, vanwege denkoning van Assyrie.

¹⁹Het overige nu der geschiedenissen van Achaz, wat hij gedaan heeft, is dat niet geschreven in het boek der kronieken der koningen van Juda?

²⁰En Achaz ontsliep met zijn vaderen, en werd begraven bij zijn vaderen, in de stad Davids; en Hizkia, zijn zoon, werd koning in zijn plaats.

Hoofdstuk 19

¹In het twaalfde jaar van Achaz, den koning van Juda, werd Hosea, de zoon van Ela, koning over Israel te Samaria, en regeerde negen jaren.

²En hij deed dat kwaad was in de ogen des HEEREN; evenwel niet, als de koningen van Israel, die voor hem geweest waren.

³Tegen hem toog op Salmaneser, koning van Assyrie; en Hosea werd zijn knecht, dat hij hem een geschenk gaf.

⁴Maar de koning van Assyrie bevond een verbintenis in Hosea, dat hij tot So, den koning van Egypte, boden gezonden had, en het geschenk aan den koning vanAssyrie niet als te voren van jaar tot jaar opbracht; zo besloot hem de koning van Assyrie, en bond hem in het gevangenhuis.

⁵Want de koning van Assyrie toog op in het ganse land; ja, hij kwam op naar Samaria, en hij belegerde haar drie jaren.

⁶In het negende jaar van Hosea, nam de koning van Assyrie Samaria in, en voerde Israel weg in Assyrie, en deed ze wonen in Halah, en in Habor, aan de rivierGozan, en in de steden der Meden.

⁷Want het was geschied, dat de kinderen Israels gezondigd hadden tegen den HEERE, hun God, Die hen uit Egypteland opgebracht had, van onder de hand vanFarao, den koning van Egypte; en hadden andere goden gevreesd;

⁸En hadden gewandeld in de inzettingen der heidenen, die de HEERE voor het aangezicht der kinderen Israels verdreven had, en der koningen van Israel, die zegemaakt hadden.

⁹En de kinderen Israels hadden de zaken, die niet recht zijn, tegen den HEERE, hun God, bemanteld; en hadden zich hoogten gebouwd in al hun steden, van denwachttoren af tot de vaste steden toe.

¹⁰En zij hadden zich staande beelden opgericht en bossen, op allen hogen heuvel en onder alle groen geboomte.

¹¹En zij hadden daar gerookt op alle hoogten, gelijk de heidenen, die de HEERE van hun aangezichten weggevoerd had; en zij hadden kwade dingen gedaan, om denHEERE tot toorn te verwekken.

¹²En zij hadden de drekgoden gediend, waarvan de HEERE tot hen gezegd had: Gij zult deze zaak niet doen.

¹³Als nu de HEERE tegen Israel en tegen Juda, door den dienst van alle profeten, van alle zieners, betuigd had, zeggende: Bekeert u van uw boze wegen en houdtMijn geboden, en Mijn inzettingen, naar al de wet, die Ik uw vaderen geboden heb, en die Ik tot u door de hand van Mijn knechten, de profeten, gezonden heb;

¹⁴Zo hoorden zij niet, maar zij verhardden hun nek, gelijk de nek hunner vaderen geweest was, die aan den HEERE, hun God, niet geloofd hadden.

¹⁵Daartoe verwierpen zij Zijn inzettingen, en Zijn verbond, dat Hij met hun vaderen gemaakt had, en Zijn getuigenissen, die Hij tegen hen betuigd had, en wandeldende ijdelheid na, dat zij ijdel werden, en achter de heidenen, die rondom hen waren, van dewelke de HEERE hun geboden had, dat zij niet zouden doen gelijk die.

¹⁶Ja, zij verlieten al de geboden des HEEREN, huns Gods, en maakten zich gegoten beelden, twee kalveren; en maakten bossen, en bogen zich voor alle heir deshemels, en dienden Baal.

¹⁷Ook deden zij hun zonen en hun dochteren door het vuur gaan, en gebruikten waarzeggerijen, en gaven op vogelgeschrei acht, en verkochten zich, om te doen datkwaad was in de ogen des HEEREN, om Hem tot toorn te verwekken.

¹⁸Daarom vertoornde zich de HEERE zeer over Israel, dat Hij hen wegdeed van Zijn aangezicht; er bleef niets over, behalve de stam van Juda alleen.

¹⁹Zelfs hield Juda de geboden des HEEREN, huns Gods, niet; maar zij wandelden in de inzettingen van Israel, die zij gemaakt hadden.

²⁰Zo verwierp de HEERE het ganse zaad van Israel, en bedrukte hen, en gaf ze in de hand der rovers, totdat Hij hen van Zijn aangezicht weggeworpen had.

²¹Want Hij scheurde Israel van het huis van David af, en zij maakten Jerobeam, den zoon van Nebat, koning; en Jerobeam dreef Israel af van achter den HEERE, enhij deed ze een grote zonde zondigen.

²²Alzo wandelden de kinderen Israels in alle zonden van Jerobeam die hij gedaan had; zij weken daarvan niet af;

²³Totdat de HEERE Israel van Zijn aangezicht wegdeed, gelijk als Hij gesproken had door den dienst van al Zijn knechten, de profeten; alzo werd Israel weggevoerduit zijn land naar Assyrie, tot op dezen dag.

²⁴De koning nu van Assyrie bracht volk van Babel, en van Chuta, en van Avva, en van Hamath, en Sefarvaim, en deed hen wonen in de steden van Samaria, in deplaats der kinderen Israels; en zij namen Samaria erfelijk in, en woonden in haar steden.

²⁵En het geschiedde in het begin hunner woning aldaar, dat zij den HEERE niet vreesden; zo zond de HEERE leeuwen onder hen, die enigen van hen doodden.

²⁶Daarom spraken zij tot den koning van Assyrie, zeggende: De volken, die gij vervoerd hebt, en hebt doen wonen in de steden van Samaria, weten de wijze des Godsvan het land niet; daarom heeft Hij leeuwen onder hen gezonden, en ziet, zij doden hen, dewijl zij niet weten de wijze des Gods van het land.

²⁷Toen gebood de koning van Assyrie, zeggende: Brengt een der priesteren daarheen, die gijlieden van daar weggevoerd hebt, dat zij henentrekken, en wonen aldaar;en dat hij hun lere de wijze des Gods van het land.

²⁸Zo kwam een uit de priesteren, die zij van Samaria weggevoerd hadden, en woonde te Beth-El; en hij leerde hun, hoe zij den HEERE vrezen zouden.

²⁹Maar elk volk maakte zijn goden; en zij stelden ze in de huizen der hoogten, die de Samaritanen gemaakt hadden, elk volk in hun steden, waarin zij woonachtigwaren.

³⁰Want de lieden van Babel maakten Sukkoth Benoth, en de lieden van Chut maakten Nergal, en de lieden van Hamath maakten Asima,

³¹En de Avieten maakten Nibhaz en Tartak, en de Sefarvieten verbrandden hun zonen voor Adramelech en Anamelech, de goden van Sefarvaim, met vuur.

³²Ook vreesden zij den HEERE, en maakten zich van hun geringsten priesteren der hoogten, dewelke voor hen dienst deden in de huizen der hoogten.

³³Zij vreesden den HEERE, en dienden ook hun goden, naar de wijze der volken, van dewelke zij die weggevoerd hadden.

³⁴Tot op dezen dag toe doen die naar de eerste wijzen; zij vrezen den HEERE niet, en zij doen niet naar hun inzettingen, en naar hun rechten, en naar de wet, en naarhet gebod, dat de HEERE geboden heeft aan de kinderen van Jakob, dien Hij den naam Israel gaf.

³⁵Nochtans had de HEERE een verbond met hen gemaakt, en had hun geboden, zeggende: Gij zult geen andere goden vrezen, noch u voor hen nederbuigen, noch hendienen, noch hun offerande doen.

³⁶Maar den HEERE, Die u uit Egypteland met grote kracht en met een uitgestrekten arm opgevoerd heeft, Dien zult gij vrezen, en voor Hem zult gij u buigen, en Hemzult gij offerande doen;

³⁷En de inzettingen, en de rechten, en de wet, en het gebod, die Hij u geschreven heeft, zult gij waarnemen te doen te allen dag; en gij zult andere goden niet vrezen.

³⁸En het verbond, dat Ik met u gemaakt heb, zult gij niet vergeten; en gij zult andere goden niet vrezen.

³⁹Maar den HEERE, uw God, zult gij vrezen; en Hij zal u redden uit de hand van al uw vijanden.

⁴⁰Doch zij hoorden niet, maar zij deden naar hun eerste wijze.

⁴¹Maar deze volken vreesden den HEERE, en dienden hun gesneden beelden; ook doen hun kinderen en hun kindskinderen, gelijk als hun vaders gedaan hebben, totopdezen dag.

Hoofdstuk 20

¹Het geschiedde nu in het derde jaar van Hosea, den zoon van Ela, den koning van Israel, dat Hizkia koning werd, de zoon van Achaz, koning van Juda.

²Vijf en twintig jaren was hij oud, toen hij koning werd, en hij regeerde negen en twintig jaren te Jeruzalem, en de naam zijner moeder was Abi, een dochter vanZacharia.

³En hij deed dat recht was in de ogen des HEEREN, naar alles, wat zijn vader David gedaan had.

⁴Hij nam de hoogten weg, en brak de opgerichte beelden, en roeide de bossen uit; en hij verbrijzelde de koperen slang, die Mozes gemaakt had, omdat de kinderenIsraels tot die dagen toe haar gerookt hadden; en hij noemde haar Nehustan.

⁵Hij betrouwde op den HEERE, den God Israels, zodat na hem zijns gelijke niet was onder alle koningen van Juda, noch die voor hem geweest waren.

⁶Want hij kleefde den HEERE aan; hij week niet van Hem na te volgen, en hij hield Zijn geboden, die de HEERE aan Mozes geboden had.

⁷Zo was de HEERE met hem; overal, waar hij henen uittrok, handelde hij kloekelijk; daartoe viel hij af van den koning van Assyrie, dat hij hem niet diende.

⁸Hij sloeg de Filistijnen tot Gaza toe, en haar landpalen, van den wachttoren af tot de vaste steden toe.

⁹Het geschiedde nu in het vierde jaar van den koning Hizkia (hetwelk was het zevende jaar van Hosea, den zoon van Ela, den koning van Israel) dat Salmaneser, de koning van Assyrie, opkwam tegen Samaria, en haar belegerde.

¹⁰En zij namen haar in ten einde van drie jaren, in het zesde jaar van Hizkia; het was het negende jaar van Hosea, den koning van Israel, als Samaria ingenomen werd.

¹¹En de koning van Assyrie voerde Israel weg naar Assyrie, en deed hen leiden in Halah, en in Habor, bij de rivier Gozan, en in de steden der Meden.

¹²Daarom dat zij de stem des HEEREN, huns Gods, niet waren gehoorzaam geweest, maar Zijn verbond overtreden hadden; en al wat Mozes, de knecht des HEEREN, geboden had, dat hadden zij niet gehoord, noch gedaan.

¹³Maar in het veertiende jaar van den koning Hizkia kwam Sanherib, de koning van Assyrie, op tegen alle vaste steden van Juda, en nam ze in.

¹⁴Toen zond Hizkia, de koning van Juda, tot den koning van Assyrie, naar Lachis, zeggende: Ik heb gezondigd, keer af van mij, wat gij mij opleggen zult, zal ik dragen. Toen legde de koning van Assyrie Hizkia, den koning van Juda, driehonderd talenten zilvers, en dertig talenten gouds op.

¹⁵Alzo gaf Hizkia al het zilver, dat gevonden werd in het huis des HEEREN, en in de schatten van het huis des konings.

¹⁶Te dier tijd sneed Hizkia het goud af van de deuren van den tempel des HEEREN, en van de posten, die Hizkia, de koning van Juda, had laten overtrekken, en gaf dat aan de koning van Assyrie.

¹⁷Evenwel zond de koning van Assyrie Tartan, en Rabsaris, en Rabsake, van Lachis tot den koning Hizkia, met een zwaar heir naar Jeruzalem; en zij togen op, en kwamen naar Jeruzalem. En als zij optogen en gekomen waren, bleven zij staan bij den watergang des oppersten vijvers, welke is bij den hogen weg van het veldes vollers.

¹⁸En zij riepen tot den koning; zo ging tot hen uit Eljakim, de zoon van Hilkia, de hofmeester, en Sebna, de schrijver, en Joah, de zoon van Asaf, de kanselier.

¹⁹En Rabsake zeide tot hen: Zegt nu tot Hizkia: Zo zegt de grote koning, de koning van Assyrie: Wat vertrouwen is dit, waarmede gij vertrouwt?

²⁰Gij zegt (doch het is een woord der lippen): Er is raad en macht tot den oorlog; op wien vertrouwt gij nu, dat gij tegen mij rebelleert?

²¹Zie nu, vertrouwt gij u op dien gebroken rietstaf, op Egypte, op denwelken zo iemand leunt, zo zal hij in zijn hand gaan, en die doorboren; alzo is Farao, de koning van Egypte, al dengenen, die op hem vertrouwen.

²²Maar zo gij tot mij zegt: Wij vertrouwen op den HEERE, onzen God; is Hij die niet, Wiens hoogten en Wiens altaren Hizkia weggenomen heeft, en tot Juda en tot Jeruzalem gezegd heeft: Voor dit altaar zult gij u buigen te Jeruzalem?

²³Nu dan, wed toch met mijn heer, den koning van Assyrie; en ik zal u twee duizend paarden geven, zo gij voor u de ruiters daarop zult kunnen geven.

²⁴Hoe zoudt gij dan het aangezicht van een enigen vorst van de geringste knechten mijns heren afkeren? Maar gij vertrouwt op Egypte, om de wagenen en om de ruiteren.

²⁵Nu, ben ik zonder den HEERE opgetogen tegen deze plaats, om die te verderven? De HEERE heeft tot mij gezegd: Trek op tegen dat land, en verderf het.

²⁶Toen zeide Eljakim, de zoon van Hilkia, en Sebna, en Joah tot Rabsake: Spreek toch tot uw knechten in het Syrisch, want wij verstaan het wel; en spreek met ons niet in het Joods, voor de oren des volks, dat op den muur is.

²⁷Maar Rabsake zeide tot hen: Heeft mijn heer mij tot uw heer en tot u gezonden, om deze woorden te spreken? Is het niet tot de mannen, die op den muur zitten, dat zij met ulieden hun drek eten, en hun water drinken zullen?

²⁸Alzo stond Rabsake, en riep met luider stem in het Joods; en hij sprak en zeide: Hoort het woord des groten konings, des konings van Assyrie!

²⁹Zo zegt de koning: Dat Hizkia u niet bedriege: want hij zal u niet kunnen redden uit zijn hand.

³⁰Daartoe dat Hizkia u niet doe vertrouwen op den HEERE, zeggende: De HEERE zal ons zekerlijk redden, en deze stad zal niet in de hand van den koning van Assyrie gegeven worden.

³¹Hoort naar Hizkia niet; want zo zegt de koning van Assyrie: Handelt met mij door een geschenk, en komt tot mij uit, en eet, een ieder van zijn wijnstok, en een iedervan zijn vijgeboom; en drinkt een ieder het water zijns bornputs;

³²Totdat ik kom, en u haal in een land, als ulieder land, een land van koren en van most, een land van brood en van wijngaarden, een land van olijven, van olie en van honig; zo zult gij leven en niet sterven; en hoort niet naar Hizkia, want hij hitst u op, zeggende: De HEERE zal ons redden.

³³Hebben de goden der volken, ieder zijn land, enigszins gered uit de hand van den koning van Assyrie?

³⁴Waar zijn de goden van Hamath, en van Arpad? Waar zijn de goden van Sefarvaim, Hena en Ivva? Ja, hebben zij Samaria uit mijn hand gered?

³⁵Welke zijn ze onder alle goden der landen, die hun land uit mijn hand gered hebben, dat de HEERE Jeruzalem uit mijn hand redden zou?

³⁶Doch het volk zweeg stil en antwoordde hem niet een woord; want het gebod des konings was, zeggende: Gij zult hem niet antwoorden.

³⁷Toen kwam Eljakim, de zoon van Hilkia, de hofmeester, en Sebna, de schrijver, en Joah, de zoon van Asaf, de kanselier, tot Hizkia, met gescheurde klederen; en zij gaven hem de woorden van Rabsake te kennen.

Hoofdstuk 21

¹En het geschiedde, als de koning Hizkia dat hoorde, zo scheurde hij zijn klederen, en bedekte zich met een zak, en ging in het huis des HEEREN.

²Daarna zond hij Eljakim, den hofmeester, en Sebna, den schrijver, en de oudsten der priesteren, met zakken bedekt, tot Jesaja, den profeet, den zoon van Amoz;

³En zij zeiden tot hem: Alzo zegt Hizkia: Deze dag is een dag der benauwdheid, en der schelding, en der lastering; want de kinderen zijn gekomen tot aan de geboorte, en er is geen kracht om te baren.

⁴Misschien zal de HEERE, uw God, horen al de woorden van Rabsake, denwelken zijn heer, de koning van Assyrie, gezonden heeft, om den levenden God te honen, en te schelden, met woorden, die de HEERE, uw God, gehoord heeft; hef dan een gebed op voor het overblijfsel, dat gevonden wordt.

⁵En de knechten van den koning Hizkia kwamen tot Jesaja.

⁶En Jesaja zeide tot hen: Zo zult gij tot uw heer zeggen: Zo zegt de HEERE: Vrees niet voor de woorden, die gij gehoord hebt, waarmede Mij de dienaars van den koning van Assyrie gelasterd hebben.

⁷Zie, Ik zal een geest in hem geven, dat hij een gerucht horen zal, en weder in zijn land keren; en ik zal hem door het zwaard in zijn land vellen.

⁸Zo kwam Rabsake weder, en vond den koning van Assyrie, strijdende tegen Libna; want hij had gehoord, dat hij van Lachis vertrokken was.

⁹Als hij nu hoorde van Tirhaka, den koning van Cusch, zeggen: Ziet, hij is uitgetogen om tegen u te strijden, zond hij weder boden tot Hizkia, zeggende:

¹⁰Zo zult gij spreken tot Hizkia, den koning van Juda, zeggende: Laat u uw God niet bedriegen, op welken gij vertrouwt, zeggende: Jeruzalem zal in de hand des konings van Assyrie niet gegeven worden.

¹¹Zie, gij hebt gehoord, wat de koningen van Assyrie aan alle landen gedaan hebben, die verbannende; en zoudt gij gered worden?

¹²Hebben de goden der volken, die mijn vaders verdorven hebben, dezelve gered, als Gozan, en Haran, en Rezef, en de kinderen van Eden, die in Telasser waren?

¹³Waar is de koning van Hamath, en de koning van Arpad, en de koning der stad Sefarvaim, Hena en Ivva?

¹⁴Als nu Hizkia de brieven uit der boden hand ontvangen, en die gelezen had, ging hij op in het huis des HEEREN, en Hizkia breidde die uit voor het aangezicht des HEEREN.

¹⁵En Hizkia bad voor het aangezicht des HEEREN, en zeide: O HEERE, God Israels, Die tussen de cherubim woont! Gij zelf, Gij alleen zijt de God van alle koninkrijken der aarde, Gij hebt den hemel en de aarde gemaakt.

¹⁶O, HEERE! neig Uw oor en hoor, doe, HEERE! Uw ogen open en zie, en hoor de woorden van Sanherib, die dezen gezonden heeft, om den levenden God te honen.

¹⁷Waarlijk, HEERE, hebben de koningen van Assyrie die heidenen en hun land verwoest;

¹⁸En hebben hun goden in het vuur geworpen; want zij waren geen goden, maar het werk van mensenhanden, hout en steen; daarom hebben zij die verdorven.

¹⁹Nu dan, HEERE, onze God, verlos ons toch uit zijn hand; zo zullen alle koninkrijken der aarde weten, dat Gij, HEERE, alleen God zijt.

²⁰Toen zond Jesaja, de zoon van Amoz, tot Hizkia, zeggende: Zo spreekt de HEERE, de God Israels: Dat gij tot Mij gebeden hebt tegen Sanherib, den koning van Assyrie, heb Ik gehoord.

²¹Dit is het woord, dat de HEERE over hem gesproken heeft: De jonkvrouw, de dochter van Sion, veracht u, zij bespot u, de dochter van Jeruzalem schudt het hoofd achter u.

²²Wien hebt gij gehoond en gelasterd? en tegen Wien hebt gij de stem verheven, en uw ogen omhoog opgeheven? Tegen den Heilige Israels!

²³Door middel uwer boden hebt gij den HEERE gehoond, en gezegd: Ik heb met de menigte mijner wagenen beklommen de hoogten der bergen, de zijden van den Libanon; en ik zal zijn hoge cederbomen, en zijn uitgelezen dennebomen afhouwen; en zal komen in zijn uiterste herberg, in het woud zijns schonen velds.

²⁴Ik heb gegraven en heb gedronken vreemde wateren; en ik heb met mijn voetzolen alle rivieren der belegerde plaatsen verdroogd.

²⁵Hebt gij niet gehoord, dat Ik zulks lang te voren gedaan heb en dat van oude dagen af geformeerd heb? Nu heb Ik dat doen komen, dat gij zoudt zijn, om de vastesteden te verstoren tot woeste hopen.

²⁶Daarom waren haar inwoners handeloos; zij waren verslagen en beschaamd; zij waren als het gras des velds, en de groene grasscheutjes, het hooi der daken, en het brandkoren, eer het over einde staat.

²⁷Maar Ik weet uw zitten, en uw uitgaan, en uw inkomen, en uw woeden tegen Mij.

²⁸Om uw woeden tegen Mij, en dat uw woeling voor Mijn oren opgekomen is, zo Mijn gebit in uw lippen, en Ik zal u doen wederkeren door dien weg, door denwelken gij gekomen zijt.

²⁹En dat zij u een teken, dat men in dit jaar eten zal, wat van zelf gewassen is; en in het tweede jaar, wat daarvan weder uitspruit; maar zaait in het derde jaar, en maait, en plant wijngaarden, en eet hun vruchten.

³⁰Want het ontkomene, dat overgebleven is van het huis van Juda, zal wederom nederwaarts wortelen, en zal opwaarts vrucht dragen.

³¹Want van Jeruzalem zal het overblijfsel uitgaan, en het ontkomene van den berg Sion; de ijver van den HEERE der heirscharen zal dit doen.

³²Daarom zo zegt de HEERE van den koning van Assyrie: Hij zal in deze stad niet komen, noch daar een pijl inschieten; ook zal hij met geen schild daarvoor komen, en zal geen wal daartegen opwerpen.

³³Door den weg, dien hij gekomen is, door dien zal hij wederkeren; maar in deze stad zal hij niet komen, zegt de HEERE.

³⁴Want Ik zal deze stad beschermen, om die te verlossen, om Mijnentwil, en om Davids, Mijns knechts wil.

³⁵Het geschiedde dan in dienzelven nacht, dat de Engel des HEEREN uitvoer, en sloeg in het leger van Assyrie honderd vijf en tachtig duizend. En toen zij zich des morgens vroeg opmaakten, ziet, die allen waren dode lichamen.

³⁶Zo vertrok Sanherib, de koning van Assyrie, en toog henen, en keerde weder; en hij bleef te Nineve.

³⁷Het geschiedde nu, als hij in het huis van Nisroch, zijn god, zich nederboog, dat Adramelech en Sarezer, zijn zonen, hem met het zwaard versloegen; doch zij ontkwamen in het land van Ararat; en Esar-Haddon, zijn zoon, werd koning in zijn plaats.

Hoofdstuk 22

¹In die dagen werd Hizkia krank tot stervens toe; en de profeet Jesaja, de zoon van Amoz, kwam tot hem, en zeide tot hem: Zo zegt de HEERE: Geef bevel aan uw huis, want gij zult sterven, en niet leven.

²Toen keerde hij zijn aangezicht om naar den wand, en hij bad tot den HEERE, zeggende:

³Och, HEERE, gedenk toch, dat ik voor Uw aangezicht in waarheid en met een volkomen hart gewandeld, en wat goed in Uw ogen is, gedaan heb. En Hizkia weende gans zeer.

⁴Het gebeurde nu, als Jesaja uit het middelvoorhof nog niet gegaan was, dat het woord des HEEREN tot hem geschiedde, zeggende:

⁵Keer weder en zeg tot Hizkia, den voorganger Mijns volks: Zo zegt de HEERE, de God van uw vader David: Ik heb uw gebed gehoord, Ik heb uw tranen gezien; zie, Ik zal u gezond maken; aan den derden dag zult gij opgaan in het huis des HEEREN;

⁶En Ik zal vijftien jaren tot uw dagen toedoen, en zal u uit de hand des konings van Assyrie verlossen, mitsgaders deze stad; en Ik zal deze stad beschermen om Mijnentwil, en om Mijns knechts Davids wil.

⁷Daarna zeide Jesaja: Neemt een klomp vijgen; en zij namen ze, en legden ze op de zweer, en hij werd genezen.

⁸Hizkia nu had gezegd tot Jesaja: Welk is het teken, dat de HEERE mij gezond maken zal, en dat ik den derden dag in des HEEREN huis zal opgaan?

⁹En Jesaja zeide: Dit zal u een teken van den HEERE zijn, dat de HEERE het woord, dat Hij gesproken heeft, doen zal: Zal de schaduw tien graden voorwaartsgaan, of tien graden achterwaarts keren?

¹⁰Toen zeide Hizkia: Het is der schaduwe licht, tien graden nederwaarts te gaan; neen, maar dat de schaduw tien graden achterwaarts kere.

¹¹En Jesaja, de profeet, riep den HEERE aan; en Hij deed de schaduw tien graden achterwaarts keren in de graden, dewelke zij nederwaarts gegaan was, in de graden van Achaz' zonnewijzer.

¹²Te dier tijd zond Berodach Baladan de zoon van Baladan, de koning van Babel, brieven en een geschenk aan Hizkia; want hij had gehoord, dat Hizkia krank geweest was.

¹³En Hizkia hoorde naar hen, en hij toonde hun zijn ganse schathuis, het zilver, en het goud, en de specerijen, en de beste olie, en zijn wapenhuis, en al wat gevonden werd in zijn schatten; er was geen ding in zijn huis, noch in zijn ganse heerschappij, dat hij hun niet toonde.

¹⁴Toen kwam de profeet Jesaja tot den koning Hizkia, en zeide tot hem: Wat hebben die mannen gezegd, en van waar zijn zij tot u gekomen? En Hizkia zeide: Zij zijn uit verren lande gekomen, uit Babel.

¹⁵En hij zeide: Wat hebben zij gezien in uw huis? En Hizkia zeide: Zij hebben alles gezien, wat in mijn huis is; geen ding is er in mijn schatten, dat ik hun niet getoond heb.

¹⁶Toen zeide Jesaja tot Hizkia: Hoor des HEEREN woord.

¹⁷Zie, de dagen komen, dat al wat in uw huis is, en wat uw vaderen tot dezen dage toe opgelegd hebben, naar Babel weggevoerd zal worden; er zal niets overgelaten worden, zegt de HEERE.

¹⁸Daartoe zullen zij van uw zonen, die uit u zullen voortkomen, die gij gewinnen zult, nemen, dat zij hovelingen zijn in het paleis des konings van Babel.

¹⁹Maar Hizkia zeide tot Jesaja: Het woord des HEEREN, dat gij gesproken hebt, is goed. Ook zeide hij: Zou het niet, naardien vrede en waarheid in mijn dagen wezen zal?

²⁰Het overige nu der geschiedenissen van Hizkia, en al zijn macht, en hoe hij den vijver en den watergang gemaakt heeft, en water in de stad gebracht heeft, zijn die niet geschreven in het boek der kronieken der koningen van Juda?

²¹En Hizkia ontsliep met zijn vaderen; en zijn zoon Manasse werd koning in zijn plaats.

Hoofdstuk 23

¹Manasse was twaalf jaren oud, toen hij koning werd, en hij regeerde vijf en vijftig jaren te Jeruzalem; en de naam zijner moeder was Hefzi-bah.

²En hij deed dat kwaad was in de ogen des HEEREN, naar de gruwelen der heidenen, die de HEERE voor het aangezicht der kinderen Israels uit de bezitting verdreven had.

³Want hij bouwde de hoogten weder op, die Hizkia, zijn vader, verdorven had; en hij richtte Baal altaren op, en maakte een bos, gelijk als Achab, de koning van Israel, gemaakt had, en boog zich neder voor het heir des hemels, en diende ze.

⁴En hij bouwde altaren in het huis des HEEREN, waarvan de HEERE gezegd had: te Jeruzalem zal Ik Mijn Naam zetten.

⁵Daartoe bouwde hij altaren voor al het heir des hemels, in beide de voorhoven van het huis des HEEREN.

⁶Ja, hij deed zijn zoon door het vuur gaan, en pleegde guichelarij en gaf op vogelgeschrei acht; en hij stelde waarzeggers en duivelskunstenaren; hij deed zeer veel kwaads in de ogen des HEEREN, om Hem tot toorn te verwekken.

⁷Hij stelde ook een gesneden beeld van het bos, dat hij gemaakt had, in het huis waarvan de HEERE gezegd had tot David, en tot zijn zoon Salomo: In dit huis, en in Jeruzalem, die Ik uit alle stammen van Israel verkoren heb, zal Ik Mijn Naam zetten in eeuwigheid.

⁸En Ik zal niet voortvaren den voet van Israel te bewegen uit dit land, dat Ik hun vaderen gegeven heb; alleenlijk, zo zij waarnemen te doen, naar alles, wat Ik hun geboden heb, en naar de ganse wet, die Mijn knecht Mozes hun geboden heeft.

⁹Maar zij hoorden niet; want Manasse deed hen dwalen, dat zij erger deden dan de heidenen, die de HEERE voor het aangezicht der kinderen Israels verdelgd had.

¹⁰Toen sprak de HEERE door den dienst van Zijn knechten, de profeten, zeggende:

¹¹Dewijl dat Manasse, de koning van Juda, deze gruwelen gedaan heeft, erger doende dan al wat de Amorieten gedaan hebben, die voor

hem geweest zijn, ja, ookJuda door zijn drekgoden heeft doen zondigen;
¹²Daarom, alzo zegt de HEERE, de God Israels: Ziet, Ik zal een kwaad over Jeruzalem en Juda brengen, dat een ieder, die het hoort, beide zijn oren klinken zullen.
¹³En Ik zal over Jeruzalem het meetsnoer van Samaria trekken, mitsgaders het paslood van het huis van Achab; en Ik zal Jeruzalem uitwissen, gelijk als men eenschotel uitwist; men wist dien uit, en men keert hem om op zijn holligheid.
¹⁴En Ik zal het overblijfsel Mijns erfdeels verlaten, en zal ze in de hand hunner vijanden geven; en zij zullen tot een roof en plundering worden al hun vijanden.
¹⁵Daarom, dat zij gedaan hebben dat kwaad was in Mijn ogen, en Mij tot toorn verwekt hebben, van dien dag, dat hun vaderen van Egypte uitgegaan zijn, ook tot opdezen dag toe.
¹⁶Daartoe vergoot Manasse ook zeer veel onschuldig bloed, totdat hij Jeruzalem van het ene einde tot het andere vervuld had; behalve zijn zonde, die hij Juda zondigendeed, doende wat kwaad was in de ogen des HEEREN.
¹⁷Het overige der geschiedenissen van Manasse, en al wat hij gedaan heeft, en zijn zonde, die hij gezondigd heeft, zijn die niet geschreven in het boek der kroniekender koningen van Juda?
¹⁸En Manasse ontsliep met zijn vaderen, en werd begraven in den hof van zijn huis, in den hof van Uzza; en zijn zoon Amon werd koning in zijn plaats.
¹⁹Amon was twee en twintig jaren oud, toen hij koning werd, en hij regeerde twee jaren te Jeruzalem; en de naam zijner moeder was Mesullemet, een dochter vanHaruz van Jotba.
²⁰En hij deed dat kwaad was in de ogen des HEEREN; gelijk als zijn vader Manasse gedaan had.
²¹Want hij wandelde in al den weg, dien zijn vader gewandeld had, en hij diende de drekgoden, die zijn vader gediend had, en hij boog zich voor die neder.
²²Zo verliet hij den HEERE, den God zijner vaderen, en hij wandelde niet in den weg des HEEREN.
²³En de knechten van Amon maakten een verbintenis tegen hem, en zij doodden den koning in zijn huis.
²⁴Maar het volk des lands versloeg allen, die tegen den koning Amon een verbintenis gemaakt hadden; en het volk des lands maakte zijn zoon Josia koning in zijnplaats.
²⁵Het overige nu der geschiedenissen van Amon, wat hij gedaan heeft, zijn die niet geschreven in het boek der kronieken der koningen van Juda?
²⁶En men begroef hem in zijn graf, in den hof van Uzza; en zijn zoon Josia werd koning in zijn plaats.

Hoofdstuk 24

¹Josia was acht jaren oud, toen hij koning werd, en regeerde een en dertig jaren te Jeruzalem; en de naam zijner moeder was Jedida, een dochter van Adaja, vanBozkath.
²En hij deed dat recht was in de ogen des HEEREN; en hij wandelde in al den weg van zijn vader David, en week niet af ter rechterhand noch ter linkerhand.
³Het geschiedde nu in het achttiende jaar van den koning Josia, dat de koning den schrijver Safan, den zoon van Azalia, den zoon van Mesullam, zond in het huis desHEEREN, zeggende:
⁴Ga op tot Hilkia, den hogepriester, opdat hij het geld opsomme, dat in het huis des HEEREN gebracht is, hetwelk de wachters des dorpels van het volk verzameldhebben;
⁵En dat zij dat geven in de hand der verzorgers van het werk, die besteld zijn over het huis des HEEREN; opdat zij het geven aan degenen, die het werk doen, dat inhet huis des HEEREN is, om de breuken van het huis te beteren;
⁶Aan de timmerlieden en de bouwlieden, en de metselaars, en om hout en gehouwene stenen te kopen, om het huis te beteren.
⁷Doch er werd met hen geen rekening gehouden van het geld, dat in hun hand geleverd was, want zij handelden trouwelijk.
⁸Toen zeide de hogepriester Hilkia tot Safan, den schrijver: Ik heb het wetboek in het huis des HEEREN gevonden; en Hilkia gaf dat boek aan Safan, die las het.
⁹Daarna kwam Safan, de schrijver, tot den koning, en bracht den koning bescheid weder, en hij zeide: Uw knechten hebben het geld, dat in het huis gevonden was, samengebracht, en hebben het gegeven in de hand der verzorgers van het werk, die besteld waren over het huis des HEEREN.
¹⁰Ook gaf Safan, de schrijver, den koning te kennen, zeggende: De priester Hilkia heeft mij een boek gegeven. En Safan las dat voor het aangezicht des konings.

¹¹Het geschiedde nu, als de koning de woorden des wetboeks hoorde, dat hij zijn klederen scheurde.
¹²En de koning gebood Hilkia, den priester, en Ahikam, den zoon van Safan, en Achbor, den zoon van Michaja, en Safan, den schrijver, en Asaja, den knecht deskonings, zeggende:
¹³Gaat henen, vraagt den HEERE voor mij, en voor het volk, en voor het ganse Juda, over de woorden dezes boeks, dat gevonden is; want de grimmigheid desHEEREN is groot, dewelke tegen ons aangestoken is, omdat onze vaderen niet gehoord hebben naar de woorden dezes boeks, om te doen naar al wat voor onsgeschreven is.
¹⁴Toen ging de priester Hilkia, en Ahikam, en Achbor, en Safan, en Asaja henen tot de profetes Hulda, de huisvrouw van Sallum, den zoon van Tikva, den zoon vanHarhas, den klederbewaarder (zij nu woonde te Jeruzalem, in het tweede deel), en zij spraken tot haar.
¹⁵En zij zeide tot hen: Zo zegt de HEERE, de God Israels: Zegt tot den man, die u tot mij gezonden heeft:
¹⁶Zo zegt de HEERE: Zie, Ik zal kwaad over deze plaats brengen, en over haar inwoners, namelijk al de woorden des boeks, dat de koning van Juda gelezen heeft.
¹⁷Daarom dat zij Mij verlaten, en anderen goden gerookt hebben, opdat zij Mij tot toorn verwekten met al het werk hunner handen, zo zal Mijn grimmigheidaangestoken worden, tegen deze plaats, en niet uitgeblust worden.
¹⁸Maar tot den koning van Juda, die u gezonden heeft, om den HEERE te vragen, alzo zult gij tot hem zeggen: Zo zegt de HEERE, de God Israels: Aangaande dewoorden, die gij gehoord hebt;
¹⁹Omdat uw hart week geworden is, en gij u voor het aangezicht des HEEREN vernederd hebt, als gij hoordet, wat Ik gesproken heb tegen deze plaats en derzelverinwoners, dat zij tot een verwoesting en vloek zullen worden, en dat gij uw klederen gescheurd en voor Mijn aangezicht geweend hebt; zo heb Ik u ook verhoord, spreekt de HEERE.
²⁰Daarom zie, Ik zal u verzamelen tot uw vaderen, en gij zult met vrede in uw graf verzameld worden, en uw ogen zullen al het kwaad niet zien, dat Ik over dezeplaats brengen zal. En zij brachten den koning het antwoord weder.

Hoofdstuk 25

¹Toen zond de koning henen, en tot hem verzamelden al de oudsten van Juda en Jeruzalem.
²En de koning ging op in het huis des HEEREN, en met hem alle inwoners van Jeruzalem, en de priesters en de profeten, en al het volk, van den minste tot denmeeste; en hij las voor hun oren al de woorden van het boek des verbonds, dat in het huis des HEEREN gevonden was.
³De koning nu stond aan den pilaar, en maakte een verbond voor des HEEREN aangezicht, om den HEERE na te wandelen, en Zijn geboden, en Zijn getuigenissen, en Zijn inzettingen met ganser harte en met ganser ziele te houden, bevestigende de woorden dezes verbonds, die in dit boek geschreven zijn. En het ganse volkstond in dit verbond.
⁴En de koning gebood den hogepriester Hilkia, en den priesteren der tweede ordening, en den dorpelbewaarders, dat zij uit den tempel des HEEREN allegereedschap, dat voor Baal, en voor het beeld van het bos, en voor al het heir des hemels gemaakt was, uitbrengen zouden; en hij verbrandde dat buiten Jeruzalemin de velden van Kidron, en liet het stof daarvan naar Beth-El dragen.
⁵Daartoe schafte hij de Chemarim af, die de koningen van Juda gesteld hadden, opdat men roken zou op de hoogten, in de steden van Juda, en rondom Jeruzalem, mitsgaders, die voor Baal, de zon, en de maan, en de andere planeten, en al het heir des hemels rookten.
⁶Hij bracht ook het beeld van het bos uit het huis des HEEREN weg, buiten Jeruzalem, tot de beek Kidron, en verbrandde het aan de beek Kidron, en vergruisde hettot stof; en hij wierp het stof daarvan op de graven der kinderen des volks.
⁷Daartoe brak hij de huizen der schandjongens af, die aan het huis des HEEREN waren, alwaar de vrouwen huisjes voor het beeld van het bos weefden.
⁸En hij bracht al de priesters uit de steden van Juda, en verontreinigde de hoogten, alwaar die priesters gerookt hadden, van Geba af tot Ber-seba toe; en hij brak dehoogten der poort van Jozua, den overste der stad, was, welke aan iemands linkerhand was, in de stadspoort gaande.
⁹Doch de priesters der hoogten offerden niet op het altaar des HEEREN te Jeruzalem; maar zij aten ongezuurde broden in het midden van hun broederen.
¹⁰Hij verontreinigde ook Thofeth, dat in het dal der kinderen van Hinnom is, opdat niemand zijn zoon of zijn dochter voor den Molech door het vuur deed gaan.
¹¹En hij schafte de paarden af, die de koningen van Juda voor de

2 Koningen

zon gesteld hadden, van den ingang van het huis des HEEREN, tot de kamer van Nathan-Melech, den hoveling, die in Parvarim was; en de wagenen der zon verbrandde hij met vuur.

¹²Verder de altaren die op het dak der opperzaal van Achaz waren, die de koningen van Juda gemaakt hadden, mitsgaders de altaren, die Manasse in de twee voorhoven van het huis des HEEREN gemaakt had, brak de koning af; en hij verbrijzelde ze van daar, en wierp het stof daarvan in de beek Kidron.

¹³De hoogten ook, die vooraan Jeruzalem waren, dewelke waren ter rechterhand van de berg Mashith, die Salomo, de koning van Israel, voor Astoreth, het verfoeiselder Sidoniers, en voor Kamos, het verfoeisel der Moabieten, en voor Milchom, den gruwel der kinderen Ammons, gebouwd had, verontreinigde de koning.

¹⁴Insgelijks brak hij de opgerichte beelden, en roeide de bossen uit; en hij vervulde hun plaats met mensenbeenderen.

¹⁵Daartoe ook het altaar, dat te Beth-El was, en de hoogte, die Jerobeam, de zoon van Nebat, dewelke Israel zondigen deed, gemaakt had; te zamen dat altaar en die hoogte brak hij af; ja, hij verbrandde de hoogte, hij vergruisde ze tot stof, en hij verbrandde het bos.

¹⁶En als Josia zich omkeerde, zag hij de graven, die daar op den berg waren, en zond henen, en nam de beenderen uit de graven, en verbrandde ze op dat altaar, en verontreinigde dat; naar het woord des HEEREN, dat de man Gods uitgeroepen had, die deze woorden uitriep.

¹⁷Verder zeide hij: Wat is dat voor een grafteken, dat ik zie? En de lieden der stad zeiden tot hem: Het is het graf van den man Gods, die uit Juda kwam, en dezedingen, die gij tegen dit altaar van Beth-El gedaan hebt, uitgeroepen heeft.

¹⁸En hij zeide: Laat hem liggen, dat niemand zijn beenderen verroere. Zo bevrijdden zij zijn beenderen, met de beenderen van den profeet, die uit Samaria gekomen was.

¹⁹Daartoe nam Josia ook weg al de huizen der hoogten, die in de steden van Samaria waren, die de koningen van Israel gemaakt hadden, om den HEERE tot toorn teverwekken; en hij deed dezelve naar al de daden, die hij te Beth-El gedaan had.

²⁰En hij slachtte al de priesteren der hoogten, die daar waren, op de altaren, en verbrandde mensenbeenderen op dezelve. Daarna keerde hij weder naar Jeruzalem.

²¹En de koning gebood het ganse volk, zeggende: Houdt den HEERE, uw God, pascha, gelijk in dit boek des verbonds geschreven is.

²²Want gelijk dit pascha was er geen gehouden, van de dagen der richteren af, die Israel gericht hadden, noch in al de dagen der koningen van Israel, noch derkoningen van Juda.

²³Maar in het achttiende jaar van den koning Josia, werd dit pascha den HEERE te Jeruzalem gehouden.

²⁴En ook deed Josia weg de waarzeggers, en de duivelskunstenaars, en de terafim, en de drekgoden, en alle verfoeiselen, die in het land van Juda en in Jeruzalem gezien werden; opdat hij bevestigde de woorden der wet, die geschreven waren in het boek, dat de priester Hilkia in het huis des HEEREN gevonden had.

²⁵En voor hem was geen koning zijns gelijke, die zich tot den HEERE, met zijn ganse hart, en met zijn ganse ziel, en met zijn ganse kracht, naar al de wet van Mozes, bekeerd had; en na hem stond zijns gelijke niet op.

²⁶Nochtans keerde zich de HEERE van den brand Zijns groten toorns niet af, waarmede Zijn toorn brandde tegen Juda, om al de tergingen, waarmede Manasse Hem getergd had.

²⁷En de HEERE zeide: Ik zal Juda ook van Mijn aangezicht wegdoen, gelijk als Ik Israel weggedaan heb; en Ik zal deze stad Jeruzalem verwerpen, die Ik verkoren heb, en het huis, waarvan Ik gezegd heb: Mijn Naam zal daar wezen.

²⁸Het overige nu der geschiedenissen van Josia, en al wat hij gedaan heeft, zijn die niet geschreven in het boek der kronieken der koningen van Juda?

²⁹In zijn dagen toog Farao Necho, de koning van Egypte, op tegen den koning van Assyrie, naar de rivier Frath; en de koning Josia toog hem tegemoet, en hij doodde hem te Megiddo, als hij hem gezien had.

³⁰En zijn knechten voerden hem dood op een wagen van Megiddo, en brachten hem te Jeruzalem, en begroeven hem in zijn graf; en het volk des lands nam Joahaz, den zoon Josia, en zalfden hem, en maakten hem koning in zijns vaders plaats.

³¹Drie en twintig jaren was Joahaz oud, toen hij koning werd, en hij regeerde drie maanden te Jeruzalem; en de naam zijner moeder was Hamutal, de dochter van Jeremia, van Libna.

³²En hij deed dat kwaad was in de ogen des HEEREN, naar alles, wat zijn vaderen gedaan hadden.

³³Doch Farao Necho liet hem binden te Ribla in het land van Hamath, opdat hij te Jeruzalem niet regeren zou; en hij legde het land een boete op van honderd talenten zilvers en een talent gouds.

³⁴Ook maakte Farao Necho Eljakim, den zoon van Josia, koning in de plaats van zijn vader Josia, en veranderde zijn naam in Jojakim; maar Joahaz nam hij mede, en hij kwam in Egypte, en stierf aldaar.

³⁵En Jojakim gaf dat zilver en dat goud aan Farao; doch hij schatte het land, om dat geld naar het bevel van Farao te geven; een ieder naar zijn schatting eiste hij het zilver en goud af van het volk des lands, om aan Farao Necho te geven.

³⁶Vijf en twintig jaren was Jojakim oud, toen hij koning werd, en regeerde elf jaren te Jeruzalem; en de naam zijner moeder was Zebudda, een dochter van Pedaja, van Ruma.

³⁷En hij deed dat kwaad was in de ogen des HEEREN, naar alles, wat zijn vaders gedaan hadden.

Hoofdstuk 26

¹In zijn dagen toog Nebukadnezar, de koning van Babel, op, en Jojakim werd zijn knecht drie jaren; daarna keerde hij zich om, en rebelleerde tegen hem.

²En de HEERE zond tegen hem de benden der Chaldeen, en de benden der Syriers, en de benden der Moabieten, en de benden der kinderen Ammons, en zond hentegen Juda, om dat te verderven, naar het woord des HEEREN, dat Hij gesproken had door den dienst Zijner knechten, de profeten.

³Zekerlijk geschiedde dit naar het bevel des HEEREN tegen Juda, dat Hij hen van Zijn aangezicht wegdeed, om de zonden van Manasse, naar alles, wat hij gedaan had;

⁴Als ook om het onschuldig bloed, dat hij vergoten had, zodat hij Jeruzalem met onschuldig bloed vervuld had; daarom wilde de HEERE niet vergeven.

⁵Het overige nu der geschiedenissen van Jojakim, en al wat hij gedaan heeft, is dat niet geschreven in het boek der kronieken der koningen van Juda?

⁶En Jojakim ontsliep met zijn vaderen; en zijn zoon Jojachin werd koning in zijn plaats.

⁷De koning nu van Egypte toog voortaan niet meer uit zijn land; want de koning van Babel had, van de rivier van Egypte af tot aan de rivier Frath, ingenomen al wat van den koning van Egypte was.

⁸Jojachin was achttien jaren oud, toen hij koning werd, en regeerde drie maanden te Jeruzalem; en de naam zijner moeder was Nehusta, een dochter van Elnathan, van Jeruzalem.

⁹En hij deed dat kwaad was in de ogen des HEEREN, naar alles, wat zijn vader gedaan had.

¹⁰Te dier tijd togen de knechten van Nebukadnezar, den koning van Babel, naar Jeruzalem; en de stad werd belegerd.

¹¹Zelfs kwam Nebukadnezar, de koning van Babel, tegen de stad, als zijn knechten die belegerden.

¹²Toen ging Jojachin, de koning van Juda, uit tot den koning van Babel, hij, en zijn moeder, en zijn knechten, en zijn vorsten, en zijn hovelingen; en de koning van Babel nam hem gevangen in het achtste jaar zijner regering.

¹³En hij bracht van daar uit al de schatten van het huis des HEEREN, en de schatten van het huis des konings; en hij hieuw alle gouden vaten af, die Salomo, de koning van Israel, in den tempel des HEEREN gemaakt had, gelijk als de HEERE gesproken had.

¹⁴En hij voerde gans Jeruzalem weg, mitsgaders al de vorsten, en alle strijdbare helden, tien duizend gevangen, en alle timmerlieden en smeden; niemand werd overgelaten, dan het arme volk des lands.

¹⁵Zo voerde hij Jojachin weg naar Babel, mitsgaders des konings moeder, en des konings vrouwen, en zijn hovelingen; daartoe de machtigen des lands bracht hij gevankelijk van Jeruzalem naar Babel;

¹⁶En alle kloeke mannen tot zeven duizend, en timmerlieden en smeden tot een duizend, en alle helden, die ten oorlog geoefend waren, dezen bracht de koning van Babel gevankelijk naar Babel.

¹⁷En de koning van Babel maakte Mattanja, deszelfs oom, koning in plaats van hem, en veranderde zijn naam in Zedekia.

¹⁸Zedekia was een en twintig jaren oud, als hij koning werd, en hij regeerde elf jaren te Jeruzalem; en de naam zijner moeder was Hamutal, een dochter van Jeremia, van Libna.

¹⁹En hij deed dat kwaad was in de ogen des HEEREN, naar alles, wat Jojakim gedaan had.

²⁰Want het geschiedde, om den toorn des HEEREN tegen Jeruzalem en tegen Juda, totdat Hij hen van Zijn aangezicht weggeworpen had. En Zedekia rebelleerde tegen den koning van Babel.

Hoofdstuk 27

¹En het geschiedde in het negende jaar zijner regering, in de tiende maand, op den tienden der maand, dat Nebukadnezar, de koning van Babel, kwam tegenJeruzalem, hij en zijn ganse heir, en legerde zich tegen haar; en zij bouwden tegen haar sterkten rondom.
²Zo kwam de stad in belegering, tot in het elfde jaar van den koning Zedekia.
³Op den negenden der vierde maand, als de honger in de stad sterk werd, en het volk des lands geen brood had,
⁴Toen werd de stad doorgebroken, en al de krijgslieden vloden des nachts door den weg der poort, tussen de twee muren, die aan des konings hof waren (deChaldeen nu waren tegen de stad rondom), en de koning trok door den weg des vlakken velds.
⁵Doch het heir der Chaldeen jaagde den koning na, en zij achterhaalden hem in de vlakke velden van Jericho, en zal zijn heir werd van bij hem verstrooid.
⁶Zij dan grepen den koning, en voerden hem opwaarts tot den koning van Babel, naar Ribla; en zij spraken een oordeel tegen hem.
⁷En zij slachtten de zonen van Zedekia voor zijn ogen, en men verblindde Zedekia's ogen, en zij bonden hem met twee koperen ketenen, en voerden hem naar Babel.
⁸Daarna in de vijfde maand, op de zevenden der maand (dit was het negentiende jaar van Nebukadnezar, den koning van Babel) kwam Nebuzaradan, de overste dertrawanten, de knecht des konings van Babel, te Jeruzalem.
⁹En hij verbrandde het huis des HEEREN, en het huis des konings, mitsgaders alle huizen van Jeruzalem; en alle huizen der groten verbrandde hij met vuur.
¹⁰En het ganse heir der Chaldeen, dat met den overste der trawanten was, brak de muren van Jeruzalem rondom af.
¹¹Het overige nu des volks, die in de stad overgelaten waren, en de afvalligen, die tot den koning van Babel gevallen waren, en het overige der menigte, voerdeNebuzaradan, de overste der trawanten, gevankelijk weg.
¹²Maar van de armsten des lands liet de overste der trawanten enigen overig tot wijngaardeniers en tot akkerlieden.
¹³Verder braken de Chaldeen de koperen pilaren, die in het huis des HEEREN waren, en de stellingen, en de koperen zee, die in het huis des HEEREN was; en zijvoerden het koper daarvan naar Babel.
¹⁴Zij namen ook de potten, en de schoffelen, en de gaffelen, en de rookschalen, en al de koperen vaten, daar men den dienst mede deed.
¹⁵En de overste der trawanten nam weg de wierookvaten en de sprengbekkens, wat geheel goud en wat geheel zilver was.
¹⁶De twee pilaren, de ene zee, en de stellingen, die Salomo voor het huis des HEEREN gemaakt had; het koper van al deze vaten was zonder gewicht.
¹⁷De hoogte van een pilaar was achttien ellen, en het kapiteel daarop was koper; en de hoogte des kapiteels was drie ellen; en het net, en de granaatappelen op hetkapiteel rondom, waren alle van koper; en dezen gelijk had de andere pilaar, met het net.
¹⁸Ook nam de overste der trawanten Seraja, den hoofdpriester, en Zefanja, den tweeden priester, en de drie dorpelbewaarders.
¹⁹En uit de stad nam hij een hoveling, die over de krijgslieden gesteld was, en vijf mannen uit degenen, die des konings aangezicht zagen, die in de stad gevondenwerden, mitsgaders den oversten schrijver des heirs, die het volk des lands ten oorlog opschreef, en zestig mannen van het volk des lands, die in de stad gevondenwerden.
²⁰Als Nebuzaradan, de overste der trawanten, dezen genomen had, zo bracht hij hen tot den koning van Babel, naar Ribla.
²¹En de koning van Babel sloeg hen, en doodde hen te Ribla, in het land van Hamath. Alzo werd Juda uit zijn land gevankelijk weggevoerd.
²²Maar aangaande het volk, dat in het land van Juda overgebleven was, dat Nebukadnezar, de koning van Babel, had laten overblijven, daarover stelde hij Gedalia, denzoon van Ahikam, den zoon van Safan.
²³Toen nu al de oversten der heiren, zij en hun mannen, hoorden, dat de koning van Babel Gedalia tot overste gesteld had, kwamen zij tot Gedalia naar Mizpa;namelijk, Ismael, de zoon van Nethanja, en Johanan, de zoon van Kareah, en Seraja, de zoon van Tanhumeth, de Netofathiet, en Jaazanja, de zoon van denMaachathiet, zij en hun mannen.
²⁴En Gedalia zwoer hun en hun mannen, en zeide tot hen: Vreest niet van te zijn knechten der Chaldeen, blijft in het land, en dient den koning van Babel, zo zal het uwel gaan.
²⁵Maar het geschiedde in de zevende maand, dat Ismael, de zoon van Nethanja, den zoon van Elisama, van koninklijk zaad, kwam, en tien mannen met hem; en zijsloegen Gedalia, dat hij stierf; mitsgaders de Joden en de Chaldeen, die met hem te Mizpa waren.
²⁶Toen maakte zich al het volk op, van de minste tot den meeste, en de oversten der heiren, en kwamen in Egypte; want zij vreesden voor de Chaldeen.
²⁷Het geschiedde daarna in het zeven en dertigste jaar der wegvoering van Jojachin, den koning van Juda, in de twaalfde maand, op den zeven en twintigsten dermaand, dat Evilmerodach, de koning van Babel, in het jaar, als hij koning werd, het hoofd van Jojachin, den koning van Juda, uit het gevangenhuis, verhief.
²⁸En hij sprak vriendelijk met hem, en stelde zijn stoel boven den stoel der koningen, die bij hem te Babel waren.
²⁹En hij veranderde de klederen zijner gevangenis, en hij at geduriglijk brood voor zijn aangezicht, al de dagen zijns levens.

1 Kronieken

Hoofdstuk 1

¹Adam, Seth, Enos,
²Kenan, Mahalal-el, Jered,
³Henoch, Methusalah, Lamech,
⁴Noach, Sem, Cham en Jafeth.
⁵De kinderen van Jafeth waren Gomer, en Magog, en Madai, en Javan, en Tubal, en Mesech, en Tiras.
⁶En de kinderen van Gomer waren Askenaz, en Difath, en Thogarma.
⁷En de kinderen van Javan waren Elisa en Tharsisa, de Chittieten en Dodanieten.
⁸De kinderen van Cham waren Cusch en Mitsraim, Put, en Kanaän.
⁹En de kinderen van Cusch waren Seba, en Havila, en Sabta, en Raema, en Sabtecha; en de kinderen van Raema waren Scheba en Dedan.
¹⁰Cusch nu gewon Nimrod; die begon geweldig te zijn op aarde.
¹¹En Mitsraim gewon de Ludieten, en de Anamieten, en de Lehabieten, en de Naftuchieten,
¹²En de Pathrusieten, en de Casluchieten, (van welke de Filistijnen zijn voortgekomen) en de Cafthorieten.
¹³Kanaän nu gewon Sidon, zijn eerstgeborene, en Heth,
¹⁴En den Jebusiet, en den Amoriet, en den Girgasiet,
¹⁵En den Heviet, en den Arkiet, en den Siniet,
¹⁶En den Arvadiet, en den Zemariet, en den Hamathiet.
¹⁷De kinderen van Sem waren Elam, en Assur, en Arfachsad, en Lud, en Aram, en Uz, en Hul, en Gether, en Mesech.
¹⁸Arfachsad nu gewon Selah, en Selah gewon Heber.
¹⁹Aan Heber nu zijn twee zonen geboren; de naam des enen was Peleg, omdat in zijn dagen het aardrijk verdeeld is, en de naam zijns broeders was Joktan.
²⁰En Joktan gewon Almodad, en Selef, en Hazarmaveth, en Jerah,
²¹En Hadoram, en Uzal, en Dikla,
²²En Ebal, en Abimael, en Scheba,
²³En Ofir, en Havila, en Jobab. Alle dezen waren zonen van Joktan.
²⁴Sem, Arfachsad, Selah,
²⁵Heber, Peleg, Rehu,
²⁶Serug, Nahor, Terah,
²⁷Abram; die is Abraham.
²⁸De kinderen van Abraham waren Izak en Ismael.
²⁹Dit zijn hun geboorten: de eerstgeborene van Ismael was Nebajoth, en Kedar, en Adbeel, en Mibsam,
³⁰Misma en Duma, Massa, Hadad en Thema,
³¹Jetur, Nafis, en Kedma; deze zijn de kinderen van Ismael.
³²De kinderen nu van Ketura, Abrahams bijwijf: die baarde Zimram, en Joksan, en Medan, en Midian, en Isbak, en Suah. En de kinderen van Joksan waren Schebaen Dedan.
³³De kinderen van Midian nu waren Efa, en Efer, en Henoch, en Abida, en Eldaa. Die allen waren zonen van Ketura.
³⁴Abraham nu gewon Izak. De zonen van Izak waren Ezau en Israel.
³⁵En de kinderen van Ezau: Elifaz, Rehuel, en Jehus, en Jaelam, en Korah.
³⁶De kinderen van Elifaz waren Theman, en Omar, en Zefi, en Gaetham, Kenaz, en Timna, en Amalek.
³⁷De kinderen van Rehuel waren Nahath, Zerah, Samma en Mizza.
³⁸De kinderen van Seir nu waren Lotan, en Sobal, en Zibeon, en Ana, en Dison, en Ezer, en Disan.
³⁹De kinderen van Lotan nu waren Hori en Homam; en de zuster van Lotan was Timna.
⁴⁰De kinderen van Sobal waren Aljan, en Manahath, en Ebal, Sefi en Onam; en de kinderen van Zibeon waren Aja en Ana.
⁴¹De kinderen van Ana waren Dison; en de zonen van Dison waren Hamram, en Esban, en Jithran, en Cheran.
⁴²De kinderen van Ezer waren Bilhan, en Zaavan, en Jaakan. De kinderen van Disan waren Uz en Aran.
⁴³Dit nu zijn de koningen, die geregeerd hebben in het land van Edom, eer er een koning regeerde over de kinderen Israels: Bela, de zoon van Beor; en de naam zijnerstad was Dinhaba.
⁴⁴En Bela stierf, en Jobab regeerde in zijn plaats, een zoon van Zerah, van Bozra.
⁴⁵En Jobab stierf, en Husam, uit het land der Themanieten, regeerde in zijn plaats.
⁴⁶En Husam stierf, en Hadad, de zoon van Bedad, regeerde in zijn plaats, die de Midianieten in het veld van Moab versloeg; en den naam zijner stad was Avith.
⁴⁷En Hadad stierf, en Samla, van Masreka, regeerde in zijn plaats.
⁴⁸En Samla stierf, en Saul, van Rehoboth aan de rivier, regeerde in zijn plaats.
⁴⁹En Saul stierf, en Baal-Hanan, de zoon van Achbor, regeerde in zijn plaats.
⁵⁰Als Baal-Hanan stierf, zo regeerde Hadad in zijn plaats, en de naam zijner stad was Pahi, en de naam zijner huisvrouw was Mehetabeel, de dochter van Matred, dochter van Mee-Sahab.
⁵¹Toen Hadad stierf, zo werden vorsten in Edom: de vorst Timna, de vorst Alja, de vorst Jetheth,
⁵²De vorst Aholibama, de vorst Ela, de vorst Pinon,
⁵³De vorst Kenaz, de vorst Theman, de vorst Mibzar,

Hoofdstuk 2

¹Dezen zijn de kinderen van Israel: Ruben, Simeon, Levi en Juda, Issaschar en Zebulon,
²Dan, Jozef en Benjamin, Nafthali, Gad en Aser.
³De kinderen van Juda zijn: Er, en Onan, en Sela; drie zijn er hem geboren van de dochter van Sua, de Kanaänietische; en Er, de eerstgeborene van Juda, waskwaad in de ogen des HEEREN; daarom doodde Hij hem.
⁴Maar Thamar, zijn schoondochter, baarde hem Perez en Zerah. Al de zonen van Juda waren vijf.
⁵De kinderen van Perez waren Hezron en Hamul.
⁶En de kinderen van Zerah waren Zimri, en Ethan, en Heman, en Chalcol, en Dara. Deze allen zijn vijf.
⁷En de kinderen van Charmi waren Achan, de beroerder van Israel, die zich aan het verbannene vergreep.
⁸De kinderen van Ethan nu waren Azaria.
⁹En de kinderen van Hezron, die hem geboren zijn, waren Jerahmeel, en Ram, en Chelubai.
¹⁰Ram nu gewon Amminadab, en Amminadab gewon Nahesson, den vorst der kinderen van Juda;
¹¹En Nahesson gewon Salma, en Salma gewon Boaz.
¹²En Boaz gewon Obed, en Obed gewon Isai,
¹³En Isai gewon Eliab, zijn eerstgeborene, en Abinadab, den tweede, en Simea, den derde,
¹⁴Nethaneel, den vierde, Raddai, den vijfde,
¹⁵Ozem, den zesde, David, den zevende.
¹⁶En hun zusters waren Zeruja en Abigail. De kinderen nu van Zeruja waren Abisai, en Joab, en Asa-El drie.
¹⁷En Abigail baarde Amasa; en de vader van Amasa was Jether, een Ismaeliet.
¹⁸Kaleb nu, de zoon van Hezron, gewon kinderen uit Azuba, zijn vrouw, en uit Jerioth. En de zonen van deze zijn: Jeser, en Sobab, en Ardon.
¹⁹Als nu Azuba gestorven was, zo nam zich Kaleb Efrath, die baarde hem Hur.
²⁰En Hur gewon Uri, en Uri gewon Bezaleel.
²¹Daarna ging Hezron in tot de dochter van Machir, den vader van Gilead, en hij nam ze, toen hij zestig jaren oud was; en zij baarde hem Segub.
²²Segub nu gewon Jair; en hij had drie en twintig steden in het land van Gilead.
²³En hij nam Gesur en Aram, met de vlekken van Jair, van dezelve, met Kenath, en haar onderhorige plaatsen, zestig steden. Deze allen zijn zonen van Machir, denvader van Gilead.
²⁴En na den dood van Hezron, in Kaleb-Efratha, heeft Abia, Hezrons huisvrouw, hem ook gebaard Aschur, de vader van Thekoa.
²⁵De kinderen van Jerahmeel nu, den eerstgeborene van Hezron, waren deze: de eerstgeborene was Ram, daartoe Buna, en Oren, en Ozem en Ahia.
²⁶Jerahmeel had nog een andere vrouw, welker naam was Atara; zij was de moeder van Onam.
²⁷En de kinderen van Ram, den eerstgeborene van Jerahmeel waren Maaz, en Jamin, en Eker.
²⁸En de kinderen van Onam waren Sammai en Jada. En de kinderen van Sammai: Nadab en Abisur.
²⁹De naam nu der huisvrouw van Abisur was Abihail: die baarde hem Achban en Molid.
³⁰En de kinderen van Nadab waren Seled en Appaim; en Seled

stierf zonder kinderen.

³¹En de kinderen van Appaim waren Jisei; en de kinderen van Jisei waren Sesan; en de kinderen van Sesan, Achlai.

³²En de kinderen van Jada, den broeder van Sammai, waren Jether en Jonathan; en Jether is gestorven zonder kinderen.

³³De kinderen van Jonathan nu waren Peleth en Zaza. Dit waren de kinderen van Jerahmeel.

³⁴En Sesan had geen zonen, maar dochteren. En Sesan had een Egyptischen knecht, wiens naam was Jarha.

³⁵Sesan nu gaf zijn dochter aan zijn knecht Jarha tot een vrouw; en zij baarde hem Attai.

³⁶Attai nu gewon Nathan, en Nathan gewon Zabad,

³⁷En Zabad gewon Eflal, en Eflal gewon Obed,

³⁸En Obed gewon Jehu, en Jehu gewon Azaria,

³⁹En Azaria gewon Helez, en Helez gewon Elasa,

⁴⁰En Elasa gewon Sismai, en Sismai gewon Sallum,

⁴¹En Sallum gewon Jekamja, en Jekamja gewon Elisama.

⁴²De kinderen van Kaleb nu, den broeder van Jerahmeel, zijn Mesa, zijn eerstgeborene (die is de vader van Zif), en de kinderen van Maresa, den vader van Hebron.

⁴³De kinderen van Hebron nu waren Korah, en Tappuah, en Rekem, en Sema.

⁴⁴Sema nu gewon Raham, den vader van Jorkeam, en Rekem gewon Sammai.

⁴⁵De kinderen van Sammai nu waren Maon; en Maon was de vader van Beth-Zur.

⁴⁶En Efa, het bijwijf van Kaleb, baarde Haran, en Moza, en Gazez; en Haran gewon Gazez.

⁴⁷De kinderen van Jochdai nu waren Regem, en Jotham, en Gesan, en Pelet, en Efa, en Saaf.

⁴⁸Uit het bijwijf Maacha gewon Kaleb: Seber en Tirhana.

⁴⁹En de huisvrouw van Saaf, den vader van Madmanna, baarde Seva, den vader van Machbena, en den vader van Gibea; en de dochter van Kaleb was Achsa.

⁵⁰Dit waren de kinderen van Kaleb, den zoon van Hur, den eerstgeborene van Efratha: Sobal, de vader van Kirjath-Jearim;

⁵¹Salma, de vader der Bethlehemieten; Haref, de vader van Beth-Gader.

⁵²De kinderen van Sobal, den vader van Kirjath-Jearim, waren Haroe en Hazihammenuchoth.

⁵³En de geslachten van Kirjath-Jearim waren de Jithrieten, en de Futhieten, en de Sumathieten, en de Misraieten; van dezen zijn uitgegaan de Zoraieten en de Esthaolieten.

⁵⁴De kinderen van Salma waren de Bethlehemieten, en de Netofathieten, Atroth, Beth-Joab, en de helft der Manathieten, en de Zorieten.

⁵⁵En de huisgezinnen der schrijvers, die te Jabes woonden, de Tirathieten, de Simeathieten, de Suchathieten; dezen zijn de Kenieten, die gekomen zijn van Hammath, den vader van het huis van Rechab.

Hoofdstuk 3

¹Dezen nu waren de kinderen van David, die hem te Hebron geboren zijn: de eerstgeborene Amnon, van Ahinoam, de Jizreelietische; de tweede Daniel, van Abigail, de Karmelietische;

²De derde Absalom, de zoon van Maacha, de dochter van Thalmai, den koning te Gesur; de vierde Adonia, de zoon van Haggith;

³De vijfde Sefatja, van Abital; de zesde Jithream, van zijn huisvrouw Egla.

⁴Zes zijn hem te Hebron geboren; want hij regeerde daar zeven jaren en zes maanden; en drie en dertig jaren regeerde hij te Jeruzalem.

⁵Dezen nu zijn hem te Jeruzalem geboren: Simea, en Sobab, en Nathan, en Salomo; deze vier zijn van Bath-Sua, de dochter van Ammiel;

⁶Daartoe Jibchar, en Elisama, en Elifelet,

⁷En Nogah, en Nefeg, en Jafia,

⁸En Elisama, en Eljada, en Elifelet, negen.

⁹Deze allen zijn zonen van David, behalve de kinderen der bijwijven, en Thamar hun zuster.

¹⁰Salomo's zoon nu was Rehabeam; zijn zoon was Abia; zijn zoon was Asa; zijn zoon was Josafat;

¹¹Zijn zoon was Joram; zijn zoon was Ahazia; zijn zoon was Joas;

¹²Zijn zoon was Amazia; zijn zoon was Azaria; zijn zoon was Jotham;

¹³Zijn zoon was Achaz; zijn zoon was Hizkia; zijn zoon was Manasse;

¹⁴Zijn zoon was Amon; zijn zoon was Josia.

¹⁵De zonen van Josia nu waren dezen: de eerstgeborene Johanan, de tweede Jojakim, de derde Zedekia, de vierde Sallum.

¹⁶De kinderen van Jojakim nu waren: Jechonia zijn zoon, Zedekia zijn zoon.

¹⁷En de kinderen van Jechonia waren Assir; zijn zoon was Sealthiel;

¹⁸Dezes zonen waren Malchiram, en Pedaja, en Senazar, Jekamja, Hosama en Nedabja.

¹⁹De kinderen van Pedaja nu waren Zerubbabel en Simei; en de kinderen van Zerubbabel waren Mesullam en Hananja; en Selomith was hunlieder zuster;

²⁰En Hasuba, en Ohel, en Berechja, en Hasadja, Jusabhesed; vijf.

²¹De kinderen van Hananja nu waren Pelatja en Jesaja. De kinderen van Refaja, de kinderen van Arnan, de kinderen van Obadja, de kinderen van Sechanja.

²²De kinderen nu van Sechanja waren Semaja; en de kinderen van Semaja waren Hattus, en Jigeal, en Bariah, en Nearja, en Safat; zes.

²³En de kinderen van Nearja waren Eljoenai, en Hizkia, en Azrikam; drie.

²⁴En de kinderen van Eljoenai waren Hodajeva, en Eljasib, en Pelaja, en Akkub, en Johanan, en Delaja, en Anani; zeven.

Hoofdstuk 4

¹De kinderen van Juda waren Perez, Hezron en Charmi, en Hur, en Sobal.

²En Reaja, de zoon van Sobal, gewon Jahath, en Jahath gewon Ahumai en Lahad; dit zijn de huisgezinnen der Zorathieten;

³En dezen zijn van den vader Etam: Jizreel, en Isma, en Idbas; en de naam hunner zuster was Hazelelponi.

⁴En Pnuel was de vader van Gedor, en Ezer de vader van Husah. Dit zijn de kinderen van Hur, den eerstgeborene van Efratha, den vader van Bethlehem.

⁵Asschur nu, de vader van Thekoa, had twee vrouwen, Hela en Naara.

⁶En Naara baarde hem Ahuzzam, en Hefer, en Temeni, en Haahastari. Dit zijn de kinderen van Naara.

⁷En de kinderen van Hela waren Zereth, Jezohar, en Ethnan.

⁸En Koz gewon Anub en Hazobeba, en de huisgezinnen van Aharlel, den zoon van Harum.

⁹Jabez nu was heerlijker dan zijn broeders; en zijn moeder had zijn naam Jabez genoemd, zeggende: Want ik heb hem met smarten gebaard.

¹⁰Want Jabez riep den God Israels aan, zeggende: Indien Gij mij rijkelijk zegenen, en mijn landpale vermeerderen zult, en Uw hand met mij zijn zal, en met het kwade alzo maakt, dat het mij niet smarte! En God liet komen, wat hij begeerde.

¹¹En Chelub, de broeder van Suha, gewon Mechir; hij is de vader van Eston.

¹²Eston nu gewon Beth-rafa, en Pasea, en Tehinna, den vader van Ir-nahas; dit zijn de mannen van Recha.

¹³En de kinderen van Kenaz waren Othniel en Seraja; en de kinderen van Othniel, Hathath.

¹⁴En Meonothai gewon Ofra; en Seraja gewon Joab, den vader des dals der werkmeesters; want zij waren werkmeesters.

¹⁵De kinderen van Kaleb nu, den zoon van Jefunne, waren Iru, Ela en Naam; en de kinderen van Ela, te weten Kenaz.

¹⁶En de kinderen van Jehalelel waren Zif en Zifa, Thirea en Asareel.

¹⁷En de kinderen van Ezra waren Jether, en Mered, en Efer, en Jalon; en zij baarde Mirjam, en Sammai, en Isbah, den vader van Esthemoa.

¹⁸En zijn Joodse huisvrouw baarde Jered, den vader van Gedor, en Heber, den vader van Socho, en Jekuthiel, den vader van Bitja, de dochter van Farao, die Mered genomen had.

¹⁹En de kinderen van de huisvrouw Hodija, de zuster van Naham, waren Abi-Kehila, de Garmiet, en Esthemoa, de Maachathiet.

²⁰En de kinderen van Simon nu waren Amnon en Rinna, Ben-hanan en Tilon; en de kinderen van Isei waren Zoheth en Ben-Zoheth.

²¹De kinderen van Sela, den zoon van Juda, waren Er, de vader van Lecha, en Lada, de vader van Maresa; en de huisgezinnen van het huis der linnenwerkers in het huis Asbea.

²²Daartoe Jokim, en de mannen van Chozeba, en Joas, en Saraf (die over de Moabieten geheerst hebben) en de Jasubilehem; doch deze dingen zijn oud.

²³Dezen waren pottenbakkers, wonende bij plantages en tuinen; zij zijn daar gebleven bij den koning in zijn werk.

²⁴De kinderen van Simeon waren Nemuel en Jamin, Jarib, Zerah, Saul.

²⁵Sallum was zijn zoon; Mibsam was zijn zoon; Misma was zijn

1 Kronieken

zoon.

²⁶De kinderen van Misma waren dezen: Hammuel zijn zoon, Zaccur zijn zoon, Simei zijn zoon.

²⁷Simei nu had zestien zonen en zes dochteren; maar zijn broeders hadden niet veel kinderen; en hun ganse huisgezin werd zo zeer niet vermenigvuldigd, als van dekinderen van Juda.

²⁸En zij woonden te Ber-seba, en te Molada, en te Hazar-Sual,

²⁹En te Bilha, en te Ezem, en te Tholad,

³⁰En te Bethuel, en te Horma, en te Ziklag,

³¹En te Beth-markaboth, en te Hazar-Susim, en te Beth-Biri, en te Saaraim. Dit waren hun steden, totdat David koning werd.

³²En hun dorpen waren Etam en Ain, Rimmon en Tochen, en Asan; vijf steden.

³³En al haar dorpen, die in den omloop dezer steden waren, tot Baal toe. Dit zijn hun woningen en hun geslachtsrekening voor hen.

³⁴Doch Mesobab, en Jamlech, en Josa, de zoon van Amazia,

³⁵En Joel, en Jehu, de zoon van Jesibja, den zoon van Saraja, den zoon van Asiel,

³⁶En Eljoenai, en Jaakoba, en Jesohaja, en Asaja, en Adiel, en Jesimeel, en Benaja,

³⁷En Ziza, de zoon van Sifei, den zoon van Allon, den zoon van Jedaja, den zoon van Simri, den zoon van Semaja;

³⁸Dezen kwamen tot namen, zijnde vorsten in hun huisgezinnen, en de huisgezinnen hunner vaderen braken uit in menigte.

³⁹En zij gingen tot aan den ingang van Gedor tot het oosten des dals, om weide te zoeken voor hun schapen.

⁴⁰En zij vonden vette en goede weide, en een land, wijd van begrip, en stil, en gerust; want die van Cham woonden daar tevoren.

⁴¹Dezen nu, die met namen beschreven zijn, kwamen in de dagen van Hizkia, den koning van Juda, en zij sloegen de tenten en woningen dergenen, die daar gevondenwerden; en zij verbanden hen, tot op dezen dag; en zij woonden aan hun plaats, want daar was weide voor hun schapen.

⁴²Ook gingen uit hen, te weten uit de kinderen van Simeon, vijfhonderd mannen, tot het gebergte van Seir; en Pelatja, en Nearja, en Refaja, en Izziel, de zonen vanIsei, waren hun tot hoofden.

⁴³En zij sloegen de overigen der ontkomenen onder de Amalekieten, en zij woonden aldaar tot op dezen dag.

Hoofdstuk 5

¹De kinderen van Ruben nu, den eerstgeborene van Israel; (want hij was de eerstgeborene; maar dewijl hij zijns vaders bed ontheiligd had, werd zijn eerstgeboortegegeven aan de kinderen van Jozef, den zoon van Israel; doch niet alzo, dat hij zich in het geslachtsregister naar de eerstgeboorte rekenen mocht;

²Want Juda werd machtig onder zijn broederen, en die tot een voorganger was, was uit hem; doch de eerstgeboorte was van Jozef.)

³De kinderen van Ruben, den eerstgeborene van Israel, zijn Hanoch en Pallu, Hezron en Charmi.

⁴De kinderen van Joel: zijn zoon Semaja; zijn zoon Gog; zijn zoon Simei;

⁵Zijn zoon Micha; zijn zoon Reaja; zijn zoon Baal;

⁶Zijn zoon Beera, welken Tiglath-Pilneser, de koning van Assyrie, gevankelijk wegvoerde; hij was de vorst der Rubenieten.

⁷Aangaande zijn broederen in hun huisgezinnen, als zij naar hun geboorten in de geslachtsregisters gesteld werden; de hoofden zijn geweest Jehiel en Zecharja,

⁸En Bela, de zoon van Azaz, den zoon van Sema, den zoon van Joel, die woonde te Aroer, en tot aan Nebo, en Baal-Meon,

⁹En hij woonde tegen het oosten, tot den ingang der woestijn, van de rivier Frath af; want hun vee was veel geworden in het land van Gilead.

¹⁰En in de dagen van Saul voerden zij krijg tegen de Hagarenen, die vielen door hun hand; en zij woonden in hun tenten tegen de gehele oostzijde van Gilead.

¹¹De kinderen van Gad nu woonden tegen hen over, in het land van Basan, tot Salcha toe.

¹²Joel was het hoofd; en Safam de tweede; maar Jaenai en Safat bleven in Basan.

¹³Hun broeders nu, naar hun vaderlijke huizen, waren Michael, en Mesullam, en Seba, en Jorai, en Jachan, en Zia, en Heber: zeven.

¹⁴Dezen zijn de kinderen van Abihail, den zoon van Huri, den zoon van Jaroah, den zoon van Gilead, den zoon van Michael, den zoon van Jesisai, den zoon van Jahdo, den zoon van Buz.

¹⁵Ahi, de zoon van Abdiel, den zoon van Guni, was het hoofd van het huis hunner vaderen.

¹⁶En zij woonden in Gilead, in Basan, en in haar onderhorige plaatsen, en in al de voorsteden van Saron, tot aan hun uitgangen.

¹⁷Deze allen zijn naar hun geslachtsregisters geteld, in de dagen van Jotham, den koning van Juda, en in de dagen van Jerobeam, den koning van Israel.

¹⁸Van de kinderen van Ruben, en van de Gadieten, en van den halven stam van Manasse, van de strijdbaarste mannen, schild en zwaard dragende, en den boogspannende, en ervaren in den krijg, waren vier en veertig duizend zevenhonderd en zestig, uitgaande in het heir.

¹⁹En zij voerden krijg tegen de Hagarenen, en tegen Jethur, en Nafis, en Nodab.

²⁰Doch zij werden geholpen tegen hen, en de Hagarenen werden in hun hand gegeven, en allen, die met hen waren; omdat zij tot God riepen in den krijg, zo liet HijZich van hen verbidden, dewijl zij op Hem vertrouwden.

²¹En zij voerden hun vee gevankelijk weg; van hun kemelen vijftig duizend, en tweehonderd en vijftig duizend schapen, en twee duizend ezelen, en honderd duizendzielen der mensen.

²²Want er vielen vele verwonden, dewijl de strijd van God was; en zij woonden in hun plaats, totdat zij gevankelijk weggevoerd werden.

²³De kinderen nu van den halven stam van Manasse woonden in dat land. Zij werden vermenigvuldigd van Basan tot aan Baal-Hermon, en Senir, en den bergHermon.

²⁴Dezen nu waren de hoofden hunner vaderlijke huizen, te weten: Hefer, en Jisei, en Eliel, en Azriel, en Jeremia, en Hodavja, en Jahdiel; mannen sterk van kracht, mannen van naam, hoofden der huizen hunner vaderen.

²⁵Maar zij hebben tegen den God hunner vaderen overtreden, en de goden der volken des lands nagehoereerd, welke God voor hun aangezichten had verdelgd.

²⁶Zo verwekte de God Israels den geest van Pul, den koning van Assyrie, en den geest van Tiglath-Pilneser, den koning van Assyrie, die voerde hen gevankelijk weg, te weten de Rubenieten, en de Gadieten, en den halven stam van Manasse; en hij bracht hen te Halah, en Habor, en Hara, en aan de rivier Gozan, tot op dezen dag.

Hoofdstuk 6

¹De kinderen van Levi waren Gerson, Kahath en Merari.

²De kinderen van Kahath nu waren Amram, Jizhar, en Hebron, en Uzziel.

³En de kinderen van Amram waren Aaron, en Mozes en Mirjam; en de kinderen van Aaron waren Nadab en Abihu, Eleazar en Ithamar.

⁴En Eleazar gewon Pinehas, Pinehas gewon Abisua;

⁵En Abisua gewon Bukki, en Bukki gewon Uzzi;

⁶En Uzzi gewon Zerahja, en Zerahja gewon Merajoth;

⁷En Merajoth gewon Amarja, en Amarja gewon Ahitub;

⁸En Ahitub gewon Zadok, en Zadok gewon Ahimaaz;

⁹En Ahimaaz gewon Azarja, en Azarja gewon Johanan;

¹⁰En Johanan gewon Azarja. Hij is het, die het priesterambt bediende in het huis, dat Salomo te Jeruzalem gebouwd had.

¹¹En Azarja gewon Amarja, en Amarja gewon Ahitub;

¹²En Ahitub gewon Zadok, en Zadok gewon Sallum;

¹³En Sallum gewon Hilkia, en Hilkia gewon Azarja;

¹⁴En Azarja gewon Seraja, en Seraja gewon Jozadak;

¹⁵En Jozadak ging mede, als de HEERE Juda en Jeruzalem gevankelijk wegvoerde door de hand van Nebukadnezar.

¹⁶Zo zijn dan de kinderen van Levi: Gerson, Kahath en Merari.

¹⁷En dit zijn de namen der zonen van Gerson: Libni en Simei.

¹⁸En de kinderen van Kahath waren Amram, en Jizhar, en Hebron, en Uzziel.

¹⁹De kinderen van Merari waren Maheli en Musi. En dit zijn de huisgezinnen der Levieten, naar hun vaderen.

²⁰Van Gerson: zijn zoon was Libni; zijn zoon Jahath; zijn zoon Zimma;

²¹Zijn zoon Joah; zijn zoon Iddo; zijn zoon Zerah; zijn zoon Jeathrai.

²²De kinderen van Kahath waren: zijn zoon Amminadab; zijn zoon Korah; zijn zoon Assir;

²³Zijn zoon Elkana; en zijn zoon Ebjasaf; en zijn zoon Assir;

²⁴Zijn zoon Tahath; zijn zoon Uriel; zijn zoon Uzzia, en zijn zoon Saul.

²⁵De kinderen van Elkana nu waren Amasia en Ahimoth.

²⁶Elkana; dezes zoon was Elkana; zijn zoon was Zofai; en zijn zoon was Nahath;

²⁷Zijn zoon Eliab; zijn zoon Jeroham; zijn zoon Elkana.

²⁸De zonen van Samuel nu waren dezen: zijn eerstgeborene was Vasni, daarna Abia.

²⁹De kinderen van Merari waren Maheli; zijn zoon Libni; zijn

zoon Simei; zijn zoon Uzza;

³⁰Zijn zoon Simea; zijn zoon Haggija; zijn zoon Asaja.

³¹Dezen nu zijn het, die David gesteld heeft tot het ambt des gezangs in het huis des HEEREN, nadat de ark tot rust gekomen was.

³²En zij dienden voor den tabernakel van de tent der samenkomst met gezangen, totdat Salomo het huis des HEEREN te Jeruzalem bouwde; en zij stonden naar hunwijze in hun ambt.

³³Dezen nu zijn ze, die daar stonden met hun zonen; van de zonen der Kahathieten, Heman de zanger, de zoon van Joel, den zoon van Samuel,

³⁴Den zoon van Elkana, den zoon van Jeroham, den zoon van Eliel, den zoon van Toah,

³⁵Den zoon van Zuf, den zoon van Elkana, den zoon van Mahath, den zoon van Amasai,

³⁶Den zoon van Elkana, den zoon van Joel, den zoon van Azarja, den zoon van Zefanja,

³⁷Den zoon van Tahath, den zoon van Assir, den zoon van Ebjasaf, den zoon van Korah,

³⁸Den zoon van Jizhar, den zoon van Kahath, den zoon van Levi, den zoon van Israel.

³⁹En zijn broeder Asaf stond aan zijn rechter zijde; Asaf was de zoon van Berechja, den zoon van Simea,

⁴⁰Den zoon van Michael, den zoon van Baeseja, den zoon van Malchija,

⁴¹Den zoon van Ethni, den zoon van Zerah, den zoon van Adaja,

⁴²Den zoon van Ethan, den zoon van Zimma, den zoon van Simei,

⁴³Den zoon van Jahath, den zoon van Gerson, den zoon van Levi.

⁴⁴Hunne broeders nu, de kinderen van Merari, stonden aan de linker zijde, namelijk Ethan, de zoon van Kisi, den zoon van Abdi, den zoon van Malluch,

⁴⁵Den zoon van Hasabja, den zoon van Amazia, den zoon van Hilkia,

⁴⁶Den zoon van Amzi, den zoon van Bani, den zoon van Semer,

⁴⁷Den zoon van Maheli, den zoon van Musi, den zoon van Merari, den zoon van Levi.

⁴⁸Hun broeders nu, de Levieten, waren gegeven tot allerlei dienst des tabernakels van het huis Gods.

⁴⁹Aaron nu en zijn zonen rookten op het altaar des brandoffers, en op het reukaltaar, zijnde besteld tot al het werk van het heilige der heiligen, en om over Israelverzoening te doen, naar alles wat Mozes, de knecht Gods, geboden had.

⁵⁰Dit nu zijn de kinderen van Aaron: Eleazar, was zijn zoon; Pinehas zijn zoon; Abisua zijn zoon;

⁵¹Bukki zijn zoon; Uzzi zijn zoon; Serahja zijn zoon;

⁵²Merajoth zijn zoon; Amarja zijn zoon; Ahitub zijn zoon;

⁵³Zadok zijn zoon; Ahimaaz zijn zoon.

⁵⁴En dit waren hun woningen, naar hun kastelen, in hun landpalen, namelijk van de zonen van Aaron, van het huisgezin der Kahathieten, want dat lot was voor hen.

⁵⁵En zij gaven hun Hebron, in het land van Juda, en haar voorsteden rondom dezelve.

⁵⁶Maar het veld der stad, en haar dorpen, gaven zij Kaleb, den zoon van Jefunne.

⁵⁷En den kinderen van Aaron gaven zij steden van Juda, de vrijstad Hebron, en Libna en haar voorsteden, en Jattir en Esthemoa, en haar voorsteden,

⁵⁸En Hilen en haar voorsteden, en Debir en haar voorsteden,

⁵⁹En Asan en haar voorsteden, en Beth-Semes en haar voorsteden.

⁶⁰Van den stam van Benjamin nu: Geba en haar voorsteden, en Allemeth en haar voorsteden, en Anathoth en haar voorsteden. Al hun steden, in hun huisgezinnen, waren dertien steden.

⁶¹Maar de kinderen van Kahath, die overgebleven waren, hadden van het huisgezin van den stam, uit den halven stam van half Manasse, bij het lot, tien steden.

⁶²En de kinderen van Gerson, naar hun huisgezinnen, hadden van den stam van Issaschar, en van den stam van Aser, en van den stam van Nafthali, en van den stamvan Manasse in Basan, dertien steden.

⁶³De kinderen van Merari, naar hun huisgezinnen, hadden van den stam van Ruben, en van den stam van Gad, en van den stam van Zebulon, bij het lot, twaalf steden.

⁶⁴Alzo gaven de kinderen Israels aan de Levieten deze steden en haar voorsteden.

⁶⁵En zij gaven ze bij het lot, van den stam der kinderen van Juda, en van den stam der kinderen van Simeon, en van den stam der kinderen van Benjamin, deze steden, dewelke zij bij namen noemden.

⁶⁶Aan de overigen nu, uit de huisgezinnen der kinderen van Kahath, dien gewerden steden hunner landpale, van den stam van Efraim.

⁶⁷Want zij gaven hun van de vrijsteden, Sichem en haar voorsteden op het gebergte van Efraim, en Gezer en haar voorsteden,

⁶⁸En Jokmeam en haar voorsteden, en Beth-horon en haar voorsteden,

⁶⁹En Ajalon en haar voorsteden, en Gath-Rimmon en haar voorsteden.

⁷⁰En uit den halven stam van Manasse: Aner en haar voorsteden, en Bileam en haar voorsteden. De huisgezinnen der overige kinderen van Kahath hadden dezesteden:

⁷¹De kinderen van Gerson hadden van de huisgezinnen van den halven stam van Manasse: Golan in Basan en haar voorsteden, en Astharoth, en haar voorsteden.

⁷²En van den stam van Issaschar: Kedes en haar voorsteden, Dobrath en haar voorsteden,

⁷³En Ramoth en haar voorsteden, en Anem en haar voorsteden.

⁷⁴En van den stam van Aser: Masal en haar voorsteden, en Abdor en haar voorsteden,

⁷⁵En Hukok en haar voorsteden, en Rehob en haar voorsteden.

⁷⁶En van den stam van Nafthali: Kedes in Galilea, en haar voorsteden, en Hammon en haar voorsteden, en Kirjathaim en haar voorsteden.

⁷⁷De overige kinderen van Merari hadden van den stam van Zebulon: Rimmono en haar voorsteden, Thabor en haar voorsteden;

⁷⁸En aan gene zijde van de Jordaan tegen Jericho, tegen het oosten aan de Jordaan, van den stam van Ruben: Bezer in de woestijn, en haar voorsteden, en Jahza enhaar voorsteden,

⁷⁹En Kedemoth en haar voorsteden, en Mefaath en haar voorsteden;

⁸⁰En van den stam van Gad: Ramoth in Gilead, en haar voorsteden, en Mahanaim en haar voorsteden,

⁸¹En Hesbon en haar voorsteden, en Jaezer en haar voorsteden.

Hoofdstuk 7

¹De kinderen van Issaschar waren Thola en Pua, Jasib en Simron; vier.

²De kinderen van Thola nu waren Uzzi, en Refaja, en Jeriel, en Jachmai, en Jibsam, en Samuel; hoofden van de huizen hunner vaderen, van Thola, kloeke helden inhun geslachten; hun getal was in de dagen van David twee en twintig duizend en zeshonderd.

³En de kinderen van Uzzi waren Jizrahja; en de kinderen van Jizrahja waren Michael, en Obadja, en Joel, en Jisia; deze vijf waren al te zamen hoofden.

⁴En met hen naar hun geslachten, naar hun vaderlijke huizen, waren de hopen des krijgsheirs zes en dertig duizend; want zij hadden vele vrouwen en kinderen.

⁵En hun broeders, in alle huisgezinnen van Issaschar, kloeke helden, waren zeven en tachtig duizend, al dezelve in geslachtsregisters gesteld zijnde.

⁶De kinderen van Benjamin waren Bela, en Becher, en Jediael; drie.

⁷En de kinderen van Bela waren Ezbon, en Uzzi, en Uzziel, en Jerimoth, en Iri; vijf hoofden in de huizen der vaderen, kloeke helden; die, in geslachtsregisters gesteldzijnde, waren twee en twintig duizend en vier en dertig.

⁸De kinderen van Becher nu waren Zemira, en Joas, en Eliezer, en Eljoenai, en Omri, en Jeremoth, en Abija, en Anathoth, en Alemeth; deze allen waren kinderenvan Becher.

⁹Dezen nu in geslachtsregisters gesteld zijnde, naar hun geslachten, hoofden der huizen hunner vaderen, kloeke helden, waren twintig duizend en tweehonderd.

¹⁰De kinderen van Jediael nu waren Bilhan; en de kinderen van Bilhan waren Jeus en Benjamin, en Ehud, en Chenaana, en Zethan, en Tharsis, en Ahi-sahar.

¹¹Alle dezen waren kinderen van Jediael, tot hoofden der vaderen, kloeke helden, zeventien duizend en tweehonderd, uitgaande in het heir ten strijde.

¹²Daartoe Suppim en Huppim waren kinderen van Ir, en Husim, kinderen van Aher.

¹³De kinderen van Nafthali waren Jahziel, en Guni, en Jezer, en Sallum, kinderen van Bilha.

¹⁴De kinderen van Manasse waren Asriel, welken de vrouw van Gilead baarde; doch zijn bijwijf, de Syrische, baarde Machir, den vader van Gilead.

¹⁵Machir nu nam tot een vrouw de zuster van Huppim en Suppim, en haar naam was Maacha; en de naam des tweeden was Zelafead. Zelafead nu had dochters.

1 Kronieken

¹⁶En Maacha, de huisvrouw van Machir, baarde een zoon, en zij noemde zijn naam Peres, en de naams zijns broeders was Seres, en zijn zonen waren Ulam en Rekem.

¹⁷De kinderen van Ulam nu waren Bedan; dezen zijn de kinderen van Gilead, den zoon van Machir, den zoon van Manasse.

¹⁸Belangende nu zijn zuster Molecheth, zij baarde Ishod, en Abiezer, en Mahela.

¹⁹De kinderen van Semida nu waren Ahjan, en Sechem, en Likhi, en Aniam.

²⁰En de kinderen van Efraim waren Suthelah; en zijn zoon was Bered; en zijn zoon Tahath; en zijn zoon Elada; en zijn zoon Tahath;

²¹En zijn zoon was Zabad; en zijn zoon Suthelah, en Ezer, en Elad. En de mannen van Gath, die in het land geboren waren, doodden hen, omdat zij afgekomen waren om hun vee te nemen.

²²Daarom droeg Efraim, hun vader, vele dagen leed; en zijn broeders kwamen om hem te troosten.

²³Daarna ging hij in tot zijn huisvrouw, en zij werd zwanger, en baarde een zoon; en hij noemde zijn naam Beria, omdat zij in ellende was in zijn huis.

²⁴Zijn dochter nu was Seera, die bouwde het lage en het hoge Beth-horon, en Uzzen-Seera.

²⁵En Refah was zijn zoon, en Resef; en zijn zoon was Telah; en zijn zoon Tahan;

²⁶Zijn zoon was Ladan; zijn zoon Ammihud; zijn zoon Elisama;

²⁷Zijn zoon was Non; zijn zoon Jozua.

²⁸En hun bezitting en hun woning was Beth-El, en haar onderhorige plaatsen; en tegen het oosten Naaran, en tegen het westen Gezer en haar onderhorige plaatsen; en Sichem en haar onderhorige plaatsen, tot Gaza toe, en haar onderhorige plaatsen.

²⁹En aan de zijden der kinderen van Manasse was Beth-Sean en haar onderhorige plaatsen, Thaanach en haar onderhorige plaatsen, Megiddo en haar onderhorige plaatsen, Dor en haar onderhorige plaatsen. In deze hebben de kinderen van Jozef, den zoon van Israel, gewoond.

³⁰De kinderen van Aser waren Jimna, en Jisva, en Jisvi, en Beria, en Sera, hunlieder zuster.

³¹De kinderen van Beria nu waren Heber en Malchiel; hij is de vader van Birzavith.

³²En Heber gewon Jaflet, en Somer, en Hotham, en Sua, hunlieder zuster.

³³De kinderen van Jaflet nu waren Pasach, en Bimhal, en Asvath; dit waren de kinderen van Jaflet.

³⁴En de zonen van Semer waren Ahi en Rohega, Jehubba en Aram.

³⁵En de kinderen van zijn broeder Helem waren Zofah, en Jimna, en Seles, en Amal.

³⁶De kinderen van Zofah waren Suah, en Harnefer, en Sual, en Beri, en Jimra,

³⁷Bezer, en Hod, en Samma, en Silsa, en Jithran, en Beera.

³⁸De kinderen van Jether nu waren Jefunne, en Pispa, en Ara.

³⁹En de kinderen van Ulla waren Arah, en Hanniel, en Rizja.

⁴⁰Deze allen waren kinderen van Aser, hoofden der vaderlijke huizen, uitgelezene kloeke helden, hoofden der vorsten; en zij werden in geslachtsregisters geteld ten heire in den krijg; hun getal was zes en twintig duizend mannen.

Hoofdstuk 8

¹Benjamin nu gewon Bela, zijn eerstgeborene, Asbel, den tweede, en Ahrah, den derde,

²Naho, den vierde, en Rafa, den vijfde.

³Bela nu had deze kinderen: Addar, en Gera, en Abihud,

⁴En Abisua, en Naaman, en Ahoah,

⁵En Gera, en Sefufan, en Huram.

⁶Dezen nu zijn de kinderen van Ehud; dezen waren hoofden der vaderen van de inwoners te Geba, en hij voerde hen over naar Manahath;

⁷En Naaman, en Ahia, en Gera; dezen voerde hij weg; en hij gewon Uzza en Ahihud.

⁸En Saharaim gewon kinderen in het land van Moab (nadat hij dezelve weggezonden had) uit Husim en Baara, zijn vrouwen;

⁹En uit Hodes, zijn huisvrouw, gewon hij Joab, en Zibja, en Mesa, en Malcham,

¹⁰En Jeuz, en Sochja, en Mirma; dezen zijn zijne zonen, hoofden der vaderen.

¹¹En uit Husim gewon hij Abitub en Elpaal.

¹²De kinderen van Elpaal nu waren Eber, en Misam, en Semed; deze heeft Ono gebouwd, en Lod en haar onderhorige plaatsen;

¹³En Beria, en Sema; dezen waren hoofden der vaderen van de inwoners te Ajalon; dezen hebben de inwoners van Gath verdreven.

¹⁴En Ahjo, Sasak en Jeremoth,

¹⁵En Zebadja, en Arad, en Eder,

¹⁶En Michael, en Jispa, en Joha waren kinderen van Beria.

¹⁷En Zebadja, en Mesullam, en Hizki, en Heber,

¹⁸En Jismerai, en Jizlia en Jobab, de kinderen van Elpaal.

¹⁹En Jakim, en Zichri, en Zabdi,

²⁰En Eljoenai, en Zillethai, en Eliel,

²¹En Adaja, en Beraja, en Simrath waren kinderen van Simei.

²²En Jispan, en Eber, en Eliel,

²³En Abdon, en Zichri, en Hanan,

²⁴En Hananja, en Elam, en Antothija,

²⁵En Jifdeja, en Pnuel waren zonen van Sasak.

²⁶En Samserai, en Seharja, en Athalja,

²⁷En Jaaresja, en Elia, en Zichri waren zonen van Jeroham.

²⁸Dezen waren de hoofden der vaderen, hoofden naar hun geslachten; dezen woonden te Jeruzalem.

²⁹En te Gibeon woonde de vader van Gibeon; en de naam zijner huisvrouw was Maacha.

³⁰En zijn eerstgeboren zoon was Abdon, daarna Zur, en Kis, en Baal, en Nadab,

³¹En Gedor, en Ahio, en Zecher.

³²En Mikloth gewon Simea; en dezen woonden ook tegenover hun broederen te Jeruzalem, met hun broederen.

³³Ner nu gewon Kis, en Kis gewon Saul, en Saul gewon Jonathan, en Malchi-sua, Abinadab, en Esbaal.

³⁴En Jonathans zoon was Merib-baal, en Merib-baal gewon Micha.

³⁵De kinderen van Micha nu waren Pithon, en Melech, en Thaarea, en Achaz.

³⁶En Achaz gewon Jehoadda, en Jehoadda gewon Alemeth, en Azmaveth, en Zimri; Zimri nu gewon Moza;

³⁷En Moza gewon Bina; zijn zoon was Rafa; zijn zoon was Elasa; zijn zoon was Azel.

³⁸Azel nu had zes zonen, en dit zijn hun namen; Azrikam, Bochru, en Ismael, en Searja, en Obadja, en Hanan. Al dezen waren zonen van Azel.

³⁹En de zonen van Esek, zijn broeder, waren Ulam, zijn eerstgeborene, Jeus, de tweede, en Elifelet, de derde.

⁴⁰En de zonen van Ulam waren mannen, kloeke helden, den boog spannende, en zij hadden vele zonen, en zoons zonen, honderd en vijftig. Al dezen waren van de kinderen van Benjamin.

Hoofdstuk 9

¹En gans Israel werd in geslachtsregisters geteld, en ziet, zij zijn geschreven in het boek der koningen van Israel. En die van Juda waren weggevoerd naar Babel, om hunner overtredingen wil.

²De eerste inwoners nu, die in hun bezitting, in hun steden kwamen, waren de Israelieten, de priesters, de Levieten, en de Nethinim.

³Maar te Jeruzalem woonden van de kinderen van Juda, en van de kinderen van Benjamin, en van de kinderen van Efraim en Manasse;

⁴Uthai, de zoon van Ammihud, den zoon van Omri, den zoon van Imri, den zoon van Bani, van de kinderen van Perez, den zoon van Juda.

⁵En van de Silonieten was Asaja, de eerstgeborene, en zijn kinderen.

⁶En van de kinderen van Zerah was Jeuel, en van hun broederen waren zeshonderd en negentig.

⁷En van de kinderen van Benjamin waren Sallu, de zoon van Mesullam, den zoon van Hodavja, den zoon van Hassenua;

⁸En Jibnea, de zoon van Jeroham, en Ela, de zoon van Uzzi, den zoon van Michri; en Mesullam, de zoon van Sefatja, den zoon van Reuel, den zoon van Jibnija;

⁹En hun broederen naar hun geslachten, negenhonderd zes en vijftig; al deze mannen waren hoofden der vaderen in de huizen hunner vaderen.

¹⁰Van de priesteren nu, Jedaja, en Jojarib, en Jachin,

¹¹En Azarja, de zoon van Hilkija, den zoon van Mesullam, den zoon van Zadok, den zoon van Merajoth, den zoon van Ahitub, overste van het huis Gods;

¹²En Adaja, de zoon van Jeroham, den zoon van Pashur, den zoon van Malchija; en Massi, de zoon van Adiel, den zoon van Jahzera, den zoon van Mesullam, den zoon van Mesillemith, den zoon van Immer.

¹³Daartoe hun broeders, hoofden in de huizen hunner vaderen, duizend zevenhonderd en zestig, kloeke helden aan het werk van den dienst van het huis Gods.

¹⁴Van de Levieten nu waren Semaja, de zoon van Hasub, den zoon van Azrikam, den zoon van Hasabja, van de kinderen van Merari;

¹⁵En Bakbakkar, Heres, en Galal, en Mattanja, de zoon van Micha, den zoon van Zichri, den zoon van Asaf;

¹⁶En Obadja, de zoon van Semaja, den zoon van Galal, den zoon van Jeduthun; en Berechja, de zoon van Asa, den zoon van Elkana, woonachtig in de dorpen der Netofathieten.

¹⁷De poortiers nu waren: Sallum, en Akkub, en Talmon, en Ahiman, en hun broeders; Sallum was het hoofd.

¹⁸Ook tot nog toe, aan de poort des konings oostwaarts, waren dezen de poortiers onder de legers der kinderen van Levi.

¹⁹En Sallum, de zoon van Kore, den zoon van Ebjasaf, den zoon van Korah, en zijn broeders van het huis zijns vaders, de Korathieten, waren over het werk van den dienst, wachters der dorpelen des tabernakels; gelijk hun vaders in het leger des HEEREN geweest waren bewaarders van den ingang;

²⁰Als Pinehas, de zoon van Eleazar, te voren voorganger bij hen was, met welken de HEERE was.

²¹Zacharja, de zoon van Meselemja, was poortier aan de deur van de tent der samenkomst.

²²Allen, die uitgelezen waren tot poortiers aan de dorpelen, waren tweehonderd en twaalf. Dezen waren in het geslachtsregister gesteld naar hun dorpen. David en Samuel, de ziener, hadden hen in hun ambt bevestigd.

²³Zij dan en hun zonen waren aan de poorten van het huis des HEEREN, in het huis der tent, aan de wachten.

²⁴Die poortiers waren aan de vier winden, tegen het oosten, tegen het westen, tegen het noorden, en tegen het zuiden.

²⁵En hun broeders waren op hun dorpen, inkomende ten zevenden dage van tijd tot tijd, om met hen te dienen;

²⁶Want in dat ambt waren vier overste poortiers, die Levieten waren; en zij waren over de kameren en over de schatten van het huis Gods.

²⁷En zij bleven over nacht rondom het huis Gods; want op hen was de wacht, en zij waren over de opening, en dat allen morgen.

²⁸En enigen van hen waren over de vaten van den dienst; want bij getal droegen zij ze in, en bij getal droegen zij ze uit.

²⁹Want uit dezelve zijn er besteld over de vaten, en over al de heilige vaten, en over de meelbloem, en wijn, en olie, en wierook, en specerij.

³⁰En uit de zonen der priesteren waren de bereiders van het reukwerk der specerijen.

³¹En Mattithja uit de Levieten, dewelke was de eerstgeborene van Sallum, den Korahiet, was in het ambt over het werk, dat in pannen gekookt wordt.

³²En uit de kinderen der Kahathieten, uit hun broederen, waren enigen over de broden der toerichting, om die alle sabbatten te bereiden.

³³Uit dezen zijn ook de zangers, hoofden der vaderen onder de Levieten in de kameren, dienstvrij; want dag en nacht was het op hen, in dat werk te zijn.

³⁴Dit zijn de hoofden der vaderen onder de Levieten, hoofden in hun geslachten; dezen woonden te Jeruzalem.

³⁵Maar te Gibeon hadden gewoond Jeiel, de vader van Gibeon; de naam zijner zuster nu was Maacha.

³⁶En Abdon was zijn eerstgeboren zoon, daarna Zur, en Kis, en Baal, en Ner, en Nadab.

³⁷En Gedor, en Ahio, en Zacharja, en Mikloth.

³⁸Mikloth nu gewon Simeam; dezen woonden ook te Jeruzalem, tegenover hun broederen, met hun broederen.

³⁹En Ner gewon Kis, en Kis gewon Saul, en Saul gewon Jonathan, en Malchi-sua, en Abinadab, en Esbaal.

⁴⁰En Jonathans zoon van Merib-baal, en Merib-baal gewon Micha.

⁴¹De kinderen van Micha nu waren Pithon, en Melech, en Thaerea.

⁴²En Achaz gewon Jaera, en Jaera gewon Alemeth, en Azmaveth, en Zimri; en Zimri gewon Moza;

⁴³En Moza gewon Bina; wiens zoon was Refaja; wiens zoon was Elasa; wiens zoon was Azel.

⁴⁴Azel nu had zes zonen, en dit zijn hun namen: Azrikam, Bochru, en Ismael, en Searja, en Obadja, en Hanan; dezen zijn Azels zonen.

Hoofdstuk 10

¹En de Filistijnen streden tegen Israel, en de mannen van Israel vloden voor het aangezicht der Filistijnen, en zij vielen verslagen op het gebergte Gilboa.

²En de Filistijnen hielden dicht achter Saul aan en achter zijn zonen; en de Filistijnen sloegen Jonathan, en Abinadab, en Malchi-sua, de zonen van Saul.

³En de strijd werd zwaar tegen Saul, en de schutters met de bogen troffen hem aan; en hij vreesde zeer voor de schutters.

⁴Toen zeide Saul tot zijn wapendrager: Trek uw zwaard uit en doorsteek mij daarmede, dat misschien deze onbesnedenen niet komen, en met mij den spot drijven. Maar zijn wapendrager wilde niet, want hij vreesde zeer. Toen nam Saul het zwaard, en viel daarin.

⁵Toen zijn wapendrager zag, dat Saul dood was, zo viel hij ook in het zwaard en stierf.

⁶Alzo stierf Saul en zijn drie zonen; ook zijn ganse huis is tegelijk gestorven.

⁷Als al de mannen van Israel, die in het dal waren, zagen, dat zij gevloden waren, en dat Saul en zijn zonen dood waren, zo verlieten zij hun steden, en zij vloden. Toen kwamen de Filistijnen en woonden daarin.

⁸Het geschiedde nu des anderen daags, als de Filistijnen kwamen om de verslagenen te plunderen, zo vonden zij Saul en zijn zonen, liggende op het gebergte Gilboa.

⁹En zij plunderden hem, en zij namen zijn hoofd en zijn wapenen, en zij zonden ze in der Filistijnen land rondom, om dit te boodschappen aan hun afgoden, en aan het volk.

¹⁰En zij legden zijn wapenen in het huis huns gods; en zijn hoofd hechtten zij in het huis van Dagon.

¹¹Als geheel Jabes in Gilead hoorde alles, wat de Filistijnen Saul gedaan hadden,

¹²Zo maakten zich alle strijdbare mannen op, en zij namen het lichaam van Saul, en de lichamen zijner zonen, en zij brachten ze te Jabes; en zij begroeven hun beenderen onder een eikenboom te Jabes, en zij vastten zeven dagen.

¹³Alzo stierf Saul, in zijn overtreding, waarmede hij overtreden had tegen den HEERE, tegen het woord des HEEREN hetwelk hij niet gehouden had; en ook omdat hij de waarzegster gevraagd had, haar zoekende,

¹⁴En den HEERE niet gezocht had; daarom doodde Hij hem, en keerde het koninkrijk tot David, den zoon van Isai.

Hoofdstuk 11

¹Toen vergaderde zich gans Israel tot David naar Hebron, zeggende: Zie, wij zijn uw gebeente en uw vlees.

²Zelfs ook te voren, toen Saul nog koning was, hebt gij Israel uitgeleid en ingeleid; ook heeft de HEERE, uw God, tot u gezegd: Gij zult Mijn volk Israel weiden, en gij zult voorganger zijn van Mijn volk Israel.

³Ook kwamen alle oudsten in Israel tot den koning van Hebron, en David maakte een verbond met hen te Hebron, voor het aangezicht des HEEREN; en zij zalfden David ten koning over Israel, naar het woord des HEEREN, door den dienst van Samuel.

⁴En David toog henen, en gans Israel, naar Jeruzalem, welke is Jebus; want daar waren de Jebusieten, de inwoners des lands.

⁵En de inwoners van Jebus zeiden tot David: Gij zult hier niet inkomen. David dan nog won den burg Sion, welke is de stad Davids.

⁶Want David zeide: Al wie de Jebusieten het eerst slaat, zal tot een hoofd, en tot een overste worden. Toen beklom Joab, de zoon van Zeruja, dien het eerst; daarom werd hij tot een hoofd.

⁷David nu woonde op den burg; daarom heet men dien de stad Davids.

⁸En hij bouwde de stad rondom, van Millo af, en rondom henen; en Joab vernieuwde het overige der stad.

⁹En David ging gedurigelijk voort, en werd groot, want de HEERE der heirscharen was met hem.

¹⁰Dezen nu waren de hoofden der helden, die David had, die zich dapper bij hem gedragen hebben in zijn koninkrijk bij geheel Israel, om hem koning te maken, naar het woord des HEEREN over Israel.

¹¹Dezen nu zijn van het getal der helden, die David had: Jasobam, de zoon van Hachmoni, was het hoofd der dertigen, die zijn spies tegen driehonderd opheffende, hen op eenmaal versloeg.

¹²En na hem was Eleazar, de zoon van Dodo, de Ahohiet; hij was onder die drie helden.

¹³Hij was met David te Pas-Dammim, als de Filistijnen daar ten strijde vergaderd waren, en het stuk des akkers vol gerst was, en het volk voor het aangezicht der Filistijnen vlood;

¹⁴En zij stelden zich in het midden van dat stuk, en beschermden het, en zij sloegen de Filistijnen; en de HEERE verloste hen door een grote verlossing.

¹⁵En drie uit de dertig hoofden togen af naar den rotssteen tot David in de spelonk van Adullam; en het leger der Filistijnen had zich gelegerd in het dal Refaim.

1 Kronieken

¹⁶En David was toen in de vesting en de bezetting der Filistijnen was toen te Bethlehem.

¹⁷En David kreeg lust, en zeide: Wie zal mij water te drinken geven uit Bethlehems bornput, die onder de poort is?

¹⁸Toen braken die drie door het leger der Filistijnen, en putten water uit Bethlehems bornput, die onder de poort is, en zij droegen het en brachten het tot David. Doch David wilde het niet drinken, maar hij goot het uit voor den HEERE;

¹⁹En hij zeide: Dat late mijn God verre van mij zijn, van zulks te doen! Zou ik het bloed dezer mannen drinken? Met gevaar huns levens, ja, met gevaar huns levens hebben zij dat gebracht. En hij wilde het niet drinken. Dit deden de drie helden.

²⁰Abisai nu, de broeder van Joab, was ook het hoofd van drie; en hij, verheffende zijn spies tegen driehonderd, versloeg hen; alzo had hij een naam onder die drie.

²¹Uit die drie was hij geeerd boven de twee; daarom werd hij hun tot een overste; maar hij kwam tot aan de eerste drie niet.

²²Benaja, de zoon van Jojada, de zoon eens dapperen mans van Kabzeel, was groot van daden; hij versloeg twee sterke leeuwen van Moab; ook ging hij af, en versloeg een leeuw in het midden des kuils, in den sneeuwtijd.

²³Hij versloeg ook een Egyptischen man, een man van grote lengte, van vijf ellen; en die Egyptenaar had een spies in de hand, als een weversboom; maar hij ging tot hem af met een staf, en rukte de spies uit de hand des Egyptenaars, en hij doodde hem met zijn eigen spies.

²⁴Deze dingen deed Benaja, de zoon van Jojada; dies had hij een naam onder die drie helden.

²⁵Ziet, hij was de heerlijkste van die dertig; nochtans kwam hij tot aan de drie niet. En David stelde hem over zijn trawanten.

²⁶De helden nu der heiren waren: Asahel, de broeder van Joab; Elhanan, de zoon van Dodo, van Bethlehem;

²⁷Sammoth, de Harodiet; Helez, de Peloniet;

²⁸Ira, de zoon van Ikkes, de Thekoiet; Abiezer, de Anathothiet;

²⁹Sibbechai, de Husathiet; Ilai, de Ahohiet;

³⁰Maharai, de Netofathiet; Heled, de zoon van Baana, de Netofathiet;

³¹Ithai, de zoon van Ribai, van Gibea der kinderen Benjamins; Benaja, de Pirhathoniet;

³²Hurai, van de beken van Gaas; Abiel, de Arbathiet;

³³Azmaveth, de Baharumiet; Eljahba, de Saalboniet;

³⁴Van de kinderen van Hasem, den Gizoniet, was Jonathan, de zoon van Sage, de Harariet;

³⁵Ahiam, de zoon van Sachar, de Harariet; Elifal, de zoon van Ur;

³⁶Hefer, de Mecherathiet; Ahia, de Peloniet;

³⁷Hezro, de Karmeliet; Naari, de zoon van Ezbai;

³⁸Joel, de broeder van Nathan; Mibhar, de zoon van Geri;

³⁹Zelek, de Ammoniet; Nahrai, de Berothiet, wapendrager van Joab, den zoon van Zeruja;

⁴⁰Ira, de Jithriet; Gareb, de Jithriet;

⁴¹Uria, de Hethiet; Zabad, de zoon van Ahlai;

⁴²Adina, de zoon van Siza, de Rubeniet, was het hoofd der Rubenieten; nochtans waren er dertig boven hem;

⁴³Hanan, de zoon van Maacha, en Josafat, de Mithniet;

⁴⁴Uzzia, de Asterathiet; Sama, en Jeiel, de zoon van Hotham, den Aroeriet;

⁴⁵Jediael, de zoon van Simri, en Joha, zijn broeder, de Tiziet;

⁴⁶Eliel Hammahavim en Jeribai, en Josavia, de zonen van Elnaam; en Jithma, de Moabiet;

⁴⁷Eliel, en Obed, en Jaaziel van Mezobaja.

Hoofdstuk 12

¹Dezen nu zijn het, die tot David kwamen naar Ziklag, toen hij nog besloten was voor het aangezicht van Saul, den zoon van Kis; zij waren ook onder de helden, die tot dien krijg hielpen.

²Gewapend met bogen, rechts en links met stenen werpende, en met pijlen schietende uit den boog; zij waren van de broederen van Saul, uit Benjamin.

³Het hoofd was Ahiezer, en Joas, zonen van Semaa, den Gibeathiet; daarna Jeziel en Pelet, zonen van Azmaveth, en Beracha, en Jehu, de Anathothiet.

⁴En Jismaja, de Gibeoniet, was een held onder de dertig, en over dertig gesteld; en Jirmeja, en Jahaziel, en Johanan, en Jozabad, de Gederathiet;

⁵Eluzai, en Jerimoth, en Bealja, en Semarja, en Sefatja, de Harufiet;

⁶Elkana, en Jissia, en Azareel, en Joezer, en Jasobam, de Korahieten;

⁷En Joela en Zebadja, de zonen van Jeroham, van Gedor.

⁸Ook scheidden zich van de Gadieten af tot David, in die vesting naar de woestijn, kloeke helden, krijgslieden ten oorlog, toegerust met rondas en schild; en hun aangezichten waren aangezichten der leeuwen; en zij waren als de reeen op de bergen in snelheid.

⁹Ezer was het hoofd; Obadja de tweede; Eliab de derde;

¹⁰Mismanna de vierde; Jirmeja de vijfde;

¹¹Attai de zesde; Eliel de zevende;

¹²Johanan de achtste; Elzabad de negende;

¹³Jirmeja de tiende; Machbannai de elfde.

¹⁴Dezen waren van de kinderen van Gad, hoofden des heirs; een van de kleinsten was over honderd, en de grootste over duizend.

¹⁵Deze zelfden zijn het, die over de Jordaan gingen in de eerste maand, toen dezelve vol was aan al haar oevers; en zij verdreven al de inwoners der laagten, tegen het oosten en tegen het westen.

¹⁶Er kwamen ook van de kinderen van Benjamin en Juda op de vesting tot David.

¹⁷En David ging uit hun tegemoet, en antwoordde, en zeide tot hen: Indien gijlieden ten vrede tot mij gekomen zijt, om mij te helpen, zo zal mijn hart tegelijk overeenigd zijn; maar indien het is, om mij aan mijn vijanden bedriegelijk over te leveren, daar toch geen wrevel in mijn handen is, de God onzer vaderen zie het, en straffe het!

¹⁸En de Geest toog Amasai aan, den overste der hoofdlieden, en hij zeide: Wij zijn uw, o David, en met u zijn wij, gij, zoon van Isai. Vrede, vrede zij u, en vrede uw helperen; want uw God helpt u. Toen nam David hen aan, en stelde hen tot hoofden der benden.

¹⁹Er vielen ook van Manasse tot David, toen hij met de Filistijnen kwam, om tegen Saul te strijden, alhoewel zij hen niet hielpen; want de vorsten der Filistijnen verlieten hem met raad, zeggende: Met gevaar van onze hoofden zou hij tot Saul, zijn heer, vallen.

²⁰Toen hij naar Ziklag toog, vielen tot hem uit Manasse: Adnah, en Jozabad, en Jediael, en Michael, en Jozabad, en Elihu, en Zillethai; hoofden der duizenden, die in Manasse waren.

²¹En dezen hielpen David mede tegen die benden; want alle dezen waren kloeke helden; en zij waren oversten in het heir.

²²Want er kwamen te dier tijd dag bij dag tot David, om hem te helpen, tot een groot leger toe, als een leger Gods.

²³En dit zijn de getallen der hoofden dergenen, die toegerust waren ten heire, die tot David te Hebron kwamen, om het koninkrijk van Saul tot hem te wenden, naar den mond des HEEREN:

²⁴Van de kinderen van Juda, die rondassen en spiesen droegen, waren zes duizend en achthonderd toegerust ten heire;

²⁵Van de kinderen van Simeon, kloeke helden ten heire, zeven duizend en honderd;

²⁶Van de kinderen van Levi, vier duizend en zeshonderd;

²⁷En Jehojada was overste der Aaronieten; en met hem waren er drie duizend en zevenhonderd.

²⁸En Zadok was een jongeling, een kloek held; en uit zijns vaders huis waren twee en twintig oversten;

²⁹En van de kinderen van Benjamin, de broederen van Saul, drie duizend; want tot nog toe waren er velen van hen, die het met het huis van Saul hielden;

³⁰En van de kinderen van Efraim, twintig duizend en achthonderd, kloeke helden, mannen van naam in het huis hunner vaderen;

³¹En van den halven stam van Manasse achttien duizend, die met namen uitgedrukt zijn, dat zij kwamen, om David koning te maken;

³²En van de kinderen van Issaschar, die ervaren waren in het verstand van de tijden, om te weten wat Israel doen moest; hun hoofden waren tweehonderd, en alle hun broeders pasten op hun woord;

³³Uit Zebulon, uitgaande in het heir, toegerust ten strijde met alle krijgswapenen, vijftig duizend; en om een slagorde te houden met een onwankelbaar hart;

³⁴En uit Nafthali, duizend oversten, en bij hen met rondas en spies, zeven en dertig duizend.

³⁵En uit de Danieten, ten strijde toegerust, acht en twintig duizend en zeshonderd;

³⁶En uit Aser, uitgaande in het heir, om krijgsorde te houden, waren veertig duizend;

³⁷En van gene zijde van de Jordaan, van de Rubenieten, en Gadieten, en den halven stam van Manasse, met allerlei krijgsgereedschap ten oorlog, honderd twintigduizend.

³⁸Al deze krijgslieden, die zich in slagorde konden houden, kwamen met een volkomen hart te Hebron, om David koning te maken over gans Israel. En ook was al het overige van Israel een hart, om David tot koning te maken.

³⁹En zij waren daar bij David drie dagen lang, etende en drinkende; want hun broeders hadden voor hen wat toebereid.

⁴⁰En ook de naasten aan hen, tot aan Issaschar, en Zebulon, en

Nafthali, brachten brood op ezelen, en op kemelen, en op muildieren, en op runderen, meelspijs, stukken vijgen, en stukken rozijnen, en wijn, en olie, en runderen, en klein vee in menigte; want er was blijdschap in Israel.

Hoofdstuk 13

¹En David hield raad met de oversten der duizenden en der honderden, en met alle vorsten.

²En David zeide tot de ganse gemeente van Israel: Indien het ulieden goeddunkt, en van den HEERE, onzen God, te zijn, laat ons ons uitbreiden, laat ons zenden aanonze overige broeders, in alle landen van Israel, en de priesters en Levieten, die met hen zijn in de steden, met haar voorsteden, opdat zij tot ons vergaderd worden.

³En laat ons de ark onzes Gods tot ons wederhalen, want wij hebben ze in de dagen van Saul niet gezocht.

⁴Toen zeide de ganse gemeente, dat men alzo doen zou; want die zaak was recht in de ogen des gansen volks.

⁵David dan vergaderde gans Israel van het Egyptische Sichor af, tot daar men komt te Hamath, om de ark Gods te brengen van Kirjath-Jearim.

⁶Toen toog David op met het ganse Israel naar Baala, dat is, Kirjath-Jearim, hetwelk in Juda is, dat hij van daar ophaalde de ark Gods, des HEEREN, Die tussen decherubim woont, waar de Naam wordt aangeroepen.

⁷En zij voerden de ark Gods op een nieuwen wagen uit het huis van Abinadab. Uza nu en Ahio leidden den wagen.

⁸En David en gans Israel speelden voor het aangezicht Gods met alle macht, zo met liederen, als met harpen, en met luiten, en met trommelen, en met cimbalen, enmet trompetten.

⁹Toen zij aan den dorsvloer van Chidon gekomen waren, zo strekte Uza zijn hand uit, om de ark te houden, want de runderen struikelden.

¹⁰Toen ontstak de toorn des HEEREN over Uza, en Hij sloeg hem, omdat hij zijn hand had uitgestrekt aan de ark; en hij stierf aldaar voor het aangezicht Gods.

¹¹En David ontstak, dat de HEERE een scheur gescheurd had aan Uza; daarom noemde hij diezelve plaats Perez-Uza, tot op dezen dag.

¹²En David vreesde den HEERE te dien dage, zeggende: Hoe zal ik de ark Gods tot mij brengen?

¹³Daarom liet David de ark niet tot zich brengen in de stad Davids, maar deed ze afwijken in het huis van Obed-Edom, den Gethiet.

¹⁴Alzo bleef de ark Gods bij het huisgezin van Obed-Edom, in zijn huis, drie maanden; en de HEERE zegende het huis van Obed-Edom, en alles, wat hij had.

Hoofdstuk 14

¹Toen zond Hiram, de koning van Tyrus, boden tot David, en cederenhout, en metselaars, en timmerlieden, dat zij hem een huis bouwden.

²En David merkte, dat hem de HEERE tot koning bevestigd had over Israel; want zijn koninkrijk werd ten hoogste verheven, om Zijns volks Israels wil.

³En David nam meer vrouwen te Jeruzalem, en David gewon meer zonen en dochteren.

⁴Dit nu zijn de namen der kinderen, die hij te Jeruzalem had: Sammua, en Sobab, Nathan en Salomo,

⁵En Jibchar, en Elisua, en Elpelet,

⁶En Nogah, en Nefeg, en Jafia,

⁷En Elisama, en Beeljada, en Elifelet.

⁸Toen de Filistijnen hoorden, dat David tot koning gezalfd was over het ganse Israel, zo togen al de Filistijnen op om David te zoeken. Toen David dat hoorde zo toog hij uit tegen hen.

⁹Toen de Filistijnen kwamen, zo spreidden zij zich uit in de laagte van Refaim.

¹⁰Toen vraagde David God, zeggende: Zal ik optrekken tegen de Filistijnen, en zult Gij hen in mijn hand geven? En de HEERE zeide tot hem: Trek op, want Ik zal henin uw hand geven.

¹¹Toen zij nu optogen naar Baal-Perazim, zo sloeg hen David daar; en David zeide: God heeft mijn vijanden door mijn hand gescheurd, als een scheur der wateren;daarom noemden zij den naam derzelver plaats Baal-Perazim.

¹²En daar lieten zij hun goden; en David gebood, en zij werden met vuur verbrand.

¹³Doch de Filistijnen voeren nog voort, en zij verspreidden zich in dat dal.

¹⁴En David vraagde God nog eens; en God zeide tot hem: Gij zult niet optrekken achter hen heen; maar omsingel hen van boven, en kom tot hen tegenover demoerbezienbomen.

¹⁵En het zal geschieden, als gij hoort het geruis van een gang in de toppen der moerbezienbomen, kom dan uit ten strijde; want God zal voor uw aangezicht uitgegaanzijn, om het leger der Filistijnen te slaan.

¹⁶David nu deed, gelijk als hem God geboden had; en zij sloegen het heir der Filistijnen van Gibeon af tot aan Gezer.

¹⁷Alzo ging Davids naam uit in al die landen; en de HEERE gaf Zijn verschrikking over al die heidenen.

Hoofdstuk 15

¹En David maakte zich huizen in zijn stad; en hij bereidde der ark Gods een plaats, en spande een tent voor haar.

²Toen zeide David: Niemand mag de ark Gods dragen, dan de Levieten; want die heeft de HEERE verkoren, om de ark Gods te dragen, en om Hem te dienen tot inder eeuwigheid.

³Ook vergaderde David gans Israel te Jeruzalem, om de ark des HEEREN op te halen aan haar plaats, die hij haar bereid had.

⁴En David verzamelde de kinderen van Aaron en de Levieten.

⁵Van de kinderen van Kehath was Uriel overste, en van zijn broederen waren honderd en twintig.

⁶Van de kinderen van Merari was Asaja overste, en van zijn broederen waren tweehonderd en twintig.

⁷Van de kinderen van Gersom was Joel overste, en van zijn broederen waren honderd en dertig.

⁸Uit de kinderen van Elizafan was overste Semaja, en van zijn broederen waren tweehonderd.

⁹Uit de kinderen van Hebron was Eliel overste, en zijn broederen waren tachtig.

¹⁰Uit de kinderen van Uzziel was Amminadab overste, en zijn broederen waren honderd en twaalf.

¹¹En David riep de priesters Zadok en Abjathar, en de Levieten Uriel, Asaja en Joel, Semaja, en Eliel, en Amminadab.

¹²En hij zeide tot hen: Gijlieden zijt hoofden der vaderen onder de Levieten; heiligt u, gij en uw broeders, dat gij de ark des HEEREN, des Gods van Israel, opbrengt, ter plaatse, die ik voor haar bereid heb.

¹³Want omdat gijlieden ten eerste dit niet deedt, heeft de HEERE, onze God, onder ons een scheur gedaan, omdat wij Hem niet gezocht hebben naar het recht.

¹⁴Zo heiligden zich dan de priesters en Levieten, om de ark des HEEREN, des Gods van Israel, op te brengen.

¹⁵En de kinderen der Levieten droegen de ark Gods op hun schouderen, met de draagbomen, die op hen waren, gelijk als Mozes geboden had naar het woord desHEEREN.

¹⁶En David zeide tot de oversten der Levieten, dat zij hun broeders, de zangers, stellen zouden met muziekinstrumenten, met luiten, en harpen, en cimbalen, dat zij zichzouden doen horen, verheffende de stem met blijdschap.

¹⁷Zo stelden dan de Levieten Heman, den zoon van Joel, en uit zijn broederen Asaf, den zoon van Berechja; en uit de zonen van Merari, hun broederen, Ethan, denzoon van Kusaja;

¹⁸En met hen hun broeders van de tweede orde: Zecharja, Ben en Jaaziel, en Semiramoth, en Jehiel, en Unni, Eliab, en Benaja, en Maaseja, en Mattithja, en Elifele, enMikneja, en Obed-Edom, en Jeiel, de poortiers.

¹⁹De zangers nu, Heman, Asaf en Ethan, lieten zich horen met koperen cimbalen;

²⁰En Zecharja, en Aziel, en Semiramoth, en Jehiel, en Unni, en Eliab, en Maaseja, en Benaja, met luiten op Alamoth.

²¹En Mattithja, en Elifele, en Mikneja, en Obed-Edom, en Jeiel, en Azazja, met harpen op de Scheminith, om den toon te versterken.

²²En Chenanja, de overste der Levieten, was over het opheffen; hij onderwees hen in het opheffen; want hij was verstandig.

²³En Berechja en Elkana waren poortiers der ark.

²⁴En Sebanja, en Josafat, en Nethaneel, en Amasai, en Zecharja, en Benaja, en Eliezer, de priesters, trompetten met trompetten voor de ark Gods; en Obed-Edom enJehia waren poortiers der ark.

²⁵Het geschiedde nu, dat David en de oudsten van Israel, en de oversten der duizenden, henengingen, om de ark des verbonds des HEEREN op te halen, uit het huisvan Obed-Edom, met vreugde;

²⁶Zo geschiedde het, doordien dat God de Levieten hielp, die de ark des verbonds des HEEREN droegen, dat zij zeven varren en zeven rammen offerden.

²⁷David nu was gekleed met een mantel van fijn linnen; ook al de Levieten, die de ark droegen, en de zangers, en Chenanja, de overste van het opheffen der zangers;ook had David een lijfrok aan van linnen.

²⁸Alzo bracht gans Israel de ark des verbonds des HEEREN op, met gejuich, en met geluid der bazuin, en met trompetten, en met

cimbalen, makende geluid metluiten en met harpen.

²⁹Het geschiedde nu, toen de ark des verbonds des HEEREN tot aan de stad Davids gekomen was, dat Michal, de dochter van Saul, door een venster keek, en denkoning David zag, springende en spelende; zo verachtte zij hem in haar hart.

Hoofdstuk 16

¹Toen zij de ark Gods inbrachten, zo stelden zij ze in het midden der tent, welke David voor haar gespannen had; en zij offerden brandofferen en dankofferen voorhet aangezicht Gods.

²Als David het brandoffer en de dankofferen geeindigd had te offeren, zo zegende hij het volk in den Naam des HEEREN.

³En hij deelde een iegelijk in Israel, van den man tot de vrouw, een iegelijk een bol broods, en een schoon stuk vlees, en een fles wijn.

⁴En hij stelde voor de ark des HEEREN sommigen uit de Levieten tot dienaars, en dat, om den HEERE, den God Israels, te vermelden, en te loven, en te prijzen.

⁵Asaf was het hoofd, en Zecharja de tweede na hem; Jeiel, en Semiramoth, en Jehiel, en Mattithja, en Eliab, en Benaja, en Obed-Edom, en Jeiel, met instrumentender luiten en met harpen; en Asaf liet zich horen met cimbalen;

⁶Maar Benaja en Jahaziel, de priesters, steeds met trompetten voor de ark des verbonds van God.

⁷Te dienzelven dage gaf David ten eerste dezen psalm, om den HEERE te loven, door den dienst van Asaf, en zijn broederen.

⁸Looft den HEERE, roept Zijn Naam aan, maakt Zijn daden bekend onder de volken.

⁹Zingt Hem, psalmzingt Hem, spreekt aandachtelijk van al Zijn wonderwerken.

¹⁰Roemt u in den Naam Zijner heiligheid; dat zich het hart dergenen, die den HEERE zoeken, verblijde.

¹¹Vraagt naar den HEERE en Zijn sterkte, zoekt Zijn aangezicht geduriglijk.

¹²Gedenkt Zijner wonderwerken, die Hij gedaan heeft, Zijner wondertekenen, en de oordelen Zijns monds;

¹³Gij, zaad van Israel, Zijn dienaar, gij, kinderen van Jakob, Zijn uitverkorenen!

¹⁴Hij is de HEERE, onze God; Zijn oordelen zijn over de gehele aarde.

¹⁵Gedenkt tot in der eeuwigheid Zijns verbonds, des woords, dat Hij ingesteld heeft tot in het duizendste geslacht;

¹⁶Des verbonds, dat Hij met Abraham heeft gemaakt, en Zijns eeds aan Izak;

¹⁷Welken Hij ook aan Jakob heeft gesteld tot een inzetting, aan Israel tot een eeuwig verbond;

¹⁸Zeggende: Ik zal u het land Kanaan geven, een snoer van ulieder erfdeel;

¹⁹Als gij weinige mensen in getal waart; ja, weinigen en vreemdelingen daarin.

²⁰En zij wandelden van volk tot volk, en van het ene koninkrijk tot een ander volk.

²¹Hij liet niemand toe hen te onderdrukken; ook bestrafte Hij koningen om hunnentwil, zeggende:

²²Tast Mijn gezalfden niet aan, en doet Mijn profeten geen kwaad.

²³Zingt den HEERE, gij, ganse aarde, boodschapt Zijn heil van dag tot dag.

²⁴Vertelt Zijn eer onder de heidenen, Zijn wonderwerken onder alle volken.

²⁵Want de HEERE is groot, en zeer te prijzen, en Hij is vreselijk boven alle goden.

²⁶Want al de goden der volken zijn afgoden; maar de HEERE heeft de hemelen gemaakt.

²⁷Majesteit en heerlijkheid zijn voor Zijn aangezicht, sterkte en vrolijkheid zijn in Zijn plaats.

²⁸Geeft den HEERE, gij, geslachten der volken, geeft den HEERE eer en sterkte.

²⁹Geeft den HEERE de eer Zijns Naams, brengt offer, en komt voor Zijn aangezicht; aanbidt den HEERE in de heerlijkheid des heiligdoms.

³⁰Schrikt voor Zijn aangezicht, gij, gehele aarde! Ook zal de wereld bevestigd worden, dat zij niet bewogen worde.

³¹Dat de hemelen zich verblijden, en de aarde verheuge zich, en dat men onder de heidenen zegge: De HEERE regeert.

³²Dat de zee bruise met haar volheid, dat het veld huppele van vreugde, met al wat daarin is.

³³Dan zullen de bomen des wouds juichen voor het aangezicht des HEEREN, omdat Hij komt, om de aarde te richten.

³⁴Looft den HEERE, want Hij is goed, want Zijn goedertierenheid is tot in eeuwigheid.

³⁵En zegt: Verlos ons, o God onzes heils, en verzamel ons, en red ons van de heidenen, dat wij Uw heiligen Naam loven, en dat wij ons Uws lofs roemen.

³⁶Geloofd zij de HEERE, de God Israels, van eeuwigheid tot eeuwigheid! En al het volk zeide: Amen! en het loofde den HEERE.

³⁷Alzo liet hij daar, voor de ark des verbonds des HEEREN, Asaf en zijn broederen, om geduriglijk te dienen voor de ark, naardat op elken dag besteld was.

³⁸Obed-Edom nu, met hunlieder broederen, waren acht en zestig; en hij stelde Obed-Edom, den zoon van Jeduthun, en Hosa, tot poortiers;

³⁹En den priester Zadok, en zijn broederen, de priesters, voor den tabernakel des HEEREN op de hoogte, welke te Gibeon is;

⁴⁰Om den HEERE de brandofferen geduriglijk te offeren op het brandofferaltaar, des morgens en des avonds; en zulks naar alles, wat er geschreven staat in de wetdes HEEREN, die Hij Israel geboden had.

⁴¹En met hen Heman en Jeduthun, en de overige uitgelezenen, die met namen uitgedrukt zijn om den HEERE te loven; want Zijn goedertierenheid is tot in dereeuwigheid.

⁴²Met hen dan waren Heman en Jeduthun, met trompetten en cimbalen voor degenen, die zich lieten horen, en met instrumenten der muziek Gods; maar de zonen vanJeduthun waren aan de poort.

⁴³Alzo toog het ganse volk henen, een iegelijk in zijn huis; en David keerde zich, om zijn huis te gaan zegenen.

Hoofdstuk 17

¹Het geschiedde nu, als David in zijn huis woonde, dat David tot Nathan, den profeet, zeide: Zie, ik woon in een cederen huis, maar de ark des verbonds desHEEREN onder gordijnen.

²Toen zeide Nathan tot David: Doe alles, wat in uw hart is, want God is met u.

³Maar het geschiedde in denzelven nacht, dat het woord Gods tot Nathan kwam, zeggende:

⁴Ga heen en zeg tot David, Mijn knecht: Alzo zegt de HEERE: Gij zult Mij geen huis bouwen, om in te wonen.

⁵Want Ik heb in geen huis gewoond van dien dag af, dat Ik Israel heb opgevoerd tot dezen dag toe; maar Ik ben gegaan van tent tot tent, en van tabernakel tottabernakel.

⁶Overal, waar Ik gewandeld heb met geheel Israel, heb Ik wel een woord gesproken tot een van de richters van Israel, denwelken Ik gebood Mijn volk te weiden, zeggende: Waarom bouwt gijlieden Mij geen cederen huis?

⁷Nu dan, alzo zult gij zeggen tot Mijn knecht, tot David: Zo zegt de HEERE der heirscharen: Ik heb u van de schaapskooi genomen, van achter de schapen, opdat gijeen voorganger over Mijn volk Israel zoudt zijn;

⁸En Ik ben met u geweest overal, waar gij heengegaan zijt, en Ik heb al uw vijanden uitgeroeid van voor uw aangezicht; en Ik heb u een naam gemaakt, gelijk denaam is der groten, die op de aarde zijn.

⁹En Ik heb voor Mijn volk Israel een plaats besteld, en hem geplant, dat hij aan zijn plaats wone, en niet meer heen en weder gedreven worde; en de kinderen derverkeerdheid zullen hem niet meer krenken, gelijk als in het eerst.

¹⁰En van die dagen af, dat Ik geboden heb richters te wezen over Mijn volk Israel; en heb al uw vijanden vernederd; ook heb Ik u te kennen gegeven, dat u deHEERE een huis bouwen zal.

¹¹En het zal geschieden, als uw dagen zullen vervuld zijn, dat gij heengaat tot uw vaderen, zo zal Ik uw zaad na u doen opstaan, hetwelk uit uw zonen zijn zal, en Ik zalzijn koninkrijk bevestigen.

¹²Die zal Mij een huis bouwen, en Ik zal zijn stoel bevestigen tot in der eeuwigheid.

¹³Ik zal hem tot een Vader zijn, en hij zal Mij tot een zoon zijn; en Mijn goedertierenheid zal Ik van hem niet wenden, gelijk als Ik die weggenomen heb van dien, dievoor u geweest is;

¹⁴Maar Ik zal hem in Mijn huis bestendig maken, en in Mijn Koninkrijk tot in eeuwigheid; en zijn stoel zal vast zijn tot in eeuwigheid.

¹⁵Naar al deze woorden, en naar dit ganse gezicht, alzo sprak Nathan tot David.

¹⁶Toen kwam de koning David in, en bleef voor het aangezicht des HEEREN, en hij zeide: Wie ben ik, HEERE God, en wat is mijn huis, dat Gij mij tot hiertoegebracht hebt?

¹⁷En dit is klein in Uw ogen geweest, o God! daarom hebt Gij van het huis Uws knechts tot van verre heen gesproken, en Gij hebt mij naar menselijke wijze voorzienmet deze verhoging, o HEERE God!

¹⁸Wat zal David meer bij U daartoe voegen, vanwege de eer aan

Uw knecht? Doch Gij kent Uw knecht wel.

¹⁹HEERE, om Uws knechts wil, en naar Uw hart, hebt Gij al dezen grote dingen gedaan, om al deze grote dingen bekend te maken.

²⁰HEERE, er is niemand gelijk Gij, en er is geen God behalve Gij, naar alles, wat wij met onze oren gehoord hebben.

²¹En wie is als Uw volk Israel, een enig volk op de aarde, hetwelk God heengegaan is Zich tot een volk te verlossen, dat Gij U een Naam maaktet van grote enverschrikkelijke dingen, met de heidenen uit te stoten van het aangezicht Uws volks, hetwelk Gij uit Egypte verlost hebt?

²²En Gij hebt Uw volk Israel U ten volk gemaakt tot in der eeuwigheid; en Gij, HEERE, zijt hun tot een God geworden.

²³Nu dan, HEERE, het woord, dat Gij over Uw knecht gesproken hebt, en over zijn huis, dat worde waar tot in eeuwigheid; en doe, gelijk als Gij gesproken hebt.

²⁴Ja, het worde waar, en Uw Naam worde groot gemaakt tot in eeuwigheid, dat men zegge: De HEERE der heirscharen, de God van Israel, is Israels God; en hethuis van David, Uw knecht, zij bestendig voor Uw aangezicht.

²⁵Want Gij, mijn God, hebt voor het oor Uws knechts geopenbaard, dat Gij hem een huis bouwen zoudt; daarom heeft Uw knecht in zijn hart gevonden, om voor Uwaangezicht te bidden.

²⁶Nu dan, HEERE, Gij zijt die God; en Gij hebt dit goede over Uw knecht gesproken.

²⁷Nu dan, het heeft U beliefd te zegenen het huis Uws knechts, dat het in eeuwigheid voor Uw aangezicht zij; want Gij, HEERE, hebt het gezegend, en het zalgezegend zijn in eeuwigheid.

Hoofdstuk 18

¹Het geschiedde nu na dezen, dat David de Filistijnen sloeg, en hen ten onderbracht; en hij nam Gath, en haar onderhorige plaatsen, uit der Filistijnen hand.

²Hij sloeg ook de Moabieten, alzo dat de Moabieten Davids knechten werden, brengende geschenken.

³David sloeg ook Hadar-ezer, den koning van Zoba, naar Hamath toe, toen hij heentoog, om zijn hand te stellen aan de rivier Frath.

⁴En David nam hem duizend wagens af, en zeven duizend ruiters, en twintig duizend man te voet; en David ontzenuwde al de wagen paarden; doch hij behieldhonderd wagens daarvan over.

⁵En de Syriers van Damaskus kwamen, om Hadar-ezer, den koning van Zoba, te helpen; maar David sloeg van de Syriers twee en twintig duizend man.

⁶En David legde bezetting in Syrie van Damaskus, alzo dat de Syriers Davids knechten werden, geschenken brengende. En de HEERE behoedde David overal, waar hij heenging.

⁷En David nam de gouden schilden, die bij Hadar-ezers knechten waren, en hij bracht ze te Jeruzalem.

⁸Ook nam David zeer veel kopers uit Tibchath, en uit Chun, steden van Hadar-ezer; daarvan heeft Salomo de koperen zee, en de pilaren, en de koperen vatengemaakt.

⁹Toen Thou, de koning van Hamath, hoorde, dat David de ganse heirkracht van Hadar-ezer, den koning van Zoba, geslagen had;

¹⁰Zo zond hij zijn zoon Hadoram tot den koning David, om hem naar zijn welstand te vragen, en om hem te zegenen, vanwege dat hij met Hadar-ezer gestreden, enhem verslagen had (want Hadar-ezer voerde oorlog tegen Thou), en alle gouden, en zilveren, en koperen vaten;

¹¹Deze heiligde de koning David ook den HEERE, met het zilver en het goud, hetwelk hij medegebracht had van al de heidenen: van de Edomieten, en van deMoabieten, en van de kinderen Ammons, en van de Filistijnen, en van de Amalekieten.

¹²Ook sloeg Abisai, de zoon van Zeruja, de Edomieten in het Zoutdal, achttien duizend.

¹³En hij legde bezetting in Edom, zodat al de Edomieten Davids knechten werden; en de HEERE behoedde David overal, waar hij heenging.

¹⁴Alzo regeerde David over gans Israel, en hij deed zijn gansen volke recht en gerechtigheid.

¹⁵Joab nu, de zoon van Zeruja, was over het heir; en Josafat, de zoon van Ahilud, was kanselier;

¹⁶En Zadok, de zoon van Ahitub, en Abimelech, de zoon van Abjathar, waren priesters, en Sausa schrijver;

¹⁷En Benaja, de zoon van Jojada, was over de Krethi en Plethi; maar de zonen van David waren de eersten aan de hand des konings.

Hoofdstuk 19

¹Het geschiedde nu na dezen, dat David de Filistijnen sloeg, en hen ten onderbracht; en hij nam Gath, en haar onderhorige plaatsen, uit der Filistijnen hand.

²Hij sloeg ook de Moabieten, alzo dat de Moabieten Davids knechten werden, brengende geschenken.

³David sloeg ook Hadar-ezer, den koning van Zoba, naar Hamath toe, toen hij heentoog, om zijn hand te stellen aan de rivier Frath.

⁴En David nam hem duizend wagens af, en zeven duizend ruiters, en twintig duizend man te voet; en David ontzenuwde al de wagen paarden; doch hij behieldhonderd wagens daarvan over.

⁵En de Syriers van Damaskus kwamen, om Hadar-ezer, den koning van Zoba, te helpen; maar David sloeg van de Syriers twee en twintig duizend man.

⁶En David legde bezetting in Syrie van Damaskus, alzo dat de Syriers Davids knechten werden, geschenken brengende. En de HEERE behoedde David overal, waar hij heenging.

⁷En David nam de gouden schilden, die bij Hadar-ezers knechten waren, en hij bracht ze te Jeruzalem.

⁸Ook nam David zeer veel kopers uit Tibchath, en uit Chun, steden van Hadar-ezer; daarvan heeft Salomo de koperen zee, en de pilaren, en de koperen vatengemaakt.

⁹Toen Thou, de koning van Hamath, hoorde, dat David de ganse heirkracht van Hadar-ezer, den koning van Zoba, geslagen had;

¹⁰Zo zond hij zijn zoon Hadoram tot den koning David, om hem naar zijn welstand te vragen, en om hem te zegenen, vanwege dat hij met Hadar-ezer gestreden, enhem verslagen had (want Hadar-ezer voerde oorlog tegen Thou), en alle gouden, en zilveren, en koperen vaten;

¹¹Deze heiligde de koning David ook den HEERE, met het zilver en het goud, hetwelk hij medegebracht had van al de heidenen: van de Edomieten, en van deMoabieten, en van de kinderen Ammons, en van de Filistijnen, en van de Amalekieten.

¹²Ook sloeg Abisai, de zoon van Zeruja, de Edomieten in het Zoutdal, achttien duizend.

¹³En hij legde bezetting in Edom, zodat al de Edomieten Davids knechten werden; en de HEERE behoedde David overal, waar hij heenging.

¹⁴Alzo regeerde David over gans Israel, en hij deed zijn gansen volke recht en gerechtigheid.

¹⁵Joab nu, de zoon van Zeruja, was over het heir; en Josafat, de zoon van Ahilud, was kanselier;

¹⁶En Zadok, de zoon van Ahitub, en Abimelech, de zoon van Abjathar, waren priesters, en Sausa schrijver;

¹⁷En Benaja, de zoon van Jojada, was over de Krethi en Plethi; maar de zonen van David waren de eersten aan de hand des konings.

Hoofdstuk 20

¹En het geschiedde na dezen, dat Nahas, de koning der kinderen Ammons, stierf, en zijn zoon werd koning in zijn plaats.

²Toen zeide David: Ik zal weldadigheid doen aan Hanun, den zoon van Nahas; want zijn vader heeft weldadigheid aan mij gedaan. Daarom zond David boden, omhem te troosten over zijn vader. Toen de knechten van David in het land der kinderen Ammons tot Hanun kwamen, om hem te troosten,

³Zo zeiden de vorsten der kinderen Ammons tot Hanun: Eert David uw vader in uw ogen, omdat hij troosters tot u gezonden heeft? Zijn niet zijn knechten tot ugekomen, om te doorzoeken, en om om te keren, en om het land te verspieden?

⁴Daarom nam Hanun de knechten van David, en hij beschoor hen, en sneed hun klederen half af tot aan de heupen, en liet hen henengaan.

⁵Zij nu gingen henen, en men boodschapte David van deze mannen; en hij zond hun tegemoet; want die mannen waren zeer beschaamd. De koning dan zeide: Blijftte Jericho, totdat ulieder baard weder gewassen zij; komt dan wederom.

⁶Toen de kinderen Ammons zagen, dat zij zich stinkende gemaakt hadden bij David, zo zond Hanun en de kinderen Ammons duizend talenten zilvers, om zichwagenen en ruiters te huren uit Mesopotamie, en uit Syrie-Maacha, en uit Zoba;

⁷Zodat zij zich huurden twee en dertig duizend wagenen; en de koning van Maacha en zijn volk kwamen en legerden zich voor Medeba; ook vergaderden dekinderen Ammons uit hun steden, en zij kwamen ten strijde.

⁸Toen het David hoorde, zo zond hij Joab en het ganse heir met de helden.

⁹Als de kinderen Ammons uitgetogen waren, zo stelden zij de slagorde voor de poort der stad; maar de koningen, die gekomen waren,

1 Kronieken

die waren bijzonder in hetveld.

¹⁰Toen Joab zag, dat de spits der slagorde van voren en van achteren tegen hem was, zo verkoos hij enigen uit alle uitgelezenen in Israel, en hij stelde hen in ordetegen de Syriers aan.

¹¹En het overige des volks gaf hij in de hand van zijn broeder Abisai, en zij stelden hen in orde tegen de kinderen Ammons aan.

¹²En hij zeide: Indien mij de Syriers te sterk worden, zo zult gij mij komen verlossen; en indien de kinderen Ammons u te sterk worden, zo zal ik u verlossen.

¹³Wees sterk, en laat ons sterk zijn voor ons volk, en voor de steden onzes Gods; de HEERE nu doe, wat goed is in Zijn ogen.

¹⁴Toen naderde Joab en het volk, dat bij hem was, ten strijde voor het aangezicht der Syriers; en zij vloden voor zijn aangezicht.

¹⁵Toen de kinderen Ammons zagen, dat de Syriers vloden, zo vloden zij ook voor het aangezicht van Abisai, zijn broeder, en zij kwamen in de stad; en Joab kwam teJeruzalem.

¹⁶Als de Syriers zagen, dat zij voor het aangezicht van Israel geslagen waren, zo zonden zij boden, en brachten de Syriers uit, die aan gene zijde der rivier woonden;en Sofach, de krijgsoverste van Hadar-ezer, toog voor hun aangezicht heen.

¹⁷Toen het David werd aangezegd, zo vergaderde hij gans Israel, en hij toog over de Jordaan, en hij kwam tot hen, en hij stelde de slagorde tegen hen. Als David deslagorde tegen de Syriers gesteld had, zo streden zij met hem.

¹⁸Doch de Syriers vloden voor het aangezicht van Israel, en David versloeg van de Syriers zeven duizend wagenen, en veertig duizend mannen te voet; daartoedoodde hij Sofach, den krijgsoverste.

¹⁹Toen de knechten van Hadar-ezer zagen, dat zij geslagen waren, voor het aangezicht van Israel, zo maakten zij vrede met David, en dienden hem; en de Syrierswilden de kinderen Ammons niet meer verlossen.

Hoofdstuk 21

¹Het geschiedde nu ten tijde van de wederkomst des jaars, ten tijde als de koningen uittrokken, zo voerde Joab de heirkracht, en hij verdierf het land der kinderenAmmons; en hij kwam, en belegerde Rabba; maar David bleef te Jeruzalem. En Joab sloeg Rabba, en verwoestte ze.

²En David nam de kroon huns konings van zijn hoofd, en hij bevond haar in gewicht een talent gouds, en daar was edelgesteente aan; en zij werd op Davids hoofdgezet, en hij voerde zeer veel roofs uit de stad.

³Hij voerde ook al het volk uit, dat daarin was, en hij zaagde ze met de zaag, en met ijzeren dorswagens, en met bijlen; en alzo deed David aan al de steden derkinderen Ammons. Toen keerde David wederom met al het volk naar Jeruzalem.

⁴En het geschiedde daarna, als de krijg met de Filistijnen te Gezer opstond, toen sloeg Sibchai, de Husathiet, Sippai, die van de kinderen van Rafa was; en zij werdenten ondergebracht.

⁵Daarna was er nog een krijg tegen de Filistijnen, en Elhanan, de zoon van Jair, versloeg Lachmi, den broeder van Goliath, den Gethiet, wiens spieshout was als eenweversboom.

⁶Daarna was er nog een krijg te Gath; en daar was een zeer lang man, en zijn vingeren waren zes en zes, vier en twintig, en hij was ook van Rafa geboren;

⁷En hij hoonde Israel, maar Jonathan, de zoon van Simea, den broeder van David, versloeg hem.

⁸Dezen waren van Rafa geboren te Gath; en zij vielen door de hand van David, en door de hand zijner knechten.

Hoofdstuk 22

¹Toen stond de satan op tegen Israel, en hij porde David aan, dat hij Israel telde.

²En David zeide tot Joab en tot de oversten des volks: Gaat heen, telt Israel van Ber-seba tot Dan toe, en brengt hen tot mij, dat ik hun getal wete.

³Toen zeide Joab: De HEERE doe tot Zijn volk, gelijk zij nu zijn, honderdmaal meer; zijn zij niet allen, o mijn heer koning, mijn heer tot knechten? Waarom verzoektmijn heer dit? Waarom zou het Israel tot schuld worden?

⁴Doch het woord des konings nam de overhand tegen Joab; derhalve toog Joab uit, en hij doorwandelde gans Israel; daarna kwam hij weder te Jeruzalem.

⁵En Joab gaf David de som van het gestelde volk; en gans Israel was elfhonderd duizend man, die het zwaard uittrokken, en Juda vierhonderd duizend, en zeventigduizend man, die het zwaard uittrokken.

⁶Doch Levi en Benjamin telde hij onder dezelve niet; want des konings woord was Joab een gruwel.

⁷En deze zaak was kwaad in de ogen Gods; daarom sloeg Hij Israel.

⁸Toen zeide David tot God: Ik heb zeer gezondigd, dat ik deze zaak gedaan heb; maar neem toch nu de misdaad Uws knechts weg, want ik heb zeer zottelijkgehandeld.

⁹De HEERE nu sprak tot Gad, den ziener van David, zeggende:

¹⁰Ga heen, en spreek tot David, zeggende: Aldus zegt de HEERE: Drie dingen leg Ik u voor; kies u een uit die, dat Ik u doe.

¹¹En Gad kwam tot David, en zeide tot hem: Zo zegt de HEERE: Neem u uit:

¹²Of drie jaren honger, of drie maanden verteerd te worden voor het aangezicht uwer wederpartij, en dat het zwaard uwer vijanden u achterhale; of drie dagen hetzwaard des HEEREN, dat is, de pestilentie in het land, en een verdervenden engel des HEEREN in al de landpalen van Israel? Zo zie nu toe, wat antwoord ik Dienzal wedergeven, Die mij gezonden heeft.

¹³Toen zeide David tot Gad: Mij is zeer bange; laat mij toch in de hand des HEEREN vallen; want Zijn barmhartigheden zijn zeer vele, maar laat mij in de hand dermensen niet vallen.

¹⁴De HEERE dan gaf pestilentie in Israel; en er vielen van Israel zeventig duizend man.

¹⁵En God zond een engel naar Jeruzalem, om die te verderven; en als hij haar verdierf, zag het de HEERE, en het berouwde Hem over dat kwaad; en Hij zeide totden verdervenden engel: Het is genoeg, trek nu uw hand af. De engel des HEEREN nu stond bij den dorsvloer van Ornan, den Jebusiet.

¹⁶Als David zijn ogen ophief, zo zag hij den engel des HEEREN, staande tussen de aarde en tussen den hemel, met zijn uitgetrokken zwaard in zijn hand, uitgestrektover Jeruzalem; toen viel David, en de oudsten, bedekt met zakken, op hun aangezichten.

¹⁷En David zeide tot God: Ben ik het niet, die gezegd heb, dat men het volk tellen zou? Ja, ik zelf ben het, die gezondigd en zeer kwalijk gehandeld heb; maar dezeschapen, wat hebben die gedaan? O HEERE, mijn God, dat toch Uw hand tegen mij, en tegen het huis mijns vaders zij, maar niet tegen Uw volk ter plage.

¹⁸Toen zeide de engel des HEEREN tot Gad, dat hij David zeggen zou, dat David zou opgaan, om den HEERE een altaar op te richten op den dorsvloer van Ornan, den Jebusiet.

¹⁹Zo ging dan David op naar het woord van Gad, dat hij in den Naam des HEEREN gesproken had.

²⁰Toen zich Ornan wendde, zo zag hij den engel; en zijn vier zonen, die bij hem waren, verstaken zich; en Ornan dorste tarwe.

²¹En David kwam tot Ornan; en Ornan zag toe, en zag David; zo ging hij uit den dorsvloer, en boog zich neder voor David, met het aangezicht ter aarde.

²²En David zeide tot Ornan: Geef mij de plaats des dorsvloers, dat ik op dezelve den HEERE een altaar bouwe; geef ze mij voor het volle geld, opdat deze plageopgehouden worde van over het volk.

²³Toen zeide Ornan tot David: Neem ze maar henen, en mijn heer de koning doe wat goed is in zijn ogen; zie, ik geef deze runderen tot brandofferen, en deze sledentot hout, en de tarwe tot spijsoffer; ik geef het al.

²⁴En de koning David zeide tot Ornan: Neen, maar ik zal ze zekerlijk kopen voor het volle geld; want ik zal voor den HEERE niet nemen wat uw is, dat ik eenbrandoffer om niet offere.

²⁵En David gaf aan Ornan voor die plaats zeshonderd gouden sikkelen van gewicht.

²⁶Toen bouwde David aldaar den HEERE een altaar, en hij offerde brandofferen en dankofferen. Als hij den HEERE aanriep, zo antwoordde Hij hem door vuur uitden hemel, op het brandofferaltaar.

²⁷En de HEERE zeide tot den engel, dat hij zijn zwaard weder in zijn schede steken zou.

²⁸Ter zelfder tijd, toen David zag, dat de HEERE hem geantwoord had op den dorsvloer van Ornan, den Jebusiet, zo offerde hij aldaar;

²⁹Want de tabernakel des HEEREN, dien Mozes in de woestijn gemaakt had, en het altaar des brandoffers, was te dier tijd op de hoogte te Gibeon.

³⁰David nu kon niet heengaan voor hetzelve, om God te zoeken; want hij was verschrikt voor het zwaard van den engel des HEEREN.

Hoofdstuk 23

¹En David zeide: Hier zal het huis Gods des HEEREN zijn, en hier zal het altaar des brandoffers voor Israel zijn.

²En David zeide, dat men vergaderen zou de vreemdelingen, die in het land Israels waren; en hij bestelde steenhouwers, om uit te houwen stenen, welke menbehouwen zou, om het huis Gods te bouwen.

³En David bereidde ijzer in menigte, tot nagelen aan de deuren der poorten, en tot de samenvoegingen; ook koper in menigte, zonder gewicht;

⁴En cederenhout zonder getal; want de Sidoniers en de Tyriers brachten tot David cederenhout in menigte.

⁵Want David zeide: Mijn zoon Salomo is een jongeling en teder; en het huis, dat men den HEERE bouwen zal, zal men ten hoogste groot maken, tot een Naam en totheerlijkheid in alle landen; ik zal hem nu voorraad bereiden. Alzo bereidde David voorraad in menigte voor zijn dood.

⁶Toen riep hij zijn zoon Salomo, en gebood hem den HEERE, den God Israels, een huis te bouwen.

⁷En David zeide tot Salomo: Mijn zoon, wat mij aangaat, het was in mijn hart om den Naam des HEEREN, mijns Gods, een huis te bouwen.

⁸Doch het woord des HEEREN geschiedde tot mij, zeggende: Gij hebt bloed in menigte vergoten, want gij hebt grote krijgen gevoerd; gij zult Mijn Naam geen huisbouwen, dewijl gij veel bloeds op de aarde voor Mijn aangezicht vergoten hebt.

⁹Zie, de zoon, die u geboren zal worden, die zal een man der rust zijn, want Ik zal hem rust geven van al zijn vijanden rondom henen; want zijn naam zal Salomo zijn, en Ik zal vrede en stilte over Israel geven in zijn dagen.

¹⁰Die zal Mijn Naam een huis bouwen, en die zal Mij tot een zoon zijn, en Ik hem tot een Vader; en Ik zal den troon zijns rijks over Israel bevestigen tot in eeuwigheid.

¹¹Nu, mijn zoon, de HEERE zal met u zijn, en gij zult voorspoedig zijn, en zult het huis des HEEREN, uws Gods, bouwen, gelijk als Hij van u gesproken heeft.

¹²Alleenlijk de HEERE geve u kloekheid en verstand, en geve u bevel over Israel, en dat om te onderhouden de wet des HEEREN, uws Gods.

¹³Dan zult gij voorspoedig zijn, als gij waarnemen zult te doen de inzettingen en de rechten, die de HEERE aan Mozes geboden heeft over Israel. Wees sterk en hebgoeden moed, vrees niet, en wees niet verslagen!

¹⁴Zie daar, ik heb in mijn verdrukking voor het huis des HEEREN bereid honderd duizend talenten gouds, en duizend maal duizend talenten zilvers; en des kopers endes ijzers is geen gewicht, want het is er in menigte; ik heb ook hout en stenen bereid; doe gij er nog meer bij.

¹⁵Ook zijn er bij u in menigte, die het werk kunnen doen, houwers, en werkmeesters in steen en hout, en allerlei wijze lieden in allerlei werk.

¹⁶Des gouds, des zilvers, en des kopers, en des ijzers is geen getal; maak u op, en doe het, en de HEERE zal met u zijn.

¹⁷Ook gebood David aan alle vorsten van Israel, dat zij zijn zoon Salomo helpen zouden, zeggende:

¹⁸Is niet de HEERE, uw God, met ulieden, en heeft u rust gegeven rondom henen? Want Hij heeft de inwoners des lands in mijn hand gegeven, en dit land isonderworpen geworden voor het aangezicht des HEEREN, envoor het aangezicht Zijns volks.

¹⁹Zo begeeft dan nu uw hart en uw ziel, om te zoeken den HEERE, uw God, en maakt u op, en bouwt het heiligdom Gods des HEEREN; dat men de ark desverbonds des HEEREN en de heilige vaten Gods in dit huis brenge, dat den Naam des HEEREN zal gebouwd worden.

Hoofdstuk 24

¹Toen nu David oud was en zat van dagen, maakte hij zijn zoon Salomo tot koning over Israel.

²En hij vergaderde al de vorsten van Israel, ook de priesters en de Levieten.

³En de Levieten werden geteld, van dertig jaren af en daarboven; en hun getal was, naar hun hoofden, aan mannen, acht en dertig duizend.

⁴Uit dezen waren er vier en twintig duizend om het werk van het huis des HEEREN aan te drijven; en zes duizend ambtlieden en rechters;

⁵En vier duizend poortiers, en vier duizend lofzangers des HEEREN, met instrumenten, die ik gemaakt heb, zeide David, om lof te zingen.

⁶En David verdeelde hen in verdelingen, naar de kinderen van Levi, Gerson, Kehath en Merari.

⁷Uit de Gersonieten waren Ladan en Simei.

⁸De kinderen van Ladan waren dezen: Jehiel, het hoofd, en Zetham, en Joel; drie.

⁹De kinderen van Simei waren Selomith, en Haziel, en Haran, drie; dezen waren de hoofden der vaderen van Ladan.

¹⁰De kinderen van Simei nu waren Jahath, Zina, en Jeus, en Beria; dezen waren de kinderen van Simei; vier.

¹¹En Jahath was het hoofd, en Zizza de tweede; maar Jeus en Beria hadden niet vele kinderen; daarom waren zij in het vaderlijke huis maar van een telling.

¹²De kinderen van Kehath waren Amram, Jizhar, Hebron en Uzziel; vier.

¹³De kinderen van Amram waren Aaron en Mozes. Aaron nu werd afgezonderd, dat hij heiligde de allerheiligste dingen, hij en zijn zonen, tot in eeuwigheid, om teroken voor het aangezicht des HEEREN, om Hem te dienen en om in Zijn Naam tot in eeuwigheid te zegenen.

¹⁴Aangaande nu Mozes, den man Gods, zijn kinderen werden genoemd onder den stam van Levi.

¹⁵De kinderen van Mozes waren Gersom en Eliezer.

¹⁶Van de kinderen van Gersom was Sebuel het hoofd.

¹⁷De kinderen van Eliezer nu waren dezen: Rehabja het hoofd; en Eliezer had geen andere kinderen, maar de kinderen van Rehabja vermeerderden ten hoogste.

¹⁸Van de kinderen van Jizhar was Selomith het hoofd.

¹⁹Aangaande de kinderen van Hebron: Jeria was het hoofd, Amarja de tweede, Jahaziel de derde, en Jekameam de vierde.

²⁰Aangaande de kinderen van Uzziel: Micha was het hoofd, en Jissia de tweede.

²¹De kinderen van Merari waren Maheli en Musi; de kinderen van Maheli waren Eleazar en Kis.

²²En Eleazar stierf, en hij had geen zonen, maar dochters; en de kinderen van Kis, haar broeders, namen ze.

²³De kinderen van Musi waren Maheli, en Eder, en Jeremoth; drie.

²⁴Dit zijn de kinderen van Levi, naar het huis hunner vaderen, de hoofden der vaderen, naar hun gerekenden in het getal der namen naar hun hoofden, doende hetwerk van den dienst van het huis des HEEREN van twintig jaren oud en daarboven.

²⁵Want David had gezegd: De HEERE, de God Israels, heeft Zijn volk rust gegeven, en Hij zal te Jeruzalem wonen tot in eeuwigheid.

²⁶En ook aangaande de Levieten, dat zij den tabernakel, noch enig van deszelfs gereedschap, tot deszelfs dienst behorende, niet meer zouden dragen.

²⁷Want naar de laatste woorden van David werden de kinderen van Levi geteld, van twintig jaren oud en daarboven;

²⁸Omdat hun standplaats was aan de hand der zonen van Aaron in den dienst van het huis des HEEREN, over de voorhoven, en over de kameren, en over dereiniging van alle heilige dingen, en het werk van den dienst van het huis Gods;

²⁹Te weten tot het brood der toerichting, en tot de meelbloem ten spijsoffer, en tot ongezuurde vladen, en tot de pannen, en tot het gerooste, en tot alle mate enafmeting;

³⁰En om alle morgens te staan, om den HEERE te loven en te prijzen; en desgelijks des avonds;

³¹En tot al het offeren der brandofferen des HEEREN, op de sabbatten, op de nieuwe maanden, en op de gezette hoogtijden in getal, naar de wijze onder hen, geduriglijk, voor het aangezicht des HEEREN;

³²En dat zij de wacht van de tent der samenkomst zouden waarnemen, en de wacht des heiligdoms, en de wacht der zonen van Aaron, hun broederen, in den dienstvan het huis des HEEREN.

Hoofdstuk 25

¹Aangaande nu de kinderen van Aaron, dit waren hun verdelingen. De zonen van Aaron waren Nadab, en Abihu, Eleazar en Ithamar.

²Maar Nadab stierf, en Abihu, voor het aangezicht huns vaders, en zij hadden geen kinderen. En Eleazar en Ithamar bedienden het priesterambt.

³David nu verdeelde hen, en Zadok uit de kinderen van Eleazar, en Abimelech uit de kinderen van Ithamar, naar hun ambt in hun dienst.

⁴En van de kinderen van Eleazar werden meer gevonden tot hoofden der mannen, dan van de kinderen van Ithamar, als zij hen afdeelden; van de kinderen vanEleazar waren zestien hoofden der vaderlijke huizen, maar van de kinderen van Ithamar, naar hun vaderlijke huizen, acht.

⁵En zij deelden hen door loten af, dezen met genen; want de oversten des heiligdoms en de oversten Gods waren uit de kinderen van Eleazar en van de kinderen vanIthamar.

1 Kronieken

⁶En Semaja, de zoon van Nethaneel, de schrijver, uit de Levieten, schreef hen op, voor het aangezicht des konings, en van de vorsten, en van den priester Zadok, en van Achimelech, den zoon van Abjathar, en van de hoofden der vaderen onder de priesters en onder de Levieten; een vaderlijk huis werd genomen voor Eleazer, endesgelijks werd genomen voor Ithamar.

⁷Het eerste lot nu ging uit voor Jojarib, het tweede voor Jedaja,
⁸Het derde voor Harim, het vierde voor Seorim,
⁹Het vijfde voor Malchia, het zesde voor Mijamin,
¹⁰Het zevende voor Hakkoz, het achtste voor Abia,
¹¹Het negende voor Jesua, het tiende voor Sechanja,
¹²Het elfde voor Eljasib, het twaalfde voor Jakim,
¹³Het dertiende voor Huppa, het veertiende voor Jesebeab,
¹⁴Het vijftiende voor Bilga, het zestiende voor Immer,
¹⁵Het zeventiende voor Hezir, het achttiende voor Happizzes,
¹⁶Het negentiende voor Petahja, het twintigste voor Jehezkel,
¹⁷Het een en twintigste voor Jachin, het twee en twintigste voor Gamul,
¹⁸Het drie en twintigste voor Delaja, het vier en twintigste voor Maazja.

¹⁹Het ambt van dezen in hun dienst was te gaan in het huis des HEEREN, naar hun ordening door de hand van Aaron, huns vaders; gelijk als hem de HEERE, de God Israels, geboden had.

²⁰Van de overige kinderen van Levi nu, was van de kinderen van Amram Subael, van de kinderen van Subael was Jechdeja.

²¹Aangaande Rehabja: van de kinderen van Rehabja was Jissia het hoofd.

²²Van de Jizharieten was Selomoth; van de kinderen van Selomoth was Jahath.

²³En van de kinderen van Hebron was Jeria de eerste, Amarja de tweede, Jahaziel de derde, Jekameam de vierde.

²⁴Van de kinderen van Uzziel was Micha; van de kinderen van Micha was Samir;

²⁵De broeder van Micha was Jissia; van de kinderen van Jissia was Zecharja.

²⁶De kinderen van Merari waren Maheli en Musi. De kinderen van Jaazia waren Beno.

²⁷De kinderen van Merari van Jaazia waren Beno, en Soham, en Zakkur, en Hibri.

²⁸Van Maheli was Eleazar; en die had geen kinderen.

²⁹Aangaande Kis: de kinderen van Kis waren Jerahmeel.

³⁰En van de kinderen van Musi waren Maheli, en Eder, en Jerimoth. Dezen zijn de kinderen der Levieten, naar hun vaderlijke huizen.

³¹En zij wierpen ook loten, nevens hun broederen, de zonen van Aaron, voor het aangezicht van den koning David, en Zadok, en Achimelech, en van de hoofden dervaderen onder de priesteren en onder de Levieten; het hoofd der vaderen tegen zijn kleinsten broeder.

Hoofdstuk 26

¹En David, mitsgaders de oversten des heirs, scheidde af tot den dienst, van de kinderen van Asaf, en van Heman, en van Jeduthun, die met harpen, met luiten en met cimbalen profeteren zouden; en die onder hen geteld werden, waren mannen, bekwaam tot het werk van hun dienst.

²Van de kinderen van Asaf waren Zakkur, en Jozef, en Nethanja, en Asarela, kinderen van Asaf; aan de hand van Asaf, die aan des konings handen profeteerde.

³Aangaande Jeduthun: de kinderen van Jeduthun waren Gedalja, en Zeri, en Jesaja, Hasabja en Mattithja, zes; aan de handen van hun vader Jeduthun, op harpenprofeterende met den HEERE te danken en te loven.

⁴Aangaande Heman: de kinderen van Heman waren Bukkia, Mattanja, Uzziel, Sebuel, en Jerimoth, Hananja, Hanani, Eliatha, Giddalti, en Romamthi-Ezer, Josbekasa, Mallothi, Hothir, Mahazioth.

⁵Deze allen waren kinderen van Heman, den ziener des konings, in de woorden Gods, om den hoorn te verheffen; want God had Heman veertien zonen gegeven, en drie dochters.

⁶Dezen waren altemaal aan de handen huns vaders gesteld tot het gezang van het huis des HEEREN, op cimbalen, luiten, en harpen, tot den dienst van het huis Gods, aan de handen van den koning, van Asaf, Jeduthun, en van Heman.

⁷En hun getal met hun broederen, die geleerd waren in het gezang des HEEREN, allen meesters, was tweehonderd acht en tachtig.

⁸En zij wierpen de loten over de wacht, tegen elkander, zo de kleinen, als de groten, den meester met den leerling.

⁹Het eerste lot nu ging uit voor Asaf, namelijk voor Jozef. Het tweede voor Gedalja; hij en zijn broederen, en zijn zonen, waren twaalf.

¹⁰Het derde voor Zakkur; zijn zonen en zijn broederen, twaalf.
¹¹Het vierde voor Jizri; zijn zonen en zijn broederen, twaalf.
¹²Het vijfde voor Nethanja; zijn zonen en zijn broederen, twaalf.
¹³Het zesde voor Bukkia; zijn zonen en zijn broederen, twaalf.
¹⁴Het zevende voor Jesarela; zijn zonen en zijn broederen, twaalf.
¹⁵Het achtste voor Jesaja; zijn zonen en zijn broederen, twaalf.
¹⁶Het negende voor Mattanja; zijn zonen en zijn broederen, twaalf.
¹⁷Het tiende voor Simei; zijn zonen en zijn broederen, twaalf.
¹⁸Het elfde voor Azareel; zijn zonen en zijn broederen, twaalf.
¹⁹Het twaalfde voor Hasabja; zijn zonen en zijn broederen, twaalf.
²⁰Het dertiende voor Subael; zijn zonen en zijn broederen, twaalf.
²¹Het veertiende voor Mattithja; zijn zonen en zijn broederen, twaalf.
²²Het vijftiende voor Jeremoth; zijn zonen en zijn broederen, twaalf.
²³Het zestiende voor Hananja; zijn zonen en zijn broederen, twaalf.
²⁴Het zeventiende voor Josbekasa; zijn zonen en zijn broederen, twaalf.
²⁵Het achttiende voor Hanani; zijn zonen en zijn broederen, twaalf.
²⁶Het negentiende voor Mallothi; zijn zonen en zijn broederen, twaalf.
²⁷Het twintigste voor Eliatha; zijn zonen en zijn broederen; twaalf.
²⁸Het een en twintigste voor Hothir; zijn zonen en zijn broederen, twaalf.
²⁹Het twee en twintigste voor Giddalti; zijn zonen en zijn broederen, twaalf.
³⁰Het drie en twintigste voor Mahazioth; zijn zonen en zijn broederen, twaalf.
³¹Het vier en twintigste voor Romamthi-Ezer; zijn zonen en zijn broederen, twaalf.

Hoofdstuk 27

¹Aangaande de verdelingen der poortiers: van de Korahieten was Meselemja, de zoon van Kore, van de kinderen van Asaf.

²Meselemja nu had kinderen, Zecharja was de eerstgeborene, Jediael de tweede, Zebadja de derde, Jathniel de vierde.

³Elam de vijfde, Johanan de zesde, Eljoenai de zevende.

⁴Obed-Edom had ook kinderen: Semaja was de eerstgeborene, Jozabad de tweede, Joah de derde, en Sachar de vierde, en Nethaneel de vijfde.

⁵Ammiel de zesde, Issaschar de zevende, Peullethai de achtste; want God had hem gezegend.

⁶Ook werden zijn zoon Semaja kinderen geboren, heersende over het huis huns vaders; want zij waren kloeke helden.

⁷De kinderen van Semaja waren Othni, en Refael, en Obed, en Elzabad, zijn broeders, kloeke lieden; Elihu, en Semachja.

⁸Deze allen waren uit de kinderen van Obed-Edom; zij, en hun kinderen, en hun broeders, kloeke mannen in kracht tot den dienst; daar waren er twee en zestig van Obed-Edom.

⁹Meselemja nu had kinderen en broeders, kloeke lieden, achttien.

¹⁰En Hosa, uit de kinderen van Merari, had zonen; Simri was het hoofd; (alhoewel hij de eerstgeborene niet was, nochtans stelde hem zijn vader tot een hoofd).

¹¹Hilkia was de tweede, Tebalja de derde, Zecharja de vierde; al de kinderen en broederen van Hosa waren dertien.

¹²Uit dezen waren de verdelingen der poortiers onder de hoofden der mannen, tot de wachten tegen hun broederen, om te dienen in het huis des HEEREN.

¹³En zij wierpen de loten, zo de kleinen als de groten, naar hun vaderlijke huizen, tot elke poort.

¹⁴Het lot nu tegen het oosten viel op Salemja; maar voor zijn zoon Zecharja, die een verstandig raadsman was, wierp men de loten, en zijn lot is uitgekomen tegen het noorden.

¹⁵Obed-Edom tegen het zuiden; en voor zijn kinderen het huis der schatkameren.

¹⁶Suppim en Hosa tegen het westen, met de poort Schallechet, bij den opgaanden hogen weg, wacht tegenover wacht.

¹⁷Tegen het oosten waren zes Levieten; tegen het noorden des daags vier; tegen het zuiden des daags vier; maar bij de schatkameren twee en twee.

¹⁸Aan Parbar tegen het westen waren er vier bij den hogen weg, twee bij Parbar.

¹⁹Dit zijn de verdelingen der poortiers van de kinderen der Korahieten, en der kinderen van Merari.

²⁰Ook was, van de Levieten, Ahia over de schatten van het huis

Gods, en over de schatten der geheiligde dingen.

²¹Van de kinderen van Ladan, kinderen van den Gersonieten Ladan; van Ladan, den Gersoniet, waren hoofden der vaderen Jehieli.

²²De kinderen van Jehieli waren Zetham en Joel, zijn broeder; dezen waren over de schatten van het huis des HEEREN.

²³Voor de Amramieten, van de Jizharieten, van de Hebronieten, van de Uzzielieten,

²⁴En Sebuel, de zoon van Gersom, den zoon van Mozes, was overste over de schatten.

²⁵Maar zijn broeders van Eliezer waren dezen: Rehabja was zijn zoon, en Jesaja zijn zoon, en Joram zijn zoon, en Zichri zijn zoon, en Selomith zijn zoon.

²⁶Deze Selomith en zijn broederen waren over al de schatten der heilige dingen, die de koning David geheiligd had, mitsgaders de hoofden der vaderen, de oversten over duizenden en honderden, en de oversten des heirs;

²⁷Van de krijgen en van den buit hadden zij het geheiligd, om het huis des HEEREN te onderhouden.

²⁸Ook alles, wat Samuel, de ziener, geheiligd had, en Saul, de zoon van Kis, en Abner, de zoon van Ner, en Joab, de zoon van Zeruja; al wat iemand geheiligd had, was onder de hand van Selomith en zijn broederen.

²⁹Van de Jizharieten waren Chenanja en zijn zonen tot het buitenwerk in Israel, tot ambtlieden en tot rechters.

³⁰Van de Hebronieten was Hasabja, en zijn broeders, kloeke mannen, duizend en zevenhonderd, over de ambten van Israel op deze zijde van de Jordaan tegen het westen, over al het werk des HEEREN, en tot den dienst des konings.

³¹Van de Hebronieten was Jeria het hoofd, van de Hebronieten zijner geslachten onder de vaderen; in het veertigste jaar des koninkrijks van David zijn er gezocht en onder hen gevonden kloeke helden in Jaezer in Gilead.

³²En zijn broeders waren kloeke lieden, twee duizend en zevenhonderd hoofden der vaderen; en de koning David stelde hen over de Rubenieten, en Gadieten, en den halven stam der Manassieten, tot alle zaken Gods en de zaken des konings.

Hoofdstuk 28

¹Dit nu zijn de kinderen Israels naar hun getal, de hoofden der vaderen, en de oversten der duizenden en der honderden, met hun ambtlieden, den koning dienende in alle zaken der verdelingen, aangaande en afgaande van maand tot maand in al de maanden des jaars; elke verdeling was vier en twintig duizend.

²Over de eerste verdeling in de eerste maand was Jasobam, de zoon van Zabdiel; en in zijn verdeling waren er vier en twintig duizend.

³Hij was uit de kinderen van Perez, het hoofd van al de oversten der heiren in de eerste maand.

⁴En over de verdeling in de tweede maand was Dodai, de Ahohiet, en over zijn verdeling was Mikloth ook voorganger; in zijn verdeling waren er ook vier en twintig duizend.

⁵De derde overste des heirs in de derde maand was Benaja, de zoon van Jojada, den opperambtman; die was het hoofd; in zijn verdeling waren er ook vier en twintig duizend.

⁶Deze Benaja was een held van de dertig, en over de dertig; en over zijn verdeling was Ammizabad, zijn zoon.

⁷De vierde, in de vierde maand, was Asahel, de broeder van Joab, en na hem Zebadja, zijn zoon; in zijn verdeling waren er ook vier en twintig duizend.

⁸De vijfde, in de vijfde maand, was Samhuth, de Jizrahiet, de overste; in zijn verdeling waren er ook vier en twintig duizend.

⁹De zesde, in de zesde maand, was Ira, de zoon van Ikkes, de Thekoiet; in zijn verdeling waren er ook vier en twintig duizend.

¹⁰De zevende, in de zevende maand, was Helez, de Peloniet, uit de kinderen van Efraim; in zijn verdeling waren er ook vier en twintig duizend.

¹¹De achtste, in de achtste maand, was Sibbechai, de Husathiet, van de Zerahieten; in zijn verdeling waren er ook vier en twintig duizend.

¹²De negende, in de negende maand, was Abiezer, de Anathothiet; van de Benjaminieten; in zijn verdeling waren er ook vier en twintig duizend.

¹³De tiende, in de tiende maand, was Maharai, de Nethofathiet, van de Zerahieten; in zijn verdeling waren er ook vier en twintig duizend.

¹⁴De elfde, in de elfde maand, was Benaja, de Pirhathoniet, van de kinderen van Efraim; in zijn verdeling waren er ook vier en twintig duizend.

¹⁵De twaalfde, in de twaalfde maand, was Heldai, de Nethofathiet, van Othniel; in zijn verdeling waren er ook vier en twintig duizend.

¹⁶Doch over de stammen van Israel waren dezen: over de Rubenieten was Eliezer, de zoon van Zichri, voorganger; over de Simeonieten was Sefatja, de zoon van Maacha;

¹⁷Over de Levieten was Hasabja, de zoon van Kemuel; over de Aaronieten was Zadok;

¹⁸Over Juda was Elihu, uit de broederen van David; over Issaschar was Omri, de zoon van Michael;

¹⁹Over Zebulon was Jismaja, de zoon van Obadja; over Nafthali was Jerimoth, de zoon van Azriel;

²⁰Over de kinderen van Efraim was Hosea, de zoon van Azarja; over den halven stam van Manasse was Joel, de zoon van Pedaja;

²¹Over half Manasse, in Gilead, was Jiddo, de zoon van Zecharja; over Benjamin was Jaasiel, de zoon van Abner;

²²Over Dan was Azarel, de zoon van Jeroham. Dezen waren de oversten der stammen van Israel.

²³Maar David nam het getal van die niet op, die twintig jaren oud en daar beneden waren; omdat de HEERE gezegd had, dat Hij Israel vermenigvuldigen zou als de sterren des hemels.

²⁴Joab, de zoon van Zeruja, had begonnen te tellen, maar hij voleindde het niet, omdat er deshalve een grote toorn over Israel gekomen was; daarom is het getal niet opgebracht in de rekening der kronieken van den koning David.

²⁵En over de schatten des konings was Azmaveth, de zoon van Adiel; en over de schatten op het land, in de steden, en in de dorpen, en in de torens, was Jonathan, de zoon van Uzzia.

²⁶En over die, die het akkerwerk deden, in de landbouwing, was Esri, de zoon van Chelub.

²⁷En over de wijngaarden was Simei, de Ramathiet; maar over hetgeen dat van de wijnstokken kwam tot de schatten des wijns, was Zabdi, de Sifmiet.

²⁸En over de olijfgaarden en de wilde vijgebomen, die in de laagte waren, was Baal-Hanan, de Gederiet; maar Joas was over de schatten der olie.

²⁹En over de runderen, die in Saron weidden, was Sitrai, de Saroniet; maar over de runderen in de laagten, was Safat, de zoon van Adlai.

³⁰En over de kemelen was Obil, de Ismaeliet; en over de ezelinnen was Jechdeja, de Meronothiet.

³¹En over het kleine vee was Jaziz, de Hageriet. Alle dezen waren oversten over de have, die de koning David had.

³²En Jonathan, Davids oom, was raad, een verstandig man; hij was ook schrijver; Jehiel nu, de zoon van Hachmoni, was bij de zonen des konings.

³³En Achitofel was raad des konings; en Husai, de Archiet, was des konings vriend.

³⁴En na Achitofel was Jojada, de zoon van Benaja, en Abjathar; maar Joab was des konings krijgsoverste.

Hoofdstuk 29

¹Toen vergaderde David te Jeruzalem alle oversten van Israel, de oversten der stammen, en de oversten der verdelingen, den koning dienende, en de oversten der duizenden, en de oversten der honderden, en de oversten van alle have en vee des konings en zijner zonen, met de kamerlingen, en de helden, ja, allen kloeken held.

²En de koning David stond op zijn voeten, en hij zeide: Hoort mij, mijn broeders, en mijn volk! Ik had in mijn hart een huis der rust voor de ark des verbonds des HEEREN te bouwen, en voor de voetbank der voeten onzes Gods, en ik heb gereedschap gemaakt om te bouwen.

³Maar God heeft tot mij gezegd: Gij zult Mijn Naam geen huis bouwen, want gij zijt een krijgsman, en gij hebt veel bloeds vergoten.

⁴Nu verkoor mij de HEERE, de God Israels, verkoren uit mijns vaders ganse huis, dat ik tot koning over Israel wezen zou in eeuwigheid; want Hij heeft Juda tot een voorganger verkoren, en mijns vaders huis in het huis van Juda; en onder de zonen mijns vaders heeft Hij een welgevallen aan mij gehad, dat Hij mij ten koning maakte over gans Israel.

⁵En uit al mijn zonen (want de HEERE heeft mij vele zonen gegeven) zo heeft Hij mijn zoon Salomo verkoren, dat hij zitten zou op den stoel des koninkrijks des HEEREN over Israel.

⁶En Hij heeft tot mij gezegd: Uw zoon Salomo, die zal Mijn huis en Mijn voorhoven bouwen; want Ik heb hem Mij uitverkoren tot een zoon, en Ik zal hem tot een Vader zijn.

⁷En Ik zal zijn koninkrijk bevestigen tot in eeuwigheid, indien hij sterk wezen zal, om Mijn geboden en Mijn rechten te doen, gelijk te dezen dage.

1 Kronieken

⁸Nu dan, voor de ogen van het ganse Israel, de gemeente des HEEREN, en voor de oren onzes Gods, houdt en zoekt al de geboden des HEEREN, uws Gods; opdatgijlieden dit goede land erfelijk bezit, en uw kinderen na u tot in eeuwigheid doet erven.

⁹En gij, mijn zoon Salomo, ken den God uws vaders, en dien Hem met een volkomen hart en met een willige ziel; want de HEERE doorzoekt alle harten, en Hijverstaat al het gedichtsel der gedachten; indien gij Hem zoekt, Hij zal van u gevonden worden; maar indien gij Hem verlaat, Hij zal u tot in eeuwigheid verstoten.

¹⁰Zie nu toe, want de HEERE heeft u verkoren, dat gij een huis ten heiligdom bouwt; wees sterk, en doe het.

¹¹En David gaf zijn zoon Salomo een voorbeeld van het voorhuis, met zijn behuizingen, en zijn schatkameren, en zijn opperzalen, en zijn binnenkameren, en van hethuis des verzoendeksels;

¹²En een voorbeeld van alles, wat bij hem door den Geest was, namelijk van de voorhoven van het huis des HEEREN, en van alle kameren rondom; tot de schattenvan het huis Gods, en tot de schatten der heilige dingen;

¹³En van de verdelingen der priesteren en der Levieten, en van alle werk van den dienst van het huis des HEEREN, en van alle vaten van den dienst van het huis desHEEREN.

¹⁴Het goud gaf hij naar het goudgewicht, tot alle vaten van elken dienst; ook zilver tot alle zilveren vaten bij gewicht, tot al de vaten van elken dienst;

¹⁵En het gewicht tot de gouden kandelaars, en hun gouden lampen, naar het gewicht van elken kandelaar en zijn lampen; ook tot de zilveren kandelaars, naar hetgewicht van een kandelaar en zijn lampen, naar den dienst van elken kandelaar.

¹⁶Ook gaf hij het goud naar het gewicht tot de tafelen der toerichting, tot elke tafel, en het zilver tot de zilveren tafelen;

¹⁷En louter goud tot de krauwelen, en tot de sprengbekkens, en tot de schotelen, en tot gouden bekers, het gewicht tot elken beker, desgelijks tot zilveren bekers, totelken beker het gewicht;

¹⁸En tot het reukaltaar gelouterd goud in gewicht; en goud tot het voorbeeld des wagens, te weten der cherubim, die de vleugels zouden uitbreiden, en de ark desverbonds des HEEREN overdekken.

¹⁹Dit alles heeft men mij, zeide David, bij geschrift te verstaan gegeven van de hand des HEEREN, te weten al de werken dezes voorbeelds.

²⁰En David zeide tot zijn zoon Salomo: Wees sterk, en heb goeden moed, en doe het, vrees niet, en wees niet verslagen; want de HEERE God, mijn God, zal met uzijn; Hij zal u niet begeven, en Hij zal u niet verlaten, totdat gij al het werk tot den dienst van het huis des HEEREN zult volbracht hebben.

²¹En zie, daar zijn de verdelingen der priesteren en der Levieten, tot allen dienst van het huis Gods; en bij u zijn tot alle werk allerlei vrijwilligen, met wijsheid tot allendienst, ook de vorsten, en het ganse volk, bereid tot al uw bevelen.

Hoofdstuk 30

¹Verder zeide de koning David tot de ganse gemeente: God heeft mijn zoon Salomo alleen verkoren, een jongeling en teder; dit werk daarentegen is groot, want het isgeen paleis voor een mens, maar voor God, den HEERE.

²Ik heb nu uit al mijn kracht bereid tot het huis mijns Gods, goud tot gouden, en zilver tot zilveren, en koper tot koperen, ijzer tot ijzeren, en hout tot houten werken;sardonixstenen en vervullende stenen, versierstenen en borduursel, en allerlei kostelijke stenen, en marmerstenen in menigte.

³En daartoe, uit mijn welgevallen tot het huis mijns Gods, geef ik het bijzonder goud en zilver, dat ik heb, tot het huis mijns Gods daarenboven, behalve al wat ik tenhuize des heiligdoms bereid heb;

⁴Drie duizend talenten gouds, van het goud van Ofir, en zeven duizend talenten gelouterd zilver, om de wanden der huizen te overtrekken;

⁵Goud tot de gouden, en zilver tot de zilveren vaten, en tot alle werk, door de hand der werkmeesteren te maken. En wie is er willig, heden zijn hand den HEERE tevullen?

⁶Toen gaven vrijwillig de oversten der vaderen, en de oversten der stammen van Israel, en de oversten der duizenden en der honderden, en de oversten van het werkdes konings;

⁷En zij gaven, tot den dienst van het huis Gods, vijf duizend talenten gouds, en tien duizend drachmen, en tien duizend talenten zilvers, en achttien duizend talentenkopers, en honderd duizend talenten ijzers.

⁸En bij wien stenen gevonden werden, die gaven zij in den schat van het huis des HEEREN, onder de hand van Jehiel, den Gersoniet.

⁹En het volk was verblijd over hun vrijwillig geven; want zij gaven met een volkomen hart den HEERE vrijwillig; en de koning David verblijdde zich ook met groteblijdschap.

¹⁰Daarom loofde David den HEERE voor de ogen der ganse gemeente; en David zeide: Geloofd zijt Gij, HEERE, God van onzen vader Israel, van eeuwigheid tot ineeuwigheid!

¹¹Uw, o HEERE, is de grootheid, en de macht, en de heerlijkheid, en de overwinning, en de majesteit; want alles, wat in den hemel en op aarde is, is Uw: Uw, oHEERE, is het Koninkrijk, en Gij hebt U verhoogd tot een Hoofd boven alles.

¹²En rijkdom en eer zijn voor Uw aangezicht, en Gij heerst over alles; en in Uw hand is kracht en macht; ook staat het in Uw hand alles groot te maken en sterk temaken.

¹³Nu dan, onze God, wij danken U, en loven den Naam Uwer heerlijkheid.

¹⁴Want wie ben ik, en wat is mijn volk, dat wij de macht zouden verkregen hebben, om vrijwillig te geven als dit is? Want het is alles van U, en wij geven het U uitUw hand.

¹⁵Want wij zijn vreemdelingen en bijwoners voor Uw aangezicht, gelijk al onze vaders; onze dagen op aarde zijn als een schaduw, en er is geen verwachting.

¹⁶HEERE, onze God, al deze menigte, die wij bereid hebben om U een huis te bouwen, den Naam Uwer heiligheid, dat is van Uw hand, en het is alles Uw.

¹⁷En ik weet, mijn God, dat Gij het hart proeft, en dat Gij een welgevallen hebt aan oprechtigheden. Ik heb in oprechtigheid mijns harten al deze dingen vrijwilliggegeven, en ik heb nu met vreugde Uw volk, dat hier bevonden wordt, gezien, dat het zich jegens U vrijwillig gedragen heeft.

¹⁸O HEERE, Gij, God onzer vaderen, Abraham, Izak en Israel, bewaar dit in der eeuwigheid in den zin der gedachten van het hart Uws volks, en richt hun hart tot U.

¹⁹En geef mijn zoon Salomo een volkomen hart, om te houden Uw geboden, Uw getuigenissen en Uw inzettingen; en om alles te doen, en om dit paleis te bouwen, hetwelk ik bereid heb.

²⁰Daarna zeide David tot de ganse gemeente: Looft nu den HEERE, uw God! Toen loofde de ganse gemeente den HEERE, den God hunner vaderen; en zij neigdenhet hoofd, en zij bogen zich neder voor den HEERE, en voor den koning.

²¹En zij offerden den HEERE slachtoffers; ook offerden zij den HEERE brandoffers, des anderen morgens van dien dag, duizend varren, duizend rammen, duizendlammeren, met hun drankoffers; en slachtoffers in menigte, voor gans Israel.

²²En zij aten en dronken deszelven daags voor het aangezicht des HEEREN met grote vreugde; en zij maakten Salomo, den zoon van David, ten andere male koning, en zij zalfden hem den HEERE tot voorganger, en Zadok tot priester.

²³Alzo zat Salomo op den troon des HEEREN, als koning in zijns vaders Davids plaats, en hij was voorspoedig; en gans Israel hoorde naar hem.

²⁴En al de vorsten, en helden, ja, ook al de zonen van den koning David, gaven de hand, dat zij onder den koning Salomo zijn zouden.

²⁵En de HEERE maakte Salomo groot ten hoogste voor de ogen van gans Israel; en Hij gaf aan hem een koninklijke majesteit, zodanige aan geen koning van Israelvoor hem geweest is.

²⁶Zo heeft dan David, de zoon van Isai, geregeerd over gans Israel.

²⁷De dagen nu, die hij geregeerd heeft over Israel, zijn veertig jaren; te Hebron regeerde hij zeven jaren, en te Jeruzalem regeerde hij drie en dertig.

²⁸En hij stierf in goeden ouderdom, zat van dagen, rijkdom en eer; en zijn zoon Salomo regeerde in zijn plaats.

²⁹De geschiedenissen nu van den koning David, de eerste en de laatste, ziet, die zijn geschreven in de geschiedenissen van Samuel, den ziener, en in degeschiedenissen van den profeet Nathan, en in de geschiedenissen van Gad, den ziener;

2 Kronieken

Hoofdstuk 1

¹En Salomo, de zoon van David, werd versterkt in zijn koninkrijk, want de HEERE, zijn God, was met hem, en maakte hem ten hoogste groot.

²En Salomo sprak tot het ganse Israel, tot de oversten der duizenden en der honderden, en tot de richteren, en tot alle vorsten in gans Israel, de hoofden der vaderen;

³En zij gingen henen, Salomo en de ganse gemeente met hem, naar de hoogte, die te Gibeon was; want daar was de tent der samenkomst Gods, die Mozes, de knecht des HEEREN, in de woestijn gemaakt had.

⁴(Maar de ark Gods had David van Kirjath-Jearim opgebracht, ter plaatse, die David voor haar bereid had; want hij had voor haar een tent te Jeruzalem gespannen.)

⁵Ook was het koperen altaar, dat Bezaleel, de zoon van Uri, den zoon van Hur, gemaakt had, aldaar voor den tabernakel des HEEREN; Salomo nu en de gemeente bezochten hetzelve.

⁶En Salomo offerde daar, voor het aangezicht des HEEREN, op het koperen altaar, dat aan de tent der samenkomst was; en hij offerde daarop duizend brandofferen.

⁷In dienzelfden nacht verscheen God aan Salomo; en Hij zeide tot hem: Begeer, wat Ik u geven zal.

⁸En Salomo zeide tot God: Gij hebt aan mijn vader David grote weldadigheid gedaan; en Gij hebt mij koning gemaakt in zijn plaats;

⁹Nu, HEERE God, laat Uw woord waar worden, gedaan aan mijn vader David; want Gij hebt mij koning gemaakt over een volk, menigvuldig als het stof der aarde;

¹⁰Geef mij nu wijsheid en wetenschap, dat ik voor het aangezicht van dit volk uitga en inga; want wie zou dit Uw groot volk kunnen richten?

¹¹Toen zeide God tot Salomo: Daarom, dat dit in uw hart geweest is, en gij niet begeerd hebt rijkdom, goederen, noch eer, noch de ziel uwer haters, noch ook vele dagen begeerd hebt; maar wijsheid en wetenschap voor u begeerd hebt, opdat gij Mijn volk mocht richten, waarover Ik u koning gemaakt heb;

¹²De wijsheid, en de wetenschap is u gegeven; daartoe zal Ik u rijkdom, en goederen, en eer geven, dergelijke geen koningen, die voor u geweest zijn, gehad hebben, en na u zal dergelijke niet zijn.

¹³Alzo kwam Salomo te Jeruzalem, van de hoogte, die te Gibeon is, van voor de tent der samenkomst; en hij regeerde over Israel.

¹⁴En Salomo vergaderde wagenen en ruiteren, zodat hij duizend en vierhonderd wagenen, en twaalf duizend ruiteren had; en hij legde ze in de wagensteden, en bij den koning te Jeruzalem.

¹⁵En de koning maakte het zilver en het goud in Jeruzalem te zijn als stenen, en de cederen maakte hij te zijn als wilde vijgebomen, die in de laagten zijn, in menigte.

¹⁶En het uitbrengen der paarden was hetgeen Salomo uit Egypte had; en aangaande het linnengaren, de kooplieden des konings namen het linnengaren voor den prijs.

Hoofdstuk 2

¹Salomo nu dacht voor den Naam des HEEREN een huis te bouwen, en een huis voor zijn koninkrijk.

²En Salomo telde zeventig duizend lastdragende mannen, en tachtig duizend mannen, die houwen zouden in het gebergte; mitsgaders drie duizend en zeshonderd opzieners over dezelve.

³En Salomo zond tot Huram, den koning van Tyrus, zeggende: Gelijk als gij met mijn vader David gedaan hebt, en hebt hem cederen gezonden, om voor hem een huis te bouwen, om daarin te wonen, zo doe ook met mij.

⁴Zie, ik zal een huis voor den Naam des HEEREN, mijns Gods, bouwen, om Hem te heiligen, om reukwerk der welriekende specerijen voor Zijn aangezicht aan te steken, en voor de toerichting des gedurigen broods, en voor de brandofferen des morgens en des avonds, op de sabbatten, en op de nieuwe maanden, en op de gezette hoogtijden des HEEREN, onzes Gods; hetwelk voor eeuwig is in Israel.

⁵En het huis, dat ik zal bouwen, zal groot zijn; want onze God is groter dan alle goden.

⁶Doch wie zou de kracht hebben, om voor Hem een huis te bouwen, dewijl de hemelen, ja, de hemel der hemelen, Hem niet bevatten zouden? En wie ben ik, dat ik voor Hem een huis zou bouwen, ten ware om reukwerk voor Zijn aangezicht aan te steken?

⁷Zo zend mij nu een wijzen man, om te werken in goud, en in zilver, en in koper, en in ijzer, en in purper, en karmozijn, en hemelsblauw, en die weet graveerselen te graveren, met de wijzen, die bij mij zijn in Juda en in Jeruzalem, die mijn vader David beschikt heeft.

⁸Zend mij ook cederen, dennen, en algummimhout uit Libanon; want ik weet, dat uw knechten het hout van Libanon weten te houwen; en zie, mijn knechten zullen met uw knechten zijn.

⁹En dat om mij hout in menigte te bereiden; want het huis, dat ik zal bouwen, zal groot en wonderlijk zijn.

¹⁰En zie, ik zal uw knechten, den houwers, die het hout houwen, twintig duizend kor uitgeslagen tarwe, en twintig duizend kor gerst geven; daartoe twintig duizend bath wijn, en twintig duizend bath olie.

¹¹Huram nu, de koning van Tyrus, antwoordde door schrift, en zond tot Salomo: Daarom dat de HEERE Zijn volk lief heeft, heeft Hij u over hen tot koning gesteld.

¹²Verder zeide Huram: Geloofd zij de HEERE, de God Israels, Die den hemel en de aarde gemaakt heeft, dat Hij den koning David een wijzen zoon, kloek in voorzichtigheid en verstand, gegeven heeft, die een huis voor den HEERE, en een huis voor zijn koninkrijk bouwe!

¹³Zo zend ik nu een wijzen man, kloek van verstand, Huram Abi;

¹⁴Den zoon ener vrouw uit de dochteren van Dan, en wiens vader een man geweest is van Tyrus, die weet te werken in goud, en in zilver, in koper, in ijzer, in stenen, en in hout, in purper, in hemelsblauw, en in fijn linnen, en in karmozijn, en om alle graveersels te graveren, en om te bedenken allen vernuftigen vond, die hem zal voorgesteld worden, met uw wijzen, en de wijzen van mijn heer, uw vader David.

¹⁵Zo zende nu mijn heer zijn knechten de tarwe en de gerst, de olie en den wijn, die hij gezegd heeft.

¹⁶En wij zullen hout houwen uit den Libanon, naar al uw nooddruft, en zullen het tot u met vlotten, over de zee, naar Jafo brengen; en gij zult het laten ophalen naar Jeruzalem.

¹⁷En Salomo telde al de vreemde mannen, die in het land van Israel waren, achtervolgens de telling, met dewelke zijn vader David die geteld had; en er werden gevonden honderd drie en vijftig duizend en zeshonderd.

¹⁸En hij maakte uit dezelve zeventig duizend lastdragers, en tachtig duizend houwers in het gebergte, mitsgaders drie duizend en zeshonderd opzieners, om het volk te doen arbeiden.

Hoofdstuk 3

¹En Salomo begon het huis des HEEREN te bouwen te Jeruzalem, op den berg Moria, die zijn vader David gewezen was, in de plaats, die David toebereid had, op den dorsvloer van Ornan, den Jebusiet.

²Hij begon nu te bouwen in de tweede maand, op den tweeden dag, in het vierde jaar van zijn koninkrijk.

³En deze zijn de grondleggingen van Salomo, om het huis Gods te bouwen: de lengte in ellen, naar de eerste mate, was zestig ellen, en de breedte twintig ellen.

⁴En het voorhuis, hetwelk vooraan was, was in de lengte, naar de breedte van het huis, twintig ellen, en de hoogte honderd en twintig; hetwelk hij van binnen overtrok met louter goud.

⁵Het grote huis nu overdekte hij met dennenhout; daarna overtoog hij dat met goed goud; en hij maakte daarop palmen en ketenwerk.

⁶Hij overtoog ook het huis met kostelijke stenen tot versiering; het goud nu was goud van Parvaim.

⁷Daartoe overdekte hij aan het huis de balken, de posten en de wanden daarvan, en de deuren daarvan met goud; en hij graveerde cherubs aan de wanden.

⁸Verder maakte hij het huis van het heilige der heiligen, welks lengte, naar de breedte van het huis, was twintig ellen, en de breedte daarvan twintig ellen; en hij overtoog dat met goed goud, tot zeshonderd talenten.

⁹En het gewicht der nagelen was tot vijftig sikkelen gouds; en hij overtoog de opperzalen met goud.

¹⁰Ook maakte hij, in het huis van het heilige der heiligen, twee cherubim van uittrekkend werk, en hij overtoog die met goud.

¹¹Aangaande de vleugelen der cherubim, hun lengte was twintig ellen; des enen vleugel was van vijf ellen, rakende aan den wand van het huis, en de andere vleugel van vijf ellen, rakende aan de vleugel des anderen cherubs.

¹²Insgelijks was de vleugel des anderen cherubs van vijf ellen, rakende aan den wand van het huis; en de andere vleugel was van vijf ellen, klevende aan den vleugel des anderen cherubs.

¹³De vleugelen dezer cherubim spreidden zich uit twintig ellen; en zij stonden op hun voeten, en hun aangezichten waren huiswaarts.

¹⁴Hij maakte ook den voorhang van hemelsblauw, en purper, en karmozijn, en fijn linnen; en hij maakte cherubs daarop.

¹⁵Nog maakte hij voor het huis twee pilaren, van vijf en dertig ellen in lengte; en het kapiteel, dat op derzelver hoofd was, was van vijf ellen.

¹⁶Ook maakte hij ketenen, als in de aanspraakplaats, en hij zette ze op de hoofden der pilaren; daartoe maakte hij honderd granaatappelen, en zette ze tussen deketenen.

¹⁷En hij richtte de pilaren op voor aan den tempel, een ter rechterhand, en een ter linkerhand; en hij noemde den naam van den rechter Jachin, en den naam van denlinker Boaz.

Hoofdstuk 4

¹Hij maakte ook een koperen altaar, van twintig ellen in zijn lengte, en twintig ellen in zijn breedte, en tien ellen in zijn hoogte.

²Daartoe maakte hij de gegoten zee; van tien ellen was zij, van haar enen rand tot haar anderen rand, rondom rond, en van vijf ellen in haar hoogte, en een meetsnoervan dertig ellen omving ze rondom.

³Onder dezelve nu was de gelijkenis van runderen, rondom henen, die omsingelende, tien in een el, omringende de zee rondom; twee rijen dezer runderen waren inhaar gieting gegoten.

⁴Zij stond op twaalf runderen, drie ziende naar het noorden, en drie ziende naar het westen, en drie ziende naar het zuiden, en drie ziende naar het oosten; en de zeewas boven op dezelve; en al hun achterdelen waren inwaarts.

⁵Haar dikte nu was een hand breed, en haar rand als het werk van den rand eens bekers of ener leliebloem, bevattende vele bathen; zij hield drie duizend.

⁶En hij maakte tien wasvaten, en stelde vijf ter rechter hand en vijf ter linkerhand, om daarin te wassen; wat ten brandoffer behoort, staken zij daarin; maar de zeewas, opdat de priesters zich daarin zouden wassen.

⁷Hij maakte ook tien gouden kandelaren, naar hun wijze, en hij stelde ze in den tempel, vijf aan de rechterhand, en vijf aan de linkerhand.

⁸Ook maakte hij tien tafelen, en hij zette ze in den tempel, vijf aan de rechterhand, en vijf aan de linkerhand; en hij maakte honderd gouden sprengbekkens.

⁹Verder maakte hij het voorhof der priesteren, en het grote voorhof, mitsgaders de deuren voor het voorhof, en overtoog hun deuren met koper.

¹⁰De zee nu zette hij aan de rechterzijde, naar het oosten, tegenover het zuiden.

¹¹Daartoe maakte Huram de potten, en de schoffelen, en de sprengbekkens; alzo voleindde Huram het werk te maken, dat hij voor de koning Salomo aan het huisGods maakte.

¹²De twee pilaren, en de bollen, en de twee kapitelen, op het hoofd der pilaren; en de twee netten, om de twee bollen der kapitelen te bedekken, die op der pilarenhoofd waren;

¹³En de vierhonderd granaatappelen tot de twee netten: twee rijen van granaatappelen tot elk net, om de twee bollen der kapitelen te bedekken, die boven op depilaren waren.

¹⁴Hij maakte ook de stellingen; en wasvaten maakte hij op de stellingen;

¹⁵Een zee, en de twaalf runderen daaronder.

¹⁶Insgelijks de potten, en de schoffelen, en de krauwelen, en al hun vaten maakte Huram Abiu voor de koning Salomo, voor het huis des HEEREN, van gepolijstkoper.

¹⁷In de vlakte van de Jordaan goot ze de koning, in dichte aarde, tussen Sukkoth, en tussen Zeredatha.

¹⁸En Salomo maakte al deze vaten, in grote menigte; want het gewicht des kopers werd niet onderzocht.

¹⁹Ook maakte Salomo alle vaten, die voor het huis Gods waren, en het gouden altaar, en de tafelen, waarop de toonbroden zijn;

²⁰En de kandelaren met hun lampen, van gesloten goud, om die naar de wijze aan te steken, voor de aanspraakplaats;

²¹En de bloemen, en de lampen, en de snuiters, van goud; het was het volmaaktste goud;

²²Mitsgaders de gaffelen, en de sprengbekkens, en de rookschalen, en de wierookvaten, van gesloten goud; aangaande den ingang van het huis, zijn binnenste deuren, van het heilige der heiligen, en de deuren van het huis des tempels waren van goud.

Hoofdstuk 5

¹Alzo werd al het werk volbracht, dat Salomo aan het huis des HEEREN maakte. Daarna bracht Salomo de geheiligde dingen van zijn vader David; en het zilver, enhet goud, en al de vaten legde hij onder de schatten van het huis Gods.

²Toen vergaderde Salomo de oudsten van Israel, en al de hoofden der stammen, de oversten der vaderen onder de kinderen Israels, te Jeruzalem, om de ark desverbonds des HEEREN op te brengen uit de stad Davids, dewelke is Sion.

³En alle mannen van Israel verzamelden zich tot de koning op het feest, hetwelk was in de zevende maand.

⁴En al de oudsten van Israel kwamen, en de Levieten namen de ark op.

⁵En zij brachten de ark, en de tent der samenkomst opwaarts, mitsgaders al de heilige vaten, die in de tent waren; deze brachten de priesters en Levieten opwaarts.

⁶De koning Salomo nu, en de ganse vergadering van Israel, die bij hem vergaderd waren voor de ark, offerden schapen en runderen, die vanwege de menigte nietkonden geteld noch gerekend worden.

⁷Alzo brachten de priesters de ark des verbonds des HEEREN tot haar plaats, tot de aanspraakplaats van het huis, tot het heilige der heiligen, tot onder de vleugelender cherubim.

⁸Want de cherubim spreidden de beide vleugelen over de plaats der ark; en de cherubim overdekten de ark en haar handbomen van boven.

⁹Daarna schoven zij de handbomen verder uit, dat de hoofden der handbomen gezien werden uit de ark, voor aan de aanspraakplaats, maar buiten niet gezienwerden; en zij was daar tot op dezen dag.

¹⁰Er was niets in de ark, dan alleen de twee tafelen, die Mozes bij Horeb daarin gedaan had als de HEERE een verbond maakte met de kinderen Israels, toen zij uitEgypte uitgetogen waren.

¹¹En het geschiedde, als de priesters uit het heilige uitgingen; (want al de priesters, die gevonden werden, hadden zich geheiligd, zonder de verdelingen te houden;

¹²En de Levieten, die zangers waren van hen allen, van Asaf, van Heman, van Jeduthun, en van hun zonen, en van hun broederen, in fijn linnen gekleed, met cimbalen, en met luiten, en harpen, stonden tegen het oosten des altaars, en met hen tot honderd en twintig priesteren toe, trompettende met trompetten.)

¹³Het geschiedde dan, als zij eenpariglijk trompetten en zongen, om een eenparige stem te laten horen, prijzende en lovende den HEERE; en als zij de stem verhievenmet trompetten, en met cimbalen, en andere muzikale instrumenten, en als zij den HEERE prezen, dat Hij goed is, dat Zijn weldadigheid is tot in eeuwigheid; dat hethuis met een wolk vervuld werd, namelijk het huis des HEEREN.

¹⁴En de priesters konden, vanwege die wolk, niet staan, om te dienen; want de heerlijkheid des HEEREN had het huis Gods vervuld.

Hoofdstuk 6

¹Alzo werd al het werk volbracht, dat Salomo aan het huis des HEEREN maakte. Daarna bracht Salomo de geheiligde dingen van zijn vader David; en het zilver, enhet goud, en al de vaten legde hij onder de schatten van het huis Gods.

²Toen vergaderde Salomo de oudsten van Israel, en al de hoofden der stammen, de oversten der vaderen onder de kinderen Israels, te Jeruzalem, om de ark desverbonds des HEEREN op te brengen uit de stad Davids, dewelke is Sion.

³En alle mannen van Israel verzamelden zich tot de koning op het feest, hetwelk was in de zevende maand.

⁴En al de oudsten van Israel kwamen, en de Levieten namen de ark op.

⁵En zij brachten de ark, en de tent der samenkomst opwaarts, mitsgaders al de heilige vaten, die in de tent waren; deze brachten de priesters en Levieten opwaarts.

⁶De koning Salomo nu, en de ganse vergadering van Israel, die bij hem vergaderd waren voor de ark, offerden schapen en runderen, die vanwege de menigte nietkonden geteld noch gerekend worden.

⁷Alzo brachten de priesters de ark des verbonds des HEEREN tot haar plaats, tot de aanspraakplaats van het huis, tot het heilige der heiligen, tot onder de vleugelender cherubim.

⁸Want de cherubim spreidden de beide vleugelen over de plaats der ark; en de cherubim overdekten de ark en haar handbomen van boven.

⁹Daarna schoven zij de handbomen verder uit, dat de hoofden der handbomen gezien werden uit de ark, voor aan de aanspraakplaats, maar buiten niet gezienwerden; en zij was daar tot op dezen dag.

¹⁰Er was niets in de ark, dan alleen de twee tafelen, die Mozes bij

Horeb daarin gedaan had als de HEERE een verbond maakte met de kinderen Israels, toen zij uitEgypte uitgetogen waren.

¹¹En het geschiedde, als de priesters uit het heilige uitgingen; (want al de priesters, die gevonden werden, hadden zich geheiligd, zonder de verdelingen te houden;

¹²En de Levieten, die zangers waren van hen allen, van Asaf, van Heman, van Jeduthun, en van hun zonen, en van hun broederen, in fijn linnen gekleed, met cimbalen, en met luiten, en harpen, stonden tegen het oosten des altaars, en met hen tot honderd en twintig priesteren toe, trompettende met trompetten.

¹³Het geschiedde dan, als zij eenpariglijk trompetten en zongen, om een eenparige stem te laten horen, prijzende en lovende den HEERE; en als zij de stem verhievenmet trompetten, en met cimbalen, en andere muzikale instrumenten, en als zij den HEERE prezen, dat Hij goed is, dat Zijn weldadigheid is tot in eeuwigheid; dat hethuis met een wolk vervuld werd, namelijk het huis des HEEREN.

¹⁴En de priesters konden, vanwege die wolk, niet staan, om te dienen; want de heerlijkheid des HEEREN had het huis Gods vervuld.

Hoofdstuk 7

¹Toen zeide Salomo: De HEERE heeft gezegd, dat Hij in de donkerheid zou wonen.

²En ik heb U een huis ter woonstede gebouwd, en een vaste plaats tot Uw eeuwige woning.

³Daarna wendde de koning zijn aangezicht om, en zegende de ganse gemeente van Israel; en de ganse gemeente van Israel stond.

⁴En hij zeide: Geloofd zij de HEERE, de God van Israel, Die met Zijn mond tot mijn vader David gesproken heeft, en heeft het met Zijn handen vervuld, zeggende:

⁵Van dien dag af, dat Ik Mijn volk uit Egypteland uitgevoerd heb, heb Ik geen stad verkoren uit alle stammen van Israel, om een huis te bouwen, dat Mijn Naam daarzou wezen; en geen man verkoren om een voorganger te zijn over Mijn volk Israel.

⁶Maar Ik heb Jeruzalem verkoren, dat Mijn Naam daar zou wezen; en Ik heb David verkoren, dat hij over Mijn volk Israel wezen zou.

⁷Het was ook in het hart van mijn vader David, een huis te bouwen den Naam des HEEREN, des Gods van Israel.

⁸Maar de HEERE zeide tot mijn vader David: Dewijl dat in uw hart geweest is, Mijn Naam een huis te bouwen, gij hebt welgedaan, dat het in uw hart geweest is.

⁹Evenwel, gij zult dat huis niet bouwen, maar uw zoon, die uit uw lenden voortkomen zal, die zal Mijn Naam dat huis bouwen.

¹⁰Zo heeft de HEERE Zijn woord bevestigd, dat Hij gesproken had; want ik ben opgestaan in de plaats van mijn vader David, en ik zit op den troon van Israel, gelijkals de HEERE gesproken heeft; en ik heb een huis gebouwd den Naam des HEEREN, des Gods van Israel.

¹¹En ik heb daar de ark gesteld, waarin het verbond des HEEREN is, hetwelk Hij maakte met de kinderen Israels.

¹²En hij stond voor het altaar des HEEREN, tegenover de ganse gemeente van Israel; en hij breidde zijn handen uit;

¹³(Want Salomo had een koperen gestoelte gemaakt, en had het gesteld in het midden des voorhofs; zijnde vijf ellen in zijn lengte en vijf ellen in zijn breedte, en drieellen in zijn hoogte; en hij stond daarop, en knielde op zijn knieen voor de ganse gemeente van Israel, en breidde zijn handen uit naar den hemel.)

¹⁴En hij zeide: HEERE, God van Israel, er is geen God gelijk Gij, in den hemel noch op de aarde, houdende het verbond en de weldadigheid aan Uw knechten, die voorUw aangezicht met hun ganse hart wandelen;

¹⁵Die Uw knecht, mijn vader David, gehouden hebt, wat Gij tot hem gesproken hadt; want met Uw mond hebt Gij gesproken, en met Uw hand vervuld, gelijk het tedezen dage is.

¹⁶En nu, HEERE, God van Israel, houd Uw knecht, mijn vader David, wat Gij tot hem gesproken hebt, zeggende: Geen man zal u van voor Mijn aangezichtafgesneden worden, die zitte op den troon van Israel; alleenlijk zo uw zonen hun weg bewaren, om te wandelen in Mijn wet, gelijk als gij gewandeld hebt voor Mijnaangezicht.

¹⁷Nu dan, o HEERE, God van Israel! Laat Uw woord waar worden, hetwelk Gij gesproken hebt tot Uw knecht, tot David.

¹⁸Maar waarlijk, zou God bij de mensen op de aarde wonen? Ziet de hemelen, ja, de hemel der hemelen, zouden U niet begrijpen, hoeveel te min dit huis, dat ikgebouwd heb?

¹⁹Wend U dan nog tot het gebed Uws knechts, en tot zijn smeking, o HEERE, mijn God, om te horen naar het geroep en naar het gebed, dat Uw knecht voor Uwaangezicht bidt.

²⁰Dat Uw ogen open zijn, dag en nacht, over dit huis, over de plaats, van dewelke Gij gezegd hebt, Uw Naam daar te zullen zetten; om te horen naar het gebed, hetwelk Uw knecht bidden zal in deze plaats.

²¹Hoor dan naar de smekingen van Uw knecht, en van Uw volk Israel, die in deze plaats zullen bidden; en hoor Gij uit de plaats Uwer woning, uit den hemel, ja, hoor, en vergeef.

²²Wanneer iemand tegen zijn naaste zal gezondigd hebben, en die hem een eed des vloeks opgelegd zal hebben, om zichzelven te vervloeken, en de eed des vloeksvoor Uw altaar in dit huis komen zal;

²³Hoor Gij dan uit den hemel, en doe, en richt Uw knechten, vergeldende den goddeloze, gevende zijn weg op zijn hoofd, en rechtvaardigende den rechtvaardige, gevende hem naar zijn gerechtigheid.

²⁴Wanneer ook Uw volk Israel voor het aangezicht des vijands zal geslagen worden, omdat zij tegen U gezondigd zullen hebben, en zich bekeren, en Uw Naambelijden, en voor Uw aangezicht in dit huis bidden en smeken zullen,

²⁵Hoor Gij dan uit den hemel, en vergeef de zonden van Uw volk Israel, en breng hen weder in het land, dat Gij hun en hun vaderen gegeven hebt.

²⁶Als de hemel zal gesloten zijn, dat er geen regen is, omdat zij tegen U gezondigd zullen hebben; en zij in deze plaats bidden, en Uw Naam belijden, en van hunzonden zich bekeren zullen, als Gij hen geplaagd zult hebben;

²⁷Hoor Gij dan in den hemel, en vergeef de zonden Uwer knechten en van Uw volk Israel, als Gij hun zult geleerd hebben den goeden weg, in denwelken zij wandelenzullen; en geef regen op Uw land, dat Gij Uw volk tot een erfenis gegeven hebt.

²⁸Als er honger in het land wezen zal, als er pest wezen zal, als er brandkoren of honigdauw, sprinkhanen en kevers wezen zullen, als iemand van zijn vijanden in hetland zijner poorten hem belegeren zal, of enige plage, of enige krankheid wezen zal;

²⁹Alle gebed, alle smeking, die van enig mens, of van al Uw volk Israel geschieden zal, als zij erkennen, een ieder zijn plage en zijn smarte, en een ieder zijn handen indit huis uitbreiden zal;

³⁰Hoor Gij dan uit den hemel, de vaste plaats Uwer woning, en vergeef, en geef een iegelijk naar al zijn wegen, gelijk Gij zijn hart kent; want Gij alleen kent het hartvan de kinderen der mensen.

³¹Opdat zij U vrezen, om te wandelen in Uw wegen, al de dagen, die zij leven zullen op het land, dat Gij onzen vaderen gegeven hebt.

³²Zelfs ook aangaande den vreemde, die van Uw volk Israel niet zijn zal, maar uit verren lande, om Uws groten Naams, en Uwer sterke hand, en Uws uitgestrektenarms wil, komen zal; als zij komen, en bidden zullen in dit huis;

³³Hoor Gij dan uit den hemel, uit de vaste plaats Uwer woning, en doe naar alles, waarom die vreemde tot U roepen zal; opdat alle volken der aarde Uw Naamkennen, zo om U te vrezen, gelijk Uw volk Israel, als om te weten, dat Uw Naam genoemd wordt over dit huis, hetwelk ik gebouwd heb.

³⁴Wanneer Uw volk in den krijg tegen zijn vijanden uittrekken zal door den weg, dien Gij hen heenzenden zult, en zullen tot U bidden naar den weg dezer stad, die Gijverkoren hebt, en naar dit huis, hetwelk ik Uw Naam gebouwd heb;

³⁵Hoor dan uit den hemel hun gebed en hun smeking, en voer hun recht uit.

³⁶Wanneer zij gezondigd zullen hebben tegen U (want geen mens is er, die niet zondigt), en Gij tegen hen vertoornd zult zijn, en hen leveren zult voor het aangezichtdes vijands, dat degenen, die hen gevangen hebben, hen gevankelijk wegvoeren in een land, dat verre of nabij is;

³⁷En zij in het land, waar zij gevankelijk weggevoerd zijn, weder aan hun hart brengen zullen, dat zij zich bekeren, en tot U smeken in het land hunner gevangenis, zeggende: Wij hebben gezondigd, verkeerdelijk gedaan, en goddelooslijk gehandeld;

³⁸En zij zich tot U bekeren, met hun ganse hart en met hun ganse ziel, in het land hunner gevangenis, waar zij hen gevankelijk weggevoerd hebben, en bidden zullennaar den weg huns lands, dat Gij hun vaderen gegeven hebt, en naar deze stad, die Gij verkoren hebt, en naar dit huis, dat ik Uw Naam gebouwd heb;

³⁹Hoor dan uit den hemel, uit de vaste plaats Uwer woning, hun gebed en hun smekingen, en voer hun recht uit, en vergeef Uw volk, wat zij tegen U gezondigd zullenhebben.

⁴⁰Nu, mijn God, laat toch Uw ogen open en Uw oren opmerkende zijn tot het gebed dezer plaats.

⁴¹En nu, HEERE God, maak U op tot Uw rust, Gij en de ark Uwer kracht; laat Uw priesters, HEERE God, met heil bekleed worden, en laat Uw gunstgenoten overhet goede blijde zijn.

⁴²O HEERE God! wend het aangezicht Uws gezalfden niet af; gedenk der weldadigheden van David, Uw knecht.

2 Kronieken

Hoofdstuk 8

¹Als nu Salomo voleind had te bidden, zo daalde het vuur van den hemel, en verteerde het brandoffer en de slachtofferen; en de heerlijkheid des HEEREN vervuldehet huis.

²En de priesters konden niet ingaan in het huis des HEEREN; want de heerlijkheid des HEEREN had het huis des HEEREN vervuld.

³En als al de kinderen Israels dat vuur zagen afdalen, en de heerlijkheid des HEEREN over het huis, zo bukten zij met hun aangezichten ter aarde op den vloer, enaanbaden en loofden den HEERE, dat Hij goedig is, dat Zijn weldadigheid is tot in eeuwigheid.

⁴De koning nu en al het volk offerden slachtofferen voor het aangezicht des HEEREN.

⁵En de koning Salomo offerde slachtofferen van runderen, twee en twintig duizend, en van schapen, honderd en twintig duizend. Alzo hebben de koning en het gansevolk het huis Gods ingewijd.

⁶Ook stonden de priesters in hun wachten, en de Levieten met de muzikale instrumenten des HEEREN, die de koning David gemaakt had, om den HEERE te loven, dat Zijn weldadigheid is in eeuwigheid, als David door hun dienst Hem prees; en de priesters trompetten tegen hen over, en gans Israel stond.

⁷En Salomo heiligde het middelste des voorhofs, hetwelk voor het huis des HEEREN was, dewijl hij daar de brandofferen en het vette der dankofferen bereid had;want het koperen altaar, dat Salomo gemaakt had, kon het brandoffer, en het spijsoffer, en het vette niet vatten.

⁸Salomo hield ook ter zelfder tijd het feest zeven dagen, en gans Israel met hem, een zeer grote gemeente, van den ingang af van Hamath, tot de rivier van Egypte.

⁹En ten achtsten dage hielden zij een verbodsdag; want zij hielden de inwijding des altaars zeven dagen, en het feest zeven dagen.

¹⁰Doch op den drie en twintigsten dag der zevende maand liet hij het volk gaan tot hun hutten, blijde en goedsmoeds over het goede, dat de HEERE aan David enSalomo, en Zijn volk Israel gedaan had.

¹¹Alzo volbracht Salomo het huis des HEEREN, en het huis des konings; en al wat in Salomo's hart gekomen was, om in het huis des HEEREN en in zijn huis temaken, richtte hij voorspoedig uit.

¹²En de HEERE verscheen Salomo des nachts, en Hij zeide tot hem: Ik heb uw gebed verhoord, en heb Mij deze plaats verkoren tot een offerhuis.

¹³Zo Ik den hemel toesluite, dat er geen regen zij, of zo Ik den sprinkhaan gebiede, het land te verteren, of zo Ik pest onder Mijn volk zende;

¹⁴En Mijn volk, over dewelken Mijn Naam genoemd wordt, zich verootmoedigt en bidt, en zij Mijn aangezicht zoeken, en zich bekeren van hun boze wegen; zo zal Ikuit den hemel horen, en hun zonden vergeven, en hun land genezen.

¹⁵Nu zullen Mijn ogen open zijn, en Mijn oren opmerkende op het gebed dezer plaats.

¹⁶Want Ik heb nu dit huis verkoren en geheiligd, opdat Mijn Naam daar zij tot in eeuwigheid en Mijn ogen en Mijn hart zullen daar te allen dage zijn.

¹⁷En u aangaande, zo gij voor Mijn aangezicht wandelen zult, gelijk als uw vader David gewandeld heeft, en doen naar alles, wat Ik u geboden heb, en Mijn inzettingenen Mijn rechten houden zult;

¹⁸Zo zal Ik den troon uws koninkrijks bevestigen, gelijk als Ik een verbond met uw vader David gemaakt heb, zeggende: Geen man zal u afgesneden worden, die inIsrael heerse.

¹⁹Maar zo gijlieden u afkeren zult, en Mijn inzettingen en Mijn geboden, die Ik voor uw aangezicht gegeven heb, verlaten, en heengaan, en andere goden dienen, en uvoor die nederbuigen zult;

²⁰Zo zal Ik hen uitrukken uit Mijn land, dat Ik hun gegeven heb, en dit huis, dat Ik Mijn Naam geheiligd heb, zal Ik van Mijn aangezicht wegwerpen, en zal het tot eenspreekwoord en spotrede onder alle volken maken.

²¹En dit huis, dat verheven zal geweest zijn, daarover zal zich een ieder, die voorbijgaat, ontzetten, dat hij zal zeggen: Waarom heeft de HEERE aan dit land en anddithuis alzo gedaan?

²²En men zal zeggen: Omdat zij den HEERE, hunner vaderen God, verlaten hebben, Die hen uit Egyptland uitgevoerd had, en hebben zich aan andere godengehouden, en zich voor dezelve nedergebogen, en hen gediend; daarom heeft Hij al dat kwaad over hen gebracht.

Hoofdstuk 9

¹Het geschiedde nu ten einde van twintig jaren, in dewelke Salomo het huis des HEEREN en zijn huis gebouwd had,

²Dat Salomo de steden, welke Huram hem gegeven had, bouwde, en de kinderen Israels aldaar deed wonen.

³Daarna toog Salomo naar Hamath-Zoba, en hij overweldigde het.

⁴Hij bouwde ook Thadmor in de woestijn, en al de schatsteden, die hij bouwde in Hamath.

⁵Ook bouwde hij het hoge Beth-horon en het neder Beth-horon, vaste steden met muren, deuren en grendelen;

⁶Mitsgaders Baalath, en al de schatsteden, die Salomo had, en alle wagensteden, en de steden der ruiteren, en wat de begeerte van Salomo begeerd had te bouwen, in Jeruzalem, en in den Libanon, en in het ganse land zijner heerschappij.

⁷Aangaande al het volk, dat overgebleven was van de Hethieten, en de Amorieten, en de Ferezieten, en de Hevieten, en de Jebusieten, die niet uit Israel waren;

⁸Uit hun kinderen, die na hen in het land overgebleven waren, welke de kinderen Israels niet verdaan hadden, die bracht Salomo op uitschot tot op dezen dag.

⁹Doch uit de kinderen Israels, die Salomo niet maakte tot slaven in zijn werk; (want zij waren krijgslieden, en oversten zijner hoofdlieden, en oversten zijner wagenenen zijner ruiteren);

¹⁰Uit dezen dan waren oversten der bestelden, die de koning Salomo had, tweehonderd en vijftig, die over het volk heerschappij hadden.

¹¹Salomo nu deed de dochter van Farao opkomen uit de stad Davids, tot het huis, dat hij voor haar gebouwd had; want hij zeide: Mijn vrouw zal in het huis van David, den koning van Israel, niet wonen, omdat de plaatsen heilig zijn, tot dewelke de ark des HEEREN gekomen is.

¹²Toen offerde Salomo den HEERE brandofferen op het altaar des HEEREN, hetwelk hij voor het voorhuis gebouwd had;

¹³Zelfs naar den eis van elken dag, offerende, naar het gebod van Mozes, op de sabbatten, en op de nieuwe maanden, en op de gezette hoogtijden, drie malen in hetjaar; op het feest van de ongezuurde broden, en op het feest der weken, en op het feest der loofhutten.

¹⁴Hij stelde ook, naar de wijze zijns vaders Davids, de verdelingen der priesteren over hun dienst, en der Levieten over hun wachten, om God te prijzen, en voor depriesteren te dienen, naar den eis van elken dag; en de poortiers in hun verdelingen, aan elke poort; want alzo was het gebod van David, den man Gods.

¹⁵En men week niet van des konings gebod aan de priesteren en de Levieten, aangaande alle zaken, en aangaande de schatten.

¹⁶Alzo werd al het werk van Salomo bereid tot den dag der grondlegging van het huis des HEEREN, en tot het volbrengen van hetzelve, dat het huis des HEERENvolmaakt werd.

¹⁷Toen toog Salomo naar Ezeon-Geber, en naar Eloth, aan den oever der zee, in het land Edom.

¹⁸En Huram zond hem, door de hand zijner knechten, schepen, mitsgaders knechten, kenners van de zee; en zij gingen met Salomo's knechten naar Ofir, en zij haaldenvan daar vierhonderd en vijftig talenten gouds, dewelke zij brachten tot den koning Salomo.

Hoofdstuk 10

¹En toen de koningin van Scheba het gerucht van Salomo hoorde, kwam zij, om Salomo met raadselen te verzoeken, te Jeruzalem, met een zeer zwaar heir, enkemelen, dragende specerijen en goud in menigte, en kostelijk gesteente; en zij kwam tot Salomo, en sprak met hem al wat in haar hart was.

²En Salomo verklaarde haar al haar woorden; en geen ding was er verborgen voor Salomo, dat hij haar niet verklaarde.

³Als nu de koningin van Scheba zag de wijsheid van Salomo, en het huis, dat hij gebouwd had,

⁴En de spijze zijner tafel, en het zitten zijner knechten, en het staan zijner dienaren, en hun kledingen, en zijn schenkers, en hun kledingen, en zijn opgang, waardoor hijopging in het huis des HEEREN, zo was in haar geen geest meer.

⁵En zij zeide tot den koning: Het is een waarachtig woord geweest, dat ik in mijn land gehoord heb, van uw zaken en van uw wijsheid.

⁶En ik heb hun woorden niet geloofd, totdat ik gekomen ben, en mijn ogen dat gezien hebben; en zie, de helft van de grootheid uwer wijsheid is mij niet aangezegd; gijhebt overtroffen het gerucht, dat ik gehoord heb.

⁷Welgelukzalig zijn uw mannen, en welgelukzalig deze uw knechten, die geduriglijk voor uw aangezicht staan, en uw wijsheid horen.

⁸Geloofd zij de HEERE, uw God, Die behagen in u gehad heeft, om u op Zijn troon, den HEERE, uw God, tot een koning te zetten; overmits uw God Israel bemint, om hetzelve tot in eeuwigheid op te richten, zo heeft Hij u tot een koning over hen gesteld, om recht en gerechtigheid te doen.

⁹En zij gaf de koning honderd en twintig talenten gouds, en specerijen in grote menigte, en kostelijk gesteente; en er was gelijk deze specerij, die de koningin van Scheba den koning Salomo gaf, geen geweest.

¹⁰Verder ook Hurams knechten, en Salomo's knechten, die goud brachten uit Ofir, brachten algummimhout en edelgesteente.

¹¹En de koning maakte van dat algummimhout hoge gangen tot het huis des HEEREN en tot het huis des konings, mitsgaders harpen en luiten voor de zangers; desgelijks ook was te voren in het land van Juda niet geweest.

¹²En de koning Salomo gaf de koningin van Scheba al haar behagen, wat zij begeerde, behalve hetgeen zij tot den koning gebracht had; zo keerde zij, en toog naar haar land, zij en haar knechten.

¹³Het gewicht nu van het goud, dat voor Salomo op een jaar inkwam, was zeshonderd zes en zestig talenten gouds;

¹⁴Behalve dat zij van de kramers en de kooplieden inbrachten; ook brachten alle koningen van Arabie, en de vorsten deszelven lands, goud en zilver aan Salomo.

¹⁵Daartoe maakte de koning Salomo tweehonderd rondassen van geslagen goud; zeshonderd sikkelen van geslagen goud liet hij opwegen tot elke rondas.

¹⁶Insgelijks driehonderd schilden van geslagen goud; driehonderd sikkelen gouds liet hij opwegen tot elk schild; en de koning legde ze in het huis des wouds van den Libanon.

¹⁷Nog maakte de koning een groten elpenbenen troon, en hij overtoog denzelven met louter goud.

¹⁸En de troon had zes trappen en een voetbank van goud, aan den troon vast zijnde, en leuningen aan beide zijden, tot de zitplaats toe; en twee leeuwen stonden bij de leuningen.

¹⁹En twaalf leeuwen stonden daar aan beide zijden, op de zes trappen; desgelijks is in geen koninkrijk gemaakt geweest.

²⁰Ook waren alle drinkvaten van den koning Salomo van goud, en alle vaten van het huis des wouds van den Libanon waren van gesloten goud; het zilver was in de dagen van Salomo niet voor iets geacht.

²¹Want des konings schepen voeren naar Tharsis, met de knechten van Huram; eens in drie jaren kwamen de schepen van Tharsis in, brengende goud, en zilver, elpenbeen, en apen, en pauwen.

²²Alzo werd de koning Salomo groter dan alle koningen der aarde in rijkdom en wijsheid.

²³En alle koningen der aarde zochten Salomo's aangezicht, om zijn wijsheid te horen, die God in zijn hart gegeven had.

²⁴En zij brachten een ieder zijn geschenk, zilveren vaten, en gouden vaten, en klederen, harnas, en specerijen, paarden, en muilezelen, van elk van jaar tot jaar.

²⁵Ook had Salomo vier duizend paardenstallen, en wagenen, en twaalf duizend ruiteren; en hij legde ze in de wagensteden, en bij den koning te Jeruzalem.

²⁶En hij heerste over alle koningen, van de rivier tot aan het land der Filistijnen, en tot aan de landpale van Egypte.

²⁷Ook maakte de koning het zilver in Jeruzalem te zijn als stenen, en de cederen maakte hij te zijn als de wilde vijgebomen, die in de laagte zijn, in menigte.

²⁸En zij brachten voor Salomo paarden uit Egypte, en uit al die landen.

²⁹Het overige nu der geschiedenissen van Salomo, der eerste en der laatste, zijn die niet geschreven in de woorden van Nathan, den profeet, en in de profetie van Ahia, den Siloniet, en in de gezichten van Jedi, den ziener, aangaande Jerobeam, den zoon van Nebat?

³⁰En Salomo regeerde te Jeruzalem over gans Israel, veertig jaren.

³¹En Salomo ontsliep met zijn vaderen, en zij begroeven hem in de stad zijns vaders Davids; en zijn zoon Rehabeam werd koning in zijn plaats.

Hoofdstuk 11

¹En Rehabeam toog naar Sichem; want het ganse Israel was te Sichem gekomen, om hem koning te maken.

²Het geschiedde nu, als Jerobeam, de zoon van Nebat, dat hoorde (dezelve nu was in Egypte, alwaar hij van het aangezicht van den koning Salomo gevloden was), dat Jerobeam uit Egypte weerkeerde;

³Want zij zonden henen, en lieten hem roepen; zo kwam Jerobeam met het ganse Israel, en zij spraken tot Rehabeam, zeggende:

⁴Uw vader heeft ons juk hard gemaakt, nu dan, maak gij uws vaders harden dienst, en zijn zwaar juk, dat hij ons opgelegd heeft, lichter, en wij zullen u dienen.

⁵En hij zeide tot hen: Komt over drie dagen weder tot mij. En het volk ging heen.

⁶En de koning Rehabeam hield raad met de oudsten, die gestaan hadden voor het aangezicht van zijn vader Salomo, als hij leefde, zeggende: Hoe raadt gijlieden, dat men dit volk antwoorden zal?

⁷En zij spraken tot hem, zeggende: Indien gij dit volk goedertieren en jegens hen goedwillig wezen zult, en tot hen goede woorden spreken, zo zullen zij te allen dage uw knechten zijn.

⁸Maar hij verliet den raad der oudsten, dien zij hem geraden hadden; en hij hield raad met de jongelingen, die met hem opgewassen waren, die voor zijn aangezicht stonden.

⁹En hij zeide tot hen: Wat raadt gijlieden, dat wij dit volk antwoorden zullen, die tot mij gesproken hebben, zeggende: Maak het juk, dat uw vader ons opgelegd heeft, lichter?

¹⁰En de jongelingen die met hem opgewassen waren, spraken tot hem, zeggende: Alzo zult gij zeggen tot dat volk, die tot u gesproken heeft, zeggende: Uw vader heeft ons juk zwaar gemaakt, maar maak gij het over ons lichter; alzo zult gij tot hen spreken: Mijn kleinste vinger zal dikker zijn dan mijns vaders lenden.

¹¹Indien nu mijn vader een zwaar juk op u heeft doen laden, zo zal ik boven uw juk nog daartoe doen; mijn vader heeft u met geselen gekastijd, maar ik zal u met schorpioenen kastijden.

¹²Zo kwam Jerobeam en al het volk tot Rehabeam, op den derden dag, gelijk als de koning gesproken had, zeggende: Komt weder tot mij op den derden dag.

¹³En de koning antwoordde hun hardelijk; want de koning Rehabeam verliet den raad der oudsten.

¹⁴En hij sprak tot hen naar den raad der jongelingen, zeggende: Mijn vader heeft uw juk zwaar gemaakt, maar ik zal nog daarboven toedoen; mijn vader heeft u met geselen gekastijd, maar ik zal u met schorpioenen kastijden.

¹⁵Alzo hoorde de koning naar het volk niet; want deze omwending was van God, opdat de HEERE Zijn woord bevestigde, hetwelk Hij door den dienst van Ahia, den Siloniet, gesproken had tot Jerobeam, den zoon van Nebat.

¹⁶Toen het ganse volk Israel zag, dat de koning naar hen niet hoorde, zo antwoordde het volk den koning, zeggende: Wat deel hebben wij aan David? Ja, geen erve hebben wij aan den zoon van Isai; een ieder naar uw tenten, o Israel! Voorzie nu uw huis, o David! Zo ging het ganse Israel naar zijn tenten.

¹⁷Doch aangaande de kinderen van Israel, die in de steden van Juda woonden, over die regeerde Rehabeam ook.

¹⁸Toen zond de koning Rehabeam Hadoram, die over de schatting was; en de kinderen Israels stenigden hem met stenen, dat hij stierf; maar de koning Rehabeam verkloekte zich, om op een wagen te klimmen, dat hij naar Jeruzalem vluchtte.

¹⁹Alzo vielen de Israelieten van het huis van David af, tot op dezen dag.

Hoofdstuk 12

¹Toen nu Rehabeam te Jeruzalem gekomen was, vergaderde hij het huis van Juda en Benjamin, eenhonderd en tachtig duizend, uitgelezenen, geoefend ten oorlog, om tegen Israel te strijden, opdat hij het koninkrijk weder aan Rehabeam bracht.

²Doch het woord des HEEREN geschiedde tot Semaja, den man Gods, zeggende:

³Zeg tot Rehabeam, den zoon van Salomo, den koning van Juda, en tot het ganse Israel in Juda en Benjamin, zeggende:

⁴Zo zegt de HEERE: Gij zult niet optrekken, noch strijden tegen uw broederen; een ieder kere weder tot zijn huis, want deze zaak is van Mij geschied. En zij hoorden de woorden des HEEREN, en zij keerden weder van tegen Jerobeam te trekken.

⁵Rehabeam nu woonde te Jeruzalem; en hij bouwde steden tot vastigheden in Juda.

⁶Hij bouwde nu Bethlehem, en Etham, en Thekoa,

⁷En Beth-Zur, en Socho, en Adullam,

⁸En Gath, en Maresa, en Zif,

⁹En Adoraim, en Lachis, en Azeka,

¹⁰En Zora, en Ajalon, en Hebron; dewelke in Juda en in Benjamin de vaste steden waren.

¹¹En hij sterkte deze vastigheden, en legde oversten daarin, en schatten van spijs, en olie, en wijn;

¹²En in elke stad rondassen en spiesen, en sterkte ze gans zeer; zo was Juda, en Benjamin zijne.

¹³Daartoe de priesteren en de Levieten, die in het ganse Israel

waren, stelden zich bij hem uit al hun landpalen.

¹⁴Want de Levieten verlieten hun voorsteden en hun bezitting, en kwamen in Juda en in Jeruzalem; want Jerobeam en zijn zonen hadden hen verstoten, van hetpriesterdom des HEEREN te mogen bedienen.

¹⁵En hij had zich priesteren gesteld voor de hoogte, en voor de duivelen, en voor de kalveren, die hij gemaakt had.

¹⁶Na die kwamen ook uit alle stammen van Israel te Jeruzalem, die hun hart begaven, om den HEERE, den God Israels, te zoeken, dat zij den HEERE, den Godhunner vaderen, offerande deden.

¹⁷Alzo sterkten zij het koninkrijk van Juda, en bekrachtigden Rehabeam, den zoon van Salomo, drie jaren; want drie jaren wandelden zij in den weg van David, enSalomo.

¹⁸En Rehabeam nam zich, benevens Mahalath, de dochter van Jerimoth, den zoon van David, ter vrouwe Abihail, de dochter van Eliab, den zoon van Isai,

¹⁹Dewelke hem zonen baarde, Jeus, en Semaria, en Zaham.

²⁰En na haar nam hij Maacha, de dochter van Absalom; deze baarde hem Abia, en Attai, en Ziza, en Selomith.

²¹En Rehabeam had Maacha, Absaloms dochter, liever dan al zijn vrouwen en zijn bijwijven; want hij had achttien vrouwen genomen, en zestig bijwijven; en hij gewonacht en twintig zonen en zestig dochteren.

²²En Rehabeam stelde Abia, den zoon van Maacha, tot een hoofd, om een overste te zijn onder zijn broederen; want het was om hem koning te maken.

²³En hij handelde verstandelijk, dat hij van al zijn zonen, door alle landen van Juda en Benjamin, in alle vaste steden verspreidde, denwelken hij spijze gaf in overvloed;en hij begeerde de veelheid van vrouwen.

Hoofdstuk 13

¹Het geschiedde nu, als Rehabeam het koninkrijk bevestigd had, en hij sterk geworden was, dat hij de wet des HEEREN verliet, en gans Israel met hem.

²Daarom geschiedde het, in het vijfde jaar van den koning Rehabeam, dat Sisak, de koning van Egypte, tegen Jeruzalem optoog (want zij hadden overtreden tegenden HEERE),

³Met duizend en tweehonderd wagenen, en met zestig duizend ruiteren; en des volks was geen getal, dat met hem kwam uit Egypte, Libiers, Suchieten en Moren;

⁴En hij nam de vaste steden in, die Juda had, en hij kwam tot Jeruzalem toe.

⁵Toen kwam Semaja, de profeet, tot Rehabeam en de oversten van Juda, die te Jeruzalem verzameld waren, uit oorzaak van Sisak, en hij zeide tot hen: Alzo zegt deHEERE: Gij hebt Mij verlaten, daarom heb Ik u ook verlaten in de hand van Sisak.

⁶Toen verootmoedigden zich de oversten van Israel en de koning, en zij zeiden: De HEERE is rechtvaardig.

⁷Als nu de HEERE zag, dat zij zich verootmoedigden, geschiedde het woord des HEEREN tot Semaja, zeggende: Zij hebben zich verootmoedigd, Ik zal hen nietverderven; maar Ik zal hun in kort ontkoming geven, dat Mijn grimmigheid over Jeruzalem door de hand van Sisak niet zal uitgegoten worden.

⁸Doch zij zullen hem tot knechten zijn, opdat zij onderkennen Mijn dienst en den dienst van de koninkrijken der landen.

⁹Zo toog Sisak, de koning van Egypte, op tegen Jeruzalem; en hij nam de schatten van het huis des HEEREN en de schatten van het huis des konings weg; hij namalles weg; hij nam ook al de gouden schilden weg, die Salomo gemaakt had.

¹⁰En de koning Rehabeam maakte, in plaats van die, koperen schilden; en hij beval die onder de hand van de oversten der trawanten, die de deur van het huis deskonings bewaarden.

¹¹En het geschiedde, zo wanneer de koning in het huis des HEEREN ging, dat de trawanten kwamen, en die droegen, en die wederbrachten in der trawantenwachtkamer.

¹²En als hij zich verootmoedigde, keerde de toorn des HEEREN van hem af, opdat Hij hem niet ten uiterste toe verdierf; ook waren in Juda nog goede dingen.

¹³Zo versterkte zich de koning Rehabeam in Jeruzalem, en regeerde; want Rehabeam was een en veertig jaren oud, als hij koning werd, en hij regeerde zeventienjaren in Jeruzalem, de stad, die de HEERE uit alle stammen van Israel verkoren had, om Zijn Naam daar te zetten; en de naam zijner moeder was Naama, eenAmmonietische.

¹⁴En hij deed dat kwaad was, dewijl hij zijn hart niet richtte, om den HEERE te zoeken.

¹⁵De geschiedenissen nu van Rehabeam, de eerste en de laatste, zijn die niet geschreven in de woorden van Semaja, den profeet, en Iddo, den ziener, verhalende degeslachtsregisteren; daartoe de krijgen van Rehabeam en Jerobeam in al hun dagen?

¹⁶En Rehabeam ontsliep met zijn vaderen, en werd begraven in de stad Davids; en zijn zoon Abia werd koning in zijn plaats.

Hoofdstuk 14

¹In het achttiende jaar van den koning Jerobeam, zo werd Abia koning over Juda.

²Hij regeerde drie jaren te Jeruzalem; en de naam zijner moeder was Michaja, de dochter van Uriel, van Gibea; en er was krijg tussen Abia en tussen Jerobeam.

³En Abia bond den strijd aan met een heir van strijdbare helden, vierhonderd duizend uitgelezen mannen; en Jerobeam stelde tegen hem de slagorde, metachthonderd duizend uitgelezen mannen, kloeke helden.

⁴En Abia maakte zich op van boven den berg Zemaraim, dewelke is in het gebergte van Efraim; en hij zeide: Hoort mij toe, Jerobeam, en gans Israel!

⁵Staat het u niet toe te weten, dat de HEERE, de God Israels, het koninkrijk over Israel aan David gegeven heeft, tot in eeuwigheid, hem en zijn zonen, met eenzoutverbond?

⁶Evenwel is Jerobeam, de zoon van Nebat, de knecht van Salomo, den zoon van David, opgestaan, en heeft gerebelleerd tegen zijn heer.

⁷Daartoe hebben zich ijdele mannen, kinderen Belials, tot hem vergaderd, en hebben zich sterk gemaakt tegen Rehabeam, den zoon van Salomo, als Rehabeam jongwas en teder van hart, dat hij zich tegen hen niet kon versterken.

⁸En nu, gij denkt u te versterken tegen het koninkrijk des HEEREN, hetwelk in de hand is der zonen van David; gij zijt wel een grote menigte, maar gij hebt goudenkalveren bij u, die u Jerobeam tot goden gemaakt heeft.

⁹Hebt gij niet de priesteren des HEEREN, de zonen van Aaron, en de Levieten uitgedreven, en hebt u priesteren gemaakt, gelijk de volken der landen? Een iegelijk, die komt om zijn hand te vullen met een jong rund en zeven rammen, die wordt priester dergenen, die geen goden zijn.

¹⁰Maar ons aangaande, de HEERE is onze God, en wij hebben Hem niet verlaten; en de priesters, die den HEERE dienen, zijn de zonen van Aaron, en de Levietenzijn in het werk.

¹¹En zij steken aan voor den HEERE brandofferen, op elken morgen en op elken avond, ook reukwerk van welriekende specerijen, nevens de toerichting des broodsop de reine tafel, en den gouden kandelaar en zijn lampen, om die op elken avond te doen branden; want wij nemen waar de wacht des HEEREN, onzes Gods;maar gij hebt Hem verlaten.

¹²Daarom ziet, God is met ons aan de spitse, en Zijn priesteren met de trompetten des geklanks, om tegen u alarmgeklank te maken; o kinderen Israels, strijdt niettegen den HEERE, den God uwer vaderen, want gij zult geen voorspoed hebben.

¹³Maar Jerobeam deed een achterlage omwenden, om van achter hen te komen; zo waren zij voor het aangezicht van Juda, en de achterlage was achter hen.

¹⁴Toen nu Juda omzag, ziet, zo hadden zij den strijd voor en achter; en zij riepen tot den HEERE, en de priesters trompetten met de trompetten.

¹⁵En de mannen van Juda maakten een alarmgeschrei; en het geschiedde, als de mannen van Juda een alarmgeschrei maakten, dat God Jerobeam en het ganse Israelsloeg voor Abia en Juda.

¹⁶En de kinderen Israels vloden voor het aangezicht van Juda; en God gaf hen in hun hand.

¹⁷Abia dan, en zijn volk, sloeg hen met een groten slag; want uit Israel vielen verslagen vijfhonderd duizend uitgelezen mannen.

¹⁸Alzo werden de kinderen Israels vernederd te dier tijd; maar de kinderen van Juda werden machtig, dewijl zij op den HEERE, hunner vaderen God, gesteundhadden.

¹⁹En Abia jaagde Jerobeam achterna, en nam van hem de steden, Beth-El met haar onderhorige plaatsen, en Jesana met haar onderhorige plaatsen, en Efron methaar onderhorige plaatsen.

²⁰En Jerobeam behield geen kracht meer in de dagen van Abia; maar de HEERE sloeg hem, dat hij stierf.

²¹Zo versterkte zich Abia; en hij nam zich veertien vrouwen, en gewon twee en twintig zonen en zestien dochteren.

²²Het overige nu der geschiedenissen van Abia, zo zijn wegen als zijn woorden, zijn beschreven in de historie van den profeet Iddo.

Hoofdstuk 15

¹Zo ontsliep Abia met zijn vaderen, en zij begroeven hem in de stad Davids, en zijn zoon Asa werd koning in zijn plaats. In zijn dagen was het land tien jaren stil.

²En Asa deed dat goed en dat recht was in de ogen des HEEREN, zijns Gods.

³Want hij nam de altaren der vreemden, en de hoogten weg, en brak de opgerichte beelden, en hieuw de bossen af.

⁴En hij zeide tot Juda, dat zij den HEERE, den God hunner vaderen, zoeken, en dat zij de wet en het gebod doen zouden.

⁵Hij nam ook weg uit alle steden van Juda de hoogten en de zonnebeelden; en het koninkrijk was voor hem stil.

⁶Daartoe bouwde hij vaste steden in Juda; want het land was stil, en er was geen oorlog in die jaren tegen hem, dewijl de HEERE hem rust gaf.

⁷Want hij zeide tot Juda: Laat ons deze steden bouwen, en muren daarom trekken, en torens, deuren en grendelen, terwijl het land nog is voor ons aangezicht; want wij hebben den HEERE, onzen God, gezocht, wij hebben Hem gezocht, en Hij heeft ons rondom henen rust gegeven. Zo bouwden zij en hadden voorspoed.

⁸Asa nu had een heir van driehonderd duizend uit Juda, rondas en spies dragende, en tweehonderd en tachtig duizend uit Benjamin, het schild dragende en den boogspannende; al dezen waren kloeke helden.

⁹En Zerah, de Moor, kwam tegen hen uit, met een heir van duizend maal duizend, en driehonderd wagenen; en hij kwam tot Maresa toe.

¹⁰Toen toog Asa tegen hem uit; en zij stelden de slagorde in het dal Zefatha bij Maresa.

¹¹En Asa riep tot den HEERE, zijn God, en zeide: HEERE, het is niets bij U, te helpen hetzij den machtige, hetzij den krachteloze; help ons, o HEERE, onze God! Want wij steunen op U, en in Uw Naam zijn wij gekomen tegen deze menigte; o HEERE! Gij zijt onze God; laat den sterfelijken mens tegen U niets vermogen.

¹²En de HEERE plaagde de Moren voor Asa en voor Juda; en de Moren vloden.

¹³Asa nu en het volk, dat met hem was, jaagden hen na tot Gerar toe; en zo velen vielen er van de Moren, dat er voor hen geen hervatting was; want zij waren verbroken voor den HEERE en voor Zijn leger; en zij droegen zeer veel roofs daarvan.

¹⁴En zij sloegen alle steden rondom Gerar; want de verschrikking des HEEREN was over hen; en zij beroofden al de steden, omdat veel roofs in dezelve was.

¹⁵En zij sloegen ook de tenten van het vee, en voerden weg schapen in menigte, en kemelen; en kwamen weder te Jeruzalem.

Hoofdstuk 16

¹Toen kwam de Geest Gods op Azaria, den zoon van Oded.

²En hij ging uit, Asa tegen, en hij zeide tot hem: Hoort mij, Asa, en gans Juda, en Benjamin! De HEERE is met ulieden, terwijl gij met Hem zijt; en zo gij Hem zoekt, Hij zal van u gevonden worden; maar zo gij Hem verlaat, Hij zal u verlaten.

³Israel nu is vele dagen geweest zonder den waren God, en zonder een lerenden priester, en zonder de wet.

⁴Maar als zij zich in hun nood bekeerden tot den HEERE, den God Israels, en Hem zochten, zo werd Hij van hen gevonden.

⁵En in die tijden was er geen vrede voor dengene, die uitging, en dengene, die inkwam; maar vele beroerten waren over al de inwoners van die landen.

⁶Dat volk tegen volk, en stad tegen stad in stukken gestoten werden; want God had hen met allen angst verschrikt.

⁷Daarom weest gij sterk, en laat uw handen niet verslappen; want er is loon naar uw werk.

⁸Als nu Asa deze woorden hoorde, en de profetie van den profeet Oded, sterkte hij zich, en hij deed weg de verfoeiselen uit het ganse land van Juda en Benjamin, enuit de steden, die hij van het gebergte van Efraim genomen had, en vernieuwde het altaar des HEEREN, dat voor het voorhuis des HEEREN was.

⁹En hij vergaderde het ganse Juda en Benjamin, en de vreemdelingen met hen uit Efraim, en Manasse, en uit Simeon; want uit Israel vielen zij tot hem in menigte, alszij zagen, dat de HEERE, zijn God, met hem was.

¹⁰En zij vergaderden zich te Jeruzalem, in de derde maand, in het vijftiende jaar van het koninkrijk van Asa.

¹¹En zij offerden den HEERE ten zelfden dage van den roof, dien zij gebracht hadden, zevenhonderd runderen en zeven duizend schapen.

¹²En zij traden in een verbond, dat zij den HEERE, den God hunner vaderen, zoeken zouden met hun ganse hart en met hun ganse ziel.

¹³En al wie den HEERE, den God Israels, niet zou zoeken, zou gedood worden, van den kleine tot den grote, en van den man tot de vrouw toe.

¹⁴En zij zwoeren den HEERE met luider stem en met gejuich, desgelijks met trompetten en met bazuinen.

¹⁵En gans Juda was verblijd over dezen eed; want zij hadden met hun ganse hart gezworen, en met hun gansen wil Hem gezocht; en Hij werd van hen gevonden, ende HEERE gaf hun rust rondom henen.

¹⁶Aangaande ook Maacha, de moeder van den koning Asa, hij zette haar af, dat zij geen koningin ware, omdat zij een afgrijselijken afgod in een bos gemaakt had; ookroeide Asa haar afgrijselijken afgod uit, en verbrijzelde en verbrandde hem aan de beek Kidron.

¹⁷De hoogten werden wel niet weggenomen uit Israel, het hart van Asa nochtans was volkomen al zijn dagen.

¹⁸En hij bracht in het huis Gods de geheiligde dingen zijns vaders, en zijn geheiligde dingen, zilver en goud, en vaten.

¹⁹En er was geen oorlog tot in het vijf en dertigste jaar van het koninkrijk van Asa.

Hoofdstuk 17

¹In het zes en dertigste jaar van het koninkrijk van Asa, toog Baesa, de koning van Israel, op tegen Juda, en bouwde Rama, opdat hij niemand toeliet uit te gaan en inte komen tot Asa, den koning van Juda.

²Toen bracht Asa het zilver en het goud voort, uit de schatten van het huis des HEEREN en van het huis des konings, en zond tot Benhadad, den koning van Syrie, die te Damaskus woonde, zeggende:

³Er is een verbond tussen mij en tussen u, en tussen mijn vader en tussen uw vader; zie, ik zend u zilver en goud, ga heen, maak uw verbond te niet met Baesa, denkoning van Israel, dat hij van tegen mij aftrekke.

⁴En Benhadad hoorde naar den koning Asa, en zond de oversten der heiren, die hij had, tegen de steden van Israel, en zij sloegen Ijon, en Dan, en Abel-Maim, en alleschatsteden van Nafthali.

⁵En het geschiedde, als Baesa zulks hoorde, dat hij afliet van Rama te bouwen, en zijn werk staakte.

⁶Toen nam de koning Asa gans Juda, en zij droegen weg de stenen van Rama, en het hout daarvan, waarmede Baesa gebouwd had; en hij bouwde daarmede Gebaen Mizpa.

⁷En in denzelfden tijd kwam de ziener Hanani tot Asa, den koning van Juda, en hij zeide tot hem: Omdat gij gesteund hebt op den koning van Syrie, en niet gesteundhebt op den HEERE, uw God, daarom is het heir des konings van Syrie uit uw hand ontkomen.

⁸Waren niet de Moren en de Libiers een groot heir met zeer veel wagenen en ruiteren? Toen gij nochtans op den HEERE steundet, heeft Hij hen in uw handgegeven.

⁹Want den HEERE aangaande, Zijn ogen doorlopen de ganse aarde, om Zich sterk te bewijzen aan degenen, welker hart volkomen is tot Hem; gij hebt hierinzottelijk gedaan; want van nu af zullen oorlogen tegen u zijn.

¹⁰Doch Asa werd toornig tegen den ziener, en leidde hem in het gevangenhuis; want hij was hierover tegen hem ontsteld; daartoe onderdrukte Asa enigen uit het volkter zelfder tijd.

¹¹En ziet, de geschiedenissen van Asa, de eerste met de laatste, ziet, zij zijn beschreven in het boek der koningen van Juda en Israel.

¹²Asa nu werd, in het negen en dertigste jaar van zijn koninkrijk, krank aan zijn voeten; tot op het hoogste toe was zijn krankheid; daartoe ook zocht hij den HEEREniet in zijn krankheid, maar de medicijnmeesters.

¹³Alzo ontsliep Asa met zijn vaderen; en hij stierf in het een en veertigste jaar zijner regering.

¹⁴En zij begroeven hem in zijn graf, dat hij voor zich gegraven had in de stad Davids, en legden hem op het bed, hetwelk hij gevuld had met specerijen, en dat vanverscheidene soorten, naar apothekerskunst toebereid; en zij brandden over hem een ganse grote branding.

Hoofdstuk 18

¹En zijn zoon Josafat werd koning in zijn plaats, en hij sterkte zich tegen Israel.

²En hij legde krijgsvolk in alle vaste steden van Juda, en legde bezettingen in het land van Juda, en in de steden van Efraim, die zijn vader Asa ingenomen had.

³En de HEERE was met Josafat; want hij wandelde in de vorige wegen zijns vaders Davids, en zocht de Baals niet.

⁴Maar hij zocht den God zijns vaders, en wandelde in Zijn geboden, en niet naar het doen van Israel.

⁵En de HEERE bevestigde het koninkrijk in zijn hand, en gans

2 Kronieken

Juda gaf Josafat geschenken; en hij had rijkdom en eer in menigte.

⁶En zijn hart verhief zich in de wegen des HEEREN; en hij nam verder de hoogten en de bossen uit Juda weg.

⁷In het derde jaar nu zijner regering zond hij tot zijn vorsten, tot Ben-chail, en tot Obadja, en tot Zecharja, en tot Nathaneel, en tot Michaja, opdat men zou leren in desteden van Juda.

⁸En met hen de Levieten, Semaja en Nethanja, en Zebadja, en Asael, en Semiramoth, en Jonathan, en Adonia, en Tobia, en Tob-Adonia de Levieten, en met hen depriesters Elisama en Joram.

⁹En zij leerden in Juda, en het wetboek des HEEREN was bij hen; en zij gingen rondom in alle steden van Juda, en leerden onder het volk.

¹⁰En een verschrikking des HEEREN werd over alle koninkrijken der landen, die rondom Juda waren, dat zij niet krijgden tegen Josafat.

¹¹En van de Filistijnen brachten zij Josafat geschenken met het opgelegde geld; ook brachten hem de Arabieren klein vee, zeven duizend en zevenhonderd rammen, enzeven duizend en zevenhonderd bokken.

¹²Alzo nam Josafat toe, en werd ten hoogste groot; daartoe bouwde hij in Juda burchten en schatsteden.

¹³En hij had veel werks in de steden van Juda, en krijgslieden, kloeke helden in Jeruzalem.

¹⁴Dit nu is hun telling, naar de huizen hunner vaderen. In Juda waren oversten der duizenden: Adna de overste, en met hem waren driehonderd duizend kloeke helden.

¹⁵Naast hem nu was de overste Johanan; en met hem waren tweehonderd tachtig duizend;

¹⁶En naast hem was Amasia, de zoon van Zichri, die zich vrijwillig den HEERE overgegeven had; en met hem waren tweehonderd duizend kloeke helden.

¹⁷En uit Benjamin was Eljada, een kloek held; en met hem tweehonderd duizend, die met boog en schild gewapend waren.

¹⁸En naast hem was Jozabad; en met hem waren honderd en tachtig duizend, ten krijge toegerust.

¹⁹Dezen waren in den dienst des konings; behalve degenen, die de koning in de vaste steden door gans Juda gezet had.

Hoofdstuk 19

¹Josafat nu had rijkdom en eer in overvloed; en hij verzwagerde zich aan Achab.

²En ten einde van enige jaren toog hij af tot Achab naar Samaria; en Achab slachtte schapen en runderen voor hem in menigte, en voor het volk, dat met hem was;en hij porde hem aan, om op te trekken naar Ramoth in Gilead.

³Want Achab, de koning van Israel, zeide tot Josafat, den koning van Juda: Zult gij met mij gaan naar Ramoth in Gilead? En hij zeide tot hem: Zo zal ik zijn, gelijk gijzijt, en gelijk uw volk is, zal mijn volk zijn, en wij zullen met u zijn in dezen krijg.

⁴Verder zeide Josafat tot den koning van Israel: Vraag toch als heden naar het woord des HEEREN.

⁵Toen vergaderde de koning van Israel de profeten, vierhonderd mannen, en hij zeide tot hen: Zullen wij tegen Ramoth in Gilead ten strijde trekken, of zal ik hetnalaten? En zij zeiden: Trek op, want God zal hen in de hand des konings geven.

⁶Maar Josafat zeide: Is hier niet nog een profeet des HEEREN, dat wij van hem vragen mochten?

⁷Toen zeide de koning van Israel tot Josafat: Er is nog een man, om door hem den HEERE te vragen; maar ik haat hem, want hij profeteert over mij niets goeds, maar altijd kwaad; deze is Micha, de zoon van Jimla. En Josafat zeide: de koning zegge niet alzo.

⁸Toen riep de koning van Israel een kamerling, en hij zeide: Haal haastelijk Micha, den zoon van Jimla.

⁹De koning van Israel nu en Josafat, de koning van Juda, zaten elk op zijn troon, bekleed met hun klederen, en zij zaten op het plein, aan de deur der poort vanSamaria; en al de profeten profeteerden in hun tegenwoordigheid.

¹⁰En Zedekia, de zoon van Kenaana, had zich ijzeren hoornen gemaakt, en hij zeide: Zo zegt de HEERE: Met deze zult gij de Syriers stoten, totdat gij hen gansverdaan zult hebben.

¹¹En al de profeten profeteerden alzo, zeggende: Trek op naar Ramoth in Gilead, en gij zult voorspoedig zijn, want de HEERE zal hen in de hand des konings geven.

¹²De bode nu, die heengegaan was, om Micha te roepen, sprak tot hem, zeggende: Zie, de woorden der profeten zijn, uit een mond, goed tot den koning; dat nu tochuw woord zij, gelijk als van een uit hen, en spreek het goede.

¹³Doch Micha zeide: Zo waarachtig als de HEERE leeft, hetgeen mijn God zeggen zal, dat zal ik spreken!

¹⁴Als hij tot den koning gekomen was, zo zeide de koning tot hem: Micha, zullen wij naar Ramoth in Gilead ten strijde trekken, of zal ik het nalaten? En hij zeide: Trektop, en gijlieden zult voorspoedig zijn, want zij zullen in uw hand gegeven worden.

¹⁵En de koning zeide tot hem: Tot hoevele reizen zal ik u bezweren, opdat gij tot mij niet spreekt, dan de waarheid, in den Naam des HEEREN?

¹⁶En hij zeide: Ik zag het ganse Israel verstrooid op de bergen, gelijk schapen, die geen herder hebben; en de HEERE zeide: Dezen hebben geen heer; een iegelijkkere weder naar zijn huis in vrede.

¹⁷Toen zeide de koning van Israel tot Josafat: Heb ik tot u niet gezegd: Hij zal over mij niets goeds, maar kwaad profeteren?

¹⁸Verder zeide hij: Daarom hoort het woord des HEEREN: Ik zag den HEERE, zittende op Zijn troon, en al het hemelse heir, staande aan Zijn rechter hand en Zijnlinkerhand.

¹⁹En de HEERE zeide: Wie zal Achab, den koning van Israel, overreden, dat hij optrekke, en valle te Ramoth in Gilead? Daarna zeide Hij: Deze zegt aldus, en die zegtalzo.

²⁰Toen kwam een geest voort, en stond voor het aangezicht des HEEREN, en zeide: Ik zal hem overreden. En de HEERE zeide tot hem: Waarmede?

²¹En Hij zeide: Ik zal uitgaan, en een leugengeest zijn in den mond van al zijn profeten. En Hij zeide: Gij zult overreden, en zult ook vermogen; ga uit, en doe alzo.

²²Nu dan, zie, de HEERE heeft een leugengeest in den mond van deze uw profeten gegeven, en de HEERE heeft kwaad over u gesproken.

²³Toen trad Zedekia, de zoon van Kenaana, toe, en sloeg Micha op het kinnebakken, en hij zeide: Door wat weg is de Geest des HEEREN van mij doorgegaan, om uaan te spreken?

²⁴En Micha zeide: Zie, gij zult het zien aan dienzelfden dag, als gij zult gaan van kamer in kamer, om u te versteken.

²⁵De koning van Israel nu zeide: Neemt Micha, en brengt hem weder tot Amon, den overste der stad, en tot Joas, den zoon des konings;

²⁶En gijlieden zult zeggen: Zo zegt de koning: Zet dezen in het gevangenhuis, en spijst hem met brood der bedruktheid, en met water der bedruktheid, totdat ik metvrede wederkom.

²⁷En Micha zeide: Indien gij enigszins met vrede wederkomt, zo heeft de HEERE door mij niet gesproken. Verder zeide hij: Hoort, gij volken altegaar!

²⁸Alzo toog de koning van Israel, en Josafat, de koning van Juda, op naar Ramoth in Gilead.

²⁹En de koning van Israel zeide tot Josafat: Als ik mij versteld heb, zal ik in den strijd komen; maar gij, trek uw klederen aan. Alzo verstelde zich de koning van Israel, en zij kwamen in den strijd.

³⁰De koning nu van Syrie had geboden aan de oversten der wagens, die hij had, zeggende: Gijlieden zult niet strijden tegen kleinen noch groten, maar tegen den koningvan Israel alleen.

³¹Het geschiedde dan, als de oversten der wagenen Josafat zagen, dat zij zeiden: Die is de koning van Israel; en zij togen rondom hem, om te strijden; maar Josafatriep, en de HEERE hielp hem, en God wendde hen van hem af.

³²Want het geschiedde, als de oversten der wagenen zagen, dat het de koning van Israel niet was, dat zij van achter hem afkeerden.

³³Toen spande een man den boog in zijn eenvoudigheid, en schoot den koning van Israel tussen de gespen en tussen het pantsier. Toen zeide hij tot den voerman:Keer uw hand en voer mij uit het leger, want ik ben verwond.

³⁴En de strijd nam op dien dag toe, en de koning van Israel deed zich met den wagen staande houden tegenover de Syriers, tot den avond toe; en hij stierf ter tijd, alsde zon onderging.

Hoofdstuk 20

¹En Josafat, de koning van Juda, keerde met vrede weder naar zijn huis te Jeruzalem.

²En Jehu, de zoon van Hanani, de ziener, ging uit, hem tegen, en zeide tot den koning Josafat: Zoudt gij den goddeloze helpen, en die den HEERE haten, liefhebben?Nu is daarom over u van het aangezicht des HEEREN grote toornigheid.

³Evenwel goede dingen zijn bij u gevonden; want gij hebt de bossen uit het land weggedaan, en uw hart gericht om God te zoeken.

⁴Josafat nu woonde in Jeruzalem; en hij toog wederom uit door het volk, van Ber-seba af tot het gebergte van Efraim toe, en deed hen wederkeren tot den HEERE, hunner vaderen God.

⁵En hij stelde richters in het land, in alle vaste steden van Juda, van stad tot stad.

⁶En hij zeide tot de richters: Ziet wat gij doet, want gij houdt het gericht niet den mens, maar den HEERE; en Hij is bij u in de zaak van het gericht.

⁷Nu dan, de verschrikking des HEEREN zij op ulieden; neemt waar, en doet het; want bij den HEERE, onzen God, is geen onrecht, noch aanneming van personen, noch ontvanging van geschenken.

⁸Daartoe stelde Josafat ook te Jeruzalem enige van de Levieten, en van de priesteren, en van de hoofden der vaderen van Israel, over het gericht des HEEREN, en over rechtsgeschillen, als zij weder te Jeruzalem gekomen waren.

⁹En hij gebood hun, zeggende: Doet alzo in de vreze des HEEREN, met getrouwheid en met een volkomen hart.

¹⁰En in alle geschil, hetwelk van uw broederen, die in hun steden wonen, tot u zal komen, tussen bloed en bloed, tussen wet en gebod, en inzettingen en rechten, zo vermaant hen, dat zij niet schuldig worden aan den HEERE, en een grote toornigheid over u en over uw broederen zij; doet alzo, en gij zult niet schuldig worden.

¹¹En ziet, Amarja, den hoofdpriester, is over u in alle zaak des HEEREN; en Zebadja, de zoon van Ismael, de vorst van het huis van Juda, in alle zaak des konings; ook zijn de ambtlieden, de Levieten, voor uw aangezicht; weest sterk en doet het, en de HEERE zal met den goede zijn.

Hoofdstuk 21

¹Het geschiedde nu na dezen, dat de kinderen Moabs, en de kinderen Ammons, en het hen anderen benevens de Ammonieten, kwamen tegen Josafat ten strijde.

²Toen kwamen er, die Josafat boodschapten, zeggende: Daar komt een grote menigte tegen u van gene zijde der zee, uit Syrie, en zie, zij zijn te Hazezon-Thamar, hetwelk is Engedi.

³Josafat nu vreesde, en stelde zijn aangezicht, om den HEERE te zoeken; en hij riep een vasten uit in gans Juda.

⁴En Juda werd vergaderd, om van den HEERE hulp te zoeken; ook kwamen zij uit alle steden van Juda, om den HEERE te zoeken.

⁵En Josafat stond in de gemeente van Juda en Jeruzalem, in het huis des HEEREN, voor het nieuwe voorhof.

⁶En hij zeide: O, HEERE, God onzer vaderen, zijt Gij niet de God in den hemel? Ja, Gij zijt de Heerser over alle koninkrijken der heidenen; en in Uw hand is kracht en sterkte, zodat niemand zich tegen U stellen kan.

⁷Hebt Gij niet, onze God, de inwoners dezes lands van voor het aangezicht van Uw volk Israel verdreven, en dat aan het zaad van Abraham, Uw liefhebber, tot in eeuwigheid gegeven?

⁸Zij nu hebben daarin gewoond, en zij hebben U daarin een heiligdom gebouwd voor Uw Naam, zeggende:

⁹Indien over ons enig kwaad komt, het zwaard des oordeels, of pestilentie, of honger, wij zullen voor dit huis, en voor Uw aangezicht staan, dewijl Uw Naam in dit huis is; en wij zullen uit onze benauwdheid tot U roepen, en Gij zult verhoren en verlossen.

¹⁰En nu, zie de kinderen Ammons, en Moab, en die van het gebergte Seir, door dewelken Gij Israel niet toeliet te trekken, als zij uit Egypteland togen, maar zij weken van hen, en verdelgden hen niet;

¹¹Zie dan, zij vergelden het ons, komende om ons uit Uw erve, die Gij ons te erven gegeven hebt, te verdrijven.

¹²O, onze God, zult Gij geen recht tegen hen oefenen? want in ons is geen kracht tegen deze grote menigte, die tegen ons komt, en wij weten niet, wat wij doen zullen; maar onze ogen zijn op U.

¹³En gans Juda stond voor het aangezicht des HEEREN, ook hun kinderkens, hun vrouwen en hun zonen.

¹⁴Toen kwam de Geest des HEEREN in het midden der gemeente, op Jahaziel, den zoon van Zecharja, den zoon van Benaja, den zoon van Jehiel, den zoon van Matthanja, den Leviet, uit de zonen van Asaf;

¹⁵En hij zeide: Merkt op, geheel Juda, en gij, inwoners van Jeruzalem, en gij, koning Josafat! Alzo zegt de HEERE tot ulieden: Vreest gijlieden niet, en wordt niet ontzet vanwege deze grote menigte; want de strijd is niet uwe, maar Gods.

¹⁶Trekt morgen tot hen af; ziet, zij komen op bij den opgang van Ziz; en gij zult hen vinden in het einde des dals, voor aan de woestijn van Jeruel.

¹⁷Gij zult in dezen strijd niet te strijden hebben; stelt uzelven, staat en ziet het heil des HEEREN met u, o Juda en Jeruzalem! Vreest niet, en ontzet u niet, gaat morgen uit, hun tegen, want de HEERE zal met u wezen.

¹⁸Toen neigde zich Josafat met het aangezicht ter aarde; en gans Juda en de inwoners van Jeruzalem vielen neder voor het aangezicht des HEEREN, aanbiddende den HEERE.

¹⁹En de Levieten uit de kinderen der Kahathieten, en uit de kinderen der Korahieten, stonden op, om den HEERE, den God Israels, met luider stem ten hoogste te prijzen.

²⁰En zij maakten zich des morgens vroeg op, en togen uit naar de woestijn van Thekoa; en als zij uittogen, stond Josafat en zeide: Hoort mij, o Juda, en gij, inwoners van Jeruzalem! Gelooft in den HEERE, uw God, zo zult gij bevestigd worden; gelooft aan Zijn profeten, en gij zult voorspoedig zijn.

²¹Hij nu beraadslaagde zich met het volk, en hij stelde den HEERE zangers, die de heilige Majesteit prijzen zouden, voor de toegerusten uitgaande en zeggende: Looft den HEERE, want Zijn goedertierenheid is tot in eeuwigheid.

²²Ter tijd nu, als zij aanhieven met een vreugdegeroep en lofzang, stelde de HEERE achterlagen tegen de kinderen Ammons, Moab, en die van het gebergte Seir, die tegen Juda gekomen waren; en zij werden geslagen.

²³Want de kinderen Ammons en Moab stonden op tegen de inwoners van het gebergte Seir, om te verbannen en te verdelgen; en als zij met de inwoners van Seir een einde gemaakt hadden, hielpen zij de een den ander ten verderve.

²⁴Als nu Juda tot den wachttoren in de woestijn gekomen was, wendden zij zich naar de menigte; en ziet, het waren dode lichamen, liggende op de aarde, en niemand was ontkomen.

²⁵Josafat nu en zijn volk kwamen, om hun buit te roven, en zij vonden bij hen in menigte, zowel have en dode lichamen, als kostelijk gereedschap, en namen voor zich weg, totdat zij niet meer dragen konden; en zij roofden den buit drie dagen, want dies was veel.

²⁶En op den vierden dag vergaderden zij zich in het dal van Beracha, want daar loofden zij den HEERE; daarom noemden zij den naam dierzelver plaats het dal van Beracha, tot op dezen dag.

²⁷Daarna keerden alle mannen van Juda en Jeruzalem weder, en Josafat in de voorspitse van hen, om wederom met blijdschap tot Jeruzalem te komen; want de HEERE had hen verblijd over hun vijanden.

²⁸En zij kwamen te Jeruzalem, met luiten, en met harpen, en met trompetten, tot het huis des HEEREN.

²⁹En er werd een verschrikking Gods over alle koninkrijken dier landen, als zij hoorden, dat de HEERE tegen de vijanden van Israel gestreden had.

³⁰Alzo was het koninkrijk van Josafat stil; en zijn God gaf hem rust rondom henen.

³¹Zo regeerde Josafat over Juda; hij was vijf en dertig jaren oud, als hij koning werd, en hij regeerde vijf en twintig jaren te Jeruzalem; en de naam zijner moeder was Azuba, een dochter van Silhi.

³²En hij wandelde in den weg van zijn vader Asa, en hij week daarvan niet af, doende dat recht was in de ogen des HEEREN.

³³Evenwel werden de hoogten niet weggenomen; want het volk had nog zijn hart niet geschikt tot den God zijner vaderen.

³⁴Het overige nu der geschiedenissen van Josafat, de eerste en de laatste, ziet, die zijn geschreven in de geschiedenissen van Jehu, den zoon van Hanani, die men hem optekenen deed in het boek der koningen van Israel.

³⁵Doch na dezen vergezelschapte zich Josafat, de koning van Juda, met Ahazia, den koning van Israel; die handelde goddelooslijk in zijn doen.

³⁶En hij vergezelschapte zich met hem, om schepen te maken, om naar Tharsis te gaan; en zij maakten de schepen te Ezeon-Geber.

³⁷Maar Eliezer, de zoon van Dodava, van Maresa, profeteerde tegen Josafat, zeggende: Omdat gij u met Ahazia vergezelschapt hebt, heeft de HEERE uw werken verscheurd. Alzo werden de schepen verbroken, dat zij niet konden naar Tharsis gaan.

Hoofdstuk 22

¹Daarna ontsliep Josafat met zijn vaderen, en werd begraven bij zijn vaderen in de stad Davids; en zijn zoon Joram werd koning in zijn plaats.

²En hij had broederen, Josafats zonen, Azarja, en Jehiel, en Zecharja, en Azarjahu, en Michael, en Sefatja; deze allen waren zonen van Josafat, den koning van Israel.

³En hun vader had hun vele gaven gegeven van zilver, en van goud, en van kostelijkheden, met vaste steden in Juda; maar het koninkrijk gaf hij Joram, omdat hij de eerstgeborene was.

⁴Als Joram tot het koninkrijk zijns vaders opgekomen was, en zich versterkt had, zo doodde hij al zijn broederen met het zwaard, mitsgaders ook enige van de vorsten van Israel.

⁵Twee en dertig jaar was Joram oud, toen hij koning werd, en hij regeerde acht jaren te Jeruzalem.

⁶En hij wandelde in de weg der koningen van Israel, gelijk als het

huis van Achab deed; want hij had de dochter van Achab tot een vrouw; en hij deed dat kwaad was in de ogen des HEEREN.

⁷Doch de HEERE wilde het huis Davids niet verderven, om des verbonds wil, dat Hij met David gemaakt had; en gelijk als Hij gezegd had, hem en zijn zonen te allen dage een lamp te zullen geven.

⁸In zijn dagen vielen de Edomieten af van onder het gebied van Juda, en zij maakten over zich een koning.

⁹Daarom toog Joram voort met zijn oversten, en al de wagenen met hem; en hij maakte zich des nachts op, en sloeg de Edomieten, die rondom hem waren, en de oversten der wagenen.

¹⁰Evenwel vielen de Edomieten af van onder het gebied van Juda, tot op dezen dag; toen ter zelfder tijd viel Libna af, van onder zijn gebied, want hij had den HEERE, den God zijner vaderen, verlaten.

¹¹Ook maakte hij hoogten op de bergen van Juda; en hij deed de inwoners van Jeruzalem hoereren, ja, hij dreef Juda daartoe.

¹²Zo kwam een schrift tot hem van den profeet Elia, zeggende: Alzo zegt de HEERE, de God van uw vader David: Omdat gij in de wegen van uw vader Josafat, en in de wegen van Asa, den koning van Juda, niet gewandeld hebt;

¹³Maar hebt gewandeld in den weg der koningen van Israel, en hebt Juda en de inwoners van Jeruzalem doen hoereren, achtervolgens het hoereren van het huis van Achab; en ook uw broederen, van uws vaders huis, gedood hebt, die beter waren dan gij;

¹⁴Zie, de HEERE zal u plagen met een grote plage aan uw volk, en aan uw kinderen, en aan uw vrouwen, en aan al uw have.

¹⁵Gij zult ook in grote krankheden zijn, door de krankheid uwer ingewanden, totdat uw ingewanden uitgaan vanwege de krankheid, jaar op jaar.

¹⁶Zo verwekte de HEERE tegen Joram den geest der Filistijnen en der Arabieren, die aan de zijde der Moren zijn.

¹⁷Die togen op in Juda, en braken daarin, en voerden alle have weg, die in het huis des konings gevonden werd, zelfs ook zijn kinderen, en zijn vrouwen; zodat hem geen zoon overgelaten werd, dan Joahaz, de kleinste zijner zonen.

¹⁸En na dit alles plaagde hem de HEERE in zijn ingewand met een krankheid, daar geen genezen aan was.

¹⁹Dit geschiedde van jaar tot jaar, zodat, wanneer de tijd van het einde der twee jaren uitging, zijn ingewanden met de krankheid uitgingen, dat hij stierf van boze krankheden; en zijn volk maakte hem gene branding, als de branding zijner vaderen.

²⁰Hij was twee en dertig jaren oud, als hij koning werd, en regeerde acht jaren te Jeruzalem; en hij ging henen zonder begeerd te zijn; en zij begroeven hem in de stad Davids, maar niet in de graven der koningen.

Hoofdstuk 23

¹En de inwoners van Jeruzalem maakten Ahazia, zijn kleinsten zoon, koning in zijn plaats; want een bende, die met de Arabieren in het leger gekomen was, had al de eersten gedood. Ahazia dan, de zoon van Joram, de koning van Juda, regeerde.

²Twee en veertig jaar was Ahazia oud, toen hij koning werd, en hij regeerde een jaar te Jeruzalem; en de naam zijner moeder was Athalia, een dochter van Omri.

³Hij wandelde ook in de wegen van het huis van Achab; want zijn moeder was zijn raadgeefster, om goddelooslijk te handelen.

⁴En hij deed dat kwaad was in de ogen des HEEREN, gelijk het huis van Achab; want zij waren zijn raadgevers, na den dood zijns vaders, hem ten verderve.

⁵Hij wandelde ook in hun raad, en toog henen met Joram, den zoon van Achab, den koning van Israel, tot den strijd tegen Hazael, den koning van Syrie, bij Ramoth in Gilead; en de Syriers sloegen Joram.

⁶En hij keerde weder om zich te laten genezen te Jizreel; want hij had wonden, die men hem bij Rama geslagen had, als hij streed tegen Hazael, den koning van Syrie; en Azarja, de zoon van Joram, den koning van Juda, kwam af, om Joram, den zoon van Achab, te Jizreel te bezien, want hij was krank.

⁷De vertreding nu van Ahazia was van God, dat hij tot Joram kwam; want als hij gekomen was, toog hij met Joram uit tot Jehu, den zoon van Nimsi, denwelken de HEERE gezalfd had, om het huis van Achab uit te roeien.

⁸Zo geschiedde het, als Jehu het oordeel uitvoerde tegen het huis van Achab, dat hij de vorsten van Juda en de zonen der broederen van Ahazia, die Ahazia dienden, vond, en die doodde.

⁹Daarna zocht hij Ahazia, en zij kregen hem (want hij was verstoken in Samaria), en zij brachten hem tot Jehu, en zij doodden hem, en begroeven hem; want zij zeiden: Hij is de zoon van Josafat, die den HEERE met zijn ganse hart gezocht heeft. Zo had het huis van Ahazia niemand, die kracht behield tot het koninkrijk.

¹⁰Toen Athalia, de moeder van Ahazia, zag, dat haar zoon dood was, zo maakte zij zich op, en bracht al het koninklijke zaad van het huis van Juda om.

¹¹Maar Jozabath, de dochter des konings, nam Joas, den zoon van Ahazia, en stal hem uit het midden van des konings zonen, die gedood werden, en zette hem en zijn voedster in een slaapkamer; zo verborg hem Jozabath, de dochter van den koning Joram, de huisvrouw van den priester Jojada (want zij was de zuster van Ahazia), voor Athalia, dat zij hem niet doodde.

¹²En hij was bij hen verstoken in het huis Gods zes jaren; en Athalia regeerde over het land.

¹³En zij zag toe; en ziet, de koning stond bij zijn pilaar, aan de ingang; en de oversten en de trompetten waren bij den koning; en al het volk des lands was blijde, en blies met de trompetten; en de zangers waren er met muzikale instrumenten, en gaven te kennen, dat men lofzingen zou; toen verscheurde Athalia haar klederen, en zij riep: Verraad, verraad!

¹⁴Maar de priester Jojada bracht de oversten der honderden, die over het heir gesteld waren, uit, en zeide tot hen: Brengt ze uit tot buiten de ordeningen, en die haar volgt, zal met het zwaard gedood worden; want de priester had gezegd: Gij zult ze in het huis des HEEREN niet doden.

¹⁵En zij legden de handen aan haar, en zij ging naar den ingang van de Paardenpoort, naar het huis des konings; en zij doodden ze daar.

¹⁶En Jojada maakte een verbond tussen zich, en tussen al het volk, en tussen den koning, dat zij den HEERE tot een volk zouden zijn.

¹⁷Daarna ging al het volk in het huis van Baal, en braken dat af; en zijn altaren en zijn beelden verbraken zij, en Matthan, den priester van Baal, sloegen zij dood voor de altaren.

¹⁸Jojada nu bestelde de ambten in het huis des HEEREN, onder de hand der Levietische priesteren, die David in het huis des HEEREN afgedeeld had, om de brandoffer des HEEREN te offeren, gelijk in de wet van Mozes geschreven is, met blijdschap en met gezang, naar de instelling van David.

¹⁹En hij stelde de poortiers aan de poorten van het huis des HEEREN, opdat niemand, in enig ding onrein zijnde, inkwame.

²⁰En hij nam de oversten der honderden, en de machtigen, en die heerschappij hadden onder het volk, en al het volk des lands, en bracht den koning van het huis des HEEREN af, en zij kwamen door het midden der hoge poort in het huis des konings; en zij zetten den koning op den troon des koninkrijks.

²¹En al het volk des lands was blijde, en de stad werd stil, nadat zij Athalia met het zwaard gedood hadden.

Hoofdstuk 24

¹Joas was zeven jaren oud, toen hij koning werd, en hij regeerde veertig jaren te Jeruzalem; en de naam zijner moeder was Zibja, van Ber-seba.

²En Joas deed dat recht was in de ogen des HEEREN, al de dagen van den priester Jojada.

³En Jojada nam voor hem twee vrouwen; en hij gewon zonen en dochteren.

⁴Het geschiedde nu na dezen, dat het in het hart van Joas was, het huis des HEEREN te vernieuwen.

⁵Zo vergaderde hij de priesteren en de Levieten, en zeide tot hen: Trekt uit tot de steden van Juda, en vergadert geld van het ganse Israel, om het huis uws Gods te beteren van jaar tot jaar; en gijlieden, haast tot deze zaak; maar de Levieten haastten niet.

⁶En de koning riep Jojada, het hoofd, en zeide tot hem: Waarom hebt gij geen onderzoek gedaan bij de Levieten, dat zij uit Juda en uit Jeruzalem inbrengen zouden de schatting van Mozes, den knecht des HEEREN, en van de gemeente van Israel, voor de tent der getuigenis?

⁷Want als Athalia goddelooslijk handelde, hadden haar zonen het huis Gods opengebroken, ja, zelfs alle geheiligde dingen van het huis des HEEREN besteed aan de Baals.

⁸En de koning gebood, en zij maakten een kist, en stelden die buiten aan de poort van het huis des HEEREN.

⁹En men deed uitroeping in Juda en in Jeruzalem, dat men den HEERE inbrengen zou de schatting van Mozes, den knecht Gods, over Israel in de woestijn.

¹⁰Toen verblijdden zich alle oversten en al het volk, en zij brachten in, en wierpen in de kist, totdat men voleind had.

¹¹Het geschiedde nu ter tijd, als hij de kist, naar des konings bevel, door de hand der Levieten, inbracht, en als zij zagen, dat er veel gelds was, dat de schrijver des konings kwam, en de bestelde van de hoofdpriester, en de kist ledig maakten, en die opnamen, en die

wederbrachten aan haar plaats; alzo deden zij van dag tot dag, en verzamelden geld in menigte;

¹²Hetwelk de koning en Jojada gaven aan dengenen, die het werk van den dienst van het huis des HEEREN verzorgden; en zij huurden houwers en timmerlieden, omhet huis des HEEREN te vernieuwen, mitsgaders ook werkmeesters in ijzer en koper, om het huis des HEEREN te beteren.

¹³Zo deden de verzorgers van het werk, dat de betering des werks door hun hand toenam; en zij herstelden het huis Gods in zijn gestaltenis, en maakten het vast.

¹⁴Als zij nu voleind hadden, brachten zij voor den koning en Jojada het overige des gelds, waarvan hij vaten maakte voor het huis des HEEREN, vaten om te dienenen te offeren, en rookschalen, en gouden en zilveren vaten; en zij offerden gedurigklijk brandofferen in het huis des HEEREN al de dagen van Jojada.

¹⁵En Jojada werd oud en zat van dagen, en stierf; hij was honderd en dertig jaren oud, toen hij stierf.

¹⁶En zij begroeven hem in de stad Davids, bij de koningen; want hij had goed gedaan in Israel, beide aan God en zijn huize.

¹⁷Maar na den dood van Jojada kwamen de vorsten van Juda, en bogen zich neder voor den koning; toen hoorde de koning naar hen.

¹⁸Zo verlieten zij het huis des HEEREN, des Gods hunner vaderen, en dienden de bossen en de afgoden; toen was een grote toornigheid over Juda en Jeruzalem, omdeze hun schuld.

¹⁹Doch Hij zond profeten onder hen, om hen tot den HEERE te doen wederkeren; die betuigden tegen hen, maar zij neigden de oren niet.

²⁰En de Geest Gods toog Zacharia aan, den zoon van Jojada, den priester, die boven het volk stond, en hij zeide tot hen: Zo zegt God: Waarom overtreedt gij degeboden des HEEREN? Daarom zult gij niet voorspoedig zijn; dewijl gij den HEERE verlaten hebt, zo zal Hij u verlaten.

²¹En zij maakten een verbintenis tegen hem, en stenigden hem met stenen door het gebod des konings, in het voorhof van het huis des HEEREN.

²²Zo gedacht de koning Joas niet der weldadigheid, die zijn vader Jojada aan hem gedaan had, maar doodde zijn zoon; dewelke, als hij stierf, zeide: De HEERE zal hetzien en zoeken!

²³Daarom geschiedde het met den omgang des jaars, dat de heirkracht van Syrie tegen hem optoog, en zij kwamen tot Juda en Jeruzalem, en verdierven uit het volk alde vorsten des volks; en zij zonden al hun roof tot den koning van Damaskus.

²⁴Hoewel de heirkracht van Syrie met weinig mannen kwam, evenwel gaf de HEERE in hun hand een heirkracht van grote menigte, dewijl zij den HEERE, den Godhunner vaderen, verlaten hadden; alzo voerden zij de oordelen uit tegen Joas.

²⁵En toen zij van hem getogen waren (want zij lieten hem in grote krankheden), maakten zijn knechten, om het bloed der zonen van den priester Jojada, eenverbintenis tegen hem, en zij sloegen hem dood op zijn bed, dat hij stierf; en zij begroeven hem in de stad Davids, maar zij begroeven hem niet in de graven derkoningen.

²⁶Dezen nu zijn, die een verbintenis tegen hem maakten: Zabad, de zoon van Simeath, de Ammonietische, en Jozabad, de zoon van Simrith, de Moabietische.

²⁷Aangaande nu zijn zonen, en de grootheid van den last, hem opgelegd, en het gebouw van het huis Gods, ziet, zij zijn geschreven in de historie van het boek derkoningen; en zijn zoon Amazia werd koning in zijn plaats.

Hoofdstuk 25

¹Amazia, vijf en twintig jaren oud zijnde, werd koning, en regeerde negen en twintig jaren te Jeruzalem; en de naam zijner moeder was Joaddan, van Jeruzalem.

²En hij deed dat recht was in de ogen des HEEREN, doch niet met een volkomen hart.

³Het geschiedde nu, als het koninkrijk aan hem gesterkt was, dat hij zijn knechten, die den koning, zijn vader, geslagen hadden, doodde.

⁴Doch hun kinderen doodde hij niet, maar hij deed, gelijk in de wet, in het boek van Mozes, geschreven is, waar de HEERE geboden heeft, zeggende: De vaderszullen niet sterven om de kinderen, en de kinderen zullen niet sterven om de vaders; maar een ieder zal om zijn zonde sterven.

⁵En Amazia vergaderde Juda, en stelde hen, naar de huizen der vaderen, tot oversten van duizenden en tot oversten van honderden, door gans Juda en Benjamin; enhij monsterde hen, van twintig jaren oud en daarboven, en vond hen driehonderd duizend uitgelezenen, uittrekkende ten heire, handelende spies en rondas.

⁶Daartoe huurde hij uit Israel honderd duizend kloeke helden, voor honderd talenten zilvers.

⁷Maar er kwam een man Gods tot hem, zeggende: O, koning! laat het heir van Israel met u niet gaan; want de HEERE is niet met Israel, met alle kinderen vanEfraim.

⁸Maar zo gij gaat, doe het, wees sterk ten strijde; God zal u doen vallen voor den vijand; want in God is kracht, om te helpen en om te doen vallen.

⁹En Amazia zeide tot den man Gods: Maar wat zal men doen met de honderd talenten, die ik aan de benden van Israel gegeven heb? En de man Gods zeide: DeHEERE heeft meer dan dit, om u te geven.

¹⁰Toen scheidde Amazia die af, te weten de benden, die uit Efraim tot hem gekomen waren, dat zij naar hun plaats gingen; daarom ontstak hun toorn zeer tegen Juda, en zij keerden weder tot hun plaats in hittigheid des toorns.

¹¹Amazia nu sterkte zich, en leidde zijn volk uit, en toog in het Zoutdal, en sloeg van de kinderen van Seir tien duizend.

¹²Daartoe vingen de kinderen van Juda tien duizend levend, en brachten ze op de hoogte der steenrots, en stieten hen van de spits der steenrots af, dat zij allenbarstten.

¹³Maar de mannen der benden, die Amazia had doen wederkeren, dat zij met hem in den strijd niet zouden trekken, die deden een inval in de steden van Juda, vanSamaria af tot Beth-horon toe, en sloegen van hen drie duizend, en roofden veel roofs.

¹⁴Het geschiedde nu, nadat Amazia van het slaan der Edomieten gekomen was, en dat hij de goden der kinderen van Seir medegebracht had, dat hij die zich tot godenstelde, en zich voor dezelve neder boog en dien rookte.

¹⁵Toen ontstak de toorn des HEEREN tegen Amazia; en Hij zond tot hem een profeet, die zeide tot hem: Waarom hebt gij de goden van dat volk gezocht, die hun volkniet gered hebben uit uw hand?

¹⁶En het geschiedde, als hij tot hem sprak, dat hij hem zeide: Heeft men u tot des konings raadgever gesteld? Houd gij op; waarom zouden zij u slaan? Toen hield deprofeet op, en zeide: Ik merk, dat God besloten heeft u te verderven, dewijl gij dit gedaan, en naar mijn raad niet gehoord hebt.

¹⁷En Amazia, de koning van Juda, werd te rade, dat hij zond tot Joas, den zoon van Joahaz, den zoon van Jehu, den koning van Israel, om te zeggen: Kom, laat onselkanders aangezicht zien.

¹⁸Maar Joas, de koning van Israel, zond tot Amazia, den koning van Juda, om te zeggen: De distel, die op den Libanon is, zond tot den ceder, die op den Libanon is, omte zeggen: Geef uw dochter mijn zoon ter vrouw; maar het gedierte des velds, dat op den Libanon is, ging voorbij, en vertrad de distel.

¹⁹Gij zegt: Zie, gij hebt de Edomieten geslagen; daarom heeft uw hart u verheven, om te roemen; nu, blijf in uw huis; waarom zoudt gij in het kwaad mengen, dat gijvallen zoudt; gij en Juda met u?

²⁰Doch Amazia hoorde niet, want het was van God, opdat Hij hen in hun hand gave, overmits zij de goden der Edomieten gezocht hadden.

²¹Zo toog Joas, de koning van Israel, op, en hij en Amazia, de koning van Juda, zagen elkanders aangezichten te Beth-Semes, dat in Juda is.

²²En Juda werd geslagen voor het aangezicht van Israel; en zij vloden een iegelijk in zijn tenten.

²³En Joas, de koning van Israel, greep Amazia, den koning van Juda, den zoon van Joas, den zoon van Joahaz, te Beth-Semes; en hij bracht hem te Jeruzalem, en hijbrak aan den muur van Jeruzalem, van de poort van Efraim tot aan de Hoekpoort, vierhonderd ellen.

²⁴Daartoe nam hij al het goud, en het zilver, en al de vaten, die in het huis Gods gevonden werden, bij Obed-Edom, en de schatten van het huis des konings, mitsgaders gijzelaars, en hij keerde weder naar Samaria.

²⁵Amazia nu, de zoon van Joas, de koning van Juda, leefde na den dood van Joas, den zoon van Joahaz, den koning van Israel, vijftien jaren.

²⁶Het overige nu der geschiedenissen van Amazia, de eerste en de laatste, ziet, zijn die niet geschreven in het boek der koningen van Juda en Israel?

²⁷Van den tijd nu af, dat Amazia afgeweken was van achter den HEERE, zo maakten zij in Jeruzalem een verbintenis tegen hem; doch hij vluchtte naar Lachis. Toenzonden zij hem na tot Lachis, en doodden hem aldaar.

²⁸En zij brachten hem op paarden, en begroeven hem bij zijn vaderen in de stad van Juda.

Hoofdstuk 26

¹Toen nam het ganse volk van Juda Uzzia (die nu zestien jaren oud was), en maakte hem koning in de plaats van zijn vader Amazia.

²Dezelve bouwde Eloth, en bracht ze weder aan Juda, nadat de koning met zijn vaderen ontslapen was.

³Zestien jaren was Uzzia oud, toen hij koning werd, en hij regeerde twee en vijftig jaren te Jeruzalem; en de naam zijner moeder was Jecholia, van Jeruzalem.

⁴En hij deed dat recht was in de ogen des HEEREN, naar alles, wat zijn vader Amazia gedaan had.

⁵Want hij begaf zich om God te zoeken, in de dagen van Zacharia, die verstandig was in de gezichten Gods; in de dagen nu, dat hij den HEERE zocht, maakte hem God voorspoedig.

⁶Want hij toog uit, en krijgde tegen de Filistijnen, en brak den muur van Gath, en den muur van Jabne, en den muur van Asdod; daartoe bouwde hij steden in Asdod, en onder de Filistijnen.

⁷En God hielp hem tegen de Filistijnen, en tegen de Arabieren, die te Gur-Baal woonden, en tegen de Meunieten.

⁸En de Ammonieten gaven Uzzia geschenken; en zijn naam ging tot den ingang van Egypte, want hij sterkte zich ten hoogste.

⁹Daartoe bouwde Uzzia torens te Jeruzalem, aan de Hoekpoort en aan de Dalpoort, en aan de hoeken; en hij sterkte ze.

¹⁰Hij bouwde ook torens in de woestijn, en hieuw vele putten uit, overmits hij veel vee had, beide in de laagten en in de effene velden; akkerlieden en wijngaardeniers op de bergen en op de vruchtbare velden; want hij was een liefhebber van den landbouw.

¹¹Verder had Uzzia een heirkracht van geoefenden ten oorlog, uittrekkende ten heire bij benden, naar het getal hunner monstering, daar de hand van Jeiel, denschrijver, en Mahaseja, den ambtman; onder de hand van Hananja, een van de vorsten des konings.

¹²Het gehele getal van de hoofden der vaderen, der strijdbare helden, was twee duizend en zeshonderd.

¹³En onder hun hand was een krijgsheir van driehonderd zeven duizend en vijfhonderd, die met strijdbare kracht zich ten oorlog oefenden, om den koning tegen den vijand te helpen.

¹⁴En Uzzia bereidde voor hen, voor het gansc heir, schilden, en spiesen, en helmen, en pantsieren, en bogen, zelfs tot de slingerstenen toe.

¹⁵Hij maakte ook te Jeruzalem kunstige werken, bedenking van kunstige werkmeesters, dat zij op de torens en op de hoeken zijn zouden, om met pijlen en met grotestenen, te schieten; zo ging zijn naam tot verre toe uit, want hij werd wonderlijk geholpen, totdat hij sterk was.

¹⁶Maar als hij sterk geworden was, verhief zich zijn hart tot verdervens toe, en hij overtrad tegen den HEERE, zijn God; want hij ging in den tempel des HEEREN, om te roken op het reukaltaar.

¹⁷Doch Azaria, de priester, ging hem na, en met hem des HEEREN priesters, tachtig kloeke mannen.

¹⁸En zij wederstonden den koning Uzzia, en zeiden tot hem: Het komt u niet toe, Uzzia, den HEERE te roken, maar den priesteren, Aarons zonen, die geheiligd zijn, om te roken; ga uit het heiligdom, want gij hebt overtreden, en het zal u niet tot eer zijn van den HEERE God.

¹⁹Toen werd Uzzia toornig, en het reukwerk was in zijn hand, om te roken; als hij nu toornig werd tegen de priesteren, rees de melaatsheid op aan zijn voorhoofd, voor het aangezicht der priesteren in het huis des HEEREN, van boven het reukaltaar.

²⁰Als toen zag de hoofdpriester Azaria op hem, en al de priesteren en ziet, hij was melaats aan zijn voorhoofd, en zij stieten hem met der haast van daar, ja hij zelf werd ook gedreven uit te gaan, omdat de HEERE hem geplaagd had.

²¹Alzo was de koning Uzzia melaats tot aan den dag zijns doods; en melaats zijnde, woonde hij in een afgezonderd huis, want hij was van het huis des HEEREN afgesneden; Jotham nu, zijn zoon, was over het huis des konings, richtende het volk des lands.

²²Het overige nu der geschiedenissen van Uzzia, de eerste en de laatste, heeft de profeet Jesaja, de zoon van Amos, beschreven.

²³En Uzzia ontsliep met zijn vaderen, en zij begroeven hem bij zijn vaderen, in het veld van de begrafenis, die van de koningen was; want zij zeiden: hij is melaats; en zijn zoon Jotham werd koning in zijn plaats.

Hoofdstuk 27

¹Jotham was vijf en twintig jaren oud, toen hij koning werd, en hij regeerde zestien jaren te Jeruzalem; en de naam zijner moeder was Jerusa, een dochter van Zadok.

²En hij deed dat recht was in de ogen des HEEREN, naar alles, wat zijn vader Uzzia gedaan had, behalve dat hij in den tempel des HEEREN niet ging; en het volk verdierf zich nog.

³Dezelve bouwde de hoge poorten aan het huis des HEEREN; hij bouwde ook veel aan den muur van Ofel.

⁴Daartoe bouwde hij steden op het gebergte van Juda; en in de wouden bouwde hij burchten en torens.

⁵Hij krijgde ook tegen den koning der kinderen Ammons, en had de overhand over hen, zodat de kinderen Ammons in datzelfde jaar hem gaven honderd talenten zilvers, en tien duizend kor tarwe, en tien duizend gerst; dit brachten hem de kinderen Ammons wederom, ook in het tweede en in het derde jaar.

⁶Alzo versterkte zich Jotham; want hij richtte zijn wegen voor het aangezicht des HEEREN, zijns Gods.

⁷Het overige nu der geschiedenissen van Jotham, en al zijn krijgen, en zijn wegen, ziet, zij zijn geschreven in het boek der koningen van Israel en Juda.

⁸Hij was vijf en twintig jaren oud, toen hij koning werd; en hij regeerde zestien jaren te Jeruzalem.

⁹En Jotham ontsliep met zijn vaderen, en zij begroeven hem in de stad Davids; en zijn zoon Achaz werd koning in zijn plaats.

Hoofdstuk 28

¹Achaz was twintig jaren oud, toen hij koning werd, en regeerde zestien jaren te Jeruzalem; en hij deed niet dat recht was in de ogen des HEEREN, gelijk zijn vader David.

²Maar hij wandelde in de wegen der koningen van Israel; daartoe maakte hij ook gegotene beelden voor de Baals.

³Dezelve rookte ook in het dal des zoons van Hinnom; en hij brandde zijn zonen in het vuur, naar de gruwelen der heidenen, die de HEERE voor het aangezicht der kinderen Israels uit de bezitting verdreven had.

⁴Ook offerde hij en rookte op de hoogten en op de heuvelen, mitsgaders onder alle groen geboomte.

⁵Daarom gaf hem de HEERE, zijn God, in de hand des konings van Syrie, dat zij hem sloegen, en van hem gevankelijk wegvoerden een grote menigte van gevangenen, die zij te Damaskus brachten. En hij werd ook gegeven in de hand des konings van Israel, die hem sloeg met een groten slag.

⁶Want Pekah, de zoon van Remalia, sloeg in Juda honderd en twintig duizend dood op een dag, allen strijdbare mannen, omdat zij den HEERE, den God hunner vaderen, verlaten hadden.

⁷En Zichri, een geweldig man van Efraim, sloeg Maaseja, den zoon des konings, dood, en Azirkam, den huisoverste, mitsgaders Elkana, den tweede na den koning.

⁸En de kinderen Israels voerden van hun broederen gevankelijk weg tweehonderd duizend, vrouwen, zonen en dochteren, en plunderden ook veel roofs van hen; en zij brachten den roof te Samaria.

⁹Aldaar nu was een profeet des HEEREN, wiens naam was Oded; die ging uit, het heir tegen, dat naar Samaria kwam, en zeide tot hen: Ziet, door de grimmigheid des HEEREN, des Gods uwer vaderen, over Juda, heeft Hij hen in uw hand gegeven, en gij hebt hen doodgeslagen in toornigheid, die tot aan den hemel raakt.

¹⁰Daartoe denkt gij nu de kinderen van Juda en Jeruzalem u tot slaven en slavinnen te onderwerpen; zijt gij het niet alleenlijk? Bij ulieden zijn schulden tegen den HEERE, uw God.

¹¹Nu dan, hoort mij, en brengt de gevangenen weder, die gij van uw broederen gevankelijk weggevoerd hebt; want de hitte van des HEEREN toorn is over u.

¹²Toen maakten zich mannen op van de hoofden der kinderen van Efraim, Azaria, de zoon van Johanan, Berechja, de zoon van Mesillemoth en Jehizkia, de zoon van Sallum, en Amasa, de zoon van Hadlai, tegen degenen, die uit het heir kwamen.

¹³En zij zeiden tot hen: Gij zult deze gevangenen hier niet inbrengen, tot een schuld over ons tegen den HEERE; denkt gijlieden toe te doen tot onze zonden en tot onze schulden, hoewel wij vele schulden hebben, en de hitte des toorns over Israel is?

¹⁴Toen lieten de toegerusten de gevangenen en de roof voor het aangezicht der oversten en der ganse gemeente.

¹⁵De mannen nu, die met namen uitgedrukt zijn, maakten zich op, en grepen de gevangenen, en kleedden van den roof al hun naakten; en zij kleedden hen, en schoeiden hen, en spijsden hen, en drenkten hen, en zalfden hen, en voerden ze op ezelen, allen die zwak waren, en brachten

hen te Jericho, de Palmstad, bij hun broederen; daarna keerden zij weder naar Samaria.

¹⁶Ter zelfder tijd zond de koning Achaz tot de koningen van Assyrie, dat zij hem helpen zouden.

¹⁷Daarenboven waren ook de Edomieten gekomen, en hadden Juda geslagen en gevangenen gevankelijk weggevoerd.

¹⁸Daartoe waren de Filistijnen in de steden der laagte en het zuiden van Juda ingevallen, en hadden ingenomen Beth-Semes, en Ajalon, en Gederoth, en Socho en haar onderhorige plaatsen, en Timna en haar onderhorige plaatsen, en Gimzo en haar onderhorige plaatsen; en zij woonden aldaar.

¹⁹Want de HEERE vernederde Juda, om der wille van Achaz, den koning Israels; want hij had Juda afgetrokken, dat het gans zeer overtrad tegen den HEERE.

²⁰En Tiglath-Pilneser, de koning van Assyrie, kwam tot hem; doch hij benauwde hem, en sterkte hem niet.

²¹Want Achaz nam een deel van het huis des HEEREN, en van het huis des konings en der vorsten, hetwelk hij den koning van Assyrie gaf; maar hij hielp hem niet.

²²Ja, ter tijd, als men hem benauwde, zo maakte hij des overtredens tegen den HEERE nog meer; dit was de koning Achaz.

²³Want hij offerde den goden van Damaskus, die hem geslagen hadden, en zeide: Omdat de goden der koningen van Syrie hen helpen, zal ik hun offeren, opdat zij mij ook helpen; maar zij waren hem tot zijn val, mitsgaders aan gans Israel.

²⁴En Achaz verzamelde de vaten van het huis Gods, en hieuw de vaten van het huis Gods in stukken, en sloot de deuren van het huis des HEEREN toe; daartoe maakte hij zich altaren in alle hoeken van Jeruzalem.

²⁵Ook maakte hij in elke stad van Juda hoogten, om anderen goden te roken; alzo verwekte hij den HEERE, zijner vaderen God, tot toorn.

²⁶Het overige nu der geschiedenissen, en al zijn wegen, de eerste en de laatste, ziet, zij zijn geschreven in het boek der koningen van Juda en Israel.

²⁷En Achaz ontsliep met zijn vaderen, en zij begroeven hem in de stad te Jeruzalem; maar zij brachten hem niet in de graven der koningen van Israel; en zijn zoon Jehizkia werd koning in zijn plaats.

Hoofdstuk 29

¹Jehizkia werd koning, vijf en twintig jaren oud zijnde, en regeerde negen en twintig jaren te Jeruzalem; en de naam zijner moeder was Abia, een dochter van Zacharia.

²En hij deed dat recht was in de ogen des HEEREN, naar alles, wat zijn vader David gedaan had.

³Dezelve deed in het eerste jaar zijner regering, in de eerste maand, de deuren van het huis des HEEREN open, en beterde ze.

⁴En hij bracht de priesteren en de Levieten in, en hij verzamelde ze in de Ooststraat.

⁵En hij zeide tot hen: Hoort mij, o Levieten; heiligt nu uzelven, en heiligt het huis des HEEREN, des Gods uwer vaderen, en brengt de onreinigheid uit van het heiligdom.

⁶Want onze vaders hebben overtreden, en gedaan dat kwaad was in de ogen des HEEREN, onzes Gods, en hebben Hem verlaten, en zij hebben hun aangezichten van den tabernakel des HEEREN omgewend, en hebben den nek toegekeerd.

⁷Ook hebben zij de deuren van het voorhuis toegesloten, en de lampen uitgeblust en het reukwerk niet gerookt; en het brandoffer hebben zij in het heiligdom aan de God Israels niet geofferd.

⁸Daarom is een grote toorn des HEEREN over Juda en Jeruzalem geweest; en Hij heeft hen overgegeven ter beroering, ter verwoesting en ter aanfluiting, gelijk alsgij ziet met uw ogen.

⁹Want ziet, onze vaders zijn door het zwaard gevallen; daartoe onze zonen, en onze dochteren, en onze vrouwen zijn daarom in gevangenis geweest.

¹⁰Nu is het in mijn hart een verbond te maken met den HEERE, den God Israels, opdat de hitte Zijns toorns van ons afkere.

¹¹Mijn zonen, weest nu niet traag; want de HEERE heeft u verkoren, dat gij voor Zijn aangezicht staan zoudt, om Hem te dienen; en opdat gij Hem dienaars en wierokers zoudt wezen.

¹²Toen maakten zich de Levieten op, Mahath, de zoon van Amasai, en Joel, de zoon van Azarja, van de kinderen der Kahathieten; en van de kinderen van Merari, Kis, de zoon van Abdi, en Azarja, de zoon van Jehaleel; en van de Gersonieten, Joah, de zoon van Zimma, en Eden, de zoon van Joah;

¹³En van de kinderen van Elizafan, Simri en Jeiel; en van de kinderen van Asaf, Zecharja en Mattanja;

¹⁴En van de kinderen van Heman, Jehiel en Simei; en van de kinderen van Jeduthun, Semaja en Uzziel.

¹⁵En zij verzamelden hun broederen, en heiligden zich, en kwamen, naar het gebod des konings, door de woorden des HEEREN, om het huis des HEEREN te reinigen.

¹⁶Maar de priesteren gingen binnen in het huis des HEEREN, om dat te reinigen, en zij brachten uit in het voorhof van het huis des HEEREN al de onreinigheid, die zij in den tempel des HEEREN vonden; en de Levieten namen ze op, om naar buiten uit te brengen, in de beek Kidron.

¹⁷Zij begonnen nu te heiligen op den eersten der eerste maand, en op den achtsten dag der maand kwamen zij in het voorhuis des HEEREN, en heiligden het huis des HEEREN in acht dagen; en op den zestienden dag der eerste maand maakten zij een einde.

¹⁸Daarna kwamen zij binnen tot den koning Hizkia, en zeiden: Wij hebben het gehele huis des HEEREN gereinigd, mitsgaders het brandofferaltaar met al zijn gereedschap, en de tafel der toerichting met al haar gereedschap.

¹⁹Alle gereedschap ook, dat de koning Achaz, onder zijn koninkrijk, door zijn overtreding weggeworpen had, hebben wij bereid en geheiligd; en zie, zij zijn voor het altaar des HEEREN.

²⁰Toen maakte zich de koning Jehizkia vroeg op, en verzamelde de oversten der stad, en hij ging op in het huis des HEEREN.

²¹En zij brachten zeven varren, en zeven rammen, en zeven lammeren, en zeven geitenbokken ten zondoffer voor het koninkrijk, en voor het heiligdom, en voor Juda; en hij zeide tot de zonen van Aaron, de priesteren, dat zij die op het altaar des HEEREN zouden offeren.

²²Zo slachtten zij de runderen, en de priesters ontvingen het bloed, en sprengden het op het altaar; zij slachtten ook de rammen, en sprengden het bloed op het altaar; insgelijks slachtten zij de lammeren, en sprengden het bloed op het altaar.

²³Daarna brachten zij de bokken bij, ten zondoffer, voor het aangezicht des konings en der gemeente, en zij legden hun handen op dezelve.

²⁴En de priesteren slachtten ze, en ontzondigden met derzelver bloed op het altaar, om verzoening te doen voor het ganse Israel; want de koning had dat brandoffer en dat zondoffer voor gans Israel bevolen.

²⁵En hij stelde de Levieten in het huis des HEEREN, met cimbalen, met luiten en harpen, naar het gebod van David, en van Gad, den ziener des konings, en van Nathan, den profeet; want dit gebod was van de hand des HEEREN, door de hand Zijner profeten.

²⁶De Levieten nu stonden met de instrumenten van David, en de priesters met de trompetten.

²⁷En Hizkia beval, dat men het brandoffer op het altaar zou offeren; ten tijde nu, als dat brandoffer begon, begon het gezang des HEEREN met de trompetten en met de instrumenten van David, den koning van Israel.

²⁸De ganse gemeente nu boog zich neder, als men het gezang zong, en met trompetten trompette; dit alles totdat het brandoffer voleind was.

²⁹Als men nu geeindigd had te offeren, bukten de koning en allen, die bij hem gevonden waren, en bogen zich neder.

³⁰Daarna zeide de koning Jehizkia, en de oversten, tot de Levieten, dat zij den HEERE loven zouden, met de woorden van David en van Asaf, den ziener; en zij loofden tot blijdschap toe; en neigden hun hoofden, en bogen zich neder.

³¹En Jehizkia antwoordde en zeide: Nu hebt gij uw handen den HEERE gevuld, treedt toe, en brengt slachtoffers en lofoffers tot het huis des HEEREN; en de gemeente bracht slachtoffers en lofoffers en alle vrijwilligen van harte brandofferen.

³²En het getal der brandofferen, die de gemeente bracht, was zeventig runderen, honderd rammen, tweehonderd lammeren; deze alle den HEERE ten brandoffer.

³³Nog waren der geheiligde dingen zeshonderd runderen en drie duizend schapen.

³⁴Doch van de priesteren waren er te weinig, en zij konden al den brandofferen de huid niet aftrekken; daarom hielpen hen hun broederen, de Levieten, totdat het werk geeindigd was, en totdat de andere priesters zich geheiligd hadden; want de Levieten waren rechter van hart, om zich te heiligen, dan de priesteren.

³⁵En ook waren de brandofferen in menigte, met het vet der dankofferen, en met de drankofferen, voor de brandofferen; alzo werd de dienst van het huis des HEEREN besteld.

³⁶Jehizkia nu en al het volk verblijdden zich over hetgeen God het volk voorbereid had; want deze zaak geschiedde haastelijk.

Hoofdstuk 30

¹Daarna zond Jehizkia tot het ganse Israel en Juda, en schreef ook brieven tot Efraim en Manasse, dat zij zouden komen tot het huis des HEEREN te Jeruzalem, omden HEERE, den God Israels, pascha te houden.

²Want de koning had raad gehouden met zijn oversten en de ganse gemeente te Jeruzalem, om het pascha te houden, in de tweede maand.

³Want zij hadden het niet kunnen houden te dierzelfder tijd, omdat de priesteren zich niet genoeg geheiligd hadden, en het volk zich niet verzameld had te Jeruzalem.

⁴En deze zaak was recht in de ogen des konings, en in de ogen der ganse gemeente.

⁵Zo stelden zij zulks, dat men een stem door gans Israel, van Berseba tot Dan, zou laten doorgaan, opdat zij zouden komen om het pascha den HEERE, den GodIsraels, te houden in Jeruzalem; want zij hadden het in lang niet gehouden, gelijk het geschreven was.

⁶De lopers dan gingen henen met de brieven van de hand des konings en zijner vorsten, door gans Israel en Juda, en naar het gebod des konings, zeggende: Gij, kinderen Israels, bekeert u tot den HEERE, den God van Abraham, Izak en Israel, zo zal Hij Zich keren tot de ontkomenen, die ulieden overgebleven zijn uit de handder koningen van Assyrie.

⁷En zijt niet als uw vaders en als uw broeders, die tegen den HEERE, den God hunner vaderen, overtreden hebben; waarom Hij hen tot verwoesting overgegevenheeft, gelijk als gij ziet.

⁸Verhardt nu ulieder nek niet, gelijk uw vaderen; geeft den HEERE de hand, en komt tot Zijn heiligdom, hetwelk Hij geheiligd heeft tot in eeuwigheid, en dient denHEERE, uw God; zo zal de hitte Zijns toorns van u afkeren.

⁹Want als gij u bekeert tot den HEERE, zullen uw broederen en uw kinderen barmhartigheid vinden voor het aangezicht dergenen, die hen gevangen hebben, zodat zijin dit land zullen wederkomen; want de HEERE, uw God, is genadig en barmhartig, en zal het aangezicht van u niet afwenden, zo gij u tot Hem bekeert.

¹⁰Zo gingen de lopers door, van stad tot stad, door het land van Efraim en Manasse, tot Zebulon toe; doch zij belachten hen, en bespotten hen.

¹¹Evenwel verootmoedigden zich sommigen van Aser, en Manasse, en van Zebulon, en kwamen te Jeruzalem.

¹²Ook was de hand Gods in Juda, hun enerlei hart gevende, dat zij het gebod des konings en der vorsten deden, naar het woord des HEEREN.

¹³En te Jeruzalem verzamelde zich veel volks, om het feest der ongezuurde broden te houden, in de tweede maand, een zeer grote gemeente.

¹⁴En zij maakten zich op, en namen de altaren weg, die te Jeruzalem waren; daartoe namen zij alle rooktuig weg, hetwelk zij in de beek Kidron wierpen.

¹⁵Toen slachtten zij het pascha, op den veertienden der tweede maand; en de priesters en de Levieten waren beschaamd geworden, en hadden zich geheiligd, enhadden brandoffern gebracht in het huis des HEEREN.

¹⁶En zij stonden in hun stand, naar hun wijze, naar de wet van Mozes, den man Gods; de priesters sprengden het bloed, dat nemende uit de hand der Levieten.

¹⁷Want een menigte was in die gemeente, die zich niet geheiligd hadden; daarom waren de Levieten over de slachting der paaslammeren, voor iedereen, die niet reinwas, om die den HEERE te heiligen.

¹⁸Want een menigte des volks, velen van Efraim en Manasse, Issaschar en Zebulon, hadden zich niet gereinigd, maar aten het pascha, niet gelijk geschreven is. DochJehizkia bad voor hen, zeggende: De HEERE, die goed is, make verzoening voor dien.

¹⁹Die zijn ganse hart gericht heeft, om God den HEERE, den God zijner vaderen, te zoeken, hoewel niet naar de reinigheid des heiligdoms.

²⁰En de HEERE verhoorde Jehizkia, en heelde het volk.

²¹Zo hielden de kinderen Israels, die te Jeruzalem gevonden werden, het feest der ongezuurde broden, zeven dagen, met grote blijdschap. De Levieten nu en depriesteren prezen den HEERE, dag op dag, met sterk luidende instrumenten des HEEREN.

²²En Jehizkia sprak naar het hart van alle Levieten, die verstand hadden in de goede kennis des HEEREN; en zij aten de offeranden des gezetten hoogtijds zevendagen, offerende dankoffern, en lovende den HEERE, den God hunner vaderen.

²³Als nu de ganse gemeente raad gehouden had, om andere zeven dagen te houden, hielden zij nog zeven dagen met blijdschap.

²⁴Want Jehizkia, de koning van Juda, gaf de gemeente duizend varren en zeven duizend schapen; en de vorsten gaven de gemeente duizend varren en tien duizendschapen; de priesteren nu hadden zich in menigte geheiligd.

²⁵En de ganse gemeente van Juda verblijdde zich, mitsgaders de priesteren en de Levieten, en de gehele gemeente dergenen, die uit Israel gekomen waren; ook devreemdelingen, die uit het land van Israel gekomen waren, en die in Juda woonden.

²⁶Zo was er grote blijdschap te Jeruzalem; want van de dagen van Salomo, den zoon van David, den koning van Israel, was desgelijks in Jeruzalem niet geweest.

²⁷Toen stonden de Levietische priesteren op, en zegenden het volk; en hun stem werd gehoord; want hun gebed kwam tot Zijn heilige woning in den hemel.

Hoofdstuk 31

¹Als zij nu voleind hadden, togen alle Israelieten, die er gevonden werden, uit, tot de steden van Juda, en braken de opgerichte beelden, en hieuwen de bossen af, enwierpen de hoogten en de altaren af, uit gans Juda en Benjamin, ook in Efraim en Manasse, totdat zij alles te niet gemaakt hadden; daarna keerden al de kinderenIsraels weder, een ieder tot zijn bezitting in hun steden.

²En Hizkia bestelde de verdelingen der priesteren en der Levieten, naar hun verdelingen, een ieder naar zijn dienst, de priesteren en de Levieten tot het brandoffer entot de dankoffern, om te dienen, en om te loven, en om te prijzen in de poort van de legers des HEEREN;

³Ook het deel des konings van zijn have tot de brandoffern, tot de brandoffern des morgens en des avonds, en de brandoffern der sabbatten, en der nieuwemaanden, en der gezette hoogtijden; gelijk geschreven is in de wet des HEEREN.

⁴En hij zeide tot het volk, tot de inwoners van Jeruzalem, dat zij het deel der priesteren en Levieten geven zouden, opdat zij versterkt mochten worden in de wet desHEEREN.

⁵Toen nu dat woord uitbrak, brachten de kinderen Israels vele eerstelingen van koren, most, en olie, en honig, en van al de inkomsten des velds; ook brachten zij detienden van alles in met menigte.

⁶En de kinderen van Israel en Juda, die in de steden van Juda woonden, brachten ook tienden der runderen en der schapen, en tienden der heilige dingen, die denHEERE, hun God, geheiligd waren, en maakten vele hopen.

⁷In de derde maand begonnen zij den grond van die hopen te leggen, en in de zevende maand voleindden zij.

⁸Toen nu Jehizkia en de vorsten kwamen en die hopen zagen, zegenden zij den HEERE en Zijn volk Israel.

⁹En Jehizkia ondervraagde de priesteren en de Levieten aangaande die hopen.

¹⁰En Azaria, de hoofdpriester, van het huis van Zadok, sprak tot hem en zeide: Van dat men deze heffing begonnen heeft tot het huis des HEEREN te brengen, is erte eten geweest en verzadigd te worden, ja, over te houden tot overvloed toe; want de HEERE heeft Zijn volk gezegend, zodat deze veelheid overgebleven is.

¹¹Toen zeide Jehizkia, dat men kameren aan het huis des HEEREN bereiden zou; en zij bereidden ze.

¹²Daarin brachten zij die heffing, en de tienden, en de geheiligde dingen, in getrouwigheid; en daarover was Chonanja, de Leviet, overste, en Simei, zijn broeder, detweede.

¹³Maar Jehiel, en Azazja, en Nahath, en Asahel, en Jerimoth, en Jozabad, en Eliel, en Jismachja, en Mahath, en Benaja, waren opzieners, onder de hand van Chonanjaen Simei, zijn broeder; door het bevel van den koning Jehizkia en van Azaria, den overste van het huis Gods.

¹⁴En Kore, de zoon van Jimna, de Leviet, de poortier tegen het oosten, was over de vrijwillige gaven Gods, om het hefoffer des HEEREN en het allerheiligste uit tedelen.

¹⁵En aan zijn hand waren Eden, en Minjamin, en Jesua, en Semaja, Amarja en Sechanja, in de steden der priesteren, met getrouwigheid, om aan hun broederen in deverdelingen, zowel aan de kleinen als de groten, uit te delen:

¹⁶(Benevens die gesteld waren in het geslachtsregister der manspersonen, drie jaren oud en daarboven) allen, die in het huis des HEEREN gingen, tot het dagelijksewerk op elken dag, voor hun dienst, in hun wachten, naar hun verdelingen;

¹⁷En met die gesteld waren in het geslachtsregister der priesteren naar het huis hunner vaderen, ook de Levieten van twintig jaren oud en daarboven, in hun wachten, naar hun verdelingen;

¹⁸Ook tot de geslachtsrekening met al hun kinderkens, hun vrouwen, en hun zonen, en hun dochteren, door de ganse gemeente; want zij hadden zich in hun ambt inheiligheid geheiligd.

¹⁹Ook waren onder de kinderen van Aaron, de priesteren, op de

velden der voorsteden hunner steden, in elke stad, mannen, die met namen uitgedrukt waren, om aanalle manspersonen onder de priesteren en aan allen, die in het geslachtsregister onder de Levieten gesteld waren, delen te geven.

²⁰En alzo deed Jehizkia in geheel Juda; en hij deed dat goed, en recht, en waarachtig was, voor het aangezicht des HEEREN, zijns Gods.

²¹En in alle werk, dat hij begon in den dienst van het huis Gods, en in de wet en in het gebod, om zijn God te zoeken, deed hij met zijn ganse hart, en had voorspoed.

Hoofdstuk 32

¹Na deze geschiedenissen en derzelver bevestiging, kwam Sanherib, de koning van Assyrie, en toog in Juda, en legerde zich tegen de vaste steden, en dacht ze totzich af te scheuren.

²Jehizkia nu ziende, dat Sanherib kwam, en zijn aangezicht was tot den krijg tegen Jeruzalem;

³Zo hield hij raad met zijn vorsten en zijn helden, om de fonteinwateren te stoppen, die buiten de stad waren; en zij hielpen hem.

⁴Want veel volks werd vergaderd, dat al de fonteinen stopte, mitsgaders de beek, die door het midden des lands henenvloeide, zeggende: Waarom zouden dekoningen van Assyrie komen, en veel waters vinden?

⁵Zo versterkte hij zich, en bouwde den gehelen muur op, die gebroken was, dien hij optrok tot aan de torens, met een anderen muur daarbuiten, en hij versterkte Millo in de stad Davids; en hij maakte geweer en schilden in menigte.

⁶En hij stelde krijgsoversten over het volk, en hij vergaderde hen tot zich in de straat der stadspoort, en sprak naar hun hart, zeggende:

⁷Zijt sterk, en hebt een goeden moed, vreest niet, en ontzet u niet, voor het aangezicht des konings van Assyrie, noch voor het aangezicht der ganse menigte, die methem is; want met ons is er meer, dan met hem.

⁸Met hem is een vreselijke arm, maar met ons is de HEERE, onze God, om ons te helpen, en om onze krijgen te krijgen. En het volk steunde op de woorden vanJehizkia, den koning van Juda.

⁹Na dezen zond Sanherib, de koning van Assyrie, zijn knechten naar Jeruzalem,, (doch hij zelf was voor Lachis, en al zijn heerschappij met hem) tot Jehizkia, denkoning van Juda, en tot het ganse Juda, dat te Jeruzalem was, zeggende:

¹⁰Zo zegt Sanherib, de koning van Assyrie: Waarom vertrouwt gij, dat gij te Jeruzalem blijft in de vesting?

¹¹Ruit u Jehizkia niet op, dat hij u overgeve, om door honger en door dorst te sterven, zeggende: De HEERE, onze God, zal ons uit de hand des konings van Assyrieredden?

¹²Heeft niet dezelfde Jehizkia Zijn hoogten en Zijn altaren weggenomen, en tot Juda en tot Jeruzalem gesproken, zeggende: Voor het enige altaar zult gij unederbuigen, en daarop roken?

¹³Weet gij niet, wat ik gedaan heb, en mijn vaderen aan alle volken der landen? Hebben de goden van de natien dier landen hun land enigszins kunnen redden uit mijnhand?

¹⁴Wie is er onder alle goden derzelver natien, dewelke mijn vaders verbannen hebben, die zijn volk heeft kunnen redden uit mijn hand, dat uw God u uit mijn hand zoukunnen redden?

¹⁵Nu dan, dat Jehizkia ulieden niet bedriege, en dat hij u op zulk een wijze niet opruie, en gelooft hem niet; want geen god van enige natie en koninkrijk heeft zijn volkuit mijn hand en mijner vaderen hand kunnen redden; hoeveel te min zal uw God u uit mijn hand kunnen redden?

¹⁶Daartoe spraken zijn knechten nog meer tegen God, den HEERE, en tegen Zijn knecht Jehizkia.

¹⁷Ook schreef hij brieven, om den HEERE, den God Israels, te honen en om tegen Hem te spreken, zeggende: Gelijk de goden van de natien der landen, die hun volkuit mijn hand niet gered hebben, alzo zal de God van Jehizkia Zijn volk uit mijn hand niet redden.

¹⁸En zij riepen met luider stem, in het Joods, tegen het volk van Jeruzalem, dat op den muur was, om die bevreesd te maken en die te beroeren, opdat zij de stadmochten innemen.

¹⁹En zij spraken van den God van Jeruzalem, als van de goden der volkeren der aarde, een werk van mensenhanden.

²⁰Maar de koning Jehizkia en de profeet Jesaja, de zoon van Amoz, baden daartegen, en zij riepen naar den hemel.

²¹En de HEERE zond een engel, die alle strijdbare helden, en vorsten, en oversten in het leger des konings van Assyrie verdelgde. Zo is hij met schaamte desaangezichts in zijn land wedergekeerd; en als hij in het huis zijns gods ingegaan was, zo velden hem daar met het zwaard, die uit zijn lijf voortgekomen waren.

²²Alzo verloste de HEERE Jehizkia en de inwoners van Jeruzalem, uit de hand van Sanherib, den koning van Assyrie, en uit de hand van allen; en Hij geleidde henrondom heen.

²³En velen brachten geschenken tot den HEERE te Jeruzalem, en kostelijkheden tot Jehizkia, den koning van Juda, zodat hij daarna voor de ogen van alle heidenenverheven werd.

²⁴In die dagen werd Jehizkia krank tot stervens toe, en hij bad tot den HEERE, Die sprak tot hem, en Hij gaf hem een wonderteken.

²⁵Maar Jehizkia deed gene vergelding, naar de weldaad aan hem geschied, dewijl zijn hart verheven werd; daarom werd over hem, en over Juda en Jeruzalem, eengrote toornigheid.

²⁶Doch Jehizkia verootmoedigde zich om de verheffing zijns harten, hij en de inwoners van Jeruzalem, zodat de grote toornigheid des HEEREN over hen niet kwam inde dagen van Jehizkia.

²⁷Jehizkia nu had zeer veel rijkdom en eer; en hij maakte zich schatkameren voor zilver en voor goud, en voor kostelijk gesteente, en voor specerijen, en voor schilden, en voor alle begeerlijk gereedschap;

²⁸Ook schathuizen voor de inkomsten van koren, en most, en olie; en stallen voor allerlei beesten, en kooien voor de kudden.

²⁹Daartoe had hij zich steden gemaakt, mitsgaders bezitting van schapen en runderen in menigte; want God gaf hem zeer grote have.

³⁰Doch Jehizkia stopte ook den opperuitgang der wateren van Gihon, en leidde ze recht af beneden naar het westen der stad Davids; want Jehizkia had voorspoed inal zijn werk.

³¹Maar het is alzo, als de gezanten der vorsten van Babel, die tot hem gezonden hadden, om te vragen naar dat wonderteken, dat in het land geschied was, bij hemwaren, verliet hem God, om hem te verzoeken, om te weten al wat in zijn hart was.

³²Het overige nu der geschiedenissen van Jehizkia, en zijn goeddadigheden, ziet, die zijn geschreven in het gezicht van den profeet Jesaja, den zoon van Amoz, en inhet boek der koningen van Juda en Israel.

³³En Jehizkia ontsliep met zijn vaderen, en zij begroeven hem in het hoogste van de graven der zonen van David; daartoe deden gans Juda en de inwoners vanJeruzalem hem eer aan in zijn dood; en zijn zoon Manasse werd koning in zijn plaats.

Hoofdstuk 33

¹Manasse was twaalf jaren oud, als hij koning werd, en regeerde vijf en vijftig jaren te Jeruzalem.

²En hij deed dat kwaad was in de ogen des HEEREN, naar de gruwelen der heidenen, die de HEERE voor het aangezicht der kinderen Israels uit de bezittingverdreven had.

³Want hij bouwde de hoogten weder op, die zijn vader Jehizkia afgebroken had, en richtte den Baals altaren op, en maakte bossen, en boog zich neder voor al hetheir des hemels, en diende ze;

⁴En bouwde altaren in het huis des HEEREN, van hetwelk de HEERE gezegd had: Te Jeruzalem zal Mijn Naam zijn tot in eeuwigheid.

⁵Daartoe bouwde hij altaren voor al het heir des hemels, in beide de voorhoven van het huis des HEEREN.

⁶En hij deed zijn zonen door het vuur gaan, in het dal des zoons van Hinnom, en pleegde guichelarij, en gaf op vogelgeschrei acht, en toverde, en steldewaarzeggers en duivelskunstenaren; en hij deed zeer veel kwaads in de ogen des HEEREN, om Hem tot toorn te verwekken.

⁷Hij stelde ook de gelijkenis van een gesneden beeld, die hij gemaakt had, in het huis Gods, van hetwelk God gezegd had tot David en tot zijn zoon Salomo: In dit huis, en te Jeruzalem, dat Ik uit alle stammen van Israel verkoren heb, zal Ik Mijn Naam zetten tot in eeuwigheid.

⁸En Ik zal den voet van Israel niet meer doen wijken van het land, dat Ik uw vaderen besteld heb; alleenlijk zo zij waarnemen te doen, al hetgeen Ik hun geboden heb, naar de ganse wet, en inzettingen, en rechten, door de hand van Mozes.

⁹Zo deed Manasse Juda en de inwoners te Jeruzalem dwalen, dat zij erger deden dan de heidenen, die de HEERE voor het aangezicht der kinderen Israels verdelgdhad.

¹⁰De HEERE sprak wel tot Manasse en tot zijn volk; maar zij merkten daar niet op.

¹¹Daarom bracht de HEERE over hen de krijgsoversten, die de koning van Assyrie had, dewelke Manasse gevangen namen onder de doornen; en zij bonden hem mettwee koperen ketenen, en voerden hem naar Babel.

¹²En als hij hem benauwde, bad hij het aangezicht des HEEREN, zijns Gods, ernstelijk aan, en vernederde zich zeer voor het aangezicht van den God zijner vaderen,

¹³En bad Hem; en Hij liet Zich van hem verbidden, en hoorde zijn

smeking, en Hij bracht hem weder te Jeruzalem, in zijn koninkrijk. Toen erkende Manasse, dat de HEERE God is.

¹⁴En na dezen bouwde hij den buitenmuur aan de stad Davids, aan de westzijde van Gihon in het dal, en tot den ingang van de Vispoort, en omsingelde Ofel, en verhief dien zeer; hij legde ook krijgsoversten in alle vaste steden in Juda.

¹⁵En hij nam de vreemde goden en die gelijkenis uit het huis des HEEREN weg, mitsgaders al de altaren, die hij gebouwd had op den berg van het huis des HEEREN, en te Jeruzalem; en hij wierp ze buiten de stad.

¹⁶En hij richtte het altaar des HEEREN toe, en offerde daarop dankofferen en lofofferen, en zeide tot Juda, dat zij den HEERE, den God Israels, dienen zouden.

¹⁷Maar het volk offerde nog op de hoogten, hoewel aan den HEERE, hun God.

¹⁸Het overige nu der geschiedenissen van Manasse, en zijn gebed tot zijn God, ook de woorden der zieners, die tot hem gesproken hebben in den Naam van den HEERE, den God Israels, ziet, die zijn in de geschiedenissen der koningen van Israel.

¹⁹En zijn gebed, en hoe God Zich van hem heeft laten verbidden, ook al zijn zonde, en zijn overtreding, en de plaatsen, waarop hij hoogten gebouwd, en bossen en gesneden beelden gesteld heeft, eer hij vernederd werd, ziet, dat is beschreven in de woorden der zieners.

²⁰En Manasse ontsliep met zijn vaderen, en zij begroeven hem in zijn huis; en zijn zoon Amon werd koning in zijn plaats.

²¹Amon was twee en twintig jaren oud, als hij koning werd, en regeerde twee jaren te Jeruzalem.

²²En hij deed dat kwaad was in de ogen des HEEREN, gelijk als zijn vader Manasse gedaan had; want Amon offerde al den gesneden beelden, die zijn vader Manasse gemaakt had, en diende ze.

²³Maar hij vernederde zich niet voor het aangezicht des HEEREN, gelijk Manasse, zijn vader, zich vernederd had; maar deze Amon vermenigvuldigde de schuld.

²⁴En zijn knechten maakten een verbintenis tegen hem, en doodden hem in zijn huis.

²⁵Maar het volk des lands sloeg hen allen, die de verbintenis tegen den koning Amon gemaakt hadden; en het volk des lands maakte zijn zoon Josia koning in zijn plaats.

Hoofdstuk 34

¹Josia was acht jaren oud, toen hij koning werd, en regeerde een en dertig jaren te Jeruzalem.

²En hij deed dat recht was in de ogen des HEEREN, en wandelde in de wegen van zijn vader David, en week niet af ter rechter hand, noch ter linkerhand.

³Want in het achtste jaar zijner regering, toen hij nog een jongeling was, begon hij den God zijns vaders Davids te zoeken; en in het twaalfde jaar begon hij Juda en Jeruzalem van de hoogten en de bossen, en de gesneden en de gegoten beelden te reinigen.

⁴En men brak voor zijn aangezicht af de altaren der Baals; en de zonnebeelden, die omhoog boven dezelve waren, hieuw hij af; de bossen ook, en de gesneden en gegoten beelden verbrak, en vergruisde, en strooide hij op de graven dergenen, die hun geofferd hadden.

⁵En de beenderen der priesteren verbrandde hij op hun altaren; en hij reinigde Juda en Jeruzalem.

⁶Daartoe in de steden van Manasse, en Efraim, en Simeon, ja, tot Nafthali toe, in haar woeste plaatsen rondom,

⁷Brak hij ook de altaren af en de bossen, en de gesneden beelden stampte hij, die vergruizende, en al de zonnebeelden hieuw hij af in het ganse land van Israel; daarna keerde hij weder naar Jeruzalem.

⁸In het achttiende jaar nu zijner regering als hij het land en het huis gereinigd had, zond hij Safan, den zoon van Azalia, en Maaseja, den overste der stad, en Joha, den zoon van Joahaz, den kanselier, om het huis des HEEREN, zijns Gods, te verbeteren.

⁹En zij kwamen tot Hilkia, den hogepriester, en zij gaven het geld, dat ten huize Gods gebracht was, hetwelk de Levieten, die den dorpel bewaarden, vergaderd hadden uit de hand van Manasse en Efraim, en uit het ganse overblijfsel van Israel, en uit gans Juda en Benjamin, en te Jeruzalem wedergekomen waren;

¹⁰Zij nu gaven het in de hand der verzorgers van het werk, die besteld waren over het huis des HEEREN, en deze gaven dat dengenen, die het werk deden, die arbeidden aan het huis des HEEREN, om het huis te vermaken en te verbeteren.

¹¹Want zij gaven het den werkmeesters en de bouwlieden, om gehouwen stenen te kopen, en hout tot de samenvoegingen, en om de huizen te zolderen, die de koningen van Juda verdorven hadden.

¹²En die mannen handelden trouwelijk in dit werk; en de bestelden over dezelve waren Jahath en Obadja, Levieten van de kinderen van Merari, mitsgaders Zacharia en Mesullam, van de kinderen der Kohathieten, om het werk voort te drijven; en die Levieten waren allen verstandig op instrumenten van muziek.

¹³Zij waren ook over de lastdragers, en de voortdrijvers van allen, die in enig werk arbeidden; want uit de Levieten waren schrijvers, en ambtlieden, en poortiers.

¹⁴En als zij het geld uitnamen, dat in het huis des HEEREN gebracht was, vond de priester Hilkia het wetboek des HEEREN, gegeven door de hand van Mozes.

¹⁵En Hilkia antwoordde en zeide tot Safan, de schrijver: Ik heb het wetboek gevonden in het huis des HEEREN. En Hilkia gaf Safan dat boek.

¹⁶En Safan droeg dat boek tot den koning; daarbenevens bracht hij nog den koning bescheid weder, zeggende: Al wat in de hand uwer knechten gegeven is, dat doen zij;

¹⁷En zij hebben het geld samengestort, dat in het huis des HEEREN gevonden is, en hebben het gegeven in de hand der bestelden, en in de hand dergenen, die het werk maakten.

¹⁸Voorts gaf Safan, de schrijver, den koning te kennen, zeggende: Hilkia, de priester, heeft mij een boek gegeven. En Safan las daarin voor het aangezicht des konings.

¹⁹Het geschiedde nu, als de koning de woorden der wet hoorde, dat hij zijn klederen scheurde.

²⁰En de koning gebood Hilkia, en Ahikam, den zoon van Safan, en Abdon, den zoon van Micha, en Safan, den schrijver, en Asaja, den knecht des konings, zeggende:

²¹Gaat heen, vraagt den HEERE voor mij, en voor het overgeblevene in Israel en in Juda, over de woorden dezes boeks, dat gevonden is; want de grimmigheid des HEEREN is groot, die over ons uitgegoten is, omdat onze vaders niet hebben gehouden het woord des HEEREN, om te doen naar al hetgeen in dat boek geschreven is.

²²Toen ging Hilkia henen, en die des konings waren, tot de profetes Hulda, de huisvrouw van Sallum, den zoon van Tokhath, den zoon van Hasra, den klederbewaarder. Zij nu woonde te Jeruzalem in het tweede deel; en zij spraken zulks tot haar.

²³En zij zeide tot hen: Zo zegt de HEERE, de God Israels: Zegt den man, die ulieden tot mij gezonden heeft:

²⁴Zo zegt de HEERE: Zie, Ik zal kwaad over deze plaats en over haar inwoners brengen; al de vloeken, die geschreven zijn in het boek, dat men voor het aangezicht des konings van Juda gelezen heeft.

²⁵Daarom dat zij Mij verlaten, en anderen goden gerookt hebben, opdat zij Mij tot toorn verwekten met alle werken hunner handen; zo zal Mijn grimmigheid uitgegoten worden tegen deze plaats, en niet uitgeblust worden.

²⁶Maar tot den koning van Juda, die ulieden gezonden heeft, om den HEERE te vragen, tot hem zult gij alzo zeggen: Zo zegt de HEERE, de God Israels: Aangaande de woorden, die gij hebt gehoord;

²⁷Omdat uw hart week geworden is, en gij u voor het aangezicht Gods vernederd hebt, als gij Zijn woorden hoordet tegen deze plaats en tegen haar inwoners, en hebt u vernederd voor Mijn aangezicht, en uw klederen gescheurd, en geweend voor Mijn aangezicht, zo heb Ik u ook verhoord, spreekt de HEERE.

²⁸Zie, Ik zal u verzamelen tot uw vaderen, en gij zult met vrede in uw graf verzameld worden, en uw ogen zullen al dat kwaad niet zien, dat Ik over deze plaats en over haar inwoners brengen zal. En zij brachten den koning dit antwoord weder.

²⁹Toen zond de koning henen, en verzamelde alle oudsten van Juda en Jeruzalem.

³⁰En de koning ging op in het huis des HEEREN, en al de mannen van Juda en de inwoners van Jeruzalem, mitsgaders de priesters en de Levieten, en al het volk, van den grote tot den kleine toe; en men las voor hun oren al de woorden van het boek des verbonds, dat in het huis des HEEREN gevonden was.

³¹En de koning stond in zijn standplaats, en maakte een verbond voor des HEEREN aangezicht, om den HEERE na te wandelen, en om Zijn geboden, en Zijn getuigenissen, en Zijn inzettingen, met zijn ganse hart en met zijn ganse ziel, te onderhouden, doende de woorden des verbonds, die in datzelve boek geschreven zijn.

³²En hij deed allen, die te Jeruzalem en in Benjamin gevonden werden, staan; en de inwoners van Jeruzalem deden naar het verbond van God, den God hunner vaderen.

³³Josia dan deed alle gruwelen weg uit alle landen, die der kinderen Israels waren, en maakte allen, die in Israel gevonden werden, te dienen; te dienen den HEERE, hun God; al zijn dagen weken zij niet af van den HEERE, den God hunner vaderen, na te volgen.

Hoofdstuk 35

¹Daarna hield Josia het pascha den HEERE te Jeruzalem; en zij slachtten het pascha op den veertienden der eerste maand.

²En hij stelde de priesteren op hun wachten; en hij sterkte hen tot den dienst van het huis des HEEREN.

³En hij zeide tot de Levieten, die gans Israel onderwezen, die den HEERE heilig waren: Zet de heilige ark in het huis, hetwelk Salomo, de zoon van David, de koning van Israel, gebouwd heeft; gij hebt geen last op de schouderen; dient nu den HEERE, uw God, en Zijn volk Israel;

⁴En bereidt u naar de huizen uwer vaderen, naar uw verdelingen, naar het voorschrift van David, den koning van Israel, en naar de beschrijving van zijn zoon Salomo;

⁵En staat in het heiligdom, naar de onderscheiding der vaderlijke huizen, voor uw broederen, het volk, en naar de afdeling van de vaderlijke huizen der Levieten;

⁶En slacht het pascha, en heiligt u, en bereidt dat voor uw broederen, doende naar het woord des HEEREN, door de hand van Mozes.

⁷En Josia gaf voor het volk, van klein vee, lammeren en jonge geitenbokken, die alle tot paasofferen, naar al hetgeen er gevonden werd, in getal dertig duizend; maarvan runderen drie duizend; dit was van des konings have.

⁸Ook gaven zijn vorsten tot een vrijwillig offer voor het volk, voor de priesteren, en voor de Levieten; Hilkia, en Zacharia, en Jehiel, de oversten van het huis Gods, gaven den priesteren tot paasofferen, twee duizend en zeshonderd klein vee, en driehonderd runderen.

⁹Daartoe Chonanja, en Semaja, en Nethaneel, zijn broeders, mitsgaders Hasabja, en Jeiel, en Jozabad, de oversten der Levieten, gaven den Levieten tot paasofferen, vijf duizend klein vee en vijfhonderd runderen.

¹⁰Alzo werd de dienst toebereid; en de priesteren stonden in hun standplaats, en de Levieten in hun verdelingen, naar het gebod des konings.

¹¹Daarna slachtte men het pascha, en de priesters sprengden het bloed uit hun handen, en de Levieten trokken de huiden af.

¹²En zij namen het brandoffer daar af, opdat zij die naar de verdelingen der vaderlijke huizen, aan het volk geven mochten, om den HEERE te offeren, gelijk geschreven is in het boek van Mozes; en alzo met de runderen.

¹³En zij kookten het pascha bij het vuur, naar het recht; maar de andere heilige dingen kookten zij in potten, en in ketels, en in pannen; en zij deelden het haastelijk onder al het volk.

¹⁴Daarna bereidden zij ook voor zichzelven en voor de priesteren; want de priesters, de zonen van Aaron, waren tot aan den nacht in het offeren der brandofferen endes vets; daarom bereidden de Levieten voor zichzelven, en voor de priesteren, de zonen van Aaron.

¹⁵En de zangers, de zonen van Asaf, waren in hun standplaats, naar het gebod van David, en Asaf, en Heman, en Jeduthun, den ziener des konings, mitsgaders de poortiers aan elke poort; zij behoefden niet te wijken van hun dienst, overmits hun broeders, de Levieten, voor hen bereidden.

¹⁶Alzo werd de ganse dienst des HEEREN op denzelfden dag beschikt, om pascha te houden, en brandofferen op het altaar des HEEREN te offeren, naar het gebod van den koning Josia.

¹⁷En de kinderen Israels, die er gevonden werden, hielden het pascha ter zelfder tijd, en het feest der ongezuurde broden, zeven dagen.

¹⁸Daar was ook geen pascha als dat in Israel gehouden, van de dagen van Samuel, den profeet, af; en geen koningen van Israel hadden zulk een pascha gehouden, gelijk dat Josia hield met de priesters en de Levieten, en gans Juda en Israel, dat er gevonden werd, en de inwoners van Jeruzalem.

¹⁹In het achttiende jaar van het koninkrijk van Josia, werd dit pascha gehouden.

²⁰Na dit alles, toen Josia het huis toebereid had, toog Necho, de koning van Egypte, op, om te krijgen tegen Karchemis, aan den Frath; en Josia toog uit hem tegemoet.

²¹Toen zond hij boden tot hem, zeggende: Wat heb ik met u te doen, gij, koning van Juda? Wat u aangaat, ik ben heden tegen u niet, maar tegen een huis, dat oorlog voert tegen mij; en God heeft gezegd, dat ik mij haasten zou; houd u af van God, Die met mij is, opdat Hij u niet verderve.

²²Doch Josia keerde zijn aangezicht niet van hem; maar hij verstelde zich, om tegen hem te strijden, en hoorde niet naar de woorden van Necho uit den mond van God; maar hij kwam om te strijden in het dal Megiddo.

²³En de schutters schoten den koning Josia. Toen zeide de koning tot zijn knechten: Voert mij weg, want ik ben zeer gewond.

²⁴En zijn knechten namen hem weg van den wagen, en voerden hem op den tweeden wagen, dien hij had, en brachten hem te Jeruzalem; en hij stierf, en werd begraven in de graven zijner vaderen; en gans Juda en Jeruzalem bedreven rouw over Josia.

²⁵En Jeremia maakte een klaaglied over Josia; desgelijks alle zangers en zangeressen spraken in hun klaagliederen van Josia, tot op dezen dag; want zij gaven ze toe een inzetting in Israel; en ziet, zij zijn geschreven in de klaagliederen.

²⁶Het overige nu der geschiedenissen van Josia, en zijn goeddadigheden, naar dat geschreven is in de wet des HEEREN;

²⁷Zijn geschiedenissen dan, de eerste en de laatste, ziet, die zijn geschreven in het boek der koningen van Israel en van Juda.

Hoofdstuk 36

¹Daarna hield Josia het pascha den HEERE te Jeruzalem; en zij slachtten het pascha op den veertienden der eerste maand.

²En hij stelde de priesteren op hun wachten; en hij sterkte hen tot den dienst van het huis des HEEREN.

³En hij zeide tot de Levieten, die gans Israel onderwezen, die den HEERE heilig waren: Zet de heilige ark in het huis, hetwelk Salomo, de zoon van David, de koning van Israel, gebouwd heeft; gij hebt geen last op de schouderen; dient nu den HEERE, uw God, en Zijn volk Israel;

⁴En bereidt u naar de huizen uwer vaderen, naar uw verdelingen, naar het voorschrift van David, den koning van Israel, en naar de beschrijving van zijn zoon Salomo;

⁵En staat in het heiligdom, naar de onderscheiding der vaderlijke huizen, voor uw broederen, het volk, en naar de afdeling van de vaderlijke huizen der Levieten;

⁶En slacht het pascha, en heiligt u, en bereidt dat voor uw broederen, doende naar het woord des HEEREN, door de hand van Mozes.

⁷En Josia gaf voor het volk, van klein vee, lammeren en jonge geitenbokken, die alle tot paasofferen, naar al hetgeen er gevonden werd, in getal dertig duizend; maarvan runderen drie duizend; dit was van des konings have.

⁸Ook gaven zijn vorsten tot een vrijwillig offer voor het volk, voor de priesteren, en voor de Levieten; Hilkia, en Zacharia, en Jehiel, de oversten van het huis Gods, gaven den priesteren tot paasofferen, twee duizend en zeshonderd klein vee, en driehonderd runderen.

⁹Daartoe Chonanja, en Semaja, en Nethaneel, zijn broeders, mitsgaders Hasabja, en Jeiel, en Jozabad, de oversten der Levieten, gaven den Levieten tot paasofferen, vijf duizend klein vee en vijfhonderd runderen.

¹⁰Alzo werd de dienst toebereid; en de priesteren stonden in hun standplaats, en de Levieten in hun verdelingen, naar het gebod des konings.

¹¹Daarna slachtte men het pascha, en de priesters sprengden het bloed uit hun handen, en de Levieten trokken de huiden af.

¹²En zij namen het brandoffer daar af, opdat zij die naar de verdelingen der vaderlijke huizen, aan het volk geven mochten, om den HEERE te offeren, gelijk geschreven is in het boek van Mozes; en alzo met de runderen.

¹³En zij kookten het pascha bij het vuur, naar het recht; maar de andere heilige dingen kookten zij in potten, en in ketels, en in pannen; en zij deelden het haastelijk onder al het volk.

¹⁴Daarna bereidden zij ook voor zichzelven en voor de priesteren; want de priesters, de zonen van Aaron, waren tot aan den nacht in het offeren der brandofferen endes vets; daarom bereidden de Levieten voor zichzelven, en voor de priesteren, de zonen van Aaron.

¹⁵En de zangers, de zonen van Asaf, waren in hun standplaats, naar het gebod van David, en Asaf, en Heman, en Jeduthun, den ziener des konings, mitsgaders de poortiers aan elke poort; zij behoefden niet te wijken van hun dienst, overmits hun broeders, de Levieten, voor hen bereidden.

¹⁶Alzo werd de ganse dienst des HEEREN op denzelfden dag beschikt, om pascha te houden, en brandofferen op het altaar des HEEREN te offeren, naar het gebod van den koning Josia.

¹⁷En de kinderen Israels, die er gevonden werden, hielden het pascha ter zelfder tijd, en het feest der ongezuurde broden, zeven dagen.

¹⁸Daar was ook geen pascha als dat in Israel gehouden, van de dagen van Samuel, den profeet, af; en geen koningen van Israel hadden zulk een pascha gehouden, gelijk dat Josia hield met de priesters en de Levieten, en gans Juda en Israel, dat er gevonden werd, en de inwoners van Jeruzalem.

¹⁹In het achttiende jaar van het koninkrijk van Josia, werd dit pascha gehouden.

²⁰Na dit alles, toen Josia het huis toebereid had, toog Necho, de

koning van Egypte, op, om te krijgen tegen Karchemis, aan den Frath; en Josia toog uit hem tegemoet.

²¹Toen zond hij boden tot hem, zeggende: Wat heb ik met u te doen, gij, koning van Juda? Wat u aangaat, ik ben heden tegen u niet, maar tegen een huis, dat oorlogvoert tegen mij; en God heeft gezegd, dat ik mij haasten zou; houd u af van God, Die met mij is, opdat Hij u niet verderve.

²²Doch Josia keerde zijn aangezicht niet van hem; maar hij verstelde zich, om tegen hem te strijden, en hoorde niet naar de woorden van Necho uit den mond vanGod; maar hij kwam om te strijden in het dal Megiddo.

²³En de schutters schoten den koning Josia. Toen zeide de koning tot zijn knechten: Voert mij weg, want ik ben zeer gewond.

²⁴En zijn knechten namen hem weg van den wagen, en voerden hem op den tweeden wagen, dien hij had, en brachten hem te Jeruzalem; en hij stierf, en werdbegraven in de graven zijner vaderen; en gans Juda en Jeruzalem bedreven rouw over Josia.

²⁵En Jeremia maakte een klaaglied over Josia; desgelijks alle zangers en zangeressen spraken in hun klaagliederen van Josia, tot op dezen dag; want zij gaven ze toteen inzetting in Israel; en ziet, zij zijn geschreven in de klaagliederen.

²⁶Het overige nu der geschiedenissen van Josia, en zijn goeddadigheden, naar dat geschreven is in de wet des HEEREN;

²⁷Zijn geschiedenissen dan, de eerste en de laatste, ziet, die zijn geschreven in het boek der koningen van Israel en van Juda.

Hoofdstuk 37

¹Toen nam het volk des lands Joahaz, den zoon van Josia, en zij maakten hem koning, in zijns vaders plaats, te Jeruzalem.

²Drie en twintig jaren was Joahaz oud, als hij koning werd, en hij regeerde drie maanden te Jeruzalem.

³Want de koning van Egypte zette hem af te Jeruzalem; en hij legde het land een boete op van honderd talenten zilvers en een talent gouds.

⁴En de koning van Egypte maakte zijn broeder Eljakim koning over Juda en Jeruzalem, en veranderde zijn naam in Jojakim; maar zijn broeder Joahaz nam Necho, enbracht hem in Egypte.

⁵Vijf en twintig jaren was Jojakim oud, als hij koning werd, en regeerde elf jaren te Jeruzalem; en hij deed dat kwaad was in de ogen des HEEREN, zijns Gods.

⁶Nebukadnezar, de koning van Babel, toog tegen hem op, en bond hem met twee koperen ketenen, om hem te voeren naar Babel.

⁷Nebukadnezar bracht ook van de vaten van het huis des HEEREN naar Babel, en stelde ze in zijn tempel te Babel.

⁸Het overige nu van de geschiedenissen van Jojakim, en zijn gruwelen, die hij deed, en wat aan hem gevonden werd, ziet, dat is geschreven in het boek der koningenvan Israel en Juda; en Jojachin, zijn zoon, werd koning in zijn plaats.

⁹Acht jaren was Jojachin oud, als hij koning werd, en regeerde drie maanden en tien dagen te Jeruzalem, en deed dat kwaad was in de ogen des HEEREN.

¹⁰En met de wederkomst des jaars zond de koning Nebukadnezar henen, en liet hem naar Babel halen, met de kostelijke vaten van het huis des HEEREN; en hijmaakte zijn broeder Zedekia koning over Juda en Jeruzalem.

¹¹Een en twintig jaren was Zedekia oud, als hij koning werd, en regeerde elf jaren te Jeruzalem.

¹²En hij deed dat kwaad was in de ogen des HEEREN, zijns Gods; hij verootmoedigde zich niet voor het aangezicht van den profeet Jeremia, sprekende uit den monddes HEEREN.

¹³Daartoe werd hij ook afvallig tegen den koning Nebukadnezar, die hem beëdigd had bij God; en verhardde zijn nek, en verstokte zijn hart, dat hij zich niet bekeerdetot den HEERE, den God Israels.

¹⁴Ook maakten alle oversten der priesteren, en het volk, der overtredingen zeer veel, naar alle gruwelen der heidenen; en zij verontreinigden het huis des HEEREN, dat Hij geheiligd had te Jeruzalem.

¹⁵En de HEERE, de God hunner vaderen, zond tot hen, door de hand Zijner boden, vroeg op zijnde, om die te zenden; want Hij verschoonde Zijn volk en Zijn woning.

¹⁶Maar zij spotten met de boden Gods, en verachtten Zijn woorden; zij verleidden zichzelven tegen Zijn profeten; totdat de grimmigheid des HEEREN tegen Zijn volkopging, dat er geen helen aan was.

¹⁷Want Hij deed tegen hen opkomen den koning der Chaldeen, die hun jongelingen met het zwaard in het huis huns heiligdoms doodde, en hij verschoonde dejongelingen niet, noch de maagden, de oudsten noch de stokouden; Hij gaf hen allen in zijn hand.

¹⁸En alle vaten van het huis Gods, de grote en de kleine, en de schatten van het huis des HEEREN, en de schatten des konings en zijner vorsten, dit alles voerde hijnaar Babel.

¹⁹En zij verbrandden het huis Gods, en zij braken den muur van Jeruzalem af, en al de paleizen daarvan verbrandden zij met vuur, verdervende ook alle kostelijkevaten derzelve.

²⁰En wie overgebleven was van het zwaard, voerde hij weg naar Babel, en zij werden hem en zijn zonen tot knechten, tot het regeren des koninkrijks van Perzie;

²¹Opdat het woord des HEEREN vervuld wierd, door den mond van Jeremia, totdat het land aan zijn sabbatten een welgevallen had; het rustte al de dagen derverwoesting, totdat de zeventig jaren vervuld waren.

²²Maar in het eerste jaar van Kores, koning van Perzie, opdat volbracht wierd het woord des HEEREN, door den mond van Jeremia, verwekte de HEERE den geestvan Kores, koning van Perzie, dat hij een stem liet doorgaan door zijn ganse koninkrijk, zelfs ook in geschrift, zeggende:

Ezra

Hoofdstuk 1

¹In het eerste jaar nu van Kores, koning van Perzie, opdat volbracht wierd het woord des HEEREN, uit den mond van Jeremia, verwekte de HEERE den geest vanKores, koning van Perzie, dat hij een stem liet doorgaan door zijn ganse koninkrijk, zelfs ook in geschrift, zeggende:

²Zo zegt Kores, koning van Perzie: De HEERE, de God des hemels, heeft mij alle koninkrijken der aarde gegeven; en Hij heeft mij bevolen Hem een huis te bouwente Jeruzalem, hetwelk in Juda is.

³Wie is onder ulieden van al Zijn volk? Zijn God zij met hem, en hij trekke op naar Jeruzalem, dat in Juda is, en hij bouwe het huis des HEEREN, des Gods van Israel;Hij is de God, Die te Jeruzalem woont.

⁴En al wie achterblijven zou in enige plaatsen, waar hij als vreemdeling verkeert, dien zullen de lieden zijner plaats bevorderlijk zijn met zilver, en met goud, en methave, en met beesten; benevens een vrijwillige gave, voor het huis Gods, Die te Jeruzalem woont.

⁵Toen maakten zich op de hoofden der vaderen van Juda en Benjamin, en de priesteren en de Levieten, benevens een iegelijk, wiens geest God verwekte, dat zijoptrokken om te bouwen het huis des HEEREN, die te Jeruzalem woont.

⁶Allen nu, die rondom hen waren, sterkten hunlieder handen met zilveren vaten, met goud, met have, en met beesten, en met kostelijkheden; behalve alles, watvrijwillig gegeven werd.

⁷Ook bracht de koning Kores uit, de vaten van het huis des HEEREN, die Nebukadnezar uit Jeruzalem had uitgevoerd, en had gesteld in het huis zijns gods.

⁸En Kores, de koning van Perzie, bracht ze uit door de hand van Mithredath, den schatmeester, die ze aan Sesbazar, den vorst van Juda, toetelde.

⁹En dit is hun getal: dertig gouden bekkens, duizend zilveren bekkens, negen en twintig messen;

¹⁰Dertig gouden bekers, vierhonderd en tien andere zilveren bekers; andere vaten, duizend.

Hoofdstuk 2

¹Dit zijn de kinderen van dat landschap, die optogen uit de gevangenis, van de weggevoerden, die Nebukadnezar, koning van Babel, weggevoerd had naar Babel, dienaar Jeruzalem en Juda zijn wedergekeerd, een iegelijk naar zijn stad;

²Dewelken kwamen met Zerubbabel, Jesua, Nehemia, Seraja, Reelaja, Mordechai, Bilsan, Mizpar, Bigvai, Rehum en Baena. Dit is het getal der mannen des volksvan Israel.

³De kinderen van Paros, twee duizend honderd twee en zeventig.

⁴De kinderen van Sefatja, driehonderd twee en zeventig.

⁵De kinderen van Arach, zevenhonderd vijf en zeventig.

⁶De kinderen van Pahath-Moab, van de kinderen van Jesua-Joab, twee duizend achthonderd en twaalf.

⁷De kinderen van Elam, duizend tweehonderd vier en vijftig.

⁸De kinderen van Zatthu, negenhonderd zestig.

⁹De kinderen van Zakkai, zevenhonderd zestig.

¹⁰De kinderen van Bani, zeshonderd twee en veertig.

¹¹De kinderen van Bebai, zeshonderd drie en twintig.

¹²De kinderen van Azgad, duizend tweehonderd twee en twintig.

¹³De kinderen van Adonikam, zeshonderd zes en zestig.

¹⁴De kinderen van Bigvai, twee duizend zes en vijftig.

¹⁵De kinderen van Adin, vierhonderd vier en vijftig.

¹⁶De kinderen van Ater, van Hizkia, acht en negentig.

¹⁷De kinderen van Bezai, driehonderd drie en twintig.

¹⁸De kinderen van Jora, honderd en twaalf.

¹⁹De kinderen van Hasum, tweehonderd drie en twintig.

²⁰De kinderen van Gibbar, vijf en negentig.

²¹De kinderen van Bethlehem, honderd drie en twintig.

²²De mannen van Netofa, zes en vijftig.

²³De mannen van Anathoth, honderd acht en twintig.

²⁴De kinderen van Azmaveth, twee en veertig.

²⁵De kinderen van Kirjath-Arim, Cefira en Beeroth, zevenhonderd drie en veertig.

²⁶De kinderen van Rama en Gaba, zeshonderd een en twintig.

²⁷De mannen van Michmas, honderd twee en twintig.

²⁸De mannen van Beth-El en Ai, tweehonderd drie en twintig.

²⁹De kinderen van Nebo, twee en vijftig.

³⁰De kinderen van Magbis, honderd zes en vijftig.

³¹De kinderen van den anderen Elam, duizend tweehonderd vier en vijftig.

³²De kinderen van Harim, driehonderd en twintig.

³³De kinderen van Lod, Hadid en Ono, zevenhonderd vijf en twintig.

³⁴De kinderen van Jericho, driehonderd vijf en veertig.

³⁵De kinderen van Senaa, drie duizend zeshonderd en dertig.

³⁶De priesters. De kinderen van Jedaja, van het huis van Jesua, negenhonderd drie en zeventig.

³⁷De kinderen van Immer, duizend twee en vijftig.

³⁸De kinderen van Pashur, duizend tweehonderd zeven en veertig.

³⁹De kinderen van Harim, duizend en zeventien.

⁴⁰De Levieten. De kinderen van Jesua en Kadmiel, van de kinderen van Hodavja, vier en zeventig.

⁴¹De zangers. De kinderen van Asaf honderd acht en twintig.

⁴²De kinderen der poortiers. De kinderen van Sallum, de kinderen van Ater, de kinderen van Talmon, de kinderen van Akkub, de kinderen van Hatita, de kinderen vanSobai; deze allen waren honderd negen en dertig.

⁴³De Nethinim. De kinderen van Ziha, de kinderen van Hasufa, de kinderen van Tabbaoth;

⁴⁴De kinderen van Keros, de kinderen van Siaha, de kinderen van Padon;

⁴⁵De kinderen van Lebana, de kinderen van Hagaba, de kinderen van Akkub;

⁴⁶De kinderen van Hagab, de kinderen van Samlai, de kinderen van Hanan;

⁴⁷De kinderen van Giddel, de kinderen van Gahar, de kinderen van Reaja;

⁴⁸De kinderen van Rezin, de kinderen van Nekoda, de kinderen van Gazzam;

⁴⁹De kinderen van Uza, de zonen van Paeah, de kinderen van Bezai;

⁵⁰De kinderen van Asna, de kinderen der Mehunim, de kinderen der Nefusim;

⁵¹De kinderen van Bakbuk, de kinderen van Hakufa, de kinderen van Harhur;

⁵²De kinderen van Bazluth, de kinderen van Mehida, de kinderen van Harsa;

⁵³De kinderen van Barkos, de kinderen van Sisera, de kinderen van Thamah;

⁵⁴De kinderen van Neziah, de kinderen van Hatifa.

⁵⁵De kinderen der knechten van Salomo. De kinderen van Sotai, de kinderen van Sofereth, de kinderen van Peruda;

⁵⁶De kinderen van Jaala, de kinderen van Darkon, de kinderen van Giddel;

⁵⁷De kinderen van Sefatja, de kinderen van Hattil, de kinderen van Pocheret-Hazebaim, de kinderen van Ami.

⁵⁸Al de Nethinim, en de kinderen der knechten van Salomo, waren driehonderd twee en negentig.

⁵⁹Dezen togen ook op van Tel-melah, Tel-harsa, Cherub, Addan en Immer; doch zij konden hunner vaderen huis en hun zaad niet bewijzen, of zij uit Israel waren.

⁶⁰De kinderen van Delaja, de kinderen van Tobia, de kinderen van Nekoda, zeshonderd twee en vijftig.

⁶¹En van de kinderen der priesteren, de kinderen van Habaja, de kinderen van Koz, de kinderen van Barzillai, die van de dochteren van Barzillai, den Gileadiet, eenvrouw genomen had, en naar hun naam genoemd was.

⁶²Dezen zochten hun register, onder degenen, die in het geslachtsregister gesteld waren, maar zij werden niet gevonden; daarom werden zij als onreinen van hetpriesterdom geweerd.

⁶³En Hattirsatha zeide tot hen, dat zij van de heiligste dingen niet zouden eten, totdat er een priester stond met urim en met thummim.

⁶⁴Deze ganse gemeente te zamen was twee en veertig duizend driehonderd en zestig.

⁶⁵Behalve hun knechten en hun maagden, die waren zeven duizend driehonderd zeven en dertig; en zij hadden tweehonderd zangers en zangeressen.

⁶⁶Hun paarden waren zevenhonderd zes en dertig; hun muildieren, tweehonderd vijf en veertig;

⁶⁷Hun kemelen, vierhonderd vijf en dertig; de ezelen, zes duizend zevenhonderd en twintig.

⁶⁸En sommigen van de hoofden der vaderen, als zij kwamen ten huize des HEEREN, die te Jeruzalem woont, gaven vrijwilliglijk ten huize Gods, om dat te zetten opzijn vaste plaats.

⁶⁹Zij gaven naar hun vermogen tot den schat des werks, aan goud, een en zestig duizend drachmen, en aan zilver, vijf duizend ponden, en honderd priesterrokken.

⁷⁰En de priesters en de Levieten, en sommigen uit het volk, zo de zangers als de poortiers, en de Nethinim woonden in hun steden, en gans Israel in zijn steden.

Hoofdstuk 3

¹Toen nu de zevende maand aankwam, en de kinderen Israels in de steden waren, verzamelde zich het volk, als een enig man, te Jeruzalem.

²En Jesua, de zoon van Jozadak, maakte zich op, en zijn broederen, de priesters en Zerubbabel, de zoon van Sealthiel, en zijn broederen, en zij bouwden het altaar des Gods van Israel, om daarop brandofferen te offeren, gelijk geschreven is in de wet van Mozes, den man Gods.

³En zij vestigden het altaar op zijn stelling, maar met verschrikking, die over hen was, vanwege de volken der landen; en zij offerden daarop brandofferen den HEERE, brandofferen des morgens en des avonds.

⁴En zij hielden het feest der loofhutten, gelijk geschreven is; en zij offerden brandofferen dag bij dag in getal, naar het recht, van elk dagelijks op zijn dag.

⁵Daarna ook het gedurig brandoffer, en van de nieuwe maanden, en van alle gezette hoogtijden des HEEREN, die geheiligd waren; ook van een ieder, die een vrijwillige offerande den HEERE vrijwilliglijk offerde.

⁶Van den eersten dag af der zevende maand begonnen zij den HEERE brandofferen te offeren; doch de grond van den tempel des HEEREN was niet gelegd.

⁷Zo gaven zij geld aan de houwers en werkmeesters, ook spijs en drank, en olie, aan de Sidoniers en aan de Tyriers, om cederenhout van den Libanon te brengen aan de zee naar Jafo, naar de vergunning van Kores, koning van Perzie, aan hen.

⁸In het tweede jaar nu hunner aankomst ten huize Gods te Jeruzalem, in de tweede maand, begonnen Zerubbabel, de zoon van Sealthiel, en Jesua, de zoon van Jozadak, en de overige hunner broederen, de priesters en de Levieten, en allen, die uit de gevangenis te Jeruzalem gekomen waren; en zij stelden de Levieten, van twintig jaren oud en daarboven, om opzicht te nemen over het werk van des HEEREN huis.

⁹Toen stond Jesua, zijn zonen en zijn broederen, en Kadmiel met zijn zonen, kinderen van Juda, als een man, om opzicht te hebben over degenen, die het werk dedenaan het huis Gods, met de zonen van Henadad, hun zonen en hun broederen, de Levieten.

¹⁰Als nu de bouwlieden den grond van des HEEREN tempel legden, zo stelden zij de priesteren, aangekleed zijnde, met trompetten, en de Levieten, Asafs zonen, met cimbalen, om den HEERE te loven, naar de instelling van David, den koning van Israel.

¹¹En zij zongen bij beurten, met den HEERE te loven en te danken, dat Hij goedig is, dat Zijn weldadigheid tot in eeuwigheid is over Israel. En al het volk juichte met groot gejuich, als men den HEERE loofde over de grondlegging van het huis des HEEREN.

¹²Maar velen van de priesteren, en de Levieten, en hoofden der vaderen, die oud waren, die het eerste huis gezien hadden, dit huis in zijn grondlegging voor hun ogen zijnde, weenden met luider stem; maar velen verhieven de stem met gejuich en met vreugde.

¹³Zodat het volk niet onderkende de stem van het gejuich der vreugde, van de stem des geweens van het volk; want het volk juichte met groot gejuich, dat de stem tot van verre gehoord werd.

Hoofdstuk 4

¹Toen nu de wederpartijders van Juda en Benjamin hoorden, dat de kinderen der gevangenis den HEERE, den God Israels, den tempel bouwden;

²Zo kwamen zij aan tot Zerubbabel, en tot de hoofden der vaderen, en zeiden tot hen: Laat ons met ulieden bouwen, want wij zullen uw God zoeken, gelijk gijlieden ook hebben wij Hem geofferd sinds de dagen van Esar-Haddon, den koning van Assur, die ons herwaarts heeft doen optrekken.

³Maar Zerubbabel, en Jesua, en de overige hoofden der vaderen van Israel zeiden tot hen: Het betaamt niet, dat gijlieden en wij onzen God een huis bouwen; maar wij alleen zullen het den HEERE, den God Israels, bouwen, gelijk als de koning Kores, koning van Perzie, ons geboden heeft.

⁴Evenwel maakte het volk des lands de handen des volks van Juda slap, en verstoorde hen in het bouwen;

⁵En zij huurden tegen hen raadslieden, om hun raad te vernietigen, al de dagen van Kores, koning van Perzie, tot aan het koninkrijk van Darius, den koning van Perzie.

⁶En onder het koninkrijk van Ahasveros, in het begin zijns koninkrijks, schreven zij een aanklacht tegen de inwoners van Juda en Jeruzalem.

⁷En in de dagen van Arthahsasta schreef Bislam, Mithredath, Tabeel, en de overigen van zijn gezelschap, aan Arthahsasta, koning van Perzie; en het schrift desbriefs was in het Syrisch geschreven, en in het Syrisch uitgelegd.

⁸Rehum, de kanselier, en Simsai, de schrijver, schreven een brief tegen Jeruzalem, aan den koning Arthahsasta, op deze manier:

⁹Toen Rehum, de kanselier, en Simsai, de schrijver, en de overigen van hun gezelschap, de Dinaieten, de Afarsathchieten, de Tarpelieten, de Afarsieten, de Archevieten, de Babyloniers, de Susanchieten, de Dehavieten, de Elamieten,

¹⁰En de overige volkeren, die de grote en vermaarde Asnappar heeft vervoerd, en doen wonen in de stad van Samaria, ook de overigen, aan deze zijde der rivier, enop zulken tijd.

¹¹Dit is een afschrift des briefs, dien zij aan hem, aan den koning Arthahsasta, zonden: Uw knechten, de mannen aan deze zijde der rivier, en op zulken tijd.

¹²Den koning zij bekend, dat de Joden, die van u zijn opgetogen, tot ons gekomen zijn te Jeruzalem, bouwende die rebelle en die boze stad, waarvan zij de muren voltrekken, en de fondamenten samenvoegen.

¹³Zo zij nu den koning bekend, indien dezelve stad zal worden opgebouwd, en de muren voltrokken, dat zij den cijns, ouden impost, en tol niet zullen geven, en gij zult aan de inkomsten der koningen schade aanbrengen.

¹⁴Nu, omdat wij salaris uit het paleis trekken, en het ons niet betaamt des konings oneer te zien, daarom hebben wij gezonden, en dit den koning bekend gemaakt;

¹⁵Opdat men zoeke in het boek der kronieken uwer vaderen, zo zult gij vinden in het boek der kronieken, en weten, dat dezelve stad een rebelle stad geweest is, enden koningen en landschappen schade aanbrengende, en dat zij daar binnen afval gesticht hebben, van oude tijden af; daarom is dezelve stad verwoest.

¹⁶Wij maken dan de koning bekend, dat, zo dezelve stad zal worden opgebouwd, en haar muren voltrokken, gij daardoor geen deel zult hebben aan deze zijde der rivier.

¹⁷De koning zond antwoord aan Rehum, den kanselier, en Simsai, den schrijver, en de overigen van hun gezelschappen, die te Samaria woonden; mitsgaders aan de overigen van deze zijde der rivier aldus: Vrede, en op zulken tijd.

¹⁸De brief, dien gij aan ons geschikt hebt, is duidelijk voor mij gelezen.

¹⁹En als van mij bevel gegeven was, hebben zij gezocht en gevonden, dat dezelve stad zich van oude tijden af tegen de koningen heeft verheven, en rebellie en afval daarin gesticht is.

²⁰Ook zijn er machtige koningen geweest over Jeruzalem, die geheerst hebben overal aan gene zijde der rivier; en hun is cijns, oude impost en tol gegeven.

²¹Geeft dan nu bevel, om diezelve mannen te beletten, dat diezelve stad niet opgebouwd worde, totdat van mij bevel zal worden gegeven.

²²Weest gewaarschuwd, van feil in dezen te begaan; waarom zou het verderf tot schade der koningen aanwassen?

²³Toen, van dat het afschrift des briefs van den koning Arthahsasta voor Rehum, en Simsai, den schrijver, en hun gezelschappen gelezen was, togen zij in haast naar Jeruzalem tot de Joden, en beletten hen met arm en geweld.

²⁴Toen hield het werk op van het huis Gods, Die te Jeruzalem woont, ja, het hield op tot in het tweede jaar van het koninkrijk van Darius, den koning van Perzie.

Hoofdstuk 5

¹Haggai nu, de profeet, en Zacharia, de zoon van Iddo, profeteerden tot de Joden, die in Juda en te Jeruzalem waren; in den naam Gods van Israel profeteerden zij tot hen.

²Toen maakten zich op Zerubbabel, de zoon van Sealthiel, en Jesua, de zoon van Jozadak, en begonnen te bouwen het huis Gods, Die te Jeruzalem woont; en met hen de profeten Gods, die hen ondersteunden.

³Te dier tijd kwam tot hen Thathnai, de landvoogd aan deze zijde der rivier, en Sthar-Boznai, en hun gezelschap, en zeiden aldus tot hen: Wie heeft ulieden bevel gegeven dit huis te bouwen, en dezen muur te voltrekken?

⁴Toen zeiden wij aldus tot hen, en welke de namen waren der mannen, die dit gebouw bouwden.

⁵Doch het oog huns Gods was over de oudsten der Joden, dat zij hun niet beletten, totdat de zaak aan Darius kwam, en zij alsdan daarover een brief wederbrachten.

⁶Afschrift des briefs, dien Thathnai, de landvoogd aan deze zijde der rivier, met Sthar-Boznai, en zijn gezelschap, de Afarsechaieten, die aan deze zijde der rivier waren, aan den koning Darius zond.

⁷Zij zonden een verhaal aan hem; en daarin was aldus geschreven: Den koning Darius zij alle vrede.

⁸Den koning zij bekend, dat wij getogen zijn naar het landschap Juda, ten huize des groten Gods, hetwelk gebouwd wordt met grote stenen, en het hout wordt gelegd in de wanden; en datzelve werk wordt ras gedaan, en gaat voorspoediglijk door hun handen voort.

⁹Toen hebben wij denzelven oudsten gevraagd, en aldus tot hen gezegd: Wie heeft ulieden bevel gegeven dit huis te bouwen, en dezen muur te voltrekken?

¹⁰Wijders hebben wij hun ook hun namen afgevraagd, dat wij ze u bekend maakten; dat wij mochten overschrijven de namen der mannen, die hoofden onder hen zijn.

¹¹En zij hebben ons dusdanig antwoord wedergegeven, zeggende: Wij zijn knechten van den God des hemels en der aarde, en bouwen het huis, dat vele jaren voordezen is gebouwd geweest; want een groot koning van Israel had het gebouwd en voltrokken.

¹²Maar nadat onze vaders den God des hemels hadden vertoornd, heeft Hij hen gegeven in de hand van Nebukadnezar, den koning van Babel, den Chaldeeer; dewelke dat huis heeft vernield, en het volk naar Babel weggevoerd.

¹³Doch in het eerste jaar van Kores, koning van Babel, heeft de koning Kores bevel gegeven dit huis Gods te bouwen.

¹⁴Ja, de vaten van Gods huis, welke van goud en zilver waren, die Nebukadnezar uit den tempel, die te Jeruzalem was, had weggenomen en dezelve gebracht in den tempel van Babel, die heeft de koning Kores uitgehaald uit den tempel van Babel, en zij zijn gegeven aan een, wiens naam was Sesbazar, dien hij tot een landvoogd had gesteld.

¹⁵En hij zeide tot hem: Neem deze vaten, ga ze afvoeren in den tempel, die te Jeruzalem is, en laat het huis Gods gebouwd worden op zijn plaats.

¹⁶Toen kwam dezelve Sesbazar; hij legde de fondamenten van het huis Gods, Die te Jeruzalem woont; en er is van toen af tot nu toe gebouwd, doch niet volbracht.

¹⁷Zo het dan nu den koning goeddunkt, laat er gezocht worden in het schathuis des konings aldaar, dat te Babel is, of het zij, dat een bevel van den koning Kores gegeven zij, om dit huis Gods te Jeruzalem te bouwen; en dat men des konings believen hiervan tot ons zende.

Hoofdstuk 6

¹Toen gaf de koning Darius bevel; en zij zochten in de kanselarij, waar de schatten waren weggelegd, in Babel.

²En te Achmetha, in de burcht, die in het landschap Medie is, werd een rol gevonden; en daarin was aldus geschreven: GEDACHTENIS:

³In het eerste jaar van den koning Kores, gaf de koning Kores dit bevel: Het huis Gods te Jeruzalem, dat huis zal gebouwd worden, ter plaatse, waar zij offeranden offeren, en de fondamenten daarvan zullen zwaar zijn; zijn hoogte van zestig ellen, en zijn breedte van zestig ellen;

⁴Met drie rijen van groten steen, en een rij van nieuw hout; en de onkosten zullen uit des konings huis gegeven worden.

⁵Daartoe zal men ook de gouden en zilveren vaten van het huis Gods, die Nebukadnezar uit den tempel, die te Jeruzalem was, heeft weggevoerd, en naar Babel gebracht, wedergeven, dat zij gaan naar den tempel, die te Jeruzalem is, aan zijn plaats, en men zal ze afvoeren ten huize Gods.

⁶Nu, gij Thathnai, landvoogd aan gene zijde der rivier, gij Sthar-Boznai, met ulieder gezelschap, gij Afarsechaieten, die aan gene zijde der rivier zijt, weest verre vandaar!

⁷Laat hen aan den arbeid van dit huis Gods; dat de landvoogd der Joden en de oudsten der Joden dit huis Gods bouwen aan zijn plaats.

⁸Ook wordt van mij bevel gegeven, wat gijlieden doen zult aan de oudsten dezer Joden, om dit huis Gods te bouwen; te weten, dat uit des konings goederen, van dencijns aan gene zijde der rivier, de onkosten dezen mannen spoediglijk gegeven worden, opdat men hen niet belette.

⁹En wat nodig is, als jonge runderen, en rammen, en lammeren, tot brandofferen aan den God des hemels, tarwe, zout, wijn en olie, naar het zeggen der priesteren, die te Jeruzalem zijn, dat het hun dag bij dag gegeven worde, dat er geen feil zij;

¹⁰Opdat zij offeranden van liefelijken reuk aan den God des hemels offeren, en bidden voor het leven des konings en zijner kinderen.

¹¹Voorts wordt bevel van mij gegeven, dat al dengene, die dit woord zal veranderen, een hout uit zijn huis zal gerukt en opgericht worden, waaraan hij zal worden opgehangen; en zijn huis zal om diens wille tot een drekhoop gemaakt worden.

¹²De God nu, die Zijn Naam aldaar heeft doen wonen, werpe ter neder alle koningen en volken, die hun hand zullen uitstrekken, om te veranderen en te verderven dit huis Gods, dat te Jeruzalem is. Ik, Darius, heb het bevel gegeven, dat het spoediglijk gedaan worde.

¹³Toen deden Thathnai, de landvoogd aan gene zijde der rivier, Sthar-Boznai, en hun gezelschap, spoediglijk alzo, naar hetgeen de koning Darius gezonden had.

¹⁴En de oudsten der Joden bouwden en gingen voorspoediglijk voort, door de profetie van den profeet Haggai en Zacharia, den zoon van Iddo; en zij bouwden en voltrokken het, naar het bevel van den God Israels, en naar het bevel van Kores, en Darius, en Arthahsasta, koning van Perzie.

¹⁵En dit huis werd volbracht op den derden dag der maand Adar; datzelve was het zesde jaar van het koninkrijk van den koning Darius.

¹⁶En de kinderen Israels, de priesteren en Levieten, en de overige kinderen der gevangenis deden de inwijding van dit huis Gods met vreugde.

¹⁷En zij offerden, ter inwijding van dit huis Gods, honderd runderen, tweehonderd rammen, vierhonderd lammeren en twaalf geitenbokken, ten zondoffer voor gans Israel, naar het getal der stammen Israels.

¹⁸En zij stelden de priesteren in hun onderscheidingen, en de Levieten in hun verdelingen, tot den dienst Gods, Die te Jeruzalem is, naar het voorschrift des boeks van Mozes.

¹⁹Ook hielden de kinderen der gevangenis het pascha, op den veertienden der eerste maand.

²⁰Want de priesters en de Levieten hadden zich gereinigd als een enig man; zij waren allen rein; en zij slachtten het pascha voor alle kinderen der gevangenis, en voor hun broederen, de priesteren, en voor zichzelven.

²¹Alzo aten de kinderen Israels, die uit de gevangenis wedergekomen waren, mitsgaders al wie zich van de onreinigheid der heidenen des lands tot hen afgezonderd had, om den HEERE, den God Israels, te zoeken.

²²En zij hielden het feest der ongezuurde broden zeven dagen, met blijdschap; want de HEERE had hen verblijd, en het hart des konings van Assur tot hen gewend, om hun handen te sterken in het huis Gods, des Gods van Israel.

Hoofdstuk 7

¹Na deze geschiedenissen nu, in het koninkrijk van Arthahsasta, koning van Perzie: Ezra, de zoon van Seraja, den zoon van Azarja, den zoon van Hilkia,

²Den zoon van Sallum, den zoon van Zadok, den zoon van Ahitub,

³Den zoon van Amarja, den zoon van Azarja, den zoon van Merajoth,

⁴Den zoon van Zerahja, den zoon van Uzzi, den zoon van Bukki,

⁵Den zoon van Abisua, den zoon van Pinehas, den zoon van Eleazar, den zoon van Aaron, den hoofdpriester.

⁶Deze Ezra toog op uit Babel; en hij was een vaardig schriftgeleerde in de wet van Mozes, die de HEERE, de God Israels, gegeven heeft; en de koning gaf hem, naar de hand des HEEREN, zijns Gods, over hem, al zijn verzoek.

⁷Ook sommigen van de kinderen Israels, en van de priesteren en de Levieten, en de zangers, en de poortiers, en de Nethinim, togen op naar Jeruzalem, in hetzevende jaar van den koning Arthahsasta.

⁸En hij kwam te Jeruzalem in de vijfde maand; dat was het zevende jaar dezes konings.

⁹Want op den eersten der eerste maand was het begin des optochts uit Babel, en op den eersten der vijfde maand kwam hij te Jeruzalem, naar de goede hand zijns Gods over hem.

¹⁰Want Ezra had zijn hart gericht, om de wet des HEEREN te zoeken en te doen, en om in Israel te leren de inzettingen en de rechten.

¹¹Dit is nu het afschrift des briefs, dien de koning Arthahsasta gaf aan Ezra, den priester, den schriftgeleerde; den schriftgeleerde van de woorden der geboden des HEEREN, en Zijn inzettingen over Israel:

¹²Arthahsasta koning der koningen, aan Ezra, den priester, den schriftgeleerde der wet van den God des hemels, volkomen vrede en op zulken tijd.

¹³Van mij wordt bevel gegeven, dat al wie vrijwillig is in mijn koninkrijk, van het volk van Israel, en van deszelfs priesteren en Levieten, om te gaan naar Jeruzalem, dat hij met u ga.

Ezra

¹⁴Dewijl gij van voor den koning en zijn zeven raadsheren gezonden zijt, om onderzoek te doen in Judea, en te Jeruzalem, naar de wet uws Gods, die in uw hand is;

¹⁵En om henen te brengen het zilver en goud, dat de koning en zijn raadsheren vrijwilliglijk gegeven hebben aan den God Israels, Wiens woning te Jeruzalem is;

¹⁶Mitsgaders al het zilver en goud, dat gij vinden zult in het ganse landschap van Babel, met de vrijwillige gave des volks en der priesteren, die vrijwilliglijk geven, tenhuize huns Gods, dat te Jeruzalem is;

¹⁷Opdat gij spoediglijk voor dat geld koopt runderen, rammen, lammeren, met hun spijsofferen, en hun drankofferen, en die offert op het altaar van het huis van ulliederGod, dat te Jeruzalem is.

¹⁸Daartoe, wat u en uw broederen goeddunken zal, met het overige zilver en goud te doen, zult gijlieden doen naar het welgevallen uws Gods.

¹⁹En geef de vaten, die u gegeven zijn tot den dienst van het huis uws Gods, weder voor den God van Jeruzalem.

²⁰Het overige nu, dat van node zal zijn voor het huis uws Gods, dat u voorvallen zal uit te geven, zult gij geven uit het schathuis des konings.

²¹En van mij, mij, koning Arthahsasta, wordt bevel gegeven aan alle schatmeesters, die aan gene zijde der rivier zijt, dat alles, wat Ezra, de priester, de schriftgeleerdeder wet van den God des hemels, van u zal begeren, spoediglijk gedaan worde;

²²Tot honderd talenten zilvers toe, en tot honderd kor tarwe, en tot honderd bath wijn, en tot honderd bath olie, en zout zonder voorschrift.

²³Al wat naar het bevel van den God des hemels is, dat het vlijtiglijk gedaan worde, voor het huis van den God des hemels; want waartoe zou er grote toorn zijn overhet koninkrijk des konings en zijner kinderen?

²⁴Ook laten wij ulieden weten, aangaande alle priesteren en Levieten, zangers, poortiers, Nethinim en dienaars van het huis dezes Gods, dat men den cijns, oudenimpost en tol hun niet zal vermogen op te leggen.

²⁵En gij, Ezra, naar de wijsheid uws Gods, die in uw hand is, stel regeerders en richters, die al het volk richten, dat aan gene zijde der rivier is, allen, die de wettenGods weten, en die ze niet weet, zult gijlieden die bekend maken.

²⁶En al wie de wet uws Gods en de wet des konings niet zal doen, over dien laat spoediglijk recht worden gedaan, hetzij ter dood, of tot uitbanning, of tot boete vangoederen, of tot de banden.

²⁷Geloofd zij de HEERE, de God onzer vaderen, Die alzulks in het hart des konings gegeven heeft, om te versieren het huis des HEEREN, dat te Jeruzalem is.

²⁸En heeft tot mij weldadigheid geneigd, voor het aangezicht des konings en zijner raadsheren, en aller geweldige vorsten des konings! Zo heb ik mij gesterkt, naar dehand des HEEREN, mijns Gods, over mij, en de hoofden uit Israel vergaderd, om met mij op te trekken.

Hoofdstuk 8

¹Dit nu zijn de hoofden hunner vaderen, met hun geslachtsrekening, die met mij uit Babel optogen, onder het koninkrijk van den koning Arthahsasta.

²Van de kinderen van Pinehas, Gersom; van de kinderen van Ithamar, Daniel; van de kinderen van David, Hattus.

³Van de kinderen van Sechanja, van de kinderen van Paros, Zacharja; en met hem werden bij geslachtsregisters gerekend, aan manspersonen, honderd en vijftig.

⁴Van de kinderen van Pahath-Moab, Eljehoenai, van de zoon van Zerahja; en met hem tweehonderd manspersonen.

⁵Van de kinderen van Sechanja, de zoon van Jahaziel; en met hem driehonderd manspersonen.

⁶En van de kinderen van Adin, Ebed, de zoon van Jonathan; en met hem vijftig manspersonen.

⁷En van de kinderen van Elam, Jesaja, de zoon van Athalja; en met hem zeventig manspersonen.

⁸En van de kinderen van Sefatja, Zebadja, de zoon van Michael; en met hem tachtig manspersonen.

⁹En van de kinderen van Joab, Obadja, de zoon van Jehiel; en met hem tweehonderd en achttien manspersonen.

¹⁰En van de kinderen van Selomith, de zoon van Josifja; en met hem honderd en zestig manspersonen.

¹¹En van de kinderen van Babai, Zacharja, de zoon van Bebai; en met hem acht en twintig manspersonen.

¹²En van de kinderen van Azgad, Johanan, de zoon van Katan; en met hem honderd en tien manspersonen.

¹³En van de laatste kinderen van Adonikam, welker namen deze waren: Elifelet, Jehiel, en Semaja; en met hen zestig manspersonen.

¹⁴En van de kinderen van Bigvai, Uthai en Zabbud; en met hen zeventig manspersonen.

¹⁵En ik vergaderde hen aan de rivier, gaande naar Ahava, en wij legerden ons aldaar drie dagen; toen lette ik op het volk en de priesteren, en vond aldaar geen van dekinderen van Levi.

¹⁶Zo zond ik tot Eliezer, tot Ariel, tot Semaja, en tot Elnathan, en tot Jarib, en tot Elnathan, en tot Nathan, en tot Zacharja, en tot Mesullam, de hoofden; en tot Jojariben tot Elnathan, de leraars;

¹⁷En ik gaf hun bevel aan Iddo, het hoofd in de plaats Chasifja; en ik legde de woorden in hun mond, om te zeggen tot Iddo, zijn broeder, en de Nethinim, in de plaatsChasifja, dat zij ons brachten dienaars voor het huis onzes Gods.

¹⁸En zij brachten ons, naar de goede hand onzes Gods over ons, een man van verstand, van de kinderen van Mahli, den zoon van Levi, den zoon van Israel; namelijkSerebja, met zijn zonen en broederen, achttien;

¹⁹En Hasabja, en met hem Jesaja, van de kinderen van Merari, met zijn broederen, en hun zonen, twintig;

²⁰En van Nethinim, die David en de vorsten ten dienste der Levieten gegeven hadden, tweehonderd en twintig Nethinim, die allen bij namen genoemd werden.

²¹Toen riep ik aldaar een vasten uit aan de rivier Ahava, opdat wij ons verootmoedigden voor het aangezicht onzes Gods, om van Hem te verzoeken een rechten weg, voor ons, en voor onze kinderkens, en voor al onze have.

²²Want ik schaamde mij van den koning een heir en ruiters te begeren, om ons te helpen van den vijand, op den weg; omdat wij tot den koning hadden gesproken, zeggende: De hand onzes Gods is ten goede over allen, die Hem zoeken, maar Zijn sterkte en Zijn toorn over allen, die Hem verlaten.

²³Alzo vastten wij; en verzochten zulks van onzen God; en Hij liet zich van ons verbidden.

²⁴Toen scheidde ik twaalf uit van de oversten der priesteren: Serebja Hasabja, en tien van hun broederen met hen.

²⁵En ik woog hun toe het zilver, en het goud, en de vaten, zijnde de offering van het huis onzes Gods die de koning en zijn raadsheren, en zijn vorsten, en gans Israel, die er gevonden werden, geofferd hadden;

²⁶Ik woog dan aan hun hand zeshonderd en vijftig talenten zilvers, en honderd zilveren vaten in talenten; aan goud, honderd talenten;

²⁷En twintig gouden bekers, tot duizend drachmen; en twee vaten van blinkend goed koper, begeerlijk als goud.

²⁸En ik zeide tot hen: Gij zijt heilig den HEERE, en deze vaten zijn heilig; ook dit zilver en dit goud, de vrijwillige gave, den HEERE, den God uwer vaderen.

²⁹Waakt en bewaart het, totdat gij het opweegt, in tegenwoordigheid van de oversten der priesteren en Levieten, en der vorsten der vaderen van Israel, te Jeruzalem, in de kameren van des HEEREN huis.

³⁰Toen ontvingen de priesters en de Levieten het gewicht des zilvers en des gouds, en der vaten, om te brengen te Jeruzalem, ten huize onzes Gods.

³¹Alzo verreisden wij van de rivier Ahava, op den twaalfden der eerste maand, om te gaan naar Jeruzalem; en de hand onzes Gods was over ons, en redde ons vande hand des vijands, en desgenen, die ons lagen legde op den weg.

³²En wij kwamen te Jeruzalem; en wij bleven aldaar drie dagen.

³³Op den vierden dag nu werd gewogen het zilver, en het goud, en de vaten, in het huis onzes Gods, aan de hand van Meremoth, den zoon van Uria, den priester, enmet hem Eleazar, de zoon van Pinehas; en met hem Jozabad, de zoon van Jesua, en Noadja, de zoon van Binnui, de Levieten.

³⁴Naar het getal en naar het gewicht van dat alles; en het ganse gewicht werd ter zelfder tijd opgeschreven.

³⁵En de weggevoerden, die uit de gevangenis gekomen waren, offerden den God Israels brandofferen; twaalf varren voor gans Israel, zes en negentig rammen, zevenen zeventig lammeren, twaalf bokken ten zondoffer; alles ten brandoffer den HEERE.

³⁶Daarna gaven zij de wetten des konings aan des konings stadhouders en landvoogden aan deze zijde der rivier; en zij bevorderden het volk en het huis Gods.

Hoofdstuk 9

¹Als nu deze dingen voleind waren, traden de vorsten tot mij toe, zeggende: Het volk Israels, en de priesters, en de Levieten, zijn niet afgezonderd van de volken dezer landen, naar hun gruwelen, namelijk van de Kanaanieten, de Hethieten, de Ferezieten, de Jebusieten, de Ammonieten, de Moabieten, de Egyptenaren en Amorieten.

²Want zij hebben van hun dochteren genomen voor zichzelven en voor hun zonen, zodat zich vermengd hebben het heilig zaad met de volken dezer landen; ja, de hand der vorsten en overheden is de eerste geweest in deze overtreding.

³Als ik nu deze zaak hoorde, scheurde ik mijn kleed en mijn mantel; en ik trok van het haar mijns hoofds en mijns baards uit, en zat verbaasd neder.

⁴Toen verzamelden zich tot mij allen, die voor de woorden van den God Israels beefden, om de overtreding der weggevoerden; doch ik bleef verbaasd zitten tot aan het avondoffer.

⁵En omtrent het avondoffer stond ik op uit mijn bedruktheid, als ik nu mijn kleed en mijn mantel gescheurd had; en ik boog mij op mijn knieen, en breidde mijn handen uit tot den HEERE, mijn God.

⁶En ik zeide: Mijn God, ik ben beschaamd en schaamrood, om mijn aangezicht tot U op te heffen, mijn God; want onze ongerechtigheden zijn vermenigvuldigd tot boven ons hoofd, en onze schuld is groot geworden tot aan den hemel.

⁷Van de dagen onzer vaderen af zijn wij in grote schuld tot op dezen dag; en wij zijn om onze ongerechtigheden overgegeven, wij, onze koningen en onze priesters, in de hand van de koningen der landen, in zwaard, in gevangenis, en in roof, en in schaamte des aangezichts, gelijk het is te dezen dage.

⁸En nu is er, als een klein ogenblik, een genade geschied van den HEERE, onzen God, om ons een ontkoming over te laten, en ons een nagel te geven in Zijn heilige plaats, om onze ogen te verlichten, o onze God, en om ons een weinig levens te geven in onze dienstbaarheid.

⁹Want wij zijn knechten; doch in onze dienstbaarheid heeft ons onze God niet verlaten; maar Hij heeft weldadigheid tot ons geneigd voor het aangezicht der koningen van Perzie, dat Hij ons een weinig levens gave, om het huis onzes Gods te verhogen, en de woestigheden van hetzelve op te richten, en om ons een tuin te geven in Juda en te Jeruzalem.

¹⁰En nu, wat zullen wij zeggen, o onze God! na dezen? Want wij hebben Uw geboden verlaten,

¹¹Die Gij geboden hadt door den dienst Uwer knechten, de profeten, zeggende: Het land, waar gijlieden inkomt, om dat te erven, is een vuil land, door de vuiligheid van de volken der landen, om hun gruwelen, waarmede zij dat vervuild hebben, van het ene einde tot het andere einde, met hun onreinigheid.

¹²Zo zult gij nu uw dochteren niet geven aan hun zonen, en hun dochteren niet nemen voor uw zonen, en zult hun vrede en hun best niet zoeken, tot in eeuwigheid; opdat gij sterk wordt, en het goede des lands eet, en uw kinderen doet erven tot in eeuwigheid.

¹³En na alles, wat over ons gekomen is, om onze boze werken, en om onze grote schuld, omdat Gij, o onze God! belet hebt, dat wij niet te onder zijn vanwege onze ongerechtigheid, en hebt ons een ontkoming gegeven, als deze is;

¹⁴Zullen wij nu wederkeren, om Uw geboden te vernietigen, en ons te verzwageren met de volken dezer gruwelen? Zoudt Gij niet tegen ons toornen tot verterens toe, dat er geen overblijfsel noch ontkoming zij?

¹⁵O HEERE, God van Israel! Gij zijt rechtvaardig; want wij zijn overgelaten ter ontkoming, als het is te dezen dage. Zie, wij zijn voor Uw aangezicht in onze schuld; want er is niemand, die voor Uw aangezicht zou kunnen bestaan, om zulks.

Hoofdstuk 10

¹Als Ezra alzo bad, en als hij deze belijdenis deed, wenende en zich voor Gods huis nederwerpende, verzamelde zich tot hem uit Israel een zeer grote gemeente van mannen, en vrouwen, en kinderen; want het volk weende met groot geween.

²Toen antwoordde Sechanja, de zoon van Jehiel, een van de zonen van Elam, en zeide tot Ezra: Wij hebben overtreden tegen onzen God, en wij hebben vreemde vrouwen van de volken des lands bij ons doen wonen; maar nu, er is hope voor Israel, dezen aangaande.

³Laat ons dan nu een verbond maken met onze God, dat wij al die vrouwen, en wat van haar geboren is, zullen doen uitgaan, naar den raad des HEEREN, en dergenen, die beven voor het gebod onzes Gods; en laat er gedaan worden naar de wet.

⁴Sta op, want deze zaak komt u toe; en wij zullen met u zijn; wees sterk en doe het.

⁵Toen stond Ezra op, en deed de oversten der priesters, de Levieten en gans Israel zweren, te zullen doen naar dit woord; en zij zwoeren.

⁶En Ezra stond op van voor Gods huis, en ging in de kamer van Johanan, den zoon van Eljasib; als hij daar kwam, at hij geen brood, en dronk geen water, want hij bedreef rouw over de overtreding der weggevoerden.

⁷En zij lieten een stem doorgaan door Juda en Jeruzalem, aan al de kinderen der gevangenis, dat zij zich te Jeruzalem zouden verzamelen.

⁸En al wie niet kwam in drie dagen, naar den raad der vorsten en der oudsten, al zijn have zou verbannen zijn; en hij zelf zou afgezonderd wezen van de gemeente der weggevoerden.

⁹Toen verzamelden zich alle mannen van Juda en Benjamin te Jeruzalem in drie dagen; het was de negende maand op den twintigsten in de maand; en al het volk zat op de straat van Gods huis, sidderende om deze zaak, en vanwege de plasregens.

¹⁰Toen stond Ezra, de priester, op en zeide tot hen: Gijlieden hebt overtreden, en vreemde vrouwen bij u doen wonen, om Israels schuld te vermeerderen.

¹¹Nu dan, doet den HEERE, uwer vaderen God, belijdenis en doet Zijn welgevallen, en scheidt u af van de volken des lands, en van de vreemde vrouwen.

¹²En de ganse gemeente antwoordde en zeide met luider stem: Naar uw woorden, alzo komt het ons toe te doen.

¹³Maar des volks is veel, en het is een tijd van plasregen, dat men hier buiten niet staan kan; en het is geen werk van een dag noch van twee; want velen onzer hebben overtreden in deze zaak.

¹⁴Laat toch onze vorsten der ganse gemeente hierover staan, en allen, die in onze steden zijn, die vreemde vrouwen bij zich hebben doen wonen, op gezette tijden komen, en met hen de oudsten van elke stad en derzelver rechters; totdat wij van ons afwenden de hittigheid des toorns onzes Gods, om dezer zaken wil.

¹⁵Alleenlijk Jonathan, de zoon van Asahel, en Jehazia, de zoon van Tikva, stonden hierover; en Mesullam, en Sabbethai, de Leviet, hielpen hen.

¹⁶En de kinderen der gevangenis deden alzo; en Ezra, de priester, met de mannen, de hoofden der vaderen, naar het huis hunner vaderen, en zij allen, bij namen genoemd, scheidden zich af, en zij zaten op den eersten dag der tiende maand, om deze zaak te onderzoeken.

¹⁷En zij voleindden het met alle mannen, die vreemde vrouwen bij zich hadden doen wonen, tot op den eersten dag der eerste maand.

¹⁸En er werden gevonden van de zonen der priesteren, die vreemde vrouwen bij zich hadden doen wonen; van de zonen van Jesua, den zoon van Jozadak, en zijn broederen, Maaseja, en Eliezer, en Jarib, en Gedalja.

¹⁹En zij gaven hun hand, dat zij hun vrouwen zouden doen uitgaan; en schuldig zijnde, offerden zij een ram van de kudde voor hun schuld.

²⁰En van de kinderen van Immer: Hanani en Zebadja.

²¹En van de kinderen van Harim: Maaseja, en Elia, en Semaja, en Jehiel, en Uzia,

²²En van de kinderen van Pashur: Eljoenai, Maaseja, Ismael, Nethaneel, Jozabad en Elasa.

²³En van de Levieten: Jozabad, en Simei, en Kelaja (deze is Kelita), Pethahja, Juda en Eliezer.

²⁴En van de zangers: Eljasib; en van de poortiers: Sallum, en Telem, en Uri.

²⁵En van Israel: van de kinderen van Paros: Ramja, en Jezia, en Malchia, en Mijamim, en Eleazar, en Malchia, en Benaja.

²⁶En van de kinderen van Elam: Mattanja, Zacharja, en Jehiel, en Abdi, en Jeremoth, en Elia.

²⁷En van de kinderen van Zatthu: Eljoenai, Eljasib, Mattanja, en Jeremoth, en Zabad, Aziza.

²⁸En van de kinderen van Bebai: Johanan, Hananja, Sabbai, en Athlai.

²⁹En van de kinderen van Bani: Mesullam, Malluch en Adaja, Jasub en Seal, Jeramoth.

³⁰En van de kinderen van Pahath-Moab: Adna, en Chelal, Benaja, Maaseja, Mattanja, Bezaleel, en Binnui, en Manasse.

³¹En van de kinderen van Harim: Eliezer, Jissia, Malchia, Semaja, Simeon,

³²Benjamin, Malluch, Semarja.

³³Van de kinderen van Hasum: Mathnai, Mattata, Zabad, Elifelet, Jeremai, Manasse, Simei.

³⁴Van de kinderen van Bani: Maadai, Amram, en Uel,

³⁵Benaja, Bedeja, Cheluhu,

³⁶Vanja, Meremoth, Eljasib,

³⁷Mattanja, Mathnai, en Jaasai,

38En Bani, en Binnui, Simei,
39En Selemja, en Nathan, en Adaja,
40Machnadbai, Sasai, Sarai,
41Azareel, Selemja, Semarja,
42Sallum, Amarja, Jozef.
43Van de kinderen van Nebo: Jeiel, Mattithja, Zabad, Zebina, Jaddai, en Joel, Benaja.

Nehemia

Hoofdstuk 1

¹De geschiedenissen van Nehemia, zoon van Hachalja. En het geschiedde in de maand Chisleu, in het twintigste jaar, als ik te Susan in het paleis was;

²Zo kwam Hanani, een van mijn broederen, hij en sommige mannen uit Juda, en ik vraagde hen naar de Joden, die ontkomen waren (die overgebleven waren van de gevangenis), en naar Jeruzalem.

³En zij zeiden tot mij: De overgeblevenen, die van de gevangenis aldaar in het landschap zijn overgebleven, zijn in grote ellende en in versmaadheid; en Jeruzalems muur is verscheurd, en haar poorten zijn met vuur verbrand.

⁴En het geschiedde, als ik deze woorden hoorde, zo zat ik neder, en weende, en bedreef rouw, enige dagen; en ik was vastende en biddende voor het aangezicht van den God des hemels.

⁵En ik zeide: Och, HEERE, God des hemels, Gij, grote en vreselijke God! Die het verbond en de goedertierenheid houdt dien, die Hem liefhebben, en Zijn geboden houden.

⁶Laat toch Uw oor opmerkende, en Uw ogen open zijn, om te horen naar het gebed Uws knechts, dat ik heden voor Uw aangezicht bid, dag en nacht, voor de kinderen Israels, Uw knechten; en ik doe belijdenis over de zonden der kinderen Israels, die wij tegen U gezondigd hebben; ook ik en mijns vaders huis, wij hebben gezondigd.

⁷Wij hebben het ganselijk tegen U verdorven; en wij hebben niet gehouden de geboden, noch de inzettingen, noch de rechten, die Gij Uw knecht Mozes geboden hebt.

⁸Gedenk toch des woords, dat Gij Uw knecht Mozes geboden hebt, zeggende: Gijlieden zult overtreden, Ik zal u onder de volken verstrooien.

⁹En gij zult u tot Mij bekeren, en Mijn geboden houden, en die doen; al waren uw verdrevenen aan het einde des hemels, Ik zal hen vandaar verzamelen, en zal ze brengen tot de plaats, die Ik verkoren heb, om Mijn Naam aldaar te doen wonen.

¹⁰Zij zijn toch Uw knechten en Uw volk, dat Gij verlost hebt door Uw grote kracht en door Uw sterke hand.

Hoofdstuk 2

¹Toen geschiedde het in de maand Nisan, in het twintigste jaar van den koning Arthahsasta, als er wijn voor zijn aangezicht was, dat ik den wijn opnam, en gaf hem den koning; nu was ik nooit treurig geweest voor zijn aangezicht.

²Zo zeide de koning tot mij: Waarom is uw aangezicht treurig, zo gij toch niet krank zijt? Dit is niet dan treurigheid des harten. Toen vreesde ik gans zeer.

³En ik zeide tot de koning: De koning leve in eeuwigheid! Hoe zou mijn aangezicht niet treurig zijn, daar de stad, de plaats der begravenissen mijner vaderen, woest is, en haar poorten met vuur verteerd zijn?

⁴En de koning zeide tot mij: Wat verzoekt gij nu? Toen bad ik tot God van den hemel.

⁵En ik zeide tot den koning: Zo het den koning goeddunkt, en zo uw knecht voor uw aangezicht aangenaam is, dat gij mij zendt naar Juda, tot de stad der begravenissen mijner vaderen, dat ik ze bouwe.

⁶Toen zeide de koning tot mij, daar de koningin nevens hem zat: Hoe lang zal uw reis wezen, en wanneer zult gij wederkomen? En het behaagde den koning, dat hij mij zond, als ik hem zekeren tijd gesteld had.

⁷Voorts zeide ik tot den koning: Zo het den koning goeddunkt, dat men mij brieven geve aan de landvoogden aan gene zijde der rivier, dat zij mij overgeleiden, totdat ik in Juda zal gekomen zijn;

⁸Ook een brief aan Asaf, den bewaarder van den lusthof, denwelken de koning heeft, dat hij mij hout geve om te zolderen de poorten van het paleis, dat aan het huisis, en tot de stadsmuur, en tot het huis, waar ik intrekken zal. En de koning gaf ze mij, naar de goede hand mijns Gods over mij.

⁹Toen kwam ik tot de landvoogden aan gene zijde der rivier, en gaf hun de brieven des konings. En de koning had oversten des heirs en ruiteren met mij gezonden.

¹⁰Toen nu Sanballat, de Horoniet, en Tobia, de Ammonietische knecht, dat hoorden, mishaagde het hun met groot mishagen, dat er een mens gekomen was, om wat goeds te zoeken voor de kinderen Israels.

¹¹En ik kwam te Jeruzalem, en was daar drie dagen.

¹²Daarna maakte ik mij des nachts op, ik en weinig mannen met mij, en ik gaf geen mens te kennen, wat mijn God in mijn hart gegeven had, om aan Jeruzalem te doen; en er was geen dier met mij, dan het dier, waarop ik reed.

¹³En ik trok uit bij nacht door de Dalpoort, en voorbij de Drakenfontein, en naar de Mistpoort, en ik brak aan de muren van Jeruzalem, dewelke verscheurd waren, en haar poorten met vuur verteerd.

¹⁴En ik ging voort naar de Fonteinpoort, en naar des konings vijver; doch daar was geen plaats voor het dier, om onder mij voort te gaan.

¹⁵Toen ging ik op, des nachts, door de beek, en ik brak aan den muur; en ik keerde weder, en kwam in de Dalpoort; alzo keerde ik wederom.

¹⁶En de overheden wisten niet, waar ik heengegaan was, en wat ik deed; want ik had tot nog toe den Joden, en den priesteren, en den edelen, en overheden, en den anderen, die het werk deden, niets te kennen gegeven.

¹⁷Toen zeide ik tot hen: Gijlieden ziet de ellende, waarin wij zijn, dat Jeruzalem woest is, en haar poorten met vuur verbrand zijn; komt, en laat ons Jeruzalems muur opbouwen; opdat wij niet meer een versmaadheid zijn.

¹⁸En ik gaf hun te kennen de hand mijns Gods, Die goed over mij geweest was, als ook de woorden des konings, die hij tot mij gesproken had. Toen zeiden zij: Laat ons op zijn, dat wij bouwen; en zij sterkten hun handen ten goede.

¹⁹Als nu Sanballat, de Horoniet, en Tobia, de Ammonietische knecht, en Gesem, de Arabier, dit hoorden, zo bespotten zij ons, en verachtten ons; en zij zeiden: Wat is dit voor een ding, dat gijlieden doet? Wilt gijlieden tegen den koning rebelleren?

²⁰Toen gaf ik hun tot antwoord, en zeide tot hen: God van den hemel, Die zal het ons doen gelukken, en wij, Zijn knechten, zullen ons opmaken en bouwen; maar gijlieden hebt geen deel, noch gerechtigheid, noch gedachtenis in Jeruzalem

Hoofdstuk 3

¹En Eljasib, de hogepriester, maakte zich op met zijn broederen, de priesteren, en zij bouwden de Schaapspoort; zij heiligden ze, en richtten haar deuren op; ja, zij heiligden ze tot aan den toren Mea, tot aan den toren Hananeel.

²En aan zijn hand bouwden de mannen van Jericho; ook bouwde aan zijn hand Zacchur, de zoon van Imri.

³De Vispoort nu bouwden de kinderen van Senaa; zij zolderden die, en richtten haar deuren op, met haar sloten en haar grendelen.

⁴En aan hun hand verbeterde Meremoth, de zoon van Uria, den zoon van Koz; en aan hun hand verbeterde Mesullam, de zoon van Berechja, den zoon van Mesezabeel; en aan hun hand verbeterde Zadok, zoon van Baena.

⁵Voorts aan hun hand verbeterden de Thekoieten; maar hun voortreffelijken brachten hun hals niet tot den dienst huns Heeren.

⁶En de Oude poort verbeterden Jojada, de zoon van Paseah, en Mesullam, de zoon van Besodja; deze zolderden zij, en richtten haar deuren op, met haar sloten en haar grendelen.

⁷En aan hun hand verbeterden Melatja, de Gibeoniet, en Jadon, de Meronothiet, de mannen van Gibeon en van Mizpa; tot aan den stoel des landvoogds aan deze zijde der rivier.

⁸Aan zijn hand verbeterde Uzziel, de zoon van Harhoja, een der goudsmeden, en aan zijn hand verbeterde Hananja, de zoon van een der apothekers; en zij lieten Jeruzalem tot aan den breden muur.

⁹En aan hun hand verbeterde Refaja, de zoon van Hur, overste des halven deels van Jeruzalem.

¹⁰Voorts aan hun hand verbeterde Jedaja, de zoon van Herumaf, en tegenover zijn huis; en aan zijn hand verbeterde Hattus, de zoon van Hasabneja.

¹¹De andere mate verbeterden Malchia, de zoon van Harim, en Hassub, de zoon van Pahath-Moab; daartoe den Bakoventoren.

¹²En aan zijn hand verbeterde Sallum, de zoon van Lohes, overste van het andere halve deel van Jeruzalem, hij en zijn dochteren.

¹³De Dalpoort verbeterden Hanun, en de inwoners van Zanoah; zij bouwden ze, en richtten haar deuren op, met haar sloten en haar grendelen; daartoe duizend ellen aan den muur, tot aan de Mistpoort.

¹⁴De Mistpoort nu verbeterde Malchia, de zoon van Rechab, overste van het deel Beth-Cherem; hij bouwde ze, en richtte haar deuren op, met haar sloten en haar grendelen.

¹⁵En de Fonteinpoort verbeterde Sallum, de zoon van Kol-Hoze, overste van het deel van Mizpa; hij bouwde ze, en overdekte ze, en richtte haar deuren op, met haar sloten en haar grendelen; daartoe den

muur des vijvers Schelah bij des konings hof, en tot aan de trappen, die afgaan van Davids stad.

¹⁶Na hem verbeterde Nehemia, de zoon van Azbuk, overste van het halve deel van Beth-Zur, tot tegenover Davids graven, en tot aan den gemaakten vijver, en totaan het huis der helden.

¹⁷Na hem verbeterden de Levieten, Rehum, de zoon van Bani; aan zijn hand verbeterde Hasabja, de overste van het halve deel van Kehila, in zijn deel.

¹⁸Na hem verbeterden hun broederen, Bavai, de zoon van Henadad, de overste van het andere halve deel van Kehila.

¹⁹Aan zijn hand verbeterde Ezer, de zoon van Jesua, de overste van Mizpa, een ander maat; tegenover den opgang naar het wapenhuis, aan den hoek.

²⁰Na hem verbeterde zeer vuriglijk Baruch, de zoon van Zabbai, een andere maat; van den hoek tot aan de deur van het huis van Eljasib, den hogepriester.

²¹Na hem verbeterde Meremoth, de zoon van Uria, den zoon van Koz, een ander maat; van de huisdeur van Eljasib af, tot aan het einde van Eljasibs huis.

²²En na hem verbeterden de priesteren, wonende in de vlakke velden.

²³Daarna verbeterden Benjamin, en Hassub, tegenover hun huis; na hem verbeterde Azaria, de zoon van Maaseja, den zoon van Hananja, bij zijn huis.

²⁴Na hem verbeterde Binnui, de zoon van Henadad, een ander maat; van het huis van Azarja tot aan den hoek en tot aan het punt;

²⁵Palal, de zoon van Uzai, tegen den hoek, en den hogen toren over, die van des konings huis uitsteekt, die bij den voorhof der gevangenis is; na hem Pedaja, de zoonvan Paros;

²⁶De Nethinim nu, die in Ofel woonden, tot tegenover de Waterpoort aan het oosten, en den uitstekenden toren.

²⁷Daarna verbeterden de Thekoieten een ander maat; tegenover den groten uitstekenden toren, en tot aan den muur van Ofel.

²⁸Van boven de Paardenpoort verbeterden de priesteren, een iegelijk tegenover zijn huis.

²⁹Daarna verbeterde Zadok, de zoon van Immer, tegenover zijn huis. En na hem verbeterde Semaja, de zoon van Sechanja, de bewaarder van de Oostpoort.

³⁰Na hem verbeterden Hananja, de zoon van Selemja, en Hanun, de zoon van Zalaf, de zesde, een andere maat. Na hem verbeterde Mesullam, de zoon van Berechja, tegenover zijn kamer.

³¹Na hem verbeterde Malchia, de zoon eens goudsmids, tot aan het huis der Nethinim en der kruideniers, tegenover de poort van Mifkad, en tot de opperzaal van hetpunt.

³²En tussen de opperzaal van het punt tot de Schaapspoort toe, verbeterden de goudsmeden en de kruideniers.

Hoofdstuk 4

¹Maar het geschiedde, als Sanballat gehoord had, dat wij den muur bouwden, zo ontstak hij, en werd zeer toornig; en hij bespotte de Joden.

²En sprak in de tegenwoordigheid zijner broederen en van het heir van Samaria, en zeide: Wat doen deze amechtige Joden? Zal men hen laten geworden? Zullen zijofferen? Zullen zij het in een dag voleinden? Zullen zij de steentjes uit de stofhopen levend maken, daar zij verbrand zijn?

³En Tobia, den Ammoniet, was bij hem, en zeide: Al is het, dat zij bouwen, zo er een vos opkwame, hij zou hun stenen muur wel verscheuren.

⁴Hoor, o onze God! dat wij zeer veracht zijn, en keer hun versmaadheid weder op hun hoofd, en geef hen over tot een roof in een land der gevangenis.

⁵En dek hun ongerechtigheid niet toe; en hun zonde worde niet uitgedelgd van voor Uw aangezicht, want zij hebben U getergd, staande tegenover de bouwlieden.

⁶Doch wij bouwden den muur, zodat de ganse muur samengevoegd werd tot zijn helft toe; want het hart des volks was om te werken.

⁷En het geschiedde, als Sanballat, en Tobia, en de Arabieren, en de Ammonieten, en de Asdodieten hoorden, dat de verbetering aan de muren van Jeruzalem toenam, dat de scheuren begonnen gestopt te worden, zo ontstaken zij zeer;

⁸En zij maakten allen te zamen een verbintenis, dat zij zouden komen om tegen Jeruzalem te strijden, en een verbijstering daarin te maken.

⁹Maar wij baden tot onzen God, en zetten wacht tegen hen, dag en nacht, hunnenthalve.

¹⁰Toen zeide Juda: De kracht der dragers is vervallen, en des stofs is veel, zodat wij aan den muur niet zullen kunnen bouwen.

¹¹Nu hadden onze vijanden gezegd: Zij zullen het niet weten, noch zien, totdat wij in het midden van hen komen, en slaan hen dood; alzo zullen wij het werk doenophouden.

¹²En het geschiedde, als de Joden, die bij hen woonden, kwamen, dat zij het ons wel tienmaal zeiden, uit al de plaatsen, door dewelke gij tot ons wederkeert.

¹³Daarom zette ik in de benedenste plaatsen achter den muur, en op de hoogten, en ik zette het volk naar de geslachten, met hun zwaarden, hun spiesen en hunbogen.

¹⁴En ik zag toe, en maakte mij op, en zeide tot de edelen, en tot de overheden, en tot het overige des volks: Vreest niet voor hun aangezicht; denkt aan dien groten envreselijken HEERE, en strijdt voor uw broederen, uw zonen en uw dochteren, uw vrouwen en uw huizen.

¹⁵Daarna geschiedde het, als onze vijanden hoorden, dat het ons bekend was geworden, en God hun raad te niet gemaakt had, zo keerden wij allen weder tot denmuur, een iegelijk tot zijn werk.

¹⁶En het geschiedde van dien dag af, dat de helft mijner jongens doende waren aan het werk, en de helft van hen hielden de spiesen, en de schilden, en de bogen, ende pantsiers; en de oversten waren achter het ganse huis van Juda.

¹⁷Die aan den muur bouwden, en die den last droegen, en die oplaadden, waren een ieder met zijn ene hand doende aan het werk, en de andere hield het geweer.

¹⁸En de bouwers hadden een iegelijk zijn zwaard aan zijn lenden gegord, en bouwden; maar die met de bazuin blies, was bij mij.

¹⁹En ik zeide tot de edelen, en tot de overheden, en tot het overige des volks: Het werk is groot en wijd; en wij zijn op den muur afgezonderd, de een ver van denander;

²⁰Ter plaatse, waar gij het geluid der bazuin zult horen, daarheen zult gij u tot ons verzamelen; onze God zal voor ons strijden.

²¹Alzo waren wij doende aan het werk; en de helft van hen hielden de spiesen, van het opgaan des dageraads tot het voortkomen der sterren toe.

²²Ook zeide ik te dier tijd tot het volk: Een iegelijk vernachte met zijn jongen binnen Jeruzalem, opdat zij ons des nachts ter wacht zijn, en des daags aan het werk.

²³Voorts noch ik, noch mijn broederen, noch mijn jongelingen, noch de mannen van de wacht, die achter mij waren, wij trokken onze klederen niet uit; een iegelijk hadzijn geweer en water.

Hoofdstuk 5

¹Maar het geroep des volks en hunner vrouwen was groot, tegen hun broederen, de Joden.

²Want er waren, die zeiden: Onze zonen, en onze dochteren, wij zijn velen; daarom hebben wij koren opgenomen, opdat wij eten en leven.

³Ook waren er, die zeiden: Wij verpanden onze akkers, en onze wijngaarden, en onze huizen, opdat wij in dezen honger koren mogen opnemen.

⁴Desgelijks waren er, die zeiden: Wij hebben geld ontleend tot des konings cijns, op onze akkers en onze wijngaarden.

⁵Nu is toch ons vlees als het vlees onzer broederen, onze kinderen zijn als hun kinderen, en ziet, wij onderwerpen onze zonen en onze dochteren tot dienstknechten;ja, er zijn enige van onze dochteren onderworpen, dat zij in de macht onzer handen niet zijn; en anderen hebben onze akkers en onze wijngaarden.

⁶Toen ik nu hun geroep en deze woorden hoorde, ontstak ik zeer.

⁷En mijn hart beraadslaagde in mij; daarna twistte ik met de edelen, en met de overheden, en zeide tot hen: Gijlieden vordert een last, een iegelijk van zijn broeder.Voorts belegde ik een grote vergadering tegen hen.

⁸En ik zeide tot hen: Wij hebben onze broederen, de Joden, die aan de heidenen verkocht waren, naar ons vermogen wedergekocht; en zoudt gijlieden ook uwbroederen verkopen, of zouden zij aan ons verkocht worden? Toen zwegen zij, en vonden geen antwoord.

⁹Voorts zeide ik: De zaak is niet goed, die gijlieden doet; zoudt gij niet wandelen in de vreze onzes Gods, om de versmading der heidenen, onze vijanden?

¹⁰Ik, mijn broederen, en mijn jongens, vorderen wij ook geld en koren van hen? Laat ons toch dezen last nalaten.

¹¹Geeft hun toch als heden weder hun akkers, hun wijngaarden, hun olijfgaarden en hun huizen; en het honderdste deel van het geld, en van het koren, den most endeolie, die gij hun hebt afgevorderd.

¹²Toen zeiden zij: Wij zullen het wedergeven, en van hen niets zoeken; wij zullen alzo doen, als gij zegt. En ik riep de priesteren, en deed hen zweren, dat zij doenzouden naar dit woord.

¹³Ook schudde ik mijn boezem uit, en zeide: Alzo schudde God uit allen man, die dit woord niet zal bevestigen, uit zijn huis en uit zijn arbeid, en hij zij alzo uitgeschuden ledig. En de ganse gemeente zeide: Amen! En zij prezen de HEERE. En het volk deed naar dit woord.

¹⁴Ook van dien dag af, dat hij mij bevolen heeft hun landvoogd te zijn in het land Juda, van het twintigste jaar af, tot het twee en dertigste jaar van den koning Arthahsasta, zijnde twaalf jaren, heb ik, met mijn broederen, het des landvoogds niet gegeten.

¹⁵En de vorige landvoogden, die voor mij geweest zijn, hebben het volk bezwaard, en van hen genomen aan brood en wijn, daarna veertig zilveren sikkelen; ook heersten hun jongens over het volk; maar ik heb alzo niet gedaan, om der vreze Gods wil.

¹⁶Daartoe heb ik ook aan het werk dezes muurs verbeterd, en wij hebben geen land gekocht; en al mijn jongens zijn aldaar verzameld geweest tot het werk.

¹⁷Ook zijn van de Joden en van de overheden honderd en vijftig man, en die van de heidenen, die rondom ons zijn, tot ons kwamen, aan mijn tafel geweest.

¹⁸En wat voor een dag bereid werd, was een os en zes uitgelezen schapen; ook werden mij vogelen bereid, en binnen tien dagen van allen wijn zeer veel; nog heb ik bij dezen het brood des landvoogds niet gezocht, omdat de dienstbaarheid zwaar was over dit volk.

¹⁹Gedenk mijner, mijn God, ten goede, alles, wat ik aan dit volk gedaan heb.

Hoofdstuk 6

¹Voorts is het geschied, als van Sanballat, en Tobia, en van Gesem, den Arabier, en van onze andere vijanden gehoord was, dat ik den muur gebouwd had, en datgeen scheur daarin was overgelaten; ook had ik tot dezen tijd toe de deuren niet opgezet in de poorten;

²Zo zond Sanballat, en Gesem, tot mij, om te zeggen: Kom en laat ons te zamen vergaderen in de dorpen, in het dal Ono. Maar zij dachten mij kwaad te doen.

³En ik zond boden tot hen, om te zeggen: Ik doe een groot werk, zodat ik niet zal kunnen afkomen; waarom zou dit werk ophouden, terwijl ik het zou nalaten, en tot u lieden afkomen?

⁴Zij zonden nu wel viermaal tot mij, op dezelfde wijze. En ik antwoordde hun op dezelfde wijze.

⁵Toen zond Sanballat tot mij op dezelfde wijze, ten vijfden male, zijn jongen, met een open brief in zijn hand.

⁶Daarin was geschreven: Het is onder de volken gehoord, en Gasmu zegt: Gij en de Joden denkt te rebelleren, daarom bouwt gij den muur, en gij zult hun ten koning zijn; naar dat deze zaken zijn.

⁷Dat gij ook profeten hebt besteld, om van u te Jeruzalem uit te roepen, zeggende: Hij is koning in Juda. Nu zal het van den koning gehoord worden, naar dat deze zaken zijn; kom dan nu, en laat ons te zamen raadslaan.

⁸Doch ik zond tot hem, om te zeggen: Er is van al zulke zaken, als gij zegt, niets geschied; maar gij versiert ze uit uw hart.

⁹Want zij allen zochten ons vreesachtig te maken, zeggende: Hun handen zullen van het werk aflaten, dat het niet zal gedaan worden; nu dan, sterk mijn handen!

¹⁰Als ik nu kwam in het huis van Semaja, den zoon van Delaja, den zoon van Mehetabeel (hij nu was besloten), zo zeide hij: Laat ons samenkomen in het huis Gods, in het midden des tempels, en laat ons de deuren des tempels toesluiten; want zij zullen komen om u te doden, ja, bij nacht zullen zij komen, om u te doden.

¹¹Maar ik zeide: Zou een man, als ik, vlieden? En wie is er, zijnde als ik, die in den tempel zou gaan, dat hij levend bleve? Ik zal er niet ingaan.

¹²Want ik merkte, en ziet, God had hem niet gezonden; maar hij sprak deze profetie tegen mij, omdat Tobia en Sanballat hem gehuurd hadden.

¹³Daarom was hij gehuurd, opdat ik zou vrezen, en alzo doen, en zondigen; opdat zij iets zouden hebben tot een kwaden naam, opdat zij mij zouden honen.

¹⁴Gedenk, mijn God, aan Tobia en aan Sanballat, naar deze zijn werken; en ook aan de profetes Noadja, en aan de andere profeten, die mij gezocht hebben vreesachtig te maken.

¹⁵De muur nu werd volbracht, op den vijf en twintigsten van Elul, in twee en vijftig dagen.

¹⁶En het geschiedde, als al onze vijanden dit hoorden, zo vreesden al de heidenen, die rondom ons waren, en zij vervielen zeer in hun ogen; want zij merkten, dat dit werk van onzen God gedaan was.

¹⁷Ook schreven in die dagen edelen van Juda vele brieven, die naar Tobia gingen; en die van Tobia kwamen tot hen.

¹⁸Want velen in Juda hadden hem gezworen, omdat hij was een schoonzoon van Sechanja, den zoon van Arah; en zijn zoon Johanan had genomen de dochter van Mesullam, den zoon van Berechja.

¹⁹Ook verhaalden zij zijn goeddadigheden voor mijn aangezicht, en mijn woorden brachten zij uit tot hem. Tobia dan zond brieven, om mij vreesachtig te maken.

Hoofdstuk 7

¹Voorts geschiedde het, als de muur gebouwd was, dat ik de deuren oprichtte, en de poortiers, en de zangers, en de Levieten werden besteld.

²En ik gaf bevel aan mijn broeder Hanani, en aan Hananja, den overste van den burg te Jeruzalem, want hij was als een man van getrouwheid, en godvrezende boven velen.

³En ik zeide tot hen: Laat de poorten van Jeruzalem niet geopend worden, totdat de zon heet wordt, en terwijl zij daarbij staan, laat hen de deuren sluiten, betast gij ze dan; en dat men wachten zette, inwoners van Jeruzalem, een iegelijk op zijn wacht, en een iegelijk tegenover zijn huis.

⁴De stad nu was wijd van ruimte en groot; doch des volks was weinig daarbinnen; en de huizen waren niet gebouwd.

⁵Zo gaf mijn God in mijn hart, dat ik de edelen, en de overheden, en het volk verzamelde, om de geslachten te rekenen; en ik vond het geslachtsregister dergenen, die in het eerst waren opgetogen, en vond daarin geschreven aldus:

⁶Dit zijn de kinderen van dat landschap, die optogen uit de gevangenis der weggevoerden, die Nebukadnezar, koning van Babel, weggevoerd had, en die wedergekeerd zijn naar Jeruzalem en naar Juda, een iegelijk tot zijn stad;

⁷Dewelke kwamen met Zerubbabel, Jesua, Nehemia, Azaria, Raamja, Nahamani, Mordechai, Bilsan, Mispereth, Bigvai, Nehim en Baena. Dit is het getal der mannen van het volk van Israel.

⁸De kinderen van Parhos waren twee duizend, honderd twee en zeventig;

⁹De kinderen van Sefatja, driehonderd twee en zeventig;

¹⁰De kinderen van Arach, zeshonderd twee en vijftig;

¹¹De kinderen van Pahath-Moab, van de kinderen van Jesua en Joab, twee duizend, achthonderd en achttien;

¹²De kinderen van Elam, duizend, tweehonderd vier en vijftig;

¹³De kinderen van Zatthu, achthonderd vijf en veertig;

¹⁴De kinderen van Zakkai, zevenhonderd en zestig;

¹⁵De kinderen van Binnui, zeshonderd acht en veertig;

¹⁶De kinderen van Bebai, zeshonderd acht en twintig;

¹⁷De kinderen van Azgad, twee duizend, driehonderd twee en twintig;

¹⁸De kinderen van Adonikam, zeshonderd zeven en zestig;

¹⁹De kinderen van Bigvai, twee duizend, zeven en zestig;

²⁰De kinderen van Adin, zeshonderd vijf en vijftig;

²¹De kinderen van Ater, van Hizkia, acht en negentig;

²²De kinderen van Hassum, driehonderd acht en twintig;

²³De kinderen van Bezai, driehonderd vier en twintig;

²⁴De kinderen van Harif, honderd en twaalf;

²⁵De kinderen van Gibeon, vijf en negentig;

²⁶De mannen van Bethlehem en Netofa, honderd acht en tachtig;

²⁷De mannen van Anathoth, honderd acht en twintig;

²⁸De mannen van Beth-Azmaveth, twee en veertig;

²⁹De mannen van Kirjath-Jearim, Cefira en Beeroth, zevenhonderd drie en veertig;

³⁰De mannen van Rama en Gaba, zeshonderd en twintig;

³¹De mannen van Michmas, honderd twee en twintig;

³²De mannen van Beth-El en Ai, honderd drie en twintig;

³³De mannen van het andere Nebo, twee en vijftig;

³⁴De kinderen des anderen Elams, duizend, tweehonderd vier en vijftig;

³⁵De kinderen van Harim, driehonderd en twintig;

³⁶De kinderen van Jericho, driehonderd vijf en veertig;

³⁷De kinderen van Lod, Hadid en Ono, zevenhonderd een en twintig;

³⁸De kinderen van Senaa, drie duizend, negenhonderd en dertig;

³⁹De priesters: de kinderen van Jedaja, van het huis van Jesua, negenhonderd drie en zeventig;

⁴⁰De kinderen van Immer, duizend twee en vijftig;

⁴¹De kinderen van Pashur, duizend, tweehonderd zeven en veertig;

⁴²De kinderen van Harim, duizend en zeventien;

⁴³De Levieten: de kinderen van Jesua, van Kadmiel, van de kinderen van Hodeva, vier en zeventig;

⁴⁴De zangers: de kinderen van Asaf, honderd acht en veertig;

⁴⁵De poortiers: de kinderen van Sallum, de kinderen van Ater, de

kinderen van Talmon, de kinderen van Akkub, de kinderen van Hatita, de kinderen van Sobai, honderd acht en dertig;

⁴⁶De Nethinim: de kinderen van Ziha, de kinderen van Hasufa, de kinderen van Tabbaoth;

⁴⁷De kinderen van Keros, de kinderen van Sia, de kinderen van Padon;

⁴⁸De kinderen van Lebana, de kinderen van Hagaba, de kinderen van Salmai;

⁴⁹De kinderen van Hanan, de kinderen van Giddel, de kinderen van Gahar;

⁵⁰De kinderen van Reaja, de kinderen van Rezin, de kinderen van Nekoda;

⁵¹De kinderen van Gazzam, de kinderen van Uzza, de kinderen van Paseah;

⁵²De kinderen van Bezai, de kinderen van Meunim, de kinderen van Nefussim;

⁵³De kinderen van Bakbuk, de kinderen van Hakufa, de kinderen van Harhur;

⁵⁴De kinderen van Bazlith, de kinderen van Mehida, de kinderen van Harsa;

⁵⁵De kinderen van Barkos, de kinderen van Sisera, de kinderen van Thamah;

⁵⁶De kinderen van Neziah, de kinderen van Hatifa;

⁵⁷De kinderen der knechten van Salomo; de kinderen van Sotai, de kinderen van Sofereth, de kinderen van Perida;

⁵⁸De kinderen van Jaela, de kinderen van Darkon, de kinderen van Giddel;

⁵⁹De kinderen van Sefatja, de kinderen van Hattil, de kinderen van Pochereth van Zebaim, de kinderen van Amon;

⁶⁰Al de Nethinim, en de kinderen der knechten van Salomo, waren driehonderd twee en negentig.

⁶¹Ook togen dezen op van Thel-melah, Thel-harsa, Cherub, Addon en Immer; maar zij konden hunner vaderen huis, en hun zaad niet tonen, of zij uit Israel waren;

⁶²De kinderen van Delaja, de kinderen van Tobia, de kinderen van Nekoda, zeshonderd twee en veertig.

⁶³En van de priesteren, de kinderen van Habaja, de kinderen van Koz, de kinderen van Barzillai, die een vrouw van de dochteren van Barzillai, den Gileadiet, genomen had, en naar hun naam genoemd was.

⁶⁴Dezen zochten hun geschrift, willende hun geslacht rekenen, maar het werd niet gevonden; daarom werden zij als onreinen van het priesterdom geweerd.

⁶⁵En Hattirsatha zeide tot hen, dat zij van de heiligste dingen niet zouden eten, totdat er een priester stond met urim en thummim.

⁶⁶Deze ganse gemeente te zamen was twee en veertig duizend, driehonderd en zestig;

⁶⁷Behalve hun knechten en hun maagden, die waren zeven duizend, driehonderd zeven en dertig; en zij hadden tweehonderd vijf en veertig zangers en zangeressen.

⁶⁸Hun paarden, zevenhonderd zes en dertig; hun muildieren, tweehonderd vijf en veertig;

⁶⁹Kemelen, vierhonderd vijf en dertig; ezelen, zes duizend, zevenhonderd en twintig.

⁷⁰Een deel nu van de hoofden der vaderen gaven tot het werk. Hattirsatha gaf tot den schat, aan goud, duizend drachmen, vijftig sprengbekkens, vijfhonderd en dertig priesterrokken.

⁷¹En anderen van de hoofden der vaderen gaven tot den schat des werks, aan goud, twintig duizend drachmen, en aan zilver, twee duizend en tweehonderd ponden.

⁷²En wat de overigen des volks gaven, was aan goud, twintig duizend drachmen, en aan zilver, twee duizend mijnen, en zeven en zestig priesterrokken.

⁷³En de priesters, en de Levieten, en de poortiers, en de zangers, en sommigen van het volk, en de Nethinim, en gans Israel, woonden in hun steden.

Hoofdstuk 8

¹Als nu de zevende maand aankwam, en de kinderen Israels in hun steden waren,

²Zo verzamelde zich al het volk als een enig man op de straat voor de Waterpoort; en zij zeiden tot Ezra, den schriftgeleerde, dat hij het boek der wet van Mozes zou halen, die de HEERE Israel geboden had.

³En Ezra, de priester, bracht de wet voor de gemeente, beiden mannen en vrouwen, en allen, die verstandig waren om te horen, op den eersten dag der zevende maand.

⁴En hij las daarin voor de straat, die voor de Waterpoort is, van het morgen licht aan tot op den middag, voor de mannen en vrouwen, en de verstandigen; en de oren des gansen volks waren naar het wetboek.

⁵En Ezra, de schriftgeleerde, stond op een hogen houten stoel, dien zij tot die zaak gemaakt hadden, en nevens hem stond Mattithja, en Sema, en Anaja, en Uria, en Hilkia, en Maaseja, aan zijn rechterhand; en aan zijn linkerhand Pedaja, en Misael, en Malchia, en Hasum, en Hasbaddana, Zacharja en Mesullam.

⁶En Ezra opende het boek voor de ogen des gansen volks, want hij was boven al het volk; en als hij het opende, stond al het volk.

⁷En Ezra loofde den HEERE, den groten God; en al het volk antwoordde: Amen, amen! met opheffing hunner handen, en neigden zich, en aanbaden den HEERE, met de aangezichten ter aarde.

⁸Jesua nu, en Bani, en Serebja, Jamin, Akkub, Sabbethai, Hodia, Maaseja, Kelita, Azaria, Jozabad, Hanan, Pelaja, en de Levieten onderwezen het volk in de wet. En het volk stond op zijn standplaats.

⁹En zij lazen in het boek, in de wet Gods, duidelijk; en den zin verklarende, zo maakten zij, dat men het verstond in het lezen.

¹⁰En Nehemia (dezelve is Hattirsatha) en Ezra, de priester, de schriftgeleerde, en de Levieten, die het volk onderwezen, zeiden tot al het volk: Deze dag is den HEERE, uw God, heilig; bedrijft dan geen rouw, en weent niet; want al het volk weende, als zij de woorden der wet hoorden.

¹¹Voorts zeide hij tot hen: Gaat, eet het vette, en drinkt het zoete, en zendt delen dengenen, voor welken niets bereid is, want deze dag is onzen Heere heilig; zo bedroeft u niet, want de blijdschap des HEEREN, die is uw sterkte.

¹²En de Levieten stilden al het volk, zeggende: Zwijgt, want deze dag is heilig, daarom bedroeft u niet.

¹³Toen ging al het volk henen om te eten, en om te drinken, en om delen te zenden, en om grote blijdschap te maken; want zij hadden de woorden verstaan, die men hun had bekend gemaakt.

¹⁴En des anderen daags verzamelden zich de hoofden der vaderen van het ganse volk, de priesters en de Levieten, tot Ezra, den schriftgeleerde, en dat, om verstand te bekomen in de woorden der wet.

¹⁵En zij vonden in de wet geschreven, dat de HEERE door de hand van Mozes geboden had, dat de kinderen Israels in loofhutten zouden wonen, op het feest in dezevende maand;

¹⁶En dat zij het zouden luidbaar maken, en een stem laten doorgaan door al hun steden, en te Jeruzalem, zeggende: Gaat uit op het gebergte, en haalt takken van olijfbomen, en takken van andere olieachtige bomen, en takken van mirtebomen, en takken van palmbomen, en takken van andere dichte bomen, om loofhutten te maken, als er geschreven is.

¹⁷Alzo ging het volk uit en haalden ze, en maakten zich loofhutten, een iegelijk op zijn dak, en in hun voorhoven, en in de voorhoven van Gods huis, en op de straat der Waterpoort, en op de straat van Efraimspoort.

¹⁸En de ganse gemeente dergenen, die uit de gevangenis waren wedergekomen, maakten loofhutten, en woonden in die loofhutten; want de kinderen Israels hadden alzo niet gedaan sinds de dagen van Jesua, den zoon van Nun, tot op dezen dag toe; en er was zeer grote blijdschap.

¹⁹En men las in het wetboek Gods dag bij dag, van den eersten dag tot den laatsten dag. En zij hielden het feest zeven dagen, en op den achtsten dag den verbodsdag, naar het recht. Nehemia 9

Hoofdstuk 9

¹Voorts op den vier en twintigsten dag dezer maand verzamelden zich de kinderen Israels met vasten en met zakken, en aarde was op hen.

²En het zaad Israels scheidde zich af van alle vreemden. En zij stonden, en deden belijdenis van hun zonden en hunner vaderen ongerechtigheden.

³Want als zij opgestaan waren op hun standplaats, zo lazen zij in het wetboek des HEEREN, huns Gods, een vierendeel van den dag; en op een ander vierendeel deden zij belijdenis, en aanbaden den HEERE, hun God.

⁴Jesua nu, en Bani, Kadmiel, Sebanja, Bunni, Serebja, Bani en Chenani, stonden op het hoge gestoelte der Levieten, en riepen met luider stem tot den HEERE, hun God;

⁵En de Levieten, Jesua, en Kadmiel, Bani, Hasabneja; Serebja, Hodia, Sebanja, Petahja, zeiden: Staat op, looft den HEERE, uw God, van eeuwigheid tot in eeuwigheid; en men love den Naam Uwer heerlijkheid, die verhoogd is boven allen lof en prijs!

⁶Gij zijt die HEERE alleen, Gij hebt gemaakt den hemel, den hemel der hemelen, en al hun heir, de aarde en al wat daarop is, de zeeen en al wat daarin is, en Gij maakt die allen levend; en het heir der hemelen aanbidt U.

⁷Gij zijt die HEERE, de God, Die Abram hebt verkoren, en hem uit Ur der Chaldeen uitgevoerd; en Gij hebt zijn naam gesteld Abraham.

⁸En Gij hebt zijn hart getrouw gevonden voor Uw aangezicht, en hebt een verbond met hem gemaakt, dat Gij zoudt geven het land der Kanaänieten, der Hethieten, der Amorieten, en der Ferezieten, en der Jebusieten, en der Girgasieten, dat Gij het zijn zade zoudt geven; en Gij hebt Uw woorden bevestigd, omdat Gijrechtvaardig zijt.

⁹En Gij hebt aangezien onzer vaderen ellende in Egypte, en Gij hebt hun geroep gehoord aan de Schelfzee;

¹⁰En Gij hebt tekenen en wonderen gedaan aan Farao, en aan al zijn knechten, en aan al het volk zijns lands; want Gij wist, dat zij trotselijk tegen hen handelden; enGij hebt U een Naam gemaakt, als het is te dezen dage.

¹¹En Gij hebt de zee voor hun aangezicht gekliefd, dat zij in het midden der zee op het droge zijn doorgegaan; en hun vervolgers hebt Gij in de diepten geworpen, alseen steen in sterke wateren.

¹²En Gij hebt ze des daags geleid met een wolkkolom, en des nachts met een vuurkolom, om hen te lichten op den weg, waarin zij zouden wandelen.

¹³En Gij zijt neergedaald op den berg Sinai, en hebt met hen gesproken uit den hemel; en Gij hebt hun gegeven rechtmatige rechten, en getrouwe wetten, goedeinzettingen en geboden.

¹⁴En Gij hebt Uw heiligen sabbat bekend gemaakt; en Gij hebt hun geboden, en inzettingen en een wet bevolen, door de hand van Uw knecht Mozes.

¹⁵En Gij hebt hun brood uit den hemel gegeven voor hun honger, en hun water uit de steenrots voortgebracht voor hun dorst; en Gij hebt tot hen gezegd, dat zij zoudeningaan om te erven het land, waarover Gij Uw hand ophieft, dat Gij het hun zoudt geven.

¹⁶Maar zij en onze vaders hebben trotselijk gehandeld, en zij hebben hun nek verhard, en niet gehoord naar Uw geboden;

¹⁷En zij hebben geweigerd te horen, en niet gedacht aan Uw wonderen, die Gij bij hen gedaan hadt, en hebben hun nek verhard, en in hun wederspannigheid eenhoofd gesteld, om weder te keren tot hun dienstbaarheid. Doch Gij, een God van vergevingen, genadig en barmhartig, lankmoedig, en groot van weldadigheid, hebthen evenwel niet verlaten.

¹⁸Zelfs, als zij zich een gegoten kalf gemaakt hadden, en gezegd: Dit is uw God, Die u uit Egypte heeft opgevoerd; en grote lasteren gedaan hadden;

¹⁹Hebt Gij hen nochtans door Uw grote barmhartigheid niet verlaten in de woestijn; de wolkkolom week niet van hen des daags, om hen op den weg te leiden, noch devuurkolom des nachts, om hen te lichten, en dat, op den weg, waarin zij zouden wandelen.

²⁰En Gij hebt Uw goeden Geest gegeven om hen te onderwijzen; en Uw Manna hebt Gij niet geweerd van hun mond, en water hebt Gij hun gegeven voor hun dorst.

²¹Alzo hebt Gij hen veertig jaren onderhouden in de woestijn; zij hebben geen gebrek gehad; hun klederen zijn niet veroud, en hun voeten niet gezwollen.

²²Voorts hebt Gij hun koninkrijken en volken gegeven, en hebt hen verdeeld in hoeken. Alzo hebben zij erfelijk bezeten het land van Sihon, te weten, het land deskonings van Hesbon, en het land van Og, koning van Basan.

²³Gij hebt ook hun kinderen vermenigvuldigd, als de sterren des hemels; en Gij hebt hen gebracht in het land, waarvan Gij tot hun vaderen hadt gezegd, dat zij zoudeningaan om het erfelijk te bezitten.

²⁴Alzo zijn de kinderen daarin gekomen, en hebben dat land erfelijk ingenomen; en Gij hebt de inwoners des lands, de Kanaänieten, voor hun aangezicht tenondergebracht, en hebt hen in hun hand gegeven, mitsgaders hun koningen en de volken des lands, om daarmede te doen naar hun welgevallen.

²⁵En zij hebben vaste steden en een vet land ingenomen, en erfelijk bezeten, huizen, vol van alle goed, uitgehouwen bornputten, wijngaarden, olijfgaarden en bomenvan spijze, in menigte; en zij hebben gegeten, en zijn zat en vet geworden, en hebben in wellust geleefd, door Uw grote goedigheid.

²⁶Maar zij zijn wederspannig geworden, en hebben tegen U gerebelleerd, en Uw wet achter hun rug geworpen, en Uw profeten gedood die tegen hen betuigden, omhen te doen wederkeren tot U; alzo hebben zij grote lasteren gedaan.

²⁷Daarom hebt Gij hen gegeven in de hand hunner benauwers, die hen benauwd hebben; maar als zij in den tijd hunner benauwdheid tot U riepen, hebt Gij van denhemel gehoord, en hun naar Uw grote barmhartigheden verlossers gegeven, die hen uit de hand hunner benauwers verlosten.

²⁸Maar als zij rust hadden, keerden zij weder om kwaad te doen voor Uw aangezicht; zo verliet Gij hen in de hand hunner vijanden, dat zij over hen heersten; als zijzich dan bekeerden, en U aanriepen, zo hebt Gij hen van den hemel gehoord, en hebt hen naar Uw barmhartigheden tot vele tijden uitgerukt.

²⁹En Gij hebt tegen hen betuigd, om hen te doen wederkeren tot Uw wet; maar zij hebben trotselijk gehandeld, en niet gehoord naar Uw geboden, en tegen Uwrechten, tegen dezelve hebben zij gezondigd, door dewelke een mens, die ze doet, leven zal; en zij hebben hun schouder teruggetogen, en hun nek verhard, en nietgehoord.

³⁰Doch Gij vertoogt het vele jaren over hen, en betuigdet tegen hen door Uw Geest, door den dient Uwer profeten, maar zij neigden het oor niet; daarom hebt Gij hengegeven in de hand van de volken der landen.

³¹Doch door Uw grote barmhartigheden hebt Gij hen niet verniel, noch hen verlaten; want Gij zijt een genadig en barmhartig God.

³²Nu dan, o onze God, Gij grote, Gij machtige, en Gij vreselijke God, Die het verbond en de weldadigheid houdt; laat voor Uw aangezicht niet gering zijn al de moeite, die ons getroffen heeft, onze koningen, onze vorsten, en onze priesteren; en onze profeten, en onze vaderen, en Uw ganse volk, van de dagen der koningen vanAssur af tot op dezen dag.

³³Doch Gij zijt rechtvaardig, in alles, wat ons overkomen is; want Gij hebt trouwelijk gehandeld, maar wij hebben goddelooslijk gehandeld.

³⁴En onze koningen, onze vorsten, onze priesters en onze vaders hebben Uw wet niet gedaan; en zij hebben niet geluisterd naar Uw geboden, en naar Uwgetuigenissen, die Gij tegen hen betuigdet.

³⁵Want zij hebben U niet gediend in hun koninkrijk, en in Uw menigvuldig goed, dat Gij hun gaaft, en in dat wijde en dat vette land, dat Gij voor hun aangezichtgegeven hadt; en zij hebben zich niet bekeerd van hun boze werken.

³⁶Zie, wij zijn heden knechten; ja, het land, dat Gij onzen vaderen gegeven hebt, om de vrucht daarvan, en het goede daarvan te eten, zie, daarin zijn wij knechten.

³⁷En het vermenigvuldigt zijn inkomste voor den koningen, die Gij over ons gesteld hebt, om onzer zonden wil; en zij heersen over onze lichamen en over onze beesten, naar hun welgevallen; alzo zijn wij in grote benauwdheid.

³⁸En in dit alles maken wij een vast verbond en schrijven het; en onze vorsten, onze Levieten en onze priesteren zullen het verzegelen. Nehemia 10

Hoofdstuk 10

¹Tot de verzegelingen nu waren: Nehemia Hattirsatha, zoon van Hachalja, en Zidkia,

²Seraja, Azarja, Jeremia,

³Pashur, Amarja, Malchia,

⁴Hattus, Sebanja, Malluch,

⁵Harim, Meremoth, Obadja,

⁶Daniel, Ginnethon, Baruch,

⁷Mesullam, Abia, Mijamin,

⁸Maazia, Bilgai, Semaja. Dit waren de priesters.

⁹En de Levieten, namelijk: Jesua, zoon van Azanja, Binnui; van de zonen van Henadad, Kadmiel;

¹⁰En hun broederen: Sebanja, Hodia, Kelita, Pelaja, Hanan,

¹¹Micha, Rehob, Hasabja,

¹²Zakkur, Serebja, Sebanja,

¹³Hodia, Bani, Beninu;

¹⁴De hoofden des volks: Parhos, Pahath-Moab, Elam, Zatthu, Bani,

¹⁵Bunni, Azgad, Bebai,

¹⁶Adonia, Bigvai, Adin,

¹⁷Ater, Hizkia, Azzur,

¹⁸Hodia, Hasum, Bezai,

¹⁹Harif, Anathoth, Nebai,

²⁰Magpias, Mesullam, Hezir,

²¹Mesezabeel, Zadok, Jaddua,

²²Pelatja, Hanan, Anaja,

²³Hosea, Hananja, Hassub,

²⁴Hallohes, Pilha, Sobek,

²⁵Rehum, Hasabna, Maaseja,

²⁶En Ahia, Hanan, Anan,

²⁷Malluch, Harim, Baana.

²⁸En het overige des volks, de priesteren, de Levieten, de poortiers, de zangers, de Nethinim, en al wie zich van de volken der landen had afgescheiden tot Gods wet, hun vrouwen, hun zonen en hun dochteren, al wie wetenschap en verstand had;

²⁹Die hielden zich aan hun broederen, hun voortreffelijken, en kwamen in den vloek en in den eed, dat zij zouden wandelen in de wet Gods, die gegeven is door dehand van den knecht Gods, Mozes; en dat

Nehemia

zij zouden houden, en dat zij zouden doen al de geboden des HEEREN, onzes Heeren, en Zijn rechten en Zijn inzettingen;

³⁰En dat wij onze dochteren niet zouden geven aan de volken des lands, noch hun dochteren nemen voor onze zonen.

³¹Ook als de volken des lands waren en alle koren op den sabbatdag ten verkoop brengen, dat wij op den sabbat, of op een anderen heiligen dag van hen niet zouden nemen; en dat wij het zevende jaar zouden vrij laten, mitsgaders allerhande bezwaarnis.

³²Voorts zetten wij ons geboden op, ons oplegende een derde deel van een sikkel in het jaar, tot den dienst van het huis onzes Gods;

³³Tot het brood der toerichting, en het gedurig spijsoffer, en tot het gedurig brandoffer, der sabbatten, der nieuwe maanden, tot de gezette hoogtijden, en tot de heiligedingen, en tot de zondofferen, om verzoening te doen over Israel; en tot alle werk van het huis onzes Gods.

³⁴Ook wierpen wij de loten, onder de priesters, de Levieten en het volk, over het offer van het hout, dat men brengen zou ten huize onzes Gods, naar het huis onzer vaderen, op bestemde tijden, jaar op jaar, om te branden op het altaar des HEEREN, onzes Gods, gelijk het in de wet geschreven is;

³⁵Dat wij ook de eerstelingen onzes lands en de eerstelingen van alle vrucht van al het geboomte, jaar op jaar, zouden brengen ten huize des HEEREN;

³⁶En de eerstgeborenen onzer zonen en onzer beesten, gelijk het in de wet geschreven is; en dat wij de eerstgeborenen onzer runderen en onzer schapen zouden brengen ten huize onzes Gods, tot de priesteren, die in het huis onzes Gods dienen.

³⁷En dat wij de eerstelingen onzes deegs, en onze hefofferen, en de vrucht aller bomen, most en olie, zouden brengen tot de priesteren, in de kameren van het huis onzes Gods, en de tienden onzes lands tot de Levieten; en dat dezelfde Levieten de tienden zouden hebben in alle steden onzer landbouwerij;

³⁸En dat er een priester, een zoon van Aaron, bij de Levieten zou zijn, als de Levieten de tienden ontvangen; en dat de Levieten de tienden zouden opbrengen ten huize onzes Gods, in de kameren van het schathuis.

³⁹Want de kinderen Israels en de kinderen van Levi moeten hefoffer van koren, most en olie in die kameren brengen, omdat aldaar de vaten des heiligdoms zijn, en de priesteren, die dienen, en de poortiers, en de zangers; dat wij alzo het huis onzes Gods niet zouden verlaten.

Hoofdstuk 11

¹Voorts woonden de oversten des volks te Jeruzalem; maar het overige des volks wierpen loten, om uit tien een uit te brengen, die in de heilige stad Jeruzalem zouwonen, en negen delen in de andere steden.

²En het volk zegende al de mannen, die vrijwilliglijk aanboden te Jeruzalem te wonen.

³En dit zijn de hoofden van het landschap, die te Jeruzalem woonden; (maar in de steden van Juda woonden, een iegelijk op zijn bezitting, in hun steden, Israel, de priesters, en de Levieten, en de Nethinim, en de kinderen der knechten van Salomo).

⁴Te Jeruzalem dan woonden sommigen van de kinderen van Juda, en van de kinderen van Benjamin. Van de kinderen van Juda: Athaja, de zoon van Uzzia, den zoon van Zacharja, den zoon van Amarja, den zoon van Sefatja, den zoon van Mahalaleel, van de kinderen van Perez;

⁵En Maaseja, de zoon van Baruch, den zoon van Kol-hose, den zoon van Hazaja, den zoon van Adaja, den zoon van Jojarib, den zoon van Zacharja, den zoon van Siloni.

⁶Alle kinderen van Perez, die te Jeruzalem woonden, waren vierhonderd acht en zestig dappere mannen.

⁷En dit zijn de kinderen van Benjamin: Sallu, de zoon van Mesullam, den zoon van Joed, den zoon van Pedaja, den zoon van Kolaja, den zoon van Maaseja, den zoon van Ithiel, den zoon van Jesaja;

⁸En na hem Gabbai, Sallai; negenhonderd acht en twintig.

⁹En Joel, de zoon van Zichri, was opziener over hen; en Juda, de zoon van Senua, was de tweede over de stad.

¹⁰Van de priesteren: Jedaja, de zoon van Jojarib, Jachin;

¹¹Seraja, de zoon van Hilkia, den zoon van Mesullam, den zoon van Zadok, den zoon van Merajoth, den zoon van Ahitub, was voorganger van Gods huis;

¹²En hun broederen, die het werk in het huis deden, waren achthonderd twee en twintig. En Adaja, de zoon van Jeroham, den zoon van Pelalja, den zoon van Amzi, den zoon van Zacharja, den zoon van Pashur, den zoon van Malchia;

¹³En zijn broederen, hoofden der vaderen, waren tweehonderd twee en veertig. En Amassai, de zoon van Azareel, den zoon van Achzai, den zoon van Mesillemoth, den zoon van Immer;

¹⁴En hun broederen, dappere helden, waren honderd acht en twintig; en opziener over hen was Zabdiel, de zoon van Gedolim.

¹⁵En van de Levieten: Semaja, de zoon van Hassub, den zoon van Azrikam, den zoon van Hasabja, den zoon van Buni.

¹⁶En Sabbethai, en Jozabad, van de hoofden der Levieten, waren over het buitenwerk van het huis Gods.

¹⁷En Matthanja, de zoon van Micha, den zoon van Zabdi, den zoon van Asaf, was het hoofd, die de dankzegging begon in het gebed, en Bakbukja was de tweede van zijn broederen; en Abda, de zoon van Sammua, den zoon van Galal, den zoon van Jeduthun.

¹⁸Al de Levieten in de heilige stad waren tweehonderd vier en tachtig.

¹⁹En de poortiers: Akkub, Talmon, met hun broederen, die wacht hielden in de poorten, waren honderd twee en zeventig.

²⁰Het overige nu van Israel, van de priesters en de Levieten, was in alle steden van Juda, een iegelijk in zijn erfdeel.

²¹En de Nethinim woonden in Ofel; en Ziha en Gispa waren over de Nethinim.

²²En der Levieten opziener te Jeruzalem was Uzzi, de zoon van Bani, den zoon van Hasabja, den zoon van Matthanja, den zoon van Micha; van de kinderen van Asaf waren de zangers tegenover het werk van Gods huis.

²³Want er was een gebod des konings van hen, te weten, een zeker onderhoud voor de zangers, van elk dagelijks op zijn dag.

²⁴En Petahja, de zoon van Mesezabeel, van de kinderen van Zerah, den zoon van Juda, was aan des konings hand, in alle zaken tot het volk.

²⁵In de dorpen nu op hun akkers woonden sommigen van de kinderen van Juda, in Kirjath-Arba en haar onderhorige plaatsen, en in Dibon en haar onderhorige plaatsen, en in Jekabzeel en haar dorpen;

²⁶En te Jesua, en te Molada, en te Beth-Pelet,

²⁷En te Hazar-Sual, en in Ber-Seba, en haar onderhorige plaatsen,

²⁸En te Ziklag, en in Mechona en haar onderhorige plaatsen,

²⁹En te En-Rimmon, en te Zora, en te Jarmuth,

³⁰Zanoah, Adullam en haar dorpen, Lachis en haar akkers, Azeka en haar onderhorige plaatsen; en zij legerden zich van Ber-seba af tot aan het dal Hinnom.

³¹De kinderen van Benjamin nu van Geba woonden in Michmas, en Aja, en Beth-El, en haar onderhorige plaatsen,

³²Anathoth, Nob, Ananja,

³³Hazor, Rama, Gitthaim,

³⁴Hadid, Zeboim, Neballat,

³⁵Lod, en Ono, in het dal der werkmeesters.

³⁶Van de Levieten nu, woonden sommigen in de verdelingen van Juda, en van Benjamin.

Hoofdstuk 12

¹Dit nu zijn de priesters en de Levieten, die met Zerubbabel, den zoon van Sealthiel, en Jesua, optogen: Seraja, Jeremia, Ezra,

²Amarja, Malluch, Hattus,

³Sechanja, Rehum, Meremoth,

⁴Iddo, Ginnethoi, Abia,

⁵Mijamin, Maadja, Bilga,

⁶Semaja, en Jojarib, Jedaja,

⁷Sallu, Amok, Hilkia, Jedaja; dat waren de hoofden der priesteren, en hun broederen, in de dagen van Jesua.

⁸En de Levieten waren: Jesua, Binnui, Kadmiel, Serebja, Juda, Matthanja; hij en zijn broederen waren over de dankzeggingen.

⁹En Bakbukja, en Unni, hun broederen, waren tegen hen over in de wachten.

¹⁰Jesua nu gewon Jojakim, en Jojakim gewon Eljasib, en Eljasib gewon Jojada,

¹¹En Jojada gewon Jonathan, en Jonathan gewon Jaddua.

¹²En in de dagen van Jojakim waren priesters, hoofden der vaderen: van Seraja was Meraja; van Jeremia, Hananja;

¹³Van Ezra, Mesullam; van Amarja, Johanan;

¹⁴Van Melichu, Jonathan; van Sebanja, Jozef;

¹⁵Van Harim, Adna; van Merajoth, Helkai;

¹⁶Van Iddo, Zacharia; van Ginnethon, Mesullam;

¹⁷Van Abia, Zichri; van Minjamin, van Moadja, Piltai;

¹⁸Van Bilga, Sammua; van Semaja, Jonathan;

¹⁹En van Jojarib, Matthenai; van Jedaja, Uzzi;

²⁰Van Sallai, Kallai; van Amok, Heber;

²¹Van Hilkia, Hasabja; van Jedaja, Nethaneel.

²²Van de Levieten werden in de dagen van Eljasib, Jojada, en Johanan, en Jaddua, de hoofden der vaderen beschreven; mitsgaders de priesteren, tot het koninkrijk van Darius, den Perziaan.

²³De kinderen van Levi, de hoofden der vaderen, werden

beschreven in het boek der kronieken, tot de dagen van Johanan, den zoon van Eljasib, toe.

²⁴De hoofden dan der Levieten waren Hasabja, Serebja, en Jesua, de zoon van Kadmiel, en hun broederen tegen hen over, om te prijzen en te danken, naar het gebod van David, den man Gods, wacht tegen wacht.

²⁵Matthanja en Bakbukja, Obadja, Mesullam, Talmon en Akkub, waren poortiers, de wacht waarnemende bij de schatkamers der poorten.

²⁶Dezen waren in de dagen van Jojakim, den zoon van Jesua, den zoon van Jozadak, en in de dagen van Nehemia, den landvoogd, en van den priester Ezra, den schriftgeleerde.

²⁷In de inwijding nu van Jeruzalems muur, zochten zij de Levieten uit al hun plaatsen, dat zij hen te Jeruzalem brachten, om de inwijding te doen met vreugde, en met dankzeggingen, en met gezang, cimbalen, luiten, en met harpen.

²⁸Alzo werden de kinderen der zangers verzameld, zo uit het vlakke veld rondom Jeruzalem, als uit de dorpen van de Netofathieten;

²⁹En uit het huis van Gilgal, en uit de velden van Geba en Asmaveth; want de zangers hadden zich dorpen gebouwd rondom Jeruzalem.

³⁰En de priesters en de Levieten reinigden zichzelven; daarna reinigden zij het volk, en de poorten, en den muur.

³¹Toen deed ik de vorsten van Juda opgaan op den muur; en ik stelde twee grote dankkoren en omgangen, een ter rechterhand op den muur, naar de Mistpoort toe.

³²En achter hen ging Hosaja, en de helft der vorsten van Juda.

³³En Azarja, Ezra, en Mesullam,

³⁴Juda, en Benjamin, en Semaja, en Jeremia;

³⁵En van de priesters kinderen met trompetten: Zecharja, de zoon van Jonathan, den zoon van Semaja, den zoon van Matthanja, den zoon van Michaja, den zoon van Zakkur, den zoon van Asaf;

³⁶En zijn broeders, Semaja, en Azareel, Milalai, Gilalai, Maai, Nethaneel, en Juda, Hanani, met muziekinstrumenten van David, den man Gods; en Ezra, de schriftgeleerde, ging voor hun aangezicht heen.

³⁷Voorts naar de Fonteinpoort, en tegen hen over, gingen zij op bij de trappen van Davids stad, door den opgang des muurs, boven Davids huis, tot aan de Waterpoort, tegen het oosten.

³⁸Het tweede dankkoor nu ging tegenover, en ik achter hetzelve, met de helft des volks, op den muur, van boven den Bakoventoren, tot aan den breden muur;

³⁹En van boven de poort van Efraim, en boven de Oude poort, en boven de Vispoort, en den toren Hananeel, en den toren Mea, tot aan de Schaapspoort, en zij bleven staan in de Gevangenpoort.

⁴⁰Daarna stonden de beide dankkoren in Gods huis; ook ik en de helft der overheden met mij.

⁴¹En de priesters, Eljakim, Maaseja, Minjamin, Michaja, Eljoenai, Zacharja, Hananja, met trompetten;

⁴²Voorts Maaseja, en Semaja, en Eleazar, en Uzzi, en Johanan, en Malchia, en Elam, en Ezer; ook lieten zich de zangers horen, met Jizrahja, den opziener.

⁴³En zij offerden deszelven daags grote slachtoffers, en waren vrolijk; want God had hen vrolijk gemaakt met grote vrolijkheid; en ook waren de vrouwen en de kinderen vrolijk; zodat de vrolijkheid van Jeruzalem tot van verre gehoord werd.

⁴⁴Ook werden ten zelfden dage mannen gesteld over de kameren, tot de schatten, tot de heffofferen, tot de eerstelingen en tot de tienden, om daarin uit de akkers der steden te verzamelen de delen der wet, voor de priesteren en voor de Levieten; want Juda was vrolijk over de priesteren en over de Levieten, die daar stonden.

⁴⁵En de wacht huns Gods waarnamen, en de wacht der reiniging, ook de zangers, en de poortiers, naar het gebod van David en zijn zoon Salomo.

⁴⁶Want in de dagen van David en Asaf, van ouds, waren er hoofden der zangers, en des lofgezangs, en der dankzeggingen tot God.

⁴⁷Daarom gaf gans Israel, in de dagen van Zerubbabel, en in de dagen van Nehemia, de delen der zangers en der poortiers, van elk dagelijks op zijn dag; en zij heiligden voor de Levieten, en de Levieten heiligden voor de kinderen van Aaron.

Hoofdstuk 13

¹Te dien dage werd er gelezen in het boek van Mozes, voor de oren des volks; en daarin werd geschreven gevonden, dat de Ammonieten en Moabieten niet zouden komen in de gemeente Gods, tot in eeuwigheid;

²Omdat zij den kinderen Israels niet waren tegengekomen met brood en met water, ja, Bileam tegen hen gehuurd hadden, om hen te vloeken, hoewel onze God den vloek omkeerde in een zegen.

³Zo geschiedde het, als zij deze wet hoorden, dat zij alle vermengeling van Israel afscheidden.

⁴Eljasib nu, de priester, die gesteld was over de kamer van het huis onzes Gods, was voor dezen nabestaande van Tobia geworden.

⁵En hij had hem een grote kamer gemaakt, alwaar zij te voren henenleiden het spijsoffer, den wierook en de vaten, en de tienden van koren, van most en van olie, die bevolen waren voor de Levieten, en de zangers, en de poortiers, mitsgaders het hefoffer der priesteren.

⁶Doch in dit alles was ik niet te Jeruzalem; want in het twee en dertigste jaar van Arthahsasta, koning van Babel, kwam ik tot den koning; maar ten einde van sommige dagen verkreeg ik weder verlof van den koning.

⁷En ik kwam te Jeruzalem, en verstond van het kwaad, dat Eljasib voor Tobia gedaan had, makende hem een kamer in de voorhoven van Gods huis.

⁸En het mishaagde mij zeer; zo wierp ik al het huisraad van Tobia buiten, uit de kamer.

⁹Voorts gaf ik bevel, en zij reinigden de kameren; en ik bracht daar weder in de vaten van Gods huis, met het spijsoffer en den wierook.

¹⁰Ook vernam ik, dat der Levieten deel hun niet gegeven was; zodat de Levieten en de zangers, die het werk deden, gevloden waren, een iegelijk naar zijn akker.

¹¹En ik twistte met de overheden, en zeide: Waarom is het huis Gods verlaten? Doch ik vergaderde hen, en herstelde ze in hun stand.

¹²Toen bracht gans Juda de tienden van het koren, en van den most, en van de olie, in de schatten.

¹³En ik stelde tot schatmeesters over de schatten, Selemja, den priester, en Zadok, den schrijver, en Pedaja, uit de Levieten; en aan hun hand Hanan, den zoon van Zakkur, den zoon van Matthanja; want zij werden getrouw geacht, en hun werd opgelegd aan hun broederen uit te delen.

¹⁴Gedenk mijner, mijn God, in dezen; en delg mijn weldadigheden niet uit, die ik aan het huis mijns Gods en aan Zijn wachten gedaan heb.

¹⁵In dezelfde dagen zag ik in Juda, die persen traden op den sabbat, en die garven inbrachten, die zij op ezels laadden; als ook wijn, druiven en vijgen, en allen last, dien zij te Jeruzalem inbrachten op den sabbatdag; en ik betuigde tegen hen ten dage, als zij eetwaren verkochten.

¹⁶Daar waren ook Tyriers binnen, die vis aanbrachten, en alle koopwaren, die zij op den sabbat verkochten aan de kinderen van Juda en te Jeruzalem.

¹⁷Zo twistte ik met de edelen van Juda, en zeide tot hen: Wat voor een boos ding is dit, dat gijlieden doet, en ontheiligt den sabbatdag?

¹⁸Deden niet uw vaders alzo, en onze God bracht al dit kwaad over ons en over deze stad? En gijlieden maakt de hittige gramschap nog meer over Israel, ontheiligende den sabbat.

¹⁹Het geschiedde nu, als de poorten van Jeruzalem schaduw gaven, voor den sabbat, dat ik bevel gaf, en de deuren werden gesloten; en ik beval, dat zij ze niet zouden opendoen tot na den sabbat; en ik stelde van mijn jongens aan de poorten, opdat er geen last zou inkomen op den sabbatdag.

²⁰Toen vernachtten de kramers, en de verkopers van alle koopwaren, buiten voor Jeruzalem, eens of tweemaal.

²¹Zo betuigde ik tegen hen, en zeide tot hen: Waarom vernacht gijlieden tegenover den muur? Zo gij het weder doet, zal ik de hand aan u slaan. Van dien tijd afkwamen zij niet op den sabbat.

²²Voorts zeide ik tot de Levieten, dat zij zich zouden reinigen, en de poorten komen wachten, om den sabbatdag te heiligen. Gedenk mijner ook in dezen, mijn God! en verschoon mij naar de veelheid Uwer goedertierenheid.

²³Ook zag ik in die dagen Joden, die Asdodische, Ammonietische en Moabietische vrouwen bij zich hadden doen wonen.

²⁴En hun kinderen spraken half Asdodisch, en zij konden geen Joods spreken, maar naar de taal eens iegelijken volks.

²⁵Zo twistte ik met hen, en vloekte hen, en sloeg sommige mannen van hen, en plukte hun het haar uit; en ik deed hen zweren bij God: Indien gij uw dochteren hun zonen zult geven, en indien gij van hun dochteren voor uw zonen of voor u zult nemen!

²⁶Heeft niet Salomo, de koning van Israel, daarin gezondigd, hoewel er onder vele heidenen geen koning was, gelijk hij, en hij zijn God lief was, en God hem ten koning over gans Israel gesteld had? Ook hem deden de vreemde vrouwen zondigen.

²⁷Zouden wij dan naar ulieden horen, dat gij al dit grote kwaad zoudt doen, overtredende tegen onzen God, doende vreemde vrouwen bij u wonen?

Nehemia

²⁸Ook was er een van de kinderen van Jojada, den zoon van Eljasib, den hogepriester, schoonzoon geworden van Sanballat, den Horoniet; daarom jaagde ik hem vanmij weg.

²⁹Gedenk aan hen, mijn God, omdat zij het priesterdom hebben verontreinigd, ja, het verbond des priesterdoms en der Levieten.

³⁰Alzo reinigde ik hen van alle vreemden; en ik bestelde de wachten der priesteren en der Levieten, elk op zijn werk;

Esther

Hoofdstuk 1

¹Het geschiedde nu in de dagen van Ahasveros, (hij is die Ahasveros, dewelke regeerde van Indie af tot aan Morenland toe, honderd zeven en twintig landschappen).

²In die dagen, als de koning Ahasveros op den troon zijns koninkrijks zat, die op den burg Susan was;

³In het derde jaar zijner regering maakte hij een maaltijd al zijn vorsten en zijn knechten; de macht van Perzie en Medie, de grootste heren en de oversten der landschappen waren voor zijn aangezicht;

⁴Als hij vertoonde den rijkdom der heerlijkheid zijns rijks, en de kostelijkheid des sieraads zijner grootheid, vele dagen lang, honderd en tachtig dagen.

⁵Toen nu die dagen vervuld waren, maakte de koning een maaltijd al den volke, dat gevonden werd op den burg Susan, van den grootste tot den kleinste, zeven dagen lang, in het voorhof van den hof van het koninklijk paleis.

⁶Er waren witte, groene en hemelsblauwe behangselen, gevat aan fijn linnen en purperen banden, in zilveren ringen, en aan marmeren pilaren; de bedsteden waren van goud en zilver, op een vloer van porfier steen, en van marmer, en albast, en kostelijke stenen.

⁷En men gaf te drinken in vaten van goud, en het ene vat was anders dan het andere vat; en er was veel koninklijke wijn, naar des konings vermogen.

⁸En het drinken geschiedde naar de wet, dat niemand dwong; want alzo had de koning vastelijk bevolen aan alle groten zijns huizes, dat zij doen zouden naar den wil van een iegelijk.

⁹De koningin Vasthi maakte ook een maaltijd voor de vrouwen in het koninklijk huis, hetwelk de koning Ahasveros had.

¹⁰Op den zevenden dag, toen des konings hart vrolijk was van den wijn, zeide hij tot Mehuman, Biztha, Charbona, Bigtha en Abagtha, Zethar en Charchas, de zeven kamerlingen, dienende voor het aangezicht van den koning Ahasveros,

¹¹Dat zij Vasthi, de koningin, zouden brengen voor het aangezicht des konings, met de koninklijke kroon, om den volken en den vorsten haar schoonheid te tonen; want zij was schoon van aangezicht.

¹²Doch de koningin Vasthi weigerde te komen op het woord des konings, hetwelk door den dienst der kamerlingen haar aangezegd was. Toen werd de koning zeer verbolgen, en zijn grimmigheid ontstak in hem.

¹³Toen zeide de koning tot de wijzen, die de tijden verstonden (want alzo moest des konings zaak geschieden, in de tegenwoordigheid van al degenen, die de wet en het recht wisten;

¹⁴De naasten nu bij hem waren Carsena, Sethar, Admatha, Tharsis, Meres, Marsena, Memuchan, zeven vorsten der Perzen en der Meden, die het aangezicht des konings zagen, die vooraan zaten in het koninkrijk),

¹⁵Wat men naar de wet met de koningin Vasthi doen zou, omdat zij niet gedaan had het woord van den koning Ahasveros, door den dienst der kamerlingen?

¹⁶Toen zeide Memuchan voor het aangezicht des konings en der vorsten: De koningin Vasthi heeft niet alleen tegen den koning misdaan, maar ook tegen al de vorsten, en tegen al de volken, die in al de landschappen van den koning Ahasveros zijn.

¹⁷Want deze daad der koningin zal uitkomen tot alle vrouwen, zodat zij haar mannen verachten zullen in haar ogen, als men zeggen zal: De koning Ahasveros zeide, dat men de koningin Vasthi voor zijn aangezicht brengen zou; maar zij kwam niet.

¹⁸Te dezen zelfden dage zullen de vorstinnen van Perzie en Medie ook alzo zeggen tot al de vorsten des konings, als zij deze daad der koningin zullen horen, en er zal verachtens en toorns genoeg wezen.

¹⁹Indien het den koning goeddunkt, dat een koninklijk gebod van hem uitga, hetwelk geschreven worde in de wetten der Perzen en Meden, en dat men het niet overtrede: dat Vasthi niet inga voor het aangezicht van den koning Ahasveros, en de koning geve haar koninkrijk aan haar naaste, die beter is dan zij.

²⁰Als het bevel des konings, hetwelk hij doen zal in zijn ganse koninkrijk, (want het is groot) gehoord zal worden, zo zullen alle vrouwen aan haar mannen eer geven, van de grootste tot de kleinste toe.

²¹Dit woord nu was goed in de ogen des konings en der vorsten; en de koning deed naar het woord van Memuchan.

Hoofdstuk 2

¹Na deze geschiedenissen, toen de grimmigheid van den koning Ahasveros gestild was, gedacht hij aan Vasthi, en wat zij gedaan had, en wat over haar besloten was.

²Toen zeiden de jongelingen des konings, die hem dienden: Men zoeke voor den koning jonge dochters, maagden, schoon van aangezicht.

³En de koning bestelle toezieners in al de landschappen zijns koninkrijks, dat zij vergaderen alle jonge dochters, maagden, schoon van aangezicht, tot den burg Susan, tot het huis der vrouwen, onder de hand van Hegai, des konings kamerling, bewaarder der vrouwen; en men geve haar haar versierselen.

⁴En de jonge dochter, die in des konings oog schoon wezen zal, worde koningin in stede van Vasthi. Deze zaak nu was goed in de ogen des konings, en hij deed alzo.

⁵Er was een Joods man op den burg Susan, wiens naam was Mordechai, een zoon van Jair, den zoon van Simei, den zoon van Kis, een man van Jemini,

⁶Die weggevoerd was van Jeruzalem met de weggevoerden, die weggevoerd waren met Jechonia, den koning van Juda, denwelken Nebukadnezar, de koning van Babel, had weggevoerd.

⁷En hij was het, die opvoedde Hadassa (deze is Esther, de dochter zijns ooms); want zij had geen vader noch moeder; en zij was een jonge dochter, schoon van gedaante, en schoon van aangezicht; en als haar vader en haar moeder stierven, had Mordechai ze zich tot een dochter aangenomen.

⁸Het geschiedde nu, toen het woord des konings en zijn wet ruchtbaar was, en toen vele jonge dochters samen vergaderd werden op den burg Susan, onder de hand van Hegai, werd Esther ook genomen in des konings huis, onder de hand van Hegai, den bewaarder der vrouwen.

⁹En die jonge dochter was schoon in zijn ogen, en zij verkreeg gunst voor zijn aangezicht; daarom haastte hij met haar versierselen en met haar delen haar te geven, en zeven aanzienlijke jonge dochters haar te geven uit het huis des konings; en hij verplaatste haar en haar jonge dochters naar het beste van het huis der vrouwen.

¹⁰Esther had haar volk en haar maagschap niet te kennen gegeven; want Mordechai had haar geboden, dat zij het niet zou te kennen geven.

¹¹Mordechai nu wandelde allen dag voor het voorhof van het huis der vrouwen, om te vernemen naar den welstand van Esther, en wat met haar geschieden zou.

¹²Als nu de beurt van elke jonge dochter naakte, om tot den koning Ahasveros te komen, nadat haar twaalf maanden lang naar de wet der vrouwen geschied was; want alzo werden vervuld de dagen harer versieringen, zes maanden met mirre-olie, en zes maanden met specerijen, en met andere versierselen der vrouwen;

¹³Daarmede kwam dan de jonge dochter tot den koning; al wat zij zeide, werd haar gegeven, dat zij daarmede ging uit het huis der vrouwen tot het huis des konings.

¹⁴Des avonds ging zij daarin, en des morgens ging zij weder naar het tweede huis der vrouwen, onder de hand van Saasgaz, den kamerling des konings, bewaarder der bijwijven, zij kwam niet weder tot den koning, ten ware de koning lust tot haar had, en zij bij name geroepen werd.

¹⁵Als de beurt van Esther, de dochter van Abichail, den oom van Mordechai, (die hij zich ter dochter genomen had) naakte, dat zij tot den koning komen zou, begeerde zij niet met al, dan wat Hegai, des konings kamerling, de bewaarder der vrouwen, zeide; en Esther verkreeg genade in de ogen van allen, die haar zagen.

¹⁶Alzo werd Esther genomen tot den koning Ahasveros, tot zijn koninklijk huis, in de tiende maand, welke is de maand Tebeth, in het zevende jaar zijns rijks.

¹⁷En de koning beminde Esther boven alle vrouwen, en zij verkreeg genade en gunst voor zijn aangezicht, boven alle maagden; en hij zette de koninklijke kroon op haar hoofd, en hij maakte haar koningin in de plaats van Vasthi.

¹⁸Toen maakte de koning een groten maaltijd al zijn vorsten en zijn knechten, den maaltijd van Esther; en hij gaf den landschappen rust, en hij gaf geschenken naar des konings vermogen.

¹⁹Toen ten anderen male maagden vergaderd werden, zo zat Mordechai in de poort des konings.

²⁰Esther nu had haar maagschap en haar volk niet te kennen gegeven, gelijk als Mordechai haar geboden had; want Esther deed het bevel van Mordechai, gelijk alstoen zij bij hem opgevoed werd.

²¹In die dagen, als Mordechai in de poort des konings zat, werden

Esther

Bigthan en Theres, twee kamerlingen des konings van de dorpelwachters, zeer toornig, en zijzochten de hand te slaan aan den koning Ahasveros.

²²En deze zaak werd Mordechai bekend gemaakt, en hij gaf ze de koningin Esther te kennen; en Esther zeide het den koning in Mordechai's naam.

²³Als men de zaak onderzocht, is het zo bevonden, en zij beiden werden aan een galg gehangen; en het werd in de kronieken geschreven voor het aangezicht deskonings.

Hoofdstuk 3

¹Na deze geschiedenissen maakte de koning Ahasveros Haman groot, den zoon van Hammedatha, den Agagiet, en hij verhoogde hem, en hij zette zijn stoel boven alde vorsten, die bij hem waren.

²En al de knechten des konings, die in de poort des konings waren, neigden en bogen zich neder voor Haman; want de koning had alzo van hem bevolen; maarMordechai neigde zich niet, en boog zich niet neder..

³Toen zeiden de knechten des konings, die in de poort des konings waren, tot Mordechai: Waarom overtreedt gij des konings gebod?

⁴Het geschiedde nu, toen zij dit van dag tot dag tot hem zeiden, en hij naar hen niet hoorde, zo gaven zij het Haman te kennen, opdat zij zagen, of de woorden vanMordechai bestaan zouden; want hij had hun te kennen gegeven, dat hij een Jood was.

⁵Toen Haman zag, dat Mordechai zich niet neigde, noch zich voor hem nederboog, zo werd Haman vervuld met grimmigheid.

⁶Doch hij verachtte in zijn ogen, dat hij aan Mordechai alleen de hand zou slaan (want men had hem het volk van Mordechai aangewezen); maar Haman zocht al deJoden, die in het ganse koninkrijk van Ahasveros waren, namelijk het volk van Mordechai, te verdelgen.

⁷In de eerste maand (deze is de maand Nisan) in het twaalfde jaar van den koning Ahasveros, wierp men het Pur, dat is, het lot, voor Hamans aangezicht, van dagtot dag, en van maand tot maand, tot de twaalfde maand toe; deze is de maand Adar.

⁸Want Haman had tot den koning Ahasveros gezegd: Er is een volk, verstrooid en verdeeld onder de volken in al de landschappen uws koninkrijks; en hun wetten zijnverscheiden van de wetten aller volken; ook doen zij des konings wetten niet; daarom is het den koning niet oorbaar hen te laten blijven.

⁹Indien het den koning goeddunkt, laat er geschreven worden, dat men hen verdoe; zo zal ik tien duizend talenten zilvers opwegen in de handen dergenen, die hetwerk doen, om in des konings schatten te brengen.

¹⁰Toen trok de koning zijn ring van zijn hand, en hij gaf hem aan Haman, den zoon van Hammedatha, den Agagiet, der Joden tegenpartijder.

¹¹En de koning zeide tot Haman: Dat zilver zij u geschonken, ook dat volk, om daarmede te doen, naar dat het goed is in uw ogen.

¹²Toen werden de schrijvers des konings geroepen, in de eerste maand, op den dertienden dag derzelve, en er werd geschreven naar alles, wat Haman beval, aan destadhouders des konings, en aan de landvoogden, die over elk landschap waren, en aan de vorsten van elk volk, elk landschap naar zijn schrift, en elk volk naar zijnspraak; er werd geschreven in den naam van den koning Ahasveros, en het werd met des konings ring verzegeld.

¹³De brieven nu werden gezonden door de hand der lopers tot al de landschappen des konings, dat men zou verdelgen, doden en verdoen al de Joden, van den jongetot den oude toe, de kleine kinderen en de vrouwen, op een dag, op den dertienden der twaalfde maand (deze is de maand Adar), en dat men hun buit zou roven.

¹⁴De inhoud van het schrift was, dat er een wet zou gegeven worden in alle landschappen, openbaar aan alle volken, dat zij tegen denzelfden dag zouden gereed zijn.

¹⁵De lopers gingen uit, voortgedrongen zijnde door het woord des konings, en de wet werd uitgegeven in den burg Susan. En de koning en Haman zaten en dronken, doch de stad Susan was verward.

Hoofdstuk 4

¹Na deze geschiedenissen maakte de koning Ahasveros Haman groot, den zoon van Hammedatha, den Agagiet, en hij verhoogde hem, en hij zette zijn stoel boven alde vorsten, die bij hem waren.

²En al de knechten des konings, die in de poort des konings waren, neigden en bogen zich neder voor Haman; want de koning had alzo van hem bevolen; maarMordechai neigde zich niet, en boog zich niet neder.

³Toen zeiden de knechten des konings, die in de poort des konings waren, tot Mordechai: Waarom overtreedt gij des konings gebod?

⁴Het geschiedde nu, toen zij dit van dag tot dag tot hem zeiden, en hij naar hen niet hoorde, zo gaven zij het Haman te kennen, opdat zij zagen, of de woorden vanMordechai bestaan zouden; want hij had hun te kennen gegeven, dat hij een Jood was.

⁵Toen Haman zag, dat Mordechai zich niet neigde, noch zich voor hem nederboog, zo werd Haman vervuld met grimmigheid.

⁶Doch hij verachtte in zijn ogen, dat hij aan Mordechai alleen de hand zou slaan (want men had hem het volk van Mordechai aangewezen); maar Haman zocht al deJoden, die in het ganse koninkrijk van Ahasveros waren, namelijk het volk van Mordechai, te verdelgen.

⁷In de eerste maand (deze is de maand Nisan) in het twaalfde jaar van den koning Ahasveros, wierp men het Pur, dat is, het lot, voor Hamans aangezicht, van dagtot dag, en van maand tot maand, tot de twaalfde maand toe; deze is de maand Adar.

⁸Want Haman had tot den koning Ahasveros gezegd: Er is een volk, verstrooid en verdeeld onder de volken in al de landschappen uws koninkrijks; en hun wetten zijnverscheiden van de wetten aller volken; ook doen zij des konings wetten niet; daarom is het den koning niet oorbaar hen te laten blijven.

⁹Indien het den koning goeddunkt, laat er geschreven worden, dat men hen verdoe; zo zal ik tien duizend talenten zilvers opwegen in de handen dergenen, die hetwerk doen, om in des konings schatten te brengen.

¹⁰Toen trok de koning zijn ring van zijn hand, en hij gaf hem aan Haman, den zoon van Hammedatha, den Agagiet, der Joden tegenpartijder.

¹¹En de koning zeide tot Haman: Dat zilver zij u geschonken, ook dat volk, om daarmede te doen, naar dat het goed is in uw ogen.

¹²Toen werden de schrijvers des konings geroepen, in de eerste maand, op den dertienden dag derzelve, en er werd geschreven naar alles, wat Haman beval, aan destadhouders des konings, en aan de landvoogden, die over elk landschap waren, en aan de vorsten van elk volk, elk landschap naar zijn schrift, en elk volk naar zijnspraak; er werd geschreven in den naam van den koning Ahasveros, en het werd met des konings ring verzegeld.

¹³De brieven nu werden gezonden door de hand der lopers tot al de landschappen des konings, dat men zou verdelgen, doden en verdoen al de Joden, van den jongetot den oude toe, de kleine kinderen en de vrouwen, op een dag, op den dertienden der twaalfde maand (deze is de maand Adar), en dat men hun buit zou roven.

¹⁴De inhoud van het schrift was, dat er een wet zou gegeven worden in alle landschappen, openbaar aan alle volken, dat zij tegen denzelfden dag zouden gereed zijn.

¹⁵De lopers gingen uit, voortgedrongen zijnde door het woord des konings, en de wet werd uitgegeven in den burg Susan. En de koning en Haman zaten en dronken, doch de stad Susan was verward.

Hoofdstuk 5

¹Het geschiedde nu aan den derden dag, dat Esther een koninklijk kleed aantrok, en stond in het binnenste voorhof van des konings huis, tegenover het huis deskonings; de koning nu zat op zijn koninklijken troon, in het koninklijke huis, tegenover de deur van het huis.

²En het geschiedde, toen de koning de koningin Esther zag, staande in het voorhof, verkreeg zij genade in zijn ogen, zodat de koning den gouden scepter, die in zijnhand was, Esther toereikte; en Esther naderde, en roerde de spits des scepters aan.

³Toen zeide de koning tot haar: Wat is u, koningin Esther! of wat is uw verzoek? Het zal u gegeven worden, ook tot de helft des koninkrijks.

⁴Esther nu zeide: Indien het den koning goeddunkt, zo kome de koning met Haman heden tot den maaltijd, dien ik hem bereid heb.

⁵Toen zeide de koning: Doet Haman spoeden, dat hij het bevel van Esther doe. Als nu de koning met Haman tot den maaltijd, dien Esther bereid had, gekomen was,

⁶Zo zeide de koning tot Esther op den maaltijd des wijns: Wat is uw bede? en zij zal u gegeven worden; en wat is uw verzoek? Het zal geschieden, ook tot de helftdes koninkrijks.

⁷Toen antwoordde Esther, en zeide: Mijn bede en verzoek is:

⁸Indien ik genade gevonden heb in de ogen des konings, en indien het den koning goeddunkt, mij te geven mijn bede, en mijn verzoek te doen, zo kome de koning metHaman tot den maaltijd, dien ik hem bereiden zal; zo zal ik morgen doen naar het bevel des konings.

⁹Toen ging Haman ten zelfden dage uit, vrolijk en goedsmoeds; maar toen Haman Mordechai zag in de poort des konings, en dat hij niet opstond, noch zich voor hembewoog, zo werd Haman vervuld met grimmigheid op Mordechai.

¹⁰Doch Haman bedwong zich, en hij kwam tot zijn huis; en hij zond henen, en liet zijn vrienden komen, en Zeres, zijn huisvrouw.

¹¹En Haman vertelde hun de heerlijkheid zijns rijkdoms, en de

veelheid zijner zonen, en alles, waarin de koning hem groot gemaakt had, en waarin hij hem verhevenhad boven de vorsten en knechten des konings.

¹²Verder zeide Haman: Ook heeft de koningin Esther niemand met den koning doen komen tot den maaltijd, dien zij bereid heeft, dan mij; en ik ben ook tegen morgenvan haar met den koning genodigd.

¹³Doch dit alles baat mij niet, zo langen tijd als ik den Jood Mordechai zie zitten in de poort des konings.

¹⁴Toen zeide zijn huisvrouw Zeres tot hem, mitsgaders al zijn vrienden: Men make een galg, vijftig ellen hoog, en zeg morgen aan den koning, dat men Mordechaidaaraan hange; ga dan vrolijk met den koning tot dien maaltijd. Deze raad nu dacht Haman goed, en hij deed de galg maken. Esther 6

Hoofdstuk 6

¹In denzelfden nacht was de slaap van den koning geweken, en hij zeide, dat men het boek der gedachtenissen, de kronieken, brengen zou; en zij werden in detegenwoordigheid des konings gelezen.

²En men vond geschreven, dat Mordechai had te kennen gegeven van Bigthana en Theres, twee kamerlingen des konings, uit de dorpelwachters, die de handzochten te leggen aan den koning Ahasveros.

³Toen zeide de koning: Wat eer en verhoging is Mordechai hierover gedaan? En de jongelingen des konings, zijn dienaars, zeiden: Aan hem is niets gedaan.

⁴Toen zeide de koning: Wie is in het voorhof? (Haman nu was gekomen in het buitenvoorhof van het huis des konings, om den koning te zeggen, dat men Mordechaizou hangen aan de galg, die hij hem had doen bereiden.)

⁵En des konings jongelingen zeiden tot hem: Zie, Haman staat in het voorhof. Toen zeide de koning: Dat hij inkome.

⁶Als Haman ingekomen was, zo zeide de koning tot hem: Wat zal men met dien man doen, tot wiens eer de koning een welbehagen heeft? Toen zeide Haman in zijnhart: Tot wien heeft de koning een welbehagen, om hem eer te doen, meer dan tot mij?

⁷Daarom zeide Haman tot den koning: Den man, tot wiens eer de koning een welbehagen heeft,

⁸Zal men het koninklijke kleed brengen, dat de koning pleegt aan te trekken, en het paard, waarop de koning pleegt te rijden; en dat de koninklijke kroon op zijn hoofdgezet worde.

⁹En men zal dat kleed en dat paard geven in de hand van een uit de vorsten des konings, van de grootste heren, en men zal het dien man aantrekken, tot wiens eer dekoning een welbehagen heeft; en men zal hem op dat paard doen rijden door de straten der stad, en men zal voor hem roepen: Alzo zal men dien man doen, totwiens eer de koning een welbehagen heeft!

¹⁰Toen zeide de koning tot Haman: Haast u, neem dat kleed, en dat paard, gelijk als gij gesproken hebt, en doe alzo aan Mordechai, den Jood, dien aan de poort deskonings zit; en laat niet een woord vallen van alles, wat gij gesproken hebt.

¹¹En Haman nam dat kleed en dat paard, en trok het kleed Mordechai aan, en deed hem rijden door de straten der stad, en hij riep voor hem: Alzo zal men dien mandoen, tot wiens eer de koning een welbehagen heeft!

¹²Daarna keerde Mordechai wederom tot de poort des konings; maar Haman werd voortgedreven naar zijn huis, treurig en met bedekten hoofde.

¹³En Haman vertelde aan zijn huisvrouw Zeres en al zijn vrienden al wat hem wedervaren was. Toen zeiden hem zijn wijzen, en Zeres, zijn huisvrouw: IndienMordechai, voor wiens aangezicht gij hebt begonnen te vallen, van het zaad der Joden is, zo zult gij tegen hem niet vermogen; maar gij zult gewisselijk voor zijnaangezicht vallen.

¹⁴Toen zij nog met hem spraken, zo kwamen des konings kamerlingen nabij, en zij haastten Haman tot den maaltijd te brengen, dien Esther bereid had.

Hoofdstuk 7

¹Toen de koning met Haman gekomen was, om te drinken met de koningin Esther;

²Zo zeide de koning tot Esther, ook op den tweeden dag, op den maaltijd des wijns: Wat is uw bede, koningin Esther? en zij zal u gegeven worden; en wat is uwverzoek? Het zal geschieden, ook tot de helft des koninkrijks.

³Toen antwoordde de koningin Esther, en zeide: Indien ik, o koning, genade in uw ogen gevonden heb, en indien het den koning goeddunkt, men geve mij mijn leven, om mijner bede wil, en mijn volk, om mijns verzoeks wil.

⁴Want wij zijn verkocht, ik en mijn volk, dat men ons verdelge, dode en ombrenge. Indien wij nog tot knechten en tot dienstmaagden waren verkocht geweest, ik zougezwegen hebben, ofschoon de onderdrukker de schade des konings geenszins zou kunnen vergoeden.

⁵Toen sprak de koning Ahasveros, en zeide tot de koningin Esther: Wie is die, en waar is diezelve, die zijn hart vervuld heeft, om alzo te doen?

⁶En Esther zeide: De man, de onderdrukker en vijand, is deze boze Haman! Toen verschrikte Haman voor het aangezicht des konings en der koningin.

⁷En de koning stond op in zijn grimmigheid van den maaltijd des wijns, en ging naar den hof van het paleis. En Haman bleef staan, om van de koningin Esther, aangaande zijn leven verzoek te doen; want hij zag, dat het kwaad van de koning over hem ten volle besloten was.

⁸Toen de koning wederkwam uit den hof van het paleis in het huis van den maaltijd des wijns, zo was Haman gevallen op het bed, waarop Esther was. Toen zeide dekoning: Zou hij ook wel de koningin verkrachten bij mij in het huis? Het woord ging uit des konings mond, en zij bedekten Hamans aangezicht.

⁹En Charbona, een van de kamerlingen, voor het aanschijn des konings staande, zeide: Ook zie, de galg, welke Haman gemaakt heeft voor Mordechai, die goed voorden koning gesproken heeft, staat bij Hamans huis, vijftig ellen hoog. Toen zeide de koning: Hang hem daaraan.

¹⁰Alzo hingen zij Haman aan de galg, die hij voor Mordechai had doen bereiden; en de grimmigheid des konings werd gestild. Esther 8

Hoofdstuk 8

¹Te dienzelfden dage gaf de koning Ahasveros aan de koningin Esther het huis van Haman, den vijand der Joden; en Mordechai kwam voor het aangezicht deskonings, want Esther had te kennen gegeven, wat hij voor haar was.

²En de koning toog zijn ring af, dien hij van Haman genomen had, en gaf hem aan Mordechai; en Esther stelde Mordechai over het huis van Haman.

³En Esther sprak verder voor het aangezicht des konings, en zij viel voor zijn voeten, en zij weende, en zij smeekte hem, dat hij de boosheid van Haman, den Agagiet, en zijn gedachte, die hij tegen de Joden gedacht had, zou wegnemen.

⁴De koning nu reikte den gouden scepter Esther toe. Toen rees Esther op, en zij stond voor het aangezicht des konings.

⁵En zij zeide: Indien het den koning goeddunkt, en indien ik genade voor zijn aangezicht gevonden heb en deze zaak voor den koning recht is, en ik in zijn ogenaangenaam ben, dat er geschreven worde, dat de brieven en de gedachte van Haman, den zoon van Hammedatha, den Agagiet, wederroepen worden, welke hijgeschreven heeft, om de Joden om te brengen, die in al de landschappen des konings zijn.

⁶Want hoe zal ik vermogen, dat ik aanzie het kwaad, dat mijn volk treffen zal? En hoe zal ik vermogen, dat ik aanzie het verderf van mijn geslacht?

⁷Toen zeide de koning Ahasveros tot de koningin Esther en tot Mordechai, den Jood: Ziet, het huis van Haman heb ik Esther gegeven, en hem heeft men aan de galggehangen, omdat hij zijn hand aan de Joden geslagen had.

⁸Schrijft dan gijlieden voor de Joden, zoals het goed is in uw ogen, in des konings naam, en verzegelt het met des konings ring; want het schrift, dat in des koningsnaam geschreven, en met des konings ring verzegeld is, is niet te wederroepen.

⁹Toen werden des konings schrijvers geroepen, ter zelfder tijd, in de derde maand (zij is de maand Sivan), op den drie en twintigsten derzelve, en er werd geschrevennaar alles, wat Mordechai gebood, aan de Joden, en aan de stadhouders, en landvoogden, en oversten der landschappen, die van Indie af tot aan Morenlandstrekken, honderd zeven en twintig landschappen, een ieder landschap naar zijn schrift, een ieder volk naar zijn spraak; ook aan de Joden naar hun schrift en naarhun spraak.

¹⁰En men schreef in den naam van den koning Ahasveros, en men verzegelde het met des konings ring; en men zond de brieven door de hand der lopers te paard, rijdende op snelle kemelen, op muildieren, van merrien geteeld.

¹¹Dat de koning den Joden toeliet, die in elke stad waren, zich te vergaderen, en voor hun leven te staan, om te verdelgen, om te doden en om om te brengen allemacht des volks en des landschaps, die hen benauwen zou, de kleine kinderen en de vrouwen, en hun buit te roven;

¹²Op een dag in al de landschappen van den koning Ahasveros, op den dertienden der twaalfde maand; deze is de maand Adar.

Esther

¹³De inhoud van dit schrift was: dat een wet zou gegeven worden in alle landschappen, openbaar aan alle volken; en dat de Joden gereed zouden zijn tegen dien dag, om zich te wreken aan hun vijanden.

¹⁴De lopers, die op snelle kemelen reden en op muildieren, togen snellijk uit, aangedreven zijnde door het woord des konings. Deze wet nu werd gegeven op den burg Susan.

¹⁵En Mordechai ging uit van voor het aangezicht des konings in een hemelsblauw en wit koninklijk kleed, en met een grote gouden kroon, en een opperkleed van fijn linnen en purper; en de stad Susan juichte en was vrolijk.

¹⁶Bij de Joden was licht, en blijdschap, en vreugde, en eer;

¹⁷Ook in alle en een ieder landschap, en in alle en een iedere stad, ter plaatse, waar des konings woord en zijn wet aankwam, daar was bij de Joden blijdschap en vreugde, maaltijden en vrolijke dagen; en velen uit de volken des lands werden Joden, want de vreze der Joden was op hen gevallen. Esther 9

Hoofdstuk 9

¹In de twaalfde maand nu (dezelve is de maand Adar), op den dertienden dag derzelve, toen des konings woord en zijn wet nabij gekomen was, dat men het doen zou, ten dage, als de vijanden der Joden hoopten over hen te heersen, zo is het omgekeerd, want de Joden heersten over hun haters.

²Want de Joden vergaderden zich in hun steden, in al de landschappen van den koning Ahasveros, om de hand te slaan aan degenen, die hun verderf zochten; en niemand bestond voor hen, want hunlieder schrik was op al die volken gevallen.

³En al de oversten der landschappen, en de stadhouders, en landvoogden, en die het werk des konings deden, verhieven de Joden; want de vreze van Mordechai was op hen gevallen.

⁴Want Mordechai was groot in het huis des konings, en zijn gerucht ging uit door alle landschappen; want die man, Mordechai, werd doorgaans groter.

⁵De Joden nu sloegen op al hun vijanden, met den slag des zwaards, en der doding, en der verderving; en zij deden met hun haters naar hun welbehagen.

⁶En in den burg Susan hebben de Joden gedood en omgebracht vijfhonderd mannen.

⁷En Parsandatha, en Dalfon, en Asfata,

⁸En Poratha, en Adalia, en Aridatha,

⁹En Parmastha, en Arisai, en Aridai, en Vaizatha,

¹⁰De tien zonen van Haman, den zoon van Hammedatha, den vijand der Joden, doodden zij; maar zij sloegen hun handen niet aan den roof.

¹¹Ten zelfden dage kwam voor den koning het getal der gedoden op den burg Susan.

¹²En de koning zeide tot de koningin Esther: Te Susan op den burg hebben de Joden gedood en omgebracht vijfhonderd mannen en de tien zonen van Haman; wat hebben zij in al de andere landschappen des konings gedaan? Wat is nu uw bede? en het zal u gegeven worden; of wat is verder uw verzoek? het zal geschieden.

¹³Toen zeide Esther: Dunkt het den koning goed, men late ook morgen den Joden, die te Susan zijn, toe, te doen naar het gebod van heden; en men hange de tien zonen van Haman aan de galg.

¹⁴Toen zeide de koning, dat men alzo doen zou; en er werd een gebod gegeven te Susan, en men hing de tien zonen van Haman op.

¹⁵En de Joden, die te Susan waren, vergaderden ook op den veertienden dag der maand Adar, en zij doodden te Susan driehonderd mannen; maar zij sloegen hun hand niet aan den roof.

¹⁶De overige Joden nu, die in de landschappen des konings waren, vergaderden, opdat zij stonden voor hun leven, en rust hadden van hun vijanden, en zij doodden onder hun haters vijf en zeventig duizend; maar zij sloegen hun hand niet aan den roof.

¹⁷Dit geschiedde op den dertienden dag der maand Adar; en op den veertienden derzelve rustten zij, en zij maakten denzelven een dag der maaltijden en der vreugde.

¹⁸En de Joden, die te Susan waren, vergaderden op den dertienden derzelve, en op den veertienden derzelve; en zij rustten op den vijftienden derzelve, en zij maakten denzelven een dag der maaltijden en der vreugde.

¹⁹Daarom maakten de Joden van de dorpen, die in de dorpsteden woonden, den veertienden dag der maand Adar ter vreugde en maaltijden, en een vrolijken dag, en der zending van delen aan elkander.

²⁰En Mordechai beschreef deze geschiedenissen; en hij zond brieven aan al de Joden, die in al de landschappen van den koning Ahasveros waren, dien, die nabij, en dien, die verre waren,

²¹Om over hen te bevestigen, dat zij zouden onderhouden den veertienden dag der maand Adar, en den vijftienden dag derzelve, in alle en in ieder jaar;

²²Naar de dagen, in dewelke de Joden tot rust gekomen waren van hun vijanden, en de maand, die hun veranderd was van droefenis in blijdschap, en van rouw in een vrolijken dag; dat zij dezelve dagen maken zouden tot dagen der maaltijden, en der vreugde, en der zending van delen aan elkander, en der gaven aan de armen.

²³En de Joden namen aan te doen, wat zij begonnen hadden, en dat Mordechai aan hen geschreven had.

²⁴Omdat Haman, de zoon van Hammedatha, den Agagiet, aller Joden vijand, tegen de Joden gedacht had hen om te brengen; en dat hij het Pur, dat is, het lot had geworpen, om hen te verslaan, en om hen om te brengen;

²⁵Maar als zij voor den koning gekomen was, heeft hij door brieven bevolen, dat zijn boze gedachte, die hij gedacht had over de Joden, op zijn hoofd zou wederkeren; en men heeft hem en zijn zonen aan de galg gehangen.

²⁶Daarom noemt men die dagen Purim, van den naam van dat Pur. Hierom, vanwege al de woorden van dien brief, en hetgeen zij zelven daarvan gezien hadden, en wat tot hen overgekomen was,

²⁷Bevestigden de Joden, en namen op zich en op hun zaad, en op allen, die zich tot hen vervoegen zouden, dat men het niet overtrade, dat zij deze twee dagen zouden houden, naar het voorschrift derzelve, en naar den bestemden tijd derzelve, in alle en ieder jaar;

²⁸Dat deze dagen gedacht zouden worden en onderhouden, in alle en elk geslacht, elk huisgezin, elk landschap en elke stad; en dat deze dagen van Purim niet zouden overtreden worden onder de Joden, en dat de gedachtenis derzelve geen einde nemen zou bij hun zaad.

²⁹Daarna schreef de koningin Esther, de dochter van Abichail, en Mordechai, de Jood, met alle macht, om dezen brief van Purim ten tweeden male te bevestigen.

³⁰En hij zond de brieven aan al de Joden, in de honderd zeven en twintig landschappen van het koninkrijk van Ahasveros, met woorden van vrede en trouw;

³¹Dat zij deze dagen van Purim bevestigen zouden op hun bestemde tijden, gelijk als Mordechai, de Jood, over hen bevestigd had, en Esther, de koningin, en gelijk als zij het bevestigd hadden voor zichzelven en voor hun zaad; de zaken van het vasten en hunlieder geroep.

³²En het bevel van Esther bevestigde de geschiedenissen van deze Purim, en het werd in een boek geschreven.

Hoofdstuk 10

¹Daarna legde de koning Ahasveros schatting op het land, en de eilanden der zee.

²Al de werken nu zijner macht en zijns gewelds, en de verklaring der grootheid van Mordechai, denwelken de koning groot gemaakt heeft, zijn die niet geschreven in het boek der kronieken der koningen van Medie en Perzie?

Job

Hoofdstuk 1

¹Er was een man in het land Uz, zijn naam was Job; en dezelve man was oprecht, en vroom, en godvrezende, en wijkende van het kwaad.

²En hem werden zeven zonen en drie dochteren geboren.

³Daartoe was zijn vee zeven duizend schapen, en drie duizend kemelen, en vijfhonderd juk ossen, en vijfhonderd ezelinnen; ook was zijn dienstvolk zeer veel; zodat deze man groter was dan al die van het oosten.

⁴En zijn zonen gingen, en maakten maaltijden in ieders huis op zijn dag; en zij zonden henen, en nodigden hun drie zusteren, om met hen te eten en te drinken.

⁵Het geschiedde dan, als de dagen der maaltijden omgegaan waren, dat Job henenzond, en hen heiligde en des morgens vroeg opstond, en brandofferen offerdenaar hun aller getal; want Job zeide: Misschien hebben mijn kinderen gezondigd, en God in hun hart gezegend. Alzo deed Job al die dagen.

⁶Er was nu een dag, als de kinderen Gods kwamen, om zich voor den HEERE te stellen, dat de satan ook in het midden van hen kwam.

⁷Toen zeide de HEERE tot den satan; Van waar komt gij? En de satan antwoordde den HEERE, en zeide: Van om te trekken op de aarde, en van die tedoorwandelen.

⁸En de HEERE zeide tot den satan: Hebt gij ook acht geslagen op Mijn knecht Job? Want niemand is op de aarde gelijk hij, een man oprecht en vroom, godvrezende en wijkende van het kwaad.

⁹Toen antwoordde de satan den HEERE, en zeide: Is het om niet, dat Job God vreest?

¹⁰Hebt Gij niet een betuining gemaakt voor hem, en voor zijn huis, en voor al wat hij heeft rondom? Het werk zijner handen hebt Gij gezegend, en zijn vee is inmenigte uitgebroken in den lande.

¹¹Maar toch strek nu Uw hand uit, en tast aan alles, wat hij heeft; zo hij U niet in Uw aangezicht zal zegenen?

¹²En de HEERE zeide tot den satan: Zie, al wat hij heeft, zij in uw hand; alleen aan hem strek uw hand niet uit. En de satan ging uit van het aangezicht desHEEREN.

¹³Er was nu een dag, als zijn zonen en zijn dochteren aten, en wijn dronken in het huis van hun broeder; den eerstgeborene;

¹⁴Dat een bode tot Job kwam, en zeide: De runderen waren ploegende, en de ezelinnen weidende aan hun zijden.

¹⁵Doch de Sabeers deden een inval, en namen ze, en sloegen de jongeren met de scherpte des zwaards; en ik ben maar alleen ontkomen, om het u aan te zeggen.

¹⁶Als deze nog sprak, zo kwam een ander, en zeide: Het vuur Gods viel uit den hemel, en ontstak onder de schapen en onder de jongeren, en verteerde ze; en ikben maar alleen ontkomen, om het u aan te zeggen.

¹⁷Als deze nog sprak, zo kwam een ander, en zeide: De Chaldeen stelden drie hopen, en vielen op de kemelen aan, en namen ze, en sloegen de jongeren met descherpte des zwaards; en ik ben maar alleen ontkomen, om het u aan te zeggen.

¹⁸Als deze nog sprak, zo kwam een ander, en zeide: Uw zonen en uw dochteren aten, en dronken wijn, in het huis van hun broeder, den eerstgeborene;

¹⁹En zie, een grote wind kwam van over de woestijn, en stiet aan de vier hoeken van het huis, en het viel op de jongelingen, dat ze stierven; en ik ben maar alleenontkomen, om het u aan te zeggen.

²⁰Toen stond Job op, en scheurde zijn mantel, en schoor zijn hoofd, en viel op de aarde, en boog zich neder;

²¹En hij zeide: Naakt ben ik uit mijner moeders buik gekomen, en naakt zal ik daarhenen wederkeren. De HEERE heeft gegeven, en de HEERE heeft genomen; de Naam des HEEREN zij geloofd!

Hoofdstuk 2

¹Wederom was er een dag, als de kinderen Gods kwamen, om zich voor den HEERE te stellen, dat de satan ook in het midden van hen kwam, om zich voorden HEERE te stellen.

²Toen zeide de HEERE tot den satan: Van waar komt gij? En de satan antwoordde den HEERE, en zeide: Van om te trekken op de aarde, en van die tedoorwandelen.

³En de HEERE zeide tot den satan: Hebt gij ook acht geslagen op Mijn knecht Job? Want niemand is op de aarde gelijk hij, een man, oprecht en vroom, godvrezende en wijkende van het kwaad; en hij houdt nog vast aan zijn oprechtigheid, hoewel gij Mij tegen hem opgehitst hebt, om hem te verslinden zonderoorzaak.

⁴Toen antwoordde de satan den HEERE, en zeide: Huid voor huid, en al wat iemand heeft, zal hij geven voor zijn leven.

⁵Doch strek nu Uw hand uit, en tast zijn gebeente en zijn vlees aan; zo hij U niet in Uw aangezicht zal zegenen!

⁶En de HEERE zeide tot den satan: Zie, hij zij in uw hand, doch verschoon zijn leven.

⁷Toen ging de satan uit van het aangezicht des HEEREN, en sloeg Job met boze zweren, van zijn voetzool af tot zijn schedel toe.

⁸En hij nam zich een potscherf, om zich daarmede te schrabben, en hij zat neder in het midden der as.

⁹Toen zeide zijn huisvrouw tot hem: Houdt gij nog vast aan uw oprechtigheid? Zegen God, en sterf.

¹⁰Maar hij zeide tot haar: Gij spreekt als een der zottinnen spreekt; ja, zouden wij het goede van God ontvangen, en het kwade niet ontvangen? In dit alleszondigde Job met zijn lippen niet.

¹¹Als nu de drie vrienden van Job gehoord hadden al dit kwaad, dat over hem gekomen was, kwamen zij, ieder uit zijn plaats, Elifaz, de Themaniet, en Bildad, deSuhiet, en Zofar, de Naamathiet; en zij waren het eens geworden, dat zij kwamen om hem te beklagen, en om hem te vertroosten.

¹²En toen zij hun ogen van verre ophieven, kenden zij hem niet, en hieven hun stem op, en weenden; daartoe scheurden zij een ieder zijn mantel, en strooiden stofop hun hoofden naar den hemel.

¹³Alzo zaten zij met hem op de aarde, zeven dagen en zeven nachten; en niemand sprak tot hem een woord, want zij zagen, dat de smart zeer groot was.

Hoofdstuk 3

¹Daarna opende Job zijn mond, en vervloekte zijn dag.

²Want Job antwoordde en zeide:

³De dag verga, waarin ik geboren ben, en de nacht, waarin men zeide: Een knechtje is ontvangen;

⁴Diezelve dag zij duisternis; dat God naar hem niet vrage van boven; en dat geen glans over hem schijne;

⁵Dat de duisternis en des doods schaduw hem verontreinigen; dat wolken over hem wonen; dat hem verschrikken de zwarte dampen des dags!

⁶Diezelve nacht, donkerheid neme hem in; dat hij zich niet verheuge onder de dagen des jaars; dat hij in het getal der maanden niet kome!

⁷Ziet, diezelve nacht zij eenzaam; dat geen vrolijk gezang daarin kome;

⁸Dat hem vervloeken de vervloekers des dags, die bereid zijn hun rouw te verwekken;

⁹Dat de sterren van zijn schemertijd verduisterd worden; hij wachte naar het licht, en het worde niet; en hij zie niet de oogleden des dageraads!

¹⁰Omdat hij niet toegesloten heeft de deuren mijns buiks, noch verborgen de moeite van mijn ogen.

¹¹Waarom ben ik niet gestorven van de baarmoeder af, en heb den geest gegeven, als ik uit den buik voortkwam?

¹²Waarom zijn mij de knieen voorgekomen, en waartoe de borsten, opdat ik zuigen zou?

¹³Want nu zou ik nederliggen, en stil zijn; ik zou slapen, dan zou voor mij rust wezen;

¹⁴Met de koningen en raadsheren der aarde, die voor zich woeste plaatsen bebouwden;

¹⁵Of met de vorsten, die goud hadden, die hun huizen met zilver vervulden.

¹⁶Of als een verborgene misdracht, zou ik niet zijn; als de kinderkens, die het licht niet gezien hebben.

¹⁷Daar houden de bozen op van beroering, en daar rusten de vermoeiden van kracht;

¹⁸Daar zijn de gebondenen te zamen in rust; zij horen de stem des drijvers niet.

¹⁹De kleine en de grote is daar; en de knecht vrij van zijn heer.

²⁰Waarom geeft Hij den ellendigen het licht, en het leven den bitterlijk bedroefden van gemoed?

²¹Die verlangen naar den dood, maar hij is er niet; en graven daarnaar meer dan naar verborgene schatten;

²²Die blijde zijn tot opspringens toe, en zich verheugen, als zij het graf vinden;

²³Aan den man, wiens weg verborgen is, en dien God overdekt heeft?

²⁴Want voor mijn brood komt mijn zuchting; en mijn brullingen worden uitgestort als water.

²⁵Want ik vreesde een vreze, en zij is mij aangekomen; en wat ik schroomde, is mij overkomen.

²⁶Ik was niet gerust; en was niet stil, en rustte niet; en de beroering is gekomen.

Hoofdstuk 4

¹Toen antwoordde Elifaz, de Themaniet, en zeide:

²Zo wij een woord opnemen tegen u, zult gij verdrietig zijn? Nochtans wie zal zich van woorden kunnen onthouden?

³Zie, gij hebt velen onderwezen, en gij hebt slappe handen gesterkt;

⁴Uw woorden hebben den struikelende opgericht, en de krommende knieën hebt gij vastgesteld;

⁵Maar nu komt het aan u, en gij zijt verdrietig; het raakt tot u, en gij wordt beroerd.

⁶Was niet uw vreze Gods uw hoop, en de oprechtheid uwer wegen uw verwachting?

⁷Gedenk toch, wie is de onschuldige, die vergaan zij; en waar zijn de oprechten verdelgd?

⁸Maar gelijk als ik gezien heb: die ondeugd ploegen, en moeite zaaien, maaien dezelve.

⁹Van den adem Gods vergaan zij, en van het geblaas van Zijn neus worden zij verdaan.

¹⁰De brulling des leeuws, en de stem des fellen leeuws, en de tanden der jonge leeuwen worden verbroken.

¹¹De oude leeuw vergaat, omdat er geen roof is, en de jongens eens oudachtigen leeuws worden verstrooid.

¹²Voorts is tot mij een woord heimelijk gebracht, en mijn oor heeft een weinigje daarvan gevat;

¹³Onder de gedachten van de gezichten des nachts, als diepe slaap valt op de mensen;

¹⁴Kwam mij schrik en beving over, en verschrikte de veelheid mijner beenderen.

¹⁵Toen ging voorbij mijn aangezicht een geest, hij deed het haar mijns vleses te berge rijzen.

¹⁶Hij stond, doch ik kende zijn gedaante niet; een beeltenis was voor mijn ogen; er was stilte, en ik hoorde een stem, zeggende:

¹⁷Zou een mens rechtvaardiger zijn dan God? Zou een man reiner zijn dan zijn Maker?

¹⁸Zie, op Zijn knechten zou Hij niet vertrouwen; hoewel Hij in Zijn engelen klaarheid gesteld heeft.

¹⁹Hoeveel te min op degenen, die lemen huizen bewonen, welker grondslag in het stof is? Zij worden verbrijzeld voor de motten.

²⁰Van den morgen tot den avond worden zij vermorzeld; zonder dat men er acht op slaat, vergaan zij in eeuwigheid.

²¹Verreist niet hun uitnemendheid met hen? Zij sterven, maar niet in wijsheid.

Hoofdstuk 5

¹Roep nu, zal er iemand zijn, die u antwoorde? En tot wien van de heiligen zult gij u keren?

²Want den dwaze brengt de toornigheid om, en de ijver doodt den slechte.

³Ik heb gezien een dwaas wortelende; doch terstond vervloekte ik zijn woning.

⁴Verre waren zijn zonen van heil; en zij werden verbrijzeld in de poort, en er was geen verlosser.

⁵Wiens oogst de hongerige verteerde, dien hij ook tot uit de doornen gehaald had; de struikrover slokte hun vermogen in.

⁶Want uit het stof komt het verdriet niet voort, en de moeite spruit niet uit de aarde;

⁷Maar de mens wordt tot moeite geboren; gelijk de spranken der vurige kolen zich verheffen tot vliegen.

⁸Doch ik zou naar God zoeken, en tot God mijn aanspraak richten;

⁹Die grote dingen doet, die men niet doorzoeken kan; wonderen, die men niet tellen kan;

¹⁰Die den regen geeft op de aarde, en water zendt op de straten;

¹¹Om de vernederden te stellen in het hoge; dat de rouwdragenden door heil verheven worden.

¹²Hij maakt te niet de gedachten der arglistigen; dat hun handen niet een ding uitrichten.

¹³Hij vangt de wijzen in hun arglistigheid; dat de raad der verdraaiden gestort wordt.

¹⁴Des daags ontmoeten zij de duisternis, en gelijk des nachts tasten zij in de middag.

¹⁵Maar Hij verlost den behoeftige van het zwaard, van hun mond, en van de hand des sterken.

¹⁶Zo is voor den arme verwachting; en de boosheid stopt haar mond toe.

¹⁷Zie, gelukzalig is de mens, denwelken God straft; daarom verwerp de kastijding des Almachtigen niet.

¹⁸Want Hij doet smart aan, en Hij verbindt; Hij doorwondt, en Zijn handen helen.

¹⁹In zes benauwdheden zal Hij u verlossen, en in de zevende zal u het kwaad niet aanroeren.

²⁰In den honger zal Hij u verlossen van den dood, en in den oorlog van het geweld des zwaards.

²¹Tegen den gesel der tong zult gij verborgen wezen, en gij zult niet vrezen voor de verwoesting, als zij komt.

²²Tegen de verwoesting en tegen den honger zult gij lachen, en voor het gedierte der aarde zult gij niet vrezen.

²³Want met de stenen des velds zal uw verbond zijn, en het gedierte des velds zal met u bevredigd zijn.

²⁴En gij zult bevinden, dat uw tent in vrede is; en zult uw woning verzorgen, en zult niet feilen.

²⁵Ook zult gij bevinden, dat uw zaad menigvuldig wezen zal, en uw spruiten als het kruid der aarde.

²⁶Gij zult in ouderdom ten grave komen, gelijk de korenhoop te zijner tijd opgevoerd wordt.

²⁷Zie dit, wij hebben het doorzocht, het is alzo; hoor het, en bemerk gij het voor u.

Hoofdstuk 6

¹Maar Job antwoordde en zeide:

²Och, of mijn verdriet recht gewogen wierd, en men mijn ellende samen in een weegschaal ophief!

³Want het zou nu zwaarder zijn dan het zand der zeeën; daarom worden mijn woorden opgezwolgen.

⁴Want de pijlen des Almachtigen zijn in mij, welker vurig venijn mijn geest uitdrinkt; de verschrikkingen Gods rusten zich tegen mij.

⁵Rochelt ook de woudezel bij het jonge gras? Loeit de os bij zijn voeder?

⁶Wordt ook het onsmakelijke gegeten zonder zout? Is er smaak in het witte des dooiers?

⁷Mijn ziel weigert uw woorden aan te roeren; die zijn als mijn laffe spijze.

⁸Och, of mijn begeerte kwame, en dat God mijn verwachting gave;

⁹En dat het Gode beliefde, dat Hij mij verbrijzelde, Zijn hand losliet, en een einde met mij maakte!

¹⁰Dat zou nog mijn troost zijn, en zou mij verkwikken in den weedom, zo Hij niet spaarde; want ik heb de redenen des Heiligen niet verborgen gehouden.

¹¹Wat is mijn kracht, dat ik hopen zou? Of welk is mijn einde, dat ik mijn leven verlengen zou?

¹²Is mijn kracht stenen kracht? Is mijn vlees staal?

¹³Is dan mijn hulp niet in mij, en is de wijsheid uit mij verdreven?

¹⁴Aan hem, die versmolten is, zou van zijn vriend weldadigheid geschieden; of hij zou de vreze des Almachtigen verlaten.

¹⁵Mijn broeders hebben trouwelooslijk gehandeld als een beek; als de storting der beken gaan zij door;

¹⁶Die verdonkerd zijn van het ijs, en in dewelke de sneeuw zich verbergt.

¹⁷Ten tijde, als zij van hitte vervlieten, worden zij uitgedelgd; als zij warm worden, verdwijnen zij uit haar plaats.

¹⁸De gangen haars wegs wenden zich ter zijde af; zij lopen op in het woeste, en vergaan.

¹⁹De reizigers van Thema zien ze, de wandelaars van Scheba wachten op haar.

²⁰Zij worden beschaamd, omdat elkeen vertrouwde; als zij daartoe komen, zo worden zij schaamrood.

²¹Voorwaar, alzo zijt gijlieden mij nu niets geworden; gij hebt gezien de ontzetting, en gij hebt gevreesd.

²²Heb ik gezegd: Brengt mij, en geeft geschenken voor mij van uw vermogen?

²³Of bevrijdt mij van de hand des verdrukkers, en verlost mij van de hand der tirannen?

²⁴Leert mij, en ik zal zwijgen, en geeft mij te verstaan, waarin ik gedwaald heb.

²⁵O, hoe krachtig zijn de rechte redenen! Maar wat bestraft het bestraffen, dat van ulieden is?

²⁶Zult gij, om te bestraffen, woorden bedenken, en zullen de redenen des mismoedigen voor wind zijn?

²⁷Ook werpt gij u op een wees; en gij graaft tegen uw vriend.
²⁸Maar nu, belieft het u, wendt u tot mij, en het zal voor ulieder aangezicht zijn, of ik liege.
²⁹Keert toch weder, laat er geen onrecht wezen, ja, keert weder; nog zal mijn gerechtigheid daarin zijn.
³⁰Zou onrecht op mijn tong wezen? Zou mijn gehemelte niet de ellenden te verstaan geven?

Hoofdstuk 7

¹Heeft niet de mens een strijd op de aarde, en zijn zijn dagen niet als de dagen des dagloners?
²Gelijk de dienstknecht hijgt naar de schaduw, en gelijk de dagloner verwacht zijn werkloon;
³Alzo zijn mij maanden der ijdelheid ten erve geworden, en nachten der moeite zijn mij voorbereid.
⁴Als ik te slapen lig, dan zeg ik: Wanneer zal ik opstaan, en Hij den avond afgemeten hebben? En ik word zat van woelingen tot aan den schemertijd.
⁵Mijn vlees is met het gewormte en met het gruis des stofs bekleed; mijn huid is gekliefd en verachtelijk geworden.
⁶Mijn dagen zijn lichter geweest dan een weversspoel, en zijn vergaan zonder verwachting.
⁷Gedenk, dat mijn leven een wind is; mijn oog zal niet wederkomen, om het goede te zien.
⁸Het oog desgenen, die mij nu ziet, zal mij niet zien; uw ogen zullen op mij zijn; maar ik zal niet meer zijn.
⁹Een wolk vergaat en vaart henen; alzo die in het graf daalt, zal niet weder opkomen.
¹⁰Hij zal niet meer wederkeren tot zijn huis, en zijn plaats zal hem niet meer kennen.
¹¹Zo zal ik ook mijn mond niet wederhouden, ik zal spreken in benauwdheid mijns geestes; ik zal klagen in bitterheid mijner ziel.
¹²Ben ik dan een zee, of walvis, dat Gij om mij wachten zet?
¹³Wanneer ik zeg: Mijn bedstede zal mij vertroosten, mijn leger zal van mijn klacht wat wegnemen;
¹⁴Dan ontzet Gij mij met dromen, en door gezichten verschrikt Gij mij;
¹⁵Zodat mijn ziel de verworging kiest; den dood meer dan mijn beenderen.
¹⁶Ik versmaad ze, ik zal toch in der eeuwigheid niet leven; houd op van mij, want mijn dagen zijn ijdelheid.
¹⁷Wat is de mens, dat Gij hem groot acht, en dat Gij Uw hart op hem zet?
¹⁸En dat Gij hem bezoekt in elken morgenstond; dat Gij hem in elken ogenblik beproeft?
¹⁹Hoe lang keert Gij U niet af van mij, en laat niet van mij af, totdat ik mijn speeksel inzwelge?
²⁰Heb ik gezondigd, wat zal ik U doen, o Mensenhoeder? Waarom hebt Gij mij U tot een tegenloop gesteld, dat ik mijzelven tot een last zij?
²¹En waarom vergeeft Gij niet mijn overtreding, en doet mijn ongerechtigheid niet weg? Want nu zal ik in het stof liggen; en Gij zult mij vroeg zoeken, maar ik zal niet zijn.

Hoofdstuk 8

¹Toen antwoordde Bildad, de Suhiet, en zeide:
²Hoe lang zult gij deze dingen spreken, en de redenen uws monds een geweldige wind zijn?
³Zou dan God het recht verkeren, en zou de Almachtige de gerechtigheid verkeren?
⁴Indien uw kinderen gezondigd hebben tegen Hem, Hij heeft hen ook in de hand hunner overtreding geworpen.
⁵Maar indien gij naar God vroeg zoekt, en tot den Almachtige om genade bidt;
⁶Zo gij zuiver en recht zijt, gewisselijk zal Hij nu opwaken, om uwentwil, en Hij zal de woning uwer gerechtigheid volmaken.
⁷Uw beginsel zal wel gering zijn; maar uw laatste zal zeer vermeerderd worden.
⁸Want vraag toch naar het vorige geslacht, en bereid u tot de onderzoeking hunner vaderen.
⁹Want wij zijn van gisteren en weten niet; dewijl onze dagen op de aarde een schaduw zijn.
¹⁰Zullen die u niet leren, tot u spreken, en uit hun hart redenen voortbrengen?
¹¹Verheft zich de bieze zonder slijk? Groeit het rietgras zonder water?
¹²Als het nog in zijn groenigheid is, hoewel het niet afgesneden wordt, nochtans verdort het voor alle gras.
¹³Alzo zijn de paden van allen, die God vergeten; en de verwachting des huichelaars zal vergaan.
¹⁴Van denwelke zijn hoop walgen zal; en zijn vertrouwen zal zijn een huis der spinnekop.
¹⁵Hij zal op zijn huis leunen, maar het zal niet bestaan; hij zal zich daaraan vasthouden, maar het zal niet staande blijven.
¹⁶Hij is sappig voor de zon, en zijn scheuten gaan over zijn hof uit.
¹⁷Zijn wortelen worden bij de springader ingevlochten; hij ziet een stenige plaats.
¹⁸Maar als God hem verslindt uit zijn plaats, zo zal zij hem loochenen, zeggende: Ik heb u niet gezien.
¹⁹Zie, dat is vreugde zijns wegs; en uit het stof zullen anderen voortspruiten.
²⁰Zie, God zal den oprechte niet verwerpen; Hij vat ook de boosdoeners niet bij de hand;
²¹Totdat Hij uw mond met gelach vervulle, en uw lippen met gejuich.
²²Uw haters zullen met schaamte bekleed worden; en de tent der goddelozen zal niet meer zijn.

Hoofdstuk 9

¹Maar Job antwoordde en zeide:
²Waarlijk, ik weet, dat het zo is; want hoe zou de mens rechtvaardig zijn bij God?
³Zo Hij lust heeft, om met hem te twisten, niet een uit duizend zal hij Hem beantwoorden.
⁴Hij is wijs van hart, en sterk van kracht; wie heeft zich tegen Hem verhard, en vrede gehad?
⁵Die de bergen verzet, dat zij het niet gewaar worden, Die ze omkeert in Zijn toorn;
⁶Die de aarde beweegt uit haar plaats, dat haar pilaren schudden;
⁷Die de zon gebiedt, en zij gaat niet op; en verzegelt de sterren;
⁸Die alleen de hemelen uitbreidt, en treedt op de hoogten der zee;
⁹Die den Wagen maakt, den Orion, en het Zevengesternte, en de binnenkameren van het Zuiden;
¹⁰Die grote dingen doet, die men niet doorzoeken kan; en wonderen, die men niet tellen kan.
¹¹Zie, Hij zal voor mij henengaan, en ik zal Hem niet zien; en Hij zal voorbijgaan, en ik zal Hem niet merken.
¹²Zie, Hij zal roven, wie zal het Hem doen wedergeven? Wie zal tot Hem zeggen: Wat doet Gij?
¹³God zal Zijn toorn niet afkeren; onder Hem worden gebogen de hovaardige helpers.
¹⁴Hoeveel te min zal ik Hem antwoorden, en mijn woorden uitkiezen tegen Hem?
¹⁵Denwelken ik, zo ik rechtvaardig ware, niet zou antwoorden; mijn Rechter zal ik om genade bidden.
¹⁶Indien ik roep, en Hij mij antwoordt; ik zal niet geloven, dat Hij mijn stem ter ore genomen heeft.
¹⁷Want Hij vermorzelt mij door een onweder, en vermenigvuldigt mijn wonden zonder oorzaak.
¹⁸Hij laat mij niet toe mijn adem te verhalen; maar Hij verzadigt mij met bitterheden.
¹⁹Zo het aan de kracht komt, zie, Hij is sterk; en zo het aan het recht komt, wie zal mij dagvaarden?
²⁰Zo ik mij rechtvaardig, mijn mond zal mij verdoemen; ben ik oprecht, Hij zal mij toch verkeerd verklaren.
²¹Ben ik oprecht, zo acht ik toch mijn ziel niet; ik versmaad mijn leven.
²²Dat is een ding, daarom zeg ik: Den oprechte en den goddeloze verdoet Hij.
²³Als de gesel haastelijk doodt, bespot Hij de verzoeking der onschuldigen.
²⁴De aarde wordt gegeven in de hand des goddelozen; Hij overdekt het aangezicht harer rechteren; zo niet, wie is Hij dan?
²⁵En mijn dagen zijn lichter geweest dan een loper; zij zijn weggevloden, zij hebben het goede niet gezien.
²⁶Zij zijn voorbijgevaren met jachtschepen; gelijk een arend naar het aas toevliegt.
²⁷Indien mijn zeggen is: Ik zal mijn klacht vergeten, en ik zal mijn gebaar laten varen, en mij verkwikken;
²⁸Zo schroom ik voor al mijn smarten; ik weet, dat Gij mij niet onschuldig zult houden.
²⁹Ik zal toch goddeloos zijn; waarom dan zal ik ijdellijk arbeiden?
³⁰Indien ik mij wasse met sneeuwwater, en mijn handen zuivere met zeep;

Job

³¹Dan zult Gij mij in de gracht induiken, en mijn klederen zullen van mij gruwen.

³²Want Hij is niet een man, als ik, dien ik antwoorden zou, zo wij te zamen in het gericht kwamen.

³³Er is geen scheidsman tussen ons, die zijn hand op ons beiden leggen mocht.

³⁴Dat Hij van op mij Zijn roede wegdoe, en dat Zijn verschrikking mij niet verbaasd make;

³⁵Zo zal ik spreken, en Hem niet vrezen; want zodanig ben ik niet bij mij.

Hoofdstuk 10

¹Mijn ziel is verdrietig over mijn leven; ik zal mijn klacht op mij laten; ik zal spreken in bitterheid mijner ziel.

²Ik zal tot God zeggen: Verdoem mij niet; doe mij weten, waarover Gij met mij twist.

³Is het U goed, dat Gij verdrukt, dat Gij verwerpt den arbeid Uwer handen, en over den raad der goddelozen schijnsel geeft?

⁴Hebt Gij vleselijke ogen, ziet Gij, gelijk een mens ziet?

⁵Zijn Uw dagen als de dagen van een mens? Zijn Uw jaren als de dagen eens mans?

⁶Dat Gij onderzoekt naar mijn ongerechtigheid, en naar mijn zonde verneemt?

⁷Het is Uw wetenschap, dat ik niet goddeloos ben; nochtans is er niemand, die uit Uw hand verlosse.

⁸Uw handen doen mij smart aan, hoewel zij mij gemaakt hebben, te zamen rondom mij zijn zij, en Gij verslindt mij.

⁹Gedenk toch, dat Gij mij als leem bereid hebt, en mij tot stof zult doen wederkeren.

¹⁰Hebt Gij mij niet als melk gegoten, en mij als een kaas doen runnen?

¹¹Met vel en vlees hebt Gij mij bekleed; met beenderen ook en zenuwen hebt Gij mij samengevlochten;

¹²Benevens het leven hebt Gij weldadigheid aan mij gedaan, en Uw opzicht heeft mijn geest bewaard.

¹³Maar deze dingen hebt Gij verborgen in Uw hart; ik weet, dat dit bij U geweest is.

¹⁴Indien ik zondig, zo zult Gij mij waarnemen, en van mijn misdaad zult Gij mij niet onschuldig houden.

¹⁵Zo ik goddeloos ben, wee mij! En ben ik rechtvaardig, ik zal mijn hoofd niet opheffen; ik ben zat van schande, maar aanzie mijn ellende.

¹⁶Want zij verheft zich; gelijk een felle leeuw jaagt Gij mij; Gij keert weder en stelt U wonderlijk tegen mij.

¹⁷Gij vernieuwt Uw getuigen tegenover mij, en vermenigvuldigt Uw toorn tegen mij; verwisselingen, ja, een heirleger, zijn tegen mij.

¹⁸En waarom hebt Gij mij uit de baarmoeder voortgebracht? Och, dat ik den geest gegeven had, en geen oog mij gezien had!

¹⁹Ik zou zijn, alsof ik niet geweest ware; van moeders buik zou ik tot het graf gebracht zijn geweest.

²⁰Zijn mijn dagen niet weinig? Houd op, zet van mij af, dat ik mij een weinig verkwikke;

²¹Eer ik henenga (en niet wederkom) in een land der duisternis en der schaduwe des doods;

²²Een stikdonker land, als de duisternis zelve, de schaduwe des doods, en zonder ordeningen, en het geeft schijnsel als de duisternis.

Hoofdstuk 11

¹Toen antwoordde Zofar, de Naamathiet, en zeide:

²Zou de veelheid der woorden niet beantwoord worden, en zou een klapachtig man recht hebben?

³Zouden uw leugenen de lieden doen zwijgen, en zoudt gij spotten, en niemand u beschamen?

⁴Want gij hebt gezegd: Mijn leer is zuiver, en ik ben rein in uw ogen.

⁵Maar gewisselijk, och, of God sprak, en Zijn lippen tegen u opende;

⁶En u bekend maakte de verborgenheden der wijsheid, omdat zij dubbel zijn in wezen! Daarom weet, dat God voor u vergeet van uw ongerechtigheid.

⁷Zult gij de onderzoeking Gods vinden? Zult gij tot de volmaaktheid toe den Almachtige vinden?

⁸Zij is als de hoogten der hemelen, wat kunt gij doen? Dieper dan de hel, wat kunt gij weten?

⁹Langer dan de aarde is haar maat, en breder dan de zee.

¹⁰Indien Hij voorbijgaat, opdat Hij overlevere of vergadere, wie zal dan Hem afkeren?

¹¹Want Hij kent de ijdele lieden en Hij ziet de ondeugd; zou Hij dan niet aanmerken?

¹²Dan zal een verstandeloos man kloekzinnig worden; hoewel de mens als het veulen eens woudezels geboren is.

¹³Indien gij uw hart bereid hebt, zo breid uw handen tot Hem uit.

¹⁴Indien er ondeugd in uw hand is, doe die verre weg; en laat het onrecht in uw tenten niet wonen.

¹⁵Want dan zult gij uw aangezicht opheffen uit de gebreken, en zult vast wezen, en niet vrezen.

¹⁶Want gij zult de moeite vergeten, en harer gedenken als der wateren, die voorbijgegaan zijn.

¹⁷Ja, uw tijd zal klaarder dan de middag oprijzen; gij zult uitvliegen, als de morgenstond zult gij zijn.

¹⁸En gij zult vertrouwen, omdat er verwachting zal zijn; en gij zult graven, gerustelijk zult gij slapen;

¹⁹En gij zult nederliggen, en niemand zal u verschrikken; en velen zullen uw aangezicht smeken.

²⁰Maar de ogen der goddelozen zullen bezwijken, en de toevlucht zal van hen vergaan; en hun verwachting zal zijn de uitblazing der ziel.

Hoofdstuk 12

¹Maar Job antwoordde en zeide:

²Trouwens, omdat gijlieden het volk zijt, zo zal de wijsheid met ulieden sterven!

³Ik heb ook een hart even als gijlieden, ik zwicht niet voor u; en bij wien zijn niet dergelijke dingen?

⁴Ik ben het, die zijn vriend een spot is, maar roepende tot God, Die hem verhoort; de rechtvaardige en oprechte is een spot.

⁵Hij is een verachte fakkel, naar de mening desgenen, die gerust is; hij is gereed met den voet te struikelen.

⁶De tenten der verwoesters hebben rust, en die Gode tergen, hebben verzekerdheden, om hetgene God met Zijn hand toebrengt.

⁷En waarlijk, vraag toch de beesten, en elkeen van die zal het u leren; en het gevogelte des hemels, dat zal het u te kennen geven.

⁸Of spreek tot de aarde, en zij zal het u leren; ook zullen het u de vissen der zee vertellen.

⁹Wie weet niet uit alle deze, dat de hand des HEEREN dit doet?

¹⁰In Wiens hand de ziel is van al wat leeft, en de geest van alle vlees des mensen.

¹¹Zal niet het oor de woorden proeven, gelijk het gehemelte voor zich de spijze smaakt?

¹²In de stokouden is de wijsheid, en in de langheid der dagen het verstand.

¹³Bij Hem is wijsheid en macht; Hij heeft raad en verstand.

¹⁴Ziet, Hij breekt af, en het zal niet herbouwd worden; Hij besluit iemand, en er zal niet opengedaan worden.

¹⁵Ziet, Hij houdt de wateren op, en zij drogen uit; ook laat Hij ze uit, en zij keren de aarde om.

¹⁶Bij Hem is kracht en wijsheid; Zijns is de dwalende, en die doet dwalen.

¹⁷Hij voert de raadsheren beroofd weg, en de rechters maakt Hij uitzinnig;

¹⁸Den band der koningen maakt Hij los, en Hij bindt den gordel aan hun lenden.

¹⁹Hij voert de oversten beroofd weg, en de machtigen keert Hij om.

²⁰Hij beneemt den getrouwen de spraak, en der ouden oordeel neemt Hij weg.

²¹Hij giet verachting over de prinsen uit, en Hij verslapt den riem der geweldigen.

²²Hij openbaart de diepten uit de duisternis, en des doods schaduwe brengt Hij voort in het licht.

²³Hij vermenigvuldigt de volken, en verderft ze; Hij breidt de volken uit, en leidt ze.

²⁴Hij neemt het hart van de hoofden des volks der aarde weg, en doet hen dwalen in het woeste, waar geen weg is.

²⁵Zij tasten in de duisternis, waar geen licht is; en Hij doet hen dwalen, als een dronkaard.

Hoofdstuk 13

¹Ziet, dat alles heeft mijn oog gezien, mijn oor gehoord en verstaan.

²Gelijk gijlieden het weet, weet ik het ook; ik zwicht niet voor u.

³Maar ik zal tot den Almachtige spreken, en ben belust mij te verdedigen voor God.

⁴Want gewisselijk, gij zijt leugenstoffeerders; gij allen zijt nietige medicijnmeesters.

⁵Och, of gij gans stilzweegt! Dat zou ulieden voor wijsheid wezen.
⁶Hoort toch mijn verdediging, en merkt op de twistingen mijner lippen.
⁷Zult gij voor God onrecht spreken, en zult gij voor Hem bedriegerij spreken?
⁸Zult gij Zijn aangezicht aannemen? Zult gij voor God twisten?
⁹Zal het goed zijn, als Hij u zal onderzoeken? Zult gij met Hem spotten, gelijk men met een mens spot?
¹⁰Hij zal u gewisselijk bestraffen, zo gij in het verborgene het aangezicht aanneemt.
¹¹Zal u niet Zijn hoogheid verschrikken, en Zijn vreze over u vallen?
¹²Uw gedachtenissen zijn gelijk as, uw hoogten als hoogten van leem.
¹³Houdt stil van mij, opdat ik spreke, en er ga over mij, wat het zij.
¹⁴Waarom zou ik mijn vlees in mijn tanden nemen, en mijn ziel in mijn hand stellen?
¹⁵Ziet, zo Hij mij doodde, zou ik niet hopen? Evenwel zal ik mijn wegen voor Zijn aangezicht verdedigen.
¹⁶Ook zal Hij mij tot zaligheid zijn; maar een huichelaar zal voor Zijn aangezicht niet komen.
¹⁷Hoort naarstiglijk mijn rede, en mijn aanwijzing met uw oren.
¹⁸Ziet nu, ik heb het recht ordentelijk gesteld; ik weet, dat ik rechtvaardig zal verklaard worden.
¹⁹Wie is hij, die met mij twist? Wanneer ik nu zweeg, zo zou ik den geest geven.
²⁰Alleenlijk doe twee dingen niet met mij; dan zal ik mij van Uw aangezicht niet verbergen.
²¹Doe Uw hand verre van op mij, en Uw verschrikking make mij niet verbaasd.
²²Roep dan, en ik zal antwoorden; of ik zal spreken, en geef mij antwoord.
²³Hoeveel misdaden en zonden heb ik? Maak mijn overtreding en mijn zonden mij bekend.
²⁴Waarom verbergt Gij Uw aangezicht, en houdt mij voor Uw vijand?
²⁵Zult Gij een gedreven blad verbrijzelen, en zult Gij een drogen stoppel vervolgen?
²⁶Want Gij schrijft tegen mij bittere dingen; en Gij doet mij erven de misdaden mijner jonkheid.
²⁷Gij legt ook mijn voeten in den stok, en neemt waar al mijn paden; Gij drukt U in de wortelen mijner voeten,
²⁸En hij veroudert als een verrotting, als een kleed, dat de mot opeet.

Hoofdstuk 14

¹De mens, van een vrouw geboren, is kort van dagen, en zat van onrust.
²Hij komt voort als een bloem, en wordt afgesneden; ook vlucht hij als een schaduw, en bestaat niet.
³Nog doet Gij Uw ogen over zulk een open; en Gij betrekt mij in het gericht met U.
⁴Wie zal een reine geven uit den onreine? Niet een.
⁵Dewijl zijn dagen bestemd zijn, het getal zijner maanden bij U is, en Gij zijn bepalingen gemaakt hebt, die hij niet overgaan zal;
⁶Wend U van hem af, dat hij rust hebbe, totdat hij als een dagloner aan zijn dag een welgevallen hebbe.
⁷Want voor een boom, als hij afgehouwen wordt, is er verwachting, dat hij zich nog zal veranderen, en zijn scheut niet zal ophouden.
⁸Indien zijn wortel in de aarde veroudert, en zijn stam in het stof versterft;
⁹Hij zal van den reuk der wateren weder uitspruiten, en zal een tak maken, gelijk een plant.
¹⁰Maar een man sterft, als hij verzwakt is, en de mens geeft den geest, waar is hij dan?
¹¹De wateren verlopen uit een meer, en een rivier droogt uit en verdort;
¹²Alzo ligt de mens neder, en staat niet op; totdat de hemelen niet meer zijn, zullen zij niet opwaken, noch uit hun slaap opgewekt worden.
¹³Och, of Gij mij in het graf verstaakt, mij verborgt, totdat Uw toorn zich afkeerde; dat Gij mij een bepaling steldet, en mijner gedachtig waart!
¹⁴Als een man gestorven is, zal hij weder leven? Ik zou al de dagen mijns strijds hopen, totdat mijn verandering komen zou.
¹⁵Dat Gij zoudt roepen, en ik U zou antwoorden, dat Gij tot het werk Uwer handen zoudt begerig zijn.

¹⁶Maar nu telt Gij mijn treden; Gij bewaart mij niet om mijner zonden wil.
¹⁷Mijn overtreding is in een bundeltje verzegeld, en Gij pakt mijn ongerechtigheid opeen.
¹⁸En voorwaar, een berg vallende vergaat, en een rots wordt versteld uit haar plaats;
¹⁹De wateren vermalen de stenen, het stof der aarde overstelpt het gewas, dat van zelf daaruit voortkomt; alzo verderft Gij de verwachting des mensen.
²⁰Gij overweldigt hem in eeuwigheid, en hij gaat heen; veranderende zijn gelaat, zo zendt Gij hem weg.
²¹Zijn kinderen komen tot eer, en hij weet het niet; of zij worden klein, en hij let niet op hen.
²²Maar zijn vlees, nog aan hem zijnde, heeft smart; en zijn ziel, in hem zijnde, heeft rouw.

Hoofdstuk 15

¹Toen antwoordde Elifaz, de Themaniet, en zeide:
²Zal een wijs man winderige wetenschap voor antwoord geven, en zal hij zijn buik vullen met oostenwind?
³Bestraffende door woorden, die niet baten, en door redenen, met dewelke hij geen voordeel doet?
⁴Ja, gij vernietigt de vreze, en neemt het gebed voor het aangezicht Gods weg.
⁵Want uw mond leert uw ongerechtigheid, en gij hebt de tong der arglistigen verkoren.
⁶Uw mond verdoemt u, en niet ik; en uw lippen getuigen tegen u.
⁷Zijt gij de eerste een mens geboren? Of zijt gij voor de heuvelen voortgebracht?
⁸Hebt gij den verborgen raad Gods gehoord, en hebt gij de wijsheid naar u getrokken?
⁹Wat weet gij, dat wij niet weten? Wat verstaat gij, dat bij ons niet is?
¹⁰Onder ons is ook een grijze, ja, een stokoude, meerder van dagen dan uw vader.
¹¹Zijn de vertroostingen Gods u te klein, en schuilt er enige zaak bij u?
¹²Waarom rukt uw hart u weg, en waarom wenken uw ogen?
¹³Dat gij uw geest keert tegen God, en zulke redenen uit uw mond laat uitgaan.
¹⁴Wat is de mens, dat hij zuiver zou zijn, en die geboren is van een vrouw, dat hij rechtvaardig zou zijn?
¹⁵Zie, op Zijn heiligen zou Hij niet vertrouwen, en de hemelen zijn niet zuiver in Zijn ogen.
¹⁶Hoeveel te meer is een man gruwelijk en stinkende, die het onrecht indrinkt als water?
¹⁷Ik zal u wijzen, hoor mij aan, en hetgeen ik gezien heb, dat zal ik vertellen;
¹⁸Hetwelk de wijzen verkondigd hebben, en men voor hun vaderen niet verborgen heeft;
¹⁹Denwelken alleen het land gegeven was, en door welker midden niemand vreemds doorging.
²⁰Te allen dage doet de goddeloze zichzelven weedom aan; en weinige jaren in getal zijn voor den tiran weggelegd.
²¹Het geluid der verschrikkingen is in zijn oren; in den vrede zelven komt de verwoester hem over.
²²Hij gelooft niet uit de duisternis weder te keren, maar dat hij beloerd wordt ten zwaarde.
²³Hij zwerft heen en weder om brood, waar het zijn mag; hij weet, dat bij zijn hand gereed is de dag der duisternis.
²⁴Angst en benauwdheid verschrikken hem; zij overweldigt hem, gelijk een koning, bereid ten strijde.
²⁵Want hij strekt tegen God zijn hand uit, en tegen den Almachtige stelt hij zich geweldiglijk aan.
²⁶Hij loopt tegen Hem aan met den hals, met zijn dikke, hoog verhevene schilden.
²⁷Omdat hij zijn aangezicht met zijn vet bedekt heeft, en rimpelen gemaakt om de weekdarmen;
²⁸En heeft bewoond verdelgde steden, en huizen, die men niet bewoonde, die gereed waren tot steen hopen te worden.
²⁹Hij zal niet rijk worden, en zijn vermogen zal niet bestaan; en hun volmaaktheid zal zich niet uitbreiden op de aarde.
³⁰Hij zal van de duisternis niet ontwijken, de vlam zal zijn scheut verdrogen; hij zal wijken door het geblaas zijns monds.
³¹Hij betrouwe niet op ijdelheid, waardoor hij verleid wordt; want ijdelheid zal zijn vergelding wezen.
³²Als zijn dag nog niet is, zal hij vervuld worden; want zijn tak zal

Job
niet groenen.

³³Men zal zijn onrijpe druiven afrukken, als van een wijnstok, en zijn bloeisel afwerpen, als van een olijfboom.

³⁴Want de vergadering der huichelaren wordt eenzaam, en het vuur verteert de tenten der geschenken.

³⁵Zijn ontvangen moeite, en baren ijdelheid, en hun buik richt bedrog aan.

Hoofdstuk 16

¹Maar Job antwoordde en zeide:

²Ik heb vele dergelijke dingen gehoord; gij allen zijt moeilijke vertroosters.

³Zal er een einde zijn aan de winderige woorden? Of wat stijft u, dat gij alzo antwoordt?

⁴Zou ik ook, als gijlieden, spreken, indien uw ziel ware in mijner ziele plaats? Zou ik woorden tegen u samenhopen, en zou ik over u met mijn hoofd schudden?

⁵Ik zou u versterken met mijn mond, en de beweging mijner lippen zou zich inhouden.

⁶Zo ik spreek, mijn smart wordt niet ingehouden; en houd ik op, wat gaat er van mij weg?

⁷Gewisselijk, Hij heeft mij nu vermoeid; Gij hebt mijn ganse vergadering verwoest.

⁸Dat Gij mij rimpelachtig gemaakt hebt, is tot een getuige; en mijn magerheid staat tegen mij op, zij getuigt in mijn aangezicht.

⁹Zijn toorn verscheurt, en Hij haat mij; Hij knerst over mij met Zijn tanden; mijn wederpartijder scherpt zijn ogen tegen mij.

¹⁰Zij gapen met hun mond tegen mij; zij slaan met smaadheid op mijn kinnebakken; zij vervullen zich te zamen aan mij.

¹¹God heeft mij den verkeerde overgegeven, en heeft mij afgewend in de handen der goddelozen.

¹²Ik had rust, maar Hij heeft mij verbroken, en bij mijn nek gegrepen, en mij verpletterd; en Hij heeft mij Zich tot een doelwit opgericht.

¹³Zijn schutters hebben mij omringd; Hij heeft mijn nieren doorspleten, en niet gespaard; Hij heeft mijn gal op de aarde uitgegoten.

¹⁴Hij heeft mij gebroken met breuk op breuk; Hij is tegen mij aangelopen als een geweldige.

¹⁵Ik heb een zak over mijn huid genaaid; ik heb mijn hoorn in het stof gedaan.

¹⁶Mijn aangezicht is gans bemodderd van wenen, en over mijn oogleden is des doods schaduw.

¹⁷Daar toch geen wrevel in mijn handen is, en mijn gebed zuiver is.

¹⁸O, aarde! bedek mijn bloed niet; en voor mijn geroep zij geen plaats.

¹⁹Ook nu, zie, in den hemel is mijn Getuige, en mijn Getuige in de hoogten.

²⁰Mijn vrienden zijn mijn bespotters; doch mijn oog druipt tot God.

²¹Och, mocht men rechten voor een man met God, gelijk een kind des mensen voor zijn vriend.

²²Want weinige jaren in getal zullen er nog aankomen, en ik zal het pad henengaan, waardoor ik niet zal wederkeren.

Hoofdstuk 17

¹Mijn geest is verdorven, mijn dagen worden uitgeblust, de graven zijn voor mij.

²Zijn niet bespotters bij mij, en overnacht niet mijn oog in hunlieder verbittering?

³Zet toch bij, stel mij een borg bij U; wie zal hij zijn? Dat in mijn hand geklapt worde.

⁴Want hun hart hebt Gij van kloek verstand verborgen; daarom zult Gij hen niet verhogen.

⁵Die met vleiing den vrienden wat aanzegt, ook zijner kinderen ogen zullen versmachten.

⁶Doch Hij heeft mij tot een spreekwoord der volken gesteld; zodat ik een trommelslag ben voor ieders aangezicht.

⁷Daarom is mijn oog door verdriet verdonkerd, en al mijn ledematen zijn gelijk een schaduw.

⁸De oprechten zullen hierover verbaasd zijn, en de onschuldige zal zich tegen den huichelaar opmaken;

⁹En de rechtvaardige zal zijn weg vasthouden, en die rein van handen is, zal in sterkte toenemen.

¹⁰Maar toch gij allen, keert weder, en komt nu; want ik vind onder u geen wijze.

¹¹Mijn dagen zijn voorbijgegaan; uitgerukt zijn mijn gedachten, de bezittingen mijns harten.

¹²Den nacht verstellen zij in den dag; het licht is nabij den ondergang vanwege de duisternis.

¹³Zo ik wacht, het graf zal mijn huis wezen; in de duisternis zal ik mijn bed spreiden.

¹⁴Tot de groeve roep ik: Gij zijt mijn vader! Tot het gewormte: Mijn moeder, en mijn zuster!

¹⁵Waar zou dan nu mijn verwachting wezen? Ja, mijn verwachting, wie zal ze aanschouwen?

¹⁶Zij zullen ondervaren met de handbomen des grafs, als er rust te zamen in het stof wezen zal.

Hoofdstuk 18

¹Toen antwoordde Bildad, de Suhiet, en zeide:

²Hoe lang is het, dat gijlieden een einde van woorden zult maken? Merkt op, en daarna zullen wij spreken.

³Waarom worden wij geacht als beesten, en zijn onrein in ulieder ogen?

⁴O gij, die zijn ziel verscheurt door zijn toorn! Zal om uwentwil de aarde verlaten worden, en zal een rots versteld worden uit haar plaats?

⁵Ja, het licht der goddelozen zal uitgeblust worden, en de vonk zijns vuurs zal niet glinsteren.

⁶Het licht zal verduisteren in zijn tent, en zijn lamp zal over hem uitgeblust worden.

⁷De treden zijner macht zullen benauwd worden, en zijn raad zal hem nederwerpen.

⁸Want met zijn voeten zal hij in het net geworpen worden, en zal in het wargaren wandelen.

⁹De strik zal hem bij de verzenen vatten; de struikrover zal hem overweldigen.

¹⁰Zijn touw is in de aarde verborgen, en zijn val op het pad.

¹¹De beroeringen zullen hem rondom verschrikken, en hem verstrooien op zijn voeten.

¹²Zijn macht zal hongerig wezen, en het verderf is bereid aan zijn zijde.

¹³De eerstgeborene des doods zal de grendelen zijner huid verteren, zijn grendelen zal hij verteren.

¹⁴Zijn vertrouwen zal uit zijn tent uitgerukt worden; zulks zal hem doen treden tot den koning der verschrikkingen.

¹⁵Zij zal wonen in zijn tent, waar zij de zijne niet is; zijn woning zal met zwavel overstrooid worden.

¹⁶Van onder zullen zijn wortelen verdorren, en van boven zal zijn tak afgesneden worden.

¹⁷Zijn gedachtenis zal vergaan van de aarde, en hij zal geen naam hebben op de straten.

¹⁸Men zal hem stoten van het licht in de duisternis, en men zal hem van de wereld verjagen.

¹⁹Hij zal geen zoon, noch neef hebben onder zijn volk; en niemand zal in zijn woningen overig zijn.

²⁰Over zijn dag zullen de nakomelingen verbaasd zijn, en de ouden met schrik bevangen worden.

²¹Gewisselijk, zodanige zijn de woningen des verkeerden, en dit is de plaats desgenen die God niet kent.

Hoofdstuk 19

¹Maar Job antwoordde en zeide:

²Hoe lang zult gijlieden mijn ziel bedroeven, en mij met woorden verbrijzelen?

³Gij hebt nu tienmaal mij schande aangedaan; gij schaamt u niet, gij verhardt u tegen mij.

⁴Maar ook het zij waarlijk, dat ik gedwaald heb, mijn dwaling zal bij mij vernachten.

⁵Indien gijlieden waarlijk u verheft tegen mij, en mijn smaad tegen mij drijft;

⁶Weet nu, dat God mij heeft omgekeerd, en mij met Zijn net omsingeld.

⁷Ziet, ik roep, geweld! doch word niet verhoord; ik schreeuw, doch er is geen recht.

⁸Hij heeft mijn weg toegemuurd, dat ik niet doorgaan kan, en over mijn paden heeft Hij duisternis gesteld.

⁹Mijn eer heeft Hij van mij afgetrokken, en de kroon mijns hoofds heeft Hij weggenomen.

¹⁰Hij heeft mij rondom afgebroken, zodat ik henenga, en heeft mijn verwachting als een boom weggerukt.

¹¹Daartoe heeft Hij Zijn toorn tegen mij ontstoken, en mij bij Zich geacht als Zijn vijanden.

¹²Zijn benden zijn te zamen aangekomen, en hebben tegen mij

haar weg gebaand, en hebben zich gelegerd rondom mijn tent.

¹³Mijn broeders heeft Hij verre van mij gedaan; en die mij kennen, zekerlijk, zij zijn van mij vervreemd.

¹⁴Mijn nabestaanden houden op, en mijn bekenden vergeten mij.

¹⁵Mijn huisgenoten en mijn dienstmaagden achten mij voor een vreemde; een uitlander ben ik in hun ogen.

¹⁶Ik riep mijn knecht, en hij antwoordde niet; ik smeekte met mijn mond tot hem.

¹⁷Mijn adem is mijn huisvrouw vreemd; en ik smeek om der kinderen mijns buiks wil.

¹⁸Ook versmaden mij de jonge kinderen; sta ik op, zo spreken zij mij tegen.

¹⁹Alle mensen mijns heimelijken raads hebben een gruwel aan mij; en die ik liefhad, zijn tegen mij gekeerd.

²⁰Mijn gebeente kleeft aan mijn huid en aan mijn vlees; en ik ben ontkomen met de huid mijner tanden.

²¹Ontfermt u mijner, ontfermt u mijner, o gij, mijn vrienden! want de hand Gods heeft mij aangeraakt.

²²Waarom vervolgt gij mij als God, en wordt niet verzadigd van mijn vlees?

²³Och, of nu mijn woorden toch opgeschreven wierden. Och, of zij in een boek ook wierden ingetekend!

²⁴Dat zij met een ijzeren griffie en lood voor eeuwig in een rots gehouwen wierden!

²⁵Want ik weet: mijn Verlosser leeft, en Hij zal de laatste over het stof opstaan;

²⁶En als zij na mijn huid dit doorknaagd zullen hebben, zal ik uit mijn vlees God aanschouwen;

²⁷Denwelken ik voor mij aanschouwen zal, en mijn ogen zien zullen, en niet een vreemde; mijn nieren verlangen zeer in mijn schoot.

²⁸Voorwaar, gij zoudt zeggen: Waarom vervolgen wij hem? Nademaal de wortel der zaak in mij gevonden wordt.

²⁹Schroomt u vanwege het zwaard; want de grimmigheid is over de misdaden des zwaards; opdat gij weet, dat er een gericht zij.

Hoofdstuk 20

¹Toen antwoordde Zofar, de Naamathiet, en zeide:

²Daarom doen mijn gedachten mij antwoorden, en over zulks is mijn verhaasten in mij.

³Ik heb aangehoord een bestraffing, die mij schande aandoet; maar de geest zal uit mijn verstand voor mij antwoorden.

⁴Weet gij dit? Van altoos af, van dat God den mens op de wereld gezet heeft,

⁵Dat het gejuich de goddelozen van nabij geweest is, en de vreugde des huichelaars voor een ogenblik?

⁶Wanneer zijn hoogheid tot den hemel toe opklomme, en zijn hoofd tot aan de wolken raakte;

⁷Zal hij, gelijk zijn drek, in eeuwigheid vergaan; die hem gezien hadden, zullen zeggen: Waar is hij?

⁸Hij zal wegvlieden als een droom, dat men hem niet vinden zal, en hij zal verjaagd worden als een gezicht des nachts.

⁹Het oog, dat hem zag, zal het niet meer doen; en zijn plaats zal hem niet meer aanschouwen.

¹⁰Zijn kinderen zullen zoeken den armen te behagen; en zijn handen zullen zijn vermogen moeten weder uitkeren.

¹¹Zijn beenderen zullen vol van zijn verborgene zonden zijn; van welke elkeen met hem op het stof nederliggen zal.

¹²Indien het kwaad in zijn mond zoet is, hij dat verbergt, onder zijn tong,

¹³Hij dat spaart, en hetzelve niet verlaat, maar dat in het midden van zijn gehemelte inhoudt;

¹⁴Zijn spijze zal in zijn ingewand veranderd worden; gal der adderen zal zij in het binnenste van hem zijn.

¹⁵Hij heeft goed ingeslokt, maar zal het uitspuwen; God zal het uit zijn buik uitdrijven.

¹⁶Het vergif der adderen zal hij zuigen; de tong der slang zal hem doden.

¹⁷De stromen, rivieren, beken van honig en boter zal hij niet zien.

¹⁸Den arbeid zal hij wedergeven en niet inslokken; naar het vermogen zijner verandering, zo zal hij van vreugde niet opspringen.

¹⁹Omdat hij onderdrukt heeft, de armen verlaten heeft, een huis geroofd heeft, dat hij niet opgebouwd had;

²⁰Omdat hij geen rust in zijn buik gekend heeft, zo zal hij van zijn gewenst goed niet uitbehouden.

²¹Er zal niets overig zijn, dat hij ete; daarom zal hij niet wachten naar zijn goed.

²²Als zijn genoegzaamheid zal vol zijn, zal hem bang zijn; alle hand des ellendigen zal over hem komen.

²³Er zij wat om zijn buik te vullen; God zal over hem de hitte Zijns toorns zenden, en over hem regenen op zijn spijze.

²⁴Hij zij gevloden van de ijzeren wapenen, de stalen boog zal hem doorschieten.

²⁵Men zal het zwaard uittrekken, het zal uit het lijf uitgaan, en glinsterende uit zijn gal voortkomen; verschrikkingen zullen over hem zijn.

²⁶Alle duisternis zal verborgen zijn in zijn schuilplaatsen; een vuur, dat niet opgeblazen is, zal hem verteren; den overigen in zijn tent zal het kwalijk gaan.

²⁷De hemel zal zijn ongerechtigheid openbaren, en de aarde zal zich tegen hem opmaken.

²⁸De inkomste van zijn huis zal weggevoerd worden; het zal al henenvloeien in den dag Zijns toorns.

²⁹Dit is het deel des goddelozen mensen van God, en de erve zijner redenen van God.

Hoofdstuk 21

¹Maar Job antwoordde en zeide:

²Hoort aandachtelijk mijn rede, en laat dit zijn uw vertroostingen.

³Verdraagt mij, en ik zal spreken; en nadat ik gesproken zal hebben, spot dan.

⁴Is (mij aangaande) mijn klacht tot den mens? Doch of het zo ware, waarom zou mijn geest niet verdrietig zijn?

⁵Ziet mij aan, en wordt verbaasd, en legt de hand op den mond.

⁶Ja, wanneer ik daaraan gedenk, zo word ik beroerd, en mijn vlees heeft een gruwen gevat.

⁷Waarom leven de goddelozen, worden oud, ja, worden geweldig in vermogen?

⁸Hun zaad is bestendig met hen voor hun aangezicht, en hun spruiten zijn voor hun ogen.

⁹Hun huizen hebben vrede zonder vreze, en de roede Gods is op hen niet.

¹⁰Zijn stier bespringt, en mist niet; zijn koe kalft, en misdraagt niet.

¹¹Hun jonge kinderen zenden zij uit als een kudde, en hun kinderen huppelen.

¹²Zij heffen op met de trommel en de harp, en zij verblijden zich op het geluid des orgels.

¹³In het goede verslijten zij hun dagen; en in een ogenblik dalen zij in het graf.

¹⁴Nochtans zeggen zij tot God: Wijk van ons, want aan de kennis Uwer wegen hebben wij geen lust.

¹⁵Wat is de Almachtige, dat wij Hem zouden dienen? En wat baat zullen wij hebben, dat wij Hem aanlopen zouden?

¹⁶Doch ziet, hun goed is niet in hun hand; de raad der goddelozen is verre van mij.

¹⁷Hoe dikwijls geschiedt het, dat de lamp der goddelozen uitgeblust wordt, en hun verderf hun overkomt; dat God hun smarten uitdeelt in Zijn toorn!

¹⁸Dat zij gelijk stro worden voor den wind, en gelijk kaf, dat de wervelwind wegsteelt;

¹⁹Dat God Zijn geweld weglegt, voor Zijn kinderen, hem vergeldt, dat hij het gewaar wordt;

²⁰Dat zijn ogen zijn ondergang zien, en hij drinkt van de grimmigheid des Almachtigen!

²¹Want wat lust zou hij na zich aan zijn huis hebben, als het getal zijner maanden afgesneden is?

²²Zal men God wetenschap leren, daar Hij de hogen richt?

²³Deze sterft in de kracht zijner volkomenheid, daar hij gans stil en gerust was;

²⁴Zijn melkvaten waren vol melk, en het merg zijner benen was bevochtigd.

²⁵De ander daarentegen sterft met een bittere ziel, en hij heeft van het goede niet gegeten.

²⁶Zij liggen te zamen neder in het stof, en het gewormte overdekt ze.

²⁷Ziet, ik weet ulieder gedachten, en de boze verdichtselen, waarmede gij tegen mij geweld doet.

²⁸Want gij zult zeggen: Waar is het huis van den prins, en waar is de tent en de woningen der goddelozen?

²⁹Hebt gijlieden niet gevraagd de voorbijgaanden op den weg, en kent gij hun tekenen niet?

³⁰Dat de boze onttrokken wordt ten dage des verderfs; dat zij ten dage der verbolgenheden ontvoerd worden.

³¹Wie zal hem in het aangezicht zijn weg vertonen? Als hij wat

Job

doet, wie zal hem vergelden?

³²Eindelijk wordt hij naar de graven gebracht, en is gedurig in den aardhoop.

³³De kluiten des dals zijn hem zoet, en hij trekt na zich alle mensen; en dergenen, die voor hem geweest zijn, is geen getal.

³⁴Hoe vertroost gij mij dan met ijdelheid, dewijl in uw antwoorden overtreding overig is?

Hoofdstuk 22

¹Toen antwoordde Elifaz, de Themaniet, en zeide:

²Zal ook een man Gode voordelig zijn? Maar voor zichzelven zal de verstandige voordelig zijn.

³Is het voor den Almachtige nuttigheid, dat gij rechtvaardig zijt; of gewin, dat gij uw wegen volmaakt?

⁴Is het om uw vreze, dat Hij u bestraft, dat Hij met u in het gericht komt?

⁵Is niet uw boosheid groot, en uwer ongerechtigheden geen einde?

⁶Want gij hebt uw broederen zonder oorzaak pand afgenomen, en de klederen der naakten hebt gij uitgetogen.

⁷Den moede hebt gij geen water te drinken gegeven, en van den hongerige hebt gij het brood onthouden.

⁸Maar was er een man van geweld, voor dien was het land, en een aanzienlijk persoon woonde daarin.

⁹De weduwen hebt gij ledig weggezonden, en de armen der wezen zijn verbrijzeld.

¹⁰Daarom zijn strikken rondom u, en vervaardheid heeft u haastelijk beroerd.

¹¹Of gij ziet de duisternis niet, en des water overvloed bedekt u.

¹²Is niet God in de hoogte der hemelen? Zie toch het opperste der sterren aan, dat zij verheven zijn.

¹³Daarom zegt gij: Wat weet er God van? Zal Hij door de donkerheid oordelen?

¹⁴De wolken zijn Hem een verberging, dat Hij niet ziet; en Hij bewandelt den omgang der hemelen.

¹⁵Hebt gij het pad der eeuw waargenomen, dat de ongerechtige lieden betreden hebben?

¹⁶Die rimpelachtig gemaakt zijn, als het de tijd niet was; een vloed is over hun grond uitgestort;

¹⁷Die zeiden tot God: Wijk van ons! En wat had de Almachtige hun gedaan?

¹⁸Hij had immers hun huizen met goed gevuld; daarom is de raad der goddelozen verre van mij.

¹⁹De rechtvaardigen zagen het, en waren blijde, en de onschuldige bespotte hen;

²⁰Dewijl onze stand niet verdelgd is, maar het vuur hun overblijfsel verteerd heeft.

²¹Gewen u toch aan Hem, en heb vrede; daardoor zal u het goede overkomen.

²²Ontvang toch de wet uit Zijn mond, en leg Zijn redenen in uw hart.

²³Zo gij u bekeert tot den Almachtige, gij zult gebouwd worden; doe het onrecht verre van uw tenten.

²⁴Dan zult gij het goud op het stof leggen, en het goud van Ofir bij den rotssteen der beken;

²⁵Ja, de Almachtige zal uw overvloedig goud zijn, en uw krachtig zilver zijn;

²⁶Want dan zult gij u over den Almachtige verlustigen, en gij zult tot God uw aangezicht opheffen.

²⁷Gij zult tot Hem ernstiglijk bidden, en Hij zal u verhoren; en gij zult uw geloften betalen.

²⁸Als gij een zaak besluit, zo zal zij u bestendig zijn; en op uw wegen zal het licht schijnen.

²⁹Als men iemand vernederen zal, en gij zeggen zult: Het zij verhoging; dan zal God den nederige van ogen behouden.

³⁰Ja, Hij zal dien bevrijden, die niet onschuldig is, want hij wordt bevrijd door de zuiverheid uwer handen.

Hoofdstuk 23

¹Maar Job antwoordde en zeide:

²Ook heden is mijn klacht wederspannigheid; mijn plage is zwaar boven mijn zuchten.

³Och, of ik wist, dat ik Hem vinden zou, ik zou tot Zijn stoel komen;

⁴Ik zou het recht voor Zijn aangezicht ordentelijk voorstellen, en mijn mond zou ik met verdedigingen vervullen.

⁵Ik zou de redenen weten, die Hij mij antwoorden zou; en verstaan, wat Hij mij zeggen zou.

⁶Zou Hij naar de grootheid Zijner macht met mij twisten? Neen; maar Hij zou acht op mij slaan.

⁷Daar zou de oprechte met Hem pleiten; en ik zou mij in eeuwigheid van mijn Rechter vrijmaken.

⁸Zie, ga ik voorwaarts, zo is Hij er niet, of achterwaarts, zo verneem ik Hem niet.

⁹Als Hij ter linkerhand werkt, zo aanschouw ik Hem niet; bedekt Hij Zich ter rechterhand, zo zie ik Hem niet.

¹⁰Doch Hij kent den weg, die bij mij is; Hij beproeve mij; als goud zal ik uitkomen.

¹¹Aan Zijn gang heeft mijn voet vastgehouden; Zijn weg heb ik bewaard, en ben niet afgeweken.

¹²Het gebod Zijner lippen heb ik ook niet weggedaan; de redenen Zijns monds heb ik meer dan mijn bescheiden deel weggelegd.

¹³Maar is Hij tegen iemand, wie zal dan Hem afkeren? Wat Zijn ziel begeert, dat zal Hij doen.

¹⁴Want Hij zal volbrengen, dat over mij bescheiden is; en diergelijke dingen zijn er vele bij Hem.

¹⁵Hierom word ik voor Zijn aangezicht beroerd; aanmerk het, en vrees voor Hem;

¹⁶Want God heeft mijn hart week gemaakt, en de Almachtige heeft mij beroerd;

¹⁷Omdat ik niet uitgedelgd ben voor de duisternis, en dat Hij van mijn aangezicht de donkerheid bedekt heeft.

Hoofdstuk 24

¹Waarom zouden van den Almachtige de tijden niet verborgen zijn, dewijl zij, die Hem kennen, Zijn dagen niet zien?

²Zij tasten de landpalen aan; de kudden roven zij, en weiden ze.

³Den ezel der wezen drijven zij weg; den os ener weduwe nemen zij te pand.

⁴Zij doen de nooddruftigen wijken van den weg; te zamen versteken zich de ellendigen des lands.

⁵Ziet, zij zijn woudezels in de woestijn; zij gaan uit tot hun werk, makende zich vroeg op ten roof; het vlakke veld is hem tot spijs, en den jongeren.

⁶Op het veld maaien zij zijn voeder, en den wijnberg des goddelozen lezen zij af.

⁷Den naakten laten zij vernachten zonder kleding, die geen deksel heeft tegen de koude.

⁸Van den stroom der bergen worden zij nat, en zonder toevlucht zijnde, omhelzen zij de steenrotsen.

⁹Zij rukken het weesje van de borst, en dat over den arme is, nemen zij te pand.

¹⁰Den naakte doen zij weggaan zonder kleed, en hongerig, die garven dragen.

¹¹Tussen hun muren persen zij olie uit, treden de wijnpersen, en zijn dorstig.

¹²Uit de stad zuchten de lieden, en de ziel der verwonden schreeuwt uit; nochtans beschikt God niets ongerijmds.

¹³Zij zijn onder de wederstrevers des lichts; zij kennen Zijn wegen niet, en zij blijven niet op Zijn paden.

¹⁴Met het licht staat de moorder op, doodt den arme en den nooddruftige; en des nachts is hij als een dief.

¹⁵Ook neemt het oog des overspelers de schemering waar, zeggende: Geen oog zal mij zien; en hij legt een deksel op het aangezicht.

¹⁶In de duisternis doorgraaft hij de huizen, die zij zich des daags afgetekend hadden; zij kennen het licht niet.

¹⁷Want de morgenstond is hun te zamen de schaduw des doods; als men hen kent, zijn zij in de strikken van des doods schaduw.

¹⁸Hij is licht op het vlakke der wateren; vervloekt is hun deel op de aarde; hij wendt zich niet tot den weg der wijngaarden.

¹⁹De droogte mitsgaders de hitte nemen de sneeuwwateren weg; alzo het graf dergenen, die gezondigd hebben.

²⁰De baarmoeder vergeet hem, het gewormte is hem zoet, zijns wordt niet meer gedacht; en het onrecht wordt gebroken als een hout.

²¹De onvruchtbare, die niet baart, teert hij af, en aan de weduwe doet hij niets goeds.

²²Ook trekt hij de machtigen door zijn kracht; staat hij op, zo is men des levens niet zeker.

²³Stelt hem God in gerustigheid, zo steunt hij daarop; nochtans zijn Zijn ogen op hun wegen.

²⁴Zij zijn een weinig tijds verheven, daarna is er niemand van hen; zij worden nedergedrukt; gelijk alle anderen worden zij besloten; en gelijk de top ener aarworden zij afgesneden.

²⁵Indien het nu zo niet is, wie zal mij leugenachtig maken, en mijn

rede tot niet brengen?

Hoofdstuk 25

¹Toen antwoordde Bildad, de Suhiet, en zeide:
²Heerschappij en vreze zijn bij Hem, Hij maakt vrede in Zijn hoogten.
³Is er een getal Zijner benden? En over wien staat Zijn licht niet op?
⁴Hoe zou dan een mens rechtvaardig zijn bij God, en hoe zou hij zuiver zijn, die van een vrouw geboren is?
⁵Zie, tot de maan toe, en zij zal geen schijnsel geven; en de sterren zijn niet zuiver in Zijn ogen.
⁶Hoeveel te min de mens, die een made is, en des mensen kind, die een worm is!

Hoofdstuk 26

¹Maar Job antwoordde en zeide:
²Hoe hebt gij geholpen dien, die zonder kracht is, en behouden den arm, die zonder sterkte is?
³Hoe hebt gij hem geraden, die geen wijsheid heeft, en de zaak, alzo zij is, ten volle bekend gemaakt?
⁴Aan wien hebt gij die woorden verhaald? En wiens geest is van u uitgegaan?
⁵De doden zullen geboren worden van onder de wateren, en hun inwoners.
⁶De hel is naakt voor Hem, en geen deksel is er voor het verderf.
⁷Hij breidt het noorden uit over het woeste; Hij hangt de aarde aan een niet.
⁸Hij bindt de wateren in Zijn wolken; nochtans scheurt de wolk daaronder niet.
⁹Hij houdt het vlakke Zijns troons vast; Hij spreidt Zijn wolk daarover.
¹⁰Hij heeft een gezet perk over het vlakke der wateren rondom afgetekend, tot aan de voleinding toe des lichts met de duisternis.
¹¹De pilaren des hemels sidderen, en ontzetten zich voor Zijn schelden.
¹²Door Zijn kracht klieft Hij de zee, en door Zijn verstand verslaat Hij haar verheffing.
¹³Door Zijn Geest heeft Hij de hemelen versierd; Zijn hand heeft de langwemelende slang geschapen.
¹⁴Ziet, dit zijn maar uiterste einden Zijner wegen; en wat een klein stukje der zaak hebben wij van Hem gehoord? Wie zou dan den donder Zijner mogendheden verstaan?

Hoofdstuk 27

¹En Job ging voort zijn spreuk op te heffen, en zeide:
²Zo waarachtig als God leeft, Die mijn recht weggenomen heeft, en de Almachtige, Die mijner ziel bitterheid heeft aangedaan!
³Zo lang als mijn adem in mij zal zijn, en het geblaas Gods in mijn neus;
⁴Indien mijn lippen onrecht zullen spreken, en indien mijn tong bedrog zal uitspreken!
⁵Het zij verre van mij, dat ik ulieden rechtvaardigen zou; totdat ik den geest zal gegeven hebben, zal ik mijn oprechtigheid van mij niet wegdoen.
⁶Aan mijn gerechtigheid zal ik vasthouden, en zal ze niet laten varen; mijn hart zal die niet versmaden van mijn dagen.
⁷Mijn vijand zij als de goddeloze, en die zich tegen mij opmaakt, als de verkeerde.
⁸Want wat is de verwachting des huichelaars, als hij zal gierig geweest zijn, wanneer God zijn ziel zal uittrekken?
⁹Zal God zijn geroep horen, als benauwdheid over hem komt?
¹⁰Zal hij zich verlustigen in den Almachtige? Zal hij God aanroepen te aller tijd?
¹¹Ik zal ulieden leren van de hand Gods; wat bij den Almachtige is, zal ik niet verhelen.
¹²Ziet, gij zelve allen hebt het gezien; en waarom wordt gij dus door ijdelheid verijdeld?
¹³Dit is het deel des goddelozen mensen bij God, en de erve der tirannen, die zij van den Almachtige ontvangen zullen.
¹⁴Indien zijn kinderen vermenigvuldigen, het is ten zwaarde; en zijn spruiten zullen van brood niet verzadigd worden.
¹⁵Zijn overgeblevenen zullen in den dood begraven worden, en zijn weduwen zullen niet wenen.
¹⁶Zo hij zilver opgehoopt zal hebben als stof, en kleding bereid als leem;
¹⁷Hij zal ze bereiden, maar de rechtvaardige zal ze aantrekken, en de onschuldige zal het zilver delen.
¹⁸Hij bouwt zijn huis als een motte, en als een hoeder de hutte maakt.
¹⁹Rijk ligt hij neder, en wordt niet weggenomen; doet hij zijn ogen open, zo is hij er niet.
²⁰Verschrikkingen zullen hem als wateren aangrijpen; des nachts zal hem een wervelwind wegstelen.
²¹De oostenwind zal hem wegvoeren, dat hij henengaat, en zal hem wegstormen uit zijn plaats.
²²En God zal dit over hem werpen, en niet sparen; van Zijn hand zal hij snellijk vlieden.
²³Een ieder zal over hem met zijn handen klappen, en over hem fluiten uit zijn plaats.

Hoofdstuk 28

¹Gewisselijk, er is voor het zilver een uitgang, en een plaats voor het goud, dat zij smelten.
²Het ijzer wordt uit stof genomen, en uit steen wordt koper gegoten.
³Het einde, dat God gesteld heeft voor de duisternis, en al het uiterste onderzoekt hij; het gesteente der donkerheid en der schaduw des doods.
⁴Breekt er een beek door, bij dengene, die daar woont, de wateren vergeten zijnde van den voet, worden van den mens uitgeput, en gaan weg.
⁵Uit de aarde komt het brood voort, en onder zich wordt zij veranderd, alsof zij vuur ware.
⁶Haar stenen zijn de plaats van den saffier, en zij heeft stofjes van goud.
⁷De roofvogel heeft het pad niet gekend, en het oog der kraai heeft het niet gezien.
⁸De jonge hoogmoedige dieren hebben het niet betreden, de felle leeuw is daarover niet heengegaan.
⁹Hij legt zijn hand aan de keiachtige rots, hij keert de bergen van den wortel om.
¹⁰In de rotsstenen houwt hij stromen uit, en zijn oog ziet al het kostelijke.
¹¹Hij bindt de rivier toe, dat niet een traan uitkomt, en het verborgene brengt hij uit in het licht.
¹²Maar de wijsheid, van waar zal zij gevonden worden? En waar is de plaats des verstands?
¹³De mens weet haar waarde niet, en zij wordt niet gevonden in het land der levenden.
¹⁴De afgrond zegt: Zij is in mij niet; en de zee zegt: Zij is niet bij mij.
¹⁵Het gesloten goud kan voor haar niet gegeven worden, en met zilver kan haar prijs niet worden opgewogen.
¹⁶Zij kan niet geschat worden tegen fijn goud van Ofir, tegen den kostelijken Schoham, en den Saffier.
¹⁷Men kan het goud of het kristal haar niet gelijk waarderen; ook is zij niet te verwisselen voor een kleinood van dicht goud.
¹⁸De Ramoth en Gabisch zal niet gedacht worden; want de trek der wijsheid is meerder dan der Robijnen.
¹⁹Men kan de Topaas van Morenland haar niet gelijk waarderen; en bij het fijn louter goud kan zij niet geschat worden.
²⁰Die wijsheid dan, van waar komt zij, en waar is de plaats des verstands?
²¹Want zij is verholen voor de ogen aller levenden, en voor het gevogelte des hemels is zij verborgen.
²²Het verderf en de dood zeggen: Haar gerucht hebben wij met onze oren gehoord.
²³God verstaat haar weg, en Hij weet haar plaats.
²⁴Want Hij schouwt tot aan de einden der aarde, Hij ziet onder al de hemelen.
²⁵Als Hij den wind het gewicht maakte, en de wateren opwoog in mate;
²⁶Als Hij den regen een gezette orde maakte, en een weg voor het weerlicht der donderen;
²⁷Toen zag Hij haar, en vertelde ze; Hij schikte ze, en ook doorzocht Hij ze.
²⁸Maar tot den mens heeft Hij gezegd: Zie, de vreze des HEEREN is de wijsheid, en van het kwade te wijken is het verstand.

Job

Hoofdstuk 29

¹En Job ging voort zijn spreuk op te heffen, en zeide:
²Och, of ik ware, gelijk in de vorige maanden, gelijk in de dagen, toen God mij bewaarde!
³Toen Hij Zijn lamp deed schijnen over mijn hoofd, en ik bij Zijn licht de duisternis doorwandelde;
⁴Gelijk als ik was in de dagen mijner jonkheid, toen Gods verborgenheid over mijn tent was;
⁵Toen de Almachtige nog met mij was, en mijn jongens rondom mij;
⁶Toen ik mijn gangen wies in boter, en de rots bij mij oliebeken uitgoot;
⁷Toen ik uitging naar de poort door de stad, toen ik mijn stoel op de straat liet bereiden.
⁸De jongens zagen mij, en verstaken zich, en de stokouden rezen op en stonden.
⁹De oversten hielden de woorden in, en leiden de hand op hun mond.
¹⁰De stem der vorsten verstak zich, en hun tong kleefde aan hun gehemelte.
¹¹Als een oor mij hoorde, zo hield het mij gelukzalig; als mij een oog zag, zo getuigde het van mij.
¹²Want ik bevrijdde den ellendige, die riep, en den wees, die geen helper had.
¹³De zegen desgenen, die verloren ging, kwam op mij; en het hart der weduwe deed ik vrolijk zingen.
¹⁴Ik bekleedde mij met gerechtigheid, en zij bekleedde mij; mijn oordeel was als een mantel en vorstelijke hoed.
¹⁵Den blinden was ik tot ogen, en den kreupelen was ik tot voeten.
¹⁶Ik was den nooddruftigen een vader; en het geschil, dat ik niet wist, dat onderzocht ik.
¹⁷En ik verbrak de baktanden des verkeerden, en wierp den roof uit zijn tanden.
¹⁸En ik zeide: Ik zal in mijn nest den geest geven, en ik zal de dagen vermenigvuldigen als het zand.
¹⁹Mijn wortel was uitgebreid aan het water, en dauw vernachtte op mijn tak.
²⁰Mijn heerlijkheid was nieuw bij mij, en mijn boog veranderde zich in mijn hand.
²¹Zij hoorden mij aan, en wachtten, en zwegen op mijn raad.
²²Na mijn woord spraken zij niet weder, en mijn rede drupte op hen.
²³Want zij wachtten naar mij, gelijk naar den regen, en sperden hun mond open, als naar den spaden regen.
²⁴Lachte ik hun toe, zij geloofden het niet; en het licht mijns aangezichts deden zij niet nedervallen.
²⁵Verkoos ik hun weg, zo zat ik bovenaan, en woonde als een koning onder de benden, als een, die treurigen vertroost.

Hoofdstuk 30

¹Maar nu lachen over mij minderen dan ik van dagen, welker vaderen ik versmaad zou hebben, om bij de honden mijner kudde te stellen.
²Waartoe zou mij ook geweest zijn de krachten hunner handen? Zij was door ouderdom in hen vergaan.
³Die door gebrek en honger eenzaam waren, vliedende naar dorre plaatsen, in het donkere, woeste en verwoeste.
⁴Die ziltige kruiden plukten bij de struiken, en welker spijze was de wortel der jeneveren.
⁵Zij werden uit het midden uitgedreven; (men jouwde over hen, als over een dief),
⁶Opdat zij wonen zouden in de kloven der dalen, de holen des stofs en der steenrotsen.
⁷Zij schreeuwden tussen de struiken; onder de netelen vergaderden zij zich.
⁸Zij waren kinderen der dwazen, en kinderen van geen naam; zij waren geslagen uit den lande.
⁹Maar nu ben ik hun een snarenspel geworden, en ik ben hun tot een klapwoord.
¹⁰Zij hebben een gruwel aan mij, zij maken zich verre van mij, ja, zij onthouden het speeksel niet van mijn aangezicht.
¹¹Want Hij heeft mijn zeel losgemaakt, en mij bedrukt; daarom hebben zij den breidel voor mijn aangezicht afgeworpen.
¹²Ter rechterhand staat de jeugd op, stoten mijn voeten uit, en banen tegen mij hun verderfelijke wegen.
¹³Zij breken mijn pad af, zij bevorderen mijn ellende; zij hebben geen helper van doen.
¹⁴Zij komen aan, als door een wijde breuk; onder de verwoesting rollen zij zich aan.
¹⁵Men is met verschrikkingen tegen mij gekeerd; elk een vervolgt als een wind mijn edele ziel, en mijn heil is als een wolk voorbijgegaan.
¹⁶Daarom stort zich nu mijn ziel in mij uit; de dagen des druks grijpen mij aan.
¹⁷Des nachts doorboort Hij mijn beenderen in mij, en mijn polsaderen rusten niet.
¹⁸Door de veelheid der kracht is mijn kleed veranderd; Hij omgordt mij als de kraag mijns roks.
¹⁹Hij heeft mij in het slijk geworpen, en ik ben gelijk geworden als stof en as.
²⁰Ik schrei tot U, maar Gij antwoordt mij niet; ik sta, maar Gij acht niet op mij.
²¹Gij zijt veranderd in een wrede tegen mij; door de sterkte Uwer hand wederstaat Gij mij hatelijk.
²²Gij heft mij op in den wind; Gij doet mij daarop rijden, en Gij versmelt mij het wezen.
²³Want ik weet, dat Gij mij ter dood brengen zult, en tot het huis der samenkomst aller levenden.
²⁴Maar Hij zal tot een aardhoop de hand niet uitsteken; is er bij henlieden geschrei in zijn verdrukking?
²⁵Weende ik niet over hem, die harde dagen had? Was mijn ziel niet beangst over den nooddruftige?
²⁶Nochtans toen ik het goede verwachtte, zo kwam het kwade; toen ik hoopte naar het licht, zo kwam de donkerheid.
²⁷Mijn ingewand ziedt, en is niet stil; de dagen der verdrukking zijn mij voorgekomen.
²⁸Ik ga zwart daarheen, niet van de zon; opstaande schreeuw ik in de gemeente.
²⁹Ik ben den draken een broeder geworden, en een metgezel der jonge struisen.
³⁰Mijn huid is zwart geworden over mij, en mijn gebeente is ontstoken van dorrigheid.
³¹Hierom is mijn harp tot een rouwklage geworden, en mijn orgel tot een stem der wenenden.

Hoofdstuk 31

¹Ik heb een verbond gemaakt met mijn ogen; hoe zou ik dan acht gegeven hebben op een maagd?
²Want wat is het deel Gods van boven, of de erve des Almachtigen uit de hoogten?
³Is niet het verderf voor den verkeerde, ja, wat vreemds voor de werkers der ongerechtigheid?
⁴Ziet Hij niet mijn wegen, en telt Hij niet al mijn treden?
⁵Zo ik met ijdelheid omgegaan heb, en mijn voet gesneld heeft tot bedriegerij;
⁶Hij wege mij op, in een rechte weegschaal, en God zal mijn oprechtigheid weten.
⁷Zo mijn gang uit den weg geweken is, en mijn hart mijn ogen nagevolgd is, en aan mijn handen iets aankleeft;
⁸Zo moet ik zaaien, maar een ander eten, en mijn spruiten moeten uitgeworteld worden!
⁹Zo mijn hart verlokt is geweest tot een vrouw, of ik aan mijns naasten deur geloerd heb;
¹⁰Zo moet mijn huisvrouw met een ander malen, en anderen zich over haar krommen!
¹¹Want dat is een schandelijke daad, en het is een misdaad bij de rechters.
¹²Want dat is een vuur, hetwelk tot de verderving toe verteert, en al mijn inkomen uitgeworteld zou hebben.
¹³Zo ik versmaad heb het recht mijns knechts, of mijner dienstmaagd, als zij geschil hadden met mij;
¹⁴(Want wat zou ik doen, als God opstond? En als Hij bezoeking deed, wat zou ik Hem antwoorden?
¹⁵Heeft Hij niet, Die mij in den buik maakte, hem ook gemaakt en Een ons in de baarmoeder bereid?)
¹⁶Zo ik den armen hun begeerte onthouden heb, of de ogen der weduwe laten versmachten;
¹⁷En mijn bete alleen gegeten heb, zodat de wees daarvan niet gegeten heeft;
¹⁸(Want van mijn jonkheid af is hij bij mij opgetogen, als bij een vader, en van mijner moeders buik af heb ik haar geleid;)
¹⁹Zo ik iemand heb zien omkomen, omdat hij zonder kleding was, en dat de nooddruftige geen deksel had;
²⁰Zo zijn lenden mij niet gezegend hebben, toen hij van de vellen mijner lammeren verwarmd werd;

²¹Zo ik mijn hand tegen den wees bewogen heb, omdat ik in de poort mijn hulp zag;
²²Mijn schouder valle van het schouderbeen, en mijn arm breke van zijn pijp af!
²³Want het verderf Gods was bij mij een schrik, en ik vermocht niet vanwege Zijn hoogheid.
²⁴Zo ik het goud tot mijn hoop gezet heb, of tot het fijn goud gezegd heb: Gij zijt mijn vertrouwen;
²⁵Zo ik blijde ben geweest, omdat mijn vermogen groot was, en omdat mijn hand geweldig veel verkregen had;
²⁶Zo ik het licht aangezien heb, wanneer het scheen, of de maan heerlijk voortgaande;
²⁷En mijn hart verlokt is geweest in het verborgen, dat mijn hand mijn mond gekust heeft;
²⁸Dat ware ook een misdaad bij den rechter; want ik zou den God van boven verzaakt hebben.
²⁹Zo ik verblijd ben geweest in de verdrukking mijns haters, en mij opgewekt heb, als het kwaad hem vond;
³⁰(Ook heb ik mijn gehemelte niet toegelaten te zondigen, mits door een vloek zijn ziel te begeren).
³¹Zo de lieden mijner tent niet hebben gezegd: Och, of wij van zijn vlees hadden, wij zouden niet verzadigd worden;
³²De vreemdeling overnachtte niet op de straat; mijn deuren opende ik naar den weg;
³³Zo ik, gelijk Adam, mijn overtredingen bedekt heb, door eigenliefde mijn misdaad verbergende!
³⁴Zeker, ik kon wel een grote menigte geweldiglijk onderdrukt hebben; maar de verachtste der huisgezinnen zou mij afgeschrikt hebben; zodat ik gezwegen zouhebben, en ter deure niet uitgegaan zijn.
³⁵Och, of ik een hadde, die mij hoorde! Zie, mijn oogmerk is, dat de Almachtige mij antwoorde, en dat mijn tegenpartij een boek schrijve.
³⁶Zou ik het niet op mijn schouder dragen? Ik zou het op mij binden als een kroon.
³⁷Het getal mijner treden zou ik hem aanwijzen; als een vorst zou ik tot hem naderen.
³⁸Zo mijn land tegen mij roept, en zijn voren te zamen wenen;
³⁹Zo ik zijn vermogen gegeten heb zonder geld, en de ziel zijner akkerlieden heb doen hijgen;
⁴⁰Dat voor tarwe distelen voortkomen, en voor gerst stinkkruid! De woorden van Job hebben een einde.

Hoofdstuk 32

¹Toen hielden de drie mannen op van Job te antwoorden, dewijl hij in zijn ogen rechtvaardig was.
²Zo ontstak de toorn van Elihu, den zoon van Baracheel, den Buziet, van het geslacht van Ram; tegen Job werd zijn toorn ontstoken, omdat hij zijn ziel meerrechtvaardigde dan God.
³Zijn toorn ontstak ook tegen zijn drie vrienden, omdat zij, geen antwoord vindende, nochtans Job verdoemden.
⁴Doch Elihu had gewacht op Job in het spreken, omdat zij ouder van dagen waren dan hij.
⁵Als dan Elihu zag, dat er geen antwoord was in den mond van die drie mannen, ontstak zijn toorn.
⁶Hierom antwoordde Elihu, de zoon van Baracheel, den Buziet, en zeide: Ik ben minder van dagen, maar gijlieden zijt stokouden; daarom heb ik geschroomd engevreesd, ulieden mijn gevoelen te vertonen.
⁷Ik zeide: Laat de dagen spreken, en de veelheid der jaren wijsheid te kennen geven.
⁸Zekerlijk de geest, die in den mens is, en de inblazing des Almachtigen, maakt henlieden verstandig.
⁹De groten zijn niet wijs, en de ouden verstaan het recht niet.
¹⁰Daarom zeg ik: Hoor naar mij; ik zal mijn gevoelen ook vertonen.
¹¹Ziet, ik heb gewacht op ulieder woorden; ik heb het oor gewend tot ulieder aanmerkingen, totdat gij redenen uitgezocht hadt.
¹²Als ik nu acht op u gegeven heb, ziet, er is niemand, die Job overreedde, die uit ulieden zijn redenen beantwoordde;
¹³Opdat gij niet zegt: Wij hebben de wijsheid gevonden; God heeft hem nedergestoten, geen mens.
¹⁴Nu heeft hij tegen mij geen woorden gericht, en met ulieder woorden zal ik hem niet beantwoorden.
¹⁵Zij zijn ontzet, zij antwoorden niet meer; zij hebben de woorden van zich verzet.
¹⁶Ik heb dan gewacht, maar zij spreken niet; want zij staan stil; zij antwoorden niet meer.
¹⁷Ik zal mijn deel ook antwoorden, ik zal mijn gevoelen ook vertonen.
¹⁸Want ik ben der woorden vol; de geest mijns buiks benauwt mij.
¹⁹Ziet, mijn buik is als de wijn, die niet geopend is; gelijk nieuwe lederen zakken zou hij bersten.
²⁰Ik zal spreken, opdat ik voor mij lucht krijge; ik zal mijn lippen openen, en zal antwoorden.
²¹Och, dat ik niemands aangezicht aanneme, en tot den mens geen bijnamen gebruike!
²²Want ik weet geen bijnamen te gebruiken; in kort zou mijn Maker mij wegnemen.

Hoofdstuk 33

¹En gewisselijk, o Job! hoor toch mijn redenen, en neem al mijn woorden ter ore.
²Zie nu, ik heb mijn mond opengedaan; mijn tong spreekt onder mijn gehemelte.
³Mijn redenen zullen de oprechtigheid mijns harten, en de wetenschap mijner lippen, wat zuiver is, uitspreken.
⁴De Geest Gods heeft mij gemaakt, en de adem des Almachtigen heeft mij levend gemaakt.
⁵Zo gij kunt, antwoord mij; schik u voor mijn aangezicht, stel u.
⁶Zie, ik ben Godes, gelijk gij; uit het leem ben ik ook afgesneden.
⁷Zie, mijn verschrikking zal u niet beroeren, en mijn hand zal over u niet zwaar zijn.
⁸Zeker, gij hebt gezegd voor mijn oren, en ik heb de stem der woorden gehoord;
⁹Ik ben rein, zonder overtreding; ik ben zuiver, en heb geen misdaad.
¹⁰Zie, Hij vindt oorzaken tegen mij, Hij houdt mij voor Zijn vijand.
¹¹Hij legt mijn voeten in den stok; Hij neemt al mijn paden waar.
¹²Zie, hierin zijt gij niet rechtvaardig, antwoord ik u; want God is meerder dan een mens.
¹³Waarom hebt gij tegen Hem getwist? Want Hij antwoordt niet van al Zijn daden.
¹⁴Maar God spreekt eens of tweemaal; doch men let niet daarop.
¹⁵In den droom, door het gezicht des nachts, als een diepe slaap op de lieden valt, in de sluimering op het leger;
¹⁶Dan openbaart Hij het voor het oor der lieden, en Hij verzegelt hun kastijding;
¹⁷Opdat Hij den mens afwende van zijn werk, en van den man de hovaardij verberge;
¹⁸Dat Hij zijn ziel van het verderf afhoude; en zijn leven, dat het door het zwaard niet doorga.
¹⁹Ook wordt hij gestraft met smart op zijn leger, en de sterke menigte zijner beenderen;
²⁰Zodat zijn leven het brood zelf verfoeit, en zijn ziel de begeerlijke spijze;
²¹Dat zijn vlees verdwijnt uit het gezicht, en zijn beenderen, die niet gezien werden, uitsteken;
²²En zijn ziel nadert ten verderve, en zijn leven tot de dingen, die doden.
²³Is er dan bij Hem een Gezant, een Uitlegger, een uit duizend, om den mens zijn rechten plicht te verkondigen;
²⁴Zo zal Hij hem genadig zijn, en zeggen: Verlos hem, dat hij in het verderf niet nederdale, Ik heb verzoening gevonden.
²⁵Zijn vlees zal frisser worden dan het was in de jeugd; hij zal tot de dagen zijner jonkheid wederkeren.
²⁶Hij zal tot God ernstiglijk bidden, Die in hem een welbehagen nemen zal, en zijn aangezicht met gejuich aanzien; want Hij zal den mens zijn gerechtigheidwedergeven.
²⁷Hij zal de mensen aanschouwen, en zeggen: Ik heb gezondigd, en het recht verkeerd, hetwelk mij niet heeft gebaat;
²⁸Maar God heeft mijn ziel verlost, dat zij niet voere in het verderf, zodat mijn leven het licht aanziet.
²⁹Zie, dit alles werkt God tweemaal of driemaal met een man;
³⁰Opdat hij zijn ziel afkere van het verderf, en hij verlicht worde met het licht der levenden.
³¹Merk op, o Job! Hoor naar mij; zwijg, en ik zal spreken.
³²Zo er redenen zijn, antwoord mij; spreek, want ik heb lust u te rechtvaardigen.
³³Zo niet, hoor naar mij; zwijg, en ik zal u wijsheid leren.

Job

Hoofdstuk 34

¹Verder antwoordde Elihu, en zeide:
²Hoort, gij wijzen, mijn woorden, en gij verstandigen, neigt de oren naar mij.
³Want het oor proeft de woorden, gelijk het gehemelte de spijze smaakt.
⁴Laat ons kiezen voor ons, wat recht is; laat ons kennen onder ons wat goed is.
⁵Want Job heeft gezegd: Ik ben rechtvaardig, en God heeft mijn recht weggenomen.
⁶Ik moet liegen in mijn recht; mijn pijl is smartelijk zonder overtreding.
⁷Wat man is er, gelijk Job? Hij drinkt de bespotting in als water;
⁸En gaat over weg in gezelschap met de werkers der ongerechtigheid, en wandelt met goddeloze lieden.
⁹Want hij heeft gezegd: Het baat een man niet, als hij welbehagen heeft aan God.
¹⁰Daarom, gij, lieden van verstand, hoort naar mij: Verre zij God van goddeloosheid, en de Almachtige van onrecht!
¹¹Want naar het werk des mensen vergeldt Hij hem, en naar eens ieders weg doet Hij het hem vinden.
¹²Ook waarlijk, God handelt niet goddelooslijk, en de Almachtige verkeert het recht niet.
¹³Wie heeft Hem gesteld over de aarde, en wie heeft de ganse wereld geschikt?
¹⁴Indien Hij Zijn hart tegen hem zette, zijn geest en zijn adem zou Hij tot Zich vergaderen;
¹⁵Alle vlees zou tegelijk den geest geven, en de mens zou tot stof wederkeren.
¹⁶Zo er dan verstand bij u is, hoor dit; neig de oren tot de stem mijner woorden.
¹⁷Zou hij ook, die het recht haat, den gewonde verbinden, en zoudt gij den zeer Rechtvaardige verdoemen?
¹⁸Zou men tot een koning zeggen: Gij Belial; tot de prinsen: Gij goddelozen!
¹⁹Hoe dan tot Dien, Die het aangezicht der vorsten niet aanneemt, en den rijke voor den arme niet kent? Want zij zijn allen Zijner handen werk.
²⁰In een ogenblik sterven zij; zelfs ter middernacht wordt een volk geschud, dat het doorga; en de machtige wordt weggenomen zonder hand.
²¹Want Zijn ogen zijn op ieders wegen, en Hij ziet al zijn treden.
²²Er is geen duisternis, en er is geen schaduw des doods, dat aldaar de werkers der ongerechtigheid zich verbergen mochten.
²³Gewisselijk, Hij legt den mens niet te veel op, dat hij tegen God in het gericht zou mogen treden.
²⁴Hij vermorzelt de geweldigen, dat men het niet doorzoeken kan, en stelt anderen in hun plaats.
²⁵Daarom dat Hij hun werken kent, zo keert Hij hen des nachts om, en zij worden verbrijzeld.
²⁶Hij klopt hen samen als goddelozen, in een plaats, waar aanschouwers zijn;
²⁷Daarom dat zij van achter Hem afgeweken zijn, en geen Zijner wegen verstaan hebben;
²⁸Opdat Hij op hem het geroep des armen brenge, en het geroep der ellendigen verhore.
²⁹Als Hij stilt, wie zal dan beroeren? Als Hij het aangezicht verbergt, wie zal Hem dan aanschouwen, zowel voor een volk, als voor een mens alleen?
³⁰Opdat de huichelachtige mens niet meer regere, en geen strikken des volks zijn.
³¹Zekerlijk heeft hij tot God gezegd: Ik heb Uw straf verdragen, ik zal het niet verderven.
³²Behalve wat ik zie, leer Gij mij; heb ik onrecht gewrocht, ik zal het niet meer doen.
³³Zal het van u zijn, hoe Hij iets vergelden zal, dewijl gij Hem versmaadt? Zoudt gij dan verkiezen, en niet ik? Wat weet gij dan? Spreek.
³⁴De lieden van verstand zullen met mij zeggen, en een wijs man zal naar mij horen.
³⁵Dat Job niet met wetenschap gesproken heeft, en zijn woorden niet met kloek verstand geweest zijn.
³⁶Mijn Vader, laat Job beproefd worden tot het einde toe, om zijner antwoorden wil onder de ongerechtige lieden.
³⁷Want tot zijn zonde zou hij nog overtreding bijvoegen; hij zou onder ons in de handen klappen, en hij zou zijn redenen vermenigvuldigen tegen God.

Hoofdstuk 35

¹Elihu antwoordde verder, en zeide:
²Houdt gij dat voor recht, dat gij gezegd hebt: Mijn gerechtigheid is meerder dan Gods?
³Want gij hebt gezegd: Wat zou zij u baten? Wat meer voordeel zal ik daarmede doen, dan met mijn zonde?
⁴Ik zal u antwoord geven, en uw vrienden met u.
⁵Bemerk den hemel en zie; en aanschouw de bovenste wolken, zij zijn hoger dan gij.
⁶Indien gij zondigt, wat bedrijft gij tegen Hem? Indien uw overtredingen menigvuldig zijn, wat doet gij Hem?
⁷Indien gij rechtvaardig zijt, wat geeft gij Hem, of wat ontvangt Hij uit uw hand?
⁸Uw goddeloosheid zou zijn tegen een man, gelijk gij zijt, en uw gerechtigheid voor eens mensen kind.
⁹Vanwege hun grootheid doen zij de onderdrukten roepen; zij schreeuwen vanwege den arm der groten.
¹⁰Maar niemand zegt: Waar is God, mijn Maker, Die de psalmen geeft in den nacht?
¹¹Die ons geleerder maakt dan de beesten der aarde, en ons wijzer maakt dan het gevogelte des hemels?
¹²Daar roepen zij; maar Hij antwoordt niet, vanwege den hoogmoed der bozen.
¹³Gewisselijk zal God de ijdelheid niet verhoren, en de Almachtige zal die niet aanschouwen.
¹⁴Dat gij ook gezegd hebt: Gij zult Hem niet aanschouwen; er is nochtans gericht voor Zijn aangezicht, wacht gij dan op Hem.
¹⁵Maar nu, dewijl het niets is, dat Zijn toorn Job bezocht heeft, en Hij hem niet zeer in overvloed doorkend heeft;
¹⁶Zo heeft Job in ijdelheid zijn mond geopend, en zonder wetenschap woorden vermenigvuldigd.

Hoofdstuk 36

¹Elihu ging nog voort, en zeide:
²Verbeid mij een weinig, en ik zal u aanwijzen, dat er nog redenen voor God zijn.
³Ik zal mijn gevoelen van verre ophalen, en mijn Schepper gerechtigheid toewijzen.
⁴Want voorwaar, mijn woorden zullen geen valsheid zijn; een, die oprecht is van gevoelen, is bij u.
⁵Zie, God is geweldig, nochtans versmaadt Hij niet; geweldig is Hij in kracht des harten.
⁶Hij laat den goddeloze niet leven, en het recht der ellendigen beschikt Hij.
⁷Hij onttrekt Zijn ogen niet van den rechtvaardige, maar met de koningen zijn zij in den troon; daar zet Hij hen voor altoos, en zij worden verheven.
⁸En zo zij, gebonden zijnde in boeien, vast gehouden worden met banden der ellende;
⁹Dan geeft Hij hun hun werk te kennen, en hun overtredingen, omdat zij de overhand genomen hebben;
¹⁰En Hij openbaart het voor hunlieder oor ter tucht, en zegt, dat zij zich van de ongerechtigheid bekeren zouden.
¹¹Indien zij horen, en Hem dienen, zo zullen zij hun dagen eindigen in het goede, en hun jaren in liefelijkheden.
¹²Maar zo zij niet horen, zo gaan zij door het zwaard door, en zij geven den geest zonder kennis.
¹³En die met het hart huichelachtig zijn, leggen toorn op; zij roepen niet, als Hij hen gebonden heeft.
¹⁴Hun ziel zal in de jonkheid sterven, en hun leven onder de schandjongens.
¹⁵Hij zal den ellendige in zijn ellende vrijmaken, en in de onderdrukking zal Hij het voor hunlieder oor openbaren.
¹⁶Alzo zou Hij ook u afgekeerd hebben van den mond des angstes tot de ruimte, onder dewelke geen benauwing zou geweest zijn; en het gerecht uwer tafel zouvol vettigheid geweest zijn.
¹⁷Maar gij hebt het gericht des goddelozen vervuld; het gericht en het recht houden u vast.
¹⁸Omdat er grimmigheid is, wacht u, dat Hij u misschien niet met een klop wegstote; zodat u een groot rantsoen er niet zou afbrengen.
¹⁹Zou Hij uw rijkdom achten, dat gij niet in benauwdheid zoudt zijn; of enige versterkingen van kracht?
²⁰Haak niet naar dien nacht, als de volken van hun plaats opgenomen worden.
²¹Wacht u, wend u niet tot ongerechtigheid; overmits gij ze in dezen verkoren heb, uit oorzake van de ellende.
²²Zie, God verhoogt door Zijn kracht; wie is een Leraar, gelijk

Hij?

²³Wie heeft Hem gesteld over Zijn weg? Of wie heeft gezegd: Gij hebt onrecht gedaan?

²⁴Gedenk, dat gij Zijn werk groot maakt, hetwelk de lieden aanschouwen.

²⁵Alle mensen zien het aan; de mens schouwt het van verre.

²⁶Zie, God is groot, en wij begrijpen het niet; er is ook geen onderzoeking van het getal Zijner jaren.

²⁷Want Hij trekt de druppelen der wateren op, die den regen na zijn damp uitgieten;

²⁸Welke de wolken uitgieten, en over den mens overvloediglijk afdruipen.

²⁹Kan men ook verstaan de uitbreidingen der wolken, en de krakingen Zijner hutte?

³⁰Zie, Hij breidt over hem Zijn licht uit, en de wortelen der zee bedekt Hij.

³¹Want daardoor richt Hij de volken; Hij geeft spijze ten overvloede.

³²Met handen bedekt Hij het licht, en doet aan hetzelve verbod door dengene, die tussen doorkomt.

³³Daarvan verkondigt Zijn geklater, en het vee; ook van den opgaanden damp.

Hoofdstuk 37

¹Daarna antwoordde de HEERE Job uit een onweder, en zeide:

²Wie is hij, die den raad verduistert met woorden zonder wetenschap?

³Gord nu, als een man, uw lenden, zo zal Ik u vragen, en onderricht Mij.

⁴Waar waart gij, toen Ik de aarde grondde? Geef het te kennen, indien gij kloek van verstand zijt.

⁵Wie heeft haar maten gezet, want gij weet het; of wie heeft over haar een richtsnoer getrokken?

⁶Waarop zijn haar grondvesten nedergezonken, of wie heeft haar hoeksteen gelegd?

⁷Toen de morgensterren te zamen vrolijk zongen, en al de kinderen Gods juichten.

⁸Of wie heeft de zee met deuren toegesloten, toen zij uitbrak, en uit de baarmoeder voortkwam?

⁹Toen Ik de wolk tot haar kleding stelde, en de donkerheid tot haar windeldoek;

¹⁰Toen Ik voor haar met Mijn besluit de aarde doorbrak, en zette grendel en deuren;

¹¹En zeide: Tot hiertoe zult gij komen, en niet verder, en hier zal hij zich stellen tegen den hoogmoed uwer golven.

¹²Hebt gij van uw dagen den morgenstond geboden? Hebt gij den dageraad zijn plaats aangewezen;

¹³Opdat hij de einden der aarde vatten zou; en de goddelozen uit haar uitgeschud zouden worden?

¹⁴Dat zij veranderd zou worden gelijk zegelleem, en zij gesteld worden als een kleed?

¹⁵En dat van de goddelozen hun licht geweerd worde, en de hoge arm worde gebroken?

¹⁶Zijt gij gekomen tot aan de oorsprongen der zee, en hebt gij in het onderste des afgronds gewandeld?

¹⁷Zijn u de poorten des doods ontdekt, en hebt gij gezien de poorten van de schaduw des doods?

¹⁸Zijt gij met uw verstand gekomen tot aan de breedte der aarde? Geef het te kennen, indien gij dit alles weet.

¹⁹Waar is de weg, daar het licht woont? En de duisternis, waar is haar plaats?

²⁰Dat gij dat brengen zoudt tot zijn pale, en dat gij merken zoudt de paden zijns huizes?

²¹Gij weet het, want gij waart toen geboren, en uw dagen zijn veel in getal.

²²Zijt gij gekomen tot de schatkameren der sneeuw, en hebt gij de schatkameren des hagels gezien?

²³Dien Ik ophoude tot den tijd der benauwdheid, tot den dag des strijds en des oorlogs!

²⁴Waar is de weg, daar het licht verdeeld wordt, en de oostenwind zich verstrooit op de aarde?

²⁵Wie deelt voor den stortregen een waterloop uit, en een weg voor het weerlicht der donderen?

²⁶Om te regenen op het land, waar niemand is, op de woestijn, waarin geen mens is;

²⁷Om het woeste en het verwoeste te verzadigen, en om het uitspruitsel der grasscheutjes te doen wassen.

²⁸Heeft de regen een vader, of wie baart de druppelen des dauws?

²⁹Uit wiens buik komt het ijs voort, en wie baart den rijm des hemels?

³⁰Als met een steen verbergen zich de wateren, en het vlakke des afgrond wordt omvat.

³¹Kunt gij de liefelijkheden van het Zevengesternte binden, of de strengen des Orions losmaken?

³²Kunt gij de Mazzaroth voortbrengen op haar tijd, en den Wagen met zijn kinderen leiden?

³³Weet gij de verordeningen des hemels, of kunt gij deszelfs heerschappij op de aarde bestellen?

³⁴Kunt gij uw stem tot de wolken opheffen, opdat een overvloed van water u bedekke?

³⁵Kunt gij de bliksemen uitlaten, dat zij henenvaren, en tot u zeggen: Zie, hier zijn wij?

³⁶Wie heeft de wijsheid in het binnenste gezet? Of wie heeft den zin het verstand gegeven?

³⁷Wie kan de wolken met wijsheid tellen, en wie kan de flessen des hemels nederleggen?

³⁸Als het stof doorgoten is tot vastigheid, en de kluiten samenkleven?

Hoofdstuk 38

¹Zult gij voor den ouden leeuw roof jagen, of de graagheid der jonge leeuwen vervullen?

²Als zij nederbukken in de holen, en in den kuil zitten, ter loering?

³Wie bereidt de raaf haar kost, als haar jongen tot God schreeuwen, als zij dwalen, omdat er geen eten is?

⁴Weet gij den tijd van het baren der steengeiten? Hebt gij waargenomen den arbeid der hinden?

⁵Zult gij de maanden tellen, die zij vervullen, en weet gij den tijd van haar baren?

⁶Als zij zich krommen, haar jongen met versplijting voortbrengen, haar smarten uitwerpen?

⁷Haar jongen worden kloek, worden groot door het koren; zij gaan uit, en keren niet weder tot dezelve.

⁸Wie heeft den woudezel vrij henengezonden, en wie heeft de banden des wilden ezels gelost?

⁹Dien Ik de wildernis tot zijn huis besteld heb, en het ziltige tot zijn woningen.

¹⁰Hij belacht het gewoel der stad; het menigerlei getier des drijvers hoort hij niet.

¹¹Dat hij uitspeurt op de bergen, is zijn weide; en hij zoekt allerlei groensel na.

¹²Zal de eenhoorn u willen dienen? Zal hij vernachten aan uw kribbe?

¹³Zult gij den eenhoorn met zijn touw aan de voren binden? Zal hij de laagten achter u eggen?

¹⁴Zult gij op hem vertrouwen, omdat zijn kracht groot is, en zult gij uw arbeid op hem laten?

¹⁵Zult gij hem geloven, dat hij uw zaad zal wederbrengen, en vergaderen tot uw dorsvloer?

¹⁶Zijn an u de verheugelijke vleugelen der pauwen? Of de vederen des ooievaars, en des struisvogels?

¹⁷Dat zij haar eieren in de aarde laat, en in het stof die verwarmt.

¹⁸En vergeet, dat de voet die drukken kan, en de dieren des velds die vertrappen kunnen?

¹⁹Zij verhardt zich tegen haar jongen, alsof zij de hare niet waren; haar arbeid is te vergeefs, omdat zij zonder vreze is.

²⁰Want God heeft haar van wijsheid ontbloot, en heeft haar des verstands niet medegedeeld.

²¹Als het tijd is, verheft zij zich in de hoogte; zij belacht het paard en zijn rijder.

²²Zult gij het paard sterkte geven? Kunt gij zijn hals met donder bekleden?

²³Zult gij het beroeren als een sprinkhaan? De pracht van zijn gesnuif is een verschrikking.

²⁴Het graaft in den grond, en het is vrolijk in zijn kracht; en trekt uit, den geharnaste tegemoet.

²⁵Het belacht de vreze, en wordt niet ontsteld, en keert niet wederom vanwege het zwaard.

²⁶Tegen hem ratelt de pijlkoker, het vlammig ijzer des spies en der lans.

²⁷Met schudding en beroering slokt het de aarde op, en gelooft niet, dat het is het geluid der bazuin.

²⁸In het volle geklank der bazuin, zegt het: Heah! en ruikt den krijg van verre, den donder der vorsten en het gejuich.

²⁹Vliegt de sperwer door uw verstand, en breidt hij zijn vleugelen uit naar het zuiden?

³⁰Is het naar uw bevel, dat de arend zich omhoog verheft, en dat hij zijn nest in de hoogte maakt?

³¹Hij woont en vernacht in de steenrots, op de scherpte der steenrots en der vaste plaats.

³²Van daar speurt hij de spijze op; zijn ogen zien van verre af.

³³Ook zuipen zijn jongen bloed; en waar verslagenen zijn, daar is hij.

³⁴En de HEERE antwoordde Job, en zeide:

³⁵Is het twisten met den Almachtige onderrichten? Wie God bestraft, die antwoorde daarop.

³⁶Toen antwoordde Job den HEERE, en zeide:

³⁷Zie, ik ben te gering; wat zou ik U antwoorden? Ik leg mijn hand op mijn mond.

³⁸Eenmaal heb ik gesproken, maar zal niet antwoorden; of tweemaal, maar zal niet voortvaren.

Hoofdstuk 39

¹En de HEERE antwoordde Job uit een onweder, en zeide:

²Gord nu als een man uw lenden; Ik zal u vragen, en onderricht Mij.

³Zult gij ook Mijn oordeel te niet maken? Zult Gij Mij verdoemen, opdat gij rechtvaardig zijt?

⁴Hebt gij een arm gelijk God? En kunt gij, gelijk Hij, met de stem donderen?

⁵Versier u nu met voortreffelijkheid en hoogheid, en bekleed u met majesteit en heerlijkheid!

⁶Strooi de verbolgenheden uws toorns uit, en zie allen hoogmoedige, en verneder hem!

⁷Zie allen hoogmoedige, en breng hem ten onder; en verpletter de goddelozen in hun plaats!

⁸Verberg hen te zamen in het stof; verbind hun aangezichten in het verborgen!

⁹Dan zal Ik ook u loven, omdat uw rechterhand u zal verlost hebben.

¹⁰Zie nu Behemoth, welken Ik gemaakt heb nevens u; hij eet hooi, gelijk een rund.

¹¹Zie toch, zijn kracht is in zijn lenden, en zijn macht in den navel zijns buiks.

¹²Als het hem lust, zijn staart is als een ceder; de zenuwen zijner schaamte zijn doorvlochten.

¹³Zijn beenderen zijn als vast koper; zijn gebeenten zijn als ijzeren handbomen.

¹⁴Hij is een hoofdstuk der wegen Gods; Die hem gemaakt heeft, heeft hem zijn zwaard aangehecht.

¹⁵Omdat de bergen hem voeder voortbrengen, daarom spelen al de dieren des velds aldaar.

¹⁶Onder schaduwachtige bomen ligt hij neder, in een schuilplaats des riets en des slijks.

¹⁷De schaduwachtige bomen bedekken hem, elkeen met zijn schaduw; de beekwilgen omringen hem.

¹⁸Zie, hij doet de rivier geweld aan, en verhaast zich niet; hij vertrouwt, dat hij de Jordaan in zijn mond zou kunnen intrekken.

¹⁹Zou men hem voor zijn ogen kunnen vangen? Zou men hem met strikken den neus doorboren kunnen?

²⁰Zult gij den Leviathan met den angel trekken, of zijn tong met een koord, dat gij laat nederzinken?

²¹Zult gij hem een bieze in den neus leggen, of met een doorn zijn kaak doorboren?

²²Zal hij aan u veel smekingen maken? Zal hij zachtjes tot u spreken?

²³Zal hij een verbond met u maken? Zult gij hem aannemen tot een eeuwigen slaaf?

²⁴Zult gij met hem spelen gelijk met een vogeltje, of zult gij hem binden voor uw jonge dochters?

²⁵Zullen de metgezellen over hem een maaltijd bereiden? Zullen zij hem delen onder de kooplieden?

²⁶Zult gij zijn huid met haken vullen, of met een visserskrauwel zijn hoofd?

²⁷Leg uw hand op hem, gedenk des strijds, doe het niet meer.

²⁸Zie, zijn hoop zal feilen; zal hij ook voor zijn gezicht nedergeslagen worden?

Hoofdstuk 40

¹Niemand is zo koen, dat hij hem opwekken zou; wie is dan hij, die zich voor Mijn aangezicht stellen zou?

²Wie heeft Mij voorgekomen, dat Ik hem zou vergelden? Wat onder den gansen hemel is, is het Mijne.

³Ik zal zijn leden niet verzwijgen, noch het verhaal zijner sterkte, noch de bevalligheid zijner gestaltenis.

⁴Wie zou het opperste zijns kleeds ontdekken? Wie zou met zijn dubbelen breidel hem aankomen?

⁵Wie zou de deuren zijns aangezichts opendoen? Rondom zijn tanden is verschrikking.

⁶Zeer uitnemend zijn zijn sterke schilden, elkeen gesloten als met een nauwdrukkend zegel.

⁷Het een is zo na aan het andere, dat de wind daar niet kan tussen komen.

⁸Zij kleven aan elkander, zij vatten zich samen, dat zij zich niet scheiden.

⁹Elk een zijner niezingen doet een licht schijnen; en zijn ogen zijn als de oogleden des dageraads.

¹⁰Uit zijn mond gaan fakkelen, vurige vonken raken er uit.

¹¹Uit zijn neusgaten komt rook voort, als uit een ziedende pot en ruimen ketel.

¹²Zijn adem zou kolen doen vlammen, en een vlam komt uit zijn mond voort.

¹³In zijn hals herbergt de sterkte; voor hem springt zelfs de droefheid van vreugde op.

¹⁴De stukken van zijn vlees kleven samen; elkeen is vast in hem, het wordt niet bewogen.

¹⁵Zijn hart is vast gelijk een steen; ja, vast gelijk een deel van den ondersten molensteen.

¹⁶Van zijn verheffen schromen de sterken; om zijner doorbrekingen wille ontzondigen zij zich.

¹⁷Raakt hem iemand met het zwaard, dat zal niet bestaan, spies, schicht noch pantsier.

¹⁸Hij acht het ijzer voor stro, en het staal voor verrot hout.

¹⁹De pijl zal hem niet doen vlieden, de slingerstenen worden hem in stoppelen veranderd.

²⁰De werpstenen worden van hem geacht als stoppelen, en hij belacht de drilling der lans.

²¹Onder hem zijn scherpe scherven; hij spreidt zich op het puntachtige, als op slijk.

²²Hij doet de diepte zieden gelijk een pot; hij stelt de zee als een apothekerskokerij.

²³Achter zich verlicht hij het pad; men zou den afgrond voor grijzigheid houden.

²⁴Op de aarde is niets met hem te vergelijken, die gemaakt is om zonder schrik te wezen.

²⁵Hij aanziet alles, wat hoog is, hij is een koning over alle jonge hoogmoedige dieren.

Hoofdstuk 41

¹Toen antwoordde Job den HEERE, en zeide:

²Ik weet, dat Gij alles vermoogt, en dat geen van Uw gedachten kan afgesneden worden.

³Wie is hij, zegt Gij, die den raad verbergt zonder wetenschap? Zo heb ik dan verhaald, hetgeen ik niet verstond, dingen, die voor mij te wonderbaar waren, dieik niet wist.

⁴Hoor toch, en ik zal spreken; ik zal U vragen, en onderricht Gij mij.

⁵Met het gehoor des oors heb ik U gehoord; maar nu ziet U mijn oog.

⁶Daarom verfoei ik mij, en ik heb berouw in stof en as.

⁷Het geschiedde nu, nadat de HEERE die woorden tot Job gesproken had, dat de HEERE tot Elifaz, den Themaniet, zeide: Mijn toorn is ontstoken tegen u, entegen uw twee vrienden, want gijlieden hebt niet recht van Mij gesproken, gelijk Mijn knecht Job.

⁸Daarom neemt nu voor ulieden zeven varren en zeven rammen, en gaat henen tot Mijn knecht Job, en offert brandoffer voor ulieden, en laat Mijn knecht Jobvoor ulieden bidden; want zekerlijk, Ik zal zijn aangezicht aannemen, opdat Ik aan ulieden niet doe naar uw dwaasheid; want gijlieden hebt niet recht van Mijgesproken, gelijk Mijn knecht Job.

⁹Toen gingen Elifaz, de Themaniet, en Bildad, de Suhiet, en Zofar, de Naamathiet, henen, en deden, gelijk als de HEERE tot hen gesproken had; en de HEEREnam het aangezicht van Job aan.

¹⁰En de HEERE wendde de gevangenis van Job, toen hij gebeden had voor zijn vrienden; en de HEERE vermeerderde al hetgeen Job gehad had tot dubbelzoveel.

¹¹Ook kwamen tot hem al zijn broeders, en al zijn zusters, en allen, die hem te voren gekend hadden, en aten brood met hem in zijn huis, en beklaagden hem, envertroostten hem over al het kwaad, dat de HEERE over hem gebracht had; en zij gaven hem een iegelijk een stuk gelds, een iegelijk ook een goudenvoorhoofdsiersel.

¹²En de HEERE zegende Jobs laatste meer dan zijn eerste; want hij had veertien duizend schapen, en zes duizend kemelen, en duizend juk runderen, en duizendezelinnen.

¹³Daartoe had hij zeven zonen en drie dochteren.

¹⁴En hij noemde den naam der eerste Jemima, en den naam der tweede Kezia, en den naam der derde Keren-Happuch.

¹⁵En er werden zo schone vrouwen niet gevonden in het ganse land, als de dochteren van Job; en haar vader gaf haar erfdeel onder haar broederen.

¹⁶En Job leefde na dezen honderd en veertig jaren, dat hij zag zijn kinderen, en de kinderen zijner kinderen, tot in vier geslachten.

Psalmen

Hoofdstuk 1

¹Welgelukzalig is de man, die niet wandelt in de raad der goddelozen, noch staat op den weg der zondaren, noch zit in het gestoelte der spotters;

²Maar zijn lust is in des HEEREN wet, en hij overdenkt Zijn wet dag en nacht.

³Want hij zal zijn als een boom, geplant aan waterbeken, die zijn vrucht geeft op zijn tijd, en welks blad niet afvalt; en al wat hij doet, zal wel gelukken.

⁴Alzo zijn de goddelozen niet, maar als het kaf, dat de wind henendrijft.

⁵Daarom zullen de goddelozen niet bestaan in het gericht, noch de zondaars in de vergadering der rechtvaardigen.

Hoofdstuk 2

¹Waarom woeden de heidenen, en bedenken de volken ijdelheid?

²De koningen der aarde stellen zich op, en de vorsten beraadslagen te zamen tegen den HEERE, en tegen Zijn Gezalfde, zeggende:

³Laat ons hun banden verscheuren, en hun touwen van ons werpen.

⁴Die in den hemel woont, zal lachen; de HEERE zal hen bespotten.

⁵Dan zal Hij tot hen spreken in Zijn toorn, en in Zijn grimmigheid zal Hij hen verschrikken.

⁶Ik toch heb Mijn Koning gezalfd over Sion, den berg Mijner heiligheid.

⁷Ik zal van het besluit verhalen: de HEERE heeft tot Mij gezegd: Gij zijt Mijn Zoon, heden heb Ik U gegenereerd.

⁸Eis van Mij, en Ik zal de heidenen geven tot Uw erfdeel, en de einden der aarde tot Uw bezitting.

⁹Gij zult hen verpletteren met een ijzeren scepter; Gij zult hen in stukken slaan als een pottenbakkersvat.

¹⁰Nu dan, gij koningen, handelt verstandiglijk; laat u tuchtigen, gij rechters der aarde!

¹¹Dient den HEERE met vreze, en verheugt u met beving.

¹²Kust den Zoon, opdat Hij niet toorne, en gij op den weg vergaat, wanneer Zijn toorn maar een weinig zou ontbranden. Welgelukzalig zijn allen, die op Hem betrouwen.

Hoofdstuk 3

¹Een psalm van David, als hij vlood voor het aangezicht van zijn zoon Absalom.

²O HEERE! hoe zijn mijn tegenpartijders vermenigvuldigd; velen staan tegen mij op.

³Velen zeggen van mijn ziel: Hij heeft geen heil bij God. Sela.

⁴Doch Gij, HEERE! zijt een Schild voor mij, mijn eer, en Die mijn hoofd opheft.

⁵Ik riep met mijn stem tot den HEERE, en Hij verhoorde mij van den berg Zijner heiligheid. Sela.

⁶Ik lag neder en sliep; ik ontwaakte, want de HEERE ondersteunde mij.

⁷Ik zal niet vrezen voor tienduizenden des volks, die zich rondom tegen mij zetten.

⁸Sta op, HEERE, verlos mij, mijn God; want Gij hebt al mijn vijanden op het kinnebakken geslagen; de tanden der goddelozen hebt Gij verbroken.

⁹Het heil is des HEEREN; Uw zegen is over Uw volk. Sela.

Hoofdstuk 4

¹Een psalm van David, voor den opperzangmeester, op de Neginoth.

²Als ik roep, verhoor mij, o God mijner gerechtigheid! In benauwdheid hebt Gij mij ruimte gemaakt; wees mij genadig, en hoor mijn gebed.

³Gij, mannen, hoe lang zal mijn eer tot schande zijn? Hoe lang zult gij de ijdelheid beminnen, de leugen zoeken? Sela.

⁴Weet toch, dat de HEERE Zich een gunstgenoot heeft afgezonderd; de HEERE zal horen, als ik tot Hem roep.

⁵Zijt beroerd, en zondigt niet; spreekt in ulieder hart op uw leger, en zijt stil. Sela.

⁶Offert offeranden der gerechtigheid, en vertrouwt op den HEERE.

⁷Velen zeggen: Wie zal ons het goede doen zien? Verhef Gij over ons het licht Uws aanschijns, o HEERE!

⁸Gij hebt vreugde in mijn hart gegeven, meer dan ter tijd, als hun koren en hun most vermenigvuldigd zijn.

⁹Ik zal in vrede te zamen nederliggen en slapen; want Gij, o HEERE! alleen zult mij doen zeker wonen.

Hoofdstuk 5

¹Een psalm van David, voor den opperzangmeester, op de Nechiloth.

²O HEERE, neem mijn redenen ter ore; versta mijn overdenking.

³Merk op de stem mijns geroeps, o mijn Koning en mijn God! Want tot U zal ik bidden.

⁴Des morgens, HEERE, zult Gij mijn stem horen; des morgens zal ik mij tot U schikken, en wacht houden.

⁵Want Gij zijt geen God, Die lust heeft aan goddeloosheid; de boze zal bij U niet verkeren.

⁶De onzinnigen zullen voor Uw ogen niet bestaan; Gij haat alle werkers der ongerechtigheid.

⁷Gij zult de leugensprekers verdoen; van den man des bloeds en des bedrogs heeft de HEERE een gruwel.

⁸Maar ik zal door de grootheid Uwer goedertierenheid in Uw huis ingaan; ik zal mij buigen naar het paleis Uwer heiligheid, in Uw vreze.

⁹HEERE! Leid mij in Uw gerechtigheid, om mijner verspieders wil; richt Uw weg voor mijn aangezicht.

¹⁰Want in hun mond is niets rechts, hun binnenste is enkel verderving, hun keel is een open graf, met hun tong vleien zij.

¹¹Verklaar hen schuldig, o God; laat hen vervallen van hun raadslagen; drijf hen henen om de veelheid hunner overtredingen, want zij zijn wederspannig tegen U.

¹²Maar laat verblijd zijn allen, die op U betrouwen, tot in eeuwigheid; laat hen juichen, omdat Gij hen overdekt; en laat in U van vreugde opspringen, die Uw Naam liefhebben.

¹³Want Gij, HEERE, zult den rechtvaardige zegenen; Gij zult hem met goedgunstigheid kronen, als met een rondas.

Hoofdstuk 6

¹Een psalm van David, voor den opperzangmeester, op de Neginoth, op de Scheminith.

²O HEERE, straf mij niet in Uw toorn, en kastijd mij niet in Uw grimmigheid!

³Wees mij genadig, HEERE, want ik ben verzwakt; genees mij, HEERE, want mijn beenderen zijn verschrikt.

⁴Ja, mijn ziel is zeer verschrikt; en Gij, HEERE, hoe lange?

⁵Keer weder, HEERE, red mijn ziel; verlos mij, om Uwer goedertierenheid wil.

⁶Want in de dood is Uwer geen gedachtenis; wie zal U loven in het graf?

⁷Ik ben moede van mijn zuchten; ik doe mijn bed den gansen nacht zwemmen; ik doornat mijn bedstede met mijn tranen.

⁸Mijn oog is doorknaagd van verdriet, is veroud, vanwege al mijn tegenpartijders.

⁹Wijkt van mij, al gij werkers der ongerechtigheid; want de HEERE heeft de stem mijns geweens gehoord.

¹⁰De HEERE heeft mijn smeking gehoord; de HEERE zal mijn gebed aannemen.

¹¹Al mijn vijanden zullen zeer beschaamd en verbaasd worden; zij zullen terugkeren, zij zullen in een ogenblik beschaamd worden.

Hoofdstuk 7

¹Davids Schiggajon, dat hij den HEERE gezongen heeft, over de woorden van Cusch, den zoon van Jemini.

²HEERE, mijn God, op U betrouw ik; verlos mij van al mijn vervolgers, en red mij.

³Opdat hij mijn ziel niet rove als een leeuw, verscheurende, terwijl er geen verlosser is.

⁴HEERE, mijn God, indien ik dat gedaan heb, indien er onrecht in mijn handen is;

⁵Indien ik kwaad vergolden heb dien, die vrede met mij had; (ja, ik heb dien gered die mij zonder oorzaak benauwde!)

⁶Zo vervolge de vijand mijn ziel, en achterhale ze, en vertrede mijn leven ter aarde, en doe mijn eer in het stof wonen! Sela.

⁷Sta op, HEERE, in Uw toorn, verhef U om de verbolgenheden mijner benauwers, en ontwaak tot mij; Gij hebt het gericht bevolen.

⁸Zo zal de vergadering der volken U omsingelen; keer dan boven haar weder in de hoogte.

⁹De HEERE zal den volken recht doen; richt mij, HEERE, naar mijn gerechtigheid, en naar mijn oprechtigheid, die bij mij is.

¹⁰Laat toch de boosheid der goddelozen een einde nemen, maar bevestig den rechtvaardige, Gij, Die harten en nieren beproeft, o rechtvaardige God!

¹¹Mijn schild is bij God, Die de oprechten van hart behoudt.

¹²God is een rechtvaardige Rechter, en een God, Die te allen dage toornt.

¹³Indien hij zich niet bekeert, zo zal Hij Zijn zwaard wetten; Hij heeft Zijn boog gespannen, en dien bereid.

¹⁴En heeft dodelijke wapenen voor hem gereed gemaakt; Hij zal Zijn pijlen tegen de hittige vervolgers te werk stellen.

¹⁵Ziet, hij is in arbeid van ongerechtigheid, en is zwanger van moeite, hij zal leugen baren.

¹⁶Hij heeft een kuil gedolven, en dien uitgegraven, maar hij is gevallen in de groeve, die hij gemaakt heeft.

¹⁷Zijn moeite zal op zijn hoofd wederkeren, en zijn geweld op zijn schedel nederdalen.

¹⁸Ik zal den HEERE loven naar Zijn gerechtigheid, en den Naam des HEEREN, des Allerhoogsten, psalmzingen.

Hoofdstuk 8

¹Een psalm van David, voor den opperzangmeester, op de Gitthith.

²O HEERE, onze Heere! hoe heerlijk is Uw Naam op de ganse aarde! Gij, die Uw majesteit gesteld hebt boven de hemelen.

³Uit de mond der kinderkens en der zuigelingen hebt Gij sterkte gegrondvest, om Uwer tegenpartijen wil, om den vijand en wraakgierige te doen ophouden.

⁴Als ik Uw hemel aanzie, het werk Uwer vingeren, de maan en de sterren, die Gij bereid hebt;

⁵Wat is de mens, dat Gij zijner gedenkt, en de zoon des mensen, dat Gij hem bezoekt?

⁶En hebt hem een weinig minder gemaakt dan de engelen, en hebt hem met eer en heerlijkheid gekroond?

⁷Gij doet hem heersen over de werken Uwer handen; Gij hebt alles onder zijn voeten gezet;

⁸Schapen en ossen, alle die; ook mede de dieren des velds.

⁹Het gevogelte des hemels, en de vissen der zee; hetgeen de paden der zeeën doorwandelt.

¹⁰O HEERE, onze Heere! hoe heerlijk is Uw Naam op de ganse aarde!

Hoofdstuk 9

¹Een psalm van David, voor den opperzangmeester, op Muth-Labben.

²Ik zal den HEERE loven met mijn ganse hart; ik zal al Uw wonderen vertellen.

³In U zal ik mij verblijden, en van vreugde opspringen; ik zal Uw Naam psalmzingen, o Allerhoogste!

⁴Omdat mijn vijanden achterwaarts gekeerd, gevallen en vergaan zijn van Uw aangezicht.

⁵Want Gij hebt mijn recht en mijn rechtszaak afgedaan; Gij hebt gezeten op den troon, o Rechter, der gerechtigheid.

⁶Gij hebt de heidenen gescholden, den goddeloze verdaan, hun naam uitgedelgd, tot in eeuwigheid en altoos.

⁷O vijand! zijn de verwoestingen voleind in eeuwigheid, en hebt gij de steden uitgeroeid? Hunlieder gedachtenis is met hen vergaan.

⁸Maar de HEERE zal in eeuwigheid zitten; Hij heeft Zijn troon bereid ten gerichte.

⁹En Hij Zelf zal de wereld richten in gerechtigheid, en de volken oordelen in rechtmatigheden.

¹⁰En de HEERE zal een Hoog Vertrek zijn voor de verdrukte, een Hoog Vertrek in tijden van benauwdheid.

¹¹En die Uw Naam kennen, zullen op U vertrouwen, omdat Gij, HEERE, niet hebt verlaten degenen, die U zoeken.

¹²Psalmzingt den HEERE, Die te Sion woont; verkondigt onder de volken Zijn daden.

¹³Want Hij zoekt de bloedstortingen, Hij gedenkt derzelve; Hij vergeet het geroep der ellendigen niet.

¹⁴Wees mij genadig, HEERE, zie mijn ellende aan, van mijn haters mij aangedaan, Gij, Die mij verhoogt uit de poorten des doods;

¹⁵Opdat ik Uw gansen lof in de poorten der dochter van Sion vertelle, dat ik mij verheuge in Uw heil.

¹⁶De heidenen zijn gezonken in de groeve, die zij gemaakt hadden; hunlieder voet is gevangen in het net, dat zij verborgen hadden.

¹⁷De HEERE is bekend geworden; Hij heeft recht gedaan; de goddeloze is verstrikt in het werk zijner handen! Higgajon, Sela.

¹⁸De goddelozen zullen terugkeren, naar de hel toe, alle godvergetende heidenen.

¹⁹Want de nooddruftige zal niet voor altoos vergeten worden, noch de verwachting der ellendigen in eeuwigheid verloren zijn.

²⁰Sta op, HEERE, laat de mens zich niet versterken; laat de heidenen voor Uw aangezicht geoordeeld worden.

²¹O HEERE! jaag hun vreze aan; laat de heidenen weten, dat zij mensen zijn. Sela.

Hoofdstuk 10

¹O HEERE! waarom staat Gij van verre? waarom verbergt Gij U in tijden van benauwdheid?

²De goddeloze vervolgt hittiglijk in hoogmoed de ellendige; laat hen gegrepen worden in de aanslagen, die zij bedacht hebben.

³Want de goddeloze roemt over den wens zijner ziel; hij zegent den gierigaard, hij lastert den HEERE.

⁴De goddeloze, gelijk hij zijn neus omhoog steekt, onderzoekt niet; al zijn gedachten zijn, dat er geen God is.

⁵Zijn wegen maken ten allen tijde smarte; Uw oordelen zijn een hoogte, verre van hem; al zijn tegenpartijders, die blaast hij aan.

⁶Hij zegt in zijn hart: Ik zal niet wankelen; want ik zal van geslacht tot geslacht in geen kwaad zijn.

⁷Zijn mond is vol van vloek, en bedriegerijen, en list; onder zijn tong is moeite en ongerechtigheid.

⁸Hij zit in de achterlage der hoeven, in verborgene plaatsen doodt hij den onschuldige; zijn ogen verbergen zich tegen den arme.

⁹Hij legt lagen in een verborgen plaats, gelijk een leeuw in zijn hol; hij legt lagen, om den ellendige te roven; hij rooft den ellendige, als hij hem trekt in zijn net.

¹⁰Hij duikt neder, hij buigt zich; en de arme hoop valt in zijn sterke poten.

¹¹Hij zegt in zijn hart: God heeft het vergeten, Hij heeft Zijn aangezicht verborgen, Hij ziet niet in eeuwigheid.

¹²Sta op, HEERE God! hef Uw hand op, vergeet de ellendigen niet.

¹³Waarom lastert de goddeloze God? zegt in zijn hart: Gij zult het niet zoeken?

¹⁴Gij ziet het immers; want Gij aanschouwt de moeite en het verdriet, opdat men het in Uw hand geve; op U verlaat zich de arme, Gij zijt geweest een Helper vanden wees.

¹⁵Breek den arm des goddelozen en bozen. zoek zijn goddeloosheid, totdat Gij haar niet vindt.

¹⁶De HEERE is Koning eeuwiglijk en altoos; de heidenen zijn vergaan uit Zijn land.

¹⁷HEERE! Gij hebt den wens der zachtmoedigen gehoord; Gij zult hun hart sterken, Uw oor zal opmerken;

¹⁸Om den wees en verdrukte recht te doen; opdat een mens van de aarde niet meer voortvare geweld te bedrijven.

Hoofdstuk 11

¹Een psalm van David, voor den opperzangmeester. Ik betrouw op den HEERE; hoe zegt gijlieden tot mijn ziel: Zwerft henen naar ulieder gebergte, als eenvogel?

²Want ziet, de goddelozen spannen den boog, zij schikken hun pijlen op de pees, om in het donkere te schieten naar de oprechten van harte.

³Zekerlijk, de fondamenten worden omgestoten; wat heeft de rechtvaardige bedreven?

⁴De HEERE is in het paleis Zijner heiligheid, des HEEREN troon is in den hemel; Zijn ogen aanschouwen, Zijn oogleden proeven de mensenkinderen

⁵De HEERE proeft den rechtvaardige; maar den goddeloze, en dien, die geweld liefheeft, haat Zijn ziel.

⁶Hij zal op de goddelozen regenen strikken, vuur en zwavel; en een geweldige stormwind zal het deel huns bekers zijn.

⁷Want de HEERE is rechtvaardig, Hij heeft gerechtigheden lief; Zijn aangezicht aanschouwt den oprechte.

Hoofdstuk 12

¹Een psalm van David, voor den opperzangmeester, op de Scheminith.

²Behoud, o HEERE; want de goedertierene ontbreekt, want de getrouwen zijn weinig geworden onder de mensenkinderen.

³Zij spreken valsheid, een ieder met zijn naaste, met vleiende lippen; zij spreken met een dubbel hart.

⁴De HEERE snijde af alle vleiende lippen, de grootsprekende tong.

⁵Die daar zeggen: Wij zullen de overhand hebben met onze tong; onze lippen zijn onze! Wie is heer over ons?

⁶Om de verwoesting der ellendigen, om het kermen der nooddruftigen, zal Ik nu opstaan, zegt de HEERE; Ik zal in behoudenis zetten, dien hij aanblaast.

⁷De redenen des HEEREN zijn reine redenen, zilver, gelouterd in een aarden smeltkroes, gezuiverd zevenmaal.

⁸Gij, HEERE, zult hen bewaren; Gij zult hen behoeden voor dit geslacht, tot in eeuwigheid.

⁹De goddelozen draven rondom, wanneer de snoodsten van des mensenkinderen verhoogd worden.

Hoofdstuk 13

¹Een psalm van David, voor den opperzangmeester.

²Hoe lang, HEERE, zult Gij mij steeds vergeten? Hoe lang zult Gij Uw aangezicht voor mij verbergen?

³Hoe lang zal ik raadslagen voornemen in mijn ziel, droefenis in mijn hart bij dag? Hoe lang zal mijn vijand over mij verhoogd zijn?

⁴Aanschouw, verhoor mij, HEERE, mijn God; verlicht mijn ogen, opdat ik in de dood niet ontslape;

⁵Opdat niet mijn vijand zegge: Ik heb hem overmocht; mijn tegenpartijders zich verheugen, wanneer ik zou wankelen.

⁶Maar ik vertrouw op Uw goedertierenheid; mijn hart zal zich verheugen in Uw heil; ik zal den HEERE zingen, omdat Hij aan mij welgedaan heeft.

Hoofdstuk 14

¹Een psalm van David, voor den opperzangmeester. De dwaas zegt in zijn hart: Er is geen God. Zij verderven het, zij maken het gruwelijk met hun werk; er isniemand, die goed doet.

²De HEERE heeft uit den hemel nedergezien op de mensenkinderen, om te zien, of iemand verstandig ware, die God zocht.

³Zij zijn allen afgeweken, te zamen zijn zij stinkende geworden; er is niemand, die goed doet, ook niet een.

⁴Hebben dan alle werkers der ongerechtigheid geen kennis, die mijn volk opeten, alsof zij brood aten? Zij roepen den HEERE niet aan.

⁵Aldaar zijn zij met vervaardheid vervaard; want God is bij het geslacht des rechtvaardigen.

⁶Gijlieden beschaamt den raad des ellendigen, omdat de HEERE zijn Toevlucht is.

⁷Och, dat Israels verlossing uit Sion kwam! Als de HEERE de gevangenen Zijns volks zal doen wederkeren, dan zal zich Jakob verheugen, Israel zal verblijd zijn.

Hoofdstuk 15

¹Een psalm van David. HEERE, wie zal verkeren in Uw tent? Wie zal wonen op den berg Uwer heiligheid?

²Die oprecht wandelt, en gerechtigheid werkt, en die met zijn hart de waarheid spreekt;

³Die met zijn tong niet achterklapt, zijn metgezellen geen kwaad doet, en geen smaadrede opneemt tegen zijn naaste;

⁴In wiens ogen de verworpene veracht is, maar hij eert degenen, die den HEERE vrezen; heeft hij gezworen tot zijn schade, evenwel verandert hij niet;

⁵Die zijn geld niet geeft op woeker, en geen geschenk neemt tegen den onschuldige. Die deze dingen doet, zal niet wankelen in eeuwigheid.

Hoofdstuk 16

¹Een gouden kleinood van David. Bewaar mij, o God! want ik betrouw op U.

²O mijn ziel! gij hebt tot den HEERE gezegd: Gij zijt de HEERE, mijn goedheid raakt niet tot U;

³Maar tot de heiligen, die op de aarde zijn, en de heerlijken, in dewelke al mijn lust is.

⁴De smarten dergenen, die een anderen God begiftigen, zullen vermenigvuldigd worden; ik zal hun drankofferen van bloed niet offeren, en hun namen op mijnlippen niet nemen.

⁵De HEERE is het deel mijner erve, en mijns bekers; Gij onderhoudt mijn lot.

⁶De snoeren zijn mij in liefelijke plaatsen gevallen; ja, een schone erfenis is mij geworden.

⁷Ik zal den HEERE loven, Die mij raad heeft gegeven; zelfs bij nacht onderwijzen mij mijn nieren.

⁸Ik stel den HEERE geduriglijk voor mij, omdat Hij aan mijn rechterhand is, zal ik niet wankelen.

⁹Daarom is mijn hart verblijd, en mijn eer verheugt zich; ook zal mijn vlees zeker wonen.

¹⁰Want Gij zult mijn ziel in de hel niet verlaten; Gij zult niet toelaten, dat Uw Heilige de verderving zie.

¹¹Gij zult mij het pad des levens bekend maken; verzadiging der vreugde is bij Uw aangezicht; liefelijkheden zijn in Uw rechterhand, eeuwiglijk.

Hoofdstuk 17

¹Een gebed van David. HEERE! hoor de gerechtigheid, merk op mijn geschrei, neem ter ore mijn gebed, met onbedriegelijke lippen gesproken.

²Laat mijn recht van voor Uw aangezicht uitgaan, laat Uw ogen de billijkheden aanschouwen.

³Gij hebt mijn hart geproefd, des nachts bezocht, Gij hebt mij getoetst. Gij vindt niets; hetgeen ik gedacht heb, overtreedt mijn mond niet.

⁴Aangaande de handelingen des mensen, ik heb mij, naar het woord Uwer lippen, gewacht voor de paden des inbrekers;

⁵Houdende mijn gangen in Uw sporen, opdat mijn voetstappen niet zouden wankelen.

⁶Ik roep U aan, omdat Gij mij verhoort; o God! neig Uw oor tot mij; hoor mijn rede.

⁷Maak Uw weldadigheden wonderbaar, Gij, Die verlost degenen, die op U betrouwen, van degenen, die tegen Uw rechterhand opstaan!

⁸Bewaar mij als het zwart des oogappels, verberg mij onder de schaduw Uwer vleugelen,

⁹Voor het aangezicht der goddelozen, die mij verwoesten, mijner doodsvijanden, die mij omringen.

¹⁰Met hun vet besluiten zij zich, met hun mond spreken zij hovaardelijk.

¹¹In onzen gang hebben zij ons nu omsingeld, zij zetten hun ogen op ons ter aarde nederbukkende.

¹²Hij is gelijk als een leeuw, die begeert te roven, en als een jonge leeuw, zittende in verborgen plaatsen.

¹³Sta op, HEERE, kom zijn aangezicht voor, vel hem neder; bevrijd mijn ziel met Uw zwaard van den goddeloze;

¹⁴Met Uw hand van de lieden, o HEERE! van de lieden, die van de wereld zijn, welker deel in dit leven is, welker buik Gij vervult met Uw verborgen schat; dekinderen worden verzadigd, en zij laten hun overschot hun kinderkens achter.

¹⁵Maar ik zal Uw aangezicht in gerechtigheid aanschouwen, ik zal verzadigd worden met Uw beeld, als ik zal opwaken.

Hoofdstuk 18

¹Voor den opperzangmeester, een psalm van David, de knecht des HEEREN, die de woorden dezes lieds tot den HEERE gesproken heeft, ten dage, als deHEERE hem gered had uit de hand van al zijn vijanden, en uit de hand van Saul.

²Hij zeide dan: Ik zal U hartelijk liefhebben, HEERE, mijn Sterkte!

³De HEERE is mijn Steenrots, en mijn Burg, en mijn Uithelper; mijn God, mijn Rots, op Welken ik betrouw; mijn Schild, en de Hoorn mijns heils, mijn HoogVertrek.

⁴Ik riep den HEERE aan, Die te prijzen is, en werd verlost van mijn vijanden.

⁵Banden des doods hadden mij omvangen, en beken Belials verschrikten mij.

⁶Banden der hel omringden mij, strikken des doods bejegenden mij.

⁷Als mij bange was, riep ik den HEERE aan, en riep tot mijn God; Hij hoorde mijn stem uit Zijn paleis, en mijn geroep voor Zijn aangezicht kwam in Zijn oren.

⁸Toen daverde en beefde de aarde, en de gronden der bergen beroerden zich en daverden, omdat Hij ontstoken was.

⁹Rook ging op van Zijn neus, en een vuur uit Zijn mond verteerde; kolen werden daarvan aangestoken.

¹⁰En Hij boog den hemel, en daalde neder, en donkerheid was onder Zijn voeten.

¹¹En Hij voer op een cherub, en vloog; ja, Hij vloog snellijk op de vleugelen des winds.

¹²Duisternis zette Hij tot Zijn verberging; rondom Hem was Zijn tent, duisterheid der wateren, wolken des hemels.

¹³Van den glans, die voor Hem was, dreven Zijn wolken daarhenen, hagel en vurige kolen.

¹⁴En de HEERE donderde in den hemel, en de Allerhoogste gaf Zijn stem, hagel en vurige kolen.

¹⁵En Hij zond Zijn pijlen uit, en verstrooide ze; en Hij

vermenigvuldigde de bliksemen, en verschrikte ze.
¹⁶En de diepe kolken der wateren werden gezien, en de gronden der wereld werden ontdekt, van Uw schelden, o HEERE! van het geblaas des winds van Uwneus.
¹⁷Hij zond van de hoogte, Hij nam mij, Hij trok mij op uit grote wateren.
¹⁸Hij verloste mij van mijn sterken vijand, en van mijn haters, omdat zij machtiger waren dan ik.
¹⁹Zij hadden mij bejegend ten dage mijns ongevals; maar de HEERE was mij tot een Steunsel.
²⁰En Hij voerde mij uit in de ruimte, Hij rukte mij uit, want Hij had lust aan mij.
²¹De HEERE vergold mij naar mijn gerechtigheid, Hij gaf mij weder naar de reinigheid mijner handen.
²²Want ik heb des HEEREN wegen gehouden, en ben van mijn God niet goddelooslijk afgegaan.
²³Want al Zijn rechten waren voor mij, en Zijn inzettingen deed ik niet van mij weg.
²⁴Maar ik was oprecht bij Hem, en ik wachtte mij voor mijn ongerechtigheid.
²⁵Zo gaf mij de HEERE weder naar mijn gerechtigheid, naar de reinigheid mijner handen, voor Zijn ogen.
²⁶Bij den goedertierene houdt Gij U goedertieren, bij den oprechten man houdt Gij U oprecht.
²⁷Bij den reine houdt Gij U rein, maar bij den verkeerde bewijst Gij U een Worstelaar.
²⁸Want Gij verlost het bedrukte volk, maar de hoge ogen vernedert Gij.
²⁹Want Gij doet mijn lamp lichten; de HEERE, mijn God, doet mijn duisternis opklaren.
³⁰Want met U loop ik door een bende, en met mijn God spring ik over een muur.
³¹Gods weg is volmaakt; de rede des HEEREN is doorlouterd; Hij is een Schild allen, die op Hem betrouwen.
³²Want wie is God, behalve de HEERE? En wie is een Rotssteen, dan alleen onze God?
³³Het is God, Die mij met kracht omgordt; en Hij heeft mijn weg volkomen gemaakt.
³⁴Hij maakt mijn voeten gelijk als der hinden, en Hij stelt mij op mijn hoogten.
³⁵Hij leert mijn handen ten strijde, zodat een stalen boog met mijn armen verbroken is.
³⁶Ook hebt Gij mij het schild Uws heils gegeven, en Uw rechterhand heeft mij ondersteund, en Uw zachtmoedigheid heeft mij groot gemaakt.
³⁷Gij hebt mijn voetstap ruim gemaakt onder mij, en mijn enkelen hebben niet gewankeld.
³⁸Ik vervolgde mijn vijanden, en trof hen aan; en ik keerde niet weder, totdat ik hen verdaan had.
³⁹Ik doorstak hen, dat zij niet weder konden opstaan; zij vielen onder mijn voeten.
⁴⁰Want Gij omgorddet mij met kracht ten strijde; Gij deedt onder mij nederbukken, die tegen mij opstonden.
⁴¹En Gij gaaft mij den nek mijner vijanden, en mijn haters, die vernielde ik.
⁴²Zij riepen, maar er was geen verlosser; tot den HEERE, maar Hij antwoordde hun niet.
⁴³Toen vergruisde ik hen als stof voor den wind; ik ruimde hen weg als slijk der straten.
⁴⁴Gij hebt mij uitgeholpen van de twisten des volks; Gij hebt mij gesteld tot een hoofd der heidenen; het volk, dat ik niet kende, heeft mij gediend.
⁴⁵Zo haast als hun oor van mij hoorde, hebben zij mij gehoorzaamd; vreemden hebben zich mij geveinsdelijk onderworpen.
⁴⁶Vreemden zijn vervallen, en hebben gesidderd uit hun sloten.
⁴⁷De HEERE leeft, en geloofd zij mijn Rotssteen, en verhoogd zij de God mijns heils!
⁴⁸De God, Die mij volkomen wraak geeft, en de volken onder mij brengt;
⁴⁹Die mij uithelpt van mijn vijanden; ja, Gij verhoogt mij boven degenen, die tegen mij opstaan; Gij redt mij van den man des gewelds.
⁵⁰Daarom zal ik U, o HEERE! loven onder de heidenen; en Uw Naam zal ik psalmzingen;
⁵¹Die de verlossingen Zijns konings groot maakt, en goedertierenheid doet aan Zijn gezalfde, aan David en aan zijn zaad tot in eeuwigheid.

Hoofdstuk 19

¹Een psalm van David, voor den opperzangmeester.
²De hemelen vertellen Gods eer, en het uitspansel verkondigt Zijner handen werk.
³De dag aan den dag stort overvloediglijk spraak uit, en de nacht aan den nacht toont wetenschap.
⁴Geen spraak, en geen woorden zijn er, waar hun stem niet wordt gehoord.
⁵Hun richtsnoer gaat uit over de ganse aarde, en hun redenen aan het einde der wereld; Hij heeft in dezelve een tent gesteld voor de zon.
⁶En die is als een bruidegom, uitgaande uit zijn slaapkamer; zij is vrolijk als een held, om het pad te lopen.
⁷Haar uitgang is van het einde des hemels, en haar omloop tot aan de einden deszelven; en niets is verborgen voor haar hitte.
⁸De wet des HEEREN is volmaakt, bekerende de ziel; de getuigenis des HEEREN is gewis, den slechten wijsheid gevende.
⁹De bevelen des HEEREN zijn recht, verblijdende het hart; het gebod des HEEREN is zuiver, verlichtende de ogen.
¹⁰De vreze des HEEREN is rein, bestaande tot in eeuwigheid, de rechten des HEEREN zijn waarheid, samen zijn zij rechtvaardig.
¹¹Zij zijn begeerlijker dan goud, ja, dan veel fijn goud; en zoeter dan honig en honigzeem.
¹²Ook wordt Uw knecht door dezelve klaarlijk vermaand; in het houden van die is grote loon.
¹³Wie zou de afdwalingen verstaan? Reinig mij van de verborgene afdwalingen.
¹⁴Houd Uw knecht ook terug van trotsheden; laat ze niet over mij heersen; dan zal ik oprecht zijn en rein van grote overtreding.
¹⁵Laat de redenen mijns monds, en de overdenking mijns harten welbehagelijk zijn voor Uw aangezicht, o HEERE, mijn Rotssteen en mijn Verlosser!

Hoofdstuk 20

¹Een psalm van David, voor den opperzangmeester.
²De HEERE verhore u in den dag der benauwdheid; de Naam van den God Jakobs zette u in een hoog vertrek.
³Hij zende uw hulp uit het heiligdom, en ondersteune u uit Sion.
⁴Hij gedenke al uwer spijsofferen, en make uw brandoffer tot as. Sela.
⁵Hij geve u naar uw hart, en vervulle al uw raad.
⁶Wij zullen juichen over Uw heil, en de vaandelen opsteken in den Naam onzes Gods. De HEERE vervulle al uw begeerten.
⁷Alsnu weet ik, dat de HEERE Zijn Gezalfde behoudt; Hij zal Hem verhoren uit den hemel Zijner heiligheid; het heil Zijner rechterhand zal zijn metmogendheden.
⁸Dezen vermelden van wagens, en die van paarden; maar wij zullen vermelden van den Naam des HEEREN, onzes Gods.
⁹Zij hebben zich gekromd, en zijn gevallen; maar wij zijn gerezen en staande gebleven.
¹⁰O HEERE! behoud; die Koning verhore ons ten dage van ons roepen.

Hoofdstuk 21

¹Een psalm van David, voor den opperzangmeester.
²O HEERE! de koning is verblijd over Uw sterkte; en hoezeer is hij verheugd over Uw heil!
³Gij hebt hem zijns harten wens gegeven, en de uitspraak zijner lippen hebt Gij niet geweerd. Sela.
⁴Want Gij komt hem voor met zegeningen van het goede; op zijn hoofd zet Gij een kroon van fijn goud.
⁵Het leven heeft hij van U begeerd. Gij hebt het hem gegeven; lengte van dagen, eeuwiglijk en altoos.
⁶Groot is zijn eer door Uw heil; majesteit en heerlijkheid hebt Gij hem toegevoegd.
⁷Want Gij zet hem tot zegeningen in eeuwigheid; Gij vervrolijkt hem door vreugde met Uw aangezicht.
⁸Want de koning vertrouwt op den HEERE, en door de goedertierenheid des Allerhoogsten zal hij niet wankelen.
⁹Uw hand zal alle vijanden vinden; uw rechterhand zal uw haters vinden.
¹⁰Gij zult hen zetten als een vurige oven ter tijd uws toornigen aangezichts; de HEERE zal hen in Zijn toorn verslinden, en het vuur zal hen verteren.
¹¹Gij zult hun vrucht van de aarde verdoen, en hun zaad van de kinderen der mensen.
¹²Want zij hebben kwaad tegen U aangelegd; zij hebben een schandelijke daad bedacht, doch zullen niets vermogen.

Pslamen

¹³Want Gij zult hen zetten tot een wit; met Uw pezen zult Gij het op hun aangezicht toeleggen.

¹⁴Verhoog U, HEERE! in Uw sterkte; zo zullen wij zingen, en Uw macht met psalmen loven.

Hoofdstuk 22

¹Een psalm van David, voor den opperzangmeester, op Aijeleth hasschachar.

²Mijn God, mijn God! waarom hebt Gij mij verlaten, verre zijnde van mijn verlossing, van de woorden mijns brullens?

³Mijn God! Ik roep des daags, maar Gij antwoordt niet; en des nachts, en ik heb geen stilte.

⁴Doch Gij zijt heilig, wonende onder de lofzangen Israels.

⁵Op U hebben onze vaders vertrouwd; zij hebben vertrouwd, en Gij hebt hen uitgeholpen.

⁶Tot U hebben zij geroepen, en zijn uitgered; op U hebben zij vertrouwd, en zijn niet beschaamd geworden.

⁷Maar ik ben een worm en geen man, een smaad van mensen, en veracht van het volk.

⁸Allen, die mij zien, bespotten mij; zij steken de lip uit, zij schudden het hoofd, zeggende:

⁹Hij heeft het op den HEERE gewenteld, dat Hij hem nu uithelpe, dat Hij hem redde, dewijl Hij lust aan hem heeft!

¹⁰Gij zijt het immers, Die mij uit den buik hebt uitgetogen; Die mij hebt doen vertrouwen, zijnde aan mijner moeders borsten.

¹¹Op U ben ik geworpen van de baarmoeder af; van den buik mijner moeder aan zijt Gij mijn God.

¹²Zo wees niet verre van mij, want benauwdheid is nabij; want er is geen helper.

¹³Vele varren hebben mij omsingeld, sterke stieren van Basan hebben mij omringd.

¹⁴Zij hebben hun mond tegen mij opgesperd, als een verscheurende en brullende leeuw.

¹⁵Ik ben uitgestort als water, en al mijn beenderen hebben zich vaneen gescheiden; mijn hart is als was, het is gesmolten in het midden mijns ingewands.

¹⁶Mijn kracht is verdroogd als een potscherf, en mijn tong kleeft aan mijn gehemelte; en Gij legt mij in het stof des doods.

¹⁷Want honden hebben mij omsingeld; een vergadering van boosdoeners heeft mij omgeven; zij hebben mijn handen en mijn voeten doorgraven.

¹⁸Al mijn beenderen zou ik kunnen tellen; zij schouwen het aan, zij zien op mij.

¹⁹Zij delen mijn klederen onder zich, en werpen het lot over mijn gewaad.

²⁰Maar Gij, HEERE! wees niet verre; mijn Sterkte! haast U tot mijn hulp.

²¹Red mijn ziel van het zwaard, mijn eenzame van het geweld des honds.

²²Verlos mij uit des leeuwen muil; en verhoor mij van de hoornen der eenhoornen.

²³Zo zal ik Uw Naam mijn broederen vertellen; in het midden der gemeente zal ik U prijzen.

²⁴Gij, die den HEERE vreest! prijst Hem; al gij zaad van Jakob! vereert Hem; en ontziet u voor Hem, al gij zaad van Israel!

²⁵Want Hij heeft niet veracht, noch verfoeid de verdrukking des verdrukten, noch Zijn aangezicht voor hem verborgen; maar Hij heeft gehoord, als die tot Hemriep.

²⁶Van U zal mijn lof zijn in een grote gemeente; ik zal mijn geloften betalen in tegenwoordigheid dergenen, die Hem vrezen.

²⁷De zachtmoedigen zullen eten en verzadigd worden; zij zullen den HEERE prijzen, die Hem zoeken; ulieder hart zal in eeuwigheid leven.

²⁸Alle einden der aarde zullen het gedenken, en zich tot den HEERE bekeren; en alle geslachten der heidenen zullen voor Uw aangezicht aanbidden.

²⁹Want het koninkrijk is des HEEREN, en Hij heerst onder de heidenen.

³⁰Alle vetten op aarde zullen eten, en aanbidden; allen, die in het stof nederdalen, zullen voor Zijn aangezicht nederbukken; en die zijn ziel bij het leven niet kanhouden.

³¹Het zaad zal Hem dienen; het zal den HEERE aangeschreven worden tot in geslachten.

³²Zij zullen aankomen, en Zijn gerechtigheid verkondigen den volke, dat geboren wordt, omdat Hij het gedaan heeft.

Hoofdstuk 23

¹Een psalm van David. De HEERE is mijn Herder, mij zal niets ontbreken.

²Hij doet mij nederliggen in grazige weiden; Hij voert mij zachtjes aan zeer stille wateren.

³Hij verkwikt mijn ziel; Hij leidt mij in het spoor der gerechtigheid, om Zijns Naams wil.

⁴Al ging ik ook in een dal der schaduw des doods, ik zou geen kwaad vrezen, want Gij zijt met mij; Uw stok en Uw staf, die vertroosten mij.

⁵Gij richt de tafel toe voor mijn aangezicht, tegenover mijn tegenpartijders; Gij maakt mijn hoofd vet met olie, mijn beker is overvloeiende.

⁶Immers zullen mij het goede en de weldadigheid volgen al de dagen mijns levens; en ik zal in het huis des HEEREN blijven in lengte van dagen

Hoofdstuk 24

¹Een psalm van David. De aarde is des HEEREN, mitsgaders haar volheid, de wereld, en die daarin wonen.

²Want Hij heeft ze gegrond op de zeeen, en heeft ze gevestigd op de rivieren.

³Wie zal klimmen op den berg des HEEREN, en wie zal staan in de plaats Zijner heiligheid?

⁴Die rein van handen, en zuiver van hart is, die zijn ziel niet opheft tot ijdelheid, en die niet bedriegelijk zweert;

⁵Die zal den zegen ontvangen van den HEERE, en gerechtigheid van den God zijns heils.

⁶Dat is het geslacht dergenen, die naar Hem vragen, die Uw aangezicht zoeken, dat is Jakob! Sela.

⁷Heft uw hoofden op, gij poorten, en verheft u, gij eeuwige deuren, opdat de Koning der ere inga!

⁸Wie is de Koning der ere? De HEERE, sterk en geweldig, de HEERE, geweldig in den strijd.

⁹Heft uw hoofden op, gij poorten, ja, heft op, gij eeuwige deuren! opdat de Koning der ere inga!

¹⁰Wie is Hij, deze Koning der ere? De HEERE der heirscharen, Die is de Koning der ere. Sela.

Hoofdstuk 25

¹Een psalm van David. Aleph. Tot U, o HEERE! hef ik mijn ziel op.

²Beth. Mijn God! op U vertrouw ik; laat mij niet beschaamd worden; laat mijn vijanden niet van vreugde opspringen over mij.

³Gimel. Ja, allen, die U verwachten, zullen niet beschaamd worden; zij zullen beschaamd worden, die trouwelooslijk handelen zonder oorzaak.

⁴Daleth. HEERE! maak mij Uw wegen bekend, leer mij Uw paden.

⁵He. Vau. Leid mij in Uw waarheid, en leer mij, want Gij zijt de God mijns heils; U verwacht ik den ganse dag.

⁶Zain. Gedenk, HEERE! Uwer barmhartigheden en Uwer goedertierenheden, want die zijn van eeuwigheid.

⁷Cheth. Gedenk niet der zonden mijner jonkheid, noch mijner overtredingen; gedenk mijner naar Uw goedertierenheid, om Uwer goedheid wil, o HEERE!

⁸Teth. De HEERE is goed en recht; daarom zal Hij de zondaars onderwijzen in den weg.

⁹Jod. Hij zal de zachtmoedigen leiden in het recht, en Hij zal den zachtmoedigen Zijn weg leren.

¹⁰Caph. Alle paden des HEEREN zijn goedertierenheid en waarheid, dengenen, die Zijn verbond en Zijn getuigenissen bewaren.

¹¹Lamed. Om Uws Naams wil, HEERE! zo vergeef mijn ongerechtigheid, want die is groot.

¹²Mem. Wie is de man, die den HEERE vreest? Hij zal hem onderwijzen in den weg, dien hij zal hebben te verkiezen.

¹³Nun. Zijn ziel zal vernachten in het goede, en zijn zaad zal de aarde beerven.

¹⁴Samech. De verborgenheid des HEEREN is voor degenen, die Hem vrezen; en Zijn verbond, om hun die bekend te maken.

¹⁵Ain. Mijn ogen zijn geduriglijk op den HEERE, want Hij zal mijn voeten uit het net uitvoeren.

¹⁶Pe. Wend U tot mij, en wees mij genadig, want ik ben eenzaam en ellendig.

¹⁷Tsade. De benauwdheden mijns harten hebben zich wijd uitgestrekt; voer mij uit mijn noden.

¹⁸Resch. Aanzie mijn ellende, en mijn moeite, en neem weg al

mijn zonden.

¹⁹Resch. Aanzie mijn vijanden, want zij vermenigvuldigen, en zij haten mij met een wreveligen haat.

²⁰Schin. Bewaar mijn ziel, en red mij; laat mij niet beschaamd worden, want ik betrouw op U.

²¹Thau. Laat oprechtigheid en vroomheid mij behoeden, want ik verwacht U.

²²O God! verlos Israel uit al zijn benauwdheden.

Hoofdstuk 26

¹Een psalm van David! Doe mij recht, HEERE! want ik wandel in mijn oprechtigheid; en ik vertrouw op den HEERE, ik zal niet wankelen.

²Proef mij, HEERE, en verzoek mij; toets mijn nieren en mijn hart.

³Want Uw goedertierenheid is voor mijn ogen, en ik wandel in Uw waarheid.

⁴Ik zit niet bij ijdele lieden, en met bedekte lieden ga ik niet om.

⁵Ik haat de vergadering der boosdoeners, en bij de goddelozen zit ik niet.

⁶Ik was mijn handen in onschuld, en ik ga rondom uw altaar, o HEERE!

⁷Om te doen horen de stem des lofs, en om te vertellen al Uw wonderen.

⁸HEERE! ik heb lief de woning van Uw huis, en de plaats des tabernakels Uwer eer.

⁹Raap mijn ziel niet weg met de zondaren, noch mijn leven met de mannen des bloeds;

¹⁰In welker handen schandelijk bedrijf is, en welker rechterhand vol geschenken is.

¹¹Maar ik wandel in mijn oprechtigheid, verlos mij dan en wees mij genadig.

¹²Mijn voet staat op effen baan; ik zal den HEERE loven in de vergaderingen.

Hoofdstuk 27

¹Een psalm van David. De HEERE is mijn Licht en mijn Heil, voor wien zou ik vrezen? De HEERE is mijns levens kracht, voor wien zou ik vervaard zijn?

²Als de bozen, mijn tegenpartijen, en mijn vijanden tegen mij, tot mij naderden, om mijn vlees te eten, stieten zij zelven aan, en vielen.

³Ofschoon mij een leger belegerde, mijn hart zou niet vrezen; ofschoon een oorlog tegen mij opstond, zo vertrouw ik hierop.

⁴Een ding heb ik van den HEERE begeerd, dat zal ik zoeken: dat ik al de dagen mijns levens mocht wonen in het huis des HEEREN, om de liefelijkheid des HEEREN te aanschouwen, en te onderzoeken in Zijn tempel.

⁵Want Hij versteekt mij in Zijn hut, ten dage des kwaads; Hij verbergt mij in het verborgene Zijner tent; Hij verhoogt mij op een rotssteen.

⁶Ook nu zal mijn hoofd verhoogd worden boven mijn vijanden, die rondom mij zijn, en ik zal in Zijn tent offeranden des geklanks offeren; ik zal zingen, ja, psalmzingen den HEERE.

⁷Hoor, HEERE! mijn stem, als ik roep; en wees mij genadig, en antwoord mij.

⁸Mijn hart zegt tot U: Gij zegt: Zoek Mijn aangezicht; ik zoek Uw aangezicht, o HEERE!

⁹Verberg Uw aangezicht niet voor mij, keer Uw knecht niet af in toorn; Gij zijt mijn Hulp geweest, begeef mij niet, en verlaat mij niet, o God mijns heils!

¹⁰Want mijn vader en mijn moeder hebben mij verlaten, maar de HEERE zal mij aannemen.

¹¹HEERE! leer mij Uw weg, en leid mij in het rechte pad, om mijner verspieders wil.

¹²Geef mij niet over in de begeerte mijner tegenpartijders; want valse getuigen zijn tegen mij opgestaan, mitsgaders die wrevel uitblaast.

¹³Zo ik niet had geloofd, dat ik het goede des HEEREN zou zien in het land der levenden, ik ware vergaan.

¹⁴Wacht op den HEERE, zijt sterk, en Hij zal uw hart versterken, ja, wacht op den HEERE.

Hoofdstuk 28

¹Een psalm van David. Tot U roep ik, HEERE! mijn Rotssteen, houd U niet als doof van mij af; opdat ik niet, zo Gij U van mij stil houdt, vergeleken worde metdegenen, die in den kuil nederdalen.

²Hoor de stem mijner smekingen, als ik tot U roep, als ik mijn handen ophef naar de aanspraakplaats Uwer heiligheid.

³Trek mij niet weg met de goddelozen, en met de werkers der ongerechtigheid, die van vrede spreken met hun naasten, maar kwaad is in hun hart.

⁴Geef hun naar hun doen, en naar de boosheid hunner handelingen; geef hun naar hunner handen werk; doe hun vergelding tot hen wederkeren.

⁵Omdat zij niet letten op de daden des HEEREN, noch op het werk Zijner handen, zo zal Hij hen afbreken en zal hen niet bouwen.

⁶Geloofd zij de HEERE, want Hij heeft de stem mijner smekingen gehoord.

⁷De HEERE is mijn Sterkte en mijn Schild; op Hem heeft mijn hart vertrouwd, en ik ben geholpen; dies springt mijn hart van vreugde, en ik zal Hem met mijngezang loven.

⁸De HEERE is hunlieder Sterkte, en Hij is de Sterkheid der verlossingen Zijns Gezalfden.

⁹Verlos Uw volk, en zegen Uw erve, en weid hen, en verhef hen tot in eeuwigheid.

Hoofdstuk 29

¹Een psalm van David. Geeft den HEERE, gij kinderen der machtigen! geeft den HEERE eer en sterkte.

²Geeft den HEERE de eer Zijns Naams, aanbidt den HEERE in de heerlijkheid des heiligdoms.

³De stem des HEEREN is op de wateren, de God der ere dondert; de HEERE is op de grote wateren.

⁴De stem des HEEREN is met kracht, de stem des HEEREN is met heerlijkheid.

⁵De stem des HEEREN breekt de cederen; ja, de HEERE verbreekt de cederen van Libanon.

⁶En Hij doet ze huppelen als een kalf, de Libanon en Sirjon als een jongen eenhoorn.

⁷De stem des HEEREN houwt er vlammen vuurs uit.

⁸De stem des HEEREN doet de woestijn beven; de HEERE doet de woestijn Kades beven.

⁹De stem des HEEREN doet de hinden jongen werpen, en ontbloot de wouden; maar in Zijn tempel zegt Hem een iegelijk eer.

¹⁰De HEERE heeft gezeten over den watervloed; ja, de HEERE zit, Koning in eeuwigheid.

¹¹De HEERE zal Zijn volk sterkte geven; de HEERE zal Zijn volk zegenen met vrede.

Hoofdstuk 30

¹Een psalm, een lied der inwijding van Davids huis.

²Ik zal U verhogen, HEERE, want Gij hebt mij opgetrokken, en mijn vijanden over mij niet verblijd.

³HEERE, mijn God! ik heb tot U geroepen, en Gij hebt mij genezen.

⁴HEERE! Gij hebt mijn ziel uit het graf opgevoerd; Gij hebt mij bij het leven behouden, dat ik in den kuil niet ben nedergedaald.

⁵Psalmzingt den HEERE, gij Zijn gunstgenoten! en zegt lof ter gedachtenis Zijner heiligheid.

⁶Want een ogenblik is er in Zijn toorn, maar een leven in Zijn goedgunstigheid; des avonds vernacht het geween, maar des morgens is er gejuich.

⁷Ik zeide wel in mijn voorspoed: Ik zal niet wankelen in eeuwigheid.

⁸Want, HEERE! Gij hadt mijn berg door Uw goedgunstigheid vastgezet; maar toen Gij Uw aangezicht verborgt, werd ik verschrikt.

⁹Tot U, HEERE! riep ik, en ik smeekte tot den HEERE:

¹⁰Wat gewin is er in mijn bloed, in mijn nederdalen tot de groeve? Zal U het stof loven? Zal het Uw waarheid verkondigen?

¹¹Hoor, HEERE! en wees mij genadig; HEERE! wees mij een Helper.

¹²Gij hebt mij mijn weeklage veranderd in een rei; Gij hebt mijn zak ontbonden, en mij met blijdschap omgord;

¹³Opdat mijn eer U psalmzinge, en niet zwijge. HEERE, mijn God! in eeuwigheid zal ik U loven.

Hoofdstuk 31

¹Een psalm van David, voor den opperzangmeester.

²Op U, o HEERE! betrouw ik, laat mij niet beschaamd worden in eeuwigheid; help mij uit door Uw gerechtigheid.

³Neig Uw oor tot mij, red mij haastelijk; wees mij tot een sterke Rotssteen, tot een zeer vast Huis, om mij te behouden.

⁴Want Gij zijt mijn Steenrots en mijn Burg; leid mij dan, en voer mij, om Uws Naams wil.

⁵Doe mij uitgaan uit het net, dat zij voor mij verborgen hebben,

want Gij zijt mijn Sterkte.

⁶In Uw hand beveel ik mijn geest; Gij hebt mij verlost, HEERE, Gij, God der waarheid!

⁷Ik haat degenen, die op valse ijdelheden acht nemen, en ik betrouw op den HEERE.

⁸Ik zal mij verheugen en verblijden in Uw goedertierenheid, omdat Gij mijn ellende hebt aangezien, en mijn ziel in benauwdheden gekend;

⁹En mij niet hebt overgeleverd in de hand des vijands; Gij hebt mijn voeten doen staan in de ruimte.

¹⁰Wees mij genadig, HEERE! want mij is bange; van verdriet is doorknaagd mijn oog, mijn ziel en mijn buik.

¹¹Want mijn leven is verteerd van droefenis, en mijn jaren van zuchten; mijn kracht is vervallen door mijn ongerechtigheid, en mijn beenderen zijn doorknaagd.

¹²Vanwege al mijn wederpartijders ben ik, ook mijn naburen, grotelijks tot een smaad geworden, en mijn bekenden tot een schrik; die mij op de straten zien, vlieden van mij weg.

¹³Ik ben uit het hart vergeten als een dode; ik ben geworden als een bedorven vat.

¹⁴Want ik hoorde de naspraak van velen; vreze is van rondom, dewijl zij te zamen tegen mij raadslaan; zij denken mijn ziel te nemen.

¹⁵Maar ik vertrouw op U, o HEERE! Ik zeg: Gij zijt mijn God.

¹⁶Mijn tijden zijn in Uw hand; red mij van de hand mijner vijanden, en van mijn vervolgers.

¹⁷Laat Uw aangezicht over Uw knecht lichten; verlos mij door Uw goedertierenheid.

¹⁸HEERE! laat mij niet beschaamd worden, want ik roep U aan; laat de goddelozen beschaamd worden, laat hen zwijgen in het graf.

¹⁹Laat de valse lippen stom worden, die hard spreken tegen den rechtvaardige, in hoogmoed en verachting.

²⁰O, hoe groot is Uw goed, dat Gij weggelegd hebt voor degenen, die U vrezen; dat Gij gewrocht hebt voor degenen, die op U betrouwen, in detegenwoordigheid der mensenkinderen!

²¹Gij verbergt hen in het verborgene Uws aangezichts voor de hoogmoedigheden des mans; Gij versteekt hen in een hut voor de twist der tongen.

²²Geloofd zij de HEERE, want Hij heeft Zijn goedertierenheid aan mij wonderlijk gemaakt, mij voerende als in een vaste stad.

²³Ik zeide wel in mijn haasten: Ik ben afgesneden van voor Uw ogen; dan nog hoordet Gij de stem mijner smekingen, als ik tot U riep.

²⁴Hebt den HEERE lief, gij, al Zijn gunstgenoten! want de HEERE behoedt de gelovigen, en vergeldt overvloediglijk dengene, die hoogmoed bedrijft.

²⁵Zijt sterk, en Hij zal ulieder hart versterken, allen gij, die op den HEERE hoopt!

Hoofdstuk 32

¹Een onderwijzing van David. Welgelukzalig is hij, wiens overtreding vergeven, wiens zonde bedekt is.

²Welgelukzalig is de mens, dien de HEERE de ongerechtigheid niet toerekent, en in wiens geest geen bedrog is.

³Toen ik zweeg, werden mijn beenderen verouderd, in mijn brullen den gansen dag.

⁴Want Uw hand was dag en nacht zwaar op mij; mijn sap werd veranderd in zomerdroogten. Sela.

⁵Mijn zonde maakte ik U bekend, en mijn ongerechtigheid bedekte ik niet. Ik zeide: Ik zal belijdenis van mijn overtredingen doen voor den HEERE; en Gijvergaaft de ongerechtigheid mijner zonde. Sela.

⁶Hierom zal U ieder heilige aanbidden in vindensstijd; ja, in een overloop van grote wateren zullen zij hem niet aanraken.

⁷Gij zijt mij een Verberging; Gij behoedt mij voor benauwdheid; Gij omringt mij met vrolijke gezangen van bevrijding. Sela.

⁸Ik zal u onderwijzen, en u leren van den weg, dien gij gaan zult; Ik zal raad geven, Mijn oog zal op u zijn.

⁹Weest niet gelijk een paard, gelijk een muilezel, hetwelk geen verstand heeft, welks muil men breidelt met toom en gebit, opdat het tot u niet genake.

¹⁰De goddeloze heeft veel smarten, maar die op den HEERE vertrouwt, dien zal de goedertierenheid omringen.

¹¹Verblijdt u in den HEERE, en verheugt u, gij rechtvaardigen! en zingt vrolijk, alle gij oprechten van harte!

Hoofdstuk 33

¹Gij rechtvaardigen! zingt vrolijk in den HEERE; lof betaamt den oprechten.

²Looft den HEERE met de harp; psalmzingt Hem met de luit, en het tiensnarig instrument.

³Zingt Hem een nieuw lied; speelt wel met vrolijk geschal.

⁴Want des HEEREN woord is recht, en al Zijn werk getrouw.

⁵Hij heeft gerechtigheid en gericht lief; de aarde is vol van de goedertierenheid des HEEREN.

⁶Door het Woord des HEEREN zijn de hemelen gemaakt, en door den Geest Zijns monds al hun heir.

⁷Hij vergadert de wateren der zee als op een hoop; Hij stelt den afgronden schatkameren.

⁸Laat de ganse aarde voor den HEERE vrezen; laat alle inwoners van de wereld voor Hem schrikken.

⁹Want Hij spreekt, en het is er; Hij gebiedt, en het staat er.

¹⁰De HEERE vernietigt den raad der heidenen; Hij breekt de gedachten der volken.

¹¹Maar de raad des HEEREN bestaat in eeuwigheid, de gedachten Zijns harten van geslacht tot geslacht.

¹²Welgelukzalig is het volk, welks God de HEERE is; het volk, dat Hij Zich ten erve verkoren heeft.

¹³De HEERE schouwt uit den hemel, en ziet alle mensenkinderen.

¹⁴Hij ziet uit van Zijn vaste woonplaats op alle inwoners der aarde.

¹⁵Hij formeert hun aller hart; Hij let op al hun werken.

¹⁶Een koning wordt niet behouden door een groot heir; een held wordt niet gered door grote kracht;

¹⁷Het paard feilt ter overwinning, en bevrijdt niet door zijn grote sterkte.

¹⁸Ziet, des HEEREN oog is over degenen, die Hem vrezen, op degenen, die op Zijn goedertierenheid hopen.

¹⁹Om hun ziel van den dood te redden, en om hen bij het leven te houden in den honger.

²⁰Onze ziel verbeidt den HEERE: Hij is onze Hulp en ons Schild.

²¹Want ons hart is in Hem verblijd, omdat wij op den Naam Zijner heiligheid vertrouwen.

²²Uw goedertierenheid, HEERE! zij over ons; gelijk als wij op U hopen.

Hoofdstuk 34

¹Een psalm van David, als hij zijn gelaat veranderd had voor het aangezicht van Abimelech, die hem wegjoeg, dat hij doorging.

²Aleph. Ik zal den HEERE loven te aller tijd; Zijn lof zal geduriglijk in mijn mond zijn.

³Beth. Mijn ziel zal zich beroemen in den HEERE; de zachtmoedigen zullen het horen en verblijd zijn.

⁴Gimel. Maakt den HEERE met mij groot, en laat ons Zijn Naam samen verhogen.

⁵Daleth. Ik heb den HEERE gezocht, en Hij heeft mij geantwoord, en mij uit al mijn vrezen gered.

⁶He. Vau. Zij hebben op Hem gezien, ja, Hem als een waterstroom aangelopen; en hun aangezichten zijn niet schaamrood geworden.

⁷Zain. Deze ellendige riep, en de HEERE hoorde; en Hij verloste hem uit al zijn benauwdheden.

⁸Cheth. De Engel des HEEREN legert Zich rondom degenen, die Hem vrezen, en rukt hen uit.

⁹Teth. Smaakt en ziet, dat de HEERE goed is; welgelukzalig is de man, die op Hem betrouwt.

¹⁰Jod. Vreest den HEERE, gij Zijn heiligen! want die Hem vrezen, hebben geen gebrek.

¹¹Caph. De jonge leeuwen lijden armoede, en hongeren; maar die den HEERE zoeken, hebben geen gebrek aan enig goed.

¹²Lamed. Komt, gij, kinderen! hoort naar mij! ik zal u des HEEREN vreze leren.

¹³Mem. Wie is de man, die lust heeft ten leven, die dagen liefheeft, om het goede te zien?

¹⁴Nun. Bewaar uw tong van het kwaad, en uw lippen van bedrog te spreken.

¹⁵Samech. Wijk af van het kwaad, en doe het goede; zoek den vrede, en jaag dien na.

¹⁶Ain. De ogen des HEEREN zijn op de rechtvaardigen, en Zijn oren tot hun geroep.

¹⁷Pe. Het aangezicht des HEEREN is tegen degenen, die kwaad doen, om hun gedachtenis van de aarde uit te roeien.

¹⁸Tsade. Zij roepen, en de HEERE hoort, en Hij redt hen uit al hun benauwdheden.

¹⁹Koph. De HEERE is nabij de gebrokenen van harte, en Hij behoudt de verslagenen van geest.

²⁰Resch. Vele zijn de tegenspoeden des rechtvaardigen; maar uit alle die redt hem de HEERE.

²¹Schin. Hij bewaart al zijn beenderen; niet een van die wordt gebroken.

²²Thau. De boosheid zal den goddeloze doden; en die den rechtvaardige haten, zullen schuldig verklaard worden.
²³De HEERE verlost de ziel Zijner knechten; en allen, die op Hem betrouwen, zullen niet schuldig verklaard worden.

Hoofdstuk 35

¹Een psalm van David. Twist, HEERE! met mijn twisters; strijd met mijn bestrijders.
²Grijp het schild en de rondas, en sta op tot mijn hulp.
³En breng de spies voort, en sluit den weg toe, mijn vervolgers tegemoet; zeg tot mijn ziel: Ik ben uw Heil.
⁴Laat hen beschaamd en te schande worden, die mijn ziel zoeken; laat hen achterwaarts gedreven en schaamrood worden, die kwaad tegen mij bedenken.
⁵Laat hen worden als kaf voor den wind, en de Engel des HEEREN drijve hen weg.
⁶Hun weg zij duister en gans slibberig; en de Engel des HEEREN vervolge hen.
⁷Want zij hebben zonder oorzaak de groeve van hun net voor mij verborgen; zij hebben zonder oorzaak gegraven voor mijn ziel.
⁸De verwoesting overkome hem, dat hij het niet wete, en zijn net, dat hij verborgen heeft, vange hemzelven; hij valle daarin met verwoesting.
⁹Zo zal mijn ziel zich verheugen in den HEERE; zij zal vrolijk zijn in Zijn heil.
¹⁰Al mijn beenderen zullen zeggen: HEERE, wie is U gelijk! U, Die den ellendige redt van dien, die sterker is dan hij, en den ellendige en nooddruftige van zijnberover.
¹¹Wrevelige getuigen staan er op; hetgeen ik niet weet, eisen zij van mij.
¹²Zij vergelden mij kwaad voor goed, de beroving mijner ziel.
¹³Mij aangaande daarentegen, als zij krank waren, was een zak mijn kleed; ik kwelde mijn ziel met vasten, en mijn gebed keerde weder in mijn boezem.
¹⁴Ik ging steeds, alsof het een vriend, alsof het mij een broeder geweest ware; ik ging gebukt in het zwart, als een, die over zijn moeder treurt.
¹⁵Maar als ik hinkte, waren zij verblijd, en verzamelden zich; zij verzamelden zich tot mij als geslagenen, en ik merkte niets; zij scheurden hun klederen, enzwegen niet stil.
¹⁶Onder de huichelende spotachtige tafelbroeders knersten zij over mij met hun tanden.
¹⁷HEERE! hoe lang zult Gij toezien? Breng mijn ziel weder van hunlieder verwoestingen, mijn eenzame van de jonge leeuwen.
¹⁸Zo zal ik U loven in de grote gemeente; onder machtig veel volks zal ik U prijzen.
¹⁹Laat hen zich niet verblijden over mij, die mij om valse oorzaken vijanden zijn; noch wenken met de ogen, die mij zonder oorzaak haten.
²⁰Want zij spreken niet van vrede, maar zij bedenken bedriegelijke zaken tegen de stillen in het land.
²¹En zij sperren hun mond wijd op tegen mij; zij zeggen: Ha, ha, ons oog heeft het gezien!
²²HEERE! Gij hebt het gezien, zwijg niet; HEERE! wees niet verre van mij.
²³Ontwaak en word wakker tot mijn recht; mijn God en HEERE! tot mijn twistzaak.
²⁴Doe mij recht naar Uw gerechtigheid, HEERE, mijn God! en laat hen zich over mij niet verblijden.
²⁵Laat hen niet zeggen in hun hart: Heah, onze ziel! laat hen niet zeggen: Wij hebben hem verslonden!
²⁶Laat hen beschaamd en te zamen schaamrood worden, die zich in mijn kwaad verblijden; laat hen met schaamte en schande bekleed worden, die zich tegen mij groot maken.
²⁷Laat hen vrolijk zingen en verblijd zijn, die lust hebben tot mijn gerechtigheid; en laat hen geduriglijk zeggen: Groot gemaakt zij de HEERE, Die lust heeft tot denvrede Zijns knechts!
²⁸Zo zal mijn tong vermelden Uw gerechtigheid, en Uw lof den gansen dag.

Hoofdstuk 36

¹Een psalm van David, den knecht des HEEREN, voor den opperzangmeester.
²De overtreding des goddelozen spreekt in het binnenste van mijn hart: Er is geen vreze Gods voor zijn ogen.
³Want hij vleit zichzelven in zijn ogen, als men zijn ongerechtigheid bevindt, die te haten is.
⁴De woorden zijns monds zijn onrecht en bedrog; hij laat na te verstaan tot weldoen.
⁵Hij bedenkt onrecht op zijn leger; hij stelt zich op een weg, die niet goed is; het kwaad verwerpt hij niet.
⁶O HEERE! Uw goedertierenheid is tot in de hemelen; Uw waarheid tot de bovenste wolken toe.
⁷Uw gerechtigheid is als de bergen Gods; Uw oordelen zijn een grote afgrond; HEERE! Gij behoudt mensen en beesten.
⁸Hoe dierbaar is Uw goedertierenheid, o God! Dies de mensenkinderen onder de schaduw Uwer vleugelen toevlucht nemen.
⁹Zij worden dronken van de vettigheid Uws huizes; en Gij drenkt hen uit de beek Uwer wellusten.
¹⁰Want bij U is de fontein des levens; in Uw licht zien wij het licht.
¹¹Strek Uw goedertierenheid uit over degenen, die U kennen, en Uw gerechtigheid over de oprechten van hart.
¹²De voet der hovaardigen kome niet over mij, en de hand der goddelozen doe mij niet omzwerven.
¹³Aldaar zijn de werkers der ongerechtigheid gevallen; zij zijn nedergestoten, en kunnen niet weder opstaan.

Hoofdstuk 37

¹Een psalm van David. Aleph. Ontsteek u niet over de boosdoeners; benijd hen niet, die onrecht doen.
²Want als gras zullen zij haast worden afgesneden, en als de groene grasscheutjes zullen zij afvallen.
³Beth. Vertrouw op den HEERE, en doe het goede; bewoon de aarde, en voed u met getrouwigheid.
⁴En verlustig u in den HEERE, zo zal Hij u geven de begeerten uws harten.
⁵Gimel. Wentel uw weg op den HEERE, en vertrouw op Hem; Hij zal het maken;
⁶En zal uw gerechtigheid doen voortkomen als het licht, en uw recht als den middag.
⁷Daleth. Zwijg den HEERE, en verbeid Hem; ontsteek u niet over dengene, wiens weg voorspoedig is; over een man, die listige aanslagen uitvoert.
⁸He. Laat af van toorn, en verlaat de grimmigheid; ontsteek u niet, immers niet, om kwaad te doen.
⁹Want de boosdoeners zullen uitgeroeid worden, maar die den HEERE verwachten, die zullen de aarde erfelijk bezitten.
¹⁰Vau. En nog een weinig, en de goddeloze zal er niet zijn; en gij zult acht nemen op zijn plaats, maar hij zal er niet wezen.
¹¹De zachtmoedigen daarentegen zullen de aarde erfelijk bezitten, en zich verlustigen over groten vrede.
¹²Zain. De goddeloze bedenkt listige aanslagen tegen den rechtvaardige, en hij knerst over hem met zijn tanden.
¹³De Heere belacht hem, want Hij ziet, dat zijn dag komt.
¹⁴Cheth. De goddelozen hebben het zwaard uitgetrokken, en hun boog gespannen, om den ellendige en nooddruftige neder te vellen, om te slachten, die oprechtvan weg zijn.
¹⁵Hun zwaard zal in hunlieder hart gaan; en hun bogen zullen verbroken worden.
¹⁶Teth. Het weinige, dat de rechtvaardige heeft, is beter dan de overvloed veler goddelozen.
¹⁷Want de armen der goddelozen zullen verbroken worden; maar de HEERE ondersteunt de rechtvaardigen.
¹⁸Jod. De HEERE kent de dagen der oprechten; en hun erfenis zal in eeuwigheid blijven.
¹⁹Zij zullen niet beschaamd worden in den kwade tijd, en in de dagen des hongers zullen zij verzadigd worden.
²⁰Caph. Maar de goddelozen zullen vergaan, en de vijanden des HEEREN zullen verdwijnen, als het kostelijkste der lammeren; met den rook zullen zijverdwijnen.
²¹Lamed. De goddeloze ontleent en geeft niet weder; maar de rechtvaardige ontfermt zich, en geeft.
²²Want zijn gezegenden zullen de aarde erfelijk bezitten; maar zijn vervloekten zullen uitgeroeid worden.
²³Mem. De gangen deszelven mans worden van den HEERE bevestigd; en Hij heeft lust aan zijn weg.
²⁴Als hij valt, zo wordt hij niet weggeworpen, want de HEERE ondersteunt zijn hand.
²⁵Nun. Ik ben jong geweest, ook ben ik oud geworden, maar heb niet gezien den rechtvaardige verlaten, noch zijn zaad zoekende brood.
²⁶Den gansen dag ontfermt hij zich, en leent; en zijn zaad is tot zegening.
²⁷Samech. Wijk af van het kwade, en doe het goede, en woon in

Pslamen

eeuwigheid.

²⁸Want de HEERE heeft het recht lief, en zal Zijn gunstgenoten niet verlaten; in eeuwigheid worden zij bewaard; maar het zaad der goddelozen wordt uitgeroeid.

²⁹De rechtvaardigen zullen de aarde erfelijk bezitten, en in eeuwigheid daarop wonen.

³⁰Pe. De mond des rechtvaardigen vermeldt wijsheid, en zijn tong spreekt het recht.

³¹De wet zijns Gods is in zijn hart; zijn gangen zullen niet slibberen.

³²Tsade. De goddeloze loert op den rechtvaardige, en zoekt hem te doden.

³³Maar de HEERE laat hem niet in zijn hand; en Hij verdoemt hem niet, als hij geoordeeld wordt.

³⁴Koph. Wacht op den HEERE, en houd Zijn weg, en Hij zal u verhogen, om de aarde erfelijk te bezitten; gij zult zien, dat de goddelozen worden uitgeroeid.

³⁵Resch. Ik heb gezien een gewelddrijvende goddeloze, die zich uitbreidde als een groene inlandse boom.

³⁶Maar hij ging door, en zie, hij was er niet meer; en ik zocht hem, maar hij werd niet gevonden.

³⁷Schin. Let op den vrome, en zie naar den oprechte; want het einde van dien man zal vrede zijn.

³⁸Maar de overtreders worden te zamen verdelgd. het einde der goddelozen wordt uitgeroeid.

³⁹Thau. Doch het heil der rechtvaardigen is van den HEERE; hun Sterkte ter tijd van benauwdheid.

⁴⁰En de HEERE zal hen helpen, en zal hen bevrijden; Hij zal ze bevrijden van de goddelozen, en zal ze behouden; want zij betrouwen op Hem.

Hoofdstuk 38

¹Een psalm van David, om te doen gedenken.

²O HEERE! straf mij niet in Uw groten toorn, en kastijd mij niet in Uw grimmigheid.

³Want Uw pijlen zijn in mij gedaald, en Uw hand is op mij nedergedaald.

⁴Er is niets geheels in mijn vlees, vanwege Uw gramschap; er is geen vrede in mijn beenderen, vanwege mijn zonde.

⁵Want mijn ongerechtigheden gaan over mijn hoofd; als een zware last zijn zij mij te zwaar geworden.

⁶Mijn etterbuilen stinken, zij zijn vervuild, vanwege mijn dwaasheid.

⁷Ik ben krom geworden, ik ben uitermate zeer nedergebogen; ik ga den gansen dag in het zwart.

⁸Want mijn darmen zijn vol van een verachtelijke plage, en er is niets geheels in mijn vlees.

⁹Ik ben verzwakt, en uitermate zeer verbrijzeld; ik brul van het geruis mijns harten.

¹⁰HEERE! voor U is al mijn begeerte; en mijn zuchten is voor U niet verborgen.

¹¹Mijn hart keert om en om, mijn kracht heeft mij verlaten; en het licht mijner ogen, ook zij zelven zijn niet bij mij.

¹²Mijn liefhebbers en mijn vrienden staan van tegenover mijn plage, en mijn nabestaanden staan van verre.

¹³En die mijn ziel zoeken, leggen mij strikken; en die mijn kwaad zoeken, spreken verdervingen, en zij overdenken den gansen dag listen.

¹⁴Ik daarentegen ben als een dove, ik hoor niet, en als een stomme, die zijn mond niet opendoet.

¹⁵Ja, ik ben als een man, die niet hoort, en in wiens mond geen tegenredenen zijn.

¹⁶Want op U, HEERE! hoop ik; Gij zult verhoren, HEERE, mijn God!

¹⁷Want ik zeide: Dat zij zich toch over mij niet verblijden! Wanneer mijn voet zou wankelen, zo zouden zij zich tegen mij groot maken.

¹⁸Want ik ben tot hinken gereed, en mijn smart is steeds voor mij.

¹⁹Want ik maak U mijn ongerechtigheid bekend, ik ben bekommerd vanwege mijn zonde.

²⁰Maar mijn vijanden zijn levende, worden machtig; en die mij om valse oorzaken haten, worden groot.

²¹En die kwaad voor goed vergelden, staan mij tegen, omdat ik het goede najaag.

²²Verlaat mij niet, o HEERE, mijn God! wees niet verre van mij.

²³Haast U tot mijn hulp, HEERE, mijn Heil!

Hoofdstuk 39

¹Een psalm van David, voor den opperzangmeester, voor Jeduthun.

²Ik zeide: Ik zal mijn wegen bewaren, dat ik niet zondige met mijn tong; ik zal mijn mond met een breidel bewaren, terwijl de goddeloze nog tegenover mij is.

³Ik was verstomd door stilzwijgen, ik zweeg van het goede; maar mijn smart werd verzwaard.

⁴Mijn hart werd heet in mijn binnenste, een vuur ontbrandde in mijn overdenking; toen sprak ik met mijn tong:

⁵HEERE! maak mij bekend mijn einde, en welke de mate mijner dagen zij; dat ik wete, hoe vergankelijk ik zij.

⁶Zie, Gij hebt mijn dagen een handbreed gesteld, en mijn leeftijd is als niets voor U; immers is een ieder mens, hoe vast hij staat, enkel ijdelheid. Sela.

⁷Immers wandelt de mens als in een beeld, immers woelen zij ijdelijk; men brengt bijeen, en men weet niet, wie het naar zich nemen zal.

⁸En nu, wat verwacht ik, o HEERE! Mijn hoop, die is op U.

⁹Verlos mij van al mijn overtredingen; en stel mij niet tot een smaad des dwazen.

¹⁰Ik ben verstomd, ik zal mijn mond niet opendoen, want Gij hebt het gedaan.

¹¹Neem Uw plage van op mij weg, ik ben bezweken van de bestrijding Uwer hand.

¹²Kastijdt Gij iemand met straffingen om de ongerechtigheid, zo doet Gij zijn bevalligheid smelten als een mot; immers is een ieder mens ijdelheid. Sela.

¹³Hoor, HEERE! mijn gebed, en neem mijn geroep ter ore; zwijg niet tot mijn tranen; want ik ben een vreemdeling bij U, een bijwoner, gelijk al mijn vaders.

¹⁴Wend U van mij af, dat ik mij verkwikke, eer dat ik heenga, en ik niet meer zij.

Hoofdstuk 40

¹Davids psalm, voor den opperzangmeester.

²Ik heb den HEERE lang verwacht; en Hij heeft Zich tot mij geneigd, en mijn geroep gehoord.

³En Hij heeft mij uit een ruisenden kuil, uit modderig slijk opgehaald, en heeft mijn voeten op een rotssteen gesteld, Hij heeft mijn gangen vastgemaakt.

⁴En Hij heeft een nieuw lied in mijn mond gegeven, een lofzang onzen Gode; velen zullen het zien, en vrezen, en op den HEERE vertrouwen.

⁵Welgelukzalig is de man, die den HEERE tot zijn vertrouwen stelt, en niet omziet naar de hovaardigen, en die tot leugen afwijken.

⁶Gij, o HEERE, mijn God! hebt Uw wonderen en Uw gedachten aan ons vele gemaakt, men kan ze niet in orde bij U verhalen; zal ik ze verkondigen enuitspreken, zo zijn zij menigvuldiger dan dat ik ze zou kunnen vertellen.

⁷Gij hebt geen lust gehad aan slachtoffer en spijsoffer; Gij hebt mij de oren doorboord; brandoffer en zondoffer hebt Gij niet geeist.

⁸Toen zeide ik: Zie, ik kom; in de rol des boeks is van mij geschreven.

⁹Ik heb lust, o mijn God! om Uw welbehagen te doen; en Uw wet is in het midden mijns ingewands.

¹⁰Ik boodschap de gerechtigheid in de grote gemeente; zie, mijn lippen bedwing ik niet; HEERE! Gij weet het.

¹¹Uw gerechtigheid bedek ik niet in het midden mijns harten; Uw waarheid en Uw heil spreek ik uit; Uw weldadigheid en Uw trouw verheel ik niet in de grotegemeente.

¹²Gij, o HEERE! zult Uw barmhartigheden van mij niet onthouden; laat Uw weldadigheid en Uw trouw mij geduriglijk behoeden.

¹³Want kwaden, tot zonder getal toe, hebben mij omgeven; mijn ongerechtigheden hebben mij aangegrepen, dat ik niet heb kunnen zien; zij zijn menigvuldiger dande haren mijns hoofds, en mijn hart heeft mij verlaten.

¹⁴Het behage U, HEERE! mij te verlossen; HEERE! haast U tot mijn hulp.

¹⁵Laat hen te zamen beschaamd en schaamrood worden, die mijn ziel zoeken, om die te vernielen; laat hen achterwaarts gedreven worden, en te schandeworden, die lust hebben aan mijn kwaad.

¹⁶Laat hen verwoest worden tot loon hunner beschaming, die van mij zeggen: Ha, ha!

¹⁷Laat in U vrolijk en verblijd zijn allen, die U zoeken; laat de liefhebbers Uws heils geduriglijk zeggen: De HEERE zij groot

gemaakt!

¹⁸Ik ben wel ellendig en nooddruftig, maar de HEERE denkt aan mij; Gij zijt mijn Hulp en mijn Bevrijder; o mijn God! vertoef niet.

Hoofdstuk 41

¹Een psalm van David, voor den opperzangmeester.

²Welgelukzalig is hij, die zich verstandiglijk gedraagt jegens een ellendige; de HEERE zal hem bevrijden ten dage des kwaads.

³De HEERE zal hem bewaren, en zal hem bij het leven behouden; hij zal op aarde gelukzalig gemaakt worden. Geef hem ook niet over in zijner vijandenbegeerte.

⁴De HEERE zal hem ondersteunen op het ziekbed; in zijn krankheid verandert Gij zijn ganse leger.

⁵Ik zeide: O HEERE! wees mij genadig; genees mijn ziel, want ik heb tegen U gezondigd.

⁶Mijn vijanden spreken kwaad van mij, zeggende: Wanneer zal hij sterven, en zijn naam vergaan?

⁷En zo iemand van hen komt, om mij te zien, hij spreekt valsheid; zijn hart vergadert zich onrecht; gaat hij uit naar buiten, hij spreekt er van.

⁸Al mijn haters mompelen te zamen tegen mij; ze bedenken tegen mij, hetgeen mij kwaad is, zeggende:

⁹Een Belialsstuk kleeft hem aan; en hij, die nederligt, zal niet weder opstaan.

¹⁰Zelfs de man mijns vredes, op welken ik vertrouwde, die mijn brood at, heeft de verzenen tegen mij grotelijks verheven.

¹¹Maar Gij, o HEERE! wees mij genadig, en richt mij op; en ik zal het hun vergelden.

¹²Hierbij weet ik, dat Gij lust aan mij hebt, dat mijn vijand over mij niet zal juichen.

¹³Want mij aangaande, Gij onderhoudt mij in mijn oprechtigheid, en Gij stelt mij voor Uw aangezicht in eeuwigheid.

¹⁴Geloofd zij de HEERE, de God Israels, van eeuwigheid en tot in eeuwigheid! Amen, ja, amen.

Hoofdstuk 42

¹Een onderwijzing, voor den opperzangmeester, onder de kinderen van Korach.

²Gelijk een hert schreeuwt naar de waterstromen, alzo schreeuwt mijn ziel tot U, o God!

³Mijn ziel dorst naar God, naar den levenden God; wanneer zal ik ingaan, en voor Gods aangezicht verschijnen?

⁴Mijn tranen zijn mij tot spijs dag en nacht; omdat zij den gansen dag tot mij zeggen: Waar is uw God?

⁵Ik gedenk daaraan, en stort mijn ziel uit in mij, omdat ik placht heen te gaan onder de schare, en met hen te treden naar Gods huis, met een stem van vreugdegezang en lof, onder de feesthoudende menigte.

⁶Wat buigt gij u neder, o mijn ziel! en zijt onrustig in mij? Hoop op God, want ik zal Hem nog loven voor de verlossingen Zijns aangezichts.

⁷O mijn God! mijn ziel buigt zich neder in mij, daarom gedenk ik Uwer uit het land van de Jordaan, en Hermon, uit het klein gebergte.

⁸De afgrond roept tot den afgrond, bij het gedruis Uwer watergoten; al Uw baren en Uw golven zijn over mij heengegaan.

⁹Maar de HEERE zal des daags Zijn goedertierenheid gebieden, en des nachts zal Zijn lied bij mij zijn; het gebed tot den God mijns levens.

¹⁰Ik zal zeggen tot God: Mijn Steenrots! waarom vergeet Gij mij? Waarom ga ik in het zwart, vanwege des vijands onderdrukking?

¹¹Met een doodsteek in mijn beenderen honen mij mijn wederpartijders, als zij den gansen dag tot mij zeggen: Waar is uw God?

¹²Wat buigt gij u neder, o mijn ziel! en wat zijt gij onrustig in mij? Hoop op God, want ik zal Hem nog loven; Hij is de menigvuldige Verlossing mijns aangezichts, en mijn God.

Hoofdstuk 43

¹Doe mij recht, o God! en twist Gij mijn twistzaak; bevrijd mij van het ongoedertieren volk, van den man des bedrogs en des onrechts.

²Want Gij zijt de God mijner sterkte; waarom verstoot Gij mij dan? Waarom ga ik steeds in het zwart, vanwege des vijands onderdrukking?

³Zend Uw licht en Uw waarheid, dat die mij leiden; dat zij mij brengen tot den berg Uwer heiligheid, en tot Uw woningen;

⁴En dat ik inga tot Gods altaar, tot den God der blijdschap mijner verheuging, en U met de harp love, o God, mijn God!

⁵Wat buigt gij u neder, o mijn ziel! en wat zijt gij onrustig in mij? Hoop op God, want ik zal Hem nog loven; Hij is de menigvuldige Verlossing mijns aangezichts, en mijn God.

Hoofdstuk 44

¹Een onderwijzing, voor den opperzangmeester, onder de kinderen van Korach.

²O God! wij hebben het met onze oren gehoord, onze vaders hebben het ons verteld: Gij hebt een werk gewrocht in hun dagen, in de dagen van ouds.

³Gij hebt de heidenen met Uw hand uit de bezitting verdreven, maar henlieden geplant; Gij hebt de volken geplaagd, henlieden daarentegen doen voortschieten.

⁴Want zij hebben het land niet geerfd door hun zwaard, en hun arm heeft hun geen heil gegeven; maar Uw rechterhand, en Uw arm, en het licht Uws aangezichts, omdat Gij een welbehagen in hen hadt.

⁵Gij Zelf zijt mijn Koning, o God! gebied de verlossingen Jakobs.

⁶Door U zullen wij onze wederpartijders met hoornen stoten; in Uw Naam zullen wij vertreden, die tegen ons opstaan.

⁷Want ik vertrouw niet op mijn boog, en mijn zwaard zal mij niet verlossen.

⁸Maar Gij verlost ons van onze wederpartijders, en Gij maakt onze haters beschaamd.

⁹In God roemen wij den gansen dag, en Uw Naam zullen wij loven in eeuwigheid. Sela.

¹⁰Maar nu hebt Gij ons verstoten en te schande gemaakt, dewijl Gij met onze krijgsheiren niet uittrekt.

¹¹Gij doet ons achterwaarts keren van den wederpartijder; en onze haters beroven ons voor zich.

¹²Gij geeft ons over als schapen ter spijze, en Gij verstrooit ons onder de heidenen.

¹³Gij verkoopt Uw volk om geen waardij; en Gij verhoogt hun prijs niet.

¹⁴Gij stelt ons onze naburen tot smaad, tot spot en schimp dengenen, die rondom ons zijn.

¹⁵Gij stelt ons tot een spreekwoord onder de heidenen, tot een hoofdschudding onder de volken.

¹⁶Mijn schande is den gansen dag voor mij, en de schaamte mijns aangezichts bedekt mij;

¹⁷Om de stem des honers en des lasteraars, vanwege den vijand en den wraakgierige.

¹⁸Dit alles is ons overkomen, nochtans hebben wij U niet vergeten, noch valselijk gehandeld tegen Uw verbond.

¹⁹Ons hart is niet achterwaarts gekeerd, noch onze gang geweken van Uw pad.

²⁰Hoewel Gij ons verpletterd hebt in een plaats der draken, en ons met een doodsschaduw bedekt hebt.

²¹Zo wij den Naam onzes Gods hadden vergeten, en onze handen tot een vreemden God uitgebreid.

²²Zou God zulks niet onderzoeken? Want Hij weet de verborgenheden des harten.

²³Maar om Uwentwil worden wij den gansen dag gedood; wij worden geacht als slachtschapen.

²⁴Waak op, waarom zoudt Gij slapen, HEERE! Ontwaak, verstoot niet in eeuwigheid.

²⁵Waarom zoudt Gij Uw aangezicht verbergen, onze ellende en onze onderdrukking vergeten?

²⁶Want onze ziel is in het stof nedergebogen; onze buik kleeft aan de aarde.

²⁷Sta op, ons ter hulp, en verlos ons om Uwer goedertierenheid wil.

Hoofdstuk 45

¹Een onderwijzing, een lied der liefde, voor den opperzangmeester, onder de kinderen van Korach, op Schoschannim.

²Mijn hart geeft een goede rede op; ik zegge mijn gedichten uit van een Koning; mijn tong is een pen eens vaardigen schrijvers.

³Gij zijt veel schoner dan de mensenkinderen; genade is uitgestort in Uw lippen; daarom heeft U God gezegend in eeuwigheid.

⁴Gord Uw zwaard aan de heup, o Held! Uw Majesteit en Uw heerlijkheid.

⁵En rijd voorspoediglijk in Uw heerlijkheid, op het woord der waarheid en rechtvaardige zachtmoedigheid; en Uw rechterhand zal U vreselijke dingen leren.

⁶Uw pijlen zijn scherp; volken zullen onder U vallen; zij treffen in het hart van des Konings vijanden.

⁷Uw troon, o God! is eeuwiglijk en altoos; de scepter Uws Koninkrijks is een scepter der rechtmatigheid.

⁸Gij hebt gerechtigheid lief, en haat goddeloosheid; daarom heeft

Pslamen

U, o God! Uw God gezalfd met vreugdeolie, boven Uw medegenoten.

⁹Al Uw klederen zijn mirre, en aloe, en kassie; uit de elpenbenen paleizen, van waar zij U verblijden.

¹⁰Dochters van koningen zijn onder Uw kostelijke staatsdochteren; de Koningin staat aan Uw rechterhand, in het fijnste goud van Ofir.

¹¹Hoor, o Dochter! en zie, en neig uw oor; en vergeet uw volk en uws vaders huis.

¹²Zo zal de Koning lust hebben aan uw schoonheid; dewijl Hij uw Heere is, zo buig u voor Hem neder.

¹³En de dochter van Tyrus, de rijken onder het volk, zullen uw aangezicht met geschenk smeken.

¹⁴Des Konings Dochter is geheel verheerlijkt inwendig; haar kleding is van gouden borduursel.

¹⁵In gestikte klederen zal zij tot den Koning geleid worden; de jonge dochteren, die achter haar zijn, haar medegezellinnen, zullen tot u gebracht worden.

¹⁶Zij zullen geleid worden met alle blijdschap en verheuging; zij zullen ingaan in des Konings paleis.

¹⁷In plaats van Uw vaderen zullen Uw zonen zijn; Gij zult hen tot vorsten zetten over de ganse aarde.

¹⁸Ik zal Uws Naams doen gedenken van elk geslacht tot geslacht; daarom zullen U de volken loven eeuwiglijk en altoos.

Hoofdstuk 46

¹Een lied op Alamoth, voor den opperzangmeester, onder de kinderen van Korach.

²God is ons een Toevlucht en Sterkte; Hij is krachtelijk bevonden een Hulp in benauwdheden.

³Daarom zullen wij niet vrezen, al veranderde de aarde haar plaats, en al werden de bergen verzet in het hart der zeeen;

⁴Laat haar wateren bruisen, laat ze beroerd worden; laat de bergen daveren, door derzelver verheffing! Sela.

⁵De beekjes der rivier zullen verblijden de stad Gods, het heiligdom der woningen des Allerhoogsten.

⁶God is in het midden van haar, zij zal niet wankelen; God zal haar helpen in het aanbreken van den morgenstond.

⁷De heidenen raasden, de koninkrijken bewogen zich; Hij verhief Zijn stem, de aarde versmolt.

⁸De HEERE der heirscharen is met ons; de God van Jakob is ons een Hoog Vertrek. Sela.

⁹Komt, aanschouwt de daden des HEEREN, Die verwoestingen op aarde aanricht.

¹⁰Die de oorlogen doet ophouden tot aan het einde der aarde, de boog verbreekt, en de spies aan twee slaat, de wagenen met vuur verbrandt.

¹¹Laat af, en weet, dat Ik God ben; Ik zal verhoogd worden onder de heidenen, Ik zal verhoogd worden op de aarde.

¹²De HEERE der heirscharen is met ons; de God van Jakob is ons een Hoog Vertrek. Sela.

Hoofdstuk 47

¹Een psalm, voor den opperzangmeester, onder de kinderen van Korach.

²Al gij volken, klapt in de hand; juicht Gode met een stem van vreugdegezang.

³Want de HEERE, de Allerhoogste, is vreselijk, een groot Koning over de ganse aarde.

⁴Hij brengt de volken onder ons, en de natien onder onze voeten.

⁵Hij verkiest voor ons onze erfenis, de heerlijkheid van Jakob, dien Hij heeft liefgehad. Sela.

⁶God vaart op met gejuich, de HEERE met geklank der bazuin.

⁷Psalmzingt Gode, psalmzingt! Psalmzingt onzen Koning, psalmzingt!

⁸Want God is een Koning der ganse aarde; psalmzingt met een onderwijzing!

⁹God regeert over de heidenen; God zit op den troon Zijner heiligheid.

¹⁰De edelen der volken zijn verzameld tot het volk van den God van Abraham; want de schilden der aarde zijn Godes. Hij is zeer verheven!

Hoofdstuk 48

¹Een lied, een psalm, voor de kinderen van Korach.

²De HEERE is groot en zeer te prijzen, in de stad onzes Gods, op den berg Zijner heiligheid.

³Schoon van gelegenheid, een vreugde der ganse aarde is de berg Sion, aan de zijden van het noorden; de stad des groten Konings.

⁴God is in haar paleizen; Hij is er bekend voor een Hoog Vertrek.

⁵Want ziet, de koningen waren vergaderd; zij waren te zamen doorgetogen.

⁶Gelijk zij het zagen, alzo waren zij verwonderd; zij werden verschrikt, zij haastten weg.

⁷Beving greep hen aldaar aan, smart als van een barende vrouw.

⁸Met een oostenwind verbreekt Gij de schepen van Tharsis.

⁹Gelijk wij gehoord hadden, alzo hebben wij gezien in de stad des HEEREN der heirscharen, in de stad onzes Gods; God zal haar bevestigen tot in eeuwigheid. Sela.

¹⁰O God! wij gedenken Uwer weldadigheid, in het midden Uws tempels.

¹¹Gelijk Uw Naam is, o God! alzo is Uw roem tot aan de einden der aarde; Uw rechterhand is vol van gerechtigheid.

¹²Laat de berg Sion blijde zijn; laat de dochteren van Juda zich verheugen, om Uwer oordelen wil.

¹³Gaat rondom Sion, en omringt haar; telt haar torens;

¹⁴Zet uw hart op haar vesting; beschouwt onderscheidenlijk haar paleizen, opdat gij het aan het navolgende geslacht vertelt.

¹⁵Want deze God is onze God eeuwiglijk en altoos; Hij zal ons geleiden tot den dood toe.

Hoofdstuk 49

¹Een psalm, voor den opperzangmeester, onder de kinderen van Korach.

²Hoort dit, alle gij volken! neemt ter ore, alle inwoners der wereld,

³Zowel slechten als aanzienlijken, te zamen rijk en arm!

⁴Mijn mond zal enkel wijsheid spreken, en de overdenking mijns harten zal vol verstand zijn.

⁵Ik zal mijn oor neigen tot een spreuk; ik zal mijn verborgene rede openen op de harp.

⁶Waarom zou ik vrezen in kwade dagen, als de ongerechtigen, die op de hielen zijn, mij omringen?

⁷Aangaande degenen, die op hun goed vertrouwen; en op de veelheid huns rijkdoms roemen;

⁸Niemand van hen zal zijn broeder immermeer kunnen verlossen; hij zal Gode zijn rantsoen niet kunnen geven;

⁹(Want de verlossing hunner ziel is te kostelijk, en zal in eeuwigheid ophouden);

¹⁰Dat hij ook voortaan geduriglijk zou leven, en de verderving niet zien.

¹¹Want hij ziet, dat de wijzen sterven, dat te zamen een dwaas en een onvernuftige omkomen, en hun goed anderen nalaten.

¹²Hun binnenste gedachte is, dat hun huizen zullen zijn in eeuwigheid, hun woningen van geslacht tot geslacht; zij noemen de landen naar hun namen.

¹³De mens nochtans, die in waarde is, blijft niet; hij wordt gelijk als de beesten, die vergaan.

¹⁴Deze hun weg is een dwaasheid van hen; nochtans hebben hun nakomelingen een welbehagen in hun woorden. Sela.

¹⁵Men zet hen als schapen in het graf, de dood zal hen afweiden; en de oprechten zullen over hen heersen in dien morgenstond; en het graf zal hun gedaanteverslijten, elk uit zijn woning.

¹⁶Maar God zal mijn ziel van het geweld des grafs verlossen, want Hij zal mij opnemen. Sela.

¹⁷Vrees niet, wanneer een man rijk wordt, wanneer de eer van zijn huis groot wordt;

¹⁸Want hij zal in zijn sterven niet met al medenemen, zijn eer zal hem niet nadalen.

¹⁹Hoewel hij zijn ziel in zijn leven zegent, en zij u loven, omdat gij uzelven goed doet;

²⁰Zo zal zij toch komen tot het geslacht harer vaderen; tot in eeuwigheid zullen zij het licht niet zien.

²¹De mens, die in waarde is, en geen verstand heeft, wordt gelijk als de beesten, die vergaan.

Hoofdstuk 50

¹Een psalm van Asaf. De God der goden, de HEERE spreekt, en roept de aarde, van den opgang der zon tot aan haar ondergang.

²Uit Sion, de volkomenheid der schoonheid, verschijnt God blinkende.

³Onze God zal komen en zal niet zwijgen; een vuur voor Zijn aangezicht zal verteren, en rondom Hem zal het zeer stormen.

⁴Hij zal roepen tot den hemel van boven, en tot de aarde, om Zijn volk te richten.

⁵Verzamelt Mij Mijn gunstgenoten, die Mijn verbond maken met

offerande!

⁶En de hemelen verkondigen Zijn gerechtigheid; want God Zelf is Rechter. Sela.

⁷Hoort, Mijn volk! en Ik zal spreken; Israel! en Ik zal onder u betuigen; Ik, God, ben uw God.

⁸Om uw offeranden zal Ik u niet straffen, want uw brandofferen zijn steeds voor Mij.

⁹Ik zal uit uw huis geen var nemen, noch bokken uit uw kooien;

¹⁰Want al het gedierte des wouds is Mijn, de beesten op duizend bergen.

¹¹Ik ken al het gevogelte der bergen, en het wild des velds is bij Mij.

¹²Zo Mij hongerde, Ik zou het u niet zeggen; want Mijn is de wereld en haar volheid.

¹³Zou Ik stierenvlees eten, of bokkenbloed drinken?

¹⁴Offert Gode dank, en betaalt den Allerhoogste uw geloften.

¹⁵En roept Mij aan in den dag der benauwdheid; Ik zal er u uithelpen, en gij zult Mij eren.

¹⁶Maar tot den goddeloze zegt God: Wat hebt gij Mijn inzettingen te vertellen, en neemt Mijn verbond in uw mond?

¹⁷Dewijl gij de kastijding haat, en Mijn woorden achter u henenwerpt.

¹⁸Indien gij een dief ziet, zo loopt gij met hem; en uw deel is met de overspelers.

¹⁹Uw mond slaat gij in het kwade, en uw tong koppelt bedrog.

²⁰Gij zit, gij spreekt tegen uw broeder; tegen den zoon uwer moeder geeft gij lastering uit.

²¹Deze dingen doet gij, en Ik zwijg; gij meent, dat Ik te enenmale ben, gelijk gij; Ik zal u straffen, en zal het ordentelijk voor uw ogen stellen.

²²Verstaat dit toch, gij godvergetenden! opdat Ik niet verscheure en niemand redde.

²³Wie dankoffert, die zal Mij eren; en wie zijn weg wel aanstelt, dien zal Ik Gods heil doen zien.

Hoofdstuk 51

¹Een psalm van David, voor den opperzangmeester.

²Toen de profeet Nathan tot hem was gekomen, nadat hij tot Bathseba was ingegaan.

³Wees mij genadig, o God! naar Uw goedertierenheid; delg mijn overtreding uit, naar de grootheid Uwer barmhartigheden.

⁴Was mij wel van mijn ongerechtigheid, en reinig mij van mijn zonde.

⁵Want ik ken mijn overtredingen, en mijn zonde is steeds voor mij.

⁶Tegen U, U alleen, heb ik gezondigd, en gedaan, dat kwaad is in Uw ogen; opdat Gij rechtvaardig zijt in Uw spreken, en rein zijt in Uw richten.

⁷Zie, ik ben in ongerechtigheid geboren, en in zonde heeft mij mijn moeder ontvangen.

⁸Zie, Gij hebt lust tot waarheid in het binnenste, en in het verborgene maakt Gij mij wijsheid bekend.

⁹Ontzondig mij met hysop, en ik zal rein zijn; was mij, en ik zal witter zijn dan sneeuw.

¹⁰Doe mij vreugde en blijdschap horen; dat de beenderen zich verheugen, die Gij verbrijzeld hebt.

¹¹Verberg Uw aangezicht van mijn zonden, en delg uit al mijn ongerechtigheden.

¹²Schep mij een rein hart, o God! en vernieuw in het binnenste van mij een vasten geest.

¹³Verwerp mij niet van Uw aangezicht, en neem Uw Heiligen Geest niet van mij.

¹⁴Geef mij weder de vreugde Uws heils; en de vrijmoedige geest ondersteune mij.

¹⁵Zo zal ik de overtreders Uw wegen leren; en de zondaars zullen zich tot U bekeren.

¹⁶Verlos mij van bloedschulden, o God, Gij, God mijns heils! zo zal mijn tong Uw gerechtigheid vrolijk roemen.

¹⁷Heere, open mijn lippen, zo zal mijn mond Uw lof verkondigen.

¹⁸Want Gij hebt geen lust tot offerande, anders zou ik ze geven; in brandofferen hebt Gij geen behagen.

¹⁹De offeranden Gods zijn een gebroken geest; een gebroken en verslagen hart zult Gij, o God! niet verachten.

²⁰Doe wel bij Sion naar Uw welbehagen; bouw de muren van Jeruzalem op.

²¹Dan zult Gij lust hebben aan de offeranden der gerechtigheid, aan brandoffer en een offer, dat gans verteerd wordt; dan zullen zij varren offeren op Uw altaar.

Hoofdstuk 52

¹Een onderwijzing van David, voor den opperzangmeester.

²Als Doeg, de Edomiet, gekomen was, en Saul te kennen gegeven, en tot hem gezegd had: David is gekomen ten huize van Achimelech.

³Wat beroemt gij u in het kwaad, o gij geweldige? Gods goedertierenheid duurt toch den gansen dag.

⁴Uw tong denkt enkel schade als een geslepen scheermes, werkende bedrog.

⁵Gij hebt het kwade liever dan het goede, de leugen, dan gerechtigheid te spreken. Sela.

⁶Gij hebt lief alle woorden van verslinding, en een tong des bedrogs.

⁷God zal u ook afbreken in eeuwigheid; Hij zal u wegrapen en u uit de tent uitrukken; ja, Hij zal u uitwortelen uit het land der levenden. Sela.

⁸En de rechtvaardigen zullen het zien, en vrezen; en zij zullen over hem lachen, zeggende:

⁹Ziet den man, die God niet stelde tot Zijn Sterkte, maar vertrouwde op de veelheid zijns rijkdoms; hij was sterk geworden door zijn beschadigen.

¹⁰Maar ik zal zijn als een groene olijfboom in Gods huis; ik vertrouw op Gods goedertierenheid eeuwiglijk en altoos.

¹¹Ik zal U loven in eeuwigheid, omdat Gij het gedaan hebt; en ik zal Uw Naam verwachten; want hij is goed voor Uw gunstgenoten.

Hoofdstuk 53

¹Een onderwijzing van David, voor den opperzangmeester, op Machalath.

²De dwaas zegt in zijn hart: Er is geen God; zij verderven het, en zij bedrijven gruwelijk onrecht; er is niemand, die goed doet.

³God heeft van den hemel nedergezien op de mensenkinderen, om te zien, of iemand verstandig ware, die God zocht.

⁴Een ieder van hen is teruggekeerd, te zamen zijn zij stinkende geworden, er is niemand, die goed doet, ook niet een.

⁵Hebben dan de werkers der ongerechtigheid geen kennis, die Mijn volk opeten, alsof zij brood aten? Zij roepen God niet aan.

⁶Aldaar zijn zij met vervaardheid vervaard geworden, waar geen vervaardheid was; want God heeft de beenderen desgenen, die u belegerde, verstrooid; gij hebthen beschaamd gemaakt, want God heeft hen verworpen.

⁷Och, dat Israels verlossingen uit Sion kwamen! Als God de gevangenen Zijns volks zal doen wederkeren, dan zal zich Jakob verheugen, Israel zal verblijd zijn.

Hoofdstuk 54

¹Een onderwijzing van David, voor den opperzangmeester, op de Neginoth;

²Als de Zifieten gekomen waren, en tot Saul gezegd hadden: Verbergt zich David niet bij ons?

³O God! verlos mij door Uw Naam, en doe mij recht door Uw macht.

⁴O God! hoor mijn gebed; neig de oren tot de redenen mijns monds.

⁵Want vreemden staan tegen mij op, en tirannen zoeken mijn ziel; zij stellen God niet voor hun ogen. Sela.

⁶Ziet, God is mij een Helper; de Heere is onder degenen, die mijn ziel ondersteunen.

⁷Hij zal dit kwaad mijn verspieders vergelden; roei hen uit door Uw waarheid.

⁸Ik zal U met vrijwilligheid offeren; ik zal Uw Naam, o HEERE! loven, want Hij is goed.

⁹Want Hij heeft mij gered uit alle benauwdheid; en mijn oog heeft gezien op mijn vijanden.

Hoofdstuk 55

¹Een onderwijzing van David, voor den opperzangmeester, op de Neginoth.

²O God! neem mijn gebed ter oren, en verberg U niet voor mijn smeking.

³Merk op mij, en verhoor mij; ik bedrijf misbaar in mijn klacht, en maak getier;

⁴Om den roep des vijands, vanwege de beangstiging des goddelozen; want zij schuiven ongerechtigheid op mij, en in toorn haten zij mij.

⁵Mijn hart smart in het binnenste van mij, en verschrikkingen des

Pslamen

doods zijn op mij gevallen.

⁶Vrees en beving komt mij aan, en gruwen overdekt mij;

⁷Zodat ik zeg: Och, dat mij iemand vleugelen, als ener duive, gave! ik zou henenvliegen, waar ik blijven mocht.

⁸Ziet, ik zou ver wegzwerven, ik zou vernachten in de woestijn. Sela.

⁹Ik zou haasten, dat ik ontkwame, van den drijvenden wind, van den storm.

¹⁰Verslind hen, HEERE! deel hun tong; want ik zie wrevel en twist in de stad.

¹¹Dag en nacht omringen zij haar op haar muren; en ongerechtigheid en overlast is binnen in haar.

¹²Enkel verderving is binnen in haar; en list en bedrog wijkt niet van haar straat.

¹³Want het is geen vijand, die mij hoont, anders zou ik het hebben gedragen; het is mijn hater niet, die zich tegen mij groot maakt, anders zou ik mij voor hemverborgen hebben.

¹⁴Maar gij zijt het, o mens, als van mijn waardigheid, mijn leidsman en mijn bekende!

¹⁵Wij, die te zamen in zoetigheid heimelijk raadpleegden; wij wandelden in gezelschap ten huize Gods.

¹⁶Dat hun de dood als een schuldeiser overvalle, dat zij als levend ter helle nederdalen; want boosheden zijn in hun woning, in het binnenste van hen.

¹⁷Mij aangaande, ik zal tot God roepen, en de HEERE zal mij verlossen.

¹⁸Des avonds, en des morgens, en des middags zal ik klagen en getier maken; en Hij zal mijn stem horen.

¹⁹Hij heeft mijn ziel in vrede verlost van den strijd tegen mij; want met menigte zijn zij tegen mij geweest.

²⁰God zal horen, en zal hen plagen, als die van ouds zit, Sela; dewijl bij hen gans geen verandering is, en zij God niet vrezen.

²¹Hij slaat zijn handen aan degenen, die vrede met Hem hadden; hij ontheiligt Zijn verbond.

²²Zijn mond is gladder dan boter, maar zijn hart is krijg; zijn woorden zijn zachter dan olie, maar dezelve zijn blote zwaarden.

²³Werp uw zorg op den HEERE, en Hij zal u onderhouden; Hij zal in eeuwigheid niet toelaten, dat de rechtvaardige wankele.

²⁴Maar Gij, o God! zult die doen nederdalen in den put des verderfs; de mannen des bloeds en bedrogs zullen hun dagen niet ter helft brengen; ik, daarentegen, zal op U vertrouwen.

Hoofdstuk 56

¹Een gouden kleinood van David, voor den opperzangmeester, op Jonath Elem Rechokim; als de Filistijnen hem gegrepen hadden te Gath.

²Wees mij genadig, o God! want de mens zoekt mij op te slokken; den gansen dag dringt mij de bestrijder.

³Mijn verspieders zoeken mij den gansen dag op te slokken; want ik heb veel bestrijders, o Allerhoogste!

⁴Ten dage, als ik zal vrezen, zal ik op U vertrouwen.

⁵In God zal ik Zijn woord prijzen; ik vertrouw op God, ik zal niet vrezen; wat zoude mij vlees doen?

⁶Den gansen dag verdraaien zij mijn woorden; al hun gedachten zijn tegen mij ten kwade.

⁷Zij rotten samen, zij versteken zich, zij passen op mijn hielen; als die op mijn ziel wachten.

⁸Zouden zij om hun ongerechtigheid vrijgaan? Stort de volken neder in toorn, o God!

⁹Gij hebt mijn omzwerven geteld; leg mijn tranen in uw fles; zijn zij niet in Uw register?

¹⁰Dan zullen mijn vijanden achterwaarts keren, ten dage als ik roepen zal; dit weet ik, dat God met mij is.

¹¹In God zal ik het woord prijzen; in den HEERE zal ik het woord prijzen.

¹²Ik vertrouw op God, ik zal niet vrezen; wat zou mij de mens doen?

¹³O God! op mij zijn Uw geloften; ik zal U dankzeggingen vergelden;

¹⁴Want Gij hebt mijn ziel gered van den dood; ook niet mijn voeten van aanstoot, om voor Gods aangezicht te wandelen in het licht der levenden?

Hoofdstuk 57

¹Een gouden kleinood van David, voor den opperzangmeester, Altascheth; als hij voor Sauls aangezicht vlood in de spelonk.

²Wees mij genadig, o God! Wees mij genadig, want mijn ziel betrouwt op U, en ik neem mijn toevlucht onder de schaduw Uwer vleugelen, totdat deverdervingen zullen voorbij zijn gegaan.

³Ik zal roepen tot God, den Allerhoogste, tot God, Die het aan mij voleinden zal.

⁴Hij zal van den hemel zenden, en mij verlossen, te schande makende dengene, die mij zoekt op te slokken. Sela. God zal Zijn goedertierenheid en Zijn waarheidzenden.

⁵Mijn ziel is in het midden der leeuwen, ik lig onder stokebranden, mensenkinderen, welker tanden spiesen en pijlen zijn, en hun tong een scherp zwaard.

⁶Verhef U boven de hemelen, o God! Uw eer zij over de ganse aarde.

⁷Zij hebben een net bereid voor mijn gangen, mijn ziel was nedergebukt; zij hebben een kuil voor mijn aangezicht gegraven; zij zijn er midden in gevallen. Sela.

⁸Mijn hart is bereid, o God! mijn hart is bereid; ik zal zingen, en psalmzingen.

⁹Waak op, mijn eer! waak op, gij, luit en harp! ik zal in den dageraad opwaken.

¹⁰Ik zal U loven onder de volken, o Heere! ik zal U psalmzingen onder de natien.

¹¹Want Uw goedertierenheid is groot tot aan de hemelen, en Uw waarheid tot aan de bovenste wolken.

¹²Verhef U boven de hemelen, o God! Uw eer zij over de ganse aarde.

Hoofdstuk 58

¹Een gouden kleinood van David, voor den opperzangmeester, Altascheth.

²Spreekt gijlieden waarlijk gerechtigheid, gij, vergadering? Oordeelt gij billijkheden, gij, mensenkinderen?

³Ja, gij werkt ongerechtigheden in het hart; gij weegt het geweld uwer handen op de aarde.

⁴De goddelozen zijn vervreemd van de baarmoeder aan; de leugensprekers dolen van moeders buik aan.

⁵Zij hebben vurig venijn, naar gelijkheid van vurig slangenvenijn; zij zijn als een dove adder, die haar oren toestopt;

⁶Opdat zij niet hore naar de stem der belezers, desgenen, die ervaren is met bezweringen om te gaan.

⁷O God! verbreek hun tanden in hun mond; breek af de baktanden der jonge leeuwen, o HEERE!

⁸Laat hen smelten als water, laat hen daarhenen drijven; legt hij zijn pijlen aan, laat hen zijn, alsof zij afgesneden waren.

⁹Laat hem henengaan, als een smeltende slak; laat hen, als ener vrouwe misdracht, de zon niet aanschouwen.

¹⁰Eer dan uw potten den doornstruik gewaar worden, zal Hij hem als levend, als in heten toorn wegstormen.

¹¹De rechtvaardige zal zich verblijden, als hij de wraak aanschouwt; hij zal zijn voeten wassen in het bloed des goddelozen.

¹²En de mens zal zeggen: Immers is er vrucht voor den rechtvaardige; immers is er een God, Die op de aarde richt.

Hoofdstuk 59

¹Een gouden kleinood van David, voor den opperzangmeester, Altascheth; toen Saul gezonden had, die zijn huis bewaren zouden, om hem te doden.

²Red mij van mijn vijanden, o mijn God! stel mij in een hoog vertrek voor degenen, die tegen mij opstaan.

³Red mij van de werkers der ongerechtigheid, en verlos mij van de mannen des bloeds.

⁴Want zie, zij leggen mijner ziel lagen; sterken rotten zich tegen mij; zonder mijn overtreding, en zonder mijn zonde, o HEERE!

⁵Zij lopen en bereiden zich zonder mijn misdaad; waak op mij tegemoet, en zie.

⁶Ja, Gij HEERE, God der heirscharen, God Israels! ontwaak, om al deze heidenen te bezoeken; wees niemand van hen genadig, die trouwelooslijkongerechtigheid bedrijven. Sela.

⁷Tegen den avond keren zij weder, zij tieren als een hond, en zij gaan rondom de stad.

⁸Zie, zij storten overvloediglijk uit met hun mond; zwaarden zijn op hun lippen; want wie hoort het?

⁹Maar Gij, HEERE! zult hen belachen; Gij zult alle heidenen bespotten.

¹⁰Tegen zijn sterkte zal ik op U wachten; want God is mijn Hoog Vertrek.
¹¹De God mijner goedertierenheid zal mij voorkomen; God zal mij op mijn verspieders doen zien.
¹²Dood hen niet, opdat mijn volk het niet vergete; doe hen omzwerven door Uw macht, en werp hen neder, o Heere, ons Schild!
¹³Om de zonde huns monds, om het woord hunner lippen; en laat hen gevangen worden in hun hoogmoed; en om den vloek, en om de leugen, die zij vertellen.
¹⁴Verteer hen in grimmigheid; verteer hen, dat zij er niet zijn, en laat hen weten, dat God heerser is in Jakob, ja, tot aan de einden der aarde. Sela.
¹⁵Laat hen dan tegen de avond wederkeren, laat hen tieren als een hond, en rondom de stad gaan;
¹⁶Laat hen zelfs omzwerven om spijs; en laat hen vernachten, al zijn zij niet verzadigd.
¹⁷Maar ik zal Uw sterkte zingen, en des morgens Uw goedertierenheid vrolijk roemen, omdat Gij mij een Hoog Vertrek zijt geweest, en een Toevlucht ten dage, als mij bange was.
¹⁸Van U, o mijn Sterkte! zal ik psalmzingen; want God is mijn Hoog Vertrek, de God mijner goedertierenheid.

Hoofdstuk 60

¹Een gouden kleinood van David tot lering, voor den opperzangmeester, op Schusan Eduth;
²Als hij gevochten had met de Syriers van Mesopotamie, en met de Syriers van Zoba; en Joab wederkwam, en de Edomieten sloeg in het Zoutdal, twaalfduizend.
³O God! Gij hadt ons verstoten, Gij hadt ons gescheurd, Gij zijt toornig geweest; keer weder tot ons.
⁴Gij hebt het land geschud, Gij hebt het gespleten; genees zijn breuken, want het wankelt.
⁵Gij hebt Uw volk een harde zaak doen zien; Gij hebt ons gedrenkt met zwijmelwijn.
⁶Maar nu hebt Gij dengenen, die U vrezen, een banier gegeven, om die op te werpen, vanwege de waarheid. Sela.
⁷Opdat Uw beminden zouden bevrijd worden; geef heil door Uw rechterhand, en verhoor ons.
⁸God heeft gesproken in Zijn heiligdom; dies zal ik van vreugde opspringen; ik zal Sichem delen, en het dal van Sukkoth zal ik afmeten.
⁹Gilead is mijn, en Manasse is mijn, en Efraim is de sterkte mijns hoofds; Juda is mijn wetgever.
¹⁰Moab is mijn waspot; op Edom zal ik mijn schoen werpen! juich over mij, o gij Palestina!
¹¹Wie zal mij voeren in een vaste stad? Wie zal mij leiden tot in Edom?
¹²Zult Gij het niet zijn, o God! Die ons verstoten hadt, en niet uittoogt, o God! met onze heirkrachten?
¹³Geef Gij ons hulp uit de benauwdheid, want 's mensen heil is ijdelheid.
¹⁴In God zullen wij kloeke daden doen, en Hij zal onze wederpartijders vertreden.

Hoofdstuk 61

¹Een psalm van David, voor den opperzangmeester, op de Neginoth.
²O God! hoor mijn geschrei, merk op mijn gebed.
³Van het einde des lands roep ik tot U als mijn hart overstelpt is; leid mij op een rotssteen, die mij te hoog zou zijn.
⁴Want Gij zijt mij een Toevlucht geweest, een sterke Toren voor den vijand.
⁵Ik zal in Uw hut verkeren in eeuwigheden; ik zal mijn toevlucht nemen in het verborgene Uwer vleugelen. Sela.
⁶Want Gij, o God! hebt gehoord naar mijn geloften; Gij hebt mij gegeven de erfenis dergenen, die Uw Naam vrezen.
⁷Gij zult dagen tot des konings dagen toedoen; zijn jaren zullen zijn als van geslacht tot geslacht;
⁸Hij zal eeuwiglijk voor Gods aangezicht zitten; bereid goedertierenheid en waarheid, dat zij hem behoeden.
⁹Zo zal ik Uw Naam psalmzingen in eeuwigheid; opdat ik mijn geloften betale, dag bij dag.

Hoofdstuk 62

¹Een psalm van David, voor den opperzangmeester, over Jeduthun.
²Immers is mijn ziel stil tot God; van Hem is mijn heil.
³Immers is Hij mijn Rotssteen en mijn Heil, mijn Hoog Vertrek, ik zal niet grotelijks wankelen.
⁴Hoe lang zult gijlieden kwaad aanstichten tegen een man? Gij allen zult gedood worden; gij zult zijn als een ingebogen wand, een aangestoten muur.
⁵Zij raadslagen slechts, om hem van zijn hoogheid te verstoten; zij hebben behagen in leugen; met hun mond zegenen zij; maar met hun binnenste vloeken zij. Sela.
⁶Doch gij, o mijn ziel! zwijg Gode; want van Hem is mijn verwachting.
⁷Hij is immers mijn Rotssteen en mijn Heil, mijn Hoog Vertrek; ik zal niet wankelen.
⁸In God is mijn Heil en mijn Eer; de Rotssteen mijner sterkte, mijn Toevlucht is in God.
⁹Vertrouw op Hem te aller tijd, o gij volk! Stort ulieder hart uit voor Zijn aangezicht; God is ons een Toevlucht. Sela.
¹⁰Immers zijn de gemene lieden ijdelheid, de grote lieden zijn leugen; in de weegschaal opgewogen, zouden zij samen lichter zijn dan de ijdelheid.
¹¹Vertrouwt niet op onderdrukking, noch op roverij; wordt niet ijdel, als het vermogen overvloedig aanwast, en zet er het hart niet op.
¹²God heeft een ding gesproken, ik heb dit tweemaal gehoord: dat de sterkte Godes is.
¹³En de goedertierenheid, o Heere! is Uwe; want Gij zult een iegelijk vergelden naar zijn werk.

Hoofdstuk 63

¹Een psalm van David, als hij was in de woestijn van Juda.
²O God! Gij zijt mijn God! ik zoek U in den dageraad; mijn ziel dorst naar U; mijn vlees verlangt naar U, in een land, dor en mat, zonder water.
³Voorwaar, ik heb U in het heiligdom aanschouwd, ziende Uw sterkheid en Uw eer;
⁴Want Uw goedertierenheid is beter dan het leven; mijn lippen zouden U prijzen.
⁵Alzo zou ik U loven in mijn leven; in Uw Naam zou ik mijn handen opheffen.
⁶Mijn ziel zou als met smeer en vettigheid verzadigd worden, en mijn mond zou roemen met vrolijk zingende lippen.
⁷Als ik Uwer gedenk op mijn legerstede, zo peins ik aan U in de nachtwaken.
⁸Want Gij zijt mij een hulp geweest; en in de schaduw Uwer vleugelen zal ik vrolijk zingen.
⁹Mijn ziel kleeft U achteraan; Uw rechterhand ondersteunt mij.
¹⁰Maar dezen, die mijn ziel zoeken tot verwoesting, zullen komen in de onderste plaatsen der aarde.
¹¹Men zal hen storten door het geweld des zwaards; zij zullen de vossen ten deel worden.
¹²Maar de koning zal zich in God verblijden; een iegelijk, die bij Hem zweert, zal zich beroemen; want de mond der leugensprekers zal gestopt worden.

Hoofdstuk 64

¹Een psalm van David, voor den opperzangmeester.
²Hoor, o God! mijn stem in mijn geklag; behoed mijn leven voor des vijands schrik.
³Verberg mij voor den heimelijken raad der boosdoeners, voor de oproerigheid van de werkers der ongerechtigheid.
⁴Die hun tong scherpen als een zwaard, een bitter woord aanleggen als hun pijl;
⁵Om in verborgen plaatsen den oprechte te schieten; haastig schieten zij naar hem, en vrezen niet.
⁶Zij sterken zichzelven in een boze zaak; zij houden spraak van strikken te verbergen; zij zeggen: Wie zal ze zien?
⁷Zij doorzoeken allerlei schalkheid; ten uiterste doorzoeken zij, wat te doorzoeken is; zelfs het binnenste eens mans, en het diepe hart.
⁸Maar God zal hen haastig met een pijl schieten; hun plagen zijn er.
⁹En hun tong zal hen doen aanstoten tegen zichzelven; een ieder, die hen ziet, zal zich wegpakken.
¹⁰En alle mensen zullen vrezen, en Gods werk verkondigen, en Zijn doen verstandelijk aanmerken.
¹¹De rechtvaardige zal zich verblijden in den HEERE, en op Hem betrouwen; en alle oprechten van hart zullen zich beroemen.

Pslamen

Hoofdstuk 65

¹Een psalm van David, een lied, voor den opperzangmeester.

²De lofzang is in stilheid tot U, o God! in Sion; en U zal de gelofte betaald worden.

³Gij hoort het gebed; tot U zal alle vlees komen.

⁴Ongerechtige dingen hadden de overhand over mij; maar onze overtredingen, die verzoent Gij.

⁵Welgelukzalig is hij, dien Gij verkiest, en doet naderen, dat hij wone in Uw voorhoven; wij zullen verzadigd worden met het goed van Uw huis, met het heiligevan Uw paleis.

⁶Vreselijke dingen zult Gij ons in gerechtigheid antwoorden, o God onzes heils! o Vertrouwen aller einden der aarde, en der verre gelegenen aan de zee!

⁷Die de bergen vastzet door Zijn kracht, omgord zijnde met macht.

⁸Die het bruisen der zeeen stilt, het bruisen harer golven, en het rumoer der volken.

⁹En die op de einden wonen, vrezen voor Uw tekenen; Gij doet de uitgangen des morgens en des avonds juichen.

¹⁰Gij bezoekt het land, en hebbende het begerig gemaakt, verrijkt Gij het grotelijks; de rivier Gods is vol waters; wanneer Gij het alzo bereid hebt, maakt Gijhunlieder koren gereed.

¹¹Gij maakt zijn omgeploegde aarde dronken; Gij doet ze dalen in zijn voren; Gij maakt het week door de druppelen; Gij zegent zijn uitspruitsel.

¹²Gij kroont het jaar Uwer goedheid; en Uw voetstappen druipen van vettigheid.

¹³Zij bedruipen de weiden der woestijn; en de heuvelen zijn aangegord met verheuging.

¹⁴De velden zijn bekleed met kudden, en de dalen zijn bedekt met koren; zij juichen, ook zingen zij.

Hoofdstuk 66

¹Een lied, een psalm, voor den opperzangmeester. Juicht Gode, gij ganse aarde!

²Psalmzingt de eer Zijns Naams; geeft eer Zijn lof.

³Zegt tot God: Hoe vreselijk zijt Gij in Uw werken! Om de grootheid Uwer sterkte zullen zich Uw vijanden geveinsdelijk aan U onderwerpen.

⁴De ganse aarde aanbidde U, en psalmzinge U; zij psalmzinge Uw Naam. Sela.

⁵Komt en ziet Gods daden; Hij is vreselijk van werking aan de mensenkinderen.

⁶Hij heeft de zee veranderd in het droge; zij zijn te voet doorgegaan door de rivier; daar hebben wij ons in Hem verblijd.

⁷Hij heerst eeuwiglijk met Zijn macht; Zijn ogen houden wacht over de heidenen; laat de afvalligen niet verhoogd worden. Sela.

⁸Looft, gij volken! onzen God; en laat horen de stem Zijns roems.

⁹Die onze zielen in het leven stelt, en niet toelaat, dat onze voet wankele.

¹⁰Want Gij hebt ons beproefd, o God! Gij hebt ons gelouterd, gelijk men het zilver loutert;

¹¹Gij hadt ons in het net gebracht; Gij hadt een engen band om onze lenden gelegd;

¹²Gij hadt den mens op ons hoofd doen rijden; wij waren in het vuur en in het water gekomen; maar Gij hebt ons uitgevoerd in een overvloeiende verversing.

¹³Ik zal met brandofferen in Uw huis gaan; ik zal U mijn geloften betalen,

¹⁴Die mijn lippen hebben geuit, en mijn mond heeft uitgesproken, als mij bange was.

¹⁵Brandofferen van mergbeesten zal ik U offeren, met rookwerk van rammen; ik zal runderen met bokken bereiden. Sela.

¹⁶Komt, hoort toe, o allen gij, die God vreest, en ik zal vertellen, wat Hij aan mijn ziel gedaan heeft.

¹⁷Ik riep tot Hem met mijn mond, en Hij werd verhoogd onder mijn tong.

¹⁸Had ik naar ongerechtigheid met mijn hart gezien, de Heere zou niet gehoord hebben.

¹⁹Maar zeker, God heeft gehoord; Hij heeft gemerkt op de stem mijns gebeds.

²⁰Geloofd zij God, Die mijn gebed niet heeft afgewend, noch Zijn goedertierenheid van mij.

Hoofdstuk 67

¹Een psalm, een lied, voor den opperzangmeester, op de Neginoth.

²God zij ons genadig en zegene ons; Hij doe Zijn aanschijn aan ons lichten. Sela.

³Opdat men op de aarde Uw weg kenne, onder alle heidenen Uw heil.

⁴De volken zullen U, o God! loven; de volken, altemaal, zullen U loven.

⁵De natien zullen zich verblijden en juichen, omdat Gij de volken zult richten in rechtmatigheid; en de natien op de aarde die zult Gij leiden. Sela.

⁶De volken zullen U, o God! loven; de volken, altemaal, zullen U loven.

⁷De aarde geeft haar gewas; God, onze God, zal ons zegenen.

⁸God zal ons zegenen; en alle einden der aarde zullen Hem vrezen.

Hoofdstuk 68

¹Een psalm, een lied van David, voor den opperzangmeester.

²God zal opstaan, Zijn vijanden zullen verstrooid worden, en Zijn haters zullen van Zijn aangezicht vlieden.

³Gij zult hen verdrijven, gelijk rook verdreven wordt; gelijk was voor het vuur smelt, zullen de goddelozen vergaan van Gods aangezicht.

⁴Maar de rechtvaardigen zullen zich verblijden; zij zullen van vreugde opspringen voor Gods aangezicht, en van blijdschap vrolijk zijn.

⁵Zingt Gode, psalmzingt Zijn Naam; hoogt de wegen voor Dien, Die in de vlakken velden rijdt, omdat Zijn Naam is HEERE; en springt op van vreugde voor Zijnaangezicht.

⁶Hij is een Vader der wezen, en een Rechter der weduwen; God, in de woonstede Zijner heiligheid.

⁷Een God, Die de eenzamen zet in een huisgezin, uitvoert, die in boeien gevangen zijn; maar de afvalligen wonen in het dorre.

⁸O God! toen Gij voor het aangezicht Uws volks uittoogt, toen Gij daarhenen tradt in de woestijn; Sela.

⁹Daverde de aarde, ook dropen de hemelen voor Gods aanschijn; zelfs deze Sinai, voor het aanschijn Gods, des Gods van Israel.

¹⁰Gij hebt zeer milden regen doen druipen, o God! en Gij hebt Uw erfenis gesterkt, als zij mat was geworden.

¹¹Uw hoop woonde daarin; Gij bereiddet ze door Uw goedheid voor den ellendige, o God!

¹²De HEERE gaf te spreken; der boodschappers van goede tijdingen was een grote heirschaar.

¹³De koningen der heirscharen vloden weg, zij vloden weg; en zij, die te huis bleef, deelde den roof uit.

¹⁴Al laagt gijlieden tussen twee rijen van stenen, zo zult gij toch worden als vleugelen ener duive, overdekt met zilver, en welker vederen zijn met uitgegravenegluwen goud.

¹⁵Als de Almachtige de koningen daarin verstrooide, werd zij sneeuwwit als op Zalmon.

¹⁶De berg Basan is een berg Gods; de berg Basan is een bultige berg.

¹⁷Waarom springt gij op, gij bultige bergen? Deze berg heeft God begeerd tot Zijn woning; ook zal er de HEERE wonen in eeuwigheid.

¹⁸Gods wagenen zijn tweemaal tien duizend, de duizenden verdubbeld. De Heere is onder hen, een Sinai in heiligheid!

¹⁹Gij zijt opgevaren in de hoogte; Gij hebt de gevangenis gevankelijk gevoerd; Gij hebt gaven genomen om uit te delen onder de mensen; ja, ook dewederhorigen om bij U te wonen, o HEERE God!

²⁰Geloofd zij de HEERE; dag bij dag overlaadt Hij ons. Die God is onze Zaligheid. Sela.

²¹Die God is ons een God van volkomene Zaligheid; en bij den HEERE, den Heere, zijn uitkomsten tegen den dood.

²²Voorzeker zal God den kop Zijner vijanden verslaan, den harigen schedel desgenen, die in zijn schulden wandelt.

²³De Heere heeft gezegd: Ik zal wederbrengen uit Basan; Ik zal wederbrengen uit de diepten der zee;

²⁴Opdat gij uw voet, ja, de tong uwer honden, moogt steken in het bloed van de vijanden, van een iegelijk van hen.

²⁵O God! zij hebben Uw gangen gezien, de gangen mijns Gods, mijns Konings, in het heiligdom.

²⁶De zangers gingen voor, de speellieden achter, in het midden de trommelende maagden.

²⁷Looft God in de gemeenten, den Heere, gij, die zijt uit den springader van Israel!

²⁸Daar is benjamin de kleine, die over hen heerste, de vorsten van Juda, met hun vergadering, de vorsten van Zebulon, de vorsten van Nafthali.

²⁹Uw God heeft uw sterkte geboden; sterk, o God, wat Gij aan ons gewrocht hebt!
³⁰Om Uws tempels wil te Jeruzalem, zullen U de koningen geschenk toebrengen.
³¹Scheld het wild gedierte des riets, de vergadering der stieren met de kalveren der volken; en dien, die zich onderwerpt met stukken zilvers; Hij heeft de volken verstrooid, die lust hebben in oorlogen.
³²Prinselijke gezanten zullen komen uit Egypte; Morenland zal zich haasten zijn handen tot God uit te strekken.
³³Gij koninkrijken der aarde, zingt Gode; psalmzingt den Heere! Sela.
³⁴Dien, Die daar rijdt in den hemel der hemelen, Die van ouds is; ziet, Hij geeft Zijn stem, een stem der sterkte.
³⁵Geeft Gode sterkte! Zijn hoogheid is over Israel, en Zijn sterkte in de bovenste wolken.
³⁶O God! Gij zijt vreselijk uit Uw heiligdommen; de God Israels, Die geeft den volke sterkte en krachten. Geloofd zij God!

Hoofdstuk 69

¹Een psalm van David, voor den opperzangmeester, op Schoschannim.
²Verlos mij, o God! want de wateren zijn gekomen tot aan de ziel.
³Ik ben gezonken in grondeloze modder, waar men niet kan staan; ik ben gekomen in de diepten der wateren, en de vloed overstroomt mij.
⁴Ik ben vermoeid van mijn roepen, mijn keel is ontstoken, mijn ogen zijn bezweken, daar ik ben hopende op mijn God.
⁵Die mij zonder oorzaak haten, zijn meer dan de haren mijns hoofds; die mij zoeken te vernielen, die mij om valse oorzaken vijand zijn, zijn machtig geworden; wat ik niet geroofd heb, moet ik alsdan wedergeven.
⁶O God! Gij weet van mijn dwaasheid, en mijn schulden zijn voor U niet verborgen.
⁷Laat hen door mij niet beschaamd worden, die U verwachten, o Heere, HEERE der heirscharen, laat hen door mij niet te schande worden, die U zoeken, oGod Israels!
⁸Want om Uwentwil draag ik versmaadheid; schande heeft mijn aangezicht bedekt.
⁹Ik ben mijn broederen vreemd geworden, en onbekend aan mijner moeders kinderen.
¹⁰Want de ijver van Uw huis heeft mij verteerd; en de smaadheden dergenen, die U smaden, zijn op mij gevallen.
¹¹En ik heb geweend in het vasten mijner ziel; maar het is mij geworden tot allerlei smaad.
¹²En ik heb een zak tot mijn kleed aangedaan; maar ik ben hun tot een spreekwoord geworden.
¹³Die in de poort zitten, klappen van mij; en ik ben een snarenspel dergenen, die sterken drank drinken.
¹⁴Maar mij aangaande, mijn gebed is tot U, o HEERE; er is een tijd des welbehagens, o God! door de grootheid Uwer goedertierenheid; verhoor mij door de getrouwheid Uws heils.
¹⁵Ruk mij uit het slijk, en laat mij niet verzinken; laat mij gered worden van mijn haters, en uit de diepten der wateren.
¹⁶Laat de watervloed mij niet overstromen, en laat de diepte mij niet verslinden, en laat den put zijn mond over mij niet toesluiten.
¹⁷Verhoor mij, o HEERE, want Uw goedertierenheid is goed; zie mij aan naar de grootheid Uwer barmhartigheden.
¹⁸En verberg Uw aangezicht niet van Uw knecht, want mij is bange; haast U, verhoor mij.
¹⁹Nader tot mijn ziel, bevrijd ze; verlos mij om mijner vijanden wil.
²⁰Gij weet mijn versmaadheid, en mijn schaamte, en mijn schande; al mijn benauwers zijn voor U.
²¹De versmaadheid heeft mijn hart gebroken, en ik ben zeer zwak; en ik heb gewacht naar medelijden, maar er is geen; en naar vertroosters, maar heb ze niet gevonden.
²²Ja, zij hebben mij gal tot mijn spijs gegeven; en in mijn dorst hebben zij mij edik te drinken gegeven.
²³Hun tafel worde voor hun aangezicht tot een strik, en tot volle vergelding tot een valstrik.
²⁴Laat hun ogen duister worden, dat zij niet zien; en doe hun lenden gedurig waggelen.
²⁵Stort over hen Uw gramschap uit; en de hittigheid Uws toorns grijpe hen aan.
²⁶Hun paleis zij verwoest; in hun tenten zij geen inwoner.
²⁷Want zij vervolgen, dien Gij geslagen hebt; en maken een praat van de smart Uwer verwonden.
²⁸Doe misdaad tot hun misdaad, en laat hen niet komen tot Uw gerechtigheid.
²⁹Laat hen uitgedelgd worden uit het boek des levens, en met de rechtvaardigen niet aangeschreven worden.
³⁰Doch ik ben ellendig en in smart; Uw heil, o God! zette mij in een hoog vertrek.
³¹Ik zal Gods Naam prijzen met gezang, en Hem met dankzegging grootmaken.
³²En het zal den HEERE aangenamer zijn dan een os, of een gehoornde var, die de klauwen verdeelt.
³³De zachtmoedigen, dit gezien hebbende, zullen zich verblijden; en gij, die God zoekt, ulieder hart zal leven.
³⁴Want de HEERE hoort de nooddruftigen, en Hij veracht Zijn gevangenen niet.
³⁵Dat Hem prijzen de hemel en de aarde, de zeeen, en al wat daarin wriemelt.
³⁶Want God zal Sion verlossen, en de steden van Juda bouwen; en aldaar zullen zij wonen, en haar erfelijk bezitten;
³⁷En het zaad Zijner knechten zal haar beerven; en de liefhebbers Zijns Naams zullen daarin wonen.

Hoofdstuk 70

¹Een psalm van David, voor den opperzangmeester, om te doen gedenken.
²Haast U, o God, om mij te verlossen, o HEERE, tot mijn hulp.
³Laat hen beschaamd en schaamrood worden, die mijn ziel zoeken; laat hen achterwaarts gedreven en te schande worden, die lust hebben aan mijn kwaad.
⁴Laat hen terugkeren tot loon hunner beschaming, die daar zeggen: Ha, ha!
⁵Laat in U vrolijk en verblijd zijn allen, die U zoeken; laat de liefhebbers Uws heils geduriglijk zeggen: God zij groot gemaakt!
⁶Doch ik ben ellendig en nooddruftig; o God, haast U tot mij; Gij zijt mijn Hulp en mijn Bevrijder; HEERE, vertoef niet!

Hoofdstuk 71

¹Op U, o HEERE! betrouw ik; laat mij niet beschaamd worden in eeuwigheid.
²Red mij door Uw gerechtigheid, en bevrijd mij; neig Uw oor tot mij, en verlos mij.
³Wees mij tot een Rotssteen, om daarin te wonen, om geduriglijk daarin te gaan; Gij hebt bevel gegeven, om mij te verlossen, want Gij zijt mijn Steenrots en mijn Burg.
⁴Mijn God, bevrijd mij van de hand des goddelozen, van de hand desgenen, die verkeerdelijk handelt, en des opgeblazenen.
⁵Want Gij zijt mijn Verwachting, Heere, HEERE! mijn Vertrouwen van mijn jeugd aan.
⁶Op U heb ik gesteund van den buik aan; van mijner moeders ingewand aan zijt Gij mijn Uithelper; mijn lof is geduriglijk van U.
⁷Ik ben velen als een wonder geweest; doch Gij zijt mijn sterke Toevlucht.
⁸Laat mijn mond vervuld worden met Uw lof, den gansen dag met Uw heerlijkheid.
⁹Verwerp mij niet in den tijd des ouderdoms; verlaat mij niet, terwijl mijn kracht vergaat.
¹⁰Want mijn vijanden spreken van mij, en die op mijn ziel loeren, beraadslagen te zamen,
¹¹Zeggende: God heeft hem verlaten, jaagt na, en grijpt hem, want er is geen verlosser.
¹²O God, wees niet verre van mij; mijn God! haast U tot mijn hulp.
¹³Laat hen beschaamd worden, laat hen verteerd worden, die mijn ziel tegen zijn; laat hen met smaad en schande overdekt worden, die mijn kwaad zoeken.
¹⁴Doch ik zal geduriglijk hopen, en zal al Uw lof nog groter maken.
¹⁵Mijn mond zal Uw gerechtigheid vertellen, den gansen dag Uw heil; hoewel ik de getallen niet weet.
¹⁶Ik zal heengaan in de mogendheden des Heeren HEEREN; ik zal Uw gerechtigheid vermelden, de Uwe alleen.
¹⁷O God! Gij hebt mij geleerd van mijn jeugd aan, en tot nog toe verkondig ik Uw wonderen.
¹⁸Daarom ook, terwijl de ouderdom en grijsheid daar is, verlaat mij niet, o God, totdat ik dezen geslachte verkondige Uw arm, allen nakomelingen Uw macht.
¹⁹Ook is Uw gerechtigheid, o God, tot in de hoogte; Gij, Die grote dingen gedaan hebt; o God! wie is U gelijk?
²⁰Gij, Die mij veel benauwdheden en kwaden hebt doen zien, zult

mij weder levend maken, en zult mij weder ophalen uit de afgronden der aarde.

²¹Gij zult mijn grootheid vermeerderen, en mij rondom vertroosten.

²²Ook zal ik U loven met het instrument der luit, Uw trouw, mijn God; ik zal U psalmzingen met de harp, o Heilige Israels!

²³Mijn lippen zullen juichen, wanneer ik U zal psalmzingen, en mijn ziel, die Gij verlost hebt.

²⁴Ook zal mijn tong Uw gerechtigheid den gansen dag uitspreken, want zij zijn beschaamd, want zij zijn schaamrood geworden, die mijn kwaad zoeken.

Hoofdstuk 72

¹Voor Salomo. O God! geef den koning Uw rechten, en Uw gerechtigheid den zoon des konings.

²Zo zal hij Uw volk richten met gerechtigheid, en Uw ellendigen met recht.

³De bergen zullen den volke vrede dragen, ook de heuvelen, met gerechtigheid.

⁴Hij zal de ellendigen des volks richten; hij zal de kinderen des nooddruftigen verlossen, en den verdrukker verbrijzelen.

⁵Zij zullen U vrezen, zolang de zon en maan zullen zijn, van geslacht tot geslacht.

⁶Hij zal nederdalen als een regen op het nagras, als de druppelen, die de aarde bevochtigen.

⁷In zijn dagen zal de rechtvaardige bloeien, en de veelheid van vrede, totdat de maan niet meer zij.

⁸En hij zal heersen van de zee tot aan de zee, en van de rivier tot aan de einden der aarde.

⁹De ingezetenen van dorre plaatsen zullen voor zijn aangezicht knielen, en zijn vijanden zullen het stof lekken.

¹⁰De koningen van Tharsis en de eilanden zullen geschenken aanbrengen; de koningen van Scheba en Seba zullen vereringen toevoeren.

¹¹Ja, alle koningen zullen zich voor hem nederbuigen, alle heidenen zullen hem dienen.

¹²Want hij zal den nooddruftige redden, die daar roept, mitsgaders den ellendige, en die geen helper heeft.

¹³Hij zal den arme en nooddruftige verschonen, en de zielen der nooddruftigen verlossen.

¹⁴Hij zal hun zielen van list en geweld bevrijden, en hun bloed zal dierbaar zijn in zijn ogen.

¹⁵En hij zal leven; en men zal hem geven van het goud van Scheba, en men zal geduriglijk voor hem bidden; den gansen dag zal men hem zegenen.

¹⁶Is er een hand vol koren in het land op de hoogte der bergen, de vrucht daarvan zal ruisen als de Libanon; en die van de stad zullen bloeien als het kruid deraarde.

¹⁷Zijn naam zal zijn tot in eeuwigheid; zolang als er de zon is, zal zijn naam van kind tot kind voortgeplant worden; en zij zullen in hem gezegend worden; alleheidenen zullen hem welgelukzalig roemen.

¹⁸Geloofd zij de HEERE God, de God Israels, Die alleen wonderen doet.

¹⁹En geloofd zij de Naam Zijner heerlijkheid tot in eeuwigheid; en de ganse aarde worde met Zijn heerlijkheid vervuld. Amen, ja, amen.

²⁰De gebeden van David, den zoon van Isai, hebbende een einde.

Hoofdstuk 73

¹Een psalm van Asaf. Immers is God Israel goed, dengenen, die rein van harte zijn.

²Maar mij aangaande, mijn voeten waren bijna uitgeweken; mijn treden waren bijkans uitgeschoten.

³Want ik was nijdig op de dwazen, ziende der goddelozen vrede.

⁴Want er zijn geen banden tot hun dood toe, en hun kracht is fris.

⁵Zij zijn niet in de moeite als andere mensen, en worden met andere mensen niet geplaagd.

⁶Daarom omringt hen de hovaardij als een keten; het geweld bedekt hen als een gewaad.

⁷Hun ogen puilen uit van vet; zij gaan de inbeeldingen des harten te boven.

⁸Zij mergelen de lieden uit, en spreken boselijk van verdrukking; zij spreken uit de hoogte.

⁹Zij zetten hun mond tegen den hemel, en hun tong wandelt op de aarde.

¹⁰Daarom keert zich Zijn volk hiertoe, als hun wateren eens vollen bekers worden uitgedrukt,

¹¹Dat zij zeggen: Hoe zou het God weten, en zou er wetenschap zijn bij den Allerhoogste?

¹²Ziet, dezen zijn goddeloos; nochtans hebben zij rust in de wereld; zij vermenigvuldigen het vermogen.

¹³Immers heb ik tevergeefs mijn hart gezuiverd, en mijn handen in onschuld gewassen.

¹⁴Dewijl ik den gansen dag geplaagd ben, en mijn straffing is er alle morgens.

¹⁵Indien ik zou zeggen: Ik zal ook alzo spreken; ziet, zo zou ik trouweloos zijn aan het geslacht Uwer kinderen.

¹⁶Nochtans heb ik gedacht om dit te mogen verstaan; maar het was moeite in mijn ogen;

¹⁷Totdat ik in Gods heiligdommen inging, en op hun einde merkte.

¹⁸Immers zet Gij hen op gladde plaatsen; Gij doet hen vallen in verwoestingen.

¹⁹Hoe worden zij als in een ogenblik tot verwoesting, nemen een einde, worden te niet van verschrikkingen!

²⁰Als een droom na het ontwaken! Als Gij opwaakt, o Heere, dan zult Gij hun beeld verachten.

²¹Als mijn hart opgezwollen was, en ik in mijn nieren geprikkeld werd,

²²Toen was ik onvernuftig, en wist niets; ik was een groot beest bij U.

²³Ik zal dan geduriglijk bij U zijn; Gij hebt mijn rechterhand gevat;

²⁴Gij zult mij leiden door Uw raad; en daarna zult Gij mij in heerlijkheid opnemen.

²⁵Wien heb ik nevens U in den hemel? Nevens U lust mij ook niets op de aarde!

²⁶Bezwijkt mijn vlees en mijn hart, zo is God de Rotssteen mijns harten, en mijn Deel in eeuwigheid.

²⁷Want ziet, die verre van U zijn, zullen vergaan; Gij roeit uit, al wie van U afhoereert.

²⁸Maar mij aangaande, het is mij goed nabij God te wezen; ik zet mijn betrouwen op den Heere HEERE, om al Uw werken te vertellen

Hoofdstuk 74

¹Een onderwijzing, voor Asaf. O God! waarom verstoot Gij in eeuwigheid? Waarom zou Uw toorn roken tegen de schapen Uwer weide?

²Gedenk aan Uw vergadering, die Gij van ouds verworven hebt; de roede Uwer erfenis, die Gij verlost hebt; den berg Sion, waarop Gij gewoond hebt.

³Hef Uw voeten op tot de eeuwige verwoestingen; de vijand heeft alles in het heiligdom verdorven.

⁴Uw wederpartijders hebben in het midden van Uw vergaderplaatsen gebruld; zij hebben hun tekenen tot tekenen gesteld.

⁵Een ieder werd er bekend als een, die de bijlen omhoog aanbrengt in de dichtigheid van een geboomte.

⁶Alzo hebben zij nu derzelver graveerselen samen met houwelen en beukhamers in stukken geslagen.

⁷Zij hebben Uw heiligdommen in het vuur gezet; ter aarde toe hebben zij de woning Uws Naams ontheiligd.

⁸Zij hebben in hun hart gezegd: Laat ze ons te zamen uitplunderen; zij hebben alle Gods vergaderplaatsen in het land verbrand.

⁹Wij zien onze tekenen niet; er is geen profeet meer, noch iemand bij ons, die weet, hoe lang.

¹⁰Hoe lang, o God! zal de wederpartijder smaden? Zal de vijand Uw Naam in eeuwigheid lasteren?

¹¹Waarom trekt Gij Uw hand, ja, Uw rechterhand af? Trek haar uit het midden van Uw boezem; maak een einde.

¹²Evenwel is God mijn Koning van ouds af, Die verlossingen werkt in het midden der aarde.

¹³Gij hebt door Uw sterkte de zee gespleten; Gij hebt de koppen der draken in de wateren verbroken.

¹⁴Gij hebt de koppen des Leviathans verpletterd; Gij hebt hem tot spijs gegeven aan het volk in dorre plaatsen.

¹⁵Gij hebt een fontein en beek gekliefd; Gij hebt sterke rivieren uitgedroogd.

¹⁶De dag is Uwe, ook is de nacht Uwe; Gij hebt het licht en de zon bereid.

¹⁷Gij hebt al de palen der aarde gesteld; zomer en winter, die hebt Gij geformeerd.

¹⁸Gedenk hieraan; de vijand heeft den HEERE gesmaad, en een dwaas volk heeft Uw Naam gelasterd.

¹⁹Geef aan het wild gedierte de ziel Uwer tortelduif niet over; vergeet den hoop Uwer ellendigen niet in eeuwigheid.

²⁰Aanschouw het verbond; want de duistere plaatsen des lands zijn vol woningen van geweld.
²¹Laat den verdrukte niet beschaamd wederkeren; laat den ellendige en nooddruftige Uw Naam prijzen.
²²Sta op, o God! twist Uw twistzaak; gedenk der smaadheid, die U van den dwaze wedervaart den gansen dag.
²³Vergeet niet het geroep Uwer wederpartijders; het getier dergenen, die tegen U opstaan, klimt geduriglijk op.

Hoofdstuk 75

¹Voor den opperzangmeester, Altascheth; een psalm, een lied, voor Asaf.
²Wij loven U, o God; wij loven, dat Uw Naam nabij is; men vertelt Uw wonderen.
³Als ik het bestemde ambt zal ontvangen hebben, zo zal ik gans recht richten.
⁴Het land en al zijn inwoners waren versmolten; maar ik heb zijn pilaren vastgemaakt. Sela.
⁵Ik heb gezegd tot de onzinnigen: Weest niet onzinnig; en tot de goddelozen: Verhoogt den hoorn niet.
⁶Verhoogt uw hoorn niet omhoog; spreekt niet met stijven hals.
⁷Want het verhogen komt niet uit het oosten, noch uit het westen, noch uit de woestijn;
⁸Maar God is Rechter; Hij vernedert dezen, en verhoogt genen.
⁹Want in des HEEREN hand is een beker, en de wijn is beroerd, vol van mengeling, en Hij schenkt daaruit; doch alle goddelozen der aarde zullen zijndroesemen uitzuigende drinken.
¹⁰En ik zal het in eeuwigheid verkondigen; ik zal den God Jakobs psalmzingen.
¹¹En ik zal alle hoornen der goddelozen afhouwen; de hoornen des rechtvaardigen zullen verhoogd worden.

Hoofdstuk 76

¹Een psalm, een lied van Asaf, voor den opperzangmeester, op de Neginoth.
²God is bekend in Juda; Zijn Naam is groot in Israel.
³En in Salem is Zijn hut, en Zijn woning in Sion.
⁴Aldaar heeft Hij verbroken de vurige pijlen van den boog, het schild, en het zwaard, en den krijg. Sela.
⁵Gij zijt doorluchtiger en heerlijker dan de roofbergen.
⁶De stouthartigen zijn beroofd geworden; zij hebben hun slaap gesluimerd; en geen van de dappere mannen hebben hun handen gevonden.
⁷Van Uw schelden, o God van Jakob! is samen wagen en paard in slaap gezonken.
⁸Gij, vreselijk zijt Gij; en wie zal voor Uw aangezicht bestaan, van den tijd Uws toorns af?
⁹Gij deedt een oordeel horen uit den hemel; de aarde vreesde en werd stil,
¹⁰Als God opstond ten oordeel, om alle zachtmoedigen der aarde te verlossen. Sela.
¹¹Want de grimmigheid des mensen zal U loffelijk maken; het overblijfsel der grimmigheden zult Gij opbinden.
¹²Doet geloften en betaalt ze den HEERE, uw God, gij allen, die rondom Hem zijt! Laat hen Dien, Die te vrezen is, geschenken brengen;
¹³Die den geest der vorsten als druiven afsnijdt; Die den koningen der aarde vreselijk is.

Hoofdstuk 77

¹Een psalm van Asaf, voor den opperzangmeester, over Jeduthun.
²Mijn stem is tot God, en ik roep; mijn stem is tot God, en Hij zal het oor tot mij neigen.
³Ten dage mijner benauwdheid zocht ik den HEERE; mijn hand was des nachts uitgestrekt, en liet niet af; mijn ziel weigerde getroost te worden.
⁴Dacht ik aan God, zo maakte ik misbaar; peinsde ik, zo werd mijn ziel overstelpt. Sela.
⁵Gij hieldt mijn ogen wakende; ik was verslagen, en sprak niet.
⁶Ik overdacht de dagen van ouds, de jaren der eeuwen.
⁷Ik dacht aan mijn snarenspel; in den nacht overlegde ik in mijn hart, en mijn geest onderzocht:
⁸Zal dan de Heere in eeuwigheden verstoten, en voortaan niet meer goedgunstig zijn?
⁹Houdt Zijn goedertierenheid in eeuwigheid op? Heeft de toezegging een einde, van geslacht tot geslacht?
¹⁰Heeft God vergeten genadig te zijn? Heeft Hij Zijn barmhartigheden door toorn toegesloten? Sela.
¹¹Daarna zeide ik: Dit krenkt mij; maar de rechterhand des Allerhoogsten verandert.
¹²Ik zal de daden des HEEREN gedenken; ja, ik zal gedenken Uw wonderen van ouds her;
¹³En zal al Uw werken betrachten, en van Uw daden spreken.
¹⁴O God! Uw weg is in het heiligdom; wie is een groot God, gelijk God?
¹⁵Gij zijt die God, Die wonder doet; Gij hebt Uw sterkte bekend gemaakt onder de volken.
¹⁶Gij hebt Uw volk door Uw arm verlost; de kinderen van Jakob en van Jozef. Sela.
¹⁷De wateren zagen U, o God! de wateren zagen U, zij beefden; ook waren de afgronden beroerd.
¹⁸De dikke wolken goten water uit; de bovenste wolken gaven geluid; ook gingen Uw pijlen daarhenen.
¹⁹Het geluid Uws donders was in het ronde; de bliksemen verlichtten de wereld; de aarde werd beroerd en daverde.
²⁰Uw weg was in de zee, en Uw pad in grote wateren, en Uw voetstappen werden niet bekend.
²¹Gij leiddet Uw volk, als een kudde door de hand van Mozes en Aaron.

Hoofdstuk 78

¹Een onderwijzing van Asaf. O mijn volk! neem mijn leer ter oren; neigt ulieder oor tot de redenen mijns monds.
²Ik zal mijn mond opendoen met spreuken; ik zal verborgenheden overvloediglijk uitstorten, van ouds her;
³Die wij gehoord hebben en weten ze, en onze vaders ons verteld hebben.
⁴Wij zullen het niet verbergen voor hun kinderen, voor het navolgende geslacht, vertellende de loffelijkheden des HEEREN, en Zijn sterkheid, en Zijn wonderen, die Hij gedaan heeft.
⁵Want Hij heeft een getuigenis opgericht in Jakob, en een wet gesteld in Israel; die Hij onzen vaderen geboden heeft, dat zij ze hun kinderen zouden bekendmaken;
⁶Opdat het navolgende geslacht die weten zou, de kinderen, die geboren zouden worden; en zouden opstaan, en vertellen ze hun kinderen;
⁷En dat zij hun hoop op God zouden stellen, en Gods daden niet vergeten, maar Zijn geboden bewaren;
⁸En dat zij niet zouden worden gelijk hun vaders, een wederhorig en wederspannig geslacht; een geslacht, dat zijn hart niet richtte, en welks geest niet getrouwwas met God.
⁹(De kinderen van Efraim, gewapende boogschutters, keerden om ten dage des strijds.)
¹⁰Zij hielden Gods verbond niet, en weigerden te wandelen in Zijn wet.
¹¹En zij vergaten Zijn daden, en Zijn wonderen, die Hij hun had doen zien.
¹²Voor hun vaderen had Hij wonder gedaan, in Egypteland, in het veld van Zoan.
¹³Hij kliefde de zee, en deed er hen doorgaan; en de wateren deed Hij staan als een hoop.
¹⁴En Hij leidde hen des daags met een wolk, en den gansen nacht met een licht des vuurs.
¹⁵Hij kliefde de rotsstenen in de woestijn, en drenkte hen overvloedig, als uit afgronden.
¹⁶Want Hij bracht stromen voort uit de steenrots, en deed de wateren afdalen als rivieren.
¹⁷Nog voeren zij wijders voort tegen Hem te zondigen, verbitterende den Allerhoogste in de dorre wildernis.
¹⁸En zij verzochten God in hun hart, begerende spijs naar hun lust.
¹⁹En zij spraken tegen God, zij zeiden: Zou God een tafel kunnen toerichten in de woestijn?
²⁰Ziet, Hij heeft den rotssteen geslagen, dat er wateren uitvloeiden, en beken overvloediglijk uitbraken, zou Hij ook brood kunnen geven? Zou Hij Zijn volkevlees toebereiden?
²¹Daarom hoorde de HEERE, en werd verbolgen; en een vuur werd ontstoken tegen Jakob, en toorn ging ook op tegen Israel;
²²Omdat zij in God niet geloofden, en op Zijn heil niet vertrouwden.
²³Daar Hij den wolken van boven gebood, en de deuren des hemels opende;
²⁴En regende op hen het Man om te eten, en gaf hun hemels koren.
²⁵Een iegelijk at het brood der Machtigen; Hij zond hun teerkost tot verzadiging.
²⁶Hij dreef den oostenwind voort in den hemel, en voerde den

zuidenwind aan door Zijn sterkte;
²⁷En regende op hen vlees als stof, en gevleugeld gevogelte als zand der zeeen;
²⁸En deed het vallen in het midden zijns legers, rondom zijn woningen.
²⁹Toen aten zij, en werden zeer zat; zodat Hij hun hun lust toebracht.
³⁰Zij waren nog niet vervreemd van hun lust; hun spijs was nog in hun mond,
³¹Als Gods toorn tegen hen opging, dat Hij van hun vetsten doodde, en de uitgelezenen van Israel nedervelde.
³²Boven dit alles zondigden zij nog, en geloofden niet, door Zijn wonderen.
³³Dies deed Hij hun dagen vergaan in ijdelheid, en hun jaren in verschrikking.
³⁴Als Hij hen doodde, zo vraagden zij naar Hem, en keerden weder, en zochten God vroeg;
³⁵En gedachten, dat God hun Rotssteen was, en God, de Allerhoogste, hun Verlosser.
³⁶En zij vleiden Hem met hun mond, en logen Hem met hun tong.
³⁷Want hun hart was niet recht met Hem, en zij waren niet getrouw in Zijn verbond.
³⁸Doch Hij, barmhartig zijnde, verzoende de ongerechtigheid, en verdierf hen niet; maar wendde dikwijls Zijn toorn af, en wekte Zijn ganse grimmigheid niet op.
³⁹En Hij dacht, dat zij vlees waren, een wind, die henengaat en niet wederkeert.
⁴⁰Hoe dikwijls verbitterden zij Hem in de woestijn, deden Hem smart aan in de wildernis!
⁴¹Want zij kwamen alweder, en verzochten God, en stelden den Heilige Israels een perk.
⁴²Zij dachten niet aan Zijn hand, aan den dag, toen Hij hen van den wederpartijder verloste;
⁴³Hoe Hij Zijn tekenen stelde in Egypte, en Zijn wonderheden in het veld van Zoan;
⁴⁴En hun vloeden in bloed veranderde, en hun stromen, opdat zij niet zouden drinken.
⁴⁵Hij zond een vermenging van ongedierte onder hen, dat hen verteerde, en vorsen, die hen verdierven.
⁴⁶En Hij gaf hun gewas den kruidworm, en hun arbeid den sprinkhaan.
⁴⁷Hij doodde hun wijnstok door den hagel, en hun wilde vijgebomen door vurigen hagelsteen.
⁴⁸Ook gaf Hij hun vee den hagel over, en hun beesten aan de vurige kolen.
⁴⁹Hij zond onder hen de hittigheid Zijns toorns, verbolgenheid, en verstoordheid, en benauwdheid, met uitzending der boden van veel kwaads.
⁵⁰Hij woog een pad voor Zijn toorn; Hij onttrok hun ziel niet van den dood; en hun gedierte gaf Hij aan de pestilentie over.
⁵¹En Hij sloeg al het eerstgeborene in Egypte, het beginsel der krachten in de tenten van Cham.
⁵²En Hij voerde Zijn volk als schapen, en leidde hen, als een kudde, in de woestijn.
⁵³Ja, Hij leidde hen zeker, zodat zij niet vreesden; want de zee had hun vijanden overdekt.
⁵⁴En Hij bracht hen tot de landpale Zijner heiligheid, tot dezen berg, dien Zijn rechterhand verkregen heeft.
⁵⁵En Hij verdreef voor hun aangezicht de heidenen, en deed hen vallen in het snoer hunner erfenis, en deed de stammen Israels in hun tenten wonen.
⁵⁶Maar zij verzochten en verbitterden God, den Allerhoogste, en onderhielden Zijn getuigenissen niet.
⁵⁷En zij weken terug, en handelden trouwelooslijk, gelijk hun vaders; zij zijn omgekeerd, als een bedriegelijke boog.
⁵⁸En zij verwekten Hem tot toorn door hun hoogten, en verwekten Hem tot ijver door hun gesneden beelden.
⁵⁹God hoorde het en werd verbolgen, en versmaadde Israel zeer.
⁶⁰Dies verliet Hij den tabernakel te Silo, de tent, die Hij tot een woning gesteld had onder de mensen.
⁶¹En Hij gaf Zijn sterkte in de gevangenis, en Zijn heerlijkheid in de hand des wederpartijders.
⁶²En Hij leverde Zijn volk over ten zwaarde, en werd verbolgen tegen Zijn erfenis.
⁶³Het vuur verteerde hun jongelingen, en hun jonge dochters werden niet geprezen.
⁶⁴Hun priesters vielen door het zwaard, en hun weduwen weenden niet.
⁶⁵Toen ontwaakte de Heere, als een slapende, als een held, die juicht van den wijn.
⁶⁶En Hij sloeg Zijn wederpartijders aan het achterste; Hij deed hun eeuwige smaadheid aan.
⁶⁷Doch Hij verwierp de tent van Jozef, en den stam van Efraim verkoos Hij niet.
⁶⁸Maar Hij verkoos den stam van Juda, den berg Sion, dien Hij liefhad.
⁶⁹En Hij bouwde Zijn heiligdom als hoogten, als de aarde, die Hij gegrond heeft in eeuwigheid.
⁷⁰En Hij verkoos Zijn knecht David, en nam hem van de schaapskooien;
⁷¹Van achter de zogende schapen deed Hij hem komen, om te weiden Jakob, Zijn volk, en Israel, Zijn erfenis.
⁷²Ook heeft hij hen geweid naar de oprechtheid zijns harten, en heeft hen geleid met een zeer verstandig beleid zijner handen.

Hoofdstuk 79

¹Een psalm van Asaf. O God! Heidenen zijn gekomen in Uw erfenis; zij hebben den tempel Uwer heiligheid verontreinigd; zij hebben Jeruzalem tot steenhopengesteld.
²Zij hebben de dode lichamen Uwer knechten aan het gevogelte des hemels tot spijs gegeven; het vlees Uwer gunstgenoten aan het gedierte des lands.
³Zij hebben hun bloed rondom Jeruzalem als water vergoten; en er was niemand, die hen begroef.
⁴Wij zijn onzen naburen een smaadheid geworden; een spot en schimp dien, die rondom ons zijn.
⁵Hoe lang, HEERE? Zult Gij eeuwiglijk toornen? Zal Uw ijver als vuur branden?
⁶Stort Uw grimmigheid uit over de heidenen, die U niet kennen, en over de koninkrijken, die Uw Naam niet aanroepen.
⁷Want men heeft Jakob opgegeten, en zij hebben zijn liefelijke woning verwoest.
⁸Gedenk ons de vorige misdaden niet; haast U, laat Uw barmhartigheden ons voorkomen; want wij zijn zeer dun geworden.
⁹Help ons, o God onzes heils! ter oorzake van de eer Uws Naams; en red ons, en doe verzoening over onze zonden, om Uws Naams wil.
¹⁰Waarom zouden de heidenen zeggen: Waar is hun God? Laat de wraak des vergoten bloeds Uwer knechten onder de heidenen voor onze ogen bekendworden.
¹¹Laat het gekerm der gevangenen voor Uw aanschijn komen; behoud overig de kinderen des doods, naar de grootheid Uws arms.
¹²En geef onze naburen zevenvoudig weder in hun schoot hun smaad, waarmede zij U, o Heere! gesmaad hebben.
¹³Zo zullen wij, Uw volk en de schapen Uwer weide, U loven in eeuwigheid, van geslacht tot geslacht; wij zullen Uw roem vertellen.

Hoofdstuk 80

¹Voor den opperzangmeester, op Schoschannim; een getuigenis, een psalm van Asaf.
²O Herder Israels! neem ter ore, Die Jozef als schapen leiddet; Die tussen de cherubim zit, verschijn blinkende.
³Wek Uw macht op voor het aangezicht van Efraim, en Benjamin, en Manasse, en kom tot onze verlossing.
⁴O God! breng ons weder, en laat Uw aanschijn lichten, zo zullen wij verlost worden.
⁵O HEERE, God der heirscharen! hoe lang zult Gij roken tegen het gebed Uws volks?
⁶Gij spijst hen met tranenbrood, en drenkt hen met tranen uit een drieling.
⁷Gij hebt ons onzen naburen tot een twist gesteld, en onze vijanden spotten onder zich.
⁸O God der heirscharen! breng ons weder, en laat Uw aangezicht lichten; zo zullen wij verlost worden.
⁹Gij hebt een wijnstok uit Egypte overgebracht, hebt de heidenen verdreven, en hebt denzelven geplant;
¹⁰Gij hebt de plaats voor hem bereid, en zijn wortelen doen inwortelen, zodat hij het land vervuld heeft.
¹¹De bergen zijn met zijn schaduw bedekt geweest, en zijn ranken waren als cederbomen Gods.
¹²Hij schoot zijn ranken uit tot aan de zee, en zijn scheuten tot aan de rivier.
¹³Waarom hebt Gij zijn muren doorgebroken, zodat allen, die den weg voorbijgaan, hem plukken?
¹⁴Het zwijn uit het woud heeft hem uitgewroet, en het wild des

velds heeft hem afgeweid.

¹⁵O God der heirscharen! keer toch weder; aanschouw uit den hemel, en zie, en bezoek dezen wijnstok.

¹⁶En den stam, dien Uw rechterhand geplant heeft, en dat om den zoon, dien Gij U gesterkt hebt!

¹⁷Hij is met vuur verbrand; hij is afgehouwen; zij komen om van het schelden Uws aangezichts.

¹⁸Uw hand zij over den man Uwer rechterhand, over des mensen zoon, dien Gij U gesterkt hebt.

¹⁹Zo zullen wij van U niet terugkeren; behoud ons in het leven, zo zullen wij Uw Naam aanroepen.

²⁰O HEERE, God der heirscharen! breng ons weder; laat Uw aanschijn lichten, zo zullen wij verlost worden.

Hoofdstuk 81

¹Voor den opperzangmeester, op de Gittith, een psalm van Asaf.

²Zingt vrolijk Gode, onze Sterkte; juicht den God van Jakob.

³Heft een psalm op, en geeft de trommel; de liefelijke harp met de luit.

⁴Blaast de bazuin in de nieuwe maan, ter bestemder tijd, op onzen feestdag.

⁵Want dit is een inzetting in Israel, een recht van den God Jakobs.

⁶Hij heeft het gezet tot een getuigenis in Jozef, als Hij uitgetogen was tegen Egypteland; alwaar ik gehoord heb een spraak, die ik niet verstond;

⁷Ik heb zijn schouder van den last onttrokken; zijn handen zijn van de potten ontslagen.

⁸In de benauwdheid riept gij, en Ik hielp u uit; Ik antwoordde u uit de schuilplaats des donders; Ik beproefde u aan de wateren van Meriba. Sela.

⁹Mijn volk, zeide Ik hoor toe, en Ik zal onder u betuigen, Israel, of gij naar Mij hoordet!

¹⁰Er zal onder u geen uitlands god wezen, en gij zult u voor geen vreemden god nederbuigen.

¹¹Ik ben de Heere, uw God, Die u heb opgevoerd uit het land van Egypte; doe uw mond wijd open, en Ik zal hem vervullen.

¹²Maar Mijn volk heeft Mijn stem niet gehoord; en Israel heeft Mijner niet gewild.

¹³Dies heb Ik het overgegeven in het goeddunken huns harten, dat zij wandelden in hun raadslagen.

¹⁴Och, dat Mijn volk naar Mij gehoord had, dat Israel in Mijn wegen gewandeld had!

¹⁵In kort zou Ik hun vijanden gedempt hebben, en Mijn hand gewend hebben tegen hun wederpartijders.

¹⁶Die den HEERE haten, zouden zich Hem geveinsdelijk onderworpen hebben, maar hunlieder tijd zou eeuwig geweest zijn.

¹⁷En Hij zou het gespijsd hebben met het vette der tarwe; ja, Ik zou u verzadigd hebben met honig uit de rotssteen.

Hoofdstuk 82

¹Een psalm van Asaf. God staat in de vergadering Godes; Hij oordeelt in het midden der goden;

²Hoe lang zult gijlieden onrecht oordelen, en het aangezicht der goddelozen aannemen? Sela.

³Doet recht den arme en den wees; rechtvaardigt den verdrukte en den arme.

⁴Verlost den arme en den behoeftige, rukt hem uit der goddelozen hand.

⁵Zij weten niet, en verstaan niet; zij wandelen steeds in duisternis; dies wankelen alle fondamenten der aarde.

⁶Ik heb wel gezegd: Gij zijt goden; en gij zijt allen kinderen des Allerhoogsten;

⁷Nochtans zult gij sterven als een mens; en als een van de vorsten zult gij vallen.

⁸Sta op, o God! oordeel het aardrijk, want Gij bezit alle natien.

Hoofdstuk 83

¹Een lied, een psalm van Asaf.

²O God! zwijg niet, houd U niet als doof, en zijt niet stil, o God!

³Want zie, Uw vijanden maken getier, en Uw haters steken het hoofd op.

⁴Zij maken listiglijk een heimelijken aanslag tegen Uw volk, en beraadslagen zich tegen Uw verborgenen.

⁵Zij hebben gezegd: Komt, en laat ons hen uitroeien, dat zij geen volk meer zijn; dat aan den naam Israels niet meer gedacht worde.

⁶Want zij hebben in het hart te zamen geraadslaagd; tegen U hebben zij een verbond gemaakt;

⁷De tenten van Edom en der Ismaelieten, Moab en de Hagarenen;

⁸Gebal, en Ammon, en Amalek, Palestina met de inwoners van Tyrus.

⁹Ook heeft zich Assur bij hen gevoegd; zij zijn den kinderen van Lot tot een arm geweest. Sela.

¹⁰Doe hun als Midian, als Sisera, als Jabin aan de beek Kison;

¹¹Die verdelgd zijn te Endor; zij zijn geworden tot drek der aarde.

¹²Maak hen en hun prinsen als Oreb en als Zeeb, en al hun vorsten als Zebah en als Zalmuna;

¹³Die zeiden: Laat ons de schone woningen Gods voor ons in erfelijke bezitting nemen.

¹⁴Mijn God! maak hen als een wervel, als stoppelen voor den wind.

¹⁵Gelijk het vuur een woud verbrandt, en gelijk de vlam de bergen aansteekt;

¹⁶Vervolg hen alzo met Uw onweder, en verschrik hen met Uw draaiwind.

¹⁷Maak hun aangezicht vol schande, opdat zij, o HEERE! Uw Naam zoeken.

¹⁸Laat hen beschaamd en verschrikt wezen tot in eeuwigheid, en laat hen schaamrood worden, en omkomen;

¹⁹Opdat zij weten, dat Gij alleen met Uw Naam zijt de HEERE, de Allerhoogste over de ganse aarde.

Hoofdstuk 84

¹Voor den opperzangmeester, op de Gittith; een psalm, voor de kinderen van Korach.

²Hoe liefelijk zijn Uw woningen, o HEERE der heirscharen!

³Mijn ziel is begerig, en bezwijkt ook van verlangen, naar de voorhoven des HEEREN; mijn hart en mijn vlees roepen uit tot den levenden God.

⁴Zelfs vindt de mus een huis, en de zwaluw een nest voor zich, waar zij haar jongen legt, bij Uw altaren, HEERE der heirscharen, mijn Koning, en mijn God!

⁵Welgelukzalig zijn zij, die in Uw huis wonen; zij prijzen U gestadiglijk. Sela.

⁶Welgelukzalig is de mens, wiens sterkte in U is, in welker hart de gebaande wegen zijn.

⁷Als zij door het dal der moerbezienbomen doorgaan, stellen zij Hem tot een fontein; ook zal de regen hen gans rijkelijk overdekken.

⁸Zij gaan van kracht tot kracht; een iegelijk van hen zal verschijnen voor God in Sion.

⁹HEERE, God der heirscharen! hoor mijn gebed; neem het ter oren, o God van Jakob! Sela.

¹⁰O God, ons Schild! zie, en aanschouw het aangezicht Uws gezalfden.

¹¹Want een dag in Uw voorhoven is beter dan duizend elders; ik koos liever aan den dorpel in het huis mijns Gods te wezen, dan lang te wonen in de tenten dergoddeloosheid.

¹²Want God, de HEERE, is een Zon en Schild; de HEERE zal genade en eer geven; Hij zal het goede niet onthouden dengenen, die in oprechtheid wandelen.

¹³HEERE der heirscharen! welgelukzalig is de mens, die op U vertrouwt.

Hoofdstuk 85

¹Een psalm, voor den opperzangmeester, onder de kinderen van Korach.

²Gij zijt Uw lande gunstig geweest, HEERE! de gevangenis van Jakob hebt Gij gewend.

³De misdaad Uws volks hebt Gij weggenomen; Gij hebt al hun zonden bedekt. Sela.

⁴Gij hebt weggenomen al Uw verbolgenheid; Gij hebt U gewend van de hittigheid Uws toorns.

⁵Breng ons weder, o God onzes heils! en doe te niet Uw toornigheid over ons.

⁶Zult Gij eeuwiglijk tegen ons toornen? Zult Gij Uw toorn uitstrekken van geslacht tot geslacht?

⁷Zult Gij ons niet weder levend maken, opdat Uw volk zich in U verblijde?

⁸Toon ons Uw goedertierenheid, o HEERE, en geef ons Uw heil.

⁹Ik zal horen, wat God, de HEERE, spreken zal; want Hij zal tot Zijn volk en tot Zijn gunstgenoten van vrede spreken; maar dat zij niet weder tot dwaasheidkeren.

¹⁰Zekerlijk, Zijn heil is nabij degenen, die Hem vrezen, opdat in ons land eer wone.

¹¹De goedertierenheid en waarheid zullen elkander ontmoeten; de

Pslamen

gerechtigheid en vrede zullen elkander kussen.

¹²De waarheid zal uit de aarde spruiten, en gerechtigheid zal van den hemel nederzien.

¹³Ook zal de HEERE het goede geven; en ons land zal zijn vrucht geven.

¹⁴De gerechtigheid zal voor Zijn aangezicht henengaan, en Hij zal ze zetten op den weg Zijner voetstappen. Psalmen 86

Hoofdstuk 86

¹Een gebed van David. HEERE! neig Uw oor, verhoor mij; want ik ben ellendig en nooddruftig.

²Bewaar mijn ziel, want ik ben Uw gunstgenoot, o Gij, mijn God! verlos Uw knecht die op U betrouwt.

³Zijt mij genadig, HEERE! want ik roep tot U den gansen dag.

⁴Verheug de ziel Uws knechts; want tot U, HEERE! verhef ik mijn ziel.

⁵Want Gij, HEERE! zijt goed, en gaarne vergevende, en van grote goedertierenheid allen, die U aanroepen.

⁶HEERE! neem mijn gebed ter ore, en merk op de stem mijner smekingen.

⁷In den dag mijner benauwdheid roep ik U aan, want Gij verhoort mij.

⁸Onder de goden is niemand U gelijk, Heere! en er zijn geen gelijk Uw werken.

⁹Al de heidenen, Heere! die Gij gemaakt hebt, zullen komen, en zullen zich voor Uw aanschijn nederbuigen, en Uw Naam eren.

¹⁰Want Gij zijt groot, en doet wonderwerken; Gij alleen zijt God.

¹¹Leer mij, HEERE! Uw weg; ik zal in Uw waarheid wandelen; verenig mijn hart tot de vreze Uws Naams.

¹²Heere, mijn God! ik zal U met mijn ganse hart loven, en ik zal Uw Naam eren in eeuwigheid;

¹³Want Uw goedertierenheid is groot over mij; en Gij hebt mijn ziel uit het onderste des grafs uitgerukt.

¹⁴O God! de hovaardigen staan tegen mij op, en de vergaderingen der tirannen zoeken mijn ziel; en zij stellen U niet voor hun ogen.

¹⁵Maar Gij, Heere! zijt een barmhartig en genadig God, lankmoedig, en groot van goedertierenheid en waarheid.

¹⁶Wend U tot mij, en zijt mij genadig, geef Uw knecht Uw sterkte, en verlos den zoon Uwer dienstmaagd.

¹⁷Doe aan mij een teken ten goede, opdat het mijn haters zien, en beschaamd worden, als Gij, HEERE! mij geholpen, en mij getroost zult hebben.

Hoofdstuk 87

¹Een psalm, een lied voor de kinderen van Korach. Zijn grondslag is op de bergen der heiligheid.

²De HEERE bemint de poorten van Sion boven alle woningen van Jakob.

³Zeer heerlijke dingen worden van u gesproken, o stad Gods! Sela.

⁴Ik zal Rahab en Babel vermelden, onder degenen, die Mij kennen; ziet, de Filistijn, en de Tyriër, met den Moor, deze is aldaar geboren.

⁵En van Sion zal gezegd worden: Die en die is daarin geboren; en de Allerhoogste Zelf zal hen bevestigen.

⁶De HEERE zal hen rekenen in het opschrijven der volken, zeggende: Deze is aldaar geboren. Sela.

⁷En de zangers, gelijk de speellieden, mitsgaders al mijn fonteinen, zullen binnen u zijn.

Hoofdstuk 88

¹Een lied, een psalm voor de kinderen van Korach, voor den opperzangmeester, op Machalath Leannoth; een onderwijzing van Heman, den Ezrahiet.

²O HEERE, God mijns heils! bij dag, bij nacht roep ik voor U.

³Laat mijn gebed voor Uw aanschijn komen; neig Uw oor tot mijn geschrei.

⁴Want mijn ziel is der tegenheden zat, en mijn leven raakt tot aan het graf.

⁵Ik ben gerekend met degenen, die in de kuil nederdalen; ik ben geworden als een man, die krachteloos is;

⁶Afgezonderd onder de doden, gelijk de verslagenen, die in het graf liggen, die Gij niet meer gedenkt, en zij zijn afgesneden van Uw hand.

⁷Gij hebt mij in den ondersten kuil gelegd, in duisternissen, in diepten.

⁸Uw grimmigheid ligt op mij; Gij hebt mij nedergedrukt met al Uw baren. Sela.

⁹Mijn bekenden hebt Gij verre van mij gedaan, Gij hebt mij hun tot een groten gruwel gesteld; ik ben besloten, en kan niet uitkomen.

¹⁰Mijn oog treurt vanwege verdrukking; HEERE! ik roep tot U den gansen dag; ik strek mijn handen uit tot U.

¹¹Zult Gij wonder doen aan de doden? Of zullen de overledenen opstaan, zullen zij U loven? Sela.

¹²Zal Uw goedertierenheid in het graf verteld worden, Uw getrouwheid in het verderf?

¹³Zullen Uw wonderen bekend worden in de duisternis, en Uw gerechtigheid in het land der vergetelheid?

¹⁴Maar ik, HEERE! roep tot U, en mijn gebed komt U voor in den morgenstond.

¹⁵HEERE! waarom verstoot Gij mijn ziel, en verbergt Uw aanschijn voor mij?

¹⁶Van der jeugd aan ben ik bedrukt en doodbrakende; ik draag Uw vervaarnissen, ik ben twijfelmoedig.

¹⁷Uw hittige toornigheden gaan over mij; Uw verschrikkingen doen mij vergaan.

¹⁸Den gansen dag omringen zij mij als water; te zamen omgeven zij mij.

¹⁹Gij hebt vriend en metgezel verre van mij gedaan; mijn bekenden zijn in duisternis.

Hoofdstuk 89

¹Een onderwijzing van Ethan, den Ezrahiet.

²Ik zal de goedertierenheid des HEEREN eeuwiglijk zingen; ik zal Uw waarheid met mijn mond bekend maken, van geslacht tot geslacht.

³Want ik heb gezegd: Uw goedertierenheid zal eeuwiglijk gebouwd worden; in de hemelen zelve hebt Gij Uw waarheid bevestigd, zeggende:

⁴Ik heb een verbond gemaakt met Mijn uitverkorene; Ik heb Mijn knecht David gezworen:

⁵Ik zal uw zaad tot in eeuwigheid bevestigen, en uw troon opbouwen van geslacht tot geslacht. Sela.

⁶Dies loven de hemelen Uw wonderen, o HEERE! ook is Uw getrouwheid in de gemeente der heiligen.

⁷Want wie mag in den hemel tegen den HEERE geschat worden? Wie is den HEERE gelijk, onder de kinderen der sterken?

⁸God is grotelijks geducht in den raad der heiligen, en vreselijk boven allen, die rondom Hem zijn.

⁹O HEERE, God der heirscharen! wie is als Gij, grootmachtig, o HEERE! en Uw getrouwheid is rondom U.

¹⁰Gij heerst over de opgeblazenheid der zee; wanneer haar baren zich verheffen, zo stilt Gij ze.

¹¹Gij hebt Rahab verbrijzeld als een verslagene; Gij hebt Uw vijanden verstrooid met den arm Uwer sterkte.

¹²De hemel is Uwe, ook is de aarde Uwe; de wereld en haar volheid, die hebt Gij gegrond.

¹³Het noorden en het zuiden, die hebt Gij geschapen; Thabor en Hermon juichen in Uw Naam.

¹⁴Gij hebt een arm met macht; Uw hand is sterk, Uw rechterhand is hoog.

¹⁵Gerechtigheid en gericht zijn de vastigheid Uws troons; goedertierenheid en waarheid gaan voor Uw aanschijn henen.

¹⁶Welgelukzalig is het volk, hetwelk het geklank kent; o HEERE! zij zullen in het licht Uws aanschijns wandelen.

¹⁷Zij zullen zich den gansen dag verheugen in Uw Naam, en door Uw gerechtigheid verhoogd worden.

¹⁸Want Gij zijt de heerlijkheid hunner sterkte; en door Uw welbehagen zal onze hoorn verhoogd worden.

¹⁹Want ons schild is van den HEERE, en onze koning is van den Heilige Israels.

²⁰Toen hebt Gij in een gezicht gesproken van Uw heilige, en gezegd: Ik heb hulp besteld bij een held; Ik heb een verkorene uit het volk verhoogd.

²¹Ik heb David, Mijn knecht, gevonden; met Mijn heilige olie heb Ik hem gezalfd;

²²Met welken Mijn hand vast blijven zal; ook zal hem Mijn arm versterken.

²³De vijand zal hem niet dringen, en de zoon der ongerechtigheid zal hem niet onderdrukken.

²⁴Maar Ik zal zijn wederpartijders verpletteren voor zijn aangezicht, en die hem haten, zal Ik plagen.

²⁵En Mijn getrouwheid en Mijn goedertierenheid zullen met hem zijn; en zijn hoorn zal in Mijn Naam verhoogd worden.

²⁶En Ik zal zijn hand in de zee zetten, en zijn rechterhand in de rivieren.

²⁷Hij zal Mij noemen: Gij zijt mijn Vader! mijn God, en de Rotssteen mijns heils!
²⁸Ook zal Ik hem ten eerstgeborenen zoon stellen, ten hoogste over de koningen der aarde.
²⁹Ik zal hem Mijn goedertierenheid in eeuwigheid houden, en Mijn verbond zal hem vast blijven.
³⁰En Ik zal zijn zaad in eeuwigheid zetten, en zijn troon als de dagen der hemelen.
³¹Indien zijn kinderen Mijn wet verlaten, en in Mijn rechten niet wandelen;
³²Indien zij Mijn inzettingen ontheiligen, en Mijn geboden niet houden;
³³Zo zal Ik hun overtreding met de roede bezoeken, en hun ongerechtigheid met plagen.
³⁴Maar Mijn goedertierenheid zal Ik van hem niet wegnemen, en in Mijn getrouwheid niet feilen.
³⁵Ik zal Mijn verbond niet ontheiligen, en hetgeen uit Mijn lippen gegaan is, zal Ik niet veranderen.
³⁶Ik heb eens gezworen bij Mijn heiligheid: Zo Ik aan David liege!
³⁷Zijn zaad zal in der eeuwigheid zijn, en zijn troon zal voor Mij zijn gelijk de zon.
³⁸Hij zal eeuwiglijk bevestigd worden, gelijk de maan; en de Getuige in den hemel is getrouw. Sela.
³⁹Maar Gij hebt hem verstoten en verworpen; Gij zijt verbolgen geworden tegen Uw gezalfde.
⁴⁰Gij hebt het verbond Uws knechts te niet gedaan; Gij hebt zijn kroon ontheiligd tegen de aarde.
⁴¹Gij hebt al zijn muren doorgebroken; Gij hebt zijn vestingen nedergeworpen.
⁴²Allen, die den weg voorbijgingen, hebben hem beroofd; zijn naburen is hij tot een smaad geweest.
⁴³Gij hebt de rechterhand zijner wederpartijders verhoogd; Gij hebt al zijn vijanden verblijd.
⁴⁴Gij hebt ook de scherpte zijns zwaards omgekeerd, en hebt hem niet staande gehouden in den strijd.
⁴⁵Gij hebt zijn schoonheid doen ophouden; en Gij hebt zijn troon ter aarde nedergestoten.
⁴⁶Gij hebt de dagen zijner jeugd verkort; Gij hebt hem met schaamte overdekt. Sela.
⁴⁷Hoe lang, o HEERE! zult Gij U steeds verbergen, zal Uw grimmigheid branden als een vuur?
⁴⁸Gedenk van hoedanige eeuw ik ben; waarom zoudt Gij aller mensenkinderen tevergeefs geschapen hebben?
⁴⁹Wat man leeft er, die den dood niet zien zal, die zijn ziel zal bevrijden van het geweld des grafs? Sela.
⁵⁰HEERE! waar zijn Uw vorige goedertierenheden, die Gij David gezworen hebt bij Uw trouw?
⁵¹Gedenk, HEERE! aan de smaad Uwer knechten, dien ik in mijn boezem draag, van alle grote volken.
⁵²Waarmede, o HEERE! Uw vijanden smaden, waarmede zij de voetstappen Uws gezalfden smaden.
⁵³Geloofd zij de HEERE in eeuwigheid! Amen, ja, amen.

Hoofdstuk 90

¹Een gebed van Mozes, den man Gods. HEERE! Gij zijt ons geweest een Toevlucht van geslacht tot geslacht.
²Eer de bergen geboren waren, en Gij de aarde en de wereld voortgebracht hadt, ja, van eeuwigheid tot eeuwigheid zijt Gij God.
³Gij doet den mens wederkeren tot verbrijzeling, en zegt: Keert weder, gij mensenkinderen!
⁴Want duizend jaren zijn in Uw ogen als de dag van gisteren, als hij voorbijgegaan is, en als een nachtwaak.
⁵Gij overstroomt hen; zij zijn gelijk een slaap; in den morgenstond zijn zij gelijk het gras, dat verandert.
⁶In den morgenstond bloeit het, en het verandert; des avonds wordt het afgesneden, en het verdort.
⁷Want wij vergaan door Uw toorn; en door Uw grimmigheid worden wij verschrikt.
⁸Gij stelt onze ongerechtigheden voor U, onze heimelijke zonden in het licht Uws aanschijns.
⁹Want al onze dagen gaan henen door Uw verbolgenheid; wij brengen onze jaren door als een gedachte.
¹⁰Aangaande de dagen onzer jaren, daarin zijn zeventig jaren, of, zo wij zeer sterk zijn, tachtig jaren; en het uitnemendste van die is moeite en verdriet; want het wordt snellijk afgesneden, en wij vliegen daarheen.
¹¹Wie kent de sterkte Uws toorns, en Uw verbolgenheid, naardat Gij te vrezen zijt?
¹²Leer ons alzo onze dagen tellen, dat wij een wijs hart bekomen.
¹³Keer weder, HEERE! tot hoe lange? en het berouwe U over Uw knechten.
¹⁴Verzadig ons in den morgenstond met Uw goedertierenheid, zo zullen wij juichen, en verblijd zijn in al onze dagen.
¹⁵Verblijd ons naar de dagen, in dewelke Gij ons gedrukt hebt, naar de jaren, in dewelke wij het kwaad gezien hebben.
¹⁶Laat Uw werk aan Uw knechten gezien worden, en Uw heerlijkheid over hun kinderen.
¹⁷En de liefelijkheid des HEEREN, onzes Gods; zij over ons; en bevestig Gij het werk onzer handen over ons, ja, het werk onzer handen, bevestig dat.

Hoofdstuk 91

¹Die in de schuilplaats des Allerhoogsten is gezeten, die zal vernachten in de schaduw des Almachtigen.
²Ik zal tot den HEERE zeggen: Mijn Toevlucht en mijn Burg! mijn God, op Welken ik vertrouw!
³Want Hij zal u redden van den strik des vogelvangers, van de zeer verderfelijke pestilentie.
⁴Hij zal u dekken met Zijn vlerken, en onder Zijn vleugelen zult gij betrouwen; Zijn waarheid is een rondas en beukelaar.
⁵Gij zult niet vrezen voor den schrik des nachts, voor den pijl, die des daags vliegt;
⁶Voor de pestilentie, die in de donkerheid wandelt; voor het verderf, dat op den middag verwoest.
⁷Aan uw zijden zullen er duizend vallen, en tien duizend aan uw rechterhand; tot u zal het niet genaken.
⁸Alleenlijk zult gij het met uw ogen aanschouwen; en gij zult de vergelding der goddelozen zien.
⁹Want Gij, HEERE! zijt mijn Toevlucht! De Allerhoogste hebt gij gesteld tot uw Vertrek;
¹⁰U zal geen kwaad wedervaren, en geen plage zal uw tent naderen.
¹¹Want Hij zal Zijn engelen van u bevelen, dat zij u bewaren in al uw wegen.
¹²Zij zullen u op de handen dragen, opdat gij uw voet aan geen steen stoot.
¹³Op den fellen leeuw en de adder zult gij treden, gij zult den jongen leeuw en den draak vertreden.
¹⁴Dewijl hij Mij zeer bemint, spreekt God, zo zal Ik hem uithelpen; Ik zal hem op een hoogte stellen, want hij kent Mijn Naam.
¹⁵Hij zal Mij aanroepen, en Ik zal hem verhoren; in de benauwdheid zal Ik bij hem zijn. Ik zal er hem uittrekken, en zal hem verheerlijken.
¹⁶Ik zal hem met langheid der dagen verzadigen, en Ik zal hem Mijn heil doen zien.

Hoofdstuk 92

¹Een psalm, een lied, op den sabbatdag.
²Het is goed, dat men den HEERE love, en Uw Naam psalmzinge, o Allerhoogste!
³Dat men in den morgenstond Uw goedertierenheid verkondige, en Uw getrouwheid in de nachten;
⁴Op het tiensnarig instrument en op de luit, met een voorbedacht lied op de harp.
⁵Want Gij hebt mij verblijd, HEERE! met Uw daden, ik zal juichen over de werken Uwer handen.
⁶O HEERE! hoe groot zijn Uw werken! zeer diep zijn Uw gedachten.
⁷Een onvernuftig man weet er niet van, en een dwaas verstaat ditzelve niet;
⁸Dat de goddelozen groeien als het kruid, en al de werkers der ongerechtigheid bloeien, opdat zij tot in der eeuwigheid verdelgd worden.
⁹Maar Gij zijt de Allerhoogste in eeuwigheid de HEERE!
¹⁰Want zie, Uw vijanden, o HEERE! want zie, Uw vijanden zullen vergaan; al de werkers der ongerechtigheid zullen verstrooid worden.
¹¹Maar Gij zult mijn hoorn verhogen, gelijk eens eenhoorns; ik ben met verse olie overgoten.
¹²En mijn oog zal mijn verspieders aanschouwen; mijn oren zullen het horen, aangaande de boosdoeners, die tegen mij opstaan.
¹³De rechtvaardige zal groeien als een palmboom; hij zal wassen als een cederboom op Libanon.
¹⁴Die in het huis des HEEREN geplant zijn, dien zal gegeven worden te groeien in de voorhoven onzes Gods.

Pslamen

¹⁵In den grijzen ouderdom zullen zij nog vruchten dragen; zij zullen vet en groen zijn,
¹⁶Om te verkondigen, dat de HEERE recht is; Hij is mijn Rotssteen, en in Hem is geen onrecht.

Hoofdstuk 93
¹De HEERE regeert, Hij is met hoogheid bekleed; de HEERE is bekleed met sterkte, Hij heeft Zich omgord. Ook is de wereld bevestigd, zij zal niet wankelen.
²Van toen af is Uw troon bevestigd, Gij zijt van eeuwigheid af.
³De rivieren verheffen, o HEERE! de rivieren verheffen haar bruisen; de rivieren verheffen haar aanstoting.
⁴Doch de HEERE in de hoogte is geweldiger dan het bruisen van grote wateren, dan de geweldige baren der zee.
⁵Uw getuigenissen zijn zeer getrouw; de heiligheid is Uw huize sierlijk, HEERE! tot lange dagen.

Hoofdstuk 94
¹O God der wraken! o HEERE, God der wraken! verschijn blinkende.
²Gij, Rechter der aarde! verhef U; breng vergelding weder over de hovaardigen.
³Hoe lang zullen de goddelozen, o HEERE! hoe lang zullen de goddelozen van vreugde opspringen?
⁴Uitgieten? hard spreken? alle werkers der ongerechtigheid zich beroemen?
⁵O HEERE! zij verbrijzelen Uw volk, en zij verdrukken Uw erfdeel.
⁶De weduwe en den vreemdeling doden zij, en zij vermoorden de wezen.
⁷En zeggen: De HEERE ziet het niet, en de God van Jakob merkt het niet.
⁸Aanmerkt, gij onvernuftigen onder het volk! en gij dwazen! wanneer zult gij verstandig worden?
⁹Zou Hij, Die het oor plant, niet horen? zou Hij, Die het oog formeert, niet aanschouwen?
¹⁰Zou Hij, Die de heidenen tuchtigt, niet straffen, Hij, Die den mens wetenschap leert?
¹¹De HEERE weet de gedachten des mensen, dat zij ijdelheid zijn.
¹²Welgelukzalig is de man, o HEERE! dien Gij tuchtigt, en dien Gij leert uit Uw wet,
¹³Om hem rust te geven van de kwade dagen; totdat de kuil voor den goddeloze gegraven wordt.
¹⁴Want de HEERE zal Zijn volk niet begeven, en Hij zal Zijn erve niet verlaten.
¹⁵Want het oordeel zal wederkeren tot de gerechtigheid; en alle oprechten van hart zullen hetzelve navolgen.
¹⁶Wie zal voor mij staan tegen de boosdoeners? Wie zal zich voor mij stellen tegen de werkers der ongerechtigheid?
¹⁷Ten ware dat de HEERE mij een Hulp geweest ware, mijn ziel had bijna in de stilte gewoond.
¹⁸Als ik zeide: Mijn voet wankelt; Uw goedertierenheid, o HEERE! ondersteunde mij.
¹⁹Als mijn gedachten binnen in mij vermenigvuldigd werden, hebben Uw vertroostingen mijn ziel verkwikt.
²⁰Zou zich de stoel der schadelijkheden met U vergezelschappen, die moeite verdicht bij inzetting?
²¹Zij rotten zich samen tegen de ziel des rechtvaardigen, en zij verdoemen onschuldig bloed.
²²Doch de HEERE is mij geweest tot een Hoog Vertrek, en mijn God tot een Steenrots mijner toevlucht.
²³En Hij zal hun ongerechtigheid op hen doen wederkeren, en Hij zal hen in hun boosheid verdelgen; de HEERE, onze God, zal hen verdelgen.

Hoofdstuk 95
¹Komt, laat ons den HEERE vrolijk zingen; laat ons juichen den Rotssteen onzes heils.
²Laat ons Zijn aangezicht tegemoet gaan met lof; laat ons Hem juichen met psalmen.
³Want de HEERE is een groot God; ja, een groot Koning boven alle goden;
⁴In Wiens hand de diepste plaatsen der aarde zijn, en de hoogten der bergen zijn Zijne;
⁵Wiens ook de zee is, want Hij heeft ze gemaakt; en Zijn handen hebben het droge geformeerd.
⁶Komt, laat ons aanbidden en nederbukken; laat ons knielen voor den HEERE, Die ons gemaakt heeft.
⁷Want Hij is onze God, en wij zijn het volk Zijner weide, en de schapen Zijner hand. Heden, zo gij Zijn stem hoort,
⁸Verhardt uw hart niet, gelijk te Meriba, gelijk ten dage van Massa in de woestijn;
⁹Waar Mij uw vaders verzochten, Mij beproefden, ook Mijn werk zagen.
¹⁰Veertig jaren heb Ik verdriet gehad aan dit geslacht, en heb gezegd: Zij zijn een volk, dwalende van hart, en zij kennen Mijn wegen niet.
¹¹Daarom heb Ik in Mijn toorn gezworen: Zo zij in Mijn rust zullen ingaan!

Hoofdstuk 96
¹Zingt den HEERE een nieuw lied; zingt de HEERE, gij ganse aarde!
²Zingt den HEERE, looft Zijn Naam; boodschapt Zijn heil van dag tot dag.
³Vertelt onder de heidenen Zijn eer, onder alle volken Zijn wonderen.
⁴Want de HEERE is groot, en zeer te prijzen; Hij is vreselijk boven alle goden.
⁵Want al de goden der volken zijn afgoden; maar de HEERE heeft de hemelen gemaakt.
⁶Majesteit en heerlijkheid zijn voor Zijn aangezicht, sterkte en sieraad in Zijn heiligdom.
⁷Geeft den HEERE, gij geslachten der volken! geeft den HEERE eer en sterkte.
⁸Geeft den HEERE de eer Zijns Naams; brengt offer, en komt in Zijn voorhoven.
⁹Aanbidt den HEERE in de heerlijkheid des heiligdoms; schrikt voor Zijn aangezicht, gij ganse aarde.
¹⁰Zegt onder de heidenen: De HEERE regeert; ook zal de wereld bevestigd worden, zij zal niet bewogen worden; Hij zal de volken richten in alle rechtmatigheid.
¹¹Dat de hemelen zich verblijden, en de aarde zich verheuge, dat de zee bruise met haar volheid.
¹²Dat het veld huppele van vreugde met al wat er in is, dat dan al de bomen des wouds juichen.
¹³Voor het aangezicht des HEEREN; want Hij komt, want Hij komt, om de aarde te richten; Hij zal de wereld richten met gerechtigheid, en de volken met Zijn waarheid.

Hoofdstuk 97
¹De HEERE regeert, de aarde verheuge zich; dat veel eilanden zich verblijden.
²Rondom Hem zijn wolken en donkerheid, gerechtigheid en gericht zijn de vastigheid Zijns troons.
³Een vuur gaat voor Zijn aangezicht heen, en het steekt Zijn wederpartijen rondom aan brand.
⁴Zijn bliksemen verlichten de wereld; het aardrijk ziet ze en het beeft.
⁵De bergen smelten als was voor het aanschijn des HEEREN, voor het aanschijn des HEEREN der ganse aarde.
⁶De hemelen verkondigen Zijn gerechtigheid, en alle volken zien Zijn eer.
⁷Beschaamd moeten wezen allen, die de beelden dienen, die zich op afgoden beroemen; buigt u neder voor Hem, alle gij goden!
⁸Sion heeft gehoord, en het heeft zich verblijd, en de dochteren van Juda hebben zich verheugd vanwege Uw oordelen, o HEERE!
⁹Want Gij, HEERE! zijt de Allerhoogste over de gehele aarde; Gij zijt zeer hoog verheven boven alle goden.
¹⁰Gij liefhebbers des HEEREN! haat het kwade; Hij bewaart de zielen Zijner gunstgenoten; Hij redt hen uit der goddelozen hand.
¹¹Het licht is voor den rechtvaardige gezaaid, en vrolijkheid voor de oprechten van hart.
¹²Gij rechtvaardigen! verblijdt u in den HEERE, en spreekt lof ter gedachtenis Zijner heiligheid.

Hoofdstuk 98
¹Een psalm. Zingt den HEERE een nieuw lied; want Hij heeft wonderen gedaan; Zijn rechterhand, en de arm Zijner heiligheid, heeft Hem heil gegeven.
²De HEERE heeft Zijn heil bekend gemaakt; Hij heeft Zijn gerechtigheid geopenbaard voor de ogen der heidenen.
³Hij is gedachtig geweest Zijner goedertierenheid, en Zijner waarheid aan het huis Israels; en al de einden der aarde hebben gezien

het heil onzes Gods.

⁴Juicht den HEERE, gij ganse aarde! roept uit van vreugde, en zingt vrolijk, en psalmzingt.

⁵Psalmzingt den HEERE met de harp, met de harp en met de stem des gezangs,

⁶Met trompetten en bazuinengeklank; juicht voor het aangezicht des Konings, des HEEREN.

⁷De zee bruise met haar volheid, de wereld met degenen, die daarin wonen.

⁸Dat de rivieren met de handen klappen, dat tegelijk de gebergten vreugde bedrijven,

⁹Voor het aangezicht des HEEREN, want Hij komt, om de aarde te richten; Hij zal de wereld richten in gerechtigheid, en de volken in alle rechtmatigheid.

Hoofdstuk 99

¹De HEERE regeert, dat de volken beven; Hij zit tussen de cherubim; de aarde bewege zich.

²De HEERE is groot in Sion, en Hij is hoog boven alle volken.

³Dat zij Uw groten en vreselijken Naam loven, die heilig is;

⁴En de sterkte des Konings, die het recht lief heeft. Gij hebt billijkheden bevestigd, Gij hebt recht en gerechtigheid gedaan in Jakob.

⁵Verheft den HEERE, onzen God, en buigt u neder voor de voetbank Zijner voeten; Hij is heilig!

⁶Mozes en Aaron waren onder Zijn priesters, en Samuel onder de aanroepers Zijns Naams; zij riepen tot den HEERE, en Hij verhoorde hen.

⁷Hij sprak tot hen in een wolkkolom; zij hebben Zijn getuigenissen onderhouden, en de inzettingen, die Hij hun gegeven had.

⁸O HEERE, onze God! Gij hebt hen verhoord, Gij zijt hun geweest een vergevend God, hoewel wraak doende over hun daden.

⁹Verheft den HEERE, onzen God, en buigt u voor den berg Zijner heiligheid; want de HEERE, onze God, is heilig.

Hoofdstuk 100

¹Een lofzang. Gij ganse aarde! juicht den HEERE.

²Dient den HEERE met blijdschap, komt voor Zijn aanschijn met vrolijk gezang.

³Weet, dat de HEERE is God; Hij heeft ons gemaakt (en niet wij), Zijn volk en de schapen Zijner weide.

⁴Gaat in tot Zijn poorten met lof, in Zijn voorhoven met lofgezang; looft Hem, prijst Zijn Naam.

⁵Want de HEERE is goed; Zijn goedertierenheid is in der eeuwigheid, en Zijn getrouwheid van geslacht tot geslacht.

Hoofdstuk 101

¹Een psalm van David. Ik zal van goedertierenheid en recht zingen; U zal ik psalmzingen, o HEERE!

²Ik zal verstandelijk handelen in den oprechten weg; wanneer zult Gij tot mij komen? Ik zal in het midden mijns huizes wandelen, in oprechtheid mijns harten.

³Ik zal geen Belials-stuk voor mijn ogen stellen; ik haat het doen der afvalligen, het zal mij niet aankleven.

⁴Het verkeerde hart zal van mij wijken; den boze zal ik niet kennen.

⁵Die zijn naaste in het heimelijke achterklapt; dien zal ik verdelgen; die hoog van ogen is, en trots van hart, die zal ik niet vermogen.

⁶Mijn ogen zullen zijn op de getrouwen in het land, dat zij bij mij zitten; die in den oprechten weg wandelt, die zal mij dienen.

⁷Wie bedrog pleegt, zal binnen mijn huis niet blijven; die leugenen spreekt, zal voor mijn ogen niet bevestigd worden.

⁸Allen morgen zal ik alle goddelozen des lands verdelgen, om uit de stad des HEEREN alle werkers der ongerechtigheid uit te roeien.

Hoofdstuk 102

¹Een gebed des verdrukten, als hij overstelpt is, en zijn klacht uitstort voor het aangezicht des HEEREN.

²O HEERE! hoor mijn gebed, en laat mijn geroep tot U komen.

³Verberg Uw aangezicht niet voor mij, neig Uw oor tot mij ten dage mijner benauwdheid; ten dagen als ik roep, verhoor mij haastelijk.

⁴Want mijn dagen zijn vergaan als rook, en mijn gebeenten zijn uitgebrand als een haard.

⁵Mijn hart is geslagen en verdord als gras, zodat ik vergeten heb mijn brood te eten.

⁶Mijn gebeente kleeft aan mijn vlees, vanwege de stem mijns zuchtens.

⁷Ik ben een roerdomp der woestijn gelijk geworden, ik ben geworden als een steenuil der wildernissen.

⁸Ik waak, en ben geworden als een eenzame mus op het dak.

⁹Mijn vijanden smaden mij al den dag; die tegen mij razen, zweren bij mij.

¹⁰Want ik eet as als brood, en vermeng mijn drank met tranen.

¹¹Vanwege Uw verstoordheid en Uw groten toorn; want Gij hebt mij verheven, en mij weder nedergeworpen.

¹²Mijn dagen zijn als een afgaande schaduw, en ik verdor als gras.

¹³Maar Gij, HEERE! blijft in eeuwigheid, en Uw gedachtenis van geslacht tot geslacht.

¹⁴Gij zult opstaan, Gij zult U ontfermen over Sion, want de tijd om haar genadig te zijn, want de bestemde tijd is gekomen.

¹⁵Want Uw knechten hebben een welgevallen aan haar stenen, en hebben medelijden met haar gruis.

¹⁶Dan zullen de heidenen den Naam des HEEREN vrezen, en alle koningen der aarde Uw heerlijkheid.

¹⁷Als de HEERE Sion zal opgebouwd hebben, in Zijn heerlijkheid zal verschenen zijn.

¹⁸Zich gewend zal hebben tot het gebed desgenen, die gans ontbloot is, en niet versmaad hebben hunlieder gebed;

¹⁹Dat zal geschreven worden voor het navolgende geslacht; en het volk, dat geschapen zal worden, zal den HEERE loven;

²⁰Omdat Hij uit de hoogte Zijns heiligdoms zal hebben nederwaarts gezien; dat de HEERE uit den hemel op de aarde geschouwd zal hebben;

²¹Om het zuchten der gevangenen te horen, om los te maken de kinderen des doods;

²²Opdat men den Naam des HEEREN vertelle te Sion, en Zijn lof te Jeruzalem;

²³Wanneer de volken samen zullen vergaderd worden, ook de koninkrijken, om den HEERE te dienen.

²⁴Hij heeft mijn kracht op den weg ter nedergedrukt; mijn dagen heeft Hij verkort.

²⁵Ik zeide: Mijn God! neem mij niet weg in het midden mijner dagen; Uw jaren zijn van geslacht tot geslacht.

²⁶Gij hebt voormaals de aarde gegrond, en de hemelen zijn het werk Uwer handen.

²⁷Die zullen vergaan, maar Gij zult staande blijven; en zij alle zullen als een kleed verouden; Gij zult ze veranderen als een gewaad, en zij zullen veranderd zijn.

²⁸Maar Gij zijt Dezelfde, en Uw jaren zullen niet geeindigd worden.

²⁹De kinderen Uwer knechten zullen wonen, en hun zaad zal voor Uw aangezicht bevestigd worden.

Hoofdstuk 103

¹Een psalm van David. Loof den HEERE, mijn ziel, en al wat binnen in mij is, Zijn heiligen Naam.

²Loof den HEERE, mijn ziel, en vergeet geen van Zijn weldaden;

³Die al uw ongerechtigheid vergeeft, die al uw krankheden geneest;

⁴Die uw leven verlost van het verderf, die u kroont met goedertierenheid en barmhartigheden;

⁵Die uw mond verzadigt met het goede, uw jeugd vernieuwt als eens arends.

⁶De HEERE doet gerechtigheid en gerichten al dengenen, die onderdrukt worden.

⁷Hij heeft Mozes Zijn wegen bekend gemaakt, den kinderen Israels Zijn daden.

⁸Barmhartig en genadig is de HEERE, lankmoedig en groot van goedertierenheid.

⁹Hij zal niet altoos twisten, noch eeuwiglijk den toorn behouden.

¹⁰Hij doet ons niet naar onze zonden, en vergeldt ons niet naar onze ongerechtigheden.

¹¹Want zo hoog de hemel is boven de aarde, is Zijn goedertierenheid geweldig over degenen, die Hem vrezen.

¹²Zo ver het oosten is van het westen, zo ver doet Hij onze overtredingen van ons.

¹³Gelijk zich een vader ontfermt over de kinderen, ontfermt Zich de HEERE over degenen, die Hem vrezen.

¹⁴Want Hij weet, wat maaksel wij zijn, gedachtig zijnde, dat wij stof zijn.

¹⁵De dagen des mensen zijn als het gras, gelijk een bloem des velds, alzo bloeit hij.

¹⁶Als de wind daarover gegaan is, zo is zij niet meer, en haar plaats kent haar niet meer.

¹⁷Maar de goedertierenheid des HEEREN is van eeuwigheid en tot eeuwigheid over degenen, die Hem vrezen, en Zijn gerechtigheid aan kindskinderen;
¹⁸Aan degenen, die Zijn verbond houden, en die aan Zijn bevelen denken, om die te doen.
¹⁹De HEERE heeft Zijn troon in de hemelen bevestigd, en Zijn Koninkrijk heerst over alles.
²⁰Looft den HEERE, Zijn engelen! gij krachtige helden, die Zijn woord doet, gehoorzamende de stem Zijns woords.
²¹Looft den HEERE, al Zijn heirscharen! gij Zijn dienaars, die Zijn welbehagen doet!
²²Looft den HEERE, al Zijn werken! aan alle plaatsen Zijner heerschappij. Loof den HEERE, mijn ziel!

Hoofdstuk 104

¹Loof den HEERE, mijn ziel! O HEERE, mijn God! Gij zijt zeer groot, Gij zijt bekleed met majesteit en heerlijkheid.
²Hij bedekt Zich met het licht, als met een kleed; Hij rekt den hemel uit als een gordijn.
³Die Zijn opperzalen zoldert in de wateren, Die van de wolken Zijn wagen maakt, Die op de vleugelen des winds wandelt.
⁴Hij maakt Zijn engelen geesten, Zijn dienaars tot een vlammend vuur.
⁵Hij heeft de aarde gegrond op haar grondvesten; zij zal nimmermeer noch eeuwiglijk wankelen.
⁶Gij hadt ze met den afgrond als een kleed overdekt; de wateren stonden boven de bergen.
⁷Van Uw schelden vloden zij, zij haastten zich weg voor de stem Uws donders.
⁸De bergen rezen op, de dalen daalden, ter plaatse, die Gij voor hen gegrond hadt.
⁹Gij hebt een paal gesteld, dien zij niet overgaan zullen; zij zullen de aarde niet weder bedekken.
¹⁰Die de fonteinen uitzendt door de dalen, dat zij tussen de gebergten henen wandelen.
¹¹Zij drenken al het gediere des velds; de woudezels breken er hun dorst mede.
¹²Bij dezelve woont het gevogelte des hemels, een stem gevende van tussen de takken.
¹³Hij drenkt de bergen uit Zijn opperzalen; de aarde wordt verzadigd van de vrucht Uwer werken.
¹⁴Hij doet het gras uitspruiten voor de beesten, en het kruid tot dienst des mensen, doende het brood uit de aarde voortkomen.
¹⁵En den wijn, die het hart des mensen verheugt, doende het aangezicht blinken van olie; en het brood, dat het hart des mensen sterkt.
¹⁶De bomen des HEEREN worden verzadigd, de cederbomen van Libanon, die Hij geplant heeft;
¹⁷Alwaar de vogeltjes nestelen; des ooievaars huis zijn de dennebomen.
¹⁸De hoge bergen zijn voor de steenbokken; de steenrotsen zijn een vertrek voor de konijnen.
¹⁹Hij heeft de maan gemaakt tot de gezette tijden, de zon weet haar ondergang.
²⁰Gij beschikt de duisternis, en het wordt nacht, in denwelken al het gediere des wouds uittreedt:
²¹De jonge leeuwen, briesende om een roof, en om hun spijs van God te zoeken.
²²De zon opgaande, maken zij zich weg, en liggen neder in hun holen.
²³De mens gaat dan uit tot zijn werk, en naar zijn arbeid tot den avond toe.
²⁴Hoe groot zijn Uw werken, o HEERE! Gij hebt ze alle met wijsheid gemaakt; het aardrijk is vol van Uw goederen.
²⁵Deze zee, die groot en wijd van ruimte is, daarin is het wriemelende gedierte, en dat zonder getal, kleine gedierten met grote.
²⁶Daar wandelen de schepen, en de Leviathan, dien Gij geformeerd hebt, om daarin te spelen.
²⁷Zij allen wachten op U, dat Gij hun hun spijze geeft te zijner tijd.
²⁸Geeft Gij ze hun, zij vergaderen ze; doet Gij Uw hand open, zij worden met goed verzadigd.
²⁹Verbergt Gij Uw aangezicht, zij worden verschrikt; neemt Gij hun adem weg, zij sterven, en zij keren weder tot hun stof.
³⁰Zendt Gij Uw Geest uit, zo worden zij geschapen, en Gij vernieuwt het gelaat des aardrijks.
³¹De heerlijkheid des HEEREN zij tot in der eeuwigheid; de HEERE verblijde Zich in Zijn werken.
³²Als Hij de aarde aanschouwt, zo beeft zij; als Hij de bergen aanroert, zo roken zij.
³³Ik zal den HEERE zingen in mijn leven; ik zal mijn God psalmzingen, terwijl ik nog ben.
³⁴Mijn overdenking van Hem zal zoet zijn; ik zal mij in den HEERE verblijden.
³⁵De zondaars zullen van de aarde verdaan worden, en de goddelozen zullen niet meer zijn. Loof den HEERE, mijn ziel! Hallelujah!

Hoofdstuk 105

¹Looft den HEERE, roept Zijn Naam aan, maakt Zijn daden bekend onder de volken.
²Zingt Hem, psalmzingt Hem, spreekt aandachtelijk van al Zijn wonderen.
³Roemt u in den Naam Zijner heiligheid; het hart dergenen, die den HEERE zoeken, verblijde zich.
⁴Vraagt naar den HEERE en Zijn sterkte; zoekt Zijn aangezicht geduriglijk.
⁵Gedenkt Zijner wonderen, die Hij gedaan heeft, Zijner wondertekenen, en der oordelen Zijns monds.
⁶Gij zaad van Abraham, Zijn knecht, gij kinderen van Jakob, Zijn uitverkorene!
⁷Hij is de HEERE, onze God; Zijn oordelen zijn over de gehele aarde.
⁸Hij gedenkt Zijns verbonds tot in der eeuwigheid, des woords, dat Hij ingesteld heeft, tot in duizend geslachten;
⁹Des verbonds, dat Hij met Abraham heeft gemaakt, en Zijns eeds aan Izak;
¹⁰Welken Hij ook gesteld heeft aan Jakob tot een inzetting, aan Israel tot een eeuwig verbond,
¹¹Zeggende: Ik zal u geven het land Kanaän, het snoer van ulieder erfdeel.
¹²Als zij weinig mensen in getal waren, ja, weinig en vreemdelingen daarin;
¹³En wandelden van volk tot volk, van het ene koninkrijk tot het andere volk;
¹⁴Hij liet geen mens toe hen te onderdrukken; ook bestrafte Hij koningen om hunnentwil, zeggende:
¹⁵Tast Mijn gezalfden niet aan, en doet Mijn profeten geen kwaad.
¹⁶Hij riep ook een honger in het land; Hij brak allen staf des broods.
¹⁷Hij zond een man voor hun aangezicht henen; Jozef werd verkocht tot een slaaf.
¹⁸Men drukte zijn voeten in den stok; zijn persoon kwam in de ijzers.
¹⁹Tot den tijd toe, dat Zijn woord kwam, heeft hem de rede des HEEREN doorlouterd.
²⁰De koning zond, en deed hem ontslaan; de heerser der volken liet hem los.
²¹Hij zette hem tot een heer over zijn huis, en tot een heerser over al zijn goed;
²²Om zijn vorsten te binden naar zijn lust, en zijn oudsten te onderwijzen.
²³Daarna kwam Israel in Egypte, en Jakob verkeerde als vreemdeling in het land van Cham.
²⁴En Hij deed Zijn volk zeer wassen, en maakte het machtiger dan Zijn tegenpartijders.
²⁵Hij keerde hun hart om, dat zij Zijn volk haatten, dat zij met Zijn knechten listiglijk handelden.
²⁶Hij zond Mozes, Zijn knecht, en Aaron, dien Hij verkoren had.
²⁷Zij deden onder hen de bevelen Zijner tekenen, en de wonderwerken in het land van Cham.
²⁸Hij zond duisternis, en maakte het duister; en zij waren Zijn woord niet wederspannig.
²⁹Hij keerde hun wateren in bloed, en Hij doodde hun vissen.
³⁰Hun land bracht vorsen voort in overvloed, tot in de binnenste kameren hunner koningen.
³¹Hij sprak, en er kwam een vermenging van ongedierte, luizen, in hun ganse landpale.
³²Hij maakte hun regen tot hagel, vlammig vuur in hun land.
³³En Hij sloeg hun wijnstok en hun vijgeboom, en Hij brak het geboomte hunner landpalen.
³⁴Hij sprak, en er kwamen sprinkhanen en kevers, en dat zonder getal;
³⁵Die al het kruid in hun land opaten, ja, aten de vrucht hunner

landbouwe op.

³⁶Hij versloeg ook alle eerstgeborenen in hun land, de eerstelingen al hunner krachten.

³⁷En Hij voerde hen uit met zilver en goud; en onder hun stammen was niemand, die struikelde.

³⁸Egypte was blijde, als zij uittrokken, want hun verschrikking was op hen gevallen.

³⁹Hij breidde een wolk uit tot een deksel, en vuur om den nacht te verlichten.

⁴⁰Zij baden, en Hij deed kwakkelen komen, en Hij verzadigde hen met hemels brood.

⁴¹Hij opende een steenrots, en er vloeiden wateren uit, die gingen door de dorre plaatsen als een rivier.

⁴²Want Hij dacht aan Zijn heilig woord, aan Abraham, Zijn knecht.

⁴³Alzo voerde Hij Zijn volk uit met vrolijkheid, Zijn uitverkorenen met gejuich.

⁴⁴En Hij gaf hun de landen der heidenen, zodat zij in erfenis bezaten den arbeid der volken;

⁴⁵Opdat zij Zijn inzettingen onderhielden, en Zijn wetten bewaarden. Hallelujah!

Hoofdstuk 106

¹Hallelujah! Looft den HEERE, want Hij is goed, want Zijn goedertierenheid is in der eeuwigheid.

²Wie zal de mogendheden des HEEREN uitspreken, al Zijn lof verkondigen?

³Welgelukzalig zijn zij, die het recht onderhouden, die te aller tijd gerechtigheid doet.

⁴Gedenk mijner, o HEERE! naar het welbehagen tot Uw volk, bezoek mij met Uw heil;

⁵Opdat ik aanschouwe het goede Uwer uitverkorenen; opdat ik mij verblijde met de blijdschap Uws volks; opdat ik mij beroeme met Uw erfdeel.

⁶Wij hebben gezondigd, mitsgaders onze vaderen, wij hebben verkeerdelijk gedaan; wij hebben goddelooslijk gehandeld.

⁷Onze vaders in Egypte hebben niet gelet op Uw wonderen; zij zijn der menigte Uwer goedertierenheid niet gedachtig geweest; maar zij waren wederspannig aande zee, bij de Schelfzee.

⁸Doch Hij verloste hen om Zijns Naams wil, opdat Hij Zijn mogendheid bekend maakte.

⁹En Hij schold de Schelfzee, zodat zij verdroogde, en Hij deed hen wandelen door de afgronden, als door een woestijn.

¹⁰En Hij verloste hen uit de hand des haters, en Hij bevrijdde hen van de hand des vijands.

¹¹En de wateren overdekten hun wederpartijders; niet een van hen bleef over.

¹²Toen geloofden zij aan Zijn woorden; zij zongen Zijn lof.

¹³Doch zij vergaten haast Zijn werken, zij verbeidden naar Zijn raad niet.

¹⁴Maar zij werden belust met lust in de woestijn, en zij verzochten God in de wildernis.

¹⁵Toen gaf Hij hun hun begeerte; maar Hij zond aan hun zielen een magerheid.

¹⁶En zij benijdden Mozes in het leger, en Aaron, den heilige des HEEREN.

¹⁷De aarde deed zich open, en verslond Dathan, en overdekte de vergadering van Abiram.

¹⁸En een vuur brandde onder hun vergadering, een vlam stak de goddelozen aan brand.

¹⁹Zij maakten een kalf bij Horeb, en zij bogen zich voor een gegoten beeld.

²⁰En zij veranderden hun Eer in de gedaante van een os, die gras eet.

²¹Zij vergaten God, hun Heiland, Die grote dingen gedaan had in Egypte;

²²Wonderdaden in het land van Cham; vreselijke dingen aan de Schelfzee.

²³Dies Hij zeide, dat Hij hen verdelgen zou, ten ware Mozes, Zijn uitverkorene, in de scheure voor Zijn aangezicht gestaan had, om Zijn grimmigheid af te keren, dat Hij hen niet verdierf.

²⁴Zij versmaadden ook het gewenste land; zij geloofden Zijn woord niet.

²⁵Maar zij murmureerden in hun tenten; naar de stem des HEEREN hoorden zij niet.

²⁶Dies hief Hij tegen hen Zijn hand op, zwerende dat Hij hen nedervellen zou in de woestijn;

²⁷En dat Hij hun zaad zou nedervellen onder de heidenen, en hen verstrooien zou door de landen.

²⁸Ook hebben zij zich gekoppeld aan Baal-Peor, en zij hebben de offeranden der doden gegeten.

²⁹En zij hebben den HEERE tot toorn verwekt met hun daden, zodat de plaag een inbreuk onder hen deed.

³⁰Toen stond Pinehas op, en hij oefende gericht, en de plaag werd opgehouden.

³¹En het is hem gerekend tot gerechtigheid, van geslacht tot geslacht tot in eeuwigheid.

³²Zij maakten Hem ook zeer toornig aan het twistwater, en het ging Mozes kwalijk om hunnentwil.

³³Want zij verbitterden zijn geest, zodat hij wat onbedachtelijk voortbracht met zijn lippen.

³⁴Zij hebben die volken niet verdelgd, die de HEERE hun gezegd had;

³⁵Maar zij vermengden zich met de heidenen, en leerden derzelver werken.

³⁶En zij dienden hun afgoden, en zij werden hun tot een strik.

³⁷Daarenboven hebben zij hun zonen en hun dochteren den duivelen geofferd.

³⁸En zij hebben onschuldig bloed vergoten, het bloed hunner zonen en hunner dochteren, die zij den afgoden van Kanaan hebben opgeofferd; zodat het land doordeze bloedschulden is ontheiligd geworden.

³⁹En zij ontreinigden zich door hun werken, en zij hebben gehoereerd door hun daden.

⁴⁰Dies is de toorn des HEEREN ontstoken tegen Zijn volk, en Hij heeft een gruwel gehad aan Zijn erfdeel.

⁴¹En Hij gaf hen in de hand der heidenen, en hun haters heersten over hen.

⁴²En hun vijanden hebben hen verdrukt, en zij zijn vernederd geworden onder hun hand.

⁴³Hij heeft hen menigmaal gered; maar zij verbitterden Hem door hun raad, en werden uitgeteerd door hun ongerechtigheid.

⁴⁴Nochtans zag Hij hun benauwdheid aan, als Hij hun geschrei hoorde.

⁴⁵En Hij dacht tot hun beste aan Zijn verbond, en het berouwde Hem naar de veelheid Zijner goedertierenheden.

⁴⁶Dies gaf Hij hun barmhartigheid voor het aangezicht van allen, die hen gevangen hadden.

⁴⁷Verlos ons, HEERE, onze God! en verzamel ons uit de heidenen, opdat wij den Naam Uwer heiligheid loven, ons beroemende in Uw lof.

⁴⁸Geloofd zij de HEERE, de God Israels, van eeuwigheid en tot in eeuwigheid; en al het volk zegge: Amen, Hallelujah!

Hoofdstuk 107

¹Looft den HEERE, want Hij is goed; want Zijn goedertierenheid is in der eeuwigheid.

²Dat zulks de bevrijden des HEEREN zeggen, die Hij van de hand der wederpartijders bevrijd heeft.

³En die Hij uit de landen verzameld heeft, van het oosten en van het westen, van het noorden en van de zee.

⁴Die in de woestijn dwaalden, in een weg der wildernis, die geen stad ter woning vonden;

⁵Zij waren hongerig, ook dorstig; hun ziel was in hen overstelpt.

⁶Doch roepende tot den HEERE in de benauwdheid, die zij hadden, heeft Hij hen gered uit hun angsten;

⁷En Hij leidde hen op een rechten weg, om te gaan tot een stad ter woning.

⁸Laat hen voor den HEERE Zijn goedertierenheid loven, en Zijn wonderwerken voor de kinderen der mensen.

⁹Want Hij heeft de dorstige ziel verzadigd, en de hongerige ziel met goed vervuld;

¹⁰Die in duisternis en de schaduw des doods zaten, gebonden met verdrukking en ijzer;

¹¹Omdat zij wederspannig waren geweest tegen Gods geboden, en den raad des Allerhoogsten onwaardiglijk verworpen hadden.

¹²Waarom Hij hun het hart door zwarigheid vernederd heeft; zij zijn gestruikeld, en er was geen helper.

¹³Doch roepende tot den HEERE in de benauwdheid, die zij hadden, verloste Hij hen uit hun angsten.

¹⁴Hij voerde hen uit de duisternis en de schaduw des doods, en Hij brak hun banden.

¹⁵Laat hen voor den HEERE Zijn goedertierenheid loven, en Zijn wonderwerken voor de kinderen der mensen;

¹⁶Want Hij heeft de koperen deuren gebroken, en de ijzeren grendelen in stukken gehouwen.

¹⁷De zotten worden om den weg hunner overtreding, en om hun ongerechtigheden geplaagd;

¹⁸Hun ziel gruwelde van alle spijze, en zij waren tot aan de poorten des doods gekomen.

¹⁹Doch roepende tot den HEERE in de benauwdheid, die zij hadden, verloste Hij hen uit hun angsten.

²⁰Hij zond Zijn woord uit, en heelde hen, en rukte hen uit hun kuilen.

²¹Laat hen voor den HEERE Zijn goedertierenheid loven, en Zijn wonderwerken voor de kinderen der mensen.

²²En dàt zij lofofferen offeren, en met gejuich Zijn werken vertellen.

²³Die met schepen ter zee afvaren, handel doende op grote wateren;

²⁴Die zien de werken des HEEREN, en Zijn wonderwerken in de diepte.

²⁵Als Hij spreekt, zo doet Hij een stormwind opstaan, die haar golven omhoog verheft.

²⁶Zij rijzen op naar den hemel; zij dalen neder tot in de afgronden; hun ziel versmelt van angst.

²⁷Zij dansen en waggelen als een dronken man, en al hun wijsheid wordt verslonden.

²⁸Doch roepende tot den HEERE in de benauwdheid, die zij hadden, zo voerde Hij hen uit hun angsten.

²⁹Hij doet de storm stilstaan, zodat hun golven stilzwijgen.

³⁰Dan zijn zij verblijd, omdat zij gestild zijn, en dat Hij hen tot de haven hunner begeerte geleid heeft.

³¹Laat hen voor den HEERE Zijn goedertierenheid loven, en Zijn wonderwerken voor de kinderen der mensen.

³²En Hem verhogen in de gemeente des volks, en in het gestoelte der oudsten Hem roemen.

³³Hij stelt de rivieren tot een woestijn, en watertochten tot dorstig land.

³⁴Het vruchtbaar land tot zouten grond, om de boosheid dergenen, die daarin wonen.

³⁵Hij stelt de woestijn tot een waterpoel, en het dorre land tot watertochten.

³⁶En Hij doet de hongerigen aldaar wonen, en zij stichten een stad ter woning;

³⁷En bezaaien akkers, en planten wijngaarden, die inkomende vrucht voortbrengen.

³⁸En Hij zegent hen, zodat zij zeer vermenigvuldigen, en hun vee vermindert Hij niet.

³⁹Daarna verminderen zij, en komen ten onder, door verdrukking, kwaad en droefenis.

⁴⁰Hij stort verachting uit over de prinsen, en doet hen dwalen in het woeste, waar geen weg is.

⁴¹Maar Hij brengt den nooddruftige uit de verdrukking in een hoog vertrek, en maakt de huisgezinnen als kudden.

⁴²De oprechten zien het, en zijn verblijd, maar alle ongerechtigheid stopt haar mond.

⁴³Wie is wijs? Die neme deze dingen waar; en dat zij verstandelijk letten op de goedertierenheden des HEEREN.

Hoofdstuk 108

¹Een lied, een psalm van David.

²O God! mijn hart is bereid; ik zal zingen en psalmzingen, ook mijn eer.

³Waak op, gij luit en harp! ik zal in den dageraad opwaken.

⁴Ik zal U loven onder de volken, o HEERE! en ik zal U psalmzingen onder de natiën.

⁵Want Uw goedertierenheid is groot tot boven de hemelen, en Uw waarheid tot aan de bovenste wolken.

⁶Verhef U, o God! boven de hemelen, en Uw eer over de ganse aarde.

⁷Opdat Uw beminden bevrijd worden; geef heil door Uw rechterhand, en verhoor ons.

⁸God heeft gesproken in Zijn heiligdom, dies zal ik van vreugde opspringen; ik zal Sichem delen, en het dal van Sukkoth zal ik afmeten.

⁹Gilead is mijn, Manasse is mijn, en Efraïm is de sterkte mijns hoofds; Juda is mijn wetgever.

¹⁰Moab is mijn waspot; op Edom zal ik mijn schoen werpen; over Palestina zal ik juichen.

¹¹Wie zal mij voeren in een vaste stad? Wie zal mij leiden tot in Edom?

¹²Zult Gij het niet zijn, o God! Die ons verstoten hadt, en Die niet uittoogt, o God! met onze heirkrachten?

¹³Geef Gij ons hulp uit de benauwdheid; want des mensen heil is ijdelheid.

¹⁴In God zullen wij kloeke daden doen, en Hij zal onze wederpartijders vertreden.

Hoofdstuk 109

¹Een psalm van David, voor den opperzangmeester. O God mijns lofs! zwijg niet.

²Want de mond des goddelozen en de mond des bedrogs zijn tegen mij opengedaan; zij hebben met mij gesproken met een valse tong.

³En met hatelijke woorden hebben zij mij omsingeld; ja, zij hebben mij bestreden zonder oorzaak.

⁴Voor mijn liefde, staan zij mij tegen; maar ik was steeds in het gebed.

⁵En zij hebben mij kwaad voor goed opgelegd, en haat voor mijn liefde.

⁶Stel een goddeloze over hem, en de satan sta aan zijn rechterhand.

⁷Als hij gericht wordt, zo ga hij schuldig uit, en zijn gebed zij tot zonde.

⁸Dat zijn dagen weinig zijn; een ander neme zijn ambt;

⁹Dat zijn kinderen wezen worden, en zijn vrouw weduwe.

¹⁰En dat zijn kinderen hier en daar omzwerven, en bedelen, en de nooddruft uit hun verwoeste plaatsen zoeken.

¹¹Dat de schuldeiser aansla al wat hij heeft, en dat de vreemden zijn arbeid roven.

¹²Dat hij niemand hebbe, die weldadigheid over hem uitstrekke, en dat er niemand zij, die zijn wezen genadig zij.

¹³Dat zijn nakomelingen uitgeroeid worden; hun naam worde uitgedelgd in het andere geslacht.

¹⁴De ongerechtigheid zijner vaderen worde gedacht bij den HEERE, en de zonde zijner moeder worde niet uitgedelgd.

¹⁵Dat zij gedurig voor den HEERE zijn; en Hij roeie hun gedachtenis uit van de aarde.

¹⁶Omdat hij niet gedacht heeft weldadigheid te doen, maar heeft den ellendigen en den nooddruftigen man vervolgd, en den verslagene van hart, om hem tedoden.

¹⁷Dewijl hij den vloek heeft liefgehad, dat die hem overkome, en geen lust gehad heeft tot den zegen, zo zij die verre van hem.

¹⁸En hij zij bekleed met den vloek, als met zijn kleed, en dat die ga tot in het binnenste van hem als het water, en als de olie in zijn beenderen.

¹⁹Die zij hem als een kleed, waarmede hij zich bedekt, en tot een gordel, waarmede hij zich steeds omgordt.

²⁰Dit zij het werkloon mijner tegenstanders van den HEERE, en dergenen, die kwaad spreken tegen mijn ziel.

²¹Maar Gij, o HEERE Heere! maak het met mij om Uws Naams wil; dewijl Uw goedertierenheid goed is, verlos mij.

²²Want ik ben ellendig en nooddruftig, en mijn hart is in het binnenste van mij doorwond.

²³Ik ga heen gelijk een schaduw, wanneer zij zich neigt; ik worde omgedreven als een sprinkhaan.

²⁴Mijn knieën struikelen van vasten, en mijn vlees is vermagerd, zodat er geen vet aan is.

²⁵Nog ben ik hun een smaad; als zij mij zien, zo schudden zij hun hoofd.

²⁶Help mij, HEERE, mijn God! verlos mij naar Uw goedertierenheid.

²⁷Opdat zij weten, dat dit Uw hand is, dat Gij het, HEERE! gedaan hebt.

²⁸Laat hen vloeken, maar zegen Gij; laat hen zich opmaken, maar dat zij beschaamd worden; doch dat zich Uw knecht verblijde.

²⁹Laat mijn tegenstanders met schande bekleed worden, en dat zij met hun beschaamdheid zich bedekken, als met een mantel.

³⁰Ik zal den HEERE met mijn mond zeer loven, en in het midden van velen zal ik Hem prijzen.

³¹Want Hij zal den nooddruftige ter rechterhand staan, om hem te verlossen van degenen, die zijn ziel veroordelen.

Hoofdstuk 110

¹Een psalm van David. De HEERE heeft tot mijn Heere gesproken: Zit aan Mijn rechterhand, totdat Ik Uw vijanden gezet zal hebben tot een voetbank Uwer voeten.

²De HEERE zal de scepter Uwer sterkte zenden uit Sion, zeggende: Heers in het midden Uwer vijanden.

³Uw volk zal zeer gewillig zijn op den dag Uwer heirkracht, in heilig sieraad; uit de baarmoeder des dageraads zal U de dauw Uwer jeugd zijn.

⁴De HEERE heeft gezworen, en het zal Hem niet berouwen: Gij zijt Priester in eeuwigheid, naar de ordening van Melchizedek.

⁵De HEERE is aan Uw rechterhand; Hij zal koningen verslaan ten dage Zijns toorns.

⁶Hij zal recht doen onder de heidenen; Hij zal het vol dode lichamen maken; Hij zal verslaan dengene, die het hoofd is over een groot land.

⁷Hij zal op den weg uit de beek drinken; daarom zal Hij het hoofd omhoog heffen.

Hoofdstuk 111

¹Hallelujah! Aleph. Ik zal den HEERE loven van ganser harte; Beth. In den raad en vergadering der oprechten.

²Gimel. De werken des HEEREN zijn groot; Daleth. zij worden gezocht van allen, die er lust in hebben.

³He. Zijn doen is majesteit en heerlijkheid; Vau. en zijn gerechtigheid bestaat in der eeuwigheid.

⁴Zain. Hij heeft Zijn wonderen een gedachtenis gemaakt; Cheth. de HEERE is genadig en barmhartig.

⁵Teth. Hij heeft degenen, die Hem vrezen, spijs gegeven; Jod. Hij gedenkt in der eeuwigheid aan Zijn verbond.

⁶Caph. Hij heeft de kracht Zijner werken Zijn volke bekend gemaakt; Lamed. hun gevende de erve der heidenen.

⁷Mem. De werken Zijner handen zijn waarheid en oordeel; Nun. al Zijn bevelen zijn getrouw.

⁸Samech. Zij zijn ondersteund voor altoos, en in eeuwigheid; Ain. zijnde gedaan in waarheid en oprechtigheid.

⁹Pe. Hij heeft Zijn volke verlossing gezonden; Tsade. Hij heeft Zijn verbond in eeuwigheid geboden; Koph. Zijn Naam is heilig en vreselijk.

¹⁰Resch. De vreze des HEEREN is het beginsel der wijsheid; Schin. allen, die ze doen, hebben goed verstand; Thau. Zijn lof bestaat tot in der eeuwigheid

Hoofdstuk 112

¹Hallelujah! Aleph. Welgelukzalig is de man, die den HEERE vreest; Beth. die groten lust heeft in Zijn geboden.

²Gimel. Zijn zaad zal geweldig zijn op aarde; Daleth. het geslacht der oprechten zal gezegend worden.

³He. In zijn huis zal have en rijkdom wezen; Vau. en zijn gerechtigheid bestaat in eeuwigheid.

⁴Zain. Den oprechten gaat het licht op in de duisternis; Cheth. Hij is genadig, en barmhartig, en rechtvaardig.

⁵Teth. Wel dien man, die zich ontfermt en uitleent; Jod. hij beschikt zijn zaken met recht.

⁶Caph. Zekerlijk, hij zal in der eeuwigheid niet wankelen; Lamed. de rechtvaardige zal in eeuwige gedachtenis zijn.

⁷Mem. Hij zal voor geen kwaad gerucht vrezen; Nun. zijn hart is vast, betrouwende op den HEERE.

⁸Samech. Zijn hart, wel ondersteund zijnde, zal niet vrezen; Ain. totdat hij op zijn wederpartijen zie.

⁹Pe. Hij strooit uit, hij geeft den nooddruftige; Tsade. zijn gerechtigheid bestaat in eeuwigheid; Koph. zijn hoorn zal verhoogd worden in eer.

¹⁰Resch. De goddeloze zal het zien, en hij zal zich vertoornen; Schin. hij zal met zijn tanden knersen en smelten. Thau. de wens der goddelozen zal vergaan.

Hoofdstuk 113

¹Hallelujah! Looft, gij knechten des HEEREN! looft den Naam des HEEREN.

²De Naam des HEEREN zij geprezen, van nu aan tot in der eeuwigheid.

³Van den opgang der zon af tot haar nedergang, zij de Naam des HEEREN geloofd.

⁴De HEERE is hoog boven alle heidenen, boven de hemelen is Zijn heerlijkheid.

⁵Wie is gelijk de HEERE, onze God? Die zeer hoog woont.

⁶Die zeer laag ziet, in den hemel en op de aarde.

⁷Die den geringe uit het stof opricht, en den nooddruftige uit den drek verhoogt;

⁸Om te doen zitten bij de prinsen, bij de prinsen Zijns volks.

⁹Die de onvruchtbare doet wonen met een huisgezin, een blijde moeder van kinderen. Hallelujah!

Hoofdstuk 114

¹Toen Israel uit Egypte toog, het huis Jakobs van een volk, dat een vreemde taal had;

²Zo werd Juda tot Zijn heiligdom, Israel Zijn volkomene heerschappij.

³De zee zag het, en vlood; de Jordaan keerde achterwaarts.

⁴De bergen sprongen als rammen, de heuvelen als lammeren.

⁵Wat was u, gij zee! dat gij vloodt? gij Jordaan! dat gij achterwaarts keerdet?

⁶Gij bergen, dat gij opsprongt als rammen? gij heuvelen! als lammeren?

⁷Beef, gij aarde! voor het aangezicht des Heeren, voor het aangezicht van den God Jakobs;

⁸Die den rotssteen veranderde in een watervloed, den keisteen in een waterfontein.

Hoofdstuk 115

¹Niet ons, o HEERE! niet ons, maar Uw Naam geef eer, om Uwer goedertierenheid, om Uwer waarheid wil.

²Waarom zouden de heidenen zeggen: Waar is nu hun God?

³Onze God is toch in den hemel, Hij doet al wat Hem behaagt.

⁴Hunlieder afgoden zijn zilver en goud, het werk van des mensen handen;

⁵Zij hebben een mond, maar spreken niet; zij hebben ogen, maar zien niet;

⁶Oren hebben zij, maar horen niet; zij hebben een neus, maar zij rieken niet;

⁷Hun handen hebben zij, maar tasten niet; hun voeten, maar gaan niet; zij geven geen geluid door hun keel.

⁸Dat die hen maken hun gelijk worden, en al wie op hen vertrouwt.

⁹Israel! vertrouw gij op den HEERE; Hij is hun Hulp en hun Schild.

¹⁰Gij huis van Aaron! vertrouw op den HEERE; Hij is hun Hulp en hun Schild.

¹¹Gijlieden, die den HEERE vreest! vertrouwt op den HEERE; Hij is hun Hulp en hun Schild.

¹²De HEERE is onzer gedachtig geweest, Hij zal zegenen; Hij zal het huis van Israel zegenen, Hij zal het huis van Aaron zegenen.

¹³Hij zal zegenen, die den HEERE vrezen, de kleinen met de groten.

¹⁴De HEERE zal den zegen over ulieden vermeerderen, over ulieden en over uw kinderen.

¹⁵Gijlieden zijt den HEERE gezegend, Die den hemel en de aarde gemaakt heeft.

¹⁶Aangaande den hemel, de hemel is des HEEREN; maar de aarde heeft Hij de mensenkinderen gegeven.

¹⁷De doden zullen den HEERE niet prijzen, noch die in de stilte nedergedaald zijn.

¹⁸Maar wij zullen den HEERE loven van nu aan tot in der eeuwigheid. Hallelujah!

Hoofdstuk 116

¹Ik heb lief, want de HEERE hoort mijn stem, mijn smekingen;

²Want Hij neigt Zijn oor tot mij; dies zal ik Hem in mijn dagen aanroepen.

³De banden des doods hadden mij omvangen, en de angsten der hel hadden mij getroffen; ik vond benauwdheid en droefenis.

⁴Maar ik riep den Naam des HEEREN aan, zeggende: Och HEERE! bevrijd mijn ziel.

⁵De HEERE is genadig en rechtvaardig, en onze God is ontfermende.

⁶De HEERE bewaart de eenvoudigen; ik was uitgeteerd, doch Hij heeft mij verlost.

⁷Mijn ziel! keer weder tot uw rust, want de HEERE heeft aan u welgedaan.

⁸Want Gij, HEERE! hebt mijn ziel gered van de dood, mijn ogen van tranen, mijn voet van aanstoot.

⁹Ik zal wandelen voor het aangezicht des HEEREN, in de landen der levenden.

¹⁰Ik heb geloofd, daarom sprak ik; ik ben zeer bedrukt geweest.

¹¹Ik zeide in mijn haasten: Alle mensen zijn leugenaars.

¹²Wat zal ik den HEERE vergelden voor al Zijn weldaden aan mij bewezen?

¹³Ik zal den beker der verlossingen opnemen, en den Naam des HEEREN aanroepen.

¹⁴Mijn geloften zal ik den HEERE betalen, nu, in de

tegenwoordigheid van al Zijn volk.

¹⁵Kostelijk is in de ogen des HEEREN de dood Zijner gunstgenoten.

¹⁶Och, HEERE! zekerlijk ik ben Uw knecht, ik ben Uw knecht, een zoon Uwer dienstmaagd; Gij hebt mijn banden losgemaakt.

¹⁷Ik zal U offeren, offerande van dankzegging, en den Naam des HEEREN aanroepen.

¹⁸Mijn geloften zal ik den HEERE betalen, nu, in de tegenwoordigheid van al Zijn volk.

¹⁹In de voorhoven van het huis des HEEREN, in het midden van u, o Jeruzalem! Hallelujah!

Hoofdstuk 117

¹Looft den HEERE, alle heidenen; prijst Hem, alle natien!

²Want Zijn goedertierenheid is geweldig over ons, en de waarheid des HEEREN is in der eeuwigheid! Hallelujah!

Hoofdstuk 118

¹Looft den HEERE, want Hij is goed; want Zijn goedertierenheid is in der eeuwigheid.

²Dat Israel nu zegge, dat Zijn goedertierenheid in der eeuwigheid is.

³Het huis van Aaron zegge nu, dat Zijn goedertierenheid in der eeuwigheid is.

⁴Dat degenen, die den HEERE vrezen, nu zeggen, dat Zijn goedertierenheid in der eeuwigheid is.

⁵Uit de benauwdheid heb ik den HEERE aangeroepen; de HEERE heeft mij verhoord, stellende mij in de ruimte.

⁶De HEERE is bij mij, ik zal niet vrezen; wat zal mij een mens doen?

⁷De HEERE is bij mij onder degenen, die mij helpen; daarom zal ik mijn lust zien aan degenen, die mij haten.

⁸Het is beter tot den HEERE toevlucht te nemen, dan op den mens te vertrouwen.

⁹Het is beter tot den HEERE toevlucht te nemen, dan op prinsen te vertrouwen.

¹⁰Alle heidenen hadden mij omringd; het is in den Naam des HEEREN, dat ik ze verhouwen heb.

¹¹Zij hadden mij omringd, ja, zij hadden mij omringd; het is in den Naam des HEEREN, dat ik ze verhouwen heb.

¹²Zij hadden mij omringd als bijen; zij zijn uitgeblust als een doornenvuur; het is in den Naam des HEEREN, dat ik ze verhouwen heb.

¹³Gij hadt mij zeer hard gestoten, tot vallens toe, maar de HEERE heeft mij geholpen.

¹⁴De HEERE is mijn Sterkte en Psalm, want Hij is mij tot heil geweest.

¹⁵In de tenten der rechtvaardigen is een stem des gejuichs en des heils; de rechterhand des HEEREN doet krachtige daden.

¹⁶De rechterhand des HEEREN is verhoogd; de rechterhand des HEEREN doet krachtige daden.

¹⁷Ik zal niet sterven, maar leven; en ik zal de werken des HEEREN vertellen.

¹⁸De HEERE heeft mij wel hard gekastijd; maar Hij heeft mij ter dood niet overgegeven.

¹⁹Doet mij de poorten der gerechtigheid open, ik zal daardoor ingaan, ik zal den HEERE loven.

²⁰Dit is de poort des HEEREN, door dewelke de rechtvaardigen zullen ingaan.

²¹Ik zal U loven, omdat Gij mij verhoord hebt, en mij tot heil geweest zijt.

²²De steen, dien de bouwlieden verworpen hadden, is tot een hoofd des hoeks geworden.

²³Dit is van den HEERE geschied, en het is wonderlijk in onze ogen.

²⁴Dit is de dag, dien de HEERE gemaakt heeft; laat ons op denzelven ons verheugen, en verblijd zijn.

²⁵Och HEERE! geef nu heil; och HEERE! geef nu voorspoed.

²⁶Gezegend zij hij, die daar komt in den Naam des HEEREN! Wij zegenen ulieden uit het huis des HEEREN.

²⁷De HEERE is God, Die ons licht gegeven heeft. Bindt het feest offer met touwen tot aan de hoornen van het altaar.

²⁸Gij zijt mijn God, daarom zal ik U loven; o mijn God! ik zal U verhogen.

²⁹Loof den HEERE, want Hij is goed; want Zijn goedertierenheid is in der eeuwigheid.

Hoofdstuk 119

¹Aleph. Welgelukzalig zijn de oprechten van wandel, die in de wet des HEEREN gaan.

²Welgelukzalig zijn zij, die Zijn getuigenissen onderhouden, die Hem van ganser harte zoeken;

³Ook geen onrecht werken, maar wandelen in Zijn wegen.

⁴HEERE! Gij hebt geboden, dat men Uw bevelen zeer bewaren zal.

⁵Och, dat mijn wegen gericht werden, om Uw inzettingen te bewaren!

⁶Dan zou ik niet beschaamd worden, wanneer ik merken zou op al Uw geboden.

⁷Ik zal U loven in oprechtheid des harten, als ik de rechten Uwer gerechtigheid geleerd zal hebben.

⁸Ik zal Uw inzettingen bewaren; verlaat mij niet al te zeer.

⁹Beth. Waarmede zal de jongeling zijn pad zuiver houden? Als hij dat houdt naar Uw woord.

¹⁰Ik zoek U met mijn gehele hart, laat mij van Uw geboden niet afdwalen.

¹¹Ik heb Uw rede in mijn hart verborgen, opdat ik tegen U niet zondigen zou.

¹²HEERE! Gij zijt gezegend; leer mij Uw inzettingen.

¹³Ik heb met mijn lippen verteld al de rechten Uws monds.

¹⁴Ik ben vrolijker in den weg Uwer getuigenissen, dan over allen rijkdom.

¹⁵Ik zal Uw bevelen overdenken, en op Uw paden letten.

¹⁶Ik zal mijzelven vermaken in Uw inzettingen; Uw woord zal ik niet vergeten.

¹⁷Gimel. Doe wel bij Uw knecht, dat ik leve en Uw woord beware.

¹⁸Ontdek mijn ogen, dat ik aanschouwe de wonderen van Uw wet.

¹⁹Ik ben een vreemdeling op de aarde, verberg Uw geboden voor mij niet.

²⁰Mijn ziel is verbroken vanwege het verlangen naar Uw oordelen te aller tijd.

²¹Gij scheldt de vervloekte hovaardigen, die van Uw geboden afdwalen.

²²Wentel van mij versmaadheid en verachting, want ik heb Uw getuigenissen onderhouden.

²³Als zelfs de vorsten zittende tegen mij gesproken hebben, heeft Uw knecht Uw inzettingen betracht.

²⁴Ook zijn Uw getuigenissen mijn vermakingen, en mijn raadslieden.

²⁵Daleth. Mijn ziel kleeft aan het stof; maak mij levend naar Uw woord.

²⁶Ik heb U mijn wegen verteld, en Gij hebt mij verhoord; leer mij Uw inzettingen.

²⁷Geef mij den weg Uwer bevelen te verstaan, opdat ik Uw wonderen betrachte.

²⁸Mijn ziel druipt weg van treurigheid; richt mij op naar Uw woord.

²⁹Wend van mij den weg der valsheid, en verleen mij genadiglijk Uw wet.

³⁰Ik heb verkoren den weg der waarheid, Uw rechten heb ik mij voorgesteld.

³¹Ik kleef vast aan Uw getuigenissen; o HEERE! beschaam mij niet.

³²Ik zal den weg Uwer geboden lopen, als Gij mijn hart verwijd zult hebben.

³³He. HEERE! leer mij den weg Uwer inzettingen, en ik zal hem houden ten einde toe.

³⁴Geef mij het verstand, en ik zal Uw wet houden; ja, ik zal ze onderhouden met gansen harte.

³⁵Doe mij treden op het pad Uwer geboden, want daarin heb ik lust.

³⁶Neig mijn hart tot Uw getuigenissen, en niet tot gierigheid.

³⁷Wend mijn ogen af, dat zij geen ijdelheid zien; maak mij levend door Uw wegen.

³⁸Bevestig Uw toezeggingen aan Uw knecht, die Uw vreze toegedaan is.

³⁹Wend mijn smaadheid af, die ik vreze, want Uw rechten zijn goed.

⁴⁰Zie, ik heb een begeerte tot Uw bevelen; maak mij levend door Uw gerechtigheid.

⁴¹Vau. En dat mij Uw goedertierenheden overkomen, o HEERE! Uw heil, naar Uw toezegging;
⁴²Opdat ik mijn smader wat heb te antwoorden, want ik vertrouw op Uw woord.
⁴³En ruk het woord der waarheid van mijn mond niet al te zeer, want ik hoop op Uw rechten.
⁴⁴Zo zal ik Uw wet steeds onderhouden, eeuwiglijk en altoos.
⁴⁵En ik zal wandelen in de ruimte, omdat ik Uw bevelen gezocht heb.
⁴⁶Ook zal ik voor koningen spreken van Uw getuigenissen, en mij niet schamen.
⁴⁷En ik zal mij vermaken in Uw geboden, die ik liefheb.
⁴⁸En ik zal mijn handen opheffen naar Uw geboden, die ik liefheb, en ik zal Uw inzettingen betrachten.

⁴⁹Zain. Gedenk des woords, tot Uw knecht gesproken, op hetwelk Gij mij hebt doen hopen.
⁵⁰Dit is mijn troost in mijn ellende, want Uw toezegging heeft mij levend gemaakt.
⁵¹De hovaardigen hebben mij boven mate zeer bespot; nochtans ben ik van Uw wet niet geweken.
⁵²Ik heb gedacht, o HEERE! aan Uw oordelen van ouds aan, en heb mij getroost.
⁵³Grote beroering heeft mij bevangen vanwege de goddelozen, die Uw wet verlaten.
⁵⁴Uw inzettingen zijn mij gezangen geweest, ter plaatse mijner vreemdelingschappen.
⁵⁵HEERE! des nachts ben ik Uws Naams gedachtig geweest, en heb Uw wet bewaard.
⁵⁶Dat is mij geschied, omdat ik Uw bevelen bewaard heb.

⁵⁷Cheth. De HEERE is mijn deel, ik heb gezegd, dat ik Uw woorden zal bewaren.
⁵⁸Ik heb Uw aanschijn ernstelijk gebeden van ganser harte, wees mij genadig naar Uw toezegging.
⁵⁹Ik heb mijn wegen bedacht, en heb mijn voeten gekeerd tot Uw getuigenissen.
⁶⁰Ik heb gehaast, en niet vertraagd Uw geboden te onderhouden.
⁶¹De goddeloze hopen hebben mij beroofd; nochtans heb ik Uw wet niet vergeten.
⁶²Te middernacht sta ik op, om U te loven voor de rechten Uwer gerechtigheid.
⁶³Ik ben een gezel van allen, die U vrezen, en van hen, die Uw bevelen onderhouden.
⁶⁴HEERE! de aarde is vol van Uw goedertierenheid; leer mij Uw inzettingen.

⁶⁵Teth. Gij hebt bij Uw knecht goed gedaan, HEERE, naar Uw woord.
⁶⁶Leer mij een goeden zin en wetenschap, want ik heb aan Uw geboden geloofd.
⁶⁷Eer ik verdrukt werd, dwaalde ik, maar nu onderhoud ik Uw woord.
⁶⁸Gij zijt goed en goeddoende; leer mij Uw inzettingen.
⁶⁹De hovaardigen hebben leugens tegen mij gestoffeerd; doch ik bewaar Uw bevelen van ganser harte.
⁷⁰Hun hart is vet als smeer; maar ik heb vermaak in Uw wet.
⁷¹Het is mij goed, dat ik verdrukt ben geweest, opdat ik Uw inzettingen leerde.
⁷²De wet Uws monds is mij beter, dan duizenden van goud of zilver.

⁷³Jod. Uw handen hebben mij gemaakt, en bereid; maak mij verstandig, opdat ik Uw geboden lere.
⁷⁴Die U vrezen, zullen mij aanzien, en zich verblijden, omdat ik op Uw woord gehoopt heb.
⁷⁵Ik weet, HEERE! dat Uw gerichten de gerechtigheid zijn, en dat Gij mij uit getrouwheid verdrukt hebt.
⁷⁶Laat toch Uw goedertierenheid zijn om mij te troosten, naar Uw toezegging aan Uw knecht.
⁷⁷Laat mij Uw barmhartigheden overkomen, opdat ik leve, want Uw wet is al mijn vermaking.
⁷⁸Laat de hovaardigen beschaamd worden, omdat zij mij met leugen nedergestoten hebben; doch ik betracht Uw geboden.
⁷⁹Laat hen tot mij keren, die U vrezen, en die Uw getuigenissen kennen.
⁸⁰Laat mijn hart oprecht zijn tot Uw inzettingen, opdat ik niet beschaamd worde.

⁸¹Caph. Mijn ziel is bezweken van verlangen naar Uw heil; op Uw woord heb ik gehoopt.
⁸²Mijn ogen zijn bezweken van verlangen naar Uw toezegging, terwijl ik zeide: Wanneer zult Gij mij vertroosten?
⁸³Want ik ben geworden als een lederen zak in den rook; doch Uw inzettingen heb ik niet vergeten.
⁸⁴Hoe vele zullen de dagen Uws knechts zijn? Wanneer zult Gij recht doen over mijn vervolgers?
⁸⁵De hovaardigen hebben mij putten gegraven, hetwelk niet is naar Uw wet.
⁸⁶Al Uw geboden zijn waarheid; zij vervolgen mij met leugen, help mij.
⁸⁷Zij hebben mij bijna vernietigd op de aarde, maar ik heb Uw bevelen niet verlaten.
⁸⁸Maak mij levend naar Uw goedertierenheid, dan zal ik de getuigenis Uws monds onderhouden.

⁸⁹Lamed. O HEERE! Uw woord bestaat in der eeuwigheid in de hemelen.
⁹⁰Uw goedertierenheid is van geslacht tot geslacht; Gij hebt de aarde vastgemaakt, en zij blijft staan;
⁹¹Naar Uw verordeningen blijven zij nog heden staan, want zij allen zijn Uw knechten.
⁹²Indien Uw wet niet ware geweest al mijn vermaking, ik ware in mijn druk al lang vergaan.
⁹³Ik zal Uw bevelen in der eeuwigheid niet vergeten, want door dezelve hebt Gij mij levend gemaakt.
⁹⁴Ik ben Uw, behoud mij, want ik heb Uw bevelen gezocht.
⁹⁵De goddelozen hebben op mij gewacht, om mij te doen vergaan; ik neem acht op Uw getuigenissen.
⁹⁶In alle volmaaktheid heb ik een einde gezien; maar Uw gebod is zeer wijd.

⁹⁷Mem. Hoe lief heb ik Uw wet! Zij is mijn betrachting den gansen dag.
⁹⁸Zij maakt mij door Uw geboden wijzer, dan mijn vijanden zijn, want zij is in eeuwigheid bij mij.
⁹⁹Ik ben verstandiger dan al mijn leraars, omdat Uw getuigenissen mijn betrachting zijn.
¹⁰⁰Ik ben voorzichtiger dan de ouden, omdat ik Uw bevelen bewaard heb.
¹⁰¹Ik heb mijn voeten geweerd van alle kwade paden, opdat ik Uw woord zou onderhouden.
¹⁰²Ik ben niet geweken van Uw rechten, want Gij hebt mij geleerd.
¹⁰³Hoe zoet zijn Uw redenen mijn gehemelte geweest, meer dan honig mijn mond!
¹⁰⁴Uit Uw bevelen krijg ik verstand, daarom haat ik alle leugenpaden.

¹⁰⁵Nun. Uw woord is een lamp voor mijn voet, en een licht voor mijn pad.
¹⁰⁶Ik heb gezworen, en zal het bevestigen, dat ik onderhouden zal de rechten Uwer gerechtigheid.
¹⁰⁷Ik ben gans zeer verdrukt, HEERE! maak mij levend naar Uw woord.
¹⁰⁸Laat U toch, o HEERE! welgevallen de vrijwillige offeranden mijns monds, en leer mij Uw rechten.
¹⁰⁹Mijn ziel is geduriglijk in mijn hand; nochtans vergeet ik Uw wet niet.
¹¹⁰De goddelozen hebben mij een strik gelegd; nochtans ben ik niet afgedwaald van Uw bevelen.
¹¹¹Ik heb Uw getuigenissen genomen tot een eeuwige erve, want zij zijn mijns harten vrolijkheid.
¹¹²Ik heb mijn hart geneigd, om Uw inzettingen eeuwiglijk te doen, ten einde toe.

¹¹³Samech. Ik haat de kwade ranken, maar heb Uw wet lief.
¹¹⁴Gij zijt mijn Schuilplaats en mijn Schild; op Uw Woord heb ik gehoopt.
¹¹⁵Wijkt van mij, gij boosdoeners! dat ik de geboden mijns Gods moge bewaren.
¹¹⁶Ondersteun mij naar Uw toezegging, opdat ik leve; en laat mij niet beschaamd worden over mijn hope.
¹¹⁷Ondersteun mij, zo zal ik behouden zijn; dan zal ik mij steeds

Psalmen

in Uw inzettingen vermaken.

¹¹⁸Gij vertreedt al degenen, die van Uw inzettingen afdwalen, want hun bedrog is leugen.

¹¹⁹Gij doet alle goddelozen der aarde weg als schuim, daarom heb ik Uw getuigenissen lief.

¹²⁰Het haar mijns vleses is te berge gerezen van verschrikking voor U, en ik heb gevreesd voor Uw oordelen.

¹²¹Ain. Ik heb recht en gerechtigheid gedaan; geef mij niet over aan mijn onderdrukkers.

¹²²Wees borg voor Uw knecht ten goede; laat de hovaardigen mij niet onderdrukken.

¹²³Mijn ogen zijn bezweken van verlangen naar Uw heil, en naar de toezegging Uwer rechtvaardigheid.

¹²⁴Doe bij Uw knecht naar Uw goedertierenheid, en leer mij Uw inzettingen.

¹²⁵Ik ben Uw knecht, maak mij verstandig, en ik zal Uw getuigenissen kennen.

¹²⁶Het is tijd voor den HEERE, dat Hij werke, want zij hebben Uw wet verbroken.

¹²⁷Daarom heb ik Uw geboden lief, meer dan goud, ja, meer dan het fijnste goud.

¹²⁸Daarom heb ik alle Uw bevelen, van alles, voor recht gehouden; maar alle valse pad heb ik gehaat.

¹²⁹Pe. Uw getuigenissen zijn wonderbaar, daarom bewaart ze mijn ziel.

¹³⁰De opening Uwer woorden geeft licht, de slechten verstandig makende.

¹³¹Ik heb mijn mond wijd opengedaan, en gehijgd, want ik heb verlangd naar Uw geboden.

¹³²Zie mij aan, wees mij genadig, naar het recht aan degenen, die Uw Naam beminnen.

¹³³Maak mijn voetstappen vast in Uw Woord, en laat geen ongerechtigheid over mij heersen.

¹³⁴Verlos mij van des mensen overlast, en ik zal Uw bevelen onderhouden.

¹³⁵Doe Uw aangezicht lichten over Uw knecht, en leer mij Uw inzettingen.

¹³⁶Waterbeken vlieten af uit mijn ogen, omdat zij Uw wet niet onderhouden.

¹³⁷Tsade. HEERE! Gij zijt rechtvaardig, en elkeen Uwer oordelen is recht.

¹³⁸Gij hebt de gerechtigheid Uwer getuigenissen, en de waarheid hogelijk geboden.

¹³⁹Mijn ijver heeft mij doen vergaan, omdat mijn wederpartijders Uw woorden vergeten hebben.

¹⁴⁰Uw woord is zeer gelouterd, en Uw knecht heeft het lief.

¹⁴¹Ik ben klein en veracht, doch Uw bevelen vergeet ik niet.

¹⁴²Uw gerechtigheid is gerechtigheid in eeuwigheid, en Uw wet is de waarheid.

¹⁴³Benauwdheid en angst hebben mij getroffen, doch Uw geboden zijn mijn vermakingen.

¹⁴⁴De gerechtigheid Uwer getuigenissen is in der eeuwigheid; doe ze mij verstaan, zo zal ik leven.

¹⁴⁵Koph. Ik heb van ganser harte geroepen: verhoor mij, o HEERE! ik zal Uw inzettingen bewaren.

¹⁴⁶Ik heb U aangeroepen, verlos mij, en ik zal Uw getuigenissen onderhouden.

¹⁴⁷Ik ben de morgen schemering voorgekomen, en heb geschrei gemaakt; op Uw woord heb ik gehoopt.

¹⁴⁸Mijn ogen komen de nacht waken voor, om Uw rede te betrachten.

¹⁴⁹Hoor mijn stem naar Uw goedertierenheid, o HEERE! maak mij levend naar Uw recht.

¹⁵⁰Die kwade praktijken najagen, genaken mij, zij wijken verre van Uw wet.

¹⁵¹Maar Gij, HEERE! zijt nabij, en al Uw geboden zijn waarheid.

¹⁵²Van ouds heb ik geweten van Uw getuigenissen, dat Gij ze in eeuwigheid gegrond hebt.

¹⁵³Resch. Zie mijn ellende aan, en help mij uit, want Uw wet heb ik niet vergeten.

¹⁵⁴Twist mijn twistzaak, en verlos mij, maak mij levend, naar Uw toezegging.

¹⁵⁵Het heil is verre van de goddelozen, want zij zoeken Uw inzettingen niet.

¹⁵⁶HEERE! Uw barmhartigheden zijn vele; maak mij levend naar Uw rechten.

¹⁵⁷Mijn vervolgers en mijn wederpartijders zijn vele, maar van Uw getuigenissen wijk ik niet.

¹⁵⁸Ik heb gezien degenen, die trouwelooslijk handelen, en het verdroot mij, dat zij Uw woord niet onderhielden.

¹⁵⁹Zie aan, dat ik Uw bevelen lief heb, o HEERE! maak mij levend naar Uw goedertierenheid.

¹⁶⁰Het begin Uws woords is waarheid, en in der eeuwigheid is al het recht Uwer gerechtigheid.

¹⁶¹Schin. De vorsten hebben mij vervolgd zonder oorzaak; maar mijn hart heeft gevreesd voor Uw woord.

¹⁶²Ik ben vrolijk over Uw toezegging, als een, die een groten buit vindt.

¹⁶³Ik haat de valsheid, en heb er een gruwel van; maar Uw wet heb ik lief.

¹⁶⁴Ik loof U zeven maal des daags, over de rechten Uwer gerechtigheid.

¹⁶⁵Die Uw wet beminnen, hebben groten vrede, en zij hebben geen aanstoot.

¹⁶⁶O HEERE! ik hoop op Uw heil, en doe Uw geboden.

¹⁶⁷Mijn ziel onderhoudt Uw getuigenissen, en ik heb ze zeer lief.

¹⁶⁸Ik onderhoud Uw bevelen en Uw getuigenissen, want al mijn wegen zijn voor U.

¹⁶⁹Thau. O HEERE! laat mijn geschrei voor Uw aanschijn genaken, maak mij verstandig naar Uw woord.

¹⁷⁰Laat mijn smeken voor Uw aanschijn komen, red mij naar Uw toezegging.

¹⁷¹Mijn lippen zullen Uw lof overvloediglijk uitstorten, als Gij mij Uw inzettingen zult geleerd hebben.

¹⁷²Mijn tong zal spraak houden van Uw rede, want al Uw geboden zijn rechtvaardigheid.

¹⁷³Laat Uw hand mij te hulp komen, want ik heb Uw bevelen verkoren.

¹⁷⁴O HEERE! ik verlang naar Uw heil, en Uw wet is al mijn vermaking.

¹⁷⁵Laat mijn ziel leven, en zij zal U loven, en laat Uw rechten mij helpen.

¹⁷⁶Ik heb gedwaald als een verloren schaap; zoek Uw knecht, want Uw geboden heb ik niet vergeten.

Hoofdstuk 120

¹Een lied op Hammaaloth. Ik heb tot den HEERE geroepen in mijn benauwdheid, en Hij heeft mij verhoord.

²O HEERE! red mijn ziel van de valse lippen, van de bedriegelijke tong.

³Wat zal U de bedriegelijke tong geven, of wat zal zij U toevoegen?

⁴Scherpe pijlen eens machtigen, mitsgaders gloeiende jeneverkolen.

⁵O, wee mij, dat ik een vreemdeling ben in Mesech, dat ik in de tenten Kedars wone.

⁶Mijn ziel heeft lang gewoond bij degenen, die den vrede haten.

⁷Ik ben vreedzaam; maar als ik spreek, zijn zij aan den oorlog.

Hoofdstuk 121

¹Een lied Hammaaloth. Ik hef mijn ogen op naar de bergen, van waar mijn hulp komen zal.

²Mijn hulp is van den HEERE, Die hemel en aarde gemaakt heeft.

³Hij zal uw voet niet laten wankelen; uw Bewaarder zal niet sluimeren.

⁴Ziet, de Bewaarder Israels zal niet sluimeren, noch slapen.

⁵De HEERE is uw Bewaarder, de HEERE is uw Schaduw, aan uw rechterhand.

⁶De zon zal u des daags niet steken, noch de maan des nachts.

⁷De HEERE zal u bewaren van alle kwaad; uw ziel zal Hij bewaren.

⁸De HEERE zal uw uitgang en uw ingang bewaren, van nu aan tot in der eeuwigheid.

Hoofdstuk 122

¹Een lied Hammaaloth, van David. Ik verblijd mij in degenen, die tot mij zeggen: Wij zullen in het huis des HEEREN gaan.
²Onze voeten zijn staande in uw poorten, o Jeruzalem!
³Jeruzalem is gebouwd, als een stad, die wel samengevoegd is;
⁴Waarheen de stammen opgaan, de stammen des HEEREN, tot de getuigenis Israels, om den Naam des HEEREN te danken.
⁵Want daar zijn de stoelen des gerichts gezet, de stoelen van het huis van David.
⁶Bidt om den vrede van Jeruzalem; wel moeten zij varen, die u beminnen.
⁷Vrede zij in uw vesting, welvaren in uw paleizen.
⁸Om mijner broederen en mijner vrienden wil, zal ik nu spreken, vrede zij in u!
⁹Om des huizes des HEEREN, onzes Gods wil, zal ik het goede voor u zoeken.

Hoofdstuk 123

¹Een lied op Hammaaloth. Ik hef mijn ogen op tot U, Die in de hemelen zit.
²Zie, gelijk de ogen der knechten zijn op de hand hunner heren; gelijk de ogen der dienstmaagd zijn op de hand harer vrouw; alzo zijn onze ogen op den HEERE, onze God, totdat Hij ons genadig zij.
³Zijt ons genadig, o HEERE! zijt ons genadig, want wij zijn der verachting veel te zat.
⁴Onze ziel is veel te zat des spots der weelderigen, der verachting der hovaardigen.

Hoofdstuk 124

¹Een lied Hammaaloth, van David. Ten ware de HEERE, Die bij ons geweest is, zegge nu Israel,
²Ten ware de HEERE, Die bij ons geweest is, als de mensen tegen ons opstonden;
³Toen zouden zij ons levend verslonden hebben, als hun toorn tegen ons ontstak.
⁴Toen zouden ons de wateren overlopen hebben; een stroom zou over onze ziel gegaan zijn.
⁵Toen zouden de stoute wateren over onze ziel gegaan zijn.
⁶De HEERE zij geloofd, Die ons in hun tanden niet heeft overgegeven tot een roof.
⁷Onze ziel is ontkomen, als een vogel uit den strik der vogelvangers; de strik is gebroken, en wij zijn ontkomen.
⁸Onze hulp is in den Naam des HEEREN, Die hemel en aarde gemaakt heeft.

Hoofdstuk 125

¹Een lied Hammaaloth. Die op den HEERE vertrouwen, zijn als de berg Sion, die niet wankelt, maar blijft in eeuwigheid.
²Rondom Jeruzalem zijn bergen; alzo is de HEERE rondom Zijn volk, van nu aan tot in der eeuwigheid.
³Want de scepter der goddeloosheid zal niet rusten op het lot der rechtvaardigen; opdat de rechtvaardigen hun handen niet uitstrekken tot onrecht.
⁴HEERE! doe den goeden wel, en dengenen, die oprecht zijn in hun harten.
⁵Maar die zich neigen tot hun kromme wegen, die zal de HEERE weg doen gaan met de werkers der ongerechtigheid. Vrede zal over Israel zijn!

Hoofdstuk 126

¹Een lied Hammaaloth. Als de HEERE de gevangenen Sions wederbracht, waren wij gelijk degenen, die dromen.
²Toen werd onze mond vervuld met lachen, en onze tong met gejuich; toen zeide men onder de heidenen: De HEERE heeft grote dingen aan dezen gedaan.
³De HEERE heeft grote dingen bij ons gedaan; dies zijn wij verblijd.
⁴O HEERE! wend onze gevangenis, gelijk waterstromen in het zuiden.
⁵Die met tranen zaaien, zullen met gejuich maaien.
⁶Die het zaad draagt, dat men zaaien zal, gaat al gaande en wenende; maar voorzeker zal hij met gejuich wederkomen, dragende zijn schoven.

Hoofdstuk 127

¹Een lied Hammaaloth, van Salomo. Zo de HEERE het huis niet bouwt, tevergeefs arbeiden deszelfs bouwlieden daaraan; zo de HEERE de stad niet bewaart, tevergeefs waakt de wachter.
²Het is tevergeefs, dat gijlieden vroeg opstaat, laat opblijft, eet brood der smarten; het is alzo, dat Hij het Zijn beminden als in den slaap geeft.
³Ziet, de kinderen zijn een erfdeel des HEEREN; des buiks vrucht is een beloning.
⁴Gelijk de pijlen zijn in de hand eens helds, zodanig zijn de zonen der jeugd.
⁵Welgelukzalig is de man, die zijn pijlkoker met dezelve gevuld heeft; zij zullen niet beschaamd worden, als zij met de vijanden spreken zullen in de poort.

Hoofdstuk 128

¹Een lied Hammaaloth. Welgelukzalig is een iegelijk, die den HEERE vreest, die in Zijn wegen wandelt.
²Want gij zult eten den arbeid uwer handen; welgelukzalig zult gij zijn, en het zal u welgaan.
³Uw huisvrouw zal wezen als een vruchtbare wijnstok aan de zijden van uw huis; uw kinderen als olijfplanten rondom uw tafel.
⁴Ziet, alzo zal zekerlijk die man gezegend worden, die den HEERE vreest.
⁵De HEERE zal u zegenen uit Sion, en gij zult het goede van Jeruzalem aanschouwen al de dagen uws levens;
⁶En gij zult uw kindskinderen zien. Vrede over Israel!

Hoofdstuk 129

¹Een lied Hammaaloth. Zij hebben mij dikwijls benauwd van mijn jeugd af, zegge nu Israel;
²Zij hebben mij dikwijls van mijn jeugd af benauwd; evenwel hebben zij mij niet overmocht.
³Ploegers hebben op mijn rug geploegd; zij hebben hun voren lang getogen.
⁴De HEERE, Die rechtvaardig is, heeft de touwen der goddelozen afgehouwen.
⁵Laat hen beschaamd en achterwaarts gedreven worden, allen, die Sion haten.
⁶Laat hen worden als gras op de daken, hetwelk verdort, eer men het uittrekt;
⁷Waarmede de maaier zijn hand niet vult, noch de garvenbinder zijn arm;
⁸En die voorbijgaan, niet zeggen: De zegen des HEEREN zij bij u! Wij zegenen ulieden in den Naam des HEEREN.

Hoofdstuk 130

¹Een lied Hammaaloth. Uit de diepten roep ik tot U, o HEERE!
²HEERE! hoor naar mijn stem; laat Uw oren opmerkende zijn op de stem mijner smekingen.
³Zo Gij, HEERE! de ongerechtigheden gadeslaat; HEERE! wie zal bestaan?
⁴Maar bij U is vergeving, opdat Gij gevreesd wordt.
⁵Ik verwacht den HEERE; mijn ziel verwacht, en ik hoop op Zijn Woord.
⁶Mijn ziel wacht op den HEERE, meer dan de wachters op den morgen; de wachters op den morgen.
⁷Israel hope op den HEERE; want bij den HEERE is goedertierenheid, en bij Hem is veel verlossing.
⁸En Hij zal Israel verlossen van al zijn ongerechtigheden.

Hoofdstuk 131

¹Een lied Hammaaloth, van David. O HEERE! mijn hart is niet verheven, en mijn ogen zijn niet hoog; ook heb ik niet gewandeld in dingen mij te groot en tewonderlijk.
²Zo ik mijn ziel niet heb gezet en stil gehouden, gelijk een gespeend kind bij zijn moeder! Mijn ziel is als een gespeend kind in mij.
³Israel hope op den HEERE van nu aan tot in der eeuwigheid.

Hoofdstuk 132

¹Een lied Hammaaloth. O HEERE! gedenk aan David, aan al zijn lijden;
²Dat hij den HEERE gezworen heeft, den Machtige Jakobs gelofte gedaan heeft, zeggende:
³Zo ik in de tent mijns huizes inga, zo ik op de koets van mijn bed klimme!

⁴Zo ik mijn ogen slaap geve, mijn oogleden sluimering;
⁵Totdat ik voor den HEERE een plaats gevonden zal hebben, woningen voor den Machtige Jakobs!
⁶Ziet, wij hebben van haar gehoord in Efratha; wij hebben haar gevonden in de velden van Jaar.
⁷Wij zullen in Zijn woningen ingaan, wij zullen ons nederbuigen voor de voetbank Zijner voeten.
⁸Sta op, HEERE! tot Uw rust, Gij en de ark Uwer sterkte!
⁹Dat Uw priesters bekleed worden met gerechtigheid, en dat Uw gunstgenoten juichen.
¹⁰Weer het aangezicht Uws Gezalfden niet af, om Davids, Uws knechts wil.
¹¹De HEERE heeft David de waarheid gezworen, waarvan Hij niet wijken zal, zeggende: Van de vrucht uws buiks zal Ik op uw troon zetten.
¹²Indien uw zonen Mijn verbond zullen houden, en Mijn getuigenissen, die Ik hun leren zal; zo zullen ook hun zonen tot in eeuwigheid op uw troon zitten.
¹³Want de HEERE heeft Sion verkoren, Hij heeft het begeerd tot Zijn woonplaats, zeggende:
¹⁴Dit is Mijn rust tot in eeuwigheid, hier zal Ik wonen, want Ik heb ze begeerd.
¹⁵Ik zal haar kost rijkelijk zegenen, haar nooddruftigen zal Ik met brood verzadigen.
¹⁶En haar priesters zal Ik met heil bekleden, en haar gunstgenoten zullen zeer juichen.
¹⁷Daar zal Ik David een hoorn doen uitspruiten; Ik heb voor Mijn Gezalfde een lamp toegericht.
¹⁸Ik zal zijn vijanden met schaamte bekleden; maar op hem zal zijn kroon bloeien.

Hoofdstuk 133

¹Een lied Hammaaloth, van David. Ziet, hoe goed en hoe liefelijk is het, dat broeders ook samenwonen.
²Het is, gelijk de kostelijke olie op het hoofd, nederdalende op den baard, den baard van Aaron, die nederdaalt tot op den zoom zijner klederen.
³Het is gelijk de dauw van Hermon, en die nederdaalt op de bergen van Sion, want de HEERE gebiedt aldaar den zegen en het leven tot in der eeuwigheid.

Hoofdstuk 134

¹Een lied Hammaaloth. Ziet, looft den HEERE, alle gij knechten des HEEREN! gij, die allen nacht in het huis des HEEREN staat.
²Heft uw handen op naar het heiligdom, en looft den HEERE.
³De HEERE zegene u uit Sion, Hij, Die den hemel en de aarde gemaakt heeft.

Hoofdstuk 135

¹Hallelujah! Prijst den Naam des HEEREN, prijst Hem, gij knechten des HEEREN!
²Gij, die staat in het huis des HEEREN, in de voorhoven van het huis onzes Gods!
³Looft den HEERE, want de HEERE is goed; psalmzingt Zijn Naam, want Hij is liefelijk.
⁴Want de HEERE heeft Zich Jakob verkoren, Israel tot Zijn eigendom.
⁵Want ik weet, dat de HEERE groot is, en dat onze Heere boven alle goden is.
⁶Al wat den HEERE behaagt, doet Hij, in de hemelen, en op de aarde, in de zeeen en alle afgronden.
⁷Hij doet dampen opklimmen van het einde der aarde; Hij maakt de bliksemen met den regen; Hij brengt den wind uit Zijn schatkameren voort.
⁸Die de eerstgeborenen van Egypte sloeg, van den mens af tot het vee toe.
⁹Hij zond tekenen en wonderen in het midden van u, o Egypte! tegen Farao en tegen al zijn knechten.
¹⁰Die veel volken sloeg, en machtige koningen doodde;
¹¹Sihon, den koning der Amorieten, en Og, den koning van Basan, en al de koninkrijken van Kanaan,
¹²En Hij gaf hun land ten erve, ten erve aan Zijn volk Israel.
¹³O HEERE! Uw Naam is in eeuwigheid; HEERE! Uw gedachtenis is van geslacht tot geslacht.
¹⁴Want de HEERE zal Zijn volk richten, en het zal Hem berouwen over Zijn knechten.
¹⁵De afgoden der heidenen zijn zilver en goud, een werk van mensenhanden.
¹⁶Zij hebben een mond, maar spreken niet; zij hebben ogen, maar zien niet;
¹⁷Oren hebben zij, maar horen niet; ook is er geen adem in hun mond.
¹⁸Dat die ze maken, hun gelijk worden, en al wie op hen vertrouwt.
¹⁹Gij huis Israels! looft den HEERE; gij huis Aarons! looft den HEERE.
²⁰Gij huis van Levi! looft den HEERE; gij die den HEERE vreest! looft den HEERE.
²¹Geloofd zij de HEERE uit Sion, Die te Jeruzalem woont. Hallelujah!

Hoofdstuk 136

¹Looft den HEERE, want Hij is goed; want Zijn goedertierenheid is in der eeuwigheid;
²Looft den God der goden; want Zijn goedertierenheid is in der eeuwigheid.
³Looft den Heere der heren; want Zijn goedertierenheid is in der eeuwigheid.
⁴Dien, Die alleen grote wonderen doet; want Zijn goedertierenheid is in der eeuwigheid.
⁵Dien, die de hemelen met verstand gemaakt heeft; want Zijn goedertierenheid is in der eeuwigheid.
⁶Dien, Die de aarde op het water uitgespannen heeft; want Zijn goedertierenheid is in der eeuwigheid.
⁷Dien, Die de grote lichten heeft gemaakt; want Zijn goedertierenheid is in der eeuwigheid.
⁸De zon tot heerschappij op den dag; want Zijn goedertierenheid is in der eeuwigheid.
⁹De maan en sterren tot heerschappij in den nacht; want Zijn goedertierenheid is in der eeuwigheid.
¹⁰Dien, Die de Egyptenaren geslagen heeft in hun eerstgeborenen; want Zijn goedertierenheid is in der eeuwigheid.
¹¹En heeft Israel uit het midden van hen uitgebracht; want Zijn goedertierenheid is in der eeuwigheid.
¹²Met een sterke hand, en met een uitgestrekte arm; want Zijn goedertierenheid is in der eeuwigheid.
¹³Dien, Die de Schelfzee in delen deelde; want Zijn goedertierenheid is in der eeuwigheid.
¹⁴En voerde Israel door het midden van dezelve; want Zijn goedertierenheid is in der eeuwigheid.
¹⁵Hij heeft Farao met zijn heir gestort in de Schelfzee; want Zijn goedertierenheid is in der eeuwigheid.
¹⁶Die Zijn volk door de woestijn geleid heeft; want Zijn goedertierenheid is in der eeuwigheid.
¹⁷Die grote koningen geslagen heeft; want Zijn goedertierenheid is in der eeuwigheid.
¹⁸En heeft heerlijke koningen gedood; want Zijn goedertierenheid is in der eeuwigheid.
¹⁹Sihon, de Amoritischen koning; want Zijn goedertierenheid is in der eeuwigheid.
²⁰En Og, den koning van Basan; want Zijn goedertierenheid is in der eeuwigheid.
²¹En heeft hun land ten erve gegeven; want Zijn goedertierenheid is in der eeuwigheid.
²²Ten erve aan Zijn knecht Israel; want Zijn goedertierenheid is in der eeuwigheid.
²³Die aan ons gedacht heeft in onze nederigheid; want Zijn goedertierenheid is in der eeuwigheid.
²⁴En Hij heeft ons onzen tegenpartijders ontrukt; want Zijn goedertierenheid is in der eeuwigheid.
²⁵Die allen vlees spijs geeft; want Zijn goedertierenheid is in der eeuwigheid.
²⁶Looft den God des hemels; want Zijn goedertierenheid is in der eeuwigheid.

Hoofdstuk 137

¹Aan de rivieren van Babel, daar zaten wij, ook weenden wij, als wij gedachten aan Sion.
²Wij hebben onze harpen gehangen aan de wilgen, die daarin zijn.
³Als zij, die ons aldaar gevangen hielden, de woorden eens lieds van ons begeerden, en zij, die ons overhoop geworpen hadden, vreugd, zeggende: Zingt ons eenvan de liederen Sions;
⁴Wij zeiden: Hoe zouden wij een lied des HEEREN zingen in een vreemd land?

⁵Indien ik u vergeet, o Jeruzalem! zo vergete mijn rechterhand zichzelve!

⁶Mijn tong kleve aan mijn gehemelte, zo ik aan u niet gedenke, zo ik Jeruzalem niet verheffe boven het hoogste mijner blijdschap!

⁷HEERE! gedenk aan de kinderen van Edom, aan den dag van Jeruzalem; die daar zeiden: Ontbloot ze, ontbloot ze, tot haar fondament toe!

⁸O dochter van Babel! die verwoest zult worden, welgelukzalig zal hij zijn, die u uw misdaad vergelden zal, die gij aan ons misdaan hebt.

⁹Welgelukzalig zal hij zijn, die uw kinderkens grijpen, en aan de steenrots verpletteren zal.

Hoofdstuk 138

¹Een psalm van David. Ik zal U loven met mijn gehele hart; in de tegenwoordigheid der goden zal ik U psalmzingen.

²Ik zal mij nederbuigen naar het paleis Uwer heiligheid, en ik zal Uw Naam loven, om Uw goedertierenheid en om Uw waarheid; want Gij hebt vanwege Uwgansen Naam Uw woord groot gemaakt.

³Ten dage, als ik riep, zo hebt Gij mij verhoord; Gij hebt mij versterkt met kracht in mijn ziel.

⁴Alle koningen der aarde zullen U, o HEERE! loven, wanneer zij gehoord zullen hebben de redenen Uws monds.

⁵En zij zullen zingen van de wegen des HEEREN, want de heerlijkheid des HEEREN is groot.

⁶Want de HEERE is hoog, nochtans ziet Hij de nederige aan, en den verhevene kent Hij van verre.

⁷Als ik wandel in het midden der benauwdheid, maakt Gij mij levend; Uw hand strekt Gij uit tegen den toorn mijner vijanden, en Uw rechterhand behoudt mij.

⁸De HEERE zal het voor mij voleinden; Uw goedertierenheid, HEERE! is in der eeuwigheid; en laat niet varen de werken Uwer handen.

Hoofdstuk 139

¹Een psalm van David, voor den opperzangmeester. HEERE! Gij doorgrondt en kent mij.

²Gij weet mijn zitten en mijn opstaan; Gij verstaat van verre mijn gedachten.

³Gij omringt mijn gaan en mijn liggen; en Gij zijt al mijn wegen gewend.

⁴Als er nog geen woord op mijn tong is, zie, HEERE! Gij weet het alles.

⁵Gij bezet mij van achteren en van voren, en Gij zet Uw hand op mij.

⁶De kennis is mij te wonderbaar, zij is hoog, ik kan er niet bij.

⁷Waar zou ik heengaan voor Uw Geest en waar zou ik heenvlieden voor Uw aangezicht?

⁸Zo ik opvoer ten hemel, Gij zijt daar; of bedde ik mij in de hel, zie, Gij zijt daar.

⁹Nam ik vleugelen des dageraads, woonde ik aan het uiterste der zee;

¹⁰Ook daar zou Uw hand mij geleiden, en Uw rechterhand zou mij houden.

¹¹Indien ik zeide: De duisternis zal mij immers bedekken; dan is de nacht een licht om mij.

¹²Ook verduistert de duisternis voor U niet; maar de nacht licht als de dag; de duisternis is als het licht.

¹³Want Gij bezit mijn nieren; Gij hebt mij in mijner moeders buik bedekt.

¹⁴Ik loof U, omdat ik op een heel vreselijke wijze wonderbaarlijk gemaakt ben, wonderlijk zijn Uw werken! ook weet het mijn ziel zeer wel.

¹⁵Mijn gebeente was voor U niet verholen, als ik in het verborgene gemaakt ben, en als een borduursel gewrocht ben, in de nederste delen der aarde.

¹⁶Uw ogen hebben mijn ongevormden klomp gezien; en al deze dingen waren in Uw boek geschreven, de dagen als zij geformeerd zouden worden, toen noggeen van die was.

¹⁷Daarom, hoe kostelijk zijn mij, o God, Uw gedachten! hoe machtig veel zijn haar sommen!

¹⁸Zoude ik ze tellen? Harer is meer, dan des zands; word ik wakker, zo ben ik nog bij U.

¹⁹O God! dat Gij den goddeloze ombracht! en gij, mannen des bloeds, wijkt van mij!

²⁰Die van U schandelijk spreken, en Uw vijanden ijdellijk verheffen.

²¹Zou ik niet haten HEERE! die U haten? en verdriet hebben in degenen, die tegen U opstaan?

²²Ik haat hen met volkomen haat, tot vijanden zijn zij mij.

²³Doorgrond mij, o God! en ken mijn hart; beproef mij, en ken mijn gedachten.

²⁴En zie, of bij mij een schadelijke weg zij; en leid mij op den eeuwigen weg.

Hoofdstuk 140

¹Een psalm van David, voor den opperzangmeester.

²Red mij, HEERE! van den kwaden mens; behoed mij voor den man alles gewelds;

³Die veel kwaads in het hart denken, allen dag samenkomen om te oorlogen.

⁴Zij scherpen hun tong, als een slang; heet addervergift is onder hun lippen. Sela.

⁵Bewaar mij, HEERE! van de handen des goddelozen; behoed mij van den man alles gewelds; van hen, die mijn voeten denken weg te stoten.

⁶De hovaardigen hebben mij een strik verborgen, en koorden; zij hebben een net uitgespreid aan de zijde des wegs; valstrikken hebben zij mij gezet. Sela.

⁷Ik heb tot den HEERE gezegd: Gij zijt mijn God; neem ter ore, o HEERE! de stem mijner smekingen.

⁸HEERE, Heere, Sterkte mijns heils! Gij hebt mijn hoofd bedekt ten dage der wapening.

⁹Geef, HEERE! de begeerten des goddelozen niet; bevorder zijn kwaad voornemen niet; zij zouden zich verheffen. Sela.

¹⁰Aangaande het hoofd dergenen, die mij omringen, de overlast hunner lippen overdekke hen.

¹¹Vurige kolen moeten op hen geschud worden; Hij doe hen vallen in het vuur, in diepe kuilen, dat zij niet weder opstaan.

¹²Een man van kwade tong zal op de aarde niet bevestigd worden; een boos man des gewelds, dien zal men jagen, totdat hij geheel verdreven is.

¹³Ik weet, dat de HEERE de rechtzaak des ellendigen, en het recht der nooddruftigen zal uitvoeren.

¹⁴Gewisselijk, de rechtvaardigen zullen Uw Naam loven; de oprechten zullen voor Uw aangezicht blijven.

Hoofdstuk 141

¹Een psalm van David. HEERE! ik roep U aan, haast U tot mij; neem mijn stem ter ore, als ik tot U roep.

²Mijn gebed worde gesteld als reukwerk voor Uw aangezicht, de opheffing mijner handen als het avondoffer.

³HEERE! zet een wacht voor mijn mond, behoed de deur mijner lippen.

⁴Neig mijn hart niet tot een kwade zaak, om enigen handel in goddeloosheid te handelen, met mannen, die ongerechtigheid werken; en dat ik niet ete van hunlekkernijen.

⁵De rechtvaardige sla mij, het zal weldadigheid zijn; en hij bestraffe mij, het zal olie des hoofds zijn, het zal mijn hoofd niet breken; want nog zal ook mijn gebedvoor hen zijn in hun tegenspoeden.

⁶Hun rechters zijn aan de zijde der steenrots vrijgelaten geweest, en hebben gehoord mijn redenen, dat zij aangenaam waren.

⁷Onze beenderen zijn verstrooid aan den mond des grafs, gelijk of iemand op de aarde iets gekloofd en verdeeld had.

⁸Doch op U zijn mijn ogen, HEERE, Heere! op U betrouw ik, ontbloot mijn ziel niet.

⁹Bewaar mij voor het geweld des striks, dien zij mij gelegd hebben, en voor de valstrikken van de werkers der ongerechtigheid.

¹⁰Dat de goddelozen elk in zijn garen vallen, te zamen, totdat ik zal zijn voorbijgegaan.

Hoofdstuk 142

¹Een onderwijzing van David, een gebed, als hij in de spelonk was.

²Ik riep met mijn stem tot den HEERE; ik smeekte tot den HEERE met mijn stem.

³Ik stortte mijn klacht uit voor Zijn aangezicht; ik gaf te kennen voor Zijn aangezicht mijn benauwdheid.

⁴Als mijn geest in mij overstelpt was, zo hebt Gij mijn pad gekend. Zij hebben mij een strik verborgen op den weg, dien ik gaan zou.

⁵Ik zag uit ter rechterhand, en ziet, zo was er niemand, die mij kende, er was geen ontvlieden voor mij; niemand zorgde voor mijn ziel.

⁶Tot U riep ik, o HEERE! ik zeide: Gij zijt mijn Toevlucht, mijn Deel in het land der levenden.

⁷Let op mijn geschrei, want ik ben zeer uitgeteerd; red mij van mijn vervolgers, want zij zijn machtiger dan ik.

⁸Voer mijn ziel uit de gevangenis, om Uw Naam te loven; de rechtvaardigen zullen mij omringen, wanneer Gij wel bij mij zult gedaan hebben.

Hoofdstuk 143

¹Een psalm van David. O HEERE! hoor mijn gebed, neig de oren tot mijn smekingen; verhoor mij naar Uw waarheid, naar Uw gerechtigheid.

²En ga niet in het gericht met Uw knecht; want niemand, die leeft, zal voor Uw aangezicht rechtvaardig zijn.

³Want de vijand vervolgt mijn ziel, hij vertreedt mijn leven ter aarde; hij legt mij in duisternissen, als degenen, die over lang dood zijn.

⁴Daarom wordt mijn geest overstelpt in mij, mijn hart is verbaasd in het midden van mij.

⁵Ik gedenk aan de dagen van ouds; ik overleg al Uw daden; ik spreek bij mijzelven van de werken Uwer handen.

⁶Ik breid mijn handen uit tot U; mijn ziel is voor U als een dorstig land. Sela.

⁷Verhoor mij haastelijk, HEERE! mijn geest bezwijkt; verberg Uw aangezicht niet van mij, want ik zou gelijk worden dengenen, die in den kuil dalen.

⁸Doe mij Uw goedertierenheid in den morgenstond horen, want ik betrouw op U; maak mij bekend den weg, dien ik te gaan heb, want ik hef mijn ziel tot U op.

⁹Red mij, HEERE! van mijn vijanden; bij U schuil ik.

¹⁰Leer mij Uw welbehagen doen, want Gij zijt mijn God! Uw goede Geest geleide mij in een effen land.

¹¹O HEERE! maak mij levend, om Uws Naams wil; voer mijn ziel uit de benauwdheid, om Uw gerechtigheid.

¹²En roei mijn vijanden uit, om Uw goedertierenheid, en breng hen om, allen, die mijn ziel beangstigen; want ik ben Uw knecht.

Hoofdstuk 144

¹Een psalm van David. Gezegend zij de HEERE, mijn Rotssteen, Die mijn handen onderwijst ten strijde, mijn vingeren ten oorlog;

²Mijn Goedertierenheid en mijn Burg, mijn Hoog Vertrek en mijn Bevrijder voor mij, mijn Schild, en op Wien ik mij betrouwe; Die mijn volk aan mij onderwerpt!

³O HEERE! wat is de mens, dat Gij hem kent, het kind des mensen, dat Gij het acht?

⁴De mens is der ijdelheid gelijk; zijn dagen zijn als een voorbijgaande schaduw.

⁵Neig Uw hemelen, HEERE! en daal neder; raak de bergen aan, dat zij roken.

⁶Bliksem bliksem, en verstrooi hen; zend Uw pijlen uit, en verdoe hen.

⁷Steek Uw handen van de hoogte uit; ontzet mij, en ruk mij uit de grote wateren, uit de hand der vreemden;

⁸Welker mond leugen spreekt, en hun rechterhand is een rechterhand der valsheid.

⁹O God! ik zal U een nieuw lied zingen; met de luit en het tiensnarig instrument zal ik U psalmzingen.

¹⁰Gij, die den koningen overwinning geeft, Die Zijn knecht David ontzet van het boze zwaard.

¹¹Ontzet mij en red mij van de hand der vreemden, welker mond leugen spreekt, en hun rechterhand is een rechterhand der valsheid;

¹²Opdat onze zonen zijn als planten, welke groot geworden zijn in hun jeugd; onze dochter als hoekstenen, uitgehouwen naar de gelijkenis van een paleis.

¹³Dat onze winkelen vol zijnde, den enen voorraad na den anderen uitgeven; dat onze kudden bij duizenden werpen, ja, bij tienduizenden op onze hoeven vermenigvuldigen.

¹⁴Dat onze ossen wel geladen zijn; dat geen inbreuk, noch uitval, noch gekrijs zij op onze straten.

¹⁵Welgelukzalig is het volk, dien het alzo gaat; welgelukzalig is het volk, wiens God de HEERE is.

Hoofdstuk 145

¹Een lofzang van David. Aleph. O mijn God, Gij Koning! ik zal U verhogen, en Uw Naam loven in eeuwigheid en altoos.

²Beth. Te allen dage zal ik U loven, en Uw Naam prijzen in eeuwigheid en altoos.

³Gimel. De HEERE is groot en zeer te prijzen, en Zijn grootheid is ondoorgrondelijk.

⁴Daleth. Geslacht aan geslacht zal Uw werken roemen; en zij zullen Uw mogendheden verkondigen.

⁵He. Ik zal uitspreken de heerlijkheid der eer Uwer majesteit, en Uw wonderlijke daden.

⁶Vau. En zij zullen vermelden de kracht Uwer vreselijke daden; en Uw grootheid, die zal ik vertellen.

⁷Zain. Zij zullen de gedachtenis der grootheid Uwer goedheid overvloediglijk uitstorten, en zij zullen Uw gerechtigheid met gejuich verkondigen.

⁸Cheth. Genadig en barmhartig is de HEERE, lankmoedig en groot van goedertierenheid.

⁹Teth. De HEERE is aan allen goed, en Zijn barmhartigheden zijn over al Zijn werken.

¹⁰Jod. Al Uw werken, HEERE, zullen U loven, en Uw gunstgenoten zullen U zegenen.

¹¹Caph. Zij zullen de heerlijkheid Uws Koninkrijks vermelden, en Uw mogendheid zullen zij uitspreken.

¹²Lamed. Om de mensenkinderen bekend te maken Zijn mogendheden, en de eer der heerlijkheid Zijns Koninkrijks.

¹³Mem. Uw Koninkrijk is een Koninkrijk van alle eeuwen, en Uw heerschappij is in alle geslacht en geslacht.

¹⁴Samech. De HEERE ondersteunt allen, die vallen, en Hij richt op alle gebogenen.

¹⁵Ain. Aller ogen wachten op U; en Gij geeft hun hun spijs te zijner tijd.

¹⁶Pe. Gij doet Uw hand open, en verzadigt al wat er leeft, naar Uw welbehagen.

¹⁷Tsade. De HEERE is rechtvaardig in al Zijn wegen, en goedertieren in al Zijn werken.

¹⁸Koph. De HEERE is nabij allen, die Hem aanroepen, allen, die Hem aanroepen in der waarheid.

¹⁹Resch. Hij doet het welbehagen dergenen, die Hem vrezen, en Hij hoort hun geroep, en verlost hen.

²⁰Schin. De HEERE bewaart al degenen, die Hem liefhebben; maar Hij verdelgt alle goddelozen.

²¹Thau. Mijn mond zal den prijs des HEEREN uitspreken, en alle vlees zal Zijn heiligen Naam loven in der eeuwigheid en altoos.

Hoofdstuk 146

¹Hallelujah! O mijn ziel! prijs den HEERE.

²Ik zal den HEERE prijzen in mijn leven; ik zal mijn God psalmzingen, terwijl ik nog ben.

³Vertrouwt niet op prinsen, op des mensen kind, bij hetwelk geen heil is.

⁴Zijn geest gaat uit, hij keert wederom tot zijn aarde; te dienzelfden dage vergaan zijn aanslagen.

⁵Welgelukzalig is hij, die den God Jakobs tot zijn Hulp heeft, wiens verwachting op den HEERE, zijn God is;

⁶Die den hemel en de aarde gemaakt heeft, de zee en al wat in dezelve is; Die trouwe houdt in der eeuwigheid.

⁷Die den verdrukte recht doet, Die den hongerige brood geeft; de HEERE maakt de gevangenen los.

⁸De HEERE opent de ogen der blinden; de HEERE richt de gebogenen op; de HEERE heeft de rechtvaardigen lief.

⁹De HEERE bewaart de vreemdelingen; Hij houdt den wees en de weduwe staande; maar der goddelozen weg keert Hij om.

¹⁰De HEERE zal in eeuwigheid regeren; uw God, o Sion! is van geslacht tot geslacht. Hallelujah!

Hoofdstuk 147

¹Looft den HEERE, want onzen God te psalmzingen is goed, dewijl Hij liefelijk is; de lof is betamelijk.

²De HEERE bouwt Jeruzalem; Hij vergadert Israels verdrevenen.

³Hij geneest de gebrokenen van hart, en Hij verbindt hen in hun smarten.

⁴Hij telt het getal der sterren; Hij noemt ze allen bij namen.

⁵Onze Heere is groot en van veel kracht; Zijns verstands is geen getal.

⁶De HEERE houdt de zachtmoedigen staande; de goddelozen vernedert Hij, tot de aarde toe.

⁷Zingt den HEERE bij beurte met dankzegging; psalmzingt onzen God op de harp.

⁸Die de hemelen met wolken bedekt, Die voor de aarde regen bereidt; Die het gras op de bergen doet uitspruiten;

⁹Die het vee zijn voeder geeft; aan de jonge raven, als zij roepen.

¹⁰Hij heeft geen lust aan de sterkte des paards; Hij heeft geen welgevallen aan de benen des mans.

¹¹De HEERE heeft een welgevallen aan hen, die Hem vrezen, die

op Zijn goedertierenheid hopen.

¹²O Jeruzalem! roem den HEERE; o Sion! loof uw God.

¹³Want Hij maakt de grendelen uwer poorten sterk; Hij zegent uw kinderen binnen in u.

¹⁴Die uw landpalen in vrede stelt; Hij verzadigt u met het vette der tarwe.

¹⁵Hij zendt Zijn bevel op aarde; Zijn woord loopt zeer snel.

¹⁶Hij geeft sneeuw als wol; Hij strooit den rijm als as.

¹⁷Hij werpt Zijn ijs heen als stukken; wie zou bestaan voor Zijn koude?

¹⁸Hij zendt Zijn woord, en doet ze smelten; Hij doet Zijn wind waaien, de wateren vloeien henen.

¹⁹Hij maakt Jakob Zijn woorden bekend, Israel Zijn inzettingen en Zijn rechten.

²⁰Alzo heeft Hij geen volk gedaan; en Zijn rechten, die kennen zij niet. Hallelujah!

Hoofdstuk 148

¹Hallelujah! Looft den HEERE uit de hemelen; looft Hem in de hoogste plaatsen!

²Looft Hem, al Zijn engelen! Looft Hem, al Zijn heirscharen!

³Looft Hem, zon en maan! Looft Hem, alle gij lichtende sterren!

⁴Looft Hem, gij hemelen der hemelen! en gij wateren, die boven de hemelen zijt!

⁵Dat zij den Naam des HEEREN loven; want als Hij het beval, zo werden zij geschapen.

⁶En Hij heeft ze bevestigd voor altoos in eeuwigheid; Hij heeft hun een orde gegeven, die geen van hen zal overtreden.

⁷Looft den HEERE, van de aarde; gij walvissen en alle afgronden!

⁸Vuur en hagel, sneeuw en damp; gij stormwind, die Zijn woord doet!

⁹Gij bergen en alle heuvelen; vruchtbomen en alle cederbomen!

¹⁰Het wild gedierte en alle vee; kruipend gedierte en gevleugeld gevogelte!

¹¹Gij koningen der aarde, en alle volken, gij vorsten, en alle rechters der aarde!

¹²Jongelingen en ook maagden; gij ouden met de jongen!

¹³Dat zij den Naam des HEEREN loven; want Zijn Naam alleen is hoog verheven; Zijn majesteit is over de aarde en den hemel.

¹⁴En Hij heeft den hoorn Zijns volks verhoogd, den roem al Zijner gunstgenoten, der kinderen Israels, des volks, dat nabij Hem is. Hallelujah!

Hoofdstuk 149

¹Hallelujah! Zingt den HEERE een nieuw lied; Zijn lof zij in de gemeente Zijner gunstgenoten.

²Dat Israel zich verblijde in Dengene, Die hem gemaakt heeft; dat de kinderen Sions zich verheugen over hun Koning.

³Dat zij Zijn Naam loven op de fluit; dat zij Hem psalmzingen op de trommel en harp.

⁴Want de HEERE heeft een welgevallen aan Zijn volk; Hij zal de zachtmoedigen versieren met heil.

⁵Dat Zijn gunstgenoten van vreugde opspringen, om die eer; dat zij juichen op hun legers.

⁶De verheffingen Gods zullen in hun keel zijn; en een tweesnijdend zwaard in hun hand;

⁷Om wraak te doen over de heidenen, en bestraffingen over de volken;

⁸Om hun koningen te binden met ketenen, en hun achtbaren met ijzeren boeien;

⁹Om het beschreven recht over hen te doen. Dit zal de heerlijkheid van al Zijn gunstgenoten zijn. Hallelujah!

Hoofdstuk 150

¹Hallelujah! Looft God in Zijn heiligdom; looft Hem in het uitspansel Zijner sterkte!

²Looft Hem vanwege Zijn mogendheden; looft Hem naar de menigvuldigheid Zijner grootheid!

³Looft Hem met geklank der bazuin; looft Hem met de luit en met de harp!

⁴Looft Hem met de trommel en fluit; looft Hem met snarenspel en orgel!

⁵Looft Hem met hel klinkende cimbalen; looft Hem met cimbalen van vreugdegeluid!

Spreuken

Hoofdstuk 1

¹De spreuken van Salomo, den zoon van David, den koning van Israel,
²Om wijsheid en tucht te weten; om te verstaan redenen des verstands;
³Om aan te nemen onderwijs van goed verstand, gerechtigheid, en recht, en billijkheden;
⁴Om den slechten kloekzinnigheid te geven, den jongeling wetenschap en bedachtzaamheid.
⁵Die wijs is, zal horen, en zal in lere toenemen; en die verstandig is, zal wijzen raad bekomen.
⁶Om te verstaan een spreuk en de uitlegging, de woorden der wijzen en hun raadselen.
⁷De vrees des HEEREN is het beginsel der wetenschap; de dwazen verachten wijsheid en tucht.
⁸Mijn zoon! hoor de tucht uws vaders, en verlaat de leer uwer moeder niet;
⁹Want zij zullen uw hoofd een aangenaam toevoegsel zijn, en ketenen aan uw hals.
¹⁰Mijn zoon! indien de zondaars u aanlokken, bewillig niet;
¹¹Indien zij zeggen: Ga met ons, laat ons loeren op bloed, ons versteken tegen den onschuldige, zonder oorzaak;
¹²Laat ons hen levend verslinden, als het graf; ja, geheel en al, gelijk die in den kuil nederdalen;
¹³Alle kostelijk goed zullen wij vinden, onze huizen zullen wij met roof vullen;
¹⁴Gij zult uw lot midden onder ons werpen; wij zullen allen een buidel hebben.
¹⁵Mijn zoon! wandel niet met hen op den weg; weer uw voet van hun pad.
¹⁶Want hun voeten lopen ten boze; en zij haasten zich om bloed te storten.
¹⁷Zekerlijk, het net wordt tevergeefs gespreid voor de ogen van allerlei gevogelte;
¹⁸En deze loeren op hun eigen bloed, en versteken zich tegen hun zielen.
¹⁹Zo zijn de paden van een iegelijk, die gierigheid pleegt; zij zal de ziel van haar meester vangen.
²⁰De opperste Wijsheid roept overluid daar buiten; Zij verheft haar stem op de straten.
²¹Zij roept in het voorste der woelingen; aan de deuren der poorten spreekt Zij Haar redenen in de stad:
²²Gij slechten! hoe lang zult gij de slechtigheid beminnen, en de spotters voor zich de spotternij begeren, en de zotten wetenschap haten?
²³Keert u tot Mijn bestraffing; ziet, Ik zal Mijn Geest ulieden overvloediglijk uitstorten; Ik zal Mijn woorden u bekend maken.
²⁴Dewijl Ik geroepen heb, en gijlieden geweigerd hebt; Mijn hand uitgestrekt heb, en er niemand was, die opmerkte;
²⁵En gij al Mijn raad verworpen, en Mijn bestraffing niet gewild hebt;
²⁶Zo zal Ik ook in ulieder verderf lachen; Ik zal spotten, wanneer uw vreze komt.
²⁷Wanneer uw vreze komt gelijk een verwoesting, en uw verderf aankomt als een wervelwind; wanneer u benauwdheid en angst overkomt;
²⁸Dan zullen zij tot Mij roepen, maar Ik zal niet antwoorden; zij zullen Mij vroeg zoeken, maar zullen Mij niet vinden;
²⁹Daarom, dat zij de wetenschap gehaat hebben, en de vreze des HEEREN niet hebben verkoren.
³⁰Zij hebben in Mijn raad niet bewilligd; al Mijn bestraffingen hebben zij versmaad;
³¹Zo zullen zij eten van de vrucht van hun weg, en zich verzadigen met hun raadslagen.
³²Want de afkering der slechten zal hen doden, en de voorspoed der zotten zal hen verderven.

Hoofdstuk 2

¹Mijn zoon! zo gij mijn redenen aanneemt, en mijn geboden bij u weglegt;
²Om uw oren naar wijsheid te doen opmerken; zo gij uw hart tot verstandigheid neigt;
³Ja, zo gij tot het verstand roept, uw stem verheft tot de verstandigheid;
⁴Zo gij haar zoekt als zilver, en naspeurt als verborgen schatten;
⁵Dan zult gij de vreze des HEEREN verstaan, en zult de kennis van God vinden.
⁶Want de HEERE geeft wijsheid; uit Zijn mond komt kennis en verstand.
⁷Hij legt weg voor de oprechten een bestendig wezen; Hij is een Schild dengenen, die oprechtelijk wandelen;
⁸Opdat zij de paden des rechts houden; en Hij zal den weg Zijner gunstgenoten bewaren.
⁹Dan zult gij verstaan gerechtigheid, en recht, en billijkheden, en alle goed pad.
¹⁰Als de wijsheid in uw hart zal gekomen zijn, en de wetenschap voor uw ziel zal liefelijk zijn;
¹¹Zo zal de bedachtzaamheid over u de wacht houden, de verstandigheid zal u behoeden;
¹²Om u te redden van den kwaden weg, van den man, die verkeerdheden spreekt;
¹³Van degenen, die de paden der oprechtheid verlaten, om te gaan in de wegen der duisternis;
¹⁴Die blijde zijn in het kwaad doen, zich verheugen in de verkeerdheden des kwaden;
¹⁵Welker paden verkeerd zijn, en afwijkende in hun sporen;
¹⁶Om u te redden van de vreemde vrouw, van de onbekende, die met haar redenen vleit;
¹⁷Die den leidsman harer jonkheid verlaat, en het verbond haars Gods vergeet;
¹⁸Want haar huis helt naar den dood, en haar paden naar de overledenen.
¹⁹Allen die tot haar ingaan, zullen niet wederkomen, en zullen de paden des levens niet aantreffen;
²⁰Opdat gij wandelt op den weg der goeden, en houdt de paden der rechtvaardigen.
²¹Want de vromen zullen de aarde bewonen, en de oprechten zullen daarin overblijven;
²²Maar de goddelozen zullen van de aarde uitgeroeid worden, en de trouwelozen zullen er van uitgerukt worden.

Hoofdstuk 3

¹Mijn zoon! vergeet mijn wet niet, maar uw hart beware mijn geboden.
²Want langheid van dagen, en jaren van leven, en vrede zullen zij u vermeerderen.
³Dat de goedertierenheid en de trouw u niet verlaten; bind ze aan uw hals, schrijf zij op de tafel uws harten.
⁴En vind gunst en goed verstand, in de ogen Gods en der mensen.
⁵Vertrouw op den HEERE met uw ganse hart, en steun op uw verstand niet.
⁶Ken Hem in al uw wegen, en Hij zal uw paden recht maken.
⁷Zijt niet wijs in uw ogen; vrees den HEERE, en wijk van het kwade.
⁸Het zal een medicijn voor uw navel zijn, en een bevochtiging voor uw beenderen.
⁹Vereer den HEERE van uw goed, en van de eerstelingen al uwer inkomsten;
¹⁰Zo zullen uw schuren met overvloed vervuld worden, en uw perskuipen van most overlopen.
¹¹Mijn zoon! verwerp de tucht des HEEREN niet, en wees niet verdrietig over Zijn kastijding;
¹²Want de HEERE kastijdt dengene, dien Hij liefheeft, ja, gelijk een vader den zoon, in denwelken hij een welbehagen heeft.
¹³Welgelukzalig is de mens, die wijsheid vindt, en de mens, die verstandigheid voortbrengt!
¹⁴Want haar koophandel is beter dan de koophandel van zilver, en haar inkomst dan het uitgegraven goud.
¹⁵Zij is kostelijker dan robijnen en al; wat u lusten mag, is met haar niet te vergelijken.
¹⁶Langheid der dagen is in haar rechterhand, in haar linkerhand rijkdom en eer.
¹⁷Haar wegen zijn wegen der liefelijkheid, en al haar paden vrede.
¹⁸Zij is een boom des levens dengenen, die ze aangrijpen, en elkeen, die ze vasthoudt, wordt gelukzalig.
¹⁹De HEERE heeft de aarde door wijsheid gegrond, de hemelen door verstandigheid bereid.
²⁰Door Zijn wetenschap zijn de afgronden gekloofd, en de wolken druipen dauw.

²¹Mijn zoon! laat ze niet afwijken van uw ogen; bewaar de bestendige wijsheid en bedachtzaamheid.
²²Want zij zullen het leven voor uw ziel zijn, en een aangenaamheid voor uw hals.
²³Dan zult gij uw weg zeker wandelen, en gij zult uw voet niet stoten.
²⁴Zo gij nederligt, zult gij niet schrikken; maar gij zult nederliggen en uw slaap zal zoet wezen.
²⁵Vrees niet voor haastigen schrik, noch voor de verwoesting der goddelozen, als zij komt.
²⁶Want de HEERE zal met uw hoop wezen, en Hij zal uw voet bewaren van gevangen te worden.
²⁷Onthoud het goed van zijn meesters niet, als het in het vermogen uwer hand is te doen.
²⁸Zeg niet tot uw naaste: Ga heen, en kom weder, en morgen zal ik geven, dewijl het bij u is.
²⁹Smeed geen kwaad tegen uw naaste, aangezien hij met vertrouwen bij u woont.
³⁰Twist met een mens niet zonder oorzaak, zo hij u geen kwaad gedaan heeft.
³¹Zijt niet nijdig over een man des gewelds, en verkies geen van zijn wegen.
³²Want de afwijker is den HEERE een gruwel; maar Zijn verborgenheid is met den oprechte.
³³De vloek des HEEREN is in het huis des goddelozen; maar de woning der rechtvaardigen zal Hij zegenen.
³⁴Zekerlijk, de spotters zal Hij bespotten, maar den zachtmoedigen zal Hij genade geven.
³⁵De wijzen zullen eer beerven; maar elkeen der zotten neemt schande op zich.

Hoofdstuk 4

¹Hoort, gij kinderen! de tucht des vaders, en merkt op, om verstand te weten.
²Dewijl ik ulieden goede leer geve, verlaat mijn wet niet.
³Want ik was mijns vaders zoon, teder, en een enige voor het aangezicht mijner moeder.
⁴Hij nu leerde mij, en zeide tot mij: Uw hart houde mijn woorden vast, onderhoud mijn geboden, en leef.
⁵Verkrijg wijsheid, verkrijg verstand; vergeet niet, en wijk niet van de redenen mijns monds.
⁶Verlaat ze niet, en zij zal u behoeden; heb ze lief, en zij zal u bewaren.
⁷De wijsheid is het voornaamste; verkrijg dan wijsheid, en verkrijg verstand met al uw bezitting.
⁸Verhef ze, en zij zal u verhogen; zij zal u vereren, als gij haar omhelzen zult.
⁹Zij zal uw hoofd een aangenaam toevoegsel geven, een sierlijke kroon zal zij u leveren.
¹⁰Hoor, mijn zoon! en neem mijn redenen aan, en de jaren des levens zullen u vermenigvuldigd worden.
¹¹Ik onderwijs u in den weg der wijsheid; ik doe u treden in de rechte sporen.
¹²In uw gaan zal uw tred niet benauwd worden, en indien gij loopt, zult gij niet struikelen.
¹³Grijp de tucht aan, laat niet af; bewaar ze, want zij is uw leven.
¹⁴Kom niet op het pad der goddelozen, en treed niet op den weg der bozen.
¹⁵Verwerp dien, ga er niet door; wijk er van, en ga voorbij.
¹⁶Want zij slapen niet, zo zij geen kwaad gedaan hebben; en hun slaap wordt weggenomen, zo zij niet iemand hebben doen struikelen.
¹⁷Want zij eten brood der goddeloosheid, en drinken wijn van enkel geweld.
¹⁸Maar het pad der rechtvaardigen is gelijk een schijnend licht, voortgaande en lichtende tot den vollen dag toe.
¹⁹De weg der goddelozen is als donkerheid, zij weten niet, waarover zij struikelen zullen.
²⁰Mijn zoon! merk op mijn woorden, neig uw oor tot mijn redenen.
²¹Laat ze niet wijken van uw ogen, behoud ze in het midden uws harten.
²²Want zij zijn het leven dengenen, die ze vinden, en een medicijn voor hun gehele vlees.
²³Behoed uw hart boven al wat te bewaren is, want daaruit zijn de uitgangen des levens.
²⁴Doe de verkeerdheid des monds van u weg, en doe de verdraaidheid der lippen verre van u.

²⁵Laat uw ogen rechtuit zien, en uw oogleden zich recht voor u heen houden.
²⁶Weeg den gang uws voets, en laat al uw wegen wel gevestigd zijn.
²⁷Wijk niet ter rechter hand of ter linkerhand, wend uw voet af van het kwade.

Hoofdstuk 5

¹Mijn zoon! merk op mijn wijsheid, neig uw oor tot mijn verstand;
²Opdat gij alle bedachtzaamheid behoudt, en uw lippen wetenschap bewaren.
³Want de lippen der vreemde vrouw druppen honigzeem, en haar gehemelte is gladder dan olie.
⁴Maar het laatste van haar is bitter als alsem, scherp als een tweesnijdend zwaard.
⁵Haar voeten dalen naar den dood, haar treden houden de hel vast.
⁶Opdat gij het pad des levens niet zoudt wegen, zijn haar gangen ongestadig, dat gij het niet merkt.
⁷Nu dan, gij kinderen! hoort naar mij, en wijkt niet van de redenen mijns monds.
⁸Maak uw weg verre van haar, en nader niet tot de deur van haar huis;
⁹Opdat gij anderen uw eer niet geeft, en uw jaren den wrede;
¹⁰Opdat de vreemden zich niet verzadigen van uw vermogen, en al uw smartelijke arbeid niet kome in het huis des onbekenden;
¹¹En gij in uw laatste brult, als uw vlees, en uw lijf verteerd is;
¹²En zegt: Hoe heb ik de tucht gehaat, en mijn hart de bestraffing versmaad!
¹³En heb niet gehoord naar de stem mijner onderwijzers, noch mijn oren geneigd tot mijn leraars!
¹⁴Ik ben bijna in alle kwaad geweest, in het midden der gemeente en der vergadering!
¹⁵Drink water uit uw bak, en vloeden uit het midden van uw bornput;
¹⁶Laat uw fonteinen zich buiten verspreiden, en de waterbeken op de straten;
¹⁷Laat ze de uwe alleen zijn, en van geen vreemde met u.
¹⁸Uw springader zij gezegend; en verblijd u vanwege de huisvrouw uwer jeugd;
¹⁹Een zeer liefelijke hinde, en een aangenaam steengeitje; laat u haar borsten te allen tijd dronken maken; dool steeds in haar liefde.
²⁰En waarom zoudt gij, mijn zoon, in een vreemde dolen, en den schoot der onbekende omvangen?
²¹Want eens iegelijks wegen zijn voor de ogen des HEEREN, en Hij weegt al zijne gangen.
²²Den goddeloze zullen zijn ongerechtigheden vangen, en met de banden zijner zonden zal hij vastgehouden worden.
²³Hij zal sterven, omdat hij zonder tucht geweest is, en in de grootheid zijner dwaasheid zal hij verdwalen.

Hoofdstuk 6

¹Mijn zoon! zo gij voor uw naaste borg geworden zijt, voor een vreemde uw hand toegeklapt hebt;
²Gij zijt verstrikt met de redenen uws monds; gij zijt gevangen met de redenen uws monds.
³Doe nu dit, mijn zoon! en red u, dewijl gij in de hand uws naasten gekomen zijt; ga, onderwerp uzelven, en sterk uw naaste.
⁴Laat uw ogen geen slaap toe, noch uw oogleden sluimering.
⁵Red u, als een ree uit de hand des jagers, en als een vogel uit de hand des vogelvangers.
⁶Ga tot de mier, gij luiaard! zie haar wegen, en word wijs;
⁷Dewelke, geen overste, ambtman noch heerser hebbende,
⁸Haar brood bereidt in den zomer, haar spijs vergadert in den oogst.
⁹Hoe lang zult gij, luiaard, nederliggen? Wanneer zult gij van uw slaap opstaan?
¹⁰Een weinig slapens, een weinig sluimerens, een weinig handvouwens, al nederliggende;
¹¹Zo zal uw armoede u overkomen als een wandelaar, en uw gebrek als een gewapend man.
¹²Een Belialsmens, een ondeugdzaam man gaat met verkeerdheid des monds om;
¹³Wenkt met zijn ogen, spreekt met zijn voeten, leert met zijn vingeren;
¹⁴In zijn hart zijn verkeerdheden, hij smeedt te aller tijd kwaad; hij werpt twisten in.
¹⁵Daarom zal zijn verderf haastelijk komen; hij zal schielijk

Spreuken

verbroken worden, dat er geen genezen aan zij.

¹⁶Deze zes haat de HEERE; ja, zeven zijn Zijn ziel een gruwel:

¹⁷Hoge ogen, een valse tong, en handen, die onschuldig bloed vergieten;

¹⁸Een hart, dat ondeugdzame gedachten smeedt; voeten, die zich haasten, om tot kwaad te lopen;

¹⁹Een vals getuige, die leugenen blaast; en die tussen broederen krakelen inwerpt.

²⁰Mijn zoon, bewaar het gebod uws vaders, en verlaat de wet uwer moeder niet.

²¹Bind ze steeds aan uw hart, hecht ze aan uw hals.

²²Als gij wandelt, zal dat u geleiden; als gij nederligt, zal het over u de wacht houden; als gij wakker wordt, zal hetzelve met u spreken.

²³Want het gebod is een lamp, en de wet is een licht, en de bestraffingen der tucht zijn de weg des levens;

²⁴Om u te bewaren voor de kwade vrouw, voor het gevlei der vreemde tong.

²⁵Begeer haar schoonheid niet in uw hart, en laat ze u niet vangen met haar oogleden.

²⁶Want door een vrouw, die een hoer is, komt men tot een stuk broods; en eens mans huisvrouw jaagt de kostelijke ziel.

²⁷Zal iemand vuur in zijn boezem nemen, dat zijn klederen niet verbrand worden?

²⁸Zal iemand op kolen gaan, dat zijn voeten niet branden?

²⁹Alzo die tot zijns naasten huisvrouw ingaat; al wie haar aanroert, zal niet onschuldig gehouden worden.

³⁰Men doet een dief geen verachting aan, als hij steelt om zijn ziel te vullen, dewijl hij honger heeft;

³¹En gevonden zijnde, vergeldt hij het zevenvoudig; hij geeft al het goed van zijn huis.

³²Maar die met een vrouw overspel doet, is verstandeloos; hij verderft zijn ziel, die dat doet;

³³Plage en schande zal hij vinden, en zijn smaad zal niet uitgewist worden.

³⁴Want jaloersheid is een grimmigheid des mans; en in den dag der wraak zal hij niet verschonen.

³⁵Hij zal geen verzoening aannemen; en hij zal niet bewilligen, ofschoon gij het geschenk vergroot.

Hoofdstuk 7

¹Mijn zoon, bewaar mijn redenen, en leg mijn geboden bij u weg.

²Bewaar mijn geboden, en leef, en mijn wet als den appel uwer ogen.

³Bind ze aan uw vingeren, schrijf ze op de tafels uws harten.

⁴Zeg tot de wijsheid: Gij zijt mijn zuster; en heet het verstand uw bloedvriend;

⁵Opdat zij u bewaren voor een vreemde vrouw, voor de onbekende, die met haar redenen vleit.

⁶Want door het venster van mijn huis, door mijn tralie keek ik uit;

⁷En ik zag onder de slechten; ik merkte onder de jonge gezellen een verstandelozen jongeling;

⁸Voorbijgaande op de straat, nevens haar hoek, en hij trad op den weg van haar huis.

⁹In de schemering, in den avond des daags, in den zwarten nacht en de donkerheid;

¹⁰En ziet, een vrouw ontmoette hem in hoerenversiersel, en met het hart op haar hoede;

¹¹Deze was woelachtig en wederstrevig, haar voeten bleven in haar huis niet;

¹²Nu buiten, dan op de straten zijnde, en bij alle hoeken loerende;

¹³En zij greep hem aan, en kuste hem; zij sterkte haar aangezicht, en zeide tot hem:

¹⁴Dankoffers zijn bij mij, ik heb heden mijn geloften betaald;

¹⁵Daarom ben ik uitgegaan u tegemoet, om uw aangezicht naarstiglijk te zoeken, en ik heb u gevonden.

¹⁶Ik heb mijn bedstede met tapijtsieraad toegemaakt, met uitgehouwen werken, met fijn linnen van Egypte;

¹⁷Ik heb mijn leger met mirre, aloë en kaneel welriekende gemaakt;

¹⁸Kom, laat ons dronken worden van minnen tot den morgen toe; laat ons ons vrolijk maken in grote liefde.

¹⁹Want de man is niet in zijn huis, hij is een verren weg getogen;

²⁰Hij heeft een bundel gelds in zijn hand genomen; ten bestemden dage zal hij naar zijn huis komen.

²¹Zij bewoog hem door de veelheid van haar onderricht, zij dreef hem aan door het gevlei harer lippen.

²²Hij ging haar straks achterna, gelijk een os ter slachting gaat, en gelijk een dwaas tot de tuchtiging der boeien.

²³Totdat hem de pijl zijn lever doorsneed; gelijk een vogel zich haast naar den strik, en niet weet, dat dezelve tegen zijn leven is.

²⁴Nu dan, kinderen, hoort naar mij, en luistert naar de redenen mijns monds.

²⁵Laat uw hart tot haar wegen niet wijken, dwaalt niet op haar paden.

²⁶Want zij heeft veel gewonden nedergeveld, en al haar gedoden zijn machtig vele.

²⁷Haar huis zijn wegen des grafs, dalende naar de binnenkameren des doods.

Hoofdstuk 8

¹Roept de Wijsheid niet, en verheft niet de Verstandigheid Haar stem?

²Op de spits der hoge plaatsen, aan den weg, ter plaatse, waar paden zijn, staat Zij;

³Aan de zijde der poorten, voor aan de stad, aan den ingang der deuren roept Zij overluid:

⁴Tot u, o mannen! roep Ik, en Mijn stem is tot de mensenkinderen.

⁵Gij slechten! verstaat kloekzinnigheid, en gij zotten! verstaat met het hart.

⁶Hoort, want ik zal vorstelijke dingen spreken, en de opening Mijner lippen zal enkel billijkheid zijn.

⁷Want Mijn gehemelte zal de waarheid bedachtelijk uitspreken, en de goddeloosheid is Mijn lippen een gruwel.

⁸Al de redenen Mijns monds zijn in gerechtigheid; er is niets verdraaids, noch verkeerds in.

⁹Zij zijn alle recht voor dengene, die verstandig is, en rechtmatig voor degenen, die de wetenschap vinden.

¹⁰Neemt Mijn tucht aan, en niet zilver, en wetenschap, meer dan het uitgelezen uitgegraven goud.

¹¹Want wijsheid is beter dan robijnen, en al wat men begeren mag, is met haar niet te vergelijken.

¹²Ik, Wijsheid, woon bij de kloekzinnigheid, en vinde de kennis van alle bedachtzaamheid.

¹³De vreze des HEEREN is, te haten het kwade, de hovaardigheid, en den hoogmoed, en den kwaden weg; Ik haat ook den mond der verkeerdheden.

¹⁴Raad en het wezen zijn Mijne; Ik ben het Verstand, Mijne is de Sterkte.

¹⁵Door Mij regeren de koningen, en de vorsten stellen gerechtigheid.

¹⁶Door Mij heersen de heersers, en de prinsen, al de rechters der aarde.

¹⁷Ik heb lief, die Mij liefhebben; en die Mij vroeg zoeken, zullen Mij vinden.

¹⁸Rijkdom en eer is bij Mij, duurachtig goed en gerechtigheid.

¹⁹Mijn vrucht is beter dan uitgegraven goud, en dan dicht goud; en Mijn inkomen dan uitgelezen zilver.

²⁰Ik doe wandelen op den weg der gerechtigheid, in het midden van de paden des rechts;

²¹Opdat Ik Mijn liefhebbers doe beerven dat bestendig is, en Ik zal hun schatkameren vervullen.

²²De HEERE bezat Mij in het beginsel Zijns wegs, voor Zijn werken, van toen aan.

²³Ik ben van eeuwigheid af gezalfd geweest; van den aanvang, van de oudheden der aarde aan.

²⁴Ik was geboren, als de afgronden nog niet waren, als nog geen fonteinen waren, zwaar van water;

²⁵Aleer de bergen ingevest waren, voor de heuvelen was Ik geboren.

²⁶Hij had de aarde nog niet gemaakt, noch de velden, noch de aanvang van de stofjes der wereld.

²⁷Toen Hij de hemelen bereidde, was Ik daar; toen Hij een cirkel over het vlakke des afgronds beschreef;

²⁸Toen Hij de opperwolken van boven vestigde; toen Hij de fonteinen des afgronds vastmaakte;

²⁹Toen Hij der zee haar perk zette, opdat de wateren Zijn bevel niet zouden overtreden; toen Hij de grondvesten der aarde stelde;

³⁰Toen was Ik een voedsterling bij Hem, en Ik was dagelijks Zijn vermakingen, te aller tijd voor Zijn aangezicht spelende;

³¹Spelende in de wereld Zijns aardrijks, en Mijn vermakingen zijn met de mensenkinderen.

³²Nu dan, kinderen! hoort naar Mij; want welgelukzalig zijn zij, die Mijn wegen bewaren.

³³Hoort de tucht, en wordt wijs, en verwerpt die niet.

³⁴Welgelukzalig is de mens, die naar Mij hoort, dagelijks wakende aan Mijn poorten, waarnemende de posten Mijner deuren.
³⁵Want die Mij vindt, vindt het leven, en trekt een welgevallen van den HEERE.
³⁶Maar die tegen Mij zondigt, doet zijn ziel geweld aan; allen, die Mij haten, hebben den dood lief.

Hoofdstuk 9

¹De opperste Wijsheid heeft Haar huis gebouwd; Zij heeft Haar zeven pilaren gehouwen.
²Zij heeft Haar slachtvee geslacht. Zij heeft Haar wijn gemengd; ook heeft Zij Haar tafel toegericht.
³Zij heeft Haar dienstmaagden uitgezonden; Zij nodigt op de tinnen van de hoogten der stad:
⁴Wie is slecht? Hij kere zich herwaarts! Tot de verstandeloze zegt Zij:
⁵Komt, eet van Mijn brood, en drinkt van den wijn, dien Ik gemengd heb.
⁶Verlaat de slechtigheden, en leeft; en treedt in den weg des verstands.
⁷Wie den spotter tuchtigt, behaalt zich schande; en die den goddeloze bestraft, zijn schandvlek.
⁸Bestraf den spotter niet, opdat hij u niet hate; bestraf den wijze, en hij zal u liefhebben.
⁹Leer den wijze, zo zal hij nog wijzer worden; onderwijs den rechtvaardige, zo zal hij in leer toenemen.
¹⁰De vreze des HEEREN is het beginsel der wijsheid, en de wetenschap der heiligen is verstand.
¹¹Want door Mij zullen uw dagen vermenigvuldigen, en de jaren des levens zullen u toegedaan worden.
¹²Indien gij wijs zijt, gij zijt wijs voor uzelven; en zijt gij een spotter, gij zult het alleen dragen.
¹³Een zotte vrouw is woelachtig, de slechtigheid zelve, en weet niet met al.
¹⁴En zij zit aan de deur van haar huis, op een stoel, op de hoge plaatsen der stad;
¹⁵Om te roepen degenen, die op den weg voorbijgaan, die hun paden recht maken, zeggende:
¹⁶Wie is slecht? Hij kere zich herwaarts; en tot den verstandeloze zegt zij:
¹⁷De gestolen wateren zijn zoet, en het verborgen brood is liefelijk.
¹⁸Maar hij weet niet, dat aldaar doden zijn; haar genoden zijn in de diepten der hel.

Hoofdstuk 10

¹De spreuken van Salomo. Een wijs zoon verblijdt den vader; maar een zot zoon is zijner moeder droefheid.
²Schatten der goddeloosheid doen geen nut; maar de gerechtigheid redt van den dood.
³De HEERE laat de ziel des rechtvaardigen niet hongeren; maar de have der goddelozen stoot Hij weg.
⁴Die met een bedriegelijke hand werkt, wordt arm; maar de hand der vlijtigen maakt rijk.
⁵Die in den zomer vergadert, is een verstandig zoon; maar die in den oogst vast slaapt, is een zoon die beschaamd maakt.
⁶Zegeningen zijn op het hoofd des rechtvaardigen; maar het geweld bedekt den mond der goddelozen.
⁷De gedachtenis des rechtvaardigen zal tot zegening zijn; maar de naam der goddelozen zal verrotten.
⁸Die wijs van hart is, neemt de geboden aan; maar die dwaas is van lippen, zal omgeworpen worden.
⁹Die in oprechtheid wandelt, wandelt zeker; maar die zijn wegen verkeert, zal bekend worden.
¹⁰Die met het oog wenkt, richt smart aan; en een dwaas van lippen zal omgeworpen worden.
¹¹De mond des rechtvaardigen is een springader des levens; maar het geweld bedekt den mond der goddelozen.
¹²Haat verwekt krakelen; maar de liefde dekt alle overtredingen toe.
¹³In de lippen des verstandigen wordt wijsheid gevonden; maar op den rug des verstandelozen de roede.
¹⁴De wijzen leggen wetenschap weg; maar den mond des dwazen is de verstoring nabij.
¹⁵Des rijken goed is een stad zijner sterkte; de armoede der geringen is hun verstoring.
¹⁶Het werk des rechtvaardigen is ten leven; de inkomst des goddelozen is ter zonde.
¹⁷Het pad tot het leven is desgenen die de tucht bewaart; maar die de bestraffing verlaat, doet dwalen.
¹⁸Die den haat bedekt, is van valse lippen, en die een kwaad gerucht voortbrengt, is een zot.
¹⁹In de veelheid der woorden ontbreekt de overtreding niet; maar die zijn lippen wederhoudt, is kloek verstandig.
²⁰De tong des rechtvaardigen is uitgelezen zilver; het hart der goddelozen is weinig waard.
²¹De lippen des rechtvaardigen voeden er velen; maar de dwazen sterven door gebrek van verstand.
²²De zegen des HEEREN, die maakt rijk; en Hij voegt er geen smart bij.
²³Het is voor den zot als spel, schandelijkheid te doen; maar voor een man van verstand, wijsheid te plegen.
²⁴De vreze des goddelozen, die zal hem overkomen; maar de begeerte der rechtvaardigen zal God geven.
²⁵Gelijk een wervelwind voorbijgaat, alzo is de goddeloze niet meer; maar de rechtvaardige is een eeuwige grondvest.
²⁶Gelijk edik den tanden, en gelijk rook den ogen is zo is de luie dengenen, die hem uitzenden.
²⁷De vreze des HEEREN vermeerdert de dagen; maar de jaren der goddelozen worden verkort.
²⁸De hoop der rechtvaardigen is blijdschap; maar de verwachting der goddelozen zal vergaan.
²⁹De weg des HEEREN is voor den oprechte sterkte; maar voor de werkers der ongerechtigheid verstoring.
³⁰De rechtvaardige zal in eeuwigheid niet bewogen worden; maar de goddelozen zullen de aarde niet bewonen.
³¹De mond des rechtvaardigen brengt overvloediglijk wijsheid voort; maar de tong der verkeerdheden zal uitgeroeid worden.
³²De lippen des rechtvaardigen weten wat welgevallig is; maar de mond der goddelozen enkel verkeerdheid.

Hoofdstuk 11

¹Een bedriegelijke weegschaal is den HEERE een gruwel; maar een volkomen weegsteen is Zijn welgevallen.
²Als de hovaardigheid komt, zal de schande ook komen; maar met de ootmoedigen is wijsheid.
³De oprechtheid der oprechten leidt hen; maar de verkeerdheid der trouwelozen verstoort hen.
⁴Goed doet geen nut ten dage der verbolgenheid; maar de gerechtigheid redt van den dood.
⁵De gerechtigheid des oprechten maakt zijn weg recht; maar de goddeloze valt door zijn goddeloosheid.
⁶De gerechtigheid der vromen zal hen redden; maar de trouwelozen worden gevangen in hun verkeerdheid.
⁷Als de goddeloze mens sterft, vergaat zijn verwachting; zelfs is de allersterkste hoop vergaan.
⁸De rechtvaardige wordt uit benauwdheid bevrijd; en de goddeloze komt in zijn plaats.
⁹De huichelaar verderft zijn naaste door den mond; maar door wetenschap worden de rechtvaardigen bevrijd.
¹⁰Een stad springt op van vreugde over het welvaren der rechtvaardigen; en als de goddelozen vergaan, is er gejuich.
¹¹Door den zegen der oprechten wordt een stad verheven; maar door den mond der goddelozen wordt zij verbroken.
¹²Die verstandeloos is, veracht zijn naaste; maar een man van groot verstand zwijgt stil.
¹³Die als een achterklapper wandelt, openbaart het heimelijke; maar die getrouw is van geest, bedekt de zaak.
¹⁴Als er geen wijze raadslagen zijn, vervalt het volk; maar de behoudenis is in de veelheid der raadslieden.
¹⁵Als iemand voor een vreemde borg geworden is, hij zal zekerlijk verbroken worden; maar wie degenen haat, die in de hand klappen, is zeker.
¹⁶Een aangename huisvrouw houdt de eer vast, gelijk de geweldigen den rijkdom vasthouden.
¹⁷Een goedertieren mens doet zijn ziel wel; maar die wreed is, beroert zijn vlees.
¹⁸De goddeloze doet een vals werk; maar voor degene, die gerechtigheid zaait, is trouwe loon.
¹⁹Alzo is de gerechtigheid ten leven, gelijk die het kwade najaagt, naar zijn dood jaagt.
²⁰De verkeerden van hart zijn den HEERE een gruwel; maar de oprechten van weg zijn Zijn welgevallen.
²¹Hand aan hand zal de boze niet onschuldig zijn; maar het zaad

Spreuken

der rechtvaardigen zal ontkomen.

²²Een schone vrouw, die van rede afwijkt, is een gouden bagge in een varkenssnuit.

²³De begeerte der rechtvaardigen is alleenlijk het goede; maar de verwachting der goddelozen is verbolgenheid.

²⁴Er is een, die uitstrooit, denwelken nog meer toegedaan wordt; en een, die meer inhoudt dan recht is, maar het is tot gebrek.

²⁵De zegenende ziel zal vet gemaakt worden; en die bevochtigt, zal ook zelf een vroege regen worden.

²⁶Wie koren inhoudt, dien vloekt het volk; maar de zegening zal zijn over het hoofd des verkopers.

²⁷Wie het goede vroeg nazoekt, zoekt welgevalligheid; maar wie het kwade natracht, dien zal het overkomen.

²⁸Wie op zijn rijkdom vertrouwt, die zal vallen; maar de rechtvaardigen zullen groenen als loof.

²⁹Wie zijn huis beroert, zal wind erven; en de dwaas zal een knecht zijn desgenen, die wijs van hart is.

³⁰De vrucht des rechtvaardigen is een boom des levens; en wie zielen vangt, is wijs.

³¹Ziet, den rechtvaardige wordt vergolden op de aarde, hoeveel te meer den goddeloze en zondaar!

Hoofdstuk 12

¹Wie de tucht liefheeft, die heeft de wetenschap lief; maar wie de bestraffing haat, is onvernuftig.

²De goede zal een welgevallen trekken van den HEERE; maar een man van schandelijke verdichtselen zal Hij verdoemen.

³De mens zal niet bevestigd worden door goddeloosheid; maar de wortel der rechtvaardigen zal niet bewogen worden.

⁴Een kloeke huisvrouw is een kroon haars heren; maar die beschaamt maakt, is als verrotting in zijn beenderen.

⁵Der rechtvaardigen gedachten zijn recht; der goddelozen raadslagen zijn bedrog.

⁶De woorden der goddelozen zijn om op bloed te loeren; maar de mond der oprechten zal ze redden.

⁷De goddelozen worden omgekeerd, dat zij niet meer zijn; maar het huis der rechtvaardigen zal bestaan.

⁸Een ieder zal geprezen worden, naardat zijn verstandigheid is; maar die verkeerd van hart is, zal tot verachting wezen.

⁹Beter is, die zich gering acht, en een knecht heeft, dan die zichzelven eert, en des broods gebrek heeft.

¹⁰De rechtvaardige kent het leven van zijn beest; maar de barmhartigheden der goddelozen zijn wreed.

¹¹Die zijn land bouwt, zal van brood verzadigd worden; maar die ijdele mensen volgt, is verstandeloos.

¹²De goddeloze begeert het net der bozen; maar de wortel der rechtvaardigen zal uitgeven.

¹³In de overtreding der lippen is de strik des bozen; maar de rechtvaardige zal uit de benauwdheid uitkomen.

¹⁴Een ieder wordt van de vrucht des monds met goed verzadigd; en de vergelding van des mensen handen zal hij tot zich wederbrengen.

¹⁵De weg des dwazen is recht in zijn ogen; maar die naar raad hoort, is wijs.

¹⁶De toorn des dwazen wordt ten zelven dage bekend; maar die kloekzinnig is, bedekt de schande.

¹⁷Die waarheid voortbrengt, maakt gerechtigheid bekend; maar een getuige der valsheden, bedrog.

¹⁸Daar is een, die woorden als steken van een zwaard onbedachtelijk uitspreekt; maar de tong der wijzen is medicijn.

¹⁹Een waarachtige lip zal bevestigd worden in eeuwigheid; maar een valse tong is maar voor een ogenblik.

²⁰Bedrog is in het hart dergenen, die kwaad smeden; maar degenen die vrede raden, hebben blijdschap.

²¹Den rechtvaardigen zal geen leed wedervaren; maar de goddelozen zullen met kwaad vervuld worden.

²²Valse lippen zijn den HEERE een gruwel; maar die trouwelijk handelen, zijn Zijn welgevallen.

²³Een kloekzinnig mens bedekt de wetenschap; maar het hart der zotten roept dwaasheid uit.

²⁴De hand der vlijtigen zal heersen; maar de bedriegers zullen onder cijns wezen.

²⁵Bekommernis in het hart des mensen buigt het neder; maar een goed woord verblijdt het.

²⁶De rechtvaardige is voortreffelijker dan zijn naaste; maar de weg der goddelozen doet hen dwalen.

²⁷Een bedrieger zal zijn jachtvang niet braden; maar het kostelijk goed des mensen is des vlijtigen.

²⁸In het pad der gerechtigheid is het leven; en in den weg van haar voetpad is de dood niet.

Hoofdstuk 13

¹Een wijs zoon hoort de tucht des vaders; maar een spotter hoort de bestraffing niet.

²Een ieder zal van de vrucht des monds het goede eten; maar de ziel der trouwelozen het geweld.

³Die zijn mond bewaart, behoudt zijn ziel; maar voor hem is verstoring, die zijn lippen wijd opendoet.

⁴De ziel des luiaards is begerig, doch er is niets; maar de ziel der vlijtigen zal vet gemaakt worden.

⁵De rechtvaardige haat leugentaal; maar de goddeloze maakt zich stinkende, en doet zich schaamte aan.

⁶De gerechtigheid bewaart den oprechte van weg; maar de goddeloosheid zal den zondaar omkeren.

⁷Er is een, die zichzelven rijk maakt, en niet met al heeft, en een, die zichzelven arm maakt, en heeft veel goed.

⁸Het rantsoen van ieders ziel is zijn rijkdom; maar de arme hoort het schelden niet.

⁹Het licht der rechtvaardigen zal zich verblijden; maar de lamp der goddelozen zal uitgeblust worden.

¹⁰Door hovaardigheid maakt men niet dan gekijf; maar bij de beradenen is wijsheid.

¹¹Goed, van ijdelheid gekomen, zal verminderd worden; maar die met de hand vergadert, zal het vermeerderen.

¹²De uitgestelde hoop krenkt het hart; maar de begeerte, die komt, is een boom des levens.

¹³Die het woord veracht, die zal verdorven worden; maar wie het gebod vreest, dien zal vergolden worden.

¹⁴Des wijzen leer is een springader des levens, om af te wijken van de strikken des doods.

¹⁵Goed verstand geeft aangenaamheid; maar de weg der trouwelozen is streng.

¹⁶Al wie kloekzinnig is, handelt met wetenschap; maar een zot breidt dwaasheid uit.

¹⁷Een goddeloze bode zal in het kwaad vallen; maar een trouw gezant is medicijn.

¹⁸Armoede en schande is desgenen, die de tucht verwerpt; maar die de bestraffing waarneemt; zal geëerd worden.

¹⁹De begeerte, die geschiedt, is zoet voor de ziel; maar het is den zotten een gruwel van het kwade af te wijken.

²⁰Die met de wijzen omgaat, zal wijs worden; maar die der zotten metgezel is, zal verbroken worden.

²¹Het kwaad zal de zondaars vervolgen; maar den rechtvaardige zal men goed vergelden.

²²De goede zal zijner kinds kinderen doen erven; maar het vermogen des zondaars is voor de rechtvaardige weggelegd.

²³Het ploegen der armen geeft veelheid der spijze; maar daar is een, die verteerd wordt door gebrek van oordeel.

²⁴Die zijn roede inhoudt, haat zijn zoon; maar die hem liefheeft, zoekt hem vroeg met tuchtiging.

²⁵De rechtvaardige eet tot verzadiging zijner ziel toe; maar de buik der goddelozen zal gebrek hebben.

Hoofdstuk 14

¹Elke wijze vrouw bouwt haar huis; maar die zeer dwaas is, breekt het af met haar handen.

²Die in zijn oprechtheid wandelt, vreest den HEERE; maar die afwijkt in zijn wegen, veracht Hem.

³In den mond des dwazen is een roede des hoogmoeds; maar de lippen der wijzen bewaren hen.

⁴Als er geen ossen zijn, zo is de krib rein; maar door de kracht van den os is der inkomsten veel.

⁵Een waarachtig getuige zal niet liegen; maar een vals getuige blaast leugens.

⁶De spotter zoekt wijsheid, en er is gene; maar de wetenschap is voor den verstandige licht.

⁷Ga weg van de tegenwoordigheid eens zotten mans; want gij zoudt bij hem geen lippen der wetenschap merken.

⁸De wijsheid des kloekzinnigen is zijn weg te verstaan; maar dwaasheid der zotten is bedriegerij.

⁹Elke dwaas zal de schuld verbloemen; maar onder de oprechten is goedwilligheid.

¹⁰Het hart kent zijn eigen bittere droefheid; en een vreemde zal zich met deszelfs blijdschap niet vermengen.

¹¹Het huis der goddelozen zal verdelgd worden; maar de tent der

oprechten zal bloeien.

¹²Er is een weg, die iemand recht schijnt; maar het laatste van dien zijn wegen des doods.

¹³Het hart zal ook in het lachen smart hebben; en het laatste van die blijdschap is droefheid.

¹⁴Die afkerig van hart is, zal van zijn wegen verzadigd worden; maar een goed man van zichzelven.

¹⁵De slechte gelooft alle woord; maar de kloekzinnige merkt op zijn gang.

¹⁶De wijze vreest, en wijkt van het kwade; maar de zot is oplopende toornig, en zorgeloos.

¹⁷Die haastig is tot toorn, zal dwaasheid doen; en een man van schandelijke verdichtselen zal gehaat worden.

¹⁸De slechten erven dwaasheid; maar de kloekzinnigen zullen zich met wetenschap kronen.

¹⁹De kwaden buigen voor het aangezicht der goeden neder, en de goddelozen voor de poorten des rechtvaardigen.

²⁰De arme wordt zelfs van zijn vriend gehaat; maar de liefhebbers des rijken zijn vele.

²¹Die zijn naaste veracht, zondigt; maar die zich der nederigen ontfermt, die is welgelukzalig.

²²Dwalen zij niet, die kwaad stichten? Maar weldadigheid en trouw is voor degenen, die goed stichten.

²³In allen smartelijke arbeid is overschot; maar het woord der lippen strekt alleen tot gebrek.

²⁴Der wijzen kroon is hun rijkdom; de dwaasheid der zotten is dwaasheid.

²⁵Een waarachtig getuige redt de zielen; maar die leugens blaast, is een bedrieger.

²⁶In de vreze des HEEREN is een sterk vertrouwen, en Hij zal Zijn kinderen een Toevlucht wezen.

²⁷De vreze des HEEREN is een springader des levens, om af te wijken van de strikken des doods.

²⁸In de menigte des volks is des konings heerlijkheid; maar in gebrek van volk is eens vorsten verstoring.

²⁹De lankmoedige is groot van verstand; maar die haastig is van gemoed, verheft de dwaasheid.

³⁰Een gezond hart is het leven des vleses; maar nijd is verrotting der beenderen.

³¹Die den arme verdrukt, smaadt deszelfs Maker; maar die zich des nooddruftigen ontfermt, eert Hem.

³²De goddeloze zal heengedreven worden in zijn kwaad; maar de rechtvaardige betrouwt zelfs in zijn dood.

³³Wijsheid rust in het hart des verstandigen; maar wat in het binnenste der zotten is, wordt bekend.

³⁴Gerechtigheid verhoogt een volk, maar de zonde is een schandvlek der natien.

³⁵Het welbehagen des konings is over een verstandigen knecht; maar zijn verbolgenheid zal zijn over dengene, die beschaamd maakt.

Hoofdstuk 15

¹Een zacht antwoord keert de grimmigheid af; maar een smartend woord doet den toorn oprijzen.

²De tong der wijzen maakt de wetenschap goed; maar de mond der zotten stort overvloediglijk dwaasheid uit.

³De ogen des HEEREN zijn in alle plaatsen, beschouwende de kwaden en de goeden.

⁴De medicijn der tong is een boom des levens; maar de verkeerdheid in dezelve is een breuk in den geest.

⁵Een dwaas zal de tucht zijns vaders versmaden; maar die de bestraffing waarneemt, zal kloekzinniglijk handelen.

⁶In het huis des rechtvaardigen is een grote schat; maar in des goddelozen inkomst is beroerte.

⁷De lippen der wijzen zullen de wetenschap uitstrooien; maar het hart der zotten niet alzo.

⁸Het offer der goddelozen is den HEERE een gruwel; maar het gebed der oprechten is Zijn welgevallen.

⁹De weg der goddelozen is den HEERE een gruwel; maar dien, die de gerechtigheid najaagt, zal Hij liefhebben.

¹⁰De tucht is onaangenaam voor dengene die het pad verlaat; en die de bestraffing haat, zal sterven.

¹¹De hel en het verderf zijn voor den HEERE; hoeveel te meer de harten van des mensenkinderen?

¹²De spotter zal niet liefhebben, die hem bestraft; hij zal niet gaan tot de wijzen.

¹³Een vrolijk hart zal het aangezicht blijde maken; maar door de smart des harten wordt de geest verslagen.

¹⁴Een verstandig hart zal de wetenschap opzoeken; maar de mond der zotten zal met dwaasheid gevoed worden.

¹⁵Al de dagen des bedrukten zijn kwaad; maar een vrolijk hart is een gedurige maaltijd.

¹⁶Beter is weinig met de vreze des HEEREN, dan een grote schat, en onrust daarbij.

¹⁷Beter is een gerecht van groen moes, waar ook liefde is, dan een gemeste os, en haat daarbij.

¹⁸Een grimmig man zal gekijf verwekken; maar de lankmoedige zal den twist stillen.

¹⁹De weg des luiaards is als een doornheg; maar het pad der oprechten is wel gebaand.

²⁰Een wijs zoon zal den vader verblijden; maar een zot mens veracht zijn moeder.

²¹De dwaasheid is den verstandeloze blijdschap; maar een man van verstand zal recht wandelen.

²²De gedachten worden vernietigd, als er geen raad is; maar door veelheid der raadslieden zal elkeen bestaan.

²³Een man heeft blijdschap in het antwoord zijns monds; en hoe goed is een woord op zijn tijd!

²⁴De weg des levens is den verstandige naar boven; opdat hij afwijke van de hel, beneden.

²⁵Het huis der hovaardigen zal de HEERE afrukken; maar de landpale der weduwe zal Hij vastzetten.

²⁶Des bozen gedachten zijn den HEERE een gruwel; maar der reinen zijn liefelijke redenen.

²⁷Die gierigheid pleegt, beroert zijn huis; maar die geschenken haat, zal leven.

²⁸Het hart des rechtvaardigen bedenkt zich, om te antwoorden; maar de mond der goddelozen zal overvloediglijk kwade dingen uitstorten.

²⁹De HEERE is ver van de goddelozen; maar het gebed der rechtvaardigen zal Hij verhoren.

³⁰Het licht der ogen verblijdt het hart; een goed gerucht maakt het gebeente vet.

³¹Het oor, dat de bestraffing des levens hoort, zal in het midden der wijzen vernachten.

³²Die de tucht verwerpt, die versmaadt zijn ziel; maar die de bestraffing hoort, krijgt verstand.

³³De vreze des HEEREN is de tucht der wijsheid; en de nederigheid gaat voor de eer.

Hoofdstuk 16

¹De mens heeft schikkingen des harten; maar het antwoord der tong is van den HEERE.

²Alle wegen des mans zijn zuiver in zijn ogen; maar de HEERE weegt de geesten.

³Wentel uw werken op den HEERE, en uw gedachten zullen bevestigd worden.

⁴De HEERE heeft alles gewrocht om Zijns Zelfs wil; ja, ook den goddeloze tot den dag des kwaads.

⁵Al wie hoog is van hart, is den HEERE een gruwel; hand aan hand, zal hij niet onschuldig zijn.

⁶Door goedertierenheid en trouw wordt de misdaad verzoend; en door de vreze des HEEREN wijkt men af van het kwade.

⁷Als iemands wegen den HEERE behagen, zo zal Hij ook zijn vijanden met hem bevredigen.

⁸Beter is een weinig met gerechtigheid, dan de veelheid der inkomsten zonder recht.

⁹Het hart des mensen overdenkt zijn weg; maar de HEERE stiert zijn gang.

¹⁰Waarzegging is op de lippen des konings; zijn mond zal niet overtreden in het gericht.

¹¹Een rechte waag en weegschaal zijn des HEEREN; alle weegstenen des zaks zijn Zijn werk.

¹²Het is der koningen gruwel goddeloosheid te doen; want door gerechtigheid wordt de troon bevestigd.

¹³De lippen der gerechtigheid zijn het welgevallen der koningen; en elkeen van hen zal liefhebben dien, die rechte dingen spreekt.

¹⁴De grimmigheid des konings is als de boden des doods; maar een wijs man zal die verzoenen.

¹⁵In het licht van des konings aangezicht is leven; en zijn welgevallen is als een wolk des spaden regens.

¹⁶Hoeveel beter is het wijsheid te bekomen, dan uitgegraven goud, en uitnemender, verstand te bekomen, dan zilver!

¹⁷De baan der oprechten is van het kwaad af te wijken; hij behoedt zijn ziel, die zijn weg bewaart.

¹⁸Hovaardigheid is voor de verbreking, en hoogheid des geestes voor den val.

¹⁹Het is beter nederig van geest te zijn met de zachtmoedigen, dan roof te delen met de hovaardigen.

²⁰Die op het woord verstandelijk let, zal het goede vinden; en die op den HEERE vertrouwt, is welgelukzalig.

²¹De wijze van hart zal verstandig genoemd worden; en de zoetheid der lippen zal de lering vermeerderen.

²²Het verstand dergenen, die het bezitten, is een springader des levens; maar de tucht der dwazen is dwaasheid.

²³Het hart eens wijzen maakt zijn mond verstandig, en zal op zijn lippen de lering vermeerderen.

²⁴Liefelijke redenen zijn een honigraat, zoet voor de ziel, en medicijn voor het gebeente.

²⁵Er is een weg, die iemand recht schijnt; maar het laatste van dien zijn wegen des doods.

²⁶De ziel des arbeidzamen arbeidt voor zichzelven; want zijn mond buigt zich voor hem.

²⁷Een Belialsman graaft kwaad; en op zijn lippen is als brandend vuur.

²⁸Een verkeerd man zal krakeel inwerpen; en een oorblazer scheidt den voornaamsten vriend.

²⁹Een man des gewelds verlokt zijn naaste, en hij leidt hem in een weg, die niet goed is.

³⁰Hij sluit zijn ogen, om verkeerdheden te bedenken; zijn lippen bijtende, volbrengt hij het kwaad.

³¹De grijsheid is een sierlijke kroon; zij wordt op den weg der gerechtigheid gevonden.

³²De lankmoedige is beter dan de sterke; en die heerst over zijn geest, dan die een stad inneemt.

³³Het lot wordt in den schoot geworpen; maar het gehele beleid daarvan is van den HEERE.

Hoofdstuk 17

¹Een droge bete, en rust daarbij, is beter, dan een huis vol van geslachte beesten met twist.

²Een verstandig knecht zal heersen over een zoon, die beschaamd maakt, en in het midden der broederen zal hij erfenis delen.

³De smeltkroes is voor het zilver, en de oven voor het goud; maar de HEERE proeft de harten.

⁴De boosdoener merkt op de ongerechtige lip; een leugenaar neigt het oor tot de verkeerde tong.

⁵Die den arme bespot, smaadt deszelfs Maker; die zich verblijdt in het verderf, zal niet onschuldig zijn.

⁶De kroon de ouden zijn de kindskinderen, en der kinderen sieraad zijn hun vaderen.

⁷Een voortreffelijke lip past een dwaze niet, veelmin een prins een leugenachtige lip.

⁸Het geschenk is in de ogen zijner heren een aangenaam gesteente; waarhenen het zich zal wenden, zal het wel gedijen.

⁹Die de overtreding toedekt, zoekt liefde; maar die de zaak weder ophaalt, scheidt den voornaamsten vriend.

¹⁰De bestraffing gaat dieper in den verstandige, dan den zot honderd maal te slaan.

¹¹Zekerlijk, de wederspannige zoekt het kwaad; maar een wrede bode zal tegen hem gezonden worden.

¹²Dat een beer, die van jongen beroofd is, een man tegemoet kome, maar niet een zot in zijn dwaasheid.

¹³Die kwaad voor goed vergeldt, het kwaad zal van zijn huis niet wijken.

¹⁴Het begin des krakeels is gelijk een, die het water opening geeft; daarom verlaat den twist, eer hij zich vermengt.

¹⁵Wie den goddeloze rechtvaardigt, en den rechtvaardige verdoemt, zijn den HEERE een gruwel, ja, die beiden.

¹⁶Waarom toch zou in de hand des zots het koopgeld zijn, om wijsheid te kopen, dewijl hij geen verstand heeft?

¹⁷Een vriend heeft te aller tijd lief; en een broeder wordt in de benauwdheid geboren.

¹⁸Een verstandeloos mens klapt in de hand, zich borg stellende bij zijn naaste.

¹⁹Die het gekijf liefheeft, heeft de overtreding lief; die zijn deur verhoogt, zoekt verbreking.

²⁰Wie verdraaid is van hart, zal het goede niet vinden; en die verkeerd is met zijn tong, zal in het kwaad vallen.

²¹Wie een zot genereert, die zal hem tot droefheid zijn; en de vader des dwazen zal zich niet verblijden.

²²Een blij hart zal een medicijn goed maken; maar een verslagen geest zal het gebeente verdrogen.

²³De goddeloze zal het geschenk uit den schoot nemen, om de paden des rechts te buigen.

²⁴In het aangezicht des verstandigen is wijsheid; maar de ogen des zots zijn in het einde der aarde.

²⁵Een zotte zoon is een verdriet voor zijn vader, en bittere droefheid voor degene, die hem gebaard heeft.

²⁶Het is niet goed, den rechtvaardige ook te doen boeten, dat de prinsen iemand slaan zouden om hetgeen recht is.

²⁷Wie wetenschap weet, houdt zijn woorden in; en een man van verstand is kostelijk van geest.

²⁸Een dwaas zelfs, die zwijgt, zal wijs geacht worden, en die zijn lippen toesluit, verstandig.

Hoofdstuk 18

¹Die zich afzondert, tracht naar wat begeerlijks; hij vermengt zich in alle bestendige wijsheid.

²De zot heeft geen lust aan verstandigheid, maar daarin, dat zijn hart zich ontdekt.

³Als de goddeloze komt, komt ook de verachting en met schande versmaadheid.

⁴De woorden van den mond eens mans zijn diepe wateren; en de springader der wijsheid is een uitstortende beek.

⁵Het is niet goed, het aangezicht des goddelozen aan te nemen, om den rechtvaardige in het gericht te buigen.

⁶De lippen des zots komen in twist, en zijn mond roept naar slagen.

⁷De mond des zots is hemzelven een verstoring, en zijn lippen een strik zijner ziel.

⁸De woorden des oorblazers zijn als dergenen, die geslagen zijn, en die dalen in het binnenste des buiks.

⁹Ook die zich slap aanstelt in zijn werk, die is een broeder van een doorbrenger.

¹⁰De Naam des HEEREN is een Sterke Toren; de rechtvaardige zal daarhenen lopen, en in een Hoog Vertrek gesteld worden.

¹¹Des rijken goed is de stad zijner sterkte, en als een verheven muur in zijn inbeelding.

¹²Voor de verbreking zal des mensen hart zich verheffen; en de nederigheid gaat voor de eer.

¹³Die antwoord geeft, eer hij zal gehoord hebben, dat is hem dwaasheid en schande.

¹⁴De geest eens mans zal zijn krankheid ondersteunen; maar een verslagen geest, wie zal dien opheffen?

¹⁵Het hart der verstandigen bekomt wetenschap, en het oor der wijzen zoekt wetenschap.

¹⁶De gift des mensen maakt hem ruimte, en zij geleidt hem voor het aangezicht der groten.

¹⁷Die de eerste is in zijn twistzaak, schijnt rechtvaardig te zijn; maar zijn naaste komt, en hij onderzoekt hem.

¹⁸Het lot doet de geschillen ophouden, en maakt scheiding tussen machtigen.

¹⁹Een broeder is wederspanniger dan een sterke stad; en de geschillen zijn als een grendel van een paleis.

²⁰Van de vrucht van ieders mond zal zijn buik verzadigd worden; hij zal verzadigd worden van de inkomst zijner lippen.

²¹Dood en leven zijn in het geweld der tong; en een ieder, die ze liefheeft, zal haar vrucht eten.

²²Die een vrouw gevonden heeft, heeft een goede zaak gevonden, en hij heeft welgevallen getrokken van den HEERE.

²³De arme spreekt smekingen; maar de rijke antwoordt harde dingen.

²⁴Een man, die vrienden heeft, heeft zich vriendelijk te houden; want er is een liefhebber, die meer aankleeft dan een broeder.

Hoofdstuk 19

¹De arme, in zijn oprechtheid wandelende, is beter dan de verkeerde van lippen, en die een zot is.

²Ook is de ziel zonder wetenschap niet goed; en die met de voeten haastig is, zondigt.

³De dwaasheid des mensen zal zijn weg verkeren; en zijn hart zal zich tegen den HEERE vergrammen.

⁴Het goed brengt veel vrienden toe; maar de arme wordt van zijn vriend gescheiden.

⁵Een vals getuige zal niet onschuldig zijn; en die leugen blaast, zal niet ontkomen.

⁶Velen smeken het aangezicht des prinsen; en een ieder is een vriend desgenen, die giften geeft.

⁷Al de broeders des armen haten hem; hoeveel te meer gaan zijn vrienden verre van hem! Hij loopt hen na met woorden die niets zijn.

⁸Die verstand bekomt, heeft zijn ziel lief; hij neemt de verstandigheid waar, om het goede te vinden.

⁹Een vals getuige zal niet onschuldig zijn; en die leugen blaast, zal vergaan.

¹⁰De weelde staat een zot niet wel; hoeveel te min een knecht te heersen over vorsten!

¹¹Het verstand des mensen vertrekt zijn toorn; en zijn sieraad is de overtreding voorbij te gaan.

¹²Des konings gramschap is als het brullen eens jongen leeuws; maar zijn welgevallen is als dauw op het kruid.

¹³Een zotte zoon is zijn vader grote ellende; en de kijvingen ener vrouw als een gestadig druipen.

¹⁴Huis en goed is een erve van de vaderen; maar een verstandige vrouw is van den HEERE.

¹⁵Luiheid doet in diepen slaap vallen; en een bedriegelijke ziel zal hongeren.

¹⁶Die het gebod bewaart, bewaart zijn ziel; die zijn wegen veracht, zal sterven.

¹⁷Die zich des armen ontfermt, leent den HEERE, en Hij zal hem zijn weldaad vergelden.

¹⁸Tuchtig uw zoon, als er nog hoop is; maar verhef uw ziel niet, om hem te doden.

¹⁹Die groot is van grimmigheid, zal straf dragen; want zo gij hem uitredt, zo zult gij nog moeten voortvaren.

²⁰Hoor raad, en ontvang tucht, opdat gij in uw laatste wijs zijt.

²¹In het hart des mans zijn veel gedachten; maar de raad des HEEREN, die zal bestaan.

²²De wens des mensen is zijn weldadigheid; maar de arme is beter dan een leugenachtig man.

²³De vreze des HEEREN is ten leven; want men zal verzadigd zijnde vernachten; met het kwaad zal men niet bezocht worden.

²⁴Een luiaard verbergt de hand in den boezem, en hij zal ze niet weder aan zijn mond brengen.

²⁵Sla de spotter, zo zal de slechte kloekzinnig worden; en bestraf den verstandige, hij zal wetenschap begrijpen.

²⁶Wie de vader verwoest, of de moeder verjaagt, is een zoon, die beschaamd maakt, en schande aandoet.

²⁷Laat af, mijn zoon, horende de tucht, af te dwalen van de redenen der wetenschap.

²⁸Een Belialsgetuige bespot het recht; en de mond der goddelozen slokt de ongerechtigheid in.

²⁹Gerichten zijn voor de spotters bereid, en slagen voor den rug der zotten.

Hoofdstuk 20

¹De wijn is een spotter, de sterke drank is woelachtig; al wie daarin dwaalt, zal niet wijs zijn.

²De schrik des konings is als het brullen eens jongen leeuws; die zich tegen hem vergramt, zondigt tegen zijn ziel.

³Het is eer voor een man, van twist af te blijven; maar ieder dwaas zal er zich in mengen.

⁴Om den winter zal de luiaard niet ploegen; daarom zal hij bedelen in den oogst, maar er zal niet zijn.

⁵De raad in het hart eens mans is als diepe wateren; maar een man van verstand zal dien uithalen.

⁶Elk van de menigte der mensen roept zijn weldadigheid uit; maar wie zal een recht trouwen man vinden?

⁷De rechtvaardige wandelt steeds in zijn oprechtheid; welgelukzalig zijn zijn kinderen na hem.

⁸Een koning, zittende op den troon des gerichts, verstrooit alle kwaad met zijn ogen.

⁹Wie kan zeggen: Ik heb mijn hart gezuiverd, ik ben rein van mijn zonde?

¹⁰Tweeerlei weegsteen, tweeerlei efa is den HEERE een gruwel, ja die beide.

¹¹Een jongen zal ook door zijn handelingen zich bekend maken, of zijn werk zuiver, en of het recht zal wezen.

¹²Een horend oor, en een ziend oog heeft de HEERE gemaakt, ja, die beide.

¹³Heb den slaap niet lief, opdat gij niet arm wordt; open uw ogen, verzadig u met brood.

¹⁴Het is kwaad, het is kwaad! zal de koper zeggen; maar als hij weggegaan is, dan zal hij zich beroemen.

¹⁵Goud is er, en menigte van robijnen; maar de lippen de wetenschap zijn een kostelijk kleinood.

¹⁶Als iemand voor een vreemde borg geworden is, neem zijn kleed; en pand hem voor de onbekenden.

¹⁷Het brood der leugen is den mens zoet; maar daarna zal zijn mond vol van zandsteentjes worden.

¹⁸Elke gedachte wordt door raad bevestigd, daarom voer oorlog met wijze raadslagen.

¹⁹Die als een achterklapper wandelt, openbaart het heimelijke; vermeng u dan niet met hem, die met zijn lippen verlokt.

²⁰Wie zijn vader of zijn moeder vloekt, diens lamp zal uitgeblust worden in zwarte duisternis.

²¹Als een erfenis in het eerste verhaast wordt, zo zal haar laatste niet gezegend worden.

²²Zeg niet: Ik zal het kwaad vergelden; wacht op den HEERE, en Hij zal u verlossen.

²³Tweeerlei weegsteen is den HEERE een gruwel, en de bedriegelijke weegschaal is niet goed.

²⁴De treden des mans zijn van den HEERE; hoe zou dan een mens zijn weg verstaan?

²⁵Het is een strik des mensen, dat hij het heilige verslindt, en na gedane geloften, onderzoek te doen.

²⁶Een wijs koning verstrooit de goddelozen, en hij brengt het rad over hen.

²⁷De ziel des mensen is een lamp des HEEREN, doorzoekende al de binnenkameren des buiks.

²⁸Weldadigheid en waarheid bewaren den koning; en door weldadigheid ondersteunt hij zijn troon.

²⁹Der jongelingen sieraad is hun kracht, en der ouden heerlijkheid is de grijsheid.

³⁰Gezwellen der wonde zijn in den boze een zuivering, mitsgaders de slagen van het binnenste des buiks.

Hoofdstuk 21

¹Des konings hart is in de hand des HEEREN als waterbeken. Hij neigt het tot al wat Hij wil.

²Alle weg des mensen is recht in zijn ogen; maar de HEERE weegt de harten.

³Gerechtigheid en recht te doen is bij den HEERE uitgelezener dan offer.

⁴Hoogheid der ogen, en trotsheid des harten, en de ploeging der goddelozen, zijn zonde.

⁵De gedachten des vlijtigen zijn alleen tot overschot; maar van een ieder, die haastig is, alleen tot gebrek.

⁶Te arbeiden om schatten met een valse tong, is een voortgedrevene ijdelheid dergenen, die den dood zoeken.

⁷De verwoesting der goddelozen zal hen doorsnijden, omdat zij weigeren recht te doen.

⁸De weg des mensen is gans verkeerd en vreemd; maar het werk des zuiveren is recht.

⁹Het is beter te wonen op een hoek van het dak, dan met een kijfachtige huisvrouw, en dat in een huis van gezelschap.

¹⁰De ziel des goddelozen begeert het kwaad; zijn naaste krijgt geen genade in zijn ogen.

¹¹Als men den spotter straft, wordt de slechte wijs; en als men den wijze onderricht, neemt hij wetenschap aan.

¹²De rechtvaardige let verstandelijk op des goddelozen huis, als God de goddelozen in het kwaad stort.

¹³Die zijn oor stopt voor het geschrei des armen, die zal ook roepen, en niet verhoord worden.

¹⁴Een gift in het verborgene houdt den toorn onder, en een geschenk in den schoot de sterke grimmigheid.

¹⁵Het is den rechtvaardige een blijdschap recht te doen; maar voor de werkers der ongerechtigheid is het verschrikking.

¹⁶Een mens, die van den weg des verstands afdwaalt, zal in de gemeente der doden rusten.

¹⁷Die blijdschap liefheeft, die zal gebrek lijden; die wijn en olie liefheeft, zal niet rijk worden.

¹⁸De goddeloze is een rantsoen voor de rechtvaardigen, en de trouweloze voor de oprechten.

¹⁹Het is beter te wonen in een woest land, dan bij een zeer kijfachtige en toornige huisvrouw.

²⁰In des wijzen woning is een gewenste schat, en olie; maar een zot mens verslindt zulks.

²¹Die rechtvaardigheid en weldadigheid najaagt, zal het leven, rechtvaardigheid en eer vinden.

²²De wijze beklimt de stad der geweldigen, en werpt de sterkte huns vertrouwens neder.

²³Die zijn mond en zijn tong bewaart, bewaart zijn ziel van

Spreuken

benauwdheden.
²⁴Die een hovaardig pocher is, zijn naam is spotter; hij gaat met hovaardige verbolgenheid te werk.
²⁵De begeerte des luiaards zal hem doden, want zijn handen weigeren te werken.
²⁶Den gansen dag begeert hij begeerlijke dingen; maar de rechtvaardige zal geven, en niet inhouden.
²⁷Het offer der goddelozen is een gruwel; hoeveel te meer, als zij het met een schandelijk voornemen brengen!
²⁸Een leugenachtig getuige zal vergaan; en een man, die hoort, zal spreken tot overwinning.
²⁹Een goddeloos man sterkt zich in zijn aangezicht; maar de oprechte, die maakt zijn weg vast.
³⁰Er is geen wijsheid, en er is geen verstand, en er is geen raad tegen den HEERE.
³¹Het paard wordt bereid tegen den dag des strijds; maar de overwinning is des HEEREN.

Hoofdstuk 22

¹De naam is uitgelezener dan grote rijkdom, de goede gunst dan zilver en dan goud.
²Rijken en armen ontmoeten elkander; de HEERE heeft hen allen gemaakt.
³Een kloekzinnig mens ziet het kwaad, en verbergt zich; maar de slechten gaan henen door, en worden gestraft.
⁴Het loon der nederigheid, met de vreze des HEEREN, is rijkdom, en eer, en leven.
⁵Doornen en strikken, zijn in den weg des verkeerden; die zijn ziel bewaart, zal zich verre van die maken.
⁶Leer den jongen de eerste beginselen naar den eis zijns wegs; als hij ook oud zal geworden zijn, zal hij daarvan niet afwijken.
⁷De rijke heerst over de armen; en die ontleent, is des leners knecht.
⁸Die onrecht zaait, zal moeite maaien; en de roede zijner verbolgenheid zal een einde nemen.
⁹Die goed van oog is, die zal gezegend worden; want hij heeft van zijn brood den armen gegeven.
¹⁰Drijf den spotter uit, en het gekijf zal weggaan, en het geschil met de schande zal ophouden.
¹¹Die de reinheid des harten liefheeft, wiens lippen aangenaam zijn, diens vriend is de koning.
¹²De ogen des HEEREN bewaren de wetenschap; maar de zaken des trouwelozen zal Hij omkeren.
¹³De luiaard zegt: Er is een leeuw buiten, ik mocht op het midden der straten gedood worden!
¹⁴De mond der vreemde vrouwen is een diepe gracht; op welken de HEERE vergramd is, zal daarin vallen.
¹⁵De dwaasheid is in het hart des jongen gebonden; de roede der tucht zal ze verre van hem wegdoen.
¹⁶Die den arme verdrukt, om het zijne te vermeerderen, en den rijke geeft, komt zekerlijk tot gebrek.
¹⁷Neig uw oor, en hoor de woorden der wijzen, en stel uw hart tot mijn wetenschap;
¹⁸Want het is liefelijk, als gij die in uw binnenste bewaart; zij zullen samen op uw lippen gepast worden.
¹⁹Opdat uw vertrouwen op den HEERE zij, maak ik u die heden bekend; gij ook maak ze bekend.
²⁰Heb ik u niet heerlijke dingen geschreven van allerlei raad en wetenschap?
²¹Om u bekend te maken de zekerheid van de redenen der waarheid; opdat gij de redenen der waarheid antwoorden moogt dengenen, die u zenden.
²²Beroof den arme niet, omdat hij arm is; en verbrijzel den ellendige niet in de poort.
²³Want de HEERE zal hun twistzaak twisten, en Hij zal dengenen, die hen beroven, de ziel roven.
²⁴Vergezelschap u niet met een grammoedige, en ga niet om met een zeer grimmig man;
²⁵Opdat gij zijn paden niet leert, en een strik over uw ziel haalt.
²⁶Wees niet onder degenen, die in de hand klappen, onder degenen, die voor schulden borg zijn.
²⁷Zo gij niet hadt om te betalen, waarom zou men uw bed van onder u wegnemen?
²⁸Zet de oude palen niet terug, die uw vaderen gemaakt hebben.
²⁹Hebt gij een man gezien, die vaardig in zijn werk is? Hij zal voor het aangezicht der koningen gesteld worden; voor het aangezicht der ongeachte lieden zal hij niet gesteldworden.

Hoofdstuk 23

¹Als gij aangezeten zult zijn om met een heerser te eten, zo zult gij scherpelijk letten op dengene, die voor uw aangezicht is.
²En zet een mes aan uw keel, indien gij een gulzig mens zijt;
³Laat u niet gelusten zijner smakelijke spijzen, want het is een leugenachtig brood.
⁴Vermoei u niet om rijk te worden; sta af van uw vernuft.
⁵Zult gij uw ogen laten vliegen op hetgeen niets is? Want het zal zich gewisselijk vleugelen maken gelijk een arend, die naar den hemel vliegt.
⁶Eet het brood niet desgenen, die boos is van oog, en wees niet belust op zijn smakelijke spijzen;
⁷Want gelijk hij bedacht heeft in zijn ziel, alzo zal hij tot u zeggen: Eet en drink! maar zijn hart is niet met u;
⁸Uw bete, die gij gegeten hebt, zoudt gij uitspuwen; en gij zoudt uw liefelijke woorden verderven.
⁹Spreek niet voor het oor van een zot, want hij zou het verstand uwer woorden verachten.
¹⁰Zet de oude palen niet terug; en kom op de akkers der wezen niet;
¹¹Want hun Verlosser is sterk; Die zal hun twistzaak tegen u twisten.
¹²Begeef uw hart tot de tucht, en uw oren tot de redenen der wetenschap.
¹³Weer de tucht van den jongen niet; als gij hem met de roede zult slaan, zal hij niet sterven.
¹⁴Gij zult hem met de roede slaan, en zijn ziel van de hel redden.
¹⁵Mijn zoon! zo uw hart wijs is, mijn hart zal blijde zijn, ja, ik.
¹⁶En mijn nieren zullen van vreugde opspringen, als uw lippen billijkheden spreken zullen.
¹⁷Uw hart zij niet nijdig over de zondaren; maar zijt ten allen dage in de vreze des HEEREN.
¹⁸Want zekerlijk, er is een beloning; en uw verwachting zal niet afgesneden worden.
¹⁹Hoor gij, mijn zoon! en word wijs, en richt uw hart op den weg.
²⁰Zijt niet onder de wijnzuipers, noch onder de vleesvreters;
²¹Want een zuiper en vraat zal arm worden; en de sluimering doet verscheurde klederen dragen.
²²Hoor naar uw vader, die u gewonnen heeft; en veracht uw moeder niet, als zij oud geworden is.
²³Koop de waarheid, en verkoop ze niet, mitsgaders wijsheid, en tucht, en verstand.
²⁴De vader des rechtvaardigen zal zich zeer verheugen; en die een wijzen zoon gewint, zal zich over hem verblijden.
²⁵Laat uw vader zich verblijden, ook uw moeder; en laat haar zich verheugen, die u gebaard heeft.
²⁶Mijn zoon! geef mij uw hart, en laat uw ogen mijn wegen bewaren.
²⁷Want een hoer is een diepe gracht, en een vreemde vrouw is een enge put.
²⁸Ook loert zij als een rover; en zij vermenigvuldigt de trouwelozen onder de mensen.
²⁹Bij wien is wee? bij wien och arme? bij wien gekijf? bij wien het beklag? bij wien wonden zonder oorzaak? bij wien de roodheid der ogen?
³⁰Bij degenen, die bij den wijn vertoeven; bij degenen, die komen om gemengde drank na te zoeken.
³¹Zie den wijn niet aan, als hij zich rood vertoont, als hij in den beker zijn verve geeft, als hij recht opgaat;
³²In zijn einde zal hij als een slang bijten, en steken als een adder.
³³Uw ogen zullen naar vreemde vrouwen zien, en uw hart zal verkeerdheden spreken.
³⁴En gij zult zijn, gelijk een, die in het hart van de zee slaapt; en gelijk een, die in het opperste van den mast slaapt.
³⁵Men heeft mij geslagen, zult gij zeggen, ik ben niet ziek geweest; men heeft mij gebeukt, ik heb het niet gevoeld; wanneer zal ik opwaken? Ik zal hem nog meer zoeken!

Hoofdstuk 24

¹Zijt niet nijdig over de boze lieden, en laat u niet gelusten, om bij hen te zijn.
²Want hun hart bedenkt verwoesting, en hun lippen spreken moeite.
³Door wijsheid wordt een huis gebouwd, en door verstandigheid bevestigd;
⁴En door wetenschap worden de binnenkameren vervuld met alle kostelijk en liefelijk goed.

⁵Een wijs man is sterk; en een man van wetenschap maakt de kracht vast.
⁶Want door wijze raadslagen zult gij voor u den krijg voeren, en in de veelheid der raadgevers is de overwinning.
⁷Alle wijsheid is voor den dwaze te hoog; hij zal in de poort zijn mond niet opendoen.
⁸Die denkt om kwaad te doen, dien zal men een meester van schandelijke verdichtselen noemen.
⁹De gedachte der dwaasheid is zonde; en een spotter is den mens een gruwel.
¹⁰Vertoont gij u slap ten dage uwer benauwdheid, uw kracht is nauw.
¹¹Red degenen, die ter dood gegrepen zijn; want zij wankelen ter doding, zo gij u onthoudt.
¹²Wanneer gij zegt: Ziet, wij weten dat niet; zal Hij, Die de harten weegt, dat niet merken? En Die uwe ziel gadeslaat, zal Hij het niet weten? Want Hij zal den mens vergelden naar zijn werk.
¹³Eet honig, mijn zoon! want hij is goed, en honigzeem is zoet voor uw gehemelte.
¹⁴Zodanig is de kennis der wijsheid voor uw ziel; als gij ze vindt, zo zal er beloning wezen, en uw verwachting zal niet afgesneden worden.
¹⁵Loer niet, o goddeloze! op de woning des rechtvaardigen; verwoest zijn legerplaats niet.
¹⁶Want de rechtvaardige zal zevenmaal vallen, en opstaan; maar de goddelozen zullen in het kwaad nederstruikelen.
¹⁷Verblijd u niet als uw vijand valt; en als hij nederstruikelt, laat uw hart zich niet verheugen;
¹⁸Opdat het de HEERE niet zie, en het kwaad zij in Zijn ogen en Hij Zijn toorn van hem afkere.
¹⁹Ontsteek u niet over de boosdoeners; zijt niet nijdig over de goddelozen.
²⁰Want de kwade zal geen beloning hebben, de lamp der goddelozen zal uitgeblust worden.
²¹Mijn zoon! vrees den HEERE en den koning; vermeng u niet met hen, die naar verandering staan;
²²Want hun verderf zal haastelijk ontstaan; en wie weet hun beider ondergang?
²³Deze spreuken zijn ook van de wijzen. Het aangezicht in het gericht te kennen, is niet goed.
²⁴Die tot den goddeloze zegt: Gij zijt rechtvaardig; dien zullen de volken vervloeken, de natiën zullen hem gram zijn.
²⁵Maar voor degenen, die hem bestraffen, zal liefelijkheid zijn; en de zegen des goeds zal op hem komen.
²⁶Men zal de lippen kussen desgenen, die rechte woorden antwoordt.
²⁷Beschik uw werk daarbuiten, en bereid het voor u op den akker, en bouw daarna uw huis.
²⁸Wees niet zonder oorzaak getuige tegen uw naaste; want zoudt gij verleiden met uw lip?
²⁹Zeg niet: Gelijk als hij mij gedaan heeft, zo zal ik hem doen; ik zal een ieder vergelden naar zijn werk.
³⁰Ik ging voorbij den akker eens luiaards, en voorbij den wijngaard eens mans van verstandeloos mens;
³¹En ziet, hij was gans opgeschoten van distelen; zijn gedaante was met netelen bedekt, en zijn stenen scheidsmuur was afgebroken.
³²Als ik dat aanschouwde, nam ik het ter harte; ik zag het, en nam onderwijzing aan;
³³Een weinig slapens, een weinig sluimerens, en weinig handvouwens, al nederliggende;
³⁴Zo zal uw armoede u overkomen, als een wandelaar, en uw velerlei gebrek als een gewapend man.

Hoofdstuk 25

¹Dit zijn ook spreuken van Salomo, die de mannen van Hizkia, den koning van Juda, uitgeschreven hebben.
²Het is Gods eer een zaak te verbergen; maar de eer der koningen een zaak te doorgronden.
³Aan de hoogte des hemels, en aan de diepte der aarde, en aan het hart der koningen is geen doorgronding.
⁴Doe het schuim van het zilver weg, en er zal een vat voor den smelter uitkomen.
⁵Doe den goddelozen weg van het aangezicht des konings, en zijn troon zal door gerechtigheid bevestigd worden.
⁶Praal niet voor het aangezicht des konings, en sta niet in de plaats der groten;
⁷Want het is beter, dat men tot u zegge: Kom hier bovenaan, dan dat men u vernedere voor het aangezicht eens prinsen, dien uw ogen gezien hebben.
⁸Vaar niet haastelijk voort om te twisten, opdat gij misschien in het laatste daarvan niet wat doet, als uw naaste u zou mogen beschaamd hebben.
⁹Twist uw twistzaak met uw naaste; maar openbaar het heimelijke van een ander niet;
¹⁰Opdat degene, die het hoort, u niet smade; want uw kwaad gerucht zou niet afgekeerd worden.
¹¹Een rede, op zijn pas gesproken, is als gouden appelen in zilveren gebeelde schalen.
¹²Een wijs bestraffer bij een horend oor, is een gouden oorsiersel, en een halssieraad van het fijnste goud.
¹³Een trouw gezant is dengenen, die hem zenden, als de koude der sneeuw ten dage des oogstes; want hij verkwikt zijns heren ziel.
¹⁴Een man, die zichzelven beroemt over een valse gift, is als wolken en wind, waar geen regen bij is.
¹⁵Een overste wordt door lankmoedigheid overreed; en een zachte tong breekt het gebeente.
¹⁶Hebt gij honig gevonden, eet dat u genoeg is; opdat gij misschien daarvan niet zat wordt, en dien uitspuwt.
¹⁷Spaar uw voet van het huis uws naasten, opdat hij niet zat van u worde, en u hate.
¹⁸Een man, tegen zijn naaste een valse getuigenis sprekende, is een hamer, en zwaard, en scherpe pijl.
¹⁹Het vertrouwen op een trouweloze, ten dage der benauwdheid, is als een gebroken tand en verstuikte voet.
²⁰Die liederen zingt bij een treurig hart, is gelijk hij, die een kleed aflegt ten dage der koude, en edik op salpeter.
²¹Indien dengene, die u haat, hongert, geef hem brood te eten; en zo hij dorstig is, geef hem water te drinken;
²²Want gij zult vurige kolen op zijn hoofd hopen, en de HEERE zal het u vergelden.
²³De noordenwind verdrijft den regen, en een vergramd aangezicht de verborgen tong.
²⁴Het is beter te wonen op een hoek van het dak, dan met een kijfachtige huisvrouw, en dat in een huis van gezelschap.
²⁵Een goede tijding uit een ver land is als koud water op een vermoeide ziel.
²⁶De rechtvaardige, wankelende voor het aangezicht des goddelozen, is een beroerde fontein, en verdorven springader.
²⁷Veel honigs te eten is niet goed; maar de onderzoeking van de heerlijkheid van zulke dingen is eer.
²⁸Een man, die zijn geest niet wederhouden kan, is een opengebrokene stad zonder muur.

Hoofdstuk 26

¹Gelijk de sneeuw in den zomer, en gelijk de regen in den oogst, alzo past den zot de eer niet.
²Gelijk de mus is tot wegzweven, gelijk een zwaluw tot vervliegen, alzo zal een vloek, die zonder oorzaak is, niet komen.
³Een zweep is voor het paard, een toom voor den ezel, en een roede voor den rug der zotten.
⁴Antwoord den zot naar zijn dwaasheid niet, opdat gij ook hem niet gelijk wordt.
⁵Antwoord den zot naar zijn dwaasheid, opdat hij in zijn ogen niet wijs zij.
⁶Hij snijdt zich de voeten af, en drinkt geweld, die boodschappen zendt door de hand van een zot.
⁷Hef de benen van den kreupele op; alzo is een spreuk in den mond der zotten.
⁸Gelijk hij, die een edel gesteente in een slinger bindt, alzo is hij, die den zot eer geeft.
⁹Gelijk een doorn gaat in de hand eens dronkaards, alzo is een spreuk in den mond der zotten.
¹⁰De groten doen een iegelijk verdriet aan, en huren de zotten, en huren de overtreders.
¹¹Gelijk een hond tot zijn uitspuwsel wederkeert, alzo herneemt de zot zijn dwaasheid.
¹²Hebt gij een man gezien, die wijs in zijn ogen is! Van een zot is meer verwachting dan van hem.
¹³De luiaard zegt: Er is een felle leeuw op den weg, een leeuw is op de straten.
¹⁴Een deur keert om op haar herre, alzo de luiaard op zijn bed.
¹⁵De luiaard verbergt zijn hand in den boezem, hij is te moede, om die weder tot zijn mond te brengen.
¹⁶De luiaard is wijzer in zijn ogen, dan zeven, die met rede

Spreuken

antwoorden.

¹⁷De voorbijgaande, die zich vertoornt in een twist, die hem niet aangaat, is gelijk die een hond bij de oren grijpt.

¹⁸Gelijk een, die zich veinst te razen, die vuursprankelen, pijlen en dodelijke dingen werpt;

¹⁹Alzo is een man, die zijn naaste bedriegt, en zegt: Jok ik er niet mede?

²⁰Als er geen hout is, gaat het vuur uit; en als er geen oorblazer is, wordt het gekijf gestild.

²¹De dove kool is om de vurige kool, en het hout om het vuur; alzo is een kijfachtig man, om twist te ontsteken.

²²De woorden des oorblazers zijn als dergenen, die geslagen zijn, en die dalen in het binnenste des buiks.

²³Brandende lippen, en een boos hart, zijn als een potscherf met schuim van zilver overtogen.

²⁴Die haat draagt, gelaat zich vreemd met zijn lippen; maar in zijn binnenste stelt hij bedrog aan.

²⁵Als hij met zijn stem smeekt, geloof hem niet, want zeven gruwelen zijn in zijn hart.

²⁶Wiens haat door bedrog bedekt is, diens boosheid zal in de gemeente geopenbaard worden.

²⁷Die een kuil graaft, zal er in vallen, en die een steen wentelt, op hem zal hij wederkeren.

²⁸Een valse tong haat degenen, die zij verbrijzelt; en een gladde mond maakt omstoting.

Hoofdstuk 27

¹Beroem u niet over den dag van morgen; want gij weet niet, wat de dag zal baren.

²Laat u een vreemde prijzen, en niet uw mond; een onbekende, en niet uw lippen.

³Een steen is zwaar, en het zand gewichtig; maar de toornigheid des dwazen is zwaarder dan die beide.

⁴Grimmigheid en overloping van toorn is wreedheid; maar wie zal voor nijdigheid bestaan?

⁵Openbare bestraffing is beter dan verborgene liefde.

⁶De wonden des liefhebbers zijn getrouw; maar de kussingen des haters zijn af te bidden.

⁷Een verzadigde ziel vertreedt het honigzeem; maar aan een hongerige ziel is alle bitter zoet.

⁸Gelijk een vogel is, die uit zijn nest omdoolt, alzo is een man, die omdoolt uit zijn plaats.

⁹Olie en reukwerk verblijdt het hart; alzo is de zoetigheid van iemands vriend, vanwege den raad der ziel.

¹⁰Verlaat uw vriend, noch den vriend uws vaders niet; en ga ten huize uws broeders niet op den dag van uw tegenspoed. Beter is een gebuur die nabij is, dan een broeder, dieverre is.

¹¹Zijt wijs, mijn zoon, en verblijd mijn hart; opdat ik mijn smader wat te antwoorden heb.

¹²De kloekzinnige ziet het kwaad, en verbergt zich; de slechten gaan henen door, en worden gestraft.

¹³Als iemand voor een vreemde borg geworden is, neem zijn kleed, en pand hem voor een onbekende vrouw.

¹⁴Die zijn vriend zegent met luider stem, zich des morgens vroeg opmakende, het zal hem tot een vloek gerekend worden.

¹⁵Een gedurige druiping ten dage des slagregens en een kijfachtige huisvrouw zijn even gelijk.

¹⁶Elkeen, die haar verbergt, zou den wind verbergen, en de olie zijner rechterhand, die roept.

¹⁷Ijzer scherpt men met ijzer; alzo scherpt een man het aangezicht zijns naasten.

¹⁸Die den vijgeboom bewaart, zal zijn vrucht eten; en die zijn heer waarneemt, zal geëerd worden.

¹⁹Gelijk in het water het aangezicht is tegen het aangezicht, alzo is des mensen hart tegen den mens.

²⁰De hel en het verderf worden niet verzadigd; alzo worden de ogen des mensen niet verzadigd.

²¹De smeltkroes is voor het zilver, en de oven voor het goud; alzo is een man naar zijn lof te proeven.

²²Al stiet gij den dwaas in een mortier met een stamper, in het midden van het gestoten graan, zijn dwaasheid zou van hem niet afwijken.

²³Zijt naarstig, om het aangezicht uwer schapen te kennen; zet uw hart op de kudden.

²⁴Want de schat is niet tot in eeuwigheid; of zal de kroon van geslacht tot geslacht zijn?

²⁵Als het gras zich openbaart, en de grasscheuten gezien worden, laat de kruiden der bergen verzameld worden.

²⁶De lammeren zullen zijn tot uw kleding, en de bokken de prijs des velds.

²⁷Daartoe zult gij genoegzaamheid van geitenmelk hebben tot uw spijze, tot spijze van uw huis, en leeftocht uwer maagden.

Hoofdstuk 28

¹De goddelozen vlieden, waar geen vervolger is; maar elk rechtvaardige is moedig, als een jonge leeuw.

²Om de overtreding des lands zijn deszelfs vorsten vele; maar om verstandige en wetende mensen zal insgelijks verlenging wezen.

³Een arm man, die de geringen verdrukt, is een wegvagende regen, zodat er geen brood zij.

⁴Die de wet verlaten, prijzen de goddelozen; maar die de wet bewaren, mengen zich in strijd tegen hen.

⁵De kwade lieden verstaan het recht niet; maar die den HEERE zoeken, verstaan alles.

⁶De arme, wandelende in zijn oprechtheid, is beter, dan die verkeerd is van wegen, al is hij rijk.

⁷Die de wet bewaart, is een verstandig zoon; maar die der vraten metgezel is, beschaamt zijn vader.

⁸Die zijn goed vermeerdert met woeker en met overwinst, vergadert dat voor dengene, die zich des armen ontfermt.

⁹Die zijn oor afwendt van de wet te horen, diens gebed zelfs zal een gruwel zijn.

¹⁰Die de oprechten doet dwalen op een kwaden weg, zal zelf in zijn gracht vallen; maar de vromen zullen het goede beerven.

¹¹Een rijk man is wijs in zijn ogen; maar de arme, die verstandig is, doorzoekt hem.

¹²Als de rechtvaardigen opspringen van vreugde, is er grote heerlijkheid; maar als de goddelozen opkomen, wordt de mens nauw gezocht.

¹³Die zijn overtredingen bedekt, zal niet voorspoedig zijn; maar die ze bekent en laat, zal barmhartigheid verkrijgen.

¹⁴Welgelukzalig is de mens, die geduriglijk vreest; maar die zijn hart verhardt, zal in het kwaad vallen.

¹⁵De goddeloze, heersende over een arm volk, is een brullende leeuw, en een beer, die ginds en weder loopt.

¹⁶Een vorst, die van alle verstand gebrek heeft, is ook veelvoudig in verdrukkingen; maar die de gierigheid haat, zal de dagen verlengen.

¹⁷Een mens, gedrukt om het bloed ener ziel, zal naar den kuil toevlieden; men ondersteune hem niet!

¹⁸Die oprecht wandelt, zal behouden worden; maar die zich verkeerdelijk gedraagt in twee wegen, zal in den enen vallen.

¹⁹Die zijn land bouwt, zal met brood verzadigd worden; maar die ijdele mensen volgt, zal met armoede verzadigd worden.

²⁰Een gans getrouw man zal veelvoudig zijn in zegeningen; maar die haastig is, om rijk te worden, zal niet onschuldig wezen.

²¹De aangezichten te kennen, is niet goed; want een man zal om een stuk broods overtreden.

²²Die zich haast naar goed, is een man van een boos oog; maar hij weet niet, dat het gebrek hem overkomen zal.

²³Die een mens bestraft, zal achterna gunst vinden, meer dan die met de tong vleit.

²⁴Wie zijn vader of zijn moeder berooft, en zegt: Het is geen overtreding; die is des vervendenden mans gezel.

²⁵Die grootmoedig is, verwekt gekijf; maar die op den HEERE vertrouwt, zal vet worden.

²⁶Die op zijn hart vertrouwt, die is een zot; maar die in wijsheid wandelt, die zal ontkomen.

²⁷Die den armen geeft, zal geen gebrek hebben; maar die zijn ogen verbergt, zal veel vervloekt worden.

²⁸Als de goddelozen opkomen, verbergt zich de mens; maar als zij omkomen, vermenigvuldigen de rechtvaardigen.

Hoofdstuk 29

¹Een man, die, dikwijls bestraft zijnde, den nek verhardt, zal schielijk verbroken worden, zodat er geen genezen aan zij.

²Als de rechtvaardigen groot worden, verblijdt zich het volk; maar als de goddeloze heerst, zucht het volk.

³Een man, die de wijsheid bemint, verblijdt zijn vader; maar die een metgezel der hoeren is, brengt het goed door.

⁴Een koning houdt het land staande door het recht; maar een, die tot geschenken genegen is, verstoort hetzelve.

⁵Een man, die zijn naaste vleit, spreidt een net uit voor deszelfs gangen.

⁶In de overtreding eens bozen mans is een strik; maar de

rechtvaardige juicht en is blijde.

⁷De rechtvaardige neemt kennis van de rechtzaak der armen; maar de goddeloze begrijpt de wetenschap niet.

⁸Spotdrijvende lieden blazen een stad aan brand; maar de wijzen keren den toorn af.

⁹Een wijs man, met een dwaas man in rechten zich begeven hebbende, hetzij dat hij beroerd is of lacht, zo is er toch geen rust.

¹⁰Bloedgierige lieden haten den vrome; maar de oprechten zoeken zijn ziel.

¹¹Een zot laat zijn gansen geest uit, maar de wijze wederhoudt dien achterwaarts.

¹²Een heerser, die op leugentaal acht geeft, al zijn dienaars zijn goddeloos.

¹³De arme en de bedrieger ontmoeten elkander; de HEERE verlicht hun beider ogen.

¹⁴Een koning, die de armen in trouw recht doet, diens troon zal in eeuwigheid bevestigd worden.

¹⁵De roede, en de bestraffing geeft wijsheid; maar een kind, dat aan zichzelf gelaten is, beschaamt zijn moeder.

¹⁶Als de goddelozen velen worden, wordt de overtreding veel; maar de rechtvaardigen zullen hun val aanzien.

¹⁷Tuchtig uw zoon, en hij zal u gerustheid aandoen, en hij zal uw ziel vermakelijkheden geven.

¹⁸Als er geen profetie is, wordt het volk ontbloot; maar welgelukzalig is hij, die de wet bewaart.

¹⁹Een knecht zal door de woorden niet getuchtigd worden; hoewel hij u verstaat, nochtans zal hij niet antwoorden.

²⁰Hebt gij een man gezien, die haastig in zijn woorden is? Van een zot is meer verwachting dan van hem.

²¹Als men zijn knecht van jongs op weeldig houdt, hij zal in zijn laatste een zoon willen zijn.

²²Een toornig man verwekt gekijf; en de grammoedige is veelvoudig in overtreding.

²³De hoogmoed des mensen zal hem vernederen; maar de nederige van geest zal de eer vasthouden.

²⁴Die met een dief deelt, haat zijn ziel; hij hoort een vloek, en hij geeft het niet te kennen.

²⁵De siddering des mensen legt een strik; maar die op den HEERE vertrouwt, zal in een hoog vertrek gesteld worden.

²⁶Velen zoeken het aangezicht des heersers; maar een ieders recht is van den HEERE.

²⁷Een ongerechtig man is den rechtvaardige een gruwel; maar die recht is van weg, is den goddeloze een gruwel.

Hoofdstuk 30

¹De woorden van Agur, den zoon van Jake; een last. De man spreekt tot Ithiel, tot Ithiel en Uchal.

²Voorwaar, ik ben onvernuftiger dan iemand; en ik heb geen mensenverstand;

³En ik heb geen wijsheid geleerd, noch de wetenschap der heiligen gekend.

⁴Wie is ten hemel opgeklommen, en nedergedaald? Wie heeft den wind in Zijn vuisten verzameld? Wie heeft de wateren in een kleed gebonden? Wie heeft al de einden der aarde gesteld? Hoe is Zijn Naam, en hoe is de Naam Zijns Zoons, zo gij het weet?

⁵Alle rede Gods is doorlouterd; Hij is een Schild dengenen, die op Hem betrouwen.

⁶Doe niet tot Zijn woorden, opdat Hij u niet bestraffe, en gij leugenachtig bevonden wordt.

⁷Twee dingen heb ik van U begeerd, onthoud ze mij niet, eer ik sterve:

⁸IJdelheid en leugentaal doe verre van mij; armoede of rijkdom geef mij niet; voed mij met het brood mijns bescheiden deels;

⁹Opdat ik, zat zijnde, U dan niet verloochene, en zegge: Wie is de HEERE? of dat ik, verarmd zijnde, dan niet stele, en den Naam mijns Gods aantaste.

¹⁰Achterklap niet van den knecht bij zijn heer, opdat hij u niet vloeke, en gij schuldig wordt.

¹¹Daar is een geslacht, dat zijn vader vervloekt, en zijn moeder niet zegent;

¹²Een geslacht, dat rein in zijn ogen is, en van zijn drek niet gewassen is;

¹³Een geslacht, welks ogen hoog zijn, en welks oogleden verheven zijn;

¹⁴Een geslacht, welks tanden zwaarden, en welks baktanden messen zijn, om de ellendigen van de aarde en de nooddruftigen van onder de mensen te verteren.

¹⁵De bloedzuiger heeft twee dochters: Geef, geef! Deze drie dingen worden niet verzadigd; ja, vier zeggen niet: Het is genoeg!

¹⁶Het graf, de gesloten baarmoeder, de aarde, die van water niet verzadigd wordt, en het vuur zegt niet: Het is genoeg!

¹⁷Het oog, dat den vader bespot, of de gehoorzaamheid der moeder veracht, dat zullen de raven der beek uitpikken, en des arends jongen zullen het eten.

¹⁸Deze drie dingen zijn voor mij te wonderlijk, ja, vier, die ik niet weet:

¹⁹De weg eens arends in den hemel; de weg ener slang op een rotssteen; de weg van een schip in het hart der zee; en de weg eens mans bij een maagd.

²⁰Alzo is de weg ener overspelige vrouw; zij eet en wist haar mond, en zegt: Ik heb geen ongerechtigheid gewrocht!

²¹Om drie dingen ontroert zich de aarde, ja, om vier, die zij niet dragen kan:

²²Om een knecht, als hij regeert; en een dwaas, als hij van brood verzadigd is;

²³Om een hatelijke vrouw, als zij getrouwd wordt; en een dienstmaagd, als zij erfgenaam is van haar vrouw.

²⁴Deze vier zijn van de kleinste der aarde; doch dezelve zijn wijs, met wijsheid wel voorzien:

²⁵De mieren zijn een onsterk volk; evenwel bereiden zij in de zomer haar spijs.

²⁶De konijnen zijn een machteloos volk; nochtans stellen zij hun huis in den rotssteen.

²⁷De sprinkhanen hebben geen koning; nochtans gaan zij allen uit, zich verdelende in hopen.

²⁸De spinnekop grijpt met de handen, en is in de paleizen der koningen.

²⁹Deze drie maken een goeden tred; ja, vier zijn er, die een goeden gang maken;

³⁰De oude leeuw geweldig onder de gedierten, die voor niemand zal wederkeren;

³¹Een windhond van goede lenden, of een bok; en een koning, die niet tegen te staan is.

³²Zo gij dwaselijk gehandeld hebt, met u te verheffen, en zo gij kwaad bedacht hebt, de hand op den mond!

³³Want de drukking der melk brengt boter voort, en de drukking van den neus brengt bloed voort, en de drukking des toorns brengt twist voort.

Hoofdstuk 31

¹De woorden van de koning Lemuel; de last, maarmede zijn moeder hem onderwees.

²Wat, o mijn zoon, en wat, o zoon mijns buiks? ja, wat, o zoon mijner geloften?

³Geeft aan de vrouwen uw vermogen niet, noch uw wegen, om koningen te verdelgen.

⁴Het komt den koningen niet toe, o Lemuel! het komt den koningen niet toe wijn te drinken, en den prinsen, sterken drank te begeren;

⁵Opdat hij niet drinke, en het gezette vergete, en de rechtzaak van alle verdrukten verandere.

⁶Geeft sterken drank dengene, die verloren gaat, en wijn dengenen, die bitterlijk bedroefd van ziel zijn;

⁷Dat hij drinke, en zijn armoede vergete, en zijner moeite niet meer gedenke.

⁸Open uw mond voor den stomme, voor de rechtzaak van allen, die omkomen zouden.

⁹Open uw mond; oordeel gerechtelijk, en doe den verdrukte en nooddruftige recht.

¹⁰Aleph. Wie zal een deugdelijke huisvrouw vinden? Want haar waardij is verre boven de robijnen.

¹¹Beth. Het hart haars heren vertrouwt op haar, zodat hem geen goed zal ontbreken.

¹²Gimel. Zij doet hem goed en geen kwaad, al de dagen haars levens.

¹³Daleth. Zij zoekt wol en vlas, en werkt met lust harer handen.

¹⁴He. Zij is als de schepen eens koopmans; zij doet haar brood van verre komen.

¹⁵Vau. En zij staat op, als het nog nacht is, en geeft haar huis spijze, en haar dienstmaagden het bescheiden deel.

¹⁶Zain. Zij denkt om een akker, en krijgt hem; van de vrucht harer handen plant zij een wijngaard.

¹⁷Cheth. Zij gordt haar lenden met kracht, en zij versterkt haar armen.

Spreuken

¹⁸Teth. Zij smaakt, dat haar koophandel goed is; haar lamp gaat des nachts niet uit.

¹⁹Jod. Zij steekt haar handen uit naar de spil, en haar handpalmen vatten den spinrok.

²⁰Caph. Zij breidt haar handpalm uit tot den ellendige; en zij steekt haar handen uit tot den nooddruftige.

²¹Lamed. Zij vreest voor haar huis niet vanwege de sneeuw; want haar ganse huis is met dubbele klederen gekleed.

²²Mem. Zij maakt voor zich tapijtsieraad; haar kleding is fijn linnen en purper.

²³Nun. Haar man is bekend in de poorten, als hij zit met de oudsten des lands.

²⁴Samech. Zij maakt fijn lijnwaad en verkoopt het; en zij levert den koopman gordelen.

²⁵Ain. Sterkte en heerlijkheid zijn haar kleding; en zij lacht over den nakomenden dag.

²⁶Pe. Zij doet haar mond open met wijsheid; en op haar tong is leer der goeddadigheid.

²⁷Tsade. Zij beschouwt de gangen van haar huis; en het brood der luiheid eet zij niet.

²⁸Koph. Haar kinderen staan op, en roemen haar welgelukzalig; ook haar man, en hij prijst haar, zeggende:

²⁹Resch. Vele dochteren hebben deugdelijke gehandeld; maar gij gaat die allen te boven.

³⁰Schin. De bevalligheid is bedrog, en de schoonheid ijdelheid; maar een vrouw, die den HEERE vreest, die zal geprezen worden.

Prediker

Hoofdstuk 1

¹De woorden van den prediker, den zoon van David, den koning te Jeruzalem.

²IJdelheid der ijdelheden, zegt de prediker; ijdelheid der ijdelheden, het is al ijdelheid.

³Wat voordeel heeft de mens van al zijn arbeid, dien hij arbeidt onder de zon?

⁴Het ene geslacht gaat, en het andere geslacht komt; maar de aarde staat in der eeuwigheid.

⁵Ook rijst de zon op, en de zon gaat onder, en zij hijgt naar haar plaats, waar zij oprees.

⁶Zij gaat naar het zuiden, en zij gaat om naar het noorden; de wind gaat steeds omgaande, en de wind keert weder tot zijn omgangen.

⁷Al de beken gaan in de zee, nochtans wordt de zee niet vol; naar de plaats, waar de beken heengaan, derwaarts gaande keren zij weder.

⁸Al deze dingen worden zo moede, dat het niemand zou kunnen uitspreken; het oog wordt niet verzadigd met zien; en het oor wordt niet vervuld van horen.

⁹Hetgeen er geweest is, hetzelve zal er zijn, en hetgeen er gedaan is, hetzelve zal er gedaan worden; zodat er niets nieuws is onder de zon.

¹⁰Is er enig ding, waarvan men zou kunnen zeggen: Ziet dat, het is nieuw? Het is alreeds geweest in de eeuwen, die voor ons geweest zijn.

¹¹Er is geen gedachtenis van de voorgaande dingen; en van de navolgende dingen, die zijn zullen, van dezelve zal ook geen gedachtenis zijn bij degenen, die namaals wezen zullen.

¹²Ik, prediker, was koning over Israel te Jeruzalem.

¹³En ik begaf mijn hart om met wijsheid te onderzoeken, en na te speuren al wat er geschiedt onder den hemel. Deze moeilijke bezigheid heeft God den kinderen der mensen gegeven, om zich daarin te bekommeren.

¹⁴Ik zag al de werken aan, die onder de zon geschieden; en ziet, het was al ijdelheid en kwelling des geestes.

¹⁵Het kromme kan niet recht gemaakt worden; en hetgeen ontbreekt, kan niet geteld worden.

¹⁶Ik sprak met mijn hart, zeggende: Zie, ik heb wijsheid vergroot en vermeerderd, boven allen, die voor mij te Jeruzalem geweest zijn; en mijn hart heeft veel wijsheid en wetenschap gezien.

¹⁷En ik begaf mijn hart om wijsheid en wetenschap te weten, onzinnigheden en dwaasheid; ik ben gewaar geworden, dat ook dit een kwelling des geestes is.

Hoofdstuk 2

¹Ik zeide in mijn hart: Nu, welaan, ik zal u beproeven door vreugde; derhalve zie het goede aan; maar zie, ook dat was ijdelheid.

²Tot het lachen zeide ik: Gij zijt onzinnig, en tot de vreugde: Wat maakt deze?

³Ik heb in mijn hart nagespeurd, om mijn vlees op te houden in den wijn, (nochtans leidende mijn hart in wijsheid) en om de dwaasheid vast te houden, totdat ik zou zien wat den kinderen der mensen het best ware, dat zij doen zouden onder den hemel, gedurende het getal der dagen huns levens.

⁴Ik maakte mij grote werken, ik bouwde mij huizen, ik plantte mij wijngaarden.

⁵Ik maakte mij hoven en lusthoven, en ik plantte bomen in dezelve, van allerlei vrucht.

⁶Ik maakte mij vijvers van wateren, om daarmede te bewateren het woud, dat met bomen groende.

⁷Ik kreeg knechten en maagden, en ik had kinderen des huizes; ook had ik een groot bezit van runderen en schapen, meer dan allen, die voor mij te Jeruzalem geweest waren.

⁸Ik vergaderde mij ook zilver en goud, en kleinoden der koningen en der landschappen; ik bestelde mij zangers en zangeressen, en wellustigheden der mensenkinderen, snarenspel, ja, allerlei snarenspel.

⁹En ik werd groot, en nam toe, meer dan iemand, die voor mij te Jeruzalem geweest was; ook bleef mijn wijsheid mij bij.

¹⁰En al wat mijn ogen begeerden, dat onttrok ik hun niet; ik wederhield mijn hart niet van enige blijdschap, maar mijn hart was verblijd vanwege al mijn arbeid; en dit was mijn deel van al mijn arbeid.

¹¹Toen wendde ik mij tot al mijn werken, die mijn handen gemaakt hadden, en tot den arbeid, dien ik werkende gearbeid had; ziet, het was al ijdelheid en kwelling des geestes, en daarin was geen voordeel onder de zon.

¹²Daarna wendde ik mij, om te zien wijsheid, ook onzinnigheden en dwaasheid; want hoe zou een mens, die den koning nakomen zal, doen hetgeen alrede gedaan is?

¹³Toen zag ik, dat de wijsheid uitnemendheid heeft boven de dwaasheid, gelijk het licht uitnemendheid heeft boven de duisternis.

¹⁴De ogen des wijzen zijn in zijn hoofd, maar de zot wandelt in de duisternis. Toen bemerkte ik ook, dat enerlei geval hun allen bejegent.

¹⁵Dies zeide ik in mijn hart: Gelijk het den dwaze bejegent, zal het ook mijzelven bejegenen; waarom heb ik dan toen meer naar wijsheid gestaan? Toen sprak ik in mijn hart, dat ook hetzelve ijdelheid was.

¹⁶Want er zal in eeuwigheid niet meer gedachtenis van een wijze, dan van een dwaas zijn; aangezien hetgeen nu is, in de toekomende dagen altemaal vergeten wordt; en hoe sterft de wijze met den zot?

¹⁷Daarom haatte ik dit leven, want dit werk dacht mij kwaad, dat onder de zon geschiedt; want het is al ijdelheid en kwelling des geestes.

¹⁸Ik haatte ook al mijn arbeid, dien ik bearbeid had onder de zon, dat ik dien zou achterlaten aan een mens, die na mij wezen zal.

¹⁹Want wie weet, of hij wijs zal zijn, of dwaas? Evenwel zal hij heersen over al mijn arbeid, dien ik bearbeid heb en dien ik wijselijk beleid heb onder de zon. Dat is ook ijdelheid.

²⁰Daarom keerde ik mij om, om mijn hart te doen wanhopen over al den arbeid, dien ik bearbeid heb onder de zon.

²¹Want er is een mens, wiens arbeid in wijsheid, en in wetenschap, en in geschiktheid is; nochtans zal hij die overgeven tot zijn deel, aan een mens, die daaraan niet gearbeid heeft. Dit is ook ijdelheid en een groot kwaad.

²²Wat heeft toch die mens van al zijn arbeid, en van de kwellingen zijns harten, dien hij is bearbeidende onder de zon?

²³Want al zijn dagen zijn smarten, en zijn bezigheid is verdriet; zelfs des nachts rust zijn hart niet. Datzelve is ook ijdelheid.

²⁴Is het dan niet goed voor den mens, dat hij ete en drinke, en dat hij zijn ziel het goede doe genieten in zijn arbeid? Ik heb ook gezien, dat zulks van de hand Gods is.

²⁵(Want wie zou er van eten, of wie zou zich daartoe haasten, meer dan ik zelf?)

²⁶Want Hij geeft wijsheid, en wetenschap, en vreugde den mens, die goed is voor Zijn aangezicht; maar den zondaar geeft Hij bezigheid om te verzamelen en te vergaderen, opdat Hij het geve dien, die goed is voor Gods aangezicht. Dit is ook ijdelheid en kwelling des geestes.

Hoofdstuk 3

¹Alles heeft een bestemden tijd, en alle voornemen onder den hemel heeft zijn tijd.

²Er is een tijd om geboren te worden, en een tijd om te sterven; een tijd om te planten, en een tijd om het geplante uit te roeien;

³Een tijd om om te doden, en een tijd om te genezen; een tijd om af te breken, en een tijd om te bouwen;

⁴Een tijd om te wenen, en een tijd om te lachen; een tijd om te kermen, en een tijd om op te springen;

⁵Een tijd om stenen weg te werpen, en een tijd om stenen te vergaderen; een tijd om te omhelzen, en een tijd om verre te zijn van omhelzen;

⁶Een tijd om te zoeken, en een tijd om verloren te laten gaan; een tijd om te bewaren, en een tijd om weg te werpen;

⁷Een tijd om te scheuren, en een tijd om toe te naaien; een tijd om te zwijgen, en een tijd om te spreken;

⁸Een tijd om lief te hebben, en een tijd om te haten; een tijd van oorlog, en een tijd van vrede.

⁹Wat voordeel heeft hij, die werkt, van hetgeen hij arbeidt?

¹⁰Ik heb gezien de bezigheid, die God den kinderen der mensen gegeven heeft, om zichzelven daarmede te bekommeren.

¹¹Hij heeft ieder ding schoon gemaakt op zijn tijd; ook heeft Hij de eeuw in hun hart gelegd, zonder dat een mens het werk, dat God gemaakt heeft, kan uitvinden, van het begin tot het einde toe.

¹²Ik heb gemerkt, dat er niets beters voor henlieden is, dan zich te verblijden, en goed te doen in zijn leven.

¹³Ja ook, dat ieder mens ete en drinke, en het goede geniete van al zijn arbeid, Dit is een gave Gods.

¹⁴Ik weet, dat al wat God doet, dat zal in der eeuwigheid zijn, en er is niet toe te doen, noch is er af te doen; en God doet dat, opdat men vreze voor Zijn aangezicht.

¹⁵Hetgeen geweest is, dat is nu, en wat wezen zal, dat is alrede geweest; en God zoekt het weggedrevene.

¹⁶Verder heb ik ook gezien onder de zon, ter plaatse des gerichts, aldaar was goddeloosheid; en ter plaatse der gerechtigheid, aldaar was goddeloosheid.

¹⁷Ik zeide in mijn hart: God zal den rechtvaardige en den goddeloze oordelen; want aldaar is de tijd voor alle voornemen, en over alle werk.

¹⁸Ik zeide in mijn hart van de positie der mensenkinderen, dat God hen zal verklaren, en dat zij zullen zien, dat zij als de beesten zijn aan zichzelven.

¹⁹Want wat den kinderen der mensen wedervaart, dat wedervaart ook den beesten; en enerlei wedervaart hun beiden; gelijk die sterft, alzo sterft deze, en zij allen hebben enerleiadem, en de uitnemendheid der mensen boven de beesten is geen; want allen zijn zij ijdelheid.

²⁰Zij gaan allen naar een plaats; zij zijn allen uit het stof, en zij keren allen weder tot het stof.

²¹Wie merkt, dat de adem van de kinderen der mensen opvaart naar boven, en de adem der beesten nederwaarts vaart in de aarde?

²²Dies ik gezien heb, dat er niets beters is, dan dat de mens zich verblijde in zijn werken, want dat is zijn deel; want wie zal hem daarhenen brengen, dat hij ziet, hetgeen na hemgeschieden zal?

Hoofdstuk 4

¹Daarna wende ik mij, en zag aan al de onderdrukkingen, die onder de zon geschieden; en ziet, er waren de tranen der verdrukten, en dergenen, die geen trooster hadden; enaan de zijde hunner verdrukkers was macht, zij daarentegen hadden geen vertrooster.

²Dies prees ik de doden, die alrede gestorven waren, boven de levenden, die tot nog toe levend zijn.

³Ja, hij is beter dan die beiden, die nog niet geweest is, die niet gezien heeft het boze werk, dat onder de zon geschiedt.

⁴Verder zag ik al den arbeid en alle geschikkelijkheid des werks, dat het den mens nijd van zijn naaste aanbrengt. Dat is ook ijdelheid en kwelling des geestes.

⁵De zot vouwt zijn handen samen, en eet zijn eigen vlees.

⁶Een hand vol met rust is beter, dan beide de vuisten vol met arbeid en kwelling des geestes.

⁷Ik wendde mij wederom, en ik zag een ijdelheid onder de zon;

⁸Daar is er een, en geen tweede; hij heeft ook geen kind, noch broeder; nochtans is van al zijn arbeid geen einde; ook wordt zijn oog niet verzadigd van den rijkdom, en zegt niet:Voor wien arbeide ik toch, en doe mijn ziel gebrek hebben van het goede? Dit is ook ijdelheid, en het is een moeilijke bezigheid.

⁹Twee zijn beter dan een; want zij hebben een goede beloning van hun arbeid;

¹⁰Want indien zij vallen, de een richt zijn metgezel op; maar wee den ene, die gevallen is, want er is geen tweede om hem op te helpen.

¹¹Ook, indien twee te zamen liggen, zo hebben zij warmte; maar hoe zou een alleen warm worden?

¹²En indien iemand den een mocht overweldigen, zo zullen de twee tegen hem bestaan; en een drievoudig snoer wordt niet haast gebroken.

¹³Beter is een arm en wijs jongeling, dan een oud en zot koning, die niet weet van meer vermaand te worden.

¹⁴Want een komt uit het gevangenhuis, om koning te zijn; daar ook een, die in zijn koninkrijk geboren is, verarmt.

¹⁵Ik zag al de levenden wandelen onder de zon, met de jongeling, den tweede, die in diens plaats staan zal.

¹⁶Er is geen einde van al het volk, van allen, die voor hen geweest zijn; de nakomelingen zullen zich ook over hem niet verblijden; gewisselijk, dat is ook ijdelheid en kwelling desgeestes.

¹⁷Bewaar uw voet, als gij tot het huis Gods ingaat, en zijt liever nabij om te horen, dan om der zotten slachtoffer te geven; want zij weten niet, dat zij kwaad doen.

Hoofdstuk 5

¹Wees niet te snel met uw mond, en uw hart haaste niet een woord voort te brengen voor Gods aangezicht; want God is in den hemel, en gij zijt op de aarde; daarom laat uwwoorden weinig zijn.

²Want gelijk de droom komt door veel bezigheid, alzo de stem des zots door de veelheid der woorden.

³Wanneer gij een gelofte aan God zult beloofd hebben, stel niet uit dezelve te betalen; want Hij heeft geen lust aan zotten; wat gij zult beloofd hebben, betaal het.

⁴Het is beter, dat gij niet belooft, dan dat gij belooft en niet betaalt.

⁵Laat uw mond niet toe, dat hij uw vlees zou doen zondigen; en zeg niet voor het aangezicht des engels, dat het een dwaling was; waarom zou God grotelijks toornen, om uwerstemme wille, en verderven het werk uwer handen?

⁶Want gelijk in de veelheid der dromen ijdelheden zijn, alzo in veel woorden; maar vrees gij God!

⁷Indien gij de onderdrukking des armen, en de beroving des gerichts en der gerechtigheid ziet in een landschap, verwonder u niet over zulk een voornemen; want die hoger isdan de hoge, neemt er acht op; en daar zijn hogen boven henlieden.

⁸Het voordeel des aardrijks is voor allen: de koning zelfs wordt van het veld gediend.

⁹Die het geld liefheeft, wordt van het geld niet zat; en wie den overvloed liefheeft, wordt van het inkomen niet zat. Dit is ook ijdelheid.

¹⁰Waar het goed vermenigvuldigt, daar vermenigvuldigen ook die het eten; wat nuttigheid hebben dan de bezitters daarvan, dan het gezicht hunner ogen?

¹¹De slaap des arbeiders is zoet, hij hebbe weinig of veel gegeten; maar de zatheid des rijken laat hem niet slapen.

¹²Er is een kwaad, dat krankheid aanbrengt, hetwelk ik zag onder de zon: rijkdom van zijn bezitters bewaard tot hun eigen kwaad.

¹³Of de rijkdom zelf vergaat door een moeilijke bezigheid; en hij gewint een zoon, en er is niet met al in zijn hand.

¹⁴Gelijk als hij voortgekomen is uit zijner moeders buik, alzo zal hij naakt wederkeren, gaande gelijk hij gekomen was; en hij zal niet medenemen van zijn arbeid, dat hij met zijnhand zou wegdragen.

¹⁵Daarom is dit ook een kwaad, dat krankheid aanbrengt; dat hij in alle manier, gelijk hij gekomen is, alzo heengaat; en wat voordeel is het hem, dat hij in den wind gearbeidheeft?

¹⁶Dat hij ook alle dagen in duisternis gegeten heeft; en dat hij veel verdriets gehad heeft, ook zijn krankheid, en onstuimigen toorn?

¹⁷Ziet, wat ik gezien heb, een goede zaak, die schoon is: te eten en te drinken, en te genieten het goede van al zijn arbeid, die hij bearbeid heeft onder de zon, gedurende het getalder dagen zijns levens, hetwelk God hem geeft; want dat is zijn deel.

¹⁸Ook een iegelijk mens, aan denwelken God rijkdom en goederen gegeven heeft, en Hij geeft hem de macht, om daarvan te eten, en om zijn deel te nemen, en om zich teverheugen van zijn arbeid, datzelve is een gave van God.

¹⁹Want hij zal niet veel gedenken aan de dagen zijns levens, dewijl hem God hem verhoort in de blijdschap zijns harten.

Hoofdstuk 6

¹Er is een kwaad, dat ik gezien heb onder de zon, en het is veel onder de mensen:

²Een man, denwelken God gegeven heeft rijkdom, en goederen, en eer; en hij heeft voor zijn ziel aan geen ding gebrek, van alles wat hij begeert; en God geeft hem de machtniet, om daarvan te eten, maar dat een vreemd man dat opeet. Dit is ook ijdelheid en een kwade smart.

³Indien een man honderd kinderen gewon, en vele jaren leefde, zodat de dagen zijner jaren veel waren, doch zijn ziel niet verzadigd werd van het goed, en hij ook geenbegrafenis had; ik zeg, dat een misdracht beter is dan hij.

⁴Want met ijdelheid komt zij, en in duisternis gaat zij weg, en met duisternis wordt haar naam bedekt.

⁵Ook heeft zij de zon niet gezien, noch bekend; zij heeft meer rust dan hij.

⁶Ja, al leefde hij schoon tweemaal duizend jaren, en het goede niet zag; gaan zij niet allen naar een plaats?

⁷Al de arbeid des mensen is voor zijn mond; en nochtans wordt de begeerlijkheid niet vervuld.

⁸Want wat heeft de wijze meer dan de zot? Wat heeft de arme meer, die voor de levenden weet te wandelen?

⁹Beter is het aanzien der ogen, dan het wandelen der begeerlijkheid. Dit is ook ijdelheid en kwelling des geestes.

¹⁰Wat ook iemand zij, alrede is zijn naam genoemd, en het is bekend, dat hij een mens is; en dat hij niet kan rechten met dien, die sterker is dan hij.

¹¹Voorwaar, er zijn veel dingen, die de ijdelheid vermeerderen; wat heeft de mens te meer daarvan?

¹²Want wie weet, wat goed is voor den mens in dit leven, gedurende het getal der dagen van het leven zijner ijdelheid, welke hij doorbrengt als een schaduw? Want wie kan denmens aanzeggen, wat na hem wezen zal onder de zon?

Hoofdstuk 7

¹Beter is een goede naam, dan goede olie, en de dag des doods, dan de dag dat iemand geboren wordt.

²Het is beter te gaan in het klaaghuis, dan te gaan in het huis des maaltijds; want in hetzelve is het einde aller mensen, en de levende legt het in zijn hart.

³Het treuren is beter dan het lachen; want door de droefheid des aangezichts wordt het hart gebeterd.

⁴Het hart der wijzen is in het klaaghuis; maar het hart der zotten in het huis der vreugde.

⁵Het is beter te horen het bestraffen des wijzen, dan dat iemand hore het gezang der dwazen.

⁶Want gelijk het geluid der doornen onder een pot is, alzo is het lachen eens zots. Dit is ook ijdelheid.

⁷Voorwaar, de onderdrukking zou wel een wijze dol maken; en het geschenk verderft het hart.

⁸Het einde van een ding is beter dan zijn begin; de lankmoedige is beter dan de hoogmoedige.

⁹Zijt niet haastig in uw geest om te toornen; want de toorn rust in den boezem der dwazen.

¹⁰Zeg niet: Wat is er, dat de vorige dagen beter geweest zijn, dan deze? Want gij zoudt naar zulks niet uit wijsheid vragen.

¹¹De wijsheid is goed met een erfdeel; en degenen, die de zon aanschouwen, hebben voordeel daarvan.

¹²Want de wijsheid is tot een schaduw, en het geld is tot een schaduw; maar de uitnemendheid der wetenschap is, dat de wijsheid haar bezitters het leven geeft.

¹³Aanmerk het werk Gods; want wie kan recht maken, dat Hij krom gemaakt heeft?

¹⁴Geniet het goede ten dage des voorspoeds, maar ten dage des tegenspoeds, zie toe; want God maakt ook den een tegenover den ander, ter oorzake dat de mens niet zou vinden iets, dat na hem zal zijn.

¹⁵Dit alles heb ik gezien in de dagen mijner ijdelheid; er is een rechtvaardige, die in zijn gerechtigheid omkomt; daarentegen is er een goddeloze, die in zijn boosheid zijn dagen verlengt.

¹⁶Wees niet al te rechtvaardig, noch houd uzelven al te wijs; waarom zoudt gij verwoesting over u brengen?

¹⁷Wees niet al te goddeloos, noch wees al te dwaas; waarom zoudt gij sterven buiten uw tijd?

¹⁸Het is goed, dat gij daaraan vasthoudt, en trek ook uw hand van dit niet af; want die God vreest, dien ontgaat dat al.

¹⁹De wijsheid versterkt den wijze meer dan tien heerschappers, die in een stad zijn.

²⁰Voorwaar, er is geen mens rechtvaardig op aarde, die goed doet, en niet zondigt.

²¹Geef ook uw hart niet tot alle woorden, die men spreekt, opdat gij niet hoort, dat uw knecht u vloekt.

²²Want uw hart heeft ook veelmalen bekend, dat gij ook anderen gevloekt hebt.

²³Dit alles heb ik met wijsheid verzocht; ik zeide: Ik zal wijsheid bekomen, maar zij was nog verre van mij.

²⁴Hetgeen verre af is, en zeer diep, wie zal dat vinden?

²⁵Ik keerde mij om, en mijn hart, om te weten, en om na te sporen, en te zoeken wijsheid en een sluitrede; en om te weten de goddeloosheid der zotheid, en de dwaasheid der onzinnigheden.

²⁶En ik vond een bitterder ding, dan de dood: een vrouw, welker hart netten en garen, en haar handen banden zijn; wie goed is voor Gods aangezicht, zal van haar ontkomen; daarentegen de zondaar zal van haar gevangen worden.

²⁷Ziet, dit heb ik gevonden, zegt de prediker, het ene bij het andere, om de sluitrede te vinden;

²⁸Dewelke mijn ziel nog zoekt, maar ik heb haar niet gevonden: een man uit duizend heb ik gevonden; maar een vrouw onder die allen heb ik niet gevonden.

²⁹Alleenlijk ziet, dit heb ik gevonden, dat God den mens recht gemaakt heeft, maar zij hebben veel vonden gezocht.

Hoofdstuk 8

¹Wie is gelijk de wijze, en wie weet de uitlegging der dingen? De wijsheid der mensen verlicht zijn aangezicht, en de stuursheid zijns aangezichts wordt daardoor veranderd.

²Ik zeg: Neem acht op de mond des konings; doch naar de gelegenheid van den eed Gods.

³Haast u niet weg te gaan van zijn aangezicht; blijf niet staande in een kwade zaak; want al wat hem lust, doet hij.

⁴Waar het woord des konings is, daar is heerschappij; en wie zal tot hem zeggen: Wat doet gij?

⁵Wie het gebod onderhoudt, zal niets kwaads gewaar worden; en het hart eens wijzen zal tijd en wijze weten.

⁶Want een ieder voornemen heeft tijd en wijze, dewijl het kwaad des mensen veel is over hem.

⁷Want hij weet niet, wat er geschieden zal; want wie zal het hem te kennen geven, wanneer het geschieden zal?

⁸Er is geen mens, die heerschappij heeft over den geest, om den geest in te houden; en hij heeft geen heerschappij over den dag des doods; ook geen geweer in dezen strijd; ook zal de goddeloosheid haar meesters niet verlossen.

⁹Dit alles heb ik gezien, toen ik mijn hart begaf tot alle werk, dat onder de zon geschiedt: er is een tijd, dat de ene mens over den anderen mens heerst, hem ten kwade.

¹⁰Alzo heb ik ook gezien de goddelozen, die begraven waren, en degenen, die kwamen, en uit de plaats des Heiligen gingen, die werden vergeten in die stad, in dewelke zij rechtgedaan hadden. Dit is ook ijdelheid.

¹¹Omdat niet haastelijk het oordeel over de boze daad geschiedt, daarom is het hart van de kinderen der mensen in hen vol om kwaad te doen.

¹²Hoewel een zondaar honderd maal kwaad doet, en God hem de dagen verlengt; zo weet ik toch, dat het dien zal welgaan, die God vrezen, die voor Zijn aangezicht vrezen.

¹³Maar den goddeloze zal het niet welgaan, en hij zal de dagen niet verlengen; hij zal zijn gelijk een schaduw, omdat hij voor Gods aangezicht niet vreest.

¹⁴Er is nog een ijdelheid, die op aarde geschiedt: dat er zijn rechtvaardigen, dien het wedervaart naar het werk der goddelozen, en er zijn goddelozen, dien het wedervaart naar het werk der rechtvaardigen. Ik zeg, dat dit ook ijdelheid is.

¹⁵Daarom prees ik de blijdschap, dewijl de mens niets beters heeft onder de zon, dan te eten, en te drinken, en blijde te zijn; want dat zal hem aankleven van zijn arbeid, de dagen zijns levens, die hem God geeft onder de zon.

¹⁶Als ik mijn hart begaf, om wijsheid te weten, en om aan te zien de bezigheid, die op de aarde geschiedt, dat men ook, des daags of des nachts, den slaap niet ziet met zijn ogen;

¹⁷Toen zag ik alle werk Gods, dat de mens niet kan uitvinden, het werk, dat onder de zon geschiedt, om hetwelk een mens arbeidt om te zoeken, maar hij zal het niet uitvinden; ja, indien ook een wijze zeide, dat hij het zou weten, zo zal hij het toch niet kunnen uitvinden.

Hoofdstuk 9

¹Zekerlijk, dit alles heb ik in mijn hart gelegd, opdat ik dit alles klaarlijk mocht verstaan, dat de rechtvaardigen, en de wijzen, en hun werken in de hand Gods zijn; ook liefde, ook haat, weet de mens niet uit al hetgeen voor zijn aangezicht is.

²Alle ding wedervaart hun, gelijk aan alle anderen; enerlei wedervaart den rechtvaardige en den goddeloze, den goede en den reine, als den onreine; zo dien, die offert, als dien, die niet offert; gelijk den goede, alzo ook den zondaar, dien, die zweert, gelijk dien, die den eed vreest.

³Dit is een kwaad onder alles, wat onder de zon geschiedt, dat enerlei ding allen wedervaart, en dat ook het hart der mensenkinderen vol boosheid is, en dat er in hun leven onzinnigheden zijn in hun hart; en daarna moeten zij naar de doden toe.

⁴Want voor dengene, die vergezelschapt is bij alle levenden, is er hoop; want een levende hond is beter dan een dode leeuw.

⁵Want de levenden weten, dat zij sterven zullen, maar de doden weten niet met al; zij hebben ook geen loon meer, maar hun gedachtenis is vergeten.

⁶Ook is alrede hun liefde, ook hun haat, ook hun nijdigheid vergaan; en zij hebben geen deel meer in deze eeuw in alles, wat onder de zon geschiedt.

⁷Ga dan heen, eet uw brood met vreugde, en drink uw wijn van goeder harte; want God heeft alrede een behagen aan uw werken.

⁸Laat uw klederen te allen tijd wit zijn, en laat op uw hoofd geen olie ontbreken.

⁹Geniet het leven met de vrouw, die gij liefhebt, al de dagen uws ijdelen levens, welke God u gegeven heeft onder de zon, al uw ijdele dagen; want dit is uw deel in dit leven, en van uw arbeid, dien gij arbeidt onder de zon.

¹⁰Alles, wat uw hand vindt om te doen, doe dat met uw macht; want er is geen werk, noch verzinning, noch wetenschap, noch wijsheid in het graf, daar gij heengaat.

¹¹Ik keerde mij, en zag onder de zon, dat de loop niet is der snellen, noch de strijd der helden, noch ook de spijs der wijzen, noch ook de rijkdom der verstandigen, noch ook degunst der welwetenden, maar tijd en toeval aan alle dezen wedervaart;

¹²Dat ook de mens zijn tijd niet weet, gelijk de vissen, die gevangen worden met het boze net; en gelijk de vogelen, die gevangen worden met den strik; gelijk die, alzo worden de kinderen der mensen verstrikt, ter bozer tijd, wanneer derzelve haastelijk over hen valt.

¹³Ook heb ik onder de zon deze wijsheid gezien, en zij was groot bij mij:

Prediker

¹⁴Er was een kleine stad, en weinig lieden waren daarin; en een groot koning kwam tegen haar, en hij omsingelde ze, en hij bouwde grote vastigheden tegen haar.

¹⁵En men vond daar een armen wijzen man in, die de stad verloste door zijn wijsheid; maar geen mens gedacht denzelven armen man.

¹⁶Toen zeide ik: Wijsheid is beter dan kracht, hoewel de wijsheid des armen veracht, en zijn woorden niet waren gehoord geweest.

¹⁷De woorden der wijzen moeten in stilheid aangehoord worden, meer dan het geroep desgenen, die over de zotten heerst.

¹⁸De wijsheid is beter dan de krijgswapenen, maar een enig zondaar verderft veel goeds.

Hoofdstuk 10

¹Een dode vlieg doet de zalf des apothekers stinken en opwellen; alzo een weinig dwaasheid een man, die kostelijk is van wijsheid en van eer.

²Het hart des wijzen is tot zijn rechterhand, maar het hart eens zots is tot zijn linkerhand.

³En ook wanneer de dwaas op den weg wandelt, zijn hart ontbreekt hem, en hij zegt tot een iegelijk, dat hij dwaas is.

⁴Als de geest des heersers tegen u oprijst, verlaat uw plaats niet; want het is medicijn, het stilt grote zonden.

⁵Er is nog een kwaad, dat ik gezien heb onder de zon, als een dwaling, die van het aangezicht des oversten voortkomt.

⁶Een dwaas wordt gezet in grote hoogheden, maar de rijken zitten in de laagte.

⁷Ik heb knechten te paard gezien, en vorsten, gaande als knechten op de aarde.

⁸Wie een kuil graaft, zal daarin vallen; en wie een muur doorbreekt, een slang zal hem bijten.

⁹Wie stenen wegdraagt, zal smart daardoor lijden; wie hout klieft, zal daardoor in gevaar zijn.

¹⁰Indien hij het ijzer heeft stomp gemaakt, en hij slijpt de snede niet, dan moet hij meerder kracht te werk stellen; maar de wijsheid is een uitnemende zaak, om iets recht temaken.

¹¹Indien de slang gebeten heeft, eer der bezwering geschied is, dan is er geen nuttigheid voor den allerwelsprekendsten bezweerder.

¹²De woorden van een wijzen mond zijn aangenaam; maar de lippen van een zot verslinden hemzelve.

¹³Het begin der woorden zijns monds is dwaasheid, en het einde zijns monds is boze dolligheid.

¹⁴De dwaas maakt wel veel woorden; maar de mens weet niet, wat het zij, dat geschieden zal; en wat na hem geschieden zal, wie zal het hem te kennen geven?

¹⁵De arbeid der zotten maakt een iegelijk van hen moede; dewijl zij niet weten naar de stad te gaan.

¹⁶Wee u, land! welks koning een kind is, en welks vorsten tot in den morgenstond eten!

¹⁷Welgelukzalig zijt gij, land! welks koning een zoon der edelen is, en welks vorsten ter rechter tijd eten, tot sterkte en niet tot drinkerij.

¹⁸Door grote luiheid verzwakt het gebint, en door slapheid der handen wordt het huis doorlekkende.

¹⁹Men maakt maaltijden om te lachen, en de wijn verheugt de levenden, en het geld verantwoordt alles.

²⁰Vloek den koning niet, zelfs in uw gedachten, en vloek den rijke niet in het binnenste uwer slaapkamer; want het gevogelte des hemels zou de stem wegvoeren, en hetgevleugelde zou het woord te kennen geven.

Hoofdstuk 11

¹Werp uw brood uit op het water, want gij zult het vinden na vele dagen.

²Geef een deel aan zeven, ja, ook aan acht; want gij weet niet, wat kwaad op de aarde wezen zal.

³Als de wolken vol geworden zijn, zo storten zij plasregen uit op de aarde; en als de boom naar het zuiden, of als hij naar het noorden valt, in de plaats, waar de boom valt, daar zalhij wezen.

⁴Wie op den wind acht geeft, die zal niet zaaien, en wie op de wolken ziet, die zal niet maaien.

⁵Gelijk gij niet weet, welke de weg des winds zij, of hoedanig de beenderen zijn in den buik van een zwangere vrouw, alzo weet gij het werk Gods niet, Die het alles maakt.

⁶Zaai uw zaad in den morgenstond, en trek uw hand des avonds niet af; want gij weet niet, wat recht wezen zal, of dit of dat, of dat die beide te zamen goed zijn zullen.

⁷Verder, het licht is zoet, en het is den ogen goed de zon te aanschouwen;

⁸Maar indien de mens veel jaren heeft, en verblijdt zich in die allen, zo laat hem ook gedenken aan de dagen der duisternis, want die zullen veel zijn; en al wat zal gekomen is, isijdelheid.

⁹Verblijd u, o jongeling! in uw jeugd, en laat uw hart zich vermaken in de dagen uwer jongelingschap, en wandel in de wegen uws harten, en in de aanschouwingen uwer ogen;maar weet, dat God, om al deze dingen, u zal doen komen voor het gericht.

¹⁰Zo doe dan de toornigheid wijken van uw hart, en doe het kwade weg van uw vlees, want de jeugd, en de jonkheid is ijdelheid.

Hoofdstuk 12

¹En gedenk aan de Schepper in de dagen uwer jongelingschap, eer dat de kwade dagen komen, en de jaren naderen, van dewelke gij zeggen zult: Ik heb geen lust in dezelve.

²Eer dan de zon, en het licht, en de maan, en de sterren verduisterd worden, en de wolken wederkomen na den regen.

³In den dag, wanneer de wachters des huizes zullen beven, en de sterke mannen zichzelven zullen krommen, en de maalsters zullen stilstaan, omdat zij minder geworden zijn, endie door de vensteren zien, verduisterd zullen worden;

⁴En de twee deuren naar de straat zullen gesloten worden, als er is een nederig geluid der maling, en hij opstaat op de stem van het vogeltje, en al de zangeressennedergebogen zullen worden.

⁵Ook wanneer zij voor de hoogte zullen vrezen, en dat er verschrikkingen zullen zijn op den weg, en de amandelboom zal bloeien, en dat de sprinkhaan zichzelven een last zalwezen, en dat de lust zal vergaan; want de mens gaat naar zijn eeuwig huis, en de rouwklagers zullen in de straat omgaan.

⁶Eer dat het zilveren koord ontketend wordt, en de gulden schaal in stukken gestoten wordt, en de kruik aan de springader gebroken wordt, en het rad aan den bornput in stukkengestoten wordt;

⁷En dat het stof wederom tot aarde keert, als het geweest is; en de geest weder tot God keert, Die hem gegeven heeft.

⁸Ijdelheid der ijdelheden, zegt de prediker; het is al ijdelheid!

⁹En voorts, dewijl de prediker wijs geweest is, zo leerde hij het volk nog wetenschap, en merkte op, en onderzocht; hij stelde vele spreuken in orde.

¹⁰De prediker zocht aangename woorden uit te vinden, en het geschrevene is recht, woorden der waarheid.

¹¹De woorden der wijzen zijn gelijk prikkelen, en gelijk nagelen, diep ingeslagen van de meesters der verzamelingen, die gegeven zijn van den enigen Herder.

¹²En wat boven dezelve is, mijn zoon! wees gewaarschuwd; van vele boeken te maken is geen einde, en veel lezens is vermoeiing des vleses.

¹³Van alles, wat gehoord is, is het einde van de zaak: Vrees God, en houd Zijn geboden, want dit betaamt allen mensen.

Hooglied

Hoofdstuk 1
¹Het Hooglied, hetwelk van Salomo is.
²Hij kusse mij met de kussen Zijns monds; want Uw uitnemende liefde is beter dan wijn.
³Uw oliën zijn goed tot reuk, Uw naam is een olie, die uitgestort wordt; daarom hebben U de maagden lief.
⁴Trek mij, wij zullen U nalopen! De Koning heeft mij gebracht in Zijn binnenkameren; wij zullen ons verheugen en in U verblijden; wij zullen Uw uitnemende liefde vermelden, meer dan den wijn; de oprechten hebben U lief.
⁵Ik ben zwart, doch liefelijk (gij dochteren van Jeruzalem!), gelijk de tenten van Kedar, gelijk de gordijnen van Salomo.
⁶Ziet mij niet aan, dat ik zwartachtig ben, omdat mij de zon heeft beschenen; de kinderen mijner moeder waren tegen mij ontstoken, zij hebben mij gezet tot een hoederin derwijngaarden. Mijn wijngaard, dien ik heb, heb ik niet gehoed.
⁷Zeg mij aan, Gij, Dien mijn ziel liefheeft, waar Gij weidt, waar Gij de kudde legert in den middag; want waarom zou ik zijn als een, die zich bedekt bij de kudden Uwermetgezellen?
⁸Indien gij het niet weet, o gij schoonste onder de vrouwen! zo ga uit op de voetstappen der schapen, en weid uw geiten bij de woningen der herderen.
⁹Mijn vriendin! Ik vergelijk u bij de paarden aan de wagens van Farao.
¹⁰Uw wangen zijn liefelijk in de spangen, uw hals in de parelsnoeren.
¹¹Wij zullen u gouden spangen maken, met zilveren stipjes.
¹²Terwijl de Koning aan Zijn ronde tafel is, geeft mijn nardus zijn reuk.
¹³Mijn Liefste is mij een bundeltje mirre, dat tussen mijn borsten vernacht.
¹⁴Mijn Liefste is mij een tros van Cyprus, in de wijngaarden van En-gedi.
¹⁵Zie, gij zijt schoon, Mijn vriendin! Zie, gij zijt schoon; uw ogen zijn duiven ogen.
¹⁶Zie, gij zijt schoon, mijn Liefste, ja, liefelijk; ook groent onze bedstede.

Hoofdstuk 2
¹Ik ben een Roos van Saron, een Lelie der dalen.
²Gelijk een lelie onder de doornen, alzo is Mijn vriendin onder de dochteren.
³Als een appelboom onder de bomen des wouds, zo is mijn Liefste onder de zonen; ik heb groten lust in Zijn schaduw, en zit er onder, en Zijn vrucht is mijn gehemelte zoet.
⁴Hij voert mij in het wijnhuis, en de liefde is Zijn banier over mij.
⁵Ondersteunt gijlieden mij met de flessen, versterkt mij met de appelen, want ik ben krank van liefde.
⁶Zijn linkerhand zij onder mijn hoofd, en Zijn rechterhand omhelze mij.
⁷Ik bezweer u, gij, dochteren van Jeruzalem! die bij de reeën, of bij de hinden des velds zijt, dat gij die liefde niet opwekt, noch wakker maakt, totdat het dezelve luste!
⁸Dat is de stem mijns Liefsten, ziet Hem, Hij komt, springende op de bergen, huppelende op de heuvelen!
⁹Mijn Liefste is gelijk een ree, of een welp der herten; ziet, Hij staat achter onzen muur, kijkende uit de vensteren, blinkende uit de traliën.
¹⁰Mijn Liefste antwoordt, en zegt tot mij: Sta op, Mijn vriendin, Mijn schone, en kom!
¹¹Want zie, de winter is voorbij, de plasregen is over, hij is overgegaan;
¹²De bloemen worden gezien in het land, de zangtijd genaakt, en de stem der tortelduif wordt gehoord in ons land.
¹³De vijgeboom brengt zijn jonge vijgjes voort, en de wijnstokken geven reuk met hun jonge druifjes. Sta op, Mijn vriendin! Mijn schone, en kom!
¹⁴Mijn duive, zijnde in de kloven der steenrotsen, in het verborgene ener steile plaats, toon Mij uw gedaante, doe Mij uw stem horen; want uw stem is zoet, en uw gedaante isliefelijk.
¹⁵Vangt gijlieden ons de vossen, de kleine vossen, die de wijngaarden verderven, want onze wijngaarden hebben jonge druifjes.
¹⁶Mijn Liefste is mijn, en ik ben Zijn, Die weidt onder de leliën.
¹⁷Totdat de dag aankomt, en de schaduwen vlieden; keer om, mijn Liefste! wordt Gij gelijk een ree, of een welp der herten, op de bergen van Bether.

Hoofdstuk 3
¹Ik zocht des nachts op mijn leger Hem, Dien mijn ziel liefheeft; ik zocht Hem, maar ik vond Hem niet; ik zeide:
²Ik zal nu opstaan, en in de stad omgaan, in de wijken en in de straten; ik zal Hem zoeken, Dien mijn ziel liefheeft; ik zocht Hem, maar ik vond Hem niet.
³De wachters, die in de stad omgingen, vonden mij: ik zeide: Hebt gij Dien gezien, Dien mijn ziel liefheeft?
⁴Toen ik een weinigje van hen weggegaan was, vond ik Hem, Dien mijn ziel liefheeft; ik hield Hem vast, en liet Hem niet gaan, totdat ik Hem in mijner moeders huis gebrachthad, en in de binnenste kamer van degene, die mij gebaard heeft.
⁵Ik bezweer u, gij dochteren van Jeruzalem! die bij de reeën of bij de hinden des velds zijt, dat gij de liefde niet opwekt, noch wakker maakt, totdat het haar luste!
⁶Wie is zij, die daar opkomt uit de woestijn, als rookpilaren, berookt met mirre en wierook, en met allerlei poeder des kruideniers?
⁷Ziet, het bed, dat Salomo heeft, daar zijn zestig helden rondom van de helden van Israël;
⁸Die altemaal zwaarden houden, geleerd ten oorlog, elk hebbende zijn zwaard aan zijn heup, vanwege den schrik des nachts.
⁹De koning Salomo heeft zich een koets gemaakt van het hout van Libanon.
¹⁰De pilaren derzelve maakte hij van zilver, haar vloer van goud, haar gehemelte van purper; het binnenste was bespreid met de liefde van de dochteren van Jeruzalem.
¹¹Gaat uit, en aanschouwt, gij, dochteren van Sion! den koning Salomo, met de kroon, waarmede Hem Zijn moeder kroonde op den dag Zijner bruiloft, en op den dag der vreugdeZijns harten.

Hoofdstuk 4
¹Zie, gij zijt schoon, Mijn vriendin! zie, gij zijt schoon; uw ogen zijn duiven ogen tussen uw vlechten; uw haar is als een kudde geiten, die het gras van den berg Gileads afscheren.
²Uw tanden zijn als een kudde schapen, die geschoren zijn, die uit de wasstede opkomen; die al te zamen tweelingen voortbrengen, en geen onder hen is jongeloos.
³Uw lippen zijn als een scharlaken snoer, en uw spraak is liefelijk; de slaap uws hoofds is als een stuk van een granaatappel tussen uw vlechten.
⁴Uw hals is als Davids toren, die gebouwd is tot ophanging van wapentuig, waar duizend rondassen aan hangen, altemaal zijnde schilden der helden.
⁵Uw twee borsten zijn gelijk twee welpen, tweelingen van een ree, die onder de leliën weiden.
⁶Totdat de dag aankomt, en de schaduwen vlieden, zal Ik gaan tot den mirreberg, en tot den wierookheuvel.
⁷Geheel zijt gij schoon, Mijn vriendin, en er is geen gebrek aan u.
⁸Bij Mij van den Libanon af, o bruid! kom bij Mij van den Libanon af; zie van den top van Amana, van den top van Senir en van Hermon, van de woningen der leeuwinnen, van debergen der luipaarden.
⁹Gij hebt Mij het hart genomen, Mijn zuster, o bruid! gij hebt Mij het hart genomen, met een van uw ogen, met een keten van uw hals.
¹⁰Hoe schoon is uw uitnemende liefde, Mijn zuster, o bruid! hoeveel beter is uw uitnemende liefde dan wijn, en de reuk uwer oliën dan alle specerijen!
¹¹Uw lippen, o bruid! druppen van honigzeem; honig en melk is onder uw tong, en de reuk uwer klederen is als de reuk van Libanon.
¹²Mijn zuster, o bruid! gij zijt een besloten hof, een besloten wel, een verzegelde fontein.
¹³Uw scheuten zijn een paradijs van granaatappelen, met edele vruchten, cyprus met nardus;
¹⁴Nardus en saffraan, kalmus en kaneel, met allerlei bomen van wierook, mirre en aloë, mitsgaders alle voornaamste specerijen.
¹⁵O fontein der hoven, put der levende wateren, die uit Libanon vloeien.
¹⁶Ontwaak, noordenwind! en kom, Gij zuidenwind! doorwaai mijn hof, dat zijn specerijen uitvloeien. O, dat mijn Liefste tot Zijn hof kwame, en ate zijn edele vruchten!

Hooglied
Hoofdstuk 5
¹Ik ben in Mijn hof gekomen, o Mijn zuster, o bruid! Ik heb Mijn mirre geplukt met Mijn specerij; Ik heb Mijn honigraten met Mijn honig gegeten; Ik heb Mijn wijn, mitsgaders Mijnmelk gedronken. Eet, vrienden! drinkt, en wordt dronken, o liefsten!

²Ik sliep, maar mijn hart waakte, de stem mijns Liefsten, Die klopte, was: Doe Mij open, Mijn zuster, Mijn vriendin, Mijn duive, Mijn volmaakte! want Mijn hoofd is vervuld metdauw, Mijn haarlokken met nachtdruppen.

³Ik heb mijn rok uitgetogen, hoe zal ik hem weder aantrekken? Ik heb mijn voeten gewassen, hoe zal ik ze weder bezoedelen?

⁴Mijn Liefste trok Zijn hand van het gat der deur; en mijn ingewand werd ontroerd om Zijnentwil.

⁵Ik stond op, om mijn Liefste open te doen; en mijn handen drupten van mirre, en mijn vingers van vloeiende mirre, op de handvaten des slots.

⁶Ik deed mijn Liefste open, maar mijn Liefste was geweken, Hij was doorgegaan; mijn ziel ging uit vanwege Zijn spreken; ik zocht Hem, maar ik vond Hem niet, ik riep Hem, dochHij antwoordde mij niet.

⁷De wachters, die in de stad omgingen, vonden mij, zij sloegen mij, zij verwondden mij; de wachters op de muren namen mijn sluier van mij.

⁸Ik bezweer u, gij dochters van Jeruzalem! indien gij mijn Liefste vindt, wat zult gij Hem aanzeggen? Dat ik krank ben van liefde.

⁹Wat is uw Liefste meer dan een ander liefste, o gij schoonste onder de vrouwen! wat is uw Liefste meer dan een ander liefste, dat gij ons zo bezworen hebt!

¹⁰Mijn Liefste is blank en rood, Hij draagt de banier boven tien duizend.

¹¹Zijn hoofd is van het fijnste goud, van het dichtste goud; Zijn haarlokken zijn gekruld, zwart als een raaf.

¹²Zijn ogen zijn als der duiven bij de waterstromen, met melk gewassen, staande als in kasjes der ringen.

¹³Zijn wangen zijn als een bed van specerijen, als welriekende torentjes; Zijn lippen zijn als leliën, druppende van vloeiende mirre.

¹⁴Zijn handen zijn als gouden ringen, gevuld met turkoois; Zijn buik is als blinkend elpenbeen, overtogen met saffieren.

¹⁵Zijn schenkelen zijn als marmeren pilaren, gegrond op voeten van het dichtste goud; Zijn gestalte is als de Libanon, uitverkoren als de cederen.

¹⁶Zijn gehemelte is enkel zoetigheid, en al wat aan Hem is, is gans begeerlijk. Zulk een is mijn Liefste; ja, zulk een is mijn Vriend, gij dochters van Jeruzalem!

Hoofdstuk 6
¹Waar is uw Liefste heengegaan, o gij schoonste onder de vrouwen? Waarheen heeft uw Liefste het aangezicht gewend, opdat wij Hem met u zoeken?

²Mijn Liefste is afgegaan in Zijn hof, tot de specerijbedden, om te weiden in de hoven, en om de leliën te verzamelen.

³Ik ben mijns Liefsten, en mijn Liefste is mijn, Die onder de leliën weidt.

⁴Gij zijt schoon, Mijn vriendin, gelijk Thirza, lieflijk als Jeruzalem, schrikkelijk als slagorden met banieren.

⁵Wend uw ogen van Mij af, want zij doen Mij geweld aan; uw haar is als een kudde geiten, die het gras van Gilead afscheren.

⁶Uw tanden zijn als een kudde schapen, die uit de wasstede opkomen, die al te zamen tweelingen voortbrengen, en onder dezelve is geen jongeloos.

⁷Uw wangen zijn als een stuk van een granaatappel tussen uw vlechten.

⁸Er zijn zestig koninginnen en tachtig bijwijven, en maagden zonder getal.

⁹Een enige is Mijn duive, Mijn volmaakte, de enige harer moeder, zij is de zuivere dergenen, die haar gebaard heeft; als de dochters haar zien, zo zullen zij haar welgelukzaligroemen, de koninginnen en de bijwijven; en zij zullen haar prijzen.

¹⁰Wie is zij, die er uitziet als de dageraad, schoon, gelijk de maan, zuiver als de zon, schrikkelijk als slagorden met banieren?

¹¹Ik ben tot den notenhof afgegaan om de groene vruchten der vallei te zien; om te zien, of de wijnstok bloeide, de granaatbomen uitbotten.

¹²Eer ik het wist, zette mij mijn ziel op de wagens van mijn vrijwillig volk.

¹³Keer weder, keer weder, o Sulammith! Keer weder, keer weder, dat wij u mogen aanzien. Wat ziet gijlieden de Sulammith aan? Zij is als een rei van twee heiren.

Hoofdstuk 7
¹Hoe schoon zijn uw gangen in de schoenen, gij prinsendochter! de omdraaiingen uwer heupen zijn als kostelijke ketens, zijnde het werk van de handen eens kunstenaars.

²Uw navel is als een ronde beker, dien geen drank ontbreekt; uw buik is als een hoop tarwe, rondom bezet met leliën.

³Uw twee borsten zijn als twee welpen, tweelingen van een ree.

⁴Uw hals is als een elpenbenen toren, uw ogen zijn als de vijvers te Hesbon, bij de poort van Bath-rabbim; uw neus is als de toren van Libanon, die tegen Damaskus ziet.

⁵Uw hoofd op u is als Karmel, en de haarband uws hoofds als purper; de koning is als gebonden op de galerijen.

⁶Hoe schoon zijt gij, en hoe liefelijk zijt gij, o liefde, in wellusten!

⁷Deze uw lengte is te vergelijken bij een palmboom, en uw borsten bij druif trossen.

⁸Ik zeide: Ik zal op den palmboom klimmen, ik zal zijn takken grijpen; zo zullen dan uw borsten zijn als druif trossen aan den wijnstok, en de reuk van uw neus als appelen.

⁹En uw gehemelte als goede wijn, die recht tot mijn Beminde gaat, doende de lippen der slapenden spreken.

¹⁰Ik ben mijns Liefsten, en Zijn genegenheid is tot mij.

¹¹Kom, mijn Liefste! laat ons uitgaan in het veld, laat ons vernachten op de dorpen.

¹²Laat ons vroeg ons opmaken naar de wijnbergen, laat ons zien, of de wijnstok bloeit, de jonge druifjes zich opendoen, de granaatappelbomen uitbotten; daar zal ik U mijnuitnemende liefde geven.

¹³De dudaim geven reuk, en aan onze deuren zijn allerlei edele vruchten, nieuwe en oude; o mijn Liefste! die heb ik voor U weggelegd.

Hoofdstuk 8
¹Och, dat Gij mij als een Broeder waart, zuigende de borsten mijner moeder! dat ik U op de straat vond, ik zou U kussen, ook zouden zij mij niet verachten.

²Ik zou U leiden, ik zou U brengen in mijner moeders huis, Gij zoudt mij leren; ik zou U van specerijwijn te drinken geven, en van het sap van mijn granaatappelen.

³Zijn linkerhand zij onder mijn hoofd, en Zijn rechterhand omhelze mij.

⁴Ik bezweer u, gij dochteren van Jeruzalem! dat gij die liefde niet opwekt, noch wakker maakt, totdat het dezelve lust!

⁵Wie is zij, die daar opklimt uit de woestijn, en liefelijk leunt op haar Liefste? Onder den appelboom heb ik u opgewekt, daar heeft uw moeder met smart voortgebracht, daarheeft zij u met smart voortgebracht, die u gebaard heeft.

⁶Zet mij als een zegel op Uw hart, als een zegel op Uw arm; want de liefde is sterk als de dood; de ijver is hard als het graf; haar kolen zijn vurige kolen, vlammen des HEEREN.

⁷Vele wateren zouden deze liefde niet kunnen uitblussen; ja, de rivieren zouden ze niet verdrinken; al gaf iemand al het goed van zijn huis voor deze liefde, men zou hem teenemale verachten.

⁸Wij hebben een kleine zuster, die nog geen borsten heeft; wat zullen wij onze zuster doen in dien dag, als men van haar spreken zal?

⁹Zo zij een muur is, wij zullen een paleis van zilver op haar bouwen; en zo zij een deur is, wij zullen haar rondom bezetten met cederen planken.

¹⁰Ik ben een muur en mijn borsten zijn als torens. Toen was ik in Zijn ogen als een, die vrede vindt.

¹¹Salomo had een wijngaard, te Baal-Hamon; hij gaf dezen wijngaard aan de hoeders, een ieder bracht voor deszelfs vrucht duizend zilverlingen.

¹²Mijn wijngaard, dien ik heb, is voor mijn aangezicht; de duizend zilverlingen zijn voor u, o Salomo! maar tweehonderd zijn voor de hoeders van deszelfs vrucht.

¹³O gij bewoonster der hoven! de metgezellen merken op uw stem; doe ze Mij horen.

Jesaja

Hoofdstuk 1

¹Het gezicht van Jesaja, den zoon van Amoz, hetwelk hij zag over Juda en Jeruzalem, in de dagen van Uzzia, Jotham, Achaz en Hizkia, de koningen van Juda.

²Hoort, gij hemelen! en neem ter ore, gij aarde! want de HEERE spreekt: Ik heb kinderen groot gemaakt en verhoogd; maar zij hebben tegen Mij overtreden.

³Een os kent zijn bezitter, en een ezel de krib zijns heren; maar Israel heeft geen kennis, Mijn volk verstaat niet.

⁴Wee het zondige volk, het volk van zware ongerechtigheid, het zaad der boosdoeners, de ververvende kinderen! Zij hebben den HEERE verlaten, zij hebben den Heilige Israelsgelasterd, zij hebben zich vervreemd, wijkende achterwaarts.

⁵Waartoe zoudt gij meer geslagen worden? Gij zoudt des afvals des te meer maken; het ganse hoofd is krank, en het ganse hart is mat.

⁶Van de voetzool af tot het hoofd toe is er niets geheels aan hetzelve; maar wonden, en striemen, en etterbuilen, die niet uitgedrukt noch verbonden zijn, en geen derzelve is metolie verzacht.

⁷Uw aardrijk is een verwoesting, uw steden zijn met het vuur verbrand; uw land verteren de vreemden in uw tegenwoordigheid, en een verwoesting is er, als een omkering door devreemden.

⁸En de dochter van Sion is overgebleven als een hutje in den wijngaard, als een nachthutje in den komkommerhof als een belegerde stad.

⁹Zo niet de HEERE der heirscharen ons nog een weinig overblijfsel had gelaten, als Sodom zouden wij geworden zijn; wij zouden Gomorra gelijk zijn geworden.

¹⁰Hoort des HEEREN woord, gij oversten van Sodom! neemt ter ore de wet onzes Gods, gij volk van Gomorra!

¹¹Waartoe zal Mij zijn de veelheid uwer slachtoffers? zegt de HEERE; Ik ben zat van de brandoffers der rammen, en het smeer der vette beesten, en heb geen lust aan het bloedder varren, noch der lammeren, noch der bokken.

¹²Wanneer gijlieden voor Mijn aangezicht komt te verschijnen, wie heeft zulks van uw hand geeist, dat gij Mijn voorhoven betreden zoudt?

¹³Brengt niet meer vergeefs offer, het reukwerk is Mij een gruwel; de nieuwe maanden, en sabbatten, en het bijeenroepen der vergaderingen vermag Ik niet, het isongerechtigheid, zelfs de verbodsdagen.

¹⁴Uw nieuwe maanden en uw gezette hoogtijden haat Mijn ziel, zij zijn Mij tot een last; Ik ben moede geworden, die te dragen.

¹⁵En als gijlieden uw handen uitbreidt, verberg Ik Mijn ogen voor u; ook wanneer gij het gebed vermenigvuldigt, hoor Ik niet; want uw handen zijn vol bloed.

¹⁶Wast u, reinigt u, doet de boosheid uwer handelingen van voor Mijn ogen weg, laat af van kwaad te doen.

¹⁷Leert goed doen, zoekt het recht, helpt den verdrukte, doet den wees recht, handelt de twistzaak der weduwe.

¹⁸Komt dan, en laat ons samen rechten, zegt de HEERE; al waren uw zonden als scharlaken, zij zullen wit worden als sneeuw, al waren zij rood als karmozijn, zij zullen worden alswitte wol.

¹⁹Indien gijlieden willig zijt en hoort, zo zult gij het goede dezes lands eten.

²⁰Maar indien gij weigert, en wederspannig zijt, zo zult gij van het zwaard gegeten worden; want de mond des HEEREN heeft het gesproken.

²¹Hoe is de getrouwe stad tot een hoer geworden! Zij was vol recht, gerechtigheid herbergde daarin, maar nu doodslagers.

²²Uw zilver is geworden tot schuim; uw wijn is vermengd met water.

²³Uw vorsten zijn afvalligen, en metgezellen der dieven, een ieder van hen heeft de geschenken lief, en zij jagen de vergeldingen na; den wezen doen zij geen recht, en detwistzaak der weduwen komt voor hen niet.

²⁴Daarom spreekt de Heere, HEERE der heirscharen, de Machtige Israels: O wee! Ik zal Mij troosten van Mijn wederpartijders. Ik zal Mij wreken van Mijn vijanden.

²⁵En Ik zal Mijn hand tegen u keren, en Ik zal uw schuim op het allerreinste afzuiveren, en Ik zal al uw tin wegnemen.

²⁶En Ik zal u uw rechters wedergeven, als in het eerste, en uw raadslieden als in den beginne; daarna zult gij een stad der gerechtigheid, een getrouwe stad, genoemd worden.

²⁷Sion zal door recht verlost worden, en haar wederkerenden door gerechtigheid.

²⁸Maar er zal verbreking zijn der overtreders, en der zondaars te zamen; en die den HEERE verlaten, zullen omkomen.

²⁹Want zij zullen beschaamd worden om der eiken wil, die gijlieden begeerd hebt, en gij zult schaamrood worden, om der hoven wil, die gij verkoren hebt.

³⁰Want gij zult zijn als een eik, welks bladeren afvallen, en als een hof, die geen water heeft.

Hoofdstuk 2

¹Het woord, dat Jesaja, de zoon van Amoz, gezien heeft over Juda en Jeruzalem.

²En het zal geschieden in het laatste der dagen, dat de berg van het huis des HEEREN zal vastgesteld zijn op den top der bergen, en dat hij zal verheven worden boven deheuvelen, en tot denzelven zullen alle heidenen toevloeien.

³En vele volken zullen heengaan en zeggen: Komt, laat ons opgaan tot den berg des HEEREN, tot het huis van den God Jakobs, opdat Hij ons lere van Zijn wegen, en dat wijwandelen in Zijn paden; want uit Sion zal de wet uitgaan, en des HEEREN woord uit Jeruzalem.

⁴En Hij zal rechten onder de heidenen, en bestraffen vele volken; en zij zullen hun zwaarden slaan tot spaden, en hun spiesen tot sikkelen; het ene volk zal tegen het andere volkgeen zwaard opheffen, en zij zullen geen oorlog meer leren.

⁵Komt, gij huis van Jakob, en laat ons wandelen in het licht des HEEREN.

⁶Maar Gij hebt Uw volk, het huis van Jakob, verlaten, want zij zijn vervuld met goddeloosheid, meer dan het oosten, en zij zijn guichelaars gelijk de Filistijnen, en aan de kinderender vreemden tonen zij hun behagen.

⁷En hun land is vervuld met zilver en goud, en hunner schatten is geen einde; hun land is ook vervuld met paarden, en hunner wagenen is geen einde.

⁸Ook is hun land vervuld met afgoden; voor het werk hunner handen buigen zij zich neder, voor hetgeen hun vingeren gemaakt hebben.

⁹Daar bukt zich de gemene man, en de aanzienlijke man vernedert zich; daarom zult Gij het hun niet vergeven.

¹⁰Ga in den rotssteen, en verberg u in het stof, vanwege den schrik des HEEREN, en om de heerlijkheid Zijner majesteit.

¹¹De hoge ogen de mensen zullen vernederd worden, en de hoogheid der mannen zal nedergebogen worden; en de HEERE alleen zal in dien dag verheven zijn.

¹²Want de dag des HEEREN der heirscharen zal zijn tegen allen hovaardige en hoge, en tegen allen verhevene, opdat hij vernederd worde;

¹³En tegen alle hoge en verhevene cederen van Libanon, en tegen alle eiken van Basan;

¹⁴En tegen alle hoge bergen, en tegen alle verhevene heuvelen;

¹⁵En tegen allen hogen toren, en tegen allen vasten muur;

¹⁶En tegen alle schepen van Tarsis, en tegen alle gewenste schilderijen.

¹⁷En de hoogheid der mensen zal gebogen, en de hoogheid der mannen zal vernederd worden; en de HEERE alleen zal in die dag verheven zijn.

¹⁸En elkeen der afgoden zal ganselijk vergaan.

¹⁹Dan zullen zij in de spelonken der rotsstenen gaan, en in de holen der aarde, vanwege den schrik des HEEREN, en vanwege de heerlijkheid Zijner majesteit, wanneer Hij Zichopmaken zal, om de aarde te verschrikken.

²⁰In dien dag zal de mens zijn zilveren afgoden, en zijn gouden afgoden, welke zij zich gemaakt hadden, om zich daarvoor neder te buigen, wegwerpen voor de mollen en devledermuizen;

²¹Gaande in de reten der rotsen en in de kloven der steenrotsen, vanwege den schrik des HEEREN, en vanwege de heerlijkheid Zijner majesteit, wanneer Hij Zich opmaken zal, om de aarde geweldiglijk te verschrikken.

²²Laat gijlieden dan af van den mens, wiens adem in zijn neus is, want waarin is hij te achten?

Jesaja

Hoofdstuk 3

¹Want ziet, de Heere, HEERE der heirscharen, zal van Jeruzalem en van Juda wegnemen den stok en den staf, allen stok des broods, en allen stok des waters;

²Den held en den krijgsman, den rechter en den profeet, en den waarzegger, en den oude;

³Den overste van vijftig, en den aanzienlijke, en den raadsman, en den wijze onder de werkmeesters, en dien, die kloek ter tale is.

⁴En Ik zal jongelingen stellen tot hun vorsten, en kinderen zullen over hen heersen;

⁵En het volk zal gedrongen worden, de een zal zijn tegen den ander, en een iegelijk tegen zijn naaste; de jongeling zal stout zijn tegen den oude, de verachte tegen den eerlijke.

⁶Wanneer iemand zijn broeder uit het huis zijns vaders zal aangrijpen, zeggende: Gij hebt een kleed, wees ons ten overste, laat toch dezen aanstoot onder uw hand wezen;

⁷Zo zal hij in dien dag zijn hand opheffen, zeggende: Ik kan geen heelmeester wezen; er is ook geen brood en geen kleed in mijn huis; zet mij niet tot een overste des volks.

⁸Want Jeruzalem heeft aangestoten, en Juda is gevallen, dewijl hun tong en handelingen tegen den HEERE zijn, om de ogen Zijner heerlijkheid te verbitteren.

⁹Het gelaat huns aangezichts getuigt tegen hen, en hun zonden spreken zij vrij uit, gelijk Sodom; zij verbergen ze niet. Wee hunlieder ziel; want zij doen zichzelven kwaad.

¹⁰Zegt den rechtvaardige, dat het hem wel gaan zal; dat zij de vrucht hunner werken zullen eten.

¹¹Wee den goddeloze, het zal hem kwalijk gaan, want de vergelding zijner handen zal hem geschieden.

¹²De drijvers Mijns volks zijn kinderen, en vrouwen heersen over hetzelve. O Mijn volk! die u leiden, verleiden u, en den weg uwer paden slokken zij in.

¹³De HEERE stelt Zich om te pleiten, en Hij staat, om de volken te richten.

¹⁴De HEERE komt ten gerichte tegen de oudsten Zijns volks en deszelfs vorsten, want gijlieden hebt dezen wijngaard verteerd; de roof des ellendigen is in uwe huizen.

¹⁵Wat is ulieden, dat gij Mijn volk verbrijzelt, en de aangezichten der ellendigen vermaalt? spreekt de Heere, HEERE der heirscharen.

¹⁶Verder zegt de HEERE: Daarom dat de dochteren van Sion zich verheffen, en gaan met uitgestrekten hals, en lonken met de ogen, al gaande en trippelende daarhenen treden, en alsof haar voeten gebonden waren.

¹⁷Zo zal de HEERE den schedel der dochteren van Sion schurftig maken, en de HEERE zal haar schaamte ontbloten.

¹⁸Ten zelfden dage zal de HEERE wegnemen het sieraad der kousebanden, en de netjes, en de maantjes.

¹⁹De reukdoosjes, en de kleine ketentjes, en de glinsterende kledingen,

²⁰De hoofdkroning, en de armversierselen, en de bindselen, en de reukballetjes, en de oorringen,

²¹De ringen en de voorhoofdsierselen,

²²De wisselklederen, en de manteltjes, en de hoedjes, en de buidels,

²³De spiegels, en de fijn-linnen deksels, en de hulledoeken, en de sluiers.

²⁴En het zal geschieden, dat er voor specerij stank zal zijn, en lossigheid voor een gordel, en kaalheid in plaats van haarvlechten, en omgording eens zaks in plaats van een wijdenrok, en verbranding in plaats van schoonheid.

²⁵Uw mannen zullen door het zwaard vallen, en uw helden in den strijd.

²⁶En haar poorten zullen treuren, en leed dragen, en zij zal, ledig gemaakt zijnde, op de aarde zitten.

Hoofdstuk 4

¹En te dien dage zullen zeven vrouwen een man aangrijpen, zeggende: Ons brood zullen wij eten, en met onze klederen zullen wij bekleed zijn, laat ons alleenlijk naar uw naam genoemd worden, neem onze smaadheid weg.

²Te dien dage zal des HEEREN SPRUIT zijn tot sieraad en tot heerlijkheid, en de vrucht der aarde tot voortreffelijkheid en tot versiering dengenen, die het ontkomen zullen in Israel.

³En het zal geschieden, dat de overgeblevene in Sion, en de overgelatene in Jeruzalem zal heilig geheten worden, een iegelijk, die geschreven is ten leven te Jeruzalem;

⁴Als de Heere zal afgewassen hebben den drek der dochteren van Sion, en de bloedschulden van Jeruzalem zal verdreven hebben uit derzelver midden, door den Geest des oordeels, en door den Geest der uitbranding.

⁵En de HEERE zal over alle woning van den berg Sions, en over haar vergaderingen, scheppen een wolk des daags, en een rook, en den glans eens vlammenden vuurs desnachts; want over alles wat heerlijk is, zal een beschutting wezen.

⁶En daar zal een hut zijn tot een schaduw des daags tegen de hitte, en tot een toevlucht, en tot een verberging tegen den vloed en tegen den regen.

Hoofdstuk 5

¹Nu zal ik mijn Beminde een lied mijns Liefsten zingen van Zijn wijngaard; Mijn Beminde heeft een wijngaard op een vetten heuvel.

²En Hij heeft dien omtuind, en van stenen gezuiverd, en Hij heeft hem beplant met edele wijnstokken; en Hij heeft in deszelfs midden een toren gebouwd, en ook een wijnbak daarin uitgehouwen; en Hij heeft verwacht, dat hij goede druiven zou voortbrengen, maar hij heeft stinkende druiven voortgebracht.

³Nu dan, gij inwoners van Jeruzalem, en gij mannen van Juda, oordeelt toch tussen Mij en tussen Mijn wijngaard.

⁴Wat is er meer te doen aan Mijn wijngaard, hetwelk Ik aan hem niet gedaan heb? Waarom heb Ik verwacht, dat hij goede druiven voortbrengen zou, en hij heeft stinkende druiven voortgebracht?

⁵Nu dan, Ik zal ulieden nu bekend maken, wat Ik Mijn wijngaard doen zal; Ik zal zijn tuin wegnemen, opdat hij zij tot afweiding; zijn muur zal Ik verscheuren, opdat hij zij tot vertreding.

⁶En Ik zal hem tot woestheid maken; hij zal niet besnoeid, noch omgehakt worden, maar distelen en doornen zullen daarin opgaan; en Ik zal den wolken gebieden, dat zij geen regen daarop regenen.

⁷Want de wijngaard van den HEERE der heirscharen is het huis van Israel, en de mannen van Juda zijn een plant Zijner verlustigingen; en Hij heeft gewacht naar recht, maar ziet, het is schurftheid, naar gerechtigheid, maar ziet, het is geschreeuw.

⁸Wee dengenen, die huis aan huis trekken, akker aan akker brengen, totdat er geen plaats meer zij, en dat gijlieden alleen inwoners gemaakt wordt in het midden des lands!

⁹Voor mijn oren heeft de HEERE der heirscharen gesproken: Zo niet vele huizen tot verwoesting zullen worden, de grote en de treffelijke zonder inwoner!

¹⁰Ja, tien bunderen wijngaards zullen een enig bath geven, en een homer zaads zal een efa geven.

¹¹Wee dengenen, die, zich vroeg opmakende in den morgenstond, sterken drank najagen, en vertoeven tot in de schemering, totdat de wijn hen heeft verhit!

¹²En harpen en luiten, trommelen en pijpen, en wijn zijn in hun maaltijden; maar zij aanschouwen het werk des HEEREN niet, en zij zien niet op het maaksel Zijner handen.

¹³Daarom zal mijn volk gevankelijk weggevoerd worden, omdat het geen wetenschap heeft; en deszelfs heerlijken zullen honger lijden, en hun menigte zal verdorren van dorst.

¹⁴Daarom zal het graf zichzelf wijd opensperren, en zijn mond opendoen, zonder maat; opdat nederdale haar heerlijkheid, en haar menigte, met haar gedruis, en die in haar van vreugde opspringt.

¹⁵Dan zal de gemene man nedergebogen worden, en de aanzienlijke man zal vernederd worden, en de ogen der hovaardigen zullen vernederd worden.

¹⁶Doch de HEERE der heirscharen zal verhoogd worden door het recht; en God, die Heilige, zal geheiligd worden door gerechtigheid.

¹⁷En de lammeren zullen weiden naar hun wijze, en de vreemdelingen zullen de woeste plaatsen der vetten eten.

¹⁸Wee dengenen, die de ongerechtigheid trekken met koorden der ijdelheid, en de zonde als met dikke wagenzelen!

¹⁹Die daar zeggen: Dat Hij haaste, dat Hij Zijn werk bespoedige, opdat wij het zien; en laat naderen en komen den raadslag des Heiligen van Israel, dat wij het vernemen!

²⁰Wee dengenen, die het kwade goed heten, en het goede kwaad; die duisternis tot licht stellen, en het licht tot duisternis; die het bittere tot zoet stellen, en het zoete tot bitterheid!

²¹Wee dengenen, die in hun ogen wijs, en bij zichzelven verstandig zijn!

²²Wee dengenen, die helden zijn om wijn te drinken, en die kloeke mannen zijn om sterken drank te mengen!

²³Die den goddeloze rechtvaardigen om een geschenk, en de gerechtigheid der rechtvaardigen van dezelven afwenden.

²⁴Daarom, gelijk de tong des vuurs den stoppel verteert, en het kaf door de vlam verdaan wordt, alzo zal hun wortel als een uittering

wezen; en hun bloem zal als stof opvaren;omdat zij verwerpen de wet des HEEREN der heirscharen, en de rede des Heiligen van Israel versmaden.

²⁵Daarom is de toorn des HEEREN ontstoken tegen Zijn volk, en Hij heeft tegen hetzelve Zijn hand uitgestrekt, en Hij heeft het geslagen, zodat de bergen hebben gebeefd, en hundode lichamen zijn geworden als drek in het midden der straten. Om dit alles keert zich Zijn toorn niet af, maar Zijn hand is nog uitgestrekt.

²⁶Want Hij zal een banier opwerpen onder de heidenen van verre, en Hij zal hen herwaarts sissen van het einde der aarde; en ziet, haastelijk, snellijk zullen zij aankomen.

²⁷Geen moede, en geen struikelende zal onder hen wezen; niemand zal sluimeren noch slapen, noch de gordel zijner lendenen ontbonden worden, noch de schoenriem zijnerschoenen afgescheurd worden.

²⁸Welker pijlen scherp zullen zijn, en al hun bogen gespannen; hunner paarden hoeven zullen als een rots geacht zijn, en hun raderen als een wervelwind.

²⁹Hun gebrul zal zijn als van een ouden leeuw, en zij zullen brullen als de jonge leeuwen, en zij zullen briesen, en den roof aangrijpen en wegvoeren; en er zal geen verlosser zijn.

³⁰En zij zullen tegen hetzelve te dien dage bruisen, als het bruisen der zee. Dan zal men de aarde aanzien, maar ziet, er zal duisternis en benauwdheid zijn, en het licht zalverduisterd worden in hun verwoestingen.

Hoofdstuk 6

¹In het jaar, toen de koning Uzzia stierf, zo zag ik den Heere, zittende op een hogen en verheven troon, en Zijn zomen vervullende den tempel.

²De serafs stonden boven Hem; een iegelijk had zes vleugelen; met twee bedekte ieder zijn aangezicht, en met twee bedekte hij zijn voeten, en met twee vloog hij.

³En de een riep tot den ander, en zeide: Heilig, heilig, heilig is de HEERE der heirscharen! De ganse aarde is van Zijn heerlijkheid vol!

⁴Zodat de posten der dorpels zich bewogen van de stem des roependen; en het huis werd vervuld met rook.

⁵Toen zeide ik: Wee mij, want ik verga! dewijl ik een man van onreine lippen ben, en ik woon in het midden eens volks, dat onrein van lippen is; want mijn ogen hebben denKoning, den HEERE der heirscharen gezien.

⁶Maar een van de serafs vloog tot mij, en had een gloeiende kool in zijn hand, die hij met de tang van het altaar genomen had.

⁷En hij roerde mijn mond daarmede aan, en zeide: Zie, deze heeft uw lippen aangeroerd; alzo is uw misdaad van u geweken, en uw zonde is verzoend.

⁸Daarna hoorde ik de stem des Heeren, dewelke zeide: Wien zal Ik zenden, en wie zal voor Ons henengaan? Toen zeide ik: Zie, hier ben ik, zend mij henen.

⁹Toen zeide Hij: Ga henen, en zeg tot dit volk: Horende hoort, maar verstaat niet, en ziende ziet, maar merkt niet.

¹⁰Maak het hart dezes volks vet, en maak hun oren zwaar, en sluit hun ogen, opdat het niet zie met zijn ogen, noch met zijn oren hore, noch met zijn hart versta, noch zich bekere, en Hij het geneze.

¹¹Toen zeide ik: Hoe lang, Heere? En Hij zeide: Totdat de steden verwoest worden, zodat er geen inwoner zij, en de huizen, dat er geen mens zij, en dat het land met verwoestingverstrooid worde.

¹²Want de HEERE zal die mensen verre wegdoen, en de verlating zal groot wezen in het binnenste des lands.

¹³Doch nog een tiende deel zal daarin zijn, en het zal wederkeren, en zijn om af te weiden; maar gelijk de eik, en gelijk de haageik, in dewelke na de afwerping der bladeren nogsteunsel is, alzo zal het heilige zaad het steunsel daarvan zijn.

Hoofdstuk 7

¹Het geschiedde nu in de dagen van Achaz, den zoon van Jotham, den zoon van Uzzia, den koning van Juda, dat Rezin, de koning van Syrie, en Pekah, de zoon van Remalia, dekoning van Israel, optoog naar Jeruzalem, ten oorlog tegen haar; maar hij vermocht met strijden niet tegen haar.

²Als men den huize Davids boodschapte, zeggende: De Syriers rusten op Efraim, zo bewoog zich zijn hart en het hart zijns volks, gelijk de bomen des wouds bewogen worden vanden wind.

³En de HEERE zeide tot Jesaja: Ga nu uit, Achaz tegemoet, gij en uw zoon, Schear-Jaschub, aan het einde van den watergang des oppersten vijvers, aan den hogen weg van hetveld des vollers;

⁴En zeg tot hem: Wacht u, en zijt gerust, vrees niet, en uw hart worde niet week, vanwege die twee staarten dezer rokende vuurbranden; vanwege de ontsteking des toorns vanRezin en der Syriers, en van den zoon van Remalia;

⁵Omdat de Syrier kwaad tegen u beraadslaagd heeft, met Efraim en den zoon van Remalia, zeggende:

⁶Laat ons optrekken tegen Juda, en het verdriet aandoen, en het onder ons delen, en den zoon van Tabeal koning maken in het midden van hen.

⁷Alzo zegt de Heere HEERE: Het zal niet bestaan, en het zal niet geschieden.

⁸Maar Damaskus zal het hoofd van Syrie zijn, en Rezin het hoofd van Damaskus; en in nog vijf en zestig jaren zal Efraim verbroken worden, dat het geen volk zij.

⁹Ondertussen zal Samaria Efraims hoofd zijn, en de zoon van Remalia het hoofd van Samaria. Indien gijlieden niet gelooft, zekerlijk, gij zult niet bevestigd worden.

¹⁰En de HEERE voer voort te spreken tot Achaz, zeggende:

¹¹Eis u een teken van den HEERE, uw God; eis beneden in de diepte, of eis boven uit de hoogte.

¹²Doch Achaz zeide: Ik zal het niet eisen, en ik zal den HEERE niet verzoeken.

¹³Toen zeide hij: Hoort gijlieden nu, gij, huis van David! is het ulieden te weinig, dat gij de mensen moede maakt, dat gij ook mijn God moede maakt?

¹⁴Daarom zal de Heere Zelf ulieden een teken geven; ziet, een maagd zal zwanger worden, en zij zal een Zoon baren, en Zijn naam IMMANUEL heten.

¹⁵Boter en honig zal Hij eten, totdat Hij wete te verwerpen het kwade, en te verkiezen het goede.

¹⁶Zekerlijk, eer dit Knechtje weet te verwerpen het kwade, en te verkiezen het goede, zal dat land, waarover gij verdrietig zijt, verlaten zijn van zijn twee koningen.

¹⁷Doch de HEERE zal over u, en over uw volk, en over uws vaders huis, dagen doen komen, hoedanige niet gekomen zijn van dien dag af, dat Efraim van Juda is afgeweken, doorden koning van Assyrie.

¹⁸Want het zal te dien dage geschieden, dat de HEERE zal toesissen de vliegen, die aan het einde der rivieren van Egypte zijn, en de bijen die in het land van Assur zijn.

¹⁹En zij zullen komen, en zij allen zullen rusten in de woeste dalen, en in de kloven der steenrotsen, en in al de doornhagen, en in alle geprezene plaatsen.

²⁰Te dien dage zal de Heere door een gehuurd scheermes, hetwelk aan gene zijde der rivier is, door den koning van Assyrie, afscheren het hoofd, en het haar der voeten; ja, hetzal ook den baard gans wegnemen.

²¹En het zal geschieden te dien dage, dat iemand een koetje in het leven zal behouden hebben, en twee schapen;

²²En het zal geschieden, dat hij vanwege de veelheid der melk, die zij geven zullen, boter zal eten; ja, een ieder, die overgebleven zal zijn in het midden des lands, die zal boter enhonig eten.

²³Ook zal het te dienzelfden dage geschieden, dat iedere plaats, alwaar duizend wijnstokken geweest zijn, van duizend zilverlingen, tot doornen en distelen zal zijn;

²⁴Dat men met pijlen en met den boog aldaar zal moeten gaan; want het ganse land zal doornen en distelen zijn.

²⁵Ook al de bergen, die men met houwelen pleegt om te hakken, daar zal men niet komen uit vrees der doornen en der distelen; maar die zullen wezen tot inzending van den os, en tot vertreding van het kleinvee.

Hoofdstuk 8

¹Verder zeide de HEERE tot mij: Neem u een grote rol, en schrijf daarop met eens mensen griffel: Haastende tot den roof, is hij spoedig tot den buit!

²Toen nam ik mij getrouwe getuigen, Uria, den priester, en Zacharia, den zoon van Jeberechja.

³En ik was tot de profetesse genaderd, die werd zwanger, en baarde een zoon; en de HEERE zeide tot mij: Noem zijn naam MAHER-SCHALAL, CHAZ-BAZ.

⁴Want eer dat knechtje zal kunnen roepen: Mijn vader! of, mijn moeder! zal men den rijkdom van Damaskus, en den buit van Samaria dragen voor het aangezicht van den koningvan Assur.

⁵En de HEERE sprak nog verder tot mij, zeggende:

⁶Dewijl dit volk veracht de wateren van Siloa, die zachtjes gaan, en er vreugde is bij Rezin en den zoon van Remalia;

⁷Daarom ziet, zo zal de Heere over hen doen opkomen die sterke en geweldige wateren der rivier, den koning van Assyrie en al zijn heerlijkheid; en hij zal opkomen over al zijnstromen, en gaan over al

Jesaja

zijn oevers;

⁸En hij zal doortrekken in Juda, hij zal het overstromen, en er doorgaan, hij zal tot aan den hals reiken; en de uitstrekkingen zijner vleugelen zullen vervullen de breedte uws lands, o Immanuel!

⁹Vergezelt u te zamen, gij volken! doch wordt verbroken; en neemt ter ore, allen gij, die in verre landen zijt, omgordt u, doch wordt verbroken; omgordt u, doch wordt verbroken!

¹⁰Beraadslaagt een raad, doch hij zal vernietigd worden; spreekt een woord, doch het zal niet bestaan; want God is met ons!

¹¹Want alzo heeft de HEERE tot mij gezegd, met een sterke hand, en Hij onderwees mij van niet te wandelen op den weg dezes volks, zeggende:

¹²Gijlieden zult niet zeggen: Een verbintenis, van alles, waar dit volk van zegt: Het is een verbintenis; en vreest gijlieden hun vreze niet, en verschrikt niet.

¹³Den HEERE der heirscharen, Dien zult gijlieden heiligen, en Hij zij uw vreze, en Hij zij uw verschrikking.

¹⁴Dan zal Hij ulieden tot een Heiligdom zijn; maar tot een steen des aanstoots en tot een rotssteen der struikeling den twee huizen van Israel, tot een strik en tot een net deninwoners te Jeruzalem.

¹⁵En velen onder hen zullen struikelen, en vallen, en verbroken worden, en zullen verstrikt en gevangen worden.

¹⁶Bind de getuigenis toe; verzegel de wet onder mijn leerlingen.

¹⁷Daarom zal ik den Heere verbeiden, Die Zijn aangezicht verbergt voor het huis van Jakob, en ik zal Hem verwachten.

¹⁸Ziet, ik en de kinderen, die mij de HEERE gegeven heeft, zijn tot tekenen en tot wonderen in Israel, van den HEERE der heirscharen, Die op den berg Sion woont.

¹⁹Wanneer zij dan tot ulieden zeggen zullen: Vraagt waarzeggers en duivelskunstenaars, die daar piepen, en binnensmonds mompelen; zo zegt: Zal niet een volk zijn God vragen?zal men voor de levenden de doden vragen?

²⁰Tot de wet en tot de getuigenis! zo zij niet spreken naar dit woord, het zal zijn, dat zij geen dageraad zullen hebben.

²¹En een ieder van hen zal daar doorgaan, hard gedrukt en hongerig; en het zal geschieden, wanneer hem hongert, en hij zeer toornig zal zijn, dan zal hij vloeken op zijn koning enop zijn God, als hij opwaarts zal zien;

²²Als hij de aarde aanschouwen zal, ziet, er zal benauwdheid en duisternis zijn; hij zal verduisterd zijn door angst, en voortgedreven door donkerheid.

²³Maar het land, dat beangstigd was, zal niet gans verduisterd worden; gelijk als Hij hij in den eersten tijd verachtelijk gemaakt heeft, naar het land van Zebulon aan, en naar hetland van Nafthali aan, alzo heeft Hij het in het laatste heerlijk gemaakt, naar den weg zeewaarts aan gelegen over de Jordaan, aan Galilea der heidenen.

Hoofdstuk 9

¹Het volk, dat in duisternis wandelt, zal een groot licht zien; degenen, die wonen in het land van de schaduw des doods, over dezelve zal een licht schijnen.

²Gij hebt dit volk vermenigvuldigd, maar Gij hebt de blijdschap niet groot gemaakt; zij zullen nochtans blijde wezen voor Uw aangezicht, gelijk men zich verblijdt in den oogst, gelijk men verheugd is, wanneer men de buit uitdeelt.

³Want het juk van hun last, en den stok hunner schouders, en den staf desgenen, die hen dreef, hebt Gij verbroken, gelijk ten dage der Midianieten;

⁴Toen de ganse strijd dergenen, die streden, met gedruis geschiedde, en de klederen in het bloed gewenteld en verbrand werden, tot een voedsel des vuurs.

⁵Want een Kind is ons geboren, een Zoon is ons gegeven, en de heerschappij is op Zijn schouder; en men noemt Zijn naam Wonderlijk, Raad, Sterke God, Vader dereeuwigheid, Vredevorst;

⁶Der grootheid dezer heerschappij en des vredes zal geen einde zijn op den troon van David en in zijn koninkrijk, om dat te bevestigen, en dat te sterken met gericht en metgerechtigheid, van nu aan tot in eeuwigheid toe. De ijver des HEEREN der heirscharen zal zulks doen.

⁷De Heere heeft een woord gezonden in Jakob, en het is gevallen in Israel.

⁸En al dit volk zal het gewaar worden, Efraim en de inwoner van Samaria; in hoogmoed en grootsheid des harten, zeggende:

⁹De tichelstenen zijn gevallen, maar met uitgehouwen stenen zullen wij wederom bouwen; de wilde vijgebomen zijn afgehouwen, maar wij zullen ze in cederen veranderen.

¹⁰Want de HEERE zal Rezins tegenpartijders tegen hem verheffen, en Hij zal zijn vijanden samen vermengen:

¹¹De Syriers van voren, en de Filistijnen van achteren, dat zij Israel opeten met vollen mond. Om dit alles keert Zijn toorn zich niet af, maar Zijn hand is nog uitgestrekt.

¹²Want dit volk keert zich niet tot Dien, Die het slaat, en den HEERE der heirscharen zoeken zij niet.

¹³Daarom zal de HEERE afhouwen uit Israel den kop en den staart, den tak en de bieze, op een dag.

¹⁴(De oude en aanzienlijke, die is de kop; maar de profeet, die valsheid leert, die is de staart.)

¹⁵Want de leiders dezes volks zijn verleiders, en die van hen geleid worden, worden ingelokt.

¹⁶Daarom zal zich de Heere niet verblijden over hun jongelingen, en hunner wezen en hunner weduwen zal Hij zich niet ontfermen, want zij zijn allen te zamen huichelaars enboosdoeners, en alle mond spreekt dwaasheid. Om dit alles keert Zijn toorn zich niet af, maar Zijn hand is nog uitgestrekt.

¹⁷Want de goddeloosheid brandt als vuur, doornen en distelen zal zij verteren, en zal aansteken de verwarde struiken des wouds, die zich verheven hebben als de verheffing desrooks.

¹⁸Vanwege de verbolgenheid des HEEREN der heirscharen, zal het land verduisterd worden; en het volk zal zijn als een voedsel des vuurs: de een zal den ander niet verschonen.

¹⁹Zo hij ter rechterhand snijdt, zal hij toch hongeren, en zo hij ter linkerhand eet, zal hij toch niet verzadigd worden; een iegelijk zal het vlees zijns arms eten;

²⁰Manasse Efraim, en Efraim Manasse, en zij zullen te zamen tegen Juda zijn. Om dit alles keert Zijn toorn zich niet af, maar Zijn hand is nog uitgestrekt.

Hoofdstuk 10

¹Wee dengenen, die ongerechte inzettingen inzetten, en den schrijvers, die moeite voorschrijven;

²Om de armen van het recht af te wenden, en om het recht der ellendigen Mijns volks te roven, opdat de weduwen hun buit worden, en opdat zij de wezen mogen plunderen!

³Maar wat zult gijlieden doen ten dage der bezoeking, en der verwoesting, die van verre komen zal? Tot wien zult gij vlieden om hulp, en waar zult gij uw heerlijkheid laten?

⁴Dat elkeen zich niet zou buigen onder de gevangenen, en vallen onder de gedoden? Om dit alles keert Zijn toorn zich niet af, maar Zijn hand is nog uitgestrekt.

⁵Wee den Assyrier, die de roede Mijns toorns is, en Mijn grimmigheid is een stok in hun hand!

⁶Ik zal hem zenden tegen een huichelachtig volk, en Ik zal hem bevel geven tegen het volk Mijner verbolgenheid; opdat hij den roof rove, en plundere de plundering, en stelle hetter vertreding, gelijk het slijk der straten.

⁷Hoewel hij het zo niet meent, en zijn hart alzo niet denkt, maar hij zal in zijn hart hebben te verdelgen, en uit te roeien niet weinige volken.

⁸Want hij zegt: Zijn niet mijn vorsten al te zamen koningen?

⁹Is niet Kalno gelijk Karchemis? Is Hamath niet gelijk Arfad? Is niet Samaria gelijk Damaskus?

¹⁰Gelijk als mijn hand gevonden heeft de koninkrijken der afgoden, ofschoon hun gesneden beelden beter zijn, dan die van Jeruzalem, en dan die van Samaria;

¹¹Gelijk als ik gedaan heb aan Samaria en aan haar afgoden, zou ik alzo niet kunnen doen aan Jeruzalem en aan haar afgoden?

¹²Want het zal geschieden, als de HEERE een einde zal gemaakt hebben van al Zijn werk op den berg Sion en te Jeruzalem, dan zal Ik te huis zoeken de vrucht van de grootsheiddes harten van den koning van Assyrie, en de pracht van de hoogheid zijner ogen.

¹³Omdat hij gezegd heeft: Door de kracht mijner hand heb ik het gedaan, en door mijn wijsheid, want ik ben verstandig; en ik heb de landpalen der volken weggenomen, en hebhun voorraad geroofd, en heb als een geweldige de inwoners doen nederdalen;

¹⁴En mijn hand heeft gevonden het vermogen der volken, als een nest, en ik heb het ganse aardrijk samengeraapt, gelijk men de eieren die verlaten zijn, samenraapt; en er isniemand geweest, die een vleugel verroerde, of den bek opendeed, of piepte.

¹⁵Zal een bijl zich beroemen tegen dien, die daarmede houwt? Zal een zaag pochen tegen dien, die ze trekt? Alsof een staf bewoog degenen, die hem opheffen? Als men eenstok opheft, is het geen hout?

¹⁶Daarom zal de Heere HEERE der heirscharen onder zijn vetten een magerheid zenden; en onder zijn heerlijkheid zal Hij een brand doen branden, als den brand des vuurs.

¹⁷Want het Licht van Israel zal tot een vuur zijn, en zijn Heilige tot

een vlam, welke in brand steken en verteren zal zijn doornen en zijn distelen, op een dag.

¹⁸Ook zal Hij verteren de heerlijkheid zijns wouds en zijns vruchtbaren velds; van de ziel af, tot het vlees toe; en hij zal zijn, gelijk als wanneer een vaandrager versmelt.

¹⁹En de overgebleven bomen zijns wouds zullen weinig in getal zijn, ja, een jongen zou ze opschrijven.

²⁰En het zal geschieden te dien dage, dat het overblijfsel van Israel, en de ontkomenen van het huis Jakobs niet meer steunen zullen op dien, die ze geslagen heeft; maar zij zullen steunen op den HEERE, den Heilige Israels, oprechtelijk.

²¹Het overblijfsel zal wederkeren, het overblijfsel van Jakob, tot den sterken God!

²²Want ofschoon uw volk, o Israel! is gelijk het zand der zee, zo zal toch maar het overblijfsel daarvan wederkeren; de verdelging is vastelijk besloten, overvloeiende met gerechtigheid.

²³Want een verdelging, die vastelijk besloten is, zal de Heere HEERE der heirscharen doen in het midden dezes gansen lands.

²⁴Daarom zegt de Heere HEERE der heirscharen alzo: Vreest niet, gij Mijn volk, dat te Sion woont! voor Assur, als hij u met de roede zal slaan, en hij zijn staf tegen u zal opheffen, naar de wijze der Egyptenaren;

²⁵Want nog een klein weinig, zo zal volbracht worden de gramschap, en Mijn toorn tot hun vernieling.

²⁶Want de HEERE der heirscharen zal tegen hem een gesel verwekken, gelijk de slachting van Midian was aan de rots van Oreb; en gelijk Zijn staf over de zee was, denwelken Hij verheffen zal, naar de wijze der Egyptenaren.

²⁷En het zal geschieden ten zelfden dage, dat zijn last zal afwijken van uw schouder, en zijn juk van uw hals; en het juk zal verdorven worden, om des Gezalfden wil.

²⁸Hij komt te Ajath, hij trekt door Migron; te Michmas legt hij zijn gereedschap af.

²⁹Zij trekken door den doorgang, te Geba houden zij hun vernachting; Rama beeft, Gibea Sauls vlucht.

³⁰Roep luide met uw stem, gij dochter van Gallim! laat ze horen tot Lais toe, o ellendige Anathoth!

³¹Madmena vliedt weg, de inwoners van Gebim vluchten met hopen.

³²Nog een dag blijft hij te Nob; hij zal zijn hand bewegen tegen den berg der dochter van Sion, den heuvel van Jeruzalem.

³³Doch ziet, de Heere HEERE der heirscharen zal met geweld de takken afkappen, en die hoog van gestalte zijn, zullen nedergehouwen worden; en de verhevenen zullen vernederd worden.

³⁴En Hij zal met ijzer de verwarde struiken des wouds omhouwen; en de Libanon zal vallen door den Heerlijke.

Hoofdstuk 11

¹Want er zal een Rijsje voortkomen uit den afgehouwen tronk van Isai, en een Scheut uit zijn wortelen zal Vrucht voortbrengen.

²En op Hem zal de Geest des HEEREN rusten, de Geest der wijsheid en des verstands, de Geest des raads en der sterkte, de Geest der kennis en der vreze des HEEREN.

³En Zijn rieken zal zijn in de vreze des HEEREN; en Hij zal naar het gezicht Zijner ogen niet richten; Hij zal ook naar het gehoor Zijner oren niet bestraffen.

⁴Maar Hij zal de armen met gerechtigheid richten, en de zachtmoedigen des lands met rechtmatigheid bestraffen; doch Hij zal de aarde slaan met de roede Zijns monds, en met den adem Zijner lippen zal Hij den goddeloze doden.

⁵Want gerechtigheid zal de gordel Zijner lendenen zijn; ook zal de waarheid de gordel Zijner lendenen zijn.

⁶En de wolf zal met het lam verkeren, en de luipaard bij den geitenbok nederliggen; en het kalf, en de jonge leeuw, en het mestvee te zamen, en een klein jongske zal ze drijven.

⁷De koe en de berin zullen te zamen weiden, haar jongen zullen te zamen nederliggen, en de leeuw zal stro eten, gelijk de os.

⁸En een zoogkind zal zich vermaken over het hol van een adder; en een gespeend kind zal zijn hand uitsteken in de kuil van den basilisk.

⁹Men zal nergens leed doen noch verderven op den gansen berg Mijner heiligheid; want de aarde zal vol van kennis des HEEREN zijn, gelijk de wateren den bodem der zee bedekken.

¹⁰Want het zal geschieden ten zelven dage, dat de heidenen naar den Wortel van Isai, Die staan zal tot een banier der volken, zullen vragen, en Zijn rust zal heerlijk zijn.

¹¹Want het zal geschieden te dien dage, dat de Heere ten anderen male Zijn hand aanleggen zal om weder te verwerven het overblijfsel Zijns volks, hetwelk overgebleven zal zijn van Assyrie, en van Egypte, en van Pathros, en van Morenland, en van Elam, en van Sinear, en van Hamath, en van de eilanden der zee.

¹²En Hij zal een banier oprichten onder de heidenen, en Hij zal de verdrevenen van Israel verzamelen, en de verstrooiden uit Juda vergaderen, van de vier einden des aardrijks.

¹³En de nijd van Efraim zal wegwijken, en de tegenpartijders van Juda zullen uitgeroeid worden; Efraim zal Juda niet benijden, en Juda zal Efraim niet benauwen.

¹⁴Maar zij zullen den Filistijnen op den schouder vliegen tegen het westen, en zij zullen te zamen die van het oosten beroven; aan Edom en Moab zullen zij hun handen slaan, en de kinderen Ammons zullen hun gehoorzaam zijn.

¹⁵Ook zal de HEERE den inham der zee van Egypte verbannen, en Hij zal Zijn hand bewegen tegen de rivier, door de sterkte Zijns winds; en Hij zal dezelve slaan in de zevenstromen, en Hij zal maken, dat men met schoenen daardoor zal gaan.

¹⁶En er zal een gebaande weg zijn voor het overblijfsel Zijns volks, dat overgebleven zal zijn van Assur, gelijk als Israel geschiedde ten dage, toen het uit Egypteland optoog.

Hoofdstuk 12

¹En te dienzelfden dage zult gij zeggen: Ik dank U, HEERE! dat Gij toornig op mij geweest zijt, maar Uw toorn is afgekeerd, en Gij troost mij.

²Ziet, God is mijn Heil, ik zal vertrouwen en niet vrezen; want de Heere HEERE is mijn Sterkte en mijn Psalm, en Hij is mij tot Heil geworden.

³En gijlieden zult water scheppen met vreugde uit de fonteinen des heils;

⁴En zult te dienzelfden dage zeggen: Dankt den HEERE, roept Zijn Naam aan, maakt Zijn daden bekend onder de volken! vermeldt, dat Zijn Naam verhoogd is.

⁵Psalmzingt den HEERE, want Hij heeft heerlijk dingen gedaan; zulks zij bekend op den gansen aardbodem.

⁶Juich en zing vrolijk, gij inwoneres van Sion! want de Heilige Israels is groot in het midden van u.

Hoofdstuk 13

¹De last van Babel, dien Jesaja, de zoon van Amoz, gezien heeft.

²Heft op een banier, op een hogen berg; verheft een stem tot hen; beweegt de hand omhoog, dat zij intrekken door de deuren der prinsen.

³Ik heb aan Mijn geheiligden bevel gegeven; ook heb Ik tot Mijn toorn geroepen Mijn helden, de vrolijken Mijner hoogheid.

⁴Er is een ruisende stem op de bergen, gelijk eens groten volks; een stem van gedruis der koninkrijken, der verzamelde heidenen; de HEERE der heirscharen monstert het krijgsheir.

⁵Zij komen uit verren lande, van het einde des hemels; de HEERE en de instrumenten Zijner gramschap, om dat ganse land te verderven.

⁶Huilt gijlieden, want de dag des HEEREN is nabij; hij komt als een verwoesting van den Almachtige.

⁷Daarom zullen alle handen slap worden, en aller mensen hart zal versmelten;

⁸En zij zullen verschrikt worden, smarten en weeen zullen hen aangrijpen, zij zullen bang zijn als een barende vrouw; een iegelijk zal over zijn naaste verbaasd zijn; hun aangezichten zullen vlammende aangezichten zijn.

⁹Ziet, de dag des HEEREN komt, gruwelijk, met verbolgenheid en hittigen toorn, om het land te stellen tot verwoesting, en deszelfs zondaars daaruit te verdelgen.

¹⁰Want de sterren des hemels en zijn gesternten zullen haar licht niet laten lichten; de zon zal verduisterd worden, wanneer zij zal opgaan, en de maan zal haar licht niet laten schijnen.

¹¹Want Ik zal over de wereld de boosheid bezoeken, en over de goddelozen hun ongerechtigheid; en Ik zal den hoogmoed der stouten doen ophouden, en de hovaardij der tirannen zal Ik vernederen.

¹²Ik zal maken, dat een man dierbaarder zal zijn dan dicht goud, en een mens dan fijn goud van Ofir.

¹³Daarom zal Ik den hemel beroeren, en de aarde zal bewogen worden van haar plaats, vanwege de verbolgenheid des HEEREN der heirscharen, en vanwege den dag Zijns hittigen toorns.

¹⁴En een iegelijk zal zijn als een verjaagde ree, en als een schaap, dat niemand vergadert; een iegelijk zal naar zijn volk omzien, en een iegelijk zal naar zijn land vluchten.

¹⁵Al wie gevonden wordt, zal doorstoken worden, en al wie daarbij gevoegd is, zal door het zwaard vallen.

¹⁶Ook zullen hun kinderkens voor hun ogen verpletterd worden;

hun huizen zullen geplunderd, en hun vrouwen geschonden worden.

¹⁷Ziet, Ik zal de Meden tegen hen verwekken, die het zilver niet zullen achten, en aan het goud zullen zij geen lust hebben.

¹⁸Maar hun bogen zullen de jongelingen verpletteren, en zij zullen zich niet ontfermen over de vrucht des buiks; hun oog zal de kinderen niet verschonen.

¹⁹Alzo zal Babel, het sieraad der koninkrijken, de heerlijkheid, de hovaardigheid der Chaldeen, zijn gelijk als God Sodom en Gomorra omgekeerd heeft.

²⁰Daar zal geen woonplaats zijn in der eeuwigheid, en zij zal niet bewoond worden van geslacht tot geslacht; en de Arabier zal daar geen tent spannen, en de herders zullen er nietlegeren.

²¹Maar daar zullen nederliggen de wilde dieren der woestijnen, en hun huizen zullen vervuld worden met schrikkelijke gedierten, en daar zullen de jonge struisen wonen, en deduivelen zullen er huppelen.

²²En wilde dieren der eilanden zullen in zijn verlaten plaatsen elkander toeroepen, mitsgaders de draken in de wellustige paleizen; hun tijd toch is nabij om te komen, en hundagen zullen niet vertogen worden.

Hoofdstuk 14

¹Want de HEERE zal Zich over Jakob ontfermen, en Hij zal Israel nog verkiezen, en Hij zal hen in hun land zetten; en de vreemdeling zal zich tot hen vervoegen, en zij zullen hethuis van Jakob aanhangen.

²En de volken zullen hen aannemen, en in hun plaats brengen; en het huis Israels zal hen erfelijk bezitten in het land des HEEREN tot knechten en tot maagden; en zij zullengevangen houden degenen, die hen gevangen hielden, en zij zullen heersen over hun drijvers.

³En het zal geschieden ten dage, wanneer u de HEERE rust geven zal van uw smart, en van uw beroering, en van de harde dienstbaarheid, waarin men u heeft doen dienen;

⁴Dan zult gij deze spreuk opnemen tegen den koning van Babel, en zeggen: Hoe houdt de drijver op? Hoe houdt de goudene op?

⁵De HEERE heeft den stok der goddelozen gebroken, den scepter der heersers.

⁶Die de volken plaagde in verbolgenheid met een plaag zonder ophouden, die in toorn over de heidenen heerste, die wordt vervolgd, zonder dat het iemand afweren kan.

⁷De ganse aarde rust, zij is stil; zij maken groot geschal met gejuich.

⁸Ook verheugen zich de dennen over u, en de cederen van Libanon, zeggende: Sinds dat gij daar nederligt, komt niemand tegen ons op, die ons afhouwe.

⁹De hel van onderen was beroerd om uwentwil, om u tegemoet te gaan, als gij kwaamt; zij wekt om uwentwil de doden op, al de bokken der aarde; zij doet al de koningen derheidenen van hun tronen opstaan.

¹⁰Die altegader zullen antwoorden, en tot u zeggen: Gij zijt ook krank geworden, gelijk wij, gij zijt ons gelijk geworden.

¹¹Uw hovaardij is in de hel nedergestort, met het geklank uwer luiten; de maden zullen onder u gestrooid worden, en de wormen zullen u bedekken.

¹²Hoe zijt gij uit den hemel gevallen, o morgenster, gij zoon des dageraads! hoe zijt gij ter aarde nedergehouwen, gij, die de heidenen krenktet!

¹³En zeidet in uw hart: Ik zal ten hemel opklimmen, ik zal mijn troon boven de sterren Gods verhogen; en ik zal mij zetten op den berg der samenkomst aan de zijden van hetnoorden.

¹⁴Ik zal boven de hoogten der wolken klimmen, ik zal den Allerhoogste gelijk worden.

¹⁵Ja, in de hel zult gij nedergestoten worden, aan de zijden van den kuil!

¹⁶Die u zien zullen, zullen u aanschouwen, zij zullen op u letten, en zeggen: Is dat die man, die de aarde beroerde, die de koninkrijken deed beven?

¹⁷Die de wereld als een woestijn stelde, en derzelver steden verstoorde, die zijn gevangenen niet liet los gaan naar huis toe?

¹⁸Al de koningen der heidenen, zij allen liggen neder met eer, een iegelijk in zijn huis;

¹⁹Maar gij zijt verworpen van uw graf, als een gruwelijke scheut, als een kleed der gedoden, die met het zwaard doorstoken zijn; als die nederdalen in een steenkuil, als eenvertreden dood lichaam.

²⁰Gij zult bij dezelve niet gevoegd worden in de begrafenis; want gij hebt uw land verdorven, en uw volk gedood; het zaad der boosdoeners zal in der eeuwigheid niet genoemdworden.

²¹Maakt de slachting voor zijn kinderen gereed, om hunner vaderen ongerechtigheid wil; dat zij niet opstaan, en de aarde erven, en de wereld vervullen met steden;

²²Want Ik zal tegen hen opstaan, spreekt de HEERE der heirscharen, en Ik zal van Babel uitroeien den naam en het overblijfsel, en den zoon en den zoonszoon, spreekt deHEERE.

²³En Ik zal hen stellen tot een erve der nachtuilen, en tot waterpoelen; en Ik zal hen met een bezem des verderfs uitvagen, spreekt de HEERE der heirscharen.

²⁴De HEERE der heirscharen heeft gezworen, zeggende: Indien niet, gelijk Ik gedacht heb, het alzo geschiede, en gelijk Ik beraadslaagd heb, het bestaan zal!

²⁵Dat Ik Assur in Mijn land zal verbreken, en hem op Mijn bergen vertreden; opdat zijn juk van hen afwijke, en zijn last van hun schouder wijke.

²⁶Dit is de raadslag, die beraadslaagd is over dat ganse land; en dit is de hand, die uitgestrekt is over alle volken.

²⁷Want de HEERE der heirscharen heeft het in Zijn raad besloten, wie zal het dan breken? en Zijn hand is uitgestrekt, wie zal ze dan keren?

²⁸In het jaar, toen de koning Achaz stierf, geschiedde deze last.

²⁹Verheug u niet, gij gans Palestina! dat de roede die u sloeg, gebroken is; want uit de wortel der slang zal een basilisk voortkomen, en haar vrucht zal een vurige vliegende draakzijn.

³⁰En de eerstgeborenen der armen zullen weiden, en de nooddruftigen zullen zeker nederliggen; uw wortel daarentegen zal Ik door den honger doden, en uw overblijfsel zal hijombrengen.

³¹Huil, gij poort, schreeuw, gij stad! gij zijt gesmolten, gij gans Palestina! want van het noorden komt een rook, en er is geen eenzame in zijn samenkomsten.

³²Wat zal men dan antwoorden den boden des volks? Dat de HEERE Sion gegrond heeft, opdat de bedrukten Zijns volks een toevlucht daarin hebben zouden.

Hoofdstuk 15

¹De last van Moab. Zekerlijk, in den nacht is Ar-Moabs verwoest, zij is uitgeroeid; zekerlijk, in den nacht is Kir-Moabs verwoest, zij is uitgeroeid!

²Hij gaat op naar Baith en Dibon, en naar Bamoth, om te wenen; over Nebo en over Medeba zal Moab huilen; op al hun hoofden is kaalheid, aller baard is afgesneden.

³Op hun wijken hebben zij zakken aangegord; op hun daken en op hun straten huilen zij altemaal, afgaande met geween.

⁴Zo Hesbon als Eleale schreeuwt, hun stem wordt gehoord tot Jahaz toe; daarom maken de toegerusten van Moab een geschrei, eens iegelijks ziel in hem is kwalijk gesteld.

⁵Mijn hart schreeuwt over Moab, haar grendelen zijn naar Zoar toe, de driejarige vaars; want hij gaat op met geween naar den opgang van Luhith, want op den weg naar Horonaimverwekken zij een jammergeschrei.

⁶Want de wateren van Nimrim zullen enkel verwoesting wezen; want het gras is verdord, het tedere gras is vergaan, er is geen groente.

⁷Daarom zullen zij den overvloed, dien zij vergaderd hebben, en hetgeen zij weggelegd hebben, aan de beek der wilgen voeren.

⁸Want dat geschreeuw zal omgaan door de landpale van Moab, haar gehuil tot Eglaim toe, ja, tot Beer-Elim toe zal haar gehuil zijn.

⁹Want de wateren van Dimon zijn vol bloeds, want Ik zal Dimon nog meer toeschikken: te weten leeuwen over de ontkomenen van Moab, mitsgaders over het overblijfsel des lands.

Hoofdstuk 16

¹Zendt de lammeren van den heerser des lands van Sela af, naar de woestijn henen, tot den berg der dochter van Sion.

²Anderszins zal het geschieden, dat de dochteren van Moab aan de veren van Arnon zullen zijn, als een zwervende vogel, uit het nest gedreven zijnde.

³Brengt een raad aan, houdt gericht, maakt uw schaduw op het midden van den middag, gelijk van den nacht; verbergt de verdrevenen, en meldt den omzwervende niet.

⁴Laat mijn verdrevenen onder u verkeren, o Moab! wees gij hun een schuilplaats voor het aangezicht des verstoorders; want de onderdrukker heeft een einde, de verstoring is teniet geworden, de vertreders zijn van de aarde verdaan.

⁵Want er zal een troon bevestigd worden in goedertierenheid, en op denzelven zal bestendig een zitten in de tent van David, een, die oordeelt en het recht zoekt, en vaardig is tergerechtigheid.

⁶Wij hebben gehoord de hovaardij van Moab, hij is zeer hovaardig; zijn hoogmoed, en zijn hovaardij, en zijn verbolgenheid, zijn alzo zijn grendelen niet.

⁷Daarom zal Moab over Moab huilen, altemaal zullen zij huilen;

over de fondamenten van Kir-Hareseth zult gijlieden zuchten, gewisselijk, zij zijn gebroken.

⁸Want de velden van Hesbon zijn verflauwd, ook de wijnstok van Sibma, de heren der heidenen hebben zijn uitgelezen planten verpletterd; zij reiken tot Jaezer toe, zij dwalen doorde woestijn; hun scheuten zijn uitgespreid, zij zijn gegaan over zee.

⁹Daarom beween ik, in de wening over Jaezer, den wijnstok van Sibma, ik maak u doornat met mijn tranen, o Hesbon en Eleale! want het vreugdegeschrei over uwzomervruchten en over uw oogst is gevallen;

¹⁰Alzo dat de blijdschap en vrolijkheid weggenomen is van het vruchtbare veld, en in de wijngaarden wordt niet gezongen, noch enig gejuich gemaakt; de druiven treder treedtgeen wijn uit in de wijnbakken, ik heb het vreugdegeschrei doen ophouden.

¹¹Daarom rommelt mijn ingewand over Moab, als een harp, en mijn binnenste over Kir-heres.

¹²En het zal geschieden, als men zien zal, dat Moab vermoeid is geworden op de hoogten, dan zal hij in zijn heiligdom gaan om te aanbidden, maar hij zal niet vermogen.

¹³Dit is het woord, dat de HEERE tegen Moab gesproken heeft, van toen af.

¹⁴Maar nu spreekt de HEERE, zeggende: Binnen drie jaren (als de jaren eens huurlings), dan zal de eer van Moab verachtzaam gemaakt worden, met al die grote menigte; en hetoverblijfsel zal klein, weinig, onmachtig wezen.

Hoofdstuk 17

¹De last van Damaskus. Ziet, Damaskus zal weggenomen worden, dat zij geen stad meer zij, maar zij zal een vervallen steenhoop zijn.

²De steden van Aroer zullen verlaten worden; voor de kudden zullen zij wezen, die zullen daar nederliggen, en niemand zal ze verschrikken.

³En de vesting zal ophouden van Efraim, en het koninkrijk van Damaskus, en het overblijfsel der Syriers; zij zullen zijn gelijk de heerlijkheid der kinderen Israels, spreekt de HEEREder heirscharen.

⁴En het zal geschieden te dien dage, dat de heerlijkheid van Jakob verdund zal worden, en dat de vettigheid van zijn vlees mager worden zal.

⁵Want hij zal zijn, gelijk wanneer een maaier het staande koren verzamelt, en zijn arm aren afmaait; ja, hij zal zijn, gelijk wanneer iemand aren leest in het dal Refraim.

⁶Doch een nalezing zal daarin overig blijven, gelijk in de afschudding eens olijfbooms, twee of drie bezien in den top der opperste twijg, en vier of vijf aan zijn vruchtbare takken, spreekt de HEERE, de God Israels.

⁷Te dien dage zal de mens zien naar Dien, Die hem gemaakt heeft, en zijn ogen zullen op den Heilige Israels zien.

⁸En hij zal niet aanschouwen de altaren, het werk zijner handen, ook hetgeen zijn vingeren gemaakt hebben, zal hij niet aanzien, noch de bossen, noch de zonnebeelden.

⁹Te dien dage zullen zijn sterke steden zijn, als een verlaten struik, en opperste tak, welke zij verlaten hebben, om der kinderen Israels wil, hoewel daar verwoesting zal wezen.

¹⁰Want gij hebt den God uws heils vergeten, en niet gedacht aan den Rotssteen uwer sterkte; daarom zult gij wel liefelijke planten planten, en gij zult hem met uitlandse rankenbezetten;

¹¹Ten dage, als gij ze zult geplant hebben, zult gij die doen wassen, en in den morgenstond zult gij uw zaad doen bloeien; doch het zal maar een hoop van het gemaaide zijn, inden dag der krankheid en der pijnlijke smart.

¹²Wee der veelheid der grote volken, die daar bruisen, gelijk de zeeen bruisen, en wee het geruis der natien, die daar ruisen, gelijk de geweldige wateren ruisen!

¹³De natien zullen wel ruisen, gelijk grote wateren ruisen; doch Hij zal hem schelden, zo zal hij verre wegvlieden, ja, hij zal gejaagd worden, als het kaf der bergen van den wind, engelijk een kloot van den wervelwind.

¹⁴Ten tijde des avonds, ziet, zo is er verschrikking, eer het morgen is, is hij er niet meer. Dit is het deel dergenen, die ons beroven, en het lot dergenen, die ons plunderen.

Hoofdstuk 18

¹Wee het land, dat schaduwachtig is aan de frontieren, dat aan de zijde der rivieren van Morenland is;

²Dat gezanten zendt over de zee, en in schepen van biezen op de wateren! Gaat henen, gij snelle boden! tot een volk, dat getrokken is en geplukt, tot een volk, dat vreselijk is vandat het was en voortaan; een volk van regel en regel, en van vertreding, welks land de rivieren beroven.

³Allen gij ingezetenen der wereld, en gij inwoners der aarde! als men de banier zal oprichten op de bergen, zult gijlieden het zien, en als de bazuin zal blazen, zult gijlieden hethoren.

⁴Want alzo heeft de HEERE tot mij gezegd: Ik zal stil zijn, en zien in Mijn woning, als de glinsterende hitte op den regen, als een wolk des dauws in de hitte des oogstes;

⁵Want voor den oogst, als de botte volkomen is, en de onrijpe druif rijp wordt na den bloesem, zo zal Hij de ranken met snoeimessen afsnijden, en de takken wegdoen, enafkappen.

⁶Zij zullen te zamen gelaten worden den roofvogelen der bergen, en den dieren der aarde; en de roofvogelen zullen op hen overzomeren, en alle dieren der aarde zullen daaropoverwinteren.

⁷Te dien tijd zal den HEERE der heirscharen een geschenk gebracht worden van het volk, dat getrokken is en geplukt, en van het volk, dat vreselijk is van dat het was en voortaan;een volk van regel en regel, en van vertreding, welks land de rivieren beroven; tot de plaats van den Naam des HEEREN der heirscharen, tot den berg Sion.

Hoofdstuk 19

¹De last van Egypte. Ziet, de HEERE rijdt op een snelle wolk, en Hij zal in Egypte komen; en de afgoden van Egypte zullen bewogen worden van Zijn aangezicht, en het hart derEgyptenaren zal smelten in het binnenste van hen.

²Want Ik zal de Egyptenaren tegen de Egyptenaren verwarren, dat zij zullen strijden een iegelijk tegen zijn broeder, en een iegelijk tegen zijn naaste, stad tegen stad, koninkrijktegen koninkrijk.

³En de geest der Egyptenaren zal uitgeledigd worden in het binnenste van hen, en hun raad zal Ik verslinden; dan zullen zij hun afgoden vragen, en den bezweerders, en denwaarzeggers, en den duivelskunstenaars.

⁴En Ik zal de Egyptenaars besluiten in de hand van harde heren, en een strenge koning zal over hen heersen, spreekt de Heere HEERE der heirscharen.

⁵En zij zullen de wateren uit de zee doen vergaan, en de rivier zal verzijpen en verdrogen.

⁶Zij zullen ook de rivieren verre terugdrijven, zij zullen ze uithozen, en de gedamde stromen opdrogen; het riet en het schilf zullen verwelken.

⁷Het papiergewas bij de stromen, aan de oevers der stromen, en al het gezaaide aan de stromen, zal verdrogen; het zal weggestoten worden, en niet meer zijn.

⁸En de vissers zullen treuren, en allen, die den angel in de stromen werpen, zullen rouw maken; en die het werpnet uitbreiden op de wateren, zullen kwijnen.

⁹En de werkers in het fijne vlas zullen beschaamd worden, ook de wevers van de witte stof.

¹⁰En zij zullen met hun fondamenten verbrijzeld worden, allen, die voor loon lustige staande wateren maken.

¹¹Gewisselijk, de vorsten van Zoan zijn dwazen, de raad der wijzen, der raadgevers van Farao, is onvernuftig geworden; hoe kunt gijlieden dan zeggen tot Farao: Ik ben een zoonder wijzen, een zoon der oude koningen?

¹²Waar zijn nu uw wijzen? Dat zij u nu te kennen geven of vernemen, wat de HEERE der heirscharen beraadslaagd heeft tegen Egypte.

¹³De vorsten van Zoan zijn zot geworden, de vorsten van Nof zijn bedrogen; zij zullen ook Egypte doen dwalen, tot den uitersten hoek zijner stammen.

¹⁴De HEERE heeft een zeer verkeerden geest ingeschonken in het midden van hen, en zij hebben Egypte doen dwalen in al zijn doen, gelijk een dronkaard zich om en om wenteltin zijn uitspuwsel.

¹⁵En er zal geen werk wezen voor de Egyptenaren, hetwelk het hoofd of de staart, de tak of de bieze doen mag.

¹⁶Te dien dage zullen de Egyptenaars zijn als de vrouwen; en zij zullen beven en vrezen vanwege de beweging van de hand des HEEREN der heirscharen, welke Hij tegen henbewegen zal.

¹⁷En het land van Juda zal den Egyptenaren tot een schrik zijn; zo wie het hem vermelden zal, die zal in zichzelven bevreesd wezen vanwege den raad des HEEREN der heirscharen, dien Hij tegen hen beraadslaagd heeft.

¹⁸Te dien dage zullen er vijf steden in Egypteland zijn, sprekende de spraak van Kanaan, en zwerende den HEERE der heirscharen; een zal genoemd zijn een stad der verstoring.

¹⁹Te dien dage zal de HEERE een altaar hebben in het midden van Egypteland, en een opgericht teken aan haar landpalen voor den

Jesaja
HEERE.

²⁰En het zal zijn tot een teken, en tot een getuigenis den HEERE der heirscharen in Egypteland, want zij zullen tot den HEERE roepen vanwege de verdrukkers, en Hij zal hun eenHeiland en Meester zenden, Die zal hen verlossen.

²¹En de HEERE zal den Egyptenaren bekend worden, en de Egyptenaars zullen den HEERE kennen te dien dage; en zij zullen Hem dienen met slachtoffer, en spijsoffer, en zijzullen den HEERE een gelofte beloven en betalen.

²²En de HEERE zal de Egyptenaars dapper slaan, en genezen; en zij zullen zich tot den HEERE bekeren, en Hij zal Zich van hen verbidden laten, en Hij zal hen genezen.

²³Te dien dage zal er een gebaande weg wezen van Egypte in Assyrie, dat de Assyriers in Egypte, en de Egyptenaars in Assyrie komen zullen; en de Egyptenaars zullen met deAssyriers den Heere dienen.

²⁴Te dien dage zal Israel de derde wezen met de Egyptenaren en met de Assyriers, een zegen in het midden van het land.

²⁵Want de HEERE der heirscharen zal hen zegenen, zeggende: Gezegend zij Mijn volk, de Egyptenaars, en de Assyriers, het werk Mijner handen, en Israel, Mijn erfdeel!

Hoofdstuk 20

¹In het jaar, toen Tartan naar Asdod kwam, als hem Sargon, de koning van Assyrie gezonden had, toen hij krijg voerde tegen Asdod, en het innam;

²Ter zelfder tijd sprak de HEERE, door den dienst van Jesaja, den zoon van Amoz, zeggende: Ga heen, en ontbind den zak van uw lendenen, en doe uw schoenen van uw voeten.En hij deed alzo, gaande naakt en barrevoets.

³Toen zeide de HEERE: Gelijk als Mijn knecht Jesaja naakt en barrevoets wandelt, drie jaren, tot een teken en wonder over Egypte en over Morenland;

⁴Alzo zal de koning van Assyrie voortdrijven de gevangenen der Egyptenaren, en de Moren, die weggevoerd zullen worden, jongen en ouden, naakt en barrevoets, en met blotebillen, den Egyptenaren tot schaamte.

⁵En zij zullen verschrikken en beschaamd zijn van de Moren, op dewelke zij zagen, en van de Egyptenaars, hun roem.

⁶En de inwoners van dit eiland zullen te dien dage zeggen: Ziet, alzo is het gegaan dien, op welken wij zagen, werwaarts wij henenvloden om hulp, om gered te worden van hetaangezicht des konings van Assyrie; hoe zullen wij dan ontkomen?

Hoofdstuk 21

¹De last der woestijn aan de zee. Gelijk de wervelwinden in het zuiden henen doorgaan, zal hij uit de woestijn komen, uit een vreselijk land.

²Een hard gezicht is mij te kennen gegeven: die trouweloze handelt trouwelooslijk, en die verstoorder verstoort; trek op, o Elam! beleger ze, o Media! Ik heb al haar zuchting doenophouden.

³Daarom zijn mijn lendenen vol van grote krankheid, bange weeen hebben mij aangegrepen, gelijk de bange weeen van een, die baart; ik krom mij van horen, ik word ontsteldvan het aanzien.

⁴Mijn hart dwaalt, gruwen verschrikt mij, de schemering, waar ik naar verlangd heb, stelt Hij mij tot beving.

⁵Bereid de tafel, zie toe, gij wachter! eet, drink; maakt u op, gij vorsten, bestrijkt het schild!

⁶Want aldus heeft de Heere tot mij gezegd: Ga heen, zet een wachter, laat hem aanzeggen, wat hij ziet.

⁷En hij zag een wagen, een paar ruiters, een wagen met ezels, een wagen met kemels; en hij merkte zeer nauw op, met grote opmerking.

⁸En hij riep: Een leeuw, Heere! ik sta op den wachttoren geduriglijk bij dag, en op mijn hoede zet ik mij ganse nachten.

⁹En zie nu, daar komt een wagen mannen, en een paar ruiters! Toen antwoordde hij, en zeide: Babel is gevallen, zij is gevallen! en al de gesneden beelden harer goden heeft Hijverbroken tegen de aarde.

¹⁰O mijn dorsing, en de tarwe mijns dorsvloers! wat ik gehoord heb van den HEERE der heirscharen, den God Israels, dat heb ik ulieden aangezegd.

¹¹De last van Duma. Men roept tot mij uit Seir: Wachter! wat is er van den nacht? Wachter! wat is er van den nacht?

¹²De wachter zeide: De morgenstond is gekomen, en het is nog nacht; wilt gijlieden vragen, vraagt; keert weder, komt.

¹³De last tegen Arabie. In het woud van Arabie zult gijlieden vernachten, o gij reizende gezelschappen van Dedanieten!

¹⁴Komt den dorstige tegemoet met water; de inwoners des lands van Thema zijn den vluchtende met zijn brood bejegend.

¹⁵Want zij vluchten voor de zwaarden, voor het uitgetrokken zwaard, en voor den gespannen boog, en voor de zwarigheid des krijgs.

¹⁶Want alzo heeft de HEERE tot mij gezegd: Nog binnen een jaar, gelijk de jaren eens dagloners zijn, zo zal de heerlijkheid van Kedar ten ondergaan.

¹⁷En het overgebleven getal der schutters, de helden der Kedarenen, zullen minder worden, want de HEERE, de God Israels, heeft het gesproken.

Hoofdstuk 22

¹De last van het dal des gezichts. Wat is u nu, dat gij altegader op de daken klimt?

²Gij, die vol van groot gedruis waart, gij woelige stad, gij, vrolijk huppelende stad! Uw verslagenen zijn niet verslagen met het zwaard, noch gestorven in den strijd.

³Al uw oversten zijn te zamen weggevlucht; zij zijn van de schutters gebonden, allen, die in u gevonden zijn, zijn samengebonden, zij zijn van verre gevloden.

⁴Daarom zeg ik: Wendt het gezicht van mij af; laat mij bitterlijk wenen; dringt niet aan, om mij te troosten over de verstoring der dochteren mijns volks.

⁵Want het is een dag van beroering, en van vertreding, en van verwarring van den Heere, den HEERE der heirscharen, in het dal des gezicht, een dag van ontmuring des muurs, en van geschreeuw naar het gebergte toe.

⁶Want Elam heeft den pijlkoker genomen, de man is op den wagen, er zijn ruiters; en Kir ontbloot het schild.

⁷En het zal geschieden, dat uw uitgelezen dalen vol wagenen zullen zijn, en dat de ruiters zich gewisselijk zullen zetten ter poorten aan.

⁸En hij zal het deksel van Juda ontdekken; en te dien dage zult gij zien naar de wapenen in het huis des wouds.

⁹En gijlieden zult bezien de reten der stad Davids, omdat zij vele zijn; en gij zult de wateren des ondersten vijvers vergaderen.

¹⁰Gij zult ook de huizen van Jeruzalem tellen; en gij zult huizen afbreken, om de muren te bevestigen.

¹¹Ook zult gij een gracht maken tussen beide de muren, voor de wateren des ouden vijvers; maar gij zult niet opwaarts zien op Dien, Die zulks gedaan heeft, noch aanmerkenDien, Die dat van verre tijden geformeerd heeft.

¹²En te dien dage zal de Heere, de HEERE der heirscharen, roepen tot geween, en tot rouwklage, en tot kaalheid, en tot omgording des zaks.

¹³Maar ziet, er is vreugde en blijdschap met runderen te doden, en schapen te kelen, vlees te eten, en wijn te drinken, en te zeggen: Laat ons eten en drinken, want morgen zullenwij sterven.

¹⁴Maar de HEERE der heirscharen heeft Zich voor mijn oren geopenbaard, zeggende: Indien ulieden deze ongerechtigheid verzoend wordt, totdat gij sterft! zegt de Heere, deHEERE der heirscharen.

¹⁵Alzo zegt de Heere, de HEERE der heirscharen: Ga heen, ga in tot dien schatmeester, tot Sebna, den hofmeester, en spreek:

¹⁶Wat hebt gij hier, of wien hebt gij hier, dat gij u hier een graf uitgehouwen hebt als die zijn graf in de hoogte uithouwt, die een woning voor zich op een rotssteen laat aftekenen?

¹⁷Zie, de HEERE zal u wegwerpen met een mannelijke wegwerping, en Hij zal u ganselijk overdekken.

¹⁸Hij zal u gewisselijk voortrollen, gelijk men een bal rolt, in een land, wijd van begrip; aldaar zult gij sterven, en aldaar zullen uw heerlijke wagenen zijn, o gij schandvlek van hethuis uws heren!

¹⁹En Ik zal u afstoten van uw staat, en van uw stand zal Hij u verstoren.

²⁰En het zal te dien dage geschieden, dat Ik Mijn knecht, Eljakim, den zoon van Hilkia, roepen zal.

²¹En Ik zal hem met uw rok bekleden, en Ik zal hem met uw gordel sterken, en uw heerschappij zal Ik in zijn hand geven; en hij zal den inwoneren te Jeruzalem en den huize vanJuda tot een vader zijn.

²²En Ik zal den sleutel van het huis van David op zijn schouder leggen; en hij zal opendoen, en niemand zal sluiten, en hij zal sluiten, en niemand zal opendoen.

²³En Ik zal hem als een nagel inslaan in een vaste plaats; en hij zal wezen tot een stoel der eer voor het huis zijns vaders.

²⁴En men zal aan hem hangen alle heerlijkheid van het huis zijns vaders, der uitspruitelingen en der afkomelingen, ook alle kleine vaten, van de vaten der bekers af, zelfs tot al devaten der flessen.

²⁵Te dien dage, spreekt de HEERE der heirscharen, zal die nagel, die aan een vaste plaats gestoken was, weggenomen worden; en hij zal

afgehouwen worden, en hij zal vallen, en de last, die daaraan is, zal afgesneden worden; want de HEERE heeft het gesproken.

Hoofdstuk 23

¹De last van Tyrus. Huilt, gij schepen van Tarsis! want zij is verwoest, dat er geen huis meer is, dat niemand er meer ingaat; uit het land Chittim is het aan hen openbaar geworden.

²Zwijgt, gij inwoners des eilands! gij, die de kooplieden van Sidon, over zee varende, vervulden,

³En wiens inkomst was het zaad van Sichor over de grote wateren, de oogst der rivier; en zij was de markt der heidenen.

⁴Word beschaamd, o Sidon! want de zee spreekt, ja, de sterkte der zee, zeggende: Ik heb geen barensnood gehad, ik heb ook niet gebaard, en ik heb geen jongelingen grootgemaakt, en geen jonge dochters opgebracht.

⁵Gelijk als geweest is de tijding van Egypte, zal men ook in weedom zijn, als men van Tyrus horen zal.

⁶Vaart over naar Tarsis, huilt, gij inwoners des eilands!

⁷Is dit uw vrolijk huppelende stad? welker oudheid wel van oude dagen af is; maar haar eigen voeten zullen haar verre wegdragen, om in vreemdelingschap te verkeren.

⁸Wie heeft dit beraadslaagd over Tyrus, die kronende stad, welker kooplieden vorsten zijn, welker handelaars de heerlijkste in het land zijn?

⁹De HEERE der heirscharen heeft het beraadslaagd, opdat Hij ontheilige de hovaardij van alle sieraad, om al de heerlijksten der aarde verachtelijk te maken.

¹⁰Ga door naar uw land, als een rivier, gij dochter van Tarsis! er is geen gordel meer.

¹¹Hij heeft Zijn hand uitgestrekt over de zee, Hij heeft de koninkrijken beroerd; de HEERE heeft bevel gegeven tegen Kanaän, om haar sterkten te verdelgen.

¹²En Hij heeft gezegd: Gij zult niet meer vrolijk huppelen, o gij verdrukte maagd, gij dochter van Sidon! Naar Chittim toe, maak u op, vaar over; ook zult gij aldaar geen rust hebben.

¹³Ziet, het land der Chaldeeën; dit volk was er niet; Assur heeft het gefondeerd voor degenen, die in de wildernissen woonden; zij richtten hun sterkten op, en bouwden hun paleizen, maar Hij heeft het tot een vervallen hoop gesteld.

¹⁴Huilt, gij schepen van Tarsis! want ulieder sterkte is verstoord.

¹⁵En het zal geschieden te dien dage, dat Tyrus zal vergeten worden zeventig jaren, gelijk eens konings dagen; maar ten einde van zeventig jaren zal in Tyrus als een hoerenlied zijn:

¹⁶Neem de harp, ga in de stad rondom, gij vergeten hoer! speel wel, zing veel liederen, opdat uwer gedacht worde!

¹⁷Want het zal geschieden ten einde van zeventig jaren, dat de HEERE Tyrus zal bezoeken, en dat zij wederkeren zal tot haar hoerenloon, en zij zal hoererij bedrijven met alle koninkrijken der aarde, die op den aardbodem zijn.

¹⁸En haar koophandel en haar hoerenloon zal den HEERE heilig zijn, het zal niet ten schat vergaderd noch opgesloten worden; maar haar koophandel zal wezen voor hen, die voor den HEERE wonen, opdat zij eten tot verzadiging, en dat zij durig deksel hebben.

Hoofdstuk 24

¹Ziet, de HEERE maakt het land ledig, en Hij maakt het woest; en Hij keert deszelfs gestaltenis om, en Hij verstrooit zijn inwoners.

²En gelijk het volk, alzo zal de priester wezen; gelijk de knecht, alzo zijn heer; gelijk de dienstmaagd, alzo haar vrouw; gelijk de koper, alzo de verkoper; gelijk de lener, alzo de ontlener; gelijk de woekeraar, alzo die, van welken hij woeker ontvangt.

³Dat land zal ganselijk ledig gemaakt worden, en het zal ganselijk beroofd worden; want de HEERE heeft dit woord gesproken.

⁴Het land treurt, het verwelkt; het aardrijk kweelt, het verwelkt; de hoogsten van het volk des lands kwelen.

⁵Want het land is bevlekt vanwege zijn inwoners; want zij overtreden de wetten, zij veranderen de inzettingen, zij vernietigen het eeuwig verbond.

⁶Daarom verteert de vloek het land, en die daarin wonen, zullen verwoest worden; daarom zullen de inwoners des lands verbrand worden, en er zullen weinig mensen overblijven.

⁷De most treurt, de wijnstok kweelt, allen die blijhartig waren, zuchten.

⁸De vreugde der trommelen rust; het geluid der vrolijk huppelenden houdt op, de vreugde der harp rust.

⁹Zij zullen geen wijn drinken met gezang; de sterke drank zal bitter zijn dengenen, die hem drinken.

¹⁰De woeste stad is verbroken, al de huizen staan gesloten, dat er niemand inkomen kan.

¹¹Er is een klagelijk geroep op de straten, om des wijns wil; alle blijdschap is verduisterd, de vreugde des lands is heengevaren.

¹²Verwoesting is in de stad overgebleven, en met gekraak wordt de poort in stukken verbroken.

¹³Want in het binnenste van het land, in het midden dezer volken, zal het alzo wezen, gelijk de afschudding des olijfbooms, gelijk de nalezingen, wanneer de wijnoogst geëindigd is.

¹⁴Die zullen hun stem opheffen, zij zullen vrolijk zingen; vanwege de heerlijkheid des HEEREN zullen zij juichen van de zee af.

¹⁵Daarom eert den HEERE in de valleien, in de eilanden der zee den Naam des HEEREN, des Gods van Israël.

¹⁶Van het uiterste einde der aarde horen wij psalmen, tot verheerlijking des Rechtvaardigen. Doch nu zeg ik: Ik word mager, ik word mager, wee mij! de trouwelozen handelen trouwelooslijk, en met trouweloosheid handelen de trouwelozen trouwelooslijk.

¹⁷De vrees, en de kuil, en de strik over u, o inwoners des lands!

¹⁸En het zal geschieden, zo wie voor de stem der vreze vlieden zal, die zal in den kuil vallen; en die uit den kuil opklimt, die zal in den strik gevangen worden; want de sluizen in de hoogte zijn opengedaan, en de fondamenten der aarde zullen beven.

¹⁹De aarde zal ganselijk verbroken worden, de aarde zal ganselijk vaneen gescheurd worden, de aarde zal ganselijk bewogen worden.

²⁰De aarde zal ganselijk waggelen, gelijk een dronkaard, en zij zal heen en weder bewogen worden, gelijk een nachthut; en haar overtreding zal zwaar op haar zijn, en zij zal vallen, en niet weder opstaan.

²¹En het zal geschieden te dien dage, dat de HEERE bezoeking doen zal over de heirscharen des hogen in de hoogte, en over de koningen des aardbodems op den aardbodem.

²²En zij zullen samenvergaderd worden, gelijk de gevangenen in een put, en zij zullen besloten worden in een gevangenis, maar na vele dagen weder bezocht worden.

²³En de maan zal schaamrood worden, en de zon zal beschaamd worden, als de HEERE der heirscharen regeren zal op den berg Sion en te Jeruzalem, en voor zijn oudsten zal heerlijkheid zijn.

Hoofdstuk 25

¹HEERE! Gij zijt mijn God, U zal ik verhogen, Uw Naam zal ik loven, want Gij hebt wonder gedaan; Uw raadslagen van verre zijn waarheid en vastigheid.

²Want Gij hebt van de stad een steenhoop gemaakt; de vaste stad tot een vervallen hoop; het paleis der vreemdelingen, dat het geen stad meer zij, in eeuwigheid zal zij niet herbouwd worden.

³Daarom zal U een machtig volk eren, de stad der tirannische volken zal U vrezen.

⁴Want Gij zijt den arme een Sterkte geweest, een Sterkte den nooddruftige, als hem bange was; een Toevlucht tegen den vloed, een Schaduw tegen de hitte; want het blazen der tirannen is als een vloed tegen een wand.

⁵Gelijk de hitte in een dorre plaats, zult Gij de onstuimigheid der vreemdelingen nederdrukken; gelijk de hitte door de schaduw ener dikke wolk, zal het gezang der tirannen vernederd worden.

⁶En de HEERE der heirscharen zal op dezen berg allen volken een vetten maaltijd maken, een maaltijd van reinen wijn, van vet vol mergs, van reine wijnen, die gezuiverd zijn.

⁷En Hij zal op dezen berg verslinden het bewindsel des aangezichts, waarmede alle volken bewonden zijn, en het deksel, waarmede alle natiën bedekt zijn.

⁸Hij zal den dood verslinden tot overwinning, en de Heere HEERE zal de tranen van alle aangezichten afwissen; en Hij zal de smaadheid Zijns volks van de ganse aarde wegnemen; want de HEERE heeft het gesproken.

⁹En men zal te dien dage zeggen: Ziet, Deze is onze God; wij hebben Hem verwacht, en Hij zal ons zalig maken. Deze is de HEERE, wij hebben Hem verwacht, wij zullen ons verheugen en verblijden in Zijn zaligheid.

¹⁰Want de hand des HEEREN zal op dezen berg rusten; maar Moab zal onder Hem verdorst worden, gelijk het stro verdorst wordt tot mest.

¹¹En Hij zal Zijn handen uitbreiden in het midden van hen, gelijk als een zwemmer die uitbreidt om te zwemmen, en Hij zal hun hoogmoed vernederen met de lagen hunner handen.

¹²En Hij zal de hoge vesten uwer muren buigen, vernederen, ja, Hij zal ze ter aarde tot het stof toe doen reiken.

Jesaja
Hoofdstuk 26
¹Te dien dage zal dit lied gezongen worden in het land van Juda; Wij hebben een sterke stad, God stelt heil tot muren en voorschansen.

²Doet de poorten open, dat het rechtvaardige volk daarin ga, hetwelk de getrouwigheden bewaart.

³Het is een bevestigd voornemen, Gij zult allerlei vrede bewaren, want men heeft op U vertrouwd.

⁴Vertrouwt op den HEERE tot in der eeuwigheid; want in den Heere HEERE is een eeuwige rotssteen.

⁵Want Hij buigt de hooggezetenen neder, de verheven stad; Hij vernedert ze, Hij vernedert ze tot de aarde toe, Hij doet ze tot aan het stof reiken.

⁶De voet zal ze vertreden, de voeten des ellendigen, de treden der armen.

⁷Het pad des rechtvaardigen is geheel effen, den gang des rechtvaardigen weegt Gij recht.

⁸Wij hebben ook in den weg Uwer gerichten, U, o HEERE! verwacht; tot Uw Naam en tot Uw gedachtenis is de begeerte onzer ziel.

⁹Met mijn ziel heb ik U begeerd in den nacht, ook zal ik met mijn geest, die in het binnenste van mij is, U vroeg zoeken; want wanneer Uw gerichten op de aarde zijn, zo leren de inwoners der wereld gerechtigheid.

¹⁰Wordt den goddeloze genade bewezen, hij leert evenwel geen gerechtigheid, hij drijft onrecht in een gans richtig land, en hij ziet de hoogheid des HEEREN niet aan.

¹¹HEERE! is Uw hand verhoogd, zij zien het niet; maar zij zullen het zien, en beschaamd worden, vanwege den ijver over Uw volk, ook zal het vuur Uw wederpartijders verteren.

¹²HEERE! Gij zult ons vrede bestellen, want Gij hebt ons ook al onze zaken uitgericht.

¹³HEERE, onze God! andere heren, behalve Gij, hebben over ons geheerst; doch door U alleen gedenken wij Uws Naams.

¹⁴Dood zijnde zullen zij niet weder leven, overleden zijnde zullen zij niet opstaan; daarom hebt Gij hen bezocht, en hebt hen verdelgd, en Gij hebt al hun gedachtenis doen vergaan.

¹⁵Gij, o HEERE! hadt dit volk vermeerderd, Gij hadt dit volk vermeerderd; Gij waart verheerlijkt geworden; maar Gij hebt hen in al de einden des aardrijks verre weggedaan.

¹⁶HEERE! in benauwdheid hebben zij U bezocht; zij hebben hun stil gebed uitgestort, als Uw tuchtiging over hen was.

¹⁷Gelijk een bevruchte vrouw, als zij nadert tot het baren, smarten heeft, en schreeuwt in haar weeen, alzo zijn wij geweest, o HEERE! vanwege Uw aangezicht.

¹⁸Wij waren bevrucht, wij hadden de smarten, maar wij hebben niet dan wind gebaard; wij deden het land geen behoudenis aan, en de inwoners der wereld vielen niet neder.

¹⁹Uw doden zullen leven, ook mijn dood lichaam, zij zullen opstaan; waakt op en juicht, gij, die in het stof woont! want uw dauw zal zijn als een dauw der moeskruiden, en het land zal de overledenen uitwerpen.

²⁰Ga henen, mijn volk! ga in uw binnenste kamers, en sluit uw deuren na u toe; verberg u als een klein ogenblik, totdat de gramschap overga.

²¹Want ziet, de HEERE zal uit Zijn plaats uitgaan, om de ongerechtigheid van de inwoners der aarde over hen te bezoeken; en de aarde zal haar bloed ontdekken, en zal haar doodgeslagenen niet langer bedekt houden.

Hoofdstuk 27
¹Te dien dage zal de HEERE met Zijn hard, en groot, en sterk zwaard bezoeken den Leviathan, de langwemelende slang, ja, den Leviathan, de kromme slomme slang; en Hij zal den draak, die in de zee is, doden.

²Te dien dage zal er een wijngaard van roden wijn zijn; zingt van denzelven bij beurte.

³Ik, de HEERE, behoede dien, alle ogenblik zal Ik hem bevochtigen; opdat de vijand hem niet bezoeke, zal Ik hem bewaren nacht en dag.

⁴Grimmigheid is bij Mij niet; wie zou Mij als een doorn en distel in oorlog stellen, dat Ik tegen hem zou aanvallen, en hem te gelijk verbranden zou?

⁵Of hij moest Mijn sterkte aangrijpen, hij zal vrede met Mij maken; vrede zal hij met Mij maken.

⁶In toekomende zal Jakob wortelen schieten, Israel zal bloeien en groeien; en zij zullen de wereld met inkomsten vervullen.

⁷Heeft Hij hem geslagen, gelijk Hij dien geslagen heeft, die hem sloeg? Is hij gedood, gelijk zijn gedoden gedood zijn geworden?

⁸Met mate hebt Gij met hem getwist, wanneer Gij hem wegstiet; als Hij hem wegnam door Zijn harden wind, in den dag des oostenwinds.

⁹Daarom zal daardoor de ongerechtigheid van Jakob verzoend worden, en dit is de ganse vrucht, dat Hij deszelfs zonde zal wegdoen, wanneer Hij al de stenen des altaar maken zal als verstrooide kalkstenen, de bossen en de zonnebeelden zullen niet bestaan.

¹⁰Want de vaste stad zal eenzaam, de woonstede zal verstoten en verlaten worden, gelijk een woestijn; daar zullen de kalveren weiden, en daar zullen zij nederliggen, en zullen haar takken verslinden.

¹¹Als haar takken verdord zullen zijn, zullen zij afgebroken worden, en de vrouwen, komende, zullen ze aansteken; want het is geen volk van enig verstand; daarom zal Hij, Die het gemaakt heeft, Zich deszelven niet ontfermen, en Die het geformeerd heeft, zal aan hetzelve geen genade bewijzen.

¹²En het zal te dien dage geschieden, dat de HEERE dorsen zal, van den stroom der rivier af tot aan de rivier van Egypte; doch gijlieden zult opgelezen worden, een bij een, o gij kinderen Israels!

¹³En het zal te dien dage geschieden, dat er met een grote bazuin geblazen zal worden; dan zullen die komen, die in het land van Assur verloren zijn, en de heengedrevenen in het land van Egypte; en zij zullen den HEERE aanbidden op den heiligen berg te Jeruzalem.

Hoofdstuk 28
¹Wee de hovaardige kroon der dronkenen van Efraim, welker heerlijk sieraad is een afvallende bloem, die daar is op het hoofd der zeer vette vallei, der geslagenen van den wijn.

²Ziet, de Heere heeft een sterke en machtige, er is gelijk een hagelvloed, een poort des verderfs; gelijk een vloed der sterke wateren; die overvloeien, zal Hij ze ter aarde nederwerpen met de hand.

³De hovaardige kronen der dronkenen van Efraim zullen met voeten vertreden worden.

⁴En de afvallende bloem zijns heerlijken sieraads, die op het hoofd der zeer vette vallei is, zal zijn gelijk een vroegrijpe vrucht voor den zomer, welke, wanneer ze iemand ziet, terwijl zij nog in zijn hand is, slokt hij ze op.

⁵Te dien dage zal de HEERE der heirscharen tot een heerlijke Kroon en tot een sierlijken Krans zijn den overgeblevenen Zijns volks.

⁶En tot een Geest des oordeels dien, die ten oordeel zit, en tot een sterkte dengenen, die den strijd afkeren tot de poort toe.

⁷En ook dwalen dezen van den wijn, en zij dolen van den sterken drank; de priester en de profeet dwalen van den sterken drank; zij zijn verslonden van den wijn, zij dolen van sterken drank; zij dwalen in het gezicht; zij waggelen in het gericht.

⁸Want alle tafels zijn vol van uitspuwsel en van drek, zodat er geen plaats schoon is.

⁹Wien zou Hij dan de kennis leren, en wien zou Hij het gehoorde te verstaan geven? Den gespeenden van de melk, den afgetrokkenen van de borsten?

¹⁰Want het is gebod op gebod, gebod op gebod, regel op regel, regel op regel, hier een weinig, daar een weinig.

¹¹Daarom zal Hij door belachelijke lippen, en door een andere tong tot dit volk spreken;

¹²Tot dewelken Hij gezegd heeft: Dit is de rust, geeft den moeden rust, en dit is de verkwikking; doch zij hebben niet willen horen.

¹³Zo zal hun het woord des HEEREN zijn; gebod op gebod, gebod op gebod, regel op regel, regel op regel, hier een weinig, daar een weinig; opdat zij heengaan, en achterwaarts vallen, en verbreken, en verstrikt en gevangen worden.

¹⁴Daarom, hoort des HEEREN woord, gij bespotters, gij heersers over dit volk, dat te Jeruzalem is!

¹⁵Omdat gijlieden zegt: Wij hebben een verbond met den dood gemaakt, en met de hel hebben wij een voorzichtig verdrag gemaakt; wanneer de overvloeiende gesel doortrekken zal, zal hij tot ons niet komen; want wij hebben de leugen ons tot een toevlucht gesteld, en onder de valsheid hebben wij ons verborgen.

¹⁶Daarom, alzo zegt de Heere HEERE: Ziet, Ik leg een grondsteen in Sion, een beproefden steen, een kostelijken hoeksteen, die wel vast gegrondvest is; wie gelooft, die zal niet haasten.

¹⁷En Ik zal het gericht stellen naar het richtsnoer, en de gerechtigheid naar het paslood; en de hagel zal de toevlucht der leugen wegvagen, en de wateren zullen de schuilplaats overlopen.

¹⁸En ulieder verbond met den dood zal te niet worden, en uw voorzichtig verdrag met de hel zal niet bestaan; wanneer de overvloeiende gesel doortrekken zal, dan zult gijlieden van denzelven vertreden worden.

¹⁹Van den tijd af, als hij doortrekt, zal hij ulieden wegnemen, want

allen morgen zal hij doortrekken, bij dag en bij nacht; en het zal geschieden, dat het gerucht te verstaan, enkelberoering wezen zal.

²⁰Want het bed zal korter zijn, dan dat men zich daarop uitstrekken kunne; en het deksel zal te smal wezen, als men zich daaronder voegt.

²¹Want de HEERE zal Zich opmaken, gelijk op den berg Perazim, Hij zal beroerd zijn, gelijk in het dal van Gibeon, om Zijn werk te doen, Zijn werk zal vreemd zijn; en om Zijn daadte doen, Zijn daad zal vreemd zijn!

²²Nu dan, drijft den spot niet, opdat uw banden niet vaster gemaakt worden; want ik heb van den Heere HEERE der heirscharen gehoord een verdelging, ja, een, die vast beslotenis over het ganse land.

²³Neemt ter ore en hoort mijn stem, merkt op en hoort mijn rede!

²⁴Ploegt de ploeger den gehelen dag om te zaaien? Opent en egt hij zijn land den gehelen dag?

²⁵Is het niet alzo? Wanneer hij het bovenste van hetzelve effen gemaakt heeft, dan strooit hij wikken, en spreidt komijn, of hij werpt er van de beste tarwe in, of uitgelezen gerst, ofspelt, elk aan zijn plaats.

²⁶En zijn God onderricht hem van de wijze, Hij leert hem.

²⁷Want men dorst de wikken niet met den dorswagen, en men laat het wagenrad niet rondom over het komijn gaan; maar de wikken slaat men uit met een staf, en het komijn meteen stok;

²⁸Het brood koren moet verbrijzeld worden, maar hij dorst het niet geduriglijk dorsende; noch hij breekt het met het wiel zijn wagens, noch hij verbrijzelt het met zijn paarden.

²⁹Zulks komt ook voort van den HEERE der heirscharen; Hij is wonderlijk van raad, Hij is groot van daad.

Hoofdstuk 29

¹Wee Ariel, Ariel! de stad, waarin David gelegerd heeft; doet jaar tot jaar; laat ze feestoffers slachten.

²Evenwel zal Ik Ariel beangstigen, en er zal treuring en droefheid wezen, en die stad zal Mij gelijk Ariel zijn.

³Want Ik zal een leger in het rond om u slaan, en Ik zal u belegeren met bolwerken, en Ik zal vestingen tegen u opwerpen.

⁴Dan zult gij vernederd worden, gij zult uit de aarde spreken, en uw spraak zal uit het stof zachtjes voortkomen; en uw stem zal zijn uit de aarde als van een tovenaar, en uw spraak zal uit het stof piepen.

⁵En de menigte uwer vreemde soldaten zal zijn gelijk dun stof, en de menigte der tirannen als voorbijvliegend kaf; en het zal in een ogenblik haastelijk geschieden.

⁶Gij zult van den HEERE der heirscharen bezocht worden met donder, en met aardbeving, en groot geluid, met wervelwind, en onweder, en de vlam eens verterenden vuurs.

⁷En gelijk de droom van een nachtgezicht is, alzo zal de veelheid aller heidenen zijn, die tegen Ariel strijden zullen; zelfs allen, die tegen haar en haar vestingen strijden, en haarbeangstigen zullen.

⁸Het zal alzo zijn, gelijk wanneer een hongerige droomt, en ziet, hij eet; maar als hij ontwaakt, zo is zijn ziel ledig; of, gelijk als wanneer een dorstige droomt, en ziet, hij drinkt; maar als hij ontwaakt, ziet, zo is hij nog mat, en zijn ziel is begerig; alzo zal de menigte aller heidenen zijn, die tegen den berg Sion krijgen.

⁹Zij vertoeven, daarom verwondert u; zij zijn vrolijk, derhalve roept gijlieden; zij zijn dronken, maar niet van wijn; zij waggelen, maar niet van sterken drank.

¹⁰Want de HEERE heeft over ulieden uitgegoten een geest des diepen slaaps, en Hij heeft uw ogen toegesloten; de profeten, en uw hoofden, en de zieners heeft Hij verblind.

¹¹Daarom is ulieden alle gezicht geworden als de woorden van een verzegeld boek, hetwelk men geeft aan een, die lezen kan, zeggende: Lees toch dit; en hij zegt: Ik kan niet, want het is verzegeld.

¹²Of men geeft het boek aan een, die niet lezen kan, zeggende: Lees toch dit; en hij zegt: Ik kan niet lezen.

¹³Want de Heere heeft gezegd: Daarom dat dit volk tot Mij nadert met zijn mond, en zij Mij met hun lippen eren, doch hun hart verre van Mij doen; en hun vreze, waarmede zij Mij vrezen, mensengeboden zijn, die hun geleerd zijn;

¹⁴Daarom, ziet, Ik zal voorts wonderlijk handelen met dit volk, wonderlijk en wonderbaarlijk; want de wijsheid zijner wijzen zal vergaan, en het verstand zijner verstandigen zal zichverbergen.

¹⁵Wee dengenen, die zich diep versteken willen voor den HEERE, hun raad verbergende; en welker werken in duisterheid geschieden, en zij zeggen: Wie ziet ons, en wie kent ons?

¹⁶Ulieder omkeren is, alsof de pottenbakker geacht werd als leem, dat het maaksel zeide van zijn maker: Hij heeft mij niet gemaakt; en het geformeerde vat van zijn pottenbakkerzeide: Hij verstaat het niet.

¹⁷Is het niet nog om een klein weinig, dat de Libanon in een vruchtbaar veld zal veranderd worden, en het vruchtbare veld voor een woud geacht zal worden?

¹⁸En te dien dage zullen de doven horen de woorden des Boeks; en de ogen der blinden, zijnde uit de donkerheid en uit de duisternis, zullen zien.

¹⁹En de zachtmoedigen zullen vreugde op vreugde hebben in den HEERE; en de behoeftigen onder de mensen zullen zich in de Heilige Israels verheugen.

²⁰Wanneer de tiran een einde zal hebben, en dat het met den bespotter uit zal zijn, en dat allen, die tot ongerechtigheid waken, uitgeroeid zullen zijn;

²¹Die een mens schuldig maken om een woord, en leggen dien strikken, die hen bestraft in de poort; en die den rechtvaardige verdrijven in het woeste.

²²Daarom zegt de HEERE, Die Abraham verlost heeft, tot het huis van Jakob alzo: Jakob zal nu niet meer beschaamd worden, en nu zal zijn aangezicht niet meer bleek worden;

²³Want als hij zijn kinderen, het werk Mijner handen, zien zal in het midden van hen, zullen zij Mijn Naam heiligen; en zij zullen den Heilige Jakobs heiligen, en den God van Israelvrezen.

²⁴En die dwalende van geest zijn, zullen tot verstand komen, en de murmureerders zullen de lering aannemen.

Hoofdstuk 30

¹Wee den kinderen, die afvallen, spreekt de HEERE, om een raadslag te maken, maar niet uit Mij, en om zich met een bedekking te bedekken, maar niet uit Mijn Geest, omzonde tot zonde te doen;

²Die gaan, om af te trekken in Egypte, en vragen Mijn mond niet; om zich te sterken met de macht van Farao, en om hun toevlucht te nemen onder de schaduw van Egypte.

³Want de sterkte van Farao zal ulieden tot schaamte zijn, en die toevlucht onder de schaduw van Egypte tot schande.

⁴Wanneer zijn vorsten zullen geweest zijn tot Zoan, en zijn gezanten zullen gekomen zijn tot nabij Chanes;

⁵Hij zal hen allen beschaamd maken door een volk, dat hun geen nut kan doen, noch tot hulp, noch tot voordeel, maar tot schande en ook tot smaadheid zijn zal.

⁶De last der beesten, van het zuiden, naar het land des angstes, en der benauwdheid, van waar de sterke leeuw en de oude leeuw is, de basilisk en de vurige vliegende draak; hun goederen zullen zij voeren op den rug der veulens, en hun schatten op de bulten der kemelen, tot het volk, dat hun geen nut doen zal.

⁷Want Egypte zal ijdellijk en te vergeefs helpen; daarom heb Ik hierover geroepen; Stilzitten zal hun sterkte zijn.

⁸Nu dan, ga henen, schrijf voor hen op een tafel, en teken het in een boek, opdat het blijve tot den laatsten dag, voor altoos, tot in eeuwigheid.

⁹Want het is een wederspannig volk; het zijn leugenachtige kinderen; kinderen, die des HEEREN wet niet horen willen.

¹⁰Die daar zeggen tot de zieners: Ziet niet; en tot de schouwers: Schouwt ons niet, wat recht is; spreekt tot ons zachte dingen, schouwt ons bedriegerijen.

¹¹Wijkt af van den weg, maakt u van de baan; laat den Heilige Israels van ons ophouden!

¹²Daarom, zo zegt de Heilige Israels: Omdat gijlieden dit woord verwerpt, en vertrouwt op onderdrukking en verkeerdheid, en steunt daarop:

¹³Daarom zal ulieden deze misdaad zijn gelijk een vallende scheur, uitwaarts gebogen in een hogen muur, welks breuk haastelijk in een ogenblik komen zal.

¹⁴Ja, Hij zal ze verbreken, gelijk een pottenbakkerskruik verbroken wordt; in het brijzelen zal Hij niet verschonen; alzo dat van haar verbrijzeling niet een scherf zal gevondenworden, om vuur uit den haard te nemen, of om water te scheppen uit een gracht.

¹⁵Want alzo zegt de Heere HEERE, de Heilige Israels: Door wederkering en rust zoudt gijlieden behouden worden, in stilheid en in vertrouwen zou uw sterkte zijn; doch gij hebt nietgewild.

¹⁶En gij zegt: Neen, maar op paarden zullen wij vlieden; daarom zult gij vlieden! En: Op snelle paarden zullen wij rijden; daarom zullen uw vervolgers ook snel zijn!

¹⁷Een duizend van het schelden van een enige, van het schelden van vijf zult gij allen vlieden; totdat gij overgelaten wordt, gelijk een mast op den top van een berg, en als eenbanier op een heuvel.

¹⁸En daarom zal de HEERE wachten, opdat Hij u genadig zij, en daarom zal Hij verhoogd worden, opdat Hij Zich over ulieden ontferme, want de HEERE is een God des gerichts; welgelukzalig zijn die allen, die Hem verwachten.

Jesaja

¹⁹Want het volk zal in Sion wonen, te Jeruzalem; gij zult ganselijk niet wenen; gewisselijk zal Hij u genadig zijn op de stem uws geroeps; zo haast Hij die horen zal, zal Hij uantwoorden.

²⁰De Heere zal ulieden wel brood der benauwdheid, en wateren der verdrukking geven; maar uw leraars zullen niet meer als met vleugelen wegvliegen, maar uw ogen zullen uwleraars zien;

²¹En uw oren zullen horen het woord desgenen, die achter u is, zeggende: Dit is de weg, wandelt in denzelven; als gij zoudt afwijken ter rechterhand of ter linkerhand.

²²En gijlieden zult voor onrein houden het deksel uwer zilveren gesneden beelden, en het overtreksel uwer gouden gegoten beelden; gij zult ze wegwerpen gelijk een maanstondigkleed, en tot elk van die zeggen: Henen uit!

²³Dan zal Hij uw zaad, waarmede gij het land bezaaid hebt, regen geven, en brood van des lands inkomen, en hetzelve zal vet en smoutig zijn; uw vee zal te dien dage in een wijdelandouwe weiden.

²⁴En de ossen, en ezelveulens, die het land bouwen, zullen zuiver voeder eten, hetwelk verschud is met de werpschoffel en met de wan.

²⁵En er zullen op allen hogen berg, en op allen verhevenen heuvel beekjes en watervlieten zijn, in den dag der grote slachting, wanneer de torens vallen zullen.

²⁶En het licht der maan zal zijn als het licht der zon, en het licht der zon zal zevenvoudig zijn als het licht van zeven dagen; ten dage als de HEERE de breuk Zijns volks zalverbinden, en de wonde, waarmede het geslagen is, genezen.

²⁷Ziet, de Naam des HEEREN komt van verre, Zijn toorn brandt, en de last is zwaar; Zijn lippen zijn vol gramschap, en Zijn tong, als een verterend vuur;

²⁸En Zijn adem is als een overlopende beek, die tot aan den hals toe raakt; om de heidenen te schudden met een schudding der ijdelheid, en als een misleidende toom in dekinnebakkens der volken.

²⁹Er zal een lofzang bij ulieden zijn, gelijk in den nacht, wanneer het feest geheiligd wordt; en blijdschap des harten, gelijk van een, die met pijpen wandelt, om te komen tot denberg des HEEREN, tot den Rotssteen van Israel.

³⁰En de HEERE zal Zijn heerlijke stem doen horen, en de nederlating Zijns arms doen zien, met grimmigheid van toorn, en een vlam van verterend vuur, stralen, en een vloed, enhagelstenen.

³¹Want door de stem des HEEREN zal Assur te morzel geslagen worden, die met de roede sloeg.

³²En alwaar die gegrondveste staf doorgegaan zal zijn (op welken de HEERE dien zal hebben doen rusten), daar zal men met trommelen en harpen zijn; want met bewegendebestrijdingen zal Hij tegen hen strijden.

³³Want Tofeth is van gisteren bereid; ja, hij is ook voor den koning bereid; Hij heeft hem diep en wijd gemaakt, het vuur en hout van zijn brandstapel is veel; de adem des HEERENzal hem aansteken als een zwavelstroom.

Hoofdstuk 31

¹Wee dengenen, die in Egypte om hulp aftrekken, en steunen op paarden, en vertrouwen op wagenen, omdat er vele zijn, en op ruiters, omdat die zeer machtig zijn; en zien niet opden Heilige Israels, en zoeken den HEERE niet.

²Nochtans is Hij ook wijs, en Hij doet het kwaad komen, en trekt Zijn woorden niet terug; maar Hij zal Zich opmaken tegen het huis der boosdoeners, en tegen de hulp dergenen, die ongerechtigheid werken.

³Want de Egyptenaren zijn mensen, en geen God, en hun paarden zijn vlees, en geen geest; en de HEERE zal Zijn hand uitstrekken, dat de helper struikelen zal, en die geholpenwordt, zal nedervallen, en zij zullen al te zamen te niet komen.

⁴Want alzo heeft de HEERE tot mij gezegd: Gelijk als een leeuw, en een jonge leeuw over zijn roof brult, wanneer schoon een volle menigte der herderen samengeroepen wordttegen hem, verschrikt hij voor hun stem niet, en vernedert zich niet vanwege hun veelheid; alzo zal de HEERE der heirscharen nederdalen, om te strijden voor den berg Sions envoor haar heuvel.

⁵Gelijk vliegende vogelen, alzo zal de HEERE der heirscharen Jeruzalem beschutten, beschuttende zal Hij haar ook verlossen, doorgaande zal Hij haar ook uithelpen.

⁶Bekeert u tot Hem, van Denwelken de kinderen Israels diep afgeweken zijn.

⁷Want te dien dage zullen zij verwerpen, een ieder zijn zilveren afgoden en zijn gouden afgoden, welke u uw handen tot zonde gemaakt hadden;

⁸En Assur zal vallen door het zwaard, niet eens mans, en het zwaard, niet eens mensen, zal hem verteren; en hij zal voor het zwaard vlieden, en zijn jongelingen zullen versmelten.

⁹En hij zal van vreze doorgaan naar zijn rotssteen, en zijn vorsten zullen voor de banier verschrikken, spreekt de HEERE, die te Sion vuur, en te Jeruzalem een oven heeft.

Hoofdstuk 32

¹Ziet, een koning zal regeren in gerechtigheid, en de vorsten zullen heersen naar recht.

²En die man zal zijn als een verberging tegen den wind, en een schuilplaats tegen den vloed, als waterbeken in een dorre plaats, als de schaduw van een zwaren rotssteen in eendorstig land.

³En de ogen dergenen, die zien, zullen niet terugzien, en de oren dergenen, die horen, zullen opmerken.

⁴En het hart der onbedachtzamen zal de wetenschap verstaan, en de tong der stamelenden zal vaardig zijn, om bescheidenlijk te spreken.

⁵De dwaas zal niet meer genoemd worden milddadig, en de gierige zal niet meer mild geheten worden.

⁶Want een dwaas spreekt dwaasheid, en zijn hart doet ongerechtigheid, om huichelarij te plegen, en om dwaling te spreken tegen den HEERE, om de ziel des hongerigen ledigte laten, en den dorstige drank te doen ontbreken.

⁷En eens gierigaards ganse gereedschap is kwaad; hij beraadslaagt schandelijke verdichtselen, om de ellendigen te bederven met valse redenen, en het recht, als de armespreekt.

⁸Maar een milddadige beraadslaagt milddadigheden, en staat op milddadigheden.

⁹Staat op, gij geruste vrouwen, hoort mijn stem; gij dochters, die zo zeker zijt, neemt mijn redenen ter ore.

¹⁰Vele dagen over het jaar zult gij beroerd zijn, gij dochters, die zo zeker zijt, want de wijnoogst zal uit zijn, er zal geen inzameling komen.

¹¹Beeft, gij geruste vrouwen; weest beroerd, dochters, die zo zeker zijt; trekt u uit, en ontbloot u, en gordt zakken om uw lendenen.

¹²Men zal rouwklagen over de borsten, over de gewenste akkers, over de vruchtbare wijnstokken.

¹³Op het land mijns volks zal de doorn en de distel opgaan; ja, op alle vreugdehuizen, in de vrolijk huppelende stad.

¹⁴Want het paleis zal verlaten zijn, het gewoel der stad zal ophouden; Ofel en de wachttorens zullen tot spelonken zijn, tot in der eeuwigheid, een vreugde der woudezelen, eenweide der kudden.

¹⁵Totdat over ons uitgegoten worde de Geest uit de hoogte; dan zal de woestijn tot een vruchtbaar veld worden, en het vruchtbare veld zal voor een woud geacht worden.

¹⁶En het recht zal in de woestijn wonen, en de gerechtigheid zal op het vruchtbare veld verblijven.

¹⁷En het werk der gerechtigheid zal vrede zijn; en de werking der gerechtigheid zal zijn gerustheid en zekerheid tot in eeuwigheid.

¹⁸En mijn volk zal in een woonplaats des vredes wonen, en in welverzekerde woningen, en in stille geruste plaatsen.

¹⁹Maar het zal hagelen, waar men afgaat in het woud, en de stad zal laag worden in de laagte.

²⁰Welgelukzalig zijt gijlieden, die aan alle wateren zaait; gij, die den voet des osses en des ezels derwaarts henenzendt!

Hoofdstuk 33

¹Wee u, gij verwoester, die niet verwoest zijt, en gij, die trouwelooslijk handelt, waar men niet trouwelooslijk tegen u gehandeld heeft! Als gij het verwoesten zult volbracht hebben, zult gij verwoest worden; als gij het trouweloos handelen zult voleind hebben, zal men trouwelooslijk tegen u handelen.

²HEERE, wees ons genadig, wij hebben op U gewacht; wees hun arm allen morgen, daartoe onze behoudenis ten tijde der benauwdheid.

³Van het geluid des rumoers zullen de volken wegvlieden; van Uw verhoging zullen de heidenen verstrooid worden.

⁴Dan zal ulieder buit verzameld worden, gelijk de kevers verzameld worden; men zal daarin ginds en weder huppelen, gelijk de sprinkhanen ginds en weder huppelen.

⁵De HEERE is verheven, want Hij woont in de hoogte; Hij heeft Sion vervuld met gericht en gerechtigheid.

⁶En het zal geschieden, dat de vastigheid uwer tijden, de sterkte van uw behoudenissen zal zijn wijsheid en kennis; de vreze des HEEREN zal zijn schat zijn.

⁷Ziet, hun allersterksten roepen daar buiten; de boden des vredes wenen bitterlijk.

⁸De gebaande wegen zijn verwoest, die door de paden gaat, houdt op; hij vernietigt het verbond, hij veracht de steden, hij acht geen mens.

⁹Het land treurt, het kweelt; de Libanon schaamt zich, hij verwelkt; Saron is geworden als een woestijn; zo Basan als Karmel zijn

geschud.

¹⁰Nu zal Ik opstaan, zegt de HEERE, nu zal Ik verhoogd worden, nu zal Ik verheven worden.

¹¹Gijlieden gaat met stro zwanger, gij zult stoppelen baren; uw geest zal u als vuur verslinden.

¹²En de volken zullen zijn als de verbrandingen des kalks; als afgehouwen doornen zullen zij met het vuur verbrand worden.

¹³Hoort gijlieden, die verre zijt, wat Ik gedaan heb; en gijlieden, die nabij zijt, bekent Mijn macht!

¹⁴De zondaren te Sion zijn verschrikt; beving heeft de huichelaren aangegrepen; zij zeggen: Wie is er onder ons, die bij een verterend vuur wonen kan? Wie is er onder ons, die bijeen eeuwigen gloed wonen kan?

¹⁵Die in gerechtigheden wandelt, en die billijkheden spreekt; die het gewin der onderdrukkingen verwerpt; die zijn handen uitschudt, dat zij geen geschenken behouden; die zijnoor stopt, dat hij geen bloedschulden hore, en zijn ogen toesluit; dat hij het kwade niet aanzie;

¹⁶Die zal in de hoogten wonen, de sterkten der steenrotsen zullen zijn hoog vertrek zijn; zijn brood wordt hem gegeven, zijn wateren zijn gewis.

¹⁷Uw ogen zullen den Koning zien in Zijn schoonheid; zij zullen een ver gelegen land zien.

¹⁸Uw hart zal de verschrikking overdenken, zeggende: Waar is de schrijver? Waar is de betaalsheer? Waar is hij, die de torens telt?

¹⁹Gij zult niet meer dat stuurse volk zien, het volk, dat zo diep van spraak is, dat men het niet horen kan, van belachelijke tong, hetwelk men niet verstaan kan.

²⁰Schouwt Sion aan, de stad onzer bijeenkomsten; uw ogen zullen Jeruzalem zien, een geruste woonplaats, een tent, die niet ter neder geworpen zal worden, welker pinnen in dereeuwigheid niet zullen uitgetogen worden, en van welker zelen geen verscheurd worden.

²¹Maar de HEERE zal aldaar bij ons heerlijk zijn, het zal zijn een plaats van rivieren, van wijde stromen; geen roeischuit zal daar doorvaren, en geen treffelijk schip zal daarovervaren.

²²Want de HEERE is onze Rechter, de HEERE is onze Wetgever, de HEERE is onze Koning. Hij zal ons behouden.

²³Uw touwen zijn slap geworden, zij zullen hun mastboom niet kunnen recht stijf houden, zij zullen het zeil niet uitspannen; dan zal de roof van een overvloedigen buit uitgedeeldworden, zelfs zullen de lammen den roof roven.

²⁴En geen inwoner zal zeggen: Ik ben ziek, want het volk, dat daarin woont, zal vergeving van ongerechtigheid hebben.

Hoofdstuk 34

¹Nadert, gij heidenen, om te horen, en gij volken, luistert toe; de aarde hore, en haar volheid, de wereld en al wat daaruit voortkomt.

²Want de verbolgenheid des HEEREN is over al de heidenen, en grimmigheid over al hun heir; Hij heeft hen verbannen, Hij heeft ze ter slachting overgegeven.

³En hun verslagenen zullen weggeworpen worden, en van hun dode lichamen zal hun stank opgaan; en de bergen zullen smelten van hun bloed.

⁴En al het heir der hemelen zal uitteren, en de hemelen zullen toegerold worden, gelijk een boek, en al hun heir zal afvallen, gelijk een blad van den wijnstok afvalt, en gelijk eenvijg afvalt van den vijgeboom.

⁵Want Mijn zwaard is dronken geworden in den hemel; ziet, het zal ten oordeel nederdalen op Edom, en op het volk, hetwelk Ik verbannen heb.

⁶Het zwaard des HEEREN is vol van bloed, het is vet geworden van smeer, van het bloed der lammeren en der bokken, van het smeer der nieren van de rammen; want de HEEREheeft een slachtoffer te Bozra, en een grote slachting in het land der Edomieten.

⁷En de eenhoornen zullen met hen afgaan, en de varren met de stieren; en hun land zal doordronken zijn van het bloed, en hun stof zal van het smeer vet gemaakt worden.

⁸Want het zal zijn de dag der wraak des HEEREN, een jaar der vergeldingen, om Sions twistzaak.

⁹En hun beken zullen in pek verkeerd worden, en hun stof in zwavel; ja, hun aarde zal tot brandend pek worden.

¹⁰Het zal des nachts of des daags niet uitgeblust worden, tot in der eeuwigheid zal zijn rook opgaan; van geslacht tot geslacht zal het woest zijn, tot in eeuwigheid der eeuwighedenzal niemand daar doorgaan.

¹¹Maar de roerdomp en de nachtuil zullen het erfelijk bezitten, en de schuifuit, en de raaf zal daarin wonen; want Hij zal een richtsnoer der woestigheid over hen trekken, en eenrichtlood der ledigheid.

¹²Hun edelen (doch zij zijn er niet) zullen zij tot het koninkrijk roepen, maar al hun vorsten zullen niets zijn.

¹³En in hun paleizen zullen doornen opgaan, netelen en distelen in hun vestingen; en het zal een woning der draken zijn, een zaal voor de jongen der struisen.

¹⁴En de wilde dieren der woestijnen zullen de wilde dieren der eilanden daar ontmoeten, en de duivel zal zijn metgezel toeroepen; ook zal het nachtgedierte zich aldaarnederzetten, en het zal een rustplaats voor zich vinden.

¹⁵Daar zal de wilde meerle nestelen en leggen, en haar jongen uitbikken, en onder haar schaduw vergaderen; ook zullen aldaar de gieren met elkaar verzameld worden.

¹⁶Zoekt in het boek des HEEREN, en leest; niet een van dezen zal er feilen, het een noch het ander zal men missen; want mijn mond zelf heeft het geboden, en Zijn Geest Zelf zalze samenbrengen.

¹⁷Want Hij Zelf heeft voor hen het lot geworpen, en Zijn hand heeft het hun uitgedeeld met het richtsnoer; tot in der eeuwigheid zullen zij dat erfelijk bezitten, van geslacht totgeslacht zullen zij daarin wonen.

Hoofdstuk 35

¹De woestijn en de dorre plaatsen zullen hierover vrolijk zijn, en de wildernis zal zich verheugen, en zal bloeien als een roos.

²Zij zal lustig bloeien, en zich verheugen, ja, met verheuging, en juichen; de heerlijkheid van Libanon is haar gegeven, het sieraard van Karmel en Saron; zij zullen zien deheerlijkheid des HEEREN, het sieraad onzes Gods.

³Versterkt de slappe handen, en stelt de struikelende knieën vast.

⁴Zegt den onbedachtzamen van harte: Weest sterk, en vreest niet; ziet, ulieder God zal ter wrake komen met de vergelding Gods. Hij zal komen en ulieden verlossen.

⁵Alsdan zullen der blinden ogen opengedaan worden, en der doven oren zullen geopend worden.

⁶Alsdan zal de kreupele springen als een hert, en de tong des stommen zal juichen; want in de woestijn zullen wateren uitbarsten, en beken in de wildernis.

⁷En het dorre land zal tot staand water worden, en het dorstige land tot springaders der wateren; in de woningen der draken, waar zij gelegen hebben, zal gras met riet en biezenzijn.

⁸En aldaar zal een verheven baan en een weg zijn, welke de heilige weg zal genaamd worden; de onreine zal er niet doorgaan, maar hij zal voor deze zijn; die dezen weg wandelt, zelfs de dwazen zullen niet dwalen.

⁹Er zal geen leeuw zijn, en geen verscheurend gedierte zal daarop komen, noch aldaar gevonden worden; maar de verlosten zullen daarop wandelen.

¹⁰En de vrijgekochten des HEEREN zullen wederkeren, en tot Sion komen met gejuich, en eeuwige blijdschap zal op hun hoofd wezen; vrolijkheid en blijdschap zullen zijverkrijgen, maar droefenis en zuchting zullen wegvlieden.

Hoofdstuk 36

¹En het geschiedde in het veertiende jaar van den koning Hizkia, dat Sanherib, de koning van Assyrie, optoog tegen alle vaste steden van Juda, en nam ze in.

²En de koning van Assyrie zond Rabsake van Lachis naar Jeruzalem tot den koning Hizkia, met een zwaar heir; en hij stond aan den watergang des oppersten vijvers, aan denhogen weg van het veld des vollers.

³Toen ging tot hem uit Eljakim, de zoon van Hilkia, de hofmeester, en Sebna, de schrijver, en Joah, de zoon van Asaf, de kanselier.

⁴En Rabsake zeide tot hen: Zegt nu tot Hizkia: Zo zegt de grote koning, de koning van Assyrie: Wat vertrouwen is dit, waarmede gij vertrouwt;

⁵Ik mocht zeggen (doch het is een woord der lippen): Er is raad en macht tot den oorlog; op wien vertrouwt gij nu, dat gij tegen mij rebelleert?

⁶Zie, gij vertrouwt op dien gebrokenen rietstaf, op Egypte; op denwelken zo iemand leunt, zo zal hij in zijn hand gaan en die doorboren; alzo is Farao, de koning van Egypte, aldengenen, die op hem vertrouwen.

⁷Maar zo gij tot mij zegt: Wij vertrouwen op den HEERE, onzen God; is Hij Die niet, Wiens hoogten en Wiens altaren Hizkia weggenomen heeft, en Die tot Juda en tot Jeruzalemgezegd heeft: Voor dit altaar zult gij u nederbuigen?

⁸Nu dan, wed toch met mijn heer, den koning van Assyrie; en ik zal u twee duizend paarden geven, zo gij voor u de ruiters daarop zult kunnen geven.

⁹Hoe zoudt gij dan het aangezicht van een enigen vorst, van de

Jesaja

geringste knechten mijns heren, afkeren? Maar gij vertrouwt op Egypte, om de wagenen en om de ruiteren.

¹⁰En nu ben ik zonder den HEERE opgetogen tegen dit land, om dat te verderven. De HEERE heeft tot mij gezegd: Trek op tegen dat land, en verderf het.

¹¹Toen zeide Eljakim, en Sebna, en Joah tot Rabsake: Spreek toch tot uw knechten in het Syrisch, want wij verstaan het wel; en spreek niet met ons in het Joods, voor de oren desvolks, dat op den muur is.

¹²Maar Rabsake zeide: Heeft mijn heer mij tot uw heer en tot u gezonden, om deze woorden te spreken? Is het niet tot de mannen, die op den muur zitten, dat zij met ulieden hundrek eten, en hun water drinken zullen?

¹³Alzo stond Rabsake, en riep met luider stem in het Joods, en zeide: Hoort de woorden des groten konings, des konings van Assyrie!

¹⁴Alzo zegt de koning: Dat Hizkia u niet bedriege, want hij zal u niet kunnen redden.

¹⁵Daartoe, dat Hizkia u niet doe vertrouwen op den HEERE, zeggende: De HEERE zal ons zekerlijk redden; deze stad zal niet in de hand des konings van Assyrie gegeven worden.

¹⁶Hoort naar Hizkia niet; want alzo zegt de koning van Assyrie: Handelt met mij door een geschenk, en komt tot mij uit, en eet, een ieder van zijn wijnstok, en een ieder van zijnvijgeboom, en drinkt een ieder het water zijns bornputs;

¹⁷Totdat ik kom en u haal in een land, als ulieder land is, een land van koren en van most, een land van brood en van wijngaarden.

¹⁸Dat Hizkia ulieden niet verleide, zeggende: De HEERE zal ons redden; hebben de goden der volken, een ieder zijn land, gered uit de hand des konings van Assyrie?

¹⁹Waar zijn de goden van Hamath en Arpad? Waar zijn de goden van Sefarvaim? Hebben zij ook Samaria van mijn hand gered?

²⁰Welke zijn ze onder al de goden dezer landen, die hun land uit mijn hand gered hebben, dat de HEERE Jeruzalem uit mijn hand zou redden?

²¹Doch zij zwegen stil, en antwoordden hem niet een woord; want het gebod des konings was, zeggende: Gij zult hem niet antwoorden.

²²Toen kwam Eljakim, de zoon van Hilkia, de hofmeester, en Sebna, de schrijver, en Joah, de zoon van Asaf, de kanselier, tot Hizkia met gescheurde klederen; en zij gaven hemde woorden van Rabsake te kennen.

Hoofdstuk 37

¹En het geschiedde, als de koning Hizkia dat hoorde, zo scheurde hij zijn klederen, en bedekte zich met een zak, en ging in het huis des HEEREN.

²Daarna zond hij Eljakim, den hofmeester, en Sebna, den schrijver, en de oudsten der priesteren, met zakken bedekt, tot Jesaja, den profeet, den zoon van Amoz;

³En zij zeiden tot hem: Alzo zegt Hizkia: Deze dag is een dag der benauwdheid, en der schelding, en der lastering; want de kinderen zijn gekomen tot aan de geboorte, en er isgeen kracht om te baren.

⁴Misschien zal de HEERE, uw God, horen de woorden van Rabsake, denwelken zijn heer, de koning van Assyrie, gezonden heeft, om den levenden God te honen, en te scheldenmet woorden, die de HEERE, uw God, gehoord heeft; hef dan een gebed op voor het overblijfsel, dat gevonden wordt.

⁵En de knechten van den koning Hizkia kwamen tot Jesaja.

⁶En Jesaja zeide tot hen: Zo zult gijlieden tot uw heer zeggen: Zo zegt de HEERE: Vrees niet voor de woorden, die gij gehoord hebt, waarmede Mij de dienaars des konings vanAssyrie gelasterd hebben.

⁷Zie, Ik zal een geest in hem geven, dat hij een gerucht horen zal, en weder in zijn land keren; en Ik zal hem door het zwaard in zijn land vellen.

⁸Zo kwam Rabsake weder, en hij vond den koning van Assyrie strijdende tegen Libna; want hij had gehoord, dat hij van Lachis vertrokken was.

⁹Als hij nu hoorde van Tirhaka, den koning van Cusch, zeggen: Hij is uitgetogen, om tegen u te strijden; toen hij zulks hoorde, zo zond hij weder boden tot Hizkia, zeggende:

¹⁰Zo zult gijlieden spreken tot Hizkia, den koning van Juda, zeggende: Laat u uw God niet bedriegen, op Welken gij vertrouwt, zeggende: Jeruzalem zal in de hand des konings vanAssyrie niet gegeven worden.

¹¹Zie, gij hebt gehoord, wat de koningen van Assyrie aan alle landen gedaan hebben, die verbannende; en zoudt gij gered worden?

¹²Hebben de goden der volken die mijn vaders verdorven hebben, dezelven gered, als Gozan, en Haran, en Rezef, en de kinderen van Eden, die in Telasser waren?

¹³Waar is de koning van Hamath, en de koning van Arpad, en de koning der stad Sefarvaim, Hena en Ivva?

¹⁴Als nu Hizkia de brieven uit der boden hand ontvangen, en die gelezen had, ging hij op in het huis des HEEREN; en Hizkia breidde die uit voor het aangezicht des HEEREN.

¹⁵En Hizkia bad tot den HEERE, zeggende:

¹⁶O HEERE der heirscharen, Gij, God van Israel, Die tussen de cherubim woont! Gij Zelf, Gij alleen zijt de God van alle koninkrijken der aarde; Gij hebt den hemel en de aardegemaakt!

¹⁷O HEERE! neig Uw oor en hoor, HEERE! doe Uw ogen open, en zie; en hoor al de woorden van Sanherib, die gezonden heeft om den levenden God te honen.

¹⁸Waarlijk, HEERE! hebben de koningen van Assyrie al de landen, mitsgaders derzelver landerijen verwoest;

¹⁹En hebben hun goden in het vuur geworpen; want zij waren geen goden, maar het werk van mensenhanden, hout en steen; daarom hebben zij die verdorven.

²⁰Nu dan, HEERE, onze God, verlos ons uit zijn hand, zo zullen alle koninkrijken der aarde weten, dat Gij alleen de HEERE zijt.

²¹Toen zond Jesaja, de zoon van Amoz, tot Hizkia, om te zeggen: Alzo zegt de HEERE, de God Israels: Dat gij tot Mij gebeden hebt tegen Sanherib, den koning van Assyrie, heb Ikgehoord.

²²Dit is het woord, dat de HEERE over hem gesproken heeft: De jonkvrouw, de dochter van Sion, veracht u, zij bespot u, de dochter van Jeruzalem schudt het hoofd achter u.

²³Wien hebt gij gehoond, en gij gelasterd, en tegen Wien hebt gij de stem verheven, en uw ogen omhoog opgeheven? Tegen den Heilige Israels!

²⁴Door middel uwer dienstknechten hebt gij den HEERE gehoond, en gezegd: Ik heb met de menigte mijner wagenen beklommen de hoogte der bergen, de zijden van Libanon;en ik zal zijn hoge cederbomen en zijn uitgelezen dennebomen afhouwen; en zal komen tot zijn uiterste hoogte, in het woud zijns schonen velds.

²⁵Ik heb gegraven en de wateren gedronken; en ik heb met mijn voetzolen alle rivieren der belegerde plaatsen verdroogd.

²⁶Hebt gij niet gehoord, dat Ik zulks lang te voren gedaan heb, en dat van de oude dagen af geformeerd heb? Nu heb Ik dat doen komen, dat gij zoudt zijn, om de vaste steden teverstoren tot woeste hopen.

²⁷Daarom waren haar inwoners handeloos, zij waren verslagen en beschaamd; zij waren als het gras des velds en de groene grasscheutjes, als het hooi der daken, en hetbrandkoren, eer het overeind staat.

²⁸Maar Ik weet uw zitten, en uw uitgaan, en uw inkomen, en uw woeden tegen Mij.

²⁹Om uw woeden tegen Mij, en dat uw woeling voor Mijn oren opgekomen is, zo zal Ik Mijn haak in uw neus leggen, en Mijn gebit in uw lippen, en Ik zal u doen wederkeren doordien weg, door denwelken gij gekomen zijt.

³⁰En dat zij u een teken, dat men in dit jaar, wat van zelf gewassen is, eten zal, en in het tweede jaar, wat daarvan weder uitspruit; maar zaait in het derde jaar, en maait, en plantwijngaarden, en eet hun vruchten.

³¹Want het ontkomene, dat overgebleven is van het huis van Juda, zal wederom nederwaarts wortelen, en het zal opwaarts vrucht dragen.

³²Want van Jeruzalem zal het overblijfsel uitgaan, en het ontkomene van den berg Sion; de ijver des HEEREN der heirscharen zal dit doen.

³³Daarom, zo zegt de HEERE van den koning van Assyrie: Hij zal in deze stad niet komen, noch daar een pijl inschieten; ook zal hij met geen schild daarvoor komen, en zal geenwal daartegen opwerpen.

³⁴Door den weg, dien hij gekomen is, door dien zal hij wederkeren; maar in deze stad zal hij niet komen, zegt de HEERE.

³⁵Want Ik zal deze stad beschermen, om die te verlossen, om Mijnentwil, en om Davids, Mijns knechts wil.

³⁶Toen voer de engel des HEEREN uit, en sloeg in het leger van Assyrie honderd vijf en tachtig duizend. En toen zij zich des morgens vroeg opmaakten, ziet, die allen waren dodelichamen.

³⁷Zo vertrok Sanherib, de koning van Assyrie, en toog henen, en keerde weder; en hij bleef te Nineve.

³⁸Het geschiedde nu, als hij in het huis van Nisroch, zijn god, zich nederboog, dat Adramelech en Sarezer, zijn zonen, hem met het zwaard versloegen; doch zij ontkwamen in hetland van Ararat; en Esar-Haddon, zijn zoon, werd koning in zijn plaats.

Hoofdstuk 38

¹In die dagen werd Hizkia krank tot stervens toe; en de profeet Jesaja, de zoon van Amoz, kwam tot hem, en zeide tot hem: Alzo zegt de HEERE: Geef bevel aan uw huis; want gij zult sterven, en niet leven.

²Toen keerde Hizkia zijn aangezicht om naar den wand, en hij bad tot den HEERE.

³En hij zeide: Och HEERE, gedenk toch, dat ik voor Uw aangezicht in waarheid en met een volkomen hart gewandeld, en wat goed in Uw ogen is, gedaan heb. En Hizkia weende gans zeer.

⁴Toen geschiedde het woord des HEEREN tot Jesaja, zeggende:

⁵Ga henen, en zeg tot Hizkia: Zo zegt de HEERE, de God van uw vader David: Ik heb uw gebed gehoord, Ik heb uw tranen gezien; zie, Ik zal vijftien jaren tot uw dagen toedoen;

⁶En Ik zal u uit de hand des konings van Assyrie verlossen, mitsgaders deze stad; en Ik zal deze stad beschermen.

⁷En dit zal u een teken zijn van den HEERE, dat de HEERE het woord, dat Hij gesproken heeft, doen zal:

⁸Zie, Ik zal de schaduw der graden, die met de zon in de graden van Achaz' zonnewijzer nederwaarts gegaan is, tien graden achterwaarts doen keren. Dies is de zon tien graden teruggekeerd, in de graden, die zij nederwaarts gegaan was.

⁹Dit is het schrift van Hizkia, koning van Juda, toen hij ziek geweest en van zijn ziekte genezen was.

¹⁰Ik zeide: Vanwege de afsnijding mijner dagen, zal ik tot de poorten des grafs heengaan, ik word beroofd van het overige mijner jaren.

¹¹Ik zeide: Ik zal den HEERE niet meer zien, den HEERE, in het land der levenden; ik zal de mensen niet meer aanschouwen met de inwoners der wereld.

¹²Mijn levenstijd is weggetogen, en van mij weggevoerd gelijk eens herders hut; ik heb mijn leven afgesneden, gelijk een wever zijn web; Hij zal mij afsnijden, als van den drom; van den dag tot den nacht zult Gij mij ten einde gebracht hebben.

¹³Ik stelde mij voor tot den morgenstond toe; gelijk een leeuw, alzo zal Hij al mijn beenderen breken; van den dag tot den nacht, zult Gij mij ten einde gebracht hebben.

¹⁴Gelijk een kraan of zwaluw, alzo piepte ik; ik kirde als een duif; mijn ogen verhieven zich omhoog; o HEERE! ik word onderdrukt, wees Gij mijn Borg.

¹⁵Wat zal ik spreken? Gelijk Hij het mij heeft toegezegd, alzo heeft Hij het gedaan; ik zal nu al zoetjes voorttreden al mijn jaren, vanwege de bitterheid mijner ziel.

¹⁶Heere, bij deze dingen leeft men, en in dit alles is het leven van mijn geest; want Gij hebt mij gezond gemaakt en mij genezen.

¹⁷Zie, in vrede is mij de bitterheid bitter geweest; maar Gij hebt mijn ziel liefelijk omhelsd, dat zij in de groeve der vertering niet kwame; want Gij hebt al mijn zonden achter Uw rug geworpen.

¹⁸Want het graf zal U niet loven, de dood zal U niet prijzen; die in den kuil nederdalen, zullen op Uw waarheid niet hopen.

¹⁹De levende, de levende, die zal U loven, gelijk ik heden doe; de vader zal den kinderen Uw waarheid bekend maken.

²⁰De HEERE was gereed om mij te verlossen; daarom zullen wij op mijn snarenspel spelen; al de dagen onzes levens, in het huis des HEEREN.

²¹Jesaja nu had gezegd: Laat men nemen een klomp vijgen, en tot een pleister op het gezwel maken, en hij zal genezen.

²²En Hizkia had gezegd: Welk zal het teken zijn, dat ik ten huize des HEEREN zal opgaan?

Hoofdstuk 39

¹Te dien tijd zond Merodach Baladan, de zoon van Baladan, de koning van Babel, brieven en een geschenk aan Hizkia; want hij had gehoord dat hij krank geweest en weder sterk geworden was.

²En Hizkia verblijdde zich over hen, en hij toonde hun zijn schathuis, het zilver, en het goud, en de specerijen, en de beste olie, en zijn ganse wapenhuis, en al wat gevonden werd in zijn schatten; er was geen ding in zijn huis, noch in zijn ganse heerschappij, dat Hizkia hun niet toonde.

³Toen kwam de profeet Jesaja tot den koning Hizkia, en zeide tot hem: Wat hebben die mannen gezegd, en van waar zijn zij tot u gekomen? En Hizkia zeide: Zij zijn uit verren lande tot mij gekomen, uit Babel.

⁴En hij zeide: Wat hebben zij gezien in uw huis? En Hizkia zeide: Zij hebben alles gezien, wat in mijn huis is; geen ding is er in mijn schatten, dat ik hun niet getoond heb.

⁵Toen zeide Jesaja tot Hizkia: Hoor het woord des HEEREN der heirscharen.

⁶Zie, de dagen komen, dat al wat in uw huis is, en wat uw vaders opgelegd hebben tot een schat tot op dezen dag, naar Babel weggevoerd zal worden; er zal niets overgelaten worden, zegt de HEERE.

⁷Daartoe zullen zij van uw zonen, die uit u zullen voortkomen, die gij gewinnen zult, nemen, dat zij hovelingen zijn in het paleis des konings van Babel.

⁸Maar Hizkia zeide tot Jesaja: Het woord des HEEREN, dat gij gesproken hebt, is goed. Ook zeide hij: Doch het zij vrede en waarheid in mijn dagen!

Hoofdstuk 40

¹Troost, troost Mijn volk, zal ulieder God zeggen.

²Spreekt naar het hart van Jeruzalem, en roept haar toe, dat haar strijd vervuld is, dat haar ongerechtigheid verzoend is, dat zij van de hand des HEEREN dubbel ontvangen heeft voor al haar zonden.

³Een stem des roependen in de woestijn: Bereidt den weg des HEEREN, maakt recht in de wildernis een baan voor onzen God!

⁴Alle dalen zullen verhoogd worden, en alle bergen en heuvelen zullen vernederd worden; en wat krom is, dat zal recht, en wat hobbelachtig is, dat zal tot een vallei gemaakt worden.

⁵En de heerlijkheid des HEEREN zal geopenbaard worden; en alle vlees te gelijk zal zien, dat het de mond des HEEREN gesproken heeft.

⁶Een stem zegt: Roept! En hij zegt: Wat zal ik roepen? Alle vlees is gras, en al zijn goedertierenheid als een bloem des velds.

⁷Het gras verdort, de bloem valt af, als de Geest des HEEREN daarin blaast; voorwaar, het volk is gras.

⁸Het gras verdort, de bloem valt af; maar het Woord onzes Gods bestaat in der eeuwigheid.

⁹O Sion, gij verkondigster van goede boodschap, klim op een hogen berg; o Jeruzalem, gij verkondigster van goede boodschap, hef uw stem op met macht, hef ze op, vrees niet, zeg den steden van Juda: Zie hier is uw God!

¹⁰Ziet, de Heere HEERE zal komen tegen den sterke, en Zijn arm zal heersen; ziet, Zijn loon is bij Hem, en Zijn arbeidsloon is voor Zijn aangezicht.

¹¹Hij zal Zijn kudde weiden gelijk een herder; Hij zal de lammeren in Zijn armen vergaderen, en in Zijn schoot dragen; de zogenden zal Hij zachtjes leiden.

¹²Wie heeft de wateren met Zijn vuist gemeten, en van de hemelen met de span de maat genomen, en heeft met een drieling het stof der aarde begrepen, en de bergen gewogen in een waag, en de heuvelen in een weegschaal?

¹³Wie heeft den Geest des HEEREN bestierd, en wie heeft Hem als Zijn raadsman onderwezen?

¹⁴Met wien heeft Hij raad gehouden, die Hem verstand zou geven, en Hem zou leren van het pad des rechts, en Hem wetenschap zou leren, en Hem zou bekend maken den weg des veelvoudigen verstands?

¹⁵Ziet, de volken zijn geacht als een druppel van een emmer, en als een stofje van de weegschaal; ziet, Hij werpt de eilanden henen als dun stof!

¹⁶En de Libanon is niet genoegzaam om te branden, en zijn gedierte is niet genoegzaam ten brandoffer.

¹⁷Alle volken zijn als niets voor Hem; en zij worden bij Hem geacht minder dan niet, en ijdelheid.

¹⁸Bij wien dan zult gij God vergelijken, of wat gelijkenis zult gij op Hem toepassen?

¹⁹De werkmeester giet een beeld, en de goudsmid overtrekt het met goud, en giet er zilveren ketenen toe.

²⁰Die verarmd is, dat hij niet te offeren heeft, die kiest een hout uit, dat niet verrotte; hij zoekt zich een wijzen werkmeester, om een beeld te bereiden, dat niet wankele.

²¹Weet gijlieden niet? Hoort gij niet? Is het u van den beginne aan niet bekend gemaakt! Hebt gij op de grondvesten der aarde niet gelet?

²²Hij is het, Die daar zit boven den kloot der aarde, en derzelver inwoners zijn als sprinkhanen; Hij is het, Die de hemelen uitspant als een dunnen doek, en breidt ze uit als een tent, om te bewonen;

²³Die de vorsten te niet maakt; de richters der aarde maakt Hij tot ijdelheid.

²⁴Ja, zij worden niet geplant, ja, zij worden niet gezaaid, ja, hun afgehouwen stam wortelt niet in de aarde; ook als Hij op hen blazen zal, zo zullen zij verdorren, en een stormwind zal hen als een stoppel wegnemen.

²⁵Bij wien dan zult gijlieden Mij vergelijken, dien Ik gelijk zij? zegt de Heilige.

²⁶Heft uw ogen op omhoog, en ziet, Wie deze dingen geschapen heeft; Die in getal hun heir voortbrengt; Die ze alle bij name roept, vanwege de grootheid Zijner krachten, en omdat Hij sterk van vermogen

is; er wordt er niet een gemist.

²⁷Waarom zegt gij dan, o Jakob! en spreekt, o Israel! mijn weg is voor den HEERE verborgen, en mijn recht gaat van mijn God voorbij?

²⁸Weet gij het niet? Hebt gij niet gehoord, dat de eeuwige God, de HEERE, de Schepper van de einden der aarde, noch moede noch mat wordt? Er is geen doorgronding van Zijnverstand.

²⁹Hij geeft den moeden kracht, en Hij vermenigvuldigt de sterkte dien, die geen krachten heeft.

³⁰De jongen zullen moede en mat worden, en de jongelingen zullen gewisselijk vallen;

³¹Maar dien den HEERE verwachten, zullen de kracht vernieuwen; zij zullen opvaren met vleugelen, gelijk de arenden; zij zullen lopen, en niet moede worden; zij zullen wandelen, en niet mat worden.

Hoofdstuk 41

¹Zwijgt voor Mij, gij eilanden! en laat de volken de kracht vernieuwen; laat ze toetreden, laat ze dan spreken; laat ons samen ten gerichte naderen.

²Wie heeft van den opgang dien rechtvaardige verwekt? heeft hem geroepen op zijn voet? de heidenen voor zijn aangezicht gegeven, en gemaakt, dat hij over koningen heerste?heeft ze zijn zwaard gegeven als stof, zijn boog als een voortgedreven stoppel?

³Dat hij ze najaagde en doortrok met vrede, door een pad, hetwelk hij met zijn voeten niet gegaan had?

⁴Wie heeft dit gewrocht en gedaan, roepende de geslachten van den beginne? Ik, de HEERE, Die de Eerste ben, en met den Laatste ben Ik Dezelfde.

⁵De eilanden zagen het, en zij vreesden; de einden der aarde beefden; zij naderden en kwamen toe.

⁶De een hielp den ander, en zeide tot zijn metgezel: Wees sterk!

⁷En de werkmeester versterkte den goudsmid; die met den hamer glad maakt, dien, die op het aambeeld slaat, zeggende van het soldeersel: Het is goed; daarna maakt hij hetvast met nagelen, dat het niet wankele.

⁸Maar gij, Israel, Mijn knecht! gij Jakob, dien Ik verkoren heb! het zaad van Abraham, Mijn liefhebber!

⁹Gij, welken Ik gegrepen heb van de einden der aarde, en uit haar bijzonderste geroepen heb; en zeide tot u: Gij zijt Mijn knecht; u heb Ik uitverkoren, en heb u niet verworpen.

¹⁰Vrees niet, want Ik ben met u; zijt niet verbaasd, want Ik ben uw God; Ik sterk u, ook help Ik u, ook ondersteun Ik u met de rechterhand Mijner gerechtigheid.

¹¹Ziet, zij zullen beschaamd en te schande worden, allen, die tegen u ontstoken zijn; zij zullen worden als niet, en die lieden, die met u twisten, zullen vergaan.

¹²Gij zult hen zoeken, maar zult hen niet vinden; de lieden, die met u kijven, zullen worden als niet, en die lieden, die met u oorlogen, als een nietig ding.

¹³Want Ik, de HEERE, uw God, grijp uw rechterhand aan, Die tot u zeg: Vrees niet, Ik help u.

¹⁴Vrees niet, gij wormpje Jakobs, gij volkje Israels! Ik help u, spreekt de HEERE, en uw Verlosser is de Heilige Israels!

¹⁵Ziet, Ik heb u tot een scherpe nieuwe dorsslede gesteld, die scherpe pinnen heeft; gij zult bergen dorsen en vermalen, en heuvelen zult gij stellen gelijk kaf.

¹⁶Gij zult ze wannen, en de wind zal ze wegnemen, en de stormwind zal ze verstrooien; maar gij zult u verheugen in den HEERE; in den Heilige Israels zult gij u roemen.

¹⁷De ellendigen en nooddruftigen zoeken water, maar er is geen, hun tong versmacht van dorst; Ik, de HEERE zal hen verhoren, Ik, de God Israels, zal hen niet verlaten.

¹⁸Ik zal rivieren op de hoge plaatsen openen, en fonteinen in het midden der valleien; Ik zal de woestijn tot een waterpoel zetten, en het dorre land tot watertochten.

¹⁹Ik zal in de woestijn den cederboom, den sittimboom, en den mirteboom, en den olieachtigen boom zetten; Ik zal in de wildernis stellen den denneboom, den beuk, en denbusboom te gelijk;

²⁰Opdat zij zien, en bekennen, en overleggen, en te gelijk verstaan, dat de hand des HEEREN zulks gedaan, en dat de Heilige Israels zulks geschapen heeft.

²¹Brengt ulieder twistzaak voor, zegt de HEERE; brengt uw vaste bewijsredenen bij, zegt de Koning van Jakob.

²²Laat hen voortbrengen en ons verkondigen de dingen, die gebeuren zullen; verkondigt de vorige dingen, welke die geweest zijn, opdat wij het ter harte nemen, en het eindedaarvan weten; of doet ons de toekomende dingen horen.

²³Verkondigt dingen, die hierna komen zullen, opdat wij weten, dat gij goden zijt; ja, doet goed, en doet kwaad, dat wij verbaasd staan, en te zamen toezien.

²⁴Ziet, gijlieden zijt minder dan niet, en ulieder werk is erger dan een adder; hij is een gruwel, die ulieden verkiest.

²⁵Ik verwek een van het noorden, en hij zal opkomen van den opgang der zon; hij zal Mijn Naam aanroepen; en hij zal komen over de overheden als over leem, en gelijk eenpottenbakker het slijk treedt.

²⁶Wie heeft wat verkondigd van den beginne aan, dat wij het weten mogen, of van te voren, dat wij zeggen mogen: Hij is rechtvaardig; maar er is niemand, die het verkondigt, ookniemand, die wat horen doet, ook niemand, die ulieder woorden hoort.

²⁷Ik, de Eerste zeg tot Sion: Zie, zie ze daar! en tot Jeruzalem; Ik zal een blijden boodschapper geven.

²⁸Want Ik zag toe, maar er was niemand, zelfs onder dezen, maar er was geen raadgever, dat Ik hen zou vragen, en zij Mij antwoord geven zouden.

²⁹Ziet, zij zijn altemaal ijdelheid, hun werken zijn een nietig ding, hun gegoten beelden zijn wind, en een ijdel ding.

Hoofdstuk 42

¹Ziet, Mijn Knecht, Dien Ik ondersteun, Mijn Uitverkorene, in Denwelken Mijn ziel een welbehagen heeft! Ik heb Mijn geest op Hem gegeven; Hij zal het recht den heidenenvoortbrengen.

²Hij zal niet schreeuwen, noch Zijn stem verheffen, noch Zijn stem op de straat horen laten.

³Het gekrookte riet zal Hij niet verbreken, en de rokende vlaswiek zal Hij niet uitblussen; met waarheid zal Hij het recht voortbrengen.

⁴Hij zal niet verdonkerd worden, en Hij zal niet verbroken worden, totdat Hij het recht op aarde zal hebben besteld; en de eilanden zullen naar Zijn leer wachten.

⁵Alzo zegt God, de HEERE, Die de hemelen geschapen, en dezelve uitgebreid heeft, Die de aarde uitgespannen heeft, en wat daaruit voortkomt; Die den volke, dat daarop is, denadem geeft, en den geest dengenen, die daarop wandelen:

⁶Ik, de HEERE, heb u geroepen in gerechtigheid, en Ik zal u bij uw hand grijpen; en Ik zal u behoeden, en Ik zal u geven tot een Verbond des volks, tot een Licht der heidenen.

⁷Om te openen de blinde ogen, om de gebondenen uit te voeren uit de gevangenis, en uit het gevangenhuis, die in duisternis zitten.

⁸Ik ben de HEERE, dat is Mijn Naam; en Mijn eer zal Ik geen anderen geven, noch Mijn lof den gesneden beelden.

⁹Ziet, de voorgaande dingen zijn gekomen, en nieuwe dingen verkondig Ik; eer dat zij uitspruiten, doe Ik ulieden die horen.

¹⁰Zingt den HEERE een nieuw lied, Zijn lof van het einde der aarde; gij, die ter zee vaart, en al wat daarin is, gij eilanden en hun inwoners.

¹¹Laat de woestijn en haar steden de stem verheffen, met de dorpen, die Kedar bewoont; laat hen juichen, die in de rotsstenen wonen, en van den top der bergen af schreeuwen.

¹²Laat ze den HEERE de eer geven, en Zijn lof in de eilanden verkondigen.

¹³De HEERE zal uittrekken als een held; Hij zal den ijver opwekken als een krijgsman; Hij zal juichen, ja, Hij zal een groot getier maken; Hij zal Zijn vijanden overweldigen.

¹⁴Ik heb van ouds gezwegen, Ik heb Mij stil gehouden en Mij ingehouden; Ik zal uitschreeuwen, als een, die baart, Ik zal ze verwoesten, en te zamen opslokken.

¹⁵Ik zal bergen en heuvelen woest maken, en al hun gras zal Ik doen verdorren; en Ik zal de rivieren tot eilanden maken, en de poelen uitdrogen.

¹⁶En Ik zal de blinden leiden door den weg, dien zij niet geweten hebben, Ik zal ze doen treden door de paden, die zij niet geweten hebben; Ik zal de duisternis voor hun aangezichtten licht maken, en het kromme tot recht; deze dingen zal Ik hun doen, en Ik zal hen niet verlaten.

¹⁷Maar die zich op gesneden beelden verlaten, die tot de gegoten beelden zeggen: Gij zijt onze goden; die zullen achterwaarts keren, en met schaamte beschaamd worden.

¹⁸Hoort, gij doven! en schouwt aan, gij blinden! om te zien.

¹⁹Wie is er blind als Mijn knecht, en doof, gelijk Mijn bode, dien Ik zende? Wie is blind, gelijk de volmaakte, en blind, gelijk de knecht des HEEREN?

²⁰Gij ziet wel veel dingen, maar gij bewaart ze niet; of schoon hij de oren opendoet, zo hoort hij toch niet.

²¹De HEERE had lust aan hem, om Zijner gerechtigheid wil; Hij maakte hem groot door de wet, en Hij maakte hem heerlijk.

²²Maar nu is het een beroofd en geplunderd volk; zij zijn allen verstrikt in de holen, en verstoken in de gevangenhuizen; zij zijn tot een roof geworden, en er is niemand, die ze redt;tot een plundering, en niemand zegt: Geeft ze weder.

²³Wie onder ulieden neemt zulks ter oren? Wie merkt op en hoort, wat hierna zijn zal?

²⁴Wie heeft Jakob tot een plundering overgegeven, en Israel den rovers? Is het niet de HEERE, Hij, tegen Wien wij gezondigd hebben? Want zij wilden niet wandelen in Zijnwegen, en zij hoorden niet naar Zijn wet.

²⁵Daarom heeft Hij over hen uitgestort de grimmigheid Zijns toorns en de macht des oorlogs; en Hij heeft ze rondom in vlam gezet, doch zij merken het niet; en Hij heeft ze inbrand gestoken, doch zij nemen het niet ter harte.

Hoofdstuk 43

¹Maar nu, alzo zegt de HEERE, uw Schepper, o Jakob! en uw Formeerder, o Israel! vrees niet, want Ik heb u verlost; Ik heb u bij uw naam geroepen, gij zijt Mijn.

²Wanneer gij zult gaan door het water, Ik zal bij u zijn, en door de rivieren, zij zullen u niet overstromen; wanneer gij door het vuur zult gaan, zult gij niet verbranden, en de vlam zal uniet aansteken.

³Want Ik ben de HEERE, uw God, de Heilige Israels, uw Heiland; Ik heb Egypte, Morenland en Seba gegeven tot uw losgeld in uw plaats.

⁴Van toen af, dat gij kostelijk zijt geweest in Mijn ogen, zijt gij verheerlijkt geweest, en Ik heb u liefgehad; daarom heb Ik mensen in uw plaats gegeven, en volken in plaats van uwziel.

⁵Vrees niet, want Ik ben met u; Ik zal uw zaad van den opgang brengen, en Ik zal u verzamelen van den ondergang.

⁶Ik zal zeggen tot het noorden: Geef; en tot het zuiden: Houd niet terug; breng Mijn zonen van verre, en Mijn dochters van het einde der aarde;

⁷Een ieder, die naar Mijn Naam genoemd is, en dien Ik geschapen heb tot Mijn eer, dien Ik geformeerd heb, dien Ik ook gemaakt heb.

⁸Breng voort het blinde volk, hetwelk ogen heeft, en de doven, die oren hebben.

⁹Laat al al de heidenen samen vergaderd worden, en laat de volken verzameld worden; wie onder hen zal dit verkondigen? Of laat hen ons doen horen de vorige dingen, laat henhun getuigen voortbrengen, opdat zij gerechtvaardigd worden, en men het hore en zegge: Het is de waarheid.

¹⁰Gijlieden zijt Mijn getuigen, spreekt de HEERE, en Mijn knecht, dien Ik uitverkoren heb; opdat gij het weet, en Mij gelooft, en verstaat, dat Ik Dezelve ben, dat voor Mij geen Godgeformeerd is, en na Mij geen zijn zal.

¹¹Ik, Ik ben de HEERE, en er is geen Heiland behalve Mij.

¹²Ik heb verkondigd, en Ik heb verlost, en Ik heb het doen horen, en geen vreemd god was onder ulieden; en gij zijt Mijn getuigen, spreekt de HEERE, dat Ik God ben.

¹³Ook eer de dag was, ben Ik, en er is niemand, die uit Mijn hand redden kan; Ik zal werken, en wie zal het keren?

¹⁴Alzo zegt de HEERE, uw Verlosser, de Heilige Israels: Om ulieder wil heb Ik naar Babel gezonden, en heb hen allen vluchtig doen nederdalen, te weten de Chaldeen, in deschepen, op welke zij juichten.

¹⁵Ik ben de HEERE, uw Heilige; de Schepper van Israel, ulieder Koning.

¹⁶Alzo zegt de HEERE, Die in de zee een weg, en in de sterke wateren een pad maakte;

¹⁷Die wagenen en paarden, heir en macht voortbracht; te zamen zijn zij nedergelegen, zij zullen niet weder opstaan, zij zijn uitgeblust, gelijk een vlaswiek zijn zij uitgegaan.

¹⁸Gedenkt der vorige dingen niet, en overlegt de oude dingen niet.

¹⁹Ziet, Ik zal wat nieuws maken, nu zal het uitspruiten, zult gijlieden dat niet weten? Ja, Ik zal in de woestijn een weg leggen, en rivieren in de wildernis.

²⁰Het gedierte des velds zal Mij eren, de draken en de jonge struisen; want Ik zal in de woestijn wateren geven, en rivieren in de wildernis, om Mijn volk, Mijn uitverkorenen drinkente geven.

²¹Dit volk heb Ik Mij geformeerd, zij zullen Mijn lof vertellen.

²²Doch gij hebt Mij niet aangeroepen, o Jakob! als gij u tegen Mij vermoeid hebt, o Israel!

²³Mij hebt gij niet gebracht het kleine vee uwer brandoffers, en met uw slachtoffers hebt gij Mij niet geeerd; Ik heb u Mij niet doen dienen met spijsoffer, en Ik heb u nietvermoeid met wierook.

²⁴Mij hebt gij geen kalmus voor geld gekocht, en met het vette uwer slachtoffers hebt gij Mij niet gedrenkt; maar gij hebt Mij arbeid gemaakt, met uw zonden, gij hebt Mij vermoeidmet uw ongerechtigheden.

²⁵Ik, Ik ben het, Die uw overtredingen uitdelg, om Mijnentwil, en Ik gedenk uwer zonden niet.

²⁶Maakt Mij indachtig, laat ons te zamen richten, vertelt gij uw redenen, opdat gij moogt gerechtvaardigd worden.

²⁷Uw eerste vader heeft gezondigd, en uw uitleggers hebben tegen Mij overtreden.

²⁸Daarom zal Ik de oversten des heiligdoms ontheiligen, en Jakob ten ban overgeven, en Israel tot beschimpingen.

Hoofdstuk 44

¹Maar hoor nu Mijn knecht Jakob, en Israel, dien Ik verkoren heb!

²Zo zegt de HEERE, uw Maker, en uw Formeerder van den buik af, Die u helpt: Vrees niet, o Jakob, Mijn knecht, en gij, Jeschurun, dien Ik uitverkoren heb!

³Want Ik zal water gieten op de dorstigen, en stromen op het droge; Ik zal Mijn Geest op uw zaad gieten, en Mijn zegen op uw nakomelingen.

⁴En zij zullen uitspruiten tussen in het gras, als de wilgen aan de waterbeken.

⁵Deze zal zeggen: Ik ben des HEEREN; en die zal zich noemen met den naam van Jakob; en gene zal met zijn hand schrijven: Ik ben des HEEREN, en zich toenoemen met dennaam van Israel.

⁶Zo zegt de HEERE, de Koning van Israel, en zijn Verlosser, de HEERE der heirscharen: Ik ben de Eerste, en Ik ben de Laatste, en behalve Mij is er geen God.

⁷En wie zal, gelijk als Ik, roepen en het verkondigen, en het ordentelijk voor Mij stellen, sedert dat Ik een eeuwig volk gesteld heb? en laat ze de toekomstige dingen, en die komenzullen, hun verkondigen.

⁸Verschrikt niet, en vreest niet; heb Ik het u van toen af niet doen horen en verkondigd? Want gijlieden zijt Mijn getuigen: is er ook een God behalve Mij? Immers, er is geen andererotssteen: Ik ken er geen?

⁹De formeerders van gesneden beelden zijn al te zamen ijdelheid, en hun gewenste dingen doen geen nut; ja, zij zelven zijn hun getuigen; zij zien niet, en zij weten niet, daaromzullen zij beschaamd worden.

¹⁰Wie formeert een god, en giet een beeld, dat geen nut doet?

¹¹Ziet, al hun medegenoten zullen beschaamd worden, want de werkmeesters zijn uit de mensen; dat zij zich altemaal vergaderen, dat zij opstaan, zij zullen verschrikken, zij zullente zamen beschaamd worden.

¹²De ijzersmid maakt een bijl, en werkt in den gloed, en formeert het met hamers, en werkt het met zijn sterken arm; ook lijdt hij honger, totdat hij krachteloos wordt, hij drinkt geenwater, totdat hij amechtig wordt.

¹³De timmerman trekt het richtsnoer uit, hij tekent het af met den draad, hij maakt het effen met de schaven, en tekent het met den passer, en maakt het naar de beeltenis eensmans, naar de schoonheid van een mens, dat het in het huis blijve.

¹⁴Als hij zich cederen afhouwt, zo neemt hij een cypressenboom of een eik, en hij versterkt zich onder de bomen des wouds; hij plant een olmboom, en de regen maakt dien groot.

¹⁵Dan is het voor den mens om te verbranden, dan neemt hij daarvan, en warmt er zich bij; ook ontsteekt hij het, en bakt er brood bij; daarenboven maakt hij er een god van, enbuigt zich daarvoor, hij maakt er een gesneden beeld van, en knielt er voor neder.

¹⁶Zijn helft brandt hij in het vuur, bij de andere helft daarvan eet hij vlees; hij braadt een gebraad, en hij wordt verzadigd; ook warmt hij zichzelven, en hij zegt: Hei! ik ben warmgeworden, ik heb het vuur gezien!

¹⁷Het overige nu daarvan maakt hij tot een god, tot zijn gesneden beeld; hij knielt er voor neder, en buigt zich, en bidt het aan, en zegt: Red mij, want gij zijt mijn god!

¹⁸Zij weten niet, en verstaan niet, want het heeft hun ogen bestreken, dat zij niet zien, en hun harten, dat zij niet verstaan.

¹⁹En niemand van hen brengt het in zijn hart, en er is noch kennis noch verstand, dat hij zeggen zou: De helft daarvan heb ik verbrand in het vuur, ja, ook op de kolen daarvan hebik brood gebakken, ik heb vlees daarbij gebraden, en heb het gegeten; en zou ik het overblijfsel daarvan tot een gruwel maken, zou ik nederknielen voor hetgeen van een boomgekomen is?

²⁰Hij voedt zich met as, het bedrogen hart heeft hem ter zijde afgeleid; zodat hij zijn ziel niet redden kan, noch zeggen: Is er niet een leugen in mijn rechterhand?

²¹Gedenk aan deze dingen, o Jakob, en Israel! Want gij zijt Mijn knecht, Ik heb u geformeerd; gij zijt Mijn knecht, Israel, gij zult van Mij niet vergeten worden.

²²Ik delg uw overtredingen uit als een nevel, en uw zonden als een

Jesaja

wolk; keer weder tot Mij, want Ik heb u verlost.

²³Zingt met vreugde, gij hemelen! want de HEERE heeft het gedaan; juicht, gij benedenste delen der aarde! gij bergen! maakt een groot gedreun met vreugdegezang, gij bossen, en alle geboomte daarin! Want de HEERE heeft Jakob verlost, en Zich heerlijk gemaakt in Israel.

²⁴Alzo zegt de HEERE, uw Verlosser, en die u geformeerd heeft van den buik af: Ik ben de HEERE, Die alles doet, Die den hemel uitbreidt, Ik alleen, en Die de aarde uitspant door Mijzelven;

²⁵Die de tekenen der leugendichters vernietigt, en de waarzeggers dol maakt; Die de wijzen achterwaarts doet keren, en Die hun wetenschap verdwaast;

²⁶Die het woord Zijns knechts bevestigt, en den raad Zijner boden volbrengt; Die tot Jeruzalem zegt: Gij zult bewoond worden; en tot de steden van Juda: Gij zult herbouwd worden, en Ik zal haar verwoeste plaatsen oprichten.

²⁷Die tot de diepte zegt: Verdroog, en uw rivieren zal Ik verdrogen.

²⁸Die van Cores zegt: Hij is Mijn herder, en hij zal al Mijn welgevallen volbrengen; zeggende ook tot Jeruzalem: Word gebouwd; en tot den tempel: Word gegrond.

Hoofdstuk 45

¹Alzo zegt de HEERE tot Zijn gezalfde, tot Cores, wiens rechterhand Ik vat, om de volken voor zijn aangezicht neder te werpen; en Ik zal de lendenen der koningen ontbinden, om voor zijn aangezicht de deuren te openen, en de poorten zullen niet gesloten worden:

²Ik zal voor uw aangezicht gaan, en Ik zal de kromme wegen recht maken; de koperen deuren zal Ik verbreken, en de ijzeren grendelen zal Ik in stukken slaan.

³En Ik zal u geven de schatten, die in de duisternissen zijn, en de verborgene rijkdommen; opdat gij moogt weten, dat Ik de HEERE ben, Die u bij uw naam roept, de God van Israel;

⁴Om Jakobs, Mijns knechts wil, en Israels, Mijns uitverkorenen; ja, Ik riep u bij uw naam, Ik noemde u toe, hoewel gij Mij niet kendet.

⁵Ik ben de HEERE, en niemand meer, buiten Mij is er geen God; Ik zal u gorden, hoewel gij Mij niet kent.

⁶Opdat men wete, van den opgang der zon en van den ondergang, dat er buiten Mij niets is, Ik ben de HEERE, en niemand meer.

⁷Ik formeer het licht, en schep de duisternis; Ik maak den vrede en schep het kwaad, Ik, de HEERE, doe al deze dingen.

⁸Drupt, gij hemelen! van boven af, en dat de wolken vloeien van gerechtigheid; en de aarde opene zich, en dat allerlei heil uitwasse, en gerechtigheid te zamen uitspruiten; Ik, de HEERE, heb ze geschapen.

⁹Wee dien, die met zijn Formeerder twist, gelijk een potscherf met aarden potscherven! Zal ook het leem tot zijn formeerder zeggen: Wat maakt gij? of zal uw werk zeggen: Hij heeft geen handen?

¹⁰Wee dien, die tot den vader zegt: Wat genereert gij? en tot de vrouw: Wat baart gij?

¹¹Alzo zegt de HEERE, de Heilige Israels, en deszelfs Formeerder: Zij hebben Mij van toekomende dingen gevraagd; van Mijn kinderen, zoudt gij Mij van het werk Mijner handen bevel geven?

¹²Ik heb de aarde gemaakt, en Ik heb den mens daarop geschapen; Ik ben het! Mijn handen hebben de hemelen uitgebreid, en Ik heb al hun heir bevel gegeven.

¹³Ik heb hem verwekt in gerechtigheid, en al zijn wegen zal Ik recht maken; hij zal Mijn stad bouwen, en hij zal Mijn gevangenen loslaten, niet voor prijs, noch voor geschenk, zegt de HEERE der heirscharen.

¹⁴Alzo zegt de HEERE: De arbeid der Egyptenaren en de koophandel der Moren en der Sabeers, der mannen van grote lengte, zullen tot u overkomen, en zij zullen de uwe zijn, zij zullen u navolgen, in boeien zullen zij overkomen; en zij zullen zich voor u buigen, zij zullen u smeken, zeggende: Gewisselijk, God is in u, en er is anders geen God meer.

¹⁵Voorwaar, Gij zijt een God, Die Zich verborgen houdt, de God Israels, de Heiland.

¹⁶Zij zullen beschaamd en ook tot schande worden, zij allen; te zamen zullen zij met schande heengaan, die de afgoden maken.

¹⁷Maar Israel wordt verlost door den HEERE, met een eeuwige verlossing; gijlieden zult niet beschaamd noch tot schande worden, tot in alle eeuwigheden.

¹⁸Want alzo zegt de HEERE, Die de hemelen geschapen heeft, Die God, Die de aarde geformeerd en Die ze gemaakt heeft; Hij heeft ze bevestigd, Hij heeft ze niet geschapen, dat zij ledig zijn zou, maar heeft ze geformeerd, opdat men daarin wonen zou: Ik ben de HEERE, en niemand meer.

¹⁹Ik heb niet in het verborgene gesproken, in een donkere plaats der aarde; Ik heb tot het zaad van Jakob niet gezegd: Zoekt Mij te vergeefs; Ik ben de HEERE, Die gerechtigheid spreekt, Die rechtmatige dingen verkondigt.

²⁰Verzamelt u, en komt, treedt hier toe samen, gijlieden, die van de heidenen ontkomen zijt! Zij weten niets, die hun houten gesneden beelden dragen, en een god aanbidden, die niet verlossen kan.

²¹Verkondigt en treedt hier toe, ja, beraadslaagt samen: wie heeft dat laten horen van ouds her? Wie heeft dat van toen af verkondigd? Ben Ik het niet, de HEERE? en er is geen God meer behalve Mij, een rechtvaardig God, en een Heiland, niemand is er dan Ik.

²²Wendt U naar Mij toe, wordt behouden, alle gij einden der aarde! want Ik ben God, en niemand meer.

²³Ik heb gezworen bij Mijzelven, er is een woord der gerechtigheid uit Mijn mond gegaan, en het zal niet wederkeren: dat Mij alle knie zal gebogen worden, alle tong Mij zal zweren.

²⁴Men zal van Mij zeggen: Gewisselijk, in den HEERE zijn gerechtigheden en sterkte; tot Hem zal men komen; maar zij zullen beschaamd worden allen, die tegen Hem ontstoken zijn.

²⁵Maar in den HEERE zullen gerechtvaardigd worden en zich beroemen, het ganse zaad van Israel.

Hoofdstuk 46

¹Bel is gekromd, Nebo wordt nedergebogen, hun afgoden zijn geworden voor de dieren en voor de beesten; uw opgeladen pakken zijn een last voor de vermoeide beesten.

²Samen zijn zij nedergebogen, zij zijn gekromd, zij hebben den last niet kunnen redden, maar zijzelven zijn in de gevangenis gegaan.

³Hoor naar Mij, o huis van Jakob, en het ganse overblijfsel van het huis Israels! die van Mij gedragen zijt van den buik aan, en opgenomen van de baarmoeder af.

⁴En tot de ouderdom toe zal Ik Dezelfde zijn, ja, tot de grijsheid toe zal Ik ulieden dragen; Ik heb het gedaan, en Ik zal u opnemen, en Ik zal dragen en redden.

⁵Wien zoudt gijlieden Mij nabeelden, en evengelijk maken, en Mij vergelijken, dat wij elkander gelijken zouden?

⁶Zij verkwisten het goud uit de beurs, en wegen het zilver met de waag; zij huren een goudsmid, en die maakt het tot een god, zij knielen neder, ook buigen zij zich daarvoor.

⁷Zij nemen hem op den schouder, zij dragen hem, en zetten hem aan zijn plaats; daar staat hij, hij wijkt van zijn stede niet; ja, roept iemand tot hem, zo antwoordt hij niet, hij verlost hem niet uit zijn benauwdheid.

⁸Gedenkt hieraan, en houdt u kloekelijk, brengt het weder in het hart, o gij overtreders!

⁹Gedenkt der vorige dingen van oude tijden af, dat Ik God ben, en er is geen God meer, en er is niet gelijk Ik;

¹⁰Die van den beginne aan verkondigt het einde, en van ouds af die dingen, die nog niet geschied zijn; Die zegt: Mijn raad zal bestaan, en Ik zal al Mijn welbehagen doen.

¹¹Die een roofvogel roept van het oosten, een man Mijns raads uit verren lande; ja, Ik heb het gesproken, Ik zal het ook doen opkomen; Ik heb het geformeerd, Ik zal het ook doen.

¹²Hoort naar Mij, gij stijven van harte, gij, die verre van de gerechtigheid zijt!

¹³Ik breng Mijn gerechtigheid nabij, zij zal niet verre wezen, en Mijn heil zal niet vertoeven; maar Ik zal heil geven in Sion, aan Israel Mijn heerlijkheid.

Hoofdstuk 47

¹Daal af, en zit in het stof, gij jonkvrouw, dochter van Babel! zit op de aarde, er is geen troon meer, gij dochter der Chaldeen! want gij zult niet meer genaamd worden de tedere, noch de wellustige.

²Neem de molen, en maal meel; ontdek uw vlechten, ontbloot de enkelen, ontdek de schenkelen, ga door de rivieren.

³Uw schaamte zal ontdekt worden, ook zal uw schande gezien worden; Ik zal wraak nemen, en Ik zal op u niet aanvallen als een mens.

⁴Onzes Verlossers Naam is HEERE der heirscharen, de Heilige Israels.

⁵Zit stilzwijgende, en ga in de duisternis, gij dochter der Chaldeen! want gij zult niet meer genoemd worden koningin der koninkrijken.

⁶Ik was op Mijn volk zeer toornig, Ik ontheiligde Mijn erve, en Ik gaf hen over in uw hand; doch gij bewees hun geen barmhartigheden, ja, zelfs over den oude maaktet gij uw jukzeer zwaar.

⁷En gij zeidet: Ik zal koningin zijn in eeuwigheid; tot nog toe hebt gij deze dingen niet in uw hart genomen, gij hebt aan het einde daarvan niet gedacht.

⁸Nu dan, hoor dit, gij weelderige! die zo zeker woont, die in haar

hart zegt: Ik ben het, en niemand meer dan ik: ik zal geen weduwe zitten, noch de beroving van kinderen kennen.

⁹Doch deze beide dingen zullen u in een ogenblik overkomen, op een dag, de beroving van kinderen en weduwschap; volkomenlijk zullen zij u overkomen, vanwege de veelheid uwer toverijen, vanwege de menigte uwer bezweringen.

¹⁰Want gij hebt op uw boosheid vertrouwd; gij hebt gezegd: Niemand ziet mij; uw wijsheid en uw wetenschap heeft u afkerig gemaakt; en gij hebt in uw hart gezegd: Ik ben het, en niemand meer dan ik.

¹¹Daarom zal er over u een kwaad komen, gij zult den dageraad daarvan niet weten; en een verderf zal er op u vallen, hetwelk gij niet zult kunnen verzoenen; want er zal snellijk een onstuimige verwoesting over u komen, dat gij het niet weten zult.

¹²Sta nu met uw bezweringen, en met de veelheid uwer toverijen, waarin gij gearbeid hebt van uw jeugd af; of gij misschien voordeel kondet doen, of gij misschien u kondet sterken.

¹³Gij zijt moede geworden in de veelheid uwer raadslagen; laat nu opstaan, die den hemel waarnemen, die in de sterren kijken, die naar de nieuwe manen voorzeggen; en laat ze u verlossen van die dingen, die over u komen zullen.

¹⁴Ziet, zij zullen zijn als stoppelen, het vuur zal ze verbranden, zij zullen zichzelven niet kunnen rukken uit de macht der vlam; het zal geen kool zijn om bij te warmen, geen vuur om daarvoor neder te zitten.

¹⁵Alzo zullen zij u zijn, met dewelke gij gearbeid hebt, uw handelaars van uw jeugd aan, elk zal zijns weegs dwalen, niemand zal u verlossen.

Hoofdstuk 48

¹Hoort dit, gij huis van Jakob, die genoemd wordt met den naam van Israel, en uit de wateren van Juda voortgekomen zijt! die daar zweert bij den Naam des HEEREN, en vermeldt den God Israels, maar niet in waarheid, noch in gerechtigheid.

²Ja, van de heilige stad worden zij genoemd, en zij steunen op den God Israels; HEERE der heirscharen is Zijn Naam.

³De vorige dingen heb Ik verkondigd van toen af, en uit Mijn mond zijn zij voortgekomen, en Ik heb ze doen horen; Ik heb ze snellijk gedaan, en zij zijn gekomen;

⁴Omdat Ik wist, dat gij hard zijt, en uw nek een ijzeren zenuw is, en uw voorhoofd koper;

⁵Daarom heb Ik het u van toen af verkondigd, eer dat het kwam, heb Ik het u doen horen; opdat gij niet misschien zoudt zeggen: Mijn afgod heeft die dingen gedaan, of mijn gesneden beeld, of mijn gegoten beeld heeft ze bevolen.

⁶Gij hebt het gehoord, aanmerkt dat alles; zult gijlieden het ook niet verkondigen? Van nu af doe Ik u nieuwe dingen horen, en verborgen dingen, en die gij niet geweten hebt.

⁷Nu zijn zij geschapen, en niet van toen af, en voor dezen dag hebt gij ze ook niet gehoord; opdat gij niet misschien zeggen zoudt: Ziet, ik heb ze geweten.

⁸Ook hebt gij ze niet gehoord, ook hebt gij ze niet geweten, ook van toen af is uw oor niet geopend geweest; want Ik heb geweten, dat gij gans trouwelooslijk handelen zoudt, en dat gij van den buik af een overtreder genaamd zijt.

⁹Om Mijns Naams wil zal Ik Mijn toorn langer uitstellen, en om Mijns roems wil zal Ik, u ten goede, Mij bedwingen, opdat Ik u niet afhouwe.

¹⁰Ziet, Ik heb u gelouterd, doch niet als zilver, Ik heb u gekeurd in den smeltkroes der ellende.

¹¹Om Mijnentwil, om Mijnentwil zal Ik het doen, want hoe zou Hij ontheiligd worden? en Ik zal Mijn eer aan geen ander geven.

¹²Hoor naar Mij, o Jakob! en gij Israel, Mijn geroepene! Ik ben Dezelfde; Ik ben de Eerste, ook ben Ik de Laatste.

¹³Ook heeft Mijn hand de aarde gegrond, en Mijn rechterhand heeft de hemelen met de palm afgemeten; wanneer Ik ze roep, staan zij daar te zamen.

¹⁴Vergadert u, gij allen, en hoort; wie onder hen heeft deze dingen verkondigd? De HEERE heeft hem lief, Hij zal Zijn welbehagen tegen Babel doen, en Zijn arm zal tegen de Chaldeen zijn.

¹⁵Ik, Ik heb het gesproken, ook heb Ik hem geroepen; Ik zal hem doen komen, en hij zal voorspoedig zijn op zijn weg.

¹⁶Nadert gijlieden tot Mij, hoort dit: Ik heb van den beginne niet in het verborgene gesproken, maar van dien tijd af, dat het geschied is, ben Ik daar; en nu, de Heere HEERE, en Zijn Geest heeft Mij gezonden.

¹⁷Alzo zegt de HEERE, uw Verlosser, de Heilige Israels: Ik ben de HEERE, uw God, Die u leert, wat nut is, Die u leidt op den weg, dien gij gaan moet.

¹⁸Och, dat gij naar Mijn geboden geluisterd hadt! zo zou uw vrede geweest zijn als een rivier, en uw gerechtigheid als de golven der zee.

¹⁹Ook zou uw zaad geweest zijn als het zand, en die uit uw ingewanden voortkomen als deszelfs steentjes; wiens naam niet zou worden afgehouwen, noch verdelgd van voor Mijn aangezicht.

²⁰Gaat uit van Babel, vliedt van de Chaldeen, verkondigt met de stemme des gejuichs, doet zulks horen, brengt het uit tot aan het einde der aarde, zegt: De HEERE heeft Zijn knecht Jakob verlost!

²¹En: Zij hadden geen dorst, toen Hij hen leidde door de woeste plaatsen; Hij deed hun water uit den rotssteen vlieten; als Hij den rotssteen kliefde, zo vloeiden de wateren daarhenen.

²²Maar de goddelozen hebben geen vrede, zegt de HEERE.

Hoofdstuk 49

¹Hoort naar Mij, gij eilanden! en luistert toe, gij volken van verre! De HEERE heeft Mij geroepen van den buik af, van Mijner moeders ingewand af heeft Hij Mijn Naam gemeld.

²En Hij heeft Mijn mond gemaakt als een scherp zwaard, onder de schaduw Zijner hand heeft Hij Mij bedekt; en Hij heeft Mij tot een zuiveren pijl gesteld, in Zijn pijlkoker heeft Hij Mij verborgen.

³En Hij heeft tot Mij gezegd: Gij zijt Mijn Knecht, Israel, door Welken Ik verheerlijkt zal worden.

⁴Doch Ik zeide: Ik heb te vergeefs gearbeid, Ik heb Mijn kracht onnuttelijk en ijdelijk toegebracht; gewisselijk, Mijn recht is bij den HEERE, en Mijn werkloon is bij Mijn God.

⁵En nu zegt de HEERE, Die Mij Zich van moeders buik af tot een Knecht geformeerd heeft, dat Ik Jakob tot Hem wederbrengen zou; maar Israel zal zich niet verzamelen laten; nochtans zal Ik verheerlijkt worden in de ogen des HEEREN, en Mijn God zal Mijn Sterkte zijn.

⁶Verder zeide Hij: Het is te gering, dat Gij Mij een Knecht zoudt zijn, om op te richten de stammen van Jakob, en om weder te brengen de bewaarden in Israel; Ik heb U ook gegeven tot een Licht der heidenen, om Mijn heil te zijn tot aan het einde der aarde.

⁷Alzo zegt de HEERE, de Verlosser van Israel, Zijn Heilige, tot de verachte ziel, tot Dien, aan Welken het volk een gruwel heeft, tot den Knecht dergenen, die heersen: Koningen zullen het zien en opstaan, ook vorsten, en zij zullen zich voor U buigen; om des HEEREN wil, Die getrouw is, om den Heilige Israels, Die U verkoren heeft.

⁸Alzo zegt de HEERE: In dien tijd des welbehagens heb Ik U verhoord, en ten dage des heils heb Ik U geholpen; en Ik zal U bewaren, en Ik zal U geven tot een verbond des volks, om het aardrijk op te richten, om de verwoeste erfenissen te doen beerven;

⁹Om te zeggen tot de gebondenen: Gaat uit; tot hen, die in duisternis zijn: Komt te voorschijn; zij zullen op de wegen weiden, en op alle hoge plaatsen zal hun weide wezen.

¹⁰Zij zullen niet hongeren, noch dorsten, en de hitte en de zon zal hen niet steken; want hun Ontfermer zal ze leiden, en Hij zal hen aan de springaders der wateren zachtjes leiden.

¹¹En Ik zal al Mijn bergen tot een weg maken, en Mijn banen zullen verhoogd zijn.

¹²Zie, dezen zullen van verre komen; en zie, die van het noorden en van het westen, en genen uit het land van Sinim.

¹³Juicht, gij hemelen! en verheug u, gij aarde! en gij bergen! maakt gedreun met gejuich; want de HEERE heeft Zijn volk vertroost, en Hij zal Zich over Zijn ellendigen ontfermen.

¹⁴Doch Sion zegt: De HEERE heeft mij verlaten, en de HEERE heeft mij vergeten.

¹⁵Kan ook een vrouw haar zuigeling vergeten, dat zij zich niet ontferme over den zoon haars buiks? Ofschoon deze vergate, zo zal Ik toch u niet vergeten.

¹⁶Zie, Ik heb u in de beide handpalmen gegraveerd; uw muren zijn steeds voor Mij.

¹⁷Uw zonen zullen zich haasten; maar uw verstoorders en uw verwoesters zullen van u uitgaan.

¹⁸Hef uw ogen op rondom, en zie, alle deze vergaderen zich, zij komen tot u; Zo waarachtig als Ik leef, spreekt de HEERE, zekerlijk, gij zult u met alle dezen als met een sieraad bekleden, en gij zult ze u aanbinden, gelijk een bruid.

¹⁹Want in uw woeste en uw eenzame plaatsen, en uw verstoord land, gewisselijk, nu zult gij benauwd worden van inwoners; en die u verslonden, zullen zich verre van u maken.

²⁰Nog zullen de kinderen, waarvan gij beroofd waart, zeggen voor uw oren: De plaats is mij te nauw, wijk van mij, dat ik wonen moge.

²¹En gij zult zeggen in uw hart: Wie heeft mij dezen gegenereerd, aangezien ik van kinderen beroofd en eenzaam was? Ik was in de gevangenis gegaan, en weggeweken; wie heeft mij dan deze opgevoed? Ziet, ik was alleen overgelaten, waar waren dezen?

²²Alzo zegt de Heere HEERE: Ziet, Ik zal Mijn hand opheffen tot de heidenen, en tot de volken zal Ik Mijn banier opsteken; dan zullen zij uw zonen in de armen brengen, en uw dochters zullen op den schouders gedragen worden.

²³En koningen zullen uw voedsterheren zijn, hun vorstinnen uw zoogvrouwen; zij zullen zich voor u buigen met het aangezicht ter aarde, en zij zullen het stof uwer voeten lekken; en gij zult weten, dat Ik de HEERE ben, dat zij niet beschaamd zullen worden die Mij verwachten.

²⁴Zou ook een machtige de vangst ontnomen worden, of zouden de gevangenen eens rechtvaardigen ontkomen?

²⁵Doch alzo zegt de HEERE: Ja, de gevangenen des machtigen zullen hem ontnomen worden, en de vangst des tirans zal ontkomen; want met uw twisters zal Ik twisten, en uw kinderen zal Ik verlossen.

²⁶En Ik zal uw verdrukkers spijzen met hun eigen vlees, en van hun eigen bloed zullen zij dronken worden, als van zoeten wijn; en alle vlees zal gewaar worden, dat Ik, de HEERE, uw Heiland ben, en uw Verlosser, de Machtige Jakobs.

Hoofdstuk 50

¹Alzo zegt de HEERE: Waar is de scheidbrief van ulieder moeder, waarmede Ik haar weggezonden heb? Of wie is er van Mijn schuldeisers, aan wien Ik u verkocht heb? Ziet, om uw ongerechtigheden zijt gij verkocht, en om uw overtredingen is uw moeder weggezonden.

²Waarom kwam Ik, en er was niemand, waarom riep Ik, en niemand antwoordde? Is Mijn hand dus gans kort geworden, dat zij niet verlossen kan, of is er in Mij geen kracht om uit te redden? Ziet, door Mijn schelding maak Ik de zee droog, Ik stel de rivieren tot een woestijn, dat haar vis stinkt, omdat er geen water is, en sterft van dorst.

³Ik bekleed den hemel met zwartheid, en stel een zak tot zijn deksel.

⁴De Heere HEERE heeft Mij een tong der geleerden gegeven, opdat Ik wete met den moede een woord ter rechter tijd te spreken; Hij wekt allen morgen, Hij wekt Mij het oor, dat Ik hore, gelijk die geleerd worden.

⁵De Heere HEERE heeft Mij het oor geopend, en Ik ben niet wederspannig, Ik wijk niet achterwaarts.

⁶Ik geef Mijn rug dengenen, die Mij slaan, en Mijn wangen dengenen, die Mij het haar uitplukken; Mijn aangezicht verberg Ik niet voor smaadheden en speeksel.

⁷Want de Heere HEERE helpt Mij, daarom word Ik niet te schande; daarom heb Ik Mijn aangezicht gesteld als een keisteen, want Ik weet, dat Ik niet zal beschaamd worden.

⁸Hij is nabij, Die Mij rechtvaardigt, wie zal met Mij twisten? Laat ons te zamen staan; wie heeft een rechtzaak tegen Mij? hij kome herwaarts tot Mij.

⁹Ziet, de Heere HEERE helpt Mij, wie is het, die Mij zal verdoemen? Ziet, zij zullen altemaal als een kleed verouden, die mot zal hen eten.

¹⁰Wie is er onder ulieden, die den HEERE vreest, die naar de stem Zijns Knechts hoort? Als hij in de duisternissen wandelt, en geen licht heeft, dat hij betrouwe op den Naam des HEEREN, en steune op zijn God.

¹¹Ziet, gij allen, die een vuur aansteekt, die u met spranken omgordt! wandelt in de vlam van uw vuur, en in de spranken, die gij ontstoken hebt. Dat geschiedt u van Mijn hand, in smart zult gijlieden liggen.

Hoofdstuk 51

¹Hoort naar Mij, gij, die de gerechtigheid najaagt, gij, die den HEERE zoekt! aanschouwt den rotssteen, waaruit gijlieden gehouwen zijt, en de holligheid des bornputs, waaruit gij gegraven zijt.

²Aanschouwt Abraham, ulieder vader, en Sara, die ulieden gebaard heeft; want Ik riep hem, toen hij nog alleen was, en Ik zegende hem, en Ik vermenigvuldigde hem.

³Want de HEERE zal Sion troosten, Hij zal troosten al haar woeste plaatsen, en Hij zal haar woestijn maken als Eden, en haar wildernis als den hof des HEEREN; vreugde en blijdschap zal daarin gevonden worden, dankzegging en een stem des gezangs.

⁴Luistert naar Mij, Mijn volk! en Mijn lieden, neigt naar Mij het oor! want een wet zal van Mij uitgaan, en Ik zal Mijn recht doen rusten tot een licht der volken.

⁵Mijn gerechtigheid is nabij, Mijn heil trekt uit, en Mijn armen zullen de volken richten; op Mij zullen de eilanden wachten, en op Mijn arm zullen zij hopen.

⁶Heft ulieder ogen op naar den hemel, en aanschouwt de aarde beneden; want de hemel zal als een rook verdwijnen, en de aarde zal als een kleed verouden, en haar inwoners zullen van gelijken sterven; maar Mijn heil zal in eeuwigheid zijn, Mijn gerechtigheid zal niet verbroken worden.

⁷Hoort naar Mij, gijlieden, die de gerechtigheid kent, gij volk, in welks hart Mijn wet is! vreest niet de smaadheid van den mens, en voor hun smaadredenen ontzet u niet.

⁸Want de mot zal ze opeten als een kleed, en het schietwormpje zal ze opeten als wol; maar Mijn gerechtigheid zal in eeuwigheid zijn, en Mijn heil van geslacht tot geslachten.

⁹Ontwaak, ontwaak, trek sterkte aan, Gij arm des HEEREN! ontwaak als in de verledene dagen, als in de geslachten van ouds; zijt Gij het niet, Die Rahab uitgehouwen hebt, Die den zeedraak verwond hebt?

¹⁰Zijt Gij het niet, Die de zee, de wateren des groten afgronds, droog gemaakt hebt? Die de diepten der zee gemaakt hebt tot een weg, opdat de verlosten daardoor gingen?

¹¹Alzo zullen de vrijgekochten des HEEREN wederkeren, en met gejuich tot Sion komen; en eeuwige blijdschap zal op hun hoofd wezen; vreugde en blijdschap zullen zij aangrijpen, treuring en zuchting zullen wegvlieden.

¹²Ik, Ik ben het, Die u troost; wie zijt gij, dat gij vreest voor den mens, die sterven zal? en voor eens mensen kind, dat hooi worden zal?

¹³En vergeet den HEERE, Die u gemaakt heeft, Die de hemelen heeft uitgebreid, en de aarde gegrond heeft, en vreest geduriglijk den gansen dag, vanwege de grimmigheid des benauwers, wanneer hij zich bereidt om te verderven? Waar is dan de grimmigheid des benauwers?

¹⁴De omzwevende gevangene zal haastelijk los gelaten worden; en hij zal in den kuil niet sterven, en zijn brood zal hem niet ontbreken.

¹⁵Want Ik ben de HEERE, uw God, Die de zee klieft, dat haar golven bruisen; HEERE der heirscharen is Zijn Naam.

¹⁶En Ik leg Mijn woorden in uw mond, en bedek u onder de schaduw Mijner hand; om den hemel te planten, en om de aarde te gronden, en om te zeggen tot Sion: Gij zijt Mijn volk.

¹⁷Waak op, waak op, sta op, Jeruzalem! gij, die gedronken hebt van de hand des HEEREN den beker Zijner grimmigheid; den droesem van den beker der zwijmeling hebt gij gedronken, ja, uitgezogen.

¹⁸Er is niemand van al de kinderen, die zij gebaard heeft, die haar zachtjes leidt; en niemand van al de kinderen, die zij opgevoed heeft, die haar bij de hand grijpt.

¹⁹Deze twee dingen zijn u wedervaren, wie heeft medelijden met u? Er is verwoesting, en verbreking, en honger, en zwaard, door wien zal Ik u troosten?

²⁰Uw kinderen zijn in bezwijming gevallen, zij liggen vooraan op alle straten, gelijk een wilde os in het net; zij zijn vol van de grimmigheid des HEEREN, van de schelding uws Gods.

²¹Daarom hoort nu dit, gij bedrukten! en gij dronkenen, maar niet van wijn!

²²Alzo zegt uw Heere, de HEERE en uw God, Die Zijns volks zaak twisten zal: Zie, Ik neem den beker der zwijmeling van uw hand, den droesem van den beker Mijner grimmigheid; gij zult dien voortaan niet meer drinken.

²³Maar Ik zal hem dien, die u bedroefd hebben, in de hand zetten, die tot uw ziel zeiden: Buig u neder, dat wij over u gaan; en gij legdet uw rug neder als aarde, en als een straat dergenen, die daarover gaan.

Hoofdstuk 52

¹Waak op, waak op, trek uw sterkte aan, o Sion! trek uw sierlijke klederen aan, o Jeruzalem, gij heilige stad? want in u zal voortaan geen onbesnedene noch onreine meer komen.

²Schud u uit het stof, maak u op, zit neder, o Jeruzalem! maak u los van de banden van uw hals, gij gevangene dochter van Sion!

³Want zo zegt de HEERE; Gijlieden zijt om niet verkocht, gij zult ook zonder geld gelost worden.

⁴Want zo zegt de Heere HEERE: In vorige tijden trok Mijn volk af in Egypte, om als vreemdeling aldaar te verkeren; en Assur heeft hetzelve om niet onderdrukt.

⁵En nu, wat heb Ik hier te doen? spreekt de HEERE, dewijl Mijn volk om niet weggenomen is, en degenen die over hetzelve heersen, het doen huilen, spreekt de HEERE, en Mijn Naam geduriglijk den gansen dag gelasterd wordt;

⁶Daarom zal Mijn volk, daarom zal het Mijn Naam in dien dag kennen, dat Ik het Zelf ben, Die spreekt: Zie, hier ben Ik.

⁷Hoe liefelijk zijn op de bergen de voeten desgenen, die het goede boodschapt, die den vrede doet horen; desgenen, die goede boodschap brengt van het goede, die heil doet horen; desgenen, die tot Sion zegt: Uw God is Koning.

⁸Er is een stem uwer wachters; zij verheffen de stem, zij juichen te

zamen; want zij zullen oog aan oog zien, als de HEERE Sion wederbrengen zal.

⁹Maakt een geschal, juicht te zamen, gij woeste plaatsen van Jeruzalem! want de HEERE heeft Zijn volk getroost, Hij heeft Jeruzalem verlost.

¹⁰De HEERE heeft Zijn heiligen arm ontbloot voor de ogen aller heidenen; en al de einden der aarde zullen zien het heil onzes Gods.

¹¹Vertrekt, vertrekt, gaat uit van daar, raakt het onreine niet aan; gaat uit het midden van hen, reinigt u, gij, die de vaten des HEEREN draagt!

¹²Want gijlieden zult niet met haast uitgaan, noch met der vlucht henengaan; want de HEERE zal voor ulieder aangezicht henentrekken, en de God van Israel zal uw achtertochtwezen.

¹³Ziet, Mijn Knecht zal verstandelijk handelen; Hij zal verhoogd en verheven, ja, zeer hoog worden.

¹⁴Gelijk als velen zich over u ontzet hebben, alzo verdorven was Zijn gelaat, meer dan van iemand, en Zijn gedaante, meer dan van andere mensenkinderen,

¹⁵Alzo zal Hij vele heidenen besprengen, ja, de koningen zullen hun mond over Hem toehouden; want denwelken het niet verkondigd was, die zullen het zien, en welken het nietgehoord hebben, die zullen het verstaan.

Hoofdstuk 53

¹Wie heeft onze prediking geloofd, en aan wien is de arm des HEEREN geopenbaard?

²Want Hij is als een rijsje voor Zijn aangezicht opgeschoten, en als een wortel uit een dorre aarde; Hij had geen gedaante noch heerlijkheid; als wij Hem aanzagen, zo was ergeen gestalte, dat wij Hem zouden begeerd hebben.

³Hij was veracht, en de onwaardigste onder de mensen, een Man van smarten, en verzocht in krankheid; een iegelijk was als verbergende het aangezicht voor Hem; Hij wasveracht, en wij hebben Hem niet geacht.

⁴Waarlijk, Hij heeft onze krankheden op Zich genomen, en onze smarten heeft Hij gedragen; doch wij achtten Hem, dat Hij geplaagd, van God geslagen en verdrukt was.

⁵Maar Hij is om onze overtredingen verwond, om onze ongerechtigheden is Hij verbrijzeld; de straf, die ons den vrede aanbrengt, was op Hem, en door Zijn striemen is onsgenezing geworden.

⁶Wij dwaalden allen als schapen, wij keerden ons een iegelijk naar zijn weg; doch de HEERE heeft onzer aller ongerechtigheid op Hem doen aanlopen.

⁷Als dezelve geeist werd, toen werd Hij verdrukt; doch Hij deed Zijn mond niet open; als een lam werd Hij ter slachting geleid, en als een schaap, dat stom is voor het aangezichtzijner scheerders, alzo deed Hij Zijn mond niet open.

⁸Hij is uit den angst en uit het gericht weggenomen; en wie zal Zijn leeftijd uitspreken? Want Hij is afgesneden uit het land der levenden; om de overtreding Mijns volks is de plageop Hem geweest.

⁹En men heeft Zijn graf bij de goddelozen gesteld, en Hij is bij den rijke in Zijn dood geweest, omdat Hij geen onrecht gedaan heeft, noch bedrog in Zijn mond geweest is.

¹⁰Doch het behaagde den HEERE Hem te verbrijzelen; Hij heeft Hem krank gemaakt; als Zijn ziel Zich tot een schuldoffer gesteld zal hebben, zo zal Hij zaad zien, Hij zal de dagenverlengen; en het welbehagen des HEEREN zal door Zijn hand gelukkiglijk voortgaan.

¹¹Om den arbeid Zijner ziel zal Hij het zien, en verzadigd worden; door Zijn kennis zal Mijn Knecht, de Rechtvaardige, velen rechtvaardig maken, want Hij zal hunongerechtigheden dragen.

¹²Daarom zal Ik Hem een deel geven van velen, en Hij zal de machtigen als een roof delen, omdat Hij Zijn ziel uitgestort heeft in den dood, en met de overtreders is geteldgeweest, en Hij veler zonden gedragen heeft, en voor de overtreders gebeden heeft.

Hoofdstuk 54

¹Zing vrolijk, gij onvruchtbare, die niet gebaard hebt! maak geschal met vrolijk gezang, en juich, die geen barensnood gehad hebt! want de kinderen der eenzame zijn meer, dande kinderen der getrouwde, zegt de HEERE.

²Maak de plaats uwer tenten wijd, en dat men de gordijnen uwer woningen uitbreide, verhinder het niet; maak uw koorden lang, en steek uw pinnen vast in.

³Want gij zult uitbreken ter rechterhand en ter linkerhand; en uw zaad zal de heidenen erven, en zij zullen de verwoeste steden doen bewonen.

⁴Vrees niet, want gij zult niet beschaamd worden, en word niet schaamrood, want gij zult niet te schande worden; maar gij zult de schaamte uwer jonkheid vergeten, en densmaad uws weduwschaps zult gij niet meer gedenken.

⁵Want uw Maker is uw Man, HEERE der heirscharen is Zijn Naam; en de Heilige Israels is uw Verlosser; Hij zal de God des gansen aardbodems genaamd worden.

⁶Want de HEERE heeft u geroepen, als een verlaten vrouw en bedroefde van geest; nochtans zijt gij de huisvrouw der jeugd, hoewel gij versmaad zijt geweest, zegt uw God.

⁷Voor een klein ogenblik heb Ik u verlaten; maar met grote ontfermingen zal Ik u vergaderen.

⁸In een kleinen toorn heb Ik Mijn aangezicht van u een ogenblik verborgen; maar met eeuwige goedertierenheid zal Ik Mij uwer ontfermen, zegt de HEERE, uw Verlosser.

⁹Want dat zal Mij zijn als de wateren van Noach, toen Ik zwoer, dat de wateren van Noach niet meer over de aarde zouden gaan; alzo heb Ik gezworen, dat Ik niet meer op utoornen, noch u schelden zal.

¹⁰Want bergen zullen wijken, en heuvelen wankelen; maar Mijn goedertierenheid zal van u niet wijken, en het verbond Mijns vredes zal niet wankelen, zegt de HEERE, uwOntfermer.

¹¹Gij verdrukte, door onweder voortgedrevene, ongetrooste! zie, Ik zal uw stenen gans sierlijk leggen, en Ik zal u op saffieren grondvesten.

¹²En uw glasvensters zal Ik kristallijnen maken, en uw poorten van robijnstenen, en uw ganse landpale van aangename stenen.

¹³En al uw kinderen zullen van den HEERE geleerd zijn, en de vrede uwer kinderen zal groot zijn.

¹⁴Gij zult door gerechtigheid bevestigd worden; wees verre van verdrukking, want gij zult niet vrezen; en verre van verschrikking, want zij zal tot u niet naken.

¹⁵Ziet, zij zullen zich zekerlijk vergaderen, doch niet uit Mij; wie zich tegen u vergaderen zal, die zal om uwentwil vallen.

¹⁶Zie, Ik heb den smid geschapen, die de kolen in het vuur opblaast, en die het instrument voortbrengt tot zijn werk; ook heb Ik den verderver geschapen, om te vernielen.

¹⁷Alle instrument, dat tegen u bereid wordt, zal niet gelukken, en alle tong, die in gericht tegen u opstaat, zult gij verdoemen; dit is de erve der knechten des HEEREN, en hungerechtigheid is uit Mij, spreekt de HEERE.

Hoofdstuk 55

¹O alle gij dorstigen! komt tot de wateren, en gij, die geen geld hebt, komt, koopt en eet, ja komt, koopt zonder geld, en zonder prijs, wijn en melk!

²Waarom weegt gijlieden geld uit voor hetgeen geen brood is, en uw arbeid voor hetgeen niet verzadigen kan? Hoort aandachtiglijk naar Mij, en eet het goede, en laat uw ziel invettigheid zich verlustigen.

³Neigt uw oor, en komt tot Mij, hoort, en uw ziel zal leven; want Ik zal met u een eeuwig verbond maken, en u geven de gewisse weldadigheden van David.

⁴Ziet, Ik heb hem tot een getuige der volken gegeven, een vorst en gebieder der volken.

⁵Ziet, gij zult een volk roepen, dat gij niet kendet, en het volk, dat u niet kende, zal tot u lopen, om des HEEREN uws Gods wil, en om des Heiligen Israels wil, want Hij heeft uverheerlijkt.

⁶Zoekt den HEERE, terwijl Hij te vinden is; roept Hem aan, terwijl Hij nabij is.

⁷De goddeloze verlate zijn weg, en de ongerechtige man zijn gedachten; en hij bekere zich tot den HEERE, zo zal Hij Zich Zijner ontfermen, en tot onzen God, want Hij vergeeftmenigvuldiglijk.

⁸Want Mijn gedachten zijn niet ulieder gedachten, en uw wegen zijn niet Mijn wegen, spreekt de HEERE.

⁹Want gelijk de hemelen hoger zijn dan de aarde, alzo zijn Mijn wegen hoger dan uw wegen, en Mijn gedachten dan ulieder gedachten.

¹⁰Want gelijk de regen en de sneeuw van den hemel nederdaalt, en derwaarts niet wederkeert; maar doorvochtigt de aarde, en maakt, dat zij voortbrenge en uitspruite, en zaadgeve den zaaier, en brood den eter;

¹¹Alzo zal Mijn woord, dat uit Mijn mond uitgaat, ook zijn, het zal niet ledig tot Mij wederkeren; maar het zal doen, hetgeen Mij behaagt, en het zal voorspoedig zijn in hetgeen, waartoe Ik het zende.

¹²Want in blijdschap zult gijlieden uittrekken, en met vrede voortgeleid worden; de bergen en heuvelen zullen geschal maken met vrolijk gezang voor uw aangezicht, en alle bomendes velds zullen de handen samenklappen.

¹³Voor een doorn zal een denneboom opgaan, voor een distel zal een mirteboom opgaan; en het zal den HEERE wezen tot een naam, tot

een eeuwig teken, dat niet uitgeroeid zalworden.

Hoofdstuk 56

¹O alle gij dorstigen! komt tot de wateren, en gij, die geen geld hebt, komt, koopt en eet, ja komt, koopt zonder geld, en zonder prijs, wijn en melk!

²Waarom weegt gijlieden geld uit voor hetgeen geen brood is, en uw arbeid voor hetgeen niet verzadigen kan? Hoort aandachtiglijk naar Mij, en eet het goede, en laat uw ziel invettigheid zich verlustigen.

³Neigt uw oor, en komt tot Mij, hoort, en uw ziel zal leven; want Ik zal met u een eeuwig verbond maken, en u geven de gewisse weldadigheden van David.

⁴Ziet, Ik heb hem tot een getuige der volken gegeven, een vorst en gebieder der volken.

⁵Ziet, gij zult een volk roepen, dat gij niet kendet, en het volk, dat u niet kende, zal tot u lopen, om des HEEREN uws Gods wil, en om des Heiligen Israels wil, want Hij heeft uverheerlijkt.

⁶Zoekt den HEERE, terwijl Hij te vinden is; roept Hem aan, terwijl Hij nabij is.

⁷De goddeloze verlate zijn weg, en de ongerechtige man zijn gedachten; en hij bekere zich tot den HEERE, zo zal Hij Zich Zijner ontfermen, en tot onzen God, want Hij vergeeftmenigvuldiglijk.

⁸Want Mijn gedachten zijn niet ulieder gedachten, en uw wegen zijn niet Mijn wegen, spreekt de HEERE.

⁹Want gelijk de hemelen hoger zijn dan de aarde, alzo zijn Mijn wegen hoger dan uw wegen, en Mijn gedachten dan ulieder gedachten.

¹⁰Want gelijk de regen en de sneeuw van den hemel nederdaalt, en derwaarts niet wederkeert; maar doorvochtigt de aarde, en maakt, dat zij voortbrenge en uitspruite, en zaadgeve den zaaier, en brood den eter;

¹¹Alzo zal Mijn woord, dat uit Mijn mond uitgaat, ook zijn, het zal niet ledig tot Mij wederkeren; maar het zal doen, hetgeen Mij behaagt, en het zal voorspoedig zijn in hetgeen, waartoe Ik het zende.

¹²Want in blijdschap zult gijlieden uittrekken, en met vrede voortgeleid worden; de bergen en heuvelen zullen geschal maken met vrolijk gezang voor uw aangezicht, en alle bomendes velds zullen de handen samenklappen.

¹³Voor een doorn zal een denneboom opgaan, voor een distel zal een mirteboom opgaan; en het zal den HEERE wezen tot een naam, tot een eeuwig teken, dat niet uitgeroeid zalworden.

Hoofdstuk 57

¹Alzo zegt de HEERE: Bewaart het recht, en doet gerechtigheid; want Mijn heil is nabij om te komen, en Mijn gerechtigheid om geopenbaard te worden.

²Welgelukzalig is de mens, die zulks doet, en des mensen kind, dat daaraan vasthoudt; die den sabbat houdt, zodat gij dien niet ontheiligt, en die zijn hand bewaart van enigkwaad te doen.

³En de vreemde, die zich tot den HEERE gevoegd heeft, spreke niet, zeggende: De HEERE heeft mij gans en al van Zijn volk gescheiden; en de gesnedene zegge niet: Ziet, ikben een dorre boom.

⁴Want alzo zegt de HEERE van de gesnedenen, die Mijn sabbatten houden, en verkiezen hetgeen, waartoe Ik lust heb, en vasthouden aan Mijn verbond;

⁵Ik zal hen ook in Mijn huis en binnen Mijn muren een plaats en een naam geven, beter dan der zonen en dan der dochteren; een eeuwigen naam zal Ik een ieder van hen geven, die niet uitgeroeid zal worden.

⁶En de vreemden, die zich tot den HEERE voegen, om Hem te dienen, en om den Naam des HEEREN lief te hebben, om Hem tot knechten te zijn; al wie den sabbat houdt, dathij dien niet ontheilige, en die aan Mijn verbond vasthouden;

⁷Die zal Ik ook brengen tot Mijn heiligen berg, en Ik zal hen verheugen in Mijn bedehuis; hun brandoffers en hun slachtoffers zullen aangenaam wezen op Mijn altaar; want Mijnhuis zal een bedehuis genoemd worden voor alle volken.

⁸De Heere HEERE, Die de verdrevenen van Israel vergadert, spreekt: Ik zal tot hem nog meer vergaderen, nevens hen, die tot hem vergaderd zijn.

⁹Al gij gedierten des velds, komt om te eten, ja, al gij gedierten in het woud!

¹⁰Hun wachters zijn allen blind, zij weten niet; zij allen zijn stomme honden, zij kunnen niet bassen; zij zijn slaperig, zij liggen neder, zij hebben het sluimeren lief.

¹¹En deze honden zijn sterk van begeerte, zij kunnen niet verzadigd worden, ja, het zijn herders, die niet verstaan kunnen; zij allen keren zich naar hun weg, elkeen naar zijn gewin, elk uit zijn einde.

¹²Komt herwaarts, zeggen zij: ik zal wijn halen, en wij zullen sterken drank zuipen; en de dag van morgen zal zijn als deze, ja, groter, veel treffelijker.

Hoofdstuk 58

¹De rechtvaardige komt om, en er is niemand, die het ter harte neemt; en de weldadige lieden worden weggeraapt, zonder dat er iemand op let, dat de rechtvaardige weggeraaptwordt voor het kwaad.

²Hij zal ingaan in den vrede; zij zullen rusten op hun slaapsteden, een iegelijk, die in zijn oprechtheid gewandeld heeft.

³Doch nadert gijlieden hier toe, gij kinderen der guichelares! gij overspelig zaad, en gij, die hoererij bedrijft!

⁴Over wien maakt gij u lustig, over wien spert gij den mond wijd open en steekt de tong lang uit? Zijt gij niet kinderen der overtreding, een zaad der valsheid?

⁵Die hittig zijt in de eikenbossen, onder allen groenen boom; slachtende de kinderen aan de beken, onder de hoeken der steenrotsen.

⁶Aan de gladde stenen der beken is uw deel, die, die zijn uw lot; ook stort gij denzelven drankoffer uit, gij offert hun spijsoffer; zou Ik Mij over deze dingen troosten laten?

⁷Gij stelt uw leger op een hogen en verhevenen berg; ook klimt gij derwaarts op, om slachtoffer te offeren.

⁸En achter de deur en posten zet gij uw gedenkteken; want van Mij wijkende ontdekt gij u, en klimt op; gij maakt uw leger wijd, en maakt u een verbond met enigen uit dezelve, gijhebt hun leger lief in elke plaats, die gij ziet.

⁹En gij trekt met olie tot den koning, en gij vermenigvuldigt uw welriekende zalven; en gij zendt uw gezanten verre weg, en vernedert u tot de hel toe.

¹⁰Gij zijt vermoeid door uw grote reis, maar gij zegt niet: Het is buiten hoop; gij hebt het leven uwer hand gevonden, daarom wordt gij niet ziek.

¹¹Maar voor wien hebt gij geschroomd of gevreesd? Want gij hebt gelogen, en zijt Mijner niet gedachtig geweest, gij hebt Mij op uw hart niet gelegd; is het niet, om dat Ik zwijg, endat van ouds af, en gij vreest Mij niet?

¹²Ik zal uw gerechtigheid bekend maken, en uw werken, dat zij u geen nut doen zullen.

¹³Wanneer gij roepen zult, zo laat die, die van u vergaderd zijn, u redden; doch de wind zal hen allen wegvoeren, de ijdelheid zal hen wegnemen. Maar die op Mij betrouwt, die zalhet aardrijk erven, en Mijn heiligen berg erfelijk bezitten.

¹⁴En men zal zeggen: Verhoogt de baan, verhoogt de baan, bereidt den weg, neemt den aanstoot uit den weg Mijns volks.

¹⁵Want alzo zegt de Hoge en Verhevene, Die in de eeuwigheid woont, en Wiens Naam heilig is: Ik woon in de hoogte en in het heilige, en bij dien, die van een verbrijzelden ennederigen geest is, opdat Ik levend make den geest der nederigen, en opdat Ik levend make het hart der verbrijzelden.

¹⁶Want Ik zal niet eeuwiglijk twisten, en Ik zal niet geduriglijk verbolgen zijn; want de geest zou van voor Mijn aangezicht overstelpt worden, en de zielen, die Ik gemaakt heb.

¹⁷Ik was verbolgen over de ongerechtigheid hunner gierigheid, en sloeg hen; Ik verborg Mij, en was verbolgen; evenwel gingen zij afkerig henen in den weg huns harten.

¹⁸Ik zie hun wegen, en Ik zal hen genezen; en Ik zal hen geleiden, en hun vertroostingen wedergeven, namelijk aan hun treurigen.

¹⁹Ik schep de vrucht der lippen, vrede, vrede dengenen, die verre zijn, en dengenen, die nabij zijn, zegt de HEERE, en Ik zal hen genezen.

²⁰Doch de goddelozen zijn als een voortgedreven zee, want die kan niet rusten, en haar wateren werpen slijk en modder op.

²¹De goddelozen, zegt mijn God, hebben geen vrede.

Hoofdstuk 59

¹Roep uit de keel, houd niet in, verhef uw stem als een bazuin, en verkondig Mijn volk hun overtreding, en het huis Jakobs hun zonden.

²Hoewel zij Mij dagelijks zoeken, en een lust hebben aan de kennis Mijner wegen, als een volk, dat gerechtigheid doet en het recht zijns Gods niet verlaat, vragen zij Mij naar derechten der gerechtigheid; zij hebben een lust tot God te naderen;

³Zeggende: Waarom vasten wij, en Gij ziet het niet aan, waarom kwellen wij onze ziel, en Gij weet het niet? Ziet, ten dage, wanneer gijlieden vast, zo vindt gij uw lust, en gij eistgestrengelijk al uw arbeid.

⁴Ziet, tot twist en gekijf vast gijlieden, en om goddelooslijk met de vuist te slaan; vast niet gelijk heden, om uw stem te doen horen in de hoogte.

⁵Zou het zulk een vasten zijn, dat Ik verkiezen zou, dat de mens zijn ziel een dag kwelle, dat hij zijn hoofd kromme gelijk een bieze, en

een zak en as onder zich spreide? Zoudt gij dat een vasten heten, en een dag den HEERE aangenaam?

⁶Is niet dit het vasten, dat Ik verkies: dat gij losmaakt de knopen der goddeloosheid, dat gij ontdoet de banden des juks, en dat gij vrij loslaat de verpletterden, en alle juk verscheurt?

⁷Is het niet, dat gij den hongerige uw brood mededeelt, en de armen, verdrevenen in huis brengt? Als gij een naakte ziet, dat gij hem dekt, en dat gij u voor uw vlees niet verbergt?

⁸Dan zal uw licht voortbreken als de dageraad, en uw genezing zal snellijk uitspruiten; en uw gerechtigheid zal voor uw aangezicht heengaan, en de heerlijkheid des HEEREN zal uw achtertocht wezen.

⁹Dan zult gij roepen, en de HEERE zal antwoorden; gij zult schreeuwen, en Hij zal zeggen: Ziet, hier ben Ik. Zo gij uit het midden van u wegdoet het juk, het uitsteken des vingers, en het spreken der ongerechtigheid;

¹⁰En zo gij uw ziel opent voor den hongerige, en de bedrukte ziel verzadigt; dan zal uw licht in de duisternis opgaan, en uw donkerheid zal zijn als de middag.

¹¹En de HEERE zal u geduriglijk leiden, en Hij zal uw ziel verzadigen in grote droogten, en uw beenderen vaardig maken; en gij zult zijn als een gewaterde hof, en als een springader der wateren, welker wateren niet ontbreken.

¹²En die uit u voortkomen, zullen bouwen de oude verwoeste plaatsen; de fondamenten, van geslacht tot geslacht verwoest, zult gij oprichten; en gij zult genaamd worden: Die de bressen toemuurt, die de paden weder opmaakt, om te bewonen.

¹³Indien gij uw voet van den sabbat afkeert, van te doen uw lust op Mijn heiligen dag; en indien gij den sabbat noemt een verlustiging, opdat de HEERE geheiligd worde, Die teeren is; en indien gij dien eert, dat gij uw wegen niet doet, en uw eigen lust niet vindt, noch een woord daarvan spreekt;

¹⁴Dan zult gij u verlustigen in den HEERE, en Ik zal u doen rijden op de hoogten der aarde, en Ik zal u spijzigen met de erve van uw vader Jakob; want de mond des HEEREN heeft het gesproken.

Hoofdstuk 60

¹Ziet, de hand des HEEREN is niet verkort, dat zij niet zou kunnen verlossen; en Zijn oor is niet zwaar geworden, dat het niet zou kunnen horen.

²Maar uw ongerechtigheden maken een scheiding tussen ulieden en tussen uw God, en uw zonden verbergen het aangezicht van ulieden, dat Hij niet hoort.

³Want uw handen zijn met bloed bevlekt; en uw vingeren met ongerechtigheid; uw lippen spreken valsheid, uw tong dicht onrecht.

⁴Er is niemand, die voor de gerechtigheid roept, en niemand, die voor de waarheid in het gericht zich begeeft; zij vertrouwen op ijdelheid, en spreken leugen; met moeite zijn zij zwanger, en zij baren ongerechtigheid.

⁵Zij broeden basiliskus-eieren uit, en zij weven spinnewebben; die van hun eieren eet, moet sterven, en als het in stukken gedrukt wordt, er berst een adder uit.

⁶Hun webben deugen niet tot klederen, en zij zullen zichzelven niet kunnen dekken met hun werken; hun werken zijn werken der ongerechtigheid, en een maaksel des wrevels is in hun handen.

⁷Hun voeten lopen tot het kwade, en zij haasten om onschuldig bloed te vergieten; hun gedachten zijn gedachten der ongerechtigheid, verstoring en verbreking is op hun banen.

⁸Den weg des vredes kennen zij niet; en er is geen recht in hun gangen; hun paden maken zij verkeerd voor zich zelven, al wie daarop gaat, die kent den vrede niet.

⁹Daarom is het recht verre van ons, en de gerechtigheid achterhaalt ons niet; wij wachten op het licht, maar ziet, er is duisternis, op een groten glans, maar wij wandelen in donkerheden.

¹⁰Wij tasten naar den wand, gelijk de blinden, en, gelijk die geen ogen hebben, tasten wij; wij stoten ons op den middag, als in de schemering, wij zijn in woeste plaatsen gelijk de doden.

¹¹Wij brommen allen gelijk als de beren, en wij kirren doorgaans gelijk de duiven; wij wachten naar recht, maar er is geen, naar heil, maar het is verre van ons.

¹²Want onze overtredingen zijn vele voor U, en onze zonden getuigen tegen ons; want onze overtredingen zijn bij ons, en onze ongerechtigheden kennen wij;

¹³Het overtreden en het liegen tegen den HEERE, en het achterwaarts wijken van onzen God; het spreken van onderdrukking en afval, het ontvangen en het dichten van valse woorden uit het hart.

¹⁴Daarom is het recht achterwaarts geweken, en de gerechtigheid staat van verre; want de waarheid struikelt op de straat, en wat recht is, kan er niet ingaan.

¹⁵Ja, de waarheid ontbreekt er, en wie van het boze wijkt, stelt zich tot een roof; en de HEERE zag het, en het was kwaad in Zijn ogen, dat er geen recht was.

¹⁶Dewijl Hij zag, dat er niemand was, zo ontzette Hij Zich, omdat er geen voorbidder was; daarom bracht Hem Zijn arm heil aan, en Zijn gerechtigheid ondersteunde Hem.

¹⁷Want Hij trok gerechtigheid aan als een pantser, en den helm des heils zette Hij op Zijn hoofd, en de klederen der wraak trok Hij aan tot kleding, en Hij deed den ijver aan alseen mantel.

¹⁸Even naar de werken, even daarnaar zal Hij vergelden, grimmigheid aan Zijn wederpartijders, vergelding aan Zijn vijanden; den eilanden zal Hij het loon vergelden.

¹⁹Dan zullen zij den Naam des HEEREN vrezen van den nedergang, en Zijn heerlijkheid van den opgang der zon; als de vijand zal komen gelijk een stroom, zal de Geest des HEEREN de banier tegen hen oprichten.

²⁰En er zal een Verlosser tot Sion komen, namelijk voor hen, die zich bekeren van de overtreding in Jakob, spreekt de HEERE.

²¹Mij aangaande, dit is Mijn Verbond met hen, zegt de HEERE: Mijn Geest, Die op u is, en Mijn woorden, die Ik in uw mond gelegd heb, die zullen van uw mond niet wijken, noch van den mond van uw zaad, noch van den mond van het zaad uws zaads, zegt de HEERE, van nu aan tot in eeuwigheid toe.

Hoofdstuk 61

¹Maak u op, word verlicht, want uw Licht komt, en de heerlijkheid des HEEREN gaat over u op.

²Want zie, de duisternis zal de aarde bedekken, en donkerheid de volken; doch over u zal de HEERE opgaan, en Zijn heerlijkheid zal over u gezien worden.

³En de heidenen zullen tot uw licht gaan, en koningen tot den glans, die u is opgegaan.

⁴Hef uw ogen rondom op, en zie, die allen zijn vergaderd, zij komen tot u; uw zonen zullen van verre komen, en uw dochters zullen aan uw zijde gevoedsterd worden.

⁵Dan zult gij het zien en samenvloeien, en uw hart zal vervaard zijn en verwijd worden; want de menigte de zee zal tot u gekeerd worden, het heir der heidenen zal tot u komen.

⁶Een hoop kemelen zal u bedekken, de snelle kemelen van Midian en Hefa; zij allen uit Scheba zullen komen; goud en wierook zullen zij aanbrengen, en zij zullen den overvloedigen lof des HEEREN boodschappen.

⁷Al de schapen van Kedar zullen tot u verzameld worden; de rammen van Nebajoth zullen u dienen; zij zullen met welgevallen komen op Mijn altaar, en Ik zal het huis Mijner heerlijkheid heerlijk maken.

⁸Wie zijn deze, die daar komen gevlogen als een wolk, en als duiven tot haar vensters?

⁹Want de eilanden zullen Mij verwachten, en de schepen van Tarsis vooreerst, om uw kinderen van verre te brengen, hun zilver en hun goud met hen, tot den Naam des HEEREN uws Gods, en tot den Heilige Israels, dewijl Hij u heerlijk gemaakt heeft.

¹⁰En de vreemden zullen uw muren bouwen, en hun koningen zullen u dienen; want in Mijn verbolgenheid heb Ik u geslagen, maar in Mijn welbehagen heb Ik Mij over u ontfermd.

¹¹En uw poorten zullen steeds openstaan, zij zullen des daags of des nachts niet toegesloten worden; opdat men tot u inbrenge het heir der heidenen, en hun koningen tot u geleid worden.

¹²Want het volk en het koninkrijk, welke u niet zullen dienen, die zullen vergaan; en die volken zullen gans verwoest worden.

¹³De heerlijkheid van Libanon zal tot u komen, de denneboom, de beukeboom en de busboom te gelijk, om te versieren de plaats Mijns heiligdoms, en Ik zal de plaats Mijner voeten heerlijk maken.

¹⁴Ook zullen, zich buigende, tot u komen de kinderen dergenen, die u onderdrukt hebben, en allen, die u gelasterd hebben zullen zich nederbuigen aan de planten uwer voeten; en zij zullen u noemen de stad des HEEREN, het Sion van den Heilige Israels.

¹⁵In plaats dat gij verlaten en gehaat zijt geweest, zodat niemand door u henen ging, zo zal Ik u stellen tot een eeuwige heerlijkheid, tot een vreugde van geslacht tot geslacht.

¹⁶En gij zult de melk der heidenen zuigen, en gij zult de borsten der koningen zuigen; en gij zult weten, dat Ik de HEERE ben, uw Heiland, en uw Verlosser, de Machtige Jakobs.

¹⁷Voor koper zal Ik goud brengen, en voor ijzer zal Ik zilver brengen, en voor hout koper, en voor stenen ijzer; en zal uw opzieners vreedzaam maken, en uw drijvers rechtvaardigen.

Jesaja

¹⁸Er zal geen geweld meer gehoord worden in uw land, verstoring noch verbreking in uw landpale; maar uw muren zult gij Heil heten, en uw poorten Lof.

¹⁹De zon zal u niet meer wezen tot een licht des daags, en tot een glans zal u de maan niet lichten; maar de HEERE zal u wezen tot een eeuwig Licht, en uw God tot uwSierlijkheid.

²⁰Uw zon zal niet meer ondergaan, en uw maan zal haar licht niet intrekken; want de HEERE zal u tot een eeuwig licht wezen, en de dagen uwer treuring zullen een einde nemen.

²¹En uw volk zullen allen te zamen rechtvaardigen zijn, zij zullen in eeuwigheid de aarde erfelijk bezitten; zij zullen zijn een spruit Mijner plantingen, een werk Mijner handen, opdatIk verheerlijkt worde.

²²De kleinste zal tot duizend worden, en de minste tot een machtig volk; Ik, de HEERE, zal zulks te zijner tijd snellijk doen komen.

Hoofdstuk 62

¹De Geest des Heeren HEEREN is op Mij, omdat de Heere Mij gezalfd heeft, om een blijde boodschap te brengen den zachtmoedigen; Hij heeft Mij gezonden om te verbindende gebrokenen van harte, om den gevangenen vrijheid uit te roepen, en den gebondenen opening der gevangenis;

²Om uit te roepen het jaar van het welbehagen des HEEREN, en den dag der wraak onzes Gods; om alle treurigen te troosten;

³Om den treurigen Sions te beschikken dat hun gegeven worde sieraad voor as, vreugdeolie voor treurigheid, het gewaad des lofs voor een benauwden geest; opdat zij genaamdworden eikebomen der gerechtigheid, een planting des HEEREN, opdat Hij verheerlijkt worde.

⁴En zij zullen de oude verwoeste plaatsen bouwen, de vorige verstoringen weder oprichten, en de verwoeste steden vernieuwen, die verstoord waren van geslacht tot geslacht.

⁵En uitlanders zullen staan, en uw kudden weiden; en vreemden zullen uw akkerlieden en uw wijngaardeniers zijn.

⁶Doch gijlieden zult priesters des HEEREN heten, men zal u dienaren onzes Gods noemen; gij zult het vermogen der heidenen eten, en in hun heerlijkheid zult gij u roemen.

⁷Voor uw dubbele schaamte en schande zullen zij juichen over hun deel; daarom zullen zij in hun land erfelijk het dubbele bezitten; zij zullen eeuwige vreugde hebben.

⁸Want Ik, de HEERE, heb het recht lief, Ik haat den roof in het brandoffer, en Ik zal geven, dat hun werk in der waarheid zal zijn; en Ik zal een eeuwig verbond met hen maken.

⁹En hun zaad zal onder de heidenen bekend worden, en hun nakomelingen in het midden der volken; allen, die hen zien zullen, zullen hen kennen, dat zij zijn een zaad, dat deHEERE gezegend heeft.

¹⁰Ik ben zeer vrolijk in den HEERE, mijn ziel verheugt zich in mijn God, want Hij heeft mij bekleed met de klederen des heils, den mantel der gerechtigheid heeft Hij mij omgedaan;gelijk een bruidegom zich met priesterlijk sieraad versiert, en als een bruid zich versiert met haar gereedschap.

¹¹Want gelijk de aarde haar spruit voortbrengt, en gelijk een hof, hetgeen in hem gezaaid is, doet uitspruiten; alzo zal de Heere HEERE gerechtigheid en lof doen uitspruiten voor alde volken.

Hoofdstuk 63

¹Om Sions wil zal ik niet zwijgen, en om Jeruzalems wil zal ik niet stil zijn; totdat haar gerechtigheid voortkome als een glans, en haar heil als een fakkel, die brandt.

²En de heidenen zullen uw gerechtigheid zien, en alle koningen uw heerlijkheid; en gij zult met een nieuwen naam genoemd worden, welken des HEEREN mond uitdrukkelijknoemen zal.

³En gij zult een sierlijke kroon zijn in de hand des HEEREN, en een koninklijke hoed in de hand uws Gods.

⁴Tot u zal niet meer gezegd worden: De verlatene, en tot uw land zal niet meer gezegd worden: Het verwoeste; maar gij zult genoemd worden: Mijn lust is aan haar! en uw land:Het getrouwde; want de HEERE heeft een lust aan u, en uw land zal getrouwd worden.

⁵Want gelijk een jongeling een jonkvrouw trouwt, alzo zullen uw kinderen u trouwen; en gelijk de bruidegom vrolijk is over de bruid, alzo zal uw God over u vrolijk zijn.

⁶O Jeruzalem! Ik heb wachters op uw muren besteld, die geduriglijk al den dag en al den nacht niet zullen zwijgen. O gij, die des HEEREN doet gedenken, laat geen stilzwijgenbij ulieden wezen!

⁷En zwijgt niet stil voor Hem, totdat Hij bevestige, en totdat Hij Jeruzalem stelle tot een lof op aarde.

⁸De HEERE heeft gezworen bij Zijn rechterhand, en bij den arm Zijner sterkte: indien Ik uw koren meer zal geven tot spijs voor uw vijanden, en indien de vreemden zullen drinkenuw most, waaraan gij gearbeid hebt!

⁹Maar die het inzamelen zullen, die zullen het eten, en zij zullen den HEERE prijzen; en die hem vergaderen zullen, zullen hem drinken in de voorhoven Mijns heiligdoms.

¹⁰Gaat door, gaat door, door de poorten, bereidt den weg des volks; verhoogt, verhoogt een baan, ruimt de stenen weg, steekt een banier omhoog tot de volken!

¹¹Ziet, de HEERE heeft doen horen, tot aan het einde der aarde: zegt de dochter van Sion: Zie, uw Heil komt; zie, Zijn loon is met Hem, en Zijn arbeidsloon is voor Zijn aangezicht.

¹²En zij zullen hen noemen het heilige volk, de verlosten des HEEREN; en gij zult genoemd worden de gezochte, de stad, die niet verlaten is.

Hoofdstuk 64

¹Wie is Deze, Die van Edom komt met besprenkelde klederen, van Bozra? Deze, Die versierd is in Zijn gewaad? Die voorttrekt in Zijn grote kracht? Ik ben het, Die in gerechtigheidspreek, Die machtig ben te verlossen.

²Waarom zijt Gij rood aan Uw gewaad, en Uw klederen als van een, die in de wijnpers treedt?

³Ik heb de pers alleen getreden, en er was niemand van de volken met Mij; en Ik heb hen getreden in Mijn toorn, en heb hen vertrapt in Mijn grimmigheid; en hun kracht isgesprengd op Mijn klederen, en al Mijn gewaad heb Ik bezoedeld.

⁴Want de dag der wraak was in Mijn hart, en het jaar Mijner verlosten was gekomen.

⁵En Ik zag toe, en er was niemand die hielp; en Ik ontzette Mij, en er was niemand, die ondersteunde; daarom heeft Mijn arm Mij heil beschikt, en Mijn grimmigheid heeft Mijondersteund.

⁶En Ik heb de volken vertreden in Mijn toorn, en Ik heb hen dronken gemaakt in Mijn grimmigheid; en Ik heb hun kracht ter aarde doen nederdalen.

⁷Ik zal de goedertierenheden des HEEREN vermelden, den veelvoudigen lof des HEEREN, naar alles, wat de HEERE ons heeft bewezen, en de grote goedigheid aan het huisvan Israel, die Hij hun bewezen heeft, naar Zijn barmhartigheden, en naar de veelheid Zijner goedertierenheden.

⁸Want Hij zeide: Zij zijn immers Mijn volk, kinderen, die niet liegen zullen? Alzo is Hij hun geworden tot een Heiland.

⁹In al hun benauwdheid was Hij benauwd, en de Engel Zijns aangezichts heeft hen behouden; door Zijn liefde en door Zijn genade heeft Hij hen verlost; en Hij nam hen op, enHij droeg hen al de dagen van ouds.

¹⁰Maar zij zijn wederspannig geworden, en zij hebben Zijn Heiligen Geest smarten aangedaan; daarom is Hij hun in een vijand verkeerd, Hij Zelf heeft tegen hen gestreden.

¹¹Nochtans dacht Hij aan de dagen van ouds, aan Mozes en Zijn volk; maar nu, waar is Hij, Die hen uit de zee opgebracht heeft, met de herders Zijner kudde? Waar is Hij, Die ZijnHeiligen Geest in het midden van hen stelde?

¹²Die den arm Zijner heerlijkheid heeft doen gaan aan de rechterhand van Mozes; Die de wateren voor hunlieder aangezichten kliefde opdat Hij Zich een eeuwigen Naammaakte?

¹³Die hen leidde door de afgronden; als een paard in de woestijn, struikelden zij niet.

¹⁴Gelijk een beest, dat afgaat in de valleien, heeft hun de Geest des HEEREN rust gegeven. Alzo hebt Gij Uw volk geleid, opdat Gij U een heerlijken Naam zoudt maken.

¹⁵Zie van den hemel af, en aanschouw van Uw heilige en Uw heerlijke woning; waar zijn Uw ijver en Uw mogendheden, het gerommel Uws ingewands en Uwerbarmhartigheden? Zij houden zich tegen mij in.

¹⁶Gij zijt toch onze Vader, want Abraham weet van ons niet, en Israel kent ons niet; Gij, o HEERE! zijt onze Vader, onze Verlosser van ouds af is Uw Naam.

¹⁷HEERE! waarom doet Gij ons van Uw wegen dwalen, waarom verstokt Gij ons hart, dat wij U niet vrezen? Keer weder om Uwer knechten wil, de stammen Uws erfdeels.

¹⁸Uw heilig volk heeft het maar een weinig tijds bezeten; onze wederpartijders hebben Uw heiligdom vertreden.

¹⁹Wij zijn geworden als die, over welke Gij van ouds niet hebt geheerst, en die naar Uw Naam niet zijn genoemd.

Hoofdstuk 65

¹Och, dat Gij de hemelen scheurdet, dat Gij nederkwaamt, dat de bergen van Uw aangezicht vervloten;

²Gelijk een smeltvuur brandt, en het vuur de wateren doet opbobbelen, om Uw Naam aan Uw wederpartijders bekend te maken! Laat alzo de heidenen voor Uw aangezichtbeven.

³Toen Gij vreselijke dingen deedt, die wij niet verwachtten; Gij kwaamt neder, van Uw aangezicht vervloten de bergen.

⁴Ja, van ouds heeft men het niet gehoord, noch met oren vernomen, en geen oog heeft het gezien, behalve Gij, o God! wat Hij doen zal dien, die op Hem wacht.

⁵Gij ontmoet den vrolijke, en die gerechtigheid doet dengenen, die Uwer gedenken op Uw wegen; zie, Gij waart verbolgen, omdat wij gezondigd hebben; in dezelve is deeeuwigheid, opdat wij behouden wierden.

⁶Doch wij allen zijn als een onreine, en al onze gerechtigheden zijn als een wegwerpelijk kleed; en wij allen vallen af als een blad, en onze misdaden voeren ons henen weg alseen wind.

⁷En er is niemand, die Uw Naam aanroept, die zich opwekt, dat hij U aangrijpe; want Gij verbergt Uw aangezicht voor ons, en Gij doet ons smelten, door middel van onzeongerechtigheden.

⁸Doch nu, HEERE! Gij zijt onze Vader; wij zijn leem, en Gij zijt onze pottenbakker, en wij allen zijn Uwer handen werk.

⁹HEERE! wees niet zo zeer verbolgen, en gedenk niet eeuwiglijk der ongerechtigheid; zie, aanschouw toch, wij allen zijn Uw volk.

¹⁰Uw heilige steden zijn een woestijn geworden, Sion is een woestijn geworden, Jeruzalem een verwoesting.

¹¹Ons heilig en ons heerlijk huis, waarin onze vaders U loofden, is met vuur verbrand; en al onze gewenste dingen zijn tot woestheid geworden.

¹²HEERE! zoudt Gij U over deze dingen inhouden, zoudt Gij stilzwijgen, en ons zozeer bedrukken? Jesaja 65

Hoofdstuk 66

¹Ik ben gevonden van hen, die naar Mij niet vraagden; Ik ben gevonden van degenen, die Mij niet zochten; tot het volk, dat naar Mijn Naam niet genoemd was, heb Ik gezegd: Ziet, hier ben Ik, ziet, hier ben Ik.

²Ik heb Mijn handen uitgebreid, den gansen dag tot een wederstrevig volk, die wandelen op een weg, die niet goed is, naar hun eigen gedachten.

³Een volk, Mij geduriglijk tergende in Mijn aangezicht, in hoven offerende, en rokende op tichelstenen;

⁴Zittende bij de graven, zo vernachten zij bij degenen, die bewaard worden, etende zwijnenvlees, en er is sap van gruwelijke dingen in hun vaten.

⁵Die daar zeggen: Houd u tot uzelven, en naak tot mij niet, want ik ben heiliger dan gij. Dezen zijn een rook in Mijn neus, een vuur, den gansen dag brandende.

⁶Ziet, het is voor Mijn aangezicht geschreven; Ik zal niet zwijgen, maar Ik zal vergelden, ja, in hun boezem zal Ik vergelden;

⁷Uw ongerechtigheden, en uwer vaderen ongerechtigheden tegelijk, zegt de HEERE, die gerookt hebben op de bergen, en Mij smaadheid aangedaan hebben op de heuvelen;daarom zal Ik hun vorig werkloon in hun boezem weder toemeten.

⁸Alzo zegt de HEERE: Gelijk wanneer men most in een bos druiven vindt, men zegt: Verderf ze niet, want er is een zegen in; alzo zal Ik het om Mijner knechten wil doen, dat Ik henniet allen verderve.

⁹En Ik zal zaad uit Jakob voortbrengen, en uit Juda een erfbezitter van Mijn bergen; en Mijn uitverkorenen zullen het erfelijk bezitten, en Mijn knechten zullen aldaar wonen.

¹⁰En Saron zal tot een schaapskooi worden, en het dal van Achor tot een runderleger, voor Mijn volk, dat Mij gezocht heeft.

¹¹Maar gij verlaters des HEEREN, gij vergeters van den berg Mijner heiligheid, gij aanrichters ener tafel voor die bende, en gij opvullers des dranks voor dat getal!

¹²Ik zal ulieden ook ten zwaarde tellen, dat gij allen u ter slachting zult krommen, omdat Ik geroepen heb, maar gij hebt niet geantwoord, Ik gesproken heb, maar gij hebt nietgehoord, maar hebt gedaan, dat kwaad was in Mijn ogen, en hebt verkoren hetgeen, waaraan Ik geen lust heb.

¹³Daarom zegt de Heere HEERE alzo: Ziet, Mijn knechten zullen eten, doch gijlieden zult hongeren; ziet, Mijn knechten zullen drinken, doch gijlieden zult dorsten; ziet, Mijnknechten zullen blijde zijn, doch gijlieden zult beschaamd worden.

¹⁴Ziet, Mijn knechten zullen juichen van goeder harte, maar gijlieden zult schreeuwen van weedom des harten, en van verbreking des geestes zult gij huilen.

¹⁵En gijlieden zult uw naam Mijn uitverkorenen tot een vervloeking laten; en de Heere HEERE zal ulieden doden, maar Zijn knechten zal Hij met een anderen naam noemen;

¹⁶Zodat, wie zich zegenen zal op aarde, die zal zich zegenen in den God der waarheid; en wie zal zweren op aarde, die zal zweren bij den God der waarheid, omdat de vorigebenauwdheden zullen vergeten zijn, en omdat zij voor Mijn ogen verborgen zijn.

¹⁷Want ziet, Ik schep nieuwe hemelen en een nieuwe aarde; en de vorige dingen zullen niet meer gedacht worden, en zullen in het hart niet opkomen.

¹⁸Maar weest gijlieden vrolijk, en verheugt u tot in der eeuwigheid in hetgeen Ik schep; want ziet, Ik schep Jeruzalem een verheuging, en haar volk een vrolijkheid.

¹⁹En Ik zal Mij verheugen over Jeruzalem, en vrolijk zijn over Mijn volk; en in haar zal niet meer gehoord worden de stem der wening, noch de stem des geschreeuws.

²⁰Van daar zal niet meer wezen een zuigeling van weinig dagen, noch een oud man, die zijn dagen niet zal vervullen; want een jongeling zal sterven, honderd jaren oud zijnde, maar een zondaar, honderd jaren oud zijnde, zal vervloekt worden.

²¹En zij zullen huizen bouwen en bewonen, en zij zullen wijngaarden planten, en derzelver vrucht eten.

²²Zij zullen niet bouwen, dat het een ander bewone; zij zullen niet planten, dat het een ander ete, want de dagen Mijns volks zullen zijn als de dagen eens booms, en Mijnuitverkorenen zullen het werk hunner handen verslijten.

²³Zij zullen niet tevergeefs arbeiden, noch baren ter verstoring; want zij zijn het zaad der gezegenden des HEEREN, en hun nakomelingen met hen.

²⁴En het zal geschieden, eer zij roepen, zo zal Ik antwoorden; terwijl zij nog spreken, zo zal Ik horen.

²⁵De wolf en het lam zullen te zamen weiden, en de leeuw zal stro eten als een rund, en stof zal de spijze der slang zijn; zij zullen geen kwaad doen noch verderven op Mijn gansenheiligen berg zegt de HEERE.

Hoofdstuk 67

¹Alzo zegt de HEERE: De hemel is Mijn troon, en de aarde is de voetbank Mijner voeten; waar zou dat huis zijn, dat gijlieden Mij zoudt bouwen, en waar is de plaats Mijner rust?

²Want Mijn hand heeft al deze dingen gemaakt, en al deze dingen zijn geweest, spreekt de HEERE; maar op dezen zal Ik zien, op den arme en verslagene van geest, en die voorMijn woord beeft.

³Wie een os slacht, slaat een man; wie een lam offert, breekt een hond den hals; wie spijsoffer offert, is als die zwijnenbloed offert; wie wierook brandt ten gedenkoffer, is als dieeen afgod zegent. Dezen verkiezen ook hun wegen, en hun ziel heeft lust aan hun verfoeiselen.

⁴Ik zal ook verkiezen het loon hunner handelingen, en hun vreze zal Ik over hen doen komen, omdat Ik geroepen heb, en niemand antwoordde, Ik gesproken heb, en zij niethoorden, maar deden dat kwaad is in Mijn ogen, en verkoren hetgeen waartoe Ik geen lust had.

⁵Hoort des HEEREN woord, gij, die voor Zijn woord beeft! Uw broeders, die u haten, die u verre afzonderen, om Mijns Naams wil, zeggen: Dat de HEERE heerlijk worde! Doch Hijzal verschijnen tot ulieder vreugde, zij daarentegen zullen beschaamd worden.

⁶Er zal een stem van een groot rumoer uit de stad zijn, een stem uit den tempel, de stem des HEEREN, Die Zijn vijanden de verdiensten vergeldt.

⁷Eer zij barensnood had, heeft zij gebaard, eer haar smart overkwam, zo is zij van een knechtje verlost.

⁸Wie heeft ooit zulks gehoord? Wie heeft dergelijks gezien? Zou een land kunnen geboren worden op een enigen dag? Zou een volk kunnen geboren worden op een enigereize? Maar Sion heeft weeen gekregen, en zij heeft haar zonen gebaard.

⁹Zou Ik de baarmoeder openbreken, en niet genereren? zegt de HEERE; zou Ik, Die genereer, voortaan toesluiten? zegt uw God.

¹⁰Verblijdt u met Jeruzalem, en verheugt u over haar, al haar liefhebbers! Weest vrolijk over haar met vreugde, gij allen, die over haar zijt treurig geweest!

¹¹Opdat gij moogt zuigen, en verzadigd worden van de borsten harer vertroostingen; opdat gij moogt uitzuigen, en u verlusten met den glans harer heerlijkheid.

¹²Want alzo zegt de HEERE: Ziet, Ik zal den vrede over haar uitstrekken als een rivier, en de heerlijkheid der heidenen als een overlopende beek; dan zult gijlieden zuigen; gij zultop de zijden gedragen worden, en op de knieën zeer vriendelijk getroeteld worden.

Jesaja

¹³Als een, dien zijn moeder troost, alzo zal Ik u troosten; ja, gij zult te Jeruzalem getroost worden.

¹⁴En gij zult het zien, en uw hart zal vrolijk zijn, en uw beenderen zullen groenen als het tedere gras; dan zal de hand des HEEREN bekend worden aan Zijn knechten, en Hij zal Zijn vijanden gram worden.

¹⁵Want ziet, de HEERE zal met vuur komen, en Zijn wagenen als een wervelwind; om met grimmigheid Zijn toorn hiertoe te wenden, en Zijn schelding met vuurvlammen.

¹⁶Want met vuur, en met Zijn zwaard zal de HEERE in het recht treden met alle vlees; en de verslagenen des HEEREN zullen vermenigvuldigd zijn.

¹⁷Die zichzelven heiligen, en zichzelven reinigen in de hoven, achter een in het midden derzelve, die zwijnenvlees eten, en verfoeisel, en muizen; te zamen zullen zij verteerd worden, spreekt de HEERE.

¹⁸Hun werken en hun gedachten! Het komt, dat Ik vergaderen zal alle heidenen en tongen, en zij zullen komen, en zij zullen Mijn heerlijkheid zien.

¹⁹En Ik zal een teken aan hen zetten, en uit hen, die het ontkomen zullen zijn, zal Ik zenden tot de heidenen naar Tarsis, Pul, en Lud, de boogschutters, naar Tubal en Javan, tot dever gelegen eilanden, die Mijn gerucht niet gehoord, noch Mijn heerlijkheid gezien hebben; en zij zullen Mijn heerlijkheid onder de heidenen verkondigen.

²⁰En zij zullen al uw broeders uit alle heidenen den HEERE ten spijsoffer brengen, op paarden, en op wagenen, en op rosbaren, en op muildieren, en op snelle lopers, naar Mijn heiligen berg toe, naar Jeruzalem, zegt de HEERE, gelijk als de kinderen Israels het spijsoffer in een rein vat brengen ten huize des HEEREN.

²¹En ook zal Ik uit dezelve enigen tot priesters en tot Levieten nemen, zegt de HEERE.

²²Want gelijk als die nieuwe hemel en die nieuwe aarde, die Ik maken zal, voor Mijn aangezicht zullen staan, spreekt de HEERE, alzo zal ook ulieder zaad en ulieder naam staan.

²³En het zal geschieden, dat van de ene nieuwe maan tot de andere, en van den enen sabbat tot den anderen, alle vlees komen zal om aan te bidden voor Mijn aangezicht, zegt de HEERE.

Jeremia

Hoofdstuk 1

¹De woorden van Jeremia, den zoon van Hilkia, uit de priesteren, die te Anathoth waren, in het land van Benjamin;

²Tot welken het woord des HEEREN geschiedde, in de dagen van Josia, zoon van Amon, koning van Juda, in het dertiende jaar zijner regering.

³Ook geschiedde het tot hem in de dagen van Jojakim, zoon van Josia, koning van Juda, totdat voleind werd het elfde jaar van Zedekia, zoon van Josia, koning van Juda; totdatJeruzalem gevankelijk werd weggevoerd in de vijfde maand.

⁴Het woord des HEEREN dan geschiedde tot mij, zeggende:

⁵Eer Ik u in moeders buik formeerde, heb Ik u gekend, en eer gij uit de baarmoeder voortkwaamt, heb Ik u geheiligd; Ik heb u den volken tot een profeet gesteld.

⁶Toen zeide ik: Ach, Heere HEERE! zie, ik kan niet spreken, want ik ben jong.

⁷Maar de HEERE zeide tot mij: Zeg niet: Ik ben jong; want overal, waarhenen Ik u zenden zal, zult gij gaan, en alles, wat Ik u gebieden zal, zult gij spreken.

⁸Vrees niet voor hun aangezicht, want Ik ben met u, om u te redden, spreekt de HEERE.

⁹En de HEERE stak Zijn hand uit, en roerde mijn mond aan; en de HEERE zeide tot mij: Zie, Ik geef Mijn woorden in uw mond.

¹⁰Zie, Ik stel u te dezen dage over de volken en over de koninkrijken, om uit te rukken, en af te breken, en te verderven, en te verstoren; ook om te bouwen en te planten.

¹¹Wijders geschiedde des HEEREN woord tot mij, zeggende: Wat ziet gij, Jeremia? En ik zeide: Ik zie een amandelroede.

¹²En de HEERE zeide tot mij: Gij hebt wel gezien; want Ik zal wakker zijn over Mijn woord, om dat te doen.

¹³En des HEEREN woord geschiedde ten tweeden male tot mij, zeggende: Wat ziet gij? En ik zeide: Ik zie een ziedenden pot, welks voorste deel tegen het noorden is.

¹⁴En de HEERE zeide tot mij: Van het noorden zal zich dit kwaad opdoen over alle inwoners des lands.

¹⁵Want zie, Ik roep alle geslachten der koninkrijken van het noorden, spreekt de HEERE; en zij zullen komen, en zetten een iegelijk zijn troon voor de deur der poorten vanJeruzalem, en tegen al haar muren rondom, en tegen alle steden van Juda.

¹⁶En Ik zal Mijn oordelen tegen hen uitspreken over al hun boosheid; dat zij Mij verlaten hebben, en anderen goden gerookt, en zich gebogen hebben voor de werken hunnerhanden.

¹⁷Gij dan, gord uw lendenen, en maakt u op, en spreek tot hen alles, wat Ik u gebieden zal; wees niet verslagen voor hun aangezicht, opdat Ik u voor hun aangezicht niet versla.

¹⁸Want zie, Ik stel u heden tot een vaste stad, en tot een ijzeren pilaar, en tot koperen muren tegen het ganse land; tegen de koningen van Juda, tegen haar vorsten, tegen haarpriesteren, en tegen het volk van het land.

Hoofdstuk 2

¹En des HEEREN woord geschiedde tot mij, zeggende:

²Ga en roep voor de oren van Jeruzalem, zeggende: Zo zegt de HEERE: Ik gedenk der weldadigheid uwer jeugd, der liefde uwer ondertrouw, toen gij Mij nawandeldet in dewoestijn, in onbezaaid land.

³Israel was den HEERE een heiligheid, de eerstelingen Zijner inkomste; allen, die hem opaten, werden voor schuldig gehouden; kwaad kwam hun over, spreekt de HEERE.

⁴Hoort des HEEREN woord, gij huis van Jakob, en alle geslachten van het huis Israels!

⁵Zo zegt de HEERE: Wat voor onrecht hebben uw vaders aan Mij gevonden, dat zij verre van Mij geweken zijn, en hebben de ijdelheid nagewandeld, en zij zijn ijdel geworden?

⁶En zeiden niet: Waar is de HEERE, Die ons opvoerde uit Egypteland, Die ons leidde in de woestijn, in een land van wildernissen en kuilen, in een land van dorheid en schaduwdes doods, in een land, waar niemand doorging, en waar geen mens woonde?

⁷En Ik bracht u in een vruchtbaar land, om de vrucht van hetzelve en het goede er van te eten; maar toen gij daarin kwaamt, verontreinigdet gij Mijn land, en steldet Mijn erfenis toteen gruwel.

⁸De priesters zeiden niet: Waar is de HEERE? en die de wet handelden, kenden Mij niet; en de herders overtraden tegen Mij; en de profeten profeteerden door Baal, enwandelden naar dingen, die geen nut doen.

⁹Daarom zal Ik nog met ulieden twisten, spreekt de HEERE; ja, met uw kindskinderen zal Ik twisten.

¹⁰Want, gaat over in de eilanden der Chitteers, en ziet toe, en zendt naar Kedar, en merkt er wel op; en ziet, of diesgelijks geschied zij?

¹¹Heeft ook een volk de goden veranderd, hoewel dezelve geen goden zijn? Nochtans heeft Mijn volk zijn Eer veranderd in hetgeen geen nut doet.

¹²Ontzet u hierover, gij hemelen, en zijt verschrikt, wordt zeer woest, spreekt de HEERE.

¹³Want Mijn volk heeft twee boosheden begaan; Mij, den Springader des levenden waters, hebben zij verlaten, om zichzelven bakken uit te houwen, gebroken bakken, die geenwater houden.

¹⁴Is dan Israel een knecht, of is hij een ingeborene des huizes? Waarom is hij dan ten roof geworden?

¹⁵De jonge leeuwen hebben over hem gebruld, zij hebben hun stem verheven; en zij hebben zijn land gezet in verwoesting; zijn steden zijn verbrand, dat er niemand in woont.

¹⁶Ook hebben u de kinderen van Nof en Tachpanhes den schedel afgeweid.

¹⁷Doet gij dit niet zelven, doordien gij den HEERE, uw God, verlaat, ten tijde als Hij u op den weg leidt?

¹⁸En nu, wat hebt gij te doen met den weg van Egypte, om de wateren van Sihor te drinken? En wat hebt gij te doen met den weg van Assur, om de wateren der rivier te drinken?

¹⁹Uw boosheid zal u kastijden, en uw afkeringen zullen u straffen; weet dan en ziet, dat het kwaad en bitter is, dat gij den HEERE, uw God, verlaat, en Mijn vreze niet bij u is, spreektde Heere, de HEERE der heirscharen.

²⁰Als Ik van ouds uw juk verbroken, en uw banden verscheurd had, zo zeidet gij: Ik zal niet dienen; maar op allen hogen heuvel en onder allen groenen boom loopt gij om, hoererende.

²¹Ik had u toch geplant, een edelen wijnstok, een geheel getrouw zaad; hoe zijt gij Mij dan veranderd in verbasterde ranken van een vreemden wijnstok?

²²Want, al wiest gij u met salpeter, en naamt u veel zeep, zo is toch uw ongerechtigheid voor Mijn aangezicht getekend, spreekt de Heere HEERE.

²³Hoe zegt gij: Ik ben niet verontreinigd, ik heb de Baals niet nagewandeld? Zie uw weg in het dal, ken, wat gij gedaan hebt, gij lichte, snelle kemelin, die haar wegen verdraait!

²⁴Zij is een woudezelin, gewend in de woestijn, naar den lust harer ziel schept zij den wind, wie zou haar ontmoeting afkeren? Allen, die haar zoeken, zullen niet moede worden, inhaar maand zullen zij haar vinden.

²⁵Bedwing uw voet van ontschoeiing, en uw keel van dorst; maar gij zegt: Het is buiten hoop; neen, want ik heb de vreemden lief, en die zal ik nawandelen!

²⁶Gelijk een dief beschaamd wordt, wanneer hij gevonden wordt, alzo zijn die van het huis Israels beschaamd; zij, hun koningen, hun vorsten, en hun priesters, en hun profeten;

²⁷Die tot een hout zeggen: Gij zijt mijn vader; en tot een steen: Gij hebt mij gegenereerd; want zij keren Mij den nek toe, en niet het aangezicht; maar ten tijde huns kwaads zeggenzij: Sta op en verlos ons.

²⁸Waar zijn dan uw goden, die gij u gemaakt hebt? Laat ze opstaan, of zij u ten tijde uws kwaads zullen verlossen; want naar het getal uwer steden zijn uw goden, o Juda!

²⁹Waarom twist gij tegen Mij? Gij hebt allen tegen Mij overtreden, spreekt de HEERE.

³⁰Tevergeefs heb Ik uw kinderen geslagen; zij hebben de tucht niet aangenomen; ulieder zwaard heeft uw profeten verteerd, als een verdorven leeuw.

³¹O geslacht, aanmerkt toch gijlieden des HEEREN woord! Ben Ik Israel een woestijn geweest, of een land der uiterste donkerheid? Waarom zegt dan Mijn volk: Wij zijn heren, wijzullen niet meer tot U komen?

³²Vergeet ook een jonkvrouw haar versiersel, of een bruid haar bindselen? Nochtans heeft Mijn volk Mij vergeten, dagen zonder getal.

³³Wat maakt gij uw weg goed, daar gij boelering zoekt? Waarom gij ook de booste hoeren uw wegen geleerd hebt.

³⁴Ja, het bloed van de zielen der onschuldige nooddruftigen is in uw zomen gevonden; Ik heb dat niet met opgraven gevonden, maar aan alle die.

³⁵Nog zegt gij: Zeker, ik ben onschuldig; Zijn toorn is immers van mij afgekeerd. Ziet, Ik zal met u rechten, omdat gij zegt: Ik heb niet

Jeremia

gezondigd.

³⁶Wat reist gij veel uit, veranderende uw weg? Gij zult ook van Egypte beschaamd worden, gelijk als gij van Assur beschaamd zijt.

³⁷Gij zult ook van hier uitgaan met uw handen op uw hoofd; want de HEERE heeft al uw vertrouwen verworpen, zodat gij daarmede niet zult gedijen.

Hoofdstuk 3

¹Men zegt: Zo een man zijn huisvrouw verlaat, en zij gaat van hem, en wordt eens anderen mans, zal hij ook tot haar nog wederkeren? Zou datzelve land niet grotelijks ontheiligdworden? Gij nu hebt met veel boeleerders gehoereerd, keer nochtans weder tot Mij, spreekt de HEERE.

²Hef uw ogen op naar de hoge plaatsen, en zie toe, waar zijt gij niet beslapen? Gij hebt voor hen gezeten aan de wegen, als een Arabier in de woestijn; alzo hebt gij het landontheiligd met uw hoererijen en met uw boosheid.

³Daarom zijn de regendruppelen ingehouden, en er is geen spade regen geweest. Maar gij hebt een hoerenvoorhoofd, gij weigert schaamrood te worden.

⁴Zult gij niet van nu af tot Mij roepen: Mijn Vader! Gij zijt de leidsman mijner jeugd!

⁵Zal Hij in eeuwigheid den toorn behouden? Zal Hij dien gestadig bewaren? Zie, gij spreekt en doet die boosheden, en neemt de overhand.

⁶Voorts zeide de HEERE tot mij, in de dagen van den koning Josia: Hebt gij gezien, wat de afgekeerde Israel gedaan heeft? Zij ging henen op allen hogen berg, en tot onder allengroenen boom, en hoereerde aldaar.

⁷En Ik zeide, nadat zij zulks alles gedaan had: Bekeer u tot Mij; maar zij bekeerde zich niet. Dit zag de trouweloze, haar zuster Juda.

⁸En Ik zag, als Ik ter oorzake van alles, waarin de afgekeerde Israel overspel bedreven had, haar verlaten, en haar haar scheidsbrief gegeven had, dat de trouweloze, haar zusterJuda, niet vreesde, maar ging henen, en hoereerde zelve ook.

⁹Ja, het geschiedde, vanwege het gerucht harer hoererij, dat zij het land ontheiligde; want zij bedreef overspel met steen en met hout.

¹⁰En zelfs in dit alles heeft zich haar trouweloze zuster Juda tot Mij niet bekeerd met haar ganse hart, maar valselijk, spreekt de HEERE.

¹¹Dies de HEERE tot mij zeide: De afgekeerde Israel heeft haar ziel gerechtvaardigd, meer dan de trouweloze Juda.

¹²Gij henen, en roep deze woorden uit tegen het noorden, en zeg: Bekeer u, gij afgekeerde Israel! spreekt de HEERE, zo zal Ik Mijn toorn op ulieden niet doen vallen; want Ik bengoedertieren, spreekt de HEERE. Ik zal den toorn niet in eeuwigheid behouden.

¹³Alleen ken uw ongerechtigheid, dat gij tegen den HEERE, uw God, hebt overtreden, en uw wegen verstrooid hebt tot de vreemden, onder allen groenen boom, maar gij zijtMijner stem niet gehoorzaam geweest, spreekt de HEERE.

¹⁴Bekeert u, gij afkerige kinderen! spreekt de HEERE, want Ik heb u getrouwd, en Ik zal u aannemen, een uit een stad, en twee uit een geslacht, en zal u brengen te Sion.

¹⁵En Ik zal ulieden herders geven naar Mijn hart; die zullen u weiden met wetenschap en verstand.

¹⁶En het zal geschieden, wanneer gij vermenigvuldigd en vruchtbaar zult geworden zijn in het land, in die dagen, spreekt de HEERE, zullen zij niet meer zeggen: De ark desverbonds des HEEREN, ook zal zij in het hart niet opkomen; en zij zullen aan haar niet gedenken, en haar niet bezoeken, en zij zal niet weder gemaakt worden.

¹⁷Te dier tijd zullen zij Jeruzalem noemen, des HEEREN troon; en al de heidenen zullen tot haar vergaderd worden, om des HEEREN Naams wil, te Jeruzalem; en zij zullen nietmeer wandelen naar het goeddunken van hun boos hart.

¹⁸In die dagen zal het huis van Juda gaan tot het huis van Israel; en zij zullen te zamen komen uit het land van het noorden, in het land, dat Ik uw vaderen ten erve gegeven heb.

¹⁹Ik zeide wel: Hoe zal Ik u onder de kinderen zetten, en u geven het gewenste land, de sierlijke erfenis van de heirscharen der heidenen? Maar Ik zeide: Gij zult tot Mij roepen:Mijn Vader! en gij zult van achter Mij niet afkeren.

²⁰Waarlijk, gelijk een vrouw trouwelooslijk scheidt van haar vriend, alzo hebt gijlieden trouwelooslijk tegen Mij gehandeld, gij huis Israels! spreekt de HEERE.

²¹Er is een stem gehoord op de hoge plaatsen, een geween en smekingen der kinderen Israels, omdat zij hun weg verkeerd, en den HEERE, hun God, vergeten hebben.

²²Keert weder, gij afkerige kinderen! Ik zal uw afkeringen

genezen. Zie, hier zijn wij, wij komen tot U, want Gij zijt de HEERE, onze God!

²³Waarlijk, tevergeefs verwacht men het van de heuvelen en de menigte der bergen; waarlijk, in den HEERE, onzen God, is Israels heil!

²⁴Want de schaamte heeft den arbeid onzer vaderen opgegeten, van onze jeugd aan; hun schapen en hun runderen, hun zonen en hun dochteren.

²⁵Wij liggen in onze schaamte, en onze schande overdekt ons, want wij hebben tegen den HEERE, onzen God, gezondigd, wij en onze vaderen, van onze jeugd aan tot op dezendag; en wij zijn der stem des HEEREN, onzes Gods, niet gehoorzaam geweest.

Hoofdstuk 4

¹Zo gij u bekeren zult, Israel! spreekt de HEERE, bekeer u tot Mij; en zo gij uw verfoeiselen van Mijn aangezicht zult wegdoen, zo zwerft niet om.

²Maar zweer: Zo waarachtig als de HEERE leeft! in waarheid, in recht en in gerechtigheid; zo zullen zich de heidenen in Hem zegenen, en zich in Hem beroemen.

³Want zo zegt de HEERE tot de mannen van Juda, en tot Jeruzalem: Braakt ulieden een braakland, en zaait niet onder de doornen.

⁴Besnijdt u den HEERE en doet weg de voorhuiden uwer harten, gij mannen van Juda en inwoners van Jeruzalem! opdat Mijner grimmigheid niet uitvare als een vuur, en brande, dat niemand blussen kunne, vanwege de boosheid uwer handelingen.

⁵Verkondigt in Juda, en laat het horen te Jeruzalem, en zegt het; ja, blaast de bazuin in het land; roept met volle stem en zegt: Verzamelt ulieden, en laat ons ingaan in de vastesteden!

⁶Werpt de banier op naar Sion, vlucht met hopen, blijft niet staan! want Ik breng een kwaad aan van het noorden, en een grote breuk.

⁷De leeuw is opgekomen uit zijn haag, en de verderver der heidenen is opgetrokken, hij is uitgegaan uit zijn plaats, om uw land te stellen in verwoestingen; uw steden zullenverstoord worden, dat er niemand in wone.

⁸Hierom, gordt zakken aan, bedrijft misbaar en huilt; want de hittigheid van des HEEREN toorn is niet van ons afgekeerd.

⁹En het zal te dier tijd geschieden, spreekt de HEERE, dat het hart des konings en het hart der vorsten vergaan zal; en de priesters zullen zich ontzetten, en de profeten zichverwonderen.

¹⁰Toen zeide ik: Ach, Heere HEERE! waarlijk, Gij hebt dit volk en Jeruzalem grotelijks bedrogen, zeggende: Gijlieden zult vrede hebben; daar het zwaard tot aan de ziel raakt.

¹¹Te dier tijd zal tot dit volk en tot Jeruzalem gezegd worden: Een dorre wind van de hoge plaatsen in de woestijn, van den weg der dochter Mijns volks; niet om te wannen, nochom te zuiveren.

¹²Er zal Mij een wind komen, die hun te sterk zal zijn. Nu zal Ik ook oordelen tegen hen uitspreken.

¹³Ziet, hij komt op als wolken, en zijn wagenen zijn als een wervelwind, zijn paarden zijn sneller dan arenden; wee ons, want wij zijn verwoest!

¹⁴Was uw hart van boosheid, o Jeruzalem! opdat gij behouden wordt; hoe lang zult gij de gedachten uwer ijdelheid in het binnenste van u laten vernachten?

¹⁵Want een stem verkondigt van Dan af, en doet ellende horen van het gebergte van Efraim.

¹⁶Vermeldt den volke, ziet, doet het horen tegen Jeruzalem; daar komen hoeders uit verren lande; en zij verheffen hun stem tegen de steden van Juda.

¹⁷Als de wachters der velden zijn zij rondom tegen haar; omdat zij tegen Mij wederspannig geweest is, spreekt de HEERE.

¹⁸Uw weg en uw handelingen hebben u deze dingen gedaan; dit is uw boosheid, dat het zo bitter is, dat het tot aan uw hart raakt.

¹⁹O mijn ingewand, mijn ingewand! ik heb barenswee, o wanden mijns harten! mijn hart maakt getier in mij, ik kan niet zwijgen; want gij, mijn ziel! hoort het geluid der bazuin enhet krijgsgeschrei.

²⁰Breuk op breuk wordt er uitgeroepen; want het ganse land is verstoord; haastelijk zijn mijn tenten verstoord, mijn gordijnen in een ogenblik!

²¹Hoe lang zal ik de banier zien, het geluid der bazuin horen?

²²Zekerlijk, Mijn volk is dwaas, Mij kennen zij niet; het zijn zotte kinderen, en zij zijn niet verstandig; wijs zijn zij om kwaad te doen, maar goed te doen weten zij niet.

²³Ik zag het land aan, en ziet, het was woest en ledig; ook naar den hemel, en zijn licht was er niet.

²⁴Ik zag de bergen aan, en ziet, zij beefden; en al de heuvelen schudden.

²⁵Ik zag, en ziet, er was geen mens; en alle vogelen des hemels waren weggevlogen.

²⁶Ik zag, en ziet, het vruchtbare land was een woestijn, en al zijn steden waren afgebroken, vanwege den HEERE, vanwege de hittigheid Zijns toorns.

²⁷Want zo zegt de HEERE: Dit ganse land zal een woestijn zijn (doch Ik zal geen voleinding maken);

²⁸Hierom zal de aarde treuren, en de hemel daarboven zwart zijn; omdat Ik het heb gesproken, Ik heb het voorgenomen en het zal Mij niet rouwen, en Ik zal Mij daarvan niet afkeren.

²⁹Van het geroep der ruiteren en boogschutters vluchten al de steden; zij gaan in de wolken, en klimmen op de rotsen; al de steden zijn verlaten, zodat niemand in dezelve woont.

³⁰Wat zult gij dan doen, gij verwoeste? Al kleeddet gij u met scharlaken, al versierdet gij u met gouden sieraad, al schuurdet gij uw ogen met blanketsel, zo zoudt gij u tochtevergeefs oppronken; de boelen versmaden u, zij zullen uw ziel zoeken.

³¹Want ik hoor een stem als van een vrouw, die in arbeid is, een benauwdheid als van een, die in des eerstens kinds nood is, de stem van de dochter Sions; zij hijgt, zij breidt haar handen uit, zeggende: O, wee mij nu, want mijn ziel is moede vanwege de doodslagers!

Hoofdstuk 5

¹Gaat om door de wijken van Jeruzalem, en ziet nu toe, en verneemt, en zoekt op haar straten, of gij iemand vindt, of er een is, die recht doet, die waarheid zoekt, zo zal Ik haar genadig zijn.

²En of zij al zeggen: Zo waarachtig als de HEERE leeft! zo zweren zij toch valselijk.

³O HEERE! zien Uw ogen niet naar waarheid? Gij hebt hen geslagen, maar zij hebben geen pijn gevoeld; Gij hebt hen verteerd, maar zij hebben geweigerd de tucht aan te nemen; zij hebben hun aangezichten harder gemaakt dan een steenrots, zij hebben geweigerd zich te bekeren.

⁴Doch ik zeide: Zekerlijk, deze zijn arm; zij handelen zottelijk, omdat zij den weg des HEEREN, het recht hun Gods niet weten.

⁵Ik zal gaan tot de groten, en met hen spreken, want die weten den weg des HEEREN, het recht huns Gods; maar zij hadden te zamen het juk verbroken, en de banden verscheurd.

⁶Daarom heeft hen een leeuw uit het woud verslagen, een wolf der wildernissen zal hen verwoesten; een luipaard waakt tegen hun steden; al wie uit dezelve uitgaat, zal verscheurd worden; want hun overtredingen zijn vermenigvuldigd, hun afkeringen zijn machtig veel geworden.

⁷Hoe zou Ik over zulks u vergeven? Uw kinderen verlaten Mij, en zweren bij hen, die geen God zijn; als Ik hen verzadigd heb, zo bedrijven zij overspel, en verzamelen bij hopen in het hoerenhuis.

⁸Als welgevoederde hengsten zijn zij vroeg op; zij hunkeren een iegelijk naar zijns naasten huisvrouw.

⁹Zou Ik over die dingen geen bezoeking doen? spreekt de HEERE. Of zou Mijn ziel zich niet wreken aan zulk een volk, als dit is?

¹⁰Beklimt haar muren, en verderft ze (doch maakt geen voleinding); doet haar spitsen weg, want zij zijn des HEEREN niet.

¹¹Want het huis van Israel en het huis van Juda hebben gans trouwelooslijk tegen Mij gehandeld, spreekt de HEERE.

¹²Zij verloochenen den HEERE, en zeggen: Hij is het niet, en ons zal geen kwaad overkomen, wij zullen noch zwaard noch honger zien.

¹³Ja, die profeten zullen tot wind worden, want het woord is niet bij hen; hun zelven zal zo geschieden.

¹⁴Daarom zegt de HEERE, de God der heirscharen, alzo, omdat gijlieden dit woord spreekt: Ziet, Ik zal Mijn woorden in uw mond tot vuur maken, en dit volk tot hout, en het zal hen verteren.

¹⁵Ziet, Ik zal over ulieden een volk van verre brengen, o huis Israels! spreekt de HEERE; het is een sterk volk, het is een zeer oud volk, een volk, welks spraak gij niet zult kennen, en niet horen, wat het spreken zal.

¹⁶Zijn pijlkoker is als een open graf; zij zijn altemaal helden.

¹⁷En het zal uw oogst en uw brood opeten, dat uw zonen en uw dochteren zouden eten; het zal uw schapen en uw runderen opeten; het zal uw wijnstok en uw vijgeboom opeten; uw vaste steden, op dewelke gij vertrouwt, zal het arm maken, door het zwaard.

¹⁸Nochtans zal Ik ook in die dagen, spreekt de HEERE, geen voleinding met ulieden maken.

¹⁹En het zal geschieden, wanneer gij zult zeggen: Waarom heeft ons de HEERE, onze God, al deze dingen gedaan? dat gij tot hen zeggen zult: Gelijk als gijlieden Mij hebt verlaten, en vreemde goden in uw land gediend, alzo zult gij de uitlandse dienen, in een land, dat het uwe niet is.

²⁰Verkondigt dit in het huis van Jakob, en laat het horen in Juda, zeggende:

²¹Hoort nu dit, gij dwaas en harteloos volk! die ogen hebben, maar zien niet, die oren hebben, maar horen niet.

²²Zult gijlieden Mij niet vrezen? spreekt de HEERE; zult gij voor Mijn aangezicht niet beven? Die der zee het zand tot een paal gesteld heb, met een eeuwige inzetting, dat zij daarover niet zal gaan; ofschoon haar golven zich bewegen, zo zullen zij toch niet vermogen, ofschoon zij bruisen, zo zullen zij toch daarover niet gaan.

²³Maar dit volk heeft een afvallig en wederspannig hart; zij zijn afgevallen en heengegaan;

²⁴En zij zeggen niet in hun hart: Laat ons nu den HEERE, onzen God, vrezen, Die den regen geeft, zo vroegen regen als spaden regen, op Zijn tijd; Die ons de weken, de gezette tijden van den oogst, bewaart.

²⁵Uw ongerechtigheden wenden die dingen af, en uw zonden weren dat goede van ulieden.

²⁶Want onder Mijn volk worden goddelozen gevonden; een ieder van hen loert, gelijk zich de vogelvangers schikken; zij zetten een verderfelijken strik, zij vangen de mensen.

²⁷Gelijk een kouw vol is van gevogelte, alzo zijn hun huizen vol van bedrog; daarom zijn zij groot en rijk geworden.

²⁸Zij zijn vet, zij zijn glad, zelfs de daden der bozen gaan zij te boven; de rechtzaak richten zij niet, zelfs de rechtzaak des wezen, nochtans zijn zij voorspoedig; ook oordelen zij het recht der nooddruftigen niet.

²⁹Zou Ik over die dingen geen bezoeking doen? spreekt de HEERE; zou Mijn ziel zich niet wreken aan zulk een volk als dit is?

³⁰Een schrikkelijke en afschuwelijke zaak geschiedt er in het land.

³¹De profeten profeteren valselijk, en de priesters heersen door hun handen; en Mijn volk heeft het gaarne alzo; maar wat zult gij ten einde van dien maken?

Hoofdstuk 6

¹Vlucht met hopen, gij kinderen van Benjamin! uit het midden van Jeruzalem, en blaast de bazuin te Thekoa, en heft een vuurteken op te Beth-Cherem; want er kijkt een kwaad uit van het noorden, en een grote breuk.

²Ik heb wel de dochter Sions bij een schone en wellustige vrouw vergeleken.

³Maar er zullen herders tot haar komen met hun kudden; zij zullen tenten rondom tegen haar opslaan; zij zullen een iegelijk zijn ruimte afweiden.

⁴Heiligt den krijg tegen haar, maakt u op, en laat ons optrekken op den middag; o, wee ons! want de dag heeft zich gewend, want de avondschaduwen neigen zich.

⁵Maakt u op, en laat ons optrekken in den nacht, en haar paleizen verderven!

⁶Want zo zegt de HEERE der heirscharen: Houwt bomen af, en werpt een wal op tegen Jeruzalem; zij is de stad, die bezocht zal worden; in het midden van haar is enkel verdrukking.

⁷Gelijk een bornput zijn water opgeeft, alzo geeft zij haar boosheid op; geweld en verstoring wordt in haar gehoord, weedom en plaging is steeds voor Mijn aangezicht.

⁸Laat u tuchtigen, Jeruzalem! opdat Mijn ziel niet van u afgetrokken worde, opdat Ik u niet stelle tot een woestheid, tot een onbewoond land.

⁹Zo zegt de HEERE der heirscharen: Zij zullen Israels overblijfsel vlijtiglijk nalezen, gelijk een wijnstok; breng uw hand weder, gelijk een wijnlezer, aan de korven.

¹⁰Tot wie zal ik spreken en betuigen, dat zij het horen? Ziet, hun oor is onbesneden, dat zij niet kunnen toeluisteren; ziet, het woord des HEEREN is hun tot een smaad, zij hebben geen lust daartoe.

¹¹Daarom ben ik vol van des HEEREN grimmigheid, ik ben moede geworden van inhouden; ik zal ze uitstorten over de kinderkens op de straat, en over de vergadering der jongelingen te zamen; want zelfs de man met de vrouw zullen gevangen worden, de oude met dien, die vol is van dagen.

¹²En hun huizen zullen omgewend worden tot anderen, met te zamen de akkers en vrouwen; want Ik zal Mijn hand uitstrekken tegen de inwoners dezes lands, spreekt de HEERE.

¹³Want van hun kleinste aan tot hun grootste toe pleegt een ieder van hen gierigheid, en van den profeet aan tot den priester toe bedrijft een ieder van hen valsheid.

¹⁴En zij genezen de breuk van de dochter Mijns volks op het lichtste, zeggende: Vrede, vrede! doch daar is geen vrede.

¹⁵Zijn zij beschaamd, omdat zij gruwel bedreven hebben? Ja, zij schamen zich in het minste niet, weten ook niet van schaamrood te

Jeremia

maken; daarom zullen zij vallen onder devallenden, ten tijde als Ik hen bezoeken zal, zullen zij struikelen, zegt de HEERE.

¹⁶Zo zegt de HEERE: Staat op de wegen, en ziet toe, en vraagt naar de oude paden, waar toch de goede weg zij, en wandelt daarin; zo zult gij rust vinden voor uw ziel; maar zijzeggen: Wij zullen daarin niet wandelen.

¹⁷Ik heb ook wachters over ulieden gesteld, zeggende: Luistert naar het geluid der bazuin; maar zij zeggen: Wij zullen niet luisteren.

¹⁸Daarom hoort, gij heidenen! en verneem, o gij vergadering! wat onder hen is.

¹⁹Hoor toe, gij aarde! Zie, Ik zal een kwaad brengen over dit volk, de vrucht hunner gedachten; want zij merken niet op Mijn woorden, en Mijn wet verwerpen zij.

²⁰Waartoe zal dan de wierook voor Mij uit Scheba komen, en de beste kalmus uit verren lande? Uw brandofferen zijn Mij niet behagelijk, en uw slachtofferen zijn Mij niet zoet.

²¹Daarom zegt de HEERE alzo: Ziet, Ik zal dit volk allerlei aanstoot stellen; en daaraan zullen zich stoten te zamen vaders en kinderen, de nabuur en zijn metgezel, en zullenomkomen.

²²Zo zegt de HEERE: Ziet, er komt een volk uit het land van het noorden, en een grote natie zal opgewekt worden uit de zijden der aarde.

²³Boog en spies zullen zij voeren, het is een wreed volk, en zij zullen niet barmhartig zijn; hun stem zal bruisen als de zee, en op paarden zullen zij rijden; het is toegerust, als eenman ten oorlog tegen u, o dochter van Sion!

²⁴Wij hebben zijn gerucht gehoord, onze handen zijn slap geworden; benauwdheid heeft ons aangegrepen, weedom als van een barende vrouw.

²⁵Gaat niet uit in het veld, noch wandelt op den weg; want des vijands zwaard is er, schrik van rondom!

²⁶O dochter Mijns volks! gord een zak aan, en wentel u in de as, maak u rouw eens enigen zoons, een zeer bitter misbaar; want de verstoorder zal ons snellijk overkomen.

²⁷Ik heb u onder Mijn volk gesteld, tot een wachttoren, tot een vesting; opdat gij hun weg zoudt weten en proeven.

²⁸Zij zijn allen de afvalligsten der afvalligen, wandelende in achterklap; zij zijn koper en ijzer; zij zijn altemaal verdervers.

²⁹De blaasbalg is verbrand, het lood is van het vuur verteerd; te vergeefs heeft de smelter zo vlijtiglijk gesmolten, dewijl de bozen niet afgetrokken zijn.

³⁰Men noemt ze een verworpen zilver; want de HEERE heeft hen verworpen.

Hoofdstuk 7

¹Het woord, dat tot Jeremia geschied is, van den HEERE, zeggende:

²Sta in de poort van des HEEREN huis, en roep aldaar dit woord uit, en zeg: Hoort des HEEREN woord, o gans Juda! gij, die door deze poorten ingaat, om den HEERE aan tebidden.

³Zo zegt de HEERE der heirscharen, de God Israels: Maakt uw wegen en uw handelingen goed, zo zal Ik ulieden doen wonen in deze plaats.

⁴Vertrouwt niet op valse woorden, zeggende: Des HEEREN tempel, des HEEREN tempel, des HEEREN tempel, zijn deze!

⁵Maar indien gij uw wegen en uw handelingen waarlijk zult goed maken; indien gij waarlijk zult recht doen tussen den man en tussen zijn naaste;

⁶De vreemdeling, wees en weduwe niet zult verdrukken, en geen onschuldig bloed in deze plaats vergieten; en andere goden niet zult nawandelen, ulieden ten kwade;

⁷Zo zal Ik u in deze plaats, in het land, dat Ik uw vaderen gegeven heb, doen wonen van eeuw tot eeuw.

⁸Ziet, gij vertrouwt u op valse woorden, die geen nut doen.

⁹Zult gij stelen, doodslaan en overspel bedrijven, en valselijk zweren, en Baal roken, en andere goden nawandelen, die gij niet kent?

¹⁰En dan komen en staan voor Mijn aangezicht in dit huis, dat naar Mijn Naam genoemd is, en zeggen: Wij zijn verlost, om al deze gruwelen te doen?

¹¹Is dan dit huis, dat naar Mijn Naam genoemd is, in uw ogen een spelonk der moordenaren? Ziet, Ik heb het ook gezien, spreekt de HEERE.

¹²Want gaat nu henen naar Mijn plaats, die te Silo was, alwaar Ik Mijn Naam in het eerst had doen wonen; en ziet, wat Ik daaraan gedaan heb vanwege de boosheid van Mijn volkIsrael.

¹³En nu, omdat gijlieden al deze werken doet, spreekt de HEERE, en Ik tot u gesproken heb, vroeg op zijnde en sprekende, maar gij niet gehoord hebt, en Ik u geroepen, maar gijniet geantwoord hebt;

¹⁴Zo zal Ik aan dit huis, dat naar Mijn Naam genoemd is, waarop gij vertrouwt, en aan deze plaats, die Ik u en uw vaderen gegeven heb, doen, gelijk als Ik aan Silo gedaan heb.

¹⁵En Ik zal ulieden van Mijn aangezicht wegwerpen, gelijk als Ik al uw broederen, het ganse zaad van Efraim, weggeworpen heb.

¹⁶Gij dan, bid niet voor dit volk, en hef geen geschrei noch gebed voor hen op, en loop Mij niet aan; want Ik zal u niet horen.

¹⁷Ziet gij niet, wat zij doen in de steden van Juda, en op de straten van Jeruzalem?

¹⁸De kinderen lezen hout op, en de vaders steken het vuur aan, en de vrouwen kneden het deeg, om gebeelde koeken te maken voor de Melecheth des hemels, en anderengoden drankofferen te offeren, om Mij verdriet aan te doen.

¹⁹Doen zij Mij verdriet aan? spreekt de HEERE. Doen zij het zichzelven niet aan, tot beschaming huns aangezichts?

²⁰Daarom zegt de Heere HEERE alzo: Ziet, Mijn toorn en Mijn grimmigheid zal uitgestort worden over deze plaats, over de mensen en over de beesten, en over het geboomte desvelds, en over de vrucht des aardrijks; en zal branden, en niet uitgeblust worden.

²¹Zo zegt de HEERE der heirscharen, de God Israels: Doet uw brandofferen tot uw slachtofferen, en eet vlees.

²²Want Ik heb met uw vaderen, ten dage als Ik hen uit Egypteland uitvoerde, niet gesproken, noch hun geboden van zaken des brandoffers of slachtoffers.

²³Maar deze zaak heb Ik hun geboden, zeggende: Hoort naar Mijn stem, zo zal Ik u tot een God zijn, en gij zult Mij tot een volk zijn; en wandelt in al den weg, dien Ik u gebieden zal, opdat het u welga.

²⁴Doch zij hebben niet gehoord, noch hun oor geneigd, maar gewandeld in de raadslagen, in het goeddunken van hun boos hart; en zij zijn achterwaarts gekeerd, en nietvoorwaarts.

²⁵Van dien dag af, dat uw vaders uit Egypteland zijn uitgegaan, tot op dezen dag, zo heb Ik tot u gezonden al Mijn knechten, de profeten, dagelijks vroeg op zijnde en zendende.

²⁶Doch zij hebben naar Mij niet gehoord, noch hun oor geneigd; maar zij hebben hun nek verhard, zij hebben het erger gemaakt dan hun vaders.

²⁷Ook zult gij al deze woorden tot hen spreken, maar zij zullen naar u niet horen; gij zult wel tot hen roepen, maar zij zullen u niet antwoorden.

²⁸Daarom zeg tot hen: Dit is het volk, dat naar de stem des HEEREN, zijns Gods, niet hoort, en de tucht niet aanneemt; de waarheid is ondergegaan, en uitgeroeid van hun mond.

²⁹Scheer uw hoofdhaar af, o Jeruzalem! en werp het weg, en verhef een weeklacht op de hoge plaatsen; want de HEERE heeft het geslacht Zijner verbolgenheid verworpen enverlaten.

³⁰Want de kinderen van Juda hebben gedaan, dat kwaad is in Mijn ogen, spreekt de HEERE; zij hebben hun verfoeiselen gesteld in het huis, dat naar Mijn Naam genoemd is, omdat te verontreinigen.

³¹En zij hebben gebouwd de hoogten van Tofeth, dat in het dal des zoons van Hinnom is, om hun zonen en hun dochteren met vuur te verbranden; hetwelk Ik niet heb geboden, noch in Mijn hart is opgekomen.

³²Daarom ziet, de dagen komen, spreekt de HEERE, dat het niet meer zal geheten worden Tofeth, noch dal des zoons van Hinnom, maar moorddal; en zij zullen ze in Tofethbegraven, omdat er geen plaats zal zijn.

³³En de dode lichamen dezes volks zullen het gevogelte des hemels, en het gedierte der aarde tot spijze zijn, en niemand zal ze afschrikken.

³⁴En Ik zal uit de steden van Juda en uit de straten van Jeruzalem doen ophouden de stem der vrolijkheid en de stem der vreugde, de stem des bruidegoms en de stem der bruid;want het land zal tot een verwoesting worden.

Hoofdstuk 8

¹Ter zelfder tijd, spreekt de HEERE, zullen zij de beenderen der koningen van Juda, en de beenderen hunner vorsten, en de beenderen der priesteren, en de beenderen derprofeten, en de beenderen der inwoners van Jeruzalem, uit hun graven uithalen.

²En zij zullen ze uitspreiden voor de zon, en voor de maan, en voor het ganse heir des hemels, die zij liefgehad, en die zij gediend, en die zij nagewandeld, en die zij gezochthebben, en voor dewelke zij zich nedergebogen hebben; zij zullen niet verzameld noch begraven worden; tot mest op den aardbodem zullen zij zijn.

³En de dood zal voor het leven verkoren worden, bij het ganse overblijfsel der overgebleven uit dit boze geslacht, in al de plaatsen der overgebleven, waar Ik henhenengedreven zal hebben, spreekt de

HEERE der heirscharen.

⁴Zeg wijders tot hen: Zo zegt de HEERE: Zal men vallen, en niet weder opstaan? Zal men afkeren, en niet wederkeren?

⁵Waarom keert dan dit volk te Jeruzalem af met een altoosdurende afkering? Zij houden vast aan bedrog, zij weigeren weder te keren.

⁶Ik heb geluisterd en toegehoord, zij spreken dat niet recht is, er is niemand, die berouw heeft over zijn boosheid, zeggende: Wat heb ik gedaan? Een ieder keert zich om in zijn loop, gelijk een onbesuisd paard in den strijd.

⁷Zelfs een ooievaar aan den hemel weet zijn gezette tijden, en een tortelduif, en kraan, en zwaluw, nemen den tijd hunner aankomst waar; maar Mijn volk weet het recht des HEEREN niet.

⁸Hoe zegt gij dan: Wij zijn wijs en de wet des HEEREN is bij ons! Ziet, waarlijk tevergeefs werkt de valse pen der schriftgeleerden.

⁹De wijzen zijn beschaamd, verschrikt en gevangen; ziet, zij hebben des HEEREN woord verworpen, wat wijsheid zouden zij dan hebben?

¹⁰Daarom zal Ik hun vrouwen aan anderen geven, hun akkers aan andere bezitters; want van den kleinste aan tot den grootste toe pleegt een ieder van hen gierigheid; van den profeet aan tot den priester toe bedrijft een ieder van hen valsheid.

¹¹En zij genezen de breuk van de dochter Mijns volks op het lichtste, zeggende: Vrede, vrede! doch daar is geen vrede.

¹²Zijn zij beschaamd, omdat zij gruwel bedreven hebben? Ja, zij schamen zich in het minste niet, en weten niet schaamrood te worden; daarom zullen zij vallen onder de vallenden; ten tijde hunner bezoeking zullen zij struikelen, zegt de HEERE.

¹³Ik zal hen voorzeker wegrapen, spreekt de HEERE; er zijn geen druiven aan den wijnstok, en geen vijgen aan den vijgeboom, ja, het blad is afgevallen; en de geboden, die Ik hun gegeven heb, die overtreden zij.

¹⁴Waarom blijven wij zitten? Verzamelt u, en laat ons ingaan in de vaste steden, en aldaar stilzwijgen; immers heeft ons de HEERE, onze God, doen stilzwijgen, en ons met gallewater gedrenkt, omdat wij tegen den HEERE gezondigd hebben.

¹⁵Men wacht naar vrede, maar er is niets goeds, naar tijd van genezing, maar ziet, er is verschrikking.

¹⁶Van Dan af wordt het gesnuif zijner paarden gehoord; het ganse land beeft van het geluid der briesingen zijner sterken; en zij komen daarhenen, dat zij het land opeten en diens volheid, de stad en die daarin wonen.

¹⁷Want ziet, Ik zend slangen, basilisken onder ulieden, tegen dewelke geen bezwering is; die zullen u bijten, spreekt de HEERE.

¹⁸Mijn verkwikking is in droefenis; mijn hart is flauw in mij.

¹⁹Ziet, de stem van het geschrei der dochteren mijns volks is uit zeer verren lande: Is dan de HEERE niet te Sion, is haar koning niet bij haar? Waarom hebben zij Mij vertoornd met hun gesneden beelden, met ijdelheden der vreemden?

²⁰De oogst is voorbijgaande, de zomer is ten einde; nog zijn wij niet verlost.

²¹Ik ben gebroken vanwege de breuk der dochter mijns volks; ik ga in het zwart, ontzetting heeft mij aangegrepen.

²²Is er geen balsem in Gilead? Is er geen heelmeester aldaar? Want waarom is de gezondheid der dochter mijns volks niet gerezen?

Hoofdstuk 9

¹Och, dat mijn hoofd water ware, en mijn oog een springader van tranen! zo zou ik dag en nacht bewenen de verslagenen van de dochter mijns volks.

²Och, dat ik in de woestijn een herberg der wandelaars had, zo zou ik mijn volk verlaten, en van hen trekken; want zij zijn allen overspelers, een trouweloze hoop.

³En zij spannen hun tong als hun boog tot leugen; zij worden geweldig in het land, doch niet tot waarheid; want zij gaan voort van boosheid tot boosheid, maar Mij kennen zij niet, spreekt de HEERE.

⁴Wacht u, een iegelijk van zijn vriend, en vertrouwt niet op enigen broeder; want elk broeder doet niet dan bedriegen, en elk vriend wandelt in achterklap.

⁵En zij handelen bedriegelijk, een ieder met zijn vriend, en spreken de waarheid niet; zij leren hun tong leugen spreken, zij maken zich moede met verkeerdelijk te handelen.

⁶Uw woning is in het midden van bedrog; door bedrog weigeren zij Mij te kennen, spreekt de HEERE.

⁷Daarom zegt de HEERE der heirscharen alzo: Ziet, Ik zal hen smelten en zal hen beproeven; want hoe zou Ik anders doen ten aanzien der dochter Mijns volks?

⁸Hun tong is een moordpijl, zij spreekt bedrog; een ieder spreekt met zijn naaste van vrede met zijn mond, maar in zijn binnenste legt hij lagen.

⁹Zou Ik hen om deze dingen niet bezoeken? spreekt de HEERE; zou Mijn ziel zich niet wreken aan zulk een volk, als dit is?

¹⁰Ik zal een geween en een weeklage opheffen over de bergen, en een klaaglied over de herdershutten der woestijn; want zij zijn afgebrand, dat er niemand doorgaat, en men hoort er geen stem van vee; van de vogelen des hemels aan tot de beesten toe zijn zij weggezworven, doorgegaan!

¹¹En Ik zal Jeruzalem stellen tot steen hopen, tot een woning der draken; en de steden van Juda zal Ik stellen tot een verwoesting, zonder inwoner.

¹²Wie is de wijze man, die dit versta? En tot wien heeft de mond des HEEREN gesproken, dat hij het verkondige, waarom het land vergaan en afgebrand zij als een woestijn, dat er niemand doorgaat?

¹³En de HEERE zeide: Omdat zij Mijn wet, die Ik voor hun aangezicht gegeven had, verlaten hebben, en naar Mijn stem niet gehoord, noch daarnaar gewandeld hebben;

¹⁴Maar hebben gewandeld naar het goeddunken huns harten, en naar de Baäls, hetwelk hun vaders hun geleerd hadden.

¹⁵Daarom zegt de HEERE der heirscharen, de God Israëls, alzo: Ziet, Ik zal dit volk spijzen met alsem, en Ik zal hen drenken met gallewater;

¹⁶En Ik zal hen verstrooien onder de heidenen, die zij niet gekend hebben, zij noch hun vaders; en Ik zal het zwaard achter hen zenden, totdat Ik hen verteerd zal hebben.

¹⁷Zo zegt de HEERE der heirscharen: Merkt daarop, en roept klaagvrouwen, dat zij komen; en zendt henen naar de wijze vrouwen, dat zij komen.

¹⁸En haasten, en een weeklage over ons opheffen, dat onze ogen van tranen nederdalen, en onze oogleden van water vlieten.

¹⁹Want er is een stem van weeklage gehoord uit Sion: Hoe zijn wij verstoord! wij zijn zeer beschaamd, omdat wij het land hebben verlaten, omdat zij onze woningen hebben omgeworpen.

²⁰Hoort dan des HEEREN woord, gij vrouwen! en uw oor ontvange het woord Zijns monds, en leert uw dochters weeklagen, en elke een haar metgezellin klaagliederen.

²¹Want de dood is geklommen in onze vensteren, hij is in onze paleizen gekomen, om de kinderkens uit te roeien van de wijken, de jongelingen van de straten.

²²Spreek: Zo spreekt de HEERE: Ja, een dood lichaam des mensen zal liggen, als mest op het open veld, en als een garve achter den maaier, die niemand opzamelt.

²³Zo zegt de HEERE: Een wijze beroeme zich niet in zijn wijsheid, en de sterke beroeme zich niet in zijn sterkheid; een rijke beroeme zich niet in zijn rijkdom;

²⁴Maar die zich beroemt, beroeme zich hierin, dat hij verstaat, en Mij kent, dat Ik de HEERE ben, doende weldadigheid, recht en gerechtigheid op de aarde, want in die dingen heb Ik lust, spreekt de HEERE.

²⁵Ziet, de dagen komen, spreekt de HEERE, dat Ik bezoeking zal doen over alle besnedenen, met degenen, die de voorhuid hebben.

²⁶Over Egypte, en over Juda, en over Edom, en over de kinderen Ammons, en over Moab, en over allen, die aan de hoeken afgekort zijn, die in de woestijn wonen; want al de heidenen hebben de voorhuid, maar het ganse huis Israëls heeft de voorhuid des harten.

Hoofdstuk 10

¹Hoort het woord, dat de HEERE tot ulieden spreekt, o huis Israëls!

²Zo zegt de HEERE: Leert den weg der heidenen niet, en ontzet u niet voor de tekenen des hemels, dewijl zich de heidenen voor dezelve ontzetten.

³Want de inzettingen der volken zijn ijdelheid; want het is hout, dat men uit het woud gehouwen heeft, een werk van des werkmeesters handen met de bijl.

⁴Men pronkt het op met zilver en met goud; zij hechten ze met nagelen en met hameren, opdat het niet waggele.

⁵Zij zijn gelijk een palmboom van dicht werk, maar kunnen niet spreken; zij moeten gedragen worden, want zij kunnen niet gaan; vreest niet voor hen, want zij kunnen geen kwaad doen, ook is er geen goed doen bij hen.

⁶Omdat niemand U gelijk is, o HEERE! zo zijt Gij groot, en groot is Uw Naam in mogendheid.

⁷Wie zou U niet vrezen, Gij Koning der heidenen? Want het komt U toe; omdat toch onder alle wijzen der heidenen, en in hun ganse koninkrijk, niemand U gelijk is.

Jeremia

⁸In een ding zijn zij toch onvernuftig en zot: een hout is een onderwijs der ijdelheden.

⁹Uitgerekt zilver wordt van Tarsis gebracht, en goud van Ufaz, tot een werk des werkmeesters en van de handen des goudsmids; hemelsblauw en purper is hun kleding, een werkder wijzen zijn zij al te zamen.

¹⁰Maar de HEERE God is de Waarheid, Hij is de levende God, en een eeuwig Koning; van Zijn verbolgenheid beeft de aarde, en de heidenen kunnen Zijn gramschap nietverdragen.

¹¹(Aldus zult gijlieden tot hen zeggen: De goden, die den hemel en de aarde niet gemaakt hebben, zullen vergaan van de aarde, en van onder dezen hemel.)

¹²Die de aarde gemaakt heeft door Zijn kracht, Die de wereld bereid heeft door Zijn wijsheid, en den hemel uitgebreid door Zijn verstand.

¹³Als Hij Zijn stem geeft, zo is er een gedruis van wateren in den hemel, en Hij doet de dampen opklimmen van het einde der aarde; Hij maakt de bliksemen met den regen, endoet den wind voortkomen uit Zijn schatkameren.

¹⁴Een ieder mens is onvernuftig geworden, zodat hij geen wetenschap heeft, een ieder goudsmid is beschaamd van het gesneden beeld; want zijn gegoten beeld is leugen; en eris geen geest in hen.

¹⁵Ijdelheid zijn zij, een werk van verleidingen; ten tijde hunner bezoeking zullen zij vergaan.

¹⁶Jakobs deel is niet gelijk die, want Hij is de Formeerder van alles, en Israel is de roede Zijner erfenis; HEERE der heirscharen is Zijn Naam.

¹⁷Raap uw kramerij weg uit het land, gij inwoneres der vesting!

¹⁸Want zo zegt de HEERE: Ziet, Ik zal de inwoners des lands op ditmaal wegslingeren, en zal ze benauwen, opdat zij het vinden.

¹⁹O, wee mij over mijn breuk! mijn plage is smartelijk; en ik had gezegd: Dit is immers een krankheid, die ik wel dragen zal!

²⁰Mijn tent is verstoord, en al mijn zelen zijn verscheurd; mijn kinderen zijn van mij uitgegaan, en zij zijn er niet; er is niemand meer, die mijn tent uitspant, en mijn gordijnen opricht.

²¹Want de herders zijn onvernuftig geworden, en hebben den HEERE niet gezocht; daarom hebben zij niet verstandiglijk gehandeld, en hun ganse weide is verstrooid.

²²Ziet, er komt een stem des geruchts, en een groot beven uit het land van het noorden; dat men de steden van Juda zal stellen tot een verwoesting, een woning der draken.

²³Ik weet, o HEERE! dat bij den mens zijn weg niet is; het is niet bij een man, die wandelt, dat hij zijn gang richte.

²⁴Kastijd mij, HEERE! doch met mate; niet in Uw toorn, opdat Gij mij niet te niet maakt.

²⁵Stort Uw grimmigheid uit over de heidenen, die U niet kennen, en over de geslachten, die Uw Naam niet aanroepen; want zij hebben Jakob opgegeten, ja, zij hebben hemopgegeten, en hem verteerd, en zijn woning verwoest.

Hoofdstuk 11

¹Het woord, dat tot Jeremia geschied is, van den HEERE, zeggende:

²Hoort gijlieden de woorden dezes verbonds, en spreekt tot de mannen van Juda, en tot de inwoners van Jeruzalem;

³Zeg dan tot hen: Zo zegt de HEERE, de God Israels: Vervloekt zij de man, die niet hoort de woorden deze verbonds.

⁴Dat Ik uw vaderen geboden heb, ten dage als Ik hen uit Egypteland, uit den ijzeroven, uitvoerde, zeggende: Zijt Mijner stem gehoorzaam, en doet dezelve, naar alles wat Ikulieden gebiede; zo zult gij Mij tot een volk zijn, en Ik zal u tot een God zijn;

⁵Opdat Ik den eed bevestige, dien Ik uw vaderen gezworen heb, hun te geven een land, vloeiende van melk en honig, als het is te dezen dage. Toen antwoordde ik en zeide:Amen, o HEERE!

⁶En de HEERE zeide tot mij: Roep al deze woorden uit in de steden van Juda, en in de straten van Jeruzalem, zeggende: Hoort de woorden dezes verbonds, en doet dezelve.

⁷Want Ik heb uw vaderen ernstiglijk betuigd, ten dage als Ik hen uit Egypteland opvoerde, tot op dezen dag, vroeg op zijnde en betuigende, zeggende: Hoort naar Mijn stem!

⁸Maar zij hebben niet gehoord, noch hun oor geneigd, maar hebben gewandeld, een iegelijk naar het goeddunken van hunlieder boos hart; daarom heb Ik over hen gebracht alde woorden dezes verbonds, dat Ik geboden heb te doen, maar zij niet gedaan hebben.

⁹Voorts zeide de HEERE tot mij: Er is een verbintenis bevonden onder de mannen van Juda, en onder de inwoners van Jeruzalem.

¹⁰Zij zijn wedergekeerd tot de ongerechtigheden hunner voorvaderen, die Mijn woorden geweigerd hebben te horen; en zij hebben andere goden nagewandeld, om die te dienen;het huis Israels en het huis van Juda hebben Mijn verbond gebroken, dat Ik met hun vaderen gemaakt heb.

¹¹Daarom zegt de HEERE alzo: Ziet, Ik zal een kwaad over hen brengen, uit hetwelk zij niet zullen kunnen uitkomen; als zij dan tot Mij zullen roepen, zal Ik naar hen niet horen.

¹²Dan zullen de steden van Juda en de inwoners van Jeruzalem henengaan, en roepen tot de goden, dien zij gerookt hebben; maar zij zullen hen gans niet kunnen verlossen tentijde huns kwaads.

¹³Want naar het getal uwer steden zijn uw goden geweest, o Juda! en naar het getal der straten van Jeruzalem hebt gijlieden altaren gesteld voor die schaamte, altaren om denBaal te roken.

¹⁴Gij dan, bid niet voor dit volk, en hef geen geschrei noch gebed voor hen op; want Ik zal niet horen, ten tijde als zij over hun kwaad tot Mij zullen roepen.

¹⁵Wat heeft Mijn beminde in Mijn huis te doen, dewijl zij die schandelijke daad met velen doet, en het heilige vlees van u geweken is? Wanneer gij kwaad doet, dan springt gij opvan vreugde.

¹⁶De HEERE had uw naam genoemd een groenen olijfboom, schoon van liefelijke vruchten; maar nu heeft Hij met een geluid van een groot geroep een vuur om denzelvenaangestoken, en zijn takken zullen verbroken worden.

¹⁷Want de HEERE der heirscharen, Die u heeft geplant, heeft een kwaad over u uitgesproken; om der boosheid wil van het huis Israels en van het huis van Juda, die zij onder zichbedrijven, om Mij te vertoornen, rokende den Baal.

¹⁸De HEERE nu heeft het mij te kennen gegeven, dat ik het wete; toen hebt Gij mij hun handelingen doen zien.

¹⁹En ik was als een lam, als een os, die geleid wordt om te slachten; want ik wist niet, dat zij gedachten tegen mij dachten, zeggende: Laat ons den boom met zijn vruchtverderven, en laat ons hem uit het land der levenden uitroeien, dat zijn naam niet meer gedacht worde.

²⁰Maar, o HEERE der heirscharen, Gij rechtvaardige Rechter, Die de nieren en het hart proeft! laat mij Uw wraak van hen zien; want aan U heb ik mijn twistzaak ontdekt.

²¹Daarom, zo zegt de HEERE van de mannen van Anathoth, die uw ziel zoeken, zeggende: Profeteer niet in den Naam des HEEREN, opdat gij van onze handen niet sterft.

²²Daarom, zo zegt de HEERE der heirscharen: Ziet, Ik zal bezoeking over hen doen: de jongelingen zullen door het zwaard sterven, hun zonen en hun dochteren zullen van hongersterven.

²³En zij zullen geen overblijfsel hebben; want Ik zal een kwaad brengen over de mannen van Anathoth, in het jaar hunner bezoeking.

Hoofdstuk 12

¹Gij zoudt rechtvaardig zijn, o HEERE! wanneer ik tegen U zou twisten; ik zal nochtans van Uw oordelen met U spreken; waarom is der goddelozen weg voorspoedig, waaromhebben zij rust, allen, die trouwelooslijk trouweloosheid bedrijven?

²Gij hebt ze geplant, zij zijn ook ingeworteld, zij gaan voort, ook dragen zij vrucht; Gij zijt wel nabij in hun mond, maar verre van hun nieren.

³Maar Gij, o HEERE! kent mij, Gij ziet mij, en proeft mijn hart, dat het met U is. Ruk ze uit als schapen ter slachting, en heilig ze tot den dag der doding.

⁴Hoe lang zal het land treuren, en het kruid des gansen velds verdorren? Vanwege de boosheid dergenen, die daarin wonen, vergaan de beesten en het gevogelte; dewijl zijzeggen: Hij ziet ons einde niet.

⁵Als gij loopt met de voetgangers, zo maken zij u moede; hoe zult gij u dan mengen met de paarden? Zo gij alleenlijk vertrouwt in een land van vrede, hoe zult gij het dan maken inde verheffing van de Jordaan?

⁶Want ook uw broeders en uws vaders huis, ook diezelve handelen trouwelooslijk tegen u; ook diezelve roepen u met volle stem achterna; geloof hen niet, wanneer zij vriendelijktot u spreken.

⁷Ik heb Mijn huis verlaten, Ik heb Mijn erfenis laten varen; Ik heb de beminde Mijner ziel in de hand harer vijanden gegeven.

⁸Mijn erfenis is Mij geworden als een leeuw in het woud; zij heeft haar stem tegen Mij verheven, daarom heb Ik haar gehaat.

⁹Mijn erfenis is Mij een gesprenkelde vogel; de vogelen zijn rondom tegen haar; komt aan, verzamelt, al gij gediert des velds, komt om te eten!

¹⁰Veel herders hebben Mijn wijngaard verdorven, zij hebben Mijn akker vertreden; zij hebben Mijn gewensten akker gesteld tot een woeste wildernis.

¹¹Men heeft hem gesteld tot een woestheid, verwoest zijnde treurt hij tot Mij; het ganse land is verwoest, omdat er niemand is, die het ter harte neemt.

¹²Op alle hoge plaatsen in de woestijn zijn verstoorders gekomen, want het zwaard des HEEREN verteert van het ene einde des lands tot aan het andere einde des lands; er isgeen vrede voor enig vlees.

¹³Zij hebben tarwe gezaaid, maar doornen gemaaid; zij hebben zich gepijnigd, maar niet gevorderd; wordt alzo beschaamd vanwege ulieder inkomsten, vanwege de hittigheid vanden toorn des HEEREN.

¹⁴Alzo zegt de HEERE: Aangaande al Mijn boze naburen, die Mijn erfenis aanroeren, dewelke Ik Mijn volke Israel erfelijk gegeven heb; ziet, Ik zal hen uit hun land uitrukken, maarhet huis van Juda zal Ik uit hunlieder midden uitrukken.

¹⁵En het zal geschieden, nadat Ik hen zal uitgerukt hebben, zo zal Ik wederkeren, en Mij hunner ontfermen; en Ik zal hen wederbrengen, een iegelijk tot zijn erfenis, en een iegelijktot zijn land.

¹⁶En het zal geschieden, indien zij de wegen Mijns volks vlijtiglijk zullen leren, zwerende bij Mijn Naam: Zo waarachtig als de HEERE leeft! gelijk als zij Mijn volk geleerd hebben tezweren bij Baal, zo zullen zij in het midden Mijns volks gebouwd worden.

¹⁷Maar indien zij niet zullen horen, zo zal Ik diezelve natie ten enenmale uitrukken en verdoen, spreekt de HEERE.

Hoofdstuk 13

¹Alzo heeft de HEERE tot mij gezegd: Ga henen, en koop u een linnen gordel, en doe dien aan uw lenden, maar breng hem niet in het water.

²En ik kocht een gordel naar het woord des HEEREN, en ik deed dien aan mijn lenden.

³Toen geschiedde des HEEREN woord ten tweeden male tot mij, zeggende:

⁴Neem den gordel, dien gij gekocht hebt, die aan uw lenden is, en maak u op, en ga henen naar den Frath, en versteek dien aldaar in de klove ener steenrots.

⁵Zo ging ik henen, en verstak dien bij den Frath, gelijk als de HEERE mij geboden had.

⁶Het geschiedde nu ten einde van vele dagen, dat de HEERE tot mij zeide: Maak u op, ga henen naar den Frath, en neem den gordel van daar, dien Ik u geboden heb aldaar teversteken.

⁷Zo ging ik naar den Frath, en groef, en nam den gordel van de plaats, alwaar ik dien verstoken had; en ziet, de gordel was verdorven en deugde nergens toe.

⁸Toen geschiedde des HEEREN woord tot mij, zeggende:

⁹Zo zegt de HEERE: Alzo zal Ik verderven de hovaardij van Juda, en die grote hovaardij van Jeruzalem.

¹⁰Ditzelve boze volk, dat Mijn woorden weigert te horen, dat in het goeddunken zijns harten wandelt, en andere goden navolgt, om die te dienen, en voor die zich neder te buigen;dat zal worden gelijk deze gordel, die nergens toe deugt.

¹¹Want gelijk als een gordel kleeft aan de lenden eens mans, alzo heb Ik het ganse huis Israels en het ganse huis van Juda aan Mij doen kleven, spreekt de HEERE, om Mij te zijntot een volk, en tot een naam, en tot lof, en tot heerlijkheid; maar zij hebben niet gehoord.

¹²Daarom zeg dit woord tot hen: Zo zegt de HEERE, de God Israels: Alle flessen zullen met wijn gevuld worden. Dan zullen zij tot u zeggen: Weten wij niet zeer wel, dat alle flessenmet wijn gevuld zullen worden?

¹³Maar gij zult tot hen zeggen: Zo zegt de HEERE: Ziet, Ik zal alle inwoners dezes lands, zelfs de koningen, die op Davids troon zitten, en de priesters, en de profeten, en alleinwoners van Jeruzalem, opvullen met dronkenschap.

¹⁴En Ik zal hen in stukken slaan, den een tegen den ander, zo de vaders als de kinderen te zamen, spreekt de HEERE; Ik zal niet verschonen noch sparen, noch Mij ontfermen, datIk hen niet zou verderven.

¹⁵Hoort en neemt ter ore, verheft u niet; want de HEERE heeft het gesproken.

¹⁶Geeft eer den HEERE, uw God, eer dat Hij het duister maakt, en eer uw voeten zich stoten aan de schemerende bergen; dat gij naar licht wacht, en Hij datzelve tot een schaduwdes doods stelle, en tot een donkerheid zette.

¹⁷Zult gijlieden dat dan nog niet horen, zo zal mijn ziel in verborgene plaatsen wenen vanwege den hoogmoed, en mijn oog zal bitterlijk tranen, ja, van tranen nederdalen, omdatdes HEEREN kudde gevankelijk is weggevoerd.

¹⁸Zeg tot den koning en tot de koningin: Vernedert u, zet u neder; want uw ganse hoofdsieraad, de kroon uwer heerlijkheid, is nedergedaald.

¹⁹De steden van het zuiden zijn toegesloten, en er is niemand, die ze opent; het ganse Juda is weggevoerd, het is geheel en al weggevoerd.

²⁰Hef uw ogen op, en zie, die daar van het noorden komen! waar is de kudde, die u gegeven was, de schapen uwer heerlijkheid?

²¹Wat zult gij zeggen, wanneer Hij bezoeking over u doen zal, daar gij hem geleerd hebt tot vorsten, tot een hoofd over u te zijn; zullen u de smarten niet aangrijpen, als eenbarende vrouw?

²²Wanneer gij dan in uw hart zult zeggen: Waarom zijn mij deze dingen bejegend? Om de veelheid uwer ongerechtigheid, zijn uw zomen ontdekt, en uw hielen hebben geweldgeleden.

²³Zal ook een Moorman zijn huid veranderen? of een luipaard zijn vlekken? Zo zult gijlieden ook kunnen goed doen, die geleerd zijt kwaad te doen.

²⁴Daarom zal Ik hen verstrooien als een stoppel, die doorgaat, door een wind der woestijn.

²⁵Dit zal uw lot, het deel uwer maten zijn van Mij, spreekt de HEERE; gij, die Mij hebt vergeten, en op leugen vertrouwt.

²⁶Zo zal Ik ook uw zomen ontbloten boven uw aangezicht, en uw schande zal gezien worden.

²⁷Uw overspelen en uw hunkeringen, de schandelijkheid uws hoerdoms, op heuvelen, in het veld; Ik heb uw verfoeiselen gezien; wee u, Jeruzalem! zult gij niet rein worden? Hoelang nog na dezen?

Hoofdstuk 14

¹Het woord des HEEREN, dat tot Jeremia geschied is, over de zaken der grote droogte.

²Juda treurt en haar poorten zijn verzwakt; zij zijn in het zwart gekleed ter aarde toe, en Jeruzalems geschrei klimt op.

³En hun voortreffelijken zenden hun kleinen naar water; zij komen tot de grachten, zij vinden geen water, zij komen met hun vaten ledig weder; zij zijn beschaamd, ja, wordenschaamrood, en bedekken hun hoofd.

⁴Omdat het aardrijk gescheurd is, dewijl er geen regen op de aarde is; de akkerlieden zijn beschaamd, zij bedekken hun hoofd.

⁵Want ook de hinden in het veld werpen jongen, en verlaten die, omdat er geen jong gras is.

⁶En de woudezels staan op de hoge plaatsen, zij scheppen den wind gelijk de draken; hun ogen versmachten, omdat er geen kruid is.

⁷Hoewel onze ongerechtigheden tegen ons getuigen, o HEERE! doe het om Uws Naams wil; want onze afkeringen zijn menigvuldig, wij hebben tegen U gezondigd.

⁸O Israels Verwachting, Zijn Verlosser in tijd van benauwdheid! waarom zoudt Gij zijn als een vreemdeling in het land, en als een reiziger, die slechts inkeert om te vernachten?

⁹Waarom zoudt Gij zijn als een versaagd man, als een held, die niet kan verlossen? Gij zijt toch in het midden van ons, o HEERE! en wij zijn naar Uw Naam genoemd, verlaat onsniet.

¹⁰Alzo zegt de HEERE van dit volk: Zij hebben zo liefgehad te zwerven, zij hebben hun voeten niet bedwongen; daarom heeft de HEERE geen welgevallen aan hen, nu zal Hijhunner ongerechtigheden gedenken, en hun zonden bezoeken.

¹¹Wijders zeide de HEERE tot mij: Bid niet voor dit volk ten goede.

¹²Ofschoon zij vasten, Ik zal naar hun geschrei niet horen, en ofschoon zij brandoffer en spijsoffer offeren, Ik zal aan hen geen welgevallen hebben; maar door het zwaard, en doorden honger, en door de pestilentie zal Ik hen verteren.

¹³Toen zeide ik: Ach, Heere HEERE! zie, die profeten zeggen hun: Gij zult geen zwaard zien, en gij zult geen honger hebben; maar Ik zal u een gewissen vrede geven in dezeplaats.

¹⁴En de HEERE zeide tot mij: Die profeten profeteren vals in Mijn Naam; Ik heb hen niet gezonden, noch hun bevel gegeven, noch tot hen gesproken; zij profeteren ulieden eenvals gezicht, en waarzegging, en nietigheid, en bedriegerij huns harten.

¹⁵Daarom zegt de HEERE alzo: Aangaande de profeten, die in Mijn Naam profeteren, daar Ik hen niet gezonden heb, en zij dan nog zeggen: Er zal geen zwaard noch honger in ditland zijn; diezelve profeten zullen door het zwaard en door den honger verteerd worden.

¹⁶En het volk, tot hetwelk zij profeteren, zullen op de straten van Jeruzalem weggeworpen zijn vanwege den honger en het zwaard; en er zal niemand zijn, die hen begrave, hen, hun vrouwen, en hun zonen, en hun dochteren; alzo zal Ik hun boosheid over hen uitstorten.

¹⁷Daarom zult gij dit woord tot hen zeggen: Mijn ogen zullen van tranen nederdalen nacht en dag, en niet ophouden; want de jonkvrouw der dochter Mijns volks is gebroken meteen grote breuk, een plage, die zeer smartelijk is.

Jeremia

¹⁸Zo ik uitga in het veld, ziet daar de verslagenen van het zwaard, en zo ik in de stad komen, ziet daar de kranken van honger! Ja, zowel de profeten als de priesters lopen om in hetland, en weten niet.

¹⁹Hebt Gij dan Juda ganselijk verworpen? Heeft Uw ziel een walging aan Sion? Waarom hebt Gij ons geslagen, dat er geen genezing voor ons is? Men wacht naar vrede, maardaar is niets goeds, en naar tijd van genezing, maar ziet, daar is verschrikking.

²⁰HEERE! wij kennen onze goddeloosheid, en onzer vaderen ongerechtigheid, want wij hebben tegen U gezondigd.

²¹Versmaad ons niet, om Uws Naams wil; werp den troon Uwer heerlijkheid niet neder; gedenk, vernietig niet Uw verbond met ons.

²²Zijn er onder de ijdelheden der heidenen, die doen regenen, of kan de hemel druppelen geven? Zijt Gij die niet, o HEERE, onze God? Daarom zullen wij op U wachten, want Gijdoet al die dingen.

Hoofdstuk 15

¹Maar de HEERE zeide tot mij: Al stond Mozes en Samuel voor Mijn aangezicht, zo zou toch Mijn ziel tot dit volk niet wezen; drijf ze weg van Mijn aangezicht, en laat ze uitgaan.

²En het zal geschieden, wanneer zij tot u zullen zeggen: Waarhenen zullen wij uitgaan? dat gij tot hen zult zeggen: Zo zegt de HEERE: Wie ten dood, ten dode; en wie tot hetzwaard, ten zwaarde, en wie tot den honger, ten honger; en wie ter gevangenis, ter gevangenis!

³Want Ik zal bezoeking over hen doen met vier geslachten, spreekt de HEERE: met het zwaard, om te doden; en met de honden, om te slepen; en met het gevogelte des hemels, en met het gediertte der aarde, om op te eten en te verderven.

⁴En Ik zal hen overgeven tot een beroering aan alle koninkrijken der aarde, vanwege Manasse, zoon van Jehizkia, koning van Juda, om hetgeen hij te Jeruzalem gedaan heeft.

⁵Want wie zou u verschonen, o Jeruzalem? of wie zou medelijden met u hebben, of wie zou aftreden, om u naar vrede te vragen?

⁶Gij hebt Mij verlaten, spreekt de HEERE; gij zijt achterwaarts gegaan; daarom zal Ik Mijn hand tegen u uitstrekken en u verderven; Ik ben des berouwens moede geworden.

⁷En Ik zal hen wannen met een wan, in de poorten des lands; Ik heb Mijn volk van kinderen beroofd en verdaan; zij zijn van hun wegen niet wedergekeerd.

⁸Hun weduwen zijn Mij meerder geworden dan zand der zeeen; Ik heb hun over de moeder doen komen een jongeling, een verwoester op den middag; Ik heb hem haastelijk hendoen overvallen, de stad met verschrikkingen.

⁹Zij, die zeven baarde, is zwak geworden; zij heeft haar ziel uitgeblazen, haar zon is ondergegaan, als het nog dag was; zij is beschaamd en schaamrood geworden; en hunliederoverblijfsel zal Ik aan het zwaard overgeven, voor het aangezicht hunner vijanden, spreekt de HEERE.

¹⁰Wee mij, mijn moeder, dat gij mij gebaard hebt, een man van twist, en een man van krakeel den gansen lande! Ik heb hun niet op woeker gegeven, ook hebben zij mij niet opwoeker gegeven, nog vloekt mij een ieder van hen.

¹¹De HEERE zeide: Zo niet uw overblijfsel ten goede zal zijn; zo Ik niet, in de tijd des kwaads en in tijd der benauwdheid, bij den vijand voor u tussenkome!

¹²Zal ook enig ijzer het ijzer van het noorden of koper verbreken?

¹³Ik zal uw vermogen en uw schatten tot een roof geven, zonder prijs; en dat om al uw zonden, en in al uw landpalen.

¹⁴En Ik zal u overvoeren met uw vijanden, in een land, dat gij niet kent; want een vuur is aangestoken in Mijn toorn, het zal over u branden.

¹⁵O HEERE! Gij weet het, gedenk mijner, en bezoek mij, en wreek mij van mijn vervolgers; neem mij niet weg in Uw lankmoedigheid over hen; weet, dat ik om Uwentwilversmaadheid drage.

¹⁶Als Uw woorden gevonden zijn, zo heb ik ze opgegeten, en Uw woord is mij geweest tot vreugde en tot blijdschap mijns harten; want ik ben naar Uw Naam genoemd, o HEERE,God der heirscharen!

¹⁷Ik heb in den raad der bespotters niet gezeten, noch ben van vreugde opgesprongen; vanwege Uw hand heb ik alleen gezeten, want Gij hebt mij met gramschap vervuld.

¹⁸Waarom is mijn pijn steeds durende, en mijn plage smartelijk? Zij weigert geheeld te worden; zoudt Gij mij ganselijk zijn als een leugenachtige, als wateren, die niet bestendigzijn?

¹⁹Daarom zegt de HEERE alzo: Zo gij zult wederkeren, zo zal Ik u doen wederkeren; gij zult voor Mijn aangezicht staan; en zo gij het kostelijke van het snode uittrekt, zult gij als Mijnmond zijn; laat hen tot u wederkeren, maar gij zult tot hen niet wederkeren.

²⁰Want Ik heb u tegen dit volk gesteld tot een koperen vasten muur; zij zullen wel tegen u strijden, maar u niet overmogen; want Ik ben met u, om u te behouden en om u uit terukken, spreekt de HEERE.

²¹Ja, Ik zal u rukken uit de hand der bozen, en Ik zal u verlossen uit de handpalm der tirannen.

Hoofdstuk 16

¹En des HEEREN woord geschiedde tot mij, zeggende:

²Gij zult u geen vrouw nemen, en gij zult geen zonen noch dochteren hebben in deze plaats.

³Want zo zegt de HEERE van de zonen en van de dochteren, die in deze plaats geboren worden; daartoe van hun moeders, die ze baren, en van hun vaders, die ze gewinnen indit land:

⁴Zij zullen pijnlijke doden sterven, zij zullen niet beklaagd noch begraven worden, zij zullen tot mest op den aardbodem zijn, en zij zullen door het zwaard en door den hongerverteerd worden, en hun dode lichamen zullen het gevogelte des hemels en het gediertte der aarde tot spijze zijn.

⁵Want zo zegt de HEERE: Ga niet in het huis desgenen, die een rouwmaaltijd houdt, en ga niet henen om te rouwklagen, en heb geen medelijden met hen; want Ik heb van ditvolk (spreekt de HEERE) weggenomen Mijn vrede, goedertierenheid en barmhartigheden;

⁶Zodat groten en kleinen in dit land zullen sterven, zij zullen niet begraven worden; en men zal hen niet beklagen, noch zichzelven insnijden, noch kaal maken om hunnentwil.

⁷Ook zal men hun niets uitdelen over den rouw, om iemand te troosten over een dode; noch hun te drinken geven uit den troostbeker, over iemands vader of over iemandsmoeder.

⁸Ga ook niet in een huis des maaltijds, om bij hen te zitten, om te eten en te drinken.

⁹Want zo zegt de HEERE der heirscharen, de God Israels: Ziet, Ik zal van deze plaats, voor ulieder ogen en in ulieder dagen, doen ophouden de stem der vreugde en de stem derblijdschap, de stem des bruidegoms en de stem der bruid.

¹⁰En het zal geschieden, als gij dit volk al deze woorden zult aanzeggen, en zij tot u zeggen: Waarom spreekt de HEERE al dit grote kwaad over ons, en welke is onze misdaad, enwelke is onze zonde, die wij tegen den HEERE, onzen God, gezondigd hebben?

¹¹Dat gij tot hen zult zeggen: Omdat uw vaders Mij verlaten hebben, spreekt de HEERE, en hebben andere goden nagewandeld, en die gediend, en zich voor die nedergebogen;maar Mij verlaten, en Mijn wet niet gehouden hebben;

¹²En gijlieden erger gedaan hebt dan uw vaderen; want ziet, gijlieden wandelt, een iegelijk naar het goeddunken van zijn boos hart, om naar Mij niet te horen.

¹³Daarom zal Ik ulieden uit dit land werpen, in een land, dat gij niet gekend hebt, gij noch uw vaders; en aldaar zult gij andere goden dienen, dag en nacht, omdat Ik u geengenade zal geven.

¹⁴Daarom, ziet, de dagen komen, spreekt de HEERE, dat er niet meer zal gezegd worden: Zo waarachtig als de HEERE leeft, Die de kinderen Israels uit Egypteland heeftopgevoerd!

¹⁵Maar: Zo waarachtig als de HEERE leeft, Die de kinderen Israels heeft opgevoerd uit het land van het noorden, en uit al de landen waarhenen Hij hen gedreven had! want Ik zalhen wederbrengen in hun land, dat Ik hun vaderen gegeven heb.

¹⁶Ziet, Ik zal zenden tot veel vissers, spreekt de HEERE, die zullen hen vissen; en daarna zal Ik zenden tot veel jagers, die zullen hen jagen, van op allen berg, en van op allenheuvel, ja, uit de kloven der steenrotsen.

¹⁷Want Mijn ogen zijn op al hun wegen; zij zijn voor Mijn aangezicht niet verborgen, noch hun ongerechtigheid verholen van voor Mijn ogen.

¹⁸Dies zal Ik eerst hun ongerechtigheid en hun zonde dubbel vergelden, omdat zij Mijn land ontheiligd hebben; zij hebben Mijn erfenis met de dode lichamen hunner verfoeiselenen hunner gruwelen vervuld.

¹⁹O HEERE! Gij zijt mijn Sterkte, en mijn Sterkheid, en mijn Toevlucht ten dage der benauwdheid; tot U zullen de heidenen komen van de einden der aarde, en zeggen: Immershebben onze vaders leugen erfelijk bezeten, en ijdelheid, waarin toch niets was, dat nut deed.

²⁰Zal een mens zich goden maken? Zij zijn toch geen goden.

²¹Daarom, ziet, Ik zal hun bekend maken op ditmaal; Ik zal hun bekend maken Mijn hand en Mijn macht; en zij zullen weten, dat Mijn Naam is HEERE.

Hoofdstuk 17

¹De zonde van Juda is geschreven met een ijzeren griffie, met de punt eens diamants; gegraven in de tafel van hunlieder hart, en aan de hoornen uwer altaren;

²Gelijk hun kinderen hunner altaren gedenken, en hunner bossen, bij het groen geboomte, op de hoge heuvelen.

³Ik zal Mijn berg met het veld, uw vermogen en al uw schatten ten roof geven, mitsgaders uw hoogten, om de zonde in al uw landpalen.

⁴Alzo zult gij aflaten (en dat om u zelven) van uw erfenis, die Ik u gegeven heb, en Ik zal u uw vijanden doen dienen in een land, dat gij niet kent; want gijlieden hebt een vuur aangestoken in Mijn toorn, tot in eeuwigheid zal het branden.

⁵Zo zegt de HEERE: Vervloekt is de man, die op een mens vertrouwt, en vlees tot zijn arm stelt, en wiens hart van den HEERE afwijkt!

⁶Want hij zal zijn als de heide in de wildernis, die het niet gevoelt, wanneer het goede komt; maar blijft in dorre plaatsen in de woestijn, in zout en onbewoond land.

⁷Gezegend daarentegen is de man, die op den HEERE vertrouwt, en wiens vertrouwen de HEERE is!

⁸Want hij zal zijn als een boom, die aan het water geplant is, en zijn wortelen uitschiet aan een rivier, en gevoelt het niet, wanneer er een hitte komt, maar zijn loof blijft groen; en in een jaar van droogte zorgt hij niet, en houdt niet op van vrucht te dragen.

⁹Arglistig is het hart, meer dan enig ding, ja, dodelijk is het, wie zal het kennen?

¹⁰Ik, de HEERE, doorgrond het hart, en proef de nieren; en dat, om een iegelijk te geven naar zijn wegen, naar de vrucht zijner handelingen.

¹¹Gelijk een veldhoen eieren vergadert, maar broedt ze niet uit, alzo is hij, die rijkdom vergadert, doch niet met recht; in de helft zijner dagen zal hij dien moeten verlaten, en in zijn laatste een dwaas zijn.

¹²Een troon der heerlijkheid, een hoogheid van het eerste aan, is de plaats onzes heiligdoms.

¹³O HEERE, Israels Verwachting! allen, die U verlaten, zullen beschaamd worden; en die van mij afwijken, zullen in de aarde geschreven worden; want zij verlaten den HEERE, den Springader des levenden waters.

¹⁴Genees mij, HEERE! zo zal ik genezen worden, behoud mij, zo zal ik behouden worden; want Gij zijt mijn Lof.

¹⁵Ziet, zij zeggen tot mij: Waar is het woord des HEEREN? Laat het nu komen!

¹⁶Ik heb toch niet aangedrongen, meer dan een herder achter U betaamde; ook heb ik den dodelijken dag niet begeerd, Gij weet het; wat uit mijn lippen is gegaan, is voor Uw aangezicht geweest.

¹⁷Wees Gij mij niet tot een verschrikking; Gij zijt mijn Toevlucht ten dage des kwaads.

¹⁸Laat mijn vervolgers beschaamd worden, maar laat mij niet beschaamd worden; laat hen verschrikt worden, maar laat mij niet verschrikt worden; breng over hen den dag des kwaads, en verbreek hen met een dubbele verbreking.

¹⁹Alzo heeft de HEERE tot mij gezegd: Ga henen en sta in de poort van de kinderen des volks, door dewelke de koningen van Juda ingaan, en door dewelke zij uitgaan, ja, in alle poorten van Jeruzalem.

²⁰En zeg tot hen. Hoort des HEEREN woord, gij koningen van Juda, en gans Juda, en alle inwoners van Jeruzalem, die door deze poorten ingaat!

²¹Zo zegt de HEERE: Wacht u op uw zielen, en draagt geen last op den sabbatdag, noch brengt in door de poorten van Jeruzalem.

²²Ook zult gijlieden geen last uitvoeren uit uw huizen op den sabbatdag, noch enig werk doen; maar gij zult den sabbatdag heiligen, gelijk als Ik uw vaderen geboden heb.

²³Maar zij hebben niet gehoord, noch hun oor geneigd; maar zij hebben hun nek verhard, om niet te horen, en om de tucht niet aan te nemen.

²⁴Het zal dan geschieden, indien gij vlijtiglijk naar Mij zult horen, spreekt de HEERE, dat gij geen last door de poorten dezer stad op den sabbatdag inbrengt, en gij den sabbatdag heiligt, dat gij geen werk daarop doet;

²⁵Zo zullen door de poorten dezer stad ingaan koningen en vorsten, zittende op den troon van David, rijdende op wagenen en op paarden, zij en hun vorsten, de mannen van Juda en de inwoners van Jeruzalem; en deze stad zal bewoond worden in eeuwigheid.

²⁶En zij zullen komen uit de steden van Juda, en uit de plaatsen rondom Jeruzalem, en uit het land van Benjamin, en uit de laagte, en van het gebergte, en van het zuiden, aanbrengende brandoffer, en slachtoffer, en spijsoffer, en wierook, en aanbrengende lofoffer, ten huize des HEEREN.

²⁷Maar indien gij naar Mij niet zult horen, om den sabbatdag te heiligen, en om geen last te dragen als gij op den sabbatdag door de poorten van Jeruzalem ingaat; zo zal Ik een vuur in haar poorten aansteken, dat de paleizen van Jeruzalem zal verteren, en niet worden uitgeblust.

Hoofdstuk 18

¹Het woord, dat tot Jeremia geschied is van den HEERE, zeggende:

²Maak u op, en ga af in het huis des pottenbakkers, en aldaar zal Ik u Mijn woorden doen horen.

³Zo ging ik af in het huis des pottenbakkers; en ziet, hij maakte een werk op de schijven.

⁴En het vat, dat hij maakte, werd verdorven, als leem, in de hand des pottenbakkers; toen maakte hij daarvan weder een ander vat, gelijk als het recht was in de ogen des pottenbakkers te maken.

⁵Toen geschiedde des HEEREN woord tot mij, zeggende:

⁶Zal Ik ulieden niet kunnen doen, gelijk deze pottenbakker, o huis Israels? spreekt de HEERE; ziet, gelijk leem in de hand des pottenbakkers, alzo zijt gijlieden in Mijn hand, o huis Israels!

⁷In een ogenblik zal Ik spreken over een volk en over een koninkrijk, dat Ik het zal uitrukken, en afbreken, en verdoen;

⁸Maar indien datzelve volk, over hetwelk Ik zulks gesproken heb, zich van zijn boosheid bekeert, zo zal Ik berouw hebben over het kwaad, dat Ik hetzelve gedacht te doen.

⁹Ook zal Ik in een ogenblik spreken over een volk en over een koninkrijk, dat Ik het zal bouwen en planten;

¹⁰Maar indien het doet, dat kwaad is in Mijn ogen, dat het naar Mijn stem niet hoort, zo zal Ik berouw hebben over het goede, met hetwelk Ik gezegd had hetzelve te zullen weldoen.

¹¹Nu dan, spreek nu tot de mannen van Juda en tot de inwoners van Jeruzalem, zeggende: Zo zegt de HEERE: Ziet, Ik formeer een kwaad tegen ulieden, en denk tegen ulieden een gedachte; zo bekeert u nu, een iegelijk van zijn bozen weg, en maakt uw wegen en uw handelingen goed.

¹²Doch zij zeggen: Het is buiten hoop; maar wij zullen naar onze gedachten wandelen, en wij zullen doen, een iegelijk het goeddunken van zijn boos hart.

¹³Daarom, zo zegt de HEERE: Vraagt nu onder de heidenen; wie heeft alzulks gehoord? De jonkvrouw Israels doet een zeer afschuwelijke zaak.

¹⁴Zal men ook om een rotssteen des velds verlaten de sneeuw van Libanon? Zullen ook de vreemde, koude, vlietende wateren verlaten worden?

¹⁵Nochtans heeft Mijn volk Mij vergeten, zij roken der ijdelheid; want zij hebben hen doen aanstoten op hun wegen, op de oude paden, opdat zij mochten wandelen in stegen van een weg, die niet opgehoogd is;

¹⁶Om hun land te stellen tot een ontzetting, tot eeuwige aanfluitingen; al wie daar voorbijgaat, zal zich ontzetten, en met zijn hoofd schudden.

¹⁷Als een oostenwind zal Ik hen verstrooien voor het aangezicht des vijands; Ik zal hun den nek en niet het aangezicht laten zien, ten dage huns verderfs.

¹⁸Toen zeiden zij: Komt aan, laat ons gedachten tegen Jeremia denken; want de wet zal niet vergaan van den priester, noch de raad van den wijze, noch het woord van den profeet; komt aan, en laat ons hem slaan met de tong, en laat ons niet luisteren naar enige zijner woorden!

¹⁹HEERE! luister naar mij, en hoor naar de stem mijner twisters.

²⁰Zal dan kwaad voor goed vergolden worden? want zij hebben mijn ziel een kuil gegraven, gedenk, dat ik voor Uw aangezicht gestaan heb, om goed voor hen te spreken, om Uw grimmigheid van hen af te wenden.

²¹Daarom, geef hun zonen den honger over, en doe ze wegvloeien door het geweld des zwaards, en laat hun vrouwen van kinderen beroofd en weduwen worden, en laat hun mannen door den dood omgebracht, en hun jongelingen met het zwaard geslagen worden in den strijd.

²²Laat er een geschrei uit hun huizen gehoord worden, wanneer Gij haastelijk een bende over hen zult brengen; dewijl zij een kuil gegraven hebben om mij te vangen, en strikken verborgen voor mijn voeten.

²³Doch Gij, HEERE! weet al hun raad tegen mij ten dode; maak geen verzoening over hun ongerechtigheid, en delg hun zonde niet uit van voor Uw aangezicht; maar laat hen nedergeveld worden voor Uw aangezicht; handel alzo met hen, ten tijde Uws toorns.

Jeremia
Hoofdstuk 19
¹Zo zegt de HEERE: Ga henen en koop een pottenbakkerskruik, en neem tot u van de oudsten des volks, en van de oudsten der priesteren.

²En ga uit naar het dal des zoons van Hinnom, dat voor de deur der Zonnepoort is, en roep aldaar uit de woorden, die Ik tot u spreken zal;

³En zeg: Hoort des HEEREN woord, gij koningen van Juda en inwoners van Jeruzalem! Alzo zegt de HEERE der heirscharen, de God Israels: Ziet, Ik zal een kwaad brengen over deze plaats, van hetwelk een ieder, die het hoort, zijn oren klinken zullen;

⁴Omdat zij Mij verlaten, en deze plaats vervreemd, en andere goden daarin gerookt hebben die zij niet gekend hebben, zij, noch hun vaderen, noch de koningen van Juda; en hebben deze plaats vervuld met bloed der onschuldigen.

⁵Want zij hebben de hoogten van Baal gebouwd, om hun zonen met vuur te verbranden, aan Baal tot brandofferen; hetwelk Ik niet geboden, noch gesproken heb, noch in Mijn hart is opgekomen?

⁶Daarom, ziet, de dagen komen, spreekt de HEERE, dat deze plaats niet meer zal genoemd worden het Tofeth, of dat des zoons van Hinnom, maar Moorddal.

⁷Want Ik zal den raad van Juda en Jeruzalem in deze plaats verijdelen, en zal hen voor het aangezicht hunner vijanden doen vallen door het zwaard, en door de hand dergenen, die hun ziel zoeken; en Ik zal hun dode lichamen het gevogelte des hemels en het gediertte der aarde tot spijze geven.

⁸En Ik zal deze stad zetten tot een ontzetting en tot een aanfluiting; al wie voorbij haar gaat, zal zich ontzetten en fluiten over al haar plagen.

⁹En Ik zal hunlieden het vlees hunner zonen en het vlees hunner dochteren doen eten, en zij zullen eten, een iegelijk het vlees zijns naasten, in de belegering en in de benauwing, waarmede hen hun vijanden, en die hun ziel zoeken, benauwen zullen.

¹⁰Dan zult gij de kruik verbreken voor de ogen der mannen, die met u gegaan zijn;

¹¹En gij zult tot hen zeggen: Zo zegt de HEERE der heirscharen: Alzo zal Ik dit volk en deze stad verbreken, gelijk als men een pottenbakkersvat verbreekt, dat niet weder geheeld kan worden; en zij zullen hen in Tofeth begraven, omdat er geen andere plaats zal zijn om te begraven.

¹²Zo zal Ik deze plaats doen, spreekt de HEERE, en haar inwoners; en dat om deze stad te stellen als een Tofeth.

¹³En de huizen van Jeruzalem en de huizen der koningen van Juda zullen, gelijk alle plaatsen van Tofeth, onrein worden, met al de huizen, op welker daken zij aan al het heir deshemels gerookt en aan vreemde goden drankofferen geofferd hebben.

¹⁴Toen nu Jeremia van Tofeth kwam, waarhenen hem de HEERE gezonden had, om te profeteren, stond hij in het voorhof van des HEEREN huis, en zeide tot al het volk:

¹⁵Zo zegt de HEERE der heirscharen, de God Israels: Ziet, Ik zal over deze stad, en over al haar steden, al het kwaad brengen, dat Ik over haar gesproken heb; omdat zij hun nek verhard hebben, om Mijn woorden niet te horen.

Hoofdstuk 20
¹Als Pashur, de zoon van Immer, de priester (deze nu was bestelde voorganger in het huis des HEEREN), Jeremia hoorde, diezelve woorden profeterende,

²Zo sloeg Pashur den profeet Jeremia, en hij stelde hem in de gevangenis, dewelke is in de bovenste poort van Benjamin, die aan het huis des HEEREN is.

³Maar het geschiedde des anderen daags, dat Pashur Jeremia uit de gevangenis voortbracht; toen zeide Jeremia tot hem: De HEERE noemt uw naam niet Pashur, maar Magor-missabib.

⁴Want zo zegt de HEERE: Zie, Ik stel u tot een schrik voor uzelven en voor al uw liefhebbers; die zullen vallen door het zwaard hunner vijanden, dat het uw ogen aanzien; en Ik zal gans Juda geven in de hand des konings van Babel, die hen naar Babel gevankelijk zal wegvoeren, en slaan hen met het zwaard.

⁵Ook zal Ik geven al het vermogen dezer stad, en al haar arbeid, en al haar kostelijkheid, en alle schatten der koningen van Juda, Ik zal ze geven in de hand hunner vijanden, diezullen ze roven, zullen ze nemen, en zullen ze brengen naar Babel.

⁶En gij, Pashur, en alle inwoners van uw huis! gijlieden zult gaan in de gevangenis; en gij zult te Babel komen, en aldaar sterven, en aldaar begraven worden, gij en al uw vrienden, denwelken gij valselijk geprofeteerd hebt.

⁷HEERE! Gij hebt mij overreed, en ik ben overreed geworden; Gij zijt mij te sterk geweest, en hebt overmocht; ik ben den gansen dag tot een belachen, een ieder van hen bespot mij.

⁸Want sinds ik spreke, roep ik uit, ik roep geweld en verstoring; omdat mij des HEEREN woord den gansen dag tot smaad en tot schimp is.

⁹Dies zeide ik: Ik zal Zijner niet gedenken, en niet meer in Zijn Naam spreken; maar het werd in mijn hart als een brandend vuur, besloten in mijn beenderen; en ik bemoeide mij om te verdragen, maar konde niet.

¹⁰Want ik heb gehoord de naspraak van velen, van Magor-missabib, zeggende: Geef ons te kennen, en wij zullen het te kennen geven; al mijn vredegenoten nemen acht op mijn hinking; zij zeggen: Misschien zal hij overreed worden, dan zullen wij hem overmogen, en onze wraak van hem nemen.

¹¹Maar de HEERE is met mij als een verschrikkelijk Held; daarom zullen mijn vervolgers struikelen, en niets vermogen; zij zijn zeer beschaamd geworden, omdat zij niet verstandiglijk gehandeld hebben; het zal een eeuwige schande zijn, zij zal niet vergeten worden.

¹²Gij dan, o HEERE der heirscharen, Die den rechtvaardige proeft, Die de nieren en het hart ziet, laat mij Uw wraak van hen zien, want ik heb U mijn twistzaak ontdekt.

¹³Zingt den HEERE, prijst den HEERE; want Hij heeft de ziel des nooddruftigen uit de hand der boosdoeners verlost.

¹⁴Vervloekt zij de dag, op welken ik geboren ben; de dag, op welken mijn moeder mij gebaard heeft, zij niet gezegend!

¹⁵Vervloekt zij de man, die mijn vader geboodschapt heeft, zeggende: U is een jonge zoon geboren, verblijdende hem grotelijks!

¹⁶Ja, dezelve man zij, als de steden, die de HEERE heeft omgekeerd, en het heeft Hem niet berouwd; en hij hore in den morgenstond een geroep, en op den middagtijd een geschrei.

¹⁷Dat Hij mij niet gedood heeft van de baarmoeder af! Of mijn moeder mijn graf geweest is, of haar baarmoeder als van een, die eeuwiglijk zwanger is!

¹⁸Waarom ben ik toch uit de baarmoeder voortgekomen, om moeite en droefenis te zien, en dat mijn dagen in beschaamdheid vergaan?

Hoofdstuk 21
¹Het woord, dat van den HEERE geschied is tot Jeremia, als koning Zedekia tot hem zond Pashur, den zoon van Malchia, en Zefanja, den zoon van Maaseja, den priester, zeggende:

²Vraag toch den HEERE voor ons, want Nebukadrezar, de koning van Babel, strijdt tegen ons; misschien zal de HEERE met ons doen naar al Zijn wonderen, dat hij van onsoptrekke.

³Toen zeide Jeremia tot hen: Zo zult gijlieden tot Zedekia zeggen:

⁴Zo zegt de HEERE, de God Israels: Ziet, Ik zal de krijgswapenen omwenden, die in ulieder hand zijn, met dewelke gij strijdt tegen den koning van Babel en tegen de Chaldeen, die u belegeren, van buiten aan den muur; en Ik zal ze verzamelen in het midden van deze stad.

⁵En Ik Zelf zal tegen ulieden strijden, met een uitgestrekte hand en met een sterken arm, ja, met toorn, en met grimmigheid, en met grote verbolgenheid.

⁶En Ik zal de inwoners dezer stad slaan, zowel de mensen als de beesten; door een grote pestilentie zullen zij sterven.

⁷En daarna, spreekt de HEERE, zal Ik Zedekia, den koning van Juda, en zijn knechten, en het volk, en die in deze stad overgebleven zijn, van de pestilentie, van het zwaard en van den honger, geven in de hand van Nebukadrezar, den koning van Babel, en in de hand hunner vijanden, en in de hand dergenen, die hun ziel zoeken; en hij zal ze slaan met de scherpte des zwaards; hij zal ze niet sparen, noch verschonen, noch zich ontfermen.

⁸En tot dit volk zult gij zeggen: Zo zegt de HEERE: Ziet, Ik stel voor ulieder aangezicht den weg des levens en den weg des doods.

⁹Die in deze stad blijft, zal sterven door het zwaard, of door den honger, of door de pestilentie; maar die er uitgaat en valt tot de Chaldeen, die ulieden belegeren, die zal leven, en zijn ziel zal hem tot een buit zijn.

¹⁰Want Ik heb Mijn aangezicht tegen deze stad gesteld ten kwade en niet ten goede, spreekt de HEERE; zij zal gegeven worden in de hand des konings van Babel, en hij zal ze met vuur verbranden.

¹¹En aangaande het huis des konings van Juda, hoort des HEEREN woord.

¹²O huis Davids! zo zegt de HEERE: Richt des morgens recht, en verlost den beroofde uit den hand des verdrukkers; opdat Mijn gramschap niet uitvare als een vuur, en brande, dat niemand blussen kunne, vanwege de boosheid uwer handelingen.

¹³Ziet, Ik wil aan u, gij inwoneres des dals, gij rots van het plein! spreekt de HEERE; gijlieden, die zegt: Wie zou tegen ons afkomen, of wie zou komen in onze woningen?

¹⁴En Ik zal over ulieden bezoeking doen naar de vrucht uwer handelingen, spreekt de HEERE; en Ik zal een vuur aansteken in haar woud, dat zal verteren al wat rondom haar is.

Hoofdstuk 22

¹Alzo zegt de HEERE: Ga af in het huis des konings van Juda, en spreek aldaar dit woord.

²En zeg: Hoor het woord des HEEREN, gij koning van Juda, gij, die zit op Davids troon, gij, en uw knechten, en uw volk, die door deze poorten ingaan!

³Zo zegt de HEERE: Doet recht en gerechtigheid, en redt den beroofde uit de hand des verdrukkers; en onderdrukt den vreemdeling niet, den wees noch de weduwe; doet geen geweld en vergiet geen onschuldig bloed in deze plaats.

⁴Want indien gijlieden deze zaak ernstiglijk zult doen, zo zullen door de poorten van dit huis koningen ingaan, zittende den David op zijn troon, rijdende op wagens en op paarden, hij, en zijn knechten, en zijn volk.

⁵Indien gij daarentegen deze woorden niet zult horen, zo heb Ik bij Mij gezworen, spreekt de HEERE, dat dit huis tot een woestheid worden zal.

⁶Want zo zegt de HEERE van het huis des konings van Juda: Gij zijt Mij een Gilead, een hoogte van Libanon; maar zo Ik u niet zette als een woestijn en onbewoonde steden!

⁷Want Ik zal verdervers tegen u heiligen, elk met zijn gereedschap, die zullen uw uitgelezen cederen omhouwen, en in het vuur werpen.

⁸Dan zullen veel heidenen voorbij deze stad gaan, en zullen zeggen, een ieder tot zijn naaste: Waarom heeft de HEERE alzo gedaan aan deze grote stad?

⁹En zij zullen zeggen: Omdat zij het verbond des HEEREN, huns Gods, hebben verlaten, en hebben zich voor andere goden nedergebogen, en die gediend.

¹⁰Weent niet over den dode, en beklaagt hem niet; weent vrij over dien, die weggegaan is, want hij zal nimmermeer wederkomen, dat hij het land zijner geboorte zie.

¹¹Want zo zegt de HEERE van Sallum, den zoon van Josia, koning van Juda, die in de plaats van zijn vader Josia regeerde, die uit deze plaats is uitgegaan: Hij zal daar nimmermeer wederkomen.

¹²Maar in de plaats, waarhenen zij hem gevankelijk hebben weggevoerd, zal hij sterven, en dit land zal hij niet meer zien.

¹³Wee dien, die zijn huis bouwt met ongerechtigheid, en zijn opperzalen met onrecht; die zijns naasten dienst om niet gebruikt, en geeft hen zijn arbeidsloon niet!

¹⁴Die daar zegt: Ik zal mij een zeer hoog huis bouwen, en doorluchtige opperzalen; en hij houwt zich vensteren uit, en het is bedekt met ceder, en aangestreken met menie.

¹⁵Zoudt gij regeren, omdat gij u mengt met den ceder? Heeft niet uw vader gegeten en gedronken, en recht en gerechtigheid gedaan, en het ging hem toen wel?

¹⁶Hij heeft de rechtzaak des ellendigen en nooddruftigen gericht, toen ging het hem wel; is dat niet Mij te kennen? spreekt de HEERE.

¹⁷Maar uw ogen en uw hart zijn niet dan op uw gierigheid, en op onschuldig bloed, om dat te vergieten, en op verdrukking en overlast, om die te doen.

¹⁸Daarom zegt de HEERE alzo van Jojakim, zoon van Josia, koning van Juda: Zij zullen hem niet beklagen: Och mijn broeder! of, och zuster! Zij zullen hem niet beklagen: Och, heer! of, och zijn majesteit!

¹⁹Met een ezelsbegrafenis zal hij begraven worden; men zal hem slepen en daarhenen werpen, verre weg van de poorten van Jeruzalem.

²⁰Klim op den Libanon en roep, en verhef uw stem op den Basan; roep ook van de veren; maar al uw liefhebbers zijn verbroken.

²¹Ik sprak u aan in uw groten voorspoed, maar gij zeidet: Ik zal niet horen. Dit is uw weg van uw jeugd af, dat gij Mijner stem niet hebt gehoorzaamd.

²²De wind zal al uw herders weiden, en uw liefhebbers zullen in de gevangenis gaan; dan zult gij zekerlijk beschaamd en te schande worden, vanwege al uw boosheid.

²³O gij, die nu op den Libanon woont, en in de cederen nestelt! hoe begenadigd zult gij zijn, als u de smarten zullen aankomen, het wee als ener barende vrouw!

²⁴Zo waarachtig als Ik leef, spreekt de HEERE, ofschoon Chonia, de zoon van Jojakim, den koning van Juda, een zegelring ware aan Mijn rechterhand, zo zal Ik u toch van daar wegrukken.

²⁵En Ik zal u geven in de hand dergenen, die uw ziel zoeken, en in de hand dergenen, voor welker aangezicht gij schrikt, namelijk in de hand van Nebukadrezar, den koning van Babel, en in de hand der Chaldeen.

²⁶En Ik zal u, en uw moeder, die u gebaard heeft, uitwerpen in een ander land, waarin gijlieden niet geboren zijt, en daar zult gij sterven.

²⁷En in het land, naar hetwelk hun ziel verlangt om daar weder te komen, daarhenen zullen zij niet wederkomen.

²⁸Is dan deze man Chonia een veracht, verstrooid, afgodisch beeld? Of is hij een vat, waaraan men geen lust heeft? Waarom zijn hij en zijn zaad uitgeworpen, ja, weggeworpen in een land, dat zij niet kennen?

²⁹O land, land, land! hoor des HEEREN woord!

³⁰Zo zegt de HEERE: Schrijft dezen zelfden man kinderloos, een man, die niet voorspoedig zal zijn in zijn dagen; want er zal niemand van zijn zaad voorspoedig zijn, zittende op den troon Davids, en heersende meer in Juda.

Hoofdstuk 23

¹Wee den herderen, die de schapen Mijner weide ombrengen en verstrooien! spreekt de HEERE.

²Daarom zegt de HEERE, de God Israels, alzo van de herderen, die Mijn volk weiden: Gijlieden hebt Mijn schapen verstrooid, en hebt ze verdreven, en hebt ze niet bezocht; ziet, Ik zal over u bezoeken de boosheid uwer handelingen, spreekt de HEERE.

³En Ik zal het overblijfsel Mijner schapen Zelf vergaderen uit al de landen, waarhenen Ik ze verdreven heb; en Ik zal ze wederbrengen tot hun kooien, en zij zullen vruchtbaar zijn, en vermenigvuldigen.

⁴En Ik zal herderen over hen verwekken, die ze weiden zullen; en zij zullen niet meer vrezen, noch verschrikt worden, noch gemist worden, spreekt de HEERE.

⁵Ziet, de dagen komen, spreekt de HEERE, dat Ik aan David een rechtvaardige Spruit zal verwekken; Die zal Koning zijnde regeren, en voorspoedig zijn, en recht en gerechtigheid doen op de aarde.

⁶In Zijn dagen zal Juda verlost worden, en Israel zeker wonen; en dit zal Zijn naam zijn, waarmede men Hem zal noemen: De HEERE: ONZE GERECHTIGHEID.

⁷Daarom, ziet, de dagen komen, spreekt de HEERE, dat zij niet meer zullen zeggen: Zo waarachtig als de HEERE leeft, Die de kinderen Israels uit Egypteland heeft opgevoerd.

⁸Maar: Zo waarachtig als de HEERE leeft, Die het zaad van het huis Israels heeft opgevoerd, en Die het aangebracht heeft uit het land van het noorden, en uit al de landen, waarheen Ik ze gedreven had! want zij zullen wonen in hun land.

⁹Aangaande de profeten. Mijn hart wordt in mijn binnenste gebroken, al mijn beenderen bewegen zich; ik ben als een dronken man, en als een man, dien de wijn te boven gaat; vanwege den HEERE, en vanwege de woorden Zijner heiligheid.

¹⁰Want het land is vol overspelers, want het land treurt vanwege den vloek, de weiden der woestijn verdorren, omdat hun loop boos is, en hun macht niet recht.

¹¹Want beiden, profeten en priesters, zijn huichelaars; zelfs in Mijn huis vind Ik hun boosheid, spreekt de HEERE.

¹²Daarom zal hun weg hun zijn als zeer gladde plaatsen in de donkerheid; zij zullen aangedreven worden en daarin vallen; want Ik zal een kwaad over hen brengen in het jaar hunner bezoeking, spreekt de HEERE.

¹³Ik heb wel ongerijmdheid gezien in de profeten van Samaria, die door Baal, profeteerden, en Mijn volk Israel verleidden.

¹⁴Maar in de profeten van Jeruzalem zie Ik afschuwelijkheid; zij bedrijven overspel, en gaan om met valsheid, en sterken de handen der boosdoeners, opdat zich niet bekeren, een iegelijk van zijn boosheid, zij allen zijn Mij als Sodom, en haar inwoners als Gomorra.

¹⁵Daarom zegt de HEERE der heirscharen van deze profeten alzo: Ziet, Ik zal hen met alsem spijzigen, en met gallewater drenken; want van Jeruzalems profeten is de huichelarij uitgegaan in het ganse land.

¹⁶Zo zegt de HEERE der heirscharen: Hoort niet naar de woorden der profeten, die u profeteren; zij maken u ijdel; zij spreken het gezicht huns harten, niet uit des HEEREN mond.

¹⁷Zij zeggen steeds tot degenen, die Mij lasteren: De HEERE heeft het gesproken, gijlieden zult vrede hebben; en tot al wie naar zijns harten goeddunken wandelt, zeggen zij: Ulieden zal geen kwaad overkomen.

¹⁸Want wie heeft in des HEEREN raad gestaan, en Zijn woord gezien of gehoord? Wie heeft Zijn woord aangemerkt en gehoord?

¹⁹Ziet, een onweder des HEEREN, een grimmigheid is uitgegaan, ja, een pijnlijk onweder, het zal blijven op der goddelozen hoofd.

Jeremia

²⁰Des HEEREN toorn zal zich niet afwenden, totdat Hij zal hebben gedaan, en totdat Hij zal hebben daargesteld de gedachten Zijns harten; in het laatste der dagen zult gij metverstand daarop letten.

²¹Ik heb die profeten niet gezonden, nochtans hebben zij gelopen; Ik heb tot hen niet gesproken, nochtans hebben zij geprofeteerd.

²²Maar zo zij in Mijn raad hadden gestaan, zo zouden zij Mijn volk Mijn woorden hebben doen horen, en zouden hen afgekeerd hebben van hun bozen weg, en van de boosheidhunner handelingen.

²³Ben Ik een God van nabij, spreekt de HEERE, en niet een God van verre?

²⁴Zou zich iemand in verborgene plaatsen kunnen verbergen, dat Ik hem niet zou zien? spreekt de HEERE; vervul Ik niet den hemel en de aarde? spreekt de HEERE.

²⁵Ik heb gehoord, wat de profeten zeggen, die in Mijn Naam leugen profeteren, zeggende: Ik heb gedroomd, ik heb gedroomd.

²⁶Hoe lang? Is er dan een droom in het hart der profeten, die de leugen profeteren? Ja, het zijn profeten van huns harten bedriegerij.

²⁷Die daar denken om Mijn volk Mijn Naam te doen vergeten, door hun dromen, die zij, een ieder zijn naaste, vertellen; gelijk als hun vaders Mijn Naam vergeten hebben doorBaal.

²⁸De profeet, bij welken een droom is, die vertelle den droom; en bij welken Mijn woord is, die spreke Mijn woord waarachtiglijk; wat heeft het stro met het koren te doen? spreektde HEERE.

²⁹Is Mijn woord niet alzo, als een vuur? spreekt de HEERE, en als een hamer, die een steenrots te morzel slaat?

³⁰Daarom, ziet, Ik wil aan de profeten, spreekt de HEERE, die Mijn woorden stelen, een ieder van zijn naaste;

³¹Ziet, Ik wil aan de profeten, spreekt de HEERE, die hun tong nemen, en spreken: Hij heeft het gesproken;

³²Ziet, Ik wil aan degenen, die valse dromen profeteren, spreekt de HEERE, en vertellen die, en verléiden Mijn volk met hun leugenen en met hun lichtvaardigheid; daar Ik hen nietgezonden, en hun niets bevolen heb, en zij dit volk gans geen nut doen, spreekt de HEERE.

³³Wanneer dan dit volk, of een profeet, of priester u vragen zal, zeggende: Wat is des HEEREN last? Zo zult gij tot hen zeggen: Wat last? Dat Ik ulieden verlaten zal, spreekt deHEERE.

³⁴En aangaande den profeet, of den priester, of het volk, dat zeggen zal: Des HEEREN last; dat Ik bezoeking zal doen over dien man en over zijn huis.

³⁵Aldus zult gijlieden zeggen, een iegelijk tot zijn naaste, en een iegelijk tot zijn broeder: Wat heeft de HEERE geantwoord, en wat heeft de HEERE gesproken?

³⁶Maar des HEEREN last zult gij niet meer gedenken; want een iegelijk zal zijn eigen woord een last zijn, dewijl gij verkeert de woorden van den levenden God, den HEERE derheirscharen, onzen God.

³⁷Aldus zult gij zeggen tot den profeet: Wat heeft u de HEERE geantwoord en wat heeft de HEERE gesproken?

³⁸Maar dewijl gij zegt: Des HEEREN last; daarom, zo zegt de HEERE: Omdat gij dit woord zegt: Des HEEREN last, daar Ik tot u gezonden heb, zeggende: Gij zult niet zeggen: DesHEEREN last;

³⁹Daarom, ziet, Ik zal u ook ganselijk vergeten, en u, mitsgaders de stad, die Ik u en uw vaderen gegeven heb, van Mijn aangezicht laten varen.

⁴⁰En Ik zal u eeuwige smaadheid aandoen, en eeuwige schande, die niet zal worden vergeten.

Hoofdstuk 24

¹De HEERE deed mij zien, en ziet, er waren twee vijgenkorven, gezet voor den tempel des HEEREN; nadat Nebukadrezar, koning van Babel, gevankelijk had weggevoerdJechonia, den zoon van Jojakim, den koning van Juda, mitsgaders de vorsten van Juda, en de timmerlieden, en de smeden van Jeruzalem, en hen te Babel gebracht had.

²In den enen korf waren zeer goede vijgen, als de eerste rijpe vijgen zijn; maar in den anderen korf waren zeer boze vijgen, die vanwege de boosheid niet konden gegetenworden.

³En de HEERE zeide tot mij: Wat ziet gij, Jeremia? En ik zeide: Vijgen; de goede vijgen zijn zeer goed, en de boze zeer boos, die vanwege de boosheid niet kunnen gegetenworden.

⁴Toen geschiedde des HEEREN woord tot mij, zeggende:

⁵Zo zegt de HEERE, de God Israels: Gelijk die goede vijgen, alzo zal Ik kennen de gevankelijk weggevoerden van Juda, die Ik uit deze plaats naar het land der Chaldeen hebweggeschikt, ten goede.

⁶En Ik zal Mijn oog op hen stellen ten goede, en zal hen wederbrengen in dit land; en Ik zal hen bouwen, en niet afbreken; en zal hen planten, en niet uitrukken.

⁷En Ik zal hun een hart geven om Mij te kennen, dat Ik de HEERE ben; en zij zullen Mij tot een volk zijn, en Ik zal hun tot een God zijn; want zij zullen zich tot Mij met hun ganse hartbekeren.

⁸En gelijk de boze vijgen, die vanwege de boosheid niet kunnen gegeten worden (want aldus zegt de HEERE), alzo zal Ik maken Zedekia, den koning van Juda, mitsgaders zijnvorsten, en het overblijfsel van Jeruzalem, die in dit land zijn overgebleven, en die in Egypteland wonen;

⁹En Ik zal hen overgeven tot een beroering ten kwade, allen koninkrijken der aarde; tot smaadheid, en tot een spreekwoord, tot een spotrede, en tot een vloek, in al de plaatsen, waarhenen Ik hen gedreven zal hebben;

¹⁰En Ik zal onder hen zenden het zwaard, den honger en de pestilentie, totdat zij verteerd zullen zijn uit het land, dat Ik hun en hun vaderen gegeven had.

Hoofdstuk 25

¹Het woord, dat tot Jeremia geschied is over het ganse volk van Juda, in het vierde jaar van Jojakim, zoon van Josia, koning van Juda (dit was het eerste jaar van Nebukadrezar, koning van Babel);

²Hetwelk de profeet Jeremia gesproken heeft tot het ganse volk van Juda, en tot al de inwoners van Jeruzalem, zeggende:

³Van het dertiende jaar van Josia, den zoon van Amon, den koning van Juda, tot op dezen dag toe (dit is het drie en twintigste jaar) is het woord des HEEREN tot mij geschied; enik heb tot ulieden gesproken, vroeg op zijnde en sprekende, maar gij hebt niet gehoord.

⁴Ook heeft de HEERE tot u gezonden al Zijn knechten, de profeten, vroeg op zijnde en zendende (maar gij hebt niet gehoord, noch uw oor geneigd om te horen);

⁵Zeggende: Bekeert u toch, een iegelijk van zijn bozen weg, en van de boosheid uwer handelingen, en woont in het land, dat de HEERE u en uw vaderen gegeven heeft, vaneeuw tot eeuw;

⁶En wandelt andere goden niet na, om die te dienen, en u voor die neder te buigen; en vertoornt Mij niet door uwer handen werk, opdat Ik u geen kwaad doe.

⁷Maar gij hebt naar Mij niet gehoord, spreekt de HEERE; opdat gij Mij vertoorndet door het werk uwer handen, u zelven ten kwade.

⁸Daarom, zo zegt de HEERE der heirscharen; Omdat gij Mijn woorden niet hebt gehoord;

⁹Ziet, Ik zal zenden, en nemen alle geslachten van het noorden, spreekt de HEERE; en tot Nebukadrezar, den koning van Babel, Mijn knecht; en zal ze brengen over dit land, enover de inwoners van hetzelve, en over al deze volken rondom; en Ik zal ze verbannen, en zal ze stellen tot een ontzetting, en tot een aanfluiting, en tot eeuwige woestheden.

¹⁰En Ik zal van hen doen vergaan de stem der vrolijkheid en de stem der vreugde, de stem des bruidegoms en de stem der bruid, het geluid der molens en het licht der lamp.

¹¹En dit ganse land zal worden tot een woestheid, tot een ontzetting; en deze volken zullen den koning van Babel dienen zeventig jaren.

¹²Maar het zal geschieden, als de zeventig jaren vervuld zijn, dan zal Ik over den koning van Babel, en over dat volk, spreekt de HEERE, hun ongerechtigheid bezoeken, mitsgadersover het land der Chaldeen, en zal dat stellen tot eeuwige verwoestingen.

¹³En Ik zal over dat land brengen al Mijn woorden, die Ik daarover gesproken heb; al wat in dit boek geschreven is, wat Jeremia geprofeteerd heeft over al deze volken.

¹⁴Want van hen zullen zich doen dienen, die ook machtige volken en grote koningen zijn; alzo zal Ik hun vergelden naar hun doen, en naar het werk hunner handen.

¹⁵Want alzo heeft de HEERE, de God Israels, tot mij gezegd: Neem dezen beker des wijns der grimmigheid van Mijn hand, en geef dien te drinken al den volken, tot welke Ik uzende;

¹⁶Dat zij drinken, en beven, en dol worden, vanwege het zwaard, dat Ik onder hen zal zenden.

¹⁷En ik nam den beker van des HEEREN hand, en ik gaf te drinken al den volken, tot welke de HEERE mij gezonden had;

¹⁸Namelijk Jeruzalem en de steden van Juda, en haar koningen, en haar vorsten; om die te stellen tot een woestheid, tot een ontzetting, tot een aanfluiting en tot een vloek, gelijkhet is te dezen dage;

¹⁹Farao, den koning van Egypte, en zijn knechten, en zijn vorsten, en al zijn volk;

²⁰En den gansen gemengden hoop, en allen koningen des lands van Uz; en allen koningen van der Filistijnen land, en Askelon, en Gaza, en Ekron, en het overblijfsel van Asdod;

²¹Edom, en Moab, en den kinderen Ammons;

²²En allen koningen van Tyrus, en allen koningen van Sidon; en

den koningen der eilanden, die aan gene zijde der zee zijn.

²³Dedan, en Thema, en Buz, en allen, die aan de hoeken afgekort zijn;

²⁴En allen koningen van Arabie; en allen koningen des gemengden hoops, die in de woestijn wonen;

²⁵En allen koningen van Zimri, en allen koningen van Elam, en allen koningen van Medie;

²⁶En allen koningen van het noorden, die nabij en die verre zijn, den een met den anderen; ja, allen koninkrijken der aarde, die op den aardbodem zijn. En de koning van Sesachzal na hen drinken.

²⁷Gij zult dan tot hen zeggen: Zo zegt de HEERE der heirscharen, de God Israels: Drinkt, en wordt dronken, en spuwt, en valt neder, dat gij niet weder opstaat, vanwege het zwaard, dat Ik onder u zal zenden.

²⁸En het zal geschieden, wanneer zij weigeren zullen den beker van uw hand te nemen om te drinken, dat gij tot hen zeggen zult: Zo zegt de HEERE der heirscharen: Gij zult zekerlijk drinken!

²⁹Want ziet, in de stad, die naar Mijn Naam genoemd is, begin Ik te plagen, en zoudt gij enigszins onschuldig gehouden worden? Gij zult niet onschuldig gehouden worden; want Ik roep het zwaard over alle inwoners der aarde, spreekt de HEERE der heirscharen.

³⁰Gij zult dan al deze woorden tot hen profeteren, en gij zult tot hen zeggen: De HEERE zal brullen uit de hoogte, en Zijn stem verheffen uit de woning Zijner heiligheid; Hij zal schrikkelijk brullen over Zijn woonstede; Hij zal een vreugdegeschrei, als de druiven treders, uitroepen tegen alle inwoners der aarde.

³¹Het geschal zal komen tot aan het einde der aarde; want de HEERE heeft een twist met de volken, Hij zal gericht houden met alle vlees; de goddelozen heeft Hij aan het zwaard overgegeven, spreekt de HEERE.

³²Zo zegt de HEERE der heirscharen: Ziet, een kwaad gaat er uit van volk tot volk, en een groot onweder zal er verwekt worden van de zijden der aarde.

³³En de verslagenen des HEEREN zullen te dien dage liggen van het ene einde der aarde tot aan het andere einde der aarde; zij zullen niet beklaagd, noch opgenomen, noch begraven worden; tot mest op den aardbodem zullen zij zijn.

³⁴Huilt, gij herders! en schreeuwt, en wentelt u in de as, gij heerlijken van de kudde! want uw dagen zijn vervuld, dat men slachten zal, en van uw verstrooiingen, dan zult gij vervallen als een kostelijk vat.

³⁵En de vlucht zal vergaan van de herders, en de ontkoming van de heerlijken der kudde.

³⁶Er zal zijn een stem des geroeps der herderen, en een gehuil der heerlijken van de kudde, omdat de HEERE hun weide verstoort.

³⁷Want de landouwen des vredes zullen uitgeroeid worden, vanwege de hittigheid des toorns des HEEREN.

³⁸Hij heeft, als een jonge leeuw, Zijn hutte verlaten; want hunlieder land is geworden tot een verwoesting, vanwege de hittigheid des verdrukkers, ja, vanwege de hittigheid Zijns toorns.

Hoofdstuk 26

¹In het begin des koninkrijks van Jojakim, den zoon van Josia, koning van Juda, geschiedde dit woord van den HEERE, zeggende:

²Zo zegt de HEERE: Sta in het voorhof van het huis des HEEREN, en spreek tot alle steden van Juda, die komen om aan te bidden in het huis des HEEREN, al de woorden, die Ik u geboden heb tot hen te spreken, doe er niet een woord af.

³Misschien zullen zij horen, en zich bekeren, een iegelijk van zijn bozen weg; zo zou Ik berouw hebben over het kwaad, dat Ik hun denk te doen vanwege de boosheid hunner handelingen.

⁴Zeg dan tot hen: Zo zegt de HEERE: Zo gijlieden naar Mij niet zult horen, dat gij wandelt in Mijn wet, die Ik voor uw aangezicht gegeven heb;

⁵Horende naar de woorden Mijner knechten, de profeten, die Ik tot u zende, zelfs vroeg op zijnde en zendende; doch gij niet gehoord hebt;

⁶Zo zal Ik dit huis stellen als Silo, en deze stad zal Ik stellen tot een vloek allen volken der aarde.

⁷En de priesters, en de profeten, en al het volk, hoorden Jeremia deze woorden spreken in het huis des HEEREN.

⁸Zo geschiedde het, als Jeremia geeindigd had te spreken alles, wat de HEERE geboden had tot al het volk te spreken, dat de priesters en de profeten en al het volk hem grepen, zeggende: Gij zult den dood sterven!

⁹Waarom hebt gij in den Naam des HEEREN geprofeteerd, zeggende: Dit huis zal worden als Silo, en deze stad zal woest worden, dat er niemand wone? En het ganse volk werd vergaderd tegen Jeremia, in het huis des HEEREN.

¹⁰Als nu de vorsten van Juda deze woorden hoorden, gingen zij op uit het huis des konings naar het huis des HEEREN; en zij zetten zich bij de deur der nieuwe poort des HEEREN.

¹¹Toen spraken de priesters en de profeten tot de vorsten en tot al het volk, zeggende: Aan dezen man is een oordeel des doods, want hij heeft geprofeteerd tegen deze stad, gelijkals gij met uw oren gehoord hebt.

¹²Maar Jeremia sprak tot al de vorsten en tot al het volk, zeggende: De HEERE heeft mij gezonden, om tegen dit huis en tegen deze stad te profeteren al de woorden, die gij gehoord hebt;

¹³Nu dan, maakt uw wegen en uw handelingen goed, en gehoorzaamt de stem des HEEREN, uws Gods; zo zal het den HEERE berouwen over het kwaad, dat Hij tegen u gesproken heeft.

¹⁴Doch ik, ziet, ik ben in uw handen; doet mij, als het goed, en als het recht is in uw ogen;

¹⁵Maar weet voorzeker, dat gij, zo gij mij doodt, gewisselijk onschuldig bloed zult brengen op u, en op deze stad, en op haar inwoners; want in der waarheid, de HEERE heeft mij tot u gezonden, om al deze woorden voor uw oren te spreken.

¹⁶Toen zeiden de vorsten en al het volk tot de priesteren en tot de profeten: Aan dezen man is geen oordeel des doods, want hij heeft tot ons gesproken in den Naam des HEEREN, onzes Gods.

¹⁷Ook stonden er mannen op, van de oudsten des lands, en spraken tot de ganse gemeente des volks, zeggende:

¹⁸Micha, de Morastiet, heeft in de dagen van Hizkia, koning van Juda, geprofeteerd, en tot al het volk van Juda gesproken, zeggende: Zo zegt de HEERE des heirscharen: Sion zal als een akker geploegd, en Jeruzalem tot steen hopen worden, en de berg dezes huizes tot hoogten des wouds.

¹⁹Hebben ook Hizkia, de koning van Juda, en gans Juda hem ooit gedood? Vreesde hij niet den HEERE, en smeekte des HEEREN aangezicht, zodat het den HEERE berouwde over het kwaad, dat Hij tegen hen gesproken had? Wij dan doen een groot kwaad tegen onze zielen.

²⁰Er was ook een man, die in den Naam des HEEREN profeteerde, Uria, de zoon van Semaja, van Kirjath-Jearim; die profeteerde tegen deze stad en tegen dit land, naar al de woorden van Jeremia.

²¹En als de koning Jojakim, mitsgaders al zijn geweldigen, en al de vorsten zijn woorden hoorden, zocht de koning hem te doden; als Uria dat hoorde, zo vreesde hij, en vluchtte, en kwam in Egypte;

²²Maar de koning Jojakim zond mannen naar Egypte, Elnathan, den zoon van Achbor, en andere mannen met hem, in Egypte;

²³Die voerden Uria uit Egypte, en brachten hem tot den koning Jojakim, en hij sloeg hem met het zwaard, en hij wierp zijn dood lichaam in de graven van de kinderen des volks.

²⁴Maar de hand van Ahikam, den zoon van Safan, was met Jeremia, dat men hem niet overgaf in de hand des volk, om hem te doden.

Hoofdstuk 27

¹In het begin des koninkrijks van Jojakim, zoon van Josia, koning van Juda, geschiedde dit woord tot Jeremia, van den HEERE, zeggende:

²Alzo zeide de HEERE tot mij: Maak u banden en jukken, en doe die aan uw hals;

³En zend ze tot den koning van Edom, en tot den koning van Moab, en tot den koning der kinderen Ammons, en tot den koning van Tyrus, en tot den koning van Sidon; door de hand der boden, die te Jeruzalem tot Zedekia, den koning van Juda, komen.

⁴En beveel hun aan hun heren te zeggen: Zo zegt de HEERE der heirscharen, de God Israels: Zo zult gij tot uw heren zeggen:

⁵Ik heb gemaakt de aarde, den mens en het vee, die op den aardbodem zijn, door Mijn grote kracht, en door Mijn uitgestrekten arm, en Ik geef ze aan welken het recht is in Mijn ogen.

⁶En nu, Ik heb al deze landen gegeven in de hand van Nebukadnezar, den koning van Babel, Mijn knecht; zelfs ook het gedierte des velds heb Ik hem gegeven, om hem te dienen.

⁷En alle volken zullen hem, en zijn zoon, en zijns zoons zoon dienen, totdat ook de tijd zijns eigenen lands kome; dan zullen zich machtige volken en grote koningen van hem doen dienen.

⁸En het zal geschieden, het volk en het koninkrijk, dat hem, Nebukadnezar, den koning van Babel, niet zal dienen, en dat zijn hals niet zal geven onder het juk des konings van Babel; over datzelve volk zal Ik, spreekt de HEERE, bezoeking doen door het zwaard, en door den honger, en door de pestilentie, totdat Ik ze zal verteerd hebben door zijn hand.

⁹Gijlieden dan, hoort niet naar uw profeten, en naar uw waarzeggers, en naar uw dromers, en naar uw guichelaars, en naar uw tovenaars, dewelke tot u spreken, zeggende: Gij zult den koning van

Babel niet dienen.

¹⁰Want zij profeteren u valsheid, om u verre uit uw land te brengen, en dat Ik u uitstote, en gij omkomt.

¹¹Maar het volk, dat zijn hals zal brengen onder het juk des konings van Babel, en hem dienen, datzelve zal Ik in zijn land laten, spreekt de HEERE, en het zal dat bouwen en daarinwonen.

¹²Daarna sprak ik tot Zedekia, den koning van Juda, naar al deze woorden, zeggende: Brengt uw halzen onder het juk des konings van Babel, en dient hem en zijn volk, zo zult gijleven.

¹³Waarom zoudt gij sterven, gij en uw volk door het zwaard, door den honger en door de pestilentie, gelijk als de HEERE gesproken heeft van het volk, dat den koning van Babelniet zal dienen.

¹⁴Hoort dan niet naar de woorden der profeten, die tot u spreken, zeggende: Gij zult den koning van Babel niet dienen; want zij profeteren u valsheid.

¹⁵Want Ik heb ze niet gezonden, spreekt de HEERE, en zij profeteren valselijk in Mijn Naam; opdat Ik u uitstote, en gij omkomt, gij en de profeten, die u profeteren.

¹⁶Ook sprak ik tot de priesteren, en tot dit ganse volk, zeggende: Zo zegt de HEERE: Hoort niet naar de woorden uwer profeten, die u profeteren, zeggende: Ziet, de vaten van desHEEREN huis zullen nu haast uit Babel wedergebracht worden; want zij profeteren u valsheid.

¹⁷Hoort niet naar hen, maar dient den koning van Babel, zo zult gijlieden leven; waarom zou deze stad tot een woestheid worden?

¹⁸Maar zo zij profeten zijn, en zo des HEEREN woord bij hen is, laat hen nu bij den HEERE der heirscharen voorbidden, opdat de vaten, die in het huis des HEEREN, en in het huisdes konings van Juda, en te Jeruzalem zijn overgebleven, niet naar Babel komen.

¹⁹Want zo zegt de HEERE der heirscharen, van de pilaren, en van de zee, en van de stellingen, en van het overige der vaten, die in deze stad zijn overgebleven,

²⁰Die Nebukadnezar, de koning van Babel, niet heeft weggenomen, als hij Jechonia, den zoon van Jojakim, koning van Juda, van Jeruzalem, naar Babel gevankelijk wegvoerde, mitsgaders al de edelen van Juda en Jeruzalem;

²¹Ja, zo zegt de HEERE der heirscharen, de God Israels, van de vaten, die in het huis des HEEREN, en in het huis des konings van Juda, en te Jeruzalem zijn overgebleven:

²²Naar Babel zullen zij gebracht worden, en aldaar zullen zij zijn, tot den dag toe, dat Ik ze bezoeken zal, spreekt de HEERE; dan zal Ik ze opvoeren, en zal ze wederbrengen tot dezeplaats.

Hoofdstuk 28

¹Voorts geschiedde het in hetzelfde jaar, in het begin des koninkrijks van Zedekia, koning van Juda, in het vierde jaar, in de vijfde maand, dat Hananja, zoon van Azur, de profeet, die van Gibeon was, tot mij sprak, in het huis des HEEREN, voor de ogen der priesteren en des gansen volks, zeggende:

²Zo spreekt de HEERE der heirscharen, de God Israels, zeggende: Ik heb het juk des konings van Babel verbroken.

³In nog twee volle jaren zal Ik tot deze plaats wederbrengen al de vaten van het huis des HEEREN, die Nebukadnezar, de koning van Babel, uit deze plaats heeft weggenomen, endezelve naar Babel gebracht.

⁴Ook zal Ik Jechonia, den zoon van Jojakim, koning van Juda, en allen, die gevankelijk weggevoerd zijn van Juda, die te Babel gekomen zijn, tot deze plaats wederbrengen, spreekt de HEERE; want Ik zal het juk des konings van Babel verbreken.

⁵Toen sprak de profeet Jeremia tot den profeet Hananja, voor de ogen der priesteren, en voor de ogen des gansen volks, die in het huis des HEEREN stonden;

⁶En de profeet Jeremia zeide: Amen, de HEERE doe alzo! de HEERE bevestige uw woorden, die gij geprofeteerd hebt, dat Hij de vaten van des HEEREN huis, en allen, diegevankelijk zijn weggevoerd, van Babel wederbrenge tot deze plaats!

⁷Maar hoor nu dit woord, dat ik spreek voor uw oren, en voor de oren des gansen volks:

⁸De profeten, die voor mij en voor u van ouds geweest zijn, die hebben tegen veel landen en tegen grote koninkrijken geprofeteerd, van krijg, en van kwaad, en van pestilentie.

⁹De profeet, die geprofeteerd zal hebben van vrede, als het woord van dien profeet komt, dan zal die profeet bekend worden, dat hem de HEERE in der waarheid gezonden heeft.

¹⁰Toen nam de profeet Hananja het juk van den hals van den profeet Jeremia, en verbrak het.

¹¹En Hananja sprak voor de ogen des gansen volks, zeggende: Zo zegt de HEERE: Alzo zal Ik verbreken het juk van Nebukadnezar, den koning van Babel, in nog twee volle jaren, van den hals al der volken. En de profeet Jeremia ging zijns weegs.

¹²Doch des HEEREN woord geschiedde tot Jeremia (nadat de profeet Hananja het juk van den hals van den profeet Jeremia verbroken had), zeggende:

¹³Ga henen en spreek tot Hananja, zeggende: Zo zegt de HEERE: Houten jukken hebt gij verbroken, nu zult gij in plaats van die ijzeren jukken maken.

¹⁴Want zo zegt de HEERE der heirscharen, de God Israels: Ik heb een ijzeren juk gedaan aan den hals van al deze volken, om Nebukadnezar, den koning van Babel, te dienen, enzij zullen hem dienen; ja, Ik heb hem ook het gedierte des velds gegeven.

¹⁵En de profeet Jeremia zeide tot den profeet Hananja: Hoor nu, Hananja! de HEERE heeft u niet gezonden, maar gij hebt gemaakt, dat dit volk op leugen vertrouwt.

¹⁶Daarom, zo zegt de HEERE: Zie, Ik zal u wegwerpen van den aardbodem; dit jaar zult gij sterven, omdat gij een afval gesproken hebt tegen den HEERE.

¹⁷Alzo stierf de profeet Hananja in datzelfde jaar, in de zevende maand.

Hoofdstuk 29

¹Voorts zijn dit de woorden des briefs, dien de profeet Jeremia zond van Jeruzalem tot de overige oudsten, die gevankelijk waren weggevoerd, mitsgaders tot de priesteren, en totde profeten, en tot het ganse volk, dat Nebukadnezar van Jeruzalem gevankelijk had weggevoerd naar Babel.

²(Nadat de koning Jechonia, en de koningin, en de kamerlingen, de vorsten van Juda en Jeruzalem, mitsgaders de timmerlieden en smeden van Jeruzalem waren uitgegaan);

³Door de hand van Elasa, den zoon van Safan, en Gemarja, den zoon van Hilkia, die Zedekia, de koning van Juda, naar Babel zond, tot Nebukadnezar, den koning van Babel, zeggende:

⁴Zo zegt de HEERE der heirscharen, de God Israels, tot allen, die gevankelijk zijn weggevoerd, die Ik gevankelijk heb doen wegvoeren van Jeruzalem naar Babel:

⁵Bouwt huizen en woont daarin, en plant hoven en eet de vrucht daarvan;

⁶Neemt vrouwen, en gewint zonen en dochteren, en neemt vrouwen voor uw zonen, en geeft uw dochteren aan mannen, dat zij zonen en dochteren baren; en wordt aldaarvermenigvuldigd, en wordt niet verminderd.

⁷En zoekt den vrede der stad, waarhenen Ik u gevankelijk heb doen wegvoeren, en bidt voor haar tot den HEERE; want in haar vrede zult gij vrede hebben.

⁸Want zo zegt de HEERE der heirscharen, de God Israels: Laat uw profeten en uw waarzeggers, die in het midden van u zijn, u niet bedriegen, en hoort niet naar uw dromers, diegij doet dromen.

⁹Want zij profeteren u valselijk in Mijn Naam; Ik heb hen niet gezonden, spreekt de HEERE.

¹⁰Want zo zegt de HEERE: Zekerlijk, als zeventig jaren te Babel zullen vervuld zijn, zal Ik ulieden bezoeken, en Ik zal Mijn goed woord over u verwekken, u wederbrengende tot dezeplaats.

¹¹Want Ik weet de gedachten, die Ik over u denk, spreekt de HEERE, gedachten des vredes, en niet des kwaads, dat Ik u geve het einde en de verwachting.

¹²Dan zult gij Mij aanroepen, en henengaan, en tot Mij bidden; en Ik zal naar u horen.

¹³En gij zult Mij zoeken en vinden, wanneer gij naar Mij zult vragen met uw ganse hart.

¹⁴En Ik zal van ulieden gevonden worden, spreekt de HEERE, en Ik zal uw gevangenis wenden, en u vergaderen uit al de volken, en uit al de plaatsen, waarhenen Ik u gedrevenheb, spreekt de HEERE; en Ik zal u wederbrengen tot de plaats, van waar Ik u gevankelijk heb doen wegvoeren.

¹⁵Omdat gij zegt: de HEERE heeft ons profeten naar Babel verwekt;

¹⁶Daarom zegt de HEERE alzo van den koning, die op Davids troon zit, en van al het volk, dat in deze stad woont, te weten, uw broederen, die met u niet zijn uitgegaan in degevangenis;

¹⁷Alzo zegt de HEERE der heirscharen: Ziet, Ik zal het zwaard, den honger en de pestilentie onder hen zenden; en Ik zal ze maken als de afschuwelijke vijgen, die vanwege deboosheid niet kunnen gegeten worden.

¹⁸En Ik zal ze achterna jagen met het zwaard, met den honger en met de pestilentie; en Ik zal ze overgeven tot een beroering, allen koninkrijken der aarde, tot een vloek, en tot eenschrik, en tot een

aanfluiting, en tot een smaadheid, onder al de volken, waar Ik ze henengedreven zal hebben;

¹⁹Omdat zij naar Mijn woorden niet gehoord hebben, spreekt de HEERE, als Ik Mijn knechten, de profeten, tot hen zond, vroeg op zijnde en zendende; maar gijlieden hebt nietgehoord, spreekt de HEERE.

²⁰Gij dan, hoort des HEEREN woord, gij allen, die gevankelijk zijt weggevoerd, die Ik van Jeruzalem naar Babel heb weggezonden!

²¹Zo zegt de HEERE der heirscharen, de God Israels, van Achab, zoon van Kolaja, en van Zedekia, zoon van Maaseja, die ulieden in Mijn Naam valselijk profeteren: Ziet, Ik zal hengeven in de hand van Nebukadrezar, den koning van Babel, en hij zal ze voor uw ogen slaan.

²²En van hen zal een vloek genomen worden bij al de gevankelijk weggevoerden van Juda, die in Babel zijn, dat men zegge: De HEERE stelle u als Zedekia, en als Achab, die dekoning van Babel aan het vuur braadde;

²³Omdat zij een dwaasheid deden in Israel, en overspel bedreven met de vrouwen hunner naasten, en spraken het woord valselijk in Mijn Naam, dat Ik hun niet geboden had; enIk ben Degene, Die het weet, en een getuige daarvan, spreekt de HEERE.

²⁴Tot Semaja nu, den Nechelamiet, zult gij spreken, zeggende:

²⁵Zo spreekt de HEERE der heirscharen, de God Israels, zeggende: Omdat gij brieven in uw naam gezonden hebt tot al het volk, dat te Jeruzalem is, en tot Zefanja, den zoon vanMaaseja, den priester, en tot al de priesteren, zeggende:

²⁶De HEERE heeft u tot priester gesteld, in plaats van den priester Jojada, dat gij opzieners zoudt zijn in des HEEREN huis over allen man, die onzinnig is, en zich voor een profeetuitgeeft, dat gij dien stelt in de gevangenis en in den stok.

²⁷Nu dan, waarom hebt gij Jeremia, den Anathothiet, niet gescholden, die zich bij ulieden voor een profeet uitgeeft?

²⁸Want daarom heeft hij tot ons naar Babel gezonden, zeggende: Het zal lang duren; bouwt huizen, en woont daarin en plant hoven, en eet de vrucht daarvan.

²⁹Zefanja nu, de priester, had dezen brief gelezen voor de oren van den profeet Jeremia.

³⁰Daarom geschiedde des HEEREN woord tot Jeremia, zeggende:

³¹Zend henen tot allen, die gevankelijk weggevoerd zijn, zeggende: Zo zegt de HEERE van Semaja, den Nechelamiet: Omdat Semaja ulieden geprofeteerd heeft, daar Ik hem nietgezonden heb, en heeft gemaakt, dat gij op leugen vertrouwt;

³²Daarom zegt de HEERE alzo: Ziet, Ik zal bezoeking doen over Semaja, den Nechelamiet, en over zijn zaad; hij zal niemand hebben, die in het midden dezes volks wone, en zalhet goede niet zien, dat Ik Mijn volke doen zal, spreekt de HEERE; want hij heeft een afval gesproken tegen den HEERE.

Hoofdstuk 30

¹Het woord, dat tot Jeremia geschied is van den HEERE, zeggende:

²Zo spreekt de HEERE, de God Israels, zeggende: Schrijf u al de woorden, die Ik tot u gesproken heb, in een boek.

³Want zie, de dagen komen, spreekt de HEERE, dat Ik de gevangenis van Mijn volk, Israel en Juda, wenden zal, zegt de HEERE; en Ik zal hen wederbrengen in het land, dat Ik hunvaderen gegeven heb, en zij zullen het erfelijk bezitten.

⁴En dit zijn de woorden, die de HEERE gesproken heeft van Israel en van Juda.

⁵Want zo zegt de HEERE: Wij horen een stem der verschrikking; er is vrees en geen vrede.

⁶Vraagt toch en ziet, of een manspersoon baart? Waarom zie Ik dan eens iegelijken mans handen op zijn lenden, als van een barende vrouw, en alle aangezichten veranderd inbleekheid?

⁷O wee! want die dag is zo groot, dat zijns gelijke niet geweest is; en het is een tijd van benauwdheid voor Jakob; nog zal hij daaruit verlost worden.

⁸Want het zal te dien dage geschieden, spreekt de HEERE der heirscharen, dat Ik zijn juk van uw hals verbreken, en uw banden verscheuren zal; en vreemden zullen zich nietmeer van hem doen dienen.

⁹Maar zij zullen dienen den HEERE, hun God, en hun koning David, dien Ik hun verwekken zal.

¹⁰Gij dan, vrees niet, o Mijn knecht Jakob! spreekt de HEERE, ontzet u niet, Israel! want zie, Ik zal u uit verre landen verlossen, en uw zaad uit het land hunner gevangenis; en Jakobzal wederkomen, en stil en gerust zijn, en er zal niemand zijn, die hem verschrikke.

¹¹Want Ik ben met u, spreekt de HEERE, om u te verlossen; want Ik zal een voleinding maken met al de heidenen, waarhenen Ik u verstrooid heb; maar met u zal Ik geenvoleinding maken; maar Ik zal u kastijden met mate, en u niet gans onschuldig houden.

¹²Want zo zegt de HEERE: Uw breuk is dodelijk, uw plage is smartelijk.

¹³Er is niemand, die uw zaak oordeelt, aangaande het gezwel; gij hebt geen heelpleisters.

¹⁴Al uw liefhebbers hebben u vergeten, zij vragen niet naar u; want Ik heb u geslagen met eens vijands plage, met de kastijding eens wreden; om de grootheid uwerongerechtigheid, omdat uw zonden machtig veel zijn.

¹⁵Wat krijt gij over uw breuk, dat uw smart dodelijk is? Om de grootheid uwer ongerechtigheid, omdat uw zonden machtig veel zijn, heb Ik u deze dingen gedaan.

¹⁶Daarom, allen, die u opeten, zullen opgegeten worden, en al uw wederpartijders, zij allen zullen gaan in gevangenis; en die u beroven, zullen ter beroving zijn, en allen, die uplunderen, zal Ik ter plundering overgeven.

¹⁷Want Ik zal u de gezondheid doen rijzen, en u van uw plagen genezen, spreekt de HEERE; omdat zij u noemen: De verdrevene. Het is Sion, zeggen zij; niemand vraagt naar haar.

¹⁸Zo zegt de HEERE: Ziet, Ik zal de gevangenis der tenten Jakobs wenden, en Mij over hun woningen ontfermen; en de stad zal herbouwd worden op haar hoop, en het paleis zalliggen naar zijn wijze.

¹⁹En van hen zal dankzegging uitgaan, en een stem der spelenden; en Ik zal hen vermeerderen, en zij zullen niet verminderd worden, en Ik zal hen verheerlijken, en zij zullen nietgering worden.

²⁰En zijn zonen zullen zijn als eertijds, en zijn gemeente zal voor Mijn aangezicht bevestigd worden; en Ik zal bezoeking doen over al zijn onderdrukkers.

²¹En zijn Heerlijke zal uit hem zijn, en zijn Heerser uit het midden van hem voortkomen; en Ik zal hem doen naderen, en hij zal tot Mij genaken; want wie is hij, die met zijn hart borgworde, om tot Mij te genaken? spreekt de HEERE.

²²En gij zult Mij tot een volk zijn, en Ik zal u tot een God zijn.

²³Ziet, een onweder des HEEREN, een grimmigheid is uitgegaan, een aanhoudend onweder; het zal blijven op het hoofd der goddelozen.

²⁴De hittigheid van des HEEREN toorn zal zich niet afwenden, totdat Hij gedaan, en totdat Hij daargesteld zal hebben de gedachten Zijns harten; in het laatste der dagen zult gijdaarop letten.

Hoofdstuk 31

¹Ter zelfder tijd, spreekt de HEERE, zal Ik allen geslachten Israels tot een God zijn; en zij zullen Mij tot een volk zijn.

²Zo zegt de HEERE: Het volk der overgeblevenen van het zwaard heeft genade gevonden in de woestijn, namelijk Israel, als Ik henenging om hem tot rust te brengen.

³De HEERE is mij verschenen van verre tijden! Ja, Ik heb u liefgehad met een eeuwige liefde; daarom heb Ik u getrokken met goedertierenheid.

⁴Ik zal u weder bouwen, en gij zult gebouwd worden, o jonkvrouw Israels! gij zult weder versierd zijn met uw trommelen, en uitgaan met den rei der spelenden.

⁵Gij zult weder wijngaarden planten op de bergen van Samaria; de planters zullen planten, en de vrucht genieten.

⁶Want er zal een dag zijn, waarin de hoeders op Efraims gebergte zullen roepen: Maakt ulieden op, en laat ons opgaan naar Sion, tot den HEERE, onzen God!

⁷Want zo zegt de HEERE: Roept luide over Jakob met vreugde, en juicht vanwege het hoofd der heidenen; doet het horen, lofzingt, en zegt: O HEERE! behoud Uw volk, hetoverblijfsel van Israel.

⁸Ziet, Ik zal ze aanbrengen uit het land van het noorden, en zal hen vergaderen van de zijden der aarde; onder hen zullen zijn blinden en lammen, zwangeren en barenden tezamen; met een grote gemeente zullen zij herwaarts wederkomen.

⁹Zij zullen komen met geween, en met smekingen zal Ik hen voeren; Ik zal hen leiden aan de waterbeken, in een rechten weg, waarin zij zich niet zullen stoten; want Ik ben Israeltot een Vader, en Efraim is Mijn eerstgeborene.

¹⁰Hoort des HEEREN woord, gij heidenen! en verkondigt in de eilanden, die verre zijn, en zegt: Hij, Die Israel verstrooid heeft, zal hem weder vergaderen, en hem bewaren als eenherder zijn kudde.

¹¹Want de HEERE heeft Jakob vrijgekocht, en Hij heeft hem verlost uit de hand desgenen, die sterker was dan hij.

¹²Dies zullen zij komen, en op de hoogte van Sion juichen, en toevloeien tot des HEEREN goed, tot het koren, en tot den most, en tot de olie, en tot de jonge schapen en runderen;en hun ziel zal zijn als een

Jeremia

gewaterde hof, en zij zullen voortaan niet meer treurig zijn.

¹³Dan zal zich de jonkvrouw verblijden in den rei, daartoe de jongelingen en ouden te zamen; want Ik zal hunlieder rouw in vrolijkheid veranderen, en zal hen troosten, en zal henverblijden naar hun droefenis.

¹⁴En Ik zal de ziel der priesteren met vettigheid dronken maken; en Mijn volk zal met Mijn goed verzadigd worden, spreekt de HEERE.

¹⁵Zo zegt de HEERE: Er is een stem gehoord in Rama, een klage, een zeer bitter geween; Rachel weent over haar kinderen; zij weigert zich te laten troosten over haar kinderen, omdat zij niet zijn.

¹⁶Zo zegt de HEERE: Bedwing uw stem van geween, en uw ogen van tranen; want er is loon voor uw arbeid, spreekt de HEERE; want zij zullen uit des vijands land wederkomen.

¹⁷En er is verwachting voor uw nakomelingen, spreekt de HEERE; want uw kinderen zullen wederkomen tot hun landpale.

¹⁸Ik heb wel gehoord, dat zich Efraim beklaagt, zeggende: Gij hebt mij getuchtigd, en ik ben getuchtigd geworden als een ongewend kalf. Bekeer mij, zo zal ik bekeerd zijn, wantGij zijt de HEERE, mijn God!

¹⁹Zekerlijk, nadat ik bekeerd ben, heb ik berouw gehad, en nadat ik mijzelven ben bekend gemaakt, heb ik op de heup geklopt, ik ben beschaamd, ja, ook schaamrood geworden, omdat ik de smaadheid mijner jeugd gedragen heb.

²⁰Is niet Efraim Mij een dierbare zoon, is hij Mij niet een troetelkind? Want sinds Ik tegen hem gesproken heb, denk Ik nog ernstelijk aan hem; daarom rommelt Mijn ingewand overhem; Ik zal Mij zijner zekerlijk ontfermen, spreekt de HEERE.

²¹Richt u merktekenen op, stel u spitse pilaren, zet uw hart op de baan, op den weg, dien gij gewandeld hebt; keer weder, o jonkvrouw Israels, keer weder tot deze uw steden!

²²Hoe lang zult gij u onttrekken, gij afkerige dochter? Want de HEERE heeft wat nieuws op de aarde geschapen: de vrouw zal den man omvangen.

²³Zo zegt de HEERE der heirscharen, de God Israels: Dit woord zullen zij nog zeggen in het land van Juda, en in zijn steden, als Ik hun gevangenis wenden zal: De HEERE zegeneu, gij woning der gerechtigheid, gij berg der heiligheid!

²⁴En Juda, mitsgaders al zijn steden, zullen te zamen daarin wonen; de akkerlieden, en die met de kudde reizen.

²⁵Want Ik heb de vermoeide ziel dronken gemaakt, en Ik heb alle treurige ziel vervuld.

²⁶(Hierop ontwaakte ik, en zag toe, en mijn slaap was mij zoet.)

²⁷Ziet, de dagen komen, spreekt de HEERE, dat Ik het huis van Israel en het huis van Juda bezaaien zal met zaad van mensen en zaad van beesten.

²⁸En het zal geschieden, gelijk als Ik over hen gewaakt heb, om uit te rukken, en af te breken, en te verstoren, en te verderven, en kwaad aan te doen; alzo zal Ik over hen waken, om te bouwen en te planten, spreekt de HEERE.

²⁹In die dagen zullen zij niet meer zeggen: De vaders hebben onrijpe druiven gegeten, en der kinderen tanden zijn stomp geworden.

³⁰Maar een iegelijk zal om zijn ongerechtigheid sterven; een ieder mens, die de onrijpe druiven eet, zijn tanden zullen stomp worden.

³¹Ziet, de dagen komen, spreekt de HEERE, dat Ik met het huis van Israel en met het huis van Juda een nieuw verbond zal maken;

³²Niet naar het verbond, dat Ik met hun vaderen gemaakt heb, ten dage als Ik hun hand aangreep, om hen uit Egypteland uit te voeren, welk Mijn verbond zij vernietigd hebben, hoewel Ik hen getrouwd had, spreekt de HEERE;

³³Maar dit is het verbond, dat Ik na die dagen met het huis van Israel maken zal, spreekt de HEERE: Ik zal Mijn wet in hun binnenste geven, en zal die in hun hart schrijven; en Ik zalhun tot een God zijn, en zij zullen Mij tot een volk zijn.

³⁴En zij zullen niet meer, een iegelijk zijn naaste, en een iegelijk zijn broeder, leren, zeggende: Kent den HEERE! want zij zullen Mij allen kennen, van hun kleinste af tot hungrootste toe, spreekt de HEERE; want Ik zal hun ongerechtigheid vergeven, en hunner zonden niet meer gedenken.

³⁵Zo zegt de HEERE, Die de zon ten lichte geeft des daags, de ordeningen der maan en der sterren ten lichte des nachts, Die de zee klieft, dat haar golven bruisen, HEERE derheirscharen is Zijn Naam:

³⁶Indien deze ordeningen van voor Mijn aangezicht zullen wijken, spreekt de HEERE, zo zal ook het zaad Israels ophouden, dat het geen volk zij voor Mijn aangezicht, al de dagen.

³⁷Zo zegt de HEERE: Indien de hemelen daarboven gemeten, en de fondamenten der aarde beneden doorgrond kunnen worden, zo zal Ik ook het ganse zaad Israels verwerpen, om alles, wat zij gedaan hebben, spreekt de HEERE.

³⁸Ziet, de dagen komen, spreekt de HEERE, dat deze stad den HEERE zal herbouwd worden, van den toren Hananeel af tot aan de Hoekpoort.

³⁹En het meetsnoer zal wijders nevens dezelve uitgaan tot aan den heuvel Gareb, en zich naar Goath omwenden.

⁴⁰En het ganse dal der dode lichamen en der as, en al de velden tot aan de beek Kidron, tot aan den hoek van de Paardenpoort tegen het oosten, zal den HEERE een heiligheidzijn; er zal niets weder uitgerukt, noch afgebroken worden in eeuwigheid.

Hoofdstuk 32

¹Het woord, dat tot Jeremia geschied is van den HEERE, in het tiende jaar van Zedekia, koning van Juda; dit jaar was het achttiende jaar van Nebukadrezar.

²(Het heir nu des konings van Babel belegerde toen Jeruzalem, en de profeet Jeremia was besloten in het voorhof der bewaring, dat in het huis des konings van Juda is.

³Want Zedekia, de koning van Juda, had hem besloten, zeggende: Waarom profeteert gij, zeggende: Zo zegt de HEERE: Ziet, Ik geef deze stad in de hand des konings van Babel, en hij zal ze innemen;

⁴En Zedekia, de koning van Juda, zal van de hand der Chaldeen niet ontkomen; maar hij zal zekerlijk gegeven worden in de hand des konings van Babel, en zijn mond zal totdeszelfs mond spreken, en zijn ogen zullen deszelfs ogen zien;

⁵En hij zal Zedekia naar Babel voeren, en aldaar zal hij zijn, totdat Ik hem bezoek, spreekt de HEERE; ofschoon gijlieden tegen de Chaldeen strijdt, gij zult toch geen gelukhebben.)

⁶Jeremia dan zeide: Des HEEREN woord is tot mij geschied, zeggende:

⁷Zie, Hanameel, de zoon van Sallum, uw oom, zal tot u komen, zeggende: Koop u mijn veld, dat bij Anathoth is, want gij hebt het recht van lossing, om te kopen.

⁸Alzo kwam Hanameel, mijns ooms zoon, naar des HEEREN woord, tot mij, in het voorhof der bewaring, en zeide tot mij: Koop toch mijn veld, hetwelk is bij Anathoth, dat in hetland van Benjamin is; want gij hebt het erfrecht, en gij hebt de lossing, koop het voor u. Toen merkte ik, dat het des HEEREN woord was.

⁹Dies kocht ik van Hanameel, mijns ooms zoon, het veld, dat bij Anathoth is; en ik woog hem het geld toe, zeventien zilveren sikkelen.

¹⁰En ik onderschreef den brief en verzegelde dien, en deed het getuigen betuigen, als ik het geld op de weegschaal gewogen had.

¹¹En ik nam den koopbrief, die verzegeld was naar het gebod en de inzettingen, en den open brief;

¹²En ik gaf den koopbrief aan Baruch, den zoon van Nerija, den zoon van Machseja, voor de ogen van Hanameel, mijns ooms zoon, en voor de ogen der getuigen die denkoopbrief hadden onderschreven; voor de ogen van al de Joden, die in het voorhof der bewaring zaten.

¹³En ik beval Baruch voor hun ogen, zeggende:

¹⁴Zo zegt de HEERE der heirscharen, de God Israels: Neem deze brieven, dezen koopbrief, zo den verzegelden als dezen open brief, en doe ze in een aarden vat, opdat zij veledagen mogen bestaan.

¹⁵Want zo zegt de HEERE der heirscharen, de God Israels: Er zullen nog huizen, en velden, en wijngaarden in dit land gekocht worden.

¹⁶Voorts, nadat ik den koopbrief aan Baruch, den zoon van Nerija, gegeven had, bad ik tot den HEERE, zeggende:

¹⁷Ach, Heere HEERE! Zie, Gij hebt de hemelen en de aarde gemaakt, door Uw grote kracht en door Uw uitgestrekten arm; geen ding is U te wonderlijk.

¹⁸Gij, Die goedertierenheid doet aan duizenden, en de ongerechtigheid der vaderen vergeldt in den schoot hunner kinderen na hen; Gij grote, Gij geweldige God, Wiens Naam isHEERE der heirscharen!

¹⁹Groot van raad en machtig van daad; want Uw ogen zijn open over alle wegen der mensenkinderen, om een iegelijk te geven naar zijn wegen, en naar de vrucht zijnerhandelingen.

²⁰Gij, Die tekenen en wonderen gesteld hebt in Egypteland, tot op dezen dag, zo in Israel, als onder andere mensen, en hebt U een Naam gemaakt, als Hij is te dezen dage!

²¹En hebt Uw volk Israel uit Egypteland uitgevoerd, door tekenen en door wonderen, en door een sterke hand, en door een uitgestrekten arm, en door grote verschrikking.

²²En hebt hun dit land gegeven, dat Gij hun vaderen gezworen hadt hun te zullen geven, een land vloeiende van melk en honig;

²³Zij zijn er ook ingekomen en hebben het erfelijk bezeten, maar hebben Uwer stem niet gehoorzaamd, en in Uw wet niet gewandeld; zij hebben niets gedaan van alles, wat Gijhun geboden hadt te doen; dies

hebt Gij hun al dit kwaad doen bejegenen.

²⁴Zie, de wallen! zij zijn gekomen aan de stad, om die in te nemen, en de stad is gegeven in de hand der Chaldeen, die tegen haar strijden; vanwege het zwaard en den honger en de pestilentie; en wat Gij gesproken hebt, is geschied, en zie, Gij ziet het.

²⁵Evenwel hebt Gij tot mij gezegd, Heere HEERE! koop u dat veld voor geld, en doe het getuigen betuigen; daar de stad in der Chaldeen hand gegeven is.

²⁶Toen geschiedde des HEEREN woord tot Jeremia, zeggende:

²⁷Zie, Ik ben de HEERE, de God van alle vlees; zou Mij enig ding te wonderlijk zijn?

²⁸Daarom zegt de HEERE alzo: Zie, Ik geef deze stad in de hand der Chaldeen, en in de hand van Nebukadrezar, den koning van Babel, en hij zal ze innemen.

²⁹En de Chaldeen, die tegen deze stad strijden, zullen er inkomen, en deze stad met vuur aansteken, en zullen ze verbranden, met de huizen, op welker daken zij aan Baal gerookt, en anderen goden drankofferen geofferd hebben, om Mij te vertoornen.

³⁰Want de kinderen Israels en de kinderen van Juda hebben van hun jeugd aan alleenlijk gedaan, dat kwaad was in Mijn ogen; want de kinderen Israels hebben Mij door het werk hunner handen alleenlijk vertoornd, spreekt de HEERE.

³¹Want tot Mijn toorn en tot Mijn grimmigheid is Mij deze stad geweest, van den dag af, dat zij haar gebouwd hebben, tot op dezen dag toe; opdat Ik haar van Mijn aangezicht wegdeed;

³²Om al de boosheid der kinderen Israels en der kinderen van Juda, die zij gedaan hebben om Mij te vertoornen, zij, hun koningen, hun vorsten, hun priesteren, en hun profeten, en de mannen van Juda, en de inwoners van Jeruzalem;

³³Die Mij den nek hebben toegekeerd en niet het aangezicht; hoewel Ik hen leerde, vroeg op zijnde en lerende, evenwel hoorden zij niet, om tucht aan te nemen;

³⁴Maar zij hebben hun verfoeiselen gesteld in het huis, dat naar Mijn Naam genoemd is, om dat te verontreinigen.

³⁵En zij hebben de hoogten van Baal gebouwd, die in het dal des zoons van Hinnom zijn, om hun zonen en hun dochteren den Molech door het vuur te laten gaan; hetwelk Ik hun niet heb geboden, noch in Mijn hart is opgekomen, dat zij dezen gruwel zouden doen; opdat zij Juda mochten doen zondigen.

³⁶En nu, daarom zegt de HEERE, de God Israels, alzo van deze stad, waar gij van zegt: Zij is gegeven in de hand des konings van Babel, door het zwaard, en door den honger, en door de pestilentie;

³⁷Ziet, Ik zal hen vergaderen uit al de landen, waarhenen Ik hen zal verdreven hebben in Mijn toorn, en in Mijn grimmigheid, en in grote verbolgenheid; en Ik zal hen tot deze plaats wederbrengen, en zal hen zeker doen wonen.

³⁸Ja, zij zullen Mij tot een volk zijn, en Ik zal hun tot een God zijn.

³⁹En Ik zal hun enerlei hart en enerlei weg geven, om Mij te vrezen al de dagen, hun ten goede, mitsgaders hun kinderen na hen.

⁴⁰En Ik zal een eeuwig verbond met hen maken, dat Ik van achter hen niet zal afkeren, opdat Ik hun weldoe; en Ik zal Mijn vreze in hun hart geven, dat zij niet van Mij afwijken.

⁴¹En Ik zal Mij over hen verblijden, dat Ik hun weldoe; en Ik zal hen getrouwelijk in dat land planten, met Mijn ganse hart en met Mijn ganse ziel.

⁴²Want zo zegt de HEERE: Gelijk als Ik over dit volk gebracht heb al dit grote kwaad, alzo zal Ik over hen brengen al het goede, dat Ik over hen spreke.

⁴³En er zullen velden gekocht worden in dit land, waarvan gij zegt: Het is woest, dat er geen mens noch beest in is; het is in der Chaldeen hand gegeven.

⁴⁴Velden zal men voor geld kopen, en de brieven onderschrijven, en verzegelen, en getuigen doen betuigen, in het land van Benjamin, en in de plaatsen rondom Jeruzalem, en in de steden van Juda, en in de steden van het gebergte, en in de steden der laagte, en in de steden van het zuiden; want Ik zal hun gevangenis wenden, spreekt de HEERE.

Hoofdstuk 33

¹Voorts geschiedde des HEEREN woord ten tweeden male tot Jeremia, als hij nog in het voorhof der bewaring was opgesloten, zeggende:

²Zo zegt de HEERE, Die het doet, de HEERE, Die dat formeert, opdat Hij het bevestige, HEERE is Zijn Naam;

³Roep tot Mij, en Ik zal u antwoorden, en Ik zal u bekend maken grote en vaste dingen, die gij niet weet.

⁴Want zo zegt de HEERE, de God Israels, van de huizen dezer stad, en van de huizen der koningen van Juda, die door de wallen en door het zwaard zijn afgebroken:

⁵Er zijn er wel ingekomen, om te strijden tegen de Chaldeen, maar het is om die te vullen met dode lichamen van mensen, die Ik verslagen heb in Mijn toorn en in Mijn grimmigheid; en omdat Ik Mijn aangezicht van deze stad verborgen heb, om al hunlieder boosheid.

⁶Zie, Ik zal haar de gezondheid en de genezing doen rijzen, en zal henlieden genezen, en zal hun openbaren overvloed van vrede en waarheid.

⁷En Ik zal de gevangenis van Juda en de gevangenis van Israel wenden, en zal ze bouwen als in het eerste.

⁸En Ik zal hen reinigen van al hun ongerechtigheid, met dewelke zij tegen Mij gezondigd hebben; en Ik zal vergeven al hun ongerechtigheden, met dewelke zij tegen Mij gezondigd en met dewelke zij tegen Mij overtreden hebben.

⁹En het zal Mij zijn tot een vrolijken naam, tot een roem, en tot een sieraad bij alle heidenen der aarde; die al het goede zullen horen, dat Ik hun doe; en zij zullen vrezen en beroerd zijn over al het goede, en over al den vrede, dien Ik hun beschikke.

¹⁰Alzo zegt de HEERE: In deze plaats (waarvan gij zegt: Zij is woest, dat er geen mens en geen beest in is), in de steden van Juda, en op de straten van Jeruzalem, die zo verwoest zijn, dat er geen mens, en geen inwoner, en geen beest in is, zal wederom gehoord worden,

¹¹De stem der vrolijkheid en de stem der blijdschap, de stem des bruidegoms en de stem der bruid, de stem dergenen, die zeggen: Looft den HEERE der heirscharen, want de HEERE is goed, want Zijn goedertierenheid is in eeuwigheid! de stem dergenen, die lof aanbrengen ten huize des HEEREN; want Ik zal de gevangenis des lands wenden, als in het eerste, zegt de HEERE.

¹²Zo zegt de HEERE der heirscharen: In deze plaats, die zo woest is, dat er geen mens, zelfs tot het vee toe, in is, mitsgaders in al derzelver steden, zullen wederom woningen zijn van herderen, die de kudden doen legeren.

¹³In de steden van het gebergte, in de steden der laagte, en in de steden van het zuiden, en in het land van Benjamin, en in de plaatsen rondom Jeruzalem, en in de steden van Juda, zullen de kudden wederom onder de handen des tellers doorgaan, zegt de HEERE.

¹⁴Ziet, de dagen komen, spreekt de HEERE, dat Ik het goede woord verwekken zal, dat Ik tot het huis van Israel en over het huis van Juda gesproken heb.

¹⁵In die dagen, en te dier tijd zal Ik David een SPRUIT der gerechtigheid doen uitspruiten; en Hij zal recht en gerechtigheid doen op aarde.

¹⁶In die dagen zal Juda verlost worden, en Jeruzalem zeker wonen; en deze is, die haar roepen zal: De HEERE, onze GERECHTIGHEID.

¹⁷Want zo zegt de HEERE: Aan David zal niet worden afgesneden een Man, Die op den troon van het huis Israels zitte.

¹⁸Ook zal den Levietischen priesteren, van voor Mijn aangezicht, niet worden afgesneden een Man, Die brandoffer offere, en spijsoffer aansteke, en slachtoffer bereide al de dagen.

¹⁹En des HEEREN woord geschiedde tot Jeremia, zeggende:

²⁰Alzo zegt de HEERE: Indien gijlieden Mijn verbond van den dag, en Mijn verbond van den nacht kondt vernietigen, zodat dag en nacht niet zijn op hun tijd;

²¹Zo zal ook vernietigd kunnen worden Mijn verbond met Mijn knecht David, dat hij geen zoon hebbe, die op zijn troon regere, en met de Levieten, de priesteren, Mijn dienaren.

²²Gelijk het heir des hemels niet geteld, en het zand der zee niet gemeten kan worden, alzo zal Ik vermenigvuldigen het zaad van Mijn knecht David, en de Levieten, die Mij dienen.

²³Voorts geschiedde des HEEREN woord tot Jeremia, zeggende:

²⁴Hebt gij niet gezien, wat dit volk spreekt, zeggende: De twee geslachten, die de HEERE verkoren had, die heeft Hij nu verworpen? Ja, zij versmaden Mijn volk, zodat het geen volk meer is voor hun aangezicht.

²⁵Zo zegt de HEERE: Indien Mijn verbond niet is van dag en nacht; indien Ik de ordeningen des hemels en der aarde niet gesteld heb;

²⁶Zo zal Ik ook het zaad van Jakob en van Mijn knecht David verwerpen, dat Ik van zijn zaad niet neme, die daar heerse over het zaad van Abraham, Izak en Jakob; want Ik zal hun gevangenis wenden en Mij hunner ontfermen.

Hoofdstuk 34

¹Het woord, dat tot Jeremia geschied is van den HEERE (als Nebukadrezar, koning van Babel, en zijn ganse heir, en alle koninkrijken der aarde, die onder de heerschappij zijner hand waren, en al de volken tegen Jeruzalem streden, en tegen al haar steden), zeggende:

²Zo zegt de HEERE, de God Israels: Ga henen en spreek tot Zedekia, den koning van Juda, en zeg tot hem: Zo zegt de HEERE: Zie, Ik geef deze stad in de hand des konings vanBabel, en hij zal ze met vuur verbranden.

³En gij zult van zijn hand niet ontkomen, maar zekerlijk gegrepen, en in zijn hand gegeven worden; en uw ogen zullen de ogen des konings van Babel zien, en zijn mond zal tot uwmond spreken, en gij zult te Babel komen.

⁴Maar hoor des HEEREN woord, o Zedekia, koning van Juda! zo zegt de HEERE van u: Gij zult door het zwaard niet sterven.

⁵Gij zult sterven in vrede, en naar de brandingen van uw vaderen, de vorige koningen, die voor u geweest zijn, alzo zullen zij over u branden, en ù beklagen, zeggende: Och heer!want Ik heb het woord gesproken, spreekt de HEERE.

⁶En de profeet Jeremia sprak al deze woorden tot Zedekia, den koning van Juda, te Jeruzalem.

⁷Als het heir des konings van Babel streed tegen Jeruzalem, en tegen al de overgeblevene steden van Juda, tegen Lachis en tegen Azeka; want deze, zijnde vaste steden, warenovergebleven onder de steden van Juda.

⁸Het woord, dat tot Jeremia geschied is van den HEERE, nadat de koning Zedekia een verbond gemaakt had met het ganse volk, dat te Jeruzalem was, om vrijheid voor hen uit teroepen.

⁹Dat een iegelijk zijn knecht, en een iegelijk zijn maagd, zijnde een Hebreer of een Hebreinne, zou laten vrijgaan; zodat niemand zich van hen, van een Jood, zijn broeder, zoudoen dienen.

¹⁰Nu hoorden al de vorsten en al het volk, die het verbond hadden ingegaan, dat zij, een iegelijk zijn knecht, en een iegelijk zijn maagd zouden laten vrijgaan, zodat zij zich nietmeer van hen zouden doen dienen; zij hoorden dan, en lieten hen gaan;

¹¹Maar zij keerden daarna wederom, en deden de knechten en maagden wederkomen, die zij hadden laten vrijgaan, en zij brachten hen ten onder tot knechten en tot maagden.

¹²Daarom geschiedde des HEEREN woord tot Jeremia, van den HEERE, zeggende:

¹³Zo zegt de HEERE, de God Israels: Ik heb een verbond gemaakt met uw vaderen, ten dage, als Ik hen uit Egypteland, uit het diensthuis uitvoerde, zeggende:

¹⁴Ten einde van zeven jaren zult gij laten gaan, een iegelijk zijn broeder, een Hebreer, die u zal verkocht zijn, en u zes jaren gediend heeft; gij zult hem dan van u laten vrijgaan;maar uw vaders hoorden niet naar Mij, en neigden hun oor niet.

¹⁵Gijlieden nu waart heden wedergekeerd, en hadt gedaan, dat recht is in Mijn ogen, vrijheid uitroepende, een iegelijk voor zijn naaste; en gij hadt een verbond gemaakt voor Mijnaangezicht, in het huis, dat naar Mijn Naam genoemd is.

¹⁶Maar gij zijt weder omgekeerd, en hebt Mijn Naam ontheiligd, en doen wederkomen, een iegelijk zijn knecht, en een iegelijk zijn maagd, die gij hadt laten vrijgaan naar hun lust;en gij hebt hen ten ondergebracht, om ulieden te wezen tot knechten en tot maagden.

¹⁷Daarom zegt de HEERE alzo: Gijlieden hebt naar Mij niet gehoord, om vrijheid uit te roepen, een iegelijk voor zijn broeder, en een iegelijk voor zijn naaste; ziet, zo roep Ik uitegen ulieden, spreekt de HEERE, een vrijheid ten zwaarde, ter pestilentie, en ten honger, en zal u overgeven ter beroering allen koninkrijken der aarde.

¹⁸En Ik zal de mannen overgeven, die Mijn verbond hebben overtreden, die niet bevestigd hebben de woorden des verbonds, dat zij voor Mijn aangezicht gemaakt hadden, met hetkalf, dat zij in tweeen hadden gehouwen, en waren tussen zijn stukken doorgegaan;

¹⁹De vorsten van Juda, en de vorsten van Jeruzalem, de kamerlingen, en de priesteren, en al het volk des lands, die door de stukken des kalfs zijn doorgegaan.

²⁰Ja, Ik zal hen overgeven in de hand hunner vijanden, en in de hand dergenen, die hun ziel zoeken; en hun dode lichamen zullen het gevogelte des hemels en het gedierte deraarde tot spijze zijn.

²¹Zelfs Zedekia, den koning van Juda, en zijn vorsten, zal Ik overgeven in de hand hunner vijanden, en in de hand dergenen, die hun ziel zoeken, te weten, in de hand van het heirdes konings van Babel, die van ulieden nu zijn opgetogen.

²²Ziet, Ik zal bevel geven, spreekt de HEERE, en zal hen weder tot deze stad brengen, en zij zullen tegen haar strijden, en zullen ze innemen, en zullen ze met vuur verbranden; enIk zal de steden van Juda stellen tot een verwoesting, dat er niemand in wone.

Hoofdstuk 35

¹Het woord, dat tot Jeremia geschied is van den HEERE, in de dagen van Jojakim, den zoon van Josia, den koning van Juda, zeggende:

²Ga henen tot der Rechabieten huis, en spreek met hen, en breng hen in des HEEREN huis, in een der kameren, en geef hun wijn te drinken.

³Toen nam ik Jaazanja, den zoon van Jeremia, den zoon van Habazzinja, mitsgaders zijn broederen, en al zijn zonen, en het ganse huis der Rechabieten;

⁴En bracht hen in des HEEREN huis, in de kamer der zonen van Hanan, den zoon van Jigdalia, den man Gods; welke is bij de kamer der oversten, die daar is boven de kamervan Maaseja, den zoon van Sallum, den dorpelbewaarder.

⁵En ik zette den kinderen van het huis der Rechabieten koppen vol wijn en bekers voor; en ik zeide tot hen: Drinkt wijn.

⁶Maar zij zeiden: Wij zullen geen wijn drinken; want Jonadab, de zoon van Rechab, onze vader, heeft ons geboden, zeggende: Gijlieden zult geen wijn drinken, gij, noch uwkinderen, tot in eeuwigheid.

⁷Ook zult gijlieden geen huis bouwen, noch zaad zaaien, noch wijngaard planten, noch hebben; maar gij zult in tenten wonen al uw dagen; opdat gij veel dagen leeft in het land, alwaar gij als vreemdeling verkeert.

⁸Zo hebben wij der stemme van Jonadab, den zoon van Rechab, onzen vader, gehoorzaamd in alles, wat hij ons geboden heeft; zodat wij geen wijn drinken al onze dagen, wij, onze vrouwen, onze zonen, en onze dochteren;

⁹En dat wij geen huizen bouwen tot onze woning; ook hebben wij geen wijngaard, noch veld, noch zaad;

¹⁰En wij hebben in tenten gewoond; alzo hebben wij gehoord en gedaan naar alles, wat ons onze vader Jonadab geboden heeft.

¹¹Maar het is geschied, als Nebukadrezar, de koning van Babel, naar dit land optoog, dat wij zeiden: Komt, en laat ons naar Jeruzalem trekken vanwege het heir der Chaldeen, envanwege het heir der Syriers; alzo zijn wij te Jeruzalem gebleven.

¹²Toen geschiedde des HEEREN woord tot Jeremia, zeggende:

¹³Zo zegt de HEERE der heirscharen, de God Israels: Ga henen en zeg tot de mannen van Juda en tot de inwoners van Jeruzalem: Zult gijlieden geen tucht aannemen, dat gijhoort naar Mijn woorden? spreekt de HEERE.

¹⁴De woorden van Jonadab, den zoon van Rechab, die hij zijn kinderen geboden heeft, dat zij geen wijn zouden drinken, zijn bevestigd; want zij hebben geen wijn gedronken tot opdezen dag, maar het gebod huns vaders gehoord; en Ik heb tot ulieden gesproken, vroeg op zijnde en sprekende, maar gij hebt naar Mij niet gehoord.

¹⁵En Ik heb tot u gezonden al Mijn knechten, de profeten, vroeg op zijnde en zendende, om te zeggen: Bekeert u toch, een iegelijk van zijn bozen weg, en maakt uw handelingengoed, en wandelt andere goden niet na, om hen te dienen, zo zult gij in het land blijven, dat Ik u en uw vaderen gegeven heb; maar gij hebt uw oor niet geneigd, en naar Mij nietgehoord.

¹⁶Dewijl dan de kinderen van Jonadab, den zoon van Rechab, het gebod huns vaders, dat hij hun geboden heeft, bevestigd hebben, maar dit volk naar Mij niet hoort;

¹⁷Daarom alzo zegt de HEERE, de God der heirscharen, de God Israels: Ziet, Ik zal over Juda en over alle inwoners van Jeruzalem brengen al het kwaad, dat Ik tegen hengesproken heb; omdat Ik tot hen gesproken heb, maar zij niet gehoord hebben, en Ik tot hen geroepen heb, maar zij niet hebben geantwoord.

¹⁸Tot het huis nu der Rechabieten zeide Jeremia: Zo zegt de HEERE der heirscharen, de God Israels: Omdat gijlieden het gebod van uw vader Jonadab zijt gehoorzaam geweest, en hebt al zijn geboden bewaard, en gedaan naar alles, wat hij ulieden geboden heeft;

¹⁹Daarom alzo zegt de HEERE der heirscharen, de God Israels: Er zal Jonadab, den zoon van Rechab, niet worden afgesneden een man, die voor Mijn aangezicht sta, al dedagen.

Hoofdstuk 36

¹Het gebeurde ook in het vierde jaar van Jojakim, den zoon van Josia, den koning van Juda, dat dit woord tot Jeremia geschiedde van den HEERE, zeggende:

²Neem u een rol des boeks, en schrijf daarop al de woorden, die Ik tot u gesproken heb, over Israel, en over Juda, en over al de volken, van den dag aan, dat Ik tot u gesprokenheb, van de dagen van Josia aan, tot op dezen dag.

³Misschien zullen die van het huis van Juda horen al het kwaad, dat Ik hun gedenk te doen; opdat zij zich bekeren, een iegelijk van zijn bozen weg, en Ik hun ongerechtigheid enhun zonde vergeve.

⁴Toen riep Jeremia Baruch, den zoon van Nerija; en Baruch schreef uit den mond van Jeremia alle woorden des HEEREN, die Hij tot hem gesproken had, op een rol des boeks.

⁵En Jeremia gebood Baruch, zeggende: Ik ben opgehouden, ik zal in des HEEREN huis niet kunnen gaan.

⁶Zo ga gij henen, en lees in de rol, in dewelke gij uit mijn mond geschreven hebt, de woorden des HEEREN, voor de oren des volks, in des HEEREN huis, op den vastendag; en gij zult ze ook lezen voor de oren van gans Juda, die uit hun steden komen.

⁷Misschien zal hunlieder smeking voor des HEEREN aangezicht nedervallen, en zij zullen zich bekeren, een iegelijk van zijn bozen weg; want groot is de toorn en degrimmigheid, die de HEERE tegen dit volk heeft uitgesproken.

⁸En Baruch, de zoon van Nerija, deed naar alles, wat hem de profeet Jeremia geboden had, lezende in dat boek de woorden des HEEREN, in het huis des HEEREN.

⁹Want het geschiedde in het vijfde jaar van Jojakim, den zoon van Josia, den koning van Juda, in de negende maand, dat zij een vasten voor des HEEREN aangezicht uitriepen, allen volke te Jeruzalem, mitsgaders allen volke, die uit de steden van Juda te Jeruzalem kwamen.

¹⁰Zo las Baruch in dat boek de woorden van Jeremia in des HEEREN huis, in de kamer van Gemarja, den zoon van Safan, den schrijver, in het bovenste voorhof, aan de deur dernieuwe poort van het huis des HEEREN, voor de oren des gansen volks.

¹¹Als nu Michaja, de zoon van Gemarja, den zoon van Safan, al de woorden des HEEREN uit dat boek gehoord had;

¹²Zo ging hij af ten huize des konings in de kamer des schrijvers; en ziet, aldaar zaten al de vorsten: Elisama, de schrijver, en Delaja, de zoon van Semaja, en Elnathan, de zoonvan Achbor, en Gemarja, de zoon van Safan, en Zedekia, de zoon van Hananja, en al de vorsten.

¹³En Michaja maakte hun bekend al de woorden, die hij gehoord had, als Baruch uit dat boek las voor de oren des volks.

¹⁴Toen zonden al de vorsten Jehudi, den zoon van Nethanja, den zoon van Selemja, den zoon van Cuschi, tot Baruch, om te zeggen: De rol, waarin gij voor de oren des volksgelezen hebt, neem die in uw hand, en kom. Alzo nam Baruch, de zoon van Nerija, de rol in zijn hand, en kwam tot hen.

¹⁵En zij zeiden tot hem: Zit toch neder, en lees ze voor onze oren; en Baruch las voor hun oren.

¹⁶En het geschiedde, als zij al de woorden hoorden, dat zij verschrikten, de een tegen den ander; en zij zeiden tot Baruch: Voorzeker zullen wij al deze woorden den koning bekendmaken.

¹⁷En zij vraagden Baruch, zeggende: Verklaar ons toch, hoe hebt gij al deze woorden uit zijn mond geschreven?

¹⁸En Baruch zeide tot hen: Uit zijn mond las hij tot mij al deze woorden, en ik schreef ze met inkt in dit boek.

¹⁹Toen zeiden de vorsten tot Baruch: Ga henen, verberg u, gij en Jeremia; en niemand wete, waar gijlieden zijt.

²⁰Zij dan gingen in tot den koning in het voorhof; maar de rol legden zij weg in de kamer van Elisama, den schrijver; en zij verklaarden al die woorden voor de oren des konings.

²¹Toen zond de koning Jehudi, om de rol te halen; en hij haalde ze uit de kamer van Elisama, den schrijver; en Jehudi las ze voor de oren des konings, en voor de oren van al de vorsten, die omtrent den koning stonden.

²²(De koning nu zat in het winterhuis in de negende maand; en er was een vuur voor zijn aangezicht op den haard aangestoken.)

²³En het geschiedde, als Jehudi drie stukken, of vier gelezen had, versneed hij ze met een schrijfmes, en wierp ze in het vuur, dat op den haard was, totdat de ganse rol verteerdwas in het vuur, dat op den haard was.

²⁴En zij verschrikten niet, en scheurden hun klederen niet, de koning noch al zijn knechten, die al deze woorden gehoord hadden.

²⁵Hoewel ook Elnathan, en Delaja, en Gemarja bij den koning daarvoor spraken, dat hij de rol niet zou verbranden; doch hij hoorde naar hen niet.

²⁶Daartoe gebood de koning aan Jerahmeel, den zoon van Hammelech, en Zeraja, den zoon van Azriel, en Selemja, den zoon van Abdeel, om den schrijver Baruch en den profeetJeremia te vangen. Maar de HEERE had hen verborgen.

²⁷Toen geschiedde des HEEREN woord tot Jeremia, nadat de koning de rol en de woorden, die Baruch geschreven had uit den mond van Jeremia, verbrand had, zeggende:

²⁸Neem u weder een andere rol, en schrijf daarop al de eerste woorden, die geweest zijn op de eerste rol, die Jojakim, de koning van Juda, verbrand heeft.

²⁹En tot Jojakim, den koning van Juda, zult gij zeggen: Zo zegt de HEERE: Gij hebt deze rol verbrand, zeggende: Waarom hebt gij daarop geschreven, zeggende: De koning vanBabel zal zekerlijk komen, en dit land verderven, en maken, dat mens en beest daarin ophouden?

³⁰Daarom zegt de HEERE alzo van Jojakim, den koning van Juda: Hij zal geen hebben, die op Davids troon zitte; en zijn dood lichaam zal weggeworpen zijn, des daags in de hitte, en des nachts in de vorst.

³¹En Ik zal over hem, en over zijn zaad, en over zijn knechten hunlieder ongerechtigheid bezoeken; en Ik zal over hen, en over de inwoners van Jeruzalem, en over de mannen vanJuda, al het kwaad brengen, dat Ik tot hen gesproken heb; maar zij hebben niet gehoord.

³²Jeremia dan nam een andere rol, en gaf ze aan den schrijver Baruch, den zoon van Nerija; die schreef daarop, uit den mond van Jeremia, al de woorden des boeks, dat Jojakim, de koning van Juda, met vuur verbrand had; en tot dezelve werden nog veel dergelijke woorden toegedaan.

Hoofdstuk 37

¹En Zedekia, zoon van Josia, regeerde, koning zijnde, in plaats van Chonja, Jojakims zoon, welken Zedekia Nebukadrezar, de koning van Babel, koning gemaakt had in het landvan Juda.

²Maar hij hoorde niet, hij, noch zijn knechten, noch het volk des lands, naar de woorden des HEEREN, die Hij sprak door den dienst van den profeet Jeremia.

³Nochtans zond de koning Zedekia Juchal, den zoon van Selemja, en Sefanja, den zoon van Maaseja, den priester, tot den profeet Jeremia, om te zeggen: Bid toch voor ons totden HEERE, onzen God!

⁴(Want Jeremia was nog ingaande en uitgaande in het midden des volks, en zij hadden hem nog in het gevangenhuis niet gesteld.

⁵En Farao's heir was uit Egypte uitgetogen; en de Chaldeen, die Jeruzalem belegerden, als zij het gerucht van hen gehoord hadden, zo waren zij van Jeruzalem opgetogen.)

⁶Toen geschiedde des HEEREN woord tot den profeet Jeremia, zeggende:

⁷Zo zegt de HEERE, de God Israels: Zo zult gijlieden zeggen tot den koning van Juda, die u tot Mij gezonden heeft, om Mij te vragen: Ziet, Farao's heir, dat u ter hulpe uitgetogenis, zal wederkeren in zijn land, in Egypte.

⁸En de Chaldeen zullen wederkeren, en tegen deze stad strijden; en zij zullen ze innemen, en zullen ze met vuur verbranden.

⁹Zo zegt de HEERE: Bedriegt uw zielen niet, zeggende: De Chaldeen zullen zekerlijk van ons wegtrekken; want zij zullen niet wegtrekken.

¹⁰Want al sloegt gijlieden het ganse heir der Chaldeen, die tegen u strijden, en er bleven van hen enige verwonde mannen over, zo zouden zich die, een iegelijk in zijn tent, opmaken, en deze stad met vuur verbranden.

¹¹Voorts geschiedde het, als het heir der Chaldeen van Jeruzalem was opgetogen, vanwege Farao's heir;

¹²Dat Jeremia uit Jeruzalem uitging, om te gaan in het land van Benjamin, om van daar te scheiden door het midden des volks.

¹³Als hij in de poort van Benjamin was, zo was daar de wachtmeester, wiens naam was Jerija, de zoon van Selemja, den zoon van Hananja; die greep den profeet Jeremia, zeggende: Gij wilt tot de Chaldeen vallen!

¹⁴En Jeremia zeide: Het is vals, ik wil niet tot de Chaldeen vallen. Doch hij hoorde niet naar hem; maar Jerija greep Jeremia aan, en bracht hem tot de vorsten.

¹⁵En de vorsten werden zeer toornig op Jeremia en sloegen hem; en zij stelden hem in het gevangenhuis, ten huize van Jonathan, den schrijver; want zij hadden dat tot eengevangenhuis gemaakt.

¹⁶Als Jeremia in de plaats des kuils, en in de kotjes gekomen was, en Jeremia aldaar veel dagen gezeten had;

¹⁷Zo zond de koning Zedekia henen, en liet hem halen; en de koning vraagde hem in zijn huis, in het verborgen, en zeide: Is er ook een woord van den HEERE? En Jeremia zeide:Er is; en hij zeide: Gij zult in de hand des konings van Babel gegeven worden.

¹⁸Voorts zeide Jeremia tot den koning Zedekia: Wat heb ik tegen u, of tegen uw knechten, of tegen dit volk gezondigd, dat gijlieden mij in het gevangenhuis gesteld hebt?

¹⁹Waar zijn nu ulieder profeten, die u geprofeteerd hebben, zeggende: De koning van Babel zal niet tegen ulieden, noch tegen dit land komen.

²⁰Nu dan, hoor toch, o mijn heer koning! laat toch mijn smeking voor uw aangezicht nedervallen, en breng mij niet weder in het huis van Jonathan, den schrijver, opdat ik aldaarniet sterve.

²¹Toen gaf de koning Zedekia bevel; en zij bestelden Jeremia in het voorhof der bewaring, en men gaf hem des daags een bol broods uit de Bakkerstraat, totdat al het brood vande stad op was. Alzo bleef

Jeremia
Jeremia in het voorhof der bewaring.

Hoofdstuk 38

¹Als Sefatja, de zoon van Matthan, en Gedalia, de zoon van Pashur, en Juchal, de zoon van Selemja, en Pashur, de zoon van Malchia, de woorden hoorden, die Jeremia tot al hetvolk sprak, zeggende:

²Zo zegt de HEERE: Wie in deze stad blijft, zal door het zwaard, door den honger of door de pestilentie sterven; maar wie tot de Chaldeen uitgaat, die zal leven, want hij zal zijn zieltot een buit hebben, en zal leven.

³Zo zegt de HEERE: Deze stad zal zekerlijk gegeven worden in de hand van het heir des konings van Babel, datzelve zal ze innemen;

⁴Zo zeiden de vorsten tot den koning: Laat toch dezen man gedood worden; want aldus maakt hij de handen der krijgslieden, die in deze stad zijn overgebleven, en de handendes gansen volks slap, alzulke woorden tot hen sprekende; want deze man zoekt den vrede dezes volks niet, maar het kwaad.

⁵En de koning Zedekia zeide: Ziet, hij is in uw hand; want de koning zou geen ding tegen u vermogen.

⁶Toen namen zij Jeremia en wierpen hem in den kuil van Malchia, den zoon van Hammelech, die in het voorhof der bewaring was, en zij lieten Jeremia af met zelen; in den kuilnu was geen water, maar slijk; en Jeremia zonk in het slijk.

⁷Als nu Ebed-melech, de Moorman, een der kamerlingen, die toen in des konings huis was, hoorde, dat zij Jeremia in den kuil gedaan hadden (de koning nu zat in de poort vanBenjamin);

⁸Zo ging Ebed-melech uit het huis des konings uit, en hij sprak tot den koning, zeggende:

⁹Mijn heer koning! deze mannen hebben kwalijk gehandeld in alles, wat zij gedaan hebben aan den profeet Jeremia, dien zij in den kuil geworpen hebben; daar hij toch in zijnplaats zou gestorven zijn vanwege den honger, dewijl geen brood meer in de stad is.

¹⁰Toen gebood de koning den Moorman Ebed-melech, zeggende: Neem van hier dertig mannen onder uw hand, en haal den profeet Jeremia op uit den kuil, eer dat hij sterft.

¹¹Alzo nam Ebed-melech de mannen onder zijn hand, en ging in des konings huis tot onder de schatkamer, en nam van daar enige oude verscheurde en oude versleten lompen;en hij liet ze met zelen af tot Jeremia in den kuil.

¹²En Ebed-melech, de Moorman, zeide tot Jeremia: Leg nu deze oude verscheurde en versleten lompen onder de oksels uwer armen, van onder aan de zelen. En Jeremia deedalzo.

¹³En zij trokken Jeremia bij de zelen, en haalden hem op uit de kuil; en Jeremia bleef in het voorhof der bewaring.

¹⁴Toen zond de koning Zedekia henen, en liet den profeet Jeremia tot zich halen, in den derden ingang, die aan des HEEREN huis was; en de koning zeide tot Jeremia: Ik zal ueen ding vragen, verheel geen ding voor mij.

¹⁵En Jeremia zeide tot Zedekia: Als ik het u verklaren zal, zult gij mij niet zekerlijk doden? En als ik u raad zal geven, gij zult toch naar mij niet horen.

¹⁶Toen zwoer de koning Zedekia aan Jeremia in het verborgene, zeggende: Zo waarachtig als de HEERE leeft, Die ons deze ziel gemaakt heeft: Indien ik u zal doden, of indien iku zal overgeven in de hand dezer mannen, die uw ziel zoeken!

¹⁷Jeremia dan zeide tot Zedekia: Zo zegt de HEERE, de God der heirscharen, de God Israels: Indien gij gewilliglijk tot de vorsten des koning van Babel zult uitgaan, zo zal uw zielleven, en deze stad zal niet verbrand worden met vuur; en gij zult leven, gij en uw huis.

¹⁸Maar indien gij tot de vorsten des konings van Babel niet zult uitgaan, zo zal deze stad gegeven worden in de hand der Chaldeen, en zij zullen ze met vuur verbranden; ook zult gijvan hunlieder hand niet ontkomen.

¹⁹En de koning Zedekia zeide tot Jeremia: Ik ben bevreesd voor de Joden, die tot de Chaldeen gevallen zijn, dat zij mij misschien in derzelver hand overgeven, en zij den spot metmij drijven.

²⁰En Jeremia zeide: Zij zullen u niet overgeven; wees toch gehoorzaam aan de stem des HEEREN, naar dewelke ik tot u spreek; zo zal het u welgaan, en uw ziel zal leven.

²¹Maar indien gij weigert uit te gaan, zo is dit het woord, dat de HEERE mij heeft doen zien;

²²Ziedaar, al de vrouwen, die in het huis des konings van Juda zijn overgebleven, zullen uitgevoerd worden tot de vorsten des konings van Babel; en dezelve zullen zeggen: Uwvredegenoten hebben u aangehitst, en hebben u overmocht; uw voeten zijn in den modder gezonken; zij zijn achterwaarts gekeerd!

²³Zij zullen dan al uw vrouwen en al uw zonen tot de Chaldeen uitvoeren; ook zult gij zelf van hun hand niet ontkomen; maar gij zult door de hand des konings van Babel gegrepenworden, en gij zult deze stad met vuur verbranden.

²⁴Toen zeide Zedekia tot Jeremia: Dat niemand wete van deze woorden, zo zult gij niet sterven.

²⁵En als de vorsten zullen horen, dat ik met u gesproken heb, en tot u komen, en tot u zeggen: Verklaar ons nu, wat hebt gij tot den koning gesproken? verheel het niet voor ons, zozullen wij u niet doden; en wat heeft de koning tot u gesproken?

²⁶Zo zult gij tot hen zeggen: Ik wierp mijn smeking voor des konings aangezicht neder, dat hij mij niet zou weder laten brengen in Jonathans huis, om aldaar te sterven.

²⁷Als dan al de vorsten tot Jeremia kwamen, en hem vraagden, verklaarde hij hun, naar al deze woorden, die de koning geboden had; en zij lieten van hem af, omdat de zaak nietwas gehoord.

²⁸En Jeremia bleef in het voorhof der bewaring tot op den dag, dat Jeruzalem werd ingenomen; en hij was er nog, als Jeruzalem was ingenomen.

Hoofdstuk 39

¹In het negende jaar van Zedekia, koning van Juda, in de tiende maand, kwam Nebukadrezar, de koning van Babel, en al zijn heir, tegen Jeruzalem, en zij belegerden haar.

²In het elfde jaar van Zedekia, in de vierde maand, op den negenden der maand, werd de stad doorgebroken.

³En alle vorsten des konings van Babel togen henen in, en hielden bij de middelste poort; namelijk Nergal-Sarezer Samgar-Nebu, Sarsechim Rab-Saris, Nergal-SarezerRab-Mag, en al de overige vorsten des konings van Babel.

⁴En het geschiedde, als Zedekia, de koning van Juda, en al de krijgslieden hen zagen, zo vloden zij, en togen bij nacht uit de stad, door den weg van des konings hof, door depoort tussen de twee muren; en hij toog uit door den weg des vlakken velds.

⁵Doch het heir der Chaldeen jaagde hen achterna; en zij achterhaalden Zedekia in de vlakke velden van Jericho, en vingen hem, en brachten hem opwaarts tot Nebukadrezar, den koning van Babel, naar Ribla, in het land van Hamath; die sprak oordelen tegen hem uit.

⁶En de koning van Babel slachtte de zonen van Zedekia te Ribla voor zijn ogen; ook slachtte de koning van Babel alle edelen van Juda.

⁷En hij verblindde de ogen van Zedekia, en bond hem met twee koperen ketenen, om hem naar Babel te voeren.

⁸En de Chaldeen verbrandden het huis des konings en de huizen des volks met vuur; en zij braken de muren van Jeruzalem af.

⁹Het overige nu des volks, die in de stad waren overgebleven, en de afvalligen, die tot hem gevallen waren, met het overige des volks, die overgebleven waren, voerdeNebuzaradan, de overste der trawanten, gevankelijk naar Babel.

¹⁰Maar van het volk, die arm waren, die niet met al hadden, liet Nebuzaradan, de overste der trawanten, enigen overig in het land van Juda; en hij gaf hun te dien dage wijngaardenen akkers.

¹¹Maar van Jeremia had Nebukadrezar, de koning van Babel, bevel gegeven in de hand van Nebuzaradan, den overste der trawanten, zeggende:

¹²Neem hem, en stel uw ogen op hem, en doe hem niets kwaads; maar gelijk als hij tot u spreken zal, doe alzo met hem.

¹³Zo zond Nebuzaradan, de overste der trawanten, mitsgaders Nebusazban Rab-Saris en Nergal-Sarezer Rab-Mag, en al de oversten des konings van Babel;

¹⁴Zij zonden dan henen en namen Jeremia uit het voorhof der bewaring, en gaven hem over aan Gedalia, den zoon van Ahikam, den zoon van Safan, dat hij hem henen uitbrachtnaar huis; alzo bleef hij in het midden des volks.

¹⁵Het woord des HEEREN was ook tot Jeremia geschied, als hij in het voorhof der bewaring besloten was, zeggende:

¹⁶Ge henen, en spreek tot Ebed-melech, den Moorman, zeggende: Zo zegt de HEERE der heirscharen, de God Israels: Zie, Ik zal Mijn woorden brengen over deze stad, tenkwade en niet ten goede; en zij zullen te dien dage voor uw aangezicht zijn.

¹⁷Maar Ik zal u te dien dage redden, spreekt de HEERE; en gij zult niet overgegeven worden in de hand der mannen, voor welker aangezicht gij vreest.

¹⁸Want Ik zal u zekerlijk bevrijden, en gij zult door het zwaard niet vallen; maar gij zult uw ziel tot een buit hebben, omdat gij op Mij vertrouwd hebt, spreekt de HEERE.

Hoofdstuk 40

¹Het woord, dat van den HEERE geschied is tot Jeremia, nadat Nebuzaradan, de overste der trawanten, hem had laten gaan van Rama; als hij hem had laten halen, daar hij metketenen gebonden was in het midden aller gevangenen van Jeruzalem en Juda, die naar Babel gevankelijk werden weggevoerd.

²Want de overste der trawanten liet Jeremia halen, en zeide tot hem: De HEERE, uw God, heeft dit kwaad over deze plaats gesproken.

³En de HEERE heeft het doen komen, en gedaan, gelijk als Hij gesproken had; want gijlieden hebt gezondigd tegen den HEERE, en Zijner stem niet gehoorzaamd; daarom isulieden deze zaak geschied.

⁴Nu dan, zie, ik heb u heden losgemaakt van de ketenen, die aan uw hand waren; indien het goed is in uw ogen met mij naar Babel te komen, zo kom, en ik zal mijn oog op ustellen; maar indien het kwaad is in uw ogen met mij naar Babel te komen, zo laat het; zie, het ganse land is voor uw aangezicht, waarhenen het goed en recht in uw ogen is tegaan, ga daar.

⁵En dewijl hij nog niet zal wederkeren, zo keer gij tot Gedalia, den zoon van Ahikam, den zoon van Safan, dien de koning van Babel over de steden van Juda gesteld heeft; enwoon bij hem in het midden des volks; of overal, waar het in uw ogen recht is te gaan, ga er henen. En de overste der trawanten gaf hem reiskost en een geschenk, en liet hemgaan.

⁶Alzo kwam Jeremia tot Gedalia, den zoon van Ahikam, te Mizpa; en hij woonde bij hem in het midden des volks, die in het land waren overgelaten.

⁷Toen nu alle oversten der heiren, die in het veld waren, zij en hun mannen, hoorden, dat de koning van Babel Gedalia, den zoon van Ahikam, over het land gesteld had, en dat hijaan hem bevolen had de mannen, en de vrouwen, en de kinderkens, en van de armsten des lands, van degenen, die niet naar Babel gevankelijk waren weggevoerd;

⁸Zo kwamen zij tot Gedalia te Mizpa, namelijk, Ismael, de zoon van Nethanja, en Johanan en Jonathan, de zonen van Kareah, en Seraja, de zoon van Tanhumeth, en de zonenvan Efai, den Netofathiet, en Jezanja, de zoon eens Maachathiets, zij en hun mannen.

⁹En Gedalia, de zoon van Ahikam, den zoon van Safan, zwoer hun en hun mannen, zeggende: Vreest niet van de Chaldeen te dienen; blijft in het land, en dient den koning vanBabel, zo zal het u welgaan.

¹⁰En ziet, ik woon te Mizpa, om te staan voor het aangezicht der Chaldeen, die tot ons zullen komen; gijlieden dan verzamelt wijn, en zomervruchten, en olie, en doet ze in uw vaten, en woont in uw steden, die gij hebt ingenomen.

¹¹Als ook al de Joden, die in Moab, en onder de kinderen Ammons, en in Edom, en die in al de landen waren, hoorden, dat de koning van Babel in Juda een overblijfsel gelatenhad; en dat hij Gedalia, den zoon van Ahikam, den zoon van Safan, over hen gesteld had;

¹²Zo keerden al de Joden weder uit al de plaatsen, waarhenen zij gedreven waren, en kwamen in het land van Juda tot Gedalia te Mizpa; en zij verzamelden zeer veel wijns enzomervruchten.

¹³Doch Johanan, de zoon van Kareah, en alle oversten der heiren, die in het veld waren, kwamen tot Gedalia te Mizpa;

¹⁴En zeiden tot hem: Weet gij wel, dat Baalis, de koning der kinderen Ammons, Ismael, den zoon van Nethanja, uitgezonden heeft, om u aan het leven te slaan? Maar Gedalia, dezoon van Ahikam, geloofde hen niet.

¹⁵Johanan nochtans, de zoon van Kareah, sprak tot Gedalia, in het verborgene, te Mizpa, zeggende: Laat mij toch henengaan, en Ismael, den zoon van Nethanja, slaan, enniemand zal het weten; waarom zou hij u aan het leven slaan, en gans Juda, die tot u vergaderd zijn, verstrooid worden, en het overblijfsel van Juda verloren gaan?

¹⁶Maar Gedalia, de zoon van Ahikam, zeide tot Johanan, den zoon van Kareah: Doe deze zaak niet, want gij spreekt vals van Ismael.

Hoofdstuk 41

¹Maar het geschiedde in de zevende maand, dat Ismael, de zoon van Nethanja, den zoon van Elisama, van koninklijken zade, en de oversten des konings, te weten tien mannen, met hem kwamen tot Gedalia, den zoon van Ahikam, te Mizpa; en zij aten aldaar brood te zamen, te Mizpa.

²En Ismael, de zoon van Nethanja, maakte zich op, mitsgaders de tien mannen, die met hem waren, en zij sloegen Gedalia, den zoon van Ahikam, den zoon van Safan, met hetzwaard; alzo doodde hij hem, dien de koning van Babel over het land gesteld had.

³Ook sloeg Ismael al de Joden, die met hem, namelijk met Gedalia, te Mizpa waren, en de Chaldeen, de krijgslieden, die aldaar gevonden werden.

⁴Het geschiedde nu op den tweeden dag, nadat hij Gedalia gedood had, en niemand het wist;

⁵Zo kwamen er lieden van Sichem, van Silo, en van Samaria, tachtig man, hebbende den baard afgeschoren, en de klederen gescheurd, en zichzelven gesneden; en spijsofferen wierook waren in hun hand, om ten huize des HEEREN te brengen.

⁶En Ismael, de zoon van Nethanja, ging uit van Mizpa hun tegemoet, al gaande en wenende; en het geschiedde, als hij hen aantrof dat hij zeide: Komt tot Gedalia, den zoon vanAhikam!

⁷Maar het geschiedde, als zij in het midden der stad gekomen waren, dat Ismael, de zoon van Nethanja, hen keelde, en wierp hen in het midden des kuils, hij en de mannen, diemet hem waren.

⁸Doch onder hen werden tien mannen gevonden, die tot Ismael zeiden: Dood ons niet, want wij hebben verborgen schatten in het veld, van tarwe, en gerst, en olie, en honig. Zoliet hij af, en doodde ze niet in het midden hunner broederen.

⁹De kuil nu, waarin Ismael al de dode lichamen der mannen, die hij aan de zijde van Gedalia geslagen had, henenwierp, is dezelfde, dien de koning Asa maakte vanwege Baesa, den koning Israels; dezen vulde Ismael, de zoon van Nethanja, met de verslagenen.

¹⁰En Ismael voerde het ganse overblijfsel des volks, dat te Mizpa was, gevankelijk, te weten des konings dochteren, en al het volk, die te Mizpa waren overgelaten, dieNebuzaradan, de overste der trawanten, aan Gedalia, den zoon van Ahikam, bevolen had; Ismael dan, den zoon van Nethanja, voerde ze gevankelijk weg, en toog henen, omover te gaan tot de kinderen Ammons.

¹¹Toen nu Johanan, de zoon van Kareah, en al de oversten der heiren, die met hem waren, al het kwaad hoorden, dat Ismael, de zoon van Nethanja, gedaan had;

¹²Zo namen zij al de mannen, en togen henen, om met Ismael, den zoon van Nethanja, te strijden; en zij vonden hem aan het grote water, dat bij Gibeon is.

¹³En het geschiedde, als het volk, dat met Ismael was, Johanan zag, den zoon van Kareah, en al de oversten der heiren, die met hem waren, zo werden zij verblijd.

¹⁴En al het volk, dat Ismael van Mizpa gevankelijk had weggevoerd, wendde zich om; en zij keerden zich en gingen over tot Johanan, den zoon van Kareah.

¹⁵Doch Ismael, de zoon van Nethanja, ontkwam van Johanans aangezicht, met acht mannen, en hij toog tot de kinderen Ammons.

¹⁶Toen nam Johanan, de zoon van Kareah, mitsgaders al de oversten der heiren, die met hem waren, het ganse overblijfsel des volks, dat hij wedergebracht had van Ismael, denzoon van Nethanja, van Mizpa, (nadat hij Gedalia, den zoon van Ahikam, geslagen had) te weten de mannen, die krijgslieden waren, en de vrouwen, en kinderkens, enkamerlingen, die hij van Gibeon had wedergebracht;

¹⁷En zij togen henen, en sloegen zich neder te Geruth-Chimham, dat bij Bethlehem is, om voort te trekken, dat zij in Egypte kwamen.

¹⁸Voor het aangezicht der Chaldeen; want zij vreesden voor hunlieder aangezicht, omdat Ismael, de zoon van Nethanja, Gedalia, den zoon van Ahikam, geslagen had, dien dekoning van Babel over het land gesteld had.

Hoofdstuk 42

¹Toen traden toe alle oversten der heiren, Johanan, de zoon van Kareah, en Jezanja, de zoon van Hosaja, en al het volk, van den kleinste tot den grootste toe;

²En zij zeiden tot den profeet Jeremia: Laat toch onze smeking voor uw aangezicht nedervallen, en bid voor ons tot den HEERE, uw God, voor dit ganse overblijfsel; want wij zijnweinigen van velen overgelaten, gelijk als uw ogen ons zien;

³Dat ons de HEERE, uw God, bekend make den weg, dien wij zullen ingaan, en de zaak, die wij zullen doen.

⁴En de profeet Jeremia zeide tot hen: Ik heb het gehoord; ziet, ik zal tot den HEERE, uw God, bidden naar uw woorden; en het zal geschieden, het ganse woord, dat de HEERE uzal antwoorden, zal ik u bekend maken, ik zal u niet een woord onthouden.

⁵Toen zeiden zij tot Jeremia: De HEERE zij tussen ons tot een waarachtig en gewis Getuige: indien wij niet naar alle woord, met hetwelk u de HEERE, uw God, tot ons zal zenden, alzo zullen doen!

⁶Hetzij dan goed of kwaad, wij zullen der stem des HEEREN, onzes Gods, tot Welken wij u zenden, gehoorzaam zijn; opdat het ons welga, wanneer wij der stem des HEEREN, onzes Gods, zullen gehoorzaam zijn.

⁷En het gebeurde ten einde van tien dagen, dat des HEEREN woord tot Jeremia geschiedde.

⁸Toen riep hij Johanan, den zoon van Kareah, en alle oversten der heiren, die met hem waren, en al het volk, van den kleinste af tot den

Jeremia

grootste toe;

⁹En hij zeide tot hen: Zo zegt de HEERE, de God Israels, tot Welken gij mij gezonden hebt, om uw smeking voor Zijn aangezicht neder te werpen:

¹⁰Indien gijlieden in dit land zult blijven wonen, zo zal Ik u bouwen en niet afbreken, en u planten en niet uitrukken; want Ik heb berouw over het kwaad, dat Ik u aangedaan heb.

¹¹Vreest niet voor het aangezicht des konings van Babel, voor wiens aangezicht gij vreest; vreest niet voor hem, spreekt de HEERE; want Ik zal met u zijn, om u te behouden en uvan zijn hand te redden.

¹²En Ik zal ulieden barmhartigheid geven, dat hij zich uwer erbarme, en u weder in uw land brenge.

¹³Maar zo gijlieden zult zeggen: Wij zullen in dit land niet blijven; opdat gij der stem des HEEREN, uws Gods, niet gehoorzaam zijt,

¹⁴Zeggende: Neen, maar wij zullen gaan in Egypteland, alwaar wij geen krijg zullen zien, noch het geluid der bazuin horen, noch naar brood hongeren, en daar zullen wij blijven;

¹⁵Nu dan, daarom hoort des HEEREN woord, gij overblijfsel van Juda! Zo zegt de HEERE der heirscharen, de God Israels: Indien gij ganselijk uw aangezichten zult stellen om inEgypte te gaan, en zult henen ingaan, om aldaar als vreemdelingen te verkeren;

¹⁶Zo zal het geschieden, dat het zwaard, waar gij voor vreest, u aldaar in Egypteland zal achterhalen; en de honger, waar gij voor zorgt, zal u aldaar in Egypte achter aankleven, engij zult aldaar sterven.

¹⁷Zo zullen al de mannen zijn, die hun aangezichten stellen, om in Egypte te gaan, om aldaar als vreemdelingen te verkeren; zij zullen sterven door het zwaard, door den honger endoor de pestilentie; en zij zullen niemand hebben, die overblijve of ontkome van het kwaad, dat Ik over hen zal brengen.

¹⁸Want zo zegt de HEERE der heirscharen, de God Israels: Gelijk als Mijn toorn, en Mijn grimmigheid is uitgestort over de inwoners van Jeruzalem, alzo zal Mijn grimmigheid overulieden uitgestort worden, als gij in Egypte zult gekomen zijn; en gij zult wezen tot een vervloeking, en tot een ontzetting, en tot een vloek, en tot smaadheid, en zult deze plaats nietmeer zien.

¹⁹De HEERE heeft tegen ulieden gesproken, gij overblijfsel van Juda! Gaat niet in Egypte; weet zekerlijk, dat ik heden tegen u betuigd heb.

²⁰Gewisselijk, gij hebt uw zielen verleid; want gij hebt mij tot den HEERE, uw God, gezonden, zeggende: Bid voor ons tot den HEERE, onzen God, en naar alles, wat de HEERE, onze God, zal zeggen, alzo maak het ons bekend, en wij zullen het doen.

²¹Nu heb ik het u heden bekend gemaakt; maar gij hebt niet gehoord naar de stem des HEEREN, uws Gods, noch naar al hetgeen, met hetwelk Hij mij tot u gezonden heeft.

²²Zo weet nu zekerlijk, dat gij door het zwaard, door den honger en door de pestilentie sterven zult, ter plaatse, waar het u gelust heeft henen te gaan, om aldaar als vreemdelingente verkeren.

Hoofdstuk 43

¹En het geschiedde, als Jeremia geeindigd had tot het ganse volk te spreken al de woorden des HEEREN, huns Gods, met dewelke hem de HEERE, hun God, tot hen gezondenhad, te weten al die woorden,

²Zo sprak Azaria, de zoon van Hosaja, en Johanan, de zoon van Kareah, en al de trotse mannen, zeggende tot Jeremia: Gij spreekt leugen; de HEERE, onze God, heeft u nietgezonden, om te zeggen: Gijlieden zult niet gaan in Egypte, om aldaar als vreemdelingen te verkeren.

³Maar Baruch, de zoon van Nerija, hitst u tegen ons op, opdat hij ons overgeve in de hand der Chaldeen, dat zij ons doden en ons gevankelijk naar Babel wegvoeren.

⁴Alzo gehoorzaamde Johanan, de zoon van Kareah, en al de oversten der heiren, en al het volk, der stem des HEEREN niet, om in het land van Juda te blijven.

⁵Maar Johanan, de zoon van Kareah, en al de oversten der heiren namen het ganse overblijfsel van Juda, die van al de heidenen, waar zij waren henengedreven, wedergekeerdwaren, om in het land van Juda te wonen;

⁶De mannen, en de vrouwen, en de kinderkens, en des konings dochteren, en alle ziel, die Nebuzaradan, de overste der trawanten, bij Gedalia, den zoon van Ahikam, den zoonvan Safan, gelaten had, ook den profeet Jeremia, en Baruch, den zoon van Nerija;

⁷En zij togen in Egypteland, want zij waren der stem des HEEREN niet gehoorzaam; en zij kwamen tot Tachpanhes.

⁸Toen geschiedde des HEEREN woord tot Jeremia te Tachpanhes, zeggende:

⁹Neem grote stenen in uw hand, en verberg ze in de klei in den ticheloven, die bij de deur van Farao's huis te Tachpanhes is, voor de ogen der Joodse mannen;

¹⁰En zeg tot hen: Zo zegt de HEERE der heirscharen, de God Israels: Ziet, Ik zal henenzenden, en Nebukadrezar, den koning van Babel, Mijn knecht, halen, en Ik zal zijn troonzetten boven op deze stenen, die Ik verborgen heb; en hij zal zijn schone tent daarover spannen.

¹¹En hij zal komen en Egypteland slaan: wie ten dood, ten dode; en wie ter gevangenis, ter gevangenis; en wie ten zwaard, ten zwaarde.

¹²En Ik zal een vuur aansteken in de huizen der goden van Egypte, en hij zal ze verbranden, en gevankelijk wegvoeren; en hij zal Egypteland aantrekken, gelijk als een herder zijnkleed aantrekt, en hij zal van daar uittrekken in vrede.

¹³En hij zal de opgerichte beelden van Beth-Semes, hetwelk in Egypteland is, verbreken; en hij zal de huizen der goden van Egypte met vuur verbranden.

Hoofdstuk 44

¹Het woord, dat tot Jeremia geschiedde aan al de Joden, die in Egypteland woonden, die te Migdol woonden, en te Tachpanhes, en te Nof, en in het land Pathros, zeggende:

²Alzo zegt de HEERE der heirscharen, de God Israels: Gij hebt gezien al het kwaad, dat Ik gebracht heb over Jeruzalem en over alle steden van Juda; en ziet, zij zijn eenwoestheid te deze dage, en niemand woont daarin;

³Vanwege hun boosheid, die zij gedaan hebben, om Mij te tergen, gaande om te roken en andere goden te dienen, die zij niet kenden, zij, gij, noch uw vaders.

⁴En Ik heb tot u gezonden al Mijn knechten, de profeten, vroeg op zijnde en zendende, om te zeggen: Doet toch deze gruwelijke zaak niet, die Ik haat.

⁵Maar zij hebben niet gehoord, noch hun oor geneigd, om zich van hun boosheid te bekeren, dat zij anderen goden niet roken.

⁶Daarom is Mijn grimmigheid en Mijn toorn uitgestort, en heeft gebrand in de steden van Juda en in de straten van Jeruzalem; zodat zij tot eenzaamheid en tot verwoestinggeworden zijn, gelijk het is te dezen dage.

⁷En nu, zo zegt de HEERE, de God der heirscharen, de God Israels: Waarom doet gij zulk een groot kwaad tegen uw zielen, opdat gij u den man en de vrouw, het kind en denzuigeling uit het midden van Juda uitroeit, opdat gij u geen overblijfsel overlaat?

⁸Tergende Mij door de werken uwer handen, rokende anderen goden in het land van Egypte, alwaar gij gekomen zijt, om daar als vreemdeling te verkeren; opdat gij uzelvenuitroeit, en opdat gij wordt tot een vloek, en tot een smaadheid onder alle volken der aarde?

⁹Hebt gij vergeten de boosheden uwer vaderen, en de boosheden der koningen van Juda, en de boosheden hunner vrouwen, en uw boosheden, en de boosheden uwer vrouwen, die zij gedaan hebben in het land van Juda en in de straten van Jeruzalem?

¹⁰Zij zijn tot op dezen dag nog niet verbrijzeld van hart, en zij hebben niet gevreesd, noch gewandeld in Mijn wet en in Mijn inzettingen, die Ik voor ulieder aangezicht en voor hetaangezicht uwer vaderen gegeven heb.

¹¹Daarom, zo zegt de HEERE der heirscharen, de God Israels: Ziet, Ik zal Mijn aangezicht tegen ulieden stellen ten kwade, en om gans Juda uit te roeien.

¹²En Ik zal het overblijfsel van Juda wegnemen, die hun aangezichten gesteld hebben, om in Egypteland te gaan, om aldaar als vreemdelingen te verkeren; en zij zullen allen inEgypteland verteerd worden; door het zwaard zullen zij vallen, door den honger zullen zij verteerd worden, van den kleinste tot den grootste toe; door het zwaard en door denhonger zullen zij sterven; en zij zullen worden tot een vervloeking, tot een ontzetting en tot een vloek, en tot een smaadheid.

¹³Want Ik zal bezoeking doen over degenen, die in Egypteland wonen, gelijk als Ik bezoeking gedaan heb over Jeruzalem, door het zwaard, door den honger en door de pestilentie;

¹⁴Zodat het overblijfsel van Juda, die in Egypteland gekomen zijn, om aldaar als vreemdelingen te verkeren, geen zal hebben, die ontkome, of overblijve; te weten om wedertekeren in het land van Juda, waarnaar hun ziel verlangt weder te keren, om aldaar te wonen; maar zij zullen er niet wederkeren, behalve die ontkomen zullen.

¹⁵Toen antwoordden aan Jeremia al de mannen, die wisten, dat hun vrouwen anderen goden rookten, en al de vrouwen, die daar stonden, zijnde een grote hoop, mitsgaders alhet volk, die in Egypteland, in Pathros, woonde, zeggende:

¹⁶Aangaande het woord, dat gij tot ons in des HEEREN Naam gesproken hebt, wij zullen naar u niet horen.

¹⁷Maar wij zullen ganselijk doen al hetgeen uit onzen mond is uitgegaan, rokende aan Melecheth des hemels, en haar drankofferen offerende, gelijk als wij gedaan hebben, wijen onze vaders, onze koningen en onze vorsten, in de steden van Juda en in de straten van Jeruzalem; toen werden wij met brood verzadigd, en waren vrolijk, en zagen geenkwaad.

¹⁸Maar van toen af, dat wij opgehouden hebben aan Melecheth des hemels te roken, en haar drankofferen te offeren, hebben wij van alles gebrek gehad, en zijn door het zwaarden door den honger verteerd.

¹⁹Ook wanneer wij aan Melecheth des hemels roken en haar drankofferen offeren, maken wij haar gebeelde koeken, om haar af te beelden, en offeren wij haar drankofferen, zonder onze mannen?

²⁰Toen sprak Jeremia tot al het volk, tot de mannen en tot de vrouwen, en tot al het volk, die hem zulks geantwoord hadden, zeggende:

²¹Het roken, dat gijlieden in de steden van Juda en in de straten van Jeruzalem gerookt hebt, gij en uw vaderen, uw koningen en uw vorsten, en het volk des lands, heeft de HEEREdaaraan niet gedacht, en is het niet in Zijn hart opgekomen?

²²Zodat het de HEERE niet meer kon verdragen, vanwege de boosheid uwer handelingen, vanwege de gruwelen, die gij deedt; daarom is uw land geworden tot een woestheid, entot ontzetting, en tot een vloek, dat er niemand in woont, gelijk het is te dezen dage;

²³Vanwege dat gij gerookt hebt, en dat gij tegen den HEERE gezondigd hebt, en des HEEREN stem niet gehoorzaam zijt geweest, en in Zijn wet en in Zijn inzettingen, en in Zijngetuigenissen niet hebt gewandeld; daarom is u dit kwaad wedervaren, gelijk het is te dezen dage.

²⁴Voorts zeide Jeremia tot al het volk, en tot al de vrouwen: Hoort des HEEREN woord, gij gans Juda, die in Egypteland zijt!

²⁵Zo spreekt de HEERE der heirscharen, de God Israels, zeggende: Aangaande u en uw vrouwen, zij hebben toch met uw mond gesproken, en gij hebt het met uw handenvervuld, zeggende: Wij zullen onze geloften, die wij beloofd hebben, ganselijk houden, rokende aan Melecheth des hemels, en haar drankofferen offerende; nu, zij hebben uwgeloften volkomenlijk bevestigd en uw geloften volkomenlijk gehouden.

²⁶Daarom hoort des HEEREN woord, gij gans Juda, die in Egypteland woont! Ziet, Ik zweer bij Mijn groten Naam, zegt de HEERE, zo Mijn Naam met den mond van enig man vanJuda in gans Egypteland meer zal genoemd worden, die zegge: Zo waarachtig als de Heere HEERE leeft!

²⁷Ziet, Ik zal over hen waken ten kwade en niet ten goede; en alle mannen van Juda, die in Egypteland zijn, zullen door het zwaard en door den honger verteerd worden, totdat zijten einde zijn.

²⁸Maar die van het zwaard ontkomen, zullen uit Egypteland wederkeren in het land van Juda, weinig in getal; en het ganse overblijfsel van Juda, die in Egypteland gekomen zijn, om aldaar als vreemdelingen te verkeren, zullen weten, wiens woord bestaan zal, het Mijn of het hunne.

²⁹En dit zal ulieden het teken zijn, spreekt de HEERE, dat Ik in deze plaats over u bezoeking zal doen; opdat gij weet, dat Mijn woorden zekerlijk over u bestaan zullen ten kwade;

³⁰Alzo zegt de HEERE: Ziet, Ik zal Farao Hofra, den koning van Egypte, geven in de hand zijner vijanden, en in de hand dergenen, die zijn ziel zoeken, gelijk als Ik Zedekia, denkoning van Juda, gegeven heb in de hand van Nebukadrezar, den koning van Babel, zijn vijand, en die zijn ziel zocht.

Hoofdstuk 45

¹Het woord, dat de profeet Jeremia gesproken heeft tot Baruch, den zoon van Nerija, als hij die woorden uit den mond van Jeremia in een boek schreef, in het vierde jaar vanJojakim, den zoon van Josia, den koning van Juda, zeggende:

²Alzo zegt de HEERE, de God Israels, van u, o Baruch!

³Gij zegt: Wee nu mij, want de HEERE heeft droefenis tot mijn smart gedaan; ik ben moede van mijn zuchten, en vind geen rust!

⁴Zo zult gij tot hem zeggen: Zo zegt de HEERE: Zie, dat Ik gebouwd heb, breek Ik af, en dat Ik geplant heb, ruk Ik uit, zelfs dit ganse land.

⁵En zoudt gij u grote dingen zoeken? Zoek ze niet; want zie, Ik breng een kwaad over alle vlees, spreekt de HEERE; maar Ik zal u uw ziel tot een buit geven, in alle plaatsen, waar gijzult henentrekken.

Hoofdstuk 46

¹Het woord des HEEREN, dat tot den profeet Jeremia geschied is tegen de heidenen.

²Tegen Egypte; tegen het heir van Farao Necho, koning van Egypte, dat aan de rivier Frath, bij Karchemis was, dat Nebukadrezar, de koning van Babel, sloeg, in het vierde jaarvan Jojakim, den zoon van Josia, den koning van Juda.

³Rust het schild en de rondas toe, en nadert tot den strijd!

⁴Spant de paarden aan, en klimt op, gij ruiters! en stelt u met helmen; vaagt de spiesen, trekt de pantsiers aan!

⁵Waarom zie Ik, dat zij versaagd en achterwaarts gedreven zijn? Zelfs hun helden zijn verslagen, en nemen de vlucht, en zien niet om; er is schrik van rondom, spreekt de HEERE.

⁶De snelle ontvliede niet, en de held ontkome niet; tegen het noorden, aan den oever der rivier Frath zijn zij gestruikeld en gevallen.

⁷Wie is deze, die optrekt als een stroom, wiens wateren zich bewegen als de rivieren?

⁸Egypte trekt op als een stroom, en zijn wateren bewegen zich als de rivieren; en hij zegt: Ik zal optrekken, ik zal de aarde bedekken, ik zal de stad, en die daarin wonen, verderven.

⁹Trekt op, gij paarden! en raast, gij wagens! en laat de helden uittrekken: de Moren, en de Puteers, die het schild handelen, en de Lydiers, die den boog handelen en spannen.

¹⁰Maar deze dag is des HEEREN, des HEEREN der heirscharen, een dag der wrake, dat Hij zich wreke van Zijn wederpartijders, en het zwaard zal vreten, en verzadigd, endronken worden van hun bloed; want de Heere, HEERE der heirscharen, heeft een slachtoffer in het land van het noorden, aan de rivier Frath.

¹¹Ga henen op naar Gilead, en haal balsem, gij jonkvrouw, dochter van Egypte! Tevergeefs vermenigvuldigt gij de medicijnen, er is geen heling voor u.

¹²De volken hebben uw schande gehoord, en het land is vol van uw gekrijt; want zij hebben zich gestoten, held tegen held, zij zijn beiden te zamen gevallen.

¹³Het woord, dat de HEERE tot den profeet Jeremia sprak, van de aankomst van Nebukadrezar, den koning van Babel, om Egypteland te slaan.

¹⁴Verkondigt in Egypte, en doet het horen te Migdol; doet het ook horen te Nof en Tachpanhes; zegt: Stelt er u naar, en maakt u gereed, want het zwaard heeft verteerd, watrondom u is.

¹⁵Waarom zijn uw sterken weggeveegd? Zij stonden niet, omdat hen de HEERE voortdreef.

¹⁶Hij maakte der struikelenden veel; ja, de een viel op den ander; zodat zij zeiden: Staat op en laat ons wederkeren tot ons volk, en tot het land onzer geboorte, vanwege hetverdrukkende zwaard.

¹⁷Daar riepen zij: Farao, de koning van Egypte, is maar een gedruis; hij heeft den gezetten tijd laten voorbijgaan.

¹⁸Zo waarachtig als Ik leef, spreekt de Koning, Wiens Naam is HEERE der heirscharen; hij zal voorzeker, als Thabor onder de bergen, en als Karmel bij de zee, aankomen!

¹⁹Maak voor u gereedschap der gevankelijke wegvoering, gij inwoneres, gij dochter van Egypte! want Nof zal ter verwoesting worden, en zal verbrand worden, dat er niemand inwone.

²⁰Egypte is een zeer schone vaarze; de slachter komt, hij komt van het noorden.

²¹Zelfs haar gehuurden in haar midden zijn als gemeste kalveren; maar die hebben zich ook gewend, zij zijn te zamen gevlucht, zij hebben niet gestaan; want de dag huns verderfsis over hen gekomen, de tijd hunner bezoeking.

²²Haar stem zal gaan als van een slang; want zij zullen met krijgsmacht daarhenen trekken, en tot haar met bijlen komen, gelijk houthouwers.

²³Zij hebben haar woud afgehouwen, spreekt de HEERE, hoewel het niet is te onderzoeken; want zij zijn meerder dan de sprinkhanen, zodat men hen niet tellen kan.

²⁴De dochter van Egypte is beschaamd; zij is gegeven in de hand des volks van het noorden.

²⁵De HEERE der heirscharen, de God Israels, zegt: Ziet, Ik zal bezoeking doen over de menigte van No, en over Farao, en over Egypte, en over haar goden, en over haar koningen, ja, over Farao, en over degenen, die op hem vertrouwen.

²⁶En Ik zal hen geven in de hand dergenen, die hunlieder ziel zoeken, en in de hand van Nebukadrezar, den koning van Babel, en in de hand zijner knechten. Maar daarna zal zijbewoond worden als in de dagen van ouds, spreekt de HEERE.

²⁷Maar gij, Mijn knecht Jakob! vrees niet, en ontzet u niet, o Israel! want zie, Ik zal u verlossen uit verre landen, en uw zaad uit het

land hunner gevangenis; en Jakob zal wederkomen, en stil en gerust zijn, en niemand zal hem verschrikken.

²⁸Gij dan Mijn knecht Jakob! vrees niet, spreekt de HEERE; want Ik ben met u; want Ik zal een voleinding maken met al de heidenen, waarhenen Ik u gedreven zal hebben, doch met u zal Ik geen voleinding maken, maar u kastijden met mate, en u niet gans onschuldig houden.

Hoofdstuk 47

¹Het woord des HEEREN, dat tot den profeet Jeremia geschiedde, tegen de Filistijnen; eer dat Farao Gaza sloeg.

²Zo zegt de HEERE: Ziet, wateren komen op van het noorden, en zullen worden tot een overlopende beek, en overlopen het land en de volheid van hetzelve, de stad en die daarin wonen; en de mensen zullen schreeuwen, en al de inwoners des lands zullen huilen;

³Vanwege het geluid van het geklater der hoeven zijner sterke paarden, vanwege het geraas zijner wagenen, en het bulderen zijner raderen; de vaders zien niet om naar de kinderen, vanwege de slappigheid der handen;

⁴Vanwege den dag, die er komt om alle Filistijnen te verstoren, om Tyrus en Sidon allen overgeblevenen helper af te snijden; want de HEERE zal de Filistijnen, het overblijfsel des eilands van Kafthor, verstoren.

⁵Kaalheid is op Gaza gekomen; Askelon is uitgeroeid, met het overblijfsel huns dals; hoe lang zult gij uzelven insnijdingen maken?

⁶O wee, gij zwaard des HEEREN! Hoe lang zult gij niet stil houden? Vaar in uw schede, rust en wees stil!

⁷Hoe zoudt gij stil houden? De HEERE heeft toch aan het zwaard bevel gegeven; tegen Askelon en tegen de zeehaven, aldaar heeft Hij het besteld.

Hoofdstuk 48

¹Tegen Moab zegt de HEERE der heirscharen, de God Israels, alzo: Wee over Nebo, want zij is verstoord; Kirjathaim is beschaamd, zij is ingenomen; de stad des hogen vertreks is beschaamd en verschrikt.

²Moabs roem van Hesbon is er niet meer; zij hebben kwaad tegen haar gedacht, zeggende: Komt, en laat ons haar uitroeien, dat zij geen volk meer zij; ook gij, o Madmen! zult nedergehouwen worden, het zwaard zal achter u heengaan.

³Er is een stem des gekrijts van Horonaim; verstoring en een grote breuk!

⁴Moab is verbroken; haar kleine kinderen hebben een gekrijt laten horen,

⁵Want in den opgang van Luhith zal geween bij geween opgaan, want in den afgang van Horonaim hebben Moabs wederpartijders een jammergeschrei gehoord.

⁶Vlucht, redt ulieder ziel! en wordt als de heide in de woestijn;

⁷Want om uw vertrouwen op uw werken, en op uw schatten, zult gij ook ingenomen worden; en Kamos zal henen uitgaan in gevangenis, zijn priesteren en zijn vorsten te zamen.

⁸Want de verstoorder zal komen over elke stad, dat niet een stad ontkomen zal; en het dal zal verderven, en het effen veld verdelgd worden; want de HEERE heeft het gezegd.

⁹Geeft Moab vederen, want al vliegende zal zij uitgaan; en haar steden zullen ter verwoesting worden, dat niemand in dezelve wone.

¹⁰Vervloekt zij, die des HEEREN werk bedriegelijk doet; ja, vervloekt zij, die zijn zwaard van het bloed onthoudt!

¹¹Moab is van zijn jeugd aan gerust geweest, en hij heeft op zijn heffe stil gelegen, en is van vat in vat niet geledigd, en heeft niet gewandeld in gevangenis; daarom is zijn smaak in hem gebleven, en zijn reuk niet veranderd.

¹²Daarom, ziet, de dagen komen, spreekt de HEERE, dat Ik hem vreemde gasten zal toeschikken, die hem in vreemde plaatsen zullen voeren, en zijn vaten ledigen, en hunlieder flessen in stukken slaan.

¹³En Moab zal beschaamd worden vanwege Kamos, gelijk als het huis Israels beschaamd is geworden vanwege Beth-El, hunlieder vertrouwen.

¹⁴Hoe zult gij zeggen: Wij zijn helden en dappere mannen ten strijde?

¹⁵Moab is verstoord, en uit zijn steden opgegaan, en de keur zijner jongelingen is ter slachting afgegaan, spreekt de Koning, Wiens Naam is HEERE der heirscharen.

¹⁶Moabs verderf is nabij om te komen, en zijn kwaad haast zeer.

¹⁷Beklaagt hem, gij allen, die rondom hem zijt, en allen, die zijn naam kent; zegt: Hoe is de sterke staf, de sierlijke stok verbroken?

¹⁸Daal neder uit uw heerlijkheid, en woon in dorst, gij inwoneres, gij dochter van Dibon! want Moabs verstoorder is tegen u opgetogen, hij heeft uw vestingen verdorven.

¹⁹Sta aan den weg, en zie toe, gij inwoneres van Aroer! Vraag den vluchtenden man en de ontkomene vrouw; zeg: Wat is er geschied?

²⁰Moab is beschaamd, want hij is verslagen; huilt en krijt! verkondigt te Arnon, dat Moab verstoord is.

²¹En het oordeel is gekomen over het vlakke land; over Holon, en over Jahza, en over Mefaath.

²²En over Dibon, en over Nebo, en over Beth-Diblathaim,

²³En over Kirjathaim, en over Beth-Gamul, en over Beth-Meon,

²⁴En over Kerioth, en over Bozra; ja, over alle steden van Moabs land, die verre en die nabij zijn.

²⁵Moabs hoorn is afgesneden, en zijn arm verbroken, spreekt de HEERE.

²⁶Maak hem dronken, omdat hij zich groot gemaakt heeft tegen den HEERE; zo zal Moab met de handen klappen in zijn uitspuwsel, en hij zelf zal ook ter belaching zijn.

²⁷Want is u niet Israel ter belaching geweest? Was hij onder de dieven gevonden, dat gij u zo bewoogt, van den tijd af, dat uw woorden van hem waren?

²⁸Verlaat de steden, en woont in de steenrots, gij inwoners van Moab! en wordt gelijk een duif, die in de doorgangen van den mond eens hols nestelt.

²⁹Wij hebben Moabs hovaardij gehoord (hij is zeer hovaardig), zijn trotsheid, en zijn hovaardij, en zijn hoogmoed, en zijns harten hoogmoed.

³⁰Ik ken zijn verbolgenheid, spreekt de HEERE, maar niet alzo; zijn grendelen doen het zo niet.

³¹Daarom zal Ik over Moab huilen, ja, om gans Moab zal Ik krijten; over de lieden van Kir-heres zal men zuchten.

³²Boven het geween van Jaezer zal Ik u bewenen, gij wijnstok van Sibma! uw wijnranken zijn over zee gegaan, zij hebben gereikt tot aan Jaezers zee; maar de verstoorder is gevallen op uw zomervruchten en op uw wijnoogst;

³³Zodat de blijdschap en verheuging uit het vruchtbare veld, namelijk uit Moabs land, weggenomen is; want Ik heb den wijn doen ophouden uit de kuipen; men zal geen druiventreden met vreugdegeschrei; het vreugdegeschrei zal geen vreugdegeschrei zijn.

³⁴Vanwege Hesbons gekrijt tot Eleale toe, tot Jahaz toe, hebben zij hun stem verheven, van Zoar tot aan Horonaim, die driejarige vaarze; want ook de wateren van Nimrim zullen tot verwoestingen worden.

³⁵En Ik zal in Moab doen ophouden, spreekt de HEERE, dien, die op de hoogte offert, en die zijn goden rookt.

³⁶Daarom zal Mijn hart over Moab getier maken als de fluiten; ook zal Mijn hart over de lieden van Kir-heres getier maken als de fluiten, omdat het overschot, dat hij gemaakt had, verloren is.

³⁷Want alle hoofden zijn kaal, en alle baarden afgekort; op alle handen zijn insnijdingen, en op de lenden is een zak.

³⁸Op alle daken van Moab, en op al haar straten is overal misbaar; want Ik heb Moab verbroken als een vat, waar men geen lust aan heeft, spreekt de HEERE.

³⁹Hoe is hij verslagen! zij huilen; hoe heeft Moab den nek met schaamte gewend! Alzo zal Moab allen, die rondom hem zijn, tot belaching en tot een ontzetting worden.

⁴⁰Want zo zegt de HEERE: Ziet, hij zal snel vliegen als een arend, en hij zal zijn vleugelen over Moab uitbreiden.

⁴¹Elk een der steden is gewonnen, en elk een der vastigheden is ingenomen; en het hart van Moabs helden zal te dien dage wezen, als het hart ener vrouw, die in nood is.

⁴²Want Moab zal verdelgd worden, dat hij geen volk zij, omdat hij zich groot gemaakt heeft tegen den HEERE.

⁴³De vreze, en de kuil, en de strik, over u, gij inwoner van Moab! spreekt de HEERE.

⁴⁴Die van de vreze ontvliedt, zal in den kuil vallen, en die uit den kuil opkomt, zal in den strik gevangen worden; want Ik zal over haar, over Moab, het jaar van hunlieder bezoeking brengen, spreekt de HEERE.

⁴⁵Die voor des vijands macht vluchtten, bleven staan in de schaduw van Hesbon; maar een vuur is uitgegaan van Hesbon, en een vlam van tussen Sihon, en heeft de hoeken van Moab en den schedel der kinderen van het gedruis verteerd.

⁴⁶Wee u, Moab! het volk van Kamos is verloren; want uw zonen zijn weggenomen in gevangenis; ook zijn uw dochters in gevangenis.

⁴⁷Maar in het laatste der dagen, zal Ik Moabs gevangenis wenden, spreekt de HEERE. Tot hiertoe is Moabs oordeel.

Hoofdstuk 49

¹Tegen de kinderen Ammons zegt de HEERE alzo: Heeft dan Israel geen kinderen? Heeft hij geen erfgenaam? Waarom is dan Malcham erfgenaam van Gad, en waarom woont zijn volk in deszelfs steden?

²Daarom ziet, de dagen komen, spreekt de HEERE, dat Ik over Rabba der kinderen Ammons een krijgsgeschrei zal doen horen, en zij zal tot een woesten hoop worden, en haar onderhorige plaatsen zullen met vuur aangestoken worden; en Israel zal erven degenen, die hem geerfd hadden, zegt de HEERE.

³Huil, o Hesbon! want Ai is verstoord; krijt, gij dochteren van Rabba, gordt zakken aan, drijft misbaar, en loopt om bij de tuinen; want Malcham zal wandelen in gevangenis, zijn priesteren en zijn vorsten te zamen.

⁴Wat roemt gij op uw dalen? Uw dal is weggevloten, gij afkerige dochter! die op haar schatten vertrouwt, zeggende: Wie zou tegen mij komen?

⁵Ziet, Ik zal vreze over u brengen, spreekt de HEERE, de HEERE der heirscharen, van allen, die rondom u zijn, en gijlieden zult, een iegelijk voor zich henen, uitgedreven worden, en niemand zal den omdolende vergaderen.

⁶Maar daarna zal Ik de gevangenis der kinderen Ammons wenden, spreekt de HEERE.

⁷Tegen Edom zegt de HEERE der heirscharen alzo: Is er dan geen wijsheid meer te Theman? Is de raad vergaan van de verstandigen? Is hunlieder wijsheid onnut geworden?

⁸Vliedt, wendt u, woont in diepe plaatsen, gij inwoners van Dedan! want Ik heb Ezau's verderf over hem gebracht, den tijd, dat Ik hem bezocht heb.

⁹Zo er wijnlezers tot u gekomen waren, zouden zij niet een nalezing hebben overgelaten? Zo er dieven bij nacht gekomen waren, zouden zij niet verdorven hebben zoveel hun genoeg ware?

¹⁰Maar Ik heb Ezau ontbloot, Ik heb zijn verborgene plaatsen ontdekt, dat hij zich niet zal kunnen versteken; zijn zaad is verstoord, ook zijn broeders, en zijn naburen, en hij is er niet meer.

¹¹Laat uw wezen achter, en Ik zal hen in het leven behouden, en laat uw weduwen op Mij vertrouwen.

¹²Want zo zegt de HEERE: Ziet, degenen, welker oordeel het niet is den beker te drinken, zullen ganselijk drinken; en zoudt gij enigszins onschuldig gehouden worden? Gij zult niet onschuldig worden gehouden, maar gij zult ganselijk drinken.

¹³Want Ik heb bij Mijzelven gezworen, spreekt de HEERE, dat Bozra worden zal tot een ontzetting, tot een smaadheid, tot een woestheid, en tot een vloek; en al haar steden zullen worden tot eeuwige woestheden.

¹⁴Ik heb een gerucht gehoord van den HEERE, en er is een gezant geschikt onder de heidenen, om te zeggen: Vergadert u, en komt aan tegen haar, en maakt u op ten strijde.

¹⁵Want zie, Ik heb u klein gemaakt onder de heidenen, veracht onder de mensen.

¹⁶Uw schrikkelijkheid heeft u bedrogen, en de trotsheid uws harten, gij, die woont in de kloven der steenrotsen, die u houdt op de hoogte der heuvelen! Al zoudt gij uw nest zo hoog maken als de arend, zo zal Ik u van daar nederstoten, spreekt de HEERE.

¹⁷Alzo zal Edom worden tot een ontzetting; al wie voorbij haar gaat, zal zich ontzetten, en fluiten over al haar plagen.

¹⁸Gelijk de omkering van Sodom en Gomorra en haar naburen, zal het zijn, zegt de HEERE; niemand zal daar wonen, en geen mensenkind daarin verkeren.

¹⁹Ziet, gelijk een leeuw van de verheffing der Jordaan, zal hij opkomen tegen de sterke woning; want Ik zal hem in een ogenblik daaruit doen lopen; en wie daartoe verkoren is, dien zal Ik tegen haar bestellen; want wie is Mij gelijk, en wie zou Mij dagvaarden, en wie is die herder, die voor Mijn aangezicht bestaan zou?

²⁰Daarom hoort des HEEREN raadslag, dien Hij over Edom heeft beraadslaagd, en Zijn gedachten, die Hij gedacht heeft over de inwoners van Theman: Zo de geringsten van de kudde hen niet zullen nedertrekken! Indien hij hunlieder woning niet boven hen zal verwoesten!

²¹De aarde heeft gebeefd van het geluid huns vals, van het gekrijt, welks geluid gehoord is bij de Schelfzee.

²²Ziet, hij zal opkomen en snel vliegen, als een arend, en zijn vleugelen over Bozra uitbreiden; en het hart van Edoms helden zal te dien dage wezen, als het hart ener vrouw, die in nood is.

²³Tegen Damaskus. Beschaamd is Hamath en Arpad; omdat zij een boos gerucht gehoord hebben, zijn zij gesmolten; bij de zee is bekommernis, men kan er niet rusten.

²⁴Damaskus is slap geworden, zij heeft zich gewend, om te vluchten, en siddering heeft haar aangegrepen; benauwdheid en smarten als van een barende vrouw hebben haar bevangen;

²⁵Hoe is de beroemde stad niet gelaten, de stad Mijner vrolijkheid!

²⁶Daarom zullen haar jongelingen vallen op haar straten; en al haar krijgslieden zullen te dien dage nedergehouwen worden, spreekt de HEERE der heirscharen.

²⁷En Ik zal een vuur aansteken in den muur van Damaskus, en het zal Benhadads paleizen verteren.

²⁸Tegen Kedar, en tegen de koninkrijken van Hazor, die Nebukadrezar, de koning van Babel, sloeg, zegt de HEERE alzo: Maakt u op, trekt op tegen Kedar, en verstoort de kinderen van het oosten.

²⁹Zij zullen hun tenten en hun kudden nemen, hun gordijnen en al hun gereedschap, en hun kemelen voor zich wegnemen; en zij zullen tegen hen uitroepen: Schrik van rondom!

³⁰Vliedt, zwerft fluks henen weg, woont in diepe plaatsen, gij inwoners van Hazor! spreekt de HEERE; want Nebukadrezar, de koning van Babel, heeft een raadslag tegen ulieden beraadslaagd, en een gedachte tegen hen gedacht.

³¹Maakt u op, trekt op tegen het volk, dat rust heeft, dat in zekerheid woont, spreekt de HEERE; dat geen deuren noch grendel heeft, die alleen wonen.

³²En hun kemelen zullen ten roof zijn, en de menigte van hun vee zal ten buit zijn; en Ik zal hen verstrooien in alle winden, te weten degenen, die aan de hoeken afgekort zijn; en Ik zal hunlieder verderf van al zijn zijden aanbrengen, spreekt de HEERE.

³³En Hazor zal worden tot een drakenwoning, een verwoesting tot in eeuwigheid; niemand zal daar wonen, en geen mensenkind daarin verkeren.

³⁴Het woord des HEEREN, dat tot den profeet Jeremia geschied is tegen Elam, in het begin des koninkrijks van Zedekia, den koning van Juda, zeggende:

³⁵Zo zegt de HEERE der heirscharen: Ziet, Ik zal verbreken Elams boog, het voornaamste van hunlieder geweld.

³⁶En Ik zal de vier winden uit de vier hoeken des hemels over Elam aanbrengen, en zal hen in al diezelve winden verstrooien; en er zal geen volk zijn, waarhenen Elams verdrevenen niet zullen komen.

³⁷En Ik zal Elam versaagd maken voor het aangezicht hunner vijanden, en voor het aangezicht dergenen, die hun ziel zoeken, en zal een kwaad over hen brengen, de hittigheid Mijns toorns, spreekt de HEERE; en Ik zal het zwaard achter hen zenden, totdat Ik hen verteerd zal hebben.

³⁸En Ik zal Mijn troon in Elam stellen; en zal den koning en de vorsten van daar vernielen, spreekt de HEERE;

³⁹Maar het zal geschieden in het laatste der dagen, dat Ik Elams gevangenis wenden zal, spreekt de HEERE.

Hoofdstuk 50

¹Het woord, dat de HEERE gesproken heeft tegen Babel, tegen het land der Chaldeen, door den dienst van den profeet Jeremia.

²Verkondigt onder de heidenen, en doet horen, en werpt een banier op, laat horen, verbergt het niet; zegt: Babel is ingenomen, Bel is beschaamd, Merodach is verpletterd, haar afgoden zijn beschaamd, haar drekgoden zijn verpletterd!

³Want een volk komt tegen haar op van het noorden; dat zal haar land zetten in verwoesting, dat er geen inwoner in zal zijn; van de mensen aan tot de beesten toe zijn zij weggezworven, doorgegaan!

⁴In dezelve dagen en ter zelver tijd, spreekt de HEERE, zullen de kinderen Israels komen, zij en de kinderen van Juda te zamen; wandelende en wenende zullen zij henengaan, en den HEERE, hun God, zoeken.

⁵Zij zullen naar Sion vragen; op den weg herwaarts zullen hun aangezichten zijn; zij zullen komen en den HEERE toegevoegd worden, met een eeuwig verbond, dat niet zal worden vergeten.

⁶Mijn volk waren verloren schapen, hun herders hadden hen verleid, zij hadden hen gevoerd naar de bergen, zij gingen van berg tot heuvel, zij vergaten hun legering.

⁷Allen, die hen vonden, aten hen op, en hun wederpartijders zeiden: Wij zullen geen schuld hebben; daarom dat zij gezondigd hebben tegen den HEERE, in de woning der gerechtigheid, ja, tegen den HEERE, de Verwachting hunner vaderen.

⁸Vliedt weg uit het midden van Babel, en gaat uit der Chaldeen land; en weest als de bokken voor de kudde henen.

⁹Want ziet, Ik zal een verzameling van grote volken uit het land van het noorden verwekken, en tegen Babel opbrengen; die zullen zich tegen haar rusten; van daar zal zij ingenomen worden; hun pijlen zullen zijn als eens kloeken helds, geen zal ledig wederkeren.

¹⁰En Chaldea zal ten roof zijn; allen, die het beroven, zullen verzadigd worden, spreekt de HEERE.

¹¹Omdat gij u verblijd hebt, omdat gij van vreugde hebt opgesprongen, gij plunderaars Mijner erfenis! omdat gij geil geworden zijt als een grazige vaars, en hebt gebriest als desterke paarden;

¹²Zo is uw moeder zeer beschaamd; die u gebaard heeft, is schaamrood geworden; ziet, zij is geworden de achterste der heidenen, een woestijn, dorheid en wildernis.

¹³Vanwege de verbolgenheid des HEEREN zal zij niet bewoond worden, maar zij zal geheel een verwoesting worden; al wie aan Babel voorbijgaat, zal zich ontzetten, en fluitenover al haar plagen.

¹⁴Rust u tegen Babel rondom, gij allen, die den boog spant! schiet in haar, en spaart de pijlen niet; want zij heeft tegen den HEERE gezondigd.

¹⁵Juicht over haar rondom, zij heeft haar hand gegeven; haar fondamenten zijn gevallen, haar muren zijn afgebroken; want dat is des HEEREN wraak, wreekt u aan haar, doethaar, gelijk als zij gedaan heeft!

¹⁶Roeit uit van Babel den zaaier, en dien, die de sikkel handelt in den oogsttijd; laat hen vanwege het verdrukkende zwaard, zich keren, een iegelijk tot zijn volk, en vlieden, eeniegelijk naar zijn land.

¹⁷Israel is een verbijsterd lam, dat de leeuwen verjaagd hebben; de eerste, die hem heeft opgegeten, was de koning van Assur, en deze de laatste, Nebukadrezar, de koning vanBabel, heeft hem de beenderen verbrijzeld.

¹⁸Daarom, zo zegt de HEERE der heirscharen, de God Israels: Ziet, Ik zal bezoeking doen over den koning van Babel en over zijn land, gelijk als Ik bezoeking gedaan heb over denkoning van Assur.

¹⁹En Ik zal Israel weder tot zijn woning brengen, en hij zal weiden op den Karmel en op den Basan; en zijn ziel zal op het gebergte van Efraim en Gilead verzadigd worden.

²⁰In die dagen en te dier tijd, spreekt de HEERE, zal Israels ongerechtigheid gezocht worden, maar zij zal er niet zijn, en de zonden van Juda, maar zullen niet gevonden worden;want Ik zal ze dengenen vergeven, die Ik zal doen overblijven.

²¹Tegen het land Merathaim, trek tegen hetzelve op, en tegen de inwoners van Pekod; verwoest en verban achter hen, spreekt de HEERE, en doe naar alles, wat Ik u gebodenheb.

²²Er is een krijgsgeschrei in het land, en een grote breuk.

²³Hoe is de hamer der ganse aarde zo afgehouwen en verbroken! Hoe is Babel geworden tot een ontzetting onder de heidenen.

²⁴Ik heb u een strik gesteld, dies zijt gij ook gevangen, o Babel! dat gij het niet wist; gij zijt gevonden, en ook gegrepen, omdat gij u tegen den HEERE in strijd gemengd hebt.

²⁵De HEERE heeft Zijn schatkamer opengedaan, en de instrumenten Zijner gramschap voortgebracht; want dat is een werk van den HEERE, den HEERE der heirscharen, in hetland der Chaldeen.

²⁶Komt aan tegen haar van het uiterste, opent haar schuren, vertreedt haar als korenhopen, en verbant ze; laat ze geen overblijfsel hebben.

²⁷Doodt met het zwaard al haar varren, laat ze afgaan ter slachting; wee over hen, want hun dag is gekomen, de tijd hunner bezoeking!

²⁸Er is een stem der gevluchten en ontkomenen uit het land van Babel, om in Sion te verkondigen de wraak des HEEREN, onzes Gods, de wraak Zijns tempels.

²⁹Laat u horen tegen Babel, gij schutters! gij allen, die den boog spant! legert u tegen haar rondom, laat niemand van hen ontkomen; vergeldt haar naar haar werk, doet haar naaralles, wat zij gedaan heeft; want zij heeft trotselijk gehandeld tegen den HEERE, tegen den Heilige Israels.

³⁰Daarom zullen haar jongelingen vallen op haar straten, en al haar krijgslieden te dien dage uitgeroeid worden, spreekt de HEERE.

³¹Ziet, Ik wil aan u, gij trotse! spreekt de HEERE, de HEERE der heirscharen; want uw dag is gekomen, de tijd, dat Ik u bezoeken zal.

³²Dan zal de trotse aanstoten en vallen, en er zal niemand zijn, die hem opricht; ja, Ik zal een vuur aansteken in zijn steden, dat zal alle plaatsen rondom hem verteren.

³³Zo zegt de HEERE der heirscharen: De kinderen Israels en de kinderen van Juda zijn te zamen verdrukt geweest; en allen, die hen gevangen hadden, hebben hen vastgehouden; zij hebben hen geweigerd los te laten.

³⁴Maar hun Verlosser is sterk, HEERE der heirscharen is Zijn Naam; Hij zal hun twist zekerlijk twisten, opdat Hij het land in rust brenge, maar de inwoners van Babel beroere.

³⁵Het zwaard zal zijn over de Chaldeen, spreekt de HEERE; en over de inwoners van Babel, en over haar vorsten, en over haar wijzen.

³⁶Het zwaard zal zijn over de leugenaars, dat zij zot worden; het zwaard zal zijn over haar helden, dat zij versagen;

³⁷Het zwaard zal zijn over zijn paarden en over zijn wagenen, en over den gansen gemengden hoop, die in het midden van hen is, dat zij tot wijven worden; het zwaard zal zijn overhaar schatten, dat zij geplunderd worden.

³⁸Droogte zal zijn over haar wateren, dat zij uitdrogen; want het is een land van gesneden beelden, en zij razen naar de schrikkelijke afgoden.

³⁹Daarom zo zullen de wilde dieren der woestijnen met de wilde dieren der eilanden daarin wonen; ook zullen de jonge struisen daarin wonen; en men zal er geen verblijf meerhebben in eeuwigheid, en zij niet bewoond worden van geslacht tot geslacht.

⁴⁰Gelijk God Sodom en Gomorra en haar naburen heeft omgekeerd, spreekt de HEERE, alzo zal niemand aldaar wonen, en geen mensenkind in haar verkeren.

⁴¹Ziet, daar komt een volk uit het noorden; en een grote natie, en geweldige koningen zullen van de zijden der aarde opgewekt worden.

⁴²Boog en spies zullen zij voeren; wreed zijn zij, en zullen niet barmhartig zijn; hun stem zal bruisen als de zee, en op paarden zullen zij rijden; het is toegerust als een man tenoorlog, tegen u, o dochter van Babel!

⁴³De koning van Babel heeft hunlieder gerucht gehoord, en zijn handen zijn slap geworden; benauwdheid heeft hem aangegrepen, weedom als van een barende vrouw.

⁴⁴Ziet, gelijk een leeuw van de verheffing der Jordaan, zal hij opkomen tegen de sterke woning; want Ik zal hen in een ogenblik daaruit doen lopen; en wie daartoe verkoren is, dienzal Ik tegen haar bestellen; want wie is Mij gelijk, en wie zou Mij dagvaarden? En wie is de herder, die voor Mijn aangezicht bestaan zou?

⁴⁵Daarom hoort den raadslag des HEEREN, dien Hij over Babel heeft beraadslaagd, en Zijn gedachten, die Hij gedacht heeft over het land der Chaldeen: Zo de geringsten van dekudde hen niet zullen nedertrekken! Zo hij de woning boven hen niet zal verwoesten!

⁴⁶De aarde is bevende geworden van het geluid der inneming van Babel, en het gekrijt is gehoord onder de volken.

Hoofdstuk 51

¹Zo zegt de HEERE: Ziet, Ik zal een verdervenden wind opwekken tegen Babel, en tegen degenen, die daar wonen in het hart van degenen, die tegen Mij opstaan.

²En Ik zal Babel wanners toeschikken, die haar wannen, en haar land uitledigen zullen; want zij zullen ten dage des kwaads van rondom tegen haar zijn.

³De schutter spanne zijn boog tegen dien, die spant, en tegen dien, die zich verheft in zijn pantsier; en verschoont haar jongelingen niet, verbant al haar heir;

⁴Dat de verslagenen liggen in het land der Chaldeen, en de doorstokenen op haar straten.

⁵Want Israel of Juda zal niet in weduwschap gelaten worden van zijn God, van den HEERE der heirscharen (hoewel hunlieder land vol van schuld is), van den Heilige Israels.

⁶Vliedt uit het midden van Babel, en redt, een iegelijk zijn ziel; wordt niet uitgeroeid in haar ongerechtigheid; want dit is de tijd der wraak des HEEREN, Die haar de verdienstebetaalt.

⁷Babel was een gouden beker in de hand des HEEREN, die de ganse aarde dronken maakte; de volken hebben van haar wijn gedronken, daarom zijn de volken dol geworden.

⁸Schielijk is Babel gevallen en verbroken; huilt over haar, neemt balsem tot haar pijn, misschien zal zij genezen worden.

⁹Wij hebben Babel gemeesterd, maar zij is niet genezen; verlaat haar dan, en laat ons een iegelijk in zijn land trekken; want haar oordeel reikt tot aan den hemel, en is verhevenoltot aan de bovenste wolken.

¹⁰De HEERE heeft onze gerechtigheden hervoor gebracht; komt en laat ons te Sion het werk des HEEREN, onzes Gods, vertellen!

¹¹Zuivert de pijlen, rust de schilden volkomenlijk toe; de HEERE heeft den geest der koningen van Medie opgewekt; want Zijn voornemen is tegen Babel, dat Hij haar verderve;want dit is de wraak des HEEREN, de wraak Zijns tempels.

¹²Verheft de banier op de muren van Babel, versterkt de wacht, stelt wachters, bereidt de lagen; want gelijk de HEERE heeft voorgenomen, alzo heeft Hij gedaan, wat Hij over deinwoners van Babel gesproken heeft.

¹³Gij, die aan vele wateren woont, die machtig zijt van schatten! uw einde is gekomen, de maat uwer gierigheid.

¹⁴De HEERE der heirscharen heeft gezworen bij Zijn ziel: Ofschoon Ik u met mensen als met kevers vervuld heb, nochtans zullen zij elkander een vreugdegeschrei over utoeroepen!

¹⁵Die de aarde gemaakt heeft door Zijn kracht, Die de wereld

bereid heeft door Zijn wijsheid, en den hemel uitgebreid door Zijn verstand;

¹⁶Als Hij Zijn stem geeft, zo is er een gedruis van wateren in den hemel, en Hij doet de dampen opklimmen van het einde der aarde; Hij maakt de bliksemen met den regen, en doet den wind voortkomen uit Zijn schatkameren.

¹⁷Een ieder mens is onvernuftig geworden, zodat hij geen wetenschap heeft; een ieder goudsmid is beschaamd van het gesneden beeld; want zijn gegoten beeld is leugen, en er is geen geest in hen.

¹⁸Ijdelheid zijn zij, een werk van verleidingen; ten tijde hunner bezoeking zullen zij vergaan.

¹⁹Jakobs deel is niet gelijk die; want Hij is de Formeerder van alles, en Israel is de roede Zijner erfenis; HEERE der heirscharen is Zijn Naam.

²⁰Gij zijt Mij een voorhamer, en krijgswapenen; en door u zal Ik volken in stukken slaan, en door u zal Ik koninkrijken verderven.

²¹En door u zal Ik in stukken slaan het paard en zijn ruiter; en door u zal Ik in stukken slaan den wagen en zijn ruiter.

²²En door u zal Ik in stukken slaan den man en de vrouw; en door u zal Ik in stukken slaan den oude en den jonge; en door u zal Ik in stukken slaan den jongeling en de jonkvrouw.

²³En door u zal Ik in stukken slaan den herder en zijn kudde; en door u zal Ik in stukken slaan den akkerman en zijn juk ossen; en door u zal Ik in stukken slaan landvoogden en overheden.

²⁴Maar Ik zal Babel en allen inwoneren van Chaldea vergelden al hun boosheid, die zij gedaan hebben aan Sion, voor ulieder ogen, spreekt de HEERE.

²⁵Ziet, Ik wil aan u, gij verdervende berg! spreekt de HEERE, gij, die de ganse aarde verderft, en Ik zal Mijn hand tegen u uitstrekken, en u van de steenrotsen afwentelen, en zal u stellen tot een berg des brands.

²⁶En zij zullen uit u geen steen nemen tot een hoek, ook geen steen tot fondamenten; want gij zult tot eeuwige woestheden zijn, spreekt de HEERE.

²⁷Verheft de banier in het land, blaast de bazuin onder de heidenen, heiligt de heidenen tegen haar, roept tegen haar bijeen de koninkrijken van Ararat, Minni en Askenaz; bestelt een krijgsoverste tegen haar, brengt paarden opwaarts, als ruige kevers!

²⁸Heiligt tegen haar de heidenen, de koningen van Medie, haar landvoogden en al haar overheden, ja, het ganse land harer heerschappij.

²⁹Dan zal het land beven en pijn lijden; want elk een van des HEEREN gedachten staat vast tegen Babel, om Babels land te stellen tot een verwoesting, dat er geen inwoner zij.

³⁰Babels helden hebben opgehouden te strijden, zij zijn gebleven in de vestingen, hun macht is bezweken, zij zijn tot wijven geworden; zij hebben hun woningen aangestoken, hun grendels zijn verbroken.

³¹De loper zal den loper tegemoet lopen, en de kondschapper den kondschapper tegemoet, om den koning van Babel bekend te maken, dat zijn stad van het einde is ingenomen;

³²En dat de veren ingenomen, en de rietpoelen met vuur verbrand zijn; en dat de krijgslieden verbaasd zijn.

³³Want zo zegt de HEERE der heirscharen, de God Israels: De dochter van Babel is als een dorsvloer, het is tijd, dat men ze trede; nog een weinig, dan zal haar de tijd des oogstes overkomen.

³⁴Nebukadrezar, de koning van Babel, heeft mij opgegeten, hij heeft mij verpletterd, hij heeft mij gesteld als een ledig vat, hij heeft mij verslonden als een draak, hij heeft zijn balg gevuld van mijn lekkernijen; hij heeft mij verdreven.

³⁵Het geweld, dat mij en mijn vlees is aangedaan, zij op Babel! zegge de inwoneres van Sion; en mijn bloed zij op de inwoners van Chaldea! zegge Jeruzalem.

³⁶Daarom, zo zegt de HEERE: Ziet, Ik zal uw twist twisten, en uw wraak wreken; en Ik zal haar zee droog maken, en haar springader opdrogen.

³⁷En Babel zal worden tot steen hopen, een woning der draken, een ontzetting en aanfluiting, dat er geen inwoner zij.

³⁸Zij zullen te zamen brullen als jonge leeuwen, briesen als leeuwenwelpen.

³⁹Als zij verhit zijn, zal Ik hun drank opzetten, en zal hen dronken maken, opdat zij opspringen; maar zij zullen een eeuwigen slaap slapen, en niet opwaken, spreekt de HEERE.

⁴⁰Ik zal hen afvoeren als lammeren om te slachten, als rammen met bokken.

⁴¹Hoe is Sesach zo veroverd, en de roem der ganse aarde ingenomen! Hoe is Babel geworden tot een ontzetting onder de heidenen!

⁴²Een zee is over Babel gerezen, door de veelheid harer golven is zij bedekt.

⁴³Haar steden zijn geworden tot verwoesting, een dor land en wildernis; een land, waarin niemand woont, en waar geen mensenkind doorgaat.

⁴⁴En Ik zal bezoeking doen over Bel te Babel, en Ik zal uit zijn muil uithalen, wat hij verslonden heeft; en de heidenen zullen niet meer tot hem toevloeien, want ook Babels muur is gevallen.

⁴⁵Gaat uit, Mijn volk, uit het midden van haar, en redt een iegelijk zijn ziel, vanwege de hittigheid van den toorn des HEEREN.

⁴⁶En opdat ulieder hart misschien niet week worde, en gij vreest van het gerucht, dat gehoord zal worden in het land; want er zal een gerucht komen in het ene jaar, en daarna een gerucht in het andere jaar; en er zal geweld zijn in het land, heer over heer.

⁴⁷Daarom ziet, de dagen komen, dat Ik bezoeking zal doen over de gesneden beelden van Babel; en haar ganse land zal beschaamd worden, en al haar verslagenen zullen in het midden van haar liggen.

⁴⁸En de hemel en de aarde, mitsgaders al wat daarin is, zullen juichen over Babel; want van het noorden zullen haar de verstoorders aankomen, spreekt de HEERE.

⁴⁹Gelijk Babel geweest is tot een val der verslagenen van Israel, alzo zullen te Babel de verslagenen des gansen lands vallen.

⁵⁰Gij ontkomenen van het zwaard, gaat weg, en blijft niet staan; gedenkt des HEEREN van verre, en laat Jeruzalem in ulieder hart opkomen.

⁵¹Gij moogt zeggen: Wij zijn beschaamd geworden, want wij hebben versmaadheid gehoord, schaamroodheid heeft ons aangezicht bedekt; omdat uitlandsen over de heiligdommen van des HEEREN huis gekomen zijn;

⁵²Daarom ziet, de dagen komen, spreekt de HEERE, dat Ik bezoeking doen zal over haar gesneden beelden; en de dodelijk verwonde zal kermen in haar ganse land.

⁵³Al klom Babel ten hemel op, en al maakte zij vast de hoogte harer sterkte, zo zullen haar toch verstoorders van Mij overkomen, spreekt de HEERE.

⁵⁴Er is een stem des gekrijts uit Babel, en een grote breuk uit het land der Chaldeen.

⁵⁵Want de HEERE verstoort Babel, en zal de grootse stem uit haar doen vergaan; want hunlieder golven zullen bruisen als grote wateren; het geruis van hunlieder geluid zal zich verheffen.

⁵⁶Want de verstoorder komt over haar, over Babel, en haar helden zullen gevangen worden; hunlieder bogen zijn verbroken; want de HEERE, de God der vergelding, zal hun zekerlijk betalen.

⁵⁷En Ik zal haar vorsten, en haar wijzen, haar landvoogden, en haar overheden, en haar helden dronken maken; en zij zullen een eeuwigen slaap slapen, en niet opwaken, spreekt de Koning, Wiens Naam is HEERE der heirscharen.

⁵⁸Zo zegt de HEERE der heirscharen: Die brede muur van Babel zal ten enenmale ontbloot worden, en haar hoge poorten zullen met vuur aangestoken worden; zodat de volken tevergeefs, en de natien ten vure zullen gearbeid hebben, dat zij mat worden.

⁵⁹Het woord, dat de profeet Jeremia beval aan Seraja, den zoon van Nerija, den zoon van Machseja, als hij van Zedekia, den koning van Juda, naar Babel toog, in het vierde jaar zijner regering; en Seraja was een vreemdzaam vorst.

⁶⁰Jeremia nu schreef al het kwaad, dat over Babel komen zou, in een boek, te weten al deze woorden, die tegen Babel geschreven zijn

⁶¹En Jeremia zeide tot Seraja: Als gij te Babel komt, zo zult gij zien en lezen al deze woorden;

⁶²En gij zult zeggen: O HEERE, Gij hebt over deze plaats gesproken, dat Gij ze zult uitroeien, zodat er geen inwoner in zij, van den mens tot op het beest, maar dat zij worden zal tot eeuwige woestheden.

⁶³En het zal geschieden, als gij geeindigd zult hebben dit boek te lezen, dan zult gij een steen daaraan binden, en werpen het in het midden van den Frath,

⁶⁴En zult zeggen: Alzo zal Babel zinken, en niet weder opkomen, vanwege het kwaad, dat Ik over haar zal brengen, en zij zullen mat worden. Tot hiertoe zijn de woorden van Jeremia.

Hoofdstuk 52

¹Zedekia was een en twintig jaren oud, als hij koning werd, en hij regeerde elf jaren te Jeruzalem; en de naam zijner moeder was Hamutal, een dochter van Jeremia, van Libna.

²En hij deed dat kwaad was in de ogen des HEEREN, naar alles, wat Jojakim gedaan had.

³Want het geschiedde, om den toorn des HEEREN tegen Jeruzalem en Juda, totdat Hij hen van Zijn aangezicht weggeworpen had; en Zedekia rebelleerde tegen den koning van Babel.

⁴En het geschiedde in het negende jaar zijner regering, in de tiende

maand, op den tienden der maand, dat Nebukadrezar, de koning van Babel, kwam tegen Jeruzalem, hij en zijn ganse heir, en zij legerden zich tegen haar, en zij bouwden tegen haar sterkten rondom.

⁵Alzo kwam de stad in belegering, tot in het elfde jaar van den koning Zedekia.

⁶In de vierde maand, op den negenden der maand, als de honger in de stad sterk werd, en het volk des lands geen brood had;

⁷Toen werd de stad doorgebroken, en al de krijgslieden vloden, en trokken uit des nachts, uit de stad, door den weg der poort tussen de twee muren, die aan des konings hof waren (de Chaldeen nu waren tegen de stad rondom), en zij togen door den weg des vlakken velds.

⁸Doch het heir der Chaldeen jaagde den koning na, en zij achterhaalden Zedekia in de vlakke velden van Jericho; en al zijn heir werd van bij hem verstrooid.

⁹Zij dan grepen den koning, en voerden hem opwaarts tot den koning van Babel naar Ribla, in het land van Hamath; die sprak oordelen tegen hem.

¹⁰En de koning van Babel slachtte de zonen van Zedekia voor zijn ogen; en hij slachtte ook al de vorsten van Juda te Ribla.

¹¹En hij verblindde de ogen van Zedekia, en hij bond hem met twee koperen ketenen; alzo bracht hem de koning van Babel naar Babel, en stelde hem in het gevangenhuis, totden dag zijns doods toe.

¹²Daarna, in de vijfde maand, op den tienden der maand (dit jaar was het negentiende jaar van den koning Nebukadrezar, den koning van Babel), als Nebuzaradan, de overste der trawanten, die voor het aangezicht des konings van Babel stond, te Jeruzalem gekomen was;

¹³Zo verbrandde hij het huis des HEEREN en het huis des konings; mitsgaders alle huizen van Jeruzalem en alle huizen der groten verbrandde hij met vuur.

¹⁴En het ganse heir der Chaldeen, dat met den overste der trawanten was, brak alle muren van Jeruzalem rondom af.

¹⁵Van de armsten nu des volks en het overige des volks, die in de stad overgelaten waren, en de afvalligen, die tot den koning van Babel gevallen waren, en het overige der menigte, voerde Nebuzaradan, de overste der trawanten, gevankelijk weg.

¹⁶Maar van de armsten des lands liet Nebuzaradan, de overste der trawanten, enigen over tot wijngaardeniers en tot akkerlieden.

¹⁷Verder braken de Chaldeen de koperen pilaren, die in het huis des HEEREN waren, en de stellingen, en de koperen zee, die in het huis des HEEREN was; en zij voerden al het koper daarvan naar Babel.

¹⁸Ook namen zij de potten en de schoffelen, en de gaffelen, en de sprengbekkens, en de rookschalen, en al de koperen vaten, waar men den dienst mede deed.

¹⁹En de overste der trawanten nam weg de schalen, en de wierookvaten, en de sprengbekkens, en de potten, en de kandelaars, en de rookschalen, en de kroezen; wat geheel goud, en wat geheel zilver was.

²⁰De twee pilaren, de ene zee, en de twaalf koperen runderen, die in de plaats der stellingen waren, die de koning Salomo voor het huis des HEEREN gemaakt had; het koper daarvan, te weten van al deze vaten, was zonder gewicht.

²¹Aangaande de pilaren, achttien ellen was de hoogte eens pilaars, en een draad van twaalf ellen omving hem; en zijn dikte was vier vingeren, en hij was hol.

²²En het kapiteel daarop was koper, en de hoogte des enen kapiteels was vijf ellen, en een net, en granaatappelen op het kapiteel rondom, alles koper; en dezen gelijk had de andere pilaar, met granaatappelen.

²³En de granaatappelen waren zes en negentig, gezet naar den wind; alle granaatappelen waren honderd, over het net rondom.

²⁴Ook nam de overste der trawanten Seraja, den hoofdpriester, en Zefanja, den tweeden priester, en de drie dorpelbewaarders.

²⁵En uit de stad nam hij een hoveling, die over de krijgslieden gesteld was, en zeven mannen uit degenen, die des konings aangezicht zagen, die in de stad gevonden werden, mitsgaders den oversten schrijver des heirs, die het volk des lands ten oorlog opschreef, en zestig mannen van het volk des lands, die in het midden der stad gevonden werden.

²⁶Als Nebuzaradan, de overste der trawanten, dezen genomen had, zo bracht hij hen tot den koning van Babel naar Ribla.

²⁷En de koning van Babel sloeg hen en doodde hen te Ribla, in het land van Hamath. Alzo werd Juda uit zijn land gevankelijk weggevoerd.

²⁸Dit is het volk, dat Nebukadrezar gevankelijk heeft weggevoerd; in het zevende jaar, drie duizend drie en twintig Joden;

²⁹In het achttiende jaar van Nebukadrezar, voerde hij gevankelijk weg achthonderd twee en dertig zielen uit Jeruzalem;

³⁰In het drie en twintigste jaar van Nebukadrezar voerde Nebuzaradan, de overste der trawanten, gevankelijk weg van de Joden zevenhonderd vijf en veertig zielen. Alle zielen zijn vier duizend en zeshonderd.

³¹Het geschiedde daarna, in het zeven en dertigste jaar der gevankelijke wegvoering van Jojachin, den koning van Juda, in de twaalfde maand, op den vijf en twintigsten der maand, dat Evilmerodach, de koning van Babel, in het eerste jaar zijns koninkrijks, het hoofd van Jojachin, den koning van Juda, verhief, en hem uit het gevangenhuis uitbracht.

³²En hij sprak vriendelijk met hem, en stelde zijn stoel boven den stoel der koningen, die bij hem te Babel waren.

³³En hij veranderde de klederen zijner gevangenis; en hij at geduriglijk brood voor zijn aangezicht, al de dagen zijns levens.

Klaagliederen

Hoofdstuk 1

¹Aleph. Hoe zit die stad zo eenzaam, die vol volks was, zij is als een weduwe geworden, zij, die groot was onder de heidenen, een vorstin onder de landschappen, is cijnsbaargeworden.

²Beth. Zij weent steeds des nachts, en haar tranen lopen over haar kinnebakken; zij heeft geen trooster onder al haar liefhebbers; al haar vrienden hebben trouwelooslijk met haargehandeld, zij zijn haar tot vijanden geworden.

³Gimel. Juda is in gevangenis gegaan vanwege de ellende, en vanwege de veelheid der dienstbaarheid; zij woont onder de heidenen, zij vindt geen rust; al haar vervolgersachterhalen ze tussen de engten.

⁴Daleth. De wegen Sions treuren, omdat niemand op het feest komt; al haar poorten zijn woest, haar priesters zuchten: haar jonkvrouwen zijn bedroefd, en zij zelve is in bitterheid.

⁵He. Haar tegenpartijders zijn ten hoofd geworden, haar vijanden zijn gerust; omdat haar de HEERE bedroefd heeft, vanwege de veelheid harer overtredingen; haar kinderensgaan henen in de gevangenis voor het aangezicht des tegenpartijders.

⁶Vau. En van de dochter Sions is al haar sieraad weggegaan; haar vorsten zijn als de herten, die geen weide vinden, en zij gaan krachteloos henen voor het aangezicht desvervolgers.

⁷Zain. Jeruzalem is, in de dagen harer ellende en harer veelvuldige ballingschap, indachtig aan al haar gewenste dingen, die zij van oude dagen af gehad heeft; dewijl haar volkdoor de hand des tegenpartijders valt, en zij geen helper heeft; de tegenpartijders zien haar aan, zij spotten met haar rustdagen.

⁸Cheth. Jeruzalem heeft zwaarlijk gezondigd, daarom is zij als een afgezonderde vrouw geworden; allen, die haar eerden, achten haar onwaard, dewijl zij haar naaktheid gezienhebben; zij zucht ook, en zij is achterwaarts gekeerd.

⁹Teth. Haar onreinheid is in haar zomen, zij heeft niet gedacht aan haar uiterste, daarom is zij wonderbaarlijk omlaag gedaald; zij heeft geen trooster. HEERE, zie mijn ellendeaan, want de vijand maakt zich groot.

¹⁰Jod. De tegenpartijder heeft zijn hand aan al haar gewenste dingen uitgebreid; immers heeft zij aangezien, dat de heidenen in haar heiligdom gingen, waarvan Gij gebodenhadt, dat zij in Uw gemeente niet komen zouden.

¹¹Caph. Al haar volk zucht, brood zoekende, zij hebben hun gewenste dingen voor spijs gegeven, om de ziel te verkwikken. Zie, HEERE, en aanschouw, dat ik onwaard gewordenben.

¹²Lamed. Gaat het ulieden niet aan, gij allen, die over weg gaat? Schouwt het aan en ziet, of er een smart zij gelijk mijn smart, die mij aangedaan is, waarmede de HEERE mijbedroefd heeft ten dage der hittigheid Zijns toorns.

¹³Mem. Van de hoogte heeft Hij een vuur in mijn beenderen gezonden, waarover Hij geheerst heeft; Hij heeft voor mijn voeten een net uitgebreid, Hij heeft mij achterwaarts doenkeren, Hij heeft mij woest en ziek gemaakt den gansen dag.

¹⁴Nun. Het juk mijner overtredingen is aangebonden door Zijn hand, zij zijn samengevlochten, zij zijn op mijn hals geklommen; Hij heeft mijn kracht doen vervallen; de HEEREheeft mij in hun handen gegeven, ik kan niet opstaan.

¹⁵Samech. De Heere heeft al mijn sterken in het midden van mij vertreden; Hij heeft een bijeenkomst over mij uitgeroepen, om mijn jongelingen te verbreken; de Heere heeft dewijnpers der jonkvrouw, der dochter van Juda, getreden.

¹⁶Ain. Om dezer dingen wille ween ik; mijn oog, mijn oog vliet af van water, omdat de trooster, die mijn ziel zou verkwikken, verre van mij is; mijn kinderen zijn verwoest, omdat devijand de overhand heeft.

¹⁷Pe. Sion breidt haar handen uit, daar is geen trooster voor haar; de HEERE heeft van Jakob geboden, dat die rondom hem zijn, zijn tegenpartijders zouden zijn; Jeruzalem is alseen afgezonderde vrouw onder hen.

¹⁸Tsade. De HEERE is rechtvaardig, want ik ben Zijn mond wederspannig geweest; hoort toch, alle gij volken, en ziet mijn smart; mijn jonkvrouwen en mijn jongelingen zijn in degevangenis gegaan.

¹⁹Koph. Ik riep tot mijn liefhebbers, maar zij hebben mij bedrogen; mijn priesters en mijn oudsten hebben in de stad den geest gegeven, als zij spijze voor zich zochten, opdat zijhun ziel mochten verkwikken.

²⁰Resch. Aanzie, HEERE, want mij is bange; mijn ingewand is beroerd, mijn hart heeft zich omgekeerd in het binnenste van mij, want ik ben zeer wederspannig geweest; vanbuiten heeft mij het zwaard van kinderen beroofd, van binnen is als de dood.

²¹Schin. Zij horen, dat ik zucht, maar ik heb geen trooster; al mijn vijanden horen mijn kwaad; en zij zijn vrolijk, dat Gij het gedaan hebt; als Gij den dag zult voortgebracht hebben, dien Gij uitgeroepen hebt, zo zullen zij zijn, gelijk ik ben.

Hoofdstuk 2

¹Aleph. Hoe heeft de Heere de dochter Sions in Zijn toorn bewolkt? Hij heeft de heerlijkheid van Israel van den hemel op de aarde nedergeworpen; en Hij heeft aan de voetbankZijner voeten niet gedacht in den dag Zijns toorns.

²Beth. De Heere heeft al de woningen Jakobs verslonden, en heeft ze niet verschoond; Hij heeft de vastigheden der dochter van Juda afgebroken in Zijn verbolgenheid, Hij heeftgemaakt, dat zij de aarde raken; Hij heeft het koninkrijk en deszelfs vorsten ontheiligd.

³Gimel. Hij heeft, in ontsteking des toorns, den gehelen hoorn Israels afgehouwen; Hij heeft Zijn rechterhand achterwaarts getrokken, toen de vijand kwam, en Hij is tegen Jakobontstoken als een vlammend vuur, dat rondom verteert.

⁴Daleth. Hij heeft Zijn boog gespannen als een vijand; Hij heeft zich met Zijn rechterhand gesteld als een tegenpartijder, dat Hij doodde al de begeerlijke dingen der ogen; Hijheeft Zijn grimmigheid in de tent der dochter Sions uitgestort als een vuur.

⁵He. De Heere is geworden als een vijand; Hij heeft Israel verslonden, Hij heeft al haar paleizen verslonden. Hij heeft deszelfs vastigheden verdorven; en Hij heeft bij de dochtervan Juda het klagen en kermen vermenigvuldigd.

⁶Vau. En Hij heeft Zijn hut met geweld afgerukt, als een hof, Hij heeft Zijn vergaderplaats verdorven; de HEERE heeft in Sion doen vergeten den hoogtijd en den sabbat, en Hijheeft in de gramschap Zijns toorns den koning en den priester smadelijk verworpen.

⁷Zain. De Heere heeft Zijn altaar verstoten. Hij heeft Zijn heiligdom te niet gedaan, Hij heeft de muren harer paleizen in des vijands hand overgegeven; zij hebben in het huis desHEEREN een stem verheven als op den dag eens gezetten hoogtijds.

⁸Cheth. De HEERE heeft gedacht te verderven den muur der dochter Sions; Hij heeft het richtsnoer daarover getogen, Hij heeft Zijn hand niet afgewend, dat Hij ze niet verslonde;en Hij heeft den voormuur en den muur te zamen treurig gemaakt, zij zijn verzwakt.

⁹Teth. Haar poorten zijn in de aarde verzonken; Hij heeft haar grendelen verdorven en gebroken; haar koning en haar vorsten zijn onder de heidenen; er is geen wet; haar profetenvinden ook geen gezicht van den HEERE.

¹⁰Jod. De oudsten der dochter Sions zitten op de aarde, zij zwijgen stil, zij werpen stof op hun hoofd, zij hebben zakken aangegord; de jonge dochters van Jeruzalem laten haarhoofd ter aarde hangen.

¹¹Caph. Mijn ogen zijn verteerd door tranen, mijn ingewand wordt beroerd; mijn lever is ter aarde uitgeschud, vanwege de breuk der dochter mijns volks; omdat het kind en dezuigeling op de straten der stad in onmacht zinken.

¹²Lamed. Als zij tot hun moeders zeggen: Waar is koren en wijn, als zij op de straten der stad in onmacht zinken, als de verslagenen; als zich hun ziel uitschudt in den schoothunner moeders.

¹³Mem. Wat getuigen zal ik u brengen, wat zal ik bij u vergelijken, gij dochter Jeruzalems? Wat zal ik bij u vergelijken, dat ik u trooste, gij jonkvrouw, dochter Sions, want uw breuk iszo groot als de zee, wie kan u helen?

¹⁴Nun. Uw profeten hebben u ijdelheid en ongerijmdheid gezien, en zij hebben u uw ongerechtigheid niet geopenbaard, om uw gevangenis af te wenden, maar zij hebben voor ugezien ijdele lasten en uitstotingen.

¹⁵Samech. Allen, die over weg gaan, klappen met de handen over u, zij fluiten en schudden hun hoofd over de dochter Jeruzalems, zeggende: Is dit die stad, waar men van zeide, dat zij volkomen van schoonheid was, een vreugde der ganse aarde?

¹⁶Pe. Al uw vijanden sperren hun mond op over u, zij fluiten en knersen met de tanden, zij zeggen: Wij hebben haar verslonden; dit is immers de dag, dien wij verwacht hebben, wijhebben hem gevonden, wij hebben hem gezien.

¹⁷Ain. De HEERE heeft gedaan, wat Hij gedacht had, Hij heeft Zijn woord vervuld, dat Hij bevolen had van oude dagen; Hij heeft afgebroken en niet gespaard; en Hij heeft denvijand over u verblijd, Hij heeft den hoorn uwer tegenpartijders verhoogd.

¹⁸Tsade. Hun hart schreeuwde tot den Heere: O gij muur der

Klaagliederen

dochter Sions, laat dag en nacht tranen afvlieten als een beek; geef uzelve geen rust, uw oogappel houde niet op!

¹⁹Koph. Maak u op, maak geschrei des nachts in het begin der nachtwaken, stort uw hart uit voor het aangezicht des Heeren als water; hef uw handen tot Hem op voor de zieluwer kinderkens, die in onmacht gevallen zijn van honger, vooraan op alle straten.

²⁰Resch. Zie, HEERE, aanschouw toch, aan wien Gij alzo gedaan hebt; zullen dan de vrouwen haar vrucht eten, de kinderkens, die men op de handen draagt? Zullen dan deprofeet en de priester in het heiligdom des Heeren gedood worden?

²¹Schin. De jongen en de ouden liggen op de aarde op de straten; mijn jonkvrouwen en mijn jongelingen zijn door het zwaard gevallen; Gij hebt ze in den dag Uws toorns gedood,Gij hebt ze geslacht en niet verschoond.

²²Thau. Gij hebt mijn verschrikkingen van rondom geroepen, als tot een dag eens gezetten hoogtijds; en er is niemand aan den dag des toorns des HEEREN ontkomen ofovergebleven; die ik op de handen gedragen en opgetogen heb, die heeft mijn vijand omgebracht.

Hoofdstuk 3

¹Aleph. Ik ben de man, die ellende gezien heeft door de roede Zijner verbolgenheid.

²Aleph. Hij heeft mij geleid en gevoerd in de duisternis, en niet in het licht.

³Aleph. Hij heeft Zich immers tegen mij gewend, Hij heeft Zijn hand den gansen dag veranderd.

⁴Beth. Hij heeft mijn vlees en mijn huid oud gemaakt, Hij heeft mijn beenderen gebroken.

⁵Beth. Hij heeft tegen mij gebouwd, en Hij heeft mij met galle en moeite omringd.

⁶Beth. Hij heeft mij gezet in duistere plaatsen, als degenen, die over lang dood zijn.

⁷Gimel. Hij heeft mij toegemuurd, dat ik er niet uit gaan kan; Hij heeft mijn koperen boeien verzwaard.

⁸Gimel. Ook wanneer ik roep en schreeuw, sluit Hij de oren voor mijn gebed.

⁹Gimel. Hij heeft mijn wegen toegemuurd met uitgehouwen stenen, Hij heeft mijn paden verkeerd.

¹⁰Daleth. Hij is mij een loerende beer, een leeuw in verborgen plaatsen.

¹¹Daleth. Hij heeft mijn wegen afgewend; en Hij heeft mij in stukken gebroken; Hij heeft mij woest gemaakt.

¹²Daleth. Hij heeft Zijn boog gespannen, en Hij heeft mij den pijl als ten doel gesteld.

¹³He. Hij heeft Zijn pijlen in mijn nieren doen ingaan.

¹⁴He. Ik ben al mijn volk tot belaching geworden, hun snarenspel den gansen dag.

¹⁵He. Hij heeft mij met bitterheden verzadigd, Hij heeft mij met alsem dronken gemaakt.

¹⁶Vau. Hij heeft mijn tanden met zandsteentjes verbrijzeld, Hij heeft mij in de as nedergedrukt.

¹⁷Vau. En Gij hebt mijn ziel verre van den vrede verstoten, ik heb het goede vergeten.

¹⁸Vau. Toen zeide ik: Mijn sterkte is vergaan, en mijn hoop van den HEERE.

¹⁹Zain. Gedenk aan mijn ellende en aan mijn ballingschap, aan den alsem en galle.

²⁰Zain. Mijn ziel gedenkt er wel terdege aan, en zij bukt zich neder in mij.

²¹Zain. Dit zal ik mij ter harte nemen, daarom zal ik hopen;

²²Cheth. Het zijn de goedertierenheden des HEEREN, dat wij niet vernield zijn, dat Zijn barmhartigheden geen einde hebben;

²³Cheth. Zij zijn allen morgen nieuw, Uw trouw is groot.

²⁴Cheth. De HEERE is mijn Deel, zegt mijn ziel, daarom zal ik op Hem hopen.

²⁵Teth. De HEERE is goed dengenen, die Hem verwachten, der ziele, die Hem zoekt.

²⁶Teth. Het is goed, dat men hope, en stille zij op het heil des HEEREN.

²⁷Teth. Het is goed voor een man, dat hij het juk in zijn jeugd draagt.

²⁸Jod. Hij zitte eenzaam, en zwijge stil, omdat Hij het hem opgelegd heeft.

²⁹Jod. Hij steke zijn mond in het stof, zeggende: Misschien is er verwachting.

³⁰Jod. Hij geve zijn wang dien, die hem slaat, hij worde zat van smaad.

³¹Caph. Want de Heere zal niet verstoten in eeuwigheid.

³²Caph. Maar als Hij bedroefd heeft, zo zal Hij Zich ontfermen, naar de grootheid Zijner goedertierenheden.

³³Caph. Want Hij plaagt of bedroeft des mensenkinderen niet van harte.

³⁴Lamed. Dat men al de gevangenen der aarde onder Zijn voeten verbrijzelt;

³⁵Lamed. Dat men het recht eens mans buigt voor het aangezicht des Allerhoogsten;

³⁶Lamed. Dat men een mens verongelijkt in zijn twistzaak; zou het de Heere niet zien?

³⁷Mem. Wie zegt wat, hetwelk geschiedt, zo het de Heere niet beveelt?

³⁸Mem. Gaat niet uit den mond des Allerhoogsten het kwade en het goede?

³⁹Mem. Wat klaagt dan een levend mens? Een ieder klage vanwege zijn zonden.

⁴⁰Nun. Laat ons onze wegen onderzoeken en doorzoeken, en laat ons wederkeren tot den HEERE.

⁴¹Nun. Laat ons onze harten opheffen, mitsgaders de handen, tot God in den hemel, zeggende:

⁴²Nun. Wij hebben overtreden, en wij zijn wederspannig geweest, daarom hebt Gij niet gespaard.

⁴³Samech. Gij hebt ons met toorn bedekt, en Gij hebt ons vervolgd; Gij hebt ons gedood, Gij hebt niet verschoond.

⁴⁴Samech. Gij hebt U met een wolk bedekt, zodat er geen gebed doorkwam.

⁴⁵Samech. Gij hebt ons tot een uitvaagsel en wegwerpsel gesteld, in het midden der volken.

⁴⁶Pe. Al onze vijanden hebben hun mond tegen ons opgesperd.

⁴⁷Pe. De vreze en de kuil zijn over ons gekomen, de verwoesting en de verbreking.

⁴⁸Pe. Met waterbeken loopt mijn oog neder, vanwege de breuk der dochter mijns volks.

⁴⁹Ain. Mijn oog vliet, en kan niet ophouden, omdat er geen rust is;

⁵⁰Ain. Totdat het de HEERE van den hemel aanschouwe, en het zie.

⁵¹Ain. Mijn oog doet mijn ziele moeite aan, vanwege al de dochteren mijner stad.

⁵²Tsade. Die mijn vijanden zijn zonder oorzaak, hebben mij als een vogeltje dapperlijk gejaagd.

⁵³Tsade. Zij hebben mijn leven in een kuil uitgeroeid, en zij hebben een steen op mij geworpen.

⁵⁴Tsade. De wateren zwommen over mijn hoofd; ik zeide: Ik ben afgesneden!

⁵⁵Koph. HEERE! Ik heb Uw Naam aangeroepen uit den ondersten kuil.

⁵⁶Koph. Gij hebt mijn stem gehoord, verberg Uw oor niet voor mijn zuchten, voor mijn roepen.

⁵⁷Koph. Gij hebt U genaderd ten dage, als ik U aanriep; Gij hebt gezegd: Vrees niet!

⁵⁸Resch. Heere! Gij hebt de twistzaken mijner ziel getwist, Gij hebt mijn leven verlost.

⁵⁹Resch. Heere! Gij hebt gezien de verkeerdheid, die men mij aangedaan heeft, oordeel mijn rechtzaak.

⁶⁰Resch. Gij hebt al hun wraak gezien, al hun gedachten tegen mij.

⁶¹Schin. HEERE! Gij hebt hun smaden gehoord, en al hun gedachten tegen mij;

⁶²Schin. De lippen dergenen, die tegen mij opstaan, en hun dichten tegen mij den gansen dag.

⁶³Schin. Aanschouw hun zitten en opstaan; ik ben hun snarenspel.

⁶⁴Thau. HEERE! geef hun weder die vergelding, naar het werk hunner handen.

⁶⁵Thau. Geef hun een deksel des harten; Uw vloek zij over hen!

⁶⁶Thau. Vervolg ze met toorn, en verdelg ze van onder den hemel des HEEREN.

Hoofdstuk 4

¹Aleph. Hoe is het goud zo verdonkerd, het goede fijne goud zo veranderd! Hoe zijn de stenen des heiligdoms vooraan op alle straten verworpen!

²Beth. De kostelijke kinderen Sions, tegen fijn goud geschat, hoe zijn zij nu gelijk gerekend aan de aarden flessen, het werk van de handen eens pottenbakkers!

³Gimel. Zelfs laten de zeekalveren de borsten neder, zij zogen hun welpen; maar de dochter mijns volks is als een wrede geworden, gelijk de struisen in de woestijn.

⁴Daleth. De tong van het zoogkind kleeft aan zijn gehemelte van dorst; de kinderkens eisen brood, er is niemand, die het hun medodeelt.

⁵He. Die lekkernijen aten, versmachten nu op de straten; die in karmozijn opgetrokken zijn, omhelzen den drek.

⁶Vau. En de ongerechtigheid der dochter mijns volks is groter dan de zonden van Sodom, dat als in een ogenblik omgekeerd werd, en geen handen hadden arbeid over haar.

⁷Zain. Haar bijzondersten waren reiner dan de sneeuw, zij waren witter dan melk; zij waren roder van lichaam dan robijnen, gladder dan een saffier.

⁸Cheth. Maar nu is hun gedaante verduisterd van zwartigheid, men kent hen niet op de straten; hun huid kleeft aan hun beenderen, zij is verdord, zij is geworden als een hout.

⁹Teth. De verslagenen van het zwaard zijn gelukkiger dan de verslagenen van den honger; want die vlieten daarhenen, als doorstoken zijnde, omdat er geen vruchten der veldenzijn.

¹⁰Jod. De handen der barmhartige vrouwen hebben haar kinderen gekookt; zij zijn haar tot spijze geworden in de verbreking der dochter mijns volks.

¹¹Caph. De HEERE heeft Zijn grimmigheid volbracht, Hij heeft de hittigheid Zijns toorns uitgestort; en Hij heeft te Sion een vuur aangestoken, hetwelk haar fondamenten verteerdheeft.

¹²Lamed. De koningen der aarde zouden het niet geloofd hebben, noch al de inwoners der wereld, dat de tegenpartijder en vijand tot de poorten van Jeruzalem zou ingaan.

¹³Mem. Het is vanwege de zonden harer profeten, en de misdaden harer priesteren, die in het midden van haar het bloed der rechtvaardigen vergoten hebben.

¹⁴Nun. Zij zwierven als blinden op de straten, zij waren met bloed besmet, zodat men niet kon zien, of men raakte hun klederen aan.

¹⁵Samech. Zij riepen tot hen: Wijkt, hier is een onreine wijkt, wijkt, roert niet aan! Zekerlijk, zij zijn weggevlogen, ja, weggezworven; zij zeiden onder de heidenen: Zij zullen er nietlanger wonen.

¹⁶Pe. Des HEEREN aangezicht heeft ze verdeeld. Hij zal ze voortaan niet meer aanzien; zij hebben het aangezicht der priesteren niet geeerd, zij hebben den ouden geen genadebewezen.

¹⁷Ain. Nog bezweken ons onze ogen, ziende naar onze ijdele hulp; wij gaapten met ons gapen op een volk, dat niet kon verlossen.

¹⁸Tsade. Zij hebben onze gangen nagespeurd, dat wij op onze straten niet gaan konden; ons einde is genaderd, onze dagen zijn vervuld, ja, ons einde is gekomen.

¹⁹Koph. Onze vervolgers zijn sneller geweest dan de arenden des hemels; zij hebben ons op de bergen hittiglijk vervolgd, in de woestijn hebben zij ons lagen gelegd.

²⁰Resch. De adem onzer neuzen, de gezalfde des HEEREN, is gevangen in hun groeven; van welken wij zeiden: Wij zullen onder zijn schaduw leven onder de heidenen!

²¹Schin. Wees vrolijk, en verblijd u, gij dochter Edoms, die in het land Uz woont! doch de beker zal ook tot u komen, gij zult dronken worden, en ontbloot worden.

²²Thau. Uw ongerechtigheid heeft een einde, o gij dochter Sions! Hij zal u niet meer gevankelijk doen wegvoeren; maar uw ongerechtigheid, o gij dochter Edoms! zal Hijbezoeken; Hij zal uw zonden ontdekken.

Hoofdstuk 5

¹Gedenk, HEERE, wat ons geschied is, aanschouw het, en zie onzen smaad aan.

²Ons erfdeel is tot de vreemdelingen gewend, onze huizen tot de uitlanders.

³Wij zijn wezen zonder vader, onze moeders zijn als de weduwen.

⁴Ons water moeten wij voor geld drinken; ons hout komt ons op prijs te staan.

⁵Wij lijden vervolging op onze halzen; zijn wij woede, men laat ons geen rust.

⁶Wij hebben den Egyptenaar de hand gegeven, en den Assyrier, om met brood verzadigd te worden.

⁷Onze vaders hebben gezondigd, en zijn niet meer, en wij dragen hun ongerechtigheden.

⁸Knechten heersen over ons; er is niemand, die ons uit hun hand rukke.

⁹Wij moeten ons brood met gevaar onzes levens halen, vanwege het zwaard der woestijn.

¹⁰Onze huid is zwart geworden gelijk een oven, vanwege den geweldigen storm des hongers.

¹¹Zij hebben de vrouwen te Sion verkracht, en de jonge dochters in de steden van Juda.

¹²De vorsten zijn door hunlieder hand opgehangen; de aangezichten der ouden zijn niet geeerd geweest.

¹³Zij hebben de jongelingen weggenomen, om te malen, en de jongens struikelen onder het hout.

¹⁴De ouden houden op van de poort, de jongelingen van hun snarenspel.

¹⁵De vreugde onzes harten houdt op, onze rei is in treurigheid veranderd.

¹⁶De kroon onzes hoofds is afgevallen; o wee nu onzer, dat wij zo gezondigd hebben!

¹⁷Daarom is ons hart mat, om deze dingen zijn onze ogen duister geworden.

¹⁸Om des bergs Sions wil, die verwoest is, waar de vossen op lopen.

¹⁹Gij, o HEERE, zit in eeuwigheid, Uw troon is van geslacht tot geslacht.

²⁰Waarom zoudt Gij ons steeds vergeten? Waarom zoudt Gij ons zo langen tijd verlaten?

²¹HEERE, bekeer ons tot U, zo zullen wij bekeerd zijn; vernieuw onze dagen als van ouds.

Ezechiël

Hoofdstuk 1

¹In het dertigste jaar, in de vierde maand, op den vijfden derzelve maand, als ik in het midden der weggevoerden was bij de rivier Chebar, zo geschiedde het, dat de hemelen werden geopend, en ik gezichten Gods zag.

²Op den vijfden derzelve maand (dit was het vijfde jaar van de wegvoering van den koning Jojachin),

³Geschiedde het woord des HEEREN uitdrukkelijk tot Ezechiel, den zoon van Buzi, den priester, in het land der Chaldeen, bij de rivier Chebar; en de hand des HEEREN was daarop hem.

⁴Toen zag ik, en ziet, een stormwind kwam van het noorden af, een grote wolk, en een vuur daarin vervangen, en een glans was rondom die wolk; en uit het midden daarvan was als de verf van Hasmal, uit het midden des vuurs.

⁵En uit het midden daarvan kwam de gelijkenis van vier dieren; en dit was hun gedaante: zij hadden de gelijkenis van een mens;

⁶En elkeen had vier aangezichten; insgelijks had elkeen van hen vier vleugelen.

⁷En hun voeten waren rechte voeten, en hun voetplanten waren gelijk de voetplanten van een kalf, en glinsterden gelijk de verf van glad koper.

⁸En mensenhanden waren onder hun vleugelen, aan hun vier zijden; en die vier hadden hun aangezichten en hun vleugelen.

⁹Hun vleugelen waren samengevoegd, de een aan den ander; zij keerden zich niet om, als zij gingen; zij gingen elkeen recht uit voor zijn aangezicht henen.

¹⁰De gelijkenis nu van hun aangezicht was het aangezicht eens mensen, en het aangezicht eens leeuws hadden zij vier aan de rechterzijde; en ter linkerzijde hadden die vier eens ossen aangezicht; ook hadden die vier eens arends aangezicht.

¹¹Ook waren hun aangezichten en hun vleugelen opwaarts verdeeld; elkeen had er twee samengevoegd aan de andere, en twee bedekten hun lichamen.

¹²En zij gingen elkeen rechtuit voor zijn aangezicht henen; waarhenen de geest was om te gaan, gingen zij; zij keerden zich niet om, als zij gingen.

¹³Aangaande de gelijkenis der dieren, hun gedaante was als brandende kolen des vuurs, als de gedaante der fakkelen; datzelve vuur ging steeds tussen die dieren, en het vuur had een glans, en uit het vuur kwam een bliksem voort.

¹⁴De dieren nu liepen en keerden weder als de gedaante van een weerlicht.

¹⁵Als ik die dieren zag, ziet, zo was er een rad op de aarde bij die dieren, naar vier aangezichten van hetzelve.

¹⁶De gedaante der raderen en derzelver maaksel was als de verf van een turkoois; en die vier hadden enerlei gelijkenis; daartoe was hun gedaante, en hun maaksel, alsof het ware een rad in het midden van een rad.

¹⁷Als zij gingen, zij gingen op hun vier zijden; zij keerden zich niet om, als zij gingen.

¹⁸En hun velgen, die waren zo hoog, dat zij vreselijk waren; en hun velgen waren vol ogen rondom aan die vier raderen.

¹⁹Als nu de dieren gingen, gingen de raderen bij hen; en als de dieren van de aarde opgeheven werden, werden de raderen opgeheven.

²⁰Waarhenen de geest was om te gaan, gingen zij, waarhenen de geest was om te gaan; en de raderen werden tegenover hen opgeheven; want de geest der dieren was in de raderen.

²¹Als die gingen, gingen deze; en als die stonden, stonden zij; en als die van de aarde opgeheven werden, werden de raderen tegenover hen opgeheven; want de geest der dieren was in de raderen.

²²En over de hoofden der dieren was de gelijkenis eens uitspansels, gelijk de verf van het vreselijke kristal, van boven af over hun hoofden uitgespreid.

²³En onder dat uitspansel waren hun vleugelen rechtop, de een aan den ander; ieder had er twee, die herwaarts hun lichamen bedekten, en ieder had er twee, die ze derwaarts bedekten.

²⁴En als zij gingen, hoorde ik een geruis hunner vleugelen, als het geruis van vele wateren, als de stem des Almachtigen, als de stem eens geroeps, als het gedreun eens heirlegers; als zij stonden, zo lieten zij hun vleugelen neder.

²⁵En er geschiedde een stem van boven het uitspansel, hetwelk boven hun hoofden was, als zij stonden, en hun vleugelen nedergelaten hadden.

²⁶En boven het uitspansel, hetwelk was boven hun hoofden, was de gelijkenis eens troons, als de gedaante van een saffiersteen; en op de gelijkenis als de gedaante eens mensen, daarboven op zijnde.

²⁷En ik zag als de verf van Hasmal, als de gedaante van vuur rondom daarbinnen, van de gedaante Zijner lenden en opwaarts; en van de gedaante Zijner lenden en nederwaarts, zag ik als de gedaante van vuur, en glans aan Hem rondom.

Hoofdstuk 2

¹En Hij zeide tot mij: Mensenkind, sta op uw voeten, en Ik zal met u spreken.

²Zo kwam in mij, als Hij tot mij sprak, de Geest, Die mij stelde op mijn voeten; en ik hoorde Dien, Die tot mij sprak.

³En Hij zeide tot mij: Mensenkind! Ik zend u tot de kinderen Israels, tot de rebellerende volken, die tegen Mij gerebelleerd hebben; zij en hun vaderen hebben overtreden tegen Mij tot op dezen zelven huidigen dag.

⁴En deze kinderen zijn hard van aangezicht, en stijf van hart; Ik zend u tot hen, en gij zult tot hen zeggen: Zo zegt de Heere HEERE!

⁵En zij, hetzij dat zij het horen zullen, of hetzij dat zij het laten zullen (want zij zijn een wederspannig huis), zo zullen zij weten, dat een profeet in het midden van hen geweest is.

⁶En gij, mensenkind! vrees niet voor hen, en vrees niet voor hun woorden, hoewel wederwilligen en doornen bij u zijn, en gij bij schorpioenen woont; vrees voor hun woorden niet, en ontzet u niet voor hun aangezicht, want zij zijn een wederspannig huis.

⁷Maar gij zult Mijn woorden tot hen spreken, hetzij dat zij horen zullen, of hetzij dat zij het laten zullen; want zij zijn wederspannig.

⁸Doch gij, mensenkind, hoor hetgeen Ik tot u spreek; wees gij niet wederspannig, gelijk dat wederspannig huis; open uw mond, en eet, wat Ik u geef.

⁹Toen zag ik, en ziet, er was een hand tot mij uitgestoken; en ziet, daarin was de rol eens boeks.

¹⁰En Hij spreidde die voor mijn aangezicht uit; en zij was beschreven voor en achter; en daarin waren geschreven klaagliederen, en zuchting, en wee.

Hoofdstuk 3

¹Daarna zeide Hij tot mij: Mensenkind, eet, wat gij vinden zult; eet deze rol, en ga, spreek tot het huis Israels.

²Toen opende ik mijn mond, en Hij gaf mij die rol te eten.

³En Hij zeide tot mij: Mensenkind, geef uw buik te eten, en vul uw ingewand met deze rol, die Ik u geef. Toen at ik, en het was in mijn mond als honig, vanwege de zoetigheid.

⁴En Hij zeide tot mij: Mensenkind, ga henen, kom tot het huis Israels, en spreek tot hen met Mijn woorden.

⁵Want gij zijt niet gezonden tot een volk, diep van spraak en zwaar van tong, maar tot het huis Israels;

⁶Niet tot vele volken, diep van spraak en zwaar van tong, welker woorden gij niet kunt verstaan; zouden zij niet, zo Ik u tot hen gezonden had, naar u gehoord hebben?

⁷Maar het huis Israels wil naar u niet horen, omdat zij naar Mij niet willen horen; want het ganse huis Israels is stijf van voorhoofd, en hard van hart zijn zij.

⁸Ziet, Ik heb uw aangezicht stijf gemaakt tegen hun aangezichten, en uw voorhoofd stijf tegen hun voorhoofd.

⁹Uw voorhoofd heb Ik gemaakt als een diamant, harder dan een rots; vrees hen niet, en ontzet u niet voor hun aangezichten, omdat zij een wederspannig huis zijn.

¹⁰Verder zeide Hij tot mij: Mensenkind, vat al Mijn woorden, die Ik tot u spreken zal, in uw hart, en hoor ze met uw oren.

¹¹En ga henen, kom tot de weggevoerden, tot de kinderen uws volks, en spreek tot hen, en zeg tot hen: Zo zegt de Heere HEERE, hetzij dat zij horen zullen, of hetzij dat zij het laten zullen.

¹²Toen nam de Geest mij op, en ik hoorde achter mij een stem van grote ruising, zeggende: Geloofd zij de heerlijkheid des HEEREN uit Zijn plaats!

¹³En ik hoorde het geluid van der dieren vleugelen, die de een den ander raakten, en het geluid der raderen tegenover hen; en het geluid ener grote ruising.

¹⁴Toen hief de Geest mij op, en nam mij weg, en ik ging henen, bitterlijk bedroefd door de hitte mijns geestes; maar de hand des HEEREN was sterk op mij.

¹⁵En ik kwam tot de weggevoerden te Tel-Abib, die aan de rivier Chebar woonden, en ik bleef daar zij woonden; ja, ik bleef daar

verbaasd in het midden van hen zeven dagen.

¹⁶Het gebeurde nu ten einde van zeven dagen, dat het woord des HEEREN tot mij geschiedde, zeggende:

¹⁷Mensenkind! Ik heb u tot een wachter gesteld over het huis Israels; zo zult gij het woord uit Mijn mond horen, en hen van Mijnentwege waarschuwen.

¹⁸Als Ik tot den goddeloze zeg: Gij zult den dood sterven, en gij waarschuwt hem niet, en spreekt niet, om den goddeloze van zijn goddelozen weg te waarschuwen, opdat gij hemin het leven behoudt; die goddeloze zal in zijn ongerechtigheid sterven, maar zijn bloed zal Ik van uw hand eisen.

¹⁹Doch als gij den goddeloze waarschuwt, en hij zich van zijn goddeloosheid en van zijn goddelozen weg niet bekeert, hij zal in zijn ongerechtigheid sterven; maar gij hebt uw zielbevrijd.

²⁰Als ook een rechtvaardige zich van zijn gerechtigheid afkeert, en onrecht doet, en Ik een aanstoot voor zijn aangezicht leg, hij zal sterven; omdat gij hem niet gewaarschuwd hebt, zal hij in zijn zonde sterven, en zijn gerechtigheden, die hij gedaan heeft, zullen niet gedacht worden; maar zijn bloed zal Ik van uw hand eisen.

²¹Doch als gij den rechtvaardige waarschuwt, opdat de rechtvaardige niet zondige, en hij niet zondigt; hij zal zekerlijk leven, omdat hij gewaarschuwd is; en gij hebt uw ziel bevrijd.

²²En de hand des HEEREN was daar op mij, en Hij zeide tot mij: Maak u op, ga uit in de vallei, en Ik zal daar met u spreken.

²³En ik maakte mij op, en ging uit in de vallei, en ziet, de heerlijkheid des HEEREN stond aldaar, gelijk de heerlijkheid, die ik gezien had bij de rivier Chebar; en ik viel op mijnaangezicht.

²⁴Toen kwam de Geest in mij, en stelde mij op mijn voeten, en Hij sprak met mij, en Hij zeide tot mij: Ga, besluit u binnen in uw huis.

²⁵Want u aangaande, mensenkind, ziet, zij zouden dikke touwen aan u leggen, en zij zouden u daarmede binden; daarom zult gij niet uitgaan in het midden van hen.

²⁶En Ik zal uw tong aan uw gehemelte doen kleven, dat gij stom worden zult, en zult hun niet zijn tot een bestraffenden man; want zij zijn een wederspannig huis.

²⁷Maar als Ik met u spreken zal, zal Ik uw mond opendoen, en gij zult tot hen zeggen: Zo zegt de Heere HEERE, wie hoort, die hore, en wie het laat, die late het; want zij zijn eenwederspannig huis.

Hoofdstuk 4

¹En gij, mensenkind, neem u een tichelsteen, en leg dien voor uw aangezicht, en bewerp daarop de stad Jeruzalem.

²En maak een belegering tegen haar, en bouw tegen haar sterkten, en werp tegen haar een wal op, en stel legers tegen haar, en zet tegen haar stormrammen rondom.

³Verder, neem gij u een ijzeren pan, en stel ze tot een ijzeren muur tussen u en tussen die stad; en richt uw aangezicht tegen haar, dat zij in belegering kome, en gij zult zebelegeren. Dit zij den huize Israels een teken.

⁴Lig gij ook neder op uw linkerzijde, en leg daarop de ongerechtigheid van het huis Israels, naar het getal der dagen, dat gij daarop zult liggen, zult gij hun ongerechtigheiddragen.

⁵Want Ik heb u gegeven de jaren hunner ongerechtigheid, naar het getal der dagen, driehonderd en negentig dagen, dat gij de ongerechtigheid van het huis Israels dragen zult.

⁶Als gij nu deze voleinden zult, lig ten anderen male neder op uw rechterzijde, en gij zult de ongerechtigheid van het huis van Juda dragen veertig dagen; Ik heb u gegeven elkendag voor elk jaar.

⁷Daarom zult gij uw aangezicht richten tegen de belegering van Jeruzalem, en uw arm zal ontbloot zijn; en gij zult tegen haar profeteren.

⁸En ziet, Ik zal dikke touwen aan u leggen, dat gij u niet omkeert van uw ene zijde tot uw andere zijde, totdat gij de dagen uwer belegering voleind hebt.

⁹En neemt gij voor u tarwe, en gerst, en bonen, en linzen, en gierst, en spelt; en doe die in een vat, en maak die u tot brood; naar het getal der dagen, die gij op uw zijdenederliggen zult, driehonderd en negentig dagen, zult gij dat eten.

¹⁰Uw spijze nu, die gij eten zult, zal in gewicht zijn twintig sikkelen daags; van tijd tot tijd zult gij die eten.

¹¹Gij zult ook water naar zekere maat drinken, het zesde deel van een hin; van tijd tot tijd zult gij het drinken.

¹²En gij zult een gerstekoek eten, en dien zult gij met drek van des mensen afgang bakken voor hun ogen.

¹³En de HEERE zeide: Alzo zullen de kinderen Israels hun brood onrein eten onder de heidenen, waarhenen Ik hen verdrijven zal.

¹⁴Toen zeide ik: Ach, Heere, HEERE, zie, mijn ziel is niet verontreinigd geweest; want ik heb, van mijn jeugd af tot nu toe, geen dood aas, noch dat verscheurd is, gegeten, en geenverfoeilijk vlees is in mijn mond gekomen.

¹⁵En Hij zeide tot mij: Zie, Ik heb u rundermest gegeven voor mensendrek, zo zult gij uw brood daarmede bereiden.

¹⁶Daarna zeide Hij tot mij: Gij mensenkind, zie, Ik breek den staf des broods in Jeruzalem, en zij zullen het brood met gewicht en met kommer eten, en het water met zekere maaten met verbaasdheid drinken;

¹⁷Opdat zij des broods en des waters gebrek hebben, en de een met den ander verbaasd worden, en in hun ongerechtigheid uitteren.

Hoofdstuk 5

¹En gij, mensenkind, neem u een scherp mes, een scheermes der barbieren zult gij u nemen, hetwelk gij zult laten gaan over uw hoofd en over uw baard; daarna zult gij u eenweegschaal nemen, en die haren delen.

²Een derde deel zult gij in het midden der stad met vuur verbranden, nadat de dagen der belegering vervuld worden; dan zult gij een derde deel nemen, slaande met een zwaardrondom hetzelve, en een derde deel zult gij in den wind strooien; want Ik zal het zwaard achter hen uittrekken.

³Gij zult ook weinige in getal daarvan nemen, en in uw slippen binden.

⁴En nog zult gij van die nemen, en die werpen in het midden des vuurs, en zult ze verbranden met vuur; daaruit zal voortkomen een vuur tegen het gehele huis van Israel.

⁵Alzo zegt de Heere HEERE: Dit is Jeruzalem, welke Ik in het midden der heidenen gezet heb, en landen rondom haar henen.

⁶Doch zij heeft Mijn rechten veranderd in goddeloosheid meer dan de heidenen, en Mijn inzettingen meer dan de landen, die rondom haar zijn; want zij hebben Mijn rechtenverworpen, en in Mijn inzettingen hebben zij niet gewandeld.

⁷Daarom zegt de Heere HEERE alzo: Dewijl gijlieden dies meer gemaakt hebt dan de heidenen, die rondom u zijn, in Mijn inzettingen niet gewandeld hebt, en Mijn rechten nietgedaan hebt, zelfs naar de rechten der heidenen, die rondom u zijn, niet gedaan hebt;

⁸Daarom zegt de Heere HEERE alzo: Ziet, Ik wil aan u, ja Ik, want Ik zal gerichten in het midden van u oefenen, voor de ogen van die heidenen.

⁹En Ik zal onder u doen, hetgeen Ik niet gedaan heb, en desgelijks Ik voortaan niet doen zal, om al uwer gruwelen wil.

¹⁰Daarom zullen de vaders de kinderen eten in het midden van u, en de kinderen zullen hun vaderen eten; en Ik zal gerichten onder u oefenen, en zal al uw overblijfsel in allewinden verstrooien.

¹¹Daarom zo waarachtig als Ik leef, spreekt de Heere HEERE (omdat gij Mijn heiligdom verontreinigd hebt met al uw verfoeiselen, en met al uw gruwelen), zo Ik ook niet daarom uverminderen, en Mijn oog u niet verschonen zal, en Ik ook niet zal sparen!

¹²Een derde deel van u zal van de pestilentie sterven, en zal door honger in het midden van u te niet worden; en een derde deel zal in het zwaard vallen rondom u; en een derdedeel zal Ik in alle winden verstrooien, en Ik zal het zwaard achter hen uittrekken.

¹³Alzo zal Mijn toorn volbracht worden, en Ik zal Mijn grimmigheid op hen doen rusten, en Mij troosten; en zij zullen weten, dat Ik, de HEERE, in Mijn ijver gesproken heb, als Ik Mijngrimmigheid tegen hen volbracht zal hebben.

¹⁴Daartoe zal Ik u ter woestheid en ter smaadheid zetten onder de heidenen, die rondom u zijn, voor de ogen van al degene, die voorbijgaat.

¹⁵Zo zal de smaadheid en hoon een onderwijs en ontzetting den heidenen zijn, die rondom u zijn, wanneer Ik over u gerichten in toorn, en in grimmigheid, en in grimmige straffenoefenen zal; Ik, de HEERE, heb het gesproken!

¹⁶Wanneer Ik de boze pijlen des hongers tegen hen uitzenden zal, die ten verderve zijn zullen, die Ik uitzenden zal om u te verderven; zo zal Ik den honger over u vermeerderen, en uden staf des broods breken.

¹⁷Ja, honger en boos gedierte, die u van kinderen beroven zullen, zal Ik over u zenden; ook zal pestilentie en bloed onder u omgaan; en het zwaard zal Ik over u brengen; Ik, deHEERE, heb het gesproken!

Hoofdstuk 6

¹En het woord des HEEREN geschiedde tot mij, zeggende:

²Mensenkind, zet uw aangezicht tegen de bergen Israels, en profeteer tegen dezelve;

³En zeg: Gij bergen Israels, hoort het woord des Heeren HEEREN! Zo zegt de Heere HEERE tot de bergen en tot de heuvelen, tot de beken en tot de dalen: Ziet, Ik, Ik breng over uhet zwaard, en Ik

Ezechiël

zal uw hoogten verderven.

⁴Daartoe zullen uw altaren verwoest, en uw zonnebeelden verbroken worden; en Ik zal uw verslagenen nedervellen voor het aangezicht uwer drekgoden.

⁵En Ik zal de dode lichamen der kinderen Israels voor het aangezicht hunner drekgoden leggen, en Ik zal uw beenderen rondom uw altaren strooien.

⁶In al uw woningen zullen de steden verwoest en de hoogten tot wildernis worden, opdat uw altaren woest en eenzaam zijn, en uw drekgoden verbroken worden en ophouden, enuw zonnebeelden afgehouwen, en uw werken uitgedelgd worden.

⁷En de verslagenen zullen in het midden van u liggen, opdat gij weet, dat Ik de HEERE ben.

⁸Ik zal dan nog een overblijfsel laten, als gij enigen zult hebben, die het zwaard ontkomen onder de heidenen, wanneer gij in de landen zult verstrooid worden.

⁹Dan zullen uw ontkomenen Mijner gedenken onder de heidenen, waar zij gevankelijk zullen geworden zijn, omdat Ik verbroken ben door hun hoerachtig hart, dat van Mijafgeweken is, en door hun ogen, die hun drekgoden nahoereren; en zij zullen een walging aan zichzelven hebben over de boosheden, die zij in al hun gruwelen gedaan hebben.

¹⁰En zij zullen weten, dat Ik de HEERE ben; Ik heb niet tevergeefs gesproken, van hun dit kwaad aan te doen.

¹¹Zo zegt de Heere HEERE: Sla met uw hand, en stamp met uw voet, en zeg: Ach, over alle gruwelen der boosheden van het huis Israels; want zij zullen door het zwaard, door denhonger en door de pestilentie vallen.

¹²Die verre af is, zal door de pest sterven, en die nabij is, zal door het zwaard vallen; maar die overgebleven en belegerd is, zal door honger sterven; alzo zal Ik Mijn grimmigheidtegen hen volbrengen.

¹³Dan zult gij weten, dat Ik de HEERE ben, als hun verslagenen in het midden hunner drekgoden rondom hun altaren wezen zullen op alle hoge heuvelen, op alle toppen derbergen, en onder allen groenen boom, en onder alle dichte eiken, de plaats, alwaar zij al hun drekgoden liefelijken reuk maakten.

¹⁴Daarom zal Ik Mijn hand over hen uitstrekken, en zal het land woest maken, ja, woester dan de woestijn naar Diblath henen, in al hun woningen; en zij zullen bevinden, dat Ik deHEERE ben.

Hoofdstuk 7

¹Daarna geschiedde het woord des HEEREN tot mij, zeggende:

²Verder, gij mensenkind, zo zegt de Heere HEERE, van het land Israels: Het einde is er, het einde is gekomen over de vier hoeken des lands.

³Nu is het einde over u; want Ik zal Mijn toorn tegen u zenden, en Ik zal u richten naar uw wegen, en Ik zal op u brengen al uw gruwelen.

⁴En Mijn oog zal u niet verschonen, en Ik zal niet sparen; maar Ik zal uw wegen op u brengen, en uw gruwelen zullen in het midden van u zijn, en gijlieden zult weten, dat Ik deHEERE ben.

⁵Zo zegt de Heere HEERE: Een kwaad, een enig kwaad, ziet, is gekomen;

⁶Een einde is er gekomen, dat einde is gekomen, het is opgewaakt tegen u; ziet, het kwaad is gekomen!

⁷De morgenstond is tot u gekomen, o inwoner des lands, de tijd is gekomen, de dag der beroerte is nabij, en er is geen wederklank der bergen.

⁸Nu zal Ik in kort Mijn grimmigheid over u uitgieten, en Mijn toorn tegen u volbrengen, en u richten naar uw wegen, en zal op u brengen al uw gruwelen.

⁹En Mijn oog zal niet verschonen, en Ik zal niet sparen; Ik zal u geven naar uw wegen, en uw gruwelen zullen in het midden van u zijn; en gijlieden zult weten, dat Ik de HEEREben, Die slaat.

¹⁰Ziet, de dag, ziet, de morgenstond is gekomen, de morgenstond is voortgekomen, de roede heeft gebloeid, de hovaardij heeft gegroend.

¹¹Het geweld is opgerezen tot een roede der goddeloosheid; niets van hen zal overblijven, noch van hun menigte, noch van hun gedruis, en geen klage zal over hen zijn.

¹²De tijd is gekomen, de dag is genaakt; de koper zij niet blijde, en de verkoper bedrijve geen rouw; want een brandende toorn is over de gehele menigte van het land.

¹³Want de verkoper zal tot het verkochte niet wederkeren, ofschoon hun leven nog onder de levenden ware; overmits het gezicht, aangaande de gehele menigte van het land, nietzal terugkeren; en niemand zal door zijn ongerechtigheid zijn leven sterken.

¹⁴Zij hebben met de trompet getrompet, en hebben alles bereid, maar niemand trekt ten strijde; want Mijn brandende toorn is over de gehele menigte van het land.

¹⁵Het zwaard is buiten, en de pest, en de honger van binnen; die op het veld is, zal door het zwaard sterven, en die in de stad is, dien zal de honger en de pest verteren.

¹⁶En hun ontkomenden zullen wel ontkomen, maar zij zullen op de bergen zijn, zij allen zullen zijn gelijk duiven der dalen, kermende, een ieder om zijn ongerechtigheid.

¹⁷Alle handen zullen slap worden, en alle knieen zullen henenvlieten als water.

¹⁸Ook zullen zij zakken aangorden, gruwen zal ze bedekken, en over alle aangezichten zal schaamte wezen, en op al hun hoofden kaalheid.

¹⁹Zij zullen hun zilver op de straten werpen, en hun goud zal tot onreinigheid zijn; hun zilver en hun goud zal hen niet kunnen uithelpen ten dage der verbolgenheid des HEEREN;hun ziel zullen zij niet verzadigen, en hun ingewanden zullen zij niet vullen; want het zal de aanstoot hunner ongerechtigheid zijn.

²⁰En Hij heeft de schoonheid Zijns sieraads ter overtreffelijkheid gezet; maar zij hebben daarin beelden hunner gruwelen en hunner verfoeiselen gemaakt; daarom heb Ik dat huntot onreinigheid gesteld.

²¹En Ik zal het in de hand der vreemden overgeven ten roof, en den goddelozen der aarde ten buit, en zij zullen het ontheiligen.

²²Ook zal Ik Mijn aangezicht van hen omwenden, en zij zullen Mijn verborgen plaats ontheiligen; want inbrekers zullen daar inkomen en die ontheiligen.

²³Maak een keten; want het land is vol van bloedgerichten, en de stad is vol van geweld.

²⁴Daarom zal Ik de kwaadste der heidenen doen komen, die hun huizen erfelijk bezitten zullen, en zal den hoogmoed der sterken doen ophouden, en die hen heiligen, zullenontheiligd worden.

²⁵De ondergang komt; en zij zullen den vrede zoeken, maar hij zal er niet zijn.

²⁶Ellende zal op ellende komen, en er zal gerucht op gerucht wezen; dan zullen zij het gezicht van een profeet zoeken; maar de wet zal vergaan van den priester, en de raad van deoudsten.

²⁷De koning zal rouw bedrijven, en de vorsten zullen met verwoesting bekleed zijn, en de handen van het volk des lands zullen beroerd zijn; Ik zal hun doen naar hun weg, en methun rechten zal Ik ze richten; en zij zullen weten, dat Ik de HEERE ben.

Hoofdstuk 8

¹Het geschiedde nu in het zesde jaar, in de zesde maand, op den vijfden der maand, als ik in mijn huis zat, en de oudsten van Juda voor mijn aangezicht zaten, dat de hand desHeeren HEEREN daar over mij viel.

²Toen zag ik, en ziet, een gelijkenis, als de gedaante van vuur; van de gedaante Zijner lenden en nederwaarts was vuur; en van Zijn lenden en opwaarts, als de gedaante enerklaarheid, als de verf van Hasmal.

³En Hij stak de gelijkenis ener hand uit, en nam mij bij het haar mijns hoofds; en de Geest voerde mij op tussen de aarde en tussen den hemel, en bracht mij in de gezichtenGods te Jeruzalem, tot de deur der poort van het binnenste voorhof, dewelke ziet naar het noorden, alwaar de zitplaats was van een beeld der ijvering, dat tot ijver verwekt.

⁴En ziet, de heerlijkheid des Gods van Israel was aldaar, naar de gedaante, die ik in de vallei gezien had.

⁵En Hij zeide tot mij: Mensenkind, hef nu uw ogen op naar den weg van het noorden; en ik hief mijn ogen op naar den weg van het noorden, en ziet, tegen het noorden aan depoort van het altaar was dit beeld der ijvering, in den ingang.

⁶En Hij zeide tot mij: Mensenkind, ziet gij wel, wat zij doen, de grote gruwelen, die het huis Israels hier doet, opdat Ik van Mijn heiligdom verre wegga? Doch gij zult nog wederomgrote gruwelen zien.

⁷Zo bracht Hij mij tot de deur van het voorhof. Toen zag ik, en ziet, er was een hol in den wand.

⁸En Hij zeide tot mij: Mensenkind, graaf nu in dien wand. En ik groef in dien wand, en ziet, daar was een deur.

⁹Toen zeide Hij tot mij: Ga in, en zie de boze gruwelen, die zij hier doen.

¹⁰Zo ging ik in, en ik zag, en ziet, er was alle beeltenis van kruipende dieren en verfoeilijke beesten, en van alle drekgoden van het huis Israels, geheel rondom aan den wandgemaald.

¹¹En zeventig mannen uit de oudsten van het huis Israels, met Jaazanja, den zoon van Safan, staande in het midden van hen, stonden voor hun aangezichten; en een ieder had zijnrookvat in zijn hand, en een overvloedige wolk des reukwerks ging op.

¹²Toen zeide Hij tot mij: Hebt gij gezien, mensenkind, wat de oudsten van het huis Israels doen in de duisternis, een ieder in zijn gebeelde binnenkameren? want zij zeggen: DeHEERE ziet ons niet, de

HEERE heeft het land verlaten.

¹³En Hij zeide tot mij: Gij zult nog wederom grote gruwelen zien, die zij doen.

¹⁴En Hij bracht mij tot de deur der poort van het huis des HEEREN, die naar het noorden is, en ziet, daar zaten vrouwen, bewenende den Thammuz.

¹⁵En Hij zeide tot mij: Hebt gij, mensenkind, dat gezien? Gij zult nog wederom grotere gruwelen zien dan deze.

¹⁶En Hij bracht mij tot het binnenste voorhof van het huis des HEEREN; en ziet, aan de deur van den tempel des HEEREN, tussen het voorhuis en tussen het altaar, waren omtrent vijf en twintig mannen; hun achterste leden waren naar den tempel des HEEREN, en hun aangezichten naar het oosten, en deze bogen zich neder naar het oosten voor de zon.

¹⁷Toen zeide Hij tot mij: Hebt gij, mensenkind, dat gezien? Is er iets lichter geacht bij het huis van Juda, dan deze gruwelen te doen, die zij hier doen? Als zij het land met geweld vervuld hebben, zo keren zij zich, om Mij te vertoornen; want zie, zij steken de wijnranken aan hun neus.

¹⁸Daarom zal Ik ook handelen in grimmigheid, Mijn oog zal niet verschonen, en Ik zal niet sparen; hoewel zij voor Mijn oren met luider stem roepen, nochtans zal Ik hen niet horen.

Hoofdstuk 9

¹Daarna riep Hij voor mijn oren met luider stem, zeggende: Doet de opzieners der stad naderen, en elkeen met zijn verdervend wapen in zijn hand.

²En ziet, zes mannen kwamen van den weg der Hoge poort, die gekeerd is naar het noorden, en elkeen met zijn verpletterend wapen in zijn hand; en een man in het midden vanhen was met linnen bekleed, en een schrijvers-inktkoker was aan zijn lenden; en zij kwamen in, en stonden bij het koperen altaar.

³En de heerlijkheid des Gods van Israel hief zich op van den cherub, waarop Hij was, tot den dorpel van het huis; en Hij riep tot den man, die met linnen bekleed was, die deschrijvers-inktkoker aan zijn lenden had.

⁴En de HEERE zeide tot hem: Ga door, door het midden der stad, door het midden van Jeruzalem, en teken een teken op de voorhoofden der lieden, die zuchten en uitroepen over al deze gruwelen, die in het midden derzelve gedaan worden.

⁵Maar tot die anderen zeide Hij voor mijn oren: Gaat door, door de stad achter hem, en slaat, ulieder oog verschone niet, en spaart niet!

⁶Doodt ouden, jongelingen en maagden, en kinderkens en vrouwen, tot verdervens toe; maar genaakt aan niemand, op denwelken het teken is, en begint van Mijn heiligdom. En zij begonnen van de oude mannen, die voor het huis waren.

⁷En Hij zeide tot hen: Verontreinigt het huis, en vervult de voorhoven met verslagenen; gaat henen uit. En zij gingen henen uit, en zij sloegen in de stad.

⁸Het geschiedde nu, als zij hen geslagen hadden, en ik overgebleven was, dat ik op mijn aangezicht viel, en riep, en zeide: Ach, Heere HEERE, zult Gij al het overblijfsel van Israel verderven, met Uw grimmigheid uit te gieten over Jeruzalem?

⁹Toen zeide Hij tot mij: De ongerechtigheid van het huis van Israel en van Juda is gans zeer groot, en het land is met bloed vervuld, en de stad is vol van afwijking; want zij zeggen: De HEERE heeft het land verlaten, en de HEERE ziet niet.

¹⁰Daarom ook, wat Mij aangaat, Mijn oog zal niet verschonen, en Ik zal niet sparen; Ik zal hun weg op hun hoofd geven.

¹¹En ziet, de man, die met linnen bekleed was, aan wiens lenden de inktkoker was, bracht bescheid weder, zeggende: Ik heb gedaan, gelijk als Gij mij geboden hadt.

Hoofdstuk 10

¹Daarna zag ik, en ziet, boven het uitspansel, hetwelk was over het hoofd der cherubs, was als een saffiersteen, als de gedaante van de gelijkenis eens troons; en Hij verscheen op dezelve.

²En Hij sprak tot den man, bekleed met linnen, en Hij zeide: Ga in tot tussen de wielen, tot onder den cherub, en vul uw vuisten met vurige kolen van tussen de cherubs, en strooi ze over de stad; en hij ging in voor mijn ogen.

³De cherubs nu stonden ter rechterzijde van het huis, als die man inging; en een wolk vervulde het binnenste voorhof.

⁴Toen hief zich de heerlijkheid des HEEREN omhoog van boven den cherub, op den dorpel van het huis; en het huis werd vervuld met een wolk, en het voorhof was vol van denglans der heerlijkheid des HEEREN.

⁵En het geruis van de vleugelen der cherubs werd gehoord tot het uiterste voorhof, als de stem des almachtigen Gods, wanneer Hij spreekt.

⁶Het geschiedde nu, als Hij den man, bekleed met linnen, geboden had, zeggende: Neem vuur van tussen de wielen, van tussen de cherubs, dat hij inging en stond bij een rad.

⁷Toen stak een cherub zijn hand uit van tussen de cherubs tot het vuur, hetwelk was tussen de cherubs, en nam daarvan, en gaf het in de vuisten desgenen, die met linnen bekleed was; die nam het, en ging uit.

⁸Want er werd gezien aan de cherubs de gelijkenis van eens mensen hand onder hun vleugelen.

⁹Toen zag ik, en ziet, vier raderen waren bij de cherubs; een rad was bij elken cherub; en de gedaante der raderen was als de verf van een turkoois-steen.

¹⁰En aangaande hun gedaanten, die vier hadden enerlei gelijkenis, gelijk of het ware geweest een rad in het midden van een rad.

¹¹Als die gingen, zo gingen deze op hun vier zijden; zij keerden zich niet om, als zij gingen; maar de plaats, waarheen het hoofd zag, die volgden zij na; zij keerden zich niet om, alszij gingen.

¹²Hun ganse lichaam nu, en hun ruggen, en hun handen, en hun vleugelen, mitsgaders de raderen, waren vol ogen rondom; die vier hadden hun raderen.

¹³Aangaande de raderen, elkeen derzelve werd voor mijn ogen genoemd Galgal.

¹⁴En elkeen had vier aangezichten; het eerste aangezicht was het aangezicht eens cherubs, en het tweede aangezicht was het aangezicht eens mensen, en het derde hetaangezicht eens leeuws, en het vierde het aangezicht eens arends.

¹⁵En die cherubs hieven zich omhoog; dit was hetzelfde dier, dat ik bij de rivier Chebar gezien had.

¹⁶En als de cherubs gingen, zo gingen die raderen nevens dezelven; en als de cherubs hun vleugelen ophieven, om zich van de aarde omhoog te heffen, zo keerden zich diezelve raderen ook niet om van bij hen.

¹⁷Als die stonden, stonden deze, en als die opgeheven werden, hieven zich deze ook op; want de geest der dieren was in hen.

¹⁸Toen ging de heerlijkheid des HEEREN van boven den dorpel des huizes weg, en stond boven de cherubs.

¹⁹En de cherubs hieven hun vleugelen op, en verhieven zich van de aarde omhoog voor mijn ogen, als zij uitgingen; en de raderen waren tegenover hen; en elkeen stond aan de deur der Oostpoort van het huis des HEEREN; en de heerlijkheid des Gods Israels was van boven over hen.

²⁰Dit is het dier, dat ik zag onder den Gods Israels bij de rivier Chebar; en ik bemerkte, dat het cherubs waren.

²¹Elkeen had vier aangezichten, en elkeen had vier vleugelen; en de gelijkenis van mensenhanden was onder hun vleugelen.

²²En aangaande de gelijkenis van hun aangezichten, het waren dezelfde aangezichten, die ik gezien had bij de rivier Chebar, hun gedaanten en zij zelven; zij gingen ieder recht uitvoor zijn aangezicht henen.

Hoofdstuk 11

¹Toen hief mij de Geest op, en bracht mij tot de Oostpoort van het huis des HEEREN, dewelke ziet oostwaarts; en ziet, aan de deur der poort waren vijf en twintig mannen, en inhet midden van hen zag ik Jaazanja, den zoon van Azzur, en Pelatja, den zoon van Benaja, vorsten des volks.

²En Hij zeide tot mij: Mensenkind, deze zijn de mannen, die ongerechtigheid bedenken, en die kwaden raad raden in deze stad.

³Die zeggen: Men moet geen huizen nabij bouwen; deze stad zou de pot, en wij het vlees zijn.

⁴Daarom profeteer tegen hen; profeteer, o mensenkind!

⁵Zo viel dan de Geest des HEEREN op mij, en Hij zeide tot mij: Zeg: Zo zegt de HEERE: Alzo zegt gijlieden o huis Israels! want Ik weet elkeen der dingen, die in uw geestopklimmen.

⁶Gij hebt uw verslagenen in deze stad vermenigvuldigd, en gij hebt derzelver straten met de verslagenen vervuld.

⁷Daarom, zo zegt de Heere HEERE: Uw verslagenen, die gij in het midden derzelve nedergelegd hebt, die zijn dat vlees, en deze stad is de pot; maar ulieden zal Ik uit het middenderzelve doen uitgaan.

⁸Gijlieden hebt het zwaard gevreesd; en het zwaard zal Ik over u brengen, spreekt de Heere HEERE.

⁹Ook zal Ik ulieden uit het midden derzelve doen uitgaan, en Ik zal u overgeven in de hand der vreemden; en Ik zal recht onder u doen.

¹⁰Gij zult door het zwaard vallen; in de landpale Israels zal Ik u richten, en gij zult weten, dat Ik de HEERE ben.

Ezechiël

¹¹Deze stad zal ulieden niet tot een pot zijn, en gij zult in het midden derzelve niet tot vlees zijn; in de landpale Israels zal Ik u richten.

¹²En gij zult weten, dat Ik de HEERE ben, omdat gij in Mijn inzettingen niet gewandeld, en Mijn rechten niet gedaan hebt, maar naar de rechten der heidenen, die rondom u zijn, gedaan hebt.

¹³Het geschiedde nu, als ik profeteerde, dat Pelatja, de zoon van Benaja, stierf. Toen viel ik neder op mijn aangezicht, en riep met luider stem; en zeide: Ach, Heere HEERE! zult Gij gans een voleinding maken met het overblijfsel van Israel?

¹⁴Toen geschiedde het woord des HEEREN tot mij, zeggende:

¹⁵Mensenkind, het zijn uw broederen, uw broederen, de mannen uwer maagschap, en het ganse huis Israels, ja, dat ganse, tot welke de inwoners van Jeruzalem gezegd hebben: Maakt u verre af van den HEERE, ditzelve land is ons tot een erfbezitting gegeven.

¹⁶Daarom zeg: Zo zegt de Heere HEERE: Hoewel Ik hen verre onder de heidenen weggedaan heb, en hoewel Ik hen in de landen verstrooid heb, nochtans zal Ik hun een weinigtijds tot een heiligdom zijn, in de landen, waarin zij gekomen zijn.

¹⁷Daarom zeg: Alzo zegt de Heere HEERE: Ja, Ik zal ulieden vergaderen uit de volken, en Ik zal u verzamelen uit de landen, waarin gij verstrooid zijt, en Ik zal u het land Israels geven.

¹⁸En zij zullen daarhenen komen, en al deszelfs verfoeiselen en al deszelfs gruwelen van daar wegdoen.

¹⁹En Ik zal hun enerlei hart geven, en zal een nieuwen geest in het binnenste van u geven; en Ik zal het stenen hart uit hun vlees wegnemen, en zal hun een vlesen hart geven;

²⁰Opdat zij wandelen in Mijn inzettingen, en Mijn rechten bewaren, en dezelve doen; en zij zullen Mij tot een volk zijn, en Ik zal hun tot een God zijn.

²¹Maar welker hart het hart hunner verfoeiselen en hunner gruwelen nawandelt, derzelver weg zal Ik op hun hoofd geven, spreekt de Heere HEERE.

²²Toen hieven de cherubs hun vleugelen op, en de raderen tegenover hen; en de heerlijkheid des Gods van Israel was over hen van boven.

²³En de heerlijkheid des HEEREN rees op van het midden der stad, en stond op den berg, die tegen het oosten der stad is.

²⁴Daarna nam mij de Geest op, en bracht mij in gezicht door den Geest Gods in Chaldea tot de gevankelijk weggevoerden; en het gezicht, dat ik gezien had, voer van mij op.

²⁵En ik sprak tot de gevankelijk weggevoerden al de woorden des HEEREN, die Hij mij had doen zien.

Hoofdstuk 12

¹Verder geschiedde des HEEREN woord tot mij, zeggende:

²Mensenkind! gij woont in het midden van een wederspannig huis, dewelke ogen hebben om te zien, en niet zien, oren hebben om te horen, en niet horen, want zij zijn een wederspannig huis.

³Daarom gij, mensenkind, maak u gereedschap van vertrekking; en vertrek bij dag voor hun ogen; en gij zult vertrekken van uw plaats tot een andere plaats voor hun ogen; misschien zullen zij het merken, hoewel zij een wederspannig huis zijn.

⁴Gij zult dan uw gereedschap bij dag voor hun ogen uitbrengen, als het gereedschap dergenen, die vertrekken; daarna zult gij in den avond uitgaan voor hun ogen, gelijk zij uitgaan, die vertrekken.

⁵Doorgraaf u den wand voor hun ogen, en breng daardoor uw gereedschap uit.

⁶Voor hun ogen zult gij het op de schouders dragen, in donker zult gij het uitbrengen; uw aangezicht zult gij bedekken, dat gij het land niet ziet; want Ik heb u den huize Israels toe een wonderteken gegeven.

⁷En ik deed alzo, gelijk als mij bevolen was; ik bracht mijn gereedschap uit bij dag, als het gereedschap dergenen, die vertrekken; daarna in den avond doorgroef ik mij den wand met de hand; ik bracht het uit in donker, en ik droeg het op den schouder voor hun ogen.

⁸En des morgens geschiedde het woord des HEEREN tot mij, zeggende:

⁹Mensenkind, heeft niet het huis Israels, het wederspannig huis, tot u gezegd: Wat doet gij?

¹⁰Zeg tot hen: Alzo zegt de Heere HEERE: Deze last is tegen den vorst te Jeruzalem, en het ganse huis Israels, dat in het midden van hen is.

¹¹Zeg: Ik ben ulieder wonderteken; gelijk als ik gedaan heb, alzo zal hun gedaan worden; zij zullen door wegvoering in de gevangenis heengaan.

¹²En de vorst, die in het midden van hen is, zal het gereedschap op den schouder dragen in donker, en hij zal uitgaan; zij zullen door den wand graven, om hem daardoor uit tebrengen; hij zal zijn aangezicht bedekken, opdat hij met het oog de aarde niet zie.

¹³Ik zal ook Mijn net over hem uitspreiden, dat hij in Mijn jachtgaren gegrepen worde; en Ik zal hem brengen in Babylonie, het land der Chaldeen; ook zal hij dat niet zien, hoewel hij daar sterven zal.

¹⁴En allen, die rondom hem zijn tot zijn hulp, en al zijn benden zal Ik in alle winden verstrooien; en Ik zal het zwaard achter hen uittrekken.

¹⁵Alzo zullen zij weten, dat Ik de HEERE ben, wanneer Ik hen onder de heidenen verspreiden en hen in de landen verstrooien zal.

¹⁶Doch Ik zal van hen weinige lieden doen overblijven van het zwaard, van den honger en van de pestilentie; opdat zij al hun gruwelen vertellen onder de heidenen, waarhenen zij komen zullen, en zij zullen weten, dat Ik de HEERE ben.

¹⁷Daarna geschiedde het woord des HEEREN tot mij, zeggende:

¹⁸Mensenkind, gij zult uw brood eten met beven, en uw water zult gij met beroerte en met kommer drinken.

¹⁹En gij zult tot het volk des lands zeggen: Alzo zegt de Heere HEERE, van de inwoners van Jeruzalem, in het land Israels: Zij zullen hun brood met kommer eten, en hun water zullen zij met verbaasdheid drinken, omdat hun land woest zal worden van zijn volheid, vanwege het geweld van al degenen, die daarin wonen;

²⁰En de bewoonde steden zullen woest worden, en het land zal een wildernis zijn; en gij zult weten, dat Ik de HEERE ben.

²¹Wederom geschiedde het woord des HEEREN tot mij, zeggende:

²²Mensenkind, wat is dit voor een spreekwoord, dat gijlieden hebt in het land Israels, zeggende: de dagen zullen verlengd worden, en al het gezicht zal vergaan?

²³Daarom zeg tot hen: Alzo zegt de Heere HEERE: Ik zal dit spreekwoord doen ophouden, dat zij het niet meer ten spreekwoord gebruiken zullen in Israel. Maar spreek tot hen: De dagen zijn nabij gekomen, en het woord van ieder gezicht.

²⁴Want geen ijdel gezicht zal er meer wezen, noch vleiende waarzegging, in het midden van het huis Israels.

²⁵Want Ik ben de HEERE, Ik zal spreken; het woord, de tijd zal niet meer uitgesteld worden; want in uw dagen, o wederspannig huis, zal Ik een woord spreken, en hetzelve doen, spreekt de Heere HEERE.

²⁶Verder geschiedde het woord des HEEREN tot mij, zeggende:

²⁷Mensenkind, zie, die van het huis Israels zeggen: Het gezicht dat hij ziet, is voor vele dagen, en hij profeteert van tijden, die verre zijn.

²⁸Daarom zeg tot hen: Alzo zegt de Heere HEERE: Geen Mijner woorden zullen meer uitgesteld worden; het woord, hetwelk Ik gesproken heb, dat zal gedaan worden, spreekt de Heere HEERE.

Hoofdstuk 13

¹En des HEEREN woord geschiedde tot mij, zeggende:

²Mensenkind, profeteer tegen de profeten Israels, die profeteren, en zeg tot degenen, die uit hun hart profeteren: Hoort des HEEREN woord.

³Zo zegt de Heere HEERE: Wee over die dwaze profeten, die hun geest nawandelen, en hetgeen zij niet gezien hebben!

⁴Uw profeten, o Israel, zijn als vossen in de woeste plaatsen.

⁵Gij zijt in de bressen niet opgetreden, noch hebt den muur toegemuurd voor het huis Israels, om in den strijd te staan, ten dage des HEEREN.

⁶Zij zien ijdelheid en leugenachtige voorzegging, die daar zeggen: De HEERE heeft gesproken, daar de HEERE hen niet gezonden heeft; en zij geven hope van het woord te zullen bevestigen.

⁷Ziet gij niet een ijdel gezicht, en spreekt een leugenachtige voorzegging, als gij zegt: De HEERE spreekt, daar Ik niet gesproken heb?

⁸Daarom zo zegt de Heere HEERE: omdat gijlieden ijdelheid spreekt, en leugen ziet; daarom, ziet, Ik wil aan u, spreekt de Heere HEERE.

⁹En Mijn hand zal zijn tegen de profeten, die ijdelheid zien, en leugen voorzeggen; zij zullen in de vergadering Mijns volks niet zijn, en in het schrift van het huis Israels niet geschreven worden, en in het land Israels niet komen; en gij zult weten, dat Ik de Heere HEERE ben.

¹⁰Daarom, ja, daarom dat zij Mijn volk verleiden, zeggende: Vrede, daar geen vrede is; en dat de een een lemen wand bouwt, en ziet, de anderen denzelven pleisteren met lozekalk.

¹¹Zeg tot degenen, die met loze kalk pleisteren, dat hij omvallen zal; er zal een overstelpende plasregen zijn; en gij, o grote hagelstenen, zult vallen, en een grote stormwind zal hem splijten.

¹²Ziet, als die wand zal gevallen zijn, zal dan niet tot u gezegd worden: Waar is de pleistering, waarmede gij gepleisterd hebt?

¹³Daarom alzo zegt de Heere HEERE: Ja, Ik zal hem door een

groten stormwind in Mijn grimmigheid splijten, en er zal een overstelpende plasregen zijn in Mijn toorn, en grotehagelstenen in Mijn grimmigheid, om dien te verdoen.

¹⁴Zo zal Ik den wand afbreken, dien gijlieden met loze kalk gepleisterd hebt, en zal hem ter aarde nederwerpen, dat zijn grond zal ontdekt worden; alzo zal de stad vallen, en gij zultin het midden van haar omkomen; en gij zult weten, dat Ik de HEERE ben.

¹⁵Zo zal Ik Mijn grimmigheid tegen den wand voortbrengen, en tegen degenen, die hem pleisteren met loze kalk; en Ik zal tot ulieden zeggen: Die wand is er niet meer, en die hempleisterden, zijn er niet;

¹⁶Te weten de profeten Israels, die van Jeruzalem profeteren, en voor haar een gezicht des vredes zien, waar geen vrede is, spreekt de Heere HEERE.

¹⁷En gij, mensenkind, zet uw aangezicht tegen de dochteren uws volks, dewelke profeteren uit haar hart, en profeteer tegen haar;

¹⁸En zeg: Zo zegt de Heere HEERE: Wee die vrouwen, die kussens naaien voor alle okselen der armen, en maken hoofddeksels voor het hoofd van alle statuur, om de zielen tejagen! Zult gij de zielen Mijns volks jagen, en zult gij u de zielen in het leven behouden?

¹⁹En zult gij Mij ontheiligen bij Mijn volk, voor handvollen van gerst, en voor stukken broods, om zielen te doden, die niet zouden sterven, en om zielen in het leven te behouden, dieniet zouden leven, door uw liegen tot Mijn volk, dat de leugen hoort?

²⁰Daarom, zo zegt de Heere HEERE: Ziet, Ik wil aan uw kussens, waarmede gij aldaar de zielen jaagt naar de bloemhoven, en Ik zal ze uit uw armen wegscheuren; en Ik zal diezielen losmaken, de zielen, die gij jaagt naar de bloemhoven.

²¹Daartoe zal Ik uw hoofddeksels scheuren, en Mijn volk uit uw hand redden, zodat zij niet meer in uw hand zullen zijn tot een jacht; en gij zult weten, dat Ik de HEERE ben.

²²Omdat gijlieden het hart des rechtvaardigen door valsheid hebt bedroefd gemaakt, daar Ik hem geen smart aangedaan heb; en omdat gij de handen des goddelozen gesterkthebt, opdat hij zich van zijn bozen weg niet afkeren zou, dat Ik hem in het leven behield;

²³Daarom zult gij niet meer ijdelheid zien, noch waarzegging gebruiken; maar Ik zal Mijn volk uit uw hand redden, en gij zult weten, dat Ik de HEERE ben.

Hoofdstuk 14

¹Daarna kwamen tot mij mannen uit de oudsten van Israel, en zaten neder voor mijn aangezicht.

²Toen geschiedde des HEEREN woord tot mij, zeggende:

³Mensenkind, deze mannen hebben hun drekgoden in hun hart opgezet, en hebben den aanstoot hunner ongerechtigheid recht voor hun aangezichten gesteld; word Ik danernstiglijk van hen gevraagd?

⁴Daarom spreek met hen, en zeg tot hen: Alzo zegt de Heere HEERE: Een ieder man uit het huis Israels, die de drekgoden in zijn hart opzet, en den aanstoot zijnerongerechtigheid recht voor zijn aangezicht stelt, en komt tot den profeet, Ik, de HEERE zal hem, als hij komt, antwoorden naar de menigte zijner drekgoden;

⁵Opdat Ik het huis Israels in hun hart grijpe, dewijl zij allen door hun drekgoden van Mij vervreemd zijn.

⁶Daarom zeg tot het huis Israels: Alzo zegt de Heere HEERE: Bekeert u, en keert u af van uw drekgoden, en keert uw aangezichten af van al uw gruwelen.

⁷Want ieder man uit het huis Israels, en uit den vreemdeling, die in Israel verkeert, die zich van achter Mij afscheidt, en zet zijn drekgoden op in zijn hart, en stelt den aanstootzijner ongerechtigheid recht voor zijn aangezicht, en komt tot den profeet, om Mij door hem te vragen; Ik ben de HEERE, hem zal geantwoord worden door Mij;

⁸En Ik zal Mijn aangezicht tegen dienzelven man zetten, en zal hem stellen tot een teken en tot spreekwoorden, en zal hem uitroeien uit het midden Mijns volks; en gijlieden zultweten, dat Ik de HEERE ben.

⁹Als nu een profeet overreed zal zijn, en iets gesproken zal hebben, Ik, de HEERE, heb dienzelven profeet overreed, en Ik zal Mijn hand tegen hem uitstrekken, en zal hemverdelgen uit het midden van Mijn volk Israel.

¹⁰En zij zullen hun ongerechtigheid dragen; gelijk de ongerechtigheid des vragers zal zijn; alzo zal zijn de ongerechtigheid des profeten.

¹¹Opdat het huis Israels niet meer van achter Mij afdwale, en zij zich niet meer verontreinigen met al hun overtredingen; alsdan zullen zij Mij tot een volk zijn, en Ik zal hun tot eenGod zijn, spreekt de Heere HEERE.

¹²Verder geschiedde des HEEREN woord tot mij, zeggende:

¹³Mensenkind, als een land tegen Mij gezondigd zal hebben, zwaarlijk overtredende, zo zal Ik Mijn hand daartegen uitstrekken, en zal hetzelve den staf des broods breken, en eenhonger daarin zenden, dat Ik daaruit mensen en beesten uitroeie;

¹⁴Ofschoon deze drie mannen, Noach, Daniel en Job, in het midden deszelven waren, zij zouden door hun gerechtigheid alleen hun ziel bevrijden, spreekt de Heere HEERE.

¹⁵Zo Ik het boos gediert make door het land door te gaan, hetwelk dat van kinderen berove, zodat het woest worde, dat er niemand doorga, vanwege het gediert;

¹⁶Die drie mannen in het midden deszelven zijnde, zo waarachtig als Ik leef, spreekt de Heere HEERE, zo zij zonen, en zo zij dochteren bevrijden zouden, zij zelven alleen zoudenbevrijd worden, maar het land zou woest worden.

¹⁷Of als Ik het zwaard brenge over datzelve land, en zegge: Zwaard! ga door, door dat land, zodat Ik daarvan uitroeie mensen en beesten;

¹⁸Ofschoon die drie mannen in het midden deszelven waren, zo waarachtig als Ik leef, spreekt de Heere HEERE, zij zouden zonen noch dochteren bevrijden, maar zij zelven alleenzouden bevrijd worden.

¹⁹Of als Ik de pestilentie in datzelve land zende, en Mijn grimmigheid daarover met bloed uitgiete, om daarvan mensen en beesten uit te roeien;

²⁰Ofschoon Noach, Daniel en Job in het midden deszelven waren, zo waarachtig als Ik leef, spreekt de Heere HEERE, zo zij een zoon, of zo zij een dochter zouden bevrijden, zijzouden alleen hun ziel door hun gerechtigheid bevrijden.

²¹Want alzo zegt de Heere HEERE: Hoeveel te meer als Ik mijn vier boze gerichten, het zwaard, en den honger, en het boze gediert, en de pestilentie gezonden zal hebben tegenJeruzalem, om daaruit mensen en beesten uit te roeien!

²²Doch ziet, daarin zullen ontkomenen overblijven, die uitgevoerd zullen worden, zonen en dochteren; ziet, zij zullen tot ulieden uitkomen, en gij zult hun weg zien, en hunhandelingen; en gij zult vertroost worden over het kwaad, dat Ik over Jeruzalem gebracht zal hebben, ja, al wat Ik zal gebracht hebben over haar.

²³Zo zullen zij u vertroosten, als gij hun weg en hun handelingen zien zult; en gij zult weten, dat Ik niet zonder oorzaak gedaan heb, al wat Ik in haar gedaan heb, spreekt de HeereHEERE.

Hoofdstuk 15

¹En des HEEREN woord geschiedde tot mij, zeggende:

²Mensenkind, wat is het hout des wijnstoks meer dan alle hout, of de wijnrank meer dan dat onder het hout eens wouds is?

³Wordt daarvan hout genomen, om een stuk werk te maken? Neemt men daarvan een pin, om enig vat daaraan te hangen?

⁴Ziet, het wordt aan het vuur overgegeven, opdat het verteerd worde; het vuur verteert beide zijn einden, en zijn middelste wordt verbrand; zou het deugen tot een stuk werks?

⁵Ziet, toen het geheel was, werd het tot geen stuk werks gemaakt; hoeveel te min als het vuur dat verteerd heeft, zodat het verbrand is, zal het dan nog tot een stuk werks gemaaktworden?

⁶Daarom, alzo zegt de Heere HEERE: Gelijk als het hout des wijnstoks is onder het hout des wouds, hetwelk Ik aan het vuur overgeef, opdat het verteerd worde, alzo zal Ik deinwoners van Jeruzalem overgeven.

⁷Want Ik zal Mijn aangezicht tegen hen zetten; als zij van het ene vuur uitgaan, zal het andere vuur hen verteren; en gij zult weten, dat Ik de HEERE ben, als Ik Mijn aangezicht tegenhen gesteld zal hebben.

⁸En Ik zal het land woest maken, omdat zij zwaarlijk overtreden hebben, spreekt de Heere HEERE.

Hoofdstuk 16

¹Verder geschiedde des HEEREN woord tot mij, zeggende:

²Mensenkind, maak Jeruzalem haar gruwelen bekend,

³En zeg: Alzo zegt de Heere HEERE tot Jeruzalem: Uw handelingen en uw geboorten zijn uit het land der Kanaanieten; uw vader was een Amoriet en uw moeder eenHethietische.

⁴En aangaande uw geboorten: ten dage, als gij geboren waart, werd uw navel niet afgesneden; en gij waart niet met water gewassen, toen Ik u aanschouwde; gij waart ookgeenszins met zout gewreven, noch in windselen gewonden.

⁵Geen oog had medelijden over u, om u een van deze dingen te doen, om zich over u te erbarmen; maar gij zijt geworpen geweest op het vlakke des velds, om de walgelijkheidvan uw ziel, ten dage, toen gij geboren waart.

⁶Als Ik bij u voorbijging, zo zag Ik u, vertreden zijnde in uw bloed, en Ik zeide tot u in uw bloed: Leef; ja, Ik zeide tot u in uw bloed: Leef!

⁷Ik heb u tot tien duizend, als het gewas des velds, gemaakt; en gij zijt gegroeid, en groot geworden, en zijt gekomen tot grote sierlijkheid; uw borsten zijn vast geworden, en uw haar is gewassen, doch gij waart naakt en bloot.

⁸Als Ik nu bij u voorbijging, zag Ik u, en ziet, uw tijd was de tijd der minne; zo breidde Ik Mijn vleugel over u uit, en dekte uw naaktheid; ja, Ik zwoer u, en kwam met u in een verbond, spreekt de Heere HEERE en gij werdt de Mijne.

⁹Daarna wies Ik u met water, en Ik spoelde uw bloed van u af, en zalfde u met olie.

¹⁰Ik bekleedde u ook met gestikt werk, en Ik schoeide u met dassenvellen, en omgordde u met fijn linnen, en bedekte u met zijde.

¹¹Ook versierde Ik u met sieraad, en deed armringen aan uw handen, en een keten aan uw hals.

¹²Desgelijks deed Ik een voorhoofdsiersel aan uw aangezicht, en oorringen aan uw oren, en een kroon der heerlijkheid op uw hoofd.

¹³Zo waart gij versierd met goud en zilver, en uw kleding was fijn linnen, en zijde, en gestikt werk; gij at meelbloem, en honig, en olie, en gij waart gans zeer schoon, en waart voorspoedig, dat gij een koninkrijk werdt.

¹⁴Daartoe ging van u een naam uit onder de heidenen om uw schoonheid; want die was volmaakt door Mijn heerlijkheid, die Ik op u gelegd had, spreekt de Heere HEERE.

¹⁵Maar gij hebt vertrouwd op uw schoonheid, en hebt gehoereerd vanwege uw naam; ja, hebt uw hoererijen uitgestort aan een ieder, die voorbijging; voor hem was zij.

¹⁶En gij hebt van uw klederen genomen, en u gemaakt geplekte hoogten, en hebt daarop gehoereerd; zulks is niet gekomen, en zal niet geschieden.

¹⁷Daartoe hebt gij genomen de vaten uws sieraads van Mijn goud en van Mijn zilver, dat Ik u gegeven had, en gij hebt u mansbeelden gemaakt, en gij hebt met dezelve gehoereerd.

¹⁸En gij hebt uw gestikte klederen genomen, en hebt ze bedekt; en gij hebt Mijn olie en Mijn reukwerk voor hun aangezichten gesteld.

¹⁹En Mijn brood, hetwelk Ik u gaf, meelbloem en olie, en honig, waarmede Ik u spijsde, dat hebt gij ook voor hun aangezichten gesteld tot een liefelijken reuk; zo is het geschied, spreekt de Heere HEERE.

²⁰Verder hebt gij uw zonen en uw dochteren, die gij Mij gebaard hadt, genomen, en hebt ze denzelven geofferd om te verteren; is het wat kleins van uw hoererijen,

²¹Dat gij Mijn kinderen geslacht hebt, en hebt ze overgegeven, als gij dezelve voor hen door het vuur hebt doen gaan?

²²Ook hebt gij bij al uw gruwelen en uw hoererijen niet gedacht aan de dagen uwer jonkheid, als gij naakt en bloot waart, als gij vertreden waart in uw bloed.

²³Het is ook geschied na al uw boosheid,, wee, wee u, spreekt de Heere HEERE),

²⁴Dat gij u een verwelfsel gebouwd hebt, en u een hoge plaats gemaakt hebt in elke straat.

²⁵Aan elk hoofd des wegs hebt gij uw hoge plaatsen gebouwd, en hebt uw schoonheid gruwelijk gemaakt, en hebt met uw benen geschreden voor een ieder, die voorbijging, en hebt uw hoererijen vermenigvuldigd.

²⁶Gij hebt ook gehoereerd met de kinderen van Egypte, uw naburen, die groot van vlees zijn; en gij hebt uw hoererij vermenigvuldigd, om Mij tot toorn te verwekken.

²⁷Ziet, daarom strekte Ik Mijn hand over u uit, en verminderde uw bescheiden deel; en Ik gaf u over in den lust dergenen, die u haten, der dochteren der Filistijnen, die vanwege uw schandelijken weg beschaamd waren.

²⁸Verder hebt gij gehoereerd met de kinderen van Assur, omdat gij onverzadelijk waart; ja, als gij met hen gehoereerd hebt, zijt gij ook niet verzadigd geworden.

²⁹Maar gij hebt uw hoererij vermenigvuldigd in het land van Kanaän tot in Chaldea; en daarmede ook zijt gij niet verzadigd geworden.

³⁰Hoe zwak is uw hart (spreekt de Heere HEERE) als gij al deze dingen doet, zijnde het werk van een heersende hoerachtige vrouw!

³¹Als gij uw verwelfsel bouwt aan het hoofd van iederen weg, en uw hoge plaats maakt in elke straat, en niet zijt geweest als een hoer, het hoerenloon beschimpende.

³²O, die overspelige vrouw, zij neemt in plaats van haar man de vreemden aan.

³³Men geeft loon aan alle hoeren; maar gij geeft uw loon aan al uw boelen, en gij beschenkt ze, opdat zij tot u van rondom zouden ingaan om uw hoererijen.

³⁴Zo geschiedt met u in uw hoererijen het tegendeel van de vrouwen, dewijl men u niet naloopt, om te hoereren; want als gij hoerenloon geeft, en het hoerenloon u niet gegeven wordt; zo zijt gij tot een tegendeel geworden.

³⁵Daarom, o hoer, hoor des HEEREN woord.

³⁶Alzo zegt de Heere HEERE: Omdat uw vergif uitgestort is, en uw schaamte door uw hoererijen met uw boelen ontdekt is, en met al de drekgoden uwer gruwelen, en na het bloed uwer kinderen, dat gij hun gegeven hebt;

³⁷Daarom, zie, Ik zal al uw boelen vergaderen, met dewelke gij vermengd zijt geweest, en allen, die gij liefgehad hebt, met allen, die gij gehaat hebt; en Ik zal hen van rondom vergaderen tegen u, en Ik zal voor hen uw naaktheid ontdekken, dat zij uw ganse naaktheid zien zullen.

³⁸Daartoe zal Ik u naar de rechten der overspeelsters en der bloedvergietsters richten; en Ik zal u overgeven aan het bloed der grimmigheid en des ijvers.

³⁹En Ik zal u in hun hand overgeven, en zij zullen uw verwelfsel afbreken, en uw hoge plaatsen omwerpen, en uw klederen u uittrekken, en uw sierlijke juwelen nemen, en u naakten bloot laten.

⁴⁰Daarna zullen zij tegen u een vergadering doen opkomen, en zullen u met stenen stenigen, en u met hun zwaarden doorsteken.

⁴¹Zij zullen ook uw huizen met vuur verbranden, en oordelen tegen u uitvoeren voor veler vrouwen ogen; en Ik zal u doen ophouden van een hoer te zijn, en gij zult ook niet meer hoerenloon geven.

⁴²Zo zal Ik Mijn grimmigheid op u doen rusten, en Mijn ijver zal van u afwijken; en Ik zal stil zijn, en niet meer toornig wezen.

⁴³Daarom dat gij niet gedacht hebt aan de dagen uwer jonkheid, en Mij tot beroering geweest zijt met dit alles, zie, zo zal Ik ook uw weg op uw hoofd geven, spreekt de Heere HEERE; en gij zult die schandelijke daad niet doen boven al uw gruwelen.

⁴⁴Zie, een ieder, die spreekwoorden gebruikt, zal van u een spreekwoord gebruiken, zeggende: Zo de moeder is, is haar dochter.

⁴⁵Gij zijt de dochter uwer moeder, die de walg had van haar man en van haar kinderen; en gij zijt de zuster uwer zusteren, die de walg gehad hebben van haar mannen en van haar kinderen; uw moeder was een Hethietische, en uw vader een Amoriet.

⁴⁶Uw grote zuster nu is Samaria, zij en haar dochteren, dewelke woont aan uw linkerhand; maar uw zuster, die kleiner is dan gij, die tegen uw rechterhand woont, is Sodom en haar dochteren.

⁴⁷Doch gij hebt in haar wegen niet gewandeld, noch naar haar gruwelen gedaan; het was wat gerings, een verdriet; maar gij hebt het meer verdorven dan zij, in al uw wegen.

⁴⁸Zo waarachtig als Ik leef, spreekt de Heere HEERE, indien Sodom, uw zuster, zij met haar dochteren, gedaan heeft, gelijk gij gedaan hebt en uw dochteren!

⁴⁹Ziet, dit was de ongerechtigheid uwer zuster Sodom; hoogmoed, zatheid van brood en stille gerustheid had zij en haar dochteren; maar zij sterkte de hand des armen en nooddruftigen niet.

⁵⁰En zij verhieven zich, en deden gruwelijkheid voor Mijn aangezicht; daarom deed Ik ze weg, nadat Ik het gezien had.

⁵¹Samaria ook heeft naar de helft uwer zonden niet gezondigd; en gij hebt uw gruwelen meer dan zij vermenigvuldigd, en hebt uw zusters gerechtvaardigd door al uw gruwelen, die gij gedaan hebt.

⁵²Draag gij dan ook uw schande, gij, die voor uw zusteren geoordeeld hebt door uw zonden, die gij gruwelijker gemaakt hebt dan zij; zij zijn rechtvaardiger dan gij; wees gij dan ook beschaamd, en draag uw schande, omdat gij uw zusters gerechtvaardigd hebt.

⁵³Als Ik haar gevangenen wederbrengen zal, namelijk de gevangenen van Sodom en haar dochteren, en de gevangenen van Samaria en haar dochteren, dan zal Ik wederbrengende gevangenen uwer gevangenis in het midden van haar.

⁵⁴Opdat gij uw schande draagt, en te schande gemaakt wordt, om al hetgeen gij gedaan hebt, als gij haar troosten zult.

⁵⁵Als uw zusters, Sodom en haar dochteren, zullen wederkeren tot haar vorigen staat, mitsgaders Samaria en haar dochteren zullen wederkeren tot haar vorigen staat, zult gij ook en uw dochteren wederkeren tot uw vorigen staat.

⁵⁶Ja, uw zuster Sodom is in uw mond niet gehoord geweest, ten dage uws groten hoogmoeds,

⁵⁷Aleer uw boosheid ontdekt was. Als de tijd was der versmading van de dochteren van Syrie, en van al degenen, die rondom datzelve waren, de dochteren der Filistijnen, die uverachten van rondom,

⁵⁸Hebt gij uw schandelijke daden en uw gruwelen gedragen, spreekt de HEERE.

⁵⁹Want alzo zegt de Heere HEERE: Ik zal u ook doen, gelijk als gij gedaan hebt, die den eed veracht hebt, brekende het verbond.

⁶⁰Evenwel zal Ik gedachtig wezen aan Mijn verbond met u, in de dagen uwer jonkheid, en Ik zal met u een eeuwig verbond oprichten.

⁶¹Dan zult gij uwer wegen gedenken en beschaamd zijn, als gij uw zusteren, die groter zijn dan gij, aannemen zult; want Ik zal u dezelve

geven tot dochteren, maar niet uit uwverbond.

⁶²Want Ik zal Mijn verbond met u oprichten, en gij zult weten, dat Ik de HEERE ben;

⁶³Opdat gij het gedachtig zijt, en u schaamt, en niet meer uw mond opent vanwege uw schande, wanneer Ik voor u verzoening doen zal over al hetgeen gij gedaan hebt, spreektde Heere HEERE.

Hoofdstuk 17

¹En des HEEREN woord geschiedde tot mij, zeggende:

²Mensenkind, stel een raadsel voor, en gebruik een gelijkenis tot het huis Israels;

³En zeg: Alzo zegt de Heere HEERE: Een arend, die groot was, groot van vleugelen, lang van vlerken, vol van vederen, die verscheidene veren had, kwam op den Libanon, en namden oppersten tak van een ceder.

⁴Hij plukte den top van zijn jonge takjes af, en bracht hem in een land van koophandel; hij zette hem in een stad van kooplieden.

⁵Hij nam ook van het zaad des lands, en legde het in een zaadakker; hij nam het, hij zette het bij vele wateren met grote voorzichtigheid.

⁶En het sproot uit, en werd tot een welig uitlopende wijnstok, doch nederig van stam, ziende met zijn takken naar hem, dewijl zijn wortelen onder hem waren. Zo werd hij tot eenwijnstok, die ranken voortbracht en scheuten uitwierp.

⁷Nog was er een grote arend, groot van vleugelen en overvloedig van vederen; en ziet, deze wijnstok voegde zijn wortelen naar denzelven toe, en wierp zijn takken tot hem uit, opdat hij hem bevochtigen zou naar de bedden zijner planting toe.

⁸Hij was in een goede landouwe bij vele wateren geplant, om takken te maken en vrucht te dragen, opdat hij tot een heerlijken wijnstok worden mocht.

⁹Zeg: Alzo zegt de Heere HEERE: Zal hij gedijen? Zal hij niet zijn wortelen uitrukken, en zijn vrucht afsnijden, dat hij droog worde? Hij zal aan al de bladeren van zijn gewasverdrogen; en dat niet door een groten arm, noch door veel volks, om dien van zijn wortelen weg te voeren.

¹⁰Ja, ziet, zal hij geplant zijnde gedijen? Zal hij niet, als de oostenwind hem aanroert, gans verdrogen? Op de bedden van zijn gewas zal hij verdrogen.

¹¹Daarna geschiedde des HEEREN woord tot mij, zeggende:

¹²Zeg nu tot dat wederspannig huis: Weet gij niet, wat deze dingen zijn? Zeg: Ziet, de koning van Babel is tot Jeruzalem gekomen, en heeft haar koning genomen, en haar vorsten, en heeft ze tot zich gevoerd naar Babel.

¹³Daartoe heeft hij van het koninklijk zaad genomen, en daarmede een verbond gemaakt, en heeft hem tot een eed gebracht, en de machtigen des lands heeft hij weggenomen;

¹⁴Opdat het koninkrijk nederig zou zijn, zich niet verheffende, en dat het, zijn verbond houdende, bestaan mocht.

¹⁵Maar hij rebelleerde tegen hem, zendende zijn boden in Egypte, opdat men hem paarden en veel volks bestellen zou; zal hij gedijen? Zal hij ontkomen, die zulke dingen doet? Ja, zal hij het verbond breken en ontkomen?

¹⁶Zo waarachtig als Ik leef, spreekt de Heere HEERE, zo hij niet in de plaats des konings, die hem koning gemaakt heeft, wiens eed hij veracht, en wiens verbond hij gebrokenheeft, bij hem in het midden van Babel zal sterven!

¹⁷Ook zal Farao, door een groot heir en door menigte van krijgs vergadering, met hem in oorlog niets uitrichten als men een wal zal opwerpen, en als men sterkten bouwen zal, om vele zielen uit te roeien.

¹⁸Want hij heeft den eed veracht, brekende het verbond, daar hij, ziet, zijn hand gegeven had; dewijl hij al deze dingen gedaan heeft, zal hij niet ontkomen.

¹⁹Daarom, alzo zegt de Heere HEERE: Zo waarachtig als Ik leef, zo Ik Mijn eed, dien hij veracht heeft, en Mijn verbond, dat hij gebroken heeft, datzelve niet op zijn hoofd geve!

²⁰En Ik zal Mijn net over hem uitspreiden, dat hij gegrepen zal worden in Mijn jachtgaren; en Ik zal daar met hem rechten over zijn overtreding, waardoor hij tegen Mij overtredenheeft.

²¹Daartoe zullen al zijn vluchtelingen met al zijn benden door het zwaard vallen, en de overgeblevenen zullen in alle winden verstrooid worden; en gijlieden zult weten, dat Ik, deHEERE, gesproken heb.

²²Alzo zegt de Heere HEERE: Ik zal ook van den oppersten tak des hogen ceders nemen, dat Ik zetten zal; van het opperste zijner jonge takjes zal Ik een tederen afplukken, denwelken Ik op een hogen en verhevenen berg planten zal;

²³Op den berg der hoogte van Israel zal Ik hem planten; en hij zal takken voortbrengen, en vrucht dragen, en hij zal tot een heerlijken ceder worden, dat onder hem wonen zal allegevogelte van allerlei vleugel; in de schaduw zijner takken zullen zij wonen.

²⁴Zo zullen alle bomen des velds weten, dat Ik, de HEERE, den hogen boom vernederd heb, den nederigen boom verdroogd, en den drogen boom bloeiende gemaakt heb; Ik, deHEERE, heb het gesproken, en zal het doen.

Hoofdstuk 18

¹Verder geschiedde des HEEREN woord tot mij, zeggende:

²Wat is ulieden, dat gij dit spreekwoord gebruikt van het land Israels, zeggende: De vaders hebben onrijpe druiven gegeten, en de tanden der kinderen zijn stomp geworden?

³Zo waarachtig als Ik leef, spreekt de Heere HEERE, zo het ulieden meer gebeuren zal, dit spreekwoord in Israel te gebruiken!

⁴Ziet, alle zielen zijn Mijne; gelijk de ziel des vaders, alzo ook de ziel des zoons, zijn Mijne; de ziel, die zondigt, die zal sterven.

⁵Wanneer nu iemand rechtvaardig is, en doet recht en gerechtigheid;

⁶Niet eet op de bergen, en zijn ogen niet opheft tot de drekgoden van het huis Israels; noch de huisvrouw zijns naasten verontreinigt, noch tot de afgezonderde vrouw nadert;

⁷En niemand verdrukt, den schuldenaar zijn pand wedergeeft, geen roof rooft, den hongerige zijn brood geeft, en den naakte met kleding bedekt;

⁸Niet geeft op woeker, noch overwinst neemt, zijn hand van onrecht afkeert, waarachtig recht tussen den een en den anderen oefent;

⁹In Mijn inzettingen wandelt, en Mijn rechten onderhoudt, om trouwelijk te handelen; die rechtvaardige zal gewisselijk leven, spreekt de Heere HEERE.

¹⁰Heeft hij nu een zoon gewonnen, die een inbreker is, die bloed vergiet, die zijn broeder doet een van deze dingen;

¹¹En die al die dingen niet doet; maar eet ook op de bergen, en verontreinigt de huisvrouw zijns naasten;

¹²Verdrukt den ellendige en den nooddruftige, rooft veel roofs, geeft het pand niet weder, en heft zijn ogen op tot de drekgoden, doet gruwel;

¹³Geeft op woeker, en neemt overwinst; zou die leven? Hij zal niet leven, al die gruwelen heeft hij gedaan; hij zal voorzeker gedood worden; zijn bloed zal op hem zijn!

¹⁴Ziet nu, heeft hij een zoon gewonnen, die al de zonden zijn vaders, die hij doet, aanziet, en toeziet, dat hij dergelijke niet doet;

¹⁵Niet eet op de bergen, noch zijn ogen opheft tot de drekgoden van het huis Israels, de huisvrouw zijns naasten niet verontreinigt;

¹⁶En niemand verdrukt, het pand niet behoudt, en geen roof rooft, zijn brood den hongerige geeft, en den naakte met kleding bedekt;

¹⁷Zijn hand van den ellendige afhoudt, geen woeker noch overwinst neemt, Mijn rechten doet, en in Mijn inzettingen wandelt; die zal niet sterven om de ongerechtigheid zijnsvaders; hij zal gewisselijk leven.

¹⁸Zijn vader, dewijl hij met onderdrukking onderdrukt heeft, des broeders goed geroofd heeft, en gedaan heeft, dat niet goed was in het midden zijner volken; ziet daar, hij zalsterven in zijn ongerechtigheid.

¹⁹Maar gijlieden zegt: Waarom draagt de zoon niet de ongerechtigheid des vaders? Immers zal de zoon, die recht en gerechtigheid gedaan heeft, en al Mijn inzettingenonderhouden, en die gedaan heeft, gewisselijk leven.

²⁰De ziel, die zondigt, die zal sterven; de zoon zal niet dragen de ongerechtigheid des vaders, en de vader zal niet dragen de ongerechtigheid des zoons; de gerechtigheid desrechtvaardigen zal op hem zijn, en de goddeloosheid des goddelozen zal op hem zijn.

²¹Maar wanneer de goddeloze zich bekeert van al zijn zonden, die hij gedaan heeft, en al Mijn inzettingen onderhoudt, en doet recht en gerechtigheid, hij zal gewisselijk leven, hijzal niet sterven.

²²Al zijn overtredingen, die hij gedaan heeft, zullen hem niet gedacht worden; in zijn gerechtigheid, die hij gedaan heeft, zal hij leven.

²³Zou Ik enigzins lust hebben aan den dood des goddelozen, spreekt de Heere HEERE; is het niet, als hij zich bekeert van zijn wegen, dat hij leve?

²⁴Maar als de rechtvaardige zich afkeert van zijn gerechtigheid, en onrecht doet, doende naar al de gruwelen, die de goddeloze doet, zou die leven? Al zijn gerechtigheden, die hijgedaan heeft, zullen niet gedacht worden; in zijn overtreding, waardoor hij overtreden heeft, en in zijn zonde, die hij gezondigd heeft, in die zal hij sterven.

²⁵Nog zegt gijlieden: De weg des HEEREN is niet recht; hoort nu, o huis Israels! is Mijn weg niet recht? Zijn niet uw wegen onrecht?

Ezechiël

²⁶Als de rechtvaardige zich afkeert van zijn gerechtigheid, en onrecht doet, en sterft in dezelve, hij zal in zijn onrecht, dat hij gedaan heeft, sterven.

²⁷Maar als de goddeloze zich bekeert van zijn goddeloosheid, die hij gedaan heeft, en doet recht en gerechtigheid, die zal zijn ziel in het leven behouden;

²⁸Dewijl hij toeziet, en zich bekeert van al zijn overtredingen, die hij gedaan heeft, hij zal gewisselijk leven, hij zal niet sterven.

²⁹Evenwel zegt het huis Israels: De weg des Heeren is niet recht. Zouden Mijn wegen, o huis Israels, niet recht zijn? Zijn niet uw wegen onrecht?

³⁰Daarom zal Ik u richten, o huis Israels! een ieder naar zijn wegen, spreekt de Heere HEERE, keert weder, en bekeert u van al uw overtredingen, zo zal de ongerechtigheid u niet tot een aanstoot worden.

³¹Werpt van u weg al uw overtredingen, waardoor gij overtreden hebt, en maakt u een nieuw hart en een nieuwen geest; want waarom zoudt gij sterven, o huis Israels?

³²Want Ik heb geen lust aan den dood des stervenden, spreekt de Heere HEERE; daarom bekeert u en leeft.

Hoofdstuk 19

¹Verder, hef gij een weeklage op over de vorsten van Israel,

²En zeg: Wat was uw moeder? Een leeuwin, onder de leeuwen nederliggende; zij bracht haar welpen op in het midden der jonge leeuwen.

³Zij toog nu een van haar welpen op; het werd een jonge leeuw, die leerde roof te roven, hij at mensen op.

⁴Dit hoorden de volken van hem, hij werd gegrepen in hun groeve; en zij brachten hem met haken naar Egypteland.

⁵Zij nu ziende, dat zij in hope was geweest, doch haar verwachting verloren was, zo nam zij een ander van haar welpen, hetwelk zij tot een jongen leeuw stelde.

⁶Deze wandelde steeds onder de leeuwen, werd een jonge leeuw, en leerde roof te roven, hij at mensen op.

⁷Hij bekende zijn weduwen, en hij verwoestte hun steden; zodat het land en zijn volheid ontzet werd van de stem zijner brulling.

⁸Toen begaven zich de volken tegen hem rondom uit de landschappen, en zij spreidden hun net over hem uit; in hun groeve werd hij gegrepen.

⁹En zij stelden hem in gesloten bewaring met haken, opdat zij hem brachten tot den koning van Babel; zij brachten hem in vestingen, opdat zijn stem niet meer gehoord wierde op de bergen Israels.

¹⁰Uw moeder was als een wijnstok in uw stilheid, geplant bij wateren; hij was vruchtbaar en vol ranken vanwege vele wateren.

¹¹En hij had sterke roeden tot scepteren der heersers, en de stam van elke roede werd hoog tussen de dichte takken; en hij werd gezien door zijn hoogte, met de menigte zijner takken.

¹²Maar hij werd door grimmigheid uitgerukt, en ter aarde geworpen, en de oostenwind heeft zijn vrucht verdroogd; zijn sterke roeden zijn afgebroken en zijn verdroogd; het vuur heeft ze verteerd.

¹³En nu is hij geplant in een woestijn, in een dor en dorstig land.

¹⁴Daartoe is een vuur uitgegaan uit een roede zijner ranken, dat zijn vrucht verteerd heeft; zodat aan hem geen sterke roede is tot een scepter, om te heersen. Dit is een weeklage, en is tot een weeklage geworden.

Hoofdstuk 20

¹En het geschiedde in het zevende jaar, in de vijfde maand, op den tienden derzelver maand, dat er mannen uit de oudsten van Israel kwamen, om den HEERE te vragen; en zij zaten neder voor mijn aangezicht.

²Toen geschiedde des HEEREN woord tot mij, zeggende:

³Mensenkind, spreek tot de oudsten van Israel, en zeg tot hen: Alzo zegt de Heere HEERE: Komt gij, om Mij te vragen? Zo waarachtig als Ik leef, zo Ik van u gevraagd worde, spreekt de Heere HEERE.

⁴Zoudt gij hun recht geven, zoudt gij hun recht geven, o mensenkind? Maak hun de gruwelen hunner vaderen bekend;

⁵En zeg tot hen: Alzo zegt de Heere HEERE: Ten dage als Ik Israel verkoos, zo hief Ik Mijn hand op tot het zaad van het huis Jakobs, en maakte Mijzelven hun in Egypteland bekend; ja, Ik hief Mijn hand tot hen op, zeggende: Ik ben de HEERE, uw God.

⁶Ten zelven dage hief Ik Mijn hand tot hen op, dat Ik hen uit Egypteland uitvoeren zou, in een land, dat Ik voor hen uitgespeurd had, vloeiende van melk en honig, hetwelk het sieraad is van alle landen.

⁷En Ik zeide tot hen: Een ieder werpe de verfoeiselen zijner ogen weg; en verontreinigt ulieden niet met de drekgoden van Egypte; Ik, de HEERE, ben uw God.

⁸Maar zij waren wederspannig tegen Mij, en wilden naar Mij niet horen; niemand wierp de verfoeiselen zijner ogen weg, noch verliet de drekgoden van Egypte; daarom zeide Ik, dat Ik Mijn grimmigheid over hen uitgieten zou, om Mijn toorn tegen hen te volbrengen in het midden van Egypteland.

⁹Doch Ik deed het om Mijns Naams wil, opdat hij niet ontheiligd wierde voor de ogen der heidenen, in welker midden zij waren; aan welke Ik Mij, voor derzelver ogen, bekendgemaakt heb, om hen uit Egypteland uit te voeren.

¹⁰En Ik voerde hen uit Egypteland, en bracht hen in de woestijn.

¹¹Daar gaf Ik hun Mijn inzettingen, en maakte hun Mijn rechten bekend, dewelke, zo ze een mens doet, zal hij door dezelve leven.

¹²Daartoe ook gaf Ik hun Mijn sabbatten, om een teken te zijn tussen Mij en tussen hen, opdat zij zouden weten, dat Ik de HEERE ben, Die hen heilige.

¹³Maar het huis Israels werd wederspannig tegen Mij in de woestijn; zij wandelden in Mijn inzettingen niet, en verwierpen Mijn rechten; dewelke, zo ze een mens doet, zal hij doordezelve leven; en zij ontheiligden Mijn sabbatten zeer, dat Ik zeide, Mijn grimmigheid te zullen uitgieten over hen in de woestijn, om hen te verdoen.

¹⁴Maar Ik deed het om Mijns Naams wil, opdat die niet ontheiligd werd voor de ogen van die heidenen, voor welker ogen Ik hen uitvoerde.

¹⁵Evenwel hief Ik ook Mijn hand op tot hen in de woestijn, dat Ik hen niet zou brengen in het land, dat Ik hun gegeven had, vloeiende van melk en honig, hetwelk het sieraad is van alle landen;

¹⁶Daarom dat zij Mijn rechten verwierpen, en in Mijn inzettingen niet wandelden, en Mijn sabbatten ontheiligden; want hun hart wandelde hun drekgoden na.

¹⁷Doch Mijn oog verschoonde hen, dat Ik hen niet verdierf, en geen voleinding met hen maakte in de woestijn.

¹⁸Maar Ik zeide tot hun kinderen in de woestijn: Wandelt niet in de inzettingen uwer vaderen, en onderhoudt hun rechten niet, en verontreinigt u niet met hun drekgoden.

¹⁹Ik ben de HEERE, uw God, wandelt in Mijn inzettingen, en onderhoudt Mijn rechten, en doet dezelve.

²⁰En heiligt Mijn sabbatten, en zij zullen tot een teken zijn tussen Mij en tussen ulieden, opdat gij weet, dat Ik, de HEERE, uw God ben.

²¹Maar die kinderen waren ook wederspannig tegen Mij; zij wandelden niet in Mijn inzettingen, en Mijn rechten namen zij niet waar, om die te doen; dewelke, zo ze een mens doet, zal hij door dezelve leven; zij ontheiligden Mijn sabbatten, dat Ik zeide, Mijn grimmigheid te zullen uitgieten over hen, volbrengende Mijn toorn tegen hen in de woestijn.

²²Doch Ik keerde Mijn hand af, en deed het om Mijns Naams wil, opdat hij voor de ogen der heidenen niet zou ontheiligd worden, voor welker ogen Ik hen uitgevoerd had.

²³Ik hief ook Mijn hand tot hen op in de woestijn, dat Ik hen verspreiden zou onder de heidenen, en hen verstrooien in de landen;

²⁴Omdat zij Mijn rechten niet gedaan hadden, maar Mijn inzettingen verworpen en Mijn sabbatten ontheiligd hadden, en hun ogen achter de drekgoden hunner vaderen waren.

²⁵Daarom gaf Ik hun ook besluitingen, die niet goed waren, en rechten, waarbij zij niet leven zouden.

²⁶En Ik verontreinigde hen in hun giften, omdat zij door het vuur deden doorgaan al wat de baarmoeder opent; opdat Ik ze verwoesten zou, ten einde dat zij zouden weten, dat Ik de HEERE ben.

²⁷Daarom, mensenkind, spreek tot het huis Israels, en zeg tot hen: Alzo zegt de Heere HEERE: Hiermede nog hebben Mij uw vaderen gesmaad, dat zij door overtreding tegen Mij overtreden hebben.

²⁸Als Ik hen in het land gebracht had, over hetwelk Ik Mijn hand opgeheven had, om hetzelve hun te geven, zo zagen zij naar allen hogen heuvel, en alle dicht geboomte, en offerden daar hun offers, en gaven daar hun tergende offeranden, en daar zetten zij hun liefelijken reuk, en daar offerden zij hun drankoffers.

²⁹En Ik zeide tot hen: Wat is die hoogte, waarhenen gij gaat? Nochtans is de naam daarvan genoemd hoogte, tot op dezen dag toe.

³⁰Daarom zeg tot het huis Israels: Alzo zegt de Heere HEERE: Zijt gij verontreinigd geworden in den weg uwer vaderen, en hoereert gij achter hun verfoeiselen?

³¹Ja, met het offeren uwer gaven, met uw kinderen door het vuur te doen doorgaan, zijt gij verontreinigd aan al uw drekgoden tot op dezen dag toe; en zou Ik van u gevraagd worden, o huis Israels? Zo waarachtig als Ik leef, spreekt de Heere HEERE, zo Ik van u gevraagd worde!

³²Daarom, dat in uw geest opgeklommen is, zal geenszins geschieden, dat gij zegt: Wij zullen als de heidenen en als de geslachten der landen zijn, dienende hout en steen.

³³Zo waarachtig als Ik leef, spreekt de Heere HEERE: Zo Ik niet met een sterke hand, en uitgestrekten arm, en met een uitgegoten grimmigheid over u zal regeren!

³⁴Want Ik zal u uit de volken voeren, en u vergaderen uit de landen, waarin gij verstrooid zijt, door een sterke hand, en door een uitgestrekten arm, en door een uitgegoten grimmigheid.

³⁵Daartoe zal Ik u brengen in de woestijn der volken, en Ik zal met u aldaar rechten, aangezicht aan aangezicht;

³⁶Gelijk als Ik gerecht heb met uw vaderen in de woestijn van Egypteland, alzo zal Ik met u rechten, spreekt de Heere HEERE.

³⁷En Ik zal ulieden onder de roede doen doorgaan, en Ik zal u brengen onder den band des verbonds.

³⁸Daartoe zal Ik, die rebel zijn, en die tegen Mij overtreden, uit ulieden uitzuiveren; Ik zal hen uit het land hunner vreemdelingschappen uitvoeren, en zij zullen in het landschap Israels niet weder komen, en gij zult weten, dat Ik de HEERE ben.

³⁹En gijlieden, o huis Israels, alzo zegt de Heere HEERE: Gaat henen, dient een ieder zijn drekgoden, ook hierna, dewijl gijlieden naar Mij niet hoort; doch ontheiligt niet meer Mijn heiligen Naam, met uw giften en met uw drekgoden.

⁴⁰Want op Mijn heiligen berg, op den hogen berg Israels, spreekt de Heere HEERE, daar zal Mij het ganse huis Israels in het land dienen, zij allen; daar zal Ik welgevallen aan hen nemen, en daar zal Ik uw hefofferen eisen, en de eerstelingen uwer heffingen met al uw geheiligde dingen.

⁴¹Ik zal een welgevallen aan ulieden nemen om den liefelijken reuk, wanneer Ik u van de volken uitvoeren, en u vergaderen zal uit de landen, in dewelke gij zult verstrooid zijn, en Ik zal in u geheiligd worden voor de ogen der heidenen.

⁴²En gij zult weten, dat Ik de HEERE ben, als Ik u in het landschap Israels gebracht zal hebben, in het land, waarover Ik Mijn hand opgeheven heb, om hetzelve uw vaderen te geven.

⁴³Daar zult gij dan gedenken aan uw wegen, en aan al uw handelingen waarmede gij u verontreinigd hebt, en gij zult van u zelven een walging hebben over al uw boosheden, diegij gedaan hebt.

⁴⁴Zo zult gij weten, dat Ik de HEERE ben, als Ik met u gedaan zal hebben, om Mijns Naams wil, niet naar uw boze wegen, noch naar uw verdorven handelingen, o huis Israels, spreekt de Heere HEERE.

⁴⁵Verder geschiedde des HEEREN woord tot mij, zeggende:

⁴⁶Mensenkind, zet uw aangezicht naar den weg van het zuiden, en drup tegen het zuiden; en profeteer tegen het woud van het veld in het zuiden.

⁴⁷En zeg tot het zuiderwoud: Hoor des HEEREN woord: Alzo zegt de Heere HEERE: Ziet, Ik zal een vuur in u aansteken, hetwelk in u allen groenen boom en allen dorren boom verteren zal; de vlammende vlam zal niet uitgeblust worden, maar daardoor zullen verbrand worden alle aangezichten van het zuiden tot het noorden toe.

⁴⁸En alle vlees zal zien, dat Ik, de HEERE, dat aangestoken heb; het zal niet uitgeblust worden.

⁴⁹En ik zeide: Ach, Heere HEERE, zij zeggen van mij: Is hij niet een verdichter van gelijkenissen?

Hoofdstuk 21

¹En des HEEREN woord geschiedde tot mij, zeggende:

²Mensenkind! zet uw aangezicht tegen Jeruzalem, en drup tegen de heiligdommen, en profeteer tegen het land van Israel;

³En zeg tot het land van Israel: Alzo zegt de HEERE: Ziet, Ik wil aan u, en Ik zal Mijn zwaard uit zijn schede trekken; en Ik zal van u uitroeien den rechtvaardige en den goddeloze.

⁴Omdat Ik dan van u uitroeien zal den rechtvaardige en den goddeloze, daarom zal Mijn zwaard uit zijn schede uitgaan tegen alle vlees, van het zuiden tot het noorden.

⁵En alle vlees zal weten, dat Ik, de HEERE, Mijn zwaard uit zijn schede getrokken heb; het zal niet meer wederkeren.

⁶Maar gij, mensenkind, zucht; zucht voor hun ogen met verbreking der lenden en met bitterheid.

⁷En het zal geschieden, als zij tot u zeggen zullen: Waarom zucht gij, dat gij zeggen zult: Om het gerucht, want het komt! en alle hart zal versmelten, en alle handen zullen verslappen, en alle geest zal inkrimpen, en alle knieen als water henenvlieten; ziet, het komt, en het zal geschieden, spreekt de Heere HEERE.

⁸Wederom geschiedde des HEEREN woord tot mij, zeggende:

⁹Mensenkind, profeteer en zeg: Alzo zegt de HEERE: Zeg: Het zwaard, het zwaard is gescherpt, en ook geveegd.

¹⁰Het is gescherpt, opdat het een slachting slachte; het is geveegd, opdat het een glinster hebbe; of wij dan zullen vrolijk zijn? het is de roede Mijns Zoons, die alle hout versmaadt.

¹¹En Hij heeft hetzelve te vegen gegeven, opdat men het met de hand handelen zou; dat zwaard is gescherpt, en dat is geveegd, om hetzelve in de hand des doodslagers te geven.

¹²Schreeuw en huil, o mensenkind, want hetzelve zal zijn tegen Mijn volk, het zal zijn tegen al de vorsten van Israel; verschrikkingen zullen vanwege het zwaard bij Mijn volk zijn; daarom klop op de heup.

¹³Als er beproeving was, wat was het toen? Zou er dan ook geen versmadende roede zijn, spreekt de Heere HEERE.

¹⁴Daarom gij, mensenkind, profeteer, en sla hand tegen hand; want het zwaard zal verdubbeld worden ten derden male, het is het zwaard dergenen, die verslagen zullen worden; het is het zwaard der groten, die verslagen zullen worden, dat tot hen in de binnenste kameren indringen zal.

¹⁵Ik heb de punt des zwaards gezet tegen al hun poorten, opdat het hart versmelte, en de aanstoten vermenigvuldigen; ach, het is toegemaakt, opdat het glinstere, het is ingewonden om te slachten.

¹⁶Houd u bijeen, o zwaard! keer u rechtsom, schik u, keer u linksom, waarhenen uw aangezicht gesteld is.

¹⁷En Ik Zelf zal ook Mijn hand tegen Mijn hand slaan, en Mijn grimmigheid doen rusten; Ik, de HEERE, heb het gesproken.

¹⁸Wederom geschiedde des HEEREN woord tot mij, zeggende:

¹⁹Gij nu, mensenkind, stel u twee wegen voor, waardoor het zwaard des konings van Babel komt; uit een land zullen zij beide voortkomen; en kies een zijde, kies ze aan het hoofd van den weg der stad.

²⁰Gij zult een weg voorstellen, waardoor het zwaard inkomen zal tegen Rabba der kinderen Ammons, of tegen Juda, tot de vaste stad Jeruzalem.

²¹Want de koning van Babel zal aan de wegscheiding staan, aan het hoofd van de twee wegen, om waarzegging te gebruiken; hij zal zijn pijlen slijpen; hij zal de terafim vragen, hij zal de lever bezien.

²²De waarzegging zal aan zijn rechterhand zijn op Jeruzalem, om hoofdmannen te stellen, om den mond te openen in het doodslaan, om de stem op te heffen met gejuich, omstormrammen te stellen tegen de poorten, om sterkten op te werpen, om bolwerken te bouwen.

²³Dit zal hun in hun ogen als een ijdel waarzeggen zijn, omdat zij met eden beedigd zijn onder hen; maar hij zal der ongerechtigheid gedenken, opdat zij gegrepen worden.

²⁴Daarom zegt de Heere HEERE alzo: Omdat gijlieden uwer ongerechtigheid doet gedenken, doordien uw overtredingen ontdekt worden, zodat uw zonden gezien worden in al uw handelingen; omdat uwer gedacht wordt, zult gij met de hand gegrepen worden.

²⁵En gij, o onheilig, goddeloos vorst van Israel, wiens dag komen zal, ten tijde der uiterste ongerechtigheid.

²⁶Alzo zegt de Heere HEERE: Doe dien hoed weg, en hef dien kroon af, deze zal dezelfde niet wezen; Ik zal verhogen dien, die nederig is, en vernederen dien, die hoog is.

²⁷Ik zal die kroon omgekeerd, omgekeerd, omgekeerd stellen; ja, zij zal niet zijn, totdat hij kome, die daartoe recht heeft, en dien Ik dat geven zal.

²⁸En gij, mensenkind, profeteer en zeg: Alzo zegt de Heere HEERE, van de kinderen Ammons, en van hun smading; zo zeg: Het zwaard, het zwaard is uitgetrokken, het is ter slachting geveegd om te verdoen, om te glinsteren;

²⁹Terwijl zij u ijdelheid zien, terwijl zij u leugen voorzeggen, om u op de halzen te stellen dergenen, die van de goddelozen verslagen zijn, welker dag gekomen was ten tijde der uiterste ongerechtigheid.

³⁰Keer uw zwaard weder in zijn schede! In de plaats, waar gij geschapen zijt, in het land uwer woningen zal Ik u richten.

³¹En Ik zal over u Mijn gramschap uitgieten, Ik zal tegen u door het vuur Mijner verbolgenheid blazen, en Ik zal u overgeven in de hand van brandende mensen, smeders des verderfs.

³²Het vuur zult gij tot spijze zijn, uw bloed zal zijn in het midden des lands; uwer zal niet gedacht worden; want Ik, de HEERE, heb het gesproken.

Hoofdstuk 22

¹Verder geschiedde des HEEREN woord tot mij, zeggende:

²Gij nu, mensenkind, zoudt gij der bloedstad recht geven? Zoudt gij ze recht geven? Ja, maak haar bekend al haar gruwelen.

³En zeg: Alzo zegt de Heere HEERE: O stad, die in haar midden bloed vergiet, opdat haar tijd kome, en drekgoden tegen zichzelve maakt, om zich te verontreinigen!

⁴Door uw bloed, dat gij vergoten hebt, zijt gij schuldig geworden, en met uw drekgoden, die gij gemaakt hebt, hebt gij u verontreinigd, en hebt uw dagen doen naderen, en zijt tot uw jaren gekomen; daarom heb Ik u den heidenen overgegeven tot een smaad, en allen landen tot een

spot.

⁵Die nabij en verre van u zijn, zullen u bespotten, gij onreine van naam en vol van onrust!

⁶Ziet, de vorsten Israels zijn in u geweest, een ieder naar zijn kracht, om bloed te vergieten.

⁷Vader en moeder hebben zij in u licht geacht; met den vreemdeling hebben zij in het midden van u door verdrukking gehandeld; zij hebben in u den wees en de weduwe verdrukt.

⁸Mijn heilige dingen hebt gij veracht, en Mijn sabbatten hebt gij ontheiligd.

⁹Achterklappers zijn in u geweest om bloed te vergieten, en in u hebben zij op de bergen gegeten, zij hebben schandelijkheid in het midden van u gedaan.

¹⁰Men heeft de schaamte des vaders in u ontdekt; die onrein was door afzondering, hebben zij in u verkracht.

¹¹Daartoe heeft de een gruwel gedaan met zijns naasten huisvrouw, en een ander heeft zijns zoons vrouw met schandelijkheid verontreinigd; nog een ander heeft in u zijn zuster, zijns vaders dochter; verkracht.

¹²Zij hebben geschenken in u genomen, om bloed te vergieten; woeker en overwinst hebt gij genomen, en gij hebt gierigheid gepleegd aan uw naaste door verdrukking; maar gij hebt Mijner vergeten, spreekt de Heere HEERE.

¹³Ziet dan, Ik heb Mijn hand geslagen, om uw gierigheid, die gij bedreven hebt, en om uw bloed, die in het midden van u geweest zijn.

¹⁴Zal uw hart bestaan? zullen uw handen sterk zijn, in de dagen, als Ik met u handelen zal? Ik, de HEERE, heb het gesproken, en zal het doen.

¹⁵En Ik zal u verstrooien onder de heidenen, en u verspreiden in de landen, en uw ontreinigheid uit u verteren.

¹⁶Zo zult gij in u ontheiligd zijn voor de ogen der heidenen; en gij zult weten, dat Ik de HEERE ben.

¹⁷Wijders geschiedde des HEEREN woord tot mij, zeggende:

¹⁸Mensenkind, die van het huis Israels zijn Mij tot schuim geworden; zij zijn allen koper, of tin, of ijzer, of lood, in het midden des ovens; zilverschuim zijn zij geworden.

¹⁹Daarom, alzo zegt de Heere HEERE: Omdat gijlieden allen tot schuim geworden zijt, daarom ziet, Ik zal u in het midden van Jeruzalem vergaderen.

²⁰Gelijk zilver, of koper, of ijzer, of lood, of tin in het midden eens ovens vergaderd wordt, om het vuur daarover op te blazen, opdat men het smelte; alzo zal Ik ulieden vergaderen in Mijn toorn, en in Mijn grimmigheid daar laten, en smelten.

²¹Ja, Ik zal u bijeenbrengen, en zal op u blazen in het vuur Mijner verbolgenheid, dat gij in het midden van haar zult gesmolten worden.

²²Gelijk het zilver in het midden des ovens gesmolten wordt, alzo zult gijlieden in het midden van haar gesmolten worden; en gij zult weten, dat Ik, de HEERE, Mijn grimmigheid over u uitgegoten heb.

²³Voorts geschiedde des HEEREN woord tot mij, zeggende:

²⁴Mensenkind, zeg tot haar; Gij zijt een land, dat niet gereinigd is, dat zijn plasregen niet heeft gehad ten dage der gramschap.

²⁵De verbintenis harer profeten is in het midden van haar als een brullende leeuw, die een roof rooft; zij eten de zielen op, den schat en het kostelijke nemen zij weg; haar weduwen vermenigvuldigen zij in het midden van haar.

²⁶Haar priesters doen Mijn wet geweld aan, en zij ontheiligen Mijn heilige dingen; tussen het heilige en het onheilige maken zij geen onderscheid, en het verschil tussen het onreine en reine geven zij niet te kennen; daartoe verbergen zij hun ogen van Mijn sabbatten; ja, Ik word in het midden van hen ontheiligd.

²⁷Haar vorsten zijn in het midden van haar als wolven, die een roof roven, om bloed te vergieten, en om zielen te verderven; opdat zij gierigheid zouden plegen.

²⁸Haar profeten nu pleisteren hen met loze kalk; ziende ijdelheid en hun leugen voorzeggende, zeggende: Alzo zegt de Heere HEERE! en de HEERE heeft niet gesproken.

²⁹Het volk des lands pleegt enkel verdrukking, en bedrijft enkel roverij, ook onderdrukken zij den ellendige en nooddruftige, en den vreemdeling verdrukken zij zonder recht.

³⁰Ik zocht nu een man uit hen, die den muur mocht toemuren, en voor Mijn aangezicht in de bresse staan voor het land, opdat Ik het niet mocht verderven; maar Ik vond niemand.

³¹Daarom heb Ik Mijn gramschap over hen uitgegoten; door het vuur Mijner verbolgenheid heb Ik hen verteerd; hun weg heb Ik op hun hoofd gegeven, spreekt de Heere HEERE.

Hoofdstuk 23

¹Verder geschiedde des HEEREN woord tot mij, zeggende:

²Mensenkind! daar waren twee vrouwen, dochteren van een moeder.

³Dezen hoereerden in Egypte; in haar jeugd hoereerden zij; daar werden haar borsten gedrukt, en daar werden de tepelen haars maagdoms betast.

⁴Haar namen nu waren: Ohola, de grootste, en Oholiba, haar zuster; en zij werden de Mijne, en baarden zonen en dochteren; dit waren haar namen: Samaria is Ohola, en Jeruzalem Oholiba.

⁵Ohola nu hoereerde, zijnde onder Mij; en zij werd verliefd op haar boelen, op de Assyriers, die nabij waren.

⁶Bekleed met hemelsblauw, vorsten en overheden, altemaal gewenste jongelingen, ruiteren, rijdende op paarden.

⁷Alzo dreef zij haar hoererijen met dezelve, die allen de keure der kinderen van Assur waren; en met allen, op dewelke zij verliefd was, met al derzelver drekgoden, verontreinigde zij zich.

⁸Zij verliet ook haar hoererijen niet, gebracht uit Egypte; want zij hadden bij haar in haar jeugd gelegen, en zij hadden de tepelen haars maagdoms betast, en zij hadden hun hoererij over haar uitgestort.

⁹Daarom gaf Ik haar in de hand van haar boelen over, in de hand der kinderen van Assur, op dewelke zij verliefd was.

¹⁰Dezen ontdekten haar schaamte, haar zonen en haar dochteren namen zij weg, maar haar doodden zij met het zwaard; en zij kreeg een naam onder de vrouwen, nadat men gerichten over haar geoefend had.

¹¹Als haar zuster, Oholiba, dit zag, zo verdierf zij haar minne nog meer dan zij, en haar hoererijen meer dan de hoererijen van haar zuster.

¹²Zij werd verliefd op de kinderen van Assur, de vorsten en overheden, die nabij waren, bekleed met volkomen sieraad, ruiteren, rijdende op paarden, altemaal gewenste jongelingen.

¹³Toen zag Ik, dat zij verontreinigd was; zij hadden beiden enerlei weg.

¹⁴Ja, zij deed tot haar hoererijen nog meer toe; want toen zij geschilderde mannen aan den wand zag, de beelden der Chaldeen, geschilderd met menie,

¹⁵Gegord met een gordel aan hun lenden, hebbende overvloedig geverfde hoeden op hun hoofden, die allen in het aanzien hoofdmannen waren, naar de gelijkenis der kinderen van Babel, van Chaldea, het land hunner geboorte;

¹⁶Zo werd zij op dezelve verliefd met het opzien van haar ogen, en zij zond boden tot hen, naar Chaldea.

¹⁷De kinderen van Babel nu kwamen tot haar in tot het leger der minne, en verontreinigden haar met hun hoererij; ook verontreinigde zij zich met hen; daarna werd haar ziel van hen afgetrokken.

¹⁸Alzo ontdekte zij haar hoererijen, en ontdekte haar schaamte; toen werd Mijn ziel van haar afgetrokken, gelijk als Mijn ziel was afgetrokken van haar zuster.

¹⁹Doch zij vermenigvuldigde haar hoererijen, gedenkende aan de dagen van haar jeugd, als zij gehoereerd had in het land van Egypte.

²⁰En zij werd verliefd meer dan derzelver bijwijven, welker vlees is als het vlees der ezelen, en welker vloed is als de vloed der paarden.

²¹Alzo hebt gij weder opgehaald de schandelijke daad uwer jeugd, als die van Egypte uw tepelen betastten, vanwege de borsten uwer jeugd.

²²Daarom, o Oholiba! alzo zegt de Heere HEERE: Zie, Ik zal uw boelen, van welke uw ziel is afgetrokken, tegen u verwekken, en Ik zal hen van rondom tegen u aanbrengen.

²³De kinderen van Babel en alle Chaldeen, Pekod, en Soa, en Koa, en alle kinderen van Assur met hen; gewenste jongelingen, die allen vorsten en overheden zijn, hoofdmannen vermaarde lieden, die allen te paard rijden.

²⁴Die zullen tegen u komen met karren, wagenen en wielen, en met een vergadering van volken, rondassen, en schilden, en helmen; zij zullen zich rondom tegen u zetten; en Ik zal voor hun aangezicht het gericht stellen, en zij zullen u richten naar hun rechten.

²⁵En Ik zal Mijn ijver tegen u zetten, dat zij in grimmigheid met u zullen handelen; zij zullen uw neus en uw oren afnemen, en het laatste van u zal door het zwaard vallen; zij zullen uw zonen en uw dochteren wegnemen, en het laatste van u zal door het vuur verteerd worden.

²⁶Zij zullen u ook uw klederen uittrekken, en uw sieraadtuig wegnemen.

²⁷Zo zal Ik uw schandelijkheid van u doen ophouden, mitsgaders uw hoererij, gebracht uit Egypteland; en gij zult uw ogen naar hen niet opheffen, en aan Egypte niet meer gedenken.

²⁸Want alzo zegt de Heere HEERE: Zie, Ik zal u overgeven in de hand dergenen, die gij haat, in de hand dergenen, van dewelken uw ziel is afgetrokken.

²⁹Die zullen met u handelen uit haat, en al uw arbeid wegnemen, en u naakt en bloot laten, dat uw hoerenschaamte ontdekt worde, mitsgaders uw schandelijkheid en uwhoererijen.

³⁰Deze dingen zal men u doen, dewijl gij de heidenen nagehoereerd hebt, en omdat gij u met hun drekgoden verontreinigd hebt.

³¹In den weg uwer zuster hebt gij gewandeld, daarom zal Ik haar beker in uw hand geven.

³²Alzo zegt de Heere HEERE: Gij zult den beker uwer zuster drinken, die diep en wijd is; gij zult tot belaching en spot worden; de beker houdt veel in.

³³Van dronkenschap en jammer zult gij vol worden; de beker van uw zuster Samaria is een beker der verwoesting en der eenzaamheid.

³⁴Gij zult hem drinken en uitzuigen, en zijn scherven zult gij brijzelen, en uw borsten zult gij afrukken; want Ik heb het gesproken, spreekt de Heere HEERE.

³⁵Daarom, alzo zegt de Heere HEERE: Omdat gij Mijner vergeten, en Mij achter uw rug geworpen hebt, zo draagt gij ook uw schandelijkheid en uw hoererijen.

³⁶En de HEERE zeide tot mij: Mensenkind! zoudt gij Ohola en Oholiba recht geven? Ja, vertoon haar haar gruwelen.

³⁷Want zij hebben overspel gedaan, en er is bloed in haar handen; en zij hebben met haar drekgoden overspel gedaan; daartoe hebben zij ook haar kinderen, die zij Mij gebaardhadden, voor hen door het vuur laten doorgaan, tot spijze.

³⁸Nog hebben zij Mij dit gedaan; zij hebben Mijn heiligdom ten zelven dage verontreinigd, en Mijn sabbatten ontheiligd.

³⁹Want als zij hun kinderen hun drekgoden geslacht hadden, zo kwamen zij op dienzelven dag in Mijn heiligdom, om dat te ontheiligen; en ziet, alzo hebben zij gedaan in hetmidden van Mijn huis.

⁴⁰Dit is er ook, dat zij gezonden hebben tot mannen, die van verre zouden komen; tot dewelken als een bode gezonden was, ziet, zo kwamen zij, voor dewelken gij u wiest, uw ogenblanketet en u met sieraad versierdet;

⁴¹En gij zat op een heerlijk bed, voor hetwelk een tafel toegericht was, en op hetwelk gij Mijn reukwerk en Mijn olie gezet hadt.

⁴²Als nu het geruis der menigte daarop stil was, zo zonden zij tot mannen uit de menigte der mensen, en daar werden wijnzuipers aangebracht uit de woestijn; die dedenarmringen aan haar handen, en een sierlijke kroon op haar hoofden.

⁴³Toen zeide Ik van deze, die van overspelerijen verouderd was: Nu zullen zij hoereren de hoererijen dezer hoer, en die ook.

⁴⁴En men ging tot haar in, gelijk men ingaat tot een vrouw, die een hoer is; alzo gingen zij in tot Ohola en tot Oholiba, die schandelijke vrouwen.

⁴⁵Rechtvaardige mannen dan, die zullen haar richten naar het recht der overspeelsters, en naar het recht der bloedvergietsters; want zij zijn overspeelsters, en bloed is in haarhanden.

⁴⁶Want alzo zegt de Heere HEERE: Ik zal een vergadering tegen haar doen opkomen, en zal ze ter beroering en ten roof overgeven.

⁴⁷En de vergadering zal ze met stenen stenigen, en dezelve met hun zwaarden nederhouwen; haar zonen en haar dochteren zullen zij doden, en haar huizen met vuur verbranden.

⁴⁸Alzo zal Ik de schandelijkheid uit het land doen ophouden; opdat alle vrouwen onderwezen worden, dat zij naar uw schandelijkheid niet doen.

⁴⁹Alzo zullen zij uw schandelijkheid op u leggen, en gij zult de zonden uwer drekgoden dragen, en gijlieden zult weten, dat Ik de Heere HEERE ben.

Hoofdstuk 24

¹Wijders geschiedde des HEEREN woord tot mij, in het negende jaar, in de tiende maand, op den tienden der maand, zeggende:

²Mensenkind! schrijf u den naam van den dag op, even van dezen zelfden dag; de koning van Babel legt zich voor Jeruzalem, even op dezen zelfden dag.

³En gebruik een gelijkenis tot dat wederspannig huis, en zeg tot hen: Alzo zegt de Heere HEERE: Zet een pot toe, zet hem toe, en giet ook water daarin.

⁴Doe zijn stukken te zamen daarin, alle goede stukken, de dij en den schouder, vul hem met de keur der beenderen.

⁵Neem de keur van de kudde, en stook ook een brandstapel van de beenderen daaronder; doe hem wel opzieden; ook zullen zijn beenderen daarin gekookt worden.

⁶Daarom, alzo zegt de Heere HEERE: Wee der bloedstad, den pot, welks schuim in hem is, en van welken zijn schuim en niet is uitgegaan! trek stuk bij stuk daaruit, en laat het lotover hem niet vallen.

⁷Want haar bloed is in het midden van haar; op een gladde steenrots heeft zij dat gelegd; zij heeft het op de aarde niet uitgestort, om hetzelve met stof te bedekken.

⁸Opdat Ik de grimmigheid doe opgaan om wraak te oefenen, heb Ik ook haar bloed op een gladde steenrots gelegd, opdat het niet bedekt worde.

⁹Daarom, alzo zegt de Heere HEERE: Wee der bloedstad! Ik zal ook den brandstapel groot maken!

¹⁰Draag veel houts toe, steek het vuur aan, verteer het vlees, en kruid het met specerijen, en laat de beenderen verbranden.

¹¹Stel hem daarna ledig op zijn kolen, opdat hij heet worde, en zijn roest verbrande, en zijn onreinigheid in het midden van hem versmelte, zijn schuim verteerd worde.

¹²Met ijdelheden heeft zij Mij moede gemaakt; nog is haar overvloedig schuim van haar niet uitgegaan; haar schuim moet in het vuur.

¹³In uw onreinigheid is schandelijkheid, omdat Ik u gereinigd heb, en gij niet gereinigd zijt, zo zult gij van uw onreinigheid niet meer gereinigd worden, totdat Ik Mijn grimmigheidop u zal hebben doen rusten.

¹⁴Ik, de HEERE, heb het gesproken; het zal komen, en Ik zal het doen; Ik zal er niet van wijken, en Ik zal niet verschonen noch berouw hebben; naar uw wegen en naar uwhandelingen zullen zij u richten, spreekt de Heere HEERE.

¹⁵Wijders geschiedde des HEEREN woord tot mij, zeggende:

¹⁶Mensenkind! zie, Ik zal den lust uwer ogen van u wegnemen door een plage; nochtans zult gij niet rouwklagen, noch wenen, en uw tranen zullen niet voortkomen.

¹⁷Houd stil van kermen, gij zult geen dodenrouw maken, bind uw hoed op u, en doe uw schoenen aan uw voeten; en de bovenste lip zult gij niet bewinden, en zult der lieden broodniet eten.

¹⁸Dit sprak ik tot het volk in den morgenstond, en mijn huisvrouw stierf in den avond; en ik deed in den morgenstond, gelijk mij geboden was.

¹⁹En het volk zeide tot mij: Zult gij ons niet te kennen geven, wat ons deze dingen zijn, dat gij aldus doet?

²⁰En ik zeide tot hen: Het woord des HEEREN is tot mij geschied, zeggende:

²¹Zeg tot het huis Israels: Alzo zegt de Heere HEERE: Ziet, Ik zal Mijn heiligdom ontheiligen, de heerlijkheid uwer sterkte, de begeerte uwer ogen, en de verschoning uwer ziel; enuw zonen en uw dochteren, die gij verlaten hebt, zullen door het zwaard vallen.

²²Dan zult gijlieden doen, gelijk als ik gedaan heb; de bovenste lip zult gij niet bewinden, en der lieden brood zult gij niet eten.

²³En uw hoeden zullen op uw hoofden zijn, en uw schoenen aan uw voeten; gij zult niet rouwklagen, noch wenen, maar gij zult in uw ongerechtigheden versmachten, en eeniegelijk tegen zijn broeder zuchten.

²⁴Alzo zal ulieden Ezechiel tot een wonderteken zijn; naar alles, wat hij gedaan heeft, zult gij doen; als dit komt, dan zult gij weten, dat Ik de Heere HEERE ben.

²⁵En gij, mensenkind! zal het niet zijn, ten dage, als Ik van hen zal wegnemen hun sterkte, de vreugde huns sieraads, den lust hunner ogen en het verlangen hunner zielen, hunzonen en hun dochteren;

²⁶Dat ten zelfden dage een ontkomene tot u zal komen, om uw oren dat te doen horen?

²⁷Ten zelven dage zal uw mond bij dien, die ontkomen is, opengedaan worden, en gij zult spreken, en niet meer stom zijn; alzo zult gij hun tot een wonderteken zijn, en zij zullenweten, dat Ik de HEERE ben.

Hoofdstuk 25

¹En des HEEREN woord geschiedde tot mij, zeggende:

²Mensenkind! zet uw aangezicht tegen de kinderen Ammons, en profeteer tegen dezelve;

³En zeg tot de kinderen Ammons: Hoort des Heeren HEEREN woord: Alzo zegt de Heere HEERE: Omdat gij gezegd hebt: Heah! over Mijn heiligdom, als het ontheiligd werd, enover het land Israels, als het verwoest werd, en over het huis van Juda, als zij in gevangenis gingen;

⁴Daarom, ziet, Ik zal u aan die van het oosten overgeven tot een bezitting, dat zij hun burgen in u zetten, en hun woningen in u stellen, die zullen uw vruchten eten, en die zullen uwmelk drinken.

⁵En Ik zal Rabba tot een kemelstal maken, en de kinderen Ammons tot een schaapskooi; en gij zult weten, dat Ik de HEERE ben.

⁶Want alzo zegt de Heere HEERE: Omdat gij met de hand geklapt, en met den voet gestampt hebt, en van harte verblijd zijt geweest in al uw plundering, over het land Israels;

⁷Daarom, ziet, Ik zal Mijn hand tegen u uitstrekken, en u den heidenen ten buit geven, en zal u uit de volken uitroeien, en u uit de landen verdoen; Ik zal u verdelgen; en gij zult weten, dat Ik de HEERE ben.

⁸Alzo zegt de Heere HEERE: Omdat Moab en Seir zeggen: Ziet, het huis van Juda is gelijk al de heidenen;

⁹Daarom, ziet, Ik zal de zijde van Moab openen, van de steden af, van zijn steden, die van zijn grenzen af zijn, het sieraad des lands, Beth-Jesimoth, Baal-Meon, en tot Kiriathaimtoe;

¹⁰Voor die van het oosten, met het land der kinderen Ammons, hetwelk Ik ter bezitting zal overgeven; opdat der kinderen Ammons onder de heidenen niet meer gedacht worde.

¹¹Ik zal ook in Moab gerichten oefenen; en zij zullen weten, dat Ik de HEERE ben.

¹²Alzo zegt de Heere HEERE: Omdat Edom met enkel wraakgierigheid gehandeld heeft tegen het huis van Juda; en zij zich zeer schuldig gemaakt hebben, dat zij zich aan hen gewroken hebben:

¹³Daarom, alzo zegt de Heere HEERE: Ik zal ook Mijn hand uitstrekken tegen Edom, en Ik zal mens en beest uit haar uitroeien; en zal haar tot een woestheid stellen van Themanaf; en zij zullen tot Dedan toe door het zwaard vallen.

¹⁴En Ik zal Mijn wraak doen aan Edom, door de hand van Mijn volk Israel; en zij zullen tegen Edom naar Mijn toorn en naar Mijn grimmigheid handelen; alzo zullen zij Mijn wraakgewaar worden, spreekt de Heere HEERE.

¹⁵Alzo zegt de Heere HEERE: Omdat de Filistijnen door wraak gehandeld hebben, en van harte wraak geoefend hebben door plundering, om te vernielen door een eeuwige vijandschap;

¹⁶Daarom, alzo zegt de Heere HEERE: Ziet, Ik strek Mijn hand uit tegen de Filistijnen, en zal de Cherethieten uitroeien, en het overblijfsel van de zeehaven verdoen.

¹⁷En Ik zal grote wraak met grimmige straffingen onder hen doen; en zij zullen weten, dat Ik de HEERE ben, als Ik Mijn wraak aan hen gedaan zal hebben.

Hoofdstuk 26

¹En het gebeurde in het elfde jaar, op den eersten der maand, dat des HEEREN woord tot mij geschiedde, zeggende:

²Mensenkind! daarom dat Tyrus van Jeruzalem gezegd heeft: Heah! zij is verbroken, de poort der volken; zij is tot mij omgewend; ik zal vervuld worden, zij is verwoest!

³Daarom, alzo zegt de Heere HEERE: Ziet, Ik wil aan u, o Tyrus! en Ik zal vele heidenen tegen u doen opkomen, alsof Ik de zee met haar golven deed opkomen.

⁴Die zullen de muren van Tyrus verderven, en haar torens afbreken; ja, Ik zal haar stof van haar wegvagen, en zal haar tot een gladde steenrots maken.

⁵Zij zal in het midden der zee zijn tot uitspreiding van netten; want Ik heb het gesproken, spreekt de Heere HEERE; en zij zal den heidenen ten roof worden.

⁶En haar dochteren, die in het veld zijn, zullen met het zwaard gedood worden; en zij zullen weten, dat Ik de HEERE ben.

⁷Want alzo zegt de Heere HEERE: Ziet, Ik zal Nebukadrezar, den koning van Babel, den koning der koningen, van het noorden, tegen Tyrus brengen, met paarden en met wagenen, en met ruiteren, en krijgs vergaderingen, en veel volks.

⁸Hij zal uw dochteren op het veld met het zwaard doden, en hij zal sterkten tegen u maken, en een wal tegen u opwerpen, en rondassen tegen u opheffen.

⁹En hij zal muurbrekers tegen uw muren stellen, en uw torens met zijn zwaarden afbreken.

¹⁰Vanwege de menigte zijner paarden zal u derzelver stof bedekken; uw muren zullen beven vanwege het gedruis der ruiteren, en wielen, en wagenen, als hij door uw poorten zal intrekken, gelijk door de ingangen ener doorbrokene stad.

¹¹Hij zal met de hoeven zijner paarden al uw straten vertreden; uw volk zal hij met het zwaard doden, en elk een van de kolommen uwer sterkten zal ter aarde nederstorten.

¹²En zij zullen uw vermogen roven, en uw koopmanswaren plunderen, en uw muren afbreken, en uw kostelijke huizen omwerpen; en uw stenen, en uw hout, en uw stof zullen zij in het midden der wateren werpen.

¹³Zo zal Ik het gedeun uwer liederen doen ophouden, en het geklank uwer harpen zal niet meer gehoord worden.

¹⁴Ja, Ik zal u maken tot een gladde steenrots; gij zult zijn tot uitspreiding der netten, gij zult niet meer gebouwd worden; want Ik, de HEERE, heb het gesproken, spreekt de Heere HEERE.

¹⁵Alzo zegt de Heere HEERE tot Tyrus: Zullen niet de eilanden van het geluid uws vals beven, als de dodelijk verwonde zal kermen, wanneer men in het midden van u schrikkelijk zal moorden?

¹⁶En alle vorsten der zee zullen afdalen van hun tronen, en hun mantels van zich doen, en hun gestikte klederen uittrekken; met sidderingen zullen zij bekleed worden, op de aarde zullen zij nederzitten, en te elken ogenblik sidderen, en over u ontzet zijn;

¹⁷En zij zullen een klaaglied over u opheffen, en tot u zeggen: Hoe zijt gij uit de zeeen vergaan, gij welbewoonde, gij beroemde stad, die sterk geweest is ter zee, zij en haar inwoners; die hun lieder schrik gaven aan allen, die in haar woonden!

¹⁸Nu zullen de eilanden sidderen ten dage uws vals; ja, de eilanden, die in de zee zijn, zullen beroerd worden vanwege uw uitgang.

¹⁹Want alzo zegt de Heere HEERE: Als Ik u zal stellen tot een verwoeste stad, gelijk de steden, die niet bewoond worden; als Ik een afgrond over u zal doen opkomen, en de grote wateren u zullen overdekken,

²⁰Dan zal Ik u doen nederdalen met degenen die in den kuil nederdalen tot het oude volk, en zal u doen nederliggen in de onderste plaatsen der aarde, in de woeste plaatsen, die van ouds geweest zijn, met degenen, die in den kuil nederdalen, opdat gij niet bewoond wordt; en Ik zal het sieraad herstellen in het land der levenden.

²¹Maar u zal Ik tot een groten schrik stellen, en gij zult er niet meer zijn; als gij gezocht wordt, zo zult gij niet meer gevonden worden in eeuwigheid, spreekt de Heere HEERE.

Hoofdstuk 27

¹Wijders geschiedde des HEEREN woord tot mij, zeggende:

²Gij dan, mensenkind! hef een klaaglied op over Tyrus;

³En zeg tot Tyrus, die daar woont aan de ingangen der zee, handelende met de volken in vele eilanden: Zo zegt de Heere HEERE: O Tyrus! gij zegt: Ik ben volmaakt in schoonheid.

⁴Uw landpalen zijn in het hart der zeeen; uw bouwers hebben uw schoonheid volkomen gemaakt.

⁵Zij hebben al uw denningen uit dennebomen van Senir gebouwd; zij hebben cederen van den Libanon gehaald, om masten voor u te maken.

⁶Zij hebben uw riemen uit eiken van Basan gemaakt; uw berderen hebben zij gemaakt uw welbetreden elpenbeen, uit de eilanden der Chittieten.

⁷Fijn linnen met stiksel uit Egypte was uw uitbreidsel, dat het u tot een zeil ware; hemelsblauw en purper, uit de eilanden van Elisa, was uw deksel.

⁸De inwoners van Sidon en Arvad waren uw roeiers; uw wijzen, o Tyrus! die in u waren, die waren uw schippers.

⁹De oudsten van Gebal en haar wijzen waren in u, verbeterende uw breuken; alle schepen der zee en haar zeelieden waren in u, om onderlingen handel met u te drijven.

¹⁰Perzen, en Lydiers, en Puteers waren in uw heir, uw krijgslieden; schild en helm hingen zij in u op, die maakten uw sieraad.

¹¹De kinderen van Arvad en uw heir waren rondom op uw muren, en de Gammadieten waren op uw torens; hun schilden hingen zij rondom aan uw muren; die maakten uw schoonheid volkomen.

¹²Tarsis dreef koophandel met u vanwege de veelheid van allerlei goed; met zilver, ijzer, tin, en lood handelden zij op uw markten.

¹³Javan, Tubal en Mesech waren uw kooplieden; met mensenzielen en koperen vaten dreven zij onderlingen handel met u.

¹⁴Uit het huis van Togarma leverden zij paarden, en ruiteren, en muilezels op uw markten.

¹⁵De kinderen van Dedan waren uw kooplieden; vele eilanden waren de koophandel uwer hand; hoornen van elpenbeen en ebbenhout gaven zij u weder tot een verering.

¹⁶Syrie dreef koophandel met u, vanwege de veelheid uwer werken; met smaragden, purper, en gestikt werk, en zijde, en Ramoth, en Cadkod, handelden zij op uw markten.

¹⁷Juda en het land Israels waren uw kooplieden; met tarwe van Minnit en Pannag, en honig, en olie, en balsem, dreven zij onderlingen handel met u.

¹⁸Damaskus dreef koophandel met u, om de veelheid uwer werken, vanwege de veelheid van allerlei goed, met wijn van Chelbon en witte wol.

¹⁹Ook leverden Dan en Javan, de omreizer, op uw markten; glad ijzer, kassie en kalmus was in uw onderlingen koophandel.

²⁰Dedan handelde met u met kostelijk gewand tot wagens.

²¹Arabie en alle vorsten van Kedar waren de kooplieden uwer hand; met lammeren, en rammen, en bokken, daarmede handelden zij met u.

²²De kooplieden van Scheba en Raema waren uw kooplieden; met alle hoofdspecerij, en met alle kostelijk gesteente en goud, handelden zij op uw markten.

²³Haran, en Kanne, en Eden, de kooplieden van Scheba, Assur en Kilmad, handelden met u.

²⁴Die waren uw kooplieden met volkomen sieradiën, met pakken van hemelsblauw en gestikt werk, en met schatkisten van schone klederen; gebonden met koorden, en in cedergepakt, onder uw koopmanschap.

²⁵De schepen van Tarsis zongen van u, vanwege den onderlingen koophandel met u; en gij waart vervuld, en zeer verheerlijkt in het hart der zeeën.

²⁶Die u roeien, hebben u in grote wateren gevoerd; de oostenwind heeft u verbroken in het hart der zeeën.

²⁷Uw goed, en uw marktwaren, uw onderlinge koophandel, uw zeelieden, en uw schippers; die uw breuken verbeteren, en die onderlingen handel met u drijven, en al uw krijgslieden, die in u zijn, zelfs met uw ganse gemeente, die in het midden van u is, zullen vallen in het hart der zeeen, ten dage van uw val.

²⁸Van het geluid des geschreeuws uwer schippers zullen de voorsteden beven.

²⁹En allen, die den riem handelen, zeelieden, en alle schippers van de zee, zullen uit hun schepen nederklimmen; op het land zullen zij staan blijven.

³⁰En zij zullen hun stem over u laten horen, en bitterlijk schreeuwen; en zij zullen stof op hun hoofden werpen, zij zullen zich wentelen in de as.

³¹En zij zullen zich over u gans kaal maken, en zakken aangorden; en zullen over u wenen met bitterheid der ziel, en bittere rouwklage.

³²En zij zullen in hun gekerm een klaaglied over u opheffen, en over u weeklagen, zeggende: Wie is geweest als Tyrus, als de uitgeroeide in het midden der zee?

³³Als uw marktwaren uit de zeeen voortkwamen, hebt gij vele volken verzadigd; met de veelheid uwer goederen en uw onderlingen koophandel, hebt gij de koningen der aarde rijkgemaakt.

³⁴Ten tijde, dat gij uit de zeeen verbroken zijt in de diepte der wateren, zijn uw onderlinge koophandel en uw ganse gemeente in het midden van u gevallen.

³⁵Alle inwoners der eilanden zijn over u ontzet, en hun koningen staan de haren te berge, zij zijn verbaasd van aangezicht.

³⁶De handelaars onder de volken fluiten u aan; gij zijt een grote schrik geworden, en zult er niet meer zijn tot in eeuwigheid.

Hoofdstuk 28

¹Voorts geschiedde des HEEREN woord tot mij, zeggende:

²Mensenkind! zeg tot den vorst van Tyrus: Zo zegt de Heere HEERE: Omdat uw hart zich verheft en zegt: Ik ben God, ik zit in Godes stoel, in het hart der zeeen! daar gij een mensen geen God zijt, stelt gij nochtans uw hart, als Gods hart.

³Zie, gij zijt wijzer dan Daniel; zij hebben niets toegeslotens voor u verborgen.

⁴Door uw wijsheid en door uw verstand, hebt gij vermogen voor u verkregen; ja, gij hebt goud en zilver verkregen in uw schatten.

⁵Door de grootheid uwer wijsheid in uw koophandel hebt gij uw vermogen vermeerderd, en uw hart verheft zich vanwege uw vermogen.

⁶Daarom zegt de Heere HEERE alzo: Omdat gij uw hart gesteld hebt als Gods hart;

⁷Daarom zie, Ik zal vreemden over u brengen, de tirannigste der heidenen; die zullen hun zwaarden uittrekken over de schoonheid uwer wijsheid, en zullen uw glans ontheiligen.

⁸Ter groeve zullen zij u doen nederdalen; en gij zult sterven den dood eens verslagenen in het hart der zeeen.

⁹Zult gij dan enigszins, voor het aangezicht uws doodslagers, zeggen: Ik ben God? daar gij een mens zijt en geen God, in de hand desgenen, die u verslaat?

¹⁰Gij zult den dood der onbesnedenen sterven; door de hand der vreemden; want Ik heb het gesproken, spreekt de Heere HEERE.

¹¹Wijders geschiedde des HEEREN woord tot mij, zeggende:

¹²Mensenkind! hef een klaaglied op over den koning van Tyrus, en zeg tot hem: Zo zegt de Heere HEERE: Gij verzegelaar der som, vol van wijsheid en volmaakt in schoonheid!

¹³Gij waart in Eden, Gods hof; alle kostelijk gesteente was uw deksel, sardisstenen, topazen en diamanten, turkooizen, sardonixstenen en jaspisstenen, saffieren, robijnen, ensmaragden, en goud; het werk uwer trommelen en uwer pijpen was bij u; ten dage als gij geschapen werdt, waren zij bereid.

¹⁴Gij waart een gezalfde, overdekkende cherub; en Ik had u alzo gezet; gij waart op Gods heiligen berg; gij wandeldet in het midden der vurige stenen.

¹⁵Gij waart volkomen in uw wegen, van den dag af, dat gij geschapen zijt, totdat er ongerechtigheid in u gevonden is.

¹⁶Door de veelheid uws koophandels hebben zij het midden van u met geweld vervuld, en gij hebt gezondigd; daarom zal Ik u ontheiligen van Gods berg, en zal u, gij overdekkende cherub! verdoen uit het midden der vurige stenen!

¹⁷Uw hart verheft zich over uw schoonheid; gij hebt uw wijsheid bedorven, vanwege uw glans; Ik heb u op de aarde henengeworpen, Ik heb u voor het aangezicht der koningen gesteld, om op u te zien.

¹⁸Vanwege de veelheid uwer ongerechtigheden, door het onrecht uws koophandels, hebt gij uw heiligdommen ontheiligd; daarom heb Ik een vuur uit het midden van u doen voortkomen, dat u heeft verteerd, en Ik heb u gemaakt tot as op de aarde, voor de ogen van al degenen, die u zien.

¹⁹Allen, die u kennen onder de volken, zijn over u ontzet; gij zijt een grote schrik geworden, en zult er niet meer zijn tot in eeuwigheid.

²⁰Wijders geschiedde des HEEREN woord tot mij, zeggende:

²¹Mensenkind! zet uw aangezicht tegen Sidon, en profeteer tegen haar,

²²En zeg: Zo zegt de Heere HEERE: Zie, Ik wil aan u, o Sidon! en zal in het midden van u verheerlijkt worden; en zij zullen weten, dat Ik de HEERE ben, als Ik gerichten in haar zal hebben geoefend, en in haar geheiligd zal zijn.

²³Want Ik zal de pestilentie in haar zenden, en bloed op haar straten, en de verslagenen zullen vallen in het midden van haar, door het zwaard, dat tegen haar zal zijn van rondom; en zij zullen weten, dat Ik de HEERE ben.

²⁴En het huis Israels zal geen smartenden doorn noch wee doende distel meer hebben, van allen, die rondom hen zijn, die henlieden beroven; en zij zullen weten, dat Ik de Heere HEERE ben.

²⁵Alzo zegt de Heere HEERE: Als Ik het huis Israels zal vergaderd hebben uit de volken, onder dewelke zij verstrooid zijn, en Ik onder hen voor de ogen der heidenen zal geheiligd zijn, dan zullen zij in hun land wonen, dat Ik aan Mijn knecht, aan Jakob, gegeven heb.

²⁶En zij zullen daarin zeker wonen, en huizen bouwen, en wijngaarden planten; ja, zij zullen zeker wonen; als Ik gerichten zal hebben geoefend tegen allen, die henlieden beroofd hebben, van degenen, die rondom hen zijn; en zij zullen weten dat Ik, de HEERE, hunlieder God ben.

Hoofdstuk 29

¹In het tiende jaar, in de tiende maand, op den twaalfden der maand, geschiedde des HEEREN woord tot mij, zeggende:

²Mensenkind! zet uw aangezicht tegen Farao, den koning van Egypte, en profeteer tegen hem, en tegen het ganse Egypte.

³Spreek en zeg: Zo zegt de Heere HEERE: Zie, Ik wil aan u, o Farao, koning van Egypte! dien groten zeedraak, die in het midden zijner rivieren ligt; die daar zegt: Mijn rivier is de mijne, en ik heb die voor mij gemaakt.

⁴Maar Ik zal haken in uw kaken doen, en den vis uwer rivieren aan uw schubben doen kleven; en Ik zal u uit het midden uwer rivieren optrekken, en al de vis uwer rivieren zal aan uw schubben kleven.

⁵En Ik zal u verlaten in de woestijn, u en al den vis uwer rivieren; op het open veld zult gij vallen; gij zult niet verzameld noch vergaderd worden; aan het gedierte der aarde en aan het gevogelte des hemels heb Ik u ter spijze gegeven.

⁶En al de inwoners van Egypte zullen weten, dat Ik de HEERE ben, omdat zij den huize Israels een rietstaf geweest zijn.

⁷Als zij u bij uw hand grepen, zo werdt gij gebroken, en spleet hun alle zijden; en als zij op u leunden, zo werdt gij verbroken, en liet alle lenden op zichzelven staan.

⁸Daarom zo zegt de Heere HEERE: Zie, Ik zal het zwaard over u brengen, en Ik zal uit u mens en beest uitroeien.

⁹En Egypteland zal worden tot een wildernis en woestheid, en zij zullen weten, dat Ik de HEERE ben; omdat hij zegt: De rivier is mijn, en ik heb die gemaakt.

¹⁰Daarom, zie, Ik wil aan u en aan uw rivier; en Ik zal Egypteland stellen tot woeste wilde eenzaamheden, van den toren van Syrene af, tot aan de landpale van Morenland.

¹¹Geen mensenvoet zal door hetzelve doorgaan, en geen beestenvoet zal door hetzelve doorgaan, en het zal veertig jaren onbewoond zijn.

¹²Want Ik zal Egypteland stellen tot een verwoesting in het midden der verwoeste landen, en zijn steden zullen een woestheid zijn in het midden der verwoeste steden, veertig jaren; en Ik zal de

Ezechiël

Egyptenaars verstrooien onder de heidenen, en zal hen verspreiden in de landen.

¹³Maar zo zegt de Heere HEERE: Ten einde van veertig jaren zal Ik de Egyptenaars vergaderen uit de volken, waarhenen zij verstrooid zijn geworden.

¹⁴En Ik zal de gevangenis der Egyptenaren wenden, en hen wederbrengen in het land van Pathros, in het land huns koophandels; en aldaar zullen zij een nederig koninkrijk zijn.

¹⁵En zij zal nederiger zijn dan de andere koninkrijken, en zich niet meer verheffen boven de heidenen; want Ik zal hen verminderen, dat zij niet zullen heersen over de heidenen.

¹⁶En het zal den huize Israels niet meer zijn tot een vertrouwen, dat der ongerechtigheid doet gedenken, wanneer zij naar henlieden omzien; maar zij zullen weten, dat Ik de HeereHEERE ben.

¹⁷Voorts gebeurde het in het zeven en twintigste jaar, in de eerste maand, op den eersten der maand, dat het woord des HEEREN tot mij geschiedde, zeggende:

¹⁸Mensenkind! Nebukadrezar, de koning van Babel, heeft zijn heir een groten dienst doen dienen tegen Tyrus; alle hoofden zijn kaal geworden, en alle zijden zijn uitgeplukt; ennoch hij, noch zijn heir heeft loon gehad vanwege Tyrus, voor den dienst, dien hij tegen haar gediend heeft.

¹⁹Daarom, zo zegt de Heere HEERE: Zie, Ik zal Nebukadrezar, den koning van Babel, Egypteland geven; en hij zal deszelfs buit buiten, en deszelfs roof roven, en het zal het loonzijn voor zijn heir.

²⁰Tot zijn arbeidsloon, omdat hij tegen haar gediend heeft, heb Ik hem Egypteland gegeven, omdat zij voor Mij gewrocht hebben, spreekt de Heere HEERE.

²¹Te dien dage zal Ik den hoorn van het huis Israels doen uitspruiten, en u opening des monds geven in het midden van hen; en zij zullen weten, dat Ik de HEERE ben.

Hoofdstuk 30

¹Wijders geschiedde des HEEREN woord tot mij, zeggende:

²Mensenkind! profeteer, en zeg: Zo zegt de Heere HEERE: Huilt: Ach die dag!

³Want de dag is nabij, ja, de dag des HEEREN is nabij, een wolkige dag, het zal der heidenen tijd zijn.

⁴En het zwaard zal komen in Egypte, en er zal grote smart zijn in Morenland, als de verslagenen zullen vallen in Egypte; want zij zullen derzelver menigte wegnemen, en haarfondamenten zullen verbroken worden.

⁵Morenland, en Put, en Lud, en al de gemengde hoop, en Cub, en de kinderen van het land des verbonds zullen met hen vallen door het zwaard.

⁶Zo zegt de HEERE: Ja, zij zullen vallen, die Egypte ondersteunen, en de hovaardij harer sterkte zal nederdalen; van den toren van Syene af zullen zij daarin door het zwaardvallen, spreekt de Heere HEERE.

⁷En zij zullen verwoest worden in het midden der verwoeste landen; en haar steden zullen zijn in het midden der verwoeste steden.

⁸En zij zullen weten, dat Ik de HEERE ben, als Ik een vuur in Egypte zal hebben gelegd, en al haar helpers zullen verbroken worden.

⁹Te dien dage zullen er boden van voor Mijn aangezicht in schepen uitvaren, om het zorgeloze Morenland te verschrikken; en er zal grote smart bij hen zijn, als in den dag vanEgypte; want ziet, het komt aan!

¹⁰Zo zegt de Heere HEERE: Ja, Ik zal de menigte van Egypte doen ophouden, door de hand van Nebukadrezar, den koning van Babel.

¹¹Hij, en zijn volk met hem, de tirannigste der heidenen zullen aangevoerd worden, om het land te verderven; en zij zullen hun zwaarden tegen Egypte uittrekken, en het land metverslagenen vervullen.

¹²En Ik zal de rivieren tot droogte maken, en het land verkopen in de hand der bozen; en Ik zal het land met zijn volheid verwoesten door de hand der vreemden: Ik, de HEERE, hebhet gesproken.

¹³Zo zegt de Heere HEERE: Ik zal ook de drekgoden verdoen, en de nietige afgoden doen ophouden uit Nof; en er zal geen vorst meer zijn uit Egypteland; en Ik zal een vreze inEgypteland stellen.

¹⁴En Ik zal Pathros verwoesten, en een vuur leggen in Zoan; en Ik zal gerichten oefenen in No.

¹⁵En Ik zal Mijn grimmigheid uitgieten over Sin, de sterkte van Egypte; en Ik zal de menigte van No uitroeien.

¹⁶En Ik zal een vuur in Egypte leggen; Sin zal zeer grote pijn hebben, en No zal gespleten worden, en Nof zal dagelijks zeer bang zijn.

¹⁷De jongelingen van Aven en Pibeseth zullen door het zwaard vallen, en de dochters zullen gaan in de gevangenis.

¹⁸En te Tachpanhes zal de dag verduisterd worden, als Ik het juk van Egypte aldaar zal verbreken, en de hovaardij harer sterkte in haar zal ophouden; haar zal een wolk bedekken, en haar dochters zullen gaan in de gevangenis.

¹⁹Alzo zal Ik gerichten oefenen in Egypte; en zij zullen weten, dat Ik de HEERE ben.

²⁰Ook gebeurde het in het elfde jaar, in de eerste maand, op den zevenden der maand, dat het woord des HEEREN tot mij geschiedde, zeggende:

²¹Mensenkind! Ik heb den arm van Farao, den koning van Egypte, verbroken; en ziet, hij zal niet verbonden worden, met pleisters op te leggen, met een windeldoek aan te doen, om dien te verbinden, om dien te sterken, dat hij het zwaard houde.

²²Daarom zegt de Heere HEERE alzo: Ziet, Ik wil aan Farao, den koning van Egypte, en zal zijn armen verbreken, beide den sterken en den verbrokenen; en Ik zal het zwaard uitzijn hand doen vallen.

²³En Ik zal de Egyptenaars verstrooien onder de heidenen, en zal hen verspreiden in de landen.

²⁴En Ik zal de armen des konings van Babel sterken, en Mijn zwaard in zijn hand geven; maar Farao's armen zal Ik verbreken, dat hij voor zijn aangezicht zal kermen, gelijk eendodelijk verwonde kermt.

²⁵Ja, Ik zal de armen des konings van Babel sterken, maar Farao's armen zullen daarhenen vallen; en zij zullen weten, dat Ik de HEERE ben, als Ik Mijn zwaard in de hand deskonings van Babel zal hebben gegeven, en hij datzelve over Egypteland zal hebben uitgestrekt.

²⁶En Ik zal de Egyptenaars verstrooien onder de heidenen, en zal hen verspreiden in de landen; alzo zullen zij weten, dat Ik de HEERE ben.

Hoofdstuk 31

¹Het gebeurde ook in het elfde jaar, in de derde maand, op den eersten der maand, dat des HEEREN woord tot mij geschiedde, zeggende:

²Mensenkind! zeg tot Farao, den koning van Egypte, en tot zijn menigte: Wien zijt gij gelijk in uw grootheid?

³Zie, Assur was een ceder op den Libanon, schoon van takken, schaduwachtig van loof, en hoog van stam, en zijn top was tussen dichte takken.

⁴De wateren maakten hem groot, de afgrond maakte hem hoog; die ging met zijn stromen rondom zijn planting, en zond zijn waterleidingen uit tot alle bomen des velds.

⁵Daarom werd zijn stam hoger dan alle bomen des velds; en zijn takjes werden menigvuldig, en zijn scheuten lang, vanwege de grote wateren, als hij uitschoot.

⁶Alle vogelen des hemels nestelden op zijn takjes, en alle dieren des velds teelden onder zijn scheuten; en alle grote volken zaten onder zijn schaduw.

⁷Alzo was hij schoon in zijn grootheid en in de lengte zijner takken, omdat zijn wortel aan grote wateren was.

⁸De cederen in Gods hof verduisterden hem niet, de dennebomen waren zijn takken niet gelijk, en de kastanjebomen waren niet gelijk zijn scheuten; geen boom in Gods hof washem gelijk in zijn schoonheid.

⁹Ik had hem zo schoon gemaakt door de veelheid zijner takken, dat alle bomen van Eden, die in Gods hof waren, hem benijdden.

¹⁰Daarom, zo zegt de Heere HEERE: Omdat gij u verheven hebt over uw stam, ja, hij stak zijn top op boven het midden der dichte takken, en zijn hart verhief zich over zijn hoogte;

¹¹Daarom gaf Ik hem in de hand van den machtigste der heidenen, dat die hem rechtschapen zou behandelen; Ik dreef hem uit om zijn goddeloosheid.

¹²En vreemden, de tirannigste der heidenen, roeiden hem uit en verlieten hem; zijn takken vielen op de bergen en in alle valleien, en zijn scheuten werden verbroken bij allestromen des lands; en alle volken der aarde gingen af uit zijn schaduw, en verlieten hem.

¹³Alle vogelen des hemels woonden op zijn omgevallen stam, en alle dieren des velds waren op zijn scheuten;

¹⁴Opdat zich geen waterrijke bomen verheffen over hun stam, en hun top niet opsteken boven het midden der dichte takken, en geen bomen, die water drinken, op zichzelvenstaan vanwege hun hoogte; want zij zijn allen overgegeven ter dood, tot het onderste der aarde, in het midden der mensenkinderen, tot degenen, die in den kuil nederdalen.

¹⁵Zo zegt de Heere HEERE: Ten dage, als hij ter helle nederdaalde, maakte Ik een treuren; Ik bedekte om zijnentwil den afgrond, en weerde de stromen van dien, en de grotewateren werden geschut; en Ik maakte den Libanon om zijnentwil zwart, en al het

geboomte des velds was om zijnentwil bewonden.

¹⁶Van het geluid zijns vals deed Ik de heidenen beven, als Ik hem ter helle deed nederdalen, met degenen, die in den kuil nederdalen; en alle bomen van Eden, de keur en hetbeste van Libanon, alle bomen, die water drinken, troostten zich in het onderste der aarde.

¹⁷Diezelve daalden ook met hem neder ter helle, tot de verslagenen van het zwaard; en die zijn arm geweest waren, die onder zijn schaduw in het midden der heidenen gezetenhadden.

¹⁸Wien zijt gij alzo gelijk in heerlijkheid en grootheid, onder de bomen van Eden? Ja, gij zult nedergevoerd worden met de bomen van Eden, tot het onderste der aarde; in hetmidden der onbesnedenen zult gij liggen, met de verslagenen door het zwaard. Dat is Farao, en zijn ganse menigte, spreekt de Heere HEERE.

Hoofdstuk 32

¹Het gebeurde ook in het twaalfde jaar, in de twaalfde maand op den eersten der maand, dat het woord des HEEREN tot mij geschiedde, zeggende:

²Mensenkind! hef een klaaglied op over Farao, den koning van Egypte, en zeg tot hem: Gij waart een jongen leeuw onder de heidenen gelijk; en gij waart als een zeedraak in dezeeen, en braakt voort in uw rivieren, en beroerdet het water met uw voeten, en vermodderdet hunlieder rivieren.

³Alzo zegt de Heere HEERE: Ik zal daarom Mijn net over u uitspreiden door een vergadering van vele volken; die zullen u optrekken in Mijn garen.

⁴Dan zal Ik u laten op het land, Ik zal u henenwerpen op het open veld; en Ik zal al het gevogelte des hemels op u doen wonen, en het gedierte der ganse aarde van u verzadigen.

⁵En Ik zal uw vlees henengeven op de bergen, en de dalen met uw hoogheid vervullen.

⁶En Ik zal het land, waarin gij zwemt, van uw bloed drenken tot aan de bergen; en de stromen zullen van u vervuld worden.

⁷En als Ik u zal uitblussen, zal Ik den hemel bedekken, en zijn sterren zwart maken; Ik zal de zon met wolken bedekken, en de maan zal haar licht niet laten lichten.

⁸Alle lichtende lichten aan den hemel, die zal Ik om uwentwil zwart maken; en Ik zal een duisternis over uw land maken, spreekt de Heere HEERE.

⁹Daartoe zal Ik het hart van vele volken verdrietig maken, als Ik uw verbreking onder de heidenen zal brengen in de landen, die gij niet gekend hebt.

¹⁰En Ik zal maken, dat zich vele volken over u ontzetten, en hun koningen zullen de haren over u te berge staan, als Ik Mijn zwaard zal zwaaien over hun aangezichten; en zij zullenelk ogenblik sidderen, een ieder voor zijn ziel, ten dage uws vals.

¹¹Want zo zegt de Heere HEERE: Het zwaard des konings van Babel zal u overkomen.

¹²Ik zal uw menigte vellen door de zwaarden der helden, die al te zamen de tirannigste der heidenen zijn; die zullen de hovaardij van Egypte verstoren, en haar ganse menigte zalverdelgd worden.

¹³En Ik zal haar beesten verdoen van bij de grote wateren; en geen mensenvoet zal ze meer beroeren, en geen beestenklauwen zullen ze beroeren.

¹⁴Dan zal Ik hunlieder wateren doen zinken, en Ik zal hunlieder rivieren doen gaan als olie, spreekt de Heere HEERE:

¹⁵Als Ik Egypteland zal hebben gesteld tot een verwoesting, en het land van zijn volheid woest zijn geworden, als Ik geslagen zal hebben allen, die daarin wonen; alzo zullen zijweten, dat Ik de HEERE ben.

¹⁶Dat is het klaaglied, en dat zullen zij klagelijk zingen; de dochteren der heidenen zullen het klagelijk zingen; zij zullen het klagelijk zingen over Egypte en over haar ganse menigte, spreekt de Heere HEERE.

¹⁷Voorts gebeurde het in het twaalfde jaar, op den vijftienden der maand, dat het woord des HEEREN tot mij geschiedde, zeggende:

¹⁸Mensenkind! weeklaag over de menigte van Egypte, en doe ze nederdalen, (haar en de dochteren der prachtige heidenen) in de onderste plaatsen der aarde, bij degenen, diein den kuil zijn nedergedaald.

¹⁹Boven wien zijt gij liefelijk! Daal neder, en leg u bij de onbesnedenen.

²⁰In het midden der verslagenen van het zwaard zullen zij vallen; zij is aan het zwaard overgegeven; trek haar henen met al haar menigte.

²¹De machtigste der helden zullen hem, met zijn helpers, toespreken, uit het midden der hel; zij zijn nedergedaald, de onbesnedenen liggen er, verslagen van het zwaard;

²²Daar is Assur met haar gansen hoop, zijn graven zijn rondom hem; zij zijn allen verslagen, gevallen door het zwaard;

²³Welker graven gesteld zijn in de zijden des kuils, en haar hoop is rondom haar graf; zij zijn allen verslagen, gevallen door het zwaard, die een schrik gaven in het land derlevenden.

²⁴Daar is Elam met haar ganse menigte rondom haar graf; zij zijn allen verslagen, de gevallenen door het zwaard, die onbesneden zijn nedergedaald tot de onderste plaatsen deraarde, die hun schrik hadden gegeven in het land der levenden; nu dragen zij hun schande met degenen, die in den kuil zijn nedergedaald.

²⁵In het midden der verslagenen hebben zij haar een legerstede gesteld onder haar ganse menigte, rondom hem zijn haar graven; zij zijn allen onbesneden, verslagenen van hetzwaard, omdat een schrik van hen gegeven is in het land der levenden; nu dragen zij hun schande met degenen, die in den kuil zijn nedergedaald; hij is geleid in het midden derverslagenen.

²⁶Daar is Mesech, en Tubal, met haar ganse menigte; rondom hem zijn haar graven; zij zijn allen onbesneden, verslagenen van het zwaard, omdat zij hun schrik gegeven hebbenin het land der levenden.

²⁷Maar zij liggen niet met de helden, die onder de onbesnedenen gevallen zijn; die ter helle zijn nedergedaald met hun krijgswapenen, en welker zwaarden men gelegd heeftonder hun hoofden; welker ongerechtigheid nochtans op hun beenderen is, omdat der helden schrik in het land der levenden geweest is.

²⁸Gij ook zult verbroken worden in het midden der onbesnedenen, en zult liggen met de verslagenen van het zwaard.

²⁹Daar is Edom, haar koningen en al haar vorsten, die met hunlieder macht gelegd zijn bij de verslagenen van het zwaard; diezelve liggen met de onbesnedenen en met degenen, die in den kuil zijn nedergedaald.

³⁰Daar zijn de geweldigen van het Noorden, zij allen, en alle Sidoniers, die met de verslagenen zijn nedergedaald, beschaamd zijnde vanwege hun schrik, die uit hun machtvoortkwam, en zij liggen onbesneden bij de verslagenen van het zwaard, en dragen hun schande met degenen, die in den kuil zijn nedergedaald.

³¹Farao zal hen lieden zien, en zich troosten over zijn ganse menigte; de verslagenen van het zwaard van Farao en zijn ganse heir, spreekt de Heere HEERE.

³²Want Ik heb ook Mijn schrik gegeven in het land der levenden; dies zal hij gelegd worden in het midden der onbesnedenen bij de verslagenen van het zwaard, Farao en zijnganse menigte, spreekt de Heere HEERE.

Hoofdstuk 33

¹En des HEEREN woord geschiedde tot mij, zeggende:

²Mensenkind! spreek tot de kinderen uws volks, en zeg tot hen: Wanneer Ik het zwaard over enig land breng, en het volk des lands een man uit hun einden nemen, en dien voorzich tot een wachter stellen;

³En hij het zwaard ziet komen over het land, en blaast met de bazuin, en waarschuwt het volk;

⁴En een, die het geluid der bazuin hoort, wel hoort, maar zich niet laat waarschuwen; en het zwaard komt, en neemt hem weg, diens bloed is op zijn hoofd.

⁵Hij hoorde het geluid der bazuin, maar liet zich niet waarschuwen, zijn bloed is op hem; maar hij, die zich laat waarschuwen, behoudt zijn ziel.

⁶Wanneer daarentegen de wachter het zwaard ziet komen, en blaast niet met de bazuin, zodat het volk niet is gewaarschuwd; en het zwaard komt, en neemt een ziel uit hen weg;die is wel in zijn ongerechtigheid weggenomen, maar zijn bloed zal Ik van des hand des wachters eisen.

⁷Gij nu, o mensenkind! Ik heb u tot een wachter gesteld over het huis Israels; zo zult gij het woord uit Mijn mond horen, en hen van Mijnentwege waarschuwen.

⁸Als Ik tot den goddeloze zeg: O goddeloze, gij zult den dood sterven! en gij spreekt niet, om den goddeloze van zijn weg af te manen; die goddeloze zal in zijn ongerechtigheidsterven, maar zijn bloed zal Ik van uw hand eisen.

⁹Maar als gij den goddeloze van zijn weg afmaant, dat hij zich van dien bekere, en hij zich van zijn weg niet bekeert, zo zal hij in zijn ongerechtigheid sterven; maar gij hebt uw zielbevrijd.

¹⁰Daarom, gij mensenkind! zeg tot het huis Israels: Gijlieden spreekt aldus, zeggende: Dewijl onze overtredingen en onze zonden op ons zijn, en wij in dezelve versmachten, hoezouden wij dan leven?

¹¹Zeg tot hen: Zo waarachtig als Ik leef, spreekt de Heere HEERE, zo Ik lust heb in den dood des goddelozen! maar daarin heb Ik lust, dat de goddeloze zich bekere van zijn weg enleve. Bekeert u, bekeert u van

Ezechiël

uw boze wegen, want waarom zoudt gij sterven, o huis Israels?

¹²Gij dan, o mensenkind! zeg tot de kinderen uws volks: De gerechtigheid des rechtvaardigen zal hem niet redden ten dage zijner overtreding; en aangaande de goddeloosheid des goddelozen, hij zal om dezelve niet vallen, ten dage als hij zich van zijn goddeloosheid bekeert; en de rechtvaardige zal niet kunnen leven door dezelve zijn gerechtigheid, tendage als hij zondigt.

¹³Als Ik tot den rechtvaardige zeg, dat hij zekerlijk leven zal, en hij op zijn gerechtigheid vertrouwt, en onrecht doet, zo zullen al zijn gerechtigheden niet gedacht worden, maar in zijn onrecht, dat hij doet, daarin zal hij sterven.

¹⁴Als Ik ook tot den goddeloze zeg: Gij zult den dood sterven! en hij zich van zijn zonde bekeert, en recht en gerechtigheid doet;

¹⁵Geeft de goddeloze het pand weder, betaalt hij het geroofde, wandelt hij in de inzettingen des levens, zodat hij geen onrecht doet; hij zal zekerlijk leven, hij zal niet sterven.

¹⁶Al zijn zonden, die hij gezondigd heeft, zullen hem niet gedacht worden, hij heeft recht en gerechtigheid gedaan, hij zal zekerlijk leven.

¹⁷Nog zeggen de kinderen uws volks: De weg des Heeren is niet recht; daar toch hun eigen weg niet recht is.

¹⁸Als de rechtvaardige afkeert van zijn gerechtigheid, en doet onrecht, zo zal hij daarin sterven.

¹⁹En als de goddeloze zich bekeert van zijn goddeloosheid, en doet recht en gerechtigheid, zo zal hij daarin leven.

²⁰Nog zegt gij: De weg des Heeren is niet recht; Ik zal ulieden richten, een ieder naar zijn wegen, o huis Israels!

²¹En het geschiedde in het twaalfde jaar onzer gevankelijke wegvoering, in de tiende maand, op den vijfden der maand, dat er een tot mij kwam, die van Jeruzalem ontkomen was, zeggende: De stad is geslagen.

²²Nu was de hand des HEEREN op mij geweest des avonds, eer die ontkomene kwam, en had mijn mond opengedaan, totdat hij des morgens tot mij kwam. Alzo werd mijn mond opengedaan, en ik was niet meer stom.

²³Toen geschiedde des HEEREN woord tot mij, zeggende:

²⁴Mensenkind! de inwoners van die woeste plaatsen in het land Israels spreken, zeggende: Abraham was een enig man, en bezat dit land erfelijk; maar onzer zijn velen; het land is ons gegeven tot een erfelijke bezitting.

²⁵Daarom zeg tot hen: Zo zegt de Heere HEERE: Gij eet vlees met het bloed, en heft uw ogen op tot uw drekgoden, en vergiet bloed; en zoudt gij het land erfelijk bezitten?

²⁶Gij staat op ulieder zwaard; gij doet gruwel, en verontreinigt, een ieder de huisvrouw zijns naasten; en zoudt gij het land erfelijk bezitten?

²⁷Alzo zult gij tot hen zeggen: De Heere HEERE zegt alzo: Zo waarachtig als Ik leef, indien niet, die in die woeste plaatsen zijn, door het zwaard zullen vallen, en zo Ik niet dien, die in het open veld is, het wild gedierte overgeve, dat het hem vrete, en die in de vestingen en in de spelonken zijn, door de pestilentie zullen sterven!

²⁸Want Ik zal het land ten verwoesting en een schrik stellen, en de hovaardij zijner sterkte zal ophouden; en de bergen Israels zullen woest zijn, dat er niemand overga.

²⁹Dan zullen zij weten, dat Ik de HEERE ben, als Ik het land tot een verwoesting en een schrik zal gesteld hebben, om al hun gruwelen, die zij gedaan hebben.

³⁰En gij, o mensenkind! de kinderen uws volks spreken steeds van u bij de wanden en in de deuren der huizen; en de een spreekt met den ander, een iegelijk met zijn broeder, zeggende: Komt toch en hoort, wat het woord zij, dat van den HEERE voortkomt.

³¹En zij komen tot u, gelijk het volk pleegt te komen, en zitten voor uw aangezicht als Mijn volk, en horen uw woorden, maar zij doen ze niet; want zij maken liefkozingen met hun mond, maar hun hart wandelt hun gierigheid na.

³²En ziet, gij zijt hun als een lied der minnen, als een, die schoon van stem is, of die wel speelt; daarom horen zij uw woorden, maar zij doen ze niet.

³³Maar als dat komt (zie, het zal komen!) dan zullen zij weten, dat er een profeet in het midden van hen geweest is.

Hoofdstuk 34

¹En des HEEREN woord geschiedde tot mij, zeggende:

²Mensenkind! profeteer tegen de herders van Israel; profeteer en zeg tot hen, tot de herders: Alzo zegt de Heere HEERE: Wee den herderen Israels, die zichzelven weiden! zullen niet de herders de schapen weiden?

³Gij eet het vette, en bekleedt u met de wol, gij slacht het gemeste, maar de schapen weidt gij niet.

⁴De zwakke sterkt gij niet, en het kranke heelt gij niet, en het gebrokene verbindt gij niet, en het weggedrevene brengt gij niet weder, en het verlorene zoekt gij niet; maar gij heerst over hen met strengheid en met hardigheid.

⁵Alzo zijn zij verstrooid, omdat er geen herder is; en zij zijn als het wild gedierte des velds tot spijze geworden, dewijl zij verstrooid waren.

⁶Mijn schapen dolen op alle bergen en op allen hogen heuvel, ja, Mijn schapen zijn verstrooid op den gansen aardbodem; en er is niemand, die er naar vraagt, en niemand, dieze zoekt.

⁷Daarom, gij herders! hoort des HEEREN woord!

⁸Zo waarachtig als Ik leef, spreekt de Heere HEERE, zo Ik niet! Omdat Mijn schapen geworden zijn tot een roof, en Mijn schapen al het wild gedierte des velds tot spijze geworden zijn, omdat er geen herder is, en Mijn herders naar Mijn schapen niet vragen; en de herders weiden zichzelven, maar Mijn schapen weiden zij niet;

⁹Daarom, gij herders! hoort des HEEREN woord!

¹⁰Alzo zegt de Heere HEERE: Ziet, Ik wil aan de herders, en zal Mijn schapen van hun hand eisen, en zal ze van het weiden der schapen doen ophouden, zodat de herders zichzelven niet meer zullen weiden; en Ik zal Mijn schapen uit hun mond rukken, zodat zij hun niet meer tot spijze zullen zijn.

¹¹Want zo zegt de Heere HEERE: Ziet, Ik, ja, Ik zal naar Mijn schapen vragen, en zal ze opzoeken.

¹²Gelijk een herder zijn kudde opzoekt, ten dage als hij in het midden zijner verspreide schapen is, alzo zal Ik Mijn schapen opzoeken; en Ik zal ze redden uit al de plaatsen, waarhenen zij verstrooid zijn, ten dage der wolke en der donkerheid.

¹³En Ik zal ze uitvoeren van de volken, en zal ze vergaderen uit de landen, en brengen ze in hun land; en Ik zal ze weiden op de bergen Israels, bij de stromen en in alle bewoonbare plaatsen des lands.

¹⁴Op een goede weide zal Ik ze weiden, en op de hoge bergen Israels zal hun kooi zijn; aldaar zullen zij nederliggen in een goede kooi, en zullen weiden in een vette weide, op de bergen Israels.

¹⁵Ik zal Mijn schapen weiden, en Ik zal ze legeren, spreekt de Heere HEERE.

¹⁶Het verlorene zal Ik zoeken, en het weggedrevene zal Ik wederbrengen, en het gebrokene zal Ik verbinden, en het kranke zal Ik sterken; maar het vette en het sterke zal Ik verdelgen, Ik zal ze weiden met oordeel.

¹⁷Want gij, o Mijn schapen! de Heere HEERE zegt alzo: Ziet, Ik zal richten tussen klein vee en klein vee, tussen de rammen en de bokken.

¹⁸Is het u te weinig, dat gij de goede weide afweidt? Zult gij nog het overige uwer weide met uw voeten vertreden? En zult gij de bezonkene wateren drinken, en de overgelatene met uw voeten vermodderen?

¹⁹Mijn schapen dan, zullen zij afweiden, wat met uw voeten vertreden is, en drinken, wat met uw voeten vermoddert is?

²⁰Daarom zegt de Heere HEERE alzo tot hen: Ziet Ik, ja, Ik zal richten tussen het vette klein vee, en tussen het magere klein vee.

²¹Omdat gij al de zwakken met de zijde en met den schouder verdringt, en met uw hoornen stoot, totdat gij dezelve naar buiten toe verstrooid hebt;

²²Daarom zal Ik Mijn schapen verlossen, dat zij niet meer tot een roof zullen zijn; en Ik zal richten tussen klein vee en klein vee.

²³En Ik zal een enigen Herder over hen verwekken, en Hij zal hen weiden, namelijk Mijn knecht David; die zal ze weiden, en Die zal hun tot een Herder zijn.

²⁴En Ik, de HEERE, zal hun tot een God zijn; en Mijn knecht David zal Vorst zijn in het midden van hen, Ik, de HEERE, heb het gesproken.

²⁵En Ik zal een verbond des vredes met hen maken, en zal het boos gedierte uit het land doen ophouden; en zij zullen zeker wonen in de woestijn, en slapen in de wouden.

²⁶Want Ik zal dezelve, en de plaatsen rondom Mijn heuvel, stellen tot een zegen; en Ik zal den plasregen doen nederdalen op zijn tijd, plasregens van zegen zullen er zijn.

²⁷En het geboomte des velds zal zijn vrucht geven, en het land zal zijn inkomst geven, en zij zullen zeker zijn in hun land; en zullen weten, dat Ik de HEERE ben, als Ik de disselbomen huns juks zal hebben verbroken, en hen gerukt uit de hand dergenen, die zich van hen deden dienen.

²⁸En zij zullen den heidenen niet meer ten roof zijn, en het wild gedierte der aarde zal ze niet meer vreten; maar zij zullen zeker wonen, en er zal niemand zijn, die ze verschrikke.

²⁹En Ik zal hun een plant van naam verwekken; en zij zullen niet meer weggeraapt worden door honger in het land, en den smaad der

heidenen niet meer dragen.

³⁰Maar zij zullen weten, dat Ik, de HEERE, hun God, met hen ben, en dat zij Mijn volk zijn, het huis Israels, spreekt de Heere HEERE.

³¹Gij nu, o Mijn schapen, schapen Mijner weide! gij zijt mensen; maar Ik ben uw God, spreekt de Heere HEERE.

Hoofdstuk 35

¹Wijders geschiedde des HEEREN woord tot mij, zeggende:

²Mensenkind! zet uw aangezicht tegen het gebergte Seir, en profeteer tegen hetzelve,

³En zeg tot hetzelve: Alzo zegt de Heere HEERE: Zie, Ik wil aan u, o gebergte Seir! en Ik zal Mijn hand tegen u uitstrekken, en zal u stellen tot een verwoesting en een schrik.

⁴Ik zal uw steden stellen tot eenzaamheid, en gij zult een verwoesting worden, en zult weten, dat Ik de HEERE ben.

⁵Omdat gij een eeuwige vijandschap hebt, en hebt de kinderen Israels doen wegvloeien door het geweld des zwaards, ten tijde huns verderfs, ten tijde der uitersteongerechtigheid;

⁶Daarom, zo waarachtig als Ik leef, spreekt de Heere HEERE; Ik zal u voorzeker ten bloede bereiden, en het bloed zal u vervolgen; alzo gij het bloed niet hebt gehaat, zal u hetbloed ook vervolgen.

⁷En Ik zal het gebergte Seir tot de uiterste verwoesting stellen; en Ik zal uit hetzelve uitroeien dien, die er doorgaat, en dien, die wederkeert.

⁸En Ik zal zijn bergen met zijn verslagenen vervullen; uw heuvelen, en uw dalen, en al uw stromen, in dezelve zullen de verslagenen van het zwaard liggen.

⁹Tot eeuwige verwoestingen zal Ik u stellen, en uw steden zullen niet bewoond worden; alzo zult gij weten, dat Ik de HEERE ben.

¹⁰Omdat gij zegt: Die twee volken en die twee landen zullen mij geworden, en wij zullen ze erfelijk bezitten, ofschoon de HEERE daar ware;

¹¹Daarom, zo waarachtig als Ik leef, spreekt de Heere HEERE: Ik zal ook handelen naar uw toorn en naar uw nijdigheid, die gij uit uw haat tegen hen hebt te werk gesteld; en Ik zalbij hen bekend worden, wanneer Ik u zal gericht hebben.

¹²En gij zult weten, dat Ik, de HEERE, al uw lasteringen gehoord heb, die gij tegen de bergen Israels gesproken hebt, zeggende: Zij zijn verwoest, zij zijn ons ter spijze gegeven.

¹³Alzo hebt gij u met uw mond tegen Mij groot gemaakt, en uw woorden tegen Mij vermenigvuldigd; Ik heb het gehoord.

¹⁴Alzo zegt de Heere HEERE: Gelijk het ganse land verblijd is, alzo zal Ik u de verwoesting aandoen.

¹⁵Gelijk gij u verblijd hebt over de erfenis van het huis Israels, omdat zij verwoest is, alzo zal Ik aan u doen; het gebergte van Seir, en gans Edom, zal geheel een verwoestingworden; en zij zullen weten, dat Ik de HEERE ben.

Hoofdstuk 36

¹En gij, mensenkind! profeteer tot de bergen Israels, en zeg: Gij bergen Israels! hoort des HEEREN woord.

²Alzo zegt de Heere HEERE: Omdat de vijand van u zegt: Heah! zelfs de eeuwige hoogten zijn ons ten erve geworden!

³Daarom profeteer en zeg: Zo zegt de Heere HEERE: Daarom, omdat men u van rondom verwoest en opgeslokt heeft, opdat gij voor het overblijfsel der heidenen ten erve zoudtzijn, en gij gebracht zijt op de klapachtige lip en in opspraak des volks;

⁴Daarom, gij bergen Israels! hoort het woord des Heeren HEEREN: Zo zegt de Heere HEERE tot de bergen en tot de heuvelen, tot de stromen en tot de dalen, tot de verwoesteeenzame plaatsen en tot de verlaten steden, die tot een roof en tot een spot geworden zijn voor het overblijfsel der heidenen, die rondom zijn;

⁵Daarom, zo zegt de Heere HEERE: Zo Ik niet in het vuur Mijns ijvers gesproken heb tegen het overblijfsel der heidenen, en tegen het ganse Edom; die Mijn land zichzelven tenerve gegeven hebben met blijdschap des gansen harten, met begerige plundering, opdat de landerij daarvan ten rove zou zijn!

⁶Daarom profeteer van het land Israels, en zeg tot de bergen en tot de heuvelen, tot de stromen en tot de dalen: Zo zegt de Heere HEERE: Ziet, Ik heb in Mijn ijver en in Mijngrimmigheid gesproken, omdat gij den smaad der heidenen gedragen hebt.

⁷Daarom, zo zegt de Heere HEERE: Ik heb Mijn hand opgeheven; zo niet de heidenen, die rondom u zijn, zelf hun schande zullen dragen!

⁸Maar gij, o bergen Israels! gij zult weder uw takken geven, en uw vrucht voor Mijn volk Israel dragen, want zij naderen te komen.

⁹Want ziet, Ik ben bij u, en Ik zal u aanzien, en gij zult gebouwd en bezaaid worden.

¹⁰En Ik zal mensen op u vermenigvuldigen, het ganse huis Israels, ja, dat geheel; en de steden zullen bewoond, en de eenzame plaatsen bebouwd worden.

¹¹Ja, Ik zal mensen en beesten op u vermenigvuldigen, en zij zullen vermenigvuldigd worden en vruchtbaar zijn; en Ik zal u doen bewonen, als in uw vorige tijden, ja, Ik zal het betermaken dan in uw beginselen; en gij zult weten, dat Ik de HEERE ben.

¹²En Ik zal mensen op u doen wandelen, namelijk Mijn volk Israel, die zullen u erfelijk bezitten, en gij zult hun ter erfenis zijn, en gij zult ze voortaan niet meer beroven.

¹³Zo zegt de Heere HEERE: Omdat zij tot u zeggen: Gij zijt een land, dat mensen opeet, en gij zijt een land, dat uw volken berooft;

¹⁴Daarom zult gij niet meer mensen opeten, en uw volken niet meer doen struikelen, spreekt de Heere HEERE.

¹⁵En Ik zal maken, dat men den schimp der heidenen niet meer over u hore, en gij zult den smaad der natien niet meer dragen; en gij zult uw volken niet meer doen struikelen, spreekt de Heere HEERE.

¹⁶Wijders geschiedde des HEEREN woord tot mij, zeggende:

¹⁷Mensenkind! het huis Israels, als zij in hun land woonden, toen verontreinigden zij datzelve met hun weg en met hun handelingen; hun weg was voor Mijn aangezicht als deonreinigheid ener afgezonderde vrouw.

¹⁸Daarom goot Ik Mijn grimmigheid over hen uit, om des bloeds wil, dat zij in het land vergoten hadden, en om hun drekgoden, waarmede zij dat verontreinigd hadden.

¹⁹En Ik verstrooide hen onder de heidenen, en zij werden verspreid in de landen; Ik oordeelde ze naar hun weg en naar hun handelingen.

²⁰Als zij nu tot de heidenen kwamen, waarhenen zij getogen waren, ontheiligden zij Mijn heiligen Naam, omdat men van hen zeide: Dezen zijn het volk des HEEREN, en zijn uitZijn land uitgegaan.

²¹Maar Ik verschoonde hen om Mijn heiligen Naam, dien het huis Israels ontheiligde onder de heidenen, waarhenen zij gekomen waren.

²²Daarom zeg tot het huis Israels: Zo zegt de Heere HEERE: Ik doe het niet om uwentwil, gij huis Israels! maar om Mijn heiligen Naam, dien gijlieden ontheiligd hebt onder deheidenen, waarhenen gij gekomen zijt.

²³Want Ik zal Mijn groten Naam heiligen, die onder de heidenen ontheiligd is, dien gij in het midden van hen ontheiligd hebt; en de heidenen zullen weten, dat Ik de HEERE ben, spreekt de Heere HEERE, als Ik aan u voor hun ogen zal geheiligd zijn.

²⁴Want Ik zal u uit de heidenen halen, en zal u uit al de landen vergaderen; en Ik zal u in uw land brengen.

²⁵Dan zal Ik rein water op u sprengen, en gij zult rein worden; van al uw onreinigheden en van al uw drekgoden zal Ik u reinigen.

²⁶En Ik zal u een nieuw hart geven, en zal een nieuwen geest geven in het binnenste van u; en Ik zal het stenen hart uit uw vlees wegnemen, en zal u een vlesen hart geven.

²⁷En Ik zal Mijn Geest geven in het binnenste van u; en Ik zal maken, dat gij in Mijn inzettingen zult wandelen, en Mijn rechten zult bewaren en doen.

²⁸En gij zult wonen in het land, dat Ik uw vaderen gegeven heb, en gij zult Mij tot een volk zijn, en Ik zal u tot een God zijn.

²⁹En Ik zal u verlossen van al uw onreinigheden; en Ik zal roepen tot het koren, en zal dat vermenigvuldigen, en Ik zal geen honger op u leggen.

³⁰En Ik zal de vrucht van het geboomte en de inkomst des velds vermenigvuldigen; opdat gij de smaadheid des hongers niet meer ontvangt onder de heidenen.

³¹Dan zult gij gedenken aan uw boze wegen en uw handelingen, die niet goed waren; en gij zult een walging van u zelf hebben over uw ongerechtigheden en over uw gruwelen.

³²Ik doe het niet om uwentwil, spreekt de Heere HEERE, het zij u bekend! Schaamt u en wordt schaamrood van uw wegen, gij huis Israels!

³³Alzo zegt de Heere HEERE: Ten dage, als Ik u reinigen zal van al uw ongerechtigheden, dan zal Ik de steden doen bewonen, en de eenzame plaatsen zullen bebouwd worden.

³⁴En het verwoeste land zal bebouwd worden, in plaats dat het een verwoesting was, voor de ogen van een ieder, die er doorging.

³⁵En zij zullen zeggen: Dit land, dat verwoest was, is geworden als een hof van Eden; en de eenzame, en de verwoeste en verstoorde steden zijn vast en bewoond.

³⁶Dan zullen de heidenen, die in de plaatsen rondom u zullen overgelaten zijn, weten, dat Ik, de HEERE, de verstoorde plaatsen bebouw, en het verwoeste beplant. Ik, de HEERE, heb het gesproken en zal het doen.

³⁷Alzo zegt de Heere HEERE: Daarenboven zal Ik hierom van het

Ezechiël

huis Israels verzocht worden, dat Ik het hun doe; Ik zal ze vermenigvuldigen van mensen, als schapen.

³⁸Gelijk de geheiligde schapen, gelijk de schapen van Jeruzalem op hun gezette hoogtijden, alzo zullen de eenzame steden vol zijn van mensenkudden; en zij zullen weten, dat Ik de HEERE ben.

Hoofdstuk 37

¹De hand des HEEREN was op mij, en de HEERE voerde mij uit in den geest, en zette mij neder in het midden ener vallei; dezelve nu was vol beenderen.

²En Hij deed mij bij dezelve voorbijgaan geheel rondom; en ziet, er waren zeer vele op den grond der vallei; en ziet, zij waren zeer dor.

³En Hij zeide tot mij: Mensenkind! zullen deze beenderen levend worden? En ik zeide: Heere HEERE, Gij weet het!

⁴Toen zeide Hij tot mij: Profeteer over deze beenderen, en zeg tot dezelve: Gij dorre beenderen! hoort des HEEREN woord.

⁵Alzo zegt de Heere HEERE tot deze beenderen: Ziet, Ik zal den geest in u brengen, en gij zult levend worden.

⁶En Ik zal zenuwen op u leggen, en vlees op u doen opkomen, en een huid over u trekken, en den geest in u geven, en gij zult levend worden; en gij zult weten, dat Ik de HEERE ben.

⁷Toen profeteerde ik, gelijk mij bevolen was, en er werd een geluid, als ik profeteerde, en ziet een beroering! en de beenderen naderden, elk been tot zijn been.

⁸En ik zag, en ziet, en er werden zenuwen op dezelve, en er kwam vlees op; en Hij trok een huid boven over dezelve, maar er was geen geest in hen.

⁹En Hij zeide tot mij: Profeteer tot den geest; profeteer, mensenkind! en zeg tot den geest: Zo zegt de Heere HEERE: Gij geest! kom aan van de vier winden, en blaas in deze gedoden, opdat zij levend worden.

¹⁰En ik profeteerde, gelijk als Hij mij bevolen had. Toen kwam de geest in hen, en zij werden levend en stonden op hun voeten, een gans zeer groot heir.

¹¹Toen zeide Hij tot mij: Mensenkind! deze beenderen zijn het ganse huis Israels; ziet, zij zeggen: Onze beenderen zijn verdord, en onze verwachting is verloren, wij zijn afgesneden.

¹²Daarom, profeteer en zeg tot hen: Zo zegt de Heere HEERE: Ziet, Ik zal uw graven openen, en zal ulieden uit uw graven doen opkomen, o Mijn volk! en Ik zal u brengen in het land Israels.

¹³En gij zult weten, dat Ik de HEERE ben, als Ik uw graven zal hebben geopend, en als Ik u uit uw graven zal hebben doen opkomen, o Mijn volk!

¹⁴En Ik zal Mijn Geest in u geven, en gij zult leven, en Ik zal u in uw land zetten; en gij zult weten, dat Ik, de HEERE, dit gesproken en gedaan heb, spreekt de HEERE.

¹⁵Wijders geschiedde des HEEREN woord tot mij, zeggende:

¹⁶Gij nu, mensenkind! neem u een hout, en schrijf daarop: Voor Juda, en voor de kinderen Israels, zijn metgezellen; en neem een ander hout, en schrijf daarop: Voor Jozef, het hout van Efraim, en van het ganse huis Israels, zijn metgezellen.

¹⁷Doe gij ze dan naderen, het een tot het ander tot een enig hout; en zij zullen tot een worden in uw hand.

¹⁸En wanneer de kinderen uws volks tot u zullen spreken, zeggende: Zult gij ons niet te kennen geven, wat u deze dingen zijn?

¹⁹Zo spreek tot hen: Alzo zegt de Heere HEERE: Ziet, Ik zal het hout van Jozef, dat in Efraims hand geweest is, en van de stammen Israels, zijn metgezellen, nemen, en Ik zal dezelve met hem voegen tot het hout van Juda, en zal ze maken tot een enig hout; en zij zullen een worden in Mijn hand.

²⁰De houten nu, op dewelke gij zult geschreven hebben, zullen in uw hand zijn voor hunlieder ogen.

²¹Spreek dan tot hen: Zo zegt de Heere HEERE: Ziet, Ik zal de kinderen Israels halen uit het midden der heidenen, waarhenen zij getogen zijn, en zal ze vergaderen van rondom, en brengen hen in hun land;

²²En Ik zal ze maken tot een enig volk in het land, op de bergen Israels; en zij zullen allen te zamen een enigen Koning tot koning hebben; en zij zullen niet meer tot twee volken zijn, noch voortaan meer in twee koninkrijken verdeeld zijn.

²³En zij zullen zich niet meer verontreinigen met hun drekgoden, en met hun verfoeiselen, en met al hun overtredingen; en Ik zal ze verlossen uit al hun woonplaatsen, in dewelke zij gezondigd hebben, en zal ze reinigen; zo zullen zij Mij tot een volk zijn, en Ik zal hun tot een God zijn.

²⁴En Mijn Knecht David zal Koning over hen zijn; en zij zullen allen te zamen een Herder hebben; en zij zullen in Mijn rechten wandelen, en Mijn inzettingen bewaren en die doen.

²⁵En zij zullen wonen in het land, dat Ik Mijn knecht Jakob gegeven heb, waarin uw vaders gewoond hebben; ja, daarin zullen zij wonen, zij en hun kinderen, en hun kindskinderen tot in eeuwigheid, en Mijn Knecht David zal hunlieder Vorst zijn tot in eeuwigheid.

²⁶En Ik zal een verbond des vredes met hen maken, het zal een eeuwig verbond met hen zijn; en Ik zal ze inzetten en zal ze vermenigvuldigen, en Ik zal Mijn heiligdom in het midden van hen zetten tot in eeuwigheid.

²⁷En Mijn tabernakel zal bij hen zijn, en Ik zal hun tot een God zijn, en zij zullen Mij tot een volk zijn.

²⁸En de heidenen zullen weten, dat Ik de HEERE ben, Die Israel heilige, als Mijn heiligdom in het midden van hen zal zijn tot in eeuwigheid.

Hoofdstuk 38

¹Wijders geschiedde des HEEREN woord tot mij, zeggende:

²Mensenkind! zet uw aangezicht tegen Gog, het land van Magog, den hoofdvorst van Mesech en Tubal; en profeteer tegen hem,

³En zeg: Zo zegt de Heere HEERE: Zie, Ik wil aan u, o Gog, gij hoofdvorst van Mesech en Tubal!

⁴En Ik zal u omwenden, en haken in uw kaken leggen, en Ik zal u uitvoeren, mitsgaders uw ganse heir, paarden en ruiteren, die altemaal volkomen wel gekleed zijn, een grote vergadering, met rondas en schild, die altemaal zwaarden handelen;

⁵Perzen, Moren en Puteers met hen, die altemaal schild en helm voeren;

⁶Gomer en al zijn benden, en het huis van Togarma, aan de zijden van het noorden, en al zijn benden; vele volken met u.

⁷Zijt bereid en maakt u gereed, gij en uw ganse vergadering, die tot u vergaderd zijn; en wees gij hun tot een wacht.

⁸Na vele dagen zult gij bezocht worden; in het laatste der jaren zult gij komen in het land, dat wedergebracht is van het zwaard, dat vergaderd is uit vele volken, op de bergen Israels, die steeds tot verwoesting geweest zijn; als hetzelve land uit de volken zal uitgevoerd zijn, en zij allemaal zeker zullen wonen.

⁹Dan zult gij optrekken, gij zult aankomen als een onstuimige verwoesting, gij zult zijn als een wolk, om het land te bedekken; gij en al uw benden, en vele volken met u.

¹⁰Alzo zegt de Heere HEERE: Te dien dage zal het ook geschieden, dat er raadslagen in uw hart zullen opkomen, en gij zult een kwade gedachte denken,

¹¹En zult zeggen: Ik zal optrekken naar dat dorpland, ik zal komen tot degenen, die in rust zijn, die zeker wonen, die altemaal wonen zonder muur, en grendel noch deuren hebben.

¹²Om buit te buiten, en om roof te roven; om uw hand te wenden tegen de woeste plaatsen, die nu bewoond zijn, en tegen een volk, dat uit de heidenen verzameld is, dat vee en have verkregen heeft, wonende in het midden des lands.

¹³Scheba, en Dedan, en de kooplieden van Tarsis, en alle hun jonge leeuwen zullen tot u zeggen: Komt gij, om buit te buiten? hebt gij uw vergadering vergaderd, om roof te roven? om zilver en goud weg te voeren, om vee en have weg te nemen, om een groten buit te buiten?

¹⁴Daarom profeteer, o mensenkind! en zeg tot Gog: Zo zegt de Heere HEERE: Zult gij het, te dien dage, als Mijn volk Israel zeker woont, niet gewaar worden?

¹⁵Gij zult dan komen uit uw plaats, uit de zijden van het noorden, gij en vele volken met u; die altemaal op paarden zullen rijden, een grote vergadering, en een machtig heir;

¹⁶En gij zult optrekken tegen Mijn volk Israel, als een wolk, om het land te bedekken; in het laatste der dagen zal het geschieden; dan zal Ik u aanbrengen tegen Mijn land, opdat de heidenen Mij kennen, als Ik aan u, o Gog! voor hun ogen zal geheiligd worden.

¹⁷Zo zegt de Heere HEERE: Zijt gij die, van welken Ik in verleden dagen gesproken heb, door den dienst Mijner knechten, de profeten Israels, die in die dagen geprofeteerd hebben, jaren lang, dat Ik u tegen hen zou aanbrengen?

¹⁸Maar het zal geschieden te dien dage, ten dage als Gog tegen het land Israels zal aankomen, spreekt de Heere HEERE, dat Mijn grimmigheid in Mijn neus zal opkomen.

¹⁹Want Ik heb gesproken in Mijn ijver, in het vuur Mijner verbolgenheid: Zo er niet, te dien dage, een groot beven zal zijn in het land Israels!

²⁰Zodat van Mijn aangezicht beven zullen de vissen der zee, en het gevogelte des hemels, en het gedierte des velds, en al het kruipend gediertte, dat op het aardrijk kruipt, en alle mensen, die op den aardbodem zijn; en de bergen zullen nedergeworpen worden, en de

steile plaatsen zullen nedervallen, en alle muren zullen ter aarde nedervallen.

²¹Want Ik zal het zwaard over hem roepen op al Mijn bergen, spreekt de Heere HEERE; het zwaard van een ieder zal tegen zijn broeder zijn.

²²En Ik zal met hem rechten, door pestilentie en door bloed; en Ik zal een overstelpenden plasregen, en grote hagelstenen, vuur en zwavel regenen op hem, en op zijn benden, enop de vele volken, die met hem zullen zijn.

²³Alzo zal Ik Mij groot maken, en Mij heiligen, en bekend worden voor de ogen van vele heidenen; en zij zullen weten, dat Ik de HEERE ben.

Hoofdstuk 39

¹Voorts, gij mensenkind! profeteer tegen Gog, en zeg: Zo zegt de Heere HEERE: Zie, Ik wil aan u, o Gog, hoofdvorst van Mesech en Tubal!

²En Ik zal u omwenden, en een zeshaak in u slaan, en u optrekken uit de zijden van het noorden, en Ik zal u brengen op de bergen Israels.

³Maar Ik zal uw boog uit uw linkerhand slaan, en Ik zal uw pijlen uit uw rechterhand doen vallen.

⁴Op de bergen Israels zult gij vallen, gij en al uw benden, en de volken, die met u zijn; Ik heb u aan de roofvogelen, aan het gevogelte van allen vleugel, en aan het gedierte desvelds ter spijze gegeven.

⁵Op het open veld zult gij vallen; want Ik heb het gesproken, spreekt de Heere HEERE.

⁶En Ik zal een vuur zenden in Magog, en onder degenen, die in de eilanden zeker wonen; en zij zullen weten, dat Ik de HEERE ben.

⁷En Ik zal Mijn heiligen Naam in het midden van Mijn volk Israel bekend maken, en zal Mijn heiligen Naam niet meer laten ontheiligen; en de heidenen zullen weten, dat Ik deHEERE ben, de Heilige in Israel.

⁸Ziet, het komt en zal geschieden, spreekt de Heere HEERE; dit is de dag, van welken Ik gesproken heb.

⁹En de inwoners der steden Israels zullen uitgaan, en vuur stoken en branden van de wapenen, zo van schilden als rondassen, van bogen en van pijlen, zo van handstokken alsvan spiesen; en zij zullen daarvan vuur stoken zeven jaren;

¹⁰Zodat zij geen hout uit het veld zullen dragen, noch uit de wouden houwen, maar van de wapenen vuur stoken; en zij zullen beroven degenen, die hen beroofd hadden, enplunderen, die hen geplunderd hadden, spreekt de Heere HEERE.

¹¹En het zal te dien dage geschieden, dat Ik aan Gog aldaar een grafstede in Israel zal geven, het dal der doorgangers naar het oosten der zee; en datzelve zal den doorgangersden neus stoppen; en aldaar zullen zij begraven Gog en zijn ganse menigte, en zullen het noemen: Het dal van Gogs menigte.

¹²Het huis Israels nu zal hen begraven, om het land te reinigen, zeven maanden lang.

¹³Ja, al het volk des lands zal begraven, en het zal hun tot een naam zijn, ten dage als Ik zal verheerlijkt zijn, spreekt de Heere HEERE.

¹⁴Ook zullen zij mannen uitscheiden, die gestadig door het land doorgaan, en doodgravers met de doorgangers, om te begraven degenen, die op den aardbodem zijnovergelaten, om dien te reinigen; ten einde van zeven maanden zullen zij onderzoek doen.

¹⁵En deze doorgangers zullen door het land doorgaan, en als iemand een mensenbeen ziet, zo zal hij een merkteken daarbij oprichten; totdat de doodgravers hetzelve zullenhebben begraven in het dal van Gogs menigte.

¹⁶Ook zo zal de naam der stad Hamona zijn. Alzo zullen zij het land reinigen.

¹⁷Gij dan, mensenkind! zo zegt de Heere HEERE: Zeg tot het gevogelte van allen vleugel, en tot al het gedierte des velds: Vergadert u, en komt aan, verzamelt u van rondom, totMijn slachtoffer, dat Ik voor u geslacht heb, een groot slachtoffer, op de bergen Israels, en eet vlees, en drink bloed.

¹⁸Het vlees der helden zult gij eten, en het bloed van de vorsten der aarde drinken; der rammen, der lammeren, en bokken, en varren, die altemaal gemesten van Basan zijn.

¹⁹En gij zult het vette eten tot verzadiging toe, en bloed drinken tot dronkenschap toe; van Mijn slachtoffer, dat Ik voor u geslacht heb.

²⁰En gij zult verzadigd worden aan Mijn tafel van rij paarden en wagen paarden, van helden en alle krijgslieden, spreekt de Heere HEERE.

²¹En Ik zal Mijn eer zetten onder de heidenen; en alle heidenen zullen Mijn oordeel zien, dat Ik gedaan heb, en Mijn hand, die Ik aan hen gelegd heb.

²²En die van het huis Israels zullen weten, dat Ik, de HEERE, hunlieder God ben, van dien dag af en voortaan.

²³En de heidenen zullen weten, dat die van het huis Israels gevankelijk zijn weggevoerd om hun ongerechtigheid, omdat zij tegen Mij hadden overtreden, en dat Ik Mijn aangezichtvoor hen verborgen heb, en heb ze overgegeven in de hand hunner wederpartijders, zodat zij altemaal door het zwaard gevallen zijn;

²⁴Naar hun onreinigheid en naar hun overtredingen heb Ik met hen gehandeld, en Ik heb Mijn aangezicht voor hen verborgen.

²⁵Daarom zo zegt de Heere HEERE: Nu zal Ik Jakobs gevangenen wederbrengen, en zal Mij ontfermen over het ganse huis Israels, en Ik zal ijveren over Mijn heiligen Naam;

²⁶Als zij hun schande zullen gedragen hebben, en al hun overtreding, met dewelke zij tegen Mij hebben overtreden, toen zij in hun land zeker woonden, en er niemand was, diehen verschrikte.

²⁷Als Ik hen zal hebben wedergebracht uit de volken, en hen vergaderd zal hebben uit de landen hunner vijanden, en Ik aan hen geheiligd zal zijn voor de ogen van vele heidenen;

²⁸Dan zullen zij weten, dat Ik, de HEERE, hunlieder God ben, dewijl Ik ze gevankelijk heb doen wegvoeren onder de heidenen, maar heb ze weder verzameld in hun land, en hebaldaar niemand van hen meer overgelaten.

²⁹En Ik zal Mijn aangezicht voor hen niet meer verbergen, wanneer Ik Mijn Geest over het huis Israels zal hebben uitgegoten, spreekt de Heere HEERE.

Hoofdstuk 40

¹In het vijf en twintigste jaar onzer gevankelijke wegvoering, in het begin des jaars, op den tienden der maand, in het veertiende jaar, nadat de stad geslagen was; even opdienzelfden dag, was de hand des HEEREN op mij, en Hij bracht mij derwaarts.

²In de gezichten Gods bracht Hij mij in het land Israels, en Hij zette mij op een zeer hogen berg; en aan denzelven was als een gebouw ener stad tegen het zuiden.

³Als Hij mij daarhenen gebracht had, ziet, zo was er een man, wiens gedaante was als de gedaante van koper; en in zijn hand was een linnen snoer, en een meetriet; en hij stondin de poort.

⁴En die man sprak tot mij: Mensenkind! zie met uw ogen, en hoor met uw oren, en zet uw hart op alles, wat ik u zal doen zien; want, opdat ik u zou doen zien, zijt gij herwaartsgebracht; verkondig daarna den huize Israels alles, wat gij ziet.

⁵En ziet, er was een muur buiten aan het huis, rondom henen, en in des mans hand was een meetriet van zes ellen, elke el van een el en een handbreed, en hij mat de breedtedes gebouws een riet, en de hoogte een riet.

⁶Toen kwam hij tot de poort, welke zag den weg naar het oosten, en hij ging bij derzelver trappen op, en mat den dorpel der poort een riet de breedte, en den anderen dorpel eenriet de breedte.

⁷En elk kamertje een riet de lengte, en een riet de breedte; en tussen de kamertjes vijf ellen; en den dorpel der poort, bij het voorhuis der poort van binnen, een riet.

⁸Ook mat hij het voorhuis der poort van binnen, een riet.

⁹Toen mat hij het andere voorhuis der poort, acht ellen, en haar posten twee ellen; en het voorhuis der poort was van binnen.

¹⁰En de kamertjes der poort, den weg naar het oosten, waren drie van deze, en drie van gene zijde; die drie hadden enerlei maat; ook hadden de posten, van deze en van genezijde, enerlei maat.

¹¹Voorts mat hij de wijdte der deur van de poort, tien ellen; de lengte der poort, dertien ellen.

¹²En er was een ruim voor aan de kamertjes, van een el van deze, en een ruim van een el van gene zijde; en elk kamertje zes ellen van deze, en zes ellen van gene zijde.

¹³Toen mat hij de poort van het dak van het ene kamertje af tot aan het dak van een ander; de breedte was vijf en twintig ellen; deur was tegenover deur.

¹⁴Ook maakte hij posten van zestig ellen, namelijk tot den post des voorhofs, rondom de poort henen.

¹⁵En van het voorste deel der poort des ingangs, tot aan het voorste deel van het voorhuis van de binnenpoort, waren vijftig ellen.

¹⁶En er waren gesloten vensters aan de kamertjes, en aan hun posten inwaarts in de poort rondom henen; alzo ook aan de voorhuizen; de vensters nu waren rondom heneninwaarts, en aan de posten waren palmbomen.

¹⁷Voorts bracht hij mij in het buitenste voorhof, en ziet, er waren kameren, en een plaveisel, dat gemaakt was in het voorhof rondom henen; dertig kameren waren er op hetplaveisel.

¹⁸Het plaveisel nu was aan de zijde van de poorten, tegenover de

Ezechiël

lengte van de poorten; dit was het benedenste plaveisel.

¹⁹En hij mat de breedte, van het voorste deel der benedenste poort af, voor aan het binnenste voorhof, van buiten, honderd ellen, oostwaarts en noordwaarts.

²⁰Aangaande de poort nu, die den weg naar het noorden zag, aan het buitenste voorhof, hij mat derzelver lengte en derzelver breedte.

²¹En haar kamertjes, drie van deze en drie van gene zijde; en haar posten en haar voorhuizen waren naar de maat der eerste poort; vijftig ellen haar lengte, en de breedte van vijfen twintig ellen.

²²En vensters, en haar voorhuizen, en haar palmbomen, waren naar de maat der poort, die den weg naar het oosten zag; en men ging daarin op met zeven trappen, en haar voorhuizen waren voor aan dezelve.

²³De poort nu van het binnenste voorhof was tegenover de poort van het noorden en van het oosten; en hij mat van poort tot poort honderd ellen.

²⁴Daarna voerde hij mij den weg naar het zuiden; en ziet, er was een poort den weg naar het zuiden; en hij mat derzelver posten, en derzelver voorhuizen, naar deze maten.

²⁵En zij had vensteren, ook aan haar voorhuizen, rondom henen, gelijk deze vensteren; de lengte was vijftig ellen, en de breedte vijf en twintig ellen.

²⁶En haar opgangen waren van zeven trappen, en haar voorhuizen waren voor aan dezelve; en zij had palmbomen, een van deze, en een van gene zijde aan haar posten.

²⁷Ook was er een poort in het binnenste voorhof, den weg naar het zuiden; en hij mat van poort tot poort, den weg naar het zuiden, honderd ellen.

²⁸Voorts bracht hij mij door de zuiderpoort tot het binnenvoorhof; en hij mat de zuiderpoort naar deze maten.

²⁹En haar kamertjes, en haar posten, en haar voorhuizen waren naar deze maten; en zij had vensteren, ook in haar voorhuizen, rondom henen; de lengte was vijftig ellen, en debreedte vijf en twintig ellen.

³⁰En er waren voorhuizen rondom henen; de lengte was vijf en twintig ellen, en de breedte vijf ellen.

³¹En haar voorhuizen waren aan het buitenste voorhof, ook waren er palmbomen aan haar posten, en haar opgangen waren van acht trappen.

³²Daarna bracht hij mij tot het binnenste voorhof, den weg naar het oosten; en hij mat de poort, naar deze maten;

³³Ook haar kamertjes, en haar posten, en haar voorhuizen naar deze maten; en zij had vensteren ook aan haar voorhuizen, rondom henen; de lengte was vijftig ellen, en debreedte vijf en twintig ellen.

³⁴En haar voorhuizen waren aan het buitenste voorhof; ook waren er palmbomen aan haar posten, van deze en van gene zijde; en haar opgangen waren van acht trappen.

³⁵Daarna bracht hij mij tot de noorderpoort; en hij mat naar deze maten.

³⁶Haar kamertjes, haar posten en haar voorhuizen; ook had zij vensteren rondom henen; de lengte was vijftig ellen, en de breedte vijf en twintig ellen.

³⁷En haar posten waren aan het buitenste voorhof; ook waren er palmbomen aan haar posten, van deze en van gene zijde; en haar opgangen waren van acht trappen.

³⁸Haar kameren nu en haar deuren waren bij de posten der poorten; aldaar wies men het brandoffer.

³⁹En in het voorhuis der poort waren twee tafelen van deze, en twee tafelen van gene zijde, om daarop te slachten het brandoffer, en het zondoffer, en het schuldoffer.

⁴⁰Ook waren er aan de zijde van buiten des opgangs, aan de deur der noorderpoort, twee tafelen; en aan de andere zijde, die aan het voorhuis der poort was, twee tafelen.

⁴¹Vier tafelen van deze, en vier tafelen van gene zijde, aan de zijde der poort, acht tafelen, waarop men slachtte.

⁴²Maar de vier tafelen voor het brandoffer waren van gehouwen stenen, de lengte een el en een halve, en de breedte een el en een halve, en de hoogte een el; op dezelve nulegde men het gereedschap henen, waarmede men het brandoffer en slachtoffer slachtte.

⁴³De haardstenen nu waren een handbreed dik, ordentelijk geschikt in het huis rondom henen; en op de tafelen was het offervlees.

⁴⁴En van buiten de binnenste poort waren de kameren der zangers, in het binnenste voorhof, dat aan de zijde van de noorderpoort was; en het voorste deel derzelve was den wegnaar het zuiden; een was er aan de zijde van de oostpoort, ziende den weg naar het noorden.

⁴⁵En hij sprak tot mij: Deze kamer, welker voorste deel den weg naar het zuiden is, is voor de priesters, die de wacht des huizes waarnemen.

⁴⁶Maar de kamer, welker voorste deel den weg naar het noorden is, is voor de priesteren, die de wacht des altaars waarnemen; dat zijn de kinderen van Zadok, die uit de kinderenvan Levi tot den HEERE naderen, om Hem te dienen.

⁴⁷En hij mat het voorhof: de lengte honderd ellen, en de breedte honderd ellen, vierkant; en het altaar was voor aan het huis.

⁴⁸Toen bracht hij mij tot het voorhuis des huizes, en hij mat elken post van het voorhuis, vijf ellen van deze, en vijf ellen van gene zijde; en de breedte der poort, drie ellen van deze, en drie ellen van gene zijde.

⁴⁹De lengte van het voorhuis twintig ellen, en de breedte elf ellen; en het was met trappen, bij dewelke men daarin opging; ook waren er pilaren aan de posten, een van deze, eneen van gene zijde.

Hoofdstuk 41

¹Voorts bracht hij mij tot den tempel; en hij mat de posten, zes ellen de breedte van deze, en zes ellen de breedte van gene zijde, de breedte der tent.

²En de breedte der deur, tien ellen, en de zijden der deur, vijf ellen van deze, en vijf ellen van gene zijde; ook mat hij de lengte daarvan, veertig ellen, en de breedte twintig ellen.

³Daarna ging hij in naar binnen, en mat den post der deur, twee ellen; en de deur zes ellen, en de breedte der deur zeven ellen.

⁴Ook mat hij de lengte daarvan, twintig ellen, en de breedte twintig ellen voor aan den tempel; en hij zeide tot mij: Dit is de heiligheid der heiligheden.

⁵En hij mat den wand des huizes zes ellen; en de breedte van elke zijkamer, vier ellen, rondom het huis henen rondom.

⁶De zijkameren nu waren zijkamer boven zijkamer, drie, en dat dertig malen, en zij kwamen in den wand, die aan het huis was, tot die zijkamers rondom henen, opdat zijvastgehouden mochten worden; want zij werden niet vastgehouden in den wand des huizes.

⁷En het was voor de zijkameren opwaarts naar boven al wijder, en gaf zich rondom; want het huis was omsingeld opwaarts naar boven, rondom het huis henen; daarom was debreedte des huizes naar boven; en alzo ging het onderste op naar het bovenste door het middelste.

⁸En ik zag de hoogte des huizes rondom henen. De fondamenten der zijkameren waren van een vol riet, zes ellen, de el tot den oksel toe genomen.

⁹De breedte van den wand, die tot de zijkameren was naar buiten, was vijf ellen; en dat ledig gelaten was, was de plaats der zijkameren, die aan het huis waren.

¹⁰En tussen de kameren was een breedte van twintig ellen, rondom het huis, rondom henen.

¹¹De deuren nu van de zijkameren waren naar het ledig gelatene toe, de ene deur den weg naar het noorden, en de andere deur naar het zuiden; en de breedte van de lediggelatene plaats was vijf ellen rondom henen.

¹²Voorts van het gebouw, dat voor aan de afgesneden plaats was in den hoek des wegs naar het westen, was de breedte zeventig ellen, en van den wand des gebouws was debreedte vijf ellen rondom henen, en de lengte daarvan negentig ellen.

¹³Voorts mat hij het huis, de lengte honderd ellen; ook de afgesneden plaats en het gebouw, en de wanden daarvan, de lengte honderd ellen.

¹⁴En de breedte van het voorste deel des huizes, en der afgesneden plaats tegen het oosten, honderd ellen.

¹⁵Ook mat hij de lengte des gebouws voor aan de afgesneden plaats dat achter dezelve was, en derzelver galerijen van deze en van gene zijde, honderd ellen; met den binnenstentempel, en de voorhuizen des voorhofs.

¹⁶De dorpelen, en de gesloten vensters en de galerijen rondom die drie, tegenover den dorpel, waren beschoten met hout rondom henen, en van de aarde tot aan de vensteren; de vensteren waren bedekt;

¹⁷Tot hetgeen boven de deur was, en tot het binnenste en buitenste huis toe, en aan den gansen wand rondom henen in het binnenste en buitenste, al bij maten.

¹⁸En het was gemaakt met cherubs en palmbomen; zodat er een palmboom was tussen cherub en cherub, en elke cherub had twee aangezichten;

¹⁹Namelijk, eens mensen aangezicht tegen den palmboom van deze, en eens jongen leeuws aangezicht tegen den palmboom van gene zijde; gemaakt in het ganse huis rondomhenen.

²⁰Van de aarde af tot boven de deur waren de cherubs en de palmbomen gemaakt, ook aan den wand des tempels.

²¹De posten des tempels waren vierkant; en aangaande het voorste deel des heiligdoms, de ene gedaante was als de andere gedaante.

²²De hoogte des houten altaars was drie ellen, en zijn lengte twee ellen, en het had zijn hoeken; en zijn lengte en zijn wanden waren van

hout. En hij sprak tot mij: Dit is de tafel, dievoor des HEEREN aangezicht zal zijn.

²³De tempel nu en het heiligdom hadden beide twee deuren.

²⁴En er waren twee bladen aan de deuren; te weten twee bladen, die men omdraaien kon; twee aan de ene deur, en twee bladen aan de andere.

²⁵En aan dezelve, namelijk aan de deuren des tempels, waren cherubs en palmbomen gemaakt, gelijk als er aan de wanden gemaakt waren; en het hout aan het voorste deel vanhet voorhuis van buiten was dik.

²⁶En aan de gesloten vensteren waren ook palmbomen van deze en van gene zijde, aan de zijden van het voorhuis; en aan de zijkameren van het huis, en aan de dikke planken.

Hoofdstuk 42

¹Daarna bracht hij mij uit tot het buitenste voorhof; den weg naar den weg van het noorden; en hij bracht mij tot de kameren, die tegenover de afgesneden plaats, en dietegenover het gebouw tegen het noorden waren:

²Voor aan de lengte van de honderd ellen naar de deur van het noorden; en de breedte was vijftig ellen.

³Tegenover de twintig ellen, die het binnenste voorhof had, en tegenover het plaveisel, dat het buitenste voorhof had, was galerij tegen galerij, in drie rijen.

⁴En voor de kameren was een wandeling van tien ellen de breedte; naar binnen toe, en een weg van een el; en de deuren van dezelve waren tegen het noorden.

⁵De bovenste kameren nu waren nauwer (omdat de galerijen hoger waren dan dezelve), dan de onderste en dan de middelste des gebouws.

⁶Want zij waren wel van drie rijen, maar hadden geen pilaren gelijk de pilaren der voorhoven; daarom waren zij benauwder dan de onderste en dan de middelste van de aarde af.

⁷De muur nu, die naar buiten tegenover de kameren was, den weg naar het buitenste voorhof, voor aan de kameren, de lengte van dien was vijftig ellen.

⁸Want de lengte der kameren, die het buitenste voorhof had, was vijftig ellen; en ziet, voor aan den tempel waren honderd ellen.

⁹Van onder deze kameren nu was de ingang van het oosten, als iemand tot dezelve ingaat, uit het buitenste voorhof.

¹⁰Aan de breedte van den muur des voorhofs, den weg naar het oosten, voor aan de afgesneden plaats, en voor aan het gebouw, waren kameren.

¹¹En de weg voor dezelve henen was als de gedaante der kameren, die den weg naar het noorden waren, naar derzelver lengte, alzo naar derzelver breedte; en al haar uitgangenwaren ook naar derzelver wijzen en naar derzelver deuren.

¹²En gelijk de deuren der kameren, die den weg naar het zuiden waren, was er een deur in het hoofd van den weg, den weg voor aan den rechten muur, den weg naar het oosten, als men daar ingaat.

¹³Toen zeide hij tot mij: De kameren van het noorden, en de kameren van het zuiden, die voor aan de afgesneden plaats zijn, dat zijn heilige kameren, waarin de priesters, die totden HEERE naderen, die allerheiligste dingen zullen eten; aldaar zullen zij de allerheiligste dingen henenleggen, en het spijsoffer, en het zondoffer, en het schuldoffer, want deplaats is heilig.

¹⁴Als de priesters ingegaan zullen zijn, zo zullen zij uit het heiligdom niet weder uitgaan in het buitenste voorhof, maar aldaar hun klederen henenleggen, in dewelke zij gediendhebben, want die zijn een heiligheid; en zij zullen andere klederen aantrekken, en naderen tot hetgeen voor het volk is.

¹⁵Als hij nu de maten van het binnenste huis geeindigd had, zo bracht hij mij uit, den weg naar de poort, die den weg naar het oosten zag, en hij mat ze rondom henen.

¹⁶Hij mat de oostzijde met het meetriet; vijfhonderd rieten, met het meetriet, rondom.

¹⁷Hij mat de noordzijde, vijfhonderd rieten, met het meetriet, rondom.

¹⁸De zuidzijde mat hij, vijfhonderd rieten, met het meetriet.

¹⁹Hij ging om naar de westzijde, en hij mat vijfhonderd rieten, met het meetriet.

²⁰Hij mat het aan de vier zijden; het had een muur rondom henen, de lengte was vijfhonderd rieten, en de breedte vijfhonderd, om onderscheid te maken tussen het heilige enonheilige.

Hoofdstuk 43

¹Toen leidde hij mij tot de poort, de poort, die den weg naar het oosten zag.

²En ziet, de heerlijkheid des Gods van Israel kwam van den weg naar het oosten; en Zijn stem was als het geruis van vele wateren, en de aarde werd verlicht van Zijn heerlijkheid.

³En alzo was de gedaante van het gezicht, dat ik zag, gelijk het gezicht, dat ik gezien had, toen ik kwam, om de stad te verderven; en het waren gezichten, als het gezicht, dat ikgezien had aan de rivier Chebar; en ik viel op mijn aangezicht.

⁴En de heerlijkheid des HEEREN kwam in het huis, door den weg der poort, die den weg naar het oosten zag.

⁵En de Geest nam mij op, en bracht mij in het binnenste voorhof; en ziet, de heerlijkheid des HEEREN had het huis vervuld.

⁶En ik hoorde Een, Die met mij sprak, uit het huis; en de man was bij mij staande.

⁷En Hij zeide tot mij: Mensenkind! dit is de plaats Mijns troons, en de plaats der zolen Mijner voeten, alwaar Ik wonen zal in het midden der kinderen Israels, in eeuwigheid; en dievan het huis Israels zullen Mijn heiligen Naam niet meer verontreinigen, zij noch hun koningen, met hun hoererij en met de dode lichamen hunner koningen, op hun hoogten;

⁸Als zij hun dorpel stelden aan Mijn dorpel, en hun post nevens Mijn post, dat er maar een wand tussen Mij en tussen hen was, en verontreinigden Mijn heiligen Naam met hungruwelen, die zij deden; waarom Ik ze verteerd heb in Mijn toorn.

⁹Nu zullen zij hun hoererij en de dode lichamen hunner koningen verre van Mij wegdoen; en Ik zal in het midden van hen wonen in eeuwigheid.

¹⁰Gij mensenkind; wijs den huize Israels dit huis, opdat zij schaamrood worden vanwege hun ongerechtigheden, en laat ze het patroon afmeten.

¹¹En indien zij schaamrood worden vanwege alles, wat zij gedaan hebben, zo maak hun bekend den vorm van het huis, en zijn gestaltenis, en zijn uitgangen, en zijn ingangen, enal zijn vormen, en al zijn ordinantien, ja, al zijn vormen en al zijn wetten; en schrijf het voor hun ogen, opdat zij zijn gansen vorm en al zijn ordinantien bewaren, en dezelve doen.

¹²Dit is de wet van het huis: op de hoogte des bergs zal zijn ganse grens, rondom henen, een heiligheid der heiligheden zijn; ziet, dit is de wet van het huis.

¹³En dit zijn de maten des altaars, naar de ellen, zijnde de el een el en een handbreed; de boezem van een el, en een el de breedte; en zijn einde aan zijn rand rondom een span;en dit is de rug des altaars.

¹⁴Van den boezem nu op de aarde tot aan het onderste afzetsel, twee ellen; en de breedte een el; en van het kleinste afzetsel tot aan het grootste afzetsel, vier ellen, en de breedteeen el.

¹⁵En de Harel vier ellen; en van den Ariel voorts opwaarts, de vier hoornen.

¹⁶De Ariel nu, twaalf ellen de lengte, met twaalf ellen breedte, vierkant aan zijn vier zijden.

¹⁷En het afzetsel veertien ellen de lengte, met veertien ellen breedte, aan zijn vier zijden, en de rand rondom hetzelve, de helft ener el; en de boezem daaraan, een el rondom; enzijn trappen ziende naar het oosten.

¹⁸En Hij zeide tot mij: Mensenkind! zo zegt de Heere HEERE: Dit zijn de ordinantien des altaars, ten dage als men het zal maken, om brandoffer daarop te offeren, en om bloeddaarop te sprengen.

¹⁹En gij zult aan de Levietische priesteren, dewelke uit het zaad van Zadok zijn, die tot Mij naderen (spreekt de Heere HEERE), om Mij te dienen, geven een var, een jong rund, tenzondoffer.

²⁰En gij zult van deszelfs bloed nemen, en doen het aan zijn vier hoornen, en aan de vier hoeken der afzetsels, en aan den rand rondom; alzo zult gij het ontzondigen, en hetverzoenen.

²¹Daarna zult gij den var des zondoffers nemen; en hij zal hem verbranden in een bestelde plaats van het huis buiten het heiligdom.

²²En op den tweeden dag zult gij een volkomen geitenbok offeren ten zondoffer; en zij zullen het altaar ontzondigen, gelijk als zij dat ontzondigd hebben met den var.

²³Als gij een einde zult gemaakt hebben van het ontzondigen, dan zult gij een var, een volkomen jong rund, offeren, en een volkomen ram van de kudde.

²⁴En gij zult ze offeren voor het aangezicht des HEEREN; en de priesteren zullen zout daarop werpen, en zullen ze offeren ten brandoffer den HEERE.

²⁵Zeven dagen zult gij dagelijks een bok des zondoffers bereiden; ook zullen zij een var, een jong rund, en een ram van de kudde, beide

Ezechiël

volkomen bereiden.

²⁶Zeven dagen zullen zij het altaar verzoenen, en het reinigen, en zijn handen vullen.

²⁷Als zij nu deze dagen zullen voleind hebben, dan zal het op den achtsten dag en voortaan geschieden, dat de priesters uw brandoffern en uw dankoffern op het altaar zullen bereiden; en Ik zal een welgevallen aan ulieden hebben, spreekt de Heere HEERE.

Hoofdstuk 44

¹Toen deed hij mij wederkeren den weg naar de poort van het buitenste heiligdom, die naar het oosten zag; en die was toegesloten.

²En de HEERE zeide tot mij: Deze poort zal toegesloten zijn, zij zal niet geopend worden, noch iemand door dezelve ingaan, omdat de HEERE, de God Israels, door dezelve is ingegaan; daarom zal zij toegesloten zijn.

³De vorst, de vorst, die zal in dezelve zitten, om brood te eten voor het aangezicht des HEEREN; door den weg van het voorhuis der poort zal hij ingaan, en door den weg van hetzelve zal hij uitgaan.

⁴Daarna bracht hij mij den weg der noorderpoort, voor aan het huis; en ik zag, en ziet, de heerlijkheid des HEEREN had het huis des HEEREN vervuld; toen viel ik op mijn aangezicht.

⁵En de HEERE zeide tot mij: Mensenkind! zet er uw hart op, en zie met uw ogen, en hoor met uw oren alles, wat Ik met u spreken zal, van alle inzettingen van het huis des HEEREN, en van al zijn wetten; en zet uw hart op den ingang van het huis, met alle uitgangen des heiligdoms.

⁶En zeg tot die wederspannigen, tot het huis Israels: Zo zegt de Heere HEERE: Het is te veel voor ulieden, vanwege al uw gruwelen, o huis Israels.

⁷Dewijl gijlieden vreemden hebt ingebracht, onbesnedenen van hart en onbesnedenen van vlees, om in Mijn heiligdom te zijn, om dat te ontheiligen, te weten Mijn huis; als gij Mijn brood, het vette en het bloed offerdet, en zij Mijn verbond verbraken, nevens al uw gruwelen.

⁸En gijlieden hebt de wacht van Mijn heilige dingen niet waargenomen; maar gij hebt uzelven enigen tot wachters Mijner wacht gesteld in Mijn heiligdom.

⁹Alzo zegt de Heere HEERE: Geen vreemde, onbesneden van hart, en onbesneden van vlees, zal in Mijn heiligdom ingaan, van enigen vreemde, die in het midden der kinderen Israels is.

¹⁰Maar de Levieten, die verre van Mij geweken zijn, als Israel ging dolen, die van Mij zijn afgedwaald, hun drekgoden achterna, zullen wel hun ongerechtigheid dragen;

¹¹Nochtans zullen zij in Mijn heiligdom bedienaars zijn, in de ambten aan de poorten van het huis, en zij zullen het huis bedienen; zij zullen het brandoffer en het slachtoffer voor het volk slachten, en zullen voor hun aangezicht staan, om hen te dienen.

¹²Omdat zij henlieden gediend hebben voor het aangezicht hunner drekgoden, en den huize Israels tot een aanstoot der ongerechtigheid geweest zijn, daarom heb Ik Mijn hand tegen hen opgeheven, spreekt de Heere HEERE, dat zij hun ongerechtigheid zullen dragen.

¹³En zij zullen tot Mij niet naderen, om Mij het priesterambt te bedienen, en om te naderen tot al Mijn heilige dingen, tot de allerheiligste dingen; maar zullen hun schande dragen, en hun gruwelen, die zij gedaan hebben.

¹⁴Daarom zal Ik hen stellen tot wachters van de wacht des huizes, aan al zijn dienst, en aan alles, wat daarin zal gedaan worden.

¹⁵Maar de Levietische priesters, de kinderen van Zadok, die de wacht Mijns heiligdoms hebben waargenomen, als de kinderen Israels van Mij afdwaalden, die zullen tot Mij naderen, om Mij te dienen; en zullen voor Mijn aangezicht staan, om Mij het vette en het bloed te offeren, spreekt de Heere HEERE;

¹⁶Die zullen in Mijn heiligdom ingaan, en die zullen tot Mijn tafel naderen, om Mij te dienen, en zij zullen Mijn wacht waarnemen.

¹⁷En het zal geschieden, als zij tot de poorten van het binnenste voorhof zullen ingaan, dat zij linnen klederen zullen aantrekken; maar wol zal op hen niet komen, als zij dienen in de poorten van het binnenste voorhof, en inwaarts.

¹⁸Linnen huiven zullen op hun hoofd zijn, en linnen onderbroeken zullen op hun lenden zijn; zij zullen zich niet gorden in het zweet.

¹⁹En als zij uitgaan tot het buitenste voorhof, namelijk tot het buitenste voorhof tot het volk, zullen zij hun klederen, in dewelke zij gediend hebben, uittrekken, en dezelve henenleggen in de heilige kameren; en zullen andere klederen aantrekken, opdat zij het volk niet heiligen met hun klederen.

²⁰En zij zullen hun hoofd niet glad afscheren, ook de lokken niet lang laten wassen; behoorlijk zullen zij hun hoofden bescheren.

²¹Ook zal geen priester wijn drinken, als zij in het binnenste voorhof zullen ingaan.

²²Ook zullen zij zich geen weduwe of verstotene tot vrouwen nemen; maar jonge dochters van het zaad van het huis Israels, of een weduwe, die een weduwe zal geweest zijn van een priester, zullen zij nemen.

²³En zij zullen Mijn volk onderscheid leren tussen het heilige en onheilige, en hun bekend maken het onderscheid tussen het onreine en reine.

²⁴En over een twistzaak zullen zij staan om te richten; naar Mijn rechten zullen zij hen richten; en zij zullen Mijn wetten en Mijn inzettingen op al Mijn gezette hoogtijden houden, en Mijn sabbatten heiligen.

²⁵Ook zal geen van hen tot een doden mens ingaan, dat hij onrein worde; maar om een vader, of om een moeder, of om een zoon, of om een dochter, om een broeder of om een zuster, die geens mans geweest is, zullen zij zich mogen verontreinigen.

²⁶En na zijn reiniging zullen zij hem zeven dagen tellen.

²⁷En ten dage, als hij in het heilige zal ingaan, in het binnenste voorhof, om in het heilige te dienen, zal hij zijn zondoffer offeren, spreekt de Heere HEERE.

²⁸Dit nu zal hun tot een erfenis zijn: Ik ben hun Erfenis; daarom zult gij hunlieden geen bezitting geven in Israel; Ik ben hun Bezitting.

²⁹Het spijsoffer, en het zondoffer, en het schuldoffer, die zullen zij eten; ook zal al het verbannene in Israel het hunne zijn.

³⁰En de eerstelingen van alle eerste vruchten van alles, en alle hefoffer van alles, van al uw hefoffern, zullen der priesteren zijn; ook zult gij de eerstelingen van uw deeg den priester geven, om den zegen op uw huis te doen rusten.

³¹Geen aas, noch wat verscheurd is van het gevogelte, of van het vee, zullen de priesters eten.

Hoofdstuk 45

¹Als gijlieden nu het land zult doen vallen in erfenis, zo zult gij een hefoffer den HEERE offeren, tot een heilige plaats, van het land; de lengte zal zijn de lengte van vijf en twintigduizend meetrieten, en de breedte tien duizend; dat zal in zijn gehele grenzen rondom heilig zijn.

²Hiervan zullen tot het heiligdom zijn vijfhonderd met vijfhonderd, vierkant rondom; en het zal vijftig ellen hebben tot een buitenruim rondom.

³Alzo zult gij meten van deze maat, de lengte van vijf en twintig duizend, en de breedte van tien duizend; en daarin zal het heiligdom zijn met het heilige der heiligen.

⁴Dat zal een heilige plaats zijn van het land; zij zal zijn voor de priesteren, die het heiligdom bedienen, die naderen om den HEERE te dienen; en het zal hun een plaats zijn tot huizen, en een heilige plaats voor het heiligdom.

⁵Voorts zullen de Levieten, die dienaars des huizes, ook de lengte hebben van vijf en twintig duizend, en de breedte van tien duizend, hunlieden tot een bezitting, voor twintig kameren.

⁶En tot bezitting van de stad zult gij geven de breedte van vijf duizend en de lengte van vijf en twintig duizend, tegenover het heilig hefoffer; voor het ganse huis Israels zal het zijn.

⁷De vorst nu zal zijn deel hebben van deze en van gene zijde des heiligen hefoffers en der bezitting der stad, voor aan het heilig hefoffer, en voor aan de bezitting der stad; van den westerhoek westwaarts, en van den oosterhoek oostwaarts; en de lengte zal zijn tegenover een der delen, van de westergrens tot de oostergrens toe.

⁸Dit land aangaande, het zal hem tot een bezitting zijn in Israel; en Mijn vorsten zullen Mijn volk niet meer verdrukken, maar den huize Israels het land laten, naar hun stammen.

⁹Alzo zegt de Heere HEERE: Het is te veel voor u, gij vorsten Israels! doet geweld en verstoring weg, en doet recht en gerechtigheid; neemt uw uitstortingen op van Mijn volk, spreekt de Heere HEERE.

¹⁰Een rechte waag, en een rechte efa, en een rechte bath zult gijlieden hebben.

¹¹Een efa en een bath zullen van enerlei mate zijn, dat een bath het tiende deel van een homer houde; ook een efa het tiende deel van een homer; de mate daarvan zal zijn naar den homer.

¹²En de sikkel zal zijn van twintig gera; twintig sikkelen, vijf en twintig sikkelen, en vijftien sikkelen, zal ulieden een pond zijn.

¹³Dit is het hefoffer, dat gijlieden offeren zult: het zesde deel van een efa van een homer tarwe; ook zult gij het zesde deel van een efa geven van een homer gerst.

¹⁴Aangaande de inzetting van olie, van een bath olie; gij zult offeren het tiende deel van een bath uit een kor, hetwelk is een homer van tien bath, want tien bath zijn een homer.

¹⁵Voorts een lam uit de kudde, uit de tweehonderd, uit het

waterrijke land van Israel, tot spijsoffer, en tot brandoffer, en tot dankofferen om verzoening over hen te doen, spreekt de Heere HEERE.

¹⁶Al het volk des lands zal in dit hefoffer zijn, voor den vorst in Israel.

¹⁷En het zal den vorst opleggen te offeren de brandofferen, en het spijsoffer, en het drankoffer, op de feesten, en op de nieuwe maanden, en op de sabbatten, op alle gezette hoogtijden van het huis Israels; hij zal het zondoffer, en het spijsoffer, en het brandoffer, en de dankofferen doen, om verzoening te doen voor het huis Israels.

¹⁸Alzo zegt de Heere HEERE: In de eerste maand, op den eersten der maand, zult gij een volkomen var, een jong rund, nemen; en gij zult het heiligdom ontzondigen.

¹⁹En de priester zal van het bloed des zondoffers nemen, en doen het aan de posten des huizes, en aan de vier hoeken van het afzetsel des altaars, en aan de posten der poorten van het binnenste voorhof.

²⁰Alzo zult gij ook doen op den zevenden in die maand; vanwege den afdwalende, en vanwege den slechte; alzo zult gijlieden het huis verzoenen.

²¹In de eerste maand, op den veertienden dag der maand, zal ulieden het pascha zijn; een feest van zeven dagen, ongezuurde broden zal men eten.

²²En de vorst zal op denzelven dag voor zichzelven, en voor al het volk des lands, bereiden een var des zondoffers.

²³En de zeven dagen van het feest zal hij een brandoffer den HEERE bereiden, van zeven varren en zeven rammen, die volkomen zijn, dagelijks, de zeven dagen lang, en een zondoffer van een geitenbok, dagelijks.

²⁴Ook zal hij een spijsoffer bereiden, een efa tot een var, en een efa tot een ram; en een hin olie tot een efa.

²⁵In de zevende maand, op den vijftienden dag der maand zal hij op het feest desgelijks doen, zeven dagen lang; gelijk het zondoffer, gelijk het brandoffer, en gelijk het spijsoffer, en gelijk de olie.

Hoofdstuk 46

¹Alzo zegt de Heere HEERE: De poort van het binnenste voorhof, die naar het oosten ziet; zal de zes werkdagen gesloten zijn; maar op den sabbatdag zal zij geopend worden; ook zal zij geopend worden op den dag van de nieuwe maan.

²En de vorst zal ingaan door den weg van het voorhuis derzelve poort van buiten, en zal staan aan den post van de poort; en de priesters zullen zijn brandofferen en zijn dankofferen bereiden, en hij zal aanbidden aan den dorpel der poort, en daarna uitgaan; doch de poort zal niet gesloten worden tot op den avond.

³Ook zal het volk des lands aanbidden voor de deur derzelve poort, op de sabbatten en op de nieuwe manen, voor het aangezicht des HEEREN.

⁴Het brandoffer nu, dat de vorst den HEERE zal offeren, zal op den sabbatdag zijn, zes volkomen lammeren, en een volkomen ram.

⁵En het spijsoffer, een efa tot den ram, maar tot de lammeren zal het spijsoffer een gave zijner hand zijn; en olie, een hin tot een efa.

⁶Maar op den dag van de nieuwe maan, een var, een jong rund, van de volkomene, en zes lammeren, en een ram; volkomen zullen zij zijn.

⁷En ten spijsoffer zal hij bereiden een efa tot den var, en een efa tot den ram; maar tot de lammeren, zoals zijn hand bekomen zal; en een hin olie tot een efa.

⁸En als de vorst ingaat, zal hij door den weg van het voorhuis der poort ingaan, en door deszelfs weg weder uitgaan.

⁹Maar als het volk des lands voor het aangezicht des HEEREN komt, op de gezette hoogtijden, die door den weg van de noorderpoort ingaat om te aanbidden, zal door den weg van de zuiderpoort weder uitgaan; en die door den weg van de zuiderpoort ingaat, zal door den weg van de noorderpoort weder uitgaan; hij zal niet wederkeren door den weg der poort, door dewelke hij is ingegaan, maar recht voor zich henen uitgaan.

¹⁰De vorst nu zal in het midden van hen ingaan, als zij ingaan; en als zij uitgaan, zullen zij samen uitgaan.

¹¹Voorts op de feesten, en op de gezette hoogtijden zal het spijsoffer zijn, een efa tot een var, en een efa tot een ram; maar tot de lammeren, een gave zijner hand; en olie, een hin tot een efa.

¹²En als de vorst een vrijwillig offer zal doen, een brandoffer of dankofferen tot een vrijwillig offer den HEERE, zo zal men hem de poort openen, die naar het oosten ziet; en hij zal zijn brandoffer en zijn dankofferen doen, gelijk als hij zal gedaan hebben op den sabbatdag; en als hij weder uitgaat, zal men de poort sluiten, nadat hij uitgegaan zal zijn.

¹³Wijders zult gij een volkomen eenjarig lam dagelijks bereiden ten brandoffer den HEERE; alle morgens zult gij dat bereiden.

¹⁴En gij zult ten spijsoffer daarop doen, alle morgens een zesde deel van een efa, en olie een derde deel van een hin, om de meelbloem te bedruipen; tot een spijsoffer den HEERE, tot eeuwige inzettingen, geduriglijk.

¹⁵Zij zullen dan het lam, en het spijsoffer, en de olie alle morgens bereiden tot een gedurig brandoffer.

¹⁶Alzo zegt de Heere HEERE: Wanneer de vorst aan iemand van zijn zonen een geschenk zal geven van zijn erfenis, dat zullen zijn zonen hebben; het zal hun bezitting zijn in erfenis.

¹⁷Maar wanneer hij van zijn erfenis een geschenk zal geven aan een van zijn knechten, die zal dat hebben tot het vrijjaar toe; dan zal het tot den vorst wederkeren; het is immers zijn erfenis, zijn zonen zullen het hebben.

¹⁸En de vorst zal niets nemen van de erfenis des volks, om hen van hun bezitting te beroven; van zijn bezitting zal hij zijn zonen erf nalaten; opdat niet Mijn volk, een iegelijk uit zijn erfenis, verstrooid worde.

¹⁹Daarna bracht hij mij door den ingang, die aan de zijde der poort was, tot de heilige kameren, den priesteren toe behorende, die naar het noorden zagen, en ziet, aldaar was een plaats aan beide zijden, naar het westen.

²⁰En hij zeide tot mij: Dit is de plaats, alwaar de priesters het schuldoffer en het zondoffer zullen koken; en waar zij het spijsoffer zullen bakken, opdat zij het niet uitbrengen in het buitenste voorhof, om het volk te heiligen.

²¹Toen bracht hij mij in het buitenste voorhof, en voerde mij om in de vier hoeken des voorhofs; en ziet, in elken hoek des voorhofs was een ander voorhofje.

²²In de vier hoeken des voorhofs waren voorhofjes met schoorstenen, van veertig ellen de lengte, en dertig de breedte; dezelve vier hoekhofjes hadden enerlei maat.

²³En er was rondom in dezelve een ringmuur, rondom deze vier; en er waren keukens gemaakt beneden aan de ringmuren rondom.

²⁴En hij zeide tot mij: Dit zijn de keukens, alwaar de dienaars des huizes het slachtoffer des volks zullen koken.

Hoofdstuk 47

¹Daarna bracht hij mij weder tot de deur van het huis, en ziet, er vloten wateren uit, van onder den dorpel des huizes naar het oosten; want het voorste deel van het huis was in het oosten, en de wateren daalden af van onderen, uit de rechterzijde des huizes, van het zuiden des altaars.

²En hij bracht mij uit door den weg van de noorderpoort, en voerde mij om door den weg van buiten, tot de buitenpoort, den weg, die naar het oosten ziet; en ziet, de wateren sprongen uit de rechterzijde.

³Als nu die man naar het oosten uitging, zo was er een meetsnoer in zijn hand; en hij mat duizend ellen, en deed mij door de wateren doorgaan, en de wateren raakten tot aan de enkelen.

⁴Toen mat hij nog duizend ellen, en deed mij door de wateren doorgaan, en de wateren raakten tot aan de knieën; en hij mat nog duizend, en deed mij doorgaan, en de wateren raakten tot aan de lenden.

⁵Voorts mat hij nog duizend, en het was een beek, waar ik niet kon doorgaan; want de wateren waren hoge wateren, waar men door zwemmen moest, een beek, waar men niet kon doorgaan.

⁶En hij zeide tot mij: Hebt gij het gezien, mensenkind? Toen voerde hij mij, en bracht mij weder tot aan den oever der beek.

⁷Als ik wederkeerde, ziet, zo was er aan den oever der beek zeer veel geboomte, van deze en van gene zijde.

⁸Toen zeide hij tot mij: Deze wateren vlieten uit naar het voorste Galilea, en dalen af in het vlakke veld; daarna komen zij in de zee; in de zee uitgebracht zijnde, zo worden de wateren gezond.

⁹Ja, het zal geschieden, dat alle levende ziel, die er wemelt, overal, waarhenen een der twee beken zal komen, leven zal, en daar zal zeer veel vis zijn, omdat deze wateren daarhenen zullen gekomen zijn, en zij zullen gezond worden, en het zal leven, alles, waarhenen deze beek zal komen.

¹⁰Ook zal het geschieden, dat er vissers aan dezelve zullen staan, van En-gedi aan tot En-eglaim toe; daar zullen plaatsen zijn tot uitspreiding der netten; haar vis zal naar zijn aardwezen als de vis van de grote zee, zeer menigvuldig.

¹¹Doch haar modderige plaatsen en haar moerassen zullen niet gezond worden, zij zijn tot zout overgegeven.

¹²Aan de beek nu, aan haar oever, zal van deze en van gene zijde opgaan allerlei spijsgeboomte, welks blad niet zal afvallen, noch de vrucht daarvan vergaan; in zijn maanden zal het nieuwe vruchten voortbrengen; want zijn wateren vlieten uit het heiligdom; en zijn vrucht zal zijn tot spijze, en zijn blad tot heling.

Ezechiël

¹³Alzo zegt de Heere HEERE: Dit zal de landpale zijn, naar dewelke gij het land ten erve zult nemen, naar de twaalf stammen Israels: Jozef twee snoeren.

¹⁴En gij zult dat erven, de een zowel als de ander; over hetwelk Ik Mijn hand heb opgeheven, dat Ik het uw vaderen zou geven; en ditzelve land zal ulieden in erfenis vallen.

¹⁵Dit nu zal de landpale des lands zijn: aan den noorderhoek, van de grote zee af, den weg van Hethlon, waar men komt te Zedad.

¹⁶Hamath, Berotha, Sibraim, dat tussen de landpale van Damaskus en tussen de landpale van Hamath is; Hazar Hattichon, dat aan de landpale van Havran is.

¹⁷Alzo zal de landpale van de zee af zijn, Hazar-Enon, de landpale van Damaskus, en het noorden noordwaarts, en de landpale van Hamath; en dat zal de noorderhoek zijn.

¹⁸Den oosterhoek nu zult gijlieden meten van tussen Havran, en van tussen Damaskus, en van tussen Gilead, en van tussen het land Israels aan den Jordaan, van de landpale aftot de Oostzee toe; en dat zal de oosterhoek zijn.

¹⁹En den zuiderhoek zuidwaarts van Thamar af, tot aan het twistwater van Kades, voorts naar de beek henen, tot aan de grote zee; en dat zal de zuiderhoek zuidwaarts zijn.

²⁰En den westerhoek, de grote zee, van de landpale af tot daar men recht tegenover Hamath komt; dat zal de westerhoek zijn.

²¹Ditzelve land nu zult gij ulieden uitdelen naar de stammen Israels.

²²Maar het zal geschieden, dat gij hetzelve zult doen vallen in erfenis voor ulieden, en voor de vreemdelingen, die in het midden van u verkeren, die kinderen in het midden van uzullen gewonnen hebben; en zij zullen ulieden zijn, als een inboorling onder de kinderen Israels; zij zullen met ulieden in erfenis vallen, in het midden der stammen Israels.

²³Ook zal het geschieden, in den stam, bij welken de vreemdeling verkeert, aldaar zult gij hem zijn erfenis geven, spreekt de Heere HEERE.

Hoofdstuk 48

¹Dit nu zijn de namen der stammen. Van het einde noordwaarts, aan de zijde des wegs van Hethlon, waar men komt te Hamath, Hazar-Enon, de landpale van Damaskus, noordwaarts aan de zijde van Hamath (ook zal hij den oosterhoek en westerhoek hebben), zal Dan een snoer hebben.

²En aan de landpale van Dan, van den oosterhoek tot den westerhoek toe, Aser een.

³En aan de landpale van Aser, van den oosterhoek af tot den westerhoek toe, Nafthali een.

⁴En aan de landpale van Nafthali, van den oosterhoek tot den westerhoek toe, Manasse een.

⁵En aan de landpale van Manasse, van den oosterhoek tot den westerhoek toe, Efraim een.

⁶En aan de landpale van Efraim, van den oosterhoek tot den westerhoek toe, Ruben een.

⁷En aan de landpale van Ruben, van den oosterhoek tot den westerhoek toe, Juda een.

⁸Aan de landpale nu van Juda, van den oosterhoek tot den westerhoek toe, zal het hefoffer zijn, dat gijlieden zult offeren, vijf en twintig duizend meetrieten in breedte, en de lengte, als van een der andere delen, van den oosterhoek tot den westerhoek toe; en het heiligdom zal in het midden deszelven zijn.

⁹Het hefoffer, dat gijlieden den HEERE zult offeren, zal wezen de lengte van vijf en twintig duizend, en de breedte van tien duizend.

¹⁰En daarin zal het heilig hefoffer zijn voor de priesteren, noordwaarts de lengte van vijf en twintig duizend, en westwaarts de breedte van tien duizend, en oostwaarts, de breedtevan tien duizend, en zuidwaarts de lengte van vijf en twintig duizend; en het heiligdom des HEEREN zal in het midden deszelven zijn.

¹¹Het zal zijn voor de priesteren, die geheiligd zijn uit de kinderen van Zadok, die Mijn wacht hebben waargenomen; die niet gedwaald hebben, als de kinderen Israels dwaalden;gelijk als de andere Levieten gedwaald hebben.

¹²En het geofferde van het hefoffer des lands zal hunlieden een heiligheid der heiligheden zijn, aan de landpale der Levieten.

¹³Voorts zullen de Levieten tegenover de landpale der priesteren hebben de lengte van vijf en twintig duizend, en de breedte van tien duizend; de ganse lengte zal zijn vijf en twintigduizend, en de breedte tien duizend.

¹⁴En zij zullen daarvan niet verkopen, noch de eerstelingen des lands verwisselen, noch overdragen; want het is een heiligheid den HEERE.

¹⁵Maar de vijf duizend, dat is hetgeen overgelaten is in de breedte, voor aan de vijf en twintig duizend, dat zal onheilig zijn, voor de stad, tot bewoning en tot voorsteden; en de stadzal in het midden daarvan zijn.

¹⁶En dit zullen haar maten zijn: de noorderhoek, vier duizend en vijfhonderd meetrieten; en de zuiderhoek vier duizend en vijfhonderd en van den oosterhoek vier duizend envijfhonderd; en de westerhoek vier duizend en vijfhonderd.

¹⁷De voorsteden nu der stad zullen zijn, noordwaarts tweehonderd en vijftig, en zuidwaarts tweehonderd en vijftig, en oostwaarts tweehonderd en vijftig, en westwaarts tweehonderden vijftig.

¹⁸En het overgelatene in de lengte, tegenover het heilig hefoffer, zal zijn tien duizend oostwaarts, en tien duizend westwaarts; en het zal tegenover het heilig hefoffer zijn; en deinkomst daarvan zal wezen tot onderhoud voor degenen, die de stad dienen.

¹⁹En die de stad dienen, zullen haar dienen uit alle stammen Israels.

²⁰Het ganse hefoffer zal zijn van vijf en twintig duizend meetrieten, met vijf en twintig duizend; vierkant zult gijlieden het heilig hefoffer offeren, met de bezitting der stad.

²¹En het overgelatene zal voor den vorst zijn, van deze en van gene zijde des heiligen hefoffers, en van de bezitting der stad, voor aan de vijf en twintig duizend meetrieten deshefoffers, tot aan de oosterlandpale en westerlandpale, voor aan de vijf en twintig duizend aan de westerlandpale, tegenover de andere delen, dat zal voor den vorst zijn; en hetheilig hefoffer, en het heiligdom des huizes, zal in het midden daarvan zijn.

²²Van de bezitting nu der Levieten, en van de bezitting der stad af, zijnde in het midden van hetgeen des vorsten zal zijn; wat tussen de landpale van Juda, en tussen de landpalevan Benjamin is, zal des vorsten zijn.

²³Aangaande voorts het overige der stammen; van den oosterhoek tot den westerhoek toe, Benjamin een snoer.

²⁴En aan de landpale van Benjamin, van den oosterhoek tot den westerhoek toe, Simeon een.

²⁵En aan de landpale van Simeon, van den oosterhoek tot de westerhoek toe, Issaschar een.

²⁶En aan de landpale van Issaschar, van den oosterhoek tot aan den westerhoek toe, Zebulon een.

²⁷En aan de landpale van Zebulon, van den oosterhoek tot den westerhoek toe, Gad een.

²⁸Aan de landpale nu van Gad, aan den zuiderhoek zuidwaarts, daar zal de landpale zijn van Thamar af, naar het twistwater van Kades, voorts naar de beek henen, tot aan degrote zee.

²⁹Dit is het land, dat gijlieden zult doen vallen in erfenis, voor de stammen Israels, en dit zullen hun delen zijn, spreekt de Heere HEERE.

³⁰Voorts zullen dit de uitgangen der stad zijn: van den noorderhoek, vier duizend en vijfhonderd maten.

³¹En de poorten der stad zullen zijn naar de namen der stammen Israels; drie poorten noordwaarts; een poort van Ruben, een poort van Juda, een poort van Levi.

³²En aan den oosterhoek, vier duizend en vijfhonderd maten, en drie poorten: namelijk, een poort van Jozef, een poort van Benjamin, een poort van Dan.

³³De zuiderhoek ook vier duizend en vijfhonderd maten, en drie poorten: een poort van Simeon, een poort van Issaschar, een poort van Zebulon.

³⁴De westerhoek, vier duizend en vijfhonderd; derzelver poorten drie: een poort van Gad, een poort van Aser, een poort van Nafthali.

Daniël

Hoofdstuk 1

¹In het derde jaar des koninkrijks van Jojakim, den koning van Juda, kwam Nebukadnezar, de koning van Babel, te Jeruzalem, en belegerde haar.

²En de HEERE gaf Jojakim, den koning van Juda, in zijn hand, en een deel der vaten van het huis Gods; en hij bracht ze in het land van Sinear, in het huis zijns gods; en de vaten bracht hij in het schathuis zijns gods.

³En de koning zeide tot Aspenaz, den overste zijner kamerlingen, dat hij voorbrengen zou enigen uit de kinderen Israels, te weten, uit het koninklijk zaad, en uit de prinsen;

⁴Jongelingen, aan dewelke geen gebrek ware, maar schoon van aangezicht, en vernuftig in alle wijsheid, en ervaren in wetenschap, en kloek van verstand, en in dewelke bekwaamheid ware, om te staan in des konings paleis; en dat men hen onderwees in de boeken en spraak der Chaldeen.

⁵En de koning verordende hun, wat men ze dag bij dag geven zou van de stukken der spijs des konings, en van den wijn zijns dranks, en dat men hen drie jaren alzo optoog, en dat zij ten einde derzelve zouden staan voor het aangezicht des konings.

⁶Onder dezelve nu waren uit de kinderen van Juda: Daniel, Hananja, Misael en Azarja.

⁷En de overste der kamerlingen gaf hun andere namen, en Daniel noemde hij Beltsazar, en Hananja Sadrach, en Misael Mesach, en Azarja Abed-nego.

⁸Daniel nu nam voor in zijn hart, dat hij zich niet zou ontreinigen met de stukken van de spijs des konings, noch met den wijn zijns dranks; daarom verzocht hij van den overste der kamerlingen, dat hij zich niet mocht ontreinigen.

⁹En God gaf Daniel genade en barmhartigheid voor het aangezicht van den overste der kamerlingen.

¹⁰Want de overste der kamerlingen zeide tot Daniel: Ik vreze mijn heer, den koning, die ulieder spijs, en ulieder drank verordend heeft; want waarom zou hij ulieder aangezichten droeviger zien, dan der jongelingen, die in gelijkheid met ulieden zijn? Alzo zoudt gij mijn hoofd bij den koning schuldig maken.

¹¹Toen zeide Daniel tot Melzar, dien de overste der kamerlingen gesteld had over Daniel, Hananja, Misael en Azarja:

¹²Beproef toch uw knechten tien dagen lang, en men geve ons van het gezaaide te eten, en water te drinken.

¹³En men zie voor uw aangezicht onze gedaanten, en de gedaante der jongelingen, die de stukken van de spijs des konings eten; en doe met uw knechten, naar dat gij zien zult.

¹⁴Toen hoorde hij hen in deze zaak, en hij beproefde ze tien dagen.

¹⁵Ten einde nu der tien dagen, zag men dat hun gedaanten schoner waren, en zij vetter waren van vlees dan al de jongelingen, die de stukken van de spijze des konings aten.

¹⁶Toen geschiedde het, dat Melzar de stukken hunner spijs wegnam, mitsgaders den wijn huns dranks, en hij gaf hun van het gezaaide.

¹⁷Aan deze vier jongelingen nu gaf God wetenschap en verstand in alle boeken, en wijsheid; maar Daniel gaf Hij verstand in allerlei gezichten en dromen.

¹⁸Ten einde nu der dagen, waarvan de koning gezegd had, dat men hen zou inbrengen, zo bracht ze de overste der kamerlingen in voor het aangezicht van Nebukadnezar,

¹⁹En de koning sprak met hen; doch er werd uit hen allen niemand gevonden, gelijk Daniel, Hananja, Misael en Azarja; en zij stonden voor het aangezicht des konings.

²⁰En in alle zaken van verstandige wijsheid, die de koning hun afvroeg, zo vond hij hen tienmaal boven al de tovenaars en sterrekijkers, die in zijn ganse koninkrijk waren.

Hoofdstuk 2

¹In het tweede jaar nu des koninkrijks van Nebukadnezar, droomde Nebukadnezar dromen; daarvan werd zijn geest verslagen, en zijn slaap werd in hem gebroken.

²Toen zeide de koning, dat men roepen zou de tovenaars, en de sterrekijkers, en de guichelaars, en de Chaldeen, om den koning zijn dromen te kennen te geven; zij nu kwamen, en stonden voor het aangezicht des konings.

³En de koning zeide tot hen: Ik heb een droom gedroomd; en mijn geest is ontsteld om dien droom te weten.

⁴Toen spraken de Chaldeen, tot den koning in het Syrisch: O koning, leef in eeuwigheid! Zeg uw knechten den droom, zo zullen wij de uitlegging te kennen geven.

⁵De koning antwoordde en zeide tot de Chaldeen: De zaak is mij ontgaan; indien gij mij den droom en zijn uitlegging niet bekend maakt, gij zult in stukken gehouwen worden, en uw huizen zullen tot een drekhoop gemaakt worden.

⁶Maar indien gijlieden den droom en zijn uitlegging te kennen geeft, zo zult gij geschenken en gaven, en grote eer van mij ontvangen; daarom geeft mij den droom en zijn uitlegging te kennen.

⁷Zij antwoordden ten tweeden male, en zeiden: De koning zegge zijn knechten den droom, dan zullen wij de uitlegging te kennen geven.

⁸De koning antwoordde en zeide: Ik weet vastelijk, dat gijlieden den tijd uitkoopt, dewijl gij ziet, dat de zaak mij ontgaan is.

⁹Indien gijlieden mij dien droom niet te kennen geeft, ulieder vonnis is enerlei; daarom hebt gij een leugenachtig en verdicht woord voor mij te zeggen bereid, totdat de tijd verandere; daarom zegt mij den droom, dan zal ik weten, dat gij mij deszelfs uitlegging zult te kennen geven.

¹⁰De Chaldeen antwoordden voor den koning, en zeiden: Er is geen mens op den aardbodem, die des konings woord zou kunnen te kennen geven; daarom is er geen koning, grote of heerser, die zulk een zaak begeerd heeft van enigen tovenaar, of sterrekijker, of Chaldeer.

¹¹Want de zaak die de koning begeert, is te zwaar; en er is niemand anders, die dezelve voor den koning te kennen kan geven, dan de goden, welker woning bij het vlees niet is.

¹²Daarom werd de koning toornig en zeer verbolgen, en zeide, dat men al de wijzen te Babel zou ombrengen.

¹³Die wet dan ging uit, en de wijzen werden gedood; men zocht ook Daniel en zijn metgezellen, om gedood te worden.

¹⁴Toen bracht Daniel een raad en oordeel in, aan Arioch, den overste der trawanten des konings, die uitgetogen was, om de wijzen van Babel te doden.

¹⁵Hij antwoordde en zeide tot Arioch, den bevelhebber des konings: Waarom zou de wet van 's konings wege zo verhaast worden? Toen gaf Arioch aan Daniel de zaak te kennen.

¹⁶En Daniel ging in, en verzocht van den koning, dat hij hem een bestemden tijd wilde geven, dat hij den koning de uitlegging te kennen gave.

¹⁷Toen ging Daniel naar zijn huis, en hij gaf de zaak zijn metgezellen, Hananja, Misael, en Azarja te kennen;

¹⁸Opdat zij van den God des hemels barmhartigheden verzochten over deze verborgenheid, dat Daniel en zijn metgezellen met de overige wijzen van Babel niet omkwamen.

¹⁹Toen werd aan Daniel in een nachtgezicht de verborgenheid geopenbaard; toen loofde Daniel den God des hemels.

²⁰Daniel antwoordde en zeide: De Naam Gods zij geloofd van eeuwigheid tot in eeuwigheid, want Zijn is de wijsheid en de kracht.

²¹Want Hij verandert de tijden en stonden; Hij zet de koningen af, en Hij bevestigt de koningen; Hij geeft den wijzen wijsheid, en wetenschap dengenen, die verstand hebben;

²²Hij openbaart diepe en verborgen dingen; Hij weet, wat in het duister is, want het licht woont bij Hem.

²³Ik dank en ik loof U, o God mijner vaderen! omdat Gij mij wijsheid en kracht gegeven hebt, en mij nu bekend gemaakt hebt, wat wij van U verzocht hebben, want Gij hebt ons des konings zaak bekend gemaakt.

²⁴Daarom ging Daniel in tot Arioch, dien de koning gesteld had om de wijzen van Babel om te brengen; hij ging henen en zeide aldus tot hem: Breng de wijzen van Babel niet om, maar breng mij in voor den koning, en ik zal den koning de uitlegging te kennen geven.

²⁵Toen bracht Arioch met haast Daniel in voor den koning, en hij sprak alzo tot hem: Ik heb een man van de gevankelijk weggevoerden van Juda gevonden, die den koning de uitlegging zal bekend maken.

²⁶De koning antwoordde en zeide tot Daniel, wiens naam Beltsazar was: Zijt gij machtig mij bekend te maken den droom, dien ik gezien heb, en zijn uitlegging?

²⁷Daniel antwoordde voor den koning, en zeide: De verborgenheid, die de koning eist, kunnen de wijzen, de sterrekijkers, de tovenaars, en de waarzeggers den koning niet te kennen geven;

²⁸Maar er is een God in den hemel, Die verborgenheden openbaart, Die heeft den koning Nebukadnezar bekend gemaakt, wat er geschieden zal in het laatste der dagen; uw droom, en de gezichten uws hoofds op uw leger, zijn deze;

²⁹Gij, o koning! op uw leger zijnde, klommen uw gedachten op, wat hierna geschieden zou; en Hij, Die verborgen dingen openbaart,

heeft u te kennen gegeven, wat er geschieden zal.

³⁰Mij nu, mij is de verborgenheid geopenbaard, niet door wijsheid, die in mij is boven alle levenden; maar daarom, opdat men den koning de uitlegging zou bekend maken, en opdat gij de gedachten uws harten zoudt weten.

³¹Gij, o koning! zaagt, en ziet, er was een groot beeld (dit beeld was treffelijk, en deszelfs glans was uitnemend), staande tegen u over; en zijn gedaante was schrikkelijk.

³²Het hoofd van dit beeld was van goed goud; zijn borst en zijn armen van zilver; zijn buik en zijn dijen van koper;

³³Zijn schenkelen van ijzer; zijn voeten eensdeels van ijzer, en eensdeels van leem.

³⁴Dit zaagt gij, totdat er een steen afgehouwen werd zonder handen, die sloeg dat beeld aan zijn voeten van ijzer en leem, en vermaalde ze.

³⁵Toen werden te zamen vermaald het ijzer, leem, koper, zilver en goud, en zij werden gelijk kaf van de dorsvloeren des zomers, en de wind nam ze weg, en er werd geen plaats voor dezelve gevonden; maar de steen, die het beeld geslagen heeft, werd tot een groten berg, alzo dat hij de gehele aarde vervulde.

³⁶Dit is de droom; zijn uitlegging nu zullen wij voor de koning zeggen.

³⁷Gij, o koning! zijt een koning der koningen; want de God des hemels heeft u een koninkrijk, macht, en sterkte, en eer gegeven;

³⁸En overal, waar mensenkinderen wonen, heeft Hij de beesten des velds en de vogelen des hemels in uw hand gegeven; en Hij heeft u gesteld tot een heerser over al dezelve; gij zijt dat gouden hoofd.

³⁹En na u zal een ander koninkrijk opstaan, lager dan het uwe; daarna een ander, het derde koninkrijk van koper, hetwelk heersen zal over de gehele aarde.

⁴⁰En het vierde koninkrijk zal hard zijn, gelijk ijzer; aangezien het ijzer alles vermaalt en verzwakt; gelijk nu het ijzer, dat zulks alles verbreekt, alzo zal het vermalen en verbreken.

⁴¹En dat gij gezien hebt de voeten en de tenen, ten dele van pottenbakkersleem, en ten dele van ijzer, dat zal een gedeeld koninkrijk zijn, doch daar zal van des ijzers vastigheid in zijn, ten welken aanzien gij gezien hebt ijzer vermengd met modderig leem;

⁴²En de tenen der voeten, ten dele ijzer, en ten dele leem; dat koninkrijk zal ten dele hard zijn, en ten dele broos.

⁴³En dat gij gezien hebt ijzer vermengd met modderig leem, zij zullen zich wel door menselijk zaad vermengen, maar zij zullen de een aan den ander niet hechten, gelijk als zich ijzer met leem niet vermengt.

⁴⁴Doch in de dagen dier koningen zal de God des hemels een Koninkrijk verwekken, dat in der eeuwigheid niet zal verstoord worden; en dat Koninkrijk zal aan geen ander volk overgelaten worden; het zal al die koninkrijken vermalen, en te niet doen, maar zelf zal het in alle eeuwigheid bestaan.

⁴⁵Daarom hebt gij gezien, dat uit den berg een steen zonder handen afgehouwen is geworden, die het ijzer, koper, leem, zilver en goud vermaalde; de grote God heeft den koning bekend gemaakt, wat hierna geschieden zal; de droom nu is gewis, en zijn uitlegging is zeker.

⁴⁶Toen viel de koning Nebukadnezar op zijn aangezicht, en aanbad Daniel; en hij zeide, dat men hem met spijsoffer en liefelijk reukwerk een drankoffer doen zou.

⁴⁷De koning antwoordde Daniel en zeide: Het is de waarheid, dat ulieder God een God der goden is, en een Heere der koningen, en Die de verborgenheden openbaart, dewijl gij deze verborgenheid hebt kunnen openbaren.

⁴⁸Toen maakte de koning Daniel groot, en hij gaf hem vele grote geschenken, en hij stelde hem tot een heerser over het ganse landschap van Babel, en een overste der overheden over al de wijzen van Babel.

⁴⁹Toen verzocht Daniel van den koning; en hij stelde Sadrach, Mesach en Abed-nego over de bediening van het landschap van Babel; maar Daniel bleef aan de poort des konings.

Hoofdstuk 3

¹De koning Nebukadnezar maakte een beeld van goud, welks hoogte was zestig ellen, zijn breedte zes ellen; hij richtte het op in het dal Dura, in het landschap van Babel.

²En de koning Nebukadnezar zond henen, om te verzamelen, de stadhouders, de overheden, en de landvoogden, de wethouders, de schatmeesters, de raadsheren, de ambtlieden, en al de heerschappers der landschappen, dat zij komen zouden tot de inwijding van het beeld, hetwelk de koning Nebukadnezar had opgericht.

³Toen verzamelden zich de stadhouders, de overheden, de landvoogden, de wethouders, de schatmeesters, de raadsheren, de ambtlieden, en al de heerschappers der landschappen, tot inwijding van het beeld, hetwelk de koning Nebukadnezar had opgericht; en zij stonden voor het beeld, dat Nebukadnezar had opgericht.

⁴En een heraut riep met kracht: Men zegt u aan, gij volken, gij natien, en tongen!

⁵Ten tijde als gij horen zult het geluid des hoorns, der pijp, der citer, der vedel, der psalteren, des akkoordgezangs, en allerlei soorten van muziek, zo zult gijlieden nedervallen, en aanbidden het gouden beeld, hetwelk de koning Nebukadnezar heeft opgericht.

⁶En wie niet nedervalt en aanbidt, die zal te dierzelfder ure in het midden van den oven des brandenden vuurs geworpen worden.

⁷Daarom te dier tijd, als al die volken hoorden het geluid des hoorns, der pijp, der citer, der vedel, der psalteren, en allerlei soorten der muziek, alle volken, natien, en tongen nedervallende, aanbaden het gouden beeld, hetwelk de koning Nebukadnezar had opgericht.

⁸Daarom naderden even ter zelfder tijd Chaldeeuwse mannen, die de Joden openlijk beschuldigden;

⁹Zij antwoordden en zeiden tot den koning Nebukadnezar: O koning! leef in der eeuwigheid!

¹⁰Gij, o koning! hebt een bevel gegeven, dat alle mensen, die horen zouden het geluid des hoorns, der pijp, der citer, der vedel, der psalteren, en des akkoordgezangs, en allerlei soorten van muziek, nedervallen, en het gouden beeld aanbidden zouden;

¹¹En wie niet nederviel, en aanbad, die zou in het midden van den oven des brandenden vuurs geworpen worden.

¹²Er zijn Joodse mannen, die gij over de bediening van het landschap van Babel gesteld hebt, Sadrach, Mesach en Abed-nego; deze mannen hebben, o koning! op u geen acht gesteld; uw goden eren zij niet, en zij bidden het gouden beeld niet aan, hetwelk gij opgericht hebt.

¹³Toen zeide Nebukadnezar in toorn en grimmigheid, dat men Sadrach, Mesach en Abed-nego voorbrengen zou; toen werden die mannen voor den koning gebracht.

¹⁴Nebukadnezar antwoordde en zeide tot hen: Is het met opzet, Sadrach, Mesach en Abed-nego, dat gijlieden mijn goden niet eert, en het gouden beeld, dat ik opgericht heb, niet aanbidt?

¹⁵Nu dan, zo gijlieden gereed zijt, dat gij ten tijde, als gij horen zult het geluid des hoorns, der pijp, der citer, der vedel, der psalteren, en des akkoordgezangs, en allerlei soort der muziek, nedervalt, en aanbidt het beeld, dat ik gemaakt heb, zo is het wel; maar zo gijlieden het niet aanbidt; ter zelfder ure zult gijlieden geworpen worden in het midden van den oven des brandenden vuurs; en wie is de God, Die ulieden uit mijn handen verlossen zou?

¹⁶Sadrach, Mesach en Abed-nego antwoordden en zeiden tot den koning Nebukadnezar: Wij hebben niet nodig u op deze zaak te antwoorden.

¹⁷Zal het zo zijn, onze God, Dien wij eren, is machtig ons te verlossen uit den oven des brandenden vuurs, en Hij zal ons uit uw hand, o koning! verlossen.

¹⁸Maar zo niet, u zij bekend, o koning! dat wij uw goden niet zullen eren, noch het gouden beeld, dat gij hebt opgericht, zullen aanbidden.

¹⁹Toen werd Nebukadnezar vol grimmigheid, en de gedaante zijns aangezichts veranderde tegen Sadrach, Mesach en Abed-nego; hij antwoordde en zeide, dat men den oven zevenmaal meer heet zou maken dan men dien pleegt heet te maken.

²⁰En tot de sterkste mannen van kracht, die in zijn heir waren, zeide hij, dat zij Sadrach, Mesach en Abed-nego binden zouden, om te werpen in den oven des brandenden vuurs.

²¹Toen werden die mannen gebonden in hun mantels, hun broeken, en hun hoeden, en hun andere klederen, en zij wierpen hen in het midden van den oven des brandenden vuurs.

²²Daarom dan, dewijl het woord des konings aandreef, en de oven zeer heet was, zo hebben de vonken des vuurs die mannen, die Sadrach, Mesach en Abed-nego opgeheven hadden, gedood.

²³Maar als die drie mannen, Sadrach, Mesach en Abed-nego, in het midden van den oven des brandenden vuurs, gebonden zijnde, gevallen waren,

²⁴Toen ontzette zich de koning Nebukadnezar, en hij stond op in der haast, antwoordde en zeide tot zijn raadsheren: Hebben wij niet drie mannen in het midden des vuurs, gebonden zijnde, geworpen? Zij antwoordden en zeiden tot den koning: Het is gewis, o koning!

²⁵Hij antwoordde en zeide: Ziet, ik zie vier mannen, los wandelende in het midden des vuurs, en er is geen verderf aan hen; en de gedaante des vierden is gelijk eens zoons der goden.

²⁶Toen naderde Nebukadnezar tot de deur van den oven des brandenden vuurs, antwoordde en sprak: Gij Sadrach, Mesach en Abed-nego, gij knechten des allerhoogsten Gods! gaat uit en komt hier! Toen gingen Sadrach, Mesach en Abed-nego uit het midden des vuurs.

²⁷Toen vergaderden de stadhouders, de overheden, en de

landvoogden, en de raadsheren des konings, deze mannen beziende, omdat het vuur over hun lichamen niet geheersthad, en dat het haar huns hoofds niet verbrand was, en hun mantels niet veranderd waren, ja, dat de reuk des vuurs daardoor niet gegaan was.

²⁸Nebukadnezar antwoordde en zeide: Geloofd zij de God van Sadrach, Mesach en Abed-nego, Die Zijn engel gezonden, en Zijn knechten verlost heeft, die op Hem vertrouwdhebben, en des konings woord veranderd, en hun lichamen overgegeven hebben, opdat zij geen god eerden noch aanbaden, dan hun God.

²⁹Daarom wordt van mij een bevel gegeven, dat alle volk, natie en tong, die lastering spreekt tegen den God van Sadrach, Mesach en Abed-nego, in stukken gehouwen worde, enzijn huis tot een drekhoop gesteld worde; want er is geen ander God, Die alzo verlossen kan.

³⁰Toen maakte de koning Sadrach, Mesach en Abed-nego voorspoedig in het landschap van Babel.

Hoofdstuk 4

¹De koning Nebukadnezar aan alle volken, natien en tongen, die op den gansen aardbodem wonen: uw vrede worde vermenigvuldigd!

²Het behaagt mij te verkondigen de tekenen en wonderen, die de allerhoogste God aan mij gedaan heeft.

³Hoe groot zijn Zijn tekenen! en hoe machtig Zijn wonderen! Zijn Rijk is een eeuwig Rijk, en Zijn heerschappij is van geslacht tot geslacht.

⁴Ik, Nebukadnezar, gerust zijnde in mijn huis, en in mijn paleis groenende,

⁵Zag een droom, die mij vervaarde, en de gedachten, die ik op mijn bed had, en de gezichten mijns hoofds beroerden mij.

⁶Daarom is er een bevel van mij gesteld, dat men voor mij zou inbrengen al de wijzen van Babel, opdat zij mij de uitlegging van dien droom zouden bekend maken.

⁷Toen kwamen in de tovenaars, de sterrekijkers, de Chaldeen en de waarzeggers; en ik zeide den droom voor hen; maar zij maakten mij zijn uitlegging niet bekend;

⁸Totdat ten laatste Daniel voor mij inkwam, wiens naam Beltsazar is, naar den naam mijns gods, in wien ook de geest der heilige goden is; en ik vertelde den droom voor hem, zeggende:

⁹Beltsazar, gij overste der tovenaars! dewijl ik weet, dat de geest der heilige goden in u is, zo zeg de gezichten mijns drooms, dien ik gezien heb, te weten zijn uitlegging.

¹⁰De gezichten nu mijns hoofds op mijn leger waren deze: Ik zag, en ziet, er was een boom in het midden der aarde, en zijn hoogte was groot.

¹¹De boom werd groot en sterk; en zijn hoogte reikte aan den hemel, en hij werd gezien tot aan het einde der ganse aarde;

¹²Zijn loof was schoon, en zijn vruchten vele, en er was spijze aan denzelve voor allen; onder hem vond het gediertes des velds schaduw, en de vogelen des hemels woonden inhaar takken, en alle vlees werd daarvan gevoed.

¹³Ik zag verder in de gezichten mijns hoofds, op mijn leger; en ziet, een wachter, namelijk een heilige, kwam af van den hemel,

¹⁴Roepende met kracht, en aldus zeggende: Houwt dien boom af, en kapt zijn takken af, stroopt zijn loof af, en verstrooit zijn vruchten, dat de dieren van onder hem wegzwerven, ende vogelen van zijn takken;

¹⁵Doch laat den stam met zijn wortelen in de aarde, en met een ijzeren en koperen band in het tedere gras des velds; en laat hem in de dauw des hemels nat gemaakt worden, enzijn deel zij met het gediertes in het kruid der aarde.

¹⁶Zijn hart worde veranderd, dat het geens mensen hart meer zij, en hem worde eens beesten hart gegeven, en laat zeven tijden over hem voorbijgaan.

¹⁷Deze zaak is in het besluit der wachters, en deze begeerte is in het woord der heiligen; opdat de levenden bekennen, dat de Allerhoogste heerschappij heeft over de koninkrijkender mensen, en geeft ze aan wien Hij wil, ja, zet daarover den laagste onder de mensen.

¹⁸Dezen droom heb ik, koning Nebukadnezar gezien; gij nu, Beltsazar! zeg de uitlegging van dien, dewijl als de wijzen mijns koninkrijks mij de uitlegging niet hebben kunnenbekend maken; maar gij kunt wel, dewijl de geest der heilige goden in u is.

¹⁹Toen ontzette zich Daniel, wiens naam Beltsazar is, bij een uur lang, en zijn gedachten beroerden hem. De koning antwoordde en zeide: Beltsazar! laat u de droom en zijnuitlegging niet beroeren. Beltsazar antwoordde en zeide: Mijn heer! de droom wedervare uw hateren, en zijn uitlegging uw wederpartijders!

²⁰De boom, dien gij gezien hebt, die groot en sterk geworden was, en wiens hoogte tot aan den hemel reikte, en die over het ganse aardrijk gezien werd;

²¹En wiens loof schoon, en wiens vruchten vele waren, en waar spijze aan was voor allen, onder wien het gediertes des velds woonde, en in wiens takken de vogelen des hemelsnestelden;

²²Dat zijt gij, o koning! die groot en sterk zijt geworden; want uw grootheid is zo gewassen, dat zij reikt aan den hemel, en uw heerschappij aan het einde des aardrijks.

²³Dat nu de koning, een wachter, namelijk een heilige gezien heeft, van den hemel afkomende, die zeide: Houwt dezen boom af, en verderft hem; doch laat den stam met zijnwortelen in de aarde, en met een ijzeren en koperen band in het tedere gras des velds, en in de dauw des hemels nat gemaakt worden, en dat zijn deel zij met het gediertes desvelds, totdat er zeven tijden over hem voorbijgaan;

²⁴Dit is de beduiding, o koning! en dit is een besluit des Allerhoogsten, hetwelk over mijn heer, den koning komen zal:

²⁵Te weten, men zal u van de mensen verstoten, en met het gediertes des velds zal uw woning zijn, en men zal u het kruid, als den ossen, te smaken geven; en gij zult van den dauwdes hemels nat gemaakt worden, en er zullen zeven tijden over u voorbijgaan, totdat gij bekent, dat de Allerhoogste heerschappij heeft over de koninkrijken der mensen, en geeftze, wien Hij wil.

²⁶Dat er ook gezegd is, dat men den stam met de wortelen van dien boom laten zou; uw koninkrijk zal u bestendig zijn, nadat gij zult bekend hebben, dat de Hemel heerst.

²⁷Daarom, o koning! laat mijn raad u behagen, en breek uw zonden af door gerechtigheid, en uw ongerechtigheid door genade te bewijzen aan de ellendigen, of er verlenging vanuw vrede mocht wezen.

²⁸Dit alles overkwam den koning Nebukadnezar.

²⁹Want op het einde van twaalf maanden, toen hij op het koninklijk paleis van Babel wandelde,

³⁰Sprak de koning, en zeide: Is dit niet het grote Babel, dat ik gebouwd heb tot een huis des koninkrijks, door de sterkte mijner macht, en ter ere mijner heerlijkheid!

³¹Dit woord nog zijnde in des konings mond, viel er een stem uit den hemel: U, o koning Nebukadnezar! wordt gezegd: Het koninkrijk is van u gegaan.

³²En men zal u van de mensen verstoten, en uw woning zal bij de beesten des velds zijn; men zal u gras te smaken geven, als den ossen, en er zullen zeven tijden over uvoorbijgaan, totdat gij bekent, dat de Allerhoogste over de koninkrijken der mensen heerschappij heeft, en dat Hij ze geeft, aan wien Hij wil.

³³Ter zelfder ure werd dat woord volbracht over Nebukadnezar, want hij werd uit de mensen verstoten, en hij at gras als de ossen, en zijn lichaam werd van den dauw des hemelsnat gemaakt, totdat zijn haar wies als der arenden vederen, en zijn nagelen als der vogelen.

³⁴Ten einde dezer dagen nu, hief ik, Nebukadnezar, mijn ogen op ten hemel, want mijn verstand kwam weer in mij; en ik loofde den Allerhoogste, en ik prees en verheerlijkte denEeuwiglevende, omdat Zijn heerschappij is een eeuwige heerschappij, en Zijn Koninkrijk is van geslacht tot geslacht;

³⁵En al de inwoners der aarde zijn als niets geacht, en Hij doet naar Zijn wil met het heir des hemels en de inwoners der aarde, en er is niemand, die Zijn hand afslaan, of tot Hemzeggen kan: Wat doet Gij?

³⁶Ter zelfder tijd kwam mijn verstand weder in mij; ook kwam de heerlijkheid mijns koninkrijks, mijn majesteit en mijn glans weder op mij; en mijn raadsheren en mijn geweldigenzochten mij, en ik werd in mijn koninkrijk bevestigd; en mij werd groter heerlijkheid toegevoegd.

³⁷Nu prijs ik, Nebukadnezar, en verhoog, en verheerlijk den Koning des hemels, omdat al Zijn werken waarheid, en Zijn paden gerichten zijn; en Hij is machtig te vernederendegenen, die in hoogmoed wandelen.

Hoofdstuk 5

¹De koning Belsazar maakte een groten maaltijd voor zijn duizend geweldigen, en hij dronk wijn voor die duizend.

²Als Belsazar den wijn geproefd had, zeide hij, dat men de gouden en zilveren vaten voorbrengen zou, die zijn vader Nebukadnezar uit den tempel, die te Jeruzalem geweest was, weggevoerd had; opdat de koning en zijn geweldigen, zijn vrouwen en zijn bijwijven uit dezelve dronken.

³Toen bracht men voor de gouden vaten, die men uit den tempel van het huis Gods, die te Jeruzalem geweest was, weggevoerd had; en de koning en zijn geweldigen, zijnvrouwen, en zijn bijwijven dronken daaruit.

⁴Zij dronken den wijn, en prezen de gouden, en de zilveren, de koperen, de ijzeren, de houten en de stenen goden.

⁵Ter zelfder ure kwamen er vingeren van eens mensen hand voort, die schreven tegenover den kandelaar, op de kalk van den wand van het

Daniël

koninklijk paleis, en de koning zag hetdeel der hand, die daar schreef.

⁶Toen veranderde zich de glans des konings, en zijn gedachten verschrikten hem; en de banden zijner lendenen werden los, en zijn knieen stieten tegen elkander aan.

⁷Zodat de koning met kracht riep dat men de sterrekijkers, de Chaldeen en de waarzeggers inbrengen zou; en de koning antwoordde en zeide tot de wijzen van Babel: Alle man, die dit schrift lezen, en deszelfs uitlegging mij te kennen zal geven, die zal met purper gekleed worden, met een gouden keten om zijn hals, en hij zal de derde heerser in ditkoninkrijk zijn.

⁸Toen kwamen al de wijzen des konings in; maar zij konden dit schrift niet lezen, noch den koning deszelfs uitlegging bekend maken.

⁹Toen verschrikte de koning Belsazar zeer, en zijn glans werd aan hem veranderd, en zijn geweldigen werden verbaasd.

¹⁰Om deze woorden des konings en zijner geweldigen, ging de koningin in het huis des maaltijds. De koningin sprak en zeide: O koning, leef in eeuwigheid! laat u uw gedachtenniet verschrikken, en uw glans niet veranderd worden.

¹¹Er is een man in uw koninkrijk, in wien de geest der heilige goden is, want in de dagen uws vaders is bij hem gevonden licht, en verstand, en wijsheid, gelijk de wijsheid dergoden is; daarom stelde hem de koning Nebukadnezar, uw vader, tot een overste der tovenaars, der sterrekijkers, der Chaldeen, en der waarzeggers, uw vader, o koning!

¹²Omdat een voortreffelijke geest, en wetenschap, en verstand van een, die dromen uitlegt, en der aanwijzing van raadselen, en van een, die knopen ontbindt, gevonden werd inhem, in Daniel, dien de koning den naam van Beltsazar gaf; laat nu Daniel geroepen worden, die zal de uitlegging te kennen geven.

¹³Toen werd Daniel voor den koning ingebracht. De koning antwoordde en zeide tot Daniel: Zijt gij die Daniel, een uit de gevankelijk weggevoerden van Juda, die de koning, mijnvader, uit Juda gebracht heeft?

¹⁴Ik heb toch van u gehoord, dat de geest der goden in u is, en dat er licht, en verstand, en voortreffelijke wijsheid in u gevonden wordt.

¹⁵Nu, zo zijn voor mij ingebracht de wijzen en de sterrekijkers, om dit schrift te lezen, en deszelfs uitlegging mij bekend te maken; maar zij kunnen de uitlegging dezer woorden niette kennen geven.

¹⁶Doch van u heb ik gehoord, dat gij uitleggingen kunt geven, en knopen ontbinden; nu, indien gij dit schrift zult kunnen lezen, en deszelfs uitlegging mij bekend maken, gij zult metpurper bekleed worden, met een gouden keten om uw hals, en gij zult de derde heerser in dit koninkrijk zijn.

¹⁷Toen antwoordde Daniel, en zeide voor den koning: Heb uw gaven voor uzelven, en geef uw vereringen aan een ander; ik zal nochtans het schrift voor den koning lezen, en deuitlegging zal ik hem bekend maken.

¹⁸Wat u aangaat, o koning! de allerhoogste God heeft uw vader Nebukadnezar het koninkrijk, en grootheid, en eer, en heerlijkheid gegeven;

¹⁹En vanwege de grootheid, die Hij hem gegeven had, beefden en sidderden alle volken, natien en tongen voor hem; dien hij wilde, doodde hij, en dien hij wilde, behield hij in hetleven, en dien hij wilde, verhoogde hij, en dien hij wilde, vernederde hij.

²⁰Maar toen zich zijn hart verhief, en zijn geest verstijfd werd ter hovaardij, werd hij van den troon zijns koninkrijks afgestoten, en men nam de eer van hem weg.

²¹En hij werd van de kinderen der mensen verstoten, en zijn hart werd den beesten gelijk gemaakt, en zijn woning was bij de woudezelen; men gaf hem gras te smaken gelijk denossen; en zijn lichaam werd van den dauw des hemels nat gemaakt, totdat hij bekende, dat God, de Allerhoogste, Heerser is over de koninkrijken der mensen, en over dezelvestelt, wien Hij wil.

²²En gij, Belsazar, zijn zoon! hebt uw hart niet vernederd, alhoewel gij dit alles wel geweten hebt.

²³Maar gij hebt u verheven tegen den Heere des hemels, en men heeft de vaten van Zijn huis voor u gebracht, en gij, en uw geweldigen, uw vrouwen, en uw bijwijven hebben wijnuit dezelve gedronken, en de goden van zilver en goud, koper, ijzer, hout en steen, die niet zien, noch horen, noch weten, hebt gij geprezen; maar dien God, in Wiens hand uwadem is, en bij Wien al uw paden zijn, hebt gij niet verheerlijkt.

²⁴Toen is dat deel der hand van Hem gezonden, en dit schrift getekend geworden.

²⁵Dit nu is het schrift, dat daar getekend is: MENE, MENE, TEKEL, UPHARSIN.

²⁶Dit is de uitlegging dezer woorden: MENE; God heeft uw koninkrijk geteld, en Hij heeft het voleind.

²⁷TEKEL; gij zijt in weegschalen gewogen; en gij zijt te licht gevonden.

²⁸PERES; uw koninkrijk is verdeeld, en het is den Meden en den Perzen gegeven.

²⁹Toen beval Belsazar, en zij bekleedden Daniel met purper, met een gouden keten om zijn hals, en zij riepen overluid van hem, dat hij de derde heerser in dat koninkrijk was.

³⁰In dienzelfden nacht, werd Belsazar, der Chaldeen koning, gedood.

Hoofdstuk 6

¹Darius, de Meder nu, ontving het koninkrijk, omtrent twee en zestig jaren oud zijnde.

²En het dacht Darius goed, dat hij over het koninkrijk stelde honderd en twintig stadhouders, die over het ganse koninkrijk zijn zouden;

³En over dezelve drie vorsten, van dewelke Daniel de eerste zou zijn, denwelken die stadhouders zelfs zouden rekenschap geven, opdat de koning geen schade leed.

⁴Toen overtrof deze Daniel die vorsten en die stadhouders, daarom dat een voortreffelijke geest in hem was; en de koning dacht hem te stellen over het gehele koninkrijk.

⁵Toen zochten de vorsten en de stadhouders gelegenheid te vinden, tegen Daniel vanwege het koninkrijk; maar zij konden geen gelegenheid noch misdaad vinden, dewijl hijgetrouw was, en geen vergrijping noch misdaad in hem gevonden werd.

⁶Toen zeiden die mannen: Wij zullen tegen dezen Daniel geen gelegenheid vinden, tenzij wij tegen hem iets vinden in te wet zijns Gods.

⁷Zo kwamen deze vorsten en de stadhouders met hopen tot den koning, en zeiden aldus tot hem: O koning Darius, leef in eeuwigheid!

⁸Al de vorsten des rijks, de overheden en stadhouders, de raadsheren en landvoogden hebben zich beraadslaagd een koninklijke ordonnantie te stellen, en een sterk gebod temaken, dat al wie in dertig dagen een verzoek zal doen van enigen god of mens, behalve van u, o koning! die zal in den kuil der leeuwen geworpen worden.

⁹Nu, o koning! gij zult een gebod bevestigen, en een schrift tekenen, dat niet veranderd worde, naar de wet der Meden en der Perzen, die niet mag wederroepen worden.

¹⁰Daarom tekende de koning Darius dat schrift en gebod.

¹¹Toen nu Daniel verstond, dat dit schrift getekend was, ging hij in zijn huis (hij nu had in zijn opperzaal open vensters tegen Jeruzalem aan), en hij knielde drie tijden 's daags opzijn knieen, en hij bad, en deed belijdenis voor zijn God, ganselijk gelijk hij voor dezen gedaan had.

¹²Toen kwamen die mannen met hopen, en zij vonden Daniel biddende en smekende voor zijn God.

¹³Toen kwamen zij nader, en spraken voor den koning van het gebod des konings: Hebt gij niet een gebod getekend, dat alle man, die in dertig dagen van enigen god of mens ietsverzoeken zou, behalve van u, o koning! in den kuil der leeuwen zou geworpen worden? De koning antwoordde en zeide: Het is een vaste rede, naar de wet der Meden enPerzen, die niet mag wederroepen worden.

¹⁴Toen antwoordden zij, en zeiden voor den koning: Daniel, een van de gevankelijk weggevoerden uit Juda heeft, o koning! op u geen acht gesteld, noch op het gebod dat gijgetekend hebt; maar hij bidt op drie tijden 's daags zijn gebed.

¹⁵Toen de koning deze rede hoorde, was hij zeer bedroefd bij zichzelven, en hij stelde het hart op Daniel om hem te verlossen; ja, tot den ondergang der zon toe bemoeide hij zich, om hem te redden.

¹⁶Toen kwamen die mannen met hopen tot den koning, en zij zeiden tot den koning: Weet, o koning! dat der Meden en der Perzen wet is, dat geen gebod noch ordonnantie, diede koning verordend heeft, mag veranderd worden.

¹⁷Toen beval de koning, en zij brachten Daniel voor, en wierpen hem in den kuil der leeuwen; en de koning antwoordde en zeide tot Daniel: Uw God, Dien gij gedurigelijk eert, Dieverlosse u!

¹⁸En er werd een steen gebracht, en op den mond des kuils gelegd: en de koning verzegelde denzelven met zijn ring, en met den ring zijner geweldigen, opdat de wil aangaandeDaniel niet zou veranderd worden.

¹⁹Toen ging de koning naar zijn paleis, en overnachtte nuchteren, en liet geen vreugdespel voor zich brengen; en zijn slaap week verre van hem.

²⁰Toen stond de koning in den vroegen morgenstond met het licht op, en hij ging met haast henen tot den kuil der leeuwen.

²¹Als hij nu tot den kuil genaderd was, riep hij tot Daniel met een droeve stem; de koning antwoordde en zeide tot Daniel: O Daniel, gij knecht des levenden Gods! heeft ook uwGod, Dien gij gedurigelijk eert, u van de leeuwen kunnen verlossen?

²²Toen sprak Daniel tot den koning: O koning, leef in eeuwigheid!

²³Mijn God heeft Zijn engel gezonden, en Hij heeft den muil der leeuwen toegesloten, dat zij mij niet beschadigd hebben, omdat voor Hem onschuld in mij gevonden is; ook heb ik, o koning! tegen u geen misdaad gedaan.

²⁴Toen werd de koning bij zichzelven zeer vrolijk, en zeide, dat men Daniel uit den kuil trekken zou. Toen Daniel uit den kuil opgetrokken was, zo werd er geen schade aan hem gevonden, dewijl hij in zijn God geloofd had.

²⁵Toen beval de koning, en zij brachten die mannen voor, die Daniel overluid beschuldigd hadden, en zij wierpen in den kuil der leeuwen hen, hun kinderen, en hun vrouwen; en zij kwamen niet op den grond des kuils, of de leeuwen heersten over hen, zij vermorzelden ook al hun beenderen.

²⁶Toen schreef de koning Darius aan alle volken, natien en tongen, die op de ganse aarde woonden: Uw vrede worde vermenigvuldigd!

²⁷Van mij is een bevel gegeven, dat men in de ganse heerschappij mijns koninkrijks beve en siddere voor het aangezicht van den God van Daniel; want Hij is de levende God, en bestendig in eeuwigheden, en Zijn koninkrijk is niet verderfelijk, en Zijn heerschappij is tot het einde toe.

²⁸Hij verlost en redt, en Hij doet tekenen en wonderen in den hemel en op de aarde; Die heeft Daniel uit het geweld der leeuwen verlost.

²⁹Deze Daniel nu had voorspoed in het koninkrijk van Darius, en in het koninkrijk van Kores, den Perziaan.

Hoofdstuk 7

¹In het eerste jaar van Belsazar, den koning van Babel, zag Daniel een droom, en gezichten zijns hoofds, op zijn leger; toen schreef hij dien droom, en hij zeide de hoofdsom der zaken.

²Daniel antwoordde en zeide: Ik zag in mijn gezicht bij nacht, en ziet, de vier winden des hemels braken voort op de grote zee.

³En er klommen vier grote dieren op uit de zee, het ene van het andere verscheiden.

⁴Het eerste was als een leeuw, en het had arendsvleugelen; ik zag toe, totdat zijn vleugelen uitgeplukt waren, en het werd van de aarde opgeheven, en op de voeten gesteld, als een mens, en aan hetzelve werd eens mensen hart gegeven.

⁵Daarna, ziet, het andere dier, het tweede, was gelijk een beer, en stelde zich aan de ene zijde, en het had drie ribben in zijn muil tussen zijn tanden; en men zeide aldus tot hetzelve: Sta op, eet veel vlees.

⁶Daarna zag ik, en ziet, er was een ander dier, gelijk een luipaard, en het had vier vleugels eens vogels op zijn rug; ook had hetzelve dier vier hoofden, en aan hetzelve werd de heerschappij gegeven.

⁷Daarna zag ik in de nachtgezichten, en ziet, het vierde dier was schrikkelijk en gruwelijk, en zeer sterk; en het had grote ijzeren tanden, het at, en verbrijzelde, en vertrad het overige met zijn voeten; en het was verscheiden van al de dieren, die voor hetzelve geweest waren; en het had tien hoornen.

⁸Ik nam acht op de hoornen, en ziet, een andere kleine hoorn kwam op tussen dezelve, en drie uit de vorige hoornen werden uitgerukt voor denzelven; en ziet, in dienzelven hoorn waren ogen als mensenogen, en een mond, grote dingen sprekende.

⁹Dit zag ik, totdat er tronen gezet werden, en de Oude van dagen Zich zette, Wiens kleed wit was als de sneeuw, en het haar Zijns hoofds als zuivere wol; Zijn troon was vuurvonken, deszelfs raderen een brandend vuur.

¹⁰Een vurige rivier vloeide, en ging van voor Hem uit, duizendmaal duizenden dienden Hem, en tien duizendmaal tien duizenden stonden voor Hem; het gericht zette zich, en de boeken werden geopend.

¹¹Toen zag ik toe vanwege de stem der grote woorden, welke die hoorn sprak; ik zag toe, totdat het dier gedood, en zijn lichaam verdaan werd, en overgegeven om van het vuur verbrand te worden.

¹²Aangaande ook de overige dieren, men nam hun heerschappij weg, want verlenging van het leven was hun gegeven tot tijd en stonde toe.

¹³Verder zag ik in de nachtgezichten, en ziet, er kwam Een met de wolken des hemels, als eens mensen zoon, en Hij kwam tot den Oude van dagen, en zij deden Hem voor Denzelven naderen.

¹⁴En Hem werd gegeven heerschappij, en eer, en het Koninkrijk, dat Hem alle volken, natien en tongen eren zouden; Zijn heerschappij is een eeuwige heerschappij, die niet vergaan zal, en Zijn Koninkrijk zal niet verdorven worden.

¹⁵Mij, Daniel werd mijn geest doorstoken in het midden van het lichaam, en de gezichten mijns hoofds verschrikten mij.

¹⁶Ik naderde tot een dergenen, die daar stonden, en verzocht van hem de zekerheid over dit alles; en hij zeide ze mij, en gaf mij de uitlegging dezer zaken te kennen.

¹⁷Deze grote dieren, die vier zijn, zijn vier koningen, die uit de aarde opstaan zullen.

¹⁸Maar de heiligen der hoge plaatsen zullen dat Koninkrijk ontvangen, en zij zullen het Rijk bezitten tot in der eeuwigheid, ja, tot in eeuwigheid der eeuwigheden.

¹⁹Toen wenste ik naar de waarheid van het vierde dier, hetwelk verscheiden was van al de andere, zeer gruwelijk, welks tanden van ijzer waren, en zijn klauwen van koper; het at, het verbrijzelde, en vertrad het overige met zijn voeten.

²⁰En aangaande de tien hoornen die op zijn hoofd waren, en den anderen, die opkwam, en voor denwelken drie afgevallen waren, namelijk dien hoorn, die ogen had, en een mond, die grote dingen sprak, en wiens aanzien groter was, dan van zijn metgezellen.

²¹Ik had gezien, dat diezelve hoorn krijg voerde tegen de heiligen, en dat hij die overmocht,

²²Totdat de Oude van dagen kwam, en het gericht gegeven werd aan de heiligen der hoge plaatsen, en dat de bestemde tijd kwam, dat de heiligen het Rijk bezaten.

²³Hij zeide aldus: Het vierde dier zal het vierde rijk op aarde zijn, dat verscheiden zal zijn van al die rijken, en het zal de ganse aarde opeten, en het zal dezelve vertreden, en het zal ze verbrijzelen.

²⁴Belangende nu de tien hoornen: uit dat koninkrijk zullen tien koningen opstaan, en een ander zal na hen opstaan; en dat zal verscheiden zijn van de vorigen, en het zal drie koningen vernederen.

²⁵En het zal woorden spreken tegen den Allerhoogste, en het zal de heiligen der hoge plaatsen verstoren, en het zal menen de tijden en de wet te veranderen, en zij zullen in deszelfs hand overgegeven worden tot een tijd, en tijden, en een gedeelte eens tijds.

²⁶Daarna zal het gericht zitten, en men zal zijn heerschappij wegnemen, hem verdelgende en verdoende, tot het einde toe.

²⁷Maar het rijk, en de heerschappij, en de grootheid der koninkrijken onder den gansen hemel, zal gegeven worden den volke der heiligen der hoge plaatsen, welks Rijk een eeuwig Rijk zijn zal; en alle heerschappijen zullen Hem eren en Hem gehoorzamen.

²⁸Tot hiertoe is het einde dezer rede. Wat mij Daniel aangaat, mijn gedachten verschrikken mij zeer, en mijn glans veranderde aan mij; doch ik bewaarde dat woord in mijn hart.

Hoofdstuk 8

¹In het derde jaar des koninkrijks van den koning Belsazar, verscheen mij een gezicht, mij Daniel, na hetgeen mij in het eerste verschenen was.

²En ik zag een gezicht, (het geschiedde nu, toen ik het zag, dat ik in den burg Susan was, welke in het landschap Elam is) ik zag dan in een gezicht, dat ik aan den vloed Ulai was.

³En ik hief mijn ogen op, en ik zag, en ziet, een ram stond voor dien vloed, die had twee hoornen, en die twee hoornen waren hoog, en de een was hoger dan de andere, en de hoogste kwam in het laatste op.

⁴Ik zag, dat de ram met de hoornen tegen het westen stiet, en tegen het noorden, en tegen het zuiden, en geen dieren konden voor zijn aangezicht bestaan, en er was niemand, die uit zijn hand verloste; maar hij deed naar zijn welgevallen, en hij maakte zich groot.

⁵Toen ik dit overlegde, ziet, er kwam een geitenbok van het westen over den gansen aardbodem, en roerde de aarde niet aan; en die bok had een aanzienlijken hoorn tussen zijn ogen.

⁶En hij kwam tot den ram, die de twee hoornen had, dien ik had zien staan voor den vloed; en hij liep op hem aan in de grimmigheid zijner kracht.

⁷En ik zag hem, nakende aan den ram, en hij verbitterde zich tegen hem, en hij stiet den ram, en hij brak zijn beide hoornen; en in den ram was geen kracht, om voor zijn aangezicht te bestaan; en hij wierp hem ter aarde, en hij vertrad hem, en er was niemand, die den ram uit zijn hand verloste.

⁸En de geitenbok maakte zich uitermate groot; maar toen hij sterk geworden was, brak die grote hoorn, en er kwamen op aan deszelfs plaats vier aanzienlijke, naar de vier winden des hemels.

⁹En uit een van die kwam voort een kleine hoorn, welke uitnemend groot werd, tegen het zuiden, en tegen het oosten, en tegen het sierlijke land.

¹⁰En hij werd groot tot aan het heir des hemels; en hij wierp er sommigen van dat heir, namelijk van de sterren, ter aarde neder, en hij vertrad ze.

¹¹Ja, hij maakte zich groot tot aan den Vorst diens heirs, en van Denzelven werd weggenomen het gedurig offer, en de woning Zijns heiligdoms werd nedergeworpen.

Daniël

¹²En het heir werd in den afval overgegeven tegen het gedurig offer; en hij wierp de waarheid ter aarde; en deed het, en het gelukte wel.

¹³Daarna hoorde ik een heilige spreken; en de heilige zeide tot den onbenoemde, die daar sprak: Tot hoelang zal dat gezicht van het gedurig offer en van den verwoestenden afvalzijn, dat zo het heiligdom als het heir ter vertreding zal overgegeven worden?

¹⁴En hij zeide tot mij: Tot twee duizend en driehonderd avonden en morgens; dan zal het heiligdom gerechtvaardigd worden.

¹⁵En het geschiedde, toen ik dat gezicht zag, ik Daniel, zo zocht ik het verstand deszelven, en ziet, er stond voor mij als de gedaante eens mans.

¹⁶En ik hoorde tussen Ulai eens mensen stem, die riep en zeide: Gabriel! geef dezen het gezicht te verstaan.

¹⁷En hij kwam nevens waar ik stond; en als hij kwam, verschrikte ik, en viel op mijn aangezicht. Toen zeide hij tot mij: Versta, gij mensenkind! want dit gezicht zal zijn tot den tijd vanhet einde.

¹⁸Als hij nu met mij sprak, viel ik in een diepen slaap op mijn aangezicht ter aarde; toen roerde hij mij aan, en hij stelde mij op mijn standplaats.

¹⁹En hij zeide: Zie, ik zal u te kennen geven, wat er geschieden zal ten einde dezer gramschap; want ter bestemder tijd zal het einde zijn.

²⁰De ram met de twee hoornen, dien gij gezien hebt, zijn de koningen der Meden en der Perzen.

²¹Die harige bok nu, is de koning van Griekenland; en de grote hoorn, welke tussen zijn ogen is, is de eerste koning.

²²Dat er nu vier aan zijn plaats stonden, toen hij verbroken was; vier koninkrijken zullen uit dat volk ontstaan, doch niet met zijn kracht.

²³Doch op het laatste huns koninkrijks, als het de afvalligen op het hoogste gebracht zullen hebben, zo zal er een koning staan, stijf van aangezicht, en raadselen verstaande;

²⁴En zijn kracht zal sterk worden, doch niet door zijn kracht; en hij zal het wonderlijk verderven, en zal geluk hebben, en zal het doen; en hij zal de sterken, mitsgaders het heiligevolk verderven;

²⁵En door zijn kloekheid zo zal hij de bedriegerij doen gedijen in zijn hand; en hij zal zich in zijn hart verheffen; en in stille rust zal hij er velen verderven, en zal staan tegen den Vorstder vorsten, doch hij zal zonder hand verbroken worden.

²⁶Het gezicht nu van avond en morgen, dat er gezegd is, is de waarheid; en gij, sluit dit gezicht toe, want er zijn nog vele dagen toe.

²⁷Toen werd ik, Daniel, zwak, en was enige dagen krank; daarna stond ik op, en deed des konings werk; en ik was ontzet over dit gezicht; maar niemand merkte het.

Hoofdstuk 9

¹In het eerste jaar van Darius, den zoon van Ahasveros, uit het zaad der Meden, die koning gemaakt was over het koninkrijk der Chaldeen;

²In het eerste jaar zijner regering, merkte ik, Daniel, in de boeken, dat het getal der jaren, van dewelke het woord des HEEREN tot den profeet Jeremia geschied was, in hetvervullen der verwoestingen van Jeruzalem, zeventig jaren was.

³En ik stelde mijn aangezicht tot God, den Heere, om Hem te zoeken met het gebed, en smekingen, met vasten, en zak, en as.

⁴Ik bad dan tot den HEERE, mijn God, en deed belijdenis, en zeide: Och Heere! Gij grote en verschrikkelijke God, Die het verbond en de weldadigheid houdt dien, die Hemliefhebben en Zijn geboden houden.

⁵Wij hebben gezondigd, en hebben onrecht gedaan, en goddelooslijk gehandeld, en gerebelleerd, met af te wijken van Uw geboden, en van Uw rechten.

⁶En wij hebben niet gehoord naar Uw dienstknechten, de profeten, die in Uw Naam spraken tot onze koningen, onze vorsten en onze vaders, en tot al het volk des lands.

⁷Bij U, o Heere! is de gerechtigheid, maar bij ons de beschaamdheid der aangezichten, gelijk het is te deze dage; bij de mannen van Juda, en de inwoners van Jeruzalem, engeheel Israel, die nabij en die verre zijn, in al de landen, waar Gij ze henengedreven hebt, zij tegen U overtreden hebben.

⁸O Heere! bij ons is de beschaamdheid der aangezichten, bij onze koningen, bij onze vorsten, en bij onze vaders, omdat wij tegen U gezondigd hebben.

⁹Bij den Heere, onzen God, zijn de barmhartigheden en vergevingen, alhoewel wij tegen Hem gerebelleerd hebben.

¹⁰En wij hebben der stem des HEEREN, onzes Gods, niet gehoorzaamd, dat wij in Zijn wetten wandelen zouden, die Hij gegeven heeft voor onze aangezichten, door de hand vanZijn knechten, de profeten.

¹¹Maar geheel Israel heeft Uw wet overtreden, met af te wijken, dat zij Uwer stem niet gehoorzaamden; daarom is over ons uitgestort die vloek, en die eed, die geschreven is in dewet van Mozes, den knecht Gods, dewijl wij tegen Hem gezondigd hebben.

¹²En Hij heeft Zijn woorden bevestigd, die Hij gesproken heeft tegen ons, en tegen onze richters, die ons richtten, brengende over ons een groot kwaad, hetwelk niet geschied isonder den gansen hemel, gelijk aan Jeruzalem geschied is.

¹³Gelijk als in de wet van Mozes geschreven is, alzo is al dat kwaad over ons gekomen; en wij smeekten het aangezicht des HEEREN, onzes Gods, niet, afkerende van onzeongerechtigheden, en verstandelijk acht gevende op Uw waarheid.

¹⁴Daarom heeft de HEERE over het kwade gewaakt, en Hij heeft het over ons gebracht; want de HEERE, onze God, is rechtvaardig in al Zijn werken, die Hij gedaan heeft, dewijlwij Zijner stem niet gehoorzaamden.

¹⁵En nu, o Heere, onze God! Die Uw volk uit Egypteland gevoerd hebt, met een sterke hand, en hebt U een Naam gemaakt, gelijk hij is te dezen dage; wij hebben gezondigd, wijzijn goddeloos geweest.

¹⁶O Heere! naar al Uw gerechtigheden, laat toch Uw toorn en Uw grimmigheid afgekeerd worden van Uw stad Jeruzalem, Uw heiligen berg; want om onzer zonden wil en omonzer vaderen ongerechtigheden, zijn Jeruzalem en Uw volk tot versmaadheid bij allen, die rondom ons zijn.

¹⁷En nu, o onze God! hoor naar het gebed Uws knechts, en naar zijn smekingen; en doe Uw aangezicht lichten over Uw heiligdom, dat verwoest is; om des HEEREN wil.

¹⁸Neig Uw oor, mijn God! en hoor, doe Uw ogen op, en zie onze verwoestingen, en de stad, die naar Uw Naam genoemd is; want wij werpen onze smekingen voor Uw aangezichtniet neder op onze gerechtigheden, maar op Uw barmhartigheden, die groot zijn.

¹⁹O Heere, hoor! o Heere, vergeef! o Heere, merk op en doe het, vertraag het niet! Om Uws Zelfs wil, o mijn God! Want Uw stad, en Uw volk is naar Uw Naam genoemd.

²⁰Als ik nog sprak, en bad, en beleed mijn zonde, en de zonde mijns volks van Israel, en mijn smeking nederwierp voor het aangezicht des HEEREN, mijns Gods, om des heiligenbergs wil mijns Gods;

²¹Als ik nog sprak in het gebed, zo kwam de man Gabriel, die ik in het begin in een gezicht gezien had, snellijk gevlogen, mij aanrakende, omtrent den tijd des avondoffers.

²²En hij onderrichtte mij en sprak met mij, en zeide: Daniel! nu ben ik uitgegaan, om u den zin te doen verstaan.

²³In het begin uwer smekingen is het woord uitgegaan, en ik ben gekomen, om u dat te kennen te geven; want gij zijt een zeer gewenst man; versta dan dit woord, en merk op ditgezicht.

²⁴Zeventig weken zijn bestemd over uw volk, en over uw heilige stad, om de overtreding te sluiten, en om de zonden te verzegelen, en om de ongerechtigheid te verzoenen, en omeen eeuwige gerechtigheid aan te brengen, en om het gezicht, en den profeet te verzegelen, en om de heiligheid der heiligheden te zalven.

²⁵Weet dan, en versta: van den uitgang des woords, om te doen wederkeren, en om Jeruzalem te bouwen, tot op Messias den Vorst, zijn zeven weken, en twee en zestig weken; destraten, en de grachten zullen wederom gebouwd worden, doch in benauwdheid der tijden.

²⁶En na die twee en zestig weken zal de Messias uitgeroeid worden, maar het zal niet voor Hem zelven zijn; en een volk des vorsten, hetwelk komen zal, zal de stad en hetheiligdom verderven, en zijn einde zal zijn met een overstromende vloed, en tot het einde toe zal er krijg zijn, en vastelijk besloten verwoestingen.

²⁷En hij zal velen het verbond versterken een week; en in de helft der week zal hij het slachtoffer en het spijsoffer doen ophouden, en over den gruwelijken vleugel zal eenverwoester zijn, ook tot de voleinding toe, die vastelijk besloten zijnde, zal uitgestort worden over den verwoeste.

Hoofdstuk 10

¹In het derde jaar van Kores, den koning van Perzie, werd aan Daniel, wiens naam genoemd werd Beltsazar, een zaak geopenbaard, en die zaak is de waarheid, doch in eengezetten groten tijd; en hij verstond die zaak, en hij had verstand van het gezicht.

²In die dagen was ik, Daniel, treurende drie weken der dagen.

³Begeerlijke spijze at ik niet, en vlees of wijn kwam in mijn mond niet; ook zalfde ik mij gans niet, totdat die drie weken der dagen vervuld waren.

⁴En op den vier en twintigsten dag der eerste maand, zo was ik aan den oever der grote rivier, welke is Hiddekel.

⁵En ik hief mijn ogen op, en zag, en ziet, er was een Man met linnen bekleed, en Zijn lenden waren omgord met fijn goud van Ufaz.

⁶En Zijn lichaam was gelijk een turkoois, en Zijn aangezicht gelijk de gedaante des bliksems, en Zijn ogen gelijk vurige fakkelen, en Zijn armen en Zijn voeten gelijk de verf van gepolijst koper; en de stem Zijner woorden was gelijk de stem ener menigte.

⁷En ik, Daniel, alleen zag dat gezicht, maar de mannen, die bij mij waren, zagen dat gezicht niet; doch een grote verschrikking viel op hen, en zij vloden, om zich te versteken.

⁸Ik dan werd alleen overgelaten, en zag dit grote gezicht, en er bleef in mij geen kracht overig; en mijn sierlijkheid werd aan mij veranderd in een verderving, zodat ik geen kracht behield.

⁹En ik hoorde de stem Zijner woorden; en toen ik de stem Zijner woorden hoorde, zo viel ik in een diepen slaap op mijn aangezicht, met mijn aangezicht ter aarde.

¹⁰En ziet, een hand roerde mij aan, en maakte, dat ik mij bewoog op mijn knieën, en de palmen mijner handen.

¹¹En Hij zeide tot mij: Daniel, gij zeer gewenste man! merk op de woorden, die Ik tot u spreken zal, en sta op uw standplaats, want Ik ben alnu tot u gezonden; en toen Hij dat woord tot mij sprak, stond ik bevende.

¹²Toen zeide Hij tot mij: Vrees niet, Daniel! want van den eersten dag aan, dat gij uw hart begaaft, om te verstaan en om uzelven te verootmoedigen, voor het aangezicht uws Gods, zijn uw woorden gehoord, en om uwer woorden wil ben Ik gekomen.

¹³Doch de vorst des koninkrijks van Perzie stond tegenover Mij een en twintig dagen; en ziet, Michael, een van de eerste vorsten, kwam om Mij te helpen, en Ik werd aldaar gelaten bij de koningen van Perzie.

¹⁴Nu ben Ik gekomen, om u te doen verstaan, hetgeen uw volk bejegenen zal in het vervolg der dagen, want het gezicht is nog voor vele dagen.

¹⁵En toen Hij deze woorden met mij sprak, sloeg ik mijn aangezicht ter aarde, en ik werd stom.

¹⁶En ziet, Een, den mensenkinderen gelijk, raakte mijn lippen aan, toen deed ik mijn mond open, en ik sprak, en zeide tot Dien, Die tegenover mij stond: Mijn Heere! om desgezichts wil keren zich mijn weeen over mij, zodat ik geen kracht behoude.

¹⁷En hoe kan de knecht van dezen mijn Heere spreken met dien mijn Heere? Want wat mij aangaat, van nu af bestaat geen kracht in mij, en geen adem is in mij overgebleven.

¹⁸Toen raakte mij wederom aan Een, als in de gedaante van een mens; en Hij versterkte mij.

¹⁹En Hij zeide: Vrees niet, gij zeer gewenste man! vrede zij u, wees sterk, ja, wees sterk! En terwijl Hij met mij sprak, werd ik versterkt, en zeide: Mijn Heere spreke, want Gij hebt mij versterkt.

²⁰Toen zeide Hij: Weet gij, waarom dat Ik tot u gekomen ben? Doch nu zal Ik wederkeren om te strijden tegen den vorst der Perzen; en als Ik zal uitgegaan zijn, ziet, zo zal de vorst van Griekenland komen.

²¹Doch Ik zal u te kennen geven, hetgeen getekend is in het geschrift der waarheid; en er is niet een, die zich met Mij versterkt tegen dezen, dan uw vorst Michael.

Hoofdstuk 11

¹Ik nu, ik stond in het eerste jaar van Darius den Meder, om hem te versterken en te stijven.

²En nu, ik zal u de waarheid te kennen geven; ziet, er zullen nog drie koningen in Perzie staan, en de vierde zal verrijkt worden met grote rijkdom, meer dan al de anderen; en nadat hij zich in zijn rijkdom zal versterkt hebben, zal hij ze allen verwekken tegen het koninkrijk van Griekenland.

³Daarna zal er een geweldig koning opstaan, die met grote heerschappij heersen zal, en hij zal doen naar zijn welgevallen.

⁴En als hij zal staan, zal zijn rijk gebroken, en in de vier winden des hemels verdeeld worden, maar niet aan zijn nakomelingen, ook niet naar zijn heerschappij, waarmede hij heerste; want zijn rijk zal uitgerukt worden, en dat voor anderen dan deze.

⁵En de koning van het Zuiden, die een van zijn vorsten is, zal sterk worden; doch een ander zal sterker worden dan hij, en hij zal heersen; zijn heerschappij zal een grote heerschappij zijn.

⁶Op het einde nu van sommige jaren, zullen zij zich met elkander bevrienden, en de dochter des konings van het Zuiden zal komen tot den koning van het Noorden, om billijke voorwaarden te maken; doch zij zal de macht des arms niet behouden, daarom zal hij, noch zijn arm, niet bestaan; maar zij zal overgegeven worden, en die haar gebracht hebben, en die haar gegenereerd heeft, en die haar gesterkt heeft in die tijden.

⁷Doch uit de spruit van haar wortelen zal er een opstaan in zijn staat, die zal met heirkracht komen, en hij zal komen tegen die sterke plaatsen des konings van het Noorden, en hij zal tegen dezelve doen, en hij zal ze bemachtigen.

⁸Ook zal hij hun goden, met hun vorsten, met hun gewenste vaten van zilver en goud, in de gevangenis naar Egypte brengen; en hij zal enige jaren staande blijven boven den koning van het Noorden.

⁹Alzo zal de koning van het Zuiden in het koninkrijk komen, en hij zal wederom in zijn land trekken.

¹⁰Doch zijn zonen zullen zich in strijd mengen, en zij zullen een menigte van grote heiren verzamelen; en een van hen zal snellijk komen, en als een vloed overstromen en doortrekken; en hij zal wederom komen, en zich in den strijd mengen, tot aan zijn sterke plaats toe.

¹¹En de koning van het Zuiden zal verbitterd worden, en hij zal uittrekken, en strijden tegen hem, tegen den koning van het Noorden, die ook een grote menigte oprichten zal, doch die menigte zal in zijn hand gegeven worden.

¹²Als die menigte zal weggenomen zijn, zal zijn hart zich verheffen, en hij zal er enige tien duizenden nedervellen; evenwel zal hij niet gesterkt worden.

¹³Want de koning van het Noorden zal wederkeren, en hij zal een groter menigte dan de eerste was, oprichten; en aan het einde van de tijden der jaren, zal hij snellijk komen met een grote heirkracht, en met groot goed.

¹⁴Ook zullen er in die tijden velen opstaan tegen den koning van het Zuiden; en de scheurmakers uws volks zullen verheven worden, om het gezicht te bevestigen, doch zij zullen vallen.

¹⁵En de koning van het Noorden zal komen, en een wal opwerpen, en vaste steden innemen; en de armen van het Zuiden zullen niet bestaan, noch zijn uitgelezen volk, ja, er zal geen kracht zijn om te bestaan.

¹⁶Maar hij, die tegen hem komt, zal doen naar zijn welgevallen, en niemand zal voor zijn aangezicht bestaan; hij zal ook staan in het land des sieraads, en de verderving zal in zijn hand wezen.

¹⁷En hij zal zijn aangezicht stellen, om met de kracht zijns gansen rijks te komen, en hij zal billijke voorwaarden medebrengen, en hij zal het doen; want hij zal hem een dochter der vrouwen geven, om haar te verderven, maar zij zal niet vast staan, en zij zal voor hem niet zijn.

¹⁸Daarna zal hij zijn aangezicht tot de eilanden keren, en hij zal er vele innemen; doch een overste zal zijn smaad tegen hem doen ophouden, behalve dat hij zijn smaad op hem zal doen wederkeren.

¹⁹En hij zal zijn aangezicht keren naar de sterkten zijns lands, en hij zal aanstoten, en vallen, en niet gevonden worden.

²⁰En in zijn staat zal er een opstaan, doende een geldeiser doortrekken, in koninklijke heerlijkheid; maar hij zal in enige dagen gebroken worden, nochtans niet door toornigheden, noch door oorlog.

²¹Daarna zal er een verachte in zijn staat staan, denwelken men de koninklijke waardigheid niet zal geven; doch hij zal in stilheid komen, en het koninkrijk door vleierijen bemachtigen.

²²En de armen der overstroming zullen overstroomd worden van voor zijn aangezicht, en zij zullen verbroken worden, en ook de vorst des verbonds.

²³En na de vereniging met hem zal hij bedrog plegen, en hij zal optrekken, en hij zal met weinig volks gesterkt worden.

²⁴Met stilheid zal hij ook in de vette plaatsen des landschaps komen, en hij zal doen, dat zijn vaders, of de vaders zijner vaderen, niet gedaan hebben; roof, en buit, en goederen, zal hij onder hen uitstrooien, en hij zal tegen de vastigheden zijn gedachten denken, doch tot een zekeren tijd toe.

²⁵En hij zal zijn kracht en zijn hart verwekken tegen den koning van het Zuiden, met een grote heirkracht; en de koning van het Zuiden zal zich in den strijd mengen met een groten en zeer machtige heirkracht; doch hij zal niet bestaan, want zij zullen gedachten tegen hem denken.

²⁶En die de stukken zijner spijze zullen eten, zullen hem breken, en de heirkracht deszelven zal overstromen, en vele verslagenen zullen vallen.

²⁷En het hart van beide deze koningen zal wezen om kwaad te doen, en aan een tafel zullen zij leugen spreken; en het zal niet gelukken, want het zal nog een einde hebben ter bestemder tijd.

²⁸En hij zal in zijn land wederkeren met groot goed, en zijn hart zal zijn tegen het heilig verbond; en hij zal het doen, en wederkeren in zijn land.

²⁹Ter bestemder tijd zal hij wederkeren, en tegen het Zuiden komen, doch het zal niet zijn gelijk de eerste, noch gelijk de laatste reize.

³⁰Want er zullen schepen van Chittim tegen hem komen, daarom zal hij met smart bevangen worden, en hij zal wederkeren, en gram worden tegen het heilig verbond; en hij zal het doen; want wederkerende zal hij acht geven op de verlaters des heiligen verbonds.

Daniël

³¹En er zullen armen uit hem ontstaan, en zij zullen het heiligdom ontheiligen, en de sterkte, en zij zullen het gedurige offer wegnemen, en een verwoestenden gruwel stellen.

³²En die goddelooslijk handelen tegen het verbond, zal hij doen huichelen door vleierijen; maar het volk, die hun God kennen, zullen zij grijpen, en zullen het doen.

³³En de leraars des volks zullen er velen onderwijzen, en zij zullen vallen door het zwaard en door vlam, door gevangenis en door beroving, vele dagen.

³⁴Als zij nu zullen vallen, zullen zij met een kleine hulp geholpen worden; doch velen zullen zich door vleierijen tot hen vervoegen.

³⁵En van de leraars zullen er sommigen vallen, om hen te louteren en te reinigen, en wit te maken, tot den tijd van het einde toe; want het zal nog zijn voor een bestemden tijd.

³⁶En die koning zal doen naar zijn welgevallen, en hij zal zichzelven verheffen, en groot maken boven allen God, en hij zal tegen den God der goden wonderlijke dingen spreken; en hij zal voorspoedig zijn, totdat de gramschap voleind zij, want het is vastelijk besloten, het zal geschieden.

³⁷En op de goden zijner vaderen zal hij geen acht geven, noch op de begeerte der vrouwen; hij zal ook op geen God acht geven, maar hij zal zich boven alles groot maken.

³⁸En hij zal den god Mauzzim in zijn standplaats eren; namelijk den god, welken zijn vaders niet gekend hebben, zal hij eren met goud, en met zilver, en met kostelijk gesteente, en met gewenste dingen.

³⁹En hij zal de vastigheden der sterkten maken met den vreemden god; dengenen, die hij kennen zal, zal hij de eer vermenigvuldigen, en hij zal ze doen heersen over velen, en hij zal het land uitdelen om prijs.

⁴⁰En op den tijd van het einde, zal de koning van het Zuiden tegen hem met hoornen stoten; en de koning van het Noorden zal tegen hem aanstormen, met wagenen, en met ruiteren, en met vele schepen; en hij zal in de landen komen, en hij zal ze overstromen en doortrekken.

⁴¹En hij zal komen in het land des sieraads, en vele landen zullen ter nedergeworpen worden; doch deze zullen zijn hand ontkomen, Edom en Moab, en de eerstelingen der kinderen Ammons.

⁴²En hij zal zijn hand aan de landen leggen, ook zal het land van Egypte niet ontkomen.

⁴³En hij zal heersen over de verborgen schatten des gouds en des zilvers, en over al de gewenste dingen van Egypte; en die van Libye, en de Moren zullen in zijn gangen wezen.

⁴⁴Maar de geruchten van het Oosten en van het Noorden zullen hem verschrikken; daarom zal hij uittrekken met grote grimmigheid om velen te verdelgen en te verbannen.

⁴⁵En hij zal de tenten van zijn paleis planten tussen de zeeen aan den berg des heiligen sieraads; en hij zal tot zijn einde komen, en zal geen helper hebben.

Hoofdstuk 12

¹En te dier tijd zal Michael opstaan, die grote vorst, die voor de kinderen uws volks staat, als het zulk een tijd der benauwdheid zijn zal, als er niet geweest is, sinds dat er een volk geweest is, tot op dienzelven tijd toe; en te dier tijd zal uw volk verlost worden, al wie gevonden wordt geschreven te zijn in het boek.

²En velen van die, die in het stof der aarde slapen, zullen ontwaken, dezen ten eeuwigen leven, en genen tot versmaadheden, en tot eeuwige afgrijzing.

³De leraars nu zullen blinken, als de glans des uitspansels, en die er velen rechtvaardigen, gelijk de sterren, altoos en eeuwiglijk.

⁴En gij, Daniel! sluit deze woorden toe, en verzegel dit boek, tot den tijd van het einde; velen zullen het naspeuren, en de wetenschap zal vermenigvuldigd worden.

⁵En ik, Daniel, zag, en ziet, er stonden twee anderen, de een aan deze zijde van den oever der rivier, en de ander aan gene zijde van den oever der rivier.

⁶En hij zeide tot den Man, bekleed met linnen, Die boven op het water der rivier was: Tot hoe lang zal het zijn, dat er een einde van deze wonderen zal wezen?

⁷En ik hoorde dien Man, bekleed met linnen, Die boven op het water van de rivier was, en Hij hief Zijn rechterhand en Zijn linkerhand op naar den hemel, en zwoer bij Dien, Die eeuwiglijk leeft, dat na een bestemden tijd, bestemde tijden, en een helft, en als Hij zal voleind hebben te verstrooien de hand des heiligen volks, al deze dingen voleind zullen worden.

⁸Dit hoorde ik, doch ik verstond het niet; en ik zeide: Mijn Heere! wat zal het einde zijn van deze dingen?

⁹En Hij zeide: Ga henen, Daniel! want deze woorden zijn toegesloten en verzegeld tot den tijd van het einde.

¹⁰Velen zullen er gereinigd en wit gemaakt, en gelouterd worden; doch de goddelozen zullen goddelooslijk handelen, en geen van de goddelozen zullen het verstaan, maar de verstandigen zullen het verstaan.

¹¹En van dien tijd af, dat het gedurig offer zal weggenomen, en de verwoestende gruwel zal gesteld zijn, zullen zijn duizend tweehonderd en negentig dagen.

¹²Welgelukzalig is hij, die verwacht en raakt tot duizend driehonderd vijf en dertig dagen.

Hosea

Hoofdstuk 1

¹Het woord des HEEREN, dat geschied is tot Hosea, den zoon van Beeri, in de dagen van Uzzia, Jotham, Achaz, Hizkia, koningen van Juda, en in de dagen van Jerobeam, zoon van Joas, koning van Israel.

²Het begin van het woord des HEEREN door Hosea. De HEERE dan zeide tot Hosea: Ga henen, neem u een vrouw der hoererijen, en kinderen der hoererijen; want het land hoereert ganselijk van achter den HEERE.

³Zo ging hij henen, en nam Gomer, een dochter van Diblaim; en zij ontving; en baarde hem een zoon.

⁴En de HEERE zeide tot hem: Noem zijn naam Jizreel, want nog een weinig tijds, zo zal Ik de bloedschulden van Jizreel bezoeken over het huis van Jehu, en zal het koninkrijk van het huis van Israel doen ophouden.

⁵En het zal te dien dage geschieden, dat Ik Israels boog verbreken zal, in het dal van Jizreel.

⁶En zij ontving wederom, en baarde een dochter; en Hij zeide tot hem: Noem haar naam Lo-Ruchama; want Ik zal Mij voortaan niet meer ontfermen over het huis Israels, maar Ik zal ze zekerlijk wegvoeren.

⁷Maar over het huis van Juda zal Ik Mij ontfermen, en zal ze verlossen door den HEERE, hun God, en Ik zal ze niet verlossen door boog, noch door zwaard, noch door krijg, door paarden noch door ruiteren.

⁸Als zij nu Lo-Ruchama gespeend had, ontving zij, en baarde een zoon.

⁹En Hij zeide: Noem zijn naam Lo-Ammi; want gijlieden zijt Mijn volk niet, zo zal Ik ook de uwe niet zijn.

¹⁰Nochtans zal het getal der kinderen Israels zijn als het zand der zee, dat niet gemeten noch geteld kan worden; en het zal geschieden, dat ter plaatse, waar tot hen gezegd zal zijn: Gijlieden zijt Mijn volk niet; tot hen gezegd zal worden: Gij zijt kinderen des levenden Gods.

¹¹En de kinderen van Juda, en de kinderen Israels zullen samenvergaderd worden, en zich een enig hoofd stellen, en uit het land optrekken; want de dag van Jizreel zal groot zijn.

Hoofdstuk 2

¹Twist tegen ulieder moeder, twist, omdat zij Mijn vrouw niet is, en Ik haar Man niet ben; en laat ze haar hoererijen van haar aangezicht, en haar overspelerijen van tussen haar borsten wegdoen.

²Opdat Ik ze niet naakt uitstrope, en zette ze als ten dage, toen zij geboren werd; ja, make ze als een woestijn, en zette ze als een dor land, en dode ze door dorst;

³En Mij harer kinderen niet ontferme, omdat zij kinderen der hoererijen zijn.

⁴Want hunlieder moeder hoereert, die henlieden ontvangen heeft, handelt schandelijk; want zij zegt: Ik zal mijn boelen nagaan, die mij mijn brood en mijn water, mijn wol en mijn vlas, mijn olie en mijn drank geven.

⁵Daarom, ziet, Ik zal uw weg met doornen betuinen, en Ik zal een heiningmuur maken, dat zij haar paden niet zal vinden.

⁶En zij zal haar boelen nalopen, maar dezelve niet aantreffen; en zij zal hen zoeken, maar niet vinden; dan zal zij zeggen: Ik zal henengaan, en keren weder tot mijn vorigen Man, want toen was mij beter dan nu.

⁷Zij bekent toch niet, dat Ik haar het koren, en den most, en de olie gegeven heb, en haar het zilver en goud vermenigvuldigd heb, dat zij tot den Baal gebruikt hebben.

⁸Daarom zal Ik wederkomen, en Mijn koren wegnemen op zijn tijd, en Mijn most op zijn gezetten tijd; en Ik zal wegrukken Mijn wol en Mijn vlas, dienende om haar naaktheid tebedekken.

⁹En nu zal Ik haar dwaasheid ontdekken voor de ogen harer boelen; en niemand zal haar uit Mijn hand verlossen.

¹⁰En Ik zal doen ophouden al haar vrolijkheid, haar feesten, haar nieuwe maanden, en haar sabbatten, ja, al haar gezette hoogtijden.

¹¹En Ik zal verwoesten haar wijnstok en haar vijgeboom, waarvan zij zegt: Deze zijn mij een hoerenloon, dat mij mijn boelen gegeven hebben; maar Ik zal ze stellen tot een woud, en het wild gedierte des velds zal ze vreten.

¹²En Ik zal over haar bezoeken de dagen des Baals, waarin zij dien gerookt heeft, en zich versierd met haar voorhoofdsiersel, en haar halssieraad, en is haar boelen nagegaan, maar heeft Mij vergeten, spreekt de HEERE.

¹³Daarom, ziet, Ik zal haar lokken, en zal haar voeren in de woestijn; en Ik zal naar haar hart spreken.

¹⁴En Ik zal haar geven haar wijngaarden van daar af, en het dal Achor, tot een deur der hoop; en aldaar zal zij zingen, als in de dagen harer jeugd, en als ten dage, toen zij optoog uit Egypteland.

¹⁵En het zal te dien dage geschieden, spreekt de HEERE, dat gij Mij noemen zult: Mijn Man; en Mij niet meer noemen zult: Mijn Baal!

¹⁶En Ik zal de namen der Baals van haar mond wegdoen; zij zullen niet meer bij hun namen gedacht worden.

¹⁷En Ik zal te dien dage een verbond voor hen maken met het wild gedierte des velds, en met het gevogelte des hemels, en het kruipend gedierte des aardbodems; en Ik zal den boog, en het zwaard, en den krijg van de aarde verbreken, en zal hen in zekerheid doen nederliggen.

¹⁸En Ik zal u Mij ondertrouwen in eeuwigheid; ja, Ik zal u Mij ondertrouwen in gerechtigheid en in gericht, en in goedertierenheid en in barmhartigheden.

¹⁹En Ik zal u Mij ondertrouwen in geloof; en gij zult den HEERE kennen.

²⁰En het zal te dien dage geschieden, dat Ik verhoren zal, spreekt de HEERE; Ik zal den hemel verhoren, en die zal de aarde verhoren.

²¹En de aarde zal het koren verhoren, mitsgaders den most en de olie; en die zullen Jizreel verhoren.

²²En Ik zal ze Mij op de aarde zaaien, en zal Mij ontfermen over Lo-Ruchama; en Ik zal zeggen tot Lo-Ammi: Gij zijt Mijn volk; en dat zal zeggen: O, mijn God!

Hoofdstuk 3

¹En de HEERE zeide tot mij: Ga wederom henen, bemin een vrouw, die, bemind zijnde van haar vriend, nochtans overspel doet; gelijk de HEERE de kinderen Israels bemint, maar zij zien om, naar andere goden, en beminnen de flessen der druiven.

²En ik kocht ze mij voor vijftien zilverlingen, en een homer gerst, en een halven homer gerst.

³En ik zeide tot haar: Gij zult vele dagen na mij blijven zitten (gij zult niet hoereren, noch een anderen man geworden), en ik ook na u.

⁴Want de kinderen Israels zullen vele dagen blijven zitten, zonder koning, en zonder vorst, en zonder offer, en zonder opgericht beeld, en zonder efod en terafim.

⁵Daarna zullen zich de kinderen Israels bekeren, en zoeken den HEERE, hun God, en David, hun koning; en zij zullen vrezende komen tot den HEERE en tot Zijn goedheid, in het laatste der dagen.

Hoofdstuk 4

¹Hoort des HEEREN woord, gij kinderen Israels! want de HEERE heeft een twist met de inwoners des lands, omdat er geen trouw, en geen weldadigheid, en geen kennis van God in het land is;

²Maar vloeken en liegen, en doodslaan, en stelen, en overspel doen; zij breken door, en bloedschulden raken aan bloedschulden.

³Daarom zal het land treuren, en een iegelijk, die daarin woont, kwelen, met het gedierte des velds, en met het gevogelte des hemels; ja, ook de vissen der zee zullen weggeraapt worden.

⁴Doch niemand twiste noch bestraffe iemand; want uw volk is als die met den priester twisten.

⁵Daarom zult gij vallen bij dag, ja, zelfs de profeet zal met u vallen bij nacht; en Ik zal uw moeder uitroeien.

⁶Mijn volk is uitgeroeid, omdat het zonder kennis is; dewijl gij de kennis verworpen hebt, heb Ik u ook verworpen, dat gij Mij het priesterambt niet zult bedienen; dewijl gij de wet uws Gods vergeten hebt, zal Ik ook uw kinderen vergeten.

⁷Gelijk zij meerder geworden zijn, alzo hebben zij tegen Mij gezondigd; Ik zal hunlieder eer in schande veranderen.

⁸Zij eten de zonde Mijns volks, en verlangen, een ieder met zijn ziel, naar hun ongerechtigheid.

⁹Daarom, gelijk het volk, alzo zal de priester zijn; en Ik zal zijn wegen over hem bezoeken, en zijn handelingen hem vergelden.

¹⁰En zij zullen eten, maar niet zat worden, zullen hoereren, maar niet uitbreken in menigte; want zij hebben nagelaten den HEERE in acht te nemen.

¹¹Hoererij, en wijn, en most neemt het hart weg.

¹²Mijn volk vraagt zijn hout, en zijn stok zal het hem bekend maken; want de geest der hoererijen verleidt hen, dat zij van onder hun God weghoereren.

¹³Op de hoogten der bergen offeren zij, en op de heuvelen roken zij, onder een eik, en populier, en iepeboom, omdat derzelver schaduw goed is; daarom hoereren uw dochteren, en uw bruiden bedrijven overspel.

Hosea

¹⁴Ik zal over uw dochteren geen bezoeking doen, omdat zij hoereren, en over uw bruiden, omdat zij overspel doen; want zij zelven scheiden zich af met de hoeren, en offeren met de snoodste hoeren; het volk dan, dat geen verstand heeft zal omgekeerd worden.

¹⁵Zo gij, o Israel! wilt hoereren, dat immers Juda niet schuldig worde; komt gij toch niet te Gilgal, en gaat niet op naar Beth-Aven, en zweert niet: Zo waarachtig als de HEERE leeft.

¹⁶Want Israel is onbandig, als een onbandige koe; nu zal hen de HEERE weiden, als een lam in de ruimte.

¹⁷Efraim is vergezeld met de afgoden; laat hem varen.

¹⁸Hunlieder zuiperij is afvallig; zij doen niet dan hoereren; hun schilden (het is een schande!) beminnen het woord: Geeft.

¹⁹Een wind heeft hen gebonden in zijn vleugelen, en zij zullen beschaamd worden vanwege hun offeranden.

Hoofdstuk 5

¹Hoort dit, gij priesters! en merkt op, gij huis Israels! en neemt ter oren, gij huis des konings! want ulieden gaat dit oordeel aan, omdat gij een strik zijt geworden te Mizpa, en een uitgespannen net op Thabor.

²En die afwijken, verdiepen zich om te slachten; maar Ik zal hun allen een tuchtmeester zijn.

³Ik ken Efraim, en Israel is voor Mij niet verborgen; dat gij, o Efraim! nu hoereert, en Israel verontreinigd is.

⁴Zij stellen hun handelingen niet aan, om zich tot hun God te bekeren; want de geest der hoererijen is in het midden van hen, en den HEERE kennen zij niet.

⁵Dies zal Israel hovaardij in zijn aangezicht getuigen; en Israel en Efraim zullen vallen door hun ongerechtigheid; ook zal Juda met hen vallen.

⁶Met hun schapen, en met hun runderen zullen zij dan gaan, om den HEERE te zoeken, maar niet vinden; Hij heeft Zich van hen onttrokken.

⁷Zij hebben trouwelooslijk gehandeld tegen den HEERE; want zij hebben vreemde kinderen gewonnen; nu zal hen de nieuwe maand verteren met hun delen.

⁸Blaast de bazuin te Gibea, de trompet te Rama; roept luide te Beth-Aven; achter u, Benjamin!

⁹Efraim zal tot verwoesting worden, ten dage der straf; onder de stammen Israels heb Ik bekend gemaakt, dat gewis is.

¹⁰De vorsten van Juda zijn geworden, gelijk die de landpalen verrukken; Ik zal Mijn verbolgenheid, als water, over hen uitgieten.

¹¹Efraim is verdrukt, hij is verpletterd met recht; want hij heeft zo gewild; hij heeft gewandeld naar het gebod.

¹²Daarom zal Ik Efraim zijn als een mot, en den huize van Juda als een verrotting.

¹³Als Efraim zijn krankheid zag, en Juda zijn gezwel, zo toog Efraim tot Assur, en hij zond tot den koning Jareb; maar die zal ulieden niet kunnen genezen, en zal het gezwel van ulieden niet helen.

¹⁴Want Ik zal Efraim zijn als een felle leeuw, en den huize van Juda als een jonge leeuw; Ik, Ik zal verscheuren en henengaan; Ik zal wegvoeren, en er zal geen redder zijn.

¹⁵Ik zal henengaan en keren weder tot Mijn plaats, totdat zij zichzelven schuldig kennen en Mijn aangezicht zoeken; als hun bange zal zijn, zullen zij Mij vroeg zoeken.

Hoofdstuk 6

¹Komt en laat ons wederkeren tot den HEERE, want Hij heeft verscheurd, en Hij zal ons genezen; Hij heeft geslagen, en Hij zal ons verbinden.

²Hij zal ons na twee dagen levend maken; op den derden dag zal Hij ons doen verrijzen, en wij zullen voor Zijn aangezicht leven.

³Dan zullen wij kennen, wij zullen vervolgen, om den HEERE te kennen; Zijn uitgang is bereid als de dageraad; en Hij zal tot ons komen als een regen, als de spade regen en vroege regen des lands.

⁴Wat zal Ik u doen, o Efraim! wat zal Ik u doen, o Juda! dewijl uw weldadigheid is als een morgenwolk, en als een vroegkomende dauw, die henengaat.

⁵Daarom heb Ik hen behouwen door de profeten; Ik heb ze gedood door de redenen Mijns monds; en uw oordelen zullen voortkomen aan het licht.

⁶Want Ik heb lust tot weldadigheid, en niet tot offer; en tot de kennis Gods, meer dan tot brandoffer.

⁷Maar zij hebben het verbond overtreden als Adam; daar hebben zij trouwelooslijk tegen Mij gehandeld.

⁸Gilead is een stad van werkers der ongerechtigheid; zij is betreden van bloed.

⁹Gelijk de benden der straatschenders op iemand wachten, alzo is het gezelschap der priesteren; zij moorden op den weg naar Sichem, waarlijk, zij doen schandelijke daden.

¹⁰Ik zie een afschuwelijke zaak in het huis Israels; aldaar is Efraims hoererij, Israel is verontreinigd.

¹¹Ook heeft hij u, o Juda! een oogst gezet, als Ik de gevangenen Mijns volks wederbracht.

Hoofdstuk 7

¹Terwijl Ik Israel genees, zo wordt Efraims ongerechtigheid ontdekt, mitsgaders de boosheden van Samaria; want zij werken valsheid; en de dief gaat er in, de bende der straatschenders stroopt daar buiten.

²En zij zeggen niet in hun hart, dat Ik al hunner boosheid gedachtig ben; nu omsingelen hen hun handelingen, zij zijn voor Mijn aangezicht.

³Zij verblijden den koning met hun boosheid, en de vorsten met hun leugenen.

⁴Zij bedrijven al te zamen overspel, zij zijn gelijk een bakoven, die heet gemaakt is van den bakker; die ophoudt van wakker te zijn, nadat hij het deeg heeft gekneed, totdat het doorgezuurd zij.

⁵Het is de dag onzes konings; de vorsten maken hem krank door verhitting van den wijn; hij strekt zijn hand voort met de spotters.

⁶Want zij voeren hun hart aan, als een bakoven, tot hun lagen; hunlieder bakker slaapt den gansen nacht; 's morgens brandt hij als een vlammend vuur.

⁷Zij zijn allen te zamen verhit als een bakoven, en zij verteren hun rechters; al hun koningen vallen; er is niemand onder hen, die tot Mij roept.

⁸Efraim, die verwart zich met de volken; Efraim is een koek, die niet is omgekeerd;

⁹Vreemden verteren zijn kracht, en hij merkt het niet; ook is de grauwigheid op hem verspreid, en hij merkt het niet.

¹⁰Dies zal de hovaardij van Israel in zijn aangezicht getuigen; dewijl zij zich niet bekeren tot den HEERE, hun God, noch Hem zoeken in alle deze.

¹¹Want Efraim is als een botte duif, zonder hart; zij roepen Egypte aan, zij gaan henen tot Assur.

¹²Wanneer zij zullen henengaan, zal Ik Mijn net over hen uitspreiden, Ik zal ze als vogelen des hemels doen nederdalen. Ik zal ze tuchtigen, gelijk gehoord is in hun vergadering.

¹³Wee hen, want zij zijn van Mij afgezworven; verstoring over hen, want zij hebben tegen Mij overtreden! Ik zou hen wel verlossen, maar zij spreken leugenen tegen Mij.

¹⁴Zij roepen ook niet tot Mij met hun hart, wanneer zij huilen op hun legers; om koren en most verzamelen zij zich, maar zij wederstreven tegen Mij.

¹⁵Ik heb hen wel getuchtigd, en hunlieder armen gesterkt; maar zij denken kwaad tegen Mij.

¹⁶Zij keren zich, maar niet tot den Allerhoogste, zij zijn als een bedrieglijke boog; hun vorsten vallen door het zwaard; vanwege de gramschap hunner tong; dat is hunlieder bespotting in Egypteland.

Hoofdstuk 8

¹De bazuin aan uw mond; hij komt als een arend tegen het huis des HEEREN; omdat zij Mijn verbond hebben overtreden, en zijn tegen Mijn wet afvallig geworden.

²Dan zullen zij tot Mij roepen: Mijn God! wij, Israel, kennen U.

³Israel heeft het goede verstoten; de vijand zal hem vervolgen.

⁴Zij hebben koningen gemaakt, maar niet uit Mij; zij hebben vorsten gesteld, maar Ik heb het niet gekend; van hun zilver en hun goud hebben zij voor zichzelven afgoden gemaakt, opdat zij uitgeroeid worden.

⁵Uw kalf, o Samaria! heeft u verstoten; Mijn toorn is tegen hen ontstoken; hoe lang zullen zij de reinigheid niet verdragen?

⁶Want dat is ook uit Israel; een werkmeester heeft het gemaakt, en het is geen God, maar het zal tot stukken worden, het kalf van Samaria.

⁷Want zij hebben wind gezaaid, en zullen een wervelwind maaien; het zal geen staande koren hebben, het uitspruitsel zal geen meel maken; of het misschien maakte, vreemden zullen het verslinden.

⁸Israel is verslonden; nu zijn zij onder de heidenen geworden, gelijk een vat, waar men geen lust toe heeft.

⁹Want zij zijn opgetogen naar Assur, een woudezel, die alleen voor zichzelven is; die van Efraim hebben boelen om hoerenloon gehuurd.

¹⁰Dewijl zij dan onder de heidenen boelen om hoerenloon gehuurd hebben, zo zal Ik die nu ook verzamelen; ja, zij hebben al een weinig begonnen, vanwege den last van den koning der vorsten.

¹¹Omdat Efraim de altaren vermenigvuldigd heeft tot zondigen, zo zijn hem de altaren geworden tot zondigen.

¹²Ik schrijf hem de voortreffelijkheden Mijner wet voor; maar die zijn geacht als wat vreemds.

¹³Aangaande de offeranden Mijner gaven, zij offeren vlees, en eten het, maar de HEERE heeft aan hen geen welgevallen. Nu zal Hij hunner ongerechtigheid gedenken, en hunzonden bezoeken; zij zullen weder in Egypte keren.

¹⁴Want Israel heeft zijn Maker vergeten, en tempelen gebouwd, en Juda heeft vaste steden vermenigvuldigd; maar Ik zal een vuur zenden in zijn steden, dat zal haar paleizenverteren.

Hoofdstuk 9

¹Verblijd u niet, o Israel! tot opspringens toe, gelijk de volken; want gij hoereert van uw God af; gij hebt hoerenloon lief, op alle dorsvloeren des korens.

²De dors vloer en de wijnkuip zal henlieden niet voeden; en de most zal hun liegen.

³Zij zullen in des HEEREN land niet blijven; maar Efraim zal weder tot Egypte keren, en zij zullen in Assyrie het onreine eten.

⁴Zij zullen den HEERE geen drankofferen doen van wijn, ook zouden zij Hem niet zoet zijn, hun offeranden zouden hun zijn als treurbrood; allen, die dat zouden eten, zoudenonrein worden; want hun brood zal voor hun ziel zijn, het zal in des HEEREN huis niet komen.

⁵Wat zult gijlieden dan doen op een gezetten hoogtijdsdag, en op een feestdag des HEEREN?

⁶Want ziet, zij gaan daarhenen vanwege de verstoring; Egypte zal ze verzamelen, Mof zal ze begraven; begeerte zal er zijn naar hun zilver, netelen zullen hen erfelijk bezitten, doornen zullen in hun tenten zijn.

⁷De dagen der bezoeking zijn gekomen, de dagen der vergelding zijn gekomen; die van Israel zullen het gewaar worden; de profeet is een dwaas, de man des geestes isonzinnig; om de grootheid uwer ongerechtigheid is de haat ook groot.

⁸De wachter van Efraim is met mijn God, maar de profeet is een vogelvangersstrik, op al zijn wegen, een haat in het huis zijns Gods.

⁹Zij hebben zich zeer diep verdorven, als in de dagen van Gibea; Hij zal hunner ongerechtigheid gedenken, Hij zal hun zonden bezoeken.

¹⁰Ik vond Israel als druiven in de woestijn, Ik zag uw vaderen als de eerste vrucht aan den vijgeboom in haar beginsel; maar zij gingen in tot Baal-Peor, en zonderden zich af tot dieschaamte, en werden gans verfoeilijk naar hun boelerij.

¹¹Aangaande Efraim, hunlieder heerlijkheid zal wegvlieden als een vogel; van de geboorte, en van moeders buik, en van de ontvangenis af.

¹²Ofschoon zij hun kinderen mochten groot maken, Ik zal er hen toch van beroven, dat zij onder de mensen niet zullen zijn; want ook, wee hun, als Ik van hen zal geweken zijn!

¹³Efraim is, gelijk als Ik Tyrus aanzag, die geplant is in een liefelijke woonplaats; maar Efraim zal zijn kinderen moeten uitbrengen tot den doodslager.

¹⁴Geef hun, HEERE! Wat zult Gij geven? Geef hun een misdragende baarmoeder, en uitdrogende borsten.

¹⁵Al hun boosheid is te Gilgal, want daar heb Ik ze gehaat, om de boosheid van hun handelingen; Ik zal ze uit Mijn huis uitdrijven, Ik zal ze voortaan niet meer liefhebben; al hunvorsten zijn afvalligen.

¹⁶Efraim is geslagen, hunlieder wortel is verdord, zij zullen geen vrucht voortbrengen; ja, ofschoon zij genereerden, zo zal Ik toch de gewenste vruchten van hun buik doden.

¹⁷Mijn God zal ze verwerpen, omdat zij naar Hem niet horen; en zij zullen omzwervende zijn onder de heidenen.

Hoofdstuk 10

¹Israel is een uitgeledigde wijnstok, hij brengt weder vrucht voor zich; maar naar de veelheid zijner vrucht heeft hij de altaren vermenigvuldigd; naar de goedheid zijns lands, hebben zij de opgerichte beelden goed gemaakt.

²Hij heeft hun hart verdeeld, nu zullen zij verwoest worden; Hij zal hun altaren doorhouwen, Hij zal hun opgerichte beelden verstoren.

³Want nu zullen zij zeggen: Wij hebben geen koning; want wij hebben den HEERE niet gevreesd; wat zou ons dan een koning doen?

⁴Zij hebben woorden gesproken, valselijk zwerende in het verbond maken; daarom zal het oordeel als een vergiftig kruid groenen, op de voren der velden.

⁵De inwoners van Samaria zullen verschrikt zijn over het kalf van Beth-Aven; want zijn volk zal over hetzelve treuren, mitsgaders zijn Chemarim (die zich over hetzelve verheugden), over zijn heerlijkheid, omdat zij van hetzelve is weggevaren.

⁶Ja, datzelve zal naar Assur gevoerd worden, tot een geschenk voor den koning Jareb; Efraim zal schaamte behalen, en Israel zal beschaamd worden vanwege zijn raadslag.

⁷De koning van Samaria is afgehouwen, als schuim op het water.

⁸En de hoogten van Aven, Israels zonde, zullen verdelgd worden; doornen en distelen zullen op hunlieder altaren opkomen; en zij zullen zeggen tot de bergen: Bedekt ons! en totde heuvelen: Valt op ons!

⁹Sinds de dagen van Gibea, hebt gij gezondigd, o Israel; daar zijn zij staande gebleven; de strijd te Gibea, tegen de kinderen der verkeerdheid, zal ze niet aangrijpen.

¹⁰Het is in Mijn lust, dat Ik ze zal binden; en volken zullen tegen henlieden verzameld worden, als Ik ze binden zal in hun twee voren.

¹¹Dewijl Efraim een vaars is, gewend gaarne te dorsen, zo ben Ik over de schoonheid van haar hals overgegaan; Ik zal Efraim berijden, Juda zal ploegen, Jakob zal voor zicheggen.

¹²Zaait u tot gerechtigheid, maait tot weldadigheid; braakt u een braakland; dewijl het tijd is den HEERE te zoeken, totdat Hij kome, en over u de gerechtigheid regene.

¹³Gij hebt goddeloosheid geploegd, verkeerdheid gemaaid, en de vrucht der leugen gegeten; want gij hebt vertrouwd op uw weg, op de veelheid uwer helden.

¹⁴Daarom zal er een groot gedruis ontstaan onder uw volken, en al uw vestingen zullen verstoord worden, gelijk Salman Beth-Arbel verstoorde ten dage des krijgs; de moeder werder verpletterd met de zonen.

¹⁵Alzo heeft Beth-El ulieden gedaan, vanwege de boosheid uwer boosheid; Israels koning is in den dageraad ten enenmale uitgeroeid.

Hoofdstuk 11

¹Als Israel een kind was, toen heb Ik hem liefgehad, en Ik heb Mijn zoon uit Egypte uitgeroepen.

²Maar gelijk zij henlieden riepen, alzo gingen zij van hun aangezicht weg; zij offerden den Baals, en rookten den gesnedenen beelden.

³Ik nochtans leerde Efraim gaan; Hij nam ze op Zijn armen, maar zij bekenden niet, dat Ik ze genas.

⁴Ik trok ze met mensenzelen, met touwen der liefde, en was hun, als degenen, die het juk van op hun kinnebakken oplichten, en Ik reikte hem voeder toe.

⁵Hij zal in Egypteland niet wederkeren; maar Assur, die zal zijn koning zijn; omdat zij zich weigerden te bekeren.

⁶En het zwaard zal in zijn steden blijven, en zijn grendelen verteren, en opeten, vanwege hun beraadslagingen.

⁷Want Mijn volk blijft hangen aan de afkering van Mij; zij roepen het wel tot den Allerhoogste, maar niet een verhoogt Hem.

⁸Hoe zou Ik u overgeven, o Efraim? u overleveren, o Israel? Hoe zou Ik u maken als Adama, u stellen als Zeboim? Mijn hart is in Mij omgekeerd, al Mijn berouw is te zamenontstoken.

⁹Ik zal de hittigheid Mijns toorns niet uitvoeren; Ik zal niet wederkeren om Efraim te verderven; want Ik ben God en geen mens, de Heilige in het midden van u, en Ik zal in de stadniet komen.

¹⁰Zij zullen den HEERE achterna wandelen, Hij zal brullen als een leeuw, wanneer Hij brullen zal, dan zullen de kinderen van de zee af al bevende aankomen.

¹¹Zij zullen bevende aankomen als een vogeltje uit Egypte, en als een duif uit het land van Assur; en Ik zal hen doen wonen in hun huizen, spreekt de HEERE.

Hoofdstuk 12

¹Die van Efraim hebben Mij omsingeld met leugen, en het huis Israels met bedrog; maar Juda heerste nog met God, en was met de heiligen getrouw.

²Efraim weidt zich met wind, en jaagt den oostenwind na; den gansen dag vermenigvuldigt hij leugen en verwoesting; en zij maken verbond met Assur, en de olie wordt naarEgypte gevoerd.

³Ook heeft de HEERE een twist met Juda, en Hij zal bezoeking doen over Jakob naar zijn wegen, naar zijn handelingen zal Hij hem vergelden.

⁴In moeders buik hield hij zijn broeder bij de verzenen; en in zijn kracht gedroeg hij zich vorstelijk met God.

⁵Ja, hij gedroeg zich vorstelijk tegen den Engel, en overmocht Hem; hij weende en smeekte Hem. Te Beth-El vond hij Hem, en aldaar sprak Hij met ons;

⁶Namelijk, de HEERE, de God der heirscharen; HEERE is Zijn gedenknaam.

⁷Gij dan, bekeer u tot uw God, bewaar weldadigheid en recht, en wacht geduriglijk op uw God.

⁸In des koopmans hand is een bedriegelijke weegschaal, hij bemint te verdrukken;
⁹Nog zegt Efraim: Evenwel ben ik rijk geworden, ik heb mij groot goed verkregen; in al mijn arbeid zullen zij mij geen ongerechtigheid vinden, die zonde zij.
¹⁰Maar Ik ben de HEERE, uw God, van Egypteland af; Ik zal u nog in tenten doen wonen, als in de dagen der samenkomst;
¹¹En Ik zal spreken tot de profeten, en Ik zal het gezicht vermenigvuldigen; en door den dienst der profeten zal Ik gelijkenissen voorstellen.
¹²Zekerlijk is Gilead ongerechtigheid, zij zijn enkel ijdelheid; te Gilgal offeren zij ossen, ja, hun altaren zijn als steen hopen op de voren der velden.
¹³Jakob vlood toch naar het veld van Syrie, en Israel diende om een vrouw, en hoedde om een vrouw.
¹⁴Maar de HEERE voerde Israel op uit Egypte door een profeet, en door een profeet werd hij gehoed.
¹⁵Efraim daarentegen heeft Hen zeer bitterlijk vertoornd; daarom zal Hij zijn bloed op hem laten, en zijn Heere zal hem zijn smaad vergelden.

Hoofdstuk 13

¹Als Efraim sprak, zo beefde men, hij heeft zich verheven in Israel; maar hij is schuldig geworden aan den Baal en is gestorven.
²En nu zijn zij voortgevaren te zondigen, en hebben zich van hun zilver een gegoten beeld gemaakt, afgoden naar hun verstand, die altemaal smedenwerk zijn; waarvan zijnochtans zeggen: De mensen, die offeren, zullen de kalveren kussen.
³Daarom zullen zij zijn als een morgenwolk, en als een vroegkomende dauw, die henengaat; als kaf van den dorsvloer, en als rook uit den schoorsteen wordt weggestormd.
⁴Ik ben toch de HEERE, uw God, van Egypteland af; daarom zoudt gij geen God kennen dan Mij alleen, want er is geen Heiland dan Ik.
⁵Ik heb u gekend in de woestijn, in een zeer heet land.
⁶Daarna zijn zij, naardat hunlieder weide was, zat geworden; als zij zat zijn geworden, heeft zich hun hart verheven; daarom hebben zij Mij vergeten.
⁷Dies werd Ik hun als een felle leeuw; als een luipaard loerde Ik op den weg.
⁸Ik ontmoette hen als een beer, die van jongen beroofd is, en scheurde het slot huns harten; en Ik verslond ze aldaar als een oude leeuw; het wild gedierte des velds verscheurdehen.
⁹Het heeft u bedorven, o Israel! want in Mij is uw hulp.
¹⁰Waar is uw koning nu? Dat hij u behoude in al uw steden! En uw richters, waar gij van zeidet: Geef mij een koning en vorsten?
¹¹Ik gaf u een koning in Mijn toorn en nam hem weg in Mijn verbolgenheid.
¹²Efraims ongerechtigheid is samengebonden, zijn zonde is opgelegd.
¹³Smarten ener barende vrouw zullen hem aankomen; hij is een onwijs kind; want anders zou hij geen tijd in de kindergeboorte blijven staan.
¹⁴Doch Ik zal hen van het geweld der hel verlossen, Ik zal ze vrijmaken van den dood: o dood! waar zijn uw pestilentien? hel! waar is uw verderf? Berouw zal van Mijn ogenverborgen zijn,
¹⁵Want hij zal vrucht voortbrengen onder de broederen; doch er zal een oostenwind komen, een wind des HEEREN, opkomende uit de woestijn; en zijn springader zal uitdrogen, diezelve zal den schat van alle gewenste huisraad roven.

Hoofdstuk 14

¹Samaria zal woest worden, want zij is wederspannig geweest tegen haar God; zij zullen door het zwaard vallen, hun kinderkens zullen verpletterd, en hun zwangere vrouwenzullen opengesneden worden.
²Bekeer u, o Israel! tot den HEERE, uw God, toe; want gij zijt gevallen om uw ongerechtigheid.
³Neem deze woorden met u, en bekeer u tot den HEERE; zeg tot Hem: Neem weg alle ongerechtigheid, en geef het goede, zo zullen wij betalen de varren onzer lippen.
⁴Assur zal ons niet behouden, wij zullen niet rijden op paarden, en tot het werk onzer handen niet meer zeggen: Gij zijt onze God. Immers zal een wees bij U ontfermd worden.
⁵Ik zal hunlieder afkering genezen, Ik zal hen vrijwilliglijk liefhebben; want Mijn toorn is van hem gekeerd.
⁶Ik zal Israel zijn als de dauw; hij zal bloeien als de lelie, en hij zal zijn wortelen uitslaan als de Libanon.
⁷Zijn scheuten zullen zich uitspreiden, en zijn heerlijkheid zal zijn als des olijfbooms, en hij zal een reuk hebben als de Libanon.
⁸Zij zullen wederkeren, zittende onder zijn schaduw; zij zullen ten leven voortbrengen als koren, en bloeien als de wijnstok; zijn gedachtenis zal zijn als de wijn van Libanon.
⁹Efraim! wat heb Ik meer met de afgoden te doen? Ik heb hem verhoord, en zal op hem zien; Ik zal hem zijn als een groenende denneboom; uw vrucht is uit Mij gevonden.

Joël

Hoofdstuk 1

¹Het woord des HEEREN, dat geschied is tot Joel, den zoon van Pethuel:

²Hoort dit, gij oudsten! en neemt ter oren, alle inwoners des lands! Is dit geschied in uw dagen, of ook in de dagen uwer vaderen?

³Vertelt uw kinderen daarvan, en laat het uw kinderen hun kinderen vertellen, en derzelver kinderen aan een ander geslacht.

⁴Wat de rups heeft overgelaten, heeft de sprinkhaan afgegeten, en wat de sprinkhaan heeft overgelaten, heeft de kever afgegeten, en wat de kever heeft overgelaten, heeft de kruidworm afgegeten.

⁵Waakt op, gij dronkenen! en weent, en huilt, alle gij wijnzuipers! om den nieuwen wijn, dewijl hij van uw mond is afgesneden.

⁶Want een volk is opgekomen over mijn land, machtig en zonder getal; zijn tanden zijn leeuwentanden, en het heeft baktanden eens ouden leeuws.

⁷Het heeft mijn wijnstok gesteld tot een verwoesting, en mijn vijgeboom tot schuim; het heeft hem ganselijk ontbloot en nedergeworpen, zijn ranken zijn wit geworden.

⁸Kermt, als een jonkvrouw, die met een zak omgord is vanwege den man van haar jeugd.

⁹Spijsoffer en drankoffer is van het huis des HEEREN afgesneden; de priesters, des HEEREN dienaars, treuren.

¹⁰Het veld is verwoest, het land treurt; want het koren is verwoest, de most is verdroogd, de olie is flauw.

¹¹De akkerlieden zijn beschaamd, de wijngaardeniers huilen, om de tarwe en om de gerst, want de oogst des velds is vergaan.

¹²De wijnstok is verdord, de vijgeboom is flauw; de granaatappelboom, ook de palmboom en appelboom; alle bomen des velds zijn verdord; ja de vrolijkheid is verdord van de mensenkinderen.

¹³Omgordt u, en rouwklaagt, gij priesters! huilt, gij dienaars des altaars! gaat in, vernacht in zakken, gij dienaars mijns Gods! want spijsoffer en drankoffer is geweerd van het huis uws Gods.

¹⁴Heiligt een vasten, roept een verbodsdag uit, verzamelt de oudsten, en alle inwoners dezes lands, ten huize des HEEREN, uws Gods, en roept tot den HEERE.

¹⁵Ach, die dag! want de dag des HEEREN is nabij, en zal als een verwoesting komen van den Almachtige.

¹⁶Is niet de spijze voor onze ogen afgesneden? Blijdschap en verheuging van het huis onzes Gods?

¹⁷De granen zijn onder hun kluiten verrot, de schathuizen zijn verwoest, de schuren zijn afgebroken, want het koren is verdord.

¹⁸O, hoe zucht het vee, de runderkudden zijn bedwelmd, want zij hebben geen weide, ook zijn de schaapskudden verwoest.

¹⁹Tot U, o HEERE! roep ik; want een vuur heeft de weiden der woestijn verteerd, en een vlam heeft alle bomen des velds aangestoken.

Hoofdstuk 2

¹Blaast de bazuin te Sion, en roept luide op den berg Mijner heiligheid; laat alle inwoners des lands beroerd zijn, want de dag des HEEREN komt, want hij is nabij.

²Een dag van duisternis en donkerheid, een dag van wolken en dikke duisterheid, als de dageraad uitgespreid over de bergen; een groot en machtig volk, desgelijks van ouds niet geweest is, en na hetzelve niet meer zal zijn tot in jaren van vele geslachten.

³Voor hetzelve verteert een vuur, en achter hetzelve brandt een vlam; het land is voor hetzelve als een lusthof, maar achter hetzelve een woeste wildernis, en ook is er geen ontkomen van hetzelve.

⁴De gedaante deszelven is als de gedaante van paarden, en als ruiters zo zullen zij lopen.

⁵Zij zullen daarhenen springen als een gedruis van wagenen, op de hoogten der bergen; als het gedruis ener vuurvlam, die stoppelen verteert; als een machtig volk, dat inslagorde gesteld is.

⁶Van deszelfs aangezicht zullen de volken in pijn zijn; alle aangezichten zullen betrekken als een pot.

⁷Als helden zullen zij lopen, als krijgslieden zullen zij de muren beklimmen; en zij zullen daarhenen trekken, een iegelijk in zijn wegen, en zullen hun paden niet verdraaien.

⁸Ook zullen zij de een den ander niet dringen; zij zullen daarhenen trekken elk in zijn baan; en al vielen zij op een geweer, zij zouden niet verwond worden.

⁹Zij zullen in de stad omlopen, zij zullen lopen op de muren, zij zullen klimmen in de huizen; zij zullen door de vensteren inkomen als een dief.

¹⁰De aarde is beroerd voor deszelfs aangezicht, de hemel beeft; de zon en maan worden zwart, en de sterren trekken haar glans in.

¹¹En de HEERE verheft Zijn stem voor Zijn heir henen; want Zijn leger is zeer groot, want Hij is machtig, doende Zijn woord; want de dag des HEEREN is groot en zeer vreselijk, en wie zal hem verdragen?

¹²Nu dan ook, spreekt de HEERE, bekeert u tot Mij met uw ganse hart, en dat met vasten en met geween, en met rouwklage.

¹³En scheurt uw hart en niet uw klederen, en bekeert u tot den HEERE, uw God; want Hij is genadig en barmhartig, lankmoedig en groot van goedertierenheid, en berouwhebbende over het kwade.

¹⁴Wie weet, Hij mocht Zich wenden en berouw hebben; en Hij mocht een zegen achter Zich overlaten tot spijsoffer en drankoffer voor den HEERE, uw God.

¹⁵Blaast de bazuin te Sion, heiligt een vasten, roept een verbodsdag uit.

¹⁶Verzamelt het volk, heiligt de gemeente, vergadert de oudsten, verzamelt de kinderkens, en die de borsten zuigen; de bruidegom ga uit zijn binnenkamer, en de bruid uit haar slaapkamer.

¹⁷Laat de priesters, des HEEREN dienaars, wenen tussen het voorhuis en het altaar, en laat hen zeggen: Spaar Uw volk, o HEERE! en geef Uw erfenis niet over tot een smaadheid, dat de heidenen over hen zouden heersen; waarom zouden zij onder de volken zeggen: Waar is hunlieder God?

¹⁸Zo zal de HEERE ijveren over Zijn land, en Hij zal Zijn volk verschonen.

¹⁹En de HEERE zal antwoorden en tot Zijn volk zeggen: Ziet, Ik zend ulieden het koren, en den most, en de olie, dat gij daarvan verzadigd zult worden; en Ik zal u niet meer overgeven tot een smaadheid onder de heidenen.

²⁰En Ik zal dien van het noorden verre van ulieden doen vertrekken, en hem wegdrijven in een dor en woest land, zijn aangezicht naar de Oostzee, en zijn einde naar de achterste zee; en zijn stank zal opgaan, en zijn vuiligheid zal opgaan; want hij heeft grote dingen gedaan.

²¹Vrees niet, o land! verheug u, en wees blijde; want de HEERE heeft grote dingen gedaan.

²²Vreest niet, gij beesten des velds! want de weiden der woestijn zullen weder jong gras voortbrengen; want het geboomte zal zijn vrucht dragen, de wijnstok en vijgeboom zullen hun vermogen geven.

²³En gij, kinderen van Sion! verheugt u en zijt blijde in den HEERE, uw God; want Hij zal u geven dien Leraar ter gerechtigheid; en Hij zal u den regen doen nederdalen, den vroegen regen en den spaden regen in de eerste maand.

²⁴En de dorsvloeren zullen vol koren zijn, en de perskuipen van most en olie overlopen.

²⁵Alzo zal Ik ulieden de jaren vergelden, die de sprinkhaan, de kever, en de kruidworm, en de rups heeft afgegeten; Mijn groot heir, dat Ik onder u gezonden heb.

²⁶En gij zult overvloediglijk en tot verzadiging eten, en prijzen den Naam des HEEREN, uw Gods, Die wonderlijk bij u gehandeld heeft; en Mijn volk zal niet beschaamd worden tot in eeuwigheid.

²⁷En gij zult weten, dat Ik in het midden van Israel ben, en dat Ik de HEERE, uw God, ben, en niemand meer; en Mijn volk zal niet beschaamd worden in eeuwigheid.

²⁸En daarna zal het geschieden, dat Ik Mijn Geest zal uitgieten over alle vlees, en uw zonen en uw dochteren zullen profeteren; uw ouden zullen dromen dromen, uw jongelingen zullen gezichten zien;

²⁹Ja, ook over de dienstknechten, en over de dienstmaagden, zal Ik in die dagen Mijn Geest uitgieten.

³⁰En Ik zal wondertekenen geven in den hemel en op de aarde: bloed, en vuur, en rookpilaren.

³¹De zon zal veranderd worden in duisternis, en de maan in bloed, eer dat die grote en vreselijke dag des HEEREN komt.

³²En het zal geschieden, al wie den Naam des HEEREN zal aanroepen, zal behouden worden; want op den berg Sions en te Jeruzalem zal ontkoming zijn, gelijk als de HEERE gezegd heeft; en dat, bij de overgeblevenen, die de HEERE zal roepen.

Hoofdstuk 3

¹Want ziet, in die dagen en te dier tijd, als Ik de gevangenis van Juda en Jeruzalem zal wenden;

²Dan zal Ik alle heidenen vergaderen, en zal hen afvoeren in het dal van Josafat; en Ik zal met hen aldaar richten, vanwege Mijn volk en Mijn erfdeel Israel, dat zij onder de heidenen hebben verstrooid, en Mijn land gedeeld;

Joël

³En hebben het lot over Mijn volk geworpen en een knechtje gegeven om een hoer, en een meisje verkocht om wijn, dat zij mochten drinken.

⁴En ook, wat hebt gij met Mij te doen, gij Tyrus en Sidon, en alle grenzen van Palestina! Zoudt gij Mij een vergelding wedergeven? Maar zo gij Mij wilt vergelden, lichtelijk, haastelijk, zal Ik uw vergelding op uw hoofd wederbrengen.

⁵Omdat gij Mijn zilver en Mijn goud hebt weggenomen, en hebt Mijn beste kleinodien in uw tempels gebracht.

⁶En gij hebt de kinderen van Juda en de kinderen van Jeruzalem verkocht aan de kinderen der Grieken, opdat gij hen verre van hun landpale, mocht brengen.

⁷Ziet, Ik zal ze opwekken uit de plaats, waarhenen gij ze hebt verkocht; en Ik zal uw vergelding wederbrengen op uw hoofd.

⁸En Ik zal uw zonen en uw dochteren verkopen in de hand der kinderen van Juda, die ze verkopen zullen aan die van Scheba, aan een vergelegen volk; want de HEERE heeft hetgesproken.

⁹Roept dit uit onder de heidenen, heiligt een krijg; wekt de helden op, laat naderen, laat optrekken alle krijgslieden.

¹⁰Slaat uw spaden tot zwaarden, en uw sikkelen tot spiesen; de zwakke zegge: Ik ben een held.

¹¹Rot te hoop, en komt aan, alle gij volken van rondom, en vergadert u! (O HEERE, doe Uw helden derwaarts nederdalen!)

¹²De heidenen zullen zich opmaken, en optrekken naar het dal van Josafat; maar aldaar zal Ik zitten, om te richten alle heidenen van rondom.

¹³Slaat de sikkel aan, want de oogst is rijp geworden; komt aan, daalt henen af, want de pers is vol, en de perskuipen lopen over; want hunlieder boosheid is groot.

¹⁴Menigten, menigten in het dal des dorswagens; want de dag des HEEREN is nabij, in het dal des dorswagens.

¹⁵De zon en maan zijn zwart geworden, en de sterren hebben haar glans ingetrokken.

¹⁶En de HEERE zal uit Sion brullen, en uit Jeruzalem Zijn stem geven, dat hemel en aarde beven zullen; maar de HEERE zal de Toevlucht Zijns volks, en de Sterkte der kinderenIsraels zijn.

¹⁷En gijlieden zult weten, dat Ik de HEERE, uw God ben, wonende op Sion, den berg Mijner heiligheid; en Jeruzalem zal een heiligheid zijn, en vreemden zullen niet meer doorhaar doorgaan.

¹⁸En het zal te dien dage geschieden dat de bergen van zoeten wijn zullen druipen, en de heuvelen van melk vlieten, en alle stromen van Juda vol van water gaan; en er zal eenfontein uit het huis des HEEREN uitgaan, en zal het dal van Sittim bewateren.

¹⁹Egypte zal tot verwoesting worden, en Edom zal worden tot een woeste wildernis, om het geweld, gedaan aan de kinderen van Juda, in welker land zij onschuldig bloed vergotenhebben.

²⁰Maar Juda zal blijven in eeuwigheid, en Jeruzalem van geslacht tot geslacht.

Amos

Hoofdstuk 1

¹De woorden van Amos, die onder de veeherderen was van Thekoa, dewelke hij gezien heeft over Israel, in de dagen van Uzzia, koning van Juda, en in de dagen van Jerobeam, zoon van Joas, koning van Israel; twee jaren voor de aardbeving.

²En hij zeide: De HEERE zal brullen uit Sion, en Zijn stem verheffen uit Jeruzalem; en de woningen der herderen zullen treuren, en de hoogte van Karmel zal verdorren.

³Alzo zegt de HEERE: Om drie overtredingen van Damaskus, en om vier zal Ik dat niet afwenden; omdat zij Gilead met ijzeren dorswagens hebben gedorst.

⁴Daarom zal Ik een vuur in het huis van Hazael zenden, dat zal de paleizen van Benhadad verteren.

⁵En Ik zal den grendel van Damaskus verbreken, en zal uitroeien den inwoner van Bikeat-Aven, en dien, die den scepter houdt, uit Beth-Eden; en het volk van Syrie zal gevankelijkweggevoerd worden naar Kir, zegt de HEERE.

⁶Alzo zegt de HEERE: Om drie overtredingen van Gaza, en om vier zal Ik dat niet afwenden; omdat zij Mijn volk gevankelijk hebben weggevoerd met een volkomen wegvoering, om aan Edom over te leveren.

⁷Daarom zal Ik een vuur zenden in den muur van Gaza, dat zal haar paleizen verteren.

⁸En Ik zal den inwoner uitroeien uit Asdod, en dien, die den scepter houdt, uit Askelon; en Ik zal Mijn hand wenden tegen Ekron, en het overblijfsel der Filistijnen zal vergaan, zegtde Heere HEERE.

⁹Alzo zegt de HEERE: Om drie overtredingen van Tyrus, en om vier zal Ik dat niet afwenden; omdat zij Mijn volk met een volkomen wegvoering hebben overgeleverd aan Edom, enniet gedacht aan het verbond der broederen.

¹⁰Daarom zal Ik een vuur zenden in den muur van Tyrus, dat zal haar paleizen verteren.

¹¹Alzo zegt de HEERE: Om drie overtredingen van Edom, en om vier zal Ik dat niet afwenden; omdat hij zijn broederen met het zwaard heeft vervolgd, en zijn barmhartighedenverdorven; en dat zijn toorn eeuwiglijk verscheurt, en hij zijn verbolgenheid altoos behoudt.

¹²Daarom zal Ik een vuur zenden in Theman, dat zal de paleizen van Bozra verteren.

¹³Alzo zegt de HEERE: Om drie overtredingen der kinderen Ammons, en om vier zal Ik dat niet afwenden; omdat zij de zwangere vrouwen van Gilead hebben opengesneden, omhun landpale te verwijden.

¹⁴Daarom zal Ik een vuur aansteken in den muur van Rabba, dat zal haar paleizen verteren; met een gejuich ten dage des strijds, met een onweder ten dage des wervelwinds.

Hoofdstuk 2

¹Alzo zegt de HEERE: Om drie overtredingen van Moab, en om vier zal Ik dat niet afwenden; omdat hij de beenderen des konings van Edom tot kalk verbrand heeft.

²Daarom zal Ik een vuur in Moab zenden, dat zal de paleizen van Kerioth verteren; en Moab zal sterven met groot gedruis, met gejuich, met geluid der bazuin.

³En Ik zal den rechter uit het midden van haar uitroeien; en al haar vorsten zal Ik met hem doden, zegt de HEERE.

⁴Alzo zegt de HEERE: Om drie overtredingen van Juda, en om vier zal Ik dat niet afwenden; omdat zij de wet des HEEREN verworpen, en Zijn inzettingen niet bewaard hebben; enhun leugenen hen verleid hebben, die hun vaders hebben nagewandeld.

⁵Daarom zal Ik een vuur in Juda zenden, dat zal Jeruzalems paleizen verteren.

⁶Alzo zegt de HEERE: Om drie overtredingen van Israel, en om vier zal Ik dat niet afwenden; omdat zij den rechtvaardige voor geld verkopen, en den nooddruftige om een paarschoenen.

⁷Die er naar hijgen, dat het stof der aarde op het hoofd der armen zij, en den weg der zachtmoedigen verkeren; en de man en zijn vader gaan tot een jonge dochter om Mijnheiligen Naam te ontheiligen.

⁸En zij leggen zich neder bij elk altaar op de verpande kleden, en drinken den wijn der geboeten in het huis van hun goden.

⁹Ik daarentegen heb den Amoriet voor hunlieder aangezicht verdelgd, wiens hoogte was als de hoogte der cederen, en hij was sterk als de eiken; maar Ik heb zijn vrucht vanboven, en zijn wortelen van onderen verdelgd.

¹⁰Ook heb Ik ulieden uit Egypteland opgevoerd; en Ik heb u veertig jaren in de woestijn geleid, opdat gij het land van den Amoriet erfelijk bezat.

¹¹En Ik heb sommigen uit uw zonen tot profeten verwekt, en uit uw jongelingen tot Nazireen; is dit niet alzo, gij kinderen Israels? spreekt de HEERE.

¹²Maar gijlieden hebt aan de Nazireen wijn te drinken gegeven, en gij hebt den profeten geboden zeggende: Gij zult niet profeteren.

¹³Ziet, Ik zal uw plaatsen drukken, gelijk als een wagen drukt, die vol garven is.

¹⁴Zodat de snelle niet zal ontvlieden, en de sterke zijn kracht niet verkloeken, en een held zal zijn ziel niet bevrijden.

¹⁵En die den boog handelt, zal niet bestaan, en die licht is op zijn voeten, zal zich niet bevrijden; ook zal, die te paard rijdt, zijn ziel niet bevrijden.

¹⁶En de kloekhartigste onder de helden zal te dien dage naakt heenvlieden, spreekt de HEERE.

Hoofdstuk 3

¹Hoort dit woord, dat de HEERE tegen ulieden spreekt, gij kinderen van Israel! namelijk tegen het ganse geslacht, dat Ik uit Egypteland heb opgevoerd, zeggende:

²Uit alle geslachten des aardbodems heb Ik ulieden alleen gekend; daarom zal Ik al uw ongerechtigheden over ulieden bezoeken.

³Zullen twee te zamen wandelen, tenzij dat zij bijeengekomen zijn?

⁴Zal een leeuw brullen in het woud, als hij geen roof heeft? Zal een jonge leeuw uit zijn hol zijn stem verheffen, tenzij dat hij wat gevangen hebbe?

⁵Zal een vogel in den strik op de aarde vallen, als er geen strik voor hem is? Zal men den strik van den aardbodem opnemen, als men ganselijk niet heeft gevangen?

⁶Zal de bazuin in de stad geblazen worden, dat het volk niet siddere? zal er een kwaad in de stad zijn, dat de HEERE niet doet?

⁷Gewisselijk, de Heere HEERE zal geen ding doen, tenzij Hij Zijn verborgenheid aan Zijn knechten, de profeten, geopenbaard hebbe.

⁸De leeuw heeft gebruld, wie zou niet vrezen? De Heere HEERE heeft gesproken, wie zou niet profeteren?

⁹Doet het horen in de paleizen te Asdod, en in de paleizen in Egypteland, en zegt: Verzamelt u op de bergen van Samaria, en ziet de grote beroerten in het midden van haar, en deverdrukten binnen in haar.

¹⁰Want zij weten niet te doen, dat recht is, spreekt de HEERE; die in hun paleizen schatten vergaderen door geweld en verstoring.

¹¹Daarom, zo zegt de Heere HEERE: De vijand! en dat rondom het land! die zal uw sterkte van u nederstorten, en uw paleizen zullen uitgeplunderd worden.

¹²Alzo zegt de HEERE: Gelijk als een herder twee schenkelen, of een stukje van een oor uit des leeuwen muil redt, alzo zullen de kinderen Israels gered worden, die daar zitten teSamaria, in den hoek van het bed, en op de sponde van de koets.

¹³Hoort en betuigt in het huis Jakobs, spreekt de Heere HEERE, de God der heirscharen;

¹⁴Dat Ik, ten dage als Ik Israels overtredingen over hem bezoeken zal, ook bezoeking zal doen over de altaren van Beth-El; en de hoornen des altaars zullen worden afgehouwen, en ter aarde vallen.

¹⁵En Ik zal het winterhuis met het zomerhuis slaan; en de elpenbenen huizen zullen vergaan, en de grote huizen een einde nemen, spreekt de HEERE.

Hoofdstuk 4

¹Hoort dit woord, gij koeien van Basan! gij, die op den berg van Samaria zijt, die de armen verdrukt, die de nooddruftigen verplettert; gij, die tot hunlieder heren zegt: Brengt aan, opdat wij drinken.

²De Heere HEERE heeft gezworen bij Zijn heiligheid, dat er, ziet, dagen over ulieden zullen komen, dat men u zal optrekken met haken, en uw nakomelingen met visangelen.

³En gij zult door de bressen uitgaan, een ieder voor zich henen; en gij zult, hetgeen in het paleis gebracht is, wegwerpen, spreekt de HEERE.

⁴Komt te Beth-El, en overtreedt te Gilgal; maakt des overtredens veel, en brengt uw offers des morgens, uw tienden om de drie dagen!

⁵En rookt van het gedesemde een lofoffer, en roept vrijwillige offers uit, doet het horen; want alzo hebt gij het gaarne, gij kinderen Israels! spreekt de Heere HEERE.

⁶Daarom heb Ik ulieden ook reinheid der tanden gegeven in al uw

Amos

steden, en gebrek van brood in al uw plaatsen; nochtans hebt gij u niet bekeerd tot Mij, spreekt de HEERE.

⁷Daartoe heb Ik ook den regen van ulieden geweerd, als er nog drie maanden waren tot den oogst, en heb doen regenen over de ene stad, maar over de andere stad niet doenregenen; het ene stuk lands werd beregend, maar het andere stuk lands, waar het niet op regende, verdorde.

⁸En twee, drie steden togen om tot een stad, opdat zij water mochten drinken, maar werden niet verzadigd; nochtans hebt gij u niet bekeerd tot Mij, spreekt de HEERE.

⁹Ik heb ulieden geslagen met brandkoren en met honigdauw; de veelheid uwer hoven, en uwer wijngaarden, en uwer vijgebomen, en uwer olijfbomen at de rups op; nochtanshebt gij u niet bekeerd tot Mij, spreekt de HEERE.

¹⁰Ik heb de pestilentie onder ulieden gezonden, naar de wijze van Egypte; Ik heb uw jongelingen door het zwaard gedood, en uw paarden gevankelijk laten wegvoeren; en Ik hebden stank uwer heirlegeren zelfs in uw neus doen opgaan; nochtans hebt gij u niet bekeerd tot Mij, spreekt de HEERE.

¹¹Ik heb sommigen onder ulieden omgekeerd, gelijk God Sodom en Gomorra omkeerde, u, die waart als een vuurbrand, dat uit den brand gered is; nochtans hebt gij u nietbekeerd tot Mij, spreekt de HEERE.

¹²Daarom zal Ik u alzo doen, o Israel! omdat Ik u dan dit doen zal, zo schik u, o Israel! om uw God te ontmoeten.

¹³Want zie, Die de bergen formeert, en den wind schept, en den mens bekend maakt, wat zijn gedachte zij, Die den dageraad duisternis maakt, en op de hoogten der aarde treedt,HEERE, God der heirscharen, is Zijn Naam.

Hoofdstuk 5

¹Hoort dit woord, dat Ik over ulieden ophef, een klaaglied, o huis Israels!

²De jonkvrouw Israels is gevallen, zij zal niet weder opstaan; zij is verlaten op haar land, er is niemand, die haar opricht.

³Want zo zegt de Heere HEERE: De stad, die uitgaat met duizend, zal honderd overhouden, en die uitgaat met honderd, zal tien overhouden, in het huis Israels.

⁴Want zo zegt de HEERE tot het huis Israels: Zoekt Mij, en leeft.

⁵Maar zoekt Beth-El niet, en komt niet te Gilgal, en gaat niet over naar Ber-Seba; want Gilgal zal voorzeker gevankelijk worden weggevoerd, en Beth-El zal worden tot niet.

⁶Zoekt den HEERE, en leeft; opdat Hij niet doorbreke in het huis van Jozef als een vuur, dat vertere, zodat er niemand zij, die het blusse in Beth-El.

⁷Die het recht in alsem verkeren, en de gerechtigheid ter aarde doen liggen.

⁸Die het Zevengesternte en den Orion maakt, en de doodsschaduw in den morgenstond verandert, en den dag als den nacht verduistert; Die de wateren der zee roept, en giet zeuit op den aardbodem, HEERE is Zijn Naam.

⁹Die Zich verkwikt door verwoesting over een sterke; zodat de verwoesting komt over een vesting.

¹⁰Zij haten in de poort dengene, die bestraft, en hebben een gruwel van dien, die oprechtelijk spreekt.

¹¹Daarom, omdat gij den arme vertreedt en een last koren van hem neemt, zo hebt gij wel huizen gebouwd van gehouwen steen, maar gij zult daarin niet wonen; gij hebt gewenstewijngaarden geplant, maar gij zult derzelver wijn niet drinken.

¹²Want Ik weet, dat uw overtredingen menigvuldig, en uw zonden machtig vele zijn; zij benauwen den rechtvaardige, nemen zoengeld, en verstoten de nooddruftigen in de poort.

¹³Daarom zal de verstandige te dier tijd zwijgen, want het zal een boze tijd zijn.

¹⁴Zoekt het goede, en niet het boze, opdat gij leeft; en alzo zal de HEERE, de God der heirscharen, met ulieden zijn, gelijk als gij zegt.

¹⁵Haat het boze, en hebt lief het goede, en bestelt het recht in de poort, misschien zal de HEERE, de God der heirscharen, aan Jozefs overblijfsel genadig zijn.

¹⁶Daarom, zo zegt de HEERE, de God der heirscharen, de Heere: Op alle straten zal rouwklage zijn, en in alle wijken zullen zij zeggen: Och! och! en zullen den akkerman roepentot treuren, en rouwklage zal zijn bij degenen, die verstand van kermen hebben.

¹⁷Ja, in alle wijngaarden zal rouwklage zijn; want Ik zal door het midden van u doorgaan; zegt de HEERE.

¹⁸Wee dien, die des HEEREN dag begeren! Waartoe toch zal ulieden de dag des HEEREN zijn? Hij zal duisternis wezen en geen licht.

¹⁹Als wanneer iemand vlood voor het aangezicht eens leeuws, en hem ontmoette een beer; of dat hij kwam in een huis, en leunde met zijn hand aan den wand, en hem beet eenslang.

²⁰Zal dan niet des HEEREN dag duisternis zijn, en geen licht? En donkerheid, zodat er geen glans aan zij?

²¹Ik haat, Ik versmaad uw feesten, en Ik mag uw verbods dagen niet rieken.

²²Want ofschoon gij Mij brandoffer offert, mitsgaders uw spijsoffers, Ik heb er toch geen welgevallen aan; en het dankoffer van uw vette beesten mag Ik niet aanzien.

²³Doe het getier uwer liederen van Mij weg; ook mag Ik uw luiten spel niet horen.

²⁴Maar laat het oordeel zich daarhenen wenden als de wateren, en de gerechtigheid als een sterke beek.

²⁵Hebt gij Mij veertig jaren in de woestijn slachtofferen en spijsoffer toegebracht, o huis Israels?

²⁶Ja, gij droegt de tent van uw Melech, en den Kijun, uw beelden, de ster uws gods, dien gij uzelf hadt gemaakt.

²⁷Daarom zal Ik ulieden gevankelijk wegvoeren, ver boven Damaskus henen, zegt de HEERE, Wiens Naam is God der heirscharen.

Hoofdstuk 6

¹Wee den gerusten te Sion, en den zekeren op den berg van Samaria! die de voornaamste zijn van de eerstelingen der volken, en tot dewelke die van het huis Israels komen.

²Gaat over naar Kalne, en ziet toe; en gaat van daar naar Hamath, de grote stad, en trekt af naar Gath der Filistijnen; of zij beter zijn dan deze koninkrijken, of hun landpale groterdan uw landpale.

³Gij, die den bozen dag verre stelt, en den stoel des gewelds nabij brengt.

⁴Die daar liggen op elpenbenen bedsteden, en weelderig zijn op hun koetsen, en eten de lammeren van de kudde, en de kalveren uit het midden van den meststal.

⁵Die op het geklank der luit kwinkeleren, en bedenken zichzelven instrumenten der muziek, gelijk David;

⁶Die wijn uit schalen drinken, en zich zalven met de voortreffelijkste olie, maar bekommeren zich niet over de verbreking van Jozef.

⁷Daarom zullen zij nu gevankelijk henengaan onder de voorsten, die in gevangenis gaan; en het banket dergenen, die weelderig zijn, zal wegwijken.

⁸De Heere HEERE heeft gezworen bij Zichzelf (spreekt de HEERE, de God der heerscharen): Ik heb een gruwel van Jakobs hovaardij, en Ik haat zijn paleizen; daarom zal Ik destad en haar volheid overleveren.

⁹En het zal geschieden, zo er tien mannen in enig huis zullen overgelaten zijn, dat zij sterven zullen.

¹⁰En de naaste vriend zal een iegelijk van die opnemen, of die hem verbrandt, om de beenderen uit het huis uit te brengen, en zal zeggen tot dien, die binnen de zijden van het huisis: Zijn er nog meer bij u? En hij zal zeggen: Niemand. Dan zal hij zeggen: Zwijg! want zij waren niet om des HEEREN Naam te vermelden.

¹¹Want ziet, de HEERE geeft bevel, en Hij zal het grote huis slaan met inwatering, en het kleine huis met spleten.

¹²Zullen ook paarden rennen op een steenrots? Zal men ook daarop met runderen ploegen? Want gijlieden hebt het recht in gal verkeerd, en de vrucht der gerechtigheid inalsem.

¹³Gij, die blijde zijt over een nietig ding; gij, die zegt: Hebben wij ons niet door onze sterkte hoornen verkregen?

¹⁴Want ziet, Ik zal over ulieden, o huis Israels! een volk verwekken, spreekt de HEERE, de God der heirscharen; die zullen ulieden drukken, van daar men komt te Hamath, tot aande beek der wildernis.

Hoofdstuk 7

¹De Heere HEERE deed mij aldus zien; en ziet, Hij formeerde sprinkhanen, in het begin des opkomens van het nagras; en ziet, het was het nagras, na des konings afmaaiingen.

²En het geschiedde, als zij het kruid des lands geheel zouden hebben afgegeten, dat ik zeide: Heere HEERE! vergeef toch; wie zou er van Jakob blijven staan; want hij is klein!

³Toen berouwde zulks den HEERE; het zal niet geschieden, zeide de HEERE.

⁴Wijders deed mij de Heere HEERE aldus zien; en ziet, de Heere HEERE riep uit, dat Hij wilde twisten met vuur; en het verteerde een groten afgrond, ook verteerde het een stuklands.

⁵Toen zeide ik: Heere HEERE! houd toch op; wie zou er van

Jakob blijven staan; want hij is klein!

⁶Toen berouwde zulks den HEERE. Ook dit zal niet geschieden, zeide de Heere HEERE.

⁷Nog deed Hij mij aldus zien; en ziet, de Heere stond op een muur, die naar het paslood gemaakt was, en een paslood was in Zijn hand.

⁸En de HEERE zeide tot mij: Wat ziet gij, Amos? En ik zeide: Een paslood. Toen zeide de HEERE: Zie, Ik zal het paslood stellen in het midden van Mijn volk Israel; Ik zal het voortaan niet meer voorbijgaan.

⁹Maar Izaks hoogten zullen verwoest, en Israels eigendommen verstoord worden; en Ik zal tegen Jerobeams huis opstaan met het zwaard.

¹⁰Toen zond Amazia, de priester te Beth-El, tot Jerobeam, den koning van Israel, zeggende: Amos heeft een verbintenis tegen u gemaakt, in het midden van het huis Israels; het land zal al zijn woorden niet kunnen verdragen.

¹¹Want alzo zegt Amos: Jerobeam zal door het zwaard sterven, en Israel zal voorzeker uit zijn land gevankelijk worden weggevoerd.

¹²Daarna zeide Amazia tot Amos: Gij ziener! ga weg, vlied in het land van Juda, en eet aldaar brood, en profeteer aldaar.

¹³Maar te Beth-El zult gij voortaan niet meer profeteren; want dat is des konings heiligdom, en dat is het huis des koninkrijks.

¹⁴Toen antwoordde Amos, en zeide tot Amazia: Ik was geen profeet, en ik was geen profetenzoon; maar ik was een ossenherder, en las wilde vijgen af.

¹⁵Maar de HEERE nam mij van achter de kudde; en de HEERE zeide tot mij: Ga henen, profeteer tot Mijn volk Israel.

¹⁶Nu dan, hoor des HEEREN woord: Gij zegt: Gij zult niet profeteren tegen Israel, noch druppen tegen het huis van Izak.

¹⁷Daarom zegt de HEERE alzo: Uw vrouw zal in de stad hoereren, en uw zonen en uw dochteren zullen door het zwaard vallen, en uw land zal door het snoer uitgedeeld worden; en gij zult in een onrein land sterven, en Israel zal voorzeker uit zijn land gevankelijk worden weggevoerd.

Hoofdstuk 8

¹De Heere HEERE deed mij aldus zien; en ziet, een korf met zomervruchten.

²En Hij zeide: Wat ziet gij Amos? En ik zeide: Een korf met zomervruchten. Toen zeide de HEERE tot mij: Het einde is gekomen over Mijn volk Israel; Ik zal het voortaan niet meer voorbijgaan.

³Maar de gezangen des tempels zullen te dien dage huilen, spreekt de Heere HEERE; vele dode lichamen zullen er zijn, in alle plaatsen zal men ze stilzwijgend wegwerpen.

⁴Hoort dit, gij, die den nooddruftige opslokt! en dat om te vernielen de ellendigen des lands;

⁵Zeggende: Wanneer zal de nieuwe maan overgaan, dat wij leeftocht mogen verkopen? en de sabbat, dat wij koren mogen openen? verkleinende de efa, en den sikkel vergrotende, en verkeerdelijk handelende met bedrieglijke weegschalen;

⁶Dat wij de armen voor geld mogen kopen, en den nooddruftige om een paar schoenen; dan zullen wij het kaf van het koren verkopen.

⁷De HEERE heeft gezworen bij Jakobs heerlijkheid: Zo Ik al hun werken in eeuwigheid zal vergeten!

⁸Zou het land hierover niet beroerd worden, en al wie daarin woont treuren? Ja, het zal geheel oprijzen als een rivier, en het zal heen en weder gedreven en verdronken worden, als door de rivier van Egypte.

⁹En het zal te dien dage geschieden, spreekt de Heere HEERE, dat Ik de zon op den middag zal doen ondergaan, en het land bij lichten dage verduisteren.

¹⁰En Ik zal uw feesten in rouw, en al uw liederen in weeklage veranderen, en op alle lenden een zak, en op alle hoofd kaalheid brengen; en Ik zal het land stellen in rouw, als er isover een enigen zoon, en deszelfs einde als een bitteren dag.

¹¹Ziet, de dagen komen, spreekt de Heere HEERE, dat Ik een honger in het land zal zenden; niet een honger naar brood, noch dorst naar water, maar om te horen de woordendes HEEREN.

¹²En zij zullen zwerven van zee tot zee, en van het noorden tot het oosten; zij zullen omlopen om het woord des HEEREN te zoeken, maar zullen het niet vinden.

¹³Te dien dage zullen de schone jonkvrouwen en de jongelingen van dorst versmachten;

¹⁴Die daar zweren bij de schuld van Samaria, en zeggen: Zo waarachtig als uw God van Dan leeft, en de weg van Ber-seba leeft! en zij zullen vallen, en niet weder opstaan.

Hoofdstuk 9

¹Ik zag den Heere staan op het altaar, en Hij zeide: Sla dien knoop, dat de posten beven, en doorkloof ze allen in het hoofd; en Ik zal hun achterste met het zwaard doden; envliedende zal onder hen niet ontvlieden, noch de ontkomende onder hen behouden worden.

²Al groeven zij tot in de hel, zo zal Mijn hand ze van daar halen, en al klommen zij in den hemel, zo zal Ik ze van daar doen nederdalen.

³En al verstaken zij zich op de hoogte van Karmel, zo zal Ik ze naspeuren en van daar halen; en al verborgen zij zich van voor Mijn ogen in den grond van de zee, zo zal Ik van daareen slang gebieden, die zal ze bijten.

⁴En al gingen zij in gevangenis voor het aangezicht hunner vijanden, zo zal Ik vandaar het zwaard gebieden, dat het hen dode; en Ik zal Mijn oog tegen hen zetten ten kwade, en niet ten goede.

⁵Want de Heere HEERE der heirscharen is het, Die het land aanroert, dat het versmelte, en allen, die daarin wonen, treuren; en dat het geheel oprijze als een rivier, en verdronken worde als door de rivier van Egypte.

⁶Die Zijn opperzalen in den hemel bouwt, en Zijn benden heeft Hij op aarde gefondeerd; Die de wateren der zee roept, en giet ze uit op den aardbodem; HEERE is Zijn Naam.

⁷Zijt gijlieden Mij niet als de kinderen der Moren, o kinderen Israels? spreekt de HEERE. Heb Ik Israel niet opgevoerd uit Egypteland, en de Filistijnen uit Kafthor, en de Syriers uitKir?

⁸Ziet, de ogen des Heeren HEEREN zijn tegen dit zondig koninkrijk, dat Ik het van den aardbodem verdelge; behalve dat Ik het huis Jakobs niet ganselijk zal verdelgen, spreekt deHEERE.

⁹Want ziet, Ik geef bevel, en Ik zal het huis Israels onder al de heidenen schudden, gelijk als zaad geschud wordt in een zeef; en niet een steentje zal er ter aarde vallen.

¹⁰Alle zondaars Mijns volks zullen door het zwaard sterven; die daar zeggen: Het kwaad zal tot ons niet genaken, noch ons voorkomen.

¹¹Te dien dage zal Ik de vervallen hut van David weder oprichten, en Ik zal haar reten vertuinen, en wat aan haar is afgebroken, weder oprichten, en zal ze bouwen, als in de dagenvan ouds;

¹²Opdat zij erfelijk bezitten het overblijfsel van Edom, en al de heidenen, die naar Mijn Naam genoemd worden, spreekt de HEERE, Die dit doet.

¹³Ziet, de dagen komen, spreekt de HEERE, dat de ploeger den maaier, en de druiventreder den zaadzaaier genaken zal; en de bergen zullen van zoeten wijn druipen, en al de heuvelen zullen smelten.

¹⁴En Ik zal de gevangenis van Mijn volk Israel wenden, en zij zullen de verwoeste steden herbouwen en bewonen, en wijngaarden planten, en derzelver wijn drinken; en zij zullen hoven maken, en derzelver vrucht eten.

Obadja

¹Het gezicht van Obadja. Alzo zegt de Heere HEERE van Edom: Wij hebben een gerucht gehoord van den HEERE, en er is een gezant geschikt onder de heidenen: Staat op, en laat ons opstaan tegen hen ten strijde.

²Ziet, Ik heb u klein gemaakt onder de heidenen, gij zijt zeer veracht.

³De trotsheid uws harten heeft u bedrogen; hij, die daar woont in de kloven der steenrotsen, in zijn hoge woning; die in zijn hart zegt: Wie zou mij ter aarde nederstoten?

⁴Al verhieft gij u gelijk de arend, en al steldet gij uw nest tussen de sterren, zo zal Ik u van daar nederstoten, spreekt de HEERE.

⁵Zo er dieven, zo er nachtrovers tot u gekomen waren (hoe zijt gij uitgeroeid!), zouden zij niet gestolen hebben zoveel hun genoeg ware? Zo er wijnlezers tot u gekomen waren, zouden zij niet een nalezing hebben overgelaten?

⁶Hoe zijn Ezau's goederen nagespeurd, zijn verborgen schatten opgezocht!

⁷Al uw bondgenoten hebben u tot aan de landpale uitgeleid; uw vredegenoten hebben u bedrogen, zij hebben u overmocht; die uw brood eten zullen een gezwel onder u zetten, er is geen verstand in hem.

⁸Zal het niet te dien dage zijn, spreekt de HEERE, dat Ik de wijzen uit Edom, en het verstand uit Ezau's gebergte zal doen vergaan?

⁹Ook zullen uw helden, o Theman! versaagd zijn; opdat een ieder uit Ezau's gebergte door den moord worde uitgeroeid.

¹⁰Om het geweld, begaan aan uw broeder Jakob, zal schaamte u bedekken; en gij zult uitgeroeid worden in eeuwigheid.

¹¹Ten dage als gij tegenover stondt, ten dage als de uitlanders zijn heir gevangen voerden, en de vreemden tot zijn poorten introkken, en over Jeruzalem het lot wierpen, waart gij ook als een van hen.

¹²Toen zoudt gij niet gezien hebben op den dag uws broeders, den dag zijner vervreemding; noch u verblijd hebben over de kinderen van Juda, ten dage huns ondergangs; noch uw mond groot gemaakt hebben, ten dage der benauwdheid;

¹³Noch ter poorte Mijns volks ingegaan zijn, ten dage huns verderfs; noch gezien hebben, ook gij, op zijn kwaad, ten dage zijns verderfs; noch uw handen uitgestrekt hebben aan zijn heir, ten dage zijns verderfs;

¹⁴Noch gestaan hebben op de wegscheiding, om zijn ontkomenen uit te roeien; noch zijn overgeblevenen overgeleverd hebben, ten dage der benauwdheid.

¹⁵Want de dag des HEEREN is nabij, over al de heidenen; gelijk als gij gedaan hebt, zal u gedaan worden; uw vergelding zal op uw hoofd wederkeren.

¹⁶Want gelijk gijlieden gedronken hebt op den berg Mijner heiligheid, zo zullen al de heidenen geduriglijk drinken; ja, zij zullen drinken en inzwelgen, en zullen zijn alsof zij er niet geweest waren.

¹⁷Maar op den berg Sions zal ontkoming zijn, en hij zal een heiligheid zijn; en die van het huis Jakobs zullen hun erfgoederen erfelijk bezitten.

¹⁸En Jakobs huis zal een vuur zijn, en Jozefs huis een vlam, en Ezau's huis tot een stoppel; en zij zullen tegen hen ontbranden, en zullen ze verteren, zodat Ezau's huis geen overgeblevene zal hebben; want de HEERE heeft het gesproken.

¹⁹En die van het zuiden zullen Ezau's gebergte, en die van de laagte zullen de Filistijnen erfelijk bezitten; ja, zij zullen het veld van Efraim en het veld van Samaria erfelijk bezitten; en Benjamin Gilead.

²⁰En de gevankelijk weggevoerden van dit heir der kinderen Israels, hetgeen der Kanaanieten was, tot Zarfath toe; en de gevankelijk weggevoerden van Jeruzalem, hetgeen in Sefarad is, zij zullen de steden van het zuiden erfelijk bezitten.

Jona

Hoofdstuk 1

¹En het woord des HEEREN geschiedde tot Jona, den zoon van Amitthai, zeggende:

²Maak u op, ga naar de grote stad Nineve, en predik tegen haar; want hunlieder boosheid is opgeklommen voor Mijn aangezicht.

³Maar Jona maakte zich op om te vluchten naar Tarsis, van het aangezicht des HEEREN; en hij kwam af te Jafo, en vond een schip, gaande naar Tarsis, en hij gaf de vrachtdaarvan, en ging neder in hetzelve, om met henlieden te gaan naar Tarsis, van het aan gezicht des HEEREN.

⁴Maar de HEERE wierp een groten wind op de zee; en er werd een grote storm in de zee, zodat het schip dacht te breken.

⁵Toen vreesden de zeelieden, en riepen een iegelijk tot zijn god, en wierpen de vaten, die in het schip waren, in de zee, om het van dezelve te verlichten; maar Jona wasnedergegaan aan de zijden van het schip, en lag neder, en was met een diepen slaap bevangen.

⁶En de opperschipper naderde tot hem, en zeide tot hem: Wat is u, gij hardslapende? Sta op, roep tot uw God, misschien zal die God aan ons gedenken, dat wij niet vergaan.

⁷Voorts zeiden zij, een ieder tot zijn metgezel: Komt, en laat ons loten werpen, opdat wij mogen weten, om wiens wil ons dit kwaad overkomt. Alzo wierpen zij loten, en het lot vielop Jona.

⁸Toen zeiden zij tot hem: Verklaar ons nu, om wiens wil ons dit kwaad overkomt. Wat is uw werk en van waar komt gij? Welk is uw land en van welk volk zijt gij?

⁹En hij zeide tot hen: Ik ben een Hebreer; en ik vreze den HEERE, den God des hemels, Die de zee en het droge gemaakt heeft.

¹⁰Toen vreesden die mannen met grote vreze, en zeiden tot hem: Wat hebt gij dit gedaan? Want de mannen wisten, dat hij van des HEEREN aangezicht vlood; want hij had hethun te kennen gegeven.

¹¹Voorts zeiden zij tot hem: Wat zullen wij u doen, opdat de zee stil worde van ons? Want de zee werd hoe langer hoe onstuimiger.

¹²En hij zeide tot hen: Neemt mij op, en werpt mij in de zee, zo zal de zee stil worden van ulieden; want ik weet, dat deze grote storm ulieden om mijnentwil over komt.

¹³Maar de mannen roeiden, om het schip weder te brengen aan het droge, doch zij konden niet; want de zee werd hoe langer hoe onstuimiger tegen hen.

¹⁴Toen riepen zij tot den HEERE, en zeiden: Och HEERE! laat ons toch niet vergaan om dezes mans ziel, en leg geen onschuldig bloed op ons; want Gij, HEERE! hebt gedaan, gelijk als het U heeft behaagd.

¹⁵En zij namen Jona op, en wierpen hem in de zee. Toen stond de zee stil van haar verbolgenheid.

¹⁶Dies vreesden de mannen den HEERE met grote vreeze; en zij slachtten den HEERE slachtoffer, en beloofden geloften.

Hoofdstuk 2

¹En Jona bad tot den HEERE, zijn God, uit het ingewand van den vis.

²En hij zeide: Ik riep uit mijn benauwdheid tot den HEERE, en Hij antwoordde mij; uit den buik des grafs schreide ik, en Gij hoordet mijn stem.

³Want Gij hadt mij geworpen in de diepte, in het hart der zeeen, en de stroom omving mij; al Uw baren en Uw golven gingen over mij henen.

⁴En ik zeide: Ik ben uitgestoten van voor Uw ogen; nochtans zal ik den tempel Uwer heiligheid weder aanschouwen.

⁵De wateren hadden mij omgeven tot de ziel toe, de afgrond omving mij; het wier was aan mijn hoofd gebonden.

⁶Ik was nedergedaald tot de gronden der bergen; de grendelen der aarde waren om mij henen in eeuwigheid; maar Gij hebt mijn leven uit het verderf opgevoerd, o HEERE, mijnGod!

⁷Als mijn ziel in mij overstelpt was, dacht ik aan den HEERE, en mijn gebed kwam tot U, in den tempel Uwer heiligheid.

⁸Die de valse ijdelheden onderhouden, verlaten hunlieder weldadigheid.

⁹Maar ik zal U offeren met de stem der dankzegging; wat ik beloofd heb, zal ik betalen. Het heil is des HEEREN.

¹⁰De HEERE nu sprak tot den vis; en hij spuwde Jona uit op het droge.

Hoofdstuk 3

¹En het woord des HEEREN geschiedde ten anderen male tot Jona, zeggende:

²Maak u op, ga naar de grote stad Nineve; en predik tegen haar de prediking, die Ik tot u spreek.

³Toen maakte zich Jona op, en ging naar Nineve, naar het woord des HEEREN. Nineve nu was een grote stad Gods, van drie dagreizen.

⁴En Jona begon in de stad te gaan, een dagreis; en hij predikte, en zeide: Nog veertig dagen, dan zal Nineve worden omgekeerd.

⁵En de lieden van Nineve geloofden aan God; en zij riepen een vasten uit, en bekleedden zich met zakken, van hun grootste af tot hun kleinste toe.

⁶Want dit woord geraakte tot den koning van Nineve, en hij stond op van zijn troon, en deed zijn heerlijk overkleed van zich; en hij bedekte zich met een zak, en zat neder in de as.

⁷En hij liet uitroepen, en men sprak te Nineve, uit bevel des konings en zijner groten, zeggende: Laat mens noch beest, rund noch schaap, iets smaken, laat ze niet weiden, nochwater drinken.

⁸Maar mens en beest zullen met zakken bedekt zijn, en zullen sterk tot God roepen; en zij zullen zich bekeren, een iegelijk van zijn bozen weg, en van het geweld, dat in hunhanden is.

⁹Wie weet, God mocht Zich wenden, en berouw hebben; en Hij mocht Zich wenden van de hittigheid Zijns toorns, dat wij niet vergingen!

¹⁰En God zag hun werken, dat zij zich bekeerden van hun bozen weg; en het berouwde God over het kwaad, dat Hij gesproken had hun te zullen doen, en Hij deed het niet.

Hoofdstuk 4

¹Dit verdroot Jona met groot verdriet, en zijn toorn ontstak.

²En hij bad tot den HEERE, en zeide: Och HEERE! was dit mijn woord niet, als ik nog in mijn land was? Daarom kwam ik het voor, vluchtende naar Tarsis; want ik wist, dat Gijeen genadig en barmhartig God zijt, lankmoedig en groot van goedertierenheid, en berouw hebbende over het kwaad.

³Nu dan, HEERE! neem toch mijn ziel van mij; want het is mij beter te sterven dan te leven.

⁴En de HEERE zeide: Is uw toorn billijk ontstoken?

⁵Jona nu ging ter stad uit, en zette zich tegen het oosten der stad; en hij maakte zich aldaar een verdek, en zat daaronder in de schaduw, totdat hij zag, wat van de stad zouworden.

⁶En God, de HEERE, beschikte een wonderboom, en deed hem opschieten boven Jona, opdat er schaduw mocht zijn over zijn hoofd, om hem te redden van zijn verdriet. EnJona verblijdde zich over den wonderboom met grote blijdschap.

⁷Maar God beschikte een worm des anderen daags in het opgaan van den dageraad; die stak den wonderboom, dat hij verdorde.

⁸En het geschiedde, als de zon oprees, dat God een stillen oostenwind beschikte; en de zon stak op het hoofd van Jona, dat hij amechtig werd; en hij wenste zijner ziel te mogensterven, en zeide: Het is mij beter te sterven dan te leven.

⁹Toen zeide God tot Jona: Is uw toorn billijk ontstoken over den wonderboom? En hij zeide: Billijk is mijn toorn ontstoken ter dood toe.

¹⁰En de HEERE zeide: Gij verschoont den wonderboom, aan welken gij niet hebt gearbeid, noch dien groot gemaakt; die in een nacht werd, en in een nacht verging;

Micha

Hoofdstuk 1

¹Het woord des HEEREN, dat geschied is tot Micha, den Morastiet, in de dagen van Jotham, Achaz en Jehizkia, koningen van Juda; dat hij gezien heeft over Samaria en Jeruzalem.

²Hoort, gij volken altemaal! merk op, gij aarde, mitsgaders derzelver volheid! de Heere HEERE nu zal tot een getuige zijn tegen ulieden, de Heere uit den tempel Zijner heiligheid.

³Want ziet, de HEERE gaat uit van Zijn plaats, en Hij zal nederdalen en treden op de hoogten der aarde.

⁴En de bergen zullen onder Hem versmelten, en de dalen gekloofd worden, gelijk was voor het vuur, gelijk wateren, die uitgestort worden in de laagte.

⁵Dit alles, om de overtreding van Jakob, en om de zonden van het huis Israels; wie is het begin van de overtreding van Jakob? Is het niet Samaria? En wie van de hoogten van Juda? Is het niet Jeruzalem?

⁶Daarom zal Ik Samaria stellen tot een steenhoop des velds, tot plantingen eens wijngaards; en Ik zal haar stenen in de vallei storten, en haar fundamenten ontdekken.

⁷En al haar gesneden beelden zullen vermorzeld worden, en al haar hoerenbeloningen zullen met vuur verbrand worden, en al haar afgoden zal Ik stellen tot een woestheid; want zij heeft ze van hoerenloon vergaderd, en zij zullen tot hoerenloon wederkeren.

⁸Hierom zal ik misbaar bedrijven en huilen; ik zal beroofd en naakt gaan; ik zal misbaar maken als de draken, en treuren als de jonge struisen.

⁹Want haar plagen zijn dodelijk; want zij zijn gekomen tot aan Juda; hij is geraakt tot aan de poort mijns volks, tot aan Jeruzalem.

¹⁰Verkondigt het niet te Gath, weent zo jammerlijk niet; wentelt u in het stof in het huis van Afra.

¹¹Ga door, gij inwoneres van Safir! met blote schaamte; de inwoneres van Zaanan gaat niet uit; rouwklage is te Beth-haezel; hij zal zijn stand van ulieden nemen.

¹²Want de inwoneres van Maroth is krank om des goeds wil; want een kwaad is van den HEERE afgedaald, tot aan de poort van Jeruzalem.

¹³Span de snelle dieren aan den wagen, gij inwoners van Lachis! (deze is der dochter Sions het beginsel der zonde) want in u zijn Israels overtredingen gevonden.

¹⁴Daarom geef geschenken aan Morescheth-Gaths; de huizen van Achzib zullen den koningen van Israel tot een leugen zijn.

¹⁵Ik zal u nog een erfgenaam toebrengen, gij inwoneres van Maresa! Hij zal komen tot aan Adullam, tot aan de heerlijkheid Israels.

Hoofdstuk 2

¹Wee dien, die ongerechtigheid bedenken, en kwaad werken op hun legers; in het licht van den morgenstond doen zij het, dewijl het in de macht van hunlieder hand is.

²En zij begeren akkers, en roven ze, en huizen, en nemen ze weg; alzo doen zij geweld aan den man en zijn huis, ja, aan een iegelijk en zijn erfenis.

³Daarom, alzo zegt de HEERE: Ziet, Ik denk een kwaad over dit geslacht, waaruit gijlieden uw halzen niet zult uittrekken, en zult zo rechtop niet gaan; want het zal een boze tijd zijn.

⁴Te dien dage zal men een spreekwoord over ulieden opnemen; en men zal een klagelijke klacht klagen, en zeggen: Wij zijn ten enenmale verwoest; Hij verwisselt mijns volksdeel; hoe ontwendt Hij mij; Hij deelt uit, afwendende onze akkers.

⁵Daarom zult gij niemand hebben, die het snoer werpe in het lot, in de gemeente des HEEREN.

⁶Profeteert gijlieden niet, zeggen zij, laat die profeteren; zij profeteren niet als die; men wijkt niet af van smaadheden.

⁷O gij, die Jakobs huis geheten zijt! Is dan de Geest des HEEREN verkort? Zijn dat Zijn werken? Doen Mijn woorden geen goed bij dien, die recht wandelt?

⁸Maar gisteren stelde zich Mijn volk op, tot vijand, tegenover een kleed; gij stroopt een mantel van degenen, die zeker voorbijgaan, wederkomende van den strijd.

⁹De vrouwen Mijns volks verdrijft gij, elkeen uit het huis van haar vermakingen; van haar kinderkens neemt gij Mijn sieraad in eeuwigheid.

¹⁰Maakt u dan op, en gaat henen; want dit land zal de rust niet zijn; omdat het verontreinigd is, zal het u verderven, en dat met een geweldige verderving.

¹¹Zo er iemand is, die met wind omgaat, en valselijk liegt, zeggende: Ik zal u profeteren voor wijn en voor sterken drank! dat is een profeet dezes volks.

¹²Voorzeker zal Ik u, o Jakob! gans verzamelen; voorzeker zal Ik Israels overblijfsel vergaderen; Ik zal het te zamen zetten als schapen van Bozra; als een kudde in het midden vanhaar kooi zullen zij van mensen deunen.

¹³De doorbreker zal voor hun aangezicht optrekken; zij zullen doorbreken, en door de poort gaan, en door dezelve uittrekken; en hun koning zal voor hun aangezicht henengaan; en de HEERE in hun spits.

Hoofdstuk 3

¹Voorts zeide ik: Hoort nu, gij hoofden Jakobs, en gij oversten van het huis Israels! Betaamt het ulieden niet het recht te weten?

²Zij haten het goede, en hebben het kwade lief; zij roven hun huid van hen af, en hun vlees van hun beenderen.

³Ja, zij zijn het, die het vlees mijns volks eten, en hun huid afstropen, en hun beenderen verbreken, en vaneen leggen, gelijk als in een pot, en als vlees in het midden eens ketels.

⁴Alsdan zullen zij roepen tot den HEERE, doch Hij zal hen niet verhoren; maar zal Zijn aangezicht te dier tijd voor hen verbergen, gelijk als zij hun handelingen kwaad gemaakt hebben.

⁵Alzo zegt de HEERE, tegen de profeten, die Mijn volk verleiden; die met hun tanden bijten, en roepen vrede uit; maar die niets geeft in hun mond, tegen dien zo heiligen zij een krijg.

⁶Daarom zal het nacht voor ulieden worden vanwege het gezicht, en ulieden zal duisternis zijn vanwege de waarzegging; en de zon zal over deze profeten ondergaan; en de dag zal over hen zwart worden.

⁷En de zieners zullen beschaamd, en de waarzeggers schaamrood worden; en zij zullen al te zamen de bovenste lip bewimpelen; want er zal geen antwoord Gods zijn.

⁸Maar waarlijk, ik ben vol krachts van den Geest des HEEREN; en vol van gericht en dapperheid, om Jakob te verkondigen zijn overtreding, en Israel zijn zonde.

⁹Hoort nu dit, gij hoofden van het huis Jakobs, en gij oversten van het huis Israels! die van het gericht een gruwel hebt, en al wat recht is verkeert;

¹⁰Bouwende Sion met bloed, en Jeruzalem met onrecht.

¹¹Haar hoofden rechten om geschenken, en haar priesters leren om loon, en haar profeten waarzeggen om geld; nog steunen zij op den HEERE, zeggende: Is de HEERE niet in het midden van ons? Ons zal geen kwaad overkomen.

¹²Daarom, om uwentwil, zal Sion als een akker geploegd worden, en Jeruzalem zal tot steenhopen worden, en de berg dezes huizes tot hoogten eens wouds.

Hoofdstuk 4

¹Maar in het laatste der dagen zal het geschieden, dat de berg van het huis des HEEREN zal vastgesteld zijn op den top der bergen; en hij zal verheven zijn boven de heuvelen, en de volken zullen tot hem toevloeien.

²En vele heidenen zullen henengaan, en zeggen: Komt en laat ons opgaan tot den berg des HEEREN, en ten huize van den God Jakobs, opdat Hij ons lere van Zijn wegen, en wij in Zijn paden wandelen; want uit Sion zal de wet uitgaan, en des HEEREN woord uit Jeruzalem.

³En Hij zal onder grote volken richten, en machtige heidenen straffen, tot verre toe; en zij zullen hun zwaarden slaan tot spaden, en hun spiesen tot sikkelen; het ene volk zal tegen het andere volk geen zwaard opheffen, en zij zullen den krijg niet meer leren.

⁴Maar zij zullen zitten, een ieder onder zijn wijnstok, en onder zijn vijgeboom, en er zal niemand zijn, die ze verschrikke; want de mond des HEEREN der heirscharen heeft het gesproken.

⁵Want alle volken zullen wandelen, elk in den naam zijns gods; maar wij zullen wandelen in den Naam des HEEREN, onzes Gods, eeuwiglijk en altoos.

⁶Te dien dage, spreekt de HEERE, zal Ik haar, die hinkende was, verzamelen, en haar, die verdreven was, vergaderen, en die Ik geplaagd had.

⁷En Ik zal haar, die hinkende was, maken tot een overblijfsel, en haar die verre henen verstoten was, tot een machtig volk; en de HEERE zal Koning over hen zijn op den berg Sions, van nu aan tot in eeuwigheid.

⁸En gij Schaapstoren, gij Ofel der dochter Sions! tot u zal komen, ja, daar zal komen de vorige heerschappij, het koninkrijk der dochteren van Jeruzalem.

⁹Nu, waarom zoudt gij zo groot geschrei maken? Is er geen Koning onder u? Is uw Raadgever vergaan, dat u smart, als van een barende vrouw, heeft aangegrepen?

¹⁰Lijd smart en arbeid om voort te brengen, o dochter Sions! als een barende vrouw; want nu zult gij wel uit de stad henen uitgaan, en op het veld wonen, en tot in Babel komen, maar aldaar zult gij gered worden; aldaar zal u de HEERE verlossen uit de hand uwer vijanden.

¹¹Nu zijn wel vele heidenen tegen u verzameld, die daar zeggen: Laat ze ontheiligd worden, en laat ons oog schouwen aan Sion.

¹²Maar zij weten de gedachten des HEEREN niet, en verstaan Zijn raadslag niet; dat Hij hen vergaderd heeft als garven tot den dorsvloer.

¹³Maak u op en dors, o dochter Sions! Want Ik zal uw hoorn ijzer maken, en uw klauwen koper maken, en gij zult vele volken verpletteren; en Ik zal hunlieder gewin den HEERE verbannen, en hun vermogen den Heere der ganse aarde.

¹⁴Nu, rot u met benden, gij dochter der bende, hij zal een belegering tegen ons stellen; zij zullen den rechter Israels met de roede op het kinnebakken slaan.

Hoofdstuk 5

¹En gij, Bethlehem Efratha! zijt gij klein om te wezen onder de duizenden van Juda? Uit u zal Mij voortkomen, Die een Heerser zal zijn in Israel, en Wiens uitgangen zijn van ouds, van de dagen der eeuwigheid.

²Daarom zal Hij henlieden overgeven, tot den tijd toe, dat zij, die baren zal, gebaard hebbe; dan zullen de overigen Zijner broederen zich bekeren met de kinderen Israels.

³En Hij zal staan, en zal weiden in de kracht des HEEREN, in de hoogheid van den Naam des HEEREN, Zijns Gods, en zij zullen wonen, want nu zal Hij groot zijn tot aan de einden der aarde.

⁴En Deze zal Vrede zijn; wanneer Assur in ons land zal komen, en wanneer hij in onze paleizen zal treden, zo zullen wij tegen hem stellen zeven herders, en acht vorsten uit de mensen.

⁵Die zullen het land van Assur afweiden met het zwaard, en het land van Nimrod in deszelfs ingangen. Alzo zal Hij ons redden van Assur, wanneer dezelve in ons land zal komen, en wanneer hij in onze landpale zal treden.

⁶En Jakobs overblijfsel zal zijn in het midden van vele volken, als een dauw van den HEERE, als droppelen op het kruid, dat naar geen man wacht, noch mensenkinderen verbeidt.

⁷Ja, het overblijfsel van Jakob zal zijn onder de heidenen, in het midden van vele volken, als een leeuw onder de beesten des wouds, als een jonge leeuw onder de schaapskudden; dewelke, wanneer hij doorgaat, zo vertreedt en verscheurt hij, dat niemand redde.

⁸Uw hand zal verhoogd zijn boven uw wederpartijders, en al uw vijanden zullen uitgeroeid worden.

⁹En het zal te dien dage geschieden, spreekt de HEERE, dat Ik uw paarden uit het midden van u zal uitroeien, en Ik zal uw wagenen verdoen.

¹⁰En Ik zal de steden uws lands uitroeien, en Ik zal al uw vestingen afbreken.

¹¹En Ik zal de toverijen uit uw hand uitroeien, en gij zult geen guichelaars hebben.

¹²En Ik zal uw gesneden beelden en uw opgerichte beelden uit het midden van u uitroeien, dat gij u niet meer zult nederbuigen voor het werk uwer handen.

¹³Voorts zal Ik uw bossen uit het midden van u uitroeien, en Ik zal uw steden verdelgen.

¹⁴En Ik zal in toorn en in grimmigheid wrake doen aan de heidenen, die niet horen.

Hoofdstuk 6

¹Hoort nu, wat de HEERE zegt: Maak u op, twist met de bergen, en laat de heuvelen uw stem horen.

²Hoort, gij bergen! den twist des HEEREN, mitsgaders gij sterke fondamenten der aarde! want de HEERE heeft een twist met Zijn volk, en Hij zal Zich met Israel in recht begeven.

³O Mijn volk! wat heb Ik u gedaan, en waarmede heb Ik u vermoeid? Betuig tegen Mij.

⁴Immers heb Ik u uit Egypteland opgevoerd, en u uit het dienstshuis verlost; en Ik heb voor uw aangezicht henen gezonden Mozes, Aaron en Mirjam.

⁵Mijn volk! gedenk toch wat Balak, de koning van Moab, beraadslaagde, en wat hem Bileam, de zoon van Beor, antwoordde; en wat geschied is van Sittim af tot Gilgal toe, opdat gij de gerechtigheden des HEEREN kent.

⁶Waarmede zal ik den HEERE tegenkomen, en mij bukken voor den hogen God? Zal ik Hem tegenkomen met brandofferen, met eenjarige kalveren?

⁷Zou de HEERE een welgevallen hebben aan duizenden van rammen, aan tien duizenden van oliebeken? Zal ik mijn eerstgeborene geven voor mijn overtreding, de vrucht mijns buiks voor de zonde mijner ziel?

⁸Hij heeft u bekend gemaakt, o mens! wat goed is; en wat eist de HEERE van u, dan recht te doen, en weldadigheid lief te hebben, en ootmoediglijk te wandelen met uw God?

⁹De stem des HEEREN roept tot de stad (want Uw Naam ziet het wezen): Hoort de roede, en wie ze besteld heeft!

¹⁰Zijn er niet nog, in eens ieders goddelozen huis, schatten der goddeloosheid en een schaarse efa, dat te verfoeien is?

¹¹Zou ik rein zijn, met een goddeloze weegschaal en met een zak van bedriegelijke weegstenen?

¹²Dewijl haar rijke lieden vol zijn van geweld, en haar inwoners leugen spreken, en haar tong bedriegelijk is in haar mond;

¹³Zo zal Ik u ook krenken, u slaande, en verwoestende om uw zonden.

¹⁴Gij zult eten, maar niet verzadigd worden, en uw nederdrukking zal in het midden van u zijn; en gij zult aangrijpen, maar niet wegbrengen, en wat gij zult wegbrengen, zal Ik aan het zwaard overgeven.

¹⁵Gij zult zaaien, maar niet maaien; gij zult olijven treden, maar u met olie niet zalven, en most, maar geen wijn drinken.

¹⁶Want de inzettingen van Omri worden onderhouden, en het ganse werk van het huis van Achab; en gij wandelt in derzelver raadslagen; opdat Ik u stelle tot verwoesting, en haar inwoners tot aanfluiting; alzo zult gij de smaadheid Mijns volks dragen.

Hoofdstuk 7

¹Ai mij! want ik ben, als wanneer de zomervruchten zijn ingezameld; als wanneer de nalezingen in den wijnoogst geschied zijn; er is geen druif om te eten; mijn ziel begeert vroegrijpe vrucht.

²De goedertierene is vergaan uit het land, en er is niemand oprecht onder de mensen; zij loeren altemaal op bloed, zij jagen, een iegelijk zijn broeder, met een jachtgaren.

³Om met beide handen wel dapper kwaad te doen, zo eist de vorst, en de rechter oordeelt om vergelding; en de grote spreekt de verderving zijner ziel, en zij draaien ze dicht ineen.

⁴De beste van hen is als een doorn; de oprechtste is scherper dan een doornheg; de dag uwer wachters, uw bezoeking, is gekomen; nu zal hunlieder verwarring wezen.

⁵Gelooft een vriend niet, vertrouwt niet op een voornaamsten vriend; bewaar de deuren uws monds voor haar, die in uw schoot ligt.

⁶Want de zoon veracht den vader, de dochter staat op tegen haar moeder, de schoondochter tegen haar schoonmoeder; eens mans vijanden zijn zijn huisgenoten.

⁷Maar ik zal uitzien naar den HEERE, ik zal wachten op de God mijns heils; mijn God zal mij horen.

⁸Verblijd u niet over mij, o mijn vijandin! wanneer ik gevallen ben, zal ik weder opstaan; wanneer ik in duisternis zal gezeten zijn, zal de HEERE mij een licht zijn.

⁹Ik zal des HEEREN gramschap dragen, want ik heb tegen Hem gezondigd; totdat Hij mijn twist twiste, en mijn recht uitvoere; Hij zal mij brengen aan het licht; ik zal mijn lust zien aan Zijn gerechtigheid.

¹⁰En mijn vijandin zal het zien, en schaamte zal haar bedekken; die tot mij zegt: Waar is de HEERE, uw God? Mijn ogen zullen aan haar zien; nu zal zij worden tot vertreding, als slijk der straten.

¹¹Ten dage als Hij uw muren zal herbouwen, te dien dage zal het besluit verre heengaan.

¹²Te dien dage zal het ook komen tot u toe, van Assur af, zelfs tot de vaste steden toe; en van de vestingen tot aan de rivier, en van zee tot zee, en van gebergte tot gebergte.

¹³Maar dit land zal worden tot een verwoesting, zijner inwoners halve, vanwege de vrucht hunner handelingen.

¹⁴Gij dan, weid Uw volk met Uw staf, de kudde Uwer erfenis, die alleen woont, in het woud, in het midden van een vruchtbaar land; laat ze weiden in Basan en Gilead, als in de dagen van ouds.

¹⁵Ik zal haar wonderen doen zien, als in de dagen, toen gij uit Egypteland uittoogt.

¹⁶De heidenen zullen het zien, en beschaamd zijn, vanwege al hun macht; zij zullen de hand op den mond leggen; hun oren zullen doof worden.

Micha

¹⁷Zij zullen het stof lekken, als de slang; als kruipende dieren der aarde, zullen zij zich beroeren uit hun sloten; zij zullen met vervaardheid komen tot den HEERE, onzen God, en zullen voor U vrezen.

¹⁸Wie is een God gelijk Gij, Die de ongerechtigheid vergeeft, en de overtreding van het overblijfsel Zijner erfenis voorbijgaat? Hij houdt Zijn toorn niet in eeuwigheid; want Hij heeft lust aan goedertierenheid.

¹⁹Hij zal Zich onzer weder ontfermen; Hij zal onze ongerechtigheden dempen; ja, Gij zult al hun zonden in de diepten der zee werpen.

Nahum

Hoofdstuk 1

¹De last van Nineve. Het boek des gezichts van Nahum, den Elkosiet.

²Een ijverig God en een wreker is de HEERE, een wreker is de HEERE, en zeer grimmig; een wreker is de HEERE aan Zijn wederpartijders, en Hij behoudt den toorn Zijn vijanden.

³De HEERE is lankmoedig, doch van grote kracht, en Hij houdt den schuldige geenszins onschuldig. Des HEEREN weg is in wervelwind, en in storm, en de wolken zijn het stof Zijner voeten.

⁴Hij scheldt de zee, en maakt ze droog, en Hij verdroogt alle rivieren; Basan en Karmel kwelen, ook kweelt de bloem van Libanon.

⁵De bergen beven voor Hem, en de heuvelen versmelten; en de aarde licht zich op voor Zijn aangezicht, en de wereld, en allen, die daarin wonen.

⁶Wie zal voor Zijn gramschap staan, en wie zal voor de hittigheid Zijns toorns bestaan? Zijn grimmigheid is uitgestort als vuur, en de rotsstenen worden van Hem vermorzeld.

⁷De HEERE is goed, Hij is ter sterkte in den dag der benauwdheid, en Hij kent hen, die op Hem betrouwen.

⁸En met een doorgaanden vloed zal Hij haar plaats te niet maken; en duisternis zal Zijn vijanden vervolgen.

⁹Wat denkt gijlieden tegen den HEERE? Hij zal zelf een voleinding maken; de benauwdheid zal niet tweemaal op rijzen.

¹⁰Dewijl zij in elkander gevlochten zijn als doornen, en dronken zijn, gelijk zij plegen dronken te zijn, zo worden zij volkomen verteerd, als een dorre stoppel.

¹¹Van u is een uitgegaan, die kwaad denkt tegen den HEERE, een Belialsraadsman.

¹²Alzo zegt de HEERE: Zijn zij voorspoedig, en alzo velen, alzo zullen zij ook geschoren worden, en hij zal doorgaan; Ik heb u wel gedrukt, maar Ik zal u niet meer drukken.

¹³Maar nu zal Ik zijn juk van u breken, en zal uw banden verscheuren.

¹⁴Doch tegen u heeft de HEERE bevolen, dat er van uw naam niemand meer gezaaid zal worden; uit het huis uws gods zal Ik uitroeien de gesneden en gegoten beelden; Ik zal u daar een graf maken, als gij zult veracht zijn geworden.

Hoofdstuk 2

¹De verstrooier trekt tegen uw aangezicht op, bewaar de vesting; bezichtig den weg; sterk de lenden, versterk de kracht zeer.

²Want de HEERE heeft de hovaardij Jakobs afgewend, gelijk de hovaardij Israels; want de ledigmakers hebben ze ledig gemaakt, en zij hebben hun wijnranken verdorven.

³De schilden zijner helden zijn rood gemaakt, de kloeke mannen zijn scharlakenvervig; de wagens zijn in het vuur der fakkelen, ten dage als hij zich bereidt; en de spiesen worden geschud.

⁴De wagens razen door de wijken, zij lopen ginds en weder op de straten; hun gedaanten zijn als der fakkelen, zij lopen door elkander henen als de bliksemen.

⁵Hij zal aan zijn voortreffelijken gedenken, doch zij zullen struikelen in hun tochten; zij zullen haasten naar hun muur, als het beschutsel vaardig zal wezen.

⁶De poorten der rivieren zullen geopend worden, en het paleis zal versmelten.

⁷En Huzab zal gevankelijk weggevoerd worden, men zal haar heten voortgaan; en haar maagden zullen haar geleiden, als met een stem der duiven, trommelende op haar harten.

⁸Nineve is wel als een watervijver, van de dagen af dat zij geweest is, doch zij zullen vluchten. Staat, staat! zal men roepen, maar niemand zal omzien.

⁹Rooft zilver, rooft goud, want er is geen einde des voorraads, der heerlijkheid van allerlei gewenste vaten.

¹⁰Zij is geledigd, ja, uitgeledigd, uitgeput, en haar hart versmelt, en de knieen schudden, en in al de lenden is smart, en hun aller aangezichten betrekken, als een pot.

¹¹Waar is nu de woning der leeuwen, en die weide der jonge leeuwen? Alwaar de leeuw, de oude leeuw, en het leeuwenwelp wandelde, en er was niemand, die hen verschrikte.

¹²De leeuw, die genoeg roofde voor zijn welpen, en worgde voor zijn oude leeuwinnen, die zijn holen vervulde met roof, en zijn woningen met het geroofde.

¹³Ziet, Ik wil aan u, spreekt de HEERE der heirscharen, en Ik zal haar wagenen in rook verbranden, en het zwaard zal uw jonge leeuwen verteren, en Ik zal uw roof uitroeien van de aarde, en de stem uwer gezanten zal niet meer gehoord worden.

Hoofdstuk 3

¹Wee der bloedstad, die gans vol leugen, en verscheuring is! de roof houdt niet op.

²Er is het geklap der zweep, en het geluid van het bulderen der raderen; en de paarden stampen, en de wagens springen op.

³De ruiter steekt omhoog, zo het vlammende zwaard, als de bliksemende spies, en er zal veelheid der verslagenen zijn, en een zware menigte der dode lichamen; ja, er zal geen einde zijn der lichamen, men zal over hun lichamen struikelen;

⁴Om der grote hoererijen wil der zeer bevallige hoer, der meesteres der toverijen, die met haar hoererijen volken verkocht heeft, en geslachten met haar toverijen.

⁵Ziet, Ik wil aan u, spreekt de HEERE der heirscharen, en Ik zal uw zomen ontdekken boven uw aangezicht, en Ik zal den heidenen uw naaktheid, en den koninkrijken uw schande wijzen.

⁶En Ik zal verfoeilijke dingen op u werpen, en u tot schande maken, en Ik zal u als een spiegel stellen.

⁷En het zal geschieden, dat allen, die u zien, van u wegvlieden zullen en zeggen: Nineve is verstoord, wie zal medelijden met haar hebben? Van waar zal ik u troosters zoeken?

⁸Zijt gij beter dan No, de volkrijke, gelegen in de rivieren? die rondom henen water heeft, welker voormuur de zee is, haar muur is van zee.

⁹Morenland en Egypte waren haar macht, en er was geen einde; Put en Lybea waren tot uw hulp.

¹⁰Nog is zij gevankelijk gegaan in de gevangenis; ook zijn haar kinderen op het hoofd van alle straten verpletterd geworden; en over haar geeerden hebben zij het lot geworpen, en al haar groten zijn in boeien gebonden geworden.

¹¹Ook zult gij dronken worden, gij zult u verbergen; ook zult gij een sterkte zoeken vanwege den vijand.

¹²Al uw vastigheden zijn vijgebomen met de eerste vruchten; indien zij geschud worden, zo vallen zij dien op den mond, die ze eten wil.

¹³Ziet, uw volk zal in het midden van u tot vrouwen worden; de poorten uws lands zullen uw vijanden wijd geopend worden; het vuur zal uw grendelen verteren.

¹⁴Schep u water ter belegering; versterk uw vastigheden; ga in de klei, en treed in het leem; verbeter den tichcloven.

¹⁵Het vuur zal u aldaar verteren; het zwaard zal u uitroeien, het zal u afeten, als de kevers, vermeerder u als sprinkhanen.

¹⁶Gij hebt meer handelaars, dan er sterren aan den hemel zijn; de kevers zullen invallen, en er van vliegen.

¹⁷Uw gekroonden zijn als de sprinkhanen, en uw krijgsoversten als de grote kevers, die zich in de heiningmuren legeren in de koude der dagen; wanneer de zon opgaat, zo vliegen zij weg, alzo dat hun plaats onbekend is, waar zij geweest zijn.

¹⁸Uw herders zullen sluimeren, o koning van Assur! uw voortreffelijken zullen zich leggen, uw volk zal zich op de bergen wijd uitbreiden, en niemand zal ze verzamelen.

Habakuk

Hoofdstuk 1

¹De last, welken Habakuk, de profeet, gezien heeft.
²HEERE! hoe lang schreeuw ik, en Gij hoort niet, [hoe] [lang] roep ik geweld, tot U, en Gij verlost niet!
³Waarom laat Gij mij ongerechtigheid zien, en aanschouwt de kwelling? Want verwoesting en geweld is tegen mij over, en er is twist, en men neemt gekijf op.
⁴Daarom wordt de wet onderlaten, en het recht komt nimmermeer voort; want de goddeloze omringt den rechtvaardige; daarom komt het recht verdraaid voor.
⁵Ziet onder de heidenen, en aanschouwt, en verwondert u, verwondert u, want Ik werk een werk in ulieder dagen, [hetwelk] gij niet geloven zult, als het verteld zal worden.
⁶Want ziet, Ik verwek de Chaldeen, een bitter en snel volk, trekkende door de breedten der aarde, om erfelijk te bezitten woningen, die de zijne niet zijn.
⁷Schrikkelijk en vreselijk is hetzelve; zijn recht en zijn hoogheid gaat van hemzelven uit.
⁸Want zijn paarden zijn lichter dan de luipaarden, en zij zijn scherper dan de avondwolven, en zijn ruiters verspreiden zich; ja, zijn ruiters zullen van verre komen, zij zullen vliegen als een arend, zich spoedende om te eten.
⁹Het zal geheellijk tot geweld komen, wat zij inslorpen zullen met hun aangezichten, [zullen] [zij] [brengen] naar het oosten; en het zal de gevangenen verzamelen als zand.
¹⁰En hij zal de koningen beschimpen, en de prinsen zullen hem een belaching zijn; hij zal alle vesting belachen; want hij zal stof vergaderen, en hij zal ze innemen.
¹¹Dan zal hij den geest veranderen, en hij zal doortrekken, en zich schuldig maken, [houdende] deze zijn kracht voor zijn God.
¹²Zijt Gij niet van ouds af de HEERE, mijn God, mijn Heilige? Wij zullen niet sterven; o HEERE! tot een oordeel hebt Gij hem gesteld, en o Rots! om te straffen, hebt Gij hem gegrondvest.
¹³Gij zijt te rein van ogen, dan dat Gij het kwade zoudt zien, en de kwelling kunt Gij niet aanschouwen; waarom zoudt Gij aanschouwen die trouwelooslijk handelen? [Waarom] zoudt Gij zwijgen, als de goddeloze dien verslindt, die rechtvaardiger is dan hij?
¹⁴En [waarom] zoudt Gij de mensen maken, als de vissen der zee, als het kruipend gedierte, dat geen heerser heeft?
¹⁵Hij trekt ze allen met den angel op, hij vergadert ze in zijn garen, en hij verzamelt ze in zijn net; daarom verblijdt en verheugt hij zich.
¹⁶Daarom offert hij aan zijn garen, en rookt aan zijn net; want door dezelve is zijn deel vet geworden, en zijn spijze smoutig.
¹⁷Zal hij dan daarom [altoos] zijn garen ledig maken, en zal hij niet verschonen, met altoos de volken te doden?

Hoofdstuk 2

¹Ik stond op mijn wacht, en ik stelde mij op de sterkte, en ik hield wacht om te zien, wat Hij in mij spreken zou, en wat ik antwoorden zou op mijn bestraffing.
²Toen antwoordde mij de HEERE, en zeide: Schrijf het gezicht, en stel het duidelijk op tafelen, opdat daarin leze die voorbijloopt.
³Want het gezicht zal nog tot een bestemden tijd zijn, dan zal Hij het op het einde voortbrengen, en niet liegen; zo Hij vertoeft, verbeid Hem, want Hij zal gewisselijk komen, Hij zal niet achterblijven.
⁴Ziet, zijn ziel verheft zich, zij is niet recht in hem; maar de rechtvaardige zal door zijn geloof leven.
⁵En ook dewijl hij trouwelooslijk handelt bij den wijn, een trots man is, en in zijn woning niet blijft; die zijn ziel wijd opendoet als het graf, en gelijk de dood is, die niet zat wordt, en tot zich verzamelt al de heidenen, en vergadert tot zich alle volken.
⁶Zouden [dan] niet al dezelve van hem een spreekwoord opnemen, en een uitlegging der raadselen van hem? En men zal zeggen: Wee dien, die vermeerdert hetgeen het zijne niet is (hoe lange!), en dien, die op zich laadt dik slijk.
⁷Zullen niet onvoorziens opstaan, die u bijten zullen, en ontwaken, die u zullen bewegen, en zult gij hun niet tot plundering worden?
⁸Omdat gij vele heidenen beroofd hebt, zo zullen alle overgeblevene volken u beroven; om het bloed der mensen, en geweld aan het land, de stad, en alle inwoners derzelve.
⁹Wee dien, die met kwade gierigheid giert voor zijn huis, opdat hij in de hoogte zijn nest stelle, om bevrijd te zijn uit de hand des kwaads.
¹⁰Gij hebt schaamte beraadslaagd voor uw huis; uitroeiende vele volken, zo hebt gij gezondigd [tegen] uw ziel.
¹¹Want de steen uit den muur roept, en de balk uit het hout antwoordt dien.
¹²Wee dien, die de stad met bloed bouwt, en die de stad met onrecht bevestigt!
¹³Ziet, is het niet van den HEERE der heirscharen, dat de volken arbeiden ten vure, en de lieden zich vermoeien tevergeefs?
¹⁴Want de aarde zal vervuld worden, dat zij de heerlijkheid des HEEREN bekennen, gelijk de wateren [den] [bodem] [der] zee bedekken.
¹⁵Wee dien, die zijn naaste te drinken geeft, gij, die uw wijnfles daarbij voegt, en ook dronken maakt, opdat gij hun naaktheden aanschouwt.
¹⁶Gij zult [ook] verzadigd worden met schande, voor eer; drinkt gij ook, en ontbloot de voorhuid; de beker der rechterhand des HEEREN zal zich tot u wenden, en er zal een schandelijk uitbraaksel over uw heerlijkheid zijn.
¹⁷Want het geweld, dat tegen Libanon begaan is, zal u bedekken, en de verwoesting der beesten zal ze verschrikken, om des bloeds wil der mensen, en des gewelds in het land, de stad en aan alle inwoners derzelve.
¹⁸Wat zal het gesneden beeld baten, dat zijn formeerder het gesneden heeft? [of] het gegoten beeld, hetwelk een leugenleraar is, dat de formeerder op zijn formeersel vertrouwt, als hij stomme afgoden gemaakt heeft?
¹⁹Wee dien, die tot het hout zegt: Word wakker! [en]: Ontwaak! tot den zwijgenden steen. Zou het leren? Ziet, het is [met] goud en zilver overtrokken, en er is gans geen geest in het midden van hetzelve.
²⁰Maar de HEERE is in Zijn heiligen tempel. Zwijg voor Zijn aangezicht, gij ganse aarde!

Hoofdstuk 3

¹Een gebed van Habakuk, den profeet, op Sjigjonoth.
²HEERE! als ik Uw rede gehoord heb, heb ik gevreesd; Uw werk, o HEERE! behoud dat in het leven in het midden der jaren, maak het bekend in het midden der jaren; in den toorn gedenk des ontfermens.
³God kwam van Theman, en de Heilige van den berg Paran. Sela. Zijn heerlijkheid bedekte de hemelen, en het aardrijk was vol van Zijn lof.
⁴En er was een glans als des lichts, Hij had hoornen aan Zijn hand, en aldaar was Zijn sterkte verborgen.
⁵Voor Zijn aangezicht ging de pestilentie, en de vurige kool ging voor Zijn voeten henen.
⁶Hij stond, en mat het land, Hij zag toe, en maakte de heidenen los, en de gedurige bergen zijn verstrooid geworden; de heuvelen der eeuwigheid hebben zich gebogen; de gangen der eeuw zijn Zijne.
⁷Ik zag de tenten van Kusan onder de ijdelheid; de gordijnen des lands van Midian schudden.
⁸Was de HEERE ontstoken tegen de rivieren? Was Uw toorn tegen de rivieren, was Uw verbolgenheid tegen de zee, toen Gij op Uw paarden reedt? Uw wagens waren heil.
⁹De naakte grond werd ontbloot [door] Uw boog, [om] de eden, aan de stammen gedaan [door] het woord. Sela. Gij hebt de rivieren der aarde gekloofd.
¹⁰De bergen zagen U, [en] leden smart; de waterstroom ging door, de afgrond gaf zijn stem, hij hief zijn zijden op [in] de hoogte.
¹¹De zon en de maan stonden stil in [haar] woning; met het licht gingen Uw pijlen daarhenen, met glans Uw bliksemende spies.
¹²Met gramschap tradt Gij [door] het land, met toorn dorstet Gij de heidenen.
¹³Gij toogt uit tot verlossing Uws volks, tot verlossing met Uw Gezalfde; Gij doorwonddet het hoofd van het huis des goddelozen, ontblotende den grond tot den hals toe. Sela.
¹⁴Gij doorboordet met zijn staven het hoofd zijner dorplieden; zij hebben gestormd, om mij te verstrooien; die zich verheugden, alsof zij de ellendigen in het verborgen zouden opeten.
¹⁵Gij betradt [met] Uw paarden de zee; de geweldige wateren werden een hoop.
¹⁶Als ik het hoorde, zo werd mijn buik beroerd; voor de stem hebben mijn lippen gebeefd; verrotting kwam in mijn gebeente, en ik werd beroerd in mijn plaats. Zekerlijk, ik zal rusten ten dage der benauwdheid, als hij optrekken zal tegen het volk, dat hij het met benden aanvalle.

¹⁷Alhoewel de vijgeboom niet bloeien zal, en geen vrucht aan den wijnstok zijn zal, dat het werk des olijfbooms liegen zal, en de velden geen spijze voortbrengen; dat men de kudde uit de kooi afscheuren zal, en dat er geen rund in de stallingen wezen zal;

¹⁸Zo zal ik nochtans in den HEERE van vreugde opspringen, ik zal mij verheugen in den God mijns heils.

¹⁹De Heere HEERE is mijn Sterkte; en Hij zal mijn voeten maken als der hinden, en Hij zal mij doen treden op mijn hoogten. Voor den opperzangmeester op mijn Neginoth.

Zefanja

Hoofdstuk 1

¹Het woord des HEEREN, hetwelk geschied is tot Zefanja, den zoon van Cuschi, den zoon van Gedalja, den zoon van Amarja, den zoon van Hizkia; in de dagen van Josia, denzoon van Amon, den koning van Juda.

²Ik zal ganselijk alles wegrapen uit dit land, spreekt de HEERE.

³Ik zal wegrapen mensen en beesten; Ik zal wegrapen de vogelen des hemels, en de vissen der zee, en de ergernissen met de goddelozen; ja, Ik zal de mensen uit dit landuitroeien, spreekt de HEERE.

⁴En Ik zal Mijn hand uitstrekken tegen Juda, en tegen alle inwoners van Jeruzalem; en Ik zal uit deze plaats uitroeien het overblijfsel van Baal, en den naam der Chemarim met depriesters;

⁵En die zich nederbuigen op de daken voor het heir des hemels, en die zich nederbuigende zweren bij den HEERE, en zweren bij Malcham;

⁶En die terugkeren van achter den HEERE; en die den HEERE niet zoeken, en vragen naar Hem niet.

⁷Zwijgt voor het aangezicht des Heeren HEEREN; want de dag des HEEREN is nabij; want de HEERE heeft een slachtoffer bereid, Hij heeft Zijn genoden geheiligd.

⁸En het zal geschieden in den dag van het slachtoffer des HEEREN, dat Ik bezoeking zal doen over de vorsten, en over de kinderen des konings, en over allen, die zich kleden metvreemde kleding.

⁹Ook zal Ik ten zelven dage bezoeking doen over al wie over den dorpel springt; die het huis hunner heren vullen met geweld en bedrog.

¹⁰En er zal te dien dage, spreekt de HEERE, een stem des gekrijts zijn van de Vispoort af, en een gehuil van het tweede gedeelte, en een grote breuk van de heuvelen af.

¹¹Huilt, gij inwoners der laagte! Want al het volk van koophandel is uitgehouwen, al de gelddragers zijn uitgeroeid.

¹²En het zal geschieden te dien tijde, Ik zal Jeruzalem met lantaarnen doorzoeken; en Ik zal bezoeking doen over de mannen, die stijf geworden zijn op hun droesem, die in hunhart zeggen: De HEERE doet geen goed, en Hij doet geen kwaad.

¹³Daarom zal hun vermogen ten roof worden, en hun huizen tot verwoesting; zij bouwen wel huizen; maar zij zullen ze niet bewonen; en zij planten wijngaarden, maar zij zullenderzelver wijn niet drinken.

¹⁴De grote dag des HEEREN is nabij; hij is nabij, en zeer haastende; de stem van den dag des HEEREN; de held zal aldaar bitterlijk schreeuwen.

¹⁵Die dag zal een dag der verbolgenheid zijn; een dag der benauwdheid en des angstes, een dag der woestheid en verwoesting, een dag der duisternis en der donkerheid, eendag der wolk en der dikke donkerheid;

¹⁶Een dag der bazuin en des geklanks tegen de vaste steden en tegen de hoge hoeken.

¹⁷En Ik zal de mensen bang maken, dat zij zullen gaan als de blinden; want zij hebben tegen den HEERE gezondigd; en hun bloed zal vergoten worden als stof, en hun vlees zalworden als drek.

Hoofdstuk 2

¹Doorzoek u zelf nauw, ja, doorzoek nauw, gij volk, dat met geen lust bevangen wordt!

²Eer het besluit bare (gelijk kaf gaat de dag voorbij), terwijl de hittigheid van des HEEREN toorn over ulieden nog niet komt; terwijl de dag van den toorn des HEEREN over uliedennog niet komt.

³Zoekt den HEERE, alle gij zachtmoedigen des lands, die Zijn recht werken! Zoekt gerechtigheid, zoekt zachtmoedigheid, misschien zult gij verborgen worden in den dag vanden toorn des HEEREN.

⁴Want Gaza zal verlaten wezen, en Askelon zal ter verwoesting wezen; Asdod zal men in den middag verdrijven, en Ekron zal uitgeworteld worden.

⁵Wee den inwonenden van de landstreek der zee, den volken der Cheretim! Het woord des HEEREN zal tegen ulieden zijn, gij Kanaan, der Filistijnen land! en Ik zal u verdoen, dater geen inwoner zal zijn.

⁶En de landstreek der zee zal wezen tot hutten, uitgegraven putten der herders, en betuiningen der kudden.

⁷En de landstreek zal wezen voor het overblijfsel van het huis van Juda, dat zij daarin weiden; des avonds zullen zij in de huizen van Askelon legeren, als de HEERE, hunliederGod, hen zal bezocht, en hun gevangenis zal gewend hebben.

⁸Ik heb de beschimping van Moab gehoord, en de scheldwoorden der kinderen Ammons, waarmede zij Mijn volk beschimpt hebben, en hebben zich groot gemaakt tegendeszelfs landpale.

⁹Daarom, zo waarachtig als Ik leef, spreekt de HEERE der heirscharen, de God Israels: Moab zal zekerlijk zijn als Sodom, en de kinderen Ammons als Gomorra, een netelheide, en een zoutgroeve, en een verwoesting tot in eeuwigheid! De overigen Mijns volks zullen ze beroven, en het overige Mijns volks zal ze erfelijk bezitten.

¹⁰Dat zullen zij hebben in plaats van hun hoogmoed; want zij hebben beschimpt, en hebben zich groot gemaakt tegen het volk van den HEERE der heirscharen.

¹¹Vreselijk zal de HEERE tegen hen wezen, want Hij zal al de goden der aarde doen uitteren; en een iegelijk uit zijn plaats zal Hem aanbidden, al de eilanden der heidenen.

¹²Ook gij, Moren! zult de verslagenen van Mijn zwaard zijn.

¹³Hij zal ook Zijn hand uitstrekken tegen het Noorden, en Hij zal Assur verdoen; en Hij zal Nineve stellen tot een verwoesting, droog als een woestijn.

¹⁴En in het midden van haar zullen den kudden legeren, al het gedierte der volken; ook de roerdomp, ook de nachtuil zullen op haar granaatappelen vernachten; een stem zal inhet venster zingen, verwoesting zal in den dorpel zijn, als Hij haar cederwerk zal ontbloot hebben.

¹⁵Dit is die stad, die opspringt van vreugde, die zeker woont, die in haar hart zegt: Ik ben het, en buiten mij is geen meer; hoe is zij geworden tot woestheid, een rustplaats van hetgediertte! Een ieder, die daardoor trekt, zal ze aanfluiten, hij zal zijn hand bewegen.

Hoofdstuk 3

¹Wee der ijselijke, en der bevlekte, der verdrukkende stad!

²Zij hoort naar de stem niet; zij neemt de tucht niet aan; zij vertrouwt niet op den HEERE; tot haar God nadert zij niet.

³Haar vorsten zijn brullende leeuwen in het midden van haar; haar rechters zijn avondwolven, die de beenderen niet breken tot aan den morgen.

⁴Haar profeten zijn lichtvaardig, gans trouweloze mannen; haar priesters verontreinigen het heilige, zij doen der wet geweld aan.

⁵De rechtvaardige HEERE is in het midden van haar, Hij doet geen onrecht; allen morgen geeft Hij Zijn recht in het licht, er ontbreekt niet; doch de verkeerde weet van geenschaamte.

⁶Ik heb de heidenen uitgeroeid, hun hoeken zijn verwoest, Ik heb hun straten eenzaam gemaakt, dat niemand daardoor gaat; hun steden zijn verstoord, zodat er niemand is, dat ergeen inwoner is.

⁷Ik zeide: Immers zult gij Mij vrezen, gij zult de tucht aannemen, opdat haar woning niet uitgeroeid zou worden; al wat Ik haar bezocht hebbe, waarlijk, zij hebben zich vroegopgemaakt, zij hebben al hun handelingen verdorven.

⁸Daarom verwacht Mij, spreekt de HEERE, ten dage als Ik Mij opmake tot den roof; want Mijn oordeel is, de heidenen te verzamelen, de koninkrijken te vergaderen, om over henMijn gramschap, de ganse hittigheid Mijns toorns uit te storten, want dit ganse land zal door het vuur van Mijn ijver verteerd worden.

⁹Gewisselijk, dan zal Ik tot de volken een reine spraak wenden; opdat zij allen den Naam des HEEREN aanroepen, opdat zij Hem dienen met een eenparigen schouder.

¹⁰Van de zijden der rivieren der Moren zullen Mijn ernstige aanbidders, met de dochter Mijner verstrooiden, Mijn offeranden brengen.

¹¹Te dien dage zult gij niet beschaamd wezen vanwege al uw handelingen, waarmede gij tegen Mij overtreden hebt; want alsdan zal Ik uit het midden van u wegnemen, die vanvreugde opspringen over uw hovaardij, en gij zult u voortaan niet meer verheffen om Mijns heiligen bergs wil.

¹²Maar Ik zal in het midden van u doen overblijven een ellendig en arm volk; die zullen op den Naam des HEEREN betrouwen.

¹³De overgeblevenen van Israel zullen geen onrecht doen, noch leugen spreken, en in hun mond zal geen bedriegelijke tong gevonden worden; maar zij zullen weiden ennederliggen, en niemand zal hen verschrikken.

¹⁴Zing vrolijk, gij dochter Sions, juich, Israel; wees blijde, en spring op van vreugde van ganser harte, gij dochter Jeruzalems!

¹⁵De HEERE heeft uw oordelen weggenomen, Hij heeft uw vijand weggevaagd; de Koning Israels, de HEERE, is in het midden van u, gij zult geen kwaad meer zien.

¹⁶Te dien dage zal tot Jeruzalem gezegd worden: Vrees niet, o Sion! laat uw handen niet slap worden.

¹⁷De HEERE uw God, is in het midden van u, een Held, Die verlossen zal; Hij zal over u vrolijk zijn met blijdschap, Hij zal zwijgen in Zijn liefde, Hij zal Zich over u verheugen met gejuich.

¹⁸De bedroefden, om der bijeenkomst wil, zal Ik verzamelen, zij zijn uit u; de schimping is een last op haar.

¹⁹Ziet, Ik zal te dien tijde al uw verdrukkers verdoen; en Ik zal de hinkenden behoeden, en de uitgestotenen verzamelen; en Ik zal ze stellen tot een lof, en tot een naam, in het ganseland, waar zij beschaamd zijn geweest.

Haggaï

Haggaï

Hoofdstuk 1

¹In het tweede jaar van den koning Darius, in de zesde maand, op den eersten dag der maand, geschiedde het woord des HEEREN, door den dienst van Haggai, den profeet, tot Zerubbabel, den zoon van Sealthiel, den vorst van Juda, en tot Josua, den zoon van Jozadak, den hogepriester, zeggende:

²Alzo spreekt de HEERE der heirscharen zeggende: Dit volk zegt: De tijd is niet gekomen, de tijd, dat des HEEREN huis gebouwd worde.

³En het woord des HEEREN geschiedde door den dienst van den profeet Haggai, zeggende:

⁴Is het voor ulieden wel de tijd, dat gij woont in uw gewelfde huizen, en zal dit huis woest zijn?

⁵Nu dan, alzo zegt de HEERE der heirscharen: Stelt uw hart op uw wegen.

⁶Gij zaait veel, en gij brengt weinig in; gij eet, maar niet tot verzadiging; gij drinkt, maar niet tot dronken worden toe; gij kleedt u, maar niet tot uw verwarming, en wie loon ontvangt, die ontvangt dat loon in een doorgeboorden buidel.

⁷Alzo zegt de HEERE der heirscharen: Stelt uw hart op uw wegen.

⁸Klimt op het gebergte, en brengt hout aan, en bouwt dit huis, en Ik zal een welgevallen daaraan hebben, en verheerlijkt worden, zegt de HEERE.

⁹Gij ziet om naar veel, maar ziet, gij bekomt weinig; en als gij het in huis gebracht hebt, zo blaas Ik daarin. Waarom dat? spreekt de HEERE der heirscharen; om Mijns huizes wil, hetwelk woest is, en dat gij loopt elk voor zijn eigen huis.

¹⁰Daarom onthouden zich de hemelen over u, dat er geen dauw is, en het land onthoudt zijn vruchten.

¹¹Want Ik heb een droogte geroepen over het land, en over de bergen, en over het koren, en over den most, en over de olie, en over hetgeen de aardbodem zou voortbrengen; ook over de mensen, en over de beesten, en over allen arbeid der handen.

¹²Toen hoorde Zerubbabel, de zoon van Sealthiel, en Josua, de zoon van Jozadak, de hogepriester, en al het overblijfsel des volks, naar de stem van den HEERE, hun God, en naar de woorden van den profeet Haggai, gelijk als hem de HEERE, hun God, gezonden had; en het volk vreesde voor het aangezicht des HEEREN.

¹³Toen sprak Haggai, de bode des HEEREN, in de boodschap des HEEREN, tot het volk, zeggende: Ik ben met ulieden, spreekt de HEERE.

¹⁴En de HEERE verwekte den geest van Zerubbabel, den zoon van Sealthiel, den vorst van Juda, en den geest van Josua, den zoon van Jozadak, den hogepriester, en den geest van het ganse overblijfsel des volks; en zij kwamen en maakten het werk in het huis van den HEERE der heirscharen, hun God.

¹⁵Op den vier en twintigsten dag der maand, in de zesde [maand], in het tweede jaar van den koning Darius.

Hoofdstuk 2

¹In de zevende [maand], op den een en twintigsten der maand, geschiedde het woord des HEEREN door den dienst van den profeet Haggai, zeggende:

²Spreek nu tot Zerubbabel, den zoon van Sealthiel, den vorst van Juda, en tot Josua, den zoon van Jozadak, den hogepriester, en tot het overblijfsel des volks, zeggende:

³Wie is onder ulieden overgebleven, die dit huis in zijn eerste heerlijkheid gezien heeft, en hoedanig ziet gij hetzelve nu? Is dit niet als niets in uw ogen?

⁴Doch nu, wees sterk, gij Zerubbabel! spreekt de HEERE; en wees sterk, gij Josua, zoon van Jozadak, hogepriester! en wees sterk, al gij volk des lands! spreekt de HEERE; en werkt, want Ik ben met u, spreekt de HEERE der heirscharen;

⁵Met het woord, in hetwelk Ik met ulieden [een] [verbond] gemaakt heb, als gij uit Egypte uittrokt, en Mijn Geest, staande in het midden van u; vreest niet!

⁶Want alzo zegt de HEERE der heirscharen: Nog eens, een weinig [tijds] zal het zijn; en Ik zal de hemelen, en de aarde, en de zee, en het droge doen beven.

⁷Ja, Ik zal al de heidenen doen beven, en zij zullen komen [tot] den Wens aller heidenen, en Ik zal dit huis met heerlijkheid vervullen, zegt de HEERE der heirscharen.

⁸Mijn is het zilver, en Mijn is het goud, spreekt de HEERE der heirscharen.

⁹De heerlijkheid van dit laatste huis zal groter worden, dan van het eerste, zegt de HEERE der heirscharen; en in deze plaats zal Ik vrede geven, spreekt de HEERE der heirscharen.

¹⁰Op den vier en twintigsten [dag] der negende [maand], in het tweede jaar van Darius, geschiedde het woord des HEEREN door den dienst van den profeet Haggai, zeggende:

¹¹Alzo zegt de HEERE der heirscharen: Vraag nu den priesters de wet, zeggende:

¹²Ziet, iemand draagt heilig vlees in de slip van zijn kleed, en hij raakt met zijn slip aan het brood, of aan het moes, of aan den wijn, of aan de olie, of aan enige spijze, zal het heilig worden? En de priesters antwoordden, en zeiden: Neen.

¹³En Haggai zeide: Indien iemand, die onrein is van een dood lichaam, iets van die dingen aanroert, zal het onrein worden? En de priesters antwoordden, en zeiden: Het zal onrein worden.

¹⁴Toen antwoordde Haggai, en zeide: Alzo is dit volk, en alzo is deze natie voor Mijn aangezicht, spreekt de HEERE, en alzo is al het werk hunner handen; en wat zij daar offeren, dat is onrein.

¹⁵En nu, stelt er toch ulieder hart op, van dezen dag af en opwaarts, eer er steen op steen gelegd werd aan den tempel des HEEREN;

¹⁶Eer die [dingen] geschiedden, kwam iemand tot den [koren]hoop van twintig [maten], zo waren er [maar] tien; komende tot den wijnbak, om vijftig [maten] van de pers te scheppen, zo waren er [maar] twintig.

¹⁷Ik sloeg ulieden met brandkoren, met honigdauw en met hagel, al het werk uwer handen; en gij [keerdet] u niet tot Mij, spreekt de HEERE.

¹⁸Stelt er toch uw hart op, van dezen dag af en opwaarts; van den vier en twintigsten dag der negende [maand] af, van den dag af, als het fondament aan den tempel des HEEREN is gelegd geworden, stelt er uw hart op.

¹⁹Is er nog zaad in de schuur? Zelfs tot den wijnstok, en den vijgeboom, en den granaatappelboom, en den olijfboom, [die] niet gedragen heeft, [die] zal Ik van dezen dag af zegenen.

²⁰Het woord des HEEREN nu geschiedde ten tweeden male tot Haggai, op den vier en twintigsten der maand, zeggende:

²¹Spreek tot Zerubbabel, den vorst van Juda, zeggende: Ik zal de hemelen en de aarde bewegen.

²²En Ik zal den troon der koninkrijken omkeren, en verdelgen de vastigheid van de koninkrijken der heidenen; en Ik zal den wagen omkeren, en die daarop rijden; en de paarden, en die daarop rijden, zullen nederstorten, een iegelijk in des anderen zwaard.

²³Te dien dage, spreekt de HEERE der heirscharen, zal Ik u nemen, o Zerubbabel, gij zoon van Sealthiel, Mijn knecht! spreekt de HEERE, en Ik zal u stellen, als een zegelring; want u heb Ik verkoren, spreekt de Heere der heirscharen.

Zacharia

Hoofdstuk 1

¹In de achtste maand, in het tweede jaar van Darius, geschiedde het woord des HEEREN tot Zacharia, den zoon van Berechja, den zoon van Iddo, den profeet, zeggende:

²De HEERE is zeer vertoornd geweest tegen uw vaderen.

³Daarom zeg tot hen: Alzo zegt de HEERE der heirscharen: Keert weder tot Mij, spreekt de HEERE der heirscharen, zo zal Ik weder tot ulieden keren, zegt de HEERE derheirscharen.

⁴Weest niet als uw vaderen, tot dewelke de vorige profeten riepen, zeggende: Alzo zegt de HEERE der heirscharen: Bekeert u toch van uw boze wegen, en uw boze handelingen;maar zij hoorden niet, en zij luisterden niet naar Mij, spreekt de HEERE.

⁵Uw vaderen, waar zijn die? En de profeten, zullen zij in eeuwigheid leven?

⁶Nochtans Mijn woorden en Mijn inzettingen, die Ik Mijn knechten, den profeten, geboden had, hebben zij uw vaders niet getroffen? zodat zij wederkerende zeiden: Gelijk als deHEERE der heirscharen gedacht heeft ons te doen, naar onze wegen en naar onze handelingen, alzo heeft Hij met ons gedaan.

⁷Op den vier en twintigsten dag, in de elfde maand (die de maand Schebat is), in het tweede jaar van Darius, geschiedde het woord des HEEREN tot Zacharia, den zoon vanBerechja, den zoon van Iddo, den profeet, zeggende:

⁸Ik zag des nachts, en ziet, een Man rijdende op een rood paard, en Hij stond tussen de mirten, die in de diepte waren; en achter Hem waren rode, bruine en witte paarden.

⁹En Ik zeide: Mijn Heere! wat zijn deze? Toen zeide tot mij de Engel, Die met mij sprak: Ik zal u tonen, wat deze zijn.

¹⁰Toen antwoordde de Man, Die tussen de mirten stond, en zeide: Deze zijn het, die de HEERE uitgezonden heeft, om het land te doorwandelen.

¹¹En zij antwoordden den Engel des HEEREN, Die tussen de mirten stond, en zeiden: Wij hebben het land doorwandeld, en ziet, het ganse land zit en het is stil.

¹²Toen antwoordde den Engel des HEEREN, en zeide: HEERE der heirscharen! hoe lang zult Gij U niet ontfermen over Jeruzalem, en over de steden van Juda, op welke Gij gramgeweest zijt, deze zeventig jaren?

¹³En de HEERE antwoordde den Engel, Die met mij sprak, goede woorden, troostelijke woorden.

¹⁴En de Engel, Die met mij sprak, zeide tot mij: Roep uit, zeggende: Alzo zegt de HEERE der heirscharen: Ik ijver over Jeruzalem en over Sion met een groten ijver.

¹⁵En Ik ben met een zeer groten toorn vertoornd tegen die geruste heidenen; want Ik was een weinig toornig, maar zij hebben ten kwade geholpen.

¹⁶Daarom zegt de HEERE alzo: Ik ben tot Jeruzalem wedergekeerd met ontfermingen; Mijn huis zal daarin gebouwd worden, spreekt de HEERE der heirscharen, en het richtsnoerzal over Jeruzalem uitgestrekt worden.

¹⁷Roep nog, zeggende: Alzo zegt de HEERE der heirscharen: Mijn steden zullen nog uitgespreid worden vanwege het goede; want de HEERE zal Sion nog troosten, en Hij zalJeruzalem nog verkiezen.

¹⁸En ik hief mijn ogen op, en zag; en ziet, er waren vier hoornen.

¹⁹En ik zeide tot den Engel, Die met mij sprak: Wat zijn deze? En Hij zeide tot mij: Dat zijn de hoornen, welke Juda, Israel en Jeruzalem verstrooid hebben.

²⁰En de HEERE toonde mij vier smeden.

Hoofdstuk 2

¹Wederom hief ik mijn ogen op, en ik zag; en ziet, er was een man, en in zijn hand was een meetsnoer.

²En ik zeide: Waar gaat gij henen? En hij zeide tot mij: Om Jeruzalem te meten; om te zien, hoe groot haar breedte, en hoe groot haar lengte wezen zal.

³En ziet, de Engel, Die met mij sprak, ging uit; en een andere Engel ging uit, hem tegemoet.

⁴En hij zeide tot hem: Loop, spreek dezen jongeling aan, zeggende: Jeruzalem zal dorpsgewijze bewoond worden, vanwege de veelheid der mensen en der beesten, die in hetmidden derzelve wezen zal.

⁵En Ik zal haar wezen, spreekt de HEERE, een vurige muur rondom; en Ik zal tot heerlijkheid wezen in het midden van haar.

⁶Hui, hui, vliedt toch uit het Noorderland, spreekt de HEERE; want Ik heb ulieden uitgebreid naar de vier winden des hemels, spreekt de HEERE.

⁷Hui, Sion! ontkomt gij, die woont bij de dochter van Babel!

⁸Want zo zegt de HEERE der heirscharen: Naar de heerlijkheid over u, heeft Hij mij gezonden tot die heidenen, die ulieden beroofd hebben; want die ulieden aanraakt, die raaktZijn oogappel aan.

⁹Want ziet, Ik zal Mijn hand over henlieden bewegen, en zij zullen hunnen knechten een roof wezen. Alzo zult gijlieden weten, dat de HEERE der heirscharen mij gezonden heeft.

¹⁰Juich en verblijd u, gij dochter Sions; want zie, Ik kom, en Ik zal in het midden van u wonen, spreekt de HEERE.

¹¹En vele heidenen zullen te dien dage den HEERE toegevoegd worden, en zij zullen Mij tot een volk wezen; en Ik zal in het midden van u wonen; en gij zult weten, dat de HEEREder heirscharen mij tot u gezonden heeft.

¹²Dan zal de HEERE Juda erven voor Zijn deel, in het heilige land, en Hij zal Jeruzalem nog verkiezen.

¹³Zwijg, alle vlees, voor het aangezicht des HEEREN! want Hij is ontwaakt uit Zijn heilige woning.

Hoofdstuk 3

¹Daarna toonde Hij mij Josua, den hogepriester, staande voor het aangezicht van den Engel des HEEREN; en de satan stond aan zijn rechterhand, om hem te wederstaan.

²Doch de HEERE zeide tot den satan: De HEERE schelde u, gij satan! ja, de HEERE schelde u, Die Jeruzalem verkiest; is deze niet een vuurbrand uit het vuur gerukt?

³Josua nu was bekleed met vuile klederen, als hij voor het aangezicht des Engels stond.

⁴Toen antwoordde Hij, en sprak tot degenen, die voor Zijn aangezicht stonden, zeggende: Doet deze vuile klederen van hem weg. Daarna sprak Hij tot hem: Zie, Ik heb uwongerechtigheid van u weggenomen, en Ik zal u wisselklederen aandoen.

⁵Dies zeg Ik: Laat ze een reinen hoed op zijn hoofd zetten. En zij zetten dien reinen hoed op zijn hoofd, en zij togen hem klederen aan; en de Engel des HEEREN stond daarbij.

⁶Toen betuigde de Engel des HEEREN Josua, zeggende:

⁷Zo zegt de HEERE der heirscharen: Indien gij in Mijn wegen zult wandelen, en indien gij Mijn wacht zult waarnemen, zo zult gij ook Mijn huis richten, en ook Mijn voorhovenbewaren; en Ik zal u wandelingen geven onder dezen, die hier staan.

⁸Hoor nu toe, Josua, gij hogepriester! gij en uw vrienden, die voor uw aangezicht zitten, want zij zijn een wonderteken; want ziet, Ik zal Mijn Knecht, de SPRUITE, doen komen.

⁹Want ziet, aangaande dien steen, welken Ik gelegd heb voor het aangezicht van Josua, op dien enen steen zullen zeven ogen wezen; ziet, Ik zal zijn graveersel graveren, spreektde HEERE der heirscharen, en Ik zal de ongerechtigheid dezes lands op een dag wegnemen.

¹⁰Te dien dage, spreekt de HEERE der heirscharen, zult gijlieden een iegelijk zijn naaste nodigen tot onder den wijnstok en tot onder den vijgeboom.

Hoofdstuk 4

¹En de Engel, Die met mij sprak, kwam weder; en Hij wekte mij op, gelijk een man, die van zijn slaap opgewekt wordt.

²En Hij zeide tot mij: Wat ziet gij? En ik zeide: Ik zie, en ziet, een geheel gouden kandelaar, en een oliekruikje boven deszelfs hoofd, en zijn zeven lampen daarop; die lampenhadden zeven en zeven pijpen, dewelke boven zijn hoofd waren;

³En twee olijfbomen daarnevens, een ter rechterzijde van het oliekruikje, een en tot deszelfs linkerzijde.

⁴En ik antwoordde, en zeide tot den Engel, Die met mij sprak, zeggende: Mijn Heere! wat zijn deze dingen?

⁵Toen antwoordde de Engel, Die met mij sprak, en zeide tot mij: Weet gij niet, wat deze dingen zijn? En ik zeide: Neen, mijn Heere!

⁶Toen antwoordde Hij, en sprak tot mij, zeggende: Dit is het woord des HEEREN tot Zerubbabel, zeggende: Niet door kracht noch door geweld, maar door Mijn Geest zal hetgeschieden, zegt de HEERE der heirscharen.

⁷Wie zijt gij, o grote berg? Voor het aangezicht van Zerubbabel zult gij worden tot een vlak veld; want hij zal den hoofdsteen voortbrengen met toeroepingen: Genade, genade zijdenzelven!

⁸Het woord des HEEREN geschiedde verder tot mij, zeggende:

⁹De handen van Zerubbabel hebben dit huis gegrondvest, zijn

handen zullen het ook voleinden; opdat gij weet, dat de HEERE der heirscharen mij tot ulieden gezonden heeft.

¹⁰Want wie veracht den dag der kleine dingen? daar zich toch die zeven verblijden zullen, als zij het tinnen gewicht zullen zien in de hand van Zerubbabel; dat zijn de ogen desHEEREN, die het ganse land doortrekken.

¹¹Verder antwoordde ik, en zeide tot Hem: Wat zijn die twee olijfbomen, ter rechterzijde des kandelaars, en aan zijn linkerzijde?

¹²En andermaal antwoordende, zo zeide ik tot Hem: Wat zijn die twee takjes der olijfbomen, welke in de twee gouden kruiken zijn, die goud van zich gieten?

¹³En Hij sprak tot mij, zeggende: Weet gij niet, wat deze zijn? En ik zeide: Neen, mijn Heere!

¹⁴Toen zeide Hij: Deze zijn de twee olietakken, welke voor den Heere der ganse aarde staan.

Hoofdstuk 5

¹En ik hief mijn ogen weder op, en ik zag; en ziet, een vliegende rol.

²En Hij zeide tot mij: Wat ziet gij? En ik zeide: Ik zie een vliegende rol, welker lengte is van twintig ellen, en haar breedte van tien ellen.

³Toen zeide Hij tot mij: Dit is de vloek, die uitgaan zal over het ganse land; want een iegelijk, die steelt, zal van hier, volgens denzelven vloek, uitgeroeid worden; desgelijks eeniegelijk, die valselijk zweert, zal van hier, volgens denzelven vloek, uitgeroeid worden.

⁴Ik breng dezen vloek voort, spreekt de HEERE der heirscharen, dat hij kome in het huis van den dief, en in het huis desgenen, die bij Mijn Naam valselijk zweer; en hij zal hetverteren, met zijn houten en zijn stenen.

⁵En de Engel, Die met mij sprak, ging uit, en zeide tot mij: Hef nu uw ogen op, en zie, wat dit zij, dat er voortkomt.

⁶En ik zeide: Wat is dat? En Hij zeide: Dit is een efa, die voortkomt. Verder zeide Hij: Dit is het oog over henlieden in het ganse land.

⁷En ziet, een plaat van lood werd opgeheven, en er was een vrouw, zittende in het midden der efa.

⁸En Hij zeide: Deze is de goddeloosheid; en Hij wierp ze in het midden van de efa; en Hij wierp het loden gewicht op den mond derzelve.

⁹En ik hief mijn ogen op, en ik zag; en ziet, twee vrouwen kwamen voort, en wind was in haar vleugelen, en zij hadden vleugelen, als de vleugelen eens ooievaars; en zij voerdende efa tussen de aarde en tussen den hemel.

¹⁰Toen zeide ik tot den Engel, Die met mij sprak: Waarhenen brengen zij deze efa?

¹¹En Hij zeide tot mij: Om haar een huis te bouwen in het land Sinear; dat zij daar gevestigd en gesteld worde op haar grondvesting.

Hoofdstuk 6

¹En ik hief mijn ogen weder op, en ik zag; en ziet, vier wangens gingen er uit van tussen twee bergen, en die bergen waren bergen van koper.

²Aan den eersten wagen waren rode paarden; en aan den tweeden wagen waren zwarte paarden.

³En aan den derden wagen witte paarden; en aan den vierden wagen hagelvlekkige paarden, die sterk waren.

⁴En ik antwoordde, en zeide tot den Engel, Die met mij sprak: Wat zijn deze, mijn Heere?

⁵En de Engel antwoordde, en zeide tot mij: Deze zijn de vier winden des hemels, uitgaande van daar zij stonden voor dén Heere der ganse aarde.

⁶Aan welken wagen de zwarte paarden zijn, die paarden gaan uit naar het Noorderland; en de witte gaan uit, dezelve achterna; en de hagelvlekkige gaan uit naar het Zuiderland.

⁷En die sterke paarden gingen uit, en zochten voort te gaan, om het land te doorwandelen; want Hij had gezegd: Gaat heen, doorwandelt het land. En zij doorwandelden het land.

⁸En Hij riep mij, en sprak tot mij, zeggende: Zie, deze, die uitgegaan zijn naar het Noorderland, hebben Mijn Geest doen rusten in het Noorderland.

⁹En des HEEREN woord geschiedde tot mij, zeggende:

¹⁰Neem van de gevankelijk weggevoerden van Cheldai, van Tobia, en van Jedaja, en kom gij te dien dage, en ga in ten huize van Josia, den zoon van Zefanja, dewelke uit Babelgekomen zijn;

¹¹Te weten, neem zilver en goud, en maak kronen; en zet ze op het hoofd van Josua, den zoon van Jozadak, den hogepriester.

¹²En spreek tot hem, zeggende: Alzo spreekt de HEERE der heirscharen, zeggende: Ziet, een Man, Wiens naam is SPRUITE, Die zal uit Zijn plaats spruiten, en Hij zal desHEEREN tempel bouwen.

¹³Ja, Hij zal den tempel des HEEREN bouwen, en Hij zal het sieraad dragen, en Hij zal zitten, en heersen op Zijn troon; en Hij zal priester zijn op Zijn troon; en de raad des vredeszal tussen die Beiden wezen.

¹⁴En die kronen zullen wezen voor Chelem, en voor Tobia, en voor Jedaja, en voor Chen, den zoon van Zefanja, tot een gedachtenis in den tempel des HEEREN.

¹⁵En die verre zijn, zullen komen, en zullen bouwen in den tempel des HEEREN, en gijlieden zult weten, dat de HEERE der heirscharen mij tot u gezonden heeft. Dit zalgeschieden, indien gij vlijtiglijk zult horen naar de stem des HEEREN, uws Gods.

Hoofdstuk 7

¹Het gebeurde nu in het vierde jaar van den koning Darius, dat het woord des HEEREN geschiedde tot Zacharia, op den vierden der negende maand, namelijk in Chisleu.

²Toen men naar het huis van God gezonden had Sarezer, en Regem-Melech, en zijn mannen, om het aangezicht des HEEREN te smeken;

³Zeggende tot de priesters, die in het huis des HEEREN der heirscharen waren, en tot de profeten, zeggende: Moet ik wenen in de vijfde maand, mij afzonderende, gelijk als ikgedaan heb nu zo vele jaren?

⁴Toen geschiedde het woord des HEEREN der heirscharen tot mij, zeggende:

⁵Spreek tot het ganse volk dezes lands, en tot de priesters, zeggende: Toen gij vasttet en rouwklaagdet, in de vijfde en in de zevende maand, namelijk nu zeventig jaren, hebtgijlieden Mij, Mij enigszins gevast?

⁶Of als gij at, en als gij dronkt, waart gij het niet, die daar at, en gij, die daar dronkt?

⁷Zijn het niet de woorden, welke de HEERE uitriep door den dienst der vorige profeten, toen Jeruzalem bewoond en gerust was, en haar steden rondom haar; en het zuiden en delaagte bewoond was?

⁸Verder geschiedde het woord des HEEREN tot Zacharia, zeggende:

⁹Alzo sprak de HEERE der heirscharen, zeggende: Richt een waarachtig gericht, en doet goedertierenheid en barmhartigheden, de een aan den ander;

¹⁰En verdrukt de weduwe noch den wees, den vreemdeling noch den ellendige; en denkt niet in uw hart de een des anderen kwaad.

¹¹Maar zij weigerden op te merken, en togen hun schouder terug, en zij verzwaarden hun oren, opdat zij niet hoorden.

¹²En zij maakten hun hart als een diamant, opdat zij niet hoorden de wet en de woorden, die de HEERE der heirscharen zond in Zijn Geest, door den dienst der vorige profeten, waaruit ontstaan is een grote toorn van den HEERE der heirscharen.

¹³Daarom is het geschied, gelijk als Hij geroepen had, doch zij niet gehoord hebben, alzo riepen zij ook, maar Ik hoorde niet, zegt de HEERE der heirscharen;

¹⁴Maar Ik heb hen weggestormd onder alle heidenen, welke zij niet kenden; en het land werd achter hen verwoest, zodat er niemand doorging, noch wederkeerde; want zij steldenhet gewenste land tot een verwoesting.

Hoofdstuk 8

¹Daarna geschiedde het woord des HEEREN der heirscharen tot mij, zeggende:

²Alzo zegt de HEERE der heirscharen: Ik heb geijverd over Sion met een groten ijver; ja, met grote grimmigheid heb Ik over haar geijverd.

³Alzo zegt de HEERE: Ik ben wedergekeerd tot Sion, en Ik zal in het midden van Jeruzalem wonen; en Jeruzalem zal geheten worden een stad der waarheid, en de berg desHEEREN der heirscharen, een berg der heiligheid.

⁴Alzo zegt de HEERE der heirscharen: Er zullen nog oude mannen en oude vrouwen zitten op de straten van Jeruzalem; een ieder zal zijn stok in zijn hand hebben vanwege deveelheid der dagen.

⁵En de straten dier stad zullen vervuld worden met knechtjes en meisjes, spelende op haar straten.

⁶Alzo zegt de HEERE der heirscharen: Omdat het wonderlijk is in de ogen van het overblijfsel dezes volks in deze dagen, zou het daarom ook in Mijn ogen wonderlijk zijn? spreektde HEERE der heirscharen.

⁷Alzo zegt de HEERE der heirscharen: Ziet, Ik zal Mijn volk

verlossen uit het land des opgangs, en uit het land des nedergangs der zon.

⁸En Ik zal hen herwaarts brengen, dat zij in het midden van Jeruzalem wonen zullen; en zij zullen Mij tot een volk zijn, en Ik zal hun tot een God zijn, in waarheid en ingerechtigheid.

⁹Alzo zegt de HEERE der heirscharen: Laat uw handen sterk zijn, gijlieden, die in deze dagen deze woorden gehoord hebt uit den mond der profeten, die geweest zijn ten dage, als de grond van het huis des HEEREN der heirscharen gelegd is, dat de tempel gebouwd zou worden.

¹⁰Want voor die dagen kwam des mensen loon te niet, en het loon van het vee was geen; en de uitgaande en de inkomende hadden geen vrede vanwege den vijand, want Ik zondalle mensen, een iegelijk tegen zijn naaste.

¹¹Maar nu zal Ik aan het overblijfsel dezes volks niet wezen, gelijk in de vorige dagen, spreekt de HEERE der heirscharen.

¹²Want het zaad zal voorspoedig zijn, de wijnstok zal zijn vrucht geven, en de aarde zal haar inkomen geven, en de hemelen zullen hun dauw geven; en Ik zal het overblijfsel dezesvolks dit alles doen erven.

¹³En het zal geschieden, gelijk als gij, o huis van Juda! en gij, o huis Israels, geweest zijt een vloek onder de heidenen, alzo zal Ik ulieden behoeden, en gij zult een zegeningwezen; vreest niet, laat uw handen sterk zijn.

¹⁴Want alzo zegt de HEERE der heirscharen: Gelijk als Ik gedacht heb ulieden kwaad te doen, toen Mij uw vaderen grotelijks vertoornden, zegt de HEERE der heirscharen, en hetheeft Mij niet berouwd;

¹⁵Alzo denk Ik wederom in deze dagen goed te doen aan Jeruzalem, en aan het huis van Juda; vreest niet!

¹⁶Dit zijn de dingen, die gij doen zult: spreekt de waarheid, een iegelijk met zijn naaste; oordeelt de waarheid en een oordeel des vredes in uw poorten.

¹⁷En denkt niet de een des anderen kwaad in ulieder hart; en hebt een valsen eed niet lief; want al deze zijn dingen, die Ik haat, spreekt de HEERE.

¹⁸Wederom geschiedde het woord des HEEREN der heirscharen tot mij, zeggende:

¹⁹Alzo zegt de HEERE der heirscharen: Het vasten der vierde, en het vasten der vijfde, en het vasten der zevende, en het vasten der tiende maand, zal den huize van Juda totvreugde, en tot blijdschap, en tot vrolijke hoogtijden wezen; hebt dan de waarheid en den vrede lief.

²⁰Alzo zegt de HEERE der heirscharen: Nog zal het geschieden, dat de volken, en de inwoners van vele steden komen zullen;

²¹En de inwoners der ene stad zullen gaan tot de inwoners der andere, zeggende: Laat ons vlijtig henengaan, om te smeken het aangezicht des HEEREN, en om den HEERE derheirscharen te zoeken; ik zal ook henengaan.

²²Alzo zullen vele volken, en machtige heidenen komen, om den HEERE der heirscharen te Jeruzalem te zoeken, en om het aangezicht des HEEREN te smeken.

²³Alzo zegt de HEERE der heirscharen: Het zal in die dagen geschieden, dat tien mannen, uit allerlei tongen der heidenen, grijpen zullen, ja, de slip grijpen zullen van een Joodsenman, zeggende: Wij zullen met ulieden gaan, want wij hebben gehoord, dat God met ulieden is.

Hoofdstuk 9
¹De last van het woord des HEEREN over het land Chadrach en Damaskus, deszelfs rust; want de HEERE heeft een oog over den mens, gelijk over al de stammen Israels.

²En ook zal Hij Hamath met dezelve bepalen; Tyrus en Sidon, hoewel zij zeer wijs is;

³En Tyrus zich sterkten gebouwd heeft, en zilver verzameld heeft als stof, en fijn goud als slijk der straten;

⁴Ziet, de HEERE zal haar uit het bezit stoten, en Hij zal haar vesting in de zee verslaan; en zij zal met vuur verteerd worden.

⁵Askelon zal het zien, en zal vrezen; desgelijks Gaza, en zal grote smart hebben, mitsgaders Ekron, dewijl hetgeen, waar zij op zagen, hen heeft te schande gemaakt; en de koningvan Gaza zal vergaan, en Askelon zal niet bewoond worden.

⁶En de bastaard zal te Asdod wonen, en Ik zal den hoogmoed der Filistijnen uitroeien.

⁷En Ik zal zijn bloed uit zijn mond wegdoen, en zijn verfoeiselen van tussen zijn tanden; alzo zal hij ook onzen God overblijven; ja, hij zal zijn als een vorst in Juda, en Ekron als deJebusiet.

⁸En Ik zal Mij rondom Mijn huis legeren, vanwege het heirleger, vanwege den doorgaande, en vanwege den wederkerende, opdat de drijver niet meer door hen doorga; want nuheb Ik het met Mijn ogen aangezien.

⁹Verheug u zeer, gij dochter Sions! juich, gij dochter Jeruzalems! Ziet, uw Koning zal u komen, rechtvaardig, en Hij is een Heiland; arm, en rijdende op een ezel, en op eenveulen, een jong der ezelinnen.

¹⁰En Ik zal de wagens uit Efraim uitroeien, en de paarden uit Jeruzalem; ook zal de strijdboog uitgeroeid worden, en Hij zal den heidenen vrede spreken; en Zijn heerschappij zalzijn van zee tot aan zee, en van de rivier tot aan de einden der aarde.

¹¹U ook aangaande, o Sion! door het bloed uws verbonds, heb Ik uw gebondenen uit den kuil, daar geen water in is, uitgelaten.

¹²Keert gijlieden weder tot de sterkte, gij gebondenen, die daar hoopt! ook heden verkondig Ik, dat Ik u dubbel zal wedergeven;

¹³Als Ik Mij Juda zal gespannen, en Ik Efraim den boog zal gevuld hebben; en Ik uw kinderen, o Sion! zal verwekt hebben tegen uw kinderen, o Griekenland! en u gesteld zalhebben als het zwaard van een held.

¹⁴En de HEERE zal over henlieden verschijnen, en Zijn pijlen zullen uitvaren als een bliksem; en de Heere HEERE zal met de bazuin blazen, en Hij zal voorttreden met stormen uithet zuiden.

¹⁵De HEERE der heirscharen zal hen beschutten, en zij zullen eten, nadat zij de slingerstenen zullen ten ondergebracht hebben; zij zullen ook drinken, en een gedruis maken alsde wijn; en zij zullen vervuld worden, gelijk het bekken, gelijk de hoeken des altaars.

¹⁶En de HEERE, hun God, zal ze te dien dage behouden, als zijnde de kudde Zijns volks; want gekroonde stenen zullen in Zijn land, als een banier, opgericht worden.

¹⁷Want hoe groot zal zijn goed wezen en hoe groot zal zijn schoonheid wezen! Het koren zal de jongelingen, en de most zal de jonkvrouwen sprekende maken.

Hoofdstuk 10
¹Begeert van den HEERE regen, ten tijde des spaden regens; de HEERE maakt de weerlichten; en Hij zal hun regen genoeg geven voor ieder kruid op het veld.

²Want de terafim spreken ijdelheid, en de waarzeggers zien valsheid, en zij spreken ijdele dromen, zij troosten met ijdelheid; daarom zijn zij henengetogen als schapen, zij zijnonderdrukt geworden; want er was geen herder.

³Tegen de herders was Mijn toorn ontstoken, en over de bokken heb Ik bezoeking gedaan; maar de HEERE der heirscharen zal Zijn kudde bezoeken, het huis van Juda, en Hijzal hen stellen, gelijk het paard Zijner majesteit in den strijd.

⁴Van hetzelve zal de hoeksteen, van hetzelve zal de nagel, van hetzelve zal de strijdboog, te zamen zullen van hetzelve alle drijvers voortkomen.

⁵En zij zullen zijn als de helden, die in het slijk der straten treden in den strijd, en zij zullen strijden; want de HEERE zal met hen wezen; en zij zullen die beschamen, die oppaarden rijden.

⁶En Ik zal het huis van Juda versterken, en het huis van Jozef zal Ik behouden, en Ik zal hen weder inzetten; want Ik heb Mij hunner ontfermd, en zij zullen wezen, alsof Ik hen nietverstoten had; want Ik ben de HEERE, hun God, en Ik zal ze verhoren.

⁷En zij zullen zijn als een held van Efraim, en hun hart zal zich verblijden, als van den wijn; en hun kinderen zullen het zien, en zich verblijden, hun hart zal zich verheugen in denHEERE.

⁸Ik zal hen toesissen, en zal ze vergaderen, want Ik zal ze verlossen; en zij zullen vermenigvuldigd worden, gelijk zij te voren vermenigvuldigd waren.

⁹En Ik zal hen onder de volken zaaien, en zij zullen Mijner gedenken in verre plaatsen; en zij zullen leven met hun kinderen, en wederkeren.

¹⁰Want Ik zal ze wederbrengen uit Egypteland, en Ik zal ze vergaderen uit Assyrie; en Ik zal ze in het land van Gilead en Libanon brengen, maar het zal hun niet genoeg wezen.

¹¹En Hij zal door de zee gaan, die benauwende, en Hij zal de golven in de zee slaan, en al de diepten der rivieren zullen verdrogen; dan zal de hoogmoed van Assurnedergeworpen worden, en de schepter van Egypte zal wegwijken.

¹²En Ik zal hen sterken in den HEERE, en in Zijn Naam zullen zij wandelen, spreekt de HEERE.

Hoofdstuk 11
¹Doe uw deuren open, o Libanon! opdat het vuur uw cederen vertere.

²Huilt, gij dennen! dewijl de cederen gevallen zijn, dewijl die heerlijke bomen verwoest zijn; huilt, gij eiken van Basan! dewijl het sterke woud nedergevallen is.

³Er is een stem des gehuils der herderen, dewijl hun heerlijkheid verwoest is; een stem des gebruls der jonge leeuwen, dewijl de hoogmoed van de Jordaan verwoest is.

⁴Alzo zegt de HEERE, mijn God: Weidt deze slachtschapen.

⁵Welker bezitters hen doden, en houden het voor geen schuld; en een ieder dergenen, die ze verkopen, zegt: Geloofd zij de HEERE, dat ik rijk geworden ben; en niemand vandegenen, die ze weiden, verschoont ze.

⁶Zekerlijk, Ik zal niet meer de inwoners dezes lands verschonen, spreekt de HEERE; maar ziet, Ik zal de mensen overleveren, elkeen in de hand zijns naasten, en in de hand zijnskonings, en zij zullen dit land te morzel slaan, en Ik zal ze uit hun hand niet verlossen.

⁷Dies heb ik deze slachtschapen geweid, dewijl zij ellendige schapen zijn; en ik heb mij genomen twee stokken, den een heb ik genoemd LIEFELIJKHEID, en den anderen hebik genoemd SAMENBINDERS; en ik heb die schapen geweid.

⁸En ik heb drie herders in een maand afgesneden; want mijn ziel was over hen verdrietig geworden, en ook had hun ziel een walg van mij.

⁹En ik zeide: Ik zal ulieden niet meer weiden; wat sterft, dat sterve, en wat afgesneden is, dat zij afgesneden, en dat de overgeblevenen de een des anderen vlees verslinden.

¹⁰En ik nam mijn stok LIEFELIJKHEID, en ik verbrak denzelven, te niet doende mijn verbond, hetwelk ik met al deze volken gemaakt had.

¹¹Dus werd het te dien dage vernietigd, en alzo hebben de ellendigen onder de schapen, die op mij wachtten, bekend, dat het des HEEREN woord was.

¹²Want ik had tot henlieden gezegd: Indien het goed is in uw ogen, brengt mijn loon, en zo niet, laat het na. En zij hebben mijn loon gewogen, dertig zilverlingen.

¹³Doch de HEERE zeide tot mij: Werp ze henen voor den pottenbakker: een heerlijken prijs, dien ik waard geacht ben geweest van hen! En ik nam de dertig zilverlingen, en wierpze in het huis des HEEREN, voor den pottenbakker.

¹⁴Toen verbrak ik mijn tweeden stok, SAMENBINDERS, te niet doende de broederschap tussen Juda en tussen Israel.

¹⁵Verder zeide de HEERE tot mij: Neem u nog eens dwazen herders gereedschap.

¹⁶Want ziet, Ik zal een herder verwekken in dit land; dat gereed is om afgesneden te worden, zal hij niet bezoeken; het jonge zal hij niet zoeken, en het verbrokene zal hij niet helen, en het stilstaande zal hij niet dragen; maar het vlees van het vette zal hij eten, en derzelver klauwen zal hij verscheuren.

¹⁷Wee den nietigen herder, den verlater der kudde! Het zwaard zal over zijn arm zijn, en over zijn rechteroog; zijn arm zal ten enenmale verdorren, en zijn rechteroog zal tenenenmale donker worden.

Hoofdstuk 12

¹De last van het woord des HEEREN over Israel. De HEERE spreekt, Die den hemel uitbreidt, en de aarde grondvest, en des mensen geest in zijn binnenste formeert.

²Ziet, Ik zal Jeruzalem stellen tot een drinkschaal der zwijmeling allen volken rondom; ja, ook zal zij zijn over Juda, in de belegering tegen Jeruzalem.

³En het zal te dien dage geschieden, dat Ik Jeruzalem stellen zal tot een lastigen steen allen volken; allen, die zich daarmede beladen, zullen gewisselijk doorsneden worden; enal de volken der aarde zullen zich tegen haar verzamelen.

⁴Te dien dage, spreekt de HEERE, zal Ik alle paarden met schuwigheid slaan, en hun ruiters met zinneloosheid; maar over het huis van Juda zal Ik Mijn ogen openen, en allepaarden der volken zal Ik met blindheid slaan.

⁵Dan zullen de leidslieden van Juda in hun hart zeggen: De inwoners van Jeruzalem zullen mij een sterkte zijn in den HEERE der heirscharen, hun God.

⁶Te dien dage zal Ik de leidslieden van Juda stellen als een vurige haard onder het hout, en als een vurige fakkel onder de schoven; en zij zullen ter rechterzijdealle volken rondom verteren; en Jeruzalem zal nog blijven in haar plaats te Jeruzalem.

⁷En de HEERE zal de tenten van Juda ten voorste behouden, opdat de heerlijkheid van het huis Davids, en de heerlijkheid der inwoners van Jeruzalem, zich niet verheffe tegenJuda.

⁸Te dien dage zal de HEERE de inwoners van Jeruzalem beschutten; en die, die onder hen struikelen zou, zal te dien dage zijn als David; en het huis Davids zal zijn als goden; alsde Engel des HEEREN voor hun aangezicht.

⁹En het zal te dien dage geschieden, dat Ik zal zoeken te verdelgen alle heidenen, die tegen Jeruzalem aankomen.

¹⁰Doch over het huis Davids, en over de inwoners van Jeruzalem, zal Ik uitstorten den Geest der genade en der gebeden; en zij zullen Mij aanschouwen, Dien zij doorstokenhebben, en zij zullen over Hem rouwklagen, als met de rouwklage over een enigen zoon; en zij zullen over Hem bitterlijk kermen, gelijk men bitterlijk kermt over eeneerstgeborene.

¹¹Te dien dage zal te Jeruzalem de rouwklage groot zijn, gelijk die rouwklage van Hadadrimmon, in het dal van Megiddon.

¹²En het land zal rouwklagen, elk geslacht bijzonder; het geslacht van het huis Davids bijzonder, en hunlieder vrouwen bijzonder; en het geslacht van het huis van Nathanbijzonder, en hun vrouwen bijzonder;

¹³Het geslacht van het huis van Levi bijzonder, en hun vrouwen bijzonder; het geslacht van Simei bijzonder, en hun vrouwen bijzonder;

¹⁴Al de overige geslachten, elk geslacht bijzonder, en hunlieder vrouwen bijzonder.

Hoofdstuk 13

¹Te dien dage zal er een Fontein geopend zijn voor het huis Davids, en voor de inwoners van Jeruzalem, tegen de zonde en tegen de onreinigheid.

²En het zal te dien dage geschieden, spreekt de HEERE der heirscharen, dat Ik uitroeien zal uit het land de namen der afgoden, dat zij niet meer gedacht zullen worden; ja, ook deprofeten, en den onreinen geest zal Ik uit het land wegdoen.

³En het zal geschieden, wanneer iemand meer profeteert, dat zijn vader en zijn moeder, die hem gegenereerd hebben, tot hem zullen zeggen: Gij zult niet leven, dewijl gij valsheidgesproken hebt in den Naam des HEEREN; en zijn vader en zijn moeder, die hem gegenereerd hebben, zullen hem doorsteken, wanneer hij profeteert.

⁴En het zal geschieden te dien dage, dat die profeten beschaamd zullen worden, een iegelijk van wege zijn gezicht, wanneer hij profeteert; en zij zullen geen haren mantelaandoen, om te liegen;

⁵Maar hij zal zeggen: Ik ben geen profeet, ik ben een man, die het land bouwt; want een mens heeft mij daartoe geworven van mijn jeugd aan.

⁶En zo iemand tot hem zegt: Wat zijn deze wonden in uw handen? zo zal hij zeggen: Het zijn de wonden, waarmede ik geslagen ben, in het huis mijner liefhebbers.

⁷Zwaard! ontwaak tegen Mijn Herder, en tegen den Man, Die Mijn Metgezel is, spreekt de HEERE der heirscharen; sla dien Herder, en de schapen zullen verstrooid worden; maarIk zal Mijn hand tot de kleinen wenden.

⁸En het zal geschieden in het ganse land, spreekt de HEERE, de twee delen daarin zullen uitgeroeid worden, en den geest geven; maar het derde deel zal daarin overblijven.

⁹En Ik zal dat derde deel in het vuur brengen, en Ik zal het louteren, gelijk men zilver loutert, en Ik zal het beproeven, gelijk men goud beproeft; het zal Mijn Naam aanroepen, en Ikzal het verhoren; Ik zal zeggen: Het is Mijn volk; en het zal zeggen: De HEERE is mijn God.

Hoofdstuk 14

¹Ziet, de dag komt den HEERE, dat uw roof zal uitgedeeld worden in het midden van u, o Jeruzalem!

²Want Ik zal alle heidenen tegen Jeruzalem ten strijde verzamelen; en de stad zal ingenomen, en de huizen zullen geplunderd, en de vrouwen zullen geschonden worden; en dehelft der stad zal uitgaan in de gevangenis; maar het overige des volks zal uit de stad niet uitgeroeid worden.

³En de HEERE zal uittrekken, en Hij zal strijden tegen die heidenen, gelijk ten dage als Hij gestreden heeft, ten dage des strijds.

⁴En Zijn voeten zullen te dien dage staan op den Olijfberg, die voor Jeruzalem ligt, tegen het oosten; en de Olijfberg zal in tweeen gespleten worden naar het oosten, en naar hetwesten, zodat er een zeer grote vallei zal zijn; en de ene helft des bergs zal wijken naar het noorden, en de helft deszelven naar het zuiden.

⁵Dan zult gijlieden vlieden door de vallei Mijner bergen (want deze vallei der bergen zal reiken tot Azal), en gij zult vlieden, gelijk als gij vloodt voor de aardbeving in de dagen vanUzzia, den koning van Juda; den zal de HEERE, mijn God, komen, en al de heiligen met U, o HEERE!

⁶En het zal te dien dage geschieden, dat er niet zal zijn het kostelijke licht, en de dikke duisternis.

⁷Maar het zal een enige dag zijn, die den HEERE bekend zal zijn; het zal noch dag, noch nacht zijn; en het zal geschieden, ten tijde des

avonds, dat het licht zal wezen.

⁸Ook zal het te dien dage geschieden, dat er levende wateren uit Jeruzalem vlieten zullen, de helft van die naar de oostzee, en de helft van die naar de achterste zee aan; zij zullendes zomers en des winters zijn.

⁹En de HEERE zal tot Koning over de ganse aarde zijn; te dien dage zal de HEERE een zijn, en Zijn Naam een.

¹⁰Dit ganse land zal rondom als een vlak veld gemaakt worden, van Geba tot Rimmon toe, zuidwaarts van Jeruzalem; en zij zal verhoogd en bewoond worden in haar plaats; vande poort van Benjamin af, tot aan de plaats van de eerste poort, tot aan de Hoekpoort toe; en van den toren van Hananeel, tot aan des konings wijnbakken toe.

¹¹En zij zullen daarin wonen, en er zal geen verbanning meer zijn; want Jeruzalem zal zeker wonen.

¹²En dit zal de plage zijn, waarmede de HEERE al de volken plagen zal, die tegen Jeruzalem krijg gevoerd zullen hebben: Hij zal een iegelijks vlees, daar hij op zijn voeten staat, doen uitteren; en een iegelijks ogen zullen uitteren in hun holen; een eens iegelijks tong zal in hun mond uitteren.

¹³Ook zal het te dien dage geschieden, dat er een groot gedruis van den HEERE onder hen zal wezen, zodat zij een ieder zijns naasten hand zullen aangrijpen, een eens iedershand zal tegen de hand zijns naasten opgaan.

¹⁴En ook zal Juda te Jeruzalem strijden; en het vermogen aller heidenen rondom zal verzameld worden, goud en zilver, en klederen in grote menigte.

¹⁵Alzo zal ook de plage der paarden, der muildieren, der kemelen, en der ezelen, en aller beesten zijn, die in diezelve heirlegers geweest zullen zijn, gelijk gener plage geweest is.

¹⁶En het zal geschieden, dat al de overgeblevenen van alle heidenen, die tegen Jeruzalem zullen gekomen zijn, die zullen van jaar tot jaar optrekken om aan te bidden den Koning, den HEERE der heirscharen, en om te vieren het feest der loofhutten.

¹⁷En het zal geschieden, zo wie van de geslachten der aarde niet zal optrekken naar Jeruzalem, om den Koning, den HEERE der heirscharen, te aanbidden, zo zal er overhenlieden geen regen wezen.

¹⁸En indien het geslacht der Egyptenaren, over dewelke de. regen niet is, niet zal optrekken noch komen, zo zal die plage over hen zijn, met dewelke de HEERE die heidenenplagen zal, die niet optrekken zullen, om te vieren het feest der loofhutten.

¹⁹Dit zal de zonde der Egyptenaren zijn, mitsgaders de zonde aller heidenen, die niet optrekken zullen, om te vieren het feest der loofhutten.

²⁰Te dien dage zal op de bellen der paarden staan: De HEILIGHEID DES HEEREN. En de potten in het huis des HEEREN zullen zijn als de sprengbekkens voor het altaar;

Maleachi

Maleachi

Hoofdstuk 1

¹De last van het woord des HEEREN tot Israel, door den dienst van Maleachi.

²Ik heb u liefgehad, zegt de HEERE; maar gij zegt: Waarin hebt Gij ons liefgehad? Was niet Ezau Jakobs broeder? spreekt de HEERE; nochtans heb Ik Jakob liefgehad.

³En Ezau heb Ik gehaat; en Ik heb zijn bergen gesteld tot een verwoesting, en zijn erve voor de draken der woestijn.

⁴Ofschoon Edom zeide: Wij zijn verarmd, doch wij zullen de woeste plaatsen weder bouwen; alzo zegt de HEERE der heirscharen: Zullen zij bouwen, zo zal Ik afbreken; en menzal hen noemen: Landpale der goddeloosheid, en een volk, op hetwelk de HEERE vergramd is tot in eeuwigheid.

⁵En uw ogen zullen het zien, en gijlieden zult zeggen: De HEERE zij groot gemaakt, van de landpale Israels af!

⁶Een zoon zal den vader eren, en een knecht zijn heer; ben Ik dan een Vader, waar is Mijn eer? En ben Ik een Heere, waar is Mijn vreze? zegt de HEERE der heirscharen tot u, opriesters, verachters Mijns Naams! Maar gij zegt: Waarmede verachten wij Uw Naam?

⁷Gij brengt op Mijn altaar verontreinigd brood, en zegt: Waarmede verontreinigen wij U? Daarmede, dat gij zegt: Des HEEREN tafel is verachtelijk.

⁸Want als gij wat blinds aanbrengt om te offeren, het is bij u niet kwaad; en als gij wat kreupels of wat kranks aanbrengt, het is niet kwaad! Brengt dat toch uw vorst; zal hij eenwelgevallen aan u hebben? of zal hij uw aangezicht opnemen? zegt de HEERE der heirscharen.

⁹Nu dan, smeekt toch het aangezicht van God, dat Hij ons genadig zij; zulks is van uw hand geschied, zal Hij uw aangezicht opnemen? zegt de HEERE der heirscharen?

¹⁰Wie is er ook onder u, die de deuren om niet toesluit? En gij steekt het vuur niet aan op Mijn altaar om niet. Ik heb geen lust aan u, zegt de HEERE der heirscharen, en hetspijsoffer is Mij van uw hand niet aangenaam.

¹¹Maar van den opgang der zon tot haar ondergang, zal Mijn Naam groot zijn onder de heidenen; en aan alle plaats zal Mijn Naam reukwerk toegebracht worden, en een reinspijsoffer; want Mijn Naam zal groot zijn onder de heidenen, zegt de HEERE der heirscharen.

¹²Maar gij ontheiligt dien, als gij zegt: Des HEEREN tafel is ontreinigd, en haar inkomen, haar spijs is verachtelijk.

¹³Nog zegt gij: Ziet, wat een vermoeidheid! maar gij zoudt het kunnen wegblazen, zegt de HEERE der heirscharen; gij brengt ook hetgeen geroofd is, en dat kreupel en krank is; gijbrengt ook spijsoffer; zou Mij zulks aangenaam zijn van uw hand? zegt de HEERE.

Hoofdstuk 2

¹En nu, gij priesters! tot u wordt dit gebod gezonden;

²Indien gij het niet zult horen, en indien gij het niet zult ter harte nemen, om Mijn Naam eer te geven, zegt de HEERE der heirscharen, zo zal Ik den vloek onder u zenden, en Ik zaluw zegeningen vervloeken; ja, Ik heb ook alrede elkeen derzelve vervloekt, omdat gij het niet ter harte neemt.

³Ziet, Ik zal u het zaad verderven; en Ik zal drek op uw aangezichten strooien, den drek uwer feesten, zodat men u met denzelven wegnemen zal.

⁴Dan zult gij weten, dat Ik dit gebod tot u gezonden heb; opdat Mijn verbond met Levi zij, zegt de HEERE der heirscharen.

⁵Mijn verbond met hem was het leven, en de vrede; en Ik gaf hem die tot een vreze; en hij vreesde Mij, en hij werd om Mijns Naams wil verschrikt.

⁶De wet der waarheid was in zijn mond, en er werd geen onrecht in zijn lippen gevonden; hij wandelde met Mij in vrede en in rechtmatigheid, en hij bekeerde er velen vanongerechtigheid.

⁷Want de lippen der priesters zullen de wetenschap bewaren, en men zal uit zijn mond de wet zoeken; want hij is een engel des HEEREN der heirscharen.

⁸Maar gij zijt van den weg afgeweken, gij hebt er velen doen struikelen in de wet, gij hebt het verbond met Levi verdorven, zegt de HEERE der heirscharen.

⁹Daarom heb Ik ook u verachtelijk en onwaard gemaakt voor het ganse volk, dewijl gij Mijn wegen niet houdt, maar het aangezicht aanneemt in de wet.

¹⁰Hebben wij niet allen een Vader? Heeft niet een God ons geschapen? Waarom handelen wij dan trouwelooslijk de een tegen den ander, ontheiligende het verbond onzervaderen?

¹¹Juda handelt trouwelooslijk, en er wordt een gruwel gedaan in Israel, en in Jeruzalem; want Juda ontheiligt de heiligheid des HEEREN, welke Hij liefheeft; want hij heeft dedochters eens vreemden gods getrouwd.

¹²De HEERE zal den man, die zulks doet, uitroeien uit de hutten van Jakob, dien, die waakt, en dien, die antwoordt, en die den HEERE der heirscharen spijsoffer brengt.

¹³Dit tweede doet gijlieden ook, dat gij het altaar des HEEREN bedekt met tranen, met wening en met zuchting; zodat Hij niet meer het spijsoffer aanschouwen, noch metwelgevallen van uw hand ontvangen wil.

¹⁴Gij nu zegt: Waarom? Daarom dat de HEERE een Getuige geweest is, tussen u en tussen de huisvrouw uwer jeugd, met dewelke gij trouwelooslijk handelt; daar zij toch uwgezellin, en de huisvrouw uws verbonds is.

¹⁵Heeft Hij niet maar een gemaakt, hoewel Hij des geestes overig had? En waarom maar dien enen? Hij zocht een zaad Gods. Daarom, wacht u met uw geest, en dat niemandtrouwelooslijk handele tegen de huisvrouw zijner jeugd.

¹⁶Want de HEERE, de God Israels, zegt, dat Hij het verlaten haat, alhoewel hij den wrevel bedekt met Zijn kleed, zegt de HEERE der heirscharen; daarom wacht u met uw geest, dat gij niet trouwelooslijk handelt.

¹⁷Gij vermoeit den HEERE met uw woorden; nog zegt gij: Waarmede vermoeien wij Hem? Daarmede, dat gij zegt: Al wie kwaad doet, is goed in de ogen des HEEREN, en Hij heeftlust aan zodanigen; of, waar is de God des oordeels?

Hoofdstuk 3

¹Ziet, Ik zende Mijn engel, die voor Mijn aangezicht den weg bereiden zal; en snellijk zal tot Zijn tempel komen die Heere, Dien gijlieden zoekt, te weten de Engel des verbonds, aan Denwelken gij lust hebt; ziet, Hij komt, zegt de HEERE der heirscharen.

²Maar wie zal den dag Zijner toekomst verdragen, en wie zal bestaan, als Hij verschijnt? Want Hij zal zijn als het vuur van een goudsmid, en als zeep der vollers.

³En Hij zal zitten, louterende, en het zilver reinigende, en Hij zal de kinderen van Levi reinigen, en Hij zal ze doorlouteren als goud, en als zilver; dan zullen zij den HEERE spijsoffertoebrengen in gerechtigheid.

⁴Dan zal het spijsoffer van Juda en Jeruzalem den HEERE zoet wezen, als in de oude dagen, en als in de vorige jaren.

⁵En Ik zal tot ulieden ten oordeel naderen; en Ik zal een snel Getuige zijn tegen de tovenaars, en tegen de overspelers, en tegen degenen, die valselijk zweren, en tegen degenen, die het loon des dagloners met geweld inhouden, die de weduwe, en den wees, en den vreemdeling het recht verkeren, en Mij niet vrezen, zegt de HEERE der heirscharen.

⁶Want Ik, de HEERE, word niet veranderd; daarom zijt gij, o kinderen Jakobs! niet verteerd.

⁷Van uwer vaderen dag af, zijt gij afgeweken van Mijn inzettingen, en hebt ze niet bewaard; keert weder tot Mij, en Ik zal tot u wederkeren, zegt de HEERE der heirscharen; maargij zegt: Waarin zullen wij wederkeren?

⁸Zal een mens God beroven? Maar gij berooft Mij, en zegt: Waarin beroven wij U? In de tienden en het hefoffer.

⁹Met een vloek zijt gij vervloekt, omdat gij Mij berooft, zelfs het ganse volk.

¹⁰Brengt al de tienden in het schathuis, opdat er spijze zij in Mijn huis; en beproeft Mij nu daarin, zegt de HEERE der heirscharen, of Ik u dan niet opendoen zal de vensteren deshemels, en u zegen afgieten, zodat er geen schuren genoeg wezen zullen.

¹¹En Ik zal om uwentwil den opeter schelden, dat hij u de vrucht des lands niet verderve; en de wijnstok op het veld zal u geen misdracht voortbrengen, zegt de HEERE derheirscharen.

¹²En alle heidenen zullen u gelukzalig noemen; want gijlieden zult een lustig land zijn, zegt de HEERE der heirscharen.

¹³Uw woorden zijn tegen Mij te sterk geworden, zegt de HEERE; maar gij zegt: Wat hebben wij tegen U gesproken?

¹⁴Gij zegt: Het is tevergeefs God te dienen; want wat nuttigheid is het, dat wij Zijn wacht waarnemen, en dat wij in het zwart gaan, voor het aangezicht des HEEREN derheirscharen?

¹⁵En nu, wij achten de hoogmoedigen gelukzalig; ook die goddeloosheid doen, worden gebouwd; ook verzoeken zij den HEERE,

en ontkomen.

¹⁶Alsdan spreken, die den HEERE vrezen, een ieder tot zijn naaste: De HEERE merkt er toch op en hoort, en er is een gedenkboek voor Zijn aangezicht geschreven, voor degenen, die den HEERE vrezen, en voor degenen, die aan Zijn Naam gedenken.

¹⁷En zij zullen, zegt de HEERE der heirscharen, te dien dage, dien Ik maken zal, Mij een eigendom zijn; en Ik zal hen verschonen, gelijk als een man zijn zoon verschoont, die hemdient.

¹⁸Dan zult gijlieden wederom zien, het onderscheid tussen den rechtvaardige en den goddeloze, tussen dien, die God dient, en dien, die Hem niet dient.

Hoofdstuk 4

¹Want ziet, die dag komt, brandende als een oven, dan zullen alle hoogmoedigen, en al wie goddeloosheid doet, een stoppel zijn, en de toekomstige dag zal ze in brand zetten, zegt de HEERE der heirscharen, Die hun noch wortel, noch tak laten zal.

²Ulieden daarentegen, die Mijn Naam vreest, zal de Zon der gerechtigheid opgaan, en er zal genezing zijn onder Zijn vleugelen; en gij zult uitgaan, en toenemen, als mestkalveren.

³En gij zult de goddelozen vertreden; want zij zullen as worden onder de zolen uwer voeten, te dien dage, dien Ik maken zal, zegt de HEERE der heirscharen.

⁴Gedenk der wet van Mozes, Mijn knecht, die Ik hen bevolen heb op Horeb aan gans Israel, der inzettingen en rechten.

⁵Ziet, Ik zende ulieden den profeet Elia, eer dat die grote en die vreselijke dag des HEEREN komen zal.

Mattheüs

Nieuwe Testament

Mattheüs

Hoofdstuk 1

¹Het boek des geslachts van JEZUS CHRISTUS, den Zoon van David, den zoon van Abraham.

²Abraham gewon Izak, en Izak gewon Jakob, en Jakob gewon Juda, en zijn broeders;

³En Juda gewon Fares en Zara bij Thamar; en Fares gewon Esrom, en Esrom gewon Aram;

⁴En Aram gewon Aminadab, en Aminadab gewon Nahasson, en Nahasson gewon Salmon;

⁵En Salmon gewon Booz bij Rachab, en Booz gewon Obed bij Ruth, en Obed gewon Jessai;

⁶En Jessai gewon David, den koning; en David, den koning, gewon Salomon bij degene, die Uria's vrouw was geweest;

⁷En Salomon gewon Roboam, en Roboam gewon Abia, en Abia gewon Asa;

⁸En Asa gewon Josafat, en Josafat gewon Joram, en Joram gewon Ozias;

⁹En Ozias gewon Joatham, en Joatham gewon Achaz, en Achaz gewon Ezekias;

¹⁰En Ezekias gewon Manasse, en Manasse gewon Amon, en Amon gewon Josias;

¹¹En Josias gewon Jechonias, en zijn broeders, omtrent de Babylonische overvoering.

¹²En na de Babylonische overvoering gewon Jechonias Salathiel, en Salathiel gewon Zorobabel;

¹³En Zorobabel gewon Abiud, en Abiud gewon Eljakim, en Eljakim gewon Azor;

¹⁴En Azor gewon Sadok, en Sadok gewon Achim, en Achim gewon Eliud;

¹⁵En Eliud gewon Eleazar, en Eleazar gewon Matthan, en Matthan gewon Jakob;

¹⁶En Jakob gewon Jozef, den man van Maria, uit welke geboren is JEZUS, gezegd Christus.

¹⁷Al de geslachten dan, van Abraham tot David, zijn veertien geslachten; en van David tot de Babylonische overvoering, zijn veertien geslachten; en van deBabylonische overvoering tot Christus, zijn veertien geslachten.

¹⁸De geboorte van Jezus Christus was nu aldus; want als Maria, Zijn moeder, met Jozef ondertrouwd was, eer zij samengekomen waren, werd zij zwangerbevonden uit den Heiligen Geest.

¹⁹Jozef nu, haar man, alzo hij rechtvaardig was, en haar niet wilde openbaarlijk te schande maken, was van wil haar heimelijk te verlaten.

²⁰En alzo hij deze dingen in den zin had, ziet, de engel des Heeren verscheen hem in den droom, zeggende: Jozef, gij zone Davids! wees niet bevreesd Maria, uwvrouw, tot u te nemen; want hetgeen in haar ontvangen is, dat is uit den Heiligen Geest;

²¹En zij zal een Zoon baren, en gij zult Zijn naam heten JEZUS; want Hij zal Zijn volk zalig maken van hun zonden.

²²En dit alles is geschied, opdat vervuld zou worden, hetgeen van den Heere gesproken is, door den profeet, zeggende:

²³Ziet, de maagd zal zwanger worden, en een Zoon baren, en gij zult Zijn naam heten Emmanuel; hetwelk is, overgezet zijnde, God met ons.

²⁴Jozef dan, opgewekt zijnde van den slaap, deed, gelijk de engel des Heeren hem bevolen had, en heeft zijn vrouw tot zich genomen;

Hoofdstuk 2

¹Toen nu Jezus geboren was te Bethlehem, gelegen in Judea, in de dagen van den koning Herodes, ziet, enige wijzen van het Oosten zijn te Jeruzalemaangekomen.

²Zeggende: Waar is de geboren Koning der Joden? want wij hebben gezien Zijn ster in het Oosten, en zijn gekomen om Hem te aanbidden.

³De koning Herodes nu, dit gehoord hebbende, werd ontroerd, en geheel Jeruzalem, met hem.

⁴En bijeenvergaderd hebbende al de overpriesters en Schriftgeleerden des volks, vraagde van hen, waar de Christus zou geboren worden.

⁵En zij zeiden tot hem: Te Bethlehem, in Judea gelegen; want alzo is geschreven door den profeet:

⁶En gij Bethlehem, gij land Juda! zijt geenszins de minste onder de vorsten van Juda; want uit u zal de Leidsman voortkomen, Die Mijn volk Israel weiden zal.

⁷Toen heeft Herodes de wijzen heimelijk geroepen, en vernam naarstiglijk van hen den tijd, wanneer de ster verschenen was;

⁸En hen naar Bethlehem zendende, zeide: Reist heen, en onderzoekt naarstiglijk naar dat Kindeken, en als gij Het zult gevonden hebben, boodschap het mij, opdat ik ook kome en Datzelve aanbidde.

⁹En zij, den koning gehoord hebbende, zijn heengereisd; en ziet, de ster, die zij in het oosten gezien hadden, ging hun voor, totdat zij kwam en stond boven deplaats, waar het Kindeken was.

¹⁰Als zij nu de ster zagen, verheugden zij zich met zeer grote vreugde.

¹¹En in het huis gekomen zijnde, vonden zij het Kindeken met Maria, Zijn moeder, en nedervallende hebben zij Hetzelve aangebeden; en hun schattenopengedaan hebbende, brachten zij Hem geschenken: goud en wierook, en mirre.

¹²En door Goddelijke openbaring vermaand zijnde in den droom, dat zij niet zouden wederkeren tot Herodes, vertrokken zij door een anderen weg weder naarhun land.

¹³Toen zij nu vertrokken waren, ziet, de engel des Heeren verschijnt Jozef in den droom, zeggende: Sta op, en neem tot u het Kindeken en Zijn moeder, en vliedin Egypte, en wees aldaar, totdat ik het u zeggen zal; want Herodes zal het Kindeken zoeken, om Hetzelve te doden.

¹⁴Hij dan opgestaan zijnde, nam het Kindeken en Zijn moeder tot zich in den nacht, en vertrok naar Egypte;

¹⁵En was aldaar tot den dood van Herodes; opdat vervuld zou worden hetgeen van den Heere gesproken is door den profeet, zeggende: Uit Egypte heb Ik MijnZoon geroepen.

¹⁶Als Herodes zag, dat hij van de wijzen bedrogen was, toen werd hij zeer toornig, en enigen afgezonden hebbende, heeft omgebracht al de kinderen, die binnenBethlehem, en in al deszelfs landpalen waren, van twee jaren oud en daaronder, naar den tijd, dien hij van de wijzen naarstiglijk onderzocht had.

¹⁷Toen is vervuld geworden, hetgeen gesproken is door den profeet Jeremia, zeggende:

¹⁸Een stem is in Rama gehoord, geklag, geween en veel gekerm; Rachel beweende haar kinderen, en wilde niet vertroost wezen, omdat zij niet zijn!

¹⁹Toen Herodes nu gestorven was, ziet, de engel des Heeren verschijnt Jozef in den droom, in Egypte.

²⁰Zeggende: Sta op, neem het Kindeken en Zijn moeder tot u, en trek in het land Israels; want zij zijn gestorven, die de ziel van het Kindeken zochten.

²¹Hij dan, opgestaan zijnde, heeft tot zich genomen het Kindeken en Zijn moeder, en is gekomen in het land Israels.

²²Maar als hij hoorde, dat Archelaus in Judea koning was, in de plaats van zijn vader Herodes, vreesde hij daarheen te gaan; maar door Goddelijke openbaringvermaand in den droom, is hij vertrokken in de delen van Galilea.

²³En daar gekomen zijnde, nam hij zijn woonplaats in de stad, genaamd Nazareth; opdat vervuld zou worden, wat door de profeten gezegd is, dat Hij Nazarenerzal geheten worden.

Hoofdstuk 3

¹En in die dagen kwam Johannes de Doper, predikende in de woestijn van Judea,

²En zeggende: Bekeert u; want het Koninkrijk der hemelen is nabij gekomen.

³Want deze is het, van denwelken gesproken is door Jesaja, den profeet, zeggende: De stem des roependen in de woestijn: Bereidt den weg des Heeren, maaktZijn paden recht!

⁴En dezelve Johannes had zijn kleding van kemelshaar, en een lederen gordel om zijn lenden; en zijn voedsel was sprinkhanen en wilde honig.

⁵Toen is tot hem uitgegaan Jeruzalem en geheel Judea, en het gehele land rondom de Jordaan.

⁶En werden van hem gedoopt in de Jordaan, belijdende hun zonden.

⁷Hij dan, ziende velen van de Farizeen en Sadduceen tot zijn doop komen, sprak tot hen: Gij adderengebroedsels! wie heeft u aangewezen

te vlieden van dentoekomenden toorn? ⁸Brengt dan vruchten voort, der bekering waardig.

⁹En meent niet bij uzelven te zeggen: Wij hebben Abraham tot een vader; want ik zeg u, dat God zelfs uit deze stenen Abraham kinderen kan verwekken.

¹⁰En ook is alrede de bijl aan den wortel der bomen gelegd; alle boom dan, die geen goede vrucht voortbrengt, wordt uitgehouwen en in het vuur geworpen.

¹¹Ik doop u wel met water tot bekering; maar Die na mij komt, is sterker dan ik, Wiens schoenen ik niet waardig ben Hem na te dragen; Die zal u met denHeiligen Geest en met vuur dopen.

¹²Wiens wan in Zijn hand is, en Hij zal Zijn dorsvloer doorzuiveren, en Zijn tarwe in Zijn schuur samenbrengen, en zal het kaf met onuitblusselijk vuur verbranden.

¹³Toen kwam Jezus van Galilea naar de Jordaan, tot Johannes, om van hem gedoopt te worden.

¹⁴Doch Johannes weigerde Hem zeer, zeggende: Mij is nodig van U gedoopt te worden, en komt Gij tot mij?

¹⁵Maar Jezus, antwoordende, zeide tot hem: Laat nu af; want aldus betaamt ons alle gerechtigheid te vervullen. Toen liet hij van Hem af.

¹⁶En Jezus, gedoopt zijnde, is terstond opgeklommen uit het water; en ziet, de hemelen werden Hem geopend, en hij zag den Geest Gods nederdalen, gelijk eenduive, en op Hem komen.

¹⁷En ziet, een stem uit de hemelen, zeggende: Deze is Mijn Zoon, Mijn Geliefde, in Denwelken Ik Mijn welbehagen heb!

Hoofdstuk 4

¹Toen werd Jezus van den Geest weggeleid in de woestijn, om verzocht te worden van den duivel.

²En als Hij veertig dagen en veertig nachten gevast had, hongerde Hem ten laatste.

³En de verzoeker, tot Hem gekomen zijnde, zeide: Indien Gij Gods Zoon zijt, zeg, dat deze stenen broden worden.

⁴Doch Hij, antwoordende, zeide: Er is geschreven: De mens zal bij brood alleen niet leven, maar bij alle woord, dat door den mond Gods uitgaat.

⁵Toen nam Hem de duivel mede naar de heilige stad, en stelde Hem op de tinne des tempels;

⁶En zeide tot Hem: Indien Gij Gods Zoon zijt, werp Uzelven nederwaarts; want er is geschreven, dat Hij Zijn engelen van U bevelen zal, en dat zij U op dehanden zullen nemen, opdat Gij niet te eniger tijd Uw voet aan een steen aanstoot.

⁷Jezus zeide tot hem: Er is wederom geschreven: Gij zult den Heere, uw God, niet verzoeken.

⁸Wederom nam Hem de duivel mede op een zeer hogen berg, en toonde Hem al de koninkrijken der wereld, en hun heerlijkheid;

⁹En zeide tot Hem: Al deze dingen zal ik U geven, indien Gij, nedervallende, mij zult aanbidden.

¹⁰Toen zeide Jezus tot hem: Ga weg, satan, want er staat geschreven: Den Heere, uw God, zult gij aanbidden, en Hem alleen dienen.

¹¹Toen liet de duivel van Hem af; en ziet, de engelen zijn toegekomen, en dienden Hem.

¹²Als nu Jezus gehoord had, dat Johannes overgeleverd was, is Hij wedergekeerd naar Galilea;

¹³En Nazareth verlaten hebbende, is komen wonen te Kapernaum, gelegen aan de zee, in de landpale van Zebulon en Nafthali;

¹⁴Opdat vervuld zou worden, hetgeen gesproken is door Jesaja, den profeet, zeggende:

¹⁵Het land Zebulon en het land Nafthali aan den weg der zee over de Jordaan, Galilea der volken;

¹⁶Het volk, dat in duisternis zat, heeft een groot licht gezien; en dengenen, die zaten in het land en de schaduwe des doods, denzelven is een licht opgegaan.

¹⁷Van toen aan heeft Jezus begonnen te prediken en te zeggen: Bekeert u; want het Koninkrijk der hemelen is nabij gekomen.

¹⁸En Jezus, wandelende aan de zee van Galilea, zag twee broeders, namelijk Simon, gezegd Petrus, en Andreas, zijn broeder, het net in de zee werpende (wantzij waren vissers);

¹⁹En Hij zeide tot hen: Volgt Mij na, en Ik zal u vissers der mensen maken.

²⁰Zij dan, terstond de netten verlatende, zijn Hem nagevolgd.

²¹En Hij, van daar voortgegaan zijnde, zag twee andere broeders, namelijk Jakobus, den zoon van Zebedeus, en Johannes, zijn broeder, in het schip met hunvader Zebedeus, hun netten vermakende, en heeft hen geroepen.

²²Zij dan, terstond verlatende het schip en hun vader, zijn Hem nagevolgd.

²³En Jezus omging geheel Galilea, lerende in hun synagogen en predikende het Evangelie des Koninkrijks, en genezende alle ziekte en alle kwale onder het volk.

²⁴En Zijn gerucht ging van daar uit in geheel Syrie; en zij brachten tot Hem allen, die kwalijk gesteld waren, met verscheidene ziekten en pijnen bevangen zijnde, en van den duivel bezeten, en maanziken en geraakten; en Hij genas dezelve.

²⁵En vele scharen volgden Hem na, van Galilea en van Dekapolis, en van Jeruzalem, en van Judea, en van over de Jordaan.

Hoofdstuk 5

¹En Jezus, de schare ziende, is geklommen op een berg, en als Hij nedergezeten was, kwamen Zijn discipelen tot Hem.

²En Zijn mond geopend hebbende, leerde Hij hen, zeggende:

³Zalig zijn de armen van geest; want hunner is het Koninkrijk der hemelen.

⁴Zalig zijn die treuren; want zij zullen vertroost worden.

⁵Zalig zijn de zachtmoedigen; want zij zullen het aardrijk beerven.

⁶Zalig zijn die hongeren en dorsten naar de gerechtigheid; want zij zullen verzadigd worden.

⁷Zalig zijn de barmhartigen; want hun zal barmhartigheid geschieden.

⁸Zalig zijn de reinen van hart; want zij zullen God zien.

⁹Zalig zijn de vreedzamen; want zij zullen Gods kinderen genaamd worden.

¹⁰Zalig zijn die vervolgd worden om der gerechtigheid wil; want hunner is het Koninkrijk der hemelen.

¹¹Zalig zijt gij, als u de mensen smaden, en vervolgen, en liegende alle kwaad tegen u spreken, om Mijnentwil.

¹²Verblijdt en verheugt u; want uw loon is groot in de hemelen; want alzo hebben zij vervolgd de profeten, die voor u geweest zijn.

¹³Gij zijt het zout der aarde; indien nu het zout smakeloos wordt, waarmede zal het gezouten worden? Het deugt nergens meer toe, dan om buiten geworpen, envan de mensen vertreden te worden.

¹⁴Gij zijt het licht der wereld; een stad boven op een berg liggende, kan niet verborgen zijn.

¹⁵Noch steekt men een kaars aan, en zet die onder een koornmaat, maar op een kandelaar, en zij schijnt allen, die in het huis zijn;

¹⁶Laat uw licht alzo schijnen voor de mensen, dat zij uw goede werken mogen zien, en uw Vader, Die in de hemelen is, verheerlijken.

¹⁷Meent niet, dat Ik gekomen ben, om de wet of de profeten te ontbinden; Ik ben niet gekomen, om die te ontbinden, maar te vervullen.

¹⁸Want voorwaar zeg Ik u: Totdat de hemel en de aarde voorbijgaan, zal er niet een jota noch een tittel van de wet voorbijgaan, totdat het alles zal zijn geschied.

¹⁹Zo wie dan een van deze minste geboden zal ontbonden, en de mensen alzo zal geleerd hebben, die zal de minste genaamd worden in het Koninkrijk derhemelen; maar zo wie dezelve zal gedaan en geleerd hebben, die zal groot genaamd worden in het Koninkrijk der hemelen.

²⁰Want Ik zeg u: Tenzij uw gerechtigheid overvloediger zij, dan der Schriftgeleerden en der Farizeen, dat gij in het Koninkrijk der hemelen geenszins zult ingaan.

²¹Gij hebt gehoord, dat tot de ouden gezegd is: Gij zult niet doden; maar zo wie doodt, die zal strafbaar zijn door het gericht.

²²Doch Ik zeg u: Zo wie te onrecht op zijn broeder toornig is, die zal strafbaar zijn door het gericht; en wie tot zijn broeder zegt: Raka! die zal strafbaar zijn doorden groten raad; maar wie zegt: Gij dwaas! die zal strafbaar zijn door het helse vuur.

²³Zo gij dan uw gave zult op het altaar offeren, en aldaar gedachtig wordt, dat uw broeder iets tegen u heeft;

²⁴Laat daar uw gave voor het altaar, en gaat heen, verzoent u eerst met uw broeder, en komt dan en offert uw gave.

²⁵Weest haastelijk welgezind jegens uw wederpartij, terwijl gij nog met hem op den weg zijt; opdat de wederpartij niet misschien u den rechter overlevere, en derechter u den dienaar overlevere, en gij in de gevangenis geworpen wordt.

²⁶Voorwaar, Ik zeg u: Gij zult daar geenszins uitkomen, totdat gij den laatsten penning zult betaald hebben.

²⁷Gij hebt gehoord, dat van de ouden gezegd is: Gij zult geen overspel doen.

²⁸Maar Ik zeg u, dat zo wie een vrouw aan ziet, om dezelve te begeren, die heeft alrede overspel in zijn hart met haar gedaan.

²⁹Indien dan uw rechteroog u ergert, trekt het uit, en werpt het van u; want het is u nut, dat een uwer leden verga, en niet uw gehele lichaam in de hel geworpenworde.

³⁰En indien uw rechterhand u ergert, houwt ze af, en werpt ze van

u; want het is u nut, dat een uwer leden verga, en niet uw gehele lichaam in de hel geworpen worde.

³¹Er is ook gezegd: Zo wie zijn vrouw verlaten zal, die geve haar een scheidbrief.

³²Maar Ik zeg u, dat zo wie zijn vrouw verlaten zal, anders dan uit oorzaak van hoererij, die maakt, dat zij overspel doet; en zo wie de verlatene zal trouwen, die doet overspel.

³³Wederom hebt gij gehoord, dat van de ouden gezegd is: Gij zult den eed niet breken, maar gij zult den Heere uw eden houden.

³⁴Maar Ik zeg u: Zweert ganselijk niet, noch bij den hemel, omdat hij is de troon Gods;

³⁵Noch bij de aarde, omdat zij is de voetbank Zijner voeten; noch bij Jeruzalem, omdat zij is de stad des groten Konings;

³⁶Noch bij uw hoofd zult gij zweren, omdat gij niet een haar kunt wit of zwart maken;

³⁷Maar laat zijn uw woord ja, ja; neen, neen; wat boven deze is, dat is uit den boze.

³⁸Gij hebt gehoord, dat gezegd is: Oog om oog, en tand om tand.

³⁹Maar Ik zeg u, dat gij den boze niet wederstaat; maar, zo wie u op de rechterwang slaat, keert hem ook de andere toe;

⁴⁰En zo iemand met u rechten wil, en uw rok nemen, laat hem ook den mantel;

⁴¹En zo wie u zal dwingen een mijl te gaan, gaat met hem twee mijlen.

⁴²Geeft dengene, die iets van u bidt, en keert u niet af van dengene, die van u lenen wil.

⁴³Gij hebt gehoord, dat er gezegd is: Gij zult uw naaste liefhebben, en uw vijand zult gij haten.

⁴⁴Maar Ik zeg u: Hebt uw vijanden lief; zegent ze, die u vervloeken; doet wel dengenen, die u haten; en bidt voor degenen, die u geweld doen, en die u vervolgen;

⁴⁵Opdat gij moogt kinderen zijn uws Vaders, Die in de hemelen is; want Hij doet Zijn zon opgaan over bozen en goeden, en regent over rechtvaardigen en onrechtvaardigen.

⁴⁶Want indien gij liefhebt, die u liefhebben, wat loon hebt gij? Doen ook de tollenaars niet hetzelfde?

⁴⁷En indien gij uw broeders alleen groet, wat doet gij boven anderen? Doen ook niet de tollenaars alzo?

⁴⁸Weest dan gijlieden volmaakt, gelijk uw Vader, Die in de hemelen is, volmaakt is.

Hoofdstuk 6

¹Hebt acht, dat gij uw aalmoes niet doet voor de mensen, om van hen gezien te worden; anders zo hebt gij geen loon bij uw Vader, Die in de hemelen is.

²Wanneer gij dan aalmoes doet, zo laat voor u niet trompetten, gelijk de geveinsden in de synagogen en op de straten doen, opdat zij van de mensen geeerd mogen worden. Voorwaar zeg Ik u: Zij hebben hun loon weg.

³Maar als gij aalmoes doet, zo laat uw linker hand niet weten, wat uw rechter doet;

⁴Opdat uw aalmoes in het verborgen zij; en uw Vader, Die in het verborgen ziet, Die zal het u in het openbaar vergelden.

⁵En wanneer gij bidt, zo zult gij niet zijn gelijk de geveinsden; want die plegen gaarne, in de synagogen en op de hoeken der straten staande, te bidden, opdat zij van de mensen mogen gezien worden. Voorwaar, Ik zeg u, dat zij hun loon weg hebben.

⁶Maar gij, wanneer gij bidt, gaat in uw binnenkamer, en uw deur gesloten hebbende, bidt uw Vader, Die in het verborgen is; en uw Vader, Die in het verborgen ziet, zal het u in het openbaar vergelden.

⁷En als gij bidt, zo gebruikt geen ijdel verhaal van woorden, gelijk de heidenen; want zij menen, dat zij door hun veelheid van woorden zullen verhoord worden.

⁸Wordt dan hun niet gelijk; want uw Vader weet, wat gij van node hebt, eer gij Hem bidt.

⁹Gij dan bidt aldus: Onze Vader, Die in de hemelen zijt! Uw Naam worde geheiligd.

¹⁰Uw Koninkrijk kome. Uw wil geschiede, gelijk in den hemel alzo ook op de aarde.

¹¹Geef ons heden ons dagelijks brood.

¹²En vergeef ons onze schulden, gelijk ook wij vergeven onzen schuldenaren.

¹³En leid ons niet in verzoeking, maar verlos ons van den boze. Want Uw is het Koninkrijk, en de kracht, en de heerlijkheid, in der eeuwigheid, amen.

¹⁴Want indien gij den mensen hun misdaden vergeeft, zo zal uw hemelse Vader ook u vergeven.

¹⁵Maar indien gij den mensen hun misdaden niet vergeeft, zo zal ook uw Vader uw misdaden niet vergeven.

¹⁶En wanneer gij vast, toont geen droevig gezicht, gelijk de geveinsden; want zij mismaken hun aangezichten, opdat zij van de mensen mogen gezien worden, alszij vasten. Voorwaar, Ik zeg u, dat zij hun loon weg hebben.

¹⁷Maar gij, als gij vast, zalft uw hoofd, en wast uw aangezicht;

¹⁸Opdat het van de mensen niet gezien worde, als gij vast, maar van uw Vader, Die in het verborgen is; en uw Vader, Die in het verborgen ziet, zal het u in het openbaar vergelden.

¹⁹Vergadert u geen schatten op de aarde, waar ze de mot en de roest verderft, en waar de dieven doorgraven en stelen;

²⁰Maar vergadert u schatten in den hemel, waar ze noch mot noch roest verderft, en waar de dieven niet doorgraven noch stelen;

²¹Want waar uw schat is, daar zal ook uw hart zijn.

²²De kaars des lichaams is het oog; indien dan uw oog eenvoudig is, zo zal uw gehele lichaam verlicht wezen;

²³Maar indien uw oog boos is, zo zal geheel uw lichaam duister zijn. Indien dan het licht, dat in u is, duisternis is, hoe groot zal de duisternis zelve zijn!

²⁴Niemand kan twee heren dienen; want of hij zal den enen haten en den anderen liefhebben, of hij zal den enen aanhangen en den anderen verachten; gij kunt niet God dienen en den Mammon.

²⁵Daarom zeg Ik u: Zijt niet bezorgd voor uw leven, wat gij eten, en wat gij drinken zult; noch voor uw lichaam, waarmede gij u kleden zult; is het leven niet meer dan het voedsel, en het lichaam dan de kleding?

²⁶Aanziet de vogelen des hemels, dat zij niet zaaien, noch maaien, noch verzamelen in de schuren; en uw hemelse Vader voedt nochtans dezelve; gaat gij dezelve niet zeer veel te boven?

²⁷Wie toch van u kan, met bezorgd te zijn, een el tot zijn lengte toedoen?

²⁸En wat zijt gij bezorgd voor de kleding? Aanmerkt de leliën des velds, hoe zij wassen; zij arbeiden niet, en spinnen niet;

²⁹En Ik zeg u, dat ook Salomo, in al zijn heerlijkheid, niet is bekleed geweest, gelijk een van deze.

³⁰Indien nu God het gras des velds, dat heden is, en morgen in den oven geworpen wordt, alzo bekleedt, zal Hij u niet veel meer kleden, gij kleingelovigen?

³¹Daarom zijt niet bezorgd, zeggende: Wat zullen wij eten, of wat zullen wij drinken, of waarmede zullen wij ons kleden?

³²Want al deze dingen zoeken de heidenen; want uw hemelse Vader weet, dat gij al deze dingen behoeft.

³³Maar zoekt eerst het Koninkrijk Gods en Zijn gerechtigheid, en al deze dingen zullen u toegeworpen worden.

³⁴Zijt dan niet bezorgd tegen den morgen; want de morgen zal voor het zijne zorgen; elke dag heeft genoeg aan zijn zelfs kwaad.

Hoofdstuk 7

¹Oordeelt niet, opdat gij niet geoordeeld wordt.

²Want met welk oordeel gij oordeelt, zult gij geoordeeld worden; en met welke mate gij meet, zal u wedergemeten worden.

³En wat ziet gij den splinter, die in het oog uws broeders is, maar den balk, die in uw oog is, merkt gij niet?

⁴Of, hoe zult gij tot uw broeder zeggen: Laat toe, dat ik den splinter uit uw oog uitdoe; en zie, er is een balk in uw oog?

⁵Gij geveinsde! werp eerst den balk uit uw oog, en dan zult gij bezien, om den splinter uit uws broeders oog uit te doen.

⁶Geeft het heilige den honden niet, noch werpt uw paarlen voor de zwijnen; opdat zij niet te eniger tijd dezelve met hun voeten vertreden, en zich omkerende, u verscheuren.

⁷Bidt, en u zal gegeven worden; zoekt, en gij zult vinden; klopt, en u zal opengedaan worden.

⁸Want een iegelijk, die bidt, die ontvangt; en die zoekt, die vindt; en die klopt, dien zal opengedaan worden.

⁹Of wat mens is er onder u, zo zijn zoon hem zou bidden om brood, die hem een steen zal geven?

¹⁰En zo hij hem om een vis zou bidden, die hem een slang zal geven?

¹¹Indien dan gij, die boos zijt, weet uw kinderen goede gaven te geven, hoeveel te meer zal uw Vader, Die in de hemelen is, goede gaven geven dengenen, die ze van Hem bidden!

¹²Alle dingen dan, die gij wilt, dat u de mensen zouden doen, doet gij hun ook alzo; want dat is de wet en de profeten.

¹³Gaat in door de enge poort; want wijd is de poort, en breed is de weg, die tot het verderf leidt, en velen zijn er, die door dezelve ingaan;

¹⁴Want de poort is eng, en de weg is nauw, die tot het leven leidt,

en weinigen zijn er, die denzelven vinden.

¹⁵Maar wacht u van de valse profeten, dewelke in schaapsklederen tot u komen, maar van binnen zijn zij grijpende wolven.

¹⁶Aan hun vruchten zult gij hen kennen. Leest men ook een druif van doornen, of vijgen van distelen?

¹⁷Alzo een ieder goede boom brengt voort goede vruchten, en een kwade boom brengt voort kwade vruchten.

¹⁸Een goede boom kan geen kwade vruchten voortbrengen, noch een kwade boom goede vruchten voortbrengen.

¹⁹Een ieder boom, die geen goede vrucht voortbrengt, wordt uitgehouwen en in het vuur geworpen.

²⁰Zo zult gij dan dezelve aan hun vruchten kennen.

²¹Niet een iegelijk, die tot Mij zegt: Heere, Heere! zal ingaan in het Koninkrijk der hemelen, maar die daar doet den wil Mijns Vaders, Die in de hemelen is.

²²Velen zullen te dien dage tot Mij zeggen: Heere, Heere! hebben wij niet in Uw Naam geprofeteerd, en in Uw Naam duivelen uitgeworpen, en in Uw Naam velekrachten gedaan?

²³En dan zal Ik hun openlijk aanzeggen: Ik heb u nooit gekend; gaat weg van Mij, gij, die de ongerechtigheid werkt!

²⁴Een iegelijk dan, die deze Mijn woorden hoort en dezelve doet, dien zal Ik vergelijken bij een voorzichtig man, die zijn huis op een steenrots gebouwd heeft;

²⁵En er is slagregen nedergevallen, en de waterstromen zijn gekomen, en de winden hebben gewaaid, en zijn tegen hetzelve huis aangevallen, en het is nietgevallen, want het was op de steenrots gegrond.

²⁶En een iegelijk, die deze Mijn woorden hoort en dezelve niet doet, die zal bij een dwazen man vergeleken worden, die zijn huis op het zand gebouwd heeft;

²⁷En de slagregen is nedergevallen, en de waterstromen zijn gekomen, en de winden hebben gewaaid, en zijn tegen hetzelve huis aangeslagen, en het is gevallen, en zijn val was groot.

²⁸En het is geschied, als Jezus deze woorden geeindigd had, dat de scharen zich ontzetten over Zijn leer;

²⁹Want Hij leerde hen, als macht hebbende, en niet als de Schriftgeleerden.

Hoofdstuk 8

¹Toen Hij nu van den berg afgeklommen was, zijn Hem vele scharen gevolgd.

²En ziet, een melaatse kwam, en aanbad Hem, zeggende: Heere! indien Gij wilt, Gij kunt mij reinigen.

³En Jezus, de hand uitstrekkende, heeft hem aangeraakt, zeggende: Ik wil, word gereinigd! En terstond werd hij van zijn melaatsheid gereinigd.

⁴En Jezus zeide tot hem: Zie, dat gij dit niemand zegt; maar ga heen, toon uzelven den priester, en offer de gave, die Mozes geboden heeft, hun tot eengetuigenis.

⁵Als nu Jezus te Kapernaum ingegaan was, kwam tot Hem een hoofdman over honderd, biddende Hem,

⁶En zeggende: Heere! mijn knecht ligt te huis geraakt, en lijdt zware pijnen.

⁷En Jezus zeide tot hem: Ik zal komen en hem genezen.

⁸En de hoofdman over honderd, antwoordende, zeide: Heere! ik ben niet waardig, dat Gij onder mijn dak zoudt inkomen; maar spreek alleenlijk een woord, enmijn knecht zal genezen worden.

⁹Want ik ben ook een mens onder de macht van anderen, hebbende onder mij krijgsknechten; en ik zeg tot dezen: Ga! en hij gaat; en tot den anderen: Kom! enhij komt; en tot mijn dienstknecht: Doe dat! en hij doet het.

¹⁰Jezus nu, dit horende, heeft Zich verwonderd, en zeide tot dengenen, die Hem volgden: Voorwaar zeg Ik u, Ik heb zelfs in Israel zo groot een geloof nietgevonden.

¹¹Doch Ik zeg u, dat velen zullen komen van oosten en westen en zullen met Abraham, en Izak, en Jakob, aanzitten in het Koninkrijk der hemelen;

¹²En de kinderen des Koninkrijks zullen uitgeworpen worden in de buitenste duisternis; aldaar zal wening zijn, en knersing der tanden.

¹³En Jezus zeide tot den hoofdman over honderd: Ga heen, en u geschiede, gelijk gij geloofd hebt. En zijn knecht is gezond geworden te diezelver ure.

¹⁴En Jezus gekomen zijnde in het huis van Petrus, zag zijn vrouws moeder te bed liggen, hebbende de koorts.

¹⁵En Hij raakte haar hand aan, en de koorts verliet haar; en zij stond op, en diende henlieden.

¹⁶En als het laat geworden was, hebben zij velen, van den duivel bezeten, tot Hem gebracht, en Hij wierp de boze geesten uit met den woorde, en Hij genas allen, die kwalijk gesteld waren;

¹⁷Opdat vervuld zou worden, dat gesproken was door Jesaja, den profeet, zeggende: Hij heeft onze krankheden op Zich genomen, en onze ziekten gedragen.

¹⁸En Jezus, vele scharen ziende rondom Zich, beval aan de andere zijde over te varen.

¹⁹En er kwam een zeker Schriftgeleerde tot Hem, en zeide tot Hem: Meester! ik zal U volgen, waar Gij ook henengaat.

²⁰En Jezus zeide tot hem: De vossen hebben holen, en de vogelen des hemels nesten; maar de Zoon des mensen heeft niet, waar Hij het hoofd nederlegge.

²¹En een ander uit Zijn discipelen zeide tot Hem: Heere! laat mij toe, dat ik eerst heenga, en mijn vader begrave.

²²Doch Jezus zeide tot hem: Volg Mij, en laat de doden hun doden begraven.

²³En als Hij in het schip gegaan was, zijn Hem Zijn discipelen gevolgd.

²⁴En ziet, er ontstond een grote onstuimigheid in de zee, alzo dat het schip van de golven bedekt werd; doch Hij sliep.

²⁵En Zijn discipelen, bij Hem komende, hebben Hem opgewekt, zeggende: Heere, behoed ons, wij vergaan!

²⁶En Hij zeide tot hen: Wat zijt gij vreesachtig, gij kleingelovigen? Toen stond Hij op, en bestrafte de winden en de zee; en er werd grote stilte.

²⁷En de mensen verwonderden zich, zeggende: Hoedanig een is Deze, dat ook de winden en de zee Hem gehoorzaam zijn!

²⁸En als Hij over aan de andere zijde was gekomen in het land der Gergesenen, zijn Hem twee, van den duivel bezeten, ontmoet, komende uit de graven, die zeerwreed waren, alzo dat niemand door dien weg kon voorbij gaan.

²⁹En ziet, zij riepen, zeggende: Jezus, Gij Zone Gods! wat hebben wij met U te doen? Zijt Gij hier gekomen om ons te pijnigen voor den tijd?

³⁰En verre van hen was een kudde veler zwijnen, weidende.

³¹En de duivelen baden Hem, zeggende: Indien Gij ons uitwerpt, laat ons toe, dat wij in die kudde zwijnen varen.

³²En Hij zeide tot hen: Gaat heen. En zij uitgaande, voeren heen in de kudde zwijnen; en ziet, de gehele kudde zwijnen stortte van de steilte af in de zee, en zijstierven in het water.

³³En die ze weidden, zijn gevlucht; en als zij in de stad gekomen waren, boodschapten zij al deze dingen, en wat den bezetenen geschied was.

³⁴En ziet, de gehele stad ging uit, Jezus tegemoet; en als zij Hem zagen, baden zij, dat Hij uit hun landpalen wilde vertrekken.

Hoofdstuk 9

¹En in het schip gegaan zijnde, voer Hij over en kwam in Zijn stad. En ziet, zij brachten tot Hem een geraakte, op een bed liggende.

²En Jezus, hun geloof ziende, zeide tot den geraakte: Zoon! wees welgemoed; uw zonden zijn u vergeven.

³En ziet, sommigen der Schriftgeleerden zeiden in zichzelven: Deze lastert God.

⁴En Jezus, ziende hun gedachten, zeide: Waarom overdenkt gij kwaad in uw harten?

⁵Want wat is lichter te zeggen: De zonden zijn u vergeven? of te zeggen: Sta op en wandel?

⁶Doch opdat gij moogt weten, dat de Zoon des mensen macht heeft op de aarde, de zonden te vergeven (toen zeide Hij tot den geraakte): Sta op, neem uw bedop, en ga heen naar uw huis.

⁷En hij opgestaan zijnde, ging heen naar zijn huis.

⁸De scharen nu dat ziende, hebben zich verwonderd, en God verheerlijkt, die zodanige macht den mensen gegeven had.

⁹En Jezus, van daar voortgaande, zag een mens in het tolhuis zitten, genaamd Mattheus; en zeide tot hem: Volg Mij. En hij opstaande, volgde Hem.

¹⁰En het geschiedde, als Hij in het huis van Mattheus aanzat, ziet, vele tollenaars en zondaars kwamen en zaten mede aan, met Jezus en Zijn discipelen.

¹¹En de Farizeen, dat ziende, zeiden tot Zijn discipelen: Waarom eet uw Meester met de tollenaren en de zondaren?

¹²Maar Jezus, zulks horende, zeide tot hen: Die gezond zijn hebben den medicijnmeester niet van node, maar die ziek zijn.

¹³Doch gaat heen en leert, wat het zij: Ik wil barmhartigheid, en niet offerande; want Ik ben niet gekomen om te roepen rechtvaardigen, maar zondaars totbekering.

¹⁴Toen kwamen de discipelen van Johannes tot Hem, zeggende:

Mattheüs

Waarom vasten wij en de Farizeen veel, en Uw discipelen vasten niet?

15En Jezus zeide tot hen: Kunnen ook de bruiloftskinderen treuren, zolang de Bruidegom bij hen is? Maar de dagen zullen komen, wanneer de Bruidegom van henzal weggenomen zijn, en dan zullen zij vasten.

16Ook zet niemand een lap ongevold laken op een oud kleed; want deszelfs aangezette lap scheurt af van het kleed, en er wordt een ergere scheur.

17Noch doet men nieuwen wijn in oude leder zakken; anders zo bersten de leder zakken, en de wijn wordt uitgestort, en de leder zakken verderven, maar mendoet nieuwen wijn in nieuwe leder zakken, en beide te zamen worden behouden.

18Als Hij deze dingen tot hen sprak, ziet, een overste kwam en aanbad Hem, zeggende: Mijn dochter is nu terstond gestorven, doch kom en leg Uw hand ophaar, en zij zal leven.

19En Jezus opgestaan zijnde, volgde hem, en Zijn discipelen.

20(En ziet, een vrouw die twaalf jaren het bloedvloeien gehad had, komende tot Hem van achteren, raakte den zoom Zijns kleeds aan;

21Want zij zeide in zichzelven: Indien ik alleenlijk Zijn kleed aanraak, zo zal ik gezond worden.

22En Jezus, Zich omkerende, en haar ziende, zeide: Wees welgemoed, dochter! uw geloof heeft u behouden. En de vrouw werd gezond van dezelve ure af.)

23En als Jezus in het huis des oversten kwam, en zag de pijpers en de woelende schare,

24Zeide Hij tot hen: Vertrekt; want het dochtertje is niet dood, maar slaapt. En zij belachten Hem.

25Als nu de schare uitgedreven was, ging Hij in, en greep haar hand; en het dochtertje stond op.

26En dit gerucht ging uit door dat gehele land.

27En als Jezus van daar voortging, zijn Hem twee blinden gevolgd, roepende en zeggende: Gij Zone Davids, ontferm U onzer!

28En als Hij in huis gekomen was, kwamen de blinden tot Hem. En Jezus zeide tot hen: Gelooft gij, dat Ik dat doen kan? Zij zeiden tot Hem: Ja, Heere!

29Toen raakte Hij hun ogen aan, zeggende: U geschiede naar uw geloof.

30En hun ogen zijn geopend geworden. En Jezus heeft hun zeer gestrengelijk verboden, zeggende: Ziet, dat het niemand wete.

31Maar zij, uitgegaan zijnde, hebben Hem ruchtbaar gemaakt door dat gehele land.

32Als dezen nu uitgingen, ziet, zo brachten zij tot Hem een mens, die stom en van den duivel bezeten was.

33En als de duivel uitgeworpen was, sprak de stomme. En de scharen verwonderden zich, zeggende: Er is nooit desgelijks in Israel gezien!

34Maar de Farizeen zeiden: Hij werpt de duivelen uit door den overste der duivelen.

35En Jezus omging al de steden en vlekken, lerende in hun synagogen, en predikende het Evangelie des Koninkrijks, en genezende alle ziekte en alle kwale onderhet volk.

36En Hij, de scharen ziende, werd innerlijk met ontferming bewogen over hen, omdat zij vermoeid en verstrooid waren, gelijk schapen, die geen herder hebben.

37Toen zeide Hij tot Zijn discipelen: De oogst is wel groot; maar de arbeiders zijn weinige;

38Bidt dan den Heere des oogstes, dat Hij arbeiders in Zijn oogst uitstote.

Hoofdstuk 10

1En Zijn twaalf discipelen tot Zich geroepen hebbende, heeft Hij hun macht gegeven over de onreine geesten, om dezelve uit te werpen, en om alle ziekte en allekwaal te genezen.

2De namen nu der twaalf apostelen zijn deze: de eerste, Simon, gezegd Petrus, en Andreas, zijn broeder; Jakobus, de zoon van Zebedeus, en Johannes, zijnbroeder;

3Filippus en Bartholomeus; Thomas en Mattheus, de tollenaar; Jakobus, de zoon van Alfeus, en Lebbeus, toegenaamd Thaddeus;

4Simon Kananites, en Judas Iskariot, die Hem ook verraden heeft.

5Deze twaalf heeft Jezus uitgezonden, en hun bevel gegeven, zeggende: Gij zult niet heengaan op den weg der heidenen, en gij zult niet ingaan in enige stad derSamaritanen.

6Maar gaat veel meer heen tot de verloren schapen van het huis Israels.

7En heengaande predikt, zeggende: Het Koninkrijk der hemelen is nabij gekomen.

8Geneest de kranken; reinigt de melaatsen; wekt de doden op; werpt de duivelen uit. Gij hebt het om niet ontvangen, geeft het om niet.

9Verkrijgt u noch goud, noch zilver, noch koper geld in uw gordels;

10Noch male tot den weg, noch twee rokken, noch schoenen, noch staf; want de arbeider is zijn voedsel waardig.

11En in wat stad of vlek gij zult inkomen, onderzoekt, wie daarin waardig is; en blijft aldaar, totdat gij daar uitgaat.

12En als gij in het huis gaat, zo groet hetzelve.

13En indien dat huis waardig is, zo kome uw vrede over hetzelve, maar indien het niet waardig is, zo kere uw vrede weder tot u.

14En zo iemand u niet zal ontvangen, noch uw woorden horen, uitgaande uit dat huis of uit dezelve stad, schudt het stof uwer voeten af.

15Voorwaar zeg Ik u: Het zal den lande van Sodom en Gomorra verdragelijker zijn in den dag des oordeels, dan dezelve stad.

16Ziet, Ik zend u als schapen in het midden der wolven; zijt dan voorzichtig gelijk de slangen, en oprecht gelijk de duiven.

17Maar wacht u voor de mensen; want zij zullen u overleveren in de raadsvergaderingen, en in hun synagogen zullen zij u geselen.

18En gij zult ook voor stadhouders en koningen geleid worden, om Mijnentwil, hun en den heidenen tot getuigenis.

19Doch wanneer zij u overleveren, zo zult gij niet bezorgd zijn, hoe of wat gij spreken zult; want het zal u in dezelve ure gegeven worden, wat gij spreken zult.

20Want gij zijt het niet, die spreekt, maar het is de Geest uws Vaders, Die in u spreekt.

21En de ene broeder zal den anderen broeder overleveren tot den dood, en de vader het kind, en de kinderen zullen opstaan tegen de ouders, en zullen hendoden.

22En gij zult van allen gehaat worden om Mijn Naam; maar die volstandig zal blijven tot het einde, die zal zalig worden.

23Wanneer zij u dan in deze stad vervolgen, vliedt in de andere; want voorwaar zeg ik u: Gij zult uw reis door de steden Israels niet geeindigd hebben, of deZoon des mensen zal gekomen zijn.

24De discipel is niet boven den meester, noch de dienstknecht boven zijn heer.

25Het zij den discipel genoeg, dat hij worde gelijk zijn meester, en de dienstknecht gelijk zijn heer. Indien zij den Heere des huizes Beelzebul hebben geheten, hoeveel te meer Zijn huisgenoten!

26Vreest dan hen niet; want er is niets bedekt, hetwelk niet zal ontdekt worden, en verborgen, hetwelk niet zal geweten worden.

27Hetgeen Ik u zeg in de duisternis, zegt het in het licht; en hetgeen gij hoort in het oor, predikt dat op de daken.

28En vreest niet voor degenen, die het lichaam doden, en de ziel niet kunnen doden; maar vreest veel meer Hem, Die beide ziel en lichaam kan verderven in dehel.

29Worden niet twee musjes om een penningsken verkocht? En niet een van deze zal op de aarde vallen zonder uw Vader.

30En ook uw haren des hoofds zijn alle geteld.

31Vreest dan niet; gij gaat vele musjes te boven.

32Een iegelijk dan, die Mij belijden zal voor de mensen, dien zal Ik ook belijden voor Mijn Vader, Die in de hemelen is.

33Maar zo wie Mij verloochend zal hebben voor de mensen, dien zal Ik ook verloochenen voor Mijn Vader, Die in de hemelen is.

34Meent niet, dat Ik gekomen ben, om vrede te brengen op de aarde; Ik ben niet gekomen om vrede te brengen, maar het zwaard.

35Want Ik ben gekomen, om den mens tweedrachtig te maken tegen zijn vader, en de dochter tegen haar moeder, en de schoondochter tegen haarschoonmoeder.

36En zij zullen des mensen vijanden worden, die zijn huisgenoten zijn.

37Die vader of moeder liefheeft boven Mij, is Mijns niet waardig; en die zoon of dochter liefheeft boven Mij, is Mijns niet waardig.

38En die zijn kruis niet op zich neemt, en Mij navolgt, is Mijns niet waardig.

39Die zijn ziel vindt, zal dezelve verliezen; en die zijn ziel zal verloren hebben om Mijnentwil, zal dezelve vinden.

40Die u ontvangt, ontvangt Mij; en die Mij ontvangt, ontvangt Hem, Die Mij gezonden heeft.

41Die een profeet ontvangt in den naam eens profeten, zal het loon eens profeten ontvangen; en die een rechtvaardige ontvangt in den naam eens rechtvaardigen, zal het loon eens rechtvaardigen ontvangen.

42En zo wie een van deze kleinen te drinken geeft alleenlijk een beker koud water, in den naam eens discipels, voorwaar zeg Ik u, hij zal zijn loon geenszinsverliezen.

Hoofdstuk 11

¹En het is geschied, toen Jezus geeindigd had Zijn twaalf discipelen bevelen te geven, dat Hij van daar voortging, om te leren en te prediken in hun steden.

²En Johannes, in de gevangenis gehoord hebbende de werken van Christus, zond twee van zijn discipelen;

³En zeide tot hem: Zijt Gij Degene, Die komen zou, of verwachten wij een anderen?

⁴En Jezus antwoordde en zeide tot hen: Gaat heen en boodschapt Johannes weder, hetgeen gij hoort en ziet:

⁵De blinden worden ziende, en de kreupelen wandelen; de melaatsen worden gereinigd, en de doven horen; de doden worden opgewekt, en den armen wordt het Evangelie verkondigd.

⁶En zalig is hij, die aan Mij niet zal geergerd worden.

⁷Als nu dezen heengingen, heeft Jezus tot de scharen begonnen te zeggen van Johannes: Wat zijt gij uitgegaan in de woestijn te aanschouwen? Een riet, dat van den wind ginds en weder bewogen wordt?

⁸Maar wat zijt gij uitgegaan te zien? Een mens, met zachte klederen bekleed? Ziet, die zachte klederen dragen, zijn in der koningen huizen.

⁹Maar wat zijt gij uitgegaan te zien? Een profeet? Ja, Ik zeg u, ook veel meer dan een profeet.

¹⁰Want deze is het, van denwelken geschreven staat: Ziet, Ik zend Mijn engel voor Uw aangezicht, die Uw weg bereiden zal voor U heen.

¹¹Voorwaar zeg Ik u: onder degenen, die van vrouwen geboren zijn, is niemand opgestaan meerder dan Johannes de Doper; doch die de minste is in het Koninkrijk der hemelen, is meerder dan hij.

¹²En van de dagen van Johannes den Doper tot nu toe, wordt het Koninkrijk der hemelen geweld aangedaan, en de geweldigers nemen hetzelve met geweld.

¹³Want al de profeten en de wet hebben tot Johannes toe geprofeteerd.

¹⁴En zo gij het wilt aannemen, hij is Elias, die komen zou.

¹⁵Wie oren heeft om te horen, die hore.

¹⁶Doch waarbij zal Ik dit geslacht vergelijken? Het is gelijk aan de kinderkens, die op de markten zitten, en hun gezellen toeroepen,

¹⁷En zeggen: Wij hebben u op de fluit gespeeld, en gij hebt niet gedanst; wij hebben u klaagliederen gezongen, en gij hebt niet geweend.

¹⁸Want Johannes is gekomen, noch etende, noch drinkende, en zij zeggen: Hij heeft den duivel.

¹⁹De Zoon des mensen is gekomen, etende en drinkende, en zij zeggen: Ziet daar, een Mens, Die een vraat en wijnzuiper is, een Vriend van tollenaren en zondaren. Doch de Wijsheid is gerechtvaardigd geworden van Haar kinderen.

²⁰Toen begon Hij de steden, in dewelke Zijn krachten meest geschied waren, te verwijten, omdat zij zich niet bekeerd hadden.

²¹Wee u, Chorazin! wee u Bethsaida! want zo in Tyrus en Sidon de krachten waren geschied, die in u geschied zijn, zij zouden zich eertijds in zak en as bekeerd hebben.

²²Doch Ik zeg u: Het zal Tyrus en Sidon verdragelijker zijn in den dag des oordeels, dan ulieden.

²³En gij, Kapernaum! die tot den hemel toe zijt verhoogd, gij zult tot de hel toe nedergestoten worden. Want zo in Sodom die krachten waren geschied, die in u geschied zijn, zij zouden tot op den huidigen dag gebleven zijn.

²⁴Doch Ik zeg u, dat het den lande van Sodom verdragelijker zal zijn in den dag des oordeels, dan u.

²⁵In diezelve tijd antwoordde Jezus en zeide: Ik dank U, Vader! Heere des hemels en der aarde! dat Gij deze dingen voor de wijzen en verstandigen verborgen hebt, en hebt dezelve den kinderkens geopenbaard.

²⁶Ja, Vader! Want alzo is geweest het welbehagen voor U.

²⁷Alle dingen zijn Mij overgegeven van Mijn Vader; en niemand kent den Zoon dan de Vader, noch iemand kent den Vader dan de Zoon, en dien het de Zoon wil openbaren.

²⁸Komt herwaarts tot Mij, allen die vermoeid en belast zijt, en Ik zal u rust geven.

²⁹Neemt Mijn juk op u, en leert van Mij, dat Ik zachtmoedig ben en nederig van hart; en gij zult rust vinden voor uw zielen.

³⁰Want Mijn juk is zacht, en Mijn last is licht.

Hoofdstuk 12

¹In dien tijd ging Jezus, op een sabbatdag, door het gezaaide, en Zijn discipelen hadden honger, en begonnen aren te plukken, en te eten.

²En de Farizeen, dat ziende, zeiden tot Hem: Zie, Uw discipelen doen, wat niet geoorloofd is te doen op den sabbat.

³Maar Hij zeide tot hen: Hebt gij niet gelezen, wat David gedaan heeft, toen hem hongerde, en hun, die met hem waren?

⁴Hoe hij gegaan is in het huis Gods, en de toonbroden gegeten heeft, die hem niet geoorloofd waren te eten, noch ook hun, die met hem waren, maar den priesteren alleen.

⁵Of hebt gij niet gelezen in de wet, dat de priesters den sabbat ontheiligen in den tempel, op de sabbatdagen, en nochtans onschuldig zijn?

⁶En Ik zeg u, dat Een, meerder dan de tempel, hier is.

⁷Doch zo gij geweten hadt, wat het zij: Ik wil barmhartigheid en niet offerande, gij zoudt de onschuldigen niet veroordeeld hebben.

⁸Want de Zoon des mensen is een Heere ook van den sabbat.

⁹En van daar voortgaande, kwam Hij in hun synagoge.

¹⁰En ziet, er was een mens, die een dorre hand had, en zij vraagden Hem, zeggende: Is het ook geoorloofd op de sabbatdagen te genezen? (opdat zij Hem mochten beschuldigen).

¹¹En Hij zeide tot hen: Wat mens zal er zijn onder u, die een schaap heeft, en zo datzelve op een sabbatdag in een gracht valt, die hetzelve niet zal aangrijpen en uitheffen?

¹²Hoe veel gaat nu een mens een schaap te boven? Zo is het dan op de sabbatdagen geoorloofd wel te doen.

¹³Toen zeide Hij tot dien mens: Strek uw hand uit; en hij strekte ze uit, en zij werd hersteld, gezond gelijk de andere.

¹⁴En de Farizeen, uitgegaan zijnde, hielden te zamen raad tegen Hem, hoe zij Hem doden mochten.

¹⁵Maar Jezus, dat wetende, vertrok van daar, en vele scharen volgden Hem, en Hij genas ze allen.

¹⁶En Hij gebood hun scherpelijk, dat zij Hem niet openbaar maken zouden;

¹⁷Opdat vervuld zou worden, hetgeen gesproken is door Jesaja, den profeet, zeggende:

¹⁸Ziet, Mijn Knecht, Welken Ik verkoren heb, Mijn Beminde, in Welken Mijn ziel een welbehagen heeft; Ik zal Mijn Geest op Hem leggen, en Hij zal het oordeel den heidenen verkondigen.

¹⁹Hij zal niet twisten, noch roepen, noch zal er iemand Zijn stem op de straten horen.

²⁰Het gekrookte riet zal Hij niet verbreken, en het rokende lemmet zal Hij niet uitblussen, totdat Hij het oordeel zal uitbrengen tot overwinning.

²¹En in Zijn Naam zullen de heidenen hopen.

²²Toen werd tot Hem gebracht een van den duivel bezeten, die blind en stom was; en Hij genas hem, alzo dat de blinde en stomme beide sprak en zag.

²³En al de scharen ontzetten zich, en zeiden: Is niet Deze de Zoon van David?

²⁴Maar de Farizeen, dit gehoord hebbende, zeiden: Deze werpt de duivelen niet uit, dan door Beelzebul, den overste der duivelen.

²⁵Doch Jezus, kennende hun gedachten, zeide tot hen: Een ieder koninkrijk, dat tegen zichzelf verdeeld is, wordt verwoest; en een iedere stad, of huis, dat tegen zichzelf verdeeld is, zal niet bestaan.

²⁶En indien de satan den satan uitwerpt, zo is hij tegen zichzelf verdeeld; hoe zal dan zijn rijk bestaan?

²⁷En indien Ik door Beelzebul de duivelen uitwerp, door wien werpen ze dan uw zonen uit? Daarom zullen die uw rechters zijn.

²⁸Maar indien Ik door den Geest Gods de duivelen uitwerp, zo is dan het Koninkrijk Gods tot u gekomen.

²⁹Of hoe kan iemand in het huis eens sterken inkomen, en zijn vaten ontroven, tenzij dat hij eerst den sterke gebonden hebbe? en alsdan zal hij zijn huis beroven.

³⁰Wie met Mij niet is, die is tegen Mij; en wie met Mij niet vergadert, die verstrooit.

³¹Daarom zeg Ik u: Alle zonde en lastering zal den mensen vergeven worden; maar de lastering tegen den Geest zal den mensen niet vergeven worden.

³²En zo wie enig woord gesproken zal hebben tegen den Zoon des mensen, het zal hem vergeven worden; maar zo wie tegen den Heiligen Geest zal gesproken hebben, het zal hem niet vergeven worden, noch in deze eeuw, noch in de toekomende.

³³Of maakt den boom goed en zijn vrucht goed; of maakt den boom kwaad en zijn vrucht kwaad; want uit de vrucht wordt de boom gekend.

³⁴Gij adderengebroedsels! hoe kunt gij goede dingen spreken, daar

gij boos zijt? want uit den overvloed des harten spreekt de mond.

³⁵De goede mens brengt goede dingen voort uit den goede schat des harten, en de boze mens brengt boze dingen voort uit den boze schat.

³⁶Maar Ik zeg u, dat van elk ijdel woord, hetwelk de mensen zullen gesproken hebben, zij van hetzelve zullen rekenschap geven in den dag des oordeels.

³⁷Want uit uw woorden zult gij gerechtvaardigd worden, en uit uw woorden zult gij veroordeeld worden.

³⁸Toen antwoordden sommigen der Schriftgeleerden en Farizeen, zeggende: Meester! wij willen van U wel een teken zien.

³⁹Maar Hij antwoordde en zeide tot hen: Het boos en overspelig geslacht verzoekt een teken; en hun zal geen teken gegeven worden, dan het teken van Jonas, den profeet.

⁴⁰Want gelijk Jonas drie dagen en drie nachten was in den buik van den walvis, alzo zal de Zoon des mensen drie dagen en drie nachten wezen in het hart deraarde.

⁴¹De mannen van Nineve zullen opstaan in het oordeel met dit geslacht, en zullen hetzelve veroordelen; want zij hebben zich bekeerd op de prediking van Jonas;en ziet, meer dan Jonas is hier!

⁴²De koningin van het zuiden zal opstaan in het oordeel met dit geslacht, en hetzelve veroordelen; want zij is gekomen van de einden der aarde, om te horen, dewijsheid van Salomo; en ziet, meer dan Salomo is hier!

⁴³En wanneer de onreine geest van den mens uitgegaan is, zo gaat hij door dorre plaatsen, zoekende rust, en vindt ze niet.

⁴⁴Dan zegt hij: Ik zal wederkeren in mijn huis, van waar ik uitgegaan ben; en komende, vindt hij het ledig, met bezemen gekeerd en versierd.

⁴⁵Dan gaat hij heen en neemt met zich zeven andere geesten, bozer dan hijzelf, en ingegaan zijnde, wonen zij aldaar; en het laatste van denzelven mens wordtterger dan het eerste. Alzo zal het ook met dit boos geslacht zijn.

⁴⁶En als Hij nog tot de scharen sprak, ziet, Zijn moeder en broeders stonden buiten, zoekende Hem te spreken.

⁴⁷En iemand zeide tot Hem: Zie, Uw moeder en Uw broeders staan daar buiten, zoekende U te spreken.

⁴⁸Maar Hij, antwoordende, zeide tot dengene die Hem dat zeide: Wie is Mijn moeder, en wie zijn Mijn broeders?

⁴⁹En Zijn hand uitstrekkende over Zijn discipelen, zeide Hij: Ziet, Mijn moeder en Mijn broeders.

⁵⁰Want zo wie den wil Mijns Vaders doet Die in de hemelen is, dezelve is Mijn broeder, en zuster, en moeder.

Hoofdstuk 13

¹En te dien dage Jezus, uit het huis gegaan zijnde, zat bij de zee.

²En tot Hem vergaderden vele scharen, zodat Hij in een schip ging en nederzat, en al de schare stond op den oever.

³En Hij sprak tot hen vele dingen door gelijkenissen, zeggende: Ziet, een zaaier ging uit om te zaaien.

⁴En als hij zaaide, viel een deel van het zaad bij den weg; en de vogelen kwamen en aten datzelve op.

⁵En een ander deel viel op steenachtige plaatsen, waar het niet veel aarde had; en het ging terstond op, omdat het geen diepte van aarde had.

⁶Maar als de zon opgegaan was, zo is het verbrand geworden; en omdat het geen wortel had, is het verdord.

⁷En een ander deel viel in de doornen; en de doornen wiesen op, en verstikten hetzelve.

⁸En een ander deel viel in de goede aarde, en gaf vrucht, het een honderd-, het ander zestig-, en het ander dertig voud.

⁹Wie oren heeft om te horen, die hore.

¹⁰En de discipelen tot Hem komende, zeiden tot Hem: Waarom spreekt Gij tot hen door gelijkenissen?

¹¹En Hij, antwoordende, zeide tot hen: Omdat het u gegeven is, de verborgenheden van het Koninkrijk der hemelen te weten, maar dien is het niet gegeven.

¹²Want wie heeft, dien zal gegeven worden, en hij zal overvloediglijk hebben; maar wie niet heeft, van dien zal genomen worden, ook dat hij heeft.

¹³Daarom spreek Ik tot hen door gelijkenissen, omdat zij ziende niet zien, en horende niet horen, noch ook verstaan.

¹⁴En in hen wordt de profetie van Jesaja vervuld, die zegt: Met het gehoor zult gij horen, en geenszins verstaan; en ziende zult gij zien, en geenszins bemerken.

¹⁵Want het hart dezes volks is dik geworden, en zij hebben met de oren zwaarlijk gehoord, en hun ogen hebben zij toegedaan; opdat zij niet te eniger tijd met deogen zouden zien, en met de oren horen, en met het hart verstaan, en zich bekeren, en Ik hen geneze.

¹⁶Doch uw ogen zijn zalig, omdat zij zien, en uw oren, omdat zij horen.

¹⁷Want voorwaar zeg Ik u, dat vele profeten en rechtvaardigen hebben begeerd te zien de dingen, die gij ziet, en hebben ze niet gezien; en te horen de dingen, diegij hoort, en hebben ze niet gehoord.

¹⁸Gij dan, hoort de gelijkenis van den zaaier.

¹⁹Als iemand dat Woord des Koninkrijks hoort, en niet verstaat, zo komt de boze, en rukt weg, hetgeen in zijn hart gezaaid was; deze is degene, die bij den wegbezaaid is.

²⁰Maar die in steenachtige plaatsen bezaaid is, deze is degene, die het Woord hoort, en dat terstond met vreugde ontvangt;

²¹Doch hij heeft geen wortel in zichzelven, maar is voor een tijd; en als verdrukking of vervolging komt, om des Woords wil, zo wordt hij terstond geergerd.

²²En die in de doornen bezaaid is, deze is degene, die het Woord hoort; en de zorgvuldigheid dezer wereld, en de verleiding des rijkdoms verstikt het Woord, en hij wordt onvruchtbaar.

²³Die nu in de goede aarde bezaaid is, deze is degene, die het Woord hoort en verstaat, die ook vrucht draagt en voortbrengt, de een honderd-, de ander zestig-, en de ander dertig voud.

²⁴Een andere gelijkenis heeft Hij hun voorgesteld, zeggende: Het Koninkrijk der hemelen is gelijk aan een mens, die goed zaad zaaide in zijn akker.

²⁵En als de mensen sliepen, kwam zijn vijand, en zaaide onkruid midden in de tarwe, en ging weg.

²⁶Toen het nu tot kruid opgeschoten was, en vrucht voortbracht, toen openbaarde zich ook het onkruid.

²⁷En de dienstknechten van den heer des huizes gingen en zeiden tot hem: Heere! hebt gij niet goed zaad in uw akker gezaaid? Van waar heeft hij dan ditonkruid?

²⁸En hij zeide tot hen: Een vijandig mens heeft dat gedaan. En de dienstknechten zeiden tot hem: Wilt gij dan, dat wij heengaan en datzelve vergaderen?

²⁹Maar hij zeide: Neen, opdat gij, het onkruid vergaderende, ook mogelijk met hetzelve de tarwe niet uittrekt.

³⁰Laat ze beiden te zamen opwassen tot den oogst, en in den tijd des oogstes zal ik tot de maaiers zeggen: Vergadert eerst dat onkruid, en bindt het in busselen, om hetzelve te verbranden; maar brengt de tarwe samen in mijn schuur.

³¹Een andere gelijkenis heeft Hij hun voorgesteld, zeggende: Het Koninkrijk der hemelen is gelijk aan het mosterdzaad, hetwelk een mens heeft genomen en in zijnakker gezaaid;

³²Hetwelk wel het minste is onder al de zaden, maar wanneer het opgewassen is, dan is 't het meeste van de moeskruiden, en het wordt een boom, alzo dat devogelen des hemels komen en nestelen in zijn takken.

³³Een andere gelijkenis sprak Hij tot hen, zeggende: Het Koninkrijk der hemelen is gelijk aan een zuurdesem, welken een vrouw nam en verborg in drie matenmeels, totdat het geheel gezuurd was.

³⁴Al deze dingen heeft Jezus tot de scharen gesproken door gelijkenissen, en zonder gelijkenis sprak Hij tot hen niet.

³⁵Opdat vervuld zou worden, wat gesproken is door den profeet, zeggende: Ik zal Mijn mond opendoen door gelijkenissen; Ik zal voortbrengen dingen, dieverborgen waren van de grondlegging der wereld.

³⁶Toen nu Jezus de scharen van Zich gelaten had, ging Hij naar huis. En Zijn discipelen kwamen tot Hem, zeggende: Verklaar ons de gelijkenis van het onkruiddes akkers.

³⁷En Hij, antwoordende, zeide tot hen: Die het goede zaad zaait, is de Zoon des mensen.

³⁸En de akker is de wereld; en het goede zaad zijn de kinderen des Koninkrijks; en het onkruid zijn de kinderen des bozen;

³⁹En de vijand, die hetzelve gezaaid heeft, is de duivel; en de oogst is de voleinding der wereld; en de maaiers zijn de engelen.

⁴⁰Gelijkerwijs dan het onkruid vergaderd, en met vuur verbrand wordt, alzo zal het ook zijn in de voleinding dezer wereld.

⁴¹De Zoon des mensen zal Zijn engelen uitzenden, en zij zullen uit Zijn Koninkrijk vergaderen al de ergernissen, en degenen, die de ongerechtigheid doen;

⁴²En zullen dezelve in den vurigen oven werpen; daar zal wening zijn en knersing der tanden.

⁴³Dan zullen de rechtvaardigen blinken, gelijk de zon, in het Koninkrijk huns Vaders. Die oren heeft om te horen, die hore.

⁴⁴Wederom is het Koninkrijk der hemelen gelijk aan een schat, in den akker verborgen, welken een mens gevonden hebbende, verborg dien, en van blijdschapover denzelven, gaat hij heen en verkoopt al wat hij heeft, en koopt denzelven akker.

⁴⁵Wederom is het Koninkrijk der hemelen gelijk aan een koopman, die schone parelen zoekt;

⁴⁶Dewelke, hebbende een parel van grote waarde gevonden, ging heen en verkocht al wat hij had, en kocht dezelve.

⁴⁷Wederom is het Koninkrijk der hemelen gelijk aan een net, geworpen in de zee, en dat allerlei soorten van vissen samenbrengt;

⁴⁸Hetwelk, wanneer het vol geworden is, de vissers aan den oever optrekken, en nederzittende, lezen het goede uit in hun vaten, maar het kwade werpen zijweg.

⁴⁹Alzo zal het in de voleinding der eeuwen wezen; de engelen zullen uitgaan, en de bozen uit het midden der rechtvaardigen afscheiden;

⁵⁰En zullen dezelve in den vurigen oven werpen; daar zal zijn wening en knersing der tanden.

⁵¹En Jezus zeide tot hen: Hebt gij dit alles verstaan? Zij zeiden tot Hem: Ja, Heere!

⁵²En Hij zeide tot hen: Daarom, een iegelijk Schriftgeleerde, in het Koninkrijk der hemelen onderwezen, is gelijk aan een heer des huizes, die uit zijn schat nieuwen oude dingen voortbrengt.

⁵³En het is geschied, als Jezus deze gelijkenissen geeindigd had, vertrok Hij van daar.

⁵⁴En gekomen zijnde in Zijn vaderland, leerde Hij hen in hun synagoge, zodat zij zich ontzetten, en zeiden: Van waar komt Dezen die wijsheid en die krachten?

⁵⁵Is Deze niet de Zoon des timmermans? en is Zijn moeder niet genaamd Maria, en Zijn broeders Jakobus en Joses, en Simon en Judas?

⁵⁶Zijn zusters, zijn zij niet allen bij ons? Van waar komt dan Dezen dit alles?

⁵⁷En zij werden aan Hem geergerd. Maar Jezus zeide tot hen: Een profeet is niet ongeeerd, dan in zijn vaderland, en in zijn huis.

⁵⁸En Hij heeft aldaar niet vele krachten gedaan, vanwege hun ongeloof.

Hoofdstuk 14

¹Te dierzelver tijd hoorde Herodes, de viervorst, het gerucht van Jezus;

²En zeide tot zijn knechten: Deze is Johannes de Doper; hij is opgewekt van de doden, en daarom werken die krachten in Hem.

³Want Herodes had Johannes gevangen genomen, en hem gebonden, en in den kerker gezet, om Herodias' wil, de huisvrouw van Filippus, zijn broeder.

⁴Want Johannes zeide tot hem: Het is u niet geoorloofd haar te hebben.

⁵En willende hem doden, vreesde hij het volk, omdat zij hem hielden voor een profeet.

⁶Maar als de dag der geboorte van Herodes gehouden werd, danste de dochter van Herodias in het midden van hen, en zij behaagde aan Herodes.

⁷Waarom hij haar met ede beloofde te geven, wat zij ook eisen zou.

⁸En zij, te voren onderricht zijnde van haar moeder, zeide: Geef mij hier in een schotel het hoofd van Johannes den Doper.

⁹En de koning werd bedroefd; doch om de eden, en degenen, die met hem aanzaten, gebood hij, dat het haar zou gegeven worden;

¹⁰En zond heen, en onthoofdde Johannes in den kerker.

¹¹En zijn hoofd werd gebracht in een schotel, en het dochtertje gegeven; en zij droeg het tot haar moeder.

¹²En zijn discipelen kwamen, en namen het lichaam weg, en begroeven hetzelve; en gingen en boodschapten het Jezus.

¹³En als Jezus dit hoorde, vertrok Hij van daar te scheep, naar een woeste plaats alleen; en de scharen, dat horende, zijn Hem te voet gevolgd uit de steden.

¹⁴En Jezus uitgaande, zag een grote schare, en werd innerlijk met ontferming over hen bewogen, en genas hun kranken.

¹⁵En als het nu avond werd, kwamen Zijn discipelen tot Hem, zeggende: Deze plaats is woest, en de tijd is nu voorbijgegaan; laat de scharen van U, opdat zij heengaan in de vlekken en zichzelven spijs kopen.

¹⁶Maar Jezus zeide tot hen: Het is hun niet van node heen te gaan, geeft gij hun te eten.

¹⁷Doch zij zeiden tot Hem: Wij hebben hier niet, dan vijf broden en twee vissen.

¹⁸En Hij zeide: Brengt Mij dezelve hier.

¹⁹En Hij beval de scharen neder te zitten op het gras, en nam de vijf broden en de twee vissen, en opwaarts ziende naar den hemel, zegende dezelve; en als Hij zegebroken had, gaf Hij de broden den discipelen, en de discipelen aan de scharen.

²⁰En zij aten allen en werden verzadigd, en zij namen op, het overschot der brokken, twaalf volle korven.

²¹Die nu gegeten hadden, waren omtrent vijf duizend mannen, zonder de vrouwen en kinderen.

²²En terstond dwong Jezus Zijn discipelen in het schip te gaan, en voor Hem af te varen naar de andere zijde, terwijl Hij de scharen van Zich zou laten.

²³En als Hij nu de scharen van Zich gelaten had, klom Hij op den berg alleen, om te bidden. En als het nu avond was geworden, zo was Hij daar alleen.

²⁴En het schip was nu midden in de zee, zijnde in nood van de baren; want de wind was hun tegen.

²⁵Maar ter vierde wake des nachts kwam Jezus af tot hen, wandelende op de zee.

²⁶En de discipelen, ziende Hem op de zee wandelen, werden ontroerd, zeggende: Het is een spooksel! En zij schreeuwden van vrees.

²⁷Maar terstond sprak Jezus hen aan, zeggende: Zijt goedsmoeds, Ik ben het, vreest niet.

²⁸En Petrus antwoordde Hem, en zeide: Heere! indien Gij het zijt, zo gebied mij tot U te komen op het water.

²⁹En Hij zeide: Kom. En Petrus klom neder van het schip, en wandelde op het water, om tot Jezus te komen.

³⁰Maar ziende den sterken wind, werd hij bevreesd, en als hij begon neder te zinken, riep hij, zeggende: Heere, behoud mij!

³¹En Jezus, terstond de hand uitstekende, greep hem aan, en zeide tot hem: Gij kleingelovige! waarom hebt gij gewankeld?

³²En als zij in het schip geklommen waren, stilde de wind.

³³Die nu in het schip waren, kwamen en aanbaden Hem, zeggende: Waarlijk, Gij zijt Gods Zoon!

³⁴En overgevaren zijnde, kwamen zij in het land Gennesaret.

³⁵En als de mannen van die plaats Hem werden kennende, zonden zij in dat gehele omliggende land, en brachten tot Hem allen, die kwalijk gesteld waren;

³⁶En baden Hem, dat zij alleenlijk den zoom Zijns kleeds zouden mogen aanraken; en zovelen als Hem aanraakten, werden gezond.

Hoofdstuk 15

¹Toen kwamen tot Jezus enige Schriftgeleerden en Farizeen, die van Jeruzalem waren, zeggende:

²Waarom overtreden Uw discipelen de inzetting der ouden? Want zij wassen hun handen niet, wanneer zij brood zullen eten.

³Maar Hij, antwoordende, zeide tot hen: Waarom overtreedt ook gij het gebod Gods, door uw inzetting?

⁴Want God heeft geboden, zeggende: Eert uwen vader en moeder, en: Wie vader of moeder vloekt, die zal de dood sterven.

⁵Maar gij zegt: Zo wie tot vader of moeder zal zeggen: Het is een gave, zo wat u van mij zou kunnen ten nutte komen; en zijn vader of zijn moeder geenszins zaleren, die voldoet.

⁶En gij hebt alzo Gods gebod krachteloos gemaakt door uw inzetting.

⁷Gij geveinsden! Wel heeft Jesaja van u geprofeteerd, zeggende:

⁸Dit volk genaakt Mij met hun mond, en eert Mij met de lippen, maar hun hart houdt zich verre van Mij;

⁹Doch tevergeefs eren zij Mij, lerende leringen, die geboden van mensen zijn.

¹⁰En als Hij de schare tot Zich geroepen had, zeide Hij tot hen: Hoort en verstaat.

¹¹Hetgeen ten monde ingaat, ontreinigt den mens niet; maar hetgeen ten monde uitgaat, dat ontreinigt den mens.

¹²Toen kwamen Zijn discipelen tot Hem, en zeiden tot Hem: Weet Gij wel, dat de Farizeen deze rede horende, geergerd zijn geweest?

¹³Maar Hij, antwoordende zeide: Alle plant, die Mijn hemelse Vader niet geplant heeft, zal uitgeroeid worden.

¹⁴Laat hen varen; zij zijn blinde leidslieden der blinden. Indien nu de blinde den blinde leidt, zo zullen zij beiden in de gracht vallen.

¹⁵En Petrus, antwoordende, zeide tot Hem: Verklaar ons deze gelijkenis.

¹⁶Maar Jezus zeide: Zijt ook gijlieden alsnog onwetende?

¹⁷Verstaat gij nog niet, dat al wat ten monde ingaat, in de buik komt, en in de heimelijkheid wordt uitgeworpen?

¹⁸Maar die dingen, die ten monde uitgaan, komen voort uit het hart, en dezelve ontreinigen den mens.

¹⁹Want uit het hart komen voort boze bedenkingen, doodslagen, overspelen, hoererijen, dieverijen, valse getuigenissen, lasteringen.

²⁰Deze dingen zijn het, die den mens ontreinigen; maar het eten met ongewassen handen ontreinigt den mens niet.

²¹En Jezus van daar gaande, vertrok naar de delen van Tyrus en

Mattheüs
Sidon.

²²En ziet, een Kananese vrouw, uit die landpalen komende, riep tot Hem, zeggende: Heere! Gij Zone Davids, ontferm U mijner! mijn dochter is deerlijk van denduivel bezeten.

²³Doch Hij antwoordde haar niet een woord. En Zijn discipelen, tot Hem komende, baden Hem, zeggende: Laat haar van U; want zij roept ons na.

²⁴Maar Hij, antwoordende, zeide: Ik ben niet gezonden, dan tot de verloren schapen van het huis Israels.

²⁵En zij kwam en aanbad Hem, zeggende: Heere, help mij!

²⁶Doch Hij antwoordde en zeide: Het is niet betamelijk het brood der kinderen te nemen, en den hondekens voor te werpen.

²⁷En zij zeide: Ja, Heere! doch de hondekens eten ook van de brokjes die er vallen van de tafel hunner heren.

²⁸Toen antwoordde Jezus, en zeide tot haar: O vrouw! groot is uw geloof; u geschiede, gelijk gij wilt. En haar dochter werd gezond van diezelfde ure.

²⁹En Jezus, van daar vertrekkende, kwam aan de zee van Galilea, en klom op den berg, en zat daar neder.

³⁰En vele scharen zijn tot Hem gekomen, hebbende bij zich kreupelen, blinden, stommen, lammen, en vele anderen, en wierpen ze voor de voeten van Jezus; enHij genas dezelve.

³¹Alzo dat de scharen zich verwonderden, ziende de stommen sprekende, de lammen gezond, de kreupelen wandelende, en de blinden ziende; en zijverheerlijkten den God Israels.

³²En Jezus, Zijn discipelen tot Zich geroepen hebbende, zeide: Ik word innerlijk met ontferming bewogen over de schare, omdat zij nu drie dagen bij Mij geblevenzijn, en hebben niet wat zij eten zouden; en Ik wil hen niet nuchteren van Mij laten, opdat zij op den weg niet bezwijken.

³³En Zijn discipelen zeiden tot Hem: Van waar zullen wij zovele broden in de woestijn bekomen, dat wij zulk een grote schare zouden verzadigen?

³⁴En Jezus zeide tot hen: Hoevele broden hebt gij? Zij zeiden: Zeven, en weinige visjes.

³⁵En Hij gebood den scharen neder te zitten op de aarde.

³⁶En Hij nam de zeven broden en de vissen, en als Hij gedankt had, brak Hij ze, en gaf ze Zijn discipelen; en de discipelen gaven ze aan de schare.

³⁷En zij aten allen en werden verzadigd, en zij namen op, het overschot der brokken, zeven volle manden.

³⁸En die daar gegeten hadden, waren vier duizend mannen, zonder de vrouwen en kinderen.

³⁹En de scharen van Zich gelaten hebbende, ging Hij in het schip, en kwam in de landpalen van Magdala.

Hoofdstuk 16

¹En de Farizeen en Sadduceen tot Hem gekomen zijnde, en Hem verzoekende, begeerden van Hem, dat Hij hun een teken uit den hemel zou tonen.

²Maar Hij antwoordde, en zeide tot hen: Als het avond geworden is, zegt gij: Schoon weder; want de hemel is rood;

³En des morgens: Heden onweder; want de hemel is droevig rood. Gij geveinsden! het aanschijn des hemels weet gij wel te onderscheiden, en kunt gij detekenen der tijden niet onderscheiden?

⁴Het boos en overspelig geslacht verzoekt een teken; en hun zal geen teken gegeven worden, dan het teken van Jona, den profeet. En hen verlatende, ging Hijweg.

⁵En als Zijn discipelen op de andere zijde gekomen waren, hadden zij vergeten broden mede te nemen.

⁶En Jezus zeide tot hen: Ziet toe, en wacht u van den zuurdesem der Farizeen en Sadduceen.

⁷En zij overlegden bij zichzelven, zeggende: Het is omdat wij geen broden mede genomen hebben.

⁸En Jezus, dat wetende, zeide tot hen: Wat overlegt gij bij uzelven, gij kleingelovigen! dat gij geen broden mede genomen hebt?

⁹Verstaat gij nog niet? en gedenkt gij niet aan de vijf broden der vijf duizend mannen; en hoevele korven gij opnaamt?

¹⁰Noch aan de zeven broden der vier duizend mannen, en hoevele manden gij opnaamt?

¹¹Hoe verstaat gij niet, dat Ik u van geen brood gesproken heb, als Ik zeide, dat gij u wachten zoudt van den zuurdesem der Farizeen en Sadduceen.

¹²Toen verstonden zij, dat Hij niet gezegd had, dat zij zich wachten zouden van den zuurdesem des broods, maar van de leer der Farizeen en Sadduceen?

¹³Als nu Jezus gekomen was in de delen van Cesarea Filippi, vraagde Hij Zijn discipelen, zeggende: Wie zeggen de mensen, dat Ik, de Zoon des mensen, ben?

¹⁴En zij zeiden: Sommigen: Johannes de Doper; en anderen: Elias; en anderen: Jeremia of een van de profeten.

¹⁵Hij zeide tot hen: Maar gij, wie zegt gij, dat Ik ben?

¹⁶En Simon Petrus, antwoordende, zeide: Gij zijt de Christus, de Zoon des levenden Gods.

¹⁷En Jezus, antwoordende, zeide tot hem: Zalig zijt gij, Simon, Bar-Jona! want vlees en bloed heeft u dat niet geopenbaard, maar Mijn Vader, Die in de hemelen is.

¹⁸En Ik zeg u ook, dat gij zijt Petrus, en op deze petra zal Ik Mijn gemeente bouwen, en de poorten der hel zullen dezelve niet overweldigen.

¹⁹En Ik zal u geven de sleutelen van het Koninkrijk der hemelen; en zo wat gij zult binden op de aarde, zal in de hemelen gebonden zijn; en zo wat gij ontbindenzult op de aarde, zal in de hemelen ontbonden zijn.

²⁰Toen verbood Hij Zijn discipelen, dat zij iemand zeggen zouden, dat Hij was Jezus, de Christus.

²¹Van toen aan begon Jezus Zijn discipelen te vertonen, dat Hij moest heengaan naar Jeruzalem, en veel lijden van de ouderlingen, en overpriesters, enSchriftgeleerden, en gedood worden, en ten derden dage opgewekt worden.

²²En Petrus, Hem tot zich genomen hebbende, begon Hem te bestraffen, zeggende: Heere, wees U genadig! dit zal U geenszins geschieden.

²³Maar Hij, Zich omkerende, zeide tot Petrus: Ga weg achter Mij, satanas! gij zijt Mij een aanstoot, want gij verzint niet de dingen, die Gods zijn, maar die dermensen zijn.

²⁴Toen zeide Jezus tot Zijn discipelen: Zo iemand achter Mij wil komen, die verloochene zichzelven, en neme zijn kruis op, en volge Mij.

²⁵Want zo wie zijn leven zal willen behouden, die zal hetzelve verliezen; maar zo wie zijn leven verliezen zal, om Mijnentwil, die zal hetzelve vinden.

²⁶Want wat baat het een mens, zo hij de gehele wereld gewint, en lijdt schade zijner ziel? Of wat zal een mens geven, tot lossing van zijn ziel?

²⁷Want de Zoon des mensen zal komen in de heerlijkheid Zijns Vaders, met Zijn engelen, en alsdan zal Hij een iegelijk vergelden naar zijn doen.

²⁸Voorwaar zeg Ik u: Er zijn sommigen van die hier staan, dewelke den dood niet smaken zullen, totdat zij den Zoon des mensen zullen hebben zien komen in ZijnKoninkrijk.

Hoofdstuk 17

¹En na zes dagen nam Jezus met Zich Petrus, en Jakobus, en Johannes, zijn broeder, en bracht hen op een hoge berg alleen.

²En Hij werd voor hen veranderd van gedaante; en Zijn aangezicht blonk gelijk de zon, en Zijn klederen werden wit gelijk het licht.

³En ziet, van hen werden gezien Mozes en Elias, met Hem samensprekende.

⁴En Petrus, antwoordende, zeide tot Jezus: Heere! het is goed, dat wij hier zijn; zo Gij wilt, laat ons hier drie tabernakelen maken, voor U een, en voor Mozeseen, en een voor Elias.

⁵Terwijl hij nog sprak, ziet, een luchtige wolk heeft hen overschaduwd; en ziet, een stem uit de wolk, zeggende: Deze is Mijn geliefde Zoon, in Denwelken IkMijn welbehagen heb; hoort Hem!

⁶En de discipelen, dit horende, vielen op hun aangezicht, en werden zeer bevreesd.

⁷En Jezus, bij hen komende, raakte hen aan, en zeide: Staat op en vreest niet.

⁸En hun ogen opheffende, zagen zij niemand, dan Jezus alleen.

⁹En als zij van de berg afkwamen, gebood hun Jezus, zeggende: Zegt niemand dit gezicht, totdat de Zoon des mensen zal opgestaan zijn uit de doden.

¹⁰En Zijn discipelen vraagden Hem, zeggende: Wat zeggen dan de Schriftgeleerden, dat Elias eerst moet komen?

¹¹Doch Jezus, antwoordende, zeide tot hen: Elias zal wel eerst komen, en alles weder oprichten.

¹²Maar Ik zeg u, dat Elias nu gekomen is, en zij hebben hem niet gekend; doch zij hebben aan hem gedaan, al wat zij hebben gewild; alzo zal ook de Zoon desmensen van hen lijden.

¹³Toen verstonden de discipelen dat Hij hun van Johannes de Doper gesproken had.

¹⁴En als zij bij de schare gekomen waren, kwam tot Hem een mens, vallende voor Hem op de knieen, en zeggende:

¹⁵Heere! ontferm U over mijn zoon; want hij is maanziek, en is in zwaar lijden; want menigmaal valt hij in het vuur, en menigmaal in het water.

¹⁶En ik heb hem tot Uw discipelen gebracht, en zij hebben hem niet kunnen genezen.

¹⁷En Jezus, antwoordende, zeide: O, ongelovig en verkeerd geslacht, hoe lang zal Ik nog met ulieden zijn, hoe lang zal Ik u nog verdragen? Brengt hem Mij hier.

¹⁸En Jezus bestrafte hem, en de duivel ging van hem uit, en het kind werd genezen van die ure af.

¹⁹Toen kwamen de discipelen tot Jezus alleen, en zeiden: Waarom hebben wij hem niet kunnen uitwerpen?

²⁰En Jezus zeide tot hen: Om uws ongeloofs wil; want voorwaar zeg Ik u: Zo gij een geloof hadt als een mosterdzaad, gij zoudt tot deze berg zeggen: Ga heen vanhier derwaarts, en hij zal heengaan; en niets zal u onmogelijk zijn.

²¹Maar dit geslacht vaart niet uit, dan door bidden en vasten.

²²En als zij in Galilea verkeerden, zeide Jezus tot hen: De Zoon des mensen zal overgeleverd worden in de handen der mensen;

²³En zij zullen Hem doden, en ten derden dage zal Hij opgewekt worden. En zij werden zeer bedroefd.

²⁴En als zij te Kapernaum ingekomen waren, gingen tot Petrus die de didrachmen ontvingen, en zeiden: Uw Meester, betaalt Hij de didrachmen niet?

²⁵Hij zeide: Ja. En toen hij in huis gekomen was, voorkwam hem Jezus, zeggende: Wat dunkt u, Simon! de koningen der aarde, van wie nemen zij tollen ofschatting, van hun zonen, of van de vreemden?

²⁶Petrus zeide tot Hem: Van de vreemden. Jezus zeide tot hem: Zo zijn dan de zonen vrij.

²⁷Maar opdat wij hun geen aanstoot geven, ga heen naar de zee, werp de angel uit, en de eerste vis, die opkomt, neem, en zijn mond geopend hebbende, zult gij een stater vinden; neem die, en geef hem aan hen voor Mij en u.

Hoofdstuk 18

¹Te dierzelfder ure kwamen de discipelen tot Jezus, zeggende: Wie is toch de meeste in het Koninkrijk der hemelen?

²En Jezus een kindeken tot Zich geroepen hebbende, stelde dat in het midden van hen;

³En zeide: Voorwaar zeg Ik u: Indien gij u niet verandert, en wordt gelijk de kinderkens, zo zult gij in het Koninkrijk der hemelen geenszins ingaan.

⁴Zo wie dan zichzelven zal vernederen, gelijk dit kindeken, deze is de meeste in het Koninkrijk der hemelen.

⁵En zo wie zodanig een kindeken ontvangt in Mijn Naam, die ontvangt Mij.

⁶Maar zo wie een van deze kleinen, die in Mij geloven, ergert, het ware hem nutter, dat een molensteen aan zijn hals gehangen, en dat hij verzonken ware in dediepte der zee.

⁷Wee der wereld van de ergernissen, want het is noodzakelijk, dat de ergernissen komen; doch wee dien mens, door welken de ergernis komt!

⁸Indien dan uw hand of uw voet u ergert, houwt ze af en werpt ze van u. Het is u beter, tot het leven in te gaan, kreupel of verminkt zijnde, dan twee handen oftwee voeten hebbende, in het eeuwige vuur geworpen te worden.

⁹En indien uw oog u ergert, trekt het uit, en werpt het van u. Het is u beter, maar een oog hebbende, tot het leven in te gaan, dan twee ogen hebbende, in hethelse vuur geworpen te worden.

¹⁰Ziet toe, dat gij niet een van deze kleinen veracht. Want Ik zeg ulieden, dat hun engelen, in de hemelen, altijd zien het aangezicht Mijns Vaders, Die in dehemelen is.

¹¹Want de Zoon des mensen is gekomen om zalig te maken, dat verloren was.

¹²Wat dunkt u, indien enig mens honderd schapen had, en een uit dezelve afgedwaald ware, zal hij niet de negen en negentig laten, en op de bergen heengaande, het afgedwaalde zoeken?

¹³En indien het geschiedt, dat hij hetzelve vindt, voorwaar zeg Ik u, dat hij zich meer verblijdt over hetzelve, dan over de negen en negentig, die niet afgedwaaldzijn geweest.

¹⁴Alzo is de wil niet uws Vaders, Die in de hemelen is, dat een van deze kleinen verloren ga.

¹⁵Maar indien uw broeder tegen u gezondigd heeft, ga heen en bestraf hem tussen u en hem alleen; indien hij u hoort, zo hebt gij uw broeder gewonnen.

¹⁶Maar indien hij u niet hoort, zo neem nog een of twee met u; opdat in de mond van twee of drie getuigen alle woord besta.

¹⁷En indien hij denzelven geen gehoor geeft; zo zeg het der gemeente; en indien hij ook der gemeente geen gehoor geeft, zo zij hij u als de heiden en de tollenaar.

¹⁸Voorwaar zeg Ik u: Al wat gij op de aarde binden zult, zal in de hemel gebonden wezen; en al wat gij op de aarde ontbinden zult, zal in den hemel ontbondenwezen.

¹⁹Wederom zeg Ik u: Indien er twee van u samenstemmen op de aarde, over enige zaak, die zij zouden mogen begeren, dat die hun zal geschieden van MijnVader, Die in de hemelen is.

²⁰Want waar twee of drie vergaderd zijn in Mijn Naam, daar ben Ik in het midden van hen.

²¹Toen kwam Petrus tot Hem, en zeide: Heere! hoe menigmaal zal mijn broeder tegen mij zondigen, en ik hem vergeven! Tot zevenmaal?

²²Jezus zeide tot hem: Ik zeg u, niet tot zevenmaal, maar tot zeventigmaal zeven maal.

²³Daarom wordt het Koninkrijk der hemelen vergeleken bij een zeker koning, die rekening met zijn dienstknechten houden wilde.

²⁴Als hij nu begon te rekenen, werd tot hem gebracht een, die hem schuldig was tien duizend talenten.

²⁵En als hij niet had, om te betalen, beval zijn heer, dat men hem zou verkopen, en zijn vrouw en kinderen, en al wat hij had, en dat de schuld zou betaaldworden.

²⁶De dienstknecht dan, nedervallende, aanbad hem, zeggende: Heer! wees lankmoedig over mij, en ik zal u alles betalen.

²⁷En de heer van dezen dienstknecht, met barmhartigheid innerlijk bewogen zijnde, heeft hem ontslagen, en de schuld hem kwijtgescholden.

²⁸Maar dezelve dienstknecht, uitgaande, heeft gevonden een zijner mededienstknechten, die hem honderd penningen schuldig was, en hem aanvattende, greephem bij de keel, zeggende: Betaal mij, wat gij schuldig zijt.

²⁹Zijn mededienstknecht dan, nedervallende aan zijn voeten, bad hem, zeggende: Wees lankmoedig over mij, en ik zal u alles betalen.

³⁰Doch hij wilde niet, maar ging heen, en wierp hem in de gevangenis, totdat hij de schuld zou betaald hebben.

³¹Als nu zijn mededienstknechten zagen, hetgeen geschied was, zijn zij zeer bedroefd geworden; en komende, verklaarden zij hunnen heer al wat er geschied was.

³²Toen heeft hem zijn heer tot zich geroepen, en zeide tot hem: Gij boze dienstknecht, al die schuld heb ik u kwijtgescholden, dewijl gij mij gebeden hebt;

³³Behoordet gij ook niet u over uw mededienstknecht te ontfermen, gelijk ik ook mij over u ontfermd heb?

³⁴En zijn heer, vertoornd zijnde, leverde hem den pijnigers over, totdat hij zou betaald hebben al wat hij hem schuldig was.

³⁵Alzo zal ook Mijn hemelse Vader u doen, indien gij niet van harte vergeeft een iegelijk zijn broeder zijn misdaden.

Hoofdstuk 19

¹En het geschiedde, toen Jezus deze woorden geeindigd had, dat Hij vertrok van Galilea, en kwam over de Jordaan, in de landpalen van Judea.

²En vele scharen volgden Hem, en Hij genas ze aldaar.

³En de Farizeen kwamen tot Hem, verzoekende Hem, en zeggende tot Hem: Is het een mens geoorloofd zijn vrouw te verlaten, om allerlei oorzaak?

⁴Doch Hij, antwoordende, zeide tot hen: Hebt gij niet gelezen, Die van den beginne den mens gemaakt heeft, dat Hij ze gemaakt heeft man en vrouw?

⁵En gezegd heeft: Daarom zal een mens vader en moeder verlaten, en zal zijn vrouw aanhangen, en die twee zullen tot een vlees zijn;

⁶Alzo dat zij niet meer twee zijn, maar een vlees. Hetgeen dan God samengevoegd heeft, scheide de mens niet.

⁷Zij zeiden tot hem: Waarom heeft dan Mozes geboden een scheidbrief te geven en haar te verlaten?

⁸Hij zeide tot hen: Mozes heeft vanwege de hardigheid uwer harten u toegelaten uw vrouwen te verlaten; maar van den beginne is het alzo niet geweest.

⁹Maar Ik zeg u, dat zo wie zijn vrouw verlaat, anders dan om hoererij, en een andere trouwt, die doet overspel, en die de verlatene trouwt, doet ook overspel.

¹⁰Zijn discipelen zeiden tot Hem: Indien de zaak des mensen met de vrouw alzo staat, zo is het niet oorbaar te trouwen.

¹¹Doch Hij zeide tot hen: Allen vatten dit woord niet, maar dien het gegeven is.

¹²Want er zijn gesnedenen, die uit moeders lijf alzo geboren zijn; en er zijn gesnedenen, die van de mensen gesneden zijn; en er zijn

gesnedenen, die zichzelvengesneden hebben, om het Koninkrijk der hemelen. Die dit vatten kan, vatte het.

¹³Toen werden kinderkens tot Hem gebracht, opdat Hij de handen hun zou opleggen en bidden; en de discipelen bestraften dezelve.

¹⁴Maar Jezus zeide: Laat af van de kinderkens, en verhindert hen niet tot Mij te komen; want derzulken is het Koninkrijk der hemelen.

¹⁵En als Hij hun de handen opgelegd had, vertrok Hij van daar.

¹⁶En ziet, er kwam een tot Hem, en zeide tot Hem: Goede Meester! wat zal ik goeds doen, opdat ik het eeuwige leven hebbe?

¹⁷En Hij zeide tot hem: Wat noemt gij Mij goed? Niemand is goed dan Een, namelijk God. Doch wilt gij in het leven ingaan, onderhoud de geboden.

¹⁸Hij zeide tot Hem: Welke? En Jezus zeide: Deze: Gij zult niet doden; gij zult geen overspel doen; gij zult niet stelen; gij zult geen valse getuigenis geven;

¹⁹Eer uw vader en moeder; en: Gij zult uw naaste liefhebben als uzelven.

²⁰De jongeling zeide tot Hem: Al deze dingen heb ik onderhouden van mijn jonkheid af; wat ontbreekt mij nog?

²¹Jezus zeide tot hem: Zo gij wilt volmaakt zijn, ga heen, verkoop wat gij hebt, en geef het den armen, en gij zult een schat hebben in de hemel; en kom herwaarts, volg Mij.

²²Als nu de jongeling dit woord hoorde, ging hij bedroefd weg; want hij had vele goederen.

²³En Jezus zeide tot Zijn discipelen: Voorwaar, Ik zeg u, dat een rijke bezwaarlijk in het Koninkrijk der hemelen zal ingaan.

²⁴En wederom zeg Ik u: Het is lichter, dat een kemel ga door het oog van een naald, dan dat een rijke inga in het Koninkrijk Gods.

²⁵Zijn discipelen nu, dit horende, werden zeer verslagen, zeggende: Wie kan dan zalig worden?

²⁶En Jezus, hen aanziende, zeide tot hen: Bij de mensen is dat onmogelijk, maar bij God zijn alle dingen mogelijk.

²⁷Toen antwoordde Petrus, en zeide tot Hem: Zie, wij hebben alles verlaten, en zijn U gevolgd, wat zal ons dan geworden?

²⁸En Jezus zeide tot hen: Voorwaar, Ik zeg u, dat gij, die Mij gevolgd zijt, in de wedergeboorte, wanneer de Zoon des mensen zal gezeten zijn op den troonZijner heerlijkheid, dat gij ook zult zitten op twaalf tronen, oordelende de twaalf geslachten Israels.

²⁹En zo wie zal verlaten hebben, huizen, of broeders, of zusters, of vader, of moeder, of vrouw, of kinderen, of akkers, om Mijns Naams wil, die zalhonderdvoud ontvangen, en het eeuwige leven beerven.

³⁰Maar vele eersten zullen de laatsten zijn, en vele laatsten de eersten.

Hoofdstuk 20

¹Want het Koninkrijk der hemelen is gelijk een heer des huizes, die met den morgenstond uitging, om arbeiders te huren in zijn wijngaard.

²En als hij met de arbeiders eens geworden was, voor een penning des daags, zond hij hen heen in zijn wijngaard.

³En uitgegaan zijnde omtrent de derde ure, zag hij anderen, ledig staande op de markt.

⁴En hij zeide tot dezelve: Gaat ook gij heen in den wijngaard, en zo wat recht is, zal ik u geven. En zij gingen.

⁵Wederom uitgegaan zijnde omtrent de zesde en negende ure, deed hij desgelijks.

⁶En uitgegaan zijnde omtrent de elfde ure, vond hij anderen ledig staande, en zeide tot hen: Wat staat gij hier den gehele dag ledig?

⁷Zij zeiden tot hem: Omdat ons niemand gehuurd heeft. Hij zeide tot hen: Gaat ook gij heen in den wijngaard, en zo wat recht is, zult gij ontvangen.

⁸Als het nu avond geworden was, zeide de heer des wijngaards, tot zijn rentmeester: Roep de arbeiders, en geef hun het loon, beginnende van de laatsten tot deeersten.

⁹En als zij kwamen, die ter elfder ure gehuurd waren, ontvingen zij ieder een penning.

¹⁰En de eersten komende, meenden, dat zij meer ontvangen zouden; en zij zelven ontvingen ook elk een penning.

¹¹En dien ontvangen hebbende, murmureerden zij tegen den heer des huizes.

¹²Zeggende: Deze laatsten hebben maar een uur gearbeid, en gij hebt ze ons gelijk gemaakt, die den last des daags en de hitte gedragen hebben.

¹³Doch hij, antwoordende, zeide tot een van hen: Vriend! ik doe u geen onrecht; zijt gij niet met mij eens geworden voor een penning?

¹⁴Neem het uwe en ga heen. Ik wil deze laatsten ook geven, gelijk als u.

¹⁵Of is het mij niet geoorloofd, te doen met het mijne, wat ik wil? Of is uw oog boos, omdat ik goed ben?

¹⁶Alzo zullen de laatsten de eersten zijn, en de eersten de laatsten; want velen zijn geroepen, maar weinigen uitverkoren.

¹⁷En Jezus, opgaande naar Jeruzalem, nam tot Zich de twaalf discipelen alleen op de weg, en zeide tot hen:

¹⁸Ziet, wij gaan op naar Jeruzalem, en de Zoon des mensen zal den overpriesteren en Schriftgeleerden overgeleverd worden, en zij zullen Hem ter doodveroordelen;

¹⁹En zij zullen Hem den heidenen overleveren, om Hem te bespotten en te geselen, en te kruisigen; en ten derden dage zal Hij weder opstaan.

²⁰Toen kwam de moeder der zonen van Zebedeus tot Hem met haar zonen, Hem aanbiddende, en begerende wat van Hem.

²¹En Hij zeide tot haar: Wat wilt gij? Zij zeide tot Hem: Zeg, dat deze mijn twee zonen zitten mogen, de een tot Uw rechter- en de ander tot Uw linker hand inUw Koninkrijk.

²²Maar Jezus antwoordde en zeide: Gijlieden weet niet wat gij begeert; kunt gij den drinkbeker drinken, dien Ik drinken zal, en met den doop gedoopt worden, waarmede Ik gedoopt worde? Zij zeiden tot Hem: Wij kunnen.

²³En Hij zeide tot hen: Mijn drinkbeker zult gij wel drinken, en met den doop, waarmede Ik gedoopt worde, zult gij gedoopt worden; maar het zitten tot Mijnrechter- en tot Mijn linker hand staat bij Mij niet te geven, maar het zal gegeven worden dien het bereid is van Mijn Vader.

²⁴En als de andere tien dat hoorden, namen zij het zeer kwalijk van de twee broeders.

²⁵En als Jezus hen tot Zich geroepen had, zeide Hij: Gij weet, dat de oversten der volken heerschappij voeren over hen, en de groten gebruiken macht over hen.

²⁶Doch alzo zal het onder u niet zijn; maar zo wie onder u zal willen groot worden, die zij uw dienaar;

²⁷En zo wie onder u zal willen de eerste zijn, die zij uw dienstknecht.

²⁸Gelijk de Zoon des mensen niet is gekomen om gediend te worden, maar om te dienen, en Zijn ziel te geven tot een rantsoen voor velen.

²⁹En als zij van Jericho uitgingen, is Hem een grote schare gevolgd.

³⁰En ziet, twee blinden, zittende aan den weg, als zij hoorden, dat Jezus voorbijging, riepen, zeggende: Heere, Gij Zone Davids! ontferm U onzer.

³¹En de schare bestrafte hen, opdat zij zwijgen zouden; maar zij riepen te meer, zeggende: Ontferm U onzer, Heere, Gij Zone Davids!

³²En Jezus, stil staande, riep hen en zeide: Wat wilt gij, dat Ik u doe?

³³Zij zeiden tot Hem: Heere! dat onze ogen geopend worden.

³⁴En Jezus, innerlijk bewogen zijnde met barmhartigheid, raakte hun ogen aan; en terstond werden hun ogen ziende, en zij volgden Hem.

Hoofdstuk 21

¹En als zij nu Jeruzalem genaakten, en gekomen waren te Bethfage, aan de Olijfberg, toen zond Jezus twee discipelen, zeggende tot hen:

²Gaat heen in het vlek, dat tegen u over ligt, en gij zult terstond een ezelin gebonden vinden, en een veulen met haar; ontbindt ze, en brengt ze tot Mij.

³En indien u iemand iets zegt, zo zult gij zeggen, dat de Heere deze van node heeft, en hij zal ze terstond zenden.

⁴Dit alles nu is geschied, opdat vervuld worde, hetgeen gesproken is door den profeet, zeggende:

⁵Zegt der dochter Sions: Zie, uw Koning komt tot u, zachtmoedig en gezeten op een ezelin en een veulen, zijnde een jong ener jukdragende ezelin.

⁶En de discipelen heengegaan zijnde, en gedaan hebbende, gelijk Jezus hun bevolen had,

⁷Brachten de ezelin en het veulen, en legden hun klederen op dezelve, en zetten Hem daarop.

⁸En de meeste schare spreidden hun klederen op den weg, en anderen hieuwen takken van de bomen, en spreidden ze op den weg.

⁹En de scharen, die voorgingen en die volgden, riepen, zeggende: Hosanna den Zone Davids! Gezegend is Hij, Die komt in den Naam des Heeren! Hosanna inde hoogste hemelen!

¹⁰En als Hij te Jeruzalem inkwam, werd de gehele stad beroerd, zeggende: Wie is Deze?

¹¹En de scharen zeiden: Deze is Jezus, de Profeet van Nazareth in

Galilea.

¹²En Jezus ging in den tempel Gods, en dreef uit allen, die verkochten en kochten in den tempel, en keerde om de tafelen der wisselaars, en de zitstoelendergenen, die de duiven verkochten.

¹³En Hij zeide tot hen: Er is geschreven: Mijn huis zal een huis des gebeds genaamd worden; maar gij hebt dat tot een moordenaarskuil gemaakt.

¹⁴En er kwamen blinden en kreupelen tot Hem in den tempel, en Hij genas dezelve.

¹⁵Als nu de overpriesters en Schriftgeleerden zagen de wonderheden, die Hij deed, en de kinderen, roepende in den tempel, en zeggende: Hosanna den ZoneDavids! namen zij dat zeer kwalijk;

¹⁶En zéiden tot Hem: Hoort Gij wel, wat dezen zeggen? En Jezus zeide tot hen: Ja; hebt gij nooit gelezen: Uit de mond der jonge kinderen en der zuigelingen hebtGij U lof toebereid?

¹⁷En hen verlatende, ging Hij van daar uit de stad, naar Bethanie, en overnachtte aldaar.

¹⁸En des morgens vroeg, als Hij wederkeerde naar de stad, hongerde Hem.

¹⁹En ziende, een vijgeboom aan den weg, ging Hij naar hem toe, en vond niets aan denzelven, dan alleenlijk bladeren; en zeide tot hem: Uit u worde geen vruchtmeer in der eeuwigheid! En de vijgeboom verdorde terstond.

²⁰En de discipelen, dat ziende, verwonderden zich, zeggende: Hoe is de vijgeboom zo terstond verdord?

²¹Doch Jezus, antwoordende, zeide tot hen: Voorwaar zeg Ik u: Indien gij geloof hadt, en niet twijfeldet, gij zoudt niet alleenlijk doen, hetgeen den vijgeboom isgeschied; maar indien gij ook tot deze berg zeidet: Word opgeheven en in de zee geworpen! het zou geschieden.

²²En al wat gij zult begeren in het gebed, gelovende, zult gij ontvangen.

²³En als Hij in den tempel gekomen was, kwamen tot Hem, terwijl Hij leerde, de overpriesters en de ouderlingen des volks, zeggende: Door wat macht doet Gijdeze dingen? En Wie heeft U deze macht gegeven?

²⁴En Jezus, antwoordende, zeide tot hen: Ik zal u ook een woord vragen, hetwelk indien gij Mij zult zeggen, zo zal Ik u ook zeggen, door wat macht Ik dezedingen doe.

²⁵De doop van Johannes, van waar was die, uit de hemel, of uit de mensen? En zij overlegden bij zichzelven en zeiden: Indien wij zeggen: Uit de hemel; zo zal Hijons zeggen: Waarom hebt gij hem dan niet geloofd?

²⁶En indien wij zeggen: Uit de mensen: zo vrezen wij de schare; want zij houden allen Johannes voor een profeet.

²⁷En zij, Jezus antwoordende, zeiden: Wij weten het niet. En Hij zeide tot hen: Zo zeg Ik u ook niet, door wat macht Ik dit doe.

²⁸Maar wat dunkt u? Een mens had twee zonen, en gaande tot den eersten, zeide: Zoon! ga heen, werk heden in mijn wijngaard.

²⁹Doch hij antwoordde en zeide: Ik wil niet; en daarna berouw hebbende, ging hij heen.

³⁰En gaande tot den tweeden, zeide desgelijks, en deze antwoordde en zeide: Ik ga, heer! en hij ging niet.

³¹Wie van deze twee heeft den wil des vaders gedaan? Zij zeiden tot Hem: De eerste. Jezus zeide tot hen: Voorwaar, Ik zeg u, dat de tollenaars en de hoeren uvoorgaan in het Koninkrijk Gods.

³²Want Johannes is tot u gekomen in den weg der gerechtigheid, en gij hebt hem niet geloofd; maar de tollenaars en de hoeren hebben hem geloofd; doch, gij, zulks ziende, hebt daarna geen berouw gehad, om hem te geloven.

³³Hoort een andere gelijkenis. Er was een heer des huizes, die een wijngaard plantte, en zette een tuin daarom, en groef een wijnpersbak daarin, en bouwde eentoren, en verhuurde dien den landlieden, en reisde buiten 's lands.

³⁴Toen nu de tijd der vruchten genaakte, zond hij zijn dienstknechten tot de landlieden, om zijn vruchten te ontvangen.

³⁵En de landlieden, nemende zijn dienstknechten, hebben den een geslagen, en den anderen gedood, en den derden gestenigd.

³⁶Wederom zond hij andere dienstknechten, meer in getal dan de eersten, en zij deden hun desgelijks.

³⁷En ten laatste zond hij tot hen zijn zoon, zeggende: Zij zullen mijn zoon ontzien.

³⁸Maar de landlieden, den zoon ziende, zeiden onder elkander: Deze is de erfgenaam, komt, laat ons hem doden, en zijn erfenis aan ons behouden.

³⁹En hem nemende, wierpen zij hem uit, buiten de wijngaard, en doodden hem.

⁴⁰Wanneer dan de heer des wijngaards komen zal, wat zal hij dien landlieden doen?

⁴¹Zij zeiden tot hem: Hij zal den kwaden een kwaden dood aandoen, en zal den wijngaard aan andere landlieden verhuren, die hem de vruchten op haar tijdenzullen geven.

⁴²Jezus zeide tot hen: Hebt gij nooit gelezen in de Schriften: De steen, die de bouwlieden verworpen hebben, deze is geworden tot een hoofd des hoeks; van deHeere is dit geschied, en het is wonderlijk in onze ogen?

⁴³Daarom zeg Ik ulieden, dat het Koninkrijk Gods van u zal weggenomen worden, en een volk gegeven, dat zijn vruchten voortbrengt.

⁴⁴En wie op deze steen valt, die zal verpletterd worden; en op wien hij valt, dien zal hij vermorzelen.

⁴⁵En als de overpriesters en Farizeen deze Zijn gelijkenissen hoorden, verstonden zij, dat Hij van hen sprak.

⁴⁶En zoekende Hem te vangen, vreesden zij de scharen, dewijl deze Hem hielden voor een profeet.

Hoofdstuk 22

¹En Jezus, antwoordende, sprak tot hen wederom door gelijkenissen, zeggende:

²Het Koninkrijk der hemelen is gelijk een zeker koning, die zijn zoon een bruiloft bereid had;

³En zond zijn dienstknechten uit, om de genoden ter bruiloft te roepen; en zij wilden niet komen.

⁴Wederom zond hij andere dienstknechten uit, zeggende: Zegt den genoden: Ziet, ik heb mijn middagmaal bereid; mijn ossen, en de gemeste beesten zijngeslacht, en alle dingen zijn gereed; komt tot de bruiloft.

⁵Maar zij, zulks niet achtende, zijn heengegaan, deze tot zijn akker, gene tot zijn koopmanschap.

⁶En de anderen grepen zijn dienstknechten, deden hun smaadheid aan, en doodden hen.

⁷Als nu de koning dat hoorde, werd hij toornig, en zijn krijgsheiren zendende, heeft die doodslagers vernield, en hun stad in brand gestoken.

⁸Toen zeide hij tot zijn dienstknechten: De bruiloft is wel bereid, doch de genoden waren het niet waardig.

⁹Daarom gaat op de uitgangen der wegen, en zovelen als gij er zult vinden, roept ze tot de bruiloft.

¹⁰En dezelve dienstknechten, uitgaande op de wegen, vergaderden allen, die zij vonden, beiden kwaden en goeden; en de bruiloft werd vervuld met aanzittendegasten.

¹¹En als de koning ingegaan was, om de aanzittende gasten te overzien, zag hij aldaar een mens, niet gekleed zijnde met een bruiloftskleed.

¹²En zeide tot hem: Vriend! hoe zijt gij hier ingekomen, geen bruiloftskleed aan hebbende? En hij verstomde.

¹³Toen zeide de koning tot de dienaars: Bindt zijn handen en voeten, neemt hem weg, en werpt hem uit in de buitenste duisternis; daar zal zijn wening en knersingder tanden.

¹⁴Want velen zijn geroepen, maar weinigen uitverkoren.

¹⁵Toen gingen de Farizeen heen, en hielden te zamen raad, hoe zij Hem verstrikken zouden in Zijn rede.

¹⁶En zij zonden uit tot Hem hun discipelen, met de Herodianen, zeggende: Meester! wij weten, dat Gij waarachtig zijt, en de weg Gods in de waarheid leert, ennaar niemand vraagt; want Gij ziet den persoon der mensen niet aan;

¹⁷Zeg ons dan: wat dunkt U? Is het geoorloofd, den keizer schatting te geven of niet?

¹⁸Maar Jezus, bekennende hun boosheid, zeide:

¹⁹Gij geveinsden, wat verzoekt gij Mij? Toont Mij de schattingpenning. En zij brachten Hem een penning.

²⁰En Hij zeide tot hen: Wiens is dit beeld en het opschrift?

²¹Zij zeiden tot Hem: Des keizers. Toen zeide Hij tot hen: Geeft dan den keizer, dat des keizers is, en Gode, dat Gods is.

²²En zij, dit horende, verwonderden zich, en Hem verlatende, zijn zij weggegaan.

²³Te dienzelfden dage kwamen tot Hem de Sadduceen, die zeggen, dat er geen opstanding is, en vraagden Hem,

²⁴Zeggende: Meester! Mozes heeft gezegd: Indien iemand sterft, geen kinderen hebbende, zo zal zijn broeder deszelfs vrouw trouwen, en zijn broeder zaadverwekken.

²⁵Nu waren er bij ons zeven broeders; en de eerste, een vrouw getrouwd hebbende, stierf; en dewijl hij geen zaad had, zo liet hij zijn vrouw voor zijn broeder.

²⁶Desgelijks ook de tweede, en de derde, tot de zevende toe.

²⁷Ten laatste na allen, is ook de vrouw gestorven.

²⁸In de opstanding dan, wiens vrouw zal zij wezen van die zeven, want zij hebben ze allen gehad?

²⁹Maar Jezus antwoordde en zeide tot hen: Gij dwaalt, niet wetende de Schriften, noch de kracht Gods.

³⁰Want in de opstanding nemen zij niet ten huwelijk, noch worden ten huwelijk uitgegeven; maar zij zijn als engelen Gods in de hemel.

³¹En wat aangaat de opstanding der doden, hebt gij niet gelezen, hetgeen van God tot ulieden gesproken is, Die daar zegt:

³²Ik ben de God Abrahams, en de God Izaks, en de God Jakobs! God is niet een God der doden, maar der levenden.

³³En de scharen, dit horende, werden verslagen over Zijn leer.

³⁴En de Farizeen, gehoord hebbende, dat Hij de Sadduceen den mond gestopt had, zijn te zamen bijeenvergaderd.

³⁵En een uit hen, zijnde een Wetgeleerde, heeft gevraagd, Hem verzoekende, en zeggende:

³⁶Meester! welk is het grote gebod in de wet?

³⁷En Jezus zeide tot hem: Gij zult liefhebben den Heere, uw God, met geheel uw hart, en met geheel uw ziel, en met geheel uw verstand.

³⁸Dit is het eerste en het grote gebod.

³⁹En het tweede aan dit gelijk, is: Gij zult uw naaste liefhebben als uzelven.

⁴⁰Aan deze twee geboden hangt de ganse wet en de profeten.

⁴¹Als nu de Farizeen samenvergaderd waren, vraagde hun Jezus,

⁴²En zeide: Wat dunkt u van den Christus? Wiens Zoon is Hij? Zij zeiden tot Hem: Davids Zoon.

⁴³Hij zeide tot hen: Hoe noemt Hem dan David, in de Geest, zijn Heere? zeggende:

⁴⁴De Heere heeft gezegd tot Mijn Heere: Zit aan Mijn rechter hand, totdat Ik Uw vijanden zal gezet hebben tot een voetbank Uwer voeten.

⁴⁵Indien Hem dan David noemt zijn Heere, hoe is Hij zijn Zoon?

⁴⁶En niemand kon Hem een woord antwoorden; noch iemand durfde Hem van dien dag aan iets meer vragen.

Hoofdstuk 23

¹Toen sprak Jezus tot de scharen en tot Zijn discipelen,

²Zeggende: De Schriftgeleerden en de Farizeen zijn gezeten op de stoel van Mozes;

³Daarom, al wat zij u zeggen, dat gij houden zult, houdt dat en doet het; maar doet niet naar hun werken; want zij zeggen het, en doen het niet.

⁴Want zij binden lasten, die zwaar zijn en kwalijk om te dragen, en leggen ze op de schouderen der mensen; maar zij willen die met hun vinger niet verroeren.

⁵En al hun werken doen zij, om van de mensen gezien te worden; want zij maken hun gedenkcedels breed, en maken de zomen van hun klederen groot.

⁶En zij beminnen de vooraanzitting in de maaltijden, en de voorgestoelten in de synagogen;

⁷Ook de begroetingen op de markten, en van de mensen genaamd te worden: Rabbi, Rabbi!

⁸Doch gij zult niet Rabbi genaamd worden; want Een is uw Meester, namelijk Christus; en gij zijt allen broeders.

⁹En gij zult niemand uw vader noemen op de aarde; want Een is uw Vader, namelijk Die in de hemelen is.

¹⁰Noch zult gij meesters genoemd worden; want Een is uw Meester, namelijk Christus.

¹¹Maar de meeste van u zal uw dienaar zijn.

¹²En wie zichzelven verhogen zal, die zal vernederd worden; en wie zichzelven zal vernederen, die zal verhoogd worden.

¹³Maar wee u, gij Schriftgeleerden en Farizeen, gij geveinsden! want gij sluit het Koninkrijk der hemelen voor de mensen, overmits gij daar niet ingaat, nochdegenen, die ingaan zouden, laat ingaan.

¹⁴Wee u, gij Schriftgeleerden en Farizeen, gij geveinsden, want gij eet de huizen der weduwen op, en dat onder den schijn van lang te bidden; daarom zult gij tezwaarder oordeel ontvangen.

¹⁵Wee u, gij Schriftgeleerden en Farizeen, gij geveinsden, want gij omreist zee en land, om een Jodengenoot te maken, en als hij het geworden is, zo maakt gijhem een kind der helle, tweemaal meer dan gij zijt.

¹⁶Wee u, gij blinde leidslieden, die zegt: Zo wie gezworen zal hebben bij den tempel, dat is niets; maar zo wie gezworen zal hebben bij het goud des tempels, dieis schuldig.

¹⁷Gij dwazen en blinden, want wat is meerder, het goud, of de tempel, die het goud heiligt?

¹⁸En zo wie gezworen zal hebben bij het altaar, dat is niets; maar zo wie gezworen zal hebben bij de gave, die daarop is, die is schuldig.

¹⁹Gij dwazen en blinden, want wat is meerder, de gave, of het altaar, dat de gave heiligt?

²⁰Daarom wie zweert bij het altaar, die zweert bij hetzelve, en bij al wat daarop is.

²¹En wie zweert bij den tempel, die zweert bij denzelven, en bij Dien, Die daarin woont.

²²En wie zweert bij den hemel, die zweert bij den troon Gods, en bij Dien, Die daarop zit.

²³Wee u, gij Schriftgeleerden en Farizeen, gij geveinsden, want gij vertient de munte, en de dille, en den komijn, en gij laat na het zwaarste der wet, namelijk hetoordeel, en de barmhartigheid, en het geloof. Deze dingen moest men doen, en de andere niet nalaten.

²⁴Gij blinde leidslieden, die de mug uitzijgt, en den kemel doorzwelgt.

²⁵Wee u, gij Schriftgeleerden en Farizeen, gij geveinsden, want gij reinigt het buitenste des drinkbekers, en des schotels, maar van binnen zijn zij vol van roof enonmatigheid.

²⁶Gij blinde Farizeer, reinig eerst wat binnen in den drinkbeker en den schotel is, opdat ook het buitenste derzelve rein worde.

²⁷Wee u, gij Schriftgeleerden en Farizeen, gij geveinsden, want gij zijt den witgepleisterden graven gelijk, die van buiten wel schoon schijnen, maar van binnen zijnzij vol doodsbeenderen en alle onreinigheid.

²⁸Alzo ook schijnt gij wel den mensen van buiten rechtvaardig, maar van binnen zijt gij vol geveinsdheid en ongerechtigheid.

²⁹Wee u, gij Schriftgeleerden en Farizeen, gij geveinsden, want gij bouwt de graven der profeten op, en versiert de graftekenen der rechtvaardigen;

³⁰En zegt: Indien wij in de tijden onzer vaderen waren geweest, wij zouden met hen geen gemeenschap gehad hebben aan het bloed der profeten.

³¹Aldus getuigt gij tegen uzelven, dat gij kinderen zijt dergenen, die de profeten gedood hebben.

³²Gij dan ook, vervult de mate uwer vaderen!

³³Gij slangen, gij adderengebroedsels! hoe zoudt gij de helse verdoemenis ontvlieden?

³⁴Daarom ziet, Ik zend tot u profeten, en wijzen, en schriftgeleerden, en uit dezelve zult gij sommigen doden en kruisigen; en sommigen uit dezelve zult gijgeselen in uw synagogen, en zult hen vervolgen van stad tot stad;

³⁵Opdat op u kome al het rechtvaardige bloed, dat vergoten is op de aarde, van het bloed des rechtvaardigen Abels af, tot op het bloed van Zacharia, den zoonvan Barachia, welken gij gedood hebt tussen den tempel en het altaar.

³⁶Voorwaar zeg Ik u: Al deze dingen zullen komen over dit geslacht.

³⁷Jeruzalem, Jeruzalem! gij, die de profeten doodt, en stenigt, die tot u gezonden zijn! hoe menigmaal heb Ik uw kinderen willen bijeenvergaderen, gelijkerwijs eenhen haar kiekens bijeenvergadert onder de vleugels; en gijlieden hebt niet gewild.

³⁸Ziet, uw huis wordt u woest gelaten.

³⁹Want Ik zeg u: Gij zult Mij van nu aan niet zien, totdat gij zeggen zult: Gezegend is Hij, Die komt in den Naam des Heeren!

Hoofdstuk 24

¹En Jezus ging uit en vertrok van den tempel; en Zijn discipelen kwamen bij Hem, om Hem de gebouwen des tempels te tonen.

²En Jezus zeide tot hen: Ziet gij niet al deze dingen? Voorwaar zeg Ik: Hier zal niet een steen op den anderen steen gelaten worden, die niet afgebroken zalworden.

³En als Hij op den Olijfberg gezeten was, gingen de discipelen tot Hem alleen, zeggende: Zeg ons, wanneer zullen deze dingen zijn, en welk zal het teken zijn vanUw toekomst, en van de voleinding der wereld?

⁴En Jezus, antwoordende, zeide tot hen: Ziet toe, dat u niemand verleide.

⁵Want velen zullen komen onder Mijn Naam, zeggende: Ik ben de Christus; en zij zullen velen verleiden.

⁶En gij zult horen van oorlogen, en geruchten van oorlogen; ziet toe, wordt niet verschrikt; want al die dingen moeten geschieden, maar nog is het einde niet.

⁷Want het ene volk zal tegen het andere volk opstaan, en het ene koninkrijk tegen het andere koninkrijk; en er zullen zijn hongersnoden, en pestilentien, enaardbevingen in verscheidene plaatsen.

⁸Doch al die dingen zijn maar een beginsel der smarten.

⁹Alsdan zullen zij u overleveren in verdrukking, en zullen u doden, en gij zult gehaat worden van alle volken, om Mijns Naams wil.

¹⁰En dan zullen er velen geergerd worden, en zullen elkander overleveren, en elkander haten.

¹¹En vele valse profeten zullen opstaan, en zullen er velen verleiden.

¹²En omdat de ongerechtigheid vermenigvuldigd zal worden, zo zal de liefde van velen verkouden.

¹³Maar wie volharden zal tot het einde, die zal zalig worden.

¹⁴En dit Evangelie des Koninkrijks zal in de gehele wereld gepredikt worden tot een getuigenis allen volken; en dan zal het einde komen.

¹⁵Wanneer gij dan zult zien den gruwel der verwoesting, waarvan gesproken is door Daniel, de profeet, staande in de heilige plaats; (die het leest, die merke daarop!)

¹⁶Dat alsdan, die in Judea zijn, vlieden op de bergen;

¹⁷Die op het dak is, kome niet af, om iets uit zijn huis weg te nemen;

¹⁸En die op den akker is, kere niet weder terug, om zijn klederen weg te nemen.

¹⁹Maar wee de bevruchten, en den zogenden vrouwen in die dagen!

²⁰Doch bidt, dat uw vlucht niet geschiede des winters, noch op een sabbat.

²¹Want alsdan zal grote verdrukking wezen, hoedanige niet is geweest van het begin der wereld tot nu toe, en ook niet zijn zal.

²²En zo die dagen niet verkort werden, geen vlees zou behouden worden; maar om der uitverkorenen wil zullen die dagen verkort worden.

²³Alsdan, zo iemand tot ulieden zal zeggen: Ziet, hier is de Christus, of daar, gelooft het niet.

²⁴Want er zullen valse christussen en valse profeten opstaan, en zullen grote tekenen en wonderheden doen, alzo dat zij (indien het mogelijk ware) ook de uitverkorenen zouden verleiden.

²⁵Ziet, Ik heb het u voorzegd!

²⁶Zo zij dan tot u zullen zeggen: Ziet, hij is in de woestijn; gaat niet uit; Ziet, hij is in de binnenkameren; gelooft het niet.

²⁷Want gelijk de bliksem uitgaat van het oosten, en schijnt tot het westen, alzo zal ook de toekomst van den Zoon des mensen wezen.

²⁸Want alwaar het dode lichaam zal zijn, daar zullen de arenden vergaderd worden.

²⁹En terstond na de verdrukking dier dagen, zal de zon verduisterd worden, en de maan zal haar schijnsel niet geven, en de sterren zullen van den hemel vallen, en de krachten der hemelen zullen bewogen worden.

³⁰En alsdan zal in den hemel verschijnen het teken van den Zoon des mensen; en dan zullen al de geslachten der aarde wenen, en zullen den Zoon des mensen zien, komende op de wolken des hemels, met grote kracht en heerlijkheid.

³¹En Hij zal Zijn engelen uitzenden met een bazuin van groot geluid, en zij zullen Zijn uitverkorenen bijeenvergaderen uit de vier winden, van het ene uiterste der hemelen tot het andere uiterste derzelve.

³²En leert van den vijgeboom deze gelijkenis: wanneer zijn tak nu teder wordt, en de bladeren uitspruiten, zo weet gij, dat de zomer nabij is.

³³Alzo ook gijlieden, wanneer gij al deze dingen zult zien, zo weet, dat het nabij is, voor de deur.

³⁴Voorwaar, Ik zeg u: Dit geslacht zal geenszins voorbijgaan, totdat al deze dingen zullen geschied zijn.

³⁵De hemel en de aarde zullen voorbijgaan, maar Mijn woorden zullen geenszins voorbijgaan.

³⁶Doch van dien dag en die ure weet niemand, ook niet de engelen der hemelen, dan Mijn Vader alleen.

³⁷En gelijk de dagen van Noach waren, alzo zal ook zijn de toekomst van den Zoon des mensen.

³⁸Want gelijk zij waren in de dagen voor den zondvloed, etende en drinkende, trouwende en ten huwelijk uitgevende, tot den dag toe, in welken Noach in de ark ging;

³⁹En bekenden het niet, totdat de zondvloed kwam, en hen allen wegnam; alzo zal ook zijn de toekomst van de Zoon des mensen.

⁴⁰Alsdan zullen er twee op den akker zijn, de een zal aangenomen, en de ander zal verlaten worden.

⁴¹Er zullen twee vrouwen malen in den molen, de ene zal aangenomen, en de andere zal verlaten worden.

⁴²Waakt dan; want gij weet niet, in welke ure uw Heere komen zal.

⁴³Maar weet dit, dat zo de heer des huizes geweten had, in welke nachtwake de dief komen zou, hij zou gewaakt hebben, en zou zijn huis niet hebben laten doorgraven.

⁴⁴Daarom, zijt ook gij bereid; want in welke ure gij het niet meent, zal de Zoon des mensen komen.

⁴⁵Wie is dan de getrouwe en voorzichtige dienstknecht, denwelken zijn heer over zijn dienstboden gesteld heeft, om hunlieder hun voedsel te geven ter rechtertijd?

⁴⁶Zalig is die dienstknecht, welken zijn heer, komende, zal vinden alzo doende.

⁴⁷Voorwaar, Ik zeg u, dat hij hem zal zetten over al zijn goederen.

⁴⁸Maar zo die kwade dienstknecht in zijn hart zou zeggen: Mijn heer vertoeft te komen;

⁴⁹En zou beginnen zijn mededienstknechten te slaan, en te eten en te drinken met de dronkaards;

⁵⁰Zo zal de heer van dezen dienstknecht komen ten dage, in welken hij hem niet verwacht, en ter ure, die hij niet weet;

⁵¹En zal hem afscheiden, en zijn deel zetten met de geveinsden; daar zal wening zijn en knersing der tanden.

Hoofdstuk 25

¹Alsdan zal het Koninkrijk der hemelen gelijk zijn aan tien maagden, welke haar lampen namen, en gingen uit, den bruidegom tegemoet.

²En vijf van haar waren wijzen, en vijf waren dwazen.

³Die dwaas waren, haar lampen nemende, namen geen olie met zich.

⁴Maar de wijzen namen olie in haar vaten, met haar lampen.

⁵Als nu de bruidegom vertoefde, werden zij allen sluimerig, en vielen in slaap.

⁶En ter middernacht geschiedde een geroep: Ziet, de bruidegom komt, gaat uit hem tegemoet!

⁷Toen stonden al die maagden op, en bereidden haar lampen.

⁸En de dwazen zeiden tot de wijzen: Geeft ons van uw olie; want onze lampen gaan uit.

⁹Doch de wijzen antwoordden, zeggende: Geenszins, opdat er misschien voor ons en voor u niet genoeg zij; maar gaat liever tot de verkopers, en koopt vooruzelven.

¹⁰Als zij nu heengingen om te kopen, kwam de bruidegom; en die gereed waren, gingen met hem in tot de bruiloft, en de deur werd gesloten.

¹¹Daarna kwamen ook de andere maagden, zeggende: Heer, heer, doe ons open!

¹²En hij, antwoordende, zeide: Voorwaar zeg ik u: Ik ken u niet.

¹³Zo waakt dan; want gij weet den dag niet, noch de ure, in welke de Zoon des mensen komen zal.

¹⁴Want het is gelijk een mens, die buiten 's lands reizende, zijn dienstknechten riep, en gaf hun zijn goederen over.

¹⁵En den ene gaf hij vijf talenten, en den anderen twee, en den derden een, een iegelijk naar zijn vermogen, en verreisde terstond.

¹⁶Die nu de vijf talenten ontvangen had, ging heen, en handelde daarmede, en won andere vijf talenten.

¹⁷Desgelijks ook die de twee ontvangen had, die won ook andere twee.

¹⁸Maar die het ene ontvangen had, ging heen en groef in de aarde, en verborg het geld zijns heren.

¹⁹En na een langen tijd kwam de heer van dezelve dienstknechten, en hield rekening met hen.

²⁰En die de vijf talenten ontvangen had, kwam, en bracht tot hem andere vijf talenten, zeggende: Heer, vijf talenten hebt gij mij gegeven; zie, andere vijf talenten heb ik boven dezelve gewonnen.

²¹En zijn heer zeide tot hem: Wel, gij goede en getrouwe dienstknecht! over weinig zijt gij getrouw geweest; over veel zal ik u zetten; ga in, in de vreugde uws heeren.

²²En die de twee talenten ontvangen had, kwam ook tot hem en zeide: Heer, twee talenten hebt gij mij gegeven; zie, twee andere talenten heb ik boven dezelve gewonnen.

²³Zijn heer zeide tot hem: Wel, gij goede en getrouwe dienstknecht, over weinig zijt gij getrouw geweest; over veel zal ik u zetten; ga in, in de vreugde uws heeren.

²⁴Maar die het ene talent ontvangen had, kwam ook en zeide: Heer, ik kende u, dat gij een hard mens zijt, maaiende, waar gij niet gezaaid hebt, en vergaderende van daar, waar gij niet gestrooid hebt;

²⁵En bevreesd zijnde, ben ik heengegaan, en heb uw talent verborgen in de aarde; zie, gij hebt het uwe.

²⁶Maar zijn heer, antwoordende, zeide tot hem: Gij boze en luie dienstknecht! gij wist, dat ik maai, waar ik niet gezaaid heb, en van daar vergader, waar ik niet gestrooid heb.

²⁷Zo moest gij dan mijn geld den wisselaren gedaan hebben, en ik, komende, zou het mijne wedergenomen hebben met woeker.

Mattheüs

²⁸Neemt dan van hem het talent weg, en geeft het dengene, die de tien talenten heeft.

²⁹Want een iegelijk, die heeft, dien zal gegeven worden, en hij zal overvloedig hebben; maar van dengene, die niet heeft, van dien zal genomen worden, ook dat hij heeft.

³⁰En werpt den onnutten dienstknecht uit in de buitenste duisternis; daar zal wening zijn en knersing der tanden.

³¹En wanneer de Zoon des mensen komen zal in Zijn heerlijkheid, en al de heilige engelen met Hem, dan zal Hij zitten op den troon Zijner heerlijkheid.

³²En voor Hem zullen al de volken vergaderd worden, en Hij zal ze van elkander scheiden, gelijk de herder de schapen van de bokken scheidt.

³³En Hij zal de schapen tot Zijn rechter hand zetten, maar de bokken tot Zijn linker hand.

³⁴Alsdan zal de Koning zeggen tot degenen, die tot Zijn rechter hand zijn: Komt, gij gezegenden Mijns Vaders! beerft dat Koninkrijk, hetwelk u bereid is van de grondlegging der wereld.

³⁵Want Ik ben hongerig geweest, en gij hebt Mij te eten gegeven; Ik ben dorstig geweest, en gij hebt Mij te drinken gegeven; Ik was een vreemdeling, en gij hebt Mij geherbergd.

³⁶Ik was naakt, en gij hebt Mij gekleed; Ik ben krank geweest, en gij hebt Mij bezocht; Ik was in de gevangenis, en gij zijt tot Mij gekomen.

³⁷Dan zullen de rechtvaardigen Hem antwoorden, zeggende: Heere! wanneer hebben wij U hongerig gezien, en gespijzigd, of dorstig, en te drinken gegeven?

³⁸En wanneer hebben wij U een vreemdeling gezien, en geherbergd, of naakt en gekleed?

³⁹En wanneer hebben wij U krank gezien, of in de gevangenis, en zijn tot U gekomen?

⁴⁰En de Koning zal antwoorden en tot hen zeggen: Voorwaar zeg Ik u: Voor zoveel gij dit een van deze Mijn minste broeders gedaan hebt, zo hebt gij dat Mij gedaan.

⁴¹Dan zal Hij zeggen ook tot degenen, die ter linker hand zijn: Gaat weg van Mij, gij vervloekten, in het eeuwige vuur, hetwelk den duivel en zijn engelen bereid is.

⁴²Want Ik ben hongerig geweest, en gij hebt Mij niet te eten gegeven; Ik ben dorstig geweest, en gij hebt Mij niet te drinken gegeven;

⁴³Ik was een vreemdeling; en gij hebt Mij niet geherbergd; naakt, en gij hebt Mij niet gekleed; krank, en in de gevangenis, en gij hebt Mij niet bezocht.

⁴⁴Dan zullen ook dezen Hem antwoorden, zeggende: Heere, wanneer hebben wij U hongerig gezien, of dorstig, of een vreemdeling, of naakt, of krank, of in de gevangenis, en hebben U niet gediend?

⁴⁵Dan zal Hij hun antwoorden en zeggen: Voorwaar zeg Ik u: Voor zoveel gij dit een van deze minsten niet gedaan hebt, zo hebt gij het Mij ook niet gedaan.

⁴⁶En dezen zullen gaan in de eeuwige pijn; maar de rechtvaardigen in het eeuwige leven.

Hoofdstuk 26

¹En het is geschied, als Jezus al deze woorden geëindigd had, dat Hij tot Zijn discipelen zeide:

²Gij weet, dat na twee dagen het pascha is, en de Zoon des mensen zal overgeleverd worden, om gekruisigd te worden.

³Toen vergaderden de overpriesters en de Schriftgeleerden, en de ouderlingen des volks, in de zaal des hogepriesters, die genaamd was Kajafas;

⁴En zij beraadslaagden te zamen, dat zij Jezus met listigheid vangen en doden zouden.

⁵Doch zij zeiden: Niet in het feest, opdat er geen oproer worde onder het volk.

⁶Als nu Jezus te Bethanie was, ten huize van Simon, de melaatse,

⁷Kwam tot Hem een vrouw, hebbende een albasten fles met zeer kostelijke zalf, en goot ze uit op Zijn hoofd, daar Hij aan tafel zat.

⁸En Zijn discipelen, dat ziende, namen het zeer kwalijk, zeggende: Waartoe dit verlies?

⁹Want deze zalf had kunnen duur verkocht, en de penningen den armen gegeven worden.

¹⁰Maar Jezus, zulks verstaande, zeide tot hen: Waarom doet gij deze vrouw moeite aan? want zij heeft een goed werk aan Mij gewrocht.

¹¹Want de armen hebt gij altijd met u, maar Mij hebt gij niet altijd.

¹²Want als zij deze zalf op Mijn lichaam gegoten heeft, zo heeft zij het gedaan tot een voorbereiding van Mijn begrafenis.

¹³Voorwaar zeg Ik u: Alwaar dit Evangelie gepredikt zal worden in de gehele wereld, daar zal ook tot haar gedachtenis gesproken worden van hetgeen zij gedaan heeft.

¹⁴Toen ging een van de twaalven, genaamd Judas Iskariot, tot de overpriesters,

¹⁵En zeide: Wat wilt gij mij geven, en ik zal Hem u overleveren? En zij hebben hem toegelegd dertig zilveren penningen.

¹⁶En van toen af zocht hij gelegenheid, opdat hij Hem overleveren mocht.

¹⁷En op den eersten dag der ongehevelde broden kwamen de discipelen tot Jezus, zeggende tot Hem: Waar wilt Gij, dat wij U bereiden het pascha te eten?

¹⁸En Hij zeide: Gaat heen in de stad, tot zulk een, en zegt hem: De Meester zegt: Mijn tijd is nabij, Ik zal bij u het pascha houden met Mijn discipelen.

¹⁹En de discipelen deden, gelijk Jezus hun bevolen had, en bereidden het pascha.

²⁰En als het avond geworden was, zat Hij aan met de twaalven.

²¹En toen zij aten, zeide Hij: Voorwaar, Ik zeg u, dat een van u Mij zal verraden.

²²En zij, zeer bedroefd geworden zijnde, begon een iegelijk van hen tot Hem te zeggen: Ben ik het, Heere?

²³En Hij, antwoordende, zeide: Die de hand met Mij in den schotel indoopt, die zal Mij verraden.

²⁴De Zoon des mensen gaat wel heen, gelijk van Hem geschreven is; maar wee dien mens, door welken de Zoon des mensen verraden wordt; het ware hem goed, zo die mens niet geboren was geweest.

²⁵En Judas, die Hem verried, antwoordde en zeide: Ben ik het, Rabbi? Hij zeide tot hem: Gij hebt het gezegd.

²⁶En als zij aten, nam Jezus het brood, en gezegend hebbende, brak Hij het, en gaf het den discipelen, en zeide: Neemt, eet, dat is Mijn lichaam.

²⁷En Hij nam den drinkbeker, en gedankt hebbende, gaf hun dien, zeggende: Drinkt allen daaruit;

²⁸Want dat is Mijn bloed, het bloed des Nieuwen Testaments, hetwelk voor velen vergoten wordt, tot vergeving der zonden.

²⁹En Ik zeg u, dat Ik van nu aan niet zal drinken van de vrucht des wijnstoks, tot op dien dag, wanneer Ik met u dezelve nieuw zal drinken in het Koninkrijk Mijns Vaders.

³⁰En als zij den lofzang gezongen hadden, gingen zij uit naar den Olijfberg.

³¹Toen zeide Jezus tot hen: Gij zult allen aan Mij geërgerd worden in deze nacht; want er is geschreven: Ik zal den Herder slaan, en de schapen der kudde zullen verstrooid worden.

³²Maar nadat Ik zal opgestaan zijn, zal Ik u voorgaan naar Galilea.

³³Doch Petrus, antwoordende, zeide tot Hem: Al werden zij ook allen aan U geërgerd, ik zal nimmermeer geërgerd worden.

³⁴Jezus zeide tot hem: Voorwaar, Ik zeg u, dat gij in dezen zelfden nacht, eer de haan gekraaid zal hebben, Mij driemaal zult verloochenen.

³⁵Petrus zeide tot Hem: Al moest ik ook met U sterven, zo zal ik U geenszins verloochenen! Desgelijks zeiden ook al de discipelen.

³⁶Toen ging Jezus met hen in een plaats genaamd Gethsemane, en zeide tot de discipelen: Zit hier neder, totdat Ik heenga, en aldaar zal gebeden hebben.

³⁷En met Zich nemende Petrus, en de twee zonen van Zebedeüs, begon Hij droevig en zeer beangst te worden.

³⁸Toen zeide Hij tot hen: Mijn ziel is geheel bedroefd tot den dood toe; blijft hier en waakt met Mij.

³⁹En een weinig voortgegaan zijnde, viel Hij op Zijn aangezicht, biddende en zeggende: Mijn Vader, indien het mogelijk is, laat dezen drinkbeker van Mij voorbijgaan? doch niet, gelijk Ik wil, maar gelijk Gij wilt.

⁴⁰En Hij kwam tot de discipelen en vond hen slapende, en zeide tot Petrus: Kunt gij dan niet een uur met Mij waken?

⁴¹Waakt en bidt, opdat gij niet in verzoeking komt; de geest is wel gewillig, maar het vlees is zwak.

⁴²Wederom ten tweeden male heengaande, bad Hij, zeggende: Mijn Vader! Indien deze drinkbeker van Mij niet voorbij kan gaan, tenzij dat Ik hem drinke, Uw wil geschiede!

⁴³En komende bij hen, vond Hij hen wederom slapende; want hun ogen waren bezwaard.

⁴⁴En hen latende, ging Hij wederom heen, en bad ten derden male, zeggende dezelfde woorden.

⁴⁵Toen kwam Hij tot Zijn discipelen, en zeide tot hen: Slaapt nu voort, en rust; ziet, de ure is nabij gekomen, en de Zoon des mensen wordt overgeleverd in de handen der zondaren.

⁴⁶Staat op, laat ons gaan; ziet, hij is nabij, die Mij verraadt.

⁴⁷En als Hij nog sprak, ziet, Judas, een van de twaalven, kwam, en met hem een grote schare, met zwaarden en stokken, gezonden van de

overpriesters en ouderlingen des volks.

⁴⁸En die Hem verried, had hun een teken gegeven, zeggende: Dien ik zal kussen, Dezelve is het, grijpt Hem.

⁴⁹En terstond komende tot Jezus, zeide hij: Wees gegroet, Rabbi! en hij kuste Hem.

⁵⁰Maar Jezus zeide tot hem: Vriend! waartoe zijt gij hier! Toen kwamen zij toe, en sloegen de handen aan Jezus en grepen Hem.

⁵¹En ziet, een van degenen, die met Jezus waren, de hand uitstekende, trok zijn zwaard uit, en slaande den dienstknecht des hogepriesters, hieuw zijn oor af.

⁵²Toen zeide Jezus tot hem: Keer uw zwaard weder in zijn plaats; want allen, die het zwaard nemen, zullen door het zwaard vergaan.

⁵³Of meent gij, dat Ik Mijn Vader nu niet kan bidden, en Hij zal Mij meer dan twaalf legioenen engelen bijzetten?

⁵⁴Hoe zouden dan de Schriften vervuld worden, die zeggen, dat het alzo geschieden moet?

⁵⁵Ter zelfder ure sprak Jezus tot de scharen: Gij zijt uitgegaan als tegen een moordenaar, met zwaarden en stokken, om Mij te vangen; dagelijks zat Ik bij u, lerende in den tempel, en gij hebt Mij niet gegrepen;

⁵⁶Doch dit alles is geschied, opdat de Schriften der profeten zouden vervuld worden. Toen vluchtten al de discipelen, Hem verlatende.

⁵⁷Die nu Jezus gevangen hadden, leidden Hem heen tot Kajafas, den hogepriester, alwaar de Schriftgeleerden en ouderlingen vergaderd waren.

⁵⁸En Petrus volgde Hem van verre tot aan de zaal des hogepriesters, en binnengegaan zijnde, zat hij bij de dienaren, om het einde te zien.

⁵⁹En de overpriesters, en de ouderlingen, en de gehele grote raad zochten valse getuigenis tegen Jezus, opdat zij Hem doden mochten; en vonden niet.

⁶⁰En hoewel er vele valse getuigen toegekomen waren, zo vonden zij toch niet.

⁶¹Maar ten laatste kwamen twee valse getuigen, en zeiden: Deze heeft gezegd: Ik kan den tempel Gods afbreken, en in drie dagen denzelven opbouwen.

⁶²En de hogepriester, opstaande, zeide tot Hem: Antwoordt Gij niets? Wat getuigen dezen tegen U?

⁶³Doch Jezus zweeg stil. En de hogepriester, antwoordende, zeide tot Hem: Ik bezweer U bij den levenden God, dat Gij ons zegt, of Gij zijt de Christus, de Zoon van God?

⁶⁴Jezus zeide tot hem: Gij hebt het gezegd. Doch Ik zeg ulieden: Van nu aan zult gij zien den Zoon des mensen, zittende ter rechter hand der kracht Gods, en komende op de wolken des hemels.

⁶⁵Toen verscheurde de hogepriester zijn klederen, zeggende: Hij heeft God gelasterd, wat hebben wij nog getuigen van node? Ziet, nu hebt gij Zijn gods lastering gehoord.

⁶⁶Wat dunkt ulieden? En zij, antwoordende, zeiden: Hij is des doods schuldig.

⁶⁷Toen spogen zij in Zijn aangezicht, en sloegen Hem met vuisten.

⁶⁸En anderen gaven Hem kinnebakslagen, zeggende: Profeteer ons, Christus, wie is het, die U geslagen heeft?

⁶⁹En Petrus zat buiten in de zaal; en een dienstmaagd kwam tot hem, zeggende: Gij waart ook met Jezus, den Galileer.

⁷⁰Maar hij loochende het voor allen, zeggende: Ik weet niet, wat gij zegt.

⁷¹En als hij naar de voorpoort uitging, zag hem een andere dienstmaagd, en zeide tot degenen, die aldaar waren: Deze was ook met Jezus den Nazarener.

⁷²En hij loochende het wederom met een eed, zeggende: Ik ken den Mens niet.

⁷³En een weinig daarna, die er stonden, bijkomende, zeiden tot Petrus: Waarlijk, gij zijt ook van die, want ook uw spraak maakt u openbaar.

⁷⁴Toen begon hij zich te vervloeken, en te zweren: Ik ken den Mens niet.

⁷⁵En terstond kraaide de haan; en Petrus werd indachtig het woord van Jezus, Die tot hem gezegd had: Eer de haan gekraaid zal hebben, zult gij Mij driemaal verloochenen. En naar buiten gaande, weende hij bitterlijk.

Hoofdstuk 27

¹Als het nu morgenstond geworden was, hebben al de overpriesters en de ouderlingen des volks te zamen raad genomen tegen Jezus, dat zij Hem doden zouden.

²En Hem gebonden hebbende, leidden zij Hem weg, en gaven Hem over aan Pontius Pilatus, den stadhouder.

³Toen heeft Judas, dien Hem verraden had, ziende, dat Hij veroordeeld was, berouw gehad, en heeft de dertig zilveren penningen den overpriesters en den ouderlingen wedergebracht,

⁴Zeggende: Ik heb gezondigd, verradende het onschuldig bloed! Maar zij zeiden: Wat gaat ons dat aan? Gij moogt toezien.

⁵En als hij de zilveren penningen in den tempel geworpen had, vertrok hij, en heengaande verworgde zichzelven.

⁶En de overpriesters, de zilveren penningen nemende, zeiden: Het is niet geoorloofd, dezelve in de offerkist te leggen, dewijl het een prijs des bloeds is.

⁷En te zamen raad gehouden hebbende, kochten zij daarmede den akker des pottenbakkers, tot een begrafenis voor de vreemdelingen.

⁸Daarom is die akker genaamd de akker des bloeds, tot op den huidigen dag.

⁹Toen is vervuld geworden, hetgeen gesproken is door den profeet Jeremia, zeggende: En zij hebben de dertig zilveren penningen genomen, de waarde des Gewaardeerden van de kinderen Israels, Denwelken zij gewaardeerd hebben;

¹⁰En hebben dezelve gegeven voor den akker des pottenbakkers; volgens hetgeen mij de Heere bevolen heeft.

¹¹En Jezus stond voor den stadhouder; en de stadhouder vraagde Hem, zeggende: Zijt Gij de Koning der Joden? En Jezus zeide tot hem: Gij zegt het.

¹²En als Hij van de overpriesters en de ouderlingen beschuldigd werd, antwoordde Hij niets.

¹³Toen zeide Pilatus tot Hem: Hoort Gij niet, hoevele zaken zij tegen U getuigen?

¹⁴Maar Hij antwoordde hem niet op een enig woord, alzo dat de stadhouder zich zeer verwonderde.

¹⁵En op het feest was de stadhouder gewoon den volke een gevangene los te laten, welke zij wilden.

¹⁶En zij hadden toen een welbekende gevangene, genaamd Bar-abbas.

¹⁷Als zij dan vergaderd waren, zeide Pilatus tot hen: Welken wilt gij, dat ik u zal loslaten, Bar-abbas, of Jezus, Die genaamd wordt Christus?

¹⁸Want hij wist, dat zij Hem door nijdigheid overgeleverd hadden.

¹⁹En als hij op de rechterstoel zat, zo heeft zijn huisvrouw tot hem gezonden, zeggende: Heb toch niet te doen met dien Rechtvaardige; want ik heb heden veel geleden in den droom om Zijnentwil.

²⁰Maar de overpriesters en de ouderlingen hebben den scharen aangeraden, dat zij zouden Bar-abbas begeren, en Jezus doden.

²¹En de stadhouder, antwoordende, zeide tot hen: Welke van deze twee wilt gij, dat ik u zal loslaten? En zij zeiden: Bar-abbas.

²²Pilatus zeide tot hen: Wat zal ik dan doen met Jezus, Die genaamd wordt Christus? Zij zeiden allen tot hem: Laat Hem gekruisigd worden.

²³Doch de stadhouder zeide: Wat heeft Hij dan kwaads gedaan? En zij riepen te meer, zeggende: Laat Hem gekruisigd worden!

²⁴Als nu Pilatus zag, dat hij niet vorderde, maar veel meer dat er oproer werd, nam hij water en wies de handen voor de schare, zeggende: Ik ben onschuldig aan het bloed dezes Rechtvaardigen; gijlieden moogt toezien.

²⁵En al het volk, antwoordende, zeide: Zijn bloed kome over ons, en over onze kinderen.

²⁶Toen liet hij hun Bar-abbas los, maar Jezus gegeseld hebbende, gaf hij Hem over om gekruisigd te worden.

²⁷Toen namen de krijgsknechten des stadhouders Jezus met zich in het rechthuis, en vergaderden over Hem de ganse bende.

²⁸En als zij Hem ontkleed hadden, deden zij Hem een purperen mantel om;

²⁹En een kroon van doornen gevlochten hebbende, zetten die op Zijn hoofd, en een rietstok in Zijn rechter hand; en vallende op hun knieën voor Hem, bespotten zij Hem, zeggende: Wees gegroet, Gij Koning der Joden!

³⁰En op Hem gespogen hebbende, namen zij de rietstok en sloegen op Zijn hoofd.

³¹En toen zij Hem bespot hadden, deden zij Hem den mantel af, en deden Hem Zijn klederen aan, en leidden Hem heen om te kruisigen.

³²En uitgaande, vonden zij een man van Cyrene, met name Simon; deze dwongen zij, dat hij Zijn kruis droeg.

Mattheüs

³³En gekomen zijnde tot de plaats, genaamd Golgotha, welke is gezegd Hoofdschedelplaats,

³⁴Gaven zij Hem te drinken edik met gal gemengd; en als Hij dien gesmaakt had, wilde Hij niet drinken.

³⁵Toen zij nu Hem gekruisigd hadden, verdeelden zij Zijn klederen, het lot werpende; opdat vervuld zou worden, hetgeen gezegd is door den profeet: Zij hebben Mijn klederen onder zich verdeeld, en hebben het lot over Mijn kleding geworpen.

³⁶En zij, nederzittende, bewaarden Hem aldaar.

³⁷En zij stelden boven Zijn hoofd Zijn beschuldiging geschreven: DEZE Is JEZUS, De KONING DER JODEN.

³⁸Toen werden met Hem twee moordenaars gekruisigd, een ter rechter-, en een ter linker zijde.

³⁹En die voorbijgingen, lasterden Hem, schuddende hun hoofden,

⁴⁰En zeggende: Gij, Die den tempel afbreekt, en in drie dagen opbouwt, verlos Uzelven. Indien Gij de Zone Gods zijt, zo kom af van het kruis.

⁴¹En desgelijks ook de overpriesters met de Schriftgeleerden, en ouderlingen, en Farizeen, Hem bespottende, zeiden:

⁴²Anderen heeft Hij verlost, Hij kan Zichzelven niet verlossen. Indien Hij de Koning Israels is, dat Hij nu afkome van het kruis, en wij zullen Hem geloven.

⁴³Hij heeft op God betrouwd; dat Hij Hem nu verlosse, indien Hij Hem wel wil; want Hij heeft gezegd: Ik ben Gods Zoon.

⁴⁴En hetzelfde verweten Hem ook de moordenaars, die met Hem gekruisigd waren.

⁴⁵En van de zesde ure aan werd er duisternis over de gehele aarde, tot de negende ure toe.

⁴⁶En omtrent de negende ure riep Jezus met een grote stem zeggende: ELI, ELI, LAMA SABACHTHANI! dat is: Mijn God! Mijn God! Waarom hebt Gij Mij verlaten!

⁴⁷En sommigen van die daar stonden, zulks horende, zeiden: Deze roept Elias.

⁴⁸En terstond een van hen toe lopende, nam een spons, en die met edik gevuld hebbende, stak ze op een rietstok, en gaf Hem te drinken.

⁴⁹Doch de anderen zeiden: Houd op, laat ons zien, of Elias komt, om Hem te verlossen.

⁵⁰En Jezus, wederom met een grote stem roepende, gaf den geest.

⁵¹En ziet, het voorhangsel des tempels scheurde in tweeën, van boven tot beneden; en de aarde beefde, en de steenrotsen scheurden.

⁵²En de graven werden geopend, en vele lichamen der heiligen, die ontslapen waren, werden opgewekt;

⁵³En uit de graven uitgegaan zijnde, na Zijn opstanding, kwamen zij in de heilige stad, en zijn velen verschenen.

⁵⁴En de hoofdman over honderd, en die met hem Jezus bewaarden, ziende de aardbeving, en de dingen, die geschied waren, werden zeer bevreesd, zeggende: Waarlijk, Deze was Gods Zoon!

⁵⁵En aldaar waren vele vrouwen, van verre aanschouwende, die Jezus gevolgd waren van Galilea, om Hem te dienen.

⁵⁶Onder dewelke was Maria Magdalena, en Maria, de moeder van Jakobus en Joses, en de moeder der zonen van Zebedeus.

⁵⁷En als het avond geworden was, kwam een rijk man van Arimathea, met name Jozef, die ook zelf een discipel van Jezus was.

⁵⁸Deze kwam tot Pilatus, en begeerde het lichaam van Jezus. Toen beval Pilatus, dat hem het lichaam gegeven zou worden.

⁵⁹En Jozef, het lichaam nemende, wond hetzelve in een zuiver fijn lijnwaad.

⁶⁰En legde dat in zijn nieuw graf, hetwelk hij in een steenrots uitgehouwen had; en een grote steen tegen de deur des grafs gewenteld hebbende, ging hij weg.

⁶¹En aldaar was Maria Magdalena, en de andere Maria, zittende tegenover het graf.

⁶²Des anderen daags nu, welke is na de voorbereiding, vergaderden de overpriesters en de Farizeen tot Pilatus,

⁶³Zeggende: Heer, wij zijn indachtig, dat deze verleider, nog levende, gezegd heeft: Na drie dagen zal Ik opstaan.

⁶⁴Beveel dan, dat het graf verzekerd worde tot den derden dag toe, opdat Zijn discipelen misschien niet komen bij nacht, en stelen Hem, en zeggen tot het volk: Hij is opgestaan van de doden; en zo zal de laatste dwaling erger zijn, dan de eerste.

⁶⁵En Pilatus zeide tot henlieden: Gij hebt een wacht; gaat heen, verzekert het, gelijk gij het verstaat.

⁶⁶En zij heengaande, verzekerden het graf met de wacht, den steen verzegeld hebbende.

Hoofdstuk 28

¹En laat na de sabbat, als het begon te lichten, tegen den eersten dag der week, kwam Maria Magdalena, en de andere Maria, om het graf te bezien.

²En ziet, er geschiedde een grote aardbeving; want een engel des Heeren, nederdalende uit den hemel, kwam toe, en wentelde de steen af van de deur, en zat opdenzelven.

³En zijn gedaante was gelijk een bliksem, en zijn kleding wit gelijk sneeuw.

⁴En uit vrees van hem zijn de wachters zeer verschrikt geworden, en werden als doden.

⁵Maar de engel, antwoordende, zeide tot de vrouwen: Vreest gijlieden niet; want ik weet, dat gij zoekt Jezus, Die gekruisigd was.

⁶Hij is hier niet; want Hij is opgestaan, gelijk Hij gezegd heeft. Komt herwaarts, ziet de plaats, waar de Heere gelegen heeft.

⁷En gaat haastelijk heen, en zegt Zijn discipelen, dat Hij opgestaan is van de doden; en ziet, Hij gaat u voor naar Galilea, daar zult gij Hem zien. Ziet, ik heb het ulieden gezegd.

⁸En haastelijk uitgaande van het graf, met vreze en grote blijdschap, liepen zij heen, om hetzelve Zijn discipelen te boodschappen.

⁹En als zij heengingen, om Zijn discipelen te boodschappen, ziet, Jezus is haar ontmoet, zeggende: Weest gegroet! En zij, tot Hem komende, grepen Zijn voeten, en aanbaden Hem.

¹⁰Toen zeide Jezus tot haar: Vreest niet; gaat henen, boodschapt Mijn broederen, dat zij heengaan naar Galilea, en aldaar zullen zij Mij zien.

¹¹En als zij heengingen, ziet, enigen van de wacht kwamen in de stad, en boodschapten den overpriesters al de dingen, die geschied waren.

¹²En zij vergaderd zijnde met de ouderlingen, en te zamen raad genomen hebbende, gaven zij den krijgsknechten veel gelds,

¹³En zeiden: Zegt: Zijn discipelen zijn des nachts gekomen, en hebben Hem gestolen, als wij sliepen.

¹⁴En indien zulks komt gehoord te worden van den stadhouder, wij zullen hem tevreden stellen, en maken, dat gij zonder zorg zijt.

¹⁵En zij, het geld genomen hebbende, deden, gelijk zij geleerd waren. En dit woord is verbreid geworden bij de Joden tot op den huidigen dag.

¹⁶En de elf discipelen zijn heengegaan naar Galilea, naar den berg, waar Jezus hen bescheiden had.

¹⁷En als zij Hem zagen, baden zij Hem aan; doch sommigen twijfelden.

¹⁸En Jezus, bij hen komende, sprak tot hen, zeggende: Mij is gegeven alle macht in hemel en op aarde.

¹⁹Gaat dan henen, onderwijst al de volken, dezelve dopende in de Naam des Vaders, en des Zoons, en des Heiligen Geestes; lerende hen onderhouden alles, wat Ik u geboden heb.

Markus

Hoofdstuk 1

¹Het begin des Evangelies van JEZUS CHRISTUS, den Zone Gods.

²Gelijk geschreven is in de profeten: Ziet, Ik zend Mijn engel voor Uw aangezicht, die Uw weg voor U heen bereiden zal.

³De stem des roependen in de woestijn: Bereidt den weg des Heeren, maakt Zijn paden recht.

⁴Johannes was dopende in de woestijn, en predikende den doop der bekering tot vergeving der zonden.

⁵En al het Joodse land ging tot hem uit, en die van Jeruzalem; en werden allen van hem gedoopt in de rivier de Jordaan, belijdende hun zonden.

⁶En Johannes was gekleed met kemelshaar, en met een lederen gordel om zijn lenden, en at sprinkhanen en wilde honig.

⁷En hij predikte, zeggende: Na mij komt, Die sterker is dan ik, Wien ik niet waardig ben, nederbukkende, den riem Zijner schoenen te ontbinden.

⁸Ik heb ulieden wel gedoopt met water, maar Hij zal u dopen met den Heilige Geest.

⁹En het geschiedde in diezelfde dagen, dat Jezus kwam van Nazareth, gelegen in Galilea, en werd van Johannes gedoopt in de Jordaan.

¹⁰En terstond als Hij uit het water opklom, zag Hij de hemelen opengaan, en den Geest, gelijk een duif, op Hem nederdalen.

¹¹En er geschiedde een stem uit de hemelen: Gij zijt Mijn geliefde Zoon, in Denwelken Ik Mijn welbehagen heb!

¹²En terstond dreef Hem de Geest uit in de woestijn.

¹³En Hij was aldaar in de woestijn veertig dagen, verzocht van den satan; en was bij de wilde gedierten; en de engelen dienden Hem.

¹⁴En nadat Johannes overgeleverd was, kwam Jezus in Galilea, predikende het Evangelie van het Koninkrijk Gods.

¹⁵En zeggende: De tijd is vervuld, en het Koninkrijk Gods nabij gekomen; bekeert u, en gelooft het Evangelie.

¹⁶En wandelende bij de Galilese zee, zag Hij Simon en Andreas, zijn broeder, werpende het net in de zee (want zij waren vissers);

¹⁷En Jezus zeide tot hen: Volgt Mij na, en Ik zal maken, dat gij vissers der mensen zult worden.

¹⁸En zij, terstond hun netten verlatende, zijn Hem gevolgd.

¹⁹En van daar een weinig voortgegaan zijnde, zag Hij Jakobus, den zoon van Zebedeus, en Johannes, zijn broeder, en dezelven in het schip hun nettenvermakende.

²⁰En terstond riep Hij hen; en zij, latende hun vader Zebedeus in het schip, met de huurlingen, zijn Hem nagevolgd.

²¹En zij kwamen binnen Kapernaum; en terstond op den sabbatdag in de synagoge gegaan zijnde, leerde Hij.

²²En zij versloegen zich over Zijn leer; want Hij leerde hen, als machthebbende, en niet als de Schriftgeleerden.

²³En er was in hun synagoge een mens, met een onreinen geest, en hij riep uit,

²⁴Zeggende: Laat af, wat hebben wij met U te doen, Gij Jezus Nazarener, zijt Gij gekomen om ons te verderven? Ik ken U, wie Gij zijt, namelijk de HeiligeGods.

²⁵En Jezus bestrafte hem, zeggende: Zwijg stil, en ga uit van hem.

²⁶En de onreine geest, hem scheurende, en roepende met een grote stem, ging uit van hem.

²⁷En zij werden allen verbaasd, zodat zij onder elkander vraagden, zeggende: Wat is dit? Wat nieuwe leer is deze, dat Hij met macht ook den onreine geestengebiedt, en zij Hem gehoorzaam zijn!

²⁸En Zijn gerucht ging terstond uit, in het gehele omliggende land van Galilea.

²⁹En van stonde aan uit de synagoge gegaan zijnde, kwamen zij in het huis van Simon en Andreas, met Jakobus en Johannes.

³⁰En Simons vrouws moeder lag met de koorts; en terstond zeiden zij Hem van haar.

³¹En Hij, tot haar gaande, vatte haar hand, en richtte haar op; en terstond verliet haar de koorts, en zij diende henlieden.

³²Als het nu avond geworden was, toen de zon onderging, brachten zij tot Hem allen, die kwalijk gesteld, en van den duivel bezeten waren.

³³En de gehele stad was bijeenvergaderd omtrent de deur.

³⁴En Hij genas er velen, die door verscheidene ziekten kwalijk gesteld waren; en wierp vele duivelen uit, en liet de duivelen niet toe te spreken, omdat zij Hemkenden.

³⁵En des morgens vroeg, als het nog diep in den nacht was, opgestaan zijnde, ging Hij uit, en ging henen in een woeste plaats, en bad aldaar.

³⁶En Simon, en die met hem waren, zijn Hem nagevolgd.

³⁷En zij Hem gevonden hebbende, zeiden tot Hem: Zij zoeken U allen.

³⁸En Hij zeide tot hen: Laat ons in de bijliggende vlekken gaan, opdat Ik ook daar predike; want daartoe ben Ik uitgegaan.

³⁹En Hij predikte in hun synagogen, door geheel Galilea, en wierp de duivelen uit.

⁴⁰En tot Hem kwam een melaatse, biddende Hem, en vallende voor Hem op de knieen, en tot Hem zeggende: Indien Gij wilt, Gij kunt mij reinigen.

⁴¹En Jezus, met barmhartigheid innerlijk bewogen zijnde, strekte de hand uit, en raakte hem aan, en zeide tot hem: Ik wil, word gereinigd!

⁴²En als Hij dit gezegd had, ging de melaatsheid terstond van hem, en hij werd gereinigd.

⁴³En als Hij hem strengelijk verboden had, deed Hij hem terstond van Zich gaan;

⁴⁴En zeide tot hem: Zie, dat gij niemand iets zegt; maar ga heen en vertoon uzelven den priester, en offer voor uw reiniging, hetgeen Mozes geboden heeft, hun toteen getuigenis.

Hoofdstuk 2

¹En na sommige dagen is Hij wederom binnen Kapernaum gekomen; en het werd gehoord, dat Hij in huis was.

²En terstond vergaderden daar velen, alzo dat ook zelfs de plaatsen omtrent de deur hen niet meer konden bevatten; en Hij sprak het woord tot hen.

³En er kwamen sommigen tot Hem, brengende een geraakte, die van vier gedragen werd.

⁴En niet kunnende tot Hem genaken, overmits de schare, ontdekten zij het dak, waar Hij was; en dat opgebroken hebbende, lieten zij het beddeken neder, daarde geraakte op lag.

⁵En Jezus, hun geloof ziende, zeide tot den geraakte: Zoon, uw zonden zijn u vergeven.

⁶En sommigen van de Schriftgeleerden zaten aldaar, en overdachten in hun harten:

⁷Wat spreekt Deze aldus gods lasteringen? Wie kan de zonden vergeven, dan alleen God?

⁸En Jezus, terstond in Zijn geest bekennende, dat zij alzo in zichzelven overdachten, zeide tot hen: Wat overdenkt gij deze dingen in uw harten?

⁹Wat is lichter, te zeggen tot den geraakte: De zonden zijn u vergeven, of te zeggen: Sta op, en neem uw beddeken op, en wandel?

¹⁰Doch opdat gij moogt weten, dat de Zoon des mensen macht heeft, om de zonden op de aarde te vergeven (zeide Hij tot den geraakte):

¹¹Ik zeg u: Sta op, en neem uw beddeken op, en ga heen naar uw huis.

¹²En terstond stond hij op, en het beddeken opgenomen hebbende, ging hij uit in aller tegenwoordigheid, zodat zij zich allen ontzetten en verheerlijkten God, zeggende: Wij hebben nooit zulks gezien!

¹³En Hij ging wederom uit naar de zee; en de gehele schare kwam tot Hem, en Hij leerde hen.

¹⁴En voorbijgaande zag Hij Levi, den zoon van Alfeus, zitten in het tolhuis, en zeide tot hem: Volg Mij. En hij opstaande, volgde Hem.

¹⁵En het geschiedde, als Hij aanzat in deszelfs huis, dat ook vele tollenaren en zondaren aanzaten met Jezus en Zijn discipelen; want zij waren velen, en warenHem gevolgd.

¹⁶En de Schriftgeleerden en de Farizeen, ziende Hem eten met de tollenaren en zondaren, zeiden tot Zijn discipelen: Wat is het, dat Hij met de tollenaren enzondaren eet en drinkt?

¹⁷En Jezus, dat horende, zeide tot hen: Die gezond zijn, hebben de medicijnmeester niet van node, maar die ziek zijn. Ik ben niet gekomen, om te roepenrechtvaardigen, maar zondaars tot bekering.

¹⁸En de discipelen van Johannes en der Farizeen vastten; en zij kwamen en zeiden tot Hem: Waarom vasten de discipelen van Johannes en der Farizeen, en Uwdiscipelen vasten niet?

¹⁹En Jezus zeide tot hen: Kunnen ook de bruiloftskinderen vasten, terwijl de Bruidegom bij hen is? Zo langen tijd zij den Bruidegom bij zich hebben, kunnen zijniet vasten.

²⁰Maar de dagen zullen komen, wanneer de Bruidegom van hen zal weggenomen zijn, en alsdan zullen zij vasten in dezelven dagen.

Markus

²¹En niemand naait een lap ongevold laken op een oud kleed; anders scheurt deszelfs nieuwe aangenaaide lap iets af van het oude kleed, en er wordt een ergerescheur.

²²En niemand doet nieuwen wijn in oude lederzakken; anders doet de nieuwe wijn de leder zakken bersten en de wijn wordt uitgestort, en de leder zakkenverderven; maar nieuwen wijn moet men in nieuwe leder zakken doen.

²³En het geschiedde, dat Hij op een sabbatdag door het gezaaide ging, en Zijn discipelen begonnen, al gaande, aren te plukken.

²⁴En de Farizeen zeiden tot Hem: Zie, waarom doen zij op den sabbatdag, wat niet geoorloofd is?

²⁵En Hij zeide tot hen: Hebt gij nooit gelezen, wat David gedaan heeft, als hij nood had, en hem hongerde, en dengenen, die met hem waren?

²⁶Hoe hij ingegaan is in het huis Gods, ten tijde van Abjathar, den hogepriester, en de toonbroden gegeten heeft, die niemand zijn geoorloofd te eten, dan denpriesteren, en ook gegeven heeft dengenen, die met hem waren?

²⁷En Hij zeide tot hen: De sabbat is gemaakt om den mens, niet de mens om den sabbat.

²⁸Zo is dan de Zoon des mensen een Heere ook van den sabbat.

Hoofdstuk 3

¹En Hij ging wederom in de synagoge; en aldaar was een mens, hebbende een verdorde hand.

²En zij namen Hem waar, of Hij op den sabbat hem genezen zou, opdat zij Hem beschuldigen mochten.

³En Hij zeide tot den mens, die de verdorde hand had: Sta op in het midden.

⁴En Hij zeide tot hen: Is het geoorloofd op sabbatdagen goed te doen, of kwaad te doen, een mens te behouden, of te doden? En zij zwegen stil.

⁵En als Hij hen met toorn rondom aangezien had, meteen bedroefd zijnde over de verharding van hun hart, zeide Hij tot den mens: Strek uw hand uit. En hijstrekte ze uit; en zijn hand werd hersteld, gezond gelijk de andere.

⁶En de Farizeen, uitgegaan zijnde, hebben terstond met de Herodianen te zamen raad gehouden tegen Hem, hoe zij Hem zouden doden.

⁷En Jezus vertrok met Zijn discipelen naar de zee; en Hem volgde een grote menigte van Galilea, en van Judea.

⁸En van Jeruzalem, en van Idumea, en van over de Jordaan; en die van omtrent Tyrus en Sidon, een grote menigte, gehoord hebbende, hoe grote dingen Hijdeed, kwamen tot Hem.

⁹En Hij zeide tot Zijn discipelen, dat een scheepje steeds omtrent Hem blijven zou, om der schare wil, opdat zij Hem niet zouden verdringen.

¹⁰Want Hij had er velen genezen, alzo dat Hem al degenen, die enige kwalen hadden, overvielen, opdat zij Hem mochten aanraken.

¹¹En de onreine geesten, als zij Hem zagen, vielen voor Hem neder en riepen, zeggende: Gij zijt de Zone Gods.

¹²En Hij gebood hun scherpelijk dat zij Hem niet zouden openbaar maken.

¹³En Hij klom op den berg, en riep tot Zich, die Hij wilde; en zij kwamen tot Hem.

¹⁴En Hij stelde er twaalf, opdat zij met Hem zouden zijn, en opdat Hij dezelve zou uitzenden om te prediken;

¹⁵En om macht te hebben, de ziekten te genezen, en de duivelen uit te werpen.

¹⁶En Simon gaf Hij den toe naam Petrus;

¹⁷En Jakobus, den zoon van Zebedeus, en Johannes, den broeder van Jakobus; en gaf hun toe namen, Boanerges, hetwelk is, zonen des donders;

¹⁸En Andreas, en Filippus, en Bartholomeus, en Mattheus, en Thomas, en Jakobus, den zoon van Alfeus, en Thaddeus, en Simon Kananites,

¹⁹En Judas Iskariot, die Hem ook verraden heeft.

²⁰En zij kwamen in huis; en daar vergaderde wederom en schare, alzo dat zij ook zelfs niet konden brood eten.

²¹En als degenen, die Hem bestonden, dit hoorden, gingen zij uit, om Hem vast te houden; want zij zeiden: Hij is buiten Zijn zinnen.

²²En de Schriftgeleerden, die van Jeruzalem afgekomen waren, zeiden: Hij heeft Beelzebul, en door den overste der duivelen werpt Hij de duivelen uit.

²³En hen tot Zich geroepen hebbende, zeide Hij tot hen in gelijkenissen: Hoe kan de satan den satan uitwerpen?

²⁴En indien een koninkrijk tegen zichzelf verdeeld is, zo kan dat koninkrijk niet bestaan.

²⁵En indien een huis tegen zichzelf verdeeld is, zo kan dat huis niet bestaan.

²⁶En indien de satan tegen zichzelven opstaat, en verdeeld is, zo kan hij niet bestaan, maar heeft een einde.

²⁷Er kan niemand in het huis eens sterken ingaan en zijn vaten ontroven, indien hij niet eerst den sterke bindt; en alsdan zal hij zijn huis beroven.

²⁸Voorwaar, Ik zeg u, dat al de zonden den kinderen der mensen zullen vergeven worden, en allerlei lasteringen, waarmede zij zullen gelasterd hebben;

²⁹Maar zo wie zal gelasterd hebben tegen den Heiligen Geest, die heeft geen vergeving in der eeuwigheid, maar hij is schuldig des eeuwigen oordeels.

³⁰Want zij zeiden: Hij heeft een onreinen geest.

³¹Zo kwamen dan Zijn broeders en Zijn moeder; en buiten staande, zonden zij tot Hem, en riepen Hem.

³²En de schare zat rondom Hem; en zij zeiden tot Hem: Zie, Uw moeder en Uw broeders daar buiten zoeken U.

³³En Hij antwoordde hun, zeggende: Wie is Mijn moeder, of Mijn broeders?

³⁴En rondom overzien hebbende, die om Hem zaten, zeide Hij: Ziet, Mijn moeder en Mijn broeders.

³⁵Want zo wie den wil van God doet, die is Mijn broeder, en Mijn zuster, en moeder.

Hoofdstuk 4

¹En Hij begon wederom te leren omtrent de zee; en er vergaderde een grote schare bij Hem, alzo dat Hij, in het schip gegaan zijnde, nederzat op de zee; en degehele schare was op het land aan de zee.

²En Hij leerde hun veel dingen door gelijkenissen, en Hij zeide in Zijn lering tot hen:

³Hoort toe: ziet, een zaaier ging uit om te zaaien.

⁴En het geschiedde in het zaaien, dat het ene deel zaads viel bij den weg; en de vogelen des hemels kwamen, en aten het op.

⁵En het andere viel op het steenachtige, waar het niet veel aarde had; en het ging terstond op, omdat het geen diepte van aarde had.

⁶Maar als de zon opgegaan was, zo is het verbrand geworden, en omdat het geen wortel had, zo is het verdord.

⁷En het andere viel in de doornen, en de doornen wiesen op, en verstikten hetzelve, en het gaf geen vrucht.

⁸En het andere viel in de goede aarde, en gaf vrucht, die opging en wies; en het ene droeg dertig voud, en het andere zestig voud, en het andere honderd voud.

⁹En Hij zeide tot hen: Wie oren heeft om te horen, die hore.

¹⁰En als Hij nu alleen was, vraagden Hem degenen, die omtrent Hem waren, met de twaalven, naar de gelijkenis.

¹¹En Hij zeide tot hen: Het is u gegeven te verstaan de verborgenheid van het Koninkrijk Gods; maar dengenen, die buiten zijn, geschieden al deze dingen doorgelijkenissen;

¹²Opdat zij ziende zien, en niet bemerken, en horende horen, en niet verstaan; opdat zij zich niet te eniger tijd, bekeren en hun de zonden vergeven worden.

¹³En Hij zeide tot hen: Weet gij deze gelijkenis niet, en hoe zult gij al de gelijkenissen verstaan?

¹⁴De zaaier is, die het Woord zaait.

¹⁵En dezen zijn, die bij den weg bezaaid worden, waarin het Woord gezaaid wordt; en als zij het gehoord hebben, zo komt de satan terstond, en neemt hetWoord weg, hetwelk in hun harten gezaaid was.

¹⁶En dezen zijn desgelijks, die op de steenachtige plaatsen bezaaid worden; welke, als zij het Woord gehoord hebben, terstond hetzelve met vreugde ontvangen;

¹⁷En hebben geen wortel in zichzelven, maar zijn voor een tijd; daarna, als verdrukking of vervolging komt om des Woords wil, zo worden zij terstond geergerd.

¹⁸En dezen zijn, die in de doornen bezaaid worden, namelijk degenen, die het Woord horen;

¹⁹En de zorgvuldigheden dezer wereld, en de verleiding des rijkdoms en de begeerlijkheden omtrent de andere dingen, inkomende, verstikken het Woord, en hetwordt onvruchtbaar.

²⁰En dezen zijn, die in de goede aarde bezaaid zijn, welke het Woord horen en aannemen, en dragen vruchten, het ene dertig voud, en het andere zestig voud, enhet andere honderd voud.

²¹En Hij zeide tot hen: Komt ook de kaars, opdat zij onder de koornmaat of onder het bed gezet worde? Is het niet, opdat zij op den kandelaar gezet worde?

²²Want er is niets verborgen, dat niet geopenbaard zal worden; en

er is niets geschied, om verborgen te zijn, maar opdat het in het openbaar zou komen.

²³Zo iemand oren heeft om te horen, die hore.

²⁴En Hij zeide tot hen: Ziet, wat gij hoort. Met wat maat gij meet, zal u gemeten worden, en u, die hoort, zal meer toegelegd worden.

²⁵Want zo wie heeft, dien zal gegeven worden; en wie niet heeft, van dien zal genomen worden, ook dat hij heeft.

²⁶En Hij zeide: Alzo is het Koninkrijk Gods, gelijk of een mens het zaad in de aarde wierp;

²⁷En voorts sliep, en opstond, nacht en dag; en het zaad uitsproot en lang werd, dat hij zelf niet wist, hoe.

²⁸Want de aarde brengt van zelve vruchten voort: eerst het kruid, daarna de aar, daarna het volle koren in de aar.

²⁹En als de vrucht zich voordoet, terstond zendt hij de sikkel daarin, omdat de oogst daar is.

³⁰En Hij zeide: Waarbij zullen wij het Koninkrijk Gods vergelijken, of met wat gelijkenis zullen wij hetzelve vergelijken?

³¹Namelijk bij een mosterdzaad, hetwelk, wanneer het in de aarde gezaaid wordt, het minste is van al de zaden, die op de aarde zijn.

³²En wanneer het gezaaid is, gaat het op, en wordt het meeste van al de moeskruiden, en maakt grote takken, alzo dat de vogelen des hemels onder zijn schaduw kunnen nestelen.

³³En door vele zulke gelijkenissen sprak Hij tot hen het Woord, naardat zij het horen konden.

³⁴En zonder gelijkenis sprak Hij tot hen niet; maar Hij verklaarde alles Zijn discipelen in het bijzonder.

³⁵En op denzelfden dag, als het nu avond geworden was, zeide Hij tot hen: Laat ons overvaren aan de andere zijde.

³⁶En zij, de schare gelaten hebbende, namen Hem mede, gelijk Hij in het schip was; en er waren nog andere scheepjes met Hem.

³⁷En er werd een grote storm van wind, en de baren sloegen over in het schip, alzo dat het nu vol werd.

³⁸En Hij was in het achterschip, slapende op een oorkussen; en zij wekten Hem op, en zeiden tot Hem: Meester, bekommert het U niet, dat wij vergaan?

³⁹En Hij opgewekt zijnde, bestrafte den wind, en zeide tot de zee: Zwijg, wees stil! En de wind ging liggen, en er werd grote stilte.

⁴⁰En Hij zeide tot hen: Wat zijt gij zo vreesachtig? Hoe hebt gij geen geloof?

⁴¹En zij vreesden met grote vreze, en zeiden tot elkander: Wie is toch Deze, dat ook de wind en de zee Hem gehoorzaam zijn?

Hoofdstuk 5

¹En zij kwamen over op de andere zijde der zee, in het land der Gadarenen.

²En zo Hij uit het schip gegaan was, terstond ontmoette Hem, uit de graven, een mens met een onreinen geest;

³Dewelke zijn woning in de graven had, en niemand kon hem binden, ook zelfs niet met ketenen.

⁴Want hij was menigmaal met boeien en ketenen gebonden geweest, en de ketenen waren van hem in stukken getrokken, en de boeien verbrijzeld, en niemand was machtig om hem te temmen.

⁵En hij was altijd, nacht en dag, op de bergen en in de graven, roepende en slaande zichzelven met stenen.

⁶Als hij nu Jezus van verre zag, liep hij toe, en aanbad Hem.

⁷En met een grote stem roepende, zeide hij: Wat heb ik met U te doen, Jezus, Gij Zone Gods, des Allerhoogsten? Ik bezweer U bij God, dat Gij mij niet pijnigt!

⁸(Want Hij zeide tot hem: Gij onreine geest, ga uit van den mens!)

⁹En Hij vraagde hem: Welke is uw naam? En hij antwoordde, zeggende: Mijn naam is Legio; want wij zijn velen.

¹⁰En hij bad Hem zeer, dat Hij hen buiten het land niet wegzond.

¹¹En aldaar aan de bergen was een grote kudde zwijnen, weidende.

¹²En al de duivelen baden Hem, zeggende: Zend ons in die zwijnen, opdat wij in dezelve mogen varen.

¹³En Jezus liet het hun terstond toe. En de onreine geesten, uitgevaren zijnde, voeren in de zwijnen; en de kudde stortte van de steilte af in de zee (daar waren er nu omtrent twee duizend), en versmoorden in de zee.

¹⁴En die de zwijnen weidden zijn gevlucht, en boodschapten zulks in de stad en op het land. En zij gingen uit, om te zien, wat het was, dat er geschied was.

¹⁵En zij kwamen tot Jezus, en zagen den bezetene zittende, en gekleed, en wel bij zijn verstand, namelijk die het legioen gehad had, en zij werden bevreesd.

¹⁶En die het gezien hadden, vertelden hun, wat den bezetene geschied was, en ook van de zwijnen.

¹⁷En zij begonnen Hem te bidden, dat Hij van hun landpalen wegging.

¹⁸En als Hij in het schip ging, bad Hem degene, die bezeten was geweest, dat hij met Hem mocht zijn.

¹⁹Doch Jezus liet hem dat niet toe, maar zeide tot hem: Ga heen naar uw huis tot de uwen, en boodschap hun, wat grote dingen u de Heere gedaan heeft, en hoe Hij Zich uwer ontfermd heeft.

²⁰En hij ging heen, en begon te verkondigen in het land van Dekapolis, wat grote dingen hem Jezus gedaan had; en zij verwonderden zich allen.

²¹En als Jezus wederom in het schip overgevaren was aan de andere zijde, vergaderde een grote schare bij Hem; en Hij was bij de zee.

²²En ziet, er kwam een van de oversten der synagoge, met name Jaïrus; en Hem ziende, viel hij aan Zijn voeten,

²³En bad Hem zeer, zeggende: Mijn dochtertje is in haar uiterste; ik bid U, dat Gij komt en de handen op haar legt, opdat zij behouden worde, en zij zal leven.

²⁴En Hij ging met hem; en een grote schare volgde Hem, en zij verdrongen Hem.

²⁵En een zekere vrouw, die twaalf jaren den vloed des bloeds gehad had,

²⁶En veel geleden had van vele medicijnmeesters, en al het hare daaraan ten koste gelegd en geen baat gevonden had, maar met welke het veeleer erger geworden was;

²⁷Deze van Jezus horende, kwam onder de schare van achteren, en raakte Zijn kleed aan.

²⁸Want zij zeide: Indien ik maar Zijn klederen mag aanraken, zal ik gezond worden.

²⁹En terstond is de fontein haars bloeds opgedroogd, en zij gevoelde aan haar lichaam, dat zij van die kwaal genezen was.

³⁰En terstond Jezus, bekennende in Zichzelven de kracht, die van Hem uitgegaan was, keerde Zich om in de schare, en zeide: Wie heeft Mijn klederen aangeraakt?

³¹En Zijn discipelen zeiden tot Hem: Gij ziet, dat de schare U verdringt, en zegt Gij: Wie heeft Mij aangeraakt?

³²En Hij zag rondom om haar te zien, die dat gedaan had.

³³En de vrouw, vrezende en bevende, wetende, wat aan haar geschied was, kwam en viel voor Hem neder, en zeide Hem al de waarheid.

³⁴En Hij zeide tot haar: Dochter, uw geloof heeft u behouden; ga heen in vrede, en zijt genezen van deze uw kwaal.

³⁵Terwijl Hij nog sprak, kwamen enigen van het huis des oversten der synagoge, zeggende: Uw dochter is gestorven; wat zijt gij den Meester nog moeilijk?

³⁶En Jezus, terstond gehoord hebbende het woord, dat er gesproken werd, zeide tot den overste der synagoge: Vrees niet; geloof alleenlijk.

³⁷En Hij liet niemand toe Hem te volgen, dan Petrus, en Jakobus, en Johannes, den broeder van Jakobus;

³⁸En kwam in het huis des oversten der synagoge; en zag de beroerte en degenen, die zeer weenden en huilden.

³⁹En ingegaan zijnde, zeide Hij tot hen: Wat maakt gij beroerte, en wat weent gij? Het kind is niet gestorven, maar het slaapt.

⁴⁰En zij belachten Hem; maar Hij, als Hij hen allen had uitgedreven, nam bij Zich den vader en de moeder des kinds, en degenen die met Hem waren, en ging binnen, waar het kind lag.

⁴¹En Hij vatte de hand des kinds, en zeide tot haar: Talitha kumi! hetwelk is, zijnde overgezet: Gij dochtertje (Ik zeg u), sta op.

⁴²En terstond stond het dochtertje op, en wandelde; want het was twaalf jaren oud; en zij ontzetten zich met grote ontzetting.

⁴³En Hij gebood hun zeer, dat niemand datzelve zou weten; en zeide, dat men haar zou te eten geven.

Hoofdstuk 6

¹En Hij ging van daar weg, en kwam in Zijn vaderland, en Zijn discipelen volgden Hem.

²En als het sabbat geworden was, begon Hij in de synagoge te leren; en velen, die Hem hoorden, ontzetten zich, zeggende: Van waar komen Dezen deze dingen, en wat wijsheid is dit, die Hem gegeven is, dat ook zulke krachten door Zijn handen geschieden?

³Is deze niet de timmerman, de zoon van Maria, en de broeder van Jakobus en Joses, en van Judas en Simon, en zijn Zijn zusters niet hier bij ons? En zij werden aan Hem geërgerd.

⁴En Jezus zeide tot hen: Een profeet is niet ongeëerd dan in zijn vaderland en onder zijn magen, en in zijn huis.

⁵En Hij kon aldaar geen kracht doen; dan Hij legde weinigen

zieken de handen op, en genas hen.

⁶En Hij verwonderde Zich over hun ongeloof, en omging de vlekken daar rondom, lerende.

⁷En Hij riep tot Zich de twaalven, en begon hen uit te zenden twee en twee, en gaf hun macht over de onreine geesten.

⁸En Hij gebood hun, dat zij niets zouden nemen tot den weg, dan alleenlijk een staf, geen male, geen brood, geen geld in den gordel;

⁹Maar dat zij schoenzolen zouden aanbinden, en met geen twee rokken gekleed zijn.

¹⁰En Hij zeide tot hen: Zo waar gij in een huis zult ingaan, blijft daar, totdat gij van daar uitgaat.

¹¹En zo wie u niet zullen ontvangen, noch u horen, vertrekkende van daar, schudt het stof af, dat onder aan uw voeten is, hun tot een getuigenis. Voorwaar zeg Iku: Het zal Sodom en Gomorra verdragelijker zijn in den dag des oordeels dan dezelve stad.

¹²En uitgegaan zijnde, predikten zij, dat zij zich zouden bekeren.

¹³En zij wierpen vele duivelen uit, en zalfden vele kranken met olie, en maakten hen gezond.

¹⁴En de koning Herodes hoorde het (want Zijn Naam was openbaar geworden), en zeide: Johannes, die daar doopte, is van de doden opgewekt, en daaromwerken die krachten in Hem.

¹⁵Anderen zeiden: Hij is Elias; en anderen zeiden: Hij is een profeet, of als een der profeten.

¹⁶Maar als het Herodes hoorde, zeide hij: Deze is Johannes, dien ik onthoofd heb; die is van de doden opgewekt.

¹⁷Want dezelve Herodes, enigen uitgezonden hebbende, had Johannes gevangen genomen, en hem in de gevangenis gebonden, uit oorzaak van Herodias, dehuisvrouw van zijn broeder Filippus, omdat hij haar getrouwd had.

¹⁸Want Johannes zeide tot Herodes: Het is u niet geoorloofd de huisvrouw uws broeders te hebben.

¹⁹En Herodias legde op hem toe; en wilde hem doden, en kon niet;

²⁰Want Herodes vreesde Johannes, wetende, dat hij een rechtvaardig en heilig man was, en hield hem in waarde; en als hij hem hoorde, deed hij vele dingen, enhoorde hem gaarne.

²¹En als er een welgelegen dag gekomen was, toen Herodes, op den dag zijner geboorte, een maaltijd aanrichtte, voor zijn groten, en de oversten over duizend, en de voornaamsten van Galilea;

²²En als de dochter van dezelve Herodias inkwam, en danste, en Herodes en dengenen die mede aanzaten, behaagde, zo zeide de koning tot het dochtertje: Eisvan mij, wat gij ook wilt, en ik zal het u geven.

²³En hij zwoer haar: Zo wat gij van mij zult eisen, zal ik u geven, ook tot de helft mijns koninkrijks!

²⁴En zij, uitgegaan zijnde, zeide tot haar moeder: Wat zal ik eisen? En die zeide: Het hoofd van Johannes den Doper.

²⁵En zij, terstond met haast ingaande tot den koning, heeft het geeist, zeggende: Ik wil, dat gij mij nu terstond, in een schotel, geeft het hoofd van Johannes denDoper.

²⁶En de koning, zeer bedroefd geworden zijnde, nochtans om de eden, en degenen, die mede aanzaten, wilde hij haar hetzelve niet afslaan.

²⁷En de koning zond terstond een scherprechter, en gebood zijn hoofd te brengen. Deze nu ging heen, en onthoofdde hem in de gevangenis;

²⁸En bracht zijn hoofd in een schotel, en gaf hetzelve het dochtertje, en het dochtertje gaf hetzelve harer moeder.

²⁹En als zijn discipelen dit hoorden, gingen zij en namen zijn dood lichaam weg, en legden dat in een graf.

³⁰En de apostelen kwamen weder tot Jezus, en boodschapten Hem alles, beide wat zij gedaan hadden, en wat zij geleerd hadden.

³¹En Hij zeide tot hen: Komt gijlieden in een woeste plaats hier alleen, en rust een weinig; want er waren velen, die kwamen en die gingen, en zij hadden zelfs geengelegen tijd om te eten.

³²En zij vertrokken in een schip, naar een woeste plaats, alleen.

³³En de scharen zagen hen heenvaren, en velen werden Hem kennende, en liepen gezamenlijk te voet van alle steden derwaarts, en kwamen hun voor, en gingensamen tot Hem.

³⁴En Jezus, uitgaande, zag een grote schare, en werd innerlijk met ontferming bewogen over hen; want zij waren als schapen, die geen herder hebben; en Hijbegon hun vele dingen te leren.

³⁵En als het nu laat op den dag geworden was, kwamen Zijn discipelen tot Hem, en zeiden: Deze plaats is woest, en het is nu laat op den dag;

³⁶Laat ze van U, opdat zij heengaan in de omliggende dorpen en vlekken, en broden voor zichzelven mogen kopen; want zij hebben niet, wat zij eten zullen.

³⁷Maar Hij, antwoordende, zeide tot hen: Geeft gij hun te eten. En zij zeiden tot Hem: Zullen wij heengaan, en kopen voor tweehonderd penningen brood, en hunte eten geven?

³⁸En Hij zeide tot hen: Hoeveel broden hebt gij? Gaat heen en beziet het. En toen zij het vernomen hadden, zeiden zij: Vijf, en twee vissen.

³⁹En Hij gebood hun, dat zij hen allen zouden doen nederzitten bij waardschappen, op het groene gras.

⁴⁰En zij zaten neder in gedeelten bij honderd te zamen, en bij vijftig te zamen.

⁴¹En als Hij de vijf broden en de twee vissen genomen had, zag Hij op naar den hemel, zegende en brak de broden, en gaf ze Zijn discipelen, opdat zij ze hunzouden voorleggen, en de twee vissen deelde Hij voor allen.

⁴²En zij aten allen, en zijn verzadigd geworden.

⁴³En zij namen op twaalf volle korven brokken, en van de vissen.

⁴⁴En die daar de broden gegeten hadden, waren omtrent vijf duizend mannen.

⁴⁵En terstond dwong Hij Zijn discipelen in het schip te gaan, en voor henen te varen aan de andere zijde tegen over Bethsaida, terwijl Hij de schare van Zich zoulaten.

⁴⁶En als Hij aan dezelve hun afscheid gegeven had, ging Hij op den berg om te bidden.

⁴⁷En als het nu avond was geworden, zo was het schip in het midden van de zee, en Hij was alleen op het land.

⁴⁸En Hij zag, dat zij zich zeer pijnigden, om het schip voort te krijgen; want de wind was hun tegen; en omtrent de vierde wake des nachts, kwam Hij tot hen, wandelende op de zee, en wilde hen voorbijgaan.

⁴⁹En zij, ziende Hem wandelen op de zee, meenden, dat het een spooksel was, en schreeuwden zeer;

⁵⁰Want zij zagen Hem allen, en werden ontroerd; en terstond sprak Hij met hen, en zeide tot hen: Zijt welgemoed, Ik ben het; vreest niet.

⁵¹En Hij klom tot hen in het schip, en de wind stilde; en zij ontzetten zich bovenmate zeer in zichzelven, en waren verwonderd.

⁵²Want zij hadden niet gelet op het wonder der broden; want hun hart was verhard.

⁵³En als zij overgevaren waren, kwamen zij in het land Gennesareth, en havenden aldaar.

⁵⁴En als zij uit het schip gegaan waren, terstond werden zij Hem kennende.

⁵⁵En het gehele omliggende land doorlopende, begonnen zij op beddekens degenen, die kwalijk gesteld waren, om te dragen, ter plaatse, waar zij hoorden datHij was.

⁵⁶En zo waar Hij kwam, in vlekken, of steden, of dorpen, daar legden zij de kranken op de markten, en baden Hem, dat zij maar den zoom Zijns kleedsaanraken mochten; en zovelen, als er Hem aanraakten, werden gezond. Markus 7

Hoofdstuk 7

¹En tot Hem vergaderden de Farizeen, en sommigen der Schriftgeleerden, die van Jeruzalem gekomen waren;

²En ziende, dat sommigen van Zijn discipelen met onreine, dat is, met ongewassen handen brood aten, berispten zij hen.

³Want de Farizeen en al de Joden eten niet, tenzij dat zij eerst de handen dikmaals wassen, houdende de inzettingen der ouden.

⁴En van de markt komende, eten zij niet, tenzij dat zij eerst gewassen zijn. En vele andere dingen zijn er, die zij aangenomen hebben te houden, als namelijk dewassingen der drinkbekers, en kannen, en koperen vaten, en bedden.

⁵Daarna vraagden Hem de Farizeen en de Schriftgeleerden: Waarom wandelen Uw discipelen niet naar de inzetting der ouden, maar eten het brood metongewassen handen?

⁶Maar Hij antwoordde en zeide tot hen: Wel heeft Jesaja, van u, geveinsden, geprofeteerd, gelijk geschreven is: Dit volk eert Mij met de lippen, maar hun harthoudt zich verre van Mij.

⁷Doch tevergeefs eren zij Mij, lerende leringen, die geboden zijn der mensen;

⁸Want, nalatende het gebod Gods, houdt gij de inzettingen der mensen, als namelijk wassingen der kannen en drinkbekers; en andere dergelijke dingen doet gijvele.

⁹En Hij zeide tot hen: Gij doet zeker Gods gebod wel te niet, opdat gij uw inzettingen zoudt onderhouden.

¹⁰Want Mozes heeft gezegd: Eer uw vader en uw moeder; en: wie vader of moeder vloekt, die zal den dood sterven.

¹¹Maar gijlieden zegt: Zo een mens tot vader of moeder zegt: Het is korban (dat is te zeggen, een gave), zo wat u van mij zou kunnen ten nutte komen, dievoldoet.

¹²En gij laat hem niet meer toe, iets aan zijn vader of zijn moeder

te doen;

¹³Makende alzo Gods woord krachteloos door uw inzetting, die gij ingezet hebt; en vele dergelijke dingen doet gij.

¹⁴En tot Zich de ganse schare geroepen hebbende, zeide Hij tot hen: Hoort Mij allen en verstaat.

¹⁵Er is niets van buiten den mens in hem ingaande, hetwelk hem kan ontreinigen; maar de dingen, die van hem uitgaan, die zijn het, welke den mens ontreinigen.

¹⁶Zo iemand oren heeft om te horen, die hore.

¹⁷En toen Hij van de schare in huis gekomen was, vraagden Hem Zijn discipelen van de gelijkenis.

¹⁸En Hij zeide tot hen: Zijt ook gij alzo onwetende? Verstaat gij niet, dat al wat van buiten in den mens ingaat, hem niet kan ontreinigen?

¹⁹Want het gaat niet in zijn hart, maar in den buik, en gaat in de heimelijkheid uit, reinigende al de spijzen.

²⁰En Hij zeide: Hetgeen uitgaat uit den mens, dat ontreinigt den mens.

²¹Want van binnen uit het hart der mensen komen voort kwade gedachten, overspelen, hoererijen, doodslagen,

²²Dieverijen, gierigheden, boosheden, bedrog, ontuchtigheid, een boos oog, lastering, hovaardij, onverstand.

²³Al deze boze dingen komen voort van binnen, en ontreinigen den mens.

²⁴En van daar opstaande, ging Hij weg naar de landpalen van Tyrus en Sidon; en in een huis gegaan zijnde, wilde Hij niet, dat het iemand wist, en Hij konnochtans niet verborgen zijn.

²⁵Want een vrouw, welker dochtertje een onreinen geest had, van Hem gehoord hebbende, kwam en viel neder aan Zijn voeten.

²⁶Deze nu was een Griekse vrouw, van geboorte uit Syro-Fenicie; en zij bad Hem, dat Hij den duivel uitwierp uit haar dochter.

²⁷Maar Jezus zeide tot haar: Laat eerst de kinderen verzadigd worden; want het is niet betamelijk dat men het brood der kinderen neme, en den hondekens voorwerpe.

²⁸Maar zij antwoordde en zeide tot Hem: Ja, Heere, doch ook de hondekens eten onder de tafel van de kruimkens der kinderen.

²⁹En Hij zeide tot haar: Om dezes woords wil ga heen, de duivel is uit uw dochter uitgevaren.

³⁰En als zij in haar huis kwam, vond zij, dat de duivel uitgevaren was, en de dochter liggende op het bed.

³¹En Hij wederom weggegaan zijnde van de landpalen van Tyrus en Sidon, kwam aan de zee van Galilea, door het midden der landpalen van Dekapolis.

³²En zij brachten tot Hem een dove, die zwaarlijk sprak, en baden Hem, dat Hij de hand op hem legde.

³³En hem van de schare alleen genomen hebbende, stak Hij Zijn vingeren in zijn oren, en gespogen hebbende, raakte Hij zijn tong aan;

³⁴En opwaarts ziende naar den hemel, zuchtte Hij, en zeide tot hem: Effatha! dat is: wordt geopend!

³⁵En terstond werden zijn oren geopend, en de band zijner tong werd los, en hij sprak recht.

³⁶En Hij gebood hunlieden, dat zij het niemand zeggen zouden; maar wat Hij hun ook gebood, zo verkondigden zij het des te meer.

³⁷En zij ontzetten zich bovenmate zeer, zeggende: Hij heeft alles wel gedaan, en Hij maakt, dat de doven horen, en de stommen spreken.

Hoofdstuk 8

¹In dezelfde dagen, als er een geheel grote schare was, en zij niets hadden wat zij eten zouden, riep Jezus Zijn discipelen tot Zich, en zeide tot hen:

²Ik word innerlijk met ontferming bewogen over de schare; want zij zijn nu drie dagen bij Mij gebleven, en hebben niet, wat zij eten zouden.

³En indien Ik hen nuchteren naar hun huis laat gaan, zo zullen zij op den weg bezwijken; want sommigen van hen komen van verre.

⁴En Zijn discipelen antwoordden Hem: Van waar zal iemand dezen met broden hier in de woestijn kunnen verzadigen?

⁵En Hij vraagde hun: Hoeveel broden hebt gij? En zij zeiden: Zeven.

⁶En Hij gebood de schare neder te zitten op de aarde, en Hij nam de zeven broden, en gedankt hebbende, brak Hij ze, en gaf ze Zijn discipelen, opdat zij zezouden voorleggen; en zij legden ze de schare voor.

⁷En zij hadden weinige visjes; en als Hij gezegend had, zeide Hij, dat zij ook die zouden voorleggen.

⁸En zij hebben gegeten, en zijn verzadigd geworden, en zij namen het overschot der brokken op, zeven manden.

⁹Die nu gegeten hadden, waren omtrent vier duizend; en Hij liet hen gaan.

¹⁰En terstond in het schip gegaan zijnde met Zijn discipelen, is Hij gekomen in de delen van Dalmanutha.

¹¹En de Farizeen gingen uit, en begonnen met Hem te twisten, begerende van Hem een teken van den hemel, Hem verzoekende.

¹²En Hij, zwaarlijk zuchtende in Zijn geest, zeide: Wat begeert dit geslacht een teken? Voorwaar, Ik zeg u: Zo aan dit geslacht een teken gegeven zal worden!

¹³En Hij verliet hen, en wederom in het schip gegaan zijnde, voer Hij weg naar de andere zijde.

¹⁴En Zijn discipelen hadden vergeten brood mede te nemen, en hadden niet dan een brood met zich in het schip.

¹⁵En Hij gebood hun, zeggende: Ziet toe, wacht u van den zuurdesem der Farizeen, en van den zuurdesem van Herodes.

¹⁶En zij overlegden onder elkander, zeggende: Het is, omdat wij geen broden hebben.

¹⁷En Jezus, dat bekennende, zeide tot hen: Wat overlegt gij, dat gij geen broden hebt? Bemerkt gij nog niet, en verstaat gij niet, hebt gij nog uw verharde hart?

¹⁸Ogen hebbende, ziet gij niet? En oren hebbende, hoort gij niet?

¹⁹En gedenkt gij niet, toen Ik de vijf broden brak onder de vijf duizend mannen, hoeveel volle korven met brokken gij opnaamt? Zij zeiden Hem: Twaalf.

²⁰En toen Ik de zeven brak onder de vier duizend mannen, hoeveel volle manden met brokken gij opnaamt? En zij zeiden: Zeven.

²¹En Hij zeide tot hen: Hoe verstaat gij niet?

²²En Hij kwam te Bethsaida; en zij brachten tot Hem een blinde, en baden Hem, dat Hij hem aanraakte.

²³En de hand des blinden genomen hebbende, leidde Hij hem uit buiten het vlek, en spoog in zijn ogen, en legde de handen op hem, en vraagde hem, of hij ietszag.

²⁴En hij, opziende, zeide: Ik zie de mensen, want ik zie hen, als bomen, wandelen.

²⁵Daarna legde Hij de handen wederom op zijn ogen, en deed hem opzien. En hij werd hersteld, en zag hen allen ver en klaar.

²⁶En Hij zond hem naar zijn huis, zeggende: Ga niet in het vlek, en zeg het niemand in het vlek.

²⁷En Jezus ging uit en Zijn discipelen naar de vlekken van Cesarea Filippi. En op den weg vraagde Hij Zijn discipelen, zeggende tot hen: Wie zeggen de mensen, dat Ik ben?

²⁸En zij antwoordden: Johannes de Doper; en anderen: Elias; en anderen: Een van de profeten.

²⁹En Hij zeide tot hen: Maar gijlieden, wie zegt gij dat Ik ben? En Petrus, antwoordende, zeide tot Hem: Gij zijt de Christus.

³⁰En Hij gebood hun scherpelijk, dat zij het niemand zouden zeggen van Hem.

³¹En Hij begon hun te leren, dat de Zoon des mensen veel moest lijden, en verworpen worden van de ouderlingen, en overpriesters, en Schriftgeleerden, engedood worden, en na drie dagen wederom opstaan.

³²En dit woord sprak Hij vrij uit; en Petrus, Hem tot zich genomen hebbende, begon Hem te bestraffen;

³³Maar Hij, Zich omkerende, en Zijn discipelen aanziende, bestrafte Petrus, zeggende: Ga heen, achter Mijn, satanas, want gij verzint niet de dingen, die Godszijn, maar die der mensen zijn.

³⁴En tot Zich geroepen hebbende de schare met Zijn discipelen, zeide Hij tot hen: Zo wie achter Mij wil komen, die verloochene zichzelven, en neme zijn kruisop, en volge Mij.

³⁵Want zo wie zijn leven zal willen behouden, die zal hetzelve verliezen; maar zo wie zijn leven zal verliezen, om Mijnentwil, en om des Evangelies wil, die zalhetzelve behouden.

³⁶Want wat zou het den mens baten zo hij de gehele wereld won, en zijner ziele schade leed?

³⁷Of wat zal een mens geven, tot lossing van zijn ziel?

³⁸Want zo wie zich Mijns en Mijner woorden zal geschaamd hebben, in dit overspelig en zondig geslacht, diens zal Zich de Zoon des mensen ook schamen, wanneer Hij zal komen in de heerlijkheid Zijns Vaders, met de heilige engelen.

Hoofdstuk 9

¹En Hij zeide tot hen: Voorwaar, Ik zeg u, dat er sommigen zijn van degenen, die hier staan, die den dood niet zullen smaken, totdat zij zullen hebben gezien, dathet Koninkrijk Gods met kracht gekomen is.

²En na zes dagen nam Jezus met Zich Petrus, en Jakobus, en Johannes, en bracht hen op een hogen berg bezijden alleen; en Hij werd voor hen van gedaanteveranderd.

³En Zijn klederen werden blinkende, zeer wit als sneeuw, hoedanige geen voller op aarde zo wit maken kan.

⁴En van hen werd gezien Elias met Mozes, en zij spraken met Jezus.

⁵En Petrus, antwoordende, zeide tot Jezus: Rabbi, het is goed, dat wij hier zijn, en laat ons drie tabernakelen maken, voor U een, en voor Mozes een, en voor Elias een.

⁶Want hij wist niet, wat hij zeide; want zij waren zeer bevreesd.

⁷En er kwam een wolk, die hen overschaduwde, en een stem kwam uit de wolk, zeggende: Deze is Mijn geliefde Zoon, hoort Hem!

⁸En haastelijk rondom ziende, zagen zij niemand meer, dan Jezus alleen bij zich.

⁹En als zij van den berg afkwamen, gebood Hij hun, dat zij niemand verhalen zouden, hetgeen zij gezien hadden, dan wanneer de Zoon des mensen uit de doden zou opgestaan zijn.

¹⁰En zij behielden dit woord bij zichzelven, vragende onder elkander, wat het was, uit de doden opstaan.

¹¹En zij vraagden Hem, zeggende: Waarom zeggen de Schriftgeleerden, dat Elias eerst komen moet?

¹²En Hij, antwoordende, zeide tot hen: Elias zal wel eerst komen, en alles wederoprichten; en het zal geschieden, gelijk geschreven is van den Zoon des mensen, dat Hij veel lijden zal en veracht worden.

¹³Maar Ik zeg u, dat ook Elias gekomen is, en zij hebben hem gedaan al wat zij gewild hebben, gelijk van hem geschreven is.

¹⁴En als Hij bij de discipelen gekomen was, zag Hij een grote schare rondom hen, en enige Schriftgeleerden met hen twistende.

¹⁵En terstond de gehele schare Hem ziende, werd verbaasd, en toelopende groetten zij Hem.

¹⁶En Hij vraagde den Schriftgeleerden: Wat twist gij met dezen?

¹⁷En een uit de schare, antwoordende, zeide: Meester, ik heb mijn zoon tot U gebracht, die een stommen geest heeft.

¹⁸En waar hij hem ook aangrijpt, zo scheurt hij hem, en schuimt, en knerst met zijn tanden, en verdort; en ik heb Uw discipelen gezegd dat zij hem zouden uitwerpen, en zij hebben niet gekund.

¹⁹En Hij antwoordden hem, en zeide: O ongelovig geslacht, hoe lang zal Ik nog bij ulieden zijn, hoe lang zal Ik u nog verdragen? Brengt hem tot Mij.

²⁰En zij brachten denzelven tot Hem; en als hij Hem zag, scheurde hem terstond de geest; en hij vallende op de aarde, wentelde zich al schuimende.

²¹En Hij vraagde zijn vader: Hoe langen tijd is het, dat hem dit overkomen is? En hij zeide: Van zijn kindsheid af.

²²En menigmaal heeft hij hem ook in het vuur en in het water geworpen, om hem te verderven; maar zo Gij iets kunt, wees met innerlijke ontferming over onsbewogen, en help ons.

²³En Jezus zeide tot hem: Zo gij kunt geloven, alle dingen zijn mogelijk dengene, die gelooft.

²⁴En terstond de vader des kinds, roepende met tranen, zeide: Ik geloof, Heere! kom mijn ongelovigheid te hulp.

²⁵En Jezus ziende, dat de schare gezamenlijk toeliep, bestrafte den onreinen geest, zeggende tot hem: Gij stomme en dove geest! Ik beveel u, ga uit van hem, en kom niet meer in hem.

²⁶En hij, roepende en hem zeer scheurende, ging uit; en het kind werd als dood, alzo dat velen zeiden, dat het gestorven was.

²⁷En Jezus, hem bij de hand grijpende, richtte hem op; en hij stond op.

²⁸En als Hij in huis gegaan was, vraagden Hem Zijn discipelen alleen: Waarom hebben wij hem niet kunnen uitwerpen?

²⁹En Hij zeide tot hen: Dit geslacht kan nergens door uitgaan, dan door bidden en vasten.

³⁰En van daar weggaande, reisden zij door Galilea; en Hij wilde niet, dat het iemand wist.

³¹Want Hij leerde Zijn discipelen, en zeide tot hen: De Zoon des mensen zal overgeleverd worden in de handen der mensen, en zij zullen Hem doden, en gedood zijnde, zal Hij ten derden dage wederopstaan.

³²Maar zij verstonden dat woord niet, en zij vreesden Hem te vragen.

³³En Hij kwam te Kapernaum, en in het huis gekomen zijnde, vraagde Hij hun: Waarvan hadt gij woorden onder elkander op den weg?

³⁴Doch zij zwegen; want zij waren onder elkander in woorden geweest op den weg, wie de meeste zou zijn.

³⁵En nedergezeten zijnde, riep Hij de twaalven, en zeide tot hen: Indien iemand wil de eerste zijn, die zal de laatste van allen zijn, en aller dienaar.

³⁶En nemende een kindeken, stelde Hij dat midden onder hen, en omving het met Zijn armen, en zeide tot hen:

³⁷Zo wie een van zodanige kinderkens zal ontvangen in Mijn Naam, die ontvangt Mij; en zo wie Mij zal ontvangen, die ontvangt Mij niet, maar Dien, Die Mij gezonden heeft.

³⁸En Johannes antwoordde Hem, zeggende: Meester! wij hebben een gezien, die de duivelen uitwierp in Uw Naam, welke ons niet volgt; en wij hebben het hem verboden, omdat hij ons niet volgt.

³⁹Doch Jezus zeide: Verbiedt hem niet; want er is niemand, die een kracht doen zal in Mijn Naam, en haastelijk van Mij zal kunnen kwalijk spreken.

⁴⁰Want wie tegen ons niet is, die is voor ons.

⁴¹Want zo wie ulieden een beker water zal te drinken geven in Mijn Naam, omdat gij discipelen van Christus zijt, voorwaar zeg Ik u, hij zal zijn loon geenszins verliezen.

⁴²En zo wie een van deze kleinen, die in Mij geloven, ergert, het ware hem beter, dat een molensteen om zijn hals gedaan ware, en dat hij in de zee geworpen ware.

⁴³En indien uw hand u ergert, houwt ze af; het is u beter verminkt tot het leven in te gaan, dan de twee handen hebbende, heen te gaan in de hel, in het onuitblusselijk vuur;

⁴⁴Waar hun worm niet sterft, en het vuur niet uitgeblust wordt.

⁴⁵En indien uw voet u ergert, houwt hem af; het is u beter kreupel tot het leven in te gaan, dan de twee voeten hebbende, geworpen te worden in de hel, in het onuitblusselijk vuur;

⁴⁶Waar hun worm niet sterft, en het vuur niet uitgeblust wordt.

⁴⁷En indien uw oog u ergert, werpt het uit; het is u beter maar een oog hebbende in het Koninkrijk Gods in te gaan, dan twee ogen hebbende, in het helse vuur geworpen te worden;

⁴⁸Waar hun worm niet sterft, en het vuur niet uitgeblust wordt.

⁴⁹Want een ieder zal met vuur gezouten worden, en iedere offerande zal met zout gezouten worden.

⁵⁰Het zout is goed; maar indien het zout onzout wordt, waarmede zult gij dat smakelijk maken? Hebt zout in uzelven, en houdt vrede onder elkander.

Hoofdstuk 10

¹En van daar opgestaan zijnde, ging Hij naar de landpalen van Judea, door de overzijde van de Jordaan; en de scharen kwamen wederom samen bij Hem, engelijk Hij gewoon was, leerde Hij hen wederom.

²En de Farizeen, tot Hem komende, vraagden Hem, of het een man geoorloofd is, zijn vrouw te verlaten, Hem verzoekende.

³Maar Hij antwoordende, zeide tot hen: Wat heeft u Mozes geboden?

⁴En zij zeiden: Mozes heeft toegelaten een scheidbrief te schrijven, en haar te verlaten.

⁵En Jezus, antwoordende, zeide tot hen: Vanwege de hardigheid uwer harten heeft hij ulieden dat gebod geschreven.

⁶Maar van het begin der schepping heeft ze God man en vrouw gemaakt.

⁷Daarom zal een mens zijn vader en zijn moeder verlaten, en zal zijn vrouw aanhangen;

⁸En die twee zullen tot een vlees zijn, alzo dat zij niet meer twee zijn, maar een vlees.

⁹Hetgeen dan God samengevoegd heeft, scheide de mens niet.

¹⁰En in het huis vraagden Hem Zijn discipelen wederom van hetzelve.

¹¹En Hij zeide tot hen: Zo wie zijn vrouw verlaat, en een andere trouwt, die doet overspel tegen haar.

¹²En indien een vrouw haar man zal verlaten, en met een anderen trouwen, die doet overspel.

¹³En zij brachten kinderkens tot Hem, opdat Hij ze aanraken zou; en de discipelen bestraften degenen, die ze tot Hem brachten.

¹⁴Maar Jezus, dat ziende, nam het zeer kwalijk, en zeide tot hen: Laat de kinderkens tot Mij komen, en verhindert ze niet; want derzulken is het Koninkrijk Gods.

¹⁵Voorwaar zeg Ik u: Zo wie het Koninkrijk Gods niet ontvangt, gelijk een kindeken, die zal in hetzelve geenszins ingaan.

¹⁶En Hij omving ze met Zijn armen, en de handen op hen gelegd hebbende, zegende Hij dezelve.

¹⁷En als Hij uitging op den weg, liep een tot Hem, en voor Hem op de knieën vallende, vraagde Hem: Goede Meester! wat zal ik doen, opdat ik het eeuwige leven beerve?

¹⁸En Jezus zeide tot hem: Wat noemt gij Mij goed? Niemand is goed, dan Een, namelijk God.

¹⁹Gij weet de geboden: Gij zult geen overspel doen; gij zult niet doden; gij zult niet stelen; gij zult geen valse getuigenis geven; gij zult niemand te kort doen; eer uw vader en uw moeder.

²⁰Doch hij, antwoordende, zeide tot Hem: Meester! al deze dingen heb ik onderhouden van mijn jonkheid af.

²¹En Jezus, hem aanziende, beminde hem, en zeide tot hem: Een

ding ontbreekt u; ga heen, verkoop alles, wat gij hebt, en geef het den armen, en gij zult een schathebben in den hemel; en kom herwaarts, neem het kruis op, en volg Mij.

²²Maar hij, treurig geworden zijnde over dat woord, ging bedroefd weg; want hij had vele goederen.

²³En Jezus rondom ziende, zeide tot Zijn discipelen: Hoe bezwaarlijk zullen degenen, die goed hebben, in het Koninkrijk Gods inkomen!

²⁴En de discipelen werden verbaasd over deze Zijn woorden. Maar Jezus, wederom antwoordende, zeide tot hen: Kinderen! Hoe zwaar is het, dat degenen, dieop het goed hun betrouwen zetten, in het Koninkrijk Gods ingaan!

²⁵Het is lichter, dat een kemel ga door het oog van een naald, dan dat een rijke in het Koninkrijk Gods inga.

²⁶En zij werden nog meer verslagen, zeggende tot elkander: Wie kan dan zalig worden?

²⁷Doch Jezus, hen aanziende, zeide: Bij de mensen is het onmogelijk, maar niet bij God; want alle dingen zijn mogelijk bij God.

²⁸En Petrus begon tot Hem te zeggen: Zie, wij hebben alles verlaten, en zijn U gevolgd.

²⁹En Jezus, antwoordende, zeide: Voorwaar zeg Ik ulieden: Er is niemand, die verlaten heeft huis, of broeders, of zusters, of vader, of moeder, of vrouw, ofkinderen, of akkers, om Mijnentwil en des Evangelies wil,

³⁰Of hij ontvangt honderdvoud, nu in dezen tijd, huizen, en broeders, en zusters, en moeders, en kinderen, en akkers, met de vervolgingen, en in de toekomendeeeuw het eeuwige leven.

³¹Maar vele eersten zullen de laatsten zijn, en velen, die de laatsten zijn, de eersten.

³²En zij waren op den weg, gaande op naar Jeruzalem; en Jezus ging voor hen; en zij waren verbaasd, en Hem volgende, waren zij bevreesd. En de twaalvenwederom tot Zich nemende, begon Hij hun te zeggen de dingen, die Hem overkomen zouden;

³³Zeggende: Ziet, wij gaan op naar Jeruzalem, en de Zoon des mensen zal den overpriesteren en den Schriftgeleerden overgeleverd worden, en zij zullen Hemter dood veroordelen, en Hem den heidenen overleveren;

³⁴En zij zullen Hem bespotten, en Hem geselen, en Hem bespuwen, en Hem doden; en ten derden dage zal Hij weder opstaan.

³⁵En tot Hem kwamen Jakobus en Johannes, de zonen van Zebedeus, zeggende: Meester! wij wilden wel, dat Gij ons deedt, zo wat wij begeren zullen.

³⁶En Hij zeide tot hen: Wat wilt gij, dat Ik u doe?

³⁷En zij zeiden tot Hem: Geef ons, dat wij mogen zitten, de een aan Uw rechter hand, en de ander aan Uw linker hand in Uw heerlijkheid.

³⁸Maar Jezus zeide tot hen: Gij weet niet, wat gij begeert. Kunt gij den drinkbeker drinken, dien Ik drink, en met den doop gedoopt worden, daar Ik medegedoopt word?

³⁹En zij zeiden tot Hem: Wij kunnen. Doch Jezus zeide tot hen: Den drinkbeker, dien Ik drink, zult gij wel drinken, en met den doop gedoopt worden, daar Ikmede gedoopt word;

⁴⁰Maar het zitten tot Mijn rechter hand en tot Mijn linker hand staat bij Mij niet te geven; maar het zal gegeven worden dien het bereid is.

⁴¹En als de andere tien dit hoorden, begonnen zij het van Jakobus en Johannes zeer kwalijk te nemen.

⁴²Maar Jezus, het tot Zich geroepen hebbende, zeide tot hen: Gij weet, dat degenen, die geacht worden oversten te zijn der volken, heerschappij voeren overhen, en hun groten macht over hen.

⁴³Doch alzo zal het onder u niet zijn; maar zo wie onder u groot zal willen worden, die zal uw dienaar zijn.

⁴⁴En zo wie van u de eerste zal willen worden, die zal aller dienstknecht zijn.

⁴⁵Want ook de Zoon des mensen is niet gekomen, om gediend te worden, maar om te dienen, en Zijn ziel te geven tot een rantsoen voor velen.

⁴⁶En zij kwamen te Jericho. En als Hij en Zijn discipelen, en een grote schare van Jericho uitging, zat de zoon van Timeus, Bar-timeus, de blinde, aan den weg, bedelende.

⁴⁷En horende, dat het Jezus de Nazarener was, begon hij te roepen en te zeggen: Jezus, Gij Zone Davids! ontferm U mijner.

⁴⁸En velen bestraften hem, opdat hij zwijgen zou; maar hij riep zoveel temeer: Gij Zone Davids! ontferm U mijner.

⁴⁹En Jezus, stil staande, zeide, dat men hem roepen zou; en zij riepen den blinde, zeggende tot hem: Heb goeden moed; sta op; Hij roept u.

⁵⁰En hij, zijn mantel afgeworpen hebbende, stond op, en kwam tot Jezus.

⁵¹En Jezus, antwoordende, zeide tot hem: Wat wilt gij, dat Ik u doen zal? En de blinde zeide tot Hem: Rabboni! dat ik ziende mag worden.

⁵²En Jezus zeide tot hem: Ga heen, uw geloof heeft u behouden. En terstond werd hij ziende, en volgde Jezus op den weg.

Hoofdstuk 11

¹En toen zij Jeruzalem genaakten, te Beth-fage en Bethanie, aan den Olijfberg, zond Hij twee van Zijn discipelen uit.

²En zeide tot hen: Gaat heen in het vlek, dat tegen u over is; en terstond als gij in hetzelve komt, zult gij vinden een veulen gebonden, op hetwelk geen mensgezeten heeft, ontbindt het, en brengt het.

³En indien iemand tot u zegt: Waarom doet gij dat? Zo zegt, dat de Heere hetzelve van node heeft; en hij zal het terstond herwaarts zenden.

⁴En zij gingen heen, en vonden het veulen gebonden bij de deur, buiten aan de wegscheiding, en zij ontbonden hetzelve.

⁵En sommigen van degenen, die aldaar stonden, zeiden tot hen: Wat doet gij, dat gij het veulen ontbindt?

⁶Doch zij zeiden tot hen, gelijk Jezus bevolen had; en zij lieten hen gaan.

⁷En zij brachten het veulen tot Jezus, en wierpen hun klederen daarop; en Hij zat op hetzelve.

⁸En velen spreidden hun klederen op den weg, en anderen hieuwen meien van de bomen, en spreidden ze op den weg.

⁹En die voorgingen en die volgden riepen, zeggende: Hosanna, gezegend is Hij, Die komt in den Naam des Heeren!

¹⁰Gezegend zij het Koninkrijk van onzen vader David, hetwelk komt in den Naam des Heeren! Hosanna in de hoogste hemelen!

¹¹En Jezus kwam binnen Jeruzalem, en in den tempel; en als Hij alles rondom bezien had, en het nu avondstond was, ging Hij uit naar Bethanie met de twaalven.

¹²En des anderen daags, als zij uit Bethanie gingen, hongerde Hem.

¹³En ziende van verre een vijgeboom, die bladeren had, ging Hij om te zien, of Hij ook iets op denzelven zou vinden; en daarbij gekomen zijnde, vond Hij nietsdan bladeren; want het was de tijd der vijgen niet.

¹⁴En Jezus, antwoordende, zeide tot denzelven: Niemand ete enige vrucht meer van u in der eeuwigheid! En Zijn discipelen hoorden het.

¹⁵En zij kwamen te Jeruzalem; en Jezus, in den tempel gegaan zijnde, begon degenen, die in den tempel verkochten en kochten, uit te drijven; en de tafelen derwisselaars, en de zitstoelen dergenen, die de duiven verkochten, keerde Hij om;

¹⁶En liet niet toe, dat iemand enig vat door den tempel droeg.

¹⁷En Hij leerde, zeggende tot hen: Is er niet geschreven: Mijn huis zal een huis des gebeds genaamd worden allen volken? Maar gij hebt dat tot een kuil dermoordenaren gemaakt.

¹⁸En de Schriftgeleerden en de overpriesters hoorden dat, en zochten, hoe zij Hem doden zouden; want zij vreesden Hem, omdat de ganse schare ontzet wasover Zijn leer.

¹⁹En als het nu laat geworden was, ging Hij uit buiten de stad.

²⁰En des morgens vroeg voorbijgaande, zagen zij, dat de vijgeboom verdord was, van de wortelen af.

²¹En Petrus, zulks indachtig geworden zijnde, zeide tot Hem: Rabbi, zie, de vijgeboom, dien Gij vervloekt hebt, is verdord.

²²En Jezus, antwoordende, zeide tot hen: Hebt geloof op God.

²³Want voorwaar zeg Ik u, dat, zo wie tot dezen berg zal zeggen: Word opgeheven en in de zee geworpen; en niet zal twijfelen in zijn hart, maar zal gelovenhetgeen hij zegt, geschieden zal, het zal hem geworden, zo wat hij zegt.

²⁴Daarom zeg Ik u: Alle dingen, die gij biddende begeert, gelooft, dat gij ze ontvangen zult, en zij zullen u geworden.

²⁵En wanneer gij staat om te bidden, vergeeft, indien gij iets hebt tegen iemand; opdat ook uw Vader, Die in de hemelen is, ulieden uw misdaden vergeve.

²⁶Maar indien gij niet vergeeft, zo zal uw Vader, Die in de hemelen is, ook uw misdaden niet vergeven.

²⁷En zij kwamen wederom te Jeruzalem. En als Hij in den tempel wandelde, kwamen tot Hem de overpriesters, en de schriftgeleerden, en de ouderlingen.

²⁸En zeiden tot Hem: Door wat macht doet Gij deze dingen? En wie heeft U deze macht gegeven, dat Gij deze dingen doen zoudt?

²⁹Maar Jezus, antwoordende, zeide tot hen: Ik zal u ook een woord vragen; antwoordt Mij ook, en zo zal Ik u zeggen, door wat macht Ik deze dingen doe:

³⁰De doop van Johannes, was die uit den hemel, of uit de mensen? Antwoordt Mij.

³¹En zij overlegden onder zich, zeggende: Indien wij zeggen: Uit den hemel, zo zal Hij zeggen: Waarom hebt gij hem dan niet geloofd?

³²Maar indien wij zeggen: Uit de mensen; zo vrezen wij het volk; want zij hielden allen van Johannes, dat hij waarlijk een profeet was.

³³En, antwoordende, zeiden zij tot Jezus: Wij weten het niet. En Jezus, antwoordende, zeide tot hen: Zo zeg Ik u ook niet, door wat macht Ik deze dingen doe.

Hoofdstuk 12

¹En Hij begon door gelijkenissen tot hen te zeggen: Een mens plantte een wijngaard, en zette een tuin daarom, en groef een wijnpersbak, en bouwde een toren, en verhuurde dien aan de landlieden, en reisde buitenslands.

²En als het de tijd was, zond hij een dienstknecht tot de landlieden, opdat hij van de landlieden ontving van de vrucht des wijngaards.

³Maar zij namen en sloegen hem, en zonden hem ledig heen.

⁴En hij zond wederom een anderen dienstknecht tot hen, en dien stenigden zij, en wondden hem het hoofd, en zonden hem henen, schandelijk behandeld zijnde.

⁵En wederom zond hij een anderen, en dien doodden zij; en vele anderen, waarvan zij sommigen sloegen, en sommigen doodden.

⁶Als hij dan nog een zoon had, die hem lief was, zo heeft hij ook dien ten laatste tot hen gezonden, zeggende: Zij zullen immers mijn zoon ontzien.

⁷Maar die landlieden zeiden onder elkander: Deze is de erfgenaam; komt, laat ons hem doden, en de erfenis zal onze zijn.

⁸En zij namen en doodden hem, en wierpen hem uit, buiten den wijngaard.

⁹Wat zal dan de heer des wijngaards doen? Hij zal komen, en de landlieden verderven, en den wijngaard aan anderen geven.

¹⁰Hebt gij ook deze Schrift niet gelezen: De steen, dien de bouwlieden verworpen hebben, deze is geworden tot een hoofd des hoeks;

¹¹Van den Heere is dit geschied, en het is wonderlijk in onze ogen.

¹²En zij zochten Hem te vangen, maar zij vreesden de schare; want zij verstonden, dat Hij die gelijkenis op hen sprak; en zij verlieten Hem en gingen weg.

¹³En zij zonden tot Hem enigen der Farizeen en der Herodianen, opdat zij Hem in Zijn rede vangen zouden.

¹⁴Dezen nu kwamen en zeiden tot Hem: Meester, wij weten, dat Gij waarachtig zijt, en naar niemand vraagt; want Gij ziet den persoon der mensen niet aan, maar Gij leert den weg Gods in der waarheid: is het geoorloofd, den keizer schatting te geven, of niet? Zullen wij geven, of niet geven?

¹⁵En Hij, wetende hun geveinsdheid, zeide tot hen: Wat verzoekt gij Mij? Brengt Mij een penning, dat Ik hem zie.

¹⁶En zij brachten een. En Hij zeide tot hen: Wiens is dit beeld, en het opschrift? En zij zeiden tot Hem: Des keizers.

¹⁷En Jezus, antwoordende, zeide tot hen: Geeft dan den keizer, dat des keizers is, en Gode, dat Gods is. En zij verwonderden zich over Hem.

¹⁸En de Sadduceen kwamen tot Hem, welke zeggen, dat er geen opstanding is, en vraagden Hem, zeggende:

¹⁹Meester! Mozes heeft ons geschreven: Indien iemands broeder sterft, en een vrouw achterlaat, en geen kinderen nalaat, dat zijn broeder deszelfs vrouw nemen zal en zijn broeder zaad verwekken zal.

²⁰Er waren nu zeven broeders, en de eerste nam een vrouw, en stervende liet geen zaad na.

²¹De tweede nam haar ook, en is gestorven, en ook deze liet geen zaad na; en de derde desgelijks.

²²En al de zeven namen dezelve, en lieten geen zaad na; de laatste van allen is ook de vrouw gestorven.

²³In de opstanding dan, wanneer zij zullen opgestaan zijn, wiens vrouw zal zij van dezen zijn? Want die zeven hebben haar tot een vrouw gehad.

²⁴En Jezus, antwoordende, zeide tot hen: Dwaalt gij niet, daarom, dat gij de Schriften niet weet, noch de kracht Gods?

²⁵Want als zij uit de doden zullen opgestaan zijn, zo trouwen zij niet, noch worden ten huwelijk gegeven; maar zij zijn gelijk engelen, die in de hemelen zijn.

²⁶Doch aangaande de doden, dat zij opgewekt zullen worden, hebt gij niet gelezen in het boek van Mozes, hoe God in het doornenbos tot hem gesproken heeft, zeggende: Ik ben de God Abrahams, en de God Izaks, en de God Jakobs?

²⁷God is niet een God der doden, maar een God der levenden. Gij dwaalt dan zeer.

²⁸En een der Schriftgeleerden horende, dat zij te zamen in woorden waren, en wetende, dat Hij hun wel geantwoord had, kwam tot Hem, en vraagde Hem: Welk is het eerste gebod van allen?

²⁹En Jezus antwoordde hem: Het eerste van al de geboden is: Hoor, Israel, de Heere, onze God, is een enig Heere.

³⁰En gij zult den Heere, uw God, liefhebben uit geheel uw hart, en uit geheel uw ziel, en uit geheel uw verstand, en uit geheel uw kracht. Dit is het eerste gebod.

³¹En het tweede aan dit gelijk, is dit: Gij zult uw naaste liefhebben als uzelven. Er is geen ander gebod, groter dan deze.

³²En de schriftgeleerde zeide tot Hem: Meester, Gij hebt wel in der waarheid gezegd, dat er een enig God is, en er is geen ander dan Hij;

³³En Hem lief te hebben uit geheel het hart, en uit geheel het verstand, en uit geheel de ziel, en uit geheel de kracht; en den naaste lief te hebben als zichzelven, is meer dan al de brandofferen en de slachtofferen.

³⁴En Jezus ziende, dat hij verstandelijk geantwoord had, zeide tot hem: Gij zijt niet verre van het Koninkrijk Gods. En niemand durfde Hem meer vragen.

³⁵En Jezus antwoordde en zeide, lerende in den tempel: Hoe zeggen de Schriftgeleerden, dat de Christus een Zoon van David is?

³⁶Want David zelf heeft door den Heiligen Geest gezegd: De Heere heeft gezegd tot mijn Heere: Zit aan Mijn rechter hand, totdat Ik Uw vijanden zal gezet hebben tot een voetbank Uwer voeten.

³⁷David dan zelf noemt Hem zijn Heere, en hoe is Hij zijn Zoon? En de menigte der schare hoorde Hem gaarne.

³⁸En Hij zeide tot hen in Zijn leer: Wacht u voor de schriftgeleerden, die daar gaarne willen wandelen in lange klederen, en gegroet zijn op de markten;

³⁹En de voorgestoelten hebben in de synagogen, en de vooraanzittingen in de maaltijden;

⁴⁰Welke de huizen der weduwen opeten, en dat onder den schijn van lang te bidden. Dezen zullen zwaarder oordeel ontvangen.

⁴¹En Jezus, gezeten zijnde tegenover de schatkist, zag, hoe de schare geld wierp in de schatkist; en vele rijken wierpen veel daarin.

⁴²En er kwam een arme weduwe, die twee kleine penningen daarin wierp, hetwelk is een oort.

⁴³En Jezus, Zijn discipelen tot Zich geroepen hebbende, zeide tot hen: Voorwaar, Ik zeg u, dat deze arme weduwe meer ingeworpen heeft, dan allen, die in de schatkist geworpen hebben.

⁴⁴Want zij allen hebben van hun overvloed daarin geworpen; maar deze heeft van haar gebrek, al wat zij had, daarin geworpen, haar ganse leeftocht.

Hoofdstuk 13

¹En als Hij uit den tempel ging, zeide een van Zijn discipelen tot Hem: Meester, zie, hoedanige stenen, en hoedanige gebouwen!

²En Jezus, antwoordende, zeide tot hem: Ziet gij deze grote gebouwen? Er zal niet een steen op den anderen steen gelaten worden, die niet afgebroken zal worden.

³En als Hij gezeten was op den Olijfberg, tegen de tempel over, vraagden Hem Petrus, en Jakobus, en Johannes, en Andreas, alleen:

⁴Zeg ons, wanneer zullen deze dingen zijn? En welk is het teken, wanneer deze dingen alle voleindigd zullen worden?

⁵En Jezus, hun antwoordende, begon te zeggen: Ziet toe, dat u niemand verleide.

⁶Want velen zullen komen onder Mijn Naam, zeggende: Ik ben de Christus; en zullen velen verleiden.

⁷En wanneer gij zult horen van oorlogen, en geruchten van oorlogen, zo wordt niet verschrikt; want dit moet geschieden; maar nog is het einde niet.

⁸Want het ene volk zal tegen het andere volk opstaan, en het ene koninkrijk tegen het andere koninkrijk; en er zullen aardbevingen zijn in verscheidene plaatsen, en er zullen hongersnoden wezen, en beroerten. Deze dingen zijn maar beginselen der smarten.

⁹Maar ziet gij voor uzelven toe; want zij zullen u overleveren in de raadsvergaderingen, en in de synagogen; gij zult geslagen worden, en voor stadhouders en koningen zult gij gesteld worden, om Mijnentwil, hun tot een getuigenis.

¹⁰En het Evangelie moet eerst gepredikt worden onder al de volken.

¹¹Doch wanneer zij u leiden zullen, om u over te leveren, zo zijt te voren niet bezorgd, wat gij spreken zult, en bedenkt het niet; maar zo wat u in die ure gegeven zal worden, spreekt dat; want gij zijt het niet, die spreekt, maar de Heilige Geest.

¹²En de ene broeder zal den anderen overleveren tot den dood, en de vader het kind; en de kinderen zullen opstaan tegen de ouders, en zullen hen doden.

¹³En gij zult gehaat worden van allen, om Mijns Naams wil; maar wie volharden zal tot het einde, die zal zalig worden.

¹⁴Wanneer gij dan zult zien den gruwel der verwoesting, waarvan door den profeet Daniel gesproken is, staande waar het niet behoort, (die het leest, die merkedaarop!) alsdan, die in Judea zijn, dat zij vlieden op de bergen.

¹⁵En die op het dak is, kome niet af in het huis, en ga niet in, om iets uit zijn huis weg te nemen.

¹⁶En die op den akker is, kere niet weder terug, om zijn kleed te nemen.

¹⁷Maar wee den bevruchten en den zogenden vrouwen in die dagen!

¹⁸Doch bidt, dat uw vlucht niet geschiede des winters.

¹⁹Want die dagen zullen zulke verdrukking zijn, welker gelijke niet geweest is van het begin der schepselen, die God geschapen heeft, tot nu toe, en ook niet zijnzal.

²⁰En indien de Heere de dagen niet verkort had, geen vlees zou behouden worden; maar om der uitverkorenen wil, die Hij heeft uitverkoren, heeft Hij de dagenverkort.

²¹En alsdan, zo iemand tot ulieden zal zeggen: Ziet, hier is de Christus; of ziet, Hij is daar; gelooft het niet.

²²Want er zullen valse christussen, en valse profeten opstaan, en zullen tekenen en wonderen doen, om te verleiden, indien het mogelijk ware, ook deuitverkorenen.

²³Maar gijlieden ziet toe; ziet, Ik heb u alles voorzegd!

²⁴Maar in die dagen, na die verdrukking, zal de zon verduisterd worden, en de maan zal haar schijnsel niet geven.

²⁵En de sterren des hemels zulen daaruit vallen, en de krachten, die in de hemelen zijn, zullen bewogen worden.

²⁶En alsdan zullen zij den Zoon des mensen zien, komende in de wolken, met grote kracht en heerlijkheid.

²⁷En alsdan zal Hij Zijn engelen uitzenden, en zal Zijn uitverkorenen bijeenvergaderen uit de vier winden, van het uiterste der aarde, tot het uiterste des hemels.

²⁸En leert van den vijgeboom deze gelijkenis; wanneer nu zijn tak teder wordt, en de bladeren uitspruiten, zo weet gij, dat de zomer nabij is.

²⁹Alzo ook gij, wanneer gij deze dingen zult zien geschieden, zo weet, dat het nabij, voor de deur is.

³⁰Voorwaar, Ik zeg u, dat dit geslacht niet zal voorbijgaan, totdat al deze dingen zullen geschied zijn.

³¹De hemel en de aarde zullen voorbijgaan; maar Mijn woorden zullen geenszins voorbijgaan.

³²Maar van dien dag en die ure weet niemand, noch de engelen, die in de hemel zijn, noch de Zoon, dan de Vader.

³³Ziet toe, waakt en bidt; want gij weet niet, wanneer de tijd is.

³⁴Gelijk een mens, buitenslands reizende, zijn huis verliet, en zijn dienstknechten macht gaf, en elk zijn werk, en den deurwachter gebood, dat hij zou waken;

³⁵Zo waakt dan (want gij weet niet, wanneer de heer des huizes komen zal, des avonds laat, of ter middernacht, of met het hanengekraai, of in denmorgenstond);

³⁶Opdat hij niet onvoorziens kome, en u slapende vinde.

³⁷En hetgeen Ik u zeg, dat zeg Ik allen: Waakt.

Hoofdstuk 14

¹En het pascha, en het feest der ongehevelde broden was na twee dagen. En de overpriesters en de Schriftgeleerden zochten, hoe zij Hem met listigheid vangenen doden zouden.

²Maar zij zeiden: Niet in het feest, opdat niet misschien oproer onder het volk worde.

³En als Hij te Bethanie was, in het huis van Simon, den melaatse, daar Hij aan tafel zat, kwam een vrouw, hebbende een albasten fles met zalf van onvervalstennardus, van groten prijs; en de albasten fles gebroken hebbende, goot die op Zijn hoofd.

⁴En er waren sommigen, die dat zeer kwalijk namen bij zichzelven, en zeiden: Waartoe is dit verlies der zalf geschied?

⁵Want dezelve had kunnen boven de driehonderd penningen verkocht, en die den armen gegeven worden; en zij vergrimden tegen haar.

⁶Maar Jezus zeide: Laat af van haar; wat doet gij haar moeite aan? Zij heeft een goed werk aan Mij gewrocht.

⁷Want de armen hebt gij altijd met u, en wanneer gij wilt, kunt gij hun weldoen; maar Mij hebt gij niet altijd.

⁸Zij heeft gedaan, hetgeen zij kon; zij is voorgekomen, om Mijn lichaam te zalven, tot een voorbereiding ter begrafenis.

⁹Voorwaar zeg Ik u: Alwaar dit Evangelie gepredikt zal worden in de gehele wereld, daar zal ook tot haar gedachtenis gesproken worden, van hetgeen zijgedaan heeft.

¹⁰En Judas Iskariot, een van de twaalven, ging heen tot de overpriesters, opdat hij Hem hun zou overleveren.

¹¹En zij, dat horende, waren verblijd, en beloofden hem geld te geven; en hij zocht, hoe hij Hem bekwamelijk overleveren zou.

¹²En op den eersten dag der ongehevelde broden, wanneer zij het pascha slachtten, zeiden Zijn discipelen tot Hem: Waar wilt Gij, dat wij heengaan, en bereiden, dat Gij het pascha eet?

¹³En Hij zond twee van Zijn discipelen uit, en zeide tot hen: Gaat henen in de stad, en u zal een mens ontmoeten, dragende een kruik water, volgt dien;

¹⁴En zo waar hij ingaat, zegt tot den heer des huizes: De Meester zegt: Waar is de eetzaal, daar Ik het pascha met Mijn discipelen eten zal?

¹⁵En hij zal u wijzen een grote opperzaal, toegerust en gereed; bereidt het ons aldaar.

¹⁶En Zijn discipelen gingen uit, en kwamen in de stad, en vonden het, gelijk Hij hun gezegd had, en bereidden het pascha.

¹⁷En als het avond geworden was, kwam Hij met de twaalven.

¹⁸En als zij aanzaten en aten, zeide Jezus: Voorwaar, Ik zeg u, dat een van u, die met Mij eet, Mij zal verraden.

¹⁹En zij begonnen bedroefd te worden, en de een na de ander tot Hem te zeggen: Ben ik het? En een ander: Ben ik het?

²⁰Maar Hij antwoordde en zeide tot hen: Het is een uit de twaalven, die met Mij in de schotel indoopt.

²¹De Zoon des mensen gaat wel heen, gelijk van Hem geschreven is; maar wee dien mens, door welken de Zoon des mensen verraden wordt! Het ware hemgoed, zo die mens niet geboren ware geweest.

²²En als zij aten, nam Jezus brood, en als Hij gezegend had, brak Hij het, en gaf het hun, en zeide: Neemt, eet, dat is Mijn lichaam.

²³En Hij nam den drinkbeker, en gedankt hebbende, gaf hun dien; en zij dronken allen uit denzelven.

²⁴En Hij zeide tot hen: Dat is Mijn bloed, het bloed des Nieuwen Testaments, hetwelk voor velen vergoten wordt.

²⁵Voorwaar, Ik zeg u, dat Ik niet meer zal drinken van de vrucht des wijnstoks, tot op dien dag, wanneer Ik dezelve nieuw zal drinken in het Koninkrijk Gods.

²⁶En als zij den lofzang gezongen hadden, gingen zij uit naar den Olijfberg.

²⁷En Jezus zeide tot hen: Gij zult in dezen nacht allen aan Mij geergerd worden; want er is geschreven: Ik zal den Herder slaan, en de schapen zullen verstrooidworden.

²⁸Maar nadat Ik zal opgestaan zijn, zal Ik u voorgaan naar Galilea.

²⁹En Petrus zeide tot Hem: Of zij ook allen geergerd werden, zo zal ik toch niet geergerd worden.

³⁰En Jezus zeide tot hem: Voorwaar, Ik zeg u, dat heden in dezen nacht, eer de haan tweemaal gekraaid zal hebben, gij Mij driemaal zult verloochenen.

³¹Maar hij zeide nog des te meer: Al moest ik met U sterven, zo zal ik U geenszins verloochenen. En insgelijks zeiden zij ook allen.

³²En zij kwamen in een plaats, welker naam was Gethsemane, en Hij zeide tot Zijn discipelen: Zit hier neder, totdat Ik gebeden zal hebben.

³³En Hij nam met Zich Petrus, en Jakobus, en Johannes, en begon verbaasd en zeer beangst te worden;

³⁴En zeide tot hen: Mijn ziel is geheel bedroefd tot den dood toe; blijft hier, en waakt.

³⁵En een weinig voortgegaan zijnde, viel Hij op de aarde, en bad, zo het mogelijk ware, dat die ure van Hem voorbijging.

³⁶En Hij zeide: Abba, Vader, alle dingen zijn U mogelijk; neem dezen drinkbeker van Mij weg, doch niet wat Ik wil, maar wat Gij wilt.

³⁷En Hij kwam, en vond hen slapende, en zeide tot Petrus: Simon, slaapt gij? Kunt gij niet een uur waken?

³⁸Waakt en bidt, opdat gij niet in verzoeking komt; de geest is wel gewillig, maar het vlees is zwak.

³⁹En wederom heengegaan zijnde, bad Hij, sprekende dezelfde woorden.

⁴⁰En wedergekeerd zijnde, vond Hij hen wederom slapende, want hun ogen waren bezwaard; en zij wisten niet, wat zij Hem antwoorden zouden.

⁴¹En Hij kwam ten derden male, en zeide tot hen: Slaapt nu voort, en rust; het is genoeg, de ure is gekomen; ziet, de Zoon des mensen wordt overgeleverd in dehanden der zondaren.

⁴²Staat op, laat ons gaan; ziet, die Mij verraadt, is nabij.

⁴³En terstond, als Hij nog sprak, kwam Judas aan, die een was van de twaalven, en met hem een grote schare, met zwaarden en stokken, gezonden van deoverpriesters, en de schriftgeleerden, en de

ouderlingen.

⁴⁴En die Hem verried, had hun een gemeen teken gegeven, zeggende: Dien ik kussen zal, Die is het, grijpt Hem, en leidt Hem zekerlijk henen.

⁴⁵En als hij gekomen was, ging hij terstond tot Hem, en zeide: Rabbi, Rabbi, en kuste Hem.

⁴⁶En zij sloegen hun handen aan Hem, en grepen Hem.

⁴⁷En een dergenen, die daarbij stonden, het zwaard trekkende, sloeg den dienstknecht des hogepriesters, en hieuw hem zijn oor af.

⁴⁸En Jezus, antwoordende, zeide tot hen: Zijt gij uitgegaan, met zwaarden en stokken, als tegen een moordenaar, om Mij te vangen?

⁴⁹Dagelijks was Ik bij ulieden in den tempel, lerende, en gij hebt Mij niet gegrepen; maar dit geschiedt, opdat de Schriften vervuld zouden worden.

⁵⁰En zij, Hem verlatende, zijn allen gevloden.

⁵¹En een zeker jongeling volgde Hem, hebbende een lijnwaad omgedaan over het naakte lijf, en de jongelingen grepen hem.

⁵²En hij, het lijnwaad verlatende, is naakt van hen gevloden.

⁵³En zij leidden Jezus henen tot den hogepriester; en bij hem vergaderden al de overpriesters, en de ouderlingen, en de schriftgeleerden.

⁵⁴En Petrus volgde Hem van verre, tot binnen in de zaal des hogepriesters, en hij was mede zittende met de dienaren, en zich warmende bij het vuur.

⁵⁵En de overpriesters, en de gehele raad, zochten getuigenis tegen Jezus, om Hem te doden, en vonden niet.

⁵⁶Want velen getuigden valselijk tegen Hem, en de getuigenissen waren niet eenparig.

⁵⁷En enigen, opstaande, getuigden valselijk tegen Hem, zeggende:

⁵⁸Wij hebben Hem horen zeggen: Ik zal dezen tempel, die met handen gemaakt is, afbreken, en in drie dagen een anderen, zonder handen gemaakt, bouwen.

⁵⁹En ook alzo was hun getuigenis niet eenparig.

⁶⁰En de hogepriester, in het midden opstaande, vraagde Jezus, zeggende: Antwoordt Gij niets? Wat getuigen dezen tegen U?

⁶¹Maar Hij zweeg stil, en antwoordde niets. Wederom vraagde Hem de hogepriester, en zeide tot Hem: Zijt Gij de Christus, de Zoon des gezegenden Gods?

⁶²En Jezus zeide: Ik ben het. En gijlieden zult den Zoon des mensen zien zitten ter rechter hand der kracht Gods, en komen met de wolken des hemels.

⁶³En de hogepriester, verscheurende zijn klederen, zeide: Wat hebben wij nog getuigen van node?

⁶⁴Gij hebt de gods lastering gehoord; wat dunkt ulieden? En zij allen veroordeelden Hem, des doods schuldig te zijn.

⁶⁵En sommigen begonnen Hem te bespuwen, en Zijn aangezicht te bedekken, en met vuisten te slaan, en tot Hem te zeggen: Profeteer! En de dienaars gaven Hem kinnebakslagen.

⁶⁶En als Petrus beneden in de zaal was, kwam een van de dienstmaagden des hogepriesters;

⁶⁷En ziende Petrus zich warmende, zag zij hem aan, en zeide: Ook gij waart met Jezus den Nazarener.

⁶⁸Maar hij heeft het geloochend, zeggende: Ik ken Hem niet, en ik weet niet, wat gij zegt. En hij ging buiten in de voorzaal, en de haan kraaide.

⁶⁹En de dienstmaagd, hem wederom ziende, begon te zeggen tot degenen, die daarbij stonden: Deze is een van die.

⁷⁰Maar hij loochende het wederom. En een weinig daarna, die daarbij stonden, zeiden wederom tot Petrus: Waarlijk, gij zijt een van die; want gij zijt ook een Galileer, en uw spraak gelijkt.

⁷¹En hij begon zichzelven te vervloeken en te zweren: Ik ken dezen Mens niet, Dien gij zegt.

⁷²En de haan kraaide de tweede maal; en Petrus werd indachtig het woord, hetwelk Jezus tot hem gezegd had: Eer de haan tweemaal gekraaid zal hebben, zult gij Mij driemaal verloochenen. En hij, zich van daar makende, weende.

Hoofdstuk 15

¹En terstond, des morgens vroeg, hielden de overpriesters te zamen raad, met de ouderlingen en Schriftgeleerden, en den gehelen raad, en Jezus gebonden hebbende, brachten zij Hem heen, en gaven Hem aan Pilatus over.

²En Pilatus vraagde Hem: Zijt Gij de Koning der Joden? En Hij antwoordende, zeide tot hem: Gij zegt het.

³En de overpriesters beschuldigden Hem van vele zaken; maar Hij antwoordde niets.

⁴En Pilatus vraagde Hem wederom, zeggende: Antwoordt Gij niet? Zie, hoe vele zaken zij tegen U getuigen!

⁵En Jezus heeft niet meer geantwoord, zodat Pilatus zich verwonderde.

⁶En op het feest liet hij hun een gevangene los, wien zij ook begeerden.

⁷En er was een, genaamd Bar-abbas, gevangen met andere medeoproermakers, die in het oproer een doodslag gedaan had.

⁸En de schare riep uit, en begon te begeren, dat hij deed, gelijk hij hun altijd gedaan had.

⁹En Pilatus antwoordde hun, zeggende: Wilt gij, dat ik u den Koning der Joden loslate?

¹⁰(Want hij wist, dat de overpriesters Hem door nijd overgeleverd hadden.)

¹¹Maar de overpriesters bewogen de schare, dat hij hun liever Bar-abbas zou loslaten.

¹²En Pilatus, antwoordende, zeide wederom tot hen: Wat wilt gij dan, dat ik met Hem doen zal, Dien gij een Koning der Joden noemt?

¹³En zij riepen wederom: Kruis Hem.

¹⁴Doch Pilatus zeide tot hen: Wat heeft Hij dan kwaads gedaan? En zij riepen te meer: Kruis Hem!

¹⁵Pilatus nu, willende der schare genoeg doen, heeft hun Bar-abbas losgelaten, en gaf Jezus over, als hij Hem gegeseld had, om gekruist te worden.

¹⁶En de krijgsknechten leidden Hem binnen in de zaal, welke is het rechthuis, en riepen de ganse bende samen;

¹⁷En deden Hem een purperen mantel aan, en een doornenkroon gevlochten hebbende, zetten Hem die op;

¹⁸En begonnen Hem te groeten, zeggende: Wees gegroet, Gij Koning der Joden!

¹⁹En sloegen Zijn hoofd met een rietstok, en bespogen Hem, en vallende op de knieen, aanbaden Hem.

²⁰En als zij Hem bespot hadden, deden zij Hem den purperen mantel af, en deden Hem Zijn eigen klederen aan, en leidden Hem uit, om Hem te kruisigen.

²¹En zij dwongen een Simon van Cyrene, die daar voorbijging, komende van den akker, den vader van Alexander en Rufus, dat hij Zijn kruis droeg.

²²En zij brachten Hem tot de plaats Golgotha, hetwelk is, overgezet zijnde, Hoofdschedelplaats.

²³En zij gaven Hem gemirreden wijn te drinken; maar Hij nam dien niet.

²⁴En als zij Hem gekruisigd hadden, verdeelden zij Zijn klederen, werpende het lot over dezelve, wat een iegelijk wegnemen zou.

²⁵En het was de derde ure, en zij kruisigden Hem.

²⁶En het opschrift Zijner beschuldiging was boven Hem geschreven: De KONING DER JODEN.

²⁷En zij kruisigden met Hem twee moordenaars, een aan Zijn rechter zijde, en een aan Zijn linker zijde.

²⁸En de Schrift is vervuld geworden, die daar zegt: En Hij is met de misdadigers gerekend.

²⁹En die voorbijgingen, lasterden Hem, schuddende hun hoofden, en zeggende: Ha! Gij, die den tempel afbreekt, en in drie dagen opbouwt,

³⁰Behoud Uzelven, en kom af van het kruis.

³¹En insgelijks ook de overpriesters, met de schriftgeleerden, zeiden tot elkander, al spottende: Hij heeft anderen verlost; Zichzelven kan Hij niet verlossen.

³²De Christus, de Koning Israels, kome nu af van het kruis, opdat wij het zien en geloven mogen. Ook die met Hem gekruist waren, smaadden Hem.

³³En als de zesde ure gekomen was, werd er duisternis over de gehele aarde, tot de negende ure toe.

³⁴En ter negender ure, riep Jezus met een grote stem, zeggende: ELOI, ELOI, LAMMA SABACHTANI, hetwelk is, overgezet zijnde: Mijn God, Mijn God, waarom hebt Gij Mij verlaten?

³⁵En sommigen van die daarbij stonden, dit horende, zeiden: Ziet, Hij roept Elias.

³⁶En er liep een, en vulde een spons met edik, en stak ze op een rietstok, en gaf Hem te drinken, zeggende: Houdt stil, laat ons zien, of Elias komt, om Hem af te nemen.

³⁷En Jezus, een grote stem van Zich gegeven hebbende, gaf den geest.

³⁸En het voorhangsel des tempels scheurde in tweeen, van boven tot beneden.

³⁹En de hoofdman over honderd, die daarbij tegenover Hem stond, ziende, dat Hij alzo roepende den geest gegeven had, zeide: Waarlijk, deze Mens was Gods Zoon!

⁴⁰En er waren ook vrouwen, van verre dit aanschouwende, onder welke ook was Maria Magdalena, en Maria, de moeder van Jakobus, den kleine, en van Joses, en Salome;

⁴¹Welke ook, toen Hij in Galilea was, Hem waren gevolgd, en Hem gediend hadden; en vele andere vrouwen, die met Hem naar Jeruzalem opgekomen waren.

⁴²En als het nu avond was geworden, dewijl het de voorbereiding was, welke is de voorsabbat;

⁴³Kwam Jozef, die van Arimathea was, een eerlijk raadsheer, die ook zelf het Koninkrijk Gods was verwachtende, en zich verstoutende, ging hij in tot Pilatus, en begeerde het lichaam van Jezus.

⁴⁴En Pilatus verwonderde zich, dat Hij alrede gestorven was; en den hoofdman over honderd tot zich geroepen hebbende, vraagde hem, of Hij lang gestorven was.

⁴⁵En als hij het van den hoofdman over honderd verstaan had, schonk hij Jozef het lichaam.

⁴⁶En hij kocht fijn lijnwaad, en Hem afgenomen hebbende, wond Hem in dat fijne lijnwaad, en legde Hem in een graf, hetwelk uit een steenrots gehouwen was; en hij wentelde een steen tegen de deur des grafs.

⁴⁷En Maria Magdalena, en Maria, de moeder van Joses, aanschouwden, waar Hij gelegd werd.

Hoofdstuk 16

¹En als de sabbat voorbijgegaan was, hadden Maria Magdalena, en Maria, de moeder van Jakobus, en Salome specerijen gekocht, opdat zij kwamen en Hem zalfden.

²En zeer vroeg op den eersten dag der week, kwamen zij tot het graf, als de zon opging;

³En zeiden tot elkander: Wie zal ons den steen van de deur des grafs afwentelen?

⁴(En opziende zagen zij, dat de steen afgewenteld was) want hij was zeer groot.

⁵En in het graf ingegaan zijnde, zagen zij een jongeling, zittende ter rechter zijde, bekleed met een wit lang kleed, en werden verbaasd.

⁶Maar hij zeide tot haar: Zijt niet verbaasd; gij zoekt Jezus den Nazarener, Die gekruist was; Hij is opgestaan; Hij is hier niet; ziet de plaats, waar zij Hem gelegd hadden.

⁷Doch gaat heen, zegt Zijnen discipelen, en Petrus, dat Hij u voorgaat naar Galilea; aldaar zult gij Hem zien, gelijk Hij ulieden gezegd heeft.

⁸En zij, haastelijk uitgegaan zijnde, vloden van het graf, en beving en ontzetting had haar bevangen; en zij zeiden niemand iets; want zij waren bevreesd.

⁹En als Jezus opgestaan was, des morgens vroeg, op den eersten dag der week, verscheen Hij eerst aan Maria Magdalena, uit welke Hij zeven duivelen uitgeworpen had.

¹⁰Deze, heengaande, boodschapte het dengenen, die met Hem geweest waren, welke treurden en weenden.

¹¹En als dezen hoorden, dat Hij leefde, en van haar gezien was, geloofden zij het niet.

¹²En na dezen is Hij geopenbaard in een andere gedaante, aan twee van hen, daar zij wandelden, en in het veld gingen.

¹³Dezen, ook heengaande, boodschapten het aan de anderen; maar zij geloofden ook die niet.

¹⁴Daarna is Hij geopenbaard aan de elven, daar zij aanzaten, en verweet hun hun ongelovigheid en hardigheid des harten, omdat zij niet geloofd hadden degenen, die Hem gezien hadden, nadat Hij opgestaan was.

¹⁵En Hij zeide tot hen: Gaat heen in de gehele wereld, predikt het Evangelie aan alle kreaturen.

¹⁶Die geloofd zal hebben, en gedoopt zal zijn, zal zalig worden; maar die niet zal geloofd hebben, zal verdoemd worden.

¹⁷En degenen, die geloofd zullen hebben, zullen deze tekenen volgen: in Mijn Naam zullen zij duivelen uitwerpen; met nieuwe tongen zullen zij spreken,

¹⁸Slangen zullen zij opnemen; en al is het, dat zij iets dodelijks zullen drinken, dat zal hun niet schaden; op kranken zullen zij de handen leggen, en zij zullen gezond worden.

¹⁹De Heere dan, nadat Hij tot hen gesproken had, is opgenomen in den hemel, en is gezeten aan de rechter hand Gods.

Lukas

Lukas

Hoofdstuk 1

¹Nademaal velen ter hand genomen hebben, om in orde te stellen een verhaal van de dingen, die onder ons volkomen zekerheid hebben;

²Gelijk ons overgeleverd hebben, die van den beginne zelven aanschouwers en dienaars des Woords geweest zijn;

³Zo heeft het ook mij goed gedacht, hebbende alles van voren aan naarstiglijk onderzocht, vervolgens aan u te schrijven, voortreffelijke Theofilus!

⁴Opdat gij moogt kennen de zekerheid der dingen, waarvan gij onderwezen zijt.

⁵In de dagen van Herodes, den koning van Judea, was een zeker priester, met name Zacharias, van de dagorde van Abia; en zijn vrouw was uit de dochterenvan Aaron, en haar naam Elizabet.

⁶En zij waren beiden rechtvaardig voor God, wandelende in al de geboden en rechten des Heeren, onberispelijk.

⁷En zij hadden geen kind, omdat Elizabet onvruchtbaar was, en zij beiden verre op hun dagen gekomen waren.

⁸En het geschiedde, dat, als hij het priesterambt bediende voor God, in de beurt zijner dagorde.

⁹Naar de gewoonte der priesterlijke bediening, hem te lote was gevallen, dat hij zoude ingaan in den tempel des Heeren om te reukofferen.

¹⁰En al de menigte des volks was buiten, biddende, ten ure des reukoffers.

¹¹En van hem werd gezien een engel des Heeren, staande ter rechter zijde van het altaar des reukoffers.

¹²En Zacharias, hem ziende, werd ontroerd, en vreze is op hem gevallen.

¹³Maar de engel zeide tot hem: Vrees niet, Zacharias! want uw gebed is verhoord, en uw vrouw Elizabet zal u een zoon baren, en gij zult zijn naam hetenJohannes.

¹⁴En u zal blijdschap en verheuging zijn, en velen zullen zich over zijn geboorte verblijden.

¹⁵Want hij zal groot zijn voor den Heere; noch wijn, noch sterken drank zal hij drinken, en hij zal met den Heiligen Geest vervuld worden, ook van zijner moederslijf aan.

¹⁶En hij zal velen der kinderen Israels bekeren tot den Heere, hun God.

¹⁷En hij zal voor Hem heengaan, in den geest en de kracht van Elias, om te bekeren de harten der vaderen tot de kinderen, en de ongehoorzamen tot devoorzichtigheid der rechtvaardigen, om den Heere te bereiden een toegerust volk.

¹⁸En Zacharias zeide tot den engel: Waarbij zal ik dat weten? Want ik ben oud, en mijn vrouw is verre op haar dagen gekomen.

¹⁹En de engel antwoordde en zeide tot hem: Ik ben Gabriel, die voor God sta, en ben uitgezonden, om tot u te spreken, en u deze dingen te verkondigen.

²⁰En zie, gij zult zwijgen, en niet kunnen spreken, tot op den dag, dat deze dingen geschied zullen zijn; om dies wil, dat gij mijn woorden niet geloofd hebt, welkevervuld zullen worden op hun tijd.

²¹En het volk was wachtende op Zacharias, en zij waren verwonderd, dat hij zo lang vertoefde in den tempel.

²²En als hij uitkwam, kon hij tot hen niet spreken; en zij bekenden, dat hij een gezicht in den tempel gezien had. En hij wenkte hun toe, en bleef stom.

²³En het geschiedde, als de dagen zijner bediening vervuld waren, dat hij naar zijn huis ging.

²⁴En na die dagen werd Elizabet, zijn vrouw, bevrucht; en zij verborg zich vijf maanden, zeggende:

²⁵Alzo heeft mij de Heere gedaan, in de dagen, in welke Hij mij aangezien heeft, om mijn versmaadheid onder de mensen weg te nemen.

²⁶En in de zesde maand werd de engel Gabriel van God gezonden naar een stad in Galilea, genaamd Nazareth;

²⁷Tot een maagd, die ondertrouwd was met een man, wiens naam was Jozef, uit den huize Davids; en de naam der maagd was Maria.

²⁸En de engel tot haar ingekomen zijnde, zeide: Wees gegroet, gij begenadigde; de Heere is met u; gij zijt gezegend onder de vrouwen.

²⁹En als zij hem zag, werd zij zeer ontroerd over dit zijn woord, en overlegde, hoedanig deze groetenis mocht zijn.

³⁰En de engel zeide tot haar: Vrees niet, Maria, want gij hebt genade bij God gevonden.

³¹En zie, gij zult bevrucht worden, en een Zoon baren, en zult Zijn naam heten JEZUS.

³²Deze zal groot zijn, en de Zoon des Allerhoogsten genaamd worden; en God, de Heere, zal Hem den troon van Zijn vader David geven.

³³En Hij zal over het huis Jakobs Koning zijn in der eeuwigheid, en Zijns Koninkrijks zal geen einde zijn.

³⁴En Maria zeide tot den engel: Hoe zal dat wezen, dewijl ik geen man bekenne?

³⁵En de engel, antwoordende, zeide tot haar: De Heilige Geest zal over u komen, en de kracht des Allerhoogsten zal u overschaduwen; daarom ook, dat Heilige,Dat uit u geboren zal worden, zal Gods Zoon genaamd worden.

³⁶En zie, Elizabet, uw nicht, is ook zelve bevrucht, met een zoon, in haar ouderdom; en deze maand is haar, die onvruchtbaar genaamd was, de zesde.

³⁷Want geen ding zal bij God onmogelijk zijn.

³⁸En Maria zeide: Zie, de dienstmaagd des Heeren; mij geschiede naar uw woord. En de engel ging weg van haar.

³⁹En Maria, opgestaan zijnde in diezelfde dagen, reisde met haast naar het gebergte, in een stad van Juda;

⁴⁰En kwam in het huis van Zacharias, en groette Elizabet.

⁴¹En het geschiedde, als Elizabet de groetenis van Maria hoorde, zo sprong het kindeken op in haar buik; en Elizabet werd vervuld met den Heiligen Geest;

⁴²En riep uit met een grote stem, en zeide: Gezegend zijt gij onder de vrouwen, en gezegend is de vrucht uws buiks!

⁴³En van waar komt mij dit, dat de moeder mijns Heeren tot mij komt?

⁴⁴Want zie, als de stem uwer groetenis in mijn oren geschiedde, zo sprong het kindeken van vreugde op in mijn buik.

⁴⁵En zalig is zij, die geloofd heeft; want de dingen, die haar van den Heere gezegd zijn, zullen volbracht worden.

⁴⁶En Maria zeide: Mijn ziel maakt groot den Heere;

⁴⁷En mijn geest verheugt zich in God, mijn Zaligmaker;

⁴⁸Omdat Hij de nederheid Zijner dienstmaagd heeft aangezien; want zie, van nu aan zullen mij zalig spreken al de geslachten.

⁴⁹Want grote dingen heeft aan mij gedaan Hij, Die machtig is, en heilig is Zijn Naam.

⁵⁰En Zijn barmhartigheid is van geslacht tot geslacht over degenen, die Hem vrezen.

⁵¹Hij heeft een krachtig werk gedaan door Zijn arm; Hij heeft verstrooid de hoogmoedigen in de gedachten hunner harten.

⁵²Hij heeft machtigen van de tronen afgetrokken, en nederigen heeft Hij verhoogd.

⁵³Hongerigen heeft Hij met goederen vervuld; en rijken heeft Hij ledig weggezonden.

⁵⁴Hij heeft Israel, Zijn knecht, opgenomen, opdat Hij gedachtig ware der barmhartigheid.

⁵⁵(Gelijk Hij gesproken heeft tot onze vaderen, namelijk tot Abraham, en zijn zaad) in eeuwigheid.

⁵⁶En Maria bleef bij haar omtrent drie maanden, en keerde weder tot haar huis.

⁵⁷En de tijd van Elizabet werd vervuld, dat zij baren zoude, en zij baarde een zoon.

⁵⁸En die daar rondom woonden, en haar magen hoorden, dat de Heere Zijn barmhartigheid grotelijks aan haar bewezen had, en waren met haar verblijd.

⁵⁹En het geschiedde, dat zij op den achtsten dag kwamen, om het kindeken te besnijden, en noemden het Zacharias, naar den naam zijns vaders.

⁶⁰En zijn moeder antwoordde en zeide: Niet alzo, maar hij zal Johannes heten.

⁶¹En zij zeiden tot haar: Er is niemand in uw maagschap, die met dien naam genaamd wordt.

⁶²En zij wenkten zijn vader, hoe hij wilde, dat hij genaamd zou worden.

⁶³En als hij een schrijftafeltje geeist had, schreef hij, zeggende: Johannes is zijn naam. En zij verwonderden zich allen.

⁶⁴En terstond werd zijn mond geopend, en zijn tong losgemaakt; en hij sprak, God lovende.

⁶⁵En er kwam vrees over allen, die rondom hen woonden; en in het gehele gebergte van Judea werd veel gesproken van al deze dingen.

⁶⁶En allen, die het hoorden, namen het ter harte, zeggende: Wat zal toch dit kindeken wezen? En de hand des Heeren was met hem.

⁶⁷En Zacharias, zijn vader, werd vervuld met den Heiligen Geest, en profeteerde, zeggende:

⁶⁸Geloofd zij de Heere, de God Israels, want Hij heeft bezocht, en verlossing te weeg gebracht Zijn volke;
⁶⁹En heeft een hoorn der zaligheid ons opgericht, in het huis van David, Zijn knecht;
⁷⁰Gelijk Hij gesproken heeft door den mond Zijner heilige profeten, die van het begin der wereld geweest zijn;
⁷¹Namelijk een verlossing van onze vijanden, en van de hand al dergenen, die ons haten;
⁷²Opdat Hij barmhartigheid deed aan onze vaderen, en gedachtig ware aan Zijn heilig verbond;
⁷³En aan den eed, dien Hij Abraham, onzen vader, gezworen heeft, om ons te geven,
⁷⁴Dat wij, verlost zijnde uit de hand onzer vijanden, Hem dienen zouden zonder vreze.
⁷⁵In heiligheid en gerechtigheid voor Hem, al de dagen onzes levens.
⁷⁶En gij, kindeken, zult een profeet des Allerhoogsten genaamd worden; want gij zult voor het aangezicht des Heeren heengaan, om Zijn wegen te bereiden;
⁷⁷Om Zijn volk kennis der zaligheid te geven, in vergeving hunner zonden.
⁷⁸Door de innerlijke bewegingen der barmhartigheid onzes Gods, met welke ons bezocht heeft de Opgang uit de hoogte;
⁷⁹Om te verschijnen dengenen, die gezeten zijn in duisternis en schaduw des doods; om onze voeten te richten op den weg des vredes.

Hoofdstuk 2

¹En het geschiedde in diezelfde dagen, dat er een gebod uitging van den Keizer Augustus, dat de gehele wereld beschreven zou worden.
²Deze eerste beschrijving geschiedde, als Cyrenius over Syrie stadhouder was.
³En zij gingen allen om beschreven te worden, een iegelijk naar zijn eigen stad.
⁴En Jozef ging ook op van Galilea, uit de stad Nazareth, naar Judea, tot de stad Davids, die Bethlehem genaamd wordt, (omdat hij uit het huis en geslacht vanDavid was);
⁵Om beschreven te worden met Maria, zijn ondertrouwde vrouw, welke bevrucht was.
⁶En het geschiedde, als zij daar waren, dat de dagen vervuld werden, dat zij baren zoude.
⁷En zij baarde haar eerstgeboren Zoon, en wond Hem in doeken, en legde Hem neder in de kribbe, omdat voor henlieden geen plaats was in de herberg.
⁸En er waren herders in diezelfde landstreek, zich houdende in het veld, en hielden de nachtwacht over hun kudde.
⁹En ziet, een engel des Heeren stond bij hen, en de heerlijkheid des Heeren omscheen hen, en zij vreesden met grote vreze.
¹⁰En de engel zeide tot hen: Vreest niet, want, ziet, ik verkondig u grote blijdschap, die al den volke wezen zal;
¹¹Namelijk dat u heden geboren is de Zaligmaker, welke is Christus, de Heere, in de stad Davids.
¹²En dit zal u het teken zijn: gij zult het Kindeken vinden in doeken gewonden, en liggende in de kribbe.
¹³En van stonde aan was er met den engel een menigte des hemelsen heirlegers, prijzende God en zeggende:
¹⁴Ere zij God in de hoogste hemelen, en vrede op aarde, in de mensen een welbehagen.
¹⁵En het geschiedde, als de engelen van hen weggevaren waren naar de hemel, dat de herders tot elkander zeiden: Laat ons dan heengaan naar Bethlehem, en laatons zien het woord, dat er geschied is, hetwelk de Heere ons heeft verkondigd.
¹⁶En zij kwamen met haast, en vonden Maria en Jozef, en het Kindeken liggende in de kribbe.
¹⁷En als zij Het gezien hadden, maakten zij alom bekend het woord, dat hun van dit Kindeken gezegd was.
¹⁸En allen, die het hoorden, verwonderden zich over hetgeen hun gezegd werd van de herders.
¹⁹Doch Maria bewaarde deze woorden alle te zamen, overleggende die in haar hart.
²⁰En de herders keerde wederom, verheerlijkende en prijzende God over alles, wat zij gehoord en gezien hadden, gelijk tot hen gesproken was.
²¹En als acht dagen vervuld waren, dat men het Kindeken besnijden zou, zo werd Zijn Naam genaamd JEZUS, welke genaamd was van den engel, eer Hij in hetlichaam ontvangen was.
²²En als de dagen harer reiniging vervuld waren, naar de wet van Mozes, brachten zij Hem te Jeruzalem, opdat zij Hem den Heere voorstelden;
²³(Gelijk geschreven is in de wet des Heeren: Al wat mannelijk is, dat de moeder opent, zal den Heere heilig genaamd worden.)
²⁴En opdat zij offerande gaven, naar hetgeen in de wet des Heeren gezegd is, een paar tortelduiven, of twee jonge duiven.
²⁵En ziet, er was een mens te Jeruzalem, wiens naam was Simeon; en deze mens was rechtvaardig en godvrezende; verwachtende de vertroosting Israels, en deHeilige Geest was op hem.
²⁶En hem was een Goddelijke openbaring gedaan door den Heiligen Geest, dat hij den dood niet zien zoude, eer hij den Christus des Heeren zou zien.
²⁷En hij kwam door den Geest in den tempel. En als de ouders het Kindeken Jezus inbrachten, om naar de gewoonte der wet met Hem te doen;
²⁸Zo nam hij Hetzelve in zijn armen, en loofde God, en zeide:
²⁹Nu laat Gij, Heere! Uw dienstknecht gaan in vrede naar Uw woord;
³⁰Want mijn ogen hebben Uw zaligheid gezien,
³¹Die Gij bereid hebt voor het aangezicht van al de volken;
³²Een Licht tot verlichting der heidenen, en tot heerlijkheid van Uw volk Israel.
³³En Jozef en Zijn moeder verwonderden zich over hetgeen van Hem gezegd werd.
³⁴En Simeon zegende henlieden, en zeide tot Maria, Zijn moeder: Zie, Deze wordt gezet tot een val en opstanding veler in Israel, en tot een teken, datwedersproken zal worden.
³⁵(En ook een zwaard zal door uw eigen ziel gaan) opdat de gedachten uit vele harten geopenbaard worden.
³⁶En er was Anna, een profetesse, een dochter van Fanuel, uit den stam van Aser; deze was tot groten ouderdom gekomen, welke met haar man zeven jaren hadgeleefd van haar maagdom af.
³⁷En zij was een weduwe van omtrent vier en tachtig jaren, dewelke niet week uit den tempel, met vasten en bidden, God dienende nacht en dag.
³⁸En deze, te dierzelfder ure daarbij komende, heeft insgelijks den Heere beleden, en sprak van Hem tot allen, die de verlossing in Jeruzalem verwachtten.
³⁹En als zij alles voleindigd hadden, wat naar de wet des Heeren te doen was, keerden zij weder naar Galilea, tot hun stad Nazareth.
⁴⁰En het Kindeken wies op, en werd gesterkt in den geest, en vervuld met wijsheid; en de genade Gods was over Hem.
⁴¹En Zijn ouders reisden alle jaar naar Jeruzalem, op het feest van pascha.
⁴²En toen Hij twaalf jaren oud geworden was, en zij naar Jeruzalem opgegaan waren, naar de gewoonte van den feestdag;
⁴³En de dagen aldaar voleindigd hadden, toen zij wederkeerden, bleef het Kind Jezus te Jeruzalem, en Jozef en Zijn moeder wisten het niet.
⁴⁴Maar menende, dat Hij in het gezelschap op den weg was, gingen zij een dagreize, en zochten Hem onder de magen, en onder de bekenden.
⁴⁵En als zij Hem niet vonden, keerden zij wederom naar Jeruzalem, Hem zoekende.
⁴⁶En het geschiedde, na drie dagen, dat zij Hem vonden in den tempel, zittende in het midden der leraren, hen horende, en hen ondervragende.
⁴⁷En allen, die Hem hoorden, ontzetten zich over Zijn verstand en antwoorden.
⁴⁸En zij, Hem ziende, werden verslagen; en Zijn moeder zeide tot Hem: Kind! waarom hebt Gij ons zo gedaan? Zie, Uw vader en ik hebben U met angst gezocht.
⁴⁹En Hij zeide tot hen: Wat is het, dat gij Mij gezocht hebt? Wist gij niet, dat Ik moet zijn in de dingen Mijns Vaders?
⁵⁰En zij verstonden het woord niet, dat Hij tot hen sprak.
⁵¹En Hij ging met hen af, en kwam te Nazareth, en was hun onderdanig. En Zijn moeder bewaarde al deze dingen in haar hart.
⁵²En Jezus nam toe in wijsheid, en in grootte, en in genade bij God en de mensen.

Hoofdstuk 3

¹En in het vijftiende jaar der regering van den keizer Tiberius, als Pontius Pilatus stadhouder was over Judea, en Herodes een viervorst over Galilea, en Filippus, zijn broeder, een viervorst over Iturea en over het land Trachonitis, en Lysanias een viervorst over Abilene;
²Onder de hogepriesters Annas en Kajafas, geschiedde het woord Gods tot Johannes, den zoon van Zacharias, in de woestijn.
³En hij kwam in al het omliggende land der Jordaan, predikende

Lukas

den doop der bekering tot vergeving der zonden.

⁴Gelijk geschreven is in het boek der woorden van Jesaja, den profeet, zeggende: De stem des roependen in de woestijn: Bereidt den weg des Heeren, maaktZijn paden recht!

⁵Alle dal zal gevuld worden, en alle berg en heuvel zal vernederd worden, en de kromme wegen zullen tot een rechten weg worden, en de oneffen tot effenwegen.

⁶En alle vlees zal de zaligheid Gods zien.

⁷Hij zeide dan tot de scharen, die uitkwamen, om van hem gedoopt te worden: Gij adderengebroedsels, wie heeft u aangewezen te vlieden van dentoekomenden toorn?

⁸Brengt dan vruchten voort der bekering waardig; en begint niet te zeggen bij uzelven: Wij hebben Abraham tot een vader; want ik zeg u, dat God zelfs uit dezestenen Abraham kinderen kan verwekken.

⁹En de bijl ligt ook alrede aan den wortel der bomen; alle boom dan, die geen goede vrucht voortbrengt, wordt uitgehouwen, en in het vuur geworpen.

¹⁰En de scharen vraagden hem, zeggende: Wat zullen wij dan doen?

¹¹En hij, antwoordende, zeide tot hen: Die twee rokken heeft, dele hem mede, die geen heeft; en die spijze heeft, doe desgelijks.

¹²En er kwamen ook tollenaars om gedoopt te worden, en zeiden tot hem: Meester! wat zullen wij doen?

¹³En hij zeide tot hen: Eist niet meer, dan hetgeen u gezet is.

¹⁴En hem vraagden ook de krijgslieden, zeggende: En wij, wat zullen wij doen? En hij zeide tot hen: Doet niemand overlast, en ontvreemdt niemand het zijne metbedrog, en laat u vergenoegen met uw bezoldigingen.

¹⁵En als het volk verwachtte, en allen in hun harten overleiden van Johannes, of hij niet mogelijk de Christus ware;

¹⁶Zo antwoordde Johannes aan allen, zeggende: Ik doop u wel met water; maar Hij komt, Die sterker is dan ik, Wien ik niet waardig ben den riem van Zijnschoenen te ontbinden; Deze zal u dopen met den Heiligen Geest en met vuur;

¹⁷Wiens wan in Zijn hand is, en Hij zal Zijn dorsvloer doorzuiveren, en de tarwe zal Hij in Zijn schuur samenbrengen; maar het kaf zal Hij met onuitblusselijk vuurverbranden.

¹⁸Hij dan, ook nog vele andere dingen vermanende, verkondigde den volke het Evangelie.

¹⁹Maar als Herodes, de viervorst van hem bestraft werd, om Herodias' wil, de vrouw van Filippus, zijn broeder, en over alle boze stukken, die Herodes deed,

²⁰Zo heeft hij ook dit nog boven alles daar toegedaan, dat hij Johannes in de gevangenis gesloten heeft.

²¹En het geschiedde, toen al het volk gedoopt werd, en Jezus ook gedoopt was, en bad, dat de hemel geopend werd;

²²En dat de Heilige Geest op Hem nederdaalde, in lichamelijke gedaante, gelijk een duif; en dat er een stem geschiedde uit den hemel, zeggende: Gij zijt Mijngeliefde Zoon, in U heb Ik Mijn welbehagen!

²³En Hij, Jezus, begon omtrent dertig jaren oud te wezen, zijnde (alzo men meende) de zoon van Jozef, den zoon van Heli,

²⁴Den zoon van Matthat, den zoon van Levi, den zoon van Melchi, den zoon van Janna, den zoon van Jozef,

²⁵Den zoon van Mattathias, den zoon van Amos, den zoon van Naum, den zoon van Esli, den zoon van Naggai,

²⁶Den zoon van Maath, den zoon van Mattathias, den zoon van Semei, den zoon van Jozef, den zoon van Juda,

²⁷Den zoon van Johannes, den zoon van Rhesa, den zoon van Zorobabel, den zoon van Salathiel, den zoon van Neri,

²⁸Den zoon van Melchi, den zoon van Addi, den zoon van Kosam, den zoon van Elmodam, den zoon van Er,

²⁹Den zoon van Joses, den zoon van Eliezer, den zoon van Jorim, den zoon van Matthat, den zoon van Levi,

³⁰Den zoon van Simeon, den zoon van Juda, den zoon van Jozef, den zoon van Jonan, den zoon van Eljakim,

³¹Den zoon van Meleas, den zoon van Mainan, den zoon van Mattatha, den zoon van Nathan, den zoon van David,

³²Den zoon van Jesse, den zoon van Obed, den zoon van Booz, den zoon van Salmon, den zoon van Nahasson,

³³Den zoon van Aminadab, den zoon van Aram, den zoon van Esrom, den zoon van Fares, den zoon van Juda,

³⁴Den zoon van Jakob, den zoon van Izak, den zoon van Abraham, den zoon van Thara, den zoon van Nachor,

³⁵Den zoon van Saruch, den zoon van Ragau, den zoon van Falek, den zoon van Heber, den zoon van Sala,

³⁶Den zoon van Kainan, den zoon van Arfaxad, den zoon van Sem, den zoon van Noe, den zoon van Lamech,

³⁷Den zoon van Mathusala, den zoon van Enoch, den zoon van Jared, den zoon van Malaleel, den zoon van Kainan,

³⁸Den zoon van Enos, den zoon van Seth, den zoon van Adam, den zoon van God.

Hoofdstuk 4

¹En Jezus, vol des Heiligen Geestes, keerde wederom van de Jordaan, en werd door den Geest geleid in de woestijn;

²En werd veertig dagen verzocht van den duivel; en at gans niet in die dagen, en als dezelve geeindigd waren, zo hongerde Hem ten laatste.

³En de duivel zeide tot Hem: Indien Gij Gods Zoon zijt, zeg tot dezen steen, dat hij brood worde.

⁴En Jezus antwoordde hem, zeggende: Er is geschreven, dat de mens bij brood alleen niet zal leven, maar bij alle woord Gods.

⁵En als Hem de duivel geleid had op een hogen berg, toonde hij Hem al de koninkrijken der wereld, in een ogenblik tijds.

⁶En de duivel zeide tot Hem: Ik zal U al deze macht, en de heerlijkheid derzelver koninkrijken geven; want zij is mij overgegeven, en ik geef ze, wien ik ook wil;

⁷Indien Gij dan mij zult aanbidden, zo zal het alles Uw zijn.

⁸En Jezus, antwoordende, zeide tot hem: Ga weg van Mij, satan, want er is geschreven: Gij zult den Heere, uw God, aanbidden, en Hem alleen dienen.

⁹En hij leidde Hem naar Jeruzalem, en stelde Hem op de tinne des tempels, en zeide tot Hem: Indien Gij de Zoon Gods zijt, werp Uzelven van hier nederwaarts;

¹⁰Want er is geschreven, dat Hij Zijn engelen van U bevelen zal, dat zij U bewaren zullen;

¹¹En dat zij U op de handen nemen zullen, opdat Gij Uw voet niet te eniger tijd aan een steen stoot.

¹²En Jezus, antwoordende, zeide tot hem: Er is gezegd: Gij zult den Heere, uw God, niet verzoeken.

¹³En als de duivel alle verzoeking voleindigd had, week hij van Hem voor een tijd.

¹⁴En Jezus keerde wederom, door de kracht des Geestes, naar Galilea; en het gerucht van Hem ging uit door het gehele omliggende land.

¹⁵En Hij leerde in hun synagogen, en werd van allen geprezen.

¹⁶En Hij kwam te Nazareth, daar Hij opgevoed was, en ging, naar Zijn gewoonte, op den dag des sabbats in de synagoge; en stond op om te lezen.

¹⁷En Hem werd gegeven het boek van den profeet Jesaja; en als Hij het boek opengedaan had, vond Hij de plaats, daar geschreven was;

¹⁸De Geest des Heeren is op Mij, daarom heeft Hij Mij gezalfd; Hij heeft Mij gezonden, om den armen het Evangelie te verkondigen, om te genezen, diegebroken zijn van hart;

¹⁹Om den gevangenen te prediken loslating, en den blinden het gezicht, om de verslagenen heen te zenden in vrijheid; om te prediken het aangename jaar desHeeren.

²⁰En als Hij het boek toegedaan en den dienaar wedergegeven had, zat Hij neder; en de ogen van allen in de synagoge waren op Hem geslagen.

²¹En Hij begon tot hen te zeggen: Heden is deze Schrift in uw oren vervuld.

²²En zij gaven Hem allen getuigenis, en verwonderden zich over de aangename woorden, die uit Zijn mond voortkwamen; en zeiden: Is deze niet de Zoon vanJozef?

²³En Hij zeide tot hen: Gij zult zonder twijfel tot Mij dit spreekwoord zeggen: Medicijnmeester, genees Uzelven; al wat wij gehoord hebben, dat in Kapernaumgeschied is, doe dat ook hier in Uw vaderland.

²⁴En Hij zeide: Voorwaar Ik zeg u, dat geen profeet aangenaam is in zijn vaderland.

²⁵Maar Ik zeg u in der waarheid: Er waren vele weduwen in Israel in de dagen van Elias, toen de hemel drie jaren en zes maanden gesloten was, zodat er grotehongersnood werd over het gehele land.

²⁶En tot geen van haar werd Elias gezonden, dan naar Sarepta Sidonis, tot een vrouw, die weduwe was.

²⁷En er waren vele melaatsen in Israel, ten tijde van den profeet Elisa; en geen van hen werd gereinigd, dan Naaman, de Syrier.

²⁸En zij werden allen in de synagoge met toorn vervuld, als zij dit hoorden.

²⁹En opstaande, wierpen zij Hem uit, buiten de stad, en leidden Hem op den top des bergs, op denwelken hun stad gebouwd was, om Hem van de steilte af tewerpen.

³⁰Maar Hij, door het midden van hen doorgegaan zijnde, ging weg.

³¹En Hij kwam af te Kapernaum, een stad van Galilea, en leerde

hen op de sabbatdagen.

³²En zij versloegen zich over Zijn leer, want Zijn woord was met macht.

³³En in de synagoge was een mens, hebbende een geest eens onreinen duivels; en hij riep uit met grote stemme,

³⁴Zeggende: Laat af, wat hebben wij met U te doen, Gij Jezus Nazarener? Zijt Gij gekomen, om ons te verderven? Ik ken U, wie Gij zijt, namelijk de HeiligeGods.

³⁵En Jezus bestrafte hem, zeggende: Zwijg stil, en ga van hem uit. En de duivel, hem in het midden geworpen hebbende, voer van hem uit, zonder hem iets tebeschadigen.

³⁶En er kwam een verbaasdheid over allen; en zij spraken samen tot elkander, zeggende: Wat woord is dit, dat Hij met macht en kracht den onreinen geestengebiedt, en zij varen uit?

³⁷En het gerucht van Hem ging uit in alle plaatsen des omliggenden lands.

³⁸En Jezus, opgestaan zijnde uit de synagoge, ging in het huis van Simon; en Simons vrouws moeder was met een grote koorts bevangen, en zij baden Hem voorhaar.

³⁹En staande boven haar, bestrafte Hij de koorts, en de koorts verliet haar; en zij van stonde aan opstaande, diende henlieden.

⁴⁰En als de zon onderging, brachten allen, die kranken hadden, met verscheidenen ziekten bevangen, die tot Hem, en Hij legde een iegelijk van hen de handenop, en genas dezelve.

⁴¹En er voeren ook duivelen uit van velen, roepende en zeggende: Gij zijt de Christus, de Zone Gods! En hen bestraffende, liet Hij die niet spreken, omdat zijwisten, dat Hij de Christus was.

⁴²En als het dag werd, ging Hij uit, en trok naar een woeste plaats; en de scharen zochten Hem, en kwamen tot bij Hem, en hielden Hem op, dat Hij van hen nietzou weggaan.

⁴³Maar Hij zeide tot hen: Ik moet ook anderen steden het Evangelie van het Koninkrijk Gods verkondigen; want daartoe ben Ik uitgezonden.

⁴⁴En Hij predikte in de synagogen van Galilea.

Hoofdstuk 5

¹En het geschiedde, als de schare op Hem aandrong, om het Woord Gods te horen, dat Hij stond bij het meer Gennesareth.

²En Hij zag twee schepen aan den oever van het meer liggende, en de vissers waren daaruit gegaan, en spoelden de netten.

³En Hij ging in een van die schepen, hetwelk van Simon was, en bad hem, dat hij een weinig van het land afstak; en nederzittende, leerde Hij de scharen uit hetschip.

⁴En als Hij afliet van spreken, zeide Hij tot Simon: Steek af naar de diepte, en werp uw netten uit om te vangen.

⁵En Simon antwoordde en zeide tot Hem: Meester, wij hebben den gehelen nacht over gearbeid, en niet gevangen; doch op Uw woord zal ik het net uitwerpen.

⁶En als zij dat gedaan hadden, besloten zij een grote menigte vissen, en hun net scheurde.

⁷En zij wenkten hun medegenoten, die in het andere schip waren, dat zij hen zouden komen helpen. En zij kwamen, en vulden beide de schepen, zodat zij bijnazonken.

⁸En Simon Petrus, dat ziende, viel neder aan de knieen van Jezus, zeggende: Heere! ga uit van mij, want ik ben een zondig mens.

⁹Want verbaasdheid had hem bevangen, en allen, die met hem waren, over de vangst der vissen, die zij gevangen hadden;

¹⁰En desgelijks ook Jakobus en Johannes, de zonen van Zebedeus, die medegenoten van Simon waren. En Jezus zeide tot Simon: Vrees niet; van nu aan zult gijmensen vangen.

¹¹En als zij de schepen aan land gestuurd hadden, verlieten zij alles, en volgden Hem.

¹²En het geschiedde, als Hij in een dier steden was, ziet, er was een man vol melaatsheid; en Jezus ziende, viel hij op het aangezicht, en bad Hem, zeggende:Heere! zo Gij wilt, Gij kunt mij reinigen.

¹³En Hij, de hand uitstrekkende, raakte hem aan; en zeide: Ik wil, word gereinigd! En terstond ging de melaatsheid van hem.

¹⁴En Hij gebood hem, dat hij het niemand zeggen zou; maar ga heen, zeide Hij, vertoon uzelven den priester, en offer voor uw reiniging, gelijk Mozes gebodenheeft, hun tot een getuigenis.

¹⁵Maar het gerucht van Hem ging te meer voort; en vele scharen kwamen samen om Hem te horen, en door Hem genezen te worden van hun krankheden.

¹⁶Maar Hij vertrok in de woestijnen, en bad aldaar.

¹⁷En het geschiedde in een dier dagen, dat Hij leerde, en er zaten Farizeen en leraars der wet, die van alle vlekken van Galilea, en Judea, en Jeruzalem gekomenwaren; en de kracht des Heeren was er om hen te genezen.

¹⁸En ziet, enige mannen brachten op een bed een mens, die geraakt was, en zochten hem in te brengen, en voor Hem te leggen.

¹⁹En niet vindende, waardoor zij hem inbrengen mochten, overmits de schare, zo klommen zij op het dak, en lieten hem door de tichelen neder met het beddeken, in het midden, voor Jezus.

²⁰En Hij ziende hun geloof, zeide tot hem: Mens, uw zonden zijn u vergeven.

²¹En de Schriftgeleerden en de Farizeen begonnen te overdenken, zeggende: Wie is Deze, Die gods lastering spreekt? Wie kan de zonden vergeven, dan Godalleen?

²²Maar Jezus, hun overdenkingen bekennende, antwoordde en zeide tot hen: Wat overdenkt gij in uw harten?

²³Wat is lichter te zeggen: Uw zonden zijn u vergeven, of te zeggen: Sta op en wandel?

²⁴Doch opdat gij moogt weten, dat de Zoon des mensen macht heeft op de aarde, de zonde te vergeven (zeide Hij tot den geraakte): Ik zeg u, sta op, en neemuw beddeken op, en ga heen naar uw huis.

²⁵En hij, terstond voor Hem opstaande, en opgenomen hebbende hetgeen, daar hij op gelegen had, ging heen naar zijn huis, God verheerlijkende.

²⁶En ontzetting heeft hen allen bevangen, en zij verheerlijkten God, en werden vervuld met vreze, zeggende: Wij hebben heden ongelofelijke dingen gezien.

²⁷En na dezen ging Hij uit, en zag een tollenaar, met name Levi, zitten in het tolhuis, en zeide tot hem: Volg Mij.

²⁸En hij, alles verlatende, stond op en volgde Hem.

²⁹En Levi richtte Hem een groten maaltijd aan, in zijn huis; en er was een grote schare van tollenaren, en van anderen, die met hen aanzaten.

³⁰En hun Schriftgeleerden en de Farizeen murmureerden tegen Zijn discipelen, zeggende: Waarom eet en drinkt gij met tollenaren en zondaren?

³¹En Jezus, antwoordende, zeide tot hen: Die gezond zijn, hebben den medicijnmeester niet van node, maar die ziek zijn.

³²Ik ben niet gekomen om te roepen rechtvaardigen, maar zondaren tot bekering.

³³En zij zeiden tot Hem: Waarom vasten de discipelen van Johannes dikmaals, en doen gebeden, desgelijks ook de discipelen der Farizeen, maar de Uwe etenen drinken?

³⁴Doch Hij zeide tot hen: Kunt gij de bruiloftskinderen, terwijl de Bruidegom bij hen is, doen vasten?

³⁵Maar de dagen zullen komen, wanneer de Bruidegom van hen zal weggenomen zijn, dan zullen zij vasten in die dagen.

³⁶En Hij zeide ook tot hen een gelijkenis: Niemand zet een lap van een nieuw kleed op een oud kleed; anders zo scheurt ook dat nieuwe het oude, en de lap vanhet nieuwe komt met het oude niet overeen.

³⁷En niemand doet nieuwen wijn in oude leder zakken; anders zo zal de nieuwe wijn de leder zakken doen bersten, en de wijn zal uitgestort worden, en de lederzakken zullen verderven.

³⁸Maar nieuwen wijn moet men in nieuwe leder zakken doen, en zij worden beide te zamen behouden.

³⁹En niemand, die ouden drinkt, begeert terstond nieuwen; want hij zegt: De oude is beter.

Hoofdstuk 6

¹En het geschiedde op den tweeden eersten sabbat, dat Hij door het gezaaide ging; en Zijn discipelen plukten aren, en aten ze, die wrijvende met de handen.

²En sommigen der Farizeen zeiden tot hen: Waarom doet gij, wat niet geoorloofd is te doen op de sabbatten?

³En Jezus, hun antwoordende, zeide: Hebt gij ook dat niet gelezen, hetwelk David deed, wanneer hem hongerde, en dengenen, die met hem waren?

⁴Hoe hij ingegaan is in het huis Gods, en de toonbroden genomen en gegeten heeft, en ook gegeven dengenen, die met hem waren, welke niet zijn geoorloofd teeten, dan alleen den priesteren.

⁵En Hij zeide tot hen: De Zoon des mensen is een Heere ook van den sabbat.

⁶En het geschiedde ook op een anderen sabbat, dat Hij in de synagoge ging, en leerde. En daar was een mens, en zijn rechterhand was dor.

⁷En de Schriftgeleerden en de Farizeen namen Hem waar, of Hij op den sabbat genezen zou; opdat zij enige beschuldiging tegen Hem mochten vinden.

⁸Doch Hij kende hun gedachten, en zeide tot den mens, die de dorre hand had: Rijs op, en sta in het midden. En hij opgestaan zijnde,

Lukas

stond overeind.

⁹Zo zeide dan Jezus tot hen: Ik zal u vragen: Wat is geoorloofd op de sabbatten, goed te doen, of kwaad te doen, een mens te behouden, of te verderven?

¹⁰En hen allen rondom aangezien hebbende, zeide Hij tot den mens: Strek uw hand uit. En hij deed alzo; en zijn hand werd hersteld, gezond gelijk de andere.

¹¹En zij werden vervuld met uitzinnigheid, en spraken samen met elkander, wat zij Jezus doen zouden.

¹²En het geschiedde in die dagen, dat Hij uitging naar den berg, om te bidden, en Hij bleef den nacht over in het gebed tot God.

¹³En als het dag was geworden, riep Hij Zijn discipelen tot Zich, en verkoos er twaalf uit hen, die Hij ook apostelen noemde:

¹⁴Namelijk Simon, welken Hij ook Petrus noemde; en Andreas zijn broeder, Jakobus en Johannes, Filippus en Bartholomeus;

¹⁵Mattheus en Thomas, Jakobus, den zoon van Alfeus, en Simon genaamd Zelotes;

¹⁶Judas, den broeder van Jakobus, en Judas Iskariot, die ook de verrader geworden is.

¹⁷En met hen afgekomen zijnde, stond Hij op een vlakke plaats, en met Hem de schare Zijner discipelen, en een grote menigte des volks van geheel Judea en Jeruzalem, en van den zeekant van Tyrus en Sidon;

¹⁸Die gekomen waren, om Hem te horen, en om van hun ziekten genezen te worden, en die van onreine geesten gekweld waren; en zij werden genezen.

¹⁹En al de schare zocht Hem aan te raken; want er ging kracht van Hem uit, en Hij genas ze allen.

²⁰En Hij, Zijn ogen opslaande over Zijn discipelen, zeide: Zalig zijt gij, armen, want uwer is het Koninkrijk Gods.

²¹Zalig zijt gij, die nu hongert; want gij zult verzadigd worden. Zalig zijt gij, die nu weent; want gij zult lachen.

²²Zalig zijt gij, wanneer u de mensen haten, en wanneer zij u afscheiden, en smaden, en uw naam als kwaad verwerpen, om des Zoons des mensen wil.

²³Verblijdt u in dien dag, en zijt vrolijk; want, ziet, uw loon is groot in den hemel; want hun vaders deden desgelijks den profeten.

²⁴Maar wee u, gij rijken, want gij hebt uw troost weg.

²⁵Wee u, die verzadigd zijt, want gij zult hongeren. Wee u, die nu lacht, want gij zult treuren en wenen.

²⁶Wee u, wanneer al de mensen wel van u spreken, want hun vaders deden desgelijks den valsen profeten.

²⁷Maar Ik zeg ulieden, die dit hoort: Hebt uw vijanden lief; doet wel dengenen, die u haten.

²⁸Zegent degenen, die u vervloeken, en bidt voor degenen, die u geweld doen.

²⁹Dengene, die u aan de wang slaat, biedt ook de andere; en dengene, die u den mantel neemt, verhindert ook den rok niet te nemen.

³⁰Maar geeft een iegelijk, die van u begeert; en van dengene, die het uwe neemt, eist niet weder.

³¹En gelijk gij wilt, dat u de mensen doen zullen, doet gij hun ook desgelijks.

³²En indien gij liefhebt, die u liefhebben, wat dank hebt gij? Want ook de zondaars hebben lief degenen, die hen liefhebben.

³³En indien gij goed doet dengenen, die u goed doen, wat dank hebt gij? Want ook de zondaars doen hetzelfde.

³⁴En indien gij leent dengenen, van welke gij hoopt weder te ontvangen, wat dank hebt gij? Want ook de zondaars lenen den zondaren, opdat zij evengelijk weder mogen ontvangen.

³⁵Maar hebt uw vijanden lief, en doet goed, en leent, zonder iets weder te hopen; en uw loon zal groot zijn, en gij zult kinderen des Allerhoogsten zijn; want Hij is goedertieren over de ondankbaren en bozen.

³⁶Weest dan barmhartig, gelijk ook uw Vader barmhartig is.

³⁷En oordeelt niet, en gij zult niet geoordeeld worden; verdoemt niet, en gij zult niet verdoemd worden; laat los, en gij zult losgelaten worden.

³⁸Geeft, en u zal gegeven worden; een goede, neergedrukte, en geschudde en overlopende maat zal men in uw schoot geven; want met dezelfde maat, waarmede gijlieden meet, zal ulieden wedergemeten worden.

³⁹En Hij zeide tot hen een gelijkenis: Kan ook wel een blinde een blinde op den weg leiden? Zullen zij niet beiden in de gracht vallen?

⁴⁰De discipel is niet boven zijn meester; maar een iegelijk volmaakt discipel zal zijn gelijk zijn meester.

⁴¹En wat ziet gij den splinter, die in uws broeders oog is, en den balk, die in uw eigen oog is, merkt gij niet?

⁴²Of hoe kunt gij tot uw broeder zeggen: Broeder, laat toe, dat ik den splinter, die in uw oog is, uitdoe; daar gij zelf den balk, die in uw oog is, niet ziet? Gij geveinsde! doe eerst den balk uit uw oog, en dan zult gij bezien, om den splinter uit te doen, die in uws broeders oog is.

⁴³Want het is geen goede boom, die kwade vrucht voortbrengt, en geen kwade boom, die goede vrucht voortbrengt;

⁴⁴Want ieder boom wordt uit zijn eigen vrucht gekend; want men leest geen vijgen van doornen, en men snijdt geen druif van bramen.

⁴⁵De goede mens brengt het goede voort uit den goeden schat zijns harten; en de kwade mens brengt het kwade voort uit den kwaden schat zijns harten; want uit den overvloed des harten spreekt zijn mond.

⁴⁶En wat noemt gij Mij, Heere, Heere! en doet niet hetgeen Ik zeg?

⁴⁷Een iegelijk, die tot Mij komt, en Mijn woorden hoort, en dezelve doet, Ik zal u tonen, wien hij gelijk is.

⁴⁸Hij is gelijk een mens, die een huis bouwde, en groef, en verdiepte, en leide het fondament op een steenrots; als nu de hoge vloed kwam, zo sloeg de waterstroom tegen dat huis aan, en kon het niet bewegen; want het was op de steenrots gegrond.

⁴⁹Maar die ze gehoord, en niet gedaan zal hebben, is gelijk een mens, die een huis bouwde op de aarde zonder fondament; tegen hetwelk de waterstroom aansloeg, en het viel terstond, en de val van datzelve huis was groot.

Hoofdstuk 7

¹Nadat Hij nu al Zijn woorden voleindigd had, ten aanhore des volks, ging Hij in te Kapernaum.

²En een dienstknecht van een zeker hoofdman over honderd, die hem zeer waard was, krank zijnde, lag op zijn sterven.

³En van Jezus gehoord hebbende, zond hij tot Hem de ouderlingen der Joden, Hem biddende, dat Hij wilde komen, en zijn dienstknecht gezond maken.

⁴Dezen nu, tot Jezus gekomen zijnde, baden Hem ernstelijk, zeggende: Hij is waardig, dat Gij hem dat doet;

⁵Want hij heeft ons volk lief, en heeft zelf ons de synagoge gebouwd.

⁶En Jezus ging met hen. En als Hij nu niet verre van het huis was, zond de hoofdman over honderd tot Hem enige vrienden, en zeide tot Hem: Heere, neem de moeite niet; want ik ben niet waardig, dat Gij onder mijn dak zoudt inkomen.

⁷Daarom heb ik ook mijzelven niet waardig geacht, om tot U te komen; maar zeg het met een woord, en mijn knecht zal genezen worden.

⁸Want ik ben ook een mens, onder de macht van anderen gesteld, hebbende krijgsknechten onder mij, en ik zeg tot dezen: Ga, en hij gaat; en tot den anderen: Kom en hij komt; en tot mijn dienstknecht: Doe dat! en hij doet het.

⁹En Jezus, dit horende, verwonderde Zich over hem; en Zich omkerende, zeide tot de schare, die Hem volgde: Ik zeg ulieden: Ik heb zo groot een geloof zelfs in Israel niet gevonden.

¹⁰En die gezonden waren, wedergekeerd zijnde in het huis, vonden den kranken dienstknecht gezond.

¹¹En het geschiedde op den volgenden dag, dat Hij ging naar een stad, genaamd Nain, en met Hem gingen velen van Zijn discipelen, en een grote schare.

¹²En als Hij de poort der stad genaakte, zie daar, een dode werd uitgedragen, die een eniggeboren zoon zijner moeder was, en zij was weduwe en een grote schare van de stad was met haar.

¹³En de Heere, haar ziende, werd innerlijk met ontferming over haar bewogen, en zeide tot haar: Ween niet.

¹⁴En Hij ging toe, en raakte de baar aan; (de dragers nu stonden stil) en Hij zeide: Jongeling, Ik zeg u, sta op!

¹⁵En de dode zat overeind, en begon te spreken. En Hij gaf hem aan zijn moeder.

¹⁶En vreze beving hen allen, en zij verheerlijkten God, zeggende: Een groot Profeet is onder ons opgestaan, en God heeft Zijn volk bezocht.

¹⁷En dit gerucht van Hem ging uit in geheel Judea, en in al het omliggende land.

¹⁸En de discipelen van Johannes boodschapten hem van al deze dingen.

¹⁹En Johannes, zekere twee van zijn discipelen tot zich geroepen hebbende, zond hen tot Jezus, zeggende: Zijt Gij Degene, Die komen zou, of verwachten wij een anderen?

²⁰En als de mannen tot Hem gekomen waren, zeiden zij: Johannes de Doper heeft ons tot U afgezonden, zeggende: Zijt Gij, Die komen zou, of verwachten wij een anderen?

²¹En in dezelfde ure genas Hij er velen van ziekten en kwalen, en boze geesten; en velen blinden gaf Hij het gezicht.

²²En Jezus, antwoordende, zeide tot hen: Gaat heen, en boodschapt Johannes weder de dingen, die gij gezien en gehoord hebt, namelijk dat de blinden ziende worden, de kreupelen wandelen, de melaatsen gereinigd worden, de doven horen, de doden opgewekt worden, den armen het Evangelie verkondigd wordt.

²³En zalig is hij, die aan Mij niet zal geergerd worden.

²⁴Als nu de boden van Johannes weggegaan waren, begon Hij tot de scharen van Johannes te zeggen: Wat zijt gij uitgegaan in de woestijn te aanschouwen? Een riet, dat van den wind ginds en weder bewogen wordt?

²⁵Maar wat zijt gij uitgegaan te zien? Een mens, met zachte klederen bekleed? Ziet, die in heerlijke kleding en wellust zijn, die zijn in de koninklijke hoven.

²⁶Maar wat zijt gij uitgegaan te zien? Een profeet? Ja, Ik zeg u, ook veel meer dan een profeet.

²⁷Deze is het, van welken geschreven is: Ziet, Ik zende Mijn engel voor Uw aangezicht, die Uw weg voor U heen bereiden zal.

²⁸Want Ik zeg ulieden: Onder die van vrouwen geboren zijn, is niemand meerder profeet, dan Johannes de Doper; maar de minste in het Koninkrijk Gods is meerder dan hij.

²⁹En al het volk, Hem horende, en de tollenaars, die met den doop van Johannes gedoopt waren, rechtvaardigden God.

³⁰Maar de Farizeen en de wetgeleerden hebben den raad Gods tegen zichzelven verworpen, van hem niet gedoopt zijnde.

³¹En de Heere zeide: Bij wien zal Ik dan de mensen van dit geslacht vergelijken, en wien zijn zij gelijk?

³²Zij zijn gelijk aan de kinderen, die op de markt zitten, en elkander toeroepen, en zeggen: Wij hebben u op de fluit gespeeld, en gij hebt niet gedanst; wij hebben u klaagliederen gezongen, en gij hebt niet geweend.

³³Want Johannes de Doper is gekomen, noch brood etende, noch wijn drinkende; en gij zegt: Hij heeft den duivel.

³⁴De Zoon des mensen is gekomen, etende en drinkende, en gij zegt: Ziet daar, een Mens, Die een vraat en wijnzuiper is, een Vriend van tollenaren en zondaren.

³⁵Doch de wijsheid is gerechtvaardigd geworden van al haar kinderen.

³⁶En een der Farizeen bad Hem, dat Hij met hem ate; en ingegaan zijnde in des Farizeers huis, zat Hij aan.

³⁷En ziet, een vrouw in de stad, welke een zondares was, verstaande, dat Hij in des Farizeers huis aanzat, bracht een albasten fles met zalf.

³⁸En staande achter aan Zijn voeten, wenende, begon zij Zijn voeten nat te maken met tranen, en zij droogde ze af met het haar van haar hoofd, en kuste Zijn voeten, en zalfde ze met de zalf.

³⁹En de Farizeer, die Hem genood had, zulks ziende, sprak bij zichzelven, zeggende: Deze, indien Hij een profeet ware, zou wel weten, wat en hoedanige vrouw deze is, die Hem aanraakt; want zij is een zondares.

⁴⁰En Jezus antwoordende, zeide tot hem: Simon! Ik heb u wat te zeggen. En hij sprak: Meester! zeg het.

⁴¹Jezus zeide: Een zeker schuldheer had twee schuldenaars; de een was schuldig vijfhonderd penningen, en de andere vijftig;

⁴²En als zij niet hadden om te betalen, schold hij het hun beiden kwijt. Zeg dan, wie van deze zal hem meer liefhebben?

⁴³En Simon, antwoordende, zeide: Ik acht, dat hij het is, dien hij het meeste kwijtgescholden heeft. En Hij zeide tot hem: Gij hebt recht geoordeeld.

⁴⁴En Hij, Zich omkerende naar de vrouw, zeide tot Simon: Ziet gij deze vrouw? Ik ben in uw huis gekomen; water hebt gij niet tot Mijn voeten gegeven; maar deze heeft Mijn voeten met tranen nat gemaakt, en met het haar van haar hoofd afgedroogd.

⁴⁵Gij hebt Mij geen kus gegeven; maar deze, van dat zij ingekomen is, heeft niet afgelaten Mijn voeten te kussen.

⁴⁶Met olie hebt gij Mijn hoofd niet gezalfd; maar deze heeft Mijn voeten met zalf gezalfd.

⁴⁷Daarom zeg Ik u: Haar zonden zijn haar vergeven, die vele waren; want zij heeft veel liefgehad; maar dien weinig vergeven wordt, die heeft weinig lief.

⁴⁸En Hij zeide tot haar: Uw zonden zijn u vergeven.

⁴⁹En die mede aanzaten, begonnen te zeggen bij zichzelven: Wie is Deze, Die ook de zonden vergeeft?

⁵⁰Maar Hij zeide tot de vrouw: Uw geloof heeft u behouden; ga heen in vrede.

Hoofdstuk 8

¹En het geschiedde daarna, dat Hij reisde van de ene stad en vlek tot de andere, predikende en verkondigende het Evangelie van het Koninkrijk Gods; en de twaalven waren met Hem;

²En sommige vrouwen, die van boze geesten en krankheden genezen waren, namelijk Maria, genaamd Magdalena, van welke zeven duivelen uitgegaan waren;

³En Johanna, de huisvrouw van Chusas, den rentmeester van Herodes, en Susanna, en vele anderen, die Hem dienden van haar goederen.

⁴Als nu een grote schare bijeenvergaderde, en zij van alle steden tot Hem kwamen, zo zeide Hij door gelijkenis:

⁵Een zaaier ging uit, om zijn zaad te zaaien; en als hij zaaide, viel het ene bij den weg, en werd vertreden, en de vogelen des hemels aten dat op.

⁶En het andere viel op een steenrots, en opgewassen zijnde, is het verdord, omdat het geen vochtigheid had.

⁷En het andere viel in het midden van de doornen, en de doornen mede opwassende, verstikten hetzelve.

⁸En het andere viel op de goede aarde, en opgewassen zijnde, bracht het honderdvoudige vrucht voort. Dit zeggende, riep Hij: Wie oren heeft, om te horen, die hore.

⁹En Zijn discipelen vraagden Hem, zeggende: Wat mag deze gelijkenis wezen?

¹⁰En Hij zeide: U is het gegeven, de verborgenheden van het Koninkrijk Gods te verstaan; maar tot de anderen spreek Ik in gelijkenissen, opdat zij ziende niet zien, en horende niet verstaan.

¹¹Dit is nu de gelijkenis: Het zaad is het Woord Gods.

¹²En die bij den weg bezaaid worden, zijn dezen, die horen; daarna komt de duivel, en neemt het Woord uit hun hart weg, opdat zij niet zouden geloven, en zalig worden.

¹³En die op de steenrots bezaaid worden, zijn dezen, die, wanneer zij het gehoord hebben, het Woord met vreugde ontvangen; en dezen hebben geen wortel, die maar voor een tijd geloven, en in den tijd der verzoeking wijken zij af.

¹⁴En dat in de doornen valt, zijn dezen, die gehoord hebben, en heengaande verstikt worden door de zorgvuldigheden, en rijkdom, en wellusten des levens, en voldragen geen vrucht.

¹⁵En dat in de goede aarde valt, zijn dezen, die, het Woord gehoord hebbende, hetzelve in een eerlijk en goed hart bewaren, en in volstandigheid vruchten voortbrengen.

¹⁶En niemand, die een kaars ontsteekt, bedekt dezelve met een vat, of zet ze onder een bed; maar zet ze op een kandelaar, opdat degenen, die inkomen, het licht zien mogen.

¹⁷Want er is niets verborgen, dat niet openbaar zal worden; noch heimelijk, dat niet bekend zal worden, en in het openbaar komen.

¹⁸Ziet dan, hoe gij hoort; want zo wie heeft, dien zal gegeven worden; en zo wie niet heeft, ook hetgeen hij meent te hebben, zal van hem genomen worden.

¹⁹En Zijn moeder en Zijn broeders kwamen tot Hem, en konden bij Hem niet komen, vanwege de schare.

²⁰En Hem werd geboodschapt van enigen, die zeiden: Uw moeder en Uw broeders staan daar buiten, begerende U te zien.

²¹Maar Hij antwoordde en zeide tot hen: Mijn moeder en Mijn broeders zijn dezen, die Gods Woord horen, en datzelve doen.

²²En het geschiedde in een van die dagen, dat Hij in een schip ging, en Zijn discipelen met Hem; en Hij zeide tot hen: Laat ons overvaren aan de andere zijde van het meer. En zij staken af.

²³En als zij voeren, viel Hij in slaap; en er kwam een storm van wind op het meer, en zij werden vol waters, en waren in nood.

²⁴En zij gingen tot Hem, en wekten Hem op, zeggende: Meester, Meester, wij vergaan! en Hij, opgestaan zijnde, bestrafte den wind en de watergolven, en zij hielden op, en er werd stilte.

²⁵En Hij zeide tot hen: Waar is uw geloof? Maar zij, bevreesd zijnde, verwonderden zich, zeggende tot elkander: Wie is toch Deze, dat Hij ook de winden en het water gebiedt, en zij zijn Hem gehoorzaam?

²⁶En zij voeren voort naar het land der Gadarenen, hetwelk is tegenover Galilea.

²⁷En als Hij aan het land uitgegaan was, ontmoette Hem een zeker man uit de stad, die van over langen tijd met duivelen was bezeten geweest; en was met geen klederen gekleed, en bleef in geen huis, maar in de graven.

²⁸En hij, Jezus ziende, en zeer roepende, viel voor Hem neder, en zeide met een grote stem: Wat heb ik met U te doen, Jezus, Gij Zone Gods, des Allerhoogsten, ik bid U, dat Gij mij niet pijnigt!

²⁹Want Hij had den onreinen geest geboden, dat hij van den mens zou uitvaren; want hij had hem menigen tijd bevangen gehad; en hij

Lukas

werd met ketenen en metboeien gebonden, om bewaard te zijn; en hij verbrak de banden, en werd van den duivel gedreven in de woestijnen.

³⁰En Jezus vraagde hem, zeggende: Welke is uw naam? En hij zeide: Legio. Want vele duivelen waren in hem gevaren.

³¹En zij baden Hem, dat Hij hun niet gebieden zou in den afgrond heen te varen.

³²En aldaar was een kudde veler zwijnen, weidende op den berg; en zij baden Hem, dat Hij hun wilde toelaten in dezelve te varen. En Hij liet het hun toe.

³³En de duivelen, uitvarende van den mens, voeren in de zwijnen; en de kudde stortte van de steilte af in het meer; en versmoorde.

³⁴En die ze weidden, ziende hetgeen geschied was, zijn gevlucht; en heengaande boodschapten het in de stad, en op het land.

³⁵En zij gingen uit, om te zien hetgeen geschied was, en kwamen tot Jezus, en vonden den mens, van welken de duivelen uitgevaren waren, zittend aan de voetenvan Jezus, gekleed en wel bij zijn verstand; en zij werden bevreesd.

³⁶En ook, die het gezien hadden, verhaalden hun, hoe de bezetene was verlost geworden.

³⁷En de gehele menigte van het omliggende land der Gadarenen baden Hem, dat Hij van hen wegging; want zij waren met grote vreze bevangen. En Hij, in hetschip gegaan zijnde, keerde wederom.

³⁸En de man, van welken de duivelen uitgevaren waren, bad Hem, dat hij mocht bij Hem zijn. Maar Jezus liet hem van Zich gaan, zeggende:

³⁹Keer weder naar uw huis, en vertel, wat grote dingen u God gedaan heeft. En hij ging heen door de gehele stad, verkondigende, wat grote dingen Jezus hemgedaan had.

⁴⁰En het geschiedde, als Jezus wederkeerde, dat Hem de schare ontving; want zij waren allen Hem verwachtende.

⁴¹En ziet, er kwam een man, wiens naam was Jaïrus, en hij was een overste der synagoge; en hij viel aan de voeten van Jezus, en bad Hem, dat Hij in zijn huiswilde komen.

⁴²Want hij had een enige dochter, van omtrent twaalf jaren, en deze lag op haar sterven. En als Hij heenging, zo verdrongen Hem de scharen.

⁴³En een vrouw, die twaalf jaren lang den vloed des bloeds gehad had, welke al haar leeftocht aan medicijnmeesters ten koste gelegd had; en van niemand hadkunnen genezen worden,

⁴⁴Van achteren tot Hem komende, raakte den zoom Zijns kleeds aan; en terstond stelpte de vloed haars bloeds.

⁴⁵En Jezus zeide: Wie is het, die Mij heeft aangeraakt? En als zij het allen ontkenden, zeide Petrus en die met hem waren: Meester, de scharen drukken enverdringen U, en zegt Gij: Wie is het, die Mij aangeraakt heeft?

⁴⁶En Jezus zeide: Iemand heeft Mij aangeraakt; want Ik heb bekend, dat kracht van Mij uitgegaan is.

⁴⁷De vrouw nu, ziende, dat zij niet verborgen was, kwam bevende, en voor Hem nedervallende, verklaarde Hem voor al het volk, om wat oorzaak zij Hemaangeraakt had, en hoe zij terstond genezen was.

⁴⁸En Hij zeide tot haar: Dochter, wees welgemoed, uw geloof heeft u behouden; ga heen in vrede.

⁴⁹Als Hij nog sprak, kwam er een van het huis des oversten der synagoge, zeggende tot hem: Uw dochter is gestorven; zijt den Meester niet moeilijk.

⁵⁰Maar Jezus, dat horende, antwoordde hem, zeggende: Vrees niet, geloof alleenlijk, en zij zal behouden worden.

⁵¹En als Hij in het huis kwam, liet Hij niemand inkomen, dan Petrus, en Jakobus, en Johannes, en den vader en de moeder des kinds.

⁵²En zij schreiden allen, en maakten misbaar over hetzelve. En Hij zeide: Schreit niet; zij is niet gestorven; maar zij slaapt.

⁵³En zij belachten Hem, wetende, dat zij gestorven was.

⁵⁴Maar als Hij ze allen uitgedreven had, greep Hij haar hand en riep, zeggende: Kind, sta op!

⁵⁵En haar geest keerde weder, en zij is terstond opgestaan; en Hij gebood, dat men haar te eten geven zoude.

⁵⁶En haar ouders ontzetten zich; en Hij beval hun, dat zij niemand zouden zeggen hetgeen geschied was.

Hoofdstuk 9

¹En Zijn twaalf discipelen samengeroepen hebbende, gaf Hij hun kracht en macht over al de duivelen, en om ziekten te genezen.

²En Hij zond hen heen, om te prediken het Koninkrijk Gods, en de kranken gezond te maken.

³En Hij zeide tot hen: Neemt niets mede tot den weg, noch staven, noch male, noch brood, noch geld; noch iemand van u zal twee rokken hebben.

⁴En in wat huis gij ook zult ingaan, blijft aldaar, en gaat van daar uit.

⁵En zo wie u niet zullen ontvangen, uitgaande van die stad, schudt ook het stof af van uw voeten, tot een getuigenis tegen hen.

⁶En zij, uitgaande, doorgingen al de vlekken, verkondigende het Evangelie, en genezende de zieken overal.

⁷En Herodes, de viervorst, hoorde al de dingen, die van Hem geschiedden; en was twijfelmoedig, omdat van sommigen gezegd werd, dat Johannes van dedoden was opgestaan;

⁸En van sommigen, dat Elias verschenen was; en van anderen, dat een profeet van de ouden was opgestaan.

⁹En Herodes zeide: Johannes heb ik onthoofd; wie is nu Deze, van Welken ik zulke dingen hoor? En hij zocht Hem te zien.

¹⁰En de apostelen, wedergekeerd zijnde, verhaalden Hem al wat zij gedaan hadden. En Hij nam hen mede en vertrok alleen in een woeste plaats der stad, genaamd Bethsaida.

¹¹En de scharen, dat verstaande, volgden Hem; en Hij ontving ze, en sprak tot hen van het Koninkrijk Gods; en die genezing van node hadden, maakte Hijgezond.

¹²En de dag begon te dalen; en de twaalven, tot Hem komende, zeiden tot Hem: Laat de schare van U, opdat zij, heengaande in de omliggende vlekken en in dedorpen, herberg nemen mogen, en spijze vinden; want wij zijn hier in een woeste plaats.

¹³Maar Hij zeide tot hen: Geeft gij hun te eten. En zij zeiden: Wij hebben niet meer dan vijf broden, en twee vissen; tenzij dan dat wij heengaan en spijs kopenvoor al dit volk;

¹⁴Want er waren omtrent vijf duizend mannen. Doch Hij zeide tot Zijn discipelen: Doet hen nederzitten bij zaten, elk van vijftig.

¹⁵En zij deden alzo, en deden hen allen nederzitten.

¹⁶En Hij, de vijf broden en de twee vissen genomen hebbende, zag op naar den hemel, en zegende die, en brak ze, en gaf ze den discipelen, om der schare voorte leggen.

¹⁷En zij aten en werden allen verzadigd; en er werd opgenomen, hetgeen hun van de brokken overgeschoten was, twaalf korven.

¹⁸En het geschiedde, als Hij alleen was biddende, dat de discipelen met Hem waren, en Hij vraagde hen, zeggende: Wie zeggen de scharen, dat Ik ben?

¹⁹En zij, antwoordende, zeiden: Johannes de Doper; en anderen: Elias; en anderen: Dat enig profeet van de ouden opgestaan is.

²⁰En Hij zeide tot hen: Maar gijlieden, wie zegt gij, dat Ik ben? En Petrus, antwoordende, zeide: De Christus Gods.

²¹En Hij gebood hun scherpelijk en beval, dat zij dit niemand zeggen zouden;

²²Zeggende: De Zoon des mensen moet veel lijden, en verworpen worden van de ouderlingen, en overpriesters, en Schriftgeleerden, en gedood en ten derdendage opgewekt worden.

²³En Hij zeide tot allen: Zo iemand achter Mij wil komen, die verloochene zichzelven, en neme zijn kruis dagelijks op, en volge Mij.

²⁴Want zo wie zijn leven behouden wil, die zal het verliezen; maar zo wie zijn leven verliezen zal, om Mijnentwil, die zal het behouden.

²⁵Want wat baat het een mens, die de gehele wereld zou winnen, en zichzelven verliezen, of schade zijns zelfs lijden?

²⁶Want zo wie zich Mijns en Mijner woorden zal geschaamd hebben, diens zal de Zoon des mensen Zich schamen, wanneer Hij komen zal in Zijn heerlijkheid, enin de heerlijkheid des Vaders, en der heilige engelen.

²⁷En Ik zeg u waarlijk: Er zijn sommigen dergenen, die hier staan, die den dood niet zullen smaken, totdat zij het Koninkrijk Gods zullen gezien hebben.

²⁸En het geschiedde, omtrent acht dagen na deze woorden, dat Hij medenam Petrus, en Johannes, en Jakobus, en klom op den berg, om te bidden.

²⁹En als Hij bad, werd de gedaante Zijns aangezichts veranderd, en Zijn kleding wit en zeer blinkende.

³⁰En ziet, twee mannen spraken met Hem, welke waren Mozes en Elias.

³¹Dewelke, gezien zijnde in heerlijkheid, zeiden Zijn uitgang, dien Hij zoude volbrengen te Jeruzalem.

³²Petrus nu, en die met hem waren, waren met slaap bezwaard; en ontwaakt zijnde, zagen zij Zijn heerlijkheid, en de twee mannen, die bij Hem stonden.

³³En het geschiedde, als zij van Hem afscheidden, zo zeide Petrus tot Jezus: Meester, het is goed, dat wij hier zijn; en laat ons drie tabernakelen maken, voor Ueen, en voor Mozes een, en voor Elias een; niet wetende, wat hij zeide.

³⁴Als hij nu dit zeide, kwam een wolk, en overschaduwde hen; en zij werden bevreesd, als die in de wolk ingingen.

³⁵En er geschiedde een stem uit de wolk, zeggende: Deze is Mijn

geliefde Zoon; hoort Hem!

³⁶En als de stem geschiedde, zo werd Jezus alleen gevonden. En zij zwegen stil, en verhaalden in die dagen niemand iets van hetgeen zij gezien hadden.

³⁷En het geschiedde des daags daaraan, als zij van den berg afkwamen, dat Hem een grote schare in het gemoet kwam.

³⁸En ziet, een man van de schare riep uit, zeggende: Meester, ik bid U, zie toch mijn zoon aan; want hij is mij een eniggeborene.

³⁹En zie, een geest neemt hem, en van stonde aan roept hij, en hij scheurt hem, dat hij schuimt, en wijkt nauwelijks van hem, en verplettert hem.

⁴⁰En ik heb Uw discipelen gebeden, dat zij hem zouden uitwerpen, en zij hebben niet gekund.

⁴¹En Jezus, antwoordende, zeide: O ongelovig en verkeerd geslacht, hoe lang zal Ik nog bij ulieden zijn, en ulieden verdragen? Breng uw zoon hier.

⁴²En nog, als hij naar Hem toekwam, scheurde hem de duivel, en verscheurde hem; maar Jezus bestrafte den onreinen geest, en maakte het kind gezond, en gafhem zijn vader weder.

⁴³En zij werden allen verslagen over de grootdadigheid Gods. En als zij allen zich verwonderden over al de dingen, die Jezus gedaan had, zeide Hij tot Zijndiscipelen:

⁴⁴Legt gij deze woorden in uw oren: Want de Zoon des mensen zal overgeleverd worden in der mensen handen.

⁴⁵Maar zij verstonden dit woord niet, en het was voor hen verborgen, alzo dat zij het niet begrepen; en zij vreesden van dat woord Hem te vragen.

⁴⁶En er rees een overlegging onder hen, namelijk, wie van hen de meeste ware.

⁴⁷Maar Jezus, ziende de overleggingen hunner harten, nam een kindeken, en stelde dat bij Zich;

⁴⁸En zeide tot hen: Zo wie dit kindeken ontvangen zal in Mijn Naam, die ontvangt Mij; en zo wie Mij ontvangen zal, ontvangt Hem, Die Mij gezonden heeft. Wantdie de minste onder u allen is, die zal groot zijn.

⁴⁹En Johannes antwoordde en zeide: Meester! wij hebben een gezien, die in Uw Naam de duivelen uitwierp, en wij hebben het hem verboden, omdat hij U metons niet volgt.

⁵⁰En Jezus zeide tot hem: Verbied het niet; want wie tegen ons niet is, die is voor ons.

⁵¹En het geschiedde, als de dagen Zijner opneming vervuld werden, zo richtte Hij Zijn aangezicht, om naar Jeruzalem te reizen.

⁵²En Hij zond boden uit voor Zijn aangezicht; en zij, heengereisd zijnde, kwamen in een vlek der Samaritanen, om voor Hem herberg te bereiden.

⁵³En zij ontvingen Hem niet, omdat Zijn aangezicht was als reizende naar Jeruzalem.

⁵⁴Als nu Zijn discipelen, Jakobus en Johannes, dat zagen, zeiden zij: Heere, wilt Gij, dat wij zeggen, dat vuur van den hemel nederdale, en dezen verslinde, gelijkook Elias gedaan heeft?

⁵⁵Maar Zich omkerende, bestrafte Hij hen, en zeide: Gij weet niet van hoedanigen geest gij zijt.

⁵⁶Want de Zoon des mensen is niet gekomen om der mensen zielen te verderven, maar om te behouden. En zij gingen naar een ander vlek.

⁵⁷En het geschiedde op den weg, als zij reisden, dat een tot Hem zeide: Heere, ik zal U volgen, waar Gij ook heengaat.

⁵⁸En Jezus zeide tot hem: De vossen hebben holen, en de vogelen des hemels nesten; maar de Zoon des mensen heeft niet, waar Hij het hoofd nederlegge.

⁵⁹En Hij zeide tot een anderen: Volg Mij. Doch hij zeide: Heere, laat mij toe, dat ik heenga, en eerst mijn vader begrave.

⁶⁰Maar Jezus zeide tot hem: Laat de doden hun doden begraven; doch gij, ga heen en verkondig het Koninkrijk Gods.

⁶¹En ook een ander zeide: Heere, ik zal U volgen; maar laat mij eerst toe, dat ik afscheid neme van degenen, die in mijn huis zijn.

⁶²En Jezus zeide tot hem: Niemand, die zijn hand aan den ploeg slaat, en ziet naar hetgeen achter is, is bekwaam tot het Koninkrijk Gods.

Hoofdstuk 10

¹En na dezen stelde de Heere nog andere zeventig, en zond hen heen voor Zijn aangezicht, twee en twee, in iedere stad en plaats, daar Hij komen zou.

²Hij zeide dan tot hen: De oogst is wel groot, maar de arbeiders zijn weinige; daarom, bidt den Heere des oogstes, dat Hij arbeiders in Zijn oogst uitstote.

³Gaat henen; ziet, Ik zend u als lammeren in het midden der wolven.

⁴Draagt geen buidel, noch male, noch schoenen; en groet niemand op den weg.

⁵En in wat huis gij zult ingaan, zegt eerst: Vrede zij dezen huize!

⁶En indien aldaar een zoon des vredes is, zo zal uw vrede op hem rusten; maar indien niet, zo zal uw vrede tot u wederkeren.

⁷En blijft in datzelve huis, etende en drinkende, hetgeen van hen voorgezet wordt; want de arbeider is zijn loon waardig; gaat niet over van het ene huis in hetandere huis.

⁸En in wat stad gij zult ingaan, en zij u ontvangen, eet hetgeen ulieden voorgezet wordt.

⁹En geneest de kranken, die daarin zijn, en zegt tot hen: Het Koninkrijk Gods is nabij u gekomen.

¹⁰Maar in wat stad gij zult ingaan, en zij u niet ontvangen, uitgaande op haar straten, zo zegt:

¹¹Ook het stof, dat uit uw stad aan ons kleeft, schudden wij af op ulieden; nochtans zo weet dit, dat het Koninkrijk Gods nabij u gekomen is.

¹²En Ik zeg u, dat het dien van Sodom verdragelijker wezen zal in dien dag, dan dezelve stad.

¹³Wee u, Chorazin, wee u, Bethsaida, want zo in Tyrus en Sidon de krachten geschied waren, die in u geschied zijn, zij zouden eertijds, in zak en as zittende, zichbekeerd hebben.

¹⁴Doch het zal Tyrus en Sidon verdragelijker zijn in het oordeel, dan ulieden.

¹⁵En gij, Kapernaum, die tot den hemel toe verhoogd zijt, gij zult tot de hel toe nedergestoten worden.

¹⁶Wie u hoort, die hoort Mij; en wie u verwerpt, die verwerpt Mij; en wie Mij verwerpt, die verwerpt Dengene, Die Mij gezonden heeft.

¹⁷En de zeventigen zijn wedergekeerd met blijdschap, zeggende: Heere, ook de duivelen zijn ons onderworpen, in Uw Naam.

¹⁸En Hij zeide tot hen: Ik zag den satan, als een bliksem, uit den hemel vallen.

¹⁹Ziet, Ik geve u de macht, om op slangen en schorpioenen te treden, en over alle kracht des vijands; en geen ding zal u enigszins beschadigen.

²⁰Doch verblijdt u daarin niet, dat de geesten u onderworpen zijn; maar verblijdt u veel meer, dat uw namen geschreven zijn in de hemelen.

²¹Te dier ure verheugde Zich Jezus in den geest, en zeide: Ik dank U, Vader! Heere des hemels en der aarde; dat Gij deze dingen voor de wijzen en verstandigenverborgen hebt, en hebt dezelve den kinderkens geopenbaard; ja, Vader, want alzo is geweest het welbehagen voor U.

²²Alle dingen zijn Mij van Mijn Vader overgegeven; en niemand weet, wie de Zoon is, dan de Vader; en wie de Vader is, dan de Zoon, en dien het de Zoon zalwillen openbaren.

²³En Zich kerende naar de discipelen, zeide Hij tot hen alleen: Zalig zijn de ogen, die zien, hetgeen gij ziet.

²⁴Want Ik zeg u, dat vele profeten en koningen hebben begeerd te zien, hetgeen gij ziet, en hebben het niet gezien; en te horen, hetgeen gij hoort, en hebben hetniet gehoord.

²⁵En ziet, een zeker wetgeleerde stond op, Hem verzoekende, en zeggende: Meester, wat doende zal ik het eeuwige leven beerven?

²⁶En Hij zeide tot hem: Wat is in de wet geschreven? Hoe leest gij?

²⁷En hij, antwoordende, zeide: Gij zult den Heere, uw God, liefhebben, uit geheel uw hart, en uit geheel uw ziel, en uit geheel uw kracht, en uit geheel uw verstand;en uw naaste als uzelven.

²⁸En Hij zeide tot hem: Gij hebt recht geantwoord; doe dat, en gij zult leven.

²⁹Maar hij, willende zichzelven rechtvaardigen, zeide tot Jezus: En wie is mijn naaste?

³⁰En Jezus, antwoordende, zeide: Een zeker mens kwam af van Jeruzalem naar Jericho, en viel onder de moordenaars, welke, hem ook uitgetogen, en daartoezware slagen gegeven hebbende, heengingen, en lieten hem half dood liggen.

³¹En bij geval kwam een zeker priester denzelven weg af, en hem ziende, ging hij tegenover hem voorbij.

³²En desgelijks ook een Leviet, als hij was bij die plaats, kwam hij, en zag hem, en ging tegenover hem voorbij.

³³Maar een zeker Samaritaan, reizende, kwam omtrent hem, en hem ziende, werd hij met innerlijke ontferming bewogen.

³⁴En hij, tot hem gaande, verbond zijn wonden, gietende daarin olie en wijn; en hem heffende op zijn eigen beest, voerde hem in de herberg en verzorgde hem.

³⁵En des anderen daags weggaande, langde hij twee penningen uit, en gaf ze den waard, en zeide tot hem: Draag zorg voor hem: en zo wat

gij meer aan hem tenkoste zult leggen, dat zal ik u wedergeven, als ik wederkom.

³⁶Wie dan van deze drie dunkt u de naaste geweest te zijn desgenen, die onder de moordenaars gevallen was?

³⁷En hij zeide: Die barmhartigheid aan hem gedaan heeft. Zo zeide dan Jezus tot hem: Ga heen, en doe gij desgelijks.

³⁸En het geschiedde, als zij reisden, dat Hij kwam in een vlek; en een zekere vrouw, met name Martha, ontving Hem in haar huis.

³⁹En deze had een zuster, genaamd Maria, welke ook, zittende aan de voeten van Jezus, Zijn woord hoorde.

⁴⁰Doch Martha was zeer bezig met veel dienens, en daarbij komende, zeide zij: Heere, trekt Gij U dat niet aan, dat mijn zuster mij alleen laat dienen? Zeg danhaar, dat zij mij helpe.

⁴¹En Jezus, antwoordende, zeide tot haar: Martha, Martha, gij bekommert en ontrust u over vele dingen;

⁴²Maar een ding is nodig; doch Maria heeft het goede deel uitgekozen, hetwelk van haar niet zal weggenomen worden.

Hoofdstuk 11

¹En het geschiedde, toen Hij in een zekere plaats was biddende, als Hij ophield, dat een van Zijn discipelen tot Hem zeide: Heere, leer ons bidden, gelijk ookJohannes zijn discipelen geleerd heeft.

²En Hij zeide tot hen: Wanneer gij bidt, zo zegt: Onze Vader, Die in de hemelen zijt! Uw Naam worde geheiligd. Uw Koninkrijk kome. Uw wil geschiede, gelijkin den hemel, alzo ook op de aarde.

³Geef ons elken dag ons dagelijks brood.

⁴En vergeef ons onze zonden; want ook wij vergeven aan een iegelijk, die ons schuldig is. En leid ons niet in verzoeking, maar verlos ons van den boze.

⁵En Hij zeide tot hen: Wie van u zal een vriend hebben, en zal ter middernacht tot hem gaan, en tot hem zeggen: Vriend! leen mij drie broden;

⁶Overmits mijn vriend van de reis tot mij gekomen is, en ik heb niet, dat ik hem voorzette;

⁷En dat die van binnen, antwoordende, zou zeggen: Doe mij geen moeite aan; de deur is nu gesloten, en mijn kinderen zijn met mij in de slaapkamer; ik kan nietopstaan, om u te geven.

⁸Ik zeg ulieden: Hoewel hij niet zou opstaan en hem geven, omdat hij zijn vriend is, nochtans om zijner onbeschaamdheid wil, zal hij opstaan, en hem gevenzoveel als hij er behoeft.

⁹En Ik zeg ulieden: Bidt, en u zal gegeven worden; zoekt, en gij zult vinden; klopt, en u zal opengedaan worden.

¹⁰Want een iegelijk, die bidt, die ontvangt; en die zoekt, die vindt; en die klopt, dien zal opengedaan worden.

¹¹En wat vader onder u, dien de zoon om brood bidt, zal hem een steen geven, of ook om een vis, zal hem voor een vis een slang geven?

¹²Of zo hij ook om een ei zou bidden, zal hij hem een schorpioen geven?

¹³Indien dan gij, die boos zijt, weet uw kinderen goede gaven te geven, hoeveel te meer zal de hemelse Vader den Heiligen Geest geven dengenen, die Hembidden?

¹⁴En Hij wierp een duivel uit, en die was stom. En het geschiedde, als de duivel uitgevaren was, dat de stomme sprak; en de scharen verwonderden zich.

¹⁵Maar sommigen van hen zeiden: Hij werpt de duivelen uit door Beelzebul, den overste der duivelen.

¹⁶En anderen, Hem verzoekende, begeerden van Hem een teken uit den hemel.

¹⁷Maar Hij, kennende hun gedachten, zeide tot hen: Een ieder koninkrijk, dat tegen zichzelf verdeeld is, wordt verwoest; en een huis, tegen zichzelf verdeeldzijnde, valt.

¹⁸Indien nu ook de satan tegen zichzelven verdeeld is, hoe zal zijn rijk bestaan? Dewijl gij zegt, dat Ik door Beelzebul de duivelen uitwerp.

¹⁹En indien Ik door Beelzebul de duivelen uitwerp, door wien werpen ze uw zonen uit? Daarom zullen dezen uw rechters zijn.

²⁰Maar indien Ik door den vinger Gods de duivelen uitwerp, zo is dan het Koninkrijk Gods tot u gekomen.

²¹Wanneer een sterke gewapende zijn hof bewaart, zo is al wat hij heeft in vrede.

²²Maar als een daarover komt, die sterker is dan hij, en hem overwint, die neemt zijn gehele wapenrusting, daar hij op vertrouwde, en deelt zijn roof uit.

²³Wie met Mij niet is, die is tegen Mij; en wie met Mij niet vergadert, die verstrooit.

²⁴Wanneer de onreine geest van den mens uitgevaren is, zo gaat hij door dorre plaatsen, zoekende rust; en die niet vindende, zegt hij: Ik zal wederkeren in mijnhuis, daar ik uitgevaren ben.

²⁵En komende, vindt hij het met bezemen gekeerd en versierd.

²⁶Dan gaat hij heen, en neemt met zich zeven anderen geesten, bozer dan hij zelf is, en ingegaan zijnde, wonen zij aldaar; en het laatste van dien mens wordt ergerdan het eerste.

²⁷En het geschiedde, als Hij deze dingen sprak, dat een zekere vrouw, de stem verheffende uit de schare, tot Hem zeide: Zalig is de buik, die U gedragen heeft, en de borsten, die Gij hebt gezogen.

²⁸Maar Hij zeide: Ja, zalig zijn degenen, die het Woord Gods horen, en hetzelve bewaren.

²⁹En als de scharen dicht bijeenvergaderden, begon Hij te zeggen: Dit is een boos geslacht; het verzoekt een teken, en hetzelve zal geen teken gegeven worden, dan het teken van Jonas, den profeet.

³⁰Want gelijk Jonas den Ninevieten een teken geweest is, alzo zal ook de Zoon des mensen zijn dezen geslachte.

³¹De koningin van het Zuiden zal opstaan in het oordeel met de mannen van dit geslacht, en zal ze veroordelen; want zij is gekomen van de einden der aarde, omte horen de wijsheid van Salomo; en ziet, meer dan Salomo is hier.

³²De mannen van Nineve, zullen opstaan in het oordeel met dit geslacht, en zullen hetzelve veroordelen; want zij hebben zich bekeerd op de prediking van Jonas;en ziet, meer dan Jonas is hier!

³³En niemand, die een kaars ontsteekt, zet die in het verborgen, noch onder een koornmaat, maar op een kandelaar, opdat degenen, die inkomen, het licht zienmogen.

³⁴De kaars des lichaams is het oog: wanneer dan uw oog eenvoudig is, zo is ook uw gehele lichaam verlicht; maar zo het boos is, zo is ook uw gehele lichaamduister.

³⁵Zie dan toe, dat niet het licht, hetwelk in u is, duisternis zij.

³⁶Indien dan uw lichaam geheel verlicht is, niet hebbende enig deel, dat duister is, zo zal het geheel verlicht zijn, gelijk wanneer de kaars met het schijnsel uverlicht.

³⁷Als Hij nu dit sprak, bad Hem een zeker Farizeer, dat Hij bij hem het middagmaal wilde eten; en ingegaan zijnde, zat Hij aan.

³⁸En de Farizeer, dat ziende, verwonderde zich, dat Hij niet eerst, voor het middagmaal, Zich gewassen had.

³⁹En de Heere zeide tot hem: Nu gij Farizeen, gij reinigt het buitenste des drinkbekers en des schotels; maar het binnenste van u is vol van roof en boosheid.

⁴⁰Gij onverstandigen! Die het buitenste heeft gemaakt, heeft Hij ook niet het binnenste gemaakt?

⁴¹Doch geeft tot aalmoes, hetgeen daarin is; en ziet, alles is u rein.

⁴²Maar wee u, Farizeen, want gij vertient munte, en ruite, en alle moeskruid, en gij gaat voorbij het oordeel en de liefde Gods. Dit moest men doen, en het andereniet nalaten.

⁴³Wee u, Farizeen, want gij bemint het voorgestoelte in de synagogen, en de begroetingen op de markten.

⁴⁴Wee u, gij Schriftgeleerden en Farizeen, gij geveinsden, want gij zijt gelijk de graven, die niet openbaar zijn, en de mensen, die daarover wandelen, weten hetniet.

⁴⁵En een van de wetgeleerden, antwoordende, zeide tot Hem: Meester! als Gij deze dingen zegt, zo doet Gij ook ons smaadheid aan.

⁴⁶Doch Hij zeide: Wee ook u, wetgeleerden! want gij belast de mensen met lasten, zwaar om te dragen, en zelven raakt gij die lasten niet aan met een van uwvingeren.

⁴⁷Wee u, want gij bouwt de graven der profeten, en uw vaders hebben dezelve gedood.

⁴⁸Zo getuigt gij dan, dat gij mede behagen hebt aan de werken uwer vaderen; want zij hebben ze gedood, en gij bouwt hun graven.

⁴⁹Waarom ook de wijsheid Gods zegt: Ik zal profeten en apostelen tot hen zenden, en van die zullen zij sommigen doden, en sommigen zullen zij uitjagen;

⁵⁰Opdat van dit geslacht afgeeist worde het bloed van al de profeten, dat vergoten is van de grondlegging der wereld af.

⁵¹Van het bloed van Abel, tot het bloed van Zacharia, die gedood is tussen het altaar en het huis Gods; ja, zeg Ik u, het zal afgeeist worden van dit geslacht!

⁵²Wee u, gij wetgeleerden, want gij hebt den sleutel der kennis weggenomen; gijzelven zijt niet ingegaan, en die ingingen, hebt gij verhinderd.

⁵³En als Hij deze dingen tot hen zeide, begonnen de Schriftgeleerden en Farizeen hard aan te houden, en Hem van vele dingen te doen spreken;

⁵⁴Hem lagen leggende, en zoekende iets uit Zijn mond te bejagen, opdat zij Hem beschuldigen mochten.

Hoofdstuk 12

¹Daarentussen als vele duizenden der schare bijeenvergaderd waren, zodat zij elkander vertraden, begon Hij te zeggen tot Zijn discipelen: Vooreerst wachtuzelven voor den zuurdesem der Farizeen, welke is geveinsdheid.

²En er is niets bedekt, dat niet zal ontdekt worden, en verborgen, dat niet zal geweten worden.

³Daarom, al wat gij in de duisternis gezegd hebt, zal in het licht gehoord worden; en wat gij in het oor gesproken hebt, in de binnenkamers, zal op de dakengepredikt worden.

⁴En Ik zeg u, Mijn vrienden: Vreest u niet voor degenen, die het lichaam doden, en daarna niet meer kunnen doen.

⁵Maar Ik zal u tonen, Wien gij vrezen zult: vreest Dien, Die, nadat Hij gedood heeft, ook macht heeft in de hel te werpen; ja, Ik zeg u, vreest Dien!

⁶Worden niet vijf musjes verkocht voor twee penningskens? En niet een van die is voor God vergeten.

⁷Ja, ook de haren uws hoofds zijn alle geteld. Vreest dan niet; gij gaat vele musjes te boven.

⁸En Ik zeg u: Een iegelijk, die Mij belijden zal voor de mensen, dien zal ook de Zoon des mensen belijden voor de engelen Gods.

⁹Maar wie Mij verloochenen zal voor de mensen, die zal verloochend worden voor de engelen Gods.

¹⁰En een iegelijk, die enig woord spreken zal tegen den Zoon des mensen, het zal hem vergeven worden; maar wie tegen den Heiligen Geest gelasterd zalhebben, dien zal het niet vergeven worden.

¹¹En wanneer zij u heenbrengen zullen in de synagogen, en tot de overheden en de machten, zo zijt niet bezorgd, hoe of wat gij tot verantwoording zeggen, of watgij spreken zult;

¹²Want de Heilige Geest zal u in dezelve ure leren, hetgeen gij spreken moet.

¹³En een uit de schare zeide tot Hem: Meester, zeg mijn broeder, dat hij met mij de erfenis dele.

¹⁴Maar Hij zeide tot hem: Mens, wie heeft Mij tot een rechter of scheidsman over ulieden gesteld?

¹⁵En Hij zeide tot hen: Ziet toe en wacht u van de gierigheid; want het is niet in den overvloed gelegen, dat iemand leeft uit zijn goederen.

¹⁶En Hij zeide tot hen een gelijkenis, en sprak: Eens rijken mensen land had wel gedragen;

¹⁷En hij overleide bij zichzelven, zeggende: Wat zal ik doen, want ik heb niet, waarin ik mijn vruchten zal verzamelen.

¹⁸En hij zeide: Dit zal ik doen; ik zal mijn schuren afbreken, en grotere bouwen, en zal aldaar verzamelen al dit mijn gewas, en deze mijn goederen;

¹⁹En ik zal tot mijn ziel zeggen: Ziel! gij hebt vele goederen, die opgelegd zijn voor vele jaren, neem rust, eet, drink, wees vrolijk.

²⁰Maar God zeide tot hem: Gij dwaas! in dezen nacht zal men uw ziel van u afeisen; en hetgeen gij bereid hebt, wiens zal het zijn?

²¹Alzo is het met dien, die zichzelven schatten vergadert, en niet rijk is in God.

²²En Hij zeide tot Zijn discipelen: Daarom zeg Ik u: Zijt niet bezorgd voor uw leven, wat gij eten zult, noch voor het lichaam, waarmede gij u kleden zult.

²³Het leven is meer dan het voedsel, en het lichaam dan de kleding.

²⁴Aanmerkt de raven, dat zij niet zaaien, noch maaien, welke geen spijskamer noch schuur hebben, en God voedt dezelve; hoeveel gaat gij de vogelen te boven?

²⁵Wie toch van u kan, met bezorgd te zijn, een el tot zijn lengte toedoen?

²⁶Indien gij dan ook het minste niet kunt, wat zijt gij voor de andere dingen bezorgd?

²⁷Aanmerkt de lelien, hoe zij wassen; zij arbeiden niet, en spinnen niet; en Ik zeg u: ook Salomo in al zijn heerlijkheid is niet bekleed geweest als een van deze.

²⁸Indien nu God het gras dat heden op het veld is, en morgen in den oven geworpen wordt, alzo bekleedt, hoeveel meer u, gij kleingelovigen!

²⁹En gijlieden, vraagt niet, wat gij eten, of wat gij drinken zult; en weest niet wankelmoedig.

³⁰Want al deze dingen zoeken de volken der wereld; maar uw Vader weet, dat gij deze dingen behoeft.

³¹Maar zoekt het Koninkrijk Gods, en al deze dingen zullen u toegeworpen worden.

³²Vreest niet, gij klein kuddeken, want het is uws Vaders welbehagen, ulieden het Koninkrijk te geven.

³³Verkoopt hetgeen gij hebt, en geeft aalmoes. Maakt uzelven buidels, die niet verouden, een schat, die niet afneemt, in de hemelen, daar de dief niet bijkomt, noch de mot verderft.

³⁴Want waar uw schat is, aldaar zal ook uw hart zijn.

³⁵Laat uw lendenen omgord zijn, en de kaarsen brandende.

³⁶En zijt gij den mensen gelijk, die op hun heer wachten, wanneer hij wederkomen zal van de bruiloft, opdat, als hij komt en klopt, zij hem terstond mogenopendoen.

³⁷Zalig zijn die dienstknechten, welke de heer, als hij komt, zal wakende vinden. Voorwaar, Ik zeg u, dat hij zich zal omgorden, en zal hen doen aanzitten, enbijkomende, zal hij hen dienen.

³⁸En zo hij komt in de tweede nacht wake, en komt in de derde wake, en vindt hen alzo, zalig zijn dezelve dienstknechten.

³⁹Maar weet dit, dat, indien de heer des huizes geweten had, in welke ure de dief zou komen, hij zou gewaakt hebben, en zou zijn huis niet hebben latendoorgraven.

⁴⁰Gij dan, zijt ook bereid; want in welke ure gij het niet meent, zal de Zoon des mensen komen.

⁴¹En Petrus zeide tot Hem: Heere! zegt Gij deze gelijkenis tot ons, of ook tot allen?

⁴²En de Heere zeide: Wie is dan de getrouwe en voorzichtige huisbezorger, dien de heer over zijn dienstboden zal zetten, om hun ter rechter tijd het bescheidendeel spijze te geven?

⁴³Zalig is de dienstknecht, welken zijn heer, als hij komt, zal vinden, alzo doende.

⁴⁴Waarlijk, Ik zeg ulieden, dat hij hem over al zijn goederen zetten zal.

⁴⁵Maar indien dezelve dienstknecht in zijn hart zou zeggen: Mijn heer vertoeft te komen; en zou beginnen de knechten en de dienstmaagden te slaan, en te eten ente drinken, en dronken te worden;

⁴⁶Zo zal de heer deszelven dienstknechts komen ten dage, in welken hij hem niet verwacht, en ter ure, die hij niet weet; en zal hem afscheiden, en zal zijn deelzetten met de ontrouwen.

⁴⁷En die dienstknecht, welke geweten heeft den wil zijns heeren, en zich niet bereid, noch naar zijn wil gedaan heeft, die zal met vele slagen geslagen worden.

⁴⁸Maar die denzelven niet geweten heeft, en gedaan heeft dingen, die slagen waardig zijn, die zal met weinige slagen geslagen worden. En een iegelijk, wien veelgegeven is, van dien zal veel geeist worden; en wien men veel vertrouwd heeft, van dien zal men overvloediger eisen.

⁴⁹Ik ben gekomen, om vuur op de aarde te werpen; en wat wil Ik, indien het alrede ontstoken is?

⁵⁰Maar Ik moet met een doop gedoopt worden; en hoe worde Ik geperst, totdat het volbracht zij!

⁵¹Meent gij, dat Ik gekomen ben, om vrede te geven op de aarde? Neen, zeg Ik u, maar veeleer verdeeldheid.

⁵²Want van nu aan zullen er vijf in een huis verdeeld zijn, drie tegen twee, en twee tegen drie.

⁵³De vader zal tegen den zoon verdeeld zijn, en de zoon tegen den vader; de moeder tegen de dochter; en de dochter tegen de moeder; de schoonmoeder tegenhaar schoondochter, en de schoondochter tegen haar schoonmoeder.

⁵⁴En Hij zeide ook tot de scharen: Wanneer gij een wolk ziet opgaan van het westen, terstond zegt gijlieden: Er komt regen; en het geschiedt alzo.

⁵⁵En wanneer gij den zuidenwind ziet waaien, zo zegt gij: Er zal hitte zijn; en het geschiedt.

⁵⁶Gij geveinsden, het aanschijn der aarde en des hemels weet gij te beproeven; en hoe beproeft gij dezen tijd niet?

⁵⁷En waarom oordeelt gij ook van uzelven niet, hetgeen recht is?

⁵⁸Want als gij heengaat met uw wederpartij voor de overheid, zo doet naarstigheid op den weg, om van hem verlost te worden; opdat hij misschien u niet voorden rechter trekke, en de rechter u den gerechtsdienaar overlevere, en de gerechtsdienaar u in de gevangenis werpe.

⁵⁹Ik zeg u: Gij zult van daar geenszins uitgaan, totdat gij ook het laatste penningsken betaald zult hebben.

Hoofdstuk 13

¹En er waren te dierzelfder tijd enigen tegenwoordig, die Hem boodschapten van de Galileers, welker bloed Pilatus met hun offeranden gemengd had.

²En Jezus antwoordde, en zeide tot hen: Meent gij, dat deze Galileers zondaars zijn geweest boven al de Galileers, omdat zij zulks geleden hebben?

³Ik zeg u: Neen zij; maar indien gij u niet bekeert, zo zult gij allen desgelijks vergaan.

⁴Of die achttien, op welke de toren in Siloam viel, en doodde ze;

Lukas

meent gij, dat deze schuldenaars zijn geweest, boven alle mensen, die in Jeruzalem wonen?

⁵Ik zeg u: Neen zij; maar indien gij u niet bekeert, zo zult gij allen insgelijks vergaan.

⁶En Hij zeide deze gelijkenis: Een zeker man had een vijgeboom, geplant in zijn wijngaard; en hij kwam en zocht vrucht daarop, en vond ze niet.

⁷En hij zeide tot den wijngaardenier: Zie, ik kome nu drie jaren, zoekende vrucht op dezen vijgeboom, en vind ze niet; houw hem uit; waartoe beslaat hij ookonnuttelijk de aarde?

⁸En hij, antwoordende, zeide tot hem: Heer, laat hem ook nog dit jaar, totdat ik om hem gegraven en mest gelegd zal hebben;

⁹En indien hij vrucht zal voortbrengen, laat hem staan; maar indien niet, zo zult gij hem namaals uithouwen.

¹⁰En Hij leerde op den sabbat in een der synagogen.

¹¹En ziet, er was een vrouw, die een geest der krankheid achttien jaren lang gehad had, en zij was samengebogen, en kon zich ganselijk niet oprichten.

¹²En Jezus, haar ziende, riep haar tot Zich, en zeide tot haar: Vrouw, gij zijt verlost van uw krankheid.

¹³En Hij legde de handen op haar; en zij werd terstond weder recht, en verheerlijkte God.

¹⁴En de overste der synagoge, kwalijk nemende, dat Jezus op den sabbat genezen had, antwoordde en zeide tot de schare: Er zijn zes dagen, in welke men moetwerken; komt dan in dezelve, en laat u genezen, en niet op den dag des sabbats.

¹⁵De Heere dan antwoordde hem en zeide: Gij geveinsde, maakt niet een iegelijk van u op den sabbat zijn os of ezel van de kribbe los, en leidt hem heen om tedoen drinken?

¹⁶En deze, die een dochter Abrahams is, welke de satan, ziet, nu achttien jaren gebonden had, moest die niet losgemaakt worden van dezen band, op den dagdes sabbats?

¹⁷En als Hij dit zeide, werden zij allen beschaamd, die zich tegen Hem stelden; en al de schare verblijdde zich over al de heerlijke dingen, die van Hemgeschieden.

¹⁸En Hij zeide: Wien is het Koninkrijk Gods gelijk, en waarbij zal Ik hetzelve vergelijken?

¹⁹Het is gelijk aan een mostaardzaad, hetwelk een mens genomen en in zijn hof geworpen heeft; en het wies op, en werd tot een groten boom, en de vogelen deshemels nestelden in zijn takken.

²⁰En Hij zeide wederom: Waarbij zal Ik het Koninkrijk Gods vergelijken?

²¹Het is gelijk aan een zuurdesem, welken een vrouw nam, en verborg in drie maten meels, totdat het geheel gezuurd was.

²²En Hij reisde van de ene stad en vlek tot de andere, lerende, en richtende Zijn reis naar Jeruzalem.

²³En er zeide een tot Hem: Heere, zijn er ook weinigen, die zalig worden? En Hij zeide tot hen:

²⁴Strijdt om in te gaan door de enge poort; want velen, zeg Ik u, zullen zoeken in te gaan, en zullen niet kunnen;

²⁵Namelijk nadat de Heer des huizes zal opgestaan zijn, en de deur zal gesloten hebben, en gij zult beginnen buiten te staan, en aan de deur te kloppen, zeggende:Heere, Heere, doe ons open! en Hij zal antwoorden en tot u zeggen: Ik ken u niet, van waar gij zijt.

²⁶Alsdan zult gij beginnen te zeggen: Wij hebben in Uw tegenwoordigheid gegeten en gedronken, en Gij hebt in onze straten geleerd.

²⁷En Hij zal zeggen: Ik zeg u, Ik ken u niet, van waar gij zijt; wijkt van Mij af, alle gij werkers der ongerechtigheid!

²⁸Aldaar zal zijn wening en knersing der tanden, wanneer gij zult zien Abraham, en Izak, en Jakob, en al de profeten in het Koninkrijk Gods, maar ulieden buitenuitgeworpen.

²⁹En daar zullen er komen van Oosten en Westen, en van Noorden en Zuiden, en zullen aanzitten in het Koninkrijk Gods.

³⁰En ziet, er zijn laatsten, die de eersten zullen zijn; en er zijn eersten, die de laatsten zullen zijn.

³¹Te dienzelfden dage kwamen er enige Farizeen, zeggende tot Hem: Ga weg, en vertrek van hier; want Herodes wil U doden.

³²En Hij zeide tot hen: Gaat heen, en zegt dien vos: Zie, Ik werp duivelen uit, en maak gezond, heden en morgen, en ten derden dage worde Ik voleindigd.

³³Doch Ik moet heden, en morgen, en den volgenden dag reizen; want het gebeurt niet, dat een profeet gedood wordt buiten Jeruzalem.

³⁴Jeruzalem, Jeruzalem! gij, die de profeten doodt, en stenigt, die tot u gezonden zijn, hoe menigmaal heb Ik uw kinderen willen bijeenvergaderen, gelijkerwijs eenhen haar kiekens onder de vleugelen vergadert; en gijlieden hebt niet gewild?

³⁵Ziet, uw huis wordt ulieden woest gelaten. En voorwaar, Ik zeg u, dat gij Mij niet zult zien, totdat de tijd zal gekomen zijn, als gij zult zeggen: Gezegend is Hij,Die komt in den Naam des Heeren!

Hoofdstuk 14

¹En het geschiedde, als Hij gekomen was in het huis van een der oversten der Farizeen, op den sabbat, om brood te eten, dat zij Hem waarnamen.

²En ziet, er was een zeker waterzuchtig mens voor Hem.

³En Jezus, antwoordende, zeide tot de wetgeleerden en Farizeen, en sprak: Is het ook geoorloofd op den sabbat gezond te maken?

⁴Maar zij zwegen stil. En Hij nam hem, en genas hem, en liet hem gaan.

⁵En Hij, hun antwoordende, zeide: Wiens ezel of os van ulieden zal in een put vallen, en die hem niet terstond zal uittrekken op den dag des sabbats?

⁶En zij konden Hem daarop niet weder antwoorden.

⁷En Hij zeide tot de genoden een gelijkenis, aanmerkende, hoe zij de vooraanzittingen verkozen; zeggende tot hen:

⁸Wanneer gij van iemand ter bruiloft genood zult zijn, zo zet u niet in de eerste zitplaats; opdat niet misschien een waardiger dan gij van hem genood zij;

⁹En hij, komende, die u en hem genood heeft, tot u zegge: Geef dezen plaats; en gij alsdan zoudt beginnen met schaamte de laatste plaats te houden.

¹⁰Maar wanneer gij genood zult zijn, ga heen en zet u in de laatste plaats; opdat, wanneer hij komt, die u genood heeft, hij tot u zegge: Vriend, ga hoger op.Alsdan zal het u eer zijn voor degenen, die met u aanzitten.

¹¹Want een iegelijk, die zichzelven verhoogt, zal vernederd worden; en die zichzelven vernedert, zal verhoogd worden.

¹²En Hij zeide ook tot dengene, die Hem genood had: Wanneer gij een middagmaal of avondmaal zult houden, zo roep niet uw vrienden, noch uw broeders, nochuw magen, noch uw rijke geburen; opdat ook dezelve u niet te eniger tijd wedernoden, en u vergelding geschiede.

¹³Maar wanneer gij een maaltijd zult houden, zo nood armen, verminkten, kreupelen, blinden;

¹⁴En gij zult zalig zijn, omdat zij niet hebben, om u te vergelden; want het zal u vergolden worden in de opstanding der rechtvaardigen.

¹⁵En als een van degenen, die mede aanzaten, deze dingen hoorde, zeide hij tot Hem: Zalig is hij, die brood eet in het Koninkrijk Gods.

¹⁶Maar Hij zeide tot hem: Een zeker mens bereidde een groot avondmaal, en hij noodde er velen.

¹⁷En hij zond zijn dienstknecht uit ten ure des avondmaals, om den genoden te zeggen: Komt, want alle dingen zijn nu gereed.

¹⁸En zij begonnen allen zich eendrachtelijk te ontschuldigen. De eerste zeide tot hem: Ik heb een akker gekocht, en het is nodig, dat ik uitga, en hem bezie; ik bidu, houd mij voor verontschuldigd.

¹⁹En een ander zeide: Ik heb vijf juk ossen gekocht, en ik ga heen, om die te beproeven; ik bid u, houd mij voor verontschuldigd.

²⁰En een ander zeide: Ik heb een vrouw getrouwd, en daarom kan ik niet komen.

²¹En dezelve dienstknecht weder gekomen zijnde, boodschapte deze dingen zijn heer. Toen werd de heer des huizes toornig, en zeide tot zijn dienstknecht: Gahaastelijk uit in de straten en wijken der stad, en breng de armen, en verminkten, en kreupelen, en blinden hier in.

²²En de dienstknecht zeide: Heer, het is geschied, gelijk gij bevolen hebt, en nog is er plaats.

²³En de heer zeide tot den dienstknecht: Ga uit in de wegen en heggen; en dwing ze in te komen, opdat mijn huis vol worde;

²⁴Want ik zeg ulieden, dat niemand van die mannen, die genood waren, mijn avondmaal smaken zal.

²⁵En vele scharen gingen met Hem; en Hij, Zich omkerende, zeide tot hen:

²⁶Indien iemand tot Mij komt en niet haat zijn vader, en moeder, en vrouw, en kinderen, en broeders, en zusters, ja, ook zelfs zijn eigen leven, die kan Mijndiscipel niet zijn.

²⁷En wie zijn kruis niet draagt, en Mij navolgt, die kan Mijn discipel niet zijn.

²⁸Want wie van u, willende een toren bouwen, zit niet eerst neder, en overrekent de kosten, of hij ook heeft, hetgeen tot volmaking nodig is?

²⁹Opdat niet misschien, als hij het fondament gelegd heeft, en niet kan voleindigen, allen, die het zien, hem beginnen te bespotten.

³⁰Zeggende: Deze mens heeft begonnen te bouwen, en heeft niet kunnen voleindigen.

³¹Of wat koning, gaande naar den krijg, om tegen een anderen koning te slaan, zit niet eerst neder, en beraadslaagt, of hij machtig is

met tien duizend teontmoeten dengene, die met twintig duizend tegen hem komt?

³²Anderszins zendt hij gezanten uit, terwijl degene nog verre is, en begeert, hetgeen tot vrede dient.

³³Alzo dan een iegelijk van u, die niet verlaat alles, wat hij heeft, die kan Mijn discipel niet zijn.

³⁴Het zout is goed; maar indien het zout smakeloos geworden is, waarmede zal het smakelijk gemaakt worden?

³⁵Het is noch tot het land, noch tot den mesthoop bekwaam; men werpt het weg. Wie oren heeft, om te horen, die hore.

Hoofdstuk 15

¹En al de tollenaars en de zondaars naderden tot Hem, om Hem te horen.

²En de Farizeen en de Schriftgeleerden murmureerden, zeggende: Deze ontvangt de zondaars, en eet met hen.

³En Hij sprak tot hen deze gelijkenis, zeggende:

⁴Wat mens onder u, hebbende honderd schapen; en een van die verliezende, verlaat niet de negen en negentig in de woestijn, en gaat naar het verlorene, totdathij hetzelve vinde?

⁵En als hij het gevonden heeft, legt hij het op zijn schouders, verblijd zijnde.

⁶En te huis komende, roept hij de vrienden en de geburen samen, zeggende tot hen: Weest blijde met mij; want ik heb mijn schaap gevonden, dat verloren was.

⁷Ik zeg ulieden, dat er alzo blijdschap zal zijn in den hemel over een zondaar, die zich bekeert, meer dan over negen en negentig rechtvaardigen, die de bekeringniet van node hebben.

⁸Of wat vrouw, hebbende tien penningen, indien zij een penning verliest, ontsteekt niet een kaars, en keert het huis met bezemen, en zoekt naarstiglijk, totdat zijdien vindt?

⁹En als zij dien gevonden heeft, roept zij de vriendinnen en de geburinnen samen, zeggende: Weest blijde met mij; want ik heb den penning gevonden, dien ikverloren had.

¹⁰Alzo, zeg Ik ulieden, is er blijdschap voor de engelen Gods over een zondaar, die zich bekeert.

¹¹En Hij zeide: Een zeker mens had twee zonen.

¹²En de jongste van hen zeide tot den vader: Vader, geef mij het deel des goeds, dat mij toekomt. En hij deelde hun het goed.

¹³En niet vele dagen daarna, de jongste zoon, alles bijeenvergaderd hebbende, is weggereisd in een ver gelegen land, en heeft aldaar zijn goed doorgebracht, levende overdadiglijk.

¹⁴En als hij het alles verteerd had, werd er een grote hongersnood in datzelve land, en hij begon gebrek te lijden.

¹⁵En hij ging heen, en voegde zich bij een van de burgers deszelven lands; en die zond hem op zijn land om de zwijnen te weiden.

¹⁶En hij begeerde zijn buik te vullen met den draf, dien de zwijnen aten; en niemand gaf hem dien.

¹⁷En tot zichzelven gekomen zijnde, zeide hij: Hoe vele huurlingen mijns vaders hebben overvloed van brood, en ik verga van honger!

¹⁸Ik zal opstaan en tot mijn vader gaan, en ik zal tot hem zeggen: Vader, ik heb gezondigd tegen den Hemel, en voor u;

¹⁹En ik ben niet meer waardig uw zoon genaamd te worden; maak mij als een van uw huurlingen.

²⁰En opstaande, ging hij naar zijn vader. En als hij nog ver van hem was, zag hem zijn vader, en werd met innerlijke ontferming bewogen; en toe lopende, viel hemom zijn hals, en kuste hem.

²¹En de zoon zeide tot hem: Vader, ik heb gezondigd tegen den Hemel, en voor u, en ben niet meer waardig uw zoon genaamd te worden.

²²Maar de vader zeide tot zijn dienstknechten: Brengt hier voor het beste kleed, en doet het hem aan, en geeft hem een ring aan zijn hand, en schoenen aan devoeten;

²³En brengt het gemeste kalf, en slacht het; en laat ons eten en vrolijk zijn.

²⁴Want deze mijn zoon was dood, en is weder levend geworden; en hij was verloren, en is gevonden! En zij begonnen vrolijk te zijn.

²⁵En zijn oudste zoon was in het veld; en als hij kwam, en het huis genaakte, hoorde hij het gezang en het gerei,

²⁶En tot zich geroepen hebbende een van de knechten, vraagde, wat dat mocht zijn.

²⁷En deze zeide tot hem: Uw broeder is gekomen, en uw vader heeft het gemeste kalf geslacht, omdat hij hem gezond weder ontvangen heeft.

²⁸Maar hij werd toornig, en wilde niet ingaan. Zo ging dan zijn vader uit, en bad hem.

²⁹Doch hij, antwoordende, zeide tot den vader: Zie, ik dien u nu zo vele jaren, en heb nooit uw gebod overtreden, en gij hebt mij nooit een bokje gegeven, opdatik met mijn vrienden mocht vrolijk zijn.

³⁰Maar als deze uw zoon gekomen is, die uw goed met hoeren doorgebracht heeft, zo hebt gij hem het gemeste kalf geslacht.

³¹En hij zeide tot hem: Kind, gij zijt altijd bij mij, en al het mijne is uwe.

³²Men behoorde dan vrolijk en blijde te zijn; want deze uw broeder was dood, en is weder levend geworden; en hij was verloren, en is gevonden.

Hoofdstuk 16

¹En Hij zeide ook tot Zijn discipelen: Er was een zeker rijk mens, welke een rentmeester had; en deze werd bij hem verklaagd, als die zijn goederen doorbracht.

²En hij riep hem, en zeide tot hem: Hoe hoor ik dit van u? Geef rekenschap van uw rentmeesterschap; want gij zult niet meer kunnen rentmeester zijn.

³En de rentmeester zeide bij zichzelven: Wat zal ik doen, dewijl mijn heer dit rentmeesterschap van mij neemt? Graven kan ik niet; te bedelen schaam ik mij.

⁴Ik weet, wat ik doen zal, opdat, wanneer ik van het rentmeesterschap afgezet zal wezen, zij mij in hun huizen ontvangen.

⁵En hij riep tot zich een iegelijk van de schuldenaars zijns heeren, en zeide tot den eersten: Hoeveel zijt gij mijn heer schuldig?

⁶En hij zeide: Honderd vaten olie. En hij zeide tot hem: Neem uw handschrift, en nederzittende, schrijf haastelijk vijftig.

⁷Daarna zeide hij tot een anderen: En gij, hoeveel zijt gij schuldig? En hij zeide: Honderd mudden tarwe. En hij zeide tot hem: Neem uw handschrift, en schrijftachtig.

⁸En de heer prees den onrechtvaardigen rentmeester, omdat hij voorzichtiglijk gedaan had; want de kinderen dezer wereld zijn voorzichtiger, dan de kinderendes lichts, in hun geslacht.

⁹En Ik zeg ulieden: Maakt uzelven vrienden uit den onrechtvaardigen Mammon, opdat, wanneer u ontbreken zal, zij u mogen ontvangen in de eeuwigetabernakelen.

¹⁰Die getrouw is in het minste, die is ook in het grote getrouw; en die in het minste onrechtvaardig is, die is ook in het grote onrechtvaardig.

¹¹Zo gij dan in den onrechtvaardigen Mammon niet getrouw zijt geweest, wie zal u het ware vertrouwen?

¹²En zo gij in eens anders goed niet getrouw zijt geweest, wie zal u het uwe geven?

¹³Geen huisknecht kan twee heren dienen; want of hij zal den enen haten, en den anderen liefhebben, of hij zal den enen aanhangen, en den anderen verachten; gijkunt God niet dienen en den Mammon.

¹⁴En al deze dingen hoorden ook de Farizeen, die geldgierig waren, en zij beschimpten Hem.

¹⁵En Hij zeide tot hen: Gij zijt het, die uzelven rechtvaardigt voor de mensen; maar God kent uw harten; want dat hoog is onder de mensen, is een gruwel voorGod.

¹⁶De wet en de profeten zijn tot op Johannes; van dien tijd af wordt het Koninkrijk Gods verkondigd, en een iegelijk doet geweld op hetzelve.

¹⁷En het is lichter, dat de hemel en de aarde voorbijgaan, dan dat een tittel der wet valle.

¹⁸Een iegelijk, die zijn vrouw verlaat, en een andere trouwt, die doet overspel; en een iegelijk, die de verlatene van den man trouwt, die doet ook overspel.

¹⁹En er was een zeker rijk mens, en was gekleed met purper en zeer fijn lijnwaad, levende allen dag vrolijk en prachtig.

²⁰En er was een zeker bedelaar, met name Lazarus, welke lag voor zijn poort vol zweren;

²¹En begeerde verzadigd te worden van de kruimkens, die van de tafel des rijken vielen; maar ook de honden kwamen en lekten zijn zweren.

²²En het geschiedde, dat de bedelaar stierf, en van de engelen gedragen werd in den schoot van Abraham.

²³En de rijke stierf ook, en werd begraven. En als hij in de hel zijn ogen ophief, zijnde in de pijn, zag hij Abraham van verre, en Lazarus in zijn schoot.

²⁴En hij riep en zeide: Vader Abraham, ontferm u mijner, en zend Lazarus, dat hij het uiterste zijns vingers in het water dope, en verkoele mijn tong; want ik lijdsmarten in deze vlam.

²⁵Maar Abraham zeide: Kind, gedenk, dat gij uw goed ontvangen hebt in uw leven, en Lazarus desgelijks het kwade; en nu wordt hij vertroost, en gij lijdtsmarten.

²⁶En boven dit alles, tussen ons en ulieden is een grote klove gevestigd, zodat degenen, die van hier tot u willen overgaan, niet zouden kunnen, noch ook die daarzijn, van daar tot ons overkomen.

²⁷En hij zeide: Ik bid u dan, vader, dat gij hem zendt tot mijns vaders huis;

²⁸Want ik heb vijf broeders; dat hij hun dit betuige, opdat ook zij niet komen in deze plaats der pijniging.

²⁹Abraham zeide tot hem: Zij hebben Mozes en de profeten, dat zij die horen.

³⁰En hij zeide: Neen, vader Abraham, maar zo iemand van de doden tot hen heenging, zij zouden zich bekeren.

³¹Doch Abraham zeide tot hem: Indien zij Mozes en de profeten niet horen, zo zullen zij ook, al waren het, dat er iemand uit de doden opstond, zich niet laten gezeggen.

Hoofdstuk 17

¹En Hij zeide tot de discipelen: Het kan niet wezen, dat er geen ergernissen komen; doch wee hem, door welken zij komen;

²Het zoude hem nuttiger zijn, dat een molensteen om zijn hals gedaan ware, en hij in de zee geworpen, dan dat hij een van deze kleinen zou ergeren.

³Wacht uzelven. En indien uw broeder tegen u zondigt, zo bestraf hem; en indien het hem leed is, zo vergeef het hem.

⁴En indien hij zevenmaal daags tegen u zondigt, en zevenmaal daags tot u wederkeert, zeggende: Het is mij leed; zo zult gij het hem vergeven.

⁵En de apostelen zeiden tot den Heere: Vermeerder ons het geloof.

⁶En de Heere zeide: Zo gij een geloof hadt als een mostaardzaad, gij zoudt tegen dezen moerbezienboom zeggen: Word ontworteld, en in de zee geplant, en hij zou u gehoorzaam zijn.

⁷En wie van u heeft een dienstknecht ploegende, of de beesten hoedende, die tot hem, als hij van den akker inkomt, terstond zal zeggen: Kom bij, en zit aan?

⁸Maar zal hij niet tot hem zeggen: Bereid, dat ik te avond zal eten, en omgord u, en dien mij, totdat ik zal gegeten en gedronken hebben; en eet en drink gij daarna?

⁹Dankt hij ook denzelven dienstknecht omdat hij gedaan heeft, hetgeen hem bevolen was? Ik meen, neen.

¹⁰Alzo ook gij, wanneer gij zult gedaan hebben al hetgeen u bevolen is, zo zegt: Wij zijn onnutte dienstknechten; want wij hebben maar gedaan, hetgeen wij schuldig waren te doen.

¹¹En het geschiedde, als Hij naar Jeruzalem reisde, dat Hij door het midden van Samaria en Galilea ging.

¹²En als Hij in een zeker vlek kwam, ontmoetten Hem tien melaatse mannen, welke stonden van verre;

¹³En zij verhieven hun stem, zeggende: Jezus, Meester! ontferm U onzer!

¹⁴En als Hij hen zag, zeide Hij tot hen: Gaat heen en vertoont uzelven den priesters. En het geschiedde, terwijl zij heengingen, dat zij gereinigd werden.

¹⁵En een van hen, ziende, dat hij genezen was, keerde wederom, met grote stemme God verheerlijkende.

¹⁶En hij viel op het aangezicht voor Zijn voeten, Hem dankende; en dezelve was een Samaritaan;

¹⁷En Jezus, antwoordende, zeide: Zijn niet de tien gereinigd geworden, en waar zijn de negen?

¹⁸En zijn er geen gevonden, die wederkeren, om Gode eer te geven, dan deze vreemdeling?

¹⁹En Hij zeide tot hem: Sta op, en ga heen; uw geloof heeft u behouden.

²⁰En gevraagd zijnde van de Farizeen, wanneer het Koninkrijk Gods komen zou, heeft Hij hun geantwoord en gezegd: Het Koninkrijk Gods komt niet met uiterlijk gelaat.

²¹En men zal niet zeggen: Ziet hier, of ziet daar, want, ziet, het Koninkrijk Gods is binnen ulieden.

²²En Hij zeide tot de discipelen: Er zullen dagen komen, wanneer gij zult begeren een der dagen van den Zoon des mensen te zien, en gij zult dien niet zien.

²³En zij zullen tot u zeggen: Ziet hier, of ziet daar is Hij; gaat niet heen, en volgt niet.

²⁴Want gelijk de bliksem, die van het ene einde onder den hemel bliksemt, tot het andere onder den hemel schijnt, alzo zal ook de Zoon des mensen wezen in Zijn dag.

²⁵Maar eerst moet Hij veel lijden, en verworpen worden van dit geslacht.

²⁶En gelijk het geschied is in de dagen van Noach, alzo zal het ook zijn in de dagen van den Zoon des mensen.

²⁷Zij aten, zij dronken, zij namen ten huwelijk, zij werden ten huwelijk gegeven, tot den dag, op welken Noach in de ark ging, en de zondvloed kwam, en verdierf ze allen.

²⁸Desgelijks ook, gelijk het geschiedde in de dagen van Lot; zij aten, zij dronken, zij kochten, zij verkochten, zij plantten, zij bouwden;

²⁹Maar op den dag, op welken Lot van Sodom uitging, regende het vuur en sulfer van den hemel, en verdierf ze allen.

³⁰Even alzo zal het zijn in den dag, op welken de Zoon des mensen geopenbaard zal worden.

³¹In dienzelven dag, wie op het dak zal zijn, en zijn huisraad in huis, die kome niet af, om hetzelve weg te nemen; en wie op den akker zijn zal, die kere desgelijks niet naar hetgeen, dat achter is.

³²Gedenkt aan de vrouw van Lot.

³³Zo wie zijn leven zal zoeken te behouden, die zal het verliezen; en zo wie hetzelve zal verliezen, die zal het in het leven behouden.

³⁴Ik zeg u: In dien nacht zullen twee op een bed zijn; de een zal aangenomen, en de ander zal verlaten worden.

³⁵Twee vrouwen zullen te zamen malen; de ene zal aangenomen, en de ander zal verlaten worden.

³⁶Twee zullen op den akker zijn; de een zal aangenomen, en de ander zal verlaten worden.

³⁷En zij antwoordden en zeiden tot Hem: Waar, Heere? En Hij zeide tot hen: Waar het lichaam is, aldaar zullen de arenden vergaderd worden.

Hoofdstuk 18

¹En Hij zeide ook een gelijkenis tot hen, daartoe strekkende, dat men altijd bidden moet, en niet vertragen;

²Zeggende: Er was een zeker rechter in een stad, die God niet vreesde, en geen mens ontzag.

³En er was een zekere weduwe in dezelfde stad, en zij kwam tot hem, zeggende: Doe mij recht tegen mijn wederpartij.

⁴En hij wilde voor een langen tijd niet; maar daarna zeide hij bij zichzelven: Hoewel ik God niet vreze, en geen mens ontzie;

⁵Nochtans, omdat deze weduwe mij moeilijk valt, zo zal ik haar recht doen, opdat zij niet eindelijk kome, en mij het hoofd breke.

⁶En de Heere zeide: Hoort, wat de onrechtvaardige rechter zegt.

⁷Zal God dan geen recht doen Zijn uitverkorenen, die dag en nacht tot Hem roepen, hoewel Hij lankmoedig is over hen?

⁸Ik zeg u, dat Hij hun haastelijk recht doen zal. Doch de Zoon des mensen, als Hij komt, zal Hij ook geloof vinden op de aarde?

⁹En Hij zeide ook tot sommigen, die bij zichzelven vertrouwden, dat zij rechtvaardig waren, en de anderen niets achtten, deze gelijkenis:

¹⁰Twee mensen gingen op in den tempel om te bidden, de een was een Farizeer, en de ander een tollenaar.

¹¹De Farizeer, staande, bad dit bij zichzelven: O God! ik dank U, dat ik niet ben gelijk de anderen mensen, rovers, onrechtvaardigen, overspelers; of ook gelijk deze tollenaar.

¹²Ik vast tweemaal per week; ik geef tienden van alles, wat ik bezit.

¹³En de tollenaar, van verre staande, wilde ook zelfs de ogen niet opheffen naar den hemel, maar sloeg op zijn borst, zeggende: O God! wees mij zondaar genadig!

¹⁴Ik zeg ulieden: Deze ging af gerechtvaardigd in zijn huis, meer dan die; want een ieder, die zichzelven verhoogt, zal vernederd worden, en die zichzelven vernedert, zal verhoogd worden.

¹⁵En zij brachten ook de kinderkens tot Hem, opdat Hij die zou aanraken; en de discipelen, dat ziende, bestraften dezelve.

¹⁶Maar Jezus riep dezelve kinderkens tot Zich, en zeide: Laat de kinderkens tot Mij komen, en verhindert hen niet; want derzulken is het Koninkrijk Gods.

¹⁷Voorwaar, zeg Ik u: Zo wie het Koninkrijk Gods niet zal ontvangen als een kindeken, die zal geenszins in hetzelve komen.

¹⁸En een zeker overste vraagde Hem, zeggende: Goede Meester, wat doende zal ik het eeuwige leven beerven?

¹⁹En Jezus zeide tot hem: Wat noemt gij Mij goed? Niemand is goed, dan Een, namelijk God.

²⁰Gij weet de geboden: Gij zult geen overspel doen; gij zult niet doden; gij zult niet stelen; gij zult geen valse getuigenis geven; eer uw vader en uw moeder.

²¹En hij zeide: Al deze dingen heb ik onderhouden van mijn jonkheid aan.

²²Doch Jezus, dit horende, zeide tot hem: Nog een ding ontbreekt u; verkoop alles, wat gij hebt, en deel het onder de armen, en gij zult een schat hebben in den hemel; en kom herwaarts, volg Mij.

²³Maar als hij dit hoorde, werd hij geheel droevig; want hij was zeer rijk.

²⁴Jezus nu, ziende, dat hij geheel droevig geworden was, zeide:

Hoe bezwaarlijk zullen degenen, die goed hebben, in het Koninkrijk Gods ingaan!

²⁵Want het is lichter, dat een kemel ga door het oog van een naald, dan dat een rijke in het Koninkrijk Gods inga.

²⁶En die dit hoorden, zeiden: Wie kan dan zalig worden?

²⁷En Hij zeide: De dingen, die onmogelijk zijn bij de mensen, zijn mogelijk bij God.

²⁸En Petrus zeide: Zie, wij hebben alles verlaten, en zijn U gevolgd.

²⁹En Hij zeide tot hen: Voorwaar, Ik zeg ulieden, dat er niemand is, die verlaten heeft huis, of ouders, of broeders, of vrouw, of kinderen, om het Koninkrijk Gods;

³⁰Die niet zal veelvoudig weder ontvangen in dezen tijd, en in de toekomende eeuw het eeuwige leven.

³¹En Hij nam de twaalven bij Zich, en zeide tot hen: Ziet, wij gaan op naar Jeruzalem, en het zal alles volbracht worden aan den Zoon des mensen, watgeschreven is door de profeten.

³²Want Hij zal den heidenen overgeleverd worden, en Hij zal bespot worden, en smadelijk behandeld worden, en bespogen worden.

³³En Hem gegeseld hebbende, zullen zij Hem doden; en ten derden dage zal Hij wederopstaan.

³⁴En zij verstonden geen van deze dingen; en dit woord was voor hen verborgen, en zij verstonden niet, hetgeen gezegd werd.

³⁵En het geschiedde, als Hij nabij Jericho kwam, dat een zeker blinde aan den weg zat, bedelende.

³⁶En deze, horende de schare voorbijgaan, vraagde, wat dat ware.

³⁷En zij boodschapten hem, dat Jezus de Nazarener voorbijging.

³⁸En hij riep, zeggende: Jezus, Gij Zone Davids, ontferm U mijner!

³⁹En die voorbijgingen, bestraften hem, opdat hij zwijgen zou; maar hij riep zoveel te meer: Zone Davids, ontferm U mijner!

⁴⁰En Jezus, stilstaande, beval, dat men denzelven tot Hem brengen zou; en als hij nabij Hem gekomen was, vraagde Hij hem,

⁴¹Zeggende: Wat wilt gij, dat Ik u doen zal? En hij zeide: Heere! dat ik ziende mag worden.

⁴²En Jezus zeide tot hem: Word ziende; uw geloof heeft u behouden.

⁴³En terstond werd hij ziende, en volgde Hem, God verheerlijkende. En al het volk, dat ziende, gaf Gode lof.

Hoofdstuk 19

¹En Jezus, ingekomen zijnde, ging door Jericho.

²En zie, er was een man, met name geheten Zacheus; en deze was een overste der tollenaren, en hij was rijk;

³En zocht Jezus te zien, wie Hij was; en kon niet vanwege de schare, omdat hij klein van persoon was.

⁴En vooruitlopende, klom hij op een wilden vijgeboom, opdat hij Hem mocht zien; want Hij zou door dien weg voorbijgaan.

⁵En als Jezus aan die plaats kwam, opwaarts ziende, zag Hij hem, en zeide tot hem: Zacheus! haast u, en kom af; want Ik moet heden in uw huis blijven.

⁶En hij haastte zich en kwam af, en ontving Hem met blijdschap.

⁷En allen, die het zagen, murmureerden, zeggende: Hij is tot een zondigen man ingegaan, om te herbergen.

⁸En Zacheus stond, en zeide tot den Heere: Zie, de helft van mijn goederen, Heere, geef ik den armen; en indien ik iemand iets door bedrog ontvreemd heb, datgeef ik vierdubbel weder.

⁹En Jezus zeide tot hem: Heden is dezen huize zaligheid geschied, nademaal ook deze een zoon van Abraham is.

¹⁰Want de Zoon des mensen is gekomen, om te zoeken en zalig te maken, dat verloren was.

¹¹En als zij dat hoorden, voegde Hij daarbij, en zeide een gelijkenis; omdat Hij nabij Jeruzalem was, en omdat zij meenden, dat het Koninkrijk Gods terstond zouopenbaar worden.

¹²Hij zeide dan: Een zeker welgeboren man reisde in een ver gelegen land, om voor zichzelven een koninkrijk te ontvangen, en dan weder te keren.

¹³En geroepen hebbende zijn tien dienstknechten, gaf hij hun tien ponden, en zeide tot hen: Doet handeling, totdat ik kome.

¹⁴En zijn burgers haatten hem, en zonden hem gezanten na, zeggende: Wij willen niet, dat deze over ons koning zij.

¹⁵En het geschiedde, toen hij wederkwam, als hij het koninkrijk ontvangen had, dat hij zeide, dat die dienstknechten tot hem zouden geroepen worden, wien hijhet geld gegeven had; opdat hij weten mocht, wat een iegelijk met handelen gewonnen had.

¹⁶En de eerste kwam, en zeide: Heer, uw pond heeft tien ponden daartoe gewonnen.

¹⁷En hij zeide tot hem: Wel, gij goede dienstknecht, dewijl gij in het minste getrouw zijt geweest, zo heb macht over tien steden.

¹⁸En de tweede kwam, en zeide: Heer, uw pond heeft vijf ponden gewonnen.

¹⁹En hij zeide ook tot dezen: En gij, wees over vijf steden.

²⁰En een ander kwam, zeggende: Heer, zie hier uw pond, hetwelk ik in een zweetdoek weggelegd had;

²¹Want ik vreesde u, omdat gij een straf mens zijt; gij neemt weg, wat gij niet gelegd hebt, en gij maait, wat gij niet gezaaid hebt.

²²Maar hij zeide tot hem: Uit uw mond zal ik u oordelen, gij boze dienstknecht! Gij wist, dat ik een straf mens ben, nemende weg, wat ik niet gelegd heb, enmaaiende, wat ik niet gezaaid heb.

²³Waarom hebt gij dan mijn geld niet in de bank gegeven, en ik, komende, had hetzelve met woeker mogen eisen?

²⁴En hij zeide tot degenen, die bij hem stonden: Neemt dat pond van hem weg, en geeft het dien, die de tien ponden heeft.

²⁵En zij zeiden tot hem: Heer, hij heeft tien ponden.

²⁶Want ik zeg u, dat een iegelijk, die heeft, zal gegeven worden; maar van degene, die niet heeft, van dien zal genomen worden ook wat hij heeft.

²⁷Doch deze mijn vijanden, die niet hebben gewild, dat ik over hen koning zoude zijn, brengt ze hier, en slaat ze hier voor mij dood.

²⁸En dit gezegd hebbende, reisde Hij voor hen heen, en ging op naar Jeruzalem.

²⁹En het geschiedde, als Hij nabij Beth-fage en Bethanie gekomen was, aan den berg, genaamd den Olijfberg, dat Hij twee van Zijn discipelen uitzond,

³⁰Zeggende: Gaat henen in dat vlek, dat tegenover is; in hetwelk inkomende, zult gij een veulen gebonden vinden, waarop geen mens ooit heeft gezeten; ontbindthetzelve, en brengt het.

³¹En indien iemand u vraagt: Waarom ontbindt gij dat, zo zult gij alzo tot hem zeggen: Omdat het de Heere van node heeft.

³²En die uitgezonden waren, heengegaan zijnde, vonden het, gelijk Hij hun gezegd had.

³³En als zij het veulen ontbonden, zeiden de heren van hetzelve tot hen: Waarom ontbindt gij het veulen?

³⁴En zij zeiden: De Heere heeft het van node.

³⁵En zij brachten hetzelve tot Jezus. En hun klederen op het veulen geworpen hebbende, zetten zij Jezus daarop.

³⁶En als Hij voort reisde, spreidden zij hun klederen onder Hem op den weg.

³⁷En als Hij nu genaakte aan den afgang des Olijfbergs, begon al de menigte der discipelen zich te verblijden, en God te loven met grote stemme, vanwege al dekrachtige daden, die zij gezien hadden;

³⁸Zeggende: Gezegend is de Koning, Die daar komt in den Naam des Heeren! Vrede zij in den hemel, en heerlijkheid in de hoogste plaatsen!

³⁹En sommigen der Farizeen uit de schare zeiden tot Hem: Meester, bestraf Uw discipelen.

⁴⁰En Hij, antwoordende, zeide tot hen: Ik zeg ulieden, dat, zo deze zwijgen, de stenen haast roepen zullen.

⁴¹En als Hij nabij kwam, en de stad zag, weende Hij over haar,

⁴²Zeggende: Och, of gij ook bekendet, ook nog in dezen uw dag, hetgeen tot uw vrede dient! Maar nu is het verborgen voor uw ogen.

⁴³Want er zullen dagen over u komen, dat uw vijanden een begraving rondom u zullen opwerpen, en zullen u omsingelen, en u van alle zijden benauwen;

⁴⁴En zullen u tot den grond nederwerpen, en uw kinderen in u; en zij zullen in u den enen steen op den anderen steen niet laten; daarom dat gij den tijd uwerbezoeking niet bekend hebt.

⁴⁵En gegaan zijnde in den tempel, begon Hij uit te drijven degenen, die daarin verkochten en kochten,

⁴⁶Zeggende tot hen: Er is geschreven: Mijn huis is een huis des gebeds; maar gij hebt dat tot een kuil der moordenaren gemaakt.

⁴⁷En Hij leerde dagelijks in den tempel; en de overpriesters, en de Schriftgeleerden, en de oversten des volks zochten Hem te doden.

⁴⁸En zij vonden niet, wat zij doen zouden; want al het volk hing Hem aan, en hoorde Hem.

Hoofdstuk 20

¹En het geschiedde in een van die dagen, als Hij in den tempel het volk leerde, en het Evangelie verkondigde, dat de overpriesters, en Schriftgeleerden, met deouderlingen daarover kwamen,

²En spraken tot Hem zeggende: Zeg ons, door wat macht Gij deze dingen doet; of wie Hij is, Die U deze macht heeft gegeven?

³En Hij, antwoordende, zeide tot hen: Ik zal u ook een woord vragen, en zegt Mij:

Lukas

⁴De doop van Johannes, was die uit den Hemel, of uit de mensen?
⁵En zij overleiden onder zich, zeggende: Indien wij zeggen: Uit den Hemel; zo zal Hij zeggen: Waarom hebt gij dan hem niet geloofd?
⁶En indien wij zeggen: Uit de mensen; zo zal ons al het volk stenigen; want zij houden voor zeker, dat Johannes een profeet was.
⁷En zij antwoordden, dat zij niet wisten, vanwaar die was.
⁸En Jezus zeide tot hen: Zo zeg Ik u ook niet, door wat macht Ik deze dingen doe.
⁹En Hij begon tot het volk deze gelijkenis te zeggen: Een zeker mens plantte een wijngaard, en hij verhuurde dien aan landlieden, en trok een langen tijdbuitenslands.
¹⁰En als het de tijd was, zond hij tot de landlieden een dienstknecht, opdat zij hem van de vrucht des wijngaards geven zouden; maar de landlieden sloegendenzelven, en zonden hem ledig heen.
¹¹En wederom zond hij nog een anderen dienstknecht; maar ook dien geslagen en smadelijk behandeld hebbende, zonden zij hem ledig heen.
¹²En wederom zond hij nog een derden; maar zij verwondden ook dezen, en wierpen hem uit.
¹³En de heer des wijngaards zeide: Wat zal ik doen? Ik zal mijn geliefden zoon zenden; mogelijk dezen ziende, zullen zij hem ontzien.
¹⁴Maar als de landlieden hem zagen, overleiden zij onder elkander, en zeiden: Deze is de erfgenaam; komt, laat ons hem doden, opdat de erfenis onze worde.
¹⁵En als zij hem buiten den wijngaard uitgeworpen hadden, doodden zij hem. Wat zal dan de heer des wijngaards hun doen?
¹⁶Hij zal komen en deze landlieden verderven, en zal den wijngaard aan anderen geven. En als zij dat hoorden, zeiden zij: Dat zij verre!
¹⁷Maar Hij zag hen aan, en zeide: Wat is dan dit, hetwelk geschreven staat: De steen, dien de bouwlieden verworpen hebben, deze is tot een hoofd des hoeksgeworden?
¹⁸Een iegelijk, die op dien steen valt, zal verpletterd worden, en op wien hij valt, dien zal hij vermorzelen.
¹⁹En de overpriesteren en de Schriftgeleerden zochten te dierzelver ure de handen aan Hem te slaan; maar zij vreesden het volk; want zij verstonden, dat Hij dezegelijkenis tegen hen gesproken had.
²⁰En zij namen Hem waar, en zonden verspieders uit, die zichzelven veinsden rechtvaardig te zijn; opdat zij Hem in Zijn rede vangen mochten, om Hem aan deheerschappij en de macht des stadhouders over te leveren.
²¹En zij vraagden Hem, zeggende: Meester, wij weten, dat Gij recht spreekt en leert, en den persoon niet aanneemt, maar den weg Gods leert in der waarheid.
²²Is het ons geoorloofd den keizer schatting te geven, of niet?
²³En Hij, hun arglistigheid bemerkende, zeide tot hen: Wat verzoekt gij Mij?
²⁴Toont Mij een penning; wiens beeld en opschrift heeft hij? En zij, antwoordende, zeiden: Des keizers.
²⁵En Hij zeide tot hen: Geeft dan den keizer, dat des keizers is, en Gode, dat Gods is.
²⁶En zij konden Hem in Zijn woord niet vatten voor het volk; en zich verwonderende over Zijn antwoord, zwegen zij stil.
²⁷En tot Hem kwamen sommigen der Sadduceen, welke tegensprekende zeggen, dat er geen opstanding is, en vraagden Hem.
²⁸Zeggende: Meester! Mozes heeft ons geschreven: Zo iemands broeder sterft, die een vrouw heeft, en hij sterft zonder kinderen, dat zijn broeder de vrouwnemen zal, en zijn broeder zaad verwekken.
²⁹Er waren nu zeven broeders; en de eerste nam een vrouw, en hij stierf zonder kinderen.
³⁰En de tweede nam die vrouw, en ook deze stierf zonder kinderen.
³¹En de derde nam dezelve vrouw; en desgelijks ook de zeven, en hebben geen kinderen nagelaten, en zijn gestorven.
³²En ten laatste na allen stierf ook de vrouw.
³³In de opstanding dan, wiens vrouw van dezen zal zij zijn? Want die zeven hebben dezelve tot een vrouw gehad.
³⁴En Jezus, antwoordende, zeide tot hen: De kinderen dezer eeuw trouwen, en worden ten huwelijk uitgegeven;
³⁵Maar die waardig zullen geacht zijn die eeuw te verwerven en de opstanding uit de doden, zullen noch trouwen, noch ten huwelijk uitgegeven worden;
³⁶Want zij kunnen niet meer sterven, want zij zijn den engelen gelijk; en zij zijn kinderen Gods, dewijl zij kinderen der opstanding zijn.
³⁷En dat de doden opgewekt zullen worden, heeft ook Mozes aangewezen bij het doornenbos, als hij den Heere noemt den God Abrahams, en den God Izaks, en den God Jakobs.

³⁸God nu is niet een God der doden, maar der levenden; want zij leven Hem allen.
³⁹En sommigen der Schriftgeleerden, antwoordende, zeiden: Meester! Gij hebt wel gezegd.
⁴⁰En zij durfden Hem niet meer iets vragen.
⁴¹En Hij zeide tot hen: Hoe zeggen zij, dat de Christus Davids Zoon is?
⁴²En David zelf zegt in het boek der psalmen: De Heere heeft gezegd tot mijn Heere: Zit aan Mijn rechter hand,
⁴³Totdat Ik Uw vijanden zal gezet hebben tot een voetbank Uwer voeten.
⁴⁴David dan noemt Hem zijn Heere; en hoe is Hij zijn Zoon?
⁴⁵En daar al het volk het hoorde, zeide Hij tot Zijn discipelen:
⁴⁶Wacht u van de Schriftgeleerden, die daar willen wandelen in lange klederen, en beminnen de groetingen op de markten, en de voorgestoelten in de synagogen, en de vooraanzittingen in de maaltijden;
⁴⁷Die der weduwen huizen opeten, en onder een schijn lange gebeden doen; dezen zullen zwaarder oordeel ontvangen.

Hoofdstuk 21

¹En opziende, zag Hij de rijken hun gaven in de schatkist werpen.
²En Hij zag ook een zekere arme weduwe twee kleine penningen daarin werpen.
³En Hij zeide: Waarlijk, Ik zeg u, dat deze arme weduwe meer dan allen heeft in geworpen.
⁴Want die allen hebben van hun overvloed geworpen tot de gaven Gods; maar deze heeft van haar gebrek, al den leeftocht, dien zij had, daarin geworpen.
⁵En als sommigen zeiden van den tempel, dat hij met schonen stenen en begiftigingen versierd was, zeide Hij:
⁶Wat deze dingen aangaat, die gij aanschouwt, er zullen dagen komen, in welke niet een steen op den anderen steen zal gelaten worden, die niet zal wordenafgebroken.
⁷En zij vraagden Hem, zeggende: Meester, wanneer zullen dan deze dingen zijn, en welk is het teken, wanneer deze dingen zullen geschieden?
⁸En Hij zeide: Ziet, dat gij niet verleid wordt; want velen zullen er komen onder Mijn Naam, zeggende: Ik ben de Christus; en de tijd is nabij gekomen, gaat danhen niet na.
⁹En wanneer gij zult horen van oorlogen en beroerten, zo wordt niet verschrikt; want deze dingen moeten eerst geschieden; maar nog is terstond het einde niet.
¹⁰Toen zeide Hij tot hen: Het ene volk zal tegen het andere volk opstaan, en het ene koninkrijk tegen het andere koninkrijk.
¹¹En er zullen grote aardbevingen wezen in verscheidene plaatsen, en hongersnoden, en pestilentien; er zullen ook schrikkelijke dingen, en grote tekenen van denhemel geschieden.
¹²Maar voor dit alles, zullen zij hun handen aan ulieden slaan, en u vervolgen, u overleverende in de synagogen en gevangenissen; en gij zult getrokken wordenvoor koningen en stadhouders, om Mijns Naams wil.
¹³En dit zal u overkomen tot een getuigenis.
¹⁴Neemt dan in uw harten voor, van te voren niet te overdenken, hoe gij u verantwoorden zult;
¹⁵Want Ik zal u mond en wijsheid geven, welke niet zullen kunnen tegenspreken, noch wederstaan allen, die zich tegen u zetten.
¹⁶En gij zult overgeleverd worden ook van ouders, en broeders, en magen, en vrienden; en zij zullen er sommigen uit u doden.
¹⁷En gij zult van allen gehaat worden om Mijns Naams wil.
¹⁸Doch niet een haar uit uw hoofd zal verloren gaan.
¹⁹Bezit uw zielen in uw lijdzaamheid.
²⁰Maar wanneer gij zien zult, dat Jeruzalem van heirlegers omsingeld wordt, zo weet alsdan, dat haar verwoesting nabij gekomen is.
²¹Alsdan die in Judea zijn, dat zij vlieden naar de bergen; en die in het midden van dezelve zijn, dat zij daaruit trekken; en die op de velden zijn, dat zij in dezelveniet komen.
²²Want deze zijn dagen der wraak, opdat alles vervuld worde, dat geschreven is.
²³Doch wee den bevruchten en den zogenden vrouwen in die dagen, want er zal grote nood zijn in het land, en toorn over dit volk.
²⁴En zij zullen vallen door de scherpte des zwaards, en gevankelijk weggevoerd worden onder alle volken; en Jeruzalem zal van de heidenen vertreden worden, totdat de tijden der heidenen vervuld zullen zijn.
²⁵En er zullen tekenen zijn in de zon, en maan, en sterren, en op de

aarde benauwdheid der volken met twijfelmoedigheid, als de zee en watergolven groot geluid zullen geven;

²⁶En den mensen het hart zal bezwijken van vrees en verwachting der dingen, die het aardrijk zullen overkomen; want de krachten der hemelen zullen bewogen worden.

²⁷En alsdan zullen zij den Zoon des mensen zien komen in een wolk, met grote kracht en heerlijkheid.

²⁸Als nu deze dingen beginnen te geschieden, zo ziet omhoog, en heft uw hoofden opwaarts, omdat uw verlossing nabij is.

²⁹En Hij zeide tot hen een gelijkenis: Ziet den vijgeboom, en al de bomen.

³⁰Wanneer zij nu uitspruiten, en gij dat ziet, zo weet gij uit uzelven, dat de zomer nu nabij is.

³¹Alzo ook gij, wanneer gij deze dingen zult zien geschieden, zo weet, dat het Koninkrijk Gods nabij is.

³²Voorwaar Ik zeg u, dat dit geslacht geenszins zal voorbijgaan, totdat alles zal geschied zijn.

³³De hemel en de aarde zullen voorbijgaan, maar Mijn woorden zullen geenszins voorbijgaan.

³⁴En wacht uzelven, dat uw harten niet te eniger tijd bezwaard worden met brasserij en dronkenschap, en zorgvuldigheden dezes levens, en dat u die dag niet onvoorziens over kome.

³⁵Want gelijk een strik zal hij komen over al degenen, die op den gansen aardbodem gezeten zijn.

³⁶Waakt dan te aller tijd, biddende, dat gij moogt waardig geacht worden te ontvlieden al deze dingen, die geschieden zullen, en te staan voor den Zoon des mensen.

³⁷Des daags nu was Hij lerende in de tempel; maar des nachts ging Hij uit, en vernachtte op den berg, genaamd den Olijfberg.

³⁸En al het volk kwam des morgens vroeg tot Hem in den tempel, om Hem te horen.

Hoofdstuk 22

¹En het feest der ongehevelde broden, genaamd pascha, was nabij.

²En de overpriesters en de Schriftgeleerden zochten, hoe zij Hem ombrengen zouden; want zij vreesden het volk.

³En de satan voer in Judas, die toegenaamd was Iskariot, zijnde uit het getal der twaalven.

⁴En hij ging heen en sprak met de overpriesters en de hoofdmannen, hoe hij Hem hun zou overleveren.

⁵En zij waren verblijd, en zijn het eens geworden, dat zij hem geld geven zouden.

⁶En hij beloofde het, en zocht gelegenheid, om Hem hun over te leveren, zonder oproer.

⁷En de dag der ongehevelde broden kwam, op denwelken het pascha moest geslacht worden.

⁸En Hij zond Petrus en Johannes uit, zeggende: Gaat heen, en bereidt ons het pascha, opdat wij het eten mogen.

⁹En zij zeiden tot Hem: Waar wilt Gij, dat wij het bereiden?

¹⁰En Hij zeide tot hen: Ziet, als gij in de stad zult gekomen zijn, zo zal u een mens ontmoeten, dragende een kruik waters; volgt hem in het huis, daar hij ingaat.

¹¹En gij zult zeggen tot den huisvader van dat huis: De Meester zegt u: Waar is de eetzaal, daar Ik het pascha met Mijn discipelen eten zal?

¹²En hij zal u een grote toegeruste opperzaal wijzen, bereidt het aldaar.

¹³En zij, heengaande, vonden het, gelijk Hij hun gezegd had, en bereidden het pascha.

¹⁴En als de ure gekomen was, zat Hij aan, en de twaalf apostelen met Hem.

¹⁵En Hij zeide tot hen: Ik heb grotelijks begeerd, dit pascha met u te eten, eer dat Ik lijde;

¹⁶Want Ik zeg u, dat Ik niet meer daarvan eten zal, totdat het vervuld zal zijn in het Koninkrijk Gods.

¹⁷En als Hij een drinkbeker genomen had, en gedankt had, zeide Hij: Neemt dezen, en deelt hem onder ulieden.

¹⁸Want Ik zeg u, dat Ik niet drinken zal van de vrucht des wijnstoks, totdat het Koninkrijk Gods zal gekomen zijn.

¹⁹En Hij nam brood, en als Hij gedankt had, brak Hij het, en gaf het hun, zeggende: Dat is Mijn lichaam, hetwelk voor u gegeven wordt; doet dat tot Mijn gedachtenis.

²⁰Desgelijks ook den drinkbeker na het avondmaal, zeggende: Deze drinkbeker is het nieuwe testament in Mijn bloed, hetwelk voor u vergoten wordt.

²¹Doch ziet, de hand desgenen, die Mij verraadt, is met Mij aan de tafel.

²²En de Zoon des mensen gaat wel heen, gelijk besloten is; doch wee dien mens, door welken Hij verraden wordt!

²³En zij begonnen onder elkander te vragen, wie van hen het toch mocht zijn, die dat doen zou.

²⁴En er werd ook twisting onder hen, wie van hen scheen de meeste te zijn.

²⁵En Hij zeide tot hen: De koningen der volken heersen over hen; en die macht over hen hebben, worden weldadige heren genaamd.

²⁶Doch gij niet alzo; maar de meeste onder u, die zij gelijk de minste, en die voorganger is, als een die dient.

²⁷Want wie is meerder, die aanzit, of die dient? Is het niet die aanzit? Maar Ik ben in het midden van u, als een die dient.

²⁸En gij zijt degenen, die met Mij steeds gebleven zijt in Mijn verzoekingen.

²⁹En Ik verordineer u het Koninkrijk, gelijkerwijs Mijn Vader dat Mij verordineerd heeft;

³⁰Opdat gij eet en drinkt aan Mijn tafel in Mijn Koninkrijk, en zit op tronen, oordelende de twaalf geslachten Israels.

³¹En de Heere zeide: Simon, Simon, ziet, de satan heeft ulieden zeer begeerd om te ziften als de tarwe;

³²Maar Ik heb voor u gebeden, dat uw geloof niet ophoude; en gij, als gij eens zult bekeerd zijn, zo versterk uw broeders.

³³En hij zeide tot Hem: Heere, ik ben bereid, met U ook in de gevangenis en in den dood te gaan.

³⁴Maar Hij zeide: Ik zeg u, Petrus, de haan zal heden niet kraaien, eer gij driemaal zult verloochend hebben, dat gij Mij kent.

³⁵En Hij zeide tot hen: Als Ik u uitzond, zonder buidel, en male, en schoenen, heeft u ook iets ontbroken? En zij zeiden: Niets.

³⁶Hij zeide dan tot hen: Maar nu, wie een buidel heeft, die neme hem, desgelijks ook een male; en die geen heeft, die verkope zijn kleed, en kope een zwaard.

³⁷Want Ik zeg u, dat nog dit, hetwelk geschreven is, in Mij moet volbracht worden, namelijk: En Hij is met de misdadigen gerekend. Want ook die dingen, dievan Mij geschreven zijn, hebben een einde.

³⁸En zij zeiden: Heere! zie hier twee zwaarden. En Hij zeide tot hen: Het is genoeg.

³⁹En uitgaande, vertrok Hij, gelijk Hij gewoon was, naar den Olijfberg; en Hem volgden ook Zijn discipelen.

⁴⁰En als Hij aan die plaats gekomen was, zeide Hij tot hen: Bidt, dat gij niet in verzoeking komt.

⁴¹En Hij scheidde Zich van hen af, omtrent een steenworp; en knielde neder en bad,

⁴²Zeggende: Vader, of Gij wildet dezen drinkbeker van Mij wegnemen, doch niet Mijn wil, maar de Uwe geschiede.

⁴³En van Hem werd gezien een engel uit den hemel, die Hem versterkte.

⁴⁴En in zwaren strijd zijnde, bad Hij te ernstiger. En zijn zweet werd gelijk grote droppelen bloeds, die op de aarde afliepen.

⁴⁵En als Hij van het gebed opgestaan was, kwam Hij tot Zijn discipelen, en vond hen slapende van droefheid.

⁴⁶En Hij zeide tot hen: Wat slaapt gij? Staat op en bidt, opdat gij niet in verzoeking komt.

⁴⁷En als Hij nog sprak, ziet daar een schare; en een van de twaalven, die genaamd was Judas, ging hun voor, en kwam bij Jezus, om Hem te kussen.

⁴⁸En Jezus zeide tot hem: Judas, verraadt gij den Zoon des mensen met een kus?

⁴⁹En die bij Hem waren, ziende, wat er geschieden zou, zeiden tot Hem: Heere, zullen wij met het zwaard slaan?

⁵⁰En een uit hen sloeg den dienstknecht des hogepriesters, en hieuw hem zijn rechteroor af.

⁵¹En Jezus, antwoordende, zeide: Laat hen tot hiertoe geworden, en raakte zijn oor aan, en heelde hem.

⁵²En Jezus zeide tot de overpriesters, en de hoofdmannen des tempels, en ouderlingen, die tegen Hem gekomen waren: Zijt gij uitgegaan met zwaarden en stokken als tegen een moordenaar?

⁵³Als Ik dagelijks met u was in den tempel, zo hebt gij de handen tegen Mij niet uitgestoken; maar dit is uw ure, en de macht der duisternis.

⁵⁴En zij grepen Hem en leidden Hem weg, en brachten Hem in het huis des hogepriesters. En Petrus volgde van verre.

⁵⁵En als zij vuur ontstoken hadden in het midden van de zaal, en zij te zamen nederzaten, zat Petrus in het midden van hen.

⁵⁶En een zekere dienstmaagd, ziende hem bij het vuur zitten, en haar ogen op hem houdende, zeide: Ook deze was met Hem.

⁵⁷Maar hij verloochende Hem, zeggende: Vrouw, ik ken Hem niet.

⁵⁸En kort daarna een ander, hem ziende, zeide: Ook gij zijt van

die. Maar Petrus zeide: Mens, ik ben niet.

⁵⁹En als het omtrent een uur geleden was, bevestigde dat een ander, zeggende: In der waarheid, ook deze was met Hem; want hij is ook een Galileer.

⁶⁰Maar Petrus zeide: Mens, ik weet niet, wat gij zegt. En terstond, als hij nog sprak, kraaide de haan.

⁶¹En de Heere, Zich omkerende, zag Petrus aan; en Petrus werd indachtig het woord des Heeren, hoe Hij hem gezegd had: Eer de haan zal gekraaid hebben, zultgij Mij driemaal verloochenen.

⁶²En Petrus, naar buiten gaande, weende bitterlijk.

⁶³En de mannen, die Jezus hielden, bespotten Hem, en sloegen Hem.

⁶⁴En als zij Hem overdekt hadden, sloegen zij Hem op het aangezicht, en vraagden Hem, zeggende: Profeteer, wie het is, die U geslagen heeft?

⁶⁵En vele andere dingen zeiden zij tegen Hem, lasterende.

⁶⁶En als het dag geworden was, vergaderden de ouderlingen des volks, en de overpriesters en Schriftgeleerden, en brachten Hem in hun raad,

⁶⁷Zeggende: Zijt Gij de Christus, zeg het ons. En Hij zeide tot hen: Indien Ik het u zeg, gij zult het niet geloven;

⁶⁸En indien Ik ook vraag, gij zult Mij niet antwoorden, of loslaten;

⁶⁹Van nu aan zal de Zoon des mensen gezeten zijn aan de rechter hand der kracht Gods.

⁷⁰En zij zeiden allen: Zijt Gij dan de Zoon Gods? En Hij zeide tot hen: Gij zegt, dat Ik het ben.

⁷¹En zij zeiden: Wat hebben wij nog getuigenis van node? Want wij zelven hebben het uit Zijn mond gehoord.

Hoofdstuk 23

¹En de gehele menigte van hen stond op, en leidde Hem tot Pilatus.

²En zij begonnen Hem te beschuldigen, zeggende: Wij hebben bevonden, dat Deze het volk verkeert, en verbiedt den keizer schattingen te geven, zeggende, datHij Zelf Christus, de Koning is.

³En Pilatus vraagde Hem, zeggende: Zijt Gij de Koning der Joden? En Hij antwoordde hem en zeide: Gij zegt het.

⁴En Pilatus zeide tot de overpriesters en de scharen: Ik vind geen schuld in dezen Mens.

⁵En zij hielden te sterker aan, zeggende: Hij beroert het volk, lerende door geheel Judea, begonnen hebbende van Galilea tot hier toe.

⁶Als nu Pilatus van Galilea hoorde, vraagde hij, of die Mens een Galileer was?

⁷En verstaande, dat Hij uit het gebied van Herodes was, zond hij Hem heen tot Herodes, die ook zelf in die dagen binnen Jeruzalem was.

⁸En als Herodes Jezus zag, werd hij zeer verblijd; want hij was van over lang begerig geweest Hem te zien, omdat hij veel van Hem hoorde; en hoopte enigteken te zien, dat van Hem gedaan zou worden.

⁹En hij vraagde Hem met vele woorden; doch Hij antwoordde hem niets.

¹⁰En de overpriesters en de Schriftgeleerden stonden, en beschuldigden Hem heftiglijk.

¹¹En Herodes met zijn krijgslieden Hem veracht en bespot hebbende, deed Hem een blinkend kleed aan, en zond Hem weder tot Pilatus.

¹²En op denzelfde dag werden Pilatus en Herodes vrienden met elkander; want zij waren te voren in vijandschap tegen den anderen.

¹³En als Pilatus de overpriesters, en de oversten, en het volk bijeengeroepen had, zeide hij tot hen:

¹⁴Gij hebt dezen Mens tot mij gebracht, als een, die het volk afkerig maakt; en ziet, ik heb Hem in uw tegenwoordigheid ondervraagd, en heb in dezen Mens geenschuld gevonden, van hetgeen daar gij Hem mede beschuldigt;

¹⁵Ja, ook Herodes niet; want ik heb ulieden tot hem gezonden, en ziet, er is van Hem niets gedaan, dat des doods waardig is.

¹⁶Zo zal ik Hem dan kastijden en loslaten.

¹⁷En hij moest hun op het feest een loslaten.

¹⁸Doch al de menigte riep gelijkelijk, zeggende: Weg met Dezen, en laat ons Bar-abbas los.

¹⁹Dewelke was om zeker oproer, dat in de stad geschied was, en om een doodslag, in de gevangenis geworpen.

²⁰Pilatus dan riep hun wederom toe, willende Jezus loslaten.

²¹Maar zij riepen daartegen, zeggende: Kruis Hem, kruis Hem!

²²En hij zeide ten derden male tot hen: Wat heeft Deze dan kwaads gedaan? Ik heb geen schuld des doods in Hem gevonden. Zo zal ik Hem dan kastijden enloslaten.

²³Maar zij hielden aan met groot geroep, eisende, dat Hij zou gekruist worden; en hun en der overpriesteren geroep werd geweldiger.

²⁴En Pilatus oordeelde, dat hun eis geschieden zou.

²⁵En hij liet hun los dengene, die om oproer en doodslag in de gevangenis geworpen was, welken zij geeist hadden; maar Jezus gaf hij over tot hun wil.

²⁶En als zij Hem wegleidden, namen zij een Simon van Cyrene, komende van den akker, en legden hem het kruis op, dat hij het achter Jezus droeg.

²⁷En een grote menigte van volk en van vrouwen volgde Hem, welke ook weenden en Hem beklaagden.

²⁸En Jezus, Zich tot haar kerende zeide: Gij dochters van Jeruzalem! weent niet over Mij, maar weent over uzelven, en over uw kinderen.

²⁹Want ziet, er komen dagen, in welke men zeggen zal: Zalig zijn de onvruchtbaren, en de buiken, die niet gebaard hebben, en de borsten, die niet gezoogdhebben.

³⁰Alsdan zullen zij beginnen te zeggen tot de bergen: Valt op ons; en tot de heuvelen: Bedekt ons.

³¹Want indien zij dit doen aan het groene hout, wat zal aan het dorre geschieden?

³²En er werden ook twee anderen, zijnde kwaaddoeners, geleid, om met Hem gedood te worden.

³³En toen zij kwamen op de plaats genaamd Hoofdschedel plaats, kruisigden zij Hem aldaar, en de kwaaddoeners, den een ter rechter zijde en den ander terlinker zijde.

³⁴En Jezus zeide: Vader, vergeef het hun; want zij weten niet, wat zij doen. En verdelende Zijn klederen, wierpen zij het lot.

³⁵En het volk stond en zag het aan. En ook de oversten met hen beschimpten Hem, zeggende: Anderen heeft Hij verlost, dat Hij nu Zichzelven verlosse, zo Hij isde Christus, de Uitverkorene Gods.

³⁶En ook de krijgsknechten, tot Hem komende, bespotten Hem, en brachten Hem edik;

³⁷En zeiden: Indien gij de Koning der Joden zijt, zo verlos Uzelven.

³⁸En er was ook een opschrift boven Hem geschreven, met Griekse, en Romeinse en Hebreeuwse letters: DEZE Is De KONING DER JODEN.

³⁹En een der kwaaddoeners, die gehangen waren, lasterde Hem, zeggende: Indien Gij de Christus zijt, verlos Uzelven en ons.

⁴⁰Maar de andere, antwoordende, bestrafte hem, zeggende: Vreest gij ook God niet, daar gij in hetzelfde oordeel zijt?

⁴¹En wij toch rechtvaardiglijk; want wij ontvangen straf, waardig hetgeen wij gedaan hebben; maar Deze heeft niets onbehoorlijks gedaan.

⁴²En hij zeide tot Jezus: Heere, gedenk mijner, als Gij in Uw Koninkrijk zult gekomen zijn.

⁴³En Jezus zeide tot hem: Voorwaar, zeg Ik u: Heden zult gij met Mij in het Paradijs zijn.

⁴⁴En het was omtrent de zesde ure, en er werd duisternis over de gehele aarde, tot de negende ure toe.

⁴⁵En de zon werd verduisterd, en het voorhangsel des tempels scheurde midden door.

⁴⁶En Jezus, roepende met grote stemme, zeide: Vader, in Uw handen beveel Ik Mijn geest. En als Hij dat gezegd had, gaf Hij den geest.

⁴⁷Als nu de hoofdman over honderd zag, wat er geschied was, verheerlijkte hij God, en zeide: Waarlijk, deze Mens was rechtvaardig.

⁴⁸En al de scharen, die samengekomen waren om dit te aanschouwen, ziende de dingen, die geschied waren, keerden wederom, slaande op hun borsten.

⁴⁹En al Zijn bekenden stonden van verre, ook de vrouwen, die Hem te zamen gevolgd waren van Galilea, en zagen dit aan.

⁵⁰En zie, een man, met name Jozef, zijnde een raadsheer, een goed en rechtvaardig man,

⁵¹(Deze had niet mede bewilligd in hun raad en handel) van Arimathea, een stad der Joden, en die ook zelf het Koninkrijk Gods verwachtte;

⁵²Deze ging tot Pilatus, en begeerde het lichaam van Jezus.

⁵³En als hij hetzelve afgenomen had, wond hij dat in een fijn lijnwaad, en legde het in een graf, in een rots gehouwen, waarin nog nooit iemand gelegd was.

⁵⁴En het was de dag der voorbereiding, en de sabbat kwam aan.

⁵⁵En ook de vrouwen, die met Hem gekomen waren uit Galilea, volgden na en aanschouwden het graf, en hoe Zijn lichaam gelegd werd.

⁵⁶En wedergekeerd zijnde, bereidden zij specerijen en zalven; en op den sabbat rustten zij naar het gebod. Lukas 24

Hoofdstuk 24

¹En op den eersten dag der week, zeer vroeg in den morgenstond, gingen zij naar het graf, dragende de specerijen, die zij bereid hadden, en sommigen met haar.

²En zij vonden den steen afgewenteld van het graf.

³En ingegaan zijnde, vonden zij het lichaam van den Heere Jezus niet.

⁴En het geschiedde, als zij daarover twijfelmoedig waren, zie, twee mannen stonden bij haar in blinkende klederen.

⁵En als zij zeer bevreesd werden, en het aangezicht naar de aarde neigden, zeiden zij tot haar: Wat zoekt gij den Levende bij de doden?

⁶Hij is hier niet, maar Hij is opgestaan. Gedenkt, hoe Hij tot u gesproken heeft, als Hij nog in Galilea was,

⁷Zeggende: De Zoon des mensen moet overgeleverd worden in de handen der zondige mensen, en gekruisigd worden, en ten derden dage wederopstaan.

⁸En zij werden indachtig Zijner woorden.

⁹En wedergekeerd zijnde van het graf, boodschapten zij al deze dingen aan de elven, en aan al de anderen.

¹⁰En deze waren Maria Magdalena, en Johanna, en Maria, de moeder van Jakobus, en de andere met haar, die dit tot de apostelen zeiden.

¹¹En haar woorden schenen voor hen als ijdel geklap, en zij geloofden haar niet.

¹²Doch Petrus opstaande, liep tot het graf, en nederbukkende, zag hij de linnen doeken, liggende alleen, en ging weg, zich verwonderende bij zichzelven vanhetgeen geschied was.

¹³En zie, twee van hen gingen op denzelfden dag naar een vlek, dat zestig stadien van Jeruzalem was, welks naam was Emmaus;

¹⁴En zij spraken samen onder elkander van al deze dingen, die er gebeurd waren.

¹⁵En het geschiedde, terwijl zij samen spraken, en elkander ondervraagden, dat Jezus Zelf bij hen kwam, en met hen ging.

¹⁶En hun ogen werden gehouden, dat zij Hem niet kenden.

¹⁷En Hij zeide tot hen: Wat redenen zijn dit, die gij, wandelende, onder elkander verhandelt, en waarom ziet gij droevig?

¹⁸En de een, wiens naam was Kleopas, antwoordende, zeide tot Hem: Zijt Gij alleen een vreemdeling te Jeruzalem, en weet niet de dingen, die dezer dagendaarin geschied zijn?

¹⁹En Hij zeide tot hen: Welke? En zij zeiden tot Hem: De dingen aangaande Jezus den Nazarener, Welke een Profeet was, krachtig in werken en woorden, voorGod en al het volk.

²⁰En hoe onze overpriesters en oversten Denzelven overgeleverd hebben tot het oordeel des doods, en Hem gekruisigd hebben.

²¹En wij hoopten, dat Hij was Degene, Die Israel verlossen zou. Doch ook, benevens dit alles, is het heden de derde dag, van dat deze dingen geschied zijn.

²²Maar ook sommige vrouwen uit ons hebben ons ontsteld, die vroeg in den morgenstond aan het graf geweest zijn;

²³En Zijn lichaam niet vindende, kwamen zij en zeiden, dat zij ook een gezicht van engelen gezien hadden, die zeggen, dat Hij leeft.

²⁴En sommigen dergenen, die met ons zijn, gingen heen tot het graf, en bevonden het alzo, gelijk ook de vrouwen gezegd hadden; maar Hem zagen zij niet.

²⁵En Hij zeide tot hen: O onverstandigen en tragen van hart, om te geloven al hetgeen de profeten gesproken hebben!

²⁶Moest de Christus niet deze dingen lijden, en alzo in Zijn heerlijkheid ingaan?

²⁷En begonnen hebbende van Mozes en van al de profeten, legde Hij hun uit, in al de Schriften, hetgeen van Hem geschreven was.

²⁸En zij kwamen nabij het vlek, daar zij naar toegingen; en Hij hield Zich, alsof Hij verder gaan zou.

²⁹En zij dwongen Hem, zeggende: Blijf met ons; want het is bij den avond, en de dag is gedaald. En Hij ging in, om met hen te blijven.

³⁰En het geschiedde, als Hij met hen aanzat, nam Hij het brood, en zegende het, en als Hij het gebroken had, gaf Hij het hun.

³¹En hun ogen werden geopend, en zij kenden Hem; en Hij kwam weg uit hun gezicht.

³²En zij zeiden tot elkander: Was ons hart niet brandende in ons, als Hij tot ons sprak op den weg, en als Hij ons de Schriften opende?

³³En zij, opstaande ter zelfder ure, keerden weder naar Jeruzalem, en vonden de elven samenvergaderd, en die met hen waren;

³⁴Welke zeiden: De Heere is waarlijk opgestaan, en is van Simon gezien.

³⁵En zij vertelden, hetgeen op den weg geschied was, en hoe Hij hun bekend was geworden in het breken des broods.

³⁶En als zij van deze dingen spraken, stond Jezus Zelf in het midden van hen, en zeide tot hen: Vrede zij ulieden!

³⁷En zij verschrikt en zeer bevreesd geworden zijnde, meenden, dat zij een geest zagen.

³⁸En Hij zeide tot hen: Wat zijt gij ontroerd, en waarom klimmen zulke overleggingen in uw harten?

³⁹Ziet Mijn handen en Mijn voeten; want Ik ben het Zelf; tast Mij aan, en ziet; want een geest heeft geen vlees en benen, gelijk gij ziet, dat Ik heb.

⁴⁰En als Hij dit zeide, toonde Hij hun de handen en de voeten.

⁴¹En toen zij het van blijdschap nog niet geloofden, en zich verwonderden, zeide Hij tot hen: Hebt gij hier iets om te eten?

⁴²En zij gaven Hem een stuk van een gebraden vis, en van honigraten.

⁴³En Hij nam het, en at het voor hun ogen.

⁴⁴En Hij zeide tot hen: Dit zijn de woorden, die Ik tot u sprak, als Ik nog met u was, namelijk dat het alles moest vervuld worden, wat van Mij geschreven is inde Wet van Mozes, en de Profeten, en Psalmen.

⁴⁵Toen opende Hij hun verstand, opdat zij de Schriften verstonden.

⁴⁶En zeide tot hen: Alzo is er geschreven, en alzo moest de Christus lijden, en van de doden opstaan ten derden dage.

⁴⁷En in Zijn Naam gepredikt worden bekering en vergeving der zonden, onder alle volken, beginnende van Jeruzalem.

⁴⁸En gij zijt getuigen van deze dingen.

⁴⁹En ziet, Ik zende de belofte Mijns Vaders op u; maar blijft gij in de stad Jeruzalem, totdat gij zult aangedaan zijn met kracht uit de hoogte.

⁵⁰En Hij leidde hen buiten tot aan Bethanie, en Zijn handen opheffende, zegende Hij hen.

⁵¹En het geschiedde, als Hij hen zegende, dat Hij van hen scheidde, en werd opgenomen den hemel.

⁵²En zij aanbaden Hem, en keerden weder naar Jeruzalem met grote blijdschap.

Johannes
Johannes

Hoofdstuk 1

¹In den beginne was het Woord, en het Woord was bij God, en het Woord was God.

²Dit was in den beginne bij God.

³Alle dingen zijn door Hetzelve gemaakt, en zonder Hetzelve is geen ding gemaakt, dat gemaakt is.

⁴In Hetzelve was het Leven, en het Leven was het Licht der mensen.

⁵En het Licht schijnt in de duisternis, en de duisternis heeft hetzelve niet begrepen.

⁶Er was een mens van God gezonden, wiens naam was Johannes.

⁷Deze kwam tot een getuigenis, om van het Licht te getuigen, opdat zij allen door hem geloven zouden.

⁸Hij was het Licht niet, maar was gezonden, opdat hij van het Licht getuigen zou.

⁹Dit was het waarachtige Licht, Hetwelk verlicht een iegelijk mens, komende in de wereld.

¹⁰Hij was in de wereld, en de wereld is door Hem gemaakt; en de wereld heeft Hem niet gekend.

¹¹Hij is gekomen tot het Zijne, en de Zijnen hebben Hem niet aangenomen.

¹²Maar zovelen Hem aangenomen hebben, dien heeft Hij macht gegeven kinderen Gods te worden, namelijk die in Zijn Naam geloven;

¹³Welke niet uit den bloede, noch uit den wil des vleses, noch uit den wil des mans, maar uit God geboren zijn.

¹⁴En het Woord is vlees geworden, en heeft onder ons gewoond (en wij hebben Zijn heerlijkheid aanschouwd, een heerlijkheid als des Eniggeborenen van den Vader), vol van genade en waarheid.

¹⁵Johannes getuigt van Hem, en heeft geroepen, zeggende: Deze was het, van Welken ik zeide: Die na mij komt, is voor mij geworden, want Hij was eer dan ik.

¹⁶En uit Zijn volheid hebben wij allen ontvangen, ook genade voor genade.

¹⁷Want de wet is door Mozes gegeven, de genade en de waarheid is door Jezus Christus geworden.

¹⁸Niemand heeft ooit God gezien; de eniggeboren Zoon, Die in den schoot des Vaders is, Die heeft Hem ons verklaard.

¹⁹En dit is de getuigenis van Johannes, toen de Joden enige priesters en Levieten afzonden van Jeruzalem, opdat zij hem zouden vragen: Wie zijt gij?

²⁰En hij beleed en loochende het niet; en beleed: Ik ben de Christus niet.

²¹En zij vraagden hem: Wat dan? Zijt gij Elias? En hij zeide: Ik ben die niet. Zijt gij de profeet? En hij antwoordde: Neen.

²²Zij zeiden dan tot hem: Wie zijt gij? opdat wij antwoord geven mogen dengenen, die ons gezonden hebben; wat zegt gij van uzelven?

²³Hij zeide: Ik ben de stem des roependen in de woestijn: Maakt den weg des Heeren recht, gelijk Jesaja, de profeet, gesproken heeft.

²⁴En de afgezondenen waren uit de Farizeen;

²⁵En zij vraagden hem en spraken tot hem: Waarom doopt gij dan, zo gij de Christus niet zijt, noch Elias, noch de profeet?

²⁶Johannes antwoordde hun, zeggende: Ik doop met water, maar Hij staat midden onder ulieden, Dien gij niet kent;

²⁷Dezelve is het, Die na mij komt, Welke voor mij geworden is, Wien ik niet waardig ben, dat ik Zijn schoenriem zou ontbinden.

²⁸Deze dingen zijn geschied in Bethabara, over de Jordaan, waar Johannes was dopende.

²⁹Des anderen daags zag Johannes Jezus tot zich komende, en zeide: Zie het Lam Gods, Dat de zonde der wereld wegneemt!

³⁰Deze is het, van Welken ik gezegd heb: Na mij komt een Man, Die voor mij geworden is, want Hij was eer dan ik.

³¹En ik kende Hem niet; maar opdat Hij aan Israel zou geopenbaard worden, daarom ben ik gekomen, dopende met het water.

³²En Johannes getuigde, zeggende: Ik heb den Geest zien nederdalen uit den hemel, gelijk een duif, en bleef op Hem.

³³En ik kende Hem niet; maar Die mij gezonden heeft, om te dopen met water, Die had mij gezegd: Op Welken gij den Geest zult zien nederdalen, en op Hem blijven, Deze is het, Die met den Heiligen Geest doopt.

³⁴En ik heb gezien, en heb getuigd, dat Deze de Zoon van God is.

³⁵Des anderen daags wederom stond Johannes, en twee uit zijn discipelen.

³⁶En ziende op Jezus, daar wandelende, zeide hij: Ziet, het Lam Gods!

³⁷En die twee discipelen hoorden hem dat spreken, en zij volgden Jezus.

³⁸En Jezus Zich omkerende, en ziende hen volgen, zeide tot hen:

³⁹Wat zoekt gij? En zij zeiden tot Hem: Rabbi! (hetwelk is te zeggen, overgezet zijnde, Meester) waar woont Gij?

⁴⁰Hij zeide tot hen: Komt en ziet! Zij kwamen en zagen, waar Hij woonde, en bleven dien dag bij Hem. En het was omtrent de tiende ure.

⁴¹Andreas, de broeder van Simon Petrus, was een van de twee, die het van Johannes gehoord hadden, en Hem gevolgd waren.

⁴²Deze vond eerst zijn broeder Simon, en zeide tot hem: Wij hebben gevonden den Messias, hetwelk is, overgezet zijnde, de Christus.

⁴³En hij leidde hem tot Jezus. En Jezus, hem aanziende, zeide: Gij zijt Simon, de zoon van Jonas; gij zult genaamd worden Cefas, hetwelk overgezet wordt Petrus.

⁴⁴Des anderen daags wilde Jezus heengaan naar Galilea, en vond Filippus, en zeide tot hem: Volg Mij.

⁴⁵Filippus nu was van Bethsaida, uit de stad van Andreas en Petrus.

⁴⁶Filippus vond Nathanael en zeide tot hem: Wij hebben Dien gevonden, van Welken Mozes in de wet geschreven heeft, en de profeten, namelijk Jezus, denzoon van Jozef, van Nazareth.

⁴⁷En Nathanael zeide tot hem: Kan uit Nazareth iets goeds zijn? Filippus zeide tot hem: Kom en zie.

⁴⁸Jezus zag Nathanael tot Zich komen, en zeide tot hem: Zie, waarlijk een Israeliet, in welken geen bedrog is.

⁴⁹Nathanael zeide tot Hem: Van waar kent Gij mij? Jezus antwoordde en zeide tot hem: Eer u Filippus riep, daar gij onder den vijgeboom waart, zag Ik u.

⁵⁰Nathanael antwoordde en zeide tot Hem: Rabbi! Gij zijt de Zone Gods, Gij zijt de Koning Israels.

⁵¹Jezus antwoordde en zeide tot hem: Omdat Ik u gezegd heb: Ik zag u onder de vijgeboom, zo gelooft gij; gij zult grotere dingen zien dan deze.

Hoofdstuk 2

¹En op den derden dag was er een bruiloft te Kana in Galilea; en de moeder van Jezus was aldaar.

²En Jezus was ook genood, en Zijn discipelen, tot de bruiloft.

³En als er wijn ontbrak, zeide de moeder van Jezus tot Hem: Zij hebben geen wijn.

⁴Jezus zeide tot haar: Vrouw, wat heb Ik met u te doen? Mijn ure is nog niet gekomen.

⁵Zijn moeder zeide tot de dienaars: Zo wat Hij ulieden zal zeggen, doet dat.

⁶En aldaar waren zes stenen watervaten gesteld, naar de reiniging der Joden, elk houdende twee of drie metreten.

⁷Jezus zeide tot hen: Vult de watervaten met water. En zij vulden ze tot boven toe.

⁸En Hij zeide tot hen: Schept nu, en draagt het tot den hofmeester; en zij droegen het.

⁹Als nu de hofmeester het water, dat wijn geworden was, geproefd had (en hij wist niet, van waar de wijn was; maar de dienaren, die het water geschept hadden, wisten het), zo riep de hofmeester den bruidegom.

¹⁰En zeide tot hem: Alle man zet eerst den goeden wijn op, en wanneer men wel gedronken heeft, alsdan den minderen; maar gij hebt den goeden wijn tot nu toe bewaard.

¹¹Dit beginsel der tekenen heeft Jezus gedaan te Kana in Galilea, en heeft Zijn heerlijkheid geopenbaard; en Zijn discipelen geloofden in Hem.

¹²Daarna ging Hij af naar Kapernaum, Hij, en Zijn moeder, en Zijn broeders, en Zijn discipelen; en zij bleven aldaar niet vele dagen.

¹³En het pascha der Joden was nabij, en Jezus ging op naar Jeruzalem.

¹⁴En Hij vond in den tempel, die ossen, en schapen, en duiven verkochten, en de wisselaars daar zittende.

¹⁵En een gesel van touwtjes gemaakt hebbende, dreef Hij ze allen uit den tempel, ook de schapen en de ossen; en het geld der wisselaren stortte Hij uit, en keerde de tafelen om.

¹⁶En Hij zeide tot degenen, die de duiven verkochten: Neemt deze dingen van hier weg; maakt niet het huis Mijns Vaders tot een huis van koophandel.

¹⁷En Zijn discipelen werden indachtig, dat er geschreven is: De

ijver van Uw huis heeft mij verslonden.

¹⁸De Joden antwoordden dan, en zeiden tot Hem: Wat teken toont Gij ons, dat Gij deze dingen doet?

¹⁹Jezus antwoordde en zeide tot hen: Breekt dezen tempel, en in drie dagen zal Ik denzelven oprichten.

²⁰De Joden zeiden dan: Zes en veertig jaren is over dezen tempel gebouwd, en Gij, zult Gij dien in drie dagen oprichten?

²¹Maar Hij zeide dit van den tempel Zijns lichaams.

²²Daarom, als Hij opgestaan was van de doden, werden Zijn discipelen gedachtig, dat Hij dit tot hen gezegd had, en zij geloofden de Schrift, en het woord, datJezus gesproken had.

²³En als Hij te Jeruzalem was, op het pascha, in het feest, geloofden velen in Zijn Naam, ziende Zijn tekenen, die Hij deed.

²⁴Maar Jezus Zelf betrouwde hun Zichzelven niet, omdat Hij hen allen kende,

²⁵En omdat Hij niet van node had, dat iemand getuigen zou van den mens; want Hij Zelf wist, wat in den mens was.

Hoofdstuk 3

¹En er was een mens uit de Farizeen, wiens naam was Nicodemus, een overste der Joden;

²Deze kwam des nachts tot Jezus, en zeide tot Hem: Rabbi, wij weten, dat Gij zijt een Leraar van God gekomen; want niemand kan deze tekenen doen, die Gijdoet, zo God met hem niet is.

³Jezus antwoordde en zeide tot hem: Voorwaar, voorwaar zeg Ik u: Tenzij dat iemand wederom geboren worde, hij kan het Koninkrijk Gods niet zien.

⁴Nicodemus zeide tot Hem: Hoe kan een mens geboren worden, nu oud zijnde? Kan hij ook andermaal in zijner moeders buik ingaan, en geboren worden?

⁵Jezus antwoordde: Voorwaar, voorwaar zeg Ik u: Zo iemand niet geboren wordt uit water en Geest, hij kan in het Koninkrijk Gods niet ingaan.

⁶Hetgeen uit het vlees geboren is, dat is vlees; en hetgeen uit den Geest geboren is, dat is geest.

⁷Verwonder u niet, dat Ik u gezegd heb: Gijlieden moet wederom geboren worden.

⁸De wind blaast, waarheen hij wil, en gij hoort zijn geluid; maar gij weet niet, van waar hij komt, en waar hij heen gaat; alzo is een iegelijk, die uit den Geestgeboren is.

⁹Nicodemus antwoordde en zeide tot Hem: Hoe kunnen deze dingen geschieden?

¹⁰Jezus antwoordde en zeide tot hem: Zijt gij een leraar van Israel, en weet gij deze dingen niet?

¹¹Voorwaar, voorwaar zeg Ik u: Wij spreken, wat Wij weten, en getuigen, wat Wij gezien hebben; en gijlieden neemt Onze getuigenis niet aan.

¹²Indien Ik ulieden de aardse dingen gezegd heb, en gij niet gelooft, hoe zult gij geloven, indien Ik ulieden de hemelse zou zeggen?

¹³En niemand is opgevaren in den hemel, dan Die uit den hemel nedergekomen is, namelijk de Zoon des mensen, Die in de hemel is.

¹⁴En gelijk Mozes de slang in de woestijn verhoogd heeft, alzo moet de Zoon des mensen verhoogd worden;

¹⁵Opdat een iegelijk, die in Hem gelooft, niet verderve, maar het eeuwige leven hebbe.

¹⁶Want alzo lief heeft God de wereld gehad, dat Hij Zijn eniggeboren Zoon gegeven heeft, opdat een iegelijk die in Hem gelooft, niet verderve, maar het eeuwigeleven hebbe.

¹⁷Want God heeft Zijn Zoon niet gezonden in de wereld, opdat Hij de wereld veroordelen zou, maar opdat de wereld door Hem zou behouden worden.

¹⁸Die in Hem gelooft, wordt niet veroordeeld, maar die niet gelooft, is alrede veroordeeld, dewijl hij niet heeft geloofd in den Naam des eniggeboren Zoons vanGod.

¹⁹En dit is het oordeel, dat het licht in de wereld gekomen is, en de mensen hebben de duisternis liever gehad dan het licht; want hun werken waren boos.

²⁰Want een iegelijk, die kwaad doet, haat het licht, en komt tot het licht niet, opdat zijn werken niet bestraft worden.

²¹Maar die de waarheid doet, komt tot het licht, opdat zijn werken openbaar worden, dat zij in God gedaan zijn.

²²Na dezen kwam Jezus en Zijn discipelen in het land van Judea, en onthield Zich aldaar met hen, en doopte.

²³En Johannes doopte ook in Enon bij Salim, dewijl aldaar vele wateren waren; en zij kwamen daar, en werden gedoopt.

²⁴Want Johannes was nog niet in de gevangenis geworpen.

²⁵Er rees dan een vraag van enigen uit de discipelen van Johannes met de Joden over de reiniging.

²⁶En zij kwamen tot Johannes, en zeiden tot hem: Rabbi, Die met u was over de Jordaan, Welken gij getuigenis gaaft, zie, Die doopt, en zij komen allen tot Hem.

²⁷Johannes antwoordde en zeide: Een mens kan geen ding aannemen, zo het hem uit de hemel niet gegeven zij.

²⁸Gijzelven zijt mijn getuigen, dat ik gezegd heb: Ik ben de Christus niet; maar dat ik voor Hem heen uitgezonden ben.

²⁹Die de bruid heeft, is de bruidegom, maar de vriend des bruidegoms, die staat en hem hoort, verblijdt zich met blijdschap om de stem des bruidegoms. Zo isdan deze mijn blijdschap vervuld geworden.

³⁰Hij moet wassen, maar ik minder worden.

³¹Die van boven komt, is boven allen; die uit de aarde is voortgekomen die is uit de aarde, en spreekt uit de aarde. Die uit den hemel komt, is boven allen.

³²En hetgeen Hij gezien en gehoord heeft, dat getuigt Hij; en Zijn getuigenis neemt niemand aan.

³³Die Zijn getuigenis aangenomen heeft, die heeft verzegeld, dat God waarachtig is.

³⁴Want Dien God gezonden heeft, Die spreekt de woorden Gods; want God geeft Hem de Geest niet met mate.

³⁵De Vader heeft den Zoon lief, en heeft alle dingen in Zijn hand gegeven.

³⁶Die in den Zoon gelooft, die heeft het eeuwige leven; maar die den Zoon ongehoorzaam is, die zal het leven niet zien, maar de toorn Gods blijft op hem.

Hoofdstuk 4

¹Als dan de Heere verstond, dat de Farizeen gehoord hadden, dat Jezus meer discipelen maakte en doopte dan Johannes;

²(Hoewel Jezus zelf niet doopte, maar Zijn discipelen),

³Zo verliet Hij Judea, en ging wederom heen naar Galilea.

⁴En Hij moest door Samaria gaan.

⁵Hij kwam dan in een stad van Samaria, genaamd Sichar, nabij het stuk land, hetwelk Jakob zijn zoon Jozef gaf.

⁶En aldaar was de fontein Jakobs. Jezus dan, vermoeid zijnde van de reize, zat alzo neder nevens de fontein. Het was omtrent de zesde ure.

⁷Er kwam een vrouw uit Samaria om water te putten. Jezus zeide tot haar: Geef Mij te drinken.

⁸(Want Zijn discipelen waren heengegaan in de stad, opdat zij zouden spijze kopen.)

⁹Zo zeide dan de Samaritaanse vrouw tot Hem: Hoe begeert Gij, Die een Jood zijt, van mij te drinken, die een Samaritaanse vrouw ben? Want de Joden houdengeen gemeenschap met de Samaritanen.

¹⁰Jezus antwoordde en zeide tot haar: Indien gij de gave Gods kendet, en Wie Hij is, Die tot u zegt: Geef Mij te drinken, zo zoudt gij van Hem hebben begeerd, en Hij zoude u levend water gegeven hebben.

¹¹De vrouw zeide tot Hem: Heere! Gij hebt niet om mede te putten, en de put is diep; van waar hebt Gij dan het levend water?

¹²Zijt Gij meerder dan onze vader Jakob, die ons den put gegeven heeft, en hijzelf heeft daaruit gedronken, en zijn kinderen en zijn vee?

¹³Jezus antwoordde, en zeide tot haar: Een ieder, die van dit water drinkt, zal wederom dorsten:

¹⁴Maar zo wie gedronken zal hebben van het water, dat Ik hem geven zal, dien zal in eeuwigheid niet dorsten; maar het water, dat Ik hem zal geven, zal in hemworden een fontein van water, springende tot in het eeuwige leven.

¹⁵De vrouw zeide tot Hem: Heere, geef mij dat water, opdat mij niet dorste, en ik hier niet moet komen, om te putten.

¹⁶Jezus zeide tot haar: Ga heen, roep uw man, en kom hier.

¹⁷De vrouw antwoordde en zeide: Ik heb geen man. Jezus zeide tot haar: Gij hebt wel gezegd: Ik heb geen man.

¹⁸Want gij hebt vijf mannen gehad, en dien gij nu hebt, is uw man niet; dat hebt gij met waarheid gezegd.

¹⁹De vrouw zeide tot Hem: Heere, ik zie, dat Gij een profeet zijt.

²⁰Onze vaders hebben op deze berg aangebeden; en gijlieden zegt, dat te Jeruzalem de plaats is, waar men moet aanbidden.

²¹Jezus zeide tot haar: Vrouw, geloof Mij, de ure komt, wanneer gijlieden, noch op dezen berg, noch te Jeruzalem, den Vader zult aanbidden.

²²Gijlieden aanbidt, wat gij niet weet; wij aanbidden, wat wij weten; want de zaligheid is uit de Joden.

²³Maar de ure komt, en is nu, wanneer de ware aanbidders den Vader aanbidden zullen in geest en waarheid; want de Vader zoekt ook dezulken, die Hem alzoaanbidden.

²⁴God is een Geest, en die Hem aanbidden, moeten Hem aanbidden in geest en waarheid.

²⁵De vrouw zeide tot Hem: Ik weet, dat de Messias komt (Die genaamd wordt Christus); wanneer Die zal gekomen zijn, zo zal Hij ons alle dingen verkondigen.

²⁶Jezus zeide tot haar: Ik ben het, Die met u spreek.

²⁷En daarop kwamen Zijn discipelen en verwonderden zich, dat Hij met een vrouw sprak. Nochtans zeide niemand: Wat vraagt Gij, of: Wat spreekt Gij met haar?

²⁸Zo verliet de vrouw dan haar watervat, en ging heen in de stad en zeide tot de lieden:

²⁹Komt, ziet een Mens, Die mij gezegd heeft alles, wat ik gedaan heb; is Deze niet de Christus?

³⁰Zij dan gingen uit de stad, en kwamen tot Hem.

³¹En ondertussen baden Hem de discipelen, zeggende: Rabbi, eet.

³²Maar Hij zeide tot hen: Ik heb een spijs om te eten, die gij niet weet.

³³Zo zeiden dan de discipelen tegen elkander: Heeft Hem iemand te eten gebracht?

³⁴Jezus zeide tot hen: Mijn spijs is, dat Ik doe den wil Desgenen, Die Mij gezonden heeft, en Zijn werk volbrenge.

³⁵Zegt gijlieden niet: Het zijn nog vier maanden, en dan komt de oogst? Ziet, Ik zeg u: Heft uw ogen op en aanschouwt de landen; want zij zijn alrede wit om te oogsten.

³⁶En die maait, ontvangt loon, en vergadert vrucht ten eeuwigen leven; opdat zich te zamen verblijde, beide, die zaait en die maait.

³⁷Want hierin is die spreuk waarachtig: Een ander is het, die zaait, en een ander, die maait.

³⁸Ik heb u uitgezonden, om te maaien, hetgeen gij niet bearbeid hebt; anderen hebben het bearbeid, en gij zijt tot hun arbeid ingegaan.

³⁹En velen der Samaritanen uit die stad geloofden in Hem, om het woord der vrouw, die getuigde: Hij heeft mij gezegd alles, wat ik gedaan heb.

⁴⁰Als dan de Samaritanen tot Hem gekomen waren, baden zij Hem, dat Hij bij hen bleef; en Hij bleef aldaar twee dagen.

⁴¹En er geloofden er veel meer om Zijns woords wil;

⁴²En zeiden tot de vrouw: Wij geloven niet meer om uws zeggens wil; want wij zelven hebben Hem gehoord, en weten, dat Deze waarlijk is de Christus, de Zaligmaker der wereld.

⁴³En na de twee dagen ging Hij van daar en ging heen naar Galilea;

⁴⁴Want Jezus heeft Zelf getuigd, dat een profeet in zijn eigen vaderland geen eer heeft.

⁴⁵Als Hij dan in Galilea kwam, ontvingen Hem de Galileers, gezien hebbende al de dingen, die Hij te Jeruzalem op het feest gedaan had; want ook zij waren tot het feest gegaan.

⁴⁶Zo kwam dan Jezus wederom te Kana in Galilea, waar Hij het water wijn gemaakt had. En er was een zeker koninklijk hoveling, wiens zoon krank was, te Kapernaum.

⁴⁷Deze, gehoord hebbende, dat Jezus uit Judea in Galilea kwam, ging tot Hem, en bad Hem, dat Hij afkwame, en zijn zoon gezond maakte; want hij lag op zijn sterven.

⁴⁸Jezus dan zeide tot hem: Tenzij dat gijlieden tekenen en wonderen ziet, zo zult gij niet geloven.

⁴⁹De koninklijke hoveling zeide tot Hem: Heere, kom af, eer mijn kind sterft.

⁵⁰Jezus zeide tot hem: Ga heen, uw zoon leeft. En de mens geloofde het woord, dat Jezus tot hem zeide, en ging heen.

⁵¹En als hij nu afging, kwamen hem zijn dienstknechten tegemoet, en boodschapten, zeggende: Uw kind leeft!

⁵²Zo vraagde hij dan van hen de ure, in welke het beter met hem geworden was. En zij zeiden tot hem: Gisteren te zeven ure verliet hem de koorts.

⁵³De vader bekende dan, dat het in dezelve ure was, in dewelke Jezus tot hem gezegd had: Uw zoon leeft. En hij geloofde zelf, en zijn gehele huis.

⁵⁴Dit tweede teken heeft Jezus wederom gedaan, als Hij uit Judea in Galilea gekomen was.

Hoofdstuk 5

¹Na dezen was een feest der Joden, en Jezus ging op naar Jeruzalem.

²En er is te Jeruzalem aan de Schaaps poort, een badwater, hetwelk in het Hebreeuws toegenaamd wordt Bethesda, hebbende vijf zalen.

³In dezelve lag een grote menigte van kranken, blinden, kreupelen, verdorden, wachtende op de roering des waters.

⁴Want een engel daalde neder op zekeren tijd in dat badwater, en beroerde het water; die dan eerst daarin kwam, na de beroering van het water, die werd gezond, van wat ziekte hij ook bevangen was.

⁵En aldaar was een zeker mens, die acht en dertig jaren krank gelegen had.

⁶Jezus, ziende dezen liggen, en wetende, dat hij nu langen tijd gelegen had, zeide tot hem: Wilt gij gezond worden?

⁷De kranke antwoordde Hem: Heere, ik heb geen mens, om mij te werpen in het badwater, wanneer het water beroerd wordt; en terwijl ik kom, zo daalt een ander voor mij neder.

⁸Jezus zeide tot hem: Sta op, neem uw beddeken op, en wandel.

⁹En terstond werd de mens gezond, en nam zijn beddeken op en wandelde. En het was sabbat op denzelven dag.

¹⁰De Joden zeiden dan tot dengene, die genezen was: Het is sabbat; het is u niet geoorloofd het beddeken te dragen.

¹¹Hij antwoordde hun: Die mij gezond gemaakt heeft, Die heeft mij gezegd: Neem uw beddeken op, en wandel.

¹²Zij vraagden hem dan: Wie is de Mens, Die u gezegd heeft: Neem uw beddeken op, en wandel?

¹³En die gezond gemaakt was, wist niet, Wie Hij was; want Jezus was ontweken, alzo er een grote schare in die plaats was.

¹⁴Daarna vond hem Jezus in den tempel, en zeide tot hem: Zie, gij zijt gezond geworden; zondig niet meer, opdat u niet wat ergers geschiede.

¹⁵De mens ging heen, en boodschapte den Joden, dat het Jezus was, Die hem gezond gemaakt had.

¹⁶En daarom vervolgden de Joden Jezus, en zochten Hem te doden, omdat Hij deze dingen op den sabbat deed.

¹⁷En Jezus antwoordde hun: Mijn Vader werkt tot nu toe, en Ik werk ook.

¹⁸Daarom zochten dan de Joden te meer Hem te doden, omdat Hij niet alleen den sabbat brak, maar ook zeide, dat God Zijn eigen Vader was, Zichzelven Gode evengelijk makende.

¹⁹Jezus dan antwoordde en zeide tot hen: Voorwaar, voorwaar zeg Ik u: De Zoon kan niets van Zichzelven doen, tenzij Hij den Vader dat ziet doen; want zo wat Die doet, hetzelve doet ook de Zoon desgelijks.

²⁰Want de Vader heeft den Zoon lief, en toont Hem alles, wat Hij doet; en Hij zal Hem groter werken tonen dan deze, opdat gij u verwondert.

²¹Want gelijk de Vader de doden opwekt en levend maakt, alzo maakt ook de Zoon levend, Die Hij wil.

²²Want ook de Vader oordeelt niemand, maar heeft al het oordeel den Zoon gegeven;

²³Opdat zij allen den Zoon eren, gelijk zij den Vader eren. Die den Zoon niet eert, eert den Vader niet, Die Hem gezonden heeft.

²⁴Voorwaar, voorwaar zeg Ik u: Die Mijn woord hoort, en gelooft Hem, Die Mij gezonden heeft, die heeft het eeuwige leven, en komt niet in de verdoemenis, maar is uit den dood overgegaan in het leven.

²⁵Voorwaar, voorwaar zeg Ik u: De ure komt, en is nu, wanneer de doden zullen horen de stem des Zoons Gods, en die ze gehoord hebben, zullen leven.

²⁶Want gelijk de Vader het leven heeft in Zichzelven, alzo heeft Hij ook den Zoon gegeven, het leven te hebben in Zichzelven;

²⁷En heeft Hem macht gegeven, ook gericht te houden, omdat Hij des mensen Zoon is.

²⁸Verwondert u daar niet over, want de ure komt, in dewelke allen, die in de graven zijn, Zijn stem zullen horen;

²⁹En zullen uitgaan, die het goede gedaan hebben, tot de opstanding des levens, en die het kwade gedaan hebben, tot de opstanding der verdoemenis.

³⁰Ik kan van Mijzelven niets doen. Gelijk Ik hoor, oordeel Ik, en Mijn oordeel is rechtvaardig; want Ik zoek niet Mijn wil, maar den wil des Vaders, Die Mij gezonden heeft.

³¹Indien Ik van Mijzelven getuig, Mijn getuigenis is niet waarachtig.

³²Er is een ander, die van Mij getuigt, en Ik weet, dat de getuigenis, welke hij van Mij getuigt, waarachtig is.

³³Gijlieden hebt tot Johannes gezonden, en hij heeft der waarheid getuigenis gegeven.

³⁴Doch Ik neem geen getuigenis van een mens; maar dit zeg Ik, opdat gijlieden zoudt behouden worden.

³⁵Hij was een brandende en lichtende kaars; en gij hebt ulieden voor een korten tijd in zijn licht willen verheugen.

³⁶Maar Ik heb een getuigenis meerder, dan die van Johannes; want de werken, die Mij de Vader gegeven heeft, om die te volbrengen, dezelve werken, die Ik doe, getuigen van Mij, dat Mij de Vader gezonden heeft.

³⁷En de Vader, Die Mij gezonden heeft, Die heeft Zelf van Mij getuigd. Gij hebt noch Zijn stem ooit gehoord, noch Zijn gedaante gezien.

³⁸En Zijn woord hebt gij niet in u blijvende; want gij gelooft Dien niet, Dien Hij gezonden heeft.

³⁹Onderzoekt de Schriften; want gij meent in dezelve het eeuwige leven te hebben; en die zijn het, die van Mij getuigen.

⁴⁰En gij wilt tot Mij niet komen, opdat gij het leven moogt hebben.

⁴¹Ik neem geen eer van mensen;

⁴²Maar Ik ken ulieden, dat gij de liefde Gods in uzelven niet hebt.

⁴³Ik ben gekomen in den Naam Mijns Vaders, en gij neemt Mij niet aan; zo een ander komt in zijn eigen naam, dien zult gij aannemen.

⁴⁴Hoe kunt gij geloven, gij, die eer van elkander neemt, en de eer, die van God alleen is, niet zoekt?

⁴⁵Meent niet, dat Ik u verklagen zal bij den Vader; die u verklaagt, is Mozes, op welken gij gehoopt hebt.

⁴⁶Want indien gij Mozes geloofdet, zo zoudt gij Mij geloven; want hij heeft van Mij geschreven.

⁴⁷Maar zo gij zijn Schriften niet gelooft, hoe zult gij Mijn woorden geloven?

Hoofdstuk 6

¹Na dezen vertrok Jezus over de zee van Galilea, welke is de zee van Tiberias.

²En Hem volgde een grote schare, omdat zij Zijn tekenen zagen, die Hij deed aan de kranken.

³En Jezus ging op den berg, en zat aldaar neder met Zijn discipelen.

⁴En het pascha, het feest der Joden, was nabij.

⁵Jezus dan, de ogen opheffende, en ziende, dat een grote schare tot Hem kwam, zeide tot Filippus: Van waar zullen wij broden kopen, opdat deze eten mogen?

⁶(Doch dit zeide Hij, hem beproevende; want Hij wist Zelf, wat Hij doen zou.)

⁷Filippus antwoordde Hem: Voor tweehonderd penningen brood is voor dezen niet genoeg, opdat een iegelijk van hen een weinig neme.

⁸Een van Zijn discipelen, namelijk Andreas, de broeder van Simon Petrus, zeide tot Hem:

⁹Hier is een jongsken, dat vijf gerstebroden heeft, en twee visjes; maar wat zijn deze onder zo velen?

¹⁰En Jezus zeide: Doet de mensen nederzitten. En er was veel gras in die plaats. Zo zaten dan de mannen neder, omtrent vijf duizend in getal.

¹¹En Jezus nam de broden, en gedankt hebbende, deelde Hij ze den discipelen, en de discipelen dengenen, die nedergezeten waren; desgelijks ook van de visjes, zoveel zij wilden.

¹²En als zij verzadigd waren, zeide Hij tot Zijn discipelen: Vergadert de overgeschoten brokken, opdat er niets verloren ga.

¹³Zij vergaderden ze dan, en vulden twaalf korven met brokken van de vijf gerstebroden, welke overgeschoten waren dengenen, die gegeten hadden.

¹⁴De mensen dan, gezien hebbende het teken, dat Jezus gedaan had, zeiden: Deze is waarlijk de Profeet, Die in de wereld komen zou.

¹⁵Jezus dan, wetende, dat zij zouden komen, en Hem met geweld nemen, opdat zij Hem Koning maakten, ontweek wederom op den berg, Hij Zelf alleen.

¹⁶En als het avond geworden was, gingen Zijn discipelen af naar de zee.

¹⁷En in het schip gegaan zijnde, kwamen zij over de zee naar Kapernaum. En het was alrede duister geworden, en Jezus was tot hen niet gekomen.

¹⁸En de zee verhief zich, overmits er een grote wind waaide.

¹⁹En als zij omtrent vijf en twintig of dertig stadien gevaren waren, zagen zij Jezus, wandelende op de zee, en komende bij het schip; en zij werden bevreesd.

²⁰Maar Hij zeide tot hen: Ik ben het; zijt niet bevreesd.

²¹Zij hebben dan Hem gewilliglijk in het schip genomen; en terstond kwam het schip aan het land, daar zij naar toe voeren.

²²Des anderen daags de schare, die aan de andere zijde der zee stond, ziende, dat aldaar geen ander scheepje was dan dat ene, daar Zijn discipelen ingegaanwaren, en dat Jezus met Zijn discipelen in dat scheepje niet was gegaan, maar dat Zijn discipelen alleen weggevaren waren;

²³(Doch er kwamen andere scheepjes van Tiberias, nabij de plaats, waar zij het brood gegeten hadden, als de Heere gedankt had.)

²⁴Toen dan de schare zag, dat Jezus aldaar niet was, noch Zijn discipelen, zo gingen zij ook in de schepen, en kwamen te Kapernaum, zoekende Jezus.

²⁵En als zij Hem gevonden hadden over de zee, zeiden zij tot Hem: Rabbi, wanneer zijt Gij hier gekomen?

²⁶Jezus antwoordde hun en zeide: Voorwaar, voorwaar zeg Ik u: gij zoekt Mij, niet omdat gij tekenen gezien hebt, maar omdat gij van de broden gegeten hebt, enverzadigd zijt.

²⁷Werkt niet om de spijs, die vergaat, maar om de spijs, die blijft tot in het eeuwige leven, welke de Zoon des mensen ulieden geven zal; want Dezen heeft Godde Vader verzegeld.

²⁸Zij zeiden dan tot Hem: Wat zullen wij doen, opdat wij de werken Gods mogen werken?

²⁹Jezus antwoordde en zeide tot hen: Dit is het werk Gods, dat gij gelooft in Hem, Dien Hij gezonden heeft.

³⁰Zij zeiden dan tot Hem: Wat teken doet Gij dan, opdat wij het mogen zien, en U geloven? Wat werkt Gij?

³¹Onze vaders hebben het Manna gegeten in de woestijn; gelijk geschreven is: Hij gaf hun het brood uit den hemel te eten.

³²Jezus dan zeide tot hen: Voorwaar, voorwaar zeg Ik u: Mozes heeft u niet gegeven het brood uit den hemel; maar Mijn Vader geeft u dat ware Brood uit denhemel.

³³Want het Brood Gods is Hij, Die uit den hemel nederdaalt, en Die der wereld het leven geeft.

³⁴Zij zeiden dan tot Hem: Heere, geef ons altijd dit Brood.

³⁵En Jezus zeide tot hen: Ik ben het Brood des levens; die tot Mij komt, zal geenszins hongeren, en die in Mij gelooft, zal nimmermeer dorsten.

³⁶Maar Ik heb u gezegd, dat gij Mij ook gezien hebt, en gij gelooft niet.

³⁷Al wat Mij de Vader geeft, zal tot Mij komen; en die tot Mij komt, zal Ik geenszins uitwerpen.

³⁸Want Ik ben uit den hemel nedergedaald, niet opdat Ik Mijn wil zou doen, maar den wil Desgenen, Die Mij gezonden heeft.

³⁹En dit is de wil des Vaders, Die Mij gezonden heeft, dat al wat Hij Mij gegeven heeft, Ik daaruit niet verlieze, maar hetzelve opwekke ten uitersten dage.

⁴⁰En dit is de wil Desgenen, Die Mij gezonden heeft, dat een iegelijk, die den Zoon aanschouwt, en in Hem gelooft, het eeuwige leven hebbe; en Ik zal hemopwekken ten uitersten dage.

⁴¹De Joden dan murmureerden over Hem, omdat Hij gezegd had: Ik ben het Brood, Dat uit den hemel nedergedaald is.

⁴²En zij zeiden: Is deze niet Jezus, de Zoon van Jozef, Wiens vader en moeder wij kennen? Hoe zegt Deze dan: Ik ben uit den hemel nedergedaald?

⁴³Jezus antwoordde dan, en zeide tot hen: Murmureert niet onder elkander.

⁴⁴Niemand kan tot Mij komen, tenzij dat de Vader, Die Mij gezonden heeft, hem trekke; en Ik zal hem opwekken ten uitersten dage.

⁴⁵Er is geschreven in de profeten: En zij zullen allen van God geleerd zijn. Een iegelijk dan, die het van den Vader gehoord en geleerd heeft, die komt tot Mij.

⁴⁶Niet dat iemand den Vader gezien heeft, dan Die van God is; Deze heeft den Vader gezien.

⁴⁷Voorwaar, voorwaar zeg Ik u: Die in Mij gelooft, heeft het eeuwige leven.

⁴⁸Ik ben het Brood des levens.

⁴⁹Uw vaders hebben het Manna gegeten in de woestijn, en zij zijn gestorven.

⁵⁰Dit is het Brood, dat uit den hemel nederdaalt, opdat de mens daarvan ete, en niet sterve.

⁵¹Ik ben dat levende Brood, dat uit den hemel nedergedaald is; zo iemand van dit Brood eet, die zal in der eeuwigheid leven. En het Brood, dat Ik geven zal, isMijn vlees, hetwelk Ik geven zal voor het leven der wereld.

⁵²De Joden dan streden onder elkander, zeggende: Hoe kan ons deze Zijn vlees te eten geven?

⁵³Jezus dan zeide tot hen: Voorwaar, voorwaar zeg Ik ulieden: Tenzij dat gij het vlees des Zoons des mensen eet, en Zijn bloed drinkt, zo hebt gij geen leven inuzelven.

⁵⁴Die Mijn vlees eet, en Mijn bloed drinkt, die heeft het eeuwige leven; en Ik zal hem opwekken ten uitersten dage.

⁵⁵Want Mijn vlees is waarlijk Spijs, en Mijn bloed is waarlijk Drank.

⁵⁶Die Mijn vlees eet, en Mijn bloed drinkt, die blijft in Mij, en Ik in hem.

⁵⁷Gelijkerwijs Mij de levende Vader gezonden heeft, en Ik leve door den Vader; alzo die Mij eet, dezelve zal leven door Mij.

⁵⁸Dit is het Brood, dat uit den hemel nedergedaald is; niet gelijk uw vaders het Manna gegeten hebben, en zijn gestorven. Die dit Brood eet, zal in der eeuwigheidleven.

⁵⁹Deze dingen zeide Hij in de synagoge, lerende te Kapernaum.

Johannes

⁶⁰Velen dan van Zijn discipelen, dit horende, zeiden: Deze rede is hard; wie kan dezelve horen?

⁶¹Jezus nu, wetende bij Zichzelven, dat Zijn discipelen daarover murmureerden, zeide tot hen: Ergert ulieden dit?

⁶²Wat zou het dan zijn, zo gij de Zoon des mensen zaagt opvaren, daar Hij te voren was?

⁶³De Geest is het, Die levend maakt; het vlees is niet nut. De woorden, die Ik tot u spreek, zijn geest en zijn leven.

⁶⁴Maar er zijn sommigen van ulieden, die niet geloven. Want Jezus wist van den beginne, wie zij waren, die niet geloofden, en wie hij was, die Hem verraden zou.

⁶⁵En Hij zeide: Daarom heb Ik u gezegd, dat niemand tot Mij komen kan, tenzij dat het hem gegeven zij van Mijn Vader.

⁶⁶Van toen af gingen velen Zijner discipelen terug, en wandelden niet meer met Hem.

⁶⁷Jezus dan zeide tot de twaalven: Wilt gijlieden ook niet weggaan?

⁶⁸Simon Petrus dan antwoordde Hem: Heere, tot Wien zullen wij heengaan? Gij hebt de woorden des eeuwigen levens.

⁶⁹En wij hebben geloofd en bekend, dat Gij zijt de Christus, de Zoon des levenden Gods.

⁷⁰Jezus antwoordde hun: Heb Ik niet u twaalf uitverkoren? En een uit u is een duivel.

⁷¹En Hij zeide dit van Judas, Simons zoon, Iskariot; want deze zou Hem verraden, zijnde een van de twaalven.

Hoofdstuk 7

¹En na dezen wandelde Jezus in Galilea; want Hij wilde in Judea niet wandelen, omdat de Joden Hem zochten te doden.

²En het feest der Joden, namelijk de loof huttenzetting, was nabij.

³Zo zeiden dan Zijn broeders tot Hem: Vertrek van hier, en ga heen in Judea, opdat ook Uw discipelen Uw werken mogen aanschouwen, die Gij doet.

⁴Want niemand doet iets in het verborgen, en zoekt zelf, dat men openlijk van hem spreke. Indien Gij deze dingen doet, zo openbaar Uzelven aan de wereld.

⁵Want ook Zijn broeders geloofden niet in Hem.

⁶Jezus dan zeide tot hen: Mijn tijd is nog niet hier, maar uw tijd is altijd bereid.

⁷De wereld kan ulieden niet haten, maar Mij haat zij, omdat Ik van dezelve getuig, dat haar werken boos zijn.

⁸Gaat gijlieden op tot dit feest; Ik ga nog niet op tot dit feest; want Mijn tijd is nog niet vervuld.

⁹En als Hij deze dingen tot hen gezegd had, bleef Hij in Galilea.

¹⁰Maar als Zijn broeders opgegaan waren, toen ging Hij ook Zelf op tot het feest, niet openlijk, maar als in het verborgen.

¹¹De Joden dan zochten Hem in het feest, en zeiden: Waar is Hij?

¹²En er was veel gemurmels van Hem onder de scharen. Sommigen zeiden: Hij is goed; en anderen zeiden: Neen, maar Hij verleidt de schare.

¹³Nochtans sprak niemand vrijmoediglijk van Hem, om de vrees der Joden.

¹⁴Doch als het nu in het midden van het feest was, zo ging Jezus op in den tempel, en leerde.

¹⁵En de Joden verwonderden zich, zeggende: Hoe weet Deze de Schriften, daar Hij ze niet geleerd heeft?

¹⁶Jezus antwoordde hun, en zeide: Mijn leer is Mijne niet, maar Desgenen, Die Mij gezonden heeft.

¹⁷Zo iemand wil Deszelfs wil doen, die zal van deze leer bekennen, of zij uit God is, dan of Ik van Mijzelven spreek.

¹⁸Die van zichzelven spreekt, zoekt zijn eigen eer; maar Die de eer zoekt Desgenen, Die Hem gezonden heeft, Die is waarachtig, en geen ongerechtigheid is in Hem.

¹⁹Heeft Mozes u niet de wet gegeven? En niemand van u doet de wet. Wat zoekt gij Mij te doden?

²⁰De schare antwoordde en zeide: Gij hebt den duivel; wie zoekt U te doden?

²¹Jezus antwoordde en zeide tot hen: Een werk heb Ik gedaan, en gij verwondert u allen.

²²Daarom heeft Mozes ulieden de besnijdenis gegeven (niet dat zij uit Mozes is, maar uit de vaderen), en gij besnijdt een mens op den sabbat.

²³Indien een mens de besnijdenis ontvangt op den sabbat, opdat de wet van Mozes niet gebroken worde; zijt gij toornig op Mij, dat Ik een gehelen mens gezond gemaakt heb op den sabbat?

²⁴Oordeelt niet naar het aanzien, maar oordeelt een rechtvaardig oordeel.

²⁵Sommigen dan uit die van Jeruzalem zeiden: Is Deze niet, Dien zij zoeken te doden?

²⁶En ziet, Hij spreekt vrijmoediglijk, en zij zeggen Hem niets. Zouden nu wel de oversten waarlijk weten, dat Deze waarlijk is de Christus?

²⁷Doch van Dezen weten wij, van waar Hij is; maar de Christus, wanneer Hij komen zal, zo zal niemand weten, van waar Hij is.

²⁸Jezus dan riep in den tempel, lerende en zeggende: En gij kent Mij, en gij weet, van waar Ik ben; en Ik ben van Mijzelven niet gekomen, maar Hij is waarachtig, Die Mij gezonden heeft, Welken gijlieden niet kent.

²⁹Maar Ik ken Hem; want Ik ben van Hem, en Hij heeft Mij gezonden.

³⁰Zij zochten Hem dan te grijpen; maar niemand sloeg de hand aan Hem; want Zijn ure was nog niet gekomen.

³¹En velen uit de schare geloofden in Hem, en zeiden: Wanneer de Christus zal gekomen zijn, zal Hij ook meer tekenen doen dan die, welke Deze gedaan heeft?

³²De Farizeen hoorden, dat de schare dit van Hem murmelde; en de Farizeen en de overpriesters zonden dienaren, opdat zij Hem grijpen zouden.

³³Jezus dan zeide tot hen: Nog een kleinen tijd ben Ik bij u, en Ik ga heen tot Dengene, Die Mij gezonden heeft.

³⁴Gij zult Mij zoeken, en gij zult Mij niet vinden; en waar Ik ben, kunt gij niet komen.

³⁵De Joden dan zeiden tot elkander: Waar zal Deze heengaan, dat wij Hem niet zullen vinden? Zal Hij tot de verstrooide Grieken gaan, en de Grieken leren?

³⁶Wat is dit voor een rede, die Hij gezegd heeft: Gij zult Mij zoeken, en zult Mij niet vinden; en waar Ik ben, kunt gij niet komen?

³⁷En op den laatsten dag, zijnde de grote dag van het feest, stond Jezus en riep, zeggende: Zo iemand dorst, die kome tot Mij en drinke.

³⁸Die in Mij gelooft, gelijkerwijs de Schrift zegt, stromen des levenden waters zullen uit zijn buik vloeien.

³⁹(En dit zeide Hij van den Geest, Denwelken ontvangen zouden, die in Hem geloven; want de Heilige Geest was nog niet, overmits Jezus nog niet verheerlijkt was.)

⁴⁰Velen dan uit de schare, deze rede horende, zeiden: Deze is waarlijk de Profeet.

⁴¹Anderen zeiden: Deze is de Christus. En anderen zeiden: Zal dan de Christus uit Galilea komen?

⁴²Zegt de Schrift niet, dat de Christus komen zal uit den zade Davids, en van het vlek Bethlehem, waar David was?

⁴³Er werd dan tweedracht onder de schare, om Zijnentwil.

⁴⁴En sommigen van hen wilden Hem grijpen; maar niemand sloeg de handen aan Hem.

⁴⁵De dienaars dan kwamen tot de overpriesters en Farizeen; en die zeiden tot hen: Waarom hebt gij Hem niet gebracht?

⁴⁶De dienaars antwoordden: Nooit heeft een mens alzo gesproken, gelijk deze Mens.

⁴⁷De Farizeen dan antwoordden hun: Zijt ook gijlieden verleid?

⁴⁸Heeft iemand uit de oversten in Hem geloofd, of uit de Farizeen?

⁴⁹Maar deze schare, die de wet niet weet, is vervloekt.

⁵⁰Nicodemus zeide tot hen, welke des nachts tot Hem gekomen was, zijnde een uit hen:

⁵¹Oordeelt ook onze wet den mens, tenzij dat zij eerst van hem gehoord heeft, en verstaat, wat hij doet?

⁵²Zij antwoordden en zeiden tot hem: Zijt gij ook uit Galilea? Onderzoek en zie, dat uit Galilea geen profeet opgestaan is.

⁵³En een iegelijk ging heen naar zijn huis.

Hoofdstuk 8

¹Maar Jezus ging naar den Olijfberg.

²En des morgens vroeg kwam Hij wederom in den tempel, en al het volk kwam tot Hem; en nedergezeten zijnde, leerde Hij hen.

³En de Schriftgeleerden en de Farizeen brachten tot Hem een vrouw, in overspel gegrepen.

⁴En haar gesteld hebbende in het midden, zeiden zij tot Hem: Meester, deze vrouw is op de daad zelve gegrepen, overspel begaande.

⁵En Mozes heeft ons in de wet geboden, dat dezulken gestenigd zullen worden; Gij dan, wat zegt Gij?

⁶En dit zeiden zij, Hem verzoekende, opdat zij iets hadden, om Hem te beschuldigen. Maar Jezus, nederbukkende, schreef met den vinger in de aarde.

⁷En als zij Hem bleven vragen, richtte Hij Zich op, en zeide tot hen: Die van ulieden zonder zonde is, werpe eerst den steen op haar.

⁸En wederom nederbukkende, schreef Hij in de aarde.

⁹Maar zij, dit horende, en van hun geweten overtuigd zijnde, gingen uit, de een na den andere, beginnende van de oudsten tot de laatsten; en Jezus werd alleengelaten; en de vrouw in het midden staande.

¹⁰En Jezus, Zich oprichtende, en niemand ziende dan de vrouw, zeide tot haar: Vrouw, waar zijn deze uw beschuldigers? Heeft u niemand veroordeeld?

¹¹En zij zeide: Niemand, Heere! En Jezus zeide tot haar: Zo veroordeel Ik u ook niet; ga heen, en zondig niet meer.

¹²Jezus dan sprak wederom tot henlieden, zeggende: Ik ben het licht der wereld; die Mij volgt, zal in de duisternis niet wandelen, maar zal het licht des levenshebben.

¹³De Farizeen dan zeiden tot Hem: Gij getuigt van Uzelven; Uw getuigenis is niet waarachtig.

¹⁴Jezus antwoordde, en zeide tot hen: Hoewel Ik van Mijzelven getuig, zo is nochtans Mijn getuigenis waarachtig; want Ik weet, van waar Ik gekomen ben, enwaar Ik heenga; maar gijlieden weet niet, van waar Ik kom, en waar Ik heenga.

¹⁵Gij oordeelt naar het vlees; Ik oordeel niemand.

¹⁶En indien Ik ook oordeel, Mijn oordeel is waarachtig; want Ik ben niet alleen, maar Ik en de Vader, Die Mij gezonden heeft.

¹⁷En er is ook in uw wet geschreven, dat de getuigenis van twee mensen waarachtig is.

¹⁸Ik ben het, Die van Mijzelven getuig, en de Vader, Die Mij gezonden heeft, getuigt van Mij.

¹⁹Zij dan zeiden tot Hem: Waar is Uw Vader? Jezus antwoordde: Gij kent noch Mij, noch Mijn Vader; indien gij Mij kendet, zo zoudt gij ook Mijn Vaderkennen.

²⁰Deze woorden sprak Jezus bij de schatkist, lerende in den tempel; en niemand greep Hem; want Zijn ure was nog niet gekomen.

²¹Jezus dan zeide wederom tot hen: Ik ga heen, en gij zult Mij zoeken, en in uw zonden zult gij sterven; waar Ik heenga, kunt gijlieden niet komen.

²²De Joden dan zeiden: Zal Hij ook Zichzelven doden, omdat Hij zegt: Waar Ik heenga, kunt gijlieden niet komen?

²³En Hij zeide tot hen: Gijlieden zijt van beneden, Ik ben van boven; gij zijt uit deze wereld, Ik ben niet uit deze wereld.

²⁴Ik heb u dan gezegd, dat gij in uw zonden zult sterven; want indien gij niet gelooft, dat Ik Die ben, gij zult in uw zonden sterven.

²⁵Zij zeiden dan tot Hem: Wie zijt Gij? En Jezus zeide tot hen: Wat Ik van den beginne ulieden ook zegge.

²⁶Ik heb vele dingen van u te zeggen en te oordelen; maar Die Mij gezonden heeft, is waarachtig; en de dingen, die Ik van Hem gehoord heb, dezelve spreek Iktot de wereld.

²⁷Zij verstonden niet, dat Hij hun van den Vader sprak.

²⁸Jezus dan zeide tot hen: Wanneer gij den Zoon des mensen zult verhoogd hebben, dan zult gij verstaan, dat Ik Die ben, en dat Ik van Mijzelven niets doe; maardeze dingen spreek Ik, gelijk Mijn Vader Mij geleerd heeft.

²⁹En Die Mij gezonden heeft, is met Mij. De Vader heeft Mij niet alleen gelaten, want Ik doe altijd, wat Hem behagelijk is.

³⁰Als Hij deze dingen sprak, geloofden velen in Hem.

³¹Jezus dan zeide tot de Joden, die in Hem geloofden: Indien gijlieden in Mijn woord blijft, zo zijt gij waarlijk Mijn discipelen;

³²En zult de waarheid verstaan, en de waarheid zal u vrijmaken.

³³Zij antwoordden Hem: Wij zijn Abrahams zaad, en hebben nooit iemand gediend; hoe zegt Gij dan: Gij zult vrij worden?

³⁴Jezus antwoordde hun: Voorwaar, voorwaar zeg Ik u: Een iegelijk, die de zonde doet, is een dienstknecht der zonde.

³⁵En de dienstknecht blijft niet eeuwiglijk in het huis, de zoon blijft er eeuwiglijk.

³⁶Indien dan de Zoon u zal vrijgemaakt hebben, zo zult gij waarlijk vrij zijn.

³⁷Ik weet, dat gij Abrahams zaad zijt; maar gij zoekt Mij te doden; want Mijn woord heeft in u geen plaats.

³⁸Ik spreek wat Ik bij Mijn Vader gezien heb; gij doet dan ook, wat gij bij uw vader gezien hebt.

³⁹Zij antwoordden en zeiden tot Hem: Abraham is onze vader. Jezus zeide tot hen: Indien gij Abrahams kinderen waart, zo zoudt gij de werken van Abrahamdoen.

⁴⁰Maar nu zoekt gij Mij te doden, een Mens, Die u de waarheid gesproken heb, welke Ik van God gehoord heb. Dat deed Abraham niet.

⁴¹Gij doet de werken uws vaders. Zij zeiden dan tot Hem: Wij zijn niet geboren uit hoererij; wij hebben een Vader, namelijk God.

⁴²Jezus dan zeide tot hen: Indien God uw Vader ware, zo zoudt gij Mij liefhebben; want Ik ben van God uitgegaan; en kom van Hem. Want Ik ben ook vanMijzelven niet gekomen, maar Hij heeft Mij gezonden.

⁴³Waarom kent gij Mijn spraak niet? Het is, omdat gij Mijn woord niet kunt horen.

⁴⁴Gij zijt uit den vader den duivel, en wilt de begeerten uws vaders doen; die was een mensenmoorder van den beginne, en is in de waarheid niet staandegebleven; want geen waarheid is in hem. Wanneer hij de leugen spreekt, zo spreekt hij uit zijn eigen; want hij is een leugenaar, en de vader derzelve leugen.

⁴⁵Maar Mij, omdat Ik u de waarheid zeg, gelooft gij niet.

⁴⁶Wie van u overtuigt Mij van zonde? En indien Ik de waarheid zeg, waarom gelooft gij Mij niet?

⁴⁷Die uit God is, hoort de woorden Gods; daarom hoort gijlieden niet, omdat gij uit God niet zijt.

⁴⁸De Joden dan antwoordden en zeiden tot Hem: Zeggen wij niet wel, dat Gij een Samaritaan zijt, en den duivel hebt?

⁴⁹Jezus antwoordde: Ik heb den duivel niet; maar Ik eer Mijn Vader, en gij onteert Mij.

⁵⁰Doch Ik zoek Mijn eer niet; er is Een, Die ze zoekt en oordeelt.

⁵¹Voorwaar, voorwaar zeg Ik u: Zo iemand Mijn woord zal bewaard hebben, die zal den dood niet zien in der eeuwigheid.

⁵²De Joden dan zeiden tot Hem: Nu bekennen wij, dat Gij den duivel hebt. Abraham is gestorven, en de profeten; en zegt Gij: Zo iemand Mijn woord bewaardzal hebben, die zal den dood niet smaken in der eeuwigheid?

⁵³Zijt Gij meerder, dan onze vader Abraham, welke gestorven is, en de profeten zijn gestorven; wien maakt Gij Uzelven?

⁵⁴Jezus antwoordde: Indien Ik Mijzelven eer, zo is Mijn eer niets; Mijn Vader is het, Die Mij eert, Welken gij zegt, dat uw God is.

⁵⁵En gij kent Hem niet, maar Ik ken Hem; en indien Ik zeg, dat Ik Hem niet ken, zo zal Ik ulieden gelijk zijn, dat is een leugenaar; maar Ik ken Hem, en bewaarZijn woord.

⁵⁶Abraham, uw vader, heeft met verheuging verlangd, opdat hij Mijn dag zien zou; en hij heeft hem gezien, en is verblijd geweest.

⁵⁷De Joden dan zeiden tot Hem: Gij hebt nog geen vijftig jaren, en hebt Gij Abraham gezien?

⁵⁸Jezus zeide tot hen: Voorwaar, voorwaar zeg Ik u: Eer Abraham was, ben Ik.

⁵⁹Zij namen dan stenen op, dat zij ze op Hem wierpen. Maar Jezus verborg Zich, en ging uit den tempel, gaande door het midden van hen; en ging alzo voorbij.

Hoofdstuk 9

¹En voorbijgaande, zag Hij een mens, blind van de geboorte af.

²En Zijn discipelen vraagden Hem, zeggende: Rabbi, wie heeft er gezondigd, deze, of zijn ouders, dat hij blind zou geboren worden?

³Jezus antwoordde: Noch deze heeft gezondigd, noch zijn ouders, maar dit is geschied, opdat de werken Gods in hem zouden geopenbaard worden.

⁴Ik moet werken de werken Desgenen, Die Mij gezonden heeft, zolang het dag is; de nacht komt, wanneer niemand werken kan.

⁵Zolang Ik in de wereld ben, zo ben Ik het Licht der wereld.

⁶Dit gezegd hebbende, spoog Hij op de aarde, en maakte slijk uit dat speeksel, en streek dat slijk op de ogen des blinden;

⁷En zeide tot hem: Ga heen, was u in het badwater Siloam (hetwelk overgezet wordt: uitgezonden). Hij dan ging heen en wies zich, en kwam ziende.

⁸De geburen dan, en die hem te voren gezien hadden, dat hij blind was, zeiden: Is deze niet, die zat en bedelde?

⁹Anderen zeiden: Hij is het; en anderen: Hij is hem gelijk. Hij zeide: Ik ben het.

¹⁰Zij dan zeiden tot hem: Hoe zijn u de ogen geopend?

¹¹Hij antwoordde en zeide: De Mens, genaamd Jezus, maakte slijk, en bestreek mijn ogen, en zeide tot mij: Ga heen naar het badwater Siloam, en was u. En ikging heen, en wies mij, en ik werd ziende.

¹²Zij dan zeiden tot hem: Waar is Die? Hij zeide: Ik weet het niet.

¹³Zij brachten hem tot de Farizeen, hem namelijk, die te voren blind geweest was.

¹⁴En het was sabbat, als Jezus het slijk maakte, en zijn ogen opende.

¹⁵De Farizeen dan vraagden hem ook wederom, hoe hij ziende geworden was. En hij zeide tot hen: Hij legde slijk op mijn ogen, en ik wies mij, en ik zie.

¹⁶Sommigen dan uit de Farizeen zeiden: Deze Mens is van God niet, want Hij houdt den sabbat niet. Anderen zeiden: Hoe kan een mens, die een zondaar is, zulke tekenen doen? En er was tweedracht onder hen.

¹⁷Zij zeiden wederom tot den blinde: Gij, wat zegt gij van Hem; dewijl Hij uw ogen geopend heeft? En hij zeide: Hij is een Profeet.

¹⁸De Joden dan geloofden van hem niet, dat hij blind geweest was, en ziende was geworden, totdat zij geroepen hadden de ouders desgenen, die ziendegeworden was.

¹⁹En zij vraagden hun, zeggende: Is deze uw zoon, welken gij zegt, dat blind geboren is? Hoe ziet hij dan nu?

²⁰Zijn ouders antwoordden hun en zeiden: Wij weten, dat deze onze zoon is, en dat hij blind geboren is;

²¹Maar hoe hij nu ziet, weten wij niet; of wie zijn ogen geopend heeft, weten wij niet; hij heeft zijn ouderdom, vraagt hemzelven; hij zal van zichzelven spreken.

²²Dit zeiden zijn ouders, omdat zij de Joden vreesden; want de Joden hadden alrede te zamen een besluit gemaakt, zo iemand Hem beleed Christus te zijn, datdie uit de synagoge zou geworpen worden.

²³Daarom zeiden zijn ouders: Hij heeft zijn ouderdom, vraagt hemzelven.

²⁴Zij dan riepen voor de tweede maal den mens, die blind geweest was, en zeiden tot hem: Geef God de eer; wij weten, dat deze Mens een zondaar is.

²⁵Hij dan antwoordde en zeide: Of Hij een zondaar is, weet ik niet; een ding weet ik, dat ik blind was, en nu zie.

²⁶En zij zeiden wederom tot hem: Wat heeft Hij u gedaan? Hoe heeft Hij uw ogen geopend?

²⁷Hij antwoordde hun: Ik heb het u alrede gezegd, en gij hebt het niet gehoord; wat wilt gij het wederom horen? Wilt gijlieden ook Zijn discipelen worden?

²⁸Zij gaven hem dan scheldwoorden, en zeiden: Gij zijt Zijn discipel; maar wij zijn discipelen van Mozes.

²⁹Wij weten, dat God tot Mozes gesproken heeft; maar Dezen weten wij niet, van waar Hij is.

³⁰De mens antwoordde, en zeide tot hen: Hierin is immers wat wonders, dat gij niet weet, van waar Hij is, en nochtans heeft Hij mijn ogen geopend.

³¹En wij weten, dat God de zondaars niet hoort; maar zo iemand godvruchtig is, en Zijn wil doet, dien hoort Hij.

³²Van alle eeuw is het niet gehoord, dat iemand eens blindgeborenen ogen geopend heeft.

³³Indien Deze van God niet ware, Hij zou niets kunnen doen.

³⁴Zij antwoordden, en zeiden tot hem: Gij zijt geheel in zonden geboren, en leert gij ons? En zij wierpen hem uit.

³⁵Jezus hoorde, dat zij hem uitgeworpen hadden, en hem vindende, zeide Hij tot hem: Gelooft gij in den Zoon van God?

³⁶Hij antwoordde en zeide: Wie is Hij, Heere, opdat ik in Hem moge geloven?

³⁷En Jezus zeide tot Hem: En gij hebt Hem gezien, en Die met u spreekt, Dezelve is het.

³⁸En hij zeide: Ik geloof, Heere! En hij aanbad Hem.

³⁹En Jezus zeide: Ik ben tot een oordeel in deze wereld gekomen, opdat degenen, die niet zien, zien mogen, en die zien, blind worden.

⁴⁰En dit hoorden enigen uit de Farizeen, die bij Hem waren, en zeiden tot Hem: Zijn wij dan ook blind?

⁴¹Jezus zeide tot hen: Indien gij blind waart, zo zoudt gij geen zonde hebben; maar nu zegt gij: Wij zien; zo blijft dan uw zonde.

Hoofdstuk 10

¹Voorwaar, voorwaar zeg Ik ulieden: Die niet ingaat door de deur in den stal der schapen, maar van elders inklimt, die is een dief en moordenaar.

²Maar die door de deur ingaat, is een herder der schapen.

³Dezen doet de deurwachter open, en de schapen horen zijn stem; en hij roept zijn schapen bij name, en leidt ze uit.

⁴En wanneer hij zijn schapen uitgedreven heeft, zo gaat hij voor hen heen; en de schapen volgen hem, overmits zij zijn stem kennen.

⁵Maar een vreemde zullen zij geenszins volgen, maar zullen van hem vlieden; overmits zij de stem des vreemden niet kennen.

⁶Deze gelijkenis zeide Jezus tot hen; maar zij verstonden niet, wat het was, dat Hij tot hen sprak.

⁷Jezus dan zeide wederom tot hen: Voorwaar, voorwaar zeg Ik u: Ik ben de Deur der schapen.

⁸Allen, zovelen als er voor Mij zijn gekomen, zijn dieven en moordenaars; maar de schapen hebben hen niet gehoord.

⁹Ik ben de Deur; indien iemand door Mij ingaat, die zal behouden worden; en hij zal ingaan en uitgaan, en weide vinden.

¹⁰De dief komt niet, dan opdat hij stele, en slachte, en verderve; Ik ben gekomen, opdat zij het leven hebben, en overvloed hebben.

¹¹Ik ben de goede Herder; de goede herder stelt zijn leven voor de schapen.

¹²Maar de huurling, en die geen herder is, wien de schapen niet eigen zijn, ziet den wolf komen, en verlaat de schapen, en vliedt; en de wolf grijpt ze, en verstrooitde schapen.

¹³En de huurling vliedt, overmits hij een huurling is, en heeft geen zorg voor de schapen.

¹⁴Ik ben de goede Herder; en Ik ken de Mijnen, en worde van de Mijnen gekend.

¹⁵Gelijkerwijs de Vader Mij kent, alzo ken Ik ook den Vader; en Ik stel Mijn leven voor de schapen.

¹⁶Ik heb nog andere schapen, die van dezen stal niet zijn; deze moet Ik ook toebrengen; en zij zullen Mijn stem horen; en het zal worden een kudde, en eenHerder.

¹⁷Daarom heeft mij de Vader lief, overmits Ik Mijn leven afleg, opdat Ik hetzelve wederom neme.

¹⁸Niemand neemt hetzelve van Mij, maar Ik leg het van Mijzelven af; Ik heb macht hetzelve af te leggen, en heb macht hetzelve wederom te nemen. Dit gebodheb Ik van Mijn Vader ontvangen.

¹⁹Er werd dan wederom tweedracht onder de Joden, om dezer woorden wil.

²⁰En velen van hen zeiden: hij heeft den duivel, en is uitzinnig; wat hoort gij Hem?

²¹Anderen zeiden: Dit zijn geen woorden eens bezetenen; kan ook de duivel der blinden ogen openen?

²²En het was het feest der vernieuwing des tempels te Jeruzalem; en het was winter.

²³En Jezus wandelde in den tempel, in het voorhof van Salomo.

²⁴De Joden dan omringden Hem, en zeiden tot Hem: Hoe lang houdt Gij onze ziel op? Indien Gij de Christus zijt, zeg het ons vrijuit.

²⁵Jezus antwoordde hun: Ik heb het u gezegd, en gij gelooft het niet. De werken, die Ik doe in den Naam Mijns Vaders, die getuigen van Mij.

²⁶Maar gijlieden gelooft niet; want gij zijt niet van Mijn schapen, gelijk Ik u gezegd heb.

²⁷Mijn schapen horen Mijn stem, en Ik ken dezelve, en zij volgen Mij.

²⁸En Ik geef hun het eeuwige leven; en zij zullen niet verloren gaan in der eeuwigheid, en niemand zal dezelve uit Mijn hand rukken.

²⁹Mijn Vader, die ze Mij gegeven heeft, is meerder dan allen; en niemand kan ze rukken uit de hand Mijns Vaders.

³⁰Ik en de Vader zijn een.

³¹De Joden dan namen wederom stenen op, om Hem te stenigen.

³²Jezus antwoordde hun: Ik heb u vele treffelijke werken getoond van Mijn Vader; om welk werk van die stenigt gij Mij?

³³De Joden antwoordden Hem, zeggende: Wij stenigen U niet over enig goed werk, maar over gods lastering, en omdat Gij, een Mens zijnde, Uzelven Godmaakt.

³⁴Jezus antwoordde hun: Is er niet geschreven in uw wet: Ik heb gezegd, gij zijt goden?

³⁵Indien de wet die goden genaamd heeft, tot welke het woord Gods geschied is, en de Schrift niet kan gebroken worden;

³⁶Zegt gijlieden tot Mij, Dien de Vader geheiligd en in de wereld gezonden heeft: Gij lastert God; omdat Ik gezegd heb: Ik ben Gods Zoon?

³⁷Indien Ik niet doe de werken Mijns Vaders, zo gelooft Mij niet;

³⁸Maar indien Ik ze doe, en zo gij Mij niet gelooft, zo gelooft de werken; opdat gij moogt bekennen en geloven, dat de Vader in Mij is, en Ik in Hem.

³⁹Zij zochten dan wederom Hem te grijpen, en Hij ontging uit hun hand.

⁴⁰En Hij ging wederom over de Jordaan, tot de plaats, waar Johannes eerst doopte; en Hij bleef aldaar.

⁴¹En velen kwamen tot Hem, en zeiden: Johannes deed wel geen teken; maar alles, wat Johannes van Dezen zeide, was waar.

⁴²En velen geloofden aldaar in Hem.

Hoofdstuk 11

¹En er was een zeker man krank, genaamd Lazarus, van Bethanie, uit het vlek van Maria en haar zuster Martha.

²(Maria nu was degene, die den Heere gezalfd heeft met zalf, en Zijn voeten afgedroogd heeft met haar haren; welker broeder Lazarus krank was.)

³Zijn zusters dan zonden tot Hem, zeggende: Heere, zie, dien Gij liefhebt, is krank.

⁴En Jezus, dat horende, zeide: Deze krankheid is niet tot den dood, maar ter heerlijkheid Gods; opdat de Zone Gods door dezelve verheerlijkt worde.

⁵Jezus nu had Martha, en haar zuster, en Lazarus lief.

⁶Als Hij dan gehoord had, dat hij krank was, toen bleef Hij nog

twee dagen in de plaats, waar Hij was.

⁷Daarna zeide Hij verder tot de discipelen: Laat ons wederom naar Judea gaan.

⁸De discipelen zeiden tot Hem: Rabbi! de Joden hebben U nu onlangs gezocht te stenigen, en gaat Gij wederom derwaarts?

⁹Jezus antwoordde: Zijn er niet twaalf uren in den dag? Indien iemand in den dag wandelt, zo stoot hij zich niet, overmits hij het licht dezer wereld ziet;

¹⁰Maar indien iemand in den nacht wandelt, zo stoot hij zich, overmits het licht in hem niet is.

¹¹Dit sprak Hij; en daarna zeide Hij tot hen: Lazarus, onze vriend, slaapt; maar Ik ga heen, om hem uit den slaap op te wekken.

¹²Zijn discipelen dan zeiden: Heere, indien hij slaapt, zo zal hij gezond worden.

¹³Doch Jezus had gesproken van zijn dood; maar zij meenden, dat Hij sprak van de rust des slaaps.

¹⁴Toen zeide dan Jezus tot hen vrijuit: Lazarus is gestorven.

¹⁵En Ik ben blijde om uwentwil, dat Ik daar niet geweest ben, opdat gij geloven moogt; doch laat ons tot hem gaan.

¹⁶Thomas dan, genaamd Didymus, zeide tot zijn mededisicipelen: Laat ons ook gaan, opdat wij met Hem sterven.

¹⁷Jezus dan, gekomen zijnde, vond, dat hij nu vier dagen in het graf geweest was.

¹⁸(Bethanie nu was nabij Jeruzalem, omtrent vijftien stadien van daar.)

¹⁹En velen uit de Joden waren gekomen tot Martha en Maria, opdat zij haar vertroosten zouden over haar broeder.

²⁰Martha dan, als zij hoorde, dat Jezus kwam, ging Hem tegemoet; doch Maria bleef in huis zitten.

²¹Zo zeide Martha dan tot Jezus: Heere, waart Gij hier geweest, zo ware mijn broeder niet gestorven;

²²Maar ook nu weet ik, dat alles, wat Gij van God begeren zult, God U het geven zal.

²³Jezus zeide tot haar: Uw broeder zal wederopstaan.

²⁴Martha zeide tot Hem: Ik weet, dat hij opstaan zal in de opstanding ten laatsten dage.

²⁵Jezus zeide tot haar: Ik ben de Opstanding en het Leven; die in Mij gelooft zal leven, al ware hij ook gestorven;

²⁶En een iegelijk, die leeft, en in Mij gelooft, zal niet sterven in der eeuwigheid. Gelooft gij dat?

²⁷Zij zeide tot Hem: Ja, Heere; ik heb geloofd, dat Gij zijt de Christus, de Zone Gods, Die in de wereld komen zou.

²⁸En dit gezegd hebbende, ging zij heen, en riep Maria, haar zuster, heimelijk, zeggende: De Meester is daar, en Hij roept u.

²⁹Deze, als zij dat hoorde, stond haastelijk op, en ging tot Hem.

³⁰(Jezus nu was nog in het vlek niet gekomen, maar was in de plaats, waar Hem Martha tegemoet gekomen was.)

³¹De Joden dan, die met haar in het huis waren, en haar vertroostten, ziende Maria, dat zij haastelijk opstond en uitging, volgden haar, zeggende: Zij gaat naar hetgraf, opdat zij aldaar wene.

³²Maria dan, als zij kwam, waar Jezus was, en Hem zag, viel aan Zijn voeten, zeggende tot Hem: Heere, indien Gij hier geweest waart, zo ware mijn broeder nietgestorven.

³³Jezus dan, als Hij haar zag wenen, en de Joden, die met haar kwamen, ook wenen, werd zeer bewogen in den geest, en ontroerde Zichzelven;

³⁴En zeide: Waar hebt gij hem gelegd? Zij zeiden tot Hem: Heere, kom en zie het.

³⁵Jezus weende.

³⁶De Joden dan zeiden: Ziet, hoe lief Hij hem had!

³⁷En sommigen uit hen zeiden: Kon Hij, Die de ogen des blinden geopend heeft, niet maken, dat ook deze niet gestorven ware?

³⁸Jezus dan wederom in Zichzelven zeer bewogen zijnde, kwam tot het graf; en het was een spelonk, en een steen was daarop gelegd.

³⁹Jezus zeide: Neemt den steen weg. Martha, de zuster des gestorvenen, zeide tot Hem: Heere, hij riekt nu al, want hij heeft vier dagen aldaar gelegen.

⁴⁰Jezus zeide tot haar: Heb Ik u niet gezegd, dat, zo gij gelooft, gij de heerlijkheid Gods zien zult?

⁴¹Zij namen dan den steen weg, waar de gestorvene lag. En Jezus hief de ogen opwaarts, en zeide: Vader, Ik dank U, dat Gij Mij gehoord hebt.

⁴²Doch Ik wist, dat Gij Mij altijd hoort; maar om der schare wil, die rondom staat, heb Ik dit gezegd, opdat zij zouden geloven, dat Gij Mij gezonden hebt.

⁴³En als Hij dit gezegd had, riep Hij met grote stemme: Lazarus, kom uit!

⁴⁴En de gestorvene kwam uit, gebonden aan handen en voeten met grafdoeken, en zijn aangezicht was omwonden met een zweetdoek. Jezus zeide tot hen:Ontbindt hem, en laat hem heengaan.

⁴⁵Velen dan uit de Joden, die tot Maria gekomen waren, en aanschouwd hadden, hetgeen Jezus gedaan had, geloofden in Hem.

⁴⁶Maar sommigen van hen gingen tot de Farizeen, en zeiden tot hen, hetgeen Jezus gedaan had.

⁴⁷De overpriesters dan en de Farizeen vergaderden den raad, en zeiden: Wat zullen wij doen? want deze Mens doet vele tekenen.

⁴⁸Indien wij Hem alzo laten geworden, zij zullen allen in Hem geloven, en de Romeinen zullen komen, en wegnemen beide onze plaats en volk.

⁴⁹En een uit hen, namelijk Kajafas, die deszelven jaars hogepriester was, zeide tot hen: Gij verstaat niets;

⁵⁰En gij overlegt niet, dat het ons nut is, dat een mens sterve voor het volk, en het gehele volk niet verloren ga.

⁵¹En dit zeide hij niet uit zichzelven; maar, zijnde hogepriester deszelven jaars, profeteerde hij, dat Jezus sterven zou voor het volk;

⁵²En niet alleen voor dat volk, maar opdat Hij ook de kinderen Gods, die verstrooid waren, tot een zou vergaderen.

⁵³Van dien dag dan af beraadslaagden zij te zamen, dat zij Hem doden zouden.

⁵⁴Jezus dan wandelde niet meer vrijelijk onder de Joden; maar ging van daar naar het land bij de woestijn, naar de stad, genaamd Efraim, en verkeerde aldaarmet Zijn discipelen.

⁵⁵En het pascha der Joden was nabij, en velen uit dat land gingen op naar Jeruzalem, voor het pascha, opdat zij zichzelven reinigden.

⁵⁶Zij zochten dan Jezus, en zeiden onder elkander, staande in den tempel: Wat dunkt u? Dunkt u, dat Hij niet komen zal tot het feest?

⁵⁷De overpriesters nu en de Farizeen hadden een gebod gegeven, dat, zo iemand wist, waar Hij was, hij het zou te kennen geven, opdat zij Hem mochten vangen.

Hoofdstuk 12

¹Jezus dan kwam zes dagen voor het pascha te Bethanie, daar Lazarus was, die gestorven was geweest, welken Hij opgewekt had uit de doden.

²Zij bereidden Hem dan aldaar een avondmaal, en Martha diende; en Lazarus was een van degenen, die met Hem aanzaten.

³Maria dan, genomen hebbende een pond zalf van onvervalsten, zeer kostelijken nardus, heeft de voeten van Jezus gezalfd, en met haar haren Zijn voetenafgedroogd; en het huis werd vervuld van den reuk der zalf.

⁴Zo zeide dan een van Zijn discipelen, namelijk Judas, Simons zoon, Iskariot, die Hem verraden zou:

⁵Waarom is deze zalf niet verkocht voor driehonderd penningen, en den armen gegeven?

⁶En dit zeide hij, niet omdat hij bezorgd was voor de armen, maar omdat hij een dief was, en de beurs had, en droeg hetgeen gegeven werd.

⁷Jezus dan zeide: Laat af van haar; zij heeft dit bewaard tegen den dag Mijner begrafenis.

⁸Want de armen hebt gijlieden altijd met u, maar Mij hebt gij niet altijd.

⁹Een grote schare dan der Joden verstond, dat Hij aldaar was; en zij kwamen, niet alleen om Jezus' wil, maar opdat zij ook Lazarus zouden zien, dien Hij uit dedoden opgewekt had.

¹⁰En de overpriesters beraadslaagden, dat zij ook Lazarus doden zouden.

¹¹Want velen van de Joden gingen heen om zijnentwil, en geloofden in Jezus.

¹²Des anderen daags, een grote schare, die tot het feest gekomen was, horende, dat Jezus naar Jeruzalem kwam,

¹³Namen de takken van palmbomen, en gingen uit Hem tegemoet, en riepen: Hosanna! Gezegend is Hij, Die komt in den Naam des Heeren, Hij, Die is deKoning Israels!

¹⁴En Jezus vond een jongen ezel, en zat daarop, gelijk geschreven is:

¹⁵Vrees niet, gij dochter Sions, zie, uw Koning komt, zittende op het veulen ener ezelin.

¹⁶Doch dit verstonden Zijn discipelen in het eerst niet; maar als Jezus verheerlijkt was, toen werden zij indachtig, dat dit van Hem geschreven was, en dat zij Hemdit gedaan hadden.

¹⁷De schare dan, die met Hem was, getuigde dat Hij Lazarus uit het graf geroepen, en hem uit de doden opgewekt had.

¹⁸Daarom ging ook de schare Hem tegemoet, overmits zij gehoord had, dat Hij dat teken gedaan had.

Johannes

¹⁹De Farizeen dan zeiden onder elkander: Ziet gij wel, dat gij gans niet vordert? Ziet, de gehele wereld gaat Hem na.

²⁰En er waren sommige Grieken uit degenen, die opgekomen waren, opdat zij op het feest zouden aanbidden;

²¹Dezen dan gingen tot Filippus, die van Bethsaida in Galilea was, en baden hem, zeggende: Heer, wij wilden Jezus wel zien.

²²Filippus kwam en zeide het Andreas; en Andreas en Filippus wederom zeiden het Jezus.

²³Maar Jezus antwoordde hun, zeggende: De ure is gekomen, dat de Zoon des mensen zal verheerlijkt worden.

²⁴Voorwaar, voorwaar zeg Ik u: Indien het tarwegraan in de aarde niet valt, en sterft, zo blijft hetzelve alleen; maar indien het sterft, zo brengt het veel vruchtvoort.

²⁵Die zijn leven liefheeft, zal hetzelve verliezen; en die zijn leven haat in deze wereld, zal hetzelve bewaren tot het eeuwige leven.

²⁶Zo iemand Mij dient, die volge Mij; en waar Ik ben, aldaar zal ook Mijn dienaar zijn. En zo iemand Mij dient, de Vader zal hem eren.

²⁷Nu is Mijn ziel ontroerd; en wat zal Ik zeggen? Vader, verlos Mij uit deze ure! Maar hierom ben Ik in deze ure gekomen.

²⁸Vader, verheerlijk Uw Naam. Er kwam dan een stem uit den hemel, zeggende: En Ik heb Hem verheerlijkt, en Ik zal Hem wederom verheerlijken.

²⁹De schare dan, die daar stond, en dit hoorde, zeide, dat er een donderslag geschied was. Anderen zeiden: Een engel heeft tot Hem gesproken.

³⁰Jezus antwoordde en zeide: Niet om Mijnentwil is deze stem geschied, maar om uwentwil.

³¹Nu is het oordeel dezer wereld; nu zal de overste dezer wereld buiten geworpen worden.

³²En Ik, zo wanneer Ik van de aarde zal verhoogd zijn, zal hen allen tot Mij trekken.

³³(En dit zeide Hij, betekenende, hoedanigen dood Hij sterven zou.)

³⁴De schare antwoordde Hem: Wij hebben uit de wet gehoord, dat de Christus blijft in der eeuwigheid; en hoe zegt Gij, dat de Zoon des mensen moet verhoogdworden? Wie is deze Zoon des mensen?

³⁵Jezus dan zeide tot hen: Nog een kleinen tijd is het Licht bij ulieden; wandelt, terwijl gij het Licht hebt, opdat de duisternis u niet bevange. En die in de duisterniswandelt, weet niet, waar hij heengaat.

³⁶Terwijl gij het Licht hebt, gelooft in het Licht, opdat gij kinderen des Lichts moogt zijn. Deze dingen sprak Jezus; en weggaande verborg Hij Zich van hen.

³⁷En hoewel Hij zovele tekenen voor hen gedaan had, nochtans geloofden zij in Hem niet;

³⁸Opdat het woord van Jesaja, den profeet, vervuld werd, dat hij gesproken heeft: Heere, wie heeft onze prediking geloofd, en wien is de arm des Heerengeopenbaard?

³⁹Daarom konden zij niet geloven, dewijl Jesaja wederom gezegd heeft:

⁴⁰Hij heeft hun ogen verblind, en hun hart verhard; opdat zij met de ogen niet zien, en met het hart niet verstaan, en zij bekeerd worden, en Ik hen geneze.

⁴¹Dit zeide Jesaja, toen hij Zijn heerlijkheid zag, en van Hem sprak.

⁴²Nochtans geloofden ook zelfs velen uit de oversten in Hem; maar om der Farizeen wil beleden zij het niet; opdat zij uit de synagoge niet zouden geworpenworden.

⁴³Want zij hadden de eer der mensen lief, meer dan de eer van God.

⁴⁴En Jezus riep, en zeide: Die in Mij gelooft, gelooft in Mij niet, maar in Dengene, Die Mij gezonden heeft.

⁴⁵En die Mij ziet, die ziet Dengene, Die Mij gezonden heeft.

⁴⁶Ik ben een Licht, in de wereld gekomen, opdat een iegelijk, die in Mij gelooft, in de duisternis niet blijve.

⁴⁷En indien iemand Mijn woorden gehoord, en niet geloofd zal hebben, Ik oordeel hem niet; want Ik ben niet gekomen, opdat Ik de wereld oordele, maar opdatIk de wereld zalig make.

⁴⁸Die Mij verwerpt, en Mijn woorden niet ontvangt, heeft, die hem oordeelt; het woord, dat Ik gesproken heb, dat zal hem oordelen ten laatsten dage.

⁴⁹Want Ik heb uit Mijzelven niet gesproken; maar de Vader, Die Mij gezonden heeft, Die heeft Mij een gebod gegeven, wat Ik zeggen zal, en wat Ik spreken zal.

⁵⁰En Ik weet, dat Zijn gebod het eeuwige leven is. Hetgeen Ik dan spreek, dat spreek Ik alzo, gelijk Mij de Vader gezegd heeft.

Hoofdstuk 13

¹En voor het feest van het pascha, Jezus wetende, dat Zijn ure gekomen was, dat Hij uit deze wereld zou overgaan tot den Vader, alzo Hij de Zijnen, die in dewereld waren, liefgehad had, zo heeft Hij hen liefgehad tot het einde.

²En als het avondmaal gedaan was,, toen nu de duivel in het hart van Judas, Simons zoon, Iskariot, gegeven had, dat hij Hem verraden zou),

³Jezus, wetende, dat de Vader Hem alle dingen in de handen gegeven had, en dat Hij van God uitgegaan was, en tot God heenging,

⁴Stond op van het avondmaal, en legde Zijn klederen af, en nemende een linnen doek, omgordde Zichzelven.

⁵Daarna goot Hij water in het bekken, en begon de voeten der discipelen te wassen, en af te drogen met den linnen doek, waarmede Hij omgord was.

⁶Hij dan kwam tot Simon Petrus; en die zeide tot Hem: Heere, zult Gij mij de voeten wassen?

⁷Jezus antwoordde en zeide tot hem: Wat Ik doe, weet gij nu niet, maar gij zult het na dezen verstaan.

⁸Petrus zeide tot Hem: Gij zult mijn voeten niet wassen in der eeuwigheid! Jezus antwoordde hem: Indien Ik u niet wasse, gij hebt geen deel met Mij.

⁹Simon Petrus zeide tot Hem: Heere, niet alleen mijn voeten, maar ook de handen en het hoofd.

¹⁰Jezus zeide tot hem: Die gewassen is, heeft niet van node, dan de voeten te wassen, maar is geheel rein. En gijlieden zijt rein, doch niet allen.

¹¹Want Hij wist, wie Hem verraden zou; daarom zeide Hij: Gij zijt niet allen rein.

¹²Als Hij dan hun voeten gewassen, en Zijn klederen genomen had, zat Hij wederom aan, en zeide tot hen: Verstaat gij, wat Ik ulieden gedaan heb?

¹³Gij heet Mij Meester en Heere; en gij zegt wel, want Ik ben het.

¹⁴Indien dan Ik, de Heere en de Meester, uw voeten gewassen heb, zo zijt gij ook schuldig, elkanders voeten te wassen.

¹⁵Want Ik heb u een voorbeeld gegeven, opdat, gelijkerwijs Ik u gedaan heb, gijlieden ook doet.

¹⁶Voorwaar, voorwaar zeg Ik u: Een dienstknecht is niet meerder dan zijn heer, noch een gezant meerder, dan die hem gezonden heeft.

¹⁷Indien gij deze dingen weet, zalig zijt gij, zo gij dezelve doet.

¹⁸Ik zeg niet van u allen: Ik weet, welke Ik uitverkoren heb; maar dit geschiedt, opdat de Schrift vervuld worde: Die met Mij het brood eet, heeft tegen Mij zijnverzenen opgeheven.

¹⁹Van nu zeg Ik het ulieden, eer het geschied is, opdat, wanneer het geschied zal zijn, gij geloven moogt, dat Ik het ben.

²⁰Voorwaar, voorwaar zeg Ik u: Zo Ik iemand zende, wie dien ontvangt, die ontvangt Mij, en wie Mij ontvangt, die ontvangt Hem, Die Mij gezonden heeft.

²¹Jezus, deze dingen gezegd hebbende, werd ontroerd in den geest, en betuigde, en zeide: Voorwaar, voorwaar, Ik zeg u, dat een van ulieden Mij zal verraden.

²²De discipelen dan zagen op elkander, twijfelende, van wien Hij dat zeide.

²³En een van Zijn discipelen was aanzittende in den schoot van Jezus, welken Jezus liefhad.

²⁴Simon Petrus dan wenkte dezen, dat hij vragen zou, wie hij toch ware, van welken Hij dit zeide.

²⁵En deze, vallende op de borst van Jezus, zeide tot Hem: Heere, wie is het?

²⁶Jezus antwoordde: Deze is het, dien Ik de bete, als Ik ze ingedoopt heb, geven zal. En als Hij de bete ingedoopt had, gaf Hij ze Judas, Simons zoon, Iskariot.

²⁷En na de bete, toen voer de satan in hem. Jezus dan zeide tot hem: Wat gij doet, doe het haastelijk.

²⁸En dit verstond niemand dergenen, die aanzaten, waartoe Hij hem dat zeide.

²⁹Want sommigen meenden, dewijl Judas de beurs had, dat hem Jezus zeide: Koop, hetgeen wij van node hebben tot het feest, of, dat hij den armen wat gevenzou.

³⁰Hij dan, de bete genomen hebbende, ging terstond uit. En het was nacht.

³¹Als hij dan uitgegaan was, zeide Jezus: Nu is de Zoon des mensen verheerlijkt, en God is in Hem verheerlijkt.

³²Indien God in Hem verheerlijkt is, zo zal ook God Hem verheerlijken in Zichzelven, en Hij zal Hem terstond verheerlijken.

³³Kinderkens, nog een kleinen tijd ben Ik bij u. Gij zult Mij zoeken, en gelijk Ik den Joden gezegd heb: Waar Ik heenga, kunt gij

niet komen; alzo zeg Ik uliedennu ook.

³⁴Een nieuw gebod geef Ik u, dat gij elkander liefhebt; gelijk Ik u liefgehad heb, dat ook gij elkander liefhebt.

³⁵Hieraan zullen zij allen bekennen, dat gij Mijn discipelen zijt, zo gij liefde hebt onder elkander.

³⁶Simon Petrus zeide tot Hem: Heere, waar gaat Gij heen? Jezus antwoordde hem: Waar Ik heenga, kunt gij Mij nu niet volgen; maar gij zult Mij namaals volgen.

³⁷Petrus zeide tot Hem: Heere, waarom kan ik U nu niet volgen? Ik zal mijn leven voor U zetten.

³⁸Jezus antwoordde hem: Zult gij uw leven voor Mij zetten? Voorwaar, voorwaar zeg Ik u: De haan zal niet kraaien, totdat gij Mij driemaal verloochend zulthebben.

Hoofdstuk 14

¹Uw hart worde niet ontroerd; gijlieden gelooft in God, gelooft ook in Mij.

²In het huis Mijns Vaders zijn vele woningen; anderszins zo zou Ik het u gezegd hebben; Ik ga heen om u plaats te bereiden.

³En zo wanneer Ik heen zal gegaan zijn, en u plaats zal bereid hebben, zo kome Ik weder en zal u tot Mij nemen, opdat gij ook zijn moogt, waar Ik ben.

⁴En waar Ik heenga, weet gij, en den weg weet gij.

⁵Thomas zeide tot Hem: Heere, wij weten niet, waar Gij heengaat; en hoe kunnen wij den weg weten?

⁶Jezus zeide tot hem: Ik ben de Weg, en de Waarheid, en het Leven. Niemand komt tot den Vader, dan door Mij.

⁷Indien gijlieden Mij gekend hadt, zo zoudt gij ook Mijn Vader gekend hebben; en van nu kent gij Hem, en hebt Hem gezien.

⁸Filippus zeide tot Hem: Heere, toon ons den Vader, en het is ons genoeg.

⁹Jezus zeide tot hem: Ben Ik zo langen tijd met ulieden, en hebt gij Mij niet gekend, Filippus? Die Mij gezien heeft, die heeft den Vader gezien; en hoe zegt gij:Toon ons den Vader?

¹⁰Gelooft gij niet, dat Ik in den Vader ben, en de Vader in Mij is? De woorden, die Ik tot ulieden spreek, spreek Ik van Mijzelven niet, maar de Vader, Die inMij blijft, Dezelve doet de werken.

¹¹Gelooft Mij, dat Ik in den Vader ben en de Vader in Mij is; en indien niet, zo gelooft Mij om de werken zelve.

¹²Voorwaar, voorwaar zeg Ik ulieden: Die in Mij gelooft, de werken, die Ik doe, zal hij ook doen, en zal meerder doen, dan deze; want Ik ga heen tot MijnVader.

¹³En zo wat gij begeren zult in Mijn Naam, dat zal Ik doen; opdat de Vader in den Zoon verheerlijkt worde.

¹⁴Zo gij iets begeren zult in Mijn Naam, Ik zal het doen.

¹⁵Indien gij Mij liefhebt, zo bewaart Mijn geboden.

¹⁶En Ik zal den Vader bidden, en Hij zal u een anderen Trooster geven, opdat Hij bij u blijve in der eeuwigheid;

¹⁷Namelijk den Geest der waarheid, Welken de wereld niet kan ontvangen; want zij ziet Hem niet, en kent Hem niet; maar gij kent Hem; want Hij blijft bijulieden, en zal in u zijn.

¹⁸Ik zal u geen wezen laten; Ik kom weder tot u.

¹⁹Nog een kleinen tijd, en de wereld zal Mij niet meer zien; maar gij zult Mij zien; want Ik leef, en gij zult leven.

²⁰In dien dag zult gij bekennen, dat Ik in Mijn Vader ben, en gij in Mij, en Ik in u.

²¹Die Mijn geboden heeft, en dezelve bewaart, die is het, die Mij liefheeft; en die Mij liefheeft, zal van Mijn Vader geliefd worden; en Ik zal hem liefhebben, en Ikzal Mijzelven aan hem openbaren.

²²Judas, niet de Iskariot, zeide tot Hem: Heere, wat is het, dat Gij Uzelven aan ons zult openbaren, en niet aan de wereld?

²³Jezus antwoordde en zeide tot hem: Zo iemand Mij liefheeft, die zal Mijn woord bewaren; en Mijn Vader zal hem liefhebben, en Wij zullen tot hem komen, enzullen woning bij hem maken.

²⁴Die Mij niet liefheeft, die bewaart Mijn woorden niet; en het woord dat gijlieden hoort, is het Mijne niet, maar des Vaders, Die Mij gezonden heeft.

²⁵Deze dingen heb Ik tot u gesproken, bij u blijvende.

²⁶Maar de Trooster, de Heilige Geest, Welken de Vader zenden zal in Mijn Naam, Die zal u alles leren, en zal u indachtig maken alles, wat Ik u gezegd heb.

²⁷Vrede laat Ik u, Mijn vrede geef Ik u; niet gelijkerwijs de wereld hem geeft, geef Ik hem u. Uw hart worde niet ontroerd en zij niet versaagd.

²⁸Gij hebt gehoord, dat Ik tot u gezegd heb: Ik ga heen, en kom weder tot u. Indien gij Mij liefhadt, zo zoudt gij u verblijden, omdat Ik gezegd heb: Ik ga heen totden Vader; want Mijn Vader is meerder dan Ik.

²⁹En nu heb Ik het u gezegd, eer het geschied is; opdat, wanneer het geschied zal zijn, gij geloven moogt.

³⁰Ik zal niet meer veel met u spreken; want de overste dezer wereld komt, en heeft aan Mij niets.

³¹Maar opdat de wereld wete, dat Ik den Vader liefheb, en alzo doe, gelijkerwijs Mij de Vader geboden heeft. Staat op, laat ons van hier gaan.

Hoofdstuk 15

¹Ik ben de ware Wijnstok, en Mijn Vader is de Landman.

²Alle rank, die in Mij geen vrucht draagt, die neemt Hij weg; en al wie vrucht draagt, die reinigt Hij, opdat zij meer vrucht drage.

³Gijlieden zijt nu rein om het woord, dat Ik tot u gesproken heb.

⁴Blijft in Mij, en Ik in u. Gelijkerwijs de rank geen vrucht kan dragen van zichzelve, zo zij niet in den wijnstok blijft; alzo ook gij niet, zo gij in Mij niet blijft.

⁵Ik ben de Wijnstok, en gij de ranken; die in Mij blijft, en Ik in hem, die draagt veel vrucht; want zonder Mij kunt gij niets doen.

⁶Zo iemand in Mij niet blijft, die is buiten geworpen, gelijkerwijs de rank, en is verdord; en men vergadert dezelve, en men werpt ze in het vuur, en zij wordenverbrand.

⁷Indien gij in Mij blijft, en Mijn woorden in u blijven, zo wat gij wilt, zult gij begeren, en het zal u geschieden.

⁸Hierin is Mijn Vader verheerlijkt, dat gij veel vrucht draagt; en gij zult Mijn discipelen zijn.

⁹Gelijkerwijs de Vader Mij liefgehad heeft, heb Ik ook u liefgehad; blijft in deze Mijn liefde.

¹⁰Indien gij Mijn geboden bewaart, zo zult gij in Mijn liefde blijven; gelijkerwijs Ik de geboden Mijns Vaders bewaard heb, en blijf in Zijn liefde.

¹¹Deze dingen heb Ik tot u gesproken, opdat Mijn blijdschap in u blijve, en uw blijdschap vervuld worde.

¹²Dit is Mijn gebod, dat gij elkander liefhebt, gelijkerwijs Ik u liefgehad heb.

¹³Niemand heeft meerder liefde dan deze, dat iemand zijn leven zette voor zijn vrienden.

¹⁴Gij zijt Mijn vrienden, zo gij doet wat Ik u gebiede.

¹⁵Ik heet u niet meer dienstknechten; want de dienstknecht weet niet, wat zijn heer doet; maar Ik heb u vrienden genoemd; want al wat Ik van Mijn Vadergehoord heb, dat heb Ik u bekend gemaakt.

¹⁶Gij hebt Mij niet uitverkoren, maar Ik heb u uitverkoren, en Ik heb u gesteld, dat gij zoudt heengaan en vrucht dragen, en dat uw vrucht blijve; opdat, zo wat gijvan den Vader begeren zult in Mijn Naam, Hij u dat geve.

¹⁷Dit gebied Ik u, opdat gij elkander liefhebt.

¹⁸Indien u de wereld haat, zo weet, dat zij Mij eer dan u gehaat heeft.

¹⁹Indien gij van de wereld waart, zo zou de wereld het hare liefhebben; doch omdat gij van de wereld niet zijt, maar Ik u uit de wereld heb uitverkoren, daaromhaat u de wereld.

²⁰Gedenk des woords, dat Ik u gezegd heb: Een dienstknecht is niet meerder dan zijn heer. Indien zij Mij vervolgd hebben, zij zullen ook u vervolgen; indien zijMijn woord bewaard hebben, zij zullen ook het uwe bewaren.

²¹Maar al deze dingen zullen zij doen om Mijns Naams wil, omdat zij Hem niet kennen, Die Mij gezonden heeft.

²²Indien Ik niet gekomen ware, en tot hen gesproken had, zij hadden geen zonde; maar nu hebben zij geen voorwendsel voor hun zonde.

²³Die Mij haat, die haat ook Mijn Vader.

²⁴Indien Ik de werken onder hen niet had gedaan, die niemand anders gedaan heeft, zij hadden geen zonde; maar nu hebben zij ze gezien, en beiden Mij en MijnVader gehaat.

²⁵Maar dit geschiedt, opdat het woord vervuld worde, dat in hun wet geschreven is: Zij hebben mij zonder oorzaak gehaat.

²⁶Maar wanneer de Trooster zal gekomen zijn, Dien Ik u zenden zal van den Vader, namelijk de Geest der waarheid, Die van den Vader uitgaat, Die zal van Mijgetuigen.

²⁷En gij zult ook getuigen, want gij zijt van den beginne met Mij geweest.

Johannes
Hoofdstuk 16

¹Deze dingen heb Ik tot u gesproken, opdat gij niet geergerd wordt.

²Zij zullen u uit de synagogen werpen; ja, de ure komt, dat een iegelijk, die u zal doden, zal menen Gode een dienst te doen.

³En deze dingen zullen zij u doen, omdat zij den Vader niet gekend hebben, noch Mij.

⁴Maar deze dingen heb Ik tot u gesproken, opdat, wanneer de ure zal gekomen zijn, gij dezelve moogt gedenken, dat Ik ze u gezegd heb; doch deze dingen heb Ik u van het begin niet gezegd, omdat Ik bij ulieden was.

⁵En nu ga Ik heen tot Dengene, die Mij gezonden heeft, en niemand van u vraagt Mij: Waar gaat Gij henen?

⁶Maar omdat Ik deze dingen tot u gesproken heb, zo heeft de droefheid uw hart vervuld.

⁷Doch Ik zeg u de waarheid: Het is u nut, dat Ik wegga; want indien Ik niet wegga, zo zal de Trooster tot u niet komen; maar indien Ik heenga, zo zal Ik Hem tot u zenden.

⁸En Die gekomen zijnde, zal de wereld overtuigen van zonde, en van gerechtigheid, en van oordeel:

⁹Van zonde, omdat zij in Mij niet geloven;

¹⁰En van gerechtigheid, omdat Ik tot Mijn Vader heenga, en gij zult Mij niet meer zien;

¹¹En van oordeel, omdat de overste dezer wereld geoordeeld is.

¹²Nog vele dingen heb Ik u te zeggen, doch gij kunt die nu niet dragen.

¹³Maar wanneer Die zal gekomen zijn, namelijk de Geest der waarheid, Hij zal u in al de waarheid leiden; want Hij zal van Zichzelven niet spreken, maar zo wat Hij zal gehoord hebben, zal Hij spreken, en de toekomende dingen zal Hij u verkondigen.

¹⁴Die zal Mij verheerlijken; want Hij zal het uit het Mijne nemen, en zal het u verkondigen.

¹⁵Al wat de Vader heeft, is Mijn; daarom heb Ik gezegd, dat Hij het uit het Mijne zal nemen, en u verkondigen.

¹⁶Een kleinen tijd, en gij zult Mij niet zien; en wederom een kleinen tijd, en gij zult Mij zien, want Ik ga heen tot den Vader.

¹⁷Sommigen dan uit Zijn discipelen zeiden tot elkander: Wat is dit, dat Hij tot ons zegt: Een kleinen tijd, en gij zult Mij niet zien; en wederom een kleinen tijd, en gij zult Mij zien; en: Want Ik ga heen tot den Vader?

¹⁸Zij zeiden dan: Wat is dit, dat Hij zegt: Een kleinen tijd? Wij weten niet, wat Hij zegt.

¹⁹Jezus dan bekende, dat zij Hem wilden vragen, en zeide tot hen: Vraagt gij daarvan onder elkander, dat Ik gezegd heb: Een kleinen tijd, en gij zult Mij niet zien, en wederom een kleinen tijd, en gij zult Mij zien?

²⁰Voorwaar, voorwaar, Ik zeg u, dat gij zult schreien, en klagelijk wenen, maar de wereld zal zich verblijden; en gij zult bedroefd zijn, maar uw droefheid zal tot blijdschap worden.

²¹Een vrouw, wanneer zij baart, heeft droefheid, dewijl haar ure gekomen is; maar wanneer zij het kindeken gebaard heeft, zo gedenkt zij de benauwdheid niet meer, om de blijdschap, dat een mens ter wereld geboren is.

²²En gij dan hebt nu wel droefheid; maar Ik zal u wederom zien, en uw hart zal zich verblijden, en niemand zal uw blijdschap van u wegnemen.

²³En in dien dag zult gij Mij niets vragen. Voorwaar, voorwaar Ik zeg u: Al wat gij den Vader zult bidden in Mijn Naam, dat zal Hij u geven.

²⁴Tot nog toe hebt gij niet gebeden in Mijn Naam; bidt, en gij zult ontvangen, opdat uw blijdschap vervuld zij.

²⁵Deze dingen heb Ik door gelijkenissen tot u gesproken; maar de ure komt, dat Ik niet meer door gelijkenissen tot u spreken zal, maar u vrijuit van den Vader zal verkondigen.

²⁶In dien dag zult gij in Mijn Naam bidden; en Ik zeg u niet, dat Ik den Vader voor u bidden zal;

²⁷Want de Vader Zelf heeft u lief, dewijl gij Mij liefgehad hebt, en hebt geloofd, dat Ik van God ben uitgegaan.

²⁸Ik ben van den Vader uitgegaan, en ben in de wereld gekomen; wederom verlaat Ik de wereld, en ga heen tot den Vader.

²⁹Zijn discipelen zeiden tot Hem: Zie, nu spreekt Gij vrijuit, en zegt geen gelijkenis.

³⁰Nu weten wij, dat Gij alle dingen weet, en Gij hebt niet van node, dat U iemand vrage. Hierom geloven wij, dat Gij van God uitgegaan zijt.

³¹Jezus antwoordde hun: Gelooft gij nu?

³²Ziet, de ure komt, en is nu gekomen, dat gij zult verstrooid worden, een iegelijk naar het zijne, en gij Mij alleen zult laten; en nochtans ben Ik niet alleen; want de Vader is met Mij.

³³Deze dingen heb Ik tot u gesproken, opdat gij in Mij vrede hebt. In de wereld zult gij verdrukking hebben, maar hebt goeden moed, Ik heb de wereld overwonnen.

Hoofdstuk 17

¹Dit heeft Jezus gesproken, en Hij hief Zijn ogen op naar den hemel, en zeide: Vader, de ure is gekomen, verheerlijk Uw Zoon, opdat ook Uw Zoon U verheerlijke.

²Gelijkerwijs Gij Hem macht gegeven hebt over alle vlees, opdat al wat Gij Hem gegeven hebt, Hij hun het eeuwige leven geve.

³En dit is het eeuwige leven, dat zij U kennen, den enigen waarachtigen God, en Jezus Christus, Dien Gij gezonden hebt.

⁴Ik heb U verheerlijkt op de aarde; Ik heb voleindigd het werk, dat Gij Mij gegeven hebt om te doen;

⁵En nu verheerlijk Mij, Gij Vader, bij Uzelven, met de heerlijkheid, die Ik bij U had, eer de wereld was.

⁶Ik heb Uw Naam geopenbaard den mensen, die Gij Mij uit de wereld gegeven hebt. Zij waren Uw, en Gij hebt Mij dezelve gegeven; en zij hebben Uw woord bewaard.

⁷Nu hebben zij bekend, dat alles, wat Gij Mij gegeven hebt, van U is.

⁸Want de woorden, die Gij Mij gegeven hebt, heb Ik hun gegeven, en zij hebben ze ontvangen, en zij hebben waarlijk bekend, dat Ik van U uitgegaan ben, en hebben geloofd, dat Gij Mij gezonden hebt.

⁹Ik bid voor hen; Ik bid niet voor de wereld, maar voor degenen, die Gij Mij gegeven hebt, want zij zijn Uw.

¹⁰En al het Mijne is Uw, en het Uwe is Mijn; en Ik ben in hen verheerlijkt.

¹¹En Ik ben niet meer in de wereld, maar deze zijn in de wereld, en Ik kome tot U, Heilige Vader, bewaar ze in Uw Naam, die Gij Mij gegeven hebt, opdat zij een zijn, gelijk als Wij.

¹²Toen Ik met hen in de wereld was, bewaarde Ik ze in Uw Naam. Die Gij Mij gegeven hebt, heb Ik bewaard, en niemand uit hen is verloren gegaan, dan de zoon der verderfenis, opdat de Schrift vervuld worde.

¹³Maar nu kom Ik tot U, en spreek dit in de wereld, opdat zij Mijn blijdschap vervuld mogen hebben in zichzelven.

¹⁴Ik heb hun Uw woord gegeven; en de wereld heeft ze gehaat, omdat zij van de wereld niet zijn, gelijk als Ik van de wereld niet ben.

¹⁵Ik bid niet, dat Gij hen uit de wereld wegneemt, maar dat Gij hen bewaart van den boze.

¹⁶Zij zijn niet van de wereld, gelijkerwijs Ik van de wereld niet ben.

¹⁷Heilig ze in Uw waarheid; Uw woord is de waarheid.

¹⁸Gelijkerwijs Gij Mij gezonden hebt in de wereld, alzo heb Ik hen ook in de wereld gezonden.

¹⁹En Ik heilige Mijzelven voor hen, opdat ook zij geheiligd mogen zijn in waarheid.

²⁰En Ik bid niet alleen voor dezen, maar ook voor degenen, die door hun woord in Mij geloven zullen.

²¹Opdat zij allen een zijn, gelijkerwijs Gij, Vader, in Mij, en Ik in U, dat ook zij in Ons een zijn; opdat de wereld gelove, dat Gij Mij gezonden hebt.

²²En Ik heb hun de heerlijkheid gegeven, die Gij Mij gegeven hebt; opdat zij een zijn, gelijk als Wij Een zijn;

²³Ik in hen, en Gij in Mij; opdat zij volmaakt zijn in een, en opdat de wereld bekenne, dat Gij Mij gezonden hebt, en hen liefgehad hebt, gelijk Gij Mij liefgehad hebt.

²⁴Vader, Ik wil, dat waar Ik ben, ook die bij Mij zijn, die Gij Mij gegeven hebt; opdat zij Mijn heerlijkheid mogen aanschouwen, die Gij Mij gegeven hebt; want Gij hebt Mij liefgehad, voor de grondlegging der wereld.

²⁵Rechtvaardige Vader, de wereld heeft U niet gekend; maar Ik heb U gekend, en dezen hebben bekend, dat Gij Mij gezonden hebt.

²⁶En Ik heb hun Uw Naam bekend gemaakt, en zal Hem bekend maken; opdat de liefde, waarmede Gij Mij liefgehad hebt, in hen zij, en Ik in hen.

Hoofdstuk 18

¹Jezus, dit gezegd hebbende, ging uit met Zijn discipelen over de beek Kedron, waar een hof was, in welken Hij ging, en Zijn discipelen.

²En Judas, die Hem verried, wist ook die plaats, dewijl Jezus aldaar dikwijls vergaderd was geweest met Zijn discipelen.

³Judas dan, genomen hebbende de bende krijgsknechten en enige dienaars van de overpriesters en Farizeen, kwam aldaar met lantaarnen,

en fakkelen, enwapenen.

⁴Jezus dan, wetende alles, wat over Hem komen zou, ging uit, en zeide tot hen: Wien zoekt gij?

⁵Zij antwoordden Hem: Jezus den Nazarener. Jezus zeide tot hen: Ik ben het. En Judas, die Hem verried, stond ook bij hen.

⁶Als Hij dan tot hen zeide: Ik ben het; gingen zij achterwaarts, en vielen ter aarde.

⁷Hij vraagde hun dan wederom: Wien zoekt gij? En zij zeiden: Jezus den Nazarener.

⁸Jezus antwoordde: Ik heb u gezegd, dat Ik het ben. Indien gij dan Mij zoekt, zo laat dezen heengaan.

⁹Opdat het woord vervuld zou worden, dat Hij gezegd had: Uit degenen, die Gij Mij gegeven hebt, heb Ik niemand verloren.

¹⁰Simon Petrus dan, hebbende een zwaard, trok hetzelve uit, en sloeg des hogepriesters dienstknecht, en hieuw zijn rechteroor af. En de naam van den dienstknecht was Malchus.

¹¹Jezus dan zeide tot Petrus: Steek uw zwaard in de schede. Den drinkbeker, dien Mij de Vader gegeven heeft, zal Ik dien niet drinken?

¹²De bende dan, en de overste over duizend, en de dienaars der Joden namen Jezus gezamenlijk, en bonden Hem;

¹³En leidden Hem henen, eerst tot Annas; want hij was de vrouws vader van Kajafas, welke deszelven jaars hogepriester was.

¹⁴Kajafas nu was degene, die den Joden geraden had, dat het nut was, dat een Mens voor het volk stierve.

¹⁵En Simon Petrus volgde Jezus, en een ander discipel. Deze discipel nu was den hogepriester bekend, en ging met Jezus in des hogepriesters zaal.

¹⁶En Petrus stond buiten aan de deur. De andere discipel dan, die den hogepriester bekend was, ging uit, en sprak met de deurwaarster, en bracht Petrus in.

¹⁷De dienstmaagd dan, die de deurwaarster was, zeide tot Petrus: Zijt ook gij niet uit de discipelen van dezen Mens? Hij zeide: Ik ben niet.

¹⁸En de dienstknechten en de dienaars stonden, hebbende een kolenvuur gemaakt, omdat het koud was, en warmden zich. Petrus stond bij hen, en warmde zich.

¹⁹De hogepriester dan vraagde Jezus van Zijn discipelen, en van Zijn leer.

²⁰Jezus antwoordde hem: Ik heb vrijuit gesproken tot de wereld; Ik heb allen tijd geleerd in de synagoge en in den tempel, waar de Joden van alle plaatsen samenkomen; en in het verborgen heb Ik niets gesproken.

²¹Wat ondervraagt gij Mij? Ondervraag degenen, die het gehoord hebben, wat Ik tot hen gesproken heb; zie, dezen weten, wat Ik gezegd heb.

²²En als Hij dit zeide, gaf een van de dienaren, die daarbij stond, Jezus een kinnebakslag, zeggende: Antwoordt Gij alzo den hogepriester?

²³Jezus antwoordde hem: Indien Ik kwalijk gesproken heb, betuig van het kwade; en indien wel, waarom slaat gij Mij?

²⁴(Annas dan had Hem gebonden gezonden tot Kajafas, den hogepriester.)

²⁵En Simon Petrus stond en warmde zich. Zij zeiden dan tot hem: Zijt gij ook niet uit Zijn discipelen? Hij loochende het, en zeide: Ik ben niet.

²⁶Een van de dienstknechten des hogepriesters, die maagschap was van dengene, dien Petrus het oor afgehouwen had, zeide: Heb ik u niet gezien in den hof met Hem?

²⁷Petrus dan loochende het wederom. En terstond kraaide de haan.

²⁸Zij dan leidden Jezus van Kajafas in het rechthuis. En het was 's morgens vroeg; en zij gingen niet in het rechthuis, opdat zij niet verontreinigd zouden worden, maar opdat zij het pascha eten mochten.

²⁹Pilatus dan ging tot hen uit, en zeide: Wat beschuldiging brengt gij tegen dezen Mens?

³⁰Zij antwoordden en zeiden tot hem: Indien Deze geen kwaaddoener ware, zo zouden wij Hem u niet overgeleverd hebben.

³¹Pilatus dan zeide tot hen: Neemt gij Hem, en oordeelt Hem naar uw wet. De Joden dan zeiden tot hem: Het is ons niet geoorloofd iemand te doden.

³²Opdat het woord van Jezus vervuld wierd, dat Hij gezegd had, betekenende, hoedanigen dood Hij sterven zoude.

³³Pilatus dan ging wederom in het rechthuis, en riep Jezus, en zeide tot Hem: Zijt Gij de Koning der Joden?

³⁴Jezus antwoordde hem: Zegt gij dit van uzelven, of hebben het u anderen van Mij gezegd?

³⁵Pilatus antwoordde: Ben ik een Jood? Uw volk en de overpriesters hebben U aan mij overgeleverd; wat hebt Gij gedaan?

³⁶Jezus antwoordde: Mijn Koninkrijk is niet van deze wereld. Indien Mijn Koninkrijk van deze wereld ware, zo zouden Mijn dienaren gestreden hebben, opdat Ik den Joden niet ware overgeleverd; maar nu is Mijn Koninkrijk niet van hier.

³⁷Pilatus dan zeide tot Hem: Zijt Gij dan een Koning? Jezus antwoordde: Gij zegt, dat Ik een Koning ben. Hiertoe ben Ik geboren en hiertoe ben Ik in de wereld gekomen, opdat Ik der waarheid getuigenis geven zou. Een iegelijk, die uit de waarheid is, hoort Mijn stem.

³⁸Pilatus zeide tot Hem: Wat is waarheid? En als hij dat gezegd had, ging hij wederom uit tot de Joden, en zeide tot hen: Ik vind geen schuld in Hem.

³⁹Doch gij hebt een gewoonte, dat ik u op het pascha een loslate. Wilt gij dan, dat ik u den Koning der Joden loslate?

⁴⁰Zij dan riepen allen wederom, zeggende: Niet Dezen, maar Bar-abbas! En Bar-abbas was een moordenaar.

Hoofdstuk 19

¹Toen nam Pilatus dan Jezus, en geselde Hem.

²En de krijgsknechten, een kroon van doornen gevlochten hebbende, zetten die op Zijn hoofd, en wierpen Hem een purperen kleed om;

³En zeiden: Wees gegroet, Gij Koning der Joden! En zij gaven Hem kinnebakslagen.

⁴Pilatus dan kwam wederom uit, en zeide tot hen: Ziet, ik breng Hem tot ulieden uit, opdat gij wetet, dat ik in Hem geen schuld vinde.

⁵Jezus dan kwam uit, dragende de doornenkroon, en het purperen kleed. En Pilatus zeide tot hen: Ziet, de Mens!

⁶Als Hem dan de overpriesters en de dienaars zagen, riepen zij, zeggende: Kruis Hem, kruis Hem! Pilatus zeide tot hen: Neemt gijlieden Hem en kruist Hem; want ik vind in Hem geen schuld.

⁷De Joden antwoordden hem: Wij hebben een wet, en naar onze wet moet Hij sterven, want Hij heeft Zichzelven Gods Zoon gemaakt.

⁸Toen Pilatus dan dit woord hoorde, werd hij meer bevreesd;

⁹En ging wederom in het rechthuis, en zeide tot Jezus: Van waar zijt Gij? Maar Jezus gaf hem geen antwoord.

¹⁰Pilatus dan zeide tot Hem: Spreekt Gij tot mij niet? Weet Gij niet, dat ik macht heb U te kruisigen, en macht heb U los te laten?

¹¹Jezus antwoordde: Gij zoudt geen macht hebben tegen Mij, indien het u niet van boven gegeven ware; daarom die Mij aan u heeft overgeleverd, heeft groter zonde.

¹²Van toen af zocht Pilatus Hem los te laten; maar de Joden riepen, zeggende: Indien gij Dezen loslaat, zo zijt gij des keizers vriend niet; een iegelijk, die zichzelven koning maakt, wederspreekt den keizer.

¹³Als Pilatus dan dit woord hoorde, bracht hij Jezus uit, en zat neder op den rechterstoel, in de plaats, genaamd Lithostrotos, en in het Hebreeuws Gabbatha.

¹⁴En het was de voorbereiding van het pascha, en omtrent de zesde ure; en hij zeide tot de Joden: Ziet, uw Koning!

¹⁵Maar zij riepen: Neem weg, neem weg, kruis Hem! Pilatus zeide tot hen: Zal ik uw Koning kruisigen? De overpriesters antwoordden: Wij hebben geen koning, dan den keizer.

¹⁶Toen gaf hij Hem dan hun over, opdat Hij gekruist zou worden. En zij namen Jezus, en leidden Hem weg.

¹⁷En Hij, dragende Zijn kruis, ging uit naar de plaats, genaamd Hoofdschedelplaats, welke in het Hebreeuws genaamd wordt Golgotha;

¹⁸Alwaar zij Hem kruisten, en met Hem twee anderen, aan elke zijde een, en Jezus in het midden.

¹⁹En Pilatus schreef ook een opschrift, en zette dat op het kruis; en er was geschreven: JEZUS De NAZARENER De KONING DER JODEN.

²⁰Dit opschrift dan lazen velen van de Joden; want de plaats, waar Jezus gekruist werd, was nabij de stad; en het was geschreven in het Hebreeuws, in het Grieks, en in het Latijn.

²¹De overpriesters dan der Joden zeiden tot Pilatus: Schrijf niet: De Koning der Joden; maar, dat Hij gezegd heeft: Ik ben de Koning der Joden.

²²Pilatus antwoordde: Wat ik geschreven heb, dat heb ik geschreven.

²³De krijgsknechten dan, als zij Jezus gekruist hadden, namen Zijn klederen, (en maakten vier delen, voor elken krijgsknecht een deel) en den rok. De rok nu was zonder naad, van boven af geheel geweven.

²⁴Zij dan zeiden tot elkander: Laat ons dien niet scheuren, maar laat ons daarover loten, wiens die zijn zal; opdat de Schrift vervuld worde, die zegt: Zij hebben Mijn klederen onder zich verdeeld, en over Mijn kleding hebben zij het lot geworpen. Dit hebben dan de krijgsknechten gedaan.

²⁵En bij het kruis van Jezus stonden Zijn moeder en Zijner moeders zuster, Maria, de vrouw van Klopas, en Maria Magdalena.

²⁶Jezus nu, ziende Zijn moeder, en den discipel, dien Hij liefhad, daarbij staande, zeide tot Zijn moeder: Vrouw, zie, uw zoon.

²⁷Daarna zeide Hij tot den discipel: Zie, uw moeder. En van die ure aan nam haar de discipel in zijn huis.

²⁸Hierna Jezus, wetende, dat nu alles volbracht was, opdat de Schrift zou vervuld worden, zeide: Mij dorst.

²⁹Daar stond dan een vat vol ediks, en zij vulden een spons met edik, en omlegden ze met hysop, en brachten ze aan Zijn mond.

³⁰Toen Jezus dan den edik genomen had, zeide Hij: Het is volbracht! En het hoofd buigende, gaf den geest.

³¹De Joden dan, opdat de lichamen niet aan het kruis zouden blijven op den sabbat, dewijl het de voorbereiding was (want die dag des sabbats was groot), baden Pilatus, dat hun benen zouden gebroken, en zij weggenomen worden.

³²De krijgsknechten dan kwamen, en braken wel de benen des eersten, en des anderen, die met Hem gekruist was;

³³Maar komende tot Jezus, als zij zagen, dat Hij nu gestorven was, zo braken zij Zijn benen niet.

³⁴Maar een der krijgsknechten doorstak Zijn zijde met een speer, en terstond kwam er bloed en water uit.

³⁵En die het gezien heeft, die heeft het getuigd, en zijn getuigenis is waarachtig; en hij weet, dat hij zegt, hetgeen waar is, opdat ook gij geloven moogt.

³⁶Want deze dingen zijn geschied, opdat de Schrift vervuld worde: Geen been van Hem zal verbroken worden.

³⁷En wederom zegt een andere Schrift: Zij zullen zien, in Welken zij gestoken hebben.

³⁸En daarna Jozef van Arimathea (die een discipel van Jezus was, maar bedekt om de vreze der Joden), bad Pilatus, dat hij mocht het lichaam van Jezus wegnemen; en Pilatus liet het toe. Hij dan ging en nam het lichaam van Jezus weg.

³⁹En Nicodemus kwam ook (die des nachts tot Jezus eerst gekomen was), brengende een mengsel van mirre en aloe; omtrent honderd ponden gewichts.

⁴⁰Zij namen dan het lichaam van Jezus, en bonden dat in linnen doeken met de specerijen, gelijk de Joden de gewoonte hebben van begraven.

⁴¹En er was in de plaats, waar Hij gekruist was, een hof, en in den hof een nieuw graf, in hetwelk nog nooit iemand gelegd was geweest.

⁴²Aldaar dan legden zij Jezus, om de voorbereiding der Joden, overmits het graf nabij was.

Hoofdstuk 20

¹En op den eersten dag der week ging Maria Magdalena vroeg, als het nog duister was, naar het graf; en zag den steen van het graf weggenomen.

²Zij liep dan, en kwam tot Simon Petrus en tot den anderen discipel, welken Jezus liefhad, en zeide tot hen: Zij hebben den Heere weggenomen uit het graf, en wij weten niet, waar zij Hem gelegd hebben.

³Petrus dan ging uit, en de andere discipel, en zij kwamen tot het graf.

⁴En deze twee liepen tegelijk; en de andere discipel liep vooruit, sneller dan Petrus, en kwam eerst tot het graf.

⁵En als hij nederbukte, zag hij de doeken liggen; nochtans ging hij er niet in.

⁶Simon Petrus dan kwam en volgde hem, en ging in het graf, en zag de doeken liggen.

⁷En den zweetdoek, die op Zijn hoofd geweest was, zag hij niet bij de doeken liggen, maar in het bijzonder in een andere plaats samengerold.

⁸Toen ging dan ook de andere discipel er in, die eerst tot het graf gekomen was, en zag het, en geloofde.

⁹Want zij wisten nog de Schrift niet, dat Hij van de doden moest opstaan.

¹⁰De discipelen dan gingen wederom naar huis.

¹¹En Maria stond buiten bij het graf, wenende. Als zij dan weende, bukte zij in het graf;

¹²En zag twee engelen in witte klederen zitten, een aan het hoofd, en een aan de voeten, waar het lichaam van Jezus gelegen had.

¹³En die zeiden tot haar: Vrouw! wat weent gij? Zij zeide tot hen: Omdat zij mijn Heere weggenomen hebben, en ik weet niet, waar zij Hem gelegd hebben.

¹⁴En als zij dit gezegd had, keerde zij zich achterwaarts, en zag Jezus staan, en zij wist niet, dat het Jezus was.

¹⁵Jezus zeide tot haar: Vrouw, wat weent gij? Wien zoekt gij? Zij, menende, dat het de hovenier was, zeide tot Hem: Heere, zo gij Hem weg gedragen hebt, zeg mij, waar gij Hem gelegd hebt, en ik zal Hem wegnemen.

¹⁶Jezus zeide tot haar: Maria! Zij, zich omkerende, zeide tot Hem: Rabbouni, hetwelk is gezegd: Meester.

¹⁷Jezus zeide tot haar: Raak Mij niet aan, want Ik ben nog niet opgevaren tot Mijn Vader; maar ga heen tot Mijn broeders, en zeg hun: Ik vare op tot Mijn Vader en uw Vader, en tot Mijn God en uw God.

¹⁸Maria Magdalena ging en boodschapte den discipelen, dat zij den Heere gezien had, en dat Hij haar dit gezegd had.

¹⁹Als het dan avond was, op denzelven eersten dag der week, en als de deuren gesloten waren, waar de discipelen vergaderd waren om de vreze der Joden, kwam Jezus en stond in het midden, en zeide tot hen: Vrede zij ulieden!

²⁰En dit gezegd hebbende, toonde Hij hun Zijn handen en Zijn zijde. De discipelen dan werden verblijd, als zij den Heere zagen.

²¹Jezus dan zeide wederom tot hen: Vrede zij ulieden, gelijkerwijs Mij de Vader gezonden heeft, zende Ik ook ulieden.

²²En als Hij dit gezegd had, blies Hij op hen, en zeide tot hen: Ontvangt den Heiligen Geest.

²³Zo gij iemands zonden vergeeft, dien worden zij vergeven; zo gij iemands zonden houdt, dien zijn zij gehouden.

²⁴En Thomas, een van de twaalven, gezegd Didymus, was met hen niet, toen Jezus daar kwam.

²⁵De andere discipelen dan zeiden tot hem: Wij hebben den Heere gezien. Doch hij zeide tot hen: Indien ik in Zijn handen niet zie het teken der nagelen, en mijn vinger steke in het teken der nagelen, en steke mijn hand in Zijn zijde, ik zal geenszins geloven.

²⁶En na acht dagen waren Zijn discipelen wederom binnen, en Thomas met hen; en Jezus kwam, als de deuren gesloten waren, en stond in het midden, en zeide: Vrede zij ulieden!

²⁷Daarna zeide Hij tot Thomas: Breng uw vinger hier, en zie Mijn handen, en breng uw hand, en steek ze in Mijn zijde; en zijt niet ongelovig, maar gelovig.

²⁸En Thomas antwoordde en zeide tot Hem: Mijn Heere en mijn God!

²⁹Jezus zeide tot hem: Omdat gij Mij gezien hebt, Thomas, zo hebt gij geloofd; zalig zijn zij, die niet zullen gezien hebben, en nochtans zullen geloofd hebben.

³⁰Jezus dan heeft nog wel vele andere tekenen in de tegenwoordigheid Zijner discipelen gedaan, die niet zijn geschreven in dit boek;

³¹Maar deze zijn geschreven, opdat gij gelooft, dat Jezus is de Christus, de Zone Gods; en opdat gij, gelovende, het leven hebt in Zijn Naam.

Hoofdstuk 21

¹Na dezen openbaarde Jezus Zichzelven wederom den discipelen aan de zee van Tiberias. En Hij openbaarde Zich aldus:

²Er waren te zamen Simon Petrus, en Thomas, gezegd Didymus, en Nathanael, die van Kana in Galilea was, en de zonen van Zebedeus, en twee anderen van Zijn discipelen.

³Simon Petrus zeide tot hen: Ik ga vissen. Zij zeiden tot hem: Wij gaan ook met u. Zij gingen uit, en traden terstond in het schip; en in dien nacht vingen zij niets.

⁴En als het nu morgenstond geworden was, stond Jezus op den oever; doch de discipelen wisten niet, dat het Jezus was.

⁵Jezus dan zeide tot hen: Kinderkens, hebt gij niet enige toespijs? Zij antwoordden Hem: Neen.

⁶En Hij zeide tot hen: Werpt het net aan de rechterzijde van het schip, en gij zult vinden. Zij wierpen het dan, en konden hetzelve niet meer trekken vanwege de menigte der vissen.

⁷De discipel dan, welken Jezus liefhad, zeide tot Petrus: Het is de Heere! Simon Petrus dan, horende, dat het de Heere was, omgordde het opperkleed (want hij was naakt), en wierp zichzelven in de zee.

⁸En de andere discipelen kwamen met het scheepje (want zij waren niet verre van het land, maar omtrent tweehonderd ellen), slepende het net met de vissen.

⁹Als zij dan aan het land gegaan waren, zagen zij een kolenvuur liggen, en vis daarop liggen, en brood.

¹⁰Jezus zeide tot hen: Brengt van den vissen, die gij nu gevangen hebt.

¹¹Simon Petrus ging op, en trok het net op het land, vol grote vissen, tot honderd drie en vijftig; en hoewel er zovele waren, zo scheurde het net niet.

¹²Jezus zeide tot hen: Komt herwaarts, houdt het middagmaal. En niemand van de discipelen durfde Hem vragen: Wie zijt Gij? wetende, dat het de Heere was.

¹³Jezus dan kwam, en nam het brood, en gaf het hun, en den vis desgelijks.

¹⁴Dit was nu de derde maal, dat Jezus Zijn discipelen geopenbaard is, nadat Hij van de doden opgewekt was.

¹⁵Toen zij dan het middagmaal gehouden hadden, zeide Jezus tot Simon Petrus: Simon, zoon van Jonas, hebt gij Mij liever dan dezen? Hij zeide tot Hem: Ja, Heere! Gij weet, dat ik U liefheb. Hij zeide tot hem: Weid Mijn lammeren.

¹⁶Hij zeide wederom tot hem ten tweeden maal: Simon, zoon van Jonas, hebt gij Mij lief? Hij zeide tot Hem: Ja, Heere, gij weet, dat ik U liefheb. Hij zeide tothem: Hoed Mijn schapen.

¹⁷Hij zeide tot hem ten derden maal: Simon, zoon van Jonas, hebt gij Mij lief? Petrus werd bedroefd, omdat Hij ten derden maal tot hem zeide: Hebt gij Mij lief, en zeide tot Hem: Heere! Gij weet alle dingen, Gij weet, dat ik U liefheb. Jezus zeide tot hem: Weid Mijn schapen.

¹⁸Voorwaar, voorwaar, zeg Ik u: Toen gij jonger waart, gorddet gij uzelven, en wandeldet, alwaar gij wildet; maar wanneer gij zult oud geworden zijn, zo zult gijuw handen uitstrekken, en een ander zal u gorden, en brengen, waar gij niet wilt.

¹⁹En dit zeide Hij, betekenende, met hoedanigen dood hij God verheerlijken zou. En dit gesproken hebbende, zeide Hij tot hem: Volg Mij.

²⁰En Petrus, zich omkerende, zag den discipel volgen, welken Jezus liefhad, die ook in het avondmaal op Zijn borst gevallen was, en gezegd had: Heere! wie ishet, die U verraden zal?

²¹Als Petrus dezen zag, zeide hij tot Jezus: Heere, maar wat zal deze?

²²Jezus zeide tot hem: Indien Ik wil, dat hij blijve, totdat Ik kome, wat gaat het u aan? Volg gij Mij.

²³Dit woord dan ging uit onder de broederen, dat deze discipel niet zou sterven. En Jezus had tot hem niet gezegd, dat hij niet sterven zou, maar: Indien Ik wil, dathij blijve, totdat Ik kome, wat gaat het u aan?

²⁴Deze is de discipel, die van deze dingen getuigt, en deze dingen geschreven heeft; en wij weten, dat zijn getuigenis waarachtig is.

Handelingen

Handelingen

Hoofdstuk 1

¹Het eerste boek heb ik gemaakt, o Theofilus, van al hetgeen Jezus begonnen heeft beide te doen en te leren;

²Tot op den dag, in welken Hij opgenomen is, nadat Hij door den Heiligen Geest aan de apostelen, die Hij uitverkoren had, bevelen had gegeven.

³Aan welke Hij ook, nadat Hij geleden had, Zichzelven levend vertoond heeft, met vele gewisse kentekenen, veertig dagen lang, zijnde van hen gezien, ensprekende van de dingen, die het Koninkrijk Gods aangaan.

⁴En als Hij met hen vergaderd was, beval Hij hun, dat zij van Jeruzalem niet scheiden zouden, maar verwachten de belofte des Vaders, die gij, zeide Hij, vanMij gehoord hebt.

⁵Want Johannes doopte wel met water, maar gij zult met den Heiligen Geest gedoopt worden, niet lang na deze dagen.

⁶Zij dan, die samengekomen waren, vraagden Hem, zeggende: Heere, zult Gij in dezen tijd aan Israel het Koninkrijk wederoprichten?

⁷En Hij zeide tot hen: Het komt u niet toe, te weten de tijden of gelegenheden, die de Vader in Zijn eigen macht gesteld heeft;

⁸Maar gij zult ontvangen de kracht des Heiligen Geestes, Die over u komen zal; en gij zult Mijn getuigen zijn, zo te Jeruzalem, als in geheel Judea en Samaria, entot aan het uiterste der aarde.

⁹En als Hij dit gezegd had, werd Hij opgenomen, daar zij het zagen, en een wolk nam Hem weg van hun ogen.

¹⁰En alzo zij hun ogen naar den hemel hielden, terwijl Hij heenvoer, ziet, twee mannen stonden bij hen in witte kleding;

¹¹Welke ook zeiden: Gij Galilese mannen, wat staat gij en ziet op naar den hemel? Deze Jezus, Die van u opgenomen is in den hemel, zal alzo komen, gelijkerwijsgij Hem naar den hemel hebt zien heenvaren.

¹²Toen keerden zij wederom naar Jeruzalem, van den berg, die genaamd wordt de Olijf berg, welke is nabij Jeruzalem, liggende van daar een sabbatsreize.

¹³En als zij ingekomen waren, gingen zij op in de opperzaal, waar zij bleven, namelijk Petrus en Jakobus, en Johannes en Andreas, Filippus en Thomas, Bartholomeus en Mattheus, Jakobus, de zoon van Alfeus, en Simon Zelotes, en Judas, de broeder van Jakobus.

¹⁴Deze allen waren eendrachtelijk volhardende in het bidden en smeken, met de vrouwen, en Maria, de moeder van Jezus, en met Zijn broederen.

¹⁵En in dezelve dagen stond Petrus op in het midden der discipelen, en sprak (er was nu een schare bijeen van omtrent honderd en twintig personen):

¹⁶Mannen broeders, deze Schrift moest vervuld worden, welke de Heilige Geest door den mond Davids voorzegd heeft van Judas, die de leidsman geweest isdergenen die Jezus vingen;

¹⁷Want hij was met ons gerekend, en had het lot dezer bediening verkregen.

¹⁸Deze dan heeft verworven een akker, door het loon der ongerechtigheid, en voorwaarts overgevallen zijnde, is midden opgeborsten, en al zijn ingewanden zijnuitgestort.

¹⁹En het is bekend geworden allen, die te Jeruzalem wonen, alzo dat die akker in hun eigen taal genoemd wordt Akeldama, dat is, een akker des bloeds.

²⁰Want er staat geschreven in het boek der Psalmen; Zijn woonstede worde woest, en er zij niemand die in dezelve wone. En: Een ander neme zijnopzienersambt.

²¹Het is dan nodig, dat van de mannen, die met ons ongedaan hebben al den tijd, in welken de Heere Jezus onder ons ingegaan en uitgegaan is,

²²Beginnende van den doop van Johannes, tot den dag toe, in welken Hij van ons opgenomen is, een derzelven met ons getuige worde van Zijn opstanding.

²³En zij stelden er twee, Jozef, genaamd Barsabas, die toegenaamd was Justus, en Matthias.

²⁴En zij baden en zeiden: Gij Heere! Gij Kenner der harten van allen, wijs van deze twee een aan, dien Gij uitverkoren hebt;

²⁵Om te ontvangen het lot dezer bediening en des apostelschaps, waarvan Judas afgeweken is, dat hij heenging in zijn eigen plaats.

Hoofdstuk 2

¹En als de dag van het Pinkster feest vervuld werd, waren zij allen eendrachtelijk bijeen.

²En er geschiedde haastelijk uit den hemel een geluid, gelijk als van een geweldigen, gedreven wind, en vervulde het gehele huis, waar zij zaten.

³En van hen werden gezien verdeelde tongen als van vuur, en het zat op een iegelijk van hen.

⁴En zij werden allen vervuld met den Heiligen Geest, en begonnen te spreken met andere talen, zoals de Geest hun gaf uit te spreken.

⁵En er waren Joden, te Jeruzalem wonende, godvruchtige mannen van allen volke dergenen, die onder den hemel zijn.

⁶En als deze stem geschied was, kwam de menigte samen, en werd beroerd, want een iegelijk hoorde hen in zijn eigen taal spreken.

⁷En zij ontzetten zich allen, en verwonderden zich, zeggende tot elkander: Ziet, zijn niet alle dezen, die daar spreken, Galileers?

⁸En hoe horen wij hen een iegelijk in onze eigen taal, in welke wij geboren zijn?

⁹Parthers, en Meders, en Elamieten, en de inwoners zijn van Mesopotamie, en Judea, en Cappadocie, Pontus en Azie.

¹⁰En Frygie, en Pamfylie, Egypte, en de delen van Libye, hetwelk bij Cyrene ligt, en uitlandse Romeinen, beiden Joden en Jodengenoten;

¹¹Kretenzen en Arabieren, wij horen hen in onze talen de grote werken Gods spreken.

¹²En zij ontzetten zich allen, en werden twijfelmoedig, zeggende, de een tegen den ander: Wat wil toch dit zijn?

¹³En anderen, spottende, zeiden: Zij zijn vol zoeten wijns.

¹⁴Maar Petrus, staande met de elven, verhief zijn stem, en sprak tot hen: Gij Joodse mannen, en gij allen, die te Jeruzalem woont, dit zij u bekend, en laat mijnwoorden tot uw oren ingaan.

¹⁵Want deze zijn niet dronken, gelijk gij vermoedt; want het is eerst de derde ure van de dag.

¹⁶Maar dit is het, wat gesproken is door den profeet Joel:

¹⁷En het zal zijn in de laatste dagen, (zegt God) Ik zal uitstorten van Mijn Geest op alle vlees; en uw zonen en uw dochters zullen profeteren, en uw jongelingenzullen gezichten zien, en uw ouden zullen dromen dromen.

¹⁸En ook op Mijn dienstknechten, en op Mijn dienstmaagden, zal Ik in die dagen van Mijn Geest uitstorten, en zij zullen profeteren.

¹⁹En Ik zal wonderen geven in den hemel boven, en tekenen op de aarde beneden, bloed en vuur, en rookdamp.

²⁰De zon zal veranderd worden in duisternis, en de maan in bloed, eer dat de grote en doorluchtige dag des Heeren komt.

²¹En het zal zijn, dat een iegelijk, die den Naam des Heeren zal aanroepen, zalig zal worden.

²²Gij Israelietische mannen, hoort deze woorden: Jezus den Nazarener, een Man van God, onder ulieden betoond door krachten, en wonderen, en tekenen, dieGod door Hem gedaan heeft, in het midden van u, gelijk ook gijzelven weet;

²³Dezen, door den bepaalden raad en voorkennis Gods overgegeven zijnde, hebt gij genomen, en door de handen der onrechtvaardigen aan het kruis gehecht engedood.

²⁴Welken God opgewekt heeft, de smarten des doods ontbonden hebbende, alzo het niet mogelijk was, dat Hij van denzelven dood zou gehouden worden.

²⁵Want David zegt van Hem: Ik zag den Heere allen tijd voor mij; want Hij is aan mijn rechter hand, opdat ik niet bewogen worde.

²⁶Daarom is mijn hart verblijd; en mijn tong verheugt zich; ja, ook mijn vlees zal rusten in hope.

²⁷Want Gij zult mijn ziel in de hel niet verlaten, noch zult Uw Heilige over geven, om verderving te zien.

²⁸Gij hebt mij de wegen des levens bekend gemaakt; Gij zult mij vervullen met verheuging door Uw aangezicht.

²⁹Gij mannen broeders, het is mij geoorloofd vrij uit tot u te spreken van den patriarch David, dat hij beide gestorven en begraven is, en zijn graf is onder ons totop dezen dag.

³⁰Alzo hij dan een profeet was, en wist, dat God hem met ede gezworen had, dat hij uit de vrucht zijner lenden, zoveel het vlees aangaat, den Christus verwekkenzou, om Hem op zijn troon te zetten;

³¹Zo heeft hij, dit voorziende, gesproken van de opstanding van Christus, dat Zijn ziel niet is verlaten in de hel, noch Zijn vlees verderving heeft gezien.

³²Dezen Jezus heeft God opgewekt; waarvan wij allen getuigen zijn.

³³Hij dan, door de rechter hand Gods verhoogd zijnde, en de belofte des Heiligen Geestes, ontvangen hebbende van den Vader, heeft dit uitgestort, dat gij nuziet en hoort.

³⁴Want David is niet opgevaren in de hemelen; maar hij zegt: De Heere heeft gesproken tot Mijn Heere: Zit aan Mijn rechter hand.

³⁵Totdat Ik Uw vijanden zal gezet hebben tot een voetbank Uwer voeten.

³⁶Zo wete dan zekerlijk het ganse huis Israels, dat God Hem tot een Heere en Christus gemaakt heeft, namelijk dezen Jezus, Dien gij gekruist hebt.

³⁷En als zij dit hoorden, werden zij verslagen in het hart, en zeiden tot Petrus en de andere apostelen: Wat zullen wij doen mannen broeders?

³⁸En Petrus zeide tot hen: Bekeert u, en een iegelijk van u worde gedoopt in den Naam van Jezus Christus, tot vergeving der zonden; en gij zult de gave desHeiligen Geestes ontvangen.

³⁹Want u komt de belofte toe, en uw kinderen, en allen, die daar verre zijn, zo velen als er de Heere, onze God, toe roepen zal.

⁴⁰En met veel meer andere woorden betuigde hij, en vermaande hen, zeggende: Wordt behouden van dit verkeerd geslacht!

⁴¹Die dan zijn woord gaarne aannamen, werden gedoopt; en er werden op dien dag tot hen toegedaan omtrent drie duizend zielen.

⁴²En zij waren volhardende in de leer der apostelen, en in de gemeenschap, en in de breking des broods, en in de gebeden.

⁴³En een vreze kwam over alle ziel; en vele wonderen en tekenen geschiedden door de apostelen.

⁴⁴En allen, die geloofden, waren bijeen, en hadden alle dingen gemeen;

⁴⁵En zij verkochten hun goederen en have, en verdeelden dezelve aan allen, naar dat elk van node had.

⁴⁶En dagelijks eendrachtelijk in den tempel volhardende, en van huis tot huis brood brekende, aten zij te zamen met verheuging en eenvoudigheid des harten;

⁴⁷En prezen God, en hadden genade bij het ganse volk. En de Heere deed dagelijks tot de Gemeente, die zalig werden.

Hoofdstuk 3

¹Petrus nu en Johannes gingen te zamen op naar den tempel, omtrent de ure des gebeds, zijnde de negende ure;

²En een zeker man, die kreupel was van zijner moeders lijf, werd gedragen, welken zij dagelijks zetten aan de deur des tempels, genaamd de Schone, om eenaalmoes te begeren van degenen, die in den tempel gingen;

³Welke, Petrus en Johannes ziende, als zij in den tempel zouden ingaan, bad, dat hij een aalmoes mocht ontvangen.

⁴En Petrus, sterk op hem ziende, met Johannes, zeide: Zie op ons.

⁵En hij hield de ogen op hen, verwachtende, dat hij iets van hen zou ontvangen.

⁶En Petrus zeide: Zilver en goud heb ik niet, maar hetgeen ik heb, dat geve ik u; in den Naam van Jezus Christus, den Nazarener, sta op en wandel!

⁷En hem grijpende bij de rechterhand richtte hij hem op, en terstond werden zijn voeten en enkelen vast.

⁸En hij, opspringende, stond en wandelde, en ging met hen in den tempel, wandelende en springende, en lovende God.

⁹En al het volk zag hem wandelen en God loven.

¹⁰En zij kenden hem, dat hij die was, die om een aalmoes gezeten had aan de Schone poort des tempels; en zij werden vervuld met verbaasdheid en ontzettingover hetgeen hem geschied was.

¹¹En als de kreupele, die gezond gemaakt was, aan Petrus en Johannes vasthield, liep al het volk gezamenlijk tot hen in het voorhof, hetwelk Salomo's voorhofgenaamd wordt, verbaasd zijnde.

¹²En Petrus, dat ziende, antwoordde tot het volk: Gij Israëlietische mannen, wat verwondert gij u over dit, of wat ziet gij zo sterk op ons, alsof wij door onzeeigen kracht of godzaligheid dezen hadden doen wandelen?

¹³De God Abrahams, en Izaks, en Jakobs, de God onzer vaderen, heeft Zijn Kind Jezus verheerlijkt, Welken gij overgeleverd hebt, en hebt Hem verloochend, voor het aangezicht van Pilatus, als hij oordeelde, dat men Hem zoude loslaten.

¹⁴Maar gij hebt den Heilige en Rechtvaardige verloochend, en hebt begeerd, dat u een man, die een doodslager was, zou geschonken worden;

¹⁵En den Vorst des levens hebt gij gedood, Welken God opgewekt heeft uit de doden; waarvan wij getuigen zijn.

¹⁶En door het geloof in Zijn Naam heeft Zijn Naam dezen gesterkt, dien gij ziet en kent; en het geloof, dat door Hem is, heeft hem deze volmaakte gezondheidgegeven, in uw aller tegenwoordigheid.

¹⁷En nu, broeders, ik weet, dat gij het door onwetendheid gedaan hebt, gelijk als ook uw oversten.

¹⁸Maar God heeft alzo vervuld, hetgeen Hij door den mond van al Zijn profeten te voren verkondigd had, dat de Christus lijden zou.

¹⁹Betert u dan, en bekeert u, opdat uw zonden mogen uitgewist worden; wanneer de tijden der verkoeling zullen gekomen zijn van het aangezicht des Heeren,

²⁰En Hij gezonden zal hebben Jezus Christus, Die u tevoren gepredikt is;

²¹Welken de hemel moet ontvangen tot de tijden der wederoprichting aller dingen, die God gesproken heeft door den mond van al Zijn heilige profeten van alleeeuw.

²²Want Mozes heeft tot de vaderen gezegd: De Heere, uw God, zal u een Profeet verwekken, uit uw broederen, gelijk mij; Dien zult gij horen, in alles, wat Hij totu spreken zal.

²³En het zal geschieden, dat alle ziel, die dezen Profeet niet zal gehoord hebben, uitgeroeid zal worden uit den volke.

²⁴En ook al de profeten, van Samuel aan, en die daarna gevolgd zijn, zovelen als er hebben gesproken, die hebben ook deze dagen te voren verkondigd.

²⁵Gijlieden zijt kinderen der profeten, en des verbonds, hetwelk God met onze vaderen opgericht heeft, zeggende tot Abraham: En in uw zade zullen allegeslachten der aarde gezegend worden.

²⁶God, opgewekt hebbende Zijn Kind Jezus, heeft Denzelven eerst tot u gezonden, dat Hij ulieden zegenen zou, daarin dat Hij een iegelijk van u afkere van uwboosheden.

Hoofdstuk 4

¹En terwijl zij tot het volk spraken, kwamen daarover tot hen de priesters, en de hoofdman des tempels, en de Sadduceen;

²Zeer ontevreden zijnde, omdat zij het volk leerden, en verkondigden in Jezus de opstanding uit de doden.

³En zij sloegen de handen aan hen, en zetten ze in bewaring tot den anderen dag; want het was nu avond.

⁴En velen van degenen, die het woord gehoord hadden, geloofden; en het getal der mannen werd omtrent vijf duizend.

⁵En het geschiedde des anderen daags, dat hun oversten en ouderlingen en Schriftgeleerden te Jeruzalem vergaderden;

⁶En Annas, de hogepriester, en Kajafas, en Johannes, en Alexander, en zovele er van het hogepriesterlijk geslacht waren.

⁷En als zij hen in het midden gesteld hadden, vraagden zij: Door wat kracht, of door wat naam hebt gijlieden dit gedaan?

⁸Toen zeide Petrus, vervuld zijnde met den Heiligen Geest, tot hen: Gij oversten des volks, en gij ouderlingen van Israel!

⁹Alzo wij heden rechterlijk onderzocht worden over de weldaad aan een krank mens geschied, waardoor hij gezond geworden is;

¹⁰Zo zij u allen kennelijk, en het ganse volk Israel, dat door den Naam van Jezus Christus, den Nazarener, Dien gij gekruist hebt, Welken God van de dodenheeft opgewekt, door Hem, zeg ik, staat deze hier voor u gezond.

¹¹Deze is de Steen, Die van u, de bouwlieden, veracht is, Welke tot een hoofd des hoeks geworden is.

¹²En de zaligheid is in geen Anderen; want er is ook onder den hemel geen andere Naam, Die onder de mensen gegeven is, door Welken wij moeten zaligworden.

¹³Zij nu, ziende de vrijmoedigheid van Petrus en Johannes, en vernemende, dat zij ongeleerde en slechte mensen waren, verwonderden zich, en kenden hen, datzij met Jezus geweest waren.

¹⁴En ziende den mens bij hen staan, die genezen was, hadden zij niets daartegen te zeggen.

¹⁵En hun geboden hebbende uit te gaan buiten den raad, overlegden zij met elkander,

¹⁶Zeggende: Wat zullen wij dezen mensen doen? Want dat er een bekend teken door hen geschied is, is openbaar aan allen, die te Jeruzalem wonen, en wijkunnen het niet loochenen.

¹⁷Maar opdat het niet meer en meer onder het volk verspreid worde, laat ons hen scherpelijk dreigen, dat zij niet meer tot enig mens in dezen Naam spreken.

¹⁸En als zij hen geroepen hadden, zeiden zij hun aan, dat zij ganselijk niet zouden spreken, noch leren, in den Naam van Jezus.

¹⁹Maar Petrus en Johannes, antwoordende, zeiden tot hen: Oordeelt gij, of het recht is voor God, ulieden meer te horen dan God.

²⁰Want wij kunnen niet laten te spreken, hetgeen wij gezien en gehoord hebben.

²¹Maar zij dreigden hen nog meer, en lieten ze gaan, niets vindende, hoe zij hen straffen zouden, om des volks wil; want zij

verheerlijkten allen God over hetgeen er geschied was.

²²Want de mens was meer dan veertig jaren oud, aan welken dit teken der genezing geschied was.

²³En zij, losgelaten zijnde, kwamen tot de hunnen, en verkondigden al wat de overpriesters en de ouderlingen tot hen gezegd hadden.

²⁴En als dezen dat hoorden, hieven zij eendrachtelijk hun stem op tot God, en zeiden: Heere! Gij zijt de God, Die gemaakt hebt den hemel, en de aarde, en de zee, en alle dingen, die in dezelve zijn.

²⁵Die door den mond van David Uw knecht, gezegd hebt: Waarom woeden de heidenen, en hebben de volken ijdele dingen bedacht?

²⁶De koningen der aarde zijn te zamen opgestaan, en de oversten zijn bijeenvergaderd tegen den Heere, en tegen Zijn Gezalfde.

²⁷Want in der waarheid zijn vergaderd tegen Uw heilig Kind Jezus, Welken Gij gezalfd hebt, beiden Herodes en Pontius Pilatus, met de heidenen en de volken Israels;

²⁸Om te doen al wat Uw hand en Uw raad te voren bepaald had, dat geschieden zou.

²⁹En nu dan, Heere, zie op hun dreigingen, en geef Uw dienstknechten met alle vrijmoedigheid Uw woord te spreken;

³⁰Daarin, dat Gij Uw hand uitstrekt tot genezing, en dat tekenen en wonderen geschieden door den Naam van Uw heilig Kind Jezus.

³¹En als zij gebeden hadden, werd de plaats, in welke zij vergaderd waren, bewogen. En zij werden allen vervuld met den Heiligen Geest, en spraken het Woord Gods met vrijmoedigheid.

³²En de menigte van degenen, die geloofden, was een hart en een ziel; en niemand zeide, dat iets van hetgeen hij had, zijn eigen ware, maar alle dingen waren hun gemeen.

³³En de apostelen gaven met grote kracht getuigenis van de opstanding van den Heere Jezus; en er was grote genade over hen allen.

³⁴Want er was ook niemand onder hen, die gebrek had; want zovelen als er bezitters waren van landen of huizen, die verkochten zij, en brachten den prijs der verkochte goederen, en legden dien aan de voeten der apostelen.

³⁵En aan een iegelijk werd uitgedeeld, naar dat elk van node had.

³⁶En Joses, van de apostelen toegenaamd Barnabas (hetwelk is, overgezet zijnde, een zoon der vertroosting), een Leviet, van geboorte uit Cyprus,

³⁷Alzo hij een akker had, verkocht dien, en bracht het geld, en legde het aan de voeten der apostelen.

Hoofdstuk 5

¹En er was een zeker man te Cesarea, met name Cornelius, een hoofdman over honderd, uit de bende, genaamd de Italiaanse;

²Godzalig en vrezende God, met geheel zijn huis, en doende vele aalmoezen aan het volk, en God geduriglijk biddende.

³Deze zag in een gezicht klaarlijk, omtrent de negende ure des daags, een engel Gods tot hem inkomen, en tot hem zeggende: Cornelius!

⁴En hij, de ogen op hem houdende, en zeer bevreesd geworden zijnde, zeide: Wat is het Heere? En hij zeide tot hem: Uw gebeden en uw aalmoezen zijn tot gedachtenis opgekomen voor God.

⁵En nu, zend mannen naar Joppe, en ontbied Simon, die toegenaamd wordt Petrus.

⁶Deze ligt te huis bij een Simon, lederbereider, die zijn huis heeft bij de zee; deze zal u zeggen, wat gij doen moet.

⁷En als de engel, die tot Cornelius sprak, weggegaan was, riep hij twee van zijn huisknechten, en een godzaligen krijgsknecht van degenen, die gedurig bij hem waren;

⁸En als hij hun alles verhaald had, zond hij hen naar Joppe.

⁹En des anderen daags, terwijl deze reisden, en nabij de stad kwamen, klom Petrus op het dak, om te bidden, omtrent de zesde ure.

¹⁰En hij werd hongerig, en begeerde te eten. En terwijl zij het bereidden, viel over hem een vertrekking van zinnen.

¹¹En hij zag den hemel geopend, en een zeker vat tot hem nederdalen, gelijk een groot linnen laken, aan de vier hoeken gebonden, en nedergelaten op de aarde;

¹²In hetwelk waren al de viervoetige dieren der aarde, en de wilde, en de kruipende dieren, en de vogelen des hemels.

¹³En er geschiedde een stem tot hem: Sta op, Petrus! slacht en eet.

¹⁴Maar Petrus zeide: Geenszins, Heere! want ik heb nooit gegeten iets, dat gemeen of onrein was.

¹⁵En een stem geschiedde wederom ten tweeden male tot hem: Hetgeen God gereinigd heeft, zult gij niet gemeen maken.

¹⁶En dit geschiedde tot drie maal; en het vat werd wederom opgenomen in den hemel.

¹⁷En alzo Petrus in zichzelven twijfelde, wat toch het gezicht mocht zijn, dat hij gezien had, ziet, de mannen, die van Cornelius afgezonden waren, gevraagd hebbende naar het huis van Simon, stonden aan de poort.

¹⁸En iemand geroepen hebbende, vraagden zij, of Simon, toegenaamd Petrus, daar te huis lag.

¹⁹En als Petrus over dat gezicht dacht, zeide de Geest tot hem: Zie, drie mannen zoeken u;

²⁰Daarom sta op, en ga af, en reis met hen, niet twijfelende; want ik heb hen gezonden.

²¹En Petrus ging af tot de mannen die van Cornelius tot hem gezonden waren, en zeide: Ziet, ik ben het, dien gij zoekt; wat is de oorzaak, waarom gij hier zijt?

²²En zij zeiden: Cornelius, een hoofdman over honderd, een rechtvaardig man, en vrezende God, en die goede getuigenis heeft van het ganse volk der Joden, is door Goddelijke openbaring vermaand van een heiligen engel, dat hij u zou ontbieden te zijnen huize, en dat hij van u woorden der zaligheid zou horen.

²³Als hij hen dan ingeroepen had, ontving hij ze in huis. Doch des anderen daags ging Petrus met hen heen, en sommigen der broederen, die van Joppe waren, gingen met hem.

²⁴En des anderen daags kwamen zij te Cesarea. En Cornelius verwachtte hen, samengeroepen hebbende die van zijn maagschap en bijzonderste vrienden.

²⁵En als het geschiedde, dat Petrus inkwam, ging hem Cornelius tegemoet, en vallende aan zijn voeten, aanbad hij.

²⁶Maar Petrus richtte hem op, zeggende: Sta op, ik ben ook zelf een mens.

²⁷En met hem sprekende, ging hij in, en vond er velen, die samengekomen waren.

²⁸En hij zeide tot hen: Gij weet, hoe het een Joodsen man ongeoorloofd is, zich te voegen of te gaan tot een vreemde; doch God heeft mij getoond, dat ik geen mens zou gemeen of onrein heten.

²⁹Daarom ben ik ook zonder tegenspreken gekomen, ontboden zijnde. Zo vraag ik dan, om wat reden gijlieden mij hebt ontboden.

³⁰En Cornelius zeide: Over vier dagen was ik vastende tot deze ure toe, en ter negende ure bad ik in mijn huis.

³¹En ziet, een man stond voor mij, in een blinkend kleed, en zeide: Cornelius! uw gebed is verhoord, en uw aalmoezen zijn voor God gedacht geworden.

³²Zend dan naar Joppe, en ontbied Simon, die toegenaamd wordt Petrus; deze ligt te huis in het huis van Simon, den lederbereider, aan de zee, welke, hier gekomen zijnde, tot u spreken zal.

³³Zo heb ik dan van stonde aan tot u gezonden, en gij hebt welgedaan, dat gij hier gekomen zijt. Wij zijn dan allen nu hier tegenwoordig voor God, om te horen al hetgeen u van God bevolen is.

³⁴En Petrus, den mond opendoende, zeide: Ik verneem in der waarheid, dat God geen aannemer des persoons is;

³⁵Maar in allen volke, die Hem vreest en gerechtigheid werkt, is Hem aangenaam.

³⁶Dit is het woord, dat Hij gezonden heeft den kinderen Israels, verkondigende vrede door Jezus Christus; deze is een Heere van allen.

³⁷Gijlieden weet de zaak, die geschied is door geheel Judea, beginnende van Galilea, na den doop, welken Johannes gepredikt heeft;

³⁸Belangende Jezus van Nazareth, hoe Hem God gezalfd heeft met den Heiligen Geest en met kracht; Welke het land doorgegaan is, goeddoende, en genezende allen, die van den duivel overweldigd waren; want God was met Hem.

³⁹En wij zijn getuigen van al hetgeen Hij gedaan heeft, beide in het Joodse land en te Jeruzalem; Welken zij gedood hebben, Hem hangende aan het hout.

⁴⁰Dezen heeft God opgewekt ten derden dage, en gegeven, dat Hij openbaar zou worden;

⁴¹Niet al den volke, maar den getuigen, die van God te voren verkoren waren, ons namelijk, die met Hem gegeten en gedronken hebben, nadat Hij uit de doden opgestaan was.

⁴²En heeft ons geboden den volke te prediken, en te betuigen, dat Hij is Degene, Die van God verordend is tot een Rechter van levenden en doden.

⁴³Dezen geven getuigenis al de profeten, dat een iegelijk, die in Hem gelooft, vergeving der zonden ontvangen zal door Zijn Naam.

⁴⁴Als Petrus nog deze woorden sprak, viel de Heilige Geest op allen, die het Woord hoorden.

⁴⁵En de gelovigen, die uit de besnijdenis waren, zovelen als met Petrus gekomen waren, ontzetten zich, dat de gave des Heiligen Geestes ook op de heidenen uitgestort werd.

⁴⁶Want zij hoorden hen spreken met vreemde talen, en God groot maken. Toen antwoordde Petrus:

⁴⁷Kan ook iemand het water weren, dat dezen niet gedoopt zouden

worden, welke den Heiligen Geest ontvangen hebben, gelijk als ook wij?

⁴⁸En hij beval, dat zij zouden gedoopt worden in den Naam des Heeren. Toen baden zij hem, dat hij enige dagen bij hen wilde blijven.

Hoofdstuk 6

¹De apostelen nu, en de broeders, die in Judea waren, hebben gehoord, dat ook de heidenen het Woord Gods aangenomen hadden.

²En toen Petrus opgegaan was naar Jeruzalem, twistten tegen hem degenen, die uit de besnijdenis waren,

³Zeggende: Gij zijt ingegaan tot mannen, die de voorhuid hebben, en hebt met hen gegeten.

⁴Maar Petrus, beginnende, verhaalde het hun vervolgens, zeggende:

⁵Ik was in de stad Joppe, biddende en zag in een vertrekking van zinnen een gezicht, namelijk een zeker vat, gelijk een groot linnen laken, nederdalende, bij devier hoeken nedergelaten uit den hemel, en het kwam tot bij mij;

⁶Op welk laken als ik de ogen hield, zo merkte ik, en zag de viervoetige dieren der aarde, en de wilde, en de kruipende dieren, en de vogelen des hemels.

⁷En ik hoorde een stem, die tot mij zeide: Sta op, Petrus, slacht en eet.

⁸Maar ik zeide: Geenszins, Heere, want nooit is iets, dat gemeen of onrein was, in mijn mond ingegaan.

⁹Doch de stem antwoordde mij ten tweeden male uit den hemel: Hetgeen God gereinigd heeft, zult gij niet gemeen maken.

¹⁰En dit geschiedde tot driemaal; en alles werd wederom opgetrokken in den hemel.

¹¹En ziet, ter zelfder ure stonden er drie mannen voor het huis, daar ik in was, die van Cesarea tot mij afgezonden waren.

¹²En de Geest zeide tot mij, dat ik met hen gaan zou, niet twijfelende. En met mij gingen ook deze zes broeders, en wij zijn in des man huis ingegaan.

¹³En hij heeft ons verhaald, hoe hij een engel gezien had, die in zijn huis stond, en tot hem zeide: Zend mannen naar Joppe, en ontbied Simon, die toegenaamd isPetrus;

¹⁴Die woorden tot u zal spreken, door welke gij zult zalig worden, en al uw huis.

¹⁵En als ik begon te spreken, viel de Heilige Geest op hen, gelijk ook op ons in het begin.

¹⁶En ik werd gedachtig aan het woord des Heeren, hoe Hij zeide: Johannes doopte wel met water, maar gijlieden zult gedoopt worden met den Heiligen Geest.

¹⁷Indien dan God hun evengelijke gave gegeven heeft, als ook ons, die in de Heere Jezus Christus geloofd hebben, wie was ik toch, die God konde weren?

¹⁸En als zij dit hoorden, waren zij tevreden, en verheerlijkten God, zeggende: Zo heeft dan God ook den heidenen de bekering gegeven ten leven!

¹⁹Degenen nu, die verstrooid waren door de verdrukking, die over Stefanus geschied was, gingen het land door tot Fenicie toe, en Cyprus, en Antiochie, totniemand het Woord sprekende, dan alleen tot de Joden.

²⁰En er waren enige Cyprische en Cyreneische mannen uit hen, welken te Antiochie gekomen zijnde, spraken tot de Grieksen, verkondigende den Heere Jezus.

²¹En de hand des Heeren was met hen; en een groot getal geloofde, en bekeerde zich tot den Heere.

²²En het gerucht van hen kwam tot de oren der Gemeente, die te Jeruzalem was; en zij zonden Barnabas uit, dat hij het land doorging tot Antiochie toe.

²³Dewelke, daar gekomen zijnde, en de genade Gods ziende, werd verblijd, en vermaande hen allen, dat zij met een voornemen des harten bij den Heere zoudenblijven.

²⁴Want hij was een goed man, en vol des Heiligen Geestes en des geloofs; en er werd een grote schare den Heere toegevoegd.

²⁵En Barnabas ging uit naar Tarsen, om Saulus te zoeken; en als hij hem gevonden had, bracht hij hem te Antiochie.

²⁶En het is geschied, dat zij een geheel jaar samen vergaderden in de Gemeente, en een grote schare leerden; en dat de discipelen eerst te Antiochie Christenengenaamd werden.

²⁷En in dezelfde dagen kwamen enige profeten af van Jeruzalem te Antiochie.

²⁸En een uit hen, met name Agabus, stond op, en gaf te kennen door den Geest, dat er een grote hongersnood zou wezen over de gehele wereld; dewelke ookgekomen is onder den keizer Claudius.

²⁹En naardat een iegelijk der discipelen vermocht, besloot elk van hen iets te zenden ten dienste der broederen, die in Judea woonden.

³⁰Hetwelk zij ook deden, en zonden het tot de ouderlingen, door de hand van Barnabas en Saulus.

Hoofdstuk 7

¹En er waren te Antiochie, in de Gemeente, die daar was, enige profeten en leraars, namelijk Barnabas, en Simeon, genaamd Niger, en Lucius van Cyrene, enManahen, die met Herodes den viervorst opgevoed was, en Saulus.

²En als zij den Heere dienden, en vastten, zeide de Heilige Geest: Zondert Mij af beiden Barnabas en Saulus tot het werk, waartoe Ik hen geroepen heb.

³Toen vastten en baden zij, en hun de handen opgelegd hebbende, lieten zij hen gaan.

⁴Dezen dan, uitgezonden zijnde van den Heiligen Geest, kwamen af tot Seleucie, en van daar scheepten zij af naar Cyprus.

⁵En gekomen zijnde te Salamis, verkondigden zij het woord Gods in de synagogen der Joden; en zij hadden ook Johannes tot een dienaar.

⁶En als zij het eiland doorgegaan waren tot Pafos toe, vonden zij een zekeren tovenaar, een valse profeet, een Jood, wiens naam was Bar-Jezus;

⁷Welke was bij den stadhouder Sergius Paulus, een verstandigen man. Deze, Barnabas en Saulus tot zich geroepen hebbende, zocht zeer het Woord Gods tehoren.

⁸Maar Elymas, de tovenaar (want alzo wordt zijn naam overgezet), wederstond hen, zoekende den stadhouder van het geloof af te keren.

⁹Doch Saulus (die ook Paulus genaamd is), vervuld met den Heiligen Geest, en de ogen op hem houdende, zeide:

¹⁰O gij kind des duivels, vol van alle bedrog, en van alle arglistigheid, vijand van alle gerechtigheid, zult gij niet ophouden te verkeren de rechte wegen desHeeren?

¹¹En nu zie, de hand des Heeren is tegen u, en gij zult blind zijn, en de zon niet zien voor een tijd. En van stonde aan viel op hem donkerheid en duisternis: enrondom gaande, zocht hij, die hem met de hand mochten leiden.

¹²Als de stadhouder zag, hetgeen geschied was, toen geloofde hij, verslagen zijnde over de leer des Heeren.

¹³En Paulus, en die met hem waren, van Pafos afgevaren zijnde, kwamen te Perge, een stad in Pamfylie. Maar Johannes, van hen scheidende, keerde weder naarJeruzalem.

¹⁴En zij, van Perge het land doorgaande, kwamen te Antiochie, een stad in Pisidie; en gegaan zijnde in de synagoge op den dag des sabbats, zaten zij neder.

¹⁵En na het lezen der wet en der profeten, zonden de oversten der synagogen tot hen, zeggende: Mannen broeders, indien er enig woord van vertroosting tothetvolk in u is, zo spreekt.

¹⁶En Paulus stond op, en wenkte met de hand, en zeide: Gij Israelietische mannen, en gij, die God vreest, hoort toe.

¹⁷De God van dit volk Israel heeft onze vaderen uitverkoren, en het volk verhoogd, als zij vreemdelingen waren in het land Egypte, en heeft hen met een hogenarm daaruit geleid.

¹⁸En heeft omtrent den tijd van veertig jaren hun zeden verdragen in de woestijn.

¹⁹En zeven volken uitgeroeid hebbende in het land Kanaan, heeft Hij hun door het lot het land derzelve uitgedeeld.

²⁰En daarna omtrent vierhonderd en vijftig jaren, gaf Hij hun rechters, tot op Samuel, den profeet.

²¹En van toen aan begeerden zij een koning; en God gaf hun Saul, den zoon van Kis, een man uit den stam van Benjamin, veertig jaren.

²²En dezen afgezet hebbende, verwekte Hij hun David tot een koning; denwelken Hij ook getuigenis gaf, en zeide: Ik heb gevonden David, den zoon van Jesse;een man naar Mijn hart, die al Mijn wil zal doen.

²³Van het zaad dezes heeft God Israel, naar de belofte, verwekt den Zaligmaker Jezus;

²⁴Als Johannes eerst al den volke Israels voor Zijn aankomst, gepredikt had den doop der bekering.

²⁵Doch als Johannes den loop vervulde, zeide hij: Wien meent gijlieden, dat ik ben? Ik ben de Christus niet; maar ziet, Hij komt na mij, Wien ik niet waardig bende schoenen Zijner voeten te ontbinden.

²⁶Mannen broeders, kinderen van het geslacht Abrahams, en die onder u God vrezen, tot u is het woord dezer zaligheid gezonden.

²⁷Want die te Jeruzalem wonen, en hun oversten, Dezen niet kennende, hebben ook de stemmen der profeten, die op elken sabbat dag gelezen worden, Hemveroordelende, vervuld;

²⁸En geen oorzaak des doods vindende, hebben zij van Pilatus begeerd, dat Hij zou gedood worden.

²⁹En als zij alles volbracht hadden, wat van Hem geschreven was, namen zij Hem af van het hout, en legden Hem in het graf.

³⁰Maar God heeft Hem uit de doden opgewekt;

³¹Welke gezien is geweest, vele dagen lang, van degenen, die met Hem opgekomen waren van Galilea tot Jeruzalem, die Zijn getuigen zijn bij het volk.

³²En wij verkondigen u de belofte, die tot de vaderen geschied is, dat namelijk God dezelve vervuld heeft aan ons, hun kinderen, als Hij Jezus verwekt heeft.

³³Gelijk ook in den tweeden psalm geschreven staat: Gij zijt Mijn Zoon, heden heb Ik U gegenereerd.

³⁴En dat Hij Hem uit de doden heeft opgewekt, alzo dat Hij niet meer zal tot verderving keren, heeft Hij aldus gezegd: Ik zal ulieden de weldadigheden Davidsgeven, die getrouw zijn;

³⁵Waarom hij ook in een anderen psalm zegt: Gij zult Uw Heilige niet over geven, om verderving te zien.

³⁶Want David, als hij in zijn tijd den raad Gods gediend had, is ontslapen, en is bij zijn vaderen gelegd; en heeft wel verderving gezien;

³⁷Maar Hij, Dien God opgewekt heeft, heeft geen verderving gezien.

³⁸Zo zij u dan bekend, mannen broeders, dat door Dezen u vergeving der zonden verkondigd wordt;

³⁹En dat van alles, waarvan gij niet kondet gerechtvaardigd worden door de wet van Mozes, door Dezen een iegelijk, die gelooft, gerechtvaardigd wordt.

⁴⁰Ziet dan toe, dat over ulieden niet kome, hetgeen gezegd is in de profeten:

⁴¹Ziet, gij verachters, en verwondert u, en verdwijnt; want Ik werk een werk in uw dagen, een werk, hetwelk gij niet zult geloven, zo het u iemand verhaalt.

⁴²En als de Joden uitgegaan waren uit de synagoge, baden de heidenen, dat tegen den naasten sabbat hun dezelfde woorden zouden gesproken worden.

⁴³En als de synagoge gescheiden was, volgden velen van de Joden en van de godsdienstige Jodengenoten Paulus en Barnabas; welke tot hen spraken, en henvermaanden te blijven bij de genade Gods.

⁴⁴En op den volgenden sabbat kwam bijna de gehele stad samen, om het Woord Gods te horen.

⁴⁵Doch de Joden, de scharen ziende, werden met nijdigheid vervuld, en wederspraken, hetgeen van Paulus gezegd werd, wedersprekende en lasterende.

⁴⁶Maar Paulus en Barnabas, vrijmoedigheid gebruikende, zeiden: Het was nodig, dat eerst tot u het Woord Gods gesproken zou worden; doch nademaal gijhetzelve verstoot, en uzelven des eeuwigen levens niet waardig oordeelt, ziet, wij keren ons tot de heidenen.

⁴⁷Want alzo heeft ons de Heere geboden, zeggende: Ik heb u gesteld tot een licht der heidenen, opdat gij zoudt zijn tot zaligheid, tot aan het uiterste der aarde.

⁴⁸Als nu de heidenen dit hoorden, verblijdden zij zich, en prezen het Woord des Heeren; en er geloofden zovelen, als er geordineerd waren tot het eeuwige leven.

⁴⁹En het Woord des Heeren werd door het gehele land uitgebreid.

⁵⁰Maar de Joden maakten op de godsdienstige en eerlijke vrouwen, en de voornaamsten van de stad, en verwekten vervolging tegen Paulus en Barnabas, enwierpen ze uit hun landpalen.

⁵¹Doch zij schudden het stof van hun voeten af tegen dezelve, en kwamen te Ikonium.

⁵²En de discipelen werden vervuld met blijdschap en met den Heiligen Geest.

Hoofdstuk 8

¹En het geschiedde te Ikonium, dat zij te zamen gingen in de synagoge der Joden, en alzo spraken, dat een grote menigte, beiden van Joden en Grieken, geloofde.

²Maar de Joden, die ongehoorzaam waren, verwekten en verbitterden de zielen der heidenen tegen de broeders.

³Zij verkeerden dan aldaar een langen tijd, vrijmoediglijk sprekende in den Heere, Die getuigenis gaf aan het Woord Zijner genade, en gaf, dat tekenen enwonderen geschiedden door hun handen.

⁴En de menigte der stad werd verdeeld, en sommigen waren met de Joden, en sommigen met de apostelen.

⁵En als er een oploop geschiedde, beiden van heidenen en van Joden, met hun oversten, om hun smaadheid aan te doen, en hen te stenigen,

⁶Zijn zij, alles overlegd hebbende, gevlucht naar de steden van Lykaonie, namelijk Lystre en Derbe, en het omliggende land;

⁷En verkondigden aldaar het Evangelie.

⁸En een zeker man, te Lystre, zat onmachtig aan de voeten, kreupel zijnde van zijner moeders lijf, die nooit had gewandeld.

⁹Deze hoorde Paulus spreken; welke de ogen op hem houdende, en ziende, dat hij geloof had om gezond te worden,

¹⁰Zeide met grote stem: Sta recht op uw voeten! En hij sprong op en wandelde.

¹¹En de scharen, ziende, hetgeen Paulus gedaan had, verhieven hun stemmen, en zeiden in het Lycaonisch: De goden zijn den mensen gelijk geworden, en tot onsnedergekomen.

¹²En zij noemden Barnabas Jupiter, en Paulus Mercurius, omdat hij het woord voerde.

¹³En de priester van Jupiter, die voor hun stad was, als hij ossen en kransen aan de voorpoorten gebracht had, wilde hij offeren met de scharen.

¹⁴Maar de apostelen, Barnabas en Paulus, dat horende, scheurden hun klederen, en sprongen onder de schare, roepende,

¹⁵En zeggende: Mannen, waarom doet gij deze dingen? Wij zijn ook mensen van gelijke bewegingen als gij, en verkondigen ulieden, dat gij u zoudt van dezeijdele dingen bekeren tot den levenden God, Die gemaakt heeft den hemel, en de aarde, en de zee, en al hetgeen in dezelve is;

¹⁶Welke in de verledene tijden al de heidenen heeft laten wandelen in hun wegen;

¹⁷Hoewel Hij nochtans Zichzelven niet onbetuigd gelaten heeft, goed doende van den hemel, ons regen en vruchtbare tijden gevende, vervullende onze harten metspijs en vrolijkheid.

¹⁸En dit zeggende, wederhielden zij nauwelijks de scharen, dat zij hun niet offerden.

¹⁹Maar daarover kwamen Joden van Antiochie en Ikonium, en overreedden de scharen, en stenigden Paulus, en sleepten hem buiten de stad, menende, dat hijdood was.

²⁰Doch als hem de discipelen omringd hadden, stond hij op, en kwam in de stad; en des anderen daags ging hij met Barnabas uit naar Derbe.

²¹En als zij derzelve stad het Evangelie verkondigd en vele discipelen gemaakt hadden, keerden zij weder naar Lystre, en Ikonium, en Antiochie;

²²Versterkende de zielen der discipelen, en vermanende, dat zij zouden blijven in het geloof, en dat wij door vele verdrukkingen moeten ingaan in het KoninkrijkGods.

²³En als zij in elke Gemeente, met opsteken der handen, ouderlingen verkoren hadden, gebeden hebbende met vasten, bevalen zij hen den Heere, in Welken zijgeloofd hadden.

²⁴En Pisidie doorgereisd hebbende, kwamen zij in Pamfylie.

²⁵En als zij te Perge het Woord gesproken hadden, kwamen zij af naar Attalie.

²⁶En van daar scheepten zij af naar Antiochie, van waar zij der genade Gods bevolen waren geweest tot het werk, dat zij volbracht hadden.

²⁷En daar gekomen zijnde, en de Gemeente vergaderd hebbende, verhaalden zij, wat grote dingen God met hen gedaan had, en dat Hij den heidenen de deur desgeloofs geopend had.

²⁸En zij verkeerden aldaar geen kleinen tijd met de discipelen.

Hoofdstuk 9

¹En sommigen, die afgekomen waren van Judea, leerden de broederen, zeggende: Indien gij niet besneden wordt naar de wijze van Mozes, zo kunt gij niet zaligworden.

²Als er dan geen kleine wederstand en twisting geschiedde bij Paulus en Barnabas tegen hen, zo hebben zij geordineerd, dat Paulus en Barnabas, en enigeanderen uit hen, zouden opgaan tot de apostelen en ouderlingen naar Jeruzalem, over deze vraag.

³Zij dan, van de Gemeente uitgeleid zijnde, reisden door Fenicie en Samarie, verhalende de bekering der heidenen; en deden al den broederen grote blijdschapaan.

⁴En te Jeruzalem gekomen zijnde, werden zij ontvangen van de Gemeente, en de apostelen, en de ouderlingen; en zij verkondigden, wat grote dingen God methen gedaan had.

⁵Maar, zeiden zij, er zijn sommigen opgestaan van die van de sekte der Farizeen, die gelovig zijn geworden, zeggende, dat men hen moet besnijden, en gebiedende wet van Mozes te onderhouden.

⁶En de apostelen en de ouderlingen vergaderden te zamen, om op deze zaak te letten.

⁷En als daarover grote twisting geschiedde, stond Petrus op en zeide tot hen: Mannen broeders, gij weet, dat God van over langen tijd onder ons mij verkorenheeft, dat de heidenen door mijn mond het woord des Evangelies zouden horen, en geloven.

⁸En God, de Kenner der harten, heeft hun getuigenis gegeven, hun gevende den Heiligen Geest, gelijk als ook ons;

⁹En heeft geen onderscheid gemaakt tussen ons en hen, gereinigd hebbende hun harten door het geloof.

¹⁰Nu dan, wat verzoekt gij God, om een juk op den hals der discipelen te leggen, hetwelk noch onze vaders, noch wij hebben kunnen dragen?

¹¹Maar wij geloven, door de genade van den Heere Jezus Christus, zalig te worden, op zulke wijze als ook zij.

¹²En al de menigte zweeg stil, en zij hoorden Barnabas en Paulus verhalen, wat grote tekenen en wonderen God door hen onder de heidenen gedaan had.

¹³En nadat deze zwegen, antwoordde Jakobus, zeggende: Mannen broeders, hoort mij.

¹⁴Simeon heeft verhaald hoe God eerst de heidenen heeft bezocht, om uit hen een volk aan te nemen door Zijn Naam.

¹⁵En hiermede stemmen overeen de woorden der profeten, gelijk geschreven is:

¹⁶Na dezen zal Ik wederkeren, en weder opbouwen de tabernakel van David, die vervallen is, en hetgeen daarvan verbroken is, weder opbouwen, en Ik zal denzelven weder oprichten.

¹⁷Opdat de overblijvende mensen den Heere zoeken, en al de heidenen, over welken Mijn Naam aangeroepen is, spreekt de Heere, Die dit alles doet.

¹⁸Gode zijn al Zijn werken van eeuwigheid bekend.

¹⁹Daarom oordeel ik, dat men degenen, die uit de heidenen zich tot God bekeren, niet beroere;

²⁰Maar hun zal aanschrijven, dat zij zich onthouden van de dingen, die door de afgoden besmet zijn, en van hoererij, en van het verstikte, en van bloed.

²¹Want Mozes heeft er van oude tijden in elke stad, die hem prediken, en hij wordt op elken sabbat in de synagogen gelezen.

²²Toen heeft het den apostelen en den ouderlingen, met de gehele Gemeente, goed gedacht, enige mannen uit zich te verkiezen, en met Paulus en Barnabas te zenden naar Antiochie: namelijk Judas, die toegenaamd wordt Barsabas, en Silas, mannen, die voorgangers waren onder de broeders.

²³En zij schreven door hen dit navolgende: De apostelen, en de ouderlingen, en de broeders wensen den broederen uit de heidenen, die in Antiochie, en Syrie, en Cilicie zijn, zaligheid.

²⁴Nademaal wij gehoord hebben, dat sommigen, die van ons uitgegaan zijn, u met woorden ontroerd hebben en uw zielen wankelende gemaakt, zeggende, dat gij moet besneden worden, en de wet onderhouden; welken wij dat niet bevolen hadden;

²⁵Zo heeft het ons eendrachtelijk te zamen zijnde, goed gedacht, enige mannen te verkiezen, en tot u te zenden, met onze geliefden, Barnabas en Paulus.

²⁶Mensen, die hun zielen overgegeven hebben voor den Naam van onzen Heere Jezus Christus.

²⁷Wij hebben dan Judas en Silas gezonden, die ook met den mond hetzelfde zullen verkondigen.

²⁸Want het heeft den Heiligen Geest en ons goed gedacht, ulieden geen meerderen last op te leggen dan deze noodzakelijke dingen:

²⁹Namelijk, dat gij u onthoudt van hetgeen den afgoden geofferd is, en van bloed, en van het verstikte, en van hoererij; van welke dingen, indien gij uzelven wacht, zo zult gij weldoen. Vaart wel.

³⁰Dezen dan, hun afscheid ontvangen hebbende, kwamen te Antiochie; en de menigte vergaderd hebbende, gaven zij den brief over.

³¹En zij, dien gelezen hebbende, verblijdden zich over de vertroosting.

³²Judas nu en Silas, die ook zelven profeten waren, vermaanden de broeders met vele woorden, en versterkten hen.

³³En als zij daar een tijd lang vertoefd hadden, lieten hen de broeders wederom gaan met vrede, tot de apostelen.

³⁴Maar het dacht Silas goed aldaar te blijven.

³⁵En Paulus en Barnabas onthielden zich te Antiochie, lerende en verkondigende met nog vele anderen, het Woord des Heeren.

³⁶En na enige dagen zeide Paulus tot Barnabas: Laat ons nu wederkeren, en bezoeken onze broeders in elke stad, in welke wij het Woord des Heeren verkondigd hebben, hoe zij het hebben.

³⁷En Barnabas ried, dat zij Johannes, die toegenaamd is Markus, zouden medenemen.

³⁸Maar Paulus achtte billijk, dat men dien niet zoude medenemen, die van Pamfylie af van hen was afgeweken, en met hen niet was gegaan tot het werk.

³⁹Er ontstond dan een verbittering, alzo dat zij van elkander gescheiden zijn, en dat Barnabas Markus medenam, en naar Cyprus afscheepte;

⁴⁰Maar Paulus verkoos Silas, en reisde heen, der genade Gods van de broederen bevolen zijnde.

⁴¹En hij doorreisde Syrie en Cilicie, versterkende de Gemeenten.

Hoofdstuk 10

¹En hij kwam te Derbe en Lystre. En ziet, aldaar was een zeker discipel, met name Timotheus, zoon van een gelovige Joodse vrouw, maar van een Griekenvader;

²Welken goeden getuigenis gegeven werd van de broederen te Lystre en Ikonium.

³Deze wilde Paulus, dat met hem zou reizen; en hij nam en besneed hem, om der Joden wil, die in die plaatsen waren; want zij kenden allen zijn vader, dat hij een Griek was.

⁴En alzo zij de steden doorreisden, gaven zij hun de verordeningen over, die van de apostelen en de ouderlingen te Jeruzalem goed gevonden waren, om die te onderhouden.

⁵De Gemeenten dan werden bevestigd in het geloof, en werden dagelijks overvloediger in getal.

⁶En als zij Frygie, en het land van Galatie doorgereisd hadden, werden zij van den Heiligen Geest verhinderd het Woord in Azie te spreken.

⁷En aan Mysie gekomen zijnde, poogden zij naar Bithynie te reizen; en de Geest liet het hun niet toe.

⁸En zij, Mysie voorbij gereisd zijnde, kwamen af tot Troas.

⁹En van Paulus werd in den nacht een gezicht gezien: er was een Macedonisch man staande, die hem bad en zeide: Kom over in Macedonie, en help ons.

¹⁰Als hij nu dit gezicht gezien had, zo zochten wij terstond naar Macedonie te reizen, besluitende daaruit, dat ons de Heere geroepen had, om denzelven het Evangelie te verkondigen.

¹¹Van Troas dan afgevaren zijnde, liepen wij recht naar Samothrace, en den volgende dag naar Neapolis.

¹²En van daar naar Filippi, welke is de eerste stad van dit deel van Macedonie, een kolonie. En wij onthielden ons in die stad ettelijke dagen.

¹³En op den dag des sabbats gingen wij buiten de stad aan de rivier, waar het gebed placht te geschieden; en nedergezeten zijnde, spraken wij tot de vrouwen, die samengekomen waren.

¹⁴En een zekere vrouw, met name Lydia, een purperverkoopster, van de stad Thyatira, die God diende, hoorde ons; welker hart de Heere heeft geopend, dat zij acht nam op hetgeen van Paulus gesproken werd.

¹⁵En als zij gedoopt was, en haar huis, bad zij ons, zeggende: Indien gij hebt geoordeeld, dat ik den Heere getrouw ben, zo komt in mijn huis, en blijft er. En zij dwong ons.

¹⁶En het geschiedde, als wij tot het gebed heengingen, dat een zekere dienstmaagd, hebbende een waarzeggenden geest, ons ontmoette, welke haar heren groot gewin toebracht met waarzeggen.

¹⁷Dezelve volgde Paulus en ons achterna, en riep, zeggende: Deze mensen zijn dienstknechten Gods des Allerhoogsten, die ons den weg der zaligheid verkondigen.

¹⁸En dit deed zij vele dagen lang. Maar Paulus, daarover ontevreden zijnde, keerde zich om, en zeide tot den geest: Ik gebied u in den Naam van Jezus Christus, dat gij van haar uitgaat. En hij ging uit ter zelfder ure.

¹⁹Als nu de heren van dezelve zagen, dat de hoop huns gewins weg was, grepen zij Paulus en Silas, en trokken hen naar de markt voor de oversten.

²⁰En als zij hen tot de hoofdmannen gebracht hadden, zeiden zij: Deze mensen beroeren onze stad, daar zij Joden zijn.

²¹En zij verkondigen zeden, die ons niet geoorloofd zijn aan te nemen noch te doen, alzo wij Romeinen zijn.

²²En de schare stond gezamenlijk tegen hen op; en de hoofdmannen, hun de klederen afgescheurd hebbende, bevalen hen te geselen.

²³En als zij hun vele slagen gegeven hadden, wierpen zij hen in de gevangenis, en geboden den stokbewaarder, dat hij hen zekerlijk bewaren zou.

²⁴Dewelke, zulk een gebod ontvangen hebbende, wierp hen in den binnensten kerker, en verzekerde hun voeten in de stok.

²⁵En omtrent den middernacht baden Paulus en Silas, en zongen Gode lofzangen en de gevangenen hoorden naar hen.

²⁶En er geschiedde snellijk een grote aardbeving, alzo dat de fundamenten des kerkers bewogen werden; en terstond werden al de deuren geopend, en de banden van allen werden los.

²⁷En de stokbewaarder, wakker geworden zijnde, en ziende de deuren der gevangenis geopend, trok een zwaard, en zou zichzelven omgebracht hebben, menende, dat de gevangenen ontvloden waren.

²⁸Maar Paulus riep met grote stem, zeggende: Doe uzelven geen kwaad; want wij zijn allen hier.

²⁹En als hij licht geeist had, sprong hij in, en werd zeer bevende, en viel voor Paulus en Silas neder aan de voeten;

³⁰En hen buiten gebracht hebbende, zeide hij: Lieve heren, wat moet ik doen, opdat ik zalig worde?

³¹En zij zeiden: Geloof in den Heere Jezus Christus, en gij zult zalig worden, gij en uw huis.

³²En zij spraken tot hem het woord des Heeren, en tot allen, die in zijn huis waren.

³³En hij nam hen tot zich in dezelve ure des nachts, en wies hen van de striemen; en hij werd terstond gedoopt, en al de zijnen.

³⁴En hij bracht hen in zijn huis, en zette hun de tafel voor, en verheugde zich, dat hij met al zijn huis aan God gelovig geworden was.

³⁵En als het dag geworden was, zonden de hoofdmannen de stadsdienaars, zeggende: Laat die mensen los.

³⁶En de stokbewaarder boodschapte deze woorden aan Paulus, zeggende: De hoofdmannen hebben gezonden, dat gij zoudt losgelaten worden; gaat dan nu uit, en reist heen in vrede.

³⁷Maar Paulus zeide tot hen: Zij hebben ons, die Romeinen zijn, onveroordeeld in het openbaar gegeseld, en in de gevangenis geworpen, en werpen zij ons nu heimelijk daaruit? Niet alzo; maar dat zij zelven komen, en ons uitleiden.

³⁸En de stadsdienaars boodschapten deze woorden wederom den hoofdmannen; en zij werden bevreesd, horende, dat zij Romeinen waren.

³⁹En zij, komende, baden hen, en als zij hen uitgeleid hadden, begeerden zij, dat zij uit de stad gaan zouden.

⁴⁰En uitgegaan zijnde uit de gevangenis, gingen zij in tot Lydia; en de broeders gezien hebbende, vertroostten zij dezelve, en gingen uit de stad.

Hoofdstuk 11

¹En door Amfipolis en Apollonia hun weg genomen hebbende, kwamen zij te Thessalonica, alwaar een synagoge der Joden was.

²En Paulus, gelijk hij gewoon was, ging tot hen in, en drie sabbatten lang handelde hij met hen uit de Schriften,

³Dezelve openende, en voor ogen stellende, dat de Christus moest lijden en opstaan uit de doden, en dat deze Jezus is de Christus, Dien ik, zeide hij, ulieden verkondige.

⁴En sommigen uit hen geloofden, en werden Paulus en Silas toegevoegd, en van de godsdienstige Grieken een grote menigte, en van de voornaamste vrouwen niet weinige.

⁵Maar de Joden, die ongehoorzaam waren, dit benijdende, namen tot zich enige boze mannen uit de marktboeven, en maakten, dat het volk te hoop liep, en beroerden de stad; en op het huis van Jason aanvallende, zochten zij hen tot het volk te brengen.

⁶En als zij hen niet vonden, trokken zij Jason en enige broeders voor de oversten der stad, roepende: Dezen, die de wereld in roer hebben gesteld, zijn ook hier gekomen;

⁷Welke Jason in zijn huis genomen heeft; en alle dezen doen tegen de geboden des keizers, zeggende, dat er een andere Koning is, namelijk Jezus.

⁸En zij beroerden de schare, en de oversten der stad, die dit hoorden.

⁹Doch als zij van Jason en de anderen vergenoeging ontvangen hadden, lieten zij hen gaan.

¹⁰En de broeders zonden terstond des nachts Paulus en Silas weg naar Berea; welke, daar gekomen zijnde, gingen heen naar de synagoge der Joden;

¹¹En dezen waren edeler, dan die te Thessalonica waren, als die het woord ontvingen met alle toegenegenheid, onderzoekende dagelijks de Schriften, of deze dingen alzo waren.

¹²Velen dan uit hen geloofden, en van de Griekse eerlijke vrouwen en van de mannen niet weinige.

¹³Maar als de Joden van Thessalonica verstonden, dat het Woord Gods ook te Berea van Paulus verkondigd werd, kwamen zij ook daar en bewogen de scharen.

¹⁴Doch de broeders zonden toen van stonde aan Paulus weg, dat hij ging als naar de zee; maar Silas en Timotheus bleven aldaar.

¹⁵En die Paulus geleidden, brachten hem tot Athene toe; en als zij bevel gekregen hadden aan Silas en Timotheus, dat zij op het spoedigste tot hem zouden komen, vertrokken zij.

¹⁶En terwijl Paulus hen te Athene verwachtte, werd zijn geest in hem ontstoken, ziende, dat de stad zo zeer afgodisch was.

¹⁷Hij handelde dan in de synagoge met de Joden, en met degenen, die godsdienstig waren, en op de markt alle dagen met degenen, die hem voorkwamen.

¹⁸En sommigen van de Epikureische en Stoische wijsgeren streden met hem; en sommigen zeiden: Wat wil toch deze klapper zeggen? Maar anderen zeiden: Hij schijnt een verkondiger te zijn van vreemde goden; omdat hij hun Jezus en de opstanding verkondigde.

¹⁹En zij namen hem, en brachten hem op de plaats, genaamd Areopagus, zeggende: Kunnen wij niet weten, welke deze nieuwe leer zij, daar gij van spreekt?

²⁰Want gij brengt enige vreemde dingen voor onze oren; wij willen dan weten, wat toch dit zijn wil.

²¹(Die van Athene nu allen, en de vreemdelingen, die zich daar onthielden, besteedden hun tijd tot niets anders dan om wat nieuws te zeggen en te horen.)

²²En Paulus, staande in het midden van de plaats, genaamd Areopagus, zeide: Gij mannen van Athene! ik bemerke, dat gij allesszins gelijk als godsdienstiger zijt.

²³Want de stad doorgaande, en aanschouwende uw heiligdommen, heb ik ook een altaar gevonden, op hetwelk een opschrift stond: DEN ONBEKENDEN GOD. Dezen dan, Dien gij niet kennende dient, verkondig ik ulieden.

²⁴De God, Die de wereld gemaakt heeft en alles wat daarin is; Deze, zijnde een Heere des hemels en der aarde, woont niet in tempelen met handen gemaakt;

²⁵En wordt ook van mensenhanden niet gediend, als iets behoevende, alzo Hij Zelf allen het leven en den adem, en alle dingen geeft;

²⁶En heeft uit een bloede het ganse geslacht der mensen gemaakt, om op den gehelen aardbodem te wonen, bescheiden hebbende de tijden te voren geordineerd, en de bepalingen van hun woning.

²⁷Opdat zij den Heere zouden zoeken, of zij Hem immers tasten en vinden mochten; hoewel Hij niet verre is van een iegelijk van ons.

²⁸Want in Hem leven wij, en bewegen ons, en zijn wij; gelijk ook enigen van uw poeten gezegd hebben: Want wij zijn ook Zijn geslacht.

²⁹Wij dan, zijnde Gods geslacht, moeten niet menen, dat de Godheid goud, of zilver, of steen gelijk zij, welke door mensenkunst en bedenking gesneden zijn.

³⁰God dan, de tijden der onwetendheid overzien hebbende, verkondigt nu allen mensen alom, dat zij zich bekeren.

³¹Daarom dat Hij een dag gesteld heeft, op welken Hij den aardbodem rechtvaardiglijk zal oordelen, door een Man, Dien Hij daartoe geordineerd heeft, verzekering daarvan doende aan allen, dewijl Hij Hem uit de doden opgewekt heeft.

³²Als zij nu van de opstanding der doden hoorden, spotten sommigen daarmede; en sommigen zeiden: Wij zullen u wederom hiervan horen.

³³En alzo is Paulus uit het midden van hen uitgegaan.

³⁴Doch sommige mannen hingen hem aan, en geloofden; onder welke was ook Dionysius, de Areopagiet, en een vrouw, met name Damaris, en anderen met dezelve.

Hoofdstuk 12

¹En na dezen scheidde Paulus van Athene en kwam te Korinthe;

²En vond een zekeren Jood, met name Aquila, van geboorte uit Pontus, die onlangs van Italie gekomen was, en Priscilla, zijn vrouw, (omdat Claudius bevolen had, dat al de Joden uit Rome vertrekken zouden), en hij ging tot hen;

³En omdat hij van hetzelfde handwerk was, bleef hij bij hen, en wrocht; want zij waren tentenmakers van handwerk.

⁴En hij handelde op elken sabbat in de synagoge, en bewoog tot het geloof Joden en Grieken.

⁵En als Silas en Timotheus van Macedonie afgekomen waren, werd Paulus door den Geest gedrongen, betuigende den Joden, dat Jezus is de Christus.

⁶Maar als zij wederstonden en lasterden, schudde hij zijn klederen af, en zeide tot hen: Uw bloed zij op uw hoofd; ik ben rein; en van nu voortaan zal ik tot de heidenen heengaan.

⁷En van daar gegaan zijnde, kwam hij in het huis van een man, met name Justus, die God diende, wiens huis paalde aan de synagoge.

⁸En Crispus, de overste der synagoge, geloofde aan den Heere met geheel zijn huis; en velen van de Korinthiers, hem horende, geloofden, en werden gedoopt.

⁹En de Heere zeide tot Paulus door een gezicht in den nacht: Zijt niet bevreesd, maar spreek en zwijg niet.

¹⁰Want Ik ben met u, en niemand zal de hand aan u leggen om u kwaad te doen; want Ik heb veel volks in deze stad.

¹¹En hij onthield zich aldaar een jaar en zes maanden, lerende onder hen het Woord Gods.

¹²Maar als Gallio stadhouder van Achaje was, stonden de Joden eendrachtelijk tegen Paulus op, en brachten hem voor den rechterstoel.

¹³Zeggende: Deze raadt den mensen aan, dat zij God zouden dienen tegen de wet.

¹⁴En als Paulus zijn mond zou opendoen, zeide Gallio tot de Joden: Zo er enig ongelijk, of kwaad stuk begaan ware, o Joden, zo zou ik met reden ulieden verdragen;

¹⁵Maar indien er geschil is over een woord, en namen, en over de wet, die onder u is, zo zult gij zelven toezien; want ik wil over deze dingen geen rechter zijn.

¹⁶En hij dreef hen weg van den rechterstoel.

¹⁷Maar al de Grieken namen Sosthenes, den overste der synagoge, en sloegen hem voor den rechterstoel; en Gallio trok zich geen van deze dingen aan.

¹⁸En als Paulus er nog vele dagen gebleven was, nam hij afscheid van de broederen, en scheepte van daar naar Syrie; en Priscilla en Aquila met hem, zijn hoofdte Kenchreen geschoren hebbende; want hij had een gelofte gedaan.

¹⁹En hij kwam te Efeze aan, en liet hen aldaar; maar hij ging in de synagoge, en handelde met de Joden.

²⁰En als zij baden, dat hij langer bij hen blijven zoude, bewilligde hij het niet.

²¹Maar hij nam afscheid van hen, zeggende: Ik moet ganselijk het toekomende feest te Jeruzalem houden; doch ik zal tot u wederkeren, zo God wil. En hij voerweg van Efeze.

²²En als hij te Cesarea was gekomen, ging hij op naar Jeruzalem, en de Gemeente gegroet hebbende, ging hij af naar Antiochie.

²³En als hij aldaar enige tijd geweest was, ging hij weg, en doorreisde vervolgens het land van Galatie en Frygie, versterkende al de discipelen.

²⁴En een zeker Jood, met name Apollos, van geboorte een Alexandrier, een welsprekend man, kwam te Efeze, machtig zijnde in de Schriften.

²⁵Deze was in den weg des Heeren onderwezen; en vurig zijnde van geest, sprak hij en leerde naarstiglijk de zaken des Heeren, wetende alleenlijk den doop vanJohannes.

²⁶En deze begon vrijmoediglijk te spreken in de synagoge. En als hem Aquila en Priscilla gehoord hadden, namen zij hem tot zich, en legden hem den weg Gods bescheidenlijker uit.

²⁷En als hij wilde naar Achaje reizen, de broeders, hem vermaand hebbende, schreven aan de discipelen, dat zij hem ontvangen zouden; welke, daar gekomenzijnde, heeft veel toegebracht aan degenen, die geloofden door de genade.

²⁸Want hij overtuigde de Joden met groten ernst in het openbaar, bewijzende door de Schriften, dat Jezus de Christus was.

Hoofdstuk 13

¹En het geschiedde, terwijl Apollos te Korinthe was, dat Paulus, de bovenste delen des lands doorreisd hebbende, te Efeze kwam; en enige discipelen aldaar vindende,

²Zeide hij tot hen: Hebt gij den Heiligen Geest ontvangen, als gij geloofd hebt? En zij zeiden tot hem: Wij hebben zelfs niet gehoord, of er een Heiligen Geest is.

³En hij zeide tot hen: Waarin zijt gij dan gedoopt? En zij zeiden: In den doop van Johannes.

⁴Maar Paulus zeide: Johannes heeft wel gedoopt den doop der bekering, zeggende tot het volk, dat zij geloven zouden in Dengene, Die na hem kwam, dat is, inChristus Jezus.

⁵En die hem hoorden werden gedoopt in den Naam van den Heere Jezus.

⁶En als Paulus hun de handen opgelegd had, kwam de Heilige Geest op hen; en zij spraken met vreemde talen, en profeteerden.

⁷En alle deze waren omtrent twaalf mannen.

⁸En hij ging in de synagoge, en sprak vrijmoediglijk, drie maanden lang met hen handelende, en hun aanradende de zaken van het Koninkrijk Gods.

⁹Maar als sommigen verhard werden, en ongehoorzaam waren, kwaadsprekende van den weg des Heeren voor de menigte, week hij van hen, en scheidde dediscipelen af, dagelijks handelende in de school van zekeren Tyrannus.

¹⁰En dit geschiedde twee jaren lang, alzo dat allen, die in Azie woonden, het Woord van den Heere Jezus hoorden, beiden Joden en Grieken.

¹¹En God deed ongewone krachten door de handen van Paulus;

¹²Alzo dat ook van zijn lijf op de kranken gedragen werden de zweetdoeken of gordeldoeken, en dat de ziekten van hen weken, en de boze geesten van henuitvoeren.

¹³En sommigen van de omzwervende Joden, zijnde duivel bezweerders, hebben zich onderwonden den Naam van den Heere Jezus te noemen over degenen, dieboze geesten hadden, zeggende: Wij bezweren u bij Jezus, Dien Paulus predikt!

¹⁴Dezen nu waren zekere zeven zonen van Sceva, een Joodsen overpriester, die dit deden.

¹⁵Maar de boze geest, antwoordende, zeide: Jezus ken ik, en Paulus weet ik; maar gijlieden, wie zijt gij?

¹⁶En de mens, in welken de boze geest was, sprong op hen, en en meester geworden zijnde, kreeg de overhand tegen hen, alzo dat zij naakt en gewond uit dathuis ontvloden.

¹⁷En dit werd allen bekend, beiden Joden en Grieken, die te Efeze woonden; en er viel een vreze over hen allen, en de Naam van den Heere Jezus werd grootgemaakt.

¹⁸En velen dergenen, die geloofden, kwamen, belijdende en verkondigende hun daden.

¹⁹Velen ook dergenen, die ijdele kunsten gepleegd hadden, brachten de boeken bijeen, en verbrandden ze in aller tegenwoordigheid; en berekenden de waardederzelve, en bevonden vijftig duizend zilveren penningen.

²⁰Alzo wies het Woord des Heeren met macht, en nam de overhand.

²¹En als deze dingen volbracht waren, nam Paulus voor in den Geest, Macedonie en Achaje doorgegaan hebbende, naar Jeruzalem te reizen, zeggende: Nadat ikaldaar zal geweest zijn, moet ik ook Rome zien.

²²En als hij naar Macedonie gezonden had twee van degenen, die hem dienden, namelijk Timotheus en Erastus, bleef hij zelf een tijd lang in Azie.

²³Maar op dienzelfden tijd ontstond er geen kleine beroerte, vanwege den weg des Heeren.

²⁴Want een, met name Demetrius, een zilversmid, die kleine zilveren tempelen van Diana maakte, bracht dien van die kunst geen klein gewin toe;

²⁵Welke hij samenvergaderd hebbende, met de handwerkers van dergelijke dingen, zeide: Mannen, gij weet, dat wij uit dit gewin onze welvaart hebben;

²⁶En gij ziet en hoort, dat deze Paulus veel volk, niet alleen van Efeze, maar ook bijna van geheel Azie, overreed en afgekeerd heeft, zeggende, dat het geengoden zijn, die met handen gemaakt worden.

²⁷En wij zijn niet alleen in gevaar, dat dit deel in verachting kome, maar dat ook de tempel van de grote godin Diana als niets geacht zal worden, en dat ook haarmajesteit zal ten ondergaan, aan welke gans Azie en de gehele wereld godsdienst bewijst.

²⁸Als zij nu dit hoorden, werden zij vol van toornigheid, en riepen, zeggende: Groot is de Diana de Efezeren!

²⁹En de gehele stad werd vol verwarring; en zij liepen met een gedruis eendrachtelijk naar de schouwplaats, met zich trekkende Gajus en Aristarchus,Macedoniers, metgezellen van Paulus op de reis.

³⁰En als Paulus tot het volk wilde ingaan, lieten het hem de discipelen niet toe.

³¹En sommigen ook der oversten van Azie, die hem vrienden waren, zonden tot hem, en baden, dat hij zichzelven op de schouwplaats niet zou begeven.

³²Zij riepen dan de ene dit, de andere wat anders; want de vergadering was verward en het meerder deel wist niet, om wat oorzaak zij samengekomen waren.

³³En zij deden Alexander uit de schare voortkomen, alzo hem de Joden voortstieten. En Alexander gewenkt hebbende met de hand, wilde bij het volkverantwoording doen.

³⁴Maar als zij verstonden, dat hij een Jood was, werd er een stem van allen, roepende omtrent twee uren lang: Groot is de Diana der Efezeren!

³⁵En als de stads schrijver de schare gestild had, zeide hij: Gij mannen van Efeze! wat mens is er toch, die niet weet, dat de stad der Efezeren de kerkbewaarsterzij van de grote godin Diana, en van het beeld, dat uit den hemel gevallen is?

³⁶Dewijl dan deze dingen onwedersprekelijk zijn, zo is het behoorlijk dat gij stil zijt, en niets onbedachts doet.

³⁷Want gij hebt deze mannen hier gebracht, die noch kerkrovers zijn, noch uw godin lasteren.

³⁸Indien dan nu Demetrius, en die met hem van de kunst zijn, tegen iemand enige zaak hebben, de rechtsdagen worden gehouden, en er zijn stadhouders; laat henelkander verklagen.

³⁹En indien gij iets van andere dingen verzoekt, dat zal in een wettelijke vergadering beslecht worden.

⁴⁰Want wij staan in gevaar, dat wij van oproer zullen verklaagd worden om den dag van heden, alzo er geen oorzaak is, waardoor wij

Handelingen

reden zullen kunnen geven van deze oploop. En dit gezegd hebbende, liet hij de vergadering gaan.

Hoofdstuk 14

¹Nadat nu het oproer gestild was, Paulus, de discipelen tot zich geroepen en gegroet hebbende, ging uit om naar Macedonie te reizen.

²En als hij die delen doorgereisd, en hen met vele redenen vermaand had, kwam hij in Griekenland.

³En als hij aldaar drie maanden overgebracht had, en hem van de Joden lagen gelegd werden, als hij naar Syrie zoude varen, zo werd hij van zin weder te kerendoor Macedonie.

⁴En hem vergezelschapte tot in Azie Sopater van Berea; en van de Thessalonicensen Aristarchus en Sekundus; en Gajus van Derbe, en Timotheus en van die vanAzie Tychikus en Trofimus.

⁵Dezen, vooraf heengegaan zijnde, wachtten ons te Troas.

⁶Wij nu scheepten af van Filippi na de dagen der ongehevelde broden, en kwamen in vijf dagen bij hen te Troas, alwaar wij ons zeven dagen onthielden.

⁷En op den eersten dag der week, als de discipelen bijeengekomen waren om brood te breken, handelde Paulus met hen, zullende des anderen daags verreizen;en hij strekte zijne rede uit tot den middernacht.

⁸En er waren vele lichten in de opperzaal waar zij vergaderd waren.

⁹En een zeker jongeling, met name Eutychus, zat in het venster en met een diepen slaap overvallen zijnde, alzo Paulus lang tot hen sprak, door den slaapnederstortende, viel van de derde zoldering nederwaarts, en werd dood opgenomen.

¹⁰Doch Paulus, afgekomen zijnde, viel op hem, en hem omvangende, zeide hij: Weest niet beroerd; want zijn ziel is in hem.

¹¹En als hij weder boven gegaan was, en brood gebroken en wat gegeten had, en lang, tot den dageraad toe, met hen gesproken had, vertrok hij alzo.

¹²En zij brachten den knecht levende, en waren bovenmate vertroost.

¹³Maar wij, vooruit naar het schip gegaan zijnde, voeren af naar Assus, waar wij Paulus zouden innemen; want hij had het alzo bevolen, en hijzelf zou te voetgaan.

¹⁴En als hij zich te Assus bij ons gevoegd had, namen wij hem in, en kwamen te Mitylene.

¹⁵En van daar afgescheept zijnde, kwamen wij den volgenden dag tegen Chios over, en des anderen daags legden wij aan te Samos, en bleven te Trogyllion, en den dag daaraan kwamen wij te Milete.

¹⁶Want Paulus had voorgenomen Efeze voorbij te varen, opdat hij niet den tijd in Azie zou verslijten; want hij spoedde zich, om (zo het hem mogelijk ware) opden pinksterdag te Jeruzalem te zijn.

¹⁷Maar hij zond van Milete naar Efeze, en hij ontbood de ouderlingen der Gemeente.

¹⁸En als zij tot hem gekomen waren, zeide hij tot hen: Gijlieden weet, van den eersten dag af, dat ik in Azie ben aangekomen, hoe ik bij u den gansen tijd geweestben;

¹⁹Dienende den Heere met alle ootmoedigheid, en vele tranen, en verzoekingen, die mij overkomen zijn door de lagen der Joden;

²⁰Hoe ik niets achtergehouden heb van hetgeen nuttig was, dat ik u niet zou verkondigd en u geleerd hebben, in het openbaar en bij de huizen;

²¹Betuigende, beiden Joden en Grieken, de bekering tot God en het geloof in onzen Heere Jezus Christus.

²²En nu ziet, ik, gebonden zijnde door den Geest, reis naar Jeruzalem, niet wetende, wat mij daar ontmoeten zal;

²³Dan dat de Heilige Geest van stad tot stad betuigt, zeggende, dat mij banden en verdrukkingen aanstaande zijn.

²⁴Maar ik acht op geen ding, noch houde mijn leven dierbaar voor mijzelven, opdat ik mijn loop met blijdschap mag volbrengen, en den dienst, welken ik van denHeere Jezus ontvangen heb, om te betuigen het Evangelie der genade Gods.

²⁵En nu ziet, ik weet, dat gij allen, waar ik doorgegaan ben, predikende het Koninkrijk Gods, mijn aangezicht niet meer zien zult.

²⁶Daarom betuig ik ulieden op deze huidigen dag, dat ik rein ben van het bloed van u allen.

²⁷Want ik heb niet achtergehouden, dat ik u niet zou verkondigd hebben al den raad Gods.

²⁸Zo hebt dan acht op uzelven en op de gehele kudde, over dewelke u de Heilige Geest tot opzieners gesteld heeft, om de Gemeente Gods te weiden, welke Hijverkregen heeft door Zijn eigen bloed.

²⁹Want dit weet ik, dat na mijn vertrek zware wolven tot u inkomen zullen, die de kudde niet sparen.

³⁰En uit uzelven zullen mannen opstaan, sprekende verkeerde dingen, om de discipelen af te trekken achter zich.

³¹Daarom waakt, en gedenkt, dat ik drie jaren lang nacht en dag, niet opgehouden heb een iegelijk met tranen te vermanen.

³²En nu, broeders, ik bevele u Gode, en den woorde Zijner genade, Die machtig is u op te bouwen, en u een erfdeel te geven onder al de geheiligden.

³³Ik heb niemands zilver, of goud, of kleding begeerd.

³⁴En gijzelve weet, dat deze handen tot mijn nooddruft, en dergenen, die met mij waren, gediend hebben.

³⁵Ik heb u in alles getoond, dat men, alzo arbeidende, de zwakken moet opnemen, en gedenken aan de woorden van den Heere Jezus, dat Hij gezegd heeft: Het is zaliger te geven, dan te ontvangen.

³⁶En als hij dit gezegd had, heeft hij nederknielende met hen allen gebeden.

³⁷En er werd een groot geween van hen allen; en zij, vallende om den hals van Paulus, kusten hem;

³⁸Zeer bedroefd zijnde, allermeest over het woord, dat hij gezegd had, dat zij zijn aangezicht niet meer zien zouden; en zij geleidden hem naar het schip.

Hoofdstuk 15

¹En als het geschiedde, dat wij van hen gescheiden en afgevaren waren, zo liepen wij rechtuit en kwamen te Kos, en den dag daaraan te Rhodus, en van daar tePatara.

²En een schip gevonden hebbende, dat naar Fenicie overvoer, gingen wij er in en voeren af.

³En als wij Cyprus in het gezicht gekregen, en dat aan de linker hand gelaten hadden, voeren wij naar Syrie, en kwamen aan te Tyrus; want het schip zoudealdaar den last ontladen.

⁴En de discipelen gevonden hebbende, bleven wij daar zeven dagen; dewelke tot Paulus zeiden door den Geest, dat hij niet zou opgaan naar Jeruzalem.

⁵Toen het nu geschiedde, dat wij deze dagen doorgebracht hadden, gingen wij uit, en reisden voort; en zij geleidden ons allen met vrouwen en kinderen totbuiten de stad; en aan den oever nederknielende, hebben wij gebeden.

⁶En als wij elkander gegroet hadden, gingen wij in het schip; maar zijlieden keerden wederom, elk naar het zijne.

⁷Wij nu, de scheepvaart volbracht hebbende van Tyrus, kwamen aan te Ptolemais, en de broeders gegroet hebbende, bleven een dag bij hen.

⁸En des anderen daags, Paulus en wij, die met hem waren, gingen van daar en kwamen te Cesarea; en gegaan zijnde in het huis van Filippus, den evangelist (dieeen was van de zeven), bleven wij bij hem.

⁹Deze nu had vier dochters, nog maagden, die profeteerden.

¹⁰En als wij daar vele dagen gebleven waren, kwam er een zeker profeet af van Judea, met name Agabus;

¹¹En hij kwam tot ons, en nam den gordel van Paulus, en zichzelven handen en voeten gebonden hebbende, zeide: Dit zegt de Heilige Geest: Den man, wiens deze gordel is, zullen de Joden alzo te Jeruzalem binden, en overleveren in de handen der heidenen.

¹²Als wij nu dit hoorden, baden beiden wij en die van die plaats waren, dat hij niet zou opgaan naar Jeruzalem.

¹³Maar Paulus antwoordde: Wat doet gij, dat gij weent, en mijn hart week maakt? Want ik ben bereid niet alleen gebonden te worden, maar ook te sterven teJeruzalem voor den Naam van den Heere Jezus.

¹⁴En als hij zich niet liet afraden, hielden wij ons tevreden, zeggende: De wil des Heeren geschiede.

¹⁵En na die dagen maakten wij ons gereed, en gingen op naar Jeruzalem.

¹⁶En met ons gingen ook sommigen der discipelen van Cesarea, leidende met zich een zekeren Mnason, van Cyprus, een ouden discipel, bij dewelken wij zoudente huis liggen.

¹⁷En als wij te Jeruzalem gekomen waren, ontvingen ons de broeders blijdelijk.

¹⁸En den volgenden dag ging Paulus met ons in tot Jakobus; en al de ouderlingen waren daar gekomen.

¹⁹En als hij hen gegroet had, verhaalde hij van stuk tot stuk, wat God onder de heidenen door zijn dienst gedaan had.

²⁰En zij, dat gehoord hebbende, loofden den Heere, en zeiden tot hem: Gij ziet, broeder, hoevele duizenden van Joden er zijn, die geloven; en zij zijn allenijveraars van de wet.

²¹En zij zijn aangaande u bericht, dat gij al de Joden, die onder de heidenen zijn, leert van Mozes afvallen, zeggende: dat zij de kinderen niet zouden besnijden, noch naar de wijze der wet wandelen.

²²Wat is er dan te doen? Het is gans nodig, dat de menigte

samenkome; want zij zullen horen, dat gij gekomen zijt.

²³Doe dan hetgeen wij u zeggen: Wij hebben vier mannen, die een gelofte gedaan hebben.

²⁴Neem dezen tot u, en heilig u met hen, en doe de onkosten nevens hen, opdat zij het hoofd bescheren mogen; en alle mogen weten, dat er niets is aan hetgeen, waarvan zij, aangaande u, bericht zijn; maar dat gij alzo wandelt, dat gij ook zelve de wet onderhoudt.

²⁵Doch van de heidenen, die geloven, hebben wij geschreven en goed gevonden, dat zij niets dergelijks zouden onderhouden, dan dat zij zich wachten vanhetgeen den afgoden geofferd is, en van bloed, en van het verstikte, en van hoererij.

²⁶Toen nam Paulus de mannen met zich, en den dag daaraan met hen geheiligd zijnde, ging hij in den tempel, en verkondigde, dat de dagen der heiliging vervuldwaren, blijvende daar, totdat voor een iegelijk van hen de offerande opgeofferd was.

²⁷Als nu de zeven dagen zouden voleindigd worden, zagen hem de Joden van Azie in den tempel, en beroerden al het volk, en sloegen de handen aan hem,

²⁸Roepende: Gij Israelietische mannen, komt te hulp! Deze is de mens, die tegen het volk, en de wet, en deze plaats allen man overal leert; en bovendien heeft hij ook Grieken in den tempel gebracht, en heeft deze heilige plaats ontheiligd.

²⁹Want zij hadden te voren Trofimus, den Efezier, met hem in de stad gezien, welken zij meenden, dat Paulus in den tempel gebracht had.

³⁰En de gehele stad kwam in roer en het volk liep samen; en zij grepen Paulus, en trokken hem buiten den tempel; en terstond werden de deuren gesloten.

³¹En als zij hem zochten te doden, kwam het gerucht tot den overste der bende, dat geheel Jeruzalem in verwarring was.

³²Welke terstond krijgsknechten en hoofdmannen over honderd tot zich nam, en liep af naar hen toe. Zij nu, den oversten en de krijgsknechten ziende, hielden op van Paulus te slaan.

³³Toen naderde de overste en greep hem, en beval, dat men hem met twee ketenen zou binden; en vraagde, wie hij was, en wat hij gedaan had.

³⁴En onder de schare riep de ene dit, de andere wat anders. Doch als hij de zekerheid niet kon weten vanwege de beroerte, beval hij, dat men hem in de legerplaats zou brengen.

³⁵En als hij aan de trappen gekomen was, gebeurde het, dat hij van de krijgsknechten gedragen werd vanwege het geweld der schare.

³⁶Want de menigte des volks volgde, al roepende: Weg met hem!

³⁷En als Paulus nu in de legerplaats zou geleid worden, zeide hij tot den overste: Is het mij geoorloofd tot u wat te spreken? En hij zeide: Kent gij Grieks?

³⁸Zijt gij dan niet de Egyptenaar, die voor deze dagen oproer verwekte, en de vier duizend moordenaars naar de woestijn uitleidde?

³⁹Maar Paulus zeide: Ik ben een Joods man van Tarsen, een burger van gene onvermaarde stad in Cilicie, en ik bid u, laat mij toe tot het volk te spreken.

⁴⁰En als hij het toegelaten had, Paulus, staande op de trappen, wenkte met de hand tot het volk; en als er grote stilte geworden was, sprak hij hen aan in de Hebreeuwse taal, zeggende:

Hoofdstuk 16

¹Mannen broeders en vaders, hoort mijn verantwoording, die ik tegenwoordig tot u doen zal.

²(Als zij nu hoorden, dat hij in de Hebreeuwse taal hen aansprak, hielden zij zich te meer stil. En hij zeide:)

³Ik ben een Joods man, en te Tarsen in Cilicie geboren, opgevoed in deze stad, aan de voeten van Gamaliel onderwezen naar de bescheidenste wijze dervaderlijke wet, zijnde een ijveraar Gods, gelijkerwijs gij allen heden zijt;

⁴Die dezen weg vervolgd heb tot den dood, bindende en in de gevangenissen overleverende beiden mannen en vrouwen.

⁵Gelijk mij ook de hogepriester getuige is, en de gehele raad der ouderlingen; van dewelke ik ook brieven genomen hebbende tot de broeders, ben naar Damaskus gereisd, om ook degenen, die daar waren, gebonden te brengen naar Jeruzalem, opdat zij gestraft zouden worden.

⁶Maar het geschiedde mij, als ik reisde, en Damaskus genaakte, omtrent den middag, dat snellijk uit den hemel een groot licht mij rondom omscheen.

⁷En ik viel ter aarde, en ik hoorde een stem, tot mij zeggende: Saul, Saul, wat vervolgt gij Mij?

⁸En ik antwoordde: Wie zijt Gij, Heere? En Hij zeide tot mij: Ik ben Jezus, de Nazarener, Welken gij vervolgt.

⁹En die met mij waren, zagen wel het licht, en werden zeer bevreesd; maar de stem Desgenen, Die tot mij sprak, hoorden zij niet.

¹⁰En ik zeide: Heere! wat zal ik doen? En de Heere zeide tot mij: Sta op, en ga heen naar Damaskus; en aldaar zal met u gesproken worden, van al hetgeen u geordineerd is te doen.

¹¹En als ik vanwege de heerlijkheid deszelven lichts niet zag, zo werd ik bij de hand geleid van degenen, die met mij waren, en kwam te Damaskus.

¹²En een zekere Ananias, een godvruchtig man naar de wet, goede getuigenis hebbende van al de Joden, die daar woonden,

¹³Kwam tot mij, en bij mij staande, zeide tot mij: Saul, broeder, word weder ziende! En ter zelfder ure werd ik ziende op hem.

¹⁴En hij zeide: De God onzer vaderen heeft u te voren verordineerd, om Zijn wil te kennen, en den Rechtvaardige te zien, en de stem uit Zijn mond te horen.

¹⁵Want gij zult Hem getuige zijn bij alle mensen, van hetgeen gij gezien en gehoord hebt.

¹⁶En nu, wat vertoeft gij? Sta op, en laat u dopen, en uw zonden afwassen, aanroepende den Naam des Heeren.

¹⁷En het gebeurde mij, als ik te Jeruzalem wedergekeerd was, en in den tempel bad, dat ik in een vertrekking van zinnen was;

¹⁸En dat ik Hem zag, en Hij tot mij zeide: Spoed u, en ga in der haast uit Jeruzalem; want zij zullen uw getuigenis van Mij niet aannemen.

¹⁹En ik zeide: Heere, zij weten, dat ik in de gevangenis wierp, en in de synagogen geselde, die in U geloofden;

²⁰En toen het bloed van Stefanus, Uw getuige, vergoten werd, dat ik daar ook bij stond, en mede een welbehagen had in zijn dood, en de klederen bewaarde dergenen, die hem doodden.

²¹En Hij zeide tot mij: Ga heen; want Ik zal u ver tot de heidenen afzenden.

²²Zij hoorden hem nu tot dit woord toe; en zij verhieven hun stem, zeggende: Weg van de aarde met zulk een, want het is niet behoorlijk, dat hij leve.

²³En als zij riepen, en de klederen van zich smeten, en stof in de lucht wierpen,

²⁴Zo beval de overste, dat men hem in de legerplaats zou brengen, en zeide, dat men hem met geselen onderzoeken zou, opdat hij verstaan mocht, om wat oorzaak zij alzo over hem riepen.

²⁵En alzo zij hem met de riemen uitrekten, zeide Paulus tot den hoofdman over honderd, die daar stond: Is het ulieden geoorloofd een Romeinsen mens, en dien onveroordeeld, te geselen?

²⁶Als nu de hoofdman over honderd dat hoorde, ging hij toe, en boodschapte het den overste, zeggende: Zie, wat gij te doen hebt; want deze mens is een Romein.

²⁷En de overste kwam toe, en zeide tot hem: Zeg mij, zijt gij een Romein? En hij zeide: Ja.

²⁸En de overste antwoordde: Ik heb dit burgerrecht voor een grote som gelds verkregen. En Paulus zeide: Maar ik ben ook een burger geboren.

²⁹Terstond dan lieten zij van hem af, die hem zouden onderzocht hebben. En de overste werd ook bevreesd, toen hij verstond, dat hij een Romein was, en dat hij hem had gebonden.

³⁰En des anderen daags, willende de zekerheid weten, waarom hij van de Joden beschuldigd werd, maakte hij hem los van de banden, en beval, dat de overpriesters en hun gehele raad zouden komen; en Paulus afgebracht hebbende, stelde hij hem voor hen.

Hoofdstuk 17

¹En Paulus, de ogen op den raad houdende, zeide: Mannen broeders! ik heb met alle goed geweten voor God gewandeld tot op dezen dag.

²Maar de hogepriester Ananias beval dengenen, die bij hem stonden, dat zij hem op den mond zouden slaan.

³Toen zeide Paulus tot hem: God zal u slaan, gij gewitte wand! Zit gij ook om mij te oordelen naar de wet, en beveelt gij, tegen de wet, dat men mij zal slaan?

⁴En die daarbij stonden, zeiden: Scheldt gij den hogepriester Gods?

⁵En Paulus zeide: Ik wist niet, broeders! dat het de hogepriester was; want er is geschreven: Den overste uws volks zult gij niet vloeken.

⁶En Paulus wetende dat het ene deel was van de Sadduceen, en het andere van de Farizeen, riep in den raad: Mannen broeders, ik ben een Farizeer, eens Farizeers zoon; ik word over de hoop en opstanding der doden geoordeeld.

⁷En als hij dit gesproken had, ontstond er tweedracht tussen de Farizeen en de Sadduceen, en de menigte werd verdeeld.

⁸Want de Sadduceen zeggen, dat er geen opstanding is, noch engel, noch geest, maar de Farizeen belijden het beide.

⁹En er geschiedde een groot geroep; en de Schriftgeleerden van de zijde der Farizeen stonden op, en streden, zeggende: Wij vinden geen kwaad in dezen mens; en indien een geest tot hem gesproken heeft, of een engel, laat ons tegen God niet strijden.

¹⁰En als er grote tweedracht ontstaan was, de overste, vrezende, dat Paulus van hen verscheurd mocht worden, gebood, dat het krijgsvolk zou afkomen, en hem uit het midden van hen wegrukken, en in de legerplaats brengen.

¹¹En den volgenden nacht stond de Heere bij hem, en zeide: Heb goeden moed, Paulus, want gelijk gij te Jeruzalem van Mij betuigd hebt alzo moet gij ook te Rome getuigen.

¹²En als het dag geworden was, maakten sommigen van de Joden een samenrotting, en vervloekten zichzelven, zeggende, dat zij noch eten noch drinken zouden, totdat zij Paulus zouden gedood hebben.

¹³En zij waren meer dan veertig, die dezen eed te zamen gedaan hadden;

¹⁴Dewelke gingen tot de overpriesters en de ouderlingen, en zeiden: Wij hebben ons zelven met vervloeking vervloekt, niets te zullen nuttigen, totdat wij Paulus zullen gedood hebben.

¹⁵Gij dan nu, laat den overste weten met den raad, dat hij hem morgen tot u afbrenge, alsof gij nadere kennis zoudt nemen van zijn zaken; en wij zijn bereid hem om te brengen, eer hij bij u komt.

¹⁶En als de zoon van Paulus' zuster deze lage gehoord had, kwam hij daar, en ging in de legerplaats, en boodschapte het Paulus.

¹⁷En Paulus riep tot zich een van de hoofdmannen over honderd, en zeide: Leid dezen jongeling heen tot den overste; want hij heeft hem wat te boodschappen.

¹⁸Deze dan nam hem en bracht hem tot den overste, en zeide: Paulus, de gevangene, heeft mij tot zich geroepen, en begeerd, dat ik dezen jongeling tot u zou brengen, die u wat heeft te zeggen.

¹⁹De overste nu nam hem bij de hand, en bezijden gegaan zijnde, vraagde hij: Wat is het dat gij mij hebt te boodschappen?

²⁰En hij zeide: De Joden zijn overeengekomen, om van u te begeren, dat gij Paulus morgen in den raad zoudt afbrengen, alsof zij iets van hem nader zouden onderzoeken.

²¹Doch geloof hen niet; want meer dan veertig mannen uit hen leggen hem lagen, welke zichzelven met een vervloeking verbonden hebben noch te eten noch te drinken, totdat zij hem zullen omgebracht hebben; en zij zijn nu gereed, verwachtende de toezegging van u.

²²De overste dan liet den jongeling gaan, hem gebiedende: Zeg niemand voort, dat gij mij zulks geopenbaard hebt.

²³En zekere twee van de hoofdmannen over honderd tot zich geroepen hebbende, zeide hij: Maakt tweehonderd krijgsknechten gereed, opdat zij naar Cesarea trekken, en zeventig ruiters, en tweehonderd schutters, tegen de derde ure des nachts;

²⁴En laat ze zadel beesten bestellen, opdat zij Paulus daarop zetten, en behouden overbrengen tot den stadhouder Felix.

²⁵En hij schreef een brief, hebbende dezen inhoud:

²⁶Claudius Lysias aan den machtigsten stadhouder Felix groetenis.

²⁷Alzo deze man van de Joden gegrepen was, en van hen omgebracht zou geworden zijn, ben ik daarover gekomen met het krijgsvolk, en heb hem hun ontnomen, bericht zijnde, dat hij een Romein is.

²⁸En willende de zaak weten, waarover zij hem beschuldigden, bracht ik hem af in hun raad;

²⁹Welken ik bevond beschuldigd te worden over vragen hunner wet; maar geen beschuldiging tegen hem te zijn, die den dood of banden waardig is.

³⁰En als mij te kennen gegeven was, dat van de Joden een lage tegen deze man gelegd zou worden, zo heb ik hem terstond aan u gezonden; gebiedende ook den beschuldigers voor u te zeggen, hetgeen zij tegen hem hadden. Vaarwel.

³¹De krijgsknechten dan, gelijk hun bevolen was, namen Paulus, en brachten hem des nachts tot Antipatris.

³²En des anderen daags, latende de ruiters met hem trekken, keerden zij wederom naar de legerplaats.

³³Dewelken als zij te Cesarea gekomen waren, en den brief den stadhouder overgeleverd hadden, hebben zij ook Paulus voor hem gesteld.

³⁴En de stadhouder, den brief gelezen hebbende, vraagde, uit wat provincie hij was; en verstaande, dat hij van Cilicie was,

³⁵Zeide hij: Ik zal u horen, als ook uw beschuldigers hier zullen gekomen zijn. En hij beval, dat hij in het rechthuis van Herodes zou bewaard worden.

Hoofdstuk 18

¹En vijf dagen daarna kwam de hogepriester Ananias af met de ouderlingen, en een zekeren voorspraak, genaamd Tertullus, dewelke verschenen voor den stadhouder tegen Paulus.

²En als hij geroepen was, begon Tertullus hem te beschuldigen, zeggende:

³Dat wij grote vrede door u bekomen, en dat vele loffelijke diensten deze volke geschieden door uw voorzichtigheid, machtigste Felix, nemen wij ganselijk en overal met alle dankbaarheid aan.

⁴Maar opdat ik u niet lang ophoude, ik bid u, dat gij ons, naar uw bescheidenheid, kortelijk hoort.

⁵Want wij hebben dezen man bevonden te zijn een pest, en een, die oproer verwekt onder al de Joden, door de ganse wereld, en een oppersten voorstander van de sekte der Nazarenen.

⁶Die ook gepoogd heeft den tempel te ontheiligen, welken wij ook gegrepen hebben, en naar onze wet hebben willen oordelen.

⁷Maar Lysias, de overste, daarover komende, heeft hem met groot geweld uit onze handen weggebracht;

⁸Gebiedende zijn beschuldigers tot u te komen; van dewelken gij zelf, hem onderzocht hebbende, zult kunnen verstaan al hetgeen, waarvan wij hem beschuldigen.

⁹En ook de Joden stemden het toe, zeggende, dat deze dingen alzo waren.

¹⁰Maar Paulus, als hem de stadhouder gewenkt had, dat hij zou spreken, antwoordde: Dewijl ik weet, dat gij nu vele jaren over dit volk rechter zijt geweest, zo verantwoord ik mijzelven met des te beteren moed.

¹¹Alzo gij kunt weten, dat het niet meer dan twaalf dagen zijn, van dat ik ben opgekomen om te aanbidden te Jeruzalem;

¹²En zij hebben mij noch in den tempel gevonden tot iemand sprekende, of enige samenrotting des volks makende, noch in de synagogen, noch in de stad;

¹³En zij kunnen niet bewijzen, waarvan zij mij nu beschuldigen.

¹⁴Maar dit beken ik u, dat ik naar dien weg, welken zij sekte noemen, den God der vaderen alzo diene, gelovende alles, wat in de wet en in de profeten geschreven is;

¹⁵Hebbende hoop op God, welke dezen ook zelf verwachten, dat er een opstanding der doden wezen zal, beiden der rechtvaardigen en der onrechtvaardigen.

¹⁶En hierin oefen ik mijzelven, om altijd een onergerlijk geweten te hebben bij God en de mensen.

¹⁷Doch na vele jaren ben ik gekomen om aalmoezen te doen aan mijn volk, en offeranden.

¹⁸Waarover mij gevonden hebben, geheiligd zijnde, in den tempel, niet met volk, noch met beroerte, enige Joden uit Azie;

¹⁹Welke behoorden hier voor u tegenwoordig te zijn, en mij te beschuldigen, indien zij iets hadden tegen mij.

²⁰Of dat dezen zelf zeggen of zij enig onrecht in mij gevonden hebben, als ik voor den raad stond;

²¹Dan van dit enig woord, hetwelk ik riep, staande onder hen: Over de opstanding der doden word ik heden van ulieden geoordeeld!

²²Toen nu Felix dit gehoord had, stelde hij hen uit, zeggende: Als ik nader wetenschap van dezen weg zal hebben, wanneer Lysias, de overste, zal afgekomen zijn, zo zal ik volle kennis nemen van uw zaken.

²³En hij beval den hoofdman over honderd, dat Paulus zou bewaard worden, en verlichting hebben, en dat hij niemand van de zijnen zou beletten hem te dienen, of tot hem te komen.

²⁴En na sommige dagen, Felix, daar gekomen zijnde met Drusilla, zijn vrouw, die een Jodin was, ontbood Paulus, en hoorde hem van het geloof in Christus.

²⁵En als hij handelde van rechtvaardigheid, en matigheid, en van het toekomende oordeel, Felix, zeer bevreesd geworden zijnde, antwoordde: Voor ditmaal ga heen; en als ik gelegenen tijd zal hebben bekomen, zo zal ik u tot mij roepen.

²⁶En tegelijk ook hopende, dat hem van Paulus geld gegeven zou worden, opdat hij hem losliet; waarom hij hem ook dikwijls ontbood, en sprak met hem.

²⁷Maar als twee jaren vervuld waren, kreeg Felix Porcius Festus in zijn plaats; en Felix, willende den Joden gunst bewijzen, liet Paulus gevangen.

Hoofdstuk 19

¹Festus dan, in de provincie gekomen zijnde, ging na drie dagen van Cesarea op naar Jeruzalem.

²En de hogepriester, en de voornaamsten der Joden, verschenen voor hem tegen Paulus en baden hem,

³Begerende gunst tegen hem, opdat hij hem zou doen komen te

Jeruzalem; en leggende een lage, om hem op den weg om te brengen.

⁴Doch Festus antwoordde, dat Paulus te Cesarea bewaard werd, en dat hij zelf haast derwaarts zou verreizen.

⁵Die dan, zeide hij, onder u kunnen, dat zij mede afreizen, en zo er iets onbehoorlijks in dezen man is, dat zij hem beschuldigen.

⁶En als hij onder hen niet meer dan tien dagen doorgebracht had, kwam hij af naar Cesarea; en des anderen daags, op den rechterstoel gezeten zijnde, beval hij, dat Paulus zou voor gebracht worden.

⁷En als hij daar gekomen was, stonden de Joden, die van Jeruzalem afgekomen waren, rondom hem, vele en zware beschuldigingen tegen Paulus voortbrengende, die zij niet konden bewijzen;

⁸Dewijl hij, antwoordende, zeide: Ik heb noch tegen de wet der Joden, noch tegen den tempel, noch tegen den keizer iets gezondigd.

⁹Maar Festus, willende den Joden gunst bewijzen, antwoordde Paulus, en zeide: Wilt gij naar Jeruzalem opgaan, en aldaar voor mij over deze dingen geoordeeld worden?

¹⁰En Paulus zeide: Ik sta voor den rechterstoel des keizers, waar ik geoordeeld moet worden; den Joden heb ik geen onrecht gedaan; gelijk gij ook zeer welweet.

¹¹Want indien ik onrecht doe, en iets des doods waardig gedaan heb, ik weiger niet te sterven; maar indien er niets is van hetgeen, waarvan dezen mij beschuldigen, zo kan niemand mij hun uit gunst overgeven. Ik beroep mij op den keizer.

¹²Toen antwoordde Festus, als hij met den raad gesproken had: Hebt gij u op den keizer beroepen? Gij zult tot den keizer gaan.

¹³En als enige dagen voorbijgegaan waren, kwamen de koning Agrippa en Bernice te Cesarea, om Festus te begroeten.

¹⁴En toen zij aldaar vele dagen doorgebracht hadden, heeft Festus de zaken van Paulus aan den koning verhaald, zeggende: Hier is een zeker man van Felix gevangen gelaten;

¹⁵Om wiens wil, als ik te Jeruzalem was, de overpriesters en de ouderlingen der Joden verschenen, begerende vonnis tegen hem;

¹⁶Aan dewelke ik antwoordde, dat de Romeinen de gewoonte niet hebben, enigen mens uit gunst ter dood over te geven, eer de beschuldigde de beschuldigers tegenwoordig heeft, en plaats van verantwoording gekregen heeft over de beschuldiging.

¹⁷Als zij dan gezamenlijk alhier gekomen waren, zo heb ik, geen uitstel nemende, des daags daaraan op den rechterstoel gezeten, en beval, dat de man zoude voor gebracht worden;

¹⁸Over welken de beschuldigers, hier staande, geen zaak hebben voorgebracht, waarvan ik vermoedde;

¹⁹Maar hadden tegen hem enige vragen van hun godsdienst, en van zekeren Jezus, Die gestorven was, Welken Paulus zeide te leven.

²⁰En als ik over de onderzoeking van deze zaak in twijfeling was, zeide ik, of hij wilde gaan naar Jeruzalem, en aldaar over deze dingen geoordeeld worden.

²¹En als Paulus zich beriep, dat men hem tot de kennis des keizers bewaren zou, zo heb ik bevolen, dat hij bewaard zoude worden, ter tijd toe, dat ik hem tot den keizer zenden zou.

²²En Agrippa zeide tot Festus: Ik wilde ook zelf dien mens wel horen. En hij zeide: Morgen zult gij hem horen.

²³Des anderen daags dan, als Agrippa gekomen was en Bernice, met grote pracht, en als zij ingegaan waren in het rechthuis, met de oversten over duizend, en de mannen, die de voornaamsten de stad waren, werd Paulus op bevel van Festus voor gebracht.

²⁴En Festus zeide: Koning Agrippa, en gij mannen allen, die met ons hier tegenwoordig zijt, gij ziet dezen, van welken mij de ganse menigte der Joden heeft aangesproken, beide te Jeruzalem en hier, roepende, dat hij niet meer behoort te leven.

²⁵Maar ik bevonden hebbende, dat hij niets des doods waardig gedaan had, en dewijl hij ook zelf zich op den keizer beroepen heeft, heb besloten hem te zenden.

²⁶Van welken ik niets zekers heb aan den heer te schrijven; daarom heb ik hem voor ulieden voorgebracht, en meest voor u, koning Agrippa, opdat ik, na gedane onderzoeking, wat heb te schrijven.

²⁷Want het dunkt mij tegen rede, een gevangene te zenden, en niet ook de beschuldigingen, die tegen hem zijn, te kennen te geven.

Hoofdstuk 20

¹En Agrippa zeide tot Paulus: Het is u geoorloofd voor uzelven te spreken. Toen strekte Paulus de hand uit, en verantwoordde zich aldus:

²Ik acht mijzelven gelukkig, o koning Agrippa, dat ik mij heden voor u zal verantwoorden van alles, waarover ik van de Joden beschuldigd word;

³Allermeest, dewijl ik weet, dat gij kennis hebt van alle gewoonten en vragen, die onder de Joden zijn. Daarom bid ik u, dat gij mij lankmoediglijk hoort.

⁴Mijn leven dan van der jonkheid aan, hetwelk van den beginne onder mijn volk te Jeruzalem geweest is, weten al de Joden;

⁵Als die van over lang mij te voren gekend hebben (indien zij het wilden getuigen), dat ik, naar de bescheidenste sekte van onzen godsdienst, als een Farizeer geleefd heb.

⁶En nu sta ik, en word geoordeeld over de hoop der belofte, die van God tot de vaderen geschied is;

⁷Tot dewelke onze twaalf geslachten, gedurighlijk nacht en dag God dienende, verhopen te komen; over welke hoop ik, o koning Agrippa, van de Joden word beschuldigd.

⁸Wat? wordt het bij ulieden ongelofelijk geoordeeld, dat God de doden opwekt?

⁹Ik meende waarlijk bij mijzelven, dat ik tegen den Naam van Jezus van Nazareth vele wederpartijdige dingen moest doen.

¹⁰Hetwelk ik ook gedaan heb te Jeruzalem, en ik heb velen van de heiligen in de gevangenissen gesloten, de macht van de overpriesters ontvangen hebbende; en als zij omgebracht werden, stemde ik het toe.

¹¹En door al de synagogen heb ik hen dikmaals gestraft, en gedwongen te lasteren; en boven mate tegen hen woedende, heb ik hen vervolgd, ook tot in de buitenlandse steden.

¹²Waarover ook als ik naar Damaskus reisde, met macht en last, welk ik van de overpriesters had,

¹³Zag ik, o koning, in het midden van den dag, op den weg een licht, boven den glans der zon, van den hemel mij en degenen, die met mij reisden, omschijnende.

¹⁴En als wij allen ter aarde nedergevallen waren, hoorde ik een stem, tot mij sprekende, en zeggende in de Hebreeuwse taal: Saul, Saul, wat vervolgt gij Mij? Het is u hard, tegen de prikkels de verzenen te slaan.

¹⁵En ik zeide: Wie zijt Gij, Heere? En Hij zeide: Ik ben Jezus, Dien gij vervolgt.

¹⁶Maar richt u op, en sta op uw voeten; want hiertoe ben Ik u verschenen, om u te stellen tot een dienaar en getuige der dingen, beide die gij gezien hebt en in welke Ik u nog zal verschijnen;

¹⁷Verlossende u van dit volk, en van de heidenen, tot dewelke Ik u nu zende,

¹⁸Om hun ogen te openen, en hen te bekeren van de duisternis tot het licht, en van de macht des satans tot God; opdat zij vergeving der zonden ontvangen, een erfdeel onder de geheiligden, door het geloof in Mij.

¹⁹Daarom, o koning Agrippa, ben ik dat Hemels gezicht niet ongehoorzaam geweest;

²⁰Maar heb eerst dengenen, die te Damaskus waren, en te Jeruzalem, en in het gehele land van Judea, en den heidenen verkondigd, dat zij zich zouden beteren, en tot God bekeren, werken doende der bekering waardig.

²¹Om dezer zaken wil hebben mij de Joden in den tempel gegrepen en gepoogd om te brengen.

²²Dan, hulp van God verkregen hebbende, sta ik tot op dezen dag, betuigende beiden klein en groot; niets zeggende buiten hetgeen de profeten en Mozes gesproken hebben, dat geschieden zoude:

²³Namelijk dat de Christus lijden moest, en dat Hij, de Eerste uit de opstanding der doden zijnde, een licht zou verkondigen dezen volke, en den heidenen.

²⁴En als hij deze dingen tot verantwoording sprak, zeide Festus met grote stem: Gij raast, Paulus, de grote geleerdheid brengt u tot razernij!

²⁵Maar hij zeide: Ik raas niet, machtigste Festus, maar ik spreek woorden van waarheid en van een gezond verstand;

²⁶Want de koning weet van deze dingen, tot welken ik ook vrijmoedigheid gebruikende spreek; want ik geloof niet, dat hem iets van deze dingen verborgen is; want dit is in geen hoek geschied.

²⁷Gelooft gij, o koning Agrippa, de profeten? Ik weet dat gij ze gelooft.

²⁸En Agrippa zeide tot Paulus: Gij beweegt mij bijna een Christen te worden.

²⁹En Paulus zeide: Ik wenste wel van God, dat, en bijna en geheellijk, niet alleen gij, maar ook allen, die mij heden horen, zodanigen wierden, gelijk als ik ben, uitgenomen deze banden.

³⁰En als hij dit gezegd had, stond de koning op, en de stadhouder, en Bernice, en die met hen gezeten waren;

³¹En aan een zijde gegaan zijnde, spraken zij tot elkander, zeggende: Deze mens doet niets des doods of der banden waardig.

³²En Agrippa zeide tot Festus: Deze mens kon losgelaten worden, indien hij zich op den keizer niet had beroepen.

Handelingen

Hoofdstuk 21

¹En als het besloten was, dat wij naar Italie zouden afvaren, leverden zij Paulus en enige andere gevangenen, over aan een hoofdman over honderd, met nameJulius van de keizerlijke bende.

²En in een Adramyttenisch schip gegaan zijnde, alzo wij de plaatsen langs Azie bevaren zouden, voeren wij af; en Aristarchus, de Macedonier van Thessalonica, was met ons.

³En des anderen daags kwamen wij aan te Sidon. En Julius, vriendelijk met Paulus handelende, liet hem toe tot de vrienden te gaan, om van hen bezorgd teworden.

⁴En van daar afgevaren zijnde, voeren wij onder Cyprus heen, omdat de winden ons tegen waren.

⁵En de zee, die langs Cilicie en Pamfylie is, doorgevaren zijnde, kwamen wij aan te Myra in Lycie.

⁶En de hoofdman, aldaar een schip gevonden hebbende van Alexandrie, dat naar Italie voer, deed ons in hetzelve overgaan.

⁷En als wij vele dagen langzaam voortvoeren, en nauwelijks tegenover Knidus gekomen waren, overmits het ons de wind niet toeliet, zo voeren wij onder Kretaheen, tegenover Salmone.

⁸En hetzelve nauwelijks voorbij zeilende, kwamen wij in een zekere plaats genaamd Schonehavens, waar de stad Lasea nabij was.

⁹En als veel tijd verlopen, en de vaart nu zorgelijk was, omdat ook de vasten nu voorbij was, vermaande hen Paulus,

¹⁰En zeide tot hen: Mannen, ik zie, dat de vaart zal geschieden met hinder en grote schade, niet alleen van de lading en van het schip, maar ook van ons leven.

¹¹Doch de hoofdman geloofde meer den stuurman en den schipper, dan hetgeen van Paulus gezegd werd.

¹²En alzo de haven ongelegen was om te overwinteren, vond het meerder deel geraden ook van daar te varen, of zij enigzins te Fenix konden aankomen om teoverwinteren, zijnde een haven in Kreta, strekkende tegen het zuidwesten en tegen het noordwesten.

¹³En alzo de zuidenwind zachtelijk waaide, meenden zij hun voornemen verkregen te hebben, en afgevaren zijnde, zeilden zij dicht voorbij Kreta henen.

¹⁴Maar niet lang daarna, sloeg tegen hetzelve een stormwind, genaamd Euroklydon.

¹⁵En als het schip daarmede weggerukt werd, en niet kon tegen den wind opzeilen, gaven wij het op, en dreven heen.

¹⁶En lopende onder een zeker eilandje, genaamd Klauda, konden wij nauwelijks de boot machtig worden.

¹⁷Dewelke opgehaald hebbende, gebruikten zij alle behulpselen, het schip ondergordende; en alzo zij vreesden, dat zij op de droogte Syrtis vervallen zouden, streken zij het zeil, en dreven alzo henen.

¹⁸En alzo wij van het onweder geweldiglijk geslingerd werden, deden zij den volgende dag een uitworp;

¹⁹En den derden dag wierpen wij met onze eigen handen het scheepsgereedschap uit.

²⁰En als noch zon noch gesternten verschenen in vele dagen, en geen klein onweder ons drukte, zo werd ons voort alle hoop van behouden te worden benomen.

²¹En als men langen tijd zonder eten geweest was, toen stond Paulus op in het midden van hen, en zeide: O mannen, men behoorde mij wel gehoor gegeven tehebben, en van Kreta niet afgevaren te zijn, en dezen hinder en deze schade verhoed te hebben;

²²Doch alsnu vermaan ik ulieden goedsmoeds te zijn; want er zal geen verlies geschieden van iemands leven onder u, maar alleen van het schip.

²³Want dezen zelfden nacht heeft bij mij gestaan een engel Gods, Wiens ik ben, Welken ook ik dien,

²⁴Zeggende: Vrees niet, Paulus, gij moet voor den keizer gesteld worden; en zie, God heeft u geschonken allen, die met u varen.

²⁵Daarom zijt goedsmoeds, mannen, want ik geloof Gode, dat het alzo zijn zal, gelijkerwijs het mij gezegd is.

²⁶Doch wij moeten op een zeker eiland vervallen.

²⁷Als nu de veertiende nacht gekomen was, alzo wij in de Adriatische zee herwaarts en derwaarts gedreven werden, omtrent het midden des nachts, vermoeddende scheepslieden, dat hun enig land naderde.

²⁸En het dieplood uitgeworpen hebbende, vonden zij twintig vademen; en een weinig voortgevaren zijnde, wierpen zij wederom het dieplood uit, en vondenvijftien vademen;

²⁹En vrezende, dat zij ergens op harde plaatsen vervallen mochten, wierpen zij vier ankers van het achterschip uit, en wensten, dat het dag werd.

³⁰Maar als de scheepslieden zochten uit het schip te vlieden, en de boot nederlieten in de zee, onder den schijn, alsof zij uit het voorschip de ankers zoudenuitbrengen,

³¹Zeide Paulus tot den hoofdman en tot de krijgsknechten: Indien dezen in het schip niet blijven, gij kunt niet behouden worden.

³²Toen hieuwen de krijgsknechten de touwen af van de boot, en lieten haar vallen.

³³En ondertussen dat het dag zou worden, vermaande Paulus hen allen, dat zij zouden spijze nemen, en zeide: Het is heden de veertiende dag, dat gijverwachtende blijft zonder eten, en niets hebt genomen.

³⁴Daarom vermaan ik u spijze te nemen, want dat dient tot uw behouding; want niemand van u zal een haar van het hoofd vallen.

³⁵En als hij dit gezegd had en brood genomen had, dankte hij God in aller tegenwoordigheid; en hetzelve gebroken hebbende, begon hij te eten.

³⁶En zij allen, goedsmoeds geworden zijnde, namen ook zelven spijze.

³⁷Wij waren nu in het schip in alles tweehonderd zes en zeventig zielen.

³⁸En als zij met spijze verzadigd waren, lichtten zij het schip, en wierpen het koren uit in de zee.

³⁹En toen het dag werd, kenden zij het land niet; maar zij merkten een zekeren inham, die een oever had, tegen denwelken zij geraden vonden, zo zij konden, hetschip aan te zetten.

⁴⁰En als zij de ankers opgehaald hadden, gaven zij het schip aan de zee over, meteen de roerbanden losmakende; en het razeil naar den wind opgehaaldhebbende, hielden zij het naar den oever toe.

⁴¹Maar vervallende op een plaats, die de zee aan beide zijden had, zetten zij het schip daarop; en het voorschip, vastzittende, bleef onbewegelijk, maar hetachterschip brak van het geweld der baren.

⁴²De raadslag nu der krijgslieden was, dat zij de gevangenen zouden doden, opdat niemand, ontzwommen zijnde, zoude ontvlieden.

⁴³Maar de hoofdman, willen Paulus behouden, belette hun dat voornemen, en beval, dat degenen, die zwemmen konden, zich eerst zouden afwerpen, en te landkomen;

⁴⁴En de anderen, sommigen op planken, en sommigen op enige stukken van het schip. En alzo is het geschied, dat zij allen behouden aan het land gekomen zijn.

Hoofdstuk 22

¹En als zij ontkomen waren, toen verstonden zij, dat het eiland Melite heette.

²En de barbaren bewezen ons geen gemene vriendelijkheid; want een groot vuur ontstoken hebbende, namen zij ons allen in, om den regen, die overkwam, enom de koude.

³En als Paulus een hoop rijzen bijeengeraapt en op het vuur gelegd had, kwam er een adder uit door de hitte, en vatte zijn hand.

⁴En als de barbaren het beest zagen aan zijn hand hangen, zeiden zij tot elkander: Deze mens is gewisselijk een doodslager, welken de wraak niet laat leven, daarhij uit de zee ontkomen is.

⁵Maar hij schudde het beest af in het vuur, en leed niets kwaads.

⁶En zij verwachttten, dat hij zou opzwellen, of terstond dood nedervallen. Maar als zij lang gewacht hadden, en zagen, dat geen ongemak hem overkwam, werden zij veranderd, en zeiden, dat hij een god was.

⁷En hier, omtrent dezelfde plaats, had de voornaamste van het eiland, met name Publius, zijn landhoeven, die ons ontving, en drie dagen vriendelijk herbergde.

⁸En het geschiedde, dat de vader van Publius, met koortsen en den roden loop bevangen zijnde, te bed lag; tot denwelken Paulus inging, en als hij gebeden had, legde hij de handen op hem, en maakte hem gezond.

⁹Als dit dan geschied was, kwamen ook tot hem de anderen, die krankheden hadden in het eiland, en werden genezen.

¹⁰Die ons ook eerden met veel eer, en als wij vertrekken zouden, bestelden zij ons hetgeen van node was.

¹¹En na drie maanden voeren wij af in een schip van Alexandrie, dat in het eiland overwinterd had, hebbende tot een teken, Kastor en Pollux.

¹²En als wij te Syrakuse aangekomen waren, bleven wij aldaar drie dagen;

¹³Van waar wij omvoeren, en kwamen aan te Regium; en alzo, na een dag, de wind zuid werd, kwamen wij den tweeden dag te Puteoli.

¹⁴Alwaar wij broeders vonden, en werden gebeden, zeven dagen bij hen te blijven; en alzo gingen wij naar Rome.

¹⁵En vandaar kwamen de broeders, van onze zaken gehoord hebbende, ons tegemoet tot Appiusmarkt, en de drie tabernen; welke Paulus ziende, dankte hij Goden greep moed.

¹⁶En toen wij te Rome gekomen waren, gaf de hoofdman de

gevangenen over aan den overste des legers; maar aan Paulus werd toegelaten op zichzelven tewonen met den krijgsknecht, die hem bewaarde.

¹⁷En het geschiedde na drie dagen dat Paulus samenriep degenen, die de voornaamsten der Joden waren. En als zij samengekomen waren, zeide hij tot hen:Mannen broeders, ik, die niets gedaan heb tegen het volk of de vaderlijke gewoonten, ben gebonden uit Jeruzalem overgeleverd in de handen der Romeinen;

¹⁸Dewelken, mij onderzocht hebbende, wilden mij loslaten, omdat geen schuld des doods in mij was.

¹⁹Maar als de Joden zulks tegenspraken, werd ik genoodzaakt mij op den keizer te beroepen; doch niet, alsof ik iets had, mijn volk te beschuldigen.

²⁰Om deze oorzaak dan heb ik u bij mij geroepen, om u te zien en aan te spreken; want vanwege de hope Israels ben ik met deze keten omvangen.

²¹Maar zij zeiden tot hem: Wij hebben noch brieven u aangaande van Judea ontvangen; noch iemand van de broeders, hier gekomen zijnde, heeft van u ietskwaads geboodschapt of gesproken.

²²Maar wij begeren wel van u te horen, wat gij gevoelt; want wat deze sekte aangaat, ons is bekend, dat zij overal tegengesproken wordt.

²³En als zij hem een dag gesteld hadden, kwamen er velen in zijn woonplaats; denwelken hij het Koninkrijk Gods uitlegde, en betuigde, en poogde hen tebewegen tot het geloof in Jezus, beide uit de wet van Mozes en de profeten, van des morgens vroeg tot den avond toe.

²⁴En sommigen geloofden wel, hetgeen gezegd werd, maar sommigen geloofden niet.

²⁵En tegen elkander oneens zijnde, scheidden zij; als Paulus dit ene woord gezegd had, namelijk: Wel heeft de Heilige Geest gesproken door Jesaja, den profeet, tot onze vaderen,

²⁶Zeggende: Ga heen tot dit volk, en zeg: Met het gehoor zult gij horen, en geenszins verstaan; en ziende zult gij zien, en geenszins bemerken.

²⁷Want het hart dezes volks is dik geworden, en met de oren hebben zij zwaarlijk gehoord, en hun ogen hebben zij toegedaan; opdat zij niet te eniger tijd met deogen zouden zien, en met de oren horen, en met het hart verstaan, en zij zich bekeren, en Ik hen geneze.

²⁸Het zij u dan bekend, dat de zaligheid Gods den heidenen gezonden is, en dezelve zullen horen.

²⁹En als hij dit gezegd had, gingen de Joden weg, veel twisting hebbenden onder elkander.

³⁰En Paulus bleef twee gehele jaren in zijn eigen gehuurde woning; en ontving allen, die tot hem kwamen;

Romeinen

Hoofdstuk 1

¹Paulus, een dienstknecht van Jezus Christus, een geroepen apostel, afgezonderd tot het Evangelie van God,

²(Hetwelk Hij te voren beloofd had door Zijn profeten, in de heilige Schriften)

³Van Zijn Zoon,, Die geworden is uit het zaad van David, naar het vlees;

⁴Die krachtelijk bewezen is te zijn de Zoon van God, naar den Geest der heiligmaking, uit de opstanding der doden) namelijk Jezus Christus, onzen Heere:

⁵(Door Welken wij hebben ontvangen genade en het apostelschap, tot gehoorzaamheid des geloofs onder al de heidenen, voor Zijn Naam;

⁶Onder welken gij ook zijt, geroepenen van Jezus Christus!)

⁷Allen, die te Rome zijt, geliefden Gods, en geroepen heiligen, genade zij u, en vrede van God, onzen Vader, en den Heere Jezus Christus.

⁸Eerstelijk dank ik mijn God door Jezus Christus over u allen, dat uw geloof verkondigd wordt in de gehele wereld.

⁹Want God is mijn Getuige, Welken ik diene in mijn geest, in het Evangelie Zijns Zoons, hoe ik zonder nalaten uwer gedenke;

¹⁰Allen tijd in mijn gebeden biddende, of mogelijk mij nog te eniger tijd goede gelegenheid gegeven werd, door den wil van God, om tot ulieden te komen.

¹¹Want ik verlang om u te zien, opdat ik u enige geestelijke gave mocht mededelen, ten einde gij versterkt zoudt worden;

¹²Dat is, om mede vertroost te worden onder u, door het onderlinge geloof, zo het uwe als het mijne.

¹³Doch ik wil niet, dat u onbekend zij, broeders, dat ik menigmaal voorgenomen heb tot u te komen (en ben tot nog toe verhinderd geweest), opdat ik ook onderu enige vrucht zou hebben, gelijk als ook onder de andere heidenen.

¹⁴Beiden Grieken en Barbaren, beiden wijzen en onwijzen ben ik een schuldenaar.

¹⁵Alzo hetgeen in mij is, dat is volvaardig, om u ook, die te Rome zijt, het Evangelie te verkondigen.

¹⁶Want ik schaam mij des Evangelies van Christus niet; want het is een kracht Gods tot zaligheid een iegelijk, die gelooft, eerst den Jood, en ook den Griek.

¹⁷Want de rechtvaardigheid Gods wordt in hetzelve geopenbaard uit geloof tot geloof; gelijk geschreven is: Maar de rechtvaardige zal uit het geloof leven.

¹⁸Want de toorn Gods wordt geopenbaard van den hemel over alle goddeloosheid, en ongerechtigheid der mensen, als die de waarheid in ongerechtigheid tenonder houden.

¹⁹Overmits hetgeen van God kennelijk is, in hen openbaar is; want God heeft het hun geopenbaard.

²⁰Want Zijn onzienlijke dingen worden, van de schepping der wereld aan, uit de schepselen verstaan en doorzien, beide Zijn eeuwige kracht en Goddelijkheid, opdat zij niet te verontschuldigen zouden zijn.

²¹Omdat zij, God kennende, Hem als God niet hebben verheerlijkt of gedankt; maar zijn verijdeld geworden in hun overleggingen en hun onverstandig hart isverduisterd geworden;

²²Zich uitgevende voor wijzen, zijn zij dwaas geworden;

²³En hebben de heerlijkheid des onverderfelijken Gods veranderd in de gelijkenis eens beelds van een verderfelijk mens, en van gevogelte, en van viervoetige enkruipende gedierten.

²⁴Daarom heeft God hen ook overgegeven in de begeerlijkheden hunner harten tot onreinigheid, om hun lichamen onder elkander te onteren;

²⁵Als die de waarheid Gods veranderd hebben in de leugen, en het schepsel geeerd en gediend hebben boven den Schepper, Die te prijzen is in der eeuwigheid, amen.

²⁶Daarom heeft God hen overgegeven tot oneerlijke bewegingen; want ook hun vrouwen hebben het natuurlijk gebruik veranderd in het gebruik tegen nature;

²⁷En insgelijks ook de mannen, nalatende het natuurlijk gebruik der vrouw, zijn verhit geworden in hun lust tegen elkander, mannen met mannen schandelijkheidbedrijvende, en de vergelding van hun dwaling, die daartoe behoorde, in zichzelven ontvangende.

²⁸En gelijk het hun niet goed gedacht heeft God in erkentenis te houden, zo heeft God hen overgegeven in een verkeerden zin, om te doen dingen, die nietbetamen;

²⁹Vervuld zijnde met alle ongerechtigheid, hoererij, boosheid, gierigheid, kwaadheid, vol van nijdigheid, moord, twist, bedrog, kwaadaardigheid;

³⁰Oorblazers, achterklappers, haters Gods, smaders, hovaardigen, laatdunkenden, vinders van kwade dingen, den ouderen ongehoorzaam;

³¹Onverstandigen, verbondbrekers, zonder natuurlijke liefde, onverzoenlijken, onbarmhartigen;

Hoofdstuk 2

¹Daarom zijt gij niet te verontschuldigen, o mens, wie gij zijt, die anderen oordeelt; want waarin gij een ander oordeelt, veroordeelt gij uzelven; want gij, dieanderen oordeelt, doet dezelfde dingen.

²En wij weten, dat het oordeel Gods naar waarheid is, over degenen, die zulke dingen doen.

³En denkt gij dit, o mens, die oordeelt dengenen, die zulke dingen doen, en dezelve doet, dat gij het oordeel Gods zult ontvlieden?

⁴Of veracht gij den rijkdom Zijner goedertierenheid, en verdraagzaamheid, en lankmoedigheid, niet wetende, dat de goedertierenheid Gods u tot bekering leidt?

⁵Maar naar uw hardigheid, en onbekeerlijk hart, vergadert gij uzelven toorn als een schat, in den dag des toorns, en der openbaring van het rechtvaardig oordeelGods.

⁶Welke een iegelijk vergelden zal naar zijn werken;

⁷Dengenen wel, die met volharding in goeddoen, heerlijkheid, en eer, en onverderfelijkheid zoeken, het eeuwige leven;

⁸Maar dengenen, die twistgierig zijn, en die der waarheid ongehoorzaam, doch der ongerechtigheid gehoorzaam zijn, zal verbolgenheid en toorn vergoldenworden;

⁹Verdrukking en benauwdheid over alle ziel des mensen, die het kwade werkt, eerst van den Jood, en ook van den Griek;

¹⁰Maar heerlijkheid, en eer, en vrede een iegelijk, die het goede werkt, eerst den Jood, en ook den Griek.

¹¹Want er is geen aanneming des persoons bij God.

¹²Want zovelen, als er zonder wet gezondigd hebben, zullen ook zonder wet verloren gaan; en zovelen, als er onder de wet gezondigd hebben, zullen door de wetgeoordeeld worden;

¹³(Want de hoorders der wet zijn niet rechtvaardig voor God, maar de daders der wet zullen gerechtvaardigd worden;

¹⁴Want wanneer de heidenen, die de wet niet hebben, van nature de dingen doen, die der wet zijn, dezen, de wet niet hebbende, zijn zichzelven een wet;

¹⁵Als die betonen het werk der wet geschreven in hun harten, hun geweten medegetuigende, en de gedachten onder elkander hen beschuldigende, of ookontschuldigende).

¹⁶In den dag wanneer God de verborgene dingen der mensen zal oordelen door Jezus Christus, naar mijn Evangelie.

¹⁷Zie, gij wordt een Jood genaamd en rust op de wet; en roemt op God,

¹⁸En gij weet Zijn wil, en beproeft de dingen, die daarvan verschillen, zijnde onderwezen uit de wet;

¹⁹En gij betrouwt uzelven te zijn een leidsman der blinden, een licht dergenen, die in duisternis zijn;

²⁰Een onderrichter der onwijzen, en een leermeester der onwetenden, hebbende de gedaante der kennis en der waarheid in de wet.

²¹Die dan een anderen leert, leert gij uzelven niet? Die predikt, dat men niet stelen zal, steelt gij?

²²Die zegt, dat men geen overspel doen zal, doet gij overspel? Die van de afgoden een gruwel hebt, berooft gij het heilige?

²³Die op de wet roemt, onteert gij God door de overtreding der wet?

²⁴Want de Naam van God wordt om uwentwil gelasterd onder de heidenen, gelijk geschreven is.

²⁵Want de besnijdenis is wel nut, indien gij de wet doet; maar indien gij een overtreder der wet zijt, zo is uw besnijdenis voorhuid geworden.

²⁶Indien dan de voorhuid de rechten der wet bewaart, zal niet zijn voorhuid tot een besnijdenis gerekend worden?

²⁷En zal de voorhuid, die uit de natuur is, als zij de wet volbrengt, u niet oordelen, die door de letter en besnijdenis een overtreder der wet zijt?

²⁸Want die is niet een Jood, die het in het openbaar is; noch die is de besnijdenis, die het in het openbaar in het vlees is;

²⁹Maar die is een Jood, die het in het verborgen is, en de besnijdenis des harten, in den geest, niet in de letter, is de besnijdenis; wiens lof niet is uit de mensen, maar uit God.

Hoofdstuk 3

¹Welk is dan het voordeel van den Jood? Of welk is de nuttigheid der besnijdenis?

²Vele in alle manier; want dit is wel het eerste, dat hun de Woorden Gods zijn toebetrouwd.

³Want wat is het, al zijn sommigen ongelovig geweest? Zal hun ongelovigheid het geloof van God te niet doen?

⁴Dat zij verre. Doch God zij waarachtig, maar alle mens leugenachtig; gelijk als geschreven is: Opdat Gij gerechtvaardigd wordt in Uw woorden, en overwint, wanneer Gij oordeelt.

⁵Indien nu onze ongerechtigheid Gods gerechtigheid bevestigt, wat zullen wij zeggen? Is God onrechtvaardig, als Hij toorn over ons brengt? (Ik spreek naar denmens.)

⁶Dat zij verre, anderszins hoe zal God de wereld oordelen?

⁷Want indien de waarheid Gods door mijn leugen overvloediger is geworden, tot Zijn heerlijkheid, wat word ik ook nog als een zondaar geoordeeld?

⁸En zeggen wij niet liever (gelijk wij gelasterd worden, en gelijk sommigen zeggen, dat wij zeggen): Laat ons het kwade doen, opdat het goede daaruit kome?Welker verdoemenis rechtvaardig is.

⁹Wat dan? Zijn wij uitnemender? Ganselijk niet; want wij hebben te voren beschuldigd beiden Joden en Grieken, dat zij allen onder de zonde zijn;

¹⁰Gelijk geschreven is: Er is niemand rechtvaardig, ook niet een;

¹¹Er is niemand, die verstandig is, er is niemand, die God zoekt.

¹²Allen zijn zij afgeweken, te zamen zijn zij onnut geworden; er is niemand, die goed doet, er is ook niet tot een toe.

¹³Hun keel is een geopend graf; met hun tongen plegen zij bedrog; slangenvenijn is onder hun lippen.

¹⁴Welker mond vol is van vervloeking en bitterheid;

¹⁵Hun voeten zijn snel om bloed te vergieten;

¹⁶Vernieling en ellendigheid is in hun wegen;

¹⁷En den weg des vredes hebben zij niet gekend.

¹⁸Er is geen vreze Gods voor hun ogen.

¹⁹Wij weten nu, dat al wat de wet zegt, zij dat spreekt tot degenen, die onder de wet zijn; opdat alle mond gestopt worde en de gehele wereld voor Godverdoemelijk zij.

²⁰Daarom zal uit de werken der wet geen vlees gerechtvaardigd worden, voor Hem; want door de wet is de kennis der zonde.

²¹Maar nu is de rechtvaardigheid Gods geopenbaard geworden zonder de wet, hebbende getuigenis van de wet en de profeten:

²²Namelijk de rechtvaardigheid Gods door het geloof van Jezus Christus, tot allen, en over allen, die geloven; want er is geen onderscheid.

²³Want zij hebben allen gezondigd, en derven de heerlijkheid Gods;

²⁴En worden om niet gerechtvaardigd, uit Zijn genade, door de verlossing, die in Christus Jezus is;

²⁵Welken God voorgesteld heeft tot een verzoening, door het geloof in Zijn bloed, tot een betoning van Zijn rechtvaardigheid, door de vergeving der zonden, diete voren geschied zijn onder de verdraagzaamheid Gods;

²⁶Tot een betoning van Zijn rechtvaardigheid in dezen tegenwoordigen tijd; opdat Hij rechtvaardig zij, en rechtvaardigende dengene, die uit het geloof van Jezusis.

²⁷Waar is dan de roem? Hij is uitgesloten. Door wat wet? Der werken? Neen, maar door de wet des geloofs.

²⁸Wij besluiten dan, dat de mens door het geloof gerechtvaardigd wordt, zonder de werken der wet.

²⁹Is God een God der Joden alleen? en is Hij het niet ook der heidenen? Ja, ook der heidenen;

³⁰Nademaal Hij een enig God is, Die de besnijdenis rechtvaardigen zal uit het geloof, en de voorhuid door het geloof.

³¹Doen wij dan de wet te niet door het geloof? Dat zij verre; maar wij bevestigen de wet.

Hoofdstuk 4

¹Wat zullen wij dan zeggen, dat Abraham, onze vader, verkregen heeft naar het vlees?

²Want indien Abraham uit de werken gerechtvaardigd is, zo heeft hij roem, maar niet bij God.

³Want wat zegt de Schrift? En Abraham geloofde God, en het is hem gerekend tot rechtvaardigheid.

⁴Nu dengene, die werkt, wordt het loon niet toegerekend naar genade, maar naar schuld.

⁵Doch dengene, die niet werkt, maar gelooft in Hem, Die den goddeloze rechtvaardigt, wordt zijn geloof gerekend tot rechtvaardigheid.

⁶Gelijk ook David den mens zalig spreekt, welken God de rechtvaardigheid toerekent zonder werken;

⁷Zeggende: Zalig zijn zij, welker ongerechtigheden vergeven zijn, en welker zonden bedekt zijn;

⁸Zalig is de man, welken de Heere de zonden niet toerekent.

⁹Deze zaligspreking dan, is die alleen over de besnijdenis, of ook over de voorhuid? Want wij zeggen, dat Abraham het geloof gerekend is tot rechtvaardigheid.

¹⁰Hoe is het hem dan toegerekend? Als hij in de besnijdenis was, of in de voorhuid? Niet in de besnijdenis, maar in de voorhuid.

¹¹En hij heeft het teken der besnijdenis ontvangen tot een zegel der rechtvaardigheid des geloofs, die hem in de voorhuid was toegerekend; opdat hij zou zijn eenvader van allen, die geloven in de voorhuid zijnde, ten einde ook hun de rechtvaardigheid toegerekend worde;

¹²En een vader der besnijdenis, dengenen namelijk, die niet alleen uit de besnijdenis zijn, maar die ook wandelen in de voetstappen des geloofs van onzen vaderAbraham, hetwelk in de voorhuid was.

¹³Want de belofte is niet door de wet aan Abraham of zijn zaad geschied, namelijk, dat hij een erfgenaam der wereld zou zijn, maar door de rechtvaardigheiddes geloofs.

¹⁴Want indien degenen, die uit de wet zijn, erfgenamen zijn, zo is het geloof ijdel geworden, en de beloftenis te niet gedaan.

¹⁵Want de wet werkt toorn; want waar geen wet is, daar is ook geen overtreding.

¹⁶Daarom is zij uit het geloof, opdat zij naar genade zij; ten einde de belofte vast zij al den zade, niet alleen dat uit de wet is, maar ook dat uit het geloof Abrahamsis, welke een vader is van ons allen;

¹⁷(Gelijk geschreven staat: Ik heb u tot een vader van vele volken gesteld) voor Hem, aan Welken hij geloofd heeft, namelijk God, Die de doden levend maakt, en roept de dingen, die niet zijn, alsof zij waren;

¹⁸Welke tegen hoop op hoop geloofd heeft, dat hij zou worden een vader van vele volken; volgens hetgeen gezegd was: Alzo zal uw zaad wezen.

¹⁹En niet verzwakt zijnde in het geloof, heeft hij zijn eigen lichaam niet aangemerkt, dat alrede verstorven was, alzo hij omtrent honderd jaren oud was, noch ookdat de moeder in Sara verstorven was.

²⁰En hij heeft aan de beloftenis Gods niet getwijfeld door ongeloof; maar is gesterkt geweest in het geloof, gevende God de eer;

²¹En ten volle verzekerd zijnde, dat hetgeen beloofd was, Hij ook machtig was te doen.

²²Daarom is het hem ook tot rechtvaardigheid gerekend.

²³Nu is het niet alleen om zijnentwil geschreven, dat het hem toegerekend is;

²⁴Maar ook om onzentwil, welken het zal toegerekend worden, namelijk dengenen, die geloven in Hem, Die Jezus, onzen Heere, uit de doden opgewekt heeft;

²⁵Welke overgeleverd is om onze zonden, en opgewekt om onze rechtvaardigmaking.

Hoofdstuk 5

¹Wij dan, gerechtvaardigd zijnde uit het geloof, hebben vrede bij God, door onzen Heere Jezus Christus;

²Door Welken wij ook de toeleiding hebben door het geloof tot deze genade, in welke wij staan, en roemen in de hoop der heerlijkheid Gods.

³En niet alleenlijk dit, maar wij roemen ook in de verdrukkingen, wetende, dat de verdrukking lijdzaamheid werkt;

⁴En de lijdzaamheid bevinding, en de bevinding hoop;

⁵En de hoop beschaamt niet, omdat de liefde Gods in onze harten uitgestort is door den Heiligen Geest, Die ons is gegeven.

⁶Want Christus, als wij nog krachteloos waren, is te Zijner tijd voor de goddelozen gestorven.

⁷Want nauwelijks zal iemand voor een rechtvaardige sterven; want voor den goede zal mogelijk iemand ook bestaan te sterven.

⁸Maar God bevestigt Zijn liefde jegens ons, dat Christus voor ons gestorven is, als wij nog zondaars waren.

⁹Veel meer dan, zijnde nu gerechtvaardigd door Zijn bloed, zullen wij door Hem behouden worden van den toorn.

¹⁰Want indien wij, vijanden zijnde, met God verzoend zijn door den dood Zijns Zoons, veel meer zullen wij, verzoend zijnde, behouden worden door Zijn leven.

¹¹En niet alleenlijk dit, maar wij roemen ook in God, door onzen Heere Jezus Christus, door Welken wij nu de verzoening gekregen hebben.

¹²Daarom, gelijk door een mens de zonde in de wereld ingekomen

Romeinen

is, en door de zonde de dood; en alzo de dood tot alle mensen doorgegaan is, in welken allen gezondigd hebben.

¹³Want tot de wet was de zonde in de wereld; maar de zonde wordt niet toegerekend, als er geen wet is.

¹⁴Maar de dood heeft geheerst van Adam tot Mozes toe, ook over degenen, die niet gezondigd hadden in de gelijkheid der overtreding van Adam, welke een voorbeeld is Desgenen, Die komen zou.

¹⁵Doch niet, gelijk de misdaad, alzo is ook de genadegift, want indien, door de misdaad van een, velen gestorven zijn, zo is veel meer de genade Gods, en de gave door de genade, die daar is van een mens Jezus Christus, overvloedig geweest over velen.

¹⁶En niet, gelijk de schuld was door den een, die gezondigd heeft, alzo is de gift; want de schuld is wel uit een misdaad tot verdoemenis, maar de genadegift is uit vele misdaden tot rechtvaardigmaking.

¹⁷Want indien door de misdaad van een de dood geheerst heeft door dien enen, veel meer zullen degenen, die den overvloed der genade en der gave der rechtvaardigheid ontvangen, in het leven heersen door dien Enen, namelijk Jezus Christus.

¹⁸Zo dan, gelijk door een misdaad de schuld gekomen is over alle mensen tot verdoemenis; alzo ook door een rechtvaardigheid komt de genade over alle mensen tot rechtvaardigmaking des levens.

¹⁹Want gelijk door de ongehoorzaamheid van dien enen mens velen tot zondaars gesteld zijn geworden, alzo zullen ook door de gehoorzaamheid van Enen velen tot rechtvaardigen gesteld worden.

²⁰Maar de wet is bovendien ingekomen, opdat de misdaad te meerder worde; en waar de zonde meerder geworden is, daar is de genade veel meer overvloedig geweest;

²¹Opdat, gelijk de zonde geheerst heeft tot den dood, alzo ook de genade zou heersen door rechtvaardigheid tot het eeuwige leven, door Jezus Christus onzen Heere.

Hoofdstuk 6

¹Wat zullen wij dan zeggen? Zullen wij in de zonde blijven, opdat de genade te meerder worde?

²Dat zij verre. Wij, die der zonde gestorven zijn, hoe zullen wij nog in dezelve leven?

³Of weet gij niet, dat zovelen als wij in Christus Jezus gedoopt zijn, wij in Zijn dood gedoopt zijn?

⁴Wij zijn dan met Hem begraven, door den doop in den dood, opdat, gelijkerwijs Christus uit de doden opgewekt is tot de heerlijkheid des Vaders, alzo ook wij in nieuwigheid des levens wandelen zouden.

⁵Want indien wij met Hem een plant geworden zijn in de gelijkmaking Zijns doods, zo zullen wij het ook zijn in de gelijkmaking Zijner opstanding;

⁶Dit wetende, dat onze oude mens met Hem gekruisigd is, opdat het lichaam der zonde te niet gedaan worde, opdat wij niet meer de zonde dienen.

⁷Want die gestorven is, die is gerechtvaardigd van de zonde.

⁸Indien wij nu met Christus gestorven zijn, zo geloven wij, dat wij ook met Hem zullen leven;

⁹Wetende, dat Christus, opgewekt zijnde uit de doden, niet meer sterft; de dood heerst niet meer over Hem.

¹⁰Want dat Hij gestorven is, dat is Hij der zonde eenmaal gestorven; en dat Hij leeft, dat leeft Hij Gode.

¹¹Alzo ook gijlieden, houdt het daarvoor dat gij wel der zonde dood zijt, maar Gode levende zijt in Christus Jezus, onzen Heere.

¹²Dat dan de zonde niet heerse in uw sterfelijk lichaam, om haar te gehoorzamen in de begeerlijkheden deszelven lichaams.

¹³En stelt uwe leden niet der zonde tot wapenen der ongerechtigheid; maar stelt uzelven Gode, als uit de doden levende geworden zijnde, en stelt uw leden Gode tot wapenen der gerechtigheid.

¹⁴Want de zonde zal over u niet heersen; want gij zijt niet onder de wet, maar onder de genade.

¹⁵Wat dan? Zullen wij zondigen, omdat wij niet zijn onder de wet, maar onder de genade? Dat zij verre.

¹⁶Weet gij niet, dat wien gij uzelven stelt tot dienstknechten ter gehoorzaamheid, gij dienstknechten zijt desgenen, dien gij gehoorzaamt, of der zonde tot den dood, of der gehoorzaamheid tot gerechtigheid?

¹⁷Maar Gode zij dank, dat gij wel dienstknechten der zonde waart, maar dat gij nu van harte gehoorzaam geworden zijt aan het voorbeeld der leer, tot hetwelk gij overgegeven zijt;

¹⁸En vrijgemaakt zijnde van de zonde, zijt gemaakt dienstknechten der gerechtigheid.

¹⁹Ik spreek op menselijke wijze, om der zwakheid uws vleses wil; want gelijk gij uw leden gesteld hebt, om dienstbaar te zijn der onreinigheid en der ongerechtigheid, tot ongerechtigheid, alzo stelt nu uw leden, om dienstbaar te zijn der gerechtigheid, tot heiligmaking.

²⁰Want toen gij dienstknechten waart der zonde, zo waart gij vrij van de gerechtigheid.

²¹Wat vrucht dan hadt gij toen van die dingen, waarover gij u nu schaamt? Want het einde derzelve is de dood.

²²Maar nu, van de zonde vrijgemaakt zijnde, en Gode dienstbaar gemaakt zijnde, hebt gij uw vrucht tot heiligmaking, en het einde het eeuwige leven.

²³Want de bezoldiging der zonde is de dood, maar de genadegift Gods is het eeuwige leven, door Jezus Christus, onzen Heere.

Hoofdstuk 7

¹Weet gij niet, broeders! (want ik spreek tot degenen, die de wet verstaan) dat de wet heerst over den mens, zo langen tijd als hij leeft?

²Want een vrouw, die onder den man staat, is aan den levenden man verbonden door de wet; maar indien de man gestorven is, zo is zij vrijgemaakt van de wet des mans.

³Daarom dan, indien zij eens anderen mans wordt, terwijl de man leeft, zo zal zij een overspeelster genaamd worden; maar indien de man gestorven is, zo is zij vrij van de wet, alzo dat zij geen overspeelster is, als zij eens anderen mans wordt.

⁴Zo dan, mijn broeders, gij zijt ook der wet gedood door het lichaam van Christus, opdat gij zoudt worden eens Anderen, namelijk Desgenen, Die van de doden opgewekt is, opdat wij Gode vruchten dragen zouden.

⁵Want toen wij in het vlees waren, wrochten de bewegingen der zonden, die door de wet zijn, in onze leden, om den dood vruchten te dragen.

⁶Maar nu zijn wij vrijgemaakt van de wet, overmits wij dien gestorven zijn, onder welken wij gehouden waren; alzo dat wij dienen in nieuwigheid des geestes, en niet in de oudheid der letter.

⁷Wat zullen wij dan zeggen? Is de wet zonde? Dat zij verre. Ja, ik kende de zonde niet dan door de wet; want ook had ik de begeerlijkheid niet geweten zonde te zijn, indien de wet niet zeide: Gij zult niet begeren.

⁸Maar de zonde, oorzaak genomen hebbende door het gebod, heeft in mij alle begeerlijkheid gewrocht; want zonder de wet is de zonde dood.

⁹En zonder de wet, zo leefde ik eertijds; maar als het gebod gekomen is, zo is de zonde weder levend geworden, doch ik ben gestorven.

¹⁰En het gebod, dat ten leven was, hetzelve is mij ten dood bevonden.

¹¹Want de zonde, oorzaak genomen hebbende door het gebod, heeft mij verleid, en door hetzelve gedood.

¹²Alzo is dan de wet heilig, en het gebod is heilig, en rechtvaardig, en goed.

¹³Is dan het goede mij de dood geworden? Dat zij verre. Maar de zonde is mij de dood geworden; opdat zij zou openbaar worden zonde te zijn; werkende mij door het goede den dood; opdat de zonde boven mate werd zondigende door het gebod.

¹⁴Want wij weten, dat de wet geestelijk is, maar ik ben vleselijk, verkocht onder de zonde.

¹⁵Want hetgeen ik doe, dat ken ik niet; want hetgeen ik wil, dat doe ik niet, maar hetgeen ik haat, dat doe ik.

¹⁶En indien ik hetgene doe, dat ik niet wil, zo stem ik de wet toe, dat zij goed is.

¹⁷Ik dan doe datzelve nu niet meer, maar de zonde, die in mij woont.

¹⁸Want ik weet, dat in mij, dat is, in mijn vlees, geen goed woont; want het willen is wel bij mij, maar het goede te doen, dat vind ik niet.

¹⁹Want het goede dat ik wil, doe ik niet, maar het kwade, dat ik niet wil, dat doe ik.

²⁰Indien ik hetgene doe, dat ik niet wil, zo doe ik nu hetzelve niet meer, maar de zonde, die in mij woont.

²¹Zo vind ik dan deze wet in mij: als ik het goede wil doen, dat het kwade mij bijligt.

²²Want ik heb een vermaak in de wet Gods, naar den inwendigen mens;

²³Maar ik zie een andere wet in mijn leden, welke strijdt tegen de wet mijns gemoeds, en mij gevangen neemt onder de wet der zonde, die in mijn leden is.

²⁴Ik ellendig mens, wie zal mij verlossen uit het lichaam dezes doods?

²⁵Ik dank God, door Jezus Christus, onzen Heere.

²⁶Zo dan, ik zelf dien wel met het gemoed de wet Gods, maar met het vlees de wet der zonde.

Hoofdstuk 8

¹Zo is er dan nu geen verdoemenis voor degenen, die in Christus Jezus zijn, die niet naar het vlees wandelen, maar naar den Geest.

²Want de wet des Geestes des levens in Christus Jezus heeft mij vrijgemaakt van de wet der zonde en des doods.

³Want hetgeen der wet onmogelijk was, dewijl zij door het vlees krachteloos was, heeft God, Zijn Zoon zendende in gelijkheid des zondigen vleses, en dat voorde zonde, de zonde veroordeeld in het vlees.

⁴Opdat het recht der wet vervuld zou worden in ons, die niet naar het vlees wandelen, maar naar den Geest.

⁵Want die naar het vlees zijn, bedenken, dat des vleses is; maar die naar den Geest zijn, bedenken, dat des Geestes is.

⁶Want het bedenken des vleses is de dood; maar het bedenken des Geestes is het leven en vrede;

⁷Daarom dat het bedenken des vleses vijandschap is tegen God; want het onderwerpt zich der wet Gods niet; want het kan ook niet.

⁸En die in het vlees zijn, kunnen Gode niet behagen.

⁹Doch gijlieden zijt niet in het vlees, maar in den Geest, zo anders de Geest Gods in u woont. Maar zo iemand den Geest van Christus niet heeft, die komt Hem niet toe.

¹⁰En indien Christus in ulieden is, zo is wel het lichaam dood om der zonden wil; maar de geest is leven om der gerechtigheid wil.

¹¹En indien de Geest Desgenen, Die Jezus uit de doden opgewekt heeft, in u woont, zo zal Hij, Die Christus uit de doden opgewekt heeft, ook uw sterfelijke lichamen levend maken, door Zijn Geest, Die in u woont.

¹²Zo dan, broeders, wij zijn schuldenaars niet aan het vlees, om naar het vlees te leven.

¹³Want indien gij naar het vlees leeft, zo zult gij sterven; maar indien gij door den Geest de werkingen des lichaams doodt, zo zult gij leven.

¹⁴Want zovelen als er door den Geest Gods geleid worden, die zijn kinderen Gods.

¹⁵Want gij hebt niet ontvangen den Geest der dienstbaarheid wederom tot vreze; maar gij hebt ontvangen den Geest der aanneming tot kinderen, door Welken wij roepen: Abba, Vader!

¹⁶Dezelve Geest getuigt met onzen geest, dat wij kinderen Gods zijn.

¹⁷En indien wij kinderen zijn, zo zijn wij ook erfgenamen, erfgenamen van God, en medeerfgenamen van Christus; zo wij anders met Hem lijden, opdat wij ook met Hem verheerlijkt worden.

¹⁸Want ik houde het daarvoor, dat het lijden dezes tegenwoordigen tijds niet is te waarderen tegen de heerlijkheid, die aan ons zal geopenbaard worden.

¹⁹Want het schepsel, als met opgestoken hoofde, verwacht de openbaring der kinderen Gods.

²⁰Want het schepsel is der ijdelheid onderworpen, niet gewillig, maar om diens wil, die het der ijdelheid onderworpen heeft;

²¹Op hoop, dat ook het schepsel zelf zal vrijgemaakt worden van de dienstbaarheid der verderfenis, tot de vrijheid der heerlijkheid der kinderen Gods.

²²Want wij weten, dat het ganse schepsel te zamen zucht, en te zamen als in barensnood is tot nu toe.

²³En niet alleen dit, maar ook wij zelven, die de eerstelingen des Geestes hebben, wij ook zelven, zeg ik, zuchten in onszelven, verwachtende de aanneming tot kinderen, namelijk de verlossing onzes lichaams.

²⁴Want wij zijn in hope zalig geworden. De hoop nu, die gezien wordt, is geen hoop; want hetgeen iemand ziet, waarom zal hij het ook hopen?

²⁵Maar indien wij hopen, hetgeen wij niet zien, zo verwachten wij het met lijdzaamheid.

²⁶En desgelijks komt ook de Geest onze zwakheden mede te hulp; want wij weten niet, wat wij bidden zullen, gelijk het behoort, maar de Geest Zelf bidt voor ons met onuitsprekelijke zuchtingen.

²⁷En Die de harten doorzoekt, weet, welke de mening des Geestes zij, dewijl Hij naar God voor de heiligen bidt.

²⁸En wij weten, dat dengenen, die God liefhebben, alle dingen medewerken ten goede, namelijk dengenen, die naar Zijn voornemen geroepen zijn.

²⁹Want die Hij te voren gekend heeft, die heeft Hij ook te voren verordineerd, den beelde Zijns Zoons gelijkvormig te zijn, opdat Hij de Eerstgeborene zij onder vele broederen.

³⁰En die Hij te voren verordineerd heeft, dezen heeft Hij ook geroepen; en die Hij geroepen heeft, dezen heeft Hij ook gerechtvaardigd; en die Hij gerechtvaardigd heeft, dezen heeft Hij ook verheerlijkt.

³¹Wat zullen wij dan tot deze dingen zeggen? Zo God voor ons is, wie zal tegen ons zijn?

³²Die ook Zijn eigen Zoon niet gespaard heeft, maar heeft Hem voor ons allen overgegeven, hoe zal Hij ons ook met Hem niet alle dingen schenken?

³³Wie zal beschuldiging inbrengen tegen de uitverkorenen Gods? God is het, Die rechtvaardig maakt.

³⁴Wie is het, die verdoemt? Christus is het, Die gestorven is; ja, wat meer is, Die ook opgewekt is, Die ook ter rechter hand Gods is, Die ook voor ons bidt.

³⁵Wie zal ons scheiden van de liefde van Christus? Verdrukking, of benauwdheid, of vervolging, of honger, naaktheid, of gevaar, of zwaard?

³⁶(Gelijk geschreven is: Want om Uwentwil worden wij den gansen dag gedood; wij zijn geacht als schapen ter slachting.)

³⁷Maar in dit alles zijn wij meer dan overwinnaars, door Hem, Die ons liefgehad heeft.

³⁸Want ik ben verzekerd, dat noch dood, noch leven, noch engelen, noch overheden, noch machten, noch tegenwoordige, noch toekomende dingen,

³⁹Noch hoogte, noch diepte, noch enig ander schepsel ons zal kunnen scheiden van de liefde Gods, welke is in Christus Jezus, onzen Heere.

Hoofdstuk 9

¹Ik zeg de waarheid in Christus, ik lieg niet (mijn geweten mij mede getuigenis gevende door den Heiligen Geest),

²Dat het mij een grote droefheid, en mijn hart een gedurige smart is.

³Want ik zou zelf wel wensen verbannen te zijn van Christus, voor mijn broederen, die mijn maagschap zijn naar het vlees;

⁴Welke Israelieten zijn, welker is de aanneming tot kinderen, en de heerlijkheid, en de verbonden, en de wetgeving, en de dienst van God, en de beloftenissen;

⁵Welker zijn de vaders, en uit welke Christus is, zoveel het vlees aangaat, Dewelke is God boven allen te prijzen in der eeuwigheid. Amen.

⁶Doch ik zeg dit niet, alsof het woord Gods ware uitgevallen; want die zijn niet allen Israel, die uit Israel zijn.

⁷Noch omdat zij Abrahams zaad zijn, zijn zij allen kinderen; maar: In Izaak zal u het zaad genoemd worden.

⁸Dat is, niet de kinderen des vleses, die zijn kinderen Gods; maar de kinderen der beloftenis worden voor het zaad gerekend.

⁹Want dit is het woord der beloftenis: Omtrent dezen tijd zal Ik komen, en Sara zal een zoon hebben.

¹⁰En niet alleenlijk deze, maar ook Rebekka is daarvan een bewijs, als zij uit een bevrucht was, namelijk Izaak, onzen Vader.

¹¹Want als de kinderen nog niet geboren waren, noch iets goeds of kwaads gedaan hadden, opdat het voornemen Gods, dat naar de verkiezing is, vast bleve, niet uit de werken, maar uit den Roepende;

¹²Zo werd tot haar gezegd: De meerdere zal den mindere dienen.

¹³Gelijk geschreven is: Jakob heb Ik liefgehad, en Ezau heb Ik gehaat.

¹⁴Wat zullen wij dan zeggen? Is er onrechtvaardigheid bij God? Dat zij verre.

¹⁵Want Hij zegt tot Mozes: Ik zal Mij ontfermen, diens Ik Mij ontferm, en zal barmhartig zijn, dien Ik barmhartig ben.

¹⁶Zo is het dan niet desgenen, die wil, noch desgenen, die loopt, maar des ontfermenden Gods.

¹⁷Want de Schrift zegt tot Farao: Tot ditzelve heb Ik u verwekt, opdat Ik in u Mijn kracht bewijzen zou, en opdat Mijn Naam verkondigd worde op de ganse aarde.

¹⁸Zo ontfermt Hij Zich dan, diens Hij wil, en verhardt, dien Hij wil.

¹⁹Gij zult dan tot mij zeggen: Wat klaagt Hij dan nog? Want wie heeft Zijn wil wederstaan?

²⁰Maar toch, o mens, wie zijt gij, die tegen God antwoordt? Zal ook het maaksel tot dengene, die het gemaakt heeft, zeggen: Waarom hebt gij mij alzo gemaakt?

²¹Of heeft de pottenbakker geen macht over het leem, om uit denzelfden klomp te maken, het ene vat ter ere, en het andere ter onere?

²²En of God, willende Zijn toorn bewijzen, en Zijn macht bekend maken, met vele lankmoedigheid verdragen heeft de vaten des toorns, tot het verderf toebereid;

²³En opdat Hij zou bekend maken den rijkdom Zijner heerlijkheid over de vaten der barmhartigheid, die Hij te voren bereid heeft tot

Romeinen

heerlijkheid?

²⁴Welke Hij ook geroepen heeft, namelijk ons, niet alleen uit de Joden, maar ook uit de heidenen.

²⁵Gelijk Hij ook in Hosea zegt: Ik zal hetgeen Mijn volk niet was, Mijn volk noemen, en die niet bemind was, Mijn beminde.

²⁶En het zal zijn, in de plaats, waar tot hen gezegd was: Gijlieden zijt Mijn volk niet, aldaar zullen zij kinderen des levenden Gods genaamd worden.

²⁷En Jesaja roept over Israel: Al ware het getal der kinderen Israels gelijk het zand der zee, zo zal het overblijfsel behouden worden.

²⁸Want Hij voleindt een zaak en snijdt ze af in rechtvaardigheid; want de Heere zal een afgesneden zaak doen op de aarde.

²⁹En gelijk Jesaja te voren gezegd heeft: Indien de Heere Sebaoth ons geen zaad had overgelaten, zo waren wij als Sodom geworden, en Gomorra gelijkgemaakt geweest.

³⁰Wat zullen wij dan zeggen? Dat de heidenen, die de rechtvaardigheid niet zochten, de rechtvaardigheid verkregen hebben, doch de rechtvaardigheid, die uit het geloof.

³¹Maar Israel, die de wet der rechtvaardigheid zocht, is tot de wet der rechtvaardigheid niet gekomen.

³²Waarom? Omdat zij die zochten niet uit het geloof, maar als uit de werken der wet, want zij hebben zich gestoten aan den steen des aanstoots;

³³Gelijk geschreven is: Ziet, Ik leg in Sion een steen des aanstoots, en een rots der ergernis; en een iegelijk, die in Hem gelooft, zal niet beschaamd worden.

Hoofdstuk 10

¹Broeders, de toegenegenheid mijns harten, en het gebed, dat ik tot God voor Israel doe, is tot hun zaligheid.

²Want ik geef hun getuigenis, dat zij een ijver tot God hebben, maar niet met verstand.

³Want alzo zij de rechtvaardigheid Gods niet kennen, en hun eigen gerechtigheid zoeken op te richten, zo zijn zij der rechtvaardigheid Gods niet onderworpen.

⁴Want het einde der wet is Christus, tot rechtvaardigheid een iegelijk, die gelooft.

⁵Want Mozes beschrijft de rechtvaardigheid, die uit de wet is, zeggende: De mens, die deze dingen doet, zal door dezelve leven.

⁶Maar de rechtvaardigheid, die uit het geloof is, spreekt aldus: Zeg niet in uw hart: Wie zal in den hemel opklimmen? Hetzelve is Christus van boven afbrengen.

⁷Of, wie zal in den afgrond nederdalen? Hetzelve is Christus uit de doden opbrengen.

⁸Maar wat zegt zij? Nabij u is het Woord, in uw mond en in uw hart. Dit is het Woord des geloofs, hetwelk wij prediken.

⁹Namelijk, indien gij met uw mond zult belijden den Heere Jezus, en met uw hart gelooven, dat God Hem uit de doden opgewekt heeft, zo zult gij zalig worden.

¹⁰Want met het hart gelooft men ter rechtvaardigheid en met den mond belijdt men ter zaligheid.

¹¹Want de Schrift zegt: Een iegelijk, die in Hem gelooft, die zal niet beschaamd worden.

¹²Want er is geen onderscheid, noch van Jood noch van Griek; want eenzelfde is Heere van allen, rijk zijnde over allen, die Hem aanroepen.

¹³Want een iegelijk, die den Naam des Heeren zal aanroepen, zal zalig worden.

¹⁴Hoe zullen zij dan Hem aanroepen, in Welken zij niet geloofd hebben? En hoe zullen zij in Hem geloven, van Welken zij niet gehoord hebben? En hoe zullen zij horen, zonder die hun predikt?

¹⁵En hoe zullen zij prediken, indien zij niet gezonden worden? Gelijk geschreven is: Hoe liefelijk zijn de voeten dergenen, die vrede verkondigen, dergenen, die het goede verkondigen!

¹⁶Doch zij zijn niet allen het Evangelie gehoorzaam geweest; want Jesaja zegt: Heere, wie heeft onze prediking geloofd?

¹⁷Zo is dan het geloof uit het gehoor, en het gehoor door het Woord Gods.

¹⁸Maar ik zeg: Hebben zij het niet gehoord? Ja toch, hun geluid is over de gehele aarde uitgegaan, en hun woorden tot de einden der wereld.

¹⁹Maar ik zeg: Heeft Israel het niet verstaan? Mozes zegt eerst: Ik zal ulieden tot jaloersheid verwekken door degenen, die geen volk zijn; door een onverstandig volk zal ik u tot toorn verwekken.

²⁰En Jesaja verstout zich, en zegt: Ik ben gevonden van degenen, die Mij niet zochten; Ik ben openbaar geworden dengenen, die naar Mij niet vraagden.

²¹Maar tegen Israel zegt Hij: Den gehelen dag heb Ik Mijn handen uitgestrekt tot een ongehoorzaam en tegensprekend volk. Romeinen 11

Hoofdstuk 11

¹Ik zeg dan: Heeft God Zijn volk verstoten? Dat zij verre; want ik ben ook een Israeliet, uit het zaad Abrahams, van den stam Benjamin.

²God heeft Zijn volk niet verstoten, hetwelk Hij te voren gekend heeft. Of weet gij niet, wat de Schrift zegt van Elia, hoe hij God aanspreekt tegen Israel, zeggende:

³Heere! zij hebben Uw profeten gedood, en Uw altaren omgeworpen; en ik ben alleen overgebleven en zij zoeken mijn ziel.

⁴Maar wat zegt tot hem het Goddelijk antwoord? Ik heb Mijzelven nog zeven duizend mannen overgelaten, die de knie voor het beeld van Baal niet gebogen hebben.

⁵Alzo is er dan ook in dezen tegenwoordigen tijd een overblijfsel geworden, naar de verkiezing der genade.

⁶En indien het door genade is, zo is het niet meer uit de werken; anderszins is de genade geen genade meer; en indien het is uit de werken, zo is het geen genade meer; anderszins is het werk geen werk meer.

⁷Wat dan? Hetgeen Israel zoekt, dat heeft het niet verkregen; maar de uitverkorenen hebben het verkregen, en de anderen zijn verhard geworden.

⁸(Gelijk geschreven is: God heeft hun gegeven een geest des diepen slaaps; ogen om niet te zien, en oren om niet te horen) tot op den huidigen dag.

⁹En David zegt: Hun tafel worde tot een strik, en tot een val, en tot een aanstoot, en tot een vergelding voor hen.

¹⁰Dat hun ogen verduisterd worden, om niet te zien; en verkrom hun rug allen tijd.

¹¹Zo zeg ik dan: Hebben zij gestruikeld, opdat zij vallen zouden? Dat zij verre; maar door hun val is de zaligheid den heidenen geworden, om hen tot jaloersheid te verwekken.

¹²En indien hun val de rijkdom is der wereld, en hun vermindering de rijkdom der heidenen, hoeveel te meer hun volheid!

¹³Want ik spreek tot u, heidenen, voor zoveel ik der heidenen apostel ben; ik maak mijn bediening heerlijk;

¹⁴Of ik enigszins mijn vlees tot jaloersheid verwekken, en enigen uit hen behouden mocht.

¹⁵Want indien hun verwerping de verzoening is der wereld, wat zal de aanneming wezen, anders dan het leven uit de doden?

¹⁶En indien de eerstelingen heilig zijn, zo is ook het deeg heilig, en indien de wortel heilig is, zo zijn ook de takken heilig.

¹⁷En zo enige der takken afgebroken zijn, en gij, een wilde olijfboom zijnde, in derzelver plaats zijt ingeent, en des wortels en der vettigheid des olijfbooms mededeelachtig zijt geworden,

¹⁸Zo roem niet tegen de takken; en indien gij daartegen roemt, gij draagt den wortel niet, maar de wortel u.

¹⁹Gij zult dan zeggen: De takken zijn afgebroken, opdat ik zou ingeent worden.

²⁰Het is wel; zij zijn door ongeloof afgebroken, en gij staat door het geloof. Zijt niet hooggevoelende, maar vrees.

²¹Want is het, dat God de natuurlijke takken niet gespaard heeft, zie toe, dat Hij ook mogelijk u niet spare.

²²Zie dan de goedertierenheid en de strengheid van God; de strengheid wel over degenen, die gevallen zijn, maar de goedertierenheid over u, indien gij in de goedertierenheid blijft; anderszins zult ook gij afgehouwen worden.

²³Maar ook zij, indien zij in het ongeloof niet blijven, zullen ingeent worden; want God is machtig om dezelve weder in te enten.

²⁴Want indien gij afgehouwen zijt uit den olijfboom, die van nature wild was, en tegen nature in den goeden olijfboom ingeent; hoeveel te meer zullen deze, die natuurlijke takken zijn, in hun eigen olijfboom geent worden?

²⁵Want ik wil niet, broeders, dat u deze verborgenheid onbekend zij (opdat gij niet wijs zijt, bij uzelven), dat de verharding voor een deel over Israel gekomen is, totdat de volheid der heidenen zal ingegaan zijn.

²⁶En alzo zal geheel Israel zalig worden; gelijk geschreven is: De Verlosser zal uit Sion komen en zal de goddeloosheden afwenden van Jakob.

²⁷En dit is hun een verbond van Mij, als Ik hun zonden zal wegnemen.

²⁸Zo zijn zij wel vijanden aangaande het Evangelie, om uwentwil, maar aangaande de verkiezing zijn zij beminden, om der vaderen wil;

²⁹Want de genadegiften en de roeping Gods zijn onberouwelijk.

³⁰Want gelijkerwijs ook gijlieden eertijds Gode ongehoorzaam geweest zijt, maar nu barmhartigheid verkregen hebt door dezer

ongehoorzaamheid;

³¹Alzo zijn ook dezen nu ongehoorzaam geweest, opdat ook zij door uw barmhartigheid zouden barmhartigheid verkrijgen.

³²Want God heeft hen allen onder de ongehoorzaamheid besloten, opdat Hij hun allen zou barmhartig zijn.

³³O diepte des rijkdoms, beide der wijsheid en der kennis Gods, hoe ondoorzoekelijk zijn Zijn oordelen, en onnaspeurlijk Zijn wegen!

³⁴Want wie heeft den zin des Heeren gekend? Of wie is Zijn raadsman geweest?

³⁵Of wie heeft Hem eerst gegeven, en het zal hem wedervergolden worden?

³⁶Want uit Hem, en door Hem, en tot Hem zijn alle dingen. Hem zij de heerlijkheid in der eeuwigheid. Amen.

Hoofdstuk 12

¹Ik bid u dan, broeders, door de ontfermingen Gods, dat gij uw lichamen stelt tot een levende, heilige en Gode welbehagelijke offerande, welke is uw redelijke godsdienst.

²En wordt dezer wereld niet gelijkvormig; maar wordt veranderd door de vernieuwing uws gemoeds, opdat gij moogt beproeven, welke de goede, en welbehagelijke en volmaakte wil van God zij.

³Want door de genade, die mij gegeven is, zeg ik een iegelijk, die onder u is, dat hij niet wijs zij boven hetgeen men behoort wijs te zijn; maar dat hij wijs zij tot matigheid, gelijk als God een iegelijk de mate des geloofs gedeeld heeft.

⁴Want gelijk wij in een lichaam vele leden hebben, en de leden alle niet dezelfde werking hebben;

⁵Alzo zijn wij velen een lichaam in Christus, maar elkeen zijn wij elkanders leden.

⁶Hebbende nu verscheidene gaven, naar de genade, die ons gegeven is,

⁷Zo laat ons die gaven besteden, hetzij profetie, naar de mate des geloofs; hetzij bediening, in het bedienen; hetzij die leert, in het leren;

⁸Hetzij die vermaant, in het vermanen; die uitdeelt, in eenvoudigheid; die een voorstander is, in naarstigheid; die barmhartigheid doet, in blijmoedigheid.

⁹De liefde zij ongeveinsd. Hebt een afkeer van het boze, en hangt het goede aan.

¹⁰Hebt elkander hartelijk lief met broederlijke liefde; met eer de een de ander voorgaande.

¹¹Zijt niet traag in het benaarstigen. Zijt vurig van geest. Dient den Heere.

¹²Verblijdt u in de hoop. Zijt geduldig in de verdrukking. Volhardt in het gebed.

¹³Deelt mede tot de behoeften der heiligen. Tracht naar herbergzaamheid.

¹⁴Zegent hen, die u vervolgen; zegent en vervloekt niet.

¹⁵Verblijdt u met de blijden; en weent met de wenenden.

¹⁶Weest eensgezind onder elkander. Tracht niet naar de hoge dingen, maar voegt u tot de nederige. Zijt niet wijs bij uzelven.

¹⁷Vergeldt niemand kwaad voor kwaad. Bezorgt hetgeen eerlijk is voor alle mensen.

¹⁸Indien het mogelijk is, zoveel in u is, houdt vrede met alle mensen.

¹⁹Wreekt uzelven niet, beminden, maar geeft den toorn plaats, want er is geschreven: Mij komt de wraak toe; Ik zal het vergelden, zegt de Heere.

²⁰Indien dan uw vijand hongert, zo spijzigt hem; indien hem dorst, zo geeft hem te drinken; want dat doende, zult gij kolen vuurs op zijn hoofd hopen.

²¹Wordt van het kwade niet overwonnen, maar overwint het kwade door het goede.

Hoofdstuk 13

¹Alle ziel zij den machten, over haar gesteld, onderworpen; want er is geen macht dan van God, en de machten, die er zijn, die zijn van God geordineerd.

²Alzo dat die zich tegen de macht stelt, de ordinantie van God wederstaat; en die ze wederstaan, zullen over zichzelven een oordeel halen.

³Want de oversten zijn niet tot een vreze den goeden werken, maar den kwaden. Wilt gij nu de macht niet vrezen, doe het goede, en gij zult lof van haar hebben;

⁴Want zij is Gods dienares, u ten goede. Maar indien gij kwaad doet, zo vrees; want zij draagt het zwaard niet tevergeefs; want zij is Gods dienares, een wreekster tot straf dengene, die kwaad doet.

⁵Daarom is het nodig onderworpen te zijn, niet alleen om der straffe, maar ook om des gewetens wil.

⁶Want daarom betaalt gij ook schattingen; want zij zijn dienaars van God, in ditzelve gedurighlijk bezig zijnde.

⁷Zo geeft dan een iegelijk, wat gij schuldig zijt; schatting, dien gij de schatting, tol, dien gij den tol, vreze, dien gij de vreze, eer, die gij eer schuldig zijt.

⁸Zijt niemand iets schuldig, dan elkander lief te hebben; want die den ander liefheeft, die heeft de wet vervuld.

⁹Want dit: Gij zult geen overspel doen, gij zult niet doden, gij zult niet stelen, gij zult geen valse getuigenis geven, gij zult niet begeren; en zo er enig ander gebod is, wordt in dit woord als in een hoofdsom begrepen, namelijk in dit: Gij zult uw naaste liefhebben gelijk uzelven.

¹⁰De liefde doet den naaste geen kwaad. Zo is dan de liefde de vervulling der wet.

¹¹En dit zeg ik te meer, dewijl wij de gelegenheid des tijds weten, dat het de ure is, dat wij nu uit den slaap opwaken; want de zaligheid is ons nu nader, dan toen wij eerst geloofd hebben.

¹²De nacht is voorbijgegaan, en de dag is nabij gekomen. Laat ons dan afleggen de werken der duisternis, en aandoen de wapenen des lichts.

¹³Laat ons, als in den dag, eerlijk wandelen; niet in brasserijen en dronkenschappen, niet in slaapkameren en ontuchtigheden, niet in twist en nijdigheid;

¹⁴Maar doet aan den Heere Jezus Christus, en verzorgt het vlees niet tot begeerlijkheden.

Hoofdstuk 14

¹Dengene nu, die zwak is in het geloof, neemt aan, maar niet tot twistige samensprekingen.

²De een gelooft wel, dat men alles eten mag, maar die zwak is, eet moeskruiden.

³Die daar eet, verachte hem niet, die niet eet; en die niet eet, oordele hem niet, die daar eet; want God heeft hem aangenomen.

⁴Wie zijt gij, die eens anderen huisknecht oordeelt? Hij staat, of hij valt zijn eigen heer; doch hij zal vastgesteld worden, want God is machtig hem vast te stellen.

⁵De een acht wel den enen dag boven den anderen dag; maar de ander acht al de dagen gelijk. Een iegelijk zij in zijn eigen gemoed ten volle verzekerd.

⁶Die den dag waarneemt, die neemt hem waar den Heere; en die den dag niet waarneemt, die neemt hem niet waar den Heere. Die daar eet, die eet zulks den Heere, want hij dankt God; en die niet eet, die eet zulks den Heere niet, en hij dankt God.

⁷Want niemand van ons leeft zichzelven, en niemand sterft zichzelven.

⁸Want hetzij dat wij leven, wij leven den Heere; hetzij dat wij sterven, wij sterven den Heere. Hetzij dan dat wij leven, hetzij dat wij sterven, wij zijn des Heeren.

⁹Want daartoe is Christus ook gestorven, en opgestaan, en weder levend geworden, opdat Hij beiden over doden en levenden heersen zou.

¹⁰Maar gij, wat oordeelt gij uw broeder? Of ook gij, wat veracht gij uw broeder? Want wij zullen allen voor den rechterstoel van Christus gesteld worden.

¹¹Want er is geschreven: Ik leef, zegt de Heere; voor Mij zal alle knie zich buigen, en alle tong zal God belijden.

¹²Zo dan een iegelijk van ons zal voor zichzelven Gode rekenschap geven.

¹³Laat ons dan elkander niet meer oordelen; maar oordeelt dit liever, namelijk, dat gij den broeder geen aanstoot of ergernis geeft.

¹⁴Ik weet en ben verzekerd in den Heere Jezus, dat geen ding onrein is in zichzelven; dan die acht iets onrein te zijn, die is het onrein.

¹⁵Maar indien uw broeder om der spijze wil bedroefd wordt, zo wandelt gij niet meer naar liefde. Verderf dien niet met uw spijze, voor welken Christus gestorven is.

¹⁶Dat dan uw goed niet gelasterd worde.

¹⁷Want het Koninkrijk Gods is niet spijs en drank, maar rechtvaardigheid, en vrede, en blijdschap, door den Heiligen Geest.

¹⁸Want die Christus in deze dingen dient, is Gode welbehagelijk, en aangenaam den mensen.

¹⁹Zo dan laat ons najagen, hetgeen tot den vrede, en hetgeen tot de stichting onder elkander dient.

²⁰Verbreek het werk van God niet om der spijze wil. Alle dingen zijn wel rein; maar het is kwaad den mens, die met aanstoot eet.

²¹Het is goed geen vlees te eten, noch wijn te drinken, noch iets, waaraan uw broeder zich stoot, of geergerd wordt, of waarin hij zwak is.

²²Hebt gij geloof? hebt dat bij uzelven voor God. Zalig is hij, die zichzelven niet oordeelt in hetgeen hij voor goed houdt.

²³Maar die twijfelt, indien hij eet, is veroordeeld, omdat hij niet uit het geloof eet. En al wat uit het geloof niet is, dat is zonde.

Hoofdstuk 15

¹Maar wij, die sterk zijn, zijn schuldig de zwakheden der onsterken te dragen, en niet onszelven te behagen.

²Dat dan een iegelijk van ons zijn naaste behage ten goede, tot stichting.

³Want ook Christus heeft Zichzelven niet behaagd, maar gelijk geschreven is: De smadingen dergenen, die U smaden, zijn op Mij gevallen.

⁴Want al wat te voren geschreven is, dat is tot onze lering te voren geschreven, opdat wij, door lijdzaamheid en vertroosting der Schriften, hoop hebben zouden.

⁵Doch de God der lijdzaamheid en der vertroosting geve u, dat gij eensgezind zijt onder elkander naar Christus Jezus;

⁶Opdat gij eendrachtelijk, met een mond, moogt verheerlijken den God en Vader van onzen Heere Jezus Christus.

⁷Daarom neemt elkander aan, gelijk ook Christus ons aangenomen heeft, tot de heerlijkheid Gods.

⁸En ik zeg, dat Jezus Christus een dienaar geworden is der besnijdenis, vanwege de waarheid Gods, opdat Hij bevestigen zou de beloftenissen der vaderen;

⁹En de heidenen God vanwege de barmhartigheid zouden verheerlijken; gelijk geschreven is: Daarom zal ik U belijden onder de heidenen, en Uw Naamlofzingen.

¹⁰En wederom zegt Hij: Weest vrolijk, gij heidenen met Zijn volk!

¹¹En wederom: Looft den Heere, al gij heidenen, en prijst Hem, al gij volken!

¹²En wederom zegt Jesaja: Er zal zijn de wortel van Jessai, en Die opstaat, om over de heidenen te gebieden; op Hem zullen de heidenen hopen.

¹³De God nu der hoop vervulle ulieden met alle blijdschap en vrede in het geloven, opdat gij overvloedig moogt zijn in de hoop, door de kracht des HeiligenGeestes.

¹⁴Doch, mijn broeders, ook ik zelf ben verzekerd van u, dat gij ook zelven vol zijt van goedheid, vervuld met alle kennis, machtig om ook elkander te vermanen.

¹⁵Maar ik heb u eensdeels te stoutelijker geschreven, broeders, u als wederom dit indachtig makende, om de genade, die mij van God gegeven is;

¹⁶Opdat ik een dienaar van Jezus Christus zij onder de heidenen, het Evangelie van God bedienende, opdat de offerande der heidenen aangenaam worde, geheiligd door den Heiligen Geest.

¹⁷Zo heb ik dan roem in Christus Jezus in die dingen, die God aangaan.

¹⁸Want ik zou niet durven iets zeggen, hetwelk Christus door mij niet gewrocht heeft, tot gehoorzaamheid der heidenen, met woorden en werken;

¹⁹Door kracht van tekenen en wonderheden, en door de kracht van den Geest Gods, zodat ik, van Jeruzalem af, en rondom, tot Illyrikum toe, het Evangelie vanChristus vervuld heb.

²⁰En alzo zeer begerig geweest ben om het Evangelie te verkondigen, niet waar Christus genoemd was, opdat ik niet op eens anders fondament zou bouwen;

²¹Maar gelijk geschreven is: Denwelken van Hem niet was geboodschapt, die zullen het zien; en dewelke het niet gehoord hebben, die zullen het verstaan.

²²Waarom ik ook menigmaal verhinderd geweest ben tot u te komen.

²³Maar nu geen plaats meer hebbende in deze gewesten, en van over vele jaren groot verlangen hebbende, om tot u te komen,

²⁴Zo zal ik, wanneer ik naar Spanje reis, tot u komen; want ik hoop in het doorreizen u te zien, en van u derwaarts geleid te worden, als ik eerst van uliedertegenwoordigheid eensdeels verzadigd zal zijn.

²⁵Maar nu reis ik naar Jeruzalem, dienende de heiligen.

²⁶Want het heeft dien van Macedonie en Achaje goed gedacht een gemene handreiking te doen aan de armen onder de heiligen, die te Jeruzalem zijn.

²⁷Want het heeft hun zo goed gedacht; ook zijn zij hun schuldenaars; want indien de heidenen hunner geestelijke goederen deelachtig zijn geworden, zo zijn zijook schuldig hen van lichamelijke goederen te dienen.

²⁸Als ik dan dit volbracht, en hun deze vrucht verzegeld zal hebben, zo zal ik door ulieder stad naar Spanje afkomen.

²⁹En ik weet, dat ik, tot u komende, met vollen zegen des Evangelies van Christus komen zal.

³⁰En ik bid u, broeders, door onzen Heere Jezus Christus, en door de liefde des Geestes, dat gij met mij strijdt in de gebeden tot God voor mij;

³¹Opdat ik mag bevrijd worden van de ongehoorzamen in Judea, en dat deze mijn dienst, dien ik aan Jeruzalem doe, aangenaam zij den heiligen;

³²Opdat ik met blijdschap, door den wil van God, tot u mag komen, en met u verkwikt worden.

³³En de God des vredes zij met u allen. Amen.

Hoofdstuk 16

¹En ik beveel u Febe, onze zuster, die een dienares is der Gemeente, die te Kenchreen is;

²Opdat gij haar ontvangt in den Heere, gelijk het den heiligen betaamt, en haar bijstaat, in wat zaak zij u zou mogen van doen hebben; want zij is eenvoorstandster geweest van velen, ook van mijzelven.

³Groet Priscilla en Aquila, mijn medewerkers in Christus Jezus;

⁴Die voor mijn leven hun hals gesteld hebben; denwelken niet alleen ik danke, maar ook al de Gemeenten der heidenen.

⁵Groet ook de Gemeente in hun huis. Groet Epenetus, mijn beminde, die de eersteling is van Achaje in Christus.

⁶Groet Maria, die veel voor ons gearbeid heeft.

⁷Groet Andronikus en Junias, mijn magen, en mijn medegevangenen, welke vermaard zijn onder de apostelen, die ook voor mij in Christus geweest zijn.

⁸Groet Amplias, mijn beminde in den Heere.

⁹Groet Urbanus, onzen medearbeider in Christus, en Stachys, mijn beminde.

¹⁰Groet Apelles, die beproefd is in Christus. Groet hen, die van het huisgezin van Aristobulus zijn.

¹¹Groet Herodion, die van mijn maagschap is. Groet hen, die van het huisgezin van Narcissus zijn, degenen namelijk, die in den Heere zijn.

¹²Groet Tryfena en Tryfosa, vrouwen die in den Heere arbeiden. Groet Persis, de beminde zuster, die veel gearbeid heeft in den Heere.

¹³Groet Rufus, den uitverkorene in den Heere, en zijn moeder en de mijne.

¹⁴Groet Asynkritus, Flegon, Hermas, Patrobas, Hermes, en de broeders, die met hen zijn.

¹⁵Groet Filologus en Julia, Nereus en zijn zuster, en Olympas, en al de heiligen, die met henlieden zijn.

¹⁶Groet elkander met een heiligen kus. De Gemeenten van Christus groeten ulieden.

¹⁷En ik bid u, broeders, neemt acht op degenen, die tweedracht en ergernissen aanrichten tegen de leer, die gij van ons geleerd hebt; en wijkt af van dezelve.

¹⁸Want dezulken dienen onzen Heere Jezus Christus niet, maar hun buik; en verleiden door schoonspreken en prijzen de harten der eenvoudigen.

¹⁹Want uw gehoorzaamheid is tot kennis van allen gekomen. Ik verblijde mij dan uwenthalve; en ik wil, dat gij wijs zijt in het goede, doch onnozel in het kwade.

²⁰En de God des vredes zal den satan haast onder uw voeten verpletteren. De genade van onzen Heere Jezus Christus zij met ulieden. Amen.

²¹U groeten, Timotheus, mijn medearbeider, en Lucius, en Jason, en Socipater, mijn bloedverwanten.

²²Ik, Tertius, die den brief geschreven heb, groet u in den Heere.

²³U groet Gajus, de huiswaard van mij en van de gehele Gemeente. U groet Erastus, de rentmeester der stad, en de broeder Quartus.

²⁴De genade van onzen Heere Jezus Christus zij met u allen. Amen.

²⁵Hem nu, Die machtig is u te bevestigen, naar mijn Evangelie en de prediking van Jezus Christus, naar de openbaring der verborgenheid, die van de tijden dereeuwen verzwegen is geweest;

²⁶Maar nu geopenbaard is, en door de profetische Schriften, naar het bevel des eeuwigen Gods, tot gehoorzaamheid des geloofs, onder al de heidenen bekend isgemaakt;

1 Korinthiërs

Hoofdstuk 1

¹Paulus, een geroepen apostel van Jezus Christus, door den wil van God, en Sosthenes, de broeder,

²Aan de Gemeente Gods, die te Korinthe is, den geheiligden in Christus Jezus, den geroepenen heiligen, met allen, die den Naam van onzen Heere Jezus Christusaanroepen in alle plaats, beide hun en onzen Heere;

³Genade zij u en vrede van God onzen Vader, en den Heere Jezus Christus.

⁴Ik dank mijn God allen tijd over u, vanwege de genade Gods, die u gegeven is in Christus Jezus;

⁵Dat gij in alles rijk zijt geworden in Hem, in alle rede en alle kennis;

⁶Gelijk de getuigenis van Christus bevestigd is onder u;

⁷Alzo dat het u aan gene gave ontbreekt, verwachtende de openbaring van onzen Heere Jezus Christus.

⁸Welke God u ook zal bevestigen tot het einde toe, om onstraffelijk te zijn in den dag van onzen Heere Jezus Christus.

⁹God is getrouw, door Welken gij geroepen zijt tot de gemeenschap van Zijn Zoon Jezus Christus, onzen Heere.

¹⁰Maar ik bid u, broeders, door den Naam van onzen Heere Jezus Christus, dat gij allen hetzelfde spreekt, en dat onder u geen scheuringen zijn, maar dat gijsamengevoegd zijt in een zelfden zin, en in een zelfde gevoelen.

¹¹Want mij is van u bekend gemaakt, mijn broeders, door die van het huisgezin van Chloe zijn, dat er twisten onder u zijn.

¹²En dit zeg ik, dat een iegelijk van u zegt: Ik ben van Paulus, en ik van Apollos; en ik van Cefas; en ik van Christus.

¹³Is Christus gedeeld? Is Paulus voor u gekruist? Of zijt gij in Paulus' naam gedoopt?

¹⁴Ik dank God, dat ik niemand van ulieden gedoopt heb, dan Krispus en Gajus;

¹⁵Opdat niet iemand zegge, dat ik in mijn naam gedoopt heb.

¹⁶Doch ik heb ook het huisgezin van Stefanus gedoopt; voorts weet ik niet, of ik iemand anders gedoopt heb.

¹⁷Want Christus heeft mij niet gezonden, om te dopen, maar om het Evangelie te verkondigen; niet met wijsheid van woorden, opdat het kruis van Christus nietverijdeld worde.

¹⁸Want het woord des kruises is wel dengenen, die verloren gaan, dwaasheid; maar ons, die behouden worden, is het een kracht Gods;

¹⁹Want er is geschreven: Ik zal de wijsheid der wijzen doen vergaan, en het verstand der verstandigen zal Ik te niet maken.

²⁰Waar is de wijze? Waar is de schriftgeleerde? Waar is de onderzoeker dezer eeuw? Heeft God de wijsheid dezer wereld niet dwaas gemaakt?

²¹Want nademaal, in de wijsheid Gods, de wereld God niet heeft gekend door de wijsheid, zo heeft het Gode behaagd, door de dwaasheid der prediking, zalig temaken, die geloven;

²²Overmits de Joden een teken begeren, en de Grieken wijsheid zoeken;

²³Doch wij prediken Christus, den Gekruisigde, den Joden wel een ergernis, en den Grieken een dwaasheid;

²⁴Maar hun, die geroepen zijn, beiden Joden en Grieken, prediken wij Christus, de kracht Gods, en de wijsheid Gods.

²⁵Want het dwaze Gods is wijzer dan de mensen; en het zwakke Gods is sterker dan de mensen.

²⁶Want gij ziet uw roeping, broeders, dat gij niet vele wijzen zijt naar het vlees, niet vele machtigen, niet vele edelen.

²⁷Maar het dwaze der wereld heeft God uitverkoren, opdat Hij de wijzen beschamen zou; en het zwakke der wereld heeft God uitverkoren, opdat Hij het sterke zoubeschamen;

²⁸En het onedele der wereld, en het verachte heeft God uitverkoren, en hetgeen niets is, opdat Hij hetgeen iets is, te niet zou maken;

²⁹Opdat geen vlees zou roemen voor Hem.

³⁰Maar uit Hem zijt gij in Christus Jezus, Die ons geworden is wijsheid van God, en rechtvaardigheid, en heiligmaking, en verlossing;

Hoofdstuk 2

¹En ik, broeders, als ik tot u ben gekomen, ben niet gekomen met uitnemendheid van woorden, of van wijsheid, u verkondigende de getuigenis van God.

²Want ik heb niet voorgenomen iets te weten onder u, dan Jezus Christus, en Dien gekruisigd.

³En ik was bij ulieden in zwakheid, en in vreze, en in vele beving.

⁴En mijn rede, en mijn prediking was niet in bewegelijke woorden der menselijke wijsheid, maar in betoning des geestes en der kracht;

⁵Opdat uw geloof niet zou zijn in wijsheid der mensen, maar in de kracht Gods.

⁶En wij spreken wijsheid onder de volmaakten; doch een wijsheid, niet dezer wereld, noch der oversten dezer wereld, die te niet worden;

⁷Maar wij spreken de wijsheid Gods, bestaande in verborgenheid, die bedekt was, welke God te voren verordineerd heeft tot heerlijkheid van ons, eer de wereldwas;

⁸Welke niemand van de oversten dezer wereld gekend heeft; want indien zij ze gekend hadden, zo zouden zij den Heere der heerlijkheid niet gekruist hebben.

⁹Maar gelijk geschreven is: Hetgeen het oog niet heeft gezien, en het oor niet heeft gehoord, en in het hart des mensen niet is opgeklommen, hetgeen God bereidheeft dien, die Hem liefhebben.

¹⁰Doch God heeft het ons geopenbaard door Zijn Geest; want de Geest onderzoekt alle dingen, ook de diepten Gods.

¹¹Want wie van de mensen weet, hetgeen des mensen is, dan de geest des mensen, die in hem is? Alzo weet ook niemand, hetgeen Gods is, dan de Geest Gods.

¹²Doch wij hebben niet ontvangen den geest der wereld, maar den Geest, Die uit God is, opdat wij zouden weten de dingen, die ons van God geschonken zijn;

¹³Dewelke wij ook spreken, niet met woorden, die de menselijke wijsheid leert, maar met woorden, die de Heilige Geest leert, geestelijke dingen met geestelijkesamenvoegende.

¹⁴Maar de natuurlijke mens begrijpt niet de dingen, die des Geestes Gods zijn; want zij zijn hem dwaasheid, en hij kan ze niet verstaan, omdat zij geestelijkonderscheiden worden.

¹⁵Doch de geestelijke mens onderscheidt wel alle dingen, maar hij zelf wordt van niemand onderscheiden.

¹⁶Want wie heeft den zin des Heeren gekend, die Hem zou onderrichten? Maar wij hebben den zin van Christus.

Hoofdstuk 3

¹En ik, broeders, kon tot u niet spreken als tot geestelijken, maar als tot vleselijken, als tot jonge kinderen in Christus.

²Ik heb u met melk gevoed, en niet met vaste spijs; want gij vermocht toen nog niet; ja, gij vermoogt ook nu nog niet.

³Want gij zijt nog vleselijk; want dewijl onder u nijd is, en twist, en tweedracht, zijt gij niet vleselijk, en wandelt gij niet naar den mens?

⁴Want als de een zegt: Ik ben van Paulus; en een ander: Ik ben van Apollos; zijt gij niet vleselijk?

⁵Wie is dan Paulus, en wie is Apollos, anders dan dienaars, door welken gij geloofd hebt, en dat, gelijk de Heere aan een iegelijk gegeven heeft?

⁶Ik heb geplant, Apollos heeft nat gemaakt; maar God heeft den wasdom gegeven.

⁷Zo is dan noch hij, die plant, iets, noch hij, die nat maakt, maar God, Die den wasdom geeft.

⁸En die plant, en die nat maakt, zijn een; maar een iegelijk zal zijn loon ontvangen naar zijn arbeid.

⁹Want wij zijn Gods medearbeiders; Gods akkerwerk, Gods gebouw zijt gij.

¹⁰Naar de genade Gods, die mij gegeven is, heb ik als een wijs bouwmeester het fondament gelegd; en een ander bouwt daarop. Maar een iegelijk zie toe, hoe hijdaarop bouwe.

¹¹Want niemand kan een ander fondament leggen, dan hetgeen gelegd is, hetwelk is Jezus Christus.

¹²En indien iemand op dit fondament bouwt: goud, zilver, kostelijke stenen, hout, hooi, stoppelen;

¹³Eens iegelijks werk zal openbaar worden; want de dag zal het verklaren, dewijl het door vuur ontdekt wordt; en hoedanig eens iegelijks werk is, zal het vuurbeproeven.

¹⁴Zo iemands werk blijft, dat hij daarop gebouwd heeft, die zal loon ontvangen.

¹⁵Zo iemands werk zal verbrand worden, die zal schade lijden;

1 Korinthiërs

maar zelf zal hij behouden worden, doch alzo als door vuur.

¹⁶Weet gij niet, dat gij Gods tempel zijt, en de Geest Gods in ulieden woont?

¹⁷Zo iemand den tempel Gods schendt, dien zal God schenden; want de tempel Gods is heilig, welke gij zijt.

¹⁸Niemand bedriege zichzelven. Zo iemand onder u dunkt, dat hij wijs is in deze wereld, die worde dwaas, opdat hij wijs moge worden.

¹⁹Want de wijsheid dezer wereld is dwaasheid bij God; want er is geschreven: Hij vat de wijzen in hun arglistigheid;

²⁰En wederom: De Heere kent de overleggingen der wijzen, dat zij ijdel zijn.

²¹Niemand dan roeme op mensen; want alles is uwe.

²²Hetzij Paulus, hetzij Apollos, hetzij Cefas, hetzij de wereld, hetzij leven, hetzij dood, hetzij tegenwoordige, hetzij toekomende dingen, zij zijn alle uwe.

²³Doch gij zijt van Christus, en Christus is Gods.

Hoofdstuk 4

¹Alzo houde ons een ieder mens, als dienaars van Christus, en uitdelers der verborgenheden Gods.

²En voorts wordt in de uitdelers vereist, dat elk getrouw bevonden worde.

³Doch mij is voor het minste, dat ik van ulieden geoordeeld worde, of van een menselijk oordeel; ja, ik oordeel ook mijzelven niet.

⁴Want ik ben mijzelven van geen ding bewust; doch ik ben daardoor niet gerechtvaardigd; maar Die mij oordeelt, is de Heere.

⁵Zo dan oordeelt niets voor den tijd, totdat de Heere zal gekomen zijn, Welke ook in het licht zal brengen, hetgeen in de duisternis verborgen is, en openbaren deraadslagen der harten; en alsdan zal een iegelijk lof hebben van God.

⁶En deze dingen, broeders, heb ik op mijzelven en Apollos bij gelijkenis toegepast, om uwentwil; opdat gij aan ons zoudt leren, niet te gevoelen boven hetgeengeschreven is, dat gij niet, de een om eens anders wil, opgeblazen wordt tegen den ander.

⁷Want wie onderscheidt u? En wat hebt gij, dat gij niet hebt ontvangen? En zo gij het ook ontvangen hebt, wat roemt gij, alsof gij het niet ontvangen hadt?

⁸Alrede zijt gij verzadigd, alrede zijt gij rijk geworden, zonder ons hebt gij geheerst; en och, of gij heerstet, opdat ook wij met u heersen mochten!

⁹Want ik acht, dat God ons, die de laatste apostelen zijn, ten toon heeft gesteld als tot den dood verwezen; want wij zijn een schouwspel geworden der wereld, en denengelen, en den mensen.

¹⁰Wij zijn dwazen om Christus' wil, maar gij zijt wijzen in Christus; wij zijn zwakken, maar gij sterken; gij zijt heerlijken, maar wij verachten.

¹¹Tot op deze tegenwoordige ure lijden wij honger, en lijden wij dorst, en zijn naakt, en worden met vuisten geslagen, en hebben geen vaste woonplaats;

¹²En arbeiden, werkende met onze eigen handen; wij worden gescholden, en wij zegenen; wij worden vervolgd, en wij verdragen;

¹³Wij worden gelasterd, en wij bidden; wij zijn geworden als uitvaagsels der wereld en aller afschrapsel tot nu toe.

¹⁴Ik schrijf deze dingen niet om u te beschamen, maar als mijn lieve kinderen vermaan ik u.

¹⁵Want al hadt gij tien duizend leermeesters in Christus, zo hebt gij toch niet vele vaders; want in Christus Jezus heb ik u door het Evangelie geteeld.

¹⁶Zo vermaan ik u dan: zijt mijn navolgers.

¹⁷Daarom heb ik Timotheus tot u gezonden, die mijn lieve en getrouwe zoon is in den Heere, welke u zal indachtig maken mijn wegen, die in Christus zijn, gelijkerwijsik alom in alle Gemeenten leer.

¹⁸Doch sommigen zijn opgeblazen, alsof ik tot ulieden niet komen zou.

¹⁹Maar ik zal haast tot u komen, zo de Heere wil, en ik zal dan verstaan, niet de woorden dergenen, die opgeblazen zijn, maar de kracht.

²⁰Want het Koninkrijk Gods is niet gelegen in woorden, maar in kracht.

²¹Wat wilt gij? Zal ik met de roede tot u komen, of in liefde en in den geest der zachtmoedigheid?

Hoofdstuk 5

¹Men hoort ganselijk, dat er hoererij onder u is, en zodanige hoererij, die ook onder de heidenen niet genoemd wordt, alzo dat er een zijns vaders huisvrouw heeft.

²En zijt gij nog opgeblazen, en hebt niet veel meer leed gedragen, opdat hij uit het midden van u weggedaan worde, die deze daad begaan heeft?

³Doch ik, als wel met het lichaam afwezend, maar tegenwoordig zijnde met den geest, heb alrede, als of ik tegenwoordig ware, dengene, die dat alzo bedreven heeft, besloten,

⁴In den Naam van onzen Heere Jezus Christus, als gijlieden en mijn geest samen vergaderd zullen zijn, met de kracht van onzen Heere Jezus Christus,

⁵Denzulken over te geven aan den satan, tot verderf des vleses, opdat de geest behouden moge worden in den dag van den Heere Jezus.

⁶Uw roem is niet goed. Weet gij niet, dat een weinig zuurdesem het gehele deeg zuur maakt?

⁷Zuivert dan den ouden zuurdesem uit, opdat gij een nieuw deeg zijn moogt, gelijk gij ongezuurd zijt. Want ook ons Pascha is voor ons geslacht, namelijk Christus.

⁸Zo dan laat ons feest houden, niet in den ouden zuurdesem, noch in den zuurdesem der kwaadheid en der boosheid, maar in de ongezuurde broden der oprechtheiden der waarheid.

⁹Ik heb u geschreven in den brief, dat gij u niet zoudt vermengen met de hoereerders;

¹⁰Doch niet geheellijk met de hoereerders dezer wereld, of met de gierigaards, of met de rovers, of met de afgodendienaars; want anders zoudt gij moeten uit dewereld gaan.

¹¹Maar nu heb ik u geschreven, dat gij u niet zult vermengen, namelijk indien iemand, een broeder genaamd zijnde, een hoereerder is, of een gierigaard, of eenafgodendienaar, of een lasteraar, of een dronkaard, of een rover; dat gij met zodanig een ook niet zult eten.

¹²Want wat heb ik ook die buiten zijn te oordelen? Oordeelt gijlieden niet die binnen zijn?

¹³Maar die buiten zijn oordeelt God. En doet gij deze boze uit ulieden weg.

Hoofdstuk 6

¹Durft iemand van ulieden, die een zaak heeft tegen een ander, te recht gaan voor de onrechtvaardigen, en niet voor de heiligen?

²Weet gij niet, dat de heiligen de wereld oordelen zullen? En indien door u de wereld geoordeeld wordt, zijt gij onwaardig de minste gerechtzaken?

³Weet gij niet, dat wij de engelen oordelen zullen? Hoeveel te meer de zaken, die dit leven aangaan?

⁴Zo gij dan gerechtzaken hebt, die dit leven aangaan, zet die daarover, die in de Gemeente minst geacht zijn.

⁵Ik zeg u dit tot schaamte. Is er dan alzo onder u geen, die wijs is, ook niet een, die zou kunnen oordelen tussen zijn broeders?

⁶Maar de ene broeder gaat met den anderen broeder te recht, en dat voor ongelovigen?

⁷Zo is er dan nu ganselijk gebrek onder u, dat gij met elkander rechtzaken hebt. Waarom lijdt gij niet liever ongelijk? Waarom lijdt gij niet liever schade?

⁸Maar gijlieden doet ongelijk, en doet schade, en dat den broederen.

⁹Of weet gij niet, dat de onrechtvaardigen het Koninkrijk Gods niet zullen beerven?

¹⁰Dwaalt niet; noch hoereerders, noch afgodendienaars, noch overspelers, noch ontuchtigen, noch die bij mannen liggen, noch dieven, noch gierigaards, nochdronkaards, geen lasteraars, geen rovers zullen het Koninkrijk Gods beerven.

¹¹En dit waart gij sommigen; maar gij zijt afgewassen, maar gij zijt geheiligd, maar gij zijt gerechtvaardigd, in den Naam van den Heere Jezus, en door den Geestonzes Gods;

¹²Alle dingen zijn mij geoorloofd, maar alle dingen zijn niet oorbaar; alle dingen zijn mij geoorloofd, maar ik zal onder de macht van geen mij laten brengen.

¹³De spijzen zijn voor de buik, en de buik is voor de spijzen; maar God zal beide dezen en die te niet doen. Doch het lichaam is niet voor de hoererij, maar voor denHeere en de Heere voor het lichaam.

¹⁴En God heeft ook den Heere opgewekt, en zal ons opwekken door Zijn kracht.

¹⁵Weet gij niet, dat uw lichamen leden van Christus zijn? Zal ik dan de leden van Christus nemen, en maken ze leden ener hoer? Dat zij verre.

¹⁶Of weet gij niet, dat die de hoer aanhangt, een lichaam met haar

is? Want die twee, zegt Hij, zullen tot een vlees wezen.

¹⁷Maar die den Heere aanhangt, is een geest met Hem.

¹⁸Vliedt de hoererij. Alle zonde, die de mens doet, is buiten het lichaam, maar die hoererij bedrijft, zondigt tegen zijn eigen lichaam.

¹⁹Of weet gij niet, dat ulieder lichaam een tempel is van den Heiligen Geest, Die in u is, Dien gij van God hebt, en dat gij uws zelfs niet zijt?

²⁰Want gij zijt duur gekocht: zo verheerlijkt dan God in uw lichaam en in uw geest, welke Godes zijn.

Hoofdstuk 7

¹Aangaande nu de dingen, waarvan gij mij geschreven hebt: het is een mens goed geen vrouw aan te raken.

²Maar om der hoererijen wil zal een iegelijk man zijn eigen vrouw hebben, en een iegelijke vrouw zal haar eigen man hebben.

³De man zal aan de vrouw de schuldige goedwilligheid betalen; en desgelijks ook de vrouw aan den man.

⁴De vrouw heeft de macht niet over haar eigen lichaam, maar de man; en desgelijks ook de man heeft de macht niet over zijn eigen lichaam, maar de vrouw.

⁵Onttrekt u elkander niet, tenzij dan met beider toestemming voor een tijd, opdat gij u tot vasten en bidden moogt verledigen; en komt wederom bijeen, opdat u de satan niet verzoeke, omdat gij u niet kunt onthouden.

⁶Doch dit zeg ik uit toelating, niet uit bevel.

⁷Want ik wilde, dat alle mensen waren, gelijk als ikzelf ben; maar een iegelijk heeft zijn eigen gave van God, de een wel aldus, maar de andere alzo.

⁸Doch ik zeg den ongetrouwden, en den weduwen: Het is hun goed, indien zij blijven, gelijk als ik.

⁹Maar indien zij zich niet kunnen onthouden, dat zij trouwen; want het is beter te trouwen dan te branden.

¹⁰Doch den getrouwden gebiede niet ik, maar de Heere, dat de vrouw van den man niet scheide.

¹¹En indien zij ook scheidt, dat zij ongetrouwd blijve, of met den man verzoene; en dat de man de vrouw niet verlate.

¹²Maar den anderen zeg ik, niet de Heere: Indien enig broeder een ongelovige vrouw heeft, en dezelve tevreden is bij hem te wonen, dat hij ze niet verlate.

¹³En een vrouw, die een ongelovige man heeft, en hij tevreden is bij haar te wonen, dat zij hem niet verlate.

¹⁴Want de ongelovige man is geheiligd door de vrouw, en de ongelovige vrouw is geheiligd door den man; want anders waren uw kinderen onrein, maar nu zijn zij heilig.

¹⁵Maar indien de ongelovige scheidt, dat hij scheide. De broeder of de zuster wordt in zodanige gevallen niet dienstbaar gemaakt; maar God heeft ons tot vrede geroepen.

¹⁶Want wat weet gij, vrouw, of gij den man zult zalig maken? Of wat weet gij, man, of gij de vrouw zult zalig maken?

¹⁷Doch gelijk God aan een iegelijk heeft uitgedeeld, gelijk de Heere een iegelijk geroepen heeft, dat hij alzo wandele; en alzo verordene ik in al de Gemeenten.

¹⁸Is iemand, besneden zijnde, geroepen, die late zich geen voorhuid aantrekken; is iemand, in de voorhuid zijnde, geroepen, die late zich niet besnijden.

¹⁹De besnijdenis is niets, en de voorhuid is niets, maar de onderhouding der geboden Gods.

²⁰Een iegelijk blijve in die beroeping, daar hij in geroepen is.

²¹Zijt gij, een dienstknecht zijnde, geroepen, laat u dat niet bekommeren; maar indien gij ook kunt vrij worden, gebruik dat liever.

²²Want die in den Heere geroepen is, een dienstknecht zijnde, die is een vrijgelatene des Heeren; desgelijks ook, die vrij zijnde geroepen is, die is een dienstknecht van Christus.

²³Gij zijt duur gekocht, wordt geen dienstknechten der mensen.

²⁴Een iegelijk, waarin hij geroepen is, broeders, die blijve in hetzelve bij God.

²⁵Aangaande de maagden nu, heb ik geen bevel des Heeren; maar ik zeg mijn gevoelen, als die barmhartigheid van den Heere gekregen heb, om getrouw te zijn.

²⁶Ik houde dan dit goed te zijn, om den aanstaanden nood, dat het, zeg ik, den mens goed is alzo te zijn.

²⁷Zijt gij aan een vrouw verbonden, zoek geen ontbinding; zijt gij ongebonden van een vrouw, zoek geen vrouw.

²⁸Maar indien gij ook trouwt, gij zondigt niet; en indien een maagd trouwt, zij zondigt niet. Doch dezulken zullen verdrukking hebben in het vlees; en ik spare ulieden.

²⁹Maar dit zeg ik, broeders, dat de tijd voorts kort is; opdat ook die vrouwen hebben, zouden zijn als niet hebbende;

³⁰En die wenen, als niet wenende; en die blijde zijn, als niet blijde zijnde; en die kopen, als niet bezittende;

³¹En die deze wereld gebruiken, als niet misbruikende; want de gedaante dezer wereld gaat voorbij.

³²En ik wil, dat gij zonder bekommernis zijt. De ongetrouwde bekommert zich met de dingen des Heeren, hoe hij den Heere zal behagen;

³³Maar die getrouwd is, bekommert zich met de dingen der wereld, hoe hij de vrouw zal behagen.

³⁴Een vrouw en een maagd zijn onderscheiden. De ongetrouwde bekommert zich met de dingen des Heeren, opdat zij heilig zij, beide aan lichaam en aan geest; maar die getrouwd is, bekommert zich met de dingen der wereld, hoe zij den man zal behagen.

³⁵En dit zeg ik tot uw eigen voordeel; niet opdat ik een strik over u zou werpen, maar om u te leiden tot hetgeen wel voegt, en bekwaam is, om den Heere wel aan te hangen, zonder herwaarts en derwaarts getrokken te worden.

³⁶Maar zo iemand acht, dat hij ongevoegelijk handelt met zijn maagd, indien zij over den jeugdigen tijd gaat, en het alzo moet geschieden; die doe wat hij wil, hij zondigt niet; dat zij trouwen.

³⁷Doch die vast staat in zijn hart, geen noodzaak hebbende, maar macht heeft over zijn eigen wil, en dit in zijn hart besloten heeft, dat hij zijn maagd zal bewaren, die doet wel.

³⁸Alzo dan, die haar ten huwelijk uitgeeft, die doet wel; en die ze ten huwelijk niet uitgeeft, die doet beter.

³⁹Een vrouw is door de wet verbonden, zo langen tijd haar man leeft; maar indien haar man ontslapen is, zo is zij vrij, om te trouwen, dien zij wil, alleenlijk in den Heere.

⁴⁰Maar zij is gelukkiger, indien zij alzo blijft, naar mijn gevoelen. En ik meen ook den Geest Gods te hebben.

Hoofdstuk 8

¹Aangaande nu de dingen, die den afgoden geofferd zijn, wij weten, dat wij allen te zamen kennis hebben. De kennis maakt opgeblazen, maar de liefde sticht.

²En zo iemand meent iets te weten, die heeft nog niets gekend, gelijk men behoort te kennen.

³Maar zo iemand God liefheeft, die is van Hem gekend.

⁴Aangaande dan het eten der dingen, die den afgoden geofferd zijn, wij weten, dat een afgod niets is in de wereld, en dat er geen ander God is dan een.

⁵Want hoewel er ook zijn, die goden genaamd worden, hetzij in den hemel, hetzij op de aarde (gelijk er vele goden en vele heren zijn),

⁶Nochtans hebben wij maar een God, den Vader, uit Welken alle dingen zijn, en wij tot Hem; en maar een Heere, Jezus Christus, door Welken alle dingen zijn, en wij door Hem.

⁷Doch in allen is de kennis niet; maar sommigen, met een geweten des afgods tot nog toe, eten als iets dat den afgoden geofferd is; en hun geweten, zwak zijnde, wordt bevlekt.

⁸De spijze nu maakt ons Gode niet aangenaam; want hetzij dat wij eten, wij hebben geen overvloed; en hetzij dat wij niet eten, wij hebben geen gebrek.

⁹Maar ziet toe, dat deze uw macht niet enigerwijze een aanstoot worde dengenen, die zwak zijn.

¹⁰Want zo iemand u, die de kennis hebt, ziet in der afgoden tempel aanzitten, zal het geweten deszelven, die zwak is, niet gestijfd worden, om te eten de dingen, die den afgoden geofferd zijn?

¹¹En zal de broeder, die zwak is, door uw kennis verloren gaan, om welken Christus gestorven is?

¹²Doch gijlieden, alzo tegen de broeders zondigende, en hun zwak geweten kwetsende, zondigt tegen Christus.

¹³Daarom, indien de spijs mijn broeder ergert, zo zal ik in eeuwigheid geen vlees eten, opdat ik mijn broeder niet ergere.

Hoofdstuk 9

¹Ben ik niet een apostel? Ben ik niet vrij? Heb ik niet Jezus Christus, onzen Heere, gezien? Zijt gijlieden niet mijn werk in den Heere?

²Zo ik anderen geen apostel ben, nochtans ben ik het ulieden; want het zegel mijns apostelschaps zijt gijlieden in den Heere.

³Mijn verantwoording aan degenen, die onderzoek over mij doen, is deze.

⁴Hebben wij niet macht, om te eten en te drinken?

⁵Hebben wij niet macht, om een vrouw, een zuster zijnde, met ons om te leiden, gelijk ook de andere apostelen, en de broeders des Heeren, en Cefas?

⁶Of hebben alleen ik en Barnabas geen macht van niet te werken?

⁷Wie dient ooit in den krijg op eigen bezoldiging? Wie plant een wijngaard, en eet niet van zijn vrucht? Of wie weidt een kudde, en eet niet van de melk der kudde?

⁸Spreek ik dit naar den mens, of zegt ook de wet hetzelfde niet?

⁹Want in de wet van Mozes is geschreven: Gij zult een dorsenden os niet muilbanden. Zorgt ook God voor de ossen?

¹⁰Of zegt Hij dat ganselijk om onzentwil? Want om onzentwil is dat geschreven; overmits die ploegt, op hoop moet ploegen, en die op hoop dorst, moet zijn hoopdeelachtig worden.

¹¹Indien wij ulieden het geestelijke gezaaid hebben, is het een grote zaak, zo wij het uwe, dat lichamelijk is, maaien?

¹²Indien anderen deze macht over u deelachtig zijn, waarom niet veel meer wij? Doch wij hebben deze macht niet gebruikt, maar wij verdragen het al, opdat wij niet enige verhindering geven aan het Evangelie van Christus.

¹³Weet gij niet, dat degenen, die de heilige dingen bedienen, van het heilige eten? en die steeds bij het altaar zijn, met het altaar delen?

¹⁴Alzo heeft ook de Heere geordineerd dengenen, die het Evangelie verkondigen, dat zij van het Evangelie leven.

¹⁵Maar ik heb geen van deze dingen gebruikt. En ik heb dit niet geschreven, opdat het alzo aan mij geschieden zou; want het ware mij beter te sterven, dan dat iemand dezen mijn roem zou ijdel maken.

¹⁶Want indien ik het Evangelie verkondige, het is mij geen roem; want de nood is mij opgelegd. En wee mij, indien ik het Evangelie niet verkondig!

¹⁷Want indien ik dat gewillig doe, zo heb ik loon, maar indien onwillig, de uitdeling is mij evenwel toebetrouwd.

¹⁸Wat loon heb ik dan? Namelijk dat ik, het Evangelie verkondigende, het Evangelie van Christus kosteloos stelle, om mijn macht in het Evangelie niet te misbruiken.

¹⁹Want daar ik van allen vrij was, heb ik mijzelven allen dienstbaar gemaakt, opdat ik er meer zou winnen.

²⁰En ik ben den Joden geworden als een Jood, opdat ik de Joden winnen zou; dengenen, die onder de wet zijn, ben ik geworden als onder de wet zijnde, opdat ik degenen, die onder de wet zijn, winnen zou.

²¹Degenen, die zonder de wet zijn, ben ik geworden als zonder de wet zijnde (Gode nochtans zijnde niet zonder de wet, maar voor Christus onder de wet), opdat ik degenen, die zonder de wet zijn, winnen zou.

²²Ik ben den zwakken geworden als een zwakke, opdat ik de zwakken winnen zou; allen ben ik alles geworden, opdat ik immers enigen behouden zou.

²³En dit doe ik om des Evangelies wil, opdat ik hetzelve mede deelachtig zou worden.

²⁴Weet gijlieden niet, dat die in de loopbaan lopen, allen wel lopen, maar dat een den prijs ontvangt? Loopt alzo, dat gij dien moogt verkrijgen.

²⁵En een iegelijk, die om prijs strijdt, onthoudt zich in alles. Dezen dan doen wel dit, opdat zij een verderfelijke kroon zouden ontvangen, maar wij een onverderfelijke.

²⁶Ik loop dan alzo, niet als op het onzekere; ik kamp alzo, niet als de lucht slaande;

²⁷Maar ik bedwing mijn lichaam, en breng het tot dienstbaarheid, opdat ik niet enigszins, daar ik anderen gepredikt heb, zelf verwerpelijk worde.

Hoofdstuk 10

¹En ik wil niet, broeders, dat gij onwetende zijt, dat onze vaders allen onder de wolk waren, en allen door de zee doorgegaan zijn;

²En allen in Mozes gedoopt zijn in de wolk en in de zee;

³En allen dezelfde geestelijke spijs gegeten hebben;

⁴En allen denzelfden geestelijken drank gedronken hebben; want zij dronken uit de geestelijke steenrots, die volgde; en de steenrots was Christus.

⁵Maar in het meerder deel van hen heeft God geen welgevallen gehad; want zij zijn in de woestijn ter nedergeslagen.

⁶En deze dingen zijn geschied ons tot voorbeelden, opdat wij geen lust tot het kwaad zouden hebben, gelijkerwijs als zij lust gehad hebben.

⁷En wordt geen afgodendienaars, gelijkerwijs als sommigen van hen, gelijk geschreven staat: Het volk zat neder om te eten, en om te drinken, en zij stonden op om tespelen.

⁸En laat ons niet hoereren, gelijk sommigen van hen gehoereerd hebben, en er vielen op een dag drie en twintig duizend.

⁹En laat ons Christus niet verzoeken, gelijk ook sommigen van hen verzocht hebben, en werden van de slagen vernield.

¹⁰En murmureert niet, gelijk ook sommigen van hen gemurmureerd hebben, en werden vernield van den verderver.

¹¹En deze dingen alle zijn hunlieden overkomen tot voorbeelden; en zijn beschreven tot waarschuwing van ons, op dewelke de einden der eeuwen gekomen zijn.

¹²Zo dan, die meent te staan, zie toe, dat hij niet valle.

¹³Ulieden heeft geen verzoeking bevangen dan menselijke; doch God is getrouw, Die u niet zal laten verzocht worden boven hetgeen gij vermoogt; maar Hij zal met de verzoeking ook de uitkomst geven, opdat gij ze kunt verdragen.

¹⁴Daarom, mijn geliefden, vliedt van den afgodendienst.

¹⁵Als tot verstandigen spreek ik; oordeelt gij, hetgeen ik zeg.

¹⁶De drinkbeker der dankzegging, dien wij dankzeggende zegenen, is die niet een gemeenschap des bloeds van Christus? Het brood, dat wij breken, is dat niet een gemeenschap des lichaams van Christus?

¹⁷Want een brood is het, zo zijn wij velen een lichaam, dewijl wij allen eens broods deelachtig zijn.

¹⁸Ziet Israel, dat naar het vlees is: hebben niet degenen, die de offeranden eten, gemeenschap met het altaar?

¹⁹Wat zeg ik dan? Dat een afgod iets is, of dat het afgodenoffer iets is?

²⁰Ja, ik zeg, dat hetgeen de heidenen offeren, zij den duivelen offeren, en niet Gode; en ik wil niet, dat gij met de duivelen gemeenschap hebt.

²¹Gij kunt den drinkbeker des Heeren niet drinken, en den drinkbeker der duivelen; gij kunt niet deelachtig zijn aan de tafel des Heeren, en aan de tafel der duivelen.

²²Of tergen wij den Heere? Zijn wij sterker dan Hij?

²³Alle dingen zijn mij geoorloofd, maar alle dingen zijn niet oorbaar; alle dingen zijn mij geoorloofd, maar alle dingen stichten niet.

²⁴Niemand zoeke dat zijns zelfs is; maar een iegelijk zoeke dat des anderen is.

²⁵Eet al wat in het vleeshuis verkocht wordt, niets ondervragende, om des gewetens wil;

²⁶Want de aarde is des Heeren, en de volheid derzelve.

²⁷En indien u iemand van de ongelovigen noodt, en gij daar gaan wilt, eet al wat ulieden voorgesteld wordt, niets ondervragende, om des gewetens wil.

²⁸Maar zo iemand tot ulieden zegt: Dat is afgodenoffer; eet het niet, om desgenen wil, die u dat te kennen gegeven heeft, en om des gewetens wil. Want de aarde is des Heeren, en de volheid derzelve.

²⁹Doch ik zeg: om het geweten, niet van uzelven, maar des anderen; want waarom wordt mijn vrijheid geoordeeld van een ander geweten?

³⁰En indien ik door genade der spijze deelachtig ben, waarom word ik gelasterd over hetgeen, waarvoor ik dankzeg?

³¹Hetzij dan dat gijlieden eet, hetzij dat gij drinkt, hetzij dat gij iets anders doet, doet het al ter ere Gods.

³²Weest zonder aanstoot te geven, en den Joden, en den Grieken, en der Gemeente Gods.

³³Gelijkerwijs ik ook in alles allen behaag, niet zoekende mijn eigen voordeel, maar het voordeel van velen, opdat zij mochten behouden worden.

Hoofdstuk 11

¹Weest mijn navolgers, gelijkerwijs ook ik van Christus.

²En ik prijs u, broeders, dat gij in alles mijner gedachtig zijt, en de inzettingen behoudt, gelijk ik die u overgegeven heb.

³Doch ik wil, dat gij weet, dat Christus het Hoofd is eens iegelijken mans, en de man het hoofd der vrouw, en God het Hoofd van Christus.

⁴Een iegelijk man, die bidt of profeteert, hebbende iets op het hoofd, die onteert zijn eigen hoofd;

⁵Maar een iegelijke vrouw, die bidt of profeteert met ongedekten hoofde, onteert haar eigen hoofd; want het is een en hetzelfde, alsof haar het haar afgesneden ware.

⁶Want indien een vrouw niet gedekt is, dat zij ook geschoren worde; maar indien het lelijk is voor een vrouw geschoren te zijn, of het haar afgesneden te hebben, datzij zich dekke.

⁷Want de man moet het hoofd niet dekken, overmits hij het beeld en de heerlijkheid Gods is; maar de vrouw is de heerlijkheid des mans.

⁸Want de man is uit de vrouw niet, maar de vrouw is uit den man.

⁹Want ook is de man niet geschapen om de vrouw, maar de vrouw om den man.

¹⁰Daarom moet de vrouw een macht op het hoofd hebben, om der engelen wil.

¹¹Nochtans is noch de man zonder de vrouw, noch de vrouw

zonder den man, in den Heere.

¹²Want gelijkerwijs de vrouw uit den man is, alzo is ook de man door de vrouw; doch alle dingen zijn uit God.

¹³Oordeelt gij onder uzelven: is het betamelijk, dat de vrouw ongedekt God bidde?

¹⁴Of leert u ook de natuur zelve niet, dat zo een man lang haar draagt, het hem een oneer is?

¹⁵Maar zo een vrouw lang haar draagt, dat het haar een eer is; omdat het lange haar voor een deksel haar is gegeven?

¹⁶Doch indien iemand schijnt twistgierig te zijn, wij hebben zulke gewoonten niet, noch de Gemeenten Gods.

¹⁷Dit nu, hetgeen ik u aanzegge, prijs ik niet, namelijk dat gij niet tot beter, maar tot erger samenkomt.

¹⁸Want eerstelijk, als gij samenkomt in de Gemeente, zo hoor ik, dat er scheuringen zijn onder u; en ik geloof het ten dele;

¹⁹Want er moeten ook ketterijen onder u zijn, opdat degenen, die oprecht zijn, openbaar mogen worden onder u.

²⁰Als gij dan bijeen samenkomt, dat is niet des Heeren avondmaal eten.

²¹Want in het eten neemt een iegelijk te voren zijn eigen avondmaal; en deze is hongerig, en de andere is dronken.

²²Hebt gij dan geen huizen, om er te eten en te drinken? Of veracht gij de Gemeente Gods, en beschaamt gij degenen, die niet hebben? Wat zal ik u zeggen? Zal ik uprijzen? In dezen prijs ik u niet.

²³Want ik heb van den Heere ontvangen, hetgeen ik ook u overgegeven heb, dat de Heere Jezus in den nacht, in welken Hij verraden werd, het brood nam;

²⁴En als Hij gedankt had, brak Hij het, en zeide: Neemt, eet, dat is Mijn lichaam, dat voor u gebroken wordt; doet dat tot Mijn gedachtenis.

²⁵Desgelijks nam Hij ook den drinkbeker, na het eten des avondmaals, en zeide: Deze drinkbeker is het Nieuwe Testament in Mijn bloed. Doet dat, zo dikwijls als gijdien zult drinken, tot Mijn gedachtenis.

²⁶Want zo dikwijls als gij dit brood zult eten, en dezen drinkbeker zult drinken, zo verkondigt den dood des Heeren, totdat Hij komt.

²⁷Zo dan, wie onwaardiglijk dit brood eet, of den drinkbeker des Heeren drinkt, die zal schuldig zijn aan het lichaam en bloed des Heeren.

²⁸Maar de mens beproeve zichzelven, en ete alzo van het brood, en drinke van den drinkbeker.

²⁹Want die onwaardiglijk eet en drinkt, die eet en drinkt zichzelven een oordeel, niet onderscheidende het lichaam des Heeren.

³⁰Daarom zijn onder u vele zwakken en kranken, en velen slapen.

³¹Want indien wij onszelven oordeelden, zo zouden wij niet geoordeeld worden.

³²Maar als wij geoordeeld worden, zo worden wij van den Heere getuchtigd, opdat wij met de wereld niet zouden veroordeeld worden.

³³Zo dan, mijn broeders, als gij samenkomt om te eten, verwacht elkander.

³⁴Doch zo iemand hongert, dat hij te huis ete, opdat gij niet tot een oordeel samenkomt. De overige dingen nu zal ik verordenen, als ik zal gekomen zijn.

Hoofdstuk 12

¹En van de geestelijke gaven, broeders, wil ik niet, dat gij onwetende zijt.

²Gij weet, dat gij heidenen waart, tot de stomme afgoden heengetrokken, naar dat gij geleid werdt.

³Daarom maak ik u bekend, dat niemand, die door den Geest Gods spreekt, Jezus een vervloeking noemt; en niemand kan zeggen, Jezus den Heere te zijn, dan doorden Heiligen Geest.

⁴En er is verscheidenheid der gaven, doch het is dezelfde Geest;

⁵En er is verscheidenheid der bedieningen, en het is dezelfde Heere;

⁶En er is verscheidenheid der werkingen, doch het is dezelfde God, Die alles in allen werkt.

⁷Maar aan een iegelijk wordt de openbaring des Geestes gegeven tot hetgeen oorbaar is.

⁸Want dezen wordt door den Geest gegeven het woord der wijsheid, en een ander het woord der kennis, door denzelfden Geest;

⁹En een ander het geloof, door denzelfden Geest; en een ander de gaven der gezondmakingen, door denzelfden Geest.

¹⁰En een ander de werkingen der krachten; en een ander profetie; en een ander onderscheidingen der geesten; en een ander menigerlei talen; en een ander uitleggingder talen.

¹¹Doch deze dingen alle werkt een en dezelfde Geest, delende aan een iegelijk in het bijzonder, gelijkerwijs Hij wil.

¹²Want gelijk het lichaam een is, en vele leden heeft, en al de leden van dit ene lichaam, vele zijnde, maar een lichaam zijn, alzo ook Christus.

¹³Want ook wij allen zijn door een Geest tot een lichaam gedoopt; hetzij Joden, hetzij Grieken, hetzij dienstknechten, hetzij vrijen; en wij zijn allen tot een Geestgedrenkt.

¹⁴Want ook het lichaam is niet een lid, maar vele leden.

¹⁵Indien de voet zeide: Dewijl ik de hand niet ben, zo ben ik van het lichaam niet; is hij daarom niet van het lichaam?

¹⁶En indien het oor zeide: Dewijl ik het oog niet ben, zo ben ik van het lichaam niet; is het daarom niet van het lichaam?

¹⁷Ware het gehele lichaam het oog, waar zou het gehoor zijn? Ware het gehele lichaam gehoor, waar zou de reuk zijn?

¹⁸Maar nu heeft God de leden gezet, een iegelijk van dezelve in het lichaam, gelijk Hij gewild heeft.

¹⁹Waren zij alle maar een lid, waar zou het lichaam zijn?

²⁰Maar nu zijn er wel vele leden, doch maar een lichaam.

²¹En het oog kan niet zeggen tot de hand: Ik heb u niet van node; of wederom het hoofd tot de voeten: Ik heb u niet van node.

²²Ja veeleer, de leden, die ons dunken de zwakste des lichaams te zijn, die zijn nodig.

²³En die ons dunken de minst eerlijke leden des lichaams te zijn, denzelven doen wij overvloediger eer aan; en onze onsierlijke leden hebben overvloediger versiering.

²⁴Doch onze sierlijke hebben het niet van node; maar God heeft het lichaam alzo samengevoegd, gevende overvloediger eer aan hetgeen gebrek aan dezelve heeft;

²⁵Opdat geen tweedracht in het lichaam zij, maar de leden voor elkander gelijke zorg zouden dragen.

²⁶En hetzij dat een lid lijdt, zo lijden al de leden mede; hetzij dat een lid verheerlijkt wordt, zo verblijden zich al de leden mede.

²⁷En gijlieden zijt het lichaam van Christus, en leden in het bijzonder.

²⁸En God heeft er sommigen in de Gemeente gesteld, ten eerste apostelen, ten tweede profeten, ten derde leraars, daarna krachten, daarna gaven dergezondmakingen, behulpsels, regeringen, menigerlei talen.

²⁹Zijn zij allen apostelen? Zijn zij allen profeten? Zijn zij allen leraars? Zijn zij allen krachten?

³⁰Hebben zij allen gaven der gezondmakingen? Spreken zij allen met menigerlei talen? Zijn zij allen uitleggers?

³¹Doch ijvert naar de beste gaven; en ik wijs u een weg, die nog uitnemender is.

Hoofdstuk 13

¹Al ware het, dat ik de talen der mensen en der engelen sprak, en de liefde niet had, zo ware ik een klinkend metaal, of luidende schel geworden.

²En al ware het dat ik de gave der profetie had, en wist al de verborgenheden en al de wetenschap; en al ware het, dat ik al het geloof had, zodat ik bergen verzette, en de liefde niet had, zo ware ik niets.

³En al ware het, dat ik al mijn goederen tot onderhoud der armen uitdeelde, en al ware het, dat ik mijn lichaam overgaf, opdat ik verbrand zou worden, en had deliefde niet, zo zou het mij geen nuttigheid geven.

⁴De liefde is lankmoedig, zij is goedertieren; de liefde is niet afgunstig; de liefde handelt niet lichtvaardiglijk, zij is niet opgeblazen;

⁵Zij handelt niet ongeschiktelijk, zij zoekt zichzelve niet, zij wordt niet verbitterd, zij denkt geen kwaad;

⁶Zij verblijdt zich niet in de ongerechtigheid, maar zij verblijdt zich in de waarheid;

⁷Zij bedekt alle dingen, zij gelooft alle dingen, zij hoopt alle dingen, zij verdraagt alle dingen.

⁸De liefde vergaat nimmermeer; maar hetzij profetieen, zij zullen te niet gedaan worden; hetzij talen, zij zullen ophouden; hetzij kennis, zij zal te niet gedaan worden.

⁹Want wij kennen ten dele, en wij profeteren ten dele;

¹⁰Doch wanneer het volmaakte zal gekomen zijn, dan zal hetgeen ten dele is, te niet gedaan worden.

¹¹Toen ik een kind was, sprak ik als een kind, was ik gezind als een kind, overlegde ik als een kind; maar wanneer ik een man geworden ben, zo heb ik te niet gedaanhetgeen eens kinds was.

¹²Want wij zien nu door een spiegel in een duistere rede, maar alsdan zullen wij zien aangezicht tot aangezicht; nu ken ik ten dele, maar alsdan zal ik kennen, gelijkook ik gekend ben.

¹³En nu blijft geloof, hoop en liefde, deze drie; doch de meeste van deze is de liefde.

1 Korinthiërs
Hoofdstuk 14

¹Jaagt de liefde na, en ijvert om de geestelijke gaven, maar meest, dat gij moogt profeteren.

²Want die een vreemde taal spreekt, spreekt niet den mensen, maar Gode; want niemand verstaat het, doch met den geest spreekt hij verborgenheden.

³Maar die profeteert, spreekt den mensen stichting, en vermaning en vertroosting.

⁴Die een vreemde taal spreekt, die sticht zichzelven; maar die profeteert die sticht de Gemeente.

⁵En ik wil wel, dat gij allen in vreemde talen spreekt, maar meer, dat gij profeteert; want die profeteert, is meerder dan die vreemde talen spreekt, tenzij dan, dat hij het uitlegge, opdat de Gemeente stichting moge ontvangen.

⁶En nu, broeders, indien ik tot u kwam, en sprak vreemde talen, wat nuttigheid zou ik u doen, zo ik tot u niet sprak, of in openbaring, of in kennis, of in profetie of inlering?

⁷Zelfs ook de levenloze dingen, die geluid geven, hetzij fluit, hetzij citer, zo zij geen onderscheid met hun klank geven, hoe zal bekend worden, hetgeen op de fluit of op de citer gespeeld wordt?

⁸Want ook indien de bazuin een onzeker geluid geeft, wie zal zich tot den krijg bereiden?

⁹Alzo ook gijlieden, indien gij niet door de taal een duidelijke rede geeft, hoe zal verstaan worden hetgeen gesproken wordt? Want gij zult zijn als die in de lucht spreekt.

¹⁰Er zijn, naar het voorvalt, zo vele soorten van stemmen in de wereld, en geen derzelve is zonder stem.

¹¹Indien ik dan de kracht der stem niet weet, zo zal ik hem, die spreekt, barbaars zijn; en hij, die spreekt, zal bij mij barbaars zijn.

¹²Alzo ook gij, dewijl gij ijverig zijt naar geestelijke gaven, zo zoekt dat gij moogt overvloedig zijn tot stichting der Gemeente.

¹³Daarom, die in een vreemde taal spreekt, die bidde, dat hij het moge uitleggen.

¹⁴Want indien ik in een vreemde taal bid, mijn geest bidt wel, maar mijn verstand is vruchteloos.

¹⁵Wat is het dan? Ik zal wel met den geest bidden, maar ik zal ook met het verstand bidden; ik zal wel met den geest zingen, maar ik zal ook met het verstand zingen.

¹⁶Anderszins, indien gij dankzegt met den geest, hoe zal degene, die de plaats eens ongeleerden vervult, amen zeggen op uw dankzegging, dewijl hij niet weet, wat gij zegt?

¹⁷Want gij dankzegt wel behoorlijk, maar de ander wordt niet gesticht.

¹⁸Ik dank mijn God, dat ik meer vreemde talen spreek, dan gij allen;

¹⁹Maar ik wil liever in de Gemeente vijf woorden spreken met mijn verstand, opdat ik ook anderen moge onderwijzen, dan tien duizend woorden in een vreemde taal.

²⁰Broeders, wordt geen kinderen in het verstand, maar zijt kinderen in de boosheid, en wordt in het verstand volwassen.

²¹In de wet is geschreven: Ik zal door lieden van andere talen, en door andere lippen tot dit volk spreken, en ook alzo zullen zij Mij niet horen, zegt de Heere.

²²Zo dan, de vreemde talen zijn tot een teken niet dengenen, die geloven, maar den ongelovigen; en de profetie niet den ongelovigen, maar dengenen, die geloven.

²³Indien dan de gehele Gemeente bijeenvergaderd ware, en zij allen in vreemde talen spraken, en enige ongeleerden of ongelovigen inkwamen, zouden zij niet zeggen, dat gij uitzinnig waart?

²⁴Maar indien zij allen profeteerden, en een ongelovige of ongeleerde inkwame, die wordt van allen overtuigd, en hij wordt van allen geoordeeld.

²⁵En alzo worden de verborgene dingen zijns harten openbaar; en alzo, vallende op zijn aangezicht, zal hij God aanbidden, en verkondigen, dat God waarlijk onder u is.

²⁶Wat is het dan, broeders? Wanneer gij samenkomt, een iegelijk van u, heeft hij een psalm, heeft hij een leer, heeft hij een vreemde taal, heeft hij een openbaring, heeft hij een uitlegging; laat alle dingen geschieden tot stichting.

²⁷En zo iemand een vreemde taal spreekt, dat het door twee, of ten meeste drie geschiede, en bij beurte; en dat een het uitlegge.

²⁸Maar indien er geen uitlegger is, dat hij zwijge in de Gemeente; doch dat hij tot zichzelven spreke, en tot God.

²⁹En dat twee of drie profeten spreken, en dat de anderen oordelen.

³⁰Doch indien een ander, die er zit, iets geopenbaard is, dat de eerste zwijge.

³¹Want gij kunt allen, de een na den ander profeteren, opdat zij allen leren, en allen getroost worden.

³²En de geesten der profeten zijn den profeten onderworpen.

³³Want God is geen God van verwarring, maar van vrede, gelijk in al de Gemeenten der heiligen.

³⁴Dat uw vrouwen in de Gemeenten zwijgen; want het is haar niet toegelaten te spreken, maar bevolen onderworpen te zijn, gelijk ook de wet zegt.

³⁵En zo zij iets willen leren, laat haar te huis haar eigen mannen vragen; want het staat lelijk voor de vrouwen, dat zij in de Gemeente spreken.

³⁶Is het Woord Gods van u uitgegaan? Of is het tot u alleen gekomen?

³⁷Indien iemand meent een profeet te zijn, of geestelijke, die erkenne, dat, hetgeen ik u schrijf, des Heeren geboden zijn.

³⁸Maar zo iemand onwetend is, die zij onwetend.

³⁹Zo dan, broeders, ijvert om te profeteren, en verhindert niet in vreemde talen te spreken.

⁴⁰Laat alle dingen eerlijk en met orde geschieden.

Hoofdstuk 15

¹Voorts, broeders, ik maak u bekend het Evangelie, dat ik u verkondigd heb, hetwelk gij ook aangenomen hebt, in hetwelk gij ook staat;

²Door hetwelk gij ook zalig wordt, indien gij het behoudt op zodanige wijze, als ik het u verkondigd heb; tenzij dan dat gij tevergeefs geloofd hebt.

³Want ik heb ulieden ten eerste overgegeven, hetgeen ik ook ontvangen heb, dat Christus gestorven is voor onze zonden, naar de Schriften;

⁴En dat Hij is begraven, en dat Hij is opgewekt ten derden dage, naar de Schriften;

⁵En dat Hij is van Cefas gezien, daarna van de twaalven.

⁶Daarna is Hij gezien van meer dan vijfhonderd broeders op eenmaal, van welken het meren deel nog over is, en sommigen ook zijn ontslapen.

⁷Daarna is Hij gezien van Jakobus, daarna van al de apostelen.

⁸En ten laatste van allen is Hij ook van mij, als van een ontijdig geborene, gezien.

⁹Want ik ben de minste van de apostelen, die niet waardig ben een apostel genaamd te worden, daarom dat ik de Gemeente Gods vervolgd heb.

¹⁰Doch door de genade Gods ben ik, dat ik ben; en Zijn genade, die aan mij bewezen is, is niet ijdel geweest, maar ik heb overvloediger gearbeid dan zij allen; doch niet ik, maar de genade Gods, Die met mij is.

¹¹Hetzij dan ik, hetzij zijlieden, alzo prediken wij, en alzo hebt gij geloofd.

¹²Indien nu Christus gepredikt wordt, dat Hij uit de doden opgewekt is, hoe zeggen sommigen onder u, dat er geen opstanding der doden is?

¹³En indien er geen opstanding der doden is, zo is Christus ook niet opgewekt.

¹⁴En indien Christus niet opgewekt is, zo is dan onze prediking ijdel, en ijdel is ook uw geloof.

¹⁵En zo worden wij ook bevonden valse getuigen Gods; want wij hebben van God getuigd, dat Hij Christus opgewekt heeft, Dien Hij niet heeft opgewekt, zo namelijk de doden niet opgewekt worden.

¹⁶Want indien de doden niet opgewekt worden, zo is ook Christus niet opgewekt.

¹⁷En indien Christus niet opgewekt is, zo is uw geloof tevergeefs, zo zijt gij nog in uw zonden.

¹⁸Zo zijn dan ook verloren, die in Christus ontslapen zijn.

¹⁹Indien wij alleenlijk in dit leven op Christus zijn hopende, zo zijn wij de ellendigste van alle mensen.

²⁰Maar nu, Christus is opgewekt uit de doden, en is de Eersteling geworden dergenen, die ontslapen zijn.

²¹Want dewijl de dood door een mens is, zo is ook de opstanding der doden door een Mens.

²²Want gelijk zij allen in Adam sterven, alzo zullen zij ook in Christus allen levend gemaakt worden.

²³Maar een iegelijk in zijn orde: de eersteling Christus, daarna die van Christus zijn, in Zijn toekomst.

²⁴Daarna zal het einde zijn, wanneer Hij het Koninkrijk aan God en den Vader zal overgegeven hebben; wanneer Hij zal te niet gedaan hebben alle heerschappij, en alle macht en kracht.

²⁵Want Hij moet als Koning heersen, totdat Hij al de vijanden

onder Zijn voeten zal gelegd hebben.

²⁶De laatste vijand, die te niet gedaan wordt, is de dood.

²⁷Want Hij heeft alle dingen Zijn voeten onderworpen. Doch wanneer Hij zegt, dat Hem alle dingen onderworpen zijn, zo is het openbaar, dat Hij uitgenomen wordt, Die Hem alle dingen onderworpen heeft.

²⁸En wanneer Hem alle dingen zullen onderworpen zijn, dan zal ook de Zoon Zelf onderworpen worden Dien, Die Hem alle dingen onderworpen heeft, opdat God zij alles in allen.

²⁹Anders, wat zullen zij doen, die voor de doden gedoopt worden, indien de doden ganselijk niet opgewekt worden? Waarom worden zij voor de doden ook gedoopt?

³⁰Waarom zijn ook wij alle ure in gevaar?

³¹Ik sterf alle dagen, hetwelk ik betuig bij onzen roem, dien ik heb in Christus Jezus, onzen Heere.

³²Zo ik, naar den mens, tegen de beesten gevochten heb te Efeze, wat nuttigheid is het mij, indien de doden niet opgewekt worden? Laat ons eten en drinken, want morgen sterven wij.

³³Dwaalt niet, kwade samensprekingen verderven goede zeden.

³⁴Waakt op rechtvaardiglijk, en zondigt niet. Want sommigen hebben de kennis van God niet. Ik zeg het u tot schaamte.

³⁵Maar, zal iemand zeggen: Hoe zullen de doden opgewekt worden, en met hoedanig een lichaam zullen zij komen?

³⁶Gij dwaas, hetgeen gij zaait, wordt niet levend, tenzij dat het gestorven is;

³⁷En hetgeen gij zaait, daarvan zaait gij het lichaam niet, dat worden zal, maar een bloot graan, naar het voorvalt, van tarwe, of van enig der andere granen.

³⁸Maar God geeft hetzelve een lichaam, gelijk Hij wil, en aan een iegelijk zaad zijn eigen lichaam.

³⁹Alle vlees is niet hetzelfde vlees; maar een ander is het vlees der mensen, en een ander is het vlees der beesten, en een ander der vissen, en een ander der vogelen.

⁴⁰En er zijn hemelse lichamen, en er zijn aardse lichamen; maar een andere is de heerlijkheid der hemelse, en een andere der aardse.

⁴¹Een andere is de heerlijkheid der zon, en een andere is de heerlijkheid der maan, en een andere is de heerlijkheid der sterren; want de ene ster verschilt in heerlijkheid van de andere ster.

⁴²Alzo zal ook de opstanding der doden zijn. Het lichaam wordt gezaaid in verderfelijkheid, het wordt opgewekt in onverderfelijkheid;

⁴³Het wordt gezaaid in oneer, het wordt opgewekt in heerlijkheid; het wordt gezaaid in zwakheid, het wordt opgewekt in kracht.

⁴⁴Een natuurlijk lichaam wordt er gezaaid, een geestelijk lichaam wordt er opgewekt. Er is een natuurlijk lichaam, en er is een geestelijk lichaam.

⁴⁵Alzo is er ook geschreven: De eerste mens Adam is geworden tot een levende ziel; de laatste Adam tot een levendmakenden Geest.

⁴⁶Doch het geestelijke is niet eerst, maar het natuurlijke, daarna het geestelijke.

⁴⁷De eerste mens is uit de aarde, aards; de tweede Mens is de Heere uit den hemel.

⁴⁸Hoedanig de aardse is, zodanige zijn ook de aardsen; en hoedanig de hemelse is, zodanige zijn ook de hemelsen.

⁴⁹En gelijkerwijs wij het beeld des aardsen gedragen hebben, alzo zullen wij ook het beeld des hemelsen dragen.

⁵⁰Doch dit zeg ik, broeders, dat vlees en bloed het Koninkrijk Gods niet beerven kunnen, en de verderfelijkheid beerft de onverderfelijkheid niet.

⁵¹Ziet, ik zeg u een verborgenheid: wij zullen wel niet allen ontslapen, maar wij zullen allen veranderd worden;

⁵²In een punt des tijds, in een ogenblik, met de laatste bazuin; want de bazuin zal slaan, en de doden zullen onverderfelijk opgewekt worden, en wij zullen veranderd worden.

⁵³Want dit verderfelijke moet onverderfelijkheid aandoen, en dit sterfelijke moet onsterfelijkheid aandoen.

⁵⁴En wanneer dit verderfelijke zal onverderfelijkheid aangedaan hebben, en dit sterfelijke zal onsterfelijkheid aangedaan hebben, alsdan zal het woord geschieden, dat geschreven is: De dood is verslonden tot overwinning.

⁵⁵Dood, waar is uw prikkel? Hel, waar is uw overwinning?

⁵⁶De prikkel nu des doods is de zonde; en de kracht der zonde is de wet.

⁵⁷Maar Gode zij dank, Die ons de overwinning geeft door onzen Heere Jezus Christus.

⁵⁸Zo dan, mijn geliefde broeders! Zijt standvastig, onbewegelijk, altijd overvloedig zijnde in het werk des Heeren, als die weet, dat uw arbeid niet ijdel is in den Heere.

Hoofdstuk 16

¹Aangaande nu de verzameling, die voor de heiligen geschiedt, gelijk als ik aan de Gemeenten in Galatie verordend heb, doet ook gij alzo.

²Op elken eersten dag der week, legge een iegelijk van u iets bij zichzelven weg, vergaderende een schat, naar dat hij welvaren verkregen heeft; opdat de verzamelingen alsdan niet eerst geschieden, wanneer ik gekomen zal zijn.

³En wanneer ik daar zal gekomen zijn, zal ik hen, die gij zult bekwaam achten door brieven, zenden, om uw gave naar Jeruzalem over te dragen.

⁴En indien het der moeite waardig mocht zijn, dat ik ook zelf reizen zou, zo zullen zij met mij reizen.

⁵Doch ik zal tot u komen, wanneer ik Macedonie zal doorgegaan zijn, (want ik zal door Macedonie gaan);

⁶En ik zal mogelijk bij u blijven, of ook overwinteren, opdat gij mij moogt geleiden, waar ik zal henenreizen.

⁷Want ik wil u nu niet zien in het voorbijgaan, maar ik hoop enigen tijd bij u te blijven, indien het de Heere zal toelaten.

⁸Maar ik zal te Efeze blijven tot den pinkster dag.

⁹Want mij is een grote en krachtige deur geopend, en er zijn vele tegenstanders.

¹⁰Zo nu Timotheus komt, ziet, dat hij buiten vreze bij u zij; want hij werkt het werk des Heeren, gelijk als ik.

¹¹Dat hem dan niemand verachte; maar geleidt hem in vrede, opdat hij tot mij kome; want ik verwacht hem met de broederen.

¹²En wat aangaat Apollos, den broeder, ik heb hem zeer gebeden, dat hij met de broederen tot u komen zou; maar het was ganselijk zijn wil niet, dat hij nu zou komen; doch hij zal komen, wanneer het hem wel gelegen zal zijn.

¹³Waakt, staat in het geloof, houdt u mannelijk, zijt sterk.

¹⁴Dat al uw dingen in de liefde geschieden.

¹⁵En ik bid u, broeders, gij kent het huis van Stefanas, dat het is de eersteling van Achaje, en dat zij zichzelven den heiligen ten dienst hebben geschikt;

¹⁶Dat gij ook u aan de zodanigen onderwerpt, en aan een iegelijk, die medewerkt en arbeidt.

¹⁷En ik verblijde mij over de aankomst van Stefanas, en Fortunatus, en Achaikus, want dezen hebben vervuld hetgeen mij aan u ontbrak;

¹⁸Want zij hebben mijn geest verkwikt, en ook den uwen. Erkent dan de zodanigen.

¹⁹U groeten de Gemeenten van Azie. U groeten zeer in den Heere Aquila en Priscilla, met de Gemeente, die te hunnen huize is.

²⁰U groeten al de broeders. Groet elkander met een heiligen kus.

²¹De groetenis met mijn hand van Paulus.

²²Indien iemand den Heere Jezus Christus niet liefheeft, die zij een vervloeking; Maran-atha!

²³De genade van den Heere Jezus Christus zij met u.

2 Korinthiërs

Hoofdstuk 1

¹Paulus, een apostel van Jezus Christus, door den wil van God, en Timotheus, de broeder, aan de Gemeente Gods, die te Korinthe is, met al de heiligen, die in geheelAchaje zijn:
²Genade zij u en vrede van God, onzen Vader, en den Heere Jezus Christus.
³Geloofd zij de God en Vader van onzen Heere Jezus Christus, de Vader der barmhartigheden, en de God aller vertroosting;
⁴Die ons vertroost in al onze verdrukking, opdat wij zouden kunnen vertroosten degenen, die in allerlei verdrukking zijn, door de vertroosting, met welke wij zelvenvan God vertroost worden.
⁵Want gelijk het lijden van Christus overvloedig is in ons, alzo is ook door Christus onze vertroosting overvloedig.
⁶Doch hetzij dat wij verdrukt worden, het is tot uw vertroosting en zaligheid, die gewrocht wordt in de lijdzaamheid van hetzelfde lijden, hetwelk wij ook lijden; hetzijdat wij vertroost worden, het is tot uw vertroosting en zaligheid;
⁷En onze hoop van u is vast, als die weten, dat, gelijk gij gemeenschap hebt aan het lijden, gij ook alzo gemeenschap hebt aan de vertroosting.
⁸Want wij willen niet, broeders, dat gij onwetende zijt van onze verdrukking, die ons in Azie overkomen is, dat wij uitnemend zeer bezwaard zijn geweest boven onzemacht, alzo dat wij zeer in twijfel waren, ook van het leven.
⁹Ja, wij hadden al zelven in onszelven het vonnis des doods, opdat wij niet op onszelven vertrouwen zouden, maar op God, Die de doden verwekt;
¹⁰Die ons uit zo groten dood verlost heeft, en nog verlost; op Welken wij hopen, dat Hij ons ook nog verlossen zal.
¹¹Alzo gijlieden ook medearbeidt voor ons door het gebed, opdat over de gave, door vele personen aan ons teweeggebracht ook voor ons dankzegging door velengedaan worde.
¹²Want onze roem is deze, namelijk de getuigenis van ons geweten, dat wij in eenvoudigheid en oprechtheid Gods, niet in vleselijke wijsheid, maar in de genade Gods, in de wereld verkeerd hebben, en allermeest bij ulieden.
¹³Want wij schrijven u geen andere dingen, dan die gij kent, of ook erkent; en ik hoop, dat gij ze ook tot het einde toe erkennen zult;
¹⁴Gelijkerwijs gij ook ten dele ons erkend hebt, dat wij uw roem zijn, gelijk gij ook de onze zijt, in den dag van den Heere Jezus.
¹⁵En op dit betrouwen wilde ik te voren tot u komen, opdat gij een tweede genade zoudt hebben;
¹⁶En door uw stad naar Macedonie gaan, en wederom van Macedonie tot u komen, en van ulieden naar Judea geleid worden.
¹⁷Als ik dan dit voorgenomen heb, heb ik ook lichtvaardigheid gebruikt? Of neem ik het naar het vlees voor, hetgeen ik voorneem, opdat bij mij zou wezen, ja, ja, enneen, neen?
¹⁸Doch God is getrouw, dat ons woord, hetwelk tot u is geschied, niet is geweest ja en neen.
¹⁹Want de Zoon van God, Jezus Christus, Die onder u door ons is gepredikt, namelijk door mij, en Silvanus, en Timotheus, was niet ja en neen, maar is geweest ja inHem.
²⁰Want zovele beloften Gods als er zijn, die zijn in Hem ja, en zijn in Hem amen, Gode tot heerlijkheid door ons.
²¹Maar Die ons met u bevestigt in Christus, en Die ons gezalfd heeft, is God;
²²Die ons ook heeft verzegeld, en het onderpand des Geestes in onze harten gegeven.
²³Doch ik aanroepe God tot een Getuige over mijn ziel, dat ik, om u te sparen, nog te Korinthe niet ben gekomen.

Hoofdstuk 2

¹Maar ik heb dit bij mijzelven voorgenomen, dat ik niet wederom in droefheid tot u komen zou.
²Want indien ik ulieden bedroef, wie is het toch, die mij zal vrolijk maken, dan degene, die van mij bedroefd is geworden?
³En ditzelfde heb ik u geschreven, opdat ik, daar komende, niet zou droefheid hebben van degenen, van welke ik moest verblijd worden; vertrouwende van u allen, dat mijn blijdschap uw aller blijdschap is.
⁴Want ik heb ulieden uit vele verdrukking en benauwdheid des harten, met vele tranen geschreven, niet opdat gij zoudt bedroefd worden, maar opdat gij de liefdezoudt verstaan, die ik overvloediglijk tot u heb.
⁵Doch indien iemand bedroefd heeft, die heeft niet mij bedroefd, maar ten dele (opdat ik hem niet bezware) ulieden allen.
⁶Den zodanige is deze bestraffing genoeg, die van velen geschied is.
⁷Alzo dat gij daarentegen hem liever moet vergeven en vertroosten, opdat de zodanige door al te overvloedige droefheid niet enigszins worde verslonden.
⁸Daarom bid ik u, dat gij de liefde aan hem bevestigt.
⁹Want daartoe heb ik ook geschreven, opdat ik uw beproeving mocht verstaan, of gij in alles gehoorzaam zijt.
¹⁰Dien gij nu iets vergeeft, dien vergeef ik ook; want zo ik ook iets vergeven heb, dien ik vergeven heb, heb ik het vergeven om uwentwil, voor het aangezicht vanChristus, opdat de satan over ons geen voordeel krijge;
¹¹Want zijn gedachten zijn ons niet onbekend.
¹²Voorts, als ik te Troas kwam, om het Evangelie van Christus te prediken, en als mij een deur geopend was in den Heere, zo heb ik geen rust gehad voor mijn geest, omdat ik Titus, mijn broeder, niet vond;
¹³Maar, afscheid van hen genomen hebbende, vertrok ik naar Macedonie.
¹⁴En Gode zij dank, Die ons allen tijd doet triomferen in Christus, en den reuk Zijner kennis door ons openbaar maakt in alle plaatsen.
¹⁵Want wij zijn Gode een goede reuk van Christus, in degenen, die zalig worden, en in degenen, die verloren gaan;
¹⁶Dezen wel een reuk des doods ten dode; maar genen een reuk des levens ten leven. En wie is tot deze dingen bekwaam?
¹⁷Want wij dragen niet, gelijk velen, het Woord Gods te koop, maar als uit oprechtheid, maar als uit God, in de tegenwoordigheid Gods, spreken wij het in Christus.

Hoofdstuk 3

¹Beginnen wij onszelven wederom u aan te prijzen? Of behoeven wij ook, gelijk sommigen, brieven van voorschrijving aan u, of brieven van voorschrijving van u?
²Gijlieden zijt onze brief, geschreven in onze harten, bekend en gelezen van alle mensen;
³Als die openbaar zijt geworden, dat gij een brief van Christus zijt, en door onzen dienst bereid, die geschreven is niet met inkt, maar door den Geest des levendenGods, niet in stenen tafelen, maar in vlezen tafelen des harten.
⁴En zodanig een vertrouwen hebben wij door Christus bij God.
⁵Niet dat wij van onszelven bekwaam zijn iets te denken, als uit onszelven; maar onze bekwaamheid is uit God.
⁶Die ons ook bekwaam gemaakt heeft, om te zijn dienaars des Nieuwen Testaments, niet der letter, maar des Geestes; want de letter doodt, maar de Geest maaktlevend.
⁷En indien de bediening des doods in letteren bestaande, en in stenen ingedrukt, in heerlijkheid is geweest, alzo dat de kinderen Israels het aangezicht van Mozes nietkonden sterk aanzien, om de heerlijkheid zijns aangezichts, die te niet gedaan zou worden,
⁸Hoe zal niet veel meer de bediening des Geestes in heerlijkheid zijn?
⁹Want indien de bediening der verdoemenis heerlijkheid geweest is, veel meer is de bediening der rechtvaardigheid overvloedig in heerlijkheid.
¹⁰Want ook het verheerlijkte is zelfs niet verheerlijkt in dezen dele, ten aanzien van deze uitnemende heerlijkheid.
¹¹Want indien hetgeen te niet gedaan wordt, in heerlijkheid was, veel meer is hetgeen blijft, in heerlijkheid.
¹²Dewijl wij dan zodanige hoop hebben, zo gebruiken wij vele vrijmoedigheid in het spreken;
¹³En doen niet gelijkerwijs Mozes, die een deksel op zijn aangezicht legde, opdat de kinderen Israels niet zouden sterk zien op het einde van hetgeen te niet gedaanwordt.
¹⁴Maar hun zinnen zijn verhard geworden; want tot op den dag van heden blijft hetzelfde deksel in het lezen des Ouden Testaments, zonder ontdekt te worden, hetwelk door Christus te niet gedaan wordt.
¹⁵Maar tot op den huidigen dag toe, wanneer Mozes gelezen wordt, ligt een deksel op hun hart.
¹⁶Doch zo wanneer het tot den Heere zal bekeerd zijn, zo wordt het deksel weggenomen.
¹⁷De Heere nu is de Geest; en waar de Geest des Heeren is, aldaar is vrijheid.
¹⁸En wij allen, met ongedekten aangezichte de heerlijkheid des

Heeren als in een spiegel aanschouwende, worden naar hetzelfde beeld in gedaante veranderd, vanheerlijkheid tot heerlijkheid, als van des Heeren Geest.

Hoofdstuk 4

¹Daarom dewijl wij deze bediening hebben, naar de barmhartigheid, die ons geschied is, zo vertragen wij niet;

²Maar wij hebben verworpen de bedekselen der schande, niet wandelende in arglistigheid, noch het Woord Gods vervalsende, maar door openbaring der waarheidonszelven aangenaam makende bij alle gewetens der mensen, in de tegenwoordigheid Gods.

³Doch indien ook ons Evangelie bedekt is, zo is het bedekt in degenen, die verloren gaan;

⁴In dewelke de god dezer eeuw de zinnen verblind heeft, namelijk der ongelovigen, opdat hen niet bestrale de verlichting van het Evangelie der heerlijkheid vanChristus, Die het Beeld Gods is.

⁵Want wij prediken niet onszelven, maar Christus Jezus, den Heere; en onszelven, dat wij uw dienaars zijn om Jezus' wil.

⁶Want God, Die gezegd heeft, dat het licht uit de duisternis zou schijnen, is Degene, Die in onze harten geschenen heeft, om te geven verlichting der kennis derheerlijkheid Gods in het aangezicht van Jezus Christus.

⁷Maar wij hebben dezen schat in aarden vaten, opdat de uitnemendheid der kracht zij van God, en niet uit ons;

⁸Als die in alles verdrukt worden, doch niet benauwd; twijfelmoedig, doch niet mismoedig;

⁹Vervolgd, doch niet daarin verlaten; nedergeworpen, doch niet verdorven;

¹⁰Altijd de doding van den Heere Jezus in het lichaam omdragende, opdat ook het leven van Jezus in ons lichaam zou geopenbaard worden.

¹¹Want wij, die leven, worden altijd in den dood overgegeven om Jezus' wil; opdat ook het leven van Jezus in ons sterfelijk vlees zou geopenbaard worden.

¹²Zo dan, de dood werkt wel in ons, maar het leven in ulieden.

¹³Dewijl wij nu denzelfden Geest des geloofs hebben, gelijk er geschreven is: Ik heb geloofd, daarom heb ik gesproken; zo geloven wij ook, daarom spreken wij ook;

¹⁴Wetende, dat Hij, Die den Heere Jezus opgewekt heeft, ook ons door Jezus zal opwekken, en met ulieden daar zal stellen.

¹⁵Want al deze dingen zijn om uwentwil, opdat de vermenigvuldigde genade, door de dankzegging van velen, overvloedig worde ter heerlijkheid Gods.

¹⁶Daarom vertragen wij niet; maar hoewel onze uitwendige mens verdorven wordt, zo wordt nochtans de inwendige vernieuwd van dag tot dag.

¹⁷Want onze lichte verdrukking, die zeer haast voorbij gaat, werkt ons een gans zeer uitnemend eeuwig gewicht der heerlijkheid;

¹⁸Dewijl wij niet aanmerken de dingen, die men ziet, maar de dingen, die men niet ziet; want de dingen, die men ziet, zijn tijdelijk, maar de dingen, die men niet ziet, zijneeuwig.

Hoofdstuk 5

¹Want wij weten, dat, zo ons aardse huis dezes tabernakels gebroken wordt, wij een gebouw van God hebben, een huis niet met handen gemaakt, maar eeuwig in dehemelen.

²Want ook in dezen zuchten wij, verlangende met onze woonstede, die uit den hemel is, overkleed te worden.

³Zo wij ook bekleed en niet naakt zullen gevonden worden.

⁴Want ook wij, die in dezen tabernakel zijn, zuchten, bezwaard zijnde; nademaal wij niet willen ontkleed, maar overkleed worden, opdat het sterfelijke van het levenverslonden worde.

⁵Die ons nu tot ditzelfde bereid heeft, is God, Die ons ook het onderpand des Geestes gegeven heeft.

⁶Wij hebben dan altijd goeden moed, en weten, dat wij, inwonende in het lichaam, uitwonen van den Heere;

⁷(Want wij wandelen door geloof en niet door aanschouwen.)

⁸Maar wij hebben goeden moed, en hebben meer behagen om uit het lichaam uit te wonen, en bij den Heere in te wonen.

⁹Daarom zijn wij ook zeer begerig, hetzij inwonende, hetzij uitwonende, om Hem welbehagelijk te zijn.

¹⁰Want wij allen moeten geopenbaard worden voor den rechterstoel van Christus, opdat een iegelijk wegdrage, hetgeen door het lichaam geschiedt, naardat hijgedaan heeft, hetzij goed, hetzij kwaad.

¹¹Wij dan, wetende den schrik des Heeren, bewegen de mensen tot het geloof, en zijn Gode openbaar geworden; doch ik hoop ook in uw gewetens geopenbaard tezijn.

¹²Want wij prijzen onszelven u niet wederom aan, maar wij geven u oorzaak van roem over ons, opdat gij stof zoudt hebben tegen degenen, die in het aangezichtroemen en niet in het hart.

¹³Want hetzij dat wij uitzinnig zijn, wij zijn het Gode; hetzij dat wij gematigd van zinnen zijn, wij zijn het ulieden.

¹⁴Want de liefde van Christus dringt ons;

¹⁵Als die dit oordelen, dat, indien Een voor allen gestorven is, zij dan allen gestorven zijn. En Hij is voor allen gestorven, opdat degenen, die leven, niet meer zichzelvenzouden leven, maar Dien, Die voor hen gestorven en opgewekt is.

¹⁶Zo dan, wij kennen van nu aan niemand naar het vlees; en indien wij ook Christus naar het vlees gekend hebben, nochtans kennen wij Hem nu niet meer naar hetvlees.

¹⁷Zo dan, indien iemand in Christus is, die is een nieuw schepsel; het oude is voorbijgegaan, ziet, het is alles nieuw geworden.

¹⁸En al deze dingen zijn uit God, Die ons met Zichzelven verzoend heeft door Jezus Christus, en ons de bediening der verzoening gegeven heeft.

¹⁹Want God was in Christus de wereld met Zichzelven verzoenende, hun zonden hun niet toerekenende; en heeft het woord der verzoening in ons gelegd.

²⁰Zo zijn wij dan gezanten van Christus wege, alsof God door ons bade; wij bidden van Christus wege: laat u met God verzoenen.

²¹Want Dien, Die geen zonde gekend heeft, heeft Hij zonde voor ons gemaakt, opdat wij zouden worden rechtvaardigheid Gods in Hem.

Hoofdstuk 6

¹En wij, als medearbeidende, bidden u ook, dat gij de genade Gods niet tevergeefs moogt ontvangen hebben.

²Want Hij zegt: In den aangenamen tijd heb Ik u verhoord, en in den dag der zaligheid heb Ik u geholpen. Ziet, nu is het de welaangename tijd, ziet, nu is het de dagder zaligheid!

³Wij geven geen aanstoot in enig ding, opdat de bediening niet gelasterd worde.

⁴Maar wij, als dienaars van God, maken onszelven in alles aangenaam, in vele verdraagzaamheid, in verdrukkingen, in noden, in benauwdheden,

⁵In slagen, in gevangenissen, in beroerten, in arbeid, in waken, in vasten,

⁶In reinheid, in kennis, in lankmoedigheid, in goedertierenheid, in den Heiligen Geest, in ongeveinsde liefde,

⁷In het woord der waarheid, in de kracht van God, door de wapenen der gerechtigheid aan de rechter en aan de linker zijde;

⁸Door eer en oneer, door kwaad gerucht en goed gerucht; als verleiders, en nochtans waarachtigen;

⁹Als onbekenden, en nochtans bekend; als stervenden, en ziet, wij leven; als getuchtigd, en niet gedood;

¹⁰Als droevig zijnde, doch altijd blijde; als arm, doch velen rijk makende; als niets hebbende, en nochtans alles bezittende.

¹¹Onze mond is opengedaan tegen u, o Korinthiers, ons hart is uitgebreid.

¹²Gij zijt niet nauw in ons, maar gij zijt nauw in uw ingewanden.

¹³Nu, om dezelfde vergelding te doen,, ik spreek als tot mijn kinderen) zo wordt gij ook uitgebreid.

¹⁴Trekt niet een ander juk aan met de ongelovigen; want wat mededeel heeft de gerechtigheid met de ongerechtigheid, en wat gemeenschap heeft het licht met deduisternis?

¹⁵En wat samenstemming heeft Christus met Belial, of wat deel heeft de gelovige met den ongelovige?

¹⁶Of wat samenvoeging heeft de tempel Gods met de afgoden? Want gij zijt de tempel des levenden Gods; gelijkerwijs God gezegd heeft: Ik zal in hen wonen, en Ikzal onder hen wandelen; en Ik zal hun God zijn, en zij zullen Mij een volk zijn.

¹⁷Daarom gaat uit het midden van hen, en scheidt u af, zegt de Heere, en raakt niet aan hetgeen onrein is, en Ik zal ulieden aannemen.

¹⁸En Ik zal u tot een Vader zijn, en gij zult Mij tot zonen en dochteren zijn, zegt de Heere, de Almachtige.

Hoofdstuk 7

¹Dewijl wij dan deze beloften hebben, geliefden, laat ons onszelven reinigen van alle besmetting des vleses en des geestes, voleindigende de heiligmaking in de vrezeGods.

²Geeft ons plaats; wij hebben niemand verongelijkt, wij hebben niemand verdorven, wij hebben bij niemand ons voordeel gezocht.

³Ik zeg dit niet tot uw veroordeling; want ik heb te voren gezegd, dat gij in onze harten zijt, om samen te sterven en samen te leven.

⁴Ik heb vele vrijmoedigheid in het spreken tegen u, ik heb veel

roems over u; ik ben vervuld met vertroosting; ik ben zeer overvloedig van blijdschap in al onze verdrukking.

⁵Want ook, als wij in Macedonie gekomen zijn, zo heeft ons vlees geen rust gehad; maar wij waren in alles verdrukt; van buiten was strijd, van binnen vrees.

⁶Doch God, Die de nederigen vertroost, heeft ons getroost door de komst van Titus.

⁷En niet alleen door zijn komst, maar ook door de vertroosting, met welke hij over u vertroost is geweest, als hij ons verhaalde uw verlangen, uw kermen, uw ijver voor mij; alzo dat ik te meer verblijd ben geweest.

⁸Want hoewel ik u in den zendbrief bedroefd heb, het berouwt mij niet, hoewel het mij berouwd heeft; want ik zie, dat dezelve zendbrief, hoewel voor een kleinen tijd, u bedroefd heeft.

⁹Nu verblijde ik mij, niet omdat gij bedroefd zijt geweest, maar omdat gij bedroefd zijt geweest tot bekering; want gij zijt bedroefd geweest naar God, zodat gij in geending schade van ons geleden hebt.

¹⁰Want de droefheid naar God werkt een onberouwelijke bekering tot zaligheid; maar de droefheid der wereld werkt den dood.

¹¹Want ziet, ditzelfde dat gij naar God zijt bedroefd geworden, hoe grote naarstigheid heeft het in u gewrocht? Ja, verantwoording, ja, onlust, ja, vrees, ja, verlangen, ja, ijver, ja, wraak; in alles hebt gij uzelven bewezen rein te zijn in deze zaak.

¹²Hoewel ik dan aan u geschreven heb, dat is niet om diens wil, die onrecht gedaan had, noch om diens wil, die onrecht gedaan was; maar opdat onze vlijtigheid voor u bij u openbaar zou worden, in de tegenwoordigheid Gods.

¹³Daarom zijn wij vertroost geworden over uw vertroosting; en zijn nog overvloediger verblijd geworden over de blijdschap van Titus, omdat zijn geest van u allen verkwikt is geworden.

¹⁴Want indien ik iets bij hem over u geroemd heb, zo ben ik niet beschaamd geworden; maar gelijk wij alles met waarheid tot u gesproken hebben, alzo is ook onze roem, dien ik bij Titus geroemd heb, waarheid geworden.

¹⁵En zijn innerlijke bewegingen zijn te overvloediger jegens u, als hij uw aller gehoorzaamheid overdenkt, hoe gij hem met vreze en beven hebt ontvangen.

¹⁶Ik verblijde mij dan, dat ik in alles van u vertrouwen mag hebben.

Hoofdstuk 8

¹Voorts maken wij u bekend, broeders, de genade van God, die in de Gemeenten van Macedonie gegeven is.

²Dat in vele beproeving der verdrukking de overvloed hunner blijdschap, en hun zeer diepe armoede overvloedig geweest is tot den rijkdom hunner goeddadigheid.

³Want zij zijn naar vermogen (ik betuig het), ja, boven vermogen gewillig geweest;

⁴Ons met vele vermaning biddende, dat wij wilden aannemen de gave en de gemeenschap dezer bediening, die voor de heiligen geschiedt.

⁵En zij deden niet alleen, gelijk wij gehoopt hadden, maar gaven zichzelven eerst aan den Heere en daarna aan ons, door den wil van God.

⁶Alzo dat wij Titus vermaanden, dat, gelijk hij te voren begonnen had, hij ook alzo nog deze gave bij u voleinden zou.

⁷Zo dan, gelijk gij in alles overvloedig zijt, in geloof, en in woord, en in kennis, en in alle naarstigheid, en in uw liefde tot ons, ziet, dat gij ook in deze gave overvloedig zijt.

⁸Ik zeg dit niet als gebiedende, maar als door de naarstigheid van anderen ook de oprechtheid uwer liefde beproevende.

⁹Want gij weet de genade van onzen Heere Jezus Christus, dat Hij om uwentwil is arm geworden, daar Hij rijk was, opdat gij door Zijn armoede zoudt rijk worden.

¹⁰En ik zeg in dezen mijn mening; want dit is u oorbaar, als die niet alleen het doen, maar ook het willen van over een jaar te voren hebt begonnen.

¹¹Maar nu voleindigt ook het doen; opdat, gelijk als er geweest is de volvaardigheid des gemoeds om te willen, er ook alzo zij het voleindigen uit hetgeen gij hebt.

¹²Want indien te voren de volvaardigheid des gemoeds daar is, zo is iemand aangenaam naar hetgeen hij heeft, niet naar hetgeen hij niet heeft.

¹³Want dit zeg ik niet, opdat anderen zouden verlichting hebben, en gij verdrukking;

¹⁴Maar opdat uit gelijkheid, in dezen tegenwoordigen tijd, uw overvloed zij om hun gebrek te vervullen; opdat ook hun overvloed zij om uw gebrek te vervullen, opdat er gelijkheid worde.

¹⁵Gelijk geschreven is: Die veel verzameld had, had niet over; en die weinig verzameld had, had niet te weinig.

¹⁶Doch Gode zij dank, Die dezelfde naarstigheid voor u in het hart van Titus gegeven heeft;

¹⁷Dat hij de vermaning heeft aangenomen, en zeer naarstig zijnde, gewillig tot u gereisd is.

¹⁸En wij hebben ook met hem gezonden den broeder, die lof heeft in het Evangelie door al de Gemeenten.

¹⁹En dat niet alleen, maar hij is ook van de Gemeenten verkoren, om met ons te reizen met deze gave, die van ons bediend wordt tot de heerlijkheid des Heeren Zelven, en de volvaardigheid uws gemoeds;

²⁰Dit verhoedende, dat ons niemand moge lasteren in dezen overvloed, die van ons wordt bediend;

²¹Als die bezorgen, hetgeen eerlijk is, niet alleen voor den Heere, maar ook voor de mensen.

²²Wij hebben ook met hen gezonden onzen broeder, welken wij in vele dingen dikmaals beproefd hebben, dat hij naarstig is; en nu veel naarstiger, door het groot vertrouwen, dat hij heeft tot ulieden.

²³Hetzij dan Titus, hij is mijn metgezel en medearbeider bij u; hetzij onze broeders, zij zijn afgezanten der Gemeenten, en een eer van Christus.

²⁴Bewijst dan aan hen de bewijzing uwer liefde, en van onzen roem van u, ook voor het aangezicht der Gemeenten.

Hoofdstuk 9

¹Want van de bediening, die voor de heiligen geschiedt, is mij onnodig aan u te schrijven.

²Want ik weet de volvaardigheid uws gemoeds, van welke ik roem over u bij de Macedoniers, dat Achaje van over een jaar bereid is geweest; en de ijver, van u begonnen, heeft er velen verwekt.

³Maar ik heb deze broeders gezonden, opdat onze roem, dien wij over u hebben, niet zou ijdel gemaakt worden in dezen dele; opdat (gelijk ik gezegd heb) gij bereid moogt zijn;

⁴En dat niet mogelijk, zo de Macedoniers met mij kwamen, en u onbereid vonden, wij (opdat wij niet zeggen: gij) beschaamd worden in deze vasten grond der roeming.

⁵Ik heb dan nodig geacht deze broeders te vermanen, dat zij eerst tot u zouden komen, en voorbereiden uw te voren aangedienden zegen; opdat die gereed zij, alzoals een zegen, en niet als een vrekheid.

⁶En dit zeg ik: Die spaarzamelijk zaait, zal ook spaarzamelijk maaien; en die in zegeningen zaait, zal ook in zegeningen maaien.

⁷Een iegelijk doe, gelijk hij in zijn hart voorneemt; niet uit droefheid, of uit nooddwang; want God heeft een blijmoedigen gever lief.

⁸En God is machtig alle genade te doen overvloedig zijn in u; opdat gij in alles te allen tijd, alle genoegzaamheid hebbende, tot alle goed werk overvloedig moogt zijn.

⁹Gelijk er geschreven is: Hij heeft gestrooid, hij heeft den armen gegeven; Zijn gerechtigheid blijft in der eeuwigheid.

¹⁰Doch Die het zaad den zaaier verleent, Die verlene ook brood tot spijze, en vermenigvuldige uw gezaaisel, en vermeerdere de vruchten uwer gerechtigheid;

¹¹Dat gij in alles rijk wordt tot alle goeddadigheid, welke door ons werkt dankzegging tot God.

¹²Want de bediening van dezen dienst vervult niet alleen het gebrek der heiligen, maar is ook overvloedig door vele dankzeggingen tot God;

¹³Dewijl zij door de beproeving dezer bediening God verheerlijken over de onderwerping uwer belijdenis onder het Evangelie van Christus, en over de goeddadigheid der mededeling aan hen en aan allen;

¹⁴En door hun gebed voor u, welke naar u verlangen, om de uitnemende genade Gods over u.

¹⁵Doch Gode zij dank voor Zijn onuitsprekelijke gave.

Hoofdstuk 10

¹Voorts ik Paulus zelf bid u, door de zachtmoedigheid en goedertierenheid van Christus, die, tegenwoordig zijnde, wel gering ben onder u, maar afwezend stout ben tegen u;

²Ik bid dan, dat ik, tegenwoordig zijnde, niet stout moge zijn met die vrijmoedigheid, waarmede ik geacht word stoutelijk gehandeld te hebben tegen sommigen, die onsachten, alsof wij naar het vlees wandelden.

³Want wandelende in het vlees, voeren wij den krijg niet naar het vlees;

⁴Want de wapenen van onzen krijg zijn niet vleselijk, maar

krachtig door God, tot nederwerping der sterkten;

⁵Dewijl wij de overleggingen ter nederwerpen, en alle hoogte, die zich verheft tegen de kennis van God, en alle gedachte gevangen leiden tot de gehoorzaamheid van Christus;

⁶En gereed hebben, hetgeen dient om te wreken alle ongehoorzaamheid, wanneer uw gehoorzaamheid zal vervuld zijn.

⁷Ziet gij aan wat voor ogen is? Indien iemand bij zichzelven betrouwt, dat hij van Christus is, die denke dit wederom uit zichzelven, dat gelijkerwijs hij van Christus is, alzo ook wij van Christus zijn.

⁸Want indien ik ook iets overvloediger zou roemen van onze macht, welke de Heere ons gegeven heeft tot stichting, en niet tot uw nederwerping, zo zal ik niet beschaamd worden;

⁹Opdat ik niet zou schijnen, alsof ik u door de brieven wilde verschrikken.

¹⁰Want de brieven (zeggen zij) zijn wel gewichtig en krachtig; maar de tegenwoordigheid des lichaams is zwak, en de rede is verachtelijk.

¹¹Dezulke bedenke dit, dat hoedanigen wij zijn in het woord door brieven, als wij afwezig zijn, wij ook zodanigen zijn inderdaad, als wij tegenwoordig zijn.

¹²Want wij durven onszelven niet rekenen of vergelijken met sommigen, die zichzelven prijzen; maar deze verstaan niet, dat zij zichzelven met zichzelven meten, en zichzelven met zichzelven vergelijken.

¹³Doch wij zullen niet roemen buiten de maat; maar dat wij, naar de maat des regels, welke maat ons God toegedeeld heeft, ook tot u toe zijn gekomen.

¹⁴Want wij strekken onszelven niet te wijd uit, als die tot u niet zouden komen; want wij zijn ook gekomen tot u toe, in het Evangelie van Christus;

¹⁵Niet roemende buiten de maat in anderer lieden arbeid, maar hebbende hoop, als uw geloof zal gewassen zijn, dat wij onder ulieden overvloediglijk zullen vergroot worden naar onzen regel;

¹⁶Om het Evangelie te verkondigen in de plaatsen, die op gene zijde van u gelegen zijn; niet om te roemen in eens anders regel over hetgeen alrede bereid is.

¹⁷Doch wie roemt, die roeme in den Heere.

¹⁸Want niet die zichzelven prijst, maar dien de Heere prijst, die is beproefd.

Hoofdstuk 11

¹Och, of gij mij een weinig verdroegt in de onwijsheid; ja ook, verdraagt mij!

²Want ik ben ijverig over u met een ijver Gods; want ik heb ulieden toebereid, om u als een reine maagd aan een man voor te stellen, namelijk aan Christus.

³Doch ik vrees, dat niet enigszins, gelijk de slang Eva door haar arglistigheid bedrogen heeft, alzo uw zinnen bedorven worden, om af te wijken van de eenvoudigheid, die in Christus is.

⁴Want indien degene, die komt, een anderen Jezus predikte, dien wij niet gepredikt hebben, of indien gij een anderen geest ontvingt, dien gij niet hebt ontvangen, of een ander Evangelie, dat gij niet hebt aangenomen, zo verdroegt gij hem met recht.

⁵Want ik acht, dat ik nergens minder in ben geweest dan de uitnemendste apostelen.

⁶En indien ik ook slecht ben in woorden, nochtans ben ik het niet in wetenschap; maar allesziins zijn wij in alle dingen onder u openbaar geworden.

⁷Heb ik zonde gedaan, als ik mijzelven vernederd heb, opdat gij zoudt verhoogd worden, overmits ik u het Evangelie Gods om niet verkondigd heb?

⁸Ik heb andere Gemeenten beroofd, bezoldiging van haar nemende, om u te bedienen; en als ik bij u tegenwoordig was en gebrek had, ben ik niemand lastig gevallen.

⁹Want mijn gebrek hebben de broeders vervuld, die van Macedonie kwamen; en ik heb mijzelven in alles gehouden zonder u te bezwaren, en zal mij nog alzo houden.

¹⁰De waarheid van Christus is in mij, dat deze roem in de gewesten van Achaje aan mij niet zal verhinderd worden.

¹¹Waarom? Is het, omdat ik u niet liefheb? God weet het!

¹²Maar wat ik doe, dat zal ik nog doen, om de oorzaak af te snijden dengenen, die oorzaak hebben willen, opdat zij in hetgeen zij roemen, bevonden mochten worden gelijk als wij.

¹³Want zulke valse apostelen zijn bedriegelijke arbeiders, zich veranderende in apostelen van Christus.

¹⁴En het is geen wonder; want de satan zelf verandert zich in een engel des lichts.

¹⁵Zo is het dan niets groots, indien ook zijn dienaars zich veranderen, als waren zij dienaars der gerechtigheid; van welke het einde zal zijn naar hun werken.

¹⁶Ik zeg wederom, dat niemand mene, dat ik onwijs ben; doch zo niet, neemt mij dan aan als een onwijze, opdat ik ook een weinig moge roemen.

¹⁷Dat ik spreek, spreek ik niet naar den Heere, maar als in onwijsheid, in deze vasten grond der roeming.

¹⁸Dewijl velen roemen naar het vlees, zo zal ik ook roemen.

¹⁹Want gij verdraagt gaarne de onwijzen, dewijl gij wijs zijt.

²⁰Want gij verdraagt het, zo u iemand dienstbaar maakt, zo u iemand opeet, zo iemand van u neemt, zo zich iemand verheft, zo u iemand in het aangezicht slaat.

²¹Ik zeg dit naar oneer, gelijk of wij zwak waren geweest; maar waarin iemand stout is (ik spreek in onwijsheid), daarin ben ik ook stout.

²²Zijn zij Hebreen? Ik ook. Zijn zij Israelieten? Ik ook. Zijn zij het zaad van Abraham? Ik ook.

²³Zijn zij dienaars van Christus? (ik spreek onwijs zijnde) ik ben boven hen; in arbeid overvloediger, in slagen uitnemender, in gevangenissen overvloediger, in doodsgevaar menigmaal.

²⁴Van de Joden heb ik veertig slagen min een, vijfmaal ontvangen.

²⁵Driemaal ben ik met roeden gegeseld geweest, eens ben ik gestenigd, driemaal heb ik schipbreuk geleden, een gansen nacht en dag heb ik in de diepte doorgebracht.

²⁶In het reizen menigmaal in gevaren van rivieren, in gevaren van moordenaars, in gevaren van mijn geslacht, in gevaren van de heidenen, in gevaren in de stad, in gevaren in de woestijn, in gevaren op de zee, in gevaren onder de valse broeders;

²⁷In arbeid en moeite, in waken menigmaal, in honger en dorst, in vasten menigmaal, in koude en naaktheid.

²⁸Zonder de dingen, die van buiten zijn, overvalt mij dagelijks de zorg van al de Gemeenten.

²⁹Wie is er zwak, dat ik niet zwak ben? Wie wordt er geergerd, dat ik niet brande?

³⁰Indien men moet roemen, zo zal ik roemen de dingen mijner zwakheid.

³¹De God en Vader van onzen Heere Jezus Christus, Die geprezen is in der eeuwigheid, weet, dat ik niet lieg.

³²De stadhouder van den koning Aretas in Damaskus, bezette de stad der Damaskenen, willende mij vangen;

³³En ik werd door een venster in een mand over den muur nedergelaten, en ontvlood zijn handen.

Hoofdstuk 12

¹Te roemen is mij waarlijk niet oorbaar; want ik zal komen tot gezichten en openbaringen des Heeren.

²Ik ken een mens in Christus, voor veertien jaren (of het geschied zij in het lichaam, weet ik niet, of buiten het lichaam, weet ik niet, God weet het), dat de zodanige opgetrokken is geweest tot in den derden hemel;

³En ik ken een zodanig mens (of het in het lichaam, of buiten het lichaam geschied zij, weet ik niet, God weet het),

⁴Dat hij opgetrokken is geweest in het paradijs, en gehoord heeft onuitsprekelijke woorden, die het een mens niet geoorloofd is te spreken.

⁵Van den zodanige zal ik roemen, doch van mijzelven zal ik niet roemen, dan in mijn zwakheden.

⁶Want zo ik roemen wil, ik zal niet onwijs zijn, want ik zal de waarheid zeggen; maar ik houde daarvan af, opdat niemand van mij denke boven hetgeen hij ziet, dat ik ben, of dat hij uit mij hoort.

⁷En opdat ik mij door de uitnemendheid der openbaringen niet zou verheffen, zo is mij gegeven een scherpe doorn in het vlees, namelijk een engel des satans, dat hij mij met vuisten slaan zou, opdat ik mij niet zou verheffen.

⁸Hierover heb ik den Heere driemaal gebeden, opdat hij van mij zou wijken.

⁹En Hij heeft tot mij gezegd: Mijn genade is u genoeg; want Mijn kracht wordt in zwakheid volbracht. Zo zal ik dan veel liever roemen in mijn zwakheden, opdat de kracht van Christus in mij wone.

¹⁰Daarom heb ik een welbehagen in zwakheden, in smaadheden, in noden, in vervolgingen, in benauwdheden, om Christus' wil; want als ik zwak ben, dan ben ik machtig.

¹¹Ik ben roemende onwijs geworden; gij hebt mij genoodzaakt, want ik behoorde van u geprezen te zijn; want ik ben in geen ding minder geweest dan de uitnemendste apostelen, hoewel ik niets ben.

¹²De merktekenen van een apostel zijn onder u betoond in alle

2 Korinthiërs

lijdzaamheid, met tekenen, en wonderen, en krachten.

¹³Want wat is er, waarin gij minder geweest zijt dan de andere Gemeenten, anders, dan dat ikzelf u niet lastig ben geweest? Vergeeft mij dit ongelijk.

¹⁴Ziet, ik ben ten derden male gereed, om tot u te komen, en zal u niet lastig zijn; want ik zoek niet het uwe, maar u; want de kinderen moeten niet schattenvergaderen voor de ouders, maar de ouders voor de kinderen.

¹⁵En ik zal zeer gaarne de kosten doen, en voor uw zielen ten koste gegeven worden; hoewel ik, u overvloediger beminnende, weiniger bemind worde.

¹⁶Doch het zij zo, ik heb u niet bezwaard; maar alzo ik listig was, heb ik u met bedrog gevangen.

¹⁷Heb ik door iemand dergenen, die ik tot u gezonden heb, van u mijn voordeel gezocht?

¹⁸Ik heb Titus gebeden, en den broeder medegezonden; heeft ook Titus van u zijn voordeel gezocht? Hebben wij niet in denzelfden geest gewandeld? Hebben wij nietgewandeld in dezelfde voetstappen?

¹⁹Meent gij wederom, dat wij ons bij u verontschuldigen? Wij spreken in de tegenwoordigheid van God in Christus; en dit alles, geliefden, tot uw stichting.

²⁰Want ik vrees, dat als ik gekomen zal zijn, ik u niet enigszins zal vinden zodanigen als ik wil, en dat ik van u zal gevonden worden zodanig als gij niet wilt; dat er nietenigszins zijn twisten, nijdigheden, toorn, gekijf, achterklap, oorblazingen, opgeblazenheden, beroerten;

²¹Opdat wederom, als ik zal gekomen zijn, mijn God mij niet vernedere bij u, en ik rouw hebbe over velen, die te voren gezondigd hebben, en die zich niet bekeerdzullen hebben van de onreinigheid, en hoererij, en ontuchtigheid, die zij gedaan hebben.

Hoofdstuk 13

¹Dit is de derde maal, dat ik tot u kom; in den mond van twee of drie getuigen zal alle woord bestaan.

²Ik heb het te voren gezegd, en zeg het te voren als tegenwoordig zijnde de tweede maal, en ik schrijf het nu afwezende aan degenen, die te voren gezondigd hebben, en aan al de anderen, dat, zo ik wederom kom, ik hen niet zal sparen;

³Dewijl gij zoekt een proeve van Christus, Die in mij spreekt, Welke in u niet zwak is, maar krachtig is onder u.

⁴Want hoewel Hij gekruist is door zwakheid, zo leeft Hij nochtans door de kracht Gods. Want ook wij zijn zwak in Hem, maar zullen met Hem leven door de krachtGods in u.

⁵Onderzoekt uzelven, of gij in het geloof zijt, beproeft uzelven. Of kent gij uzelven niet, dat Jezus Christus in u is? tenzij dat gij enigszins verwerpelijk zijt.

⁶Doch ik hoop, dat gij zult verstaan, dat wij niet verwerpelijk zijn.

⁷En ik wens van God, dat gij geen kwaad doet; niet opdat wij beproefd zouden bevonden worden, maar opdat gij het goede zoudt doen, en wij als verwerpelijk zoudenzijn.

⁸Want wij vermogen niets tegen de waarheid, maar voor de waarheid.

⁹Want wij verblijden ons, wanneer wij zwak zijn, en gij sterk zijt. En wij wensen ook dit, namelijk uw volmaking.

¹⁰Daarom schrijf ik, afwezende, deze dingen, opdat ik niet, tegenwoordig zijnde, strengheid zou gebruiken, naar de macht, die mij de Heere gegeven heeft totopbouwing, en niet tot nederwerping.

¹¹Voorts, broeders, zijt blijde, wordt volmaakt, zijt getroost, zijt eensgezind, leeft in vrede; en de God der liefde en des vredes zal met u zijn.

¹²Groet elkander met een heiligen kus. U groeten al de heiligen.

Galaten

Hoofdstuk 1

¹Paulus, een apostel,, geroepen niet van mensen, noch door een mens, maar door Jezus Christus, en God den Vader, Die Hem uit de doden opgewekt heeft),

²En al de broeders, die met mij zijn, aan de Gemeenten van Galatie:

³Genade zij u en vrede van God den Vader, en onzen Heere Jezus Christus;

⁴Die Zichzelven gegeven heeft voor onze zonden, opdat Hij ons trekken zou uit deze tegenwoordige boze wereld, naar den wil van onzen God en Vader;

⁵Denwelken zij de heerlijkheid in alle eeuwigheid. Amen.

⁶Ik verwonder mij, dat gij zo haast wijkende van dengene, die u in de genade van Christus geroepen heeft, overgebracht wordt tot een ander Evangelie;

⁷Daar er geen ander is; maar er zijn sommigen, die u ontroeren, en het Evangelie van Christus willen verkeren.

⁸Doch al ware het ook, dat wij, of een engel uit den hemel u een Evangelie verkondigde, buiten hetgeen wij u verkondigd hebben, die zij vervloekt.

⁹Gelijk wij te voren gezegd hebben, zo zeg ik ook nu wederom: Indien u iemand een Evangelie verkondigt, buiten hetgeen gij ontvangen hebt, die zij vervloekt.

¹⁰Want predik ik nu de mensen, of God? Of zoek ik mensen te behagen? Want indien ik nog mensen behaagde, zo ware ik geen dienstknecht van Christus.

¹¹Maar ik maak u bekend, broeders, dat het Evangelie, hetwelk van mij verkondigd is, niet is naar den mens.

¹²Want ik heb ook hetzelve niet van een mens ontvangen, noch geleerd, maar door de openbaring van Jezus Christus.

¹³Want gij hebt mijn omgang gehoord, die eertijds in het Jodendom was, dat ik uitnemend zeer de Gemeente Gods vervolgde, en dezelve verwoestte;

¹⁴En dat ik in het Jodendom toenam boven velen van mijn ouderdom in mijn geslacht, zijnde overvloedig ijverig voor mijn vaderlijke inzettingen.

¹⁵Maar wanneer het Gode behaagd heeft, Die mij van mijner moeders lijf aan afgezonderd heeft, en geroepen door Zijn genade,

¹⁶Zijn Zoon in mij te openbaren, opdat ik Denzelven door het Evangelie onder de heidenen zou verkondigen, zo ben ik terstond niet te rade gegaan met vlees en bloed;

¹⁷En ben niet wederom gegaan naar Jeruzalem, tot degenen, die voor mij apostelen waren; maar ik ging henen naar Arabie, en keerde wederom tot Damaskus.

¹⁸Daarna kwam ik na drie jaren weder te Jeruzalem om Petrus te bezoeken, en ik bleef bij hem vijftien dagen.

¹⁹En zag geen ander van de apostelen, dan Jakobus, den broeder des Heeren.

²⁰Hetgeen nu ik u schrijf, ziet, ik getuig voor God, dat ik niet lieg!

²¹Daarna ben ik gekomen in de gewesten van Syrie en van Cilicie.

²²En ik was van aangezicht onbekend aan de Gemeenten in Judea, die in Christus zijn.

²³Maar zij hadden alleenlijk gehoord, dat men zeide: Degene, die ons eertijds vervolgde, verkondigt nu het geloof, hetwelk hij eertijds verwoestte.

Hoofdstuk 2

¹Daarna ben ik, na veertien jaren, wederom naar Jeruzalem opgegaan met Barnabas, ook Titus medegenomen hebbende.

²En ik ging op door een openbaring, en stelde hun het Evangelie voor, dat ik predik onder de heidenen; en in het bijzonder aan degenen, die in achting waren, opdat iknniet enigszins tevergeefs zou lopen of gelopen hebben.

³Maar ook Titus, die met mij was, een Griek zijnde, werd niet genoodzaakt zich te laten besnijden.

⁴En dat om der ingekropen valse broederen wil, die van bezijden ingekomen waren, om te verspieden onze vrijheid, die wij in Christus Jezus hebben, opdat zij ons zouden tot dienstbaarheid brengen.

⁵Denwelken wij ook niet een uur hebben geweken met onderwerping, opdat de waarheid van het Evangelie bij u zou verblijven.

⁶En van degenen, die geacht waren, wat te zijn, hoedanigen zij eertijds waren, verschilt mij niet; God neemt den persoon des mensen niet aan; want die geachtwaren, hebben mij niets toegebracht.

⁷Maar daarentegen, als zij zagen, dat aan mij het Evangelie der voorhuid toebetrouwd was, gelijk aan Petrus dat der besnijdenis;

⁸(Want Die in Petrus krachtelijk wrocht tot het apostelschap der besnijdenis, Die wrocht ook krachtelijk in mij onder de heidenen);

⁹En als Jakobus, en Cefas, en Johannes, die geacht waren pilaren te zijn, de genade, die mij gegeven was, bekenden, gaven zij mij en Barnabas de rechter hand dergemeenschap, opdat wij tot de heidenen, en zij tot de besnijdenis zouden gaan.

¹⁰Alleenlijk, dat wij den armen zouden gedenken; hetwelk zelf ik ook benaarstigd heb te doen.

¹¹En toen Petrus te Antiochie gekomen was, wederstond ik hem in het aangezicht, omdat hij te bestraffen was.

¹²Want eer sommigen van Jakobus gekomen waren, at hij mede met de heidenen; maar toen zij gekomen waren, onttrok hij zich en scheidde zichzelven af, vrezendedegenen, die uit de besnijdenis waren.

¹³En ook de andere Joden veinsden met hem; alzo dat ook Barnabas mede afgetrokken werd door hun veinzing.

¹⁴Maar als ik zag, dat zij niet recht wandelden naar de waarheid van het Evangelie, zeide ik tot Petrus in aller tegenwoordigheid: Indien gij, die een Jood zijt, naarheidense wijze leeft, en niet naar Joodse wijze, waarom noodzaakt gij de heidenen naar de Joodse wijze te leven?

¹⁵Wij zijn van nature Joden, en niet zondaars uit de heidenen;

¹⁶Doch wetende, dat de mens niet gerechtvaardigd wordt uit de werken der wet, maar door het geloof van Jezus Christus, zo hebben wij ook in Christus Jezusgeloofd, opdat wij zouden gerechtvaardigd worden uit het geloof van Christus, en niet uit de werken der wet; daarom dat uit de werken der wet geen vlees zalgerechtvaardigd worden.

¹⁷Maar indien wij, die in Christus zoeken gerechtvaardigd te worden, ook zelven zondaars bevonden worden, is dan Christus een dienaar der zonde? Dat zij verre.

¹⁸Want indien ik, hetgeen ik afgebroken heb, datzelve wederom opbouw, zo stel ik mijzelven tot een overtreder.

¹⁹Want ik ben door de wet der wet gestorven, opdat ik Gode leven zou.

²⁰Ik ben met Christus gekruist; en ik leef, doch niet meer ik, maar Christus leeft in mij; en hetgeen ik nu in het vlees leef, dat leef ik door het geloof des Zoons vanGod, Die mij liefgehad heeft, en Zichzelven voor mij overgegeven heeft.

²¹Ik doe de genade Gods niet te niet; want indien de rechtvaardigheid door de wet is, zo is dan Christus tevergeefs gestorven.

Hoofdstuk 3

¹O gij uitzinnige Galaten, wie heeft u betoverd, dat gij der waarheid niet zoudt gehoorzaam zijn; denwelken Jezus Christus voor de ogen te voren geschilderd isgeweest, onder u gekruist zijnde?

²Dit alleen wil ik van u leren: hebt gij den Geest ontvangen uit de werken der wet, of uit de prediking des geloofs?

³Zijt gij zo uitzinnig? Daar gij met den Geest begonnen zijt, voleindigt gij nu met het vlees?

⁴Hebt gij zoveel tevergeefs geleden? Indien maar ook tevergeefs!

⁵Die u dan den Geest verleent, en krachten onder u werkt, doet Hij dat uit de werken der wet, of uit de prediking des geloofs?

⁶Gelijkerwijs Abraham Gode geloofd heeft, en het is hem tot rechtvaardigheid gerekend;

⁷Zo verstaat gij dan, dat degenen, die uit het geloof zijn, Abrahams kinderen zijn.

⁸En de Schrift, te voren ziende, dat God de heidenen uit het geloof zou rechtvaardigen, heeft te voren aan Abraham het Evangelie verkondigd, zeggende: In u zullenal de volken gezegend worden.

⁹Zo dan, die uit het geloof zijn, worden gezegend met den gelovigen Abraham.

¹⁰Want zovelen als er uit de werken der wet zijn, die zijn onder den vloek; want er is geschreven: Vervloekt is een iegelijk, die niet blijft in al hetgeen geschreven is inhet boek der wet, om dat te doen.

¹¹En dat niemand door de wet gerechtvaardigd wordt voor God, is openbaar; want de rechtvaardige zal uit het geloof leven.

¹²Doch de wet is niet uit het geloof; maar de mens, die deze dingen doet, zal door dezelve leven.

¹³Christus heeft ons verlost van den vloek der wet, een vloek geworden zijnde voor ons; want er is geschreven: Vervloekt is een iegelijk, die aan het hout hangt.

¹⁴Opdat de zegening van Abraham tot de heidenen komen zou in Christus Jezus, en opdat wij de belofte des Geestes verkrijgen zouden door het geloof.

Galaten

¹⁵Broeders, ik spreek naar den mens: zelfs eens mensen verbond, dat bevestigd is, doet niemand te niet, of niemand doet daartoe.

¹⁶Nu zo zijn de beloftenissen tot Abraham en zijn zaad gesproken. Hij zegt niet: En den zaden, als van velen; maar als van een: En uw zade; hetwelk is Christus.

¹⁷En dit zeg ik: Het verbond, dat te voren van God bevestigd is op Christus, wordt door de wet, die na vierhonderd en dertig jaren gekomen is, niet krachteloosgemaakt, om de beloftenis te niet te doen.

¹⁸Want indien de erfenis uit de wet is, zo is zij niet meer uit de beloftenis; maar God heeft ze Abraham door de beloftenis genadiglijk gegeven.

¹⁹Waartoe is dan de wet? Zij is om der overtredingen wil daarbij gesteld, totdat het zaad zou gekomen zijn, dien het beloofd was; en zij is door de engelen besteld in dehand des Middelaars.

²⁰En de Middelaar is niet Middelaar van een, maar God is een.

²¹Is dan de wet tegen de beloftenissen Gods? Dat zij verre; want indien er een wet gegeven ware, die machtig was levend te maken, zo zou waarlijk derechtvaardigheid uit de wet zijn.

²²Maar de Schrift heeft het alles onder de zonde besloten, opdat de belofte uit het geloof van Jezus Christus aan de gelovigen zou gegeven worden.

²³Doch eer het geloof kwam, waren wij onder de wet in bewaring gesteld, en zijn besloten geweest tot op het geloof, dat geopenbaard zou worden.

²⁴Zo dan, de wet is onze tuchtmeester geweest tot Christus, opdat wij uit het geloof zouden gerechtvaardigd worden.

²⁵Maar als het geloof gekomen is, zo zijn wij niet meer onder den tuchtmeester.

²⁶Want gij zijt allen kinderen Gods door het geloof in Christus Jezus.

²⁷Want zovelen als gij in Christus gedoopt zijt, hebt gij Christus aangedaan.

²⁸Daarin is noch Jood noch Griek; daarin is noch dienstbare noch vrije; daarin is geen man en vrouw; want gij allen zijt een in Christus Jezus.

²⁹En indien gij van Christus zijt, zo zijt gij dan Abrahams zaad, en naar de beloftenis erfgenamen.

Hoofdstuk 4

¹Doch ik zeg, zo langen tijd als de erfgenaam een kind is, zo verschilt hij niets van een dienstknecht, hoewel hij een heer is van alles;

²Maar hij is onder voogden en verzorgers, tot den tijd van den vader te voren gesteld.

³Alzo wij ook, toen wij kinderen waren, zo waren wij dienstbaar gemaakt onder de eerste beginselen der wereld.

⁴Maar wanneer de volheid des tijds gekomen is, heeft God Zijn Zoon uitgezonden, geworden uit een vrouw, geworden onder de wet;

⁵Opdat Hij degenen, die onder de wet waren, verlossen zou, en opdat wij de aanneming tot kinderen verkrijgen zouden.

⁶En overmits gij kinderen zijt, zo heeft God den Geest Zijns Zoons uitgezonden in uw harten, Die roept: Abba, Vader!

⁷Zo dan, gij zijt niet meer een dienstknecht, maar een zoon; en indien gij een zoon zijt, zo zijt gij ook een erfgenaam van God door Christus.

⁸Maar toen, als gij God niet kendet, diendet gij degenen, die van nature geen goden zijn;

⁹En nu, als gij God kent, ja, veelmeer van God gekend zijt, hoe keert gij u wederom tot de zwakke en arme beginselen, welke gij wederom van voren aan wilt dienen?

¹⁰Gij onderhoudt dagen, en maanden, en tijden, en jaren.

¹¹Ik vrees voor u, dat ik niet enigszins tevergeefs aan u gearbeid heb.

¹²Weest gij als ik, want ook ik ben als gij; broeders, ik bid u; gij hebt mij geen ongelijk gedaan.

¹³En gij weet, dat ik u door zwakheid des vleses het Evangelie de eerste maal verkondigd heb;

¹⁴En mijn verzoeking, die in mijn vlees geschiedde, hebt gij niet veracht noch verfoeid; maar gij naamt mij aan als een engel Gods, ja, als Christus Jezus.

¹⁵Welke was dan uw gelukachting? Want ik geef u getuigenis, dat gij, zo het mogelijk ware, uw ogen zoudt uitgegraven, en mij gegeven hebben.

¹⁶Ben ik dan uw vijand geworden, u de waarheid zeggende?

¹⁷Zij ijveren niet recht over u; maar zij willen ons uitsluiten, opdat gij over hen zoudt ijveren.

¹⁸Doch in het goede te allen tijd te ijveren is goed, en niet alleenlijk, als ik bij u tegenwoordig ben;

¹⁹Mijn kinderkens, die ik wederom arbeide te baren, totdat Christus een gestalte in u krijge.

²⁰Doch ik wilde, dat ik nu tegenwoordig bij u ware, en mijn stem mocht veranderen; want ik ben in twijfel over u.

²¹Zegt mij, gij, die onder de wet wilt zijn, hoort gij de wet niet?

²²Want er is geschreven, dat Abraham twee zonen had, een uit de dienstmaagd, en een uit de vrije.

²³Maar gene, die uit de dienstmaagd was, is naar het vlees geboren geweest; doch deze, die uit de vrije was, door de beloftenis;

²⁴Hetwelk dingen zijn, die andere beduiding hebben; want deze zijn de twee verbonden; het ene van den berg Sinai, tot dienstbaarheid barende, hetwelk is Agar;

²⁵Want dit, namelijk Agar, is Sinai, een berg in Arabie, en komt overeen met Jeruzalem, dat nu is, en dienstbaar is met haar kinderen.

²⁶Maar Jeruzalem, dat boven is, dat is vrij, hetwelk is ons aller moeder.

²⁷Want er is geschreven: Wees vrolijk, gij onvruchtbare, die niet baart, breek uit en roep, gij, die geen barensnood hebt, want de kinderen der eenzame zijn veel meer, dan dergene, die den man heeft.

²⁸Maar wij, broeders, zijn kinderen der belofte, als Izak was.

²⁹Doch gelijkerwijs toen, die naar het vlees geboren was, vervolgde dengene, die naar den Geest geboren was, alzo ook nu.

³⁰Maar wat zegt de Schrift? Werp de dienstmaagd uit en haar zoon; want de zoon der dienstmaagd zal geenszins erven met den zoon der vrije.

³¹Zo dan, broeders, wij zijn niet kinderen der dienstmaagd, maar der vrije.

Hoofdstuk 5

¹Staat dan in de vrijheid, met welke ons Christus vrijgemaakt heeft, en wordt niet wederom met het juk der dienstbaarheid bevangen.

²Ziet, ik Paulus zeg u, zo gij u laat besnijden, dat Christus u niet nut zal zijn.

³En ik betuig wederom een iegelijk mens, die zich laat besnijden, dat hij een schuldenaar is de gehele wet te doen.

⁴Christus is u ijdel geworden, die door de wet gerechtvaardigd wilt worden; gij zijt van de genade vervallen.

⁵Want wij verwachten door den Geest, uit het geloof, de hoop der rechtvaardigheid.

⁶Want in Christus Jezus heeft noch besnijdenis enige kracht noch voorhuid, maar het geloof, door de liefde werkende.

⁷Gij liept wel; wie heeft u verhinderd der waarheid niet gehoorzaam te zijn?

⁸Dit gevoelen is niet uit Hem, Die u roept.

⁹Een weinig zuurdesem verzuurt het gehele deeg.

¹⁰Ik vertrouw van u in den Heere, dat gij niet anders zult gevoelen; maar die u ontroert, zal het oordeel dragen, wie hij ook zij.

¹¹Maar ik, broeders! Indien ik nog de besnijdenis predik, waarom word ik nog vervolgd? Zo is dan de ergernis des kruises vernietigd.

¹²Och, of zij ook afgesneden werden, die u onrustig maken!

¹³Want gij zijt tot vrijheid geroepen, broeders, alleenlijk gebruikt de vrijheid niet tot een oorzaak voor het vlees; maar dient elkander door de liefde.

¹⁴Want de gehele wet wordt in een woord vervuld, namelijk in dit: Gij zult uw naaste liefhebben, gelijk uzelven.

¹⁵Maar indien gij elkander bijt en vereet, ziet toe, dat gij van elkander niet verteerd wordt.

¹⁶En ik zeg: Wandelt door den Geest en volbrengt de begeerlijkheden des vleses niet.

¹⁷Want het vlees begeert tegen den Geest, en de Geest tegen het vlees; en deze staan tegen elkander, alzo dat gij niet doet, hetgeen gij wildet.

¹⁸Maar indien gij door den Geest geleid wordt, zo zijt gij niet onder de wet.

¹⁹De werken des vleses nu zijn openbaar; welke zijn overspel, hoererij, onreinigheid, ontuchtigheid,

²⁰Afgoderij, venijngeving, vijandschappen, twisten, afgunstigheden, toorn, gekijf, tweedracht, ketterijen,

²¹Nijd, moord, dronkenschappen, brasserijen, en dergelijke; van dewelke ik u te voren zeg, gelijk ik ook te voren gezegd heb, dat die zulke dingen doen, het KoninkrijkGods niet zullen beerven.

²²Maar de vrucht des Geestes is liefde, blijdschap, vrede, lankmoedigheid, goedertierenheid, goedheid, geloof, zachtmoedigheid, matigheid.

²³Tegen de zodanigen is de wet niet.

²⁴Maar die van Christus zijn, hebben het vlees gekruist met de bewegingen en begeerlijkheden.

²⁵Indien wij door den Geest leven, zo laat ons ook door den Geest wandelen.

²⁶Laat ons niet zijn zoekers van ijdele eer, elkander tergende, elkander benijdende.

Hoofdstuk 6

¹Broeders, indien ook een mens vervallen ware door enige misdaad, gij, die geestelijk zijt, brengt den zodanige te recht met den geest der zachtmoedigheid; ziende opuzelven, opdat ook gij niet verzocht wordt.

²Draagt elkanders lasten, en vervult alzo de wet van Christus.

³Want zo iemand meent iets te zijn, daar hij niets is, die bedriegt zichzelven in zijn gemoed.

⁴Maar een iegelijk beproeve zijn eigen werk; en alsdan zal hij aan zichzelven alleen roem hebben, en niet aan een anderen.

⁵Want een iegelijk zal zijn eigen pak dragen.

⁶En dic onderwezen wordt in het Woord, dele mede van alle goederen dengene, die hem onderwijst.

⁷Dwaalt niet; God laat Zich niet bespotten; want zo wat de mens zaait, dat zal hij ook maaien.

⁸Want die in zijn eigen vlees zaait, zal uit het vlees verderfenis maaien; maar die in den Geest zaait, zal uit den Geest het eeuwige leven maaien.

⁹Doch laat ons, goed doende, niet vertragen; want te zijner tijd zullen wij maaien, zo wij niet verslappen.

¹⁰Zo dan, terwijl wij tijd hebben, laat ons goed doen aan allen, maar meest aan de huisgenoten des geloofs.

¹¹Ziet, hoe groten brief ik u geschreven heb met mijn hand.

¹²Al degenen, die een schoon gelaat willen tonen naar het vlees, die noodzaken u besneden te worden, alleenlijk opdat zij vanwege het kruis van Christus niet zoudenvervolgd worden.

¹³Want ook zijzelven, die besneden worden, houden de wet niet; maar zij willen, dat gij besneden wordt, opdat zij in uw vlees roemen zouden.

¹⁴Maar het zij verre van mij, dat ik zou roemen, anders dan in het kruis van onzen Heere Jezus Christus; door Welken de wereld mij gekruisigd is, en ik der wereld.

¹⁵Want in Christus Jezus heeft noch besnijdenis enige kracht, noch voorhuid, maar een nieuw schepsel.

¹⁶En zovelen als er naar dezen regel zullen wandelen, over dezelve zal zijn vrede en barmhartigheid, en over het Israel Gods.

¹⁷Voorts, niemand doe mij moeite aan; want ik draag de littekenen van den Heere Jezus in mijn lichaam.

Efeziërs

Hoofdstuk 1

¹Paulus, een apostel van Jezus Christus, door den wil van God, aan de heiligen, die te Efeze zijn, en gelovigen in Christus Jezus:

²Genade zij u en vrede van God, onzen Vader, en den Heere Jezus Christus.

³Gezegend zij de God en Vader van onzen Heere Jezus Christus, Die ons gezegend heeft met alle geestelijke zegening in den hemel in Christus.

⁴Gelijk Hij ons uitverkoren heeft in Hem, voor de grondlegging der wereld, opdat wij zouden heilig en onberispelijk zijn voor Hem in de liefde;

⁵Die ons te voren verordineerd heeft tot aanneming tot kinderen, door Jezus Christus, in Zichzelven, naar het welbehagen van Zijn wil.

⁶Tot prijs der heerlijkheid Zijner genade, door welke Hij ons begenadigd heeft in den Geliefde;

⁷In Welken wij hebben de verlossing door Zijn bloed, namelijk de vergeving der misdaden, naar den rijkdom Zijner genade,

⁸Met welke Hij overvloedig is geweest over ons in alle wijsheid en voorzichtigheid;

⁹Ons bekend gemaakt hebbende de verborgenheid van Zijn wil, naar Zijn welbehagen, hetwelk Hij voorgenomen had in Zichzelven.

¹⁰Om in de bedeling van de volheid der tijden, wederom alles tot een te vergaderen in Christus, beide dat in den hemel is, en dat op de aarde is;

¹¹In Hem, in Welken wij ook een erfdeel geworden zijn, wij, die te voren verordineerd waren naar het voornemen Desgenen, Die alle dingen werkt naar den raad vanZijn wil;

¹²Opdat wij zouden zijn tot prijs Zijner heerlijkheid, wij, die eerst in Christus gehoopt hebben.

¹³In Welken ook gij zijt, nadat gij het woord der waarheid, namelijk het Evangelie uwer zaligheid gehoord hebt; in Welken gij ook, nadat gij geloofd hebt, zijtverzegeld geworden met den Heiligen Geest der belofte;

¹⁴Die het onderpand is van onze erfenis, tot de verkregene verlossing, tot prijs Zijner heerlijkheid.

¹⁵Daarom ook ik, gehoord hebbende het geloof in den Heere Jezus, dat onder u is, en de liefde tot al de heiligen,

¹⁶Houde niet op voor u te danken, gedenkende uwer in mijn gebeden;

¹⁷Opdat de God van onzen Heere Jezus Christus, de Vader der heerlijkheid, u geve den Geest der wijsheid en der openbaring in Zijn kennis;

¹⁸Namelijk verlichte ogen uws verstands, opdat gij moogt weten, welke zij de hoop van Zijn roeping, en welke de rijkdom zij der heerlijkheid van Zijn erfenis in deheiligen;

¹⁹En welke de uitnemende grootheid Zijner kracht zij aan ons, die geloven, naar de werking der sterkte Zijner macht,

²⁰Die Hij gewrocht heeft in Christus, als Hij Hem uit de doden heeft opgewekt; en heeft Hem gezet tot Zijn rechter hand in den hemel;

²¹Verre boven alle overheid, en macht, en kracht, en heerschappij, en allen naam, die genaamd wordt, niet alleen in deze wereld, maar ook in de toekomende.

²²En heeft alle dingen Zijn voeten onderworpen, en heeft Hem der Gemeente gegeven tot een Hoofd boven alle dingen;

Hoofdstuk 2

¹En u heeft Hij mede levend gemaakt, daar gij dood waart door de misdaden en de zonden;

²In welke gij eertijds gewandeld hebt, naar de eeuw dezer wereld, naar den overste van de macht der lucht, van den geest, die nu werkt in de kinderen derongehoorzaamheid;

³Onder dewelke ook wij allen eertijds verkeerd hebben in de begeerlijkheden onzes vleses, doende den wil des vleses en der gedachten; en wij waren van naturekinderen des toorns, gelijk ook de anderen;

⁴Maar God, Die rijk is in barmhartigheid door Zijn grote liefde, waarmede Hij ons liefgehad heeft,

⁵Ook toen wij dood waren door de misdaden, heeft ons levend gemaakt met Christus; (uit genade zijt gij zalig geworden)

⁶En heeft ons mede opgewekt, en heeft ons mede gezet in den hemel in Christus Jezus;

⁷Opdat Hij zou betonen in de toekomende eeuwen den uitnemenden rijkdom Zijner genade, door de goedertierenheid over ons in Christus Jezus.

⁸Want uit genade zijt gij zalig geworden door het geloof; en dat niet uit u, het is Gods gave;

⁹Niet uit de werken, opdat niemand roeme.

¹⁰Want wij zijn Zijn maaksel, geschapen in Christus Jezus tot goede werken, welke God voorbereid heeft, opdat wij in dezelve zouden wandelen.

¹¹Daarom gedenkt, dat gij, die eertijds heidenen waart in het vlees, en die voorhuid genaamd werdt van degenen, die genaamd zijn besnijdenis in het vlees, die methanden geschiedt;

¹²Dat gij in dien tijd waart zonder Christus, vervreemd van het burgerschap Israels, en vreemdelingen van de verbonden der belofte, geen hoop hebbende, en zonderGod in de wereld.

¹³Maar nu in Christus Jezus, zijt gij, die eertijds verre waart, nabij geworden door het bloed van Christus.

¹⁴Want Hij is onze vrede, Die deze beiden een gemaakt heeft, en den middelmuur des afscheidsels gebroken hebbende,

¹⁵Heeft Hij de vijandschap in Zijn vlees te niet gemaakt, namelijk de wet der geboden in inzettingen bestaande; opdat Hij die twee in Zichzelven tot een nieuwenmens zou scheppen, vrede makende;

¹⁶En opdat Hij die beiden met God in een lichaam zou verzoenen door het kruis, de vijandschap aan hetzelve gedood hebbende.

¹⁷En komende, heeft Hij door het Evangelie vrede verkondigd u, die verre waart, en dien, die nabij waren.

¹⁸Want door Hem hebben wij beiden den toegang door een Geest tot den Vader.

¹⁹Zo zijt gij dan niet meer vreemdelingen en bijwoners, maar medeburgers der heiligen, en huisgenoten Gods;

²⁰Gebouwd op het fondament der apostelen en profeten, waarvan Jezus Christus is de uiterste Hoeksteen;

²¹Op Welken het gehele gebouw, bekwamelijk samengevoegd zijnde, opwast tot een heiligen tempel in den Heere;

²²Op Welken ook gij mede gebouwd wordt tot een woonstede Gods in den Geest.

Hoofdstuk 3

¹Om deze oorzaak ben ik Paulus de gevangene van Christus Jezus, voor u, die heidenen zijt.

²Indien gij maar gehoord hebt van de bedeling der genade Gods, die mij gegeven is aan u;

³Dat Hij mij door openbaring heeft bekend gemaakt deze verborgenheid, (gelijk ik met weinige woorden te voren geschreven heb;

⁴Waaraan gij, dit lezende, kunt bemerken mijn wetenschap, in deze verborgenheid van Christus),

⁵Welke in andere eeuwen den kinderen der mensen niet is bekend gemaakt, gelijk zij nu is geopenbaard aan Zijn heilige apostelen en profeten, door den Geest;

⁶Namelijk dat de heidenen zijn medeerfgenamen, en van hetzelfde lichaam, en mededeelgenoten Zijner belofte in Christus, door het Evangelie;

⁷Waarvan ik een dienaar geworden ben, naar de gave der genade Gods, die mij gegeven is, naar de werking Zijner kracht.

⁸Mij, den allerminste van al de heiligen, is deze genade gegeven, om onder de heidenen door het Evangelie te verkondigen den onnaspeurlijken rijkdom van Christus,

⁹En allen te verlichten, dat zij mogen verstaan, welke de gemeenschap der verborgenheid zij, die van alle eeuwen verborgen is geweest in God, Welke alle dingengeschapen heeft door Jezus Christus;

¹⁰Opdat nu, door de Gemeente, bekend gemaakt worde aan de overheden en de machten in den hemel de veelvuldige wijsheid Gods;

¹¹Naar het eeuwig voornemen, dat Hij gemaakt heeft in Christus Jezus, onzen Heere;

¹²In Denwelken wij hebben de vrijmoedigheid, en den toegang met vertrouwen, door het geloof aan Hem.

¹³Daarom bid ik, dat gij niet vertraagt in mijn verdrukkingen voor u, hetwelke is uw heerlijkheid.

¹⁴Om deze oorzaak buig ik mijn knieen tot den Vader van onzen Heere Jezus Christus,

¹⁵Uit Welken al het geslacht in de hemelen en op de aarde genoemd wordt,

¹⁶Opdat Hij u geve, naar den rijkdom Zijner heerlijkheid, met kracht versterkt te worden door Zijn Geest in den inwendigen mens;

¹⁷Opdat Christus door het geloof in uw harten wone, en gij in de liefde geworteld en gegrond zijt;

¹⁸Opdat gij ten volle kondet begrijpen met al de heiligen, welke de

breedte, en lengte, en diepte, en hoogte zij,

¹⁹En bekennen de liefde van Christus, die de kennis te boven gaat, opdat gij vervuld wordt tot al de volheid Gods.

²⁰Hem nu, Die machtig is meer dan overvloediglijk te doen, boven al wat wij bidden of denken, naar de kracht, die in ons werkt,

²¹Hem, zeg ik, zij de heerlijkheid in de Gemeente, door Christus Jezus, in alle geslachten, tot alle eeuwigheid. Amen.

Hoofdstuk 4

¹Zo bid ik u dan, ik, de gevangene in den Heere, dat gij wandelt waardiglijk der roeping, met welke gij geroepen zijt;

²Met alle ootmoedigheid en zachtmoedigheid, met lankmoedigheid, verdragende elkander in liefde;

³U benaarstigende te behouden de enigheid des Geestes door den band des vredes.

⁴Een lichaam is het, en een Geest, gelijkerwijs gij ook geroepen zijt tot een hoop uwer roeping;

⁵Een Heere, een geloof, een doop,

⁶Een God en Vader van allen, Die daar is boven allen, en door allen, en in u allen.

⁷Maar aan elkeen van ons is de genade gegeven, naar de maat der gave van Christus.

⁸Daarom zegt Hij: Als Hij opgevaren is in de hoogte, heeft Hij de gevangenis gevangen genomen, en heeft den mensen gaven gegeven.

⁹Nu dit: Hij is opgevaren; wat is het, dan dat Hij ook eerst is nedergedaald in de nederste delen der aarde?

¹⁰Die nedergedaald is, is Dezelfde ook, Die opgevaren is verre boven al de hemelen, opdat Hij alle dingen vervullen zou.

¹¹En Dezelfde heeft gegeven sommigen tot apostelen, en sommigen tot profeten, en sommigen tot evangelisten, en sommigen tot herders en leraars;

¹²Tot de volmaking der heiligen, tot het werk der bediening, tot opbouwing des lichaams van Christus;

¹³Totdat wij allen zullen komen tot de enigheid des geloofs en der kennis van den Zoon Gods, tot een volkomen man, tot de mate van de grootte der volheid vanChristus;

¹⁴Opdat wij niet meer kinderen zouden zijn, die als de vloed bewogen en omgevoerd worden met allen wind der leer, door de bedriegerij der mensen, doorarglistigheid, om listiglijk tot dwaling te brengen;

¹⁵Maar de waarheid betrachtende in liefde, alleszins zouden opwassen in Hem, Die het Hoofd is, namelijk Christus;

¹⁶Uit Welken het gehele lichaam bekwamelijk samengevoegd en samen vastgemaakt zijnde, door alle voegselen der toebrenging, naar de werking van een iegelijk deelin zijn maat, den wasdom des lichaams bekomt, tot zijns zelfs opbouwing in de liefde.

¹⁷Ik zeg dan dit, en betuig het in den Heere, dat gij niet meer wandelt, gelijk als de andere heidenen wandelen in de ijdelheid huns gemoeds.

¹⁸Verduisterd in het verstand, vervreemd zijnde van het leven Gods, door de onwetendheid, die in hen is, door de verharding huns harten;

¹⁹Welke, ongevoelig geworden zijnde, zichzelven hebben overgegeven tot ontuchtigheid, om alle onreinigheid gieriglijk te bedrijven.

²⁰Doch gij hebt Christus alzo niet geleerd;

²¹Indien gij naar Hem gehoord hebt, en door Hem geleerd zijt, gelijk de waarheid in Jezus is;

²²Te weten dat gij zoudt afleggen, aangaande de vorige wandeling, den ouden mens, die verdorven wordt door de begeerlijkheden der verleiding;

²³En dat gij zoudt vernieuwd worden in den geest uws gemoeds,

²⁴En den nieuwen mens aandoen, die naar God geschapen is in ware rechtvaardigheid en heiligheid.

²⁵Daarom legt af de leugen, en spreekt de waarheid, een iegelijk met zijn naaste; want wij zijn elkanders leden.

²⁶Wordt toornig, en zondigt niet; de zon ga niet onder over uw toornigheid;

²⁷En geeft den duivel geen plaats.

²⁸Die gestolen heeft, stele niet meer, maar arbeide liever, werkende dat goed is met de handen, opdat hij hebbe mede te delen dengene, die nood heeft.

²⁹Geen vuile rede ga uit uw mond, maar zo er enige goede rede is tot nuttige stichting, opdat zij genade geve dien, die dezelve horen.

³⁰En bedroeft den Heiligen Geest Gods niet, door Welken gij verzegeld zijt tot den dag der verlossing.

³¹Alle bitterheid, en toornigheid, en gramschap, en geroep, en lastering zij van u geweerd, met alle boosheid;

³²Maar zijt jegens elkander goedertieren, barmhartig, vergevende elkander, gelijkerwijs ook God in Christus ulieden vergeven heeft.

Hoofdstuk 5

¹Zijt dan navolgers Gods, als geliefde kinderen;

²En wandelt in de liefde, gelijkerwijs ook Christus ons liefgehad heeft, en Zichzelven voor ons heeft overgegeven tot een offerande en een slachtoffer, Gode tot eenwelriekenden reuk.

³Maar hoererij en alle onreinigheid, of gierigheid, laat ook onder u niet genoemd worden, gelijkerwijs het den heiligen betaamt;

⁴Noch oneerbaarheid, noch zot geklap, of gekkernij, welke niet betamen; maar veelmeer dankzegging.

⁵Want dit weet gij, dat geen hoereerder, of onreine, of gierigaard, die een afgodendienaar is, erfenis heeft in het Koninkrijk van Christus en van God.

⁶Dat u niemand verleide met ijdele woorden; want om deze dingen komt de toorn Gods over de kinderen der ongehoorzaamheid.

⁷Zo zijt dan hun medegenoten niet.

⁸Want gij waart eertijds duisternis, maar nu zijt gij licht in den Heere; wandelt als kinderen des lichts.

⁹(Want de vrucht des Geestes is in alle goedigheid, en rechtvaardigheid, en waarheid),

¹⁰Beproevende wat den Heere welbehagelijk zij.

¹¹En hebt geen gemeenschap met de onvruchtbare werken der duisternis, maar bestraft ze ook veeleer.

¹²Want hetgeen heimelijk van hen geschiedt, is schandelijk ook te zeggen.

¹³Maar al deze dingen, van het licht bestraft zijnde, worden openbaar; want al wat openbaar maakt, is licht.

¹⁴Daarom zegt Hij: Ontwaakt, gij, die slaapt, en staat op uit de doden; en Christus zal over u lichten.

¹⁵Ziet dan, hoe gij voorzichtiglijk wandelt, niet als onwijzen, maar als wijzen.

¹⁶Den tijd uitkopende, dewijl de dagen boos zijn.

¹⁷Daarom zijt niet onverstandig, maar verstaat, welke de wil des Heeren zij.

¹⁸En wordt niet dronken in wijn, waarin overdaad is, maar wordt vervuld met den Geest;

¹⁹Sprekende onder elkander met psalmen, en lofzangen, en geestelijke liederen, zingende en psalmende den Heere in uw hart;

²⁰Dankende te allen tijd over alle dingen God en den Vader, in den Naam van onzen Heere Jezus Christus;

²¹Elkander onderdanig zijnde in de vreze Gods.

²²Gij vrouwen, weest aan uw eigen mannen onderdanig, gelijk aan den Heere;

²³Want de man is het hoofd der vrouw, gelijk ook Christus het Hoofd der Gemeente is; en Hij is de Behouder des lichaams.

²⁴Daarom, gelijk de Gemeente aan Christus onderdanig is, alzo ook de vrouwen aan haar eigen mannen in alles.

²⁵Gij mannen, hebt uw eigen vrouwen lief, gelijk ook Christus de Gemeente liefgehad heeft, en Zichzelven voor haar heeft overgegeven;

²⁶Opdat Hij haar heiligen zou, haar gereinigd hebbende met het bad des waters door het Woord;

²⁷Opdat Hij haar Zichzelven heerlijk zou voorstellen, een Gemeente, die geen vlek of rimpel heeft, of iets dergelijks, maar dat zij zou heilig zijn en onberispelijk.

²⁸Alzo zijn de mannen schuldig hun eigen vrouwen lief te hebben, gelijk hun eigen lichamen. Die zijn eigen vrouw liefheeft, die heeft zichzelven lief.

²⁹Want niemand heeft ooit zijn eigen vlees gehaat, maar hij voedt het, en onderhoudt het, gelijkerwijs ook de Heere de Gemeente.

³⁰Want wij zijn leden Zijns lichaams, van Zijn vlees en van Zijn benen.

³¹Daarom zal een mens zijn vader en moeder verlaten, en zal zijn vrouw aanhangen; en zij twee zullen tot een vlees wezen.

³²Deze verborgenheid is groot; doch ik zeg dit, ziende op Christus en op de Gemeente.

³³Zo dan ook gijlieden, elk in het bijzonder, een iegelijk hebbe zijn eigen vrouw, alzo lief als zichzelven; en de vrouw zie, dat zij den man vreze.

Efeziërs
Hoofdstuk 6

¹Gij kinderen, zijt uw ouderen gehoorzaam in den Heere; want dat is recht.

²Eert uw vader en moeder (hetwelk het eerste gebod is met een belofte),

³Opdat het u welga, en dat gij lang leeft op de aarde.

⁴En gij vaders, verwekt uw kinderen niet tot toorn, maar voedt hen op in de lering en vermaning des Heeren.

⁵Gij dienstknechten, zijt gehoorzaam uw heren naar het vlees, met vreze en beven, in eenvoudigheid uws harten, gelijk als aan Christus;

⁶Niet naar ogendienst, als mensenbehagers, maar als dienstknechten van Christus, doende den wil van God van harte;

⁷Dienende met goedwilligheid den Heere, en niet de mensen;

⁸Wetende, dat zo wat goed een iegelijk gedaan zal hebben, hij datzelve van den Heere zal ontvangen, hetzij dienstknecht, hetzij vrije.

⁹En gij heren, doet hetzelfde bij hen, nalatende de dreiging; als die weet, dat ook uw eigen Heere in de hemelen is, en dat geen aanneming des persoons bij Hem is.

¹⁰Voorts, mijn broeders, wordt krachtig in den Heere, en in de sterkte Zijner macht.

¹¹Doet aan de gehele wapenrusting Gods, opdat gij kunt staan tegen de listige omleidingen des duivels.

¹²Want wij hebben den strijd niet tegen vlees en bloed, maar tegen de overheden, tegen de machten, tegen de geweldhebbers der wereld, der duisternis dezer eeuw, tegen de geestelijke boosheden in de lucht.

¹³Daarom neemt aan de gehele wapenrusting Gods, opdat gij kunt wederstaan in den bozen dag, en alles verricht hebbende, staande blijven.

¹⁴Staat dan, uw lenden omgord hebbende met de waarheid, en aangedaan hebbende het borstwapen der gerechtigheid;

¹⁵En de voeten geschoeid hebbende met bereidheid van het Evangelie des vredes;

¹⁶Bovenal aangenomen hebbende het schild des geloofs, met hetwelk gij al de vurige pijlen des bozen zult kunnen uitblussen.

¹⁷En neemt den helm der zaligheid, en het zwaard des Geestes, hetwelk is Gods Woord.

¹⁸Met alle bidding en smeking, biddende te allen tijd in den Geest, en tot hetzelve wakende met alle gedurigheid en smeking voor al de heiligen;

¹⁹En voor mij, opdat mij het Woord gegeven worde in de opening mijns monds met vrijmoedigheid, om de verborgenheid van het Evangelie bekend te maken;

²⁰Waarover ik een gezant ben in een keten, opdat ik in hetzelve vrijmoediglijk moge spreken, gelijk mij betaamt te spreken.

²¹En opdat ook gij moogt weten hetgeen mij aangaat; en wat ik doe, dat alles zal u Tychikus, de geliefde broeder en getrouwe dienaar in den Heere, bekend maken;

²²Denwelken ik tot datzelfde einde tot u gezonden heb, opdat gij onze zaken zoudt weten, en hij uw harten zou vertroosten.

²³Vrede zij den broederen, en liefde met geloof, van God den Vader, en den Heere Jezus Christus.

Filippenzen

Hoofdstuk 1

¹Paulus en Timotheus, dienstknechten van Jezus Christus, al den heiligen in Christus Jezus, die te Filippi zijn, met de opzieners en diakenen:
²Genade zij u en vrede van God, onzen Vader, en den Heere Jezus Christus.
³Ik dank mijn God, zo dikwijls als ik uwer gedenk.
⁴(Te allen tijd in al mijn gebed voor u allen met blijdschap het gebed doende)
⁵Over uw gemeenschap aan het Evangelie, van den eersten dag af tot nu toe;
⁶Vertrouwende ditzelve, dat Hij, Die in u een goed werk begonnen heeft, dat voleindigen zal tot op den dag van Jezus Christus;
⁷Gelijk het bij mij recht is, dat ik van u allen dit gevoel, omdat ik in mijn hart houde, dat gij, beide in mijn banden, en in mijn verantwoording en bevestiging van het Evangelie, gij allen, zeg ik, mijner genade mede deelachtig zijt.
⁸Want God is mijn Getuige, hoezeer ik begerig ben naar u allen, met innerlijke bewegingen van Jezus Christus.
⁹En dit bid ik God, dat uw liefde nog meer en meer overvloedig worde in erkentenis en alle gevoelen;
¹⁰Opdat gij beproeft de dingen, die daarvan verschillen, opdat gij oprecht zijt, en zonder aanstoot te geven, tot den dag van Christus;
¹¹Vervuld met vruchten der gerechtigheid, die door Jezus Christus zijn tot heerlijkheid en prijs van God.
¹²En ik wil, dat gij weet, broeders, dat hetgeen aan mij is geschied, meer tot bevordering van het Evangelie gekomen is;
¹³Alzo dat mijn banden in Christus openbaar geworden zijn in het ganse rechthuis, en aan alle anderen;
¹⁴En dat het meerder deel der broederen in den Heere, door mijn banden vertrouwen gekregen hebbende, overvloediger het Woord onbevreesd durven spreken.
¹⁵Sommigen prediken ook wel Christus door nijd en twist, maar sommigen ook door goedwilligheid.
¹⁶Genen verkondigen wel Christus uit twisting, niet zuiver, menende aan mijn banden verdrukking toe te brengen;
¹⁷Doch dezen uit liefde, dewijl zij weten, dat ik tot verantwoording van het Evangelie gezet ben.
¹⁸Wat dan? Nochtans wordt Christus op allerlei wijze, hetzij onder een deksel, hetzij in der waarheid, verkondigd; en daarin verblijd ik mij, ja, ik zal mij ook verblijden.
¹⁹Want ik weet, dat dit mij ter zaligheid gedijen zal, door uw gebed en toebrenging des Geestes van Jezus Christus.
²⁰Volgens mijn ernstige verwachting en hoop, dat ik in geen zaak zal beschaamd worden; maar dat in alle vrijmoedigheid, gelijk te allen tijd, alzo ook nu, Christus zal groot gemaakt worden in mijn lichaam, hetzij door het leven, hetzij door den dood.
²¹Want het leven is mij Christus, en het sterven is mij gewin.
²²Maar of te leven in het vlees, hetzelve mij oorbaar zij, en wat ik verkiezen zal, weet ik niet.
²³Want ik word van deze twee gedrongen, hebbende begeerte, om ontbonden te worden en met Christus te zijn; want dat is zeer verre het beste.
²⁴Maar in het vlees te blijven, is nodiger om uwentwil.
²⁵En dit vertrouw en weet ik, dat ik zal blijven, en met u allen zal verblijven tot uw bevordering en blijdschap des geloofs;
²⁶Opdat uw roem in Christus Jezus overvloedig zij aan mij, door mijn tegenwoordigheid wederom bij u.
²⁷Alleenlijk wandelt waardiglijk het Evangelie van Christus, opdat, hetzij ik kom en u zie, hetzij ik afwezig ben, ik van uw zaken moge horen, dat gij staat in een geest, met een gemoed gezamenlijk strijdende door het geloof des Evangelies;
²⁸En dat gij in geen ding verschrikt wordt van degenen, die tegenstaan; hetwelk hun wel een bewijs is des verderfs, maar u der zaligheid, en dat van God.
²⁹Want u is uit genade gegeven in de zaak van Christus, niet alleen in Hem te geloven, maar ook voor Hem te lijden;

Hoofdstuk 2

¹Indien er dan enige vertroosting is in Christus, indien er enige troost is der liefde, indien er enige gemeenschap is des Geestes, indien er enige innerlijke bewegingen en ontfermingen zijn;
²Zo vervult mijn blijdschap, dat gij moogt eensgezind zijn, dezelfde liefde hebbende, van een gemoed en van een gevoelen zijnde.
³Doet geen ding door twisting of ijdele eer, maar door ootmoedigheid achte de een den ander uitnemender dan zichzelven.
⁴Een iegelijk zie niet op het zijne, maar een iegelijk zie ook op hetgeen der anderen is.
⁵Want dat gevoelen zij in u, hetwelk ook in Christus Jezus was;
⁶Die in de gestaltenis Gods zijnde, geen roof geacht heeft Gode even gelijk te zijn;
⁷Maar heeft Zichzelven vernietigd, de gestaltenis eens dienstknechts aangenomen hebbende, en is den mensen gelijk geworden;
⁸En in gedaante gevonden als een mens, heeft Hij Zichzelven vernederd, gehoorzaam geworden zijnde tot den dood, ja, den dood des kruises.
⁹Daarom heeft Hem ook God uitermate verhoogd, en heeft Hem een Naam gegeven, welke boven allen naam is;
¹⁰Opdat in de Naam van Jezus zich zou buigen alle knie dergenen, die in den hemel, en die op de aarde, en die onder de aarde zijn.
¹¹En alle tong zou belijden, dat Jezus Christus de Heere zij, tot heerlijkheid Gods des Vaders.
¹²Alzo dan, mijn geliefden, gelijk gij te allen tijd gehoorzaam geweest zijt, niet als in mijn tegenwoordigheid alleen, maar veelmeer nu in mijn afwezen, werkt uws zelfs zaligheid met vreze en beven;
¹³Want het is God, Die in u werkt beide het willen en het werken, naar Zijn welbehagen.
¹⁴Doet alle dingen zonder murmureren en tegenspreken;
¹⁵Opdat gij moogt onberispelijk en oprecht zijn, kinderen Gods zijnde, onstraffelijk in het midden van een krom en verdraaid geslacht, onder welke gij schijnt als lichten in de wereld;
¹⁶Voorhoudende het woord des levens, mij tot een roem tegen den dag van Christus, dat ik niet tevergeefs heb gelopen, noch tevergeefs gearbeid.
¹⁷Ja, indien ik ook tot een drankoffer geofferd worde over de offerande en bediening uws geloofs, zo verblijde ik mij, en verblijde mij met u allen.
¹⁸En om datzelfde verblijdt gij u ook, en verblijdt ook ulieden met mij.
¹⁹En ik hoop in den Heere Jezus Timotheus haast tot u te zenden, opdat ik ook welgemoed moge zijn, als ik uw zaken zal verstaan hebben.
²⁰Want ik heb niemand, die even alzo gemoed is, dewelke oprechtelijk uw zaken zal bezorgen.
²¹Want zij zoeken allen het hunne, niet hetgeen van Christus Jezus is.
²²En gij weet zijn beproeving, dat hij, als een kind zijn vader, met mij gediend heeft in het Evangelie.
²³Ik hoop dan wel dezen van stonde aan te zenden, zo haast als ik in mijn zaken zal voorzien hebben;
²⁴Doch ik vertrouw in den Heere, dat ik ook zelf haast tot u komen zal.
²⁵Maar ik heb nodig geacht tot u te zenden Epafroditus, mijn broeder, en medearbeider en medestrijder, en uw afgezondene, en bedienaar mijner nooddruft;
²⁶Dewijl hij zeer begerig was naar u allen, en zeer beangst was, omdat gij gehoord hadt, dat hij krank was.
²⁷En hij is ook krank geweest tot nabij den dood; maar God heeft Zich zijner ontfermd; en niet alleen zijner, maar ook mijner, opdat ik niet droefheid op droefheid zou hebben.
²⁸Zo heb ik dan hem te spoediger gezonden, opdat gij, hem ziende, wederom u zoudt verblijden, en ik te min zou droevig zijn.
²⁹Ontvangt hem dan in den Heere, met alle blijdschap, en houdt dezulken in waarde.
³⁰Want om het werk van Christus was hij tot nabij den dood gekomen, zijn leven niet achtende, opdat hij het gebrek uwer bediening aan mij vervullen zou.

Hoofdstuk 3

¹Voorts, mijn broeders, verblijdt u in den Heere. Dezelfde dingen aan u te schrijven, is mij niet verdrietig, en het is u zeker.
²Ziet op de honden, ziet op de kwade arbeiders, ziet op de versnijding.
³Want wij zijn de besnijding, wij, die God in den Geest dienen, en in Christus Jezus roemen, en niet in het vlees betrouwen.
⁴Hoewel ik heb, dat ik ook in het vlees betrouwen mocht; indien iemand anders meent te betrouwen in het vlees, ik nog meer;

Filippenzen

⁵Besneden ten achtsten dage, uit het geslacht van Israel, van den stam van Benjamin, een Hebreer uit de Hebreen, naar de wet een Farizeer;

⁶Naar den ijver een vervolger der Gemeente; naar de rechtvaardigheid, die in de wet is, zijnde onberispelijk.

⁷Maar hetgeen mij gewin was, dat heb ik om Christus' wil schade geacht.

⁸Ja, gewisselijk, ik acht ook alle dingen schade te zijn, om de uitnemendheid der kennis van Christus Jezus, mijn Heere; om Wiens wil ik al die dingen schadegerekend heb, en acht die drek te zijn, opdat ik Christus moge gewinnen.

⁹En in Hem gevonden worde, niet hebbende mijn rechtvaardigheid, die uit de wet is, maar die door het geloof van Christus is, namelijk de rechtvaardigheid, die uitGod is door het geloof;

¹⁰Opdat ik Hem kenne, en de kracht Zijner opstanding, en de gemeenschap Zijns lijdens, Zijn dood gelijkvormig wordende;

¹¹Of ik enigszins moge komen tot de wederopstanding der doden.

¹²Niet dat ik het alrede gekregen heb, of alrede volmaakt ben; maar ik jaag er naar, of ik het ook grijpen mocht, waartoe ik van Christus Jezus ook gegrepen ben.

¹³Broeders, ik acht niet, dat ik zelf het gegrepen heb.

¹⁴Maar een ding doe ik, vergetende, hetgeen achter is, en strekkende mij tot hetgeen voor is, jaag ik naar het wit, tot den prijs der roeping Gods, die van boven is inChristus Jezus.

¹⁵Zovelen dan als wij volmaakt zijn, laat ons dit gevoelen; en indien gij iets anderszins gevoelt, ook dat zal u God openbaren.

¹⁶Doch, daar wij toe gekomen zijn, laat ons daarin naar denzelfden regel wandelen, laat ons hetzelfde gevoelen.

¹⁷Weest mede mijn navolgers, broeders, en merkt op degenen, die alzo wandelen, gelijk gij ons tot een voorbeeld hebt.

¹⁸Want velen wandelen anders; van dewelken ik u dikmaals gezegd heb, en nu ook wenende zeg, dat zij vijanden des kruises van Christus zijn;

¹⁹Welker einde is het verderf, welker God is de buik, en welker heerlijkheid is in hun schande, dewelken aardse dingen bedenken.

²⁰Maar onze wandel is in de hemelen, waaruit wij ook den Zaligmaker verwachten, namelijk den Heere Jezus Christus;

²¹Die ons vernederd lichaam veranderen zal, opdat hetzelve gelijkvormig worde aan Zijn heerlijk lichaam, naar de werking, waardoor Hij ook alle dingen Zichzelvenkan onderwerpen.

Hoofdstuk 4

¹Zo dan, mijn geliefde en zeer gewenste broeders, mijn blijdschap en kroon, staat alzo in den Heere, geliefden!

²Ik vermaan Euodia, en ik vermaan Syntyche, dat zij eensgezind zijn in den Heere.

³En ik bid ook u, gij mijn oprechte metgezel, wees dezen vrouwen behulpzaam, die met mij gestreden hebben in het Evangelie, ook met Clemens, en de andere mijnmedearbeiders, welker namen zijn in het boek des levens.

⁴Verblijdt u in den Heere te allen tijd; wederom zeg ik: Verblijdt u.

⁵Uw bescheidenheid zij allen mensen bekend. De Heere is nabij.

⁶Weest in geen ding bezorgd; maar laat uw begeerten in alles, door bidden en smeken, met dankzegging bekend worden bij God;

⁷En de vrede Gods, die alle verstand te boven gaat, zal uw harten en uw zinnen bewaren in Christus Jezus.

⁸Voorts, broeders, al wat waarachtig is, al wat eerlijk is, al wat rechtvaardig is, al wat rein is, al wat liefelijk is, al wat wel luidt, zo er enige deugd is, en zo er enige lofis, bedenkt datzelve;

⁹Hetgeen gij ook geleerd, en ontvangen, en gehoord, en in mij gezien hebt, doet dat; en de God des vredes zal met u zijn.

¹⁰En ik ben grotelijks verblijd geweest in den Heere, dat gij nu eenmaal wederom verwakkerd zijt om aan mij te gedenken; waaraan gij ook gedacht hebt, maar gijhebt de gelegenheid niet gehad.

¹¹Niet dat ik dit zeg vanwege gebrek; want ik heb geleerd vergenoegd te zijn in hetgeen ik ben.

¹²En ik weet vernederd te worden, ik weet ook overvloed te hebben; alleszins en in alles ben ik onderwezen, beide verzadigd te zijn en honger te lijden, beideovervloed te hebben en gebrek te lijden.

¹³Ik vermag alle dingen door Christus, Die mij kracht geeft.

¹⁴Nochtans hebt gij wel gedaan, dat gij met mijn verdrukking gemeenschap gehad hebt.

¹⁵En ook gij, Filippensen, weet, dat in het begin des Evangelies, toen ik van Macedonie vertrokken ben, geen Gemeente mij iets medegedeeld heeft tot rekening vanuitgaaf en ontvangst, dan gij alleen.

¹⁶Want ook in Thessalonica hebt gij mij eenmaal en andermaal gezonden, tot nooddruft.

¹⁷Niet dat ik de gave zoek, maar ik zoek de vrucht, die overvloedig is tot uw rekening.

¹⁸Maar ik heb alles ontvangen, en ik heb overvloed; ik ben vervuld geworden, als ik van Epafroditus ontvangen heb, dat van u gezonden was, als een welriekendereuk, een aangename offerande, Gode welbehagelijk.

¹⁹Doch mijn God zal naar Zijn rijkdom vervullen al uw nooddruft, in heerlijkheid, door Christus Jezus.

²⁰Onzen God nu en Vader zij de heerlijkheid in alle eeuwigheid. Amen.

²¹Groet alle heiligen in Christus Jezus; U groeten de broeders, die met mij zijn.

²²Al de heiligen groeten u, en meest die van het huis des keizers zijn.

Colossenzen

Hoofdstuk 1

¹Paulus, een apostel van Jezus Christus, door de wil van God, en Timotheus, de broeder,

²Den heiligen en gelovige broederen in Christus, die te Kolosse zijn: genade zij u en vrede van God, onzen Vader, en den Heere Jezus Christus.

³Wij danken den God en Vader van onzen Heere Jezus Christus, altijd voor u biddende;

⁴Alzo wij van uw geloof in Christus Jezus gehoord hebben, en van de liefde, die gij hebt tot alle heiligen.

⁵Om de hoop, die u weggelegd is in de hemelen, van welke gij te voren gehoord hebt, door het Woord der waarheid, namelijk des Evangelies;

⁶Hetwelk tot u gekomen is, gelijk ook in de gehele wereld, en het brengt vruchten voort, gelijk ook onder u, van dien dag af dat gij gehoord hebt, en de genade Godsin waarheid bekend hebt.

⁷Gelijk gij ook geleerd hebt van Epafras, onzen geliefden mededienstknecht, dewelke een getrouw dienaar van Christus is voor u;

⁸Die ons ook verklaard heeft uw liefde in den Geest.

⁹Waarom ook wij, van dien dag af dat wij het gehoord hebben, niet ophouden voor u te bidden en te begeren, dat gij moogt vervuld worden met de kennis van Zijnwil, in alle wijsheid en geestelijk verstand;

¹⁰Opdat gij moogt wandelen waardiglijk den Heere, tot alle behagelijkheid, in alle goede werken vrucht dragende, en wassende in de kennis van God;

¹¹Met alle kracht bekrachtigd zijnde, naar de sterkte Zijner heerlijkheid, tot alle lijdzaamheid en lankmoedigheid, met blijdschap;

¹²Dankende den Vader, Die ons bekwaam gemaakt heeft, om deel te hebben in de erve der heiligen in het licht;

¹³Die ons getrokken heeft uit de macht der duisternis, en overgezet heeft in het Koninkrijk van den Zoon Zijner liefde;

¹⁴In Denwelke wij de verlossing hebben door Zijn bloed, namelijk de vergeving der zonden;

¹⁵Dewelke het Beeld is des onzienlijken Gods, de Eerstgeborene aller kreaturen.

¹⁶Want door Hem zijn alle dingen geschapen, die in de hemelen en die op de aarde zijn, die zienlijk en die onzienlijk zijn, hetzij tronen, hetzij heerschappijen, hetzijoverheden, hetzij machten; alle dingen zijn door Hem en tot Hem geschapen;

¹⁷En Hij is voor alle dingen, en alle dingen bestaan te zamen door Hem;

¹⁸En Hij is het Hoofd des lichaams, namelijk der Gemeente, Hij, Die het Begin is, de Eerstgeborene uit de doden, opdat Hij in allen de Eerste zou zijn.

¹⁹Want het is des Vaders welbehagen geweest, dat in Hem al de volheid wonen zou;

²⁰En dat Hij, door Hem vrede gemaakt hebbende door het bloed Zijns kruises, door Hem, zeg ik, alle dingen verzoenen zou tot Zichzelven, hetzij de dingen, die op deaarde, hetzij de dingen die in de hemelen zijn.

²¹En Hij heeft u, die eertijds vervreemd waart, en vijanden door het verstand in de boze werken, nu ook verzoend,

²²In het lichaam Zijns vleses, door den dood, opdat Hij u zou heilig en onberispelijk en onbeschuldiglijk voor Zich stellen;

²³Indien gij maar blijft in het geloof, gefondeerd en vast, en niet bewogen wordt van de hope des Evangelies, dat gij gehoord hebt, hetwelk gepredikt is onder al dekreature, die onder den hemel is; van hetwelk ik Paulus een dienaar geworden ben.

²⁴Die mij nu verblijd in mijn lijden voor u, en vervulle in mijn vlees de overblijfselen van de verdrukkingen van Christus, voor Zijn lichaam, hetwelk is de Gemeente;

²⁵Welker dienaar ik geworden ben, naar de bedeling van God, die mij gegeven is aan u, om te vervullen het Woord Gods;

²⁶Namelijk de verborgenheid, die verborgen is geweest van alle eeuwen en van alle geslachten, maar nu geopenbaard is aan Zijn heiligen;

²⁷Aan wie God heeft willen bekend maken, welke zij de rijkdom der heerlijkheid dezer verborgenheid onder de heidenen, welke is Christus onder u, de Hoop derheerlijkheid;

²⁸Denwelken wij verkondigen, vermanende een iegelijk mens, en lerende een iegelijk mens in alle wijsheid, opdat wij zouden een iegelijk mens volmaakt stellen inChristus Jezus;

Hoofdstuk 2

¹Want ik wil, dat gij weet, hoe groten strijd ik voor u heb, en voor degenen, die te Laodicea zijn, en zo velen als er mijn aangezicht in het vlees niet hebben gezien;

²Opdat hun harten vertroost mogen worden, en zij samengevoegd zijn in de liefde, en dat tot allen rijkdom der volle verzekerdheid des verstands, tot kennis derverborgenheid van God en den Vader, en van Christus;

³In Denwelken al de schatten der wijsheid en der kennis verborgen zijn.

⁴En dit zeg ik, opdat niet iemand u misleide met beweegredenen, die een schijn hebben.

⁵Want hoewel ik met het vlees van u ben, nochtans ben ik met den geest bij u, mij verblijdende en ziende uw ordening, en de vastigheid van uw geloof in Christus.

⁶Gelijk gij dan Christus Jezus, den Heere, hebt aangenomen, wandelt alzo in Hem;

⁷Geworteld en opgebouwd in Hem, en bevestigd in het geloof, gelijkerwijs gij geleerd zijt, overvloedig zijnde in hetzelve, met dankzegging.

⁸Ziet toe, dat niemand u als een roof vervoere door de filosofie, en ijdele verleiding, naar de overlevering der mensen, naar de eerste beginselen der wereld, en nietnaar Christus;

⁹Want in Hem woont al de volheid der Godheid lichamelijk;

¹⁰En gij zijt in Hem volmaakt, Die het Hoofd is van alle overheid en macht;

¹¹In Welken gij ook besneden zijt met een besnijdenis, die zonder handen geschiedt, in de uittrekking van het lichaam der zonden des vleses, door de besnijdenis vanChristus;

¹²Zijnde met Hem begraven in den doop, in welken gij ook met Hem opgewekt zijt door het geloof der werking Gods, Die Hem uit de doden opgewekt heeft.

¹³En Hij heeft u, als gij dood waart in de misdaden, en in de voorhuid uws vleses, mede levend gemaakt met Hem, al uw misdaden u vergevende;

¹⁴Uitgewist hebbende het handschrift, dat tegen ons was, in inzettingen bestaande, hetwelk, zeg ik, enigerwijze ons tegen was, en heeft datzelve uit het middenweggenomen, hetzelve aan het kruis genageld hebbende;

¹⁵En de overheden en de machten uitgetogen hebbende, heeft Hij die in het openbaar tentoongesteld, en heeft door hetzelve over hen getriomfeerd.

¹⁶Dat u dan niemand oordele in spijs of in drank, of in het stuk des feest dags, of der nieuwe maan, of der sabbatten;

¹⁷Welke zijn een schaduw der toekomende dingen, maar het lichaam is van Christus.

¹⁸Dat dan niemand u overheerse naar zijn wil in nederigheid en dienst der engelen, intredende in hetgeen hij niet gezien heeft, tevergeefs opgeblazen zijnde door hetverstand zijns vleses;

¹⁹En het Hoofd niet behoudende, uit hetwelk het gehele lichaam, door de samenvoegselen en samenbindingen voorzien en samengevoegd zijnde, opwast metgoddelijken wasdom.

²⁰Indien gij dan met Christus de eerste beginselen der wereld zijt afgestorven, wat wordt gij, gelijk of gij in de wereld leefdet, met inzettingen belast?

²¹Namelijk raak niet, en smaak niet, en roer niet aan.

²²Welke dingen alle verderven door het gebruik, ingevoerd naar de geboden en leringen der mensen;

²³Dewelke wel hebben een schijn rede van wijsheid in eigenwilligen gods dienst en nederigheid, en in het lichaam niet te sparen, doch zijn niet in enige waarde, maar tot verzadiging van het vlees. Kolossensen 3

Hoofdstuk 3

¹Indien gij dan met Christus opgewekt zijt, zo zoekt de dingen, die boven zijn, waar Christus is, zittende aan de rechter hand Gods.

²Bedenkt de dingen, die boven zijn, niet die op de aarde zijn.

³Want gij zijt gestorven, en uw leven is met Christus verborgen in God.

⁴Wanneer nu Christus zal geopenbaard zijn, Die ons leven is, dan zult ook gij met Hem geopenbaard worden in heerlijkheid.

⁵Doodt dan uw leden, die op de aarde zijn, namelijk hoererij, onreinigheid, schandelijke beweging, kwade begeerlijkheid, en de gierigheid, welke is afgodendienst.

⁶Om welke de toorn Gods komt over de kinderen der ongehoorzaamheid;

⁷In dewelke ook gij eertijds hebt gewandeld, toen gij in dezelve leefdet.

⁸Maar nu legt ook gij dit alles af, namelijk gramschap, toornigheid, kwaadheid, lastering, vuil spreken uit uw mond.

⁹Liegt niet tegen elkander, dewijl gij uitgedaan hebt den ouden mens met zijn werken,

¹⁰En aangedaan hebt den nieuwen mens, die vernieuwd wordt tot kennis, naar het evenbeeld Desgenen, Die hem geschapen heeft;

¹¹Waarin niet is Griek en Jood, besnijdenis en voorhuid, barbaar en Scyth, dienstknecht en vrije; maar Christus is alles en in allen.

¹²Zo doet dan aan, als uitverkorenen Gods, heiligen en beminden, de innerlijke bewegingen der barmhartigheid, goedertierenheid, ootmoedigheid, zachtmoedigheid, lankmoedigheid;

¹³Verdragende elkander, en vergevende de een den anderen, zo iemand tegen iemand enige klacht heeft; gelijkerwijs als Christus u vergeven heeft, doet ook gij alzo.

¹⁴En boven dit alles doet aan de liefde, dewelke is de band der volmaaktheid.

¹⁵En de vrede Gods heerse in uw harten, tot welken gij ook geroepen zijt in een lichaam; en weest dankbaar.

¹⁶Het woord van Christus wone rijkelijk in u, in alle wijsheid; leert en vermaant elkander, met psalmen en lofzangen, en geestelijke liederen, zingende den Heere met aangenaamheid in uw hart.

¹⁷En al wat gij doet met woorden of met werken, doet het alles in de Naam van de Heere Jezus, dankende God en de Vader door Hem.

¹⁸Gij vrouwen, zijt uw eigen mannen onderdanig, gelijk het betaamt in den Heere.

¹⁹Gij mannen, hebt uw vrouwen lief, en wordt niet verbitterd tegen haar.

²⁰Gij kinderen, zijt uw ouderen gehoorzaam in alles, want dat is de Heere welbehagelijk.

²¹Gij vaders, tergt uw kinderen niet, opdat zij niet moedeloos worden.

²²Gij dienstknechten, zijt in alles gehoorzaam uw heren naar het vlees, niet met ogendiensten als mensenbehagers, maar met eenvoudigheid des harten, vrezende God.

²³En al wat gij doet, doet dat van harte als den Heere en niet den mensen;

²⁴Wetende, dat gij van den Heere zult ontvangen de vergelding der erfenis; want gij dient de Heere Christus.

²⁵Maar die onrecht doet, die zal het onrecht dragen, dat hij gedaan heeft; en er is geen aanneming des persoons.

Hoofdstuk 4

¹Gij heren, doet uw dienstknechten recht en gelijk, wetende, dat ook gij een Heere hebt in de hemelen.

²Houdt sterk aan in het gebed, en waakt in hetzelve met dankzegging;

³Biddende meteen ook voor ons, dat God ons de deur des Woords opene, om te spreken de verborgenheid van Christus, om welke ik ook gebonden ben;

⁴Opdat ik dezelve moge openbaren, gelijk ik moet spreken.

⁵Wandelt met wijsheid bij degenen, die buiten zijn, den bekwamen tijd uitkopende.

⁶Uw woord zij te allen tijde in aangenaamheid, met zout besprengd, opdat gij moogt weten, hoe gij een iegelijk moet antwoorden.

⁷Al mijn zaken zal u bekend maken Tychikus, de geliefde broeder, en getrouwe dienaar, en medediensknecht in de Heere;

⁸Denwelken ik tot hetzelfde einde tot u gezonden heb, opdat hij uw zaken wete, en uw harten vertrooste;

⁹Met Onesimus, den getrouwen en geliefden broeder, dewelke uit de uwen is; zij zullen u alles bekend maken, wat hier is.

¹⁰U groet Aristarchus, mijn medegevangene; en Markus, de neef van Barnabas, aangaande welken gij bevelen ontvangen hebt; zo hij tot u komt, ontvangt hem;

¹¹En Jezus, gezegd Justus, welke uit de besnijdenis zijn; deze alleen zijn mijn medearbeiders in het Koninkrijk Gods, die mij een vertroosting geweest zijn.

¹²U groet Epafras, die uit de uwen is, een dienstknecht van Christus, te allen tijde strijdende voor u in de gebeden, opdat gij staan moogt volmaakt en volkomen in alden wil van God.

¹³Want ik geef hem getuigenis, dat hij groten ijver heeft over u en degenen, die in Laodicea zijn, en degenen, die in Hierapolis zijn.

¹⁴U groet Lukas, de medicijnmeester, de geliefde, en Demas.

¹⁵Groet de broeders, die in Laodicea zijn, en Nymfas, en de Gemeente, die in zijn huis is.

¹⁶En wanneer deze zendbrief van u zal gelezen zijn, maakt, dat hij ook in de gemeente der Laodicensen gelezen worde, en dat ook gij dien leest, die uit Laodicea geschreven is.

¹⁷En zegt aan Archippus: Zie op de bediening, die gij aangenomen hebt in de Heere, dat gij die vervult.

1 Thessalonicenzen

Hoofdstuk 1

¹Paulus, en Silvanus, en Timotheus, aan de Gemeente der Thessalonicensen, welke is in God den Vader, en den Heere Jezus Christus: genade zij u en vrede van God, onzen Vader, en den Heere Jezus Christus.

²Wij danken God altijd over u allen, uwer gedachtig zijnde in onze gebeden;

³Zonder ophouden gedenkende het werk uws geloofs, en den arbeid der liefde, en de verdraagzaamheid der hoop op onzen Heere Jezus Christus, voor onzen God en Vader;

⁴Wetende, geliefde broeders, uw verkiezing van God;

⁵Want ons Evangelie is onder u niet alleen in woorden geweest, maar ook in kracht, en in den Heiligen Geest, en in vele verzekerdheid; gelijk gij weet, hoedanigen wij onder u geweest zijn om uwentwil.

⁶En gij zijt onze navolgers geworden, en des Heeren, het Woord aangenomen hebbende in vele verdrukking, met blijdschap des Heiligen Geestes;

⁷Alzo dat gij voorbeelden geworden zijt al den gelovigen in Macedonie en Achaje.

⁸Want van u is het Woord des Heeren luidbaar geworden niet alleen in Macedonie en Achaje; maar ook in alle plaatsen is uw geloof, dat gij op God hebt, uitgegaan, zodat wij niet van node hebben, iets daarvan te spreken.

⁹Want zijzelven verkondigen van ons, hoedanigen ingang wij tot u hebben, en hoe gij tot God bekeerd zijt van de afgoden, om den levenden en waarachtigen God te dienen;

Hoofdstuk 2

¹Want gij weet zelven, broeders, onzen ingang tot u, dat die niet ijdel is geweest;

²Maar, hoewel wij te voren geleden hadden, en ook ons smaadheid aangedaan was, gelijk gij weet, te Filippi, zo hebben wij nochtans vrijmoedigheid gebruikt in onzen God, om het Evangelie van God tot u te spreken in veel strijds.

³Want onze vermaning is niet geweest uit verleiding, noch uit onreinigheid, noch met bedrog;

⁴Maar, gelijk wij van God beproefd zijn geweest, dat ons het Evangelie zou toebetrouwd worden, alzo spreken wij, niet als mensen behagende, maar Gode, Die onze harten beproeft.

⁵Want wij hebben nooit met pluimstrijkende woorden omgegaan, gelijk gij weet, noch met enig bedeksel van gierigheid; God is Getuige!

⁶Noch zoekende eer uit mensen, noch van u, noch van anderen; hoewel wij u tot last konden zijn als Christus' apostelen;

⁷Maar wij zijn vriendelijk geweest in het midden van u, gelijk als een voedster haar kinderen koestert;

⁸Alzo wij, tot u zeer genegen zijnde, hebben u gaarne willen mededelen niet alleen het Evangelie van God, maar ook onze eigen zielen, daarom dat gij ons lief geworden waart.

⁹Want gij gedenkt, broeders, onzen arbeid en moeite; want nacht en dag werkende, opdat wij niemand onder u zouden lastig zijn, hebben wij het Evangelie van God onder u gepredikt.

¹⁰Gij zijt getuigen, en God, hoe heilig, en rechtvaardig, en onberispelijk wij u, die gelooft, geweest zijn.

¹¹Gelijk gij weet, hoe wij een iegelijk van u, als een vader zijn kinderen, vermaanden en vertroostten,

¹²En betuigden, dat gij zoudt wandelen, waardiglijk Gode, Die u roept tot Zijn Koninkrijk en heerlijkheid.

¹³Daarom danken wij ook God zonder ophouden, dat, als gij het Woord der prediking van God van ons ontvangen hebt, gij dat aangenomen hebt, niet als der mensen woord, maar (gelijk het waarlijk is) als Gods Woord, dat ook werkt in u, die gelooft.

¹⁴Want gij, broeders, zijt navolgers geworden der Gemeenten Gods, die in Judea zijn, in Christus Jezus; dewijl ook gij hetzelfde geleden hebt van uw eigen medeburgers, gelijk als zij van de Joden;

¹⁵Welke ook gedood hebben den Heere Jezus, en hun eigen profeten; en ons hebben vervolgd, en Gode niet behagen, en alle mensen tegen zijn;

¹⁶En verhinderen ons te spreken tot de heidenen, dat zij zalig mochten worden; opdat zij te allen tijd hun zonden vervullen zouden. En de toorn is over hen gekomen tot het einde.

¹⁷Maar wij, broeders, van u beroofd geweest zijnde voor een kleine wijle tijds, naar het aangezicht, niet naar het hart, hebben ons te overvloediger benaarstigd, om uw aangezicht te zien, met grote begeerte.

¹⁸Daarom hebben wij tot u willen komen (immers ik Paulus) eenmaal en andermaal, maar de satanas heeft ons belet.

¹⁹Want welke is onze hoop, of blijdschap, of kroon des roems? Zijt gij die ook niet voor onzen Heere Jezus Christus in Zijn toekomst?

²⁰Want gij zijt onze heerlijkheid en blijdschap.

Hoofdstuk 3

¹Daarom, deze begeerte niet langer kunnende verdragen, hebben wij gaarne willen te Athene alleen gelaten worden;

²En hebben gezonden Timotheus, onzen broeder, en Gods dienaar, en onzen medearbeider in het Evangelie van Christus, om u te versterken, en u te vermanen van uw geloof;

³Opdat niemand bewogen worde in deze verdrukkingen; want gij weet zelven, dat wij hiertoe gesteld zijn.

⁴Want ook, toen wij bij u waren, voorzeiden wij u, dat wij zouden verdrukt worden, gelijk ook geschied is, en gij weet het.

⁵Daarom ook deze begeerte niet langer kunnende verdragen, heb ik hem gezonden, om uw geloof te verstaan; of niet misschien de verzoeker u zou verzocht hebben, en onze arbeid ijdel zou wezen.

⁶Maar als Timotheus nu van ulieden tot ons gekomen was, en ons de goede boodschap gebracht had van uw geloof en liefde, en dat gij altijd goede gedachtenis van ons hebt, zeer begerig zijnde om ons te zien, gelijk wij ook om ulieden;

⁷Zo zijn wij daarom, broeders, over u in al onze verdrukking en nood vertroost geworden door uw geloof;

⁸Want nu leven wij, indien gij vast staat in den Heere.

⁹Want wat dankzegging kunnen wij Gode tot vergelding wedergeven voor u, vanwege al de blijdschap, waarmede wij ons om uwentwil verblijden voor onzen God?

¹⁰Nacht en dag zeer overvloediglijk biddende, om uw aangezicht te mogen zien, en te volmaken, hetgeen aan uw geloof ontbreekt.

¹¹Doch onze God en Vader Zelf, en onze Heere Jezus Christus richte onzen weg tot u.

¹²En de Heere vermeerdere u, en make u overvloedig in de liefde jegens elkander en jegens allen, gelijk wij ook zijn jegens u;

¹³Opdat Hij uw harten versterke, om onberispelijk te zijn in heiligmaking, voor onzen God en Vader, in de toekomst van onzen Heere Jezus Christus met al Zijn heiligen.

Hoofdstuk 4

¹Voorts dan, broeders, wij bidden en vermanen u in den Heere Jezus, gelijk gij van ons ontvangen hebt, hoe gij moet wandelen en Gode behagen, dat gij daarin meer overvloedig wordt.

²Want gij weet, wat bevelen wij u gegeven hebben door den Heere Jezus.

³Want dit is de wil van God, uw heiligmaking: dat gij u onthoudt van de hoererij;

⁴Dat een iegelijk van u wete zijn vat te bezitten in heiligmaking en eer;

⁵Niet in kwade beweging der begeerlijkheid, gelijk als de heidenen, die God niet kennen.

⁶Dat niemand zijn broeder vertrede, noch bedriege in zijn handeling; want de Heere is een wreker over dit alles, gelijk wij u ook te voren gezegd en betuigd hebben.

⁷Want God heeft ons niet geroepen tot onreinigheid, maar tot heiligmaking.

⁸Zo dan die dit verwerpt, die verwerpt geen mens, maar God, Die ook Zijn Heiligen Geest in ons heeft gegeven.

⁹Van de broederlijke liefde nu hebt gij niet van node, dat ik u schrijve; want gijzelven zijt van God geleerd om elkander lief te hebben.

¹⁰Want gij doet ook hetzelfde aan al de broederen, die in geheel Macedonie zijn. Maar wij vermanen u, broeders, dat gij meer overvloedig wordt;

¹¹En dat gij u benaarstigt stil te zijn, en uw eigen dingen te doen, en te werken met uw eigen handen, gelijk wij u bevolen hebben;

¹²Opdat gij eerlijk wandelt bij degenen, die buiten zijn, en geen ding van node hebt.

¹³Doch, broeders, ik wil niet, dat gij onwetende zijt van degenen, die ontslapen zijn, opdat gij niet bedroefd zijt, gelijk als de anderen, die geen hoop hebben.

¹⁴Want indien wij geloven, dat Jezus gestorven is en opgestaan, alzo zal ook God degenen, die ontslapen zijn in Jezus, weder brengen met Hem.

¹⁵Want dat zeggen wij u door het Woord des Heeren, dat wij, die

1 Thessalonicenzen

levend overblijven zullen tot de toekomst des Heeren, niet zullen voorkomen degenen, die ontslapen zijn.

¹⁶Want de Heere Zelf zal met een geroep, met de stem des archangels, en met de bazuin Gods nederdalen van den hemel; en die in Christus gestorven zijn, zullen eerst opstaan;

¹⁷Daarna wij, die levend overgebleven zijn, zullen te zamen met hen opgenomen worden in de wolken, den Heere tegemoet, in de lucht; en alzo zullen wij altijd met den Heere wezen.

¹⁸Zo dan, vertroost elkander met deze woorden.

Hoofdstuk 5

¹Maar van de tijden en de gelegenheden, broeders! hebt gij niet van node, dat men u schrijve.

²Want gij weet zelven zeer wel, dat de dag des Heeren alzo zal komen, gelijk een dief in de nacht.

³Want wanneer zij zullen zeggen: Het is vrede, en zonder gevaar; dan zal een haastig verderf hun overkomen, gelijk de barensnood een bevruchte vrouw; en zij zullen het geenszins ontvlieden;

⁴Maar gij, broeders, gij zijt niet in duisternis, dat u die dag als een dief zou bevangen.

⁵Gij zijt allen kinderen des lichts, en kinderen des daags; wij zijn niet des nachts, noch der duisternis.

⁶Zo laat ons dan niet slapen, gelijk als de anderen, maar laat ons waken, en nuchteren zijn.

⁷Want die slapen, slapen des nachts, en die dronken zijn, zijn des nachts dronken;

⁸Maar wij, die des daags zijn, laat ons nuchteren zijn, aangedaan hebbende het borstwapen des geloofs en der liefde, en tot een helm, de hoop der zaligheid.

⁹Want God heeft ons niet gesteld tot toorn, maar tot verkrijging der zaligheid, door onzen Heere Jezus Christus;

¹⁰Die voor ons gestorven is, opdat wij, hetzij dat wij waken, hetzij dat wij slapen, te zamen met Hem leven zouden.

¹¹Daarom vermaant elkander, en sticht de een den anderen, gelijk gij ook doet.

¹²En wij bidden u, broeders, erkent degenen, die onder u arbeiden, en uw voorstanders zijn in den Heere, en u vermanen;

¹³En acht hen zeer veel in liefde, om huns werks wil. Zijt vreedzaam onder elkander.

¹⁴En wij bidden u, broeders, vermaant de ongeregelden, vertroost de kleinmoedigen, ondersteunt de zwakken, zijt lankmoedig jegens allen.

¹⁵Ziet, dat niemand kwaad voor kwaad iemand vergelde; maar jaagt allen tijd het goede na, zo jegens elkander als jegens allen.

¹⁶Verblijdt u te allen tijd.

¹⁷Bidt zonder ophouden.

¹⁸Dankt God in alles; want dit is de wil van God in Christus Jezus over u.

¹⁹Blust den Geest niet uit.

²⁰Veracht de profetieen niet.

²¹Beproeft alle dingen; behoudt het goede.

²²Onthoudt u van allen schijn des kwaads.

²³En de God des vredes Zelf heilige u geheel en al; en uw geheel oprechte geest, en ziel, en lichaam worde onberispelijk bewaard in de toekomst van onzen Heere Jezus Christus.

²⁴Hij, Die u roept, is getrouw, Die het ook doen zal.

²⁵Broeders, bidt voor ons.

²⁶Groet al de broeders met een heiligen kus.

²⁷Ik bezweer ulieden bij den Heere, dat deze zendbrief al den heiligen broederen gelezen worde.

2 Thessalonicenzen

Hoofdstuk 1

¹Paulus, en Silvanus, en Timotheus, aan de Gemeente der Thessalonicensen, welke is in God, onzen Vader, en den Heere Jezus Christus:

²Genade zij u, en vrede, van God, onzen Vader, en den Heere Jezus Christus.

³Wij moeten God te allen tijd danken over u, broeders, gelijk billijk is, omdat uw geloof zeer wast, en dat de liefde eens iegelijken van u allen jegens elkander overvloedig wordt;

⁴Alzo dat wij zelven van u roemen in de Gemeenten Gods, over uw lijdzaamheid en geloof in al uw vervolgingen en verdrukkingen, die gij verdraagt;

⁵Een bewijs van Gods rechtvaardig oordeel, opdat gij waardig geacht wordt het Koninkrijk Gods, voor hetwelk gij ook lijdt;

⁶Alzo het recht is bij God verdrukking te vergelden dengenen, die u verdrukken;

⁷En u, die verdrukt wordt, verkwikking met ons, in de openbaring van den Heere Jezus van den hemel met de engelen Zijner kracht;

⁸Met vlammend vuur wraak doende over degenen, die God niet kennen, en over degenen, die het Evangelie van onzen Heere Jezus Christus niet gehoorzaam zijn.

⁹Dewelken zullen tot straf lijden het eeuwig verderf, van het aangezicht des Heeren, en van de heerlijkheid Zijner sterkte,

¹⁰Wanneer Hij zal gekomen zijn, om verheerlijkt te worden in Zijn heiligen, en wonderbaar te worden in allen, die geloven (overmits onze getuigenis onder u is geloofd geworden) in dien dag.

¹¹Waarom wij ook altijd bidden voor u, dat onze God u waardig achte der roeping, en vervulle al het welbehagen Zijner goedigheid, en het werk des geloofs met kracht.

Hoofdstuk 2

¹En wij bidden u, broeders, door de toekomst van onzen Heere Jezus Christus, en onze toevergadering tot Hem,

²Dat gij niet haastelijk bewogen wordt van verstand, of verschrikt, noch door geest, noch door woord, noch door zendbrief, als van ons geschreven, alsof de dag van Christus aanstaande ware.

³Dat u niemand verleide op enigerlei wijze; want die komt niet, tenzij dat eerst de afval gekomen zij, en dat geopenbaard zij de mens der zonde, de zoon des verderfs;

⁴Die zich tegenstelt, en verheft boven al wat God genaamd, of als God geëerd wordt, alzo dat hij in den tempel Gods als een God zal zitten, zichzelven vertonende, dat hij God is.

⁵Gedenkt gij niet, dat ik, nog bij u zijnde, u deze dingen gezegd heb?

⁶En nu, wat hem wederhoudt, weet gij, opdat hij geopenbaard worde te zijner eigen tijd.

⁷Want de verborgenheid der ongerechtigheid wordt alrede gewrocht; alleenlijk, Die hem nu wederhoudt, Die zal hem wederhouden, totdat hij uit het midden zal weggedaan worden.

⁸En alsdan zal de ongerechtige geopenbaard worden, denwelken de Heere verdoen zal door den Geest Zijns monds, en te niet maken door de verschijning Zijner toekomst;

⁹Hem, zeg ik, wiens toekomst is naar de werking des satans, in alle kracht, en tekenen, en wonderen der leugen;

¹⁰En in alle verleiding der onrechtvaardigheid in degenen, die verloren gaan; daarvoor dat zij de liefde der waarheid niet aangenomen hebben, om zalig te worden.

¹¹En daarom zal God hun zenden een kracht der dwaling, dat zij de leugen zouden geloven;

¹²Opdat zij allen veroordeeld worden, die de waarheid niet geloofd hebben, maar een welbehagen hebben gehad in de ongerechtigheid.

¹³Maar wij zijn schuldig altijd God te danken over u, broeders, die van den Heere bemind zijt, dat u God van den beginne verkoren heeft tot zaligheid, in heiligmaking des Geestes, en geloof der waarheid;

¹⁴Waartoe Hij u geroepen heeft door ons Evangelie, tot verkrijging der heerlijkheid van onzen Heere Jezus Christus.

¹⁵Zo dan, broeders, staat vast en houdt de inzettingen, die u geleerd zijn, hetzij door ons woord, hetzij door onzen zendbrief.

¹⁶En onze Heere Jezus Christus Zelf, en onze God en Vader, Die ons heeft liefgehad, en gegeven heeft een eeuwige vertroosting en goede hoop in genade,

¹⁷Vertrooste uw harten, en versterke u in alle goed woord en werk.

Hoofdstuk 3

¹Voorts, broeders, bidt voor ons, opdat het Woord des Heeren zijn loop hebbe, en verheerlijkt worde, gelijk ook bij u;

²En opdat wij mogen verlost worden van de ongeschikte en boze mensen; want het geloof is niet aller.

³Maar de Heere is getrouw, Die u zal versterken en bewaren van den boze.

⁴En wij vertrouwen van u in den Heere, dat gij, hetgeen wij u bevelen, ook doet, en doen zult.

⁵Doch de Heere richte uw harten tot de liefde van God, en tot de lijdzaamheid van Christus.

⁶En wij bevelen u, broeders, in den Naam van onzen Heere Jezus Christus, dat gij u onttrekt van een iegelijk broeder, die ongeregeld wandelt, en niet naar de inzetting, die hij van ons ontvangen heeft.

⁷Want gijzelven weet, hoe men ons behoort na te volgen; want wij hebben ons niet ongeregeld gedragen onder u;

⁸En wij hebben geen brood bij iemand gegeten voor niet, maar in arbeid en moeite, nacht en dag werkende, opdat wij niet iemand van u zouden lastig zijn;

⁹Niet, dat wij de macht niet hebben, maar opdat wij onszelven u geven zouden tot een voorbeeld, om ons na te volgen.

¹⁰Want ook toen wij bij u waren, hebben wij u dit bevolen, dat, zo iemand niet wil werken, hij ook niet ete.

¹¹Want wij horen, dat sommigen onder u ongeregeld wandelen, niet werkende, maar ijdele dingen doende.

¹²Doch de zodanigen bevelen en vermanen wij door onzen Heere Jezus Christus, dat zij met stilheid werkende, hun eigen brood eten.

¹³En gij, broeders, vertraagt niet in goed te doen.

¹⁴Maar indien iemand ons woord, door deze brief geschreven, niet gehoorzaam is, tekent dien; en vermengt u niet met hem, opdat hij beschaamd worde;

¹⁵En houdt hem niet als een vijand, maar vermaant hem als een broeder.

¹⁶De Heere nu des vredes Zelf geve u vrede te allen tijd, in allerlei wijze. De Heere zij met u allen.

¹⁷De groetenis met mijn hand, van Paulus; hetwelk is een teken in iederen zendbrief; alzo schrijf ik.

1 Timotheüs

Hoofdstuk 1

¹Paulus, een apostel van Jezus Christus, naar het bevel van God, onzen Zaligmaker, en den Heere Jezus Christus, Die onze Hope is,
²Aan Timotheus, mijn oprechten zoon in het geloof; genade, barmhartigheid, vrede zij u van God, onzen Vader, en Christus Jezus, onzen Heere.
³Gelijk ik u vermaand heb, dat gij te Efeze zoudt blijven, als ik naar Macedonie reisde, zo vermaan ik het u nog, opdat gij sommigen beveelt geen andere leer teleren;
⁴Noch zich te begeven tot fabelen en oneindelijke geslachtsrekeningen, welke meer twist vragen voortbrengen dan stichting Gods, die in het geloof is.
⁵Maar het einde des gebods is liefde uit een rein hart, en uit een goed geweten, en uit een ongeveinsd geloof.
⁶Van dewelke sommigen afgeweken zijnde, zich gewend hebben tot ijdelspreking;
⁷Willende leraars der wet zijn, niet verstaande, noch wat zij zeggen, noch wat zij bevestigen.
⁸Doch wij weten, dat de wet goed is, zo iemand die wettelijk gebruikt;
⁹En hij dit weet, dat den rechtvaardigen de wet niet is gezet, maar den onrechtvaardigen en den halsstarrigen, den goddelozen en den zondaren, den onheiligen en denongoddelijken, den vadermoorders en den moedermoorders, den doodslagers,
¹⁰Den hoereerders, dien, die bij mannen liggen, den mensendieven, den leugenaars, den meinedigen, en zo er iets anders tegen de gezonde leer is;
¹¹Naar het Evangelie der heerlijkheid des zaligen Gods, dat mij toebetrouwd is.
¹²En ik dank Hem, Die mij bekrachtigd heeft, namelijk Christus Jezus, onzen Heere, dat Hij mij getrouw geacht heeft, mij in de bediening gesteld hebbende;
¹³Die te voren een gods lasteraar was, en een vervolger, en een verdrukker; maar mij is barmhartigheid geschied, dewijl ik het ontwetende gedaan heb in mijnongelovigheid.
¹⁴Doch de genade onzes Heeren is zeer overvloedig geweest, met geloof en liefde, die er is in Christus Jezus.
¹⁵Dit is een getrouw woord, en alle aanneming waardig, dat Christus Jezus in de wereld gekomen is, om de zondaren zalig te maken, van welke ik de voornaamsteben.
¹⁶Maar daarom is mij barmhartigheid geschied, opdat Jezus Christus in mij, die de voornaamste ben, al Zijn lankmoedigheid zou betonen, tot een voorbeeld dergenen, die in Hem geloven zullen ten eeuwigen leven.
¹⁷Den Koning nu der eeuwen, den onverderfelijken, den onzienlijken, den alleen wijzen God, zij eer en heerlijkheid in alle eeuwigheid. Amen.
¹⁸Dit gebod beveel ik u, mijn zoon Timotheus, dat gij naar de profetieen, die van u voorgegaan zijn, in dezelve den goeden strijd strijdt;
¹⁹Houdende het geloof, en een goed geweten, hetwelk sommigen verstoten hebbende, van het geloof schipbreuk geleden hebben;

Hoofdstuk 2

¹Ik vermaan dan voor alle dingen, dat gedaan worden smekingen, gebeden, voorbiddingen, dankzeggingen, voor alle mensen;
²Voor koningen, en allen, die in hoogheid zijn; opdat wij een gerust en stil leven leiden mogen in alle godzaligheid en eerbaarheid.
³Want dat is goed en aangenaam voor God, onzen Zaligmaker;
⁴Welke wil, dat alle mensen zalig worden, en tot kennis der waarheid komen.
⁵Want er is een God, er is ook een Middelaar Gods en der mensen, de Mens Christus Jezus;
⁶Die Zichzelven gegeven heeft tot een rantsoen voor allen, zijnde de getuigenis te zijner tijd;
⁷Waartoe ik gesteld ben een prediker en apostel (ik zeg de waarheid in Christus, ik lieg niet), een leraar der heidenen, in geloof en waarheid.
⁸Ik wil dan, dat de mannen bidden in alle plaatsen, opheffende heilige handen, zonder toorn en twisting.
⁹Desgelijks ook, dat de vrouwen, in een eerbaar gewaad, met schaamte en matigheid zichzelven versieren, niet in vlechtingen des haars, of goud, of paarlen, ofkostelijke kleding;
¹⁰Maar (hetwelk de vrouwen betaamt, die de godvruchtigheid belijden) door goede werken.
¹¹Een vrouw late zich leren in stilheid, in alle onderdanigheid.
¹²Doch ik laat de vrouw niet toe, dat zij lere, noch over den man heerse, maar wil, dat zij in stilheid zij.
¹³Want Adam is eerst gemaakt, daarna Eva.
¹⁴En Adam is niet verleid geworden; maar de vrouw, verleid zijnde, is in overtreding geweest.
¹⁵Doch zij zal zalig worden in kinderen te baren, zo zij blijft in het geloof, en liefde, en heiligmaking, met matigheid.

Hoofdstuk 3

¹Dit is een getrouw woord: zo iemand tot eens opzieners ambt lust heeft, die begeert een treffelijk werk.
²Een opziener dan moet onberispelijk zijn, ener vrouwe man, wakker, matig, eerbaar, gaarne herbergende, bekwaam om te leren;
³Niet genegen tot den wijn, geen smijter, geen vuil-gewinzoeker; maar bescheiden, geen vechter, niet geldgierig.
⁴Die zijn eigen huis wel regeert, zijn kinderen in onderdanigheid houdende, met alle stemmigheid;
⁵(Want zo iemand zijn eigen huis niet weet te regeren, hoe zal hij voor de Gemeente Gods zorg dragen?)
⁶Geen nieuweling, opdat hij niet opgeblazen worde, en in het oordeel des duivels valle.
⁷En hij moet ook een goede getuigenis hebben van degenen, die buiten zijn, opdat hij niet valle in smaadheid, en in den strik des duivels.
⁸De diakenen insgelijks moeten eerbaar zijn, niet tweetongig, niet die zich tot veel wijns begeven, geen vuil-gewinzoekers;
⁹Houdende de verborgenheid des geloofs in een rein geweten.
¹⁰En dat deze ook eerst beproefd worden, en dat zij daarna dienen, zo zij onbestraffelijk zijn.
¹¹De vrouwen insgelijks moeten eerbaar zijn, geen lasteraarsters, wakker, getrouw in alles.
¹²Dat de diakenen ener vrouwe mannen zijn, die hun kinderen en hun eigen huizen wel regeren.
¹³Want die wel gediend hebben, verkrijgen zichzelven een goeden opgang, en vele vrijmoedigheid in het geloof, hetwelk is in Christus Jezus.
¹⁴Deze dingen schrijf ik u, hopende zeer haast tot u te komen;
¹⁵Maar zo ik vertoef, opdat gij moogt weten, hoe men in het huis Gods moet verkeren, hetwelk is de Gemeente des levenden Gods, een pilaar en vastigheid derwaarheid.
¹⁶En buiten allen twijfel, de verborgenheid der godzaligheid is groot: God is geopenbaard in het vlees, is gerechtvaardigd in den Geest, is gezien van de engelen, isgepredikt onder de heidenen, is geloofd in de wereld, is opgenomen in heerlijkheid.

Hoofdstuk 4

¹Doch de Geest zegt duidelijk, dat in de laatste tijden sommigen zullen afvallen van het geloof, zich begevende tot verleidende geesten, en leringen der duivelen,
²Door geveinsdheid der leugensprekers, hebbende hun eigen geweten als met een brandijzer toegeschroeid,
³Verbiedende te huwelijken, gebiedende van spijzen te onthouden, die God geschapen heeft, tot nuttiging met dankzegging, voor de gelovigen, en die de waarheidhebben bekend.
⁴Want alle schepsel Gods is goed, en er is niets verwerpelijk, met dankzegging genomen zijnde;
⁵Want het wordt geheiligd door het Woord van God, en door het gebed.
⁶Als gij deze dingen den broederen voorstelt, zo zult gij een goed dienaar van Jezus Christus zijn, opgevoed in de woorden des geloofs en der goede leer, welke gijachtervolgd hebt.
⁷Maar verwerp de ongoddelijke en oudwijfse fabelen; en oefen uzelven tot godzaligheid.
⁸Want de lichamelijke oefening is tot weinig nut; maar de godzaligheid is tot alle dingen nut, hebbende de belofte des tegenwoordigen en des toekomenden levens.
⁹Dit is een getrouw woord, en alle aanneming waardig.
¹⁰Want hiertoe arbeiden wij ook, en worden versmaad, omdat wij gehoopt hebben op den levenden God, Die een Behouder is aller mensen, maar allermeest dergelovigen.
¹¹Beveel deze dingen, en leer ze.
¹²Niemand verachte uw jonkheid, maar zijt een voorbeeld der gelovigen in woord, in wandel, in liefde, in den geest, in geloof, in

reinheid.

¹³Houd aan in het lezen, in het vermanen, in het leren, totdat ik kome.

¹⁴Verzuim de gave niet, die in u is, die u gegeven is door de profetie, met oplegging der handen des ouderlingschaps.

¹⁵Bedenk deze dingen, wees hierin bezig, opdat uw toenemen openbaar zij in alles.

¹⁶Heb acht op uzelven en op de leer; volhard daarin; want dat doende, zult gij en uzelven behouden, en die u horen.

Hoofdstuk 5

¹Bestraf een ouden man niet hardelijk, maar vermaan hem als een vader; de jonge als broeders;

²De oude vrouwen als moeders; de jonge als zusters, in alle reinheid.

³Eer de weduwen, die waarlijk weduwen zijn.

⁴Maar zo enige weduwe kinderen heeft, of kindskinderen, dat die leren eerst aan hun eigen huis godzaligheid oefenen, en den voororen wedervergelding te doen; want dat is goed en aangenaam voor God.

⁵Die nu waarlijk weduwe is, en alleen gelaten, die hoopt op God, en blijft in smekingen en gebeden nacht en dag.

⁶Maar die haar wellust volgt, die is levende gestorven.

⁷En beveel dit, opdat zij onberispelijk zijn.

⁸Doch zo iemand de zijnen, en voornamelijk zijn huisgenoten, niet verzorgt, die heeft het geloof verloochend, en is erger dan een ongelovige.

⁹Dat een weduwe gekozen worde niet minder dan van zestig jaren, welke eens mans vrouw geweest zij;

¹⁰Getuigenis hebbende van goede werken: zo zij kinderen opgevoed heeft, zo zij gaarne heeft geherbergd, zo zij der heiligen voeten heeft gewassen, zo zij denverdrukten genoegzame hulp gedaan heeft, zo zij alle goed werk nagetracht heeft.

¹¹Maar neem de jonge weduwen niet aan; want als zij weelderig geworden zijn tegen Christus, zo willen zij huwelijken;

¹²Hebbende haar oordeel, omdat zij haar eerste geloof hebben te niet gedaan.

¹³En meteen ook leren zij ledig omgaan bij de huizen; en zijn niet alleen ledig, maar ook klapachtig, en ijdele dingen doende, sprekende, hetgeen niet betaamt.

¹⁴Ik wil dan, dat de jonge weduwen huwelijken, kinderen telen, het huis regeren, geen oorzaak van lastering aan de wederpartij geven.

¹⁵Want enigen hebben zich alrede afgewend achter den satan.

¹⁶Zo enig gelovig man, of gelovige vrouw weduwen heeft, dat die haar genoegzame hulp doe, en dat de Gemeente niet bezwaard worde, opdat zij degenen, diewaarlijk weduwen zijn, genoegzame hulp doen moge.

¹⁷Dat de ouderlingen, die wel regeren, dubbele eer waardig geacht worden, voornamelijk die arbeiden in het Woord en de leer.

¹⁸Want de Schrift zegt: Een dorsenden os zult gij niet muilbanden; en: De arbeider is zijn loon waardig.

¹⁹Neem tegen een ouderling geen beschuldiging aan, anders dan onder twee of drie getuigen.

²⁰Bestraf die zondigen in tegenwoordigheid van allen, opdat ook de anderen vreze mogen hebben.

²¹Ik betuig voor God, en den Heere Jezus Christus, en de uitverkoren engelen, dat gij deze dingen onderhoudt, zonder vooroordeel, niets doende naar toegenegenheid.

²²Leg niemand haastelijk de handen op, en heb geen gemeenschap aan anderer zonden; bewaar uzelven rein.

²³Drink niet langer water alleen, maar gebruik een weinig wijn, om uw maag en uw menigvuldige zwakheden.

²⁴Van sommige mensen zijn de zonden te voren openbaar, en gaan voor tot hun veroordeling; en in sommigen ook volgen zij na.

²⁵Desgelijks ook de goede werken zijn te voren openbaar, en daar het anders mede gelegen is, kunnen niet verborgen worden.

Hoofdstuk 6

¹De dienstknechten, zovelen als er onder het juk zijn, zullen hun heren alle eer waardig achten, opdat de Naam van God, en de leer niet gelasterd worde.

²En die gelovige heren hebben, zullen hen niet verachten, omdat zij broeders zijn; maar zullen hen te meer dienen, omdat zij gelovig en geliefd zijn, als die dezeweldaad mede deelachtig zijn. Leer en vermaan deze dingen.

³Indien iemand een andere leer leert, en niet overeenkomt met de gezonde woorden van onzen Heere Jezus Christus, en met de leer, die naar de godzaligheid is,

⁴Die is opgeblazen, en weet niets, maar hij raast omtrent twist vragen en woordenstrijd; uit welke komt nijd, twist, lasteringen, kwade nadenkingen.

⁵Verkeerde krakelingen van mensen, die een verdorven verstand hebben, en van de waarheid beroofd zijn, menende, dat de godzaligheid een gewin zij. Wijk af vandezulken.

⁶Doch de godzaligheid is een groot gewin met vergenoeging.

⁷Want wij hebben niets in de wereld gebracht, het is openbaar, dat wij ook niet kunnen iets daaruit dragen.

⁸Maar als wij voedsel en deksel hebben, wij zullen daarmede vergenoegd zijn.

⁹Doch die rijk willen worden, vallen in verzoeking, en in den strik, en in vele dwaze en schadelijke begeerlijkheden, welke de mensen doen verzinken in verderf enondergang.

¹⁰Want de geldgierigheid is een wortel van alle kwaad, tot welke sommigen lust hebbende zijn afgedwaald van het geloof, en hebben zichzelven met vele smartendoorstoken.

¹¹Maar gij, o mens Gods, vlied deze dingen; en jaag naar gerechtigheid, godzaligheid, geloof, liefde, lijdzaamheid, zachtmoedigheid.

¹²Strijd den goeden strijd des geloofs, grijp naar het eeuwige leven, tot hetwelk gij ook geroepen zijt, en de goede belijdenis beleden hebt voor vele getuigen.

¹³Ik beveel u voor God, Die alle ding levend maakt, en voor Christus Jezus, Die onder Pontius Pilatus de goede belijdenis betuigd heeft,

¹⁴Dat gij dit gebod houdt, onbevlekt en onberispelijk, tot op de verschijning van onzen Heere Jezus Christus;

¹⁵Welke te Zijner tijd vertonen zal de zalige en alleen machtige Heere, de Koning der koningen, en Heere der heren;

¹⁶Die alleen onsterfelijkheid heeft, en een ontoegankelijk licht bewoont; Denwelken geen mens gezien heeft, noch zien kan; Welken zij eer en eeuwige kracht. Amen.

¹⁷Beveel den rijken in deze tegenwoordige wereld, dat zij niet hoogmoedig zijn, noch hun hoop stellen op de ongestadigheid des rijkdoms, maar op den levenden God,Die ons alle dingen rijkelijk verleent, om te genieten;

¹⁸Dat zij weldadig zijn, rijk worden in goede werken, gaarne mededelende zijn, en gemeenzaam;

¹⁹Leggende zichzelven weg tot een schat een goed fondament tegen het toekomende, opdat zij het eeuwige leven verkrijgen mogen.

²⁰O Timotheus, bewaar het pand u toebetrouwd, een afkeer hebbende van het ongoddelijk ijdel-roepen, en van de tegenstellingen der valselijk genaamde wetenschap;

2 Timotheüs

Hoofdstuk 1

¹Paulus, een apostel van Jezus Christus, door den wil van God, naar de belofte des levens, dat in Christus Jezus is,

²Aan Timotheus, mijn geliefden zoon: genade, barmhartigheid, vrede zij u van God den Vader, en Christus Jezus, onzen Heere.

³Ik dank God, Wien ik diene van mijn voorouderen aan in een rein geweten, gelijk ik zonder ophouden uwer gedachtig ben in mijn gebeden nacht en dag;

⁴Zeer begerig zijnde om u te zien, als ik gedenk aan uw tranen, opdat ik met blijdschap moge vervuld worden;

⁵Als ik mij in gedachtenis breng het ongeveinsd geloof, dat in u is, hetwelk eerst gewoond heeft in uw grootmoeder Lois, en in uw moeder Eunice; en ik benverzekerd, dat het ook in u woont.

⁶Om welke oorzaak ik u indachtig maak, dat gij opwekt de gave Gods, die in u is, door de oplegging mijner handen.

⁷Want God heeft ons niet gegeven een geest der vreesachtigheid, maar der kracht, en der liefde, en der gematigdheid.

⁸Schaam u dan niet der getuigenis onzes Heeren, noch mijns, die Zijn gevangene ben; maar lijd verdrukkingen met het Evangelie, naar de kracht Gods;

⁹Die ons heeft zalig gemaakt, en geroepen met een heilige roeping; niet naar onze werken, maar naar Zijn eigen voornemen en genade, die ons gegeven is in ChristusJezus, voor de tijden der eeuwen;

¹⁰Doch nu geopenbaard is door de verschijning van onzen Zaligmaker Jezus Christus, Die den dood heeft te niet gedaan, en het leven en de onverderfelijkheid aan hetlicht gebracht door het Evangelie;

¹¹Waartoe ik gesteld ben een prediker, en een apostel, en een leraar der heidenen;

¹²Om welke oorzaak ik ook deze dingen lijde, maar word niet beschaamd; want ik weet, Wien ik geloofd heb, en ik ben verzekerd, dat Hij machtig is, mijn pand, bijHem weggelegd, te bewaren tot dien dag.

¹³Houd het voorbeeld der gezonde woorden, die gij van mij gehoord hebt, in geloof en liefde, die in Christus Jezus is.

¹⁴Bewaar het goede pand, dat u toebetrouwd is, door den Heiligen Geest, Die in ons woont.

¹⁵Gij weet dit, dat allen, die in Azie zijn, zich van mij afgewend hebben; onder dewelke is Fygellus en Hermogenes.

¹⁶De Heere geve den huize van Onesiforus barmhartigheid; want hij heeft mij dikmaals verkwikt, en heeft zich mijner keten niet geschaamd.

¹⁷Maar als hij te Rome gekomen was, heeft hij mij zeer naarstiglijk gezocht, en heeft mij gevonden.

Hoofdstuk 2

¹Gij dan, mijn zoon, word gesterkt in de genade, die in Christus Jezus is;

²En hetgeen gij van mij gehoord hebt onder vele getuigen, betrouw dat aan getrouwe mensen, welke bekwaam zullen zijn om ook anderen te leren.

³Gij dan, lijd verdrukkingen, als een goed krijgsknecht van Jezus Christus.

⁴Niemand, die in de krijg dient, wordt ingewikkeld in de handelingen des leeftochts, opdat hij dien moge behagen, die hem tot den krijg aangenomen heeft.

⁵En indien ook iemand strijdt, die wordt niet gekroond, zo hij niet wettelijk heeft gestreden.

⁶De landman, als hij arbeidt, moet alzo eerst de vruchten genieten.

⁷Merk, hetgeen ik zeg; doch de Heere geve u verstand in alle dingen.

⁸Houd in gedachtenis, dat Jezus Christus uit de doden is opgewekt, Welke is uit den zade Davids, naar mijn Evangelie;

⁹Om hetwelk ik verdrukkingen lijde tot de banden toe, als een kwaaddoener; maar het Woord Gods is niet gebonden.

¹⁰Daarom verdraag ik alles om de uitverkorenen, opdat ook zij de zaligheid zouden verkrijgen, die in Christus Jezus is, met eeuwige heerlijkheid.

¹¹Dit is een getrouw woord; want indien wij met Hem gestorven zijn, zo zullen wij ook met Hem leven;

¹²Indien wij verdragen, wij zullen ook met Hem heersen; indien wij Hem verloochenen, Hij zal ons ook verloochenen;

¹³Indien wij ontrouw zijn, Hij blijft getrouw; Hij kan Zichzelven niet verloochenen.

¹⁴Breng deze dingen in gedachtenis, en betuig voor den Heere, dat zij geen woordenstrijd voeren, hetwelk tot geen ding nut is, dan tot verkering der toehoorders.

¹⁵Benaarstig u, om uzelven Gode beproefd voor te stellen, een arbeider, die niet beschaamd wordt, die het Woord der waarheid recht snijdt.

¹⁶Maar stel u tegen het ongoddelijk ijdelroepen; want zij zullen in meerdere goddeloosheid toenemen.

¹⁷En hun woord zal voorteten, gelijk de kanker; onder welke is Hymeneus en Filetus;

¹⁸Die van de waarheid zijn afgeweken, zeggende, dat de opstanding alrede geschied is, en verkeren sommiger geloof.

¹⁹Evenwel het vaste fondament Gods staat, hebbende dit zegel: De Heere kent degenen, die de Zijnen zijn; en: Een iegelijk, die den Naam van Christus noemt, sta afvan ongerechtigheid.

²⁰Doch in een groot huis zijn niet alleen gouden en zilveren vaten, maar ook houten en aarden vaten; en sommige ter ere, maar sommige ter onere.

²¹Indien dan iemand zichzelven van deze reinigt, die zal een vat zijn ter ere, geheiligd en bekwaam tot gebruik des Heeren, tot alle goed werk toebereid.

²²Maar vlied de begeerlijkheden der jonkheid; en jaag naar rechtvaardigheid, geloof, liefde, vrede, met degenen, die den Heere aanroepen uit een rein hart.

²³En verwerp de vragen, die dwaas en zonder lering zijn, wetende, dat zij twistingen voortbrengen.

²⁴En een dienstknecht des Heeren moet niet twisten, maar vriendelijk zijn jegens allen, bekwaam om te leren, en die de kwaden kan verdragen;

²⁵Met zachtmoedigheid onderwijzende degenen, die tegenstaan; of hun God te eniger tijd bekering gave tot erkentenis der waarheid;

²⁶En zij wederom ontwaken mochten uit den strik des duivels, onder welken zij gevangen waren tot zijn wil.

Hoofdstuk 3

¹En weet dit, dat in de laatste dagen ontstaan zullen zware tijden.

²Want de mensen zullen zijn liefhebbers van zichzelven, geldgierig, laatdunkend, hovaardig, lasteraars, den ouderen ongehoorzaam, ondankbaar, onheilig.

³Zonder natuurlijke liefde, onverzoenlijk, achterklappers, onmatig, wreed, zonder liefde tot de goeden,

⁴Verraders, roekeloos, opgeblazen, meer liefhebbers der wellusten dan liefhebbers Gods;

⁵Hebbende een gedaante van godzaligheid, maar die de kracht derzelve verloochend hebben. Heb ook een afkeer van dezen.

⁶Want van dezen zijn het, die in de huizen insluipen, en nemen de vrouwkens gevangen, die met zonden geladen zijn, en door menigerlei begeerlijkheden gedrevenworden;

⁷Vrouwkens, die altijd leren, en nimmermeer tot kennis der waarheid kunnen komen.

⁸Gelijkerwijs nu Jannes en Jambres Mozes tegenstonden, alzo staan ook deze de waarheid tegen; mensen, verdorven zijnde van verstand, verwerpelijk aangaande hetgeloof.

⁹Maar zij zullen niet meerder toenemen; want hun uitzinnigheid zal allen openbaar worden, gelijk ook die van genen geworden is.

¹⁰Maar gij hebt achtervolgd mijn leer, wijze van doen, voornemen, geloof, lankmoedigheid, liefde, lijdzaamheid.

¹¹Mijn vervolgingen, mijn lijden, zulks als mij overkomen is in Antiochie, in Ikonium en in Lystre; hoedanige vervolgingen ik geleden heb, en de Heere heeft mij uitalle verlost.

¹²En ook allen, die godzaliglijk willen leven in Christus Jezus, die zullen vervolgd worden.

¹³Doch de boze mensen en bedriegers zullen tot erger voortgaan, verleidende en wordende verleid.

¹⁴Maar blijft gij in hetgeen gij geleerd hebt, en waarvan u verzekering gedaan is, wetende, van wien gij het geleerd hebt;

¹⁵En dat gij van kinds af de heilige Schriften geweten hebt, die u wijs kunnen maken tot zaligheid, door het geloof, hetwelk in Christus Jezus is.

¹⁶Al de Schrift is van God ingegeven, en is nuttig tot lering, tot wederlegging, tot verbetering, tot onderwijzing, die in de rechtvaardigheid is;

¹⁷Opdat de mens Gods volmaakt zij, tot alle goed werk volmaaktelijk toegerust.

Hoofdstuk 4

¹Ik betuig dan voor God en den Heere Jezus Christus, Die de levenden en doden oordelen zal in Zijn verschijning en in Zijn Koninkrijk:

²Predik het woord; houd aan tijdelijk, ontijdelijk; wederleg, bestraf, vermaan in alle lankmoedigheid en leer.

³Want er zal een tijd zijn, wanneer zij de gezonde leer niet zullen verdragen; maar kittelachtig zijnde van gehoor, zullen zij zichzelven leraars opgaderen, naar huneigen begeerlijkheden;

⁴En zullen hun gehoor van de waarheid afwenden, en zullen zich keren tot fabelen.

⁵Maar gij, wees wakker in alles, lijd verdrukkingen; doe het werk van een evangelist, maak, dat men van uw dienst ten volle verzekerd zij.

⁶Want ik word nu tot een drankoffer geofferd, en de tijd mijner ontbinding is aanstaande.

⁷Ik heb den goeden strijd gestreden, ik heb den loop geeindigd, ik heb het geloof behouden;

⁸Voorts is mij weggelegd de kroon der rechtvaardigheid, welke mij de Heere, de rechtvaardige Rechter, in dien dag geven zal; en niet alleen mij, maar ook allen, dieZijn verschijning liefgehad hebben.

⁹Benaarstig u haastelijk tot mij te komen.

¹⁰Want Demas heeft mij verlaten, hebbende de tegenwoordige wereld liefgekregen, en is naar Thessalonica gereisd; Krescens naar Galatie, Titus naar Dalmatie.

¹¹Lukas is alleen met mij. Neem Markus mede, en breng hem met u; want hij is mij zeer nut tot den dienst.

¹²Maar Tychikus heb ik naar Efeze gezonden.

¹³Breng den reismantel mede, dien ik te Troas bij Karpus gelaten heb, als gij komt, en de boeken, inzonderheid de perkamenten.

¹⁴Alexander, de kopersmid, heeft mij veel kwaads betoond; de Heere vergelde hem naar zijn werken.

¹⁵Van welken wacht gij u ook, want hij heeft onze woorden zeer tegengestaan.

¹⁶In mijn eerste verantwoording is niemand bij mij geweest, maar zij hebben mij allen verlaten. Het worde hun niet toegerekend.

¹⁷Maar de Heere heeft mij bijgestaan, en heeft mij bekrachtigd; opdat men door mij ten volle zou verzekerd zijn van de prediking, en alle heidenen dezelve zoudenhoren. En ik ben uit de muil des leeuws verlost.

¹⁸En de Heere zal mij verlossen van alle boos werk, en bewaren tot Zijn hemels Koninkrijk; Denwelken zij de heerlijkheid in alle eeuwigheid. Amen.

¹⁹Groet Priska en Aquila, en het huis van Onesiforus.

²⁰Erastus is te Korinthe gebleven; en Trofimus heb ik te Milete krank gelaten.

²¹Benaarstig u, om voor den winter te komen. U groet Eubulus, en Pudens, en Linus, en Klaudia, en al de broeders.

²²De Heere Jezus Christus zij met uw geest. De genade zij met ulieden. Amen.

Hoofdstuk 5

¹Paulus, een dienstknecht Gods, en een apostel van Jezus Christus, naar het geloof der uitverkorenen Gods, en de kennis der waarheid, die naar de godzaligheid is;

²In de hoop des eeuwigen levens, welke God, Die niet liegen kan, beloofd heeft, voor de tijden der eeuwen, maar geopenbaard heeft te Zijner tijd;

³Namelijk Zijn Woord, door de prediking, die mij toebetrouwd is, naar het bevel van God, onze Zaligmaker; aan Titus, mijn oprechte zoon, naar het gemeen geloof:

⁴Genade, barmhartigheid, vrede zij u van God den Vader, en den Heere Jezus Christus, onzen Zaligmaker.

⁵Om die oorzaak heb ik u te Kreta gelaten, opdat gij, hetgeen nog ontbrak, voorts zoudt te recht brengen, en dat gij van stad tot stad zoudt ouderlingen stellen, gelijkik u bevolen heb:

⁶Indien iemand onberispelijk is, ener vrouwe man, gelovige kinderen hebbende, die niet te beschuldigen zijn van overdadigheid, of ongehoorzaam zijn.

⁷Want een opziener moet onberispelijk zijn, als een huisverzorger Gods, niet eigenzinnig, niet genegen tot toornigheid, niet genegen tot den wijn, geen smijter, geenvuil-gewinzoeker;

⁸Maar die gaarne herbergt, die de goeden liefheeft, matig, rechtvaardig, heilig, kuis;

⁹Die vasthoudt aan het getrouwe woord, dat naar de leer is, opdat hij machtig zij, beide om te vermanen door de gezonde leer, en om de tegensprekers tewederleggen.

¹⁰Want er zijn ook vele ongeregelden, ijdelheidsprekers en verleiders van zinnen, inzonderheid die uit de besnijdenis zijn;

¹¹Welken men moet den mond stoppen, die gehele huizen verkeren, lerende wat niet behoort, om vuil gewins wil.

¹²Een uit hen, zijnde hun eigen profeet, heeft gezegd: De Kretensen zijn altijd leugenachtig, kwade beesten, luie buiken.

¹³Deze getuigenis is waar. Daarom bestraf hen scherpelijk, opdat zij gezond mogen zijn in het geloof.

¹⁴En zich niet begeven tot Joodse fabelen, en geboden der mensen, die hen van de waarheid afkeren.

¹⁵Alle dingen zijn wel rein den reinen, maar den bevlekten en ongelovigen is geen ding rein, maar beide hun verstand en geweten zijn bevlekt.

Titus

Hoofdstuk 1

¹Paulus, een dienstknecht Gods, en een apostel van Jezus Christus, naar het geloof der uitverkorenen Gods, en de kennis der waarheid, die naar de godzaligheid is;

²In de hoop des eeuwigen levens, welke God, Die niet liegen kan, beloofd heeft, voor de tijden der eeuwen, maar geopenbaard heeft te Zijner tijd;

³Namelijk Zijn Woord, door de prediking, die mij toebetrouwd is, naar het bevel van God, onze Zaligmaker; aan Titus, mijn oprechte zoon, naar het gemeen geloof:

⁴Genade, barmhartigheid, vrede zij u van God den Vader, en den Heere Jezus Christus, onzen Zaligmaker.

⁵Om die oorzaak heb ik u te Kreta gelaten, opdat gij, hetgeen nog ontbrak, voorts zoudt te recht brengen, en dat gij van stad tot stad zoudt ouderlingen stellen, gelijkik u bevolen heb:

⁶Indien iemand onberispelijk is, ener vrouwe man, gelovige kinderen hebbende, die niet te beschuldigen zijn van overdadigheid, of ongehoorzaam zijn.

⁷Want een opziener moet onberispelijk zijn, als een huisverzorger Gods, niet eigenzinnig, niet genegen tot toornigheid, niet genegen tot den wijn, geen smijter, geenvuil-gewinzoeker;

⁸Maar die gaarne herbergt, die de goeden liefheeft, matig, rechtvaardig, heilig, kuis;

⁹Die vasthoudt aan het getrouwe woord, dat naar de leer is, opdat hij machtig zij, beide om te vermanen door de gezonde leer, en om de tegensprekers tewederleggen.

¹⁰Want er zijn ook vele ongeregelden, ijdelheidsprekers en verleiders van zinnen, inzonderheid die uit de besnijdenis zijn;

¹¹Welken men moet den mond stoppen, die gehele huizen verkeren, lerende wat niet behoort, om vuil gewins wil.

¹²Een uit hen, zijnde hun eigen profeet, heeft gezegd: De Kretensen zijn altijd leugenachtig, kwade beesten, luie buiken.

¹³Deze getuigenis is waar. Daarom bestraf hen scherpelijk, opdat zij gezond mogen zijn in het geloof.

¹⁴En zich niet begeven tot Joodse fabelen, en geboden der mensen, die hen van de waarheid afkeren.

¹⁵Alle dingen zijn wel rein den reinen, maar den bevlekten en ongelovigen is geen ding rein, maar beide hun verstand en geweten zijn bevlekt.

Hoofdstuk 2

¹Doch gij, spreek hetgeen der gezonde leer betaamt.

²Dat de oude mannen nuchter zijn, stemmig, voorzichtig, gezond in het geloof, in de liefde, in de lijdzaamheid.

³De oude vrouwen insgelijks, dat zij in haar dracht zijn, gelijk den heiligen betaamt, dat zij geen lasteraarsters zijn, zich niet tot veel wijns begevende, maar leraressenzijn van het goede;

⁴Opdat zij de jonge vrouwen leren voorzichtig te zijn, haar mannen lief te hebben, haar kinderen lief te hebben;

⁵Matig te zijn, kuis te zijn, het huis te bewaren, goed te zijn, haar eigen mannen onderdanig te zijn, opdat het Woord Gods niet gelasterd worde.

⁶Vermaan den jonge mannen insgelijks, dat zij matig zijn.

⁷Betoon uzelven in alles een voorbeeld van goede werken, betoon in de leer onvervalstheid, deftigheid, oprechtheid;

⁸Het woord gezond en onverwerpelijk, opdat degene, die daartegen is, beschaamd worde, en niets kwaads hebbe van ulieden te zeggen.

⁹Vermaan den dienstknechten, dat zij hun eigen heren onderdanig zijn, dat zij in alles welbehagelijk zijn, niet tegensprekende;

¹⁰Niet onttrekkende, maar alle goede trouw bewijzende; opdat zij de leer van God, onzen Zaligmaker, in alles mogen versieren.

¹¹Want de zaligmakende genade Gods is verschenen aan alle mensen.

¹²En onderwijst ons, dat wij, de goddeloosheid en de wereldse begeerlijkheden verzakende, matig en rechtvaardig, en godzalig leven zouden in deze tegenwoordigewereld;

¹³Verwachtende de zalige hoop en verschijning der heerlijkheid van den groten God en onzen Zaligmaker Jezus Christus;

¹⁴Die Zichzelven voor ons gegeven heeft, opdat Hij ons zou verlossen van alle ongerechtigheid, en Zichzelven een eigen volk zou reinigen, ijverig in goede werken.

¹⁵Spreek dit, en vermaan, en bestraf met allen ernst. Dat niemand u verachte.

Hoofdstuk 3

¹Vermaan hen, dat zij aan de overheden en machten onderdanig zijn, dat zij hun gehoorzaam zijn, dat zij tot alle goed werk bereid zijn;

²Dat zij niemand lasteren, geen vechters zijn, maar bescheiden zijn, alle zachtmoedigheid bewijzende jegens alle mensen.

³Want ook wij waren eertijds onwijs, ongehoorzaam, dwalende, menigerlei begeerlijkheden en wellusten dienende, in boosheid en nijdigheid levende, hatelijk zijnde, enelkander hatende.

⁴Maar wanneer de goedertierenheid van God, onzen Zaligmaker, en Zijn liefde tot de mensen verschenen is,

⁵Heeft Hij ons zalig gemaakt, niet uit de werken der rechtvaardigheid, die wij gedaan hadden, maar naar Zijn barmhartigheid, door het bad der wedergeboorte envernieuwing des Heiligen Geestes;

⁶Denwelken Hij over ons rijkelijk heeft uitgegoten door Jezus Christus, onzen Zaligmaker;

⁷Opdat wij, gerechtvaardigd zijnde door Zijn genade, erfgenamen zouden worden naar de hope des eeuwigen levens.

⁸Dit is een getrouw woord, en deze dingen wil ik, dat gij ernstelijk bevestigt, opdat degenen, die aan God geloven, zorg dragen, om goede werken voor te staan; dezedingen zijn het, die goed en nuttig zijn den mensen.

⁹Maar wederst de dwaze vragen en geslachtsrekeningen, en twistingen, en strijdingen over de wet; want zij zijn onnut en ijdel.

¹⁰Verwerp een kettersen mens na de eerste en tweede vermaning;

¹¹Wetende, dat de zodanige verkeerd is, en zondigt, zijnde bij zichzelf veroordeeld.

¹²Als ik Artemas tot u zal zenden, of Tychikus, zo benaarstig u tot mij te komen te Nikopolis; want aldaar heb ik voorgenomen te overwinteren.

¹³Geleid Zenas, den wetgeleerde, en Apollos zorgvuldiglijk, opdat hun niets ontbreke.

¹⁴En dat ook de onzen leren, goede werken voor te staan tot nodig gebruik, opdat zij niet onvruchtbaar zijn.

Filémon

¹Paulus, een gevangene van Christus Jezus, en Timotheus, de broeder, aan Filemon, den geliefde, en onzen medearbeider,
²En aan Appia, de geliefde, en aan Archippus, onzen medestrijder, en aan de Gemeente, die te uwen huize is:
³Genade zij ulieden en vrede van God, onzen Vader, en den Heere Jezus Christus.
⁴Ik dank mijn God, uwer altijd gedachtig zijnde in mijn gebeden;
⁵Alzo ik hoor uw liefde en geloof, hetwelk gij hebt aan den Heere Jezus, en jegens al de heiligen;
⁶Opdat de gemeenschap uws geloofs krachtig worde in de bekendmaking van alle goed, hetwelk in ulieden is door Christus Jezus.
⁷Want wij hebben grote vreugde en vertroosting over uw liefde, dat de ingewanden der heiligen verkwikt zijn geworden door u, broeder!
⁸Daarom, hoewel ik grote vrijmoedigheid heb in Christus, om u te bevelen, hetgeen betamelijk is;
⁹Zo bid ik nochtans liever door de liefde, daar ik zodanig een ben, te weten Paulus, een oud man, en nu ook een gevangene van Jezus Christus.
¹⁰Ik bid u dan voor mijn zoon, denwelken ik in mijn banden heb geteeld, namelijk Onesimus;
¹¹Die eertijds u onnut was, maar nu u en mij zeer nuttig; denwelken ik wedergezonden heb;
¹²Doch gij, neem hem, dat is mijn ingewanden, weder aan;
¹³Denwelken ik wel had willen bij mij behouden, opdat hij mij voor u dienen zou in de banden des Evangelies.
¹⁴Maar ik heb zonder uw goedvinden niets willen doen, opdat uw goeddadigheid niet zou zijn als naar bedwang, maar naar vrijwilligheid.
¹⁵Want veellicht is hij daarom voor een kleinen tijd van u gescheiden geweest, opdat gij hem eeuwig zoudt weder hebben.
¹⁶Nu voortaan niet als een dienstknecht, maar meer dan een dienstknecht, namelijk een geliefden broeder, inzonderheid mij, hoeveel te meer dan u, beide in het vleesen in den Heere.
¹⁷Indien gij mij dan houdt voor een metgezel, zo neem hem aan, gelijk als mij.
¹⁸En indien hij u iets verongelijkt heeft, of schuldig is, reken dat mij toe.
¹⁹Ik, Paulus, heb het geschreven met deze mijn hand, ik zal het betalen; opdat ik u niet zegge, dat gij ook uzelven mij daartoe schuldig zijt.
²⁰Ja, broeder, laat mij uwer hierin genieten in den Heere; verkwik mijn ingewanden in den Heere.
²¹Ik heb aan u geschreven, vertrouwende op uw gehoorzaamheid; en ik weet, dat gij doen zult ook boven hetgeen ik zeg.
²²En bereid mij ook tegelijk een herberg; want ik hoop, dat ik door uw gebeden ulieden zal geschonken worden.
²³U groeten Epafras, mijn medegevangene in Christus Jezus,
²⁴Markus, Aristarchus, Demas, Lukas, mijn medearbeiders.

Hebreeën

Hoofdstuk 1

¹God, voortijds veelmaal en op velerlei wijze, tot de vaderen gesproken hebbende door de profeten, heeft in deze laatste dagen tot ons gesproken door den Zoon;

²Welken Hij gesteld heeft tot een Erfgenaam van alles, door Welken Hij ook de wereld gemaakt heeft;

³Dewelke, alzo Hij is het Afschijnsel Zijner heerlijkheid, en het uitgedrukte Beeld Zijner zelfstandigheid, en alle dingen draagt door het woord Zijner kracht, nadat Hij de reinigmaking onzer zonden door Zichzelven te weeg gebracht heeft, is gezeten aan de rechter hand der Majesteit in de hoogste hemelen;

⁴Zoveel treffelijker geworden dan de engelen, als Hij uitnemender Naam boven hen geerfd heeft.

⁵Want tot wien van de engelen heeft Hij ooit gezegd: Gij zijt Mijn Zoon, heden heb ik u gegenereerd? En wederom: Ik zal Hem tot een Vader zijn, en Hij zal Mij toteen Zoon zijn?

⁶En als Hij wederom de Eerstgeborene inbrengt in de wereld, zegt Hij: En dat alle engelen Gods Hem aanbidden.

⁷En tot de engelen zegt Hij wel: Die Zijn engelen maakt geesten, en Zijn dienaars een vlam des vuurs.

⁸Maar tot den Zoon zegt Hij: Uw troon, o God, is in alle eeuwigheid; de schepter Uws koninkrijks is een rechte schepter.

⁹Gij hebt rechtvaardigheid liefgehad, en ongerechtigheid gehaat; daarom heeft U, o God! Uw God gezalfd met olie der vreugde boven Uw medegenoten.

¹⁰En: Gij, Heere! hebt in den beginne de aarde gegrond, en de hemelen zijn werken Uwer handen;

¹¹Dezelve zullen vergaan, maar Gij blijft altijd, en zij zullen alle als een kleed verouden;

¹²En als een dekkleed zult Gij ze ineenrollen, en zij zullen veranderd worden; maar Gij zijt Dezelfde, en Uw jaren zullen niet ophouden.

¹³En tot welken der engelen heeft Hij ooit gezegd: Zit aan Mijn rechter hand, totdat Ik Uw vijanden zal gezet hebben tot een voetbank Uwer voeten?

Hoofdstuk 2

¹Daarom moeten wij ons te meer houden aan hetgeen van ons gehoord is, opdat wij niet te eniger tijd doorvloeien.

²Want indien het woord, door de engelen gesproken, vast is geweest, en alle overtreding en ongehoorzaamheid rechtvaardige vergelding ontvangen heeft;

³Hoe zullen wij ontvlieden, indien wij op zo grote zaligheid geen acht nemen? dewelke, begonnen zijnde verkondigd te worden door de Heere, aan ons bevestigd is geworden van degenen, die Hem gehoord hebben;

⁴God bovendien medegetuigende door tekenen, en wonderen, en menigerlei krachten en bedelingen des Heiligen Geestes, naar Zijn wil.

⁵Want Hij heeft aan de engelen niet onderworpen de toekomende wereld, van welke wij spreken.

⁶Maar iemand heeft ergens betuigd, zeggende: Wat is de mens, dat Gij zijner gedenkt, of des mensen zoon, dat Gij hem bezoekt!

⁷Gij hebt hem een weinig minder gemaakt dan de engelen; met heerlijkheid en eer hebt Gij hem gekroond, en Gij hebt hem gesteld over de werken Uwer handen;

⁸Alle dingen hebt Gij onder zijn voeten onderworpen. Want daarin, dat Hij hem alle dingen heeft onderworpen, heeft Hij niets uitgelaten, dat hem niet onderworpen zij; doch nu zien wij nog niet, dat hem alle dingen onderworpen zijn;

⁹Maar wij zien Jezus met heerlijkheid en eer gekroond, Die een weinig minder dan de engelen geworden was, vanwege het lijden des doods, opdat Hij door de genade Gods voor allen den dood smaken zou.

¹⁰Want het betaamde Hem, om Welken alle dingen zijn, en door Welken alle dingen zijn, dat Hij, vele kinderen tot de heerlijkheid leidende, den oversten Leidsman hunner zaligheid door lijden zou heiligen.

¹¹Want en Hij, Die heiligt, en zij, die geheiligd worden, zijn allen uit een; om welke oorzaak Hij Zich niet schaamt hen broeders te noemen.

¹²Zeggende: Ik zal Uw naam Mijn broederen verkondigen; in het midden der Gemeente zal Ik U lofzingen.

¹³En wederom: Ik zal Mijn betrouwen op Hem stellen. En wederom: Zie daar, Ik en de kinderen, die Mij God gegeven heeft.

¹⁴Overmits dan de kinderen des vleses en bloeds deelachtig zijn, zo is Hij ook desgelijks derzelve deelachtig geworden, opdat Hij door den dood te niet doen zou dengene, die het geweld des doods had, dat is, den duivel;

¹⁵En verlossen zou al degenen, die met vreze des doods, door al hun leven, der dienstbaarheid onderworpen waren.

¹⁶Want waarlijk, Hij neemt de engelen niet aan, maar Hij neemt het zaad Abrahams aan.

¹⁷Waarom Hij in alles den broederen moest gelijk worden, opdat Hij een barmhartig en een getrouw Hogepriester zou zijn, in de dingen, die bij God te doen waren, om de zonden des volks te verzoenen.

¹⁸Want in hetgeen Hij Zelf, verzocht zijnde, geleden heeft, kan Hij dengenen, die verzocht worden, te hulp komen.

Hoofdstuk 3

¹Hierom, heilige broeders, die der hemelse roeping deelachtig zijt, aanmerkt den Apostel en Hogepriester onzer belijdenis, Christus Jezus;

²Die getrouw is Dengene, Die Hem gesteld heeft, gelijk ook Mozes in geheel zijn huis was.

³Want Deze is zoveel meerder heerlijkheid waardig geacht dan Mozes, als degene, die het huis gebouwd heeft, meerder eer heeft, dan het huis.

⁴Want een ieder huis wordt van iemand gebouwd; maar Die dit alles gebouwd heeft, is God.

⁵En Mozes is wel getrouw geweest in geheel zijn huis, als een dienaar, tot getuiging der dingen, die daarna gesproken zouden worden;

⁶Maar Christus, als de Zoon over Zijn eigen huis; Wiens huis wij zijn, indien wij maar de vrijmoedigheid en de roem der hoop tot het einde toe vast behouden.

⁷Daarom, gelijk de Heilige Geest zegt: Heden, indien gij Zijn stem hoort,

⁸Zo verhardt uw harten niet, gelijk het geschied is in de verbittering, ten dage der verzoeking, in de woestijn;

⁹Alwaar Mij uw vaders verzocht hebben; zij hebben Mij beproefd, en hebben Mijn werken gezien, veertig jaren lang.

¹⁰Daarom was Ik vertoornd over dat geslacht, en sprak: Altijd dwalen zij met het hart, en zij hebben Mijn wegen niet gekend.

¹¹Zo heb Ik dan gezworen in Mijn toorn; Indien zij in Mijn rust zullen ingaan!

¹²Ziet toe, broeders, dat niet te eniger tijd in iemand van u zij een boos, ongelovig hart, om af te wijken van den levenden God;

¹³Maar vermaant elkander te allen dage, zolang als het heden genaamd wordt, opdat niet iemand uit u verhard worde door de verleiding der zonde.

¹⁴Want wij zijn Christus deelachtig geworden, zo wij anders het beginsel van dezen vasten grond tot het einde toe vast behouden;

¹⁵Terwijl er gezegd wordt: Heden, indien gij Zijn stem hoort, zo verhardt uw harten niet, gelijk in de verbittering geschied is.

¹⁶Want sommigen, als zij die gehoord hadden, hebben Hem verbitterd, doch niet allen, die uit Egypte door Mozes uitgegaan zijn.

¹⁷Over welke nu is Hij vertoornd geweest veertig jaren? Was het niet over degenen, die gezondigd hadden, welker lichamen gevallen zijn in de woestijn?

¹⁸En welken heeft Hij gezworen, dat zij in Zijn rust niet zouden ingaan, anders dan dengenen, die ongehoorzaam geweest waren?

¹⁹En wij zien, dat zij niet hebben kunnen ingaan vanwege hun ongeloof.

Hoofdstuk 4

¹Laat ons dan vrezen, dat niet te eniger tijd, de belofte van in Zijn rust in te gaan nagelaten zijnde, iemand van u schijne achtergebleven te zijn.

²Want ook ons is het Evangelie verkondigd, gelijk als hun; maar het woord der prediking deed hun geen nut, dewijl het met het geloof niet gemengd was in degenen, die het gehoord hebben.

³Want wij, die geloofd hebben, gaan in de rust, gelijk Hij gezegd heeft: Zo heb Ik dan gezworen in Mijn toorn: Indien zij zullen ingaan in Mijn rust! hoewel Zijn werken van de grondlegging der wereld af al volbracht waren.

⁴Want Hij heeft ergens van den zevenden dag aldus gesproken: En God heeft op den zevenden dag van al Zijn werken gerust.

⁵En in deze plaats wederom: Indien zij in Mijn rust zullen ingaan!

⁶Dewijl dan blijft, dat sommigen in dezelve rust ingaan, en degenen, dien het Evangelie eerst verkondigd was, niet ingegaan zijn vanwege de ongehoorzaamheid,

⁷Zo bepaalt Hij wederom een zekeren dag, namelijk heden, door David zeggende, zo langen tijd daarna (gelijkerwijs gezegd is): Heden, indien gij Zijn stem hoort, zoverhardt uw harten niet.

⁸Want indien Jozua hen in de rust gebracht heeft, zo had Hij daarna niet gesproken van een anderen dag.

⁹Er blijft dan een rust over voor het volk Gods.

¹⁰Want die ingegaan is in zijn rust, heeft zelf ook van zijn werken gerust, gelijk God van de Zijne.

¹¹Laat ons dan ons benaarstigen, om in die rust in te gaan; opdat niet iemand in hetzelfde voorbeeld der ongelovigheid valle.

¹²Want het Woord Gods is levend en krachtig, en scherpsnijdender dan enig tweesnijdend zwaard, en gaat door tot de verdeling der ziel, en des geestes, en dersamenvoegselen, en des mergs, en is een oordeler der gedachten en der overleggingen des harten.

¹³En er is geen schepsel onzichtbaar voor Hem; maar alle dingen zijn naakt en geopend voor de ogen Desgenen, met Welken wij te doen hebben.

¹⁴Dewijl wij dan een groten Hogepriester hebben, Die door de hemelen doorgegaan is, namelijk Jezus, den Zoon van God, zo laat ons deze belijdenis vasthouden.

¹⁵Want wij hebben geen hogepriester, die niet kan medelijden hebben met onze zwakheden, maar Die in alle dingen, gelijk als wij, is verzocht geweest, doch zonderzonde.

¹⁶Laat ons dan met vrijmoedigheid toegaan tot den troon der genade, opdat wij barmhartigheid mogen verkrijgen, en genade vinden, om geholpen te worden terbekwamer tijd.

Hoofdstuk 5

¹Want alle hogepriester, uit de mensen genomen, wordt gesteld voor de mensen in de zaken, die bij God te doen zijn, opdat hij offere gaven en slachtoffers voor dezonden;

²Die behoorlijk medelijden kan hebben met de onwetenden en dwalenden, overmits hij ook zelf met zwakheid omvangen is;

³En om derzelver zwakheid wil moet hij gelijk voor het volk, alzo ook voor zichzelven, offeren voor de zonden.

⁴En niemand neemt zichzelven de eer aan, maar die van God geroepen wordt, gelijkerwijs als Aaron.

⁵Alzo heeft ook Christus Zichzelven niet verheerlijkt, om Hogepriester te worden, maar Die tot Hem gesproken heeft: Gij zijt Mijn Zoon, heden heb Ik Ugegenereerd.

⁶Gelijk Hij ook in een andere plaats zegt: Gij zijt Priester in der eeuwigheid, naar de ordening van Melchizedek.

⁷Die in de dagen Zijns vleses, gebeden en smekingen tot Dengene, Die Hem uit den dood kon verlossen, met sterke roeping en tranen geofferd hebbende, enverhoord zijnde uit de vreze.

⁸Hoewel Hij de Zoon was, nochtans gehoorzaamheid geleerd heeft, uit hetgeen Hij heeft geleden.

⁹En geheiligd zijnde, is Hij allen, die Hem gehoorzaam zijn, een oorzaak der eeuwige zaligheid geworden;

¹⁰En is van God genaamd een Hogepriester, naar de ordening van Melchizedek.

¹¹Van Denwelken wij hebben vele dingen, en zwaar om te verklaren, te zeggen, dewijl gij traag om te horen geworden zijt.

¹²Want gij, daar gij leraars behoordet te zijn vanwege den tijd, hebt wederom van node, dat men u lere, welke de eerste beginselen zijn der woorden Gods; en gij zijtgeworden, als die melk van node hebben, en niet vaste spijze.

¹³Want een iegelijk, die der melk deelachtig is, die is onervaren in het woord der gerechtigheid; want hij is een kind.

¹⁴Maar der volmaakten is de vaste spijze, die door de gewoonheid de zinnen geoefend hebben, tot onderscheiding beide des goeds en des kwaads.

Hoofdstuk 6

¹Daarom, nalatende het beginsel der leer van Christus, laat ons tot de volmaaktheid voortvaren; niet wederom leggende het fondament van de bekering van dodewerken, en van het geloof in God,

²Van de leer der dopen, en van de oplegging der handen, en van de opstanding der doden, en van het eeuwig oordeel.

³En dit zullen wij ook doen, indien het God toelaat.

⁴Want het is onmogelijk, degenen, die eens verlicht geweest zijn, en de hemelse gave gesmaakt hebben, en des Heiligen Geestes deelachtig geworden zijn,

⁵En gesmaakt hebben het goede woord Gods, en de krachten der toekomende eeuw,

⁶En afvallig worden, die, zeg ik, wederom te vernieuwen tot bekering, als welke zichzelven den Zoon van God wederom kruisigen en openlijk te schande maken.

⁷Want de aarde, die den regen, menigmaal op haar komende, indrinkt, en bekwaam kruid voortbrengt voor degenen, door welke zij ook gebouwd wordt, die ontvangtzegen van God;

⁸Maar die doornen en distelen draagt, die is verwerpelijk, en nabij de vervloeking, welker einde is tot verbranding.

⁹Maar, geliefden! wij verzekeren ons van u betere dingen, en met de zaligheid gevoegd, hoewel wij alzo spreken.

¹⁰Want God is niet onrechtvaardig dat Hij uw werk zou vergeten, en den arbeid der liefde, die gij aan Zijn Naam bewezen hebt, als die de heiligen gediend hebt ennog dient.

¹¹Maar wij begeren, dat een iegelijk van u dezelfde naarstigheid bewijze, tot de volle verzekerdheid der hoop, tot het einde toe;

¹²Opdat gij niet traag wordt, maar navolgers zijt dergenen, die door geloof en lankmoedigheid de beloftenissen beerven.

¹³Want als God aan Abraham de belofte deed, dewijl Hij bij niemand, die meerder was, had te zweren, zo zwoer Hij bij Zichzelven,

¹⁴Zeggende: Waarlijk, zegenende zal Ik u zegenen, en vermenigvuldigende zal Ik u vermenigvuldigen.

¹⁵En alzo, lankmoediglijk verwacht hebbende, heeft hij de belofte verkregen.

¹⁶Want de mensen zweren wel bij den meerdere dan zij zijn, en de eed tot bevestiging is denzelven een einde van alle tegenspreken;

¹⁷Waarin God, willende den erfgenamen der beloftenis overvloediger bewijzen de onveranderlijkheid van Zijn raad, met een eed daartussen is gekomen;

¹⁸Opdat wij, door twee onveranderlijke dingen, in welke het onmogelijk is dat God liege, een sterke vertroosting zouden hebben, wij namelijk, die de toevluchtgenomen hebben, om de voorgestelde hoop vast te houden;

¹⁹Welke wij hebben als een anker der ziel, hetwelk zeker en vast is, en ingaat in het binnenste van het voorhangsel;

²⁰Daar de Voorloper voor ons is ingegaan, namelijk Jezus, naar de ordening van Melchizedek, een Hogepriester geworden zijnde in der eeuwigheid.

Hoofdstuk 7

¹Want deze Melchizedek was koning van Salem, een priester des Allerhoogsten Gods, die Abraham tegemoet ging, als hij wederkeerde van het slaan der koningen, en hem zegende;

²Aan welken ook Abraham van alles de tienden deelde; die vooreerst overgezet wordt, koning der gerechtigheid, en daarna ook was een koning van Salem, hetwelkis een koning des vredes;

³Zonder vader, zonder moeder, zonder geslachtsrekening, noch beginsel der dagen, noch einde des levens hebbende; maar den Zoon van God gelijk geworden zijnde, blijft hij een priester in eeuwigheid.

⁴Aanmerkt nu, hoe groot deze geweest zij, aan denwelken ook Abraham, de patriarch, tienden gegeven heeft uit den buit.

⁵En die uit de kinderen van Levi het priesterdom ontvangen, hebben wel bevel om tienden te nemen van het volk, naar de wet, dat is, van hun broederen, hoewel dieuit de lenden van Abraham voortgekomen zijn.

⁶Maar hij, die zijn geslachtsrekening uit hen niet heeft, die heeft van Abraham tienden genomen, en hem, die de beloftenissen had, heeft hij gezegend.

⁷Nu, zonder enig tegenspreken, hetgeen minder is, wordt gezegend van hetgeen meerder is.

⁸En hier nemen wel tienden de mensen, die sterven, maar aldaar neemt ze die, van welken getuigd wordt, dat hij leeft.

⁹En, om zo te spreken, ook Levi, die tienden neemt, heeft door Abraham tienden gegeven;

¹⁰Want hij was nog in de lenden des vaders, als hem Melchizedek tegemoet ging.

¹¹Indien dan nu de volkomenheid door het Levietische priesterschap ware (want onder hetzelve heeft het volk de wet ontvangen), wat nood was het nog, dat eenander priester naar de ordening van Melchizedek zou opstaan, en die niet zou gezegd worden te zijn naar de ordening van Aaron?

¹²Want het priesterschap veranderd zijnde, zo geschiedt er ook noodzakelijk verandering der wet.

¹³Want Hij, op Wien deze dingen gezegd worden, behoort tot een anderen stam, van welken niemand zich tot het altaar begeven heeft.

¹⁴Want het is openbaar, dat onze Heere uit Juda gesproten is; op welken stam Mozes niets gesproken heeft van het priesterschap.

¹⁵En dit is nog veel meer openbaar, zo er naar de gelijkenis van Melchizedek een ander priester opstaat:

¹⁶Die dit niet naar de wet des vleselijken gebods is geworden,

maar naar de kracht des onvergankelijken levens.

¹⁷Want Hij getuigt: Gij zijt Priester in der eeuwigheid naar de ordening van Melchizedek.

¹⁸Want de vernietiging van het voorgaande gebod geschiedt om deszelfs zwakheids en onprofijtelijkheids wil;

¹⁹Want de wet heeft geen ding volmaakt, maar de aanleiding van een betere hoop, door welke wij tot God genaken.

²⁰En voor zoveel het niet zonder eedzwering is geschied, (want genen zijn wel zonder eedzwering priesters geworden;

²¹Maar Deze met eedzwering, door Dien, Die tot Hem gezegd heeft: De Heere heeft gezworen, en het zal Hem niet berouwen: Gij zijt Priester in der eeuwigheid naar de ordening van Melchizedek).

²²Van een zoveel beter verbond is Jezus Borg geworden.

²³En genen zijn wel vele priesters geworden, omdat zij door den dood verhinderd werden altijd te blijven;

²⁴Maar Deze, omdat Hij in der eeuwigheid blijft, heeft een onvergankelijk Priesterschap.

²⁵Waarom Hij ook volkomenlijk kan zalig maken degenen, die door Hem tot God gaan, alzo Hij altijd leeft om voor hen te bidden.

²⁶Want zodanig een Hogepriester betaamde ons, heilig, onnozel, onbesmet, afgescheiden van de zondaren, en hoger dan de hemelen geworden;

²⁷Dien het niet allen dag nodig was, gelijk den hogepriesters, eerst voor zijn eigen zonden slachtoffer op te offeren, daarna, voor de zonden des volks; want dat heeft Hij eenmaal gedaan, als Hij Zichzelven opgeofferd heeft.

²⁸Want de wet stelt tot hogepriesters mensen, die zwakheid hebben; maar het woord der eedzwering, die na de wet is gevolgd, stelt den Zoon, Die in der eeuwigheid geheiligd is.

Hoofdstuk 8

¹De hoofdsom nu der dingen, waarvan wij spreken, is, dat wij hebben zodanigen Hogepriester, Die gezeten is aan de rechter hand van den troon der Majesteit in de hemelen:

²Een Bedienaar des heiligdoms, en des waren tabernakels, welken de Heere heeft opgericht, en geen mens.

³Want een iegelijk hogepriester wordt gesteld, om gaven en slachtoffers te offeren; waarom het noodzakelijk was, dat ook Deze wat had, dat Hij zou offeren.

⁴Want indien Hij op aarde ware, zo zou Hij zelfs geen Priester zijn, dewijl er priesters zijn, die naar de wet gaven offeren;

⁵Welke het voorbeeld en de schaduw der hemelse dingen dienen, gelijk Mozes door Goddelijke aanspraak vermaand was, als hij den tabernakel volmaken zou: Want zie, zegt Hij, dat gij het alles maakt naar de afbeelding, die u op den berg getoond is.

⁶En nu heeft Hij zoveel uitnemender bediening gekregen, als Hij ook eens beteren verbonds Middelaar is, hetwelk in betere beloftenissen bevestigd is.

⁷Want indien dat eerste verbond onberispelijk geweest ware, zo zou voor het tweede geen plaats gezocht zijn geweest.

⁸Want hen berispende, zegt Hij tot hen: Ziet, de dagen komen, spreekt de Heere, en Ik zal over het huis Israels, en over het huis van Juda een nieuw verbond oprichten;

⁹Niet naar het verbond, dat Ik met hun vaderen gemaakt heb, ten dage, als Ik hen bij de hand nam, om hen uit Egypteland te leiden; want zij zijn in dit Mijn verbond niet gebleven, en Ik heb op hen niet geacht, zegt de Heere.

¹⁰Want dit is het verbond, dat Ik met het huis Israels maken zal na die dagen, zegt de Heere: Ik zal Mijn wetten in hun verstand geven, en in hun harten zal Ik die inschrijven; en Ik zal hun tot een God zijn, en zij zullen Mij tot een volk zijn.

¹¹En zij zullen niet leren, een iegelijk zijn naaste, en een iegelijk zijn broeder, zeggende: Ken de Heere; want zij zullen Mij allen kennen van den kleine onder hen totden grote onder hen.

¹²Want Ik zal hun ongerechtigheden genadig zijn, en hun zonden en hun overtredingen zal Ik geenszins meer gedenken.

¹³Als Hij zegt: Een nieuw verbond, zo heeft Hij het eerste oud gemaakt; dat nu oud gemaakt is en verouderd, is nabij de verdwijning.

Hoofdstuk 9

¹Zo had dan wel ook het eerste verbond rechten van de gods dienst, en het wereldlijk heiligdom.

²Want de tabernakel was toebereid, namelijk de eerste, in welken was de kandelaar, en de tafel, en de toonbroden, welke genaamd wordt het heilige;

³Maar achter het tweede voorhangsel was de tabernakel, genaamd het heilige der heiligen;

⁴Hebbende een gouden wierookvat, en de ark des verbonds, alom met goud overdekt, in welke was de gouden kruik, daar het Manna in was, en de staf van Aaron, die gebloeid had, en de tafelen des verbonds.

⁵En boven over deze ark waren de cherubijnen der heerlijkheid, die het verzoendeksel beschaduwden; van welke dingen wij nu van stuk tot stuk niet zullen zeggen.

⁶Deze dingen nu, aldus toebereid zijnde, zo gingen wel de priesters in den eersten tabernakel, te allen tijde, om de gods diensten te volbrengen;

⁷Maar in den tweeden tabernakel ging alleen de hogepriester, eenmaal des jaars, niet zonder bloed, hetwelk hij offerde voor zichzelven en voor des volks misdaden.

⁸Waarmede de Heilige Geest dit beduidde, dat de weg des heiligdoms nog niet openbaar gemaakt was, zolang de eerste tabernakel nog stand had;

⁹Welke was een afbeelding voor dien tegenwoordigen tijd, in welken gaven en slachtoffers geofferd werden, die dengene, die de dienst pleegde, niet konden heiligen naar het geweten;

¹⁰Bestaande alleen in spijzen, en dranken, en verscheidene wassingen en rechtvaardigmakingen des vleses, tot op den tijd der verbetering opgelegd.

¹¹Maar Christus, de Hogepriester der toekomende goederen, gekomen zijnde, is door den meerderen en volmaakten tabernakel, niet met handen gemaakt, dat is, niet van dit maaksel,

¹²Noch door het bloed der bokken en kalveren, maar door Zijn eigen bloed, eenmaal ingegaan in het heiligdom, een eeuwige verlossing teweeggebracht hebbende.

¹³Want indien het bloed der stieren en bokken, en de as der jonge koe, besprengende de onreinen, hen heiligt tot de reinigheid des vleses;

¹⁴Hoeveel te meer zal het bloed van Christus, Die door den eeuwigen Geest Zichzelven Gode onstraffelijk opgeofferd heeft, uw geweten reinigen van dode werken, om den levende God te dienen?

¹⁵En daarom is Hij de Middelaar des nieuwen testaments, opdat, de dood daartussen gekomen zijnde, tot verzoening der overtredingen, die onder het eerstetestament waren, degenen, die geroepen zijn, de beloftenis der eeuwige erve ontvangen zouden.

¹⁶Want waar een testament is, daar is het noodzaak, dat de dood des testamentmakers tussen kome;

¹⁷Want een testament is vast in de doden, dewijl het nog geen kracht heeft, wanneer de testamentmaker leeft.

¹⁸Waarom ook het eerste niet zonder bloed is ingewijd.

¹⁹Want als al de geboden, naar de wet van Mozes, tot al het volk uitgesproken waren, nam hij het bloed der kalveren en bokken, met water, en purperen wol, en hysop, besprengde beide het boek zelf, en al het volk,

²⁰Zeggende: Dit is het bloed des testaments, hetwelk God aan ulieden heeft geboden.

²¹En hij besprengde desgelijks ook den tabernakel, en al de vaten van den dienst met het bloed.

²²En alle dingen worden bijna door bloed gereinigd naar de wet, en zonder bloedstorting geschiedt geen vergeving.

²³Zo was het dan noodzaak, dat wel de voorbeeldingen der dingen, die in de hemelen zijn, door deze dingen gereinigd werden, maar de hemelse dingen zelve door betere offeranden dan deze.

²⁴Want Christus is niet ingegaan in het heiligdom, dat met handen gemaakt is, hetwelk is een tegenbeeld van het ware, maar in den hemel zelven, om nu te verschijnen voor het aangezicht van God voor ons;

²⁵Noch ook, opdat Hij Zichzelven dikwijls zou opofferen, gelijk de hogepriester alle jaar in het heiligdom ingaat met vreemd bloed;

²⁶(Anders had Hij dikwijls moeten lijden van de grondlegging der wereld af) maar nu is Hij eenmaal in de voleinding der eeuwen geopenbaard, om de zonde te niet te doen, door Zijnzelfs offerande.

²⁷En gelijk het den mensen gezet is, eenmaal te sterven, en daarna het oordeel;

²⁸Alzo ook Christus, eenmaal geofferd zijnde, om veler zonden weg te nemen, zal ten anderen male zonder zonde gezien worden van degenen, die Hem verwachten tot zaligheid.

Hoofdstuk 10

¹Want de wet, hebbende een schaduw der toekomende goederen, niet het beeld zelf der zaken, kan met dezelfde offeranden, die zij alle jaren geduriglijk opofferen, nimmermeer heiligen degenen, die daar toegaan.

²Anderszins zouden zij opgehouden hebben, geofferd te worden, omdat degenen, die den dienst pleegden, geen geweten meer zouden hebben der zonden, eenmaal gereinigd geweest zijnde;

³Maar nu geschiedt in dezelve alle jaren weder gedachtenis der

zonden.

⁴Want het is onmogelijk, dat het bloed van stieren en bokken de zonden wegneme.

⁵Daarom, komende in de wereld, zegt Hij: Slachtoffer en offerande hebt Gij niet gewild, maar Gij hebt Mij het lichaam toebereid;

⁶Brandoffers en offer voor de zonde hebben U niet behaagd.

⁷Toen sprak Ik: Zie, Ik kom (in het begin des boeks is van Mij geschreven), om Uw wil te doen, o God!

⁸Als Hij te voren gezegd had: Slachtoffer, en offerande, en brandoffers, en offer voor de zonde hebt Gij niet gewild, noch hebben U behaagd (dewelke naar de wet geofferd worden);

⁹Toen sprak Hij: Zie, Ik kom, om Uw wil te doen, o God! Hij neemt het eerste weg, om het tweede te stellen.

¹⁰In welken wil wij geheiligd zijn, door de offerande des lichaams van Jezus Christus, eenmaal geschied.

¹¹En een iegelijk priester stond wel alle dagen dienende, en dezelfde slachtofferen dikmaals offerende, die de zonden nimmermeer kunnen wegnemen;

¹²Maar Deze, een slachtoffer voor de zonden geofferd hebbende, is in eeuwigheid gezeten aan de rechter hand Gods;

¹³Voorts verwachtende, totdat Zijn vijanden gesteld worden tot een voetbank Zijner voeten.

¹⁴Want met een offerande heeft Hij in eeuwigheid volmaakt degenen, die geheiligd worden.

¹⁵En de Heilige Geest getuigt het ons ook;

¹⁶Want nadat Hij te voren gezegd had: Dit is het verbond, dat Ik met hen maken zal na die dagen, zegt de Heere: Ik zal Mijn wetten geven in hun harten, en Ik zal die inschrijven in hun verstanden;

¹⁷En hun zonden en hun ongerechtigheden zal Ik geenszins meer gedenken.

¹⁸Waar nu vergeving derzelve is, daar is geen offerande meer voor de zonde.

¹⁹Dewijl wij dan, broeders, vrijmoedigheid hebben, om in te gaan in het heiligdom door het bloed van Jezus,

²⁰Op een versen en levenden weg, welken Hij ons ingewijd heeft door het voorhangsel, dat is, door Zijn vlees;

²¹En dewijl wij hebben een groten Priester over het huis Gods;

²²Zo laat ons toegaan met een waarachtig hart, in volle verzekerdheid des geloofs, onze harten gereinigd zijnde van het kwaad geweten, en het lichaam gewassen zijnde met rein water.

²³Laat ons de onwankelbare belijdenis der hoop vast houden; (want Die het beloofd heeft, is getrouw);

²⁴En laat ons op elkander acht nemen, tot opscherping der liefde en der goede werken;

²⁵En laat ons onze onderlinge bijeenkomst niet nalaten, gelijk sommigen de gewoonte hebben, maar elkander vermanen; en dat zoveel te meer, als gij ziet, dat de dag nadert.

²⁶Want zo wij willens zondigen, nadat wij de kennis der waarheid ontvangen hebben, zo blijft er geen slachtoffer meer over voor de zonden;

²⁷Maar een schrikkelijke verwachting des oordeels, en hitte des vuurs, dat de tegenstanders zal verslinden.

²⁸Als iemand de wet van Mozes heeft te niet gedaan, die sterft zonder barmhartigheid, onder twee of drie getuigen;

²⁹Hoeveel te zwaarder straf, meent gij, zal hij waardig geacht worden, die den Zoon van God vertreden heeft, en het bloed des testaments onrein geacht heeft, waardoor hij geheiligd was, en den Geest der genade smaadheid heeft aangedaan?

³⁰Want wij kennen Hem, Die gezegd heeft: Mijn is de wraak, Ik zal het vergelden, spreekt de Heere. En wederom: De Heere zal Zijn volk oordelen.

³¹Vreselijk is het te vallen in de handen des levenden Gods.

³²Doch gedenkt de vorige dagen, in dewelke, nadat gij verlicht zijt geweest, gij veel strijd des lijdens hebt verdragen.

³³Ten dele, als gij door smaadheden en verdrukkingen een schouwspel geworden zijt; en ten dele, als gij gemeenschap gehad hebt met degenen, die alzo behandeld werden.

³⁴Want gij hebt ook over mijn banden medelijden gehad, en de roving uwer goederen met blijdschap aangenomen, wetende, dat gij hebt in uzelven een beter en blijvend goed in de hemelen.

³⁵Werpt dan uw vrijmoedigheid niet weg, welke een grote vergelding des loons heeft.

³⁶Want gij hebt lijdzaamheid van node, opdat gij, den wil van God gedaan hebbende, de belofte nis moogt wegdragen;

³⁷Want: Nog een zeer weinig tijds en Hij, Die te komen staat, zal komen, en niet vertoeven.

³⁸Maar de rechtvaardige zal uit het geloof leven; en zo iemand zich onttrekt, Mijn ziel heeft in hem geen behagen.

³⁹Maar wij zijn niet van degenen, die zich onttrekken ten verderve, maar van degenen, die geloven tot behouding der ziel.

Hoofdstuk 11

¹Het geloof nu is een vaste grond der dingen, die men hoopt, en een bewijs der zaken, die men niet ziet.

²Want door hetzelve hebben de ouden getuigenis bekomen.

³Door het geloof verstaan wij, dat de wereld door het woord Gods is toebereid, alzo dat de dingen, die men ziet, niet geworden zijn uit dingen, die gezien worden.

⁴Door het geloof heeft Abel een meerdere offerande Gode geofferd dan Kain, door hetwelk hij getuigenis bekomen heeft, dat hij rechtvaardig was, alzo God over zijn gave getuigenis gaf; en door hetzelve geloof spreekt hij nog, nadat hij gestorven is.

⁵Door het geloof is Enoch weggenomen geweest, opdat hij den dood niet zou zien; en hij werd niet gevonden, daarom dat hem God weggenomen had; want voor zijn wegneming heeft hij getuigenis gehad, dat hij Gode behaagde.

⁶Maar zonder geloof is het onmogelijk Gode te behagen. Want die tot God komt, moet geloven, dat Hij is, en een Beloner is dergenen, die Hem zoeken.

⁷Door het geloof heeft Noach, door Goddelijke aanspraak vermaand zijnde van de dingen, die nog niet gezien werden, en bevreesd geworden zijnde, de ark toebereid tot behoudenis van zijn huisgezin; door welke ark hij de wereld heeft veroordeeld, en is geworden een erfgenaam der rechtvaardigheid, die naar het geloof is.

⁸Door het geloof is Abraham, geroepen zijnde, gehoorzaam geweest, om uit te gaan naar de plaats, die hij tot een erfdeel ontvangen zou; en hij is uitgegaan, niet wetende, waar hij komen zou.

⁹Door het geloof is hij een inwoner geweest in het land der belofte, als in een vreemd land, en heeft in tabernakelen gewoond met Izak en Jakob, die medeerfgenamen waren derzelfde belofte.

¹⁰Want hij verwachtte de stad, die fondamenten heeft, welker Kunstenaar en Bouwmeester God is.

¹¹Door het geloof heeft ook Sara zelve kracht ontvangen, om zaad te geven, en boven den tijd haars ouderdoms heeft zij gebaard; overmits zij Hem getrouw heeft geacht, Die het beloofd had.

¹²Daarom zijn ook van een, en dat een verstorvene, zovelen in menigte geboren, als de sterren des hemels, en als het zand, dat aan den oever der zee is, hetwelk ontallijk is.

¹³Deze allen zijn in het geloof gestorven, de beloften niet verkregen hebbende, maar hebben dezelve van verre gezien, en geloofd, en omhelsd, en hebben beleden, dat zij gasten en vreemdelingen op de aarde waren.

¹⁴Want die zulke dingen zeggen, betonen klaarlijk, dat zij een vaderland zoeken.

¹⁵En indien zij aan dat vaderland gedacht hadden, van hetwelk zij uitgegaan waren, zij zouden tijd gehad hebben, om weder te keren;

¹⁶Maar nu zijn zij begerig naar een beter, dat is, naar het hemelse. Daarom schaamt Zich God hunner niet, om hun God genaamd te worden; want Hij had hun een stad bereid.

¹⁷Door het geloof heeft Abraham, als hij verzocht werd, Izak geofferd, en hij, die de beloften ontvangen had, heeft zijn eniggeborene geofferd,

¹⁸(Tot denwelke gezegd was: In Izak zal u het zaad genoemd worden) overleggende, dat God machtig was, hem ook uit de doden te verwekken;

¹⁹Waaruit hij hem ook bij gelijkenis wedergekregen heeft.

²⁰Door het geloof heeft Izak zijn zonen Jakob en Ezau gezegend aangaande toekomende dingen.

²¹Door het geloof heeft Jakob, stervende, een iegelijk der zonen van Jozef gezegend, en heeft aangebeden, leunende op het opperste van zijn staf.

²²Door het geloof heeft Jozef, stervende, gemeld van den uitgang der kinderen Israels, en heeft bevel gegeven van zijn gebeente.

²³Door het geloof werd Mozes, toen hij geboren was, drie maanden lang van zijn ouders verborgen, overmits zij zagen, dat het kindeken schoon was; en zij vreesden het gebod des konings niet.

²⁴Door het geloof heeft Mozes, nu groot geworden zijnde, geweigerd een zoon van Farao's dochter genoemd te worden;

²⁵Verkiezende liever met het volk van God kwalijk gehandeld te worden, dan voor een tijd de genieting der zonde te hebben;

²⁶Achtende de versmaadheid van Christus meerderen rijkdom te zijn, dan de schatten in Egypte; want hij zag op de vergelding des loons.

²⁷Door het geloof heeft hij Egypte verlaten, niet vrezende den toorn des konings; want hij hield zich vast, als ziende den Onzienlijke.

²⁸Door het geloof heeft hij het pascha uitgericht, en de besprenging des bloeds, opdat de verderver der eerstgeborenen hen niet raken zou.

²⁹Door het geloof zijn zij de Rode zee doorgegaan, als door het droge; hetwelk de Egyptenaars, ook verzoekende, zijn verdronken.

³⁰Door het geloof zijn de muren van Jericho gevallen, als zij tot zeven dagen toe omringd waren geweest.

³¹Door het geloof is Rachab, de hoer, niet omgekomen met de ongehoorzamen, als zij de verspieders met vrede had ontvangen.

³²En wat zal ik nog meer zeggen? Want de tijd zal mij ontbreken, zou ik verhalen van Gideon, en Barak, en Samson, en Jeftha, en David, en Samuel, en de profeten;

³³Welken door het geloof koninkrijken hebben overwonnen, gerechtigheid geoefend, de beloftenissen verkregen, de muilen der leeuwen toegestopt;

³⁴De kracht des vuurs hebben uitgeblust, de scherpte des zwaards zijn ontvloden, uit zwakheid krachten hebben gekregen, in den krijg sterk geworden zijn, heirlegersder vreemden op de vlucht hebben gebracht;

³⁵De vrouwen hebben hare doden uit de opstanding weder gekregen; en anderen zijn uitgerekt geworden, de aangeboden verlossing niet aannemende, opdat zij eenbetere opstanding verkrijgen zouden.

³⁶En anderen hebben bespottingen en geselen geproefd, en ook banden en gevangenis;

³⁷Zijn gestenigd geworden, in stukken gezaagd, verzocht, door het zwaard ter dood gebracht; hebben gewandeld in schaapsvellen en in geitenvellen; verlaten, verdrukt, kwalijk gehandeld zijnde;

³⁸(Welker de wereld niet waardig was) hebben in woestijnen gedoold, en op bergen, en in spelonken, en in holen der aarde.

³⁹En deze allen, hebbende door het geloof getuigenis gehad, hebben de belofte niet verkregen;

⁴⁰Alzo God wat beters over ons voorzien had, opdat zij zonder ons niet zouden volmaakt worden.

Hoofdstuk 12

¹Daarom dan ook, alzo wij zo groot een wolk der getuigen rondom ons hebben liggende, laat ons afleggen allen last, en de zonde, die ons lichtelijk omringt, en laat onsmet lijdzaamheid lopen de loopbaan, die ons voorgesteld is;

²Ziende op den oversten Leidsman en Voleinder des geloofs, Jezus, Dewelke, voor de vreugde, die Hem voorgesteld was, het kruis heeft verdragen, en schandeveracht, en is gezeten aan de rechter hand des troons van God.

³Want aanmerkt Dezen, Die zodanig een tegenspreken van de zondaren tegen Zich heeft verdragen, opdat gij niet verflauwt en bezwijkt in uw zielen.

⁴Gij hebt nog tot den bloede toe niet tegengestaan, strijdende tegen de zonde;

⁵En gij hebt vergeten de vermaning, die tot u als tot zonen spreekt: Mijn zoon, acht niet klein de kastijding des Heeren, en bezwijkt niet, als gij van Hem bestraftwordt;

⁶Want dien de Heere liefheeft, kastijdt Hij, en Hij geselt een iegelijken zoon, die Hij aanneemt.

⁷Indien gij de kastijding verdraagt, zo gedraagt Zich God jegens u als zonen; (want wat zoon is er, dien de vader niet kastijdt?)

⁸Maar indien gij zonder kastijding zijt, welke allen deelachtig zijn geworden, zo zijt gij dan bastaarden, en niet zonen.

⁹Voorts, wij hebben de vaders onzes vleses wel tot kastijders gehad, en wij ontzagen hen; zullen wij dan niet veel meer den Vader der geesten onderworpen zijn, enleven?

¹⁰Want genen hebben ons wel voor een korten tijd, naar dat het hun goed dacht, gekastijd; maar Deze kastijdt ons tot ons nut, opdat wij Zijner heiligheid zoudendeelachtig worden.

¹¹En alle kastijding als die tegenwoordig is, schijnt geen zaak van vreugde, maar van droefheid te zijn; doch daarna geeft zij van zich een vreedzame vrucht dergerechtigheid dengenen, die door dezelve geoefend zijn.

¹²Daarom richt weder op de trage handen, en de slappe knieën;

¹³En maakt rechte paden voor uw voeten, opdat hetgeen kreupel is, niet verdraaid worde, maar dat het veelmeer genezen worde.

¹⁴Jaagt den vrede na met allen, en de heiligmaking, zonder welke niemand den Heere zien zal;

¹⁵Toeziende, dat niet iemand verachtere van de genade Gods; dat niet enige wortel der bitterheid, opwaarts spruitende, beroerte make en door dezelve velenontreinigd worden.

¹⁶Dat niet iemand zij een hoereerder, of een onheilige, gelijk Ezau, die om een spijze het recht van zijn eerstgeboorte weggaf.

¹⁷Want gij weet, dat hij ook daarna, de zegening willende beerven, verworpen werd; want hij vond geen plaats des berouws, hoewel hij dezelve met tranen zocht.

¹⁸Want gij zijt niet gekomen tot den tastelijken berg, en het brandende vuur, en donkerheid, en duisternis, en onweder,

¹⁹En tot het geklank der bazuin, en de stem der woorden; welke die ze hoorden, baden, dat het woord tot hen niet meer zou gedaan worden.

²⁰(Want zij konden niet dragen, hetgeen er geboden werd: Indien ook een gedierte den berg aanraakt, het zal gestenigd of met een pijl doorschoten worden.

²¹En Mozes, zo vreselijk was het gezicht, zeide: Ik ben gans bevreesd en bevende).

²²Maar gij zijt gekomen tot den berg Sion, en de stad des levenden Gods, tot het hemelse Jeruzalem, en de vele duizenden der engelen;

²³Tot de algemene vergadering en de Gemeente der eerstgeborenen, die in de hemelen opgeschreven zijn, en tot God, den Rechter over allen, en de geesten dervolmaakte rechtvaardigen;

²⁴En tot den Middelaar des nieuwen testaments, Jezus, en het bloed der besprenging, dat betere dingen spreekt dan Abel.

²⁵Ziet toe, dat gij Dien, Die spreekt, niet verwerpt; want indien dezen niet zijn ontvloden, die dengene verwierpen, welke op aarde Goddelijke antwoorden gaf, veelmeer zullen wij niet ontvlieden, zo wij ons van Dien afkeren, Die van de hemelen is;

²⁶Wiens stem toen de aarde bewoog; maar nu heeft Hij verkondigd, zeggende: Nog eenmaal zal Ik bewegen niet alleen de aarde, maar ook den hemel.

²⁷En dit woord: Nog eenmaal, wijst aan de verandering der bewegelijke dingen, als welke gemaakt waren, opdat blijven zouden de dingen, die niet bewegelijk zijn.

²⁸Daarom, alzo wij een onbewegelijk Koninkrijk ontvangen, laat ons de genade vast houden, door dewelke wij welbehagelijk Gode mogen dienen, met eerbied engodvruchtigheid.

²⁹Want onze God is een verterend vuur.

Hoofdstuk 13

¹Dat de broederlijke liefde blijve.

²Vergeet de herbergzaamheid niet; want hierdoor hebben sommigen onwetend engelen geherbergd.

³Gedenkt der gevangenen, alsof gij mede gevangen waart; en dergenen, die kwalijk gehandeld worden, alsof gij ook zelven in het lichaam kwalijk gehandeld waart.

⁴Het huwelijk is eerlijk onder allen, en het bed onbevlekt; maar hoereerders en overspelers zal God oordelen.

⁵Uw wandel zij zonder geldgierigheid; en zijt vergenoegd met het tegenwoordige; want Hij heeft gezegd: Ik zal u niet begeven, en Ik zal u niet verlaten.

⁶Zodat wij vrijmoediglijk durven zeggen: De Heere is mij een Helper, en ik zal niet vrezen, wat mij een mens zal doen.

⁷Gedenkt uwer voorgangeren, die u het Woord Gods gesproken hebben; en volgt hun geloof na, aanschouwende de uitkomst hunner wandeling.

⁸Jezus Christus is gisteren en heden dezelfde en in der eeuwigheid.

⁹Wordt niet omgevoerd met verscheidene en vreemde leringen; want het is goed, dat het hart gesterkt wordt door genade, niet door spijzen, door welke geennuttigheid bekomen hebben, die daarin gewandeld hebben.

¹⁰Wij hebben een altaar, van hetwelk geen macht hebben te eten, die den tabernakel dienen.

¹¹Want welker dieren bloed voor de zonde gedragen werd in het heiligdom door den hogepriester, derzelver lichamen werden verbrand buiten de legerplaats.

¹²Daarom heeft ook Jezus, opdat Hij door Zijn eigen bloed het volk zou heiligen, buiten de poort geleden.

¹³Zo laat ons dan tot Hem uitgaan buiten de legerplaats, Zijn smaadheid dragende.

¹⁴Want wij hebben hier geen blijvende stad, maar wij zoeken de toekomende.

¹⁵Laat ons dan door Hem altijd Gode opofferen een offerande des lofs, dat is, de vrucht der lippen, die Zijn Naam belijden.

¹⁶En vergeet de weldadigheid en de mededeelzaamheid niet; want aan zodanige offeranden heeft God een welbehagen.

¹⁷Zijt uw voorgangeren gehoorzaam, en zijt hun onderdanig; want zij waken voor uw zielen, als die rekenschap geven zullen; opdat zij dat doen mogen met vreugde enniet al zuchtende; want dat is u niet nuttig.

¹⁸Bidt voor ons; want wij vertrouwen, dat wij een goed geweten

hebben, als die in alles willen eerlijk wandelen.

¹⁹En ik bid u te meer, dat gij dit doet, opdat ik te eerder ulieden moge wedergegeven worden.

²⁰De God nu des vredes, Die den grote Herder der schapen, door het bloed des eeuwigen testaments, uit de doden heeft wedergebracht, namelijk onze Heere JezusChristus,

²¹Die volmake u in alle goed werk, opdat gij Zijn wil moogt doen; werkende in u, hetgeen voor Hem welbehagelijk is, door Jezus Christus; Denwelken zij deheerlijkheid in alle eeuwigheid. Amen.

²²Doch ik bid u, broeders, verdraagt het woord dezer vermaning; want ik heb u in het kort geschreven.

²³Weet, dat de broeder Timotheus losgelaten is, met welken (zo hij haast komt) ik u zal zien.

²⁴Groet al uw voorgangeren, en al de heiligen. U groeten die van Italie zijn.

Jakobus

Hoofdstuk 1

¹Jakobus, een dienstknecht van God en van den Heere Jezus Christus; aan de twaalf stammen, die in de verstrooiing zijn: zaligheid.
²Acht het voor grote vreugde, mijn broeders, wanneer gij in velerlei verzoekingen valt;
³Wetende, dat de beproeving uws geloofs lijdzaamheid werkt.
⁴Doch de lijdzaamheid hebbe een volmaakt werk, opdat gij moogt volmaakt zijn en geheel oprecht, in geen ding gebrekkelijk.
⁵En indien iemand van u wijsheid ontbreekt, dat hij ze van God begere, Die een iegelijk mildelijk geeft, en niet verwijt; en zij zal hem gegeven worden.
⁶Maar dat hij ze begere in geloof, niet twijfelende; want die twijfelt, is een baar der zee gelijk, die van den wind gedreven en op en nedergeworpen wordt.
⁷Want die mens mene niet, dat hij iets ontvangen zal van den Heere.
⁸Een dubbelhartig man is ongestadig in al zijn wegen.
⁹Maar de broeder, die nederig is, roeme in zijn hoogheid.
¹⁰En de rijke in zijn vernedering; want hij zal als een bloem van het gras voorbijgaan.
¹¹Want de zon is opgegaan met de hitte, en heeft het gras dor gemaakt, en zijn bloem is afgevallen, en de schone gedaante haars aanschijns is vergaan; alzo zal ook de rijke in zijn wegen verwelken.
¹²Zalig is de man, die verzoeking verdraagt; want als hij beproefd zal geweest zijn, zal hij de kroon des levens ontvangen, welke de Heere beloofd heeft dengenen, die Hem liefhebben.
¹³Niemand, als hij verzocht wordt, zegge: Ik word van God verzocht; want God kan niet verzocht worden met het kwade, en Hij Zelf verzoekt niemand.
¹⁴Maar een iegelijk wordt verzocht, als hij van zijn eigen begeerlijkheid afgetrokken en verlokt wordt.
¹⁵Daarna de begeerlijkheid ontvangen hebbende baart zonde; en de zonde voleindigd zijnde baart den dood.
¹⁶Dwaalt niet, mijn geliefde broeders!
¹⁷Alle goede gave, en alle volmaakte gifte is van boven, van den Vader der lichten afkomende, bij Welken geen verandering is, of schaduw van omkering.
¹⁸Naar Zijn wil heeft Hij ons gebaard door het Woord der waarheid, opdat wij zouden zijn als eerstelingen Zijner schepselen.
¹⁹Zo dan, mijn geliefde broeders, een iegelijk mens zij ras om te horen, traag om te spreken, traag tot toorn;
²⁰Want de toorn des mans werkt Gods gerechtigheid niet.
²¹Daarom, afgelegd hebbende alle vuiligheid en overvloed van boosheid, ontvangt met zachtmoedigheid het Woord, dat in u geplant wordt, hetwelk uw zielen kan zaligmaken.
²²En zijt daders des Woords, en niet alleen hoorders, uzelven met valse overlegging bedriegende.
²³Want zo iemand een hoorder is des Woords, en niet een dader, die is een man gelijk, welke zijn aangeboren aangezicht bemerkt in een spiegel;
²⁴Want hij heeft zichzelven bemerkt, en is weggegaan, en heeft terstond vergeten, hoedanig hij was.
²⁵Maar die inziet in de volmaakte wet, die der vrijheid is, en daarbij blijft, deze, geen vergetelijk hoorder geworden zijnde, maar een dader des werks, deze, zeg ik, zal gelukzalig zijn in dit zijn doen.
²⁶Indien iemand onder u dunkt, dat hij godsdienstig is, en hij zijn tong niet in toom houdt, maar zijn hart verleidt, dezes godsdienst is ijdel.

Hoofdstuk 2

¹Mijn broeders, hebt niet het geloof van onzen Heere Jezus Christus, den Heere der heerlijkheid, met aanneming des persoons.
²Want zo in uw vergadering kwam een man met een gouden ring aan den vinger, in een sierlijke kleding, en er kwam ook een arm man in met een slechte kleding;
³En gij zoudt aanzien dengene, die de sierlijke kleding draagt, en tot hem zeggen: Zit gij hier op een eerlijke plaats; en zoudt zeggen tot den arme: Sta gij daar; of: Zit hier onder mijn voetbank;
⁴Hebt gij dan niet in uzelven een onderscheid gemaakt, en zijt rechters geworden van kwade overleggingen?
⁵Hoort, mijn geliefde broeders, heeft God niet uitverkoren de armen dezer wereld, om rijk te zijn in het geloof, en erfgenamen des Koninkrijks, hetwelk Hij beloofd dengenen, die Hem liefhebben?
⁶Maar gij hebt den armen oneer aangedaan. Overweldigen u niet de rijken, en trekken zij u niet tot de rechterstoelen?
⁷Lasteren zij niet den goeden naam, die over u aangeroepen is?
⁸Indien gij dan de koninklijke wet volbrengt, naar de Schrift: Gij zult uw naaste liefhebben als uzelven, zo doet gij wel;
⁹Maar indien gij den persoon aanneemt, zo doet gij zonde, en wordt van de wet bestraft als overtreders.
¹⁰Want wie de gehele wet zal houden, en in een zal struikelen, die is schuldig geworden aan alle.
¹¹Want Die gezegd heeft: Gij zult geen overspel doen, Die heeft ook gezegd: Gij zult niet doden. Indien gij nu geen overspel zult doen, maar zult doden, zo zijt gij een overtreder der wet geworden.
¹²Spreekt alzo, en doet alzo, als die door de wet der vrijheid zult geoordeeld worden.
¹³Want een onbarmhartig oordeel zal gaan over dengene, die geen barmhartigheid gedaan heeft; en de barmhartigheid roemt tegen het oordeel.
¹⁴Wat nuttigheid is het, mijn broeders, indien iemand zegt, dat hij het geloof heeft, en hij heeft de werken niet? Kan dat geloof hem zaligmaken?
¹⁵Indien er nu een broeder of zuster naakt zouden zijn, en gebrek zouden hebben aan dagelijks voedsel;
¹⁶En iemand van u tot hen zou zeggen: Gaat henen in vrede, wordt warm, en wordt verzadigd; en gijlieden zoudt hun niet geven de nooddruftigheden des lichaams, wat nuttigheid is dat?
¹⁷Alzo ook het geloof, indien het de werken niet heeft, is bij zichzelven dood.
¹⁸Maar, zal iemand zeggen: Gij hebt het geloof, en ik heb de werken. Toon mij uw geloof uit uw werken, en ik zal u uit mijn werken mijn geloof tonen.
¹⁹Gij gelooft, dat God een enig God is; gij doet wel; de duivelen geloven het ook, en zij sidderen.
²⁰Maar wilt gij weten, o ijdel mens, dat het geloof zonder de werken dood is?
²¹Abraham, onze vader, is hij niet uit de werken gerechtvaardigd, als hij Izak, zijn zoon, geofferd heeft op het altaar?
²²Ziet gij wel, dat het geloof mede gewrocht heeft met zijn werken, en het geloof volmaakt is geweest uit de werken?
²³En de Schrift is vervuld geworden, die daar zegt: En Abraham geloofde God, en het is hem tot rechtvaardigheid gerekend, en hij is een vriend van God genaamd geweest.
²⁴Ziet gij dan nu, dat een mens uit de werken gerechtvaardigd wordt, en niet alleenlijk uit het geloof?
²⁵En desgelijks ook Rachab, de hoer, is zij niet uit de werken gerechtvaardigd geweest, als zij de gezondenen heeft ontvangen, en door een anderen weg uitgelaten?
²⁶Want gelijk het lichaam zonder geest dood is, alzo is ook het geloof zonder de werken dood.

Hoofdstuk 3

¹Zijt niet vele meesters, mijn broeders, wetende, dat wij te meerder oordeel zullen ontvangen.
²Want wij struikelen allen in vele. Indien iemand in woorden niet struikelt, die is een volmaakt man, machtig om ook het gehele lichaam in den toom te houden.
³Ziet, wij leggen den paarden tomen in de monden, opdat zij ons zouden gehoorzamen, en wij leiden daarmede hun gehele lichaam om;
⁴Ziet ook de schepen, hoewel zij zo groot zijn, en van harde winden gedreven, zij worden omgewend van een zeer klein roer, waarhenen ook de begeerte des stuurders wil.
⁵Alzo is ook de tong een klein lid, en roemt nochtans grote dingen. Ziet, een klein vuur, hoe groten hoop houts het aansteekt.
⁶De tong is ook een vuur, een wereld der ongerechtigheid; alzo is de tong onder onze leden gesteld, welke het gehele lichaam besmet, en ontsteekt het rad onzer geboorte, en wordt ontstoken van de hel.
⁷Want alle natuur, beide der wilde dieren en der vogelen, beide der kruipende en der zeedieren, wordt getemd en is getemd geweest van de menselijke natuur.
⁸Maar de tong kan geen mens temmen; zij is een onbedwingelijk kwaad, vol van dodelijk venijn.
⁹Door haar loven wij God en den Vader, en door haar vervloeken wij de mensen, die naar de gelijkenis van God gemaakt zijn.
¹⁰Uit denzelfden mond komt voort zegening en vervloeking. Dit moet, mijn broeders, alzo niet geschieden.
¹¹Welt ook een fontein uit een zelfde ader het zoet en het bitter?

¹²Kan ook, mijn broeders, een vijgeboom olijven voortbrengen, of een wijnstok vijgen? Alzo kan geen fontein zout en zoet water voortbrengen.

¹³Wie is wijs en verstandig onder u? die bewijze uit zijn goeden wandel zijn werken in zachtmoedige wijsheid.

¹⁴Maar indien gij bitteren nijd en twistgierigheid hebt in uw hart, zo roemt en liegt niet tegen de waarheid.

¹⁵Deze is de wijsheid niet, die van boven afkomt, maar is aards, natuurlijk, duivels.

¹⁶Want waar nijd en twistgierigheid is, aldaar is verwarring en alle boze handel.

¹⁷Maar de wijsheid, die van boven is, die is ten eerste zuiver, daarna vreedzaam, bescheiden, gezeggelijk, vol van barmhartigheid en van goede vruchten, niet partijdigoordelende, en ongeveinsd.

¹⁸En de vrucht der rechtvaardigheid wordt in vrede gezaaid voor degenen, die vrede maken.

Hoofdstuk 4

¹Van waar komen krijgen en vechterijen onder u? Komen zij niet hiervan, namelijk uit uw wellusten, die in uw leden strijd voeren?

²Gij begeert, en hebt niet; gij benijdt en ijvert naar dingen, en kunt ze niet verkrijgen; gij vecht en voert krijg, doch gij hebt niet, omdat gij niet bidt.

³Gij bidt, en gij ontvangt niet, omdat gij kwalijk bidt, opdat gij het in uw wellusten doorbrengen zoudt.

⁴Overspelers en overspeleressen, weet gij niet, dat de vriendschap der wereld een vijandschap Gods is? Zo wie dan een vriend der wereld wil zijn, die wordt eenvijand van God gesteld.

⁵Of meent gij, dat de Schrift tevergeefs zegt: De Geest, Die in ons woont, heeft Die lust tot nijdigheid?

⁶Ja, Hij geeft meerdere genade. Daarom zegt de Schrift: God wederstaat de hovaardigen, maar den nederigen geeft Hij genade.

⁷Zo onderwerpt u dan Gode; wederstaat den duivel, en hij zal van u vlieden.

⁸Naakt tot God, en Hij zal tot u naken. Reinigt de handen, gij zondaars, en zuivert de harten, gij dubbelhartigen!

⁹Gedraagt u als ellendigen, en treurt en weent; uw lachen worde veranderd in treuren, en uw blijdschap in bedroefdheid.

¹⁰Vernedert u voor den Heere, en Hij zal u verhogen.

¹¹Broeders, spreekt niet kwalijk van elkander. Die van zijn broeder kwalijk spreekt en zijn broeder oordeelt, die spreekt kwalijk van de wet, en oordeelt de wet. Indiengij nu de wet oordeelt, zo zijt gij geen dader der wet, maar een rechter.

¹²Er is een enig Wetgever, Die behouden kan en verderven. Doch wie zijt gij, die een anderen oordeelt?

¹³Welaan nu gij, die daar zegt: Wij zullen heden of morgen naar zulk een stad reizen, en aldaar een jaar doorbrengen, en koopmanschap drijven, en winst doen.

¹⁴Gij, die niet weet, wat morgen geschieden zal, want hoedanig is uw leven? Want het is een damp, die voor een weinig tijds gezien wordt, en daarna verdwijnt.

¹⁵In plaats dat gij zoudt zeggen: Indien de Heere wil, en wij leven zullen, zo zullen wij dit of dat doen.

¹⁶Maar nu roemt gij in uw hoogmoed; alle zodanige roem is boos.

¹⁷Wie dan weet goed te doen, en niet doet, dien is het zonde.

Hoofdstuk 5

¹Welaan nu, gij rijken, weent en huilt over uw ellendigheden, die over u komen.

²Uw rijkdom is verrot, en uw klederen zijn van de motten gegeten geworden;

³Uw goud en zilver is verroest; en hun roest zal u zijn tot een getuigenis, en zal uw vlees als een vuur verteren; gij hebt schatten vergaderd in de laatste dagen.

⁴Ziet, het loon der werklieden, die uw landen gemaaid hebben, welke van u verkort is, roept; en het geschrei dergenen, die geoogst hebben, is gekomen tot in de orenvan den Heere Sebaoth.

⁵Gij hebt lekkerlijk geleefd op de aarde, en wellusten gevolgd; gij hebt uw harten gevoed als in een dag der slachting.

⁶Gij hebt veroordeeld, gij hebt gedood den rechtvaardige; en hij wederstaat u niet.

⁷Zo zijt dan lankmoedig, broeders, tot de toekomst des Heeren. Ziet, de landman verwacht de kostelijke vrucht des lands, lankmoedig zijnde over dezelve, totdat hetden vroegen en spaden regen zal hebben ontvangen.

⁸Weest gij ook lankmoedig, versterkt uw harten; want de toekomst des Heeren genaakt.

⁹Zucht niet tegen elkander, broeders, opdat gij niet veroordeeld wordt; ziet, de Rechter staat voor de deur.

¹⁰Mijn broeders, neemt tot een voorbeeld des lijdens, en der lankmoedigheid de profeten, die in den Naam des Heeren gesproken hebben.

¹¹Ziet, wij houden hen gelukzalig, die verdragen; gij hebt de verdraagzaamheid van Job gehoord, en gij hebt het einde des Heeren gezien, dat de Heere zeerbarmhartig is en een Ontfermer.

¹²Doch voor alle dingen, mijn broeders, zweert niet, noch bij den hemel, noch bij de aarde, noch enigen anderen eed; maar uw ja, zij ja, en het neen, neen; opdat gij ingeen oordeel valt.

¹³Is iemand onder u in lijden? Dat hij bidde. Is iemand goedsmoeds? Dat hij psalmzinge.

¹⁴Is iemand krank onder u? Dat hij tot zich roepe de ouderlingen der Gemeente, en dat zij over hem bidden, hem zalvende met olie in den Naam des Heeren.

¹⁵En het gebed des geloofs zal den zieke behouden, en de Heere zal hem oprichten, en zo hij zonden gedaan zal hebben, het zal hem vergeven worden.

¹⁶Belijdt elkander de misdaden, en bidt voor elkander, opdat gij gezond wordt; een krachtig gebed des rechtvaardigen vermag veel.

¹⁷Elias was een mens van gelijke bewegingen als wij; en hij bad een gebed, dat het niet zou regenen; en het regende niet op de aarde in drie jaren en zes maanden.

¹⁸En hij bad wederom, en de hemel gaf regen, en de aarde bracht haar vrucht voort.

¹⁹Broeders, indien iemand onder u van de waarheid is afgedwaald, en hem iemand bekeert,

1 Petrus

Hoofdstuk 1

¹Petrus, een apostel van Jezus Christus, aan de vreemdelingen, verstrooid in Pontus, Galatie, Kappadocie, Azie en Bithynie,

²Den uitverkorenen naar de voorkennis van God den Vader, in de heiligmaking des Geestes, tot gehoorzaamheid en besprenging des bloeds van Jezus Christus;genade en vrede zij u vermenigvuldigd.

³Geloofd zij de God en Vader van onzen Heere Jezus Christus, Die naar Zijn grote barmhartigheid ons heeft wedergeboren, tot een levende hoop, door de opstandingvan Jezus Christus uit de doden.

⁴Tot een onverderfelijke, en onbevlekkelijke, en onverwelkelijke erfenis, die in de hemelen bewaard is voor u,

⁵Die in de kracht Gods bewaard wordt door het geloof tot de zaligheid, die bereid is, om geopenbaard te worden in den laatsten tijd.

⁶In welke gij u verheugt, nu een weinig tijds (zo het nodig is) bedroefd zijnde door menigerlei verzoekingen;

⁷Opdat de beproeving uws geloofs, die veel kostelijker is dan van het goud, hetwelk vergaat en door het vuur beproefd wordt, bevonden worde te zijn tot lof, en eer, en heerlijkheid, in de openbaring van Jezus Christus;

⁸Denwelken gij niet gezien hebt, en nochtans liefhebt, in Denwelken gij nu, hoewel Hem niet ziende, maar gelovende, u verheugt met een onuitsprekelijke enheerlijke vreugde;

⁹Verkrijgende het einde uws geloofs, namelijk de zaligheid der zielen.

¹⁰Van welke zaligheid ondervraagd en onderzocht hebben de profeten, die geprofeteerd hebben van de genade, aan u geschied;

¹¹Onderzoekende, op welke of hoedanigen tijd de Geest van Christus, Die in hen was, beduidde en te voren getuigde, het lijden, dat op Christus komen zou, en deheerlijkheid daarna volgende.

¹²Denwelken geopenbaard is, dat zij niet zichzelven, maar ons bedienden deze dingen, die u nu aangediend zijn bij degenen, die u het Evangelie verkondigd hebbendoor den Heilige Geest, Die van den hemel gezonden is; in welke dingen de engelen begerig zijn in te zien.

¹³Daarom opschortende de lenden uws verstands, en nuchteren zijnde, hoopt volkomenlijk op de genade, die u toegebracht wordt in de openbaring van Jezus Christus.

¹⁴Als gehoorzame kinderen, wordt niet gelijkvormig aan de begeerlijkheden, die te voren in uw onwetendheid waren;

¹⁵Maar gelijk Hij, Die u geroepen heeft, heilig is, zo wordt ook gijzelven heilig in al uw wandel;

¹⁶Daarom dat er geschreven is: Zijt heilig, want Ik ben heilig.

¹⁷En indien gij tot een Vader aanroept Dengene, Die zonder aanneming des persoons oordeelt naar eens iegelijks werk, zo wandelt in vreze den tijd uwer inwoning;

¹⁸Wetende dat gij niet door vergankelijke dingen, zilver of goud, verlost zijt uit uw ijdele wandeling, die u van de vaderen overgeleverd is;

¹⁹Maar door het dierbaar bloed van Christus, als van een onbestraffelijk en onbevlekt Lam;

²⁰Dewelke wel voorgekend is geweest voor de grondlegging der wereld, maar geopenbaard is in deze laatste tijden om uwentwil,

²¹Die door Hem gelooft in God, Welke Hem opgewekt heeft uit de doden, en Hem heerlijkheid gegeven heeft, opdat uw geloof en hoop op God zijn zou.

²²Hebbende dan uw zielen gereinigd in de gehoorzaamheid der waarheid, door den Geest, tot ongeveinsde broederlijke liefde, zo hebt elkander vuriglijk lief uit een reinhart;

²³Gij, die wedergeboren zijt, niet uit vergankelijk, maar uit onvergankelijk zaad, door het levende en eeuwig blijvende Woord van God.

²⁴Want alle vlees is als gras, en alle heerlijkheid des mensen is als een bloem van het gras. Het gras is verdord, en zijn bloem is afgevallen;

Hoofdstuk 2

¹Zo legt dan af alle kwaadheid, en alle bedrog, en geveinsdheid, en nijdigheid, en alle achterklappingen;

²En, als nieuwgeborene kinderkens, zijt zeer begerig naar de redelijke onvervalste melk, opdat gij door dezelve moogt opwassen;

³Indien gij anders gesmaakt hebt, dat de Heere goedertieren is.

⁴Tot Welken komende, als tot een levenden Steen, van de mensen wel verworpen, maar bij God uitverkoren en dierbaar;

⁵Zo wordt gij ook zelven, als levende stenen, gebouwd tot een geestelijk huis, tot een heilig priesterdom, om geestelijke offeranden op te offeren, die Godeaangenaam zijn door Jezus Christus.

⁶Daarom is ook vervat in de Schrift: Ziet, Ik leg in Sion een uitersten Hoeksteen, Die uitverkoren en dierbaar is; en: Die in Hem gelooft, zal niet beschaamd worden.

⁷U dan, die gelooft, is Hij dierbaar; maar den ongehoorzamen wordt gezegd: De Steen, Dien de bouwlieden verworpen hebben, Deze is geworden tot een hoofd deshoeks, en een steen des aanstoots, en een rots der ergernis;

⁸Dengenen namelijk, die zich aan het Woord stoten, ongehoorzaam zijnde, waartoe zij ook gezet zijn.

⁹Maar gij zijt een uitverkoren geslacht, een koninklijk priesterdom, een heilig volk, een verkregen volk; opdat gij zoudt verkondigen de deugden Desgenen, Die u uit deduisternis geroepen heeft tot Zijn wonderbaar licht;

¹⁰Gij, die eertijds geen volk waart, maar nu Gods volk zijt; die eertijds niet ontfermd waart, maar nu ontfermd zijt geworden.

¹¹Geliefden, ik vermaan u als inwoners en vreemdelingen, dat gij u onthoudt van de vleselijke begeerlijkheden, welke krijg voeren tegen de ziel;

¹²En houdt uw wandel eerlijk onder de heidenen; opdat in hetgeen zij kwalijk van u spreken, als van kwaaddoeners, zij uit de goede werken, die zij in u zien, Godverheerlijken mogen in den dag der bezoeking.

¹³Zijt dan alle menselijke ordening onderdanig, om des Heeren wil; hetzij den koning, als de opperste macht hebbende;

¹⁴Hetzij den stadhouderen, als die van hem gezonden worden, tot straf wel der kwaaddoeners, maar tot prijs dergenen, die goed doen.

¹⁵Want alzo is het de wil van God, dat gij, weldoende, den mond stopt aan de onwetendheid der dwaze mensen;

¹⁶Als vrijen, en niet de vrijheid hebbende als een deksel der boosheid, maar als dienstknechten van God.

¹⁷Eert een iegelijk; hebt de broederschap lief; vreest God; eert den koning.

¹⁸Gij huisknechten, zijt met alle vreze onderdanig den heren, niet alleen den goeden en bescheidenen, maar ook den harden.

¹⁹Want dat is genade, indien iemand om het geweten voor God zwarigheid verdraagt, lijdende ten onrechte.

²⁰Want wat lof is het, indien gij verdraagt, als gij zondigt, en daarover geslagen wordt? Maar indien gij verdraagt, als gij weldoet, en daarover lijdt, dat is genade bijGod.

²¹Want hiertoe zijt gij geroepen, dewijl ook Christus voor ons geleden heeft, ons een voorbeeld nalatende, opdat gij Zijn voetstappen zoudt navolgen;

²²Die geen zonde gedaan heeft, en er is geen bedrog in Zijn mond gevonden;

²³Die, als Hij gescholden werd, niet wederschold, en als Hij leed, niet dreigde; maar gaf het over aan Dien, Die rechtvaardiglijk oordeelt;

²⁴Die Zelf onze zonden in Zijn lichaam gedragen heeft op het hout; opdat wij, der zonden afgestorven zijnde, der gerechtigheid leven zouden; door Wiens striemen gijgenezen zijt.

²⁵Want gij waart als dwalende schapen; maar gij zijt nu bekeerd tot den Herder en Opziener uwer zielen.

Hoofdstuk 3

¹Desgelijks gij vrouwen, zijt uw eigenen mannen onderdanig; opdat ook, zo enigen den Woorde ongehoorzaam zijn, zij door den wandel der vrouwen zonder Woordmogen gewonnen worden;

²Als zij zullen ingezien hebben uw kuisen wandel in vreze.

³Welker versiersel zij, niet hetgeen uiterlijk is, bestaande in het vlechten des haars, en omhangen van goud, of van klederen aan te trekken;

⁴Maar de verborgen mens des harten, in het onverderfelijk versiersel van een zachtmoedigen en stillen geest, die kostelijk is voor God.

⁵Want alzo versierden zichzelven eertijds ook de heilige vrouwen, die op God hoopten, en waren haar eigen mannen onderdanig;

⁶Gelijk Sara aan Abraham gehoorzaam is geweest, hem noemende heer, welker dochters gij geworden zijt, als gij weldoet, en niet vreest voor enige verschrikking.

⁷Gij mannen, insgelijks, woont bij haar met verstand, aan het vrouwelijke vat, als het zwakste, eer gevende, als die ook medeerfgenamen der genade des levens methaar zijt; opdat uw gebeden niet verhinderd worden.

⁸En eindelijk, zijt allen eensgezind, medelijdend, de broeders liefhebbende, met innerlijke barmhartigheid bewogen, vriendelijk;

⁹Vergeldt niet kwaad voor kwaad, of schelden voor schelden, maar zegent daarentegen; wetende, dat gij daartoe geroepen zijt, opdat gij zegening zoudt beerven.

¹⁰Want wie het leven wil liefhebben, en goede dagen zien, die stille zijn tong van het kwaad, en zijn lippen, dat zij geen bedrog spreken;

¹¹Die wijke af van het kwade, en doe het goede; die zoeke vrede en jage denzelven na.

¹²Want de ogen des Heeren zijn over de rechtvaardigen, en Zijn oren tot hun gebed; maar het aangezicht des Heeren is tegen degenen, die kwaad doen.

¹³En wie is het, die u kwaad doen zal, indien gij navolgers zijt van het goede?

¹⁴Maar indien gij ook lijdt om der gerechtigheid wil, zo zijt gij zalig; en vreest niet uit vreze van hen, en wordt niet ontroerd;

¹⁵Maar heiligt God, den Heere, in uw harten; en zijt altijd bereid tot verantwoording aan een iegelijk, die u rekenschap afeist van de hoop, die in u is, metzachtmoedigheid en vreze.

¹⁶En hebt een goed geweten, opdat in hetgeen zij kwalijk van u spreken, als van kwaaddoeners, zij beschaamd mogen worden, die uw goeden wandel in Christuslasteren.

¹⁷Want het is beter, dat gij, weldoende, (indien het de wil van God wil) lijdt, dan kwaad doende.

¹⁸Want Christus heeft ook eens voor de zonden geleden, Hij rechtvaardig voor de onrechtvaardigen, opdat Hij ons tot God zou brengen; Die wel is gedood in hetvlees, maar levend gemaakt door den Geest;

¹⁹In Denwelken Hij ook, henengegaan zijnde, den geesten, die in de gevangenis zijn, gepredikt heeft,

²⁰Die eertijds ongehoorzaam waren, wanneer de lankmoedigheid Gods eenmaal verwachtte, in de dagen van Noach, als de ark toebereid werd; waarin weinige (dat isacht) zielen behouden werden door het water.

²¹Waarvan het tegenbeeld, de doop, ons nu ook behoudt, niet die een aflegging is der vuiligheid des lichaams, maar die een vraag is van een goed geweten tot God, door de opstanding van Jezus Christus;

²²Welke is aan de rechter hand Gods, opgevaren ten hemel, de engelen, en machten, en krachten Hem onderdanig gemaakt zijnde.

Hoofdstuk 4

¹Dewijl dan Christus voor ons in het vlees geleden heeft, zo wapent gij u ook met dezelfde gedachte, namelijk dat wie in het vlees geleden heeft, die heeftopgehouden van de zonde;

²Om nu niet meer naar de begeerlijkheden der mensen, maar naar den wil van God, den tijd, die overig is in het vlees, te leven.

³Want het is ons genoeg, dat wij den voorgaande tijd des levens der heidenen wil volbracht hebben, en gewandeld hebben in ontuchtigheden, begeerlijkheden, wijnzuiperijen, brasserijen, drinkerijen en gruwelijke afgoderijen;

⁴Waarin zij zich vreemd houden, als gij niet medeloopt tot dezelfde uitgieting der overdadigheid, en u lasteren;

⁵Dewelke zullen rekenschap geven Dengene, Die bereid staat om te oordelen de levenden en de doden.

⁶Want daartoe is ook den doden het Evangelie verkondigd geworden, opdat zij wel zouden geoordeeld worden naar den mens in het vlees, maar leven zouden naarGod in den geest.

⁷En het einde aller dingen is nabij; zijt dan nuchteren, en waakt in de gebeden.

⁸Maar vooral hebt vurige liefde tot elkander; want de liefde zal menigte van zonden bedekken.

⁹Zijt herbergzaam jegens elkander, zonder murmureren.

¹⁰Een iegelijk, gelijk hij gave ontvangen heeft, alzo bediene hij dezelve aan de anderen, als goede uitdelers der menigerlei genade Gods.

¹¹Indien iemand spreekt, die spreke als de woorden Gods; indien iemand dient, die diene als uit kracht, die God verleent; opdat God in allen geprezen worde doorJezus Christus, Welken toekomt de heerlijkheid en de kracht, in alle eeuwigheid. Amen.

¹²Geliefden, houdt u niet vreemd over de hitte der verdrukking onder u, die u geschiedt tot verzoeking, alsof u iets vreemds overkwame;

¹³Maar gelijk gij gemeenschap hebt aan het lijden van Christus, alzo verblijdt u; opdat gij ook in de openbaring Zijner heerlijkheid u moogt verblijden en verheugen.

¹⁴Indien gij gesmaad wordt om den Naam van Christus, zo zijt gij zalig; want de Geest der heerlijkheid, en de Geest van God rust op u. Wat hen aangaat, Hij wordtwel gelasterd, maar wat u aangaat, Hij wordt verheerlijkt.

¹⁵Doch dat niemand van u lijde als een doodslager, of dief, of kwaaddoener, of als een, die zich met eens anders doen bemoeit;

¹⁶Maar indien iemand lijdt als een Christen, die schame zich niet, maar verheerlijke God in dezen dele.

¹⁷Want het is de tijd, dat het oordeel beginne van het huis Gods; en indien het eerst van ons begint, welk zal het einde zijn dergenen, die het Evangelie van Godongehoorzaam zijn?

¹⁸En indien de rechtvaardige nauwelijks zalig wordt, waar zal de goddeloze en zondaar verschijnen?

¹⁹Zo dan ook die lijden naar den wil van God, dat zij hun zielen Hem, als den getrouwen Schepper, bevelen met weldoen.

Hoofdstuk 5

¹De ouderlingen, die onder u zijn, vermaan ik, die een medeouderling, en getuige des lijdens van Christus ben, en deelachtig der heerlijkheid, die geopenbaard zalworden:

²Weidt de kudde Gods, die onder u is, hebbende opzicht daarover, niet uit bedwang, maar gewilliglijk; noch om vuil gewin, maar met een volvaardig gemoed;

³Noch als heerschappij voerende over het erfdeel des Heeren maar als voorbeelden der kudde geworden zijnde.

⁴En als de overste Herder verschenen zal zijn, zo zult gij de onverwelkelijke kroon der heerlijkheid behalen.

⁵Desgelijks gij jongen, zijt den ouden onderdanig; en zijt allen elkander onderdanig; zijt met de ootmoedigheid bekleed; want God wederstaat de hovaardigen, maar denederigen geeft Hij genade.

⁶Vernedert u dan onder de krachtige hand Gods, opdat Hij u verhoge te Zijner tijd.

⁷Werpt al uw bekommernis op Hem, want Hij zorgt voor u.

⁸Zijt nuchteren, en waakt; want uw tegenpartij, de duivel, gaat om als een briesende leeuw, zoekende, wien hij zou mogen verslinden;

⁹Denwelken wederstaat, vast zijnde in het geloof, wetende, dat hetzelfde lijden aan uw broederschap, die in de wereld is, volbracht wordt.

¹⁰De God nu aller genade, Die ons geroepen heeft tot Zijn eeuwige heerlijkheid in Christus Jezus, nadat wij een weinig tijds zullen geleden hebben, Dezelve volmake, bevestige, versterke, en fondere ulieden.

¹¹Hem zij de heerlijkheid en de kracht in alle eeuwigheid. Amen.

¹²Door Silvanus, die u een getrouw broeder is, zo ik acht, heb ik met weinige woorden geschreven, vermanende en betuigende, dat deze is de waarachtige genadeGods, in welke gij staat.

¹³U groet de medeuitverkorene Gemeente, die in Babylon is, en Markus, mijn zoon.

2 Petrus

Hoofdstuk 1

¹Simeon Petrus, een dienstknecht en apostel van Jezus Christus, aan degenen, die even dierbaar geloof met ons verkregen hebben, door de rechtvaardigheid vanonzen God en Zaligmaker, Jezus Christus;

²Genade en vrede zij u vermenigvuldigd door de kennis van God, en van Jezus, onzen Heere.

³Gelijk ons Zijn Goddelijke kracht alles, wat tot het leven en de godzaligheid behoort, geschonken heeft, door de kennis Desgenen, Die ons geroepen heeft totheerlijkheid en deugd;

⁴Door welke ons de grootste en dierbare beloften geschonken zijn, opdat gij door dezelve der goddelijke natuur deelachtig zoudt worden, nadat gij ontvloden zijt hetverderf, dat in de wereld is door de begeerlijkheid.

⁵En gij, tot hetzelve ook alle naarstigheid toebrengende, voegt bij uw geloof deugd, en bij de deugd kennis,

⁶En bij de kennis matigheid, en bij de matigheid lijdzaamheid, en bij de lijdzaamheid godzaligheid,

⁷En bij de godzaligheid broederlijke liefde, en bij de broederlijke liefde, liefde jegens allen.

⁸Want zo deze dingen bij u zijn, en in u overvloedig zijn, zij zullen u niet ledig noch onvruchtbaar laten in de kennis van onzen Heere Jezus Christus.

⁹Want bij welken deze dingen niet zijn, die is blind, van verre niet ziende, hebbende vergeten de reiniging zijner vorige zonden.

¹⁰Daarom, broeders, benaarstigt u te meer, om uw roeping en verkiezing vast te maken; want dat doende zult gij nimmermeer struikelen.

¹¹Want alzo zal u rijkelijk toegevoegd worden de ingang in het eeuwig Koninkrijk van onzen Heere en Zaligmaker, Jezus Christus.

¹²Daarom zal ik niet verzuimen u altijd daarvan te vermanen, hoewel gij het weet, en in de tegenwoordige waarheid versterkt zijt.

¹³En ik acht het recht te zijn, zolang ik in deze tabernakel ben, dat ik u opwekke door vermaning.

¹⁴Alzo ik weet, dat de aflegging mijns tabernakels haast zijn zal, gelijkerwijs ook onze Heere Jezus Christus mij heeft geopenbaard.

¹⁵Doch ik zal ook naarstigheid doen bij alle gelegenheid, dat gij na mijn uitgang van deze dingen gedachtenis moogt hebben.

¹⁶Want wij zijn geen kunstelijk verdichte fabelen nagevolgd, als wij u bekend gemaakt hebben de kracht en toekomst van onze Heere Jezus Christus, maar wij zijnaanschouwers geweest van Zijn majesteit.

¹⁷Want Hij heeft van God den Vader eer en heerlijkheid ontvangen, als zodanig een stem van de hoogwaardige heerlijkheid tot Hem gebracht werd: Deze is Mijngeliefde Zoon, in Denwelken Ik Mijn welbehagen heb.

¹⁸En deze stem hebben wij gehoord, als zij van de hemel gebracht is geweest, toen wij met Hem op de heilige berg waren.

¹⁹En wij hebben het profetische woord, dat zeer vast is, en gij doet wel, dat gij daarop acht hebt, als op een licht, schijnende in een duistere plaats, totdat de dagaanlichte, en de morgenster opga in uw harten.

²⁰Dit eerst wetende, dat geen profetie der Schrift is van eigen uitlegging;

Hoofdstuk 2

¹En er zijn ook valse profeten onder het volk geweest, gelijk ook onder u valse leraars zijn zullen, die verderfelijke ketterijen bedektelijk invoeren zullen, ook denHeere, Die hen gekocht heeft, verloochenende, en een haastig verderf over zichzelven brengende;

²En velen zullen hun verderfenissen navolgen, door welke de weg der waarheid zal gelasterd worden.

³En zij zullen door gierigheid, met gemaakte woorden, van u een koopmanschap maken; over welke het oordeel van over lang niet ledig is, en hun verderf sluimertniet.

⁴Want indien God de engelen, die gezondigd hebben, niet gespaard heeft, maar, die in de hel geworpen hebbende, overgegeven heeft aan de ketenen der duisternis, om tot het oordeel bewaard te worden;

⁵En de oude wereld niet heeft gespaard, maar Noach, den prediker der gerechtigheid, zijn achttal bewaard heeft, als Hij den zondvloed over de wereld dergoddelozen heeft gebracht;

⁶En de steden van Sodoma en Gomorra tot as verbrandende met omkering veroordeeld heeft, en tot een voorbeeld gezet dengenen, die goddelooslijk zouden leven;

⁷En den rechtvaardigen Lot, die vermoeid was van den ontuchtigen wandel der gruwelijken mensen, daaruit verlost heeft;

⁸(Want deze rechtvaardige man, wonende onder hen, heeft dag op dag zijn rechtvaardige ziel gekweld, door het zien en horen van hun ongerechtige werken);

⁹Zo weet de Heere de godzaligen uit de verzoeking te verlossen, en de onrechtvaardigen te bewaren tot den dag des oordeels, om gestraft te worden;

¹⁰Maar allermeest degenen, die naar het vlees in onreine begeerlijkheid wandelen, en de heerschappij verachten; die stout zijn, zichzelven behagen, en die deheerlijkheden niet schromen te lasteren;

¹¹Daar de engelen in sterkte en kracht meerder zijnde, geen lasterlijk oordeel tegen hen voor den Heere voortbrengen.

¹²Maar dezen, als onredelijke dieren, die de natuur volgen, en voortgebracht zijn om gevangen en gedood te worden, dewijl zij lasteren, hetgeen zij niet verstaan, zullenin hun verdorvenheid verdorven worden;

¹³En zullen verkrijgen het loon der ongerechtigheid, als die de dagelijkse weelde hun vermaak achten, zijnde vlekken en smetten, en zijn weelderig in hunbedriegerijen, als zij in de maaltijden met u zijn;

¹⁴Hebbende de ogen vol overspel, en die niet ophouden van zondigen; verlokkende de onvaste zielen, hebbende het hart geoefend in gierigheid, kinderen dervervloeking;

¹⁵Die den rechten weg verlaten hebbende, zijn verdwaald, en volgen den weg van Balaam, den zoon van Bosor, die het loon der ongerechtigheid liefgehad heeft;

¹⁶Maar hij heeft de bestraffing zijner ongerechtigheid gehad; want het jukdragende stomme dier, sprekende met mensenstem, heeft des profeten dwaasheidverhinderd.

¹⁷Dezen zijn waterloze fonteinen, wolken van een draaiwind gedreven, denwelken de donkerheid der duisternis in der eeuwigheid bewaard wordt.

¹⁸Want zij, zeer opgeblazene ijdelheid sprekende, verlokken, door de begeerlijkheden des vleses in door ontuchtigheden, degenen, die waarlijk ontvloden waren vandegenen, die in dwaling wandelen;

¹⁹Belovende hun vrijheid, daar zijzelven dienstknechten zijn der verdorvenheid; want van wien iemand overwonnen is, dien is hij ook tot een dienstknecht gemaakt.

²⁰Want indien zij, nadat zij door de kennis van den Heere en Zaligmaker Jezus Christus, de besmettingen der wereld ontvloden zijn, en in dezelve wederomingewikkeld zijnde, van dezelve overwonnen worden, zo is hun het laatste erger geworden dan het eerste.

²¹Want het ware hun beter, dat zij den weg der gerechtigheid niet gekend hadden, dan dat zij, dien gekend hebbende, weder afkeren van het heilige gebod, dat hunovergegeven was.

²²Maar hun is overkomen, hetgeen met een waar spreekwoord gezegd wordt: De hond is wedergekeerd tot zijn eigen uitbraaksel; en de gewassen zeug tot dewenteling in het slijk.

Hoofdstuk 3

¹Dezen tweeden zendbrief, geliefden, schrijf ik nu aan u, in welke beide ik door vermaning uw oprecht gemoed opwekke;

²Opdat gij gedachtig zijt aan de woorden, die van de heilige profeten te voren gesproken zijn, en aan ons gebod, die des Heeren en Zaligmakers apostelen zijn;

³Dit eerst wetende, dat in het laatste der dagen spotters komen zullen, die naar hun eigen begeerlijkheden zullen wandelen,

⁴En zeggen: Waar is de belofte Zijner toekomst? Want van dien dag, dat de vaders ontslapen zijn, blijven alle dingen alzo gelijk van het begin der schepping.

⁵Want willens is dit hun onbekend, dat door het woord Gods de hemelen van over lang geweest zijn, en de aarde uit het water en in het water bestaande;

⁶Door welke de wereld, die toen was, met het water van den zondvloed bedekt zijnde, vergaan is.

⁷Maar de hemelen, die nu zijn, en de aarde, zijn door hetzelfde woord als een schat weggelegd, en worden ten vure bewaard tegen den dag des oordeels, en derverderving der goddeloze mensen.

⁸Doch deze ene zaak zij u niet onbekend, geliefden, dat een dag bij den Heere is als duizend jaren, en duizend jaren als een dag.

⁹De Heere vertraagt de belofte niet (gelijk enigen dat traagheid achten), maar is lankmoedig over ons, niet willende, dat enigen verloren gaan, maar dat zij allen totbekering komen.

¹⁰Maar de dag des Heeren zal komen als een dief in den nacht, in welken de hemelen met een gedruis zullen voorbijgaan, en de elementen branden zullen en vergaan, en de aarde en de werken, die daarin zijn,

zullen verbranden.

¹¹Dewijl dan deze dingen alle vergaan, hoedanigen behoort gij te zijn in heiligen wandel en godzaligheid!

¹²Verwachtende en haastende tot de toekomst van den dag Gods, in welken de hemelen, door vuur ontstoken zijnde, zullen vergaan, en de elementen brandende zullen versmelten.

¹³Maar wij verwachten, naar Zijn belofte, nieuwe hemelen en een nieuwe aarde, in dewelke gerechtigheid woont.

¹⁴Daarom, geliefden, verwachtende deze dingen, benaarstigt u, dat gij onbevlekt en onbestraffelijk van Hem bevonden moogt worden in vrede;

¹⁵En acht de lankmoedigheid onzes Heeren voor zaligheid; gelijkerwijs ook onze geliefde broeder Paulus, naar de wijsheid, die hem gegeven is, ulieden geschreven heeft;

¹⁶Gelijk ook in alle zendbrieven, daarin van deze dingen sprekende; in welke sommige dingen zwaar zijn om te verstaan, die de ongeleerde en onvaste mensen verdraaien, gelijk ook de andere Schriften, tot hun eigen verderf.

¹⁷Gij dan, geliefden, zulks te voren wetende, wacht u, dat gij niet door de verleiding der gruwelijke mensen mede afgerukt wordt, en uitvalt van uw vastigheid;

1 Johannes

Hoofdstuk 1

¹Hetgeen van den beginne was, hetgeen wij gehoord hebben, hetgeen wij gezien hebben met onze ogen, hetgeen wij aanschouwd hebben, en onze handen getast hebben, van het Woord des levens;

²(Want het Leven is geopenbaard, en wij hebben het gezien, en wij getuigen, en verkondigen ulieden dat eeuwige Leven, Hetwelk bij den Vader was, en ons is geopenbaard.)

³Hetgeen wij dan gezien en gehoord hebben, dat verkondigen wij u, opdat ook gij met ons gemeenschap zoudt hebben, en deze onze gemeenschap ook zij met den Vader, en met Zijn Zoon Jezus Christus.

⁴En deze dingen schrijven wij u, opdat uw blijdschap vervuld zij.

⁵En dit is de verkondiging, die wij van Hem gehoord hebben, en wij u verkondigen, dat God een Licht is, en gans geen duisternis in Hem is.

⁶Indien wij zeggen, dat wij gemeenschap met Hem hebben, en wij in de duisternis wandelen, zo liegen wij, en doen de waarheid niet.

⁷Maar indien wij in het licht wandelen, gelijk Hij in het licht is, zo hebben wij gemeenschap met elkander, en het bloed van Jezus Christus, Zijn Zoon, reinigt ons van alle zonde.

⁸Indien wij zeggen, dat wij geen zonde hebben, zo verleiden wij ons zelven, en de waarheid is in ons niet.

⁹Indien wij onze zonden belijden, Hij is getrouw en rechtvaardig, dat Hij ons de zonden vergeve, en ons reinige van alle ongerechtigheid.

Hoofdstuk 2

¹Mijn kinderkens, ik schrijf u deze dingen, opdat gij niet zondigt. En indien iemand gezondigd heeft, wij hebben een Voorspraak bij den Vader, Jezus Christus, den Rechtvaardige;

²En Hij is een verzoening voor onze zonden; en niet alleen voor de onze, maar ook voor de zonden der gehele wereld.

³En hieraan kennen wij, dat wij Hem gekend hebben, zo wij Zijn geboden bewaren.

⁴Die daar zegt: Ik ken Hem, en Zijn geboden niet bewaart, die is een leugenaar, en in dien is de waarheid niet.

⁵Maar zo wie Zijn Woord bewaart, in dien is waarlijk de liefde Gods volmaakt geworden; hieraan kennen wij, dat wij in Hem zijn.

⁶Die zegt, dat hij in Hem blijft, die moet ook zelf alzo wandelen, gelijk Hij gewandeld heeft.

⁷Broeders! Ik schrijf u geen nieuw gebod, maar een oud gebod, dat gij van den beginne gehad hebt; dit oud gebod is het woord, dat gij van den beginne gehoord hebt.

⁸Wederom schrijf ik u een nieuw gebod: hetgeen waarachtig is in Hem, zij ook in u waarachtig; want de duisternis gaat voorbij, en het waarachtige licht schijnt nu.

⁹Die zegt, dat hij in het licht is, en zijn broeder haat, die is in de duisternis tot nog toe.

¹⁰Die zijn broeder liefheeft, blijft in het licht, en geen ergernis is in hem.

¹¹Maar die zijn broeder haat, is in de duisternis, en wandelt in de duisternis, en weet niet, waar hij henengaat; want de duisternis heeft zijn ogen verblind.

¹²Ik schrijf u, kinderkens, want de zonden zijn u vergeven om Zijns Naams wil.

¹³Ik schrijf u, vaders! want gij hebt Hem gekend, Die van den beginne is. Ik schrijf u, jongelingen, want gij hebt den boze overwonnen. Ik schrijf u, kinderen, want gij hebt den Vader gekend.

¹⁴Ik heb u geschreven, vaders, want gij hebt Hem gekend, Die van den beginne is. Ik heb u geschreven, jongelingen, want gij zijt sterk, en het Woord Gods blijft in u, en gij hebt den boze overwonnen.

¹⁵Hebt de wereld niet lief, noch hetgeen in de wereld is; zo iemand de wereld liefheeft, de liefde des Vaders is niet in hem.

¹⁶Want al wat in de wereld is, namelijk de begeerlijkheid des vleses, en de begeerlijkheid der ogen, en de grootsheid des levens, is niet uit den Vader, maar is uit de wereld.

¹⁷En de wereld gaat voorbij, en haar begeerlijkheid; maar die den wil van God doet, blijft in der eeuwigheid.

¹⁸Kinderkens, het is de laatste ure; en gelijk gij gehoord hebt, dat de antichrist komt, zo zijn ook nu vele antichristen geworden; waaruit wij kennen, dat het de laatste ure is.

¹⁹Zij zijn uit ons uitgegaan, maar zij waren uit ons niet; want indien zij uit ons geweest waren, zo zouden zij met ons gebleven zijn; maar dit is geschied, opdat zij zouden openbaar worden, dat zij niet allen uit ons zijn.

²⁰Doch gij hebt de zalving van den Heilige, en gij weet alle dingen.

²¹Ik heb u niet geschreven, omdat gij de waarheid niet weet, maar omdat gij die weet, en omdat geen leugen uit de waarheid is.

²²Wie is de leugenaar, dan die loochent, dat Jezus is de Christus? Deze is de antichrist, die den Vader en den Zoon loochent.

²³Een iegelijk, die den Zoon loochent, heeft ook den Vader niet.

²⁴Hetgeen gijlieden dan van den beginne gehoord hebt, dat blijve in u. Indien in u blijft, wat gij van den beginne gehoord hebt, zo zult gij ook in den Zoon en in den Vader blijven.

²⁵En dit is de belofte, die Hij ons beloofd heeft, namelijk het eeuwige leven.

²⁶Dit heb ik u geschreven van degenen, die u verleiden.

²⁷En de zalving, die gijlieden van Hem ontvangen hebt, blijft in u, en gij hebt niet van node, dat iemand u lere; maar gelijk dezelfde zalving u leert van alle dingen, zo is zij ook waarachtig, en is geen leugen; en gelijk zij u geleerd heeft, zo zult gij in Hem blijven.

²⁸En nu, kinderkens, blijft in Hem; opdat, wanneer Hij zal geopenbaard zijn, wij vrijmoedigheid hebben, en wij van Hem niet beschaamd gemaakt worden in Zijn toekomst.

²⁹Indien gij weet, dat Hij rechtvaardig is, zo weet gij, dat een iegelijk, die de rechtvaardigheid doet, uit Hem geboren is.

Hoofdstuk 3

¹Ziet, hoe grote liefde ons de Vader gegeven heeft, namelijk dat wij kinderen Gods genaamd zouden worden. Daarom kent ons de wereld niet, omdat zij Hem niet kent.

²Geliefden, nu zijn wij kinderen Gods, en het is nog niet geopenbaard, wat wij zijn zullen. Maar wij weten, dat als Hij zal geopenbaard zijn, wij Hem zullen gelijk wezen; want wij zullen Hem zien, gelijk Hij is.

³En een iegelijk, die deze hoop op Hem heeft, die reinigt zichzelven, gelijk Hij rein is.

⁴Een iegelijk, die de zonde doet, die doet ook de ongerechtigheid; want de zonde is de ongerechtigheid.

⁵En gij weet, dat Hij geopenbaard is, opdat Hij onze zonden zou wegnemen; en geen zonde is in Hem.

⁶Een iegelijk, die in Hem blijft, die zondigt niet; een iegelijk, die zondigt, die heeft Hem niet gezien, en heeft Hem niet gekend.

⁷Kinderkens, dat u niemand verleide. Die de rechtvaardigheid doet, die is rechtvaardig, gelijk Hij rechtvaardig is.

⁸Die de zonde doet, is uit den duivel; want de duivel zondigt van den beginne. Hiertoe is de Zoon van God geopenbaard, opdat Hij de werken des duivels verbreken zou.

⁹Een iegelijk, die uit God geboren is, die doet de zonde niet, want Zijn zaad blijft in hem; en hij kan niet zondigen, want hij is uit God geboren.

¹⁰Hierin zijn de kinderen Gods en de kinderen des duivels openbaar. Een iegelijk, die de rechtvaardigheid niet doet, die is niet uit God, en die zijn broeder niet liefheeft,

¹¹Want dit is de verkondiging, die gij van den beginne gehoord hebt, dat wij elkander zouden liefhebben.

¹²Niet gelijk Kaïn, die uit den boze was, en zijn broeder doodsloeg; en om wat oorzaak sloeg hij hem dood? Omdat zijn werken boos waren, en van zijn broeder rechtvaardig.

¹³Verwondert u niet, mijn broeders, zo u de wereld haat.

¹⁴Wij weten, dat wij overgegaan zijn uit den dood in het leven, dewijl wij de broeders liefhebben; die zijn broeder niet liefheeft, blijft in den dood.

¹⁵Een iegelijk, die zijn broeder haat, is een doodslager; en gij weet, dat geen doodslager het eeuwige leven heeft in zich blijvende.

¹⁶Hieraan hebben wij de liefde gekend, dat Hij Zijn leven voor ons gesteld heeft; en wij zijn schuldig voor de broeders het leven te stellen.

¹⁷Zo wie nu het goed der wereld heeft, en ziet zijn broeder gebrek hebben, en sluit zijn hart toe voor hem, hoe blijft de liefde Gods in hem?

¹⁸Mijn kinderkens, laat ons niet liefhebben met den woorde, noch met de tong, maar met de daad en waarheid.

¹⁹En hieraan kennen wij, dat wij uit de waarheid zijn, en wij zullen onze harten verzekeren voor Hem.

²⁰Want indien ons hart ons veroordeelt, God is meerder dan ons hart, en Hij kent alle dingen.

²¹Geliefden! Indien ons hart ons niet veroordeelt, zo hebben wij vrijmoedigheid tot God;

²²En zo wat wij bidden, ontvangen wij van Hem, dewijl wij Zijn geboden bewaren, en doen, hetgeen behagelijk is voor Hem.

²³En dit is Zijn gebod, dat wij geloven in den Naam van Zijn Zoon Jezus Christus, en elkander liefhebben, gelijk Hij ons een gebod gegeven heeft.
²⁴En die Zijn geboden bewaart, blijft in Hem, en Hij in denzelven. En hieraan kennen wij, dat Hij in ons blijft, namelijk uit den Geest, Dien Hij ons gegeven heeft.

Hoofdstuk 4

¹Geliefden, gelooft niet een iegelijken geest, maar beproeft de geesten, of zij uit God zijn; want vele valse profeten zijn uitgegaan in de wereld.
²Hieraan kent gij den Geest van God: alle geest, die belijdt, dat Jezus Christus in het vlees gekomen is, die is uit God;
³En alle geest, die niet belijdt, dat Jezus Christus in het vlees gekomen is, die is uit God niet; maar dit is de geest van den antichrist, welken geest gij gehoord hebt, dat komen zal, en is nu alrede in de wereld.
⁴Kinderkens, gij zijt uit God, en hebt hen overwonnen; want Hij is meerder, Die in u is, dan die in de wereld is.
⁵Zij zijn uit de wereld, daarom spreken zij uit de wereld, en de wereld hoort hen.
⁶Wij zijn uit God. Die God kent, hoort ons; die uit God niet is, hoort ons niet. Hieruit kennen wij den geest der waarheid, en den geest der dwaling.
⁷Geliefden! Laat ons elkander liefhebben, want de liefde is uit God; en een iegelijk, die liefheeft, is uit God geboren, en kent God;
⁸Die niet liefheeft, die heeft God niet gekend; want God is liefde.
⁹Hierin is de liefde Gods jegens ons geopenbaard, dat God Zijn eniggeboren Zoon gezonden heeft in de wereld, opdat wij zouden leven door Hem.
¹⁰Hierin is de liefde, niet dat wij God liefgehad hebben, maar dat Hij ons lief heeft gehad, en Zijn Zoon gezonden heeft tot een verzoening voor onze zonden.
¹¹Geliefden, indien God ons alzo lief heeft gehad, zo zijn ook wij schuldig elkander lief te hebben.
¹²Niemand heeft ooit God aanschouwd; indien wij elkander liefhebben, zo blijft God in ons, en Zijn liefde is in ons volmaakt.
¹³Hieraan kennen wij, dat wij in Hem blijven, en Hij in ons, omdat Hij ons van Zijn Geest gegeven heeft.
¹⁴En wij hebben het aanschouwd, en getuigen, dat de Vader Zijn Zoon gezonden heeft tot een Zaligmaker der wereld.
¹⁵Zo wie beleden zal hebben, dat Jezus de Zoon van God is, God blijft in hem, en hij in God.
¹⁶En wij hebben gekend en geloofd de liefde, die God tot ons heeft. God is liefde; en die in de liefde blijft, blijft in God, en God in hem.
¹⁷Hierin is de liefde bij ons volmaakt, opdat wij vrijmoedigheid mogen hebben in den dag des oordeels, namelijk dat gelijk Hij is, wij ook zijn in deze wereld.
¹⁸Er is in de liefde geen vrees, maar de volmaakte liefde drijft de vrees buiten; want de vrees heeft pijn, en die vreest, is niet volmaakt in de liefde.
¹⁹Wij hebben Hem lief, omdat Hij ons eerst liefgehad heeft.
²⁰Indien iemand zegt: Ik heb God lief; en haat zijn broeder, die is een leugenaar; want die zijn broeder niet liefheeft, dien hij gezien heeft, hoe kan hij God liefhebben, Dien hij niet gezien heeft?
²¹En dit gebod hebben wij van Hem, namelijk dat die God liefheeft, ook zijn broeder liefhebbe.

Hoofdstuk 5

¹Een iegelijk, die gelooft, dat Jezus is de Christus, die is uit God geboren; en een iegelijk, die liefheeft Dengene, Die geboren heeft, die heeft ook lief dengene, die uit Hem geboren is.
²Hieraan kennen wij, dat wij de kinderen Gods liefhebben, wanneer wij God liefhebben, en Zijn geboden bewaren.
³Want dit is de liefde Gods, dat wij Zijn geboden bewaren; en Zijn geboden zijn niet zwaar.
⁴Want al wat uit God geboren is, overwint de wereld; en dit is de overwinning, die de wereld overwint, namelijk ons geloof.
⁵Wie is het, die de wereld overwint, dan die gelooft, dat Jezus is de Zoon van God?
⁶Deze is het, Die gekomen is door water en bloed, namelijk Jezus, de Christus; niet door het water alleen, maar door het water en het bloed. En de Geest is het, Die getuigt, dat de Geest de waarheid is.
⁷Want Drie zijn er, Die getuigen in den hemel, de Vader, het Woord en de Heilige Geest; en deze Drie zijn Een.
⁸En drie zijn er, die getuigen op de aarde, de Geest, en het water, en het bloed; en die drie zijn tot een.
⁹Indien wij de getuigenis der mensen aannemen, de getuigenis van God is meerder; want dit is de getuigenis van God, welke Hij van Zijn Zoon getuigd heeft.
¹⁰Die in den Zoon van God gelooft, heeft de getuigenis in zichzelven; die God niet gelooft, heeft Hem tot een leugenaar gemaakt, dewijl hij niet geloofd heeft de getuigenis, die God getuigd heeft van Zijn Zoon.
¹¹En dit is de getuigenis, namelijk dat ons God het eeuwige leven gegeven heeft; en ditzelve leven is in Zijn Zoon.
¹²Die den Zoon heeft, die heeft het leven; die den Zoon van God niet heeft, die heeft het leven niet.
¹³Deze dingen heb ik u geschreven, die gelooft in den Naam des Zoons van God; opdat gij weet, dat gij het eeuwige leven hebt, en opdat gij gelooft in den Naam des Zoons van God.
¹⁴En dit is de vrijmoedigheid, die wij tot Hem hebben, dat zo wij iets bidden naar Zijn wil, Hij ons verhoort.
¹⁵En indien wij weten, dat Hij ons verhoort, wat wij ook bidden, zo weten wij, dat wij de beden verkrijgen, die wij van Hem gebeden hebben.
¹⁶Indien iemand zijn broeder ziet zondigen een zonde niet tot den dood, die zal God bidden en Hij zal hem het leven geven, dengenen, zeg ik, die zondigen niet tot den dood. Er is een zonde tot den dood; voor dezelve zonde zeg ik niet, dat hij zal bidden.
¹⁷Alle ongerechtigheid is zonde; en er is zonde niet tot den dood.
¹⁸Wij weten, dat een iegelijk, die uit God geboren is, niet zondigt; maar die uit God geboren is, bewaart zichzelven, en de boze vat hem niet.
¹⁹Wij weten, dat wij uit God zijn, en dat de gehele wereld ligt in het boze.
²⁰Doch wij weten, dat de Zoon van God gekomen is, en heeft ons het verstand gegeven, dat wij den Waarachtige kennen; en wij zijn in den Waarachtige, namelijk in Zijn Zoon Jezus Christus. Deze is de waarachtige God, en het eeuwige Leven.

2 Johannes

¹De ouderling aan de uitverkoren vrouwe en aan haar kinderen, die ik in waarheid liefheb, en niet alleen ik, maar ook allen, die de waarheid gekend hebben;
²Om der waarheid wil, die in ons blijft, en met ons zal zijn in der eeuwigheid:
³Genade, barmhartigheid, vrede zij met ulieden van God den Vader, en van den Heere Jezus Christus, den Zoon des Vaders, in waarheid en liefde.
⁴Ik ben zeer verblijd geweest, dat ik van uw kinderen gevonden heb, die in de waarheid wandelen, gelijk wij een gebod ontvangen hebben van den Vader.
⁵En nu bid ik u, uitverkoren vrouwe, niet als u schrijvende een nieuw gebod, maar hetgeen wij gehad hebben van den beginne, namelijk dat wij elkander liefhebben.
⁶En dit is de liefde, dat wij wandelen naar Zijn geboden. Dit is het gebod, gelijk gijlieden van den beginne gehoord hebt, dat gij in hetzelve zoudt wandelen.
⁷Want er zijn vele verleiders in de wereld gekomen, die niet belijden, dat Jezus Christus in het vlees gekomen is. Deze is de verleider en de antichrist.
⁸Ziet toe voor uzelven, dat wij niet verliezen, hetgeen wij gearbeid hebben, maar een vol loon mogen ontvangen.
⁹Een iegelijk, die overtreedt, en niet blijft in de leer van Christus, die heeft God niet; die in de leer van Christus blijft, deze heeft beiden den Vader en den Zoon.
¹⁰Indien iemand tot ulieden komt, en deze leer niet brengt, ontvangt hem niet in huis, en zegt tot hem niet: Zijt gegroet.
¹¹Want die tot hem zegt: Zijt gegroet, die heeft gemeenschap aan zijn boze werken.
¹²Ik heb veel aan ulieden te schrijven, doch ik heb niet gewild door papier en inkt; maar ik hoop tot ulieden te komen, en mond tot mond met u te spreken, opdat onzeblijdschap volkomen moge zijn.

3 Johannes

¹De ouderling aan den geliefden Gajus, welken ik in waarheid liefheb.

²Geliefde, voor alle dingen wens ik, dat gij welvaart en gezond zijt, gelijk uw ziel welvaart.

³Want ik ben zeer verblijd geweest, als de broeders kwamen, en getuigden van uw waarheid, gelijk gij in de waarheid wandelt.

⁴Ik heb geen meerdere blijdschap dan hierin, dat ik hoor, dat mijn kinderen in de waarheid wandelen.

⁵Geliefde, gij doet trouwelijk, in al hetgeen gij doet aan de broederen en aan de vreemdelingen,

⁶Die getuigd hebben van uw liefde, in de tegenwoordigheid der Gemeente; welken indien gij geleide doet, gelijk het Gode waardig is, zo zult gij weldoen.

⁷Want zij zijn voor Zijn Naam uitgegaan, niets nemende van de heidenen.

⁸Wij dan zijn schuldig de zodanigen te ontvangen, opdat wij medearbeiders mogen worden der waarheid.

⁹Ik heb aan de Gemeente geschreven; maar Diotrefes, die onder hen zoekt de eerste te zijn, neemt ons niet aan.

¹⁰Daarom, indien ik kom, zo zal ik in gedachtenis brengen zijn werken, die hij doet, met boze woorden snaterende tegen ons; en hiermede niet vergenoegd zijnde, zoontvangt hij zelf de broeders niet, en verhindert degenen, die het willen doen, en werpt ze uit de Gemeente.

¹¹Geliefde, volgt het kwade niet na, maar het goede. Die goed doet, is uit God; maar die kwaad doet, heeft God niet gezien.

¹²Aan Demetrius wordt getuigenis gegeven van allen, en van de waarheid zelve; en wij getuigen ook, en gij weet, dat onze getuigenis waarachtig is.

¹³Ik had veel te schrijven, maar ik wil u niet schrijven met inkt en pen;

¹⁴Maar ik hoop u haast te zien, en wij zullen mond tot mond spreken.

Judas

¹Judas, een dienstknecht van Jezus Christus, en broeder van Jakobus, aan de geroepenen, die door God den Vader geheiligd zijn, en door Jezus Christus bewaard:

²Barmhartigheid, en vrede, en liefde zij u vermenigvuldigd.

³Geliefden, alzo ik alle naarstigheid doe om u te schrijven van de gemene zaligheid, zo heb ik noodzaak gehad aan u te schrijven en u te vermanen, dat gij strijdt voorhet geloof, dat eenmaal den heiligen overgeleverd is.

⁴Want er zijn sommige mensen ingeslopen, die eertijds tot ditzelfde oordeel te voren opgeschreven zijn, goddelozen, die de genade onzes Gods veranderen inontuchtigheid, en de enigen Heerser, God, en onzen Heere Jezus Christus verloochenen.

⁵Maar ik wil u indachtig maken, als die dit eenmaal weet, dat de Heere, het volk uit Egypteland verlost hebbende, wederom degenen, die niet geloofden, verdorvenheeft.

⁶En de engelen, die hun beginsel niet bewaard hebben, maar hun eigen woonstede verlaten hebben, heeft Hij tot het oordeel des groten dags met eeuwige bandenonder de duisternis bewaard.

⁷Gelijk Sodoma en Gomorra, en de steden rondom dezelve, die op gelijke wijze als deze gehoereerd hebben, en ander vlees zijn nagegaan, tot een voorbeeldvoorgesteld zijn, dragende de straf des eeuwigen vuurs.

⁸Desgelijks evenwel ook dezen, in slaap gebracht zijnde, verontreinigen het vlees, en verwerpen de heerschappij, en lasteren de heerlijkheden.

⁹Maar Michael, de archangel, toen hij met den duivel twistte, en handelde van het lichaam van Mozes, durfde geen oordeel van lastering tegen hem voortbrengen, maar zeide: De Heere bestraffe u!

¹⁰Maar dezen, hetgeen zij niet weten, dat lasteren zij; en hetgeen zij natuurlijk, als de onredelijke dieren, weten, in hetzelve verderven zij zich.

¹¹Wee hun, want zij zijn de weg van Kaïn ingegaan, en door de verleiding van het loon van Balaäm zijn zij henengestort, en zijn door de tegenspreking van Korachvergaan.

¹²Dezen zijn vlekken in uw liefdemaaltijden, en als zij met u ter maaltijd zijn, weiden zij zichzelven zonder vreze; zij zijn waterloze wolken, die van de windenomgedreven worden; zij zijn als bomen in het afgaan van de herfst, onvruchtbaar, tweemaal verstorven, en ontworteld;

¹³Wilde baren der zee, hun eigen schande opschuimende; dwalende sterren, denwelken de donkerheid der duisternis in der eeuwigheid bewaard wordt.

¹⁴En van dezen heeft ook Enoch, de zevende van Adam, geprofeteerd, zeggende: Ziet, de Heere is gekomen met Zijn vele duizenden heiligen;

¹⁵Om gericht te houden tegen allen, en te straffen alle goddelozen onder hen, vanwege al hun goddeloze werken, die zij goddelooslijk gedaan hebben, en vanwege alde harde woorden, die de goddeloze zondaars tegen Hem gesproken hebben.

¹⁶Dezen zijn murmureerders, klagers over hun staat, wandelende naar hun begeerlijkheden; en hun mond spreekt zeer opgeblazen dingen, verwonderende zich over depersonen om des voordeels wil.

¹⁷Maar geliefden, gedenkt gij der woorden, die voorzegd zijn van de apostelen van onzen Heere Jezus Christus;

¹⁸Dat zij u gezegd hebben, dat er in den laatsten tijd spotters zullen zijn, die naar hun goddeloze begeerlijkheden wandelen zullen.

¹⁹Dezen zijn het, die zichzelven afscheiden, natuurlijke mensen, den Geest niet hebbende.

²⁰Maar geliefden, bouwt gij uzelven op uw allerheiligst geloof, biddende in den Heiligen Geest;

²¹Bewaart uzelven in de liefde Gods, verwachtende de barmhartigheid van onzen Heere Jezus Christus ten eeuwigen leven.

²²En ontfermt u wel eniger, onderscheid makende;

²³Maar behoudt anderen door vreze, en grijpt ze uit het vuur; en haat ook den rok, die van het vlees bevlekt is.

²⁴Hem nu, Die machtig is u van struikelen te bewaren, en onstraffelijk te stellen voor Zijn heerlijkheid, in vreugde,

Openbaring

Hoofdstuk 1

¹De openbaring van Jezus Christus, die God hem gegeven heeft, om Zijn dienstknechten te tonen de dingen, die haast geschieden moeten; en die Hij door Zijn engelgezonden, en Zijn dienstknecht Johannes te kennen gegeven heeft;

²Dewelke het woord Gods betuigd heeft, en de getuigenis van Jezus Christus, en al wat hij gezien heeft.

³Zalig is hij, die leest, en zijn zij, die horen de woorden dezer profetie, en die bewaren, hetgeen in dezelve geschreven is; want de tijd is nabij.

⁴Johannes aan de zeven Gemeenten, die in Azie zijn: genade zij u en vrede van Hem, Die is, en Die was, en Die komen zal; en van de zeven geesten, die voor Zijntroon zijn;

⁵En van Jezus Christus, Die de getrouwe Getuige is, de Eerstgeborene uit de doden, en de Overste der koningen der aarde. Hem, Die ons heeft liefgehad, en ons vanonze zonden gewassen heeft in Zijn bloed.

⁶En Die ons gemaakt heeft tot koningen en priesters Gode en Zijn Vader; Hem, zeg ik, zij de heerlijkheid en de kracht in alle eeuwigheid. Amen.

⁷Ziet, Hij komt met de wolken en alle oog zal Hem zien, ook degenen, die Hem doorstoken hebben; en alle geslachten der aarde zullen over Hem rouw bedrijven; ja, amen.

⁸Ik ben de Alfa en de Omega, het Begin en het Einde, zegt de Heere, Die is, en Die was, en Die komen zal, de Almachtige.

⁹Ik, Johannes, die ook uw broeder ben, en medegenoot in de verdrukking, en in het Koninkrijk, en in de lijdzaamheid van Jezus Christus, was op het eiland, genaamdPatmos, om het Woord Gods, en om de getuigenis van Jezus Christus.

¹⁰En ik was in den geest op den dag des Heeren; en ik hoorde achter mij een grote stem, als van een bazuin,

¹¹Zeggende: Ik ben de Alfa en de Omega, de Eerste en de Laatste; en hetgeen gij ziet, schrijf dat in een boek, en zend het aan de zeven Gemeenten, die in Azie zijn, namelijk naar Efeze, en naar Smyrna, en naar Pergamus, en naar Thyatire, en naar Sardis, en naar Filadelfia, en naar Laodicea.

¹²En ik keerde mij om, om te zien de stem, die met mij gesproken had; en mij omgekeerd hebbende, zag ik zeven gouden kandelaren;

¹³En in het midden van de zeven kandelaren Een, den Zoon des mensen gelijk zijnde, bekleed met een lang kleed tot de voeten, en omgord aan de borsten met eengouden gordel;

¹⁴En Zijn hoofd en haar was wit, gelijk als witte wol, gelijk sneeuw; en Zijn ogen gelijk een vlam vuurs;

¹⁵En Zijn voeten waren blinkend koper gelijk, en gloeiden als in een oven; en Zijn stem als een stem van vele wateren.

¹⁶En Hij had zeven sterren in Zijn rechterhand; en uit Zijn mond ging een tweesnijdend scherp zwaard; en Zijn aangezicht was, gelijk de zon schijnt in haar kracht.

¹⁷En toen ik Hem zag, viel ik als dood aan Zijn voeten; en Hij legde Zijn rechterhand op mij, zeggende tot mij: Vrees niet; Ik ben de Eerste en de Laatste;

¹⁸En Die leef, en Ik ben dood geweest; en zie, Ik ben levend in alle eeuwigheid. Amen. En Ik heb de sleutels der hel en des doods.

¹⁹Schrijf, hetgeen gij gezien hebt, en hetgeen is, en hetgeen geschieden zal na dezen:

Hoofdstuk 2

¹Schrijf aan den engel der Gemeente van Efeze: Dit zegt Hij, Die de zeven sterren in Zijn rechter hand houdt, Die in het midden der zeven gouden kandelarenwandelt:

²Ik weet uw werken, en uw arbeid, en uw lijdzaamheid, en dat gij de kwaden niet kunt dragen; en dat gij beproefd hebt degenen, die uitgeven, dat zij apostelen zijn, en zij zijn het niet; en hebt ze leugenaars bevonden;

³En gij hebt verdragen, en hebt geduld; en gij hebt om Mijns Naams wil gearbeid, en zijt niet moede geworden.

⁴Maar Ik heb tegen u, dat gij uw eerste liefde hebt verlaten.

⁵Gedenk dan, waarvan gij uitgevallen zijt, en bekeer u, en doe de eerste werken; en zo niet, Ik zal u haastelijk bij komen, en zal uw kandelaar van zijn plaats weren, indien gij u niet bekeert.

⁶Maar dit hebt gij, dat gij de werken der Nikolaieten haat, welke Ik ook haat.

⁷Die oren heeft, die hore wat de Geest tot de Gemeenten zegt. Die overwint, Ik zal hem geven te eten van den boom des levens, die in het midden van het paradijsGods is.

⁸En schrijf aan den engel der Gemeente van die van Smyrna: Dit zegt de Eerste en de Laatste, Die dood geweest is, en weder levend is geworden:

⁹Ik weet uw werken, en verdrukking, en armoede (doch gij zijt rijk), en de lastering dergenen, die zeggen, dat zij Joden zijn, en zijn het niet, maar zijn een synagogedes satans.

¹⁰Vrees geen der dingen, die gij lijden zult. Ziet, de duivel zal enigen van ulieden in de gevangenis werpen, opdat gij verzocht wordt; en gij zult een verdrukkinghebben van tien dagen. Zijt getrouw tot den dood, en Ik zal u geven de kroon des levens.

¹¹Die oren heeft, die hore wat de Geest tot de Gemeenten zegt. Die overwint, zal van den tweeden dood niet beschadigd worden.

¹²En schrijf aan den engel der Gemeente, die in Pergamus is: Dit zegt Hij, Die het tweesnijdend scherp zwaard heeft:

¹³Ik weet uw werken, en waar gij woont; namelijk daar de troon des satans is, en gij houdt Mijn Naam, en hebt Mijn geloof niet verloochend, ook in die dagen, inwelke Antipas, Mijn getrouwe getuige was, welke gedood is bij ulieden, daar de satan woont.

¹⁴Maar Ik heb enige weinige dingen tegen u, dat gij aldaar hebt, die de lering van Balaam houden, die Balak leerde den kinderen Israels een aanstoot voor te werpen, opdat zij zouden afgodenoffer eten en hoereren.

¹⁵Alzo hebt ook gij, die de lering der Nikolaieten houden; hetwelk Ik haat.

¹⁶Bekeer u; en zo niet, Ik zal u haastelijk bij komen, en zal tegen hen krijg voeren met het zwaard Mijns monds.

¹⁷Die oren heeft, die hore, wat de Geest tot de Gemeenten zegt. Die overwint, Ik zal hem geven te eten van het manna, dat verborgen is, en Ik zal hem geven eenwitten keursteen, en op den keursteen een nieuwen naam geschreven, welken niemand kent, dan die hem ontvangt.

¹⁸En schrijf aan den engel der Gemeente te Thyatire: Dit zegt de Zoon van God, Die Zijn ogen heeft als een vlam vuurs, en Zijn voeten zijn blinkend koper gelijk:

¹⁹Ik weet uw werken, en liefde, en dienst, en geloof, en uw lijdzaamheid, en uw werken, en dat de laatste meer zijn dan de eerste.

²⁰Maar Ik heb enige weinige dingen tegen u, dat gij de vrouw Jezabel, die zichzelve zegt een profetes te zijn, laat leren, en Mijn dienstknechten verleiden, dat zijhoereren en afgodenoffer eten.

²¹En Ik heb haar tijd gegeven, opdat zij zich zou bekeren van haar hoererij, en zij heeft zich niet bekeerd.

²²Zie, Ik werp haar te bed, en die met haar overspel bedrijven, in grote verdrukking, zo zij zich niet bekeren van hun werken.

²³En haar kinderen zal Ik door den dood ombrengen; en al de Gemeenten zullen weten, dat Ik het ben, Die nieren en harten onderzoek. En Ik zal ulieden geven eeniegelijk naar uw werken.

²⁴Doch Ik zeg ulieden, en tot de anderen, die te Thyatire zijn, zovelen, als er deze leer niet hebben, en die de diepten des satans niet gekend hebben, gelijk zij zeggen:Ik zal u geen anderen last opleggen;

²⁵Maar hetgeen gij hebt, houdt dat, totdat Ik zal komen.

²⁶En die overwint, en die Mijn werken tot het einde toe bewaart, Ik zal hem macht geven over de heidenen;

²⁷En hij zal ze hoeden met een ijzeren staf, zij zullen als pottenbakkersvaten vermorzeld worden; gelijk ook Ik van Mijn Vader ontvangen heb.

²⁸En Ik zal hem de morgenster geven.

²⁹Die oren heeft, die hore wat de Geest tot de Gemeenten zegt.

Hoofdstuk 3

¹En schrijf aan den engel der Gemeente, die te Sardis is: Dit zegt, Die de zeven geesten Gods heeft, en de zeven sterren: Ik weet uw werken, dat gij den naam hebt, dat gij leeft, en gij zijt dood.

²Zijt wakende, en versterk het overige, dat sterven zou; want Ik heb uw werken niet vol gevonden voor God.

³Gedenk dan, hoe gij het ontvangen en gehoord hebt, en bewaar het, en bekeer u. Indien gij dan niet waakt, zo zal Ik over u komen als een dief, en gij zult niet weten, op wat ure Ik over u komen zal.

⁴Doch gij hebt enige weinige namen ook te Sardis, die hun klederen niet bevlekt hebben, en zij zullen met Mij wandelen in witte klederen, overmits zij het waardigzijn.

⁵Die overwint, die zal bekleed worden met witte klederen; en Ik zal zijn naam geenszins uitdoen uit het boek des levens, en Ik zal zijn naam belijden voor Mijn Vaderen voor Zijn engelen.

⁶Die oren heeft, die hore wat de Geest tot de Gemeenten zegt.

Openbaring

⁷En schrijf aan den engel der Gemeente, die in Filadelfia is: Dit zegt de Heilige, de Waarachtige, Die den sleutel Davids heeft; Die opent, en niemand sluit, en Hij sluit, en niemand opent:

⁸Ik weet uw werken; zie, Ik heb een geopende deur voor u gegeven, en niemand kan die sluiten; want gij hebt kleine kracht, en gij hebt Mijn woord bewaard, en hebt Mijn Naam niet verloochend.

⁹Zie, Ik geef u enigen uit de synagoge des satans, dergenen, die zeggen, dat zij Joden zijn, en zijn het niet, maar liegen; zie, Ik zal maken, dat zij zullen komen, en aanbidden voor uw voeten, en bekennen, dat Ik u liefheb.

¹⁰Omdat gij het woord Mijner lijdzaamheid bewaard hebt, zo zal Ik ook u bewaren uit de ure der verzoeking, die over de gehele wereld komen zal, om te verzoeken, die op de aarde wonen.

¹¹Zie, Ik kom haastelijk; houd dat gij hebt, opdat niemand uw kroon neme.

¹²Die overwint, Ik zal hem maken tot een pilaar in den tempel Mijns Gods, en hij zal niet meer daaruit gaan; en Ik zal op hem schrijven den Naam Mijns Gods, en de naam der stad Mijns Gods, namelijk des nieuwen Jeruzalems, dat uit den hemel van Mijn God afdaalt, en ook Mijn nieuwen Naam.

¹³Die oren heeft, die hore wat de Geest tot de Gemeenten zegt.

¹⁴En schrijf aan den engel van de Gemeente der Laodicensen: Dit zegt de Amen, de trouwe, en waarachtige Getuige, het Begin der schepping Gods:

¹⁵Ik weet uw werken, dat gij noch koud zijt, noch heet; och, of gij koud waart, of heet!

¹⁶Zo dan, omdat gij lauw zijt, en noch koud noch heet, Ik zal u uit Mijn mond spuwen.

¹⁷Want gij zegt: Ik ben rijk, en verrijkt geworden, en heb geens dings gebrek; en gij weet niet, dat gij zijt ellendig, en jammerlijk, en arm, en blind, en naakt.

¹⁸Ik raad u dat gij van Mij koopt goud, beproefd komende uit het vuur, opdat gij rijk moogt worden; en witte klederen, opdat gij moogt bekleed worden, en de schande uwer naaktheid niet geopenbaard worde; en zalf uw ogen met ogenzalf, opdat gij zien moogt.

¹⁹Zo wie Ik liefheb, die bestraf en kastijd Ik; wees dan ijverig, en bekeer u.

²⁰Zie, Ik sta aan de deur, en Ik klop; indien iemand Mijn stem zal horen, en de deur opendoen, Ik zal tot hem inkomen, en Ik zal met hem avondmaal houden, en hij met Mij.

²¹Die overwint, Ik zal hem geven met Mij te zitten in Mijn troon, gelijk als Ik overwonnen heb, en ben gezeten met Mijn Vader in Zijn troon.

²²Die oren heeft, die hore, wat de Geest tot de Gemeenten zegt.

Hoofdstuk 4

¹Na dezen zag ik, en ziet, een deur was geopend in den hemel; en de eerste stem, die ik gehoord had, als van een bazuin, met mij sprekende, zeide: Kom hier op, en Ik zal u tonen, hetgeen na dezen geschieden moet.

²En terstond werd ik in den geest; en ziet, er was een troon gezet in den hemel, en er zat Een op den troon.

³En Die daarop zat, was in het aanzien den steen Jaspis en Sardius gelijk; en een regenboog was rondom den troon, in het aanzien der steen Smaragd gelijk.

⁴En rondom den troon waren vier en twintig tronen; en op de tronen zag ik de vier en twintig ouderlingen zittende, bekleed met witte klederen, en zij hadden gouden kronen op hun hoofden.

⁵En van den troon gingen uit bliksemen, en donderslagen, en stemmen; en zeven vurige lampen waren brandende voor den troon, welke zijn de zeven geesten Gods.

⁶En voor den troon was een glazen zee, kristal gelijk. En in het midden des troons, en rondom den troon, vier dieren, zijnde vol ogen van voren en van achteren.

⁷En het eerste dier was een leeuw gelijk, en het tweede dier een kalf gelijk, en het derde dier had het aangezicht als een mens, en het vierde dier was een vliegenden arend gelijk.

⁸En de vier dieren hadden elkeen voor zichzelven zes vleugelen rondom, en waren van binnen vol ogen; en hebben geen rust dag en nacht, zeggende: Heilig, heilig, heilig is de Heere God, de Almachtige, Die was, en Die is, en Die komen zal.

⁹En wanneer de dieren heerlijkheid, en eer, en dankzegging gaven Hem, Die op den troon zat, Die in alle eeuwigheid leeft;

¹⁰Zo vielen de vier en twintig ouderlingen voor Hem, Die op den troon zat, en aanbaden Hem, Die leeft in alle eeuwigheid, en wierpen hun kronen voor den troon, zeggende:

¹¹Gij Heere, zijt waardig te ontvangen de heerlijkheid, en de eer, en de kracht; want Gij hebt alle dingen geschapen, en door Uw wil zijn zij, en zijn zij geschapen.

Hoofdstuk 5

¹En ik zag in de rechter hand Desgenen, Die op den troon zat, een boek, geschreven van binnen en van buiten, verzegeld met zeven zegelen.

²En ik zag een sterken engel, uitroepende met een grote stem: Wie is waardig het boek te openen, en zijn zegelen open te breken?

³En niemand in den hemel, noch op de aarde, noch onder de aarde, kon het boek openen, noch hetzelve in zien.

⁴En ik weende zeer, dat niemand waardig gevonden was, om dat boek te openen, en te lezen, noch hetzelve in te zien.

⁵En een van de ouderlingen zeide tot mij: Ween niet; zie, de Leeuw, Die uit den stam van Juda is, de Wortel Davids, heeft overwonnen, om het boek te openen, en zijn zeven zegelen open te breken.

⁶En ik zag, en ziet, in het midden van den troon, en van de vier dieren, en in het midden van de ouderlingen, een Lam, staande als geslacht, hebbende zeven hoornen, en zeven ogen; dewelke zijn de zeven geesten Gods, die uitgezonden zijn in alle landen.

⁷En Het kwam, en heeft het boek genomen uit de rechter hand Desgenen, Die op den troon zat.

⁸En als Het dat boek genomen had, vielen de vier dieren en de vier en twintig ouderlingen voor het Lam neder, hebbende elk citeren en gouden fiolen, zijnde vol reukwerks, welke zijn de gebeden der heiligen.

⁹En zij zongen een nieuw lied, zeggende: Gij zijt waardig dat boek te nemen, en zijn zegelen te openen; want Gij zijt geslacht, en hebt ons Gode gekocht met Uw bloed, uit alle geslacht, en taal, en volk, en natie;

¹⁰En Gij hebt ons onzen God gemaakt tot koningen en priesteren; en wij zullen als koningen heersen op de aarde.

¹¹En ik zag, en ik hoorde een stem veler engelen rondom den troon, en de dieren, en de ouderlingen; en hun getal was tien duizendmaal tien duizenden, en duizendmaalduizenden;

¹²Zeggende met een grote stem: Het Lam, Dat geslacht is, is waardig te ontvangen de kracht, en rijkdom, en wijsheid, en sterkte, en eer, en heerlijkheid, en dankzegging.

¹³En alle schepsel, dat in den hemel is, en op de aarde, en onder de aarde, en die in de zee zijn, en alles, wat in dezelve is, hoorde ik zeggen: Hem, Die op den troon zit, en het Lam, zij de dankzegging, en de eer, en de heerlijkheid, en de kracht in alle eeuwigheid.

¹⁴En de vier dieren zeiden: Amen. En de vier en twintig ouderlingen vielen neder, en aanbaden Dengene, Die leeft in alle eeuwigheid.

Hoofdstuk 6

¹En ik zag, toen het Lam een van de zegelen geopend had, en ik hoorde een uit de vier dieren zeggen, als een stem van een donderslag: Kom en zie!

²En ik zag, en ziet, een wit paard, en Die daarop zat, had een boog; en Hem is een kroon gegeven, en Hij ging uit overwinnende, en opdat Hij overwonne!

³En toen Het het tweede zegel geopend had, hoorde ik het tweede dier zeggen: Kom en zie!

⁴En een ander paard ging uit, dat rood was; en dien, die daarop zat, werd macht gegeven den vrede te nemen van de aarde; en dat zij elkander zouden doden; en hem werd een groot zwaard gegeven.

⁵En toen Het het derde zegel geopend had, hoorde ik het derde dier zeggen: Kom en zie! En ik zag, en ziet, een zwart paard, en die daarop zat, had een weegschaal in zijn hand.

⁶En ik hoorde een stem in het midden van de vier dieren, die zeide: Een maatje tarwe voor een penning, en drie maatjes gerst voor een penning; en beschadig de olie en den wijn niet.

⁷En toen Het het vierde zegel geopend had, hoorde ik een stem van het vierde dier, die zeide: Kom en zie!

⁸En ik zag, en ziet, een vaal paard, en die daarop zat, zijn naam was de dood; en de hel volgde hem na. En hun werd macht gegeven om te doden tot het vierde deel der aarde, met zwaard, en met honger, en met den dood, en door de wilde beesten der aarde.

⁹En toen Het het vijfde zegel geopend had, zag ik onder het altaar de zielen dergenen, die gedood waren om het Woord Gods, en om de getuigenis, die zij hadden.

¹⁰En zij riepen met grote stem, zeggende: Hoelang, o heilige en waarachtige Heerser, oordeelt en wreekt Gij ons bloed niet van degenen, die op de aarde wonen?

¹¹En aan een iegelijk werden lange witte klederen gegeven, en hun werd gezegd, dat zij nog een kleinen tijd rusten zouden, totdat ook hun

mededienstknechten en hunbroeders zouden vervuld zijn, die gedood zouden worden, gelijk als zij.

¹²En ik zag, toen Het het zesde zegel geopend had, en ziet, er werd een grote aardbeving; en de zon werd zwart als een haren zak, en de maan werd als bloed.

¹³En de sterren des hemels vielen op de aarde, gelijk een vijgeboom zijn onrijpe vijgen afwerpt, als hij van een groten wind geschud wordt.

¹⁴En de hemel is weggeweken, als een boek, dat toegerold wordt; en alle bergen en eilanden zijn bewogen uit hun plaatsen.

¹⁵En de koningen der aarde, en de groten, en de rijken, en de oversten over duizend, en de machtigen, en alle dienstknechten, en alle vrijen, verborgen zichzelven in despelonken, en in de steenrotsen der bergen;

¹⁶En zeiden tot de bergen en tot de steenrotsen: Valt op ons, en verbergt ons van het aangezicht Desgenen, Die op den troon zit, en van den toorn des Lams.

¹⁷Want de grote dag Zijns toorns is gekomen, en wie kan bestaan?

Hoofdstuk 7

¹En na dezen zag ik vier engelen staan op de vier hoeken der aarde, houdende de vier winden der aarde, opdat geen wind zou waaien op de aarde, noch op de zee, noch tegen enigen boom.

²En ik zag een anderen engel opkomen van den opgang der zon, hebbende het zegel des levenden Gods; en hij riep met een grote stem tot de vier engelen, welkemacht gegeven was de aarde en de zee te beschadigen,

³Zeggende: Beschadigt de aarde niet, noch de zee, noch de bomen, totdat wij de dienstknechten onzes Gods zullen verzegeld hebben aan hun voorhoofden.

⁴En ik hoorde het getal dergenen, die verzegeld waren: honderd vier en veertig duizend waren verzegeld uit alle geslachten der kinderen Israels.

⁵Uit het geslacht van Juda waren twaalf duizend verzegeld; uit het geslacht van Ruben waren twaalf duizend verzegeld; uit het geslacht van Gad waren twaalfduizend verzegeld;

⁶Uit het geslacht van Aser waren twaalf duizend verzegeld; uit het geslacht van Nafthali waren twaalf duizend verzegeld; uit het geslacht van Manasse warentwaalf duizend verzegeld;

⁷Uit het geslacht van Simeon waren twaalf duizend verzegeld; uit het geslacht van Levi waren twaalf duizend verzegeld; uit het geslacht van Issaschar waren twaalfduizend verzegeld;

⁸Uit het geslacht van Zebulon waren twaalf duizend verzegeld; uit het geslacht van Jozef waren twaalf duizend verzegeld; uit het geslacht van Benjamin warentwaalf duizend verzegeld.

⁹Na dezen zag ik, en ziet, een grote schare, die niemand tellen kon, uit alle natie, en geslachten, en volken, en talen, staande voor den troon, en voor het Lam, bekleedzijnde met lange witte klederen, en palm takken waren in hun handen.

¹⁰En zij riepen met grote stem, zeggende: De zaligheid zij onzen God, Die op den troon zit, en het Lam.

¹¹En al de engelen stonden rondom den troon, en rondom de ouderlingen en de vier dieren; en vielen voor den troon neder op hun aangezicht, en aanbaden God,

¹²Zeggende: Amen. De lof, en de heerlijkheid, en de wijsheid, en de dankzegging, en de eer, en de kracht, en de sterkte zij onzen God in alle eeuwigheid. Amen.

¹³En een uit de ouderlingen antwoordde, zeggende tot mij: Dezen, die bekleed zijn met de lange witte klederen, wie zijn zij, en van waar zijn zij gekomen?

¹⁴En ik sprak tot hem: Heere, gij weet het. En hij zeide tot mij: Dezen zijn het, die uit de grote verdrukking komen; en zij hebben hun lange klederen gewassen, enhebben hun lange klederen wit gemaakt in het bloed des Lams.

¹⁵Daarom zijn zij voor den troon van God, en dienen Hem dag en nacht in Zijn tempel; en Die op den troon zit, zal hen overschaduwen.

¹⁶Zij zullen niet meer hongeren, en zullen niet meer dorsten, en de zon zal op hen niet vallen, noch enige hitte.

¹⁷Want het Lam, Dat in het midden des troons is, zal hen weiden, en zal hun een Leidsman zijn tot levende fonteinen der wateren; en God zal alle tranen van hun ogenafwissen.

Hoofdstuk 8

¹En toen Het het zevende zegel geopend had, werd er een stilzwijgen in den hemel, omtrent van een half uur.

²En ik zag de zeven engelen, die voor God stonden; en hun werden zeven bazuinen gegeven.

³En er kwam een andere engel, en stond aan het altaar, hebbende een gouden wierookvat; en hem werd veel reukwerks gegeven, opdat hij het met de gebeden allerheiligen zou leggen op het gouden altaar, dat voor den troon is.

⁴En de rook des reukwerks, met de gebeden der heiligen, ging op van de hand des engels voor God.

⁵En de engel nam het wierookvat, en vulde dat met het vuur des altaars, en wierp het op de aarde; en er geschiedden stemmen, en donderslagen, en bliksemen, enaardbeving.

⁶En de zeven engelen, die de zeven bazuinen hadden, bereidden zich om te bazuinen.

⁷En de eerste engel heeft gebazuind, en er is geworden hagel en vuur, gemengd met bloed, en zij zijn op de aarde geworpen; en het derde deel der bomen isverbrand, en al het groene gras is verbrand.

⁸En de tweede engel heeft gebazuind, en er werd iets als een grote berg, van vuur brandende, in de zee geworpen; en het derde deel der zee is bloed geworden.

⁹En het derde deel der schepselen in de zee, die leven hadden, is gestorven; en het derde deel der schepen is vergaan.

¹⁰En de derde engel heeft gebazuind, en er is een grote ster, brandende als een fakkel, gevallen uit den hemel, en is gevallen op het derde deel der rivieren, en op defonteinen der wateren.

¹¹En de naam der ster wordt genoemd Alsem; en het derde deel der wateren werd tot alsem; en vele mensen zijn gestorven van de wateren, want zij waren bittergeworden.

¹²En de vierde engel heeft gebazuind, en het derde deel der zon werd geslagen, en het derde deel der maan, en het derde deel der sterren; opdat het derde deelderzelve zou verduisterd worden, en dat het derde deel van den dag niet zou lichten; en van den nacht desgelijks.

¹³En ik zag, en ik hoorde een engel vliegen in het midden des hemels, zeggende met grote stem: Wee, wee, wee, dengenen, die op de aarde wonen, van de overigestemmen der bazuin der drie engelen, die nog bazuinen zullen.

Hoofdstuk 9

¹En de vijfde engel heeft gebazuind, en ik zag een ster, gevallen uit den hemel op de aarde, en haar werd gegeven de sleutel van den put des afgronds.

²En zij heeft den put des afgronds geopend; en er is rook opgegaan uit den put, als rook eens groten ovens; en de zon en de lucht is verduisterd geworden van denrook des puts.

³En uit den rook kwamen sprinkhanen op de aarde, en hun werd macht gegeven, gelijk de schorpioenen der aarde macht hebben.

⁴En hun werd gezegd, dat zij het gras der aarde niet zouden beschadigen, noch enige groente, noch enigen boom, dan de mensen alleen, die het zegel Gods aan hunvoorhoofden niet hebben.

⁵En hun werd macht gegeven, niet dat zij hen zouden doden, maar dat zij zouden van hen gepijnigd worden vijf maanden; en hun pijniging was als de pijniging vaneen schorpioen, wanneer hij een mens gestoken heeft.

⁶En in die dagen zullen de mensen den dood zoeken, en zullen dien niet vinden; en zij zullen begeren te sterven, en de dood zal van hen vlieden.

⁷En de gedaanten der sprinkhanen waren den paarden gelijk, die tot den oorlog bereid zijn; en op hun hoofden waren als kronen, het goud gelijk, en hun aangezichtenals aangezichten van mensen.

⁸En zij hadden haar als haar der vrouwen, en hun tanden waren als tanden van leeuwen.

⁹En zij hadden borstwapenen als ijzeren borstwapenen; en het gedruis hunner vleugelen was als een gedruis der wagens, wanneer vele paarden naar den strijd lopen.

¹⁰En zij hadden staarten den schorpioenen gelijk, en er waren angels in hun staarten; en hun macht was de mensen te beschadigen vijf maanden.

¹¹En zij hadden over zich tot een koning den engel des afgronds; zijn naam was in het Hebreeuws Abaddon, en in de Griekse taal had hij den naam Apollyon.

¹²Het ene wee is weggegaan, ziet, er komen nog twee weeen na dezen.

¹³En de zesde engel heeft gebazuind, en ik hoorde een stem uit de vier hoornen des gouden altaars, dat voor God was,

¹⁴Zeggende tot den zesden engel, die de bazuin had: Ontbind de

Openbaring

vier engelen, die gebonden zijn bij de grote rivier, den Eufraat.

¹⁵En de vier engelen zijn ontbonden geworden, welke bereid waren tegen de ure, en dag, en maand, en jaar, opdat zij het derde deel der mensen zouden doden.

¹⁶En het getal van de heirlegers der ruiterij was tweemaal tien duizenden der tien duizenden; en ik hoorde hun getal.

¹⁷En ik zag alzo de paarden in dit gezicht, en die daarop zaten, hebbende vurige, en hemelsblauwe, en sulfervervige borstwapenen; en de hoofden der paarden warenals hoofden van leeuwen, en uit hun monden ging vuur, en rook, en sulfer.

¹⁸Door deze drie werd het derde deel der mensen gedood, namelijk door het vuur, en door den rook, en door het sulfer, dat uit hun monden uitging.

¹⁹Want hun macht is in hun mond, en in hun staarten; want hun staarten zijn aan de slangen gelijk, en hebben hoofden, en beschadigen met dezelve.

²⁰En de overige mensen, die niet gedood zijn door deze plagen, hebben zich niet bekeerd van de werken hunner handen, dat zij niet zouden aanbidden de duivelen; ende gouden, en zilveren, en koperen, en stenen, en houten afgoden, die noch zien kunnen, noch horen, noch wandelen;

²¹En hebben zich ook niet bekeerd van hun doodslagen, noch van hun venijngevingen, noch van hun hoererij, noch van hun dieverijen.

Hoofdstuk 10

¹En ik zag een anderen sterken engel, afkomende van den hemel, die bekleed was met een wolk; en een regenboog was boven zijn hoofd; en zijn aangezicht was alsde zon, en zijn voeten waren als pilaren van vuur.

²En hij had in zijn hand een boeksken, dat geopend was; en hij zette zijn rechtervoet op de zee, en den linker op de aarde.

³En hij riep met een grote stem, gelijkerwijs een leeuw brult; en als hij geroepen had, spraken de zeven donderslagen hun stemmen.

⁴En toen de zeven donderslagen hun stemmen gesproken hadden, zo zou ik ze geschreven hebben; en ik hoorde een stem uit den hemel, die tot mij zeide: Verzegel, hetgeen de zeven donderslagen gesproken hebben, en schrijf dat niet.

⁵En de engel, dien ik zag staan op de zee, en op de aarde, hief zijn hand op naar den hemel;

⁶En hij zwoer bij Dien, Die leeft in alle eeuwigheid, Die den hemel geschapen heeft en hetgeen daarin is, en de aarde en hetgeen daarin is, en de zee en hetgeendaarin is, dat er geen tijd meer zal zijn;

⁷Maar in de dagen der stem des zevenden engels, wanneer hij bazuinen zal, zo zal de verborgenheid Gods vervuld worden, gelijk Hij Zijn dienstknechten, denprofeten, verkondigd heeft.

⁸En de stem, die ik gehoord had uit den hemel, sprak wederom met mij, en zeide: Ga henen, neem het boeksken, dat geopend en in de hand des engels is, die op dezee en op de aarde staat.

⁹En ik ging henen tot den engel, zeggende tot hem: Geef mij dat boeksken. En hij zeide tot mij: Neem dat en eet het op; en het zal uw buik bitter maken, maar in uwmond zal het zoet zijn als honig.

¹⁰En ik nam dat boeksken uit de hand des engels, en ik at dat op; en het was in mijn mond zoet als honig, en als ik het gegeten had, werd mijn buik bitter.

¹¹En hij zeide tot mij: Gij moet wederom profeteren voor vele volken, en natien, en talen, en koningen.

Hoofdstuk 11

¹En mij werd een rietstok gegeven, een meetroede gelijk; en de engel stond en zeide: Sta op, en meet den tempel Gods en het altaar, en degenen, die daarinaanbidden.

²En laat het voorhof uit, dat van buiten den tempel is, en meet niet, want het is den heidenen gegeven; en zij zullen de heilige stad vertreden twee en veertigmaanden.

³En Ik zal Mijn twee getuigen macht geven, en zij zullen profeteren duizend tweehonderd zestig dagen, met zakken bekleed.

⁴Dezen zijn de twee olijfbomen, en de twee kandelaren, die voor den God der aarde staan.

⁵En zo iemand die wil beschadigen, een vuur zal uit hun mond uitgaan, en zal hun vijanden verslinden; en zo iemand hen wil beschadigen, die moet alzo gedoodworden.

⁶Dezen hebben macht den hemel te sluiten, opdat geen regen regene in de dagen hunner profetering; en zij hebben macht over de wateren, om die in bloed teverkeren, en de aarde te slaan met allerlei plage, zo menigmaal als zij zullen willen;

⁷Als zij hun getuigenis zullen geeindigd hebben, zal het beest, dat uit den afgrond opkomt, hun krijg aandoen, en het zal hen overwinnen, en zal hen doden.

⁸En hun dode lichamen zullen liggen op de straat der grote stad, die geestelijk genoemd wordt Sodoma en Egypte, alwaar ook onze Heere gekruist is.

⁹En de mensen uit de volken, en geslachten, en talen, en natien, zullen hun dode lichamen zien drie dagen en een halven, en zullen niet toelaten, dat hun dodelichamen in graven gelegd worden.

¹⁰En die op de aarde wonen, die zullen verblijd zijn over hen, en zullen vreugde bedrijven, en zullen elkander geschenken zenden; omdat deze twee profeten degenen, die op de aarde wonen, gepijnigd hadden.

¹¹En na die drie dagen en een halven, is een geest des levens uit God in hen gegaan; en zij stonden op hun voeten; en er is grote vrees gevallen op degenen, die henaanschouwden.

¹²En zij hoorden een grote stem uit den hemel, die tot hen zeide: Komt herwaarts op. En zij voeren op naar den hemel in de wolk; en hun vijanden aanschouwden hen.

¹³En in diezelfde ure geschiedde een grote aardbeving, en het tiende deel der stad is gevallen, en er zijn in de aardbeving gedood zeven duizend namen van mensen, en de overigen zijn zeer bevreesd geworden, en hebben den God des hemels heerlijkheid gegeven.

¹⁴Het tweede wee is weggegaan; ziet, het derde wee komt haast.

¹⁵En de zevende engel heeft gebazuind, en er geschiedden grote stemmen in den hemel, zeggende: De koninkrijken der wereld zijn geworden onzes Heeren en vanZijn Christus, en Hij zal als Koning heersen in alle eeuwigheid.

¹⁶En de vier en twintig ouderlingen, die voor God zitten op hun tronen, vielen neder op hun aangezichten, en aanbaden God,

¹⁷Zeggende: Wij danken U, Heere God almachtig, Die is, en Die was, en Die komen zal, dat Gij Uw grote kracht hebt aangenomen, en als Koning hebt geheerst;

¹⁸En de volken waren toornig geworden, en Uw toorn is gekomen, en de tijd der doden, om geoordeeld te worden, en om het loon te geven Uw dienstknechten, denprofeten, en den heiligen, en dengenen, die Uw Naam vrezen, den kleinen en den groten; en om te verderven degenen, die de aarde verdierven.

¹⁹En de tempel Gods in de hemel is geopend geworden, en de ark Zijns verbonds is gezien in Zijn tempel; en er werden bliksemen, en stemmen, en donderslagen, enaardbeving, en grote hagel.

Hoofdstuk 12

¹En er werd een groot teken gezien in den hemel; namelijk een vrouw, bekleed met de zon; en de maan was onder haar voeten, en op haar hoofd een kroon vantwaalf sterren;

²En zij was zwanger, en riep, barensnood hebbende, en zijnde in pijn om te baren.

³En er werd een ander teken gezien in den hemel; en ziet, er was een grote rode draak, hebbende zeven hoofden, en tien hoornen, en op zijn hoofden zevenkoninklijke hoeden.

⁴En zijn staart trok het derde deel der sterren des hemels, en wierp die op de aarde. En de draak stond voor de vrouw, die baren zou, opdat hij haar kind zouverslinden, wanneer zij het zou gebaard hebben.

⁵En zij baarde een mannelijken zoon, die al de heidenen zou hoeden met een ijzeren roede; en haar kind werd weggerukt tot God en Zijn troon.

⁶En de vrouw vluchtte in de woestijn, alwaar zij een plaats had, haar van God bereid, opdat zij haar aldaar zouden voeden duizend tweehonderd zestig dagen.

⁷En er werd krijg in den hemel; Michael en zijn engelen krijgden tegen den draak, en de draak krijgde ook en zijn engelen.

⁸En zij hebben niet vermocht, en hun plaats is niet meer gevonden in den hemel.

⁹En de grote draak is geworpen, namelijk de oude slang, welke genaamd wordt duivel en satanas, die de gehele wereld verleidt, hij is, zeg ik, geworpen op de aarde;en zijn engelen zijn met hem geworpen.

¹⁰En ik hoorde een grote stem, zeggende in den hemel: Nu is de zaligheid, en de kracht, en het koninkrijk geworden onzes Gods; en de macht van Zijn Christus; wantde verklager onzer broederen, die hen verklaagde voor onzen God dag en nacht is nedergeworpen.

¹¹En zij hebben hem overwonnen door het bloed des Lams, en door het woord hunner getuigenis, en zij hebben hun leven niet liefgehad tot den dood toe.

¹²Hierom bedrijdt vreugde, gij hemelen, en gij, die daarin woont! Wee dengenen, die de aarde en de zee bewonen, want de duivel is tot u afgekomen, en heeft grotentoorn, wetende, dat hij een kleinen tijd heeft.

¹³En toen de draak zag, dat hij op de aarde geworpen was, zo heeft hij de vrouw vervolgd, die het manneken gebaard had.

¹⁴En der vrouwe zijn gegeven twee vleugelen eens groten arends,

opdat zij zou vliegen in de woestijn, in haar plaats, alwaar zij gevoed wordt een tijd, en tijden, en eenhalven tijd, buiten het gezicht der slang.

¹⁵En de slang wierp uit haar mond achter de vrouw water als een rivier, opdat hij haar door de rivier zou doen wegvoeren.

¹⁶En de aarde kwam de vrouw te hulp, en de aarde opende haar mond, en verzwolg de rivier, welke de draak uit zijn mond had geworpen.

¹⁷En de draak vergrimde op de vrouw, en ging heen om krijg te voeren tegen de overigen van haar zaad, die de geboden Gods bewaren, en de getuigenis van JezusChristus hebben.

¹⁸En ik stond op het zand der zee.

Hoofdstuk 13

¹En ik zag uit de zee een beest opkomen, hebbende zeven hoofden en tien hoornen; en op zijn hoornen waren tien koninklijke hoeden, en op zijn hoofden was eennaam van gods lastering.

²En het beest dat ik zag, was een pardel gelijk, en zijn voeten als eens beers voeten, en zijn mond als de mond eens leeuws; en de draak gaf hem zijn kracht, en zijntroon, en grote macht.

³En ik zag een van zijn hoofden als tot den dood gewond, en zijn dodelijke wonde werd genezen; en de gehele aarde verwonderde zich achter het beest.

⁴En zij aanbaden den draak, die het beest macht gegeven had; en zij aanbaden het beest, zeggende: Wie is dit beest gelijk? wie kan krijg voeren tegen hetzelve?

⁵En hetzelve werd een mond gegeven, om grote dingen en gods lasteringen te spreken; en hetzelve werd macht gegeven, om zulks te doen, twee en veertigmaanden.

⁶En het opende zijn mond tot lastering tegen God, om Zijn Naam te lasteren, en Zijn tabernakel, en die in den hemel wonen.

⁷En hetzelve werd macht gegeven, om den heiligen krijg aan te doen, en om die te overwinnen; en hetzelve werd macht gegeven over alle geslacht, en taal, en volk.

⁸En allen, die op de aarde wonen, zullen hetzelve aanbidden, welker namen niet zijn geschreven in het boek des levens, des Lams, Dat geslacht is, van degrondlegging der wereld.

⁹Indien iemand oren heeft, die hore.

¹⁰Indien iemand in de gevangenis leidt, die gaat zelf in de gevangenis; indien iemand met het zwaard zal doden, die moet zelf met het zwaard gedood worden. Hier isde lijdzaamheid en het geloof der heiligen.

¹¹En ik zag een ander beest uit de aarde opkomen, en het had twee hoornen, des Lams hoornen gelijk, en het sprak als de draak.

¹²En het oefent al de macht van het eerste beest, in tegenwoordigheid van hetzelve, en het maakt, dat de aarde, en die daarin wonen het eerste beest aanbidden, wiens dodelijke wonde genezen was.

¹³En het doet grote tekenen, zodat het ook vuur uit den hemel doet afkomen op de aarde, voor de mensen.

¹⁴En verleidt degenen, die op de aarde wonen, door de tekenen, die aan hetzelve toe doen gegeven zijn in de tegenwoordigheid van het beest; zeggende tot degenen, die op de aarde wonen, dat zij het beest, dat de wond des zwaards had, en weder leefde, een beeld zouden maken.

¹⁵En hetzelve werd macht gegeven om het beeld van het beest een geest te geven, opdat het beeld van het beest ook zou spreken, en maken, dat allen, die het beeldvan het beest niet zouden aanbidden, gedood zouden worden.

¹⁶En het maakt, dat het aan allen, kleinen en groten, en rijken en armen, en vrijen en dienstknechten, een merkteken geve aan hun rechterhand of aan hunvoorhoofden;

¹⁷En dat niemand mag kopen of verkopen, dan die dat merkteken heeft, of den naam van het beest, of het getal zijns naams.

¹⁸Hier is de wijsheid: die het verstand heeft, rekene het getal van het beest; want het is een getal eens mensen, en zijn getal is zeshonderd zes en zestig.

Hoofdstuk 14

¹En ik zag, en ziet, het Lam stond op den berg Sion, en met Hem honderd vier en veertig duizend, hebbende den Naam Zijns Vaders geschreven aan hunvoorhoofden.

²En ik hoorde een stem uit den hemel, als een stem veler wateren, en als een stem van een groten donderslag. En ik hoorde een stem van citerspelers, spelende ophun citers;

³En zij zongen als een nieuw gezang voor den troon, en voor de vier dieren, en de ouderlingen; en niemand kon dat gezang leren, dan de honderd vier en veertigduizend, die van de aarde gekocht waren.

⁴Dezen zijn het, die met vrouwen niet bevlekt zijn, want zij zijn maagden; dezen zijn het, die het Lam volgen, waar Het ook heengaat; dezen zijn gekocht uit demensen, tot eerstelingen Gode en het Lam.

⁵En in hun mond is geen bedrog gevonden; want zij zijn onberispelijk voor den troon van God.

⁶En ik zag een anderen engel, vliegende in het midden des hemels, en hij had het eeuwige Evangelie, om te verkondigen dengenen, die op de aarde wonen, en aanalle natie, en geslacht, en taal, en volk.

⁷Zeggende met een grote stem: Vreest God, en geeft Hem heerlijkheid, want de ure Zijns oordeels is gekomen; en aanbidt Hem, Die den hemel, en de aarde, en dezee, en de fonteinen der wateren gemaakt heeft.

⁸En er is een andere engel gevolgd, zeggende: Zij is gevallen, zij is gevallen, Babylon, die grote stad, omdat zij uit den wijn des toorns harer hoererij alle volken heeftgedrenkt.

⁹En een derde engel is hen gevolgd, zeggende met een grote stem: Indien iemand het beest aanbidt en zijn beeld, en ontvangt het merkteken aan zijn voorhoofd, ofaan zijn hand,

¹⁰Die zal ook drinken uit den wijn des toorn Gods, die ongemengd ingeschonken is, in den drinkbeker Zijns toorns; en hij zal gepijnigd worden met vuur en sulfer voorde heilige engelen en voor het Lam.

¹¹En de rook van hun pijniging gaat op in alle eeuwigheid, en zij hebben geen rust dag en nacht, die het beest aanbidden en zijn beeld, en zo iemand het merkteken zijnsnaams ontvangt.

¹²Hier is de lijdzaamheid der heiligen; hier zijn zij, die de geboden Gods bewaren en het geloof van Jezus.

¹³En ik hoorde een stem uit den hemel, die tot mij zeide: Schrijf, zalig zijn de doden, die in den Heere sterven, van nu aan. Ja, zegt de Geest, opdat zij rusten mogenvan hun arbeid; en hun werken volgen met hen.

¹⁴En ik zag, en ziet, een witte wolk, en op de wolk was Een gezeten, des mensen Zoon gelijk, hebbende op Zijn hoofd een gouden kroon; en in Zijn hand een scherpesikkel.

¹⁵En een andere engel kwam uit den tempel, roepende met een grote stem tot Dengene, Die op de wolk zat: Zend Uw sikkel en maai; want de ure om te maaien nugekomen, dewijl de oogst der aarde rijp is geworden.

¹⁶En Die op de wolk zat, zond Zijn sikkel op de aarde, en de aarde werd gemaaid.

¹⁷En een andere engel kwam uit den tempel, die in den hemel is, hebbende ook zelf een scherpe sikkel.

¹⁸En een andere engel kwam uit van het altaar, die macht had over het vuur; en hij riep met een groot geroep, tot dengene, die de scherpe sikkel had, zeggende: Zenduw scherpe sikkel, en snijd af de druiftakken van den wijngaard der aarde, want zijn druiven zijn rijp.

¹⁹En de engel zond zijn sikkel op de aarde en sneed de druiven af van den wijngaard der aarde, en wierp ze in den groten wijnpersbak des toorns Gods.

²⁰En de wijnpersbak werd buiten de stad getreden, en er is bloed uit den wijnpersbak gekomen, tot aan de tomen der paarden, duizend zeshonderd stadien ver.

Hoofdstuk 15

¹En ik zag een ander groot en wonderlijk teken in den hemel; namelijk zeven engelen, hebbende de zeven laatste plagen; want in deze is de toorn Gods geeindigd.

²En ik zag als een glazen zee, met vuur gemengd; en die de overwinning hadden van het beest, en van zijn beeld, en van zijn merkteken, en van het getal zijns naams, welke stonden aan de glazen zee, hebbende de citers Gods;

³En zij zongen het gezang van Mozes, den dienstknecht Gods, en het gezang des Lams, zeggende: Groot en wonderlijk zijn Uw werken, Heere, Gij almachtige God, rechtvaardig en waarachtig zijn Uw wegen, Gij Koning der heiligen!

⁴Wie zou U niet vrezen, Heere, en Uw Naam niet verheerlijken? Want Gij zijt alleen heilig; want alle volken zullen komen, en voor U aanbidden; want Uw oordelenzijn openbaar geworden.

⁵En na dezen zag ik, en ziet, de tempel des tabernakels der getuigenis in den hemel werd geopend;

⁶De zeven engelen, die de zeven plagen hadden, kwamen uit den tempel, bekleed met rein en blinkend lijnwaad, en omgord om de borst met gouden gordels.

⁷En een van de vier dieren gaf den zeven engelen zeven gouden fiolen, vol van den toorn Gods, Die in alle eeuwigheid leeft.

⁸En de tempel werd vervuld met rook uit de heerlijkheid Gods, en uit Zijn kracht; en niemand kon in den tempel ingaan, totdat de zeven plagen der zeven engelengeeindigd waren.

Openbaring
Hoofdstuk 16
¹En ik hoorde een grote stem uit den tempel, zeggende tot de zeven engelen: Gaat henen, en giet de zeven fiolen van den toorn Gods uit op de aarde.

²En de eerste ging henen, en goot zijn fiool uit op de aarde; en er werd een kwaad en boos gezweer aan de mensen, die het merkteken van het beest hadden, en die zijn beeld aanbaden.

³En de tweede engel goot zijn fiool uit in de zee, en zij werd bloed als van een dode; en alle levende ziel is gestorven in de zee.

⁴En de derde engel goot zijn fiool uit in de rivieren en in de fonteinen der wateren; en de wateren werden bloed.

⁵En ik hoorde den engel der wateren zeggen: Gij zijt rechtvaardig, Heere! Die is, en Die was, en Die zijn zal, dat Gij dit geoordeeld hebt;

⁶Dewijl zij het bloed der heiligen, en der profeten vergoten hebben, zo hebt Gij hun ook bloed te drinken gegeven; want zij zijn het waardig.

⁷En ik hoorde een anderen van het altaar zeggen: Ja, Heere, Gij almachtige God! Uwe oordelen zijn waarachtig en rechtvaardig.

⁸En de vierde engel goot zijn fiool uit op de zon; en haar is macht gegeven de mensen te verhitten door vuur.

⁹En de mensen werden verhit met grote hitte, en lasterden den Naam Gods, Die macht heeft over deze plagen; en zij bekeerden zich niet, om Hem heerlijkheid te geven.

¹⁰En de vijfde engel goot zijn fiool uit op den troon van het beest; en zijn rijk is verduisterd geworden; en zij kauwden hun tongen van pijn;

¹¹En zij lasterden den God des hemels vanwege hun pijnen, en vanwege hun gezweren; en zij bekeerden zich niet van hun werken.

¹²En de zesde engel goot zijn fiool uit op de grote rivier, den Eufraat; en zijn water is uitgedroogd, opdat bereid zou worden de weg der koningen, die van den opgang der zon komen zullen.

¹³En ik zag uit den mond des draaks, en uit den mond van het beest, en uit den mond des valsen profeets, drie onreine geesten gaan, den vorsen gelijk;

¹⁴Want het zijn geesten der duivelen, en zij doen tekenen, welke uitgaan tot de koningen der aarde en der gehele wereld, om die te vergaderen tot den krijg van dien groten dag des almachtigen Gods.

¹⁵Zie, Ik kom als een dief. Zalig is hij, die waakt en zijn klederen bewaart, opdat hij niet naakt wandele, en men zijn schaamte niet zie.

¹⁶En zij hebben hen vergaderd in de plaats, welke in het Hebreeuws genaamd wordt Armageddon.

¹⁷En de zevende engel goot zijn fiool uit in de lucht; en er kwam een grote stem uit den tempel des hemels, van den troon, zeggende: Het is geschied!

¹⁸En er geschiedden stemmen, en donderslagen, en bliksemen; en er geschiedde een grote aardbeving, hoedanige niet is geschied van dat de mensen op de aarde geweest zijn, namelijk een zodanige aardbeving en zo groot.

¹⁹En de grote stad is in drie delen gescheurd, en de steden der heidenen zijn gevallen; en het grote Babylon is gedacht geworden voor God, om haar te geven den drinkbeker van den wijn des toorns Zijner gramschap.

²⁰En alle eiland is gevloden, en de bergen zijn niet gevonden.

²¹En een grote hagel, elk als een talent pond zwaar, viel neder uit den hemel op de mensen; en de mensen lasterden God vanwege de plage des hagels; want deszelfs plage was zeer groot.

Hoofdstuk 17
¹En een uit de zeven engelen, die de zeven fiolen hadden, kwam en sprak met mij, en zeide tot mij: Kom herwaarts, ik zal u tonen het oordeel der grote hoer, die daar zit op vele wateren;

²Met welke de koningen der aarde gehoereerd hebben, en die de aarde bewonen zijn dronken geworden van den wijn haar hoererij.

³En hij bracht mij weg in een woestijn, in den geest, en ik zag een vrouw, zittende op een scharlaken rood beest, dat vol was van namen der gods lastering, en had zeven hoofden en tien hoornen.

⁴En de vrouw was bekleed met purper en scharlaken, en versierd met goud, en kostelijk gesteente, en paarlen, en had in hare hand een gouden drinkbeker, vol van gruwelen, en van onreinigheid harer hoererij.

⁵En op haar voorhoofd was een naam geschreven, namelijk Verborgenheid; het grote Babylon, de moeder der hoererijen en der gruwelen der aarde.

⁶En ik zag, dat de vrouw dronken was van het bloed der heiligen, en van het bloed der getuigen van Jezus. En ik verwonderde mij, als ik haar zag, met grote verwondering.

⁷En de engel zeide tot mij: Waarom verwondert gij u? Ik zal u zeggen de verborgenheid der vrouw en van het beest, dat haar draagt, hetwelk de zeven hoofden heeften de tien hoornen.

⁸Het beest, dat gij gezien hebt, was en is niet; en het zal opkomen uit den afgrond, en ten verderve gaan; en die op de aarde wonen, zullen verwonderd zijn (welker namen niet zijn geschreven in het boek des levens van de grondlegging der wereld), ziende het beest, dat was en niet is, hoewel het is.

⁹Hier is het verstand, dat wijsheid heeft. De zeven hoofden zijn zeven bergen, op welke de vrouw zit.

¹⁰En het zijn ook zeven koningen; de vijf zijn gevallen, en de een is, en de ander is nog niet gekomen, en wanneer hij zal gekomen zijn, moet hij een weinig tijds blijven.

¹¹En het beest, dat was en niet is, die is ook de achtste koning, en is uit de zeven en gaat ten verderve.

¹²En de tien hoornen, die gij gezien hebt, zijn tien koningen, die het koninkrijk nog niet hebben ontvangen, maar als koningen macht ontvangen op een ure met het beest.

¹³Dezen hebben enerlei mening, en zullen hun kracht en macht het beest overgeven.

¹⁴Dezen zullen tegen het Lam krijgen, en het Lam zal hen overwinnen (want Het is een Heere der heren, en een Koning der koningen), en die met Hem zijn, de geroepenen, en uitverkorenen en gelovigen.

¹⁵En hij zeide tot mij: De wateren, die gij gezien hebt, waar de hoer zit, zijn volken, en scharen, en natiën, en tongen.

¹⁶En de tien hoornen, die gij gezien hebt op het beest, die zullen de hoer haten, en zullen haar woest maken, en naakt; en zij zullen haar vlees eten, en zullen haar met vuur verbranden.

¹⁷Want God heeft hun in hun harten gegeven, dat zij Zijn mening doen, en dat zij enerlei mening doen, en dat zij hun koninkrijk het beest geven, totdat de woorden Gods voleindigd zullen zijn.

¹⁸En de vrouw, die gij gezien hebt, is de grote stad, die het koninkrijk heeft over de koningen der aarde.

Hoofdstuk 18
¹En na dezen zag ik een anderen engel afkomen uit den hemel, hebbende grote macht, en de aarde is verlicht geworden van zijn heerlijkheid.

²En hij riep krachtelijk met een grote stem, zeggende: Zij is gevallen, zij is gevallen, het grote Babylon, en is geworden een woonstede der duivelen, en een bewaarplaats van alle onreine geesten, en een bewaarplaats van alle onrein en hatelijk gevogelte;

³Dewijl uit den wijn des toorns harer hoererij alle volken gedronken hebben, en de koningen der aarde met haar gehoereerd hebben, en de kooplieden der aarde rijk zijn geworden uit de kracht harer weelde.

⁴En ik hoorde een andere stem uit den hemel, zeggende: Gaat uit van haar, Mijn volk, opdat gij aan haar zonden geen gemeenschap hebt, en opdat gij van haar plagen niet ontvangt.

⁵Want haar zonden zijn de ene op de andere gevolgd tot den hemel toe, en God is harer ongerechtigheden gedachtig geworden.

⁶Vergeldt haar, gelijk als zij ulieden vergolden heeft, en verdubbelt haar dubbel, naar haar werken; in den drinkbeker, waarin zij geschonken heeft, schenkt haar dubbel.

⁷Zoveel als zij zichzelve verheerlijkt heeft, en weelde gehad heeft, zo grote pijniging en rouw doet haar aan; want zij zegt in haar hart: Ik zit als een koningin, en ben geen weduwe, en zal geen rouw zien.

⁸Daarom zullen haar plagen op een dag komen, namelijk dood, en rouw, en honger, en zij zal met vuur verbrand worden; want sterk is de Heere God, Die haar oordeelt.

⁹En de koningen der aarde, die met haar gehoereerd en weelde gehad hebben, zullen haar bewenen, en rouw over haar bedrijven, wanneer zij den rook haar brands zullen zien,

¹⁰Van verre staande uit vreze van haar pijniging, zeggende: Wee, wee, de grote stad Babylon, de sterke stad, want uw oordeel is in een ure gekomen.

¹¹En de kooplieden der aarde zullen wenen en rouw maken over haar, omdat niemand hun waren meer koopt;

¹²Waren van goud, en van zilver, en van kostelijk gesteente, en van paarlen, en van fijn lijnwaad, en van purper, en van zijde, en van scharlaken; en allerlei welriekend hout, en allerlei ivoren vaten, en allerlei vaten van het kostelijkste hout, en van koper, en van ijzer, en van marmersteen;

¹³En kaneel, en reukwerk, en welriekende zalf, en wierook, en wijn, en olie, en meelbloem, en tarwe, en lastbeesten, en schapen; en van paarden, en van koetswagens, en van lichamen, en de zielen der mensen.

¹⁴En de vrucht der begeerlijkheid uwer ziel is van u weggegaan; en al wat lekker en wat heerlijk was, is van u weggegaan; en gij zult hetzelve niet meer vinden.

¹⁵De kooplieden dezer dingen, die rijk geworden waren van haar, zullen van verre staan uit vreze van haar pijniging, wenende en rouw makende;

¹⁶En zeggende: Wee, wee, de grote stad, die bekleed was met fijn lijnwaad, en purper, en scharlaken, en versierd met goud, en met kostelijk gesteente, en met paarlen; want in een ure is zo grote rijkdom verwoest.

¹⁷En alle stuurlieden, en al het volk op de schepen, en bootsgezellen, en allen, die ter zee handelen, stonden van verre;

¹⁸En riepen, ziende den rook van haar brand, en zeggende: Wat stad was deze grote stad gelijk?

¹⁹En zij wierpen stof op hun hoofden, en riepen, wenende en rouw bedrijvende, zeggende: Wee, wee, de grote stad, in dewelke allen, die schepen in de zee hadden, van haar kostelijkheid rijk geworden zijn; want zij is in een ure verwoest geworden.

²⁰Bedrijft vreugde over haar, gij hemel, en gij heilige apostelen, en gij profeten, want God heeft uw oordeel aan haar geoordeeld.

²¹En een sterke engel hief een steen op als een groten molensteen, en wierp dien in de zee, zeggende: Aldus zal de grote stad Babylon met geweld geworpen worden, en zal niet meer gevonden worden.

²²En de stem der citerspelers, en der zangers, en der fluiters, en der bazuiners, zal niet meer in u gehoord worden; en geen kunstenaar van enige kunst zal meer in u gevonden worden; en geen geluid des molens zal in u meer gehoord worden.

²³En het licht der kaars zal in u niet meer schijnen; en de stem eens bruidegoms en ener bruid zal in u niet meer gehoord worden; want uw kooplieden waren de groten der aarde, want door uw toverij zijn alle volken verleid geweest.

²⁴En in dezelve is gevonden het bloed der profeten en der heiligen, en al dergenen, die gedood zijn op de aarde.

Hoofdstuk 19

¹En na dezen hoorde ik als een grote stem ener grote schare in den hemel, zeggende: Halleluja, de zaligheid, en de heerlijkheid, en de eer, en de kracht zij den Heere, onzen God.

²Want Zijn oordelen zijn waarachtig en rechtvaardig; dewijl Hij de grote hoer geoordeeld heeft, die de aarde verdorven heeft met haar hoererij, en Hij het bloed Zijner dienaren van haar hand gewroken heeft.

³En zij zeiden ten tweeden maal: Halleluja! En haar rook gaat op in alle eeuwigheid.

⁴En de vier en twintig ouderlingen, en de vier dieren vielen neder, en aanbaden God, Die op den troon zat, zeggende: Amen, Halleluja!

⁵En een stem kwam uit den troon, zeggende: Looft onzen God, gij al Zijn dienstknechten, en gij, die Hem vreest, beiden klein en groot!

⁶En ik hoorde als een stem ener grote schare, en als een stem veler wateren, en als een stem van sterke donderslagen, zeggende: Halleluja, want de Heere, de almachtige God, heeft als Koning geheerst.

⁷Laat ons blijde zijn, en vreugde bedrijven, en Hem de heerlijkheid geven; want de bruiloft des Lams is gekomen, en Zijn vrouw heeft zichzelve bereid.

⁸En haar is gegeven, dat zij bekleed worde met rein en blinkend fijn lijnwaad; want dit fijn lijnwaad zijn de rechtvaardigmakingen der heiligen.

⁹En hij zeide tot mij: Schrijf, zalig zijn zij, die geroepen zijn tot het avondmaal van de bruiloft des Lams. En hij zeide tot mij: Deze zijn de waarachtige woorden Gods.

¹⁰En ik viel neder voor zijn voeten, om hem te aanbidden, en hij zeide tot mij: Zie, dat gij dat niet doet; ik ben uw mededienstknecht, en uwer broederen, die de getuigenis van Jezus hebben; aanbid God. Want de getuigenis van Jezus is de geest der profetie.

¹¹En ik zag den hemel geopend; en ziet, een wit paard, en Die op hetzelve zat, was genaamd Getrouw en Waarachtig, en Hij oordeelt en voert krijg in gerechtigheid.

¹²En Zijn ogen waren als een vlam vuurs, en op Zijn hoofd waren vele koninklijke hoeden; en Hij had een naam geschreven, die niemand wist, dan Hijzelf.

¹³En Hij was bekleed met een kleed, dat met bloed geverfd was; en Zijn naam wordt genoemd het Woord Gods.

¹⁴En de heirlegers in den hemel volgden Hem op witte paarden, gekleed met wit en rein fijn lijnwaad.

¹⁵En uit Zijn mond ging een scherp zwaard, opdat Hij daarmede de heidenen slaan zou. En Hij zal hen hoeden met een ijzeren roede; en Hij treedt den wijnpersbak van den wijn des toorns en der gramschap des almachtigen Gods.

¹⁶En Hij heeft op Zijn kleed en op Zijn dij dezen Naam geschreven: Koning der koningen, en Heere der heren.

¹⁷En ik zag een engel, staande in de zon; en hij riep met een grote stem, zeggende tot al de vogelen, die in het midden des hemels vlogen: Komt herwaarts, en vergadert u tot het avondmaal des groten Gods;

¹⁸Opdat gij eet het vlees der koningen, en het vlees der oversten over duizend, en het vlees der sterken, en het vlees der paarden en dergenen, die daarop zitten; en het vlees van alle vrijen en dienstknechten, en kleinen en groten.

¹⁹En ik zag het beest, en de koningen der aarde, en hun heirlegers vergaderd, om krijg te voeren tegen Hem, Die op het paard zat, en tegen Zijn heirlegers.

²⁰En het beest werd gegrepen, en met hetzelve de valse profeet, die de tekenen in de tegenwoordigheid van hetzelve gedaan had, door welke hij verleid had, die het merkteken van het beest ontvangen hadden, en die deszelfs beeld aanbaden. Deze twee zijn levend geworpen in den poel des vuurs, die met sulfer brandt.

²¹En de overigen werden gedood met het zwaard Desgenen, Die op het paard zat, hetwelk uit Zijn mond ging; en al de vogelen werden verzadigd van hun vlees.

Hoofdstuk 20

¹En ik zag een engel afkomen uit den hemel, hebbende den sleutel des afgronds, en een grote keten in zijn hand;

²En hij greep den draak, den oude slang, welke is de duivel en satanas, en bond hem duizend jaren;

³En wierp hem in den afgrond, en sloot hem daarin, en verzegelde dien boven hem, opdat hij de volken niet meer verleiden zou, totdat de duizend jaren zouden geëindigd zijn. En daarna moet hij een kleinen tijd ontbonden worden.

⁴En ik zag tronen, en zij zaten op dezelve; en het oordeel werd hun gegeven; en ik zag de zielen dergenen, die onthoofd waren om de getuigenis van Jezus, en om het Woord Gods, en die het beest, en deszelfs beeld niet aangebeden hadden, en die het merkteken niet ontvangen hadden aan hun voorhoofd en aan hun hand; en zij leefden en heersten als koningen met Christus, de duizend jaren.

⁵Maar de overigen der doden werden niet weder levend, totdat de duizend jaren geëindigd waren. Deze is de eerste opstanding.

⁶Zalig en heilig is hij, die deel heeft in de eerste opstanding; over deze heeft de tweede dood geen macht, maar zij zullen priesters van God en Christus zijn, en zij zullen met Hem als koningen heersen duizend jaren.

⁷En wanneer de duizend jaren zullen geëindigd zijn, zal de satanas uit zijn gevangenis ontbonden worden.

⁸En hij zal uitgaan om de volken te verleiden, die in de vier hoeken der aarde zijn, den Gog en den Magog, om hen te vergaderen tot den krijg; welker getal is als het zand aan de zee.

⁹En zij zijn opgekomen op de breedte der aarde, en omringden de legerplaats der heiligen, en de geliefde stad; en er kwam vuur neder van God uit den hemel, en heeft hen verslonden.

¹⁰En de duivel, die hen verleidde, werd geworpen in den poel des vuurs en sulfers, alwaar het beest en de valse profeet zijn; en zij zullen gepijnigd worden dag en nacht in alle eeuwigheid.

¹¹En ik zag een groten witten troon, en Dengene, Die daarop zat, van Wiens aangezicht de aarde en de hemel wegvloden, en geen plaats is voor die gevonden.

¹²En ik zag de doden, klein en groot, staande voor God; en de boeken werden geopend; en een ander boek werd geopend, dat des levens is; en de doden werden geoordeeld uit hetgeen in de boeken geschreven was, naar hun werken.

¹³En de zee gaf de doden, die in haar waren; en de dood en de hel gaven de doden, die in hen waren; en zij werden geoordeeld, een iegelijk naar hun werken.

¹⁴En de dood en de hel werden geworpen in den poel des vuurs; dit is de tweede dood.

¹⁵En zo iemand niet gevonden werd geschreven in het boek des levens, die werd geworpen in den poel des vuurs.

Hoofdstuk 21

¹En ik zag een nieuwen hemel en een nieuwe aarde; want de eerste hemel en de eerste aarde was voorbijgegaan, en de zee was niet meer.

²En ik, Johannes, zag de heilige stad, het nieuwe Jeruzalem, nederdalende van God uit den hemel, toebereid als een bruid, die voor haar man versierd is.

³En ik hoorde een grote stem uit den hemel, zeggende: Ziet, de tabernakel Gods is bij de mensen, en Hij zal bij hen wonen, en zij zullen Zijn volk zijn, en God Zelf zal bij hen en hun God zijn.

⁴En God zal alle tranen van hun ogen afwissen; en de dood zal niet meer zijn; noch rouw, noch gekrijt, noch moeite zal meer zijn; want de eerste dingen zijnweggegaan.

⁵En Die op den troon zat, zeide: Ziet, Ik maak alle dingen nieuw. En Hij zeide tot mij: Schrijf, want deze woorden zijn waarachtig en getrouw.

⁶En Hij sprak tot mij: Het is geschied. Ik ben de Alfa en de Omega, het Begin en het Einde. Ik zal den dorstige geven uit de fontein van het water des levens vorniet.

⁷Die overwint, zal alles beerven; en Ik zal hem een God zijn, en hij zal Mij een zoon zijn.

⁸Maar den vreesachtigen, en ongelovigen, en gruwelijken, en doodslagers, en hoereerders, en tovenaars, en afgodendienaars, en al den leugenaars, is hun deel in denpoel, die daar brandt van vuur en sulfer; hetwelk is de tweede dood.

⁹En tot mij kwam een van de zeven engelen, die de zeven fiolen hadden, welke vol geweest waren van de zeven laatste plagen, en sprak met mij, zeggende: Komherwaarts, ik zal u tonen de Bruid, de Vrouw des Lams.

¹⁰En hij voerde mij weg in den geest op een groten en hogen berg, en hij toonde mij de grote stad, het heilige Jeruzalem, nederdalende uit den hemel van God.

¹¹En zij had de heerlijkheid Gods, en haar licht was den allerkostelijksten steen gelijk, namelijk als den steen Jaspis, blinkende gelijk kristal.

¹²En zij had een groten en hogen muur, en had twaalf poorten, en in de poorten twaalf engelen, en namen daarop geschreven, welken zijn de namen der twaalfgeslachten der kinderen Israels.

¹³Van het oosten waren drie poorten, van het noorden drie poorten, van het zuiden drie poorten, van het westen drie poorten.

¹⁴En de muur der stad had twaalf fondamenten, en in dezelve de namen der twaalf apostelen des Lams.

¹⁵En hij die met mij sprak, had een gouden rietstok, opdat hij de stad zou meten, en haar poorten, en haar muur.

¹⁶En de stad lag vierkant, en haar lengte was zo groot als haar breedte. En hij mat de stad met den rietstok op twaalf duizend stadien; de lengte, en de breedte, en dehoogte derzelve waren even gelijk.

¹⁷En hij mat haar muur op honderd vier en veertig ellen, naar de maat eens mensen, welke des engels was.

¹⁸En het gebouw van haar muur Jaspis; en de stad was zuiver goud, zijnde zuiver glas gelijk.

¹⁹En de fondamenten van den muur der stad waren met allerlei kostelijk gesteente versierd. Het eerste fondament was Jaspis, het tweede Saffier, het derdeChalcedon, het vierde Smaragd.

²⁰Het vijfde Sardonix, het zesde Sardius, het zevende Chrysoliet, het achtste Beryl, het negende Topaas, het tiende Chrysopraas, het elfde Hyacinth, het twaalfdeAmethyst.

²¹En de twaalf poorten waren twaalf paarlen, een iedere poort was elk uit een paarl; en de straat der stad was zuiver goud; gelijk doorluchtig glas.

²²En ik zag geen tempel in dezelve; want de Heere, de almachtige God, is haar Tempel, en het Lam.

²³En de stad behoeft de zon en de maan niet, dat zij in dezelve zouden schijnen; want de heerlijkheid Gods heeft haar verlicht, en het Lam is haar Kaars.

²⁴En de volken, die zalig worden, zullen in haar licht wandelen; en de koningen der aarde brengen hun heerlijkheid en eer in dezelve.

²⁵En haar poorten zullen niet gesloten worden des daags; want aldaar zal geen nacht zijn.

²⁶En zij zullen de heerlijkheid en de eer der volken daarin brengen.

²⁷En in haar zal niet inkomen iets, dat ontreinigt, en gruwelijkheid doet, en leugen spreekt; maar die geschreven zijn in het boek des levens des Lams.

Hoofdstuk 22

¹En hij toonde mij een zuivere rivier van het water des levens, klaar als kristal, voortkomende uit den troon Gods, en des Lams.

²In het midden van haar straat en op de ene en de andere zijde der rivier was de boom des levens, voortbrengende twaalf vruchten, van maand tot maand gevendezijne vrucht; en de bladeren des booms waren tot genezing der heidenen.

³En geen vervloeking zal er meer tegen iemand zijn; en de troon Gods en des Lams zal daarin zijn, en Zijn dienstknechten zullen Hem dienen;

⁴En zullen Zijn aangezicht zien, en Zijn Naam zal op hun voorhoofden zijn.

⁵En aldaar zal geen nacht zijn, en zij zullen geen kaars noch licht der zon van node hebben; want de Heere God verlicht hen; en zij zullen als koningen heersen in alleeeuwigheid.

⁶En hij zeide tot mij: Deze woorden zijn getrouw en waarachtig; en de Heere, de God der heilige profeten, heeft Zijn engel gezonden, om Zijn dienstknechten tetonen, hetgeen haast moet geschieden.

⁷Zie, Ik kom haastiglijk zalig is hij, die de woorden der profetie dezes boeks bewaart.

⁸En ik, Johannes, ben degene, die deze dingen gezien en gehoord heb. En toen ik ze gehoord en gezien had, viel ik neder om aan te bidden voor de voeten des engels, die mij deze dingen toonde.

⁹En hij zeide tot mij: Zie, dat gij het niet doet; want ik ben uw mededienstknecht, en uwer broederen, der profeten, en dergenen, die de woorden dezes boeksbewaren; aanbid God.

¹⁰En hij zeide tot mij: Verzegel de woorden der profetie dezes boeks niet; want de tijd is nabij.

¹¹Die onrecht doet, dat hij nog onrecht doe; en die vuil is, dat hij nog vuil worde; en die rechtvaardig is, dat hij nog gerechtvaardigd worde; en die heilig is, dat hij noggeheiligd worde.

¹²En zie, Ik kom haastiglijk en Mijn loon is met Mij, om een iegelijk te vergelden, gelijk zijn werk zal zijn.

¹³Ik ben de Alfa, en de Omega, het Begin en het Einde; de Eerste en de Laatste.

¹⁴Zalig zijn zij, die Zijn geboden doen, opdat hun macht zij aan den boom des levens, en zij door de poorten mogen ingaan in de stad.

¹⁵Maar buiten zullen zijn de honden, en de tovenaars, en de hoereerders, en de doodslagers, en de afgodendienaars, en een iegelijk, die de leugen liefheeft, en doet.

¹⁶Ik, Jezus, heb Mijn engel gezonden om ulieden deze dingen te getuigen in de Gemeenten. Ik ben de Wortel en het geslacht Davids, de blinkende Morgenster.

¹⁷En de Geest en de Bruid zeggen: Kom! En die het hoort, zegge: Kom! En die dorst heeft, kome; en die wil, neme het water des levens om niet.

¹⁸Want ik betuig aan een iegelijk, die de woorden der profetie dezes boeks hoort: Indien iemand tot deze dingen toedoet, God zal hem toedoen de plagen, die in ditboek geschreven zijn.

¹⁹En indien iemand afdoet van de woorden des boeks dezer profetie, God zal zijn deel afdoen uit het boek des levens, en uit de heilige stad, en uit hetgeen in dit boekgeschreven is.

²⁰Die deze dingen getuigt, zegt: Ja, Ik kom haastiglijk. Amen. Ja, kom, Heere Jezus!

www.ingramcontent.com/pod-product-compliance
Lightning Source LLC
Chambersburg PA
CBHW080519020526
44113CB00055B/2382